EUROPEAN HUMAN RIGHTS REPORTS

CONSOLIDATED INDEX
VOLUMES 1–32

European Human Rights Reports

Co-editors

TIM EICKE, LL.B. (HONS) (DUNDEE)
Barrister, Essex Court Chambers

PROFESSOR NICHOLAS GRIEF, B.A., PHD. (KENT)
Head of the School of Finance & Law,
Bournemouth University
Barrister, 3 Paper Buildings

Assistant Editor

DAVID SCOREY, B.A. (OXON), LL.M. (LEIDEN)
Barrister, Essex Court Chambers

Editorial Assistant

HELENE MATHA
Licenciée en langues (Angers)
Essex Court Chambers, London

SWEET & MAXWELL LTD

ISBN 0-421-76960-2

 ISBN 0–421–769602
100 Avenue Road, London NW3 3PF

2002 Subscription Prices:
U.K. and Overseas: £410

Registered as a newspaper at the Post Office

Printed and bound by Antony Rowe Ltd., Chippenham, Wiltshire

REPORTERS

NAVTEJ SINGH AHLUWALIA, LL.B, LL.M. (LSE)
Barrister, Tooks Court

JUSTIN BATES, B.A. (OXON)

ANNA BOASE, B.A. (HONS), (CANTAB), Dip. Law

JILL FRANCES, LL.B. (HONS) (SOUTHAMPTON)
Barrister, Lecturer, College of Law

SCHONA JOLLY, B.A. (HONS), (OXON)
Licenciée en droit européen (Brussels)
Barrister, Cloisters

CHARLOTTE LEES, LL.B. (LANCASTER), LL.M. (MONTREAL)
Pupil Barrister

EDITE LIGERE, LL.B. (GUILDHALL), LL.M. (UCL)
Researcher

SARA MANSOORI, LL.B. (HONS), (LEEDS)
Barrister, 5 Raymond Buildings

BENJAMIN NARAIN, LL.B. (LSE)
Pupil Barrister

ANNAPURNA WAUGHRAY, M.A. (CANTAB), LL.M. (LIVERPOOL)
Solicitor, Senior Lecturer in Law, Manchester Metropolitan University

STEPHEN WHALE, B. SOC. SC. (JOINT HONS), (BIRMINGHAM)
Pupil Barrister

HELEN WOLSTENHOLME, B.A. (HONS), (OXON)

RACHAEL YOUNG, B.A. (HONS), (OXON)
Barrister, Queen Elizabeth Building

European Human Rights Reports

Consolidated Index

Volumes 1–32

This Consolidated Index of the first 32 volumes of European Human Rights Reports provides a comprehensive guide to all cases reported within the series. The index is divided into seven separate tables, indexed alphabetically according to applicant's name and the Respondant State, chronologically, numerically, according to subject matter, and finally a full table of the cases judicially considered in volumes 1–32 of the reports. This division into very different tables facilitates the search for an E.H.R.R. reference from any starting point, be it a particular case or all cases under a specific subject heading, providing for an accurate and time effective result.

Foreword

At last it is here: the Consolidated Index of the European Human Rights Reports (''E.H.R.R.''). Whoever we talk to about E.H.R.R., while otherwise complementary about the reports generally, bemoans the fact that there is (was) no consolidated index to the whole of the E.H.R.R.s. We decided that it was high time to remedy this deficiency. What you hold in your hands is the result of a lot of hard work (by specialists at Sweet & Maxwell) indexing all 32 volumes of the reports going back to 1979. The end result will, we hope, contain all the necessary information to enable you to access the reported case law of the European Court of Human Rights and the other documents reported (including the Commission Supplement and/or the Summaries & Extracts) not only by name of the case or reference number but also by reference to a detailed subject matter index. We sincerely hope that this Consolidated Index will prove a useful tool for practitioners, academics and students alike and will ''unlock'' some of the hidden treasures contained in the first 32 volumes of the E.H.R.R.s. To keep this index up-to-date it is our intention to publish a new consolidated index every three years and to publish a cumulative index supplementing the previous consolidated index within the covers of the intervening two bound volumes.

Tim Eicke
Essex Court Chambers

Nicholas Grief
Bournemouth University
3 Paper Buildings

Joint Editors, European Human Rights Reports

6 September 2002

TABLE OF CONTENTS

TABLE OF APPLICANTS

APPLICANT	RESPONDENT STATE	Adm / Op / Jmt	APPL. No.	DECISION DATE	CITATION	CASE No.
A	Denmark	Jmt	20826/92	8 February 1996	(1996) 22 E.H.R.R. 458	
A	France	Jmt	14838/89	23 November 1993	(1994) 17 E.H.R.R. 462	
A	Italy	Adm	14146/88	January 1993	(1993) 16 E.H.R.R. CD 3	
A	Italy	Adm	14339/88	January 1993	(1993) 16 E.H.R.R. CD 31	
A	United Kingdom	Op	6840/74	16 July 1980	(1981) 3 E.H.R.R. 131	
A	United Kingdom	Adm	16244/90	October 1992	(1993) 15 E.H.R.R. CD 18	
A	United Kingdom	Jmt	25599/94	23 September 1998	(1999) 27 E.H.R.R. 611	
A	United Kingdom	Op	25599/94	September 1996	(1996) 22 E.H.R.R. CD 190	
A and Byrne and Twenty-Twenty Television	United Kingdom	Adm	32712/96; 32818/96	23 October 1997	(1998) 25 E.H.R.R. CD 159	
A and Family	Sweden	Adm	22806/93	March 1994	(1994) 18 E.H.R.R. CD 209	
A, B, and C	France	Adm	18560/91	October 1992	(1993) 15 E.H.R.R. CD 39	
ADT	United Kingdom	Jmt	35765/97	31 July 2000	(2001) 31 E.H.H.R. 803	(2001) 31 E.H.R.R 33
AO	Italy	Jmt	22534/93	30 May 2000	(2000) 29 E.H.R.R. CD 92	
A.P	Austria	Adm	20458/92	July 1995	(1995) 20 E.H.R.R. CD 63	
AP, MP, TP	Switzerland	Jmt	19958/92	29 August 1997	(1998) 26 E.H.R.R. 541	
A.T.	United Kingdom	Adm	20448/92	June 1995	(1995) 20 E.H.R.R. CD 59	
AV	Bulgaria	Adm	41488/98	18 May 1999	(1999) 28 E.H.R.R. CD 197	
A.Z., A.S.Z. and G.A.Z.	Switzerland	Adm	43678/98	30 October 1998	(1999) 27 E.H.R.R. CD 278	
Aannemersbedrijf Gebroedes Van Leeuwen BV	Netherlands	Adm	32602/96	25 January 2000	(2000) 29 E.H.R.R. CD 96	
Abdoella	Netherlands	Jmt	12728/87	25 November 1992	(1995) 20 E.H.R.R. 585	

APPLICANT	RESPONDENT STATE	Adm / Op / Jmt	APPL. No.	DECISION DATE	CITATION	CASE No.
Abdulaziz, Cabales and Balkandali	United Kingdom	Jmt	9214/80; 9473/81; 9474/81	28 May 1985	(1985) 7 E.H.R.R. 471	
Abdulaziz Cabales and Balkandali	United Kingdom	Op	9214/80; 9473/81; 9474/81	12 May 1983	(1984) 6 E.H.R.R. 28	
Acociacion de Aviadores de la Republica, Mata	Spain	Adm	10733/84	March 1985	(1986) 8 E.H.R.R. 286	
Acquaviva	France	Jmt	19248/91	21 November 1995	(2001) 32 E.H.R.R. 134	(2001) 32 E.H.R.R. 7
Adams and Benn	United Kingdom	Adm	28979/95; 30343/96	13 January 1997	(1997) 23 E.H.R.R. CD 160	
Adamson	United Kingdom	Adm	42293/98	26 January 1999	(1999) 28 E.H.R.R. CD 209	
Adiletta	Italy	Jmt	13978/88; 14236/88; 14237/88	19 February 1991	(1992) 14 E.H.R.R. 586	
Adler	Switzerland	Cm	9486/81	30 May 1986	(1987) 9 E.H.R.R. 426	
Adolf	Austria	Jmt	8269/78	24 February 1982	(1982) 4 E.H.R.R. 313	
Advic	United Kingdom	Adm	25525/94	September 1995	(1995) 20 E.H.R.R. CD 125	
Aerts	Belgium	Jmt	25357/94	30 July 1998	(2000) 29 E.H.R.R. 50	
Agrotexim	Greece	Jmt	14807/89	24 October 1995	(1996) 21 E.H.R.R. 250	
Ahmad	United Kingdom	Adm	8160/78	March 1981	(1982) 4 E.H.R.R. 126	
Ahmed	Austria	Jmt	25964/94	17 December 1996	(1997) 24 E.H.R.R. 278	
Ahmed	United Kingdom	Jmt	22954/93	2 September 1998	(2000) 29 E.H.R.R. 1	
Ahmed	United Kingdom	Adm	22954/93	September 1995	(1995) 20 E.H.R.R. CD 72	
Ahmet Sadik	Greece	Jmt	18877/91	15 November 1996	(1997) 24 E.H.R.R. 323	
Ahmut	Netherlands	Jmt	21702/93	28 November 1996	(1997) 24 E.H.R.R. 62	
Air Canada	United Kingdom	Jmt	18465/91	5 May 1995	(1995) 20 E.H.R.R. 150	
Airey	Ireland	Jmt	6289/73	6 February 1981	(1981) 3 E.H.R.R. 592	
Airey	Ireland	Jmt	6289/73	9 October 1979	(1980) 2 E.H.R.R. 305	
Aït-Mouhoub	France	Jmt	22924/93	28 October 1998	(2000) 30 E.H.R.R. 382	
Akdivar	Turkey	Jmt	21893/93	16 September 1996	(1997) 23 E.H.R.R. 143	

Akkum, Akan and Karakoç	Turkey	Adm	21894/93	5 March 1996	(1996) 21 E.H.R.R. CD 118
Akkus	Turkey	Jmt	19263/92	9 July 1997	(2000) 30 E.H.R.R. 365
Aksoy	Turkey	Jmt	21987/93	18 December 1996	(1997) 23 E.H.R.R. 553
Al-Adsani	United Kingdom	Adm	35763/97	1 March 2000	(2000) 29 E.H.R.R. CD 99
Albert and Le Compte	Belgium	Jmt	7299/75; 7496/76	24 October 1983	(1991) 13 E.H.R.R. 415
Albert and Le Compte	Belgium	Jmt	7299/75; 7496/76	10 February 1983	(1983) 5 E.H.R.R. 533
Aldrian	Austria	Adm	10532/83	December 1987	(1989) 11 E.H.R.R. 107
Ali	Switzerland	Jmt	24881/94	5 August 1998	(1999) 28 E.H.R.R. 304
Allan Jacobsson	Sweden	Jmt	10842/84	25 October 1989	(1990) 12 E.H.R.R. 56
Allender	United Kingdom	Adm	11385/85	July 1985	(1986) 8 E.H.R.R. 98
Allenet de Ribemont	France	Jmt	15175/89	7 August 1996	(1996) 22 E.H.R.R. 582
Allenet de Ribemont	France	Jmt	15175/89	10 February 1995	(1995) 20 E.H.R.R. 557
Allenet de Ribemont	France	Adm	15175/89	January 1993	(1993) 16 E.H.R.R. CD 33
Allgemeine Gold und Silberscheideanstalt AG	United Kingdom	Jmt	9118/80	24 October 1986	(1987) 9 E.H.R.R. 1
Allgemeine Gold und Silberscheideanstalt AG	United Kingdom	Op	9118/80	11 October 1984	(1985) 7 E.H.R.R. 314
Allgemeine Gold und Silberscheideanstalt AG	United Kingdom	Adm	9118/80	March 1983	(1983) 5 E.H.R.R. 584
Altun	Germany	Settle-ment	10308/83	March 1984	(1985) 7 E.H.R.R. 154
Altun	Germany	Adm	10308/82	May 1983	(1983) 5 E.H.R.R. 611
Alves	Portugal	Adm	17867/91	October 1992	(1993) 15 E.H.R.R. CD 92
Amann	Switzerland	Jmt	27798/95	16 February 2000	(2000) 30 E.H.R.R. 843
Aminoff	Sweden	Adm	10554/83	May 1985	(1986) 8 E.H.R.R. 75
Amuur	France	Jmt	19776/92	25 June 1996	(1996) 22 E.H.R.R. 533
Anders and Maria Fredin	Sweden	Op	12033/86	14 December 1987	(1991) 13 E.H.R.R. 142
Anderson	United Kingdom	Adm	33689/96	27 October 1997	(1998) 25 E.H.R.R. CD 172
Andersson	Sweden	Jmt	11274/84	29 October 1991	(1993) 15 E.H.R.R. 218

APPLICANT	RESPONDENT STATE	Adm / Op / Jmt	APPL. No.	DECISION DATE	CITATION	CASE No.
Andersson	Sweden	Adm	11656/85	December 1985	(1987) 9 E.H.R.R. 153	
Andersson	Sweden	Adm	14740/89	October 1992	(1993) 15 E.H.R.R. CD 64	
Andersson	Sweden	Jmt	20022/92	27 August 1997	(1998) 25 E.H.R.R. 722	
Andreas Wabl	Austria	Jmt	24773/94	21 March 2000	(2001) 31 E.H.H.R. 1134	(2001) 31 E.H.R.R 51
Andric	Sweden	Adm	45917/99	23 February 1999	(1999) 28 E.H.R.R. CD 218	
Andronicou and Constantinou	Cyprus	Op	25052/94	9 October 1997	(1996) 22 E.H.R.R. CD 18	
Andronicou and Constantinou	Cyprus	Jmt	25052/94	9 October 1997	(1998) 25 E.H.R.R. 491	
Andronicou and Constantinou	Cyprus	Adm	25052/94	July 1995	(1995) 20 E.H.R.R. CD 105	
Angeleni	Sweden	Adm	10491/83	December 1986	(1988) 10 E.H.R.R. 123	
Ankerl	Switzerland	Jmt	17748/91	23 October 1996	(2001) 32 E.H.R.R. 1	(2001) 32 E.H.R.R. 1
Ankerl	Switzerland	Adm	17748/91	5 July 1994	(1994) 18 E.H.R.R. CD 56	
Apeh, Iványi, Róth and Szerdahelyi	Hungary	Adm	32367/96	31 August 1999	(1999) 28 E.H.R.R. CD 140	
Apis	Slovakia	Adm	39754/98	13 January 2000	(2000) 29 E.H.R.R. CD 105	
App. No. 7699/76	United Kingdom	Adm	7699/76	25 January 1985	(1983) 5 E.H.R.R. 268	
App. No. 7879/77	United Kingdom	Adm	7879/77	March 1985	(1986) 8 E.H.R.R. 272	
App. No. 8195/78	United Kingdom	Adm	8195/78	23 June 1983	(1984) 6 E.H.R.R. 133	
App. No. 8562/79	Netherlands	Op	8562/79	November 1983	(1984) 6 E.H.R.R. 369	
App. No. 8712/79	United Kingdom	Adm	8712/79	December 1982	(1983) 5 E.H.R.R. 465	
App. No. 8744/79	Germany	Adm	8744/79	March 1983	(1983) 5 E.H.R.R. 499	
App. No. 8828/79	Denmark	Adm	8828/79	October 1982	(1983) 5 E.H.R.R. 278	
App. No. 8858/80	Germany	Op	8858/80	July 1983	(1984) 6 E.H.R.R. 328	
App. No. 8873/80	United Kingdom	Adm	8873/80	May 1982	(1983) 5 E.H.R.R. 268	
App. No. 8891/80	Belgium	Adm	8891/80	July 1983	(1984) 6 E.H.R.R. 329	
App. No. 8893/80	Austria	Adm	8893/80	March 1983	(1983) 5 E.H.R.R. 502	

App. No. 8944/80	Switzerland	Adm	8944/80	October 1982	(1983) 5 E.H.R.R. 279
App. No. 8957/80	Austria	Adm	8957/80	March 1983	(1983) 5 E.H.R.R. 502
App. No. 8962/80	Belgium	Adm	8962/80	May 1982	(1983) 5 E.H.R.R. 268
App. No. 8989/80	Belgium	Adm	8989/80	July 1983	(1984) 6 E.H.R.R. 329
App. No. 8998/80	Austria	Adm	8998/80	March 1983	(1984) 6 E.H.R.R. 321
App. No. 9017/80	Sweden	Adm	9017/80	July 1982	(1983) 5 E.H.R.R. 274
App. No. 9018/80	Netherlands	Adm	9018/80	July 1983	(1984) 6 E.H.R.R. 134
App. No. 9022/80	Switzerland	Adm	9022/80	July 1983	(1984) 6 E.H.R.R. 329
App. No. 9035/80	Germany	Adm	9035/80	March 1983	(1983) 5 E.H.R.R. 502
App. No. 9044/80	Belgium	Adm	9107/80	July 1983	(1984) 6 E.H.R.R. 330
App. No. 9084/80	United Kingdom	Adm	9084/80	October 1982	(1983) 5 E.H.R.R. 280
App. No. 9097/80	Belgium	Adm	9097/80	October 1982	(1983) 5 E.H.R.R. 280
App. No. 9103/80	Netherlands	Adm	9103/80	March 1983	(1983) 5 E.H.R.R. 503
App. No. 9107/80	Belgium	Adm	9107/80	October 1982	(1983) 5 E.H.R.R. 282
App. No. 9107/80	United Kingdom	Adm	9109/80	July 1983	(1984) 6 E.H.R.R. 134
App. No. 9113/80	United Kingdom	Adm	9113/80	October 1982	(1983) 5 E.H.R.R. 283
App. No. 9114/80	United Kingdom	Adm	9114/80	October 1984	(1985) 7 E.H.R.R. 462
App. No. 9119/80	United Kingdom	Adm	9119/80	March 1985	(1986) 8 E.H.R.R. 47
App. No. 9132/80	Germany	Adm	9132/80	December 1982	(1983) 5 E.H.R.R. 470
App. No. 9132/80	Germany	Adm	9132/80	December 1982	(1983) 5 E.H.R.R. 471
App. No. 9156/80	Austria	Adm	9156/80	May 1982	(1983) 5 E.H.R.R. 269
App. No. 9157/80	Germany	Adm	9157/80	July 1983	(1984) 6 E.H.R.R. 331
App. No. 9185/80	Sweden	Adm	9185/80	July 1983	(1984) 6 E.H.R.R. 119
App. No. 9192/80	Italy	Op	9192/80	July 1983	(1984) 6 E.H.R.R. 120
App. No. 9193/80	Netherlands	Adm	9193/80	July 1983	(1984) 6 E.H.R.R. 134
App. No. 9205/80	United Kingdom	Adm	9205/80	July 1983	(1984) 6 E.H.R.R. 135
App. No. 9225/80	United Kingdom	Adm	9225/80	December 1982	(1983) 5 E.H.R.R. 471
App. No. 9237/81	United Kingdom	Op	9237/81	October 1983	(1984) 6 E.H.R.R. 354
App. No. 9278/81; 9415/81	Norway	Adm	9278/81; 9415/81	October 1983	(1984) 6 E.H.R.R. 357
App. No. 9280/81	Austria	Adm	9280/81	July 1982	(1983) 5 E.H.R.R. 283
App. No. 9282/81	United Kingdom	Adm	9282/81	July 1982	(1983) 5 E.H.R.R. 283
App. No. 9290/81	Netherlands	Adm	9290/81	May 1983	(1983) 5 E.H.R.R. 597
App. No. 9292/81	United Kingdom	Adm	9292/81	July 1982	(1983) 5 E.H.R.R. 275

APPLICANT	RESPONDENT STATE	Adm / Op / Jmt	APPL. No.	DECISION DATE	CITATION	CASE No.
App. No. 9295/81	Austria	Adm	9295/81	July 1982	(1983) 5 E.H.R.R. 284	
App. No. 9301/81	Switzerland	Adm	9301/81	October 1982	(1983) 5 E.H.R.R. 285	
App. No. 9303/81	United Kingdom	Adm	9303/81	October 1986	(1987) 9 E.H.R.R. 538	
App. No. 9307/81	Austria	Adm	9307/81	March 1983	(1983) 5 E.H.R.R. 503	
App. No. 9308/81	Germany	Adm	9308/81	March 1983	(1983) 5 E.H.R.R. 503	
App. No. 9315/81	Austria	Adm	9315/81	July 1983	(1984) 6 E.H.R.R. 332	
App. No. 9316/81	Austria	Adm	9316/81	October 1984	(1986) 8 E.H.R.R. 256	
App. No. 9322/81	Netherlands	Adm	9322/81	May 1983	(1983) 5 E.H.R.R. 598	
App. No. 9324/81	Germany	Adm	9324/81	May 1982	(1983) 5 E.H.R.R. 269	
App. No. 9327/81	Netherlands	Adm	9327/81	May 1983	(1983) 5 E.H.R.R. 600	
App. No. 9329/81	United Kingdom	Adm	9329/81	October 1982	(1983) 5 E.H.R.R. 286	
App. No. 9347/81	Italy	Adm	9347/81	October 1982	(1983) 5 E.H.R.R. 287	
App. No. 9348/81	United Kingdom	Adm	9348/81	March 1983	(1983) 5 E.H.R.R. 504	
App. No. 9355/81	United Kingdom	Adm	9355/81	July 1982	(1983) 5 E.H.R.R. 276	
App. No. 9360/81	Ireland	Adm	9360/81	March 1983	(1983) 5 E.H.R.R. 506	
App. No. 9369/81	United Kingdom	Adm	9369/81	May 1983	(1983) 5 E.H.R.R. 601	
App. No. 9373/81	Ireland	Adm	9373/81	December 1987	(1989) 11 E.H.R.R. 103	
App. No. 9385/81	Germany	Adm	9385/81	May 1982	(1983) 5 E.H.R.R. 270	
App. No. 9394/81	Germany	Adm	9394/81	May 1982	(1983) 5 E.H.R.R. 270	
App. No. 9403/81	United Kingdom	Adm	9403/81	May 1982	(1983) 5 E.H.R.R. 270	
App. No. 9411/81	Germany	Adm	9411/81	July 1982	(1983) 5 E.H.R.R. 276	
App. No. 9417/81	Germany	Adm	9417/81	October 1982	(1983) 5 E.H.R.R. 288	
App. No. 9419/81	Switzerland	Op	9419/81	July 1983	(1984) 6 E.H.R.R. 135	
App. No. 9420/81	Italy	Adm	9420/81	October 1982	(1983) 5 E.H.R.R. 289	
App. No. 9429/81	Ireland	Adm	9429/81	March 1983	(1983) 5 E.H.R.R. 507	
App. No. 9438/81	United Kingdom	Adm	9438/81	May 1983	(1983) 5 E.H.R.R. 602	
App. No. 9441/81	United Kingdom	Adm	9441/81	July 1982	(1983) 5 E.H.R.R. 289	
App. No. 9444/81	United Kingdom	Op	9444/81	July 1983	(1984) 6 E.H.R.R. 136	
App. No. 9446/81	United Kingdom	Adm	9446/81	July 1982	(1983) 5 E.H.R.R. 277	
App. No. 9451/81	Germany	Adm	9451/81	December 1982	(1983) 5 E.H.R.R. 479	

App. No. 9453/81	Portugal	Adm	9453/81	December 1982	(1983) 5 E.H.R.R. 479
App. No. 9458/81	Germany	Adm	9458/81	December 1982	(1983) 5 E.H.R.R. 480
App. No. 9461/81	United Kingdom	Adm	9461/81	December 1982	(1983) 5 E.H.R.R. 480
App. No. 9480/81	United Kingdom	Adm	9480/81	October 1985	(1987) 9 E.H.R.R. 109
App. No. 9486/81	Switzerland	Adm	9486/81	March 1983	(1983) 5 E.H.R.R. 587
App. No. 9488/81	United Kingdom	Adm	9488/81	October 1982	(1983) 5 E.H.R.R. 289
App. No. 9497/81	Germany	Op	9497/81	July 1983	(1984) 6 E.H.R.R. 119
App. No. 9502/81	United Kingdom	Op	9502/81	July 1983	(1984) 6 E.H.R.R. 334
App. No. 9503/81	United Kingdom	Op	9503/81	July 1983	(1984) 6 E.H.R.R. 335
App. No. 9505/81	United Kingdom	Adm	9505/81	December 1982	(1983) 5 E.H.R.R. 480
App. No. 9506/81	Belgium	Adm	9506/81	March 1983	(1983) 5 E.H.R.R. 508
App. No. 9513/81	United Kingdom	Adm	9513/81	October 1982	(1983) 5 E.H.R.R. 290
App. No. 9515/81	United Kingdom	Adm	9515/81	May 1982	(1983) 5 E.H.R.R. 272
App. No. 9518/81	Germany	Op	9518/81	July 1983	(1984) 6 E.H.R.R. 137
App. No. 9519/81	Germany	Op	9519/81	March 1984	(1984) 6 E.H.R.R. 599
App. No. 9521/81	United Kingdom	Adm	9521/81	May 1983	(1983) 5 E.H.R.R. 602
App. No. 9530/81	Germany	Adm	9530/81	May 1984	(1985) 7 E.H.R.R. 144
App. No. 9531/81	Germany	Adm	9531/81	October 1982	(1983) 5 E.H.R.R. 290
App. No. 9532/81	United Kingdom	Adm	9532/81	March 1984	(1984) 6 E.H.R.R. 603
App. No. 9539/81	Germany	Adm	9539/81	March 1983	(1983) 5 E.H.R.R. 508
App. No. 9544/81	Austria	Adm	9544/81	October 1982	(1983) 5 E.H.R.R. 291
App. No. 9550/81	United Kingdom	Adm	9550/81	March 1983	(1983) 5 E.H.R.R. 508
App. No. 9553/81	Belgium	Adm	9553/81	March 1983	(1983) 5 E.H.R.R. 509
App. No. 9554/81	Ireland	Op	9554/81	July 1983	(1984) 6 E.H.R.R. 336
App. No. 9562/81	United Kingdom	Op	9562/81	January 1984	(1984) 6 E.H.R.R. 592
App. No. 9569/81	France	Adm	9569/81	July 1982	(1983) 5 E.H.R.R. 277
App. No. 9576/81	United Kingdom	Adm	9576/81	1 March 1983	(1983) 5 E.H.R.R. 509
App. No. 9578/81	Germany	Adm	9578/81	December 1982	(1983) 5 E.H.R.R. 483
App. No. 9583/81	United Kingdom	Adm	9583/81	July 1983	(1984) 6 E.H.R.R. 138
App. No. 9587/81	France	Adm	9587/81	December 1982	(1983) 5 E.H.R.R. 483
App. No. 9588/81	United Kingdom	Op	9588/81	October 1983	(1984) 6 E.H.R.R. 545
App. No. 9595/81	France	Adm	9595/81	March 1983	(1983) 5 E.H.R.R. 509
App. No. 9596/81	Ireland	Adm	9596/81	December 1983	(1984) 6 E.H.R.R. 570
App. No. 9600/81	Germany	Adm	9600/81	March 1983	(1983) 5 E.H.R.R. 510

APPLICANT	RESPONDENT STATE	Adm / Op / Jmt	APPL. No.	DECISION DATE	CITATION	CASE No.
App. No. 9603/81	Germany	Adm	9603/81	October 1982	(1983) 5 E.H.R.R. 291	
App. No. 9604/81	Germany	Adm	9604/81	March 1983	(1983) 5 E.H.R.R. 587	
App. No. 9605/81	France	Adm	9605/81	March 1983	(1983) 5 E.H.R.R. 510	
App. No. 9606/81	United Kingdom	Adm	9606/81	October 1982	(1983) 5 E.H.R.R. 291	
App. No. 9607/81	Switzerland	Adm	9607/81	May 1982	(1983) 5 E.H.R.R. 272	
App. No. 9610/81	Germany	Adm	9610/81	March 1983	(1984) 6 E.H.R.R. 110	
App. No. 9615/81	United Kingdom	Adm	9615/81	March 1983	(1983) 5 E.H.R.R. 591	
App. No. 9620/81	United Kingdom	Adm	9620/81	December 1982	(1983) 5 E.H.R.R. 486	
App. No. 9626/81; 9736/82	Netherlands	Adm	9626/81; 9736/82	December 1982	(1983) 5 E.H.R.R. 486	
App. No. 9628/81	Netherlands	Adm	9628/81	July 1983	(1984) 6 E.H.R.R. 139	
App. No. 9639/82	Germany	Adm	9639/82	March 1984	(1985) 7 E.H.R.R. 135	
App. No. 9641/82	Germany	Adm	9641/82	October 1982	(1983) 5 E.H.R.R. 292	
App. No. 9643/82	United Kingdom	Adm	9643/82	July 1983	(1984) 6 E.H.R.R. 334	
App. No. 9649/82	Sweden	Adm	9649/82	October 1982	(1983) 5 E.H.R.R. 292	
App. No. 9658/82	United Kingdom	Adm	9658/82	May 1983	(1983) 5 E.H.R.R. 603	
App. No. 9659/82	United Kingdom	Adm	9659/82	May 1983	(1983) 5 E.H.R.R. 605	
App. No. 9659/82	United Kingdom	Adm	9659/82	March 1985	(1986) 8 E.H.R.R. 274	
App. No. 9661/82	Austria	Adm	9661/82	July 1983	(1984) 6 E.H.R.R. 344	
App. No. 9664/82	Sweden	Adm	9664/82	March 1983	(1983) 5 E.H.R.R. 510	
App. No. 9678/82	Germany	Adm	9678/82	March 1983	(1983) 5 E.H.R.R. 511	
App. No. 9684/82	Netherlands	Adm	9684/82	December 1983	(1984) 6 E.H.R.R. 575	
App. No. 9687/82	Germany	Adm	9687/82	March 1983	(1983) 5 E.H.R.R. 511	
App. No. 9696/82	Germany	Adm	9696/82	October 1983	(1984) 6 E.H.R.R. 360	
App. No. 9697/82	Ireland	Adm	9697/82	October 1983	(1984) 6 E.H.R.R. 546	
App. No. 9701/82	Germany	Adm	9701/82	May 1986	(1987) 9 E.H.R.R. 364	
App. No. 9702/82	United Kingdom	Adm	9702/82	October 1982	(1983) 5 E.H.R.R. 293	
App. No. 9704/82	Germany	Adm	9704/82	December 1982	(1983) 5 E.H.R.R. 487	
App. No. 9706/82	Germany	Adm	9706/82	March 1983	(1983) 5 E.H.R.R. 512	
App. No. 9707/82	Sweden	Adm	9707/82	October 1982	(1983) 5 E.H.R.R. 294	

App. No. 9710/82	United Kingdom	Adm	9710/82	October 1982	(1983) 5 E.H.R.R. 295
App. No. 9713/82	Belgium	Adm	9713/82	October 1982	(1983) 5 E.H.R.R. 295
App. No. 9719/82	Belgium	Adm	9719/82	March 1985	(1986) 8 E.H.R.R. 274
App. No. 9721/82	United Kingdom	Adm	9721/82	May 1984	(1985) 7 E.H.R.R. 145
App. No. 9723/82	Austria	Adm	9723/82	May 1984	(1986) 8 E.H.R.R. 226
App. No. 9728/82	United Kingdom	Adm	9728/82	July 1983	(1984) 6 E.H.R.R. 345
App. No. 9729/82	United Kingdom	Adm	9729/82	July 1983	(1984) 6 E.H.R.R. 346
App. No. 9730/82	United Kingdom	Adm	9730/82	May 1983	(1983) 5 E.H.R.R. 606
App. No. 9732/82	United Kingdom	Adm	9732/82	October 1982	(1983) 5 E.H.R.R. 295
App. No. 9742/82	Ireland	Adm	9742/82	March 1983	(1983) 5 E.H.R.R. 594
App. No. 9749/82	United Kingdom	Adm	9749/82	November 1983	(1984) 6 E.H.R.R. 565
App. No. 9760/82	Germany	Adm	9760/82	March 1983	(1983) 5 E.H.R.R. 596
App. No. 9769/82	Netherlands	Adm	9769/82	March 1985	(1986) 8 E.H.R.R. 288
App. No. 9773/82	United Kingdom	Adm	9773/82	October 1982	(1983) 5 E.H.R.R. 296
App. No. 9776/82	United Kingdom	Adm	9776/82	October 1983	(1984) 6 E.H.R.R. 360
App. No. 9777/82	Belgium	Adm	9777/82	July 1983	(1984) 6 E.H.R.R. 534
App. No. 9783/82	Austria	Adm	9783/82	May 1985	(1986) 8 E.H.R.R. 67
App. No. 9785/82	United Kingdom	Adm	9785/82	July 1983	(1984) 6 E.H.R.R. 139
App. No. 9787/82	United Kingdom	Adm	9787/82	January 1984	(1984) 6 E.H.R.R. 596
App. No. 9788/82	United Kingdom	Adm	9788/82	October 1982	(1983) 5 E.H.R.R. 297
App. No. 9792/82	Germany	Adm	9792/82	July 1983	(1984) 6 E.H.R.R. 347
App. No. 9793/82	United Kingdom	Adm	9793/82	March 1984	(1985) 7 E.H.R.R. 135
App. No. 9796/82	United Kingdom	Adm	9796/82	December 1982	(1983) 5 E.H.R.R. 487
App. No. 9803/82	United Kingdom	Adm	9803/82	October 1982	(1983) 5 E.H.R.R. 465
App. No. 9804/82	Belgium	Adm	9804/82	October 1982	(1983) 5 E.H.R.R. 488
App. No. 9806/82	Ireland	Adm	9806/82	October 1982	(1983) 5 E.H.R.R. 488
App. No. 9807/82	Netherlands	Adm	9807/82	March 1983	(1983) 5 E.H.R.R. 513
App. No. 9813/82	United Kingdom	Adm	9813/82	March 1983	(1983) 5 E.H.R.R. 513
App. No. 9818/82	United Kingdom	Adm	9818/82	January 1984	(1984) 6 E.H.R.R. 598
App. No. 9820/82	Sweden	Adm	9820/82	October 1982	(1983) 5 E.H.R.R. 297
App. No. 9821/82	United Kingdom	Adm	9821/82	October 1982	(1983) 5 E.H.R.R. 298
App. No. 9822/82	Spain	Adm	9822/82	May 1983	(1983) 5 E.H.R.R. 609
App. No. 9825/82	United Kingdom and Ireland	Adm	9825/82	March 1985	(1986) 8 E.H.R.R. 49

APPLICANT	RESPONDENT STATE	Adm / Op / Jmt	APPL. No.	DECISION DATE	CITATION	CASE No.
App. No. 9840/82	United Kingdom	Adm	9840/82	May 1984	(1985) 7 E.H.R.R. 146	
App. No. 9843/82	United Kingdom	Adm	9843/82	October 1982	(1983) 5 E.H.R.R. 488	
App. No. 9850/82	United Kingdom	Adm	9850/82	May 1983	(1983) 5 E.H.R.R. 610	
App. No. 9856/82	United Kingdom	Adm	9856/82	May 1987	(1988) 10 E.H.R.R. 547	
App. No. 9867/82	United Kingdom	Adm	9867/82	October 1982	(1983) 5 E.H.R.R. 489	
App. No. 9871/82	United Kingdom	Adm	9871/82	October 1982	(1983) 5 E.H.R.R. 298	
App. No. 9880/82	United Kingdom	Adm	9880/82	October 1982	(1983) 5 E.H.R.R. 298	
App. No. 9884/82	United Kingdom	Adm	9884/82	October 1982	(1983) 5 E.H.R.R. 298	
App. No. 9890/82	United Kingdom	Adm	9890/82	October 1982	(1983) 5 E.H.R.R. 299	
App. No. 9893/82	Denmark	Adm	9893/82	July 1983	(1984) 6 E.H.R.R. 554	
App. No. 9895/82	Belgium	Adm	9895/82	July 1983	(1984) 6 E.H.R.R. 555	
App. No. 9900/82	France	Adm	9900/82	May 1983	(1983) 5 E.H.R.R. 610	
App. No. 9901/82	United Kingdom	Adm	9901/82	October 1982	(1983) 5 E.H.R.R. 299	
App. No. 9905/82	Austria	Adm	9905/82	March 1984	(1985) 7 E.H.R.R. 137	
App. No. 9907/82	United Kingdom	Adm	9907/82	December 1983	(1984) 6 E.H.R.R. 576	
App. No. 9914/82	Netherlands	Adm	9914/82	July 1983	(1984) 6 E.H.R.R. 139	
App. No. 9918/82	United Kingdom	Adm	9918/82	October 1982	(1983) 5 E.H.R.R. 299	
App. No. 9926/82	Netherlands	Adm	9926/82	March 1983	(1983) 5 E.H.R.R. 515	
App. No. 9935/82	United Kingdom	Adm	9935/82	October 1982	(1983) 5 E.H.R.R. 610	
App. No. 9950/82	Germany	Adm	9950/82	October 1982	(1983) 5 E.H.R.R. 490	
App. No. 9954/82	United Kingdom	Adm	9954/82	October 1982	(1983) 5 E.H.R.R. 299	
App. No. 9955/82	Norway	Adm	9955/82	July 1983	(1984) 6 E.H.R.R. 348	
App. No. 9963/82	Belgium	Adm	9963/82	March 1983	(1983) 5 E.H.R.R. 515	
App. No. 9966/82	United Kingdom	Adm	9966/82	October 1982	(1983) 5 E.H.R.R. 299	
App. No. 9969/82	United Kingdom	Adm	9969/82	October 1982	(1983) 5 E.H.R.R. 301	
App. No. 9974/82	Denmark	Adm	9974/82	March 1983	(1983) 5 E.H.R.R. 515	
App. No. 9976/82	Belgium	Adm	9976/82	May 1983	(1983) 5 E.H.R.R. 610	
App. No. 9978/82	United Kingdom	Adm	9978/82	October 1982	(1983) 5 E.H.R.R. 301	
App. No. 9988/82	United Kingdom	Adm	9988/82	October 1982	(1983) 5 E.H.R.R. 301	
App. No. 9992/82	France	Adm	9992/82	March 1983	(1983) 5 E.H.R.R. 515	

App. No. 9993/82	France	Adm	9993/82	October 1982	(1983) 5 E.H.R.R. 302
App. No. 9997/82	Germany	Adm	9997/82	October 1982	(1983) 5 E.H.R.R. 490
App. No. 10000/82	United Kingdom	Adm	10000/82	July 1983	(1984) 6 E.H.R.R. 535
App. No. 10001/82	Germany	Adm	10001/82	December 1983	(1984) 6 E.H.R.R. 371
App. No. 10004/82	Switzerland	Adm	10004/82	May 1983	(1983) 5 E.H.R.R. 597
App. No. 10019/82	United Kingdom and Ireland	Adm	10019/82	May 1985	(1986) 8 E.H.R.R. 71
App. No. 10020/82	United Kingdom and Ireland	Adm	10020/82	May 1985	(1986) 8 E.H.R.R. 71
App. No. 10023/82	United Kingdom and Ireland	Adm	10023/82	May 1985	(1986) 8 E.H.R.R. 71
App. No. 10024/82	United Kingdom and Ireland	Adm	10024/82	May 1985	(1986) 8 E.H.R.R. 71
App. No. 10032/82	Sweden	Op	10032/82	July 1983	(1984) 6 E.H.R.R. 555
App. No. 10039/82	United Kingdom	Adm	10039/82	July 1984	(1985) 7 E.H.R.R. 451
App. No. 10040/82	Germany	Adm	10040/82	July 1983	(1984) 6 E.H.R.R. 349
App. No. 10050/82	United Kingdom	Adm	10050/82	July 1983	(1984) 6 E.H.R.R. 140
App. No. 10053/82	Denmark	Adm	10053/82	July 1983	(1984) 6 E.H.R.R. 350
App. No. 10054/82	United Kingdom	Adm	10054/82	July 1983	(1984) 6 E.H.R.R. 140
App. No. 10067/82	United Kingdom	Adm	10067/82	March 1983	(1983) 5 E.H.R.R. 516
App. No. 10076/82	Germany	Adm	10076/82	March 1985	(1986) 8 E.H.R.R. 281
App. No. 10080/82	Germany	Adm	10080/82	December 1985	(1987) 9 E.H.R.R. 250
App. No. 10083/82	United Kingdom	Adm	10083/82	July 1983	(1984) 6 E.H.R.R. 140
App. No. 10085/82	Germany	Adm	10085/82	March 1985	(1986) 8 E.H.R.R. 287
App. No. 10097/82	Netherlands	Adm	10097/82	March 1983	(1983) 5 E.H.R.R. 516
App. No. 10098/82	Germany	Adm	10098/82	May 1984	(1986) 8 E.H.R.R. 225
App. No. 10099/82	Sweden	Adm	10099/82	May 1983	(1984) 6 E.H.R.R. 129
App. No. 10106/82	United Kingdom	Adm	10106/82	March 1983	(1983) 5 E.H.R.R. 516
App. No. 10107/82	Switzerland	Adm	10107/82	July 1984	(1986) 8 E.H.R.R. 252
App. No. 10117/82	United Kingdom	Adm	10117/82	March 1984	(1985) 7 E.H.R.R. 140
App. No. 10135/82	Denmark	Adm	10135/82	May 1984	(1986) 8 E.H.R.R. 226
App. No. 10138/82	Italy	Adm	10138/82	July 1984	(1986) 8 E.H.R.R. 252
App. No. 10141/82	Sweden	Adm	10141/82	October 1984	(1986) 8 E.H.R.R. 253
App. No. 10144/82	Sweden	Adm	10144/82	May 1983	(1984) 6 E.H.R.R. 130

APPLICANT	RESPONDENT STATE	Adm / Op / Jmt	APPL. No.	DECISION DATE	CITATION	CASE No.
App. No. 10165/82	United Kingdom	Adm	10165/82	March 1983	(1983) 5 E.H.R.R. 516	
App. No. 10169/82	United Kingdom	Adm	10169/82	July 1983	(1984) 6 E.H.R.R. 144	
App. No. 10172/82	Netherlands	Adm	10172/82	July 1983	(1984) 6 E.H.R.R. 145	
App. No. 10179/82	France	Adm	10179/82	May 1987	(1988) 10 E.H.R.R. 555	
App. No. 10182/82	Spain	Adm	10182/82	July 1983	(1984) 6 E.H.R.R. 145	
App. No. 10184/82	United Kingdom	Adm	10184/82	March 1983	(1983) 5 E.H.R.R. 516	
App. No. 10193/82	Germany	Adm	10193/82	March 1984	(1985) 7 E.H.R.R. 141	
App. No. 10196/82	Germany	Adm	10196/82	October 1983	(1984) 6 E.H.R.R. 362	
App. No. 10210/82	France	Adm	10210/82	December 1983	(1984) 6 E.H.R.R. 371	
App. No. 10211/82	France	Adm	10211/82	December 1983	(1984) 6 E.H.R.R. 371	
App. No. 10212/82	United Kingdom	Adm	10212/82	May 1983	(1983) 5 E.H.R.R. 611	
App. No. 10221/82	Germany	Adm	10221/82	July 1983	(1984) 6 E.H.R.R. 353	
App. No. 10227/82	Spain	Adm	10227/82	December 1983	(1984) 6 E.H.R.R. 581	
App. No. 10228/82	United Kingdom	Adm	10228/82	March 1984	(1985) 7 E.H.R.R. 141	
App. No. 10230/82	Sweden	Adm	10230/82	May 1983	(1984) 6 E.H.R.R. 131	
App. No. 10248/82	Switzerland	Adm	10248/82	March 1985	(1986) 8 E.H.R.R. 270	
App. No. 10263/82	Denmark	Adm	10263/82	March 1985	(1986) 8 E.H.R.R. 60	
App. No. 10264/82	Sweden	Adm	10264/82	May 1983	(1984) 6 E.H.R.R. 132	
App. No. 10292/82	Spain	Adm	10292/83	July 1983	(1984) 6 E.H.R.R. 146	
App. No. 10293/82	United Kingdom	Adm	10293/82	December 1985	(1987) 9 E.H.R.R. 255	
App. No. 10295/82	United Kingdom	Op	10295/83	October 1983	(1984) 6 E.H.R.R. 558	
App. No. 10300/83	Germany	Adm	10300/83	December 1984	(1986) 8 E.H.R.R. 264	
App. No. 10317/83	United Kingdom	Op	10317/83	October 1983	(1984) 6 E.H.R.R. 362	
App. No. 10323/83	United Kingdom	Adm	10323/83	October 1983	(1984) 6 E.H.R.R. 363	
App. No. 10330/83	United Kingdom	Adm	10330/83	March 1985	(1986) 8 E.H.R.R. 271	
App. No. 10331/83	United Kingdom	Adm	10331/83	December 1983	(1984) 6 E.H.R.R. 583	
App. No. 10333/83	United Kingdom	Adm	10333/83	July 1983	(1984) 6 E.H.R.R. 353	
App. No. 10343/83	Switzerland	Adm	10343/83	October 1983	(1984) 6 E.H.R.R. 367	
App. No. 10358/83	United Kingdom	Adm	10358/83	December 1983	(1984) 6 E.H.R.R. 587	
App. No. 10365/83	Germany	Adm	10365/83	July 1984	(1985) 7 E.H.R.R. 461	

App. No. 10390/83	United Kingdom	Adm	10390/83	March 1985	(1986) 8 E.H.R.R. 301
App. No. 10395/83	Austria	Adm	10395/83	July 1986	(1987) 9 E.H.R.R. 389
App. No. 10401/83	France	Adm	10401/83	October 1983	(1984) 6 E.H.R.R. 369
App. No. 10412/83	France	Adm	10412/83	July 1987	(1989) 11 E.H.R.R. 68
App. No. 10427/83	United Kingdom	Adm	10427/83	May 1986	(1987) 9 E.H.R.R. 369
App. No. 10471/83	United Kingdom	Adm	10471/83	December 1985	(1987) 9 E.H.R.R. 155
App. No. 10476/83	Sweden	Adm	10476/83	December 1985	(1987) 9 E.H.R.R. 247
App. No. 10479/83	United Kingdom	Adm	10479/83	December 1983	(1984) 6 E.H.R.R. 373
App. No. 10482/83	Germany	Adm	10482/83	December 1983	(1984) 6 E.H.R.R. 587
App. No. 10496/83	United Kingdom	Adm	10496/83	May 1984	(1985) 7 E.H.R.R. 147
App. No. 10498/83	Austria	Adm	10498/83	December 1984	(1986) 8 E.H.R.R. 258
App. No. 10518/83	Netherlands	Adm	10518/83	May 1984	(1985) 7 E.H.R.R. 150
App. No. 10527/83	Italy	Adm	10527/83	March 1985	(1986) 8 E.H.R.R. 297
App. No. 10542/83	Sweden	Adm	10542/83	December 1985	(1987) 9 E.H.R.R. 250
App. No. 10547/83	Sweden	Adm	10547/83	March 1985	(1986) 8 E.H.R.R. 268
App. No. 10563/83	Sweden	Adm	10563/83	July 1985	(1986) 8 E.H.R.R. 86
App. No. 10564/83	Germany	Adm	10564/83	December 1984	(1986) 8 E.H.R.R. 262
App. No. 10565/83	Germany	Adm	10565/83	May 1984	(1985) 7 E.H.R.R. 152
App. No. 10592/83	United Kingdom	Adm	10592/83	January 1986	(1987) 9 E.H.R.R. 277
App. No. 10615/83	United Kingdom	Adm	10615/83	July 1984	(1986) 8 E.H.R.R. 228
App. No. 10622/83	United Kingdom	Adm	10622/83	July 1985	(1986) 8 E.H.R.R. 89
App. No. 10628/83	Switzerland	Adm	10628/83	October 1985	(1987) 9 E.H.R.R. 107
App. No. 10653/83	Sweden	Adm	10653/83	March 1985	(1986) 8 E.H.R.R. 310
App. No. 10668/83	Austria	Adm	10668/83	May 1987	(1988) 10 E.H.R.R. 556
App. No. 10671/83	Sweden	Adm	10671/83	March 1985	(1986) 8 E.H.R.R. 269
App. No. 10729/83	Sweden	Adm	10729/83	October 1985	(1987) 9 E.H.R.R. 112
App. No. 10801/84	Sweden	Adm	10801/84	January 1986	(1987) 9 E.H.R.R. 269
App. No. 10803/84	Austria	Adm	10803/84	December 1987	(1989) 11 E.H.R.R. 112
App. No. 10843/84	United Kingdom	Adm	10843/84	July 1985	(1986) 8 E.H.R.R. 89
App. No. 10854/84	United Kingdom	Adm	10854/84	July 1985	(1986) 8 E.H.R.R. 90
App. No. 10859/84	France	Adm	10859/84	October 1985	(1987) 9 E.H.R.R. 93
App. No. 10861/84	Switzerland	Adm	10861/84	March 1985	(1986) 8 E.H.R.R. 327
App. No. 10893/84	Germany	Adm	10893/84	December 1985	(1987) 9 E.H.R.R. 124
App. No. 10894/84	Switzerland	Adm	10894/84	March 1985	(1986) 8 E.H.R.R. 325

APPLICANT	RESPONDENT STATE	Adm / Op / Jmt	APPL. No.	DECISION DATE	CITATION	CASE No.
App. No. 10914/84	Netherlands	Adm	10914/84	March 1985	(1986) 8 E.H.R.R. 308	
App. No. 10918/84	Germany	Adm	10918/84	May 1985	(1986) 8 E.H.R.R. 79	
App. No. 10925/84	Sweden	Adm	10925/84	July 1985	(1986) 8 E.H.R.R. 90	
App. No. 10940/84	France	Adm	10940/84	May 1984	(1986) 8 E.H.R.R. 226	
App. No. 10942/84	Germany	Adm	10942/84	December 1987	(1989) 11 E.H.R.R. 95	
App. No. 10949/84	Germany	Adm	10949/84	December 1986	(1988) 10 E.H.R.R. 129	
App. No. 10967/84	Sweden	Adm	10967/84	December 1985	(1987) 9 E.H.R.R. 267	
App. No. 10968/84	Austria	Adm	10968/84	May 1985	(1986) 8 E.H.R.R. 80	
App. No. 11013/84	Netherlands	Adm	11013/84	March 1985	(1986) 8 E.H.R.R. 267	
App. No. 11036/84	Sweden	Adm	11036/84	December 1985	(1987) 9 E.H.R.R. 127	
App. No. 11043/84	Germany	Adm	11043/84	March 1985	(1986) 8 E.H.R.R. 303	
App. No. 11055/84	Belgium and European Communities	Adm	11055/84	March 1985	(1986) 8 E.H.R.R. 317	
App. No. 11072/84	Belgium	Adm	11072/84	October 1987	(1989) 11 E.H.R.R. 77	
App. No. 11082/84	Belgium	Adm	11082/84	December 1985	(1987) 9 E.H.R.R. 149	
App. No. 11098/84	Netherlands	Adm	11098/84	July 1985	(1986) 8 E.H.R.R. 92	
App. No. 11118/84	Germany	Adm	11118/84	November 1986	(1987) 9 E.H.R.R. 562	
App. No. 11152/84	Italy	Adm	11152/84	December 1985	(1987) 9 E.H.R.R. 150	
App. No. 11155/84	Netherlands	Adm	11155/84	December 1985	(1987) 9 E.H.R.R. 267	
App. No. 11156/84	Netherlands	Adm	11156/84	December 1985	(1987) 9 E.H.R.R. 267	
App. No. 11159/84	Belgium	Adm	11159/84	October 1987	(1989) 11 E.H.R.R. 75	
App. No. 11164/84	Belgium	Adm	11164/84	March 1985	(1986) 8 E.H.R.R. 312	
App. No. 11169/84	Germany	Adm	11169/84	July 1985	(1986) 8 E.H.R.R. 93	
App. No. 11170/84	Austria	Adm	11170/84	March 1987	(1988) 10 E.H.R.R. 513	
App. No. 11189/84	Sweden	Adm	11189/84	December 1986	(1988) 10 E.H.R.R. 132	
App. No. 11198/84	United Kingdom	Adm	11198/84	May 1985	(1986) 8 E.H.R.R. 84	
App. No. 11224/84	United Kingdom	Adm	11224/84	October 1985	(1987) 9 E.H.R.R. 121	
App. No. 11243/84	Sweden	Adm	11243/84	December 1985	(1987) 9 E.H.R.R. 131	
App. No. 11245/84	Netherlands	Adm	11245/84	December 1985	(1987) 9 E.H.R.R. 263	

App. No. 11278/84	Netherlands	Adm	11278/84	July 1985	(1986) 8 E.H.R.R. 95
App. No. 11295/84	Denmark	Adm	11295/84	October 1986	(1987) 9 E.H.R.R. 550
App. No. 11302/84	United Kingdom and Ireland	Adm	11302/84	May 1985	(1986) 8 E.H.R.R. 84
App. No. 11329/85	Switzerland	Adm	11329/85	December 1985	(1987) 9 E.H.R.R. 265
App. No. 11333/85	Germany	Adm	11333/85	March 1985	(1986) 8 E.H.R.R. 323
App. No. 11362/85	Italy	Adm	11362/85	December 1986	(1988) 10 E.H.R.R. 145
App. No. 11366/85	Sweden	Adm	11366/85	October 1986	(1987) 9 E.H.R.R. 551
App. No. 11368/85	Switzerland	Adm	11368/85	March 1986	(1987) 9 E.H.R.R. 286
App. No. 11408/85	Sweden	Adm	11408/85	December 1985	(1987) 9 E.H.R.R. 244
App. No. 11417/85	Sweden	Adm	11417/85	July 1985	(1986) 8 E.H.R.R. 106
App. No. 11454/85	Netherlands	Adm	11454/85	December 1986	(1988) 10 E.H.R.R. 145
App. No. 11464/85	Sweden	Adm	11464/85	March 1987	(1988) 10 E.H.R.R. 542
App. No. 11468/85	United Kingdom	Adm	11468/85	July 1986	(1987) 9 E.H.R.R. 393
App. No. 11489/85	Ireland	Adm	11489/85	December 1986	(1988) 10 E.H.R.R. 147
App. No. 11508/85	Denmark	Adm	11508/85	July 1985	(1987) 9 E.H.R.R. 533
App. No. 11508/85	Denmark	Adm	11508/85	16 July 1987	(1989) 11 E.H.R.R. 559
App. No. 11559/85	United Kingdom	Adm	11559/85	December 1985	(1987) 9 E.H.R.R. 134
App. No. 11564/85	Germany	Adm	11564/85	December 1985	(1987) 9 E.H.R.R. 139
App. No. 11612/85	Portugal	Adm	11612/85	December 1987	(1989) 11 E.H.R.R. 106
App. No. 11620/85	Iceland	Adm	11620/85	December 1985	(1987) 9 E.H.R.R. 151
App. No. 11630/85	Sweden	Adm	11630/85	December 1985	(1987) 9 E.H.R.R. 267
App. No. 11669/85	Germany	Adm	11669/85	December 1987	(1989) 11 E.H.R.R. 90
App. No. 11703/85	Germany	Adm	11703/85	December 1987	(1989) 11 E.H.R.R. 93
App. No. 11853/85	Germany	Adm	11853/85	March 1987	(1988) 10 E.H.R.R. 521
App. No. 11864/85	United Kingdom	Adm	11864/85	December 1985	(1987) 9 E.H.R.R. 268
App. No. 11869/85	Belgium	Adm	11869/85	October 1987	(1989) 11 E.H.R.R. 76
App. No. 11882/85	United Kingdom	Adm	11882/85	October 1987	(1989) 11 E.H.R.R. 82
App. No. 11919/86	Austria	Adm	11919/86	March 1987	(1988) 10 E.H.R.R. 538
App. No. 11949/86	United Kingdom	Adm	11949/86	December 1986	(1988) 10 E.H.R.R. 149
App. No. 11970/86	United Kingdom	Adm	11970/86	July 1987	(1989) 11 E.H.R.R. 48
App. No. 12040/86	United Kingdom	Adm	12040/86	March 1987	(1988) 10 E.H.R.R. 527
App. No. 12100/86	Austria	Adm	12100/86	December 1987	(1989) 11 E.H.R.R. 92
App. No. 12127/86	Germany	Adm	12127/86	October 1987	(1989) 11 E.H.R.R. 84

APPLICANT	RESPONDENT STATE	Adm / Op / Jmt	APPL. No.	DECISION DATE	CITATION	CASE No.
App. No. 12139/86	Netherlands	Adm	12139/86	October 1987	(1989) 11 E.H.R.R. 78	
App. No. 12146/86	Switzerland	Adm	12146/86	December 1986	(1988) 10 E.H.R.R. 158	
App. No. 12230/86	Germany	Adm	12230/86	December 1987	(1989) 11 E.H.R.R. 101	
App. No. 12370/86	United Kingdom	Adm	12370/86	December 1987	(1989) 11 E.H.R.R. 96	
App. No. 12381/86	United Kingdom	Adm	12381/86	December 1986	(1988) 10 E.H.R.R. 158	
App. No. 12513/86	United Kingdom	Adm	12513/86	July 1987	(1989) 11 E.H.R.R. 49	
App. No. 12535/86	Netherlands	Adm	12535/86	December 1987	(1989) 11 E.H.R.R. 102	
App. No. 12543/86	Netherlands	Adm	12543/86	December 1986	(1988) 10 E.H.R.R. 161	
Argento	Italy	Jmt	25842/94	2 September 1997	(1999) 28 E.H.R.R. 719	
Arrondelle	United Kingdom	Jmt	7889/77	13 May 1982	(1983) 5 E.H.R.R. 118	
Arrowsmith	United Kingdom	Op	7050/75	12 October 1978	(1981) 3 E.H.R.R. 218	
Arslan	Turkey	Jmt	23462/94	8 July 1999	(2001) 31 E.H.H.R. 264	(2001) 31 E.H.R.R 9
Artico	Italy	Jmt	6694/74	13 May 1980	(1981) 3 E.H.R.R. 1	
Artingstoll	United Kingdom	Adm	25517/94	April 1995	(1995) 19 E.H.R.R. CD 92	
Asch	Austria	Jmt	12398/86	26 April 1991	(1993) 15 E.H.R.R. 597	
Ashingdane	United Kingdom	Jmt	8225/78	28 May 1985	(1985) 7 E.H.R.R. 528	
Ashingdane	United Kingdom	Adm	8225/78	October 1983	(1984) 6 E.H.R.R. 69	
Ashingdane	United Kingdom	Op	8225/78	5 February 1982	(1982) 4 E.H.R.R. 590	
Aslan	Malta	Adm	29493/95	3 February 2000	(2000) 29 E.H.R.R. CD 106	
Aspichi Dehwari	Netherlands	Op	37014/97	27 April 2000	(2000) 29 E.H.R.R. CD 74	
Aspichi Dehwari	Netherlands	Adm	37014/97	12 March 1998	(1998) 25 E.H.R.R. CD 191	
Asplund	Sweden	Adm	19762/92	September 1994	(1994) 18 E.H.R.R. CD 111	
Assenov	Bulgaria	Jmt	24760/94	28 October 1998	(1999) 28 E.H.R.R. 652	
Assenov, Ivanova and Ivanov	Bulgaria	Op	24760/94	June 1996	(1996) 22 E.H.R.R. CD 163	
Athanassoglou	Switzerland	Jmt	27644/95	6 April 2000	(2001) 31 E.H.H.R. 372	(2001) 31 E.H.R.R 13
Ausiello	Italy	Adm	14580/89	January 1993	(1993) 16 E.H.R.R. CD 31	
Ausiello	Italy	Jmt	20331/92	21 May 1996	(1997) 24 E.H.R.R. 568	

Autronic AG	Switzerland	Jmt	12726/87	22 May 1990	(1990) 12 E.H.R.R. 485	
Averill	United Kingdom	Jmt	36408/97	6 June 2000	(2001) 31 E.H.H.R. 839	(2001) 31 E.H.R.R 36
Avis Enterprises	Greece	Op	30175/96	30 July 1998	(1998) 26 E.H.R.R. CD 21	
Axen	Germany	Jmt	8273/78	8 December 1983	(1984) 6 E.H.R.R. 195	
Ayadi	France	Adm	18000/91	October 1992	(1993) 15 E.H.R.R. CD 93	
Aydin	Turkey	Jmt	23178/94	25 September 1997	(1998) 25 E.H.R.R. 251	
Aytekin	Turkey	Jmt	22880/93	23 September 1998	(2001) 32 E.H.R.R. 501	(2001) 32 E.H.R.R. 22
Azzi	Italy	Adm	11250/84	December 1987	(1989) 11 E.H.R.R. 105	
B	Austria	Jmt	11968/86	28 March 1990	(1991) 13 E.H.R.R. 20	
B	France	Jmt	13343/87	25 March 1992	(1993) 16 E.H.R.R. 1	
B	Iceland	Adm	16534/90	October 1992	(1993) 15 E.H.R.R. CD 20	
B	Italy	Adm	14579/89	January 1993	(1993) 16 E.H.R.R. CD 31	
B	United Kingdom	Cm	6870/75	7 October 1981	(1984) 6 E.H.R.R. 204	
B	United Kingdom	Op	6870/75	7 October 1981	(1984) 6 E.H.R.R. 204	
B	United Kingdom	Jmt	9840/82	8 July 1987	(1988) 10 E.H.R.R. 87	
B and C	Netherlands	Adm	15346/89; 15379/89	January 1993	(1993) 16 E.H.R.R. CD 8	
BBC	United Kingdom	Adm	25798/94	18 January 1996	(1996) 21 E.H.R.R. CD 93	
BBC Scotland, McDonald, Rogers and Donald	United Kingdom	Adm	34324/96	23 October 1997	(1998) 25 E.H.R.R. CD 179	
BH	United Kingdom	Adm	30307/96	1 December 1997	(1998) 25 E.H.R.R. CD 136	
Bader	Austria	Op	26633/95	May 1996	(1996) 22 E.H.R.R. CD 213	
Baggetta	Italy	Jmt	10256/83	25 June 1987	(1988) 10 E.H.R.R. 325	
Baggetta	Italy	Adm	10256/83	July 1984	(1986) 8 E.H.R.R. 234	
Baggs	United Kingdom	Adm	9310/81	October 1985	(1987) 9 E.H.R.R. 235	
Bahaddar	Netherlands	Jmt	25894/94	19 February 1998	(1998) 26 E.H.R.R. 278	
Ballensky	Sweden	Adm	36341/97	1 July 1998	(1998) 26 E.H.R.R. CD 191	
Balmer-Schefroth	Switzerland	Jmt	22110/93	26 August 1997	(1998) 25 E.H.R.R. 598	
Banstonian Co	United Kingdom	Adm	9265/81	January 1983	(1983) 5 E.H.R.R. 498	
Baraona	Portugal	Jmt	10092/82	8 July 1987	(1991) 13 E.H.R.R. 329	

APPLICANT	RESPONDENT STATE	Adm / Op / Jmt	APPL. No.	DECISION DATE	CITATION	CASE No.
Barberà, Messegué and Jabardo	Spain	Jmt	10588/83; 10589/83; 10590/83	6 December 1988	(1989) 11 E.H.R.R. 360	
Barberà, Messegué, Jabardo	Spain	Adm	10588/83; 10589/83; 10590/83	October 1985	(1987) 9 E.H.R.R. 101	
Barfod	Denmark	Jmt	11508/85	22 February 1989	(1991) 13 E.H.R.R. 493	
Barrett	United Kingdom	Adm	30402/96	9 April 1997	(1997) 23 E.H.R.R. CD 185	
Barthold	Germany	Jmt	8734/79	31 January 1986	(1991) 13 E.H.R.R. 431	
Barthold	Germany	Jmt	8734/79	25 March 1985	(1985) 7 E.H.R.R. 383	
Barthold	Germany	Op	8734/79	October 1983	(1984) 6 E.H.R.R. 82	
Basic	Austria	Adm	29800/96	16 March 1999	(1999) 28 E.H.R.R. CD 118	
Baskauskaite	Lithuania	Adm	41090/98	21 October 1998	(1999) 27 E.H.R.R. CD 341	
Baskaya and Okcuoglu	Turkey	Jmt	23536/94; 24408/94	8 July 1999	(2001) 31 E.H.H.R. 292	(2001) 32 E.H.R.R. 10
Baxter	United Kingdom	Adm	24835/94	28 November 1995	(1996) 21 E.H.R.R. CD 64	
Bayram	United Kingdom	Adm	36337/97	14 September 1999	(1999) 28 E.H.R.R. CD 169	
Beard	United Kingdom	Adm	24882/94	4 March 1998	(1998) 25 E.H.R.R. CD 28	
Beaumartin	France	Jmt	15287/89	24 November 1994	(1995) 19 E.H.R.R. 485	
Beer and Regan	Germany	Adm	28934/95	24 February 1997	(1997) 23 E.H.R.R. CD 143	
Beïs	Greece	Jmt	22045/93	20 March 1997	(1998) 25 E.H.R.R. 335	
Beïs	Greece	Adm	22045/93	January 1995	(1995) 19 E.H.R.R. CD 70	
Beldjoudi	France	Jmt	12083/86	26 March 1992	(1992) 14 E.H.R.R. 801	
Belgian Linguistic Case (No. 1)	Belgium	Jmt	1474/62; 1677/62; 1699/62; 1769/63; 1994/63; 2126/64	9 February 1967	(1979) 1 E.H.R.R. 241	
Belgian Linguistic Case (No. 2)	Belgium	Jmt	1474/62; 1677/62; 1699/62; 1769/63; 1994/63; 2126/64	23 July 1968	(1979) 1 E.H.R.R. 252	
Belilos	Switzerland	Jmt	10328/83	29 April 1988	(1988) 10 E.H.R.R. 466	
Bell	United Kingdom	Adm	12322/86	October 1987	(1989) 11 E.H.R.R. 83	
Bellis	United Kingdom	Adm	32556/96	2 July 1997	(1997) 24 E.H.R.R. CD 71	

Belziuk	Poland	Jmt	23103/93	25 March 1998	(2000) 30 E.H.R.R. 614	
Ben Yaacoub	Belgium	Jmt	9976/82	27 November 1987	(1991) 13 E.H.R.R. 418	
Bendenoun	France	Jmt	12547/86	24 February 1994	(1994) 18 E.H.R.R. 54	
Benham	United Kingdom	Jmt	19380/92	10 June 1996	(1996) 22 E.H.R.R. 293	
Benham	United Kingdom	Adm	19380/92	January 1994	(1994) 18 E.H.R.R. CD 105	
Benthem	Netherlands	Jmt	8848/80	23 October 1985	(1986) 8 E.H.R.R. 1	
Benthem	Netherlands	Op	8848/80	8 October 1983	(1984) 6 E.H.R.R. 283	
Bergens Tidende	Norway	Jmt	26132/95	2 May 2000	(2001) 31 E.H.H.R. 430	(2001) 31 E.H.R.R 16
Berglund	Sweden	Adm	34825/97	16 April 1998	(1998) 25 E.H.R.R. CD 182	
Bergstrom	Sweden	Adm	10587/83	October 1985	(1987) 9 E.H.R.R. 93	
Bernaerts	Belgium	Adm	15964/90	October 1992	(1993) 15 E.H.R.R. CD 17	
Bernard	France	Adm	15492/89	October 1992	(1993) 15 E.H.R.R. CD 73	
Bernard	France	Jmt	22885/93	23 April 1998	(2000) 30 E.H.R.R. 808	
Berrehab	Netherlands	Jmt	10730/84	21 June 1988	(1989) 11 E.H.R.R. 322	
Berrehab and Koster	Netherlands	Adm	10730/84	March 1985	(1986) 8 E.H.R.R. 280	
Bezicheri	Italy	Jmt	11400/85	25 October 1989	(1990) 12 E.H.R.R. 210	
Biondi	Italy	Op	8821/79	May 1983	(1984) 6 E.H.R.R. 113	
Birou	France	Jmt	13319/87	27 February 1992	(1992) 14 E.H.R.R. 738	
Bladet Tromsø and Stensaas	Norway	Jmt	21980/93	20 May 1999	(2000) 29 E.H.R.R. 125	
Bladet Tromsø AS	Norway		21980/93	26 May 1997	(1997) 23 E.H.R.R. CD 40	
Blastland	United Kingdom	Adm	12045/86	March 1987	(1988) 10 E.H.R.R. 528	
Bock	Germany	Jmt	11118/84	29 March 1989	(1990) 12 E.H.R.R. 247	
Boddaert	Belgium	Jmt	12919/87	12 October 1992	(1993) 16 E.H.R.R. 242	
Bodén	Sweden	Jmt	10930/84	27 October 1987	(1988) 10 E.H.R.R. 367	
Bodén	Sweden	Adm	10930/84	December 1985	(1987) 9 E.H.R.R. 141	
Böhler	Austria	Adm	11968/86	March 1987	(1988) 10 E.H.R.R. 536	
Boner	United Kingdom	Jmt	18711/91	28 October 1994	(1995) 19 E.H.R.R. 246	
Bönisch	Austria	Jmt	8658/79	2 June 1985	(1991) 13 E.H.R.R. 409	
Bönisch	Austria	Jmt	8658/79	6 May 1985	(1987) 9 E.H.R.R. 191	
Bönisch	Austria	Op	8658/79	July 1984	(1984) 6 E.H.R.R. 467	
Bönisch	Austria	Adm	8658/79	July 1982	(1983) 5 E.H.R.R. 273	
Bonnechaux	Switzerland	Op	8224/78	5 December 1979	(1981) 3 E.H.R.R. 259	

APPLICANT	RESPONDENT STATE	Adm / Op / Jmt	APPL. No.	DECISION DATE	CITATION	CASE No.
Booth-Clibborn, Mannin	United Kingdom	Adm	11391/85	July 1985	(1986) 8 E.H.R.R. 99	
Borgers	Belgium	Jmt	12005/86	30 October 1991	(1993) 15 E.H.R.R. 92	
Botta	Italy	Jmt	21439/93	24 February 1998	(1998) 26 E.H.R.R. 241	
Botten	Norway	Jmt	16206/90	19 February 1996	(2001) 32 E.H.R.R.37	(2001) 32 E.H.R.R. 3
Botten	Norway	Adm	16206/90	January 1994	(1994) 18 E.H.R.R. CD 45	
Bouamar	Belgium	Jmt	9106/80	29 February 1987	(1989) 11 E.H.R.R. 1	
Bouchelkia	France	Jmt	23078/93	29 January 1997	(1998) 25 E.H.R.R. 686	
Boughanemi	France	Jmt	22070/93	24 April 1996	(1996) 22 E.H.R.R. 228	
Boujlifa	France	Jmt	24404/94	21 October 1997	(2000) 30 E.H.R.R. 419	
Boussel Du Bourg	France	Adm	20747/92	January 1993	(1993) 16 E.H.R.R. CD 49	
Bowman	United Kingdom	Jmt	24839/94	19 February 1998	(1998) 26 E.H.R.R. 1	
Bowman	United Kingdom	Op	24839/94	19 February 1998	(1996) 22 E.H.R.R. CD 13	
Bowman	United Kingdom	Adm	24839/94	4 December 1995	(1996) 21 E.H.R.R. CD 79	
Boyle	United Kingdom	Jmt	16580/90	28 February 1994	(1995) 19 E.H.R.R. 179	
Boyle and Rice	United Kingdom	Jmt	9659/82; 9658/82	27 April 1988	(1988) 10 E.H.R.R. 425	
Bozano	France	Jmt	9990/82	2 December 1987	(1991) 13 E.H.R.R. 428	
Bozano	France	Jmt	9990/82	18 December 1986	(1987) 9 E.H.R.R. 297	
Brady	United Kingdom	Op	8575/79	14 December 1979	(1981) 3 E.H.R.R. 297	
Bramelid and Malmstrom	Sweden	Cm	8588/79; 8589/79	25 October 1985	(1986) 8 E.H.R.R. 116	
Bramellid and Malmstrom	Sweden	Jmt	8588/79; 8589/79	12 October 1982	(1983) 5 E.H.R.R. 249	
Brandstetter	Austria	Jmt	11170/84; 12876/87; 13468/87	28 August 1991	(1993) 15 E.H.R.R. 378	
Brannigan and McBride	United Kingdom	Jmt	14553/89; 14554/89	26 May 1993	(1994) 17 E.H.R.R. 539	
Brennan	United Kingdom	Adm	19805/92	May 1993	(1994) 18 E.H.R.R. CD 114	
Bricmont	Belgium	Jmt	10857/84	7 July 1989	(1990) 12 E.H.R.R. 217	

Brincat	Italy	Jmt	13867/88	26 November 1992	(1993) 16 E.H.R.R. 591
Brind	United Kingdom	Adm	18714/91	May 1994	(1994) 18 E.H.R.R. CD 76
British American Tobacco Company Ltd	Netherlands	Jmt	19589/92	20 November 1995	(1996) 21 E.H.R.R. 409
Brogan	United Kingdom	Jmt	11209/84; 11234/84; 11266/84; 11386/85	30 May 1989	(1991) 13 E.H.R.R. 439
Brogan	United Kingdom	Jmt	11209/84; 11234/84; 11266/84; 11386/85	29 November 1987	(1989) 11 E.H.R.R. 117
Brogan, Coyle, McFadden and Tracey	United Kingdom	Adm	11266/84; 11266/84; 11365/85	July 1986	(1987) 9 E.H.R.R. 378
Bromfield	United Kingdom	Adm	32003/96	1 July 1998	(1998) 26 E.H.R.R. CD 138
Bromiley	United Kingdom	Adm	33747/96	23 November 1999	(2000) 29 E.H.R.R. CD 111
Brown	United Kingdom	Adm	11129/84	March 1985	(1986) 8 E.H.R.R. 272
Brown	United Kingdom	Adm	38644/97	24 November 1998	(1999) 28 E.H.R.R. CD 233
Brozicek	Italy	Jmt	10964/84	19 December 1989	(1990) 12 E.H.R.R. 371
Brozicek	Italy	Adm	10964/84	March 1987	(1988) 10 E.H.R.R. 524
Bruggemann and Scheuten	Germany	Op	6959/75	12 July 1977	(1981) 3 E.H.R.R. 244
Bryan	United Kingdom	Jmt	19178/91	22 November 1995	(1996) 21 E.H.R.R. 342
Buchholz	Germany	Jmt	7759/77	6 May 1981	(1981) 3 E.H.R.R. 597
Buckley	United Kingdom	Jmt	20348/92	25 September 1996	(1997) 23 E.H.R.R. 101
Buckley	United Kingdom	Op	20348/92	3 March 1994	(1995) 19 E.H.R.R. CD 20
Buckley	United Kingdom	Adm	20348/92	March 1994	(1994) 18 E.H.R.R. CD 123
Buckley	United Kingdom	Adm	28323/95	26 February 1997	(1997) 23 E.H.R.R. CD 129
Bullock	United Kingdom	Adm	29102/95	16 January 1996	(1996) 21 E.H.R.R. CD 85
Bulus	Sweden	Op	9330/81	January 1984	(1984) 6 E.H.R.R. 587
Bulut	Austria	Jmt	17358/90	22 February 1996	(1997) 24 E.H.R.R. 84
Bunkate	Netherlands	Jmt	13645/88	26 May 1993	(1995) 19 E.H.R.R. 477
Burghartz	Switzerland	Jmt	16213/90	22 February 1994	(1994) 18 E.H.R.R. 101
Burton	United Kingdom	Op	31600/96	September 1996	(1996) 22 E.H.R.R. CD 134

APPLICANT	RESPONDENT STATE	Adm / Op / Jmt	APPL. No.	DECISION DATE	CITATION	CASE No.
Buscarini	San Marino	Jmt	24645/94	18 February 1999	(2000) 30 E.H.R.R. 208	
C	Belgium	Jmt	21794/93	7 August 1996	(2001) 32 E.H.R.R. 19	(2001) 32 E.H.R.R. 2
C	Italy	Adm	14584/89	January 1993	(1993) 16 E.H.R.R. CD 32	
C	Netherlands	Adm	17175/90	October 1992	(1993) 15 E.H.R.R. CD 26	
C	United Kingdom	Adm	9276/81	November 1983	(1984) 6 E.H.R.R. 559	
C.G.	Austria	Adm	17371/90	January 1994	(1994) 18 E.H.R.R. CD 51	
CH	Austria	Adm	27629/95	14 December 1999	(2000) 29 E.H.R.R. CD 123	
CL, BL, HL	Sweden	Adm	22771/93	7 September 1999	(2000) 29 E.H.R.R. CD 126	
CMLO	Switzerland	Adm	25711/94	13 January 1997	(1997) 23 E.H.R.R. CD 68	
C.N.	Switzerland	Adm	43363/98	18 September 1998	(1999) 27 E.H.R.R. CD 358	
Caballero	United Kingdom	Jmt	32819/96	8 February 2000	(2000) 30 E.H.R.R. 643	
Cable	United Kingdom	Jmt	24436/94; 24582/94; 24583/94; 24584/94; 24585/94; 24895/94; 25937/94; 25939/94; 25940/94; 25941/94; 26271/95; 26525/95; 27341/95; 27342/95; 27346/95; 27357/95; 27341/95; 27389/95;	18 February 1999	(2000) 30 E.H.H.R. 1032	

			27409/95; 27760/95; 27762/95; 27772/95; 28009/95; 28790/95; 30236/96; 30239/96; 30276/96; 30277/96; 30460/96; 30461/96; 30462/96; 31399/96; 31400/96; 31434/96; 31899/96; 32024/96; 32944/96;			
Cakici	Turkey	Jmt	23657/94	8 July 1999	(2001) 31 E.H.H.R. 133	(2001) 31 E.H.R.R 5
Camenzind	Switzerland	Jmt	21353/93	16 December 1997	(1999) 28 E.H.R.R. 458	
Campbell	United Kingdom	Adm	11240/84	December 1987	(1989) 11 E.H.R.R. 97	
Campbell	United Kingdom	Jmt	13590/88	25 March 1992	(1993) 15 E.H.R.R. 137	
Campbell and Cosans	United Kingdom	Jmt	7511/76; 7743/76	22 March 1983	(1991) 13 E.H.R.R. 441	
Campbell and Cosans	United Kingdom	Jmt	7511/76; 7743/76	25 February 1982	(1982) 4 E.H.R.R. 293	
Campbell and Cosans	United Kingdom	Op	7511/76; 7743/76	16 May 1980	(1981) 3 E.H.R.R. 531	
Campbell and Fell	United Kingdom	Jmt	7819/77; 7878/77	28 June 1984	(1985) 7 E.H.R.R. 165	
Campbell and Fell	United Kingdom	Jmt	7819/77; 7878/77	12 May 1982	(1983) 5 E.H.R.R. 207	
Can	Austria	Jmt	9300/81	30 September 1985	(1986) 8 E.H.R.R. 14	
Can	Austria	Op	9300/81	12 July 1984	(1985) 7 E.H.R.R. 421	
Can	Austria	Adm	9300/81	December 1983	(1984) 6 E.H.R.R. 568	
Canea Catholic Church	Greece	Jmt	25528/94	16 September 1997	(1999) 27 E.H.R.R. 521	
Cantafio	Italy	Adm	14667/89	October 1992	(1993) 15 E.H.R.R. CD 11	

APPLICANT	RESPONDENT STATE	Adm / Op / Jmt	APPL. No.	DECISION DATE	CITATION	CASE No.
Caporaso	Italy	Adm	13805/88	January 1993	(1993) 16 E.H.R.R. CD 1	
Caprino	United Kingdom	Op	6871/75	17 July 1980	(1982) 4 E.H.R.R. 97	
Capuano	Italy	Jmt	9381/81	25 June 1987	(1991) 13 E.H.R.R. 271	
Car Srl	Italy	Op	23924/94	June 1996	(1996) 22 E.H.R.R. CD 153	
Caraher	United Kingdom	Adm	24520/94	11 January 2000	(2000) 29 E.H.R.R. CD 119	
Cardot	France	Jmt	11069/84	19 March 1991	(1991) 13 E.H.R.R. 853	
Carlin	United Kingdom	Adm	27537/95	3 December 1997	(1998) 25 E.H.R.R. CD 75	
Casado Coca	Spain	Jmt	15450/89	24 February 1994	(1994) 18 E.H.R.R. 1	
Castells	Spain	Jmt	11798/85	23 April 1992	(1992) 14 E.H.R.R. 445	
Castillo Algar	Spain	Jmt	28194/95	28 October 1998	(2000) 30 E.H.R.R. 827	
Cavalin	France	Adm	10364/83	October 1987	(1989) 11 E.H.R.R. 79	
Cavlun	Netherlands	Adm	38061/97	21 October 1998	(1999) 27 E.H.R.R. CD 310	
Cereceda Martín	Spain	Adm	16358/90	October 1992	(1993) 15 E.H.R.R. CD 18	
Cervenák	Czech Republic	Adm	29008/95	28 February 1996	(1996) 21 E.H.R.R. CD 116	
Ceskomoravská Myslivecká Jednota	Czech Republic	Adm	33091/96	23 March 1999	(1999) 28 E.H.R.R. CD 152	
Ceylan	Turkey	Jmt	23556/94	8 July 1999	(2000) 30 E.H.R.R. 73	
Chahal	United Kingdom	Jmt	22414/93	15 November 1996	(1997) 23 E.H.R.R. 413	
Chahal	United Kingdom	Op	22414/93	1 September 1994	(1995) 20 E.H.R.R. CD 19	
Chapman	United Kingdom	Adm	27238/95	4 March 1998	(1998) 25 E.H.R.R. CD 64	
Chappell	United Kingdom	Jmt	10561/83	30 March 1989	(1990) 12 E.H.R.R. 1	
Chappell	United Kingdom	Adm	10461/83	14 October 1987	(1989) 11 E.H.R.R. 543	
Chappell	United Kingdom	Op	10461/83	March 1985	(1985) 7 E.H.R.R. 589	
Chappell	United Kingdom	Adm	12587/86	March 1987	(1988) 10 E.H.R.R. 510	
Chartier	Italy	Cm	9044/80	23 September 1983	(1984) 6 E.H.R.R. 387	
Chassagnou	France	Jmt	25088/94; 28331/95; 28443/95	29 April 1999	(2000) 29 E.H.R.R. 615	
Chater	United Kingdom	Adm	11723/85	March 1987	(1988) 10 E.H.R.R. 534	
Cheall	United Kingdom	Adm	10550/83	May 1985	(1986) 8 E.H.R.R. 74	

Chichlian and Ekindjian	France	Jmt	10959/84	29 November 1989	(1991) 13 E.H.R.R. 553	
Chojak	Poland	Adm	32220/96	23 April 1998	(1998) 26 E.H.R.R. CD 145	
Chorherr	Austria	Jmt	13308/87	25 August 1993	(1994) 17 E.H.R.R. 358	
Christian Association of Jehovah's Witnesses	Bulgaria	Adm	28626/95	3 July 1997	(1997) 24 E.H.R.R. CD 52	
Ciftci	Austria	Adm	24375/94	7 April 1997	(1997) 23 E.H.R.R. CD 55	
Ciraklar	Turkey	Jmt	19061/91	28 October 1998	(2001) 32 E.H.R.R. 535	(2001) 32 E.H.R.R. 23
Ciulla	Italy	Jmt	11152/84	22 February 1989	(1991) 13 E.H.R.R. 346	
Civet	France	Jmt	29340/95	28 September 1999	(2001) 31 E.H.H.R. 871	(2001) 31 E.H.R.R 38
Clooth	Belgium	Jmt	12718/87	12 December 1991	(1992) 14 E.H.R.R. 717	
Clube de Futebol União Coimbra	Portugal	Op	27295/95	30 July 1998	(2000) 29 E.H.R.R. CD 24	
Cohen	United Kingdom	Adm	25959/94	28 February 1996	(1996) 21 E.H.R.R. CD 104	
Coke	United Kingdom	Adm	38696/97	9 September 1998	(1999) 27 E.H.R.R. CD 316	
Colak	Germany	Adm	9999/82	December 1985	(1987) 9 E.H.R.R. 154	
Colak	Germany	Jmt	9999/82	6 December 1988	(1989) 11 E.H.R.R. 513	
Colman	United Kingdom	Jmt	16632/90	28 June 1993	(1994) 18 E.H.R.R. 119	
Colozza	Italy	Jmt	9024/80	12 February 1985	(1985) 7 E.H.R.R. 516	
Colozza and Rubinat	Italy	Adm	9024/80; 9317/81	July 1982	(1983) 5 E.H.R.R. 274	
Comingersoll SA	Portugal	Jmt	35382/97	6 April 2000	(2001) 31 E.H.H.R. 772	(2001) 31 E.H.R.R 31
Comninos and National Justice Compania Naviera SA	United Kingdom	Adm	29106/95	16 October 1996	(1997) 23 E.H.R.R. CD 165	
Condron	United Kingdom	Jmt	35718/97	2 May 2000	(2001) 31 E.H.H.R. 1	(2001) 31 E.H.R.R 1
Constantinos of Greece (Former King)	Greece	Adm	25701/94	21 April 1998	(1998) 26 E.H.R.R. CD 50	

APPLICANT	RESPONDENT STATE	Adm / Op / Jmt	APPL. No.	DECISION DATE	CITATION	CASE No.
Control Beheermaatschappij BV and Onroerend Goed Houdster-maatschappij	Netherlands	Adm	11452/85	October 1986	(1987) 9 E.H.R.R. 547	
Cook	United Kingdom	Adm	36744/97	4 March 1998	(1998) 25 E.H.R.R. CD 189	
Cooke	Austria	Jmt	25878/94	8 February 2000	(2001) 31 E.H.H.R. 338	(2001) 31 E.H.R.R 11
Cooke	Austria	Adm	25878/94	10 April 1997	(1997) 23 E.H.R.R. CD 70	
Corigliano	Italy	Jmt	8304/78	10 December 1982	(1983) 5 E.H.R.R. 334	
Cornwell	United Kingdom	Adm	36578/97	11 May 1999	(1999) 27 E.H.R.R. CD 62	
Cornwell	United Kingdom	Jmt	36578/97	25 April 2000	(2000) 29 E.H.R.R. CD 30	
Cossey	United Kingdom	Jmt	10843/84	27 September 1990	(1991) 13 E.H.R.R. 622	
Costello-Roberts	United Kingdom	Jmt	13134/87	25 March 1993	(1995) 19 E.H.R.R. 112	
Coster	United Kingdom	Adm	24876/94	4 March 1998	(1998) 25 E.H.R.R. CD 24	
Council of the Civil Service Unions	United Kingdom	Adm	11603/85	January 1987	(1988) 10 E.H.R.R. 269	
Crabtree	United Kingdom	Adm	32788/96	9 April 1997	(1997) 23 E.H.R.R. CD 202	
Credit and Industrial Bank and Moravec	Czech Republic	Adm	29010/95	20 May 1998	(1998) 26 E.H.R.R. CD 88	
Crémieux	France	Jmt	11471/85	25 February 1993	(1993) 16 E.H.R.R. 357	
Croissant	Germany	Jmt	13611/88	25 September 1992	(1993) 16 E.H.R.R. 135	
Crossland	United Kingdom	Adm	36120/97	9 November 1999	(2000) 29 E.H.R.R. CD 34	
Cruz Varas	Sweden	Jmt	15576/89	20 March 1991	(1992) 14 E.H.R.R. 1	
Curatella	Italy	Adm	15806/89	January 1993	(1993) 16 E.H.R.R. CD 10	
Curley	United Kingdom	Jmt	32340/96	28 March 2000	(2001) 31 E.H.H.R. 401	(2001) 31 E.H.R.R 14
Cybulski	United Kingdom	Adm	24266/94	16 October 1996	(1997) 23 E.H.R.R. CD 53	
Cyprus	Turkey	Op	6780/74; 6950/75	10 July 1976	(1982) 4 E.H.R.R. 482	

Cyprus	Turkey	Jmt	8007/77	4 October 1983	(1993) 15 E.H.R.R. 509	
Cyprus	Turkey	Jmt	25781/94	10 May 2001	(1997) 23 E.H.R.R. 244	
D	Austria	Adm	15718/89	January 1993	(1993) 16 E.H.R.R. CD 9	
D	Italy	Adm	13779/88	October 1992	(1993) 15 E.H.R.R. CD 61	
D	Switzerland	Adm	17771/91	October 1992	(1993) 15 E.H.R.R. CD 29	
D	United Kingdom	Jmt	30240/96	2 May 1997	(1997) 24 E.H.R.R. 423	
D	United Kingdom	Op	30240/96	2 May 1997	(1996) 22 E.H.R.R. CD 45	
D	United Kingdom	Op	30240/96	June 1996	(1996) 22 E.H.R.R. CD 112	
D and A.A. H.	Greece	Adm	18357/91	August 1994	(1994) 18 E.H.R.R. CD 62	
D and E	Netherlands	Adm	15416/89	January 1993	(1993) 16 E.H.R.R. CD 34	
DV	Bulgaria	Adm	31365/96	16 April 1998	(1998) 25 E.H.R.R. CD 154	
DW	United Kingdom	Adm	34127/96	1 July 1998	(1998) 26 E.H.R.R. CD 158	
Dahanayake	United Kingdom	Jmt	9435/81	11 May 1982	(1983) 5 E.H.R.R. 144	
Daktaras	Lithuania	Adm	42095/98	11 January 2000	(2000) 29 E.H.R.R. CD 135	
Dalban	Romania	Jmt	28114/95	28 September 1999	(2001) 31 E.H.H.R. 893	(2001) 31 E.H.R.R 39
Darby	Sweden	Jmt	11581/85	23 October 1990	(1991) 13 E.H.R.R. 774	
Darci	Turkey	Adm	29986/96	2 February 1999	(1999) 28 E.H.R.R. CD 124	
Darnell	United Kingdom	Jmt	15058/89	26 October 1993	(1994) 18 E.H.R.R. 205	
Daud	Portugal	Jmt	22600/93	21 April 1998	(2000) 30 E.H.R.R. 400	
Day	Italy	Adm	34573/97	21 May 1998	(1998) 26 E.H.R.R. CD 174	
De Becker	Belgium	Jmt	214/56	27 March 1962	(1979) 1 E.H.R.R. 43	
De Cubber	Belgium	Jmt	9186/80	14 September 1987	(1991) 13 E.H.R.R. 422	
De Cubber	Belgium	Jmt	9186/80	26 October 1984	(1985) 7 E.H.R.R. 236	
De Cubber	Belgium	Op	9186/80	October 1983	(1984) 6 E.H.R.R. 104	
De Geillustreerde Pers	Netherlands	Adm	12229/86	November 1987	(1989) 11 E.H.R.R. 85	
De Haan	Netherlands	Jmt	22839/93	26 August 1997	(1998) 26 E.H.R.R. 417	
De Haes and Gijsels	Belgium	Jmt	19983/92	24 February 1997	(1998) 25 E.H.R.R. 1	
De Jong, Baljet and Van Den Brink	Netherlands	Jmt	8805/79; 8806/79; 9242/81	22 May 1984	(1986) 8 E.H.R.R. 20	
De Moor	Belgium	Jmt	16997/90	23 June 1994	(1994) 18 E.H.R.R. 372	
De Salvador Torres	Spain	Jmt	21525/93	24 October 1996	(1997) 23 E.H.R.R. 601	
De Varga Hirsch	France	Op	9559/81	May 1983	(1984) 6 E.H.R.R. 126	
De Vries	Netherlands	Adm	16690/90	October 1992	(1993) 15 E.H.R.R. CD 87	

APPLICANT	RESPONDENT STATE	Adm / Op / Jmt	APPL. No.	DECISION DATE	CITATION	CASE No.
De Warrene Waller	United Kingdom	Adm	27284/95	18 January 1996	(1996) 21 E.H.R.R. CD 96	
De Wilde, Ooms and Versyp	Belgium (No. 1)	Jmt	2832/66; 2835/66; 2899/66	18 June 1971	(1979) 1 E.H.R.R. 373	
De Wilde, Ooms and Versyp	Belgium (No. 2)	Jmt	2832/66; 2835/66; 2899/66	10 March 1972	(1979) 1 E.H.R.R. 438	
Debled	Belgium	Jmt	13839/88	22 September 1994	(1995) 19 E.H.R.R. 506	
DeBono	Malta	Adm	20608/92	October 1992	(1993) 15 E.H.R.R. CD 112	
Delcourt	Belgium	Jmt	2689/65	17 January 1970	(1979) 1 E.H.R.R. 355	
Delta	France	Jmt	11444/85	19 December 1990	(1993) 16 E.H.R.R. 574	
Demai	France	Jmt	22904/93	28 October 1994	(1995) 20 E.H.R.R. 90	
Demicoli	Malta	Jmt	13057/87	27 August 1991	(1992) 14 E.H.R.R. 47	
Demirtepe	France	Jmt	34821/97	21 December 1999	(2001) 31 E.H.H.R. 708	(2001) 31 E.H.R.R 28
Denmark	Turkey	Adm	34382/97	5 April 2000	(2000) 29 E.H.R.R. CD 35	
Desilles	France	Adm	15948/90	January 1993	(1993) 16 E.H.R.R. CD 10	
Deumeland	Germany	Adm	9384/81	December 1983	(1984) 6 E.H.R.R. 565	
Deumeland	Germany	Jmt	9384/81	29 May 1986	(1986) 8 E.H.R.R. 448	
Deumeland	Germany	Op	9384/81	9 May 1984	(1985) 7 E.H.R.R. 409	
Deweer	Belgium	Jmt	6903/75	27 February 1980	(1980) 2 E.H.R.R. 439	
D'Haese, Le Compte	Belgium	Op	8830/80	May 1983	(1984) 6 E.H.R.R. 114	
Dhoest	Belgium	Cm	10448/83	14 May 1987	(1990) 12 E.H.R.R. 135	
Díaz Ruano	Spain	Jmt	16988/90	26 April 1994	(1995) 19 E.H.R.R. 542	
Dick	United Kingdom	Adm	26249/95	28 February 1996	(1996) 21 E.H.R.R. CD 107	
Diennet	France	Jmt	18160/91	26 September 1995	(1996) 21 E.H.R.R. 554	
Diennet	France	Adm	18160/91	October 1992	(1993) 15 E.H.R.R. CD 94	
Dilek	Netherlands	Adm	35137/97	1 July 1998	(1999) 27 E.H.R.R. CD 244	
Djeroud	France	Jmt	13446/87	23 January 1991	(1992) 14 E.H.R.R. 68	
Dobbertin	France	Jmt	13089/87	25 February 1993	(1993) 16 E.H.R.R. 558	
Dombo Beheer BV	Netherlands	Jmt	14448/88	27 October 1993	(1994) 18 E.H.R.R. 213	

Domenichini	Italy	Jmt	15943/90	15 November 1996	(2001) 32 E.H.R.R. 68	(2001) 32 E.H.R.R. 4
Doorson	Netherlands	Jmt	20524/92	26 March 1996	(1996) 22 E.H.R.R. 330	
Doran	Netherlands	Adm	15268/89	October 1992	(1993) 15 E.H.R.R. CD 72	
Dores and Silveira	Portugal	Adm	9345/81; 9346/81	July 1982	(1983) 5 E.H.R.R. 275	
Dougan	United Kingdom	Adm	21437/93	May 1994	(1994) 18 E.H.R.R. CD 174	
Dougoz	Greece	Adm	40907/98	8 February 2000	(2000) 29 E.H.R.R. CD 147	
Douiyeb	Netherlands	Jmt	31464/96	4 August 1999	(2000) 30 E.H.R.R. 790	
Dowsett Securities	United Kingdom	Adm	9405/81	January 1983	(1984) 6 E.H.R.R. 110	
Doymus	Switzerland	Adm	27269/95	June 1995	(1995) 20 E.H.R.R. CD 129	
Dreshaj	Finland	Adm	23159/94	May 1994	(1994) 18 E.H.R.R. CD 213	
Driemond Bouw BV	Netherlands	Adm	31908/96	2 February 1999	(1999) 28 E.H.R.R. CD 135	
Drozd	Poland	Adm	25403/94	5 March 1996	(1996) 21 E.H.R.R. CD 120	
Drozd and Janousek	France and Spain	Jmt	12747/87	26 June 1992	(1992) 14 E.H.R.R. 745	
Drummond	United Kingdom	Adm	12917/87	December 1987	(1989) 11 E.H.R.R. 91	
Dublin Well Woman Centre Ltd	Ireland	Adm	28177/95	9 April 1997	(1997) 23 E.H.R.R. CD 125	
Dubowska and Skup	Poland	Adm	33490/96; 34055/96	29 May 1997	(1997) 23 E.H.R.R. CD 204	
Dubowska and Skup	Poland	Adm	33490/96; 34055/96	18 April 1997	(1997) 24 E.H.R.R. CD 75	
Duclos	France	Jmt	20940/92–20941/92–20942/92	17 December 1996	(2001) 32 E.H.R.R. 86	(2001) 32 E.H.R.R. 5
Dudgeon	United Kingdom	Jmt	7525/76	24 February 1983	(1983) 5 E.H.R.R. 573	
Dudgeon	United Kingdom	Jmt	7525/76	22 September 1981	(1982) 4 E.H.R.R. 149	
Dudgeon	United Kingdom	Op	7525/76	13 March 1980	(1981) 3 E.H.R.R. 40	
Duinhof and Duijf	Netherlands	Jmt	9626/81; 9736/82	22 May 1984	(1991) 13 E.H.R.R. 478	
Duinhof and Duijf	Netherlands	Op	9626/81	October 1983	(1984) 6 E.H.R.R. 105	
Dyer	United Kingdom	Adm	10475/83	October 1984	(1985) 7 E.H.R.R. 469	
E	Austria	Adm	16569/90	January 1993	(1993) 16 E.H.R.R. CD 11	
E	France	Adm	14637/89	October 1992	(1993) 15 E.H.R.R. CD 64	
E	Norway	Jmt	11701/85	29 August 1990	(1994) 17 E.H.R.R. 30	
E	United Kingdom	Adm	20118/92	October 1992	(1993) 15 E.H.R.R. CD 61	
E.B.	Germany	Adm	19442/92	June 1994	(1994) 18 E.H.R.R. CD 109	
EDC	United Kingdom	Adm	24433/94	29 November 1995	(1996) 21 E.H.R.R. CD 69	

APPLICANT	RESPONDENT STATE	Adm / Op / Jmt	APPL. No.	DECISION DATE	CITATION	CASE No.
ELH and PBH	United Kingdom	Adm	32094/96; 32568/96	22 October 1997	(1998) 25 E.H.R.R. CD 158	
EP	Italy	Jmt	31127/96	16 November 1999	(2001) 31 E.H.H.R. 463	(2001) 31 E.H.R.R 17
E.P.	Slovak Republic	Adm	33706/96	9 September 1998	(1999) 27 E.H.R.R. CD 231	
EP	Turkey	Op	23500/94	June 1996	(1996) 22 E.H.R.R. CD 143	
Earl Spencer and the Countess Spencer	United Kingdom	Adm	28851/95; 28852/95	16 January 1998	(1998) 25 E.H.R.R. CD 105	
East African Asians	United Kingdom	Op	4403/70; 4419/70; 4422/70; 4434/70; 4443/70; 4476/70; 4478/70; 4486/70; 4501/70; 4526/70; 4530/70	14 December 1973	(1981) 3 E.H.R.R. 76	
Eckle	Germany	Jmt	8130/78	21 June 1983	(1991) 13 E.H.R.R. 556	
Eckle	Germany	Jmt	8130/78	15 July 1982	(1983) 5 E.H.R.R. 1	
Edis	United Kingdom	Adm	11414/85	July 1985	(1986) 8 E.H.R.R. 99	
Editions Periscope	France	Jmt	11760/85	26 March 1992	(1992) 14 E.H.R.R. 597	
Edwards	United Kingdom	Adm	11377/85	July 1985	(1986) 8 E.H.R.R. 96	
Edwards	United Kingdom	Jmt	13071/87	25 November 1992	(1993) 15 E.H.R.R. 417	
Egyptair	Denmark	Adm	28441/95	20 May 1998	(1998) 26 E.H.R.R. CD 80	
Einarsson	Sweden	Adm	11005/84	October 1985	(1987) 9 E.H.R.R. 110	
Ekbatani	Sweden	Jmt	10563/83	26 May 1988	(1991) 13 E.H.R.R. 504	
El Boujaÿdi	France	Jmt	25613/94	26 September 1997	(2000) 30 E.H.R.R. 223	
Elex	United Kingdom	Adm	10945/84	December 1985	(1987) 9 E.H.R.R. 127	
Engel	The Netherlands (No. 1)	Jmt	5100/71; 5101/71; 5102/71; 5354/72; 5370/72	8 June 1976	(1979) 1 E.H.R.R. 647	
Engel	The Netherlands (No. 2)	Jmt	5100/71; 5101/71; 5102/71; 5354/72; 5370/72	23 November 1976	(1979) 1 E.H.R.R. 706	

Englert	Germany	Jmt	10282/83	25 August 1987	(1991) 13 E.H.R.R. 392	
Englert	Germany	Adm	10282/83	December 1984	(1986) 8 E.H.R.R. 45	
English Electric Co. and Vickers Ltd	United Kingdom	Adm	9263/81	January 1983	(1983) 5 E.H.R.R. 498	
Englund	Sweden	Adm	36332/97	20 May 1998	(1999) 27 E.H.R.R. CD 264	
Enkelmann	Switzerland	Adm	10505/83	March 1985	(1986) 8 E.H.R.R. 266	
Erdagöz	Turkey	Jmt	21890/93	22 October 1997	(2001) 32 E.H.R.R. 443	(2001) 32 E.H.R.R. 19
Ergi	Turkey	Jmt	23818/94	28 July 1998	(2001) 32 E.H.R.R. 388	(2001) 32 E.H.R.R. 18
Eriksen	Norway	Jmt	17391/90	27 May 1997	(2000) 29 E.H.R.R. 328	
Erikson	Italy	Adm	37900/97	26 October 1999	(2000) 29 E.H.R.R. CD 152	
Eriksson	Sweden	Jmt	11375/85	22 June 1989	(1990) 12 E.H.R.R. 183	
Eriksson	Sweden	Adm	11373/85	March 1987	(1988) 10 E.H.R.R. 539	
Erkalo	Netherlands	Jmt	23807/94	23 September 1998	(1999) 28 E.H.R.R. 509	
Erkner and Hofauer	Austria	Jmt	9616/81	29 September 1987	(1991) 13 E.H.R.R. 413	
Erkner and Hofauer	Austria	Jmt	9616/81	23 April 1987	(1987) 9 E.H.R.R. 464	
Erkner and Hofaur	Austria	Op	9616/81	24 January 1986	(1986) 8 E.H.R.R. 520	
Ernest Saunders	United Kingdom	Op	19187/91	10 May 1994	(1994) 18 E.H.R.R. CD 23	
Ersöz, Çetin, Kaya	Turkey	Adm	23144/93	20 October 1995	(1996) 21 E.H.R.R. CD 48	
Esbester	United Kingdom	Adm	18601/91	April 1993	(1994) 18 E.H.R.R. CD 72	
Escoubet	Belgium	Jmt	26780/95	28 October 1999	(2001) 31 E.H.H.R. 1034	(2001) 31 E.H.R.R 46
Esen	Netherlands	Adm	37132/97	21 October 1998	(1999) 27 E.H.R.R. CD 290	
Ettl	Austria	Jmt	9273/81	23 April 1987	(1988) 10 E.H.R.R. 255	
Ettl	Austria	Adm	9273/81	March 1984	(1984) 6 E.H.R.R. 599	
Everest	United Kingdom	Adm	30234/96	26 February 1997	(1997) 23 E.H.R.R. CD 180	
Ewing	United Kingdom	Adm	11224/84	December 1986	(1988) 10 E.H.R.R. 141	
Ezelin	France	Jmt	11800/85	26 April 1991	(1992) 14 E.H.R.R. 362	
F	Austria	Adm	14923/89	October 1992	(1993) 15 E.H.R.R. CD 68	
F	Austria	Adm	14923/89	October 1992	(1993) 15 E.H.R.R. CD 68	
F	Austria	Adm	16060/90	January 1993	(1993) 16 E.H.R.R. CD 35	
F	Netherlands	Adm	16737/90	January 1993	(1993) 16 E.H.R.R. CD 12	
F	Switzerland	Jmt	11329/85	18 December 1987	(1988) 10 E.H.R.R. 411	

APPLICANT	RESPONDENT STATE	Adm / Op / Jmt	APPL. No.	DECISION DATE	CITATION	CASE No.
F	United Kingdom	Adm	18123/91	October 1992	(1993) 15 E.H.R.R. CD 32	
F	United Kingdom	Op	28052/95	April 1996	(1996) 22 E.H.R.R. CD 118	
FCB	Italy	Jmt	12151/86	28 August 1991	(1992) 14 E.H.R.R. 909	
F.E	France	Jmt	38212/97	30 October 1998	(2000) 29 E.H.R.R. 591	
F.K., T.M. and C.H.	Austria	Adm	18249/91	March 1994	(1994) 18 E.H.R.R. CD 60	
FM	Italy	Jmt	12784/87	23 September 1992	(1994) 18 E.H.R.R. 570	
FM Zumtobel GmBH and Co. KG, Zumtobel and Pramstaller	Austria	Adm	17196/90	January 1993	(1993) 16 E.H.R.R. CD 40	
Fadini	Switzerland	Adm	17003/90; 18206/91	January 1993	(1993) 16 E.H.R.R. CD 13	
Farah	Sweden	Adm	43218/98	24 August 1999	(1999) 28 E.H.R.R. CD 216	
Farmakopoulos	Belgium	Jmt	11683/85	27 March 1992	(1993) 16 E.H.R.R. 187	
Farragut	France	Adm	10103/82	July 1984	(1986) 8 E.H.R.R. 232	
Farrell	United Kingdom	Adm	9013/80	December 1982	(1983) 5 E.H.R.R. 466	
Fashanu	United Kingdom	Adm	38440/97	1 July 1998	(1998) 26 E.H.R.R. CD 217	
Faulkner	United Kingdom	Adm	30308/96	21 May 1998	(1998) 26 E.H.R.R. CD 125	
Fayed	United Kingdom	Jmt	17101/90	21 September 1994	(1994) 18 E.H.R.R. 393	
Fejde	Sweden	Jmt	12631/87	26 September 1991	(1994) 17 E.H.R.R. 14	
Feldbrugge	Netherlands	Jmt	8562/79	27 July 1987	(1991) 13 E.H.R.R. 571	
Feldbrugge	Netherlands	Op	8562/79	27 July 1987	(1985) 7 E.H.R.R. 279	
Feldbrugge	Netherlands	Jmt	8562/79	29 May 1986	(1986) 8 E.H.R.R. 425	
Felderer	Sweden	Adm	11001/84	July 1985	(1986) 8 E.H.R.R. 91	
Fenzel and Köllner	Austria	Op	22351/93	May 1996	(1996) 22 E.H.R.R. CD 80	
Ferrantelli and Santangelo	Italy	Jmt	19874/92	7 August 1996	(1997) 23 E.H.R.R. 288	
Fey	Austria	Jmt	14396/88	24 February 1993	(1993) 16 E.H.R.R. 387	
Fidan	Turkey	Adm	24209/94	29 March 2000	(2000) 29 E.H.R.R. CD 162	
Findlay	United Kingdom	Jmt	22107/93	25 February 1997	(1997) 24 E.H.R.R. 221	
Findlay	United Kingdom	Op	22107/93	5 September 1995	(1996) 21 E.H.R.R. CD 7	

Firsoff	United Kingdom	Adm	20591/92	October 1992	(1993) 15 E.H.R.R. CD 111	
Fischer	Austria	Jmt	16922/90	26 April 1995	(1995) 20 E.H.R.R. 349	
Fischer	Austria	Adm	16922/90	October 1992	(1993) 15 E.H.R.R. CD 23	
Fitt	United Kingdom	Jmt	29777/96	16 February 2000	(2000) 30 E.H.R.R. 480	
Fleming	United Kingdom	Adm	33987/96	20 May 1997	(1997) 23 E.H.R.R. CD 207	
Flori	Italy	Adm	13932/88	October 1992	(1993) 15 E.H.R.R. CD 4	
Fogarty	United Kingdom	Adm	37112/97	1 March 2000	(2000) 29 E.H.R.R. CD 157	
Foti	Italy	Jmt	7604/76; 7719/76; 7781/77; 7913/77	21 November 1983	(1991) 13 E.H.R.R. 568	
Foti	Italy	Jmt	7604/76; 7719/76; 7781/77; 7913/77	10 December 1982	(1983) 5 E.H.R.R. 313	
Foucher	France	Jmt	22209/93	18 March 1997	(1998) 25 E.H.R.R. 234	
Fouquet	France	Jmt	20398/92	31 January 1996	(1996) 22 E.H.R.R. 279	
Fox, Campbell and Hartley	United Kingdom	Jmt	12244/86; 12245/86; 12383/86	27 March 1991	(1992) 14 E.H.R.R. 108	
Fox, Campbell and Hartley	United Kingdom	Jmt	12244/86; 12245/86; 12383/86	30 August 1990	(1991) 13 E.H.R.R. 157	
Foxley	United Kingdom	Jmt	33274/96	20 June 2000	(2001) 31 E.H.H.R. 637	(2001) 31 E.H.R.R 25
France, Norway, Denmark, Sweden and the Netherlands	Turkey	Op	9940/82	6 December 1983	(1984) 6 E.H.R.R. 241	
France, Norway, Denmark, Sweden and the Netherlands	Turkey	Op	9940-9944/82	7 December 1985	(1986) 8 E.H.R.R. 205	
Fredin	Sweden	Jmt	12033/86	18 February 1991	(1991) 13 E.H.R.R. 784	
Fredin	Sweden	Adm	12033/86	December 1987	(1989) 11 E.H.R.R. 104	
Fredin	Sweden	Adm	18928/91	October 1992	(1993) 15 E.H.R.R. CD 58	
Fressoz and Roire	France	Jmt	29183/95	21 January 1999	(2001) 31 E.H.H.R. 28	(2001) 31 E.H.R.R 2
Friedl	Austria	Jmt	15225/89	31 January 1995	(1996) 21 E.H.R.R. 83	
Frydlender	France	Jmt	30979/96	27 June 2000	(2001) 31 E.H.H.R. 1152	(2001) 31 E.H.R.R 52
Fryske Nasjonale Partij	Netherlands	Adm	11100/84	December 1985	(1987) 9 E.H.R.R. 261	

APPLICANT	RESPONDENT STATE	Adm / Op / Jmt	APPL. No.	DECISION DATE	CITATION	CASE No.
Fuentes Bobo	Spain	Jmt	39293/98	29 February 2000	(2001) 31 E.H.H.R. 1115	(2001) 31 E.H.R.R 50
Funke	France	Jmt	10828/84	25 February 1993	(1993) 16 E.H.R.R. 297	
G	France	Adm	15091/89	October 1992	(1993) 15 E.H.R.R. CD 69	
G	France	Adm	15091/89	October 1992	(1993) 15 E.H.R.R. CD 69	
G	France	Jmt	15312/89	27 September 1995	(1996) 21 E.H.R.R. 288	
G	Germany	Op	9228/80	July 1984	(1984) 6 E.H.R.R. 499	
G	Netherlands	Adm	16944/90	January 1993	(1993) 16 E.H.R.R. CD 38	
G	Norway	Adm	17228/90	January 1993	(1993) 16 E.H.R.R. CD 14	
GF	Austria	Op	23671/94	September 1996	(1996) 22 E.H.R.R. CD 145	
G, H, I	United Kingdom	Adm	18600/91; 18601/91; 18602/91	October 1992	(1993) 15 E.H.R.R. CD 41	
G.H.H.	Turkey	Adm	43258/98	31 August 1999	(1999) 28 E.H.R.R. CD 221	
GS	Austria	Jmt	26297/95	21 December 1999	(2001) 31 E.H.H.R. 576	(2001) 31 E.H.R.R 21
Gagliano Vasta	Italy	Adm	15056/89	October 1992	(1993) 15 E.H.R.R. CD 13	
Galloway	United Kingdom	Adm	34199/96	9 September 1998	(1999) 27 E.H.R.R. CD 241	
Gama Cidrais	Portugal	Adm	18024/91	October 1992	(1993) 15 E.H.R.R. CD 94	
Gama Vinhas	Portugal	Adm	18028/91	January 1993	(1993) 16 E.H.R.R. CD 44	
García Ruiz	Spain	Jmt	30544/96	21 January 1999	(2001) 31 E.H.H.R. 589	(2001) 31 E.H.R.R 22
Garland	United Kingdom	Adm	28120/95	2 February 1999	(2000) 29 E.H.R.R. CD 81	
Garyfallou Aebe	Greece	Jmt	18996/91	24 September 1997	(1999) 28 E.H.R.R. 344	
Gaskin	United Kingdom	Jmt	10454/83	7 July 1989	(1990) 12 E.H.R.R. 36	
Gaskin	United Kingdom	Op	10454/83	14 October 1987	(1989) 11 E.H.R.R. 402	
Gaskin	United Kingdom	Adm	10454/83	March 1986	(1987) 9 E.H.R.R. 279	
Gasper	Sweden	Adm	10368/83; 10642/83	July 1985	(1986) 8 E.H.R.R. 99	
Gasper	Sweden	Adm	18781/91	6 July 1998	(1998) 26 E.H.R.R. CD 30	

Gasus Dosier- und Fördertechnik GmbH	Netherlands	Jmt	15375/89	23 February 1995	(1995) 20 E.H.R.R. 403
Gasus Dosier- und Fördertechnik GmbH	Netherlands	Adm	15375/89	October 1992	(1993) 15 E.H.R.R. CD 14
Gautrin	France	Jmt	21257/93; 21258/93; 21259/93; 21260/93	20 May 1998	(1999) 28 E.H.R.R. 196
Gaweda	Poland	Adm	26229/95	13 January 1997	(1997) 23 E.H.R.R. CD 73
Gay News and Lemon	United Kingdom	Jmt	8710/79	7 May 1982	(1983) 5 E.H.R.R. 123
Gaygusuz	Austria	Jmt	17371/90	16 September 1996	(1997) 23 E.H.R.R. 364
Gea Catalán	Spain	Jmt	19160/91	10 February 1995	(1995) 20 E.H.R.R. 266
Georgiadis	Greece	Jmt	21522/93	29 May 1997	(1997) 24 E.H.R.R. 606
Gerlach	Germany	Adm	11130/84	March 1985	(1986) 8 E.H.R.R. 311
Gillow	United Kingdom	Jmt	9063/80	14 September 1987	(1991) 13 E.H.R.R. 593
Gillow	United Kingdom	Op	9063/80	14 September 1987	(1985) 7 E.H.R.R. 292
Gillow	United Kingdom	Jmt	9063/80	24 November 1986	(1989) 11 E.H.R.R. 335
Gillow	United Kingdom	Adm	9063/80	December 1982	(1983) 5 E.H.R.R. 581
Gitonas	Greece	Jmt	18747/91; 19376/92; 19379/92; 28208/95; 27755/95	1 July 1997	(1998) 26 E.H.R.R. 691
Giunta	Italy	Adm	13953/88	January 1993	(1993) 16 E.H.R.R. CD 30
Glasenapp	Germany	Jmt	9228/80	28 August 1986	(1987) 9 E.H.R.R. 25
Glimmerveen and Hagenbeek	The Netherlands	Adm	8348/78; 8406/78	11 October 1979	(1982) 4 E.H.R.R. 260
Goddi	Italy	Jmt	8966/80	9 April 1984	(1984) 6 E.H.R.R. 457
Golder	United Kingdom	Jmt	4451/70	21 February 1975	(1979) 1 E.H.R.R. 524
Goodman International and Goodman	Ireland	Adm	19538/92	January 1993	(1993) 16 E.H.R.R. CD 26
Goodwin	United Kingdom	Jmt	17488/90	27 March 1996	(1996) 22 E.H.R.R. 123
Govell	United Kingdom	Adm	27237/95	26 February 1996	(1997) 23 E.H.R.R. CD 101

APPLICANT	RESPONDENT STATE	Adm / Op / Jmt	APPL. No.	DECISION DATE	CITATION	CASE No.
Governor and Company of the Bank of England	United Kingdom	Adm	37857/97	21 October 1998	(1999) 27 E.H.R.R. CD 307	
Grander	Sweden	Adm	20326/92	September 1994	(1994) 18 E.H.R.R. CD 120	
Granger	United Kingdom	Jmt	11932/86	28 March 1990	(1990) 12 E.H.R.R. 469	
Granger	United Kingdom	Cm	11932/86	12 December 1988	(1990) 12 E.H.R.R. 460	
Grare	France	Adm	18835/91	October 1992	(1993) 15 E.H.R.R. CD 100	
Grauso	Poland	Adm	27388/95	9 April 1997	(1997) 23 E.H.R.R. CD 108	
Grauzinis	Lithuania	Adm	37975/97	2 March 1999	(1999) 28 E.H.R.R. CD 189	
Grech	Malta	Adm	24492/94	June 1995	(1995) 20 E.H.R.R. CD 95	
Grech and Montanaro	Malta	Adm	29473/95	21 January 1997	(1997) 23 E.H.R.R. CD 176	
Greenpeace Schweiz	Switzerland	Adm	27644/95	7 April 1997	(1997) 23 E.H.R.R. CD 116	
Gregory	United Kingdom	Adm	22299/93	April 1995	(1995) 19 E.H.R.R. CD 82	
Gregory	United Kingdom	Jmt	22299/93	25 February 1997	(1998) 25 E.H.R.R. 577	
Gribler	United Kingdom	Adm	12523/86	March 1987	(1988) 10 E.H.R.R. 546	
Grigoriades	Greece	Jmt	24348/94	25 November 1997	(1999) 27 E.H.R.R. 464	
Grigoriades	Greece	Adm	24348/94	September 1995	(1995) 20 E.H.R.R. CD 92	
Grof	Austria	Adm	25046/94	14 April 1998	(1998) 25 E.H.R.R. CD 39	
Groppera Radio AG	Switzerland	Jmt	10890/84	28 March 1990	(1990) 12 E.H.R.R. 321	
Groppera Radio AG, Marquard, Frohlich and Caluzzi	Switzerland	Cm	10890/84	13 October 1988	(1990) 12 E.H.R.R. 297	
Gross	Germany	Adm	9251/81	December 1982	(1983) 5 E.H.R.R. 476	
Gudmundssson	Iceland	Adm	23285/94	17 January 1996	(1996) 21 E.H.R.R. CD 89	
Guerra	Italy	Jmt	14967/89	19 February 1998	(1998) 26 E.H.R.R. 357	
Guillemin	France	Op	19632/92	2 September 1998	(1999) 27 E.H.R.R. CD 1	
Guillemin	France	Jmt	19632/92	21 February 1997	(1998) 25 E.H.R.R. 435	
Guincho	Portugal	Jmt	8940/80	10 July 1984	(1985) 7 E.H.R.R. 223	
Guincho	Portugal	Adm	8990/80	July 1982	(1983) 5 E.H.R.R. 274	
Gül	Switzerland	Jmt	23218/94	19 February 1996	(1996) 22 E.H.R.R. 93	

Güleç	Turkey	Jmt	21593/93	27 July 1998	(1999) 28 E.H.R.R. 121	
Gündem	Turkey	Jmt	22275/93	25 May 1998	(2001) 32 E.H.R.R. 350	(2001) 32 E.H.R.R. 17
Gürdogan and Müstak	Turkey	Adm	15202/89; 15203/89; 15204/89; 15205/89	January 1993	(1993) 16 E.H.R.R. CD 6	
Gustafsson	Sweden	Jmt	15573/89	25 April 1996	(1996) 22 E.H.R.R. 409	
Gustafsson	Sweden	Jmt	15573/89	30 July 1998	(1998) 26 E.H.R.R. CD 13	
Guzzardi	Italy	Jmt	7367/76	6 November 1980	(1981) 3 E.H.R.R. 333	
H	Austria	Adm	15225/89	October 1992	(1993) 15 E.H.R.R. CD 70	
H	Belgium	Jmt	8950/80	30 November 1987	(1988) 10 E.H.R.R. 339	
H	Belgium	Op	8950/80	8 October 1985	(1986) 8 E.H.R.R. 510	
H	Finland	Adm	18507/91	May 1994	(1994) 18 E.H.R.R. CD 68	
H	France	Jmt	10073/82	24 October 1989	(1990) 12 E.H.R.R. 74	
H	Spain	Adm	17437/90	January 1993	(1993) 16 E.H.R.R. CD 15	
H	Sweden	Adm	22408/93	September 1994	(1994) 18 E.H.R.R. CD 191	
H	United Kingdom	Jmt	9580/81	9 June 1988	(1991) 13 E.H.R.R. 449	
H	United Kingdom	Jmt	9580/81	8 July 1987	(1988) 10 E.H.R.R. 95	
H	United Kingdom	Adm	18187/91	January 1993	(1993) 16 E.H.R.R. CD 44	
H and J. Ohg	Austria	Adm	19441/92	June 1994	(1994) 18 E.H.R.R. CD 107	
H.A.R.	Austria	Adm	40021/98	10 September 1998	(1999) 27 E.H.R.R. CD 330	
HLR	France	Jmt	24573/94	29 April 1997	(1998) 26 E.H.R.R. 29	
H.N.	Italy	Adm	18902/91	27 October 1998	(1999) 27 E.H.R.R. CD 75	
Hadjianastassiou	Greece	Jmt	12945/87	16 December 1992	(1993) 16 E.H.R.R. 219	
Håkansson and Sturesson	Sweden	Jmt	11855/85	21 February 1990	(1991) 13 E.H.R.R. 1	
Håkansson and Sturesson	Sweden	Adm	11855/85	July 1987	(1989) 11 E.H.R.R. 52	
Halford	United Kingdom	Jmt	20605/92	25 June 1997	(1997) 24 E.H.R.R. 523	
Halford	United Kingdom	Adm	20605/92	March 1995	(1995) 19 E.H.R.R. CD 43	
Halil, Ahmet and Sabah	United Kingdom	Adm	11355/85	March 1985	(1986) 8 E.H.R.R. 305	
Hamer	France	Jmt	19953/92	7 August 1996	(1997) 23 E.H.R.R. 1	
Hamer	United Kingdom	Op	7114/75	13 December 1979	(1982) 4 E.H.R.R. 139	

APPLICANT	RESPONDENT STATE	Adm / Op / Jmt	APPL. No.	DECISION DATE	CITATION	CASE No.
Hammerdahls Stormarknad AB	Sweden	Adm	11532/85	July 1985	(1986) 8 E.H.R.R. 107	
Handwerker	Germany	Op	28610/95	September 1996	(1996) 22 E.H.R.R. CD 125	
Handyside	United Kingdom	Jmt	5493/72	7 December 1976	(1979) 1 E.H.R.R. 737	
Hansen	Denmark	Adm	22507/93	April 1995	(1995) 19 E.H.R.R. CD 89	
Harman	United Kingdom	Adm	10038/82	May 1984	(1985) 7 E.H.R.R. 146	
Harper	United Kingdom	Adm	11746/85	December 1985	(1987) 9 E.H.R.R. 267	
Harrison	United Kingdom	Adm	11790/85	November 1987	(1989) 11 E.H.R.R. 85	
Hashman and Harrup	United Kingdom	Jmt	25594/94	25 November 1999	(2000) 30 E.H.R.R. 241	
Hashman and Harrup	United Kingdom	Op	25594/94	June 1996	(1996) 22 E.H.R.R. CD 185	
Hatami	Sweden	Op	32448/96	9 October 1998	(1999) 27 E.H.R.R. CD 8	
Hauschildt	Denmark	Jmt	10486/83	24 May 1989	(1990) 12 E.H.R.R. 266	
Hautanemi	Sweden	Op	24019/94	April 1996	(1996) 22 E.H.R.R. CD 155	
Heaney and McGuinness	Ireland	Adm	34720/97	21 September 1999	(2000) 29 E.H.R.R. CD 166	
Heinz	Contracting States Party to the European Patent Convention	Adm	21090/92	January 1994	(1994) 18 E.H.R.R. CD 168	
Helle	Finland	Jmt	20772/92	19 December 1997	(1998) 26 E.H.R.R. 159	
Helmers	Sweden	Jmt	11826/85	29 October 1991	(1993) 15 E.H.R.R. 285	
Helmers	Sweden	Adm	27522/95	1 July 1998	(1998) 26 E.H.R.R. CD 73	
Hendriks	Netherlands	Cm	8427/78	10 December 1982	(1983) 5 E.H.R.R. 223	
Hendriks	Netherlands	Jmt	8427/78	8 March 1982	(1983) 5 E.H.R.R. 223	
Hennings	Germany	Jmt	12129/86	16 December 1992	(1993) 16 E.H.R.R. 83	
Hentrich	France	Jmt	13616/88	22 September 1994	(1994) 18 E.H.R.R. 440	
Hentrich	France	Jmt	13616/88	3 July 1995	(1996) 21 E.H.R.R. 199	
Hentrich	France	Op	13616/88	3 July 1997	(1997) 24 E.H.R.R. CD 19	
Herczegfalvy	Austria	Jmt	10533/83	24 September 1992	(1993) 15 E.H.R.R. 437	

Herrick	United Kingdom	Adm	11185/84	March 1985	(1986) 8 E.H.R.R. 66	
Hertel	Switzerland	Jmt	25181/94	25 August 1998	(1999) 28 E.H.R.R. 534	
Hewitt and Harman	United Kingdom	Jmt	12175/86	9 May 1989	(1992) 14 E.H.R.R. 657	
Hibbert	Netherlands	Adm	38087/97	26 January 1999	(1999) 28 E.H.R.R. CD 194	
Higgins	France	Jmt	20124/92	19 February 1998	(1999) 27 E.H.R.R. 703	
Hilton	United Kingdom	Op	5613/72	6 March 1978	(1981) 3 E.H.R.R. 104	
Hins and Hugenholtz	Netherlands	Adm	25987/94	7 March 1996	(1996) 21 E.H.R.R. CD 124	
Hiro Balani	Spain	Jmt	18064/91	9 December 1994	(1995) 19 E.H.R.R. 566	
Hoang	France	Jmt	13191/87	25 September 1992	(1993) 16 E.H.R.R. 53	
Hodgson, Woolf Productions and National Union of Jouranlists and Channel Four Television	United Kingdom	Adm	11553/85; 11658/85	March 1987	(1988) 10 E.H.R.R. 503	
Hoffmann	Austria	Jmt	12875/87	23 June 1993	(1994) 17 E.H.R.R. 293	
Hogefeld	Germany	Adm	35402/97	20 January 2000	(2000) 29 E.H.R.R. CD 173	
Hokkanen	Finland	Jmt	19823/92	23 September 1994	(1995) 19 E.H.R.R. 139	
Holdry	Germany	Adm	29565/95	12 January 1999	(1999) 28 E.H.R.R. CD 116	
Holland	Ireland	Adm	24827/94	14 April 1998	(1998) 25 E.H.R.R. CD 20	
Holm	Sweden	Jmt	14191/88	25 November 1993	(1994) 18 E.H.R.R. 79	
Holst	Denmark	Adm	11350/85	December 1985	(1987) 9 E.H.R.R. 265	
Holy Monasteries	Greece	Jmt	13092/87; 13984/88	1 September 1997	(1998) 25 E.H.R.R. 640	
Holy Monasteries	Greece	Jmt	13092/87; 13984/88	9 December 1994	(1995) 20 E.H.R.R. 1	
Hood	United Kingdom	Jmt	27267/95	18 February 1999	(2000) 29 E.H.R.R. 365	
Hornsby	Greece	Jmt	18357/91	19 March 1997	(1997) 24 E.H.R.R. 250	
Hotel Casino Aregua Parana AG	Austria	Adm	23458/94	September 1995	(1995) 20 E.H.R.R. CD 79	
Howard	United Kingdom	Adm	10825/84	July 1987	(1989) 11 E.H.R.R. 55	
Howard	United Kingdom	Adm	10825/84	October 1985	(1987) 9 E.H.R.R. 116	
Howarth	United Kingdom	Jmt	38081/97	21 September 2000	(2001) 31 E.H.H.R. 861	(2001) 31 E.H.R.R 37
Huber	France	Jmt	26637/95	19 February 1998	(1998) 26 E.H.R.R. 457	

APPLICANT	RESPONDENT STATE	Adm / Op / Jmt	APPL. No.	DECISION DATE	CITATION	CASE No.
Huber, Staufer, Sportanglerbund Vöcklabruck and Eckhardt	Austria	Op	23397/94	June 1996	(1996) 22 E.H.R.R. CD 91	
Huggett	United Kingdom	Adm	24744/94	June 1995	(1995) 20 E.H.R.R. CD 104	
Humen	Poland	Jmt	26614/95	15 October 1999	(2001) 31 E.H.H.R. 1168	(2001) 31 E.H.R.R 53
Husic	Austria	Adm	28440/95	22 October 1998	(1999) 27 E.H.R.R. CD 123	
Hussain	United Kingdom	Jmt	21928/93	21 February 1996	(1996) 22 E.H.R.R. 1	
Huvig	France	Jmt	11105/84	24 April 1990	(1990) 12 E.H.R.R. 528	
Huvig	France	Cm	11105/84	14 December 1988	(1990) 12 E.H.R.R. 310	
I	United Kingdom	Adm	25680/94	27 May 1997	(1997) 23 E.H.R.R. CD 66	
I.Z.	Greece	Adm	18997/91	February 1994	(1994) 18 E.H.R.R. CD 101	
Iacovelli	Italy	Adm	13954/88	January 1993	(1993) 16 E.H.R.R. CD 30	
Iatridis	Greece	Jmt	31107/96	25 March 1999	(2000) 30 E.H.R.R. 97	
Ibbotson	United Kingdom	Adm	40146/98	21 October 1998	(1999) 27 E.H.R.R. CD 332	
Ignaccolo-Zenide	Romania	Jmt	31679/96	25 January 2000	(2001) 31 E.H.H.R. 212	(2001) 31 E.H.R.R 7
Ikincisoy	Turkey	Adm	26144/95	26 February 1996	(1996) 21 E.H.R.R. CD 100	
Imbrioscia	Switzerland	Jmt	13972/88	24 November 1993	(1994) 17 E.H.R.R. 441	
Imobiliare Saffi	Italy	Jmt	22774/93	28 July 1999	(2000) 30 E.H.R.R. 756	
Incal	Turkey	Jmt	22678/93	9 June 1998	(2000) 29 E.H.R.R. 449	
Incedursun	Netherlands	Op	33124/96	22 June 1999	(1999) 28 E.H.R.R. CD 54	
Informationsverein Lentia	Austria	Jmt	13914/88; 15041/89; 15717/89; 15779/89; 17207/90	24 November 1993	(1994) 17 E.H.R.R. 93	
Insam	Austria	Adm	17285/90	January 1994	(1994) 18 E.H.R.R. CD 47	
Instituto di Vigilanza	Italy	Jmt	13567/88	22 September 1993	(1994) 18 E.H.R.R. 367	
Inze	Austria	Jmt	8695/79	28 October 1987	(1988) 10 E.H.R.R. 394	

Inze	Austria	Op	8695/79	4 March 1986	(1986) 8 E.H.R.R. 498	
Ireland	United Kingdom	Jmt	5310/71	18 January 1978	(1980) 2 E.H.R.R. 25	
Iribarne Pérez	France	Jmt	16462/90	24 October 1995	(1996) 22 E.H.R.R. 153	
Iskcon	United Kingdom	Adm	20490/92	March 1994	(1994) 18 E.H.R.R. CD 133	
Islam	United Kingdom	Op	26651/95	May 1996	(1996) 22 E.H.R.R. CD 215	
Ixion	France	Adm	17494/90	October 1992	(1993) 15 E.H.R.R. CD 91	
J	Austria	Adm	15509/89	October 1992	(1993) 15 E.H.R.R. CD 74	
J	Belgium	Adm	18718/91	October 1992	(1993) 15 E.H.R.R. CD 46	
J	Portugal	Adm	18034/91	January 1993	(1993) 16 E.H.R.R. CD 23	
J	Spain	Adm	19382/92	January 1993	(1993) 16 E.H.R.R. CD 47	
J.D.	Netherlands	Adm	19508/92	July 1994	(1994) 18 E.H.R.R. CD 110	
J.E.D.	United Kingdom	Adm	42225/98	2 February 1999	(1999) 27 E.H.R.R. CD 65	
JJ	Netherlands	Jmt	21351/93	27 March 1998	(1999) 28 E.H.R.R. 168	
J.S.	Netherlands	Adm	14561/89	September 1995	(1995) 20 E.H.R.R. CD 41	
JT	United Kingdom	Adm	26494/95	26 February 1997	(1997) 23 E.H.R.R. CD 81	
J.W.V.	Netherlands	Adm	37340/97	21 October 1998	(1999) 27 E.H.R.R. CD 296	
Jabari	Turkey	Adm	40035/98	28 October 1999	(2000) 29 E.H.R.R. CD 178	
Jacobsson	Sweden	Adm	10842/84	8 October 1987	(1989) 11 E.H.R.R. 562	
Jacobsson	Sweden	Adm	10842/84	April 1986	(1987) 9 E.H.R.R. 350	
Jacobsson	Sweden	Jmt	16970/90	19 February 1998	(2001) 32 E.H.R.R. 463	(2001) 32 E.H.R.R. 20
Jacubowski	Germany	Jmt	15088/89	23 June 1994	(1995) 19 E.H.R.R. 64	
James	United Kingdom	Jmt	8795/79	21 February 1986	(1986) 8 E.H.R.R. 123	
James	United Kingdom	Op	8793/79	July 1984	(1984) 6 E.H.R.R. 475	
James	United Kingdom	Adm	20447/92	May 1993	(1994) 18 E.H.R.R. CD 130	
Jamil	France	Jmt	15917/89	8 June 1995	(1996) 21 E.H.R.R. 65	
Jamil	France	Adm	15917/89	October 1992	(1993) 15 E.H.R.R. CD 77	
Janowski	Poland	Jmt	25716/94	21 January 1999	(2000) 29 E.H.R.R. 705	
Janssen	Germany	Adm	23959/94	9 September 1998	(1999) 27 E.H.R.R. CD 91	
Jasper	United Kingdom	Jmt	27052/95	16 February 2000	(2000) 30 E.H.R.R. 441	
Jastrzebski	Poland	Adm	25669/94	July 1995	(1995) 20 E.H.R.R. CD 126	
Jaxel	France	Adm	11282/84	November 1987	(1989) 11 E.H.R.R. 87	
Jersild	Denmark	Jmt	15890/89	23 September 1994	(1995) 19 E.H.R.R. 1	
Jespers	Belgium	Op	8403/78	29 September 1982	(1983) 5 E.H.R.R. 305	

APPLICANT	RESPONDENT STATE	Adm / Op / Jmt	APPL. No.	DECISION DATE	CITATION	CASE No.
Jeznach	Poland	Adm	27580/95	19 January 1998	(1998) 25 E.H.R.R. CD 77	
Jocabus Keus	Netherlands	Jmt	12228/86	25 October 1990	(1991) 13 E.H.R.R. 109	
Johansen	Norway	Adm	10600/83	October 1985	(1987) 9 E.H.R.R. 103	
Johansen	Norway	Jmt	17383/90	August 1996	(1997) 23 E.H.R.R. 33	
Johansson	Sweden	Adm	14006/88	October 1992	(1993) 15 E.H.R.R. CD 63	
Johansson	Sweden	Adm	34826/97	1 July 1998	(1998) 26 E.H.R.R. CD 178	
John Bryan	United Kingdom	Op	19178/91	27 June 1994	(1994) 18 E.H.R.R. CD 18	
John Murray	United Kingdom	Op	18739/91	27 June 1994	(1994) 18 E.H.R.R. CD 1	
Johnson	United Kingdom	Adm	10389/83	July 1986	(1987) 9 E.H.R.R. 386	
Johnson	United Kingdom	Adm	12536/86	December 1987	(1989) 11 E.H.R.R. 90	
Johnson	United Kingdom	Jmt	22520/93	24 October 1997	(1999) 27 E.H.R.R. 296	
Johnston	Ireland	Jmt	9697/82	18 December 1986	(1987) 9 E.H.R.R. 203	
Johnston	Ireland	Op	9697/82	18 December 1986	(1986) 8 E.H.R.R. 214	
Jon Kristinsson	Iceland	Jmt	12170/86	1 March 1990	(1991) 13 E.H.R.R. 238	
Jonas Mohamed Rafiek Koendjbiharie	Netherlands	Op	11487/85	9 December 1988	(1991) 13 E.H.R.R. 118	
Jonsson	Iceland	Adm	41242/98	21 October 1998	(1999) 27 E.H.R.R. CD 347	
Juric	Sweden	Adm	45924/99	23 February 1999	(1999) 27 E.H.R.R. CD 71	
K	Austria	Adm	16568/90	October 1992	(1993) 15 E.H.R.R. CD 86	
K	Finland	Adm	19823/92	January 1993	(1993) 16 E.H.R.R. CD 47	
K	France	Adm	18580/91	January 1993	(1993) 16 E.H.R.R. CD 23	
K	Germany	Adm	9704/82	July 1984	(1984) 6 E.H.R.R. 519	
K	Germany	Adm	18825/91	October 1992	(1993) 15 E.H.R.R. CD 48	
K	United Kingdom	Adm	18394/91	October 1992	(1993) 15 E.H.R.R. CD 33	
K and T	Finland	Jmt	25702/94	27 April 2000	(2001) 31 E.H.H.R. 484	(2001) 31 E.H.R.R 18
K.F.	Germany	Jmt	25629/94	27 November 1997	(1998) 26 E.H.R.R. 390	
K.K.	Switzerland	Adm	43391/98	18 September 1998	(1999) 27 E.H.R.R. CD 361	
KL	United Kingdom	Adm	29392/95	26 May 1998	(1998) 26 E.H.R.R. CD 113	
Kadubec	Slovak Republic	Adm	27061/95	21 October 1996	(1997) 23 E.H.R.R. CD 98	

Kalaç	Turkey	Jmt	20704/92	1 July 1997	(1999) 27 E.H.R.R. 552	
Kamal	United Kingdom	Adm	8378/78	14 May 1980	(1982) 4 E.H.R.R. 244	
Kamasinki	Austria	Jmt	9783/82	19 December 1989	(1991) 13 E.H.R.R. 36	
Kamer	Belgium	Adm	10819/84	July 1984	(1986) 8 E.H.R.R. 230	
Kampanis	Greece	Jmt	17997/91	13 July 1995	(1996) 21 E.H.R.R. 43	
Kaneva	Bulgaria	Adm	26530/95	27 February 1997	(1997) 23 E.H.R.R. CD 86	
Kaplan	United Kingdom	Op	7598/76	17 July 1980	(1982) 4 E.H.R.R. 64	
Kappa Kanzlei und Bürobetriebs GmbH	Austria	Adm	37416/97; 37418/97; 37434/97; 37829–37834/97; 37436/97; 37437/97; 37839–37841/97	27 May 1998	(1999) 27 E.H.R.R. CD 300	
Kara	United Kingdom	Adm	36528/97	22 October 1998	(1999) 27 E.H.R.R. CD 272	
Karakurt	Austria	Adm	32441/96	14 September 1999	(2000) 29 E.H.R.R. CD 273	
Karakuzey	Germany	Adm	26568/95	16 October 1996	(1997) 23 E.H.R.R. CD 92	
Karamjit Chahal	United Kingdom	Adm	22414/93	September 1994	(1994) 18 E.H.R.R. CD 193	
Karara	Finland	Adm	40900/98	29 May 1998	(1998) 26 E.H.R.R. CD 220	
Karassev and Family	Finland	Adm	31414/96	12 January 1999	(1999) 28 E.H.R.R. CD 132	
Karassev and Family	Finland	Adm	31414/96	14 February 1998	(1999) 28 E.H.R.R. CD 126	
Karus	Italy	Adm	29043/95	20 May 1998	(1998) 26 E.H.R.R. CD 98	
Katikaridis	Greece	Jmt	19385/92	15 November 1996	(2001) 32 E.H.R.R. 113	(2001) 32 E.H.R.R. 6
Katte Klitsche de la Grange	Italy	Jmt	12539/86	27 October 1994	(1995) 19 E.H.R.R. 368	
Katte Klitsche de la Grange	Italy	Adm	12539/86	October 1992	(1993) 15 E.H.R.R. CD 1	
Kaya	Turkey	Jmt	22729/93	19 February 1998	(1999) 28 E.H.R.R. 1	
Kazimierczak	Poland	Adm	33863/96	27 October 1998	(1999) 27 E.H.R.R. CD 236	
Keegan	Ireland	Jmt	16969/90	26 May 1994	(1994) 18 E.H.R.R. 342	
Keenan	United Kingdom	Adm	27229/95	22 May 1998	(1998) 26 E.H.R.R. CD 64	
Kefalas	Greece	Jmt	14726/89	8 June 1995	(1995) 20 E.H.R.R. 484	
Keller	Germany	Adm	36283/97	4 March 1998	(1998) 25 E.H.R.R. CD 187	
Kelly	United Kingdom	Adm	10626/83	May 1985	(1986) 8 E.H.R.R. 77	

APPLICANT	RESPONDENT STATE	Adm / Op / Jmt	APPL. No.	DECISION DATE	CITATION	CASE No.
Kelly	United Kingdom	Adm	17579/90	January 1993	(1993) 16 E.H.R.R. CD 20	
Kemmache	France	Jmt	14992/89	3 July 1991	(1992) 14 E.H.R.R. 520	
Kemmache	France (No. 3)	Jmt	17621/91	24 November 1994	(1995) 19 E.H.R.R. 349	
Kemmache	France	Adm	17621/91	January 1993	(1993) 16 E.H.R.R. CD 43	
Kennedy	United Kingdom	Adm	36428/97	21 October 1998	(1999) 27 E.H.R.R. CD 266	
Kerojarvi	Finland	Jmt	17506/90	19 July 1995	(2001) 32 E.H.R.R. 152	(2001) 32 E.H.R.R. 8
Kerr	United Kingdom	Adm	40451/98	7 December 1999	(2000) 29 E.H.R.R. CD 184	
Keus	Netherlands	Jmt	12228/86	25 October 1990	(1991) 13 E.H.R.R. 700	
Khalfaoui	France	Jmt	34791/97	14 December 1999	(2001) 31 E.H.H.R. 967	(2001) 31 E.H.R.R 42
Khan	United Kingdom	Adm	23860/94	29 November 1995	(1996) 21 E.H.R.R. CD 67	
Khan	United Kingdom	Adm	35394/97	20 April 1999	(1999) 27 E.H.R.R. CD 58	
Khan	United Kingdom	Jmt	35394/97	12 May 2000	(2001) 31 E.H.H.R. 1016	(2001) 31 E.H.R.R 45
Khatun and 180 Others	United Kingdom	Adm	38387/97	1 July 1998	(1998) 26 E.H.R.R. CD 212	
Kilbourn	United Kingdom	Adm	10991/84	May 1985	(1986) 8 E.H.R.R. 81	
Kingsley	United Kingdom	Adm	35605/97	14 September 1999	(2000) 29 E.H.R.R. CD 191	
Kjeldsen, Busk Madsen and Peterson	Denmark	Jmt	5095/71; 5920/72; 5926/72	7 December 1976	(1979) 1 E.H.R.R. 711	
Klaas	Germany	Jmt	15473/89	22 September 1993	(1994) 18 E.H.R.R. 305	
Klass	Germany	Jmt	5029/71	6 September 1978	(1980) 2 E.H.R.R. 214	
Klavdianos	Greece	Adm	38841/97	21 September 1999	(2000) 29 E.H.R.R. CD 199	
Knudsen	Norway	Adm	11045/84	March 1985	(1986) 8 E.H.R.R. 63	
Koendjbiharie	Netherlands	Jmt	11487/85	28 September 1990	(1991) 13 E.H.R.R. 820	
Kofler	Italy	Op	8261/78	October 1982	(1983) 5 E.H.R.R. 303	
Kokavecz	Hungary	Adm	27312/95	20 April 1999	(1999) 28 E.H.R.R. CD 86	
Kokkinakis	Greece	Jmt	14307/88	25 May 1993	(1994) 17 E.H.R.R. 397	
Kolompar	Belgium	Jmt	11613/85	24 September 1992	(1993) 16 E.H.R.R. 197	
Konig	Germany	Jmt	6232/73	28 June 1978	(1980) 2 E.H.R.R. 170	

Konig	Germany (No. 2)	Jmt	6232/73	10 March 1980	(1980) 2 E.H.R.R. 469	
Kopcych	Poland	Adm	32733/96	21 October 1998	(1999) 27 E.H.R.R. CD 199	
Kopp	Switzerland	Jmt	23224/94	25 March 1998	(1999) 27 E.H.R.R. 91	
Korkis	Sweden	Adm	35557/97	18 May 1998	(1999) 27 E.H.R.R. CD 251	
Kortmann	Netherlands	Adm	11759/85	March 1987	(1988) 10 E.H.R.R. 510	
Kosiek	Germany	Jmt	9404/81	28 August 1986	(1987) 9 E.H.R.R. 328	
Koskinen	Finland	Adm	20560/92	August 1994	(1994) 18 E.H.R.R. CD 146	
Koster	Netherlands	Jmt	12843/87	28 November 1991	(1992) 14 E.H.R.R. 396	
Kostovski	Netherlands	Jmt	11454/85	20 November 1989	(1990) 12 E.H.R.R. 434	
Kovachev	Bulgaria	Adm	29303/95	10 April 1997	(1997) 23 E.H.R.R. CD 174	
Kraska	Switzerland	Jmt	13942/88	19 April 1993	(1994) 18 E.H.R.R. 188	
Krçmar	Czech Republic	Jmt	35376/97	3 March 2000	(2001) 31 E.H.H.R. 953	(2001) 31 E.H.R.R 41
Kremer-Viereck and Viereck	Germany	Adm	34197/96	21 May 1998	(1998) 26 E.H.R.R. CD 164	
Kremzow	Austria	Jmt	12350/86	21 September 1993	(1994) 17 E.H.R.R. 322	
Kreuz	Poland	Adm	28249/95	20 April 1998	(1998) 25 E.H.R.R. CD 80	
Kristinsson	Iceland	Adm	12170/86	October 1987	(1989) 11 E.H.R.R. 70	
Krocher and Moller	Switzerland	Op	8463/78	October 1983	(1984) 6 E.H.R.R. 395	
Krol	Sweden	Adm	11704/85	October 1987	(1989) 11 E.H.R.R. 73	
Krone-Verlag GmbH and Mediaprint Anzeigen GmbH and Co. KG	Austria	Adm	28977/95	21 May 1997	(1997) 23 E.H.R.R. CD 152	
Kroon	Netherlands	Jmt	18535/91	27 October 1994	(1995) 19 E.H.R.R. 263	
Krug Von Nidda Und Von Falkenstein	Germany	Adm	25043/94	24 February 1997	(1997) 23 E.H.R.R. CD 60	
Kruslin	France	Jmt	11801/85	24 April 1990	(1990) 12 E.H.R.R. 547	
Kruslin	France	Cm	11801/85	14 December 1988	(1990) 12 E.H.R.R. 451	
Kurt	Turkey	Jmt	24276/94	25 May 1998	(1999) 27 E.H.R.R. 373	
Kurup	Denmark	Adm	11219/84	July 1985	(1986) 8 E.H.R.R. 93	
Kustannus Oy Vapaa Ajattelija AB	Finland	Op	20471/92	April 1996	(1996) 22 E.H.R.R. CD 69	

APPLICANT	RESPONDENT STATE	Adm / Op / Jmt	APPL. No.	DECISION DATE	CITATION	CASE No.
Kwong	United Kingdom	Adm	36336/97	2 July 1998	(1998) 26 E.H.R.R. CD 189	
L	Austria	Adm	18823/91	January 1993	(1993) 16 E.H.R.R. CD 24	
L	Finland	Jmt	25651/94	27 April 2000	(2001) 31 E.H.H.R. 737	(2001) 31 E.H.R.R 30
L	France	Adm	17012/90	October 1992	(1993) 15 E.H.R.R. CD 89	
L	France	Adm	17884/91	October 1992	(1993) 15 E.H.R.R. CD 31	
LCB	United Kingdom	Jmt	23413/94	9 June 1998	(1999) 27 E.H.R.R. 212	
LM and R	Switzerland	Op	30003/96	July 1996	(1996) 22 E.H.R.R. CD 130	
La Rosa	Italy	Adm	13895/88	October 1992	(1993) 15 E.H.R.R. CD 4	
Lala	Netherlands	Jmt	14861/89	22 September 1994	(1994) 18 E.H.R.R. 587	
Lala	Netherlands	Adm	14861/89	October 1992	(1993) 15 E.H.R.R. CD 13	
Lalljee	United Kingdom	Adm	10556/83	July 1985	(1986) 8 E.H.R.R. 84	
Lambert	France	Jmt	23618/94	24 August 1998	(2000) 30 E.H.R.R. 346	
Lamguindaz	United Kingdom	Jmt	16152/90	28 June 1993	(1994) 17 E.H.R.R. 213	
Lamy	Belgium	Jmt	10444/83	30 March 1989	(1989) 11 E.H.R.R. 529	
Lamy	Belgium	Adm	10444/83	December 1985	(1987) 9 E.H.R.R. 154	
Langborger	Sweden	Jmt	11179/84	22 June 1989	(1990) 12 E.H.R.R. 416	
Langborger	Sweden	Adm	11179/84	8 October 1987	(1990) 12 E.H.R.R. 120	
Lant	United Kingdom	Adm	11046/84	December 1985	(1987) 9 E.H.R.R. 243	
Larbie	United Kingdom	Adm	25073/94	28 February 1996	(1996) 21 E.H.R.R. CD 103	
Larkos	Cyprus	Jmt	29515/95	18 February 1999	(2000) 30 E.H.R.R. 597	
Larrissis	Greece	Jmt	23372/94; 26377/95; 26378/95	24 February 1998	(1999) 27 E.H.R.R. 329	
Laskey, Jaggard and Brown	United Kingdom	Jmt	21627/93; 21826/93; 21974/93	19 February 1997	(1997) 24 E.H.R.R. 39	
Launder	United Kingdom	Adm	27279/95	8 December 1997	(1998) 25 E.H.R.R. CD 67	
Lawless	Ireland (No. 1)	Jmt	332/57	14 November 1960	(1979) 1 E.H.R.R. 1	
Lawless	Ireland (No. 2)	Jmt	332/57	7 April 1961	(1979) 1 E.H.R.R. 13	
Lawless	Ireland (No. 3)	Jmt	332/57	1 July 1961	(1979) 1 E.H.R.R. 15	

Le Calvez	France	Jmt	25554/94	29 July 1998	(2001) 32 E.H.R.R. 481	(2001) 32 E.H.R.R. 21
Le Compte, Van Leuven and De Meyere	Belgium	Jmt	6878/75; 7238/75	23 June 1981	(1982) 4 E.H.R.R. 1	
Le Compte, Van Leuven and De Meyere	Belgium	Jmt	6878/75	18 October 1982	(1983) 5 E.H.R.R. 183	
Le Cour Grandmaison and Fritz	France	Adm	11567/85; 1568/85	July 1987	(1989) 11 E.H.R.R. 67	
Leander	Sweden	Jmt	9248/81	26 March 1987	(1987) 9 E.H.R.R. 433	
Leander	Sweden	Op	9248/81	October 1983	(1984) 6 E.H.R.R. 540	
Leander	Sweden	Op	9248/81	17 May 1985	(1985) 7 E.H.R.R. 557	
Leary	United Kingdom	Adm	38890/97	25 April 2000	(2000) 29 E.H.R.R. CD 62	
Lechner and Hess	Austria	Jmt	9316/81	23 April 1987	(1987) 9 E.H.R.R. 490	
Lee	United Kingdom	Adm	25289/94	4 March 1998	(1998) 25 E.H.R.R. CD 46	
Leech	United Kingdom	Adm	20075/92	August 1994	(1994) 18 E.H.R.R. CD 116	
Lehideux and Isorni	France	Jmt	24662/94	23 September 1998	(2000) 30 E.H.R.R. 665	
Lehtinen	Finland	Adm	39076/97	14 October 1997	(2000) 29 E.H.R.R. CD 204	
Letellier	France	Jmt	12369/86	26 June 1991	(1992) 14 E.H.R.R. 83	
Leutscher	Netherlands	Jmt	17314/90	26 March 1996	(1997) 24 E.H.R.R. 181	
Liberal Party	United Kingdom	Op	8765/79	18 December 1980	(1982) 4 E.H.R.R. 106	
Lie and Bernsten	Norway	Adm	25130/94	16 December 1999	(2000) 29 E.H.R.R. CD 210	
Liefveld	Netherlands	Adm	19331/92	January 1994	(1994) 18 E.H.R.R. CD 103	
Lindkvist	Denmark	Adm	25737/94	9 September 1998	(1999) 27 E.H.R.R. CD 103	
Lindsay	United Kingdom	Adm	11089/84	November 1986	(1987) 9 E.H.R.R. 555	
Lindsay	United Kingdom	Adm	31699/96	17 January 1997	(1997) 23 E.H.R.R. CD 199	
Lines	United Kingdom	Adm	24519/94	17 January 1997	(1997) 23 E.H.R.R. CD 58	
Lingens	Austria	Jmt	9815/82	8 July 1986	(1986) 8 E.H.R.R. 407	
Lingens	Austria	Op	9815/82	11 October 1984	(1985) 7 E.H.R.R. 446	
Lingens	Austria	Adm	9815/82	October 1983	(1984) 6 E.H.R.R. 550	
Lingens and Leitgens	Austria	Adm	8803/79	11 December 1981	(1982) 4 E.H.R.R. 373	

APPLICANT	RESPONDENT STATE	Adm / Op / Jmt	APPL. No.	DECISION DATE	CITATION	CASE No.
Lithgow	United Kingdom	Op	9006/80; 9262/81; 9263/81; 9265/81; 9266/81; 9313/81; 9405/81	7 March 1984	(1985) 7 E.H.R.R. 56	
Lithgow	United Kingdom	Jmt	9006/80	8 July 1986	(1986) 8 E.H.R.R. 329	
Lithgow	United Kingdom	Adm	9006/80	January 1983	(1983) 5 E.H.R.R. 491	
Lo Faro	Italy	Adm	15208/89	October 1992	(1993) 15 E.H.R.R. CD 14	
Lobo Machado	Portugal	Jmt	15764/89	20 February 1996	(1997) 23 E.H.R.R. 79	
Lockwood	United Kingdom	Adm	18824/91	October 1992	(1993) 15 E.H.R.R. CD 48	
Logan	United Kingdom	Op	24875/94	September 1996	(1996) 22 E.H.R.R. CD 178	
Loizidou	Turkey	Jmt	15318/89	18 December 1996	(1997) 23 E.H.R.R. 513	
Loizidou	Turkey	Jmt	15318/89	23 March 1995	(1998) 26 E.H.R.R. CD 5	
Loizidou	Turkey	Jmt	15318/89	23 March 1995	(1995) 20 E.H.R.R. 99	
Lombardo	Italy	Jmt	11519/85	26 November 1992	(1996) 21 E.H.R.R. 188	
Lopez Moscoso	Spain	Adm	11021/84	December 1985	(1987) 9 E.H.R.R. 145	
Lopez Ostra	Spain	Jmt	16798/90	9 December 1994	(1995) 20 E.H.R.R. 277	
Lori	Italy	Adm	13936/88	January 1993	(1993) 16 E.H.R.R. CD 1	
Loukanov	Bulgaria	Jmt	21915/93	20 March 1997	(1997) 24 E.H.R.R. 121	
Luberti	Italy	Jmt	9019/80	23 February 1984	(1984) 6 E.H.R.R. 440	
Lüdi	Switzerland	Jmt	12433/86	15 June 1992	(1993) 15 E.H.R.R. 173	
Luedicke, Belkacem and Koç	Germany	Jmt	6210/73; 6877/75; 7132/75	28 November 1978	(1980) 2 E.H.R.R. 149	
Luedicke, Belkacem and Koç	Germany (No. 2)	Jmt	6210/73; 6877/75; 7132/75	10 March 1980	(1980) 2 E.H.R.R. 433	
Lukanov	Bulgaria	Op	21915/93	16 January 1996	(1996) 21 E.H.R.R. CD 20	
Lukanov	Bulgaria	Adm	21915/93	January 1995	(1995) 19 E.H.R.R. CD 65	
Lukka	United Kingdom	Adm	12122/86	October 1986	(1987) 9 E.H.R.R. 552	
Lundblad	Sweden	Adm	21078/92	September 1994	(1994) 18 E.H.R.R. CD 167	
Lundquist	Sweden	Adm	10911/84	July 1986	(1987) 9 E.H.R.R. 531	

Lustig-Prean and Beckett	United Kingdom	Jmt	31417/96; 32377/96	25 July 2000	(2001) 31 E.H.H.R. 601	(2001) 31 E.H.R.R 23
Lustig-Prean and Beckett	United Kingdom	Jmt	31417/96; 32377/96	27 September 1999	(2000) 29 E.H.R.R. 548	
Lutz	Germany	Jmt	9912/82	25 August 1987	(1988) 10 E.H.R.R. 182	
Lyttle	United Kingdom	Adm	11650/85	July 1986	(1987) 9 E.H.R.R. 381	
M	Austria	Adm	18960/91	January 1993	(1993) 16 E.H.R.R. CD 25	
M	Belgium	Adm	16909/90	October 1992	(1993) 15 E.H.R.R. CD 22	
M	Bulgaria	Op	27496/95	September 1996	(1996) 22 E.H.R.R. CD 101	
M	Netherlands	Adm	17112/90	October 1992	(1993) 15 E.H.R.R. CD 89	
MAR	United Kingdom	Adm	28038/95	16 January 1996	(1997) 23 E.H.R.R. CD 120	
MK	Austria	Adm	28867/95	2 July 1997	(1997) 24 E.H.R.R. CD 59	
M.L.	United Kingdom	Adm	23546/94	June 1995	(1995) 20 E.H.R.R. CD 81	
M.M.	Switzerland	Adm	43348/98	14 September 1998	(1999) 27 E.H.R.R. CD 356	
MS	Sweden	Jmt	20837/92	27 August 1997	(1999) 28 E.H.R.R. 313	
Mabey	United Kingdom	Op	28370/95	May 1996	(1996) 22 E.H.R.R. CD 123	
McCallum	United Kingdom	Jmt	9511/81	30 August 1990	(1991) 13 E.H.R.R. 597	
McCann	United Kingdom	Jmt	18984/91	27 September 1995	(1996) 21 E.H.R.R. 97	
Machatová	Slovak Republic	Adm	27552/95	2 July 1997	(1997) 24 E.H.R.R. CD 44	
McCloy	United Kingdom	Adm	11151/84	December 1985	(1987) 9 E.H.R.R. 131	
McCotter	United Kingdom	Adm	18632/91	October 1992	(1993) 15 E.H.R.R. CD 98	
McCourt	United Kingdom	Adm	20433/92	October 1992	(1993) 15 E.H.R.R. CD 110	
McCullough	United Kingdom	Adm	24889/94	12 September 1997	(1998) 25 E.H.R.R. CD 34	
McDaid	United Kingdom	Op	25681/94	April 1996	(1996) 22 E.H.R.R. CD 197	
McElhinney	Ireland and United Kingdom	Adm	31253/96	9 February 2000	(2000) 29 E.H.R.R. CD 214	
McFeeley	United Kingdom	Op	8317/78	15 May 1980	(1981) 3 E.H.R.R. 161	
McGinley and Egan	United Kingdom	Jmt	21825/93; 23414/94	9 June 1998	(1999) 27 E.H.R.R. 1	
McGinley and Egan	United Kingdom	Adm	21825/93; 23414/94	28 November 1995	(1996) 21 E.H.R.R. CD 56	
McGoff	Sweden	Jmt	9017/80	26 October 1984	1986) 8 E.H.R.R. 246	
McGoff	Sweden	Op	9017/80	October 1983	(1984) 6 E.H.R.R. 101	
McGonnell	United Kingdom	Jmt	28488/95	8 February 2000	(2000) 30 E.H.R.R. 289	
McGonnell	United Kingdom	Adm	28488/95	22 January 1998	(1998) 25 E.H.R.R. CD 84	

APPLICANT	RESPONDENT STATE	Adm / Op / Jmt	APPL. No.	DECISION DATE	CITATION	CASE No.
McIntyre	United Kingdom	Adm	29046/95	21 October 1998	(1999) 27 E.H.R.R. CD 152	
McLaughlin	United Kingdom	Adm	18759/91	May 1994	(1994) 18 E.H.R.R. CD 84	
McLeod	United Kingdom	Jmt	24755/94	23 September 1998	(1999) 27 E.H.R.R. 493	
McLeod	United Kingdom	Op	24755/94	June 1996	(1996) 22 E.H.R.R. CD 158	
McMichael	United Kingdom	Jmt	16424/90	24 February 1995	(1995) 20 E.H.R.R. 205	
McMichael	United Kingdom	Adm	16424/90	October 1992	(1993) 15 E.H.R.R. CD 80	
McVeigh, O'Neill and Evans	United Kingdom	Jmt	8022/77; 8025/77; 8027/77	18 March 1981	(1983) 5 E.H.R.R. 71	
Magee	United Kingdom	Adm	24892/94	April 1995	(1995) 19 E.H.R.R. CD 91	
Magee	United Kingdom	Jmt	28135/95	6 June 2000	(2001) 31 E.H.H.R. 822	(2001) 31 E.H.R.R 35
Maillard	France	Jmt	26586/95	9 June 1998	(1999) 27 E.H.R.R. 232	
Mairitsch	Austria	Adm	12462/86	July 1987	(1989) 11 E.H.R.R. 46	
Maj	Italy	Jmt	13087/87	19 February 1991	(1992) 14 E.H.R.R. 405	
Malige	France	Jmt	27812/95	23 September 1998	(1999) 28 E.H.R.R. 578	
Malone	United Kingdom	Jmt	8691/79	26 April 1985	(1991) 13 E.H.R.R. 448	
Malone	United Kingdom	Jmt	8691/79	2 August 1984	(1985) 7 E.H.R.R. 14	
Malone	United Kingdom	Jmt	8691/79	17 December 1982	(1983) 5 E.H.R.R. 385	
Malone	United Kingdom	Adm	8691/79	13 July 1981	(1982) 4 E.H.R.R. 330	
Mangov	Greece	Adm	16595/90	January 1993	(1993) 16 E.H.R.R. CD 36	
Mann	Germany	Op	24077/94	May 1996	(1996) 22 E.H.R.R. CD 157	
Manners	United Kingdom	Adm	37650/97	21 May 1998	(1998) 26 E.H.R.R. CD 206	
Manoussakis	Greece	Jmt	18748/91	26 September 1996	(1997) 23 E.H.R.R. 387	
Manoussakis	Greece	Op	18748/91	25 May 1995	(1996) 21 E.H.R.R. CD 3	
Mansur	Turkey	Jmt	16026/90	8 June 1995	(1995) 20 E.H.R.R. 535	
Mantel	Netherlands	Op	22531/93	May 1996	(1996) 22 E.H.R.R. CD 86	
Mantovanelli	France	Jmt	21497/93	18 March 1997	(1997) 24 E.H.R.R. 370	
Marangos	Cyprus	Adm	31106/96	20 May 1997	(1997) 23 E.H.R.R. CD 192	
Marckx	Belgium	Jmt	6833/74	13 June 1979	(1980) 2 E.H.R.R. 330	

Margareta and Roger Andersson	Sweden	Jmt	12963/87	25 February 1992	(1992) 14 E.H.R.R. 615	
Mariotti	Italy	Adm	14337/88	January 1993	(1993) 16 E.H.R.R. CD 4	
Markt Intern and Beermann	Germany	Jmt	10572/83	18 December 1987	(1989) 11 E.H.R.R. 212	
Markt Intern and Beermann	Germany	Jmt	10572/83	20 November 1987	(1990) 12 E.H.R.R. 161	
Markt Intern and Beermann	Germany	Adm	10572/83	January 1986	(1987) 9 E.H.R.R. 274	
Marlhens	France	Jmt	22862/93	24 May 1995	(1996) 22 E.H.R.R. 285	
Marlhens	France	Jmt	22862/93	24 May 1995	(1996) 21 E.H.R.R. 502	
Martin	Ireland	Adm	8569/79	March 1985	(1986) 8 E.H.R.R. 316	
Martin	United Kingdom	Adm	27533/95	28 February 1996	(1996) 21 E.H.R.R. CD 112	
Martins Da Cunha	Portugal	Adm	16923/90	October 1992	(1993) 15 E.H.R.R. CD 88	
Martins Moreira	Portugal	Jmt	11371/85	26 October 1988	(1991) 13 E.H.R.R. 517	
Marzari	Italy	Adm	36448/97	4 May 1999	(1999) 28 E.H.R.R. CD 175	
Masefield	United Kingdom	Adm	11469/85	December 1985	(1987) 9 E.H.R.R. 136	
Massa	Italy	Jmt	14399/88	24 August 1993	(1994) 18 E.H.R.R. 266	
Masson and Van Zon	Netherlands	Jmt	30/1994	28 September 1995	(1996) 22 E.H.R.R. 491	
Mathieu-Mohin and Clerfayt	Belgium	Jmt	9267/81	2 March 1987	(1988) 10 E.H.R.R. 1	
Matos e Silva, Lda	Portugal	Jmt	15777/89	16 September 1996	(1997) 24 E.H.R.R. 573	
Mats Jacobsson	Sweden	Jmt	11309/84	28 June 1990	(1991) 13 E.H.R.R. 79	
Matter	Slovakia	Jmt	31534/96	5 July 1999	(2001) 31 E.H.H.R. 783	(2001) 31 E.H.R.R 32
Matthews	United Kingdom	Jmt	24833/94	18 February 1999	(1999) 28 E.H.R.R. 361	
Matthews	United Kingdom	Op	24833/94	April 1996	(1996) 22 E.H.R.R. CD 175	
Matznetter	Austria	Jmt	2178/64	10 November 1969	(1979) 1 E.H.R.R. 198	
Mauer	Austria	Jmt	16566/90; 16898/90	18 February 1997	(1998) 25 E.H.R.R. 91	
Mavronichis	Cyprus	Jmt	28054/95	27 April 1998	(2001) 31 E.H.H.R. 1186	(2001) 31 E.H.R.R 54
Mavronichis	Cyprus	Op	28054/95	June 1996	(1996) 22 E.H.R.R. CD 120	
Maxwell	United Kingdom	Adm	18949/91	October 1992	(1993) 15 E.H.R.R. CD 101	
Maxwell	United Kingdom	Jmt	18949/91	28 October 1994	(1995) 19 E.H.R.R. 97	

APPLICANT	RESPONDENT STATE	Adm / Op / Jmt	APPL. No.	DECISION DATE	CITATION	CASE No.
Meeder	Netherlands	Adm	10996/84	October 1986	(1987) 9 E.H.R.R. 546	
Megyeri	Germany	Jmt	13770/88	12 May 1992	(1993) 15 E.H.R.R. 584	
Mehemi	France	Jmt	25017/94	26 September 1997	(2000) 30 E.H.R.R. 739	
Meldrum	Netherlands	Adm	19006/91	October 1992	(1993) 15 E.H.R.R. CD 106	
Melin	France	Jmt	12914/87	22 June 1993	(1994) 17 E.H.R.R. 1	
Mellacher	Austria	Jmt	10522/83; 11011/84; 11070/84	19 December 1989	(1990) 12 E.H.R.R. 391	
Mellacher	Austria	Adm	10522/83; 11011/84; 11070/84	11 July 1988	(1990) 12 E.H.R.R. 97	
Mellacher	Austria	Adm	10522/83; 11011/84; 11070/84	May 1986	(1987) 9 E.H.R.R. 357	
Mens and Mens-Hoek	Netherlands	Adm	34325/96	20 May 1997	(1998) 26 E.H.R.R. CD 170	
Mentes	Turkey	Jmt	23186/94	28 November 1997	(1998) 26 E.H.R.R. 595	
Mentes	Turkey	Jmt	23186/94	17 April 1996	(1998) 26 E.H.R.R. CD 1	
Merkier	Belgium	Adm	11200/84	July 1987	(1989) 11 E.H.R.R. 68	
Miah	United Kingdom	Adm	37401/97	1 July 1998	(1998) 26 E.H.R.R. CD 199	
Miailhe	France	Jmt	12661/87	25 February 1993	(1993) 16 E.H.R.R. 332	
Miailhe	France (No. 2)	Jmt	18978/91	26 September 1996	(1997) 23 E.H.R.R. 491	
Middelburg, Van Der Zee and Het Parool B.V.	Netherlands	Adm	28202/95	21 October 1998	(1999) 27 E.H.R.R. CD 111	
Mika	Austria	Op	26560/95	June 1996	(1996) 22 E.H.R.R. CD 208	
Mikulski	Poland	Op	27914/95	6 June 2000	(2000) 29 E.H.R.R. CD 64	
Milasi	Italy	Jmt	10527/83	25 June 1987	(1988) 10 E.H.R.R. 333	
Milics	Sweden	Adm	23521/94	July 1994	(1994) 18 E.H.R.R. CD 222	
Minelli	Switzerland	Jmt	8660/79	25 March 1983	(1983) 5 E.H.R.R. 554	
Mitap and Muftuoglu	Turkey	Jmt	15530/89; 15531/89	25 March 1996	(1996) 22 E.H.R.R. 209	
Mlynek	Austria	Jmt	15016/89	27 October 1992	(1994) 18 E.H.R.R. 581	
Mlynek	Austria	Adm	22634/93	August 1994	(1994) 18 E.H.R.R. CD 207	
Modinos	Cyprus	Jmt	15070/89	22 April 1993	(1993) 16 E.H.R.R. 485	

Momique-Pola	Sweden	Adm	36287/97	10 July 1998	(1998) 26 E.H.R.R. CD 187	
Monnell and Morris	United Kingdom	Jmt	9562/81; 9818/82	2 March 1987	(1988) 10 E.H.R.R. 205	
Monnell and Morris	United Kingdom	Op	9562/81	11 March 1985	(1985) 7 E.H.R.R. 579	
Monnet	France	Jmt	13675/88	27 October 1993	(1994) 18 E.H.R.R. 27	
Monroy	France	Adm	19042/91	January 1993	(1993) 16 E.H.R.R. CD 46	
Moody	United Kingdom	Adm	22613/93	January 1995	(1995) 19 E.H.R.R. CD 90	
Moore and Gordon	United Kingdom	Jmt	36529/97; 37393/97	29 September 1999	(2000) 29 E.H.R.R. 728	
Moreaux	Belgium	Adm	9267/81	July 1983	(1984) 6 E.H.R.R. 531	
Moreira de Azevedo	Portugal	Jmt	11296/84	23 October 1990	(1991) 13 E.H.R.R. 721	
Moreira de Azevedo	Portugal	Op	11296/84	14 April 1988	(1991) 13 E.H.R.R. 101	
Morel-A-L'Huissier	France	Adm	16532/90	January 1993	(1993) 16 E.H.R.R. CD 11	
Morganti	France	Jmt	17831/91	13 July 1995	(1996) 21 E.H.R.R. 34	
Motta	Italy	Jmt	11557/85	19 February 1991	(1992) 14 E.H.R.R. 432	
Motta	Italy	Adm	16805/90	January 1993	(1993) 16 E.H.R.R. CD 12	
Moustaquim	Belgium	Jmt	12313/86	18 February 1991	(1991) 13 E.H.R.R. 802	
Movement for Democratic Kingdom	Bulgaria	Adm	27608/95	29 November 1995	(1996) 21 E.H.R.R. CD 78	
Muller	Switzerland	Jmt	10737/84	24 May 1988	(1991) 13 E.H.R.R. 212	
Munro	United Kingdom	Adm	10594/83	March 1987	(1988) 10 E.H.R.R. 516	
Murray	United Kingdom	Jmt	14310/88	28 October 1994	(1995) 19 E.H.R.R. 193	
Murray	United Kingdom	Jmt	18731/91	8 February 1996	(1996) 22 E.H.R.R. 29	
Musa	Austria	Adm	40477/98	10 September 1998	(1999) 27 E.H.R.R. CD 338	
Musasizi	Sweden	Adm	23780/94	July 1994	(1994) 18 E.H.R.R. CD 223	
Musial	Poland	Jmt	24557/94	5 March 1999	(2001) 31 E.H.H.R. 720	(2001) 31 E.H.R.R 29
Mustafai-Nejad	Austria	Adm	26495/95	17 January 1997	(1997) 23 E.H.R.R. CD 85	
Muyldermans	Belgium	Jmt	12217/86	23 October 1991	(1993) 15 E.H.R.R. 204	
Myszk	Poland	Adm	28244/95	1 July 1998	(1998) 26 E.H.R.R. CD 76	
N	Portugal	Adm	17355/90	October 1992	(1993) 15 E.H.R.R. CD 90	
N	United Kingdom	Adm	18757/91	October 1992	(1993) 15 E.H.R.R. CD 47	
N	United Kingdom	Adm	20100/92	January 1993	(1993) 16 E.H.R.R. CD 28	
N.C.	Italy	Adm	24952/94	15 December 1998	(1999) 28 E.H.R.R. CD 82	
Nachtmann	Austria	Adm	36773/97	9 September 1998	(1999) 27 E.H.R.R. CD 281	

APPLICANT	RESPONDENT STATE	Adm / Op / Jmt	APPL. No.	DECISION DATE	CITATION	CASE No.
Naddaf	Germany	Adm	11604/85	November 1986	(1987) 9 E.H.R.R. 561	
Naletilic	Croatia	Adm	51891/99	4 May 2000	(2000) 29 E.H.R.R. CD 219	
Nap Holdings UK Ltd	United Kingdom	Op	27721/95	April 1996	(1996) 22 E.H.R.R. CD 114	
Nasri	France	Jmt	19465/92	13 July 1995	(1996) 21 E.H.R.R. 458	
Nassen	Sweden	Adm	11565/85	December 1985	(1987) 9 E.H.R.R. 150	
Natfhe	United Kingdom	Adm	28910/95	16 April 1998	(1998) 25 E.H.R.R. CD 122	
National and Provincial, Leeds and Yorkshire Building Societies	United Kingdom	Jmt	21319/93; 21449/93; 21675/93	23 October 1997	(1998) 25 E.H.R.R. 127	
National and Provincial, Leeds and Yorkshire Building Societies	United Kingdom	Adm	21319/93; 21449/93; 21675/93	January 1995	(1995) 19 E.H.R.R. CD 56	
National Union of Belgian Police	Belgium	Jmt	4464/70	27 October 1975	(1979) 1 E.H.R.R. 578	
Navarra	France	Jmt	13190/87	23 November 1993	(1994) 17 E.H.R.R. 594	
Nazarenko	Ukraine	Adm	39483/98	25 May 1999	(1999) 28 E.H.R.R. CD 246	
Neigel	France	Jmt	18725/91	17 March 1997	(2000) 30 E.H.R.R. 310	
Nemeth	Hungary	Adm	29096/95	2 July 1998	(1998) 26 E.H.R.R. CD 101	
Nesaei	United Kingdom	Adm	11359/85	March 1985	(1986) 8 E.H.R.R. 298	
Neumeister	Austria (No. 1)	Jmt	1936/63	27 June 1968	(1979) 1 E.H.R.R. 91	
Neumeister	Austria (No. 2)	Jmt	1936/63	7 May 1974	(1979) 1 E.H.R.R. 136	
Neves e Silva	Portugal	Jmt	11213/84	27 April 1989	(1991) 13 E.H.R.R. 535	
New Horizons	Cyprus	Adm	40436/98	10 September 1998	(1999) 27 E.H.R.R. CD 334	
News Verlags GmbH and Co. KG	Austria	Jmt	31457/96	11 January 2000	(2001) 31 E.H.H.R. 246	(2001) 31 E.H.R.R 8
Nideröst-Huber	Switzerland	Jmt	18990/91	18 February 1997	(1998) 25 E.H.R.R. 709	
Nielsen	Denmark	Jmt	10929/84	28 November 1987	(1989) 11 E.H.R.R. 175	
Nielsen	Denmark	Adm	10929/84	March 1986	(1987) 9 E.H.R.R. 289	

Niemietz	Germany	Jmt	13710/88	16 December 1992	(1993) 16 E.H.R.R. 97	
Nikolova	Bulgaria	Jmt	31195/96	25 March 1999	(2001) 31 E.H.H.R. 64	(2001) 31 E.H.R.R 3
Nilsen and Johnsen	Norway	Jmt	23118/93	25 November 1999	(2000) 30 E.H.R.R. 878	
Ninn-Hansen	Denmark	Adm	28972/95	18 May 1999	(1999) 28 E.H.R.R. CD 96	
Nocol	Netherlands	Adm	15553/89	May 1994	(1994) 18 E.H.R.R. CD 38	
Nölkenbockhoff	Germany	Jmt	10300/83	25 August 1987	(1988) 10 E.H.R.R. 163	
Nölkenbockhoff	Germany	Jmt	10300/83	25 August 1987	(1991) 13 E.H.R.R. 360	
Norris	Ireland	Jmt	10581/83	26 October 1988	(1991) 13 E.H.R.R. 186	
Norris and National Gay Federation	Ireland	Adm	10581/83	May 1985	(1986) 8 E.H.R.R. 75	
Nortier	Netherlands	Jmt	13924/88	24 August 1993	(1994) 17 E.H.R.R. 273	
Noviflora Sweden AB	Sweden	Adm	14369/88	October 1992	(1993) 15 E.H.R.R. CD 6	
Novotny	Czech Republic	Adm	36542/97	1 July 1998	(1999) 27 E.H.R.R. CD 275	
Nsona	Netherlands	Jmt	23366/94	28 November 1996	(2001) 32 E.H.R.R. 170	(2001) 32 E.H.R.R. 9
Nyberg	Sweden	Jmt	12574/86	31 August 1990	(1992) 14 E.H.R.R. 870	
Nydahl	Sweden	Adm	17505/90	January 1993	(1993) 16 E.H.R.R. CD 15	
Nyssen	Belgium	Adm	10574/83	July 1985	(1986) 8 E.H.R.R. 105	
O	United Kingdom	Jmt	9276/81	9 June 1988	(1991) 13 E.H.R.R. 578	
O	United Kingdom	Jmt	9276/81	8 July 1987	(1988) 10 E.H.R.R. 82	
Obermeier	Austria	Jmt	11761/85	28 June 1990	(1991) 13 E.H.R.R. 290	
Obermeier	Austria	Adm	11761/85	July 1987	(1989) 11 E.H.R.R. 57	
Oberschlick	Austria	Jmt	11662/85	23 May 1991	(1995) 19 E.H.R.R. 389	
Oberschlick	Austria (No. 2)	Jmt	20934/92	1 July 1997	(1998) 25 E.H.R.R. 357	
Observer and the Guardian	United Kingdom	Jmt	13585/88	26 November 1991	(1992) 14 E.H.R.R. 153	
Ochensberger	Austria	Adm	21318/93	September 1994	(1994) 18 E.H.R.R. CD 170	
Ocic	Croatia	Adm	46306/99	25 November 1999	(2000) 29 E.H.R.R. CD 220	
Oerlemans	Netherlands	Jmt	12565/86	27 November 1991	(1993) 15 E.H.R.R. 561	
Ogur	Turkey	Jmt	21594/93	20 May 1999	(2001) 31 E.H.H.R. 912	(2001) 31 E.H.R.R 40
O'Hara	Ireland	Adm	26667/95	14 April 1998	(1998) 25 E.H.R.R. CD 57	
Öhlinger	Austria	Op	21444/93	July 1996	(1996) 22 E.H.R.R. CD 75	

APPLICANT	RESPONDENT STATE	Adm / Op / Jmt	APPL. No.	DECISION DATE	CITATION	CASE No.
Okodata	Austria	Adm	10666/83	March 1985	(1986) 8 E.H.R.R. 312	
Oldham	United Kingdom	Jmt	36273/97	26 September 2000	(2001) 31 E.H.H.R. 813	(2001) 31 E.H.R.R 34
Oliveira	Switzerland	Jmt	25711/94	30 July 1998	(1999) 28 E.H.R.R. 289	
Oliver and abbs	United Kingdom	Adm	10944/84	December 1985	(1987) 9 E.H.R.R. 126	
Olivero Meanotto	Italy	Adm	13940/88	January 1993	(1993) 16 E.H.R.R. CD 2	
Oliviera Neves	Portugal	Jmt	11612/85	25 May 1989	(1991) 13 E.H.R.R. 576	
Ollila	Finland	Adm	18969/91	October 1992	(1993) 15 E.H.R.R. CD 101	
Olsson	Sweden	Jmt	10465/83	24 March 1988	(1989) 11 E.H.R.R. 259	
Olsson	Sweden	Adm	10465/83	May 1985	(1986) 8 E.H.R.R. 71	
Olsson	Sweden	Adm	37553/97	1 July 1998	(1998) 26 E.H.R.R. CD 203	
Olsson	Sweden (No. 2)	Jmt	13441/87	30 October 1992	(1994) 17 E.H.R.R. 134	
Omar	France	Jmt	24767/94	29 July 1998	(2000) 29 E.H.R.R. 210	
Open Door Counselling Ltd and Dublin Well Woman	Ireland	Cm	14234/88; 14235/88	7 March 1991	(1992) 14 E.H.R.R. 131	
Open Door Counselling and Dublin Well Woman	Ireland	Jmt	14234/88; 14235/88	29 October 1992	(1993) 15 E.H.R.R. 244	
Oppegard	Norway	Adm	29327/95	14 December 1999	(2000) 29 E.H.R.R. CD 223	
Orchin	United Kingdom	Op	8435/78	October 1983	(1984) 6 E.H.R.R. 391	
Ortenberg	Austria	Jmt	18064/91	25 November 1994	(1995) 19 E.H.R.R. 524	
Ortombina	Italy	Adm	15489/89	January 1993	(1993) 16 E.H.R.R. CD 8	
Osman	United Kingdom	Jmt	23452/94	28 October 1998	(2000) 29 E.H.R.R. 245	
Osman	United Kingdom	Op	23452/94	May 1996	(1996) 22 E.H.R.R. CD 137	
Osteo Deutschland	Germany	Op	26988/95	3 November 1999	(1999) 28 E.H.R.R. CD 50	
Otto-Preminger Institute	Austria	Jmt	13470/87	20 September 1994	(1995) 19 E.H.R.R. 34	
Ouattara	United Kingdom	Adm	32884/96	2 March 1998	(1998) 25 E.H.R.R. CD 167	
Ould Barar	Sweden	Adm	42367/98	19 January 1999	(1999) 28 E.H.R.R. CD 213	

Özdemir	Netherlands	Adm	35758/97	7 September 1998	(1999) 27 E.H.R.R. CD 257	
Ödep	Turkey	Jmt	23995/94	8 December 1999	(2001) 31 E.H.H.R. 674	(2001) 31 E.H.R.R 27
Özgür Gündem	Turkey	Jmt	23144/93	16 March 2000	(2001) 31 E.H.H.R. 1082	(2001) 31 E.H.R.R 49
Öztürk	Germany	Jmt	8544/79	23 October 1984	(1985) 7 E.H.R.R. 251	
Öztürk	Germany	Jmt	8544/79	21 February 1984	(1984) 6 E.H.R.R. 409	
P	France	Adm	20299/92	January 1993	(1993) 16 E.H.R.R. CD 29	
P	Italy	Adm	13694/88	October 1992	(1993) 15 E.H.R.R. CD 3	
P	Sweden	Adm	18275/91	October 1992	(1993) 15 E.H.R.R. CD 95	
PP	United Kingdom	Adm	25297/94	16 January 1996	(1996) 21 E.H.R.R. CD 81	
P Hippin	Austria	Adm	18764/91	September 1994	(1994) 18 E.H.R.R. CD 93	
Paccione	Italy	Jmt	16753/90	27 April 1995	(1995) 20 E.H.R.R. 396	
Pafitis	Greece	Jmt	20323/92	28 February 1998	(1999) 27 E.H.R.R. 566	
Pagmar	Sweden	Adm	10728/83	October 1985	(1987) 9 E.H.R.R. 91	
Pailot	France	Jmt	32217/96	22 April 1998	(2000) 30 E.H.R.R. 328	
Pakelli	Germany	Jmt	8398/78	25 April 1983	(1984) 6 E.H.R.R. 1	
Palaoro	Austria	Jmt	16718/90	23 October 1995	(2001) 32 E.H.R.R. 202	(2001) 32 E.H.R.R. 10
Pammel	Germany	Jmt	17820/91	1 July 1997	(1998) 26 E.H.R.R. 100	
Pancenko	Latvia	Adm	40772/98	28 October 1999	(2000) 29 E.H.R.R. CD 227	
Panikan	Bulgaria	Adm	29583/96	10 July 1997	(1997) 24 E.H.R.R. CD 63	
Pannetier	Switzerland	Cm	9229/81	12 July 1985	(1987) 9 E.H.R.R. 399	
Pantano	Italy	Adm	20251/92	5 March 1996	(1996) 21 E.H.R.R. CD 117	
Papachelas	Greece	Jmt	31423/96	25 March 1999	(2000) 30 E.H.R.R. 923	
Papamichalopoulos	Greece	Jmt	14556/89	24 June 1993	(1993) 16 E.H.R.R. 440	
Papamichalopoulos	Greece	Jmt	14556/89	31 October 1995	(1996) 21 E.H.R.R. 439	
Paramanathan	Germany	Adm	12068/86	December 1986	(1988) 10 E.H.R.R. 157	
Pardo	France	Jmt	13416/87	29 April 1997	(1998) 26 E.H.R.R. 302	
Pardo	France	Jmt	13416/87	10 July 1996	(1996) 22 E.H.R.R. 563	
Pardo	France	Jmt	13416/87	20 September 1993	(1994) 17 E.H.R.R. 383	
Parker	United Kingdom	Adm	27286/95	June 1995	(1995) 20 E.H.R.R. CD 132	
Passannante	Italy	Adm	32647/96	1 July 1998	(1998) 26 E.H.R.R. CD 153	
Pastore	France	Adm	11035/84	May 1984	(1986) 8 E.H.R.R. 224	

APPLICANT	RESPONDENT STATE	Adm / Op / Jmt	APPL. No.	DECISION DATE	CITATION	CASE No.
Patel	United Kingdom	Adm	8844/80	9 December 1980	(1982) 4 E.H.R.R. 256	
Patel	United Kingdom	Adm	35693/97	22 October 1998	(1999) 27 E.H.R.R. CD 254	
Paton	United Kingdom	Adm	8416/78	13 May 1980	(1981) 3 E.H.R.R. 409	
Pauger	Austria	Jmt	16717/90	28 May 1997	(1998) 25 E.H.R.R. 105	
Paulsen-Medalen and Svensson	Sweden	Jmt	16817/90	19 February 1998	(1998) 26 E.H.R.R. 260	
Pauwels	Belgium	Jmt	10208/82	26 May 1988	(1989) 11 E.H.R.R. 238	
Pedersen	Denmark		Settlement	9893/82	March 1984	(1985) 7 E.H.R.R. 154
Peeks	United Kingdom	Adm	25277/94	2 July 1997	(1997) 24 E.H.R.R. CD 35	
Peers	Greece	Adm	28524/95	21 May 1998	(1999) 27 E.H.R.R. CD 126	
Pélissier and Sassi	France	Jmt	25444/94	25 March 1999	(2000) 30 E.H.R.R. 715	
Pelladoah	Netherlands	Jmt	16737/90	22 September 1994	(1995) 19 E.H.R.R. 81	
Pellegrin	France	Jmt	28541/95	8 December 1999	(2001) 31 E.H.H.R. 651	(2001) 31 E.H.R.R 26
Pendragon	United Kingdom	Adm	31416/96	19 October 1998	(1999) 27 E.H.R.R. CD 179	
Pentidis	Greece	Op	23238/94	9 June 1997	(1997) 24 E.H.R.R. CD 1	
Peree	Netherlands	Adm	34328/96	17 November 1998	(1999) 28 E.H.R.R. CD 158	
Pereira	Portugal	Adm	17855/91	October 1992	(1993) 15 E.H.R.R. CD 92	
Pérez De Rada Cavanilles	Spain	Jmt	28090/95	28 October 1998	(2000) 29 E.H.R.R. 109	
Perez Mahia	Spain	Adm	11022/84	December 1985	(1987) 9 E.H.R.R. 145	
Perin	France	Adm	18656/91	October 1992	(1993) 15 E.H.R.R. CD 99	
Perks	United Kingdom	Jmt	25277/94; 25279/94; 25280/94; 25285/94; 28048/95; 28192/95; 28456/95	12 October 1999	(2000) 30 E.H.R.R. 33	

Pesti and Frodl	Austria	Adm	27618/95; 27619/95	18 January 2000	(2000) 29 E.H.R.R. CD 229	
Peterson	Denmark	Adm	24989/94	14 September 1998	(1999) 27 E.H.R.R. CD 96	
Pfarrmeier	Austria	Jmt	16841/90	23 October 1995	(1996) 22 E.H.R.R. 175	
Pfeifer and Plankl	Austria	Jmt	10802/84	25 November 1992	(1992) 14 E.H.R.R. 692	
Philis	Greece	Jmt	12750/87; 13780/88; 14003/88	27 August 1991	(1991) 13 E.H.R.R. 741	
Philis	Greece	Adm	18001/91	May 1994	(1994) 18 E.H.R.R. CD 57	
Philis	Greece	Adm	28970/95	17 October 1996	(1997) 23 E.H.R.R. CD 147	
Philis	Greece (No. 2)	Jmt	19773/92	27 June 1997	(1998) 25 E.H.R.R. 417	
Phocas	France	Jmt	17869/91	23 April 1996	(2001) 32 E.H.R.R. 221	(2001) 32 E.H.R.R. 11
Photos Photiades & Co. Ltd	Cyprus	Adm	41113/98	21 October 1998	(1999) 27 E.H.R.R. CD 344	
Phull	United Kingdom	Adm	32789/96	11 September 1997	(1998) 25 E.H.R.R. CD 166	
Pichler	Austria	Adm	18305/91	January 1993	(1993) 16 E.H.R.R. CD 45	
Piermont	France	Adm	15773/89; 15774/89	October 1992	(1993) 15 E.H.R.R. CD 76	
Piermont	France	Jmt	15773/89	27 April 1995	(1995) 20 E.H.R.R. 301	
Pierre-Bloch	France	Jmt	24194/94	21 October 1997	(1998) 26 E.H.R.R. 202	
Piersack	Belgium	Jmt	8692/79	26 October 1984	(1985) 7 E.H.R.R. 251	
Piersack	Belgium	Jmt	8692/79	1 October 1982	(1983) 5 E.H.R.R. 169	
Pinard, Foucher and Parmentier	France	Adm	17874/91; 17876/91	October 1992	(1993) 15 E.H.R.R. CD 92	
Pinder	United Kingdom	Adm	10096/82	October 1984	(1985) 7 E.H.R.R. 464	
Pine Valley Developments Ltd	Ireland	Jmt	12742/87	9 February 1993	(1993) 16 E.H.R.R. 379	
Pine Valley Developments Limited	Ireland	Jmt	12742/87	29 November 1991	(1992) 14 E.H.R.R. 319	
Pinnacle Meat Processors Company	United Kingdom	Adm	33298/96	21 October 1998	(1999) 27 E.H.R.R. CD 217	
PL	France	Jmt	21503/93	2 April 1997	(1998) 25 E.H.R.R. 481	
Platform Ärzte für das Leben	Austria	Jmt	10126/82	21 June 1988	(1991) 13 E.H.R.R. 204	
Podbielski	Poland	Op	27916/95	30 October 1998	(1999) 27 E.H.R.R. CD 19	

APPLICANT	RESPONDENT STATE	Adm / Op / Jmt	APPL. No.	DECISION DATE	CITATION	CASE No.
Poiss	Austria	Jmt	9816/82	29 September 1987	(1991) 13 E.H.R.R. 414	
Poiss	Austria	Jmt	9816/82	23 April 1987	(1988) 10 E.H.R.R. 231	
Poiss	Austria	Cm	9816/82	24 January 1986	(1987) 9 E.H.R.R. 409	
Poitrimol	France	Jmt	14032/88	23 November 1993	(1994) 18 E.H.R.R. 130	
Poku	United Kingdom	Op	26985/95	May 1996	(1996) 22 E.H.R.R. CD 94	
Poli	Denmark	Adm	33029/96	21 October 1998	(1999) 27 E.H.R.R. CD 212	
Poltoratskiy	Ukraine	Adm	38812/97	30 October 1998	(1999) 27 E.H.R.R. CD 320	
Powell	United Kingdom	Adm	9310/81	October 1985	(1987) 9 E.H.R.R. 241	
Powell and Rayner	United Kingdom	Jmt	9310/81	21 February 1990	(1990) 12 E.H.R.R. 355	
Powell and Rayner	United Kingdom	Cm	9310/81	19 January 1989	(1990) 12 E.H.R.R. 288	
Prager and Oberschlick	Austria	Jmt	15974/90	26 April 1995	(1996) 21 E.H.R.R. 1	
Pressos Compania Naviera SA	Belgium	Jmt	17849/91	20 November 1995	(1996) 21 E.H.R.R. 301	
Pressos Compania Naviera SA	Belgium	Op	17849/91	3 July 1997	(1997) 24 E.H.R.R. CD 16	
Pretto	Italy	Jmt	7984/77	8 December 1983	(1984) 6 E.H.R.R. 182	
Prinz	Austria	Jmt	23867/94	8 February 2000	(2001) 31 E.H.H.R. 357	(2001) 31 E.H.R.R 12
Prinz	Austria	Adm	23867/94	10 April 1997	(1997) 23 E.H.R.R. CD 50	
Priorello	Italy	Adm	11068/84	March 1985	(1986) 8 E.H.R.R. 306	
Procola	Luxembourg	Jmt	14570/89	28 September 1995	(1996) 22 E.H.R.R. 193	
Prötsch	Austria	Jmt	15508/89	15 November 1996	(2001) 32 E.H.R.R. 255	(2001) 32 E.H.R.R. 12
Prötsch	Austria	Adm	15508/89	August 1994	(1994) 18 E.H.R.R. CD 36	
Province of Bari, Sorrento and Messini Nemaga	Italy	Adm	41877/98	15 September 1998	(1999) 27 E.H.R.R. CD 352	
Prussner	Germany	Adm	10901/84	May 1985	(1986) 8 E.H.R.R. 79	
Pudas	Sweden	Jmt	10426/83	27 October 1987	(1988) 10 E.H.R.R. 380	
Pugliese	Italy	Jmt	11840/85	19 February 1991	(1992) 14 E.H.R.R. 413	

Pullar	United Kingdom	Jmt	22399/93	10 June 1996	(1996) 22 E.H.R.R. 391	
Purtonen	Finland	Adm	32700/96	9 September 1998	(1999) 27 E.H.R.R. CD 192	
Putz	Austria	Jmt	18892/91	22 February 1996	(2001) 32 E.H.R.R. 271	(2001) 32 E.H.R.R. 13
Putz	Austria	Adm	18892/91	December 1993	(1994) 18 E.H.R.R. CD 97	
Q	France	Adm	20475/92	January 1993	(1993) 16 E.H.R.R. CD 30	
Q	Italy	Adm	13939/88	October 1992	(1993) 15 E.H.R.R. CD 5	
Q	Netherlands	Adm	18395/91	October 1992	(1993) 15 E.H.R.R. CD 96	
Quinn	France	Jmt	18580/91	22 March 1995	(1996) 21 E.H.R.R. 529	
Quinn	Ireland	Adm	36887/97	21 September 1999	(2000) 29 E.H.R.R. CD 234	
Quinn	United Kingdom	Adm	23496/94	21 October 1996	(1997) 23 E.H.R.R. CD 41	
R	Italy	Adm	14022/88	October 1992	(1993) 15 E.H.R.R. CD 5	
R	United Kingdom	Jmt	9840/82	9 June 1988	(1991) 13 E.H.R.R. 588	
R	United Kingdom	Jmt	10496/83	9 June 1988	(1991) 13 E.H.R.R. 457	
R	United Kingdom	Jmt	10496/83	8 July 1987	(1988) 10 E.H.R.R. 74	
R	United Kingdom	Adm	18711/91	October 1992	(1993) 15 E.H.R.R. CD 100	
RC, AWA and 1,877 Others	United Kingdom	Adm	37664/97; 37665/97; 37974/97; 37979/97; 37682/97; 38910/97	1 July 1998	(1998) 26 E.H.R.R. CD 210	
R.M.B.	United Kingdom	Adm	37120/97	9 September 1998	(1999) 27 E.H.R.R. CD 286	
RMD	Switzerland	Jmt	19800/92	26 September 1997	(1999) 28 E.H.R.R. 224	
R.O.	United Kingdom	Adm	23094/93	May 1994	(1994) 18 E.H.R.R. CD 212	
R.S.	United Kingdom	Adm	24604/94	September 1995	(1995) 20 E.H.R.R. CD 98	
RSC	United Kingdom	Adm	27560/95	28 May 1997	(1997) 23 E.H.R.R. CD 112	
Radino	Italy	Adm	9683/82	July 1984	(1986) 8 E.H.R.R. 233	
Radio ABC	Austria	Jmt	19376/92	20 October 1997	(1998) 25 E.H.R.R. 185	
Radio ABC	Austria	Op	19736/92	11 April 1996,	(1996) 22 E.H.R.R. CD 3	
Raguz	Austria	Adm	26300/95	10 April 1997	(1997) 23 E.H.R.R. CD 75	
Rai, Allmond and "Negotiate Now"	United Kingdom	Adm	25522/94	April 1995	(1995) 19 E.H.R.R. CD 93	
Raidl	Austria	Adm	25342/94	September 1995	(1995) 20 E.H.R.R. CD 114	
Raimondo	Italy	Jmt	12954/87	22 February 1994	(1994) 18 E.H.R.R. 237	

APPLICANT	RESPONDENT STATE	Adm / Op / Jmt	APPL. No.	DECISION DATE	CITATION	CASE No.
Raiselis	Lithuania	Adm	37195/97	2 March 1999	(1999) 28 E.H.R.R. CD 186	
Raninen	Finland	Jmt	20972/92	16 December 1997	(1998) 26 E.H.R.R. 563	
Raninen	Finland	Adm	20972/92	7 March 1996	(1996) 21 E.H.R.R. CD 123	
Rapotez	Italy	Adm	19222/91	January 1993	(1993) 16 E.H.R.R. CD 46	
Rasmussen	Denmark	Jmt	8777/79	28 November 1984	(1985) 7 E.H.R.R. 371	
Rasmussen	Denmark	Op	8777/79	October 1983	(1984) 6 E.H.R.R. 94	
Rasmussen and Lyngen	Denmark	Adm	31767/96	9 September 1998	(1999) 27 E.H.R.R. CD 185	
Ravnsborg	Sweden	Jmt	14220/88	21 February 1994	(1994) 18 E.H.R.R. 38	
Rayner	United Kingdom	Adm	9310/81	July 1986	(1987) 9 E.H.R.R. 375	
Reber	Germany	Op	27410/95	April 1996	(1996) 22 E.H.R.R. CD 98	
Reed	United Kingdom	Jmt	7630/76	12 December 1981	(1983) 5 E.H.R.R. 114	
Reed	United Kingdom	Adm	7630/76	6 December 1979	(1981) 3 E.H.R.R. 136	
Rees	United Kingdom	Jmt	9532/81	17 October 1986	(1987) 9 E.H.R.R. 56	
Rees	United Kingdom	Op	9532/81	12 December 1984	(1985) 7 E.H.R.R. 429	
Rehbock	Slovenia	Adm	29462/95	20 May 1998	(1998) 26 E.H.R.R. CD 120	
Reid	United Kingdom	Op	9520/81	July 1983	(1984) 6 E.H.R.R. 387	
Reinhardt and Slimane-Kaÿd	France	Jmt	22921/93	31 March 1998	(1999) 28 E.H.R.R. 59	
Reiss	Austria	Adm	23953/94	September 1995	(1995) 20 E.H.R.R. CD 90	
Reitmayr	Austria	Adm	23866/94	June 1995	(1995) 20 E.H.R.R. CD 89	
Rekvényi	Hungary	Jmt	25390/94	20 May 1999	(2000) 30 E.H.R.R. 519	
Rekvényi	Hungary	Adm	25390/94	11 April 1997	(1997) 23 E.H.R.R. CD 63	
Remli	France	Jmt	16839/90	26 April 1996	(1996) 22 E.H.R.R. 253	
Remmers and Hamer	Netherlands	Adm	29839/96	18 May 1998	(1999) 27 E.H.R.R. CD 168	
Ribitsch	Austria	Jmt	18896/91	4 December 1995	(1996) 21 E.H.R.R. 573	
Rieme	Sweden	Jmt	12366/86	22 April 1992	(1993) 16 E.H.R.R. 155	
Riera Blume	Spain	Jmt	37680/97	14 October 1999	(2000) 30 E.H.R.R. 632	
Ringeisen	Austria (No. 1)	Jmt	2614/65	16 July 1971	(1979) 1 E.H.R.R. 455	
Ringeisen	Austria (No. 2)	Jmt	2614/65	22 June 1972	(1979) 1 E.H.R.R. 504	
Ringeisen	Austria (No. 3)	Jmt	2614/65	23 June 1973	(1979) 1 E.H.R.R. 513	

Ringhofer	Austria	Adm	10568/83	March 1985	(1986) 8 E.H.R.R. 295
Rizzo	Italy	Adm	13937/88	October 1992	(1993) 15 E.H.R.R. CD 4
Roberts	United Kingdom	Adm	21178/93	January 1995	(1995) 19 E.H.R.R. CD 50
Robins	United Kingdom	Jmt	22410/93	23 September 1997	(1998) 26 E.H.R.R. 527
Rocchini	Italy	Adm	14583/89	January 1993	(1993) 16 E.H.R.R. CD 32
Rohr	Switzerland	Adm	12708/87	October 1987	(1989) 11 E.H.R.R. 81
Rolf Gustafson	Sweden	Jmt	23196/94	1 July 1997	(1998) 25 E.H.R.R. 623
Roux	United Kingdom	Op	25601/94	September 1996	(1996) 22 E.H.R.R. CD 195
Rowe and Davis	United Kingdom	Jmt	28901/95	16 February 2000	(2000) 30 E.H.R.R. 1
Rowe and Davis	United Kingdom	Adm	28901/95	15 September 1997	(1998) 25 E.H.R.R. CD 118
Rozendale	Netherlands	Adm	15595/89	October 1992	(1993) 15 E.H.R.R. CD 75
Rubinat	Italy	Jmt	9317/81	12 February 1985	(1985) 7 E.H.R.R. 512
Rudzinske	Poland	Adm	45223/99	7 September 1999	(2000) 29 E.H.R.R. CD 241
Ruga	Italy	Adm	10990/84	March 1987	(1988) 10 E.H.R.R. 532
Ruiz Torija	Spain	Jmt	18390/91	9 December 1994	(1995) 19 E.H.R.R. 553
Ruiz-Mateos	Spain	Jmt	12952/87	23 June 1993	(1993) 16 E.H.R.R. 505
Ruth	Sweden	Adm	10371/83	March 1985	(1986) 8 E.H.R.R. 278
Ryan	United Kingdom	Adm	32875/96	1 July 1998	(1999) 27 E.H.R.R. CD 204
Ryder	United Kingdom	Adm	12360/86	October 1987	(1989) 11 E.H.R.R. 80
S	Italy	Adm	15130/89	October 1992	(1993) 15 E.H.R.R. CD 13
S	Switzerland	Jmt	12629/87; 13965/88	28 November 1991	(1992) 14 E.H.R.R. 670
S	United Kingdom	Adm	19085/91	October 1992	(1993) 15 E.H.R.R. CD 106
S and M	United Kingdom	Adm	21325/93	May 1993	(1994) 18 E.H.R.R. CD 172
S.E.	Norway	Adm	17391/90	August 1994	(1994) 18 E.H.R.R. CD 53
SE	Switzerland	Adm	28994/95	4 March 1998	(1998) 25 E.H.R.R. CD 127
SP	United Kingdom	Adm	28915/95	17 January 1997	(1997) 23 E.H.R.R. CD 139
SP, DP and T	United Kingdom	Op	23715/94	May 1996	(1996) 22 E.H.R.R. CD 148
SSC	Sweden	Adm	46553/99	15 February 2000	(2000) 29 E.H.R.R. CD 245
SW and CR	United Kingdom	Adm	20166/92; 20190/92	January 1994	(1994) 18 E.H.R.R. CD 119
SW and CR	United Kingdom	Jmt	20166/92; 20190/92	22 November 1995	(1996) 21 E.H.R.R. 363
Saïdi	France	Jmt	14647/89	20 September 1993	(1994) 17 E.H.R.R. 251

APPLICANT	RESPONDENT STATE	Adm / Op / Jmt	APPL. No.	DECISION DATE	CITATION	CASE No.
Sainte-Marie	France	Jmt	12981/87	24 November 1992	(1993) 16 E.H.R.R. 116	
Sakik	Turkey	Jmt	23878/94; 23879/94; 23880/94; 23881/94; 23882/94; 23883/94	26 November 1997	(1998) 26 E.H.R.R. 662	
Salabiaku	France	Jmt	10519/83	7 October 1988	(1991) 13 E.H.R.R. 379	
Saleem	United Kingdom	Adm	38294/97	4 March 1998	(1998) 25 E.H.R.R. CD 193	
Salesi	Italy	Jmt	13023/87	26 February 1993	(1998) 26 E.H.R.R. 187	
Salgueiro Da Silva Mouta	Portugal	Jmt	33290/96	21 December 1999	(2001) 31 E.H.H.R. 1055	(2001) 31 E.H.R.R 47
Samkova	Slovak Republic	Op	26384/95	June 1996	(1996) 22 E.H.R.R. CD 205	
Sanchez-Reisse	Switzerland	Jmt	9862/82	21 October 1986	(1987) 9 E.H.R.R. 71	
Sander	United Kingdom	Jmt	34129/96	9 May 2000	(2001) 31 E.H.H.R. 1003	(2001) 31 E.H.R.R 44
Santilli	Italy	Jmt	11634/85	19 February 1991	(1992) 14 E.H.R.R. 421	
Santschi	Switzerland		7468/76; 7938/77; 8018/77; 8106/77; 8325/78; 8778/79	23 March 1983	(1983) 5 E.H.R.R. 520	
Saraiva De Carvalho	Portugal	Jmt	15651/89	22 April 1994	(1994) 18 E.H.R.R. 534	
Sargin	Germany	Adm	8819/79	19 March 1981	(1982) 4 E.H.R.R. 276	
Sargin and Yagci	Turkey	Adm	14116/88; 14117/88	January 1993	(1993) 16 E.H.R.R. CD 2	
Saszmann	Austria	Adm	23697/94	27 February 1997	(1997) 23 E.H.R.R. CD 46	
Saunders	United Kingdom	Jmt	19187/91	17 December 1996	(1997) 23 E.H.R.R. 313	
Scarth	United Kingdom	Jmt	33745/96	22 July 1999	(1999) 28 E.H.R.R. CD 47	
Scarth	United Kingdom	Op	33745/96	22 July 1999	(1999) 27 E.H.R.R. CD 37	
Scarth	United Kingdom	Adm	33745/96	21 May 1998	(1998) 26 E.H.R.R. CD 154	
Schatzmayr	Austria	Adm	32052/96	21 May 1998	(1999) 27 E.H.R.R. CD 190	
Schenk	Switzerland	Jmt	10862/84	12 July 1988	(1991) 13 E.H.R.R. 242	
Scherer	Switzerland	Jmt	17116/90	25 March 1994	(1994) 18 E.H.R.R. 276	

Schertler	Austria	Op	26575/95	June 1996	(1996) 22 E.H.R.R. CD 212	
Schiesser	Switzerland	Jmt	7710/76	4 December 1979	(1980) 2 E.H.R.R. 417	
Schimanek	Austria	Adm	32307/96	1 February 2000	(2000) 29 E.H.R.R. CD 250	
Schmautzer	Austria	Jmt	15523/89	23 October 1995	(1996) 21 E.H.R.R. 511	
Schmidt	Germany	Jmt	13580/88	18 July 1994	(1994) 18 E.H.R.R. 513	
Schmidt and Dahlström	Sweden	Jmt	5589/72	6 February 1976	(1979) 1 E.H.R.R. 632	
Schneider	Austria	Adm	15220/89	May 1993	(1994) 18 E.H.R.R. CD 33	
Schönenberger and Durmaz	Switzerland	Jmt	11368/85	20 June 1988	(1989) 11 E.H.R.R. 202	
Schöpfer	Switzerland	Op	25405/94	September 1996	(1996) 22 E.H.R.R. CD 184	
Schouten	Netherlands	Adm	19005/91	October 1992	(1993) 15 E.H.R.R. CD 105	
Schouten and Meldrum	Netherlands	Jmt	19005/91; 19006/91	9 December 1994	(1995) 19 E.H.R.R. 432	
Schuler-Zgraggen	Switzerland	Jmt	14518/89	31 January 1995	(1996) 21 E.H.R.R. 404	
Schuler-Zgraggen	Switzerland	Jmt	14518/89	24 June 1993	(1993) 16 E.H.R.R. 405	
Scialacqua	Italy	Adm	34151/96	1 July 1998	(1998) 26 E.H.R.R. CD 164	
Scollo	Italy	Jmt	19133/91	28 September 1995	(1996) 22 E.H.R.R. 514	
Scopelliti	Italy	Jmt	15511/89	23 November 1993	(1994) 17 E.H.R.R. 493	
Scott	Spain	Jmt	21335/93	18 December 1996	(1997) 24 E.H.R.R. 391	
Scotts of Greenock Ltd and Lithgows Ltd	United Kingdom	Cm	9482/81	17 December 1987	(1990) 12 E.H.R.R. 147	
Scotts of Greenock Ltd and Lithgows Ltd	United Kingdom	Adm	9482/81	March 1985	(1986) 8 E.H.R.R. 288	
Scotts of Greenock Ltd and Lithgows Ltd	United Kingdom	Adm	9599/81	March 1985	(1986) 8 E.H.R.R. 293	
Scuderi	Italy	Jmt	12986/87	24 August 1993	(1995) 19 E.H.R.R. 187	
Seidlová	Slovak Republic	Adm	25461/94	September 1995	(1995) 20 E.H.R.R. CD 124	
Sekanina	Austria	Jmt	13126/87	25 August 1993	(1994) 17 E.H.R.R. 221	
Selçuk and Asker	Turkey	Jmt	23184/94; 23185/94	24 April 1998	(1998) 26 E.H.R.R. 477	
Selmouni	France	Jmt	25803/94	28 July 1999	(2000) 29 E.H.R.R. 403	
Sequaris	Belgium	Adm	9676/82	July 1983	(1984) 6 E.H.R.R. 386	
Sequaris	Belgium	Adm	9676/82	October 1982	(1983) 5 E.H.R.R. 293	
Serif	Greece	Jmt	38178/97	14 December 1999	(2001) 31 E.H.R.R. 561	(2001) 31 E.H.R.R 20
Serif	Greece	Adm	38178/97	26 January 1999	(1999) 28 E.H.R.R. CD 227	

APPLICANT	RESPONDENT STATE	Adm / Op / Jmt	APPL. No.	DECISION DATE	CITATION	CASE No.
Serves	France	Jmt	20225/92	20 October 1997	(1999) 28 E.H.R.R. 265	
Sharara and Rinia	Netherlands	Adm	10915/84	March 1985	(1986) 8 E.H.R.R. 307	
Sheffield	United Kingdom	Adm	22985/93	19 January 1996	(1996) 21 E.H.R.R. CD 99	
Sheffield	United Kingdom	Adm	22985/93	September 1994	(1995) 20 E.H.R.R. CD 66	
Sheffield and Horsham	United Kingdom	Jmt	22885/93; 23390/94	30 July 1998	(1999) 27 E.H.R.R. 163	
Shishkov	Bulgaria	Adm	38822/97	31 August 1999	(1999) 28 E.H.R.R. CD 237	
Sibson	United Kingdom	Jmt	14327/88	20 April 1993	(1994) 17 E.H.R.R. 193	
Sidiropoulos	Greece	Jmt	26695/95	10 July 1998	(1999) 27 E.H.R.R. 633	
Sigurdardottir	Iceland	Adm	32451/96	24 August 1999	(1999) 28 E.H.R.R. CD 148	
Sigurdardottir	Iceland	Adm	32451/96	9 September 1998	(1999) 28 E.H.R.R. CD 146	
Sigurdur A Sigurjónsson	Iceland	Jmt	16130/90	30 June 1993	(1993) 16 E.H.R.R. 462	
Silva Pontes	Portugal	Jmt	14940/89	23 March 1994	(1994) 18 E.H.R.R. 156	
Silva Rocha	Portugal	Jmt	18165/91	15 November 1996	(2001) 32 E.H.R.R. 333	(2001) 32 E.H.R.R. 16
Silver	United Kingdom	Jmt	594/72; 6205/73; 7072/75; 7061/75; 7107/75; 7113/75; 7136/75	24 October 1983	(1991) 13 E.H.R.R. 582	
Silver	United Kingdom	Jmt	5947/72; 6205/73; 7052/75; 7061/75; 7107/75; 7113/75; 7136/75	25 March 1983	(1983) 5 E.H.R.R. 347	
Silver	United Kingdom	Op	5947/72; 6205/73; 7052/75; 7061/75; 7107/75; 7113/75; 7136/75	11 October 1980	(1981) 3 E.H.R.R. 475	
Sinko	Slovak Republic	Adm	33466/96	20 May 1998	(1999) 27 E.H.R.R. CD 226	
Sjöö	Sweden	Adm	37604/97	21 October 1998	(1999) 27 E.H.R.R. CD 304	
Skärby	Sweden	Jmt	12258/86	28 June 1990	(1991) 13 E.H.R.R. 90	

Skoogström	Sweden	Jmt	8582/79	2 October 1984	(1985) 7 E.H.R.R. 263	
Skoogström	Sweden	Op	8582/79	October 1983	(1984) 6 E.H.R.R. 77	
Skoogström	Sweden	Adm	8582/79	October 1982	(1983) 5 E.H.R.R. 278	
Slavgorodski	Estonia	Adm	37043/97	9 March 1999	(1999) 28 E.H.R.R. CD 181	
Slimane-Kaÿd	France	Jmt	29507/95	11 January 2000	(2001) 31 E.H.H.R. 1073	(2001) 31 E.H.R.R 48
Smallwood	United Kingdom	Adm	29779/96	21 October 1998	(1999) 27 E.H.R.R. CD 155	
Smith	United Kingdom	Adm	18401/91	May 1993	(1994) 18 E.H.R.R. CD 65	
Smith	United Kingdom	Adm	25154/94	4 March 1998	(1998) 25 E.H.R.R. CD 42	
Smith	United Kingdom	Adm	25373/94	29 November 1995	(1996) 21 E.H.R.R. CD 74	
Smith	United Kingdom	Adm	26666/95	4 March 1998	(1998) 25 E.H.R.R. CD 52	
Smith and Grady	United Kingdom	Jmt	33985/96; 33986/96	25 July 2000	(2001) 31 E.H.H.R. 620	(2001) 31 E.H.R.R 24
Smith and Grady	United Kingdom	Jmt	33985/96; 33986/96	27 September 1999	(2000) 29 E.H.R.R. 493	
Smith and Grady	United Kingdom	Adm	33985/96	23 February 1999	(1999) 27 E.H.R.R. CD 42	
Socialist Party	Turkey	Jmt	21237/93	25 May 1998	(1999) 27 E.H.R.R. 51	
Société Levage Prestations	France	Jmt	21920/93	23 October 1996	(1997) 24 E.H.R.R. 351	
Société Stenuit	France	Jmt	11598/85	27 February 1992	(1992) 14 E.H.R.R. 509	
Söderbäck	Sweden	Jmt	24484/94	28 October 1998	(2000) 29 E.H.R.R. 95	
Soering	United Kingdom	Jmt	14038/88	7 July 1989	(1989) 11 E.H.R.R. 439	
Spacek sro	Czech Republic	Jmt	26449/95	9 November 1999	(2000) 30 E.H.R.R. 1010	
Spadea and Scalabrino	Italy	Jmt	12868/87	28 September 1995	(1996) 21 E.H.R.R. 482	
Spinelli	Italy	Adm	13961/88	October 1992	(1993) 15 E.H.R.R. CD 5	
Sporrong and Lönnroth	Sweden	Jmt	7151/75; 7152/75	18 December 1984	(1985) 7 E.H.R.R. 256	
Sporrong and Lönnroth	Sweden	Jmt	7151/75	23 September 1982	(1983) 5 E.H.R.R. 35	
Spöttl	Austria	Op	22956/93	May 1996	(1996) 22 E.H.R.R. CD 88	
Springer	United Kingdom	Jmt	9083/80	11 May 1982	(1983) 5 E.H.R.R. 141	
Sramek	Austria	Jmt	8790/79	22 October 1984	(1985) 7 E.H.R.R. 351	
Staarman	Netherlands	Adm	10503/83	May 1985	(1986) 8 E.H.R.R. 73	
Stachowiak	Poland	Adm	26619/95	9 September 1998	(1999) 27 E.H.R.R. CD 110	
Stafford	United Kingdom and Ireland	Adm	10885/84	March 1985	(1986) 8 E.H.R.R. 303	
Stallinger and Kuso	Austria	Jmt	14696/89; 14697/89	23 April 1997	(1998) 26 E.H.R.R. 81	

APPLICANT	RESPONDENT STATE	Adm / Op / Jmt	APPL. No.	DECISION DATE	CITATION	CASE No.
Stamoulakatos	Greece	Jmt	12806/87	26 October 1993	(1994) 17 E.H.R.R. 479	
Stamoulakatos	Greece and United Kingdom	Adm	27567/95	29 November 1995	(1996) 21 E.H.R.R. CD 77	
Stamoulakatos	United Kingdom	Adm	27567/95	9 April 1997	(1997) 23 E.H.R.R. CD 113	
Stankov and United Macedonian Organisation "Ilinden"	Bulgaria	Adm	29221/95; 29225/95	29 June 1998	(1998) 26 E.H.R.R. CD 103	
Stankov, Trayanov, Stoychev	Bulgaria	Adm	29221/95; 29222/95; 29223/95; 29225/95; 29226/95	21 October 1996	(1997) 23 E.H.R.R. CD 170	
Stedman	United Kingdom	Adm	29107/95	9 April 1997	(1997) 23 E.H.R.R. CD 168	
Steel	United Kingdom	Jmt	24838/94	23 September 1998	(1999) 28 E.H.R.R. 603	
Stefan	United Kingdom	Adm	29419/95	9 December 1997	(1998) 25 E.H.R.R. CD 130	
Steinlechner	Austria	Adm	11439/85	October 1987	(1989) 11 E.H.R.R. 77	
Stephan Jordan	United Kingdom	Jmt	30280/96	14 March 2000	(2001) 31 E.H.H.R. 201	(2001) 31 E.H.R.R 6
Stevens and Knight	United Kingdom	Adm	28918/95	9 September 1998	(1999) 27 E.H.R.R. CD 138	
Stewart	United Kingdom	Adm	10044/82	July 1984	(1985) 7 E.H.R.R. 453	
Stewart-Brady	United Kingdom	Adm	27436/95	2 July 1997	(1997) 24 E.H.R.R. CD 38	
Stewart-Brady	United Kingdom	Adm	36908/97	21 October 1998	(1999) 27 E.H.R.R. CD 284	
Stiftelsen Akademiske Foreningens Bostäder I Lund	Sweden	Adm	11661/85	July 1987	(1989) 11 E.H.R.R. 47	
Stjerna	Finland	Jmt	18131/91	25 November 1994	(1997) 24 E.H.R.R. 195	
Stocké	Germany	Jmt	11755/85	19 March 1991	(1991) 13 E.H.R.R. 839	
Stocké	Germany	Adm	11755/85	July 1987	(1989) 11 E.H.R.R. 61	
Stögmüller	Austria	Jmt	1602/62	10 November 1969	(1979) 1 E.H.R.R. 155	

Stopford	United Kingdom	Adm	31316/96	20 October 1997	(1998) 25 E.H.R.R. CD 151	
Stoutt	Ireland	Adm	10978/84	October 1986	(1987) 9 E.H.R.R.541	
Stran Greek Refineries and Stratis Andreadis	Greece	Jmt	13427/87	9 December 1994	(1995) 19 E.H.R.R. 293	
Stromillo	Italy	Adm	15831/89	January 1993	(1993) 16 E.H.R.R. CD 10	
Stryanowski	Poland	Op	28616/95	June 1996	(1996) 22 E.H.R.R. CD 111	
Stubbings	United Kingdom	Jmt	22083/93; 22095/93	22 October 1996	(1997) 23 E.H.R.R. 213	
Stubbings, J.L. and J.P.	United Kingdom	Op	22083/93	6 September 1994	(1995) 19 E.H.R.R. CD 32	
Stubbings, J.L. and J.P.	United Kingdom	Adm	22083/93	September 1994	(1994) 18 E.H.R.R. CD 185	
Sujeeun	United Kingdom	Adm	27788/95	18 January 1995	(1996) 21 E.H.R.R. CD 97	
Sunday Times	United Kingdom	Jmt	6538/74	6 November 1980	(1981) 3 E.H.R.R. 317	
Sunday Times	United Kingdom	Jmt	6538/74	26 April 1979	(1980) 2 E.H.R.R. 245	
Sunday Times	United Kingdom (No. 2)	Jmt	13166/87	26 November 1991	(1992) 14 E.H.R.R. 229	
Sur	Turkey		Settlement	21592/93	3 October 1997	(1998) 25 E.H.R.R. CD 1
Süßmann	Germany	Jmt	20024/92	16 September 1996	(1998) 25 E.H.R.R. 64	
Sutherland	Franc	Op	25186/94	1 July 1997	(1997) 24 E.H.R.R. CD 22	
Sutherland	United Kingdom	Op	25186/94	May 1996	(1996) 22 E.H.R.R. CD 182	
Sutter	Switzerland	Jmt	8209/78	22 February 1984	(1984) 6 E.H.R.R. 272	
Svidranova	Slovak Republic	Adm	35268/97	1 July 1998	(1998) 26 E.H.R.R. CD 184	
Swedish Engine Drivers' Union	Sweden	Jmt	5614/72	6 February 1976	(1979) 1 E.H.R.R. 617	
Syrkin	Russia	Adm	44125/98	25 November 1999	(2000) 29 E.H.R.R. CD 254	
Szücs	Austria	Jmt	20602/92	24 November 1997	(1998) 26 E.H.R.R. 310	
Szumilas	Poland	Adm	35187/97	1 July 1998	(1998) 26 E.H.R.R. CD 181	
T	Austria	Adm	19205/91	October 1992	(1993) 15 E.H.R.R. CD 60	
T	Luxembourg	Adm	19715/92	October 1992	(1993) 15 E.H.R.R. CD 107	
T	United Kingdom	Adm	24724/94	6 March 1998	(1998) 25 E.H.R.R. CD 11	
T.C.	Norway	Adm	29821/96	20 May 1998	(1999) 27 E.H.R.R. CD 164	
TP and KM	United Kingdom	Adm	28945/95	26 May 1998	(1998) 26 E.H.R.R. CD 84	

APPLICANT	RESPONDENT STATE	Adm / Op / Jmt	APPL. No.	DECISION DATE	CITATION	CASE No.
T.V.	Finland	Adm	21780/93	March 1994	(1994) 18 E.H.R.R. CD 179	
TW	Malta	Jmt	25644/94; 25642/94	29 April 1999	(2000) 29 E.H.R.R. 185	
TY	Netherlands	Adm	26669/95	21 October 1996	(1997) 23 E.H.R.R. CD 95	
Tammer	Estonia	Adm	41205/98	19 October 1999	(2000) 29 E.H.R.R. CD 257	
Tanrikulu	Turkey	Jmt	23763/94	8 July 1999	(2000) 30 E.H.R.R. 950	
Taspinar	Netherlands	Adm	11026/84	December 1984	(1986) 8 E.H.R.R. 47	
Taylor	United Kingdom	Adm	28641/95	9 April 1997	(1997) 23 E.H.R.R. CD 132	
Taylor, Crampton, Gibson, King	United Kingdom	Adm	23412/94	August 1994	(1994) 18 E.H.R.R. CD 215	
Tee	United Kingdom	Adm	26663/95	28 February 1996	(1996) 21 E.H.R.R. CD 108	
Teixeira de Castro	Portugal	Jmt	25829/94	9 June 1998	(1999) 28 E.H.R.R. 101	
Tejedor Garcia	Spain	Jmt	25420/94	16 December 1997	(1998) 26 E.H.R.R. 440	
Tekie	Italy	Adm	13684/88	January 1993	(1993) 16 E.H.R.R. CD 1	
Tekin	Turkey	Jmt	22496/93	9 June 1998	(2001) 31 E.H.H.R. 95	(2001) 31 E.H.R.R 4
Telesystem Tirol Kabeltelevision	Austria	Adm	19182/91	9 June 1997	(1997) 23 E.H.R.R. CD 33	
Telesystem Tirol Kabeltelevision	Austria	Op	19182/91	9 June 1997	(1997) 24 E.H.R.R. CD 11	
Telesystem Tirol Kabeltelevision	Austria	Adm	19182/91	January 1995	(1995) 19 E.H.R.R. CD 42	
Temeltasch	Switzerland	Cm	9116/80	24 March 1983	(1983) 5 E.H.R.R. 417	
Temeltasch	Switzerland	Adm	9116/80	5 May 1982	(1983) 5 E.H.R.R. 417	
Temple	United Kingdom	Adm	10530/83	March 1985	(1986) 8 E.H.R.R. 318	
Tenchio	Italy	Adm	14181/88	January 1993	(1993) 16 E.H.R.R. CD 4	
Tennenbaum	Sweden	Adm	16031/90	May 1993	(1994) 18 E.H.R.R. CD 41	
Terra Woningen	Netherlands	Jmt	20641/92	17 December 1996	(1997) 24 E.H.R.R. 456	
Terra Woningen	Netherlands	Op	20641/92	5 July 1994	(1995) 20 E.H.R.R. CD 1	
Tete	France	Adm	11123/84	December 1987	(1989) 11 E.H.R.R. 91	
Thaw	United Kingdom	Op	27435/95	June 1996	(1996) 22 E.H.R.R. CD 100	

Thlimmenos	Greece	Jmt	34369/97	6 April 2000	(2001) 31 E.H.H.R. 411	(2001) 31 E.H.R.R 15
Thomann	Switzerland	Jmt	17602/91	10 June 1996	(1997) 24 E.H.R.R. 553	
Thorbergsson	Iceland	Adm	22597/93	January 1994	(1994) 18 E.H.R.R. CD 205	
Thorgeir Thorgeirson	Iceland	Jmt	13778/88	25 June 1992	(1992) 14 E.H.R.R. 843	
Thorgeir Thorgeirson	Iceland	Cm	13778/88	11 December 1990	(1992) 14 E.H.R.R. 115	
Thynne, Wilson and Gunnell	United Kingdom	Jmt	11787/85; 11978/86; 12009/86	25 October 1990	(1991) 13 E.H.R.R. 666	
Thynne, Wilson and Gunnell	United Kingdom	Op	11787/85; 12009/86	25 October 1990	(1991) 13 E.H.R.R. 135	
Times Newspapers and Neil	United Kingdom	Adm	18897/91	October 1992	(1993) 15 E.H.R.R. CD 49	
Times Newspapers Limited	United Kingdom	Adm	31811/96	26 February 1997	(1997) 23 E.H.R.R. CD 200	
Times Newspapers Ltd	United Kingdom	Adm	10243/83	March 1985	(1986) 8 E.H.R.R. 54	
Timke	Germany	Adm	27311/95	September 1995	(1995) 20 E.H.R.R. CD 133	
Tinnelly and Sons and McElduff	United Kingdom	Op	20390/92; 21322/93	May 1996	(1996) 22 E.H.R.R. CD 62	
Tinnelly and Sons Ltd and McElduff	United Kingdom	Jmt	20390/92	10 July 1998	(1999) 27 E.H.R.R. 249	
Togher	United Kingdom	Adm	28555/95	16 April 1998	(1998) 25 E.H.R.R. CD 99	
Tolstoy Miloslavsky	United Kingdom	Jmt	18139/91	13 July 1995	(1995) 20 E.H.R.R. 442	
Tomasi	France	Jmt	12850/87	27 August 1992	(1993) 15 E.H.R.R. 1	
Tonwerke	Austria	Cm	7987/77	23 June 1983	(1984) 6 E.H.R.R. 147	
Toth	Austria	Jmt	11894/85	12 December 1991	(1992) 14 E.H.R.R. 551	
Tre Traktörer AB	Sweden	Jmt	10873/84	7 July 1989	(1991) 13 E.H.R.R. 309	
Tre Traktörer AB	Sweden	Adm	10873/84	October 1985	(1987) 9 E.H.R.R. 96	
Tripodi	Italy	Jmt	13743/88	22 February 1994	(1994) 18 E.H.R.R. 295	
Trustees of the late Duke of Westminster's Estate	United Kingdom	Jmt	8793/79	28 January 1983	(1983) 5 E.H.R.R. 440	
Tsavachidis	Greece	Op	28802/95	21 January 1999	(1999) 27 E.H.R.R. CD 27	
Tsavachidis	Greece	Adm	28802/95	4 March 1997	(1997) 23 E.H.R.R. CD 135	
Tsirlis	Greece	Adm	19233/91	September 1995	(1995) 20 E.H.R.R. CD 52	

APPLICANT	RESPONDENT STATE	Adm / Op / Jmt	APPL. No.	DECISION DATE	CITATION	CASE No.
Tsirlis and Kouloumpas	Greece	Jmt	19233/91; 19234/91	29 May 1997	(1998) 25 E.H.R.R. 198	
Tsirlis and Kouloumpas	Greece	Op	19233/91; 19234/91	7 March 1996	(1996) 21 E.H.R.R. CD 30	
Turner	United Kingdom	Adm	30294/96	26 February 1997	(1997) 23 E.H.R.R. CD 181	
Tyrer	United Kingdom	Jmt	5856/72	25 April 1978	(1980) 2 E.H.R.R. 1	
Umlauft	Austria	Jmt	15527/89	23 October 1995	(1996) 22 E.H.R.R. 76	
Union Alimentaria Sanders SA	Spain	Jmt	11681/85	7 July 1989	(1990) 12 E.H.R.R. 24	
Unión Alimentaria Sanders	Spain	Adm	11681/85	December 1987	(1989) 11 E.H.R.R. 96	
Union des Athees	France	Adm	14635/89	January 1993	(1993) 16 E.H.R.R. CD 6	
Union Nationale Des Compositeurs de Musique	France	Adm	10826/84	March 1985	(1986) 8 E.H.R.R. 306	
United Communist Party of Turkey	Turkey	Jmt	19329/92	30 January 1998	(1998) 26 E.H.R.R. 121	
Ünlü	Austria	Adm	20957/92	June 1994	(1994) 18 E.H.R.R. CD 165	
Unterpertinger	Austria	Jmt	9120/80	24 November 1986	(1991) 13 E.H.R.R. 175	
Unterpertinger	Austria	Adm	9120/80	July 1983	(1984) 6 E.H.R.R. 331	
Uppal	United Kingdom (No. 1)	Op	8224/78	9 July 1980	(1981) 3 E.H.R.R. 391	
Uppal	United Kingdom (No. 2)	Op	8224/78	9 July 1980	(1981) 3 E.H.R.R. 399	
Uskela	Sweden	Adm	10537/83	July 1985	(1986) 8 E.H.R.R. 100	
V	Denmark	Adm	17392/90	October 1992	(1993) 15 E.H.R.R. CD 28	
V	United Kingdom	Adm	19804/92	October 1992	(1993) 15 E.H.R.R. CD 108	
V	United Kingdom	Jmt	24888/94	16 December 1999	(2000) 30 E.H.R.R. 121	
Vacher	France	Jmt	20368/92	17 December 1996	(1997) 24 E.H.R.R. 482	
Valenzuela Contreras	Spain	Jmt	27671/95	30 July 1998	(1999) 28 E.H.R.R. 483	
Vallee	France	Jmt	22121/93	26 April 1994	(1994) 18 E.H.R.R. 549	
Vallon	Italy	Jmt	9621/81	3 June 1985	(1991) 13 E.H.R.R. 433	

Vallon	Italy	Op	9621/81	8 May 1984	(1985) 7 E.H.R.R. 436	
Vallon	Italy	Adm	9621/81	October 1983	(1984) 6 E.H.R.R. 546	
Valsamis	Greece	Jmt	21787/93	18 December 1996	(1997) 24 E.H.R.R. 294	
Van de Hurk	Netherlands	Jmt	16034/90	19 April 1994	(1994) 18 E.H.R.R. 481	
Van der Heijden	Netherlands	Adm	11002/84	March 1985	(1986) 8 E.H.R.R. 279	
Van der Leer	Netherlands	Jmt	11509/85	21 February 1990	(1990) 12 E.H.R.R. 567	
Van der Leer	Netherlands	Op	11509/85	14 July 1988	(1989) 11 E.H.R.R. 413	
Van der Leer	Netherlands	Adm	11509/85	July 1985	(1987) 9 E.H.R.R. 537	
Van Der Mussele	Belgium	Jmt	8919/80	23 November 1983	(1984) 6 E.H.R.R. 163	
Van der Sluijs	Netherlands	Adm	9362/81; 9363/81; 9387/81	May 1982	(1983) 5 E.H.R.R. 270	
Van der Sluijs, Zuiderveld and Klappe	Netherlands	Jmt	9362/81; 9363/81; 9387/81	22 May 1984	(1991) 13 E.H.R.R. 461	
Van Der tang	Spain	Jmt	19382/92	13 July 1993	(1996) 22 E.H.R.R. 363	
Van Droogenbroeck	Belgium	Jmt	7906/77	25 April 1983	(1991) 13 E.H.R.R. 546	
Van Droogenbroeck	Belgium	Jmt	7906/77	24 June 1982	(1982) 4 E.H.R.R. 443	
Van Eesbeck	Italy	Adm	11541/85	November 1987	(1989) 11 E.H.R.R. 86	
Van Geyseghem	Belgium	Jmt	26103/95	21 January 1999	(2001) 32 E.H.R.R. 554	(2001) 32 E.H.R.R. 24
Van Hal BV	Netherlands	Adm	11073/84	December 1985	(1987) 9 E.H.R.R. 146	
Van Marle	Netherlands	Jmt	8543/79; 8674/79; 8675/79; 8685/79	26 June 1986	(1986) 8 E.H.R.R. 483	
Van Marle, Van Zomeren, Flantua and de Bruijn	Netherlands	Op	8543/79	26 June1986	(1985) 7 E.H.R.R. 265	
Van Mechelen	Netherlands	Jmt	21363/93; 21364/93; 21427/93; 22056/93	23 April 1997	(1998) 25 E.H.R.R. 647	
Van Oosterwijck	Belgium	Jmt	7654/76	6 November 1980	(1981) 3 E.H.R.R. 557	
Van Orshoven	Belgium	Jmt	20122/92	25 June 1997	(1998) 26 E.H.R.R. 55	
Van Raalte	Netherlands	Jmt	20060/92	21 February 1997	(1997) 24 E.H.R.R. 503	
Varey	United Kingdom	Adm	26662/95	4 March 1998	(1998) 25 E.H.R.R. CD 49	

APPLICANT	RESPONDENT STATE	Adm / Op / Jmt	APPL. No.	DECISION DATE	CITATION	CASE No.
Varnave, Loizides	Turkey	Adm	16064/90; 16065/90; 16066/90; 16069/90; 16073/90;	14 April 1998	(1998) 25 E.H.R.R. CD 9	
Vasilescu	Romania	Jmt	27053/95	22 May 1998	(1999) 28 E.H.R.R. 241	
Velita Flores	Sweden	Adm	28392/95	September 1995	(1995) 20 E.H.R.R. CD 134	
Vendittelli	Italy	Jmt	14804/89	18 July 1994	(1995) 19 E.H.R.R. 464	
Vendittelli	Italy	Adm	14804/89	October 1992	(1993) 15 E.H.R.R. CD 12	
Verdam	Netherlands	Adm	35253/97	31 August 1999	(1999) 28 E.H.R.R. CD 161	
Verein Gemeinsam Lernen	Austria	Adm	23419/94	September 1995	(1995) 20 E.H.R.R. CD 78	
Vereinigung Demokratischer Soldaten and Gubi	Austria	Jmt	15153/89	19 December 1994	(1995) 20 E.H.R.R. 56	
Vereniging Radio 100	Netherlands	Op	26335/95	June 1996	(1996) 22 E.H.R.R. CD 198	
Vereniging Weekblad Bluf!	Netherlands	Jmt	16616/90	9 February 1995	(1995) 20 E.H.R.R. 189	
Vermeire	Belgium	Jmt	12849/87	29 November 1991	(1993) 15 E.H.R.R. 488	
Vermeulen	Belgium	Jmt	19075/91	20 February 1996	(2001) 32 E.H.R.R. 313	(2001) 32 E.H.R.R. 15
Vernillo	France	Jmt	11889/85	20 February 1991	(1991) 13 E.H.R.R. 880	
Vernon	United Kingdom	Adm	38753/97	7 September 1999	(2000) 29 E.H.R.R. CD 264	
Veznedaroglu	Turkey	Adm	32357/96	7 September 1999	(2000) 29 E.H.R.R. CD 269	
Vickers PLC	United Kingdom	Adm	9313/81	January 1983	(1983) 5 E.H.R.R. 499	
Vijayanathan and Pusparajah	France	Jmt	17550/90; 17825/91	27 August 1992	(1993) 15 E.H.R.R. 62	
Vilvarajh	United Kingdom	Jmt	13163/87; 13164/87; 13165/87; 13447/87; 13448/87	30 October 1991	(1992) 14 E.H.R.R. 248	

Vodenicarov	Slovak Republic	Adm	24530/94	20 May 1998	(1998) 26 E.H.R.R. CD 40	
Vogt	Germany	Jmt	17851/91	26 September 1995	(1996) 21 E.H.R.R. 205	
Vogt	Germany	Jmt	17851/91	26 September 1995	(1996) 22 E.H.R.R. CD 1	
Vogt	Germany	Adm	17851/91	October 1992	(1993) 15 E.H.R.R. CD 31	
Vollert	Germany	Op	29793/96	June 1996	(1996) 22 E.H.R.R. CD 128	
Vorhemes	Austria	Adm	33378/96	21 May 1998	(1999) 27 E.H.R.R. CD 225	
Vosper PLC	United Kingdom	Adm	9261/81	January 1983	(1983) 5 E.H.R.R. 496	
W	Finland	Adm	20202/92	October 1992	(1993) 15 E.H.R.R. CD 109	
W	Netherlands	Adm	15942/90	October 1992	(1993) 15 E.H.R.R. CD 16	
W	Switzerland	Jmt	14379/88	26 January 1993	(1994) 17 E.H.R.R. 60	
W	United Kingdom	Jmt	9749/82	9 June 1988	(1991) 13 E.H.R.R. 453	
W	United Kingdom	Jmt	9749/82	8 July 1987	(1988) 10 E.H.R.R. 29	
W, H and A	United Kingdom	Adm	21681/93	January 1995	(1995) 19 E.H.R.R. CD 60	
WM	Germany	Adm	35638/97	2 July 1997	(1997) 24 E.H.R.R. CD 79	
W.J.	Austria	Adm	23759/94	20 May 1998	(1999) 27 E.H.R.R. CD 83	
WR	Austria	Jmt	26602/95	21 December 1999	(2001) 31 E.H.H.R. 985	(2001) 31 E.H.R.R 43
Wahlberg, Engman and Engdahl	Sweden	Adm	16056/90	October 1992	(1993) 15 E.H.R.R. CD 79	
Wain	United Kingdom	Adm	10787/84	December 1985	(1987) 9 E.H.R.R. 122	
Waite and Kennedy	Germany	Jmt	26083/94	18 February 1999	(2000) 30 E.H.R.R. 261	
Walker	United Kingdom	Adm	34979/97	25 January 2000	(2000) 29 E.H.R.R. CD 276	
Wallen	Sweden	Adm	10877/84	March 1985	(1986) 8 E.H.R.R. 320	
Walter Stocké	Germany	Op	11755/85	9 July 1987	(1991) 13 E.H.R.R. 126	
Wanyonyi	United Kingdom	Adm	32713/96	20 May 1998	(1999) 27 E.H.R.R. CD 195	
Ward	United Kingdom	Adm	19226/92	January 1993	(1993) 16 E.H.R.R. CD 25	
Watts	United Kingdom	Adm	10818/84	December 1985	(1987) 9 E.H.R.R. 123	
Webb	United Kingdom	Op	9353/81	July 1983	(1984) 6 E.H.R.R. 120	
Webb	United Kingdom	Adm	33186/96	2 July 1997	(1997) 24 E.H.R.R. CD 73	
Weber	Switzerland	Jmt	11034/84	22 May 1990	(1990) 12 E.H.R.R. 508	
Weeks	United Kingdom	Jmt	9787/82	5 October 1988	(1991) 13 E.H.R.R. 435	
Weeks	United Kingdom	Jmt	9787/82	2 March 1987	(1988) 10 E.H.R.R. 293	
Weeks	United Kingdom	Op	9787/82	8 May 1984	(1985) 7 E.H.R.R. 436	

APPLICANT	RESPONDENT STATE	Adm / Op / Jmt	APPL. No.	DECISION DATE	CITATION	CASE No.
Weidlich	Germany	Op	19048/91; 19049/91; 19342/92; 19549/92; 18890/91	March 1996	(1996) 22 E.H.R.R. CD 55	
Welch	United Kingdom	Jmt	17440/90	9 February 1995	(1995) 20 E.H.R.R. 247	
Welch	United Kingdom	Jmt	17440/90	9 February 1995	(1996) 21 E.H.R.R. CD 1	
Welch	United Kingdom	Adm	17440/90	January 1993	(1993) 16 E.H.R.R. CD 42	
Wemhoff	Germany	Jmt	2122/64	27 June 1968	(1979) 1 E.H.R.R. 55	
Werner	Austria	Jmt	21835/93	24 November 1997	(1998) 26 E.H.R.R. 310	
Werner	Poland	Adm	26760/95	19 January 1998	(1998) 25 E.H.R.R. CD 61	
West	United Kingdom	Adm	34728/97	20 October 1997	(1998) 25 E.H.R.R. CD 185	
Weston	United Kingdom	Op	8083/77	13 March 1980	(1981) 3 E.H.R.R. 402	
Whiteside	United Kingdom	Adm	20357/92	March 1994	(1994) 18 E.H.R.R. CD 126	
Widen	Sweden	Adm	10723/83	May 1985	(1986) 8 E.H.R.R. 79	
Wiesinger	Austria	Jmt	11796/85	24 September 1991	(1993) 16 E.H.R.R. 258	
Wilde, Greenhalgh and Parry	United Kingdom	Adm	22382/93	January 1995	(1995) 19 E.H.R.R. CD 86	
Wilkinson	United Kingdom	Adm	31145/96	1 July 1998	(1998) 26 E.H.R.R. CD 131	
Wille	Liechtenstein	Jmt	28396/95	28 October 1999	(2000) 30 E.H.R.R. 558	
Wille	Liechtenstein	Adm	28396/95	27 May 1997	(1997) 24 E.H.R.R. CD 45	
Willis	United Kingdom	Adm	36042/97	11 May 1999	(1999) 28 E.H.R.R. CD 166	
Willsher	United Kingdom	Adm	31024/96	9 April 1997	(1997) 23 E.H.R.R. CD 188	
Wilson	United Kingdom	Adm	30535/96	4 March 1998	(1998) 25 E.H.R.R. CD 140	
Wilson	United Kingdom	Adm	36791/97	21 May 1998	(1998) 26 E.H.R.R. CD 195	
Windisch	Austria	Jmt	12489/86	27 September 1990	(1991) 13 E.H.R.R. 281	
Wingrove	United Kingdom	Jmt	17419/90	25 November 1996	(1997) 24 E.H.R.R. 1	
Wingrove	United Kingdom	Adm	17419/90	March 1994	(1994) 18 E.H.R.R. CD 54	
Winterwerp	The Netherlands	Jmt	6301/73	27 November 1981	(1982) 4 E.H.R.R. 228	
Winterwerp	The Netherlands	Jmt	6301/73	24 October 1979	(1980) 2 E.H.R.R. 387	
Wöckel	Germany	Adm	32165/96	16 April 1998	(1998) 25 E.H.R.R. CD 156	

Wójcik	Poland	Op	26757/95	16 May 2000	(2000) 29 E.H.R.R. CD 84
Wolff Metternich	Netherlands	Adm	45908/99	18 May 1999	(1999) 27 E.H.R.R. CD 69
Wolfgram	Germany	Adm	11257/84	October 1986	(1987) 9 E.H.R.R. 548
Wood	United Kingdom	Adm	32540/96	2 July 1997	(1997) 24 E.H.R.R. CD 69
Worm	Austria	Jmt	22714/93	29 August 1997	(1998) 25 E.H.R.R. 454
Worm	Austria	Adm	22714/93	27 November 1995	(1996) 21 E.H.R.R. CD 51
Worm	Austria	Op	22714/93	27 November 1995	(1996) 22 E.H.R.R. CD 7
Woukam Moudefo	France	Jmt	10868/84	11 October 1988	(1991) 13 E.H.R.R. 549
Wright	United Kingdom	Adm	38200/97	21 May 1998	(1999) 27 E.H.R.R. CD 314
Wynne	United Kingdom	Jmt	15484/89	18 July 1994	(1995) 19 E.H.R.R. 333
Wynne	United Kingdom	Adm	15484/89	October 1992	(1993) 15 E.H.R.R. CD 16
X	Austria	Adm	13813/88	October 1992	(1993) 15 E.H.R.R. CD 3
X	Austria (Re Rent Control)	Op	8003/77	3 October 1979	(1981) 3 E.H.R.R. 285
X	France	Jmt	18020/91	23 March 1991	(1992) 14 E.H.R.R. 483
X	Germany	Op	8682/79	17 July 1981	(1982) 4 E.H.R.R. 398
X	Ireland (Re Affiliation Proceedings)	Adm	8315/78	15 July 1981	(1982) 4 E.H.R.R. 359
X	Sweden (Re Immigration)	Op	9105/80	6 July 1981	(1982) 4 E.H.R.R. 408
X	United Kingdom	Jmt	6998/75	18 October 1982	(1983) 5 E.H.R.R. 192
X	United Kingdom	Jmt	9054/80	8 October 1982	(1983) 5 E.H.R.R. 260
X	United Kingdom	Adm	20657/92	October 1992	(1993) 15 E.H.R.R. CD 113
X	United Kingdom	Adm	28530/95	19 January 1998	(1998) 25 E.H.R.R. CD 88
X	United Kingdom (Re Delay in Criminal Trial))	Op	8233/78	3 October 1979	(1981) 3 E.H.R.R. 271
X	United Kingdom (Re Detention of Mental Patient)	Jmt	7215/75	24 October 1981	(1982) 4 E.H.R.R. 188

APPLICANT	RESPONDENT STATE	Adm / Op / Jmt	APPL. No.	DECISION DATE	CITATION	CASE No.
X	United Kingdom (Re Education in Prison)	Adm	8874/80	9 December 1980	(1982) 4 E.H.R.R. 252	
X	United Kingdom (Re Exhaustion of Domestic Remedies in Relation to Internment)	Op	6406/73	8 March 1979	(1981) 3 E.H.R.R. 302	
X	United Kingdom (Re Homo-sexuality)	Op	7215/75	12 October 1978	(1981) 3 E.H.R.R. 63	
X	United Kingdom (Re Solicitors' Advertising)	Adm	8600/79	16 July 1981	(1982) 4 E.H.R.R. 350	
X (Mr and Mrs and their Son)	United Kingdom	Jmt	8566/79	13 October 1982	(1983) 5 E.H.R.R. 265	
X (Mrs and Ms)	United Kingdom	Adm	9471/81	March 1984	(1985) 7 E.H.R.R. 450	
X and Y	Netherlands	Jmt	8978/80	26 March 1985	(1986) 8 E.H.R.R. 235	
X and Y	Netherlands	Op	8978/80	December 1983	(1984) 6 E.H.R.R. 311	
X and Y	United Kingdom	Adm	9146/80	March 1985	(1986) 8 E.H.R.R. 298	
X, Cabales Balkandali	United Kingdom	Adm	9214/80; 9474/81	11 May 1982	(1983) 5 E.H.R.R. 132	
X, Y and Z	Austria (Re Right to Trial)	Op	7950/77	4 March 1980	(1982) 4 E.H.R.R. 270	
X, Y and Z	Sweden (Re Fair Trial)	Op	8702/79	15 July 1981	(1982) 4 E.H.R.R. 395	
X, Y and Z	Sweden	Jmt	8811/79	13 May 1982	(1983) 5 E.H.R.R. 147	
X, Y and Z	United Kingdom	Op	21830/93	1 December 1994	(1995) 20 E.H.R.R. CD 6	

X.S.A.	Netherlands	Adm	21472/93	January 1994	(1994) 18 E.H.R.R. CD 176	
Y	United Kingdom	Jmt	14229/88	29 October 1992	(1994) 17 E.H.R.R. 238	
Yagci and Sargin	Turkey	Jmt	16419/90; 16426/90	8 June 1995	(1995) 20 E.H.R.R. 505	
Yagiz	Turkey	Jmt	19092/91	7 August 1996	(1996) 22 E.H.R.R. 573	
Yanasik	Turkey	Adm	14524/89	January 1993	(1993) 16 E.H.R.R. CD 5	
Yarrow PLC and Three Shareholders	United Kingdom	Adm	9266/81	January 1983	(1983) 5 E.H.R.R. 498	
Yasa	Turkey	Jmt	22495/93	2 September 1998	(1999) 28 E.H.R.R. 408	
Yasar	Turkey	Adm	22281/93	April 1995	(1995) 19 E.H.R.R. CD 74	
Young	Ireland	Adm	25646/94	17 January 1996	(1996) 21 E.H.R.R. CD 91	
Young, James and Webster	United Kingdom	Jmt	7601/76; 7806/77	18 October 1982	(1983) 5 E.H.R.R. 201	
Young, James and Webster	United Kingdom	Jmt	7601/76; 7806/77	26 June 1981	(1982) 4 E.H.R.R. 38	
Young, James and Webster	United Kingdom	Op	7601/76; 7806/77	14 December 1979	(1981) 3 E.H.R.R. 20	
Z	Finland	Jmt	22009/93	25 February 1997	(1998) 25 E.H.R.R. 371	
Z	United Kingdom	Op	29392/95	10 September 1999	(1999) 28 E.H.R.R. CD 65	
Z, Y, Z	United Kingdom	Jmt	21830/93	22 April 1997	(1997) 24 E.H.R.R. 143	
Zacher	Germany	Op	30032/96	September 1996	(1996) 22 E.H.R.R. CD 136	
Zamir	United Kingdom	Adm	9174/80	13 July 1982	(1983) 5 E.H.R.R. 242	
Zamir	United Kingdom	Cm	9174/80	25 January 1985	(1986) 8 E.H.R.R. 108	
Zana	Turkey	Jmt	18954/91	25 November 1997	(1999) 27 E.H.R.R. 667	
Zander	Sweden	Jmt	14282/88	25 November 1993	(1994) 18 E.H.R.R. 175	
Zentralrat Deutscher Sinti and Roma and Rose	Germany	Adm	35208/97	27 May 1997	(1997) 23 E.H.R.R. CD 209	
Zielinski	France	Jmt	24846/94; 34165/96; 34173/96	28 October 1999	(2001) 31 E.H.H.R. 532	(2001) 31 E.H.R.R 19
Zimmermann	Austria		Settlement	8490/79	July 1982	(1983) 5 E.H.R.R. 303
Zimmermann and Steiner	Switzerland	Jmt	8737/79	13 July 1983	(1984) 6 E.H.R.R. 17	

APPLICANT	RESPONDENT STATE	Adm / Op / Jmt	APPL. No.	DECISION DATE	CITATION	CASE No.
Zubani	Italy	Jmt	14025/88	16 June 1999	(1999) 28 E.H.R.R. CD 62	
Zubani	Italy	Jmt	14025/88	7 August 1996	(2001) 32 E.H.R.R. 297	(2001) 32 E.H.R.R. 14
Zumtobel	Austria	Jmt	12235/86	21 September 1993	(1994) 17 E.H.R.R. 116	

TABLE OF RESPONDANT STATES

RESPONDENT STATE	APPLICANT	Adm / Op / Jmt	APPL. No.	DECISION DATE	CITATION	CASE No.
Austria	A.P	Adm	20458/92	July 1995	(1995) 20 E.H.R.R. CD 63	
Austria	Adolf	Jmt	8269/78	24 February 1982	(1982) 4 E.H.R.R. 313	
Austria	Ahmed	Jmt	25964/94	17 December 1996	(1997) 24 E.H.R.R. 278	
Austria	Aldrian	Adm	10532/83	December 1987	(1989) 11 E.H.R.R. 107	
Austria	Andreas Wabl	Jmt	24773/94	21 March 2000	(2001) 31 E.H.R.R. 1134	(2001) 31 E.H.R.R 51
Austria	App. No. 8893/80	Adm	8893/80	March 1983	(1983) 5 E.H.R.R. 502	
Austria	App. No. 8957/80	Adm	8957/80	March 1983	(1983) 5 E.H.R.R. 502	
Austria	App. No. 8998/80	Adm	8998/80	March 1983	(1984) 6 E.H.R.R. 321	
Austria	App. No. 9156/80	Adm	9156/80	May 1982	(1983) 5 E.H.R.R. 269	
Austria	App. No. 9280/81	Adm	9280/81	July 1982	(1983) 5 E.H.R.R. 283	
Austria	App. No. 9295/81	Adm	9295/81	July 1982	(1983) 5 E.H.R.R. 284	
Austria	App. No. 9307/81	Adm	9307/81	March 1983	(1983) 5 E.H.R.R. 503	
Austria	App. No. 9315/81	Adm	9315/81	July 1983	(1984) 6 E.H.R.R. 332	
Austria	App. No. 9316/81	Adm	9316/81	October 1984	(1986) 8 E.H.R.R. 256	
Austria	App. No. 9544/81	Adm	9544/81	October 1982	(1983) 5 E.H.R.R. 291	
Austria	App. No. 9661/82	Adm	9661/82	July 1983	(1984) 6 E.H.R.R. 344	
Austria	App. No. 9723/82	Adm	9723/82	May 1984	(1986) 8 E.H.R.R. 226	
Austria	App. No. 9783/82	Adm	9783/82	May 1985	(1986) 8 E.H.R.R. 67	
Austria	App. No. 9905/82	Adm	9905/82	March 1984	(1985) 7 E.H.R.R. 137	
Austria	App. No. 10395/83	Adm	10395/83	July 1986	(1987) 9 E.H.R.R. 389	
Austria	App. No. 10498/83	Adm	10498/83	December 1984	(1986) 8 E.H.R.R. 258	
Austria	App. No. 10668/83	Adm	10668/83	May 1987	(1988) 10 E.H.R.R. 556	
Austria	App. No. 10803/84	Adm	10803/84	December 1987	(1989) 11 E.H.R.R. 112	
Austria	App. No. 10968/84	Adm	10968/84	May 1985	(1986) 8 E.H.R.R. 80	
Austria	App. No. 11170/84	Adm	11170/84	March 1987	(1988) 10 E.H.R.R. 513	
Austria	App. No. 11919/86	Adm	11919/86	March 1987	(1988) 10 E.H.R.R. 538	
Austria	App. No. 12100/86	Adm	12100/86	December 1987	(1989) 11 E.H.R.R. 92	
Austria	Asch	Jmt	12398/86	26 April 1991	(1993) 15 E.H.R.R. 597	

RESPONDENT STATE	APPLICANT	Adm / Op / Jmt	APPL. No.	DECISION DATE	CITATION	CASE No.
Austria	B	Jmt	11968/86	28 March 1990	(1991) 13 E.H.R.R. 20	
Austria	Bader	Op	26633/95	May 1996	(1996) 22 E.H.R.R. CD 213	
Austria	Basic	Adm	29800/96	16 March 1999	(1999) 28 E.H.R.R. CD 118	
Austria	Böhler	Adm	11968/86	March 1987	(1988) 10 E.H.R.R. 536	
Austria	Bönisch	Jmt	8658/79	2 June 1985	(1991) E.H.R.R.409	
Austria	Bönisch	Jmt	8658/79	6 May 1985	(1987) 9 E.H.R.R. 191	
Austria	Bönisch	Op	8658/79	July 1984	(1984) 6 E.H.R.R. 467	
Austria	Bönisch	Adm	8658/79	July 1982	(1983) 5 E.H.R.R. 273	
Austria	Brandstetter	Jmt	11170/84; 12876/87; 13468/87	28 August 1991	(1993) 15 E.H.R.R. 378	
Austria	Bulut	Jmt	17358/90	22 February 1996	(1997) 24 E.H.R.R. 84	
Austria	C.G.	Adm	17371/90	January 1994	(1994) 18 E.H.R.R. CD 51	
Austria	CH	Adm	27629/95	14 December 1999	(2000) 29 E.H.R.R. CD 123	
Austria	Can	Jmt	9300/81	30 September 1985	(1986) 8 E.H.R.R. 14	
Austria	Can	Op	9300/81	12 July 1984	(1985) 7 E.H.R.R. 421	
Austria	Can	Adm	9300/81	December 1983	(1984) 6 E.H.R.R. 568	
Austria	Chorherr	Jmt	13308/87	25 August 1993	(1994) 17 E.H.R.R. 358	
Austria	Ciftci	Adm	24375/94	7 April 1997	(1997) 23 E.H.R.R. CD 55	
Austria	Cooke	Adm	25878/94	10 April 1997	(1997) 23 E.H.R.R. CD 70	
Austria	Cooke	Jmt	25878/94	8 February 2000	(2001) 31 E.H.R.R. 338	(2001) 31 E.H.R.R 11
Austria	D	Adm	15718/89	January 1993	(1993) 16 E.H.R.R. CD 9	
Austria	E	Adm	16569/90	January 1993	(1993) 16 E.H.R.R. CD 11	
Austria	Erkner and Hofauer	Jmt	9616/81	29 September 1987	(1991) 13 E.H.R.R. 413	
Austria	Erkner and Hofauer	Jmt	9616/81	23 April 1987	(1987) 9 E.H.R.R. 464	
Austria	Erkner and Hofauer	Op	9616/81	24 January 1986	(1986) 8 E.H.R.R. 520	
Austria	Ettl	Adm	9273/81	March 1984	(1984) 6 E.H.R.R. 599	
Austria	Ettl	Jmt	9273/81	23 April 1987	(1988) 10 E.H.R.R. 255	
Austria	F	Adm	14923/89	October 1992	(1993) 15 E.H.R.R. CD 68	
Austria	F	Adm	14923/89	October 1992	(1993) 15 E.H.R.R. CD 68	

Austria	F	Adm	16060/90	January 1993	(1993) 16 E.H.R.R. CD 35	
Austria	F.K., T.M. and C.H.	Adm	18249/91	March 1994	(1994) 18 E.H.R.R. CD 60	
Austria	FM Zumtobel GmBH and Co. KG, Zumtobel and Pramstaller	Adm	17196/90	January 1993	(1993) 16 E.H.R.R. CD 40	
Austria	Fenzel and Köllner	Op	22351/93	May 1996	(1996) 22 E.H.R.R. CD 80	
Austria	Fey	Jmt	14396/88	24 February 1993	(1993) 16 E.H.R.R. 387	
Austria	Fischer	Jmt	16922/90	26 April 1995	(1995) 20 E.H.R.R. 349	
Austria	Fischer	Adm	16922/90	October 1992	(1993) 15 E.H.R.R. CD 23	
Austria	Friedl	Jmt	15225/89	31 January 1995	(1996) 21 E.H.R.R. 83	
Austria	GF	Op	23671/94	September 1996	(1996) 22 E.H.R.R. CD 145	
Austria	GS	Jmt	26297/95	21 December 1999	(2001) 31 E.H.R.R. 576	(2001) 31 E.H.R.R 21
Austria	Gaygusuz	Jmt	17371/90	16 September 1996	(1997) 23 E.H.R.R. 364	
Austria	Grof	Adm	25046/94	14 April 1998	(1998) 25 E.H.R.R. CD 39	
Austria	H	Adm	15225/89	October 1992	(1993) 15 E.H.R.R. CD 70	
Austria	H and J. Ohg	Adm	19441/92	June 1994	(1994) 18 E.H.R.R. CD 107	
Austria	H.A.R.	Adm	40021/98	10 September 1998	(1999) 27 E.H.R.R. CD 330	
Austria	Herczegfalvy	Jmt	10533/83	24 September 1992	(1993) 15 E.H.R.R. 437	
Austria	Hoffmann	Jmt	12875/87	23 June 1993	(1994) 17 E.H.R.R. 293	
Austria	Hotel Casino Aregua Parana AG	Adm	23458/94	September 1995	(1995) 20 E.H.R.R. CD 79	
Austria	Huber, Staufer, Sportanglerbund Vocklabruck and Eckhardt	Op	23397/94	June 1996	(1996) 22 E.H.R.R. CD 91	
Austria	Husic	Adm	28440/95	22 October 1998	(1999) 27 E.H.R.R. CD 123	
Austria	Informationsverein Lentia	Jmt	13914/88; 15041/89; 15717/89; 15779/89; 17207/90	24 November 1993	(1994) 17 E.H.R.R. 93	
Austria	Insam	Adm	17285/90	January 1994	(1994) 18 E.H.R.R. CD 47	

RESPONDENT STATE	APPLICANT	Adm / Op / Jmt	APPL. No.	DECISION DATE	CITATION	CASE No.
Austria	Inze	Jmt	8695/79	28 October 1987	(1988) 10 E.H.R.R. 394	
Austria	Inze	Op	8695/79	4 March 1986	(1986) 8 E.H.R.R. 498	
Austria	J	Adm	15509/89	October 1992	(1993) 15 E.H.R.R. CD 74	
Austria	K	Adm	16568/90	October 1992	(1993) 15 E.H.R.R. CD 86	
Austria	Kamasinki	Jmt	9783/82	19 December 1989	(1991) 13 E.H.R.R. 36	
Austria	Kappa Kanzlei und Bürobetriebs GmbH	Adm	37416/97; 37418/97; 37434/97; 37829–37834/97; 37436/97; 37437/97; 37839–37841/97	27 May 1998	(1999) 27 E.H.R.R. CD 300	
Austria	Karakurt	Adm	32441/96	14 September 1999	(2000) 29 E.H.R.R. CD 273	
Austria	Kremzow	Jmt	12350/86	21 September 1993	(1994) 17 E.H.R.R. 322	
Austria	Krone-Verlag GmbH and Mediaprint Anzeigen GmbH and Co. KG	Adm	28977/95	21 May 1997	(1997) 23 E.H.R.R. CD 152	
Austria	L	Adm	18823/91	January 1993	(1993) 16 E.H.R.R. CD 24	
Austria	Lechner and Hess	Jmt	9316/81	23 April 1987	(1987) 9 E.H.R.R. 490	
Austria	Lingens	Jmt	9815/82	8 July 1986	(1986) 8 E.H.R.R. 407	
Austria	Lingens	Op	9815/82	11 October 1984	(1985) 7 E.H.R.R. 446	
Austria	Lingens	Adm	9815/82	October 1983	(1984) 6 E.H.R.R. 550	
Austria	Lingens and Leitgens	Adm	8803/79	11 December 1981	(1982) 4 E.H.R.R. 373	
Austria	M	Adm	18960/91	January 1993	(1993) 16 E.H.R.R. CD 25	
Austria	MK	Adm	28867/95	2 July 1997	(1997) 24 E.H.R.R. CD 59	

Austria	Mairitsch	Adm	12462/86	July 1987	(1989) 11 E.H.R.R. 46	
Austria	Matznetter	Jmt	2178/64	10 November 1969	(1979) 1 E.H.R.R. 198	
Austria	Mauer	Jmt	16566/90; 16898/90	18 February 1997	(1998) 25 E.H.R.R. 91	
Austria	Mellacher	Jmt	10522/83; 11011/84; 11070/84	19 December 1989	(1990) 12 E.H.R.R. 391	
Austria	Mellacher	Adm	10522/83; 11011/84; 11070/84	11 July 1988	(1990) 12 E.H.R.R. 97	
Austria	Mellacher	Adm	10522/83; 11011/84; 11070/84	May 1986	(1987) 9 E.H.R.R. 357	
Austria	Mika	Op	26560/95	June 1996	(1996) 22 E.H.R.R. CD 208	
Austria	Mlynek	Jmt	15016/89	27 October 1992	(1994) 18 E.H.R.R. 581	
Austria	Mlynek	Adm	22634/93	August 1994	(1994) 18 E.H.R.R. CD 207	
Austria	Musa	Adm	40477/98	10 September 1998	(1999) 27 E.H.R.R. CD 338	
Austria	Mustafai-Nejad	Adm	26495/95	17 January 1997	(1997) 23 E.H.R.R. CD 85	
Austria	Nachtmann	Adm	36773/97	9 September 1998	(1999) 27 E.H.R.R. CD 281	
Austria	News Verlags GmbH and Co. KG	Jmt	31457/96	11 January 2000	(2001) 31 E.H.R.R. 246	(2001) 31 E.H.R.R 8
Austria	Obermeier	Jmt	11761/85	28 June 1990	(1991) 13 E.H.R.R. 290	
Austria	Obermeier	Adm	11761/85	July 1987	(1989) 11 E.H.R.R. 57	
Austria	Oberschlick	Jmt	11662/85	23 May 1991	(1995) 19 E.H.R.R. 389	
Austria	Ochensberger	Adm	21318/93	September 1994	(1994) 18 E.H.R.R. CD 170	
Austria	Öhlinger	Op	21444/93	July 1996	(1996) 22 E.H.R.R. CD 75	
Austria	Okodata	Adm	10666/83	March 1985	(1986) 8 E.H.R.R. 312	
Austria	Ortenberg	Jmt	18064/91	25 November 1994	(1995) 19 E.H.R.R. 524	
Austria	Otto-Preminger Institute	Jmt	13470/87	20 September 1994	(1995) 19 E.H.R.R. 34	
Austria	P Hippin	Adm	18764/91	September 1994	(1994) 18 E.H.R.R. CD 93	
Austria	Palaoro	Jmt	16718/90	23 October 1995	(2001) 32 E.H.R.R. 202	(2001) 32 E.H.R.R. 10
Austria	Pauger	Jmt	16717/90	28 May 1997	(1998) 25 E.H.R.R. 105	

RESPONDENT STATE	APPLICANT	Adm / Op / Jmt	APPL. No.	DECISION DATE	CITATION	CASE No.
Austria	Pesti and Frodl	Adm	27618/95; 27619/95	18 January 2000	(2000) 29 E.H.R.R. CD 229	
Austria	Pfarrmeier	Jmt	16841/90	23 October 1995	(1996) 22 E.H.R.R. 175	
Austria	Pfeifer and Plankl	Jmt	10802/84	25 November 1992	(1992) 14 E.H.R.R. 692	
Austria	Pichler	Adm	18305/91	January 1993	(1993) 16 E.H.R.R. CD 45	
Austria	Platform Ärzte für das Leben	Jmt	10126/82	21 June 1988	(1991) 13 E.H.R.R. 204	
Austria	Poiss	Jmt	9816/82	29 September 1987	(1991) 13 E.H.R.R. 414	
Austria	Poiss	Jmt	9816/82	23 April 1987	(1988) 10 E.H.R.R. 231	
Austria	Poiss	Cm	9816/82	24 January 1986	(1987) 9 E.H.R.R. 409	
Austria	Prager and Oberschlick	Jmt	15974/90	26 April 1995	(1996) 21 E.H.R.R. 1	
Austria	Prinz	Jmt	23867/94	8 February 2000	(2001) 31 E.H.R.R. 357	(2001) 31 E.H.R.R. 12
Austria	Prinz	Adm	23867/94	10 April 1997	(1997) 23 E.H.R.R. CD 50	
Austria	Prötsch	Jmt	15508/89	15 November 1996	(2001) 32 E.H.R.R. 255	(2001) 32 E.H.R.R. 12
Austria	Prötsch	Adm	15508/89	August 1994	(1994) 18 E.H.R.R. CD 36	
Austria	Putz	Jmt	18892/91	22 February 1996	(2001) 32 E.H.R.R. 271	(2001) 32 E.H.R.R. 13
Austria	Putz	Adm	18892/91	December 1993	(1994) 18 E.H.R.R. CD 97	
Austria	Radio ABC	Jmt	19376/92	20 October 1997	(1998) 25 E.H.R.R. 185	
Austria	Radio ABC	Op	19736/92	11 April 1996,	(1996) 22 E.H.R.R. CD 3	
Austria	Raguz	Adm	26300/95	10 April 1997	(1997) 23 E.H.R.R. CD 75	
Austria	Raidl	Adm	25342/94	September 1995	(1995) 20 E.H.R.R. CD 114	
Austria	Reiss	Adm	23953/94	September 1995	(1995) 20 E.H.R.R. CD 90	
Austria	Reitmayr	Adm	23866/94	June 1995	(1995) 20 E.H.R.R. CD 89	
Austria	Ribitsch	Jmt	18896/91	4 December 1995	(1996) 21 E.H.R.R. 573	
Austria	Ringhofer	Adm	10568/83	March 1985	(1986) 8 E.H.R.R. 295	
Austria	Saszmann	Adm	23697/94	27 February 1997	(1997) 23 E.H.R.R. CD 46	
Austria	Schatzmayr	Adm	32052/96	21 May 1998	(1999) 27 E.H.R.R. CD 190	
Austria	Schertler	Op	26575/95	June 1996	(1996) 22 E.H.R.R. CD 212	
Austria	Schimanek	Adm	32307/96	1 February 2000	(2000) 29 E.H.R.R. CD 250	

Austria	Schmautzer	Jmt	15523/89	23 October 1995	(1996) 21 E.H.R.R. 511	
Austria	Schneider	Adm	15220/89	May 1993	(1994) 18 E.H.R.R. CD 33	
Austria	Sekanina	Jmt	13126/87	25 August 1993	(1994) 17 E.H.R.R. 221	
Austria	Spöttl	Op	22956/93	May 1996	(1996) 22 E.H.R.R. CD 88	
Austria	Sramek	Jmt	8790/79	22 October 1984	(1985) 7 E.H.R.R. 351	
Austria	Stallinger and Kuso	Jmt	14696/89; 14697/89	23 April 1997	(1998) 26 E.H.R.R. 81	
Austria	Steinlechner	Adm	11439/85	October 1987	(1989) 11 E.H.R.R. 77	
Austria	Stögmüller	Jmt	1602/62	10 November 1969	(1979) 1 E.H.R.R. 155	
Austria	Szücs	Jmt	20602/92	24 November 1997	(1998) 26 E.H.R.R. 310	
Austria	T	Adm	19205/91	October 1992	(1993) 15 E.H.R.R. CD 60	
Austria	Telesystem Tirol Kabeltelevision	Op	19182/91	9 June 1997	(1997) 24 E.H.R.R. CD 11	
Austria	Telesystem Tirol Kabeltelevision	Adm	19182/91	9 June 1997	(1997) 23 E.H.R.R. CD 33	
Austria	Telesystem Tirol Kabeltelevision	Adm	19182/91	January 1995	(1995) 19 E.H.R.R. CD 42	
Austria	Tonwerke	Cm	7987/77	23 June 1983	(1984) 6 E.H.R.R. 147	
Austria	Toth	Jmt	11894/85	12 December 1991	(1992) 14 E.H.R.R. 551	
Austria	Umlauft	Jmt	15527/89	23 October 1995	(1996) 22 E.H.R.R. 76	
Austria	Ünlü	Adm	20957/92	June 1994	(1994) 18 E.H.R.R. CD 165	
Austria	Unterpertinger	Adm	9120/80	July 1983	(1984) 6 E.H.R.R. 331	
Austria	Unterpertinger	Jmt	9120/80	24 November 1986	(1991) 13 E.H.R.R. 175	
Austria	Verein Gemeinsam Lernen	Adm	23419/94	September 1995	(1995) 20 E.H.R.R. CD 78	
Austria	Vereinigung Demokratischer Soldaten and Gubi	Jmt	15153/89	19 December 1994	(1995) 20 E.H.R.R. 56	
Austria	Vorhemes	Adm	33378/96	21 May 1998	(1999) 27 E.H.R.R. CD 225	
Austria	W.J.	Adm	23759/94	20 May 1998	(1999) 27 E.H.R.R. CD 83	
Austria	WR	Jmt	26602/95	21 December 1999	(2001) 31 E.H.R.R. 985	(2001) 31 E.H.R.R 43
Austria	Werner	Jmt	21835/93	24 November 1997	(1998) 26 E.H.R.R. 310	
Austria	Wiesinger	Jmt	11796/85	24 September 1991	(1993) 16 E.H.R.R. 258	

RESPONDENT STATE	APPLICANT	Adm / Op / Jmt	APPL. No.	DECISION DATE	CITATION	CASE No.
Austria	Windisch	Jmt	12489/86	27 September 1990	(1991) 13 E.H.R.R. 281	
Austria	Worm	Jmt	22714/93	29 August 1997	(1998) 25 E.H.R.R. 454	
Austria	Worm	Op	22714/93	27 November 1995	(1996) 22 E.H.R.R. CD 7	
Austria	Worm	Adm	22714/93	27 November 1995	(1996) 21 E.H.R.R. CD 51	
Austria	X	Adm	13813/88	October 1992	(1993) 15 E.H.R.R. CD 3	
Austria	Zimmermann	Settlement	8490/79	July 1982	(1983) 5 E.H.R.R. 303	
Austria	Zumtobel	Jmt	12235/86	21 September 1993	(1994) 17 E.H.R.R. 116	
Austria (No. 1)	Neumeister	Jmt	1936/63	27 June 1968	(1979) 1 E.H.R.R. 91	
Austria (No. 2)	Neumeister	Jmt	1936/63	7 May 1974	(1979) 1 E.H.R.R. 136	
Austria (No. 2)	Oberschlick	Jmt	20934/92	1 July 1997	(1998) 25 E.H.R.R. 357	
Austria (No. 1)	Ringeisen	Jmt	2614/65	16 July 1971	(1979) 1 E.H.R.R. 455	
Austria (No. 2)	Ringeisen	Jmt	2614/65	22 June 1972	(1979) 1 E.H.R.R. 504	
Austria (No. 3)	Ringeisen	Jmt	2614/65	23 June 1973	(1979) 1 E.H.R.R. 513	
Austria (Re Rent Control)	X	Op	8003/77	3 October 1979	(1981) 3 E.H.R.R. 285	
Austria (Re Right to Trial)	X, Y and Z	Op	7950/77	4 March 1980	(1982) 4 E.H.R.R. 270	
Belgium	Aerts	Jmt	25357/94	30 July 1998	(2000) 29 E.H.R.R. 50	
Belgium	Albert and Le Compte	Jmt	7299/75; 7496/76	10 February 1983	(1983) 5 E.H.R.R. 533	
Belgium	Albert and Le Compte	Jmt	7299/75; 7496/76	24 October 1983	(1991) 13 E.H.R.R. 415	
Belgium	App. No. 8891/80	Adm	8891/80	July 1983	(1984) 6 E.H.R.R. 329	
Belgium	App. No. 8962/80	Adm	8962/80	May 1982	(1983) 5 E.H.R.R. 268	
Belgium	App. No. 8989/80	Adm	8989/80	July 1983	(1984) 6 E.H.R.R. 329	
Belgium	App. No. 9044/80	Adm	9107/80	July 1983	(1984) 6 E.H.R.R. 330	
Belgium	App. No. 9097/80	Adm	9097/80	October 1982	(1983) 5 E.H.R.R. 280	
Belgium	App. No. 9107/80	Adm	9107/80	October 1982	(1983) 5 E.H.R.R. 282	
Belgium	App. No. 9506/81	Adm	9506/81	March 1983	(1983) 5 E.H.R.R. 508	

Belgium	App. No. 9553/81	Adm	9553/81	March 1983	(1983) 5 E.H.R.R. 509	
Belgium	App. No. 9713/82	Adm	9713/82	October 1982	(1983) 5 E.H.R.R. 295	
Belgium	App. No. 9719/82	Adm	9719/82	March 1985	(1986) 8 E.H.R.R. 274	
Belgium	App. No. 9777/82	Adm	9777/82	July 1983	(1984) 6 E.H.R.R. 534	
Belgium	App. No. 9804/82	Adm	9804/82	October 1982	(1983) 5 E.H.R.R. 488	
Belgium	App. No. 9895/82	Adm	9895/82	July 1983	(1984) 6 E.H.R.R. 555	
Belgium	App. No. 9963/82	Adm	9963/82	March 1983	(1983) 5 E.H.R.R. 515	
Belgium	App. No. 9976/82	Adm	9976/82	May 1983	(1983) 5 E.H.R.R. 610	
Belgium	App. No. 11072/84	Adm	11072/84	October 1987	(1989) 11 E.H.R.R. 77	
Belgium	App. No. 11082/84	Adm	11082/84	December 1985	(1987) 9 E.H.R.R. 149	
Belgium	App. No. 11159/84	Adm	11159/84	October 1987	(1989) 11 E.H.R.R. 75	
Belgium	App. No. 11164/84	Adm	11164/84	March 1985	(1986) 8 E.H.R.R. 312	
Belgium	App. No. 11869/85	Adm	11869/85	October 1987	(1989) 11 E.H.R.R. 76	
Belgium	Belgian Linguistic Case (No. 1)	Jmt	1474/62; 1677/62; 1699/62; 1769/63; 1994/63; 2126/64	9 February 1967	(1979) 1 E.H.R.R. 241	
Belgium	Belgian Linguistic Case (No. 2)	Jmt	1474/62; 1677/62; 1699/62; 1769/63; 1994/63; 2126/64	23 July 1968	(1979) 1 E.H.R.R. 252	
Belgium	Ben Yaacoub	Jmt	9976/82	27 November 1987	(1991) 13 E.H.R.R. 418	
Belgium	Bernaerts	Adm	15964/90	October 1992	(1993) 15 E.H.R.R. CD 17	
Belgium	Boddaert	Jmt	12919/87	12 October 1992	(1993) 16 E.H.R.R. 242	
Belgium	Borgers	Jmt	12005/86	30 October 1991	(1993) 15 E.H.R.R. 92	
Belgium	Bouamar	Jmt	9106/80	29 February 1987	(1989) 11 E.H.R.R. 1	
Belgium	Bricmont	Jmt	10857/84	7 July 1989	(1990) 12 E.H.R.R. 217	
Belgium	C	Jmt	21794/93	7 August 1996	(2001) 32 E.H.R.R. 19	(2001) 32 E.H.R.R. 2
Belgium	Clooth	Jmt	12718/87	12 December 1991	(1992) 14 E.H.R.R. 717	
Belgium	De Becker	Jmt	214/56	27 March 1962	(1979) 1 E.H.R.R. 43	

RESPONDENT STATE	APPLICANT	Adm / Op / Jmt	APPL. No.	DECISION DATE	CITATION	CASE No.
Belgium	De Cubber	Jmt	9186/80	14 September 1987	(1991) 13 E.H.R.R. 422	
Belgium	De Cubber	Jmt	9186/80	26 October 1984	(1985) 7 E.H.R.R. 236	
Belgium	De Cubber	Op	9186/80	October 1983	(1984) 6 E.H.R.R. 104	
Belgium	De Haes and Gijsels	Jmt	19983/92	24 February 1997	(1998) 25 E.H.R.R. 1	
Belgium	De Moor	Jmt	16997/90	23 June 1994	(1994) 18 E.H.R.R. 372	
Belgium	Debled	Jmt	13839/88	22 September 1994	(1995) 19 E.H.R.R. 506	
Belgium	Delcourt	Jmt	2689/65	17 January 1970	(1979) 1 E.H.R.R. 355	
Belgium	Deweer	Jmt	6903/75	27 February 1980	(1980) 2 E.H.R.R. 439	
Belgium	D'Haese, Le Compte	Op	8830/80	May 1983	(1984) 6 E.H.R.R. 114	
Belgium	Dhoest	Cm	10448/83	14 May 1987	(1990) 12 E.H.R.R. 135	
Belgium	Escoubet	Jmt	26780/95	28 October 1999	(2001) 31 E.H.R.R. 1034	(2001) 31 E.H.R.R 46
Belgium	Farmakopoulos	Jmt	11683/85	27 March 1992	(1993) 16 E.H.R.R. 187	
Belgium	H	Jmt	8950/80	30 November 1987	(1988) 10 E.H.R.R. 339	
Belgium	H	Op	8950/80	8 October 1985	(1986) 8 E.H.R.R. 510	
Belgium	J	Adm	18718/91	October 1992	(1993) 15 E.H.R.R. CD 46	
Belgium	Jespers	Op	8403/78	29 September 1982	(1983) 5 E.H.R.R. 305	
Belgium	Kamer	Adm	10819/84	July 1984	(1986) 8 E.H.R.R. 230	
Belgium	Kolompar	Jmt	11613/85	24 September 1992	(1993) 16 E.H.R.R. 197	
Belgium	Lamy	Jmt	10444/83	30 March 1989	(1989) 11 E.H.R.R. 529	
Belgium	Lamy	Adm	10444/83	December 1985	(1987) 9 E.H.R.R. 154	
Belgium	Le Compte, Van Leuven and De Meyere	Jmt	6878/75; 7238/75	23 June 1981	(1982) 4 E.H.R.R. 1	
Belgium	Le Compte, Van Leuven and De Meyere	Jmt	6878/75	18 October 1982	(1983) 5 E.H.R.R. 183	
Belgium	M	Adm	16909/90	October 1992	(1993) 15 E.H.R.R. CD 22	
Belgium	Marckx	Jmt	6833/74	13 June 1979	(1980) 2 E.H.R.R. 330	

Belgium	Mathieu-Mohin and Clerfayt	Jmt	9267/81	2 March 1987	(1988) 10 E.H.R.R. 1	
Belgium	Merkier	Adm	11200/84	July 1987	(1989) 11 E.H.R.R. 68	
Belgium	Moreaux	Adm	9267/81	July 1983	(1984) 6 E.H.R.R. 531	
Belgium	Moustaquim	Jmt	12313/86	18 February 1991	(1991) 13 E.H.R.R. 802	
Belgium	Muyldermans	Jmt	12217/86	23 October 1991	(1993) 15 E.H.R.R. 204	
Belgium	National Union of Belgian Police	Jmt	4464/70	27 October 1975	(1979) 1 E.H.R.R. 578	
Belgium	Nyssen	Adm	10574/83	July 1985	(1986) 8 E.H.R.R. 105	
Belgium	Pauwels	Jmt	10208/82	26 May 1988	(1989) 11 E.H.R.R. 238	
Belgium	Piersack	Jmt	8692/79	26 October 1984	(1985) 7 E.H.R.R. 251	
Belgium	Piersack	Jmt	8692/79	1 October 1982	(1983) 5 E.H.R.R. 169	
Belgium	Pressos Compania Naviera SA	Jmt	17849/91	20 November 1995	(1996) 21 E.H.R.R. 301	
Belgium	Pressos Compania Naviera SA	Op	17849/91	3 July 1997	(1997) 24 E.H.R.R. CD 16	
Belgium	Sequaris	Adm	9676/82	July 1983	(1984) 6 E.H.R.R. 386	
Belgium	Sequaris	Adm	9676/82	October 1982	(1983) 5 E.H.R.R. 293	
Belgium	Van Der Mussele	Jmt	8919/80	23 November 1983	(1984) 6 E.H.R.R. 163	
Belgium	Van Droogenbroeck	Jmt	7906/77	25 April 1983	(1991) 13 E.H.R.R. 546	
Belgium	Van Droogenbroeck	Jmt	7906/77	24 June 1982	(1982) 4 E.H.R.R. 443	
Belgium	Van Geyseghem	Jmt	26103/95	21 January 1999	(2001) 32 E.H.R.R. 554	(2001) 32 E.H.R.R. 24
Belgium	Van Oosterwijck	Jmt	7654/76	6 November 1980	(1981) 3 E.H.R.R. 557	
Belgium	Van Orshoven	Jmt	20122/92	25 June 1997	(1998) 26 E.H.R.R. 55	
Belgium	Vermeire	Jmt	12849/87	29 November 1991	(1993) 15 E.H.R.R. 488	
Belgium	Vermeulen	Jmt	19075/91	20 February 1996	(2001) 32 E.H.R.R. 313	(2001) 32 E.H.R.R. 15
Belgium (No. 1)	De Wilde, Ooms and Versyp	Jmt	2832/66; 2835/66; 2899/66	18 June 1971	(1979) 1 E.H.R.R. 373	
Belgium (No. 2)	De Wilde, Ooms and Versyp	Jmt	2832/66; 2835/66; 2899/66	10 March 1972	(1979) 1 E.H.R.R. 438	

RESPONDENT STATE	APPLICANT	Adm / Op / Jmt	APPL. No.	DECISION DATE	CITATION	CASE No.
Belgium and European Communities	App. No. 11055/84	Adm	11055/84	March 1985	(1986) 8 E.H.R.R. 317	
Bulgaria	AV	Adm	41488/98	18 May 1999	(1999) 28 E.H.R.R. CD 197	
Bulgaria	Assenov	Jmt	24760/94	28 October 1998	(1999) 28 E.H.R.R. 652	
Bulgaria	Assenov, Ivanova and Ivanov	Op	24760/94	June 1996	(1996) 22 E.H.R.R. CD 163	
Bulgaria	Christian Association of Jehovah's Witnesses	Adm	28626/95	3 July 1997	(1997) 24 E.H.R.R. CD 52	
Bulgaria	DV	Adm	31365/96	16 April 1998	(1998) 25 E.H.R.R. CD 154	
Bulgaria	Kaneva	Adm	26530/95	27 February 1997	(1997) 23 E.H.R.R. CD 86	
Bulgaria	Kovachev	Adm	29303/95	10 April 1997	(1997) 23 E.H.R.R. CD 174	
Bulgaria	Loukanov	Jmt	21915/93	20 March 1997	(1997) 24 E.H.R.R. 121	
Bulgaria	Lukanov	Adm	21915/93	January 1995	(1995) 19 E.H.R.R. CD 65	
Bulgaria	Lukanov	Op	21915/93	16 January 1996	(1996) 21 E.H.R.R. CD 20	
Bulgaria	M	Op	27496/95	September 1996	(1996) 22 E.H.R.R. CD 101	
Bulgaria	Movement for Democratic Kingdom	Adm	27608/95	29 November 1995	(1996) 21 E.H.R.R. CD 78	
Bulgaria	Nikolova	Jmt	31195/96	25 March 1999	(2001) 31 E.H.R.R. 64	(2001) 31 E.H.R.R 3
Bulgaria	Panikan	Adm	29583/96	10 July 1997	(1997) 24 E.H.R.R. CD 63	
Bulgaria	Shishkov	Adm	38822/97	31 August 1999	(1999) 28 E.H.R.R. CD 237	
Bulgaria	Stankov and United Macedonian Organisation "Ilinden"	Adm	29221/95; 29225/95	29 June 1998	(1998) 26 E.H.R.R. CD 103	

Bulgaria	Stankov, Trayanov, Stoychev	Adm	29221/95; 29222/95; 29223/95; 29225/95; 29226/95	21 October 1996	(1997) 23 E.H.R.R. CD 170	
Contracting States Party to the European Patent Convention	Heinz	Adm	21090/92	January 1994	(1994) 18 E.H.R.R. CD 168	
Croatia	Naletilic	Adm	51891/99	4 May 2000	(2000) 29 E.H.R.R. CD 219	
Croatia	Ocic	Adm	46306/99	25 November 1999	(2000) 29 E.H.R.R. CD 220	
Cyprus	Andronicou and Constantinou	Jmt	25052/94	9 October 1997	(1998) 25 E.H.R.R. 491	
Cyprus	Andronicou and Constantinou	Op	25052/94	9 October 1997	(1996) 22 E.H.R.R. CD 18	
Cyprus	Andronicou and Constantinou	Adm	25052/94	July 1995	(1995) 20 E.H.R.R. CD 105	
Cyprus	Larkos	Jmt	29515/95	18 February 1999	(2000) 30 E.H.R.R. 597	
Cyprus	Marangos	Adm	31106/96	20 May 1997	(1997) 23 E.H.R.R. CD 192	
Cyprus	Mavronichis	Jmt	28054/95	27 April 1998	(2001) 31 E.H.R.R. 1186	(2001) 31 E.H.R.R 54
Cyprus	Mavronichis	Op	28054/95	June 1996	(1996) 22 E.H.R.R. CD 120	
Cyprus	Modinos	Jmt	15070/89	22 April 1993	(1993) 16 E.H.R.R. 485	
Cyprus	New Horizons	Adm	40436/98	10 September 1998	(1999) 27 E.H.R.R. CD 334	
Cyprus	Photos Photiades and Co. Ltd	Adm	41113/98	21 October 1998	(1999) 27 E.H.R.R. CD 344	
Czech Republic	Cervenák	Adm	29008/95	28 February 1996	(1996) 21 E.H.R.R. CD 116	
Czech Republic	Ceskomoravská Myslivecká Jednota	Adm	33091/96	23 March 1999	(1999) 28 E.H.R.R. CD 152	
Czech Republic	Credit and Industrial Bank and Moravec	Adm	29010/95	20 May 1998	(1998) 26 E.H.R.R. CD 88	

RESPONDENT STATE	APPLICANT	Adm / Op / Jmt	APPL. No.	DECISION DATE	CITATION	CASE No.
Czech Republic	Krçmar	Jmt	35376/97	3 March 2000	(2001) 31 E.H.R.R. 953	(2001) 31 E.H.R.R 41
Czech Republic	Novotny	Adm	36542/97	1 July 1998	(1999) 27 E.H.R.R. CD 275	
Czech Republic	Spacek	Adm	26449/95	14 October 1996	(1997) 23 E.H.R.R. CD 76	
Czech Republic	Spacek sro	Jmt	26449/95	9 November 1999	(2000) 30 E.H.R.R. 1010	
Denmark	A	Jmt	20826/92	8 February 1996	(1996) 22 E.H.R.R. 458	
Denmark	App. No. 8828/79	Adm	8828/79	October 1982	(1983) 5 E.H.R.R. 278	
Denmark	App. No. 9893/82	Adm	9893/82	July 1983	(1984) 6 E.H.R.R. 554	
Denmark	App. No. 9974/82	Adm	9974/82	March 1983	(1983) 5 E.H.R.R. 515	
Denmark	App. No. 10053/82	Adm	10053/82	July 1983	(1984) 6 E.H.R.R. 350	
Denmark	App. No. 10135/82	Adm	10135/82	May 1984	(1986) 8 E.H.R.R. 226	
Denmark	App. No. 10263/82	Adm	10263/82	March 1985	(1986) 8 E.H.R.R. 60	
Denmark	App. No. 11295/84	Adm	11295/84	October 1986	(1987) 9 E.H.R.R. 550	
Denmark	App. No. 11508/85	Adm	11508/85	July 1985	(1987) 9 E.H.R.R. 533	
Denmark	App. No. 11508/85	Adm	11508/85	16 July 1987	(1989) 11 E.H.R.R. 559	
Denmark	Barfod	Jmt	11508/85	22 February 1989	(1991) 13 E.H.R.R. 493	
Denmark	Egyptair	Adm	28441/95	20 May 1998	(1998) 26 E.H.R.R. CD 80	
Denmark	Hansen	Adm	22507/93	April 1995	(1995) 19 E.H.R.R. CD 89	
Denmark	Hauschildt	Jmt	10486/83	24 May 1989	(1990) 12 E.H.R.R. 266	
Denmark	Holst	Adm	11350/85	December 1985	(1987) 9 E.H.R.R. 265	
Denmark	Jersild	Jmt	15890/89	23 September 1994	(1995) 19 E.H.R.R. 1	
Denmark	Kjeldsen, Busk Madsen and Peterson	Jmt	5095/71; 5920/72; 5926/72	7 December 1976	(1979) 1 E.H.R.R. 711	
Denmark	Kurup	Adm	11219/84	July 1985	(1986) 8 E.H.R.R. 93	
Denmark	Lindkvist	Adm	25737/94	9 September 1998	(1999) 27 E.H.R.R. CD 103	
Denmark	Nielsen	Jmt	10929/84	28 November 1987	(1989) 11 E.H.R.R. 175	
Denmark	Nielsen	Adm	10929/84	March 1986	(1987) 9 E.H.R.R. 289	
Denmark	Ninn-Hansen	Adm	28972/95	18 May 1999	(1999) 28 E.H.R.R. CD 96	
Denmark	Pedersen	Settlement	9893/82	March 1984	(1985) 7 E.H.R.R. 154	

Denmark	Peterson	Adm	24989/94	14 September 1998	(1999) 27 E.H.R.R. CD 96	
Denmark	Poli	Adm	33029/96	21 October 1998	(1999) 27 E.H.R.R. CD 212	
Denmark	Rasmussen	Jmt	8777/79	28 November 1984	(1985) 7 E.H.R.R. 371	
Denmark	Rasmussen	Op	8777/79	October 1983	(1984) 6 E.H.R.R. 94	
Denmark	Rasmussen and Lyngen	Adm	31767/96	9 September 1998	(1999) 27 E.H.R.R. CD 185	
Denmark	V	Adm	17392/90	October 1992	(1993) 15 E.H.R.R. CD 28	
Estonia	Slavgorodski	Adm	37043/97	9 March 1999	(1999) 28 E.H.R.R. CD 181	
Estonia	Tammer	Adm	41205/98	19 October 1999	(2000) 29 E.H.R.R. CD 257	
Finland	Dreshaj	Adm	23159/94	May 1994	(1994) 18 E.H.R.R. CD 213	
Finland	H	Adm	18507/91	May 1994	(1994) 18 E.H.R.R. CD 68	
Finland	Helle	Jmt	20772/92	19 December 1997	(1998) 26 E.H.R.R. 159	
Finland	Hokkanen	Jmt	19823/92	23 September 1994	(1995) 19 E.H.R.R. 139	
Finland	K	Adm	19823/92	January 1993	(1993) 16 E.H.R.R. CD 47	
Finland	K and T	Jmt	25702/94	27 April 2000	(2001) 31 E.H.R.R. 484	(2001) 31 E.H.R.R 18
Finland	Karara	Adm	40900/98	29 May 1998	(1998) 26 E.H.R.R. CD 220	
Finland	Karassev and Family	Adm	31414/96	14 February 1998	(1999) 28 E.H.R.R. CD 126	
Finland	Karassev and Family	Adm	31414/96	12 January 1999	(1999) 28 E.H.R.R. CD 132	
Finland	Kerojarvi	Jmt	17506/90	19 July 1995	(2001) 32 E.H.R.R. 152	(2001) 32 E.H.R.R. 8
Finland	Koskinen	Adm	20560/92	August 1994	(1994) 18 E.H.R.R. CD 146	
Finland	Kustannus Oy Vapaa Ajattelija AB	Op	20471/92	April 1996	(1996) 22 E.H.R.R. CD 69	
Finland	L	Jmt	25651/94	27 April 2000	(2001) 31 E.H.R.R. 737	(2001) 31 E.H.R.R 30
Finland	Lehtinen	Adm	39076/97	14 October 1997	(2000) 29 E.H.R.R. CD 204	
Finland	Ollila	Adm	18969/91	October 1992	(1993) 15 E.H.R.R. CD 101	
Finland	Purtonen	Adm	32700/96	9 September 1998	(1999) 27 E.H.R.R. CD 192	
Finland	Raninen	Adm	20972/92	7 March 1996	(1996) 21 E.H.R.R. CD 123	
Finland	Raninen	Jmt	20972/92	16 December 1997	(1998) 26 E.H.R.R. 563	
Finland	Stjerna	Jmt	18131/91	25 November 1994	(1997) 24 E.H.R.R. 195	
Finland	T.V.	Adm	21780/93	March 1994	(1994) 18 E.H.R.R. CD 179	
Finland	W	Adm	20202/92	October 1992	(1993) 15 E.H.R.R. CD 109	

RESPONDENT STATE	APPLICANT	Adm / Op / Jmt	APPL. No.	DECISION DATE	CITATION	CASE No.
Finland	Z	Jmt	22009/93	25 February 1997	(1998) 25 E.H.R.R. 371	
France	A	Jmt	14838/89	23 November 1993	(1994) 17 E.H.R.R. 462	
France	A, B, and C	Adm	18560/91	October 1992	(1993) 15 E.H.R.R. CD 39	
France	Acquaviva	Jmt	19248/91	21 November 1995	(2001) 32 E.H.R.R. 134	(2001) 32 E.H.R.R. 7
France	Aït-Mouhoub	Jmt	22924/93	28 October 1998	(2000) 30 E.H.R.R. 382	
France	Allenet de Ribemont	Jmt	15175/89	7 August 1996	(1996) 22 E.H.R.R. 582	
France	Allenet de Ribemont	Jmt	15175/89	10 February 1995	(1995) 20 E.H.R.R. 557	
France	Allenet de Ribemont	Adm	15175/89	January 1993	(1993) 16 E.H.R.R. CD 33	
France	Amuur	Jmt	19776/92	25 June 1996	(1996) 22 E.H.R.R. 533	
France	App. No. 9569/81	Adm	9569/81	July 1982	(1983) 5 E.H.R.R. 277	
France	App. No. 9587/81	Adm	9587/81	December 1982	(1983) 5 E.H.R.R. 483	
France	App. No. 9595/81	Adm	9595/81	March 1983	(1983) 5 E.H.R.R. 509	
France	App. No. 9605/81	Adm	9605/81	March 1983	(1983) 5 E.H.R.R. 510	
France	App. No. 9900/82	Adm	9900/82	May 1983	(1983) 5 E.H.R.R. 610	
France	App. No. 9992/82	Adm	9992/82	March 1983	(1983) 5 E.H.R.R. 515	
France	App. No. 9993/82	Adm	9993/82	October 1982	(1983) 5 E.H.R.R. 302	
France	App. No. 10179/82	Adm	10179/82	May 1987	(1988) 10 E.H.R.R. 555	
France	App. No. 10210/82	Adm	10210/82	December 1983	(1984) 6 E.H.R.R. 371	
France	App. No. 10211/82	Adm	10211/82	December 1983	(1984) 6 E.H.R.R. 371	
France	App. No. 10401/83	Adm	10401/83	October 1983	(1984) 6 E.H.R.R. 369	
France	App. No. 10412/83	Adm	10412/83	July 1987	(1989) 11 E.H.R.R. 68	
France	App. No. 10859/84	Adm	10859/84	October 1985	(1987) 9 E.H.R.R. 93	
France	App. No. 10940/84	Adm	10940/84	May 1984	(1986) 8 E.H.R.R. 226	
France	Ayadi	Adm	18000/91	October 1992	(1993) 15 E.H.R.R. CD 93	
France	B	Jmt	13343/87	25 March 1992	(1993) 16 E.H.R.R. 1	
France	Beaumartin	Jmt	15287/89	24 November 1994	(1995) 19 E.H.R.R. 485	
France	Beldjoudi	Jmt	12083/86	26 March 1992	(1992) 14 E.H.R.R. 801	

France	Bendenoun	Jmt	12547/86	24 February 1994	(1994) 18 E.H.R.R. 54	
France	Bernard	Adm	15492/89	October 1992	(1993) 15 E.H.R.R. CD 73	
France	Bernard	Jmt	22885/93	23 April 1998	(2000) 30 E.H.R.R. 808	
France	Birou	Jmt	13319/87	27 February 1992	(1992) 14 E.H.R.R. 738	
France	Bouchelkia	Jmt	23078/93	29 January 1997	(1998) 25 E.H.R.R. 686	
France	Boughanemi	Jmt	22070/93	24 April 1996	(1996) 22 E.H.R.R. 228	
France	Boujlifa	Jmt	24404/94	21 October 1997	(2000) 30 E.H.R.R. 419	
France	Boussel Du Bourg	Adm	20747/92	January 1993	(1993) 16 E.H.R.R. CD 49	
France	Bozano	Jmt	9990/82	2 December 1987	(1991) 13 E.H.R.R. 428	
France	Bozano	Jmt	9990/82	18 December 1986	(1987) 9 E.H.R.R. 297	
France	Cardot	Jmt	11069/84	19 March 1991	(1991) 13 E.H.R.R. 853	
France	Cavalin	Adm	10364/83	October 1987	(1989) 11 E.H.R.R. 79	
France	Chassagnou	Jmt	25088/94; 28331/95; 28443/95	29 April 1999	(2000) 29 E.H.R.R. 615	
France	Chichlian and Ekindjian	Jmt	10959/84	29 November 1989	(1991) 13 E.H.R.R. 553	
France	Civet	Jmt	29340/95	28 September 1999	(2001) 31 E.H.R.R. 871	(2001) 31 E.H.R.R 38
France	Crémieux	Jmt	11471/85	25 February 1993	(1993) 16 E.H.R.R. 357	
France	De Varga Hirsch	Op	9559/81	May 1983	(1984) 6 E.H.R.R. 126	
France	Delta	Jmt	11444/85	19 December 1990	(1993) 16 E.H.R.R. 574	
France	Demai	Jmt	22904/93	28 October 1994	(1995) 20 E.H.R.R. 90	
France	Demirtepe	Jmt	34821/97	21 December 1999	(2001) 31 E.H.R.R. 708	(2001) 31 E.H.R.R 28
France	Desilles	Adm	15948/90	January 1993	(1993) 16 E.H.R.R. CD 10	
France	Diennet	Jmt	18160/91	26 September 1995	(1996) 21 E.H.R.R. 554	
France	Diennet	Adm	18160/91	October 1992	(1993) 15 E.H.R.R. CD 94	
France	Djeroud	Jmt	13446/87	23 January 1991	(1992) 14 E.H.R.R. 68	
France	Dobbertin	Jmt	13089/87	25 February 1993	(1993) 16 E.H.R.R. 558	
France	Duclos	Jmt	20940/92– 20941/92– 20942/92	17 December 1996	(2001) 32 E.H.R.R. 86	(2001) 32 E.H.R.R. 5
France	E	Adm	14637/89	October 1992	(1993) 15 E.H.R.R. CD 64	
France	Editions Periscope	Jmt	11760/85	26 March 1992	(1992) 14 E.H.R.R. 597	
France	El Boujaïdi	Jmt	25613/94	26 September 1997	(2000) 30 E.H.R.R. 223	

RESPONDENT STATE	APPLICANT	Adm / Op / Jmt	APPL. No.	DECISION DATE	CITATION	CASE No.
France	Ezelin	Jmt	11800/85	26 April 1991	(1992) 14 E.H.R.R. 362	
France	F.E	Jmt	38212/97	30 October 1998	(2000) 29 E.H.R.R. 591	
France	Farragut	Adm	10103/82	July 1984	(1986) 8 E.H.R.R. 232	
France	Foucher	Jmt	22209/93	18 March 1997	(1998) 25 E.H.R.R. 234	
France	Fouquet	Jmt	20398/92	31 January 1996	(1996) 22 E.H.R.R. 279	
France	Fressoz and Roire	Jmt	29183/95	21 January 1999	(2001) 31 E.H.R.R. 28	(2001) 31 E.H.R.R 2
France	Frydlender	Jmt	30979/96	27 June 2000	(2001) 31 E.H.R.R. 1152	(2001) 31 E.H.R.R 52
France	Funke	Jmt	10828/84	25 February 1993	(1993) 16 E.H.R.R. 297	
France	G	Adm	15091/89	October 1992	(1993) 15 E.H.R.R. CD 69	
France	G	Adm	15091/89	October 1992	(1993) 15 E.H.R.R. CD 69	
France	G	Jmt	15312/89	27 September 1995	(1996) 21 E.H.R.R. 288	
France	Gautrin	Jmt	21257/93; 21258/93; 21259/93; 21260/93	20 May 1998	(1999) 28 E.H.R.R. 196	
France	Grare	Adm	18835/91	October 1992	(1993) 15 E.H.R.R. CD 100	
France	Guillemin	Jmt	19632/92	21 February 1997	(1998) 25 E.H.R.R. 435	
France	Guillemin	Op	19632/92	2 September 1998	(1999) 27 E.H.R.R. CD 1	
France	H	Jmt	10073/82	24 October 1989	(1990) 12 E.H.R.R. 74	
France	HLR	Jmt	24573/94	29 April 1997	(1998) 26 E.H.R.R. 29	
France	Hamer	Jmt	19953/92	7 August 1996	(1997) 23 E.H.R.R. 1	
France	Hentrich	Op	13616/88	3 July 1997	(1997) 24 E.H.R.R. CD 19	
France	Hentrich	Jmt	13616/88	3 July 1995	(1996) 21 E.H.R.R. 199	
France	Hentrich	Jmt	13616/88	22 September 1994	(1994) 18 E.H.R.R. 440	
France	Higgins	Jmt	20124/92	19 February 1998	(1999) 27 E.H.R.R. 703	
France	Hoang	Jmt	13191/87	25 September 1992	(1993) 16 E.H.R.R. 53	
France	Huber	Jmt	26637/95	19 February 1998	(1998) 26 E.H.R.R. 457	
France	Huvig	Cm	11105/84	14 December 1988	(1990) 12 E.H.R.R. 310	
France	Huvig	Jmt	11105/84	24 April 1990	(1990) 12 E.H.R.R. 528	
France	Iribarne Pérez	Jmt	16462/90	24 October 1995	(1996) 22 E.H.R.R. 153	

France	Ixion	Adm	17494/90	October 1992	(1993) 15 E.H.R.R. CD 91	
France	Jamil	Jmt	15917/89	8 June 1995	(1996) 21 E.H.R.R. 65	
France	Jamil	Adm	15917/89	October 1992	(1993) 15 E.H.R.R. CD 77	
France	Jaxel	Adm	11282/84	November 1987	(1989) 11 E.H.R.R. 87	
France	K	Adm	18580/91	January 1993	(1993) 16 E.H.R.R. CD 23	
France	Kemmache	Jmt	14992/89	3 July 1991	(1992) 14 E.H.R.R. 520	
France	Kemmache	Adm	17621/91	January 1993	(1993) 16 E.H.R.R. CD 43	
France	Khalfaoui	Jmt	34791/97	14 December 1999	(2001) 31 E.H.R.R. 967	(2001) 31 E.H.R.R 42
France	Kruslin	Cm	11801/85	14 December 1988	(1990) 12 E.H.R.R. 451	
France	Kruslin	Jmt	11801/85	24 April 1990	(1990) 12 E.H.R.R. 547	
France	L	Adm	17012/90	October 1992	(1993) 15 E.H.R.R. CD 89	
France	L	Adm	17884/91	October 1992	(1993) 15 E.H.R.R. CD 31	
France	Lambert	Jmt	23618/94	24 August 1998	(2000) 30 E.H.R.R. 346	
France	Le Calvez	Jmt	25554/94	29 July 1998	(2001) 32 E.H.R.R. 481	(2001) 32 E.H.R.R. 21
France	Le Cour Grandmaison and Fritz	Adm	11567/85; 1568/85	July 1987	(1989) 11 E.H.R.R. 67	
France	Lehideux and Isorni	Jmt	24662/94	23 September 1998	(2000) 30 E.H.R.R. 665	
France	Letellier	Jmt	12369/86	26 June 1991	(1992) 14 E.H.R.R. 83	
France	Maillard	Jmt	26586/95	9 June 1998	(1999) 27 E.H.R.R. 232	
France	Malige	Jmt	27812/95	23 September 1998	(1999) 28 E.H.R.R. 578	
France	Mantovanelli	Jmt	21497/93	18 March 1997	(1997) 24 E.H.R.R. 370	
France	Marlhens	Jmt	22862/93	24 May 1995	(1996) 22 E.H.R.R. 285	
France	Marlhens	Jmt	22862/93	24 May 1995	(1996) 21 E.H.R.R. 502	
France	Mehemi	Jmt	25017/94	26 September 1997	(2000) 30 E.H.R.R. 739	
France	Melin	Jmt	12914/87	22 June 1993	(1994) 17 E.H.R.R. 1	
France	Miailhe	Jmt	12661/87	25 February 1993	(1993) 16 E.H.R.R. 332	
France	Monnet	Jmt	13675/88	27 October 1993	(1994) 18 E.H.R.R. 27	
France	Monroy	Adm	19042/91	January 1993	(1993) 16 E.H.R.R. CD 46	
France	Morel-A-L'Huissier	Adm	16532/90	January 1993	(1993) 16 E.H.R.R. CD 11	
France	Morganti	Jmt	17831/91	13 July 1995	(1996) 21 E.H.R.R. 34	
France	Nasri	Jmt	19465/92	13 July 1995	(1996) 21 E.H.R.R. 458	
France	Navarra	Jmt	13190/87	23 November 1993	(1994) 17 E.H.R.R. 594	
France	Neigel	Jmt	18725/91	17 March 1997	(2000) 30 E.H.R.R. 310	

RESPONDENT STATE	APPLICANT	Adm / Op / Jmt	APPL. No.	DECISION DATE	CITATION	CASE No.
France	Omar	Jmt	24767/94	29 July 1998	(2000) 29 E.H.R.R. 210	
France	P	Adm	20299/92	January 1993	(1993) 16 E.H.R.R. CD 29	
France	PL	Jmt	21503/93	2 April 1997	(1998) 25 E.H.R.R. 481	
France	Pailot	Jmt	32217/96	22 April 1998	(2000) 30 E.H.R.R. 328	
France	Pardo	Jmt	13416/87	29 April 1997	(1998) 26 E.H.R.R. 302	
France	Pardo	Jmt	13416/87	10 July 1996	(1996) 22 E.H.R.R. 563	
France	Pardo	Jmt	13416/87	20 September 1993	(1994) 17 E.H.R.R. 383	
France	Pastore	Adm	11035/84	May 1984	(1986) 8 E.H.R.R. 224	
France	Pélissier and Sassi	Jmt	25444/94	25 March 1999	(2000) 30 E.H.R.R. 715	
France	Pellegrin	Jmt	28541/95	8 December 1999	(2001) 31 E.H.R.R. 651	(2001) 31 E.H.R.R 26
France	Perin	Adm	18656/91	October 1992	(1993) 15 E.H.R.R. CD 99	
France	Phocas	Jmt	17869/91	23 April 1996	(2001) 32 E.H.R.R. 221	(2001) 32 E.H.R.R. 11
France	Piermont	Adm	15773/89; 15774/89	October 1992	(1993) 15 E.H.R.R. CD 76	
France	Piermont	Jmt	15773/89	27 April 1995	(1995) 20 E.H.R.R. 301	
France	Pierre-Bloch	Jmt	24194/94	21 October 1997	(1998) 26 E.H.R.R. 202	
France	Pinard, Foucher and Parmentier	Adm	17874/91; 17876/91	October 1992	(1993) 15 E.H.R.R. CD 92	
France	Poitrimol	Jmt	14032/88	23 November 1993	(1994) 18 E.H.R.R. 130	
France	Q	Adm	20475/92	January 1993	(1993) 16 E.H.R.R. CD 30	
France	Quinn	Jmt	18580/91	22 March 1995	(1996) 21 E.H.R.R. 529	
France	Reinhardt and Slimane-Kaïd	Jmt	22921/93	31 March 1998	(1999) 28 E.H.R.R. 59	
France	Remli	Jmt	16839/90	26 April 1996	(1996) 22 E.H.R.R. 253	
France	Saïdi	Jmt	14647/89	20 September 1993	(1994) 17 E.H.R.R. 251	
France	Sainte-Marie	Jmt	12981/87	24 November 1992	(1993) 16 E.H.R.R. 116	
France	Salabiaku	Jmt	10519/83	7 October 1988	(1991) 13 E.H.R.R. 379	
France	Selmouni	Jmt	25803/94	28 July 1999	(2000) 29 E.H.R.R. 403	
France	Serves	Jmt	20225/92	20 October 1997	(1999) 28 E.H.R.R. 265	
France	Slimane-Kaïd	Jmt	29507/95	11 January 2000	(2001) 31 E.H.R.R. 1073	(2001) 31 E.H.R.R 48

France	Société Levage Prestations	Jmt	21920/93	23 October 1996	(1997) 24 E.H.R.R. 351	
France	Société Stenuit	Jmt	11598/85	27 February 1992	(1992) 14 E.H.R.R. 509	
France	Sutherland	Op	25186/94	1 July 1997	(1997) 24 E.H.R.R. CD 22	
France	Tete	Adm	11123/84	December 1987	(1989) 11 E.H.R.R. 91	
France	Tomasi	Jmt	12850/87	27 August 1992	(1993) 15 E.H.R.R. 1	
France	Union des Athees	Adm	14635/89	January 1993	(1993) 16 E.H.R.R. CD 6	
France	Union Nationale Des Compositeurs de Musique	Adm	10826/84	March 1985	(1986) 8 E.H.R.R. 306	
France	Vacher	Jmt	20368/92	17 December 1996	(1997) 24 E.H.R.R. 482	
France	Vallee	Jmt	22121/93	26 April 1994	(1994) 18 E.H.R.R. 549	
France	Vernillo	Jmt	11889/85	20 February 1991	(1991) 13 E.H.R.R. 880	
France	Vijayanathan and Pusparajah	Jmt	17550/90; 17825/91	27 August 1992	(1993) 15 E.H.R.R. 62	
France	Woukam Moudefo	Jmt	10868/84	11 October 1988	(1991) 13 E.H.R.R. 549	
France	X	Jmt	18020/91	23 March 1991	(1992) 14 E.H.R.R. 483	
France	Zielinski	Jmt	24846/94; 34165/96; 34173/96	28 October 1999	(2001) 31 E.H.R.R. 532	(2001) 31 E.H.R.R 19
France (No. 2)	Miailhe	Jmt	18978/91	26 September 1996	(1997) 23 E.H.R.R. 491	
France (No. 3)	Kemmache	Jmt	17621/91	24 November 1994	(1995) 19 E.H.R.R. 349	
France and Spain	Drozd and Janousek	Jmt	12747/87	26 June 1992	(1992) 14 E.H.R.R. 745	
Germany	Altun	Settlement	10308/83	March 1984	(1985) 7 E.H.R.R. 154	
Germany	Altun	Adm	10308/82	May 1983	(1983) 5 E.H.R.R. 611	
Germany	App. No. 8744/79	Adm	8744/79	March 1983	(1983) 5 E.H.R.R. 499	
Germany	App. No. 8858/80	Op	8858/80	July 1983	(1984) 6 E.H.R.R. 328	
Germany	App. No. 9035/80	Adm	9035/80	March 1983	(1983) 5 E.H.R.R. 502	
Germany	App. No. 9132/80	Adm	9132/80	December 1982	(1983) 5 E.H.R.R. 470	
Germany	App. No. 9132/80	Adm	9132/80	December 1982	(1983) 5 E.H.R.R. 471	
Germany	App. No. 9157/80	Adm	9157/80	July 1983	(1984) 6 E.H.R.R. 331	

RESPONDENT STATE	APPLICANT	Adm / Op / Jmt	APPL. No.	DECISION DATE	CITATION	CASE No.
Germany	App. No. 9308/81	Adm	9308/81	March 1983	(1983) 5 E.H.R.R. 503	
Germany	App. No. 9324/81	Adm	9324/81	May 1982	(1983) 5 E.H.R.R. 269	
Germany	App. No. 9385/81	Adm	9385/81	May 1982	(1983) 5 E.H.R.R. 270	
Germany	App. No. 9394/81	Adm	9394/81	May 1982	(1983) 5 E.H.R.R. 270	
Germany	App. No. 9411/81	Adm	9411/81	July 1982	(1983) 5 E.H.R.R. 276	
Germany	App. No. 9417/81	Adm	9417/81	October 1982	(1983) 5 E.H.R.R. 288	
Germany	App. No. 9451/81	Adm	9451/81	December 1982	(1983) 5 E.H.R.R. 479	
Germany	App. No. 9458/81	Adm	9458/81	December 1982	(1983) 5 E.H.R.R. 480	
Germany	App. No. 9497/81	Op	9497/81	July 1983	(1984) 6 E.H.R.R. 119	
Germany	App. No. 9518/81	Op	9518/81	July 1983	(1984) 6 E.H.R.R. 137	
Germany	App. No. 9519/81	Op	9519/81	March 1984	(1984) 6 E.H.R.R. 599	
Germany	App. No. 9530/81	Adm	9530/81	May 1984	(1985) 7 E.H.R.R. 144	
Germany	App. No. 9531/81	Adm	9531/81	October 1982	(1983) 5 E.H.R.R. 290	
Germany	App. No. 9539/81	Adm	9539/81	March 1983	(1983) 5 E.H.R.R. 508	
Germany	App. No. 9578/81	Adm	9578/81	December 1982	(1983) 5 E.H.R.R. 483	
Germany	App. No. 9600/81	Adm	9600/81	March 1983	(1983) 5 E.H.R.R. 510	
Germany	App. No. 9603/81	Adm	9603/81	October 1982	(1983) 5 E.H.R.R. 291	
Germany	App. No. 9604/81	Adm	9604/81	March 1983	(1983) 5 E.H.R.R. 587	
Germany	App. No. 9610/81	Adm	9610/81	March 1983	(1984) 6 E.H.R.R. 110	
Germany	App. No. 9639/82	Adm	9639/82	March 1984	(1985) 7 E.H.R.R. 135	
Germany	App. No. 9641/82	Adm	9641/82	October 1982	(1983) 5 E.H.R.R. 292	
Germany	App. No. 9678/82	Adm	9678/82	March 1983	(1983) 5 E.H.R.R. 511	
Germany	App. No. 9687/82	Adm	9687/82	March 1983	(1983) 5 E.H.R.R. 511	
Germany	App. No. 9696/82	Adm	9696/82	October 1983	(1984) 6 E.H.R.R. 360	
Germany	App. No. 9701/82	Adm	9701/82	May 1986	(1987) 9 E.H.R.R. 364	
Germany	App. No. 9704/82	Adm	9704/82	December 1982	(1983) 5 E.H.R.R. 487	
Germany	App. No. 9706/82	Adm	9706/82	March 1983	(1983) 5 E.H.R.R. 512	
Germany	App. No. 9760/82	Adm	9760/82	March 1983	(1983) 5 E.H.R.R. 596	
Germany	App. No. 9792/82	Adm	9792/82	July 1983	(1984) 6 E.H.R.R. 347	
Germany	App. No. 9950/82	Adm	9950/82	October 1982	(1983) 5 E.H.R.R. 490	

Germany	App. No. 9997/82	Adm	9997/82	October 1982	(1983) 5 E.H.R.R. 490
Germany	App. No. 10001/82	Adm	10001/82	December 1983	(1984) 6 E.H.R.R. 371
Germany	App. No. 10040/82	Adm	10040/82	July 1983	(1984) 6 E.H.R.R. 349
Germany	App. No. 10076/82	Adm	10076/82	March 1985	(1986) 8 E.H.R.R. 281
Germany	App. No. 10080/82	Adm	10080/82	December 1985	(1987) 9 E.H.R.R. 250
Germany	App. No. 10085/82	Adm	10085/82	March 1985	(1986) 8 E.H.R.R. 287
Germany	App. No. 10098/82	Adm	10098/82	May 1984	(1986) 8 E.H.R.R. 225
Germany	App. No. 10193/82	Adm	10193/82	March 1984	(1985) 7 E.H.R.R. 141
Germany	App. No. 10196/82	Adm	10196/82	October 1983	(1984) 6 E.H.R.R. 362
Germany	App. No. 10221/82	Adm	10221/82	July 1983	(1984) 6 E.H.R.R. 353
Germany	App. No. 10300/83	Adm	10300/83	December 1984	(1986) 8 E.H.R.R. 264
Germany	App. No. 10365/83	Adm	10365/83	July 1984	(1985) 7 E.H.R.R. 461
Germany	App. No. 10482/83	Adm	10482/83	December 1983	(1984) 6 E.H.R.R. 587
Germany	App. No. 10564/83	Adm	10564/83	December 1984	(1986) 8 E.H.R.R. 262
Germany	App. No. 10565/83	Adm	10565/83	May 1984	(1985) 7 E.H.R.R. 152
Germany	App. No. 10893/84	Adm	10893/84	December 1985	(1987) 9 E.H.R.R. 124
Germany	App. No. 10918/84	Adm	10918/84	May 1985	(1986) 8 E.H.R.R. 79
Germany	App. No. 10942/84	Adm	10942/84	December 1987	(1989) 11 E.H.R.R. 95
Germany	App. No. 10949/84	Adm	10949/84	December 1986	(1988) 10 E.H.R.R. 129
Germany	App. No. 11043/84	Adm	11043/84	March 1985	(1986) 8 E.H.R.R. 303
Germany	App. No. 11118/84	Adm	11118/84	November 1986	(1987) 9 E.H.R.R. 562
Germany	App. No. 11169/84	Adm	11169/84	July 1985	(1986) 8 E.H.R.R. 93
Germany	App. No. 11333/85	Adm	11333/85	March 1985	(1986) 8 E.H.R.R. 323
Germany	App. No. 11564/85	Adm	11564/85	December 1985	(1987) 9 E.H.R.R. 139
Germany	App. No. 11669/85	Adm	11669/85	December 1987	(1989) 11 E.H.R.R. 90
Germany	App. No. 11703/85	Adm	11703/85	December 1987	(1989) 11 E.H.R.R. 93
Germany	App. No. 11853/85	Adm	11853/85	March 1987	(1988) 10 E.H.R.R. 521
Germany	App. No. 12127/86	Adm	12127/86	October 1987	(1989) 11 E.H.R.R. 84
Germany	App. No. 12230/86	Adm	12230/86	December 1987	(1989) 11 E.H.R.R. 101
Germany	Axen	Jmt	8273/78	8 December 1983	(1984) 6 E.H.R.R. 195
Germany	Barthold	Jmt	8734/79	31 January 1986	(1991) 13 E.H.R.R. 431
Germany	Barthold	Jmt	8734/79	25 March 1985	(1985) 7 E.H.R.R. 383
Germany	Barthold	Op	8734/79	October 1983	(1984) 6 E.H.R.R. 82
Germany	Beer and Regan	Adm	28934/95	24 February 1997	(1997) 23 E.H.R.R. CD 143

RESPONDENT STATE	APPLICANT	Adm / Op / Jmt	APPL. No.	DECISION DATE	CITATION	CASE No.
Germany	Bock	Jmt	11118/84	29 March 1989	(1990) 12 E.H.R.R. 247	
Germany	Bruggemann and Scheuten	Op	6959/75	12 July 1977	(1981) 3 E.H.R.R. 244	
Germany	Buchholz	Jmt	7759/77	6 May 1981	(1981) 3 E.H.R.R. 597	
Germany	Colak	Jmt	9999/82	6 December 1988	(1989) 11 E.H.R.R. 513	
Germany	Colak	Adm	9999/82	December 1985	(1987) 9 E.H.R.R. 154	
Germany	Croissant	Jmt	13611/88	25 September 1992	(1993) 16 E.H.R.R. 135	
Germany	Deumeland	Jmt	9384/81	29 May 1986	(1986) 8 E.H.R.R. 448	
Germany	Deumeland	Op	9384/81	9 May 1984	(1985) 7 E.H.R.R. 409	
Germany	Deumeland	Adm	9384/81	December 1983	(1984) 6 E.H.R.R. 565	
Germany	E.B.	Adm	19442/92	June 1994	(1994) 18 E.H.R.R. CD 109	
Germany	Eckle	Jmt	8130/78	15 July 1982	(1983) 5 E.H.R.R. 1	
Germany	Eckle	Jmt	8130/78	21 June 1983	(1991) 13 E.H.R.R. 556	
Germany	Englert	Jmt	10282/83	25 August 1987	(1991) 13 E.H.R.R. 392	
Germany	Englert	Adm	10282/83	December 1984	(1986) 8 E.H.R.R. 45	
Germany	G	Op	9228/80	July 1984	(1984) 6 E.H.R.R. 499	
Germany	Gerlach	Adm	11130/84	March 1985	(1986) 8 E.H.R.R. 311	
Germany	Glasenapp	Jmt	9228/80	28 August 1986	(1987) 9 E.H.R.R. 25	
Germany	Gross	Adm	9251/81	December 1982	(1983) 5 E.H.R.R. 476	
Germany	Handwerker	Op	28610/95	September 1996	(1996) 22 E.H.R.R. CD 125	
Germany	Hennings	Jmt	12129/86	16 December 1992	(1993) 16 E.H.R.R. 83	
Germany	Hogefeld	Adm	35402/97	20 January 2000	(2000) 29 E.H.R.R. CD 173	
Germany	Holdry	Adm	29565/95	12 January 1999	(1999) 28 E.H.R.R. CD 116	
Germany	Jacubowski	Jmt	15088/89	23 June 1994	(1995) 19 E.H.R.R. 64	
Germany	Janssen	Adm	23959/94	9 September 1998	(1999) 27 E.H.R.R. CD 91	
Germany	K	Adm	9704/82	July 1984	(1984) 6 E.H.R.R. 519	
Germany	K	Adm	18825/91	October 1992	(1993) 15 E.H.R.R. CD 48	
Germany	K.F.	Jmt	25629/94	27 November 1997	(1998) 26 E.H.R.R. 390	
Germany	Karakuzey	Adm	26568/95	16 October 1996	(1997) 23 E.H.R.R. CD 92	
Germany	Keller	Adm	36283/97	4 March 1998	(1998) 25 E.H.R.R. CD 187	

Germany	Klaas	Jmt	15473/89	22 September 1993	(1994) 18 E.H.R.R. 305
Germany	Klass	Jmt	5029/71	6 September 1978	(1980) 2 E.H.R.R. 214
Germany	König	Jmt	6232/73	28 June 1978	(1980) 2 E.H.R.R. 170
Germany	Kosiek	Jmt	9404/81	28 August 1986	(1987) 9 E.H.R.R. 328
Germany	Kremer-Viereck and Viereck	Adm	34197/96	21 May 1998	(1998) 26 E.H.R.R. CD 164
Germany	Krug Von Nidda Und Von Falkenstein	Adm	25043/94	24 February 1997	(1997) 23 E.H.R.R. CD 60
Germany	Luedicke, Belkacem and Koç	Jmt	6210/73; 6877/75; 7132/75	28 November 1978	(1980) 2 E.H.R.R. 149
Germany	Lutz	Jmt	9912/82	25 August 1987	(1988) 10 E.H.R.R. 182
Germany	Mann	Op	24077/94	May 1996	(1996) 22 E.H.R.R. CD 157
Germany	Markt Intern and Beermann	Jmt	10572/83	18 December 1987	(1989) 11 E.H.R.R. 212
Germany	Markt Intern and Beermann	Jmt	10572/83	20 November 1987	(1990) 12 E.H.R.R. 161
Germany	Markt Intern and Beermann	Adm	10572/83	January 1986	(1987) 9 E.H.R.R. 274
Germany	Megyeri	Jmt	13770/88	12 May 1992	(1993) 15 E.H.R.R. 584
Germany	Naddaf	Adm	11604/85	November 1986	(1987) 9 E.H.R.R. 561
Germany	Niemietz	Jmt	13710/88	16 December 1992	(1993) 16 E.H.R.R. 97
Germany	Nölkenbockhoff	Jmt	10300/83	25 August 1987	(1988) 10 E.H.R.R. 163
Germany	Nölkenbockhoff	Jmt	10300/83	25 August 1987	(1991) 13 E.H.R.R. 360
Germany	Osteo Deutschland	Op	26988/95	3 November 1999	(1999) 28 E.H.R.R. CD 50
Germany	Özturk	Jmt	8544/79	23 October 1984	(1985) 7 E.H.R.R. 251
Germany	Özturk	Jmt	8544/79	21 February 1984	(1984) 6 E.H.R.R. 409
Germany	Pakelli	Jmt	8398/78	25 April 1983	(1984) 6 E.H.R.R. 1
Germany	Pammel	Jmt	17820/91	1 July 1997	(1998) 26 E.H.R.R. 100
Germany	Paramanathan	Adm	12068/86	December 1986	(1988) 10 E.H.R.R. 157
Germany	Prussner	Adm	10901/84	May 1985	(1986) 8 E.H.R.R. 79
Germany	Reber	Op	27410/95	April 1996	(1996) 22 E.H.R.R. CD 98
Germany	Sargin	Adm	8819/79	19 March 1981	(1982) 4 E.H.R.R. 276

RESPONDENT STATE	APPLICANT	Adm / Op / Jmt	APPL. No.	DECISION DATE	CITATION	CASE No.
Germany	Schmidt	Jmt	13580/88	18 July 1994	(1994) 18 E.H.R.R. 513	
Germany	Stocké	Jmt	11755/85	19 March 1991	(1991) 13 E.H.R.R. 839	
Germany	Stocké	Adm	11755/85	July 1987	(1989) 11 E.H.R.R. 61	
Germany	Süßmann	Jmt	20024/92	16 September 1996	(1998) 25 E.H.R.R. 64	
Germany	Timke	Adm	27311/95	September 1995	(1995) 20 E.H.R.R. CD 133	
Germany	Vogt	Jmt	17851/91	26 September 1995	(1996) 21 E.H.R.R. 205	
Germany	Vogt	Jmt	17851/91	26 September 1995	(1996) 22 E.H.R.R. CD 1	
Germany	Vogt	Adm	17851/91	October 1992	(1993) 15 E.H.R.R. CD 31	
Germany	Vollert	Op	29793/96	June 1996	(1996) 22 E.H.R.R. CD 128	
Germany	WM	Adm	35638/97	2 July 1997	(1997) 24 E.H.R.R. CD 79	
Germany	Waite and Kennedy	Jmt	26083/94	18 February 1999	(2000) 30 E.H.R.R. 261	
Germany	Walter Stocké	Op	11755/85	9 July 1987	(1991) 13 E.H.R.R. 126	
Germany	Weidlich	Op	19048/91; 19049/91; 19342/92; 19549/92; 18890/91	March 1996	(1996) 22 E.H.R.R. CD 55	
Germany	Wemhoff	Jmt	2122/64	27 June 1968	(1979) 1 E.H.R.R. 55	
Germany	Wöckel	Adm	32165/96	16 April 1998	(1998) 25 E.H.R.R. CD 156	
Germany	Wolfgram	Adm	11257/84	October 1986	(1987) 9 E.H.R.R. 548	
Germany	X	Op	8682/79	17 July 1981	(1982) 4 E.H.R.R. 398	
Germany	Zacher	Op	30032/96	September 1996	(1996) 22 E.H.R.R. CD 136	
Germany	Zentralrat Deutscher Sinti and Roma and Rose	Adm	35208/97	27 May 1997	(1997) 23 E.H.R.R. CD 209	
Germany (No. 2)	König	Jmt	6232/73	10 March 1980	(1980) 2 E.H.R.R. 469	

Germany (No. 2)	Luedicke, Belkacem and Koç	Jmt	6210/73; 6877/75; 7132/75	10 March 1980	(1980) 2 E.H.R.R. 433	
Greece	Agrotexim	Jmt	14807/89	24 October 1995	(1996) 21 E.H.R.R. 250	
Greece	Ahmet Sadik	Jmt	18877/91	15 November 1996	(1997) 24 E.H.R.R. 323	
Greece	Avis Enterprises	Op	30175/96	30 July 1998	(1998) 26 E.H.R.R. CD 21	
Greece	Beïs	Jmt	22045/93	20 March 1997	(1998) 25 E.H.R.R. 335	
Greece	Beïs	Adm	22045/93	January 1995	(1995) 19 E.H.R.R. CD 70	
Greece	Canea Catholic Church	Jmt	25528/94	16 September 1997	(1999) 27 E.H.R.R. 521	
Greece	Constantinos of Greece (Former King)	Adm	25701/94	21 April 1998	(1998) 26 E.H.R.R. CD 50	
Greece	D and A.A. H.	Adm	18357/91	August 1994	(1994) 18 E.H.R.R. CD 62	
Greece	Dougoz	Adm	40907/98	8 February 2000	(2000) 29 E.H.R.R. CD 147	
Greece	Garyfallou Aebe	Jmt	18996/91	24 September 1997	(1999) 28 E.H.R.R. 344	
Greece	Georgiadis	Jmt	21522/93	29 May 1997	(1997) 24 E.H.R.R. 606	
Greece	Gitonas	Jmt	18747/91; 19376/92; 19379/92; 28208/95; 27755/95	1 July 1997	(1998) 26 E.H.R.R. 691	
Greece	Grigoriades	Adm	24348/94	September 1995	(1995) 20 E.H.R.R. CD 92	
Greece	Grigoriades	Jmt	24348/94	25 November 1997	(1999) 27 E.H.R.R. 464	
Greece	Hadjianastassiou	Jmt	12945/87	16 December 1992	(1993) 16 E.H.R.R. 219	
Greece	Holy Monasteries	Jmt	13092/87; 13984/88	1 September 1997	(1998) 25 E.H.R.R. 640	
Greece	Holy Monasteries	Jmt	13092/87; 13984/88	9 December 1994	(1995) 20 E.H.R.R. 1	
Greece	Hornsby	Jmt	18357/91	19 March 1997	(1997) 24 E.H.R.R. 250	
Greece	I.Z.	Adm	18997/91	February 1994	(1994) 18 E.H.R.R. CD 101	
Greece	Iatridis	Jmt	31107/96	25 March 1999	(2000) 30 E.H.R.R. 97	
Greece	Kampanis	Jmt	17997/91	13 July 1995	(1996) 21 E.H.R.R. 43	
Greece	Katikaridis	Jmt	19385/92	15 November 1996	(2001) 32 E.H.R.R. 113	(2001) 32 E.H.R.R. 6

RESPONDENT STATE	APPLICANT	Adm / Op / Jmt	APPL. No.	DECISION DATE	CITATION	CASE No.
Greece	Kefalas	Jmt	14726/89	8 June 1995	(1995) 20 E.H.R.R. 484	
Greece	Klavdianos	Adm	38841/97	21 September 1999	(2000) 29 E.H.R.R. CD 199	
Greece	Kokkinakis	Jmt	14307/88	25 May 1993	(1994) 17 E.H.R.R. 397	
Greece	Larrissis	Jmt	23372/94; 26377/95; 26378/95	24 February 1998	(1999) 27 E.H.R.R. 329	
Greece	Mangov	Adm	16595/90	January 1993	(1993) 16 E.H.R.R. CD 36	
Greece	Manoussakis	Jmt	18748/91	26 September 1996	(1997) 23 E.H.R.R. 387	
Greece	Manoussakis	Op	18748/91	25 May 1995	(1996) 21 E.H.R.R. CD 3	
Greece	Pafitis	Jmt	20323/92	28 February 1998	(1999) 27 E.H.R.R. 566	
Greece	Papachelas	Jmt	31423/96	25 March 1999	(2000) 30 E.H.R.R. 923	
Greece	Papamichalopoulos	Jmt	14556/89	31 October 1995	(1996) 21 E.H.R.R. 439	
Greece	Papamichalopoulos	Jmt	14556/89	24 June 1993	(1993) 16 E.H.R.R. 440	
Greece	Peers	Adm	28524/95	21 May 1998	(1999) 27 E.H.R.R. CD 126	
Greece	Pentidis	Op	23238/94	9 June 1997	(1997) 24 E.H.R.R. CD 1	
Greece	Pentidis	Adm	23238/94	9 June 1997	(1997) 23 E.H.R.R. CD 37	
Greece	Philis	Jmt	12750/87; 13780/88; 14003/88	27 August 1991	(1991) 13 E.H.R.R. 741	
Greece	Philis	Adm	18001/91	May 1994	(1994) 18 E.H.R.R. CD 57	
Greece	Philis	Adm	28970/95	17 October 1996	(1997) 23 E.H.R.R. CD 147	
Greece	Serif	Jmt	38178/97	14 December 1999	(2001) 31 E.H.R.R. 561	(2001) 31 E.H.R.R 20
Greece	Serif	Adm	38178/97	26 January 1999	(1999) 28 E.H.R.R. CD 227	
Greece	Sidiropoulos	Jmt	26695/95	10 July 1998	(1999) 27 E.H.R.R. 633	
Greece	Stamoulakatos	Jmt	12806/87	26 October 1993	(1994) 17 E.H.R.R. 479	
Greece	Stran Greek Refineries and Stratis Andreadis	Jmt	13427/87	9 December 1994	(1995) 19 E.H.R.R. 293	
Greece	Thlimmenos	Jmt	34369/97	6 April 2000	(2001) 31 E.H.R.R. 411	(2001) 31 E.H.R.R 15
Greece	Tsavachidis	Op	28802/95	21 January 1999	(1999) 27 E.H.R.R. CD 27	

Greece	Tsavachidis	Adm	28802/95	4 March 1997	(1997) 23 E.H.R.R. CD 135
Greece	Tsirlis	Adm	19233/91	September 1995	(1995) 20 E.H.R.R. CD 52
Greece	Tsirlis and Kouloumpas	Jmt	19233/91; 19234/91	29 May 1997	(1998) 25 E.H.R.R. 198
Greece	Tsirlis and Kouloumpas	Op	19233/91; 19234/91	7 March 1996	(1996) 21 E.H.R.R. CD 30
Greece	Valsamis	Jmt	21787/93	18 December 1996	(1997) 24 E.H.R.R. 294
Greece (No. 2)	Philis	Jmt	19773/92	27 June 1997	(1998) 25 E.H.R.R. 417
Greece and United Kingdom	Stamoulakatos	Adm	27567/95	29 November 1995	(1996) 21 E.H.R.R. CD 77
Hungary	Apeh, Iványi, Róth and Szerdahelyi	Adm	32367/96	31 August 1999	(1999) 28 E.H.R.R. CD 140
Hungary	Kokavecz	Adm	27312/95	20 April 1999	(1999) 28 E.H.R.R. CD 86
Hungary	Nemeth	Adm	29096/95	2 July 1998	(1998) 26 E.H.R.R. CD 101
Hungary	Rekvényi	Jmt	25390/94	20 May 1999	(2000) 30 E.H.R.R. 519
Hungary	Rekvényi	Adm	25390/94	11 April 1997	(1997) 23 E.H.R.R. CD 63
Iceland	App. No. 11620/85	Adm	11620/85	December 1985	(1987) 9 E.H.R.R. 151
Iceland	B	Adm	16534/90	October 1992	(1993) 15 E.H.R.R. CD 20
Iceland	Gudmundssson	Adm	23285/94	17 January 1996	(1996) 21 E.H.R.R. CD 89
Iceland	Jonsson	Adm	41242/98	21 October 1998	(1999) 27 E.H.R.R. CD 347
Iceland	Kristinsson	Jmt	12170/86	1 March 1990	(1991) 13 E.H.R.R. 238
Iceland	Kristinsson	Adm	12170/86	October 1987	(1989) 11 E.H.R.R. 70
Iceland	Sigurdarddottir	Adm	32451/96	24 August 1999	(1999) 28 E.H.R.R. CD 148
Iceland	Sigurdarddottir	Adm	32451/96	9 September 1998	(1999) 28 E.H.R.R. CD 146
Iceland	Sigurdur A Sigurjónsson	Jmt	16130/90	30 June 1993	(1993) 16 E.H.R.R. 462
Iceland	Thorbergsson	Adm	22597/93	January 1994	(1994) 18 E.H.R.R. CD 205
Iceland	Thorgeir Thorgeirson	Jmt	13778/88	25 June 1992	(1992) 14 E.H.R.R. 843
Iceland	Thorgeir Thorgeirson	Cm	13778/88	11 December 1990	(1992) 14 E.H.R.R. 115
Ireland	Airey	Jmt	6289/73	6 February 1981	(1981) 3 E.H.R.R. 592
Ireland	Airey	Jmt	6289/73	9 October 1979	(1980) 2 E.H.R.R. 305

RESPONDENT STATE	APPLICANT	Adm / Op / Jmt	APPL. No.	DECISION DATE	CITATION	CASE No.
Ireland	App. No. 9360/81	Adm	9360/81	March 1983	(1983) 5 E.H.R.R. 506	
Ireland	App. No. 9373/81	Adm	9373/81	December 1987	(1989) 11 E.H.R.R. 103	
Ireland	App. No. 9429/81	Adm	9429/81	March 1983	(1983) 5 E.H.R.R. 507	
Ireland	App. No. 9554/81	Op	9554/81	July 1983	(1984) 6 E.H.R.R. 336	
Ireland	App. No. 9596/81	Adm	9596/81	December 1983	(1984) 6 E.H.R.R. 570	
Ireland	App. No. 9697/82	Adm	9697/82	October 1983	(1984) 6 E.H.R.R. 546	
Ireland	App. No. 9742/82	Adm	9742/82	March 1983	(1983) 5 E.H.R.R. 594	
Ireland	App. No. 9806/82	Adm	9806/82	October 1982	(1983) 5 E.H.R.R. 488	
Ireland	App. No. 11489/85	Adm	11489/85	December 1986	(1988) 10 E.H.R.R. 147	
Ireland	Dublin Well Woman Centre Ltd	Adm	28177/95	9 April 1997	(1997) 23 E.H.R.R. CD 125	
Ireland	Goodman International and Goodman	Adm	19538/92	January 1993	(1993) 16 E.H.R.R. CD 26	
Ireland	Heaney and McGuinness	Adm	34720/97	21 September 1999	(2000) 29 E.H.R.R. CD 166	
Ireland	Holland	Adm	24827/94	14 April 1998	(1998) 25 E.H.R.R. CD 20	
Ireland	Johnston	Jmt	9697/82	18 December 1986	(1987) 9 E.H.R.R. 203	
Ireland	Johnston	Op	9697/82	18 December 1986	(1986) 8 E.H.R.R. 214	
Ireland	Keegan	Jmt	16969/90	26 May 1994	(1994) 18 E.H.R.R. 342	
Ireland	Martin	Adm	8569/79	March 1985	(1986) 8 E.H.R.R. 316	
Ireland	Norris	Jmt	10581/83	26 October 1988	(1991) 13 E.H.R.R. 186	
Ireland	Norris and National Gay Federation	Adm	10581/83	May 1985	(1986) 8 E.H.R.R. 75	
Ireland	O'Hara	Adm	26667/95	14 April 1998	(1998) 25 E.H.R.R. CD 57	
Ireland	Open Door Councelling and Dublin Well Woman	Jmt	14234/88; 14235/88	29 October 1992	(1993) 15 E.H.R.R. 244	

Ireland	Open Door Counselling Ltd and Dublin Well Woman	Cm	14234/88; 14235/88	7 March 1991	(1992) 14 E.H.R.R. 131
Ireland	Pine Valley Developments Ltd	Jmt	12742/87	9 February 1993	(1993) 16 E.H.R.R. 379
Ireland	Pine Valley Developments Limited	Jmt	12742/87	29 November 1991	(1992) 14 E.H.R.R. 319
Ireland	Quinn	Adm	36887/97	21 September 1999	(2000) 29 E.H.R.R. CD 234
Ireland	Stoutt	Adm	10978/84	October 1986	(1987) 9 E.H.R.R.541
Ireland	Young	Adm	25646/94	17 January 1996	(1996) 21 E.H.R.R. CD 91
Ireland (No. 1)	Lawless	Jmt	332/57	14 November 1960	(1979) 1 E.H.R.R. 1
Ireland (No. 2)	Lawless	Jmt	332/57	7 April 1961	(1979) 1 E.H.R.R. 13
Ireland (No. 3)	Lawless	Jmt	332/57	1 July 1961	(1979) 1 E.H.R.R. 15
Ireland (Re Affiliation Proceedings)	X	Adm	8315/78	15 July 1981	(1982) 4 E.H.R.R. 359
Ireland and United Kingdom	McElhinney	Adm	31253/96	9 February 2000	(2000) 29 E.H.R.R. CD 214
Italy	A	Adm	14146/88	January 1993	(1993) 16 E.H.R.R. CD 3
Italy	A	Adm	14339/88	January 1993	(1993) 16 E.H.R.R. CD 31
Italy	AO	Jmt	22534/93	30 May 2000	(2000) 29 E.H.R.R. CD 92
Italy	Adiletta	Jmt	13978/88; 14236/88; 14237/88	19 February 1991	(1992) 14 E.H.R.R. 586
Italy	App. No. 9192/80	Op	9192/80	July 1983	(1984) 6 E.H.R.R. 120
Italy	App. No. 9347/81	Adm	9347/81	October 1982	(1983) 5 E.H.R.R. 287
Italy	App. No. 9420/81	Adm	9420/81	October 1982	(1983) 5 E.H.R.R. 289
Italy	App. No. 10138/82	Adm	10138/82	July 1984	(1986) 8 E.H.R.R. 252
Italy	App. No. 10527/83	Adm	10527/83	March 1985	(1986) 8 E.H.R.R. 297
Italy	App. No. 11152/84	Adm	11152/84	December 1985	(1987) 9 E.H.R.R. 150

RESPONDENT STATE	APPLICANT	Adm / Op / Jmt	APPL. No.	DECISION DATE	CITATION	CASE No.
Italy	App. No. 11362/85	Adm	11362/85	December 1986	(1988) 10 E.H.R.R. 145	
Italy	Argento	Jmt	25842/94	2 September 1997	(1999) 28 E.H.R.R. 719	
Italy	Artico	Jmt	6694/74	13 May 1980	(1981) 3 E.H.R.R. 1	
Italy	Ausiello	Adm	14580/89	January 1993	(1993) 16 E.H.R.R. CD 31	
Italy	Ausiello	Jmt	20331/92	21 May 1996	(1997) 24 E.H.R.R. 568	
Italy	Azzi	Adm	11250/84	December 1987	(1989) 11 E.H.R.R. 105	
Italy	B	Adm	14579/89	January 1993	(1993) 16 E.H.R.R. CD 31	
Italy	Baggetta	Jmt	10256/83	25 June 1987	(1988) 10 E.H.R.R. 325	
Italy	Baggetta	Adm	10256/83	July 1984	(1986) 8 E.H.R.R. 234	
Italy	Bezicheri	Jmt	11400/85	25 October 1989	(1990) 12 E.H.R.R. 210	
Italy	Biondi	Op	8821/79	May 1983	(1984) 6 E.H.R.R. 113	
Italy	Botta	Jmt	21439/93	24 February 1998	(1998) 26 E.H.R.R. 241	
Italy	Brincat	Jmt	13867/88	26 November 1992	(1993) 16 E.H.R.R. 591	
Italy	Brozicek	Adm	10964/84	March 1987	(1988) 10 E.H.R.R. 524	
Italy	Brozicek	Jmt	10964/84	19 December 1989	(1990) 12 E.H.R.R. 371	
Italy	C	Adm	14584/89	January 1993	(1993) 16 E.H.R.R. CD 32	
Italy	Cantafio	Adm	14667/89	October 1992	(1993) 15 E.H.R.R. CD 11	
Italy	Caporaso	Adm	13805/88	January 1993	(1993) 16 E.H.R.R. CD 1	
Italy	Capuano	Jmt	9381/81	25 June 1987	(1991) 13 E.H.R.R. 271	
Italy	Car Srl	Op	23924/94	June 1996	(1996) 22 E.H.R.R. CD 153	
Italy	Chartier	Cm	9044/80	23 September 1983	(1984) 6 E.H.R.R. 387	
Italy	Ciulla	Jmt	11152/84	22 February 1989	(1991) 13 E.H.R.R. 346	
Italy	Colozza	Jmt	9024/80	12 February 1985	(1985) 7 E.H.R.R. 516	
Italy	Colozza and Rubinat	Adm	9024/80; 9317/81	July 1982	(1983) 5 E.H.R.R. 274	
Italy	Corigliano	Jmt	8304/78	10 December 1982	(1983) 5 E.H.R.R. 334	
Italy	Curatella	Adm	15806/89	January 1993	(1993) 16 E.H.R.R. CD 10	
Italy	D	Adm	13779/88	October 1992	(1993) 15 E.H.R.R. CD 61	
Italy	Day	Adm	34573/97	21 May 1998	(1998) 26 E.H.R.R. CD 174	
Italy	Domenichini	Jmt	15943/90	15 November 1996	(2001) 32 E.H.R.R. 68	(2001) 32 E.H.R.R. 4

Italy	EP	Jmt	31127/96	16 November 1999	(2001) 31 E.H.R.R. 463	(2001) 31 E.H.R.R 17
Italy	Erikson	Adm	37900/97	26 October 1999	(2000) 29 E.H.R.R. CD 152	
Italy	FCB	Jmt	12151/86	28 August 1991	(1992) 14 E.H.R.R. 909	
Italy	FM	Jmt	12784/87	23 September 1992	(1994) 18 E.H.R.R. 570	
Italy	Ferrantelli and Santangelo	Jmt	19874/92	7 August 1996	(1997) 23 E.H.R.R. 288	
Italy	Flori	Adm	13932/88	October 1992	(1993) 15 E.H.R.R. CD 4	
Italy	Foti	Jmt	7604/76; 7719/76; 7781/77; 7913/77	21 November 1983	(1991) 13 E.H.R.R. 568	
Italy	Foti	Jmt	7604/76; 7719/76; 7781/77; 7913/77	10 December 1982	(1983) 5 E.H.R.R. 313	
Italy	Gagliano Vasta	Adm	15056/89	October 1992	(1993) 15 E.H.R.R. CD 13	
Italy	Giunta	Adm	13953/88	January 1993	(1993) 16 E.H.R.R. CD 30	
Italy	Goddi	Jmt	8966/80	9 April 1984	(1984) 6 E.H.R.R. 457	
Italy	Guerra	Jmt	14967/89	19 February 1998	(1998) 26 E.H.R.R. 357	
Italy	Guzzardi	Jmt	7367/76	6 November 1980	(1981) 3 E.H.R.R. 333	
Italy	H.N.	Adm	18902/91	27 October 1998	(1999) 27 E.H.R.R. CD 75	
Italy	Iacovelli	Adm	13954/88	January 1993	(1993) 16 E.H.R.R. CD 30	
Italy	Imobiliare Saffi	Jmt	22774/93	28 July 1999	(2000) 30 E.H.R.R. 756	
Italy	Instituto di Vigilanza	Jmt	13567/88	22 September 1993	(1994) 18 E.H.R.R. 367	
Italy	Karus	Adm	29043/95	20 May 1998	(1998) 26 E.H.R.R. CD 98	
Italy	Katte Klitsche de la Grange	Jmt	12539/86	27 October 1994	(1995) 19 E.H.R.R. 368	
Italy	Katte Klitsche de la Grange	Adm	12539/86	October 1992	(1993) 15 E.H.R.R. CD 1	
Italy	Kofler	Op	8261/78	October 1982	(1983) 5 E.H.R.R. 303	
Italy	La Rosa	Adm	13895/88	October 1992	(1993) 15 E.H.R.R. CD 4	
Italy	Lo Faro	Adm	15208/89	October 1992	(1993) 15 E.H.R.R. CD 14	
Italy	Lombardo	Jmt	11519/85	26 November 1992	(1996) 21 E.H.R.R. 188	

RESPONDENT STATE	APPLICANT	Adm / Op / Jmt	APPL. No.	DECISION DATE	CITATION	CASE No.
Italy	Lori	Adm	13936/88	January 1993	(1993) 16 E.H.R.R. CD 1	
Italy	Luberti	Jmt	9019/80	23 February 1984	(1984) 6 E.H.R.R. 440	
Italy	Maj	Jmt	13087/87	19 February 1991	(1992) 14 E.H.R.R. 405	
Italy	Mariotti	Adm	14337/88	January 1993	(1993) 16 E.H.R.R. CD 4	
Italy	Marzari	Adm	36448/97	4 May 1999	(1999) 28 E.H.R.R. CD 175	
Italy	Massa	Jmt	14399/88	24 August 1993	(1994) 18 E.H.R.R. 266	
Italy	Milasi	Jmt	10527/83	25 June 1987	(1988) 10 E.H.R.R. 333	
Italy	Motta	Jmt	11557/85	19 February 1991	(1992) 14 E.H.R.R. 432	
Italy	Motta	Adm	16805/90	January 1993	(1993) 16 E.H.R.R. CD 12	
Italy	N.C.	Adm	24952/94	15 December 1998	(1999) 28 E.H.R.R. CD 82	
Italy	Olivero Meanotto	Adm	13940/88	January 1993	(1993) 16 E.H.R.R. CD 2	
Italy	Ortombina	Adm	15489/89	January 1993	(1993) 16 E.H.R.R. CD 8	
Italy	P	Adm	13694/88	October 1992	(1993) 15 E.H.R.R. CD 3	
Italy	Paccione	Jmt	16753/90	27 April 1995	(1995) 20 E.H.R.R. 396	
Italy	Pantano	Adm	20251/92	5 March 1996	(1996) 21 E.H.R.R. CD 117	
Italy	Passannante	Adm	32647/96	1 July 1998	(1998) 26 E.H.R.R. CD 153	
Italy	Pretto	Jmt	7984/77	8 December 1983	(1984) 6 E.H.R.R. 182	
Italy	Priorello	Adm	11068/84	March 1985	(1986) 8 E.H.R.R. 306	
Italy	Province of Bari, Sprrento and Messini Nemaga	Adm	41877/98	15 September 1998	(1999) 27 E.H.R.R. CD 352	
Italy	Pugliese	Jmt	11840/85	19 February 1991	(1992) 14 E.H.R.R. 413	
Italy	Q	Adm	13939/88	October 1992	(1993) 15 E.H.R.R. CD 5	
Italy	R	Adm	14022/88	October 1992	(1993) 15 E.H.R.R. CD 5	
Italy	Radino	Adm	9683/82	July 1984	(1986) 8 E.H.R.R. 233	
Italy	Raimondo	Jmt	12954/87	22 February 1994	(1994) 18 E.H.R.R. 237	
Italy	Rapotez	Adm	19222/91	January 1993	(1993) 16 E.H.R.R. CD 46	
Italy	Rizzo	Adm	13937/88	October 1992	(1993) 15 E.H.R.R. CD 4	
Italy	Rocchini	Adm	14583/89	January 1993	(1993) 16 E.H.R.R. CD 32	
Italy	Rubinat	Jmt	9317/81	12 February 1985	(1985) 7 E.H.R.R. 512	

Italy	Ruga	Adm	10990/84	March 1987	(1988) 10 E.H.R.R. 532	
Italy	S	Adm	15130/89	October 1992	(1993) 15 E.H.R.R. CD 13	
Italy	Salesi	Jmt	13023/87	26 February 1993	(1998) 26 E.H.R.R. 187	
Italy	Santilli	Jmt	11634/85	19 February 1991	(1992) 14 E.H.R.R. 421	
Italy	Scialacqua	Adm	34151/96	1 July 1998	(1998) 26 E.H.R.R. CD 164	
Italy	Scollo	Jmt	19133/91	28 September 1995	(1996) 22 E.H.R.R. 514	
Italy	Scopelliti	Jmt	15511/89	23 November 1993	(1994) 17 E.H.R.R. 493	
Italy	Scuderi	Jmt	12986/87	24 August 1993	(1995) 19 E.H.R.R. 187	
Italy	Spadea and Scalabrino	Jmt	12868/87	28 September 1995	(1996) 21 E.H.R.R. 482	
Italy	Spinelli	Adm	13961/88	October 1992	(1993) 15 E.H.R.R. CD 5	
Italy	Stromillo	Adm	15831/89	January 1993	(1993) 16 E.H.R.R. CD 10	
Italy	Tekie	Adm	13684/88	January 1993	(1993) 16 E.H.R.R. CD 1	
Italy	Tenchio	Adm	14181/88	January 1993	(1993) 16 E.H.R.R. CD 4	
Italy	Tripodi	Jmt	13743/88	22 February 1994	(1994) 18 E.H.R.R. 295	
Italy	Vallon	Jmt	9621/81	3 June 1985	(1991) 13 E.H.R.R. 433	
Italy	Vallon	Op	9621/81	8 May 1984	(1985) 7 E.H.R.R. 436	
Italy	Vallon	Adm	9621/81	October 1983	(1984) 6 E.H.R.R. 546	
Italy	Van Eesbeck	Adm	11541/85	November 1987	(1989) 11 E.H.R.R. 86	
Italy	Vendittelli	Jmt	14804/89	18 July 1994	(1995) 19 E.H.R.R. 464	
Italy	Vendittelli	Adm	14804/89	October 1992	(1993) 15 E.H.R.R. CD 12	
Italy	Zubani	Jmt	14025/88	16 June 1999	(1999) 28 E.H.R.R. CD 62	
Italy	Zubani	Jmt	14025/88	7 August 1996	(2001) 32 E.H.R.R. 297	(2001) 32 E.H.R.R. 14
Latvia	Pancenko	Adm	40772/98	28 October 1999	(2000) 29 E.H.R.R. CD 227	
Liechtenstein	Wille	Jmt	28396/95	28 October 1999	(2000) 30 E.H.R.R. 558	
Liechtenstein	Wille	Adm	28396/95	27 May 1997	(1997) 24 E.H.R.R. CD 45	
Lithuania	Baskauskaite	Adm	41090/98	21 October 1998	(1999) 27 E.H.R.R. CD 341	
Lithuania	Daktaras	Adm	42095/98	11 January 2000	(2000) 29 E.H.R.R. CD 135	
Lithuania	Grauzinis	Adm	37975/97	2 March 1999	(1999) 28 E.H.R.R. CD 189	
Lithuania	Raiselis	Adm	37195/97	2 March 1999	(1999) 28 E.H.R.R. CD 186	
Luxembourg	Procola	Jmt	14570/89	28 September 1995	(1996) 22 E.H.R.R. 193	
Luxembourg	T	Adm	19715/92	October 1992	(1993) 15 E.H.R.R. CD 107	
Malta	Aslan	Adm	29493/95	3 February 2000	(2000) 29 E.H.R.R. CD 106	
Malta	DeBono	Adm	20608/92	October 1992	(1993) 15 E.H.R.R. CD 112	

RESPONDENT STATE	APPLICANT	Adm / Op / Jmt	APPL. No.	DECISION DATE	CITATION	CASE No.
Malta	Demicoli	Jmt	13057/87	27 August 1991	(1992) 14 E.H.R.R. 47	
Malta	Grech	Adm	24492/94	June 1995	(1995) 20 E.H.R.R. CD 95	
Malta	Grech and Montanaro	Adm	29473/95	21 January 1997	(1997) 23 E.H.R.R. CD 176	
Malta	TW	Jmt	25644/94; 25642/94	29 April 1999	(2000) 29 E.H.R.R. 185	
Netherlands	Aannemersbedrijf Gebroedes Van Leeuwen BV	Adm	32602/96	25 January 2000	(2000) 29 E.H.R.R. CD 96	
Netherlands	Abdoella	Jmt	12728/87	25 November 1992	(1995) 20 E.H.R.R. 585	
Netherlands	Ahmut	Jmt	21702/93	28 November 1996	(1997) 24 E.H.R.R. 62	
Netherlands	App. No. 8562/79	Op	8562/79	November 1983	(1984) 6 E.H.R.R. 369	
Netherlands	App. No. 9018/80	Adm	9018/80	July 1983	(1984) 6 E.H.R.R. 134	
Netherlands	App. No. 9103/80	Adm	9103/80	March 1983	(1983) 5 E.H.R.R. 503	
Netherlands	App. No. 9193/80	Adm	9193/80	July 1983	(1984) 6 E.H.R.R. 134	
Netherlands	App. No. 9290/81	Adm	9290/81	May 1983	(1983) 5 E.H.R.R. 597	
Netherlands	App. No. 9322/81	Adm	9322/81	May 1983	(1983) 5 E.H.R.R. 598	
Netherlands	App. No. 9327/81	Adm	9327/81	May 1983	(1983) 5 E.H.R.R. 600	
Netherlands	App. No. 9626/81; 9736/82	Adm	9626/81; 9736/82	December 1982	(1983) 5 E.H.R.R. 486	
Netherlands	App. No. 9628/81	Adm	9628/81	July 1983	(1984) 6 E.H.R.R. 139	
Netherlands	App. No. 9684/82	Adm	9684/82	December 1983	(1984) 6 E.H.R.R. 575	
Netherlands	App. No. 9769/82	Adm	9769/82	March 1985	(1986) 8 E.H.R.R. 288	
Netherlands	App. No. 9807/82	Adm	9807/82	March 1983	(1983) 5 E.H.R.R. 513	
Netherlands	App. No. 9914/82	Adm	9914/82	July 1983	(1984) 6 E.H.R.R. 139	
Netherlands	App. No. 9926/82	Adm	9926/82	March 1983	(1983) 5 E.H.R.R. 515	
Netherlands	App. No. 10097/82	Adm	10097/82	March 1983	(1983) 5 E.H.R.R. 516	
Netherlands	App. No. 10172/82	Adm	10172/82	July 1983	(1984) 6 E.H.R.R. 145	
Netherlands	App. No. 10518/83	Adm	10518/83	May 1984	(1985) 7 E.H.R.R. 150	
Netherlands	App. No. 10914/84	Adm	10914/84	March 1985	(1986) 8 E.H.R.R. 308	

Netherlands	App. No. 11013/84	Adm	11013/84	March 1985	(1986) 8 E.H.R.R. 267
Netherlands	App. No. 11098/84	Adm	11098/84	July 1985	(1986) 8 E.H.R.R. 92
Netherlands	App. No. 11155/84	Adm	11155/84	December 1985	(1987) 9 E.H.R.R. 267
Netherlands	App. No. 11156/84	Adm	11156/84	December 1985	(1987) 9 E.H.R.R. 267
Netherlands	App. No. 11245/84	Adm	11245/84	December 1985	(1987) 9 E.H.R.R. 263
Netherlands	App. No. 11278/84	Adm	11278/84	July 1985	(1986) 8 E.H.R.R. 95
Netherlands	App. No. 11454/85	Adm	11454/85	December 1986	(1988) 10 E.H.R.R. 145
Netherlands	App. No. 12139/86	Adm	12139/86	October 1987	(1989) 11 E.H.R.R. 78
Netherlands	App. No. 12535/86	Adm	12535/86	December 1987	(1989) 11 E.H.R.R. 102
Netherlands	App. No. 12543/86	Adm	12543/86	December 1986	(1988) 10 E.H.R.R. 161
Netherlands	Aspichi Dehwari	Adm	37014/97	12 March 1998	(1998) 25 E.H.R.R. CD 191
Netherlands	Aspichi Dehwari	Op	37014/97	27 April 2000	(2000) 29 E.H.R.R. CD 74
Netherlands	B and C	Adm	15346/89; 15379/89	January 1993	(1993) 16 E.H.R.R. CD 8
Netherlands	Bahaddar	Jmt	25894/94	19 February 1998	(1998) 26 E.H.R.R. 278
Netherlands	Benthem	Jmt	8848/80	23 October 1985	(1986) 8 E.H.R.R. 1
Netherlands	Benthem	Op	8848/80	8 October 1983	(1984) 6 E.H.R.R. 283
Netherlands	Berrehab	Jmt	10730/84	21 June 1988	(1989) 11 E.H.R.R. 322
Netherlands	Berrehab and Koster	Adm	10730/84	March 1985	(1986) 8 E.H.R.R. 280
Netherlands	British American Tobacco Company Ltd	Jmt	19589/92	20 November 1995	(1996) 21 E.H.R.R. 409
Netherlands	Bunkate	Jmt	13645/88	26 May 1993	(1995) 19 E.H.R.R. 477
Netherlands	C	Adm	17175/90	October 1992	(1993) 15 E.H.R.R. CD 26
Netherlands	Cavlun	Adm	38061/97	21 October 1998	(1999) 27 E.H.R.R. CD 310
Netherlands	Control Beheer-maatschappij BV and Onroerend Goed Houdster-maatschappij	Adm	11452/85	October 1986	(1987) 9 E.H.R.R. 547
Netherlands	D and E	Adm	15416/89	January 1993	(1993) 16 E.H.R.R. CD 34
Netherlands	De Geillustreerde Pers	Adm	12229/86	November 1987	(1989) 11 E.H.R.R. 85

RESPONDENT STATE	APPLICANT	Adm / Op / Jmt	APPL. No.	DECISION DATE	CITATION	CASE No.
Netherlands	De Haan	Jmt	22839/93	26 August 1997	(1998) 26 E.H.R.R. 417	
Netherlands	De Jong, Baljet and Van Den Brink	Jmt	8805/79; 8806/79; 9242/81	22 May 1984	(1986) 8 E.H.R.R. 20	
Netherlands	De Vries	Adm	16690/90	October 1992	(1993) 15 E.H.R.R. CD 87	
Netherlands	Dilek	Adm	35137/97	1 July 1998	(1999) 27 E.H.R.R. CD 244	
Netherlands	Dombo Beheer BV	Jmt	14448/88	27 October 1993	(1994) 18 E.H.R.R. 213	
Netherlands	Doorson	Jmt	20524/92	26 March 1996	(1996) 22 E.H.R.R. 330	
Netherlands	Doran	Adm	15268/89	October 1992	(1993) 15 E.H.R.R. CD 72	
Netherlands	Douiyeb	Jmt	31464/96	4 August 1999	(2000) 30 E.H.R.R. 790	
Netherlands	Driemond Bouw BV	Adm	31908/96	2 February 1999	(1999) 28 E.H.R.R. CD 135	
Netherlands	Duinhof and Duijf	Jmt	9626/81; 9736/82	22 May 1984	(1991) 13 E.H.R.R. 478	
Netherlands	Duinhof and Duijf	Op	9626/81	October 1983	(1984) 6 E.H.R.R. 105	
Netherlands	Erkalo	Jmt	23807/94	23 September 1998	(1999) 28 E.H.R.R. 509	
Netherlands	Esen	Adm	37132/97	21 October 1998	(1999) 27 E.H.R.R. CD 290	
Netherlands	F	Adm	16737/90	January 1993	(1993) 16 E.H.R.R. CD 12	
Netherlands	Feldbrugge	Jmt	8562/79	29 May 1986	(1986) 8 E.H.R.R. 425	
Netherlands	Feldbrugge	Jmt	8562/79	27 July 1987	(1991) 13 E.H.R.R. 571	
Netherlands	Feldbrugge	Op	8562/79	27 July 1987	(1985) 7 E.H.R.R. 279	
Netherlands	Fryske Nasjonale Partij	Adm	11100/84	December 1985	(1987) 9 E.H.R.R. 261	
Netherlands	G	Adm	16944/90	January 1993	(1993) 16 E.H.R.R. CD 38	
Netherlands	Gasus Dosier-Und Fordertechnik GmbH	Adm	15375/89	October 1992	(1993) 15 E.H.R.R. CD 14	

Netherlands	Gasus Dosier-Und Fördertechnik GmbH	Jmt	15375/89	23 February 1995	(1995) 20 E.H.R.R. 403
Netherlands	Glimmerveen and Hagenbeek	Adm	8348/78; 8406/78	11 October 1979	(1982) 4 E.H.R.R. 260
Netherlands	Hendriks	Cm	8427/78	10 December 1982	(1983) 5 E.H.R.R. 223
Netherlands	Hendriks	Jmt	8427/78	8 March 1982	(1983) 5 E.H.R.R. 223
Netherlands	Hibbert	Adm	38087/97	26 January 1999	(1999) 28 E.H.R.R. CD 194
Netherlands	Hins and Hugenholtz	Adm	25987/94	7 March 1996	(1996) 21 E.H.R.R. CD 124
Netherlands	Incedursun	Op	33124/96	22 June 1999	(1999) 28 E.H.R.R. CD 54
Netherlands	J.D.	Adm	19508/92	July 1994	(1994) 18 E.H.R.R. CD 110
Netherlands	JJ	Jmt	21351/93	27 March 1998	(1999) 28 E.H.R.R. 168
Netherlands	J.S.	Adm	14561/89	September 1995	(1995) 20 E.H.R.R. CD 41
Netherlands	J.W.V.	Adm	37340/97	21 October 1998	(1999) 27 E.H.R.R. CD 296
Netherlands	Jocabus Keus	Jmt	12228/86	25 October 1990	(1991) 13 E.H.R.R. 109
Netherlands	Jonas Mohamed Rafiek Koendjbiharie	Op	11487/85	9 December 1988	(1991) 13 E.H.R.R. 118
Netherlands	Keus	Jmt	12228/86	25 October 1990	(1991) 13 E.H.R.R. 700
Netherlands	Koendjbiharie	Jmt	11487/85	28 September 1990	(1991) 13 E.H.R.R. 820
Netherlands	Kortmann	Adm	11759/85	March 1987	(1988) 10 E.H.R.R. 510
Netherlands	Koster	Jmt	12843/87	28 November 1991	(1992) 14 E.H.R.R. 396
Netherlands	Kostovski	Jmt	11454/85	20 November 1989	(1990) 12 E.H.R.R. 434
Netherlands	Kroon	Jmt	18535/91	27 October 1994	(1995) 19 E.H.R.R. 263
Netherlands	Lala	Adm	14861/89	October 1992	(1993) 15 E.H.R.R. CD 13
Netherlands	Lala	Jmt	14861/89	22 September 1994	(1994) 18 E.H.R.R. 587
Netherlands	Leutscher	Jmt	17314/90	26 March 1996	(1997) 24 E.H.R.R. 181
Netherlands	Liefveld	Adm	19331/92	January 1994	(1994) 18 E.H.R.R. CD 103
Netherlands	M	Adm	17112/90	October 1992	(1993) 15 E.H.R.R. CD 89
Netherlands	Mantel	Op	22531/93	May 1996	(1996) 22 E.H.R.R. CD 86
Netherlands	Masson and Van Zon	Jmt	30/1994	28 September 1995	(1996) 22 E.H.R.R. 491
Netherlands	Meeder	Adm	10996/84	October 1986	(1987) 9 E.H.R.R. 546

RESPONDENT STATE	APPLICANT	Adm / Op / Jmt	APPL. No.	DECISION DATE	CITATION	CASE No.
Netherlands	Meldrum	Adm	19006/91	October 1992	(1993) 15 E.H.R.R. CD 106	
Netherlands	Mens and Mens-Hoek	Adm	34325/96	20 May 1997	(1998) 26 E.H.R.R. CD 170	
Netherlands	Middelburg, Van Der Zee and Het Parool B.V.	Adm	28202/95	21 October 1998	(1999) 27 E.H.R.R. CD 111	
Netherlands	Nocol	Adm	15553/89	May 1994	(1994) 18 E.H.R.R. CD 38	
Netherlands	Nortier	Jmt	13924/88	24 August 1993	(1994) 17 E.H.R.R. 273	
Netherlands	Nsona	Jmt	23366/94	28 November 1996	(2001) 32 E.H.R.R. 170	(2001) 32 E.H.R.R. 9
Netherlands	Oerlemans	Jmt	12565/86	27 November 1991	(1993) 15 E.H.R.R. 561	
Netherlands	Özdemir	Adm	35758/97	7 September 1998	(1999) 27 E.H.R.R. CD 257	
Netherlands	Pelladoah	Jmt	16737/90	22 September 1994	(1995) 19 E.H.R.R. 81	
Netherlands	Peree	Adm	34328/96	17 November 1998	(1999) 28 E.H.R.R. CD 158	
Netherlands	Q	Adm	18395/91	October 1992	(1993) 15 E.H.R.R. CD 96	
Netherlands	Remmers and Hamer	Adm	29839/96	18 May 1998	(1999) 27 E.H.R.R. CD 168	
Netherlands	Rozendale	Adm	15595/89	October 1992	(1993) 15 E.H.R.R. CD 75	
Netherlands	Schouten	Adm	19005/91	October 1992	(1993) 15 E.H.R.R. CD 105	
Netherlands	Schouten and Meldrum	Jmt	19005/91; 19006/91	9 December 1994	(1995) 19 E.H.R.R. 432	
Netherlands	Sharara and Rinia	Adm	10915/84	March 1985	(1986) 8 E.H.R.R. 307	
Netherlands	Staarman	Adm	10503/83	May 1985	(1986) 8 E.H.R.R. 73	
Netherlands	TY	Adm	26669/95	21 October 1996	(1997) 23 E.H.R.R. CD 95	
Netherlands	Taspinar	Adm	11026/84	December 1984	(1986) 8 E.H.R.R. 47	
Netherlands	Terra Woningen	Jmt	20641/92	17 December 1996	(1997) 24 E.H.R.R. 456	
Netherlands	Terra Woningen	Op	20641/92	5 July 1994	(1995) 20 E.H.R.R. CD 1	
Netherlands	Van de Hurk	Jmt	16034/90	19 April 1994	(1994) 18 E.H.R.R. 481	
Netherlands	Van der Heijden	Adm	11002/84	March 1985	(1986) 8 E.H.R.R. 279	
Netherlands	Van der Leer	Jmt	11509/85	21 February 1990	(1990) 12 E.H.R.R. 567	
Netherlands	Van der Leer	Op	11509/85	14 July 1988	(1989) 11 E.H.R.R. 413	

Netherlands	Van der Leer	Adm	11509/85	July 1985	(1987) 9 E.H.R.R. 537
Netherlands	Van der Sluijs	Adm	9362/81; 9363/81; 9387/81	May 1982	(1983) 5 E.H.R.R. 270
Netherlands	Van der Sluijs, Zuiderveld and Klappe	Jmt	9362/81; 9363/81; 9387/81	22 May 1984	(1991) 13 E.H.R.R. 461
Netherlands	Van Hal BV	Adm	11073/84	December 1985	(1987) 9 E.H.R.R. 146
Netherlands	Van Marle	Jmt	8543/79; 8674/79; 8675/79; 8685/79	26 June 1986	(1986) 8 E.H.R.R. 483
Netherlands	Van Marle, Van Zomeren, Flantua and de Bruijn	Op	8543/79	26 June1986	(1985) 7 E.H.R.R. 265
Netherlands	Van Mechelen	Jmt	21363/93; 21364/93; 21427/93; 22056/93	23 April 1997	(1998) 25 E.H.R.R. 647
Netherlands	Van Raalte	Jmt	20060/92	21 February 1997	(1997) 24 E.H.R.R. 503
Netherlands	Verdam	Adm	35253/97	31 August 1999	(1999) 28 E.H.R.R. CD 161
Netherlands	Vereniging Radio 100	Op	26335/95	June 1996	(1996) 22 E.H.R.R. CD 198
Netherlands	Vereniging Weekblad Bluf!	Jmt	16616/90	9 February 1995	(1995) 20 E.H.R.R. 189
Netherlands	W	Adm	15942/90	October 1992	(1993) 15 E.H.R.R. CD 16
Netherlands	Winterwerp	Jmt	6301/73	27 November 1981	(1982) 4 E.H.R.R. 228
Netherlands	Winterwerp	Jmt	6301/73	24 October 1979	(1980) 2 E.H.R.R. 387
Netherlands	Wolff Metternich	Adm	45908/99	18 May 1999	(1999) 27 E.H.R.R. CD 69
Netherlands	X and Y	Jmt	8978/80	26 March 1985	(1986) 8 E.H.R.R. 235
Netherlands	X and Y	Op	8978/80	December 1983	(1984) 6 E.H.R.R. 311
Netherlands	X.S.A.	Adm	21472/93	January 1994	(1994) 18 E.H.R.R. CD 176

RESPONDENT STATE	APPLICANT	Adm / Op / Jmt	APPL. No.	DECISION DATE	CITATION	CASE No.
Netherlands (No.1)	Engel	Jmt	5100/71; 5101/71; 5102/71; 5354/72; 5370/72	8 June 1976	(1979) 1 E.H.R.R. 647	
Netherlands (No.2)	Engel	Jmt	5100/71; 5101/71; 5102/71; 5354/72; 5370/72	23 November 1976	(1979) 1 E.H.R.R. 706	
Norway	App. No. 9278/81; 9415/81	Adm	9278/81; 9415/81	October 1983	(1984) 6 E.H.R.R. 357	
Norway	App. No. 9955/82	Adm	9955/82	July 1983	(1984) 6 E.H.R.R. 348	
Norway	Bergens Tidende	Jmt	26132/95	2 May 2000	(2001) 31 E.H.R.R. 430	(2001) 31 E.H.R.R 16
Norway	Bladet Tromsø and Stensaas	Jmt	21980/93	20 May 1999	(2000) 29 E.H.R.R. 125	
Norway	Bladet Tromsø AS		21980/93	26 May 1997	(1997) 23 E.H.R.R. CD 40	
Norway	Botten	Jmt	16206/90	19 February 1996	(2001) 32 E.H.R.R.37	(2001) 32 E.H.R.R. 3
Norway	Botten	Adm	16206/90	January 1994	(1994) 18 E.H.R.R. CD 45	
Norway	E	Jmt	11701/85	29 August 1990	(1994) 17 E.H.R.R. 30	
Norway	Eriksen	Jmt	17391/90	27 May 1997	(2000) 29 E.H.R.R. 328	
Norway	G	Adm	17228/90	January 1993	(1993) 16 E.H.R.R. CD 14	
Norway	Johansen	Adm	10600/83	October 1985	(1987) 9 E.H.R.R. 103	
Norway	Johansen	Jmt	17383/90	August 1996	(1997) 23 E.H.R.R. 33	
Norway	Knudsen	Adm	11045/84	March 1985	(1986) 8 E.H.R.R. 63	
Norway	Lie and Bernsten	Adm	25130/94	16 December 1999	(2000) 29 E.H.R.R. CD 210	
Norway	Nilsen and Johnsen	Jmt	23118/93	25 November 1999	(2000) 30 E.H.R.R. 878	
Norway	Oppegard	Adm	29327/95	14 December 1999	(2000) 29 E.H.R.R. CD 223	
Norway	S.E.	Adm	17391/90	August 1994	(1994) 18 E.H.R.R. CD 53	
Norway	T.C.	Adm	29821/96	20 May 1998	(1999) 27 E.H.R.R. CD 164	

Poland	Belziuk	Jmt	23103/93	25 March 1998	(2000) 30 E.H.R.R. 614	
Poland	Chojak	Adm	32220/96	23 April 1998	(1998) 26 E.H.R.R. CD 145	
Poland	Drozd	Adm	25403/94	5 March 1996	(1996) 21 E.H.R.R. CD 120	
Poland	Dubowska and Skup	Adm	33490/96; 34055/96	29 May 1997	(1997) 23 E.H.R.R. CD 204	
Poland	Dubowska and Skup	Adm	33490/96; 34055/96	18 April 1997	(1997) 24 E.H.R.R. CD 75	
Poland	Gaweda	Adm	26229/95	13 January 1997	(1997) 23 E.H.R.R. CD 73	
Poland	Grauso	Adm	27388/95	9 April 1997	(1997) 23 E.H.R.R. CD 108	
Poland	Humen	Jmt	26614/95	15 October 1999	(2001) 31 E.H.R.R. 1168	(2001) 31 E.H.R.R 53
Poland	Janowski	Jmt	25716/94	21 January 1999	(2000) 29 E.H.R.R. 705	
Poland	Jastrzebski	Adm	25669/94	July 1995	(1995) 20 E.H.R.R. CD 126	
Poland	Jeznach	Adm	27580/95	19 January 1998	(1998) 25 E.H.R.R. CD 77	
Poland	Kazimierczak	Adm	33863/96	27 October 1998	(1999) 27 E.H.R.R. CD 236	
Poland	Kopcych	Adm	32733/96	21 October 1998	(1999) 27 E.H.R.R. CD 199	
Poland	Kreuz	Adm	28249/95	20 April 1998	(1998) 25 E.H.R.R. CD 80	
Poland	Mikulski	Op	27914/95	6 June 2000	(2000) 29 E.H.R.R. CD 64	
Poland	Musial	Jmt	24557/94	5 March 1999	(2001) 31 E.H.R.R. 720	(2001) 31 E.H.R.R 29
Poland	Myszk	Adm	28244/95	1 July 1998	(1998) 26 E.H.R.R. CD 76	
Poland	Podbielski	Op	27916/95	30 October 1998	(1999) 27 E.H.R.R. CD 19	
Poland	Rudzinske	Adm	45223/99	7 September 1999	(2000) 29 E.H.R.R. CD 241	
Poland	Stachowiak	Adm	26619/95	9 September 1998	(1999) 27 E.H.R.R. CD 110	
Poland	Stryanowski	Op	28616/95	June 1996	(1996) 22 E.H.R.R. CD 111	
Poland	Szumilas	Adm	35187/97	1 July 1998	(1998) 26 E.H.R.R. CD 181	
Poland	Werner	Adm	26760/95	19 January 1998	(1998) 25 E.H.R.R. CD 61	
Poland	Wójcik	Op	26757/95	16 May 2000	(2000) 29 E.H.R.R. CD 84	
Portugal	Alves	Adm	17867/91	October 1992	(1993) 15 E.H.R.R. CD 92	
Portugal	App. No. 9453/81	Adm	9453/81	December 1982	(1983) 5 E.H.R.R. 479	
Portugal	App. No. 11612/85	Adm	11612/85	December 1987	(1989) 11 E.H.R.R. 106	
Portugal	Baraona	Jmt	10092/82	8 July 1987	(1991) 13 E.H.R.R. 329	
Portugal	Clube de Futebol União Coimbra	Op	27295/95	30 July 1998	(2000) 29 E.H.R.R. CD 24	
Portugal	Comingersoll SA	Jmt	35382/97	6 April 2000	(2001) 31 E.H.R.R. 772	(2001) 31 E.H.R.R 31
Portugal	Daud	Jmt	22600/93	21 April 1998	(2000) 30 E.H.R.R. 400	

RESPONDENT STATE	APPLICANT	Adm / Op / Jmt	APPL. No.	DECISION DATE	CITATION	CASE No.
Portugal	Dores and Silveira	Adm	9345/81; 9346/81	July 1982	(1983) 5 E.H.R.R. 275	
Portugal	Gama Cidrais	Adm	18024/91	October 1992	(1993) 15 E.H.R.R. CD 94	
Portugal	Gama Vinhas	Adm	18028/91	January 1993	(1993) 16 E.H.R.R. CD 44	
Portugal	Guincho	Jmt	8940/80	10 July 1984	(1985) 7 E.H.R.R. 223	
Portugal	Guincho	Adm	8990/80	July 1982	(1983) 5 E.H.R.R. 274	
Portugal	J	Adm	18034/91	January 1993	(1993) 16 E.H.R.R. CD 23	
Portugal	Lobo Machado	Jmt	15764/89	20 February 1996	(1997) 23 E.H.R.R. 79	
Portugal	Martins Da Cunha	Adm	16923/90	October 1992	(1993) 15 E.H.R.R. CD 88	
Portugal	Martins Moreira	Jmt	11371/85	26 October 1988	(1991) 13 E.H.R.R. 517	
Portugal	Matos e Silva, Lda	Jmt	15777/89	16 September 1996	(1997) 24 E.H.R.R. 573	
Portugal	Moreira de Azevedo	Jmt	11296/84	23 October 1990	(1991) 13 E.H.R.R. 721	
Portugal	Moreira de Azevedo	Op	11296/84	14 April 1988	(1991) 13 E.H.R.R. 101	
Portugal	N	Adm	17355/90	October 1992	(1993) 15 E.H.R.R. CD 90	
Portugal	Neves e Silva	Jmt	11213/84	27 April 1989	(1991) 13 E.H.R.R. 535	
Portugal	Oliviera Neves	Jmt	11612/85	25 May 1989	(1991) 13 E.H.R.R. 576	
Portugal	Pereira	Adm	17855/91	October 1992	(1993) 15 E.H.R.R. CD 92	
Portugal	Salgueiro Da Silva Mouta	Jmt	33290/96	21 December 1999	(2001) 31 E.H.R.R. 1055	(2001) 31 E.H.R.R 47
Portugal	Saraiva De Carvalho	Jmt	15651/89	22 April 1994	(1994) 18 E.H.R.R. 534	
Portugal	Silva Pontes	Jmt	14940/89	23 March 1994	(1994) 18 E.H.R.R. 156	
Portugal	Silva Rocha	Jmt	18165/91	15 November 1996	(2001) 32 E.H.R.R. 333	(2001) 32 E.H.R.R. 16
Portugal	Teixeira de Castro	Jmt	25829/94	9 June 1998	(1999) 28 E.H.R.R. 101	
Romania	Dalban	Jmt	28114/95	28 September 1999	(2001) 31 E.H.R.R. 893	(2001) 31 E.H.R.R 39
Romania	Ignaccolo-Zenide	Jmt	31679/96	25 January 2000	(2001) 31 E.H.R.R. 212	(2001) 31 E.H.R.R 7
Romania	Vasilescu	Jmt	27053/95	22 May 1998	(1999) 28 E.H.R.R. 241	
Russia	Syrkin	Adm	44125/98	25 November 1999	(2000) 29 E.H.R.R. CD 254	

San Marino	Buscarini	Jmt	24645/94	18 February 1999	(2000) 30 E.H.R.R. 208	
Slovak Republic	E.P.	Adm	33706/96	9 September 1998	(1999) 27 E.H.R.R. CD 231	
Slovak Republic	Kadubec	Adm	27061/95	21 October 1996	(1997) 23 E.H.R.R. CD 98	
Slovak Republic	Machatová	Adm	27552/95	2 July 1997	(1997) 24 E.H.R.R. CD 44	
Slovak Republic	Samková	Op	26384/95	June 1996	(1996) 22 E.H.R.R. CD 205	
Slovak Republic	Seidlová	Adm	25461/94	September 1995	(1995) 20 E.H.R.R. CD 124	
Slovak Republic	Sinko	Adm	33466/96	20 May 1998	(1999) 27 E.H.R.R. CD 226	
Slovak Republic	Svidranova	Adm	35268/97	1 July 1998	(1998) 26 E.H.R.R. CD 184	
Slovak Republic	Vodenicarov	Adm	24530/94	20 May 1998	(1998) 26 E.H.R.R. CD 40	
Slovakia	Apis	Adm	39754/98	13 January 2000	(2000) 29 E.H.R.R. CD 105	
Slovakia	Matter	Jmt	31534/96	5 July 1999	(2001) 31 E.H.R.R. 783	(2001) 31 E.H.R.R 32
Slovenia	Rehbock	Adm	29462/95	20 May 1998	(1998) 26 E.H.R.R. CD 120	
Spain	Acociacion de Aviadores de la Republica, Mata	Adm	10733/84	March 1985	(1986) 8 E.H.R.R. 286	
Spain	App. No. 9822/82	Adm	9822/82	May 1983	(1983) 5 E.H.R.R. 609	
Spain	App. No. 10182/82	Adm	10182/82	July 1983	(1984) 6 E.H.R.R. 145	
Spain	App. No. 10227/82	Adm	10227/82	December 1983	(1984) 6 E.H.R.R. 581	
Spain	App. No. 10292/82	Adm	10292/83	July 1983	(1984) 6 E.H.R.R. 146	
Spain	Barberà, Messegué and Jabardo	Adm	10588/83; 10589/83; 10590/83	October 1985	(1987) 9 E.H.R.R. 101	
Spain	Barberà, Messegué and Jabardo	Jmt	10588/83; 10589/83; 10590/83	6 December 1988	(1989) 11 E.H.R.R. 360	
Spain	Casado Coca	Jmt	15450/89	24 February 1994	(1994) 18 E.H.R.R. 1	
Spain	Castells	Jmt	11798/85	23 April 1992	(1992) 14 E.H.R.R. 445	
Spain	Castillo Algar	Jmt	28194/95	28 October 1998	(2000) 30 E.H.R.R. 827	
Spain	Cereceda Martín	Adm	16358/90	October 1992	(1993) 15 E.H.R.R. CD 18	
Spain	De Salvador Torres	Jmt	21525/93	24 October 1996	(1997) 23 E.H.R.R. 601	
Spain	Díaz Ruano	Jmt	16988/90	26 April 1994	(1995) 19 E.H.R.R. 542	
Spain	Fuentes Bobo	Jmt	39293/98	29 February 2000	(2001) 31 E.H.R.R. 1115	(2001) 31 E.H.R.R 50
Spain	García Ruiz	Jmt	30544/96	21 January 1999	(2001) 31 E.H.R.R. 589	(2001) 31 E.H.R.R 22

RESPONDENT STATE	APPLICANT	Adm / Op / Jmt	APPL. No.	DECISION DATE	CITATION	CASE No.
Spain	Gea Catalán	Jmt	19160/91	10 February 1995	(1995) 20 E.H.R.R. 266	
Spain	H	Adm	17437/90	January 1993	(1993) 16 E.H.R.R. CD 15	
Spain	Hiro Balani	Jmt	18064/91	9 December 1994	(1995) 19 E.H.R.R. 566	
Spain	J	Adm	19382/92	January 1993	(1993) 16 E.H.R.R. CD 47	
Spain	Lopez Moscoso	Adm	11021/84	December 1985	(1987) 9 E.H.R.R. 145	
Spain	Lopez Ostra	Jmt	16798/90	9 December 1994	(1995) 20 E.H.R.R. 277	
Spain	Pérez De Rada Cavanilles	Jmt	28090/95	28 October 1998	(2000) 29 E.H.R.R. 109	
Spain	Perez Mahia	Adm	11022/84	December 1985	(1987) 9 E.H.R.R. 145	
Spain	Riera Blume	Jmt	37680/97	14 October 1999	(2000) 30 E.H.R.R. 632	
Spain	Ruiz Torija	Jmt	18390/91	9 December 1994	(1995) 19 E.H.R.R. 553	
Spain	Ruiz-Mateos	Jmt	12952/87	23 June 1993	(1993) 16 E.H.R.R. 505	
Spain	Scott	Jmt	21335/93	18 December 1996	(1997) 24 E.H.R.R. 391	
Spain	Tejedor Garcia	Jmt	25420/94	16 December 1997	(1998) 26 E.H.R.R. 440	
Spain	Unión Alimentaria Sanders	Adm	11681/85	December 1987	(1989) 11 E.H.R.R. 96	
Spain	Unión Alimentaria Sanders SA	Jmt	11681/85	7 July 1989	(1990) 12 E.H.R.R. 24	
Spain	Valenzuela Contreras	Jmt	27671/95	30 July 1998	(1999) 28 E.H.R.R. 483	
Spain	Van Der Tang	Jmt	19382/92	13 July 1993	(1996) 22 E.H.R.R. 363	
Sweden	A and Family	Adm	22806/93	March 1994	(1994) 18 E.H.R.R. CD 209	
Sweden	Allan Jacobsson	Jmt	10842/84	25 October 1989	(1990) 12 E.H.R.R. 56	
Sweden	Aminoff	Adm	10554/83	May 1985	(1986) 8 E.H.R.R. 75	
Sweden	Anders and Maria Fredin	Op	12033/86	14 December 1987	(1991) 13 E.H.R.R. 142	
Sweden	Andersson	Jmt	11274/84	29 October 1991	(1993) 15 E.H.R.R. 218	
Sweden	Andersson	Adm	11656/85	December 1985	(1987) 9 E.H.R.R. 153	
Sweden	Andersson	Adm	14740/89	October 1992	(1993) 15 E.H.R.R. CD 64	
Sweden	Andersson	Jmt	20022/92	27 August 1997	(1998) 25 E.H.R.R. 722	

Sweden	Andric	Adm	45917/99	23 February 1999	(1999) 28 E.H.R.R. CD 218
Sweden	Angeleni	Adm	10491/83	December 1986	(1988) 10 E.H.R.R. 123
Sweden	App. No. 9017/80	Adm	9017/80	July 1982	(1983) 5 E.H.R.R. 274
Sweden	App. No. 9185/80	Adm	9185/80	July 1983	(1984) 6 E.H.R.R. 119
Sweden	App. No. 9649/82	Adm	9649/82	October 1982	(1983) 5 E.H.R.R. 292
Sweden	App. No. 9664/82	Adm	9664/82	March 1983	(1983) 5 E.H.R.R. 510
Sweden	App. No. 9707/82	Adm	9707/82	October 1982	(1983) 5 E.H.R.R. 294
Sweden	App. No. 9820/82	Adm	9820/82	October 1982	(1983) 5 E.H.R.R. 297
Sweden	App. No. 10032/82	Op	10032/82	July 1983	(1984) 6 E.H.R.R. 555
Sweden	App. No. 10099/82	Adm	10099/82	May 1983	(1984) 6 E.H.R.R. 129
Sweden	App. No. 10141/82	Adm	10141/82	October 1984	(1986) 8 E.H.R.R. 253
Sweden	App. No. 10144/82	Adm	10144/82	May 1983	(1984) 6 E.H.R.R. 130
Sweden	App. No. 10230/82	Adm	10230/82	May 1983	(1984) 6 E.H.R.R. 131
Sweden	App. No. 10264/82	Adm	10264/82	May 1983	(1984) 6 E.H.R.R. 132
Sweden	App. No. 10476/83	Adm	10476/83	December 1985	(1987) 9 E.H.R.R. 247
Sweden	App. No. 10542/83	Adm	10542/83	December 1985	(1987) 9 E.H.R.R. 250
Sweden	App. No. 10547/83	Adm	10547/83	March 1985	(1986) 8 E.H.R.R. 268
Sweden	App. No. 10563/83	Adm	10563/83	July 1985	(1986) 8 E.H.R.R. 86
Sweden	App. No. 10653/83	Adm	10653/83	March 1985	(1986) 8 E.H.R.R. 310
Sweden	App. No. 10671/83	Adm	10671/83	March 1985	(1986) 8 E.H.R.R. 269
Sweden	App. No. 10729/83	Adm	10729/83	October 1985	(1987) 9 E.H.R.R. 112
Sweden	App. No. 10801/84	Adm	10801/84	January 1986	(1987) 9 E.H.R.R. 269
Sweden	App. No. 10925/84	Adm	10925/84	July 1985	(1986) 8 E.H.R.R. 90
Sweden	App. No. 10967/84	Adm	10967/84	December 1985	(1987) 9 E.H.R.R. 267
Sweden	App. No. 11036/84	Adm	11036/84	December 1985	(1987) 9 E.H.R.R. 127
Sweden	App. No. 11189/84	Adm	11189/84	December 1986	(1988) 10 E.H.R.R. 132
Sweden	App. No. 11243/84	Adm	11243/84	December 1985	(1987) 9 E.H.R.R. 131
Sweden	App. No. 11366/85	Adm	11366/85	October 1986	(1987) 9 E.H.R.R. 551
Sweden	App. No. 11408/85	Adm	11408/85	December 1985	(1987) 9 E.H.R.R. 244
Sweden	App. No. 11417/85	Adm	11417/85	July 1985	(1986) 8 E.H.R.R. 106
Sweden	App. No. 11464/85	Adm	11464/85	March 1987	(1988) 10 E.H.R.R. 542
Sweden	App. No. 11630/85	Adm	11630/85	December 1985	(1987) 9 E.H.R.R. 267
Sweden	Asplund	Adm	19762/92	September 1994	(1994) 18 E.H.R.R. CD 111
Sweden	Ballensky	Adm	36341/97	1 July 1998	(1998) 26 E.H.R.R. CD 191

RESPONDENT STATE	APPLICANT	Adm / Op / Jmt	APPL. No.	DECISION DATE	CITATION	CASE No.
Sweden	Berglund	Adm	34825/97	16 April 1998	(1998) 25 E.H.R.R. CD 182	
Sweden	Bergstrom	Adm	10587/83	October 1985	(1987) 9 E.H.R.R. 93	
Sweden	Bodén	Jmt	10930/84	27 October 1987	(1988) 10 E.H.R.R. 367	
Sweden	Bodén	Adm	10930/84	December 1985	(1987) 9 E.H.R.R. 141	
Sweden	Bramelid and Malmstrom	Cm	8588/79; 8589/79	25 October 1985	(1986) 8 E.H.R.R. 116	
Sweden	Bramellid and Malmstrom	Jmt	8588/79; 8589/79	12 October 1982	(1983) 5 E.H.R.R. 249	
Sweden	Bulus	Op	9330/81	January 1984	(1984) 6 E.H.R.R. 587	
Sweden	CL, BL, HL	Adm	22771/93	7 September 1999	(2000) 29 E.H.R.R. CD 126	
Sweden	Cruz Varas	Jmt	15576/89	20 March 1991	(1992) 14 E.H.R.R. 1	
Sweden	Darby	Jmt	11581/85	23 October 1990	(1991) 13 E.H.R.R. 774	
Sweden	Einarsson	Adm	11005/84	October 1985	(1987) 9 E.H.R.R. 110	
Sweden	Ekbatani	Jmt	10563/83	26 May 1988	(1991) 13 E.H.R.R. 504	
Sweden	Englund	Adm	36332/97	20 May 1998	(1999) 27 E.H.R.R. CD 264	
Sweden	Eriksson	Adm	11373/85	March 1987	(1988) 10 E.H.R.R. 539	
Sweden	Eriksson	Jmt	11375/85	22 June 1989	(1990) 12 E.H.R.R. 183	
Sweden	Farah	Adm	43218/98	24 August 1999	(1999) 28 E.H.R.R. CD 216	
Sweden	Fejde	Jmt	12631/87	26 September 1991	(1994) 17 E.H.R.R. 14	
Sweden	Felderer	Adm	11001/84	July 1985	(1986) 8 E.H.R.R. 91	
Sweden	Fredin	Jmt	12033/86	18 February 1991	(1991) 13 E.H.R.R. 784	
Sweden	Fredin	Adm	12033/86	December 1987	(1989) 11 E.H.R.R. 104	
Sweden	Fredin	Adm	18928/91	October 1992	(1993) 15 E.H.R.R. CD 58	
Sweden	Gasper	Adm	10368/83; 10642/83	July 1985	(1986) 8 E.H.R.R. 99	
Sweden	Gasper	Adm	18781/91	6 July 1998	(1998) 26 E.H.R.R. CD 30	
Sweden	Grander	Adm	20326/92	September 1994	(1994) 18 E.H.R.R. CD 120	
Sweden	Gustafsson	Jmt	15573/89	30 July 1998	(1998) 26 E.H.R.R. CD 13	
Sweden	Gustafsson	Jmt	15573/89	25 April 1996	(1996) 22 E.H.R.R. 409	
Sweden	H	Adm	22408/93	September 1994	(1994) 18 E.H.R.R. CD 191	

Sweden	Håkansson and Sturesson	Jmt	11855/85	21 February 1990	(1991) 13 E.H.R.R. 1	
Sweden	Håkansson and Sturesson	Adm	11855/85	July 1987	(1989) 11 E.H.R.R. 52	
Sweden	Hammerdahls Stormarknad AB	Adm	11532/85	July 1985	(1986) 8 E.H.R.R. 107	
Sweden	Hatami	Op	32448/96	9 October 1998	(1999) 27 E.H.R.R. CD 8	
Sweden	Hautanemi	Op	24019/94	April 1996	(1996) 22 E.H.R.R. CD 155	
Sweden	Helmers	Jmt	11826/85	29 October 1991	(1993) 15 E.H.R.R. 285	
Sweden	Helmers	Adm	27522/95	1 July 1998	(1998) 26 E.H.R.R. CD 73	
Sweden	Holm	Jmt	14191/88	25 November 1993	(1994) 18 E.H.R.R. 79	
Sweden	Jacobsson	Adm	10842/84	8 October 1987	(1989) 11 E.H.R.R. 562	
Sweden	Jacobsson	Adm	10842/84	April 1986	(1987) 9 E.H.R.R. 350	
Sweden	Jacobsson	Jmt	16970/90	19 February 1998	(2001) 32 E.H.R.R. 463	(2001) 32 E.H.R.R. 20
Sweden	Johansson	Adm	14006/88	October 1992	(1993) 15 E.H.R.R. CD 63	
Sweden	Johansson	Adm	34826/97	1 July 1998	(1998) 26 E.H.R.R. CD 178	
Sweden	Juric	Adm	45924/99	23 February 1999	(1999) 27 E.H.R.R. CD 71	
Sweden	Korkis	Adm	35557/97	18 May 1998	(1999) 27 E.H.R.R. CD 251	
Sweden	Krol	Adm	11704/85	October 1987	(1989) 11 E.H.R.R. 73	
Sweden	Langborger	Jmt	11179/84	22 June 1989	(1990) 12 E.H.R.R. 416	
Sweden	Langborger	Adm	11179/84	8 October 1987	(1990) 12 E.H.R.R. 120	
Sweden	Leander	Jmt	9248/81	26 March 1987	(1987) 9 E.H.R.R. 433	
Sweden	Leander	Op	9248/81	October 1983	(1984) 6 E.H.R.R. 540	
Sweden	Leander	Op	9248/81	17 May 1985	(1985) 7 E.H.R.R. 557	
Sweden	Lundblad	Adm	21078/92	September 1994	(1994) 18 E.H.R.R. CD 167	
Sweden	Lundquist	Adm	10911/84	July 1986	(1987) 9 E.H.R.R. 531	
Sweden	MS	Jmt	20837/92	27 August 1997	(1999) 28 E.H.R.R. 313	
Sweden	McGoff	Jmt	9017/80	26 October 1984	1986) 8 E.H.R.R. 246	
Sweden	McGoff	Op	9017/80	October 1983	(1984) 6 E.H.R.R. 101	
Sweden	Margareta and Roger Andersson	Jmt	12963/87	25 February 1992	(1992) 14 E.H.R.R. 615	
Sweden	Mats Jacobsson	Jmt	11309/84	28 June 1990	(1991) 13 E.H.R.R. 79	
Sweden	Milics	Adm	23521/94	July 1994	(1994) 18 E.H.R.R. CD 222	
Sweden	Momique-Pola	Adm	36287/97	10 July 1998	(1998) 26 E.H.R.R. CD 187	

RESPONDENT STATE	APPLICANT	Adm / Op / Jmt	APPL. No.	DECISION DATE	CITATION	CASE No.
Sweden	Musasizi	Adm	23780/94	July 1994	(1994) 18 E.H.R.R. CD 223	
Sweden	Nassen	Adm	11565/85	December 1985	(1987) 9 E.H.R.R. 150	
Sweden	Noviflora Sweden AB	Adm	14369/88	October 1992	(1993) 15 E.H.R.R. CD 6	
Sweden	Nyberg	Jmt	12574/86	31 August 1990	(1992) 14 E.H.R.R. 870	
Sweden	Nydahl	Adm	17505/90	January 1993	(1993) 16 E.H.R.R. CD 15	
Sweden	Olsson	Jmt	10465/83	24 March 1988	(1989) 11 E.H.R.R. 259	
Sweden	Olsson	Adm	10465/83	May 1985	(1986) 8 E.H.R.R. 71	
Sweden	Olsson	Adm	37553/97	1 July 1998	(1998) 26 E.H.R.R. CD 203	
Sweden	Ould Barar	Adm	42367/98	19 January 1999	(1999) 28 E.H.R.R. CD 213	
Sweden	P	Adm	18275/91	October 1992	(1993) 15 E.H.R.R. CD 95	
Sweden	Pagmar	Adm	10728/83	October 1985	(1987) 9 E.H.R.R. 91	
Sweden	Paulsen-Medalen and Svensson	Jmt	16817/90	19 February 1998	(1998) 26 E.H.R.R. 260	
Sweden	Pudas	Jmt	10426/83	27 October 1987	(1988) 10 E.H.R.R. 380	
Sweden	Ravnsborg	Jmt	14220/88	21 February 1994	(1994) 18 E.H.R.R. 38	
Sweden	Rieme	Jmt	12366/86	22 April 1992	(1993) 16 E.H.R.R. 155	
Sweden	Rolf Gustafson	Jmt	23196/94	1 July 1997	(1998) 25 E.H.R.R. 623	
Sweden	Ruth	Adm	10371/83	March 1985	(1986) 8 E.H.R.R. 278	
Sweden	SSC	Adm	46553/99	15 February 2000	(2000) 29 E.H.R.R. CD 245	
Sweden	Schmidt and Dahlström	Jmt	5589/72	6 February 1976	(1979) 1 E.H.R.R. 632	
Sweden	Sjöö	Adm	37604/97	21 October 1998	(1999) 27 E.H.R.R. CD 304	
Sweden	Skärby	Jmt	12258/86	28 June 1990	(1991) 13 E.H.R.R. 90	
Sweden	Skoogström	Jmt	8582/79	2 October 1984	(1985) 7 E.H.R.R. 263	
Sweden	Skoogström	Op	8582/79	October 1983	(1984) 6 E.H.R.R. 77	
Sweden	Skoogström	Adm	8582/79	October 1982	(1983) 5 E.H.R.R. 278	
Sweden	Söderbäck	Jmt	24484/94	28 October 1998	(2000) 29 E.H.R.R. 95	
Sweden	Sporrong and Lönnroth	Jmt	7151/75; 7152/75	18 December 1984	(1985) 7 E.H.R.R. 256	

Sweden	Sporrong and Lönnroth	Jmt	7151/75	23 September 1982	(1983) 5 E.H.R.R. 35	
Sweden	Stiftelsen Akademiske Foreningens Bostäder I Lund	Adm	11661/85	July 1987	(1989) 11 E.H.R.R. 47	
Sweden	Swedish Engine Drivers' Union	Jmt	5614/72	6 February 1976	(1979) 1 E.H.R.R. 617	
Sweden	Tennenbaum	Adm	16031/90	May 1993	(1994) 18 E.H.R.R. CD 41	
Sweden	Tre Traktörer AB	Adm	10873/84	October 1985	(1987) 9 E.H.R.R. 96	
Sweden	Tre Traktörer Aktiebolag	Jmt	10873/84	7 July 1989	(1991) 13 E.H.R.R. 309	
Sweden	Uskela	Adm	10537/83	July 1985	(1986) 8 E.H.R.R. 100	
Sweden	Velita Flores	Adm	28392/95	September 1995	(1995) 20 E.H.R.R. CD 134	
Sweden	Wahlberg, Engman and Engdahl	Adm	16056/90	October 1992	(1993) 15 E.H.R.R. CD 79	
Sweden	Wallen	Adm	10877/84	March 1985	(1986) 8 E.H.R.R. 320	
Sweden	Widen	Adm	10723/83	May 1985	(1986) 8 E.H.R.R. 79	
Sweden	X, Y and Z	Jmt	8811/79	13 May 1982	(1983) 5 E.H.R.R. 147	
Sweden	Zander	Jmt	14282/88	25 November 1993	(1994) 18 E.H.R.R. 175	
Sweden (No 2)	Olsson	Jmt	13441/87	30 October 1992	(1994) 17 E.H.R.R. 134	
Sweden (Re Fair Trial)	X, Y and Z	Op	8702/79	15 July 1981	(1982) 4 E.H.R.R. 395	
Sweden (Re Immigration)	X	Op	9105/80	6 July 1981	(1982) 4 E.H.R.R. 408	
Switzerland	AP, MP, TP	Jmt	19958/92	29 August 1997	(1998) 26 E.H.R.R. 541	
Switzerland	A.Z., A.S.Z. and G.A.Z.	Adm	43678/98	30 October 1998	(1999) 27 E.H.R.R. CD 278	
Switzerland	Adler	Cm	9486/81	30 May 1986	(1987) 9 E.H.R.R. 426	
Switzerland	Ali	Jmt	24881/94	5 August 1998	(1999) 28 E.H.R.R. 304	
Switzerland	Amann	Jmt	27798/95	16 February 2000	(2000) 30 E.H.R.R. 843	
Switzerland	Ankerl	Jmt	17748/91	23 October 1996	(2001) 32 E.H.R.R. 1	(2001) 32 E.H.R.R. 1
Switzerland	Ankerl	Adm	17748/91	5 July 1994	(1994) 18 E.H.R.R. CD 56	
Switzerland	App. No. 8944/80	Adm	8944/80	October 1982	(1983) 5 E.H.R.R. 279	

RESPONDENT STATE	APPLICANT	Adm / Op / Jmt	APPL. No.	DECISION DATE	CITATION	CASE No.
Switzerland	App. No. 9022/80	Adm	9022/80	July 1983	(1984) 6 E.H.R.R. 329	
Switzerland	App. No. 9301/81	Adm	9301/81	October 1982	(1983) 5 E.H.R.R. 285	
Switzerland	App. No. 9419/81	Op	9419/81	July 1983	(1984) 6 E.H.R.R. 135	
Switzerland	App. No. 9486/81	Adm	9486/81	March 1983	(1983) 5 E.H.R.R. 587	
Switzerland	App. No. 9607/81	Adm	9607/81	May 1982	(1983) 5 E.H.R.R. 272	
Switzerland	App. No. 10004/82	Adm	10004/82	May 1983	(1983) 5 E.H.R.R. 597	
Switzerland	App. No. 10107/82	Adm	10107/82	July 1984	(1986) 8 E.H.R.R. 252	
Switzerland	App. No. 10248/82	Adm	10248/82	March 1985	(1986) 8 E.H.R.R. 270	
Switzerland	App. No. 10343/83	Adm	10343/83	October 1983	(1984) 6 E.H.R.R. 367	
Switzerland	App. No. 10628/83	Adm	10628/83	October 1985	(1987) 9 E.H.R.R. 107	
Switzerland	App. No. 10861/84	Adm	10861/84	March 1985	(1986) 8 E.H.R.R. 327	
Switzerland	App. No. 10894/84	Adm	10894/84	March 1985	(1986) 8 E.H.R.R. 325	
Switzerland	App. No. 11329/85	Adm	11329/85	December 1985	(1987) 9 E.H.R.R. 265	
Switzerland	App. No. 11368/85	Adm	11368/85	March 1986	(1987) 9 E.H.R.R. 286	
Switzerland	App. No. 12146/86	Adm	12146/86	December 1986	(1988) 10 E.H.R.R. 158	
Switzerland	Athanassoglou	Jmt	27644/95	6 April 2000	(2001) 31 E.H.R.R. 372	(2001) 31 E.H.R.R 13
Switzerland	Autronic AG	Jmt	12726/87	22 May 1990	(1990) 12 E.H.R.R. 485	
Switzerland	Balmer-Schefroth	Jmt	22110/93	26 August 1997	(1998) 25 E.H.R.R. 598	
Switzerland	Belilos	Jmt	10328/83	29 April 1988	(1988) 10 E.H.R.R. 466	
Switzerland	Bonnechaux	Op	8224/78	5 December 1979	(1981) 3 E.H.R.R. 259	
Switzerland	Burghartz	Jmt	16213/90	22 February 1994	(1994) 18 E.H.R.R. 101	
Switzerland	CMLO	Adm	25711/94	13 January 1997	(1997) 23 E.H.R.R. CD 68	
Switzerland	C.N.	Adm	43363/98	18 September 1998	(1999) 27 E.H.R.R. CD 358	
Switzerland	Camenzind	Jmt	21353/93	16 December 1997	(1999) 28 E.H.R.R. 458	
Switzerland	D	Adm	17771/91	October 1992	(1993) 15 E.H.R.R. CD 29	
Switzerland	Doymus	Adm	27269/95	June 1995	(1995) 20 E.H.R.R. CD 129	
Switzerland	Enkelmann	Adm	10505/83	March 1985	(1986) 8 E.H.R.R. 266	
Switzerland	F	Jmt	11329/85	18 December 1987	(1988) 10 E.H.R.R. 411	
Switzerland	Fadini	Adm	17003/90; 18206/91	January 1993	(1993) 16 E.H.R.R. CD 13	

Switzerland	Greenpeace Schweiz	Adm	27644/95	7 April 1997	(1997) 23 E.H.R.R. CD 116
Switzerland	Groppera Radio AG	Jmt	10890/84	28 March 1990	(1990) 12 E.H.R.R. 321
Switzerland	Groppera Radio AG, Marquard, Frohlich and Caluzzi	Cm	10890/84	13 October 1988	(1990) 12 E.H.R.R. 297
Switzerland	Gul	Jmt	23218/94	19 February 1996	(1996) 22 E.H.R.R. 93
Switzerland	Hertel	Jmt	25181/94	25 August 1998	(1999) 28 E.H.R.R. 534
Switzerland	Imbrioscia	Jmt	13972/88	24 November 1993	(1994) 17 E.H.R.R. 441
Switzerland	K.K.	Adm	43391/98	18 September 1998	(1999) 27 E.H.R.R. CD 361
Switzerland	Kopp	Jmt	23224/94	25 March 1998	(1999) 27 E.H.R.R. 91
Switzerland	Kraska	Jmt	13942/88	19 April 1993	(1994) 18 E.H.R.R. 188
Switzerland	Krocher and Moller	Op	8463/78	October 1983	(1984) 6 E.H.R.R. 395
Switzerland	LM and R	Op	30003/96	July 1996	(1996) 22 E.H.R.R. CD 130
Switzerland	Lüdi	Jmt	12433/86	15 June 1992	(1993) 15 E.H.R.R. 173
Switzerland	M.M.	Adm	43348/98	14 September 1998	(1999) 27 E.H.R.R. CD 356
Switzerland	Minelli	Jmt	8660/79	25 March 1983	(1983) 5 E.H.R.R. 554
Switzerland	Muller	Jmt	10737/84	24 May 1988	(1991) 13 E.H.R.R. 212
Switzerland	Nideröst-Huber	Jmt	18990/91	18 February 1997	(1998) 25 E.H.R.R. 709
Switzerland	Oliveira	Jmt	25711/94	30 July 1998	(1999) 28 E.H.R.R. 289
Switzerland	Pannetier	Cm	9229/81	12 July 1985	(1987) 9 E.H.R.R. 399
Switzerland	RMD	Jmt	19800/92	26 September 1997	(1999) 28 E.H.R.R. 224
Switzerland	Rohr	Adm	12708/87	October 1987	(1989) 11 E.H.R.R. 81
Switzerland	S	Jmt	12629/87; 13965/88	28 November 1991	(1992) 14 E.H.R.R. 670
Switzerland	SE	Adm	28994/95	4 March 1998	(1998) 25 E.H.R.R. CD 127
Switzerland	Sanchez-Reisse	Jmt	9862/82	21 October 1986	(1987) 9 E.H.R.R. 71

RESPONDENT STATE	APPLICANT	Adm / Op / Jmt	APPL. No.	DECISION DATE	CITATION	CASE No.
Switzerland	Santschi		7468/76; 7938/77; 8018/77; 8106/77; 8325/78; 8778/79	23 March 1983	(1983) 5 E.H.R.R. 520	
Switzerland	Schenk	Jmt	10862/84	12 July 1988	(1991) 13 E.H.R.R. 242	
Switzerland	Scherer	Jmt	17116/90	25 March 1994	(1994) 18 E.H.R.R. 276	
Switzerland	Schiesser	Jmt	7710/76	4 December 1979	(1980) 2 E.H.R.R. 417	
Switzerland	Schönenberger and Durmaz	Jmt	11368/85	20 June 1988	(1989) 11 E.H.R.R. 202	
Switzerland	Schöpfer	Op	25405/94	September 1996	(1996) 22 E.H.R.R. CD 184	
Switzerland	Schuler-Zgraggen	Jmt	14518/89	24 June 1993	(1993) 16 E.H.R.R. 405	
Switzerland	Schuler-Zgraggen	Jmt	14518/89	31 January 1995	(1996) 21 E.H.R.R. 404	
Switzerland	Sutter	Jmt	8209/78	22 February 1984	(1984) 6 E.H.R.R. 272	
Switzerland	Temeltasch	Adm	9116/80	5 May 1982	(1983) 5 E.H.R.R. 417	
Switzerland	Temeltasch	Cm	9116/80	24 March 1983	(1983) 5 E.H.R.R. 417	
Switzerland	Thomann	Jmt	17602/91	10 June 1996	(1997) 24 E.H.R.R. 553	
Switzerland	W	Jmt	14379/88	26 January 1993	(1994) 17 E.H.R.R. 60	
Switzerland	Weber	Jmt	11034/84	22 May 1990	(1990) 12 E.H.R.R. 508	
Switzerland	Zimmermann and Steiner	Jmt	8737/79	13 July 1983	(1984) 6 E.H.R.R. 17	
Turkey	Akdivar	Jmt	21893/93	16 September 1996	(1997) 23 E.H.R.R. 143	
Turkey	Akkum, Akan and Karakoç	Adm	21894/93	5 March 1996	(1996) 21 E.H.R.R. CD 118	
Turkey	Akkus	Jmt	19263/92	9 July 1997	(2000) 30 E.H.R.R. 365	
Turkey	Aksoy	Jmt	21987/93	18 December 1996	(1997) 23 E.H.R.R. 553	
Turkey	Arslan	Jmt	23462/94	8 July 1999	(2001) 31 E.H.R.R. 264	(2001) 31 E.H.R.R 9
Turkey	Aydin	Jmt	23178/94	25 September 1997	(1998) 25 E.H.R.R. 251	
Turkey	Aytekin	Jmt	22880/93	23 September 1998	(2001) 32 E.H.R.R. 501	(2001) 32 E.H.R.R. 22

Turkey	Baskaya and Okçuoglu	Jmt	23536/94; 24408/94	8 July 1999	(2001) 31 E.H.R.R. 292	(2001) 32 E.H.R.R. 10
Turkey	Çakici	Jmt	23657/94	8 July 1999	(2001) 31 E.H.R.R. 133	(2001) 31 E.H.R.R 5
Turkey	Ceylan	Jmt	23556/94	8 July 1999	(2000) 30 E.H.R.R. 73	
Turkey	Ciraklar	Jmt	19061/91	28 October 1998	(2001) 32 E.H.R.R. 535	(2001) 32 E.H.R.R. 23
Turkey	Cyprus	Op	6780/74; 6950/75	10 July 1976	(1982) 4 E.H.R.R. 482	
Turkey	Cyprus	Jmt	8007/77	4 October 1983	(1993) 15 E.H.R.R. 509	
Turkey	Cyprus	Jmt	25781/94	10 May 2001	(1997) 23 E.H.R.R. 244	
Turkey	Darci	Adm	29986/96	2 February 1999	(1999) 28 E.H.R.R. CD 124	
Turkey	Denmark	Adm	34382/97	5 April 2000	(2000) 29 E.H.R.R. CD 35	
Turkey	EP	Op	23500/94	June 1996	(1996) 22 E.H.R.R. CD 143	
Turkey	Erdagöz	Jmt	21890/93	22 October 1997	(2001) 32 E.H.R.R. 443	(2001) 32 E.H.R.R. 19
Turkey	Ergi	Jmt	23818/94	28 July 1998	(2001) 32 E.H.R.R. 388	(2001) 32 E.H.R.R. 18
Turkey	Ersöz, Çetin, Kaya	Adm	23144/93	20 October 1995	(1996) 21 E.H.R.R. CD 48	
Turkey	Fidan	Adm	24209/94	29 March 2000	(2000) 29 E.H.R.R. CD 162	
Turkey	France, Norway, Denmark, Sweden and the Netherlands	Op	9940/82	6 December 1983	(1984) 6 E.H.R.R. 241	
Turkey	France, Norway, Denmark, Sweden and the Netherlands	Op	9940–9944/82	7 December 1985	(1986) 8 E.H.R.R. 205	
Turkey	G.H.H.	Adm	43258/98	31 August 1999	(1999) 28 E.H.R.R. CD 221	
Turkey	Güleç	Jmt	21593/93	27 July 1998	(1999) 28 E.H.R.R. 121	
Turkey	Gündem	Jmt	22275/93	25 May 1998	(2001) 32 E.H.R.R. 350	(2001) 32 E.H.R.R. 17
Turkey	Gürdogan and Müstak	Adm	15202/89; 15203/89; 15204/89; 15205/89	January 1993	(1993) 16 E.H.R.R. CD 6	
Turkey	Ikincisoy	Adm	26144/95	26 February 1996	(1996) 21 E.H.R.R. CD 100	
Turkey	Incal	Jmt	22678/93	9 June 1998	(2000) 29 E.H.R.R. 449	

RESPONDENT STATE	APPLICANT	Adm / Op / Jmt	APPL. No.	DECISION DATE	CITATION	CASE No.
Turkey	Jabari	Adm	40035/98	28 October 1999	(2000) 29 E.H.R.R. CD 178	
Turkey	Kalaç	Jmt	20704/92	1 July 1997	(1999) 27 E.H.R.R. 552	
Turkey	Kaya	Jmt	22729/93	19 February 1998	(1999) 28 E.H.R.R. 1	
Turkey	Kurt	Jmt	24276/94	25 May 1998	(1999) 27 E.H.R.R. 373	
Turkey	Loizidou	Jmt	15318/89	18 December 1996	(1997) 23 E.H.R.R. 513	
Turkey	Loizidou	Jmt	15318/89	23 March 1995	(1995) 20 E.H.R.R. 99	
Turkey	Loizidou	Jmt	15318/89	23 March 1995	(1998) 26 E.H.R.R. CD 5	
Turkey	Mansur	Jmt	16026/90	8 June 1995	(1995) 20 E.H.R.R. 535	
Turkey	Mentes	Jmt	23186/94	28 November 1997	(1998) 26 E.H.R.R. 595	
Turkey	Mentes	Jmt	23186/94	17 April 1996	(1998) 26 E.H.R.R. CD 1	
Turkey	Mitap and Müftüoglu	Jmt	15530/89; 15531/89	25 March 1996	(1996) 22 E.H.R.R. 209	
Turkey	Ogur	Jmt	21594/93	20 May 1999	(2001) 31 E.H.R.R. 912	(2001) 31 E.H.R.R 40
Turkey	Özdep	Jmt	23995/94	8 December 1999	(2001) 31 E.H.R.R. 674	(2001) 31 E.H.R.R 27
Turkey	Özgur Gündem	Jmt	23144/93	16 March 2000	(2001) 31 E.H.R.R. 1082	(2001) 31 E.H.R.R 49
Turkey	Sakik	Jmt	23878/94; 23879/94; 23880/94; 23881/94; 23882/94; 23883/94	26 November 1997	(1998) 26 E.H.R.R. 662	
Turkey	Sargin and Yagci	Adm	14116/88; 14117/88	January 1993	(1993) 16 E.H.R.R. CD 2	
Turkey	Selçuk and Asker	Jmt	23184/94; 23185/94	24 April 1998	(1998) 26 E.H.R.R. 477	
Turkey	Socialist Party	Jmt	21237/93	25 May 1998	(1999) 27 E.H.R.R. 51	
Turkey	Sur	Settle-ment	21592/93	3 October 1997	(1998) 25 E.H.R.R. CD 1	
Turkey	Tanrikulu	Jmt	23763/94	8 July 1999	(2000) 30 E.H.R.R. 950	
Turkey	Tekin	Jmt	22496/93	9 June 1998	(2001) 31 E.H.R.R. 95	(2001) 31 E.H.R.R 4

Turkey	United Communist Party of Turkey	Jmt	19329/92	30 January 1998	(1998) 26 E.H.R.R. 121	
Turkey	Varnave, Loizides	Adm	16064/90; 16065/90; 16066/90; 16069/90; 16073/90;	14 April 1998	(1998) 25 E.H.R.R. CD 9	
Turkey	Veznedaroglu	Adm	32357/96	7 September 1999	(2000) 29 E.H.R.R. CD 269	
Turkey	Yagci and Sargin	Jmt	16419/90; 16426/90	8 June 1995	(1995) 20 E.H.R.R. 505	
Turkey	Yagiz	Jmt	19092/91	7 August 1996	(1996) 22 E.H.R.R. 573	
Turkey	Yanasik	Adm	14524/89	January 1993	(1993) 16 E.H.R.R. CD 5	
Turkey	Yasa	Jmt	22495/93	2 September 1998	(1999) 28 E.H.R.R. 408	
Turkey	Yasar	Adm	22281/93	April 1995	(1995) 19 E.H.R.R. CD 74	
Turkey	Zana	Jmt	18954/91	25 November 1997	(1999) 27 E.H.R.R. 667	
Ukraine	Nazarenko	Adm	39483/98	25 May 1999	(1999) 28 E.H.R.R. CD 246	
Ukraine	Poltoratskiy	Adm	38812/97	30 October 1998	(1999) 27 E.H.R.R. CD 320	
United Kingdom	A	Op	6840/74	16 July 1980	(1981) 3 E.H.R.R. 131	
United Kingdom	A	Adm	16244/90	October 1992	(1993) 15 E.H.R.R. CD 18	
United Kingdom	A	Op	25599/94	September 1996	(1996) 22 E.H.R.R. CD 190	
United Kingdom	A	Jmt	25599/94	23 September 1998	(1999) 27 E.H.R.R. 611	
United Kingdom	ADT	Jmt	35765/97	31 July 2000	(2001) 31 E.H.R.R. 803	(2001) 31 E.H.R.R 33
United Kingdom	A.T.	Adm	20448/92	June 1995	(1995) 20 E.H.R.R. CD 59	
United Kingdom	A and Byrne and Twenty-Twenty Television	Adm	32712/96; 32818/96	23 October 1997	(1998) 25 E.H.R.R. CD 159	
United Kingdom	Abdulaziz Cabales and Balkandali	Op	9214/80; 9473/81; 9474/81	12 May 1983	(1984) 6 E.H.R.R. 28	
United Kingdom	Abdulaziz, Cabales and Balkandali	Jmt	9214/80; 9473/81; 9474/81	28 May 1985	(1985) 7 E.H.R.R. 471	
United Kingdom	Adams and Benn	Adm	28979/95; 30343/96	13 January 1997	(1997) 23 E.H.R.R. CD 160	

RESPONDENT STATE	APPLICANT	Adm / Op / Jmt	APPL. No.	DECISION DATE	CITATION	CASE No.
United Kingdom	Adamson	Adm	42293/98	26 January 1999	(1999) 28 E.H.R.R. CD 209	
United Kingdom	Advic	Adm	25525/94	September 1995	(1995) 20 E.H.R.R. CD 125	
United Kingdom	Ahmad	Adm	8160/78	March 1981	(1982) 4 E.H.R.R. 126	
United Kingdom	Ahmed	Adm	22954/93	September 1995	(1995) 20 E.H.R.R. CD 72	
United Kingdom	Ahmed	Jmt	22954/93	2 September 1998	(2000) 29 E.H.R.R. 1	
United Kingdom	Air Canada	Jmt	18465/91	5 May 1995	(1995) 20 E.H.R.R. 150	
United Kingdom	Al-Adsani	Adm	35763/97	1 March 2000	(2000) 29 E.H.R.R. CD 99	
United Kingdom	Allender	Adm	11385/85	July 1985	(1986) 8 E.H.R.R. 98	
United Kingdom	Allgemeine Gold und Silberscheide-anstalt AG	Adm	9118/80	March 1983	(1983) 5 E.H.R.R. 584	
United Kingdom	Allgemeine Gold und Silberscheide-anstalt AG	Jmt	9118/80	24 October 1986	(1987) 9 E.H.R.R. 1	
United Kingdom	Allgemeine Gold und Silberscheide-anstalt AG	Op	9118/80	11 October 1984	(1985) 7 E.H.R.R. 314	
United Kingdom	Anderson	Adm	33689/96	27 October 1997	(1998) 25 E.H.R.R. CD 172	
United Kingdom	App. No. 7699/76	Adm	7699/76	25 January 1985	(1983) 5 E.H.R.R. 268	
United Kingdom	App. No. 7879/77	Adm	7879/77	March 1985	(1986) 8 E.H.R.R. 272	
United Kingdom	App. No. 8195/78	Adm	8195/78	23 June 1983	(1984) 6 E.H.R.R. 133	
United Kingdom	App. No. 8712/79	Adm	8712/79	December 1982	(1983) 5 E.H.R.R. 465	
United Kingdom	App. No. 8873/80	Adm	8873/80	May 1982	(1983) 5 E.H.R.R. 268	
United Kingdom	App. No. 9084/80	Adm	9084/80	October 1982	(1983) 5 E.H.R.R. 280	
United Kingdom	App. No. 9107/80	Adm	9109/80	July 1983	(1984) 6 E.H.R.R. 134	
United Kingdom	App. No. 9113/80	Adm	9113/80	October 1982	(1983) 5 E.H.R.R. 283	
United Kingdom	App. No. 9114/80	Adm	9114/80	October 1984	(1985) 7 E.H.R.R. 462	

United Kingdom	App. No. 9119/80	Adm	9119/80	March 1985	(1986) 8 E.H.R.R. 47
United Kingdom	App. No. 9205/80	Adm	9205/80	July 1983	(1984) 6 E.H.R.R. 135
United Kingdom	App. No. 9225/80	Adm	9225/80	December 1982	(1983) 5 E.H.R.R. 471
United Kingdom	App. No. 9237/81	Op	9237/81	October 1983	(1984) 6 E.H.R.R. 354
United Kingdom	App. No. 9282/81	Adm	9282/81	July 1982	(1983) 5 E.H.R.R. 283
United Kingdom	App. No. 9292/81	Adm	9292/81	July 1982	(1983) 5 E.H.R.R. 275
United Kingdom	App. No. 9303/81	Adm	9303/81	October 1986	(1987) 9 E.H.R.R. 538
United Kingdom	App. No. 9329/81	Adm	9329/81	October 1982	(1983) 5 E.H.R.R. 286
United Kingdom	App. No. 9348/81	Adm	9348/81	March 1983	(1983) 5 E.H.R.R. 504
United Kingdom	App. No. 9355/81	Adm	9355/81	July 1982	(1983) 5 E.H.R.R. 276
United Kingdom	App. No. 9369/81	Adm	9369/81	May 1983	(1983) 5 E.H.R.R. 601
United Kingdom	App. No. 9403/81	Adm	9403/81	May 1982	(1983) 5 E.H.R.R. 270
United Kingdom	App. No. 9438/81	Adm	9438/81	May 1983	(1983) 5 E.H.R.R. 602
United Kingdom	App. No. 9441/81	Adm	9441/81	July 1982	(1983) 5 E.H.R.R. 289
United Kingdom	App. No. 9444/81	Op	9444/81	July 1983	(1984) 6 E.H.R.R. 136
United Kingdom	App. No. 9446/81	Adm	9446/81	July 1982	(1983) 5 E.H.R.R. 277
United Kingdom	App. No. 9461/81	Adm	9461/81	December 1982	(1983) 5 E.H.R.R. 480
United Kingdom	App. No. 9480/81	Adm	9480/81	October 1985	(1987) 9 E.H.R.R. 109
United Kingdom	App. No. 9488/81	Adm	9488/81	October 1982	(1983) 5 E.H.R.R. 289
United Kingdom	App. No. 9502/81	Op	9502/81	July 1983	(1984) 6 E.H.R.R. 334
United Kingdom	App. No. 9503/81	Op	9503/81	July 1983	(1984) 6 E.H.R.R. 335
United Kingdom	App. No. 9505/81	Adm	9505/81	December 1982	(1983) 5 E.H.R.R. 480
United Kingdom	App. No. 9513/81	Adm	9513/81	October 1982	(1983) 5 E.H.R.R. 290
United Kingdom	App. No. 9515/81	Adm	9515/81	May 1982	(1983) 5 E.H.R.R. 272
United Kingdom	App. No. 9521/81	Adm	9521/81	May 1983	(1983) 5 E.H.R.R. 602
United Kingdom	App. No. 9532/81	Adm	9532/81	March 1984	(1984) 6 E.H.R.R. 603
United Kingdom	App. No. 9550/81	Adm	9550/81	March 1983	(1983) 5 E.H.R.R. 508
United Kingdom	App. No. 9562/81	Op	9562/81	January 1984	(1984) 6 E.H.R.R. 592
United Kingdom	App. No. 9576/81	Adm	9576/81	1 March 1983	(1983) 5 E.H.R.R. 509
United Kingdom	App. No. 9583/81	Adm	9583/81	July 1983	(1984) 6 E.H.R.R. 138
United Kingdom	App. No. 9588/81	Op	9588/81	October 1983	(1984) 6 E.H.R.R. 545
United Kingdom	App. No. 9606/81	Adm	9606/81	October 1982	(1983) 5 E.H.R.R. 291
United Kingdom	App. No. 9615/81	Adm	9615/81	March 1983	(1983) 5 E.H.R.R. 591
United Kingdom	App. No. 9620/81	Adm	9620/81	December 1982	(1983) 5 E.H.R.R. 486

RESPONDENT STATE	APPLICANT	Adm / Op / Jmt	APPL. No.	DECISION DATE	CITATION	CASE No.
United Kingdom	App. No. 9643/82	Adm	9643/82	July 1983	(1984) 6 E.H.R.R. 334	
United Kingdom	App. No. 9658/82	Adm	9658/82	May 1983	(1983) 5 E.H.R.R. 603	
United Kingdom	App. No. 9659/82	Adm	9659/82	May 1983	(1983) 5 E.H.R.R. 605	
United Kingdom	App. No. 9659/82	Adm	9659/82	March 1985	(1986) 8 E.H.R.R. 274	
United Kingdom	App. No. 9702/82	Adm	9702/82	October 1982	(1983) 5 E.H.R.R. 293	
United Kingdom	App. No. 9710/82	Adm	9710/82	October 1982	(1983) 5 E.H.R.R. 295	
United Kingdom	App. No. 9721/82	Adm	9721/82	May 1984	(1985) 7 E.H.R.R. 145	
United Kingdom	App. No. 9728/82	Adm	9728/82	July 1983	(1984) 6 E.H.R.R. 345	
United Kingdom	App. No. 9729/82	Adm	9729/82	July 1983	(1984) 6 E.H.R.R. 346	
United Kingdom	App. No. 9730/82	Adm	9730/82	May 1983	(1983) 5 E.H.R.R. 606	
United Kingdom	App. No. 9732/82	Adm	9732/82	October 1982	(1983) 5 E.H.R.R. 295	
United Kingdom	App. No. 9749/82	Adm	9749/82	November 1983	(1984) 6 E.H.R.R. 565	
United Kingdom	App. No. 9773/82	Adm	9773/82	October 1982	(1983) 5 E.H.R.R. 296	
United Kingdom	App. No. 9776/82	Adm	9776/82	October 1983	(1984) 6 E.H.R.R. 360	
United Kingdom	App. No. 9785/82	Adm	9785/82	July 1983	(1984) 6 E.H.R.R. 139	
United Kingdom	App. No. 9787/82	Adm	9787/82	January 1984	(1984) 6 E.H.R.R. 596	
United Kingdom	App. No. 9788/82	Adm	9788/82	October 1982	(1983) 5 E.H.R.R. 297	
United Kingdom	App. No. 9793/82	Adm	9793/82	March 1984	(1985) 7 E.H.R.R. 135	
United Kingdom	App. No. 9796/82	Adm	9796/82	December 1982	(1983) 5 E.H.R.R. 487	
United Kingdom	App. No. 9803/82	Adm	9803/82	October 1982	(1983) 5 E.H.R.R. 465	
United Kingdom	App. No. 9813/82	Adm	9813/82	March 1983	(1983) 5 E.H.R.R. 513	
United Kingdom	App. No. 9818/82	Adm	9818/82	January 1984	(1984) 6 E.H.R.R. 598	
United Kingdom	App. No. 9821/82	Adm	9821/82	October 1982	(1983) 5 E.H.R.R. 298	
United Kingdom	App. No. 9840/82	Adm	9840/82	May 1984	(1985) 7 E.H.R.R. 146	
United Kingdom	App. No. 9843/82	Adm	9843/82	October 1982	(1983) 5 E.H.R.R. 488	
United Kingdom	App. No. 9850/82	Adm	9850/82	May 1983	(1983) 5 E.H.R.R. 610	
United Kingdom	App. No. 9856/82	Adm	9856/82	May 1987	(1988) 10 E.H.R.R. 547	
United Kingdom	App. No. 9867/82	Adm	9867/82	October 1982	(1983) 5 E.H.R.R. 489	
United Kingdom	App. No. 9871/82	Adm	9871/82	October 1982	(1983) 5 E.H.R.R. 298	
United Kingdom	App. No. 9880/82	Adm	9880/82	October 1982	(1983) 5 E.H.R.R. 298	

United Kingdom	App. No. 9884/82	Adm	9884/82	October 1982	(1983) 5 E.H.R.R. 298
United Kingdom	App. No. 9890/82	Adm	9890/82	October 1982	(1983) 5 E.H.R.R. 299
United Kingdom	App. No. 9901/82	Adm	9901/82	October 1982	(1983) 5 E.H.R.R. 299
United Kingdom	App. No. 9907/82	Adm	9907/82	December 1983	(1984) 6 E.H.R.R. 576
United Kingdom	App. No. 9918/82	Adm	9918/82	October 1982	(1983) 5 E.H.R.R. 299
United Kingdom	App. No. 9935/82	Adm	9935/82	October 1982	(1983) 5 E.H.R.R. 610
United Kingdom	App. No. 9954/82	Adm	9954/82	October 1982	(1983) 5 E.H.R.R. 299
United Kingdom	App. No. 9966/82	Adm	9966/82	October 1982	(1983) 5 E.H.R.R. 299
United Kingdom	App. No. 9969/82	Adm	9969/82	October 1982	(1983) 5 E.H.R.R. 301
United Kingdom	App. No. 9978/82	Adm	9978/82	October 1982	(1983) 5 E.H.R.R. 301
United Kingdom	App. No. 9988/82	Adm	9988/82	October 1982	(1983) 5 E.H.R.R. 301
United Kingdom	App. No. 10000/82	Adm	10000/82	July 1983	(1984) 6 E.H.R.R. 535
United Kingdom	App. No. 10039/82	Adm	10039/82	July 1984	(1985) 7 E.H.R.R. 451
United Kingdom	App. No. 10050/82	Adm	10050/82	July 1983	(1984) 6 E.H.R.R. 140
United Kingdom	App. No. 10054/82	Adm	10054/82	July 1983	(1984) 6 E.H.R.R. 140
United Kingdom	App. No. 10067/82	Adm	10067/82	March 1983	(1983) 5 E.H.R.R. 516
United Kingdom	App. No. 10083/82	Adm	10083/82	July 1983	(1984) 6 E.H.R.R. 140
United Kingdom	App. No. 10106/82	Adm	10106/82	March 1983	(1983) 5 E.H.R.R. 516
United Kingdom	App. No. 10117/82	Adm	10117/82	March 1984	(1985) 7 E.H.R.R. 140
United Kingdom	App. No. 10165/82	Adm	10165/82	March 1983	(1983) 5 E.H.R.R. 516
United Kingdom	App. No. 10169/82	Adm	10169/82	July 1983	(1984) 6 E.H.R.R. 144
United Kingdom	App. No. 10184/82	Adm	10184/82	March 1983	(1983) 5 E.H.R.R. 516
United Kingdom	App. No. 10212/82	Adm	10212/82	May 1983	(1983) 5 E.H.R.R. 611
United Kingdom	App. No. 10228/82	Adm	10228/82	March 1984	(1985) 7 E.H.R.R. 141
United Kingdom	App. No. 10293/82	Adm	10293/82	December 1985	(1987) 9 E.H.R.R. 255
United Kingdom	App. No. 10295/82	Op	10295/83	October 1983	(1984) 6 E.H.R.R. 558
United Kingdom	App. No. 10317/83	Op	10317/83	October 1983	(1984) 6 E.H.R.R. 362
United Kingdom	App. No. 10323/83	Adm	10323/83	October 1983	(1984) 6 E.H.R.R. 363
United Kingdom	App. No. 10330/83	Adm	10330/83	March 1985	(1986) 8 E.H.R.R. 271
United Kingdom	App. No. 10331/83	Adm	10331/83	December 1983	(1984) 6 E.H.R.R. 583
United Kingdom	App. No. 10333/83	Adm	10333/83	July 1983	(1984) 6 E.H.R.R. 353
United Kingdom	App. No. 10358/83	Adm	10358/83	December 1983	(1984) 6 E.H.R.R. 587
United Kingdom	App. No. 10390/83	Adm	10390/83	March 1985	(1986) 8 E.H.R.R. 301
United Kingdom	App. No. 10427/83	Adm	10427/83	May 1986	(1987) 9 E.H.R.R. 369

RESPONDENT STATE	APPLICANT	Adm / Op / Jmt	APPL. No.	DECISION DATE	CITATION	CASE No.
United Kingdom	App. No. 10471/83	Adm	10471/83	December 1985	(1987) 9 E.H.R.R. 155	
United Kingdom	App. No. 10479/83	Adm	10479/83	December 1983	(1984) 6 E.H.R.R. 373	
United Kingdom	App. No. 10496/83	Adm	10496/83	May 1984	(1985) 7 E.H.R.R. 147	
United kingdom	App. No. 10592/83	Adm	10592/83	January 1986	(1987) 9 E.H.R.R. 277	
United Kingdom	App. No. 10615/83	Adm	10615/83	July 1984	(1986) 8 E.H.R.R. 228	
United Kingdom	App. No. 10622/83	Adm	10622/83	July 1985	(1986) 8 E.H.R.R. 89	
United Kingdom	App. No. 10843/84	Adm	10843/84	July 1985	(1986) 8 E.H.R.R. 89	
United Kingdom	App. No. 10854/84	Adm	10854/84	July 1985	(1986) 8 E.H.R.R. 90	
United Kingdom	App. No. 11198/84	Adm	11198/84	May 1985	(1986) 8 E.H.R.R. 84	
United Kingdom	App. No. 11224/84	Adm	11224/84	October 1985	(1987) 9 E.H.R.R. 121	
United kingdom	App. No. 11468/85	Adm	11468/85	July 1986	(1987) 9 E.H.R.R. 393	
United Kingdom	App. No. 11559/85	Adm	11559/85	December 1985	(1987) 9 E.H.R.R. 134	
United Kingdom	App. No. 11864/85	Adm	11864/85	December 1985	(1987) 9 E.H.R.R. 268	
United Kingdom	App. No. 11882/85	Adm	11882/85	October 1987	(1989) 11 E.H.R.R. 82	
United Kingdom	App. No. 11949/86	Adm	11949/86	December 1986	(1988) 10 E.H.R.R. 149	
United Kingdom	App. No. 11970/86	Adm	11970/86	July 1987	(1989) 11 E.H.R.R. 48	
United Kingdom	App. No. 12040/86	Adm	12040/86	March 1987	(1988) 10 E.H.R.R. 527	
United Kingdom	App. No. 12370/86	Adm	12370/86	December 1987	(1989) 11 E.H.R.R. 96	
United Kingdom	App. No. 12381/86	Adm	12381/86	December 1986	(1988) 10 E.H.R.R. 158	
United Kingdom	App. No. 12513/86	Adm	12513/86	July 1987	(1989) 11 E.H.R.R. 49	
United Kingdom	Arrondelle	Jmt	7889/77	13 May 1982	(1983) 5 E.H.R.R. 118	
United Kingdom	Arrowsmith	Op	7050/75	12 October 1978	(1981) 3 E.H.R.R. 218	
United Kingdom	Artingstoll	Adm	25517/94	April 1995	(1995) 19 E.H.R.R. CD 92	
United Kingdom	Ashingdane	Jmt	8225/78	28 May 1985	(1985) 7 E.H.R.R. 528	
United Kingdom	Ashingdane	Adm	8225/78	October 1983	(1984) 6 E.H.R.R. 69	
United Kingdom	Ashingdane	Op	8225/78	5 February 1982	(1982) 4 E.H.R.R. 590	
United Kingdom	Averill	Jmt	36408/97	6 June 2000	(2001) 31 E.H.R.R. 839	(2001) 31 E.H.R.R 36
United Kingdom	B	Cm	6870/75	7 October 1981	(1984) 6 E.H.R.R. 204	
United Kingdom	B	Op	6870/75	7 October 1981	(1984) 6 E.H.R.R. 204	
United Kingdom	B	Jmt	9840/82	8 July 1987	(1988) 10 E.H.R.R. 87	

United Kingdom	BBC	Adm	25798/94	18 January 1996	(1996) 21 E.H.R.R. CD 93
United Kingdom	BBC Scotland, McDonald, Rogers and Donald	Adm	34324/96	23 October 1997	(1998) 25 E.H.R.R. CD 179
United Kingdom	BH	Adm	30307/96	1 December 1997	(1998) 25 E.H.R.R. CD 136
United Kingdom	Baggs	Adm	9310/81	October 1985	(1987) 9 E.H.R.R. 235
United Kingdom	Banstonian Co	Adm	9265/81	January 1983	(1983) 5 E.H.R.R. 498
United Kingdom	Barrett	Adm	30402/96	9 April 1997	(1997) 23 E.H.R.R. CD 185
United Kingdom	Baxter	Adm	24835/94	28 November 1995	(1996) 21 E.H.R.R. CD 64
United Kingdom	Bayram	Adm	36337/97	14 September 1999	(1999) 28 E.H.R.R. CD 169
United Kingdom	Beard	Adm	24882/94	4 March 1998	(1998) 25 E.H.R.R. CD 28
United Kingdom	Bell	Adm	12322/86	October 1987	(1989) 11 E.H.R.R. 83
United Kingdom	Bellis	Adm	32556/96	2 July 1997	(1997) 24 E.H.R.R. CD 71
United Kingdom	Benham	Jmt	19380/92	10 June 1996	(1996) 22 E.H.R.R. 293
United Kingdom	Benham	Adm	19380/92	January 1994	(1994) 18 E.H.R.R. CD 105
United Kingdom	Blastland	Adm	12045/86	March 1987	(1988) 10 E.H.R.R. 528
United Kingdom	Boner	Jmt	18711/91	28 October 1994	(1995) 19 E.H.R.R. 246
United Kingdom	Booth-Clibborn, Mannin	Adm	11391/85	July 1985	(1986) 8 E.H.R.R. 99
United Kingdom	Bowman	Jmt	24839/94	19 February 1998	(1998) 26 E.H.R.R. 1
United Kingdom	Bowman	Adm	24839/94	4 December 1995	(1996) 21 E.H.R.R. CD 79
United Kingdom	Bowman	Op	24839/94	19 February 1998	(1996) 22 E.H.R.R. CD 13
United Kingdom	Boyle	Jmt	16580/90	28 February 1994	(1995) 19 E.H.R.R. 179
United Kingdom	Boyle and Rice	Jmt	9659/82; 9658/82	27 April 1988	(1988) 10 E.H.R.R. 425
United Kingdom	Brady	Op	8575/79	14 December 1979	(1981) 3 E.H.R.R. 297
United Kingdom	Brannigan and McBride	Jmt	14553/89; 14554/89	26 May 1993	(1994) 17 E.H.R.R. 539
United Kingdom	Brennan	Adm	19805/92	May 1993	(1994) 18 E.H.R.R. CD 114
United Kingdom	Brind	Adm	18714/91	May 1994	(1994) 18 E.H.R.R. CD 76

RESPONDENT STATE	APPLICANT	Adm / Op / Jmt	APPL. No.	DECISION DATE	CITATION	CASE No.
United Kingdom	Brogan	Jmt	11209/84; 11234/84; 11266/84; 11386/85	30 May 1989	(1991) 13 E.H.R.R. 439	
United Kingdom	Brogan	Jmt	11209/84; 11234/84; 11266/84; 11386/85	29 November 1987	(1989) 11 E.H.R.R. 117	
United Kingdom	Brogan, Coyle, McFadden and Tracey	Adm	11266/84; 11266/84; 11365/85	July 1986	(1987) 9 E.H.R.R. 378	
United Kingdom	Bromfield	Adm	32003/96	1 July 1998	(1998) 26 E.H.R.R. CD 138	
United Kingdom	Bromiley	Adm	33747/96	23 November 1999	(2000) 29 E.H.R.R. CD 111	
United Kingdom	Brown	Adm	11129/84	March 1985	(1986) 8 E.H.R.R. 272	
United Kingdom	Brown	Adm	38644/97	24 November 1998	(1999) 28 E.H.R.R. CD 233	
United Kingdom	Bryan	Jmt	19178/91	22 November 1995	(1996) 21 E.H.R.R. 342	
United Kingdom	Buckley	Jmt	20348/92	25 September 1996	(1997) 23 E.H.R.R. 101	
United Kingdom	Buckley	Adm	20348/92	March 1994	(1994) 18 E.H.R.R. CD 123	
United Kingdom	Buckley	Op	20348/92	3 March 1994	(1995) 19 E.H.R.R. CD 20	
United Kingdom	Buckley	Adm	28323/95	26 February 1997	(1997) 23 E.H.R.R. CD 129	
United Kingdom	Bullock	Adm	29102/95	16 January 1996	(1996) 21 E.H.R.R. CD 85	
United Kingdom	Burton	Op	31600/96	September 1996	(1996) 22 E.H.R.R. CD 134	
United Kingdom	C	Adm	9276/81	November 1983	(1984) 6 E.H.R.R. 559	
United Kingdom	Caballero	Jmt	32819/96	8 February 2000	(2000) 30 E.H.R.R. 643	
United Kingdom	Cable	Jmt	24436/94; 24582/94; 24583/94; 24584/94; 24585/94; 24895/94;	18 February 1999	(2000) 30 E.H.R.R. 1032	

			25937/94; 25939/94; 25940/94; 25941/94; 26271/95; 26525/95; 27341/95; 27342/95; 27346/95; 27357/95; 27341/95; 27389/95; 27409/95; 27760/95; 27762/95; 27772/95; 28009/95; 28790/95; 30236/96; 30239/96; 30276/96; 30277/96; 30460/96; 30461/96; 30462/96; 31399/96; 31400/96; 31434/96; 899/96; 32024/96; 32944/96;		
United Kingdom	Campbell	Adm	11240/84	December 1987	(1989) 11 E.H.R.R. 97
United Kingdom	Campbell	Jmt	13590/88	25 March 1992	(1993) 15 E.H.R.R. 137

RESPONDENT STATE	APPLICANT	Adm / Op / Jmt	APPL. No.	DECISION DATE	CITATION	CASE No.
United Kingdom	Campbell and Cosans	Jmt	7511/76; 7743/76	22 March 1983	(1991) 13 E.H.R.R. 441	
United Kingdom	Campbell and Cosans	Jmt	7511/76; 7743/76	25 February 1982	(1982) 4 E.H.R.R. 293	
United Kingdom	Campbell and Cosans	Op	7511/76; 7743/76	16 May 1980	(1981) 3 E.H.R.R. 531	
United Kingdom	Campbell and Fell	Jmt	7819/77; 7878/77	28 June 1984	(1985) 7 E.H.R.R. 165	
United Kingdom	Campbell and Fell	Jmt	7819/77; 7878/77	12 May 1982	(1983) 5 E.H.R.R. 207	
United Kingdom	Caprino	Op	6871/75	17 July 1980	(1982) 4 E.H.R.R. 97	
United Kingdom	Caraher	Adm	24520/94	11 January 2000	(2000) 29 E.H.R.R. CD 119	
United Kingdom	Carlin	Adm	27537/95	3 December 1997	(1998) 25 E.H.R.R. CD 75	
United Kingdom	Chahal	Jmt	22414/93	15 November 1996	(1997) 23 E.H.R.R. 413	
United Kingdom	Chahal	Op	22414/93	1 September 1994	(1995) 20 E.H.R.R. CD 19	
United Kingdom	Chapman	Adm	27238/95	4 March 1998	(1998) 25 E.H.R.R. CD 64	
United Kingdom	Chappell	Jmt	10561/83	30 March 1989	(1990) 12 E.H.R.R. 1	
United Kingdom	Chappell	Adm	10461/83	14 October 1987	(1989) 11 E.H.R.R. 543	
United Kingdom	Chappell	Op	10461/83	March 1985	(1985) 7 E.H.R.R. 589	
United Kingdom	Chappell	Adm	12587/86	March 1987	(1988) 10 E.H.R.R. 510	
United Kingdom	Chater	Adm	11723/85	March 1987	(1988) 10 E.H.R.R. 534	
United Kingdom	Cheall	Adm	10550/83	May 1985	(1986) 8 E.H.R.R. 74	
United Kingdom	Cohen	Adm	25959/94	28 February 1996	(1996) 21 E.H.R.R. CD 104	
United Kingdom	Coke	Adm	38696/97	9 September 1998	(1999) 27 E.H.R.R. CD 316	
United Kingdom	Colman	Jmt	16632/90	28 June 1993	(1994) 18 E.H.R.R. 119	
United Kingdom	Comninos and National Justice Compania Naviera SA	Adm	29106/95	16 October 1996	(1997) 23 E.H.R.R. CD 165	

United Kingdom	Condron	Jmt	35718/97	2 May 2000	(2001) 31 E.H.R.R. 1	(2001) 31 E.H.R.R 1
United Kingdom	Cook	Adm	36744/97	4 March 1998	(1998) 25 E.H.R.R. CD 189	
United Kingdom	Cornwell	Adm	36578/97	11 May 1999	(1999) 27 E.H.R.R. CD 62	
United Kingdom	Cornwell	Jmt	36578/97	25 April 2000	(2000) 29 E.H.R.R. CD 30	
United Kingdom	Cossey	Jmt	10843/84	27 September 1990	(1991) 13 E.H.R.R. 622	
United Kingdom	Costello-Roberts	Jmt	13134/87	25 March 1993	(1995) 19 E.H.R.R. 112	
United Kingdom	Coster	Adm	24876/94	4 March 1998	(1998) 25 E.H.R.R. CD 24	
United Kingdom	Council of the Civil Service Unions	Adm	11603/85	January 1987	(1988) 10 E.H.R.R. 269	
United Kingdom	Crabtree	Adm	32788/96	9 April 1997	(1997) 23 E.H.R.R. CD 202	
United Kingdom	Crossland	Adm	36120/97	9 November 1999	(2000) 29 E.H.R.R. CD 34	
United Kingdom	Curley	Jmt	32340/96	28 March 2000	(2001) 31 E.H.R.R. 401	(2001) 31 E.H.R.R 14
United Kingdom	Cybulski	Adm	24266/94	16 October 1996	(1997) 23 E.H.R.R. CD 53	
United Kingdom	D	Jmt	30240/96	2 May 1997	(1997) 24 E.H.R.R. 423	
United Kingdom	D	Op	30240/96	2 May 1997	(1996) 22 E.H.R.R. CD 45	
United Kingdom	D	Op	30240/96	June 1996	(1996) 22 E.H.R.R. CD 112	
United Kingdom	DW	Adm	34127/96	1 July 1998	(1998) 26 E.H.R.R. CD 158	
United Kingdom	Dahanayake	Jmt	9435/81	11 May 1982	(1983) 5 E.H.R.R. 144	
United Kingdom	Darnell	Jmt	15058/89	26 October 1993	(1994) 18 E.H.R.R. 205	
United Kingdom	De Warrene Waller	Adm	27284/95	18 January 1996	(1996) 21 E.H.R.R. CD 96	
United Kingdom	Dick	Adm	26249/95	28 February 1996	(1996) 21 E.H.R.R. CD 107	
United Kingdom	Dougan	Adm	21437/93	May 1994	(1994) 18 E.H.R.R. CD 174	
United Kingdom	Dowsett Securities	Adm	9405/81	January 1983	(1984) 6 E.H.R.R. 110	
United Kingdom	Drummond	Adm	12917/87	December 1987	(1989) 11 E.H.R.R. 91	
United Kingdom	Dudgeon	Jmt	7525/76	22 September 1981	(1982) 4 E.H.R.R. 149	
United Kingdom	Dudgeon	Jmt	7525/76	24 February 1983	(1983) 5 E.H.R.R. 573	
United Kingdom	Dudgeon	Op	7525/76	13 March 1980	(1981) 3 E.H.R.R. 40	
United Kingdom	Dyer	Adm	10475/83	October 1984	(1985) 7 E.H.R.R. 469	
United Kingdom	E	Adm	20118/92	October 1992	(1993) 15 E.H.R.R. CD 61	
United Kingdom	EDC	Adm	24433/94	29 November 1995	(1996) 21 E.H.R.R. CD 69	
United Kingdom	ELH and PBH	Adm	32094/96; 32568/96	22 October 1997	(1998) 25 E.H.R.R. CD 158	

RESPONDENT STATE	APPLICANT	Adm / Op / Jmt	APPL. No.	DECISION DATE	CITATION	CASE No.
United Kingdom	Earl Spencer and the Countess Spencer	Adm	28851/95; 28852/95	16 January 1998	(1998) 25 E.H.R.R. CD 105	
United Kingdom	East African Asians	Op	4403/70; 4419/70; 4422/70; 4434/70; 4443/70; 4476/70; 4478/70; 4486/70; 4501/70; 4526/70; 4530/70	14 December 1973	(1981) 3 E.H.R.R. 76	
United Kingdom	Edis	Adm	11414/85	July 1985	(1986) 8 E.H.R.R. 99	
United Kingdom	Edwards	Adm	11377/85	July 1985	(1986) 8 E.H.R.R. 96	
United Kingdom	Edwards	Jmt	13071/87	25 November 1992	(1993) 15 E.H.R.R. 417	
United Kingdom	Elex	Adm	10945/84	December 1985	(1987) 9 E.H.R.R. 127	
United Kingdom	English Electric Co. and Vickers Ltd	Adm	9263/81	January 1983	(1983) 5 E.H.R.R. 498	
United Kingdom	Ernest Saunders	Op	19187/91	10 May 1994	(1994) 18 E.H.R.R. CD 23	
United Kingdom	Esbester	Adm	18601/91	April 1993	(1994) 18 E.H.R.R. CD 72	
United Kingdom	Everest	Adm	30234/96	26 February 1997	(1997) 23 E.H.R.R. CD 180	
United Kingdom	Ewing	Adm	11224/84	December 1986	(1988) 10 E.H.R.R. 141	
United Kingdom	F	Adm	18123/91	October 1992	(1993) 15 E.H.R.R. CD 32	
United Kingdom	F	Op	28052/95	April 1996	(1996) 22 E.H.R.R. CD 118	
United Kingdom	Farrell	Adm	9013/80	December 1982	(1983) 5 E.H.R.R. 466	
United Kingdom	Fashanu	Adm	38440/97	1 July 1998	(1998) 26 E.H.R.R. CD 217	
United Kingdom	Faulkner	Adm	30308/96	21 May 1998	(1998) 26 E.H.R.R. CD 125	
United Kingdom	Fayed	Jmt	17101/90	21 September 1994	(1994) 18 E.H.R.R. 393	

United Kingdom	Findlay	Jmt	22107/93	25 February 1997	(1997) 24 E.H.R.R. 221	
United Kingdom	Findlay	Op	22107/93	5 September 1995	(1996) 21 E.H.R.R. CD 7	
United Kingdom	Firsoff	Adm	20591/92	October 1992	(1993) 15 E.H.R.R. CD 111	
United Kingdom	Fitt	Jmt	29777/96	16 February 2000	(2000) 30 E.H.R.R. 480	
United Kingdom	Fleming	Adm	33987/96	20 May 1997	(1997) 23 E.H.R.R. CD 207	
United Kingdom	Fogarty	Adm	37112/97	1 March 2000	(2000) 29 E.H.R.R. CD 157	
United Kingdom	Fox, Campbell and Hartley	Jmt	12244/86; 12245/86; 12383/86	27 March 1991	(1992) 14 E.H.R.R. 108	
United Kingdom	Fox, Campbell and Hartley	Jmt	12244/86; 12245/86; 12383/86	30 August 1990	(1991) 13 E.H.R.R. 157	
United Kingdom	Foxley	Jmt	33274/96	20 June 2000	(2001) 31 E.H.R.R. 637	(2001) 31 E.H.R.R 25
United Kingdom	G, H, I	Adm	18600/91; 18601/91; 18602/91	October 1992	(1993) 15 E.H.R.R. CD 41	
United Kingdom	Galloway	Adm	34199/96	9 September 1998	(1999) 27 E.H.R.R. CD 241	
United Kingdom	Garland	Adm	28120/95	2 February 1999	(2000) 29 E.H.R.R. CD 81	
United Kingdom	Gaskin	Jmt	10454/83	7 July 1989	(1990) 12 E.H.R.R. 36	
United Kingdom	Gaskin	Op	10454/83	14 October 1987	(1989) 11 E.H.R.R. 402	
United Kingdom	Gaskin	Adm	10454/83	March 1986	(1987) 9 E.H.R.R. 279	
United Kingdom	Gay News and Lemon	Jmt	8710/79	7 May 1982	(1983) 5 E.H.R.R. 123	
United Kingdom	Gillow	Jmt	9063/80	14 September 1987	(1991) 13 E.H.R.R. 593	
United Kingdom	Gillow	Op	9063/80	14 September 1987	(1985) 7 E.H.R.R. 292	
United Kingdom	Gillow	Jmt	9063/80	24 November 1986	(1989) 11 E.H.R.R. 335	
United Kingdom	Gillow	Adm	9063/80	December 1982	(1983) 5 E.H.R.R. 581	
United Kingdom	Golder	Jmt	4451/70	21 February 1975	(1979) 1 E.H.R.R. 524	
United Kingdom	Goodwin	Jmt	17488/90	27 March 1996	(1996) 22 E.H.R.R. 123	
United Kingdom	Govell	Adm	27237/95	26 February 1996	(1997) 23 E.H.R.R. CD 101	
United Kingdom	Governor and Company of the Bank of England	Adm	37857/97	21 October 1998	(1999) 27 E.H.R.R. CD 307	
United Kingdom	Granger	Cm	11932/86	12 December 1988	(1990) 12 E.H.R.R. 460	

RESPONDENT STATE	APPLICANT	Adm / Op / Jmt	APPL. No.	DECISION DATE	CITATION	CASE No.
United Kingdom	Granger	Jmt	11932/86	28 March 1990	(1990) 12 E.H.R.R. 469	
United Kingdom	Gregory	Adm	22299/93	April 1995	(1995) 19 E.H.R.R. CD 82	
United Kingdom	Gregory	Jmt	22299/93	25 February 1997	(1998) 25 E.H.R.R. 577	
United Kingdom	Gribler	Adm	12523/86	March 1987	(1988) 10 E.H.R.R. 546	
United Kingdom	H	Jmt	9580/81	9 June 1988	(1991) 13 E.H.R.R. 449	
United Kingdom	H	Jmt	9580/81	8 July 1987	(1988) 10 E.H.R.R. 95	
United Kingdom	H	Adm	18187/91	January 1993	(1993) 16 E.H.R.R. CD 44	
United Kingdom	Halford	Jmt	20605/92	25 June 1997	(1997) 24 E.H.R.R. 523	
United Kingdom	Halford	Adm	20605/92	March 1995	(1995) 19 E.H.R.R. CD 43	
United Kingdom	Halil, Ahmet and Sabah	Adm	11355/85	March 1985	(1986) 8 E.H.R.R. 305	
United Kingdom	Hamer	Op	7114/75	13 December 1979	(1982) 4 E.H.R.R. 139	
United Kingdom	Handyside	Jmt	5493/72	7 December 1976	(1979) 1 E.H.R.R. 737	
United Kingdom	Harman	Adm	10038/82	May 1984	(1985) 7 E.H.R.R. 146	
United Kingdom	Harper	Adm	11746/85	December 1985	(1987) 9 E.H.R.R. 267	
United Kingdom	Harrison	Adm	11790/85	November 1987	(1989) 11 E.H.R.R. 85	
United Kingdom	Hashman and Harrup	Op	25594/94	June 1996	(1996) 22 E.H.R.R. CD 185	
United Kingdom	Hashman and Harrup	Jmt	25594/94	25 November 1999	(2000) 30 E.H.R.R. 241	
United Kingdom	Herrick	Adm	11185/84	March 1985	(1986) 8 E.H.R.R. 66	
United Kingdom	Hewitt and Harman	Jmt	12175/86	9 May 1989	(1992) 14 E.H.R.R. 657	
United Kingdom	Hilton	Op	5613/72	6 March 1978	(1981) 3 E.H.R.R. 104	
United Kingdom	Hodgson, Woolf Productions and National Union of Jouranlists and Channel Four Television	Adm	11553/85; 11658/85	March 1987	(1988) 10 E.H.R.R. 503	
United Kingdom	Hood	Jmt	27267/95	18 February 1999	(2000) 29 E.H.R.R. 365	

United Kingdom	Howard	Adm	10825/84	July 1987	(1989) 11 E.H.R.R. 55	
United Kingdom	Howard	Adm	10825/84	October 1985	(1987) 9 E.H.R.R. 116	
United Kingdom	Howarth	Jmt	38081/97	21 September 2000	(2001) 31 E.H.R.R. 861	(2001) 31 E.H.R.R 37
United Kingdom	Huggett	Adm	24744/94	June 1995	(1995) 20 E.H.R.R. CD 104	
United Kingdom	Hussain	Jmt	21928/93	21 February 1996	(1996) 22 E.H.R.R. 1	
United Kingdom	I	Adm	25680/94	27 May 1997	(1997) 23 E.H.R.R. CD 66	
United Kingdom	Ibbotson	Adm	40146/98	21 October 1998	(1999) 27 E.H.R.R. CD 332	
United Kingdom	Ireland	Jmt	5310/71	18 January 1978	(1980) 2 E.H.R.R. 25	
United Kingdom	Iskcon	Adm	20490/92	March 1994	(1994) 18 E.H.R.R. CD 133	
United Kingdom	Islam	Op	26651/95	May 1996	(1996) 22 E.H.R.R. CD 215	
United Kingdom	J.E.D.	Adm	42225/98	2 February 1999	(1999) 27 E.H.R.R. CD 65	
United Kingdom	JT	Adm	26494/95	26 February 1997	(1997) 23 E.H.R.R. CD 81	
United Kingdom	James	Jmt	8795/79	21 February 1986	(1986) 8 E.H.R.R. 123	
United Kingdom	James	Op	8793/79	July 1984	(1984) 6 E.H.R.R. 475	
United Kingdom	James	Adm	20447/92	May 1993	(1994) 18 E.H.R.R. CD 130	
United Kingdom	Jasper	Jmt	27052/95	16 February 2000	(2000) 30 E.H.R.R. 441	
United Kingdom	John Bryan	Op	19178/91	27 June 1994	(1994) 18 E.H.R.R. CD 18	
United Kingdom	John Murray	Op	18739/91	27 June 1994	(1994) 18 E.H.R.R. CD 1	
United Kingdom	Johnson	Adm	10389/83	July 1986	(1987) 9 E.H.R.R. 386	
United Kingdom	Johnson	Adm	12536/86	December 1987	(1989) 11 E.H.R.R. 90	
United Kingdom	Johnson	Jmt	22520/93	24 October 1997	(1999) 27 E.H.R.R. 296	
United Kingdom	K	Adm	18394/91	October 1992	(1993) 15 E.H.R.R. CD 33	
United Kingdom	KL	Adm	29392/95	26 May 1998	(1998) 26 E.H.R.R. CD 113	
United Kingdom	Kamal	Adm	8378/78	14 May 1980	(1982) 4 E.H.R.R. 244	
United Kingdom	Kaplan	Op	7598/76	17 July 1980	(1982) 4 E.H.R.R. 64	
United Kingdom	Kara	Adm	36528/97	22 October 1998	(1999) 27 E.H.R.R. CD 272	
United Kingdom	Karamjit Chahal	Adm	22414/93	September 1994	(1994) 18 E.H.R.R. CD 193	
United Kingdom	Keenan	Adm	27229/95	22 May 1998	(1998) 26 E.H.R.R. CD 64	
United Kingdom	Kelly	Adm	10626/83	May 1985	(1986) 8 E.H.R.R. 77	
United Kingdom	Kelly	Adm	17579/90	January 1993	(1993) 16 E.H.R.R. CD 20	
United Kingdom	Kennedy	Adm	36428/97	21 October 1998	(1999) 27 E.H.R.R. CD 266	
United Kingdom	Kerr	Adm	40451/98	7 December 1999	(2000) 29 E.H.R.R. CD 184	
United Kingdom	Khan	Adm	23860/94	29 November 1995	(1996) 21 E.H.R.R. CD 67	
United Kingdom	Khan	Jmt	35394/97	12 May 2000	(2001) 31 E.H.R.R. 1016	(2001) 31 E.H.R.R 45

RESPONDENT STATE	APPLICANT	Adm / Op / Jmt	APPL. No.	DECISION DATE	CITATION	CASE No.
United Kingdom	Khan	Adm	35394/97	20 April 1999	(1999) 27 E.H.R.R. CD 58	
United Kingdom	Khatun	Adm	38387/97	1 July 1998	(1998) 26 E.H.R.R. CD 212	
United Kingdom	Kilbourn	Adm	10991/84	May 1985	(1986) 8 E.H.R.R. 81	
United Kingdom	Kingsley	Adm	35605/97	14 September 1999	(2000) 29 E.H.R.R. CD 191	
United Kingdom	Kwong	Adm	36336/97	2 July 1998	(1998) 26 E.H.R.R. CD 189	
United Kingdom	LCB	Jmt	23413/94	9 June 1998	(1999) 27 E.H.R.R. 212	
United Kingdom	Lalljee	Adm	10556/83	July 1985	(1986) 8 E.H.R.R. 84	
United Kingdom	Lamguindaz	Jmt	16152/90	28 June 1993	(1994) 17 E.H.R.R. 213	
United Kingdom	Lant	Adm	11046/84	December 1985	(1987) 9 E.H.R.R. 243	
United Kingdom	Larbie	Adm	25073/94	28 February 1996	(1996) 21 E.H.R.R. CD 103	
United Kingdom	Laskey, Jaggard and Brown	Jmt	21627/93; 21826/93; 21974/93	19 February 1997	(1997) 24 E.H.R.R. 39	
United Kingdom	Launder	Adm	27279/95	8 December 1997	(1998) 25 E.H.R.R. CD 67	
United Kingdom	Leary	Adm	38890/97	25 April 2000	(2000) 29 E.H.R.R. CD 62	
United Kingdom	Lee	Adm	25289/94	4 March 1998	(1998) 25 E.H.R.R. CD 46	
United Kingdom	Leech	Adm	20075/92	August 1994	(1994) 18 E.H.R.R. CD 116	
United Kingdom	Liberal Party	Op	8765/79	18 December 1980	(1982) 4 E.H.R.R. 106	
United Kingdom	Lindsay	Adm	11089/84	November 1986	(1987) 9 E.H.R.R. 555	
United Kingdom	Lindsay	Adm	31699/96	17 January 1997	(1997) 23 E.H.R.R. CD 199	
United Kingdom	Lines	Adm	24519/94	17 January 1997	(1997) 23 E.H.R.R. CD 58	
United Kingdom	Lithgow	Op	9006/80; 9262/81; 9263/81; 9265/81; 9266/81; 9313/81; 9405/81	7 March 1984	(1985) 7 E.H.R.R. 56	
United Kingdom	Lithgow	Jmt	9006/80	8 July 1986	(1986) 8 E.H.R.R. 329	
United Kingdom	Lithgow	Adm	9006/80	January 1983	(1983) 5 E.H.R.R. 491	

United Kingdom	Lockwood	Adm	18824/91	October 1992	(1993) 15 E.H.R.R. CD 48	
United Kingdom	Logan	Op	24875/94	September 1996	(1996) 22 E.H.R.R. CD 178	
United Kingdom	Lukka	Adm	12122/86	October 1986	(1987) 9 E.H.R.R. 552	
United Kingdom	Lustig-Prean and Beckett	Jmt	31417/96; 32377/96	25 July 2000	(2001) 31 E.H.R.R. 601	(2001) 31 E.H.R.R 23
United Kingdom	Lustig-Prean and Beckett	Jmt	31417/96; 32377/96	27 September 1999	(2000) 29 E.H.R.R. 548	
United Kingdom	Lyttle	Adm	11650/85	July 1986	(1987) 9 E.H.R.R. 381	
United Kingdom	MAR	Adm	28038/95	16 January 1996	(1997) 23 E.H.R.R. CD 120	
United Kingdom	M.L.	Adm	23546/94	June 1995	(1995) 20 E.H.R.R. CD 81	
United Kingdom	Mabey	Op	28370/95	May 1996	(1996) 22 E.H.R.R. CD 123	
United Kingdom	McCallum	Jmt	9511/81	30 August 1990	(1991) 13 E.H.R.R. 597	
United Kingdom	McCann	Jmt	18984/91	27 September 1995	(1996) 21 E.H.R.R. 97	
United Kingdom	McCloy	Adm	11151/84	December 1985	(1987) 9 E.H.R.R. 131	
United Kingdom	McCotter	Adm	18632/91	October 1992	(1993) 15 E.H.R.R. CD 98	
United Kingdom	McCourt	Adm	20433/92	October 1992	(1993) 15 E.H.R.R. CD 110	
United Kingdom	McCullough	Adm	24889/94	12 September 1997	(1998) 25 E.H.R.R. CD 34	
United Kingdom	McDaid	Op	25681/94	April 1996	(1996) 22 E.H.R.R. CD 197	
United Kingdom	McFeeley	Op	8317/78	15 May 1980	(1981) 3 E.H.R.R. 161	
United Kingdom	McGinley and Egan	Jmt	21825/93; 23414/94	9 June 1998	(1999) 27 E.H.R.R. 1	
United Kingdom	McGinley and Egan	Adm	21825/93; 23414/94	28 November 1995	(1996) 21 E.H.R.R. CD 56	
United Kingdom	McGonnell	Jmt	28488/95	8 February 2000	(2000) 30 E.H.R.R. 289	
United Kingdom	McGonnell	Adm	28488/95	22 January 1998	(1998) 25 E.H.R.R. CD 84	
United Kingdom	McIntyre	Adm	29046/95	21 October 1998	(1999) 27 E.H.R.R. CD 152	
United Kingdom	McLaughlin	Adm	18759/91	May 1994	(1994) 18 E.H.R.R. CD 84	
United Kingdom	McLeod	Jmt	24755/94	23 September 1998	(1999) 27 E.H.R.R. 493	
United Kingdom	McLeod	Op	24755/94	June 1996	(1996) 22 E.H.R.R. CD 158	
United Kingdom	McMichael	Jmt	16424/90	24 February 1995	(1995) 20 E.H.R.R. 205	
United Kingdom	McMichael	Adm	16424/90	October 1992	(1993) 15 E.H.R.R. CD 80	
United Kingdom	McVeigh, O'Neill and Evans	Jmt	8022/77; 8025/77; 8027/77	18 March 1981	(1983) 5 E.H.R.R. 71	

RESPONDENT STATE	APPLICANT	Adm / Op / Jmt	APPL. No.	DECISION DATE	CITATION	CASE No.
United Kingdom	Magee	Adm	24892/94	April 1995	(1995) 19 E.H.R.R. CD 91	
United Kingdom	Magee	Jmt	28135/95	6 June 2000	(2001) 31 E.H.R.R. 822	(2001) 31 E.H.R.R 35
United Kingdom	Malone	Jmt	8691/79	26 April 1985	(1991) 13 E.H.R.R. 448	
United Kingdom	Malone	Jmt	8691/79	2 August 1984	(1985) 7 E.H.R.R. 14	
United Kingdom	Malone	Jmt	8691/79	17 December 1982	(1983) 5 E.H.R.R. 385	
United Kingdom	Malone	Adm	8691/79	13 July 1981	(1982) 4 E.H.R.R. 330	
United Kingdom	Manners	Adm	37650/97	21 May 1998	(1998) 26 E.H.R.R. CD 206	
United Kingdom	Martin	Adm	27533/95	28 February 1996	(1996) 21 E.H.R.R. CD 112	
United Kingdom	Masefield	Adm	11469/85	December 1985	(1987) 9 E.H.R.R. 136	
United Kingdom	Matthews	Jmt	24833/94	18 February 1999	(1999) 28 E.H.R.R. 361	
United Kingdom	Matthews	Op	24833/94	April 1996	(1996) 22 E.H.R.R. CD 175	
United Kingdom	Maxwell	Jmt	18949/91	28 October 1994	(1995) 19 E.H.R.R. 97	
United Kingdom	Maxwell	Adm	18949/91	October 1992	(1993) 15 E.H.R.R. CD 101	
United Kingdom	Miah	Adm	37401/97	1 July 1998	(1998) 26 E.H.R.R. CD 199	
United Kingdom	Monnell and Morris	Jmt	9562/81; 9818/82	2 March 1987	(1988) 10 E.H.R.R. 205	
United Kingdom	Monnell and Morris	Op	9562/81	11 March 1985	(1985) 7 E.H.R.R. 579	
United Kingdom	Moody	Adm	22613/93	January 1995	(1995) 19 E.H.R.R. CD 90	
United Kingdom	Moore and Gordon	Jmt	36529/97; 37393/97	29 September 1999	(2000) 29 E.H.R.R. 728	
United Kingdom	Munro	Adm	10594/83	March 1987	(1988) 10 E.H.R.R. 516	
United Kingdom	Murray	Jmt	14310/88	28 October 1994	(1995) 19 E.H.R.R. 193	
United Kingdom	Murray	Jmt	18731/91	8 February 1996	(1996) 22 E.H.R.R. 29	
United Kingdom	N	Adm	18757/91	October 1992	(1993) 15 E.H.R.R. CD 47	
United Kingdom	N	Adm	20100/92	January 1993	(1993) 16 E.H.R.R. CD 28	
United Kingdom	Nap Holdings Uk Ltd	Op	27721/95	April 1996	(1996) 22 E.H.R.R. CD 114	
United Kingdom	Natfhe	Adm	28910/95	16 April 1998	(1998) 25 E.H.R.R. CD 122	

United Kingdom	National and Provincial, Leeds and Yorkshire Building Societies	Jmt	21319/93; 21449/93; 21675/93	23 October 1997	(1998) 25 E.H.R.R. 127	
United Kingdom	National and Provincial, Leeds and Yorkshire Building Societies	Adm	21319/93; 21449/93; 21675/93	January 1995	(1995) 19 E.H.R.R. CD 56	
United Kingdom	Nesaei	Adm	11359/85	March 1985	(1986) 8 E.H.R.R. 298	
United Kingdom	O	Jmt	9276/81	9 June 1988	(1991) 13 E.H.R.R. 578	
United Kingdom	O	Jmt	9276/81	8 July 1987	(1988) 10 E.H.R.R. 82	
United Kingdom	Observer and the Guardian	Jmt	13585/88	26 November 1991	(1992) 14 E.H.R.R. 153	
United Kingdom	Oldham	Jmt	36273/97	26 September 2000	(2001) 31 E.H.R.R. 813	(2001) 31 E.H.R.R 34
United Kingdom	Oliver and abbs	Adm	10944/84	December 1985	(1987) 9 E.H.R.R. 126	
United Kingdom	Orchin	Op	8435/78	October 1983	(1984) 6 E.H.R.R. 391	
United Kingdom	Osman	Jmt	23452/94	28 October 1998	(2000) 29 E.H.R.R. 245	
United Kingdom	Osman	Op	23452/94	May 1996	(1996) 22 E.H.R.R. CD 137	
United Kingdom	Ouattara	Adm	32884/96	2 March 1998	(1998) 25 E.H.R.R. CD 167	
United Kingdom	PP	Adm	25297/94	16 January 1996	(1996) 21 E.H.R.R. CD 81	
United Kingdom	Parker	Adm	27286/95	June 1995	(1995) 20 E.H.R.R. CD 132	
United Kingdom	Patel	Adm	8844/80	9 December 1980	(1982) 4 E.H.R.R. 256	
United Kingdom	Patel	Adm	35693/97	22 October 1998	(1999) 27 E.H.R.R. CD 254	
United Kingdom	Paton	Adm	8416/78	13 May 1980	(1981) 3 E.H.R.R. 409	
United Kingdom	Peeks	Adm	25277/94	2 July 1997	(1997) 24 E.H.R.R. CD 35	
United Kingdom	Pendragon	Adm	31416/96	19 October 1998	(1999) 27 E.H.R.R. CD 179	
United Kingdom	Perks	Jmt	25277/94; 25279/94; 25280/94; 25285/94; 28048/95; 28192/95; 28456/95	12 October 1999	(2000) 30 E.H.R.R. 33	
United Kingdom	Phull	Adm	32789/96	11 September 1997	(1998) 25 E.H.R.R. CD 166	

RESPONDENT STATE	APPLICANT	Adm / Op / Jmt	APPL. No.	DECISION DATE	CITATION	CASE No.
United Kingdom	Pinder	Adm	10096/82	October 1984	(1985) 7 E.H.R.R. 464	
United Kingdom	Pinnacle Meat Processors Company	Adm	33298/96	21 October 1998	(1999) 27 E.H.R.R. CD 217	
United Kingdom	Poku	Op	26985/95	May 1996	(1996) 22 E.H.R.R. CD 94	
United Kingdom	Powell	Adm	9310/81	October 1985	(1987) 9 E.H.R.R. 241	
United Kingdom	Powell and Rayner	Jmt	9310/81	21 February 1990	(1990) 12 E.H.R.R. 355	
United Kingdom	Powell and Rayner	Cm	9310/81	19 January 1989	(1990) 12 E.H.R.R. 288	
United Kingdom	Pullar	Jmt	22399/93	10 June 1996	(1996) 22 E.H.R.R. 391	
United Kingdom	Quinn	Adm	23496/94	21 October 1996	(1997) 23 E.H.R.R. CD 41	
United Kingdom	R	Jmt	9840/82	9 June 1988	(1991) 13 E.H.R.R. 588	
United Kingdom	R	Jmt	10496/83	9 June 1988	(1991) 13 E.H.R.R. 457	
United Kingdom	R	Jmt	10496/83	8 July 1987	(1988) 10 E.H.R.R. 74	
United Kingdom	R	Adm	18711/91	October 1992	(1993) 15 E.H.R.R. CD 100	
United Kingdom	RC, AWA and 1,877 Others	Adm	37664/97; 37665/97; 37974/97; 37979/97; 37682/97; 38910/97	1 July 1998	(1998) 26 E.H.R.R. CD 210	
United Kingdom	R.M.B.	Adm	37120/97	9 September 1998	(1999) 27 E.H.R.R. CD 286	
United Kingdom	R.O.	Adm	23094/93	May 1994	(1994) 18 E.H.R.R. CD 212	
United Kingdom	R.S.	Adm	24604/94	September 1995	(1995) 20 E.H.R.R. CD 98	
United Kingdom	RSC	Adm	27560/95	28 May 1997	(1997) 23 E.H.R.R. CD 112	
United Kingdom	Rai, Allmond and Negotiate Now"	Adm	25522/94	April 1995	(1995) 19 E.H.R.R. CD 93	
United Kingdom	Rayner	Adm	9310/81	July 1986	(1987) 9 E.H.R.R. 375	
United Kingdom	Reed	Jmt	7630/76	12 December 1981	(1983) 5 E.H.R.R. 114	
United Kingdom	Reed	Adm	7630/76	6 December 1979	(1981) 3 E.H.R.R. 136	
United Kingdom	Rees	Jmt	9532/81	17 October 1986	(1987) 9 E.H.R.R. 56	

United Kingdom	Rees	Op	9532/81	12 December 1984	(1985) 7 E.H.R.R. 429	
United Kingdom	Reid	Op	9520/81	July 1983	(1984) 6 E.H.R.R. 387	
United Kingdom	Roberts	Adm	21178/93	January 1995	(1995) 19 E.H.R.R. CD 50	
United Kingdom	Robins	Jmt	22410/93	23 September 1997	(1998) 26 E.H.R.R. 527	
United Kingdom	Roux	Op	25601/94	September 1996	(1996) 22 E.H.R.R. CD 195	
United Kingdom	Rowe and Davis	Jmt	28901/95	16 February 2000	(2000) 30 E.H.R.R. 1	
United Kingdom	Rowe and Davis	Adm	28901/95	15 September 1997	(1998) 25 E.H.R.R. CD 118	
United Kingdom	Ryan	Adm	32875/96	1 July 1998	(1999) 27 E.H.R.R. CD 204	
United Kingdom	Ryder	Adm	12360/86	October 1987	(1989) 11 E.H.R.R. 80	
United Kingdom	S	Adm	19085/91	October 1992	(1993) 15 E.H.R.R. CD 106	
United Kingdom	S and M	Adm	21325/93	May 1993	(1994) 18 E.H.R.R. CD 172	
United Kingdom	SP	Adm	28915/95	17 January 1997	(1997) 23 E.H.R.R. CD 139	
United Kingdom	SP, DP and T	Op	23715/94	May 1996	(1996) 22 E.H.R.R. CD 148	
United Kingdom	SW and CR	Jmt	20166/92; 20190/92	22 November 1995	(1996) 21 E.H.R.R. 363	
United Kingdom	SW and CR	Adm	20166/92; 20190/92	January 1994	(1994) 18 E.H.R.R. CD 119	
United Kingdom	Saleem	Adm	38294/97	4 March 1998	(1998) 25 E.H.R.R. CD 193	
United Kingdom	Sander	Jmt	34129/96	9 May 2000	(2001) 31 E.H.R.R. 1003	(2001) 31 E.H.R.R 44
United Kingdom	Saunders	Jmt	19187/91	17 December 1996	(1997) 23 E.H.R.R. 313	
United Kingdom	Scarth	Adm	33745/96	21 May 1998	(1998) 26 E.H.R.R. CD 154	
United Kingdom	Scarth	Jmt	33745/96	22 July 1999	(1999) 28 E.H.R.R. CD 47	
United Kingdom	Scarth	Op	33745/96	22 July 1999	(1999) 27 E.H.R.R. CD 37	
United Kingdom	Scotts of Greenock Ltd and Lithgows Ltd	Cm	9482/81	17 December 1987	(1990) 12 E.H.R.R. 147	
United Kingdom	Scotts of Greenock Ltd and Lithgows Ltd	Adm	9482/81	March 1985	(1986) 8 E.H.R.R. 288	
United Kingdom	Scotts of Greenock Ltd and Lithgows Ltd	Adm	9599/81	March 1985	(1986) 8 E.H.R.R. 293	
United Kingdom	Sheffield	Adm	22985/93	19 January 1996	(1996) 21 E.H.R.R. CD 99	
United Kingdom	Sheffield	Adm	22985/93	September 1994	(1995) 20 E.H.R.R. CD 66	

RESPONDENT STATE	APPLICANT	Adm / Op / Jmt	APPL. No.	DECISION DATE	CITATION	CASE No.
United Kingdom	Sheffield and Horsham	Jmt	22885/93; 23390/94	30 July 1998	(1999) 27 E.H.R.R. 163	
United Kingdom	Sibson	Jmt	14327/88	20 April 1993	(1994) 17 E.H.R.R. 193	
United Kingdom	Silver	Jmt	594/72; 6205/73; 7072/75; 7061/75; 7107/75; 7113/75; 7136/75	24 October 1983	(1991) 13 E.H.R.R. 582	
United Kingdom	Silver	Jmt	5947/72; 6205/73; 7052/75; 7061/75; 7107/75; 7113/75; 7136/75	25 March 1983	(1983) 5 E.H.R.R. 347	
United Kingdom	Silver	Op	5947/72; 6205/73; 7052/75; 7061/75; 7107/75; 7113/75; 7136/75	11 October 1980	(1981) 3 E.H.R.R. 475	
United Kingdom	Smallwood	Adm	29779/96	21 October 1998	(1999) 27 E.H.R.R. CD 155	
United Kingdom	Smith	Adm	18401/91	May 1993	(1994) 18 E.H.R.R. CD 65	
United Kingdom	Smith	Adm	25154/94	4 March 1998	(1998) 25 E.H.R.R. CD 42	
United Kingdom	Smith	Adm	25373/94	29 November 1995	(1996) 21 E.H.R.R. CD 74	
United Kingdom	Smith	Adm	26666/95	4 March 1998	(1998) 25 E.H.R.R. CD 52	

United Kingdom	Smith and Grady	Jmt	33985/96; 33986/96	25 July 2000	(2001) 31 E.H.R.R. 620	(2001) 31 E.H.R.R 24
United Kingdom	Smith and Grady	Jmt	33985/96; 33986/96	27 September 1999	(2000) 29 E.H.R.R. 493	
United Kingdom	Smith and Grady	Adm	33985/96	23 February 1999	(1999) 27 E.H.R.R. CD 42	
United Kingdom	Soering	Jmt	14038/88	7 July 1989	(1989) 11 E.H.R.R. 439	
United Kingdom	Springer	Jmt	9083/80	11 May 1982	(1983) 5 E.H.R.R. 141	
United Kingdom	Stamoulakatos	Adm	27567/95	9 April 1997	(1997) 23 E.H.R.R. CD 113	
United Kingdom	Stedman	Adm	29107/95	9 April 1997	(1997) 23 E.H.R.R. CD 168	
United Kingdom	Steel	Jmt	24838/94	23 September 1998	(1999) 28 E.H.R.R. 603	
United Kingdom	Stefan	Adm	29419/95	9 December 1997	(1998) 25 E.H.R.R. CD 130	
United Kingdom	Stephan Jordan	Jmt	30280/96	14 March 2000	(2001) 31 E.H.R.R. 201	(2001) 31 E.H.R.R 6
United Kingdom	Stevens and Knight	Adm	28918/95	9 September 1998	(1999) 27 E.H.R.R. CD 138	
United Kingdom	Stewart	Adm	10044/82	July 1984	(1985) 7 E.H.R.R. 453	
United Kingdom	Stewart-Brady	Adm	27436/95	2 July 1997	(1997) 24 E.H.R.R. CD 38	
United Kingdom	Stewart-Brady	Adm	36908/97	21 October 1998	(1999) 27 E.H.R.R. CD 284	
United Kingdom	Stopford	Adm	31316/96	20 October 1997	(1998) 25 E.H.R.R. CD 151	
United Kingdom	Stubbings	Jmt	22083/93; 22095/93	22 October 1996	(1997) 23 E.H.R.R. 213	
United Kingdom	Stubbings	Op	22083/93; 22095/93	6 September 1994	(1995) 19 E.H.R.R. CD 32	
United Kingdom	Stubbings	Adm	22083/93; 22095/93	September 1994	(1994) 18 E.H.R.R. CD 185	
United Kingdom	Sujeeun	Adm	27788/95	18 January 1995	(1996) 21 E.H.R.R. CD 97	
United Kingdom	Sunday Times	Jmt	6538/74	26 April 1979	(1980) 2 E.H.R.R. 245	
United Kingdom	Sunday Times	Jmt	6538/74	6 November 1980	(1981) 3 E.H.R.R. 317	
United Kingdom	Sutherland	Op	25186/94	May 1996	(1996) 22 E.H.R.R. CD 182	
United Kingdom	T	Adm	24724/94	6 March 1998	(1998) 25 E.H.R.R. CD 11	
United Kingdom	TP and KM	Adm	28945/95	26 May 1998	(1998) 26 E.H.R.R. CD 84	
United Kingdom	Taylor	Adm	28641/95	9 April 1997	(1997) 23 E.H.R.R. CD 132	
United Kingdom	Taylor, Crampton, Gibson, King	Adm	23412/94	August 1994	(1994) 18 E.H.R.R. CD 215	
United Kingdom	Tee	Adm	26663/95	28 February 1996	(1996) 21 E.H.R.R. CD 108	
United Kingdom	Temple	Adm	10530/83	March 1985	(1986) 8 E.H.R.R. 318	

RESPONDENT STATE	APPLICANT	Adm / Op / Jmt	APPL. No.	DECISION DATE	CITATION	CASE No.
United Kingdom	Thaw	Op	27435/95	June 1996	(1996) 22 E.H.R.R. CD 100	
United Kingdom	Thynne, Wilson and Gunnell	Jmt	11787/85; 11978/86; 12009/86	25 October 1990	(1991) 13 E.H.R.R. 666	
United Kingdom	Thynne, Wilson and Gunnell	Op	11787/85; 12009/86	25 October 1990	(1991) 13 E.H.R.R. 135	
United Kingdom	Times Newspapers and Neil	Adm	18897/91	October 1992	(1993) 15 E.H.R.R. CD 49	
United Kingdom	Times Newspapers Limited	Adm	31811/96	26 February 1997	(1997) 23 E.H.R.R. CD 200	
United Kingdom	Times Newspapers Ltd	Adm	10243/83	March 1985	(1986) 8 E.H.R.R. 54	
United Kingdom	Tinnelly and Sons and McElduff	Op	20390/92; 21322/93	May 1996	(1996) 22 E.H.R.R. CD 62	
United Kingdom	Tinnelly and Sons Ltd and McElduff	Jmt	20390/92	10 July 1998	(1999) 27 E.H.R.R. 249	
United Kingdom	Togher	Adm	28555/95	16 April 1998	(1998) 25 E.H.R.R. CD 99	
United Kingdom	Tolstoy Miloslavsky	Jmt	18139/91	13 July 1995	(1995) 20 E.H.R.R. 442	
United Kingdom	Trustees of the late Duke of Westminster's Estate	Jmt	8793/79	28 January 1983	(1983) 5 E.H.R.R. 440	
United Kingdom	Turner	Adm	30294/96	26 February 1997	(1997) 23 E.H.R.R. CD 181	
United Kingdom	Tyrer	Jmt	5856/72	25 April 1978	(1980) 2 E.H.R.R. 1	
United Kingdom	V	Adm	19804/92	October 1992	(1993) 15 E.H.R.R. CD 108	
United Kingdom	V	Jmt	24888/94	16 December 1999	(2000) 30 E.H.R.R. 121	
United Kingdom	Varey	Adm	26662/95	4 March 1998	(1998) 25 E.H.R.R. CD 49	
United Kingdom	Vernon	Adm	38753/97	7 September 1999	(2000) 29 E.H.R.R. CD 264	
United Kingdom	Vickers PLC	Adm	9313/81	January 1983	(1983) 5 E.H.R.R. 499	

United Kingdom	Vilvarajh	Jmt	13163/87; 13164/87; 13165/87; 13447/87; 13448/87	30 October 1991	(1992) 14 E.H.R.R. 248
United Kingdom	Vosper PLC	Adm	9261/81	January 1983	(1983) 5 E.H.R.R. 496
United Kingdom	W	Jmt	9749/82	8 July 1987	(1988) 10 E.H.R.R. 29
United Kingdom	W	Jmt	9749/82	9 June 1988	(1991) 13 E.H.R.R. 453
United Kingdom	W, H and A	Adm	21681/93	January 1995	(1995) 19 E.H.R.R. CD 60
United Kingdom	Wain	Adm	10787/84	December 1985	(1987) 9 E.H.R.R. 122
United Kingdom	Walker	Adm	34979/97	25 January 2000	(2000) 29 E.H.R.R. CD 276
United Kingdom	Wanyonyi	Adm	32713/96	20 May 1998	(1999) 27 E.H.R.R. CD 195
United Kingdom	Ward	Adm	19226/92	January 1993	(1993) 16 E.H.R.R. CD 25
United Kingdom	Watts	Adm	10818/84	December 1985	(1987) 9 E.H.R.R. 123
United Kingdom	Webb	Op	9353/81	July 1983	(1984) 6 E.H.R.R. 120
United Kingdom	Webb	Adm	33186/96	2 July 1997	(1997) 24 E.H.R.R. CD 73
United Kingdom	Weeks	Jmt	9787/82	5 October 1988	(1991) 13 E.H.R.R. 435
United Kingdom	Weeks	Jmt	9787/82	2 March 1987	(1988) 10 E.H.R.R. 293
United Kingdom	Weeks	Op	9787/82	8 May 1984	(1985) 7 E.H.R.R. 436
United Kingdom	Welch	Jmt	17440/90	9 February 1995	(1995) 20 E.H.R.R. 247
United Kingdom	Welch	Jmt	17440/90	9 February 1995	(1996) 21 E.H.R.R. CD 1
United Kingdom	Welch	Adm	17440/90	January 1993	(1993) 16 E.H.R.R. CD 42
United Kingdom	West	Adm	34728/97	20 October 1997	(1998) 25 E.H.R.R. CD 185
United Kingdom	Weston	Op	8083/77	13 March 1980	(1981) 3 E.H.R.R. 402
United Kingdom	Whiteside	Adm	20357/92	March 1994	(1994) 18 E.H.R.R. CD 126
United Kingdom	Wilde, Greenhalgh and Parry	Adm	22382/93	January 1995	(1995) 19 E.H.R.R. CD 86
United Kingdom	Wilkinson	Adm	31145/96	1 July 1998	(1998) 26 E.H.R.R. CD 131
United Kingdom	Willis	Adm	36042/97	11 May 1999	(1999) 28 E.H.R.R. CD 166
United Kingdom	Willsher	Adm	31024/96	9 April 1997	(1997) 23 E.H.R.R. CD 188
United Kingdom	Wilson	Adm	30535/96	4 March 1998	(1998) 25 E.H.R.R. CD 140
United Kingdom	Wilson	Adm	36791/97	21 May 1998	(1998) 26 E.H.R.R. CD 195
United Kingdom	Wingrove	Jmt	17419/90	25 November 1996	(1997) 24 E.H.R.R. 1
United Kingdom	Wingrove	Adm	17419/90	March 1994	(1994) 18 E.H.R.R. CD 54

RESPONDENT STATE	APPLICANT	Adm / Op / Jmt	APPL. No.	DECISION DATE	CITATION	CASE No.
United Kingdom	Wood	Adm	32540/96	2 July 1997	(1997) 24 E.H.R.R. CD 69	
United Kingdom	Wright	Adm	38200/97	21 May 1998	(1999) 27 E.H.R.R. CD 314	
United Kingdom	Wynne	Jmt	15484/89	18 July 1994	(1995) 19 E.H.R.R. 333	
United Kingdom	Wynne	Adm	15484/89	October 1992	(1993) 15 E.H.R.R. CD 16	
United Kingdom	X	Jmt	6998/75	18 October 1982	(1983) 5 E.H.R.R. 192	
United Kingdom	X	Jmt	9054/80	8 October 1982	(1983) 5 E.H.R.R. 260	
United Kingdom	X	Adm	20657/92	October 1992	(1993) 15 E.H.R.R. CD 113	
United Kingdom	X	Adm	28530/95	19 January 1998	(1998) 25 E.H.R.R. CD 88	
United Kingdom	X (Mr and Mrs and their Son)	Jmt	8566/79	13 October 1982	(1983) 5 E.H.R.R. 265	
United Kingdom	X (Mrs and Ms)	Adm	9471/81	March 1984	(1985) 7 E.H.R.R. 450	
United Kingdom	X and Y	Adm	9146/80	March 1985	(1986) 8 E.H.R.R. 298	
United Kingdom	X, Cabales Balkandali	Adm	9214/80; 9474/81	11 May 1982	(1983) 5 E.H.R.R. 132	
United Kingdom	X, Y and Z	Op	21830/93	1 December 1994	(1995) 20 E.H.R.R. CD 6	
United Kingdom	Y	Jmt	14229/88	29 October 1992	(1994) 17 E.H.R.R. 238	
United Kingdom	Yarrow PLC and Three Shareholders	Adm	9266/81	January 1983	(1983) 5 E.H.R.R. 498	
United Kingdom	Young, James and Webster	Jmt	7601/76; 7806/77	18 October 1982	(1983) 5 E.H.R.R. 201	
United Kingdom	Young, James and Webster	Jmt	7601/76; 7806/77	26 June 1981	(1982) 4 E.H.R.R. 38	
United Kingdom	Young, James and Webster	Op	7601/76; 7806/77	14 December 1979	(1981) 3 E.H.R.R. 20	
United Kingdom	Z	Op	29392/95	10 September 1999	(1999) 28 E.H.R.R. CD 65	
United Kingdom	Z, Y, Z	Jmt	21830/93	22 April 1997	(1997) 24 E.H.R.R. 143	
United Kingdom	Zamir	Cm	9174/80	25 January 1985	(1986) 8 E.H.R.R. 108	
United Kingdom	Zamir	Adm	9174/80	13 July 1982	(1983) 5 E.H.R.R. 242	

United Kingdom (No 2)	Sunday Times	Jmt	13166/87	26 November 1991	(1992) 14 E.H.R.R. 229
United Kingdom (No. 1)	Uppal	Op	8224/78	9 July 1980	(1981) 3 E.H.R.R. 391
United Kingdom (No. 2)	Uppal	Op	8224/78	9 July 1980	(1981) 3 E.H.R.R. 399
United Kingdom (Re Delay in Criminal Trial))	X	Op	8233/78	3 October 1979	(1981) 3 E.H.R.R. 271
United Kingdom (Re Detention of Mental Patient)	X	Jmt	7215/75	24 October 1981	(1982) 4 E.H.R.R. 188
United Kingdom (Re Education in Prison)	X	Adm	8874/80	9 December 1980	(1982) 4 E.H.R.R. 252
United Kingdom (Re Exhaustion of Domestic Remedies in Relation to Internment)	X	Op	6406/73	8 March 1979	(1981) 3 E.H.R.R. 302
United Kingdom (Re Homo-sexuality)	X	Op	7215/75	12 October 1978	(1981) 3 E.H.R.R. 63
United Kingdom (Re Solicitors' Advertising)	X	Adm	8600/79	16 July 1981	(1982) 4 E.H.R.R. 350
United Kingdom and Ireland	App. No. 9825/82	Adm	9825/82	March 1985	(1986) 8 E.H.R.R. 49

RESPONDENT STATE	APPLICANT	Adm / Op / Jmt	APPL. No.	DECISION DATE	CITATION	CASE No.
United Kingdom and Ireland	App. No. 10019/82	Adm	10019/82	May 1985	(1986) 8 E.H.R.R. 71	
United Kingdom and Ireland	App. No. 10020/82	Adm	10020/82	May 1985	(1986) 8 E.H.R.R. 71	
United Kingdom and Ireland	App. No. 10023/82	Adm	10023/82	May 1985	(1986) 8 E.H.R.R. 71	
United Kingdom and Ireland	App. No. 10024/82	Adm	10024/82	May 1985	(1986) 8 E.H.R.R. 71	
United Kingdom and Ireland	App. No. 11302/84	Adm	11302/84	May 1985	(1986) 8 E.H.R.R. 84	
United Kingdom and Ireland	Stafford	Adm	10885/84	March 1985	(1986) 8 E.H.R.R. 303	

CHRONOLOGICAL TABLE OF DECISIONS

DECISION DATE	PARTY A	PARTY B (COUNTRY)	Adm / Op / Jmt	APPL. No.	CITATION	CASE No.
14 November 1960	Lawless	Ireland (No. 1)	Jmt	332/57	(1979) 1 E.H.R.R. 1	
7 April 1961	Lawless	Ireland (No. 2)	Jmt	332/57	(1979) 1 E.H.R.R. 13	
1 July 1961	Lawless	Ireland (No. 3)	Jmt	332/57	(1979) 1 E.H.R.R. 15	
27 March 1962	De Becker	Belgium	Jmt	214/56	(1979) 1 E.H.R.R. 43	
9 February 1967	Belgian Linguistic Case (No. 1)	Belgium	Jmt	1474/62; 1677/62; 1699/62; 1769/63; 1994/63; 2126/64	(1979) 1 E.H.R.R. 241	
27 June 1968	Neumeister	Austria (No. 1)	Jmt	1936/63	(1979) 1 E.H.R.R. 91	
27 June 1968	Wemhoff	Germany	Jmt	2122/64	(1979) 1 E.H.R.R. 55	
23 July 1968	Belgian Linguistic Case (No. 2)	Belgium	Jmt	1474/62; 1677/62; 1699/62; 1769/63; 1994/63; 2126/64	(1979) 1 E.H.R.R. 252	
10 November 1969	Matznetter	Austria	Jmt	2178/64	(1979) 1 E.H.R.R. 198	
10 November 1969	Stögmüller	Austria	Jmt	1602/62	(1979) 1 E.H.R.R. 155	
17 January 1970	Delcourt	Belgium	Jmt	2689/65	(1979) 1 E.H.R.R. 355	
18 June 1971	De Wilde, Ooms and Versyp	Belgium (No. 1)	Jmt	2832/66; 2835/66; 2899/66	(1979) 1 E.H.R.R. 373	
16 July 1971	Ringeisen	Austria (No. 1)	Jmt	2614/65	(1979) 1 E.H.R.R. 455	
10 March 1972	De Wilde, Ooms and Versyp	Belgium (No. 2)	Jmt	2832/66; 2835/66; 2899/66	(1979) 1 E.H.R.R. 438	
22 June 1972	Ringeisen	Austria (No. 2)	Jmt	2614/65	(1979) 1 E.H.R.R. 504	
23 June 1973	Ringeisen	Austria (No. 3)	Jmt	2614/65	(1979) 1 E.H.R.R. 513	

DECISION DATE	PARTY A	PARTY B (COUNTRY)	Adm / Op / Jmt	APPL. No.	CITATION	CASE No.
14 December 1973	East African Asians	United Kingdom	Op	4403/70; 4419/70; 4422/70; 4434/70; 4443/70; 4476/70; 4478/70; 4486/70; 4501/70; 4526/70; 4530/70	(1981) 3 E.H.R.R. 76	
7 May 1974	Neumeister	Austria (No. 2)	Jmt	1936/63	(1979) 1 E.H.R.R. 136	
21 February 1975	Golder	United Kingdom	Jmt	4451/70	(1979) 1 E.H.R.R. 524	
27 October 1975	National Union of Belgian Police	Belgium	Jmt	4464/70	(1979) 1 E.H.R.R. 578	
6 February 1976	Schmidt and Dahlström	Sweden	Jmt	5589/72	(1979) 1 E.H.R.R. 632	
6 February 1976	Swedish Engine Drivers' Union	Sweden	Jmt	5614/72	(1979) 1 E.H.R.R. 617	
8 June 1976	Engel	Netherlands (No. 1)	Jmt	5100/71; 5101/71; 5102/71; 5354/72; 5370/72	(1979) 1 E.H.R.R. 647	
10 July 1976	Cyprus	Turkey	Op	6780/74; 6950/75	(1982) 4 E.H.R.R. 482	
23 November 1976	Engel	Netherlands (No. 2)	Jmt	5100/71; 5101/71; 5102/71; 5354/72; 5370/72	(1979) 1 E.H.R.R. 706	
7 December 1976	Handyside	United Kingdom	Jmt	5493/72	(1979) 1 E.H.R.R. 737	
7 December 1976	Kjeldsen, Busk Madsen and Peterson	Denmark	Jmt	5095/71; 5920/72; 5926/72	(1979) 1 E.H.R.R. 711	
12 July 1977	Bruggemann and Scheuten	Germany	Op	6959/75	(1981) 3 E.H.R.R. 244	
18 January 1978	Ireland	United Kingdom	Jmt	5310/71	(1980) 2 E.H.R.R. 25	

6 March 1978	Hilton	United Kingdom	Op	5613/72	(1981) 3 E.H.R.R. 104
25 April 1978	Tyrer	United Kingdom	Jmt	5856/72	(1980) 2 E.H.R.R. 1
28 June 1978	Konig	Germany	Jmt	6232/73	(1980) 2 E.H.R.R. 170
6 September 1978	Klass	Germany	Jmt	5029/71	(1980) 2 E.H.R.R. 214
12 October 1978	Arrowsmith	United Kingdom	Op	7050/75	(1981) 3 E.H.R.R. 218
12 October 1978	X	United Kingdom (Re Homosexuality)	Op	7215/75	(1981) 3 E.H.R.R. 63
28 November 1978	Luedicke, Belkacem and Koç	Germany	Jmt	6210/73; 6877/75; 7132/75	(1980) 2 E.H.R.R. 149
8 March 1979	X	United Kingdom (Re Exhaustion of Domestic Remedies in Relation to Internment)	Op	6406/73	(1981) 3 E.H.R.R. 302
26 April 1979	Sunday Times	United Kingdom	Jmt	6538/74	(1980) 2 E.H.R.R. 245
13 June 1979	Marckx	Belgium	Jmt	6833/74	(1980) 2 E.H.R.R. 330
3 October 1979	X	Austria (Re Rent Control)	Op	8003/77	(1981) 3 E.H.R.R. 285
3 October 1979	X	United Kingdom (Re Delay in Criminal Trial))	Op	8233/78	(1981) 3 E.H.R.R. 271
9 October 1979	Airey	Ireland	Jmt	6289/73	(1980) 2 E.H.R.R. 305
11 October 1979	Glimmerveen and Hagenbeek	Netherlands	Adm	8348/78; 8406/78	(1982) 4 E.H.R.R. 260
24 October 1979	Winterwerp	Netherlands	Jmt	6301/73	(1980) 2 E.H.R.R. 387
4 December 1979	Schiesser	Switzerland	Jmt	7710/76	(1980) 2 E.H.R.R. 417
5 December 1979	Bonnechaux	Switzerland	Op	8224/78	(1981) 3 E.H.R.R. 259
6 December 1979	Reed	United Kingdom	Adm	7630/76	(1981) 3 E.H.R.R. 136
13 December 1979	Hamer	United Kingdom	Op	7114/75	(1982) 4 E.H.R.R. 139

DECISION DATE	PARTY A	PARTY B (COUNTRY)	Adm / Op / Jmt	APPL. No.	CITATION	CASE No.
14 December 1979	Brady	United Kingdom	Op	8575/79	(1981) 3 E.H.R.R. 297	
14 December 1979	Young, James and Webster	United Kingdom	Op	7601/76; 7806/77	(1981) 3 E.H.R.R. 20	
27 February 1980	Deweer	Belgium	Jmt	6903/75	(1980) 2 E.H.R.R. 439	
4 March 1980	X, Y and Z	Austria (Re Right to Trial)	Op	7950/77	(1982) 4 E.H.R.R. 270	
10 March 1980	Konig	Germany (No. 2)	Jmt	6232/73	(1980) 2 E.H.R.R. 469	
10 March 1980	Luedicke, Belkacem and Koç	Germany (No. 2)	Jmt	6210/73; 6877/75; 7132/75	(1980) 2 E.H.R.R. 433	
13 March 1980	Dudgeon	United Kingdom	Op	7525/76	(1981) 3 E.H.R.R. 40	
13 March 1980	Weston	United Kingdom	Op	8083/77	(1981) 3 E.H.R.R. 402	
13 May 1980	Artico	Italy	Jmt	6694/74	(1981) 3 E.H.R.R. 1	
13 May 1980	Paton	United Kingdom	Adm	8416/78	(1981) 3 E.H.R.R. 409	
14 May 1980	Kamal	United Kingdom	Adm	8378/78	(1982) 4 E.H.R.R. 244	
15 May 1980	McFeeley	United Kingdom	Op	8317/78	(1981) 3 E.H.R.R. 161	
16 May 1980	Campbell and Cosans	United Kingdom	Op	7511/76; 7743/76	(1981) 3 E.H.R.R. 531	
9 July 1980	Uppal	United Kingdom (No. 1)	Op	8224/78	(1981) 3 E.H.R.R. 391	
9 July 1980	Uppal	United Kingdom (No. 2)	Op	8224/78	(1981) 3 E.H.R.R. 399	
16 July 1980	A	United Kingdom	Op	6840/74	(1981) 3 E.H.R.R. 131	
17 July 1980	Caprino	United Kingdom	Op	6871/75	(1982) 4 E.H.R.R. 97	
17 July 1980	Kaplan	United Kingdom	Op	7598/76	(1982) 4 E.H.R.R. 64	
11 October 1980	Silver	United Kingdom	Op	5947/72; 6205/73; 7052/75; 7061/75; 7107/75; 7113/75; 7136/75	(1981) 3 E.H.R.R. 475	

6 November 1980	Guzzardi	Italy	Jmt	7367/76	(1981) 3 E.H.R.R. 333
6 November 1980	Sunday Times	United Kingdom	Jmt	6538/74	(1981) 3 E.H.R.R. 317
6 November 1980	Van Oosterwijck	Belgium	Jmt	7654/76	(1981) 3 E.H.R.R. 557
9 December 1980	Patel	United Kingdom	Adm	8844/80	(1982) 4 E.H.R.R. 256
9 December 1980	X	United Kingdom (Re Education in Prison)	Adm	8874/80	(1982) 4 E.H.R.R. 252
18 December 1980	Liberal Party	United Kingdom	Op	8765/79	(1982) 4 E.H.R.R. 106
6 February 1981	Airey	Ireland	Jmt	6289/73	(1981) 3 E.H.R.R. 592
March 1981	Ahmad	United Kingdom	Adm	8160/78	(1982) 4 E.H.R.R. 126
18 March 1981	McVeigh, O'Neill and Evans	United Kingdom	Jmt	8022/77; 8025/77; 8027/77	(1983) 5 E.H.R.R. 71
19 March 1981	Sargin	Germany	Adm	8819/79	(1982) 4 E.H.R.R. 276
6 May 1981	Buchholz	Germany	Jmt	7759/77	(1981) 3 E.H.R.R. 597
23 June 1981	Le Compte, Van Leuven and De Meyere	Belgium	Jmt	6878/75; 7238/75	(1982) 4 E.H.R.R. 1
26 June 1981	Young, James and Webster	United Kingdom	Jmt	7601/76; 7806/77	(1982) 4 E.H.R.R. 38
6 July 1981	X	Sweden (Re Immigration)	Op	9105/80	(1982) 4 E.H.R.R. 408
13 July 1981	Malone	United Kingdom	Adm	8691/79	(1982) 4 E.H.R.R. 330
15 July 1981	X	Ireland (Re Affiliation Proceedings)	Adm	8315/78	(1982) 4 E.H.R.R. 359
15 July 1981	X, Y and Z	Sweden (Re Fair Trial)	Op	8702/79	(1982) 4 E.H.R.R. 395
16 July 1981	X	United Kingdom (Re Solicitors' Advertising)	Adm	8600/79	(1982) 4 E.H.R.R. 350
17 July 1981	X	Germany	Op	8682/79	(1982) 4 E.H.R.R. 398

DECISION DATE	PARTY A	PARTY B (COUNTRY)	Adm / Op / Jmt	APPL. No.	CITATION	CASE No.
22 September 1981	Dudgeon	United Kingdom	Jmt	7525/76	(1982) 4 E.H.R.R. 149	
7 October 1981	B	United Kingdom	Cm	6870/75	(1984) 6 E.H.R.R. 204	
7 October 1981	B	United Kingdom	Op	6870/75	(1984) 6 E.H.R.R. 204	
24 October 1981	X	United Kingdom (Re Detention of Mental Patient)	Jmt	7215/75	(1982) 4 E.H.R.R. 188	
27 November 1981	Winterwerp	Netherlands	Jmt	6301/73	(1982) 4 E.H.R.R. 228	
11 December 1981	Lingens and Leitgens	Austria	Adm	8803/79	(1982) 4 E.H.R.R. 373	
12 December 1981	Reed	United Kingdom	Jmt	7630/76	(1983) 5 E.H.R.R. 114	
5 February 1982	Ashingdane	United Kingdom	Op	8225/78	(1982) 4 E.H.R.R. 590	
24 February 1982	Adolf	Austria	Jmt	8269/78	(1982) 4 E.H.R.R. 313	
25 February 1982	Campbell and Cosans	United Kingdom	Jmt	7511/76; 7743/76	(1982) 4 E.H.R.R. 293	
8 March 1982	Hendriks	Netherlands	Jmt	8427/78	(1983) 5 E.H.R.R. 223	
May 1982	App. No. 8873/80	United Kingdom	Adm	8873/80	(1983) 5 E.H.R.R. 268	
May 1982	App. No. 8962/80	Belgium	Adm	8962/80	(1983) 5 E.H.R.R. 268	
May 1982	App. No. 9156/80	Austria	Adm	9156/80	(1983) 5 E.H.R.R. 269	
May 1982	App. No. 9324/81	Germany	Adm	9324/81	(1983) 5 E.H.R.R. 269	
May 1982	App. No. 9385/81	Germany	Adm	9385/81	(1983) 5 E.H.R.R. 270	
May 1982	App. No. 9394/81	Germany	Adm	9394/81	(1983) 5 E.H.R.R. 270	
May 1982	App. No. 9403/81	United Kingdom	Adm	9403/81	(1983) 5 E.H.R.R. 270	
May 1982	App. No. 9515/81	United Kingdom	Adm	9515/81	(1983) 5 E.H.R.R. 272	
May 1982	App. No. 9607/81	Switzerland	Adm	9607/81	(1983) 5 E.H.R.R. 272	
May 1982	Van der Sluijs	Netherlands	Adm	9362/81; 9363/81; 9387/81	(1983) 5 E.H.R.R. 270	
5 May 1982	Temeltasch	Switzerland	Adm	9116/80	(1983) 5 E.H.R.R. 417	

7 May 1982	Gay News and Lemon	United Kingdom	Jmt	8710/79	(1983) 5 E.H.R.R. 123
11 May 1982	Dahanayake	United Kingdom	Jmt	9435/81	(1983) 5 E.H.R.R. 144
11 May 1982	Springer	United Kingdom	Jmt	9083/80	(1983) 5 E.H.R.R. 141
11 May 1982	X, Cabales Balkandali	United Kingdom	Adm	9214/80; 9474/81	(1983) 5 E.H.R.R. 132
12 May 1982	Campbell and Fell	United Kingdom	Jmt	7819/77; 7878/77	(1983) 5 E.H.R.R. 207
13 May 1982	Arrondelle	United Kingdom	Jmt	7889/77	(1983) 5 E.H.R.R. 118
13 May 1982	X, Y and Z	Sweden	Jmt	8811/79	(1983) 5 E.H.R.R. 147
24 June 1982	Van Droogenbroeck	Belgium	Jmt	7906/77	(1982) 4 E.H.R.R. 443
July 1982	App. No. 9017/80	Sweden	Adm	9017/80	(1983) 5 E.H.R.R. 274
July 1982	App. No. 9280/81	Austria	Adm	9280/81	(1983) 5 E.H.R.R. 283
July 1982	App. No. 9282/81	United Kingdom	Adm	9282/81	(1983) 5 E.H.R.R. 283
July 1982	App. No. 9292/81	United Kingdom	Adm	9292/81	(1983) 5 E.H.R.R. 275
July 1982	App. No. 9295/81	Austria	Adm	9295/81	(1983) 5 E.H.R.R. 284
July 1982	App. No. 9355/81	United Kingdom	Adm	9355/81	(1983) 5 E.H.R.R. 276
July 1982	App. No. 9411/81	Germany	Adm	9411/81	(1983) 5 E.H.R.R. 276
July 1982	App. No. 9441/81	United Kingdom	Adm	9441/81	(1983) 5 E.H.R.R. 289
July 1982	App. No. 9446/81	United Kingdom	Adm	9446/81	(1983) 5 E.H.R.R. 277
July 1982	App. No. 9569/81	France	Adm	9569/81	(1983) 5 E.H.R.R. 277
July 1982	Bönisch	Austria	Adm	8658/79	(1983) 5 E.H.R.R. 273
July 1982	Colozza and Rubinat	Italy	Adm	9024/80; 9317/81	(1983) 5 E.H.R.R. 274
July 1982	Dores and Silveira	Portugal	Adm	9345/81; 9346/81	(1983) 5 E.H.R.R. 275
July 1982	Guincho	Portugal	Adm	8990/80	(1983) 5 E.H.R.R. 274
July 1982	Zimmermann	Austria	Settlement	8490/79	(1983) 5 E.H.R.R. 303
13 July 1982	Zamir	United Kingdom	Adm	9174/80	(1983) 5 E.H.R.R. 242
15 July 1982	Eckle	Germany	Jmt	8130/78	(1983) 5 E.H.R.R. 1
23 September 1982	Sporrong and Lönnroth	Sweden	Jmt	7151/75	(1983) 5 E.H.R.R. 35
29 September 1982	Jespers	Belgium	Op	8403/78	(1983) 5 E.H.R.R. 305

DECISION DATE	PARTY A	PARTY B (COUNTRY)	Adm / Op / Jmt	APPL. No.	CITATION	CASE No.
October 1982	App. No. 8828/79	Denmark	Adm	8828/79	(1983) 5 E.H.R.R. 278	
October 1982	App. No. 8944/80	Switzerland	Adm	8944/80	(1983) 5 E.H.R.R. 279	
October 1982	App. No. 9084/80	United Kingdom	Adm	9084/80	(1983) 5 E.H.R.R. 280	
October 1982	App. No. 9097/80	Belgium	Adm	9097/80	(1983) 5 E.H.R.R. 280	
October 1982	App. No. 9107/80	Belgium	Adm	9107/80	(1983) 5 E.H.R.R. 282	
October 1982	App. No. 9113/80	United Kingdom	Adm	9113/80	(1983) 5 E.H.R.R. 283	
October 1982	App. No. 9301/81	Switzerland	Adm	9301/81	(1983) 5 E.H.R.R. 285	
October 1982	App. No. 9329/81	United Kingdom	Adm	9329/81	(1983) 5 E.H.R.R. 286	
October 1982	App. No. 9347/81	Italy	Adm	9347/81	(1983) 5 E.H.R.R. 287	
October 1982	App. No. 9417/81	Germany	Adm	9417/81	(1983) 5 E.H.R.R. 288	
October 1982	App. No. 9420/81	Italy	Adm	9420/81	(1983) 5 E.H.R.R. 289	
October 1982	App. No. 9488/81	United Kingdom	Adm	9488/81	(1983) 5 E.H.R.R. 289	
October 1982	App. No. 9513/81	United Kingdom	Adm	9513/81	(1983) 5 E.H.R.R. 290	
October 1982	App. No. 9531/81	Germany	Adm	9531/81	(1983) 5 E.H.R.R. 290	
October 1982	App. No. 9544/81	Austria	Adm	9544/81	(1983) 5 E.H.R.R. 291	
October 1982	App. No. 9603/81	Germany	Adm	9603/81	(1983) 5 E.H.R.R. 291	
October 1982	App. No. 9606/81	United Kingdom	Adm	9606/81	(1983) 5 E.H.R.R. 291	
October 1982	App. No. 9641/82	Germany	Adm	9641/82	(1983) 5 E.H.R.R. 292	
October 1982	App. No. 9649/82	Sweden	Adm	9649/82	(1983) 5 E.H.R.R. 292	
October 1982	App. No. 9702/82	United Kingdom	Adm	9702/82	(1983) 5 E.H.R.R. 293	
October 1982	App. No. 9707/82	Sweden	Adm	9707/82	(1983) 5 E.H.R.R. 294	
October 1982	App. No. 9710/82	United Kingdom	Adm	9710/82	(1983) 5 E.H.R.R. 295	
October 1982	App. No. 9713/82	Belgium	Adm	9713/82	(1983) 5 E.H.R.R. 295	
October 1982	App. No. 9732/82	United Kingdom	Adm	9732/82	(1983) 5 E.H.R.R. 295	
October 1982	App. No. 9773/82	United Kingdom	Adm	9773/82	(1983) 5 E.H.R.R. 296	
October 1982	App. No. 9788/82	United Kingdom	Adm	9788/82	(1983) 5 E.H.R.R. 297	
October 1982	App. No. 9803/82	United Kingdom	Adm	9803/82	(1983) 5 E.H.R.R. 465	
October 1982	App. No. 9804/82	Belgium	Adm	9804/82	(1983) 5 E.H.R.R. 488	

October 1982	App. No. 9806/82	Ireland	Adm	9806/82	(1983) 5 E.H.R.R. 488
October 1982	App. No. 9820/82	Sweden	Adm	9820/82	(1983) 5 E.H.R.R. 297
October 1982	App. No. 9821/82	United Kingdom	Adm	9821/82	(1983) 5 E.H.R.R. 298
October 1982	App. No. 9843/82	United Kingdom	Adm	9843/82	(1983) 5 E.H.R.R. 488
October 1982	App. No. 9867/82	United Kingdom	Adm	9867/82	(1983) 5 E.H.R.R. 489
October 1982	App. No. 9871/82	United Kingdom	Adm	9871/82	(1983) 5 E.H.R.R. 298
October 1982	App. No. 9880/82	United Kingdom	Adm	9880/82	(1983) 5 E.H.R.R. 298
October 1982	App. No. 9884/82	United Kingdom	Adm	9884/82	(1983) 5 E.H.R.R. 298
October 1982	App. No. 9890/82	United Kingdom	Adm	9890/82	(1983) 5 E.H.R.R. 299
October 1982	App. No. 9901/82	United Kingdom	Adm	9901/82	(1983) 5 E.H.R.R. 299
October 1982	App. No. 9918/82	United Kingdom	Adm	9918/82	(1983) 5 E.H.R.R. 299
October 1982	App. No. 9935/82	United Kingdom	Adm	9935/82	(1983) 5 E.H.R.R. 610
October 1982	App. No. 9950/82	Germany	Adm	9950/82	(1983) 5 E.H.R.R. 490
October 1982	App. No. 9954/82	United Kingdom	Adm	9954/82	(1983) 5 E.H.R.R. 299
October 1982	App. No. 9966/82	United Kingdom	Adm	9966/82	(1983) 5 E.H.R.R. 299
October 1982	App. No. 9969/82	United Kingdom	Adm	9969/82	(1983) 5 E.H.R.R. 301
October 1982	App. No. 9978/82	United Kingdom	Adm	9978/82	(1983) 5 E.H.R.R. 301
October 1982	App. No. 9988/82	United Kingdom	Adm	9988/82	(1983) 5 E.H.R.R. 301
October 1982	App. No. 9993/82	France	Adm	9993/82	(1983) 5 E.H.R.R. 302
October 1982	App. No. 9997/82	Germany	Adm	9997/82	(1983) 5 E.H.R.R. 490
October 1982	Kofler	Italy	Op	8261/78	(1983) 5 E.H.R.R. 303
1 October 1982	Piersack	Belgium	Jmt	8692/79	(1983) 5 E.H.R.R. 169
October 1982	Sequaris	Belgium	Adm	9676/82	(1983) 5 E.H.R.R. 293
October 1982	Skoogström	Sweden	Adm	8582/79	(1983) 5 E.H.R.R. 278
8 October 1982	X	United Kingdom	Jmt	9054/80	(1983) 5 E.H.R.R. 260
12 October 1982	Bramellid and Malmstrom	Sweden	Jmt	8588/79; 8589/79	(1983) 5 E.H.R.R. 249
13 October 1982	X (Mr and Mrs and their Son)	United Kingdom	Jmt	8566/79	(1983) 5 E.H.R.R. 265

DECISION DATE	PARTY A	PARTY B (COUNTRY)	Adm / Op / Jmt	APPL. No.	CITATION	CASE No.
18 October 1982	Le Compte, Van Leuven and De Meyere	Belgium	Jmt	6878/75	(1983) 5 E.H.R.R. 183	
18 October 1982	X	United Kingdom	Jmt	6998/75	(1983) 5 E.H.R.R. 192	
18 October 1982	Young, James and Webster	United Kingdom	Jmt	7601/76; 7806/77	(1983) 5 E.H.R.R. 201	
December 1982	App. No. 8712/79	United Kingdom	Adm	8712/79	(1983) 5 E.H.R.R. 465	
December 1982	App. No. 9132/80	Germany	Adm	9132/80	(1983) 5 E.H.R.R. 470	
December 1982	App. No. 9132/80	Germany	Adm	9132/80	(1983) 5 E.H.R.R. 471	
December 1982	App. No. 9225/80	United Kingdom	Adm	9225/80	(1983) 5 E.H.R.R. 471	
December 1982	App. No. 9451/81	Germany	Adm	9451/81	(1983) 5 E.H.R.R. 479	
December 1982	App. No. 9453/81	Portugal	Adm	9453/81	(1983) 5 E.H.R.R. 479	
December 1982	App. No. 9458/81	Germany	Adm	9458/81	(1983) 5 E.H.R.R. 480	
December 1982	App. No. 9461/81	United Kingdom	Adm	9461/81	(1983) 5 E.H.R.R. 480	
December 1982	App. No. 9505/81	United Kingdom	Adm	9505/81	(1983) 5 E.H.R.R. 480	
December 1982	App. No. 9578/81	Germany	Adm	9578/81	(1983) 5 E.H.R.R. 483	
December 1982	App. No. 9587/81	France	Adm	9587/81	(1983) 5 E.H.R.R. 483	
December 1982	App. No. 9620/81	United Kingdom	Adm	9620/81	(1983) 5 E.H.R.R. 486	
December 1982	App. No. 9626/81; 9736/82	Netherlands	Adm	9626/81; 9736/82	(1983) 5 E.H.R.R. 486	
December 1982	App. No. 9704/82	Germany	Adm	9704/82	(1983) 5 E.H.R.R. 487	
December 1982	App. No. 9796/82	United Kingdom	Adm	9796/82	(1983) 5 E.H.R.R. 487	
December 1982	Farrell	United Kingdom	Adm	9013/80	(1983) 5 E.H.R.R. 466	
December 1982	Gillow	United Kingdom	Adm	9063/80	(1983) 5 E.H.R.R. 581	
December 1982	Gross	Germany	Adm	9251/81	(1983) 5 E.H.R.R. 476	
10 December 1982	Corigliano	Italy	Jmt	8304/78	(1983) 5 E.H.R.R. 334	
10 December 1982	Foti	Italy	Jmt	7604/76; 7719/76; 7781/77; 7913/77	(1983) 5 E.H.R.R. 313	

10 December 1982	Hendriks	Netherlands	Cm	8427/78	(1983) 5 E.H.R.R. 223
17 December 1982	Malone	United Kingdom	Jmt	8691/79	(1983) 5 E.H.R.R. 385
January 1983	Banstonian Co	United Kingdom	Adm	9265/81	(1983) 5 E.H.R.R. 498
January 1983	Dowsett Securities	United Kingdom	Adm	9405/81	(1984) 6 E.H.R.R. 110
January 1983	English Electric Co. and Vickers Ltd	United Kingdom	Adm	9263/81	(1983) 5 E.H.R.R. 498
January 1983	Lithgow	United Kingdom	Adm	9006/80	(1983) 5 E.H.R.R. 491
January 1983	Vickers PLC	United Kingdom	Adm	9313/81	(1983) 5 E.H.R.R. 499
January 1983	Vosper PLC	United Kingdom	Adm	9261/81	(1983) 5 E.H.R.R. 496
January 1983	Yarrow PLC and Three Shareholders	United Kingdom	Adm	9266/81	(1983) 5 E.H.R.R. 498
28 January 1983	Trustees of the late Duke of Westminster's Estate	United Kingdom	Jmt	8793/79	(1983) 5 E.H.R.R. 440
10 February 1983	Albert and Le Compte	Belgium	Jmt	7299/75; 7496/76	(1983) 5 E.H.R.R. 533
24 February 1983	Dudgeon	United Kingdom	Jmt	7525/76	(1983) 5 E.H.R.R. 573
March 1983	Allgemeine Gold und Silberscheid-eanstalt AG	United Kingdom	Adm	9118/80	(1983) 5 E.H.R.R. 584
March 1983	App. No. 8744/79	Germany	Adm	8744/79	(1983) 5 E.H.R.R. 499
March 1983	App. No. 8893/80	Austria	Adm	8893/80	(1983) 5 E.H.R.R. 502
March 1983	App. No. 8957/80	Austria	Adm	8957/80	(1983) 5 E.H.R.R. 502
March 1983	App. No. 8998/80	Austria	Adm	8998/80	(1984) 6 E.H.R.R. 321
March 1983	App. No. 9035/80	Germany	Adm	9035/80	(1983) 5 E.H.R.R. 502
March 1983	App. No. 9103/80	Netherlands	Adm	9103/80	(1983) 5 E.H.R.R. 503
March 1983	App. No. 9307/81	Austria	Adm	9307/81	(1983) 5 E.H.R.R. 503
March 1983	App. No. 9308/81	Germany	Adm	9308/81	(1983) 5 E.H.R.R. 503
March 1983	App. No. 9348/81	United Kingdom	Adm	9348/81	(1983) 5 E.H.R.R. 504

DECISION DATE	PARTY A	PARTY B (COUNTRY)	Adm / Op / Jmt	APPL. No.	CITATION	CASE No.
March 1983	App. No. 9360/81	Ireland	Adm	9360/81	(1983) 5 E.H.R.R. 506	
March 1983	App. No. 9429/81	Ireland	Adm	9429/81	(1983) 5 E.H.R.R. 507	
March 1983	App. No. 9486/81	Switzerland	Adm	9486/81	(1983) 5 E.H.R.R. 587	
March 1983	App. No. 9506/81	Belgium	Adm	9506/81	(1983) 5 E.H.R.R. 508	
March 1983	App. No. 9539/81	Germany	Adm	9539/81	(1983) 5 E.H.R.R. 508	
March 1983	App. No. 9550/81	United Kingdom	Adm	9550/81	(1983) 5 E.H.R.R. 508	
March 1983	App. No. 9553/81	Belgium	Adm	9553/81	(1983) 5 E.H.R.R. 509	
1 March 1983	App. No. 9576/81	United Kingdom	Adm	9576/81	(1983) 5 E.H.R.R. 509	
March 1983	App. No. 9595/81	France	Adm	9595/81	(1983) 5 E.H.R.R. 509	
March 1983	App. No. 9600/81	Germany	Adm	9600/81	(1983) 5 E.H.R.R. 510	
March 1983	App. No. 9604/81	Germany	Adm	9604/81	(1983) 5 E.H.R.R. 587	
March 1983	App. No. 9605/81	France	Adm	9605/81	(1983) 5 E.H.R.R. 510	
March 1983	App. No. 9610/81	Germany	Adm	9610/81	(1984) 6 E.H.R.R. 110	
March 1983	App. No. 9615/81	United Kingdom	Adm	9615/81	(1983) 5 E.H.R.R. 591	
March 1983	App. No. 9664/82	Sweden	Adm	9664/82	(1983) 5 E.H.R.R. 510	
March 1983	App. No. 9678/82	Germany	Adm	9678/82	(1983) 5 E.H.R.R. 511	
March 1983	App. No. 9687/82	Germany	Adm	9687/82	(1983) 5 E.H.R.R. 511	
March 1983	App. No. 9706/82	Germany	Adm	9706/82	(1983) 5 E.H.R.R. 512	
March 1983	App. No. 9742/82	Ireland	Adm	9742/82	(1983) 5 E.H.R.R. 594	
March 1983	App. No. 9760/82	Germany	Adm	9760/82	(1983) 5 E.H.R.R. 596	
March 1983	App. No. 9807/82	Netherlands	Adm	9807/82	(1983) 5 E.H.R.R. 513	
March 1983	App. No. 9813/82	United Kingdom	Adm	9813/82	(1983) 5 E.H.R.R. 513	
March 1983	App. No. 9926/82	Netherlands	Adm	9926/82	(1983) 5 E.H.R.R. 515	
March 1983	App. No. 9963/82	Belgium	Adm	9963/82	(1983) 5 E.H.R.R. 515	
March 1983	App. No. 9974/82	Denmark	Adm	9974/82	(1983) 5 E.H.R.R. 515	
March 1983	App. No. 9992/82	France	Adm	9992/82	(1983) 5 E.H.R.R. 515	
March 1983	App. No. 10067/82	United Kingdom	Adm	10067/82	(1983) 5 E.H.R.R. 516	
March 1983	App. No. 10097/82	Netherlands	Adm	10097/82	(1983) 5 E.H.R.R. 516	

March 1983	App. No. 10106/82	United Kingdom	Adm	10106/82	(1983) 5 E.H.R.R. 516
March 1983	App. No. 10165/82	United Kingdom	Adm	10165/82	(1983) 5 E.H.R.R. 516
March 1983	App. No. 10184/82	United Kingdom	Adm	10184/82	(1983) 5 E.H.R.R. 516
22 March 1983	Campbell and Cosans	United Kingdom	Jmt	7511/76; 7743/76	(1991) 13 E.H.R.R. 441
23 March 1983	Santschi	Switzerland		7468/76; 7938/77; 8018/77; 8106/77; 8325/78; 8778/79	(1983) 5 E.H.R.R. 520
24 March 1983	Temeltasch	Switzerland	Cm	9116/80	(1983) 5 E.H.R.R. 417
25 March 1983	Minelli	Switzerland	Jmt	8660/79	(1983) 5 E.H.R.R. 554
25 March 1983	Silver	United Kingdom	Jmt	5947/72; 6205/73; 7052/75; 7061/75; 7107/75; 7113/75; 7136/75	(1983) 5 E.H.R.R. 347
25 April 1983	Pakelli	Germany	Jmt	8398/78	(1984) 6 E.H.R.R. 1
25 April 1983	Van Droogenbroeck	Belgium	Jmt	7906/77	(1991) 13 E.H.R.R. 546
May 1983	Altun	Germany	Adm	10308/82	(1983) 5 E.H.R.R. 611
May 1983	App. No. 9290/81	Netherlands	Adm	9290/81	(1983) 5 E.H.R.R. 597
May 1983	App. No. 9322/81	Netherlands	Adm	9322/81	(1983) 5 E.H.R.R. 598
May 1983	App. No. 9327/81	Netherlands	Adm	9327/81	(1983) 5 E.H.R.R. 600
May 1983	App. No. 9369/81	United Kingdom	Adm	9369/81	(1983) 5 E.H.R.R. 601
May 1983	App. No. 9438/81	United Kingdom	Adm	9438/81	(1983) 5 E.H.R.R. 602
May 1983	App. No. 9521/81	United Kingdom	Adm	9521/81	(1983) 5 E.H.R.R. 602
May 1983	App. No. 9658/82	United Kingdom	Adm	9658/82	(1983) 5 E.H.R.R. 603
May 1983	App. No. 9659/82	United Kingdom	Adm	9659/82	(1983) 5 E.H.R.R. 605
May 1983	App. No. 9730/82	United Kingdom	Adm	9730/82	(1983) 5 E.H.R.R. 606
May 1983	App. No. 9822/82	Spain	Adm	9822/82	(1983) 5 E.H.R.R. 609
May 1983	App. No. 9850/82	United Kingdom	Adm	9850/82	(1983) 5 E.H.R.R. 610
May 1983	App. No. 9900/82	France	Adm	9900/82	(1983) 5 E.H.R.R. 610
May 1983	App. No. 9976/82	Belgium	Adm	9976/82	(1983) 5 E.H.R.R. 610
May 1983	App. No. 10004/82	Switzerland	Adm	10004/82	(1983) 5 E.H.R.R. 597

DECISION DATE	PARTY A	PARTY B (COUNTRY)	Adm / Op / Jmt	APPL. No.	CITATION	CASE No.
May 1983	App. No. 10099/82	Sweden	Adm	10099/82	(1984) 6 E.H.R.R. 129	
May 1983	App. No. 10144/82	Sweden	Adm	10144/82	(1984) 6 E.H.R.R. 130	
May 1983	App. No. 10212/82	United Kingdom	Adm	10212/82	(1983) 5 E.H.R.R. 611	
May 1983	App. No. 10230/82	Sweden	Adm	10230/82	(1984) 6 E.H.R.R. 131	
May 1983	App. No. 10264/82	Sweden	Adm	10264/82	(1984) 6 E.H.R.R. 132	
May 1983	Biondi	Italy	Op	8821/79	(1984) 6 E.H.R.R. 113	
May 1983	D'Haese, Le Compte	Belgium	Op	8830/80	(1984) 6 E.H.R.R. 114	
May 1983	De Varga Hirsch	France	Op	9559/81	(1984) 6 E.H.R.R. 126	
12 May 1983	Abdulaziz Cabales and Balkandali	United Kingdom	Op	9214/80; 9473/81; 9474/81	(1984) 6 E.H.R.R. 28	
21 June 1983	Eckle	Germany	Jmt	8130/78	(1991) 13 E.H.R.R. 556	
23 June 1983	App. No. 8195/78	United Kingdom	Adm	8195/78	(1984) 6 E.H.R.R. 133	
23 June 1983	Tonwerke	Austria	Cm	7987/77	(1984) 6 E.H.R.R. 147	
July 1983	App. No. 8858/80	Germany	Op	8858/80	(1984) 6 E.H.R.R. 328	
July 1983	App. No. 8891/80	Belgium	Adm	8891/80	(1984) 6 E.H.R.R. 329	
July 1983	App. No. 8989/80	Belgium	Adm	8989/80	(1984) 6 E.H.R.R. 329	
July 1983	App. No. 9018/80	Netherlands	Adm	9018/80	(1984) 6 E.H.R.R. 134	
July 1983	App. No. 9022/80	Switzerland	Adm	9022/80	(1984) 6 E.H.R.R. 329	
July 1983	App. No. 9044/80	Belgium	Adm	9107/80	(1984) 6 E.H.R.R. 330	
July 1983	App. No. 9107/80	United Kingdom	Adm	9109/80	(1984) 6 E.H.R.R. 134	
July 1983	App. No. 9157/80	Germany	Adm	9157/80	(1984) 6 E.H.R.R. 331	
July 1983	App. No. 9185/80	Sweden	Adm	9185/80	(1984) 6 E.H.R.R. 119	
July 1983	App. No. 9192/80	Italy	Op	9192/80	(1984) 6 E.H.R.R. 120	
July 1983	App. No. 9193/80	Netherlands	Adm	9193/80	(1984) 6 E.H.R.R. 134	
July 1983	App. No. 9205/80	United Kingdom	Adm	9205/80	(1984) 6 E.H.R.R. 135	
July 1983	App. No. 9315/81	Austria	Adm	9315/81	(1984) 6 E.H.R.R. 332	
July 1983	App. No. 9419/81	Switzerland	Op	9419/81	(1984) 6 E.H.R.R. 135	

July 1983	App. No. 9444/81	United Kingdom	Op	9444/81	(1984) 6 E.H.R.R. 136
July 1983	App. No. 9497/81	Germany	Op	9497/81	(1984) 6 E.H.R.R. 119
July 1983	App. No. 9502/81	United Kingdom	Op	9502/81	(1984) 6 E.H.R.R. 334
July 1983	App. No. 9503/81	United Kingdom	Op	9503/81	(1984) 6 E.H.R.R. 335
July 1983	App. No. 9518/81	Germany	Op	9518/81	(1984) 6 E.H.R.R. 137
July 1983	App. No. 9554/81	Ireland	Op	9554/81	(1984) 6 E.H.R.R. 336
July 1983	App. No. 9583/81	United Kingdom	Adm	9583/81	(1984) 6 E.H.R.R. 138
July 1983	App. No. 9628/81	Netherlands	Adm	9628/81	(1984) 6 E.H.R.R. 139
July 1983	App. No. 9643/82	United Kingdom	Adm	9643/82	(1984) 6 E.H.R.R. 334
July 1983	App. No. 9661/82	Austria	Adm	9661/82	(1984) 6 E.H.R.R. 344
July 1983	App. No. 9728/82	United Kingdom	Adm	9728/82	(1984) 6 E.H.R.R. 345
July 1983	App. No. 9729/82	United Kingdom	Adm	9729/82	(1984) 6 E.H.R.R. 346
July 1983	App. No. 9777/82	Belgium	Adm	9777/82	(1984) 6 E.H.R.R. 534
July 1983	App. No. 9785/82	United Kingdom	Adm	9785/82	(1984) 6 E.H.R.R. 139
July 1983	App. No. 9792/82	Germany	Adm	9792/82	(1984) 6 E.H.R.R. 347
July 1983	App. No. 9893/82	Denmark	Adm	9893/82	(1984) 6 E.H.R.R. 554
July 1983	App. No. 9895/82	Belgium	Adm	9895/82	(1984) 6 E.H.R.R. 555
July 1983	App. No. 9914/82	Netherlands	Adm	9914/82	(1984) 6 E.H.R.R. 139
July 1983	App. No. 9955/82	Norway	Adm	9955/82	(1984) 6 E.H.R.R. 348
July 1983	App. No. 10000/82	United Kingdom	Adm	10000/82	(1984) 6 E.H.R.R. 535
July 1983	App. No. 10032/82	Sweden	Op	10032/82	(1984) 6 E.H.R.R. 555
July 1983	App. No. 10040/82	Germany	Adm	10040/82	(1984) 6 E.H.R.R. 349
July 1983	App. No. 10050/82	United Kingdom	Adm	10050/82	(1984) 6 E.H.R.R. 140
July 1983	App. No. 10053/82	Denmark	Adm	10053/82	(1984) 6 E.H.R.R. 350
July 1983	App. No. 10054/82	United Kingdom	Adm	10054/82	(1984) 6 E.H.R.R. 140
July 1983	App. No. 10083/82	United Kingdom	Adm	10083/82	(1984) 6 E.H.R.R. 140
July 1983	App. No. 10169/82	United Kingdom	Adm	10169/82	(1984) 6 E.H.R.R. 144
July 1983	App. No. 10172/82	Netherlands	Adm	10172/82	(1984) 6 E.H.R.R. 145
July 1983	App. No. 10182/82	Spain	Adm	10182/82	(1984) 6 E.H.R.R. 145
July 1983	App. No. 10221/82	Germany	Adm	10221/82	(1984) 6 E.H.R.R. 353
July 1983	App. No. 10292/82	Spain	Adm	10292/83	(1984) 6 E.H.R.R. 146

DECISION DATE	PARTY A	PARTY B (COUNTRY)	Adm / Op / Jmt	APPL. No.	CITATION	CASE No.
July 1983	App. No. 10333/83	United Kingdom	Adm	10333/83	(1984) 6 E.H.R.R. 353	
July 1983	Moreaux	Belgium	Adm	9267/81	(1984) 6 E.H.R.R. 531	
July 1983	Reid	United Kingdom	Op	9520/81	(1984) 6 E.H.R.R. 387	
July 1983	Sequaris	Belgium	Adm	9676/82	(1984) 6 E.H.R.R. 386	
July 1983	Unterpertinger	Austria	Adm	9120/80	(1984) 6 E.H.R.R. 331	
July 1983	Webb	United Kingdom	Op	9353/81	(1984) 6 E.H.R.R. 120	
13 July 1983	Zimmermann and Steiner	Switzerland	Jmt	8737/79	(1984) 6 E.H.R.R. 17	
23 September 1983	Chartier	Italy	Cm	9044/80	(1984) 6 E.H.R.R. 387	
October 1983	App. No. 9237/81	United Kingdom	Op	9237/81	(1984) 6 E.H.R.R. 354	
October 1983	App. No. 9278/81; 9415/81	Norway	Adm	9278/81; 9415/81	(1984) 6 E.H.R.R. 357	
October 1983	App. No. 9588/81	United Kingdom	Op	9588/81	(1984) 6 E.H.R.R. 545	
October 1983	App. No. 9696/82	Germany	Adm	9696/82	(1984) 6 E.H.R.R. 360	
October 1983	App. No. 9697/82	Ireland	Adm	9697/82	(1984) 6 E.H.R.R. 546	
October 1983	App. No. 9776/82	United Kingdom	Adm	9776/82	(1984) 6 E.H.R.R. 360	
October 1983	App. No. 10196/82	Germany	Adm	10196/82	(1984) 6 E.H.R.R. 362	
October 1983	App. No. 10295/82	United Kingdom	Op	10295/83	(1984) 6 E.H.R.R. 558	
October 1983	App. No. 10317/83	United Kingdom	Op	10317/83	(1984) 6 E.H.R.R. 362	
October 1983	App. No. 10323/83	United Kingdom	Adm	10323/83	(1984) 6 E.H.R.R. 363	
October 1983	App. No. 10343/83	Switzerland	Adm	10343/83	(1984) 6 E.H.R.R. 367	
October 1983	App. No. 10401/83	France	Adm	10401/83	(1984) 6 E.H.R.R. 369	
October 1983	Ashingdane	United Kingdom	Adm	8225/78	(1984) 6 E.H.R.R. 69	
October 1983	Barthold	Germany	Op	8734/79	(1984) 6 E.H.R.R. 82	
October 1983	De Cubber	Belgium	Op	9186/80	(1984) 6 E.H.R.R. 104	
October 1983	Duinhof and Duijf	Netherlands	Op	9626/81	(1984) 6 E.H.R.R. 105	
October 1983	Krocher and Moller	Switzerland	Op	8463/78	(1984) 6 E.H.R.R. 395	
October 1983	Leander	Sweden	Op	9248/81	(1984) 6 E.H.R.R. 540	

October 1983	Lingens	Austria	Adm	9815/82	(1984) 6 E.H.R.R. 550
October 1983	McGoff	Sweden	Op	9017/80	(1984) 6 E.H.R.R. 101
October 1983	Orchin	United Kingdom	Op	8435/78	(1984) 6 E.H.R.R. 391
October 1983	Rasmussen	Denmark	Op	8777/79	(1984) 6 E.H.R.R. 94
October 1983	Skoogström	Sweden	Op	8582/79	(1984) 6 E.H.R.R. 77
October 1983	Vallon	Italy	Adm	9621/81	(1984) 6 E.H.R.R. 546
4 October 1983	Cyprus	Turkey	Jmt	8007/77	(1993) 15 E.H.R.R. 509
8 October 1983	Benthem	Netherlands	Op	8848/80	(1984) 6 E.H.R.R. 283
24 October 1983	Albert and Le Compte	Belgium	Jmt	7299/75; 7496/76	(1991) 13 E.H.R.R. 415
24 October 1983	Silver	United Kingdom	Jmt	594/72; 6205/73; 7072/75; 7061/75; 7107/75; 7113/75; 7136/75	(1991) 13 E.H.R.R. 582
November 1983	App. No. 8562/79	Netherlands	Op	8562/79	(1984) 6 E.H.R.R. 369
November 1983	App. No. 9749/82	United Kingdom	Adm	9749/82	(1984) 6 E.H.R.R. 565
November 1983	C	United Kingdom	Adm	9276/81	(1984) 6 E.H.R.R. 559
21 November 1983	Foti	Italy	Jmt	7604/76; 7719/76; 7781/77; 7913/77	(1991) 13 E.H.R.R. 568
23 November 1983	Van Der Mussele	Belgium	Jmt	8919/80	(1984) 6 E.H.R.R. 163
December 1983	App. No. 9596/81	Ireland	Adm	9596/81	(1984) 6 E.H.R.R. 570
December 1983	App. No. 9684/82	Netherlands	Adm	9684/82	(1984) 6 E.H.R.R. 575
December 1983	App. No. 9907/82	United Kingdom	Adm	9907/82	(1984) 6 E.H.R.R. 576
December 1983	App. No. 10001/82	Germany	Adm	10001/82	(1984) 6 E.H.R.R. 371
December 1983	App. No. 10210/82	France	Adm	10210/82	(1984) 6 E.H.R.R. 371
December 1983	App. No. 10211/82	France	Adm	10211/82	(1984) 6 E.H.R.R. 371
December 1983	App. No. 10227/82	Spain	Adm	10227/82	(1984) 6 E.H.R.R. 581
December 1983	App. No. 10331/83	United Kingdom	Adm	10331/83	(1984) 6 E.H.R.R. 583
December 1983	App. No. 10358/83	United Kingdom	Adm	10358/83	(1984) 6 E.H.R.R. 587
December 1983	App. No. 10479/83	United Kingdom	Adm	10479/83	(1984) 6 E.H.R.R. 373
December 1983	App. No. 10482/83	Germany	Adm	10482/83	(1984) 6 E.H.R.R. 587

DECISION DATE	PARTY A	PARTY B (COUNTRY)	Adm / Op / Jmt	APPL. No.	CITATION	CASE No.
December 1983	Can	Austria	Adm	9300/81	(1984) 6 E.H.R.R. 568	
December 1983	Deumeland	Germany	Adm	9384/81	(1984) 6 E.H.R.R. 565	
December 1983	X and Y	Netherlands	Op	8978/80	(1984) 6 E.H.R.R. 311	
6 December 1983	France, Norway, Denmark, Sweden and Netherlands	Turkey	Op	9940/82	(1984) 6 E.H.R.R. 241	
8 December 1983	Axen	Germany	Jmt	8273/78	(1984) 6 E.H.R.R. 195	
8 December 1983	Pretto	Italy	Jmt	7984/77	(1984) 6 E.H.R.R. 182	
January 1984	App. No. 9562/81	United Kingdom	Op	9562/81	(1984) 6 E.H.R.R. 592	
January 1984	App. No. 9787/82	United Kingdom	Adm	9787/82	(1984) 6 E.H.R.R. 596	
January 1984	App. No. 9818/82	United Kingdom	Adm	9818/82	(1984) 6 E.H.R.R. 598	
January 1984	Bulus	Sweden	Op	9330/81	(1984) 6 E.H.R.R. 587	
21 February 1984	Özturk	Germany	Jmt	8544/79	(1984) 6 E.H.R.R. 409	
22 February 1984	Sutter	Switzerland	Jmt	8209/78	(1984) 6 E.H.R.R. 272	
23 February 1984	Luberti	Italy	Jmt	9019/80	(1984) 6 E.H.R.R. 440	
March 1984	Altun	Germany	Settlement	10308/83	(1985) 7 E.H.R.R. 154	
March 1984	App. No. 9519/81	Germany	Op	9519/81	(1984) 6 E.H.R.R. 599	
March 1984	App. No. 9532/81	United Kingdom	Adm	9532/81	(1984) 6 E.H.R.R. 603	
March 1984	App. No. 9639/82	Germany	Adm	9639/82	(1985) 7 E.H.R.R. 135	
March 1984	App. No. 9793/82	United Kingdom	Adm	9793/82	(1985) 7 E.H.R.R. 135	
March 1984	App. No. 9905/82	Austria	Adm	9905/82	(1985) 7 E.H.R.R. 137	
March 1984	App. No. 10117/82	United Kingdom	Adm	10117/82	(1985) 7 E.H.R.R. 140	
March 1984	App. No. 10193/82	Germany	Adm	10193/82	(1985) 7 E.H.R.R. 141	
March 1984	App. No. 10228/82	United Kingdom	Adm	10228/82	(1985) 7 E.H.R.R. 141	
March 1984	Ettl	Austria	Adm	9273/81	(1984) 6 E.H.R.R. 599	
March 1984	Pedersen	Denmark	Settlement	9893/82	(1985) 7 E.H.R.R. 154	
March 1984	X (Mrs and Ms)	United Kingdom	Adm	9471/81	(1985) 7 E.H.R.R. 450	

7 March 1984	Lithgow	United Kingdom	Op	9006/80; 9262/81; 9263/81; 9265/81; 9266/81; 9313/81; 9405/81	(1985) 7 E.H.R.R. 56
9 April 1984	Goddi	Italy	Jmt	8966/80	(1984) 6 E.H.R.R. 457
May 1984	App. No. 9530/81	Germany	Adm	9530/81	(1985) 7 E.H.R.R. 144
May 1984	App. No. 9721/82	United Kingdom	Adm	9721/82	(1985) 7 E.H.R.R. 145
May 1984	App. No. 9723/82	Austria	Adm	9723/82	(1986) 8 E.H.R.R. 226
May 1984	App. No. 9840/82	United Kingdom	Adm	9840/82	(1985) 7 E.H.R.R. 146
May 1984	App. No. 10098/82	Germany	Adm	10098/82	(1986) 8 E.H.R.R. 225
May 1984	App. No. 10135/82	Denmark	Adm	10135/82	(1986) 8 E.H.R.R. 226
May 1984	App. No. 10496/83	United Kingdom	Adm	10496/83	(1985) 7 E.H.R.R. 147
May 1984	App. No. 10518/83	Netherlands	Adm	10518/83	(1985) 7 E.H.R.R. 150
May 1984	App. No. 10565/83	Germany	Adm	10565/83	(1985) 7 E.H.R.R. 152
May 1984	App. No. 10940/84	France	Adm	10940/84	(1986) 8 E.H.R.R. 226
May 1984	Harman	United Kingdom	Adm	10038/82	(1985) 7 E.H.R.R. 146
May 1984	Pastore	France	Adm	11035/84	(1986) 8 E.H.R.R. 224
8 May 1984	Vallon	Italy	Op	9621/81	(1985) 7 E.H.R.R. 436
8 May 1984	Weeks	United Kingdom	Op	9787/82	(1985) 7 E.H.R.R. 436
9 May 1984	Deumeland	Germany	Op	9384/81	(1985) 7 E.H.R.R. 409
22 May 1984	De Jong, Baljet and Van Den Brink	Netherlands	Jmt	8805/79; 8806/79; 9242/81	(1986) 8 E.H.R.R. 20
22 May 1984	Duinhof and Duijf	Netherlands	Jmt	9626/81; 9736/82	(1991) 13 E.H.R.R. 478
22 May 1984	Van der Sluijs, Zuiderveld and Klappe	Netherlands	Jmt	9362/81; 9363/81; 9387/81	(1991) 13 E.H.R.R. 461
28 June 1984	Campbell and Fell	United Kingdom	Jmt	7819/77; 7878/77	(1985) 7 E.H.R.R. 165
July 1984	App. No. 10039/82	United Kingdom	Adm	10039/82	(1985) 7 E.H.R.R. 451
July 1984	App. No. 10107/82	Switzerland	Adm	10107/82	(1986) 8 E.H.R.R. 252
July 1984	App. No. 10138/82	Italy	Adm	10138/82	(1986) 8 E.H.R.R. 252
July 1984	App. No. 10365/83	Germany	Adm	10365/83	(1985) 7 E.H.R.R. 461

DECISION DATE	PARTY A	PARTY B (COUNTRY)	Adm / Op / Jmt	APPL. No.	CITATION	CASE No.
July 1984	App. No. 10615/83	United Kingdom	Adm	10615/83	(1986) 8 E.H.R.R. 228	
July 1984	Baggetta	Italy	Adm	10256/83	(1986) 8 E.H.R.R. 234	
July 1984	Bönisch	Austria	Op	8658/79	(1984) 6 E.H.R.R. 467	
July 1984	Farragut	France	Adm	10103/82	(1986) 8 E.H.R.R. 232	
July 1984	G	Germany	Op	9228/80	(1984) 6 E.H.R.R. 499	
July 1984	James	United Kingdom	Op	8793/79	(1984) 6 E.H.R.R. 475	
July 1984	K	Germany	Adm	9704/82	(1984) 6 E.H.R.R. 519	
July 1984	Kamer	Belgium	Adm	10819/84	(1986) 8 E.H.R.R. 230	
July 1984	Radino	Italy	Adm	9683/82	(1986) 8 E.H.R.R. 233	
July 1984	Stewart	United Kingdom	Adm	10044/82	(1985) 7 E.H.R.R. 453	
10 July 1984	Guincho	Portugal	Jmt	8940/80	(1985) 7 E.H.R.R. 223	
12 July 1984	Can	Austria	Op	9300/81	(1985) 7 E.H.R.R. 421	
2 August 1984	Malone	United Kingdom	Jmt	8691/79	(1985) 7 E.H.R.R. 14	
October 1984	App. No. 9114/80	United Kingdom	Adm	9114/80	(1985) 7 E.H.R.R. 462	
October 1984	App. No. 9316/81	Austria	Adm	9316/81	(1986) 8 E.H.R.R. 256	
October 1984	App. No. 10141/82	Sweden	Adm	10141/82	(1986) 8 E.H.R.R. 253	
October 1984	Dyer	United Kingdom	Adm	10475/83	(1985) 7 E.H.R.R. 469	
October 1984	Pinder	United Kingdom	Adm	10096/82	(1985) 7 E.H.R.R. 464	
2 October 1984	Skoogström	Sweden	Jmt	8582/79	(1985) 7 E.H.R.R. 263	
11 October 1984	Allgemeine Gold und Silberscheid-eanstalt AG	United Kingdom	Op	9118/80	(1985) 7 E.H.R.R. 314	
11 October 1984	Lingens	Austria	Op	9815/82	(1985) 7 E.H.R.R. 446	
22 October 1984	Sramek	Austria	Jmt	8790/79	(1985) 7 E.H.R.R. 351	
23 October 1984	Özturk	Germany	Jmt	8544/79	(1985) 7 E.H.R.R. 251	
26 October 1984	De Cubber	Belgium	Jmt	9186/80	(1985) 7 E.H.R.R. 236	

26 October 1984	McGoff	Sweden	Jmt	9017/80	1986) 8 E.H.R.R. 246
26 October 1984	Piersack	Belgium	Jmt	8692/79	(1985) 7 E.H.R.R. 251
28 November 1984	Rasmussen	Denmark	Jmt	8777/79	(1985) 7 E.H.R.R. 371
December 1984	App. No. 10300/83	Germany	Adm	10300/83	(1986) 8 E.H.R.R. 264
December 1984	App. No. 10498/83	Austria	Adm	10498/83	(1986) 8 E.H.R.R. 258
December 1984	App. No. 10564/83	Germany	Adm	10564/83	(1986) 8 E.H.R.R. 262
December 1984	Englert	Germany	Adm	10282/83	(1986) 8 E.H.R.R. 45
December 1984	Taspinar	Netherlands	Adm	11026/84	(1986) 8 E.H.R.R. 47
12 December 1984	Rees	United Kingdom	Op	9532/81	(1985) 7 E.H.R.R. 429
18 December 1984	Sporrong and Lönnroth	Sweden	Jmt	7151/75; 7152/75	(1985) 7 E.H.R.R. 256
25 January 1985	App. No. 7699/76	United Kingdom	Adm	7699/76	(1983) 5 E.H.R.R. 268
25 January 1985	Zamir	United Kingdom	Cm	9174/80	(1986) 8 E.H.R.R. 108
12 February 1985	Colozza	Italy	Jmt	9024/80	(1985) 7 E.H.R.R. 516
12 February 1985	Rubinat	Italy	Jmt	9317/81	(1985) 7 E.H.R.R. 512
March 1985	Acociacion de Aviadores de la Republica, Mata	Spain	Adm	10733/84	(1986) 8 E.H.R.R. 286
March 1985	App. No. 7879/77	United Kingdom	Adm	7879/77	(1986) 8 E.H.R.R. 272
March 1985	App. No. 9119/80	United Kingdom	Adm	9119/80	(1986) 8 E.H.R.R. 47
March 1985	App. No. 9659/82	United Kingdom	Adm	9659/82	(1986) 8 E.H.R.R. 274
March 1985	App. No. 9719/82	Belgium	Adm	9719/82	(1986) 8 E.H.R.R. 274
March 1985	App. No. 9769/82	Netherlands	Adm	9769/82	(1986) 8 E.H.R.R. 288
March 1985	App. No. 9825/82	United Kingdom and Ireland	Adm	9825/82	(1986) 8 E.H.R.R. 49
March 1985	App. No. 10076/82	Germany	Adm	10076/82	(1986) 8 E.H.R.R. 281
March 1985	App. No. 10085/82	Germany	Adm	10085/82	(1986) 8 E.H.R.R. 287
March 1985	App. No. 10248/82	Switzerland	Adm	10248/82	(1986) 8 E.H.R.R. 270
March 1985	App. No. 10263/82	Denmark	Adm	10263/82	(1986) 8 E.H.R.R. 60
March 1985	App. No. 10330/83	United Kingdom	Adm	10330/83	(1986) 8 E.H.R.R. 271
March 1985	App. No. 10390/83	United Kingdom	Adm	10390/83	(1986) 8 E.H.R.R. 301

DECISION DATE	PARTY A	PARTY B (COUNTRY)	Adm / Op / Jmt	APPL. No.	CITATION	CASE No.
March 1985	App. No. 10527/83	Italy	Adm	10527/83	(1986) 8 E.H.R.R. 297	
March 1985	App. No. 10547/83	Sweden	Adm	10547/83	(1986) 8 E.H.R.R. 268	
March 1985	App. No. 10653/83	Sweden	Adm	10653/83	(1986) 8 E.H.R.R. 310	
March 1985	App. No. 10671/83	Sweden	Adm	10671/83	(1986) 8 E.H.R.R. 269	
March 1985	App. No. 10861/84	Switzerland	Adm	10861/84	(1986) 8 E.H.R.R. 327	
March 1985	App. No. 10894/84	Switzerland	Adm	10894/84	(1986) 8 E.H.R.R. 325	
March 1985	App. No. 10914/84	Netherlands	Adm	10914/84	(1986) 8 E.H.R.R. 308	
March 1985	App. No. 11013/84	Netherlands	Adm	11013/84	(1986) 8 E.H.R.R. 267	
March 1985	App. No. 11043/84	Germany	Adm	11043/84	(1986) 8 E.H.R.R. 303	
March 1985	App. No. 11055/84	Belgium and European Communities	Adm	11055/84	(1986) 8 E.H.R.R. 317	
March 1985	App. No. 11164/84	Belgium	Adm	11164/84	(1986) 8 E.H.R.R. 312	
March 1985	App. No. 11333/85	Germany	Adm	11333/85	(1986) 8 E.H.R.R. 323	
March 1985	Berrehab and Koster	Netherlands	Adm	10730/84	(1986) 8 E.H.R.R. 280	
March 1985	Brown	United Kingdom	Adm	11129/84	(1986) 8 E.H.R.R. 272	
March 1985	Chappell	United Kingdom	Op	10461/83	(1985) 7 E.H.R.R. 589	
March 1985	Enkelmann	Switzerland	Adm	10505/83	(1986) 8 E.H.R.R. 266	
March 1985	Gerlach	Germany	Adm	11130/84	(1986) 8 E.H.R.R. 311	
March 1985	Halil, Ahmet and Sabah	United Kingdom	Adm	11355/85	(1986) 8 E.H.R.R. 305	
March 1985	Herrick	United Kingdom	Adm	11185/84	(1986) 8 E.H.R.R. 66	
March 1985	Knudsen	Norway	Adm	11045/84	(1986) 8 E.H.R.R. 63	
March 1985	Martin	Ireland	Adm	8569/79	(1986) 8 E.H.R.R. 316	
March 1985	Nesaei	United Kingdom	Adm	11359/85	(1986) 8 E.H.R.R. 298	
March 1985	Okodata	Austria	Adm	10666/83	(1986) 8 E.H.R.R. 312	
March 1985	Priorello	Italy	Adm	11068/84	(1986) 8 E.H.R.R. 306	

March 1985	Ringhofer	Austria	Adm	10568/83	(1986) 8 E.H.R.R. 295
March 1985	Ruth	Sweden	Adm	10371/83	(1986) 8 E.H.R.R. 278
March 1985	Scotts of Greenock Ltd and Lithgows Ltd	United Kingdom	Adm	9482/81	(1986) 8 E.H.R.R. 288
March 1985	Scotts of Greenock Ltd and Lithgows Ltd	United Kingdom	Adm	9599/81	(1986) 8 E.H.R.R. 293
March 1985	Sharara and Rinia	Netherlands	Adm	10915/84	(1986) 8 E.H.R.R. 307
March 1985	Stafford	United Kingdom and Ireland	Adm	10885/84	(1986) 8 E.H.R.R. 303
March 1985	Temple	United Kingdom	Adm	10530/83	(1986) 8 E.H.R.R. 318
March 1985	Times Newspapers Ltd	United Kingdom	Adm	10243/83	(1986) 8 E.H.R.R. 54
March 1985	Union Nationale Des Compositeurs de Musique	France	Adm	10826/84	(1986) 8 E.H.R.R. 306
March 1985	Van der Heijden	Netherlands	Adm	11002/84	(1986) 8 E.H.R.R. 279
March 1985	Wallen	Sweden	Adm	10877/84	(1986) 8 E.H.R.R. 320
March 1985	X and Y	United Kingdom	Adm	9146/80	(1986) 8 E.H.R.R. 298
11 March 1985	Monnell and Morris	United Kingdom	Op	9562/81	(1985) 7 E.H.R.R. 579
25 March 1985	Barthold	Germany	Jmt	8734/79	(1985) 7 E.H.R.R. 383
26 March 1985	X and Y	Netherlands	Jmt	8978/80	(1986) 8 E.H.R.R. 235
26 April 1985	Malone	United Kingdom	Jmt	8691/79	(1991) 13 E.H.R.R. 448
May 1985	Aminoff	Sweden	Adm	10554/83	(1986) 8 E.H.R.R. 75
May 1985	App. No. 9783/82	Austria	Adm	9783/82	(1986) 8 E.H.R.R. 67
May 1985	App. No. 10019/82	United Kingdom and Ireland	Adm	10019/82	(1986) 8 E.H.R.R. 71
May 1985	App. No. 10020/82	United Kingdom and Ireland	Adm	10020/82	(1986) 8 E.H.R.R. 71

DECISION DATE	PARTY A	PARTY B (COUNTRY)	Adm / Op / Jmt	APPL. No.	CITATION	CASE No.
May 1985	App. No. 10023/82	United Kingdom and Ireland	Adm	10023/82	(1986) 8 E.H.R.R. 71	
May 1985	App. No. 10024/82	United Kingdom and Ireland	Adm	10024/82	(1986) 8 E.H.R.R. 71	
May 1985	App. No. 10918/84	Germany	Adm	10918/84	(1986) 8 E.H.R.R. 79	
May 1985	App. No. 10968/84	Austria	Adm	10968/84	(1986) 8 E.H.R.R. 80	
May 1985	App. No. 11198/84	United Kingdom	Adm	11198/84	(1986) 8 E.H.R.R. 84	
May 1985	App. No. 11302/84	United Kingdom and Ireland	Adm	11302/84	(1986) 8 E.H.R.R. 84	
May 1985	Cheall	United Kingdom	Adm	10550/83	(1986) 8 E.H.R.R. 74	
May 1985	Kelly	United Kingdom	Adm	10626/83	(1986) 8 E.H.R.R. 77	
May 1985	Kilbourn	United Kingdom	Adm	10991/84	(1986) 8 E.H.R.R. 81	
May 1985	Norris and National Gay Federation	Ireland	Adm	10581/83	(1986) 8 E.H.R.R. 75	
May 1985	Olsson	Sweden	Adm	10465/83	(1986) 8 E.H.R.R. 71	
May 1985	Prussner	Germany	Adm	10901/84	(1986) 8 E.H.R.R. 79	
May 1985	Staarman	Netherlands	Adm	10503/83	(1986) 8 E.H.R.R. 73	
May 1985	Widen	Sweden	Adm	10723/83	(1986) 8 E.H.R.R. 79	
6 May 1985	Bönisch	Austria	Jmt	8658/79	(1987) 9 E.H.R.R. 191	
17 May 1985	Leander	Sweden	Op	9248/81	(1985) 7 E.H.R.R. 557	
28 May 1985	Abdulaziz, Cabales and Balkandali	United Kingdom	Jmt	9214/80; 9473/81; 9474/81	(1985) 7 E.H.R.R. 471	
28 May 1985	Ashingdane	United Kingdom	Jmt	8225/78	(1985) 7 E.H.R.R. 528	
2 June 1985	Bönisch	Austria	Jmt	8658/79	(1991) 13 E.H.R.R. 409	
3 June 1985	Vallon	Italy	Jmt	9621/81	(1991) 13 E.H.R.R. 433	
July 1985	Allender	United Kingdom	Adm	11385/85	(1986) 8 E.H.R.R. 98	
July 1985	App. No. 10563/83	Sweden	Adm	10563/83	(1986) 8 E.H.R.R. 86	
July 1985	App. No. 10622/83	United Kingdom	Adm	10622/83	(1986) 8 E.H.R.R. 89	

July 1985	App. No. 10843/84	United Kingdom	Adm	10843/84	(1986) 8 E.H.R.R. 89
July 1985	App. No. 10854/84	United Kingdom	Adm	10854/84	(1986) 8 E.H.R.R. 90
July 1985	App. No. 10925/84	Sweden	Adm	10925/84	(1986) 8 E.H.R.R. 90
July 1985	App. No. 11098/84	Netherlands	Adm	11098/84	(1986) 8 E.H.R.R. 92
July 1985	App. No. 11169/84	Germany	Adm	11169/84	(1986) 8 E.H.R.R. 93
July 1985	App. No. 11278/84	Netherlands	Adm	11278/84	(1986) 8 E.H.R.R. 95
July 1985	App. No. 11417/85	Sweden	Adm	11417/85	(1986) 8 E.H.R.R. 106
July 1985	App. No. 11508/85	Denmark	Adm	11508/85	(1987) 9 E.H.R.R. 533
July 1985	Booth-Clibborn, Mannin	United Kingdom	Adm	11391/85	(1986) 8 E.H.R.R. 99
July 1985	Edis	United Kingdom	Adm	11414/85	(1986) 8 E.H.R.R. 99
July 1985	Edwards	United Kingdom	Adm	11377/85	(1986) 8 E.H.R.R. 96
July 1985	Felderer	Sweden	Adm	11001/84	(1986) 8 E.H.R.R. 91
July 1985	Gasper	Sweden	Adm	10368/83; 10642/83	(1986) 8 E.H.R.R. 99
July 1985	Hammerdahls Stormarknad AB	Sweden	Adm	11532/85	(1986) 8 E.H.R.R. 107
July 1985	Kurup	Denmark	Adm	11219/84	(1986) 8 E.H.R.R. 93
July 1985	Lalljee	United Kingdom	Adm	10556/83	(1986) 8 E.H.R.R. 84
July 1985	Nyssen	Belgium	Adm	10574/83	(1986) 8 E.H.R.R. 105
July 1985	Uskela	Sweden	Adm	10537/83	(1986) 8 E.H.R.R. 100
July 1985	Van der Leer	Netherlands	Adm	11509/85	(1987) 9 E.H.R.R. 537
12 July 1985	Pannetier	Switzerland	Cm	9229/81	(1987) 9 E.H.R.R. 399
30 September 1985	Can	Austria	Jmt	9300/81	(1986) 8 E.H.R.R. 14
October 1985	App. No. 9480/81	United Kingdom	Adm	9480/81	(1987) 9 E.H.R.R. 109
October 1985	App. No. 10628/83	Switzerland	Adm	10628/83	(1987) 9 E.H.R.R. 107
October 1985	App. No. 10729/83	Sweden	Adm	10729/83	(1987) 9 E.H.R.R. 112
October 1985	App. No. 10859/84	France	Adm	10859/84	(1987) 9 E.H.R.R. 93
October 1985	App. No. 11224/84	United Kingdom	Adm	11224/84	(1987) 9 E.H.R.R. 121
October 1985	Baggs	United Kingdom	Adm	9310/81	(1987) 9 E.H.R.R. 235

DECISION DATE	PARTY A	PARTY B (COUNTRY)	Adm / Op / Jmt	APPL. No.	CITATION	CASE No.
October 1985	Barebera, Messegue, Jabardo	Spain	Adm	10588/83; 10589/83; 10590/83	(1987) 9 E.H.R.R. 101	
October 1985	Bergstrom	Sweden	Adm	10587/83	(1987) 9 E.H.R.R. 93	
October 1985	Einarsson	Sweden	Adm	11005/84	(1987) 9 E.H.R.R. 110	
October 1985	Howard	United Kingdom	Adm	10825/84	(1987) 9 E.H.R.R. 116	
October 1985	Johansen	Norway	Adm	10600/83	(1987) 9 E.H.R.R. 103	
October 1985	Pagmar	Sweden	Adm	10728/83	(1987) 9 E.H.R.R. 91	
October 1985	Powell	United Kingdom	Adm	9310/81	(1987) 9 E.H.R.R. 241	
October 1985	Tre Traktörer AB	Sweden	Adm	10873/84	(1987) 9 E.H.R.R. 96	
8 October 1985	H	Belgium	Op	8950/80	(1986) 8 E.H.R.R. 510	
23 October 1985	Benthem	Netherlands	Jmt	8848/80	(1986) 8 E.H.R.R. 1	
25 October 1985	Bramelid and Malmstrom	Sweden	Cm	8588/79; 8589/79	(1986) 8 E.H.R.R. 116	
December 1985	Andersson	Sweden	Adm	11656/85	(1987) 9 E.H.R.R. 153	
December 1985	App. No. 10080/82	Germany	Adm	10080/82	(1987) 9 E.H.R.R. 250	
December 1985	App. No. 10293/82	United Kingdom	Adm	10293/82	(1987) 9 E.H.R.R. 255	
December 1985	App. No. 10471/83	United Kingdom	Adm	10471/83	(1987) 9 E.H.R.R. 155	
December 1985	App. No. 10476/83	Sweden	Adm	10476/83	(1987) 9 E.H.R.R. 247	
December 1985	App. No. 10542/83	Sweden	Adm	10542/83	(1987) 9 E.H.R.R. 250	
December 1985	App. No. 10893/84	Germany	Adm	10893/84	(1987) 9 E.H.R.R. 124	
December 1985	App. No. 10967/84	Sweden	Adm	10967/84	(1987) 9 E.H.R.R. 267	
December 1985	App. No. 11036/84	Sweden	Adm	11036/84	(1987) 9 E.H.R.R. 127	
December 1985	App. No. 11082/84	Belgium	Adm	11082/84	(1987) 9 E.H.R.R. 149	
December 1985	App. No. 11152/84	Italy	Adm	11152/84	(1987) 9 E.H.R.R. 150	
December 1985	App. No. 11155/84	Netherlands	Adm	11155/84	(1987) 9 E.H.R.R. 267	
December 1985	App. No. 11156/84	Netherlands	Adm	11156/84	(1987) 9 E.H.R.R. 267	
December 1985	App. No. 11243/84	Sweden	Adm	11243/84	(1987) 9 E.H.R.R. 131	

December 1985	App. No. 11245/84	Netherlands	Adm	11245/84	(1987) 9 E.H.R.R. 263
December 1985	App. No. 11329/85	Switzerland	Adm	11329/85	(1987) 9 E.H.R.R. 265
December 1985	App. No. 11408/85	Sweden	Adm	11408/85	(1987) 9 E.H.R.R. 244
December 1985	App. No. 11559/85	United Kingdom	Adm	11559/85	(1987) 9 E.H.R.R. 134
December 1985	App. No. 11564/85	Germany	Adm	11564/85	(1987) 9 E.H.R.R. 139
December 1985	App. No. 11620/85	Iceland	Adm	11620/85	(1987) 9 E.H.R.R. 151
December 1985	App. No. 11630/85	Sweden	Adm	11630/85	(1987) 9 E.H.R.R. 267
December 1985	App. No. 11864/85	United Kingdom	Adm	11864/85	(1987) 9 E.H.R.R. 268
December 1985	Bodén	Sweden	Adm	10930/84	(1987) 9 E.H.R.R. 141
December 1985	Colak	Germany	Adm	9999/82	(1987) 9 E.H.R.R. 154
December 1985	Elex	United Kingdom	Adm	10945/84	(1987) 9 E.H.R.R. 127
December 1985	Fryske Nasjonale Partij	Netherlands	Adm	11100/84	(1987) 9 E.H.R.R. 261
December 1985	Harper	United Kingdom	Adm	11746/85	(1987) 9 E.H.R.R. 267
December 1985	Holst	Denmark	Adm	11350/85	(1987) 9 E.H.R.R. 265
December 1985	Lamy	Belgium	Adm	10444/83	(1987) 9 E.H.R.R. 154
December 1985	Lant	United Kingdom	Adm	11046/84	(1987) 9 E.H.R.R. 243
December 1985	Lopez Moscoso	Spain	Adm	11021/84	(1987) 9 E.H.R.R. 145
December 1985	Masefield	United Kingdom	Adm	11469/85	(1987) 9 E.H.R.R. 136
December 1985	McCloy	United Kingdom	Adm	11151/84	(1987) 9 E.H.R.R. 131
December 1985	Nassen	Sweden	Adm	11565/85	(1987) 9 E.H.R.R. 150
December 1985	Oliver and Abbs	United Kingdom	Adm	10944/84	(1987) 9 E.H.R.R. 126
December 1985	Perez Mahia	Spain	Adm	11022/84	(1987) 9 E.H.R.R. 145
December 1985	Van Hal BV	Netherlands	Adm	11073/84	(1987) 9 E.H.R.R. 146
December 1985	Wain	United Kingdom	Adm	10787/84	(1987) 9 E.H.R.R. 122
December 1985	Watts	United Kingdom	Adm	10818/84	(1987) 9 E.H.R.R. 123
7 December 1985	France, Norway, Denmark, Sweden and Netherlands	Turkey	Op	9940–9944/82	(1986) 8 E.H.R.R. 205
January 1986	App. No. 10592/83	United Kingdom	Adm	10592/83	(1987) 9 E.H.R.R. 277

DECISION DATE	PARTY A	PARTY B (COUNTRY)	Adm / Op / Jmt	APPL. No.	CITATION	CASE No.
January 1986	App. No. 10801/84	Sweden	Adm	10801/84	(1987) 9 E.H.R.R. 269	
January 1986	Markt Intern and Beermann	Germany	Adm	10572/83	(1987) 9 E.H.R.R. 274	
24 January 1986	Erkner and Hofaur	Austria	Op	9616/81	(1986) 8 E.H.R.R. 520	
24 January 1986	Poiss	Austria	Cm	9816/82	(1987) 9 E.H.R.R. 409	
31 January 1986	Barthold	Germany	Jmt	8734/79	(1991) 13 E.H.R.R. 431	
21 February 1986	James	United Kingdom	Jmt	8795/79	(1986) 8 E.H.R.R. 123	
March 1986	App. No. 11368/85	Switzerland	Adm	11368/85	(1987) 9 E.H.R.R. 286	
March 1986	Gaskin	United Kingdom	Adm	10454/83	(1987) 9 E.H.R.R. 279	
March 1986	Nielsen	Denmark	Adm	10929/84	(1987) 9 E.H.R.R. 289	
4 March 1986	Inze	Austria	Op	8695/79	(1986) 8 E.H.R.R. 498	
April 1986	Jacobsson	Sweden	Adm	10842/84	(1987) 9 E.H.R.R. 350	
May 1986	App. No. 9701/82	Germany	Adm	9701/82	(1987) 9 E.H.R.R. 364	
May 1986	App. No. 10427/83	United Kingdom	Adm	10427/83	(1987) 9 E.H.R.R. 369	
May 1986	Mellacher	Austria	Adm	10522/83; 11011/84; 11070/84	(1987) 9 E.H.R.R. 357	
29 May 1986	Deumeland	Germany	Jmt	9384/81	(1986) 8 E.H.R.R. 448	
29 May 1986	Feldbrugge	Netherlands	Jmt	8562/79	(1986) 8 E.H.R.R. 425	
30 May 1986	Adler	Switzerland	Cm	9486/81	(1987) 9 E.H.R.R. 426	
26 June 1986	Van Marle	Netherlands	Jmt	8543/79; 8674/79; 8675/79; 8685/79	(1986) 8 E.H.R.R. 483	
26 June1986	Van Marle, Van Zomeren, Flantua and de Bruijn	Netherlands	Op	8543/79	(1985) 7 E.H.R.R. 265	
July 1986	App. No. 10395/83	Austria	Adm	10395/83	(1987) 9 E.H.R.R. 389	
July 1986	App. No. 11468/85	United Kingdom	Adm	11468/85	(1987) 9 E.H.R.R. 393	

July 1986	Brogan, Coyle, McFadden and Tracey	United Kingdom	Adm	11266/84; 11266/84; 11365/85	(1987) 9 E.H.R.R. 378
July 1986	Johnson	United Kingdom	Adm	10389/83	(1987) 9 E.H.R.R. 386
July 1986	Lundquist	Sweden	Adm	10911/84	(1987) 9 E.H.R.R. 531
July 1986	Lyttle	United Kingdom	Adm	11650/85	(1987) 9 E.H.R.R. 381
July 1986	Rayner	United Kingdom	Adm	9310/81	(1987) 9 E.H.R.R. 375
8 July 1986	Lingens	Austria	Jmt	9815/82	(1986) 8 E.H.R.R. 407
8 July 1986	Lithgow	United Kingdom	Jmt	9006/80	(1986) 8 E.H.R.R. 329
28 August 1986	Glasenapp	Germany	Jmt	9228/80	(1987) 9 E.H.R.R. 25
28 August 1986	Kosiek	Germany	Jmt	9404/81	(1987) 9 E.H.R.R. 328
October 1986	App. No. 9303/81	United Kingdom	Adm	9303/81	(1987) 9 E.H.R.R. 538
October 1986	App. No. 11295/84	Denmark	Adm	11295/84	(1987) 9 E.H.R.R. 550
October 1986	App. No. 11366/85	Sweden	Adm	11366/85	(1987) 9 E.H.R.R. 551
October 1986	Control Beheer-maatschappij BV and Onroerend Goed Houdster-maatschappij	Netherlands	Adm	11452/85	(1987) 9 E.H.R.R. 547
October 1986	Lukka	United Kingdom	Adm	12122/86	(1987) 9 E.H.R.R. 552
October 1986	Meeder	Netherlands	Adm	10996/84	(1987) 9 E.H.R.R. 546
October 1986	Stoutt	Ireland	Adm	10978/84	(1987) 9 E.H.R.R.541
October 1986	Wolfgram	Germany	Adm	11257/84	(1987) 9 E.H.R.R. 548
17 October 1986	Rees	United Kingdom	Jmt	9532/81	(1987) 9 E.H.R.R. 56
21 October 1986	Sanchez-Reisse	Switzerland	Jmt	9862/82	(1987) 9 E.H.R.R. 71
24 October 1986	Allgemeine Gold und Silberscheid-eanstalt AG	United Kingdom	Jmt	9118/80	(1987) 9 E.H.R.R. 1
November 1986	App. No. 11118/84	Germany	Adm	11118/84	(1987) 9 E.H.R.R. 562
November 1986	Lindsay	United Kingdom	Adm	11089/84	(1987) 9 E.H.R.R. 555
November 1986	Naddaf	Germany	Adm	11604/85	(1987) 9 E.H.R.R. 561

DECISION DATE	PARTY A	PARTY B (COUNTRY)	Adm / Op / Jmt	APPL. No.	CITATION	CASE No.
24 November 1986	Gillow	United Kingdom	Jmt	9063/80	(1989) 11 E.H.R.R. 335	
24 November 1986	Unterpertinger	Austria	Jmt	9120/80	(1991) 13 E.H.R.R. 175	
December 1986	Angeleni	Sweden	Adm	10491/83	(1988) 10 E.H.R.R. 123	
December 1986	App. No. 10949/84	Germany	Adm	10949/84	(1988) 10 E.H.R.R. 129	
December 1986	App. No. 11189/84	Sweden	Adm	11189/84	(1988) 10 E.H.R.R. 132	
December 1986	App. No. 11362/85	Italy	Adm	11362/85	(1988) 10 E.H.R.R. 145	
December 1986	App. No. 11454/85	Netherlands	Adm	11454/85	(1988) 10 E.H.R.R. 145	
December 1986	App. No. 11489/85	Ireland	Adm	11489/85	(1988) 10 E.H.R.R. 147	
December 1986	App. No. 11949/86	United Kingdom	Adm	11949/86	(1988) 10 E.H.R.R. 149	
December 1986	App. No. 12146/86	Switzerland	Adm	12146/86	(1988) 10 E.H.R.R. 158	
December 1986	App. No. 12381/86	United Kingdom	Adm	12381/86	(1988) 10 E.H.R.R. 158	
December 1986	App. No. 12543/86	Netherlands	Adm	12543/86	(1988) 10 E.H.R.R. 161	
December 1986	Ewing	United Kingdom	Adm	11224/84	(1988) 10 E.H.R.R. 141	
December 1986	Paramanathan	Germany	Adm	12068/86	(1988) 10 E.H.R.R. 157	
18 December 1986	Bozano	France	Jmt	9990/82	(1987) 9 E.H.R.R. 297	
18 December 1986	Johnston	Ireland	Jmt	9697/82	(1987) 9 E.H.R.R. 203	
18 December 1986	Johnston	Ireland	Op	9697/82	(1986) 8 E.H.R.R. 214	
January 1987	Council of the Civil Service Unions	United Kingdom	Adm	11603/85	(1988) 10 E.H.R.R. 269	
29 February 1987	Bouamar	Belgium	Jmt	9106/80	(1989) 11 E.H.R.R. 1	
March 1987	App. No. 11170/84	Austria	Adm	11170/84	(1988) 10 E.H.R.R. 513	
March 1987	App. No. 11464/85	Sweden	Adm	11464/85	(1988) 10 E.H.R.R. 542	
March 1987	App. No. 11853/85	Germany	Adm	11853/85	(1988) 10 E.H.R.R. 521	
March 1987	App. No. 11919/86	Austria	Adm	11919/86	(1988) 10 E.H.R.R. 538	
March 1987	App. No. 12040/86	United Kingdom	Adm	12040/86	(1988) 10 E.H.R.R. 527	
March 1987	Blastland	United Kingdom	Adm	12045/86	(1988) 10 E.H.R.R. 528	
March 1987	Böhler	Austria	Adm	11968/86	(1988) 10 E.H.R.R. 536	
March 1987	Brozicek	Italy	Adm	10964/84	(1988) 10 E.H.R.R. 524	

March 1987	Chappell	United Kingdom	Adm	12587/86	(1988) 10 E.H.R.R. 510
March 1987	Chater	United Kingdom	Adm	11723/85	(1988) 10 E.H.R.R. 534
March 1987	Eriksson	Sweden	Adm	11373/85	(1988) 10 E.H.R.R. 539
March 1987	Gribler	United Kingdom	Adm	12523/86	(1988) 10 E.H.R.R. 546
March 1987	Hodgson, Woolf Productions and National Union of Jouranlists and Channel Four Television	United Kingdom	Adm	11553/85; 11658/85	(1988) 10 E.H.R.R. 503
March 1987	Kortmann	Netherlands	Adm	11759/85	(1988) 10 E.H.R.R. 510
March 1987	Munro	United Kingdom	Adm	10594/83	(1988) 10 E.H.R.R. 516
March 1987	Ruga	Italy	Adm	10990/84	(1988) 10 E.H.R.R. 532
2 March 1987	Mathieu-Mohin and Clerfayt	Belgium	Jmt	9267/81	(1988) 10 E.H.R.R. 1
2 March 1987	Monnell and Morris	United Kingdom	Jmt	9562/81; 9818/82	(1988) 10 E.H.R.R. 205
2 March 1987	Weeks	United Kingdom	Jmt	9787/82	(1988) 10 E.H.R.R. 293
26 March 1987	Leander	Sweden	Jmt	9248/81	(1987) 9 E.H.R.R. 433
23 April 1987	Erkner and Hofauer	Austria	Jmt	9616/81	(1987) 9 E.H.R.R. 464
23 April 1987	Ettl	Austria	Jmt	9273/81	(1988) 10 E.H.R.R. 255
23 April 1987	Lechner and Hess	Austria	Jmt	9316/81	(1987) 9 E.H.R.R. 490
23 April 1987	Poiss	Austria	Jmt	9816/82	(1988) 10 E.H.R.R. 231
May 1987	App. No. 9856/82	United Kingdom	Adm	9856/82	(1988) 10 E.H.R.R. 547
May 1987	App. No. 10179/82	France	Adm	10179/82	(1988) 10 E.H.R.R. 555
May 1987	App. No. 10668/83	Austria	Adm	10668/83	(1988) 10 E.H.R.R. 556
14 May 1987	Dhoest	Belgium	Cm	10448/83	(1990) 12 E.H.R.R. 135
25 June 1987	Baggetta	Italy	Jmt	10256/83	(1988) 10 E.H.R.R. 325
25 June 1987	Capuano	Italy	Jmt	9381/81	(1991) 13 E.H.R.R. 271
25 June 1987	Milasi	Italy	Jmt	10527/83	(1988) 10 E.H.R.R. 333
July 1987	App. No. 10412/83	France	Adm	10412/83	(1989) 11 E.H.R.R. 68
July 1987	App. No. 11970/86	United Kingdom	Adm	11970/86	(1989) 11 E.H.R.R. 48

DECISION DATE	PARTY A	PARTY B (COUNTRY)	Adm / Op / Jmt	APPL. No.	CITATION	CASE No.
July 1987	App. No. 12513/86	United Kingdom	Adm	12513/86	(1989) 11 E.H.R.R. 49	
July 1987	Håkansson and Sturesson	Sweden	Adm	11855/85	(1989) 11 E.H.R.R. 52	
July 1987	Howard	United Kingdom	Adm	10825/84	(1989) 11 E.H.R.R. 55	
July 1987	Le Cour Grandmaison and Fritz	France	Adm	11567/85; 1568/85	(1989) 11 E.H.R.R. 67	
July 1987	Mairitsch	Austria	Adm	12462/86	(1989) 11 E.H.R.R. 46	
July 1987	Merkier	Belgium	Adm	11200/84	(1989) 11 E.H.R.R. 68	
July 1987	Obermeier	Austria	Adm	11761/85	(1989) 11 E.H.R.R. 57	
July 1987	Stiftelsen Akademiske Foreningens Bostäder I Lund	Sweden	Adm	11661/85	(1989) 11 E.H.R.R. 47	
July 1987	Stocke	Germany	Adm	11755/85	(1989) 11 E.H.R.R. 61	
8 July 1987	B	United Kingdom	Jmt	9840/82	(1988) 10 E.H.R.R. 87	
8 July 1987	Baraona	Portugal	Jmt	10092/82	(1991) 13 E.H.R.R. 329	
8 July 1987	H	United Kingdom	Jmt	9580/81	(1988) 10 E.H.R.R. 95	
8 July 1987	O	United Kingdom	Jmt	9276/81	(1988) 10 E.H.R.R. 82	
8 July 1987	R	United Kingdom	Jmt	10496/83	(1988) 10 E.H.R.R. 74	
8 July 1987	W	United Kingdom	Jmt	9749/82	(1988) 10 E.H.R.R. 29	
9 July 1987	Walter Stocké	Germany	Op	11755/85	(1991) 13 E.H.R.R. 126	
16 July 1987	App. No. 11508/85	Denmark	Adm	11508/85	(1989) 11 E.H.R.R. 559	
27 July 1987	Feldbrugge	Netherlands	Jmt	8562/79	(1991) 13 E.H.R.R. 571	
27 July 1987	Feldbrugge	Netherlands	Op	8562/79	(1985) 7 E.H.R.R. 279	
25 August 1987	Englert	Germany	Jmt	10282/83	(1991) 13 E.H.R.R. 392	
25 August 1987	Lutz	Germany	Jmt	9912/82	(1988) 10 E.H.R.R. 182	
25 August 1987	Nölkenbockhoff	Germany	Jmt	10300/83	(1988) 10 E.H.R.R. 163	

25 August 1987	Nölkenbockhoff	Germany	Jmt	10300/83	(1991) 13 E.H.R.R. 360
14 September 1987	De Cubber	Belgium	Jmt	9186/80	(1991) 13 E.H.R.R. 422
14 September 1987	Gillow	United Kingdom	Jmt	9063/80	(1991) 13 E.H.R.R. 593
14 September 1987	Gillow	United Kingdom	Op	9063/80	(1985) 7 E.H.R.R. 292
29 September 1987	Erkner and Hofauer	Austria	Jmt	9616/81	(1991) 13 E.H.R.R. 413
29 September 1987	Poiss	Austria	Jmt	9816/82	(1991) 13 E.H.R.R. 414
October 1987	App. No. 11072/84	Belgium	Adm	11072/84	(1989) 11 E.H.R.R. 77
October 1987	App. No. 11159/84	Belgium	Adm	11159/84	(1989) 11 E.H.R.R. 75
October 1987	App. No. 11869/85	Belgium	Adm	11869/85	(1989) 11 E.H.R.R. 76
October 1987	App. No. 11882/85	United Kingdom	Adm	11882/85	(1989) 11 E.H.R.R. 82
October 1987	App. No. 12127/86	Germany	Adm	12127/86	(1989) 11 E.H.R.R. 84
October 1987	App. No. 12139/86	Netherlands	Adm	12139/86	(1989) 11 E.H.R.R. 78
October 1987	Bell	United Kingdom	Adm	12322/86	(1989) 11 E.H.R.R. 83
October 1987	Cavalin	France	Adm	10364/83	(1989) 11 E.H.R.R. 79
October 1987	Kristinsson	Iceland	Adm	12170/86	(1989) 11 E.H.R.R. 70
October 1987	Krol	Sweden	Adm	11704/85	(1989) 11 E.H.R.R. 73
October 1987	Rohr	Switzerland	Adm	12708/87	(1989) 11 E.H.R.R. 81
October 1987	Ryder	United Kingdom	Adm	12360/86	(1989) 11 E.H.R.R. 80
October 1987	Steinlechner	Austria	Adm	11439/85	(1989) 11 E.H.R.R. 77
8 October 1987	Jacobsson	Sweden	Adm	10842/84	(1989) 11 E.H.R.R. 562
8 October 1987	Langborger	Sweden	Adm	11179/84	(1990) 12 E.H.R.R. 120
14 October 1987	Chappell	United Kingdom	Adm	10461/83	(1989) 11 E.H.R.R. 543
14 October 1987	Gaskin	United Kingdom	Op	10454/83	(1989) 11 E.H.R.R. 402
27 October 1987	Bodén	Sweden	Jmt	10930/84	(1988) 10 E.H.R.R. 367
27 October 1987	Pudas	Sweden	Jmt	10426/83	(1988) 10 E.H.R.R. 380
28 October 1987	Inze	Austria	Jmt	8695/79	(1988) 10 E.H.R.R. 394
November 1987	De Geillustreerde Pers	Netherlands	Adm	12229/86	(1989) 11 E.H.R.R. 85
November 1987	Harrison	United Kingdom	Adm	11790/85	(1989) 11 E.H.R.R. 85
November 1987	Jaxel	France	Adm	11282/84	(1989) 11 E.H.R.R. 87
November 1987	Van Eesbeck	Italy	Adm	11541/85	(1989) 11 E.H.R.R. 86

DECISION DATE	PARTY A	PARTY B (COUNTRY)	Adm / Op / Jmt	APPL. No.	CITATION	CASE No.
20 November 1987	Markt Intern and Beermann	Germany	Jmt	10572/83	(1990) 12 E.H.R.R. 161	
27 November 1987	Ben Yaacoub	Belgium	Jmt	9976/82	(1991) 13 E.H.R.R. 418	
28 November 1987	Nielsen	Denmark	Jmt	10929/84	(1989) 11 E.H.R.R. 175	
29 November 1987	Brogan	United Kingdom	Jmt	11209/84; 11234/84; 11266/84; 11386/85	(1989) 11 E.H.R.R. 117	
30 November 1987	H	Belgium	Jmt	8950/80	(1988) 10 E.H.R.R. 339	
December 1987	Aldrian	Austria	Adm	10532/83	(1989) 11 E.H.R.R. 107	
December 1987	App. No. 9373/81	Ireland	Adm	9373/81	(1989) 11 E.H.R.R. 103	
December 1987	App. No. 10803/84	Austria	Adm	10803/84	(1989) 11 E.H.R.R. 112	
December 1987	App. No. 10942/84	Germany	Adm	10942/84	(1989) 11 E.H.R.R. 95	
December 1987	App. No. 11612/85	Portugal	Adm	11612/85	(1989) 11 E.H.R.R. 106	
December 1987	App. No. 11669/85	Germany	Adm	11669/85	(1989) 11 E.H.R.R. 90	
December 1987	App. No. 11703/85	Germany	Adm	11703/85	(1989) 11 E.H.R.R. 93	
December 1987	App. No. 12100/86	Austria	Adm	12100/86	(1989) 11 E.H.R.R. 92	
December 1987	App. No. 12230/86	Germany	Adm	12230/86	(1989) 11 E.H.R.R. 101	
December 1987	App. No. 12370/86	United Kingdom	Adm	12370/86	(1989) 11 E.H.R.R. 96	
December 1987	App. No. 12535/86	Netherlands	Adm	12535/86	(1989) 11 E.H.R.R. 102	
December 1987	Azzi	Italy	Adm	11250/84	(1989) 11 E.H.R.R. 105	
December 1987	Campbell	United Kingdom	Adm	11240/84	(1989) 11 E.H.R.R. 97	
December 1987	Drummond	United Kingdom	Adm	12917/87	(1989) 11 E.H.R.R. 91	
December 1987	Fredin	Sweden	Adm	12033/86	(1989) 11 E.H.R.R. 104	
December 1987	Johnson	United Kingdom	Adm	12536/86	(1989) 11 E.H.R.R. 90	
December 1987	Tete	France	Adm	11123/84	(1989) 11 E.H.R.R. 91	
December 1987	Unión Alimentaria Sanders	Spain	Adm	11681/85	(1989) 11 E.H.R.R. 96	
2 December 1987	Bozano	France	Jmt	9990/82	(1991) 13 E.H.R.R. 428	

14 December 1987	Anders and Maria Fredin	Sweden	Op	12033/86	(1991) 13 E.H.R.R. 142
17 December 1987	Scotts of Greenock Ltd and Lithgows Limited	United Kingdom	Cm	9482/81	(1990) 12 E.H.R.R. 147
18 December 1987	F	Switzerland	Jmt	11329/85	(1988) 10 E.H.R.R. 411
18 December 1987	Markt Intern and Beermann	Germany	Jmt	10572/83	(1989) 11 E.H.R.R. 212
24 March 1988	Olsson	Sweden	Jmt	10465/83	(1989) 11 E.H.R.R. 259
14 April 1988	Moreira de Azevedo	Portugal	Op	11296/84	(1991) 13 E.H.R.R. 101
27 April 1988	Boyle and Rice	United Kingdom	Jmt	9659/82; 9658/82	(1988) 10 E.H.R.R. 425
29 April 1988	Belilos	Switzerland	Jmt	10328/83	(1988) 10 E.H.R.R. 466
24 May 1988	Müller	Switzerland	Jmt	10737/84	(1991) 13 E.H.R.R. 212
26 May 1988	Ekbatani	Sweden	Jmt	10563/83	(1991) 13 E.H.R.R. 504
26 May 1988	Pauwels	Belgium	Jmt	10208/82	(1989) 11 E.H.R.R. 238
9 June 1988	H	United Kingdom	Jmt	9580/81	(1991) 13 E.H.R.R. 449
9 June 1988	O	United Kingdom	Jmt	9276/81	(1991) 13 E.H.R.R. 578
9 June 1988	R	United Kingdom	Jmt	9840/82	(1991) 13 E.H.R.R. 588
9 June 1988	R	United Kingdom	Jmt	10496/83	(1991) 13 E.H.R.R. 457
9 June 1988	W	United Kingdom	Jmt	9749/82	(1991) 13 E.H.R.R. 453
20 June 1988	Schönenberger and Durmaz	Switzerland	Jmt	11368/85	(1989) 11 E.H.R.R. 202
21 June 1988	Berrehab	Netherlands	Jmt	10730/84	(1989) 11 E.H.R.R. 322
21 June 1988	Platform Ärzte Für Das Leben	Austria	Jmt	10126/82	(1991) 13 E.H.R.R. 204
11 July 1988	Mellacher	Austria	Adm	10522/83; 11011/84; 11070/84	(1990) 12 E.H.R.R. 97
12 July 1988	Schenk	Switzerland	Jmt	10862/84	(1991) 13 E.H.R.R. 242
14 July 1988	Van der Leer	Netherlands	Op	11509/85	(1989) 11 E.H.R.R. 413
5 October 1988	Weeks	United Kingdom	Jmt	9787/82	(1991) 13 E.H.R.R. 435

DECISION DATE	PARTY A	PARTY B (COUNTRY)	Adm / Op / Jmt	APPL. No.	CITATION	CASE No.
7 October 1988	Salabiaku	France	Jmt	10519/83	(1991) 13 E.H.R.R. 379	
11 October 1988	Woukam Moudefo	France	Jmt	10868/84	(1991) 13 E.H.R.R. 549	
13 October 1988	Groppera Radio AG, Marquard, Frohlich and Caluzzi	Switzerland	Cm	10890/84	(1990) 12 E.H.R.R. 297	
26 October 1988	Martins Moreira	Portugal	Jmt	11371/85	(1991) 13 E.H.R.R. 517	
26 October 1988	Norris	Ireland	Jmt	10581/83	(1991) 13 E.H.R.R. 186	
6 December 1988	Barbrà, Messegué and Jabardo	Spain	Jmt	10588/83; 10589/83; 10590/83	(1989) 11 E.H.R.R. 360	
6 December 1988	Colak	Germany	Jmt	9999/82	(1989) 11 E.H.R.R. 513	
9 December 1988	Jonas Mohamed Rafiek Koendjbiharie	Netherlands	Op	11487/85	(1991) 13 E.H.R.R. 118	
12 December 1988	Granger	United Kingdom	Cm	11932/86	(1990) 12 E.H.R.R. 460	
14 December 1988	Huvig	France	Cm	11105/84	(1990) 12 E.H.R.R. 310	
14 December 1988	Kruslin	France	Cm	11801/85	(1990) 12 E.H.R.R. 451	
19 January 1989	Powell and Rayner	United Kingdom	Cm	9310/81	(1990) 12 E.H.R.R. 288	
22 February 1989	Barfod	Denmark	Jmt	11508/85	(1991) 13 E.H.R.R. 493	
22 February 1989	Ciulla	Italy	Jmt	11152/84	(1991) 13 E.H.R.R. 346	
29 March 1989	Bock	Germany	Jmt	11118/84	(1990) 12 E.H.R.R. 247	
30 March 1989	Chappell	United Kingdom	Jmt	10561/83	(1990) 12 E.H.R.R. 1	
30 March 1989	Lamy	Belgium	Jmt	10444/83	(1989) 11 E.H.R.R. 529	
27 April 1989	Neves e Silva	Portugal	Jmt	11213/84	(1991) 13 E.H.R.R. 535	
9 May 1989	Hewitt and Harman	United Kingdom	Jmt	12175/86	(1992) 14 E.H.R.R. 657	
24 May 1989	Hauschildt	Denmark	Jmt	10486/83	(1990) 12 E.H.R.R. 266	
25 May 1989	Oliviera Neves	Portugal	Jmt	11612/85	(1991) 13 E.H.R.R. 576	

30 May 1989	Brogan	United Kingdom	Jmt	11209/84; 11234/84; 11266/84; 11386/85	(1991) 13 E.H.R.R. 439
22 June 1989	Eriksson	Sweden	Jmt	11375/85	(1990) 12 E.H.R.R. 183
22 June 1989	Langborger	Sweden	Jmt	11179/84	(1990) 12 E.H.R.R. 416
7 July 1989	Bricmont	Belgium	Jmt	10857/84	(1990) 12 E.H.R.R. 217
7 July 1989	Gaskin	United Kingdom	Jmt	10454/83	(1990) 12 E.H.R.R. 36
7 July 1989	Soering	United Kingdom	Jmt	14038/88	(1989) 11 E.H.R.R. 439
7 July 1989	Tre Traktörer Aktiebolag	Sweden	Jmt	10873/84	(1991) 13 E.H.R.R. 309
7 July 1989	Unión Alimentaria Sanders SA	Spain	Jmt	11681/85	(1990) 12 E.H.R.R. 24
24 October 1989	H	France	Jmt	10073/82	(1990) 12 E.H.R.R. 74
25 October 1989	Allan Jacobsson	Sweden	Jmt	10842/84	(1990) 12 E.H.R.R. 56
25 October 1989	Bezicheri	Italy	Jmt	11400/85	(1990) 12 E.H.R.R. 210
20 November 1989	Kostovski	Netherlands	Jmt	11454/85	(1990) 12 E.H.R.R. 434
29 November 1989	Chichlian and Ekindjian	France	Jmt	10959/84	(1991) 13 E.H.R.R. 553
19 December 1989	Brozicek	Italy	Jmt	10964/84	(1990) 12 E.H.R.R. 371
19 December 1989	Kamasinki	Austria	Jmt	9783/82	(1991) 13 E.H.R.R. 36
19 December 1989	Mellacher	Austria	Jmt	10522/83; 11011/84; 11070/84	(1990) 12 E.H.R.R. 391
21 February 1990	Håkansson and Sturesson	Sweden	Jmt	11855/85	(1991) 13 E.H.R.R. 1
21 February 1990	Powell and Rayner	United Kingdom	Jmt	9310/81	(1990) 12 E.H.R.R. 355
21 February 1990	Van der Leer	Netherlands	Jmt	11509/85	(1990) 12 E.H.R.R. 567
1 March 1990	Jon Kristinsson	Iceland	Jmt	12170/86	(1991) 13 E.H.R.R. 238
28 March 1990	B	Austria	Jmt	11968/86	(1991) 13 E.H.R.R. 20
28 March 1990	Granger	United Kingdom	Jmt	11932/86	(1990) 12 E.H.R.R. 469
28 March 1990	Groppera Radio AG	Switzerland	Jmt	10890/84	(1990) 12 E.H.R.R. 321

DECISION DATE	PARTY A	PARTY B (COUNTRY)	Adm / Op / Jmt	APPL. No.	CITATION	CASE No.
24 April 1990	Huvig	France	Jmt	11105/84	(1990) 12 E.H.R.R. 528	
24 April 1990	Kruslin	France	Jmt	11801/85	(1990) 12 E.H.R.R. 547	
22 May 1990	Autronic AG	Switzerland	Jmt	12726/87	(1990) 12 E.H.R.R. 485	
22 May 1990	Weber	Switzerland	Jmt	11034/84	(1990) 12 E.H.R.R. 508	
28 June 1990	Mats Jacobsson	Sweden	Jmt	11309/84	(1991) 13 E.H.R.R. 79	
28 June 1990	Obermeier	Austria	Jmt	11761/85	(1991) 13 E.H.R.R. 290	
28 June 1990	Skärby	Sweden	Jmt	12258/86	(1991) 13 E.H.R.R. 90	
29 August 1990	E	Norway	Jmt	11701/85	(1994) 17 E.H.R.R. 30	
30 August 1990	Fox, Campbell and Hartley	United Kingdom	Jmt	12244/86; 12245/86; 12383/86	(1991) 13 E.H.R.R. 157	
30 August 1990	McCallum	United Kingdom	Jmt	9511/81	(1991) 13 E.H.R.R. 597	
31 August 1990	Nyberg	Sweden	Jmt	12574/86	(1992) 14 E.H.R.R. 870	
27 September 1990	Cossey	United Kingdom	Jmt	10843/84	(1991) 13 E.H.R.R. 622	
27 September 1990	Windisch	Austria	Jmt	12489/86	(1991) 13 E.H.R.R. 281	
28 September 1990	Koendjbiharie	Netherlands	Jmt	11487/85	(1991) 13 E.H.R.R. 820	
23 October 1990	Darby	Sweden	Jmt	11581/85	(1991) 13 E.H.R.R. 774	
23 October 1990	Moreira de Azevedo	Portugal	Jmt	11296/84	(1991) 13 E.H.R.R. 721	
25 October 1990	Jocabus Keus	Netherlands	Jmt	12228/86	(1991) 13 E.H.R.R. 109	
25 October 1990	Keus	Netherlands	Jmt	12228/86	(1991) 13 E.H.R.R. 700	
25 October 1990	Thynne, Wilson and Gunnell	United Kingdom	Jmt	11787/85; 11978/86; 12009/86	(1991) 13 E.H.R.R. 666	
25 October 1990	Thynne, Wilson and Gunnell	United Kingdom	Op	11787/85; 12009/86	(1991) 13 E.H.R.R. 135	
11 December 1990	Thorgeir Thorgeirson	Iceland	Cm	13778/88	(1992) 14 E.H.R.R. 115	
19 December 1990	Delta	France	Jmt	11444/85	(1993) 16 E.H.R.R. 574	
23 January 1991	Djeroud	France	Jmt	13446/87	(1992) 14 E.H.R.R. 68	

18 February 1991	Fredin	Sweden	Jmt	12033/86	(1991) 13 E.H.R.R. 784
18 February 1991	Moustaquim	Belgium	Jmt	12313/86	(1991) 13 E.H.R.R. 802
19 February 1991	Adiletta	Italy	Jmt	13978/88; 14236/88; 14237/88	(1992) 14 E.H.R.R. 586
19 February 1991	Maj	Italy	Jmt	13087/87	(1992) 14 E.H.R.R. 405
19 February 1991	Motta	Italy	Jmt	11557/85	(1992) 14 E.H.R.R. 432
19 February 1991	Pugliese	Italy	Jmt	11840/85	(1992) 14 E.H.R.R. 413
19 February 1991	Santilli	Italy	Jmt	11634/85	(1992) 14 E.H.R.R. 421
20 February 1991	Vernillo	France	Jmt	11889/85	(1991) 13 E.H.R.R. 880
7 March 1991	Open Door Counselling Ltd and Dublin Well Woman	Ireland	Cm	14234/88; 14235/88	(1992) 14 E.H.R.R. 131
19 March 1991	Cardot	France	Jmt	11069/84	(1991) 13 E.H.R.R. 853
19 March 1991	Stocké	Germany	Jmt	11755/85	(1991) 13 E.H.R.R. 839
20 March 1991	Cruz Varas	Sweden	Jmt	15576/89	(1992) 14 E.H.R.R. 1
23 March 1991	X	France	Jmt	18020/91	(1992) 14 E.H.R.R. 483
27 March 1991	Fox, Campbell and Hartley	United Kingdom	Jmt	12244/86; 12245/86; 12383/86	(1992) 14 E.H.R.R. 108
26 April 1991	Asch	Austria	Jmt	12398/86	(1993) 15 E.H.R.R. 597
26 April 1991	Ezelin	France	Jmt	11800/85	(1992) 14 E.H.R.R. 362
23 May 1991	Oberschlick	Austria	Jmt	11662/85	(1995) 19 E.H.R.R. 389
26 June 1991	Letellier	France	Jmt	12369/86	(1992) 14 E.H.R.R. 83
3 July 1991	Kemmache	France	Jmt	14992/89	(1992) 14 E.H.R.R. 520
27 August 1991	Demicoli	Malta	Jmt	13057/87	(1992) 14 E.H.R.R. 47
27 August 1991	Philis	Greece	Jmt	12750/87; 13780/88; 14003/88	(1991) 13 E.H.R.R. 741
28 August 1991	Brandstetter	Austria	Jmt	11170/84; 12876/87; 13468/87	(1993) 15 E.H.R.R. 378
28 August 1991	FCB	Italy	Jmt	12151/86	(1992) 14 E.H.R.R. 909
24 September 1991	Wiesinger	Austria	Jmt	11796/85	(1993) 16 E.H.R.R. 258

DECISION DATE	PARTY A	PARTY B (COUNTRY)	Adm / Op / Jmt	APPL. No.	CITATION	CASE No.
26 September 1991	Fejde	Sweden	Jmt	12631/87	(1994) 17 E.H.R.R. 14	
23 October 1991	Muyldermans	Belgium	Jmt	12217/86	(1993) 15 E.H.R.R. 204	
29 October 1991	Andersson	Sweden	Jmt	11274/84	(1993) 15 E.H.R.R. 218	
29 October 1991	Helmers	Sweden	Jmt	11826/85	(1993) 15 E.H.R.R. 285	
30 October 1991	Borgers	Belgium	Jmt	12005/86	(1993) 15 E.H.R.R. 92	
30 October 1991	Vilvarajh	United Kingdom	Jmt	13163/87; 13164/87; 13165/87; 13447/87; 13448/87	(1992) 14 E.H.R.R. 248	
26 November 1991	Observer and the Guardian	United Kingdom	Jmt	13585/88	(1992) 14 E.H.R.R. 153	
26 November 1991	Sunday Times	United Kingdom (No. 2)	Jmt	13166/87	(1992) 14 E.H.R.R. 229	
27 November 1991	Oerlemans	Netherlands	Jmt	12565/86	(1993) 15 E.H.R.R. 561	
28 November 1991	Koster	Netherlands	Jmt	12843/87	(1992) 14 E.H.R.R. 396	
28 November 1991	S	Switzerland	Jmt	12629/87; 13965/88	(1992) 14 E.H.R.R. 670	
29 November 1991	Pine Valley Developments Limited	Ireland	Jmt	12742/87	(1992) 14 E.H.R.R. 319	
29 November 1991	Vermeire	Belgium	Jmt	12849/87	(1993) 15 E.H.R.R. 488	
12 December 1991	Clooth	Belgium	Jmt	12718/87	(1992) 14 E.H.R.R. 717	
12 December 1991	Toth	Austria	Jmt	11894/85	(1992) 14 E.H.R.R. 551	
25 February 1992	Margareta and Roger Andersson	Sweden	Jmt	12963/87	(1992) 14 E.H.R.R. 615	
27 February 1992	Birou	France	Jmt	13319/87	(1992) 14 E.H.R.R. 738	
27 February 1992	Société Stenuit	France	Jmt	11598/85	(1992) 14 E.H.R.R. 509	
25 March 1992	B	France	Jmt	13343/87	(1993) 16 E.H.R.R. 1	
25 March 1992	Campbell	United Kingdom	Jmt	13590/88	(1993) 15 E.H.R.R. 137	

26 March 1992	Beldjoudi	France	Jmt	12083/86	(1992) 14 E.H.R.R. 801
26 March 1992	Editions Periscope	France	Jmt	11760/85	(1992) 14 E.H.R.R. 597
27 March 1992	Farmakopoulos	Belgium	Jmt	11683/85	(1993) 16 E.H.R.R. 187
22 April 1992	Rieme	Sweden	Jmt	12366/86	(1993) 16 E.H.R.R. 155
23 April 1992	Castells	Spain	Jmt	11798/85	(1992) 14 E.H.R.R. 445
12 May 1992	Megyeri	Germany	Jmt	13770/88	(1993) 15 E.H.R.R. 584
15 June 1992	Lüdi	Switzerland	Jmt	12433/86	(1993) 15 E.H.R.R. 173
25 June 1992	Thorgeir Thorgeirson	Iceland	Jmt	13778/88	(1992) 14 E.H.R.R. 843
26 June 1992	Drozd and Janousek	France and Spain	Jmt	12747/87	(1992) 14 E.H.R.R. 745
27 August 1992	Tomasi	France	Jmt	12850/87	(1993) 15 E.H.R.R. 1
27 August 1992	Vijayanathan and Pusparajah	France	Jmt	17550/90; 17825/91	(1993) 15 E.H.R.R. 62
23 September 1992	FM	Italy	Jmt	12784/87	(1994) 18 E.H.R.R. 570
24 September 1992	Herczegfalvy	Austria	Jmt	10533/83	(1993) 15 E.H.R.R. 437
24 September 1992	Kolompar	Belgium	Jmt	11613/85	(1993) 16 E.H.R.R. 197
25 September 1992	Croissant	Germany	Jmt	13611/88	(1993) 16 E.H.R.R. 135
25 September 1992	Hoang	France	Jmt	13191/87	(1993) 16 E.H.R.R. 53
October 1992	A	United Kingdom	Adm	16244/90	(1993) 15 E.H.R.R. CD 18
October 1992	A, B, and C	France	Adm	18560/91	(1993) 15 E.H.R.R. CD 39
October 1992	Alves	Portugal	Adm	17867/91	(1993) 15 E.H.R.R. CD 92
October 1992	Andersson	Sweden	Adm	14740/89	(1993) 15 E.H.R.R. CD 64
October 1992	Ayadi	France	Adm	18000/91	(1993) 15 E.H.R.R. CD 93
October 1992	B	Iceland	Adm	16534/90	(1993) 15 E.H.R.R. CD 20

DECISION DATE	PARTY A	PARTY B (COUNTRY)	Adm / Op / Jmt	APPL. No.	CITATION	CASE No.
October 1992	Bernaerts	Belgium	Adm	15964/90	(1993) 15 E.H.R.R. CD 17	
October 1992	Bernard	France	Adm	15492/89	(1993) 15 E.H.R.R. CD 73	
October 1992	C	Netherlands	Adm	17175/90	(1993) 15 E.H.R.R. CD 26	
October 1992	Cantafio	Italy	Adm	14667/89	(1993) 15 E.H.R.R. CD 11	
October 1992	Cereceda Martín	Spain	Adm	16358/90	(1993) 15 E.H.R.R. CD 18	
October 1992	D	Italy	Adm	13779/88	(1993) 15 E.H.R.R. CD 61	
October 1992	D	Switzerland	Adm	17771/91	(1993) 15 E.H.R.R. CD 29	
October 1992	De Vries	Netherlands	Adm	16690/90	(1993) 15 E.H.R.R. CD 87	
October 1992	DeBono	Malta	Adm	20608/92	(1993) 15 E.H.R.R. CD 112	
October 1992	Diennet	France	Adm	18160/91	(1993) 15 E.H.R.R. CD 94	
October 1992	Doran	Netherlands	Adm	15268/89	(1993) 15 E.H.R.R. CD 72	
October 1992	E	France	Adm	14637/89	(1993) 15 E.H.R.R. CD 64	
October 1992	E	United Kingdom	Adm	20118/92	(1993) 15 E.H.R.R. CD 61	
October 1992	F	Austria	Adm	14923/89	(1993) 15 E.H.R.R. CD 68	

October 1992	F	Austria	Adm	14923/89	(1993) 15 E.H.R.R. CD 68
October 1992	F	United Kingdom	Adm	18123/91	(1993) 15 E.H.R.R. CD 32
October 1992	Firsoff	United Kingdom	Adm	20591/92	(1993) 15 E.H.R.R. CD 111
October 1992	Fischer	Austria	Adm	16922/90	(1993) 15 E.H.R.R. CD 23
October 1992	Flori	Italy	Adm	13932/88	(1993) 15 E.H.R.R. CD 4
October 1992	Fredin	Sweden	Adm	18928/91	(1993) 15 E.H.R.R. CD 58
October 1992	G	France	Adm	15091/89	(1993) 15 E.H.R.R. CD 69
October 1992	G	France	Adm	15091/89	(1993) 15 E.H.R.R. CD 69
October 1992	G, H, I	United Kingdom	Adm	18600/91; 18601/91; 18602/91	(1993) 15 E.H.R.R. CD 41
October 1992	Gagliano Vasta	Italy	Adm	15056/89	(1993) 15 E.H.R.R. CD 13
October 1992	Gama Cidrais	Portugal	Adm	18024/91	(1993) 15 E.H.R.R. CD 94
October 1992	Gasus Dosier- und Fördertechnik GmbH	Netherlands	Adm	15375/89	(1993) 15 E.H.R.R. CD 14
October 1992	Grare	France	Adm	18835/91	(1993) 15 E.H.R.R. CD 100
October 1992	H	Austria	Adm	15225/89	(1993) 15 E.H.R.R. CD 70
October 1992	Ixion	France	Adm	17494/90	(1993) 15 E.H.R.R. CD 91

DECISION DATE	PARTY A	PARTY B (COUNTRY)	Adm / Op / Jmt	APPL. No.	CITATION	CASE No.
October 1992	J	Austria	Adm	15509/89	(1993) 15 E.H.R.R. CD 74	
October 1992	J	Belgium	Adm	18718/91	(1993) 15 E.H.R.R. CD 46	
October 1992	Jamil	France	Adm	15917/89	(1993) 15 E.H.R.R. CD 77	
October 1992	Johansson	Sweden	Adm	14006/88	(1993) 15 E.H.R.R. CD 63	
October 1992	K	Austria	Adm	16568/90	(1993) 15 E.H.R.R. CD 86	
October 1992	K	Germany	Adm	18825/91	(1993) 15 E.H.R.R. CD 48	
October 1992	K	United Kingdom	Adm	18394/91	(1993) 15 E.H.R.R. CD 33	
October 1992	Katte Klitsche De La Grange	Italy	Adm	12539/86	(1993) 15 E.H.R.R. CD 1	
October 1992	L	France	Adm	17012/90	(1993) 15 E.H.R.R. CD 89	
October 1992	L	France	Adm	17884/91	(1993) 15 E.H.R.R. CD 31	
October 1992	La Rosa	Italy	Adm	13895/88	(1993) 15 E.H.R.R. CD 4	
October 1992	Lala	Netherlands	Adm	14861/89	(1993) 15 E.H.R.R. CD 13	
October 1992	Lo Faro	Italy	Adm	15208/89	(1993) 15 E.H.R.R. CD 14	
October 1992	Lockwood	United Kingdom	Adm	18824/91	(1993) 15 E.H.R.R. CD 48	

October 1992	M	Belgium	Adm	16909/90	(1993) 15 E.H.R.R. CD 22
October 1992	M	Netherlands	Adm	17112/90	(1993) 15 E.H.R.R. CD 89
October 1992	Martins Da Cunha	Portugal	Adm	16923/90	(1993) 15 E.H.R.R. CD 88
October 1992	Maxwell	United Kingdom	Adm	18949/91	(1993) 15 E.H.R.R. CD 101
October 1992	McCotter	United Kingdom	Adm	18632/91	(1993) 15 E.H.R.R. CD 98
October 1992	McCourt	United Kingdom	Adm	20433/92	(1993) 15 E.H.R.R. CD 110
October 1992	McMichael	United Kingdom	Adm	16424/90	(1993) 15 E.H.R.R. CD 80
October 1992	Meldrum	Netherlands	Adm	19006/91	(1993) 15 E.H.R.R. CD 106
October 1992	N	Portugal	Adm	17355/90	(1993) 15 E.H.R.R. CD 90
October 1992	N	United Kingdom	Adm	18757/91	(1993) 15 E.H.R.R. CD 47
October 1992	Noviflora Sweden AB	Sweden	Adm	14369/88	(1993) 15 E.H.R.R. CD 6
October 1992	Ollila	Finland	Adm	18969/91	(1993) 15 E.H.R.R. CD 101
October 1992	P	Italy	Adm	13694/88	(1993) 15 E.H.R.R. CD 3
October 1992	P	Sweden	Adm	18275/91	(1993) 15 E.H.R.R. CD 95
October 1992	Pereira	Portugal	Adm	17855/91	(1993) 15 E.H.R.R. CD 92

DECISION DATE	PARTY A	PARTY B (COUNTRY)	Adm / Op / Jmt	APPL. No.	CITATION	CASE No.
October 1992	Perin	France	Adm	18656/91	(1993) 15 E.H.R.R. CD 99	
October 1992	Piermont	France	Adm	15773/89; 15774/89	(1993) 15 E.H.R.R. CD 76	
October 1992	Pinard, Foucher and Parmentier	France	Adm	17874/91; 17876/91	(1993) 15 E.H.R.R. CD 92	
October 1992	Q	Italy	Adm	13939/88	(1993) 15 E.H.R.R. CD 5	
October 1992	Q	Netherlands	Adm	18395/91	(1993) 15 E.H.R.R. CD 96	
October 1992	R	Italy	Adm	14022/88	(1993) 15 E.H.R.R. CD 5	
October 1992	R	United Kingdom	Adm	18711/91	(1993) 15 E.H.R.R. CD 100	
October 1992	Rizzo	Italy	Adm	13937/88	(1993) 15 E.H.R.R. CD 4	
October 1992	Rozendale	Netherlands	Adm	15595/89	(1993) 15 E.H.R.R. CD 75	
October 1992	S	Italy	Adm	15130/89	(1993) 15 E.H.R.R. CD 13	
October 1992	S	United Kingdom	Adm	19085/91	(1993) 15 E.H.R.R. CD 106	
October 1992	Schouten	Netherlands	Adm	19005/91	(1993) 15 E.H.R.R. CD 105	
October 1992	Spinelli	Italy	Adm	13961/88	(1993) 15 E.H.R.R. CD 5	
October 1992	T	Austria	Adm	19205/91	(1993) 15 E.H.R.R. CD 60	

October 1992	T	Luxembourg	Adm	19715/92	(1993) 15 E.H.R.R. CD 107
October 1992	Times Newspapers and Neil	United Kingdom	Adm	18897/91	(1993) 15 E.H.R.R. CD 49
October 1992	V	Denmark	Adm	17392/90	(1993) 15 E.H.R.R. CD 28
October 1992	V	United Kingdom	Adm	19804/92	(1993) 15 E.H.R.R. CD 108
October 1992	Vendittelli	Italy	Adm	14804/89	(1993) 15 E.H.R.R. CD 12
October 1992	Vogt	Germany	Adm	17851/91	(1993) 15 E.H.R.R. CD 31
October 1992	W	Finland	Adm	20202/92	(1993) 15 E.H.R.R. CD 109
October 1992	W	Netherlands	Adm	15942/90	(1993) 15 E.H.R.R. CD 16
October 1992	Wahlberg, Engman and Engdahl	Sweden	Adm	16056/90	(1993) 15 E.H.R.R. CD 79
October 1992	Wynne	United Kingdom	Adm	15484/89	(1993) 15 E.H.R.R. CD 16
October 1992	X	Austria	Adm	13813/88	(1993) 15 E.H.R.R. CD 3
October 1992	X	United Kingdom	Adm	20657/92	(1993) 15 E.H.R.R. CD 113
12 October 1992	Boddaert	Belgium	Jmt	12919/87	(1993) 16 E.H.R.R. 242
27 October 1992	Mlynek	Austria	Jmt	15016/89	(1994) 18 E.H.R.R. 581
29 October 1992	Open Door Councelling and Dublin Well Woman	Ireland	Jmt	14234/88; 14235/88	(1993) 15 E.H.R.R. 244
29 October 1992	Y	United Kingdom	Jmt	14229/88	(1994) 17 E.H.R.R. 238

DECISION DATE	PARTY A	PARTY B (COUNTRY)	Adm / Op / Jmt	APPL. No.	CITATION	CASE No.
30 October 1992	Olsson	Sweden (No 2)	Jmt	13441/87	(1994) 17 E.H.R.R. 134	
24 November 1992	Sainte-Marie	France	Jmt	12981/87	(1993) 16 E.H.R.R. 116	
25 November 1992	Abdoella	Netherlands	Jmt	12728/87	(1995) 20 E.H.R.R. 585	
25 November 1992	Edwards	United Kingdom	Jmt	13071/87	(1993) 15 E.H.R.R. 417	
25 November 1992	Pfeifer and Plankl	Austria	Jmt	10802/84	(1992) 14 E.H.R.R. 692	
26 November 1992	Brincat	Italy	Jmt	13867/88	(1993) 16 E.H.R.R. 591	
26 November 1992	Lombardo	Italy	Jmt	11519/85	(1996) 21 E.H.R.R. 188	
16 December 1992	Hadjianastassiou	Greece	Jmt	12945/87	(1993) 16 E.H.R.R. 219	
16 December 1992	Hennings	Germany	Jmt	12129/86	(1993) 16 E.H.R.R. 83	
16 December 1992	Niemietz	Germany	Jmt	13710/88	(1993) 16 E.H.R.R. 97	
January 1993	A	Italy	Adm	14146/88	(1993) 16 E.H.R.R. CD 3	
January 1993	A	Italy	Adm	14339/88	(1993) 16 E.H.R.R. CD 31	
January 1993	Allenet de Ribemont	France	Adm	15175/89	(1993) 16 E.H.R.R. CD 33	
January 1993	Ausiello	Italy	Adm	14580/89	(1993) 16 E.H.R.R. CD 31	
January 1993	B	Italy	Adm	14579/89	(1993) 16 E.H.R.R. CD 31	
January 1993	B and C	Netherlands	Adm	15346/89; 15379/89	(1993) 16 E.H.R.R. CD 8	
January 1993	Boussel Du Bourg	France	Adm	20747/92	(1993) 16 E.H.R.R. CD 49	
January 1993	C	Italy	Adm	14584/89	(1993) 16 E.H.R.R. CD 32	
January 1993	Caporaso	Italy	Adm	13805/88	(1993) 16 E.H.R.R. CD 1	

January 1993	Curatella	Italy	Adm	15806/89	(1993) 16 E.H.R.R. CD 10
January 1993	D	Austria	Adm	15718/89	(1993) 16 E.H.R.R. CD 9
January 1993	D and E	Netherlands	Adm	15416/89	(1993) 16 E.H.R.R. CD 34
January 1993	Desilles	France	Adm	15948/90	(1993) 16 E.H.R.R. CD 10
January 1993	E	Austria	Adm	16569/90	(1993) 16 E.H.R.R. CD 11
January 1993	F	Austria	Adm	16060/90	(1993) 16 E.H.R.R. CD 35
January 1993	F	Netherlands	Adm	16737/90	(1993) 16 E.H.R.R. CD 12
January 1993	Fadini	Switzerland	Adm	17003/90; 18206/91	(1993) 16 E.H.R.R. CD 13
January 1993	FM Zumtobel GmBH and Co. KG, Zumtobel and Pramstaller	Austria	Adm	17196/90	(1993) 16 E.H.R.R. CD 40
January 1993	G	Netherlands	Adm	16944/90	(1993) 16 E.H.R.R. CD 38
January 1993	G	Norway	Adm	17228/90	(1993) 16 E.H.R.R. CD 14
January 1993	Gama Vinhas	Portugal	Adm	18028/91	(1993) 16 E.H.R.R. CD 44
January 1993	Giunta	Italy	Adm	13953/88	(1993) 16 E.H.R.R. CD 30
January 1993	Goodman International and Goodman	Ireland	Adm	19538/92	(1993) 16 E.H.R.R. CD 26

DECISION DATE	PARTY A	PARTY B (COUNTRY)	Adm / Op / Jmt	APPL. No.	CITATION	CASE No.
January 1993	Gürdogan and Müstak	Turkey	Adm	15202/89; 15203/89; 15204/89; 15205/89	(1993) 16 E.H.R.R. CD 6	
January 1993	H	Spain	Adm	17437/90	(1993) 16 E.H.R.R. CD 15	
January 1993	H	United Kingdom	Adm	18187/91	(1993) 16 E.H.R.R. CD 44	
January 1993	Iacovelli	Italy	Adm	13954/88	(1993) 16 E.H.R.R. CD 30	
January 1993	J	Portugal	Adm	18034/91	(1993) 16 E.H.R.R. CD 23	
January 1993	J	Spain	Adm	19382/92	(1993) 16 E.H.R.R. CD 47	
January 1993	K	Finland	Adm	19823/92	(1993) 16 E.H.R.R. CD 47	
January 1993	K	France	Adm	18580/91	(1993) 16 E.H.R.R. CD 23	
January 1993	Kelly	United Kingdom	Adm	17579/90	(1993) 16 E.H.R.R. CD 20	
January 1993	Kemmache	France	Adm	17621/91	(1993) 16 E.H.R.R. CD 43	
January 1993	L	Austria	Adm	18823/91	(1993) 16 E.H.R.R. CD 24	
January 1993	Lori	Italy	Adm	13936/88	(1993) 16 E.H.R.R. CD 1	
January 1993	M	Austria	Adm	18960/91	(1993) 16 E.H.R.R. CD 25	

January 1993	Mangov	Greece	Adm	16595/90	(1993) 16 E.H.R.R. CD 36
January 1993	Mariotti	Italy	Adm	14337/88	(1993) 16 E.H.R.R. CD 4
January 1993	Monroy	France	Adm	19042/91	(1993) 16 E.H.R.R. CD 46
January 1993	Morel-A-L'Huissier	France	Adm	16532/90	(1993) 16 E.H.R.R. CD 11
January 1993	Motta	Italy	Adm	16805/90	(1993) 16 E.H.R.R. CD 12
January 1993	N	United Kingdom	Adm	20100/92	(1993) 16 E.H.R.R. CD 28
January 1993	Nydahl	Sweden	Adm	17505/90	(1993) 16 E.H.R.R. CD 15
January 1993	Olivero Meanotto	Italy	Adm	13940/88	(1993) 16 E.H.R.R. CD 2
January 1993	Ortombina	Italy	Adm	15489/89	(1993) 16 E.H.R.R. CD 8
January 1993	P	France	Adm	20299/92	(1993) 16 E.H.R.R. CD 29
January 1993	Pichler	Austria	Adm	18305/91	(1993) 16 E.H.R.R. CD 45
January 1993	Q	France	Adm	20475/92	(1993) 16 E.H.R.R. CD 30
January 1993	Rapotez	Italy	Adm	19222/91	(1993) 16 E.H.R.R. CD 46
January 1993	Rocchini	Italy	Adm	14583/89	(1993) 16 E.H.R.R. CD 32
January 1993	Sargin and Yagci	Turkey	Adm	14116/88; 14117/88	(1993) 16 E.H.R.R. CD 2

DECISION DATE	PARTY A	PARTY B (COUNTRY)	Adm / Op / Jmt	APPL. No.	CITATION	CASE No.
January 1993	Stromillo	Italy	Adm	15831/89	(1993) 16 E.H.R.R. CD 10	
January 1993	Tekie	Italy	Adm	13684/88	(1993) 16 E.H.R.R. CD 1	
January 1993	Tenchio	Italy	Adm	14181/88	(1993) 16 E.H.R.R. CD 4	
January 1993	Union des Athees	France	Adm	14635/89	(1993) 16 E.H.R.R. CD 6	
January 1993	Ward	United Kingdom	Adm	19226/92	(1993) 16 E.H.R.R. CD 25	
January 1993	Welch	United Kingdom	Adm	17440/90	(1993) 16 E.H.R.R. CD 42	
January 1993	Yanasik	Turkey	Adm	14524/89	(1993) 16 E.H.R.R. CD 5	
26 January 1993	W	Switzerland	Jmt	14379/88	(1994) 17 E.H.R.R. 60	
9 February 1993	Pine Valley Developments Ltd	Ireland	Jmt	12742/87	(1993) 16 E.H.R.R. 379	
24 February 1993	Fey	Austria	Jmt	14396/88	(1993) 16 E.H.R.R. 387	
25 February 1993	Crémieux	France	Jmt	11471/85	(1993) 16 E.H.R.R. 357	
25 February 1993	Dobbertin	France	Jmt	13089/87	(1993) 16 E.H.R.R. 558	
25 February 1993	Funke	France	Jmt	10828/84	(1993) 16 E.H.R.R. 297	
25 February 1993	Miailhe	France	Jmt	12661/87	(1993) 16 E.H.R.R. 332	
26 February 1993	Salesi	Italy	Jmt	13023/87	(1998) 26 E.H.R.R. 187	
25 March 1993	Costello-Roberts	United Kingdom	Jmt	13134/87	(1995) 19 E.H.R.R. 112	
April 1993	Esbester	United Kingdom	Adm	18601/91	(1994) 18 E.H.R.R. CD 72	
19 April 1993	Kraska	Switzerland	Jmt	13942/88	(1994) 18 E.H.R.R. 188	

20 April 1993	Sibson	United Kingdom	Jmt	14327/88	(1994) 17 E.H.R.R. 193
22 April 1993	Modinos	Cyprus	Jmt	15070/89	(1993) 16 E.H.R.R. 485
May 1993	Brennan	United Kingdom	Adm	19805/92	(1994) 18 E.H.R.R. CD 114
May 1993	James	United Kingdom	Adm	20447/92	(1994) 18 E.H.R.R. CD 130
May 1993	S and M	United Kingdom	Adm	21325/93	(1994) 18 E.H.R.R. CD 172
May 1993	Schneider	Austria	Adm	15220/89	(1994) 18 E.H.R.R. CD 33
May 1993	Smith	United Kingdom	Adm	18401/91	(1994) 18 E.H.R.R. CD 65
May 1993	Tennenbaum	Sweden	Adm	16031/90	(1994) 18 E.H.R.R. CD 41
25 May 1993	Kokkinakis	Greece	Jmt	14307/88	(1994) 17 E.H.R.R. 397
26 May 1993	Brannigan and McBride	United Kingdom	Jmt	14553/89; 14554/89	(1994) 17 E.H.R.R. 539
26 May 1993	Bunkate	Netherlands	Jmt	13645/88	(1995) 19 E.H.R.R. 477
22 June 1993	Melin	France	Jmt	12914/87	(1994) 17 E.H.R.R. 1
23 June 1993	Hoffmann	Austria	Jmt	12875/87	(1994) 17 E.H.R.R. 293
23 June 1993	Ruiz-Mateos	Spain	Jmt	12952/87	(1993) 16 E.H.R.R. 505
24 June 1993	Papamichalopoulos	Greece	Jmt	14556/89	(1993) 16 E.H.R.R. 440
24 June 1993	Schuler-Zgraggen	Switzerland	Jmt	14518/89	(1993) 16 E.H.R.R. 405
28 June 1993	Colman	United Kingdom	Jmt	16632/90	(1994) 18 E.H.R.R. 119
28 June 1993	Lamguindaz	United Kingdom	Jmt	16152/90	(1994) 17 E.H.R.R. 213
30 June 1993	Sigurdur A Sigurjónsson	Iceland	Jmt	16130/90	(1993) 16 E.H.R.R. 462
13 July 1993	Van Der tang	Spain	Jmt	19382/92	(1996) 22 E.H.R.R. 363
24 August 1993	Massa	Italy	Jmt	14399/88	(1994) 18 E.H.R.R. 266
24 August 1993	Nortier	Netherlands	Jmt	13924/88	(1994) 17 E.H.R.R. 273
24 August 1993	Scuderi	Italy	Jmt	12986/87	(1995) 19 E.H.R.R. 187

DECISION DATE	PARTY A	PARTY B (COUNTRY)	Adm / Op / Jmt	APPL. No.	CITATION	CASE No.
25 August 1993	Chorherr	Austria	Jmt	13308/87	(1994) 17 E.H.R.R. 358	
25 August 1993	Sekanina	Austria	Jmt	13126/87	(1994) 17 E.H.R.R. 221	
20 September 1993	Pardo	France	Jmt	13416/87	(1994) 17 E.H.R.R. 383	
20 September 1993	Saïdi	France	Jmt	14647/89	(1994) 17 E.H.R.R. 251	
21 September 1993	Kremzow	Austria	Jmt	12350/86	(1994) 17 E.H.R.R. 322	
21 September 1993	Zumtobel	Austria	Jmt	12235/86	(1994) 17 E.H.R.R. 116	
22 September 1993	Instituto di Vigilanza	Italy	Jmt	13567/88	(1994) 18 E.H.R.R. 367	
22 September 1993	Klaas	Germany	Jmt	15473/89	(1994) 18 E.H.R.R. 305	
26 October 1993	Darnell	United Kingdom	Jmt	15058/89	(1994) 18 E.H.R.R. 205	
26 October 1993	Stamoulakatos	Greece	Jmt	12806/87	(1994) 17 E.H.R.R. 479	
27 October 1993	Dombo Beheer BV	Netherlands	Jmt	14448/88	(1994) 18 E.H.R.R. 213	
27 October 1993	Monnet	France	Jmt	13675/88	(1994) 18 E.H.R.R. 27	
23 November 1993	A	France	Jmt	14838/89	(1994) 17 E.H.R.R. 462	
23 November 1993	Navarra	France	Jmt	13190/87	(1994) 17 E.H.R.R. 594	
23 November 1993	Poitrimol	France	Jmt	14032/88	(1994) 18 E.H.R.R. 130	
23 November 1993	Scopelliti	Italy	Jmt	15511/89	(1994) 17 E.H.R.R. 493	
24 November 1993	Imbrioscia	Switzerland	Jmt	13972/88	(1994) 17 E.H.R.R. 441	
24 November 1993	Informationsverein Lentia	Austria	Jmt	13914/88; 15041/89; 15717/89; 15779/89; 17207/90	(1994) 17 E.H.R.R. 93	
25 November 1993	Holm	Sweden	Jmt	14191/88	(1994) 18 E.H.R.R. 79	
25 November 1993	Zander	Sweden	Jmt	14282/88	(1994) 18 E.H.R.R. 175	
December 1993	Putz	Austria	Adm	18892/91	(1994) 18 E.H.R.R. CD 97	
January 1994	Benham	United Kingdom	Adm	19380/92	(1994) 18 E.H.R.R. CD 105	

January 1994	Botten	Norway	Adm	16206/90	(1994) 18 E.H.R.R. CD 45
January 1994	C.G.	Austria	Adm	17371/90	(1994) 18 E.H.R.R. CD 51
January 1994	Heinz	Contracting States Party to the European Patent Convention	Adm	21090/92	(1994) 18 E.H.R.R. CD 168
January 1994	Insam	Austria	Adm	17285/90	(1994) 18 E.H.R.R. CD 47
January 1994	Liefveld	Netherlands	Adm	19331/92	(1994) 18 E.H.R.R. CD 103
January 1994	SW & CR	United Kingdom	Adm	20166/92; 20190/92	(1994) 18 E.H.R.R. CD 119
January 1994	Thorbergsson	Iceland	Adm	22597/93	(1994) 18 E.H.R.R. CD 205
January 1994	X.S.A.	Netherlands	Adm	21472/93	(1994) 18 E.H.R.R. CD 176
February 1994	I.Z.	Greece	Adm	18997/91	(1994) 18 E.H.R.R. CD 101
21 February 1994	Ravnsborg	Sweden	Jmt	14220/88	(1994) 18 E.H.R.R. 38
22 February 1994	Burghartz	Switzerland	Jmt	16213/90	(1994) 18 E.H.R.R. 101
22 February 1994	Raimondo	Italy	Jmt	12954/87	(1994) 18 E.H.R.R. 237
22 February 1994	Tripodi	Italy	Jmt	13743/88	(1994) 18 E.H.R.R. 295
24 February 1994	Bendenoun	France	Jmt	12547/86	(1994) 18 E.H.R.R. 54
24 February 1994	Casado Coca	Spain	Jmt	15450/89	(1994) 18 E.H.R.R. 1
28 February 1994	Boyle	United Kingdom	Jmt	16580/90	(1995) 19 E.H.R.R. 179
March 1994	A and Family	Sweden	Adm	22806/93	(1994) 18 E.H.R.R. CD 209
March 1994	Buckley	United Kingdom	Adm	20348/92	(1994) 18 E.H.R.R. CD 123

DECISION DATE	PARTY A	PARTY B (COUNTRY)	Adm / Op / Jmt	APPL. No.	CITATION	CASE No.
March 1994	F.K., T.M. and C.H.	Austria	Adm	18249/91	(1994) 18 E.H.R.R. CD 60	
March 1994	Iskcon	United Kingdom	Adm	20490/92	(1994) 18 E.H.R.R. CD 133	
March 1994	T.V.	Finland	Adm	21780/93	(1994) 18 E.H.R.R. CD 179	
March 1994	Whiteside	United Kingdom	Adm	20357/92	(1994) 18 E.H.R.R. CD 126	
March 1994	Wingrove	United Kingdom	Adm	17419/90	(1994) 18 E.H.R.R. CD 54	
3 March 1994	Buckley	United Kingdom	Op	20348/92	(1995) 19 E.H.R.R. CD 20	
23 March 1994	Silva Pontes	Portugal	Jmt	14940/89	(1994) 18 E.H.R.R. 156	
25 March 1994	Scherer	Switzerland	Jmt	17116/90	(1994) 18 E.H.R.R. 276	
19 April 1994	Van de Hurk	Netherlands	Jmt	16034/90	(1994) 18 E.H.R.R. 481	
22 April 1994	Saraiva De Carvalho	Portugal	Jmt	15651/89	(1994) 18 E.H.R.R. 534	
26 April 1994	Díaz Ruano	Spain	Jmt	16988/90	(1995) 19 E.H.R.R. 542	
26 April 1994	Vallee	France	Jmt	22121/93	(1994) 18 E.H.R.R. 549	
May 1994	Brind	United Kingdom	Adm	18714/91	(1994) 18 E.H.R.R. CD 76	
May 1994	Dougan	United Kingdom	Adm	21437/93	(1994) 18 E.H.R.R. CD 174	
May 1994	Dreshaj	Finland	Adm	23159/94	(1994) 18 E.H.R.R. CD 213	
May 1994	H	Finland	Adm	18507/91	(1994) 18 E.H.R.R. CD 68	

May 1994	McLaughlin	United Kingdom	Adm	18759/91	(1994) 18 E.H.R.R. CD 84
May 1994	Nocol	Netherlands	Adm	15553/89	(1994) 18 E.H.R.R. CD 38
May 1994	Philis	Greece	Adm	18001/91	(1994) 18 E.H.R.R. CD 57
May 1994	R.O.	United Kingdom	Adm	23094/93	(1994) 18 E.H.R.R. CD 212
10 May 1994	Ernest Saunders	United Kingdom	Op	19187/91	(1994) 18 E.H.R.R. CD 23
26 May 1994	Keegan	Ireland	Jmt	16969/90	(1994) 18 E.H.R.R. 342
June 1994	E.B.	Germany	Adm	19442/92	(1994) 18 E.H.R.R. CD 109
June 1994	H and J. Ohg	Austria	Adm	19441/92	(1994) 18 E.H.R.R. CD 107
June 1994	Ünlü	Austria	Adm	20957/92	(1994) 18 E.H.R.R. CD 165
23 June 1994	De Moor	Belgium	Jmt	16997/90	(1994) 18 E.H.R.R. 372
23 June 1994	Jacubowski	Germany	Jmt	15088/89	(1995) 19 E.H.R.R. 64
27 June 1994	John Bryan	United Kingdom	Op	19178/91	(1994) 18 E.H.R.R. CD 18
27 June 1994	John Murray	United Kingdom	Op	18739/91	(1994) 18 E.H.R.R. CD 1
July 1994	J.D.	Netherlands	Adm	19508/92	(1994) 18 E.H.R.R. CD 110
July 1994	Milics	Sweden	Adm	23521/94	(1994) 18 E.H.R.R. CD 222
July 1994	Musasizi	Sweden	Adm	23780/94	(1994) 18 E.H.R.R. CD 223
5 July 1994	Ankerl	Switzerland	Adm	17748/91	(1994) 18 E.H.R.R. CD 56

DECISION DATE	PARTY A	PARTY B (COUNTRY)	Adm / Op / Jmt	APPL. No.	CITATION	CASE No.
5 July 1994	Terra Woningen	Netherlands	Op	20641/92	(1995) 20 E.H.R.R. CD 1	
18 July 1994	Scmidt	Germany	Jmt	13580/88	(1994) 18 E.H.R.R. 513	
18 July 1994	Vendittelli	Italy	Jmt	14804/89	(1995) 19 E.H.R.R. 464	
18 July 1994	Wynne	United Kingdom	Jmt	15484/89	(1995) 19 E.H.R.R. 333	
August 1994	D and A.A. H.	Greece	Adm	18357/91	(1994) 18 E.H.R.R. CD 62	
August 1994	Koskinen	Finland	Adm	20560/92	(1994) 18 E.H.R.R. CD 146	
August 1994	Leech	United Kingdom	Adm	20075/92	(1994) 18 E.H.R.R. CD 116	
August 1994	Mlynek	Austria	Adm	22634/93	(1994) 18 E.H.R.R. CD 207	
August 1994	Prötsch	Austria	Adm	15508/89	(1994) 18 E.H.R.R. CD 36	
August 1994	S.E.	Norway	Adm	17391/90	(1994) 18 E.H.R.R. CD 53	
August 1994	Taylor, Crampton, Gibson, King	United Kingdom	Adm	23412/94	(1994) 18 E.H.R.R. CD 215	
September 1994	Asplund	Sweden	Adm	19762/92	(1994) 18 E.H.R.R. CD 111	
1 September 1994	Chahal	United Kingdom	Op	22414/93	(1995) 20 E.H.R.R. CD 19	
September 1994	Grander	Sweden	Adm	20326/92	(1994) 18 E.H.R.R. CD 120	
September 1994	H	Sweden	Adm	22408/93	(1994) 18 E.H.R.R. CD 191	

September 1994	Karamjit Chahal	United Kingdom	Adm	22414/93	(1994) 18 E.H.R.R. CD 193
September 1994	Lundblad	Sweden	Adm	21078/92	(1994) 18 E.H.R.R. CD 167
September 1994	Ochensberger	Austria	Adm	21318/93	(1994) 18 E.H.R.R. CD 170
September 1994	P Hippin	Austria	Adm	18764/91	(1994) 18 E.H.R.R. CD 93
September 1994	Sheffield	United Kingdom	Adm	22985/93	(1995) 20 E.H.R.R. CD 66
September 1994	Stubbings, J.L. and J.P.	United Kingdom	Adm	22083/93	(1994) 18 E.H.R.R. CD 185
6 September 1994	Stubbings, J.L. and J.P.	United Kingdom	Op	22083/93	(1995) 19 E.H.R.R. CD 32
20 September 1994	Otto-Preminger Institute	Austria	Jmt	13470/87	(1995) 19 E.H.R.R. 34
21 September 1994	Fayed	United Kingdom	Jmt	17101/90	(1994) 18 E.H.R.R. 393
22 September 1994	Debled	Belgium	Jmt	13839/88	(1995) 19 E.H.R.R. 506
22 September 1994	Hentrich	France	Jmt	13616/88	(1994) 18 E.H.R.R. 440
22 September 1994	Lala	Netherlands	Jmt	14861/89	(1994) 18 E.H.R.R. 587
22 September 1994	Pelladoah	Netherlands	Jmt	16737/90	(1995) 19 E.H.R.R. 81
23 September 1994	Hokkanen	Finland	Jmt	19823/92	(1995) 19 E.H.R.R. 139
23 September 1994	Jersild	Denmark	Jmt	15890/89	(1995) 19 E.H.R.R. 1
27 October 1994	Katte Klitsche de la Grange	Italy	Jmt	12539/86	(1995) 19 E.H.R.R. 368
27 October 1994	Kroon	Netherlands	Jmt	18535/91	(1995) 19 E.H.R.R. 263
28 October 1994	Boner	United Kingdom	Jmt	18711/91	(1995) 19 E.H.R.R. 246
28 October 1994	Demai	France	Jmt	22904/93	(1995) 20 E.H.R.R. 90
28 October 1994	Maxwell	United Kingdom	Jmt	18949/91	(1995) 19 E.H.R.R. 97
28 October 1994	Murray	United Kingdom	Jmt	14310/88	(1995) 19 E.H.R.R. 193
24 November 1994	Beaumartin	France	Jmt	15287/89	(1995) 19 E.H.R.R. 485

DECISION DATE	PARTY A	PARTY B (COUNTRY)	Adm / Op / Jmt	APPL. No.	CITATION	CASE No.
24 November 1994	Kemmache	France (No. 3)	Jmt	17621/91	(1995) 19 E.H.R.R. 349	
25 November 1994	Ortenberg	Austria	Jmt	18064/91	(1995) 19 E.H.R.R. 524	
25 November 1994	Stjerna	Finland	Jmt	18131/91	(1997) 24 E.H.R.R. 195	
1 December 1994	X, Y and Z	United Kingdom	Op	21830/93	(1995) 20 E.H.R.R. CD 6	
9 December 1994	Hiro Balani	Spain	Jmt	18064/91	(1995) 19 E.H.R.R. 566	
9 December 1994	Holy Monasteries	Greece	Jmt	13092/87; 13984/88	(1995) 20 E.H.R.R. 1	
9 December 1994	Lopez Ostra	Spain	Jmt	16798/90	(1995) 20 E.H.R.R. 277	
9 December 1994	Ruiz Torija	Spain	Jmt	18390/91	(1995) 19 E.H.R.R. 553	
9 December 1994	Schouten and Meldrum	Netherlands	Jmt	19005/91; 19006/91	(1995) 19 E.H.R.R. 432	
9 December 1994	Stran Greek Refineries and Stratis Andreadis	Greece	Jmt	13427/87	(1995) 19 E.H.R.R. 293	
19 December 1994	Vereinigung Demokratischer Soldaten and Gubi	Austria	Jmt	15153/89	(1995) 20 E.H.R.R. 56	
January 1995	Beïs	Greece	Adm	22045/93	(1995) 19 E.H.R.R. CD 70	
January 1995	Lukanov	Bulgaria	Adm	21915/93	(1995) 19 E.H.R.R. CD 65	
January 1995	Moody	United Kingdom	Adm	22613/93	(1995) 19 E.H.R.R. CD 90	
January 1995	National & Provincial, Leeds & Yorkshire Building Societies	United Kingdom	Adm	21319/93; 21449/93; 21675/93	(1995) 19 E.H.R.R. CD 56	

January 1995	Roberts	United Kingdom	Adm	21178/93	(1995) 19 E.H.R.R. CD 50
January 1995	Telesystem Tirol Kabeltelevision	Austria	Adm	19182/91	(1995) 19 E.H.R.R. CD 42
January 1995	W, H & A	United Kingdom	Adm	21681/93	(1995) 19 E.H.R.R. CD 60
January 1995	Wilde, Greenhalgh & Parry	United Kingdom	Adm	22382/93	(1995) 19 E.H.R.R. CD 86
18 January 1995	Sujeeun	United Kingdom	Adm	27788/95	(1996) 21 E.H.R.R. CD 97
31 January 1995	Friedl	Austria	Jmt	15225/89	(1996) 21 E.H.R.R. 83
31 January 1995	Schuler-Zgraggen	Switzerland	Jmt	14518/89	(1996) 21 E.H.R.R. 404
9 February 1995	Vereniging Weekblad Bluf!	Netherlands	Jmt	16616/90	(1995) 20 E.H.R.R. 189
9 February 1995	Welch	United Kingdom	Jmt	17440/90	(1995) 20 E.H.R.R. 247
9 February 1995	Welch	United Kingdom	Jmt	17440/90	(1996) 21 E.H.R.R. CD 1
10 February 1995	Allenet de Ribemont	France	Jmt	15175/89	(1995) 20 E.H.R.R. 557
10 February 1995	Gea Catalán	Spain	Jmt	19160/91	(1995) 20 E.H.R.R. 266
23 February 1995	Gasus Dosier-Und Fordertechnik GmbH	Netherlands	Jmt	15375/89	(1995) 20 E.H.R.R. 403
24 February 1995	McMichael	United Kingdom	Jmt	16424/90	(1995) 20 E.H.R.R. 205
March 1995	Halford	United Kingdom	Adm	20605/92	(1995) 19 E.H.R.R. CD 43
22 March 1995	Quinn	France	Jmt	18580/91	(1996) 21 E.H.R.R. 529
23 March 1995	Loizidou	Turkey	Jmt	15318/89	(1995) 20 E.H.R.R. 99
23 March 1995	Loizidou	Turkey	Jmt	15318/89	(1998) 26 E.H.R.R. CD 5

DECISION DATE	PARTY A	PARTY B (COUNTRY)	Adm / Op / Jmt	APPL. No.	CITATION	CASE No.
April 1995	Artingstoll	United Kingdom	Adm	25517/94	(1995) 19 E.H.R.R. CD 92	
April 1995	Gregory	United Kingdom	Adm	22299/93	(1995) 19 E.H.R.R. CD 82	
April 1995	Hansen	Denmark	Adm	22507/93	(1995) 19 E.H.R.R. CD 89	
April 1995	Magee	United Kingdom	Adm	24892/94	(1995) 19 E.H.R.R. CD 91	
April 1995	Rai, Allmond & "Negotiate Now"	United Kingdom	Adm	25522/94	(1995) 19 E.H.R.R. CD 93	
April 1995	Yasar	Turkey	Adm	22281/93	(1995) 19 E.H.R.R. CD 74	
26 April 1995	Fischer	Austria	Jmt	16922/90	(1995) 20 E.H.R.R. 349	
26 April 1995	Prager and Oberschlick	Austria	Jmt	15974/90	(1996) 21 E.H.R.R. 1	
27 April 1995	Paccione	Italy	Jmt	16753/90	(1995) 20 E.H.R.R. 396	
27 April 1995	Piermont	France	Jmt	15773/89	(1995) 20 E.H.R.R. 301	
5 May 1995	Air Canada	United Kingdom	Jmt	18465/91	(1995) 20 E.H.R.R. 150	
24 May 1995	Marlhens	France	Jmt	22862/93	(1996) 22 E.H.R.R. 285	
24 May 1995	Marlhens	France	Jmt	22862/93	(1996) 21 E.H.R.R. 502	
25 May 1995	Manoussakis	Greece	Op	18748/91	(1996) 21 E.H.R.R. CD 3	
June 1995	A.T.	United Kingdom	Adm	20448/92	(1995) 20 E.H.R.R. CD 59	
June 1995	Doymus	Switzerland	Adm	27269/95	(1995) 20 E.H.R.R. CD 129	
June 1995	Grech	Malta	Adm	24492/94	(1995) 20 E.H.R.R. CD 95	

June 1995	Huggett	United Kingdom	Adm	24744/94	(1995) 20 E.H.R.R. CD 104	
June 1995	M.L.	United Kingdom	Adm	23546/94	(1995) 20 E.H.R.R. CD 81	
June 1995	Parker	United Kingdom	Adm	27286/95	(1995) 20 E.H.R.R. CD 132	
June 1995	Reitmayr	Austria	Adm	23866/94	(1995) 20 E.H.R.R. CD 89	
8 June 1995	Jamil	France	Jmt	15917/89	(1996) 21 E.H.R.R. 65	
8 June 1995	Kefalas	Greece	Jmt	14726/89	(1995) 20 E.H.R.R. 484	
8 June 1995	Mansur	Turkey	Jmt	16026/90	(1995) 20 E.H.R.R. 535	
8 June 1995	Yağci and Sargin	Turkey	Jmt	16419/90; 16426/90	(1995) 20 E.H.R.R. 505	
July 1995	A.P	Austria	Adm	20458/92	(1995) 20 E.H.R.R. CD 63	
July 1995	Andronicou and Constantinou	Cyprus	Adm	25052/94	(1995) 20 E.H.R.R. CD 105	
July 1995	Jastrzebski	Poland	Adm	25669/94	(1995) 20 E.H.R.R. CD 126	
3 July 1995	Hentrich	France	Jmt	13616/88	(1996) 21 E.H.R.R. 199	
13 July 1995	Kampanis	Greece	Jmt	17997/91	(1996) 21 E.H.R.R. 43	
13 July 1995	Morganti	France	Jmt	17831/91	(1996) 21 E.H.R.R. 34	
13 July 1995	Nasri	France	Jmt	19465/92	(1996) 21 E.H.R.R. 458	
13 July 1995	Tolstoy Miloslavsky	United Kingdom	Jmt	18139/91	(1995) 20 E.H.R.R. 442	
19 July 1995	Kerojarvi	Finland	Jmt	17506/90	(2001) 32 E.H.R.R. 152	(2001) 32 E.H.R.R. 8
September 1995	Advic	United Kingdom	Adm	25525/94	(1995) 20 E.H.R.R. CD 125	
September 1995	Ahmed	United Kingdom	Adm	22954/93	(1995) 20 E.H.R.R. CD 72	
September 1995	Grigoriades	Greece	Adm	24348/94	(1995) 20 E.H.R.R. CD 92	

DECISION DATE	PARTY A	PARTY B (COUNTRY)	Adm / Op / Jmt	APPL. No.	CITATION	CASE No.
September 1995	Hotel Casino Aregua Parana AG	Austria	Adm	23458/94	(1995) 20 E.H.R.R. CD 79	
September 1995	J.S.	Netherlands	Adm	14561/89	(1995) 20 E.H.R.R. CD 41	
September 1995	R.S.	United Kingdom	Adm	24604/94	(1995) 20 E.H.R.R. CD 98	
September 1995	Raidl	Austria	Adm	25342/94	(1995) 20 E.H.R.R. CD 114	
September 1995	Reiss	Austria	Adm	23953/94	(1995) 20 E.H.R.R. CD 90	
September 1995	Seidlová	Slovak Republic	Adm	25461/94	(1995) 20 E.H.R.R. CD 124	
September 1995	Timke	Germany	Adm	27311/95	(1995) 20 E.H.R.R. CD 133	
September 1995	Tsirlis	Greece	Adm	19233/91	(1995) 20 E.H.R.R. CD 52	
September 1995	Velita Flores	Sweden	Adm	28392/95	(1995) 20 E.H.R.R. CD 134	
September 1995	Verein Gemeinsam Lernen	Austria	Adm	23419/94	(1995) 20 E.H.R.R. CD 78	
5 September 1995	Findlay	United Kingdom	Op	22107/93	(1996) 21 E.H.R.R. CD 7	
26 September 1995	Diennet	France	Jmt	18160/91	(1996) 21 E.H.R.R. 554	
26 September 1995	Vogt	Germany	Jmt	17851/91	(1996) 21 E.H.R.R. 205	
26 September 1995	Vogt	Germany	Jmt	17851/91	(1996) 22 E.H.R.R. CD 1	
27 September 1995	G	France	Jmt	15312/89	(1996) 21 E.H.R.R. 288	

27 September 1995	McCann	United Kingdom	Jmt	18984/91	(1996) 21 E.H.R.R. 97	
28 September 1995	Masson and Van Zon	Netherlands	Jmt	30/1994	(1996) 22 E.H.R.R. 491	
28 September 1995	Procola	Luxembourg	Jmt	14570/89	(1996) 22 E.H.R.R. 193	
28 September 1995	Scollo	Italy	Jmt	19133/91	(1996) 22 E.H.R.R. 514	
28 September 1995	Spadea and Scalabrino	Italy	Jmt	12868/87	(1996) 21 E.H.R.R. 482	
20 October 1995	Ersöz, Çetin, Kaya	Turkey	Adm	23144/93	(1996) 21 E.H.R.R. CD 48	
23 October 1995	Palaoro	Austria	Jmt	16718/90	(2001) 32 E.H.R.R. 202	(2001) 32 E.H.R.R. 10
23 October 1995	Pfarrmeier	Austria	Jmt	16841/90	(1996) 22 E.H.R.R. 175	
23 October 1995	Schmautzer	Austria	Jmt	15523/89	(1996) 21 E.H.R.R. 511	
23 October 1995	Umlauft	Austria	Jmt	15527/89	(1996) 22 E.H.R.R. 76	
24 October 1995	Agrotexim	Greece	Jmt	14807/89	(1996) 21 E.H.R.R. 250	
24 October 1995	Iribarne Pérez	France	Jmt	16462/90	(1996) 22 E.H.R.R. 153	
31 October 1995	Papamichalopoulos	Greece	Jmt	14556/89	(1996) 21 E.H.R.R. 439	
20 November 1995	British American Tobacco Company Ltd	Netherlands	Jmt	19589/92	(1996) 21 E.H.R.R. 409	
20 November 1995	Pressos Compania Naviera SA	Belgium	Jmt	17849/91	(1996) 21 E.H.R.R. 301	
21 November 1995	Acquaviva	France	Jmt	19248/91	(2001) 32 E.H.R.R. 134	(2001) 32 E.H.R.R. 7
22 November 1995	Bryan	United Kingdom	Jmt	19178/91	(1996) 21 E.H.R.R. 342	
22 November 1995	SW & CR	United Kingdom	Jmt	20166/92; 20190/92	(1996) 21 E.H.R.R. 363	
27 November 1995	Worm	Austria	Adm	22714/93	(1996) 21 E.H.R.R. CD 51	
27 November 1995	Worm	Austria	Op	22714/93	(1996) 22 E.H.R.R. CD 7	

DECISION DATE	PARTY A	PARTY B (COUNTRY)	Adm / Op / Jmt	APPL. No.	CITATION	CASE No.
28 November 1995	Baxter	United Kingdom	Adm	24835/94	(1996) 21 E.H.R.R. CD 64	
28 November 1995	McGinley and Egan	United Kingdom	Adm	21825/93; 23414/94	(1996) 21 E.H.R.R. CD 56	
29 November 1995	EDC	United Kingdom	Adm	24433/94	(1996) 21 E.H.R.R. CD 69	
29 November 1995	Khan	United Kingdom	Adm	23860/94	(1996) 21 E.H.R.R. CD 67	
29 November 1995	Movement for Democratic Kingdom	Bulgaria	Adm	27608/95	(1996) 21 E.H.R.R. CD 78	
29 November 1995	Smith	United Kingdom	Adm	25373/94	(1996) 21 E.H.R.R. CD 74	
29 November 1995	Stamoulakatos	Greece and United Kingdom	Adm	27567/95	(1996) 21 E.H.R.R. CD 77	
4 December 1995	Bowman	United Kingdom	Adm	24839/94	(1996) 21 E.H.R.R. CD 79	
4 December 1995	Ribitsch	Austria	Jmt	18896/91	(1996) 21 E.H.R.R. 573	
16 January 1996	Bullock	United Kingdom	Adm	29102/95	(1996) 21 E.H.R.R. CD 85	
16 January 1996	Lukanov	Bulgaria	Op	21915/93	(1996) 21 E.H.R.R. CD 20	
16 January 1996	MAR	United Kingdom	Adm	28038/95	(1997) 23 E.H.R.R. CD 120	
16 January 1996	PP	United Kingdom	Adm	25297/94	(1996) 21 E.H.R.R. CD 81	
17 January 1996	Gudmundssson	Iceland	Adm	23285/94	(1996) 21 E.H.R.R. CD 89	

17 January 1996	Young	Ireland	Adm	25646/94	(1996) 21 E.H.R.R. CD 91	
18 January 1996	BBC	United Kingdom	Adm	25798/94	(1996) 21 E.H.R.R. CD 93	
18 January 1996	De Warrene Waller	United Kingdom	Adm	27284/95	(1996) 21 E.H.R.R. CD 96	
19 January 1996	Sheffield	United Kingdom	Adm	22985/93	(1996) 21 E.H.R.R. CD 99	
31 January 1996	Fouquet	France	Jmt	20398/92	(1996) 22 E.H.R.R. 279	
8 February 1996	A	Denmark	Jmt	20826/92	(1996) 22 E.H.R.R. 458	
8 February 1996	Murray	United Kingdom	Jmt	18731/91	(1996) 22 E.H.R.R. 29	
19 February 1996	Botten	Norway	Jmt	16206/90	(2001) 32 E.H.R.R.37	(2001) 32 E.H.R.R. 3
19 February 1996	Gül	Switzerland	Jmt	23218/94	(1996) 22 E.H.R.R. 93	
20 February 1996	Lobo Machado	Portugal	Jmt	15764/89	(1997) 23 E.H.R.R. 79	
20 February 1996	Vermeulen	Belgium	Jmt	19075/91	(2001) 32 E.H.R.R. 313	(2001) 32 E.H.R.R. 15
21 February 1996	Hussain	United Kingdom	Jmt	21928/93	(1996) 22 E.H.R.R. 1	
22 February 1996	Bulut	Austria	Jmt	17358/90	(1997) 24 E.H.R.R. 84	
22 February 1996	Putz	Austria	Jmt	18892/91	(2001) 32 E.H.R.R. 271	(2001) 32 E.H.R.R. 13
26 February 1996	Govell	United Kingdom	Adm	27237/95	(1997) 23 E.H.R.R. CD 101	
26 February 1996	Ikincisoy	Turkey	Adm	26144/95	(1996) 21 E.H.R.R. CD 100	
28 February 1996	Cervenák	Czech Republic	Adm	29008/95	(1996) 21 E.H.R.R. CD 116	
28 February 1996	Cohen	United Kingdom	Adm	25959/94	(1996) 21 E.H.R.R. CD 104	
28 February 1996	Dick	United Kingdom	Adm	26249/95	(1996) 21 E.H.R.R. CD 107	

DECISION DATE	PARTY A	PARTY B (COUNTRY)	Adm / Op / Jmt	APPL. No.	CITATION	CASE No.
28 February 1996	Larbie	United Kingdom	Adm	25073/94	(1996) 21 E.H.R.R. CD 103	
28 February 1996	Martin	United Kingdom	Adm	27533/95	(1996) 21 E.H.R.R. CD 112	
28 February 1996	Tee	United Kingdom	Adm	26663/95	(1996) 21 E.H.R.R. CD 108	
March 1996	Weidlich	Germany	Op	19048/91; 19049/91; 19342/92; 19549/92; 18890/91	(1996) 22 E.H.R.R. CD 55	
5 March 1996	Akkum, Akan and Karakoc	Turkey	Adm	21894/93	(1996) 21 E.H.R.R. CD 118	
5 March 1996	Drozd	Poland	Adm	25403/94	(1996) 21 E.H.R.R. CD 120	
5 March 1996	Pantano	Italy	Adm	20251/92	(1996) 21 E.H.R.R. CD 117	
7 March 1996	Hins and Hugenholtz	Netherlands	Adm	25987/94	(1996) 21 E.H.R.R. CD 124	
7 March 1996	Raninen	Finland	Adm	20972/92	(1996) 21 E.H.R.R. CD 123	
7 March 1996	Tsirlis and Kouloumpas	Greece	Op	19233/91; 19234/91	(1996) 21 E.H.R.R. CD 30	
25 March 1996	Mitap and Müftüoğlu	Turkey	Jmt	15530/89; 15531/89	(1996) 22 E.H.R.R. 209	
26 March 1996	Doorson	Netherlands	Jmt	20524/92	(1996) 22 E.H.R.R. 330	
26 March 1996	Leutscher	Netherlands	Jmt	17314/90	(1997) 24 E.H.R.R. 181	
27 March 1996	Goodwin	United Kingdom	Jmt	17488/90	(1996) 22 E.H.R.R. 123	

April 1996	F	United Kingdom	Op	28052/95	(1996) 22 E.H.R.R. CD 118	
April 1996	Hautanemi	Sweden	Op	24019/94	(1996) 22 E.H.R.R. CD 155	
April 1996	Kustannus Oy Vapaa Ajattelija AB	Finland	Op	20471/92	(1996) 22 E.H.R.R. CD 69	
April 1996	Matthews	United Kingdom	Op	24833/94	(1996) 22 E.H.R.R. CD 175	
April 1996	McDaid	United Kingdom	Op	25681/94	(1996) 22 E.H.R.R. CD 197	
April 1996	Nap Holdings UK Ltd	United Kingdom	Op	27721/95	(1996) 22 E.H.R.R. CD 114	
April 1996	Reber	Germany	Op	27410/95	(1996) 22 E.H.R.R. CD 98	
11 April 1996,	Radio ABC	Austria	Op	19736/92	(1996) 22 E.H.R.R. CD 3	
17 April 1996	Mentes	Turkey	Jmt	23186/94	(1998) 26 E.H.R.R. CD 1	
23 April 1996	Phocas	France	Jmt	17869/91	(2001) 32 E.H.R.R. 221	(2001) 32 E.H.R.R. 11
24 April 1996	Boughanemi	France	Jmt	22070/93	(1996) 22 E.H.R.R. 228	
25 April 1996	Gustafsson	Sweden	Jmt	15573/89	(1996) 22 E.H.R.R. 409	
26 April 1996	Remli	France	Jmt	16839/90	(1996) 22 E.H.R.R. 253	
May 1996	Bader	Austria	Op	26633/95	(1996) 22 E.H.R.R. CD 213	
May 1996	Fenzel & Köllner	Austria	Op	22351/93	(1996) 22 E.H.R.R. CD 80	
May 1996	Islam	United Kingdom	Op	26651/95	(1996) 22 E.H.R.R. CD 215	

DECISION DATE	PARTY A	PARTY B (COUNTRY)	Adm / Op / Jmt	APPL. No.	CITATION	CASE No.
May 1996	Mabey	United Kingdom	Op	28370/95	(1996) 22 E.H.R.R. CD 123	
May 1996	Mann	Germany	Op	24077/94	(1996) 22 E.H.R.R. CD 157	
May 1996	Mantel	Netherlands	Op	22531/93	(1996) 22 E.H.R.R. CD 86	
May 1996	Osman	United Kingdom	Op	23452/94	(1996) 22 E.H.R.R. CD 137	
May 1996	Poku	United Kingdom	Op	26985/95	(1996) 22 E.H.R.R. CD 94	
May 1996	SP, DP & T	United Kingdom	Op	23715/94	(1996) 22 E.H.R.R. CD 148	
May 1996	Spöttl	Austria	Op	22956/93	(1996) 22 E.H.R.R. CD 88	
May 1996	Sutherland	United Kingdom	Op	25186/94	(1996) 22 E.H.R.R. CD 182	
May 1996	Tinnelly & Sons & McElduff	United Kingdom	Op	20390/92; 21322/93	(1996) 22 E.H.R.R. CD 62	
21 May 1996	Ausiello	Italy	Jmt	20331/92	(1997) 24 E.H.R.R. 568	
June 1996	Assenov, Ivanova and Ivanov	Bulgaria	Op	24760/94	(1996) 22 E.H.R.R. CD 163	
June 1996	Car Srl	Italy	Op	23924/94	(1996) 22 E.H.R.R. CD 153	
June 1996	D	United Kingdom	Op	30240/96	(1996) 22 E.H.R.R. CD 112	
June 1996	EP	Turkey	Op	23500/94	(1996) 22 E.H.R.R. CD 143	

June 1996	Hashman & Harrup	United Kingdom	Op	25594/94	(1996) 22 E.H.R.R. CD 185
June 1996	Huber, Staufer, Sportanglerbund Vöcklabruck & Eckhardt	Austria	Op	23397/94	(1996) 22 E.H.R.R. CD 91
June 1996	Mavronichis	Cyprus	Op	28054/95	(1996) 22 E.H.R.R. CD 120
June 1996	McLeod	United Kingdom	Op	24755/94	(1996) 22 E.H.R.R. CD 158
June 1996	Mika	Austria	Op	26560/95	(1996) 22 E.H.R.R. CD 208
June 1996	Samková	Slovak Republic	Op	26384/95	(1996) 22 E.H.R.R. CD 205
June 1996	Schertler	Austria	Op	26575/95	(1996) 22 E.H.R.R. CD 212
June 1996	Stryanowski	Poland	Op	28616/95	(1996) 22 E.H.R.R. CD 111
June 1996	Thaw	United Kingdom	Op	27435/95	(1996) 22 E.H.R.R. CD 100
June 1996	Vereniging Radio 100	Netherlands	Op	26335/95	(1996) 22 E.H.R.R. CD 198
June 1996	Vollert	Germany	Op	29793/96	(1996) 22 E.H.R.R. CD 128
10 June 1996	Benham	United Kingdom	Jmt	19380/92	(1996) 22 E.H.R.R. 293
10 June 1996	Pullar	United Kingdom	Jmt	22399/93	(1996) 22 E.H.R.R. 391
10 June 1996	Thomann	Switzerland	Jmt	17602/91	(1997) 24 E.H.R.R. 553
25 June 1996	Amuur	France	Jmt	19776/92	(1996) 22 E.H.R.R. 533
July 1996	LM & R	Switzerland	Op	30003/96	(1996) 22 E.H.R.R. CD 130

DECISION DATE	PARTY A	PARTY B (COUNTRY)	Adm / Op / Jmt	APPL. No.	CITATION	CASE No.
July 1996	Öhlinger	Austria	Op	21444/93	(1996) 22 E.H.R.R. CD 75	
10 July 1996	Pardo	France	Jmt	13416/87	(1996) 22 E.H.R.R. 563	
August 1996	Johansen	Norway	Jmt	17383/90	(1997) 23 E.H.R.R. 33	
7 August 1996	Allenet de Ribemont	France	Jmt	15175/89	(1996) 22 E.H.R.R. 582	
7 August 1996	C	Belgium	Jmt	21794/93	(2001) 32 E.H.R.R. 19	(2001) 32 E.H.R.R. 2
7 August 1996	Ferrantelli and Santangelo	Italy	Jmt	19874/92	(1997) 23 E.H.R.R. 288	
7 August 1996	Hamer	France	Jmt	19953/92	(1997) 23 E.H.R.R. 1	
7 August 1996	Yagiz	Turkey	Jmt	19092/91	(1996) 22 E.H.R.R. 573	
7 August 1996	Zubani	Italy	Jmt	14025/88	(2001) 32 E.H.R.R. 297	(2001) 32 E.H.R.R. 14
September 1996	A	United Kingdom	Op	25599/94	(1996) 22 E.H.R.R. CD 190	
September 1996	Burton	United Kingdom	Op	31600/96	(1996) 22 E.H.R.R. CD 134	
September 1996	GF	Austria	Op	23671/94	(1996) 22 E.H.R.R. CD 145	
September 1996	Handwerker	Germany	Op	28610/95	(1996) 22 E.H.R.R. CD 125	
September 1996	Logan	United Kingdom	Op	24875/94	(1996) 22 E.H.R.R. CD 178	
September 1996	M	Bulgaria	Op	27496/95	(1996) 22 E.H.R.R. CD 101	
September 1996	Roux	United Kingdom	Op	25601/94	(1996) 22 E.H.R.R. CD 195	

September 1996	Schöpfer	Switzerland	Op	25405/94	(1996) 22 E.H.R.R. CD 184
September 1996	Zacher	Germany	Op	30032/96	(1996) 22 E.H.R.R. CD 136
16 September 1996	Akdivar	Turkey	Jmt	21893/93	(1997) 23 E.H.R.R. 143
16 September 1996	Gaygusuz	Austria	Jmt	17371/90	(1997) 23 E.H.R.R. 364
16 September 1996	Matos e Silva, Lda	Portugal	Jmt	15777/89	(1997) 24 E.H.R.R. 573
16 September 1996	Sußmann	Germany	Jmt	20024/92	(1998) 25 E.H.R.R. 64
25 September 1996	Buckley	United Kingdom	Jmt	20348/92	(1997) 23 E.H.R.R. 101
26 September 1996	Manoussakis	Greece	Jmt	18748/91	(1997) 23 E.H.R.R. 387
26 September 1996	Miailhe	France (No. 2)	Jmt	18978/91	(1997) 23 E.H.R.R. 491
14 October 1996	Spacek	Czech Republic	Adm	26449/95	(1997) 23 E.H.R.R. CD 76
16 October 1996	Comninos and National Justice Compania Naviera SA	United Kingdom	Adm	29106/95	(1997) 23 E.H.R.R. CD 165
16 October 1996	Cybulski	United Kingdom	Adm	24266/94	(1997) 23 E.H.R.R. CD 53
16 October 1996	Karakuzey	Germany	Adm	26568/95	(1997) 23 E.H.R.R. CD 92
17 October 1996	Philis	Greece	Adm	28970/95	(1997) 23 E.H.R.R. CD 147
21 October 1996	Kadubec	Slovak Republic	Adm	27061/95	(1997) 23 E.H.R.R. CD 98
21 October 1996	Quinn	United Kingdom	Adm	23496/94	(1997) 23 E.H.R.R. CD 41
21 October 1996	Stankov, Trayanov, Stoychev	Bulgaria	Adm	29221/95; 29222/95; 29223/95; 29225/95; 29226/95	(1997) 23 E.H.R.R. CD 170

DECISION DATE	PARTY A	PARTY B (COUNTRY)	Adm / Op / Jmt	APPL. No.	CITATION	CASE No.
21 October 1996	TY	Netherlands	Adm	26669/95	(1997) 23 E.H.R.R. CD 95	
22 October 1996	Stubbings	United Kingdom	Jmt	22083/93; 22095/93	(1997) 23 E.H.R.R. 213	
23 October 1996	Ankerl	Switzerland	Jmt	17748/91	(2001) 32 E.H.R.R. 1	(2001) 32 E.H.R.R. 1
23 October 1996	Société Levage Prestations	France	Jmt	21920/93	(1997) 24 E.H.R.R. 351	
24 October 1996	De Salvador Torres	Spain	Jmt	21525/93	(1997) 23 E.H.R.R. 601	
15 November 1996	Ahmet Sadik	Greece	Jmt	18877/91	(1997) 24 E.H.R.R. 323	
15 November 1966	Chahal	United Kingdom	Jmt	22414/93	(1997) 23 E.H.R.R. 413	
15 November 1996	Domenichini	Italy	Jmt	15943/90	(2001) 32 E.H.R.R. 68	(2001) 32 E.H.R.R. 4
15 November 1996	Katikaridis	Greece	Jmt	19385/92	(2001) 32 E.H.R.R. 113	(2001) 32 E.H.R.R. 6
15 November 1996	Prötsch	Austria	Jmt	15508/89	(2001) 32 E.H.R.R. 255	(2001) 32 E.H.R.R. 12
15 November 1996	Silva Rocha	Portugal	Jmt	18165/91	(2001) 32 E.H.R.R. 333	(2001) 32 E.H.R.R. 16
25 November 1996	Wingrove	United Kingdom	Jmt	17419/90	(1997) 24 E.H.R.R. 1	
28 November 1996	Ahmut	Netherlands	Jmt	21702/93	(1997) 24 E.H.R.R. 62	
28 November 1996	Nsona	Netherlands	Jmt	23366/94	(2001) 32 E.H.R.R. 170	(2001) 32 E.H.R.R. 9
17 December 1996	Ahmed	Austria	Jmt	25964/94	(1997) 24 E.H.R.R. 278	
17 December 1996	Duclos	France	Jmt	20940/92–20941/92–20942/92	(2001) 32 E.H.R.R. 86	(2001) 32 E.H.R.R. 5
17 December 1996	Saunders	United Kingdom	Jmt	19187/91	(1997) 23 E.H.R.R. 313	
17 December 1996	Terra Woningen	Netherlands	Jmt	20641/92	(1997) 24 E.H.R.R. 456	
17 December 1996	Vacher	France	Jmt	20368/92	(1997) 24 E.H.R.R. 482	

18 December 1996	Aksoy	Turkey	Jmt	21987/93	(1997) 23 E.H.R.R. 553
18 December 1996	Loizidou	Turkey	Jmt	15318/89	(1997) 23 E.H.R.R. 513
18 December 1996	Scott	Spain	Jmt	21335/93	(1997) 24 E.H.R.R. 391
18 December 1996	Valsamis	Greece	Jmt	21787/93	(1997) 24 E.H.R.R. 294
13 January 1997	Adams and Benn	United Kingdom	Adm	28979/95; 30343/96	(1997) 23 E.H.R.R. CD 160
13 January 1997	CMLO	Switzerland	Adm	25711/94	(1997) 23 E.H.R.R. CD 68
13 January 1997	Gaweda	Poland	Adm	26229/95	(1997) 23 E.H.R.R. CD 73
17 January 1997	Lindsay	United Kingdom	Adm	31699/96	(1997) 23 E.H.R.R. CD 199
17 January 1997	Lines	United Kingdom	Adm	24519/94	(1997) 23 E.H.R.R. CD 58
17 January 1997	Mustafai-Nejad	Austria	Adm	26495/95	(1997) 23 E.H.R.R. CD 85
17 January 1997	SP	United Kingdom	Adm	28915/95	(1997) 23 E.H.R.R. CD 139
21 January 1997	Grech and Montanaro	Malta	Adm	29473/95	(1997) 23 E.H.R.R. CD 176
29 January 1997	Bouchelkia	France	Jmt	23078/93	(1998) 25 E.H.R.R. 686
18 February 1997	Mauer	Austria	Jmt	16566/90; 16898/90	(1998) 25 E.H.R.R. 91
18 February 1997	Nideröst-Huber	Switzerland	Jmt	18990/91	(1998) 25 E.H.R.R. 709
19 February 1997	Laskey, Jaggard and Brown	United Kingdom	Jmt	21627/93; 21826/93; 21974/93	(1997) 24 E.H.R.R. 39
21 February 1997	Guillemin	France	Jmt	19632/92	(1998) 25 E.H.R.R. 435
21 February 1997	Van Raalte	Netherlands	Jmt	20060/92	(1997) 24 E.H.R.R. 503
24 February 1997	Beer and Regan	Germany	Adm	28934/95	(1997) 23 E.H.R.R. CD 143
24 February 1997	De Haes and Gijsels	Belgium	Jmt	19983/92	(1998) 25 E.H.R.R. 1

DECISION DATE	PARTY A	PARTY B (COUNTRY)	Adm / Op / Jmt	APPL. No.	CITATION	CASE No.
24 February 1997	Krug Von Nidda Und Von Falkenstein	Germany	Adm	25043/94	(1997) 23 E.H.R.R. CD 60	
25 February 1997	Findlay	United Kingdom	Jmt	22107/93	(1997) 24 E.H.R.R. 221	
25 February 1997	Gregory	United Kingdom	Jmt	22299/93	(1998) 25 E.H.R.R. 577	
25 February 1997	Z	Finland	Jmt	22009/93	(1998) 25 E.H.R.R. 371	
26 February 1997	Buckley	United Kingdom	Adm	28323/95	(1997) 23 E.H.R.R. CD 129	
26 February 1997	Everest	United Kingdom	Adm	30234/96	(1997) 23 E.H.R.R. CD 180	
26 February 1997	JT	United Kingdom	Adm	26494/95	(1997) 23 E.H.R.R. CD 81	
26 February 1997	Times Newspapers Limited	United Kingdom	Adm	31811/96	(1997) 23 E.H.R.R. CD 200	
26 February 1997	Turner	United Kingdom	Adm	30294/96	(1997) 23 E.H.R.R. CD 181	
27 February 1997	Kaneva	Bulgaria	Adm	26530/95	(1997) 23 E.H.R.R. CD 86	
27 February 1997	Saszmann	Austria	Adm	23697/94	(1997) 23 E.H.R.R. CD 46	
4 March 1997	Tsavachidis	Greece	Adm	28802/95	(1997) 23 E.H.R.R. CD 135	
17 March 1997	Neigel	France	Jmt	18725/91	(2000) 30 E.H.R.R. 310	
18 March 1997	Foucher	France	Jmt	22209/93	(1998) 25 E.H.R.R. 234	
18 March 1997	Mantovanelli	France	Jmt	21497/93	(1997) 24 E.H.R.R. 370	
19 March 1997	Hornsby	Greece	Jmt	18357/91	(1997) 24 E.H.R.R. 250	
20 March 1997	Beïs	Greece	Jmt	22045/93	(1998) 25 E.H.R.R. 335	
20 March 1997	Loukanov	Bulgaria	Jmt	21915/93	(1997) 24 E.H.R.R. 121	

2 April 1997	PL	France	Jmt	21503/93	(1998) 25 E.H.R.R. 481
7 April 1997	Ciftci	Austria	Adm	24375/94	(1997) 23 E.H.R.R. CD 55
7 April 1997	Greenpeace Schweiz	Switzerland	Adm	27644/95	(1997) 23 E.H.R.R. CD 116
9 April 1997	Barrett	United Kingdom	Adm	30402/96	(1997) 23 E.H.R.R. CD 185
9 April 1997	Crabtree	United Kingdom	Adm	32788/96	(1997) 23 E.H.R.R. CD 202
9 April 1997	Dublin Well Woman Centre Ltd	Ireland	Adm	28177/95	(1997) 23 E.H.R.R. CD 125
9 April 1997	Grauso	Poland	Adm	27388/95	(1997) 23 E.H.R.R. CD 108
9 April 1997	Stamoulakatos	United Kingdom	Adm	27567/95	(1997) 23 E.H.R.R. CD 113
9 April 1997	Stedman	United Kingdom	Adm	29107/95	(1997) 23 E.H.R.R. CD 168
9 April 1997	Taylor	United Kingdom	Adm	28641/95	(1997) 23 E.H.R.R. CD 132
9 April 1997	Willsher	United Kingdom	Adm	31024/96	(1997) 23 E.H.R.R. CD 188
10 April 1997	Cooke	Austria	Adm	25878/94	(1997) 23 E.H.R.R. CD 70
10 April 1997	Kovachev	Bulgaria	Adm	29303/95	(1997) 23 E.H.R.R. CD 174
10 April 1997	Prinz	Austria	Adm	23867/94	(1997) 23 E.H.R.R. CD 50
10 April 1997	Raguz	Austria	Adm	26300/95	(1997) 23 E.H.R.R. CD 75
11 April 1997	Rekvényi	Hungary	Adm	25390/94	(1997) 23 E.H.R.R. CD 63

DECISION DATE	PARTY A	PARTY B (COUNTRY)	Adm / Op / Jmt	APPL. No.	CITATION	CASE No.
18 April 1997	Dubowska and Skup	Poland	Adm	33490/96; 34055/96	(1997) 24 E.H.R.R. CD 75	
22 April 1997	Z, Y, Z	United Kingdom	Jmt	21830/93	(1997) 24 E.H.R.R. 143	
23 April 1997	Stallinger and Kuso	Austria	Jmt	14696/89; 14697/89	(1998) 26 E.H.R.R. 81	
23 April 1997	Van Mechelen	Netherlands	Jmt	21363/93; 21364/93; 21427/93; 22056/93	(1998) 25 E.H.R.R. 647	
29 April 1997	HLR	France	Jmt	24573/94	(1998) 26 E.H.R.R. 29	
29 April 1997	Pardo	France	Jmt	13416/87	(1998) 26 E.H.R.R. 302	
2 May 1997	D	United Kingdom	Jmt	30240/96	(1997) 24 E.H.R.R. 423	
2 May 1997	D	United Kingdom	Op	30240/96	(1996) 22 E.H.R.R. CD 45	
20 May 1997	Fleming	United Kingdom	Adm	33987/96	(1997) 23 E.H.R.R. CD 207	
20 May 1997	Marangos	Cyprus	Adm	31106/96	(1997) 23 E.H.R.R. CD 192	
20 May 1997	Mens and Mens-Hoek	Netherlands	Adm	34325/96	(1998) 26 E.H.R.R. CD 170	
21 May 1997	Krone-Verlag GmbH and Mediaprint Anzeigen GmbH & Co. KG	Austria	Adm	28977/95	(1997) 23 E.H.R.R. CD 152	
26 May 1997	Bladet Tromsø AS	Norway		21980/93	(1997) 23 E.H.R.R. CD 40	
27 May 1997	Eriksen	Norway	Jmt	17391/90	(2000) 29 E.H.R.R. 328	
27 May 1997	I	United Kingdom	Adm	25680/94	(1997) 23 E.H.R.R. CD 66	

27 May 1997	Wille	Liechtenstein	Adm	28396/95	(1997) 24 E.H.R.R. CD 45
27 May 1997	Zentralrat Deutscher Sinti and Roma and Rose	Germany	Adm	35208/97	(1997) 23 E.H.R.R. CD 209
28 May 1997	Pauger	Austria	Jmt	16717/90	(1998) 25 E.H.R.R. 105
28 May 1997	RSC	United Kingdom	Adm	27560/95	(1997) 23 E.H.R.R. CD 112
29 May 1997	Dubowska and Skup	Poland	Adm	33490/96; 34055/96	(1997) 23 E.H.R.R. CD 204
29 May 1997	Georgiadis	Greece	Jmt	21522/93	(1997) 24 E.H.R.R. 606
29 May 1997	Tsirlis and Kouloumpas	Greece	Jmt	19233/91; 19234/91	(1998) 25 E.H.R.R. 198
9 June 1997	Pentidis	Greece	Op	23238/94	(1997) 24 E.H.R.R. CD 1
9 June 1997	Pentidis	Greece	Adm	23238/94	(1997) 23 E.H.R.R. CD 37
9 June 1997	Telesystem Tirol Kabeltelevision	Austria	Adm	19182/91	(1997) 23 E.H.R.R. CD 33
9 June 1997	Telesystem Tirol Kabeltelevision	Austria	Op	19182/91	(1997) 24 E.H.R.R. CD 11
25 June 1997	Halford	United Kingdom	Jmt	20605/92	(1997) 24 E.H.R.R. 523
25 June 1997	Van Orshoven	Belgium	Jmt	20122/92	(1998) 26 E.H.R.R. 55
27 June 1997	Philis	Greece (No. 2)	Jmt	19773/92	(1998) 25 E.H.R.R. 417
1 July 1997	Gitonas	Greece	Jmt	18747/91; 19376/92; 19379/92; 28208/95; 27755/95	(1998) 26 E.H.R.R. 691
1 July 1997	Kalac	Turkey	Jmt	20704/92	(1999) 27 E.H.R.R. 552
1 July 1997	Oberschlick	Austria (No. 2)	Jmt	20934/92	(1998) 25 E.H.R.R. 357

DECISION DATE	PARTY A	PARTY B (COUNTRY)	Adm / Op / Jmt	APPL. No.	CITATION	CASE No.
1 July 1997	Pammel	Germany	Jmt	17820/91	(1998) 26 E.H.R.R. 100	
1 July 1997	Rolf Gustafson	Sweden	Jmt	23196/94	(1998) 25 E.H.R.R. 623	
1 July 1997	Sutherland	France	Op	25186/94	(1997) 24 E.H.R.R. CD 22	
2 July 1997	Bellis	United Kingdom	Adm	32556/96	(1997) 24 E.H.R.R. CD 71	
2 July 1997	Machatová	Slovak Republic	Adm	27552/95	(1997) 24 E.H.R.R. CD 44	
2 July 1997	MK	Austria	Adm	28867/95	(1997) 24 E.H.R.R. CD 59	
2 July 1997	Peeks	United Kingdom	Adm	25277/94	(1997) 24 E.H.R.R. CD 35	
2 July 1997	Stewart-Brady	United Kingdom	Adm	27436/95	(1997) 24 E.H.R.R. CD 38	
2 July 1997	Webb	United Kingdom	Adm	33186/96	(1997) 24 E.H.R.R. CD 73	
2 July 1997	WM	Germany	Adm	35638/97	(1997) 24 E.H.R.R. CD 79	
2 July 1997	Wood	United Kingdom	Adm	32540/96	(1997) 24 E.H.R.R. CD 69	
3 July 1997	Christian Association of Jehovah's Witnesses	Bulgaria	Adm	28626/95	(1997) 24 E.H.R.R. CD 52	
3 July 1997	Hentrich	France	Op	13616/88	(1997) 24 E.H.R.R. CD 19	
3 July 1997	Pressos Compania Naviera SA	Belgium	Op	17849/91	(1997) 24 E.H.R.R. CD 16	

9 July 1997	Akkus	Turkey	Jmt	19263/92	(2000) 30 E.H.R.R. 365
10 July 1997	Panikan	Bulgaria	Adm	29583/96	(1997) 24 E.H.R.R. CD 63
26 August 1997	Balmer-Schefroth	Switzerland	Jmt	22110/93	(1998) 25 E.H.R.R. 598
26 August 1997	De Haan	Netherlands	Jmt	22839/93	(1998) 26 E.H.R.R. 417
27 August 1997	Andersson	Sweden	Jmt	20022/92	(1998) 25 E.H.R.R. 722
27 August 1997	MS	Sweden	Jmt	20837/92	(1999) 28 E.H.R.R. 313
29 August 1997	AP, MP, TP	Switzerland	Jmt	19958/92	(1998) 26 E.H.R.R. 541
29 August 1997	Worm	Austria	Jmt	22714/93	(1998) 25 E.H.R.R. 454
1 September 1997	Holy Monasteries	Greece	Jmt	13092/87; 13984/88	(1998) 25 E.H.R.R. 640
2 September 1997	Argento	Italy	Jmt	25842/94	(1999) 28 E.H.R.R. 719
11 September 1997	Phull	United Kingdom	Adm	32789/96	(1998) 25 E.H.R.R. CD 166
12 September 1997	McCullough	United Kingdom	Adm	24889/94	(1998) 25 E.H.R.R. CD 34
15 September 1997	Rowe and Davis	United Kingdom	Adm	28901/95	(1998) 25 E.H.R.R. CD 118
16 September 1997	Canea Catholic Church	Greece	Jmt	25528/94	(1999) 27 E.H.R.R. 521
23 September 1997	Robins	United Kingdom	Jmt	22410/93	(1998) 26 E.H.R.R. 527
24 September 1997	Garyfallou Aebe	Greece	Jmt	18996/91	(1999) 28 E.H.R.R. 344
25 September 1997	Aydin	Turkey	Jmt	23178/94	(1998) 25 E.H.R.R. 251
26 September 1997	El Boujaïdi	France	Jmt	25613/94	(2000) 30 E.H.R.R. 223
26 September 1997	Mehemi	France	Jmt	25017/94	(2000) 30 E.H.R.R. 739
26 September 1997	RMD	Switzerland	Jmt	19800/92	(1999) 28 E.H.R.R. 224
3 October 1997	Sur	Turkey	Settlement	21592/93	(1998) 25 E.H.R.R. CD 1
9 October 1997	Andronicou & Constantinou	Cyprus	Op	25052/94	(1996) 22 E.H.R.R. CD 18
9 October 1997	Andronicou and Constantinou	Cyprus	Jmt	25052/94	(1998) 25 E.H.R.R. 491

DECISION DATE	PARTY A	PARTY B (COUNTRY)	Adm / Op / Jmt	APPL. No.	CITATION	CASE No.
14 October 1997	Lehtinen	Finland	Adm	39076/97	(2000) 29 E.H.R.R. CD 204	
20 October 1997	Radio ABC	Austria	Jmt	19376/92	(1998) 25 E.H.R.R. 185	
20 October 1997	Serves	France	Jmt	20225/92	(1999) 28 E.H.R.R. 265	
20 October 1997	Stopford	United Kingdom	Adm	31316/96	(1998) 25 E.H.R.R. CD 151	
20 October 1997	West	United Kingdom	Adm	34728/97	(1998) 25 E.H.R.R. CD 185	
21 October 1997	Boujlifa	France	Jmt	24404/94	(2000) 30 E.H.R.R. 419	
21 October 1997	Pierre-Bloch	France	Jmt	24194/94	(1998) 26 E.H.R.R. 202	
22 October 1997	ELH and PBH	United Kingdom	Adm	32094/96; 32568/96	(1998) 25 E.H.R.R. CD 158	
22 October 1997	Erdagöz	Turkey	Jmt	21890/93	(2001) 32 E.H.R.R. 443	(2001) 32 E.H.R.R. 19
23 October 1997	A and Byrne and Twenty-Twenty Television	United Kingdom	Adm	32712/96; 32818/96	(1998) 25 E.H.R.R. CD 159	
23 October 1997	BBC Scotland, McDonald, Rogers and Donald	United Kingdom	Adm	34324/96	(1998) 25 E.H.R.R. CD 179	
23 October 1997	National & Provincial, Leeds & Yorkshire Building Societies	United Kingdom	Jmt	21319/93; 21449/93; 21675/93	(1998) 25 E.H.R.R. 127	
24 October 1997	Johnson	United Kingdom	Jmt	22520/93	(1999) 27 E.H.R.R. 296	
27 October 1997	Anderson	United Kingdom	Adm	33689/96	(1998) 25 E.H.R.R. CD 172	

24 November 1997	Szücs	Austria	Jmt	20602/92	(1998) 26 E.H.R.R. 310
24 November 1997	Werner	Austria	Jmt	21835/93	(1998) 26 E.H.R.R. 310
25 November 1997	Grigoriades	Greece	Jmt	24348/94	(1999) 27 E.H.R.R. 464
25 November 1997	Zana	Turkey	Jmt	18954/91	(1999) 27 E.H.R.R. 667
26 November 1997	Sakik	Turkey	Jmt	23878/94; 23879/94; 23880/94; 23881/94; 23882/94; 23883/94	(1998) 26 E.H.R.R. 662
27 November 1997	K.F.	Germany	Jmt	25629/94	(1998) 26 E.H.R.R. 390
28 November 1997	Mentes	Turkey	Jmt	23186/94	(1998) 26 E.H.R.R. 595
1 December 1997	BH	United Kingdom	Adm	30307/96	(1998) 25 E.H.R.R. CD 136
3 December 1997	Carlin	United Kingdom	Adm	27537/95	(1998) 25 E.H.R.R. CD 75
8 December 1997	Launder	United Kingdom	Adm	27279/95	(1998) 25 E.H.R.R. CD 67
9 December 1997	Stefan	United Kingdom	Adm	29419/95	(1998) 25 E.H.R.R. CD 130
16 December 1997	Camenzind	Switzerland	Jmt	21353/93	(1999) 28 E.H.R.R. 458
16 December 1997	Raninen	Finland	Jmt	20972/92	(1998) 26 E.H.R.R. 563
16 December 1997	Tejedor Garcia	Spain	Jmt	25420/94	(1998) 26 E.H.R.R. 440
19 December 1997	Helle	Finland	Jmt	20772/92	(1998) 26 E.H.R.R. 159
16 January 1998	Earl Spencer and the Countess Spencer	United Kingdom	Adm	28851/95; 28852/95	(1998) 25 E.H.R.R. CD 105
19 January 1998	Jeznach	Poland	Adm	27580/95	(1998) 25 E.H.R.R. CD 77
19 January 1998	Werner	Poland	Adm	26760/95	(1998) 25 E.H.R.R. CD 61

DECISION DATE	PARTY A	PARTY B (COUNTRY)	Adm / Op / Jmt	APPL. No.	CITATION	CASE No.
19 January 1998	X	United Kingdom	Adm	28530/95	(1998) 25 E.H.R.R. CD 88	
22 January 1998	McGonnell	United Kingdom	Adm	28488/95	(1998) 25 E.H.R.R. CD 84	
30 January 1998	United Communist Party of Turkey	Turkey	Jmt	19329/92	(1998) 26 E.H.R.R. 121	
14 February 1998	Karassev and Family	Finland	Adm	31414/96	(1999) 28 E.H.R.R. CD 126	
19 February 1998	Bahaddar	Netherlands	Jmt	25894/94	(1998) 26 E.H.R.R. 278	
19 February 1998	Bowman	United Kingdom	Jmt	24839/94	(1998) 26 E.H.R.R. 1	
19 February 1998	Bowman	United Kingdom	Op	24839/94	(1996) 22 E.H.R.R. CD 13	
19 February 1998	Guerra	Italy	Jmt	14967/89	(1998) 26 E.H.R.R. 357	
19 February 1998	Higgins	France	Jmt	20124/92	(1999) 27 E.H.R.R. 703	
19 February 1998	Huber	France	Jmt	26637/95	(1998) 26 E.H.R.R. 457	
19 February 1998	Jacobsson	Sweden	Jmt	16970/90	(2001) 32 E.H.R.R. 463	(2001) 32 E.H.R.R. 20
19 February 1998	Kaya	Turkey	Jmt	22729/93	(1999) 28 E.H.R.R. 1	
19 February 1998	Paulsen-Medalen and Svensson	Sweden	Jmt	16817/90	(1998) 26 E.H.R.R. 260	
24 February 1998	Botta	Italy	Jmt	21439/93	(1998) 26 E.H.R.R. 241	
24 February 1998	Larrissis	Greece	Jmt	23372/94; 26377/95; 26378/95	(1999) 27 E.H.R.R. 329	
28 February 1998	Pafitis	Greece	Jmt	20323/92	(1999) 27 E.H.R.R. 566	
2 March 1998	Ouattara	United Kingdom	Adm	32884/96	(1998) 25 E.H.R.R. CD 167	
4 March 1998	Beard	United Kingdom	Adm	24882/94	(1998) 25 E.H.R.R. CD 28	

4 March 1998	Chapman	United Kingdom	Adm	27238/95	(1998) 25 E.H.R.R. CD 64
4 March 1998	Cook	United Kingdom	Adm	36744/97	(1998) 25 E.H.R.R. CD 189
4 March 1998	Coster	United Kingdom	Adm	24876/94	(1998) 25 E.H.R.R. CD 24
4 March 1998	Keller	Germany	Adm	36283/97	(1998) 25 E.H.R.R. CD 187
4 March 1998	Lee	United Kingdom	Adm	25289/94	(1998) 25 E.H.R.R. CD 46
4 March 1998	Saleem	United Kingdom	Adm	38294/97	(1998) 25 E.H.R.R. CD 193
4 March 1998	SE	Switzerland	Adm	28994/95	(1998) 25 E.H.R.R. CD 127
4 March 1998	Smith	United Kingdom	Adm	25154/94	(1998) 25 E.H.R.R. CD 42
4 March 1998	Smith	United Kingdom	Adm	26666/95	(1998) 25 E.H.R.R. CD 52
4 March 1998	Varey	United Kingdom	Adm	26662/95	(1998) 25 E.H.R.R. CD 49
4 March 1998	Wilson	United Kingdom	Adm	30535/96	(1998) 25 E.H.R.R. CD 140
6 March 1998	T	United Kingdom	Adm	24724/94	(1998) 25 E.H.R.R. CD 11
12 March 1998	Aspichi Dehwari	Netherlands	Adm	37014/97	(1998) 25 E.H.R.R. CD 191
25 March 1998	Belziuk	Poland	Jmt	23103/93	(2000) 30 E.H.R.R. 614
25 March 1998	Kopp	Switzerland	Jmt	23224/94	(1999) 27 E.H.R.R. 91
27 March 1998	JJ	Netherlands	Jmt	21351/93	(1999) 28 E.H.R.R. 168
31 March 1998	Reinhardt and Slimane-Kaïd	France	Jmt	22921/93	(1999) 28 E.H.R.R. 59

DECISION DATE	PARTY A	PARTY B (COUNTRY)	Adm / Op / Jmt	APPL. No.	CITATION	CASE No.
14 April 1998	Grof	Austria	Adm	25046/94	(1998) 25 E.H.R.R. CD 39	
14 April 1998	Holland	Ireland	Adm	24827/94	(1998) 25 E.H.R.R. CD 20	
14 April 1998	O'Hara	Ireland	Adm	26667/95	(1998) 25 E.H.R.R. CD 57	
14 April 1998	Varnave, Loizides	Turkey	Adm	16064/90; 16065/90; 16066/90; 16069/90; 16073/90;	(1998) 25 E.H.R.R. CD 9	
16 April 1998	Berglund	Sweden	Adm	34825/97	(1998) 25 E.H.R.R. CD 182	
16 April 1998	DV	Bulgaria	Adm	31365/96	(1998) 25 E.H.R.R. CD 154	
16 April 1998	Natfhe	United Kingdom	Adm	28910/95	(1998) 25 E.H.R.R. CD 122	
16 April 1998	Togher	United Kingdom	Adm	28555/95	(1998) 25 E.H.R.R. CD 99	
16 April 1998	Wöckel	Germany	Adm	32165/96	(1998) 25 E.H.R.R. CD 156	
20 April 1998	Kreuz	Poland	Adm	28249/95	(1998) 25 E.H.R.R. CD 80	
21 April 1998	Constantinos of Greece (Former King)	Greece	Adm	25701/94	(1998) 26 E.H.R.R. CD 50	
21 April 1998	Daud	Portugal	Jmt	22600/93	(2000) 30 E.H.R.R. 400	
22 April 1998	Pailot	France	Jmt	32217/96	(2000) 30 E.H.R.R. 328	
23 April 1998	Bernard	France	Jmt	22885/93	(2000) 30 E.H.R.R. 808	

23 April 1998	Chojak	Poland	Adm	32220/96	(1998) 26 E.H.R.R. CD 145	
24 April 1998	Selçuk and Asker	Turkey	Jmt	23184/94; 23185/94	(1998) 26 E.H.R.R. 477	
27 April 1998	Mavronichis	Cyprus	Jmt	28054/95	(2001) 31 E.H.H.R. 1186	(2001) 31 E.H.R.R 54
18 May 1998	Korkis	Sweden	Adm	35557/97	(1999) 27 E.H.R.R. CD 251	
18 May 1998	Remmers and Hamer	Netherlands	Adm	29839/96	(1999) 27 E.H.R.R. CD 168	
20 May 1998	Credit and Industrial Bank and Moravec	Czech Republic	Adm	29010/95	(1998) 26 E.H.R.R. CD 88	
20 May 1998	Egyptair	Denmark	Adm	28441/95	(1998) 26 E.H.R.R. CD 80	
20 May 1998	Englund	Sweden	Adm	36332/97	(1999) 27 E.H.R.R. CD 264	
20 May 1998	Gautrin	France	Jmt	21257/93; 21258/93; 21259/93; 21260/93	(1999) 28 E.H.R.R. 196	
20 May 1998	Karus	Italy	Adm	29043/95	(1998) 26 E.H.R.R. CD 98	
20 May 1998	Rehbock	Slovenia	Adm	29462/95	(1998) 26 E.H.R.R. CD 120	
20 May 1998	Sinko	Slovak Republic	Adm	33466/96	(1999) 27 E.H.R.R. CD 226	
20 May 1998	T.C.	Norway	Adm	29821/96	(1999) 27 E.H.R.R. CD 164	
20 May 1998	Vodenicarov	Slovak Republic	Adm	24530/94	(1998) 26 E.H.R.R. CD 40	
20 May 1998	W.J.	Austria	Adm	23759/94	(1999) 27 E.H.R.R. CD 83	

DECISION DATE	PARTY A	PARTY B (COUNTRY)	Adm / Op / Jmt	APPL. No.	CITATION	CASE No.
20 May 1998	Wanyonyi	United Kingdom	Adm	32713/96	(1999) 27 E.H.R.R. CD 195	
21 May 1998	Day	Italy	Adm	34573/97	(1998) 26 E.H.R.R. CD 174	
21 May 1998	Faulkner	United Kingdom	Adm	30308/96	(1998) 26 E.H.R.R. CD 125	
21 May 1998	Kremer-Viereck and Viereck	Germany	Adm	34197/96	(1998) 26 E.H.R.R. CD 164	
21 May 1998	Manners	United Kingdom	Adm	37650/97	(1998) 26 E.H.R.R. CD 206	
21 May 1998	Peers	Greece	Adm	28524/95	(1999) 27 E.H.R.R. CD 126	
21 May 1998	Scarth	United Kingdom	Adm	33745/96	(1998) 26 E.H.R.R. CD 154	
21 May 1998	Schatzmayr	Austria	Adm	32052/96	(1999) 27 E.H.R.R. CD 190	
21 May 1998	Vorhemes	Austria	Adm	33378/96	(1999) 27 E.H.R.R. CD 225	
21 May 1998	Wilson	United Kingdom	Adm	36791/97	(1998) 26 E.H.R.R. CD 195	
21 May 1998	Wright	United Kingdom	Adm	38200/97	(1999) 27 E.H.R.R. CD 314	
22 May 1998	Keenan	United Kingdom	Adm	27229/95	(1998) 26 E.H.R.R. CD 64	
22 May 1998	Vasilescu	Romania	Jmt	27053/95	(1999) 28 E.H.R.R. 241	
25 May 1998	Gündem	Turkey	Jmt	22275/93	(2001) 32 E.H.R.R. 350	(2001) 32 E.H.R.R. 17
25 May 1998	Kurt	Turkey	Jmt	24276/94	(1999) 27 E.H.R.R. 373	

25 May 1998	Socialist Party	Turkey	Jmt	21237/93	(1999) 27 E.H.R.R. 51	
26 May 1998	KL	United Kingdom	Adm	29392/95	(1998) 26 E.H.R.R. CD 113	
26 May 1998	TP and KM	United Kingdom	Adm	28945/95	(1998) 26 E.H.R.R. CD 84	
27 May 1998	Kappa Kanzlei und Bürobetriebs GmbH	Austria	Adm	37416/97; 37418/97; 37434/97; 37829–37834/97; 37436/97; 37437/97; 37839–37841/97	(1999) 27 E.H.R.R. CD 300	
29 May 1998	Karara	Finland	Adm	40900/98	(1998) 26 E.H.R.R. CD 220	
9 June 1998	Incal	Turkey	Jmt	22678/93	(2000) 29 E.H.R.R. 449	
9 June 1998	LCB	United Kingdom	Jmt	23413/94	(1999) 27 E.H.R.R. 212	
9 June 1998	Maillard	France	Jmt	26586/95	(1999) 27 E.H.R.R. 232	
9 June 1998	McGinley and Egan	United Kingdom	Jmt	21825/93; 23414/94	(1999) 27 E.H.R.R. 1	
9 June 1998	Teixeira de Castro	Portugal	Jmt	25829/94	(1999) 28 E.H.R.R. 101	
9 June 1998	Tekin	Turkey	Jmt	22496/93	(2001) 31 E.H.H.R. 95	(2001) 31 E.H.R.R 4
29 June 1998	Stankov and United Macedonian Organisation "Ilinden"	Bulgaria	Adm	29221/95; 29225/95	(1998) 26 E.H.R.R. CD 103	
1 July 1998	Ballensky	Sweden	Adm	36341/97	(1998) 26 E.H.R.R. CD 191	
1 July 1998	Bromfield	United Kingdom	Adm	32003/96	(1998) 26 E.H.R.R. CD 138	
1 July 1998	Dilek	Netherlands	Adm	35137/97	(1999) 27 E.H.R.R. CD 244	

DECISION DATE	PARTY A	PARTY B (COUNTRY)	Adm / Op / Jmt	APPL. No.	CITATION	CASE No.
1 July 1998	DW	United Kingdom	Adm	34127/96	(1998) 26 E.H.R.R. CD 158	
1 July 1998	Fashanu	United Kingdom	Adm	38440/97	(1998) 26 E.H.R.R. CD 217	
1 July 1998	Helmers	Sweden	Adm	27522/95	(1998) 26 E.H.R.R. CD 73	
1 July 1998	Johansson	Sweden	Adm	34826/97	(1998) 26 E.H.R.R. CD 178	
1 July 1998	Khatun and 180 Others	United Kingdom	Adm	38387/97	(1998) 26 E.H.R.R. CD 212	
1 July 1998	Miah	United Kingdom	Adm	37401/97	(1998) 26 E.H.R.R. CD 199	
1 July 1998	Myszk	Poland	Adm	28244/95	(1998) 26 E.H.R.R. CD 76	
1 July 1998	Novotny	Czech Republic	Adm	36542/97	(1999) 27 E.H.R.R. CD 275	
1 July 1998	Olsson	Sweden	Adm	37553/97	(1998) 26 E.H.R.R. CD 203	
1 July 1998	Passannante	Italy	Adm	32647/96	(1998) 26 E.H.R.R. CD 153	
1 July 1998	RC, AWA and 1,877 Others	United Kingdom	Adm	37664/97; 37665/97; 37974/97; 37979/97; 37682/97; 38910/97	(1998) 26 E.H.R.R. CD 210	
1 July 1998	Ryan	United Kingdom	Adm	32875/96	(1999) 27 E.H.R.R. CD 204	

1 July 1998	Scialacqua	Italy	Adm	34151/96	(1998) 26 E.H.R.R. CD 164	
1 July 1998	Svidranova	Slovak Republic	Adm	35268/97	(1998) 26 E.H.R.R. CD 184	
1 July 1998	Szumilas	Poland	Adm	35187/97	(1998) 26 E.H.R.R. CD 181	
1 July 1998	Wilkinson	United Kingdom	Adm	31145/96	(1998) 26 E.H.R.R. CD 131	
2 July 1998	Kwong	United Kingdom	Adm	36336/97	(1998) 26 E.H.R.R. CD 189	
2 July 1998	Nemeth	Hungary	Adm	29096/95	(1998) 26 E.H.R.R. CD 101	
6 July 1998	Gasper	Sweden	Adm	18781/91	(1998) 26 E.H.R.R. CD 30	
10 July 1998	Momique-Pola	Sweden	Adm	36287/97	(1998) 26 E.H.R.R. CD 187	
10 July 1998	Sidiropoulos	Greece	Jmt	26695/95	(1999) 27 E.H.R.R. 633	
10 July 1998	Tinnelly and Sons Ltd and McElduff	United Kingdom	Jmt	20390/92	(1999) 27 E.H.R.R. 249	
27 July 1998	Güleç	Turkey	Jmt	21593/93	(1999) 28 E.H.R.R. 121	
28 July 1998	Ergi	Turkey	Jmt	23818/94	(2001) 32 E.H.R.R. 388	(2001) 32 E.H.R.R. 18
29 July 1998	Le Calvez	France	Jmt	25554/94	(2001) 32 E.H.R.R. 481	(2001) 32 E.H.R.R. 21
29 July 1998	Omar	France	Jmt	24767/94	(2000) 29 E.H.R.R. 210	
30 July 1998	Aerts	Belgium	Jmt	25357/94	(2000) 29 E.H.R.R. 50	
30 July 1998	Avis Enterprises	Greece	Op	30175/96	(1998) 26 E.H.R.R. CD 21	
30 July 1998	Clube de Futebol União Coimbra	Portugal	Op	27295/95	(2000) 29 E.H.R.R. CD 24	

DECISION DATE	PARTY A	PARTY B (COUNTRY)	Adm / Op / Jmt	APPL. No.	CITATION	CASE No.
30 July 1998	Gustafsson	Sweden	Jmt	15573/89	(1998) 26 E.H.R.R. CD 13	
30 July 1998	Oliveira	Switzerland	Jmt	25711/94	(1999) 28 E.H.R.R. 289	
30 July 1998	Sheffield and Horsham	United Kingdom	Jmt	22885/93; 23390/94	(1999) 27 E.H.R.R. 163	
30 July 1998	Valenzuela Contreras	Spain	Jmt	27671/95	(1999) 28 E.H.R.R. 483	
5 August 1998	Ali	Switzerland	Jmt	24881/94	(1999) 28 E.H.R.R. 304	
24 August 1998	Lambert	France	Jmt	23618/94	(2000) 30 E.H.R.R. 346	
25 August 1998	Hertel	Switzerland	Jmt	25181/94	(1999) 28 E.H.R.R. 534	
2 September 1998	Ahmed	United Kingdom	Jmt	22954/93	(2000) 29 E.H.R.R. 1	
2 September 1998	Guillemin	France	Op	19632/92	(1999) 27 E.H.R.R. CD 1	
2 September 1998	Yasa	Turkey	Jmt	22495/93	(1999) 28 E.H.R.R. 408	
7 September 1998	Özdemir	Netherlands	Adm	35758/97	(1999) 27 E.H.R.R. CD 257	
9 September 1998	Coke	United Kingdom	Adm	38696/97	(1999) 27 E.H.R.R. CD 316	
9 September 1998	E.P.	Slovak Republic	Adm	33706/96	(1999) 27 E.H.R.R. CD 231	
9 September 1998	Galloway	United Kingdom	Adm	34199/96	(1999) 27 E.H.R.R. CD 241	
9 September 1998	Janssen	Germany	Adm	23959/94	(1999) 27 E.H.R.R. CD 91	
9 September 1998	Lindkvist	Denmark	Adm	25737/94	(1999) 27 E.H.R.R. CD 103	
9 September 1998	Nachtmann	Austria	Adm	36773/97	(1999) 27 E.H.R.R. CD 281	

9 September 1998	Purtonen	Finland	Adm	32700/96	(1999) 27 E.H.R.R. CD 192
9 September 1998	R.M.B.	United Kingdom	Adm	37120/97	(1999) 27 E.H.R.R. CD 286
9 September 1998	Rasmussen and Lyngen	Denmark	Adm	31767/96	(1999) 27 E.H.R.R. CD 185
9 September 1998	Sigurdardottir	Iceland	Adm	32451/96	(1999) 28 E.H.R.R. CD 146
9 September 1998	Stachowiak	Poland	Adm	26619/95	(1999) 27 E.H.R.R. CD 110
9 September 1998	Stevens and Knight	United Kingdom	Adm	28918/95	(1999) 27 E.H.R.R. CD 138
10 September 1998	H.A.R.	Austria	Adm	40021/98	(1999) 27 E.H.R.R. CD 330
10 September 1998	Musa	Austria	Adm	40477/98	(1999) 27 E.H.R.R. CD 338
10 September 1998	New Horizons	Cyprus	Adm	40436/98	(1999) 27 E.H.R.R. CD 334
14 September 1998	M.M.	Switzerland	Adm	43348/98	(1999) 27 E.H.R.R. CD 356
14 September 1998	Peterson	Denmark	Adm	24989/94	(1999) 27 E.H.R,R. CD 96
15 September 1998	Province of Bari, Sprrento and Messini Nemaga	Italy	Adm	41877/98	(1999) 27 E.H.R.R. CD 352
18 September 1998	C.N.	Switzerland	Adm	43363/98	(1999) 27 E.H.R.R. CD 358
18 September 1998	K.K.	Switzerland	Adm	43391/98	(1999) 27 E.H.R.R. CD 361
23 September 1998	A	United Kingdom	Jmt	25599/94	(1999) 27 E.H.R.R. 611

DECISION DATE	PARTY A	PARTY B (COUNTRY)	Adm / Op / Jmt	APPL. No.	CITATION	CASE No.
23 September 1998	Aytekin	Turkey	Jmt	22880/93	(2001) 32 E.H.R.R. 501	(2001) 32 E.H.R.R. 22
23 September 1998	Erkalo	Netherlands	Jmt	23807/94	(1999) 28 E.H.R.R. 509	
23 September 1998	Lehideux and Isorni	France	Jmt	24662/94	(2000) 30 E.H.R.R. 665	
23 September 1998	Malige	France	Jmt	27812/95	(1999) 28 E.H.R.R. 578	
23 September 1998	McLeod	United Kingdom	Jmt	24755/94	(1999) 27 E.H.R.R. 493	
23 September 1998	Steel	United Kingdom	Jmt	24838/94	(1999) 28 E.H.R.R. 603	
9 October 1998	Hatami	Sweden	Op	32448/96	(1999) 27 E.H.R.R. CD 8	
19 October 1998	Pendragon	United Kingdom	Adm	31416/96	(1999) 27 E.H.R.R. CD 179	
21 October 1998	Baskauskaite	Lithuania	Adm	41090/98	(1999) 27 E.H.R.R. CD 341	
21 October 1998	Cavlun	Netherlands	Adm	38061/97	(1999) 27 E.H.R.R. CD 310	
21 October 1998	Esen	Netherlands	Adm	37132/97	(1999) 27 E.H.R.R. CD 290	
21 October 1998	Governor and Company of the Bank of England	United Kingdom	Adm	37857/97	(1999) 27 E.H.R.R. CD 307	
21 October 1998	Ibbotson	United Kingdom	Adm	40146/98	(1999) 27 E.H.R.R. CD 332	
21 October 1998	J.W.V.	Netherlands	Adm	37340/97	(1999) 27 E.H.R.R. CD 296	
21 October 1998	Jonsson	Iceland	Adm	41242/98	(1999) 27 E.H.R.R. CD 347	
21 October 1998	Kennedy	United Kingdom	Adm	36428/97	(1999) 27 E.H.R.R. CD 266	

21 October 1998	Kopcych	Poland	Adm	32733/96	(1999) 27 E.H.R.R. CD 199
21 October 1998	McIntyre	United Kingdom	Adm	29046/95	(1999) 27 E.H.R.R. CD 152
21 October 1998	Middelburg, Van Der Zee and Het Parool B.V.	Netherlands	Adm	28202/95	(1999) 27 E.H.R.R. CD 111
21 October 1998	Photos Photiades & Co. Ltd	Cyprus	Adm	41113/98	(1999) 27 E.H.R.R. CD 344
21 October 1998	Pinnacle Meat Processors Company	United Kingdom	Adm	33298/96	(1999) 27 E.H.R.R. CD 217
21 October 1998	Poli	Denmark	Adm	33029/96	(1999) 27 E.H.R.R. CD 212
21 October 1998	Sjöö	Sweden	Adm	37604/97	(1999) 27 E.H.R.R. CD 304
21 October 1998	Smallwood	United Kingdom	Adm	29779/96	(1999) 27 E.H.R.R. CD 155
21 October 1998	Stewart-Brady	United Kingdom	Adm	36908/97	(1999) 27 E.H.R.R. CD 284
22 October 1998	Husic	Austria	Adm	28440/95	(1999) 27 E.H.R.R. CD 123
22 October 1998	Kara	United Kingdom	Adm	36528/97	(1999) 27 E.H.R.R. CD 272
22 October 1998	Patel	United Kingdom	Adm	35693/97	(1999) 27 E.H.R.R. CD 254
27 October 1998	H.N.	Italy	Adm	18902/91	(1999) 27 E.H.R.R. CD 75
27 October 1998	Kazimierczak	Poland	Adm	33863/96	(1999) 27 E.H.R.R. CD 236
28 October 1998	Aït-Mouhoub	France	Jmt	22924/93	(2000) 30 E.H.R.R. 382

DECISION DATE	PARTY A	PARTY B (COUNTRY)	Adm / Op / Jmt	APPL. No.	CITATION	CASE No.
28 October 1998	Assenov	Bulgaria	Jmt	24760/94	(1999) 28 E.H.R.R. 652	
28 October 1998	Castillo Algar	Spain	Jmt	28194/95	(2000) 30 E.H.R.R. 827	
28 October 1998	Ciraklar	Turkey	Jmt	19061/91	(2001) 32 E.H.R.R. 535	(2001) 32 E.H.R.R. 23
28 October 1998	Osman	United Kingdom	Jmt	23452/94	(2000) 29 E.H.R.R. 245	
28 October 1998	Pérez De Rada Cavanilles	Spain	Jmt	28090/95	(2000) 29 E.H.R.R. 109	
28 October 1998	Söderbäck	Sweden	Jmt	24484/94	(2000) 29 E.H.R.R. 95	
30 October 1998	A.Z., A.S.Z. and G.A.Z.	Switzerland	Adm	43678/98	(1999) 27 E.H.R.R. CD 278	
30 October 1998	F.E	France	Jmt	38212/97	(2000) 29 E.H.R.R. 591	
30 October 1998	Podbielski	Poland	Op	27916/95	(1999) 27 E.H.R.R. CD 19	
30 October 1998	Poltoratskiy	Ukraine	Adm	38812/97	(1999) 27 E.H.R.R. CD 320	
17 November 1998	Peree	Netherlands	Adm	34328/96	(1999) 28 E.H.R.R. CD 158	
24 November 1998	Brown	United Kingdom	Adm	38644/97	(1999) 28 E.H.R.R. CD 233	
15 December 1998	N.C.	Italy	Adm	24952/94	(1999) 28 E.H.R.R. CD 82	
12 January 1999	Holdry	Germany	Adm	29565/95	(1999) 28 E.H.R.R. CD 116	
12 January 1999	Karassev and Family	Finland	Adm	31414/96	(1999) 28 E.H.R.R. CD 132	
19 January 1999	Ould Barar	Sweden	Adm	42367/98	(1999) 28 E.H.R.R. CD 213	

21 January 1999	Fressoz and Roire	France	Jmt	29183/95	(2001) 31 E.H.H.R. 28	(2001) 31 E.H.R.R 2
21 January 1999	García Ruiz	Spain	Jmt	30544/96	(2001) 31 E.H.H.R. 589	(2001) 31 E.H.R.R 22
21 January 1999	Janowski	Poland	Jmt	25716/94	(2000) 29 E.H.R.R. 705	
21 January 1999	Tsavachidis	Greece	Op	28802/95	(1999) 27 E.H.R.R. CD 27	
21 January 1999	Van Geyseghem	Belgium	Jmt	26103/95	(2001) 32 E.H.R.R. 554	(2001) 32 E.H.R.R. 24
26 January 1999	Adamson	United Kingdom	Adm	42293/98	(1999) 28 E.H.R.R. CD 209	
26 January 1999	Hibbert	Netherlands	Adm	38087/97	(1999) 28 E.H.R.R. CD 194	
26 January 1999	Serif	Greece	Adm	38178/97	(1999) 28 E.H.R.R. CD 227	
2 February 1999	Darci	Turkey	Adm	29986/96	(1999) 28 E.H.R.R. CD 124	
2 February 1999	Driemond Bouw BV	Netherlands	Adm	31908/96	(1999) 28 E.H.R.R. CD 135	
2 February 1999	Garland	United Kingdom	Adm	28120/95	(2000) 29 E.H.R.R. CD 81	
2 February 1999	J.E.D.	United Kingdom	Adm	42225/98	(1999) 27 E.H.R.R. CD 65	
18 February 1999	Buscarini	San Marino	Jmt	24645/94	(2000) 30 E.H.R.R. 208	
18 February 1999	Cable	United Kingdom	Jmt	24436/94; 24582/94; 24583/94; 24584/94; 24585/94; 24895/94; 25937/94; 25939/94;	(2000) 30 E.H.H.R. 1032	

DECISION DATE	PARTY A	PARTY B (COUNTRY)	Adm / Op / Jmt	APPL. No.	CITATION	CASE No.
				25940/94;		
				25941/94;		
				26271/95;		
				26525/95;		
				27341/95;		
				27342/95;		
				27346/95;		
				27357/95;		
				27341/95;		
				27389/95;		
				27409/95;		
				27760/95;		
				27762/95;		
				27772/95;		
				28009/95;		
				28790/95;		
				30236/96;		
				30239/96;		
				30276/96;		
				30277/96;		
				30460/96;		
				30461/96;		
				30462/96;		
				31399/96;		
				31400/96;		
				31434/96;		
				31899/96;		
				32024/96;		

				32944/96;		
18 February 1999	Hood	United Kingdom	Jmt	27267/95	(2000) 29 E.H.R.R. 365	
18 February 1999	Larkos	Cyprus	Jmt	29515/95	(2000) 30 E.H.R.R. 597	
18 February 1999	Matthews	United Kingdom	Jmt	24833/94	(1999) 28 E.H.R.R. 361	
18 February 1999	Waite and Kennedy	Germany	Jmt	26083/94	(2000) 30 E.H.R.R. 261	
23 February 1999	Andric	Sweden	Adm	45917/99	(1999) 28 E.H.R.R. CD 218	
23 February 1999	Juric	Sweden	Adm	45924/99	(1999) 27 E.H.R.R. CD 71	
23 February 1999	Smith and Grady	United Kingdom	Adm	33985/96	(1999) 27 E.H.R.R. CD 42	
2 March 1999	Grauzinis	Lithuania	Adm	37975/97	(1999) 28 E.H.R.R. CD 189	
2 March 1999	Raiselis	Lithuania	Adm	37195/97	(1999) 28 E.H.R.R. CD 186	
5 March 1999	Musial	Poland	Jmt	24557/94	(2001) 31 E.H.H.R. 720	(2001) 31 E.H.R.R 29
9 March 1999	Slavgorodski	Estonia	Adm	37043/97	(1999) 28 E.H.R.R. CD 181	
16 March 1999	Basic	Austria	Adm	29800/96	(1999) 28 E.H.R.R. CD 118	
23 March 1999	Ceskomoravská Myslivecká Jednota	Czech Republic	Adm	33091/96	(1999) 28 E.H.R.R. CD 152	
25 March 1999	Iatridis	Greece	Jmt	31107/96	(2000) 30 E.H.R.R. 97	
25 March 1999	Nikolova	Bulgaria	Jmt	31195/96	(2001) 31 E.H.H.R. 64	(2001) 31 E.H.R.R 3
25 March 1999	Papachelas	Greece	Jmt	31423/96	(2000) 30 E.H.R.R. 923	
25 March 1999	Pélissier and Sassi	France	Jmt	25444/94	(2000) 30 E.H.R.R. 715	
20 April 1999	Khan	United Kingdom	Adm	35394/97	(1999) 27 E.H.R.R. CD 58	

DECISION DATE	PARTY A	PARTY B (COUNTRY)	Adm / Op / Jmt	APPL. No.	CITATION	CASE No.
20 April 1999	Kokavecz	Hungary	Adm	27312/95	(1999) 28 E.H.R.R. CD 86	
29 April 1999	Chassagnou	France	Jmt	25088/94; 28331/95; 28443/95	(2000) 29 E.H.R.R. 615	
29 April 1999	TW	Malta	Jmt	25644/94; 25642/94	(2000) 29 E.H.R.R. 185	
4 May 1999	Marzari	Italy	Adm	36448/97	(1999) 28 E.H.R.R. CD 175	
11 May 1999	Cornwell	United Kingdom	Adm	36578/97	(1999) 27 E.H.R.R. CD 62	
11 May 1999	Willis	United Kingdom	Adm	36042/97	(1999) 28 E.H.R.R. CD 166	
18 May 1999	AV	Bulgaria	Adm	41488/98	(1999) 28 E.H.R.R. CD 197	
18 May 1999	Ninn-Hansen	Denmark	Adm	28972/95	(1999) 28 E.H.R.R. CD 96	
18 May 1999	Wolff Metternich	Netherlands	Adm	45908/99	(1999) 27 E.H.R.R. CD 69	
20 May 1999	Bladet Tromsø and Stensaas	Norway	Jmt	21980/93	(2000) 29 E.H.R.R. 125	
20 May 1999	Ogur	Turkey	Jmt	21594/93	(2001) 31 E.H.H.R. 912	(2001) 31 E.H.R.R 40
20 May 1999	Rekvényi	Hungary	Jmt	25390/94	(2000) 30 E.H.R.R. 519	
25 May 1999	Nazarenko	Ukraine	Adm	39483/98	(1999) 28 E.H.R.R. CD 246	
16 June 1999	Zubani	Italy	Jmt	14025/88	(1999) 28 E.H.R.R. CD 62	
22 June 1999	Incedursun	Netherlands	Op	33124/96	(1999) 28 E.H.R.R. CD 54	

5 July 1999	Matter	Slovakia	Jmt	31534/96	(2001) 31 E.H.H.R. 783	(2001) 31 E.H.R.R 32
8 July 1999	Arslan	Turkey	Jmt	23462/94	(2001) 31 E.H.H.R. 264	(2001) 31 E.H.R.R 9
8 July 1999	Baskaya and Okçuoglu	Turkey	Jmt	23536/94; 24408/94	(2001) 31 E.H.H.R. 292	(2001) 32 E.H.R.R. 10
8 July 1999	Cakici	Turkey	Jmt	23657/94	(2001) 31 E.H.H.R. 133	(2001) 31 E.H.R.R 5
8 July 1999	Ceylan	Turkey	Jmt	23556/94	(2000) 30 E.H.R.R. 73	
8 July 1999	Tanrikulu	Turkey	Jmt	23763/94	(2000) 30 E.H.R.R. 950	
22 July 1999	Scarth	United Kingdom	Jmt	33745/96	(1999) 28 E.H.R.R. CD 47	
22 July 1999	Scarth	United Kingdom	Op	33745/96	(1999) 27 E.H.R.R. CD 37	
28 July 1999	Imobiliare Saffi	Italy	Jmt	22774/93	(2000) 30 E.H.R.R. 756	
28 July 1999	Selmouni	France	Jmt	25803/94	(2000) 29 E.H.R.R. 403	
4 August 1999	Douiyeb	Netherlands	Jmt	31464/96	(2000) 30 E.H.R.R. 790	
24 August 1999	Farah	Sweden	Adm	43218/98	(1999) 28 E.H.R.R. CD 216	
24 August 1999	Sigurdarddottir	Iceland	Adm	32451/96	(1999) 28 E.H.R.R. CD 148	
31 August 1999	Apeh, Iványi, Róth and Szerdahelyi	Hungary	Adm	32367/96	(1999) 28 E.H.R.R. CD 140	
31 August 1999	G.H.H.	Turkey	Adm	43258/98	(1999) 28 E.H.R.R. CD 221	
31 August 1999	Shishkov	Bulgaria	Adm	38822/97	(1999) 28 E.H.R.R. CD 237	
31 August 1999	Verdam	Netherlands	Adm	35253/97	(1999) 28 E.H.R.R. CD 161	
7 September 1999	CL, BL, HL	Sweden	Adm	22771/93	(2000) 29 E.H.R.R. CD 126	

DECISION DATE	PARTY A	PARTY B (COUNTRY)	Adm / Op / Jmt	APPL. No.	CITATION	CASE No.
7 September 1999	Rudzinske	Poland	Adm	45223/99	(2000) 29 E.H.R.R. CD 241	
7 September 1999	Vernon	United Kingdom	Adm	38753/97	(2000) 29 E.H.R.R. CD 264	
7 September 1999	Veznedaroglu	Turkey	Adm	32357/96	(2000) 29 E.H.R.R. CD 269	
10 September 1999	Z	United Kingdom	Op	29392/95	(1999) 28 E.H.R.R. CD 65	
14 September 1999	Bayram	United Kingdom	Adm	36337/97	(1999) 28 E.H.R.R. CD 169	
14 September 1999	Karakurt	Austria	Adm	32441/96	(2000) 29 E.H.R.R. CD 273	
14 September 1999	Kingsley	United Kingdom	Adm	35605/97	(2000) 29 E.H.R.R. CD 191	
21 September 1999	Heaney and McGuinness	Ireland	Adm	34720/97	(2000) 29 E.H.R.R. CD 166	
21 September 1999	Klavdianos	Greece	Adm	38841/97	(2000) 29 E.H.R.R. CD 199	
21 September 1999	Quinn	Ireland	Adm	36887/97	(2000) 29 E.H.R.R. CD 234	
27 September 1999	Lustig-Prean and Beckett	United Kingdom	Jmt	31417/96; 32377/96	(2000) 29 E.H.R.R. 548	
27 September 1999	Smith and Grady	United Kingdom	Jmt	33985/96; 33986/96	(2000) 29 E.H.R.R. 493	
28 September 1999	Civet	France	Jmt	29340/95	(2001) 31 E.H.H.R. 871	(2001) 31 E.H.R.R 38
28 September 1999	Dalban	Romania	Jmt	28114/95	(2001) 31 E.H.H.R. 893	(2001) 31 E.H.R.R 39
29 September 1999	Moore and Gordon	United Kingdom	Jmt	36529/97; 37393/97	(2000) 29 E.H.R.R. 728	

12 October 1999	Perks	United Kingdom	Jmt	25277/94; 25279/94; 25280/94; 25285/94; 28048/95; 28192/95; 28456/95	(2000) 30 E.H.R.R. 33	
14 October 1999	Riera Blume	Spain	Jmt	37680/97	(2000) 30 E.H.R.R. 632	
15 October 1999	Humen	Poland	Jmt	26614/95	(2001) 31 E.H.H.R. 1168	(2001) 31 E.H.R.R 53
19 October 1999	Tammer	Estonia	Adm	41205/98	(2000) 29 E.H.R.R. CD 257	
26 October 1999	Erikson	Italy	Adm	37900/97	(2000) 29 E.H.R.R. CD 152	
28 October 1999	Escoubet	Belgium	Jmt	26780/95	(2001) 31 E.H.H.R. 1034	(2001) 31 E.H.R.R 46
28 October 1999	Jabari	Turkey	Adm	40035/98	(2000) 29 E.H.R.R. CD 178	
28 October 1999	Pancenko	Latvia	Adm	40772/98	(2000) 29 E.H.R.R. CD 227	
28 October 1999	Wille	Liechtenstein	Jmt	28396/95	(2000) 30 E.H.R.R. 558	
28 October 1999	Zielinski	France	Jmt	24846/94; 34165/96; 34173/96	(2001) 31 E.H.H.R. 532	(2001) 31 E.H.R.R 19
3 November 1999	Osteo Deutschland	Germany	Op	26988/95	(1999) 28 E.H.R.R. CD 50	
9 November 1999	Crossland	United Kingdom	Adm	36120/97	(2000) 29 E.H.R.R. CD 34	
9 November 1999	Spacek sro	Czech Republic	Jmt	26449/95	(2000) 30 E.H.R.R. 1010	
16 November 1999	EP	Italy	Jmt	31127/96	(2001) 31 E.H.H.R. 463	(2001) 31 E.H.R.R 17

DECISION DATE	PARTY A	PARTY B (COUNTRY)	Adm / Op / Jmt	APPL. No.	CITATION	CASE No.
23 November 1999	Bromiley	United Kingdom	Adm	33747/96	(2000) 29 E.H.R.R. CD 111	
25 November 1999	Hashman and Harrup	United Kingdom	Jmt	25594/94	(2000) 30 E.H.R.R. 241	
25 November 1999	Nilsen and Johnsen	Norway	Jmt	23118/93	(2000) 30 E.H.R.R. 878	
25 November 1999	Ocic	Croatia	Adm	46306/99	(2000) 29 E.H.R.R. CD 220	
25 November 1999	Syrkin	Russia	Adm	44125/98	(2000) 29 E.H.R.R. CD 254	
7 December 1999	Kerr	United Kingdom	Adm	40451/98	(2000) 29 E.H.R.R. CD 184	
8 December 1999	Özdep	Turkey	Jmt	23885/94	(2001) 31 E.H.H.R. 674	(2001) 31 E.H.R.R 27
8 December 1999	Pellegrin	France	Jmt	28541/95	(2001) 31 E.H.H.R. 651	(2001) 31 E.H.R.R 26
14 December 1999	CH	Austria	Adm	27629/95	(2000) 29 E.H.R.R. CD 123	
14 December 1999	Khalfaoui	France	Jmt	34791/97	(2001) 31 E.H.H.R. 967	(2001) 31 E.H.R.R 42
14 December 1999	Oppegard	Norway	Adm	29327/95	(2000) 29 E.H.R.R. CD 223	
14 December 1999	Serif	Greece	Jmt	38178/97	(2001) 31 E.H.H.R. 561	(2001) 31 E.H.R.R 20
16 December 1999	Lie and Bernsten	Norway	Adm	25130/94	(2000) 29 E.H.R.R. CD 210	
16 December 1999	V	United Kingdom	Jmt	24888/94	(2000) 30 E.H.R.R. 121	
21 December 1999	Demirtepe	France	Jmt	34821/97	(2001) 31 E.H.H.R. 708	(2001) 31 E.H.R.R 28

21 December 1999	GS	Austria	Jmt	26297/95	(2001) 31 E.H.H.R. 576	(2001) 31 E.H.R.R 21
21 December 1999	Salgueiro Da Silva Mouta	Portugal	Jmt	33290/96	(2001) 31 E.H.H.R. 1055	(2001) 31 E.H.R.R 47
21 December 1999	WR	Austria	Jmt	26602/95	(2001) 31 E.H.H.R. 985	(2001) 31 E.H.R.R 43
11 January 2000	Caraher	United Kingdom	Adm	24520/94	(2000) 29 E.H.R.R. CD 119	
11 January 2000	Daktaras	Lithuania	Adm	42095/98	(2000) 29 E.H.R.R. CD 135	
11 January 2000	News Verlags GmbH & Co. KG	Austria	Jmt	31457/96	(2001) 31 E.H.H.R. 246	(2001) 31 E.H.R.R 8
11 January 2000	Slimane-Kaïd	France	Jmt	29507/95	(2001) 31 E.H.H.R. 1073	(2001) 31 E.H.R.R 48
13 January 2000	Apis	Slovakia	Adm	39754/98	(2000) 29 E.H.R.R. CD 105	
18 January 2000	Pesti and Frodl	Austria	Adm	27618/95; 27619/95	(2000) 29 E.H.R.R. CD 229	
20 January 2000	Hogefeld	Germany	Adm	35402/97	(2000) 29 E.H.R.R. CD 173	
25 January 2000	Aannemersbedrijf Gebroedes Van Leeuwen BV	Netherlands	Adm	32602/96	(2000) 29 E.H.R.R. CD 96	
25 January 2000	Ignaccolo-Zenide	Romania	Jmt	31679/96	(2001) 31 E.H.H.R. 212	(2001) 31 E.H.R.R 7
25 January 2000	Walker	United Kingdom	Adm	34979/97	(2000) 29 E.H.R.R. CD 276	
1 February 2000	Schimanek	Austria	Adm	32307/96	(2000) 29 E.H.R.R. CD 250	
3 February 2000	Aslan	Malta	Adm	29493/95	(2000) 29 E.H.R.R. CD 106	
8 February 2000	Caballero	United Kingdom	Jmt	32819/96	(2000) 30 E.H.R.R. 643	

DECISION DATE	PARTY A	PARTY B (COUNTRY)	Adm / Op / Jmt	APPL. No.	CITATION	CASE No.
8 February 2000	Cooke	Austria	Jmt	25878/94	(2001) 31 E.H.H.R. 338	(2001) 31 E.H.R:R 11
8 February 2000	Dougoz	Greece	Adm	40907/98	(2000) 29 E.H.R.R. CD 147	
8 February 2000	McGonnell	United Kingdom	Jmt	28488/95	(2000) 30 E.H.R.R. 289	
8 February 2000	Prinz	Austria	Jmt	23867/94	(2001) 31 E.H.H.R. 357	(2001) 31 E.H.R.R 12
9 February 2000	McElhinney	Ireland and United Kingdom	Adm	31253/96	(2000) 29 E.H.R.R. CD 214	
15 February 2000	SSC	Sweden	Adm	46553/99	(2000) 29 E.H.R.R. CD 245	
16 February 2000	Amann	Switzerland	Jmt	27798/95	(2000) 30 E.H.R.R. 843	
16 February 2000	Fitt	United Kingdom	Jmt	29777/96	(2000) 30 E.H.R.R. 480	
16 February 2000	Jasper	United Kingdom	Jmt	27052/95	(2000) 30 E.H.R.R. 441	
16 February 2000	Rowe and Davis	United Kingdom	Jmt	28901/95	(2000) 30 E.H.R.R. 1	
29 February 2000	Fuentes Bobo	Spain	Jmt	39293/98	(2001) 31 E.H.H.R. 1115	(2001) 31 E.H.R.R 50
1 March 2000	Al-Adsani	United Kingdom	Adm	35763/97	(2000) 29 E.H.R.R. CD 99	
1 March 2000	Fogarty	United Kingdom	Adm	37112/97	(2000) 29 E.H.R.R. CD 157	
3 March 2000	Krçmar	Czech Republic	Jmt	35376/97	(2001) 31 E.H.H.R. 953	(2001) 31 E.H.R.R 41
14 March 2000	Stephan Jordan	United Kingdom	Jmt	30280/96	(2001) 31 E.H.H.R. 201	(2001) 31 E.H.R.R 6
16 March 2000	Özgür Gündem	Turkey	Jmt	23144/93	(2001) 31 E.H.H.R. 1082	(2001) 31 E.H.R.R 49

21 March 2000	Andreas Wabl	Austria	Jmt	24773/94	(2001) 31 E.H.H.R. 1134	(2001) 31 E.H.R.R 51
28 March 2000	Curley	United Kingdom	Jmt	32340/96	(2001) 31 E.H.H.R. 401	(2001) 31 E.H.R.R 14
29 March 2000	Fidan	Turkey	Adm	24209/94	(2000) 29 E.H.R.R. CD 162	
5 April 2000	Denmark	Turkey	Adm	34382/97	(2000) 29 E.H.R.R. CD 35	
6 April 2000	Athanassoglou	Switzerland	Jmt	27644/95	(2001) 31 E.H.H.R. 372	(2001) 31 E.H.R.R 13
6 April 2000	Comingersoll SA	Portugal	Jmt	35382/97	(2001) 31 E.H.H.R. 772	(2001) 31 E.H.R.R 31
6 April 2000	Thlimmenos	Greece	Jmt	34369/97	(2001) 31 E.H.H.R. 411	(2001) 31 E.H.R.R 15
25 April 2000	Cornwell	United Kingdom	Jmt	36578/97	(2000) 29 E.H.R.R. CD 30	
25 April 2000	Leary	United Kingdom	Adm	38890/97	(2000) 29 E.H.R.R. CD 62	
27 April 2000	Aspichi Dehwari	Netherlands	Op	37014/97	(2000) 29 E.H.R.R. CD 74	
27 April 2000	K and T	Finland	Jmt	25702/94	(2001) 31 E.H.H.R. 484	(2001) 31 E.H.R.R 18
27 April 2000	L	Finland	Jmt	25651/94	(2001) 31 E.H.H.R. 737	(2001) 31 E.H.R.R 30
2 May 2000	Bergens Tidende	Norway	Jmt	26132/95	(2001) 31 E.H.H.R. 430	(2001) 31 E.H.R.R 16
2 May 2000	Condron	United Kingdom	Jmt	35718/97	(2001) 31 E.H.H.R. 1	(2001) 31 E.H.R.R 1
4 May 2000	Naletilic	Croatia	Adm	51891/99	(2000) 29 E.H.R.R. CD 219	
9 May 2000	Sander	United Kingdom	Jmt	34129/96	(2001) 31 E.H.H.R. 1003	(2001) 31 E.H.R.R 44

DECISION DATE	PARTY A	PARTY B (COUNTRY)	Adm / Op / Jmt	APPL. No.	CITATION	CASE No.
12 May 2000	Khan	United Kingdom	Jmt	35394/97	(2001) 31 E.H.H.R. 1016	(2001) 31 E.H.R.R 45
16 May 2000	Wójcik	Poland	Op	26757/95	(2000) 29 E.H.R.R. CD 84	
30 May 2000	AO	Italy	Jmt	22534/93	(2000) 29 E.H.R.R. CD 92	
6 June 2000	Averill	United Kingdom	Jmt	36408/97	(2001) 31 E.H.H.R. 839	(2001) 31 E.H.R.R 36
6 June 2000	Magee	United Kingdom	Jmt	28135/95	(2001) 31 E.H.H.R. 822	(2001) 31 E.H.R.R 35
6 June 2000	Mikulski	Poland	Op	27914/95	(2000) 29 E.H.R.R. CD 64	
20 June 2000	Foxley	United Kingdom	Jmt	33274/96	(2001) 31 E.H.H.R. 637	(2001) 31 E.H.R.R 25
27 June 2000	Frydlender	France	Jmt	30979/96	(2001) 31 E.H.H.R. 1152	(2001) 31 E.H.R.R 52
25 July 2000	Lustig-Prean and Beckett	United Kingdom	Jmt	31417/96; 32377/96	(2001) 31 E.H.H.R. 601	(2001) 31 E.H.R.R 23
25 July 2000	Smith and Grady	United Kingdom	Jmt	33985/96; 33986/96	(2001) 31 E.H.H.R. 620	(2001) 31 E.H.R.R 24
31 July 2000	ADT	United Kingdom	Jmt	35765/97	(2001) 31 E.H.H.R. 803	(2001) 31 E.H.R.R 33
21 September 2000	Howarth	United Kingdom	Jmt	38081/97	(2001) 31 E.H.H.R. 861	(2001) 31 E.H.R.R 37
26 September 2000	Oldham	United Kingdom	Jmt	36273/97	(2001) 31 E.H.H.R. 813	(2001) 31 E.H.R.R 34
10 May 2001	Cyprus	Turkey	Jmt	25781/94	(1997) 23 E.H.R.R. 244	

TABLE OF APPLICATION NUMBERS

APPL. No.	DECISION DATE	PARTY A	PARTY B (COUNTRY)	Adm / Op / Jmt	CITATION	CASE No.
214/56	27 March 1962	De Becker	Belgium	Jmt	(1979) 1 E.H.R.R. 43	
332/57	14 November 1960	Lawless	Ireland (No. 1)	Jmt	(1979) 1 E.H.R.R. 1	
332/57	7 April 1961	Lawless	Ireland (No. 2)	Jmt	(1979) 1 E.H.R.R. 13	
332/57	1 July 1961	Lawless	Ireland (No. 3)	Jmt	(1979) 1 E.H.R.R. 15	
1474/62	9 February 1967	Belgian Linguistic Case (No. 1)	Belgium	Jmt	(1979) 1 E.H.R.R. 241	
1474/62	23 July 1968	Belgian Linguistic Case (No. 2)	Belgium	Jmt	(1979) 1 E.H.R.R. 252	
1602/62	10 November 1969	Stogmuller	Austria	Jmt	(1979) 1 E.H.R.R. 155	
1677/62	9 February 1967	Belgian Linguistic Case (No. 1)	Belgium	Jmt	(1979) 1 E.H.R.R. 241	
1677/62	23 July 1968	Belgian Linguistic Case (No. 2)	Belgium	Jmt	(1979) 1 E.H.R.R. 252	
1699/62	9 February 1967	Belgian Linguistic Case (No. 1)	Belgium	Jmt	(1979) 1 E.H.R.R. 241	
1699/62	23 July 1968	Belgian Linguistic Case (No. 2)	Belgium	Jmt	(1979) 1 E.H.R.R. 252	
1769/63	9 February 1967	Belgian Linguistic Case (No. 1)	Belgium	Jmt	(1979) 1 E.H.R.R. 241	
1769/63	23 July 1968	Belgian Linguistic Case (No. 2)	Belgium	Jmt	(1979) 1 E.H.R.R. 252	
1936/63	27 June 1968	Neumeister	Austria (No. 1)	Jmt	(1979) 1 E.H.R.R. 91	
1936/63	7 May 1974	Neumeister	Austria (No. 2)	Jmt	(1979) 1 E.H.R.R. 136	
1994/63	9 February 1967	Belgian Linguistic Case (No. 1)	Belgium	Jmt	(1979) 1 E.H.R.R. 241	
1994/63	23 July 1968	Belgian Linguistic Case (No. 2)	Belgium	Jmt	(1979) 1 E.H.R.R. 252	
2122/64	27 June 1968	Wemhoff	Germany	Jmt	(1979) 1 E.H.R.R. 55	
2126/64	9 February 1967	Belgian Linguistic Case (No. 1)	Belgium	Jmt	(1979) 1 E.H.R.R. 241	
2126/64	23 July 1968	Belgian Linguistic Case (No. 2)	Belgium	Jmt	(1979) 1 E.H.R.R. 252	
2178/64	10 November 1969	Matznetter	Austria	Jmt	(1979) 1 E.H.R.R. 198	
2614/65	16 July 1971	Ringeisen	Austria (No. 1)	Jmt	(1979) 1 E.H.R.R. 455	
2614/65	22 June 1972	Ringeisen	Austria (No. 2)	Jmt	(1979) 1 E.H.R.R. 504	
2614/65	23 June 1973	Ringeisen	Austria (No. 3)	Jmt	(1979) 1 E.H.R.R. 513	
2689/65	17 January 1970	Delcourt	Belgium	Jmt	(1979) 1 E.H.R.R. 355	
2832/66	18 June 1971	De Wilde, Ooms and Versyp	Belgium (No. 1)	Jmt	(1979) 1 E.H.R.R. 373	
2832/66	10 March 1972	De Wilde, Ooms and Versyp	Belgium (No. 2)	Jmt	(1979) 1 E.H.R.R. 438	
2835/66	18 June 1971	De Wilde, Ooms and Versyp	Belgium (No. 1)	Jmt	(1979) 1 E.H.R.R. 373	

APPL. No.	DECISION DATE	PARTY A	PARTY B (COUNTRY)	Adm / Op / Jmt	CITATION	CASE No.
2835/66	10 March 1972	De Wilde, Ooms and Versyp	Belgium (No. 2)	Jmt	(1979) 1 E.H.R.R. 438	
2899/66	18 June 1971	De Wilde, Ooms and Versyp	Belgium (No. 1)	Jmt	(1979) 1 E.H.R.R. 373	
2899/66	10 March 1972	De Wilde, Ooms and Versyp	Belgium (No. 2)	Jmt	(1979) 1 E.H.R.R. 438	
4403/70	14 December 1973	East African Asians	United Kingdom	Op	(1981) 3 E.H.R.R. 76	
4419/70	14 December 1973	East African Asians	United Kingdom	Op	(1981) 3 E.H.R.R. 76	
4422/70	14 December 1973	East African Asians	United Kingdom	Op	(1981) 3 E.H.R.R. 76	
4434/70	14 December 1973	East African Asians	United Kingdom	Op	(1981) 3 E.H.R.R. 76	
4443/70	14 December 1973	East African Asians	United Kingdom	Op	(1981) 3 E.H.R.R. 76	
4451/70	21 February 1975	Golder	United Kingdom	Jmt	(1979) 1 E.H.R.R. 524	
4464/70	27 October 1975	National Union of Belgian Police	Belgium	Jmt	(1979) 1 E.H.R.R. 578	
4476/70	14 December 1973	East African Asians	United Kingdom	Op	(1981) 3 E.H.R.R. 76	
4478/70	14 December 1973	East African Asians	United Kingdom	Op	(1981) 3 E.H.R.R. 76	
4486/70	14 December 1973	East African Asians	United Kingdom	Op	(1981) 3 E.H.R.R. 76	
4501/70	14 December 1973	East African Asians	United Kingdom	Op	(1981) 3 E.H.R.R. 76	
4526/70	14 December 1973	East African Asians	United Kingdom	Op	(1981) 3 E.H.R.R. 76	
4530/70	14 December 1973	East African Asians	United Kingdom	Op	(1981) 3 E.H.R.R. 76	
5029/71	6 September 1978	Klass	Germany	Jmt	(1980) 2 E.H.R.R. 214	
5095/71	7 December 1976	Kjeldsen, Busk Madsen and Peterson	Denmark	Jmt	(1979) 1 E.H.R.R. 711	
5100/71	8 June 1976	Engel	Netherlands (No. 1)	Jmt	(1979) 1 E.H.R.R. 647	
5100/71	23 November 1976	Engel	Netherlands (No. 2)	Jmt	(1979) 1 E.H.R.R. 706	
5101/71	8 June 1976	Engel	Netherlands (No. 1)	Jmt	(1979) 1 E.H.R.R. 647	
5101/71	23 November 1976	Engel	Netherlands (No. 2)	Jmt	(1979) 1 E.H.R.R. 706	
5102/71	8 June 1976	Engel	Netherlands (No. 1)	Jmt	(1979) 1 E.H.R.R. 647	

5102/71	23 November 1976	Engel	Netherlands (No. 2)	Jmt	(1979) 1 E.H.R.R. 706
5310/71	18 January 1978	Ireland	United Kingdom	Jmt	(1980) 2 E.H.R.R. 25
5354/72	8 June 1976	Engel	Netherlands (No. 1)	Jmt	(1979) 1 E.H.R.R. 647
5354/72	23 November 1976	Engel	Netherlands (No. 2)	Jmt	(1979) 1 E.H.R.R. 706
5370/72	8 June 1976	Engel	Netherlands (No. 1)	Jmt	(1979) 1 E.H.R.R. 647
5370/72	23 November 1976	Engel	Netherlands (No. 2)	Jmt	(1979) 1 E.H.R.R. 706
5493/72	7 December 1976	Handyside	United Kingdom	Jmt	(1979) 1 E.H.R.R. 737
5589/72	6 February 1976	Schmidt and Dahlström	Sweden	Jmt	(1979) 1 E.H.R.R. 632
5613/72	6 March 1978	Hilton	United Kingdom	Op	(1981) 3 E.H.R.R. 104
5614/72	6 February 1976	Swedish Engine Drivers' Union	Sweden	Jmt	(1979) 1 E.H.R.R. 617
5856/72	25 April 1978	Tyrer	United Kingdom	Jmt	(1980) 2 E.H.R.R. 1
5920/72	7 December 1976	Kjeldsen, Busk Madsen and Peterson	Denmark	Jmt	(1979) 1 E.H.R.R. 711
5926/72	7 December 1976	Kjeldsen, Busk Madsen and Peterson	Denmark	Jmt	(1979) 1 E.H.R.R. 711
5947/72	11 October 1980	Silver	United Kingdom	Op	(1981) 3 E.H.R.R. 475
5947/72	25 March 1983	Silver	United Kingdom	Jmt	(1983) 5 E.H.R.R. 347
5947/72	24 October 1983	Silver	United Kingdom	Jmt	(1991) 13 E.H.R.R. 582
6205/73	11 October 1980	Silver	United Kingdom	Op	(1981) 3 E.H.R.R. 475
6205/73	25 March 1983	Silver	United Kingdom	Jmt	(1983) 5 E.H.R.R. 347
6205/73	24 October 1983	Silver	United Kingdom	Jmt	(1991) 13 E.H.R.R. 582
6210/73	28 November 1978	Luedicke, Belkacem and Koç	Germany	Jmt	(1980) 2 E.H.R.R. 149
6210/73	10 March 1980	Luedicke, Belkacem and Koç	Germany (No. 2)	Jmt	(1980) 2 E.H.R.R. 433
6232/73	28 June 1978	Konig	Germany	Jmt	(1980) 2 E.H.R.R. 170
6232/73	10 March 1980	Konig	Germany (No. 2)	Jmt	(1980) 2 E.H.R.R. 469
6289/73	9 October 1979	Airey	Ireland	Jmt	(1980) 2 E.H.R.R. 305
6289/73	6 February 1981	Airey	Ireland	Jmt	(1981) 3 E.H.R.R. 592
6301/73	24 October 1979	Winterwerp	Netherlands	Jmt	(1980) 2 E.H.R.R. 387
6301/73	27 November 1981	Winterwerp	Netherlands	Jmt	(1982) 4 E.H.R.R. 228

APPL. No.	DECISION DATE	PARTY A	PARTY B (COUNTRY)	Adm / Op / Jmt	CITATION	CASE No.
6406/73	8 March 1979	X	United Kingdom (Re Exhaustion of Domestic Remedies in Relation to Internment)	Op	(1981) 3 E.H.R.R. 302	
6538/74	26 April 1979	The Sunday Times	United Kingdom	Jmt	(1980) 2 E.H.R.R. 245	
6538/74	6 November 1980	The Sunday Times	United Kingdom	Jmt	(1981) 3 E.H.R.R. 317	
6694/74	13 May 1980	Artico	Italy	Jmt	(1981) 3 E.H.R.R. 1	
6780/74	10 July 1976	Cyprus	Turkey	Op	(1982) 4 E.H.R.R. 482	
6833/74	13 June 1979	Marckx	Belgium	Jmt	(1980) 2 E.H.R.R. 330	
6840/74	16 July 1980	A	United Kingdom	Op	(1981) 3 E.H.R.R. 131	
6870/75	7 October 1981	B	United Kingdom	Cm	(1984) 6 E.H.R.R. 204	
6870/75	7 October 1981	B	United Kingdom	Op	(1984) 6 E.H.R.R. 204	
6871/75	17 July 1980	Caprino	United Kingdom	Op	(1982) 4 E.H.R.R. 97	
6877/75	28 November 1978	Luedicke, Belkacem and Koç	Germany	Jmt	(1980) 2 E.H.R.R. 149	
6877/75	10 March 1980	Luedicke, Belkacem and Koç	Germany (No. 2)	Jmt	(1980) 2 E.H.R.R. 433	
6878/75	23 June 1981	Le Compte, Van Leuven and De Meyere	Belgium	Jmt	(1982) 4 E.H.R.R. 1	
6878/75	18 October 1982	Le Compte, Van Leuven and De Meyere	Belgium	Jmt	(1983) 5 E.H.R.R. 183	
6903/75	27 February 1980	Deweer	Belgium	Jmt	(1980) 2 E.H.R.R. 439	
6950/75	10 July 1976	Cyprus	Turkey	Op	(1982) 4 E.H.R.R. 482	
6959/75	12 July 1977	Bruggemann and Scheuten	Germany	Op	(1981) 3 E.H.R.R. 244	
6998/75	18 October 1982	X	United Kingdom	Jmt	(1983) 5 E.H.R.R. 192	
7050/75	12 October 1978	Arrowsmith	United Kingdom	Op	(1981) 3 E.H.R.R. 218	
7052/75	11 October 1980	Silver	United Kingdom	Op	(1981) 3 E.H.R.R. 475	
7052/75	25 March 1983	Silver	United Kingdom	Jmt	(1983) 5 E.H.R.R. 347	
7052/75	24 October 1983	Silver	United Kingdom	Jmt	(1991) 13 E.H.R.R. 582	
7061/75	11 October 1980	Silver	United Kingdom	Op	(1981) 3 E.H.R.R. 475	

7061/75	25 March 1983	Silver	United Kingdom	Jmt	(1983) 5 E.H.R.R. 347
7061/75	24 October 1983	Silver	United Kingdom	Jmt	(1991) 13 E.H.R.R. 582
7107/75	11 October 1980	Silver	United Kingdom	Op	(1981) 3 E.H.R.R. 475
7107/75	25 March 1983	Silver	United Kingdom	Jmt	(1983) 5 E.H.R.R. 347
7107/75	24 October 1983	Silver	United Kingdom	Jmt	(1991) 13 E.H.R.R. 582
7113/75	11 October 1980	Silver	United Kingdom	Op	(1981) 3 E.H.R.R. 475
7113/75	25 March 1983	Silver	United Kingdom	Jmt	(1983) 5 E.H.R.R. 347
7113/75	24 October 1983	Silver	United Kingdom	Jmt	(1991) 13 E.H.R.R. 582
7114/75	13 December 1979	Hamer	United Kingdom	Op	(1982) 4 E.H.R.R. 139
7132/75	28 November 1978	Luedicke, Belkacem and Koç	Germany	Jmt	(1980) 2 E.H.R.R. 149
7132/75	10 March 1980	Luedicke, Belkacem and Koç	Germany (No. 2)	Jmt	(1980) 2 E.H.R.R. 433
7136/75	11 October 1980	Silver	United Kingdom	Op	(1981) 3 E.H.R.R. 475
7136/75	25 March 1983	Silver	United Kingdom	Jmt	(1983) 5 E.H.R.R. 347
7136/75	24 October 1983	Silver	United Kingdom	Jmt	(1991) 13 E.H.R.R. 582
7151/75	23 September 1982	Sporrong and Lönnroth	Sweden	Jmt	(1983) 5 E.H.R.R. 35
7151/75	18 December 1984	Sporrong and Lönnroth	Sweden	Jmt	(1985) 7 E.H.R.R. 256
7152/75	18 December 1984	Sporrong and Lönnroth	Sweden	Jmt	(1985) 7 E.H.R.R. 256
7215/75	12 October 1978	X	United Kingdom (Re Homosexuality)	Op	(1981) 3 E.H.R.R. 63
7215/75	24 October 1981	X	United Kingdom (Re Detention of Mental Patient)	Jmt	(1982) 4 E.H.R.R. 188
7238/75	23 June 1981	Le Compte, Van Leuven and De Meyere	Belgium	Jmt	(1982) 4 E.H.R.R. 1
7299/75	10 February 1983	Albert and Le Compte	Belgium	Jmt	(1983) 5 E.H.R.R. 533
7299/75	24 October 1983	Albert and Le Compte	Belgium	Jmt	(1991) 13 E.H.R.R. 415
7367/76	6 November 1980	Guzzardi	Italy	Jmt	(1981) 3 E.H.R.R. 333
7468/76	23 March 1983	Santschi	Switzerland		(1983) 5 E.H.R.R. 520
7496/76	10 February 1983	Albert and Le Compte	Belgium	Jmt	(1983) 5 E.H.R.R. 533
7496/76	24 October 1983	Albert and Le Compte	Belgium	Jmt	(1991) 13 E.H.R.R. 415
7511/76	16 May 1980	Campbell and Cosans	United Kingdom	Op	(1981) 3 E.H.R.R. 531
7511/76	25 February 1982	Campbell and Cosans	United Kingdom	Jmt	(1982) 4 E.H.R.R. 293

APPL. No.	DECISION DATE	PARTY A	PARTY B (COUNTRY)	Adm / Op / Jmt	CITATION	CASE No.
7511/76	22 March 1983	Campbell and Cosans	United Kingdom	Jmt	(1991) 13 E.H.R.R. 441	
7525/76	13 March 1980	Dudgeon	United Kingdom	Op	(1981) 3 E.H.R.R. 40	
7525/76	22 September 1981	Dudgeon	United Kingdom	Jmt	(1982) 4 E.H.R.R. 149	
7525/76	24 February 1983	Dudgeon	United Kingdom	Jmt	(1983) 5 E.H.R.R. 573	
7598/76	17 July 1980	Kaplan	United Kingdom	Op	(1982) 4 E.H.R.R. 64	
7601/76	14 December 1979	Young, James and Webster	United Kingdom	Op	(1981) 3 E.H.R.R. 20	
7601/76	26 June 1981	Young, James and Webster	United Kingdom	Jmt	(1982) 4 E.H.R.R. 38	
7601/76	18 October 1982	Young, James and Webster	United Kingdom	Jmt	(1983) 5 E.H.R.R. 201	
7604/76	10 December 1982	Foti	Italy	Jmt	(1983) 5 E.H.R.R. 313	
7604/76	21 November 1983	Foti	Italy	Jmt	(1991) 13 E.H.R.R. 568	
7630/76	6 December 1979	Reed	United Kingdom	Adm	(1981) 3 E.H.R.R. 136	
7630/76	12 December 1981	Reed	United Kingdom	Jmt	(1983) 5 E.H.R.R. 114	
7654/76	6 November 1980	Van Oosterwijck	Belgium	Jmt	(1981) 3 E.H.R.R. 557	
7699/76	25 January 1985	App. No. 7699/76	United Kingdom	Adm	(1983) 5 E.H.R.R. 268	
7710/76	4 December 1979	Schiesser	Switzerland	Jmt	(1980) 2 E.H.R.R. 417	
7719/76	10 December 1982	Foti	Italy	Jmt	(1983) 5 E.H.R.R. 313	
7719/76	21 November 1983	Foti	Italy	Jmt	(1991) 13 E.H.R.R. 568	
7743/76	16 May 1980	Campbell and Cosans	United Kingdom	Op	(1981) 3 E.H.R.R. 531	
7743/76	25 February 1982	Campbell and Cosans	United Kingdom	Jmt	(1982) 4 E.H.R.R. 293	
7743/76	22 March 1983	Campbell and Cosans	United Kingdom	Jmt	(1991) 13 E.H.R.R. 441	
7759/77	6 May 1981	Buchholz	Germany	Jmt	(1981) 3 E.H.R.R. 597	
7781/77	10 December 1982	Foti	Italy	Jmt	(1983) 5 E.H.R.R. 313	
7781/77	21 November 1983	Foti	Italy	Jmt	(1991) 13 E.H.R.R. 568	
7806/77	14 December 1979	Young, James and Webster	United Kingdom	Op	(1981) 3 E.H.R.R. 20	
7806/77	26 June 1981	Young, James and Webster	United Kingdom	Jmt	(1982) 4 E.H.R.R. 38	
7806/77	18 October 1982	Young, James and Webster	United Kingdom	Jmt	(1983) 5 E.H.R.R. 201	
7819/77	12 May 1982	Campbell and Fell	United Kingdom	Jmt	(1983) 5 E.H.R.R. 207	
7819/77	28 June 1984	Campbell and Fell	United Kingdom	Jmt	(1985) 7 E.H.R.R. 165	
7878/77	12 May 1982	Campbell and Fell	United Kingdom	Jmt	(1983) 5 E.H.R.R. 207	
7878/77	28 June 1984	Campbell and Fell	United Kingdom	Jmt	(1985) 7 E.H.R.R. 165	

7879/77	March 1985	App. No. 7879/77	United Kingdom	Adm	(1986) 8 E.H.R.R. 272
7889/77	13 May 1982	Arrondelle	United Kingdom	Jmt	(1983) 5 E.H.R.R. 118
7906/77	24 June 1982	Van Droogenbroeck	Belgium	Jmt	(1982) 4 E.H.R.R. 443
7906/77	25 April 1983	Van Droogenbroeck	Belgium	Jmt	(1991) 13 E.H.R.R. 546
7913/77	10 December 1982	Foti	Italy	Jmt	(1983) 5 E.H.R.R. 313
7913/77	21 November 1983	Foti	Italy	Jmt	(1991) 13 E.H.R.R. 568
7938/77	23 March 1983	Santschi	Switzerland		(1983) 5 E.H.R.R. 520
7950/77	4 March 1980	X, Y and Z	Austria (Re Right to Trial)	Op	(1982) 4 E.H.R.R. 270
7984/77	8 December 1983	Pretto	Italy	Jmt	(1984) 6 E.H.R.R. 182
7987/77	23 June 1983	Tonwerke	Austria	Cm	(1984) 6 E.H.R.R. 147
8003/77	3 October 1979	X	Austria (Re Rent Control)	Op	(1981) 3 E.H.R.R. 285
8007/77	4 October 1983	Cyprus	Turkey	Jmt	(1993) 15 E.H.R.R. 509
8018/77	23 March 1983	Santschi	Switzerland		(1983) 5 E.H.R.R. 520
8022/77	18 March 1981	McVeigh, O'Neill and Evans	United Kingdom	Jmt	(1983) 5 E.H.R.R. 71
8025/77	18 March 1981	McVeigh, O'Neill and Evans	United Kingdom	Jmt	(1983) 5 E.H.R.R. 71
8027/77	18 March 1981	McVeigh, O'Neill and Evans	United Kingdom	Jmt	(1983) 5 E.H.R.R. 71
8083/77	13 March 1980	Weston	United Kingdom	Op	(1981) 3 E.H.R.R. 402
8106/77	23 March 1983	Santschi	Switzerland		(1983) 5 E.H.R.R. 520
8130/78	15 July 1982	Eckle	Germany	Jmt	(1983) 5 E.H.R.R. 1
8130/78	21 June 1983	Eckle	Germany	Jmt	(1991) 13 E.H.R.R. 556
8160/78	March 1981	Ahmad	United Kingdom	Adm	(1982) 4 E.H.R.R. 126
8195/78	23 June 1983	App. No. 8195/78	United Kingdom	Adm	(1984) 6 E.H.R.R. 133
8209/78	22 February 1984	Sutter	Switzerland	Jmt	(1984) 6 E.H.R.R. 272
8224/78	5 December 1979	Bonnechaux	Switzerland	Op	(1981) 3 E.H.R.R. 259
8224/78	9 July 1980	Uppal	United Kingdom (No. 1)	Op	(1981) 3 E.H.R.R. 391
8224/78	9 July 1980	Uppal	United Kingdom (No. 2)	Op	(1981) 3 E.H.R.R. 399
8225/78	5 February 1982	Ashingdane	United Kingdom	Op	(1982) 4 E.H.R.R. 590
8225/78	October 1983	Ashingdane	United Kingdom	Adm	(1984) 6 E.H.R.R. 69
8225/78	28 May 1985	Ashingdane	United Kingdom	Jmt	(1985) 7 E.H.R.R. 528

APPL. No.	DECISION DATE	PARTY A	PARTY B (COUNTRY)	Adm / Op / Jmt	CITATION	CASE No.
8233/78	3 October 1979	X	United Kingdom (Re Delay in Criminal Trial))	Op	(1981) 3 E.H.R.R. 271	
8261/78	October 1982	Kofler	Italy	Op	(1983) 5 E.H.R.R. 303	
8269/78	24 February 1982	Adolf	Austria	Jmt	(1982) 4 E.H.R.R. 313	
8273/78	8 December 1983	Axen	Germany	Jmt	(1984) 6 E.H.R.R. 195	
8304/78	10 December 1982	Corigliano	Italy	Jmt	(1983) 5 E.H.R.R. 334	
8315/78	15 July 1981	X	Ireland (Re Affiliation Proceedings)	Adm	(1982) 4 E.H.R.R. 359	
8317/78	15 May 1980	McFeeley	United Kingdom	Op	(1981) 3 E.H.R.R. 161	
8325/78	23 March 1983	Santschi	Switzerland		(1983) 5 E.H.R.R. 520	
8348/78	11 October 1979	Glimmerveen and Hagenbeek	Netherlands	Adm	(1982) 4 E.H.R.R. 260	
8378/78	14 May 1980	Kamal	United Kingdom	Adm	(1982) 4 E.H.R.R. 244	
8398/78	25 April 1983	Pakelli	Germany	Jmt	(1984) 6 E.H.R.R. 1	
8403/78	29 September 1982	Jespers	Belgium	Op	(1983) 5 E.H.R.R. 305	
8406/78	11 October 1979	Glimmerveen and Hagenbeek	Netherlands	Adm	(1982) 4 E.H.R.R. 260	
8416/78	13 May 1980	Paton	United Kingdom	Adm	(1981) 3 E.H.R.R. 409	
8427/78	8 March 1982	Hendriks	Netherlands	Jmt	(1983) 5 E.H.R.R. 223	
8427/78	10 December 1982	Hendriks	Netherlands	Cm	(1983) 5 E.H.R.R. 223	
8435/78	October 1983	Orchin	United Kingdom	Op	(1984) 6 E.H.R.R. 391	
8463/78	October 1983	Krocher and Moller	Switzerland	Op	(1984) 6 E.H.R.R. 395	
8490/79	July 1982	Zimmermann	Austria	Settle- ment	(1983) 5 E.H.R.R. 303	
8543/79	26 June 1986	Van Marle	Netherlands	Jmt	(1986) 8 E.H.R.R. 483	
8543/79	26 June1986	Van Marle, Van Zomeren, Flantua and de Bruijn	Netherlands	Op	(1985) 7 E.H.R.R. 265	
8544/79	21 February 1984	Özturk	Germany	Jmt	(1984) 6 E.H.R.R. 409	
8544/79	23 October 1984	Özturk	Germany	Jmt	(1985) 7 E.H.R.R. 251	
8562/79	November 1983	App. No. 8562/79	Netherlands	Op	(1984) 6 E.H.R.R. 369	

8562/79	29 May 1986	Feldbrugge	Netherlands	Jmt	(1986) 8 E.H.R.R. 425
8562/79	27 July 1987	Feldbrugge	Netherlands	Jmt	(1991) 13 E.H.R.R. 571
8562/79	27 July 1987	Feldbrugge	Netherlands	Op	(1985) 7 E.H.R.R. 279
8566/79	13 October 1982	Mr and Mrs X and their Son	United Kingdom	Jmt	(1983) 5 E.H.R.R. 265
8569/79	March 1985	Martin	Ireland	Adm	(1986) 8 E.H.R.R. 316
8575/79	14 December 1979	Brady	United Kingdom	Op	(1981) 3 E.H.R.R. 297
8582/79	October 1982	Skoogström	Sweden	Adm	(1983) 5 E.H.R.R. 278
8582/79	October 1983	Skoogström	Sweden	Op	(1984) 6 E.H.R.R. 77
8582/79	2 October 1984	Skoogström	Sweden	Jmt	(1985) 7 E.H.R.R. 263
8588/79	12 October 1982	Bramellid and Malmstrom	Sweden	Jmt	(1983) 5 E.H.R.R. 249
8588/79	25 October 1985	Bramelid and Malmstrom	Sweden	Cm	(1986) 8 E.H.R.R. 116
8589/79	12 October 1982	Bramellid and Malmstrom	Sweden	Jmt	(1983) 5 E.H.R.R. 249
8589/79	25 October 1985	Bramelid and Malmstrom	Sweden	Cm	(1986) 8 E.H.R.R. 116
8600/79	16 July 1981	X	United Kingdom (Re Solicitors' Advertising)	Adm	(1982) 4 E.H.R.R. 350
8658/79	July 1982	Bönisch	Austria	Adm	(1983) 5 E.H.R.R. 273
8658/79	July 1982	Bönisch	Austria	Adm	(1983) 5 E.H.R.R. 273
8658/79	July 1984	Bönisch	Austria	Op	(1984) 6 E.H.R.R. 467
8658/79	6 May 1985	Bönisch	Austria	Jmt	(1987) 9 E.H.R.R. 191
8658/79	2 June 1985	Bönisch	Austria	Jmt	(1991) 13 E.H.R.R. 409
8660/79	25 March 1983	Minelli	Switzerland	Jmt	(1983) 5 E.H.R.R. 554
8674/79	26 June 1986	Van Marle	Netherlands	Jmt	(1986) 8 E.H.R.R. 483
8675/79	26 June 1986	Van Marle	Netherlands	Jmt	(1986) 8 E.H.R.R. 483
8682/79	17 July 1981	X	Germany	Op	(1982) 4 E.H.R.R. 398
8685/79	26 June 1986	Van Marle	Netherlands	Jmt	(1986) 8 E.H.R.R. 483
8691/79	13 July 1981	Malone	United Kingdom	Adm	(1982) 4 E.H.R.R. 330
8691/79	17 December 1982	Malone	United Kingdom	Jmt	(1983) 5 E.H.R.R. 385
8691/79	2 August 1984	Malone	United Kingdom	Jmt	(1985) 7 E.H.R.R. 14
8691/79	26 April 1985	Malone	United Kingdom	Jmt	(1991) 13 E.H.R.R. 448
8692/79	1 October 1982	Piersack	Belgium	Jmt	(1983) 5 E.H.R.R. 169
8692/79	26 October 1984	Piersack	Belgium	Jmt	(1985) 7 E.H.R.R. 251
8695/79	4 March 1986	Inze	Austria	Op	(1986) 8 E.H.R.R. 498
8695/79	28 October 1987	Inze	Austria	Jmt	(1988) 10 E.H.R.R. 394

APPL. No.	DECISION DATE	PARTY A	PARTY B (COUNTRY)	Adm / Op / Jmt	CITATION	CASE No.
8702/79	15 July 1981	X, Y and Z	Sweden (Re Fair Trial)	Op	(1982) 4 E.H.R.R. 395	
8710/79	7 May 1982	Gay News and Lemon	United Kingdom	Jmt	(1983) 5 E.H.R.R. 123	
8712/79	December 1982	App. No. 8712/79	United Kingdom	Adm	(1983) 5 E.H.R.R. 465	
8734/79	October 1983	Barthold	Germany	Op	(1984) 6 E.H.R.R. 82	
8734/79	25 March 1985	Barthold	Germany	Jmt	(1985) 7 E.H.R.R. 383	
8734/79	31 January 1986	Barthold	Germany	Jmt	(1991) 13 E.H.R.R. 431	
8737/79	13 July 1983	Zimmermann and Steiner	Switzerland	Jmt	(1984) 6 E.H.R.R. 17	
8744/79	March 1983	App. No. 8744/79	Germany	Adm	(1983) 5 E.H.R.R. 499	
8765/79	18 December 1980	Liberal Party	United Kingdom	Op	(1982) 4 E.H.R.R. 106	
8777/79	October 1983	Rasmussen	Denmark	Op	(1984) 6 E.H.R.R. 94	
8777/79	28 November 1984	Rasmussen	Denmark	Jmt	(1985) 7 E.H.R.R. 371	
8778/79	23 March 1983	Santschi	Switzerland		(1983) 5 E.H.R.R. 520	
8790/79	22 October 1984	Sramek	Austria	Jmt	(1985) 7 E.H.R.R. 351	
8793/79	28 January 1983	Trustees of the late Duke of Westminster's Estate	United Kingdom	Jmt	(1983) 5 E.H.R.R. 440	
8793/79	July 1984	James	United Kingdom	Op	(1984) 6 E.H.R.R. 475	
8795/79	21 February 1986	James	United Kingdom	Jmt	(1986) 8 E.H.R.R. 123	
8803/79	11 December 1981	Lingens and Leitgens	Austria	Adm	(1982) 4 E.H.R.R. 373	
8805/79	22 May 1984	De Jong, Baljet and Van Den Brink	Netherlands	Jmt	(1986) 8 E.H.R.R. 20	
8806/79	22 May 1984	De Jong, Baljet and Van Den Brink	Netherlands	Jmt	(1986) 8 E.H.R.R. 20	
8811/79	13 May 1982	X, Y, Z	Sweden	Jmt	(1983) 5 E.H.R.R. 147	
8819/79	19 March 1981	Sargin	Germany	Adm	(1982) 4 E.H.R.R. 276	
8821/79	May 1983	Biondi	Italy	Op	(1984) 6 E.H.R.R. 113	
8828/79	October 1982	App. No. 8828/79	Denmark	Adm	(1983) 5 E.H.R.R. 278	
8830/80	May 1983	D'Haese, Le Compte	Belgium	Op	(1984) 6 E.H.R.R. 114	
8844/80	9 December 1980	Patel	United Kingdom	Adm	(1982) 4 E.H.R.R. 256	
8848/80	8 October 1983	Benthem	Netherlands	Op	(1984) 6 E.H.R.R. 283	

8848/80	23 October 1985	Benthem	Netherlands	Jmt	(1986) 8 E.H.R.R. 1
8858/80	July 1983	App. No. 8858/80	Germany	Op	(1984) 6 E.H.R.R. 328
8873/80	May 1982	App. No. 8873/80	United Kingdom	Adm	(1983) 5 E.H.R.R. 268
8874/80	9 December 1980	X	United Kingdom (Re Education in Prison)	Adm	(1982) 4 E.H.R.R. 252
8891/80	July 1983	App. No. 8891/80	Belgium	Adm	(1984) 6 E.H.R.R. 329
8893/80	March 1983	App. No. 8893/80	Austria	Adm	(1983) 5 E.H.R.R. 502
8919/80	23 November 1983	Van Der Mussele	Belgium	Jmt	(1984) 6 E.H.R.R. 163
8940/80	10 July 1984	Guincho	Portugal	Jmt	(1985) 7 E.H.R.R. 223
8944/80	October 1982	App. No. 8944/80	Switzerland	Adm	(1983) 5 E.H.R.R. 279
8950/80	8 October 1985	H	Belgium	Op	(1986) 8 E.H.R.R. 510
8950/80	30 November 1987	H	Belgium	Jmt	(1988) 10 E.H.R.R. 339
8957/80	March 1983	App. No. 8957/80	Austria	Adm	(1983) 5 E.H.R.R. 502
8962/80	May 1982	App. No. 8962/80	Belgium	Adm	(1983) 5 E.H.R.R. 268
8966/80	9 April 1984	Goddi	Italy	Jmt	(1984) 6 E.H.R.R. 457
8978/80	December 1983	X and Y	Netherlands	Op	(1984) 6 E.H.R.R. 311
8978/80	26 March 1985	X and Y	Netherlands	Jmt	(1986) 8 E.H.R.R. 235
8989/80	July 1983	App. No. 8989/80	Belgium	Adm	(1984) 6 E.H.R.R. 329
8990/80	July 1982	Guincho	Portugal	Adm	(1983) 5 E.H.R.R. 274
8998/80	March 1983	App. No. 8998/80	Austria	Adm	(1984) 6 E.H.R.R. 321
9006/80	January 1983	Lithgow	United Kingdom	Adm	(1983) 5 E.H.R.R. 491
9006/80	7 March 1984	Lithgow	United Kingdom	Op	(1985) 7 E.H.R.R. 56
9006/80	8 July 1986	Lithgow	United Kingdom	Jmt	(1986) 8 E.H.R.R. 329
9013/80	December 1982	Farrell	United Kingdom	Adm	(1983) 5 E.H.R.R. 466
9017/80	July 1982	App. No. 9017/80	Sweden	Adm	(1983) 5 E.H.R.R. 274
9017/80	October 1983	McGoff	Sweden	Op	(1984) 6 E.H.R.R. 101
9017/80	26 October 1984	McGoff	Sweden	Jmt	1986) 8 E.H.R.R. 246
9018/80	July 1983	App. No. 9018/80	Netherlands	Adm	(1984) 6 E.H.R.R. 134
9019/80	23 February 1984	Luberti	Italy	Jmt	(1984) 6 E.H.R.R. 440
9022/80	July 1983	App. No. 9022/80	Switzerland	Adm	(1984) 6 E.H.R.R. 329
9024/80	July 1982	Colozza and Rubinat	Italy	Adm	(1983) 5 E.H.R.R. 274
9024/80	12 February 1985	Colozza	Italy	Jmt	(1985) 7 E.H.R.R. 516
9035/80	March 1983	App. No. 9035/80	Germany	Adm	(1983) 5 E.H.R.R. 502

APPL. No.	DECISION DATE	PARTY A	PARTY B (COUNTRY)	Adm / Op / Jmt	CITATION	CASE No.
9044/80	23 September 1983	Chartier	Italy	Cm	(1984) 6 E.H.R.R. 387	
9054/80	8 October 1982	X	United Kingdom	Jmt	(1983) 5 E.H.R.R. 260	
9063/80	December 1982	Gillow	United Kingdom	Adm	(1983) 5 E.H.R.R. 581	
9063/80	24 November 1986	Gillow	United Kingdom	Jmt	(1989) 11 E.H.R.R. 335	
9063/80	14 September 1987	Gillow	United Kingdom	Jmt	(1991) 13 E.H.R.R. 593	
9063/80	14 September 1987	Gillow	United Kingdom	Op	(1985) 7 E.H.R.R. 292	
9083/80	11 May 1982	Springer	United Kingdom	Jmt	(1983) 5 E.H.R.R. 141	
9084/80	October 1982	App. No. 9084/80	United Kingdom	Adm	(1983) 5 E.H.R.R. 280	
9097/80	October 1982	App. No. 9097/80	Belgium	Adm	(1983) 5 E.H.R.R. 280	
9103/80	March 1983	App. No. 9103/80	Netherlands	Adm	(1983) 5 E.H.R.R. 503	
9105/80	6 July 1981	X	Sweden (Re Immigration)	Op	(1982) 4 E.H.R.R. 408	
9106/80	29 February 1987	Bouamar	Belgium	Jmt	(1989) 11 E.H.R.R. 1	
9107/80	October 1982	App. No. 9107/80	Belgium	Adm	(1983) 5 E.H.R.R. 282	
9107/80	July 1983	App. No. 9044/80	Belgium	Adm	(1984) 6 E.H.R.R. 330	
9109/80	July 1983	App. No. 9107/80	United Kingdom	Adm	(1984) 6 E.H.R.R. 134	
9113/80	October 1982	App. No. 9113/80	United Kingdom	Adm	(1983) 5 E.H.R.R. 283	
9114/80	October 1984	App. No. 9114/80	United Kingdom	Adm	(1985) 7 E.H.R.R. 462	
9116/80	5 May 1982	Temeltasch	Switzerland	Adm	(1983) 5 E.H.R.R. 417	
9116/80	24 March 1983	Temeltasch	Switzerland	Cm	(1983) 5 E.H.R.R. 417	
9118/80	March 1983	Allgemeine Gold- und Silber Scheideanstalt AG	United Kingdom	Adm	(1983) 5 E.H.R.R. 584	
9118/80	11 October 1984	Allgemeine Gold- und Silberscheideanstalt AG	United Kingdom	Op	(1985) 7 E.H.R.R. 314	
9118/80	24 October 1986	Allgemeine Gold-und Silberscheideanstalt	United Kingdom	Jmt	(1987) 9 E.H.R.R. 1	
9119/80	March 1985	App. No. 9119/80	United Kingdom	Adm	(1986) 8 E.H.R.R. 47	
9120/80	July 1983	Unterpertinger	Austria	Adm	(1984) 6 E.H.R.R. 331	
9120/80	24 November 1986	Unterpertinger	Austria	Jmt	(1991) 13 E.H.R.R. 175	
9132/80	December 1982	App. No. 9132/80	Germany	Adm	(1983) 5 E.H.R.R. 470	

9132/80	December 1982	App. No. 9132/80	Germany	Adm	(1983) 5 E.H.R.R. 471
9146/80	March 1985	X and Y	United Kingdom	Adm	(1986) 8 E.H.R.R. 298
9156/80	May 1982	App. No. 9156/80	Austria	Adm	(1983) 5 E.H.R.R. 269
9157/80	July 1983	App. No. 9157/80	Germany	Adm	(1984) 6 E.H.R.R. 331
9174/80	13 July 1982	Zamir	United Kingdom	Adm	(1983) 5 E.H.R.R. 242
9174/80	25 January 1985	Zamir	United Kingdom	Cm	(1986) 8 E.H.R.R. 108
9185/80	July 1983	App. No. 9185/80	Sweden	Adm	(1984) 6 E.H.R.R. 119
9186/80	October 1983	De Cubber	Belgium	Op	(1984) 6 E.H.R.R. 104
9186/80	26 October 1984	De Cubber	Belgium	Jmt	(1985) 7 E.H.R.R. 236
9186/80	14 September 1987	De Cubber	Belgium	Jmt	(1991) 13 E.H.R.R. 422
9192/80	July 1983	App. No. 9192/80	Italy	Op	(1984) 6 E.H.R.R. 120
9193/80	July 1983	App. No. 9193/80	Netherlands	Adm	(1984) 6 E.H.R.R. 134
9205/80	July 1983	App. No. 9205/80	United Kingdom	Adm	(1984) 6 E.H.R.R. 135
9214/80	11 May 1982	X, Cabales Balkandali	United Kingdom	Adm	(1983) 5 E.H.R.R. 132
9214/80	12 May 1983	Abdulaziz Cabales and Balkandali	United Kingdom	Op	(1984) 6 E.H.R.R. 28
9214/80	28 May 1985	Abdulaziz, Cabales and Balkandali	United Kingdom	Jmt	(1985) 7 E.H.R.R. 471
9225/80	December 1982	App. No. 9225/80	United Kingdom	Adm	(1983) 5 E.H.R.R. 471
9228/80	July 1984	G	Germany	Op	(1984) 6 E.H.R.R. 499
9228/80	28 August 1986	Glasenapp	Germany	Jmt	(1987) 9 E.H.R.R. 25
9229/81	12 July 1985	Pannetier	Switzerland	Cm	(1987) 9 E.H.R.R. 399
9237/81	October 1983	App. No. 9237/81	United Kingdom	Op	(1984) 6 E.H.R.R. 354
9242/81	22 May 1984	De Jong, Baljet and Van Den Brink	Netherlands	Jmt	(1986) 8 E.H.R.R. 20
9248/81	October 1983	Leander	Sweden	Op	(1984) 6 E.H.R.R. 540
9248/81	17 May 1985	Leander	Sweden	Op	(1985) 7 E.H.R.R. 557
9248/81	26 March 1987	Leander	Sweden	Jmt	(1987) 9 E.H.R.R. 433
9251/81	December 1982	Gross	Germany	Adm	(1983) 5 E.H.R.R. 476
9261/81	January 1983	Vosper PLC	United Kingdom	Adm	(1983) 5 E.H.R.R. 496
9262/81	7 March 1984	Lithgow	United Kingdom	Op	(1985) 7 E.H.R.R. 56
9263/81	January 1983	English Electric Co. and Vickers Ltd	United Kingdom	Adm	(1983) 5 E.H.R.R. 498
9263/81	7 March 1984	Lithgow	United Kingdom	Op	(1985) 7 E.H.R.R. 56

APPL. No.	DECISION DATE	PARTY A	PARTY B (COUNTRY)	Adm / Op / Jmt	CITATION	CASE No.
9265/81	January 1983	Banstonian Co.	United Kingdom	Adm	(1983) 5 E.H.R.R. 498	
9265/81	7 March 1984	Lithgow	United Kingdom	Op	(1985) 7 E.H.R.R. 56	
9266/81	January 1983	Yarrow PLC and Three Shareholders	United Kingdom	Adm	(1983) 5 E.H.R.R. 498	
9266/81	7 March 1984	Lithgow	United Kingdom	Op	(1985) 7 E.H.R.R. 56	
9267/81	July 1983	Moreaux	Belgium	Adm	(1984) 6 E.H.R.R. 531	
9267/81	2 March 1987	Mathieu-Mohin and Clerfayt	Belgium	Jmt	(1988) 10 E.H.R.R. 1	
9273/81	March 1984	Ettl	Austria	Adm	(1984) 6 E.H.R.R. 599	
9273/81	23 April 1987	Ettl	Austria	Jmt	(1988) 10 E.H.R.R. 255	
9276/81	November 1983	C	United Kingdom	Adm	(1984) 6 E.H.R.R. 559	
9276/81	8 July 1987	O	United Kingdom	Jmt	(1988) 10 E.H.R.R. 82	
9276/81	9 June 1988	O	United Kingdom	Jmt	(1991) 13 E.H.R.R. 578	
9278/81	October 1983	App. No. 9278/81	Norway	Adm	(1984) 6 E.H.R.R. 357	
9280/81	July 1982	App. No. 9280/81	Austria	Adm	(1983) 5 E.H.R.R. 283	
9282/81	July 1982	App. No. 9282/81	United Kingdom	Adm	(1983) 5 E.H.R.R. 283	
9290/81	May 1983	App. No. 9290/81	Netherlands	Adm	(1983) 5 E.H.R.R. 597	
9292/81	July 1982	App. No. 9292/81	United Kingdom	Adm	(1983) 5 E.H.R.R. 275	
9295/81	July 1982	App. No. 9295/81	Austria	Adm	(1983) 5 E.H.R.R. 284	
9300/81	December 1983	Can	Austria	Adm	(1984) 6 E.H.R.R. 568	
9300/81	12 July 1984	Can	Austria	Op	(1985) 7 E.H.R.R. 421	
9300/81	30 September 1985	Can	Austria	Jmt	(1986) 8 E.H.R.R. 14	
9301/81	October 1982	App. No. 9301/81	Switzerland	Adm	(1983) 5 E.H.R.R. 285	
9303/81	October 1986	App. No. 9303/81	United Kingdom	Adm	(1987) 9 E.H.R.R. 538	
9307/81	March 1983	App. No. 9307/81	Austria	Adm	(1983) 5 E.H.R.R. 503	
9308/81	March 1983	App. No. 9308/81	Germany	Adm	(1983) 5 E.H.R.R. 503	
9310/81	October 1985	Baggs	United Kingdom	Adm	(1987) 9 E.H.R.R. 235	
9310/81	October 1985	Powell	United Kingdom	Adm	(1987) 9 E.H.R.R. 241	
9310/81	July 1986	Rayner	United Kingdom	Adm	(1987) 9 E.H.R.R. 375	
9310/81	19 January 1989	Powell and Rayner	United Kingdom	Cm	(1990) 12 E.H.R.R. 288	
9310/81	21 February 1990	Powell and Rayner	United Kingdom	Jmt	(1990) 12 E.H.R.R. 355	

9313/81	January 1983	Vickers PLC	United Kingdom	Adm	(1983) 5 E.H.R.R. 499
9313/81	7 March 1984	Lithgow	United Kingdom	Op	(1985) 7 E.H.R.R. 56
9315/81	July 1983	App. No. 9315/81	Austria	Adm	(1984) 6 E.H.R.R. 332
9316/81	October 1984	App. No. 9316/81	Austria	Adm	(1986) 8 E.H.R.R. 256
9316/81	23 April 1987	Lechner and Hess	Austria	Jmt	(1987) 9 E.H.R.R. 490
9317/81	July 1982	Colozza and Rubinat	Italy	Adm	(1983) 5 E.H.R.R. 274
9317/81	12 February 1985	Rubinat	Italy	Jmt	(1985) 7 E.H.R.R. 512
9322/81	May 1983	App. No. 9322/81	Netherlands	Adm	(1983) 5 E.H.R.R. 598
9324/81	May 1982	App. No. 9324/81	Germany	Adm	(1983) 5 E.H.R.R. 269
9327/81	May 1983	App. No. 9327/81	Netherlands	Adm	(1983) 5 E.H.R.R. 600
9329/81	October 1982	App. No. 9329/81	United Kingdom	Adm	(1983) 5 E.H.R.R. 286
9330/81	January 1984	Bulus	Sweden	Op	(1984) 6 E.H.R.R. 587
9345/81	July 1982	Dores and Silveira	Portugal	Adm	(1983) 5 E.H.R.R. 275
9346/81	July 1982	Dores and Silveira	Portugal	Adm	(1983) 5 E.H.R.R. 275
9347/81	October 1982	App. No. 9347/81	Italy	Adm	(1983) 5 E.H.R.R. 287
9348/81	March 1983	App. No. 9348/81	United Kingdom	Adm	(1983) 5 E.H.R.R. 504
9353/81	July 1983	Webb	United Kingdom	Op	(1984) 6 E.H.R.R. 120
9355/81	July 1982	App. No. 9355/81	United Kingdom	Adm	(1983) 5 E.H.R.R. 276
9360/81	March 1983	App. No. 9360/81	Ireland	Adm	(1983) 5 E.H.R.R. 506
9362/81	May 1982	Van der Sluijs	Netherlands	Adm	(1983) 5 E.H.R.R. 270
9362/81	22 May 1984	Van der Sluijs, Zuiderveld and Klappe	Netherlands	Jmt	(1991) 13 E.H.R.R. 461
9363/81	May 1982	Van der Sluijs	Netherlands	Adm	(1983) 5 E.H.R.R. 270
9363/81	22 May 1984	Van der Sluijs, Zuiderveld and Klappe	Netherlands	Jmt	(1991) 13 E.H.R.R. 461
9369/81	May 1983	App. No. 9369/81	United Kingdom	Adm	(1983) 5 E.H.R.R. 601
9373/81	December 1987	App. No. 9373/81	Ireland	Adm	(1989) 11 E.H.R.R. 103
9381/81	25 June 1987	Capuano	Italy	Jmt	(1991) 13 E.H.R.R. 271
9384/81	December 1983	Deumeland	Germany	Adm	(1984) 6 E.H.R.R. 565
9384/81	9 May 1984	Deumeland	Germany	Op	(1985) 7 E.H.R.R. 409
9384/81	29 May 1986	Deumeland	Germany	Jmt	(1986) 8 E.H.R.R. 448
9385/81	May 1982	App. No. 9385/81	Germany	Adm	(1983) 5 E.H.R.R. 270
9387/81	May 1982	Van der Sluijs	Netherlands	Adm	(1983) 5 E.H.R.R. 270

APPL. No.	DECISION DATE	PARTY A	PARTY B (COUNTRY)	Adm / Op / Jmt	CITATION	CASE No.
9387/81	22 May 1984	Van der Sluijs, Zuiderveld and Klappe	Netherlands	Jmt	(1991) 13 E.H.R.R. 461	
9394/81	May 1982	App. No. 9394/81	Germany	Adm	(1983) 5 E.H.R.R. 270	
9403/81	May 1982	App. No. 9403/81	United Kingdom	Adm	(1983) 5 E.H.R.R. 270	
9404/81	28 August 1986	Kosiek	Germany	Jmt	(1987) 9 E.H.R.R. 328	
9405/81	January 1983	Dowsett Securities	United Kingdom	Adm	(1984) 6 E.H.R.R. 110	
9405/81	7 March 1984	Lithgow	United Kingdom	Op	(1985) 7 E.H.R.R. 56	
9411/81	July 1982	App. No. 9411/81	Germany	Adm	(1983) 5 E.H.R.R. 276	
9415/81	October 1983	App. No. 9415/81	Norway	Adm	(1984) 6 E.H.R.R. 357	
9417/81	October 1982	App. No. 9417/81	Germany	Adm	(1983) 5 E.H.R.R. 288	
9419/81	July 1983	App. No. 9419/81	Switzerland	Op	(1984) 6 E.H.R.R. 135	
9420/81	October 1982	App. No. 9420/81	Italy	Adm	(1983) 5 E.H.R.R. 289	
9429/81	March 1983	App. No. 9429/81	Ireland	Adm	(1983) 5 E.H.R.R. 507	
9435/81	11 May 1982	Dahanayake	United Kingdom	Jmt	(1983) 5 E.H.R.R. 144	
9438/81	May 1983	App. No. 9438/81	United Kingdom	Adm	(1983) 5 E.H.R.R. 602	
9441/81	July 1982	App. No. 9441/81	United Kingdom	Adm	(1983) 5 E.H.R.R. 289	
9444/81	July 1983	App. No. 9444/81	United Kingdom	Op	(1984) 6 E.H.R.R. 136	
9446/81	July 1982	App. No. 9446/81	United Kingdom	Adm	(1983) 5 E.H.R.R. 277	
9451/81	December 1982	App. No. 9451/81	Germany	Adm	(1983) 5 E.H.R.R. 479	
9453/81	December 1982	App. No. 9453/81	Portugal	Adm	(1983) 5 E.H.R.R. 479	
9458/81	December 1982	App. No. 9458/81	Germany	Adm	(1983) 5 E.H.R.R. 480	
9461/81	December 1982	App. No. 9461/81	United Kingdom	Adm	(1983) 5 E.H.R.R. 480	
9471/81	March 1984	Mrs X and Ms X	United Kingdom	Adm	(1985) 7 E.H.R.R. 450	
9473/81	12 May 1983	Abdulaziz Cabales and Balkandali	United Kingdom	Op	(1984) 6 E.H.R.R. 28	
9473/81	28 May 1985	Abdulaziz, Cabales and Balkandali	United Kingdom	Jmt	(1985) 7 E.H.R.R. 471	
9474/81	11 May 1982	X, Cabales Balkandali	United Kingdom	Adm	(1983) 5 E.H.R.R. 132	
9474/81	12 May 1983	Abdulaziz Cabales and Balkandali	United Kingdom	Op	(1984) 6 E.H.R.R. 28	

9474/81	28 May 1985	Abdulaziz, Cabales and Balkandali	United Kingdom	Jmt	(1985) 7 E.H.R.R. 471
9480/81	October 1985	App. No. 9480/81	United Kingdom	Adm	(1987) 9 E.H.R.R. 109
9482/81	March 1985	Scotts of Greenock Ltd and Lithgows Ltd	United Kingdom	Adm	(1986) 8 E.H.R.R. 288
9482/81	17 December 1987	Scotts of Greenock Ltd and Lithgows Ltd	United Kingdom	Cm	(1990) 12 E.H.R.R. 147
9486/81	March 1983	App. No. 9486/81	Switzerland	Adm	(1983) 5 E.H.R.R. 587
9486/81	30 May 1986	Adler	Switzerland	Cm	(1987) 9 E.H.R.R. 426
9488/81	October 1982	App. No. 9488/81	United Kingdom	Adm	(1983) 5 E.H.R.R. 289
9497/81	July 1983	App. No. 9497/81	Germany	Op	(1984) 6 E.H.R.R. 119
9502/81	July 1983	App. No. 9502/81	United Kingdom	Op	(1984) 6 E.H.R.R. 334
9503/81	July 1983	App. No. 9503/81	United Kingdom	Op	(1984) 6 E.H.R.R. 335
9505/81	December 1982	App. No. 9505/81	United Kingdom	Adm	(1983) 5 E.H.R.R. 480
9506/81	March 1983	App. No. 9506/81	Belgium	Adm	(1983) 5 E.H.R.R. 508
9511/81	30 August 1990	McCallum	United Kingdom	Jmt	(1991) 13 E.H.R.R. 597
9513/81	October 1982	App. No. 9513/81	United Kingdom	Adm	(1983) 5 E.H.R.R. 290
9515/81	May 1982	App. No. 9515/81	United Kingdom	Adm	(1983) 5 E.H.R.R. 272
9518/81	July 1983	App. No. 9518/81	Germany	Op	(1984) 6 E.H.R.R. 137
9519/81	March 1984	App. No. 9519/81	Germany	Op	(1984) 6 E.H.R.R. 599
9520/81	July 1983	Reid	United Kingdom	Op	(1984) 6 E.H.R.R. 387
9521/81	May 1983	App. No. 9521/81	United Kingdom	Adm	(1983) 5 E.H.R.R. 602
9530/81	May 1984	App. No. 9530/81	Germany	Adm	(1985) 7 E.H.R.R. 144
9531/81	October 1982	App. No. 9531/81	Germany	Adm	(1983) 5 E.H.R.R. 290
9532/81	March 1984	App. No. 9532/81	United Kingdom	Adm	(1984) 6 E.H.R.R. 603
9532/81	12 December 1984	Rees	United Kingdom	Op	(1985) 7 E.H.R.R. 429
9532/81	17 October 1986	Rees	United Kingdom	Jmt	(1987) 9 E.H.R.R. 56
9539/81	March 1983	App. No. 9539/81	Germany	Adm	(1983) 5 E.H.R.R. 508
9544/81	October 1982	App. No. 9544/81	Austria	Adm	(1983) 5 E.H.R.R. 291
9553/81	March 1983	App. No. 9553/81	Belgium	Adm	(1983) 5 E.H.R.R. 509
9554/81	July 1983	App. No. 9554/81	Ireland	Op	(1984) 6 E.H.R.R. 336
9559/81	May 1983	De Varga Hirsch	France	Op	(1984) 6 E.H.R.R. 126
9550/81	March 1983	App. No. 9550/81	United Kingdom	Adm	(1983) 5 E.H.R.R. 508
9562/81	January 1984	App. No. 9562/81	United Kingdom	Op	(1984) 6 E.H.R.R. 592

APPL. No.	DECISION DATE	PARTY A	PARTY B (COUNTRY)	Adm / Op / Jmt	CITATION	CASE No.
9562/81	11 March 1985	Monnell and Morris	United Kingdom	Op	(1985) 7 E.H.R.R. 579	
9562/81	2 March 1987	Monnell and Morris	United Kingdom	Jmt	(1988) 10 E.H.R.R. 205	
9569/81	July 1982	App. No. 9569/81	France	Adm	(1983) 5 E.H.R.R. 277	
9576/81	1 March 1983	App. No. 9576/81	United Kingdom	Adm	(1983) 5 E.H.R.R. 509	
9578/81	December 1982	App. No. 9578/81	Germany	Adm	(1983) 5 E.H.R.R. 483	
9580/81	8 July 1987	H	United Kingdom	Jmt	(1988) 10 E.H.R.R. 95	
9580/81	9 June 1988	H	United Kingdom	Jmt	(1991) 13 E.H.R.R. 449	
9583/81	July 1983	App. No. 9583/81	United Kingdom	Adm	(1984) 6 E.H.R.R. 138	
9587/81	December 1982	App. No. 9587/81	France	Adm	(1983) 5 E.H.R.R. 483	
9588/81	October 1983	App. No. 9588/81	United Kingdom	Op	(1984) 6 E.H.R.R. 545	
9595/81	March 1983	App. No. 9595/81	France	Adm	(1983) 5 E.H.R.R. 509	
9596/81	December 1983	App. No. 9596/81	Ireland	Adm	(1984) 6 E.H.R.R. 570	
9599/81	March 1985	Scotts of Greenock Ltd and Lithgows Ltd	United Kingdom	Adm	(1986) 8 E.H.R.R. 293	
9600/81	March 1983	App. No. 9600/81	Germany	Adm	(1983) 5 E.H.R.R. 510	
9603/81	October 1982	App. No. 9603/81	Germany	Adm	(1983) 5 E.H.R.R. 291	
9604/81	March 1983	App. No. 9604/81	Germany	Adm	(1983) 5 E.H.R.R. 587	
9605/81	March 1983	App. No. 9605/81	France	Adm	(1983) 5 E.H.R.R. 510	
9606/81	October 1982	App. No. 9606/81	United Kingdom	Adm	(1983) 5 E.H.R.R. 291	
9607/81	May 1982	App. No. 9607/81	Switzerland	Adm	(1983) 5 E.H.R.R. 272	
9610/81	March 1983	App. No. 9610/81	Germany	Adm	(1984) 6 E.H.R.R. 110	
9615/81	March 1983	App. No. 9615/81	United Kingdom	Adm	(1983) 5 E.H.R.R. 591	
9616/81	24 January 1986	Erkner and Hofaur	Austria	Op	(1986) 8 E.H.R.R. 520	
9616/81	23 April 1987	Erkner and Hofauer	Austria	Jmt	(1987) 9 E.H.R.R. 464	
9616/81	29 September 1987	Erkner and Hofauer	Austria	Jmt	(1991) 13 E.H.R.R. 413	
9620/81	December 1982	App. No. 9620/81	United Kingdom	Adm	(1983) 5 E.H.R.R. 486	
9621/81	October 1983	Vallon	Italy	Adm	(1984) 6 E.H.R.R. 546	
9621/81	8 May 1984	Vallon	Italy	Op	(1985) 7 E.H.R.R. 436	
9621/81	3 June 1985	Vallon	Italy	Jmt	(1991) 13 E.H.R.R. 433	
9626/81	December 1982	App. No. 9626/81	Netherlands	Adm	(1983) 5 E.H.R.R. 486	

9626/81	October 1983	Duinhof and Duijf	Netherlands	Op	(1984) 6 E.H.R.R. 105
9626/81	22 May 1984	Duinhof and Duijf	Netherlands	Jmt	(1991) 13 E.H.R.R. 478
9628/81	July 1983	App. No. 9628/81	Netherlands	Adm	(1984) 6 E.H.R.R. 139
9639/82	March 1984	App. No. 9639/82	Germany	Adm	(1985) 7 E.H.R.R. 135
9641/82	October 1982	App. No. 9641/82	Germany	Adm	(1983) 5 E.H.R.R. 292
9643/82	July 1983	App. No. 9643/82	United Kingdom	Adm	(1984) 6 E.H.R.R. 334
9649/82	October 1982	App. No. 9649/82	Sweden	Adm	(1983) 5 E.H.R.R. 292
9658/82	May 1983	App. No. 9658/82	United Kingdom	Adm	(1983) 5 E.H.R.R. 603
9658/82	27 April 1988	Boyle and Rice	United Kingdom	Jmt	(1988) 10 E.H.R.R. 425
9659/82	May 1983	App. No. 9659/82	United Kingdom	Adm	(1983) 5 E.H.R.R. 605
9659/82	March 1985	App. No. 9659/82	United Kingdom	Adm	(1986) 8 E.H.R.R. 274
9659/82	27 April 1988	Boyle and Rice	United Kingdom	Jmt	(1988) 10 E.H.R.R. 425
9661/82	July 1983	App. No. 9661/82	Austria	Adm	(1984) 6 E.H.R.R. 344
9664/82	March 1983	App. No. 9664/82	Sweden	Adm	(1983) 5 E.H.R.R. 510
9676/82	October 1982	Sequaris	Belgium	Adm	(1983) 5 E.H.R.R. 293
9676/82	July 1983	Sequaris	Belgium	Adm	(1984) 6 E.H.R.R. 386
9678/82	March 1983	App. No. 9678/82	Germany	Adm	(1983) 5 E.H.R.R. 511
9683/82	July 1984	Radino	Italy	Adm	(1986) 8 E.H.R.R. 233
9684/82	December 1983	App. No. 9684/82	Netherlands	Adm	(1984) 6 E.H.R.R. 575
9687/82	March 1983	App. No. 9687/82	Germany	Adm	(1983) 5 E.H.R.R. 511
9696/82	October 1983	App. No. 9696/82	Germany	Adm	(1984) 6 E.H.R.R. 360
9697/82	October 1983	App. No. 9697/82	Ireland	Adm	(1984) 6 E.H.R.R. 546
9697/82	18 December 1986	Johnston	Ireland	Jmt	(1987) 9 E.H.R.R. 203
9697/82	18 December 1986	Johnston	Ireland	Op	(1986) 8 E.H.R.R. 214
9701/82	May 1986	App. No. 9701/82	Germany	Adm	(1987) 9 E.H.R.R. 364
9702/82	October 1982	App. No. 9702/82	United Kingdom	Adm	(1983) 5 E.H.R.R. 293
9704/82	December 1982	App. No. 9704/82	Germany	Adm	(1983) 5 E.H.R.R. 487
9704/82	July 1984	K	Germany	Adm	(1984) 6 E.H.R.R. 519
9706/82	March 1983	App. No. 9706/82	Germany	Adm	(1983) 5 E.H.R.R. 512
9707/82	October 1982	App. No. 9707/82	Sweden	Adm	(1983) 5 E.H.R.R. 294
9710/82	October 1982	App. No. 9710/82	United Kingdom	Adm	(1983) 5 E.H.R.R. 295
9713/82	October 1982	App. No. 9713/82	Belgium	Adm	(1983) 5 E.H.R.R. 295
9719/82	March 1985	App. No. 9719/82	Belgium	Adm	(1986) 8 E.H.R.R. 274
9721/82	May 1984	App. No. 9721/82	United Kingdom	Adm	(1985) 7 E.H.R.R. 145

APPL. No.	DECISION DATE	PARTY A	PARTY B (COUNTRY)	Adm / Op / Jmt	CITATION	CASE No.
9723/82	May 1984	App. No. 9723/82	Austria	Adm	(1986) 8 E.H.R.R. 226	
9728/82	July 1983	App. No. 9728/82	United Kingdom	Adm	(1984) 6 E.H.R.R. 345	
9729/82	July 1983	App. No. 9729/82	United Kingdom	Adm	(1984) 6 E.H.R.R. 346	
9730/82	May 1983	App. No. 9730/82	United Kingdom	Adm	(1983) 5 E.H.R.R. 606	
9732/82	October 1982	App. No. 9732/82	United Kingdom	Adm	(1983) 5 E.H.R.R. 295	
9736/82	December 1982	App. No. 9736/82	Netherlands	Adm	(1983) 5 E.H.R.R. 486	
9736/82	22 May 1984	Duinhof and Duijf	Netherlands	Jmt	(1991) 13 E.H.R.R. 478	
9742/82	March 1983	App. No. 9742/82	Ireland	Adm	(1983) 5 E.H.R.R. 594	
9749/82	November 1983	App. No. 9749/82	United Kingdom	Adm	(1984) 6 E.H.R.R. 565	
9749/82	8 July 1987	W	United Kingdom	Jmt	(1988) 10 E.H.R.R. 29	
9749/82	9 June 1988	W	United Kingdom	Jmt	(1991) 13 E.H.R.R. 453	
9760/82	March 1983	App. No. 9760/82	Germany	Adm	(1983) 5 E.H.R.R. 596	
9769/82	March 1985	App. No. 9769/82	Netherlands	Adm	(1986) 8 E.H.R.R. 288	
9773/82	October 1982	App. No. 9773/82	United Kingdom	Adm	(1983) 5 E.H.R.R. 296	
9776/82	October 1983	App. No. 9776/82	United Kingdom	Adm	(1984) 6 E.H.R.R. 360	
9777/82	July 1983	App. No. 9777/82	Belgium	Adm	(1984) 6 E.H.R.R. 534	
9783/82	May 1985	App. No. 9783/82	Austria	Adm	(1986) 8 E.H.R.R. 67	
9783/82	19 December 1989	Kamasinki	Austria	Jmt	(1991) 13 E.H.R.R. 36	
9785/82	July 1983	App. No. 9785/82	United Kingdom	Adm	(1984) 6 E.H.R.R. 139	
9787/82	January 1984	App. No. 9787/82	United Kingdom	Adm	(1984) 6 E.H.R.R. 596	
9787/82	8 May 1984	Weeks	United Kingdom	Op	(1985) 7 E.H.R.R. 436	
9787/82	2 March 1987	Weeks	United Kingdom	Jmt	(1988) 10 E.H.R.R. 293	
9787/82	5 October 1988	Weeks	United Kingdom	Jmt	(1991) 13 E.H.R.R. 435	
9788/82	October 1982	App. No. 9788/82	United Kingdom	Adm	(1983) 5 E.H.R.R. 297	
9792/82	July 1983	App. No. 9792/82	Germany	Adm	(1984) 6 E.H.R.R. 347	
9793/82	March 1984	App. No. 9793/82	United Kingdom	Adm	(1985) 7 E.H.R.R. 135	
9796/82	December 1982	App. No. 9796/82	United Kingdom	Adm	(1983) 5 E.H.R.R. 487	
9803/82	October 1982	App. No. 9803/82	United Kingdom	Adm	(1983) 5 E.H.R.R. 465	
9804/82	October 1982	App. No. 9804/82	Belgium	Adm	(1983) 5 E.H.R.R. 488	
9806/82	October 1982	App. No. 9806/82	Ireland	Adm	(1983) 5 E.H.R.R. 488	

9807/82	March 1983	App. No. 9807/82	Netherlands	Adm	(1983) 5 E.H.R.R. 513
9813/82	March 1983	App. No. 9813/82	United Kingdom	Adm	(1983) 5 E.H.R.R. 513
9815/82	October 1983	Lingens	Austria	Adm	(1984) 6 E.H.R.R. 550
9815/82	11 October 1984	Lingens	Austria	Op	(1985) 7 E.H.R.R. 446
9815/82	8 July 1986	Lingens	Austria	Jmt	(1986) 8 E.H.R.R. 407
9816/82	24 January 1986	Poiss	Austria	Cm	(1987) 9 E.H.R.R. 409
9816/82	23 April 1987	Poiss	Austria	Jmt	(1988) 10 E.H.R.R. 231
9816/82	29 September 1987	Poiss	Austria	Jmt	(1991) 13 E.H.R.R. 414
9818/82	January 1984	App. No. 9818/82	United Kingdom	Adm	(1984) 6 E.H.R.R. 598
9818/82	2 March 1987	Monnell and Morris	United Kingdom	Jmt	(1988) 10 E.H.R.R. 205
9820/82	October 1982	App. No. 9820/82	Sweden	Adm	(1983) 5 E.H.R.R. 297
9821/82	October 1982	App. No. 9821/82	United Kingdom	Adm	(1983) 5 E.H.R.R. 298
9822/82	May 1983	App. No. 9822/82	Spain	Adm	(1983) 5 E.H.R.R. 609
9825/82	March 1985	App. No. 9825/82	United Kingdom and Ireland	Adm	(1986) 8 E.H.R.R. 49
9840/82	May 1984	App. No. 9840/82	United Kingdom	Adm	(1985) 7 E.H.R.R. 146
9840/82	8 July 1987	B	United Kingdom	Jmt	(1988) 10 E.H.R.R. 87
9840/82	9 June 1988	R	United Kingdom	Jmt	(1991) 13 E.H.R.R. 588
9843/82	October 1982	App. No. 9843/82	United Kingdom	Adm	(1983) 5 E.H.R.R. 488
9850/82	May 1983	App. No. 9850/82	United Kingdom	Adm	(1983) 5 E.H.R.R. 610
9856/82	May 1987	App. No. 9856/82	United Kingdom	Adm	(1988) 10 E.H.R.R. 547
9862/82	21 October 1986	Sanchez-Reisse	Switzerland	Jmt	(1987) 9 E.H.R.R. 71
9867/82	October 1982	App. No. 9867/82	United Kingdom	Adm	(1983) 5 E.H.R.R. 489
9871/82	October 1982	App. No. 9871/82	United Kingdom	Adm	(1983) 5 E.H.R.R. 298
9880/82	October 1982	App. No. 9880/82	United Kingdom	Adm	(1983) 5 E.H.R.R. 298
9884/82	October 1982	App. No. 9884/82	United Kingdom	Adm	(1983) 5 E.H.R.R. 298
9890/82	October 1982	App. No. 9890/82	United Kingdom	Adm	(1983) 5 E.H.R.R. 299
9893/82	July 1983	App. No. 9893/82	Denmark	Adm	(1984) 6 E.H.R.R. 554
9893/82	March 1984	Pedersen	Denmark	Settlement	(1985) 7 E.H.R.R. 154
9895/82	July 1983	App. No. 9895/82	Belgium	Adm	(1984) 6 E.H.R.R. 555
9900/82	May 1983	App. No. 9900/82	France	Adm	(1983) 5 E.H.R.R. 610
9901/82	October 1982	App. No. 9901/82	United Kingdom	Adm	(1983) 5 E.H.R.R. 299
9905/82	March 1984	App. No. 9905/82	Austria	Adm	(1985) 7 E.H.R.R. 137

APPL. No.	DECISION DATE	PARTY A	PARTY B (COUNTRY)	Adm / Op / Jmt	CITATION	CASE No.
9907/82	December 1983	App. No. 9907/82	United Kingdom	Adm	(1984) 6 E.H.R.R. 576	
9912/82	25 August 1987	Lutz	Germany	Jmt	(1988) 10 E.H.R.R. 182	
9914/82	July 1983	App. No. 9914/82	Netherlands	Adm	(1984) 6 E.H.R.R. 139	
9918/82	October 1982	App. No. 9918/82	United Kingdom	Adm	(1983) 5 E.H.R.R. 299	
9926/82	March 1983	App. No. 9926/82	Netherlands	Adm	(1983) 5 E.H.R.R. 515	
9935/82	October 1982	App. No. 9935/82	United Kingdom	Adm	(1983) 5 E.H.R.R. 610	
9940/82	6 December 1983	France, Norway, Denmark, Sweden and Netherlands	Turkey	Op	(1984) 6 E.H.R.R. 241	
9940/82	7 December 1985	France, Norway, Denmark, Sweden and Netherlands	Turkey	Op	(1986) 8 E.H.R.R. 205	
9941/82	7 December 1985	France, Norway, Denmark, Sweden and Netherlands	Turkey	Op	(1986) 8 E.H.R.R. 205	
9942/82	7 December 1985	France, Norway, Denmark, Sweden and Netherlands	Turkey	Op	(1986) 8 E.H.R.R. 205	
9943/82	7 December 1985	France, Norway, Denmark, Sweden and Netherlands	Turkey	Op	(1986) 8 E.H.R.R. 205	
9944/82	7 December 1985	France, Norway, Denmark, Sweden and Netherlands	Turkey	Op	(1986) 8 E.H.R.R. 205	
9950/82	October 1982	App. No. 9950/82	Germany	Adm	(1983) 5 E.H.R.R. 490	
9954/82	October 1982	App. No. 9954/82	United Kingdom	Adm	(1983) 5 E.H.R.R. 299	
9955/82	July 1983	App. No. 9955/82	Norway	Adm	(1984) 6 E.H.R.R. 348	
9963/82	March 1983	App. No. 9963/82	Belgium	Adm	(1983) 5 E.H.R.R. 515	
9966/82	October 1982	App. No. 9966/82	United Kingdom	Adm	(1983) 5 E.H.R.R. 299	
9969/82	October 1982	App. No. 9969/82	United Kingdom	Adm	(1983) 5 E.H.R.R. 301	
9974/82	March 1983	App. No. 9974/82	Denmark	Adm	(1983) 5 E.H.R.R. 515	
9976/82	May 1983	App. No. 9976/82	Belgium	Adm	(1983) 5 E.H.R.R. 610	
9976/82	27 November 1987	Ben Yaacoub	Belgium	Jmt	(1991) 13 E.H.R.R. 418	
9978/82	October 1982	App. No. 9978/82	United Kingdom	Adm	(1983) 5 E.H.R.R. 301	
9988/82	October 1982	App. No. 9988/82	United Kingdom	Adm	(1983) 5 E.H.R.R. 301	
9990/82	18 December 1986	Bozano	France	Jmt	(1987) 9 E.H.R.R. 297	

9990/82	2 December 1987	Bozano	France	Jmt	(1991) 13 E.H.R.R. 428
9992/82	March 1983	App. No. 9992/82	France	Adm	(1983) 5 E.H.R.R. 515
9993/82	October 1982	App. No. 9993/82	France	Adm	(1983) 5 E.H.R.R. 302
9997/82	October 1982	App. No. 9997/82	Germany	Adm	(1983) 5 E.H.R.R. 490
9999/82	December 1985	Colak	Germany	Adm	(1987) 9 E.H.R.R. 154
9999/82	6 December 1988	Colak	Germany	Jmt	(1989) 11 E.H.R.R. 513
10000/82	July 1983	App. No. 10000/82	United Kingdom	Adm	(1984) 6 E.H.R.R. 535
10001/82	December 1983	App. No. 10001/82	Germany	Adm	(1984) 6 E.H.R.R. 371
10004/82	May 1983	App. No. 10004/82	Switzerland	Adm	(1983) 5 E.H.R.R. 597
10019/82	May 1985	App. No. 10019/82	United Kingdom and Ireland	Adm	(1986) 8 E.H.R.R. 71
10020/82	May 1985	App. No. 10020/82	United Kingdom and Ireland	Adm	(1986) 8 E.H.R.R. 71
10023/82	May 1985	App. No. 10023/82	United Kingdom and Ireland	Adm	(1986) 8 E.H.R.R. 71
10024/82	May 1985	App. No. 10024/82	United Kingdom and Ireland	Adm	(1986) 8 E.H.R.R. 71
10032/82	July 1983	App. No. 10032/82	Sweden	Op	(1984) 6 E.H.R.R. 555
10038/82	May 1984	Harman	United Kingdom	Adm	(1985) 7 E.H.R.R. 146
10039/82	July 1984	App. No. 10039/82	United Kingdom	Adm	(1985) 7 E.H.R.R. 451
10040/82	July 1983	App. No. 10040/82	Germany	Adm	(1984) 6 E.H.R.R. 349
10044/82	July 1984	Stewart	United Kingdom	Adm	(1985) 7 E.H.R.R. 453
10050/82	July 1983	App. No. 10050/82	United Kingdom	Adm	(1984) 6 E.H.R.R. 140
10053/82	July 1983	App. No. 10053/82	Denmark	Adm	(1984) 6 E.H.R.R. 350
10054/82	July 1983	App. No. 10054/82	United Kingdom	Adm	(1984) 6 E.H.R.R. 140
10067/82	March 1983	App. No. 10067/82	United Kingdom	Adm	(1983) 5 E.H.R.R. 516
10073/82	24 October 1989	H	France	Jmt	(1990) 12 E.H.R.R. 74
10076/82	March 1985	App. No. 10076/82	Germany	Adm	(1986) 8 E.H.R.R. 281
10080/82	December 1985	App. No. 10080/82	Germany	Adm	(1987) 9 E.H.R.R. 250
10083/82	July 1983	App. No. 10083/82	United Kingdom	Adm	(1984) 6 E.H.R.R. 140
10085/82	March 1985	App. No. 10085/82	Germany	Adm	(1986) 8 E.H.R.R. 287
10092/82	8 July 1987	Baraona	Portugal	Jmt	(1991) 13 E.H.R.R. 329
10096/82	October 1984	Pinder	United Kingdom	Adm	(1985) 7 E.H.R.R. 464
10097/82	March 1983	App. No. 10097/82	Netherlands	Adm	(1983) 5 E.H.R.R. 516

APPL. No.	DECISION DATE	PARTY A	PARTY B (COUNTRY)	Adm / Op / Jmt	CITATION	CASE No.
10098/82	May 1984	App. No. 10098/82	Germany	Adm	(1986) 8 E.H.R.R. 225	
10099/82	May 1983	App. No. 10099/82	Sweden	Adm	(1984) 6 E.H.R.R. 129	
10103/82	July 1984	Farragut	France	Adm	(1986) 8 E.H.R.R. 232	
10106/82	March 1983	App. No. 10106/82	United Kingdom	Adm	(1983) 5 E.H.R.R. 516	
10107/82	July 1984	App. No. 10107/82	Switzerland	Adm	(1986) 8 E.H.R.R. 252	
10117/82	March 1984	App. No. 10117/82	United Kingdom	Adm	(1985) 7 E.H.R.R. 140	
10126/82	21 June 1988	Platform Ärzte Für Das Leben	Austria	Jmt	(1991) 13 E.H.R.R. 204	
10135/82	May 1984	App. No. 10135/82	Denmark	Adm	(1986) 8 E.H.R.R. 226	
10138/82	July 1984	App. No. 10138/82	Italy	Adm	(1986) 8 E.H.R.R. 252	
10141/82	October 1984	App. No. 10141/82	Sweden	Adm	(1986) 8 E.H.R.R. 253	
10144/82	May 1983	App. No. 10144/82	Sweden	Adm	(1984) 6 E.H.R.R. 130	
10165/82	March 1983	App. No. 10165/82	United Kingdom	Adm	(1983) 5 E.H.R.R. 516	
10169/82	July 1983	App. No. 10169/82	United Kingdom	Adm	(1984) 6 E.H.R.R. 144	
10172/82	July 1983	App. No. 10172/82	Netherlands	Adm	(1984) 6 E.H.R.R. 145	
10179/82	May 1987	App. No. 10179/82	France	Adm	(1988) 10 E.H.R.R. 555	
10182/82	July 1983	App. No. 10182/82	Spain	Adm	(1984) 6 E.H.R.R. 145	
10184/82	March 1983	App. No. 10184/82	United Kingdom	Adm	(1983) 5 E.H.R.R. 516	
10193/82	March 1984	App. No. 10193/82	Germany	Adm	(1985) 7 E.H.R.R. 141	
10196/82	October 1983	App. No. 10196/82	Germany	Adm	(1984) 6 E.H.R.R. 362	
10208/82	26 May 1988	Pauwels	Belgium	Jmt	(1989) 11 E.H.R.R. 238	
10210/82	December 1983	App. No. 10210/82	France	Adm	(1984) 6 E.H.R.R. 371	
10211/82	December 1983	App. No. 10211/82	France	Adm	(1984) 6 E.H.R.R. 371	
10212/82	May 1983	App. No. 10212/82	United Kingdom	Adm	(1983) 5 E.H.R.R. 611	
10221/82	July 1983	App. No. 10221/82	Germany	Adm	(1984) 6 E.H.R.R. 353	
10227/82	December 1983	App. No. 10227/82	Spain	Adm	(1984) 6 E.H.R.R. 581	
10228/82	March 1984	App. No. 10228/82	United Kingdom	Adm	(1985) 7 E.H.R.R. 141	
10230/82	May 1983	App. No. 10230/82	Sweden	Adm	(1984) 6 E.H.R.R. 131	
10264/82	May 1983	App. No. 10264/82	Sweden	Adm	(1984) 6 E.H.R.R. 132	
10293/82	December 1985	App. No. 10293/82	United Kingdom	Adm	(1987) 9 E.H.R.R. 255	
10308/82	May 1983	Altun	Germany	Adm	(1983) 5 E.H.R.R. 611	

10243/83	March 1985	Times Newspapers Ltd	United Kingdom	Adm	(1986) 8 E.H.R.R. 54
10248/83	March 1985	App. No. 10248/83	Switzerland	Adm	(1986) 8 E.H.R.R. 270
10256/83	July 1984	Baggetta	Italy	Adm	(1986) 8 E.H.R.R. 234
10256/83	25 June 1987	Baggetta	Italy	Jmt	(1988) 10 E.H.R.R. 325
10263/83	March 1985	App. No. 10263/83	Denmark	Adm	(1986) 8 E.H.R.R. 60
10282/83	December 1984	Englert	Germany	Adm	(1986) 8 E.H.R.R. 45
10282/83	25 August 1987	Englert	Germany	Jmt	(1991) 13 E.H.R.R. 392
10292/83	July 1983	App. No. 10292/82	Spain	Adm	(1984) 6 E.H.R.R. 146
10295/83	October 1983	App. No. 10295/82	United Kingdom	Op	(1984) 6 E.H.R.R. 558
10300/83	December 1984	App. No. 10300/83	Germany	Adm	(1986) 8 E.H.R.R. 264
10300/83	25 August 1987	Nölkenbockhoff	Germany	Jmt	(1988) 10 E.H.R.R. 163
10300/83	25 August 1987	Nölkenbockhoff	Germany	Jmt	(1991) 13 E.H.R.R. 360
10308/83	March 1984	Altun	Germany	Settlement	(1985) 7 E.H.R.R. 154
10317/83	October 1983	App. No. 10317/83	United Kingdom	Op	(1984) 6 E.H.R.R. 362
10323/83	October 1983	App. No. 10323/83	United Kingdom	Adm	(1984) 6 E.H.R.R. 363
10328/83	29 April 1988	Belilos	Switzerland	Jmt	(1988) 10 E.H.R.R. 466
10330/83	March 1985	App. No. 10330/83	United Kingdom	Adm	(1986) 8 E.H.R.R. 271
10331/83	December 1983	App. No. 10331/83	United Kingdom	Adm	(1984) 6 E.H.R.R. 583
10333/83	July 1983	App. No. 10333/83	United Kingdom	Adm	(1984) 6 E.H.R.R. 353
10343/83	October 1983	App. No. 10343/83	Switzerland	Adm	(1984) 6 E.H.R.R. 367
10358/83	December 1983	App. No. 10358/83	United Kingdom	Adm	(1984) 6 E.H.R.R. 587
10364/83	October 1987	Cavalin	France	Adm	(1989) 11 E.H.R.R. 79
10365/83	July 1984	App. No. 10365/83	Germany	Adm	(1985) 7 E.H.R.R. 461
10368/83	July 1985	Gasper	Sweden	Adm	(1986) 8 E.H.R.R. 99
10371/83	March 1985	Ruth	Sweden	Adm	(1986) 8 E.H.R.R. 278
10389/83	July 1986	Johnson	United Kingdom	Adm	(1987) 9 E.H.R.R. 386
10390/83	March 1985	App. No. 10390/83	United Kingdom	Adm	(1986) 8 E.H.R.R. 301
10395/83	July 1986	App. No. 10395/83	Austria	Adm	(1987) 9 E.H.R.R. 389
10401/83	October 1983	App. No. 10401/83	France	Adm	(1984) 6 E.H.R.R. 369
10412/83	July 1987	App. No. 10412/83	France	Adm	(1989) 11 E.H.R.R. 68
10426/83	27 October 1987	Pudas	Sweden	Jmt	(1988) 10 E.H.R.R. 380
10427/83	May 1986	App. No. 10427/83	United Kingdom	Adm	(1987) 9 E.H.R.R. 369
10444/83	December 1985	Lamy	Belgium	Adm	(1987) 9 E.H.R.R. 154

APPL. No.	DECISION DATE	PARTY A	PARTY B (COUNTRY)	Adm / Op / Jmt	CITATION	CASE No.
10444/83	30 March 1989	Lamy	Belgium	Jmt	(1989) 11 E.H.R.R. 529	
10448/83	14 May 1987	Dhoest	Belgium	Cm	(1990) 12 E.H.R.R. 135	
10454/83	March 1986	Gaskin	United Kingdom	Adm	(1987) 9 E.H.R.R. 279	
10454/83	14 October 1987	Gaskin	United Kingdom	Op	(1989) 11 E.H.R.R. 402	
10454/83	7 July 1989	Gaskin	United Kingdom	Jmt	(1990) 12 E.H.R.R. 36	
10461/83	March 1985	Chappell	United Kingdom	Op	(1985) 7 E.H.R.R. 589	
10461/83	14 October 1987	Chappell	United Kingdom	Adm	(1989) 11 E.H.R.R. 543	
10465/83	May 1985	Olsson	Sweden	Adm	(1986) 8 E.H.R.R. 71	
10465/83	24 March 1988	Olsson	Sweden	Jmt	(1989) 11 E.H.R.R. 259	
10471/83	December 1985	App. No. 10471/83	United Kingdom	Adm	(1987) 9 E.H.R.R. 155	
10475/83	October 1984	Dyer	United Kingdom	Adm	(1985) 7 E.H.R.R. 469	
10476/83	December 1985	App. No. 10476/83	Sweden	Adm	(1987) 9 E.H.R.R. 247	
10479/83	December 1983	App. No. 10479/83	United Kingdom	Adm	(1984) 6 E.H.R.R. 373	
10482/83	December 1983	App. No. 10482/83	Germany	Adm	(1984) 6 E.H.R.R. 587	
10486/83	24 May 1989	Hauschildt	Denmark	Jmt	(1990) 12 E.H.R.R. 266	
10491/83	December 1986	Angeleni	Sweden	Adm	(1988) 10 E.H.R.R. 123	
10496/83	May 1984	App. No. 10496/83	United Kingdom	Adm	(1985) 7 E.H.R.R. 147	
10496/83	8 July 1987	R	United Kingdom	Jmt	(1988) 10 E.H.R.R. 74	
10496/83	9 June 1988	R	United Kingdom	Jmt	(1991) 13 E.H.R.R. 457	
10498/83	December 1984	App. No. 10498/83	Austria	Adm	(1986) 8 E.H.R.R. 258	
10503/83	May 1985	Staarman	Netherlands	Adm	(1986) 8 E.H.R.R. 73	
10505/83	March 1985	Enkelmann	Switzerland	Adm	(1986) 8 E.H.R.R. 266	
10518/83	May 1984	App. No. 10518/83	Netherlands	Adm	(1985) 7 E.H.R.R. 150	
10519/83	7 October 1988	Salabiaku	France	Jmt	(1991) 13 E.H.R.R. 379	
10522/83	May 1986	Mellacher, Molk and Weisstessbach	Austria	Adm	(1987) 9 E.H.R.R. 357	
10522/83	11 July 1988	Mellacher	Austria	Adm	(1990) 12 E.H.R.R. 97	
10522/83	19 December 1989	Mellacher	Austria	Jmt	(1990) 12 E.H.R.R. 391	
10527/83	March 1985	App. No. 10527/83	Italy	Adm	(1986) 8 E.H.R.R. 297	
10527/83	25 June 1987	Milasi	Italy	Jmt	(1988) 10 E.H.R.R. 333	

10530/83	March 1985	Temple	United Kingdom	Adm	(1986) 8 E.H.R.R. 318
10532/83	December 1987	Aldrian	Austria	Adm	(1989) 11 E.H.R.R. 107
10533/83	24 September 1992	Herczegfalvy	Austria	Jmt	(1993) 15 E.H.R.R. 437
10537/83	July 1985	Uskela	Sweden	Adm	(1986) 8 E.H.R.R. 100
10542/83	December 1985	App. No. 10542/83	Sweden	Adm	(1987) 9 E.H.R.R. 250
10547/83	March 1985	App. No. 10547/83	Sweden	Adm	(1986) 8 E.H.R.R. 268
10550/83	May 1985	Cheall	United Kingdom	Adm	(1986) 8 E.H.R.R. 74
10554/83	May 1985	Aminoff	Sweden	Adm	(1986) 8 E.H.R.R. 75
10556/83	July 1985	Lalljee	United Kingdom	Adm	(1986) 8 E.H.R.R. 84
10561/83	30 March 1989	Chappell	United Kingdom	Jmt	(1990) 12 E.H.R.R. 1
10563/83	July 1985	App. No. 10563/83	Sweden	Adm	(1986) 8 E.H.R.R. 86
10563/83	26 May 1988	Ekbatani	Sweden	Jmt	(1991) 13 E.H.R.R. 504
10564/83	December 1984	App. No. 10564/83	Germany	Adm	(1986) 8 E.H.R.R. 262
10565/83	May 1984	App. No. 10565/83	Germany	Adm	(1985) 7 E.H.R.R. 152
10568/83	March 1985	Ringhofer	Austria	Adm	(1986) 8 E.H.R.R. 295
10572/83	January 1986	Markt Intern and Beermann	Germany	Adm	(1987) 9 E.H.R.R. 274
10572/83	20 November 1987	Markt Intern and Beermann	Germany	Jmt	(1990) 12 E.H.R.R. 161
10572/83	18 December 1987	Markt Intern and Beerman	Germany	Jmt	(1989) 11 E.H.R.R. 212
10574/83	July 1985	Nyssen	Belgium	Adm	(1986) 8 E.H.R.R. 105
10581/83	May 1985	Norris and National Gay Federation	Ireland	Adm	(1986) 8 E.H.R.R. 75
10581/83	26 October 1988	Norris	Ireland	Jmt	(1991) 13 E.H.R.R. 186
10587/83	October 1985	Bergstrom	Sweden	Adm	(1987) 9 E.H.R.R. 93
10588/83	October 1985	Barberà, Messegué and Jabardo	Spain	Adm	(1987) 9 E.H.R.R. 101
10588/83	6 December 1988	Barberà, Messegué and Jabardo	Spain	Jmt	(1989) 11 E.H.R.R. 360
10589/83	October 1985	Barberà, Messegué and Jabardo	Spain	Adm	(1987) 9 E.H.R.R. 101
10589/83	6 December 1988	Barberà, Messegué and Jabardo	Spain	Jmt	(1989) 11 E.H.R.R. 360
10590/83	October 1985	Barberà, Messegué and Jabardo	Spain	Adm	(1987) 9 E.H.R.R. 101
10590/83	6 December 1988	Barberà, Messegué and Jabardo	Spain	Jmt	(1989) 11 E.H.R.R. 360
10592/83	January 1986	App. No. 10592/83	United Kingdom	Adm	(1987) 9 E.H.R.R. 277
10594/83	March 1987	Munro	United Kingdom	Adm	(1988) 10 E.H.R.R. 516
10600/83	October 1985	Johansen	Norway	Adm	(1987) 9 E.H.R.R. 103
10615/83	July 1984	App. No. 10615/83	United Kingdom	Adm	(1986) 8 E.H.R.R. 228
10622/83	July 1985	App. No. 10622/83	United Kingdom	Adm	(1986) 8 E.H.R.R. 89

APPL. No.	DECISION DATE	PARTY A	PARTY B (COUNTRY)	Adm / Op / Jmt	CITATION	CASE No.
10626/83	May 1985	Kelly	United Kingdom	Adm	(1986) 8 E.H.R.R. 77	
10628/83	October 1985	App. No. 10628/83	Switzerland	Adm	(1987) 9 E.H.R.R. 107	
10642/83	July 1985	Gasper	Sweden	Adm	(1986) 8 E.H.R.R. 99	
10653/83	March 1985	App. No. 10653/83	Sweden	Adm	(1986) 8 E.H.R.R. 310	
10666/83	March 1985	Okodata	Austria	Adm	(1986) 8 E.H.R.R. 312	
10668/83	May 1987	App. No. 10668/83	Austria	Adm	(1988) 10 E.H.R.R. 556	
10671/83	March 1985	App. No. 10671/83	Sweden	Adm	(1986) 8 E.H.R.R. 269	
10723/83	May 1985	Widen	Sweden	Adm	(1986) 8 E.H.R.R. 79	
10728/83	October 1985	Pagmar	Sweden	Adm	(1987) 9 E.H.R.R. 91	
10729/83	October 1985	App. No. 10729/83	Sweden	Adm	(1987) 9 E.H.R.R. 112	
10730/84	March 1985	Berrehab and Koster	Netherlands	Adm	(1986) 8 E.H.R.R. 280	
10730/84	21 June 1988	Berrehab	Netherlands	Jmt	(1989) 11 E.H.R.R. 322	
10733/84	March 1985	Acociacion de Aviadores de la Republica, Mata	Spain	Adm	(1986) 8 E.H.R.R. 286	
10737/84	24 May 1988	Muller	Switzerland	Jmt	(1991) 13 E.H.R.R. 212	
10787/84	December 1985	Wain	United Kingdom	Adm	(1987) 9 E.H.R.R. 122	
10801/84	January 1986	App. No. 10801/84	Sweden	Adm	(1987) 9 E.H.R.R. 269	
10802/84	25 November 1992	Pfeifer and Plankl	Austria	Jmt	(1992) 14 E.H.R.R. 692	
10803/84	December 1987	App. No. 10803/84	Austria	Adm	(1989) 11 E.H.R.R. 112	
10818/84	December 1985	Watts	United Kingdom	Adm	(1987) 9 E.H.R.R. 123	
10819/84	July 1984	Kamer	Belgium	Adm	(1986) 8 E.H.R.R. 230	
10825/84	October 1985	Howard	United Kingdom	Adm	(1987) 9 E.H.R.R. 116	
10825/84	July 1987	Howard	United Kingdom	Adm	(1989) 11 E.H.R.R. 55	
10826/84	March 1985	Union Nationale Des Compositeurs de Musique	France	Adm	(1986) 8 E.H.R.R. 306	
10828/84	25 February 1993	Funke	France	Jmt	(1993) 16 E.H.R.R. 297	
10842/84	April 1986	Jacobsson	Sweden	Adm	(1987) 9 E.H.R.R. 350	
10842/84	8 October 1987	Jacobsson	Sweden	Adm	(1989) 11 E.H.R.R. 562	
10842/84	25 October 1989	Allan Jacobsson	Sweden	Jmt	(1990) 12 E.H.R.R. 56	
10843/84	July 1985	App. No. 10843/84	United Kingdom	Adm	(1986) 8 E.H.R.R. 89	

10843/84	27 September 1990	Cossey	United Kingdom	Jmt	(1991) 13 E.H.R.R. 622
10854/84	July 1985	App. No. 10854/84	United Kingdom	Adm	(1986) 8 E.H.R.R. 90
10857/84	7 July 1989	Bricmont	Belgium	Jmt	(1990) 12 E.H.R.R. 217
10859/84	October 1985	App. No. 10859/84	France	Adm	(1987) 9 E.H.R.R. 93
10861/84	March 1985	App. No. 10861/84	Switzerland	Adm	(1986) 8 E.H.R.R. 327
10862/84	12 July 1988	Schenk	Switzerland	Jmt	(1991) 13 E.H.R.R. 242
10868/84	11 October 1988	Woukam Moudefo	France	Jmt	(1991) 13 E.H.R.R. 549
10873/84	October 1985	Tre Traktörer AB	Sweden	Adm	(1987) 9 E.H.R.R. 96
10873/84	7 July 1989	Tre Traktörer AB	Sweden	Jmt	(1991) 13 E.H.R.R. 309
10877/84	March 1985	Wallen	Sweden	Adm	(1986) 8 E.H.R.R. 320
10885/84	March 1985	Stafford	United Kingdom and Ireland	Adm	(1986) 8 E.H.R.R. 303
10890/84	13 October 1988	Groppera Radio AG, Marquard, Frohlich and Caluzzi	Switzerland	Cm	(1990) 12 E.H.R.R. 297
10890/84	28 March 1990	Groppera Radio AG	Switzerland	Jmt	(1990) 12 E.H.R.R. 321
10893/84	December 1985	App. No. 10893/84	Germany	Adm	(1987) 9 E.H.R.R. 124
10894/84	March 1985	App. No. 10894/84	Switzerland	Adm	(1986) 8 E.H.R.R. 325
10901/84	May 1985	Prussner	Germany	Adm	(1986) 8 E.H.R.R. 79
10911/84	July 1986	Lundquist	Sweden	Adm	(1987) 9 E.H.R.R. 531
10914/84	March 1985	App. No. 10914/84	Netherlands	Adm	(1986) 8 E.H.R.R. 308
10915/84	March 1985	Sharara and Rinia	Netherlands	Adm	(1986) 8 E.H.R.R. 307
10918/84	May 1985	App. No. 10918/84	Germany	Adm	(1986) 8 E.H.R.R. 79
10925/84	July 1985	App. No. 10925/84	Sweden	Adm	(1986) 8 E.H.R.R. 90
10929/84	March 1986	Nielsen	Denmark	Adm	(1987) 9 E.H.R.R. 289
10929/84	28 November 1987	Nielsen	Denmark	Jmt	(1989) 11 E.H.R.R. 175
10930/84	December 1985	Bodén	Sweden	Adm	(1987) 9 E.H.R.R. 141
10930/84	27 October 1987	Bodén	Sweden	Jmt	(1988) 10 E.H.R.R. 367
10940/84	May 1984	App. No. 10940/84	France	Adm	(1986) 8 E.H.R.R. 226
10942/84	December 1987	App. No. 10942/84	Germany	Adm	(1989) 11 E.H.R.R. 95
10944/84	December 1985	Oliver and Abbs	United Kingdom	Adm	(1987) 9 E.H.R.R. 126
10945/84	December 1985	Elex	United Kingdom	Adm	(1987) 9 E.H.R.R. 127
10949/84	December 1986	App. No. 10949/84	Germany	Adm	(1988) 10 E.H.R.R. 129
10959/84	29 November 1989	Chichlian and Ekindjian	France	Jmt	(1991) 13 E.H.R.R. 553
10964/84	March 1987	Brozicek	Italy	Adm	(1988) 10 E.H.R.R. 524

APPL. No.	DECISION DATE	PARTY A	PARTY B (COUNTRY)	Adm / Op / Jmt	CITATION	CASE No.
10964/84	19 December 1989	Brozicek	Italy	Jmt	(1990) 12 E.H.R.R. 371	
10967/84	December 1985	App. No. 10967/84	Sweden	Adm	(1987) 9 E.H.R.R. 267	
10968/84	May 1985	App. No. 10968/84	Austria	Adm	(1986) 8 E.H.R.R. 80	
10978/84	October 1986	Stoutt	Ireland	Adm	(1987) 9 E.H.R.R.541	
10990/84	March 1987	Ruga	Italy	Adm	(1988) 10 E.H.R.R. 532	
10991/84	May 1985	Kilbourn	United Kingdom	Adm	(1986) 8 E.H.R.R. 81	
10996/84	October 1986	Meeder	Netherlands	Adm	(1987) 9 E.H.R.R. 546	
11001/84	July 1985	Felderer	Sweden	Adm	(1986) 8 E.H.R.R. 91	
11002/84	March 1985	Van der Heijden	Netherlands	Adm	(1986) 8 E.H.R.R. 279	
11005/84	October 1985	Einarsson	Sweden	Adm	(1987) 9 E.H.R.R. 110	
11011/84	May 1986	Mellacher, Molk and Weisstessbach	Austria	Adm	(1987) 9 E.H.R.R. 357	
11011/84	11 July 1988	Mellacher	Austria	Adm	(1990) 12 E.H.R.R. 97	
11011/84	19 December 1989	Mellacher	Austria	Jmt	(1990) 12 E.H.R.R. 391	
11013/84	March 1985	App. No. 11013/84	Netherlands	Adm	(1986) 8 E.H.R.R. 267	
11021/84	December 1985	Lopez Moscoso	Spain	Adm	(1987) 9 E.H.R.R. 145	
11022/84	December 1985	Perez Mahia	Spain	Adm	(1987) 9 E.H.R.R. 145	
11026/84	December 1984	Taspinar	Netherlands	Adm	(1986) 8 E.H.R.R. 47	
11034/84	22 May 1990	Weber	Switzerland	Jmt	(1990) 12 E.H.R.R. 508	
11035/84	May 1984	Pastore	France	Adm	(1986) 8 E.H.R.R. 224	
11036/84	December 1985	App. No. 11036/84	Sweden	Adm	(1987) 9 E.H.R.R. 127	
11043/84	March 1985	App. No. 11043/84	Germany	Adm	(1986) 8 E.H.R.R. 303	
11045/84	March 1985	Knudsen	Norway	Adm	(1986) 8 E.H.R.R. 63	
11046/84	December 1985	Lant	United Kingdom	Adm	(1987) 9 E.H.R.R. 243	
11055/84	March 1985	App. No. 11055/84	Belgium and European Communities	Adm	(1986) 8 E.H.R.R. 317	
11068/84	March 1985	Priorello	Italy	Adm	(1986) 8 E.H.R.R. 306	
11069/84	19 March 1991	Cardot	France	Jmt	(1991) 13 E.H.R.R. 853	

11070/84	May 1986	Mellacher, Molk and Weisstessbach	Austria	Adm	(1987) 9 E.H.R.R. 357
11070/84	11 July 1988	Mellacher	Austria	Adm	(1990) 12 E.H.R.R. 97
11070/84	19 December 1989	Mellacher	Austria	Jmt	(1990) 12 E.H.R.R. 391
11072/84	October 1987	App. No. 11072/84	Belgium	Adm	(1989) 11 E.H.R.R. 77
11073/84	December 1985	Van Hal BV	Netherlands	Adm	(1987) 9 E.H.R.R. 146
11082/84	December 1985	App. No. 11082/84	Belgium	Adm	(1987) 9 E.H.R.R. 149
11089/84	November 1986	Lindsay	United Kingdom	Adm	(1987) 9 E.H.R.R. 555
11098/84	July 1985	App. No. 11098/84	Netherlands	Adm	(1986) 8 E.H.R.R. 92
11100/84	December 1985	Fryske Nasjonale Partij	Netherlands	Adm	(1987) 9 E.H.R.R. 261
11105/84	14 December 1988	Huvig	France	Cm	(1990) 12 E.H.R.R. 310
11105/84	24 April 1990	Huvig	France	Jmt	(1990) 12 E.H.R.R. 528
11118/84	November 1986	App. No. 11118/84	Germany	Adm	(1987) 9 E.H.R.R. 562
11118/84	29 March 1989	Bock	Germany	Jmt	(1990) 12 E.H.R.R. 247
11123/84	December 1987	Tete	France	Adm	(1989) 11 E.H.R.R. 91
11129/84	March 1985	Brown	United Kingdom	Adm	(1986) 8 E.H.R.R. 272
11130/84	March 1985	Gerlach	Germany	Adm	(1986) 8 E.H.R.R. 311
11151/84	December 1985	McCloy	United Kingdom	Adm	(1987) 9 E.H.R.R. 131
11152/84	December 1985	App. No. 11152/84	Italy	Adm	(1987) 9 E.H.R.R. 150
11152/84	22 February 1989	Ciulla	Italy	Jmt	(1991) 13 E.H.R.R. 346
11155/84	December 1985	App. No. 11155/84	Netherlands	Adm	(1987) 9 E.H.R.R. 267
11156/84	December 1985	App. No. 11156/84	Netherlands	Adm	(1987) 9 E.H.R.R. 267
11159/84	October 1987	App. No. 11159/84	Belgium	Adm	(1989) 11 E.H.R.R. 75
11164/84	March 1985	App. No. 11164/84	Belgium	Adm	(1986) 8 E.H.R.R. 312
11169/84	July 1985	App. No. 11169/84	Germany	Adm	(1986) 8 E.H.R.R. 93
11170/84	March 1987	App. No. 11170/84	Austria	Adm	(1988) 10 E.H.R.R. 513
11170/84	28 August 1991	Brandstetter	Austria	Jmt	(1993) 15 E.H.R.R. 378
11179/84	8 October 1987	Langborger	Sweden	Adm	(1990) 12 E.H.R.R. 120
11179/84	22 June 1989	Langborger	Sweden	Jmt	(1990) 12 E.H.R.R. 416
11185/84	March 1985	Herrick	United Kingdom	Adm	(1986) 8 E.H.R.R. 66
11189/84	December 1986	App. No. 11189/84	Sweden	Adm	(1988) 10 E.H.R.R. 132
11198/84	May 1985	App. No. 11198/84	United Kingdom	Adm	(1986) 8 E.H.R.R. 84
11200/84	July 1987	Merkier	Belgium	Adm	(1989) 11 E.H.R.R. 68
11209/84	29 November 1987	Brogan	United Kingdom	Jmt	(1989) 11 E.H.R.R. 117

APPL. No.	DECISION DATE	PARTY A	PARTY B (COUNTRY)	Adm / Op / Jmt	CITATION	CASE No.
11209/84	30 May 1989	Brogan	United Kingdom	Jmt	(1991) 13 E.H.R.R. 439	
11213/84	27 April 1989	Neves e Silva	Portugal	Jmt	(1991) 13 E.H.R.R. 535	
11219/84	July 1985	Kurup	Denmark	Adm	(1986) 8 E.H.R.R. 93	
11224/84	October 1985	App. No. 11224/84	United Kingdom	Adm	(1987) 9 E.H.R.R. 121	
11224/84	December 1986	Ewing	United Kingdom	Adm	(1988) 10 E.H.R.R. 141	
11234/84	29 November 1987	Brogan	United Kingdom	Jmt	(1989) 11 E.H.R.R. 117	
11234/84	30 May 1989	Brogan	United Kingdom	Jmt	(1991) 13 E.H.R.R. 439	
11240/84	December 1987	Campbell	United Kingdom	Adm	(1989) 11 E.H.R.R. 97	
11243/84	December 1985	App. No. 11243/84	Sweden	Adm	(1987) 9 E.H.R.R. 131	
11245/84	December 1985	App. No. 11245/84	Netherlands	Adm	(1987) 9 E.H.R.R. 263	
11250/84	December 1987	Azzi	Italy	Adm	(1989) 11 E.H.R.R. 105	
11257/84	October 1986	Wolfgram	Germany	Adm	(1987) 9 E.H.R.R. 548	
11266/84	July 1986	Brogan, Coyle, McFadden and Tracey	United Kingdom	Adm	(1987) 9 E.H.R.R. 378	
11266/84	July 1986	Brogan, Coyle, McFadden and Tracey	United Kingdom	Adm	(1987) 9 E.H.R.R. 378	
11266/84	29 November 1987	Brogan	United Kingdom	Jmt	(1989) 11 E.H.R.R. 117	
11266/84	30 May 1989	Brogan	United Kingdom	Jmt	(1991) 13 E.H.R.R. 439	
11274/84	29 October 1991	Andersson	Sweden	Jmt	(1993) 15 E.H.R.R. 218	
11278/84	July 1985	App. No. 11278/84	Netherlands	Adm	(1986) 8 E.H.R.R. 95	
11282/84	November 1987	Jaxel	France	Adm	(1989) 11 E.H.R.R. 87	
11295/84	October 1986	App. No. 11295/84	Denmark	Adm	(1987) 9 E.H.R.R. 550	
11296/84	14 April 1988	Moreira de Azevedo	Portugal	Op	(1991) 13 E.H.R.R. 101	
11296/84	23 October 1990	Moreira de Azevedo	Portugal	Jmt	(1991) 13 E.H.R.R. 721	
11302/84	May 1985	App. No. 11302/84	United Kingdom and Ireland	Adm	(1986) 8 E.H.R.R. 84	
11309/84	28 June 1990	Mats Jacobsson	Sweden	Jmt	(1991) 13 E.H.R.R. 79	
11329/85	December 1985	App. No. 11329/85	Switzerland	Adm	(1987) 9 E.H.R.R. 265	
11329/85	18 December 1987	F	Switzerland	Jmt	(1988) 10 E.H.R.R. 411	
11333/85	March 1985	App. No. 11333/85	Germany	Adm	(1986) 8 E.H.R.R. 323	

11350/85	December 1985	Holst	Denmark	Adm	(1987) 9 E.H.R.R. 265
11355/85	March 1985	Halil, Ahmet and Sabah	United Kingdom	Adm	(1986) 8 E.H.R.R. 305
11359/85	March 1985	Nesaei	United Kingdom	Adm	(1986) 8 E.H.R.R. 298
11362/85	December 1986	App. No. 11362/85	Italy	Adm	(1988) 10 E.H.R.R. 145
11365/85	July 1986	Brogan, Coyle, McFadden and Tracey	United Kingdom	Adm	(1987) 9 E.H.R.R. 378
11366/85	October 1986	App. No. 11366/85	Sweden	Adm	(1987) 9 E.H.R.R. 551
11368/85	March 1986	App. No. 11368/85	Switzerland	Adm	(1987) 9 E.H.R.R. 286
11368/85	20 June 1988	Schönenberger and Durmaz	Switzerland	Jmt	(1989) 11 E.H.R.R. 202
11371/85	26 October 1988	Martins Moreira	Portugal	Jmt	(1991) 13 E.H.R.R. 517
11373/85	March 1987	Eriksson	Sweden	Adm	(1988) 10 E.H.R.R. 539
11375/85	22 June 1989	Eriksson	Sweden	Jmt	(1990) 12 E.H.R.R. 183
11377/85	July 1985	Edwards	United Kingdom	Adm	(1986) 8 E.H.R.R. 96
11385/85	July 1985	Allender	United Kingdom	Adm	(1986) 8 E.H.R.R. 98
11386/85	29 November 1987	Brogan	United Kingdom	Jmt	(1989) 11 E.H.R.R. 117
11386/85	30 May 1989	Brogan	United Kingdom	Jmt	(1991) 13 E.H.R.R. 439
11391/85	July 1985	Booth-Clibborn, Mannin	United Kingdom	Adm	(1986) 8 E.H.R.R. 99
11400/85	25 October 1989	Bezicheri	Italy	Jmt	(1990) 12 E.H.R.R. 210
11408/85	December 1985	App. No. 11408/85	Sweden	Adm	(1987) 9 E.H.R.R. 244
11414/85	July 1985	Edis	United Kingdom	Adm	(1986) 8 E.H.R.R. 99
11417/85	July 1985	App. No. 11417/85	Sweden	Adm	(1986) 8 E.H.R.R. 106
11439/85	October 1987	Steinlechner	Austria	Adm	(1989) 11 E.H.R.R. 77
11444/85	19 December 1990	Delta	France	Jmt	(1993) 16 E.H.R.R. 574
11452/85	October 1986	Control Beheermaatschappij BV and Onroerend Goed Houdstermaatschappij	Netherlands	Adm	(1987) 9 E.H.R.R. 547
11454/85	December 1986	App. No. 11454/85	Netherlands	Adm	(1988) 10 E.H.R.R. 145
11454/85	20 November 1989	Kostovski	Netherlands	Jmt	(1990) 12 E.H.R.R. 434
11464/85	March 1987	App. No. 11464/85	Sweden	Adm	(1988) 10 E.H.R.R. 542
11468/85	July 1986	App. No. 11468/85	United Kingdom	Adm	(1987) 9 E.H.R.R. 393
11469/85	December 1985	Masefield	United Kingdom	Adm	(1987) 9 E.H.R.R. 136
11471/85	25 February 1993	Crémieux	France	Jmt	(1993) 16 E.H.R.R. 357
11487/85	9 December 1988	Jonas Mohamed Rafiek Koendjbiharie	Netherlands	Op	(1991) 13 E.H.R.R. 118

APPL. No.	DECISION DATE	PARTY A	PARTY B (COUNTRY)	Adm / Op / Jmt	CITATION	CASE No.
11487/85	28 September 1990	Koendjbiharie	Netherlands	Jmt	(1991) 13 E.H.R.R. 820	
11489/85	December 1986	App. No. 11489/85	Ireland	Adm	(1988) 10 E.H.R.R. 147	
11508/85	July 1985	App. No. 11508/85	Denmark	Adm	(1987) 9 E.H.R.R. 533	
11508/85	16 July 1987	App. No. 11508/85	Denmark	Adm	(1989) 11 E.H.R.R. 559	
11508/85	22 February 1989	Barfod	Denmark	Jmt	(1991) 13 E.H.R.R. 493	
11509/85	July 1985	Van der Leer	Netherlands	Adm	(1987) 9 E.H.R.R. 537	
11509/85	14 July 1988	Van der Leer	Netherlands	Op	(1989) 11 E.H.R.R. 413	
11509/85	21 February 1990	Van der Leer	Netherlands	Jmt	(1990) 12 E.H.R.R. 567	
11519/85	26 November 1992	Lombardo	Italy	Jmt	(1996) 21 E.H.R.R. 188	
11532/85	July 1985	Hammerdahls Stormarknad AB	Sweden	Adm	(1986) 8 E.H.R.R. 107	
11541/85	November 1987	Van Eesbeck	Italy	Adm	(1989) 11 E.H.R.R. 86	
11553/85	March 1987	Hodgson, Woolf Productions and National Union of Jouranlists and Channel Four Television	United Kingdom	Adm	(1988) 10 E.H.R.R. 503	
11557/85	19 February 1991	Motta	Italy	Jmt	(1992) 14 E.H.R.R. 432	
11559/85	December 1985	App. No. 11559/85	United Kingdom	Adm	(1987) 9 E.H.R.R. 134	
11564/85	December 1985	App. No. 11564/85	Germany	Adm	(1987) 9 E.H.R.R. 139	
11565/85	December 1985	Nassen	Sweden	Adm	(1987) 9 E.H.R.R. 150	
11567/85	July 1987	Le Cour Grandmaison and Fritz	France	Adm	(1989) 11 E.H.R.R. 67	
11568/85	July 1987	Le Cour Grandmaison and Fritz	France	Adm	(1989) 11 E.H.R.R. 67	
11581/85	23 October 1990	Darby	Sweden	Jmt	(1991) 13 E.H.R.R. 774	
11598/85	27 February 1992	Société Stenuit	France	Jmt	(1992) 14 E.H.R.R. 509	
11603/85	January 1987	Council of the Civil Service Unions	United Kingdom	Adm	(1988) 10 E.H.R.R. 269	
11604/85	November 1986	Naddaf	Germany	Adm	(1987) 9 E.H.R.R. 561	
11612/85	December 1987	App. No. 11612/85	Portugal	Adm	(1989) 11 E.H.R.R. 106	
11612/85	25 May 1989	Oliviera Neves	Portugal	Jmt	(1991) 13 E.H.R.R. 576	
11613/85	24 September 1992	Kolompar	Belgium	Jmt	(1993) 16 E.H.R.R. 197	
11620/85	December 1985	App. No. 11620/85	Iceland	Adm	(1987) 9 E.H.R.R. 151	
11630/85	December 1985	App. No. 11630/85	Sweden	Adm	(1987) 9 E.H.R.R. 267	

11634/85	19 February 1991	Santilli	Italy	Jmt	(1992) 14 E.H.R.R. 421
11650/85	July 1986	Lyttle	United Kingdom	Adm	(1987) 9 E.H.R.R. 381
11656/85	December 1985	Andersson	Sweden	Adm	(1987) 9 E.H.R.R. 153
11658/85	March 1987	Hodgson, Woolf Productions and National Union of Jouranlists and Channel Four Television	United Kingdom	Adm	(1988) 10 E.H.R.R. 503
11661/85	July 1987	Stiftelsen Akademiske Foreningens Bostader I Lund	Sweden	Adm	(1989) 11 E.H.R.R. 47
11662/85	23 May 1991	Oberschlick	Austria	Jmt	(1995) 19 E.H.R.R. 389
11669/85	December 1987	App. No. 11669/85	Germany	Adm	(1989) 11 E.H.R.R. 90
11681/85	December 1987	Unión Alimentaria Sanders	Spain	Adm	(1989) 11 E.H.R.R. 96
11681/85	7 July 1989	Unión Alimentaria Sanders SA	Spain	Jmt	(1990) 12 E.H.R.R. 24
11683/85	27 March 1992	Farmakopoulos	Belgium	Jmt	(1993) 16 E.H.R.R. 187
11701/85	29 August 1990	E	Norway	Jmt	(1994) 17 E.H.R.R. 30
11703/85	December 1987	App. No. 11703/85	Germany	Adm	(1989) 11 E.H.R.R. 93
11704/85	October 1987	Krol	Sweden	Adm	(1989) 11 E.H.R.R. 73
11723/85	March 1987	Chater	United Kingdom	Adm	(1988) 10 E.H.R.R. 534
11746/85	December 1985	Harper	United Kingdom	Adm	(1987) 9 E.H.R.R. 267
11755/85	July 1987	Stocké	Germany	Adm	(1989) 11 E.H.R.R. 61
11755/85	9 July 1987	Stocké	Germany	Op	(1991) 13 E.H.R.R. 126
11755/85	19 March 1991	Stocké	Germany	Jmt	(1991) 13 E.H.R.R. 839
11759/85	March 1987	Kortmann	Netherlands	Adm	(1988) 10 E.H.R.R. 510
11760/85	26 March 1992	Editions Periscope	France	Jmt	(1992) 14 E.H.R.R. 597
11761/85	July 1987	Obermeier	Austria	Adm	(1989) 11 E.H.R.R. 57
11761/85	28 June 1990	Obermeier	Austria	Jmt	(1991) 13 E.H.R.R. 290
11787/85	25 October 1990	Thynne, Wilson and Gunnell	United Kingdom	Jmt	(1991) 13 E.H.R.R. 666
11787/85	25 October 1990	Thynne, Wilson and Gunnell	United Kingdom	Op	(1991) 13 E.H.R.R. 135
11790/85	November 1987	Harrison	United Kingdom	Adm	(1989) 11 E.H.R.R. 85
11796/85	24 September 1991	Wiesinger	Austria	Jmt	(1993) 16 E.H.R.R. 258
11798/85	23 April 1992	Castells	Spain	Jmt	(1992) 14 E.H.R.R. 445
11800/85	26 April 1991	Ezelin	France	Jmt	(1992) 14 E.H.R.R. 362
11801/85	14 December 1988	Kruslin	France	Cm	(1990) 12 E.H.R.R. 451
11801/85	24 April 1990	Kruslin	France	Jmt	(1990) 12 E.H.R.R. 547
11826/85	29 October 1991	Helmers	Sweden	Jmt	(1993) 15 E.H.R.R. 285

APPL. No.	DECISION DATE	PARTY A	PARTY B (COUNTRY)	Adm / Op / Jmt	CITATION	CASE No.
11840/85	19 February 1991	Pugliese	Italy	Jmt	(1992) 14 E.H.R.R. 413	
11853/85	March 1987	App. No. 11853/85	Germany	Adm	(1988) 10 E.H.R.R. 521	
11855/85	July 1987	Håkansson and Sturesson	Sweden	Adm	(1989) 11 E.H.R.R. 52	
11855/85	21 February 1990	Håkansson and Sturesson	Sweden	Jmt	(1991) 13 E.H.R.R. 1	
11864/85	December 1985	App. No. 11864/85	United Kingdom	Adm	(1987) 9 E.H.R.R. 268	
11869/85	October 1987	App. No. 11869/85	Belgium	Adm	(1989) 11 E.H.R.R. 76	
11882/85	October 1987	App. No. 11882/85	United Kingdom	Adm	(1989) 11 E.H.R.R. 82	
11889/85	20 February 1991	Vernillo	France	Jmt	(1991) 13 E.H.R.R. 880	
11894/85	12 December 1991	Toth	Austria	Jmt	(1992) 14 E.H.R.R. 551	
11919/86	March 1987	App. No. 11919/86	Austria	Adm	(1988) 10 E.H.R.R. 538	
11932/86	12 December 1988	Granger	United Kingdom	Cm	(1990) 12 E.H.R.R. 460	
11932/86	28 March 1990	Granger	United Kingdom	Jmt	(1990) 12 E.H.R.R. 469	
11949/86	December 1986	App. No. 11949/86	United Kingdom	Adm	(1988) 10 E.H.R.R. 149	
11968/86	March 1987	Böhler	Austria	Adm	(1988) 10 E.H.R.R. 536	
11968/86	28 March 1990	B	Austria	Jmt	(1991) 13 E.H.R.R. 20	
11970/86	July 1987	App. No. 11970/86	United Kingdom	Adm	(1989) 11 E.H.R.R. 48	
11978/86	25 October 1990	Thynne, Wilson and Gunnell	United Kingdom	Jmt	(1991) 13 E.H.R.R. 666	
12005/86	30 October 1991	Borgers	Belgium	Jmt	(1993) 15 E.H.R.R. 92	
12009/86	25 October 1990	Thynne, Wilson and Gunnell	United Kingdom	Jmt	(1991) 13 E.H.R.R. 666	
12009/86	25 October 1990	Thynne, Wilson and Gunnell	United Kingdom	Op	(1991) 13 E.H.R.R. 135	
12033/86	December 1987	Fredin	Sweden	Adm	(1989) 11 E.H.R.R. 104	
12033/86	14 December 1987	Anders and Maria Fredin	Sweden	Op	(1991) 13 E.H.R.R. 142	
12033/86	18 February 1991	Fredin	Sweden	Jmt	(1991) 13 E.H.R.R. 784	
12040/86	March 1987	App. No. 12040/86	United Kingdom	Adm	(1988) 10 E.H.R.R. 527	
12045/86	March 1987	Blastland	United Kingdom	Adm	(1988) 10 E.H.R.R. 528	
12068/86	December 1986	Paramanathan	Germany	Adm	(1988) 10 E.H.R.R. 157	
12083/86	26 March 1992	Beldjoudi	France	Jmt	(1992) 14 E.H.R.R. 801	
12100/86	December 1987	App. No. 12100/86	Austria	Adm	(1989) 11 E.H.R.R. 92	
12122/86	October 1986	Lukka	United Kingdom	Adm	(1987) 9 E.H.R.R. 552	
12127/86	October 1987	App. No. 12127/86	Germany	Adm	(1989) 11 E.H.R.R. 84	

12129/86	16 December 1992	Hennings	Germany	Jmt	(1993) 16 E.H.R.R. 83
12139/86	October 1987	App. No. 12139/86	Netherlands	Adm	(1989) 11 E.H.R.R. 78
12146/86	December 1986	App. No. 12146/86	Switzerland	Adm	(1988) 10 E.H.R.R. 158
12151/86	28 August 1991	FCB	Italy	Jmt	(1992) 14 E.H.R.R. 909
12170/86	October 1987	Kristinsson	Iceland	Adm	(1989) 11 E.H.R.R. 70
12170/86	1 March 1990	Jon Kristinsson	Iceland	Jmt	(1991) 13 E.H.R.R. 238
12175/86	9 May 1989	Hewitt and Harman	United Kingdom	Jmt	(1992) 14 E.H.R.R. 657
12217/86	23 October 1991	Muyldermans	Belgium	Jmt	(1993) 15 E.H.R.R. 204
12228/86	25 October 1990	Jocabus Keus	Netherlands	Jmt	(1991) 13 E.H.R.R. 109
12228/86	25 October 1990	Keus	Netherlands	Jmt	(1991) 13 E.H.R.R. 700
12229/86	November 1987	De Geillustreerde Pers	Netherlands	Adm	(1989) 11 E.H.R.R. 85
12230/86	December 1987	App. No. 12230/86	Germany	Adm	(1989) 11 E.H.R.R. 101
12235/86	21 September 1993	Zumtobel	Austria	Jmt	(1994) 17 E.H.R.R. 116
12244/86	30 August 1990	Fox, Campbell and Hartley	United Kingdom	Jmt	(1991) 13 E.H.R.R. 157
12244/86	27 March 1991	Fox, Campbell and Hartley	United Kingdom	Jmt	(1992) 14 E.H.R.R. 108
12245/86	30 August 1990	Fox, Campbell and Hartley	United Kingdom	Jmt	(1991) 13 E.H.R.R. 157
12245/86	27 March 1991	Fox, Campbell and Hartley	United Kingdom	Jmt	(1992) 14 E.H.R.R. 108
12258/86	28 June 1990	Skärby	Sweden	Jmt	(1991) 13 E.H.R.R. 90
12313/86	18 February 1991	Moustaquim	Belgium	Jmt	(1991) 13 E.H.R.R. 802
12322/86	October 1987	Bell	United Kingdom	Adm	(1989) 11 E.H.R.R. 83
12350/86	21 September 1993	Kremzow	Austria	Jmt	(1994) 17 E.H.R.R. 322
12360/86	October 1987	Ryder	United Kingdom	Adm	(1989) 11 E.H.R.R. 80
12366/86	22 April 1992	Rieme	Sweden	Jmt	(1993) 16 E.H.R.R. 155
12369/86	26 June 1991	Letellier	France	Jmt	(1992) 14 E.H.R.R. 83
12370/86	December 1987	App. No. 12370/86	United Kingdom	Adm	(1989) 11 E.H.R.R. 96
12381/86	December 1986	App. No. 12381/86	United Kingdom	Adm	(1988) 10 E.H.R.R. 158
12383/86	30 August 1990	Fox, Campbell and Hartley	United Kingdom	Jmt	(1991) 13 E.H.R.R. 157
12383/86	27 March 1991	Fox, Campbell and Hartley	United Kingdom	Jmt	(1992) 14 E.H.R.R. 108
12398/86	26 April 1991	Asch	Austria	Jmt	(1993) 15 E.H.R.R. 597
12433/86	15 June 1992	Lüdi	Switzerland	Jmt	(1993) 15 E.H.R.R. 173
12462/86	July 1987	Mairitsch	Austria	Adm	(1989) 11 E.H.R.R. 46
12489/86	27 September 1990	Windisch	Austria	Jmt	(1991) 13 E.H.R.R. 281
12513/86	July 1987	App. No. 12513/86	United Kingdom	Adm	(1989) 11 E.H.R.R. 49
12523/86	March 1987	Gribler	United Kingdom	Adm	(1988) 10 E.H.R.R. 546

APPL. No.	DECISION DATE	PARTY A	PARTY B (COUNTRY)	Adm / Op / Jmt	CITATION	CASE No.
12535/86	December 1987	App. No. 12535/86	Netherlands	Adm	(1989) 11 E.H.R.R. 102	
12536/86	December 1987	Johnson	United Kingdom	Adm	(1989) 11 E.H.R.R. 90	
12539/86	October 1992	Katte Klitsche de la Grange	Italy	Adm	(1993) 15 E.H.R.R. CD 1	
12539/86	27 October 1994	Katte Klitsche de la Grange	Italy	Jmt	(1995) 19 E.H.R.R. 368	
12543/86	December 1986	App. No. 12543/86	Netherlands	Adm	(1988) 10 E.H.R.R. 161	
12547/86	24 February 1994	Bendenoun	France	Jmt	(1994) 18 E.H.R.R. 54	
12565/86	27 November 1991	Oerlemans	Netherlands	Jmt	(1993) 15 E.H.R.R. 561	
12574/86	31 August 1990	Nyberg	Sweden	Jmt	(1992) 14 E.H.R.R. 870	
12587/86	March 1987	Chappell	United Kingdom	Adm	(1988) 10 E.H.R.R. 510	
12629/87	28 November 1991	S	Switzerland	Jmt	(1992) 14 E.H.R.R. 670	
12631/87	26 September 1991	Fejde	Sweden	Jmt	(1994) 17 E.H.R.R. 14	
12661/87	25 February 1993	Miailhe	France	Jmt	(1993) 16 E.H.R.R. 332	
12708/87	October 1987	Rohr	Switzerland	Adm	(1989) 11 E.H.R.R. 81	
12718/87	12 December 1991	Clooth	Belgium	Jmt	(1992) 14 E.H.R.R. 717	
12726/87	22 May 1990	Autronic AG	Switzerland	Jmt	(1990) 12 E.H.R.R. 485	
12728/87	25 November 1992	Abdoella	Netherlands	Jmt	(1995) 20 E.H.R.R. 585	
12742/87	29 November 1991	Pine Valley Developments Ltd	Ireland	Jmt	(1992) 14 E.H.R.R. 319	
12742/87	9 February 1993	Pine Valley Developments Ltd	Ireland	Jmt	(1993) 16 E.H.R.R. 379	
12747/87	26 June 1992	Drozd and Janousek	France and Spain	Jmt	(1992) 14 E.H.R.R. 745	
12750/87	27 August 1991	Philis	Greece	Jmt	(1991) 13 E.H.R.R. 741	
12784/87	23 September 1992	FM	Italy	Jmt	(1994) 18 E.H.R.R. 570	
12806/87	26 October 1993	Stamoulakatos	Greece	Jmt	(1994) 17 E.H.R.R. 479	
12843/87	28 November 1991	Koster	Netherlands	Jmt	(1992) 14 E.H.R.R. 396	
12849/87	29 November 1991	Vermeire	Belgium	Jmt	(1993) 15 E.H.R.R. 488	
12850/87	27 August 1992	Tomasi	France	Jmt	(1993) 15 E.H.R.R. 1	
12868/87	28 September 1995	Spadea and Scalabrino	Italy	Jmt	(1996) 21 E.H.R.R. 482	
12875/87	23 June 1993	Hoffmann	Austria	Jmt	(1994) 17 E.H.R.R. 293	
12876/87	28 August 1991	Brandstetter	Austria	Jmt	(1993) 15 E.H.R.R. 378	
12914/87	22 June 1993	Melin	France	Jmt	(1994) 17 E.H.R.R. 1	
12917/87	December 1987	Drummond	United Kingdom	Adm	(1989) 11 E.H.R.R. 91	

12919/87	12 October 1992	Boddaert	Belgium	Jmt	(1993) 16 E.H.R.R. 242
12945/87	16 December 1992	Hadjianastassiou	Greece	Jmt	(1993) 16 E.H.R.R. 219
12952/87	23 June 1993	Ruiz-Mateos	Spain	Jmt	(1993) 16 E.H.R.R. 505
12954/87	22 February 1994	Raimondo	Italy	Jmt	(1994) 18 E.H.R.R. 237
12963/87	25 February 1992	Margareta and Roger Andersson	Sweden	Jmt	(1992) 14 E.H.R.R. 615
12981/87	24 November 1992	Sainte-Marie	France	Jmt	(1993) 16 E.H.R.R. 116
12986/87	24 August 1993	Scuderi	Italy	Jmt	(1995) 19 E.H.R.R. 187
13023/87	26 February 1993	Salesi	Italy	Jmt	(1998) 26 E.H.R.R. 187
13057/87	27 August 1991	Demicoli	Malta	Jmt	(1992) 14 E.H.R.R. 47
13071/87	25 November 1992	Edwards	United Kingdom	Jmt	(1993) 15 E.H.R.R. 417
13087/87	19 February 1991	Maj	Italy	Jmt	(1992) 14 E.H.R.R. 405
13089/87	25 February 1993	Dobbertin	France	Jmt	(1993) 16 E.H.R.R. 558
13092/87	9 December 1994	Holy Monasteries	Greece	Jmt	(1995) 20 E.H.R.R. 1
13092/87	1 September 1997	Holy Monasteries	Greece	Jmt	(1998) 25 E.H.R.R. 640
13126/87	25 August 1993	Sekanina	Austria	Jmt	(1994) 17 E.H.R.R. 221
13134/87	25 March 1993	Costello-Roberts	United Kingdom	Jmt	(1995) 19 E.H.R.R. 112
13163/87	30 October 1991	Vilvarajh	United Kingdom	Jmt	(1992) 14 E.H.R.R. 248
13164/87	30 October 1991	Vilvarajh	United Kingdom	Jmt	(1992) 14 E.H.R.R. 248
13165/87	30 October 1991	Vilvarajh	United Kingdom	Jmt	(1992) 14 E.H.R.R. 248
13166/87	26 November 1991	The Sunday Times	United Kingdom (No. 2)	Jmt	(1992) 14 E.H.R.R. 229
13190/87	23 November 1993	Navarra	France	Jmt	(1994) 17 E.H.R.R. 594
13191/87	25 September 1992	Hoang	France	Jmt	(1993) 16 E.H.R.R. 53
13308/87	25 August 1993	Chorherr	Austria	Jmt	(1994) 17 E.H.R.R. 358
13319/87	27 February 1992	Birou	France	Jmt	(1992) 14 E.H.R.R. 738
13343/87	25 March 1992	B	France	Jmt	(1993) 16 E.H.R.R. 1
13416/87	20 September 1993	Pardo	France	Jmt	(1994) 17 E.H.R.R. 383
13416/87	10 July 1996	Pardo	France	Jmt	(1996) 22 E.H.R.R. 563
13416/87	29 April 1997	Pardo	France	Jmt	(1998) 26 E.H.R.R. 302
13427/87	9 December 1994	Stran Greek Refineries and Stratis Andreadis	Greece	Jmt	(1995) 19 E.H.R.R. 293
13441/87	30 October 1992	Olsson	Sweden (No. 2)	Jmt	(1994) 17 E.H.R.R. 134
13446/87	23 January 1991	Djeroud	France	Jmt	(1992) 14 E.H.R.R. 68
13447/87	30 October 1991	Vilvarajh	United Kingdom	Jmt	(1992) 14 E.H.R.R. 248

APPL. No.	DECISION DATE	PARTY A	PARTY B (COUNTRY)	Adm / Op / Jmt	CITATION	CASE No.
13448/87	30 October 1991	Vilvarajh	United Kingdom	Jmt	(1992) 14 E.H.R.R. 248	
13468/87	28 August 1991	Brandstetter	Austria	Jmt	(1993) 15 E.H.R.R. 378	
13470/87	20 September 1994	Otto-Preminger Institute	Austria	Jmt	(1995) 19 E.H.R.R. 34	
13567/88	22 September 1993	Instituto di Vigilanza	Italy	Jmt	(1994) 18 E.H.R.R. 367	
13580/88	18 July 1994	Schmidt	Germany	Jmt	(1994) 18 E.H.R.R. 513	
13585/88	26 November 1991	The Observer and the Guardian	United Kingdom	Jmt	(1992) 14 E.H.R.R. 153	
13590/88	25 March 1992	Campbell	United Kingdom	Jmt	(1993) 15 E.H.R.R. 137	
13611/88	25 September 1992	Croissant	Germany	Jmt	(1993) 16 E.H.R.R. 135	
13616/88	22 September 1994	Hentrich	France	Jmt	(1994) 18 E.H.R.R. 440	
13616/88	3 July 1995	Hentrich	France	Jmt	(1996) 21 E.H.R.R. 199	
13616/88	3 July 1997	Hentrich	France	Op	(1997) 24 E.H.R.R. CD 19	
13645/88	26 May 1993	Bunkate	Netherlands	Jmt	(1995) 19 E.H.R.R. 477	
13675/88	27 October 1993	Monnet	France	Jmt	(1994) 18 E.H.R.R. 27	
13684/88	January 1993	Tekie	Italy	Adm	(1993) 16 E.H.R.R. CD 1	
13694/88	October 1992	P	Italy	Adm	(1993) 15 E.H.R.R. CD 3	
13710/88	16 December 1992	Niemietz	Germany	Jmt	(1993) 16 E.H.R.R. 97	
13743/88	22 February 1994	Tripodi	Italy	Jmt	(1994) 18 E.H.R.R. 295	
13770/88	12 May 1992	Megyeri	Germany	Jmt	(1993) 15 E.H.R.R. 584	
13778/88	11 December 1990	Thorgeir Thorgeirson	Iceland	Cm	(1992) 14 E.H.R.R. 115	
13778/88	25 June 1992	Thorgeir Thorgeirson	Iceland	Jmt	(1992) 14 E.H.R.R. 843	
13779/88	October 1992	D	Italy	Adm	(1993) 15 E.H.R.R. CD 61	
13780/88	27 August 1991	Philis	Greece	Jmt	(1991) 13 E.H.R.R. 741	
13805/88	January 1993	Caporaso	Italy	Adm	(1993) 16 E.H.R.R. CD 1	
13813/88	October 1992	X	Austria	Adm	(1993) 15 E.H.R.R. CD 3	
13839/88	22 September 1994	Debled	Belgium	Jmt	(1995) 19 E.H.R.R. 506	
13867/88	26 November 1992	Brincat	Italy	Jmt	(1993) 16 E.H.R.R. 591	
13895/88	October 1992	La Rosa	Italy	Adm	(1993) 15 E.H.R.R. CD 4	
13914/88	24 November 1993	Informationsverein Lentia	Austria	Jmt	(1994) 17 E.H.R.R. 93	
13924/88	24 August 1993	Nortier	Netherlands	Jmt	(1994) 17 E.H.R.R. 273	
13932/88	October 1992	Flori	Italy	Adm	(1993) 15 E.H.R.R. CD 4	

13936/88	January 1993	Lori	Italy	Adm	(1993) 16 E.H.R.R. CD 1	
13937/88	October 1992	Rizzo	Italy	Adm	(1993) 15 E.H.R.R. CD 4	
13939/88	October 1992	Q	Italy	Adm	(1993) 15 E.H.R.R. CD 5	
13940/88	January 1993	Olivero Meanotto	Italy	Adm	(1993) 16 E.H.R.R. CD 2	
13942/88	19 April 1993	Kraska	Switzerland	Jmt	(1994) 18 E.H.R.R. 188	
13953/88	January 1993	Giunta	Italy	Adm	(1993) 16 E.H.R.R. CD 30	
13954/88	January 1993	Iacovelli	Italy	Adm	(1993) 16 E.H.R.R. CD 30	
13961/88	October 1992	Spinelli	Italy	Adm	(1993) 15 E.H.R.R. CD 5	
13965/88	28 November 1991	S	Switzerland	Jmt	(1992) 14 E.H.R.R. 670	
13972/88	24 November 1993	Imbrioscia	Switzerland	Jmt	(1994) 17 E.H.R.R. 441	
13978/88	19 February 1991	Adiletta	Italy	Jmt	(1992) 14 E.H.R.R. 586	
13984/88	9 December 1994	Holy Monasteries	Greece	Jmt	(1995) 20 E.H.R.R. 1	
13984/88	1 September 1997	Holy Monasteries	Greece	Jmt	(1998) 25 E.H.R.R. 640	
14003/88	27 August 1991	Philis	Greece	Jmt	(1991) 13 E.H.R.R. 741	
14006/88	October 1992	Johansson	Sweden	Adm	(1993) 15 E.H.R.R. CD 63	
14022/88	October 1992	R	Italy	Adm	(1993) 15 E.H.R.R. CD 5	
14025/88	7 August 1996	Zubani	Italy	Jmt	(2001) 32 E.H.R.R. 297	(2001) 32 E.H.R.R. 14
14025/88	16 June 1999	Zubani	Italy	Jmt	(1999) 28 E.H.R.R. CD 62	
14032/88	23 November 1993	Poitrimol	France	Jmt	(1994) 18 E.H.R.R. 130	
14038/88	7 July 1989	Soering	United Kingdom	Jmt	(1989) 11 E.H.R.R. 439	
14116/88	January 1993	Sargin and Yagci	Turkey	Adm	(1993) 16 E.H.R.R. CD 2	
14117/88	January 1993	Sargin and Yagci	Turkey	Adm	(1993) 16 E.H.R.R. CD 2	
14146/88	January 1993	A	Italy	Adm	(1993) 16 E.H.R.R. CD 3	
14181/88	January 1993	Tenchio	Italy	Adm	(1993) 16 E.H.R.R. CD 4	
14191/88	25 November 1993	Holm	Sweden	Jmt	(1994) 18 E.H.R.R. 79	
14220/88	21 February 1994	Ravnsborg	Sweden	Jmt	(1994) 18 E.H.R.R. 38	
14229/88	29 October 1992	Y	United Kingdom	Jmt	(1994) 17 E.H.R.R. 238	
14234/88	7 March 1991	Open Door Counselling Ltd and Dublin Well Woman Centre	Ireland	Cm	(1992) 14 E.H.R.R. 131	
14234/88	29 October 1992	Open Door Councelling and Dublin Well Woman Centre	Ireland	Jmt	(1993) 15 E.H.R.R. 244	
14235/88	7 March 1991	Open Door Counselling Ltd and Dublin Well Woman Centre	Ireland	Cm	(1992) 14 E.H.R.R. 131	

APPL. No.	DECISION DATE	PARTY A	PARTY B (COUNTRY)	Adm / Op / Jmt	CITATION	CASE No.
14235/88	29 October 1992	Open Door Councelling and Dublin Well Woman Centre	Ireland	Jmt	(1993) 15 E.H.R.R. 244	
14236/88	19 February 1991	Adiletta	Italy	Jmt	(1992) 14 E.H.R.R. 586	
14237/88	19 February 1991	Adiletta	Italy	Jmt	(1992) 14 E.H.R.R. 586	
14282/88	25 November 1993	Zander	Sweden	Jmt	(1994) 18 E.H.R.R. 175	
14307/88	25 May 1993	Kokkinakis	Greece	Jmt	(1994) 17 E.H.R.R. 397	
14310/88	28 October 1994	Murray	United Kingdom	Jmt	(1995) 19 E.H.R.R. 193	
14327/88	20 April 1993	Sibson	United Kingdom	Jmt	(1994) 17 E.H.R.R. 193	
14337/88	January 1993	Mariotti	Italy	Adm	(1993) 16 E.H.R.R. CD 4	
14339/88	January 1993	A	Italy	Adm	(1993) 16 E.H.R.R. CD 31	
14369/88	October 1992	Noviflora Sweden AB	Sweden	Adm	(1993) 15 E.H.R.R. CD 6	
14379/88	26 January 1993	W	Switzerland	Jmt	(1994) 17 E.H.R.R. 60	
14396/88	24 February 1993	Fey	Austria	Jmt	(1993) 16 E.H.R.R. 387	
14399/88	24 August 1993	Massa	Italy	Jmt	(1994) 18 E.H.R.R. 266	
14448/88	27 October 1993	Dombo Beheer BV	Netherlands	Jmt	(1994) 18 E.H.R.R. 213	
14518/89	24 June 1993	Schuler-Zgraggen	Switzerland	Jmt	(1993) 16 E.H.R.R. 405	
14518/89	31 January 1995	Schuler-Zgraggen	Switzerland	Jmt	(1996) 21 E.H.R.R. 404	
14524/89	January 1993	Yanasik	Turkey	Adm	(1993) 16 E.H.R.R. CD 5	
14553/89	26 May 1993	Brannigan and McBride	United Kingdom	Jmt	(1994) 17 E.H.R.R. 539	
14554/89	26 May 1993	Brannigan and McBride	United Kingdom	Jmt	(1994) 17 E.H.R.R. 539	
14556/89	24 June 1993	Papamichalopoulos	Greece	Jmt	(1993) 16 E.H.R.R. 440	
14556/89	31 October 1995	Papamichalopoulos	Greece	Jmt	(1996) 21 E.H.R.R. 439	
14561/89	September 1995	J.S.	Netherlands	Adm	(1995) 20 E.H.R.R. CD 41	
14570/89	28 September 1995	Procola	Luxembourg	Jmt	(1996) 22 E.H.R.R. 193	
14579/89	January 1993	B	Italy	Adm	(1993) 16 E.H.R.R. CD 31	
14580/89	January 1993	Ausiello	Italy	Adm	(1993) 16 E.H.R.R. CD 31	
14583/89	January 1993	Rocchini	Italy	Adm	(1993) 16 E.H.R.R. CD 32	
14584/89	January 1993	C	Italy	Adm	(1993) 16 E.H.R.R. CD 32	
14635/89	January 1993	Union des Athees	France	Adm	(1993) 16 E.H.R.R. CD 6	
14637/89	October 1992	E	France	Adm	(1993) 15 E.H.R.R. CD 64	

14647/89	20 September 1993	Saïdi	France	Jmt	(1994) 17 E.H.R.R. 251
14667/89	October 1992	Cantafio	Italy	Adm	(1993) 15 E.H.R.R. CD 11
14696/89	23 April 1997	Stallinger and Kuso	Austria	Jmt	(1998) 26 E.H.R.R. 81
14697/89	23 April 1997	Stallinger and Kuso	Austria	Jmt	(1998) 26 E.H.R.R. 81
14726/89	8 June 1995	Kefalas	Greece	Jmt	(1995) 20 E.H.R.R. 484
14740/89	October 1992	Andersson	Sweden	Adm	(1993) 15 E.H.R.R. CD 64
14804/89	October 1992	Vendittelli	Italy	Adm	(1993) 15 E.H.R.R. CD 12
14804/89	18 July 1994	Vendittelli	Italy	Jmt	(1995) 19 E.H.R.R. 464
14807/89	24 October 1995	Agrotexim	Greece	Jmt	(1996) 21 E.H.R.R. 250
14838/89	23 November 1993	A	France	Jmt	(1994) 17 E.H.R.R. 462
14861/89	October 1992	Lala	Netherlands	Adm	(1993) 15 E.H.R.R. CD 13
14861/89	22 September 1994	Lala	Netherlands	Jmt	(1994) 18 E.H.R.R. 587
14923/89	October 1992	F	Austria	Adm	(1993) 15 E.H.R.R. CD 68
14923/89	October 1992	F	Austria	Adm	(1993) 15 E.H.R.R. CD 68
14940/89	23 March 1994	Silva Pontes	Portugal	Jmt	(1994) 18 E.H.R.R. 156
14967/89	19 February 1998	Guerra	Italy	Jmt	(1998) 26 E.H.R.R. 357
14992/89	3 July 1991	Kemmache	France	Jmt	(1992) 14 E.H.R.R. 520
15016/89	27 October 1992	Mlynek	Austria	Jmt	(1994) 18 E.H.R.R. 581
15041/89	24 November 1993	Informationsverein Lentia	Austria	Jmt	(1994) 17 E.H.R.R. 93
15056/89	October 1992	Gagliano Vasta	Italy	Adm	(1993) 15 E.H.R.R. CD 13
15058/89	26 October 1993	Darnell	United Kingdom	Jmt	(1994) 18 E.H.R.R. 205
15070/89	22 April 1993	Modinos	Cyprus	Jmt	(1993) 16 E.H.R.R. 485
15088/89	23 June 1994	Jacubowski	Germany	Jmt	(1995) 19 E.H.R.R. 64
15091/89	October 1992	G	France	Adm	(1993) 15 E.H.R.R. CD 69
15091/89	October 1992	G	France	Adm	(1993) 15 E.H.R.R. CD 69
15130/89	October 1992	S	Italy	Adm	(1993) 15 E.H.R.R. CD 13
15153/89	19 December 1994	Vereinigung Demokratischer Soldaten and Gubi	Austria	Jmt	(1995) 20 E.H.R.R. 56
15175/89	January 1993	Allenet de Ribemont	France	Adm	(1993) 16 E.H.R.R. CD 33
15175/89	10 February 1995	Allenet de Ribemont	France	Jmt	(1995) 20 E.H.R.R. 557
15175/89	7 August 1996	Allenet de Ribemont	France	Jmt	(1996) 22 E.H.R.R. 582
15202/89	January 1993	Gürdogan and Müstak	Turkey	Adm	(1993) 16 E.H.R.R. CD 6
15203/89	January 1993	Gürdogan and Müstak	Turkey	Adm	(1993) 16 E.H.R.R. CD 6
15204/89	January 1993	Gürdogan and Müstak	Turkey	Adm	(1993) 16 E.H.R.R. CD 6

APPL. No.	DECISION DATE	PARTY A	PARTY B (COUNTRY)	Adm / Op / Jmt	CITATION	CASE No.
15205/89	January 1993	Gürdogan and Müstak	Turkey	Adm	(1993) 16 E.H.R.R. CD 6	
15208/89	October 1992	Lo Faro	Italy	Adm	(1993) 15 E.H.R.R. CD 14	
15220/89	May 1993	Schneider	Austria	Adm	(1994) 18 E.H.R.R. CD 33	
15225/89	October 1992	H	Austria	Adm	(1993) 15 E.H.R.R. CD 70	
15225/89	31 January 1995	Friedl	Austria	Jmt	(1996) 21 E.H.R.R. 83	
15268/89	October 1992	Doran	Netherlands	Adm	(1993) 15 E.H.R.R. CD 72	
15287/89	24 November 1994	Beaumartin	France	Jmt	(1995) 19 E.H.R.R. 485	
15312/89	27 September 1995	G	France	Jmt	(1996) 21 E.H.R.R. 288	
15318/89	23 March 1995	Loizidou	Turkey	Jmt	(1995) 20 E.H.R.R. 99	
15318/89	23 March 1995	Loizidou	Turkey	Jmt	(1998) 26 E.H.R.R. CD 5	
15318/89	18 December 1996	Loizidou	Turkey	Jmt	(1997) 23 E.H.R.R. 513	
15346/89	January 1993	B and C	Netherlands	Adm	(1993) 16 E.H.R.R. CD 8	
15375/89	October 1992	Gasus Dosier- und Fördertechnik GmbH	Netherlands	Adm	(1993) 15 E.H.R.R. CD 14	
15375/89	23 February 1995	Gasus Dosier- und Fördertechnik GmbH	Netherlands	Jmt	(1995) 20 E.H.R.R. 403	
15379/89	January 1993	B and C	Netherlands	Adm	(1993) 16 E.H.R.R. CD 8	
15416/89	January 1993	D and E	Netherlands	Adm	(1993) 16 E.H.R.R. CD 34	
15450/89	24 February 1994	Casado Coca	Spain	Jmt	(1994) 18 E.H.R.R. 1	
15473/89	22 September 1993	Klaas	Germany	Jmt	(1994) 18 E.H.R.R. 305	
15484/89	October 1992	Wynne	United Kingdom	Adm	(1993) 15 E.H.R.R. CD 16	
15484/89	18 July 1994	Wynne	United Kingdom	Jmt	(1995) 19 E.H.R.R. 333	
15489/89	January 1993	Ortombina	Italy	Adm	(1993) 16 E.H.R.R. CD 8	
15492/89	October 1992	Bernard	France	Adm	(1993) 15 E.H.R.R. CD 73	
15508/89	August 1994	Prötsch	Austria	Adm	(1994) 18 E.H.R.R. CD 36	
15508/89	15 November 1996	Prötsch	Austria	Jmt	(2001) 32 E.H.R.R. 255	(2001) 32 E.H.R.R. 12
15509/89	October 1992	J	Austria	Adm	(1993) 15 E.H.R.R. CD 74	
15511/89	23 November 1993	Scopelliti	Italy	Jmt	(1994) 17 E.H.R.R. 493	
15523/89	23 October 1995	Schmautzer	Austria	Jmt	(1996) 21 E.H.R.R. 511	
15527/89	23 October 1995	Umlauft	Austria	Jmt	(1996) 22 E.H.R.R. 76	

15530/89	25 March 1996	Mitap and Müftüoglu	Turkey	Jmt	(1996) 22 E.H.R.R. 209	
15531/89	25 March 1996	Mitap and Müftüoglu	Turkey	Jmt	(1996) 22 E.H.R.R. 209	
15553/89	May 1994	Nocol	Netherlands	Adm	(1994) 18 E.H.R.R. CD 38	
15573/89	25 April 1996	Gustafsson	Sweden	Jmt	(1996) 22 E.H.R.R. 409	
15573/89	30 July 1998	Gustafsson	Sweden	Jmt	(1998) 26 E.H.R.R. CD 13	
15576/89	20 March 1991	Cruz Varas	Sweden	Jmt	(1992) 14 E.H.R.R. 1	
15595/89	October 1992	Rozendale	Netherlands	Adm	(1993) 15 E.H.R.R. CD 75	
15651/89	22 April 1994	Saraiva De Carvalho	Portugal	Jmt	(1994) 18 E.H.R.R. 534	
15717/89	24 November 1993	Informationsverein Lentia	Austria	Jmt	(1994) 17 E.H.R.R. 93	
15718/89	January 1993	D	Austria	Adm	(1993) 16 E.H.R.R. CD 9	
15764/89	20 February 1996	Lobo Machado	Portugal	Jmt	(1997) 23 E.H.R.R. 79	
15773/89	October 1992	Piermont	France	Adm	(1993) 15 E.H.R.R. CD 76	
15773/89	27 April 1995	Piermont	France	Jmt	(1995) 20 E.H.R.R. 301	
15774/89	October 1992	Piermont	France	Adm	(1993) 15 E.H.R.R. CD 76	
15777/89	16 September 1996	Matos e Silva, Lda	Portugal	Jmt	(1997) 24 E.H.R.R. 573	
15779/89	24 November 1993	Informationsverein Lentia	Austria	Jmt	(1994) 17 E.H.R.R. 93	
15806/89	January 1993	Curatella	Italy	Adm	(1993) 16 E.H.R.R. CD 10	
15831/89	January 1993	Stromillo	Italy	Adm	(1993) 16 E.H.R.R. CD 10	
15890/87	23 September 1994	Jersild	Denmark	Jmt	(1995) 19 E.H.R.R. 1	
15917/89	October 1992	Jamil	France	Adm	(1993) 15 E.H.R.R. CD 77	
15917/89	8 June 1995	Jamil	France	Jmt	(1996) 21 E.H.R.R. 65	
15942/90	October 1992	W	Netherlands	Adm	(1993) 15 E.H.R.R. CD 16	
15943/90	15 November 1996	Domenichini	Italy	Jmt	(2001) 32 E.H.R.R. 68	(2001) 32 E.H.R.R. 4
15948/90	January 1993	Desilles	France	Adm	(1993) 16 E.H.R.R. CD 10	
15964/90	October 1992	Bernaerts	Belgium	Adm	(1993) 15 E.H.R.R. CD 17	
15974/90	26 April 1995	Prager and Oberschlick	Austria	Jmt	(1996) 21 E.H.R.R. 1	
16026/90	8 June 1995	Mansur	Turkey	Jmt	(1995) 20 E.H.R.R. 535	
16031/90	May 1993	Tennenbaum	Sweden	Adm	(1994) 18 E.H.R.R. CD 41	
16034/90	19 April 1994	Van de Hurk	Netherlands	Jmt	(1994) 18 E.H.R.R. 481	
16056/90	October 1992	Wahlberg, Engman and Engdahl	Sweden	Adm	(1993) 15 E.H.R.R. CD 79	
16060/90	January 1993	F	Austria	Adm	(1993) 16 E.H.R.R. CD 35	
16064/90	14 April 1998	Varnave, Loizides	Turkey	Adm	(1998) 25 E.H.R.R. CD 9	
16065/90	14 April 1998	Varnave, Loizides	Turkey	Adm	(1998) 25 E.H.R.R. CD 9	
16066/90	14 April 1998	Varnave, Loizides	Turkey	Adm	(1998) 25 E.H.R.R. CD 9	

APPL. No.	DECISION DATE	PARTY A	PARTY B (COUNTRY)	Adm / Op / Jmt	CITATION	CASE No.
16069/90	14 April 1998	Varnave, Loizides	Turkey	Adm	(1998) 25 E.H.R.R. CD 9	
16073/90	14 April 1998	Varnave, Loizides	Turkey	Adm	(1998) 25 E.H.R.R. CD 9	
16130/90	30 June 1993	Sigurdur A Sigurjónsson	Iceland	Jmt	(1993) 16 E.H.R.R. 462	
16152/90	28 June 1993	Lamguindaz	United Kingdom	Jmt	(1994) 17 E.H.R.R. 213	
16206/90	January 1994	Botten	Norway	Adm	(1994) 18 E.H.R.R. CD 45	
16206/90	19 February 1996	Botten	Norway	Jmt	(2001) 32 E.H.R.R. 37	(2001) 32 E.H.R.R. 3
16213/90	22 February 1994	Burghartz	Switzerland	Jmt	(1994) 18 E.H.R.R. 101	
16244/90	October 1992	A	United Kingdom	Adm	(1993) 15 E.H.R.R. CD 18	
16358/90	October 1992	Cereceda Martín	Spain	Adm	(1993) 15 E.H.R.R. CD 18	
16419/90	8 June 1995	Yağci and Sargin	Turkey	Jmt	(1995) 20 E.H.R.R. 505	
16424/90	October 1992	McMichael	United Kingdom	Adm	(1993) 15 E.H.R.R. CD 80	
16424/90	24 February 1995	McMichael	United Kingdom	Jmt	(1995) 20 E.H.R.R. 205	
16426/90	8 June 1995	Yağci and Sargin	Turkey	Jmt	(1995) 20 E.H.R.R. 505	
16462/90	24 October 1995	Iribarne Pérez	France	Jmt	(1996) 22 E.H.R.R. 153	
16532/90	January 1993	Morel-A-L'Huissier	France	Adm	(1993) 16 E.H.R.R. CD 11	
16534/90	October 1992	B	Iceland	Adm	(1993) 15 E.H.R.R. CD 20	
16566/90	18 February 1997	Mauer	Austria	Jmt	(1998) 25 E.H.R.R. 91	
16568/90	October 1992	K	Austria	Adm	(1993) 15 E.H.R.R. CD 86	
16569/90	January 1993	E	Austria	Adm	(1993) 16 E.H.R.R. CD 11	
16580/90	28 February 1994	Boyle	United Kingdom	Jmt	(1995) 19 E.H.R.R. 179	
16595/90	January 1993	Mangov	Greece	Adm	(1993) 16 E.H.R.R. CD 36	
16616/90	9 February 1995	Vereniging Weekblad Bluf!	Netherlands	Jmt	(1995) 20 E.H.R.R. 189	
16632/90	28 June 1993	Colman	United Kingdom	Jmt	(1994) 18 E.H.R.R. 119	
16690/90	October 1992	De Vries	Netherlands	Adm	(1993) 15 E.H.R.R. CD 87	
16717/90	28 May 1997	Pauger	Austria	Jmt	(1998) 25 E.H.R.R. 105	
16718/90	23 October 1995	Palaoro	Austria	Jmt	(2001) 32 E.H.R.R. 202	(2001) 32 E.H.R.R. 10
16737/90	January 1993	F	Netherlands	Adm	(1993) 16 E.H.R.R. CD 12	
16737/90	22 September 1994	Pelladoah	Netherlands	Jmt	(1995) 19 E.H.R.R. 81	
16753/90	27 April 1995	Paccione	Italy	Jmt	(1995) 20 E.H.R.R. 396	
16798/90	9 December 1994	Lopez Ostra	Spain	Jmt	(1995) 20 E.H.R.R. 277	

16805/90	January 1993	Motta	Italy	Adm	(1993) 16 E.H.R.R. CD 12	
16817/90	19 February 1998	Paulsen-Medalen and Svensson	Sweden	Jmt	(1998) 26 E.H.R.R. 260	
16839/90	26 April 1996	Remli	France	Jmt	(1996) 22 E.H.R.R. 253	
16841/90	23 October 1995	Pfarrmeier	Austria	Jmt	(1996) 22 E.H.R.R. 175	
16898/90	18 February 1997	Mauer	Austria	Jmt	(1998) 25 E.H.R.R. 91	
16909/90	October 1992	M	Belgium	Adm	(1993) 15 E.H.R.R. CD 22	
16922/90	October 1992	Fischer	Austria	Adm	(1993) 15 E.H.R.R. CD 23	
16922/90	26 April 1995	Fischer	Austria	Jmt	(1995) 20 E.H.R.R. 349	
16923/90	October 1992	Martins Da Cunha	Portugal	Adm	(1993) 15 E.H.R.R. CD 88	
16944/90	January 1993	G	Netherlands	Adm	(1993) 16 E.H.R.R. CD 38	
16969/90	26 May 1994	Keegan	Ireland	Jmt	(1994) 18 E.H.R.R. 342	
16970/90	19 February 1998	Jacobsson	Sweden	Jmt	(2001) 32 E.H.R.R. 463	(2001) 32 E.H.R.R. 20
16988/90	26 April 1994	Díaz Ruano	Spain	Jmt	(1995) 19 E.H.R.R. 542	
16997/90	23 June 1994	De Moor	Belgium	Jmt	(1994) 18 E.H.R.R. 372	
17003/90	January 1993	Fadini	Switzerland	Adm	(1993) 16 E.H.R.R. CD 13	
17012/90	October 1992	L	France	Adm	(1993) 15 E.H.R.R. CD 89	
17101/90	21 September 1994	Fayed	United Kingdom	Jmt	(1994) 18 E.H.R.R. 393	
17112/90	October 1992	M	Netherlands	Adm	(1993) 15 E.H.R.R. CD 89	
17116/90	25 March 1994	Scherer	Switzerland	Jmt	(1994) 18 E.H.R.R. 276	
17175/90	October 1992	C	Netherlands	Adm	(1993) 15 E.H.R.R. CD 26	
17196/90	January 1993	FM Zumtobel GmBH and Co. KG, Zumtobel and Pramstaller	Austria	Adm	(1993) 16 E.H.R.R. CD 40	
17207/90	24 November 1993	Informationsverein Lentia	Austria	Jmt	(1994) 17 E.H.R.R. 93	
17228/90	January 1993	G	Norway	Adm	(1993) 16 E.H.R.R. CD 14	
17285/90	January 1994	Insam	Austria	Adm	(1994) 18 E.H.R.R. CD 47	
17314/90	26 March 1996	Leutscher	Netherlands	Jmt	(1997) 24 E.H.R.R. 181	
17355/90	October 1992	N	Portugal	Adm	(1993) 15 E.H.R.R. CD 90	
17358/90	22 February 1996	Bulut	Austria	Jmt	(1997) 24 E.H.R.R. 84	
17371/90	January 1994	C.G.	Austria	Adm	(1994) 18 E.H.R.R. CD 51	
17371/90	16 September 1996	Gaygusuz	Austria	Jmt	(1997) 23 E.H.R.R. 364	
17383/90	August 1996	Johansen	Norway	Jmt	(1997) 23 E.H.R.R. 33	
17391/90	August 1994	S.E.	Norway	Adm	(1994) 18 E.H.R.R. CD 53	
17391/90	27 May 1997	Eriksen	Norway	Jmt	(2000) 29 E.H.R.R. 328	
17392/90	October 1992	V	Denmark	Adm	(1993) 15 E.H.R.R. CD 28	

APPL. No.	DECISION DATE	PARTY A	PARTY B (COUNTRY)	Adm / Op / Jmt	CITATION	CASE No.
17419/90	March 1994	Wingrove	United Kingdom	Adm	(1994) 18 E.H.R.R. CD 54	
17419/90	25 November 1996	Wingrove	United Kingdom	Jmt	(1997) 24 E.H.R.R. 1	
17437/90	January 1993	H	Spain	Adm	(1993) 16 E.H.R.R. CD 15	
17440/90	January 1993	Welch	United Kingdom	Adm	(1993) 16 E.H.R.R. CD 42	
17440/90	9 February 1995	Welch	United Kingdom	Jmt	(1995) 20 E.H.R.R. 247	
17440/90	9 February 1995	Welch	United Kingdom	Jmt	(1996) 21 E.H.R.R. CD 1	
17488/90	27 March 1996	Goodwin	United Kingdom	Jmt	(1996) 22 E.H.R.R. 123	
17494/90	October 1992	Ixion	France	Adm	(1993) 15 E.H.R.R. CD 91	
17505/90	January 1993	Nydahl	Sweden	Adm	(1993) 16 E.H.R.R. CD 15	
17506/90	19 July 1995	Kerojarvi	Finland	Jmt	(2001) 32 E.H.R.R. 152	(2001) 32 E.H.R.R. 8
17550/90	27 August 1992	Vijayanathan and Pusparajah	France	Jmt	(1993) 15 E.H.R.R. 62	
17579/90	January 1993	Kelly	United Kingdom	Adm	(1993) 16 E.H.R.R. CD 20	
17602/91	10 June 1996	Thomann	Switzerland	Jmt	(1997) 24 E.H.R.R. 553	
17621/91	January 1993	Kemmache	France	Adm	(1993) 16 E.H.R.R. CD 43	
17621/91	24 November 1994	Kemmache	France (No. 3)	Jmt	(1995) 19 E.H.R.R. 349	
17748/91	5 July 1994	Ankerl	Switzerland	Adm	(1994) 18 E.H.R.R. CD 56	
17748/91	23 October 1996	Ankerl	Switzerland	Jmt	(2001) 32 E.H.R.R. 1	(2001) 32 E.H.R.R. 1
17771/91	October 1992	D	Switzerland	Adm	(1993) 15 E.H.R.R. CD 29	
17820/91	1 July 1997	Pammel	Germany	Jmt	(1998) 26 E.H.R.R. 100	
17825/91	27 August 1992	Vijayanathan and Pusparajah	France	Jmt	(1993) 15 E.H.R.R. 62	
17831/91	13 July 1995	Morganti	France	Jmt	(1996) 21 E.H.R.R. 34	
17849/91	20 November 1995	Pressos Compania Naviera SA	Belgium	Jmt	(1996) 21 E.H.R.R. 301	
17849/91	3 July 1997	Pressos Compania Naviera SA	Belgium	Op	(1997) 24 E.H.R.R. CD 16	
17851/91	October 1992	Vogt	Germany	Adm	(1993) 15 E.H.R.R. CD 31	
17851/91	26 September 1995	Vogt	Germany	Jmt	(1996) 21 E.H.R.R. 205	
17851/91	26 September 1995	Vogt	Germany	Jmt	(1996) 22 E.H.R.R. CD 1	
17855/91	October 1992	Pereira	Portugal	Adm	(1993) 15 E.H.R.R. CD 92	
17867/91	October 1992	Alves	Portugal	Adm	(1993) 15 E.H.R.R. CD 92	
17869/91	23 April 1996	Phocas	France	Jmt	(2001) 32 E.H.R.R. 221	(2001) 32 E.H.R.R. 11
17874/91	October 1992	Pinard, Foucher and Parmentier	France	Adm	(1993) 15 E.H.R.R. CD 92	

17876/91	October 1992	Pinard, Foucher and Parmentier	France	Adm	(1993) 15 E.H.R.R. CD 92	
17884/91	October 1992	L	France	Adm	(1993) 15 E.H.R.R. CD 31	
17997/91	13 July 1995	Kampanis	Greece	Jmt	(1996) 21 E.H.R.R. 43	
18000/91	October 1992	Ayadi	France	Adm	(1993) 15 E.H.R.R. CD 93	
18001/91	May 1994	Philis	Greece	Adm	(1994) 18 E.H.R.R. CD 57	
18020/91	23 March 1991	X	France	Jmt	(1992) 14 E.H.R.R. 483	
18024/91	October 1992	Gama Cidrais	Portugal	Adm	(1993) 15 E.H.R.R. CD 94	
18028/91	January 1993	Gama Vinhas	Portugal	Adm	(1993) 16 E.H.R.R. CD 44	
18034/91	January 1993	J	Portugal	Adm	(1993) 16 E.H.R.R. CD 23	
18064/91	25 November 1994	Ortenberg	Austria	Jmt	(1995) 19 E.H.R.R. 524	
18064/91	9 December 1994	Hiro Balani	Spain	Jmt	(1995) 19 E.H.R.R. 566	
18123/91	October 1992	F	United Kingdom	Adm	(1993) 15 E.H.R.R. CD 32	
18131/91	25 November 1994	Stjerna	Finland	Jmt	(1997) 24 E.H.R.R. 195	
18139/91	13 July 1995	Tolstoy Miloslavsky	United Kingdom	Jmt	(1995) 20 E.H.R.R. 442	
18160/91	October 1992	Diennet	France	Adm	(1993) 15 E.H.R.R. CD 94	
18160/91	26 September 1995	Diennet	France	Jmt	(1996) 21 E.H.R.R. 554	
18165/91	15 November 1996	Silva Rocha	Portugal	Jmt	(2001) 32 E.H.R.R. 333	(2001) 32 E.H.R.R. 16
18187/91	January 1993	H	United Kingdom	Adm	(1993) 16 E.H.R.R. CD 44	
18206/91	January 1993	Fadini	Switzerland	Adm	(1993) 16 E.H.R.R. CD 13	
18249/91	March 1994	F.K., T.M. and C.H.	Austria	Adm	(1994) 18 E.H.R.R. CD 60	
18275/91	October 1992	P	Sweden	Adm	(1993) 15 E.H.R.R. CD 95	
18305/91	January 1993	Pichler	Austria	Adm	(1993) 16 E.H.R.R. CD 45	
18357/91	August 1994	D and A.A. H.	Greece	Adm	(1994) 18 E.H.R.R. CD 62	
18357/91	19 March 1997	Hornsby	Greece	Jmt	(1997) 24 E.H.R.R. 250	
18390/91	9 December 1994	Ruiz Torija	Spain	Jmt	(1995) 19 E.H.R.R. 553	
18394/91	October 1992	K	United Kingdom	Adm	(1993) 15 E.H.R.R. CD 33	
18395/91	October 1992	Q	Netherlands	Adm	(1993) 15 E.H.R.R. CD 96	
18401/91	May 1993	Smith	United Kingdom	Adm	(1994) 18 E.H.R.R. CD 65	
18465/91	5 May 1995	Air Canada	United Kingdom	Jmt	(1995) 20 E.H.R.R. 150	
18507/91	May 1994	H	Finland	Adm	(1994) 18 E.H.R.R. CD 68	
18535/91	27 October 1994	Kroon	Netherlands	Jmt	(1995) 19 E.H.R.R. 263	
18560/91	October 1992	A, B, and C	France	Adm	(1993) 15 E.H.R.R. CD 39	
18580/91	January 1993	K	France	Adm	(1993) 16 E.H.R.R. CD 23	
18580/91	22 March 1995	Quinn	France	Jmt	(1996) 21 E.H.R.R. 529	

APPL. No.	DECISION DATE	PARTY A	PARTY B (COUNTRY)	Adm / Op / Jmt	CITATION	CASE No.
18600/91	October 1992	G, H, I	United Kingdom	Adm	(1993) 15 E.H.R.R. CD 41	
18601/91	October 1992	G, H, I	United Kingdom	Adm	(1993) 15 E.H.R.R. CD 41	
18601/91	April 1993	Esbester	United Kingdom	Adm	(1994) 18 E.H.R.R. CD 72	
18602/91	October 1992	G, H, I	United Kingdom	Adm	(1993) 15 E.H.R.R. CD 41	
18632/91	October 1992	McCotter	United Kingdom	Adm	(1993) 15 E.H.R.R. CD 98	
18656/91	October 1992	Perin	France	Adm	(1993) 15 E.H.R.R. CD 99	
18711/91	October 1992	R	United Kingdom	Adm	(1993) 15 E.H.R.R. CD 100	
18711/91	28 October 1994	Boner	United Kingdom	Jmt	(1995) 19 E.H.R.R. 246	
18714/91	May 1994	Brind	United Kingdom	Adm	(1994) 18 E.H.R.R. CD 76	
18718/91	October 1992	J	Belgium	Adm	(1993) 15 E.H.R.R. CD 46	
18725/91	17 March 1997	Neigel	France	Jmt	(2000) 30 E.H.R.R. 310	
18731/91	8 February 1996	Murray	United Kingdom	Jmt	(1996) 22 E.H.R.R. 29	
18739/91	27 June 1994	John Murray	United Kingdom	Op	(1994) 18 E.H.R.R. CD 1	
18747/91	1 July 1997	Gitonas	Greece	Jmt	(1998) 26 E.H.R.R. 691	
18748/91	25 May 1995	Manoussakis	Greece	Op	(1996) 21 E.H.R.R. CD 3	
18748/91	26 September 1996	Manoussakis	Greece	Jmt	(1997) 23 E.H.R.R. 387	
18757/91	October 1992	N	United Kingdom	Adm	(1993) 15 E.H.R.R. CD 47	
18759/91	May 1994	McLaughlin	United Kingdom	Adm	(1994) 18 E.H.R.R. CD 84	
18764/91	September 1994	P Hippin	Austria	Adm	(1994) 18 E.H.R.R. CD 93	
18781/91	6 July 1998	Gasper	Sweden	Adm	(1998) 26 E.H.R.R. CD 30	
18823/91	January 1993	L	Austria	Adm	(1993) 16 E.H.R.R. CD 24	
18824/91	October 1992	Lockwood	United Kingdom	Adm	(1993) 15 E.H.R.R. CD 48	
18825/91	October 1992	K	Germany	Adm	(1993) 15 E.H.R.R. CD 48	
18835/91	October 1992	Grare	France	Adm	(1993) 15 E.H.R.R. CD 100	
18877/91	15 November 1996	Ahmet Sadik	Greece	Jmt	(1997) 24 E.H.R.R. 323	
18890/91	March 1996	Weidlich	Germany	Op	(1996) 22 E.H.R.R. CD 55	
18892/91	December 1993	Putz	Austria	Adm	(1994) 18 E.H.R.R. CD 97	
18892/91	22 February 1996	Putz	Austria	Jmt	(2001) 32 E.H.R.R. 271	(2001) 32 E.H.R.R. 13
18896/91	4 December 1995	Ribitsch	Austria	Jmt	(1996) 21 E.H.R.R. 573	
18897/91	October 1992	Times Newspapers and Neil	United Kingdom	Adm	(1993) 15 E.H.R.R. CD 49	

18902/91	27 October 1998	H.N.	Italy	Adm	(1999) 27 E.H.R.R. CD 75	
18928/91	October 1992	Fredin	Sweden	Adm	(1993) 15 E.H.R.R. CD 58	
18949/91	October 1992	Maxwell	United Kingdom	Adm	(1993) 15 E.H.R.R. CD 101	
18949/91	28 October 1994	Maxwell	United Kingdom	Jmt	(1995) 19 E.H.R.R. 97	
18954/91	25 November 1997	Zana	Turkey	Jmt	(1999) 27 E.H.R.R. 667	
18960/91	January 1993	M	Austria	Adm	(1993) 16 E.H.R.R. CD 25	
18969/91	October 1992	Ollila	Finland	Adm	(1993) 15 E.H.R.R. CD 101	
18978/91	26 September 1996	Miailhe	France (No. 2)	Jmt	(1997) 23 E.H.R.R. 491	
18984/91	27 September 1995	McCann	United Kingdom	Jmt	(1996) 21 E.H.R.R. 97	
18990/91	18 February 1997	Nideröst-Huber	Switzerland	Jmt	(1998) 25 E.H.R.R. 709	
18996/91	24 September 1997	Garyfallou Aebe	Greece	Jmt	(1999) 28 E.H.R.R. 344	
18997/91	February 1994	I.Z.	Greece	Adm	(1994) 18 E.H.R.R. CD 101	
19005/91	October 1992	Schouten	Netherlands	Adm	(1993) 15 E.H.R.R. CD 105	
19005/91	9 December 1994	Schouten and Meldrum	Netherlands	Jmt	(1995) 19 E.H.R.R. 432	
19006/91	October 1992	Meldrum	Netherlands	Adm	(1993) 15 E.H.R.R. CD 106	
19006/91	9 December 1994	Schouten and Meldrum	Netherlands	Jmt	(1995) 19 E.H.R.R. 432	
19042/91	January 1993	Monroy	France	Adm	(1993) 16 E.H.R.R. CD 46	
19048/91	March 1996	Weidlich	Germany	Op	(1996) 22 E.H.R.R. CD 55	
19049/91	March 1996	Weidlich	Germany	Op	(1996) 22 E.H.R.R. CD 55	
19061/91	28 October 1998	Ciraklar	Turkey	Jmt	(2001) 32 E.H.R.R. 535	(2001) 32 E.H.R.R. 23
19075/91	20 February 1996	Vermeulen	Belgium	Jmt	(2001) 32 E.H.R.R. 313	(2001) 32 E.H.R.R. 15
19085/91	October 1992	S	United Kingdom	Adm	(1993) 15 E.H.R.R. CD 106	
19092/91	7 August 1996	Yagiz	Turkey	Jmt	(1996) 22 E.H.R.R. 573	
19133/91	28 September 1995	Scollo	Italy	Jmt	(1996) 22 E.H.R.R. 514	
19160/91	10 February 1995	Gea Catalán	Spain	Jmt	(1995) 20 E.H.R.R. 266	
19178/91	27 June 1994	Bryan	United Kingdom	Op	(1994) 18 E.H.R.R. CD 18	
19178/91	22 November 1995	Bryan	United Kingdom	Jmt	(1996) 21 E.H.R.R. 342	
19182/91	January 1995	Telesystem Tirol Kabeltelevision	Austria	Adm	(1995) 19 E.H.R.R. CD 42	
19182/91	9 June 1997	Telesystem Tirol Kabeltelevision	Austria	Adm	(1997) 23 E.H.R.R. CD 33	
19182/91	9 June 1997	Telesystem Tirol Kabeltelevision	Austria	Op	(1997) 24 E.H.R.R. CD 11	
19187/91	10 May 1994	Saunders	United Kingdom	Op	(1994) 18 E.H.R.R. CD 23	
19187/91	17 December 1996	Saunders	United Kingdom	Jmt	(1997) 23 E.H.R.R. 313	
19205/91	October 1992	T	Austria	Adm	(1993) 15 E.H.R.R. CD 60	
19222/91	January 1993	Rapotez	Italy	Adm	(1993) 16 E.H.R.R. CD 46	

APPL. No.	DECISION DATE	PARTY A	PARTY B (COUNTRY)	Adm / Op / Jmt	CITATION	CASE No.
19233/91	September 1995	Tsirlis	Greece	Adm	(1995) 20 E.H.R.R. CD 52	
19233/91	7 March 1996	Tsirlis and Kouloumpas	Greece	Op	(1996) 21 E.H.R.R. CD 30	
19233/91	29 May 1997	Tsirlis and Kouloumpas	Greece	Jmt	(1998) 25 E.H.R.R. 198	
19234/91	7 March 1996	Tsirlis and Kouloumpas	Greece	Op	(1996) 21 E.H.R.R. CD 30	
19234/91	29 May 1997	Tsirlis and Kouloumpas	Greece	Jmt	(1998) 25 E.H.R.R. 198	
19248/91	21 November 1995	Acquaviva	France	Jmt	(2001) 32 E.H.R.R. 134	(2001) 32 E.H.R.R. 7
19226/92	January 1993	Ward	United Kingdom	Adm	(1993) 16 E.H.R.R. CD 25	
19263/92	9 July 1997	Akkus	Turkey	Jmt	(2000) 30 E.H.R.R. 365	
19329/92	30 January 1998	United Communist Party of Turkey	Turkey	Jmt	(1998) 26 E.H.R.R. 121	
19331/92	January 1994	Liefveld	Netherlands	Adm	(1994) 18 E.H.R.R. CD 103	
19342/92	March 1996	Weidlich	Germany	Op	(1996) 22 E.H.R.R. CD 55	
19376/92	1 July 1997	Gitonas	Greece	Jmt	(1998) 26 E.H.R.R. 691	
19376/92	20 October 1997	Radio ABC	Austria	Jmt	(1998) 25 E.H.R.R. 185	
19379/92	1 July 1997	Gitonas	Greece	Jmt	(1998) 26 E.H.R.R. 691	
19380/92	January 1994	Benham	United Kingdom	Adm	(1994) 18 E.H.R.R. CD 105	
19380/92	10 June 1996	Benham	United Kingdom	Jmt	(1996) 22 E.H.R.R. 293	
19382/92	January 1993	J	Spain	Adm	(1993) 16 E.H.R.R. CD 47	
19382/92	13 July 1993	Van Dertang	Spain	Jmt	(1996) 22 E.H.R.R. 363	
19385/92	15 November 1996	Katikaridis	Greece	Jmt	(2001) 32 E.H.R.R. 113	(2001) 32 E.H.R.R. 6
19441/92	June 1994	H and J. Ohg	Austria	Adm	(1994) 18 E.H.R.R. CD 107	
19442/92	June 1994	E.B.	Germany	Adm	(1994) 18 E.H.R.R. CD 109	
19465/92	13 July 1995	Nasri	France	Jmt	(1996) 21 E.H.R.R. 458	
19508/92	July 1994	J.D.	Netherlands	Adm	(1994) 18 E.H.R.R. CD 110	
19538/92	January 1993	Goodman International and Goodman	Ireland	Adm	(1993) 16 E.H.R.R. CD 26	
19549/92	March 1996	Weidlich	Germany	Op	(1996) 22 E.H.R.R. CD 55	
19589/92	20 November 1995	British American Tobacco Company Ltd	Netherlands	Jmt	(1996) 21 E.H.R.R. 409	
19632/92	21 February 1997	Guillemin	France	Jmt	(1998) 25 E.H.R.R. 435	

19632/92	2 September 1998	Guillemin	France	Op	(1999) 27 E.H.R.R. CD 1
19715/92	October 1992	T	Luxembourg	Adm	(1993) 15 E.H.R.R. CD 107
19736/92	11 April 1996,	Radio ABC	Austria	Op	(1996) 22 E.H.R.R. CD 3
19762/92	September 1994	Asplund	Sweden	Adm	(1994) 18 E.H.R.R. CD 111
19773/92	27 June 1997	Philis	Greece (No. 2)	Jmt	(1998) 25 E.H.R.R. 417
19776/92	25 June 1996	Amuur	France	Jmt	(1996) 22 E.H.R.R. 533
19800/92	26 September 1997	RMD	Switzerland	Jmt	(1999) 28 E.H.R.R. 224
19804/92	October 1992	V	United Kingdom	Adm	(1993) 15 E.H.R.R. CD 108
19805/92	May 1993	Brennan	United Kingdom	Adm	(1994) 18 E.H.R.R. CD 114
19823/92	January 1993	K	Finland	Adm	(1993) 16 E.H.R.R. CD 47
19823/92	23 September 1994	Hokkanen	Finland	Jmt	(1995) 19 E.H.R.R. 139
19874/92	7 August 1996	Ferrantelli and Santangelo	Italy	Jmt	(1997) 23 E.H.R.R. 288
19953/92	7 August 1996	Hamer	France	Jmt	(1997) 23 E.H.R.R. 1
19958/92	29 August 1997	AP, MP, TP	Switzerland	Jmt	(1998) 26 E.H.R.R. 541
19983/92	24 February 1997	De Haes and Gijsels	Belgium	Jmt	(1998) 25 E.H.R.R. 1
20022/92	27 August 1997	Andersson	Sweden	Jmt	(1998) 25 E.H.R.R. 722
20024/92	16 September 1996	Süssmann	Germany	Jmt	(1998) 25 E.H.R.R. 64
20060/92	21 February 1997	Van Raalte	Netherlands	Jmt	(1997) 24 E.H.R.R. 503
20075/92	August 1994	Leech	United Kingdom	Adm	(1994) 18 E.H.R.R. CD 116
20100/92	January 1993	N	United Kingdom	Adm	(1993) 16 E.H.R.R. CD 28
20118/92	October 1992	E	United Kingdom	Adm	(1993) 15 E.H.R.R. CD 61
20122/92	25 June 1997	Van Orshoven	Belgium	Jmt	(1998) 26 E.H.R.R. 55
20124/92	19 February 1998	Higgins	France	Jmt	(1999) 27 E.H.R.R. 703
20166/92	January 1994	S.W.	United Kingdom	Adm	(1994) 18 E.H.R.R. CD 119
20166/92	22 November 1995	SW & CR	United Kingdom	Jmt	(1996) 21 E.H.R.R. 363
20190/92	22 November 1995	SW & CR	United Kingdom	Jmt	(1996) 21 E.H.R.R. 363
20202/92	October 1992	W	Finland	Adm	(1993) 15 E.H.R.R. CD 109
20225/92	20 October 1997	Serves	France	Jmt	(1999) 28 E.H.R.R. 265
20251/92	5 March 1996	Pantano	Italy	Adm	(1996) 21 E.H.R.R. CD 117
20299/92	January 1993	P	France	Adm	(1993) 16 E.H.R.R. CD 29
20323/92	28 February 1998	Pafitis	Greece	Jmt	(1999) 27 E.H.R.R. 566
20326/92	September 1994	Grander	Sweden	Adm	(1994) 18 E.H.R.R. CD 120
20331/92	21 May 1996	Ausiello	Italy	Jmt	(1997) 24 E.H.R.R. 568
20348/92	March 1994	Buckley	United Kingdom	Adm	(1994) 18 E.H.R.R. CD 123

APPL. No.	DECISION DATE	PARTY A	PARTY B (COUNTRY)	Adm / Op / Jmt	CITATION	CASE No.
20348/92	3 March 1994	Buckley	United Kingdom	Op	(1995) 19 E.H.R.R. CD 20	
20348/92	25 September 1996	Buckley	United Kingdom	Jmt	(1997) 23 E.H.R.R. 101	
20357/92	March 1994	Whiteside	United Kingdom	Adm	(1994) 18 E.H.R.R. CD 126	
20368/92	17 December 1996	Vacher	France	Jmt	(1997) 24 E.H.R.R. 482	
20390/92	May 1996	Tinnelly and Sons Ltd and McElduff	United Kingdom	Op	(1996) 22 E.H.R.R. CD 62	
20390/92	10 July 1998	Tinnelly and Sons Ltd and McElduff	United Kingdom	Jmt	(1999) 27 E.H.R.R. 249	
20398/92	31 January 1996	Fouquet	France	Jmt	(1996) 22 E.H.R.R. 279	
20433/92	October 1992	McCourt	United Kingdom	Adm	(1993) 15 E.H.R.R. CD 110	
20447/92	May 1993	James	United Kingdom	Adm	(1994) 18 E.H.R.R. CD 130	
20448/92	June 1995	A.T.	United Kingdom	Adm	(1995) 20 E.H.R.R. CD 59	
20458/92	July 1995	A.P	Austria	Adm	(1995) 20 E.H.R.R. CD 63	
20471/92	April 1996	Kustannus Oy Vapaa Ajattelija AB	Finland	Op	(1996) 22 E.H.R.R. CD 69	
20475/92	January 1993	Q	France	Adm	(1993) 16 E.H.R.R. CD 30	
20490/92	March 1994	Iskcon	United Kingdom	Adm	(1994) 18 E.H.R.R. CD 133	
20524/92	26 March 1996	Doorson	Netherlands	Jmt	(1996) 22 E.H.R.R. 330	
20560/92	August 1994	Koskinen	Finland	Adm	(1994) 18 E.H.R.R. CD 146	
20591/92	October 1992	Firsoff	United Kingdom	Adm	(1993) 15 E.H.R.R. CD 111	
20602/92	24 November 1997	Szucs	Austria	Jmt	(1998) 26 E.H.R.R. 310	
20605/92	March 1995	Halford	United Kingdom	Adm	(1995) 19 E.H.R.R. CD 43	
20605/92	25 June 1997	Halford	United Kingdom	Jmt	(1997) 24 E.H.R.R. 523	
20608/92	October 1992	DeBono	Malta	Adm	(1993) 15 E.H.R.R. CD 112	
20641/92	5 July 1994	Terra Woningen	Netherlands	Op	(1995) 20 E.H.R.R. CD 1	
20641/92	17 December 1996	Terra Woningen	Netherlands	Jmt	(1997) 24 E.H.R.R. 456	
20657/92	October 1992	X	United Kingdom	Adm	(1993) 15 E.H.R.R. CD 113	
20704/92	1 July 1997	Kalaç	Turkey	Jmt	(1999) 27 E.H.R.R. 552	
20747/92	January 1993	Boussel Du Bourg	France	Adm	(1993) 16 E.H.R.R. CD 49	
20772/92	19 December 1997	Helle	Finland	Jmt	(1998) 26 E.H.R.R. 159	
20826/92	8 February 1996	A	Denmark	Jmt	(1996) 22 E.H.R.R. 458	

20837/92	27 August 1997	MS	Sweden	Jmt	(1999) 28 E.H.R.R. 313	
20934/92	1 July 1997	Oberschlick	Austria (No. 2)	Jmt	(1998) 25 E.H.R.R. 357	
20940/92	17 December 1996	Duclos	France	Jmt	(2001) 32 E.H.R.R. 86	(2001) 32 E.H.R.R. 5
20941/92	17 December 1996	Duclos	France	Jmt	(2001) 32 E.H.R.R. 86	(2001) 32 E.H.R.R. 5
20942/92	17 December 1996	Duclos	France	Jmt	(2001) 32 E.H.R.R. 86	(2001) 32 E.H.R.R. 5
20957/92	June 1994	Ünlü	Austria	Adm	(1994) 18 E.H.R.R. CD 165	
20972/92	7 March 1996	Raninen	Finland	Adm	(1996) 21 E.H.R.R. CD 123	
20972/92	16 December 1997	Raninen	Finland	Jmt	(1998) 26 E.H.R.R. 563	
21078/92	September 1994	Lundblad	Sweden	Adm	(1994) 18 E.H.R.R. CD 167	
21090/92	January 1994	Heinz	Contracting States Party to the European Patent Convention	Adm	(1994) 18 E.H.R.R. CD 168	
21178/93	January 1995	Roberts	United Kingdom	Adm	(1995) 19 E.H.R.R. CD 50	
21237/93	25 May 1998	The Socialist Party	Turkey	Jmt	(1999) 27 E.H.R.R. 51	
21257/93	20 May 1998	Gautrin	France	Jmt	(1999) 28 E.H.R.R. 196	
21258/93	20 May 1998	Gautrin	France	Jmt	(1999) 28 E.H.R.R. 196	
21259/93	20 May 1998	Gautrin	France	Jmt	(1999) 28 E.H.R.R. 196	
21260/93	20 May 1998	Gautrin	France	Jmt	(1999) 28 E.H.R.R. 196	
21318/93	September 1994	Ochensberger	Austria	Adm	(1994) 18 E.H.R.R. CD 170	
21319/93	January 1995	National and Provincial, Leeds and Yorkshire Building Societies	United Kingdom	Adm	(1995) 19 E.H.R.R. CD 56	
21319/93	23 October 1997	The National & Provincial Building Society, The Leeds Permanent Building Society	United Kingdom	Jmt	(1998) 25 E.H.R.R. 127	
21322/93	May 1996	Tinnelly and Sons and McElduff	United Kingdom	Op	(1996) 22 E.H.R.R. CD 62	
21325/93	May 1993	S and M	United Kingdom	Adm	(1994) 18 E.H.R.R. CD 172	
21335/93	18 December 1996	Scott	Spain	Jmt	(1997) 24 E.H.R.R. 391	
21351/93	27 March 1998	JJ	Netherlands	Jmt	(1999) 28 E.H.R.R. 168	
21353/93	16 December 1997	Camenzind	Switzerland	Jmt	(1999) 28 E.H.R.R. 458	
21363/93	23 April 1997	Van Mechelen	Netherlands	Jmt	(1998) 25 E.H.R.R. 647	
21364/93	23 April 1997	Van Mechelen	Netherlands	Jmt	(1998) 25 E.H.R.R. 647	
21427/93	23 April 1997	Van Mechelen	Netherlands	Jmt	(1998) 25 E.H.R.R. 647	

APPL. No.	DECISION DATE	PARTY A	PARTY B (COUNTRY)	Adm / Op / Jmt	CITATION	CASE No.
21437/93	May 1994	Dougan	United Kingdom	Adm	(1994) 18 E.H.R.R. CD 174	
21439/93	24 February 1998	Botta	Italy	Jmt	(1998) 26 E.H.R.R. 241	
21444/93	July 1996	Öhlinger	Austria	Op	(1996) 22 E.H.R.R. CD 75	
21449/93	23 October 1997	The National & Provincial Building Society, The Leeds Permanent Building Society	United Kingdom	Jmt	(1998) 25 E.H.R.R. 127	
21472/93	January 1994	X.S.A.	Netherlands	Adm	(1994) 18 E.H.R.R. CD 176	
21497/93	18 March 1997	Mantovanelli	France	Jmt	(1997) 24 E.H.R.R. 370	
21503/93	2 April 1997	PL	France	Jmt	(1998) 25 E.H.R.R. 481	
21522/93	29 May 1997	Georgiadis	Greece	Jmt	(1997) 24 E.H.R.R. 606	
21525/93	24 October 1996	De Salvador Torres	Spain	Jmt	(1997) 23 E.H.R.R. 601	
21592/93	3 October 1997	Sur	Turkey	Settle-ment	(1998) 25 E.H.R.R. CD 1	
21593/93	27 July 1998	Güleç	Turkey	Jmt	(1999) 28 E.H.R.R. 121	
21594/93	20 May 1999	Ogur	Turkey	Jmt	(2001) 31 E.H.H.R. 912	(2001) 31 E.H.R.R 40
21627/93	19 February 1997	Laskey, Jaggard and Brown	United Kingdom	Jmt	(1997) 24 E.H.R.R. 39	
21675/93	23 October 1997	The National & Provincial Building Society, The Leeds Permanent Building Society	United Kingdom	Jmt	(1998) 25 E.H.R.R. 127	
21681/93	January 1995	W, H & A	United Kingdom	Adm	(1995) 19 E.H.R.R. CD 60	
21702/93	28 November 1996	Ahmut	Netherlands	Jmt	(1997) 24 E.H.R.R. 62	
21780/93	March 1994	T.V.	Finland	Adm	(1994) 18 E.H.R.R. CD 179	
21787/93	18 December 1996	Valsamis	Greece	Jmt	(1997) 24 E.H.R.R. 294	
21794/93	7 August 1996	C	Belgium	Jmt	(2001) 32 E.H.R.R. 19	(2001) 32 E.H.R.R. 2
21825/93	28 November 1995	McGinley and Egan	United Kingdom	Adm	(1996) 21 E.H.R.R. CD 56	
21825/93	9 June 1998	McGinley and Egan	United Kingdom	Jmt	(1999) 27 E.H.R.R. 1	
21826/93	19 February 1997	Laskey, Jaggard and Brown	United Kingdom	Jmt	(1997) 24 E.H.R.R. 39	
21830/93	1 December 1994	X, Y, & Z	United Kingdom	Op	(1995) 20 E.H.R.R. CD 6	
21830/93	22 April 1997	Z, Y, Z	United Kingdom	Jmt	(1997) 24 E.H.R.R. 143	
21835/93	24 November 1997	Werner	Austria	Jmt	(1998) 26 E.H.R.R. 310	

21890/93	22 October 1997	Erdagöz	Turkey	Jmt	(2001) 32 E.H.R.R. 443	(2001) 32 E.H.R.R. 19
21893/93	16 September 1996	Akdivar	Turkey	Jmt	(1997) 23 E.H.R.R. 143	
21894/93	5 March 1996	Akkum, Akan and Karakoç	Turkey	Adm	(1996) 21 E.H.R.R. CD 118	
21915/93	January 1995	Lukanov	Bulgaria	Adm	(1995) 19 E.H.R.R. CD 65	
21915/93	16 January 1996	Lukanov	Bulgaria	Op	(1996) 21 E.H.R.R. CD 20	
21915/93	20 March 1997	Lukanov	Bulgaria	Jmt	(1997) 24 E.H.R.R. 121	
21920/93	23 October 1996	Société Levage Prestations	France	Jmt	(1997) 24 E.H.R.R. 351	
21928/93	21 February 1996	Hussain	United Kingdom	Jmt	(1996) 22 E.H.R.R. 1	
21974/93	19 February 1997	Laskey, Jaggard and Brown	United Kingdom	Jmt	(1997) 24 E.H.R.R. 39	
21980/93	26 May 1997	Bladet Tromsø AS	Norway		(1997) 23 E.H.R.R. CD 40	
21980/93	20 May 1999	Bladet Tromsø and Stensaas	Norway	Jmt	(2000) 29 E.H.R.R. 125	
21987/93	18 December 1996	Aksoy	Turkey	Jmt	(1997) 23 E.H.R.R. 553	
22009/93	25 February 1997	Z	Finland	Jmt	(1998) 25 E.H.R.R. 371	
22045/93	January 1995	Beïs	Greece	Adm	(1995) 19 E.H.R.R. CD 70	
22045/93	20 March 1997	Beïs	Greece	Jmt	(1998) 25 E.H.R.R. 335	
22056/93	23 April 1997	Van Mechelen	Netherlands	Jmt	(1998) 25 E.H.R.R. 647	
22070/93	24 April 1996	Boughanemi	France	Jmt	(1996) 22 E.H.R.R. 228	
22083/93	September 1994	Stubbings, J.L. and J.P.	United Kingdom	Adm	(1994) 18 E.H.R.R. CD 185	
22083/93	6 September 1994	Stubbings, J.L. and J.P.	United Kingdom	Op	(1995) 19 E.H.R.R. CD 32	
22083/93	22 October 1996	Stubbings	United Kingdom	Jmt	(1997) 23 E.H.R.R. 213	
22095/93	22 October 1996	Stubbings	United Kingdom	Jmt	(1997) 23 E.H.R.R. 213	
22107/93	5 September 1995	Findlay	United Kingdom	Op	(1996) 21 E.H.R.R. CD 7	
22107/93	25 February 1997	Findlay	United Kingdom	Jmt	(1997) 24 E.H.R.R. 221	
22110/93	26 August 1997	Balmer-Schefroth	Switzerland	Jmt	(1998) 25 E.H.R.R. 598	
22121/93	26 April 1994	Vallee	France	Jmt	(1994) 18 E.H.R.R. 549	
22209/93	18 March 1997	Foucher	France	Jmt	(1998) 25 E.H.R.R. 234	
22275/93	25 May 1998	Gündem	Turkey	Jmt	(2001) 32 E.H.R.R. 350	(2001) 32 E.H.R.R. 17
22281/93	April 1995	Yasar	Turkey	Adm	(1995) 19 E.H.R.R. CD 74	
22299/93	April 1995	Gregory	United Kingdom	Adm	(1995) 19 E.H.R.R. CD 82	
22299/93	25 February 1997	Gregory	United Kingdom	Jmt	(1998) 25 E.H.R.R. 577	
22351/93	May 1996	Fenzel & Köllner	Austria	Op	(1996) 22 E.H.R.R. CD 80	
22382/93	January 1995	Wilde, Greenhalgh & Parry	United Kingdom	Adm	(1995) 19 E.H.R.R. CD 86	
22399/93	10 June 1996	Pullar	United Kingdom	Jmt	(1996) 22 E.H.R.R. 391	
22408/93	September 1994	H	Sweden	Adm	(1994) 18 E.H.R.R. CD 191	

APPL. No.	DECISION DATE	PARTY A	PARTY B (COUNTRY)	Adm / Op / Jmt	CITATION	CASE No.
22410/93	23 September 1997	Robins	United Kingdom	Jmt	(1998) 26 E.H.R.R. 527	
22414/93	15 November 1966	Chahal	United Kingdom	Jmt	(1997) 23 E.H.R.R. 413	
22414/93	September 1994	Karamjit Chahal	United Kingdom	Adm	(1994) 18 E.H.R.R. CD 193	
22414/93	1 September 1994	The Chahal Family	United Kingdom	Op	(1995) 20 E.H.R.R. CD 19	
22495/93	2 September 1998	Yasa	Turkey	Jmt	(1999) 28 E.H.R.R. 408	
22496/93	9 June 1998	Tekin	Turkey	Jmt	(2001) 31 E.H.H.R. 95	(2001) 31 E.H.R.R 4
22507/93	April 1995	Hansen	Denmark	Adm	(1995) 19 E.H.R.R. CD 89	
22520/93	24 October 1997	Johnson	United Kingdom	Jmt	(1999) 27 E.H.R.R. 296	
22531/93	May 1996	Mantel	Netherlands	Op	(1996) 22 E.H.R.R. CD 86	
22534/93	30 May 2000	AO	Italy	Jmt	(2000) 29 E.H.R.R. CD 92	
22597/93	January 1994	Thorbergsson	Iceland	Adm	(1994) 18 E.H.R.R. CD 205	
22600/93	21 April 1998	Daud	Portugal	Jmt	(2000) 30 E.H.R.R. 400	
22613/93	January 1995	Moody	United Kingdom	Adm	(1995) 19 E.H.R.R. CD 90	
22634/93	August 1994	Mlynek	Austria	Adm	(1994) 18 E.H.R.R. CD 207	
22678/93	9 June 1998	Incal	Turkey	Jmt	(2000) 29 E.H.R.R. 449	
22714/93	27 November 1995	Worm	Austria	Adm	(1996) 21 E.H.R.R. CD 51	
22714/93	27 November 1995	Worm	Austria	Op	(1996) 22 E.H.R.R. CD 7	
22714/93	29 August 1997	Worm	Austria	Jmt	(1998) 25 E.H.R.R. 454	
22729/93	19 February 1998	Kaya	Turkey	Jmt	(1999) 28 E.H.R.R. 1	
22771/93	7 September 1999	CL, BL, HL	Sweden	Adm	(2000) 29 E.H.R.R. CD 126	
22774/93	28 July 1999	Imobiliare Saffi	Italy	Jmt	(2000) 30 E.H.R.R. 756	
22806/93	March 1994	A and Family	Sweden	Adm	(1994) 18 E.H.R.R. CD 209	
22839/93	26 August 1997	De Haan	Netherlands	Jmt	(1998) 26 E.H.R.R. 417	
22862/93	24 May 1995	Marlhens	France	Jmt	(1996) 22 E.H.R.R. 285	
22862/93	24 May 1995	Marlhens	France	Jmt	(1996) 21 E.H.R.R. 502	
22880/93	23 September 1998	Aytekin	Turkey	Jmt	(2001) 32 E.H.R.R. 501	(2001) 32 E.H.R.R. 22
22885/93	23 April 1998	Bernard	France	Jmt	(2000) 30 E.H.R.R. 808	
22885/93	30 July 1998	Sheffield and Horsham	United Kingdom	Jmt	(1999) 27 E.H.R.R. 163	
22904/93	28 October 1994	Demai	France	Jmt	(1995) 20 E.H.R.R. 90	
22921/93	31 March 1998	Reinhardt and Slimane-Kaid	France	Jmt	(1999) 28 E.H.R.R. 59	

22924/93	28 October 1998	Aït-Mouhoub	France	Jmt	(2000) 30 E.H.R.R. 382	
22954/93	September 1995	Ahmed	United Kingdom	Adm	(1995) 20 E.H.R.R. CD 72	
22954/93	2 September 1998	Ahmed	United Kingdom	Jmt	(2000) 29 E.H.R.R. 1	
22956/93	May 1996	Spöttl	Austria	Op	(1996) 22 E.H.R.R. CD 88	
22985/93	September 1994	Sheffield	United Kingdom	Adm	(1995) 20 E.H.R.R. CD 66	
22985/93	19 January 1996	Sheffield	United Kingdom	Adm	(1996) 21 E.H.R.R. CD 99	
23078/93	29 January 1997	Bouchelkia	France	Jmt	(1998) 25 E.H.R.R. 686	
23094/93	May 1994	R.O.	United Kingdom	Adm	(1994) 18 E.H.R.R. CD 212	
23103/93	25 March 1998	Belziuk	Poland	Jmt	(2000) 30 E.H.R.R. 614	
23118/93	25 November 1999	Nilsen and Johnsen	Norway	Jmt	(2000) 30 E.H.R.R. 878	
23144/93	20 October 1995	Ersöz, Çetin, Kaya	Turkey	Adm	(1996) 21 E.H.R.R. CD 48	
23144/93	16 March 2000	Özgür Gündem	Turkey	Jmt	(2001) 31 E.H.H.R. 1082	(2001) 31 E.H.R.R 49
23159/94	May 1994	Dreshaj	Finland	Adm	(1994) 18 E.H.R.R. CD 213	
23178/94	25 September 1997	Aydin	Turkey	Jmt	(1998) 25 E.H.R.R. 251	
23184/94	24 April 1998	Selçuk and Asker	Turkey	Jmt	(1998) 26 E.H.R.R. 477	
23185/94	24 April 1998	Selçuk and Asker	Turkey	Jmt	(1998) 26 E.H.R.R. 477	
23186/94	17 April 1996	Mentes	Turkey	Jmt	(1998) 26 E.H.R.R. CD 1	
23186/94	28 November 1997	Mentes	Turkey	Jmt	(1998) 26 E.H.R.R. 595	
23196/94	1 July 1997	Rolf Gustafson	Sweden	Jmt	(1998) 25 E.H.R.R. 623	
23218/94	19 February 1996	Gül	Switzerland	Jmt	(1996) 22 E.H.R.R. 93	
23224/94	25 March 1998	Kopp	Switzerland	Jmt	(1999) 27 E.H.R.R. 91	
23238/94	9 June 1997	Pentidis	Greece	Op	(1997) 24 E.H.R.R. CD 1	
23238/94	9 June 1997	Pentidis	Greece	Adm	(1997) 23 E.H.R.R. CD 37	
23285/94	17 January 1996	Gudmundssson	Iceland	Adm	(1996) 21 E.H.R.R. CD 89	
23366/94	28 November 1996	Nsona	Netherlands	Jmt	(2001) 32 E.H.R.R. 170	(2001) 32 E.H.R.R. 9
23372/94	24 February 1998	Larrissis	Greece	Jmt	(1999) 27 E.H.R.R. 329	
23390/94	30 July 1998	Sheffield and Horsham	United Kingdom	Jmt	(1999) 27 E.H.R.R. 163	
23397/94	June 1996	Huber, Staufer, Sportanglerbund Vocklabruck & Eckhardt	Austria	Op	(1996) 22 E.H.R.R. CD 91	
23412/94	August 1994	Taylor, Crampton, Gibson, King	United Kingdom	Adm	(1994) 18 E.H.R.R. CD 215	
23413/94	9 June 1998	LCB	United Kingdom	Jmt	(1999) 27 E.H.R.R. 212	
23414/94	28 November 1995	McGinley and Egan	United Kingdom	Adm	(1996) 21 E.H.R.R. CD 56	
23414/94	9 June 1998	McGinley and Egan	United Kingdom	Jmt	(1999) 27 E.H.R.R. 1	
23419/94	September 1995	Verein Gemeinsam Lernen	Austria	Adm	(1995) 20 E.H.R.R. CD 78	

APPL. No.	DECISION DATE	PARTY A	PARTY B (COUNTRY)	Adm / Op / Jmt	CITATION	CASE No.
23452/94	May 1996	Osman	United Kingdom	Op	(1996) 22 E.H.R.R. CD 137	
23452/94	28 October 1998	Osman	United Kingdom	Jmt	(2000) 29 E.H.R.R. 245	
23458/94	September 1995	Hotel Casino Aregua Parana AG	Austria	Adm	(1995) 20 E.H.R.R. CD 79	
23462/94	8 July 1999	Arslan	Turkey	Jmt	(2001) 31 E.H.H.R. 264	(2001) 31 E.H.R.R 9
23496/94	21 October 1996	Quinn	United Kingdom	Adm	(1997) 23 E.H.R.R. CD 41	
23500/94	June 1996	EP	Turkey	Op	(1996) 22 E.H.R.R. CD 143	
23521/94	July 1994	Milics	Sweden	Adm	(1994) 18 E.H.R.R. CD 222	
23536/94	8 July 1999	Baskaya and Okçuoglu	Turkey	Jmt	(2001) 31 E.H.H.R. 292	(2001) 32 E.H.R.R. 10
23546/94	June 1995	M.L.	United Kingdom	Adm	(1995) 20 E.H.R.R. CD 81	
23556/94	8 July 1999	Ceylan	Turkey	Jmt	(2000) 30 E.H.R.R. 73	
23618/94	24 August 1998	Lambert	France	Jmt	(2000) 30 E.H.R.R. 346	
23657/94	8 July 1999	Çakici	Turkey	Jmt	(2001) 31 E.H.H.R. 133	(2001) 31 E.H.R.R 5
23671/94	September 1996	GF	Austria	Op	(1996) 22 E.H.R.R. CD 145	
23697/94	27 February 1997	Saszmann	Austria	Adm	(1997) 23 E.H.R.R. CD 46	
23715/94	May 1996	SP, DP & T	United Kingdom	Op	(1996) 22 E.H.R.R. CD 148	
23759/94	20 May 1998	W.J.	Austria	Adm	(1999) 27 E.H.R.R. CD 83	
23763/94	8 July 1999	Tanrikulu	Turkey	Jmt	(2000) 30 E.H.R.R. 950	
23780/94	July 1994	Musasizi	Sweden	Adm	(1994) 18 E.H.R.R. CD 223	
23807/94	23 September 1998	Erkalo	Netherlands	Jmt	(1999) 28 E.H.R.R. 509	
23818/94	28 July 1998	Ergi	Turkey	Jmt	(2001) 32 E.H.R.R. 388	(2001) 32 E.H.R.R. 18
23860/94	29 November 1995	Khan	United Kingdom	Adm	(1996) 21 E.H.R.R. CD 67	
23866/94	June 1995	Reitmayr	Austria	Adm	(1995) 20 E.H.R.R. CD 89	
23867/94	10 April 1997	Prinz	Austria	Adm	(1997) 23 E.H.R.R. CD 50	
23867/94	8 February 2000	Prinz	Austria	Jmt	(2001) 31 E.H.H.R. 357	(2001) 31 E.H.R.R 12
23878/94	26 November 1997	Sakik	Turkey	Jmt	(1998) 26 E.H.R.R. 662	
23879/94	26 November 1997	Sakik	Turkey	Jmt	(1998) 26 E.H.R.R. 662	
23880/94	26 November 1997	Sakik	Turkey	Jmt	(1998) 26 E.H.R.R. 662	
23881/94	26 November 1997	Sakik	Turkey	Jmt	(1998) 26 E.H.R.R. 662	
23882/94	26 November 1997	Sakik	Turkey	Jmt	(1998) 26 E.H.R.R. 662	
23883/94	26 November 1997	Sakik	Turkey	Jmt	(1998) 26 E.H.R.R. 662	

23885/94	8 December 1999	Özdep	Turkey	Jmt	(2001) 31 E.H.H.R. 674	(2001) 31 E.H.R.R 27
23924/94	June 1996	Car Srl	Italy	Op	(1996) 22 E.H.R.R. CD 153	
23953/94	September 1995	Reiss	Austria	Adm	(1995) 20 E.H.R.R. CD 90	
23959/94	9 September 1998	Janssen	Germany	Adm	(1999) 27 E.H.R.R. CD 91	
24019/94	April 1996	Hautanemi	Sweden	Op	(1996) 22 E.H.R.R. CD 155	
24077/94	May 1996	Mann	Germany	Op	(1996) 22 E.H.R.R. CD 157	
24194/94	21 October 1997	Pierre-Bloch	France	Jmt	(1998) 26 E.H.R.R. 202	
24209/94	29 March 2000	Fidan	Turkey	Adm	(2000) 29 E.H.R.R. CD 162	
24266/94	16 October 1996	Cybulski	United Kingdom	Adm	(1997) 23 E.H.R.R. CD 53	
24276/94	25 May 1998	Kurt	Turkey	Jmt	(1999) 27 E.H.R.R. 373	
24348/94	September 1995	Grigoriades	Greece	Adm	(1995) 20 E.H.R.R. CD 92	
24348/94	25 November 1997	Grigoriades	Greece	Jmt	(1999) 27 E.H.R.R. 464	
24375/94	7 April 1997	Ciftci	Austria	Adm	(1997) 23 E.H.R.R. CD 55	
24404/94	21 October 1997	Boujlifa	France	Jmt	(2000) 30 E.H.R.R. 419	
24408/94	8 July 1999	Baskaya and Okcuoglu	Turkey	Jmt	(2001) 31 E.H.H.R. 292	(2001) 32 E.H.R.R. 10
24433/94	29 November 1995	EDC	United Kingdom	Adm	(1996) 21 E.H.R.R. CD 69	
24436/94	18 February 1999	Cable	United Kingdom	Jmt	(2000) 30 E.H.H.R. 1032	
24484/94	28 October 1998	Söderbäck	Sweden	Jmt	(2000) 29 E.H.R.R. 95	
24492/94	June 1995	Grech	Malta	Adm	(1995) 20 E.H.R.R. CD 95	
24519/94	17 January 1997	Lines	United Kingdom	Adm	(1997) 23 E.H.R.R. CD 58	
24520/94	11 January 2000	Caraher	United Kingdom	Adm	(2000) 29 E.H.R.R. CD 119	
24530/94	20 May 1998	Vodenicarov	Slovak Republic	Adm	(1998) 26 E.H.R.R. CD 40	
24557/94	5 March 1999	Musial	Poland	Jmt	(2001) 31 E.H.H.R. 720	(2001) 31 E.H.R.R 29
24573/94	29 April 1997	HLR	France	Jmt	(1998) 26 E.H.R.R. 29	
24582/94	18 February 1999	Cable	United Kingdom	Jmt	(2000) 30 E.H.H.R. 1032	
24583/94	18 February 1999	Cable	United Kingdom	Jmt	(2000) 30 E.H.H.R. 1032	
24584/94	18 February 1999	Cable	United Kingdom	Jmt	(2000) 30 E.H.H.R. 1032	
24585/94	18 February 1999	Cable	United Kingdom	Jmt	(2000) 30 E.H.H.R. 1032	
24604/94	September 1995	R.S.	United Kingdom	Adm	(1995) 20 E.H.R.R. CD 98	
24645/94	18 February 1999	Buscarini	San Marino	Jmt	(2000) 30 E.H.R.R. 208	
24662/94	23 September 1998	Lehideux and Isorni	France	Jmt	(2000) 30 E.H.R.R. 665	
24724/94	6 March 1998	T	United Kingdom	Adm	(1998) 25 E.H.R.R. CD 11	
24744/94	June 1995	Huggett	United Kingdom	Adm	(1995) 20 E.H.R.R. CD 104	
24755/94	June 1996	McLeod	United Kingdom	Op	(1996) 22 E.H.R.R. CD 158	

APPL. No.	DECISION DATE	PARTY A	PARTY B (COUNTRY)	Adm / Op / Jmt	CITATION	CASE No.
24755/94	23 September 1998	McLeod	United Kingdom	Jmt	(1999) 27 E.H.R.R. 493	
24760/94	June 1996	Assenov, Ivanova and Ivanov	Bulgaria	Op	(1996) 22 E.H.R.R. CD 163	
24760/94	28 October 1998	Assenov	Bulgaria	Jmt	(1999) 28 E.H.R.R. 652	
24767/94	29 July 1998	Omar	France	Jmt	(2000) 29 E.H.R.R. 210	
24773/94	21 March 2000	Andreas Wabl	Austria	Jmt	(2001) 31 E.H.H.R. 1134	(2001) 31 E.H.R.R 51
24827/94	14 April 1998	Holland	Ireland	Adm	(1998) 25 E.H.R.R. CD 20	
24833/94	April 1996	Matthews	United Kingdom	Op	(1996) 22 E.H.R.R. CD 175	
24833/94	18 February 1999	Matthews	United Kingdom	Jmt	(1999) 28 E.H.R.R. 361	
24835/94	28 November 1995	Baxter	United Kingdom	Adm	(1996) 21 E.H.R.R. CD 64	
24838/94	23 September 1998	Steel	United Kingdom	Jmt	(1999) 28 E.H.R.R. 603	
24839/94	4 December 1995	Bowman and the Society for the Protection of Unborn Children	United Kingdom	Adm	(1996) 21 E.H.R.R. CD 79	
24839/94	19 February 1998	Bowman	United Kingdom	Jmt	(1998) 26 E.H.R.R. 1	
24839/94	19 February 1998	Bowman	United Kingdom	Op	(1996) 22 E.H.R.R. CD 13	
24846/94	28 October 1999	Zielinski	France	Jmt	(2001) 31 E.H.H.R. 532	(2001) 31 E.H.R.R 19
24875/94	September 1996	Logan	United Kingdom	Op	(1996) 22 E.H.R.R. CD 178	
24876/94	4 March 1998	Coster	United Kingdom	Adm	(1998) 25 E.H.R.R. CD 24	
24881/94	5 August 1998	Ali	Switzerland	Jmt	(1999) 28 E.H.R.R. 304	
24882/94	4 March 1998	Beard	United Kingdom	Adm	(1998) 25 E.H.R.R. CD 28	
24888/94	16 December 1999	V	United Kingdom	Jmt	(2000) 30 E.H.R.R. 121	
24889/94	12 September 1997	McCullough	United Kingdom	Adm	(1998) 25 E.H.R.R. CD 34	
24892/94	April 1995	Magee	United Kingdom	Adm	(1995) 19 E.H.R.R. CD 91	
24895/94	18 February 1999	Cable	United Kingdom	Jmt	(2000) 30 E.H.H.R. 1032	
24952/94	15 December 1998	N.C.	Italy	Adm	(1999) 28 E.H.R.R. CD 82	
24989/94	14 September 1998	Peterson	Denmark	Adm	(1999) 27 E.H.R.R. CD 96	
25017/94	26 September 1997	Mehemi	France	Jmt	(2000) 30 E.H.R.R. 739	
25043/94	24 February 1997	Krug Von Nidda Und Von Falkenstein	Germany	Adm	(1997) 23 E.H.R.R. CD 60	
25046/94	14 April 1998	Grof	Austria	Adm	(1998) 25 E.H.R.R. CD 39	
25052/94	July 1995	Andronicou and Constantinou	Cyprus	Adm	(1995) 20 E.H.R.R. CD 105	

25052/94	9 October 1997	Andronicou and Constantinou	Cyprus	Op	(1996) 22 E.H.R.R. CD 18	
25052/94	9 October 1997	Andronicou and Constantinou	Cyprus	Jmt	(1998) 25 E.H.R.R. 491	
25073/94	28 February 1996	Larbie	United Kingdom	Adm	(1996) 21 E.H.R.R. CD 103	
25088/94	29 April 1999	Chassagnou	France	Jmt	(2000) 29 E.H.R.R. 615	
25130/94	16 December 1999	Lie and Bernsten	Norway	Adm	(2000) 29 E.H.R.R. CD 210	
25154/94	4 March 1998	Smith	United Kingdom	Adm	(1998) 25 E.H.R.R. CD 42	
25181/94	25 August 1998	Hertel	Switzerland	Jmt	(1999) 28 E.H.R.R. 534	
25186/94	May 1996	Sutherland	United Kingdom	Op	(1996) 22 E.H.R.R. CD 182	
25186/94	1 July 1997	Sutherland	France	Op	(1997) 24 E.H.R.R. CD 22	
25277/94	2 July 1997	Peeks	United Kingdom	Adm	(1997) 24 E.H.R.R. CD 35	
25277/94	12 October 1999	Perks	United Kingdom	Jmt	(2000) 30 E.H.R.R. 33	
25279/94	12 October 1999	Perks	United Kingdom	Jmt	(2000) 30 E.H.R.R. 33	
25280/94	12 October 1999	Perks	United Kingdom	Jmt	(2000) 30 E.H.R.R. 33	
25285/94	12 October 1999	Perks	United Kingdom	Jmt	(2000) 30 E.H.R.R. 33	
25289/94	4 March 1998	Lee	United Kingdom	Adm	(1998) 25 E.H.R.R. CD 46	
25297/94	16 January 1996	PP	United Kingdom	Adm	(1996) 21 E.H.R.R. CD 81	
25342/94	September 1995	Raidl	Austria	Adm	(1995) 20 E.H.R.R. CD 114	
25357/94	30 July 1998	Aerts	Belgium	Jmt	(2000) 29 E.H.R.R. 50	
25373/94	29 November 1995	Smith	United Kingdom	Adm	(1996) 21 E.H.R.R. CD 74	
25390/94	11 April 1997	Rekvényi	Hungary	Adm	(1997) 23 E.H.R.R. CD 63	
25390/94	20 May 1999	Rekvényi	Hungary	Jmt	(2000) 30 E.H.R.R. 519	
25403/94	5 March 1996	Drozd	Poland	Adm	(1996) 21 E.H.R.R. CD 120	
25405/94	September 1996	Schöpfer	Switzerland	Op	(1996) 22 E.H.R.R. CD 184	
25420/94	16 December 1997	Tejedor Garcia	Spain	Jmt	(1998) 26 E.H.R.R. 440	
25444/94	25 March 1999	Pelissier and Sassi	France	Jmt	(2000) 30 E.H.R.R. 715	
25461/94	September 1995	Seidlová	Slovak Republic	Adm	(1995) 20 E.H.R.R. CD 124	
25517/94	April 1995	Artingstoll	United Kingdom	Adm	(1995) 19 E.H.R.R. CD 92	
25522/94	April 1995	Rai, Allmond & "Negotiate Now"	United Kingdom	Adm	(1995) 19 E.H.R.R. CD 93	
25525/94	September 1995	Advic	United Kingdom	Adm	(1995) 20 E.H.R.R. CD 125	
25528/94	16 September 1997	Canea Catholic Church	Greece	Jmt	(1999) 27 E.H.R.R. 521	
25554/94	29 July 1998	Le Calvez	France	Jmt	(2001) 32 E.H.R.R. 481	(2001) 32 E.H.R.R. 21
25594/94	June 1996	Hashman & Harrup	United Kingdom	Op	(1996) 22 E.H.R.R. CD 185	
25594/94	25 November 1999	Hashman and Harrup	United Kingdom	Jmt	(2000) 30 E.H.R.R. 241	

APPL. No.	DECISION DATE	PARTY A	PARTY B (COUNTRY)	Adm / Op / Jmt	CITATION	CASE No.
25599/94	September 1996	A & B	United Kingdom	Op	(1996) 22 E.H.R.R. CD 190	
25599/94	23 September 1998	A	United Kingdom	Jmt	(1999) 27 E.H.R.R. 611	
25601/94	September 1996	Roux	United Kingdom	Op	(1996) 22 E.H.R.R. CD 195	
25613/94	26 September 1997	El Boujaïdi	France	Jmt	(2000) 30 E.H.R.R. 223	
25629/94	27 November 1997	K.F.	Germany	Jmt	(1998) 26 E.H.R.R. 390	
25642/94	29 April 1999	TW	Malta	Jmt	(2000) 29 E.H.R.R. 185	
25644/94	29 April 1999	TW	Malta	Jmt	(2000) 29 E.H.R.R. 185	
25646/94	17 January 1996	Young	Ireland	Adm	(1996) 21 E.H.R.R. CD 91	
25651/94	27 April 2000	L	Finland	Jmt	(2001) 31 E.H.H.R. 737	(2001) 31 E.H.R.R 30
25669/94	July 1995	Jastrzebski	Poland	Adm	(1995) 20 E.H.R.R. CD 126	
25680/94	27 May 1997	I	United Kingdom	Adm	(1997) 23 E.H.R.R. CD 66	
25681/94	April 1996	McDaid	United Kingdom	Op	(1996) 22 E.H.R.R. CD 197	
25701/94	21 April 1998	The Former King Constantinos of Greece	Greece	Adm	(1998) 26 E.H.R.R. CD 50	
25702/94	27 April 2000	K and T	Finland	Jmt	(2001) 31 E.H.H.R. 484	(2001) 31 E.H.R.R 18
25711/94	13 January 1997	CMLO	Switzerland	Adm	(1997) 23 E.H.R.R. CD 68	
25711/94	30 July 1998	Oliveira	Switzerland	Jmt	(1999) 28 E.H.R.R. 289	
25716/94	21 January 1999	Janowski	Poland	Jmt	(2000) 29 E.H.R.R. 705	
25737/94	9 September 1998	Lindkvist	Denmark	Adm	(1999) 27 E.H.R.R. CD 103	
25781/94	10 May 2001	Cyprus	Turkey	Jmt	(1997) 23 E.H.R.R. 244	
25798/94	18 January 1996	BBc	United Kingdom	Adm	(1996) 21 E.H.R.R. CD 93	
25803/94	28 July 1999	Selmouni	France	Jmt	(2000) 29 E.H.R.R. 403	
25829/94	9 June 1998	Teixeira de Castro	Portugal	Jmt	(1999) 28 E.H.R.R. 101	
25842/94	2 September 1997	Argento	Italy	Jmt	(1999) 28 E.H.R.R. 719	
25878/94	10 April 1997	Cooke	Austria	Adm	(1997) 23 E.H.R.R. CD 70	
25878/94	8 February 2000	Cooke	Austria	Jmt	(2001) 31 E.H.H.R. 338	(2001) 31 E.H.R.R 11
25894/94	19 February 1998	Bahaddar	Netherlands	Jmt	(1998) 26 E.H.R.R. 278	
25937/94	18 February 1999	Cable	United Kingdom	Jmt	(2000) 30 E.H.H.R. 1032	
25939/94	18 February 1999	Cable	United Kingdom	Jmt	(2000) 30 E.H.H.R. 1032	
25940/94	18 February 1999	Cable	United Kingdom	Jmt	(2000) 30 E.H.H.R. 1032	

25941/94	18 February 1999	Cable	United Kingdom	Jmt	(2000) 30 E.H.H.R. 1032	
25959/94	28 February 1996	Cohen	United Kingdom	Adm	(1996) 21 E.H.R.R. CD 104	
25964/94	17 December 1996	Ahmed	Austria	Jmt	(1997) 24 E.H.R.R. 278	
25987/94	7 March 1996	Hins and Hugenholtz	Netherlands	Adm	(1996) 21 E.H.R.R. CD 124	
26083/94	18 February 1999	Waite and Kennedy	Germany	Jmt	(2000) 30 E.H.R.R. 261	
26103/95	21 January 1999	Van Geyseghem	Belgium	Jmt	(2001) 32 E.H.R.R. 554	(2001) 32 E.H.R.R. 24
26132/95	2 May 2000	Bergens Tidende	Norway	Jmt	(2001) 31 E.H.H.R. 430	(2001) 31 E.H.R.R 16
26144/95	26 February 1996	Ikincisoy	Turkey	Adm	(1996) 21 E.H.R.R. CD 100	
26229/95	13 January 1997	Gaweda	Poland	Adm	(1997) 23 E.H.R.R. CD 73	
26249/95	28 February 1996	Dick	United Kingdom	Adm	(1996) 21 E.H.R.R. CD 107	
26271/95	18 February 1999	Cable	United Kingdom	Jmt	(2000) 30 E.H.H.R. 1032	
26297/95	21 December 1999	GS	Austria	Jmt	(2001) 31 E.H.H.R. 576	(2001) 31 E.H.R.R 21
26300/95	10 April 1997	Raguz	Austria	Adm	(1997) 23 E.H.R.R. CD 75	
26335/95	June 1996	Vereniging Radio 100	Netherlands	Op	(1996) 22 E.H.R.R. CD 198	
26377/95	24 February 1998	Larrissis	Greece	Jmt	(1999) 27 E.H.R.R. 329	
26378/95	24 February 1998	Larrissis	Greece	Jmt	(1999) 27 E.H.R.R. 329	
26384/95	June 1996	Samková	Slovak Republic	Op	(1996) 22 E.H.R.R. CD 205	
26449/95	14 October 1996	Spacek	Czech Republic	Adm	(1997) 23 E.H.R.R. CD 76	
26449/95	9 November 1999	Spacek sro	Czech Republic	Jmt	(2000) 30 E.H.R.R. 1010	
26494/95	26 February 1997	JT	United Kingdom	Adm	(1997) 23 E.H.R.R. CD 81	
26495/95	17 January 1997	Mustafai-Nejad	Austria	Adm	(1997) 23 E.H.R.R. CD 85	
26525/95	18 February 1999	Cable	United Kingdom	Jmt	(2000) 30 E.H.H.R. 1032	
26530/95	27 February 1997	Kaneva	Bulgaria	Adm	(1997) 23 E.H.R.R. CD 86	
26560/95	June 1996	Mika	Austria	Op	(1996) 22 E.H.R.R. CD 208	
26568/95	16 October 1996	Karakuzey	Germany	Adm	(1997) 23 E.H.R.R. CD 92	
26575/95	June 1996	Schertler	Austria	Op	(1996) 22 E.H.R.R. CD 212	
26586/95	9 June 1998	Maillard	France	Jmt	(1999) 27 E.H.R.R. 232	
26602/95	21 December 1999	WR	Austria	Jmt	(2001) 31 E.H.H.R. 985	(2001) 31 E.H.R.R 43
26614/95	15 October 1999	Humen	Poland	Jmt	(2001) 31 E.H.H.R. 1168	(2001) 31 E.H.R.R 53
26619/95	9 September 1998	Stachowiak	Poland	Adm	(1999) 27 E.H.R.R. CD 110	
26633/95	May 1996	Bader	Austria	Op	(1996) 22 E.H.R.R. CD 213	
26637/95	19 February 1998	Huber	France	Jmt	(1998) 26 E.H.R.R. 457	
26651/95	May 1996	Islam	United Kingdom	Op	(1996) 22 E.H.R.R. CD 215	
26662/95	4 March 1998	Varey	United Kingdom	Adm	(1998) 25 E.H.R.R. CD 49	

APPL. No.	DECISION DATE	PARTY A	PARTY B (COUNTRY)	Adm / Op / Jmt	CITATION	CASE No.
26663/95	28 February 1996	Tee	United Kingdom	Adm	(1996) 21 E.H.R.R. CD 108	
26666/95	4 March 1998	Smith	United Kingdom	Adm	(1998) 25 E.H.R.R. CD 52	
26667/95	14 April 1998	O'Hara	Ireland	Adm	(1998) 25 E.H.R.R. CD 57	
26669/95	21 October 1996	TY	Netherlands	Adm	(1997) 23 E.H.R.R. CD 95	
26695/95	10 July 1998	Sidiropoulos	Greece	Jmt	(1999) 27 E.H.R.R. 633	
26757/95	16 May 2000	Wójcik	Poland	Op	(2000) 29 E.H.R.R. CD 84	
26760/95	19 January 1998	Werner	Poland	Adm	(1998) 25 E.H.R.R. CD 61	
26780/95	28 October 1999	Escoubet	Belgium	Jmt	(2001) 31 E.H.H.R. 1034	(2001) 31 E.H.R.R 46
26985/95	May 1996	Poku	United Kingdom	Op	(1996) 22 E.H.R.R. CD 94	
26988/95	3 November 1999	Osteo Deutschland	Germany	Op	(1999) 28 E.H.R.R. CD 50	
27052/95	16 February 2000	Jasper	United Kingdom	Jmt	(2000) 30 E.H.R.R. 441	
27053/95	22 May 1998	Vasilescu	Romania	Jmt	(1999) 28 E.H.R.R. 241	
27061/95	21 October 1996	Kadubec	Slovak Republic	Adm	(1997) 23 E.H.R.R. CD 98	
27229/95	22 May 1998	Keenan	United Kingdom	Adm	(1998) 26 E.H.R.R. CD 64	
27237/95	26 February 1996	Govell	United Kingdom	Adm	(1997) 23 E.H.R.R. CD 101	
27238/95	4 March 1998	Chapman	United Kingdom	Adm	(1998) 25 E.H.R.R. CD 64	
27267/95	18 February 1999	Hood	United Kingdom	Jmt	(2000) 29 E.H.R.R. 365	
27269/95	June 1995	Doymus	Switzerland	Adm	(1995) 20 E.H.R.R. CD 129	
27279/95	8 December 1997	Launder	United Kingdom	Adm	(1998) 25 E.H.R.R. CD 67	
27284/95	18 January 1996	De Warrene Waller	United Kingdom	Adm	(1996) 21 E.H.R.R. CD 96	
27286/95	June 1995	Parker	United Kingdom	Adm	(1995) 20 E.H.R.R. CD 132	
27295/95	30 July 1998	Clube de Futebol União Coimbra	Portugal	Op	(2000) 29 E.H.R.R. CD 24	
27311/95	September 1995	Timke	Germany	Adm	(1995) 20 E.H.R.R. CD 133	
27312/95	20 April 1999	Kokavecz	Hungary	Adm	(1999) 28 E.H.R.R. CD 86	
27341/95	18 February 1999	Cable	United Kingdom	Jmt	(2000) 30 E.H.H.R. 1032	
27341/95	18 February 1999	Cable	United Kingdom	Jmt	(2000) 30 E.H.H.R. 1032	
27342/95	18 February 1999	Cable	United Kingdom	Jmt	(2000) 30 E.H.H.R. 1032	
27346/95	18 February 1999	Cable	United Kingdom	Jmt	(2000) 30 E.H.H.R. 1032	
27357/95	18 February 1999	Cable	United Kingdom	Jmt	(2000) 30 E.H.H.R. 1032	
27388/95	9 April 1997	Grauso	Poland	Adm	(1997) 23 E.H.R.R. CD 108	

27389/95	18 February 1999	Cable	United Kingdom	Jmt	(2000) 30 E.H.H.R. 1032	
27409/95	18 February 1999	Cable	United Kingdom	Jmt	(2000) 30 E.H.H.R. 1032	
27410/95	April 1996	Reber	Germany	Op	(1996) 22 E.H.R.R. CD 98	
27435/95	June 1996	Thaw	United Kingdom	Op	(1996) 22 E.H.R.R. CD 100	
27436/95	2 July 1997	Stewart-Brady	United Kingdom	Adm	(1997) 24 E.H.R.R. CD 38	
27496/95	September 1996	M	Bulgaria	Op	(1996) 22 E.H.R.R. CD 101	
27522/95	1 July 1998	Helmers	Sweden	Adm	(1998) 26 E.H.R.R. CD 73	
27533/95	28 February 1996	Martin	United Kingdom	Adm	(1996) 21 E.H.R.R. CD 112	
27537/95	3 December 1997	Carlin	United Kingdom	Adm	(1998) 25 E.H.R.R. CD 75	
27552/95	2 July 1997	Machatová	Slovak Republic	Adm	(1997) 24 E.H.R.R. CD 44	
27560/95	28 May 1997	RSC	United Kingdom	Adm	(1997) 23 E.H.R.R. CD 112	
27567/95	29 November 1995	Stamoulakatos	Greece and United Kingdom	Adm	(1996) 21 E.H.R.R. CD 77	
27567/95	9 April 1997	Stamoulakatos	United Kingdom	Adm	(1997) 23 E.H.R.R. CD 113	
27580/95	19 January 1998	Jeznach	Poland	Adm	(1998) 25 E.H.R.R. CD 77	
27608/95	29 November 1995	Movement for Democratic Kingdom	Bulgaria	Adm	(1996) 21 E.H.R.R. CD 78	
27618/95	18 January 2000	Pesti and Frodl	Austria	Adm	(2000) 29 E.H.R.R. CD 229	
27619/95	18 January 2000	Pesti and Frodl	Austria	Adm	(2000) 29 E.H.R.R. CD 229	
27629/95	14 December 1999	CH	Austria	Adm	(2000) 29 E.H.R.R. CD 123	
27644/95	7 April 1997	Greenpeace Schweiz	Switzerland	Adm	(1997) 23 E.H.R.R. CD 116	
27644/95	6 April 2000	Athanassoglou	Switzerland	Jmt	(2001) 31 E.H.H.R. 372	(2001) 31 E.H.R.R 13
27671/95	30 July 1998	Valenzuela Contreras	Spain	Jmt	(1999) 28 E.H.R.R. 483	
27721/95	April 1996	Nap Holdings UK Ltd	United Kingdom	Op	(1996) 22 E.H.R.R. CD 114	
27755/95	1 July 1997	Gitonas	Greece	Jmt	(1998) 26 E.H.R.R. 691	
27760/95	18 February 1999	Cable	United Kingdom	Jmt	(2000) 30 E.H.H.R. 1032	
27762/95	18 February 1999	Cable	United Kingdom	Jmt	(2000) 30 E.H.H.R. 1032	
27772/95	18 February 1999	Cable	United Kingdom	Jmt	(2000) 30 E.H.H.R. 1032	
27788/95	18 January 1995	Sujeeun	United Kingdom	Adm	(1996) 21 E.H.R.R. CD 97	
27798/95	16 February 2000	Amann	Switzerland	Jmt	(2000) 30 E.H.R.R. 843	
27812/95	23 September 1998	Malige	France	Jmt	(1999) 28 E.H.R.R. 578	
27914/95	6 June 2000	Mikulski	Poland	Op	(2000) 29 E.H.R.R. CD 64	
27916/95	30 October 1998	Podbielski	Poland	Op	(1999) 27 E.H.R.R. CD 19	

APPL. No.	DECISION DATE	PARTY A	PARTY B (COUNTRY)	Adm / Op / Jmt	CITATION	CASE No.
28009/95	18 February 1999	Cable	United Kingdom	Jmt	(2000) 30 E.H.H.R. 1032	
28038/95	16 January 1996	MAR	United Kingdom	Adm	(1997) 23 E.H.R.R. CD 120	
28048/95	12 October 1999	Perks	United Kingdom	Jmt	(2000) 30 E.H.R.R. 33	
28052/95	April 1996	F	United Kingdom	Op	(1996) 22 E.H.R.R. CD 118	
28054/95	June 1996	Mavronichis	Cyprus	Op	(1996) 22 E.H.R.R. CD 120	
28054/95	27 April 1998	Mavronichis	Cyprus	Jmt	(2001) 31 E.H.H.R. 1186	(2001) 31 E.H.R.R 54
28090/95	28 October 1998	Perez De Rada Cavanilles	Spain	Jmt	(2000) 29 E.H.R.R. 109	
28114/95	28 September 1999	Dalban	Romania	Jmt	(2001) 31 E.H.H.R. 893	(2001) 31 E.H.R.R 39
28120/95	2 February 1999	Garland	United Kingdom	Adm	(2000) 29 E.H.R.R. CD 81	
28135/95	6 June 2000	Magee	United Kingdom	Jmt	(2001) 31 E.H.H.R. 822	(2001) 31 E.H.R.R 35
28177/95	9 April 1997	Dublin Well Woman Centre Ltd	Ireland	Adm	(1997) 23 E.H.R.R. CD 125	
28192/95	12 October 1999	Perks	United Kingdom	Jmt	(2000) 30 E.H.R.R. 33	
28194/95	28 October 1998	Castillo Algar	Spain	Jmt	(2000) 30 E.H.R.R. 827	
28202/95	21 October 1998	Middelburg, Van Der Zee and Het Parool B.V.	Netherlands	Adm	(1999) 27 E.H.R.R. CD 111	
28208/95	1 July 1997	Gitonas	Greece	Jmt	(1998) 26 E.H.R.R. 691	
28244/95	1 July 1998	Myszk	Poland	Adm	(1998) 26 E.H.R.R. CD 76	
28249/95	20 April 1998	Kreuz	Poland	Adm	(1998) 25 E.H.R.R. CD 80	
28323/95	26 February 1997	Buckley	United Kingdom	Adm	(1997) 23 E.H.R.R. CD 129	
28331/95	29 April 1999	Chassagnou	France	Jmt	(2000) 29 E.H.R.R. 615	
28370/95	May 1996	Mabey	United Kingdom	Op	(1996) 22 E.H.R.R. CD 123	
28392/95	September 1995	Velita Flores	Sweden	Adm	(1995) 20 E.H.R.R. CD 134	
28396/95	27 May 1997	Wille	Liechtenstein	Adm	(1997) 24 E.H.R.R. CD 45	
28396/95	28 October 1999	Wille	Liechtenstein	Jmt	(2000) 30 E.H.R.R. 558	
28440/95	22 October 1998	Husic	Austria	Adm	(1999) 27 E.H.R.R. CD 123	
28441/95	20 May 1998	Egyptair	Denmark	Adm	(1998) 26 E.H.R.R. CD 80	
28443/95	29 April 1999	Chassagnou	France	Jmt	(2000) 29 E.H.R.R. 615	
28456/95	12 October 1999	Perks	United Kingdom	Jmt	(2000) 30 E.H.R.R. 33	
28488/95	22 January 1998	McGonnell	United Kingdom	Adm	(1998) 25 E.H.R.R. CD 84	
28488/95	8 February 2000	McGonnell	United Kingdom	Jmt	(2000) 30 E.H.R.R. 289	

28524/95	21 May 1998	Peers	Greece	Adm	(1999) 27 E.H.R.R. CD 126	
28530/95	19 January 1998	X	United Kingdom	Adm	(1998) 25 E.H.R.R. CD 88	
28541/95	8 December 1999	Pellegrin	France	Jmt	(2001) 31 E.H.H.R. 651	(2001) 31 E.H.R.R 26
28555/95	16 April 1998	Togher	United Kingdom	Adm	(1998) 25 E.H.R.R. CD 99	
28610/95	September 1996	Handwerker	Germany	Op	(1996) 22 E.H.R.R. CD 125	
28616/95	June 1996	Stryanowski	Poland	Op	(1996) 22 E.H.R.R. CD 111	
28626/95	3 July 1997	Christian Association of Jehovah's Witnesses	Bulgaria	Adm	(1997) 24 E.H.R.R. CD 52	
28641/95	9 April 1997	Taylor	United Kingdom	Adm	(1997) 23 E.H.R.R. CD 132	
28790/95	18 February 1999	Cable	United Kingdom	Jmt	(2000) 30 E.H.H.R. 1032	
28802/95	4 March 1997	Tsavachidis	Greece	Adm	(1997) 23 E.H.R.R. CD 135	
28802/95	21 January 1999	Tsavachidis	Greece	Op	(1999) 27 E.H.R.R. CD 27	
28851/95	16 January 1998	Earl Spencer and the Countess Spencer	United Kingdom	Adm	(1998) 25 E.H.R.R. CD 105	
28852/95	16 January 1998	Earl Spencer and the Countess Spencer	United Kingdom	Adm	(1998) 25 E.H.R.R. CD 105	
28867/95	2 July 1997	MK	Austria	Adm	(1997) 24 E.H.R.R. CD 59	
28901/95	15 September 1997	Rowe and Davis	United Kingdom	Adm	(1998) 25 E.H.R.R. CD 118	
28901/95	16 February 2000	Rowe and Davis	United Kingdom	Jmt	(2000) 30 E.H.R.R. 1	
28910/95	16 April 1998	Natfhe	United Kingdom	Adm	(1998) 25 E.H.R.R. CD 122	
28915/95	17 January 1997	SP	United Kingdom	Adm	(1997) 23 E.H.R.R. CD 139	
28918/95	9 September 1998	Stevens and Knight	United Kingdom	Adm	(1999) 27 E.H.R.R. CD 138	
28934/95	24 February 1997	Beer and Regan	Germany	Adm	(1997) 23 E.H.R.R. CD 143	
28945/95	26 May 1998	TP and KM	United Kingdom	Adm	(1998) 26 E.H.R.R. CD 84	
28970/95	17 October 1996	Philis	Greece	Adm	(1997) 23 E.H.R.R. CD 147	
28972/95	18 May 1999	Ninn-Hansen	Denmark	Adm	(1999) 28 E.H.R.R. CD 96	
28977/95	21 May 1997	Krone-Verlag GmbH and Mediaprint Anzeigen GmbH & Co. KG	Austria	Adm	(1997) 23 E.H.R.R. CD 152	
28979/95	13 January 1997	Adams and Benn	United Kingdom	Adm	(1997) 23 E.H.R.R. CD 160	
28994/95	4 March 1998	SE	Switzerland	Adm	(1998) 25 E.H.R.R. CD 127	
29008/95	28 February 1996	Cervenák	Czech Republic	Adm	(1996) 21 E.H.R.R. CD 116	
29010/95	20 May 1998	Credit and Industrial Bank and Moravec	Czech Republic	Adm	(1998) 26 E.H.R.R. CD 88	

APPL. No.	DECISION DATE	PARTY A	PARTY B (COUNTRY)	Adm / Op / Jmt	CITATION	CASE No.
29043/95	20 May 1998	Karus	Italy	Adm	(1998) 26 E.H.R.R. CD 98	
29046/95	21 October 1998	McIntyre	United Kingdom	Adm	(1999) 27 E.H.R.R. CD 152	
29096/95	2 July 1998	Nemeth	Hungary	Adm	(1998) 26 E.H.R.R. CD 101	
29102/95	16 January 1996	Bullock	United Kingdom	Adm	(1996) 21 E.H.R.R. CD 85	
29106/95	16 October 1996	Comninos and National Justice Compania Naviera SA	United Kingdom	Adm	(1997) 23 E.H.R.R. CD 165	
29107/95	9 April 1997	Stedman	United Kingdom	Adm	(1997) 23 E.H.R.R. CD 168	
29183/95	21 January 1999	Fressoz and Roire	France	Jmt	(2001) 31 E.H.H.R. 28	(2001) 31 E.H.R.R 2
29221/95	21 October 1996	Stankov, Trayanov, Stoychev	Bulgaria	Adm	(1997) 23 E.H.R.R. CD 170	
29221/95	29 June 1998	Stankov and United Macedonian Organisation "Ilinden"	Bulgaria	Adm	(1998) 26 E.H.R.R. CD 103	
29222/95	21 October 1996	Stankov, Trayanov, Stoychev	Bulgaria	Adm	(1997) 23 E.H.R.R. CD 170	
29223/95	21 October 1996	Stankov, Trayanov, Stoychev	Bulgaria	Adm	(1997) 23 E.H.R.R. CD 170	
29225/95	21 October 1996	Stankov, Trayanov, Stoychev	Bulgaria	Adm	(1997) 23 E.H.R.R. CD 170	
29225/95	29 June 1998	Stankov and United Macedonian Organisation "Ilinden"	Bulgaria	Adm	(1998) 26 E.H.R.R. CD 103	
29226/95	21 October 1996	Stankov, Trayanov, Stoychev	Bulgaria	Adm	(1997) 23 E.H.R.R. CD 170	
29303/95	10 April 1997	Kovachev	Bulgaria	Adm	(1997) 23 E.H.R.R. CD 174	
29327/95	14 December 1999	Oppegard	Norway	Adm	(2000) 29 E.H.R.R. CD 223	
29340/95	28 September 1999	Civet	France	Jmt	(2001) 31 E.H.H.R. 871	(2001) 31 E.H.R.R 38
29392/95	26 May 1998	KL	United Kingdom	Adm	(1998) 26 E.H.R.R. CD 113	
29392/95	10 September 1999	Z	United Kingdom	Op	(1999) 28 E.H.R.R. CD 65	
29419/95	9 December 1997	Stefan	United Kingdom	Adm	(1998) 25 E.H.R.R. CD 130	
29462/95	20 May 1998	Rehbock	Slovenia	Adm	(1998) 26 E.H.R.R. CD 120	
29493/95	3 February 2000	Aslan	Malta	Adm	(2000) 29 E.H.R.R. CD 106	
29507/95	11 January 2000	Slimane-Kaïd	France	Jmt	(2001) 31 E.H.H.R. 1073	(2001) 31 E.H.R.R 48
29515/95	18 February 1999	Larkos	Cyprus	Jmt	(2000) 30 E.H.R.R. 597	
29565/95	12 January 1999	Holdry	Germany	Adm	(1999) 28 E.H.R.R. CD 116	
29583/96	10 July 1997	Panikan	Bulgaria	Adm	(1997) 24 E.H.R.R. CD 63	
29777/96	16 February 2000	Fitt	United Kingdom	Jmt	(2000) 30 E.H.R.R. 480	

29779/96	21 October 1998	Smallwood	United Kingdom	Adm	(1999) 27 E.H.R.R. CD 155	
29473/95	21 January 1997	Grech and Montanaro	Malta	Adm	(1997) 23 E.H.R.R. CD 176	
29793/96	June 1996	Vollert	Germany	Op	(1996) 22 E.H.R.R. CD 128	
29800/96	16 March 1999	Basic	Austria	Adm	(1999) 28 E.H.R.R. CD 118	
29821/96	20 May 1998	T.C.	Norway	Adm	(1999) 27 E.H.R.R. CD 164	
29839/96	18 May 1998	Remmers and Hamer	Netherlands	Adm	(1999) 27 E.H.R.R. CD 168	
29986/96	2 February 1999	Darci	Turkey	Adm	(1999) 28 E.H.R.R. CD 124	
30003/96	July 1996	LM & R	Switzerland	Op	(1996) 22 E.H.R.R. CD 130	
30032/96	September 1996	Zacher	Germany	Op	(1996) 22 E.H.R.R. CD 136	
30175/96	30 July 1998	Avis Enterprises	Greece	Op	(1998) 26 E.H.R.R. CD 21	
30234/96	26 February 1997	Everest	United Kingdom	Adm	(1997) 23 E.H.R.R. CD 180	
30236/96	18 February 1999	Cable	United Kingdom	Jmt	(2000) 30 E.H.H.R. 1032	
30239/96	18 February 1999	Cable	United Kingdom	Jmt	(2000) 30 E.H.H.R. 1032	
30240/96	June 1996	D	United Kingdom	Op	(1996) 22 E.H.R.R. CD 112	
30240/96	2 May 1997	D	United Kingdom	Jmt	(1997) 24 E.H.R.R. 423	
30240/96	2 May 1997	D	United Kingdom	Op	(1996) 22 E.H.R.R. CD 45	
30276/96	18 February 1999	Cable	United Kingdom	Jmt	(2000) 30 E.H.H.R. 1032	
30277/96	18 February 1999	Cable	United Kingdom	Jmt	(2000) 30 E.H.H.R. 1032	
30280/96	14 March 2000	Stephan Jordan	United Kingdom	Jmt	(2001) 31 E.H.H.R. 201	(2001) 31 E.H.R.R 6
30294/96	26 February 1997	Turner	United Kingdom	Adm	(1997) 23 E.H.R.R. CD 181	
30307/96	1 December 1997	BH	United Kingdom	Adm	(1998) 25 E.H.R.R. CD 136	
30308/96	21 May 1998	Faulkner	United Kingdom	Adm	(1998) 26 E.H.R.R. CD 125	
30343/96	13 January 1997	Adams and Benn	United Kingdom	Adm	(1997) 23 E.H.R.R. CD 160	
30402/96	9 April 1997	Barrett	United Kingdom	Adm	(1997) 23 E.H.R.R. CD 185	
30460/96	18 February 1999	Cable	United Kingdom	Jmt	(2000) 30 E.H.H.R. 1032	
30461/96	18 February 1999	Cable	United Kingdom	Jmt	(2000) 30 E.H.H.R. 1032	
30462/96	18 February 1999	Cable	United Kingdom	Jmt	(2000) 30 E.H.H.R. 1032	
30535/96	4 March 1998	Wilson	United Kingdom	Adm	(1998) 25 E.H.R.R. CD 140	
30544/96	21 January 1999	García Ruiz	Spain	Jmt	(2001) 31 E.H.H.R. 589	(2001) 31 E.H.R.R 22
30979/96	27 June 2000	Frydlender	France	Jmt	(2001) 31 E.H.H.R. 1152	(2001) 31 E.H.R.R 52
31024/96	9 April 1997	Willsher	United Kingdom	Adm	(1997) 23 E.H.R.R. CD 188	
31106/96	20 May 1997	Marangos	Cyprus	Adm	(1997) 23 E.H.R.R. CD 192	
31107/96	25 March 1999	Iatridis	Greece	Jmt	(2000) 30 E.H.R.R. 97	
31127/96	16 November 1999	EP	Italy	Jmt	(2001) 31 E.H.H.R. 463	(2001) 31 E.H.R.R 17

APPL. No.	DECISION DATE	PARTY A	PARTY B (COUNTRY)	Adm / Op / Jmt	CITATION	CASE No.
31145/96	1 July 1998	Wilkinson	United Kingdom	Adm	(1998) 26 E.H.R.R. CD 131	
31195/96	25 March 1999	Nikolova	Bulgaria	Jmt	(2001) 31 E.H.H.R. 64	(2001) 31 E.H.R.R 3
31253/96	9 February 2000	McElhinney	Ireland and United Kingdom	Adm	(2000) 29 E.H.R.R. CD 214	
31316/96	20 October 1997	Stopford	United Kingdom	Adm	(1998) 25 E.H.R.R. CD 151	
31365/96	16 April 1998	DV	Bulgaria	Adm	(1998) 25 E.H.R.R. CD 154	
31399/96	18 February 1999	Cable	United Kingdom	Jmt	(2000) 30 E.H.H.R. 1032	
31400/96	18 February 1999	Cable	United Kingdom	Jmt	(2000) 30 E.H.H.R. 1032	
31414/96	14 February 1998	Karassev and Family	Finland	Adm	(1999) 28 E.H.R.R. CD 126	
31414/96	12 January 1999	Karassev and Family	Finland	Adm	(1999) 28 E.H.R.R. CD 132	
31416/96	19 October 1998	Pendragon	United Kingdom	Adm	(1999) 27 E.H.R.R. CD 179	
31417/96	27 September 1999	Lustig-Prean and Beckett	United Kingdom	Jmt	(2000) 29 E.H.R.R. 548	
31417/96	25 July 2000	Lustig-Prean and Beckett	United Kingdom	Jmt	(2001) 31 E.H.H.R. 601	(2001) 31 E.H.R.R 23
31423/96	25 March 1999	Papachelas	Greece	Jmt	(2000) 30 E.H.R.R. 923	
31434/96	18 February 1999	Cable	United Kingdom	Jmt	(2000) 30 E.H.H.R. 1032	
31457/96	11 January 2000	News Verlags GmbH & Co. KG	Austria	Jmt	(2001) 31 E.H.H.R. 246	(2001) 31 E.H.R.R 8
31464/96	4 August 1999	Douiyeb	Netherlands	Jmt	(2000) 30 E.H.R.R. 790	
31534/96	5 July 1999	Matter	Slovakia	Jmt	(2001) 31 E.H.H.R. 783	(2001) 31 E.H.R.R 32
31600/96	September 1996	Burton	United Kingdom	Op	(1996) 22 E.H.R.R. CD 134	
31679/96	25 January 2000	Ignaccolo-Zenide	Romania	Jmt	(2001) 31 E.H.H.R. 212	(2001) 31 E.H.R.R 7
31699/96	17 January 1997	Lindsay	United Kingdom	Adm	(1997) 23 E.H.R.R. CD 199	
31767/96	9 September 1998	Rasmussen and Lyngen	Denmark	Adm	(1999) 27 E.H.R.R. CD 185	
31811/96	26 February 1997	Times Newspapers Limited	United Kingdom	Adm	(1997) 23 E.H.R.R. CD 200	
31899/96	18 February 1999	Cable	United Kingdom	Jmt	(2000) 30 E.H.H.R. 1032	
31908/96	2 February 1999	Driemond Bouw BV	Netherlands	Adm	(1999) 28 E.H.R.R. CD 135	
32003/96	1 July 1998	Bromfield	United Kingdom	Adm	(1998) 26 E.H.R.R. CD 138	
32024/96	18 February 1999	Cable	United Kingdom	Jmt	(2000) 30 E.H.H.R. 1032	
32052/96	21 May 1998	Schatzmayr	Austria	Adm	(1999) 27 E.H.R.R. CD 190	
32094/96	22 October 1997	ELH and PBH	United Kingdom	Adm	(1998) 25 E.H.R.R. CD 158	

32165/96	16 April 1998	Wöckel	Germany	Adm	(1998) 25 E.H.R.R. CD 156	
32217/96	22 April 1998	Pailot	France	Jmt	(2000) 30 E.H.R.R. 328	
32220/96	23 April 1998	Chojak	Poland	Adm	(1998) 26 E.H.R.R. CD 145	
32307/96	1 February 2000	Schimanek	Austria	Adm	(2000) 29 E.H.R.R. CD 250	
32340/96	28 March 2000	Curley	United Kingdom	Jmt	(2001) 31 E.H.H.R. 401	(2001) 31 E.H.R.R 14
32357/96	7 September 1999	Veznedaroglu	Turkey	Adm	(2000) 29 E.H.R.R. CD 269	
32367/96	31 August 1999	Apeh, Iványi, Róth and Szerdahelyi	Hungary	Adm	(1999) 28 E.H.R.R. CD 140	
32377/96	27 September 1999	Lustig-Prean and Beckett	United Kingdom	Jmt	(2000) 29 E.H.R.R. 548	
32377/96	25 July 2000	Lustig-Prean and Beckett	United Kingdom	Jmt	(2001) 31 E.H.H.R. 601	(2001) 31 E.H.R.R 23
32441/96	14 September 1999	Karakurt	Austria	Adm	(2000) 29 E.H.R.R. CD 273	
32448/96	9 October 1998	Hatami	Sweden	Op	(1999) 27 E.H.R.R. CD 8	
32451/96	9 September 1998	Sigurdardottir	Iceland	Adm	(1999) 28 E.H.R.R. CD 146	
32451/96	24 August 1999	Sigurdarddottir	Iceland	Adm	(1999) 28 E.H.R.R. CD 148	
32540/96	2 July 1997	Wood	United Kingdom	Adm	(1997) 24 E.H.R.R. CD 69	
32556/96	2 July 1997	Bellis	United Kingdom	Adm	(1997) 24 E.H.R.R. CD 71	
32568/96	22 October 1997	ELH and PBH	United Kingdom	Adm	(1998) 25 E.H.R.R. CD 158	
32602/96	25 January 2000	Aannemersbedrijf Gebroedes Van Leeuwen BV	Netherlands	Adm	(2000) 29 E.H.R.R. CD 96	
32647/96	1 July 1998	Passannante	Italy	Adm	(1998) 26 E.H.R.R. CD 153	
32700/96	9 September 1998	Purtonen	Finland	Adm	(1999) 27 E.H.R.R. CD 192	
32712/96	23 October 1997	A and Byrne and Twenty-Twenty Television	United Kingdom	Adm	(1998) 25 E.H.R.R. CD 159	
32713/96	20 May 1998	Wanyonyi	United Kingdom	Adm	(1999) 27 E.H.R.R. CD 195	
32733/96	21 October 1998	Kopcych	Poland	Adm	(1999) 27 E.H.R.R. CD 199	
32788/96	9 April 1997	Crabtree	United Kingdom	Adm	(1997) 23 E.H.R.R. CD 202	
32789/96	11 September 1997	Phull	United Kingdom	Adm	(1998) 25 E.H.R.R. CD 166	
32818/96	23 October 1997	A and Byrne and Twenty-Twenty Television	United Kingdom	Adm	(1998) 25 E.H.R.R. CD 159	
32819/96	8 February 2000	Caballero	United Kingdom	Jmt	(2000) 30 E.H.R.R. 643	
32875/96	1 July 1998	Ryan	United Kingdom	Adm	(1999) 27 E.H.R.R. CD 204	
32884/96	2 March 1998	Ouattara	United Kingdom	Adm	(1998) 25 E.H.R.R. CD 167	
32944/96	18 February 1999	Cable	United Kingdom	Jmt	(2000) 30 E.H.H.R. 1032	
33029/96	21 October 1998	Poli	Denmark	Adm	(1999) 27 E.H.R.R. CD 212	

APPL. No.	DECISION DATE	PARTY A	PARTY B (COUNTRY)	Adm / Op / Jmt	CITATION	CASE No.
33091/96	23 March 1999	Ceskomoravská Myslivecká Jednota	Czech Republic	Adm	(1999) 28 E.H.R.R. CD 152	
33124/96	22 June 1999	Incedursun	Netherlands	Op	(1999) 28 E.H.R.R. CD 54	
33186/96	2 July 1997	Webb	United Kingdom	Adm	(1997) 24 E.H.R.R. CD 73	
33274/96	20 June 2000	Foxley	United Kingdom	Jmt	(2001) 31 E.H.H.R. 637	(2001) 31 E.H.R.R 25
33290/96	21 December 1999	Salgueiro Da Silva Mouta	Portugal	Jmt	(2001) 31 E.H.H.R. 1055	(2001) 31 E.H.R.R 47
33298/96	21 October 1998	Pinnacle Meat Processors Company	United Kingdom	Adm	(1999) 27 E.H.R.R. CD 217	
33378/96	21 May 1998	Vorhemes	Austria	Adm	(1999) 27 E.H.R.R. CD 225	
33466/96	20 May 1998	Sinko	Slovak Republic	Adm	(1999) 27 E.H.R.R. CD 226	
33490/96	18 April 1997	Dubowska and Skup	Poland	Adm	(1997) 24 E.H.R.R. CD 75	
33490/96	29 May 1997	Dubowska and Skup	Poland	Adm	(1997) 23 E.H.R.R. CD 204	
33689/96	27 October 1997	Anderson	United Kingdom	Adm	(1998) 25 E.H.R.R. CD 172	
33706/96	9 September 1998	E.P.	Slovak Republic	Adm	(1999) 27 E.H.R.R. CD 231	
33745/96	21 May 1998	Scarth	United Kingdom	Adm	(1998) 26 E.H.R.R. CD 154	
33745/96	22 July 1999	Scarth	United Kingdom	Jmt	(1999) 28 E.H.R.R. CD 47	
33745/96	22 July 1999	Scarth	United Kingdom	Op	(1999) 27 E.H.R.R. CD 37	
33747/96	23 November 1999	Bromiley	United Kingdom	Adm	(2000) 29 E.H.R.R. CD 111	
33863/96	27 October 1998	Kazimierczak	Poland	Adm	(1999) 27 E.H.R.R. CD 236	
33985/96	23 February 1999	Smith and Grady	United Kingdom	Adm	(1999) 27 E.H.R.R. CD 42	
33985/96	27 September 1999	Smith and Grady	United Kingdom	Jmt	(2000) 29 E.H.R.R. 493	
33985/96	25 July 2000	Smith and Grady	United Kingdom	Jmt	(2001) 31 E.H.H.R. 620	(2001) 31 E.H.R.R 24
33986/96	27 September 1999	Smith and Grady	United Kingdom	Jmt	(2000) 29 E.H.R.R. 493	
33986/96	25 July 2000	Smith and Grady	United Kingdom	Jmt	(2001) 31 E.H.H.R. 620	(2001) 31 E.H.R.R 24
33987/96	20 May 1997	Fleming	United Kingdom	Adm	(1997) 23 E.H.R.R. CD 207	
34055/96	18 April 1997	Dubowska and Skup	Poland	Adm	(1997) 24 E.H.R.R. CD 75	
34055/96	29 May 1997	Dubowska and Skup	Poland	Adm	(1997) 23 E.H.R.R. CD 204	
34127/96	1 July 1998	DW	United Kingdom	Adm	(1998) 26 E.H.R.R. CD 158	
34129/96	9 May 2000	Sander	United Kingdom	Jmt	(2001) 31 E.H.H.R. 1003	(2001) 31 E.H.R.R 44
34151/96	1 July 1998	Scialacqua	Italy	Adm	(1998) 26 E.H.R.R. CD 164	

34165/96	28 October 1999	Zielinski	France	Jmt	(2001) 31 E.H.H.R. 532	(2001) 31 E.H.R.R 19
34173/96	28 October 1999	Zielinski	France	Jmt	(2001) 31 E.H.H.R. 532	(2001) 31 E.H.R.R 19
34197/96	21 May 1998	Kremer-Viereck and Viereck	Germany	Adm	(1998) 26 E.H.R.R. CD 164	
34199/96	9 September 1998	Galloway	United Kingdom	Adm	(1999) 27 E.H.R.R. CD 241	
34324/96	23 October 1997	BBC Scotland, McDonald, Rogers and Donald	United Kingdom	Adm	(1998) 25 E.H.R.R. CD 179	
34325/96	20 May 1997	Mens and Mens-Hoek	Netherlands	Adm	(1998) 26 E.H.R.R. CD 170	
34328/96	17 November 1998	Peree	Netherlands	Adm	(1999) 28 E.H.R.R. CD 158	
34369/97	6 April 2000	Thlimmenos	Greece	Jmt	(2001) 31 E.H.H.R. 411	(2001) 31 E.H.R.R 15
34382/97	5 April 2000	Denmark	Turkey	Adm	(2000) 29 E.H.R.R. CD 35	
34573/97	21 May 1998	Day	Italy	Adm	(1998) 26 E.H.R.R. CD 174	
34720/97	21 September 1999	Heaney and McGuinness	Ireland	Adm	(2000) 29 E.H.R.R. CD 166	
34728/97	20 October 1997	West	United Kingdom	Adm	(1998) 25 E.H.R.R. CD 185	
34791/97	14 December 1999	Khalfaoui	France	Jmt	(2001) 31 E.H.H.R. 967	(2001) 31 E.H.R.R 42
34821/97	21 December 1999	Demirtepe	France	Jmt	(2001) 31 E.H.H.R. 708	(2001) 31 E.H.R.R 28
34825/97	16 April 1998	Berglund	Sweden	Adm	(1998) 25 E.H.R.R. CD 182	
34826/97	1 July 1998	Johansson	Sweden	Adm	(1998) 26 E.H.R.R. CD 178	
34979/97	25 January 2000	Walker	United Kingdom	Adm	(2000) 29 E.H.R.R. CD 276	
35137/97	1 July 1998	Dilek	Netherlands	Adm	(1999) 27 E.H.R.R. CD 244	
35187/97	1 July 1998	Szumilas	Poland	Adm	(1998) 26 E.H.R.R. CD 181	
35208/97	27 May 1997	Zentralrat Deutscher Sinti and Roma and Rose	Germany	Adm	(1997) 23 E.H.R.R. CD 209	
35253/97	31 August 1999	Verdam	Netherlands	Adm	(1999) 28 E.H.R.R. CD 161	
35268/97	1 July 1998	Svidranova	Slovak Republic	Adm	(1998) 26 E.H.R.R. CD 184	
35376/97	3 March 2000	Krçmar	Czech Republic	Jmt	(2001) 31 E.H.H.R. 953	(2001) 31 E.H.R.R 41
35382/97	6 April 2000	Comingersoll SA	Portugal	Jmt	(2001) 31 E.H.H.R. 772	(2001) 31 E.H.R.R 31
35394/97	20 April 1999	Khan	United Kingdom	Adm	(1999) 27 E.H.R.R. CD 58	
35394/97	12 May 2000	Khan	United Kingdom	Jmt	(2001) 31 E.H.H.R. 1016	(2001) 31 E.H.R.R 45
35402/97	20 January 2000	Hogefeld	Germany	Adm	(2000) 29 E.H.R.R. CD 173	
35557/97	18 May 1998	Korkis	Sweden	Adm	(1999) 27 E.H.R.R. CD 251	
35605/97	14 September 1999	Kingsley	United Kingdom	Adm	(2000) 29 E.H.R.R. CD 191	
35638/97	2 July 1997	WM	Germany	Adm	(1997) 24 E.H.R.R. CD 79	
35693/97	22 October 1998	Patel	United Kingdom	Adm	(1999) 27 E.H.R.R. CD 254	
35718/97	2 May 2000	Condron	United Kingdom	Jmt	(2001) 31 E.H.H.R. 1	(2001) 31 E.H.R.R 1

APPL. No.	DECISION DATE	PARTY A	PARTY B (COUNTRY)	Adm / Op / Jmt	CITATION	CASE No.
35758/97	7 September 1998	Özdemir	Netherlands	Adm	(1999) 27 E.H.R.R. CD 257	
35763/97	1 March 2000	Al-Adsani	United Kingdom	Adm	(2000) 29 E.H.R.R. CD 99	
35765/97	31 July 2000	ADT	United Kingdom	Jmt	(2001) 31 E.H.H.R. 803	(2001) 31 E.H.R.R 33
36042/97	11 May 1999	Willis	United Kingdom	Adm	(1999) 28 E.H.R.R. CD 166	
36120/97	9 November 1999	Crossland	United Kingdom	Adm	(2000) 29 E.H.R.R. CD 34	
36273/97	26 September 2000	Oldham	United Kingdom	Jmt	(2001) 31 E.H.H.R. 813	(2001) 31 E.H.R.R 34
36283/97	4 March 1998	Keller	Germany	Adm	(1998) 25 E.H.R.R. CD 187	
36287/97	10 July 1998	Momique-Pola	Sweden	Adm	(1998) 26 E.H.R.R. CD 187	
36332/97	20 May 1998	Englund	Sweden	Adm	(1999) 27 E.H.R.R. CD 264	
36336/97	2 July 1998	Kwong	United Kingdom	Adm	(1998) 26 E.H.R.R. CD 189	
36337/97	14 September 1999	Bayram	United Kingdom	Adm	(1999) 28 E.H.R.R. CD 169	
36341/97	1 July 1998	Ballensky	Sweden	Adm	(1998) 26 E.H.R.R. CD 191	
36408/97	6 June 2000	Averill	United Kingdom	Jmt	(2001) 31 E.H.H.R. 839	(2001) 31 E.H.R.R 36
36428/97	21 October 1998	Kennedy	United Kingdom	Adm	(1999) 27 E.H.R.R. CD 266	
36448/97	4 May 1999	Marzari	Italy	Adm	(1999) 28 E.H.R.R. CD 175	
36528/97	22 October 1998	Kara	United Kingdom	Adm	(1999) 27 E.H.R.R. CD 272	
36529/97	29 September 1999	Moore and Gordon	United Kingdom	Jmt	(2000) 29 E.H.R.R. 728	
36542/97	1 July 1998	Novotny	Czech Republic	Adm	(1999) 27 E.H.R.R. CD 275	
36578/97	11 May 1999	Cornwell	United Kingdom	Adm	(1999) 27 E.H.R.R. CD 62	
36578/97	25 April 2000	Cornwell	United Kingdom	Jmt	(2000) 29 E.H.R.R. CD 30	
36744/97	4 March 1998	Cook	United Kingdom	Adm	(1998) 25 E.H.R.R. CD 189	
36773/97	9 September 1998	Nachtmann	Austria	Adm	(1999) 27 E.H.R.R. CD 281	
36791/97	21 May 1998	Wilson	United Kingdom	Adm	(1998) 26 E.H.R.R. CD 195	
36887/97	21 September 1999	Quinn	Ireland	Adm	(2000) 29 E.H.R.R. CD 234	
36908/97	21 October 1998	Stewart-Brady	United Kingdom	Adm	(1999) 27 E.H.R.R. CD 284	
37014/97	12 March 1998	Aspichi Dehwari	Netherlands	Adm	(1998) 25 E.H.R.R. CD 191	
37014/97	27 April 2000	Aspichi Dehwari	Netherlands	Op	(2000) 29 E.H.R.R. CD 74	
37043/97	9 March 1999	Slavgorodski	Estonia	Adm	(1999) 28 E.H.R.R. CD 181	
37112/97	1 March 2000	Fogarty	United Kingdom	Adm	(2000) 29 E.H.R.R. CD 157	
37120/97	9 September 1998	R.M.B.	United Kingdom	Adm	(1999) 27 E.H.R.R. CD 286	

37132/97	21 October 1998	Esen	Netherlands	Adm	(1999) 27 E.H.R.R. CD 290
37195/97	2 March 1999	Raiselis	Lithuania	Adm	(1999) 28 E.H.R.R. CD 186
37340/97	21 October 1998	J.W.V.	Netherlands	Adm	(1999) 27 E.H.R.R. CD 296
37393/97	29 September 1999	Moore and Gordon	United Kingdom	Jmt	(2000) 29 E.H.R.R. 728
37401/97	1 July 1998	Miah	United Kingdom	Adm	(1998) 26 E.H.R.R. CD 199
37416/97	27 May 1998	Kappa Kanzlei und Bürobetriebs GmbH	Austria	Adm	(1999) 27 E.H.R.R. CD 300
37418/97	27 May 1998	Kappa Kanzlei und Bürobetriebs GmbH	Austria	Adm	(1999) 27 E.H.R.R. CD 300
37434/97	27 May 1998	Kappa Kanzlei und Bürobetriebs GmbH	Austria	Adm	(1999) 27 E.H.R.R. CD 300
37436/97	27 May 1998	Kappa Kanzlei und Bürobetriebs GmbH	Austria	Adm	(1999) 27 E.H.R.R. CD 300
37437/97	27 May 1998	Kappa Kanzlei und Bürobetriebs GmbH	Austria	Adm	(1999) 27 E.H.R.R. CD 300
37553/97	1 July 1998	Olsson	Sweden	Adm	(1998) 26 E.H.R.R. CD 203
37604/97	21 October 1998	Sjöö	Sweden	Adm	(1999) 27 E.H.R.R. CD 304
37650/97	21 May 1998	Manners	United Kingdom	Adm	(1998) 26 E.H.R.R. CD 206
37664/97	1 July 1998	RC, AWA and 1,877 Others	United Kingdom	Adm	(1998) 26 E.H.R.R. CD 210
37665/97	1 July 1998	RC, AWA and 1,877 Others	United Kingdom	Adm	(1998) 26 E.H.R.R. CD 210
37680/97	14 October 1999	Riera Blume	Spain	Jmt	(2000) 30 E.H.R.R. 632
37682/97	1 July 1998	RC, AWA and 1,877 Others	United Kingdom	Adm	(1998) 26 E.H.R.R. CD 210
37829/97	27 May 1998	Kappa Kanzlei und Bürobetriebs GmbH	Austria	Adm	(1999) 27 E.H.R.R. CD 300
37830/97	27 May 1998	Kappa Kanzlei und Bürobetriebs GmbH	Austria	Adm	(1999) 27 E.H.R.R. CD 300
37831/97	27 May 1998	Kappa Kanzlei und Bürobetriebs GmbH	Austria	Adm	(1999) 27 E.H.R.R. CD 300
37832/97	27 May 1998	Kappa Kanzlei und Bürobetriebs GmbH	Austria	Adm	(1999) 27 E.H.R.R. CD 300
37833/97	27 May 1998	Kappa Kanzlei und Bürobetriebs GmbH	Austria	Adm	(1999) 27 E.H.R.R. CD 300
37834/97	27 May 1998	Kappa Kanzlei und Bürobetriebs GmbH	Austria	Adm	(1999) 27 E.H.R.R. CD 300

APPL. No.	DECISION DATE	PARTY A	PARTY B (COUNTRY)	Adm / Op / Jmt	CITATION	CASE No.
37839/97	27 May 1998	Kappa Kanzlei und Bürobetriebs GmbH	Austria	Adm	(1999) 27 E.H.R.R. CD 300	
37840/97	27 May 1998	Kappa Kanzlei und Bürobetriebs GmbH	Austria	Adm	(1999) 27 E.H.R.R. CD 300	
37841/97	27 May 1998	Kappa Kanzlei und Bürobetriebs GmbH	Austria	Adm	(1999) 27 E.H.R.R. CD 300	
37857/97	21 October 1998	The Governor and Company of the Bank of England	United Kingdom	Adm	(1999) 27 E.H.R.R. CD 307	
37900/97	26 October 1999	Erikson	Italy	Adm	(2000) 29 E.H.R.R. CD 152	
37974/97	1 July 1998	RC, AWA and 1,877 Others	United Kingdom	Adm	(1998) 26 E.H.R.R. CD 210	
37975/97	2 March 1999	Grauzinis	Lithuania	Adm	(1999) 28 E.H.R.R. CD 189	
37979/97	1 July 1998	RC, AWA and 1,877 Others	United Kingdom	Adm	(1998) 26 E.H.R.R. CD 210	
38061/97	21 October 1998	Cavlun	Netherlands	Adm	(1999) 27 E.H.R.R. CD 310	
38081/97	21 September 2000	Howarth	United Kingdom	Jmt	(2001) 31 E.H.H.R. 861	(2001) 31 E.H.R.R 37
38087/97	26 January 1999	Hibbert	Netherlands	Adm	(1999) 28 E.H.R.R. CD 194	
38178/97	26 January 1999	Serif	Greece	Adm	(1999) 28 E.H.R.R. CD 227	
38178/97	14 December 1999	Serif	Greece	Jmt	(2001) 31 E.H.H.R. 561	(2001) 31 E.H.R.R 20
38200/97	21 May 1998	Wright	United Kingdom	Adm	(1999) 27 E.H.R.R. CD 314	
38212/97	30 October 1998	F.E	France	Jmt	(2000) 29 E.H.R.R. 591	
38294/97	4 March 1998	Saleem	United Kingdom	Adm	(1998) 25 E.H.R.R. CD 193	
38387/97	1 July 1998	Khatun and 180 Others	United Kingdom	Adm	(1998) 26 E.H.R.R. CD 212	
38440/97	1 July 1998	Fashanu	United Kingdom	Adm	(1998) 26 E.H.R.R. CD 217	
38644/97	24 November 1998	Brown	United Kingdom	Adm	(1999) 28 E.H.R.R. CD 233	
38696/97	9 September 1998	Coke	United Kingdom	Adm	(1999) 27 E.H.R.R. CD 316	
38753/97	7 September 1999	Vernon	United Kingdom	Adm	(2000) 29 E.H.R.R. CD 264	
38812/97	30 October 1998	Poltoratskiy	Ukraine	Adm	(1999) 27 E.H.R.R. CD 320	
38822/97	31 August 1999	Shishkov	Bulgaria	Adm	(1999) 28 E.H.R.R. CD 237	
38841/97	21 September 1999	Klavdianos	Greece	Adm	(2000) 29 E.H.R.R. CD 199	
38890/97	25 April 2000	Leary	United Kingdom	Adm	(2000) 29 E.H.R.R. CD 62	
38910/97	1 July 1998	RC, AWA and 1,877 Others	United Kingdom	Adm	(1998) 26 E.H.R.R. CD 210	

39076/97	14 October 1997	Lehtinen	Finland	Adm	(2000) 29 E.H.R.R. CD 204	
39293/98	29 February 2000	Fuentes Bobo	Spain	Jmt	(2001) 31 E.H.H.R. 1115	(2001) 31 E.H.R.R 50
39483/98	25 May 1999	Nazarenko	Ukraine	Adm	(1999) 28 E.H.R.R. CD 246	
39754/98	13 January 2000	Apis	Slovakia	Adm	(2000) 29 E.H.R.R. CD 105	
40021/98	10 September 1998	H.A.R.	Austria	Adm	(1999) 27 E.H.R.R. CD 330	
40035/98	28 October 1999	Jabari	Turkey	Adm	(2000) 29 E.H.R.R. CD 178	
40146/98	21 October 1998	Ibbotson	United Kingdom	Adm	(1999) 27 E.H.R.R. CD 332	
40436/98	10 September 1998	New Horizons	Cyprus	Adm	(1999) 27 E.H.R.R. CD 334	
40451/98	7 December 1999	Kerr	United Kingdom	Adm	(2000) 29 E.H.R.R. CD 184	
40477/98	10 September 1998	Musa	Austria	Adm	(1999) 27 E.H.R.R. CD 338	
40772/98	28 October 1999	Pancenko	Latvia	Adm	(2000) 29 E.H.R.R. CD 227	
40900/98	29 May 1998	Karara	Finland	Adm	(1998) 26 E.H.R.R. CD 220	
40907/98	8 February 2000	Dougoz	Greece	Adm	(2000) 29 E.H.R.R. CD 147	
41090/98	21 October 1998	Baskauskaite	Lithuania	Adm	(1999) 27 E.H.R.R. CD 341	
41113/98	21 October 1998	Photos Photiades & Co. Ltd	Cyprus	Adm	(1999) 27 E.H.R.R. CD 344	
41205/98	19 October 1999	Tammer	Estonia	Adm	(2000) 29 E.H.R.R. CD 257	
41242/98	21 October 1998	Jonsson	Iceland	Adm	(1999) 27 E.H.R.R. CD 347	
41488/98	18 May 1999	AV	Bulgaria	Adm	(1999) 28 E.H.R.R. CD 197	
41877/98	15 September 1998	Province of Bari, Sorrento and Messini Nemaga	Italy	Adm	(1999) 27 E.H.R.R. CD 352	
42095/98	11 January 2000	Daktaras	Lithuania	Adm	(2000) 29 E.H.R.R. CD 135	
42225/98	2 February 1999	J.E.D.	United Kingdom	Adm	(1999) 27 E.H.R.R. CD 65	
42293/98	26 January 1999	Adamson	United Kingdom	Adm	(1999) 28 E.H.R.R. CD 209	
42367/98	19 January 1999	Ould Barar	Sweden	Adm	(1999) 28 E.H.R.R. CD 213	
43218/98	24 August 1999	Farah	Sweden	Adm	(1999) 28 E.H.R.R. CD 216	
43258/98	31 August 1999	G.H.H.	Turkey	Adm	(1999) 28 E.H.R.R. CD 221	
43348/98	14 September 1998	M.M.	Switzerland	Adm	(1999) 27 E.H.R.R. CD 356	
43363/98	18 September 1998	C.N.	Switzerland	Adm	(1999) 27 E.H.R.R. CD 358	
43391/98	18 September 1998	K.K.	Switzerland	Adm	(1999) 27 E.H.R.R. CD 361	
43678/98	30 October 1998	A.Z., A.S.Z. and G.A.Z.	Switzerland	Adm	(1999) 27 E.H.R.R. CD 278	
44125/98	25 November 1999	Syrkin	Russia	Adm	(2000) 29 E.H.R.R. CD 254	
45223/99	7 September 1999	Rudzinske	Poland	Adm	(2000) 29 E.H.R.R. CD 241	
45908/99	18 May 1999	Wolff Metternich	Netherlands	Adm	(1999) 27 E.H.R.R. CD 69	
45917/99	23 February 1999	Andric	Sweden	Adm	(1999) 28 E.H.R.R. CD 218	

APPL. No.	DECISION DATE	PARTY A	PARTY B (COUNTRY)	Adm / Op / Jmt	CITATION	CASE No.
45924/99	23 February 1999	Juric	Sweden	Adm	(1999) 27 E.H.R.R. CD 71	
46306/99	25 November 1999	Ocic	Croatia	Adm	(2000) 29 E.H.R.R. CD 220	
46553/99	15 February 2000	SSC	Sweden	Adm	(2000) 29 E.H.R.R. CD 245	
51891/99	4 May 2000	Naletilic	Croatia	Adm	(2000) 29 E.H.R.R. CD 219	
15346/89 15379/89	28 September 1995	Masson and Van Zon	Netherlands	Jmt	(1996) 22 E.H.R.R. 491	

INDEX OF SUBJECT MATTER IN VOLUMES 1–32

ABOLITION OF DEATH PENALTY [Sixth Protocol]

text of		(1983) 5 E.H.R.R. 167

ABORTION

counselling	OPEN DOOR COUNSELLING *v.* IRELAND	(1993) 15 E.H.R.R. 245
failure to consult	PATON *v.* UK	(1981) 3 E.H.R.R. 408
pamphleteer	BOWMAN *v.* UK	(1998) 26 E.H.R.R. 1
restrictions	BRÜGGEMANN *v.* GERMANY	(1981) 3 E.H.R.R. 244
victim of violation	PATON *v.* UK	(1981) 3 E.H.R.R. 408

ABSENCE FROM HEARING

admissibility decisions	COLOZZA *v.* ITALY	(1983) 5 E.H.R.R. 274
appeals	COOKE *v.* AUSTRIA	(2001) 31 E.H.R.R. 11 at page 338
	PRINZ *v.* AUSTRIA	(2001) 31 E.H.R.R. 12 at page 357
applicant wishes	POITRIMOL *v.* FRANCE	(1994) 18 E.H.R.R. 130
deportation	PELLADOAH *v.* NETHERLANDS	(1995) 19 E.H.R.R. 81
friendly settlement	RUBINAT *v.* ITALY	(1985) 7 E.H.R.R. 512
impartiality of judges	THOMANN *v.* SWITZERLAND	(1997) 24 E.H.R.R. 553
imprisonment	KREMZOW *v.* AUSTRIA	(1994) 17 E.H.R.R. 323
imprisonment abroad	F.C.B. *v.* ITALY	(1992) 14 E.H.R.R. 909
jurisdiction *ratione temporis*	STAMOULAKATOS *v.* GREECE	(1994) 17 E.H.R.R. 479
lack of understanding of language	BROZICEK *v.* ITALY	(1990) 12 E.H.R.R. 371
notice of proceedings	COLOZZA *v.* ITALY	(1985) 7 E.H.R.R. 516

ABSCONDING, LIKELIHOOD OF

reasonable time in detention	CLOOTH *v.* BELGIUM	(1992) 14 E.H.R.R. 717
	LETELLIER *v.* FRANCE	(1992) 14 E.H.R.R. 83
	MANSUR *v.* TURKEY	(1995) 20 E.H.R.R. 535
	MATZNETTER *v.* AUSTRIA	(1979) 1 E.H.R.R. 198
	NEUMEISTER *v.* AUSTRIA (NO. 1)	(1979) 1 E.H.R.R. 91
	RINGEISEN *v.* AUSTRIA (NO. 1)	(1979) 1 E.H.R.R. 455
	SCOTT *v.* SPAIN	(1997) 24 E.H.R.R. 391
	STÖGMÜLLER *v.* AUSTRIA	(1979) 1 E.H.R.R. 155
	TOMASI *v.* FRANCE	(1993) 15 E.H.R.R. 1
	TOTH *v.* AUSTRIA	(1992) 14 E.H.R.R. 551
	VAN DER TANG *v.* NETHERLANDS	(1996) 22 E.H.R.R. 363
	W. *v.* SWITZERLAND	(1994) 17 E.H.R.R. 60
	WEMHOFF *v.* GERMANY	(1979) 1 E.H.R.R. 55
	YAĞCI & SARGIN *v.* TURKEY	(1995) 20 E.H.R.R. 505

ABSTRACT CASES

role of Court	DE BECKER *v.* BELGIUM	(1979) 1 E.H.R.R. 43

ABUSE OF PROCESS

admissibility decisions	APP. 9742/82 *v.* IRELAND	(1983) 5 E.H.R.R. 594
political propaganda	AKDIVAR *v.* TURKEY	(1997) 23 E.H.R.R. 143
	AYDIN *v.* TURKEY	(1998) 25 E.H.R.R. 251
	BUSCARINI *v.* SAN MARINO	(2000) 30 E.H.R.R. 208
	LOIZIDOU *v.* TURKEY	(1995) 20 E.H.R.R. 99

ABUSE OF PROCESS—*cont.*

refusal to enter into negotiations	ANDRONICOU *v.* CYPRUS	(1998) 25 E.H.R.R. 491
similarity to previous applications	CYPRUS *v.* TURKEY	(1997) 23 E.H.R.R. 244
unsubstantiated allegations	ASSENOV & ORS *v.* BULGARIA	(1999) 28 E.H.R.R. 652

ABUSE OF RIGHTS, PROHIBITION ON [Art. 17]

general approach	LEHIDEUX & ISORNI *v.* FRANCE	(2000) 30 E.H.R.R. 665

ACADEMIC EXPRESSION, FREEDOM OF

publication of book of propaganda	BASKAYA & OKÇUOGLOU *v.* TURKEY	(2001) 31 E.H.R.R. 10 at page 292

ACCESS TO CASE FILE

civil proceedings	KEROJÄRVI *v.* FINLAND	(2001) 32 E.H.R.R. 8 at page 152
	NIDERÖST-HUBER *v.* SWITZERLAND	(1998) 25 E.H.R.R. 709
	SCHULER-ZGRAGGEN *v.* SWITZERLAND	(1993) 16 E.H.R.R. 406
criminal proceedings	FOUCHER *v.* FRANCE	(1998) 25 E.H.R.R. 234
employment proceedings	NIDERÖST-HUBER *v.* SWITZERLAND	(1998) 25 E.H.R.R. 709

ACCESS TO CHILD

care, in	B. *v.* UK	(1988) 10 E.H.R.R. 87
	H. *v.* UK	(1988) 10 E.H.R.R. 95
	JOHANSEN *v.* NORWAY	(1997) 23 E.H.R.R. 33
	K & T *v.* FINLAND	(2001) 31 E.H.R.R. 18 at page 484
	L. *v.* FINLAND	(2001) 31 E.H.R.R. 30 at page 737
	O. *v.* UK	(1988) 10 E.H.R.R. 82
	PAULSEN-MEDALEN & ANOR *v.* SWEDEN	(1998) 26 E.H.R.R. 260
	R. *v.* UK	(1988) 10 E.H.R.R. 74
	RIEME *v.* SWEDEN	(1993) 16 E.H.R.R. 155
	W. *v.* UK	(1988) 10 E.H.R.R. 29
divorced parent, of	HENDRICKS *v.* NETHERLANDS	(1983) 5 E.H.R.R. 223
foster care, in	ERIKSSON *v.* SWEDEN	(1990) 12 E.H.R.R. 183
	RIEME *v.* SWEDEN	(1993) 16 E.H.R.R. 155
non-enforcement of custody rights	HOKKANEN *v.* FINLAND	(1995) 19 E.H.R.R. 139
protection of child's health	HENDRICKS *v.* NETHERLANDS	(1983) 5 E.H.R.R. 223

ACCESS TO CONFIDENTIAL FILES

disclosure in criminal proceedings	Z. *v.* FINLAND	(1998) 25 E.H.R.R. 371
independence of tribunal	MCMICHAEL *v.* UK	(1995) 20 E.H.R.R. 205

ACCESS TO COUNSEL

Also see LEGAL REPRESENTATION

absence of applicant from trial	LALA *v.* NETHERLANDS	(1994) 18 E.H.R.R. 586
	PELLADOAH *v.* NETHERLANDS	(1995) 19 E.H.R.R. 81
	POITRIMOL *v.* FRANCE	(1994) 18 E.H.R.R. 130
	VAN GEYSEGHEM *v.* BELGIUM	(2001) 32 E.H.R.R. 24 at page 554

ACCESS TO COUNSEL—*cont.*

absence of representative	TRIPODI *v.* ITALY	(1994) 18 E.H.R.R. 295
confidentiality of prison visits	CAMPBELL & FELL *v.* UK	(1983) 5 E.H.R.R. 207
detention for non-payment of charge	PERKS & ORS *v.* UK	(2000) 30 E.H.R.R. 33
general approach	AVERILL *v.* UK	(2001) 31 E.H.R.R. 36 at page 839
ineffective defence	DAUD *v.* PORTUGAL	(2000) 30 E.H.R.R. 400
	GODDI *v.* ITALY	(1984) 6 E.H.R.R. 457
insufficient means	CROISSANT *v.* GERMANY	(1993) 16 E.H.R.R. 135
	HOANG *v.* FRANCE	(1993) 16 E.H.R.R. 53
	PAKELLI *v.* GERMANY	(1984) 6 E.H.R.R. 1
interests of justice	BENHAM *v.* UK	(1996) 22 E.H.R.R. 295
	CROISSANT *v.* GERMANY	(1993) 16 E.H.R.R. 135
	HOANG *v.* FRANCE	(1993) 16 E.H.R.R. 53
	PAKELLI *v.* GERMANY	(1984) 6 E.H.R.R. 1
investigatory stages	MURRAY *v.* UK	(1996) 22 E.H.R.R. 29
mentally ill persons	MEGYERI *v.* GERMANY	(1993) 15 E.H.R.R. 584
non-payment of community charge	BENHAM *v.* UK	(1996) 22 E.H.R.R. 295
number of counsel	CROISSANT *v.* GERMANY	(1993) 16 E.H.R.R. 135
pre-trial proceedings	IMBRIOSCIA *v.* SWITZERLAND	(1994) 17 E.H.R.R. 441
	MAGEE *v.* UK	(2001) 31 E.H.R.R. 35 at page 822
	MURRAY *v.* UK	(1996) 22 E.H.R.R. 29
prison discipline	CAMPBELL & FELL *v.* UK	(1985) 7 E.H.R.R. 165
refusal of request	FEJDE *v.* SWEDEN	(1994) 17 E.H.R.R. 14
	HILTON *v.* UK	(1981) 3 E.H.R.R. 104
	SILVER *v.* UK	(1983) 5 E.H.R.R. 347
remand prisoners	S. *v.* SWITZERLAND	(1992) 14 E.H.R.R. 670
	SCHÖNENBERGER *v.* SWITZERLAND	(1989) 11 E.H.R.R. 202

ACCESS TO INFORMATION

admissibility decisions	APP. 9301/81 *v.* SWITZERLAND	(1983) 5 E.H.R.R. 285
court judgment	APP. 9301/81 *v.* SWITZERLAND	(1983) 5 E.H.R.R. 285
newspapers in prison	X *v.* UK	(1983) 5 E.H.R.R. 162
personal files	GASKIN *v.* UK	(1990) 12 E.H.R.R. 36
reasons for charges	LAMY *v.* BELGIUM	(1989) 11 E.H.R.R. 529

ACCESS TO JUSTICE, MEASURES FACILITATING

Recommendation		(1982) 4 E.H.R.R. 282

ACCESS TO MEDICAL DATA

disclosure in criminal proceedings	Z. *v.* FINLAND	(1998) 25 E.H.R.R. 371

ACCESS TO PERSONAL FILES

disclosure in criminal proceedings	Z. *v.* FINLAND	(1998) 25 E.H.R.R. 371
proportionality	GASKIN *v.* UK	(1990) 12 E.H.R.R. 36

ACCESS TO RECORDS

nuclear tests	MCGINLEY *v.* UK	(1999) 27 E.H.R.R. 1

ACCESS TO TAX DOCUMENTS

assessment and evasion proceedings	MIAILHE *v.* FRANCE (NO. 2)	(1997) 23 E.H.R.R. 491

ACCESS TO TRIBUNAL

admissibility decisions	APP. 9803/82 *v.* UK	(1983) 5 E.H.R.R. 465
aircraft noise	POWELL *v.* UK	(1990) 12 E.H.R.R. 355
care proceedings	B. *v.* UK	(1988) 10 E.H.R.R. 87
	H. *v.* UK	(1988) 10 E.H.R.R. 95
	O. *v.* UK	(1988) 10 E.H.R.R. 82
	OLSSON *v.* SWEDEN (NO. 2)	(1994) 17 E.H.R.R. 135
	R. *v.* UK	(1988) 10 E.H.R.R. 74
	W. *v.* UK	(1988) 10 E.H.R.R. 29
Catholic Church	CANEA CATHOLIC CHURCH *v.* GREECE	(1999) 27 E.H.R.R. 521
compensation claims	F.E. *v.* FRANCE	(2000) 29 E.H.R.R. 591
	GUSTAFSON *v.* SWEDEN	(1998) 25 E.H.R.R. 623
criminal proceedings	GUSTAFSON *v.* SWEDEN	(1998) 25 E.H.R.R. 623
	HENNINGS *v.* GERMANY	(1993) 16 E.H.R.R. 83
	MALIGE *v.* FRANCE	(1999) 28 E.H.R.R. 578
	PALAORO *v.* AUSTRIA	(2001) 32 E.H.R.R. 10 at page 202
declaration of inadmissibility of settlement	PÉREZ DE RADA CAVANILLES *v.* SPAIN	(2000) 29 E.H.R.R. 109
defamation proceedings	TOLSTOY *v.* UK	(1995) 20 E.H.R.R. 442
detention without trial	AKSOY *v.* TURKEY	(1997) 23 E.H.R.R. 553
disciplinary proceedings	OBERMEIER *v.* AUSTRIA	(1991) 13 E.H.R.R. 290
expropriation proceedings	BODÉN *v.* SWEDEN	(1988) 10 E.H.R.R. 367
	MATOS E SILVA *v.* PORTUGAL	(1997) 24 E.H.R.R. 573
fostered child	ERIKSSON *v.* SWEDEN	(1990) 12 E.H.R.R. 183
	OLSSON *v.* SWEDEN (NO. 2)	(1994) 17 E.H.R.R. 135
immunity from jurisdiction	WAITE & KENNEDY *v.* GERMANY	(2000) 30 E.H.R.R. 261
judicial separation	AIREY *v.* IRELAND	(1980) 2 E.H.R.R. 305
land-use and development plans	MATOS E SILVA *v.* PORTUGAL	(1997) 24 E.H.R.R. 573
	ORTENBERG *v.* AUSTRIA	(1995) 19 E.H.R.R. 524
legal proceedings based on religion	CANEA CATHOLIC CHURCH *v.* GREECE	(1999) 27 E.H.R.R. 521
margin of appreciation	TOLSTOY *v.* UK	(1995) 20 E.H.R.R. 442
mentally ill persons	WINTERWERP *v.* NETHERLANDS	(1980) 2 E.H.R.R. 387
non-payment of professional fees	PHILIS *v.* GREECE	(1991) 13 E.H.R.R. 741
opposition to operating licence	ATHANASSOGLOU *v.* SWITZERLAND	(2001) 31 E.H.R.R. 13 at page 372
principles of interpretation	GOLDER *v.* UK	(1979) 1 E.H.R.R. 524
promotion of economic wellbeing	GILLOW *v.* UK	(1989) 11 E.H.R.R. 335
proportionality	OSMAN *v.* UK	(2000) 29 E.H.R.R. 245
rape in custody	AYDIN *v.* TURKEY	(1998) 25 E.H.R.R. 251
redirection of post	HENNINGS *v.* GERMANY	(1993) 16 E.H.R.R. 83
refuse tip licence	FISCHER *v.* AUSTRIA	(1995) 20 E.H.R.R. 349
repossession of property	IMMOBILIARE *v.* ITALY	(2000) 30 E.H.R.R. 756
return of seized possessions	VASILESCU *v.* ROMANIA	(1999) 28 E.H.R.R. 241
security for costs	AÏT-MOUHOUB *v.* FRANCE	(2000) 30 E.H.R.R. 382
seizure of aircraft	AIR CANADA *v.* UK	(1995) 20 E.H.R.R. 150
speeding offences	MALIGE *v.* FRANCE	(1999) 28 E.H.R.R. 578
	PALAORO *v.* AUSTRIA	(2001) 32 E.H.R.R. 10 at page 202

ACCESS TO TRIBUNAL—*cont.*

traffic offences	ESCOUBET *v.* BELGIUM	(2001) 31 E.H.R.R. 46 at page 1034
	MALIGE *v.* FRANCE	(1999) 28 E.H.R.R. 578
	PALAORO *v.* AUSTRIA	(2001) 32 E.H.R.R. 10 at page 202
	PFARRMEIER *v.* AUSTRIA	(1996) 22 E.H.R.R. 175
	SCHMAUTZER *v.* AUSTRIA	(1996) 21 E.H.R.R. 511
	UMLAUFT *v.* AUSTRIA	(1996) 22 E.H.R.R. 76
transfer of monastic estate	HOLY MONASTERIES *v.* GREECE	(1995) 20 E.H.R.R. 1
unlawful killing	ANDRONICOU *v.* CYPRUS	(1998) 25 E.H.R.R. 491
withdrawal of driving licence	ESCOUBET *v.* BELGIUM	(2001) 31 E.H.R.R. 46 at page 1034

ACCOMMODATION COSTS

just satisfaction	WINTERWERP *v.* NETHERLANDS	(1982) 4 E.H.R.R. 228

ACTION OUT OF TIME

jurisdiction of Court	MORGANTI *v.* FRANCE	(1996) 21 E.H.R.R. 34
	SILVA PONTES *v.* PORTUGAL	(1994) 18 E.H.R.R. 156
	ZUBANI *v.* ITALY	(2001) 32 E.H.R.R. 14 at page 297

ADEQUATE TIME TO PREPARE DEFENCE

appeal proceedings	VACHER *v.* FRANCE	(1997) 24 E.H.R.R. 482
criminal proceedings	KREMZOW *v.* AUSTRIA	(1994) 17 E.H.R.R. 323
military court proceedings	HADJIANASTASSIOU *v.* GREECE	(1993) 16 E.H.R.R. 219
time limits for filing pleadings	VACHER *v.* FRANCE	(1997) 24 E.H.R.R. 482

ADMINISTRATION OF JUSTICE

admissibility decisions	APP. 8944/80 *v.* SWITZERLAND	(1983) 5 E.H.R.R. 279

ADMINISTRATIVE PROCEEDINGS

equality of arms	BENDENOUN *v.* FRANCE	(1994) 18 E.H.R.R. 54
length of proceedings	RUIZ-MATEOS *v.* SPAIN	(1993) 16 E.H.R.R. 505
oral hearing	FISCHER *v.* AUSTRIA	(1995) 20 E.H.R.R. 349
public hearing	ZUMTOBEL *v.* AUSTRIA	(1994) 17 E.H.R.R. 116

ADMISSIBILITY DECISIONS

preliminary objections	BOZANO *v.* FRANCE	(1987) 9 E.H.R.R. 297
	G. *v.* FRANCE	(1996) 21 E.H.R.R. 288
	MAUER *v.* AUSTRIA	(1998) 25 E.H.R.R. 91
	MCMICHAEL *v.* UK	(1995) 20 E.H.R.R. 205
	RAVNSBORG *v.* SWEDEN	(1994) 18 E.H.R.R. 38
	RIEME *v.* SWEDEN	(1993) 16 E.H.R.R. 155
	TERRA WONINGEN *v.* NETHERLANDS	(1997) 24 E.H.R.R. 457
	VALENZUELA CONTRERAS *v.* SPAIN	(1999) 28 E.H.R.R. 483

ADMISSIBILITY DECISIONS—*cont.*

summaries and extracts (1983) 5 E.H.R.R. 268
(1983) 5 E.H.R.R. 465,
(1983) 5 E.H.R.R. 581
(1984) 6 E.H.R.R. 110
(1984) 6 E.H.R.R. 321,
(1984) 6 E.H.R.R. 531
(1985) 7 E.H.R.R. 135
(1985) 7 E.H.R.R. 450,
(1985) 7 E.H.R.R. 589
(1986) 8 E.H.R.R. 45
(1986) 8 E.H.R.R. 224,
(1986) 8 E.H.R.R. 252
(1987) 9 E.H.R.R. 91
(1987) 9 E.H.R.R. 235,
(1987) 9 E.H.R.R. 350
(1987) 9 E.H.R.R. 531
(1988) 10 E.H.R.R. 123,
(1988) 10 E.H.R.R. 269
(1988) 10 E.H.R.R. 503
(1989) 11 E.H.R.R. 46,
(1989) 11 E.H.R.R. 543
(1990) 12 E.H.R.R. 97
(1993) 15 E.H.R.R. CD1,
(1993) 16 E.H.R.R. CD1
(1994) 18 E.H.R.R. CD33
(1995) 19 E.H.R.R. CD42
(1995) 20 E.H.R.R. CD41
(1996) 21 E.H.R.R. CD48
(1997) 23 E.H.R.R. CD40
(1997) 24 E.H.R.R. CD35
(1998) 25 E.H.R.R. CD9,
(1998) 26 E.H.R.R. CD30
(1999) 27 E.H.R.R. CD42
(1999) 28 E.H.R.R. CD82
(2000) 29 E.H.R.R. CD96

ADMISSIBILITY OF EVIDENCE

listening devices KHAN *v.* UK (2001) 31 E.H.R.R. 45 at page 1016

ADOPTION PROCEEDINGS

admissibility decisions APP. 9966/82 *v.* UK (1983) 5 E.H.R.R. 299
APP. 9993/82 *v.* FRANCE (1983) 5 E.H.R.R. 302
legitimacy of purpose EP *v.* ITALY (2001) 31 E.H.R.R. 17 at page 463
SÖDERBÄCK *v.* SWEDEN (2000) 29 E.H.R.R. 95
length of proceedings EP *v.* ITALY (2001) 31 E.H.R.R. 17 at page 463
measures prescribed by law EP *v.* ITALY (2001) 31 E.H.R.R. 17 at page 463
SÖDERBÄCK *v.* SWEDEN (2000) 29 E.H.R.R. 95
necessary in a democratic society EP *v.* ITALY (2001) 31 E.H.R.R. 17 at page 463
KEEGAN *v.* IRELAND (1994) 18 E.H.R.R. 342
SÖDERBÄCK *v.* SWEDEN (2000) 29 E.H.R.R. 95
without father's consent APP. 9966/82 *v.* UK (1983) 5 E.H.R.R. 299

ADOPTION PROCEEDINGS—*cont.*

	SÖDERBÄCK *v.* SWEDEN	(2000) 29 E.H.R.R. 95

ADVERSARIAL PRINCIPLE

civil proceedings	MANTOVANELLI *v.* FRANCE	(1997) 24 E.H.R.R. 370
criminal proceedings	FITT *v.* UK	(2000) 30 E.H.R.R. 480
	JASPER *v.* UK	(2000) 30 E.H.R.R. 441
	JJ *v.* NETHERLANDS	(1999) 28 E.H.R.R. 169
	ROWE & DAVIS *v.* UK	(2000) 30 E.H.R.R. 1

ADVERTISING

admissibility decisions	APP. 9664/82 *v.* SWEDEN	(1983) 5 E.H.R.R. 510
freedom of expression	APP. 9664/82 *v.* SWEDEN	(1983) 5 E.H.R.R. 510
	BARTHOLD *v.* GERMANY	(1985) 7 E.H.R.R. 383
pharmaceutical products	APP. 9664/82 *v.* SWEDEN	(1983) 5 E.H.R.R. 510

ADVICE AND ASSISTANCE FROM COUNSEL

absence of applicant from trial	LALA *v.* NETHERLANDS	(1994) 18 E.H.R.R. 586
	PELLADOAH *v.* NETHERLANDS	(1995) 19 E.H.R.R. 81
	POITRIMOL *v.* FRANCE	(1994) 18 E.H.R.R. 130
	VAN GEYSEGHEM *v.* BELGIUM	(2001) 32 E.H.R.R. 24 at page 554
absence of representative	TRIPODI *v.* ITALY	(1994) 18 E.H.R.R. 295
confidentiality of prison visits	CAMPBELL & FELL *v.* UK	(1983) 5 E.H.R.R. 207
detention for non-payment of charge	PERKS & ORS *v.* UK	(2000) 30 E.H.R.R. 33
general approach	AVERILL *v.* UK	(2001) 31 E.H.R.R. 36 at page 839
ineffective defence	DAUD *v.* PORTUGAL	(2000) 30 E.H.R.R. 400
	GODDI *v.* ITALY	(1984) 6 E.H.R.R. 457
insufficient means	CROISSANT *v.* GERMANY	(1993) 16 E.H.R.R. 135
	HOANG *v.* FRANCE	(1993) 16 E.H.R.R. 53
	PAKELLI *v.* GERMANY	(1984) 6 E.H.R.R. 1
interests of justice	BENHAM *v.* UK	(1996) 22 E.H.R.R. 295
	CROISSANT *v.* GERMANY	(1993) 16 E.H.R.R. 135
	HOANG *v.* FRANCE	(1993) 16 E.H.R.R. 53
	PAKELLI *v.* GERMANY	(1984) 6 E.H.R.R. 1
investigatory stages	MURRAY *v.* UK	(1996) 22 E.H.R.R. 29
mentally ill persons	MEGYERI *v.* GERMANY	(1993) 15 E.H.R.R. 584
non-payment of community charge	BENHAM *v.* UK	(1996) 22 E.H.R.R. 295
number of counsel	CROISSANT *v.* GERMANY	(1993) 16 E.H.R.R. 135
pre-trial proceedings	IMBRIOSCIA *v.* SWITZERLAND	(1994) 17 E.H.R.R. 441
	MAGEE *v.* UK	(2001) 31 E.H.R.R. 35 at page 822
	MURRAY *v.* UK	(1996) 22 E.H.R.R. 29
prison discipline	CAMPBELL & FELL *v.* UK	(1985) 7 E.H.R.R. 165
refusal of request	FEJDE *v.* SWEDEN	(1994) 17 E.H.R.R. 14
	HILTON *v.* UK	(1981) 3 E.H.R.R. 104
	SILVER *v.* UK	(1983) 5 E.H.R.R. 347
remand prisoners	S. *v.* SWITZERLAND	(1992) 14 E.H.R.R. 670
	SCHÖNENBERGER *v.* SWITZERLAND	(1989) 11 E.H.R.R. 202

ADVOCATE'S REMUNERATION

acting without payment	VAN DER MUSSELE *v.* BELGIUM	(1984) 6 E.H.R.R. 163

AFFILIATION PROCEEDINGS

blood groups, evidence of X. *v.* IRELAND (1982) 4 E.H.R.R. 358

AFRICA

Charter On Human and Peoples' Rights (1982) 4 E.H.R.R. 417

AGGRAVATING CIRCUMSTANCE

not mentioned in charge DE SALVADOR TORRES *v.* SPAIN (1997) 23 E.H.R.R. 601

AGRICULTURAL LAND PROCEEDINGS

public hearing STALLINGER & ANOR *v.* AUSTRIA (1998) 26 E.H.R.R. 81
reasonable time to bring case to trial ERKNER *v.* AUSTRIA (1987) 9 E.H.R.R. 464
POISS *v.* AUSTRIA (1988) 10 E.H.R.R. 231

AIDING AND ABETTING

presumption of innocence X, Y & Z *v.* SWEDEN (1982) 4 E.H.R.R. 395

AIRCRAFT

noise POWELL *v.* UK (1990) 12 E.H.R.R. 355
seizure AIR CANADA *v.* UK (1995) 20 E.H.R.R. 150

ALCOHOL SALES

interference with rights TRE TRAKTÖRER *v.* SWEDEN (1991) 13 E.H.R.R. 309

ALIENS

detention prior to deportation CAPRINO *v.* UK (1982) 4 E.H.R.R. 97

ALTERATIONS TO LEGISLATION

just satisfaction F. *v.* SWITZERLAND (1988) 10 E.H.R.R. 411

AMERICAN CONVENTION ON HUMAN RIGHTS

exhaustion of domestic remedies COSTA RICA CASE (1982) 4 E.H.R.R. 469
habeas corpus EMERGENCY SITUATIONS (1989) 11 E.H.R.R. 33
licensing of journalists COMPULSORY MEMBERSHIP OF JOURNALISTS' ASSOCIATION, (1986) 8 E.H.R.R. 165

ANDORRAN CONVICTION

lack of jurisdiction DROZD & JANOUSEK *v.* FRANCE & SPAIN (1992) 14 E.H.R.R. 745

ANONYMITY OF WITNESSES

criminal proceedings DOORSON *v.* NETHERLANDS (1996) 22 E.H.R.R. 330
UNTERPERTINGER *v.* AUSTRIA (1991) 13 E.H.R.R. 175
VAN MECHELEN *v.* NETHERLANDS (1998) 25 E.H.R.R. 647
WINDISCH *v.* AUSTRIA (1991) 13 E.H.R.R. 281

ANTI-RELIGIOUS FILMS

freedom of expression OTTO-PREMINGER INSTITUTE *v.* AUSTRIA (1995) 19 E.H.R.R. 34

ANTON PILLER ORDERS

proportionality	CHAPPELL *v.* UK	(1990) 12 E.H.R.R. 1

APPEALS

defect at trial	WESTON *v.* UK	(1981) 3 E.H.R.R. 402
fairness	BOTTEN *v.* NORWAY	(2001) 32 E.H.R.R. 3 at page 37

ARBITRATION AWARDS

possessions and property	STRAN GREEK REFINERIES *v.* GREECE	(1995) 19 E.H.R.R. 293

ARBITRATION TRIBUNAL

nationalisation	LITHGOW *v.* UK	(1986) 8 E.H.R.R. 329

ARMED FORCES

application of Convention	ENGEL & ORS *v.* NETHERLANDS (NO. 1)	(1979) 1 E.H.R.R. 647

ARREST AND DETENTION

admissibility decisions	APP. 8828/79 *v.* DENMARK	(1983) 5 E.H.R.R. 278
breach of the peace, for	CHORRHERR *v.* AUSTRIA	(1994) 17 E.H.R.R. 358
	STEEL & ORS *v.* UK	(1999) 28 E.H.R.R. 603
terrorists, of	MURRAY *v.* UK	(1995) 19 E.H.R.R. 193

ASSAULT IN POLICE CUSTODY

ill-treatment	RIBITSCH *v.* AUSTRIA	(1996) 21 E.H.R.R. 573

ASSEMBLY, FREEDOM OF [Art. 11]

dissolution of political party	SOCIALIST PARTY *v.* TURKEY	(1999) 27 E.H.R.R. 51
	TBKP *v.* TURKEY	(1998) 26 E.H.R.R. 121
personal opinions	EZELIN *v.* FRANCE	(1992) 14 E.H.R.R. 362

ASSESSMENT OF ABILITIES

civil rights	MAILLARD *v.* FRANCE	(1999) 27 E.H.R.R. 232

ASSOCIATION, FREEDOM OF [Art. 11]

admissibility decisions	APP. 9807/82 *v.* NETHERLANDS	(1983) 5 E.H.R.R. 513
	APP. 9813/82 *v.* UK	(1983) 5 E.H.R.R. 513
	APP. 9926/82 *v.* NETHERLANDS	(1983) 5 E.H.R.R. 515
	APP. 10097/82 *v.* NETHERLANDS	(1983) 5 E.H.R.R. 516
anti-abortion protests	PLATTFORM *v.* AUSTRIA	(1991) 13 E.H.R.R. 204
applicability of Article	SOCIALIST PARTY *v.* TURKEY	(1999) 27 E.H.R.R. 51
	TBKP *v.* TURKEY	(1998) 26 E.H.R.R. 121
association, requirement to join	SIGURJONSSON *v.* ICELAND	(1993) 16 E.H.R.R. 462
civil servants	VOGT *v.* GERMANY	(1996) 21 E.H.R.R. 205
closed shop	YOUNG, JAMES & WEBSTER *v.* UK	(1982) 4 E.H.R.R. 38
collective agreements	ENGINE DRIVERS' UNION *v.* SWEDEN	(1979) 1 E.H.R.R. 617
	GUSTAFSSON *v.* SWEDEN	(1996) 22 E.H.R.R. 409
dissolution of political party	ÖZDEP *v.* TURKEY	(2001) 31 E.H.R.R. 27 at page 674
	SOCIALIST PARTY *v.* TURKEY	(1999) 27 E.H.R.R. 51
	TBKP *v.* TURKEY	(1998) 26 E.H.R.R. 121

ASSOCIATION, FREEDOM OF—*cont.*

exclusion for conscientious objection	THLIMMENOS *v.* GREECE	(2001) 31 E.H.R.R. 15 at page 411
legitimacy of purpose	CHASSAGNOU & ORS *v.* FRANCE	(2000) 29 E.H.R.R. 615
	ÖZDEP *v.* TURKEY	(2001) 31 E.H.R.R. 27 at page 674
	SIGURJONSSON *v.* ICELAND	(1993) 16 E.H.R.R. 462
licensing of journalists	COMPULSORY MEMBERSHIP OF JOURNALISTS' ASSOCIATION,	(1986) 8 E.H.R.R. 165
local government officers	AHMED & ORD *v.* UK	(2000) 29 E.H.R.R. 1
measures prescribed by law	CHASSAGNOU & ORS *v.* FRANCE	(2000) 29 E.H.R.R. 615
	ÖZDEP *v.* TURKEY	(2001) 31 E.H.R.R. 27 at page 674
membership of political party	REKVÉNYI *v.* HUNGARY	(2000) 30 E.H.R.R. 519
	VOGT *v.* GERMANY	(1996) 21 E.H.R.R. 205
military disciplinary measures	ENGEL & ORS *v.* NETHERLANDS (NO. 1)	(1979) 1 E.H.R.R. 647
necessary in a democratic society	CHASSAGNOU & ORS *v.* FRANCE	(2000) 29 E.H.R.R. 615
	ÖZDEP *v.* TURKEY	(2001) 31 E.H.R.R. 27 at page 674
	SIGURJONSSON *v.* ICELAND	(1993) 16 E.H.R.R. 462
police officers	REKVÉNYI *v.* HUNGARY	(2000) 30 E.H.R.R. 519
prisoners'	APP. 9813/82 *v.* UK	(1983) 5 E.H.R.R. 513
	X. *v.* UK	(1983) 5 E.H.R.R. 260
professional body, requirement to join	ALBERT & LE COMPTE *v.* BELGIUM	(1983) 5 E.H.R.R. 533
	LE COMPTE & ORS *v.* BELGIUM	(1982) 4 E.H.R.R. 1
	SIGURJONSSON *v.* ICELAND	(1993) 16 E.H.R.R. 462
refusal to register association	SIDIROPOLOUS & ORS *v.* GREECE	(1999) 27 E.H.R.R. 633
state's responsibility	GUSTAFSSON *v.* SWEDEN	(1996) 22 E.H.R.R. 409
transfer of monastic estate	HOLY MONASTERIES *v.* GREECE	(1995) 20 E.H.R.R. 1
union, requirement to join	SIBSON *v.* UK	(1994) 17 E.H.R.R. 193
	YOUNG, JAMES & WEBSTER *v.* UK	(1982) 4 E.H.R.R. 38

ASYLUM

admissibility decisions	APP. 9678/82 *v.* GERMANY	(1983) 5 E.H.R.R. 511

ATTENDANCE AT TRIAL

Also see TRIAL *IN ABSENTIA*

applicant wishes	POITRIMOL *v.* FRANCE	(1994) 18 E.H.R.R. 130
imprisonment	BELZIUK *v.* POLAND	(2000) 30 E.H.R.R. 614
	KREMZOW *v.* AUSTRIA	(1994) 17 E.H.R.R. 323
imprisonment abroad	F.C.B. *v.* ITALY	(1992) 14 E.H.R.R. 909

ATTRIBUTION OF CRIMINAL RESPONSIBILITY

inhuman treatment	V. *v.* UK	(2000) 30 E.H.R.R. 121

AUDI ALTERAM PARTEM

search and seizure	NATIONAL PANASONIC *v.* EC COMMISSION	(1981) 3 E.H.R.R. 150

AUTHENTICITY OF APPLICATION

preliminary objections	ERGI *v.* TURKEY	(2001) 32 E.H.R.R. 18 at page 388

AUTHENTICITY OF APPLICATION—*cont.*

	GÜNDEM *v.* TURKEY	(2001) 32 E.H.R.R. 17 at page 350

AUTOMATIC PROCESSING OF PERSONAL DATA

EC Convention		(1981) 3 E.H.R.R. 440

BACKLOG OF COURT BUSINESS

reasonable time in detention	BAGGETTA *v.* ITALY	(1988) 10 E.H.R.R. 325
	BUNKATE *v.* NETHERLANDS	(1995) 19 E.H.R.R. 477
	DOBBERTIN *v.* FRANCE	(1993) 16 E.H.R.R. 558
	ERKNER *v.* AUSTRIA	(1987) 9 E.H.R.R. 464
	GS *v.* AUSTRIA	(2001) 31 E.H.R.R. 21 at page 576
	H. *v.* FRANCE	(1990) 12 E.H.R.R. 74
	HENTRICH *v.* FRANCE	(1994) 18 E.H.R.R. 440
	LECHNER & HESS *v.* AUSTRIA	(1987) 9 E.H.R.R. 490
	LOMBARDO *v.* ITALY	(1996) 21 E.H.R.R. 188
	MASSA *v.* ITALY	(1994) 18 E.H.R.R. 266
	MILASI *v.* ITALY	(1988) 10 E.H.R.R. 333
	PAMMEL *v.* GERMANY	(1998) 26 E.H.R.R. 100
	PELISSIER & SASSI *v.* FRANCE	(2000) 30 E.H.R.R. 715
	SALESI *v.* ITALY	(1998) 26 E.H.R.R. 187
	SCUDERI *v.* ITALY	(1995) 19 E.H.R.R. 187
	THLIMMENOS *v.* GREECE	(2001) 31 E.H.R.R. 15 at page 411
	UNIÓN ALIMENTARIA SANDERS *v.* SPAIN	(1990) 12 E.H.R.R. 24

BAIL, REQUEST FOR

aitomatice denial pending trial	CABALLERO *v.* UK	(2000) 30 E.H.R.R. 643
equality of arms	MATZNETTER *v.* AUSTRIA	(1979) 1 E.H.R.R. 198
	NEUMEISTER *v.* AUSTRIA (NO. 1)	(1979) 1 E.H.R.R. 91
grounds for refusal	MATZNETTER *v.* AUSTRIA	(1979) 1 E.H.R.R. 198
	NEUMEISTER *v.* AUSTRIA (NO. 1)	(1979) 1 E.H.R.R. 91
	STÖGMÜLLER *v.* AUSTRIA	(1979) 1 E.H.R.R. 155
	WEMHOFF *v.* GERMANY	(1979) 1 E.H.R.R. 55

BANKRUPTCY PROCEEDINGS

admissibility decisions	APP. 9713/82 *v.* BELGIUM	(1983) 5 E.H.R.R. 295
contempt of court	PUTZ *v.* AUSTRIA	(2001) 32 E.H.R.R. 13 at page 271
defend, right to	VERMEULEN *v.* BELGIUM	(2001) 32 E.H.R.R. 15 at page 313

BELIEF, FREEDOM OF [Art. 9]

refusal to wear prison clothing	MCFEELEY *v.* UK	(1981) 3 E.H.R.R. 161

BIAS, ALLEGATIONS OF

admissibility decisions	APP. 8944/80 *v.* SWITZERLAND	(1983) 5 E.H.R.R. 279
impartiality of court	RINGEISEN *v.* AUSTRIA (NO. 1)	(1979) 1 E.H.R.R. 455
impartiality of jury	GREGORY *v.* UK	(1998) 25 E.H.R.R. 577
	HOLM *v.* SWEDEN	(1994) 18 E.H.R.R. 79
	PULLAR *v.* UK	(1996) 22 E.H.R.R. 391

BIAS, ALLEGATIONS OF—*cont.*

	REMLI *v.* FRANCE	(1996) 22 E.H.R.R. 253

BINDING OVER TO KEEP THE PEACE

hunt saboteurs	HASHMAN & HARRUP *v.* UK	(2000) 30 E.H.R.R. 241

BIRCHING

criteria for justification	TEARE *v.* O'CALLAGHAN	(1982) 4 E.H.R.R. 232
degree of suffering	TYRER *v.* UK	(1980) 2 E.H.R.R. 1

BIRTH CERTIFICATES, ALTERATION OF

transsexuals	COSSEY *v.* UK	(1991) 13 E.H.R.R. 622
	REES *v.* UK	(1987) 9 E.H.R.R. 56

BLASPHEMY

restrictions prescribed by law	GAY NEWS LTD *v.* UK	(1983) 5 E.H.R.R. 123
video classification	WINGROVE *v.* UK	(1997) 24 E.H.R.R. 1

BOARD OF VISITORS PROCEEDINGS

classification	CAMPBELL & FELL *v.* UK	(1983) 5 E.H.R.R. 207

BREACH OF THE PEACE, ARREST AND DETENTION FOR

lawfulness	CHORRHERR *v.* AUSTRIA	(1994) 17 E.H.R.R. 358
	STEEL & ORS *v.* UK	(1999) 28 E.H.R.R. 603
non-compliance with lawful order	STEEL & ORS *v.* UK	(1999) 28 E.H.R.R. 603
refusal to be bound over	STEEL & ORS *v.* UK	(1999) 28 E.H.R.R. 603

BRINGING PROMPTLY BEFORE JUDGE

detention on remand	AQUILINA *v.* MALTA	(2000) 29 E.H.R.R. 185
	ASSENOV & ORS *v.* BULGARIA	(1999) 28 E.H.R.R. 652
	NIKOLOVA *v.* BULGARIA	(2001) 31 E.H.R.R. 3 at page 64
	TW *v.* MALTA	(2000) 29 E.H.R.R. 185
general criteria	SAKIK & ORS *v.* TURKEY	(1998) 26 E.H.R.R. 662
	SCHIESSER *v.* SWITZERLAND	(1980) 2 E.H.R.R. 417

BROADCASTING

incitement of racial hatred	JERSILD *v.* DENMARK	(1995) 19 E.H.R.R. 1
licensing	INFORMATIONSVEREIN LENTIA *v.* AUSTRIA	(1994) 17 E.H.R.R. 93
necessary in democratic society	AUTRONIC AG *v.* SWITZERLAND	(1990) 12 E.H.R.R. 485
	GROPPERA RADIO *v.* SWITZERLAND	(1990) 12 E.H.R.R. 321

BUILDING RESTRICTIONS

admissibility decisions	APP. 9607/81 *v.* SWITZERLAND	(1983) 5 E.H.R.R. 272
jurisdiction	SKÄRBY *v.* SWEDEN	(1991) 13 E.H.R.R. 90
public hearings	JACOBSSON *v.* SWEDEN	(1991) 13 E.H.R.R. 79

BURDEN OF PROOF

interrogation of suspected terrorists	IRELAND *v.* UK	(1980) 2 E.H.R.R. 25

CALLING WITNESSES

traffic offences	MAUER *v.* AUSTRIA	(1998) 25 E.H.R.R. 91

CANADA

Charter Of Rights And Freedoms		(1982) 4 E.H.R.R. 282

CARE PROCEEDINGS

access to child	ANDERSSON *v.* SWEDEN	(1992) 14 E.H.R.R. 615
	B. *v.* UK	(1988) 10 E.H.R.R. 87
	H. *v.* UK	(1988) 10 E.H.R.R. 95
	HENDRICKS *v.* NETHERLANDS	(1983) 5 E.H.R.R. 223
	JOHANSEN *v.* NORWAY	(1997) 23 E.H.R.R. 33
	K & T *v.* FINLAND	(2001) 31 E.H.R.R. 18 at page 484
	L *v.* FINLAND	(2001) 31 E.H.R.R. 30 at page 737
	O. *v.* UK	(1988) 10 E.H.R.R. 82
	OLSSON *v.* SWEDEN (NO. 2)	(1994) 17 E.H.R.R. 135
	PAULSEN-MEDALEN & ANOR *v.* SWEDEN	(1998) 26 E.H.R.R. 260
	R. *v.* UK	(1988) 10 E.H.R.R. 74
	RIEME *v.* SWEDEN	(1993) 16 E.H.R.R. 155
	W. *v.* UK	(1988) 10 E.H.R.R. 29
friendly settlement	NYBERG *v.* SWEDEN	(1992) 14 E.H.R.R. 870
legitimacy of purpose	ANDERSSON *v.* SWEDEN	(1992) 14 E.H.R.R. 615
	JOHANSEN *v.* NORWAY	(1997) 23 E.H.R.R. 33
	K & T *v.* FINLAND	(2001) 31 E.H.R.R. 18 at page 484
	L *v.* FINLAND	(2001) 31 E.H.R.R. 30 at page 737
	OLSSON *v.* SWEDEN (NO. 2)	(1994) 17 E.H.R.R. 135
	RIEME *v.* SWEDEN	(1993) 16 E.H.R.R. 155
margin of appreciation	L *v.* FINLAND	(2001) 31 E.H.R.R. 30 at page 737
	OLSSON *v.* SWEDEN	(1989) 11 E.H.R.R. 259
	OLSSON *v.* SWEDEN (NO. 2)	(1994) 17 E.H.R.R. 135
measures prescribed by law	ANDERSSON *v.* SWEDEN	(1992) 14 E.H.R.R. 615
	JOHANSEN *v.* NORWAY	(1997) 23 E.H.R.R. 33
	K & T *v.* FINLAND	(2001) 31 E.H.R.R. 18 at page 484
	L *v.* FINLAND	(2001) 31 E.H.R.R. 30 at page 737
	OLSON *v.* SWEDEN	(1989) 11 E.H.R.R. 259
	RIEME *v.* SWEDEN	(1993) 16 E.H.R.R. 155
necessary in a democratic society	ANDERSSON *v.* SWEDEN	(1992) 14 E.H.R.R. 615
	JOHANSEN *v.* NORWAY	(1997) 23 E.H.R.R. 33
	K & T *v.* FINLAND	(2001) 31 E.H.R.R. 18 at page 484
	L *v.* FINLAND	(2001) 31 E.H.R.R. 30 at page 737
	OLSSON *v.* SWEDEN (NO. 2)	(1994) 17 E.H.R.R. 135
	RIEME *v.* SWEDEN	(1993) 16 E.H.R.R. 155
oral hearings	L *v.* FINLAND	(2001) 31 E.H.R.R. 30 at page 737
proportionality	OLSSON *v.* SWEDEN	(1989) 11 E.H.R.R. 259
reasonableness of time to bring case to trial	PAULSEN-MEDALEN & ANOR *v.* SWEDEN	(1998) 26 E.H.R.R. 260

CATHOLIC CHURCH

legal proceedings based on religion	CANEA CATHOLIC CHURCH *v.* GREECE	(1999) 27 E.H.R.R. 521

C.B. RADIO

admissibility decisions	APP. 8962/80 *v.* BELGIUM	(1983) 5 E.H.R.R. 268

CENSORSHIP

prisoners' correspondence	SILVER *v.* UK	(1981) 3 E.H.R.R. 475

CENSUS

admissibility decisions	APP. 9702/82 *v.* UK	(1983) 5 E.H.R.R. 293

CHANGES TO LEGISLATION

just satisfaction	F. *v.* SWITZERLAND	(1988) 10 E.H.R.R. 411

CHANGES TO RULES

friendly settlements	CAN *v.* AUSTRIA	(1986) 8 E.H.R.R. 14
	REED *v.* UK	(1983) 5 E.H.R.R. 114

CHILD BENEFIT SCHEME

discrimination	VAN RAALTE *v.* NETHERLANDS	(1997) 24 E.H.R.R. 503

CHILDREN

questioning	SARGIN *v.* GERMANY	(1982) 4 E.H.R.R. 276

CHILD'S HEALTH, PROTECTION OF

access to child by divorced parent	HENDRICKS *v.* NETHERLANDS	(1983) 5 E.H.R.R. 223

CIVIL PARTY TO CRIMINAL PROCEEDINGS

reasonableness of duration of proceedings	HAMER *v.* FRANCE	(1997) 23 E.H.R.R. 1

CIVIL RIGHTS AND OBLIGATIONS

access to confidential files	MCMICHAEL *v.* UK	(1995) 20 E.H.R.R. 205
access to case file	KEROJÄRVI *v.* FINLAND	(2001) 32 E.H.R.R. 8 at page 152
	NIDERÖST-HUBER *v.* SWITZERLAND	(1998) 25 E.H.R.R. 709
	SCHULER-ZGRAGGEN *v.* SWITZERLAND	(1993) 16 E.H.R.R. 406
access to court file	SCHULER-ZGRAGGEN *v.* SWITZERLAND	(1993) 16 E.H.R.R. 406
access to tax documents	MIAILHE *v.* FRANCE (NO. 2)	(1997) 23 E.H.R.R. 491
access to tribunal	AIR CANADA *v.* UK	(1995) 20 E.H.R.R. 150
	AIREY *v.* IRELAND	(1980) 2 E.H.R.R. 305
	AÏT-MOUHOUB *v.* FRANCE	(2000) 30 E.H.R.R. 382
	ASSENOV & ORS *v.* BULGARIA	(1999) 28 E.H.R.R. 652
	ATHANASSOGLOU *v.* SWITZERLAND	(2001) 31 E.H.R.R. 13 at page 372
	B. *v.* UK	(1988) 10 E.H.R.R. 87
	BAT *v.* NETHERLANDS	(1996) 21 E.H.R.R. 409
	BODÉN *v.* SWEDEN	(1988) 10 E.H.R.R. 367
	F.E. *v.* FRANCE	(2000) 29 E.H.R.R. 591

CIVIL RIGHTS AND OBLIGATIONS—*cont.*

	FISCHER *v.* AUSTRIA	(1995) 20 E.H.R.R. 349
	GILLOW *v.* UK	(1989) 11 E.H.R.R. 335
	GOLDER *v.* UK	(1979) 1 E.H.R.R. 524
	H. *v.* UK	(1988) 10 E.H.R.R. 95
	IMMOBILIARE *v.* ITALY	(2000) 30 E.H.R.R. 756
	MATOS E SILVA *v.* PORTUGAL	(1997) 24 E.H.R.R. 573
	O. *v.* UK	(1988) 10 E.H.R.R. 82
	OMAR *v.* FRANCE	(2000) 29 E.H.R.R. 210
	ORTENBERG *v.* AUSTRIA	(1995) 19 E.H.R.R. 524
	OSMAN *v.* UK	(2000) 29 E.H.R.R. 245
	PÉREZ DE RADA CAVANILLES *v.* SPAIN	(2000) 29 E.H.R.R. 109
	PUDAS *v.* SWEDEN	(1988) 10 E.H.R.R. 380
	R. *v.* UK	(1988) 10 E.H.R.R. 74
	SOCIETE LEVAGE PRESTATIONS *v.* FRANCE	(1997) 24 E.H.R.R. 351
	TINNELLY & SONS LTD *v.* UK	(1999) 27 E.H.R.R. 249
	TOLSTOY *v.* UK	(1995) 20 E.H.R.R. 442
	W. *v.* UK	(1988) 10 E.H.R.R. 29
adoption proceedings	EP *v.* ITALY	(2001) 31 E.H.R.R. 17 at page 463
	KEEGAN *v.* IRELAND	(1994) 18 E.H.R.R. 342
adversarial principle	MANTOVANELLI *v.* FRANCE	(1997) 24 E.H.R.R. 370
agricultural land proceedings	POISS *v.* AUSTRIA	(1988) 10 E.H.R.R. 231
	STALLINGER & ANOR *v.* AUSTRIA	(1998) 26 E.H.R.R. 81
alcohol sales	TRE TRAKTÖRER *v.* SWEDEN	(1991) 13 E.H.R.R. 309
arbitration tribunal	LITHGOW *v.* UK	(1986) 8 E.H.R.R. 329
assessment of abilities	MAILLARD *v.* FRANCE	(1999) 27 E.H.R.R. 232
attendance by witness	DOMBO BEHEER *v.* NETHERLANDS	(1994) 18 E.H.R.R. 213
building restrictions	APP. 9607/81 *v.* SWITZERLAND	(1983) 5 E.H.R.R. 272
	JACOBSSON *v.* SWEDEN	(1991) 13 E.H.R.R. 79
	SKÄRBY *v.* SWEDEN	(1991) 13 E.H.R.R. 90
care proceedings	B. *v.* UK	(1988) 10 E.H.R.R. 87
	H. *v.* UK	(1988) 10 E.H.R.R. 95
	L *v.* FINLAND	(2001) 31 E.H.R.R. 30 at page 737
	O. *v.* UK	(1988) 10 E.H.R.R. 82
	OLSSON *v.* SWEDEN	(1989) 11 E.H.R.R. 259
	PAULSEN-MEDALEN & ANOR *v.* SWEDEN	(1998) 26 E.H.R.R. 260
	R. *v.* UK	(1988) 10 E.H.R.R. 74
	W. *v.* UK	(1988) 10 E.H.R.R. 29
company proceedings	AGROTEXIM & ORS *v.* GREECE	(1996) 21 E.H.R.R. 250
	PAFITIS & ORS *v.* GREECE	(1999) 27 E.H.R.R. 567
compensation for annulment of post	MAVRONICHIS *v.* CYPRUS	(2001) 31 E.H.R.R. 54 at page 1186
compensation for ill-treatment	ASSENOV & ORS *v.* BULGARIA	(1999) 28 E.H.R.R. 652
compensation for infection by HIV	F.E. *v.* FRANCE	(2000) 29 E.H.R.R. 591
	PAILOT *v.* FRANCE	(2000) 30 E.H.R.R. 328
compensation for unlawful detention	HUMEN *v.* POLAND	(2001) 31 E.H.R.R. 53 at page 1168
	MASSON & VAN ZON *v.* NETHERLANDS	(1996) 22 E.H.R.R. 491
complaints against police	SELMOUNI *v.* FRANCE	(2000) 29 E.H.R.R. 403
compulsory purchase proceedings	GUILLEMIN *v.* FRANCE	(1998) 25 E.H.R.R. 435
	HÅKANSSON *v.* SWEDEN	(1991) 13 E.H.R.R. 1

CIVIL RIGHTS AND OBLIGATIONS—*cont.*

Constitutional Court proceedings	KRCMÁR *v.* CZECH REPUBLIC	(2001) 31 E.H.R.R. 41 at page 953
	PAMMEL *v.* GERMANY	(1998) 26 E.H.R.R. 100
	PAUGER *v.* AUSTRIA	(1998) 25 E.H.R.R. 105
costs proceedings	ROBINS *v.* UK	(1998) 26 E.H.R.R. 527
custody proceedings	HOKKANEN *v.* FINLAND	(1995) 19 E.H.R.R. 139
declaration of inadmissibility of settlement	PÉREZ DE RADA CAVANILLES *v.* SPAIN	(2000) 29 E.H.R.R. 109
defamation proceedings	DE HAES & GIJSELS V. BELGIUM	(1998) 25 E.H.R.R. 1
	TOLSTOY *v.* UK	(1995) 20 E.H.R.R. 442
defend, right to	VAN ORSHOVEN *v.* BELGIUM	(1998) 26 E.H.R.R. 55
detention of mentally ill persons	AERTS *v.* BELGIUM	(2000) 29 E.H.R.R. 50
disability allowances	SALESI *v.* ITALY	(1998) 26 E.H.R.R. 187
disciplinary proceedings	DIENNET *v.* FRANCE	(1996) 21 E.H.R.R. 554
	GAUTRIN & ORS *v.* FRANCE	(1999) 28 E.H.R.R. 196
	KÖNIG *v.* GERMANY	(1980) 2 E.H.R.R. 170
	VAN ORSHOVEN *v.* BELGIUM	(1998) 26 E.H.R.R. 55
disclosure of evidence	SLIMANE-KAÏD *v.* FRANCE	(2001) 31 E.H.R.R. 48 at page 1073
discrimination	SCHULER-ZGRAGGEN *v.* SWITZERLAND	(1993) 16 E.H.R.R. 406
employment proceedings	ARGENTO *v.* ITALY	(1999) 28 E.H.R.R. 719
	DARNELL *v.* UK	(1994) 18 E.H.R.R. 205
	FRYDLENDER *v.* FRANCE	(2001) 31 E.H.R.R. 52 at page 1152
	HELLE *v.* FINLAND	(1998) 26 E.H.R.R. 159
	HUBER *v.* FRANCE	(1998) 26 E.H.R.R. 457
	MAVRONICHIS *v.* CYPRUS	(2001) 31 E.H.R.R. 54 at page 1186
	NIDERÖST-HUBER *v.* SWITZERLAND	(1998) 25 E.H.R.R. 709
	PELLEGRIN *v.* FRANCE	(2001) 31 E.H.R.R. 26 at page 651
equality of arms	ANKERL *v.* SWITZERLAND	(2001) 32 E.H.R.R. 1 at page 1
	DE HAES & GIJSELS V. BELGIUM	(1998) 25 E.H.R.R. 1
	DOMBO BEHEER *v.* NETHERLANDS	(1994) 18 E.H.R.R. 213
	HENTRICH *v.* FRANCE	(1994) 18 E.H.R.R. 440
	SCHOUTEN *v.* NETHERLANDS	(1995) 19 E.H.R.R. 432
	VAN DE HURK *v.* NETHERLANDS	(1994) 18 E.H.R.R. 481
evidential rules	MANTOVANELLI *v.* FRANCE	(1997) 24 E.H.R.R. 370
expropriation proceedings	BODÉN *v.* SWEDEN	(1988) 10 E.H.R.R. 367
	KATIKARIDIS & ORS *v.* GREECE	(2001) 32 E.H.R.R. 6 at page 113
failure to comply with court decisions	HORNSBY *v.* GREECE	(1997) 24 E.H.R.R. 251
failure to produce earlier judgment	SOCIETE LEVAGE PRESTATIONS *v.* FRANCE	(1997) 24 E.H.R.R. 351
final decision, need for	FAYED *v.* UK	(1994) 18 E.H.R.R. 394
forcible examination in mental hospital	MATTER *v.* SLOVAKIA	(2001) 31 E.H.R.R. 32 at page 783
immunity from jurisdiction	WAITE & KENNEDY *v.* GERMANY	(2000) 30 E.H.R.R. 261
impartiality of court	BAT *v.* NETHERLANDS	(1996) 21 E.H.R.R. 409
	BRYAN *v.* UK	(1996) 21 E.H.R.R. 342
	DE HAAN *v.* NETHERLANDS	(1998) 26 E.H.R.R. 417
	DEBLED *v.* BELGIUM	(1995) 19 E.H.R.R. 506
	DIENNET *v.* FRANCE	(1996) 21 E.H.R.R. 554
	GAUTRIN & ORS *v.* FRANCE	(1999) 28 E.H.R.R. 196
	HELLE *v.* FINLAND	(1998) 26 E.H.R.R. 159

CIVIL RIGHTS AND OBLIGATIONS—*cont.*

	HIGGINS & ORS *v.* FRANCE	(1999) 27 E.H.R.R. 704
	HOLM *v.* SWEDEN	(1994) 18 E.H.R.R. 79
	MCGONNELL *v.* UK	(2000) 30 E.H.R.R. 289
	PROCOLA *v.* LUXEMBOURG	(1996) 22 E.H.R.R. 193
	STALLINGER & ANOR *v.* AUSTRIA	(1998) 26 E.H.R.R. 81
inadmissibility of appeal on points of law	OMAR *v.* FRANCE	(2000) 29 E.H.R.R. 210
independence of court	BAT *v.* NETHERLANDS	(1996) 21 E.H.R.R. 409
	BRYAN *v.* UK	(1996) 21 E.H.R.R. 342
	DEBLED *v.* BELGIUM	(1995) 19 E.H.R.R. 506
	HELLE *v.* FINLAND	(1998) 26 E.H.R.R. 159
	MCGONNELL *v.* UK	(2000) 30 E.H.R.R. 289
	MCMICHAEL *v.* UK	(1995) 20 E.H.R.R. 205
	STALLINGER & ANOR *v.* AUSTRIA	(1998) 26 E.H.R.R. 81
industrial injury benefits	DEUMELAND *v.* GERMANY	(1986) 8 E.H.R.R. 448
insolvency proceedings	PAFITIS & ORS *v.* GREECE	(1999) 27 E.H.R.R. 567
land reform proceedings	ETTL *v.* AUSTRIA	(1988) 10 E.H.R.R. 255
land-use and development plans	MATOS E SILVA *v.* PORTUGAL	(1997) 24 E.H.R.R. 573
	ORTENBERG *v.* AUSTRIA	(1995) 19 E.H.R.R. 524
lawfulness of order	OERLEMANS *v.* NETHERLANDS	(1993) 15 E.H.R.R. 561
lawyers' disciplinary measures	WR *v.* AUSTRIA	(2001) 31 E.H.R.R. 43 at page 985
leasehold reform	JAMES *v.* UK	(1986) 8 E.H.R.R. 123
legislative intervention in proceedings	ZIELINSKI & ORS *v.* FRANCE	(2001) 31 E.H.R.R. 19 at page 532
length of proceedings	A. & ORS *v.* DENMARK	(1996) 22 E.H.R.R. 458
	ABDOELLA *v.* NETHERLANDS	(1995) 20 E.H.R.R. 585
	ACQUAVIVA *v.* FRANCE	(2001) 32 E.H.R.R. 7 at page 134
	ALLENET DE RIBEMONT *v.* FRANCE	(1995) 20 E.H.R.R. 557
	ARGENTO *v.* ITALY	(1999) 28 E.H.R.R. 719
	AUSIELLO *v.* ITALY	(1997) 24 E.H.R.R. 568
	BEAUMARTIN *v.* FRANCE	(1995) 19 E.H.R.R. 485
	COMINGERSOLL SA *v.* PORTUGAL	(2001) 31 E.H.R.R. 31 at page 772
	DARNELL *v.* UK	(1994) 18 E.H.R.R. 205
	DE MOOR *v.* BELGIUM	(1994) 18 E.H.R.R. 372
	DUCLOS *v.* FRANCE	(2001) 32 E.H.R.R. 5 at page 86
	EDITIONS PÉRISCOPE *v.* FRANCE	(1992) 14 E.H.R.R. 597
	EP *v.* ITALY	(2001) 31 E.H.R.R. 17 at page 463
	ERKNER *v.* AUSTRIA	(1987) 9 E.H.R.R. 464
	F.E. *v.* FRANCE	(2000) 29 E.H.R.R. 591
	FRYDLENDER *v.* FRANCE	(2001) 31 E.H.R.R. 52 at page 1152
	GS *v.* AUSTRIA	(2001) 31 E.H.R.R. 21 at page 576
	GUILLEMIN *v.* FRANCE	(1998) 25 E.H.R.R. 435
	GUINCHO *v.* PORTUGAL	(1983) 5 E.H.R.R. 274
	HENTRICH *v.* FRANCE	(1994) 18 E.H.R.R. 440
	HOKKANEN *v.* FINLAND	(1995) 19 E.H.R.R. 139
	HUMEN *v.* POLAND	(2001) 31 E.H.R.R. 53 at page 1168
	IMMOBILIARE *v.* ITALY	(2000) 30 E.H.R.R. 756
	KATIKARIDIS & ORS *v.* GREECE	(2001) 32 E.H.R.R. 6 at page 113
	KATTE KLITSCHE *v.* ITALY	(1995) 19 E.H.R.R. 368
	LE CALVEZ *v.* FRANCE	(2001) 32 E.H.R.R. 21 at page 481

CIVIL RIGHTS AND OBLIGATIONS—*cont.*

	LOMBARDO *v.* ITALY	(1996) 21 E.H.R.R. 188
	MASSA *v.* ITALY	(1994) 18 E.H.R.R. 266
	MATOS E SILVA *v.* PORTUGAL	(1997) 24 E.H.R.R. 573
	MATTER *v.* SLOVAKIA	(2001) 31 E.H.R.R. 32 at page 783
	MAVRONICHIS *v.* CYPRUS	(2001) 31 E.H.R.R. 54 at page1186
	MONNET *v.* FRANCE	(1994) 18 E.H.R.R. 27
	OLSSON *v.* SWEDEN (NO. 2)	(1994) 17 E.H.R.R. 135
	PACCIONE *v.* ITALY	(1995) 20 E.H.R.R. 396
	PAILOT *v.* FRANCE	(2000) 30 E.H.R.R. 328
	PAMMEL *v.* GERMANY	(1998) 26 E.H.R.R. 100
	PAULSEN-MEDALEN & ANOR *v.* SWEDEN	(1998) 26 E.H.R.R. 260
	ROBINS *v.* UK	(1998) 26 E.H.R.R. 527
	SANTILLI *v.* ITALY	(1992) 14 E.H.R.R. 421
	SCHOUTEN *v.* NETHERLANDS	(1995) 19 E.H.R.R. 432
	SCOPELLITI *v.* ITALY	(1994) 17 E.H.R.R. 493
	SCUDERI *v.* ITALY	(1995) 19 E.H.R.R. 187
	SELMOUNI *v.* FRANCE	(2000) 29 E.H.R.R. 403
	SILVA PONTES *v.* PORTUGAL	(1994) 18 E.H.R.R. 156
	STRAN GREEK REFINERIES *v.* GREECE	(1995) 19 E.H.R.R. 293
	SÜSSMANN *v.* GERMANY	(1998) 25 E.H.R.R. 64
	THLIMMENOS *v.* GREECE	(2001) 31 E.H.R.R. 15 at page 411
	TOMASI *v.* FRANCE	(1993) 15 E.H.R.R. 1
	VALLÉE *v.* FRANCE	(1994) 18 E.H.R.R. 549
	WIESINGER *v.* AUSTRIA	(1993) 16 E.H.R.R. 259
	WR *v.* AUSTRIA	(2001) 31 E.H.R.R. 43 at page 985
	ZIELINSKI & ORS *v.* FRANCE	(2001) 31 E.H.R.R. 19 at page 532
limitation periods	STUBBINGS & ORS *v.* UK	(1997) 23 E.H.R.R. 213
margin of appreciation	STUBBINGS & ORS *v.* UK	(1997) 23 E.H.R.R. 213
	TOLSTOY *v.* UK	(1995) 20 E.H.R.R. 442
medical practice licensing	DIENNET *v.* FRANCE	(1996) 21 E.H.R.R. 554
	GAUTRIN & ORS *v.* FRANCE	(1999) 28 E.H.R.R. 196
	KRASKA *v.* SWITZERLAND	(1994) 18 E.H.R.R. 188
milk production quota	PROCOLA *v.* LUXEMBOURG	(1996) 22 E.H.R.R. 193
	VAN DE HURK *v.* NETHERLANDS	(1994) 18 E.H.R.R. 481
national security	TINNELLY & SONS LTD *v.* UK	(1999) 27 E.H.R.R. 249
nationalisation of land	BEAUMARTIN *v.* FRANCE	(1995) 19 E.H.R.R. 485
nature of right in issue	HUBER *v.* FRANCE	(1998) 26 E.H.R.R. 457
	KEROJÄRVI *v.* FINLAND	(2001) 32 E.H.R.R. 8 at page 152
	MASSA *v.* ITALY	(1994) 18 E.H.R.R. 266
	MASSON & VAN ZON *v.* NETHERLANDS	(1996) 22 E.H.R.R. 491
	KRASKA *v.* SWITZERLAND	(1994) 18 E.H.R.R. 188
	OERLEMANS *v.* NETHERLANDS	(1993) 15 E.H.R.R. 561
	PELLEGRIN *v.* FRANCE	(2001) 31 E.H.R.R. 26 at page 651
	PROCOLA *v.* LUXEMBOURG	(1996) 22 E.H.R.R. 193
	SCHULER-ZGRAGGEN *v.* SWITZERLAND	(1993) 16 E.H.R.R. 406
	ZANDER *v.* SWEDEN	(1994) 18 E.H.R.R. 175
non-disclosure of documents	MCGINLEY *v.* UK	(1999) 27 E.H.R.R. 1
oral hearing	FISCHER *v.* AUSTRIA	(1995) 20 E.H.R.R. 349

CIVIL RIGHTS AND OBLIGATIONS—*cont.*

	HELLE *v.* FINLAND	(1998) 26 E.H.R.R. 159
	HELMERS *v.* SWEDEN	(1993) 15 E.H.R.R. 285
	L *v.* FINLAND	(2001) 31 E.H.R.R. 30 at page 737
	PARDO *v.* FRANCE	(1994) 17 E.H.R.R. 383
patent proceedings	BAT *v.* NETHERLANDS	(1996) 21 E.H.R.R. 409
pension rights	AUSIELLO *v.* ITALY	(1997) 24 E.H.R.R. 5687
	LOBO MACHADO *v.* PORTUGAL	(1997) 23 E.H.R.R. 79
	LOMBARDO *v.* ITALY	(1996) 21 E.H.R.R. 188
	MASSA *v.* ITALY	(1994) 18 E.H.R.R. 266
	MCGINLEY *v.* UK	(1999) 27 E.H.R.R. 1
	PACCIONE *v.* ITALY	(1995) 20 E.H.R.R. 396
	PAUGER *v.* AUSTRIA	(1998) 25 E.H.R.R. 105
	SÜSSMANN *v.* GERMANY	(1998) 25 E.H.R.R. 64
pharmacy licences	GS *v.* AUSTRIA	(2001) 31 E.H.R.R. 21 at page 576
possession proceedings	ANKERL *v.* SWITZERLAND	(2001) 32 E.H.R.R. 1 at page 1
power station licences	BALMER-SCHAFROTH *v.* SWITZERLAND	(1998) 25 E.H.R.R. 598
presumption of innocence	HENTRICH *v.* FRANCE	(1994) 18 E.H.R.R. 440
proper examination of case	KRASKA *v.* SWITZERLAND	(1994) 18 E.H.R.R. 188
proportionality	OSMAN *v.* UK	(2000) 29 E.H.R.R. 245
public hearing	DE MOOR *v.* BELGIUM	(1994) 18 E.H.R.R. 372
	DIENNET *v.* FRANCE	(1996) 21 E.H.R.R. 554
	GAUTRIN & ORS *v.* FRANCE	(1999) 28 E.H.R.R. 196
	JACOBSSON *v.* SWEDEN (NO. 2)	(2001) 32 E.H.R.R. 20 at page 463
	ORTENBERG *v.* AUSTRIA	(1995) 19 E.H.R.R. 524
	PAUGER *v.* AUSTRIA	(1998) 25 E.H.R.R. 105
	STALLINGER & ANOR *v.* AUSTRIA	(1998) 26 E.H.R.R. 81
	ZUMTOBEL *v.* AUSTRIA	(1994) 17 E.H.R.R. 116
reasons for judgment	GARCIA RUIZ *v.* SPAIN	(2001) 31 E.H.R.R. 22 at page 589
	HIRO BALANI *v.* SPAIN	(1995) 19 E.H.R.R. 566
registration of accountants	VAN MARLE & ORS *v.* NETHERLANDS	(1986) 8 E.H.R.R. 483
repossession of property	IMMOBILIARE *v.* ITALY	(2000) 30 E.H.R.R. 756
revocation of public transport licences	PUDAS *v.* SWEDEN	(1988) 10 E.H.R.R. 380
revocation of statutory licences	BENTHEM *v.* NETHERLANDS	(1984) 6 E.H.R.R. 283
	BENTHEM *v.* NETHERLANDS	(1986) 8 E.H.R.R. 1
security for costs	AÏT-MOUHOUB *v.* FRANCE	(2000) 30 E.H.R.R. 382
seizure of aircraft	AIR CANADA *v.* UK	(1995) 20 E.H.R.R. 150
sexual abuse, remedies for	STUBBINGS & ORS *v.* UK	(1997) 23 E.H.R.R. 213
sickness benefits	DE HAAN *v.* NETHERLANDS	(1998) 26 E.H.R.R. 417
	FELDBRUGGE *v.* NETHERLANDS	(1986) 8 E.H.R.R. 425
	LE CALVEZ *v.* FRANCE	(2001) 32 E.H.R.R. 21 at page 481
social security benefits	DUCLOS *v.* FRANCE	(2001) 32 E.H.R.R. 5 at page 86
	SCHULER-ZGRAGGEN *v.* SWITZERLAND	(1993) 16 E.H.R.R. 406
social security contributions	SALESI *v.* ITALY	(1998) 26 E.H.R.R. 187
	SCHOUTEN *v.* NETHERLANDS	(1995) 19 E.H.R.R. 432
soil pollution measures	TERRA WONINGEN *v.* NETHERLANDS	(1997) 24 E.H.R.R. 457
transfer of proceedings	HIGGINS & ORS *v.* FRANCE	(1999) 27 E.H.R.R. 704
waste disposal licences	ZANDER *v.* SWEDEN	(1994) 18 E.H.R.R. 175

CIVIL SERVANTS

admissibility decisions	APP. 9228/80 *v.* GERMANY	(1983) 5 E.H.R.R. 471
	APP. 9251/81 *v.* GERMANY	(1983) 5 E.H.R.R. 476
	APP. 9704/82 *v.* GERMANY	(1983) 5 E.H.R.R. 487
assignment of staff category	ARGENTO *v.* ITALY	(1999) 28 E.H.R.R. 719
conditions of service	PELLEGRIN *v.* FRANCE	(2001) 31 E.H.R.R. 26 at page 651
dismissal for inadequate performance	FRYDLENDER *v.* FRANCE	(2001) 31 E.H.R.R. 52 at page1152
freedom of expression	APP. 9228/80 *v.* GERMANY	(1983) 5 E.H.R.R. 471
	APP. 9251/80 *v.* GERMANY	(1983) 5 E.H.R.R. 476
	GLASENAPP *v.* GERMANY	(1987) 9 E.H.R.R. 25
	KOSIEK *v.* GERMANY	(1987) 9 E.H.R.R. 328
legislative intervention in proceedings	ZIELINSKI & ORS *v.* FRANCE	(2001) 31 E.H.R.R. 19 at page 532
membership of political party	VOGT *v.* GERMANY	(1996) 21 E.H.R.R. 205
opinion of judge in public lecture	WILLE *v.* LIECHTENSTEIN	(2000) 30 E.H.R.R. 558
political activity	AHMED & ORD *v.* UK	(2000) 29 E.H.R.R. 1
	REKVÉNYI *v.* HUNGARY	(2000) 30 E.H.R.R. 519
suspension of employment	HUBER *v.* FRANCE	(1998) 26 E.H.R.R. 457

CIVIL STATUS, ALTERATIONS TO

transsexuals	B. *v.* FRANCE	(1993) 16 E.H.R.R. 1

CLASSIFICATION OF PRISONERS

scope of rights and freedoms	BRADY *v.* UK	(1981) 3 E.H.R.R. 297

"CLEAN HANDS" DOCTRINE

preliminary objections	VAN DER TANG *v.* NETHERLANDS	(1996) 22 E.H.R.R. 363

CODES OF CONDUCT

Law Enforcement Officials, for		(1981) 3 E.H.R.R. 440

COLLABORATION, CRIMES OF

publication of defence of	LEHIDEUX & ISORNI *v.* FRANCE	(2000) 30 E.H.R.R. 665

COLLECTIVE AGREEMENTS

implied right to enter	ENGINE DRIVERS' UNION *v.* SWEDEN	(1979) 1 E.H.R.R. 617
right not to enter	GUSTAFSSON *v.* SWEDEN	(1996) 22 E.H.R.R. 409

COLLUSION

reasonable time in detention	W. *v.* SWITZERLAND	(1994) 17 E.H.R.R. 60

COMMERICAL INFORMATION

jounrlaistic sources	GOODWIN *v.* UK	(1996) 22 E.H.R.R. 123
unfair competition	MARKT INTERN *v.* GERMANY	(1990) 12 E.H.R.R. 161

COMMISSION RULES OF PROCEDURE

application	LAWLESS *v.* IRELAND (NO. 1)	(1979) 1 E.H.R.R. 1
communication of report to applicant	LAWLESS *v.* IRELAND (NO. 1)	(1979) 1 E.H.R.R. 1
nomination of representative	LAWLESS *v.* IRELAND (NO. 2)	(1979) 1 E.H.R.R. 13
observations of applicant	LAWLESS *v.* IRELAND (NO. 1)	(1979) 1 E.H.R.R. 1
reviewability	LAWLESS *v.* IRELAND (NO. 1)	(1979) 1 E.H.R.R. 1
secrecy of report	LAWLESS *v.* IRELAND (NO. 1)	(1979) 1 E.H.R.R. 1

COMMITTEE OF MINISTERS

summaries and extracts		(1983) 5 E.H.R.R. 305
		(1983) 5 E.H.R.R. 518,
		(1984) 6 E.H.R.R. 146
		(1984) 6 E.H.R.R. 387
		(1986) 8 E.H.R.R. 108,
		(1987) 9 E.H.R.R. 399
		(1990) 12 E.H.R.R. 135

COMMITTEE OF EXPERTS

REFORM OF CONTROL SYSTEMS		(1993) 15 E.H.R.R. 321

COMMUNICATION OF MEDICAL RECORDS

legitimacy of purpose	MS *v.* SWEDEN	(1999) 28 E.H.R.R. 313

COMMUNICATION OF REPORT

entitlement	LAWLESS *v.* IRELAND (NO. 1)	(1979) 1 E.H.R.R. 1

COMMUNICATIONS, INTERCEPTION OF

C.B. radio, use of	APP. 8962/80 *v.* BELGIUM	(1983) 5 E.H.R.R. 268
lack of authority	A. *v.* FRANCE	(1994) 17 E.H.R.R. 462
legitimacy of purpose	LAMBERT *v.* FRANCE	(2000) 30 E.H.R.R. 346
measures prescribed by law	AMANN *v.* SWITZERLAND	(2000) 30 E.H.R.R. 843
	HALFORD *v.* UK	(1997) 24 E.H.R.R. 523
	HEWITT & HARMAN *v.* UK	(1992) 14 E.H.R.R. 657
	HUVIG *v.* FRANCE	(1990) 12 E.H.R.R. 528
	KOPP *v.* SWITZERLAND	(1999) 27 E.H.R.R. 91
	KRUSLIN *v.* FRANCE	(1990) 12 E.H.R.R. 547
	LAMBERT *v.* FRANCE	(2000) 30 E.H.R.R. 346
	LÜDI *v.* SWITZERLAND	(1993) 15 E.H.R.R. 173
	MALONE *v.* UK	(1982) 4 E.H.R.R. 330
	MALONE *v.* UK	(1983) 5 E.H.R.R. 385
	MALONE *v.* UK	(1985) 7 E.H.R.R. 14
	VALENZUELA CONTRERAS *v.* SPAIN	(1999) 28 E.H.R.R. 483
national security interests	KLASS & ORS *v.* GERMANY	(1980) 2 E.H.R.R. 214
necessary in democratic society	LAMBERT *v.* FRANCE	(2000) 30 E.H.R.R. 346
	MALONE *v.* UK	(1983) 5 E.H.R.R. 385
presumption of innocence	SCHENK *v.* SWITZERLAND	(1991) 13 E.H.R.R. 242
unauthorised purpose	HALFORD *v.* UK	(1997) 24 E.H.R.R. 523
victim of violation	LÜDI *v.* SWITZERLAND	(1993) 15 E.H.R.R. 173
	MALONE *v.* UK	(1983) 5 E.H.R.R. 385
	ROWE & DAVIS *v.* UK	(2000) 30 E.H.R.R. 1

COMMUNITY CHARGE, NON-PAYMENT OF

lawfulness of detention	BENHAM *v.* UK	(1996) 22 E.H.R.R. 295
	PERKS & ORS *v.* UK	(2000) 30 E.H.R.R. 33

COMPANY PROCEEDINGS

minority shareholders	AGROTEXIM & ORS *v.* GREECE	(1996) 21 E.H.R.R. 250
reasonableness time to bring case to trial	PAFITIS & ORS *v.* GREECE	(1999) 27 E.H.R.R. 567

COMPENSATION

abortion counselling	OPEN DOOR COUNSELLING *v.* IRELAND	(1993) 15 E.H.R.R. 245
access to confidential files	MCMICHAEL *v.* UK	(1995) 20 E.H.R.R. 205
admissibility decisions	BANSTONIAN *v.* UK	(1983) 5 E.H.R.R. 498
	ENGLISH ELECTRIC CO. *v.* UK	(1983) 5 E.H.R.R. 498
	LITHGOW *v.* UK	(1983) 5 E.H.R.R. 491
	VICKERS PLC *v.* UK	(1983) 5 E.H.R.R. 499
	YARROW PLC *v.* UK	(1983) 5 E.H.R.R. 498
adoption proceedings	KEEGAN *v.* IRELAND	(1994) 18 E.H.R.R. 342
agricultural land proceedings	ERKNER *v.* AUSTRIA	(1987) 9 E.H.R.R. 464
annulment of post	MAVRONICHIS *v.* CYPRUS	(2001) 31 E.H.R.R. 54 at page 1186
arbitration awards	STRAN GREEK REFINERIES *v.* GREECE	(1995) 19 E.H.R.R. 293
broadcasting racial hatred	JERSILD *v.* DENMARK	(1995) 19 E.H.R.R. 1
burning of property	MENTES *v.* TURKEY	(1998) 26 E.H.R.R. 595
	SELÇUK & ASKER *v.* TURKEY	(1998) 26 E.H.R.R. 478
care proceedings	ANDERSSON *v.* SWEDEN	(1992) 14 E.H.R.R. 615
defamation proceedings	OBERSCHLICK *v.* AUSTRIA	(1995) 19 E.H.R.R. 389
	OBERSCHLICK *v.* AUSTRIA (NO. 2)	(1998) 25 E.H.R.R. 357
deprivation of property	BANSTONIAN *v.* UK	(1983) 5 E.H.R.R. 498
	ENGLISH ELECTRIC CO. *v.* UK	(1983) 5 E.H.R.R. 498
	LITHGOW *v.* UK	(1983) 5 E.H.R.R. 491
	VICKERS PLC *v.* UK	(1983) 5 E.H.R.R. 499
	YARROW PLC *v.* UK	(1983) 5 E.H.R.R. 498
detention of mentally ill persons	JOHNSON *v.* UK	(1999) 27 E.H.R.R. 296
detention of terrorists	BROGAN *v.* UK	(1989) 11 E.H.R.R. 117
detention on remand	LOUKANOV *v.* BULGARIA	(1997) 24 E.H.R.R. 121
	MASSON & VAN ZON *v.* NETHERLANDS	(1996) 22 E.H.R.R. 491
detention without trial	AKSOY *v.* TURKEY	(1997) 23 E.H.R.R. 553
discriminatory taxes	DARBY *v.* SWEDEN	(1991) 13 E.H.R.R. 774
dismissal from employment	YOUNG, JAMES & WEBSTER *v.* UK	(1983) 5 E.H.R.R. 201
environmental pollution	LOPEZ OSTRA *v.* SPAIN	(1995) 20 E.H.R.R. 277
experts' report	PAPAMICHALOPOLOUS *v.* GREECE	(1996) 21 E.H.R.R. 439
expropriation of land	PAPACHELAS *v.* GREECE	(2000) 30 E.H.R.R. 923
fair trial	DELTA *v.* FRANCE	(1993) 16 E.H.R.R. 574
fire service levy	SCHMIDT *v.* GERMANY	(1994) 18 E.H.R.R. 513
free of attachment	RINGEISEN *v.* AUSTRIA (NO. 3)	(1979) 1 E.H.R.R. 513
immigration control	MOUSTAQUIM *v.* BELGIUM	(1991) 13 E.H.R.R. 802
improper detention	HUMEN *v.* POLAND	(2001) 31 E.H.R.R. 53 at page 1168
	KÖNIG *v.* GERMANY	(1980) 2 E.H.R.R. 469
	LAMY *v.* BELGIUM	(1989) 11 E.H.R.R. 529
	LOUKANOV *v.* BULGARIA	(1997) 24 E.H.R.R. 121
	MASSON & VAN ZON *v.* NETHERLANDS	(1996) 22 E.H.R.R. 491
	NEUMEISTER *v.* AUSTRIA (NO. 2)	(1979) 1 E.H.R.R. 136
	RINGEISEN *v.* AUSTRIA (NO. 2)	(1979) 1 E.H.R.R. 504
	TEIXERA DE CASTRO *v.* PORTUGAL	(1999) 28 E.H.R.R. 101
	UNTERPERTINGER *v.* AUSTRIA	(1991) 13 E.H.R.R. 175

COMPENSATION—*cont.*

length of proceedings	BOCK *v.* GERMANY	(1990) 12 E.H.R.R. 247
	GUINCHO *v.* PORTUGAL	(1985) 7 E.H.R.R. 223
	LECHNER & HESS *v.* AUSTRIA	(1987) 9 E.H.R.R. 490
	PAPACHELAS *v.* GREECE	(2000) 30 E.H.R.R. 923
	SILVA PONTES *v.* PORTUGAL	(1994) 18 E.H.R.R. 156
	TOMASI *v.* FRANCE	(1993) 15 E.H.R.R. 1
	UNIÓN ALIMENTARIA SANDERS *v.* SPAIN	(1990) 12 E.H.R.R. 24
loss of earnings	ÇAKICI *v.* TURKEY	(2001) 31 E.H.R.R. 5 at page 133
	ERGI *v.* TURKEY	(2001) 32 E.H.R.R. 18 at page 388
	LUSTIG-PREAN & BECKETT *v.* UK	(2001) 31 E.H.R.R. 23 at page 601
	ÖZGÜR GÜNDEM *v.* TURKEY	(2001) 31 E.H.R.R. 49 at page 1082
	SMITH & GRADY *v.* UK	(2001) 31 E.H.R.R. 24 at page 620
	TEIXERA DE CASTRO *v.* PORTUGAL	(1999) 28 E.H.R.R. 101
loss of opportunity	TINNELLY & SONS LTD *v.* UK	(1999) 27 E.H.R.R. 249
nationalisation	BEAUMARTIN *v.* FRANCE	(1995) 19 E.H.R.R. 485
	LITHGOW *v.* UK	(1986) 8 E.H.R.R. 329
presumption of innocence	ALLENET DE RIBEMONT *v.* FRANCE	(1995) 20 E.H.R.R. 557
prison discipline	CAMPBELL & FELL *v.* UK	(1985) 7 E.H.R.R. 165
reimbursement of damages paid	BLADET TROMSØ & STENSAAS *v.* NORWAY	(2000) 29 E.H.R.R. 125
reimbursement of fines	OBERSCHLICK *v.* AUSTRIA	(1995) 19 E.H.R.R. 389
	OBERSCHLICK *v.* AUSTRIA (NO. 2)	(1998) 25 E.H.R.R. 357
repossession of property	IMMOBILIARE *v.* ITALY	(2000) 30 E.H.R.R. 756
return of seized possessions	VASILESCU *v.* ROMANIA	(1999) 28 E.H.R.R. 241
seizure of land	PAPAMICHALOPOLOUS *v.* GREECE	(1996) 21 E.H.R.R. 439
unlawful detention	HUMEN *v.* POLAND	(2001) 31 E.H.R.R. 53 at page 1168
	KÖNIG *v.* GERMANY	(1980) 2 E.H.R.R. 469
	LAMY *v.* BELGIUM	(1989) 11 E.H.R.R. 529
	LOUKANOV *v.* BULGARIA	(1997) 24 E.H.R.R. 121
	MASSON & VAN ZON *v.* NETHERLANDS	(1996) 22 E.H.R.R. 491
	NEUMEISTER *v.* AUSTRIA (NO. 2)	(1979) 1 E.H.R.R. 136
	RINGEISEN *v.* AUSTRIA (NO. 2)	(1979) 1 E.H.R.R. 504
	TEIXERA DE CASTRO *v.* PORTUGAL	(1999) 28 E.H.R.R. 101
	UNTERPERTINGER *v.* AUSTRIA	(1991) 13 E.H.R.R. 175
withdrawal of planning permission	PINE VALLEY *v.* IRELAND	(1993) 16 E.H.R.R. 379

COMPETITION, UNFAIR

margin of appreciation	JACUBOWSKI *v.* GERMANY	(1995) 19 E.H.R.R. 64
necessary in democratic society	MARKT INTERN *v.* GERMANY	(1989) 11 E.H.R.R. 212
	MARKT INTERN *v.* GERMANY	(1990) 12 E.H.R.R. 161

COMPLEXITY OF CASE

agricultural land proceedings	ERKNER *v.* AUSTRIA	(1987) 9 E.H.R.R. 464
reasonable time in detention	MITAP & ANOR *v.* TURKEY	(1996) 22 E.H.R.R. 209
	NEUMEISTER *v.* AUSTRIA (NO. 1)	(1979) 1 E.H.R.R. 91
	RINGEISEN *v.* AUSTRIA (NO. 1)	(1979) 1 E.H.R.R. 455
	SCOTT *v.* SPAIN	(1997) 24 E.H.R.R. 391
	WEMHOFF *v.* GERMANY	(1979) 1 E.H.R.R. 55

COMPLEXITY OF CASE—*cont.*

reasonable time to bring case to trial	ADILETTA *v.* ITALY	(1992) 14 E.H.R.R. 586
	ALLENET DE RIBEMONT *v.* FRANCE	(1995) 20 E.H.R.R. 557
	AUSIELLO *v.* ITALY	(1997) 24 E.H.R.R. 568
	BODDAERT *v.* BELGIUM	(1993) 16 E.H.R.R. 242
	COMINGERSOLL SA *v.* PORTUGAL	(2001) 31 E.H.R.R. 31 at page 772
	DOBBERTIN *v.* FRANCE	(1993) 16 E.H.R.R. 558
	ERKNER *v.* AUSTRIA	(1987) 9 E.H.R.R. 464
	F.E. *v.* FRANCE	(2000) 29 E.H.R.R. 591
	FERRANTELLI *v.* ITALY	(1997) 23 E.H.R.R. 288
	GS *v.* AUSTRIA	(2001) 31 E.H.R.R. 21 at page 576
	GUILLEMIN *v.* FRANCE	(1998) 25 E.H.R.R. 435
	HOWARTH *v.* UK	(2001) 31 E.H.R.R. 37 at page 861
	JOHANSEN *v.* NORWAY	(1997) 23 E.H.R.R. 33
	KATTE KLITSCHE *v.* ITALY	(1995) 19 E.H.R.R. 368
	LOMBARDO *v.* ITALY	(1996) 21 E.H.R.R. 188
	MAJ *v.* ITALY	(1992) 14 E.H.R.R. 405
	MANSUR *v.* TURKEY	(1995) 20 E.H.R.R. 535
	MATTER *v.* SLOVAKIA	(2001) 31 E.H.R.R. 32 at page 783
	NEUMEISTER *v.* AUSTRIA (NO. 1)	(1979) 1 E.H.R.R. 91
	OLSSON *v.* SWEDEN (NO. 2)	(1994) 17 E.H.R.R. 135
	PAILOT *v.* FRANCE	(2000) 30 E.H.R.R. 328
	PAMMEL *v.* GERMANY	(1998) 26 E.H.R.R. 100
	PAPACHELAS *v.* GREECE	(2000) 30 E.H.R.R. 923
	PELISSIER & SASSI *v.* FRANCE	(2000) 30 E.H.R.R. 715
	PHILIS *v.* GREECE (NO. 2)	(1998) 25 E.H.R.R. 417
	REINHARDT & ANOR *v.* FRANCE	(1999) 28 E.H.R.R. 59
	RUIZ-MATEOS *v.* SPAIN	(1993) 16 E.H.R.R. 505
	SANTILLI *v.* ITALY	(1992) 14 E.H.R.R. 421
	SCHOUTEN *v.* NETHERLANDS	(1995) 19 E.H.R.R. 432
	SILVA PONTES *v.* PORTUGAL	(1994) 18 E.H.R.R. 156
	THLIMMENOS *v.* GREECE	(2001) 31 E.H.R.R. 15 at page 411
	VERNILLO *v.* FRANCE	(1991) 13 E.H.R.R. 880
	WEMHOFF *v.* GERMANY	(1979) 1 E.H.R.R. 55
	WIESINGER *v.* AUSTRIA	(1993) 16 E.H.R.R. 259
	X. *v.* FRANCE	(1992) 14 E.H.R.R. 483
	YAĞCI & SARGIN *v.* TURKEY	(1995) 20 E.H.R.R. 505

COMPULSORY PURCHASE PROCEEDINGS

peaceful enjoyment	HÅKANSSON *v.* SWEDEN	(1991) 13 E.H.R.R. 1
reasonable time to bring case to trial	GUILLEMIN *v.* FRANCE	(1998) 25 E.H.R.R. 435

CONDUCT OF INSURANCE BUSINESS

restrictions on rights	KAPLAN *v.* UK	(1982) 4 E.H.R.R. 64

CONDUCT OF PARTIES

reasonable time in detention	HERCZEGFALVY *v.* AUSTRIA	(1993) 15 E.H.R.R. 437
	TOMASI *v.* FRANCE	(1993) 15 E.H.R.R. 1
	TOTH *v.* AUSTRIA	(1992) 14 E.H.R.R. 551
reasonable time to bring case to trial	ACQUAVIVA *v.* FRANCE	(2001) 32 E.H.R.R. 7 at page 134
	ADILETTA *v.* ITALY	(1992) 14 E.H.R.R. 586
	ALLENET DE RIBEMONT *v.* FRANCE	(1995) 20 E.H.R.R. 557

CONDUCT OF PARTIES—*cont.*

	AUSIELLO *v.* ITALY	(1997) 24 E.H.R.R. 568
	BEAUMARTIN *v.* FRANCE	(1995) 19 E.H.R.R. 485
	COMINGERSOLL SA *v.* PORTUGAL	(2001) 31 E.H.R.R. 31 at page 772
	DOBBERTIN *v.* FRANCE	(1993) 16 E.H.R.R. 558
	DUCLOS *v.* FRANCE	(2001) 32 E.H.R.R. 5 at page 86
	GARYFALLOU AEBE *v.* GREECE	(1999) 28 E.H.R.R. 344
	GS *v.* AUSTRIA	(2001) 31 E.H.R.R. 21 at page 576
	GUILLEMIN *v.* FRANCE	(1998) 25 E.H.R.R. 435
	HOKKANEN *v.* FINLAND	(1995) 19 E.H.R.R. 139
	KEMMACHE *v.* FRANCE	(1992) 14 E.H.R.R. 520
	KOLOMPAR *v.* BELGIUM	(1993) 16 E.H.R.R. 197
	LE CALVEZ *v.* FRANCE	(2001) 32 E.H.R.R. 21 at page 481
	MAJ *v.* ITALY	(1992) 14 E.H.R.R. 405
	MATTER *v.* SLOVAKIA	(2001) 31 E.H.R.R. 32 at page 783
	MONNET *v.* FRANCE	(1994) 18 E.H.R.R. 27
	PAILOT *v.* FRANCE	(2000) 30 E.H.R.R. 328
	PELISSIER & SASSI *v.* FRANCE	(2000) 30 E.H.R.R. 715
	PHILIS *v.* GREECE (NO. 2)	(1998) 25 E.H.R.R. 417
	PHOCAS *v.* FRANCE	(2001) 32 E.H.R.R. 11 at page 221
	PUGLIESE *v.* ITALY (NO. 1)	(1992) 14 E.H.R.R. 413
	REINHARDT & ANOR *v.* FRANCE	(1999) 28 E.H.R.R. 59
	SILVA PONTES *v.* PORTUGAL	(1994) 18 E.H.R.R. 156
	VALLÉE *v.* FRANCE	(1994) 18 E.H.R.R. 549
	VERNILLO *v.* FRANCE	(1991) 13 E.H.R.R. 880
	WIESINGER *v.* AUSTRIA	(1993) 16 E.H.R.R. 259
	X. *v.* FRANCE	(1992) 14 E.H.R.R. 483
	YAĞCI & SARGIN *v.* TURKEY	(1995) 20 E.H.R.R. 505
	ZANA *v.* TURKEY	(1999) 27 E.H.R.R. 667

CONFIDENTIAL INFORMATION

foreign newspapers	OBSERVER & GUARDIAN *v.* UK	(1992) 14 E.H.R.R. 153
	SUNDAY TIMES *v.* UK (NO. 2)	(1992) 14 E.H.R.R. 229
journalistic sources	GOODWIN *v.* UK	(1996) 22 E.H.R.R. 123

CONFISCATION

assets of political party	SOCIALIST PARTY *v.* TURKEY	(1999) 27 E.H.R.R. 51
obscene paitings	MÜLLER *v.* SWITZERLAND	(1991) 13 E.H.R.R. 212
proceeds of crime	WELCH *v.* UK	(1995) 20 E.H.R.R. 247

CONSCIENCE, FREEDOM OF [Art. 9]

legitimacy of purpose	BUSCARINI *v.* SAN MARINO	(2000) 30 E.H.R.R. 208
	KOKKINAKIS *v.* GREECE	(1994) 17 E.H.R.R. 397
measures prescribed by law	BUSCARINI *v.* SAN MARINO	(2000) 30 E.H.R.R. 208
necessary in a democratic society	BUSCARINI *v.* SAN MARINO	(2000) 30 E.H.R.R. 208
	KOKKINAKIS *v.* GREECE	(1994) 17 E.H.R.R. 397
oath before holding parliamentary office	BUSCARINI *v.* SAN MARINO	(2000) 30 E.H.R.R. 208
pacifism	ARROWSMITH *v.* UK	(1981) 3 E.H.R.R. 218
pluralism	KOKKINAKIS *v.* GREECE	(1994) 17 E.H.R.R. 397
refusal to wear prison clothing	MCFEELEY *v.* UK	(1981) 3 E.H.R.R. 161

CONSCIENTIOUS OBJECTORS

admissibility decisions	APP. 9362/80 *v.* NETHERLANDS	(1983) 5 E.H.R.R. 270
exclusion from professional body	THLIMMENOS *v.* GREECE	(2001) 31 E.H.R.R. 15 at page 411
lawfulness of detention	RANINEN *v.* FINLAND	(1998) 26 E.H.R.R. 563

CONSCRIPT SERVICEMEN

detention on remand	VAN DER SLUIJS *v.* NETHERLANDS	(1991) 13 E.H.R.R. 461
letter insulting commanding officer	GRIGORIADES *v.* GREECE	(1999) 27 E.H.R.R. 464

CONSTITUTIONAL COURT PROCEEDINGS

civil rights	KRCMÁR *v.* CZECH REPUBLIC	(2001) 31 E.H.R.R. 41 at page 953
	PAMMEL *v.* GERMANY	(1998) 26 E.H.R.R. 100
	PAUGER *v.* AUSTRIA	(1998) 25 E.H.R.R. 105
	PIERRE-BLOCH *v.* FRANCE	(1998) 26 E.H.R.R. 202
election offences	PIERRE-BLOCH *v.* FRANCE	(1998) 26 E.H.R.R. 202
reasonable time to bring case to trial	PAMMEL *v.* GERMANY	(1998) 26 E.H.R.R. 100

CONSOLIDATION OF PROCEEDINGS

agricultural land proceedings	POISS *v.* AUSTRIA	(1988) 10 E.H.R.R. 231

CONSULTATION

trade union rights	NATIONAL UNION OF POLICE *v.* BELGIUM	(1979) 1 E.H.R.R. 578

CONTEMPT OF COURT

disruption of proceedings	PUTZ *v.* AUSTRIA	(2001) 32 E.H.R.R. 13 at page 271
newspaper article discussing pending litigation	SUNDAY TIMES *v.* UK	(1980) 2 E.H.R.R. 245

CO-OPERATION IN PROCEEDINGS

refusal by State	CYPRUS *v.* TURKEY	(1982) 4 E.H.R.R. 482

CO-OPERATION IN PROSECUTION AND PUNISHMENT OF TERRORIST ACTS

Recommendation		(1982) 4 E.H.R.R. 411

CORPORAL PUNISHMENT

birching of juvenile	TEARE *v.* O'CALLAGHAN	(1982) 4 E.H.R.R. 232
	TYRER *v.* UK	(1980) 2 E.H.R.R. 1
degree of humiliation	CAMPBELL & COSANS *v.* UK	(1982) 4 E.H.R.R. 293
	COSTELLO-ROBERTS *v.* UK	(1995) 19 E.H.R.R. 112
parental rights	X, Y & Z *v.* SWEDEN	(1983) 5 E.H.R.R. 147
parents' convictions	CAMPBELL & COSANS *v.* UK	(1981) 3 E.H.R.R. 531
	MR & MRS X. *v.* UK	(1983) 5 E.H.R.R. 265
	X, Y & Z *v.* SWEDEN	(1983) 5 E.H.R.R. 147
state's responsibility	COSTELLO-ROBERTS *v.* UK	(1995) 19 E.H.R.R. 112
victim of violation	CAMPBELL & COSANS *v.* UK	(1981) 3 E.H.R.R. 531

CORRESPONDENCE, INTERFERENCE WITH [Art. 8]

Also see COMMUNICATIONS

admissibility decisions	APP. 8712/79 *v.* UK	(1983) 5 E.H.R.R. 465
	APP. 8962/80 *v.* BELGIUM	(1983) 5 E.H.R.R. 268
	APP. 9282/81 *v.* UK	(1983) 5 E.H.R.R. 283
	APP. 9488/81 *v.* UK	(1983) 5 E.H.R.R. 289
	APP. 9513/81 *v.* UK	(1983) 5 E.H.R.R. 290
	APP. 10165/82 *v.* UK	(1983) 5 E.H.R.R. 516
censorship	SILVER *v.* UK	(1981) 3 E.H.R.R. 475
correspondence, meaning of	HALFORD *v.* UK	(1997) 24 E.H.R.R. 523
criticism of government	PFEIFER *v.* AUSTRIA	(1992) 14 E.H.R.R. 692
detention under sentence, during	GOLDER *v.* UK	(1979) 1 E.H.R.R. 524
detention without trial, during	DE WILDE, OOMS & VERSYP *v.* BELGIUM	(1979) 1 E.H.R.R. 373
lawfulness	MCCALLUM *v.* UK	(1991) 13 E.H.R.R. 597
legitimacy of purpose	CAMPBELL *v.* UK	(1993) 15 E.H.R.R. 137
	CRÉMIEUX *v.* FRANCE	(1993) 16 E.H.R.R. 357
	DOMENICHINI *v.* ITALY	(2001) 32 E.H.R.R. 4 at page 68
	FOXLEY *v.* UK	(2001) 31 E.H.R.R. 25 at page 637
	FUNKE *v.* FRANCE	(1993) 16 E.H.R.R. 297
	MIAILHE *v.* FRANCE	(1993) 16 E.H.R.R. 333
listening devices	KHAN *v.* UK	(2001) 31 E.H.R.R. 45 at page 1016
material intended for publication	SILVER *v.* UK	(1981) 3 E.H.R.R. 475
measures prescribed by law	CAMPBELL *v.* UK	(1993) 15 E.H.R.R. 137
	CRÉMIEUX *v.* FRANCE	(1993) 16 E.H.R.R. 357
	DOMENICHINI *v.* ITALY	(2001) 32 E.H.R.R. 4 at page 68
	HALFORD *v.* UK	(1997) 24 E.H.R.R. 523
	FOXLEY *v.* UK	(2001) 31 E.H.R.R. 25 at page 637
	FUNKE *v.* FRANCE	(1993) 16 E.H.R.R. 297
	KHAN *v.* UK	(2001) 31 E.H.R.R. 45 at page 1016
	MIAILHE *v.* FRANCE	(1993) 16 E.H.R.R. 333
national security interests	KLASS & ORS *v.* GERMANY	(1980) 2 E.H.R.R. 214
necessary in democratic society	CAMPBELL *v.* UK	(1993) 15 E.H.R.R. 137
	CRÉMIEUX *v.* FRANCE	(1993) 16 E.H.R.R. 357
	DOMENICHINI *v.* ITALY	(2001) 32 E.H.R.R. 4 at page 68
	FOXLEY *v.* UK	(2001) 31 E.H.R.R. 25 at page 637
	MIAILHE *v.* FRANCE	(1993) 16 E.H.R.R. 333
positive obligations	OSMAN *v.* UK	(2000) 29 E.H.R.R. 245
prior internal ventilation rule	CAMPBELL & FELL *v.* UK	(1983) 5 E.H.R.R. 207
prisoners'	BOYCE & RICE *v.* UK	(1988) 10 E.H.R.R. 425
	CAMPBELL *v.* UK	(1993) 15 E.H.R.R. 137
	CAMPBELL & FELL *v.* UK	(1983) 5 E.H.R.R. 207
	CAMPBELL & FELL *v.* UK	(1985) 7 E.H.R.R. 165
	DEMIRTEPE *v.* FRANCE	(2001) 31 E.H.R.R. 28 at page 708
	DOMENICHINI *v.* ITALY	(2001) 32 E.H.R.R. 4 at page 68

CORRESPONDENCE, INTERFERENCE WITH—*cont.*

	GOLDER *v.* UK	(1979) 1 E.H.R.R. 524
	HERCZEGFALVY *v.* AUSTRIA	(1993) 15 E.H.R.R. 437
	MCCALLUM *v.* UK	(1991) 13 E.H.R.R. 597
	PFEIFER *v.* AUSTRIA	(1992) 14 E.H.R.R. 692
	SCHÖNENBERGER *v.* SWITZERLAND	(1989) 11 E.H.R.R. 202
	SILVER *v.* UK	(1983) 5 E.H.R.R. 347
proportionality	CRÉMIEUX *v.* FRANCE	(1993) 16 E.H.R.R. 357
	FUNKE *v.* FRANCE	(1993) 16 E.H.R.R. 297
	MIAILHE *v.* FRANCE	(1993) 16 E.H.R.R. 333
	PFEIFER *v.* AUSTRIA	(1992) 14 E.H.R.R. 692
re-direction of post to trustee in bankruptcy	FOXLEY *v.* UK	(2001) 31 E.H.R.R. 25 at page 637
refusal to deliver	HERCZEGFALVY *v.* AUSTRIA	(1993) 15 E.H.R.R. 437
remand prisoners	SCHÖNENBERGER *v.* SWITZERLAND	(1989) 11 E.H.R.R. 202
search and seizure	CRÉMIEUX *v.* FRANCE	(1993) 16 E.H.R.R. 357
	FUNKE *v.* FRANCE	(1993) 16 E.H.R.R. 297
	MIAILHE *v.* FRANCE	(1993) 16 E.H.R.R. 333
	NATIONAL PANASONIC *v.* EC COMMISSION	(1981) 3 E.H.R.R. 150
secret listening devices	KHAN *v.* UK	(2001) 31 E.H.R.R. 45 at page 1016
terrorists	MCVEIGH & ORS *v.* UK	(1983) 5 E.H.R.R. 71

COSTS & EXPENSES, RECOVERY OF

	A. *v.* FRANCE	(1994) 17 E.H.R.R. 462
	A. *v.* UK	(1999) 27 E.H.R.R. 611
	ABDULAZIZ, CABALES *v.* UK	(1985) 7 E.H.R.R. 471
	ADILETTA *v.* ITALY	(1992) 14 E.H.R.R. 586
	ADT *v.* UK	(2001) 31 E.H.R.R. 33 at page 803
	AERTS *v.* BELGIUM	(2000) 29 E.H.R.R. 50
	AHMED *v.* AUSTRIA	(1997) 24 E.H.R.R. 278
	AIREY *v.* IRELAND	(1981) 3 E.H.R.R. 593
	AÏT-MOUHOUB *v.* FRANCE	(2000) 30 E.H.R.R. 382
	AKDIVAR *v.* TURKEY	(1997) 23 E.H.R.R. 143
	AKKUS *v.* TURKEY	(2000) 30 E.H.R.R. 365
	AKSOY *v.* TURKEY	(1997) 23 E.H.R.R. 553
	ALBERT & LE COMPTE *v.* BELGIUM	(1991) 13 E.H.R.R. 415
	ALLENET DE RIBEMONT *v.* FRANCE	(1995) 20 E.H.R.R. 557
	AMANN *v.* SWITZERLAND	(2000) 30 E.H.R.R. 843
	ANDERSSON *v.* SWEDEN	(1992) 14 E.H.R.R. 615
	AP, MP & TP *v.* SWITZERLAND	(1998) 26 E.H.R.R. 541
	AQUILINA *v.* MALTA	(2000) 29 E.H.R.R. 185
	ARSLAN *v.* TURKEY	(2001) 31 E.H.R.R. 9 at page 264
	ASSENOV & ORS *v.* BULGARIA	(1999) 28 E.H.R.R. 652
	AVERILL *v.* UK	(2001) 31 E.H.R.R. 36 at page 839
	AYDIN *v.* TURKEY	(1998) 25 E.H.R.R. 251
	B. *v.* AUSTRIA	(1991) 13 E.H.R.R. 20
	B. *v.* FRANCE	(1993) 16 E.H.R.R. 1
	BASKAYA & OKÇUOGLOU *v.* TURKEY	(2001) 31 E.H.R.R. 10 at page 292
	BELDJOUDI *v.* FRANCE	(1992) 14 E.H.R.R. 801
	BELZIUK *v.* POLAND	(2000) 30 E.H.R.R. 614
	BENHAM *v.* UK	(1996) 22 E.H.R.R. 295
	BERGENS TIDENDE *v.* NORWAY	(2001) 31 E.H.R.R. 16 at page 430

COSTS & EXPENSES, RECOVERY OF—*cont.*

BLADET TROMSØ & STENSAAS *v.* NORWAY	(2000) 29 E.H.R.R. 125
BOCK *v.* GERMANY	(1990) 12 E.H.R.R. 247
BODÉN *v.* SWEDEN	(1988) 10 E.H.R.R. 367
BÖNISCH *v.* AUSTRIA	(1991) 13 E.H.R.R. 409
BORGERS *v.* BELGIUM	(1993) 15 E.H.R.R. 93
BOTTEN *v.* NORWAY	(2001) 32 E.H.R.R. 3 at page 37
BOWMAN *v.* UK	(1998) 26 E.H.R.R. 1
BOZANO *v.* FRANCE	(1991) 13 E.H.R.R. 428
BRANDSTETTER *v.* AUSTRIA	(1993) 15 E.H.R.R. 378
BRICMONT *v.* BELGIUM	(1990) 12 E.H.R.R. 217
BROGAN *v.* UK	(1991) 13 E.H.R.R. 439
BROZICEK *v.* ITALY	(1990) 12 E.H.R.R. 371
BULUT *v.* AUSTRIA	(1997) 24 E.H.R.R. 84
BURGHARTZ *v.* SWITZERLAND	(1994) 18 E.H.R.R. 79
CABALLERO *v.* UK	(2000) 30 E.H.R.R. 643
CABLE & ORS *v.* UK	(2000) 30 E.H.R.R. 1032
ÇAKICI *v.* TURKEY	(2001) 31 E.H.R.R. 5 at page 133
CAMENZIND *v.* SWITZERLAND	(1999) 28 E.H.R.R. 458
CAMPBELL *v.* UK	(1993) 15 E.H.R.R. 137
CAMPBELL & COSANS *v.* UK	(1982) 4 E.H.R.R. 293
CAMPBELL & FELL *v.* UK	(1985) 7 E.H.R.R. 165
CANEA CATHOLIC CHURCH *v.* GREECE	(1999) 27 E.H.R.R. 521
CASTELLS *v.* SPAIN	(1992) 14 E.H.R.R. 445
CASTILLO ALGAR *v.* SPAIN	(2000) 30 E.H.R.R. 827
CEYLAN *v.* TURKEY	(2000) 30 E.H.R.R. 73
CHAHAL *v.* UK	(1997) 23 E.H.R.R. 414
CONDRON *v.* UK	(2001) 31 E.H.R.R. 1 at page 1
COOKE *v.* AUSTRIA	(2001) 31 E.H.R.R. 11 at page 338
CORIGLIANO *v.* ITALY	(1983) 5 E.H.R.R. 334
CRÉMIEUX *v.* FRANCE	(1993) 16 E.H.R.R. 357
CURLEY *v.* UK	(2001) 31 E.H.R.R. 14 at page 401
D. *v.* UK	(1997) 24 E.H.R.R. 423
DALBAN *v.* ROMANIA	(2001) 31 E.H.R.R. 39 at page 893
DE CUBBER *v.* BELGIUM	(1991) 13 E.H.R.R. 422
DE HAAN *v.* NETHERLANDS	(1998) 26 E.H.R.R. 417
DE HAES & GIJSELS V. BELGIUM	(1998) 25 E.H.R.R. 1
DE MOOR *v.* BELGIUM	(1994) 18 E.H.R.R. 372
DELTA *v.* FRANCE	(1993) 16 E.H.R.R. 574
DEMICOLA *v.* MALTA	(1992) 14 E.H.R.R. 47
DEMIRTEPE *v.* FRANCE	(2001) 31 E.H.R.R. 28 at page 708
DOBBERTIN *v.* FRANCE	(1993) 16 E.H.R.R. 558
DOMBO BEHEER *v.* NETHERLANDS	(1994) 18 E.H.R.R. 213
ECKLE *v.* GERMANY	(1991) 13 E.H.R.R. 556
EDITIONS PÉRISCOPE *v.* FRANCE	(1992) 14 E.H.R.R. 597
EKBATANI *v.* SWEDEN	(1991) 13 E.H.R.R. 504
EP *v.* ITALY	(2001) 31 E.H.R.R. 17 at page 463
ERGI *v.* TURKEY	(2001) 32 E.H.R.R. 18 at page 388
ERIKSSON *v.* SWEDEN	(1990) 12 E.H.R.R. 183
ERKALO *v.* NETHERLANDS	(1999) 28 E.H.R.R. 509

COSTS & EXPENSES, RECOVERY OF—*cont.*

COSTS & EXPENSES, RECOVERY OF—*cont.*

COSTS & EXPENSES, RECOVERY OF—*cont.*

COSTS & EXPENSES, RECOVERY OF—*cont.*

CRIMINAL CHARGE, DETERMINATION OF—*cont.*

access to lawyer	AVERILL *v.* UK	(2001) 31 E.H.R.R. 36 at page 839
	CROISSANT *v.* GERMANY	(1993) 16 E.H.R.R. 135
	DAUD *v.* PORTUGAL	(2000) 30 E.H.R.R. 400
	FEJDE *v.* SWEDEN	(1994) 17 E.H.R.R. 14
	MAGEE *v.* UK	(2001) 31 E.H.R.R. 35 at page 822
	MURRAY *v.* UK	(1996) 22 E.H.R.R. 29
access to tribunal	ESCOUBET *v.* BELGIUM	(2001) 31 E.H.R.R. 46 at page 1034
	GUSTAFSON *v.* SWEDEN	(1998) 25 E.H.R.R. 623
	HENNINGS *v.* GERMANY	(1993) 16 E.H.R.R. 83
	MALIGE *v.* FRANCE	(1999) 28 E.H.R.R. 578
	PALAORO *v.* AUSTRIA	(2001) 32 E.H.R.R. 10 at page 202
	PFARRMEIER *v.* AUSTRIA	(1996) 22 E.H.R.R. 175
	UMLAUFT *v.* AUSTRIA	(1996) 22 E.H.R.R. 76
	VASILESCU *v.* ROMANIA	(1999) 28 E.H.R.R. 241
access to case file	FOUCHER *v.* FRANCE	(1998) 25 E.H.R.R. 234
adequate time to prepare defence	HADJIANASTASSIOU *v.* GREECE	(1993) 16 E.H.R.R. 219
	KREMZOW *v.* AUSTRIA	(1994) 17 E.H.R.R. 323
	VACHER *v.* FRANCE	(1997) 24 E.H.R.R. 482
administrative actions	KAPLAN *v.* UK	(1982) 4 E.H.R.R. 64
admissibility decisions	APP. 8744/79 *v.* GERMANY	(1983) 5 E.H.R.R. 499
	APP. 9280/81 *v.* AUSTRIA	(1983) 5 E.H.R.R. 283
	APP. 9453/81 *v.* PORTUGAL	(1983) 5 E.H.R.R. 479
	APP. 9732/82 *v.* UK	(1983) 5 E.H.R.R. 295
	APP. 9806/82 *v.* IRELAND	(1983) 5 E.H.R.R. 488
admissibility of evidence	KHAN *v.* UK	(2001) 31 E.H.R.R. 45 at page 1016
adversarial proceedings	FITT *v.* UK	(2000) 30 E.H.R.R. 480
	JASPER *v.* UK	(2000) 30 E.H.R.R. 441
	JJ *v.* NETHERLANDS	(1999) 28 E.H.R.R. 169
	ROWE & DAVIS *v.* UK	(2000) 30 E.H.R.R. 1
aggravating circumstance not mentioned in charge	DE SALVADOR TORRES *v.* SPAIN	(1997) 23 E.H.R.R. 601
anonymity of witnesses	DOORSON *v.* NETHERLANDS	(1996) 22 E.H.R.R. 330
	UNTERPERTINGER *v.* AUSTRIA	(1991) 13 E.H.R.R. 175
	VAN MECHELEN *v.* NETHERLANDS	(1998) 25 E.H.R.R. 647
	WINDISCH *v.* AUSTRIA	(1991) 13 E.H.R.R. 281
appellate proceedings	BOTTEN *v.* NORWAY	(2001) 32 E.H.R.R. 3 at page 37
attendance at trial	BELZIUK *v.* POLAND	(2000) 30 E.H.R.R. 614
	F.C.B. *v.* ITALY	(1992) 14 E.H.R.R. 909
	KREMZOW *v.* AUSTRIA	(1994) 17 E.H.R.R. 323
	LALA *v.* NETHERLANDS	(1994) 18 E.H.R.R. 586
	PELLADOAH *v.* NETHERLANDS	(1995) 19 E.H.R.R. 81
Board of Visitors proceedings	CAMPBELL & FELL *v.* UK	(1983) 5 E.H.R.R. 207
calling witnesses	MAUER *v.* AUSTRIA	(1998) 25 E.H.R.R. 91
compliance with procedure	MELIN *v.* FRANCE	(1994) 17 E.H.R.R. 1
confisction order	WELCH *v.* UK	(1995) 20 E.H.R.R. 247
court-martial proceedings	FINDLAY *v.* UK	(1997) 24 E.H.R.R. 221
cross-examination of witness	EDWARDS *v.* UK	(1993) 15 E.H.R.R. 417
death penalty	SOERING *v.* UK	(1989) 11 E.H.R.R. 439
defamation proceedings	LINGENS & LEITGENS *v.* AUSTRIA	(1982) 4 E.H.R.R. 373
defence, preparation of	DOMENICHINI *v.* ITALY	(2001) 32 E.H.R.R. 4 at page 68

CRIMINAL CHARGE, DETERMINATION OF—*cont.*

	FITT *v.* UK	(2000) 30 E.H.R.R. 480
	HADJIANASTASSIOU *v.* GREECE	(1993) 16 E.H.R.R. 219
	JASPER *v.* UK	(2000) 30 E.H.R.R. 441
	KREMZOW *v.* AUSTRIA	(1994) 17 E.H.R.R. 323
	PELISSIER & SASSI *v.* FRANCE	(2000) 30 E.H.R.R. 715
	VACHER *v.* FRANCE	(1997) 24 E.H.R.R. 482
defend, right to	COOKE *v.* AUSTRIA	(2001) 31 E.H.R.R. 11 at page 338
	MAUER *v.* AUSTRIA	(1998) 25 E.H.R.R. 91
	PRINZ *v.* AUSTRIA	(2001) 31 E.H.R.R. 12 at page 357
	ZANA *v.* TURKEY	(1999) 27 E.H.R.R. 667
detention of aliens	ZAMIR *v.* UK	(1983) 5 E.H.R.R. 242
disclosure of evidence	BENDENOUN *v.* FRANCE	(1994) 18 E.H.R.R. 54
	EDWARDS *v.* UK	(1993) 15 E.H.R.R. 417
	FITT *v.* UK	(2000) 30 E.H.R.R. 480
	JASPER *v.* UK	(2000) 30 E.H.R.R. 441
	SLIMANE-KAÏD *v.* FRANCE	(2001) 31 E.H.R.R. 48 at page 1073
discontinuance	APP. 9156/80 *v.* AUSTRIA	(1983) 5 E.H.R.R. 269
discretion	GILLOW *v.* UK	(1989) 11 E.H.R.R. 335
discrimination	HENNINGS *v.* GERMANY	(1993) 16 E.H.R.R. 83
effective participation in trial	V. *v.* UK	(2000) 30 E.H.R.R. 121
equality of arms	BELZIUK *v.* POLAND	(2000) 30 E.H.R.R. 614
	BENDENOUN *v.* FRANCE	(1994) 18 E.H.R.R. 54
	BÖNISCH *v.* AUSTRIA	(1983) 5 E.H.R.R. 273
	BÖNISCH *v.* AUSTRIA	(1987) 9 E.H.R.R. 191
	BORGERS *v.* BELGIUM	(1993) 15 E.H.R.R. 93
	BRANDSTETTER *v.* AUSTRIA	(1993) 15 E.H.R.R. 378
	BULUT *v.* AUSTRIA	(1997) 24 E.H.R.R. 84
	DELCOURT *v.* BELGIUM	(1979) 1 E.H.R.R. 355
	EKBATANI *v.* SWEDEN	(1991) 13 E.H.R.R. 504
	FITT *v.* UK	(2000) 30 E.H.R.R. 480
	JASPER *v.* UK	(2000) 30 E.H.R.R. 441
	KREMZOW *v.* AUSTRIA	(1994) 17 E.H.R.R. 323
	ROWE & DAVIS *v.* UK	(2000) 30 E.H.R.R. 1
	WERNER *v.* AUSTRIA	(1998) 26 E.H.R.R. 310
evidence of witnesses	UNTERPERTINGER *v.* AUSTRIA	(1991) 13 E.H.R.R. 175
	WINDISCH *v.* AUSTRIA	(1991) 13 E.H.R.R. 281
examination of witness	ASCH *v.* AUSTRIA	(1993) 15 E.H.R.R. 597
	BRANDSTETTER *v.* AUSTRIA	(1993) 15 E.H.R.R. 378
	BRICMONT *v.* BELGIUM	(1990) 12 E.H.R.R. 217
	DELTA *v.* FRANCE	(1993) 16 E.H.R.R. 574
	DOORSON *v.* NETHERLANDS	(1996) 22 E.H.R.R. 330
	EDWARDS *v.* UK	(1993) 15 E.H.R.R. 417
	FITT *v.* UK	(2000) 30 E.H.R.R. 480
	JASPER *v.* UK	(2000) 30 E.H.R.R. 441
	KOSTOVSKI *v.* NETHERLANDS	(1990) 12 E.H.R.R. 434
	LÜDI *v.* SWITZERLAND	(1993) 15 E.H.R.R. 173
	PULLAR *v.* UK	(1996) 22 E.H.R.R. 391
	SAIDI *v.* FRANCE	(1994) 17 E.H.R.R. 251
exhaustion of domestic remedies	MALIGE *v.* FRANCE	(1999) 28 E.H.R.R. 578
expert evidence	BÖNISCH *v.* AUSTRIA	(1987) 9 E.H.R.R. 191
	BRANDSTETTER *v.* AUSTRIA	(1993) 15 E.H.R.R. 378
extradition	SOERING *v.* UK	(1989) 11 E.H.R.R. 439
failure to comply with time limits	TEJEDOR GARCIA *v.* SPAIN	(1998) 26 E.H.R.R. 440

CRIMINAL CHARGE, DETERMINATION OF—*cont.*

forfeiture of right to appeal	KHALFAOUI *v.* FRANCE	(2001) 31 E.H.R.R. 42 at page 967
forfeiture proceedings	AGOSI *v.* UK	(1987) 9 E.H.R.R. 1
impartiality of court	BASKAYA & OKÇUOGLOU *v.* TURKEY	(2001) 31 E.H.R.R. 10 at page 292
	BELILOS *v.* SWITZERLAND	(1988) 10 E.H.R.R. 466
	BÖNISCH *v.* AUSTRIA	(1987) 9 E.H.R.R. 191
	BORGERS *v.* BELGIUM	(1993) 15 E.H.R.R. 93
	BULUT *v.* AUSTRIA	(1997) 24 E.H.R.R. 84
	ÇIRAKLAR *v.* TURKEY	(2001) 32 E.H.R.R. 23 at page 535
	COLAK *v.* GERMANY	(1989) 11 E.H.R.R. 513
	DE CUBBER *v.* BELGIUM	(1985) 7 E.H.R.R. 236
	DEMICOLA *v.* MALTA	(1992) 14 E.H.R.R. 47
	FERRANTELLI *v.* ITALY	(1997) 23 E.H.R.R. 288
	FEY *v.* AUSTRIA	(1993) 16 E.H.R.R. 387
	FINDLAY *v.* UK	(1997) 24 E.H.R.R. 221
	GILLOW *v.* UK	(1989) 11 E.H.R.R. 335
	GREGORY *v.* UK	(1998) 25 E.H.R.R. 577
	INCAL *v.* TURKEY	(2000) 29 E.H.R.R. 449
	PFEIFER *v.* AUSTRIA	(1992) 14 E.H.R.R. 692
	PULLAR *v.* UK	(1996) 22 E.H.R.R. 391
	REMLI *v.* FRANCE	(1996) 22 E.H.R.R. 253
	SANDER *v.* UK	(2001) 31 E.H.R.R. 44 at page 1003
	SARAIVA DE CARVALHO *v.* PORTUGAL	(1994) 18 E.H.R.R. 534
	THOMANN *v.* SWITZERLAND	(1997) 24 E.H.R.R. 553
	THORGEIRSON *v.* ICELAND	(1992) 14 E.H.R.R. 843
incitement to commit offences	TEIXERA DE CASTRO *v.* PORTUGAL	(1999) 28 E.H.R.R. 101
independence of tribunal	BASKAYA & OKÇUOGLOU *v.* TURKEY	(2001) 31 E.H.R.R. 10 ta page 292
	ÇIRAKLAR *v.* TURKEY	(2001) 32 E.H.R.R. 23 at page 535
	FINDLAY *v.* UK	(1997) 24 E.H.R.R. 221
	INCAL *v.* TURKEY	(2000) 29 E.H.R.R. 449
	PULLAR *v.* UK	(1996) 22 E.H.R.R. 391
interpreters	DAUD *v.* PORTUGAL	(2000) 30 E.H.R.R. 400
	LUEDICKE & ORS *v.* GERMANY	(1980) 2 E.H.R.R. 149
legal advice	AVERILL *v.* UK	(2001) 31 E.H.R.R. 36 at page 839
	CROISSANT *v.* GERMANY	(1993) 16 E.H.R.R. 135
	DAUD *v.* PORTUGAL	(2000) 30 E.H.R.R. 400
	FEJDE *v.* SWEDEN	(1994) 17 E.H.R.R. 14
	MAGEE *v.* UK	(2001) 31 E.H.R.R. 35 at page 822
	MURRAY *v.* UK	(1996) 22 E.H.R.R. 29
legal aid	BONER *v.* UK	(1995) 19 E.H.R.R. 246
	MAXWELL *v.* UK	(1995) 19 E.H.R.R. 97
legal representation	BENHAM *v.* UK	(1996) 22 E.H.R.R. 295
	DAUD *v.* PORTUGAL	(2000) 30 E.H.R.R. 400
	GODDI *v.* ITALY	(1984) 6 E.H.R.R. 457
	IMBRIOSCIA *v.* SWITZERLAND	(1994) 17 E.H.R.R. 441
	LALA *v.* NETHERLANDS	(1994) 18 E.H.R.R. 586
	MURRAY *v.* UK	(1996) 22 E.H.R.R. 29
	PAKELLI *v.* GERMANY	(1984) 6 E.H.R.R. 1
	PELLADOAH *v.* NETHERLANDS	(1995) 19 E.H.R.R. 81
	TRIPODI *v.* ITALY	(1994) 18 E.H.R.R. 295

CRIMINAL CHARGE, DETERMINATION OF—*cont.*

	VAN GEYSEGHEM *v.* BELGIUM	(2001) 32 E.H.R.R. 24 at page 554
length of proceedings	ADILETTA *v.* ITALY	(1992) 14 E.H.R.R. 586
	B. *v.* AUSTRIA	(1991) 13 E.H.R.R. 20
	BAGGETTA *v.* ITALY	(1988) 10 E.H.R.R. 325
	BODDAERT *v.* BELGIUM	(1993) 16 E.H.R.R. 242
	BUNKATE *v.* NETHERLANDS	(1995) 19 E.H.R.R. 477
	CLOOTH *v.* BELGIUM	(1992) 14 E.H.R.R. 717
	DOBBERTIN *v.* FRANCE	(1993) 16 E.H.R.R. 558
	FERRANTELLI *v.* ITALY	(1997) 23 E.H.R.R. 288
	FUNKE *v.* FRANCE	(1993) 16 E.H.R.R. 297
	GARYFALLOU AEBE *v.* GREECE	(1999) 28 E.H.R.R. 344
	HOWARTH *v.* UK	(2001) 31 E.H.R.R. 37 at page 861
	KEMMACHE *v.* FRANCE	(1992) 14 E.H.R.R. 520
	MAJ *v.* ITALY	(1992) 14 E.H.R.R. 405
	MILASI *v.* ITALY	(1988) 10 E.H.R.R. 333
	MOTTA *v.* ITALY	(1992) 14 E.H.R.R. 432
	PELISSIER & SASSI *v.* FRANCE	(2000) 30 E.H.R.R. 715
	PHILIS *v.* GREECE (NO. 2)	(1998) 25 E.H.R.R. 417
	PUGLIESE *v.* ITALY (NO. 1)	(1992) 14 E.H.R.R. 412
	RAIMONDO *v.* ITALY	(1994) 18 E.H.R.R. 237
	REINHARDT & ANOR *v.* FRANCE	(1999) 28 E.H.R.R. 59
	TOTH *v.* AUSTRIA	(1992) 14 E.H.R.R. 551
	YAĞCI & SARGIN *v.* TURKEY	(1995) 20 E.H.R.R. 505
	ZANA *v.* TURKEY	(1999) 27 E.H.R.R. 667
listening devices	KHAN *v.* UK	(2001) 31 E.H.R.R. 45 at page1016
meaning	DEWEER *v.* BELGIUM	(1980) 2 E.H.R.R. 439
military disciplinary measures	ENGEL & ORS *v.* NETHERLANDS (NO. 1)	(1979) 1 E.H.R.R. 647
	SERVES *v.* FRANCE	(1999) 28 E.H.R.R. 265
nature of charge	GEA CATALÁN *v.* SPAIN	(1995) 20 E.H.R.R. 266
	JJ *v.* NETHERLANDS	(1999) 28 E.H.R.R. 169
	PELISSIER & SASSI *v.* FRANCE	(2000) 30 E.H.R.R. 715
necessary in a democratic society	GREGORY *v.* UK	(1998) 25 E.H.R.R. 577
non-payment of community charge	BENHAM *v.* UK	(1996) 22 E.H.R.R. 295
oral hearing	HELMERS *v.* SWEDEN	(1993) 15 E.H.R.R. 285
	JJ *v.* NETHERLANDS	(1999) 28 E.H.R.R. 169
	RAVNSBORG *v.* SWEDEN	(1994) 18 E.H.R.R. 38
political leafletting	INCAL *v.* TURKEY	(2000) 29 E.H.R.R. 449
preparation of defence	HADJIANASTASSIOU *v.* GREECE	(1993) 16 E.H.R.R. 219
	KREMZOW *v.* AUSTRIA	(1994) 17 E.H.R.R. 323
presumption of innocence	ADOLF *v.* AUSTRIA	(1982) 4 E.H.R.R. 313
	ALLENET DE RIBEMONT *v.* FRANCE	(1995) 20 E.H.R.R. 557
	AP, MP & TP *v.* SWITZERLAND	(1998) 26 E.H.R.R. 541
	APP. 8744/79 *v.* GERMANY	(1983) 5 E.H.R.R. 499
	AVERILL *v.* UK	(2001) 31 E.H.R.R. 36 at page 839
	BERNARD *v.* FRANCE	(2000) 30 E.H.R.R. 809
	BÖNISCH *v.* AUSTRIA	(1987) 9 E.H.R.R. 191
	DELTA *v.* FRANCE	(1993) 16 E.H.R.R. 574
	ENGLERT *v.* GERMANY	(1991) 13 E.H.R.R. 392
	FITT *v.* UK	(2000) 30 E.H.R.R. 480
	FUNKE *v.* FRANCE	(1993) 16 E.H.R.R. 297
	KREMZOW *v.* AUSTRIA	(1994) 17 E.H.R.R. 323
	LALA *v.* NETHERLANDS	(1994) 18 E.H.R.R. 586
	LEUTSCHER *v.* NETHERLANDS	(1997) 24 E.H.R.R. 181

CRIMINAL CHARGE, DETERMINATION OF—*cont.*

	LINGENS & LEITGENS *v.* AUSTRIA	(1982) 4 E.H.R.R. 373
	NÖLKENBOCKHOFF *v.* GERMANY	(1988) 10 E.H.R.R. 163
	NÖLKENBOCKHOFF *v.* GERMANY	(1991) 13 E.H.R.R. 360
	SALABIAKU *v.* FRANCE	(1991) 13 E.H.R.R. 379
	SCHENK *v.* SWITZERLAND	(1991) 13 E.H.R.R. 242
	SEKANINA *v.* AUSTRIA	(1994) 17 E.H.R.R. 221
	X, Y & Z *v.* AUSTRIA	(1982) 4 E.H.R.R. 270
pre-trial proceedings	IMBRIOSCIA *v.* SWITZERLAND	(1994) 17 E.H.R.R. 441
prison discipline	CAMPBELL & FELL *v.* UK	(1985) 7 E.H.R.R. 165
	MCFEELEY *v.* UK	(1981) 3 E.H.R.R. 161
professional misconduct	ALBERT & LE COMPTE *v.* BELGIUM	(1983) 5 E.H.R.R. 533
proportionality	MALIGE *v.* FRANCE	(1999) 28 E.H.R.R. 578
psychiatric examination	BERNARD *v.* FRANCE	(2000) 30 E.H.R.R. 809
public hearings	ANDERSSON *v.* SWEDEN	(1993) 15 E.H.R.R. 218
	APP. 9806/82 *v.* IRELAND	(1983) 5 E.H.R.R. 488
	BULUT *v.* AUSTRIA	(1997) 24 E.H.R.R. 84
	WERNER *v.* AUSTRIA	(1998) 26 E.H.R.R. 310
public interest immunity	FITT *v.* UK	(2000) 30 E.H.R.R. 480
	JASPER *v.* UK	(2000) 30 E.H.R.R. 441
publication of book of propaganda	BASKAYA & OKÇUOGLOU *v.* TURKEY	(2001) 31 E.H.R.R. 10 at page 292
publicity of judgment	WERNER *v.* AUSTRIA	(1998) 26 E.H.R.R. 310
reliability of evidence	DOORSON *v.* NETHERLANDS	(1996) 22 E.H.R.R. 330
reservations	SCHMAUTZER *v.* AUSTRIA	(1996) 21 E.H.R.R. 511
	UMLAUFT *v.* AUSTRIA	(1996) 22 E.H.R.R. 76
retrospective action	JAMIL *v.* FRANCE	(1996) 21 E.H.R.R. 65
	KOKKINAKIS *v.* GREECE	(1994) 17 E.H.R.R. 397
	LAWLESS *v.* IRELAND (NO. 3)	(1979) 1 E.H.R.R. 15
	WELCH *v.* UK	(1995) 20 E.H.R.R. 247
return of seized possessions	VASILESCU *v.* ROMANIA	(1999) 28 E.H.R.R. 241
right not to incriminate oneself	SAUNDERS *v.* UK	(1997) 23 E.H.R.R. 313
right to silence	AVERILL *v.* UK	(2001) 31 E.H.R.R. 36 at page 839
	CONDRON *v.* UK	(2001) 31 E.H.R.R. 1 at page 1
	MURRAY *v.* UK	(1996) 22 E.H.R.R. 29
	SAUNDERS *v.* UK	(1997) 23 E.H.R.R. 313
self-incrimination, freedom from	SERVES *v.* FRANCE	(1999) 28 E.H.R.R. 265
speeding offences	MALIGE *v.* FRANCE	(1999) 28 E.H.R.R. 578
	PALAORO *v.* AUSTRIA	(2001) 32 E.H.R.R. 10 at page 202
taking of evidence	BRICMONT *v.* BELGIUM	(1990) 12 E.H.R.R. 217
tax assessment proceedings	LEUTSCHER *v.* NETHERLANDS	(1997) 24 E.H.R.R. 181
tax evasion by deceased	AP, MP & TP *v.* SWITZERLAND	(1998) 26 E.H.R.R. 541
time limits for filing pleadings	VACHER *v.* FRANCE	(1997) 24 E.H.R.R. 482
traffic offences	ESCOUBET *v.* BELGIUM	(2001) 31 E.H.R.R. 46 at page 1034
	MALIGE *v.* FRANCE	(1999) 28 E.H.R.R. 578
	MAUER *v.* AUSTRIA	(1998) 25 E.H.R.R. 91
	PALAORO *v.* AUSTRIA	(2001) 32 E.H.R.R. 10 at page 202
	PFARRMEIER *v.* AUSTRIA	(1996) 22 E.H.R.R. 175
	SCHMAUTZER *v.* AUSTRIA	(1996) 21 E.H.R.R. 511
	UMLAUFT *v.* AUSTRIA	(1996) 22 E.H.R.R. 76
trial *in absentia*	COLOZZA *v.* ITALY	(1983) 5 E.H.R.R. 274

CRIMINAL CHARGE, DETERMINATION OF—*cont.*

	COOKE *v.* AUSTRIA	(2001) 31 E.H.R.R. 11 at page 338
	PRINZ *v.* AUSTRIA	(2001) 31 E.H.R.R. 12 at page 357
undercover agents	TEIXERA DE CASTRO *v.* PORTUGAL	(1999) 28 E.H.R.R. 101
withdrawal of driving licence	ESCOUBET *v.* BELGIUM	(2001) 31 E.H.R.R. 46 at page 1034
wrongful conviction	KOKKINAKIS *v.* GREECE	(1994) 17 E.H.R.R. 397

CRIMINAL DEFAMATION

legitimacy of purpose	DALBAN *v.* ROMANIA	(2001) 31 E.H.R.R. 39 at page 893
	WORM *v.* AUSTRIA	(1998) 25 E.H.R.R. 454
limits of acceptable criticism	OBERSCHLICK *v.* AUSTRIA	(1995) 19 E.H.R.R. 389
measures prescribed by law	DALBAN *v.* ROMANIA	(2001) 31 E.H.R.R. 39 at page 893
	OBERSCHLICK *v.* AUSTRIA (NO. 2)	(1998) 25 E.H.R.R. 357
	WORM *v.* AUSTRIA	(1998) 25 E.H.R.R. 454
necessary in democratic society	DALBAN *v.* ROMANIA	(2001) 31 E.H.R.R. 39 at page 893
	LINGENS & LEITGENS *v.* AUSTRIA	(1982) 4 E.H.R.R. 373
	LINGENS & LEITGENS *v.* AUSTRIA	(1986) 8 E.H.R.R. 407
	OBERSCHLICK *v.* AUSTRIA (NO. 2)	(1998) 25 E.H.R.R. 357
	THORGEIRSON *v.* ICELAND	(1992) 14 E.H.R.R. 843
	WORM *v.* AUSTRIA	(1998) 25 E.H.R.R. 454
presumption of innocence	MINELLI *v.* SWITZERLAND	(1983) 5 E.H.R.R. 554

CRIMINAL PENALTIES

justification	X *v.* UK	(1981) 3 E.H.R.R. 63

CRITICISM OF PUBLIC FIGURES

limits of acceptable criticism	OBERSCHLICK *v.* AUSTRIA	(1995) 19 E.H.R.R. 389
necessary in democratic society	LINGENS & LEITGENS *v.* AUSTRIA	(1986) 8 E.H.R.R. 407

CROSS-EXAMINATION OF WITNESSES

criminal proceedings	EDWARDS *v.* UK	(1993) 15 E.H.R.R. 417

CUSTODY PROCEEDINGS

discrimination	HOFFMANN *v.* AUSTRIA	(1994) 17 E.H.R.R. 293
	SALGUEIRO DA SILVA MOUTA *v.* PORTUGAL	(2001) 31 E.H.R.R. 47 at page 1055
legitimacy of purpose	EP *v.* ITALY	(2001) 31 E.H.R.R. 17 at page 463
length of proceedings	EP *v.* ITALY	(2001) 31 E.H.R.R. 17 at page 463
measures prescribed by law	EP *v.* ITALY	(2001) 31 E.H.R.R. 17 at page 463
nature of court order	HOFFMANN *v.* AUSTRIA	(1994) 17 E.H.R.R. 29
necessary in a democratic society	EP *v.* ITALY	(2001) 31 E.H.R.R. 17 at page 463
non-enforcement of order	HOKKANEN *v.* FINLAND	(1995) 19 E.H.R.R. 139
sexual orientation	SALGUEIRO DA SILVA MOUTA *v.* PORTUGAL	(2001) 31 E.H.R.R. 47 at page 1055

DATA STORAGE

lawfulness	AMANN *v.* SWITZERLAND	(2000) 30 E.H.R.R. 843

DEATH OF APPLICANT

striking case from list	F.M. *v.* ITALY	(1994) 18 E.H.R.R. 570
	SCHERER *v.* SWITZERLAND	(1994) 18 E.H.R.R. 276

DEATH PENALTY

extradition	SOERING *v.* UK	(1989) 11 E.H.R.R. 439

DEATH PENALTY, ABOLITION OF [Sixth Protocol]

text of		(1983) 5 E.H.R.R. 167

DECLARATIONS

employment in public service	BAGGETTA *v.* ITALY	(1988) 10 E.H.R.R. 325
	MILASI *v.* ITALY	(1988) 10 E.H.R.R. 333
ensuring non-infringement	O. *v.* UK	(1991) 13 E.H.R.R. 588
non-discrimination	DUDGEON *v.* UK	(1983) 5 E.H.R.R. 573

DEDUCTION OF DETENTION ON REMAND

just satisfaction	RINGEISEN *v.* AUSTRIA (NO. 2)	(1979) 1 E.H.R.R. 504

DEFAMATION PROCEEDINGS

criminal defamation	DALBAN *v.* ROMANIA	(2001) 31 E.H.R.R. 39 at page 893
	LINGENS & LEITGENS *v.* AUSTRIA	(1982) 4 E.H.R.R. 373
	LINGENS & LEITGENS *v.* AUSTRIA	(1986) 8 E.H.R.R. 407
	MINELLI *v.* SWITZERLAND	(1983) 5 E.H.R.R. 554
	OBERSCHLICK *v.* AUSTRIA	(1995) 19 E.H.R.R. 389
	OBERSCHLICK *v.* AUSTRIA (NO. 2)	(1998) 25 E.H.R.R. 357
	THORGEIRSON *v.* ICELAND	(1992) 14 E.H.R.R. 843
	WORM *v.* AUSTRIA	(1998) 25 E.H.R.R. 454
journalists, against	ANDREAS WABL *v.* AUSTRIA	(2001) 31 E.H.R.R. 51 at page 1134
	BARFOD *v.* DENMARK	(1991) 13 E.H.R.R. 493
	BERGENS TIDENDE *v.* NORWAY	(2001) 31 E.H.R.R. 16 at page 430
	DE HAES & GIJSELS V. BELGIUM	(1998) 25 E.H.R.R. 1
	OBERSCHLICK *v.* AUSTRIA	(1995) 19 E.H.R.R. 389
	OBERSCHLICK *v.* AUSTRIA (NO. 2)	(1998) 25 E.H.R.R. 357
	PRAGER & OBERSCHLICK *v.* AUSTRIA	(1996) 21 E.H.R.R. 1
	WORM *v.* AUSTRIA	(1998) 25 E.H.R.R. 454
legitimacy of purpose	BLADET TROMSØ & STENSAAS *v.* NORWAY	(2000) 29 E.H.R.R. 125
	NILSEN & JOHNSEN *v.* NORWAY	(2000) 30 E.H.R.R. 878
	PRAGER & OBERSCHLICK *v.* AUSTRIA	(1996) 21 E.H.R.R. 1
	TOLSTOY *v.* UK	(1995) 20 E.H.R.R. 442
	WORM *v.* AUSTRIA	(1998) 25 E.H.R.R. 454
limits of acceptable criticism	OBERSCHLICK *v.* AUSTRIA	(1995) 19 E.H.R.R. 389
margin of appreciation	TOLSTOY *v.* UK	(1995) 20 E.H.R.R. 442
measures prescribed by law	BLADET TROMSØ & STENSAAS *v.* NORWAY	(2000) 29 E.H.R.R. 125

DEFAMATION PROCEEDINGS—*cont.*

	NILSEN & JOHNSEN *v.* NORWAY	(2000) 30 E.H.R.R. 878
	OBERSCHLICK *v.* AUSTRIA (NO. 2)	(1998) 25 E.H.R.R. 357
	WORM *v.* AUSTRIA	(1998) 25 E.H.R.R. 454
necessary in democratic society	ANDREAS WABL *v.* AUSTRIA	(2001) 31 E.H.R.R. 51 at page 1134
	BERGENS TIDENDE *v.* NORWAY	(2001) 31 E.H.R.R. 16 at page 430
	BLADET TROMSØ & STENSAAS *v.* NORWAY	(2000) 29 E.H.R.R. 125
	DE HAES & GIJSELS V. BELGIUM	(1998) 25 E.H.R.R. 1
	LINGENS & LEITGENS *v.* AUSTRIA	(1986) 8 E.H.R.R. 407
	NILSEN & JOHNSEN *v.* NORWAY	(2000) 30 E.H.R.R. 878
	OBERSCHLICK *v.* AUSTRIA (NO. 2)	(1998) 25 E.H.R.R. 357
	PRAGER & OBERSCHLICK *v.* AUSTRIA	(1996) 21 E.H.R.R. 1
	TOLSTOY *v.* UK	(1995) 20 E.H.R.R. 442
	WORM *v.* AUSTRIA	(1998) 25 E.H.R.R. 454
newspapers, against	BERGENS TIDENDE *v.* NORWAY	(2001) 31 E.H.R.R. 16 at page 430
	BLADET TROMSØ & STENSAAS *v.* NORWAY	(2000) 29 E.H.R.R. 125
police association representatives	NILSEN & JOHNSEN *v.* NORWAY	(2000) 30 E.H.R.R. 878
presumption of innocence	LINGENS & LEITGENS *v.* AUSTRIA	(1982) 4 E.H.R.R. 373
	MINELLI *v.* SWITZERLAND	(1983) 5 E.H.R.R. 554

DEFENCE, ADEQUATE TIME TO PREPARE

admissibility decisions	APP. 9963/82 *v.* BELGIUM	(1983) 5 E.H.R.R. 515
criminal proceedings	DOMENICHINI *v.* ITALY	(2001) 32 E.H.R.R. 4 at page 68
	FITT *v.* UK	(2000) 30 E.H.R.R. 480
	JASPER *v.* UK	(2000) 30 E.H.R.R. 441
	KREMZOW *v.* AUSTRIA	(1994) 17 E.H.R.R. 323
	PELISSIER & SASSI *v.* FRANCE	(2000) 30 E.H.R.R. 715
military court proceedings	HADJIANASTASSIOU *v.* GREECE	(1993) 16 E.H.R.R. 219

DEFEND, RIGHT TO

bankruptcy proceedings	VERMEULEN *v.* BELGIUM	(2001) 32 E.H.R.R. 15 at page 313
criminal proceedings	COOKE *v.* AUSTRIA	(2001) 31 E.H.R.R. 11 at page 338
	PRINZ *v.* AUSTRIA	(2001) 31 E.H.R.R. 12 at page 357
	ZANA *v.* TURKEY	(1999) 27 E.H.R.R. 667
disciplinary proceedings	VAN ORSHOVEN *v.* BELGIUM	(1998) 26 E.H.R.R. 55
traffic offences	MAUER *v.* AUSTRIA	(1998) 25 E.H.R.R. 91

DEFEND ONESELF IN PERSON, RIGHT TO

criminal proceedings	COOKE *v.* AUSTRIA	(2001) 31 E.H.R.R. 11 at page 338
	PRINZ *v.* AUSTRIA	(2001) 31 E.H.R.R. 12 at page 357

DEGRADING TREATMENT, EUROPEAN CONVENTION AGAINST

Draft text		(1987) 9 E.H.R.R. 161

DEGRADING TREATMENT, PROHIBITION AGAINST [Art. 3]

admissibility decisions	APP. 9505/81 *v.* UK	(1983) 5 E.H.R.R. 480
applicability of Article	AHMED *v.* AUSTRIA	(1997) 24 E.H.R.R. 278
	D. *v.* UK	(1997) 24 E.H.R.R. 423
arrest, during	KLAAS *v.* GERMANY	(1994) 18 E.H.R.R. 305
assault in police custody	RIBITSCH *v.* AUSTRIA	(1996) 21 E.H.R.R. 573
attribution of criminal responsibility	V. *v.* UK	(2000) 30 E.H.R.R. 121
birching of juvenile	TEARE *v.* O'CALLAGHAN	(1982) 4 E.H.R.R. 232
	TYRER *v.* UK	(1980) 2 E.H.R.R. 1
burning of property	MENTES *v.* TURKEY	(1998) 26 E.H.R.R. 595
	SELÇUK & ASKER *v.* TURKEY	(1998) 26 E.H.R.R. 478
causal connection	TOMASI *v.* FRANCE	(1993) 15 E.H.R.R. 1
conditions of detention	ASSENOV & ORS *v.* BULGARIA	(1999) 28 E.H.R.R. 652
corporal punishment	CAMPBELL & COSANS *v.* UK	(1981) 3 E.H.R.R. 531
	CAMPBELL & COSANS *v.* UK	(1982) 4 E.H.R.R. 293
	COSTELLO-ROBERTS *v.* UK	(1995) 19 E.H.R.R. 112
	TEARE *v.* O'CALLAGHAN	(1982) 4 E.H.R.R. 232
	TYRER *v.* UK	(1980) 2 E.H.R.R. 1
death penalty	SOERING *v.* UK	(1989) 11 E.H.R.R. 439
definition	COSTELLO-ROBERTS *v.* UK	(1995) 19 E.H.R.R. 112
deportation	AHMED *v.* AUSTRIA	(1997) 24 E.H.R.R. 278
	CHAHAL *v.* UK	(1997) 23 E.H.R.R. 414
	D. *v.* UK	(1997) 24 E.H.R.R. 423
	HLR *v.* FRANCE	(1998) 26 E.H.R.R. 29
detention during Her Majesty's pleasure	V. *v.* UK	(2000) 30 E.H.R.R. 121
detention of mentally ill persons	AERTS *v.* BELGIUM	(2000) 29 E.H.R.R. 50
	B. *v.* UK	(1984) 6 E.H.R.R. 204
entry of alien's family members	X *v.* SWEDEN	(1982) 4 E.H.R.R. 408
exposure to risk of torture	CRUZ VARAS *v.* SWEDEN	(1992) 14 E.H.R.R. 1
gravity	TOMASI *v.* FRANCE	(1993) 15 E.H.R.R. 1
handcuffing	RANINEN *v.* FINLAND	(1998) 26 E.H.R.R. 563
illegitimacy	MARCKX *v.* BELGIUM	(1980) 2 E.H.R.R. 330
ill-treatment by police	TEKIN *v.* TURKEY	(2001) 31 E.H.R.R. 4 at page 95
immigration control	ABDULAZIZ, CABALES *v.* UK	(1985) 7 E.H.R.R. 471
	APP. 9505/81 *v.* UK	(1983) 5 E.H.R.R. 480
inadequacy of investigation	ASSENOV & ORS *v.* BULGARIA	(1999) 28 E.H.R.R. 652
injuries sustained during arrest	KLAAS *v.* GERMANY	(1994) 18 E.H.R.R. 305
interrogation of children	SARGIN *v.* GERMANY	(1982) 4 E.H.R.R. 276
interrogation of suspected terrorists	IRELAND *v.* UK	(1980) 2 E.H.R.R. 25
isolation of patient	A. *v.* UK	(1981) 3 E.H.R.R. 131
	HERCZEGFALVY *v.* AUSTRIA	(1993) 15 E.H.R.R. 437
level of severity	A. *v.* UK	(1999) 27 E.H.R.R. 611
	LUSTIG-PREAN & BECKETT *v.* UK	(2000) 29 E.H.R.R. 548
	SMITH & GRADY *v.* UK	(2000) 29 E.H.R.R. 493
	TEKIN *v.* TURKEY	(2001) 31 E.H.R.R. 4 at page 95
meaning	COSTELLO-ROBERTS *v.* UK	(1995) 19 E.H.R.R. 112
	V. *v.* UK	(2000) 30 E.H.R.R. 121
prison conditions and treatment	GUZZARDI *v.* ITALY	(1981) 3 E.H.R.R. 333
	HILTON *v.* UK	(1981) 3 E.H.R.R. 104
prison discipline	MCFEELEY *v.* UK	(1981) 3 E.H.R.R. 161
professional misconduct	ALBERT & LE COMPTE *v.* BELGIUM	(1983) 5 E.H.R.R. 533
questioning of children	SARGIN *v.* GERMANY	(1982) 4 E.H.R.R. 276
racial discrimination	EAST AFRICAN ASIANS *v.* UK	(1981) 3 E.H.R.R. 76

DEGRADING TREATMENT, PROHIBITION AGAINST—*cont.*

refusal to take part in parade	VALSAMIS *v.* GREECE	(1997) 24 E.H.R.R. 294
seclusion of patient	A. *v.* UK	(1981) 3 E.H.R.R. 131
	HERCZEGFALVY *v.* AUSTRIA	(1993) 15 E.H.R.R. 437
state responsibility	A. *v.* UK	(1999) 27 E.H.R.R. 611
	ASSENOV & ORS *v.* BULGARIA	(1999) 28 E.H.R.R. 652
	COSTELLO-ROBERTS *v.* UK	(1995) 19 E.H.R.R. 112
therapeutic treatment	HERCZEGFALVY *v.* AUSTRIA	(1993) 15 E.H.R.R. 437
victim of violation	KURT *v.* TURKEY	(1999) 27 E.H.R.R. 375

DELAY IN PROCEEDINGS

reasonable time	ECKLE *v.* GERMANY	(1983) 5 E.H.R.R. 1

DEPORTATION

Also see IMMIGRATION CONTROL

admissibility decisions	APP. 9403/81 *v.* UK	(1983) 5 E.H.R.R. 270
	APP. 9441/81 *v.* UK	(1983) 5 E.H.R.R. 289
	APP. 9521/81 *v.* UK	(1983) 5 E.H.R.R. 602
	APP. 9706/82 *v.* GERMANY	(1983) 5 E.H.R.R. 512
	APP. 9884/82 *v.* UK	(1983) 5 E.H.R.R. 298
	APP. 9988/82 *v.* UK	(1983) 5 E.H.R.R. 301
alien with criminal convictions	AHMED *v.* AUSTRIA	(1997) 24 E.H.R.R. 278
	BOUCHELKIA *v.* FRANCE	(1998) 25 E.H.R.R. 686
	BOUGHANEMI *v.* FRANCE	(1996) 22 E.H.R.R. 228
	BOUJLIFA *v.* FRANCE	(2000) 30 E.H.R.R. 419
	C *v.* BELGIUM	(2001) 32 E.H.R.R. 2 at page 19
	D. *v.* UK	(1997) 24 E.H.R.R. 423
	EL BOUJAÏDI *v.* FRANCE	(2000) 30 E.H.R.R. 223
	HLR *v.* FRANCE	(1998) 26 E.H.R.R. 29
	MEHEMI *v.* FRANCE	(2000) 30 E.H.R.R. 739
assessment of risk	HLR *v.* FRANCE	(1998) 26 E.H.R.R. 29
detention prior to	CAPRINO *v.* UK	(1982) 4 E.H.R.R. 97
discrimination	MOUSTAQUIM *v.* BELGIUM	(1991) 13 E.H.R.R. 802
	UPPAL *v.* UK	(1981) 3 E.H.R.R. 391
exposure to risk of torture	CRUZ VARAS *v.* SWEDEN	(1992) 14 E.H.R.R. 1
	VILVARAJAH *v.* UK	(1992) 14 E.H.R.R. 248
friendly settlement	DJEROUD *v.* FRANCE	(1992) 14 E.H.R.R. 68
	UPPAL *v.* UK (NO. 2)	(1981) 3 E.H.R.R. 399
humanitarian considerations	D. *v.* UK	(1997) 24 E.H.R.R. 423
incurably ill person	D. *v.* UK	(1997) 24 E.H.R.R. 423
lawfulness	BOUJLIFA *v.* FRANCE	(2000) 30 E.H.R.R. 419
legitimacy of purpose	BELDJOUDI *v.* FRANCE	(1992) 14 E.H.R.R. 801
	BOUGHANEMI *v.* FRANCE	(1996) 22 E.H.R.R. 228
	BOUJLIFA *v.* FRANCE	(2000) 30 E.H.R.R. 419
	C *v.* BELGIUM	(2001) 32 E.H.R.R. 2 at page 19
measures prescribed by law	BELDJOUDI *v.* FRANCE	(1992) 14 E.H.R.R. 801
	BOUGHANEMI *v.* FRANCE	(1996) 22 E.H.R.R. 228
	BOUJLIFA *v.* FRANCE	(2000) 30 E.H.R.R. 419
	C *v.* BELGIUM	(2001) 32 E.H.R.R. 2 at page 19
national security	CHAHAL *v.* UK	(1997) 23 E.H.R.R. 414
necessary in a democratic society	BELDJOUDI *v.* FRANCE	(1992) 14 E.H.R.R. 801
	BOUCHELKIA *v.* FRANCE	(1998) 25 E.H.R.R. 686
	BOUGHANEMI *v.* FRANCE	(1996) 22 E.H.R.R. 228
	BOUJLIFA *v.* FRANCE	(2000) 30 E.H.R.R. 419

DEPORTATION—*cont.*

	C *v.* BELGIUM	(2001) 32 E.H.R.R. 2 at page 19
	NASRI *v.* FRANCE	(1996) 21 E.H.R.R. 458
relevant factors	AHMED *v.* AUSTRIA	(1997) 24 E.H.R.R. 278
risk of ill-treatment	BAHADDAR *v.* NETHERLANDS	(1998) 26 E.H.R.R. 278
serious threat to public order	NASRI *v.* FRANCE	(1996) 21 E.H.R.R. 458
victim of violation	AMUUR *v.* FRANCE	(1996) 22 E.H.R.R. 533
	VIJAYANATHAN *v.* FRANCE	(1993) 15 E.H.R.R. 62

DEPRIVATION OF POSSESSIONS

absence of remuneration	VAN DER MUSSELE *v.* BELGIUM	(1984) 6 E.H.R.R. 163
compensation	JAMES *v.* UK	(1986) 8 E.H.R.R. 123
	LITHGOW *v.* UK	(1986) 8 E.H.R.R. 329
legislative interference with private rights	WESTMINSTER'S ESTATE *v.* SWITZERLAND	(1983) 5 E.H.R.R. 440
nationalisation	LITHGOW *v.* UK	(1986) 8 E.H.R.R. 329
professional practice	VAN MARLE & ORS *v.* NETHERLANDS	(1986) 8 E.H.R.R. 483
protection of morals	HANDYSIDE *v.* UK	(1979) 1 E.H.R.R. 737
public interest	BRAMELID *v.* SWEDEN	(1983) 5 E.H.R.R. 249
	JAMES *v.* UK	(1986) 8 E.H.R.R. 123
reasonableness	JAMES *v.* UK	(1986) 8 E.H.R.R. 123
reimbursement of expenses	VAN DER MUSSELE *v.* BELGIUM	(1984) 6 E.H.R.R. 163

DEPROGRAMMING SECT MEMBERS

detention at direction of judge	RIERA BLUME & ORS *v.* SPAIN	(2000) 30 E.H.R.R. 632

DEROGATIONS

invasion by third party State	CYPRUS *v.* TURKEY	(1982) 4 E.H.R.R. 482
justification	AKSOY *v.* TURKEY	(1997) 23 E.H.R.R. 553
	FRANCE & ORS *v.* TURKEY	(1984) 6 E.H.R.R. 241
maintaining impartiality of judiciary	SUNDAY TIMES *v.* UK	(1980) 2 E.H.R.R. 245
national security interests	KLASS & ORS *v.* GERMANY	(1980) 2 E.H.R.R. 214
pressing social need	SUNDAY TIMES *v.* UK	(1980) 2 E.H.R.R. 245
public emergency threatening life of nation	AKSOY *v.* TURKEY	(1997) 23 E.H.R.R. 553
	BRANNIGAN & MCBRIDE *v.* UK	(1994) 17 E.H.R.R. 539
	IRELAND *v.* UK	(1980) 2 E.H.R.R. 25
	LAWLESS *v.* IRELAND (NO. 3)	(1979) 1 E.H.R.R. 15
	SAKIK & ORS *v.* TURKEY	(1998) 26 E.H.R.R. 662

DESTRUCTION OF POSSESSIONS

protection of morals	HANDYSIDE *v.* UK	(1979) 1 E.H.R.R. 737
security forces, by	MENTES *v.* TURKEY	(1998) 26 E.H.R.R. 595
	SELÇUK & ASKER *v.* TURKEY	(1998) 26 E.H.R.R. 478

DESTRUCTION OF RIGHTS AND FREEDOMS, ACTS AIMED AT [Art. 17]

extremist groups	LAWLESS *v.* IRELAND (NO. 3)	(1979) 1 E.H.R.R. 15

DETENTION AUTHORISED BY LAW

compulsory residence order	CIULLA *v.* ITALY	(1991) 13 E.H.R.R. 346
conscript servicement	VAN DER SLUIJS *v.* NETHERLANDS	(1991) 13 E.H.R.R. 461

DETENTION OF ALIENS

lawfulness	AMUUR *v.* FRANCE	(1996) 22 E.H.R.R. 533
	ZAMIR *v.* UK	(1983) 5 E.H.R.R. 242
prior to deportation	CAPRINO *v.* UK	(1982) 4 E.H.R.R. 97

DETENTION OF CONSCIENTIOUS OBJECTOR

lawfulness	RANINEN *v.* FINLAND	(1998) 26 E.H.R.R. 563

DETENTION OF MENTALLY ILL PERSONS

conditions and treatment	AERTS *v.* BELGIUM	(2000) 29 E.H.R.R. 50
	B. *v.* UK	(1984) 6 E.H.R.R. 204
continuation after expiry of initial order	ERKALO *v.* NETHERLANDS	(1999) 28 E.H.R.R. 509
continuation after recovery	JOHNSON *v.* UK	(1999) 27 E.H.R.R. 296
judicial review	AERTS *v.* BELGIUM	(2000) 29 E.H.R.R. 50
lawfulness	AERTS *v.* BELGIUM	(2000) 29 E.H.R.R. 50
	ASHINGDANE *v.* UK	(1982) 4 E.H.R.R. 590
	ASHINGDANE *v.* UK	(1985) 7 E.H.R.R. 528
	E. *v.* NORWAY	(1994) 17 E.H.R.R. 30
	ERKALO *v.* NETHERLANDS	(1999) 28 E.H.R.R. 509
	JOHNSON *v.* UK	(1999) 27 E.H.R.R. 296
	KEUS *v.* NETHERLANDS	(1991) 13 E.H.R.R. 700
	KOENDJBIHARIE *v.* NETHERLANDS	(1991) 13 E.H.R.R. 820
	LUBERTI *v.* ITALY	(1984) 6 E.H.R.R. 443
	MUSIAL *v.* POLAND	(2001) 31 E.H.R.R. 29 at page 720
	SILVA ROCHA *v.* PORTUGAL	(2001) 32 E.H.R.R. 16 at page 333
	VAN DER LEER *v.* NETHERLANDS	(1990) 12 E.H.R.R. 567
	WINTERWERP *v.* NETHERLANDS	(1980) 2 E.H.R.R. 387
	X. *v.* UK	(1982) 4 E.H.R.R. 188
legal assistance	MEGYERI *v.* GERMANY	(1993) 15 E.H.R.R. 584
measures prescribed by law	AERTS *v.* BELGIUM	(2000) 29 E.H.R.R. 50
	ERKALO *v.* NETHERLANDS	(1999) 28 E.H.R.R. 509
speediness of decision	E. *v.* NORWAY	(1994) 17 E.H.R.R. 30
	ERKALO *v.* NETHERLANDS	(1999) 28 E.H.R.R. 509
	MUSIAL *v.* POLAND	(2001) 31 E.H.R.R. 29 at page 720
	SILVA ROCHA *v.* PORTUGAL	(2001) 32 E.H.R.R. 16 at page 333
state responsibility	NIELSEN *v.* DENMARK	(1989) 11 E.H.R.R. 175

DETENTION OF MILITARY PERSONNEL

compensation, right to	HOOD *v.* UK	(2000) 29 E.H.R.R. 365
	JORDAN *v.* UK	(2001) 31 E.H.R.R. 6 at page 201
duties of commanding officer	HOOD *v.* UK	(2000) 29 E.H.R.R. 365
	JORDAN *v.* UK	(2001) 31 E.H.R.R. 6 at page 201
impartiality of tribunal	JORDAN *v.* UK	(2001) 31 E.H.R.R. 6 at page 201
lawfulness	DE JONG & ORS *v.* NETHERLANDS	(1986) 8 E.H.R.R. 20
	ENGEL & ORS *v.* NETHERLANDS (NO. 1)	(1979) 1 E.H.R.R. 647
	KOSTER *v.* NETHERLANDS	(1992) 14 E.H.R.R. 396
	VAN DER SLUIJS *v.* NETHERLANDS	(1991) 13 E.H.R.R. 461
legal aid for habeas corpus proceedings	HOOD *v.* UK	(2000) 29 E.H.R.R. 365

DETENTION OF MILITARY PERSONNEL—*cont.*

letter insulting commanding officer	GRIGORIADES *v.* GREECE	(1999) 27 E.H.R.R. 464
reasonableness of duration	KOSTER *v.* NETHERLANDS	(1992) 14 E.H.R.R. 396

DETENTION OF MINORS

lawfulness	BOUAMAR *v.* BELGIUM	(1989) 11 E.H.R.R. 1

DETENTION OF SUSPECTED TERRORISTS

effective remedy	BRANNIGAN & MCBRIDE *v.* UK	(1994) 17 E.H.R.R. 539
	MURRAY *v.* UK	(1995) 19 E.H.R.R. 193
general approach	MURRAY *v.* UK	(1995) 19 E.H.R.R. 193
pre-trial	BRANNIGAN & MCBRIDE *v.* UK	(1994) 17 E.H.R.R. 539
public emergency derogation	BRANNIGAN & MCBRIDE *v.* UK	(1994) 17 E.H.R.R. 539
	IRELAND *v.* UK	(1980) 2 E.H.R.R. 25
	LAWLESS *v.* IRELAND (NO. 3)	(1979) 1 E.H.R.R. 15
reasonable suspicion	BROGAN *v.* UK	(1989) 11 E.H.R.R. 117
	FOX & ORS *v.* UK	(1991) 13 E.H.R.R. 157
	MURRAY *v.* UK	(1995) 19 E.H.R.R. 193
reasons for detention	BRANNIGAN & MCBRIDE *v.* UK	(1994) 17 E.H.R.R. 539
	FOX & ORS *v.* UK	(1991) 13 E.H.R.R. 157
	MURRAY *v.* UK	(1995) 19 E.H.R.R. 193
security check	MCVEIGH & ORS *v.* UK	(1983) 5 E.H.R.R. 71

DETENTION OF VAGRANTS

lawfulness	DE WILDE, OOMS & VERSYP *v.* BELGIUM	(1979) 1 E.H.R.R. 373

DETENTION ON MINISTERIAL ORDER

lawfulness	VAN DROOGENBROECK *v.* BELGIUM	(1982) 4 E.H.R.R. 443

DETENTION ON REMAND

Also see REASONABLE TIME IN DETENTION

admissibility decisions	APP. 8582/79 *v.* SWEDEN	(1983) 5 E.H.R.R. 278
	APP. 8715/79 *v.* UK	(1983) 5 E.H.R.R. 273
	APP. 9017/80 *v.* SWEDEN	(1983) 5 E.H.R.R. 279
	APP. 9132/80 *v.* GERMANY	(1983) 5 E.H.R.R. 470
	APP. 9307/81 *v.* AUSTRIA	(1983) 5 E.H.R.R. 503
	APP. 9329/81 *v.* UK	(1983) 5 E.H.R.R. 286
	APP. 9451/81 *v.* GERMANY	(1983) 5 E.H.R.R. 479
	APP. 9604/81 *v.* GERMANY	(1983) 5 E.H.R.R. 587
	APP. 9626/81 *v.* NETHERLANDS	(1983) 5 E.H.R.R. 486
	APP. 9736/81 *v.* NETHERLANDS	(1983) 5 E.H.R.R. 486
	APP. 9997/82 *v.* GERMANY	(1983) 5 E.H.R.R. 490
bring promptly before judge	AQUILINA *v.* MALTA	(2000) 29 E.H.R.R. 185
	ASSENOV & ORS *v.* BULGARIA	(1999) 28 E.H.R.R. 652
	NIKOLOVA *v.* BULGARIA	(2001) 31 E.H.R.R. 3 at page 64
	TW *v.* MALTA	(2000) 29 E.H.R.R. 185
collusion, following	STOCKE *v.* GERMANY	(1991) 13 E.H.R.R. 839
compensation for ill-treatment	ASSENOV & ORS *v.* BULGARIA	(1999) 28 E.H.R.R. 652
compensation in absence of conviction	TSIRLIS & ANOR *v.* AUSTRIA	(1998) 25 E.H.R.R. 198
	X, Y & Z *v.* AUSTRIA	(1982) 4 E.H.R.R. 270
conscript servicemen	VAN DER SLUIJS *v.* NETHERLANDS	(1991) 13 E.H.R.R. 461
equality of arms	LAMY *v.* BELGIUM	(1989) 11 E.H.R.R. 529
	MATZNETTER *v.* AUSTRIA	(1979) 1 E.H.R.R. 198
	NEUMEISTER *v.* AUSTRIA (NO. 1)	(1979) 1 E.H.R.R. 91

DETENTION ON REMAND—*cont.*

	NIKOLOVA *v.* BULGARIA	(2001) 31 E.H.R.R. 3 at page 64
judicial officer	BRINCAT *v.* ITALY	(1993) 16 E.H.R.R. 591
lawfulness	BRINCAT *v.* ITALY	(1993) 16 E.H.R.R. 591
	ERIKSEN *v.* NORWAY	(2000) 29 E.H.R.R. 328
	HERCZEGFALVY *v.* AUSTRIA	(1993) 15 E.H.R.R. 437
	KEMMACHE *v.* FRANCE	(1995) 19 E.H.R.R. 349
	LAMY *v.* BELGIUM	(1989) 11 E.H.R.R. 529
	LETELLIER *v.* FRANCE	(1992) 14 E.H.R.R. 83
	LOUKANOV *v.* BULGARIA	(1997) 24 E.H.R.R. 121
	RMD *v.* SWITZERLAND	(1999) 28 E.H.R.R. 224
	S. *v.* SWITZERLAND	(1992) 14 E.H.R.R. 670
	SCOTT *v.* SPAIN	(1997) 24 E.H.R.R. 391
	STOCKE *v.* GERMANY	(1991) 13 E.H.R.R. 839
	TOTH *v.* AUSTRIA	(1992) 14 E.H.R.R. 551
	TSIRLIS & ANOR *v.* AUSTRIA	(1998) 25 E.H.R.R. 198
legitimacy of purpose	ASSENOV & ORS *v.* BULGARIA	(1999) 28 E.H.R.R. 652
	HERCZEGFALVY *v.* AUSTRIA	(1993) 15 E.H.R.R. 437
measures prescribed by law	ASSENOV & ORS *v.* BULGARIA	(1999) 28 E.H.R.R. 652
	KEMMACHE *v.* FRANCE	(1995) 19 E.H.R.R. 349
	TSIRLIS & ANOR *v.* AUSTRIA	(1998) 25 E.H.R.R. 198
military service, refusal to do	GEORGIADIS *v.* GREECE	(1997) 24 E.H.R.R. 606
	TSIRLIS & ANOR *v.* AUSTRIA	(1998) 25 E.H.R.R. 198
minors	BOUAMAR *v.* BELGIUM	(1989) 11 E.H.R.R. 1
pending appeal	MONNELL *v.* UK	(1988) 10 E.H.R.R. 205
pending renewal of provisional authorisation	ERIKSEN *v.* NORWAY	(2000) 29 E.H.R.R. 328
reasonableness of duration	APP. 9132/80 *v.* GERMANY	(1983) 5 E.H.R.R. 470
	ASSENOV & ORS *v.* BULGARIA	(1999) 28 E.H.R.R. 652
	B. *v.* AUSTRIA	(1991) 13 E.H.R.R. 20
	BEZICHERI *v.* ITALY	(1990) 12 E.H.R.R. 210
	BONNECHAUX *v.* SWITZERLAND	(1981) 3 E.H.R.R. 259
	CAN *v.* AUSTRIA	(1986) 8 E.H.R.R. 14
	CLOOTH *v.* BELGIUM	(1992) 14 E.H.R.R. 717
	ERIKSEN *v.* NORWAY	(2000) 29 E.H.R.R. 328
	HERCZEGFALVY *v.* AUSTRIA	(1993) 15 E.H.R.R. 437
	KEMMACHE *v.* FRANCE	(1992) 14 E.H.R.R. 520
	LETELLIER *v.* FRANCE	(1992) 14 E.H.R.R. 83
	MANSUR *v.* TURKEY	(1995) 20 E.H.R.R. 535
	MATZNETTER *v.* AUSTRIA	(1979) 1 E.H.R.R. 198
	MITAP & ANOR *v.* TURKEY	(1996) 22 E.H.R.R. 209
	NEUMEISTER *v.* AUSTRIA (NO. 1)	(1979) 1 E.H.R.R. 91
	RINGEISEN *v.* AUSTRIA (NO. 1)	(1979) 1 E.H.R.R. 455
	S. *v.* SWITZERLAND	(1992) 14 E.H.R.R. 670
	SCOTT *v.* SPAIN	(1997) 24 E.H.R.R. 391
	STÖGMÜLLER *v.* AUSTRIA	(1979) 1 E.H.R.R. 155
	TOMASI *v.* FRANCE	(1993) 15 E.H.R.R. 1
	TOTH *v.* AUSTRIA	(1992) 14 E.H.R.R. 551
	VAN DER TANG *v.* NETHERLANDS	(1996) 22 E.H.R.R. 363
	WEMHOFF *v.* GERMANY	(1979) 1 E.H.R.R. 55
	YAĞCI & SARGIN *v.* TURKEY	(1995) 20 E.H.R.R. 505
review procedure	LETELLIER *v.* FRANCE	(1992) 14 E.H.R.R. 83
speediness of decision	HERCZEGFALVY *v.* AUSTRIA	(1993) 15 E.H.R.R. 437
	KAMPANIS *v.* GREECE	(1996) 21 E.H.R.R. 43
	NAVARRA *v.* FRANCE	(1994) 17 E.H.R.R. 594
	NIKOLOVA *v.* BULGARIA	(2001) 31 E.H.R.R. 3 at page 64
	VAN DER TANG *v.* NETHERLANDS	(1996) 22 E.H.R.R. 363
state responsibility	LOUKANOV *v.* BULGARIA	(1997) 24 E.H.R.R. 121

DETENTION PENDING APPEAL

loss of time orders MONNELL *v.* UK (1988) 10 E.H.R.R. 205

DETENTION PENDING DEPORTATION

admissibility decisions APP. 9706/82 *v.* GERMANY (1983) 5 E.H.R.R. 512
lawfulness CHAHAL *v.* UK (1997) 23 E.H.R.R. 414

DETENTION PENDING EXTRADITION

admissibility decisions APP. 9706/82 *v.* GERMANY (1983) 5 E.H.R.R. 512
lawfulness BOZANO *v.* FRANCE (1987) 9 E.H.R.R. 297
KOLOMPAR *v.* BELGIUM (1993) 16 E.H.R.R. 197
QUINN *v.* FRANCE (1996) 21 E.H.R.R. 529
legitimacy of purpose KOLOMPAR *v.* BELGIUM (1993) 16 E.H.R.R. 197
QUINN *v.* FRANCE (1996) 21 E.H.R.R. 529
provisional release SANCHEZ-REISSE *v.* SWITZERLAND (1987) 9 E.H.R.R. 71
reasonableness of duration KOLOMPAR *v.* BELGIUM (1993) 16 E.H.R.R. 197
MCGOFF *v.* SWEDEN (1986) 8 E.H.R.R. 246
QUINN *v.* FRANCE (1996) 21 E.H.R.R. 529
SCOTT *v.* SPAIN (1997) 24 E.H.R.R. 391

DETENTION PRE-TRIAL

reasonableness of duration QUINN *v.* FRANCE (1996) 21 E.H.R.R. 529
W. *v.* SWITZERLAND (1994) 17 E.H.R.R. 60

DETENTION WITHOUT TRIAL

compensation SAKIK & ORS *v.* TURKEY (1998) 26 E.H.R.R. 662
indeterminate life sentence WEEKS *v.* UK (1988) 10 E.H.R.R. 293
WYNNE *v.* UK (1995) 19 E.H.R.R. 333
lawfulness SAKIK & ORS *v.* TURKEY (1998) 26 E.H.R.R. 662
member of banned organisation AKSOY *v.* TURKEY (1997) 23 E.H.R.R. 553
mentally ill persons WINTERWERP *v.* NETHERLANDS (1980) 2 E.H.R.R. 387
X. *v.* UK (1982) 4 E.H.R.R. 188
public emergency AKSOY *v.* TURKEY (1997) 23 E.H.R.R. 553
LAWLESS *v.* IRELAND (NO. 3) (1979) 1 E.H.R.R. 15
SAKIK & ORS *v.* TURKEY (1998) 26 E.H.R.R. 662
threat to life of nation LAWLESS *v.* IRELAND (NO. 3) (1979) 1 E.H.R.R. 15

DIALOGUE WITH COMMISSION

friendly settlements FRANCE & ORS *v.* TURKEY (1986) 8 E.H.R.R. 205
FRANCE & ORS *v.* TURKEY (1989) 11 E.H.R.R. 167

DIPLOMATIC APPROACHES, ORDER FOR

just satisfaction BOZANO *v.* FRANCE (1987) 9 E.H.R.R. 297

DISABILITY ALLOWANCES

reasonable time to bring case to trial SALESI *v.* ITALY (1998) 26 E.H.R.R. 187

DISABLED ACCESS TO BEACHES

discrimination BOTTA *v.* ITALY (1998) 26 E.H.R.R. 241

DISAPPEARANCE OF APPLICANT

striking case from list ALI *v.* SWITZERLAND (1999) 28 E.H.R.R. 304

DISAPPEARANCE OF APPLICANT'S SON

psychological treatment	KURT *V.* TURKEY	(1999) 27 E.H.R.R. 375

DISCIPLINARY PROCEEDINGS

admissibility decisions	APP. 9417/81 *V.* GERMANY	(1983) 5 E.H.R.R. 288
	APP. 9569/81 *V.* FRANCE	(1983) 5 E.H.R.R. 277
	APP. 9687/82 *V.* GERMANY	(1983) 5 E.H.R.R. 511
Board of Visitors	CAMPBELL & FELL *V.* UK	(1983) 5 E.H.R.R. 207
conscript servicemen	DUINHOF *V.* NETHERLANDS	(1991) 13 E.H.R.R. 478
defend, right to	VAN ORSHOVEN *V.* BELGIUM	(1998) 26 E.H.R.R. 55
generally	BUCHHOLZ *V.* GERMANY	(1981) 3 E.H.R.R. 597
	KÖNIG *V.* GERMANY	(1980) 2 E.H.R.R. 170
	OBERMEIER *V.* AUSTRIA	(1991) 13 E.H.R.R. 290
impartiality and independence of tribunal	GAUTRIN & ORS *V.* FRANCE	(1999) 28 E.H.R.R. 196
lawyers'	APP. 9417/81 *V.* GERMANY	(1983) 5 E.H.R.R. 288
	APP. 9569/81V. FRANCE	(1983) 5 E.H.R.R. 277
	APP. 9687/82 *V.* GERMANY	(1983) 5 E.H.R.R. 511
	WR *V.* AUSTRIA	(2001) 31 E.H.R.R. 43 at page 985
length of proceedings	OBERMEIER *V.* AUSTRIA	(1991) 13 E.H.R.R. 290
	PHILIS *V.* GREECE (NO. 2)	(1998) 25 E.H.R.R. 417
	WR *V.* AUSTRIA	(2001) 31 E.H.R.R. 43 at page 985
medical	DEBLED *V.* BELGIUM	(1995) 19 E.H.R.R. 506
	DIENNET *V.* FRANCE	(1996) 21 E.H.R.R. 554
	GAUTRIN & ORS *V.* FRANCE	(1999) 28 E.H.R.R. 196
	VAN ORSHOVEN *V.* BELGIUM	(1998) 26 E.H.R.R. 55
military	APP. 9362/80 *V.* NETHERLANDS	(1983) 5 E.H.R.R. 270
	DE JONG & ORS *V.* NETHERLANDS	(1986) 8 E.H.R.R. 20
	DUINHOF *V.* NETHERLANDS	(1991) 13 E.H.R.R. 478
	ENGEL & ORS *V.* NETHERLANDS (NO. 1)	(1979) 1 E.H.R.R. 647
	HADJIANASTASSIOU *V.* GREECE	(1993) 16 E.H.R.R. 219
	PAUWELS *V.* BELGIUM	(1989) 11 E.H.R.R. 238
	SERVES *V.* FRANCE	(1999) 28 E.H.R.R. 265
prison	CAMPBELL & FELL *V.* UK	(1985) 7 E.H.R.R. 165
professional	ALBERT & LE COMPTE *V.* BELGIUM	(1983) 5 E.H.R.R. 533
	H. *V.* BELGIUM	(1988) 10 E.H.R.R. 339
	LE COMPTE & ORS *V.* BELGIUM	(1982) 4 E.H.R.R. 1
self-incrimination, freedom from	SERVES *V.* FRANCE	(1999) 28 E.H.R.R. 265

DISCLOSURE OF EVIDENCE

civil proceedings	SLIMANE-KAÏD *V.* FRANCE	(2001) 31 E.H.R.R. 48 at page 1073
criminal proceedings	BENDENOUN *V.* FRANCE	(1994) 18 E.H.R.R. 54
	EDWARDS *V.* UK	(1993) 15 E.H.R.R. 417
	FITT *V.* UK	(2000) 30 E.H.R.R. 480
	JASPER *V.* UK	(2000) 30 E.H.R.R. 441
	SLIMANE-KAÏD *V.* FRANCE	(2001) 31 E.H.R.R. 48 at page 1073
public interest immunity	FITT *V.* UK	(2000) 30 E.H.R.R. 480
	JASPER *V.* UK	(2000) 30 E.H.R.R. 441

DISCLOSURE OF INFORMATION OF GENERAL INTEREST

tax documents	FRESSOZ *V.* FRANCE	(2001) 31 E.H.R.R. 2 at page 28

DISCLOSURE OF MEDICAL DATA

civil proceedings	ANDERSSON *v.* SWEDEN	(1998) 25 E.H.R.R. 722
criminal proceedings	Z. *v.* FINLAND	(1998) 25 E.H.R.R. 371

DISCONTINUANCE OF CASE

relevance of applicant's views	DE BECKER *v.* BELGIUM	(1979) 1 E.H.R.R. 43
victim of violation	ECKLE *v.* GERMANY	(1983) 5 E.H.R.R. 1

DISCRETIONARY LIFE SENTENCE

children	V. *v.* UK	(2000) 30 E.H.R.R. 121
lawfulness	HUSSAIN *v.* UK	(1996) 22 E.H.R.R. 1
	THYNNE & ORS *v.* UK	(1991) 13 E.H.R.R. 666
	V. *v.* UK	(2000) 30 E.H.R.R. 121
	WYNNE *v.* UK	(1995) 19 E.H.R.R. 333
recall on licence	WEEKS *v.* UK	(1988) 10 E.H.R.R. 293
	WYNNE *v.* UK	(1995) 19 E.H.R.R. 333
speediness of decision	CURLEY *v.* UK	(2001) 31 E.H.R.R. 14 at page 401
	OLDHAM *v.* UK	(2001) 31 E.H.R.R. 34 at page 813

DISCRIMINATION AGAINST WOMEN

UN Convention		(1981) 3 E.H.R.R. 461

DISCRIMINATION, PROHIBITION ON [Art. 14]

abortion counselling	OPEN DOOR COUNSELLING *v.* IRELAND	(1993) 15 E.H.R.R. 245
absence of elections	MATTHEWS *v.* UK	(1999) 28 E.H.R.R. 361
access to confidential files	MCMICHAEL *v.* UK	(1995) 20 E.H.R.R. 205
access to court	AIREY *v.* IRELAND	(1980) 2 E.H.R.R. 305
	HENNINGS *v.* GERMANY	(1993) 16 E.H.R.R. 83
access to lawyer	MAGEE *v.* UK	(2001) 31 E.H.R.R. 35 at page 822
admissibility decisions	APP. 8893/80 *v.* AUSTRIA	(1983) 5 E.H.R.R. 502
	APP. 9369/81 *v.* UK	(1983) 5 E.H.R.R. 601
	APP. 9658/82 *v.* UK	(1983) 5 E.H.R.R. 603
	APP. 9659/82 *v.* UK	(1983) 5 E.H.R.R. 605
	LITHGOW *v.* UK	(1983) 5 E.H.R.R. 491
applicability of Article	GAYGUSUZ *v.* AUSTRIA	(1997) 23 E.H.R.R. 364
	STUBBINGS & ORS *v.* UK	(1997) 23 E.H.R.R. 213
beaches, access to	BOTTA *v.* ITALY	(1998) 26 E.H.R.R. 241
blasphemous libel	GAY NEWS LTD *v.* UK	(1983) 5 E.H.R.R. 123
care proceedings	OLSSON *v.* SWEDEN	(1989) 11 E.H.R.R. 259
change of surname	STJERNA *v.* FINLAND	(1997) 24 E.H.R.R. 195
child benefit scheme	VAN RAALTE *v.* NETHERLANDS	(1997) 24 E.H.R.R. 503
civil servants	VOGT *v.* GERMANY	(1996) 21 E.H.R.R. 205
collective agreements	ENGINE DRIVERS' UNION *v.* SWEDEN	(1979) 1 E.H.R.R. 617
confidential information	OBSERVER & GUARDIAN *v.* UK	(1992) 14 E.H.R.R. 153
	SUNDAY TIMES *v.* UK (NO. 2)	(1992) 14 E.H.R.R. 229
conscientious objector	THLIMMENOS *v.* GREECE	(2001) 31 E.H.R.R. 15 at page 411
counselling	OPEN DOOR COUNSELLING *v.* IRELAND	(1993) 15 E.H.R.R. 245
custody proceedings	HOFFMANN *v.* AUSTRIA	(1994) 17 E.H.R.R. 293
deportation	C *v.* BELGIUM	(2001) 32 E.H.R.R. 2 at page 19

DISCRIMINATION, PROHIBITION ON—*cont.*

	UPPAL *v.* UK	(1981) 3 E.H.R.R. 391
disabled access	BOTTA *v.* ITALY	(1998) 26 E.H.R.R. 241
disappearance of applicant's son	KURT *v.* TURKEY	(1999) 27 E.H.R.R. 375
divorce proceedings	JOHNSTON *v.* IRELAND	(1987) 9 E.H.R.R. 203
education of prisoners	X. *v.* UK	(1982) 4 E.H.R.R. 252
election offences	PIERRE-BLOCH *v.* FRANCE	(1998) 26 E.H.R.R. 202
electoral system	LIBERAL PARTY *v.* UK	(1982) 4 E.H.R.R. 106
	MATHIEU-MOHIN *v.* BELGIUM	(1988) 10 E.H.R.R. 1
enjoyment of freedom of expression	HANDYSIDE *v.* UK	(1979) 1 E.H.R.R. 737
eviction orders	LARKOS *v.* CYPRUS	(2000) 30 E.H.R.R. 597
	SCOLLO *v.* ITALY	(1996) 22 E.H.R.R. 514
	SPADEA *v.* ITALY	(1996) 21 E.H.R.R. 482
exclusion from professional body	THLIMMENOS *v.* GREECE	(2001) 31 E.H.R.R. 15 at page 411
expropriation of property	SPORRONG *v.* SWEDEN	(1983) 5 E.H.R.R. 35
failure to redirect post	HENNINGS *v.* GERMANY	(1993) 16 E.H.R.R. 83
fire service levy	SCHMIDT *v.* GERMANY	(1994) 18 E.H.R.R. 513
forced closure of newspaper	ÖZGÜR GÜNDEM *v.* TURKEY	(2001) 31 E.H.R.R. 49 at page 1082
forced labour	VAN DER MUSSELE *v.* BELGIUM	(1984) 6 E.H.R.R. 163
foreign newspapers	OBSERVER & GUARDIAN *v.* UK	(1992) 14 E.H.R.R. 153
	SUNDAY TIMES *v.* UK (NO. 2)	(1992) 14 E.H.R.R. 229
general principles	STUBBINGS & ORS *v.* UK	(1997) 23 E.H.R.R. 213
	VAN RAALTE *v.* NETHERLANDS	(1997) 24 E.H.R.R. 503
hereditary rights	INZE *v.* AUSTRIA	(1988) 10 E.H.R.R. 394
homosexual conduct	APP. 9369/81 *v.* UK	(1983) 5 E.H.R.R. 601
	DUDGEON *v.* UK	(1981) 3 E.H.R.R. 40
	LUSTIG-PREAN & BECKETT *v.* UK	(2000) 29 E.H.R.R. 548
	SMITH & GRADY *v.* UK	(2000) 29 E.H.R.R. 493
	X *v.* UK	(1981) 3 E.H.R.R. 63
hunting rights on land	CHASSAGNOU & ORS *v.* FRANCE	(2000) 29 E.H.R.R. 615
illegitimacy	INZE *v.* AUSTRIA	(1988) 10 E.H.R.R. 394
	MARCKX *v.* BELGIUM	(1980) 2 E.H.R.R. 330
	VERMEIRE *v.* BELGIUM	(1993) 15 E.H.R.R. 437
ill-treatment by police	TEKIN *v.* TURKEY	(2001) 31 E.H.R.R. 4 at page 95
immigration control	ABDULAZIZ, CABALES *v.* UK	(1985) 7 E.H.R.R. 471
	EAST AFRICAN ASIANS *v.* UK	(1981) 3 E.H.R.R. 76
indeterminate life sentence	HUSSAIN *v.* UK	(1996) 22 E.H.R.R. 1
interpreters	LUEDICKE & ORS *v.* GERMANY	(1980) 2 E.H.R.R. 149
invasion by third party State	CYPRUS *v.* TURKEY	(1982) 4 E.H.R.R. 482
languages in education	BELGIAN LINGUISTIC (NO. 2)	(1979) 1 E.H.R.R. 253
legal aid, absence of	AIREY *v.* IRELAND	(1980) 2 E.H.R.R. 305
legal proceedings based on religion	CANEA CATHOLIC CHURCH *v.* GREECE	(1999) 27 E.H.R.R. 521
legal representation	MAGEE *v.* UK	(2001) 31 E.H.R.R. 35 at page 822
legislative interference with private rights	WESTMINSTER'S ESTATE *v.* SWITZERLAND	(1983) 5 E.H.R.R. 440
legitimacy of purpose	MCMICHAEL *v.* UK	(1995) 20 E.H.R.R. 205
less favourable treatment	AHMAD *v.* UK	(1982) 4 E.H.R.R. 126
	VAN RAALTE *v.* NETHERLANDS	(1997) 24 E.H.R.R. 503
membership of political party	VOGT *v.* GERMANY	(1996) 21 E.H.R.R. 205
military discipline	DE JONG & ORS *v.* NETHERLANDS	(1986) 8 E.H.R.R. 20
	ENGEL & ORS *v.* NETHERLANDS (NO. 1)	(1979) 1 E.H.R.R. 647

DISCRIMINATION, PROHIBITION ON—*cont.*

mineral extraction licence	FREDIN *v.* SWEDEN	(1991) 13 E.H.R.R. 784
names and surnames, use of	BURGHARTZ *v.* SWITZERLAND	(1994) 18 E.H.R.R. 79
nationalisation	LITHGOW *v.* UK	(1985) 7 E.H.R.R. 56
	LITHGOW *v.* UK	(1986) 8 E.H.R.R. 329
nationality and race	C *v.* BELGIUM	(2001) 32 E.H.R.R. 2 at page 19
occupation of territory	CYPRUS *v.* TURKEY	(1982) 4 E.H.R.R. 482
respect for one's home	CYPRUS *v.* TURKEY	(1993) 15 E.H.R.R. 509
paternity proceedings	RASMUSSEN *v.* DENMARK	(1985) 7 E.H.R.R. 371
photographs of criminal suspect	NEWS VERLAGS GMBH *v.* AUSTRIA	(2001) 31 E.H.R.R. 8 at page 246
privacy	OPEN DOOR COUNSELLING *v.* IRELAND	(1993) 15 E.H.R.R. 245
property and possessions	JAMES *v.* UK	(1986) 8 E.H.R.R. 123
	LITHGOW *v.* UK	(1985) 7 E.H.R.R. 56
	LITHGOW *v.* UK	(1986) 8 E.H.R.R. 329
	PINE VALLEY *v.* IRELAND	(1992) 14 E.H.R.R. 319
	X. *v.* AUSTRIA	(1981) 3 E.H.R.R. 285
proportionality	MCMICHAEL *v.* UK	(1995) 20 E.H.R.R. 205
proselytism	LARISSIS *v.* GREECE	(1999) 27 E.H.R.R. 329
protected employment rights	SCHMIDT & DAHLSTRÖM *v.* SWEDEN	(1979) 1 E.H.R.R. 632
racial discrimination	ABDULAZIZ, CABALES *v.* UK	(1984) 6 E.H.R.R. 28
	ABDULAZIZ, CABALES *v.* UK	(1985) 7 E.H.R.R. 471
refusal of planning permission	BUCKLEY *v.* UK	(1997) 23 E.H.R.R. 101
remand prisoners	BOUAMAR *v.* BELGIUM	(1989) 11 E.H.R.R. 1
rent control	X. *v.* AUSTRIA	(1981) 3 E.H.R.R. 285
residence qualification	DARBY *v.* SWEDEN	(1991) 13 E.H.R.R. 774
	GAYGUSUZ *v.* AUSTRIA	(1997) 23 E.H.R.R. 364
	GILLOW *v.* UK	(1989) 11 E.H.R.R. 335
restitution of monies paid under invalidated provisions	NATIONAL & PROVINCIAL *v.* UK	(1998) 25 E.H.R.R. 127
security of person	EAST AFRICAN ASIANS *v.* UK	(1981) 3 E.H.R.R. 76
sex education	KJELDSEN & ORS *v.* DENMARK	(1979) 1 E.H.R.R. 711
sexual abuse, remedies for	X & Y *v.* NETHERLANDS	(1986) 8 E.H.R.R. 235
sexual discrimination	ABDULAZIZ, CABALES *v.* UK	(1984) 6 E.H.R.R. 28
	ABDULAZIZ, CABALES *v.* UK	(1985) 7 E.H.R.R. 471
social security benefits	GAYGUSUZ *v.* AUSTRIA	(1997) 23 E.H.R.R. 364
	SCHULER-ZGRAGGEN *v.* SWITZERLAND	(1993) 16 E.H.R.R. 406
state consultation to trade unions	NATIONAL UNION OF POLICE *v.* BELGIUM	(1979) 1 E.H.R.R. 578
sub judice matters	SUNDAY TIMES *v.* UK	(1980) 2 E.H.R.R. 245
succession to property	VERMEIRE *v.* BELGIUM	(1993) 15 E.H.R.R. 437
surname, change of	STJERNA *v.* FINLAND	(1997) 24 E.H.R.R. 195
surname, use of	BURGHARTZ *v.* SWITZERLAND	(1994) 18 E.H.R.R. 79
suspension of eviction orders	SCOLLO *v.* ITALY	(1996) 22 E.H.R.R. 514
	SPADEA *v.* ITALY	(1996) 21 E.H.R.R. 482
transfer of monastic estate	HOLY MONASTERIES *v.* GREECE	(1995) 20 E.H.R.R. 1
transsexuality	SHEFFIELD & HORSHAM *v.* UK	(1999) 27 E.H.R.R. 163
	X, Y & Z *v.* UK	(1997) 24 E.H.R.R. 143
unmarried mothers	MARCKX *v.* BELGIUM	(1980) 2 E.H.R.R. 330
withdrawal of planning permission	PINE VALLEY *v.* IRELAND	(1992) 14 E.H.R.R. 319

DISPLACEMENT OF PERSONS

occupation of territory	CYPRUS *v.* TURKEY	(1982) 4 E.H.R.R. 482
respect for one's home	CYPRUS *v.* TURKEY	(1993) 15 E.H.R.R. 509

DISSOLUTION OF POLITICAL PARTY

confiscation of assets	SOCIALIST PARTY *v.* TURKEY	(1999) 27 E.H.R.R. 51
general approach	SOCIALIST PARTY *v.* TURKEY	(1999) 27 E.H.R.R. 51
	TBKP *v.* TURKEY	(1998) 26 E.H.R.R. 121

DISTRIBUTION OF MAGAZINE

freedom of expression	VDS ÖSTERREICHS & GUBI *v.* AUSTRIA	(1995) 20 E.H.R.R. 56
	WEEKBLAD BLUF! *v.* NETHERLANDS	(1995) 20 E.H.R.R. 189

DIVORCE, NON-AVAILABILITY OF

discrimination	JOHNSTON *v.* IRELAND	(1987) 9 E.H.R.R. 203

DOMESTIC REMEDIES, EXHAUSTION OF [Art. 22]

adequacy	DEWEER *v.* BELGIUM	(1980) 2 E.H.R.R. 439
appeal, failure to	DE WILDE, OOMS & VERSYP *v.* BELGIUM	(1979) 1 E.H.R.R. 373
application ruled admissible, after	DE WILDE, OOMS & VERSYP *v.* BELGIUM	(1979) 1 E.H.R.R. 373
	MATZNETTER *v.* AUSTRIA	(1979) 1 E.H.R.R. 198
	RINGEISEN *v.* AUSTRIA (NO. 1)	(1979) 1 E.H.R.R. 455
	STÖGMÜLLER *v.* AUSTRIA	(1979) 1 E.H.R.R. 155
certiorari, failure to seek	MCFEELEY *v.* UK	(1981) 3 E.H.R.R. 161
consideration by Court	AIREY *v.* IRELAND	(1980) 2 E.H.R.R. 305
final decision	X. *v.* UK	(1981) 3 E.H.R.R. 302
interrogation of suspected terrorists	IRELAND *v.* UK	(1980) 2 E.H.R.R. 25
judicial review, failure to apply for	KAMAL *v.* UK	(1982) 4 E.H.R.R. 244
	X. *v.* UK	(1982) 4 E.H.R.R. 350
national security interests	KLASS & ORS *v.* GERMANY	(1980) 2 E.H.R.R. 214
required remedies	VAN OOSTERWIJCK *v.* BELGIUM	(1981) 3 E.H.R.R. 557
waiver of rule	COSTA RICA CASE	(1982) 4 E.H.R.R. 469
	DE WILDE, OOMS & VERSYP *v.* BELGIUM	(1979) 1 E.H.R.R. 373

DRIVING LICENCE, WITHDRAWAL OF

access to tribunal	ESCOUBET *v.* BELGIUM	(2001) 31 E.H.R.R. 46 at page 1034

DUE PROCESS OF LAW

jurisdiction of court	GUZZARDI *v.* ITALY	(1981) 3 E.H.R.R. 333

EC INSTITUTION, BREACH OF RIGHTS BY

guidelines for judgment	HAUER *v.* LANDRHEINLAND-PFALZ	(1981) 3 E.H.R.R. 140

EDUCATION, RIGHT TO [First Protocol, Art. 2]

admissibility decisions	APP. 9461/81 *v.* UK	(1983) 5 E.H.R.R. 480
	MR & MRS X. *v.* UK	(1983) 5 E.H.R.R. 265

EDUCATION, RIGHT TO—*cont.*

care proceedings	OLSSON *v.* SWEDEN	(1989) 11 E.H.R.R. 259
corporal punishment	CAMPBELL & COSANS *v.* UK	(1981) 3 E.H.R.R. 531
	CAMPBELL & COSANS *v.* UK	(1982) 4 E.H.R.R. 293
	MR & MRS X. *v.* UK	(1983) 5 E.H.R.R. 265
	X, Y & Z *v.* SWEDEN	(1983) 5 E.H.R.R. 147
fostered child	ERIKSSON *v.* SWEDEN	(1990) 12 E.H.R.R. 183
languages used	BELGIAN LINGUISTIC (NO. 2)	(1979) 1 E.H.R.R. 253
mathematics	MR & MRS X. *v.* GERMANY	(1983) 5 E.H.R.R. 276
philosophical convictions	CAMPBELL & COSANS *v.* UK	(1981) 3 E.H.R.R. 531
	CAMPBELL & COSANS *v.* UK	(1982) 4 E.H.R.R. 293
	MR & MRS X. *v.* GERMANY	(1983) 5 E.H.R.R. 276
	MR & MRS X. *v.* UK	(1983) 5 E.H.R.R. 265
	X, Y & Z *v.* SWEDEN	(1983) 5 E.H.R.R. 147
prisoners	X. *v.* UK	(1982) 4 E.H.R.R. 252
refusal of readmission by university	PATEL *v.* UK	(1982) 4 E.H.R.R. 256
refusal to take part in parade	VALSAMIS *v.* GREECE	(1997) 24 E.H.R.R. 294
religious convictions	CAMPBELL & COSANS *v.* UK	(1981) 3 E.H.R.R. 531
	CAMPBELL & COSANS *v.* UK	(1982) 4 E.H.R.R. 293
	VALSAMIS *v.* GREECE	(1997) 24 E.H.R.R. 294
	X, Y & Z *v.* SWEDEN	(1983) 5 E.H.R.R. 147
sex education	KJELDSEN & ORS *v.* DENMARK	(1979) 1 E.H.R.R. 711
suspension from school	CAMPBELL & COSANS *v.* UK	(1982) 4 E.H.R.R. 293

EFFECTIVE REMEDY, RIGHT TO [Art. 13]

access to court	AKSOY *v.* TURKEY	(1997) 23 E.H.R.R. 553
	POWELL *v.* UK	(1990) 12 E.H.R.R. 355
access to records	MCGINLEY *v.* UK	(1999) 27 E.H.R.R. 1
affiliation proceedings	X. *v.* IRELAND	(1982) 4 E.H.R.R. 358
aircraft noise	POWELL *v.* UK	(1990) 12 E.H.R.R. 355
anti-abortion protests	PLATTFORM *v.* AUSTRIA	(1991) 13 E.H.R.R. 204
arbitral proceedings	BRAMELID *v.* SWEDEN	(1983) 5 E.H.R.R. 249
Board of Visitors proceedings	CAMPBELL & FELL *v.* UK	(1983) 5 E.H.R.R. 207
burning of property	MENTES *v.* TURKEY	(1998) 26 E.H.R.R. 595
	SELÇUK & ASKER *v.* TURKEY	(1998) 26 E.H.R.R. 478
care proceedings	ANDERSSON *v.* SWEDEN	(1992) 14 E.H.R.R. 615
	K & T *v.* FINLAND	(2001) 31 E.H.R.R. 18 at page 484
	L *v.* FINLAND	(2001) 31 E.H.R.R. 30 at page 737
communication of medical records	MS *v.* SWEDEN	(1999) 28 E.H.R.R. 313
compensation for ill-treatment	ASSENOV & ORS *v.* BULGARIA	(1999) 28 E.H.R.R. 652
confidential information	OBSERVER & GUARDIAN *v.* UK	(1992) 14 E.H.R.R. 153
	SUNDAY TIMES *v.* UK (NO. 2)	(1992) 14 E.H.R.R. 229
corporal punishment	COSTELLO-ROBERTS *v.* UK	(1995) 19 E.H.R.R. 112
correspondence	BOYCE & RICE *v.* UK	(1988) 10 E.H.R.R. 425
	CAMPBELL & FELL *v.* UK	(1985) 7 E.H.R.R. 165
	CRÉMIEUX *v.* FRANCE	(1993) 16 E.H.R.R. 357
	DOMENICHINI *v.* ITALY	(2001) 32 E.H.R.R. 4 at page 68
	MIAILHE *v.* FRANCE	(1993) 16 E.H.R.R. 333
	SILVER *v.* UK	(1983) 5 E.H.R.R. 347
custody proceedings	HOKKANEN *v.* FINLAND	(1995) 19 E.H.R.R. 139
data storage	AMANN *v.* SWITZERLAND	(2000) 30 E.H.R.R. 843
delegated legislation	ABDULAZIZ, CABALES *v.* UK	(1985) 7 E.H.R.R. 471

EFFECTIVE REMEDY, RIGHT TO—*cont.*

deportation	CHAHAL *v.* UK	(1997) 23 E.H.R.R. 414
	UPPAL *v.* UK	(1981) 3 E.H.R.R. 391
	VILVARAJAH *v.* UK	(1992) 14 E.H.R.R. 248
detention of minors	BOUAMAR *v.* BELGIUM	(1989) 11 E.H.R.R. 1
detention of suspected terrorists	BRANNIGAN & MCBRIDE *v.* UK	(1994) 17 E.H.R.R. 539
	MURRAY *v.* UK	(1995) 19 E.H.R.R. 193
detention pending deportation	CHAHAL *v.* UK	(1997) 23 E.H.R.R. 414
detention without trial	AKSOY *v.* TURKEY	(1997) 23 E.H.R.R. 553
disappearance of applicant's son	KURT *v.* TURKEY	(1999) 27 E.H.R.R. 375
disclosure of medical data	ANDERSSON *v.* SWEDEN	(1998) 25 E.H.R.R. 722
distribution of magazine	VDS ÖSTERREICHS & GUBI *v.* AUSTRIA	(1995) 20 E.H.R.R. 56
	WEEKBLAD BLUF! *v.* NETHERLANDS	(1995) 20 E.H.R.R. 189
electoral system	LIBERAL PARTY *v.* UK	(1982) 4 E.H.R.R. 106
entitlement to remedy	KAPLAN *v.* UK	(1982) 4 E.H.R.R. 64
eviction from land subject to lease	IATRIDIS *v.* GREECE	(2000) 30 E.H.R.R. 97
failure to safeguard child of serviceman present at nuclear tests	LCB *v.* UK	(1999) 27 E.H.R.R. 212
homosexuality	LUSTIG-PREAN & BECKETT *v.* UK	(2000) 29 E.H.R.R. 548
	SMITH & GRADY *v.* UK	(2000) 29 E.H.R.R. 493
ill-treatment by police	TEKIN *v.* TURKEY	(2001) 31 E.H.R.R. 4 at page 95
immigration appeals	KAMAL *v.* UK	(1982) 4 E.H.R.R. 244
inadequacy of investigation	YASA *v.* TURKEY	(1999) 28 E.H.R.R. 409
interception of communications	AMANN *v.* SWITZERLAND	(2000) 30 E.H.R.R. 843
	HALFORD *v.* UK	(1997) 24 E.H.R.R. 523
	HEWITT & HARMAN *v.* UK	(1992) 14 E.H.R.R. 657
	KLASS & ORS *v.* GERMANY	(1980) 2 E.H.R.R. 214
	KOPP *v.* SWITZERLAND	(1999) 27 E.H.R.R. 91
	MALONE *v.* UK	(1982) 4 E.H.R.R. 330
	MALONE *v.* UK	(1983) 5 E.H.R.R. 385
	MALONE *v.* UK	(1985) 7 E.H.R.R. 14
interference with correspondence	BOYCE & RICE *v.* UK	(1988) 10 E.H.R.R. 425
	CAMPBELL & FELL *v.* UK	(1985) 7 E.H.R.R. 165
	CRÉMIEUX *v.* FRANCE	(1993) 16 E.H.R.R. 357
	DOMENICHINI *v.* ITALY	(2001) 32 E.H.R.R. 4 at page 68
	MIAILHE *v.* FRANCE	(1993) 16 E.H.R.R. 333
	SILVER *v.* UK	(1983) 5 E.H.R.R. 347
invasion by third party State	CYPRUS *v.* TURKEY	(1982) 4 E.H.R.R. 482
judicial review	D. *v.* UK	(1997) 24 E.H.R.R. 423
leasehold reform	JAMES *v.* UK	(1986) 8 E.H.R.R. 123
listening devices	KHAN *v.* UK	(2001) 31 E.H.R.R. 45 at page 1016
magazine distribution	VDS ÖSTERREICHS & GUBI *v.* AUSTRIA	(1995) 20 E.H.R.R. 56
	WEEKBLAD BLUF! *v.* NETHERLANDS	(1995) 20 E.H.R.R. 189
nationalisation	LITHGOW *v.* UK	(1985) 7 E.H.R.R. 56
	LITHGOW *v.* UK	(1986) 8 E.H.R.R. 329
noise levels	POWELL *v.* UK	(1990) 12 E.H.R.R. 355
opinion of judge in public lecture	WILLE *v.* LIECHTENSTEIN	(2000) 30 E.H.R.R. 558

EFFECTIVE REMEDY, RIGHT TO—*cont.*

opposition to operating licence	ATHANASSOGLOU *v.* SWITZERLAND	(2001) 31 E.H.R.R. 13 at page 372
petition to minister	CAMPBELL & FELL *v.* UK	(1985) 7 E.H.R.R. 165
planning permission	PINE VALLEY *v.* IRELAND	(1992) 14 E.H.R.R. 319
prisoners' correspondence	BOYCE & RICE *v.* UK	(1988) 10 E.H.R.R. 425
	CAMPBELL & FELL *v.* UK	(1985) 7 E.H.R.R. 165
	DOMENICHINI *v.* ITALY	(2001) 32 E.H.R.R. 4 at page 68
	SILVER *v.* UK	(1981) 3 E.H.R.R. 475
prisoners' grievances	BOYCE & RICE *v.* UK	(1988) 10 E.H.R.R. 425
professional body, requirement to join	SIGURJONSSON *v.* ICELAND	(1993) 16 E.H.R.R. 462
public emergency derogation	BRANNIGAN & MCBRIDE *v.* UK	(1994) 17 E.H.R.R. 539
rape in custody	AYDIN *v.* TURKEY	(1998) 25 E.H.R.R. 251
refusal to take part in parade	VALSAMIS *v.* GREECE	(1997) 24 E.H.R.R. 294
rejection by labour court	ENGINE DRIVERS' UNION *v.* SWEDEN	(1979) 1 E.H.R.R. 617
requirement for judicial review	YOUNG, JAMES & WEBSTER *v.* UK	(1981) 3 E.H.R.R. 20
search and seizure	APP. 9324/81 *v.* GERMANY	(1983) 5 E.H.R.R. 269
	MIAILHE *v.* FRANCE	(1993) 16 E.H.R.R. 333
security check	LEANDER *v.* SWEDEN	(1987) 9 E.H.R.R. 433
storage of data	AMANN *v.* SWITZERLAND	(2000) 30 E.H.R.R. 843
telephone tapping	AMANN *v.* SWITZERLAND	(2000) 30 E.H.R.R. 843
	HALFORD *v.* UK	(1997) 24 E.H.R.R. 523
	HEWITT & HARMAN *v.* UK	(1992) 14 E.H.R.R. 657
	KOPP *v.* SWITZERLAND	(1999) 27 E.H.R.R. 91
	MALONE *v.* UK	(1982) 4 E.H.R.R. 330
	MALONE *v.* UK	(1983) 5 E.H.R.R. 385
	MALONE *v.* UK	(1985) 7 E.H.R.R. 14
transfer of monastic estate	HOLY MONASTERIES *v.* GREECE	(1995) 20 E.H.R.R. 1
transsexuals	SHEFFIELD & HORSHAM *v.* UK	(1999) 27 E.H.R.R. 163
unacknowledged detention	ÇAKICI *v.* TURKEY	(2001) 31 E.H.R.R. 5 at page 133
unlawful killing	ÇAKICI *v.* TURKEY	(2001) 31 E.H.R.R. 5 at page 133
	ERGI *v.* TURKEY	(2001) 32 E.H.R.R. 18 at page 388
	TANRIKULU *v.* TURKEY	(2000) 30 E.H.R.R. 950
	YASA *v.* TURKEY	(1999) 28 E.H.R.R. 409
withdrawal of driving licence	ESCOUBET *v.* BELGIUM	(2001) 31 E.H.R.R. 46 at page 1034
withdrawal of planning permission	PINE VALLEY *v.* IRELAND	(1992) 14 E.H.R.R. 319

EFFECTIVE PARTICIPATION IN TRIAL

child defendants	V. *v.* UK	(2000) 30 E.H.R.R. 121

EIGHTH PROTOCOL OF ECHR

text		(1985) 7 E.H.R.R. 339

ELECTIONS, RIGHT TO FREE [First Protocol, Art. 3]

absence of elections	MATTHEWS *v.* UK	(1999) 28 E.H.R.R. 361
admissibility decisions	APP. 8873/80 *v.* UK	(1983) 5 E.H.R.R. 268
	APP. 9807/82 *v.* NETHERLANDS	(1983) 5 E.H.R.R. 513
	APP. 9926/82 *v.* NETHERLANDS	(1983) 5 E.H.R.R. 515

ELECTIONS, RIGHT TO FREE—*cont.*

annulment of individual's election	GITONAS ORS *v.* GREECE	(1998) 26 E.H.R.R. 691
discrimination	LIBERAL PARTY *v.* UK	(1982) 4 E.H.R.R. 106
	MATHIEU-MOHIN *v.* BELGIUM	(1988) 10 E.H.R.R. 1
exceeding permitted expenditure	PIERRE-BLOCH *v.* FRANCE	(1998) 26 E.H.R.R. 202
general approach	GITONAS ORS *v.* GREECE	(1998) 26 E.H.R.R. 691
linguistic minorities	MATHIEU-MOHIN *v.* BELGIUM	(1988) 10 E.H.R.R. 1
local government officers	AHMED & ORD *v.* UK	(2000) 29 E.H.R.R. 1
margin of appreciation	MATHIEU-MOHIN *v.* BELGIUM	(1988) 10 E.H.R.R. 1
	MATTHEWS *v.* UK	(1999) 28 E.H.R.R. 361
pamphleteer	BOWMAN *v.* UK	(1998) 26 E.H.R.R. 1
police officers	REKVÉNYI *v.* HUNGARY	(2000) 30 E.H.R.R. 519
racial hatred	GLIMMERVEEN *v.* NETHERLANDS	(1982) 4 E.H.R.R. 260
state responsibility	MATTHEWS *v.* UK	(1999) 28 E.H.R.R. 361

ELEVENTH PROTOCOL OF ECHR

text		(1994) 17 E.H.R.R. 501

EMPLOYMENT

attendance at place of worship during working hours	AHMAD *v.* UK	(1982) 4 E.H.R.R. 126

EMPLOYMENT PROCEEDINGS

absence of oral hearing	HELLE *v.* FINLAND	(1998) 26 E.H.R.R. 159
admissibility decisions	APP. 9295/81 *v.* AUSTRIA	(1983) 5 E.H.R.R. 284
	DORES *v.* PORTUGAL	(1983) 5 E.H.R.R. 275
annulment of post	MAVRONICHIS *v.* CYPRUS	(2001) 31 E.H.R.R. 54 at page 1186
assignment of staff category	ARGENTO *v.* ITALY	(1999) 28 E.H.R.R. 719
civil servants	ARGENTO *v.* ITALY	(1999) 28 E.H.R.R. 719
	BAGGETTA *v.* ITALY	(1988) 10 E.H.R.R. 325
	FRYDLENDER *v.* FRANCE	(2001) 31 E.H.R.R. 52 at page 1152
	HUBER *v.* FRANCE	(1998) 26 E.H.R.R. 457
	KALAC *v.* TURKEY	(1999) 27 E.H.R.R. 552
	PELLEGRIN *v.* FRANCE	(2001) 31 E.H.R.R. 26 at page 651
conditions of service	PELLEGRIN *v.* FRANCE	(2001) 31 E.H.R.R. 26 at page 651
dismissal for inadequate performance	FRYDLENDER *v.* FRANCE	(2001) 31 E.H.R.R. 52 at page 1152
dismissal of judge with muslim sympathies	KALAC *v.* TURKEY	(1999) 27 E.H.R.R. 552
equality of arms	NIDERÖST-HUBER *v.* SWITZERLAND	(1998) 25 E.H.R.R. 709
friendly settlement	BAGGETTA *v.* ITALY	(1988) 10 E.H.R.R. 325
impartiality and independence of tribunal	HELLE *v.* FINLAND	(1998) 26 E.H.R.R. 159
legislative intervention in proceedings	ZIELINSKI & ORS *v.* FRANCE	(2001) 31 E.H.R.R. 19 at page 532
presumption of innocence	APP. 9295/81 *v.* AUSTRIA	(1983) 5 E.H.R.R. 284
reasonableness of time for proceedings	DARNELL *v.* UK	(1994) 18 E.H.R.R. 205
	DORES *v.* PORTUGAL	(1983) 5 E.H.R.R. 275
	FRYDLENDER *v.* FRANCE	(2001) 31 E.H.R.R. 52 at page 1152

EMPLOYMENT PROCEEDINGS—*cont.*

	ZIELINSKI & ORS *v.* FRANCE	(2001) 31 E.H.R.R. 19 at page 532
reinstatement claim	NEIGEL *v.* FRANCE	(2000) 30 E.H.R.R. 310
suspension of employment	HUBER *v.* FRANCE	(1998) 26 E.H.R.R. 457

ENFORCEMENT NOTICE PROCEEDINGS

impartiality and independence of tribunal	BRYAN *v.* UK	(1996) 21 E.H.R.R. 342
peaceful enjoyment	APP. 9355/81 *v.* UK	(1983) 5 E.H.R.R. 276

ENTRY TO HOME BY POLICE

legitimacy of purpose	MCLEOD *v.* UK	(1999) 27 E.H.R.R. 493

ENVIRONMENTAL POLLUTION

margin of appreciation	LOPEZ OSTRA *v.* SPAIN	(1995) 20 E.H.R.R. 277

EQUALITY BETWEEN SPOUSES [Protocol 7, Art. 5]

non-enforcement of custody rights	HOKKANEN *v.* FINLAND	(1995) 19 E.H.R.R. 139

EQUALITY OF ARMS, PRINCIPLE OF

administrative proceedings	BENDENOUN *v.* FRANCE	(1994) 18 E.H.R.R. 54
civil proceedings	ANKERL *v.* SWITZERLAND	(2001) 32 E.H.R.R. 1 at page 1
	DE HAES & GIJSELS V. BELGIUM	(1998) 25 E.H.R.R. 1
	DOMBO BEHEER *v.* NETHERLANDS	(1994) 18 E.H.R.R. 213
	HENTRICH *v.* FRANCE	(1994) 18 E.H.R.R. 440
	SCHOUTEN *v.* NETHERLANDS	(1995) 19 E.H.R.R. 432
	VAN DE HURK *v.* NETHERLANDS	(1994) 18 E.H.R.R. 481
compensation for discontinued proceedings	WERNER *v.* AUSTRIA	(1998) 26 E.H.R.R. 310
criminal proceedings	BENDENOUN *v.* FRANCE	(1994) 18 E.H.R.R. 54
	BÖNISCH *v.* AUSTRIA	(1983) 5 E.H.R.R. 273
	BÖNISCH *v.* AUSTRIA	(1987) 9 E.H.R.R. 191
	BORGERS *v.* BELGIUM	(1993) 15 E.H.R.R. 93
	BRANDSTETTER *v.* AUSTRIA	(1993) 15 E.H.R.R. 378
	BULUT *v.* AUSTRIA	(1997) 24 E.H.R.R. 84
	DELCOURT *v.* BELGIUM	(1979) 1 E.H.R.R. 355
	EKBATANI *v.* SWEDEN	(1991) 13 E.H.R.R. 504
	FITT *v.* UK	(2000) 30 E.H.R.R. 480
	GRANGER *v.* UK	(1990) 12 E.H.R.R. 469
	JASPER *v.* UK	(2000) 30 E.H.R.R. 441
	KREMZOW *v.* AUSTRIA	(1994) 17 E.H.R.R. 323
	NIKOLOVA *v.* BULGARIA	(2001) 31 E.H.R.R. 3
	ROWE & DAVIS *v.* UK	(2000) 30 E.H.R.R. 1
	WERNER *v.* AUSTRIA	(1998) 26 E.H.R.R. 310
compensation for discontinued proceedings	WERNER *v.* AUSTRIA	(1998) 26 E.H.R.R. 310
defamation proceedings	DE HAES & GIJSELS V. BELGIUM	(1998) 25 E.H.R.R. 1
detention on remand	LAMY *v.* BELGIUM	(1989) 11 E.H.R.R. 529
	MATZNETTER *v.* AUSTRIA	(1979) 1 E.H.R.R. 198
	NEUMEISTER *v.* AUSTRIA (NO. 1)	(1979) 1 E.H.R.R. 91
employment tribunal proceedings	NIDERÖST-HUBER *v.* SWITZERLAND	(1998) 25 E.H.R.R. 709

EQUALITY OF ARMS, PRINCIPLE OF—*cont.*

impartiality of court BORGERS *v.* BELGIUM (1993) 15 E.H.R.R. 93
possession proceedings ANKERL *v.* SWITZERLAND (2001) 32 E.H.R.R. 1 at page 1
social security contributions SCHOUTEN *v.* NETHERLANDS (1995) 19 E.H.R.R. 432

ESTOPPEL

preliminary objections AYDIN *v.* TURKEY (1998) 25 E.H.R.R. 251
CORIGLIANO *v.* ITALY (1983) 5 E.H.R.R. 334
DE JONG & ORS *v.* NETHERLANDS (1986) 8 E.H.R.R. 20
MANSUR *v.* TURKEY (1995) 20 E.H.R.R. 535
OGUR *v.* TURKEY (2001) 31 E.H.R.R. 40 at page 912
ÖZDEP *v.* TURKEY (2001) 31 E.H.R.R. 27 at page 674
TERRA WONINGEN *v.* NETHERLANDS (1997) 24 E.H.R.R. 457
preliminary pleas ARTICO *v.* ITALY (1981) 3 E.H.R.R. 1
BARBERA *v.* SPAIN (1989) 11 E.H.R.R. 360
CIULLA *v.* ITALY (1991) 13 E.H.R.R. 346
CORIGLIANO *v.* ITALY (1983) 5 E.H.R.R. 334
GUZZARDI *v.* ITALY (1981) 3 E.H.R.R. 333
FOTI *v.* ITALY (1983) 5 E.H.R.R. 313
VAN OOSTERWIJCK *v.* BELGIUM (1981) 3 E.H.R.R. 557

ETHNIC MINORITIES, CHARTER OF RIGHTS OF

Resolution (1982) 4 E.H.R.R. 411

EUROPEAN COMMISSION PROCEDURE

Rules (1992 Revision) TEXT (1992) 14 E.H.R.R. 248

EUROPEAN COMMITTEE FOR PREVENTION OF TORTURE

PUBLIC STATEMENT ON TURKEY (1993) 15 E.H.R.R. 309

EUROPEAN COURT PROCEDURE

Also see PRELIMINARY OBJECTIONS
Also see under individual headings
action out of time MORGANTI *v.* FRANCE (1996) 21 E.H.R.R. 34
SILVA PONTES *v.* PORTUGAL (1994) 18 E.H.R.R. 156
ZUBANI *v.* ITALY (2001) 32 E.H.R.R. 14 at page 297
admissibility BOZANO *v.* FRANCE (1987) 9 E.H.R.R. 297
G. *v.* FRANCE (1996) 21 E.H.R.R. 288
MAUER *v.* AUSTRIA (1998) 25 E.H.R.R. 91
MCGINLEY *v.* UK (1999) 27 E.H.R.R. 1
MCMICHAEL *v.* UK (1995) 20 E.H.R.R. 205
RAVNSBORG *v.* SWEDEN (1994) 18 E.H.R.R. 38
RIEME *v.* SWEDEN (1993) 16 E.H.R.R. 155
TERRA WONINGEN *v.* NETHERLANDS (1997) 24 E.H.R.R. 457
VALENZUELA CONTRERAS *v.* SPAIN (1999) 28 E.H.R.R. 483
authenticity of application ERGI *v.* TURKEY (2001) 32 E.H.R.R. 18 at page 388
GÜNDEM *v.* TURKEY (2001) 32 E.H.R.R. 17 at page 350
competence of court B. *v.* UK (1988) 10 E.H.R.R. 87
H. *v.* UK (1988) 10 E.H.R.R. 95

EUROPEAN COURT PROCEDURE—*cont.*

EUROPEAN COURT PROCEDURE—*cont.*

EUROPEAN COURT PROCEDURE—*cont.*

EUROPEAN COURT PROCEDURE—*cont.*

EVICTION ORDERS

admissibility decisions	APP. 9327/81 *v.* NETHERLANDS	(1983) 5 E.H.R.R. 600
discrimination	LARKOS *v.* CYPRUS	(2000) 30 E.H.R.R. 597
peaceful enjoyment	IATRIDIS *v.* GREECE	(2000) 30 E.H.R.R. 97
suspension	SCOLLO *v.* ITALY	(1996) 22 E.H.R.R. 514
	SPADEA *v.* ITALY	(1996) 21 E.H.R.R. 482

EVIDENTIAL RULES

civil proceedings	MANTOVANELLI *v.* FRANCE	(1997) 24 E.H.R.R. 370

EX GRATIA PAYMENTS

blight	ARRONDELLE *v.* UK	(1983) 5 E.H.R.R. 118
generally	REED *v.* UK	(1983) 5 E.H.R.R. 114

EX OFFICIO **EXAMINATION**

detention on remand	DUINHOF *v.* NETHERLANDS	(1991) 13 E.H.R.R. 478

EXAMINATION OF WITNESS

defendant's entitlement	ASCH *v.* AUSTRIA	(1993) 15 E.H.R.R. 597
	BRANDSTETTER *v.* AUSTRIA	(1993) 15 E.H.R.R. 378
	BRICMONT *v.* BELGIUM	(1990) 12 E.H.R.R. 217
	DELTA *v.* FRANCE	(1993) 16 E.H.R.R. 574
	DOORSON *v.* NETHERLANDS	(1996) 22 E.H.R.R. 330
	FITT *v.* UK	(2000) 30 E.H.R.R. 480
	JASPER *v.* UK	(2000) 30 E.H.R.R. 441
	KOSTOVSKI *v.* NETHERLANDS	(1990) 12 E.H.R.R. 434
	LÜDI *v.* SWITZERLAND	(1993) 15 E.H.R.R. 173
	PULLAR *v.* UK	(1996) 22 E.H.R.R. 391
	SAIDI *v.* FRANCE	(1994) 17 E.H.R.R. 251

EXCESSIVE WORKLOAD OF COURTS

reasonable time in detention	BAGGETTA *v.* ITALY	(1988) 10 E.H.R.R. 325
	BUNKATE *v.* NETHERLANDS	(1995) 19 E.H.R.R. 477
	DOBBERTIN *v.* FRANCE	(1993) 16 E.H.R.R. 558
	ERKNER *v.* AUSTRIA	(1987) 9 E.H.R.R. 464
	H. *v.* FRANCE	(1990) 12 E.H.R.R. 74
	HENTRICH *v.* FRANCE	(1994) 18 E.H.R.R. 440
	LECHNER & HESS *v.* AUSTRIA	(1987) 9 E.H.R.R. 490
	LOMBARDO *v.* ITALY	(1996) 21 E.H.R.R. 188
	MASSA *v.* ITALY	(1994) 18 E.H.R.R. 266
	MILASI *v.* ITALY	(1988) 10 E.H.R.R. 333
	SCUDERI *v.* ITALY	(1995) 19 E.H.R.R. 187
	UNIÓN ALIMENTARIA SANDERS *v.* SPAIN	(1990) 12 E.H.R.R. 24

EXECUTION OF COURT'S JUDGMENTS, SUPERVISION OF [Art. 54]

consideration of request for interpretation	RINGEISEN *v.* AUSTRIA (NO. 3)	(1979) 1 E.H.R.R. 513
contempt of court law	SUNDAY TIMES *v.* UK	(1981) 3 E.H.R.R. 615

EXECUTION OF DEBT

admissibility decisions	APP. 9676/82 *v.* BELGIUM	(1983) 5 E.H.R.R. 293

EXERCISE OF DISCRETIONARY POWERS

Recommendation		(1982) 4 E.H.R.R. 145

EXHAUSTION OF DOMESTIC REMEDIES [Art. 22]

adequacy	DEWEER *v.* BELGIUM	(1980) 2 E.H.R.R. 439
admissibility decisions	APP. 9097/80 *v.* BELGIUM	(1983) 5 E.H.R.R. 280
	APP. 9107/80 *v.* BELGIUM	(1983) 5 E.H.R.R. 282
	APP. 9360/81 *v.* IRELAND	(1983) 5 E.H.R.R. 506
	APP. 9506/81 *v.* BELGIUM	(1983) 5 E.H.R.R. 508
	APP. 9515/81 *v.* UK	(1983) 5 E.H.R.R. 272
	APP. 9576/81 *v.* UK	(1983) 5 E.H.R.R. 509
	APP. 9578/81 *v.* GERMANY	(1983) 5 E.H.R.R. 483
	APP. 9587/81 *v.* FRANCE	(1983) 5 E.H.R.R. 483
	APP. 9595/81 *v.* FRANCE	(1983) 5 E.H.R.R. 509
	APP. 9603/81 *v.* GERMANY	(1983) 5 E.H.R.R. 291
	BANSTONIAN *v.* UK	(1983) 5 E.H.R.R. 498
	ENGLISH ELECTRIC CO. *v.* UK	(1983) 5 E.H.R.R. 498
	LITHGOW *v.* UK	(1983) 5 E.H.R.R. 491
	VICKERS PLC *v.* UK	(1983) 5 E.H.R.R. 499
	VOSPER PLC *v.* UK	(1983) 5 E.H.R.R. 496
	YARROW PLC *v.* UK	(1983) 5 E.H.R.R. 498
appeal, failure to	DE WILDE, OOMS & VERSYP *v.* BELGIUM	(1979) 1 E.H.R.R. 373
application ruled admissible, after	B. *v.* FRANCE	(1993) 16 E.H.R.R. 1
	DE WILDE, OOMS & VERSYP *v.* BELGIUM	(1979) 1 E.H.R.R. 373
	MATZNETTER *v.* AUSTRIA	(1979) 1 E.H.R.R. 198
	RINGEISEN *v.* AUSTRIA (NO. 1)	(1979) 1 E.H.R.R. 455
	STÖGMÜLLER *v.* AUSTRIA	(1979) 1 E.H.R.R. 155
certiorari, failure to seek	MCFEELEY *v.* UK	(1981) 3 E.H.R.R. 161
consideration by Court	AIREY *v.* IRELAND	(1980) 2 E.H.R.R. 305
corporal punishment	X, Y & Z *v.* SWEDEN	(1983) 5 E.H.R.R. 147
final decision	X. *v.* UK	(1981) 3 E.H.R.R. 302
interrogation of suspected terrorists	IRELAND *v.* UK	(1980) 2 E.H.R.R. 25
judicial review, failure to apply for	KAMAL *v.* UK	(1982) 4 E.H.R.R. 244
	X. *v.* UK	(1982) 4 E.H.R.R. 350
lack of understanding of language	BROZICEK *v.* ITALY	(1990) 12 E.H.R.R. 371
names and surnames, use of	BURGHARTZ *v.* SWITZERLAND	(1994) 18 E.H.R.R. 79
national security interests	KLASS & ORS *v.* GERMANY	(1980) 2 E.H.R.R. 214
preliminary objections	A. *v.* FRANCE	(1994) 17 E.H.R.R. 462
	ABDOELLA *v.* NETHERLANDS	(1995) 20 E.H.R.R. 585
	AHMET SADIK *v.* GREECE	(1997) 24 E.H.R.R. 323
	AKDIVAR *v.* TURKEY	(1997) 23 E.H.R.R. 143
	AKKUS *v.* TURKEY	(2000) 30 E.H.R.R. 365
	AKSOY *v.* TURKEY	(1997) 23 E.H.R.R. 553
	ANDRONICOU *v.* CYPRUS	(1998) 25 E.H.R.R. 491
	ANKERL *v.* SWITZERLAND	(2001) 32 E.H.R.R. 1 at page 1
	AQUILINA *v.* MALTA	(2000) 29 E.H.R.R. 185
	ARSLAN *v.* TURKEY	(2001) 31 E.H.R.R. 9 at page 264
	ASSENOV & ORS *v.* BULGARIA	(1999) 28 E.H.R.R. 652
	ATHANASSOGLOU *v.* SWITZERLAND	(2001) 31 E.H.R.R. 13 at page 372
	AYDIN *v.* TURKEY	(1998) 25 E.H.R.R. 251
	AYTEKIN *v.* TURKEY	(2001) 32 E.H.R.R. 22 at page 501
	B. *v.* FRANCE	(1993) 16 E.H.R.R. 1
	BAHADDAR *v.* NETHERLANDS	(1998) 26 E.H.R.R. 278
	BASKAYA & OKÇUOGLOU *v.* TURKEY	(2001) 31 E.H.R.R. 10

EXHAUSTION OF DOMESTIC REMEDIES—*cont.*

BEIS *v.* GREECE	(1998) 25 E.H.R.R. 335
BELZIUK *v.* POLAND	(2000) 30 E.H.R.R. 614
BERNARD *v.* FRANCE	(2000) 30 E.H.R.R. 809
BOTTEN *v.* NORWAY	(2001) 32 E.H.R.R. 3 at page 37
BURGHARTZ *v.* SWITZERLAND	(1994) 18 E.H.R.R. 79
BUSCARINI *v.* SAN MARINO	(2000) 30 E.H.R.R. 208
ÇAKICI *v.* TURKEY	(2001) 31 E.H.R.R. 5 at page 133
ÇIRAKLAR *v.* TURKEY	(2001) 32 E.H.R.R. 23 at page 535
CIVET *v.* FRANCE	(2001) 31 E.H.R.R. 38 at page 871
COOKE *v.* AUSTRIA	(2001) 31 E.H.R.R. 11 at page 338
CORIGLIANO *v.* ITALY	(1983) 5 E.H.R.R. 334
CRÉMIEUX *v.* FRANCE	(1993) 16 E.H.R.R. 357
DE JONG & ORS *v.* NETHERLANDS	(1986) 8 E.H.R.R. 20
DE MOOR *v.* BELGIUM	(1994) 18 E.H.R.R. 372
DEMICOLA *v.* MALTA	(1992) 14 E.H.R.R. 47
DEMIRTEPE *v.* FRANCE	(2001) 31 E.H.R.R. 28 at page 708
ERGI *v.* TURKEY	(2001) 32 E.H.R.R. 18 at page 388
ERKALO *v.* NETHERLANDS	(1999) 28 E.H.R.R. 509
FAYED *v.* UK	(1994) 18 E.H.R.R. 394
FRESSOZ *v.* FRANCE	(2001) 31 E.H.R.R. 2 at page 28
GASUS DOSIER *v.* NETHERLANDS	(1995) 20 E.H.R.R. 403
GLASENAPP *v.* GERMANY	(1987) 9 E.H.R.R. 25
GUERRA & ORS *v.* ITALY	(1998) 26 E.H.R.R. 357
GUILLEMIN *v.* FRANCE	(1998) 25 E.H.R.R. 435
GÜLEÇ *v.* TURKEY	(1999) 28 E.H.R.R. 121
GÜNDEM *v.* TURKEY	(2001) 32 E.H.R.R. 17 at page 350
HENTRICH *v.* FRANCE	(1994) 18 E.H.R.R. 440
HIGGINS & ORS *v.* FRANCE	(1999) 27 E.H.R.R. 704
HOLY MONASTERIES *v.* GREECE	(1995) 20 E.H.R.R. 1
HORNSBY *v.* GREECE	(1997) 24 E.H.R.R. 251
IATRIDIS *v.* GREECE	(2000) 30 E.H.R.R. 97
IMMOBILIARE *v.* ITALY	(2000) 30 E.H.R.R. 756
K-F *v.* GERMANY	(1998) 26 E.H.R.R. 390
KALAC *v.* TURKEY	(1999) 27 E.H.R.R. 552
KATIKARIDIS & ORS *v.* GREECE	(2001) 32 E.H.R.R. 6 at page 113
KATTE KLITSCHE *v.* ITALY	(1995) 19 E.H.R.R. 368
KEEGAN *v.* IRELAND	(1994) 18 E.H.R.R. 342
KOPP *v.* SWITZERLAND	(1999) 27 E.H.R.R. 91
KREMZOW *v.* AUSTRIA	(1994) 17 E.H.R.R. 323
KURT *v.* TURKEY	(1999) 27 E.H.R.R. 375
LOPEZ OSTRA *v.* SPAIN	(1995) 20 E.H.R.R. 277
MCGINLEY *v.* UK	(1999) 27 E.H.R.R. 1
MIAILHE *v.* FRANCE	(1993) 16 E.H.R.R. 333
MIAILHE *v.* FRANCE (NO. 2)	(1997) 23 E.H.R.R. 491
MANOUSSAKIS & ORS *v.* GREECE	(1997) 23 E.H.R.R. 387
NAVARRA *v.* FRANCE	(1994) 17 E.H.R.R. 594
NIKOLOVA *v.* BULGARIA	(2001) 31 E.H.R.R. 3 at page 64
OGUR *v.* TURKEY	(2001) 31 E.H.R.R. 40 at page 912

EXHAUSTION OF DOMESTIC REMEDIES—*cont.*

	OPEN DOOR COUNSELLING *v.* IRELAND	(1993) 15 E.H.R.R. 245
	PFEIFER *v.* AUSTRIA	(1992) 14 E.H.R.R. 692
	PINE VALLEY *v.* IRELAND	(1992) 14 E.H.R.R. 319
	PRESSOS COMPANIA NAVIERA *v.* BELGIUM	(1996) 21 E.H.R.R. 301
	PRINZ *v.* AUSTRIA	(2001) 31 E.H.R.R. 12 at page 357
	RANINEN *v.* FINLAND	(1998) 26 E.H.R.R. 563
	REMLI *v.* FRANCE	(1996) 22 E.H.R.R. 253
	RIEME *v.* SWEDEN	(1993) 16 E.H.R.R. 155
	RMD *v.* SWITZERLAND	(1999) 28 E.H.R.R. 224
	SAIDI *v.* FRANCE	(1994) 17 E.H.R.R. 251
	SELMOUNI *v.* FRANCE	(2000) 29 E.H.R.R. 365
	SIDIROPOLOUS & ORS *v.* GREECE	(1999) 27 E.H.R.R. 633
	SPADEA *v.* ITALY	(1996) 21 E.H.R.R. 482
	STRAN GREEK REFINERIES *v.* GREECE	(1995) 19 E.H.R.R. 293
	TOMASI *v.* FRANCE	(1993) 15 E.H.R.R. 1
	TW *v.* MALTA	(2000) 29 E.H.R.R. 185
	V. *v.* UK	(2000) 30 E.H.R.R. 121
	VASILESCU *v.* ROMANIA	(1999) 28 E.H.R.R. 241
	YAĞCI & SARGIN *v.* TURKEY	(1995) 20 E.H.R.R. 505
	YAGIZ *v.* TURKEY	(1996) 22 E.H.R.R. 573
	YASA *v.* TURKEY	(1999) 28 E.H.R.R. 409
	ZANA *v.* TURKEY	(1999) 27 E.H.R.R. 667
	ZUBANI *v.* ITALY	(2001) 32 E.H.R.R. 14 at page 297
preliminary pleas	ARTICO *v.* ITALY	(1981) 3 E.H.R.R. 1
	BARBERA *v.* SPAIN	(1989) 11 E.H.R.R. 360
	GUZZARDI *v.* ITALY	(1981) 3 E.H.R.R. 333
	FOTI *v.* ITALY	(1983) 5 E.H.R.R. 313
required remedies	VAN OOSTERWIJCK *v.* BELGIUM	(1981) 3 E.H.R.R. 557
similarity to previous applications	CYPRUS *v.* TURKEY	(1997) 23 E.H.R.R. 244
traffic offences	MALIGE *v.* FRANCE	(1999) 28 E.H.R.R. 578
waiver of rule	COSTA RICA CASE	(1982) 4 E.H.R.R. 469
	DE WILDE, OOMS & VERSYP *v.* BELGIUM	(1979) 1 E.H.R.R. 373
	PFEIFER *v.* AUSTRIA	(1992) 14 E.H.R.R. 692

EXPERT WITNESS

equality of arms	BÖNISCH *v.* AUSTRIA	(1987) 9 E.H.R.R. 191
	BRANDSTETTER *v.* AUSTRIA	(1993) 15 E.H.R.R. 378

EXPERT'S REPORT

just satisfaction	PAPAMICHALOPOLOUS *v.* GREECE	(1996) 21 E.H.R.R. 439

EXPRESSION, FREEDOM OF [Art. 10]

abortion counselling	OPEN DOOR COUNSELLING *v.* IRELAND	(1993) 15 E.H.R.R. 245
academic works	BASKAYA & OKÇUOGLOU *v.* TURKEY	(2001) 31 E.H.R.R. 10 at page 292
access to personal files	GASKIN *v.* UK	(1990) 12 E.H.R.R. 36
admissibility decisions	APP. 8962/80 *v.* BELGIUM	(1983) 5 E.H.R.R. 268
	APP. 9228/80 *v.* GERMANY	(1983) 5 E.H.R.R. 471
	APP. 9251/81 *v.* GERMANY	(1983) 5 E.H.R.R. 476
	APP. 9615/81 *v.* UK	(1983) 5 E.H.R.R. 591

EXPRESSION, FREEDOM OF—*cont.*

	APP. 9659/82 *v.* UK	(1983) 5 E.H.R.R. 605
	APP. 9664/82 *v.* SWEDEN	(1983) 5 E.H.R.R. 510
	APP. 9704/82 *v.* GERMANY	(1983) 5 E.H.R.R. 487
advertising	APP. 9664/82 *v.* SWEDEN	(1983) 5 E.H.R.R. 510
	BARTHOLD *v.* GERMANY	(1985) 7 E.H.R.R. 383
	CASADO COCA *v.* SPAIN	(1994) 18 E.H.R.R. 1
anti-religious films	OTTO-PREMINGER INSTITUTE *v.* AUSTRIA	(1995) 19 E.H.R.R. 34
application of Article	GUERRA & ORS *v.* ITALY	(1998) 26 E.H.R.R. 357
	VOGT *v.* GERMANY	(1996) 21 E.H.R.R. 205
arrest for breach of peace	STEEL & ORS *v.* UK	(1999) 28 E.H.R.R. 603
artistic expression	MÜLLER *v.* SWITZERLAND	(1991) 13 E.H.R.R. 212
assembly by demonstrators	EZELIN *v.* FRANCE	(1992) 14 E.H.R.R. 362
balance of interests	ANDREAS WABL *v.* AUSTRIA	(2001) 31 E.H.R.R. 51 at page 1134
blasphemy	GAY NEWS LTD *v.* UK	(1983) 5 E.H.R.R. 123
	WINGROVE *v.* UK	(1997) 24 E.H.R.R. 1
broadcasting	AUTRONIC AG *v.* SWITZERLAND	(1990) 12 E.H.R.R. 485
	GROPPERA RADIO *v.* SWITZERLAND	(1990) 12 E.H.R.R. 321
	INFORMATIONSVEREIN LENTIA *v.* AUSTRIA	(1994) 17 E.H.R.R. 93
	JERSILD *v.* DENMARK	(1995) 19 E.H.R.R. 1
C.B. radio, use of	APP. 8962/80 *v.* BELGIUM	(1983) 5 E.H.R.R. 268
civil servants	AHMED & ORD *v.* UK	(2000) 29 E.H.R.R. 1
	APP. 9228/80 *v.* GERMANY	(1983) 5 E.H.R.R. 471
	GLASENAPP *v.* GERMANY	(1987) 9 E.H.R.R. 25
	KOSIEK *v.* GERMANY	(1987) 9 E.H.R.R. 328
	REKVÉNYI *v.* HUNGARY	(2000) 30 E.H.R.R. 519
	VOGT *v.* GERMANY	(1996) 21 E.H.R.R. 205
	WILLE *v.* LIECHTENSTEIN	(2000) 30 E.H.R.R. 558
commercial information	GOODWIN *v.* UK	(1996) 22 E.H.R.R. 123
	MARKT INTERN *v.* GERMANY	(1990) 12 E.H.R.R. 161
confidential information	GOODWIN *v.* UK	(1996) 22 E.H.R.R. 123
	OBSERVER & GUARDIAN *v.* UK	(1992) 14 E.H.R.R. 153
	SUNDAY TIMES *v.* UK (NO. 2)	(1992) 14 E.H.R.R. 229
conscripted serviceman	GRIGORIADES *v.* GREECE	(1999) 27 E.H.R.R. 464
contempt of court	SUNDAY TIMES *v.* UK	(1980) 2 E.H.R.R. 245
correspondence	MCCALLUM *v.* UK	(1991) 13 E.H.R.R. 597
	SILVER *v.* UK	(1983) 5 E.H.R.R. 347
counselling	OPEN DOOR COUNSELLING *v.* IRELAND	(1993) 15 E.H.R.R. 245
criminal defamation	DALBAN *v.* ROMANIA	(2001) 31 E.H.R.R. 39 at page 893
	LINGENS & LEITGENS *v.* AUSTRIA	(1982) 4 E.H.R.R. 373
	LINGENS & LEITGENS *v.* AUSTRIA	(1986) 8 E.H.R.R. 407
	OBERSCHLICK *v.* AUSTRIA	(1995) 19 E.H.R.R. 389
	OBERSCHLICK *v.* AUSTRIA (NO. 2)	(1998) 25 E.H.R.R. 357
	PRAGER & OBERSCHLICK *v.* AUSTRIA	(1996) 21 E.H.R.R. 1
	THORGEIRSON *v.* ICELAND	(1992) 14 E.H.R.R. 843
	WORM *v.* AUSTRIA	(1998) 25 E.H.R.R. 454
criticism of government	CASTELLS *v.* SPAIN	(1992) 14 E.H.R.R. 445
	OBERSCHLICK *v.* AUSTRIA	(1995) 19 E.H.R.R. 389
defamation	ANDREAS WABL *v.* AUSTRIA	(2001) 31 E.H.R.R. 51 at page 1134
	BARFOD *v.* DENMARK	(1991) 13 E.H.R.R. 493
	BERGENS TIDENDE *v.* NORWAY	(2001) 31 E.H.R.R. 16 at page 430
	BLADET TROMSØ & STENSAAS *v.* NORWAY	(2000) 29 E.H.R.R. 125

EXPRESSION, FREEDOM OF—*cont.*

	DALBAN *v.* ROMANIA	(2001) 31 E.H.R.R. 39 at page 893
	DE HAES & GIJSELS V. BELGIUM	(1998) 25 E.H.R.R. 1
	LINGENS & LEITGENS *v.* AUSTRIA	(1982) 4 E.H.R.R. 373
	LINGENS & LEITGENS *v.* AUSTRIA	(1986) 8 E.H.R.R. 407
	NILSEN & JOHNSEN *v.* NORWAY	(2000) 30 E.H.R.R. 878
	OBERSCHLICK *v.* AUSTRIA	(1995) 19 E.H.R.R. 389
	OBERSCHLICK *v.* AUSTRIA (NO. 2)	(1998) 25 E.H.R.R. 357
	PRAGER & OBERSCHLICK *v.* AUSTRIA	(1996) 21 E.H.R.R. 1
	THORGEIRSON *v.* ICELAND	(1992) 14 E.H.R.R. 843
	TOLSTOY *v.* UK	(1995) 20 E.H.R.R. 442
	WORM *v.* AUSTRIA	(1998) 25 E.H.R.R. 454
defence of crimes of collaboration	LEHIDEUX & ISORNI *v.* FRANCE	(2000) 30 E.H.R.R. 665
detention for breaches of peace	CHORRHERR *v.* AUSTRIA	(1994) 17 E.H.R.R. 358
disclosure of information of general interest	FRESSOZ *v.* FRANCE	(2001) 31 E.H.R.R. 2 at page 28
distribution of magazine	VDS ÖSTERREICHS & GUBI *v.* AUSTRIA	(1995) 20 E.H.R.R. 56
	WEEKBLAD BLUF! *v.* NETHERLANDS	(1995) 20 E.H.R.R. 189
election pamphleteer	BOWMAN *v.* UK	(1998) 26 E.H.R.R. 1
electoral system	LIBERAL PARTY *v.* UK	(1982) 4 E.H.R.R. 106
expressions of love	X *v.* UK	(1981) 3 E.H.R.R. 63
expulsion order	PIERMONT *v.* FRANCE	(1995) 20 E.H.R.R. 277
film classification	WINGROVE *v.* UK	(1997) 24 E.H.R.R. 1
forced closure of newspaper	ÖZGÜR GÜNDEM *v.* TURKEY	(2001) 31 E.H.R.R. 49 at page 1082
foreign newspapers	OBSERVER & GUARDIAN *v.* UK	(1992) 14 E.H.R.R. 153
	SUNDAY TIMES *v.* UK (NO. 2)	(1992) 14 E.H.R.R. 229
general principles	OBERSCHLICK *v.* AUSTRIA	(1995) 19 E.H.R.R. 389
hazardous effects of microwave ovens	HERTEL *v.* SWITZERLAND	(1999) 28 E.H.R.R. 534
homosexuality	LUSTIG-PREAN & BECKETT *v.* UK	(2000) 29 E.H.R.R. 548
	SMITH & GRADY *v.* UK	(2000) 29 E.H.R.R. 493
hunt saboteurs	HASHMAN & HARRUP *v.* UK	(2000) 30 E.H.R.R. 241
immigration control	X, CABALES & BALKANDALI *v.* UK	(1983) 5 E.H.R.R. 132
incitement of racial hatred	GLIMMERVEEN *v.* NETHERLANDS	(1982) 4 E.H.R.R. 260
	JERSILD *v.* DENMARK	(1995) 19 E.H.R.R. 1
information and ideas, of	GROPPERA RADIO *v.* SWITZERLAND	(1990) 12 E.H.R.R. 321
information, right to	GUERRA & ORS *v.* ITALY	(1998) 26 E.H.R.R. 357
insulting commanding officer	GRIGORIADES *v.* GREECE	(1999) 27 E.H.R.R. 464
insulting municipal guards	JANOWSKI *v.* POLAND	(2000) 29 E.H.R.R. 705
interference, meaning of	DE HAES & GIJSELS V. BELGIUM	(1998) 25 E.H.R.R. 1
	HERTEL *v.* SWITZERLAND	(1999) 28 E.H.R.R. 534
	WINGROVE *v.* UK	(1997) 24 E.H.R.R. 1
journalistic sources	GOODWIN *v.* UK	(1996) 22 E.H.R.R. 123
legitimacy of purpose	AHMED & ORD *v.* UK	(2000) 29 E.H.R.R. 1
	ARSLAN *v.* TURKEY	(2001) 31 E.H.R.R. 9 at page 264
	BASKAYA & OKÇUOGLOU *v.* TURKEY	(2001) 31 E.H.R.R. 10 at page 292
	BLADET TROMSØ & STENSAAS *v.* NORWAY	(2000) 29 E.H.R.R. 125
	BOWMAN *v.* UK	(1998) 26 E.H.R.R. 1
	CASADO COCA *v.* SPAIN	(1994) 18 E.H.R.R. 1
	CASTELLS *v.* SPAIN	(1992) 14 E.H.R.R. 445

EXPRESSION, FREEDOM OF—*cont.*

	CEYLAN *v.* TURKEY	(2000) 30 E.H.R.R. 73
	DALBAN *v.* ROMANIA	(2001) 31 E.H.R.R. 39 at page 893
	FRESSOZ *v.* FRANCE	(2001) 31 E.H.R.R. 2 at page 28
	FUENTES BOBO *v.* SPAIN	(2001) 31 E.H.R.R. 50 at page 1115
	GOODWIN *v.* UK	(1996) 22 E.H.R.R. 123
	GRIGORIADES *v.* GREECE	(1999) 27 E.H.R.R. 464
	HERTEL *v.* SWITZERLAND	(1999) 28 E.H.R.R. 534
	INCAL *v.* TURKEY	(2000) 29 E.H.R.R. 449
	JANOWSKI *v.* POLAND	(2000) 29 E.H.R.R. 705
	NEWS VERLAGS GMBH *v.* AUSTRIA	(2001) 31 E.H.R.R. 8 at page 246
	NILSEN & JOHNSEN *v.* NORWAY	(2000) 30 E.H.R.R. 878
	OPEN DOOR COUNSELLING *v.* IRELAND	(1993) 15 E.H.R.R. 245
	ÖZGÜR GÜNDEM *v.* TURKEY	(2001) 31 E.H.R.R. 49 at page 1082
	PIERMONT *v.* FRANCE	(1995) 20 E.H.R.R. 277
	PRAGER & OBERSCHLICK *v.* AUSTRIA	(1996) 21 E.H.R.R. 1
	RADIO ABC *v.* AUSTRIA	(1998) 25 E.H.R.R. 185
	REKVÉNYI *v.* HUNGARY	(2000) 30 E.H.R.R. 519
	STEEL & ORS *v.* UK	(1999) 28 E.H.R.R. 603
	THORGEIRSON *v.* ICELAND	(1992) 14 E.H.R.R. 843
	TOLSTOY *v.* UK	(1995) 20 E.H.R.R. 442
	VDS ÖSTERREICHS & GUBI *v.* AUSTRIA	(1995) 20 E.H.R.R. 56
	VOGT *v.* GERMANY	(1996) 21 E.H.R.R. 205
	WEBER *v.* SWITZERLAND	(1990) 12 E.H.R.R. 508
	WEEKBLAD BLUF! *v.* NETHERLANDS	(1995) 20 E.H.R.R. 189
	WILLE *v.* LIECHTENSTEIN	(2000) 30 E.H.R.R. 558
	WINGROVE *v.* UK	(1997) 24 E.H.R.R. 1
	WORM *v.* AUSTRIA	(1998) 25 E.H.R.R. 454
licensing	INFORMATIONSVEREIN LENTIA *v.* AUSTRIA	(1994) 17 E.H.R.R. 93
	RADIO ABC *v.* AUSTRIA	(1998) 25 E.H.R.R. 185
licensing of journalists	COMPULSORY MEMBERSHIP OF JOURNALISTS' ASSOCIATION,	(1986) 8 E.H.R.R. 165
limits of criticism	OBERSCHLICK *v.* AUSTRIA	(1995) 19 E.H.R.R. 389
local government officers	AHMED & ORD *v.* UK	(2000) 29 E.H.R.R. 1
love, of	X *v.* UK	(1981) 3 E.H.R.R. 63
margin of appreciation	AHMED & ORD *v.* UK	(2000) 29 E.H.R.R. 1
	JACUBOWSKI *v.* GERMANY	(1995) 19 E.H.R.R. 64
measures prescribed by law	AHMED & ORD *v.* UK	(2000) 29 E.H.R.R. 1
	ARSLAN *v.* TURKEY	(2001) 31 E.H.R.R. 9 at page 264
	BASKAYA & OKÇUOGLOU *v.* TURKEY	(2001) 31 E.H.R.R. 10 at page 292
	BERGENS TIDENDE *v.* NORWAY	(2001) 31 E.H.R.R. 16 at page 430
	BLADET TROMSØ & STENSAAS *v.* NORWAY	(2000) 29 E.H.R.R. 125
	BOWMAN *v.* UK	(1998) 26 E.H.R.R. 1
	CEYLAN *v.* TURKEY	(2000) 30 E.H.R.R. 73
	DALBAN *v.* ROMANIA	(2001) 31 E.H.R.R. 39 at page 893

EXPRESSION, FREEDOM OF—*cont.*

	FRESSOZ *v.* FRANCE	(2001) 31 E.H.R.R. 2 at page 28
	GOODWIN *v.* UK	(1996) 22 E.H.R.R. 123
	GRIGORIADES *v.* GREECE	(1999) 27 E.H.R.R. 464
	HASHMAN & HARRUP *v.* UK	(2000) 30 E.H.R.R. 241
	HERTEL *v.* SWITZERLAND	(1999) 28 E.H.R.R. 534
	INCAL *v.* TURKEY	(2000) 29 E.H.R.R. 449
	JANOWSKI *v.* POLAND	(2000) 29 E.H.R.R. 705
	NEWS VERLAGS GMBH *v.* AUSTRIA	(2001) 31 E.H.R.R. 8 at page 246
	NILSEN & JOHNSEN *v.* NORWAY	(2000) 30 E.H.R.R. 878
	OBERSCHLICK *v.* AUSTRIA (NO. 2)	(1998) 25 E.H.R.R. 357
	OTTO-PREMINGER INSTITUTE *v.* AUSTRIA	(1995) 19 E.H.R.R. 34
	ÖZGÜR GÜNDEM *v.* TURKEY	(2001) 31 E.H.R.R. 49 at page 1082
	PIERMONT *v.* FRANCE	(1995) 20 E.H.R.R. 277
	PRAGER & OBERSCHLICK *v.* AUSTRIA	(1996) 21 E.H.R.R. 1
	RADIO ABC *v.* AUSTRIA	(1998) 25 E.H.R.R. 185
	REKVÉNYI *v.* HUNGARY	(2000) 30 E.H.R.R. 519
	STEEL & ORS *v.* UK	(1999) 28 E.H.R.R. 603
	TOLSTOY *v.* UK	(1995) 20 E.H.R.R. 442
	VDS ÖSTERREICHS & GUBI *v.* AUSTRIA	(1995) 20 E.H.R.R. 56
	VOGT *v.* GERMANY	(1996) 21 E.H.R.R. 205
	WEEKBLAD BLUF! *v.* NETHERLANDS	(1995) 20 E.H.R.R. 189
	WILLE *v.* LIECHTENSTEIN	(2000) 30 E.H.R.R. 558
	WINGROVE *v.* UK	(1997) 24 E.H.R.R. 1
	WORM *v.* AUSTRIA	(1998) 25 E.H.R.R. 454
	ZANA *v.* TURKEY	(1999) 27 E.H.R.R. 667
membership of political party	VOGT *v.* GERMANY	(1996) 21 E.H.R.R. 205
military disciplinary measures	ENGEL & ORS *v.* NETHERLANDS (NO. 1)	(1979) 1 E.H.R.R. 647
	HADJIANASTASSIOU *v.* GREECE	(1993) 16 E.H.R.R. 219
national security	HADJIANASTASSIOU *v.* GREECE	(1993) 16 E.H.R.R. 219
necessary in democratic society	ANDREAS WABL *v.* AUSTRIA	(2001) 31 E.H.R.R. 51 at page 1134
	ARSLAN *v.* TURKEY	(2001) 31 E.H.R.R. 9 at page 264
	AUTRONIC AG *v.* SWITZERLAND	(1990) 12 E.H.R.R. 485
	BARTHOLD *v.* GERMANY	(1985) 7 E.H.R.R. 383
	BASKAYA & OKÇUOGLOU *v.* TURKEY	(2001) 31 E.H.R.R. 10 at page 292
	BERGENS TIDENDE *v.* NORWAY	(2001) 31 E.H.R.R. 16 at page 430
	BLADET TROMSØ & STENSAAS *v.* NORWAY	(2000) 29 E.H.R.R. 125
	BOWMAN *v.* UK	(1998) 26 E.H.R.R. 1
	CASADO COCA *v.* SPAIN	(1994) 18 E.H.R.R. 1
	CASTELLS *v.* SPAIN	(1992) 14 E.H.R.R. 445
	CEYLAN *v.* TURKEY	(2000) 30 E.H.R.R. 73
	DALBAN *v.* ROMANIA	(2001) 31 E.H.R.R. 39 at page 893
	DE HAES & GIJSELS V. BELGIUM	(1998) 25 E.H.R.R. 1
	DUDGEON *v.* UK	(1982) 4 E.H.R.R. 149
	FRESSOZ *v.* FRANCE	(2001) 31 E.H.R.R. 2 at page 28

EXPRESSION, FREEDOM OF—*cont.*

	FUENTES BOBO *v.* SPAIN	(2001) 31 E.H.R.R. 50 at page 1115
	GAY NEWS LTD *v.* UK	(1983) 5 E.H.R.R. 123
	GOODWIN *v.* UK	(1996) 22 E.H.R.R. 123
	GRIGORIADES *v.* GREECE	(1999) 27 E.H.R.R. 464
	GROPPERA RADIO *v.* SWITZERLAND	(1990) 12 E.H.R.R. 321
	HERTEL *v.* SWITZERLAND	(1999) 28 E.H.R.R. 534
	INCAL *v.* TURKEY	(2000) 29 E.H.R.R. 449
	INFORMATIONSVEREIN LENTIA *v.* AUSTRIA	(1994) 17 E.H.R.R. 93
	JANOWSKI *v.* POLAND	(2000) 29 E.H.R.R. 705
	JERSILD *v.* DENMARK	(1995) 19 E.H.R.R. 1
	LEHIDEUX & ISORNI *v.* FRANCE	(2000) 30 E.H.R.R. 665
	LINGENS & LEITGENS *v.* AUSTRIA	(1986) 8 E.H.R.R. 407
	MARKT INTERN *v.* GERMANY	(1989) 11 E.H.R.R. 212
	MARKT INTERN *v.* GERMANY	(1990) 12 E.H.R.R. 161
	NEWS VERLAGS GMBH *v.* AUSTRIA	(2001) 31 E.H.R.R. 8 at page 246
	NILSEN & JOHNSEN *v.* NORWAY	(2000) 30 E.H.R.R. 878
	OBERSCHLICK *v.* AUSTRIA (NO. 2)	(1998) 25 E.H.R.R. 357
	OBSERVER & GUARDIAN *v.* UK	(1992) 14 E.H.R.R. 153
	OPEN DOOR COUNSELLING *v.* IRELAND	(1993) 15 E.H.R.R. 245
	OTTO-PREMINGER INSTITUTE *v.* AUSTRIA	(1995) 19 E.H.R.R. 34
	ÖZGÜR GÜNDEM *v.* TURKEY	(2001) 31 E.H.R.R. 49 at page 1082
	PIERMONT *v.* FRANCE	(1995) 20 E.H.R.R. 277
	PRAGER & OBERSCHLICK *v.* AUSTRIA	(1996) 21 E.H.R.R. 1
	RADIO ABC *v.* AUSTRIA	(1998) 25 E.H.R.R. 185
	REKVÉNYI *v.* HUNGARY	(2000) 30 E.H.R.R. 519
	STEEL & ORS *v.* UK	(1999) 28 E.H.R.R. 603
	SUNDAY TIMES *v.* UK (NO. 2)	(1992) 14 E.H.R.R. 229
	THORGEIRSON *v.* ICELAND	(1992) 14 E.H.R.R. 843
	TOLSTOY *v.* UK	(1995) 20 E.H.R.R. 442
	VDS ÖSTERREICHS & GUBI *v.* AUSTRIA	(1995) 20 E.H.R.R. 56
	VOGT *v.* GERMANY	(1996) 21 E.H.R.R. 205
	WEBER *v.* SWITZERLAND	(1990) 12 E.H.R.R. 508
	WEEKBLAD BLUF! *v.* NETHERLANDS	(1995) 20 E.H.R.R. 189
	WILLE *v.* LIECHTENSTEIN	(2000) 30 E.H.R.R. 558
	WINGROVE *v.* UK	(1997) 24 E.H.R.R. 1
	WORM *v.* AUSTRIA	(1998) 25 E.H.R.R. 454
	ZANA *v.* TURKEY	(1999) 27 E.H.R.R. 667
morals, protection of	APP. 9615/81 *v.* UK	(1983) 5 E.H.R.R. 591
necessary interference	ARROWSMITH *v.* UK	(1981) 3 E.H.R.R. 218
newspaper closure	ÖZGÜR GÜNDEM *v.* TURKEY	(2001) 31 E.H.R.R. 49 at page 1082
newspapers in prisons	X *v.* UK	(1983) 5 E.H.R.R. 162
obscene books	HANDYSIDE *v.* UK	(1979) 1 E.H.R.R. 737
obscene paitings	MÜLLER *v.* SWITZERLAND	(1991) 13 E.H.R.R. 212
offensive remarks about employer	FUENTES BOBO *v.* SPAIN	(2001) 31 E.H.R.R. 50 at page 1115
opinion of judge in public lecture	WILLE *v.* LIECHTENSTEIN	(2000) 30 E.H.R.R. 558
pacifism	ARROWSMITH *v.* UK	(1981) 3 E.H.R.R. 218
pamphleteer	BOWMAN *v.* UK	(1998) 26 E.H.R.R. 1
pending litigation	SUNDAY TIMES *v.* UK	(1980) 2 E.H.R.R. 245

EXPRESSION, FREEDOM OF—*cont.*

personal files	GASKIN *v.* UK	(1990) 12 E.H.R.R. 36
personal opinions	EZELIN *v.* FRANCE	(1992) 14 E.H.R.R. 362
photographs of criminal suspect	NEWS VERLAGS GMBH *v.* AUSTRIA	(2001) 31 E.H.R.R. 8 at page 246
police officers	REKVÉNYI *v.* HUNGARY	(2000) 30 E.H.R.R. 519
political activity	AHMED & ORD *v.* UK	(2000) 29 E.H.R.R. 1
	PIERMONT *v.* FRANCE	(1995) 20 E.H.R.R. 277
	REKVÉNYI *v.* HUNGARY	(2000) 30 E.H.R.R. 519
political article	CEYLAN *v.* TURKEY	(2000) 30 E.H.R.R. 73
political leafletting	INCAL *v.* TURKEY	(2000) 29 E.H.R.R. 449
politically restricted posts	AHMED & ORD *v.* UK	(2000) 29 E.H.R.R. 1
positive obligations	ÖZGÜR GÜNDEM *v.* TURKEY	(2001) 31 E.H.R.R. 49 at page 1082
press release	JACUBOWSKI *v.* GERMANY	(1995) 19 E.H.R.R. 64
presumption of innocence	ALLENET DE RIBEMONT *v.* FRANCE	(1995) 20 E.H.R.R. 557
proportionality	OPEN DOOR COUNSELLING *v.* IRELAND	(1993) 15 E.H.R.R. 245
protection of morals	HANDYSIDE *v.* UK	(1979) 1 E.H.R.R. 737
protesters	HASHMAN & HARRUP *v.* UK	(2000) 30 E.H.R.R. 241
	STEEL & ORS *v.* UK	(1999) 28 E.H.R.R. 603
public body, interference by	CASADO COCA *v.* SPAIN	(1994) 18 E.H.R.R. 1
publication of book of propaganda	ARSLAN *v.* TURKEY	(2001) 31 E.H.R.R. 9 at page 264
	BASKAYA & OKÇUOGLOU *v.* TURKEY	(2001) 31 E.H.R.R. 10 at page 292
racial hatred	GLIMMERVEEN *v.* NETHERLANDS	(1982) 4 E.H.R.R. 260
	JERSILD *v.* DENMARK	(1995) 19 E.H.R.R. 1
radio station licence	RADIO ABC *v.* AUSTRIA	(1998) 25 E.H.R.R. 185
restraint of trade	DE BECKER *v.* BELGIUM	(1979) 1 E.H.R.R. 43
restrictions prescribed by law	GAY NEWS LTD *v.* UK	(1983) 5 E.H.R.R. 123
revealing confidential investigation	WEBER *v.* SWITZERLAND	(1990) 12 E.H.R.R. 508
satirical films	OTTO-PREMINGER INSTITUTE *v.* AUSTRIA	(1995) 19 E.H.R.R. 34
scope of Article	APP. 9615/81 *v.* UK	(1983) 5 E.H.R.R. 591
	CASADO COCA *v.* SPAIN	(1994) 18 E.H.R.R. 1
security check	LEANDER *v.* SWEDEN	(1987) 9 E.H.R.R. 433
sexual relationships	X *v.* UK	(1981) 3 E.H.R.R. 63
teachers	GLASENAPP *v.* GERMANY	(1987) 9 E.H.R.R. 25
unfair competition	JACUBOWSKI *v.* GERMANY	(1995) 19 E.H.R.R. 64
	MARKT INTERN *v.* GERMANY	(1989) 11 E.H.R.R. 212
	MARKT INTERN *v.* GERMANY	(1990) 12 E.H.R.R. 161
video classification	WINGROVE *v.* UK	(1997) 24 E.H.R.R. 1
words spoken to journalist	ZANA *v.* TURKEY	(1999) 27 E.H.R.R. 667

EXPROPRIATION OF PROPERTY

access to court	BODÉN *v.* SWEDEN	(1988) 10 E.H.R.R. 367
	MATOS E SILVA *v.* PORTUGAL	(1997) 24 E.H.R.R. 573
agricultural land proceedings	ERKNER *v.* AUSTRIA	(1987) 9 E.H.R.R. 464
delay in compensation	AKKUS *v.* TURKEY	(2000) 30 E.H.R.R. 365
	KATIKARIDIS & ORS *v.* GREECE	(2001) 32 E.H.R.R. 6 at page 113
	PAPACHELAS *v.* GREECE	(2000) 30 E.H.R.R. 923
land-use and development plans	MATOS E SILVA *v.* PORTUGAL	(1997) 24 E.H.R.R. 573
length of proceedings	GUILLEMIN *v.* FRANCE	(1998) 25 E.H.R.R. 435

EXPROPRIATION OF PROPERTY—*cont.*

	KATIKARIDIS & ORS *v.* GREECE	(2001) 32 E.H.R.R. 6 at page 113
	MATOS E SILVA *v.* PORTUGAL	(1997) 24 E.H.R.R. 573
	PAPACHELAS *v.* GREECE	(2000) 30 E.H.R.R. 923
	RUIZ-MATEOS *v.* SPAIN	(1993) 16 E.H.R.R. 505
peaceful enjoyment	MATOS E SILVA *v.* PORTUGAL	(1997) 24 E.H.R.R. 573
	SPORRONG *v.* SWEDEN	(1983) 5 E.H.R.R. 35
rent control	X. *v.* AUSTRIA	(1981) 3 E.H.R.R. 285

EXPULSION ORDER

Also see **DEPORTATION**

convicted alien dying of	D. *v.* UK	(1997) 24 E.H.R.R. 423
AIDS	EL BOUJAÏDI *v.* FRANCE	(2000) 30 E.H.R.R. 223
freedom of movement	PIERMONT *v.* FRANCE	(1995) 20 E.H.R.R. 277
national security	CHAHAL *v.* UK	(1997) 23 E.H.R.R. 414
relevant factors	AHMED *v.* AUSTRIA	(1997) 24 E.H.R.R. 278
risk of ill-treatment	BAHADDAR *v.* NETHERLANDS	(1998) 26 E.H.R.R. 278

EXTRADITION

death penalty	SOERING *v.* UK	(1989) 11 E.H.R.R. 439

EXTRADITION, DETENTION FOR

admissibility decisions	APP. 9706/82 *v.* GERMANY	(1983) 5 E.H.R.R. 512
	APP. 9822/82 *v.* SPAIN	(1983) 5 E.H.R.R. 609
	APP. 10308/82 *v.* GERMANY	(1983) 5 E.H.R.R. 611
lawfulness	BOZANO *v.* FRANCE	(1987) 9 E.H.R.R. 297
	KOLOMPAR *v.* BELGIUM	(1993) 16 E.H.R.R. 197
	QUINN *v.* FRANCE	(1996) 21 E.H.R.R. 529
legitimacy of purpose	KOLOMPAR *v.* BELGIUM	(1993) 16 E.H.R.R. 197
	QUINN *v.* FRANCE	(1996) 21 E.H.R.R. 529
provisional release	SANCHEZ-REISSE *v.* SWITZERLAND	(1987) 9 E.H.R.R. 71
reasonableness of duration	KOLOMPAR *v.* BELGIUM	(1993) 16 E.H.R.R. 197
	QUINN *v.* FRANCE	(1996) 21 E.H.R.R. 529
	MCGOFF *v.* SWEDEN	(1986) 8 E.H.R.R. 246
	SCOTT *v.* SPAIN	(1997) 24 E.H.R.R. 391

FAILURE TO APPEAL, EFFECT OF

exhaustion of domestic remedies	DE WILDE, OOMS & VERSYP *v.* BELGIUM	(1979) 1 E.H.R.R. 373

FAILURE TO COMPLY WITH COURT DECISIONS

authorisation to open private school	HORNSBY *v.* GREECE	(1997) 24 E.H.R.R. 251

FAILURE TO PROCEED WITH COMPLAINT

striking out of the list	FARMAKOPOULOS *v.* BELGIUM	(1993) 16 E.H.R.R. 187
	PL *v.* FRANCE	(1998) 25 E.H.R.R. 481

FAILURE TO PRODUCE EARLIER JUDGMENT

appeal proceedings	SOCIETE LEVAGE PRESTATIONS *v.* FRANCE	(1997) 24 E.H.R.R. 351

FAIR HEARING, RIGHT TO [Art. 6]

absence of legal aid	AIREY *v.* IRELAND	(1980) 2 E.H.R.R. 305
	PERKS & ORS *v.* UK	(2000) 30 E.H.R.R. 33

FAIR HEARING, RIGHT TO—*cont.*

access to case file	FOUCHER *v.* FRANCE	(1998) 25 E.H.R.R. 234
	KAMASINSKI *v.* AUSTRIA	(1991) 13 E.H.R.R. 36
	KEROJÄRVI *v.* FINLAND	(2001) 32 E.H.R.R. 8 at page 152
	NIDERÖST-HUBER *v.* SWITZERLAND	(1998) 25 E.H.R.R. 709
	SCHULER-ZGRAGGEN *v.* SWITZERLAND	(1993) 16 E.H.R.R. 406
access to lawyer	AVERILL *v.* UK	(2001) 31 E.H.R.R. 36 at page 839
	DAUD *v.* PORTUGAL	(2000) 30 E.H.R.R. 400
	HILTON *v.* UK	(1981) 3 E.H.R.R. 104
	MAGEE *v.* UK	(2001) 31 E.H.R.R. 35 at page 822
	MURRAY *v.* UK	(1996) 22 E.H.R.R. 29
	PAKELLI *v.* GERMANY	(1984) 6 E.H.R.R. 1
	PERKS & ORS *v.* UK	(2000) 30 E.H.R.R. 33
	S. *v.* SWITZERLAND	(1992) 14 E.H.R.R. 670
	SILVER *v.* UK	(1983) 5 E.H.R.R. 347
	VAN GEYSEGHEM *v.* BELGIUM	(2001) 32 E.H.R.R. 24 at page 554
access to tribunal	AIREY *v.* IRELAND	(1980) 2 E.H.R.R. 305
	AÏT-MOUHOUB *v.* FRANCE	(2000) 30 E.H.R.R. 382
	AKSOY *v.* TURKEY	(1997) 23 E.H.R.R. 553
	ANDRONICOU *v.* CYPRUS	(1998) 25 E.H.R.R. 491
	ASSENOV & ORS *v.* BULGARIA	(1999) 28 E.H.R.R. 652
	ATHANASSOGLOU *v.* SWITZERLAND	(2001) 31 E.H.R.R. 13 at page 372
	AYDIN *v.* TURKEY	(1998) 25 E.H.R.R. 251
	B. *v.* UK	(1988) 10 E.H.R.R. 87
	BAT *v.* NETHERLANDS	(1996) 21 E.H.R.R. 409
	BODÉN *v.* SWEDEN	(1988) 10 E.H.R.R. 367
	CANEA CATHOLIC CHURCH *v.* GREECE	(1999) 27 E.H.R.R. 521
	ERIKSSON *v.* SWEDEN	(1990) 12 E.H.R.R. 183
	ESCOUBET *v.* BELGIUM	(2001) 31 E.H.R.R. 46 at page 1034
	F.E. *v.* FRANCE	(2000) 29 E.H.R.R. 591
	FISCHER *v.* AUSTRIA	(1995) 20 E.H.R.R. 349
	GILLOW *v.* UK	(1989) 11 E.H.R.R. 335
	GOLDER *v.* UK	(1979) 1 E.H.R.R. 524
	GUSTAFSON *v.* SWEDEN	(1998) 25 E.H.R.R. 623
	H. *v.* UK	(1988) 10 E.H.R.R. 95
	HENNINGS *v.* GERMANY	(1993) 16 E.H.R.R. 83
	HOLY MONASTERIES *v.* GREECE	(1995) 20 E.H.R.R. 1
	IMMOBILIARE *v.* ITALY	(2000) 30 E.H.R.R. 756
	MATOS E SILVA *v.* PORTUGAL	(1997) 24 E.H.R.R. 573
	O. *v.* UK	(1988) 10 E.H.R.R. 82
	OBERMEIER *v.* AUSTRIA	(1991) 13 E.H.R.R. 290
	OMAR *v.* FRANCE	(2000) 29 E.H.R.R. 210
	OSMAN *v.* UK	(2000) 29 E.H.R.R. 245
	PALAORO *v.* AUSTRIA	(2001) 32 E.H.R.R. 10 at page 202
	PAULSEN-MEDALEN & ANOR *v.* SWEDEN	(1998) 26 E.H.R.R. 260
	PÉREZ DE RADA CAVANILLES *v.* SPAIN	(2000) 29 E.H.R.R. 109
	PFARRMEIER *v.* AUSTRIA	(1996) 22 E.H.R.R. 175
	PHILIS *v.* GREECE	(1991) 13 E.H.R.R. 741
	R. *v.* UK	(1988) 10 E.H.R.R. 74

FAIR HEARING, RIGHT TO—*cont.*

	SOCIETE LEVAGE PRESTATIONS *v.* FRANCE	(1997) 24 E.H.R.R. 351
	TINNELLY & SONS LTD *v.* UK	(1999) 27 E.H.R.R. 249
	UMLAUFT *v.* AUSTRIA	(1996) 22 E.H.R.R. 76
	VASILESCU *v.* ROMANIA	(1999) 28 E.H.R.R. 241
	W. *v.* UK	(1988) 10 E.H.R.R. 29
	WAITE & KENNEDY *v.* GERMANY	(2000) 30 E.H.R.R. 261
adequate time to prepare defence	HADJIANASTASSIOU *v.* GREECE	(1993) 16 E.H.R.R. 219
	KREMZOW *v.* AUSTRIA	(1994) 17 E.H.R.R. 323
	VACHER *v.* FRANCE	(1997) 24 E.H.R.R. 482
administrative procedures	KAPLAN *v.* UK	(1982) 4 E.H.R.R. 64
administrative proceedings	BENDENOUN *v.* FRANCE	(1994) 18 E.H.R.R. 54
	RUIZ-MATEOS *v.* SPAIN	(1993) 16 E.H.R.R. 505
	ZUMTOBEL *v.* AUSTRIA	(1994) 17 E.H.R.R. 116
adoption proceedings	EP *v.* ITALY	(2001) 31 E.H.R.R. 17 at page 463
	KEEGAN *v.* IRELAND	(1994) 18 E.H.R.R. 342
adversarial principle	JJ *v.* NETHERLANDS	(1999) 28 E.H.R.R. 169
	MANTOVANELLI *v.* FRANCE	(1997) 24 E.H.R.R. 370
	ROWE & DAVIS *v.* UK	(2000) 30 E.H.R.R. 1
affiliation proceedings	X. *v.* IRELAND	(1982) 4 E.H.R.R. 358
aggravating circumstance not mentioned in charge	DE SALVADOR TORRES *v.* SPAIN	(1997) 23 E.H.R.R. 601
agricultural land proceedings	ERKNER *v.* AUSTRIA	(1987) 9 E.H.R.R. 464
	POISS *v.* AUSTRIA	(1988) 10 E.H.R.R. 231
	STALLINGER & ANOR *v.* AUSTRIA	(1998) 26 E.H.R.R. 81
aiding and abetting	X, Y & Z *v.* SWEDEN	(1982) 4 E.H.R.R. 395
anonymous witnesses	DOORSON *v.* NETHERLANDS	(1996) 22 E.H.R.R. 330
	UNTERPERTINGER *v.* AUSTRIA	(1991) 13 E.H.R.R. 175
	VAN MECHELEN *v.* NETHERLANDS	(1998) 25 E.H.R.R. 647
	WINDISCH *v.* AUSTRIA	(1991) 13 E.H.R.R. 281
appeal rectifying trial defect	WESTON *v.* UK	(1981) 3 E.H.R.R. 402
appellate proceedings	BOTTEN *v.* NORWAY	(2001) 32 E.H.R.R. 3 at page 37
applicability of Article	ANDERSSON *v.* SWEDEN	(1998) 25 E.H.R.R. 722
	ATHANASSOGLOU *v.* SWITZERLAND	(2001) 31 E.H.R.R. 13 at page 372
	BALMER-SCHAFROTH *v.* SWITZERLAND	(1998) 25 E.H.R.R. 598
	BAT *v.* NETHERLANDS	(1996) 21 E.H.R.R. 409
	BEAUMARTIN *v.* FRANCE	(1995) 19 E.H.R.R. 485
	BRYAN *v.* UK	(1996) 21 E.H.R.R. 342
	DE HAAN *v.* NETHERLANDS	(1998) 26 E.H.R.R. 417
	FINDLAY *v.* UK	(1997) 24 E.H.R.R. 221
	GARYFALLOU AEBE *v.* GREECE	(1999) 28 E.H.R.R. 344
	GAUTRIN & ORS *v.* FRANCE	(1999) 28 E.H.R.R. 196
	GEORGIADIS *v.* GREECE	(1997) 24 E.H.R.R. 606
	GUSTAFSON *v.* SWEDEN	(1998) 25 E.H.R.R. 623
	HAMER *v.* FRANCE	(1997) 23 E.H.R.R. 1
	HELLE *v.* FINLAND	(1998) 26 E.H.R.R. 159
	HUBER *v.* FRANCE	(1998) 26 E.H.R.R. 457
	JACOBSSON *v.* SWEDEN (NO. 2)	(2001) 32 E.H.R.R. 20 at page 463
	KEROJÄRVI *v.* FINLAND	(2001) 32 E.H.R.R. 8 at page 152
	KRCMÁR *v.* CZECH REPUBLIC	(2001) 31 E.H.R.R. 41 at page 953
	LOBO MACHADO *v.* PORTUGAL	(1997) 23 E.H.R.R. 79
	MAILLARD *v.* FRANCE	(1999) 27 E.H.R.R. 232

FAIR HEARING, RIGHT TO—*cont.*

	MATTER *v.* SLOVAKIA	(2001) 31 E.H.R.R. 32 at page 783
	MAVRONICHIS *v.* CYPRUS	(2001) 31 E.H.R.R. 54 at page 1186
	MCGINLEY *v.* UK	(1999) 27 E.H.R.R. 1
	ORTENBERG *v.* AUSTRIA	(1995) 19 E.H.R.R. 524
	PAFITIS & ORS *v.* GREECE	(1999) 27 E.H.R.R. 567
	PAMMEL *v.* GERMANY	(1998) 26 E.H.R.R. 100
	PÉREZ DE RADA CAVANILLES *v.* SPAIN	(2000) 29 E.H.R.R. 109
	ROBINS *v.* UK	(1998) 26 E.H.R.R. 527
	ROWE & DAVIS *v.* UK	(2000) 30 E.H.R.R. 1
	SALESI *v.* ITALY	(1998) 26 E.H.R.R. 187
	SERVES *v.* FRANCE	(1999) 28 E.H.R.R. 265
	SOCIETE LEVAGE PRESTATIONS *v.* FRANCE	(1997) 24 E.H.R.R. 351
	STRAN GREEK REFINERIES *v.* GREECE	(1995) 19 E.H.R.R. 293
	SÜSSMANN *v.* GERMANY	(1998) 25 E.H.R.R. 64
	SZÜCS *v.* AUSTRIA	(1998) 26 E.H.R.R. 310
	TEJEDOR GARCIA *v.* SPAIN	(1998) 26 E.H.R.R. 440
	TINNELLY & SONS LTD *v.* UK	(1999) 27 E.H.R.R. 249
	TOLSTOY *v.* UK	(1995) 20 E.H.R.R. 442
	TSIRLIS & ANOR *v.* AUSTRIA	(1998) 25 E.H.R.R. 198
	VERMEULEN *v.* BELGIUM	(2001) 32 E.H.R.R. 15 at page 313
	WERNER *v.* AUSTRIA	(1998) 26 E.H.R.R. 310
arbitration tribunal	LITHGOW *v.* UK	(1986) 8 E.H.R.R. 329
assessment of abilities	MAILLARD *v.* FRANCE	(1999) 27 E.H.R.R. 232
attendance at trial	F.C.B. *v.* ITALY	(1992) 14 E.H.R.R. 909
	KREMZOW *v.* AUSTRIA	(1994) 17 E.H.R.R. 323
	LALA *v.* NETHERLANDS	(1994) 18 E.H.R.R. 586
	PELLADOAH *v.* NETHERLANDS	(1995) 19 E.H.R.R. 81
	POITRIMOL *v.* FRANCE	(1994) 18 E.H.R.R. 130
bankruptcy proceedings	PUTZ *v.* AUSTRIA	(2001) 32 E.H.R.R. 13 at page 271
	VERMEULEN *v.* BELGIUM	(2001) 32 E.H.R.R. 15 at page 313
bias	RINGEISEN *v.* AUSTRIA (NO. 1)	(1979) 1 E.H.R.R. 455
blood group, evidence of	X. *v.* IRELAND	(1982) 4 E.H.R.R. 358
Board of Visitors proceedings	CAMPBELL & FELL *v.* UK	(1983) 5 E.H.R.R. 207
building prohibitions	JACOBSSON *v.* SWEDEN	(1990) 12 E.H.R.R. 56
calling witnesses	MAUER *v.* AUSTRIA	(1998) 25 E.H.R.R. 91
Catholic Church, personality of	CANEA CATHOLIC CHURCH *v.* GREECE	(1999) 27 E.H.R.R. 521
civil party to criminal proceedings	HAMER *v.* FRANCE	(1997) 23 E.H.R.R. 1
civil rights and obligations	A. & ORS *v.* DENMARK	(1996) 22 E.H.R.R. 458
	ACQUAVIVA *v.* FRANCE	(2001) 32 E.H.R.R. 7 at page 134
	AERTS *v.* BELGIUM	(2000) 29 E.H.R.R. 50
	AGROTEXIM & ORS *v.* GREECE	(1996) 21 E.H.R.R. 250
	AIR CANADA *v.* UK	(1995) 20 E.H.R.R. 150
	ALLENET DE RIBEMONT *v.* FRANCE	(1995) 20 E.H.R.R. 557
	ANDERSSON *v.* SWEDEN	(1998) 25 E.H.R.R. 722
	ANKERL *v.* SWITZERLAND	(2001) 32 E.H.R.R. 1 at page 1
	ARGENTO *v.* ITALY	(1999) 28 E.H.R.R. 719
	ASSENOV & ORS *v.* BULGARIA	(1999) 28 E.H.R.R. 652

FAIR HEARING, RIGHT TO—*cont.*

ATHANASSOGLOU *v.* SWITZERLAND	(2001) 31 E.H.R.R. 13 at page 372
AUSIELLO *v.* ITALY	(1997) 24 E.H.R.R. 568
B. *v.* UK	(1988) 10 E.H.R.R. 87
BALMER-SCHAFROTH *v.* SWITZERLAND	(1998) 25 E.H.R.R. 598
BARAONA *v.* PORTUGAL	(1991) 13 E.H.R.R. 329
BAT *v.* NETHERLANDS	(1996) 21 E.H.R.R. 409
BEAUMARTIN *v.* FRANCE	(1995) 19 E.H.R.R. 485
BENTHEM *v.* NETHERLANDS	(1984) 6 E.H.R.R. 283
BENTHEM *v.* NETHERLANDS	(1986) 8 E.H.R.R. 1
BODÉN *v.* SWEDEN	(1988) 10 E.H.R.R. 367
CAPUANO *v.* ITALY	(1991) 13 E.H.R.R. 271
COMINGERSOLL SA *v.* PORTUGAL	(2001) 31 E.H.R.R. 31 at page 772
DARNELL *v.* UK	(1994) 18 E.H.R.R. 205
DE HAAN *v.* NETHERLANDS	(1998) 26 E.H.R.R. 417
DE HAES & GIJSELS V. BELGIUM	(1998) 25 E.H.R.R. 1
DE MOOR *v.* BELGIUM	(1994) 18 E.H.R.R. 372
DEBLED *v.* BELGIUM	(1995) 19 E.H.R.R. 506
DEUMELAND *v.* GERMANY	(1986) 8 E.H.R.R. 448
DIENNET *v.* FRANCE	(1996) 21 E.H.R.R. 554
DOMBO BEHEER *v.* NETHERLANDS	(1994) 18 E.H.R.R. 213
DUCLOS *v.* FRANCE	(2001) 32 E.H.R.R. 5 at page 86
EDITIONS PÉRISCOPE *v.* FRANCE	(1992) 14 E.H.R.R. 597
EP *v.* ITALY	(2001) 31 E.H.R.R. 17 at page 463
ETTL *v.* AUSTRIA	(1988) 10 E.H.R.R. 255
FAYED *v.* UK	(1994) 18 E.H.R.R. 394
F.E. *v.* FRANCE	(2000) 29 E.H.R.R. 591
FELDBRUGGE *v.* NETHERLANDS	(1986) 8 E.H.R.R. 425
FISCHER *v.* AUSTRIA	(1995) 20 E.H.R.R. 349
FRYDLENDER *v.* FRANCE	(2001) 31 E.H.R.R. 52 at page 1152
GARCIA RUIZ *v.* SPAIN	(2001) 31 E.H.R.R. 22 at page 589
GAUTRIN & ORS *v.* FRANCE	(1999) 28 E.H.R.R. 196
GILLOW *v.* UK	(1989) 11 E.H.R.R. 335
GS *v.* AUSTRIA	(2001) 31 E.H.R.R. 21 at page 576
GUILLEMIN *v.* FRANCE	(1998) 25 E.H.R.R. 435
H. *v.* UK	(1988) 10 E.H.R.R. 95
HÅKANSSON *v.* SWEDEN	(1991) 13 E.H.R.R. 1
HELLE *v.* FINLAND	(1998) 26 E.H.R.R. 159
HENTRICH *v.* FRANCE	(1994) 18 E.H.R.R. 440
HIGGINS & ORS *v.* FRANCE	(1999) 27 E.H.R.R. 704
HIRO BALANI *v.* SPAIN	(1995) 19 E.H.R.R. 566
HOKKANEN *v.* FINLAND	(1995) 19 E.H.R.R. 139
HOLM *v.* SWEDEN	(1994) 18 E.H.R.R. 79
HORNSBY *v.* GREECE	(1997) 24 E.H.R.R. 251
HUBER *v.* FRANCE	(1998) 26 E.H.R.R. 457
HUMEN *v.* POLAND	(2001) 31 E.H.R.R. 53 at page1168
IMMOBILIARE *v.* ITALY	(2000) 30 E.H.R.R. 756
JACOBSSON *v.* SWEDEN	(1990) 12 E.H.R.R. 56
JACOBSSON *v.* SWEDEN	(1991) 13 E.H.R.R. 79
JACOBSSON *v.* SWEDEN (NO. 2)	(2001) 32 E.H.R.R. 20 at page 463
JAMES *v.* UK	(1986) 8 E.H.R.R. 123

FAIR HEARING, RIGHT TO—*cont.*

JOHANSEN *v.* NORWAY	(1997) 23 E.H.R.R. 33
KATIKARIDIS & ORS *v.* GREECE	(2001) 32 E.H.R.R. 6 at page 113
KATTE KLITSCHE *v.* ITALY	(1995) 19 E.H.R.R. 368
KEROJÄRVI *v.* FINLAND	(2001) 32 E.H.R.R. 8 at page 152
KRASKA *v.* SWITZERLAND	(1994) 18 E.H.R.R. 188
KRCMÁR *v.* CZECH REPUBLIC	(2001) 31 E.H.R.R. 41 at page 953
L *v.* FINLAND	(2001) 31 E.H.R.R. 30 at page 737
LE CALVEZ *v.* FRANCE	(2001) 32 E.H.R.R. 21 at page 481
LITHGOW *v.* UK	(1986) 8 E.H.R.R. 329
LOBO MACHADO *v.* PORTUGAL	(1997) 23 E.H.R.R. 79
LOMBARDO *v.* ITALY	(1996) 21 E.H.R.R. 188
MANTOVANELLI *v.* FRANCE	(1997) 24 E.H.R.R. 370
MARTINS MOREIRA *v.* PORTUGAL	(1991) 13 E.H.R.R. 517
MASSA *v.* ITALY	(1994) 18 E.H.R.R. 266
MATOS E SILVA *v.* PORTUGAL	(1997) 24 E.H.R.R. 573
MATTER *v.* SLOVAKIA	(2001) 31 E.H.R.R. 32 at page 783
MCGINLEY *v.* UK	(1999) 27 E.H.R.R. 1
MCGONNELL *v.* UK	(2000) 30 E.H.R.R. 289
MCMICHAEL *v.* UK	(1995) 20 E.H.R.R. 205
MIAILHE *v.* FRANCE (NO. 2)	(1997) 23 E.H.R.R. 491
MONNET *v.* FRANCE	(1994) 18 E.H.R.R. 27
NATIONAL & PROVINCIAL *v.* UK	(1998) 25 E.H.R.R. 127
NEIGEL *v.* FRANCE	(2000) 30 E.H.R.R. 310
NEVES E SILVA *v.* PORTUGAL	(1991) 13 E.H.R.R. 535
NIDERÖST-HUBER *v.* SWITZERLAND	(1998) 25 E.H.R.R. 709
O. *v.* UK	(1988) 10 E.H.R.R. 82
OBERMEIER *v.* AUSTRIA	(1991) 13 E.H.R.R. 290
OERLEMANS *v.* NETHERLANDS	(1993) 15 E.H.R.R. 561
OLSSON *v.* SWEDEN	(1989) 11 E.H.R.R. 259
OLSSON *v.* SWEDEN (NO. 2)	(1994) 17 E.H.R.R. 135
ORTENBERG *v.* AUSTRIA	(1995) 19 E.H.R.R. 524
OSMAN *v.* UK	(2000) 29 E.H.R.R. 245
PACCIONE *v.* ITALY	(1995) 20 E.H.R.R. 396
PAFITIS & ORS *v.* GREECE	(1999) 27 E.H.R.R. 567
PAILOT *v.* FRANCE	(2000) 30 E.H.R.R. 328
PAMMEL *v.* GERMANY	(1998) 26 E.H.R.R. 100
PAPACHELAS *v.* GREECE	(2000) 30 E.H.R.R. 923
PARDO *v.* FRANCE	(1994) 17 E.H.R.R. 383
PAUGER *v.* AUSTRIA	(1998) 25 E.H.R.R. 105
PAULSEN-MEDALEN & ANOR *v.* SWEDEN	(1998) 26 E.H.R.R. 260
PELLEGRIN *v.* FRANCE	(2001) 31 E.H.R.R. 26 at page 651
PÉREZ DE RADA CAVANILLES *v.* SPAIN	(2000) 29 E.H.R.R. 109
PHOCAS *v.* FRANCE	(2001) 32 E.H.R.R. 11 at page 221
PIERRE-BLOCH *v.* FRANCE	(1998) 26 E.H.R.R. 202
POISS *v.* AUSTRIA	(1988) 10 E.H.R.R. 231
PROCOLA *v.* LUXEMBOURG	(1996) 22 E.H.R.R. 193
R. *v.* UK	(1988) 10 E.H.R.R. 74
ROBINS *v.* UK	(1998) 26 E.H.R.R. 527
SALESI *v.* ITALY	(1998) 26 E.H.R.R. 187
SANTILLI *v.* ITALY	(1992) 14 E.H.R.R. 421

FAIR HEARING, RIGHT TO—*cont.*

	SCHOUTEN *v.* NETHERLANDS	(1995) 19 E.H.R.R. 432
	SCHULER-ZGRAGGEN *v.* SWITZERLAND	(1993) 16 E.H.R.R. 406
	SCOPELLITI *v.* ITALY	(1994) 17 E.H.R.R. 493
	SCUDERI *v.* ITALY	(1995) 19 E.H.R.R. 187
	SELMOUNI *v.* FRANCE	(2000) 29 E.H.R.R. 403
	SILVA PONTES *v.* PORTUGAL	(1994) 18 E.H.R.R. 156
	SKÄRBY *v.* SWEDEN	(1991) 13 E.H.R.R. 90
	SLIMANE-KAÏD *v.* FRANCE	(2001) 31 E.H.R.R. 48 at page 1073
	SOCIETE LEVAGE PRESTATIONS *v.* FRANCE	(1997) 24 E.H.R.R. 351
	STALLINGER & ANOR *v.* AUSTRIA	(1998) 26 E.H.R.R. 81
	STUBBINGS & ORS *v.* UK	(1997) 23 E.H.R.R. 213
	SÜSSMANN *v.* GERMANY	(1998) 25 E.H.R.R. 64
	TERRA WONINGEN *v.* NETHERLANDS	(1997) 24 E.H.R.R. 457
	THLIMMENOS *v.* GREECE	(2001) 31 E.H.R.R. 15 at page 411
	TOLSTOY *v.* UK	(1995) 20 E.H.R.R. 442
	TOMASI *v.* FRANCE	(1993) 15 E.H.R.R. 1
	TRE TRAKTÖRER *v.* SWEDEN	(1991) 13 E.H.R.R. 309
	VALLÉE *v.* FRANCE	(1994) 18 E.H.R.R. 549
	VAN DE HURK *v.* NETHERLANDS	(1994) 18 E.H.R.R. 481
	VAN MARLE & ORS *v.* NETHERLANDS	(1986) 8 E.H.R.R. 483
	VAN ORSHOVEN *v.* BELGIUM	(1998) 26 E.H.R.R. 55
	W. *v.* UK	(1988) 10 E.H.R.R. 29
	WAITE & KENNEDY *v.* GERMANY	(2000) 30 E.H.R.R. 261
	WEBER *v.* SWITZERLAND	(1990) 12 E.H.R.R. 508
	WIESINGER *v.* AUSTRIA	(1993) 16 E.H.R.R. 259
	WR *v.* AUSTRIA	(2001) 31 E.H.R.R. 43 at page 985
	X. *v.* FRANCE	(1992) 14 E.H.R.R. 483
	ZANDER *v.* SWEDEN	(1994) 18 E.H.R.R. 175
	ZIELINSKI & ORS *v.* FRANCE	(2001) 31 E.H.R.R. 19 at page 532
	ZUMTOBEL *v.* AUSTRIA	(1994) 17 E.H.R.R. 116
company proceedings	PAFITIS & ORS *v.* GREECE	(1999) 27 E.H.R.R. 567
compensation for ill-treatment	ASSENOV & ORS *v.* BULGARIA	(1999) 28 E.H.R.R. 652
compulsory purchase proceedings	GUILLEMIN *v.* FRANCE	(1998) 25 E.H.R.R. 435
conduct of insurance business	KAPLAN *v.* UK	(1982) 4 E.H.R.R. 64
Constitutional Court proceedings	KRCMÁR *v.* CZECH REPUBLIC	(2001) 31 E.H.R.R. 41 at page 953
	PAMMEL *v.* GERMANY	(1998) 26 E.H.R.R. 100
	PAUGER *v.* AUSTRIA	(1998) 25 E.H.R.R. 105
	PIERRE-BLOCH *v.* FRANCE	(1998) 26 E.H.R.R. 202
contempt proceedings	DEMICOLA *v.* MALTA	(1992) 14 E.H.R.R. 47
	PUTZ *v.* AUSTRIA	(2001) 32 E.H.R.R. 13 at page 271
costs proceedings	ROBINS *v.* UK	(1998) 26 E.H.R.R. 527
court-martial proceedings	CABLE & ORS *v.* UK	(2000) 30 E.H.R.R. 1032
	FINDLAY *v.* UK	(1997) 24 E.H.R.R. 221
	HOOD *v.* UK	(2000) 29 E.H.R.R. 365
	MOORE & GORDON *v.* UK	(2000) 29 E.H.R.R. 728
criminal charges	ABDOELLA *v.* NETHERLANDS	(1995) 20 E.H.R.R. 585
	ADILETTA *v.* ITALY	(1992) 14 E.H.R.R. 586

FAIR HEARING, RIGHT TO—*cont.*

ADOLF *v.* AUSTRIA	(1982) 4 E.H.R.R. 313
AGOSI *v.* UK	(1987) 9 E.H.R.R. 1
AÏT-MOUHOUB *v.* FRANCE	(2000) 30 E.H.R.R. 382
ALLENET DE RIBEMONT *v.* FRANCE	(1995) 20 E.H.R.R. 557
ANDERSSON *v.* SWEDEN	(1993) 15 E.H.R.R. 218
AP, MP & TP *v.* SWITZERLAND	(1998) 26 E.H.R.R. 541
ASCH *v.* AUSTRIA	(1993) 15 E.H.R.R. 597
AVERILL *v.* UK	(2001) 31 E.H.R.R. 36 at page 839
BAGGETTA *v.* ITALY	(1988) 10 E.H.R.R. 325
BASKAYA & OKÇUOGLOU *v.* TURKEY	(2001) 31 E.H.R.R. 10 at page 292
BELILOS *v.* SWITZERLAND	(1988) 10 E.H.R.R. 466
BELZIUK *v.* POLAND	(2000) 30 E.H.R.R. 614
BENDENOUN *v.* FRANCE	(1994) 18 E.H.R.R. 54
BENHAM *v.* UK	(1996) 22 E.H.R.R. 295
BERNARD *v.* FRANCE	(2000) 30 E.H.R.R. 809
BODDAERT *v.* BELGIUM	(1993) 16 E.H.R.R. 242
BONER *v.* UK	(1995) 19 E.H.R.R. 246
BÖNISCH *v.* AUSTRIA	(1987) 9 E.H.R.R. 191
BORGERS *v.* BELGIUM	(1993) 15 E.H.R.R. 93
BOTTEN *v.* NORWAY	(2001) 32 E.H.R.R. 3 at page 37
BRANDSTETTER *v.* AUSTRIA	(1993) 15 E.H.R.R. 378
BRICMONT *v.* BELGIUM	(1990) 12 E.H.R.R. 217
BULUT *v.* AUSTRIA	(1997) 24 E.H.R.R. 84
BUNKATE *v.* NETHERLANDS	(1995) 19 E.H.R.R. 477
CABLE & ORS *v.* UK	(2000) 30 E.H.R.R. 1032
CAMPBELL & FELL *v.* UK	(1985) 7 E.H.R.R. 165
CASTILLO ALGAR *v.* SPAIN	(2000) 30 E.H.R.R. 827
ÇIRAKLAR *v.* TURKEY	(2001) 32 E.H.R.R. 23 at page 535
COLAK *v.* GERMANY	(1989) 11 E.H.R.R. 513
CONDRON *v.* UK	(2001) 31 E.H.R.R. 1 at page 1
COOKE *v.* AUSTRIA	(2001) 31 E.H.R.R. 11 at page 338
CROISSANT *v.* GERMANY	(1993) 16 E.H.R.R. 135
DAUD *v.* PORTUGAL	(2000) 30 E.H.R.R. 400
DE SALVADOR TORRES *v.* SPAIN	(1997) 23 E.H.R.R. 601
DELCOURT *v.* BELGIUM	(1979) 1 E.H.R.R. 355
DELTA *v.* FRANCE	(1993) 16 E.H.R.R. 574
DEMICOLA *v.* MALTA	(1992) 14 E.H.R.R. 47
DEWEER *v.* BELGIUM	(1980) 2 E.H.R.R. 439
DOBBERTIN *v.* FRANCE	(1993) 16 E.H.R.R. 558
DOMENICHINI *v.* ITALY	(2001) 32 E.H.R.R. 4 at page 68
DOORSON *v.* NETHERLANDS	(1996) 22 E.H.R.R. 330
EDWARDS *v.* UK	(1993) 15 E.H.R.R. 417
EKBATANI *v.* SWEDEN	(1991) 13 E.H.R.R. 504
ENGEL & ORS *v.* NETHERLANDS (NO. 1)	(1979) 1 E.H.R.R. 647
ENGLERT *v.* GERMANY	(1991) 13 E.H.R.R. 392
ESCOUBET *v.* BELGIUM	(2001) 31 E.H.R.R. 46 at page 1034
F.C.B. *v.* ITALY	(1992) 14 E.H.R.R. 909
FEJDE *v.* SWEDEN	(1994) 17 E.H.R.R. 14
FERRANTELLI *v.* ITALY	(1997) 23 E.H.R.R. 288
FEY *v.* AUSTRIA	(1993) 16 E.H.R.R. 387
FINDLAY *v.* UK	(1997) 24 E.H.R.R. 221

FAIR HEARING, RIGHT TO—*cont.*

FITT *v.* UK	(2000) 30 E.H.R.R. 480
FOUCHER *v.* FRANCE	(1998) 25 E.H.R.R. 234
FUNKE *v.* FRANCE	(1993) 16 E.H.R.R. 297
GARYFALLOU AEBE *v.* GREECE	(1999) 28 E.H.R.R. 344
GEA CATALÁN *v.* SPAIN	(1995) 20 E.H.R.R. 266
GILLOW *v.* UK	(1989) 11 E.H.R.R. 335
GRANGER *v.* UK	(1990) 12 E.H.R.R. 469
GREGORY *v.* UK	(1998) 25 E.H.R.R. 577
GUSTAFSON *v.* SWEDEN	(1998) 25 E.H.R.R. 623
HADJIANASTASSIOU *v.* GREECE	(1993) 16 E.H.R.R. 219
HENNINGS *v.* GERMANY	(1993) 16 E.H.R.R. 83
HOANG *v.* FRANCE	(1993) 16 E.H.R.R. 53
HOWARTH *v.* UK	(2001) 31 E.H.R.R. 37 at page 861
IMBRIOSCIA *v.* SWITZERLAND	(1994) 17 E.H.R.R. 441
INCAL *v.* TURKEY	(2000) 29 E.H.R.R. 449
JASPER *v.* UK	(2000) 30 E.H.R.R. 441
JJ *v.* NETHERLANDS	(1999) 28 E.H.R.R. 169
KEMMACHE *v.* FRANCE	(1992) 14 E.H.R.R. 520
KHALFAOUI *v.* FRANCE	(2001) 31 E.H.R.R. 42 at page 967
KHAN *v.* UK	(2001) 31 E.H.R.R. 45 at page 1016
KOSTOVSKI *v.* NETHERLANDS	(1990) 12 E.H.R.R. 434
KREMZOW *v.* AUSTRIA	(1994) 17 E.H.R.R. 323
LALA *v.* NETHERLANDS	(1994) 18 E.H.R.R. 586
LEUTSCHER *v.* NETHERLANDS	(1997) 24 E.H.R.R. 181
LINGENS & LEITGENS *v.* AUSTRIA	(1982) 4 E.H.R.R. 373
LÜDI *v.* SWITZERLAND	(1993) 15 E.H.R.R. 173
MAGEE *v.* UK	(2001) 31 E.H.R.R. 35 at page 822
MAJ *v.* ITALY	(1992) 14 E.H.R.R. 405
MALIGE *v.* FRANCE	(1999) 28 E.H.R.R. 578
MANSUR *v.* TURKEY	(1995) 20 E.H.R.R. 535
MAUER *v.* AUSTRIA	(1998) 25 E.H.R.R. 91
MAXWELL *v.* UK	(1995) 19 E.H.R.R. 97
MELIN *v.* FRANCE	(1994) 17 E.H.R.R. 1
MILASI *v.* ITALY	(1988) 10 E.H.R.R. 333
MOTTA *v.* ITALY	(1992) 14 E.H.R.R. 432
MURRAY *v.* UK	(1996) 22 E.H.R.R. 29
NÖLKENBOCKHOFF *v.* GERMANY	(1988) 10 E.H.R.R. 163
NÖLKENBOCKHOFF *v.* GERMANY	(1991) 13 E.H.R.R. 360
NORTIER *v.* NETHERLANDS	(1994) 17 E.H.R.R. 273
OBERSCHLICK *v.* AUSTRIA	(1995) 19 E.H.R.R. 389
OMAR *v.* FRANCE	(2000) 29 E.H.R.R. 210
PALAORO *v.* AUSTRIA	(2001) 32 E.H.R.R. 10 at page 202
PELLADOAH *v.* NETHERLANDS	(1995) 19 E.H.R.R. 81
PELISSIER & SASSI *v.* FRANCE	(2000) 30 E.H.R.R. 715
PFARRMEIER *v.* AUSTRIA	(1996) 22 E.H.R.R. 175
PFEIFER *v.* AUSTRIA	(1992) 14 E.H.R.R. 692
PHILIS *v.* GREECE (NO. 2)	(1998) 25 E.H.R.R. 417
POITRIMOL *v.* FRANCE	(1994) 18 E.H.R.R. 130
PRINZ *v.* AUSTRIA	(2001) 31 E.H.R.R. 12 at page 357
PUGLIESE *v.* ITALY (NO. 1)	(1992) 14 E.H.R.R. 413
PULLAR *v.* UK	(1996) 22 E.H.R.R. 391
RAIMONDO *v.* ITALY	(1994) 18 E.H.R.R. 237
RAVNSBORG *v.* SWEDEN	(1994) 18 E.H.R.R. 38
REINHARDT & ANOR *v.* FRANCE	(1999) 28 E.H.R.R. 59

FAIR HEARING, RIGHT TO—*cont.*

	REMLI *v.* FRANCE	(1996) 22 E.H.R.R. 253
	ROWE & DAVIS *v.* UK	(2000) 30 E.H.R.R. 1
	S. *v.* SWITZERLAND	(1992) 14 E.H.R.R. 670
	SAIDI *v.* FRANCE	(1994) 17 E.H.R.R. 251
	SAINTE-MARIE *v.* FRANCE	(1993) 16 E.H.R.R. 116
	SALABIAKU *v.* FRANCE	(1991) 13 E.H.R.R. 379
	SANDER *v.* UK	(2001) 31 E.H.R.R. 44 at page 1003
	SARAIVA DE CARVALHO *v.* PORTUGAL	(1994) 18 E.H.R.R. 534
	SAUNDERS *v.* UK	(1997) 23 E.H.R.R. 313
	SCHENK *v.* SWITZERLAND	(1991) 13 E.H.R.R. 242
	SCHMAUTZER *v.* AUSTRIA	(1996) 21 E.H.R.R. 511
	SEKANINA *v.* AUSTRIA	(1994) 17 E.H.R.R. 221
	SERVES *v.* FRANCE	(1999) 28 E.H.R.R. 265
	SOERING *v.* UK	(1989) 11 E.H.R.R. 439
	SZÜCS *v.* AUSTRIA	(1998) 26 E.H.R.R. 310
	TEIXERA DE CASTRO *v.* PORTUGAL	(1999) 28 E.H.R.R. 101
	TEJEDOR GARCIA *v.* SPAIN	(1998) 26 E.H.R.R. 440
	THOMANN *v.* SWITZERLAND	(1997) 24 E.H.R.R. 553
	THORGEIRSON *v.* ICELAND	(1992) 14 E.H.R.R. 843
	TRIPODI *v.* ITALY	(1994) 18 E.H.R.R. 295
	UMLAUFT *v.* AUSTRIA	(1996) 22 E.H.R.R. 76
	UNTERPERTINGER *v.* AUSTRIA	(1991) 13 E.H.R.R. 175
	V. *v.* UK	(2000) 30 E.H.R.R. 121
	VACHER *v.* FRANCE	(1997) 24 E.H.R.R. 482
	VAN GEYSEGHEM *v.* BELGIUM	(2001) 32 E.H.R.R. 24 at page 554
	VAN MECHELEN *v.* NETHERLANDS	(1998) 25 E.H.R.R. 647
	VASILESCU *v.* ROMANIA	(1999) 28 E.H.R.R. 241
	VENDITTELLI *v.* ITALY	(1995) 19 E.H.R.R. 464
	W. *v.* SWITZERLAND	(1994) 17 E.H.R.R. 60
	WERNER *v.* AUSTRIA	(1998) 26 E.H.R.R. 310
	WINDISCH *v.* AUSTRIA	(1991) 13 E.H.R.R. 281
	X, Y & Z *v.* AUSTRIA	(1982) 4 E.H.R.R. 270
	YAĞCI & SARGIN *v.* TURKEY	(1995) 20 E.H.R.R. 505
	ZANA *v.* TURKEY	(1999) 27 E.H.R.R. 667
death penalty	SOERING *v.* UK	(1989) 11 E.H.R.R. 439
defamation proceedings	DE HAES & GIJSELS V. BELGIUM	(1998) 25 E.H.R.R. 1
	LINGENS & LEITGENS *v.* AUSTRIA	(1982) 4 E.H.R.R. 373
	TOLSTOY *v.* UK	(1995) 20 E.H.R.R. 442
defect at trial	WESTON *v.* UK	(1981) 3 E.H.R.R. 402
defence, time to prepare	DOMENICHINI *v.* ITALY	(2001) 32 E.H.R.R. 4 at page 68
	FITT *v.* UK	(2000) 30 E.H.R.R. 480
	HADJIANASTASSIOU *v.* GREECE	(1993) 16 E.H.R.R. 219
	JASPER *v.* UK	(2000) 30 E.H.R.R. 441
	KREMZOW *v.* AUSTRIA	(1994) 17 E.H.R.R. 323
	PELISSIER & SASSI *v.* FRANCE	(2000) 30 E.H.R.R. 715
	VACHER *v.* FRANCE	(1997) 24 E.H.R.R. 482
defend, right to	COOKE *v.* AUSTRIA	(2001) 31 E.H.R.R. 11 at page 338
	MAUER *v.* AUSTRIA	(1998) 25 E.H.R.R. 91
	PRINZ *v.* AUSTRIA	(2001) 31 E.H.R.R. 12 at page 357
	VAN ORSHOVEN *v.* BELGIUM	(1998) 26 E.H.R.R. 55
	VERMEULEN *v.* BELGIUM	(2001) 32 E.H.R.R. 15 at page 313
	ZANA *v.* TURKEY	(1999) 27 E.H.R.R. 667
delay in proceedings	ECKLE *v.* GERMANY	(1983) 5 E.H.R.R. 1

FAIR HEARING, RIGHT TO—*cont.*

	ZIMMERMANN *v.* GERMANY	(1984) 6 E.H.R.R. 17
deportation	UPPAL *v.* UK	(1981) 3 E.H.R.R. 391
derogations	IRELAND *v.* UK	(1980) 2 E.H.R.R. 25
	LAWLESS *v.* IRELAND (NO. 3)	(1979) 1 E.H.R.R. 15
disability allowances	SALESI *v.* ITALY	(1998) 26 E.H.R.R. 187
disciplinary proceedings	ALBERT & LE COMPTE *v.* BELGIUM	(1983) 5 E.H.R.R. 533
	BUCHHOLZ *v.* GERMANY	(1981) 3 E.H.R.R. 597
	CAMPBELL & FELL *v.* UK	(1985) 7 E.H.R.R. 165
	DEBLED *v.* BELGIUM	(1995) 19 E.H.R.R. 506
	ENGEL & ORS *v.* NETHERLANDS (NO. 1)	(1979) 1 E.H.R.R. 647
	GAUTRIN & ORS *v.* FRANCE	(1999) 28 E.H.R.R. 196
	H. *v.* BELGIUM	(1988) 10 E.H.R.R. 339
	KÖNIG *v.* GERMANY	(1980) 2 E.H.R.R. 170
	LE COMPTE & ORS *v.* BELGIUM	(1982) 4 E.H.R.R. 1
	VAN MARLE & ORS *v.* NETHERLANDS	(1986) 8 E.H.R.R. 483
	VAN ORSHOVEN *v.* BELGIUM	(1998) 26 E.H.R.R. 55
	WR *v.* AUSTRIA	(2001) 31 E.H.R.R. 43 at page 985
disclosure of evidence	BENDENOUN *v.* FRANCE	(1994) 18 E.H.R.R. 54
	EDWARDS *v.* UK	(1993) 15 E.H.R.R. 417
	FITT *v.* UK	(2000) 30 E.H.R.R. 480
	JASPER *v.* UK	(2000) 30 E.H.R.R. 441
disclosure of medical data	ANDERSSON *v.* SWEDEN	(1998) 25 E.H.R.R. 722
discrimination	HENNINGS *v.* GERMANY	(1993) 16 E.H.R.R. 83
	SCHULER-ZGRAGGEN *v.* SWITZERLAND	(1993) 16 E.H.R.R. 406
disruption of proceedings	PUTZ *v.* AUSTRIA	(2001) 32 E.H.R.R. 13 at page 271
effective participation in trial	V. *v.* UK	(2000) 30 E.H.R.R. 121
employment proceedings	FRYDLENDER *v.* FRANCE	(2001) 31 E.H.R.R. 52 at page 1152
	HELLE *v.* FINLAND	(1998) 26 E.H.R.R. 159
	NEIGEL *v.* FRANCE	(2000) 30 E.H.R.R. 310
	NIDERÖST-HUBER *v.* SWITZERLAND	(1998) 25 E.H.R.R. 709
	PELLEGRIN *v.* FRANCE	(2001) 31 E.H.R.R. 26 at page 651
entry of alien's family members	X *v.* SWEDEN	(1982) 4 E.H.R.R. 408
equality of arms	ANKERL *v.* SWITZERLAND	(2001) 32 E.H.R.R. 1 at page 1
	BELZIUK *v.* POLAND	(2000) 30 E.H.R.R. 614
	BENDENOUN *v.* FRANCE	(1994) 18 E.H.R.R. 54
	BÖNISCH *v.* AUSTRIA	(1987) 9 E.H.R.R. 191
	BORGERS *v.* BELGIUM	(1993) 15 E.H.R.R. 93
	BRANDSTETTER *v.* AUSTRIA	(1993) 15 E.H.R.R. 378
	BULUT *v.* AUSTRIA	(1997) 24 E.H.R.R. 84
	DE HAES & GIJSELS V. BELGIUM	(1998) 25 E.H.R.R. 1
	DELCOURT *v.* BELGIUM	(1979) 1 E.H.R.R. 355
	DOMBO BEHEER *v.* NETHERLANDS	(1994) 18 E.H.R.R. 213
	EKBATANI *v.* SWEDEN	(1991) 13 E.H.R.R. 504
	FITT *v.* UK	(2000) 30 E.H.R.R. 480
	GRANGER *v.* UK	(1990) 12 E.H.R.R. 469
	HENTRICH *v.* FRANCE	(1994) 18 E.H.R.R. 440
	JASPER *v.* UK	(2000) 30 E.H.R.R. 441
	KREMZOW *v.* AUSTRIA	(1994) 17 E.H.R.R. 323
	NEUMEISTER *v.* AUSTRIA (NO. 1)	(1979) 1 E.H.R.R. 91
	NIDERÖST-HUBER *v.* SWITZERLAND	(1998) 25 E.H.R.R. 709

FAIR HEARING, RIGHT TO—*cont.*

	ROWE & DAVIS *v.* UK	(2000) 30 E.H.R.R. 1
	SCHOUTEN *v.* NETHERLANDS	(1995) 19 E.H.R.R. 432
	VAN DE HURK *v.* NETHERLANDS	(1994) 18 E.H.R.R. 481
	WERNER *v.* AUSTRIA	(1998) 26 E.H.R.R. 310
eviction from land subject to lease	IATRIDIS *v.* GREECE	(2000) 30 E.H.R.R. 97
evidential rules	MANTOVANELLI *v.* FRANCE	(1997) 24 E.H.R.R. 370
examination of witness	ASCH *v.* AUSTRIA	(1993) 15 E.H.R.R. 597
	BRANDSTETTER *v.* AUSTRIA	(1993) 15 E.H.R.R. 378
	BRICMONT *v.* BELGIUM	(1990) 12 E.H.R.R. 217
	DELTA *v.* FRANCE	(1993) 16 E.H.R.R. 574
	DOMBO BEHEER *v.* NETHERLANDS	(1994) 18 E.H.R.R. 213
	DOORSON *v.* NETHERLANDS	(1996) 22 E.H.R.R. 330
	EDWARDS *v.* UK	(1993) 15 E.H.R.R. 417
	FITT *v.* UK	(2000) 30 E.H.R.R. 480
	JASPER *v.* UK	(2000) 30 E.H.R.R. 441
	KOSTOVSKI *v.* NETHERLANDS	(1990) 12 E.H.R.R. 434
	LÜDI *v.* SWITZERLAND	(1993) 15 E.H.R.R. 173
	PULLAR *v.* UK	(1996) 22 E.H.R.R. 391
	SAIDI *v.* FRANCE	(1994) 17 E.H.R.R. 251
experts report	BRANDSTETTER *v.* AUSTRIA	(1993) 15 E.H.R.R. 378
	H. *v.* FRANCE	(1990) 12 E.H.R.R. 74
expropriation of property	BODÉN *v.* SWEDEN	(1988) 10 E.H.R.R. 367
	KATIKARIDIS & ORS *v.* GREECE	(2001) 32 E.H.R.R. 6 at page 113
	MATOS E SILVA *v.* PORTUGAL	(1997) 24 E.H.R.R. 573
	SPORRONG *v.* SWEDEN	(1983) 5 E.H.R.R. 35
extradition	SOERING *v.* UK	(1989) 11 E.H.R.R. 439
failure to comply with court decisions	HORNSBY *v.* GREECE	(1997) 24 E.H.R.R. 251
fairness requirement	REINHARDT & ANOR *v.* FRANCE	(1999) 28 E.H.R.R. 59
	SLIMANE-KAÏD *v.* FRANCE	(2001) 31 E.H.R.R. 48 at page 1073
	STRAN GREEK REFINERIES *v.* GREECE	(1995) 19 E.H.R.R. 293
final decision, need for	FAYED *v.* UK	(1994) 18 E.H.R.R. 394
forfeiture of right to appeal	KHALFAOUI *v.* FRANCE	(2001) 31 E.H.R.R. 42 at page 967
forfeiture proceedings	AGOSI *v.* UK	(1987) 9 E.H.R.R. 1
general principles	VAN MECHELEN *v.* NETHERLANDS	(1998) 25 E.H.R.R. 647
immigration	X *v.* SWEDEN	(1982) 4 E.H.R.R. 408
immunity from jurisdiction	WAITE & KENNEDY *v.* GERMANY	(2000) 30 E.H.R.R. 261
impartiality of court	ALBERT & LE COMPTE *v.* BELGIUM	(1983) 5 E.H.R.R. 533
	BASKAYA & OKÇUOGLOU *v.* TURKEY	(2001) 31 E.H.R.R. 10 at page 292
	BAT *v.* NETHERLANDS	(1996) 21 E.H.R.R. 409
	BELILOS *v.* SWITZERLAND	(1988) 10 E.H.R.R. 466
	BENTHEM *v.* NETHERLANDS	(1986) 8 E.H.R.R. 1
	BÖNISCH *v.* AUSTRIA	(1987) 9 E.H.R.R. 191
	BORGERS *v.* BELGIUM	(1993) 15 E.H.R.R. 93
	BRAMELID *v.* SWEDEN	(1983) 5 E.H.R.R. 249
	BRINCAT *v.* ITALY	(1993) 16 E.H.R.R. 591
	BRYAN *v.* UK	(1996) 21 E.H.R.R. 342
	BULUT *v.* AUSTRIA	(1997) 24 E.H.R.R. 84
	CABLE & ORS *v.* UK	(2000) 30 E.H.R.R. 1032
	CAMPBELL & FELL *v.* UK	(1983) 5 E.H.R.R. 207
	CAMPBELL & FELL *v.* UK	(1985) 7 E.H.R.R. 165
	CASTILLO ALGAR *v.* SPAIN	(2000) 30 E.H.R.R. 827
	ÇIRAKLAR *v.* TURKEY	(2001) 32 E.H.R.R. 23 at page 535

FAIR HEARING, RIGHT TO—*cont.*

	COLAK *v.* GERMANY	(1989) 11 E.H.R.R. 513
	DE CUBBER *v.* BELGIUM	(1985) 7 E.H.R.R. 236
	DE HAAN *v.* NETHERLANDS	(1998) 26 E.H.R.R. 417
	DEBLED *v.* BELGIUM	(1995) 19 E.H.R.R. 506
	DEMICOLA *v.* MALTA	(1992) 14 E.H.R.R. 47
	DIENNET *v.* FRANCE	(1996) 21 E.H.R.R. 554
	ETTL *v.* AUSTRIA	(1988) 10 E.H.R.R. 255
	FERRANTELLI *v.* ITALY	(1997) 23 E.H.R.R. 288
	FEY *v.* AUSTRIA	(1993) 16 E.H.R.R. 387
	FINDLAY *v.* UK	(1997) 24 E.H.R.R. 221
	GAUTRIN & ORS *v.* FRANCE	(1999) 28 E.H.R.R. 196
	GILLOW *v.* UK	(1989) 11 E.H.R.R. 335
	GREGORY *v.* UK	(1998) 25 E.H.R.R. 577
	HAUSCHILDT *v.* DENMARK	(1990) 12 E.H.R.R. 266
	HELLE *v.* FINLAND	(1998) 26 E.H.R.R. 159
	HIGGINS & ORS *v.* FRANCE	(1999) 27 E.H.R.R. 704
	HOLM *v.* SWEDEN	(1994) 18 E.H.R.R. 79
	HOOD *v.* UK	(2000) 29 E.H.R.R. 365
	INCAL *v.* TURKEY	(2000) 29 E.H.R.R. 449
	JAMES *v.* UK	(1986) 8 E.H.R.R. 123
	LANGBORGER *v.* SWEDEN	(1990) 12 E.H.R.R. 416
	LITHGOW *v.* UK	(1985) 7 E.H.R.R. 56
	MCGONNELL *v.* UK	(2000) 30 E.H.R.R. 289
	MOORE & GORDON *v.* UK	(2000) 29 E.H.R.R. 728
	NORTIER *v.* NETHERLANDS	(1994) 17 E.H.R.R. 273
	OBERSCHLICK *v.* AUSTRIA	(1995) 19 E.H.R.R. 389
	PAUWELS *v.* BELGIUM	(1989) 11 E.H.R.R. 238
	PFEIFER *v.* AUSTRIA	(1992) 14 E.H.R.R. 692
	PIERSACK *v.* BELGIUM	(1983) 5 E.H.R.R. 169
	PROCOLA *v.* LUXEMBOURG	(1996) 22 E.H.R.R. 193
	PULLAR *v.* UK	(1996) 22 E.H.R.R. 391
	REMLI *v.* FRANCE	(1996) 22 E.H.R.R. 253
	RINGEISEN *v.* AUSTRIA (NO. 1)	(1979) 1 E.H.R.R. 455
	SAINTE-MARIE *v.* FRANCE	(1993) 16 E.H.R.R. 116
	SANDER *v.* UK	(2001) 31 E.H.R.R. 44 at page 1003
	SARAIVA DE CARVALHO *v.* PORTUGAL	(1994) 18 E.H.R.R. 534
	SRAMEK *v.* AUSTRIA	(1985) 7 E.H.R.R. 351
	STALLINGER & ANOR *v.* AUSTRIA	(1998) 26 E.H.R.R. 81
	THOMANN *v.* SWITZERLAND	(1997) 24 E.H.R.R. 553
	THORGEIRSON *v.* ICELAND	(1992) 14 E.H.R.R. 843
	VAN MARLE & ORS *v.* NETHERLANDS	(1986) 8 E.H.R.R. 483
in absentia	COLOZZA *v.* ITALY	(1985) 7 E.H.R.R. 516
	RUBINAT *v.* ITALY	(1985) 7 E.H.R.R. 512
independence of court	BASKAYA & OKÇUOGLOU *v.* TURKEY	(2001) 31 E.H.R.R. 10 at page 292
	BAT *v.* NETHERLANDS	(1996) 21 E.H.R.R. 409
	BENTHEM *v.* NETHERLANDS	(1986) 8 E.H.R.R. 1
	BRAMELID *v.* SWEDEN	(1983) 5 E.H.R.R. 249
	BRYAN *v.* UK	(1996) 21 E.H.R.R. 342
	CABLE & ORS *v.* UK	(2000) 30 E.H.R.R. 1032
	CAMPBELL & FELL *v.* UK	(1983) 5 E.H.R.R. 207
	CAMPBELL & FELL *v.* UK	(1985) 7 E.H.R.R. 165
	ÇIRAKLAR *v.* TURKEY	(2001) 32 E.H.R.R. 23 at page 535
	DEBLED *v.* BELGIUM	(1995) 19 E.H.R.R. 506
	ETTL *v.* AUSTRIA	(1988) 10 E.H.R.R. 255
	FINDLAY *v.* UK	(1997) 24 E.H.R.R. 221

FAIR HEARING, RIGHT TO—*cont.*

	HELLE *v.* FINLAND	(1998) 26 E.H.R.R. 159
	HOOD *v.* UK	(2000) 29 E.H.R.R. 365
	INCAL *v.* TURKEY	(2000) 29 E.H.R.R. 449
	JAMES *v.* UK	(1986) 8 E.H.R.R. 123
	LANGBORGER *v.* SWEDEN	(1990) 12 E.H.R.R. 416
	LITHGOW *v.* UK	(1985) 7 E.H.R.R. 56
	MCGONNELL *v.* UK	(2000) 30 E.H.R.R. 289
	MCMICHAEL *v.* UK	(1995) 20 E.H.R.R. 205
	MOORE & GORDON *v.* UK	(2000) 29 E.H.R.R. 728
	PIERSACK *v.* BELGIUM	(1983) 5 E.H.R.R. 169
	PULLAR *v.* UK	(1996) 22 E.H.R.R. 391
	SRAMEK *v.* AUSTRIA	(1985) 7 E.H.R.R. 351
	STALLINGER & ANOR *v.* AUSTRIA	(1998) 26 E.H.R.R. 81
	VAN MARLE & ORS *v.* NETHERLANDS	(1986) 8 E.H.R.R. 483
industrial injury benefits	DEUMELAND *v.* GERMANY	(1986) 8 E.H.R.R. 448
insolvency proceedings	PAFITIS & ORS *v.* GREECE	(1999) 27 E.H.R.R. 567
interception of communications	KLASS & ORS *v.* GERMANY	(1980) 2 E.H.R.R. 214
interpreters	LUEDICKE & ORS *v.* GERMANY	(1980) 2 E.H.R.R. 149
	ÖZTÜRK *v.* GERMANY	(1984) 6 E.H.R.R. 409
joint civil & criminal proceedings	HELMERS *v.* SWEDEN	(1993) 15 E.H.R.R. 285
judicial review	NATIONAL & PROVINCIAL *v.* UK	(1998) 25 E.H.R.R. 127
lack of understanding of language	BROZICEK *v.* ITALY	(1990) 12 E.H.R.R. 371
	KAMASINSKI *v.* AUSTRIA	(1991) 13 E.H.R.R. 36
lawfulness of order	OERLEMANS *v.* NETHERLANDS	(1993) 15 E.H.R.R. 561
lawyers' disciplinary measures	WR *v.* AUSTRIA	(2001) 31 E.H.R.R. 43 at page 985
legal advice	CROISSANT *v.* GERMANY	(1993) 16 E.H.R.R. 135
	FEJDE *v.* SWEDEN	(1994) 17 E.H.R.R. 14
	HILTON *v.* UK	(1981) 3 E.H.R.R. 104
	HOANG *v.* FRANCE	(1993) 16 E.H.R.R. 53
	MURRAY *v.* UK	(1996) 22 E.H.R.R. 29
	PAKELLI *v.* GERMANY	(1984) 6 E.H.R.R. 1
	S. *v.* SWITZERLAND	(1992) 14 E.H.R.R. 670
	SILVER *v.* UK	(1983) 5 E.H.R.R. 347
legal aid	AIREY *v.* IRELAND	(1980) 2 E.H.R.R. 305
	ARTICO *v.* ITALY	(1981) 3 E.H.R.R. 1
	BONER *v.* UK	(1995) 19 E.H.R.R. 246
	GRANGER *v.* UK	(1990) 12 E.H.R.R. 469
	KAMASINSKI *v.* AUSTRIA	(1991) 13 E.H.R.R. 36
	MAGEE *v.* UK	(2001) 31 E.H.R.R. 35 at page 822
	MAXWELL *v.* UK	(1995) 19 E.H.R.R. 97
	PERKS & ORS *v.* UK	(2000) 30 E.H.R.R. 33
	VAN DER MUSSELE *v.* BELGIUM	(1984) 6 E.H.R.R. 163
	X, Y & Z *v.* SWEDEN	(1983) 5 E.H.R.R. 147
legal representation	BENHAM *v.* UK	(1996) 22 E.H.R.R. 295
	DAUD *v.* PORTUGAL	(2000) 30 E.H.R.R. 400
	GODDI *v.* ITALY	(1984) 6 E.H.R.R. 457
	IMBRIOSCIA *v.* SWITZERLAND	(1994) 17 E.H.R.R. 441
	LALA *v.* NETHERLANDS	(1994) 18 E.H.R.R. 586
	PAKELLI *v.* GERMANY	(1984) 6 E.H.R.R. 1
	PELLADOAH *v.* NETHERLANDS	(1995) 19 E.H.R.R. 81
	PERKS & ORS *v.* UK	(2000) 30 E.H.R.R. 33
	POITRIMOL *v.* FRANCE	(1994) 18 E.H.R.R. 130
	TRIPODI *v.* ITALY	(1994) 18 E.H.R.R. 295
	VAN GEYSEGHEM *v.* BELGIUM	(2001) 32 E.H.R.R. 24 at page 554

FAIR HEARING, RIGHT TO—*cont.*

legislative intervention in proceedings	ZIELINSKI & ORS *v.* FRANCE	(2001) 31 E.H.R.R. 19 at page 532
length of proceedings	A. & ORS *v.* DENMARK	(1996) 22 E.H.R.R. 458
	ABDOELLA *v.* NETHERLANDS	(1995) 20 E.H.R.R. 585
	ACQUAVIVA *v.* FRANCE	(2001) 32 E.H.R.R. 7 at page 134
	ADILETTA *v.* ITALY	(1992) 14 E.H.R.R. 586
	ARGENTO *v.* ITALY	(1999) 28 E.H.R.R. 719
	AUSIELLO *v.* ITALY	(1997) 24 E.H.R.R. 568
	BAGGETTA *v.* ITALY	(1988) 10 E.H.R.R. 325
	BARAONA *v.* PORTUGAL	(1991) 13 E.H.R.R. 329
	BEAUMARTIN *v.* FRANCE	(1995) 19 E.H.R.R. 485
	BOCK *v.* GERMANY	(1990) 12 E.H.R.R. 247
	BODDAERT *v.* BELGIUM	(1993) 16 E.H.R.R. 242
	BUNKATE *v.* NETHERLANDS	(1995) 19 E.H.R.R. 477
	COMINGERSOLL SA *v.* PORTUGAL	(2001) 31 E.H.R.R. 31 at page 772
	CORIGLIANO *v.* ITALY	(1983) 5 E.H.R.R. 334
	DARNELL *v.* UK	(1994) 18 E.H.R.R. 205
	DE MOOR *v.* BELGIUM	(1994) 18 E.H.R.R. 372
	DOBBERTIN *v.* FRANCE	(1993) 16 E.H.R.R. 558
	DUCLOS *v.* FRANCE	(2001) 32 E.H.R.R. 5 at page 86
	ECKLE *v.* GERMANY	(1983) 5 E.H.R.R. 1
	EDITIONS PÉRISCOPE *v.* FRANCE	(1992) 14 E.H.R.R. 597
	EP *v.* ITALY	(2001) 31 E.H.R.R. 17 at page 463
	ERKNER *v.* AUSTRIA	(1987) 9 E.H.R.R. 464
	F.E. *v.* FRANCE	(2000) 29 E.H.R.R. 591
	FERRANTELLI *v.* ITALY	(1997) 23 E.H.R.R. 288
	FOTI *v.* ITALY	(1983) 5 E.H.R.R. 313
	FRYDLENDER *v.* FRANCE	(2001) 31 E.H.R.R. 52 at page 1152
	FUNKE *v.* FRANCE	(1993) 16 E.H.R.R. 297
	GARYFALLOU AEBE *v.* GREECE	(1999) 28 E.H.R.R. 344
	GS *v.* AUSTRIA	(2001) 31 E.H.R.R. 21 at page 576
	GUILLEMIN *v.* FRANCE	(1998) 25 E.H.R.R. 435
	GUINCHO *v.* PORTUGAL	(1985) 7 E.H.R.R. 223
	H. *v.* FRANCE	(1990) 12 E.H.R.R. 74
	HENTRICH *v.* FRANCE	(1994) 18 E.H.R.R. 440
	HOKKANEN *v.* FINLAND	(1995) 19 E.H.R.R. 139
	HOWARTH *v.* UK	(2001) 31 E.H.R.R. 37 at page 861
	HUMEN *v.* POLAND	(2001) 31 E.H.R.R. 53 at page 1168
	IMMOBILIARE *v.* ITALY	(2000) 30 E.H.R.R. 756
	JOHANSEN *v.* NORWAY	(1997) 23 E.H.R.R. 33
	KATIKARIDIS & ORS *v.* GREECE	(2001) 32 E.H.R.R. 6 at page 113
	KATTE KLITSCHE *v.* ITALY	(1995) 19 E.H.R.R. 368
	KEMMACHE *v.* FRANCE	(1992) 14 E.H.R.R. 520
	LE CALVEZ *v.* FRANCE	(2001) 32 E.H.R.R. 21 at page 481
	LECHNER & HESS *v.* AUSTRIA	(1987) 9 E.H.R.R. 490
	LOMBARDO *v.* ITALY	(1996) 21 E.H.R.R. 188
	MAJ *v.* ITALY	(1992) 14 E.H.R.R. 405
	MANSUR *v.* TURKEY	(1995) 20 E.H.R.R. 535
	MARTINS MOREIRA *v.* PORTUGAL	(1991) 13 E.H.R.R. 517
	MASSA *v.* ITALY	(1994) 18 E.H.R.R. 266

FAIR HEARING, RIGHT TO—*cont.*

	MATOS E SILVA *v.* PORTUGAL	(1997) 24 E.H.R.R. 573
	MATTER *v.* SLOVAKIA	(2001) 31 E.H.R.R. 32 at page 783
	MAVRONICHIS *v.* CYPRUS	(2001) 31 E.H.R.R. 54 at page 1186
	MILASI *v.* ITALY	(1988) 10 E.H.R.R. 333
	MONNET *v.* FRANCE	(1994) 18 E.H.R.R. 27
	MOREIRA DE AZEVEDO *v.* PORTUGAL	(1991) 13 E.H.R.R. 721
	MOTTA *v.* ITALY	(1992) 14 E.H.R.R. 432
	NEIGEL *v.* FRANCE	(2000) 30 E.H.R.R. 310
	NEVES E SILVA *v.* PORTUGAL	(1991) 13 E.H.R.R. 535
	OBERMEIER *v.* AUSTRIA	(1991) 13 E.H.R.R. 290
	OLSSON *v.* SWEDEN (NO. 2)	(1994) 17 E.H.R.R. 135
	PACCIONE *v.* ITALY	(1995) 20 E.H.R.R. 396
	PAFITIS & ORS *v.* GREECE	(1999) 27 E.H.R.R. 567
	PAILOT *v.* FRANCE	(2000) 30 E.H.R.R. 328
	PAMMEL *v.* GERMANY	(1998) 26 E.H.R.R. 100
	PAPACHELAS *v.* GREECE	(2000) 30 E.H.R.R. 923
	PAULSEN-MEDALEN & ANOR *v.* SWEDEN	(1998) 26 E.H.R.R. 260
	PELISSIER & SASSI *v.* FRANCE	(2000) 30 E.H.R.R. 715
	PHILIS *v.* GREECE	(1991) 13 E.H.R.R. 741
	PHILIS *v.* GREECE (NO. 2)	(1998) 25 E.H.R.R. 417
	PHOCAS *v.* FRANCE	(2001) 32 E.H.R.R. 11 at page 221
	POISS *v.* AUSTRIA	(1988) 10 E.H.R.R. 231
	PUGLIESE *v.* ITALY (NO. 1)	(1992) 14 E.H.R.R. 413
	RAIMONDO *v.* ITALY	(1994) 18 E.H.R.R. 237
	REINHARDT & ANOR *v.* FRANCE	(1999) 28 E.H.R.R. 59
	ROBINS *v.* UK	(1998) 26 E.H.R.R. 527
	RUIZ-MATEOS *v.* SPAIN	(1993) 16 E.H.R.R. 505
	SALESI *v.* ITALY	(1998) 26 E.H.R.R. 187
	SANTILLI *v.* ITALY	(1992) 14 E.H.R.R. 421
	SCOPELLITI *v.* ITALY	(1994) 17 E.H.R.R. 493
	SCUDERI *v.* ITALY	(1995) 19 E.H.R.R. 187
	SELMOUNI *v.* FRANCE	(2000) 29 E.H.R.R. 403
	SILVA PONTES *v.* PORTUGAL	(1994) 18 E.H.R.R. 156
	STRAN GREEK REFINERIES *v.* GREECE	(1995) 19 E.H.R.R. 293
	SÜSSMANN *v.* GERMANY	(1998) 25 E.H.R.R. 64
	THLIMMENOS *v.* GREECE	(2001) 31 E.H.R.R. 15 at page 411
	UNIÓN ALIMENTARIA SANDERS *v.* SPAIN	(1990) 12 E.H.R.R. 24
	VALLÉE *v.* FRANCE	(1994) 18 E.H.R.R. 549
	VENDITTELLI *v.* ITALY	(1995) 19 E.H.R.R. 464
	VERNILLO *v.* FRANCE	(1991) 13 E.H.R.R. 880
	WIESINGER *v.* AUSTRIA	(1993) 16 E.H.R.R. 259
	WR *v.* AUSTRIA	(2001) 31 E.H.R.R. 43 at page 985
	X. *v.* FRANCE	(1992) 14 E.H.R.R. 483
	YAĞCI & SARGIN *v.* TURKEY	(1995) 20 E.H.R.R. 505
	ZANA *v.* TURKEY	(1999) 27 E.H.R.R. 667
	ZIELINSKI & ORS *v.* FRANCE	(2001) 31 E.H.R.R. 19 at page 532
	ZIMMERMANN *v.* GERMANY	(1984) 6 E.H.R.R. 17
limitation periods	STUBBINGS & ORS *v.* UK	(1997) 23 E.H.R.R. 213
margin of appreciation	STUBBINGS & ORS *v.* UK	(1997) 23 E.H.R.R. 213
	TOLSTOY *v.* UK	(1995) 20 E.H.R.R. 442

FAIR HEARING, RIGHT TO—*cont.*

mentally ill persons	ASHINGDANE *v.* UK	(1982) 4 E.H.R.R. 590
	ASHINGDANE *v.* UK	(1985) 7 E.H.R.R. 528
	WINTERWERP *v.* NETHERLANDS	(1980) 2 E.H.R.R. 387
military disciplinary measures	ENGEL & ORS *v.* NETHERLANDS (NO. 1)	(1979) 1 E.H.R.R. 647
	HOOD *v.* UK	(2000) 29 E.H.R.R. 365
	PAUWELS *v.* BELGIUM	(1989) 11 E.H.R.R. 238
	SERVES *v.* FRANCE	(1999) 28 E.H.R.R. 265
milk production quota	PROCOLA *v.* LUXEMBOURG	(1996) 22 E.H.R.R. 193
	VAN DE HURK *v.* NETHERLANDS	(1994) 18 E.H.R.R. 481
nationalisation	LITHGOW *v.* UK	(1985) 7 E.H.R.R. 56
nature of proceedings	GEA CATALÁN *v.* SPAIN	(1995) 20 E.H.R.R. 266
	KRASKA *v.* SWITZERLAND	(1994) 18 E.H.R.R. 188
	MASSA *v.* ITALY	(1994) 18 E.H.R.R. 266
	OERLEMANS *v.* NETHERLANDS	(1993) 15 E.H.R.R. 561
	PACCIONE *v.* ITALY	(1995) 20 E.H.R.R. 396
	WEBER *v.* SWITZERLAND	(1990) 12 E.H.R.R. 508
	ZANDER *v.* SWEDEN	(1994) 18 E.H.R.R. 175
non-attendance of witnesses	KAMASINSKI *v.* AUSTRIA	(1991) 13 E.H.R.R. 36
non-payment of community charge	BENHAM *v.* UK	(1996) 22 E.H.R.R. 295
non-payment of professional fees	PHILIS *v.* GREECE	(1991) 13 E.H.R.R. 741
notice of proceedings	COLOZZA *v.* ITALY	(1985) 7 E.H.R.R. 516
obligations	MCGINLEY *v.* UK	(1999) 27 E.H.R.R. 1
oral hearing	FISCHER *v.* AUSTRIA	(1995) 20 E.H.R.R. 349
	HELLE *v.* FINLAND	(1998) 26 E.H.R.R. 159
	HELMERS *v.* SWEDEN	(1993) 15 E.H.R.R. 285
	JJ *v.* NETHERLANDS	(1999) 28 E.H.R.R. 169
	L *v.* FINLAND	(2001) 31 E.H.R.R. 30 at page 737
	PARDO *v.* FRANCE	(1994) 17 E.H.R.R. 383
	RAVNSBORG *v.* SWEDEN	(1994) 18 E.H.R.R. 38
Parliamentary privilege	LINGENS & LEITGENS *v.* AUSTRIA	(1982) 4 E.H.R.R. 373
participation	COLOZZA *v.* ITALY	(1985) 7 E.H.R.R. 516
place of family life	EL BOUJAÏDI *v.* FRANCE	(2000) 30 E.H.R.R. 223
possession proceedings	ANKERL *v.* SWITZERLAND	(2001) 32 E.H.R.R. 1 at page 1
preparation of defence	HADJIANASTASSIOU *v.* GREECE	(1993) 16 E.H.R.R. 219
	KREMZOW *v.* AUSTRIA	(1994) 17 E.H.R.R. 323
presumption of innocence	ADOLF *v.* AUSTRIA	(1982) 4 E.H.R.R. 313
	AGOSI *v.* UK	(1987) 9 E.H.R.R. 1
	ALBERT & LE COMPTE *v.* BELGIUM	(1983) 5 E.H.R.R. 533
	ALLENET DE RIBEMONT *v.* FRANCE	(1995) 20 E.H.R.R. 557
	AP, MP & TP *v.* SWITZERLAND	(1998) 26 E.H.R.R. 541
	AVERILL *v.* UK	(2001) 31 E.H.R.R. 36 at page 839
	BERNARD *v.* FRANCE	(2000) 30 E.H.R.R. 809
	BÖNISCH *v.* AUSTRIA	(1987) 9 E.H.R.R. 191
	DELTA *v.* FRANCE	(1993) 16 E.H.R.R. 574
	ENGLERT *v.* GERMANY	(1991) 13 E.H.R.R. 392
	FUNKE *v.* FRANCE	(1993) 16 E.H.R.R. 297
	HENTRICH *v.* FRANCE	(1994) 18 E.H.R.R. 440
	HOANG *v.* FRANCE	(1993) 16 E.H.R.R. 53
	KAMASINSKI *v.* AUSTRIA	(1991) 13 E.H.R.R. 36
	KREMZOW *v.* AUSTRIA	(1994) 17 E.H.R.R. 323
	LALA *v.* NETHERLANDS	(1994) 18 E.H.R.R. 586
	LEUTSCHER *v.* NETHERLANDS	(1997) 24 E.H.R.R. 181
	LINGENS & LEITGENS *v.* AUSTRIA	(1982) 4 E.H.R.R. 373

FAIR HEARING, RIGHT TO—*cont.*

	LUTZ *v.* GERMANY	(1988) 10 E.H.R.R. 182
	MINELLI *v.* SWITZERLAND	(1983) 5 E.H.R.R. 554
	NÖLKENBOCKHOFF *v.* GERMANY	(1988) 10 E.H.R.R. 163
	NÖLKENBOCKHOFF *v.* GERMANY	(1991) 13 E.H.R.R. 360
	SALABIAKU *v.* FRANCE	(1991) 13 E.H.R.R. 379
	SCHENK *v.* SWITZERLAND	(1991) 13 E.H.R.R. 242
	SEKANINA *v.* AUSTRIA	(1994) 17 E.H.R.R. 221
	X, Y & Z *v.* AUSTRIA	(1982) 4 E.H.R.R. 270
	X, Y & Z *v.* SWEDEN	(1982) 4 E.H.R.R. 395
pre-trial detention	W. *v.* SWITZERLAND	(1994) 17 E.H.R.R. 60
pre-trial proceedings	IMBRIOSCIA *v.* SWITZERLAND	(1994) 17 E.H.R.R. 441
prison discipline	CAMPBELL & FELL *v.* UK	(1985) 7 E.H.R.R. 165
professional disciplinary proceedings	ALBERT & LE COMPTE *v.* BELGIUM	(1983) 5 E.H.R.R. 533
	H. *v.* BELGIUM	(1988) 10 E.H.R.R. 339
	LE COMPTE & ORS *v.* BELGIUM	(1982) 4 E.H.R.R. 1
	VAN MARLE & ORS *v.* NETHERLANDS	(1986) 8 E.H.R.R. 483
pronouncement of judgment	SZÜCS *v.* AUSTRIA	(1998) 26 E.H.R.R. 310
	WERNER *v.* AUSTRIA	(1998) 26 E.H.R.R. 310
public emergency threatening life of nation	IRELAND *v.* UK	(1980) 2 E.H.R.R. 25
	LAWLESS *v.* IRELAND (NO. 3)	(1979) 1 E.H.R.R. 15
public hearings	ANDERSSON *v.* SWEDEN	(1993) 15 E.H.R.R. 218
	ASHINGDANE *v.* UK	(1985) 7 E.H.R.R. 528
	BULUT *v.* AUSTRIA	(1997) 24 E.H.R.R. 84
	DE MOOR *v.* BELGIUM	(1994) 18 E.H.R.R. 372
	DIENNET *v.* FRANCE	(1996) 21 E.H.R.R. 554
	ENGEL & ORS *v.* NETHERLANDS (NO. 1)	(1979) 1 E.H.R.R. 647
	GAUTRIN & ORS *v.* FRANCE	(1999) 28 E.H.R.R. 196
	JACOBSSON *v.* SWEDEN (NO. 2)	(2001) 32 E.H.R.R. 20 at page 463
	ORTENBERG *v.* AUSTRIA	(1995) 19 E.H.R.R. 524
	STALLINGER & ANOR *v.* AUSTRIA	(1998) 26 E.H.R.R. 81
	WERNER *v.* AUSTRIA	(1998) 26 E.H.R.R. 310
	ZUMTOBEL *v.* AUSTRIA	(1994) 17 E.H.R.R. 116
publicity of judgment	PRETTO *v.* ITALY	(1984) 6 E.H.R.R. 182
	SZÜCS *v.* AUSTRIA	(1998) 26 E.H.R.R. 310
	SUTTER *v.* SWITZERLAND	(1984) 6 E.H.R.R. 272
	WERNER *v.* AUSTRIA	(1998) 26 E.H.R.R. 310
reasonable time to bring case to trial	A. & ORS *v.* DENMARK	(1996) 22 E.H.R.R. 458
	ABDOELLA *v.* NETHERLANDS	(1995) 20 E.H.R.R. 585
	ACQUAVIVA *v.* FRANCE	(2001) 32 E.H.R.R. 7 at page 134
	ADILETTA *v.* ITALY	(1992) 14 E.H.R.R. 586
	ARGENTO *v.* ITALY	(1999) 28 E.H.R.R. 719
	AUSIELLO *v.* ITALY	(1997) 24 E.H.R.R. 568
	BAGGETTA *v.* ITALY	(1988) 10 E.H.R.R. 325
	BARAONA *v.* PORTUGAL	(1991) 13 E.H.R.R. 329
	BEAUMARTIN *v.* FRANCE	(1995) 19 E.H.R.R. 485
	BOCK *v.* GERMANY	(1990) 12 E.H.R.R. 247
	BODDAERT *v.* BELGIUM	(1993) 16 E.H.R.R. 242
	BONNECHAUX *v.* SWITZERLAND	(1981) 3 E.H.R.R. 259
	BUCHHOLZ *v.* GERMANY	(1981) 3 E.H.R.R. 597
	BUNKATE *v.* NETHERLANDS	(1995) 19 E.H.R.R. 477
	CAPUANO *v.* ITALY	(1991) 13 E.H.R.R. 271
	COMINGERSOLL SA *v.* PORTUGAL	(2001) 31 E.H.R.R. 31 at page 772
	CORIGLIANO *v.* ITALY	(1983) 5 E.H.R.R. 334
	DE MOOR *v.* BELGIUM	(1994) 18 E.H.R.R. 372

FAIR HEARING, RIGHT TO—*cont.*

DOBBERTIN *v.* FRANCE	(1993) 16 E.H.R.R. 558
DUCLOS *v.* FRANCE	(2001) 32 E.H.R.R. 5 at page 86
ECKLE *v.* GERMANY	(1983) 5 E.H.R.R. 1
EDITIONS PÉRISCOPE *v.* FRANCE	(1992) 14 E.H.R.R. 597
EP *v.* ITALY	(2001) 31 E.H.R.R. 17 at page 463
ERKNER *v.* AUSTRIA	(1987) 9 E.H.R.R. 464
FERRANTELLI *v.* ITALY	(1997) 23 E.H.R.R. 288
FOTI *v.* ITALY	(1983) 5 E.H.R.R. 313
FRYDLENDER *v.* FRANCE	(2001) 31 E.H.R.R. 52 at page1152
FUNKE *v.* FRANCE	(1993) 16 E.H.R.R. 297
GARYFALLOU AEBE *v.* GREECE	(1999) 28 E.H.R.R. 344
GS *v.* AUSTRIA	(2001) 31 E.H.R.R. 21 at page 576
GUILLEMIN *v.* FRANCE	(1998) 25 E.H.R.R. 435
GUINCHO *v.* PORTUGAL	(1985) 7 E.H.R.R. 223
H. *v.* FRANCE	(1990) 12 E.H.R.R. 74
HOWARTH *v.* UK	(2001) 31 E.H.R.R. 37 at page 861
HUMEN *v.* POLAND	(2001) 31 E.H.R.R. 53 at page 1168
JOHANSEN *v.* NORWAY	(1997) 23 E.H.R.R. 33
KATIKARIDIS & ORS *v.* GREECE	(2001) 32 E.H.R.R. 6 at page 113
KATTE KLITSCHE *v.* ITALY	(1995) 19 E.H.R.R. 368
KEMMACHE *v.* FRANCE	(1992) 14 E.H.R.R. 520
KÖNIG *v.* GERMANY	(1980) 2 E.H.R.R. 170
LE CALVEZ *v.* FRANCE	(2001) 32 E.H.R.R. 21 at page 481
LECHNER & HESS *v.* AUSTRIA	(1987) 9 E.H.R.R. 490
LOMBARDO *v.* ITALY	(1996) 21 E.H.R.R. 188
MAJ *v.* ITALY	(1992) 14 E.H.R.R. 405
MANSUR *v.* TURKEY	(1995) 20 E.H.R.R. 535
MARTINS MOREIRA *v.* PORTUGAL	(1991) 13 E.H.R.R. 517
MASSA *v.* ITALY	(1994) 18 E.H.R.R. 266
MATOS E SILVA *v.* PORTUGAL	(1997) 24 E.H.R.R. 573
MATTER *v.* SLOVAKIA	(2001) 31 E.H.R.R. 32 at page 783
MATZNETTER *v.* AUSTRIA	(1979) 1 E.H.R.R. 198
MAVRONICHIS *v.* CYPRUS	(2001) 31 E.H.R.R. 54 at page 1186
MILASI *v.* ITALY	(1988) 10 E.H.R.R. 333
MONNET *v.* FRANCE	(1994) 18 E.H.R.R. 27
MOTTA *v.* ITALY	(1992) 14 E.H.R.R. 432
NEIGEL *v.* FRANCE	(2000) 30 E.H.R.R. 310
NEUMEISTER *v.* AUSTRIA (NO. 1)	(1979) 1 E.H.R.R. 91
NEVES E SILVA *v.* PORTUGAL	(1991) 13 E.H.R.R. 535
OLSSON *v.* SWEDEN (NO. 2)	(1994) 17 E.H.R.R. 135
PACCIONE *v.* ITALY	(1995) 20 E.H.R.R. 396
PAILOT *v.* FRANCE	(2000) 30 E.H.R.R. 328
PAMMEL *v.* GERMANY	(1998) 26 E.H.R.R. 100
PAPACHELAS *v.* GREECE	(2000) 30 E.H.R.R. 923
PAULSEN-MEDALEN & ANOR *v.* SWEDEN	(1998) 26 E.H.R.R. 260
PELISSIER & SASSI *v.* FRANCE	(2000) 30 E.H.R.R. 715
PHILIS *v.* GREECE	(1991) 13 E.H.R.R. 741
PHILIS *v.* GREECE (NO. 2)	(1998) 25 E.H.R.R. 417

FAIR HEARING, RIGHT TO—*cont.*

	PHOCAS *v.* FRANCE	(2001) 32 E.H.R.R. 11 at page 221
	POISS *v.* AUSTRIA	(1988) 10 E.H.R.R. 231
	PRETTO *v.* ITALY	(1984) 6 E.H.R.R. 182
	PUGLIESE *v.* ITALY (NO. 1)	(1992) 14 E.H.R.R. 413
	RAIMONDO *v.* ITALY	(1994) 18 E.H.R.R. 237
	REINHARDT & ANOR *v.* FRANCE	(1999) 28 E.H.R.R. 59
	RINGEISEN *v.* AUSTRIA (NO. 1)	(1979) 1 E.H.R.R. 455
	ROBINS *v.* UK	(1998) 26 E.H.R.R. 527
	SALESI *v.* ITALY	(1998) 26 E.H.R.R. 187
	SANTILLI *v.* ITALY	(1992) 14 E.H.R.R. 421
	SCOPELLITI *v.* ITALY	(1994) 17 E.H.R.R. 493
	SCUDERI *v.* ITALY	(1995) 19 E.H.R.R. 187
	SELMOUNI *v.* FRANCE	(2000) 29 E.H.R.R. 403
	SILVA PONTES *v.* PORTUGAL	(1994) 18 E.H.R.R. 156
	STÖGMÜLLER *v.* AUSTRIA	(1979) 1 E.H.R.R. 155
	STRAN GREEK REFINERIES *v.* GREECE	(1995) 19 E.H.R.R. 293
	THLIMMENOS *v.* GREECE	(2001) 31 E.H.R.R. 15 at page 411
	UNIÓN ALIMENTARIA SANDERS *v.* SPAIN	(1990) 12 E.H.R.R. 24
	VALLÉE *v.* FRANCE	(1994) 18 E.H.R.R. 549
	VENDITTELLI *v.* ITALY	(1995) 19 E.H.R.R. 464
	VERNILLO *v.* FRANCE	(1991) 13 E.H.R.R. 880
	WEMHOFF *v.* GERMANY	(1979) 1 E.H.R.R. 55
	WIESINGER *v.* AUSTRIA	(1993) 16 E.H.R.R. 259
	WR *v.* AUSTRIA	(2001) 31 E.H.R.R. 43 at page 985
	X. *v.* FRANCE	(1992) 14 E.H.R.R. 483
	X. *v.* UK	(1981) 3 E.H.R.R. 271
	YAĞCI & SARGIN *v.* TURKEY	(1995) 20 E.H.R.R. 505
	ZANA *v.* TURKEY	(1999) 27 E.H.R.R. 667
	ZIMMERMANN *v.* GERMANY	(1984) 6 E.H.R.R. 17
reasons for judgment	GARCIA RUIZ *v.* SPAIN	(2001) 31 E.H.R.R. 22 at page 589
	GEORGIADIS *v.* GREECE	(1997) 24 E.H.R.R. 606
	HIRO BALANI *v.* SPAIN	(1995) 19 E.H.R.R. 566
	TSIRLIS & ANOR *v.* AUSTRIA	(1998) 25 E.H.R.R. 198
refusal of residence permit	NSONA *v.* NETHERLANDS	(2001) 32 E.H.R.R. 9 at page 170
registration of accountants	VAN MARLE & ORS *v.* NETHERLANDS	(1986) 8 E.H.R.R. 483
reliability of evidence	DOORSON *v.* NETHERLANDS	(1996) 22 E.H.R.R. 330
representation	GODDI *v.* ITALY	(1984) 6 E.H.R.R. 457
	PAKELLI *v.* GERMANY	(1984) 6 E.H.R.R. 1
reservations from Article	FISCHER *v.* AUSTRIA	(1995) 20 E.H.R.R. 349
	PAUGER *v.* AUSTRIA	(1998) 25 E.H.R.R. 105
	SZÜCS *v.* AUSTRIA	(1998) 26 E.H.R.R. 310
	WERNER *v.* AUSTRIA	(1998) 26 E.H.R.R. 310
return of seized possessions	VASILESCU *v.* ROMANIA	(1999) 28 E.H.R.R. 241
right not to incriminate oneself	SAUNDERS *v.* UK	(1997) 23 E.H.R.R. 313
right to silence	AVERILL *v.* UK	(2001) 31 E.H.R.R. 36 at page 839
	CONDRON *v.* UK	(2001) 31 E.H.R.R. 1 at page 1
	MURRAY *v.* UK	(1996) 22 E.H.R.R. 29
	SAUNDERS *v.* UK	(1997) 23 E.H.R.R. 313

FAIR HEARING, RIGHT TO—*cont.*

scope of Article	BENDENOUN *v.* FRANCE	(1994) 18 E.H.R.R. 54
sickness benefits	DE HAAN *v.* NETHERLANDS	(1998) 26 E.H.R.R. 417
	FELDBRUGGE *v.* NETHERLANDS	(1986) 8 E.H.R.R. 425
social security benefits	DUCLOS *v.* FRANCE	(2001) 32 E.H.R.R. 5 at page 86
	SCHULER-ZGRAGGEN *v.* SWITZERLAND	(1993) 16 E.H.R.R. 406
social security contributions	SALESI *v.* ITALY	(1998) 26 E.H.R.R. 187
	SCHOUTEN *v.* NETHERLANDS	(1995) 19 E.H.R.R. 432
soil pollution measures	TERRA WONINGEN *v.* NETHERLANDS	(1997) 24 E.H.R.R. 457
speeding offences	MALIGE *v.* FRANCE	(1999) 28 E.H.R.R. 578
suspected terrorists	IRELAND *v.* UK	(1980) 2 E.H.R.R. 25
tax assessment proceedings	LEUTSCHER *v.* NETHERLANDS	(1997) 24 E.H.R.R. 181
time limits for filing pleadings	VACHER *v.* FRANCE	(1997) 24 E.H.R.R. 482
traffic offences	ESCOUBET *v.* BELGIUM	(2001) 31 E.H.R.R. 46 at page 1034
	MALIGE *v.* FRANCE	(1999) 28 E.H.R.R. 578
	MAUER *v.* AUSTRIA	(1998) 25 E.H.R.R. 91
	PFARRMEIER *v.* AUSTRIA	(1996) 22 E.H.R.R. 175
	SCHMAUTZER *v.* AUSTRIA	(1996) 21 E.H.R.R. 511
	UMLAUFT *v.* AUSTRIA	(1996) 22 E.H.R.R. 76
transfer of proceedings	HIGGINS & ORS *v.* FRANCE	(1999) 27 E.H.R.R. 704
trial *in absentia*	BROZICEK *v.* ITALY	(1990) 12 E.H.R.R. 371
	COLOZZA *v.* ITALY	(1985) 7 E.H.R.R. 516
	COOKE *v.* AUSTRIA	(2001) 31 E.H.R.R. 11 at page 338
	PRINZ *v.* AUSTRIA	(2001) 31 E.H.R.R. 12 at page 357
	RUBINAT *v.* ITALY	(1985) 7 E.H.R.R. 512
undercover agents	TEIXERA DE CASTRO *v.* PORTUGAL	(1999) 28 E.H.R.R. 101
unfairness	HELLE *v.* FINLAND	(1998) 26 E.H.R.R. 159
unlawful arrest and detention	WESTON *v.* UK	(1981) 3 E.H.R.R. 402
written procedure	AXEN *v.* GERMANY	(1984) 6 E.H.R.R. 195

FAMILY LIFE, RIGHT TO RESPECT FOR [Art. 8]

Also see PRIVATE LIFE

abduction of child	IGNACCOLO-ZENIDE *v.* ROMANIA	(2001) 31 E.H.R.R. 7 at page 212
abortion	PATON *v.* UK	(1981) 3 E.H.R.R. 408
access to child	ANDERSSON *v.* SWEDEN	(1992) 14 E.H.R.R. 615
	B. *v.* UK	(1988) 10 E.H.R.R. 87
	ERIKSSON *v.* SWEDEN	(1990) 12 E.H.R.R. 183
	H. *v.* UK	(1988) 10 E.H.R.R. 95
	HENDRICKS *v.* NETHERLANDS	(1983) 5 E.H.R.R. 223
	HOFFMANN *v.* AUSTRIA	(1994) 17 E.H.R.R. 293
	HOKKANEN *v.* FINLAND	(1995) 19 E.H.R.R. 139
	IGNACCOLO-ZENIDE *v.* ROMANIA	(2001) 31 E.H.R.R. 7 at page 212
	JOHANSEN *v.* NORWAY	(1997) 23 E.H.R.R. 33
	K & T *v.* FINLAND	(2001) 31 E.H.R.R. 18 at page 484
	L *v.* FINLAND	(2001) 31 E.H.R.R. 30 at page 737
	O. *v.* UK	(1988) 10 E.H.R.R. 82
	OLSSON *v.* SWEDEN (NO. 2)	(1994) 17 E.H.R.R. 135
	R. *v.* UK	(1988) 10 E.H.R.R. 74

FAMILY LIFE, RIGHT TO RESPECT FOR—*cont.*

	W. *V.* UK	(1988) 10 E.H.R.R. 29
access to confidential files	MCMICHAEL *V.* UK	(1995) 20 E.H.R.R. 205
access to court	AIREY *V.* IRELAND	(1980) 2 E.H.R.R. 305
access to personal files	GASKIN *V.* UK	(1990) 12 E.H.R.R. 36
access to records	MCGINLEY *V.* UK	(1999) 27 E.H.R.R. 1
admissibility decisions	APP. 9843/82 *V.* UK	(1983) 5 E.H.R.R. 488
	APP. 9867/82 *V.* UK	(1983) 5 E.H.R.R. 489
adoption proceedings	EP *V.* ITALY	(2001) 31 E.H.R.R. 17 at page 463
	KEEGAN *V.* IRELAND	(1994) 18 E.H.R.R. 342
	SÖDERBÄCK *V.* SWEDEN	(2000) 29 E.H.R.R. 95
applicability of Article	GUERRA & ORS *V.* ITALY	(1998) 26 E.H.R.R. 357
	HOKKANEN *V.* FINLAND	(1995) 19 E.H.R.R. 139
	KOPP *V.* SWITZERLAND	(1999) 27 E.H.R.R. 91
	KROON & ORS *V.* NETHERLANDS	(1995) 19 E.H.R.R. 263
	STJERNA *V.* FINLAND	(1997) 24 E.H.R.R. 195
balancing competing interests	X, Y & Z *V.* UK	(1997) 24 E.H.R.R. 143
care proceedings	ANDERSSON *V.* SWEDEN	(1992) 14 E.H.R.R. 615
	B. *V.* UK	(1988) 10 E.H.R.R. 87
	H. *V.* UK	(1988) 10 E.H.R.R. 95
	JOHANSEN *V.* NORWAY	(1997) 23 E.H.R.R. 33
	K & T *V.* FINLAND	(2001) 31 E.H.R.R. 18 at page 484
	L *V.* FINLAND	(2001) 31 E.H.R.R. 30 at page 737
	O. *V.* UK	(1988) 10 E.H.R.R. 82
	OLSSON *V.* SWEDEN	(1989) 11 E.H.R.R. 259
	OLSSON *V.* SWEDEN (NO. 2)	(1994) 17 E.H.R.R. 135
	R. *V.* UK	(1988) 10 E.H.R.R. 74
	RIEME *V.* SWEDEN	(1993) 16 E.H.R.R. 155
	W. *V.* UK	(1988) 10 E.H.R.R. 29
change of surname	STJERNA *V.* FINLAND	(1997) 24 E.H.R.R. 195
corporal punishment	X, Y & Z *V.* SWEDEN	(1983) 5 E.H.R.R. 147
correspondence	CAMPBELL & FELL *V.* UK	(1983) 5 E.H.R.R. 207
	DE WILDE, OOMS & VERSYP *V.* BELGIUM	(1979) 1 E.H.R.R. 373
	GOLDER *V.* UK	(1979) 1 E.H.R.R. 524
	KLASS & ORS *V.* GERMANY	(1980) 2 E.H.R.R. 214
	NATIONAL PANASONIC *V.* EC COMMISSION	(1981) 3 E.H.R.R. 150
	SILVER *V.* UK	(1981) 3 E.H.R.R. 475
	SILVER *V.* UK	(1983) 5 E.H.R.R. 347
custody proceedings	EP *V.* ITALY	(2001) 31 E.H.R.R. 17 at page 463
	HOFFMANN *V.* AUSTRIA	(1994) 17 E.H.R.R. 293
	HOKKANEN *V.* FINLAND	(1995) 19 E.H.R.R. 139
	SALGUEIRO DA SILVA MOUTA *V.* PORTUGAL	(2001) 31 E.H.R.R. 47 at page 1055
deportation	BELDJOUDI *V.* FRANCE	(1992) 14 E.H.R.R. 801
	BERREHAB *V.* NETHERLANDS	(1989) 11 E.H.R.R. 322
	BOUCHELKIA *V.* FRANCE	(1998) 25 E.H.R.R. 686
	BOUJLIFA *V.* FRANCE	(2000) 30 E.H.R.R. 419
	C *V.* BELGIUM	(2001) 32 E.H.R.R. 2 at page 19
	CHAHAL *V.* UK	(1997) 23 E.H.R.R. 414
	CRUZ VARAS *V.* SWEDEN	(1992) 14 E.H.R.R. 1
	MEHEMI *V.* FRANCE	(2000) 30 E.H.R.R. 739
	MOUSTAQUIM *V.* BELGIUM	(1991) 13 E.H.R.R. 802
	NASRI *V.* FRANCE	(1996) 21 E.H.R.R. 458

FAMILY LIFE, RIGHT TO RESPECT FOR—*cont.*

	UPPAL *v.* UK	(1981) 3 E.H.R.R. 391
destruction of home	AKDIVAR *v.* TURKEY	(1997) 23 E.H.R.R. 143
disclosure of identity and data of third party	Z. *v.* FINLAND	(1998) 25 E.H.R.R. 371
discrimination	ABDULAZIZ, CABALES *v.* UK	(1984) 6 E.H.R.R. 28
	ABDULAZIZ, CABALES *v.* UK	(1985) 7 E.H.R.R. 471
	MOUSTAQUIM *v.* BELGIUM	(1991) 13 E.H.R.R. 802
	RASMUSSEN *v.* DENMARK	(1985) 7 E.H.R.R. 371
	VERMEIRE *v.* BELGIUM	(1993) 15 E.H.R.R. 437
	X & Y *v.* NETHERLANDS	(1986) 8 E.H.R.R. 235
divorce proceedings	JOHNSTON *v.* IRELAND	(1987) 9 E.H.R.R. 203
environmental pollution	LOPEZ OSTRA *v.* SPAIN	(1995) 20 E.H.R.R. 277
expulsion	CRUZ VARAS *v.* SWEDEN	(1992) 14 E.H.R.R. 1
failure to consult	PATON *v.* UK	(1981) 3 E.H.R.R. 408
fair balance	AHMUT *v.* NETHERLANDS	(1997) 24 E.H.R.R. 62
family life, entitlement to	MEHEMI *v.* FRANCE	(2000) 30 E.H.R.R. 739
family life, meaning of	AHMUT *v.* NETHERLANDS	(1997) 24 E.H.R.R. 62
	BOUCHELKIA *v.* FRANCE	(1998) 25 E.H.R.R. 686
	C *v.* BELGIUM	(2001) 32 E.H.R.R. 2 at page 19
	GÜL *v.* SWITZERLAND	(1996) 22 E.H.R.R. 93
	KEEGAN *v.* IRELAND	(1994) 18 E.H.R.R. 342
	KROON & ORS *v.* NETHERLANDS	(1995) 19 E.H.R.R. 263
	X, Y & Z *v.* UK	(1997) 24 E.H.R.R. 143
fostered child	ERIKSSON *v.* SWEDEN	(1990) 12 E.H.R.R. 183
general principles	KROON & ORS *v.* NETHERLANDS	(1995) 19 E.H.R.R. 263
	X, Y & Z *v.* UK	(1997) 24 E.H.R.R. 143
homosexuality	SALGUEIRO DA SILVA MOUTA *v.* PORTUGAL	(2001) 31 E.H.R.R. 47 at page 1055
identity and data of third party	Z. *v.* FINLAND	(1998) 25 E.H.R.R. 371
illegitimacy	JOHNSTON *v.* IRELAND	(1987) 9 E.H.R.R. 203
	KROON & ORS *v.* NETHERLANDS	(1995) 19 E.H.R.R. 263
	MARCKX *v.* BELGIUM	(1980) 2 E.H.R.R. 330
	VERMEIRE *v.* BELGIUM	(1993) 15 E.H.R.R. 437
immigration control	ABDULAZIZ, CABALES *v.* UK	(1984) 6 E.H.R.R. 28
	ABDULAZIZ, CABALES *v.* UK	(1985) 7 E.H.R.R. 471
	BELDJOUDI *v.* FRANCE	(1992) 14 E.H.R.R. 801
	BERREHAB *v.* NETHERLANDS	(1989) 11 E.H.R.R. 322
	CRUZ VARAS *v.* SWEDEN	(1992) 14 E.H.R.R. 1
	EAST AFRICAN ASIANS *v.* UK	(1981) 3 E.H.R.R. 76
	GÜL *v.* SWITZERLAND	(1996) 22 E.H.R.R. 93
	KAMAL *v.* UK	(1982) 4 E.H.R.R. 244
	MOUSTAQUIM *v.* BELGIUM	(1991) 13 E.H.R.R. 802
	UPPAL *v.* UK	(1981) 3 E.H.R.R. 391
interception of communications	KLASS & ORS *v.* GERMANY	(1980) 2 E.H.R.R. 214
	KOPP *v.* SWITZERLAND	(1999) 27 E.H.R.R. 91
judicial separation	AIREY *v.* IRELAND	(1980) 2 E.H.R.R. 305
languages in education	BELGIAN LINGUISTIC (NO. 2)	(1979) 1 E.H.R.R. 253
legitimacy of purpose	ANDERSSON *v.* SWEDEN	(1992) 14 E.H.R.R. 615
	BELDJOUDI *v.* FRANCE	(1992) 14 E.H.R.R. 801
	C *v.* BELGIUM	(2001) 32 E.H.R.R. 2 at page 19
	EP *v.* ITALY	(2001) 31 E.H.R.R. 17 at page 463
	JOHANSEN *v.* NORWAY	(1997) 23 E.H.R.R. 33
	K & T *v.* FINLAND	(2001) 31 E.H.R.R. 18 at page 484
	L *v.* FINLAND	(2001) 31 E.H.R.R. 30 at page 737

FAMILY LIFE, RIGHT TO RESPECT FOR—*cont.*

	OLSSON *v.* SWEDEN (NO. 2)	(1994) 17 E.H.R.R. 135
	SÖDERBÄCK *v.* SWEDEN	(2000) 29 E.H.R.R. 95
	Z. *v.* FINLAND	(1998) 25 E.H.R.R. 371
margin of appreciation	IGNACCOLO-ZENIDE *v.* ROMANIA	(2001) 31 E.H.R.R. 7 at page 212
	L *v.* FINLAND	(2001) 31 E.H.R.R. 30 at page 737
	LOPEZ OSTRA *v.* SPAIN	(1995) 20 E.H.R.R. 277
	OLSSON *v.* SWEDEN	(1989) 11 E.H.R.R. 259
	OLSSON *v.* SWEDEN (NO. 2)	(1994) 17 E.H.R.R. 135
	STJERNA *v.* FINLAND	(1997) 24 E.H.R.R. 195
measures prescribed by law	C *v.* BELGIUM	(2001) 32 E.H.R.R. 2 at page 19
	EP *v.* ITALY	(2001) 31 E.H.R.R. 17 at page 463
	K & T *v.* FINLAND	(2001) 31 E.H.R.R. 18 at page 484
	L *v.* FINLAND	(2001) 31 E.H.R.R. 30 at page 737
	SÖDERBÄCK *v.* SWEDEN	(2000) 29 E.H.R.R. 95
medical data of third party	Z. *v.* FINLAND	(1998) 25 E.H.R.R. 371
merits of claim	GUERRA & ORS *v.* ITALY	(1998) 26 E.H.R.R. 357
names and surnames, change of	STJERNA *v.* FINLAND	(1997) 24 E.H.R.R. 195
names and surnames, use of	BURGHARTZ *v.* SWITZERLAND	(1994) 18 E.H.R.R. 79
nature of family relationship	KEEGAN *v.* IRELAND	(1994) 18 E.H.R.R. 342
	KROON & ORS *v.* NETHERLANDS	(1995) 19 E.H.R.R. 263
necessary in a democratic society	ANDERSSON *v.* SWEDEN	(1992) 14 E.H.R.R. 615
	BELDJOUDI *v.* FRANCE	(1992) 14 E.H.R.R. 801
	BOUCHELKIA *v.* FRANCE	(1998) 25 E.H.R.R. 686
	C *v.* BELGIUM	(2001) 32 E.H.R.R. 2 at page 19
	EP *v.* ITALY	(2001) 31 E.H.R.R. 17 at page 463
	JOHANSEN *v.* NORWAY	(1997) 23 E.H.R.R. 33
	K & T *v.* FINLAND	(2001) 31 E.H.R.R. 18 at page 484
	KEEGAN *v.* IRELAND	(1994) 18 E.H.R.R. 342
	L *v.* FINLAND	(2001) 31 E.H.R.R. 30 at page 737
	NASRI *v.* FRANCE	(1996) 21 E.H.R.R. 458
	OLSSON *v.* SWEDEN (NO. 2)	(1994) 17 E.H.R.R. 135
	SÖDERBÄCK *v.* SWEDEN	(2000) 29 E.H.R.R. 95
	Z. *v.* FINLAND	(1998) 25 E.H.R.R. 371
non-enforcement of custody rights	HOKKANEN *v.* FINLAND	(1995) 19 E.H.R.R. 139
parental rights	X, Y & Z *v.* UK	(1997) 24 E.H.R.R. 143
paternity proceedings	KROON & ORS *v.* NETHERLANDS	(1995) 19 E.H.R.R. 263
	RASMUSSEN *v.* DENMARK	(1985) 7 E.H.R.R. 371
positive obligations	AHMUT *v.* NETHERLANDS	(1997) 24 E.H.R.R. 62
	IGNACCOLO-ZENIDE *v.* ROMANIA	(2001) 31 E.H.R.R. 7 at page 212
	OSMAN *v.* UK	(2000) 29 E.H.R.R. 245
prisoners' correspondence	SILVER *v.* UK	(1981) 3 E.H.R.R. 475
proportionality	BERREHAB *v.* NETHERLANDS	(1989) 11 E.H.R.R. 322
	ERIKSSON *v.* SWEDEN	(1990) 12 E.H.R.R. 183
	GASKIN *v.* UK	(1990) 12 E.H.R.R. 36
	OLSSON *v.* SWEDEN	(1989) 11 E.H.R.R. 259

FAMILY LIFE, RIGHT TO RESPECT FOR—*cont.*

residence of members of family	AHMUT *v.* NETHERLANDS	(1997) 24 E.H.R.R. 62
	GÜL *v.* SWITZERLAND	(1996) 22 E.H.R.R. 93
search warrants	NIEMIETZ *v.* GERMANY	(1993) 16 E.H.R.R. 97
sexual abuse, remedies for	X & Y *v.* NETHERLANDS	(1986) 8 E.H.R.R. 235
sexual orientation	SALGUEIRO DA SILVA MOUTA *v.* PORTUGAL	(2001) 31 E.H.R.R. 47 at page 1055
succession to property	VERMEIRE *v.* BELGIUM	(1993) 15 E.H.R.R. 437
surname, change of	STJERNA *v.* FINLAND	(1997) 24 E.H.R.R. 195
surname, use of	BURGHARTZ *v.* SWITZERLAND	(1994) 18 E.H.R.R. 79
telephone tapping	KLASS & ORS *v.* GERMANY	(1980) 2 E.H.R.R. 214
	KOPP *v.* SWITZERLAND	(1999) 27 E.H.R.R. 91
transsexuality	X, Y & Z *v.* UK	(1997) 24 E.H.R.R. 143
unlawful expulsion	CRUZ VARAS *v.* SWEDEN	(1992) 14 E.H.R.R. 1

FILM CLASSIFICATION

refusal of certificate	WINGROVE *v.* UK	(1997) 24 E.H.R.R. 1

FINALITY OF COURT'S JUDGMENTS [Art. 52]

request for interpretation	RINGEISEN *v.* AUSTRIA (NO. 3)	(1979) 1 E.H.R.R. 513

FINDINGS OF FACTS BY COMMISSION

preliminary objections	KURT *v.* TURKEY	(1999) 27 E.H.R.R. 375
	MENTES *v.* TURKEY	(1998) 26 E.H.R.R. 595
	SELÇUK & ASKER *v.* TURKEY	(1998) 26 E.H.R.R. 478
right to life	ANDRONICOU *v.* CYPRUS	(1998) 25 E.H.R.R. 491
	ÇAKICI *v.* TURKEY	(2001) 31 E.H.R.R. 5 at page 133
	KAYA *v.* TURKEY	(1999) 28 E.H.R.R. 1
	OGUR *v.* TURKEY	(2001) 31 E.H.R.R. 40 at page 912
	OSMAN *v.* UK	(2000) 29 E.H.R.R. 245
	TEKIN *v.* TURKEY	(2001) 31 E.H.R.R. 4 at page 95
	YASA *v.* TURKEY	(1999) 28 E.H.R.R. 409

FINDING OF VIOLATION OF RIGHTS

just satisfaction	GOLDER *v.* UK	(1979) 1 E.H.R.R. 524

FINGERPRINTING SUSPECTS

terrorists	MCVEIGH & ORS *v.* UK	(1983) 5 E.H.R.R. 71

FORCE FEEDING

therapeutic treatment	HERCZEGFALVY *v.* AUSTRIA	(1993) 15 E.H.R.R. 437

FORCED LABOUR, PROHIBITION AGAINST [Art. 4]

acting without payment	VAN DER MUSSELE *v.* BELGIUM	(1984) 6 E.H.R.R. 163
admissibility decisions	APP. 9322/81 *v.* NETHERLANDS	(1983) 5 E.H.R.R. 598
fire service levy	SCHMIDT *v.* GERMANY	(1994) 18 E.H.R.R. 513
inadequate solicitors' remuneration	X *v.* GERMANY	(1982) 4 E.H.R.R. 398
invasion by third party State	CYPRUS *v.* TURKEY	(1982) 4 E.H.R.R. 482

FORCIBLE EXAMINATION IN MENTAL HOSPITAL

reasonable time to bring case to trial	MATTER *v.* SLOVAKIA	(2001) 31 E.H.R.R. 32 at page 783

FORFEITURE OF POSSESSIONS

protection of morals	HANDYSIDE *v.* UK	(1979) 1 E.H.R.R. 737
smuggled property	AGOSI *v.* UK	(1987) 9 E.H.R.R. 1

FOUND A FAMILY, RIGHT TO [Art. 2]

illegitimacy	MARCKX *v.* BELGIUM	(1980) 2 E.H.R.R. 330

FREE EXPRESSION OF OPINION OF PEOPLE [First Protocol, Art. 3]

discrimination	LIBERAL PARTY *v.* UK	(1982) 4 E.H.R.R. 106
local government officers	AHMED & ORD *v.* UK	(2000) 29 E.H.R.R. 1
racial hatred	GLIMMERVEEN *v.* NETHERLANDS	(1982) 4 E.H.R.R. 260

FREE PARDON

friendly settlement	RUBINAT *v.* ITALY	(1985) 7 E.H.R.R. 512

FRIENDLY SETTLEMENT

accommodation costs	WINTERWERP *v.* NETHERLANDS	(1982) 4 E.H.R.R. 228
change to rules	CAN *v.* AUSTRIA	(1986) 8 E.H.R.R. 14
	REED *v.* UK	(1983) 5 E.H.R.R. 114
dialogue with Commission	FRANCE & ORS *v.* TURKEY	(1986) 8 E.H.R.R. 205
	FRANCE & ORS *v.* TURKEY	(1989) 11 E.H.R.R. 167
employment in public service	BAGGETTA *v.* ITALY	(1988) 10 E.H.R.R. 325
***ex gratia* payment**	ARRONDELLE *v.* UK	(1983) 5 E.H.R.R. 118
	REED *v.* UK	(1983) 5 E.H.R.R. 114
free pardon	RUBINAT *v.* ITALY	(1985) 7 E.H.R.R. 512
interpreter's costs	LUEDICKE & ORS *v.* GERMANY	(1980) 2 E.H.R.R. 149
inter state applications	FRANCE & ORS *v.* TURKEY	(1986) 8 E.H.R.R. 205
just satisfaction	BEN YAACOUB *v.* BELGIUM	(1991) 13 E.H.R.R. 418
	BARTHOLD *v.* GERMANY	(1991) 13 E.H.R.R. 431
	CHICHLIAN *v.* FRANCE	(1991) 13 E.H.R.R. 553
	ERKNER & HOFAEUR *v.* AUSTRIA	(1991) 13 E.H.R.R. 413
	H. *v.* UK	(1991) 13 E.H.R.R. 449
	HOLY MONASTERIES *v.* GREECE	(1998) 25 E.H.R.R. 640
	MALONE *v.* UK	(1991) 13 E.H.R.R. 448
	NEVES *v.* PORTUGAL	(1991) 13 E.H.R.R. 576
	POISS *v.* AUSTRIA	(1991) 13 E.H.R.R. 414
	R. *v.* UK	(1991) 13 E.H.R.R. 457
	VALLON *v.* ITALY	(1991) 13 E.H.R.R. 433
	WEEKS *v.* UK	(1991) 13 E.H.R.R. 435
	WOUKAM MOUDEFO *v.* FRANCE	(1991) 13 E.H.R.R. 549
legal costs	REED *v.* UK	(1983) 5 E.H.R.R. 114
military disciplinary proceedings	PAUWELS *v.* BELGIUM	(1989) 11 E.H.R.R. 238
reports to Commission	FRANCE & ORS *v.* TURKEY	(1986) 8 E.H.R.R. 205
	FRANCE & ORS *v.* TURKEY	(1989) 11 E.H.R.R. 167
revocation of care order	NYBERG *v.* SWEDEN	(1992) 14 E.H.R.R. 870
revocation of deportation	DJEROUD *v.* FRANCE	(1992) 14 E.H.R.R. 68
	UPPAL *v.* UK (NO. 2)	(1981) 3 E.H.R.R. 399
striking off list	BAGGETTA *v.* ITALY	(1988) 10 E.H.R.R. 325
	BIROU *v.* FRANCE	(1992) 14 E.H.R.R. 738
	BOYLE *v.* UK	(1995) 19 E.H.R.R. 179
	CAN *v.* AUSTRIA	(1986) 8 E.H.R.R. 14
	COLMAN *v.* UK	(1994) 18 E.H.R.R. 119

FRIENDLY SETTLEMENT—*cont.*

	DEMAI *v.* FRANCE	(1995) 20 E.H.R.R. 90
	DEWEER *v.* BELGIUM	(1980) 2 E.H.R.R. 439
	DIAZ RUANO *v.* SPAIN	(1995) 19 E.H.R.R. 542
	DJEROUD *v.* FRANCE	(1992) 14 E.H.R.R. 68
	FOUQUET *v.* FRANCE	(1996) 22 E.H.R.R. 279
	FRIEDL *v.* AUSTRIA	(1996) 21 E.H.R.R. 83
	HOLY MONASTERIES *v.* GREECE	(1998) 25 E.H.R.R. 640
	KRISTINSSON *v.* ICELAND	(1991) 13 E.H.R.R. 228
	LAMGUINDAZ *v.* UK	(1994) 17 E.H.R.R. 213
	LUEDICKE & ORS *v.* GERMANY	(1980) 2 E.H.R.R. 149
	LUEDICKE & ORS *v.* GERMANY	(1980) 2 E.H.R.R. 433
	MARLHENS *v.* FRANCE	(1996) 21 E.H.R.R. 502
	MARLHENS *v.* FRANCE	(1996) 22 E.H.R.R. 285
	MLYNEK *v.* AUSTRIA	(1994) 18 E.H.R.R. 581
	MYULDERMANS *v.* BELGIUM	(1993) 15 E.H.R.R. 204
	PAUWELS *v.* BELGIUM	(1989) 11 E.H.R.R. 238
	SOCIETE STENUIT *v.* FRANCE	(1992) 14 E.H.R.R. 509
	WINTERWERP *v.* NETHERLANDS	(1982) 4 E.H.R.R. 228
	WOUKAM MOUDEFO *v.* FRANCE	(1991) 13 E.H.R.R. 549
	Y. *v.* UK	(1994) 17 E.H.R.R. 238
summaries and extracts	(1983) 5 E.H.R.R. 303	(1984) 6 E.H.R.R. 386,

GIBRALTAR

absence of European Parliament elections	MATTHEWS *v.* UK	(1999) 28 E.H.R.R. 361

GYPSIES

refusal of planning permission	BUCKLEY *v.* UK	(1997) 23 E.H.R.R. 101

HABEAS CORPUS, REMEDY OF

detention of aliens	CAPRINO *v.* UK	(1982) 4 E.H.R.R. 97
detention of person of unsound mind	X. *v.* UK	(1982) 4 E.H.R.R. 188
detention of terrorists	BROGAN *v.* UK	(1989) 11 E.H.R.R. 117
emergency situations	EMERGENCY SITUATIONS	(1989) 11 E.H.R.R. 33
legal aid	HOOD *v.* UK	(2000) 29 E.H.R.R. 365

HANDCUFFING

degrading treatment	RANINEN *v.* FINLAND	(1998) 26 E.H.R.R. 563

HAZARDOUS EFFECTS OF MICROWAVE OVENS

restriction on publication of views	HERTEL *v.* SWITZERLAND	(1999) 28 E.H.R.R. 534

HEREDITARY RIGHTS

discrimination	INZE *v.* AUSTRIA	(1988) 10 E.H.R.R. 394

HOME, RIGHT TO RESPECT FOR [Art. 8]

***Anton Piller* orders**	CHAPPELL *v.* UK	(1990) 12 E.H.R.R. 1
destruction by burning	AKDIVAR *v.* TURKEY	(1997) 23 E.H.R.R. 143
discrimination	LARKOS *v.* CYPRUS	(2000) 30 E.H.R.R. 597
displacement of families	CYPRUS *v.* TURKEY	(1993) 15 E.H.R.R. 509
entry by police	MCLEOD *v.* UK	(1999) 27 E.H.R.R. 493

HOME, RIGHT TO RESPECT FOR—*cont.*

eviction from government dwelling	LARKOS *v.* CYPRUS	(2000) 30 E.H.R.R. 597
eviction from land subject to lease	IATRIDIS *v.* GREECE	(2000) 30 E.H.R.R. 97
gypsies	BUCKLEY *v.* UK	(1997) 23 E.H.R.R. 101
invasion by third party State	CYPRUS *v.* TURKEY	(1982) 4 E.H.R.R. 482
	LOIZIDOU *v.* TURKEY	(1997) 23 E.H.R.R. 513
legitimacy of purpose	BUCKLEY *v.* UK	(1997) 23 E.H.R.R. 101
	CRÉMIEUX *v.* FRANCE	(1993) 16 E.H.R.R. 357
	FUNKE *v.* FRANCE	(1993) 16 E.H.R.R. 297
	MCLEOD *v.* UK	(1999) 27 E.H.R.R. 493
measures in accordance with law	MCLEOD *v.* UK	(1999) 27 E.H.R.R. 493
necessary in a democratic society	BUCKLEY *v.* UK	(1997) 23 E.H.R.R. 101
	MCLEOD *v.* UK	(1999) 27 E.H.R.R. 493
positive obligations	OSMAN *v.* UK	(2000) 29 E.H.R.R. 245
promotion of economic wellbeing	GILLOW *v.* UK	(1989) 11 E.H.R.R. 335
refusal of planning permission	BUCKLEY *v.* UK	(1997) 23 E.H.R.R. 101
search and seizure	CRÉMIEUX *v.* FRANCE	(1993) 16 E.H.R.R. 357
	FUNKE *v.* FRANCE	(1993) 16 E.H.R.R. 297
	NATIONAL PANASONIC *v.* EC COMMISSION	(1981) 3 E.H.R.R. 150
search warrants	NIEMIETZ *v.* GERMANY	(1993) 16 E.H.R.R. 97

HOMOSEXUAL CONDUCT

admissibility decisions	APP. 9369/81 *v.* UK	(1983) 5 E.H.R.R. 601
custody proceedings	SALGUEIRO DA SILVA MOUTA *v.* PORTUGAL	(2001) 31 E.H.R.R. 47 at page 1055
declaration of non-discrimination	DUDGEON *v.* UK	(1983) 5 E.H.R.R. 573
discrimination	APP. 9369/81 *v.* UK	(1983) 5 E.H.R.R. 601
	DUDGEON *v.* UK	(1981) 3 E.H.R.R. 40
	LUSTIG-PREAN & BECKETT *v.* UK	(2000) 29 E.H.R.R. 548
	SALGUEIRO DA SILVA MOUTA *v.* PORTUGAL	(2001) 31 E.H.R.R. 47 at page 1055
	SMITH & GRADY *v.* UK	(2000) 29 E.H.R.R. 493
	X *v.* UK	(1981) 3 E.H.R.R. 63
freedom of expression	X *v.* UK	(1981) 3 E.H.R.R. 63
gross indecency conviction	ADT *v.* UK	(2001) 31 E.H.R.R. 33 at page 803
immigration control	APP. 9369/81 *v.* UK	(1983) 5 E.H.R.R. 601
justification	MODINOS *v.* CYPRUS	(1993) 16 E.H.R.R. 485
legitimacy of purpose	ADT *v.* UK	(2001) 31 E.H.R.R. 33 at page 803
	LUSTIG-PREAN & BECKETT *v.* UK	(2000) 29 E.H.R.R. 548
	SMITH & GRADY *v.* UK	(2000) 29 E.H.R.R. 493
margin of appreciation	ADT *v.* UK	(2001) 31 E.H.R.R. 33 at page 803
measures prescribed by law	LUSTIG-PREAN & BECKETT *v.* UK	(2000) 29 E.H.R.R. 548
	SMITH & GRADY *v.* UK	(2000) 29 E.H.R.R. 493
necessary in democratic society	ADT *v.* UK	(2001) 31 E.H.R.R. 33 at page 803
	DUDGEON *v.* UK	(1981) 3 E.H.R.R. 40
	LUSTIG-PREAN & BECKETT *v.* UK	(2000) 29 E.H.R.R. 548
	SMITH & GRADY *v.* UK	(2000) 29 E.H.R.R. 493
prosecution policy	MODINOS *v.* CYPRUS	(1993) 16 E.H.R.R. 485
victim of violation	NORRIS *v.* IRELAND	(1991) 13 E.H.R.R. 186

HOUSE ARREST

policew supervision order RAIMONDO *v.* ITALY (1994) 18 E.H.R.R. 237

HUMAN RIGHTS COMMITTEE

DECISION ON STATE SUCCESSION [YUGOSLAVIA], (1993) 15 E.H.R.R. 233
General Comments (1987) 9 E.H.R.R. 169

HUMILIATION

birching of juvenile TYRER *v.* UK (1980) 2 E.H.R.R. 1

HUNT SABOTEURS

binding over to keep the peace HASHMAN & HARRUP *v.* UK (2000) 30 E.H.R.R. 241

HYPOTHETICAL CASES

role of Court DE BECKER *v.* BELGIUM (1979) 1 E.H.R.R. 43

IDENTITY OF THIRD PARTY

disclosure in criminal proceedings Z. *v.* FINLAND (1998) 25 E.H.R.R. 371

ILLEGITIMACY

discrimination	INZE *v.* AUSTRIA	(1988) 10 E.H.R.R. 394
	KROON & ORS *v.* NETHERLANDS	(1995) 19 E.H.R.R. 263
	VERMEIRE *v.* BELGIUM	(1993) 15 E.H.R.R. 437
inheritance of property	INZE *v.* AUSTRIA	(1988) 10 E.H.R.R. 394
	MARCKX *v.* BELGIUM	(1980) 2 E.H.R.R. 330
succession to property	VERMEIRE *v.* BELGIUM	(1993) 15 E.H.R.R. 437

IMMIGRATION CONTROL

Also see DEPORTATION

admissibility decisions	APP. 9369/81 *v.* UK	(1983) 5 E.H.R.R. 601
	APP. 9505/81 *v.* UK	(1983) 5 E.H.R.R. 480
	APP. 9521/81 *v.* UK	(1983) 5 E.H.R.R. 602
	APP. 9576/81 *v.* UK	(1983) 5 E.H.R.R. 509
	APP. 9606/81 *v.* UK	(1983) 5 E.H.R.R. 291
	APP. 9620/81 *v.* UK	(1983) 5 E.H.R.R. 486
	APP. 9710/82 *v.* UK	(1983) 5 E.H.R.R. 295
	APP. 9773/82 *v.* UK	(1983) 5 E.H.R.R. 296
	APP. 9788/82 *v.* UK	(1983) 5 E.H.R.R. 297
	APP. 9871/82 *v.* UK	(1983) 5 E.H.R.R. 298
	APP. 9880/82 *v.* UK	(1983) 5 E.H.R.R. 298
	APP. 9890/82 *v.* UK	(1983) 5 E.H.R.R. 299
	APP. 9901/82 *v.* UK	(1983) 5 E.H.R.R. 299
	APP. 9918/82 *v.* UK	(1983) 5 E.H.R.R. 299
	APP. 9954/82 *v.* UK	(1983) 5 E.H.R.R. 299
	APP. 9969/82 *v.* UK	(1983) 5 E.H.R.R. 301
	APP. 9978/82 *v.* UK	(1983) 5 E.H.R.R. 301
	APP. 9810/82 *v.* UK	(1983) 5 E.H.R.R. 609
	APP. 10029/82 *v.* UK	(1983) 5 E.H.R.R. 303
	APP. 10065/82 *v.* UK	(1983) 5 E.H.R.R. 303
	APP. 10067/82 *v.* UK	(1983) 5 E.H.R.R. 516
	APP. 10106/82 *v.* UK	(1983) 5 E.H.R.R. 516
	APP. 10184/82 *v.* UK	(1983) 5 E.H.R.R. 516
alien with criminal convictions	BOUGHANEMI *v.* FRANCE	(1996) 22 E.H.R.R. 228
degrading treatment	ABDULAZIZ, CABALES *v.* UK	(1985) 7 E.H.R.R. 471

IMMIGRATION CONTROL—*cont.*

detention	AMUUR *v.* FRANCE	(1996) 22 E.H.R.R. 533
	CAPRINO *v.* UK	(1982) 4 E.H.R.R. 97
	ZAMIR *v.* UK	(1983) 5 E.H.R.R. 242
discrimination	ABDULAZIZ, CABALES *v.* UK	(1984) 6 E.H.R.R. 28
	ABDULAZIZ, CABALES *v.* UK	(1985) 7 E.H.R.R. 471
	EAST AFRICAN ASIANS *v.* UK	(1981) 3 E.H.R.R. 76
	MOUSTAQUIM *v.* BELGIUM	(1991) 13 E.H.R.R. 802
family life	GÜL *v.* SWITZERLAND	(1996) 22 E.H.R.R. 93
homosexuality	APP. 9369/81 *v.* UK	(1983) 5 E.H.R.R. 601
refusal of entry for family members	APP. 9606/81 *v.* UK	(1983) 5 E.H.R.R. 291
	KAMAL *v.* UK	(1982) 4 E.H.R.R. 244
right to marry	APP. 9773/82 *v.* UK	(1983) 5 E.H.R.R. 296
	APP. 9918/82 *v.* UK	(1983) 5 E.H.R.R. 299

IMMUNITY FROM JURISDICTION

international organisations	WAITE & KENNEDY *v.* GERMANY	(2000) 30 E.H.R.R. 261

IMPARTIALITY OF TRIBUNAL

absence of oral hearing	HELLE *v.* FINLAND	(1998) 26 E.H.R.R. 159
admissibility decisions	APP. 9976/82 *v.* BELGIUM	(1983) 5 E.H.R.R. 610
allegations of bias	GREGORY *v.* UK	(1998) 25 E.H.R.R. 577
	HIGGINS & ORS *v.* FRANCE	(1999) 27 E.H.R.R. 704
	HOLM *v.* SWEDEN	(1994) 18 E.H.R.R. 79
	PULLAR *v.* UK	(1996) 22 E.H.R.R. 391
	REMLI *v.* FRANCE	(1996) 22 E.H.R.R. 253
	RINGEISEN *v.* AUSTRIA (NO. 1)	(1979) 1 E.H.R.R. 455
	SANDER *v.* UK	(2001) 31 E.H.R.R. 44 at page 1003
agricultural land proceedings	STALLINGER & ANOR *v.* AUSTRIA	(1998) 26 E.H.R.R. 81
arbitral proceedings	BRAMELID *v.* SWEDEN	(1983) 5 E.H.R.R. 249
behaviour of judge	FERRANTELLI *v.* ITALY	(1997) 23 E.H.R.R. 288
bias	GREGORY *v.* UK	(1998) 25 E.H.R.R. 577
	HIGGINS & ORS *v.* FRANCE	(1999) 27 E.H.R.R. 704
	HOLM *v.* SWEDEN	(1994) 18 E.H.R.R. 79
	PULLAR *v.* UK	(1996) 22 E.H.R.R. 391
	REMLI *v.* FRANCE	(1996) 22 E.H.R.R. 253
	RINGEISEN *v.* AUSTRIA (NO. 1)	(1979) 1 E.H.R.R. 455
	SANDER *v.* UK	(2001) 31 E.H.R.R. 44 at page 1003
Board of Visitors	CAMPBELL & FELL *v.* UK	(1983) 5 E.H.R.R. 207
civil proceedings	HOLM *v.* SWEDEN	(1994) 18 E.H.R.R. 79
	MCGONNELL *v.* UK	(2000) 30 E.H.R.R. 289
contempt proceedings	DEMICOLA *v.* MALTA	(1992) 14 E.H.R.R. 47
convening officer, role of	FINDLAY *v.* UK	(1997) 24 E.H.R.R. 221
conversation between judge and counsel	COLAK *v.* GERMANY	(1989) 11 E.H.R.R. 513
court-martial proceedings	CABLE & ORS *v.* UK	(2000) 30 E.H.R.R. 1032
	FINDLAY *v.* UK	(1997) 24 E.H.R.R. 221
	HOOD *v.* UK	(2000) 29 E.H.R.R. 365
	MOORE & GORDON *v.* UK	(2000) 29 E.H.R.R. 728
criminal proceedings	BELILOS *v.* SWITZERLAND	(1988) 10 E.H.R.R. 466
	BÖNISCH *v.* AUSTRIA	(1987) 9 E.H.R.R. 191
	BORGERS *v.* BELGIUM	(1993) 15 E.H.R.R. 93
	CASTILLO ALGAR *v.* SPAIN	(2000) 30 E.H.R.R. 827
	ÇIRAKLAR *v.* TURKEY	(2001) 32 E.H.R.R. 23 at page 535
	COLAK *v.* GERMANY	(1989) 11 E.H.R.R. 513

IMPARTIALITY OF TRIBUNAL—*cont.*

	DE CUBBER *v.* BELGIUM	(1985) 7 E.H.R.R. 236
	DEMICOLA *v.* MALTA	(1992) 14 E.H.R.R. 47
	GILLOW *v.* UK	(1989) 11 E.H.R.R. 335
	INCAL *v.* TURKEY	(2000) 29 E.H.R.R. 449
	PFEIFER *v.* AUSTRIA	(1992) 14 E.H.R.R. 692
	SAINTE-MARIE *v.* FRANCE	(1993) 16 E.H.R.R. 116
	SANDER *v.* UK	(2001) 31 E.H.R.R. 44 at page 1003
	SARAIVA DE CARVALHO *v.* PORTUGAL	(1994) 18 E.H.R.R. 534
	THOMANN *v.* SWITZERLAND	(1997) 24 E.H.R.R. 553
	THORGEIRSON *v.* ICELAND	(1992) 14 E.H.R.R. 843
disciplinary proceedings	DEBLED *v.* BELGIUM	(1995) 19 E.H.R.R. 506
	DIENNET *v.* FRANCE	(1996) 21 E.H.R.R. 554
	GAUTRIN & ORS *v.* FRANCE	(1999) 28 E.H.R.R. 196
discretion	GILLOW *v.* UK	(1989) 11 E.H.R.R. 335
disqualified judge, participation of	BULUT *v.* AUSTRIA	(1997) 24 E.H.R.R. 84
employment proceedings	HELLE *v.* FINLAND	(1998) 26 E.H.R.R. 159
enforcement notice proceedings	BRYAN *v.* UK	(1996) 21 E.H.R.R. 342
equality of arms	BÖNISCH *v.* AUSTRIA	(1987) 9 E.H.R.R. 191
	BORGERS *v.* BELGIUM	(1993) 15 E.H.R.R. 93
fear of prejudice	SARAIVA DE CARVALHO *v.* PORTUGAL	(1994) 18 E.H.R.R. 534
interlocutory ruling by trial judge	SAINTE-MARIE *v.* FRANCE	(1993) 16 E.H.R.R. 116
jury bias	GREGORY *v.* UK	(1998) 25 E.H.R.R. 577
	HOLM *v.* SWEDEN	(1994) 18 E.H.R.R. 79
	PULLAR *v.* UK	(1996) 22 E.H.R.R. 391
	REMLI *v.* FRANCE	(1996) 22 E.H.R.R. 253
	SANDER *v.* UK	(2001) 31 E.H.R.R. 44 at page 1003
land reform proceedings	ETTL *v.* AUSTRIA	(1988) 10 E.H.R.R. 255
leasehold reform	JAMES *v.* UK	(1986) 8 E.H.R.R. 123
medical discipline	DEBLED *v.* BELGIUM	(1995) 19 E.H.R.R. 506
merits of complaint	HIGGINS & ORS *v.* FRANCE	(1999) 27 E.H.R.R. 704
military courts	BASKAYA & OKÇUOGLOU *v.* TURKEY	(2001) 31 E.H.R.R. 10 at page 292
	ÇIRAKLAR *v.* TURKEY	(2001) 32 E.H.R.R. 23 at page 535
	INCAL *v.* TURKEY	(2000) 29 E.H.R.R. 449
military discipline	PAUWELS *v.* BELGIUM	(1989) 11 E.H.R.R. 238
milk production quota	PROCOLA *v.* LUXEMBOURG	(1996) 22 E.H.R.R. 193
National Security Court	BASKAYA & OKÇUOGLOU *v.* TURKEY	(2001) 31 E.H.R.R. 10 at page 292
	ÇIRAKLAR *v.* TURKEY	(2001) 32 E.H.R.R. 23 at page 535
	INCAL *v.* TURKEY	(2000) 29 E.H.R.R. 449
nationalisation	LITHGOW *v.* UK	(1985) 7 E.H.R.R. 56
objective tests	BRINCAT *v.* ITALY	(1993) 16 E.H.R.R. 591
	CASTILLO ALGAR *v.* SPAIN	(2000) 30 E.H.R.R. 827
	FERRANTELLI *v.* ITALY	(1997) 23 E.H.R.R. 288
	HAUSCHILDT *v.* DENMARK	(1990) 12 E.H.R.R. 266
	SARAIVA DE CARVALHO *v.* PORTUGAL	(1994) 18 E.H.R.R. 534
patent proceedings	BAT *v.* NETHERLANDS	(1996) 21 E.H.R.R. 409
political leafletting	INCAL *v.* TURKEY	(2000) 29 E.H.R.R. 449
preliminary investigation by trial judge	FEY *v.* AUSTRIA	(1993) 16 E.H.R.R. 387
	NORTIER *v.* NETHERLANDS	(1994) 17 E.H.R.R. 273

IMPARTIALITY OF TRIBUNAL—*cont.*

previous case law	OBERSCHLICK *v.* AUSTRIA	(1995) 19 E.H.R.R. 389
prison discipline	CAMPBELL & FELL *v.* UK	(1985) 7 E.H.R.R. 165
professional misconduct	ALBERT & LE COMPTE *v.* BELGIUM	(1983) 5 E.H.R.R. 533
property tribunal	SRAMEK *v.* AUSTRIA	(1985) 7 E.H.R.R. 351
prosecutor acting as judge	PIERSACK *v.* BELGIUM	(1983) 5 E.H.R.R. 169
racial bias of jury	GREGORY *v.* UK	(1998) 25 E.H.R.R. 577
	REMLI *v.* FRANCE	(1996) 22 E.H.R.R. 253
	SANDER *v.* UK	(2001) 31 E.H.R.R. 44 at page 1003
re-constituted tribunal	DIENNET *v.* FRANCE	(1996) 21 E.H.R.R. 554
registration of accountants	VAN MARLE & ORS *v.* NETHERLANDS	(1986) 8 E.H.R.R. 483
re-hearing, same judges on	THOMANN *v.* SWITZERLAND	(1997) 24 E.H.R.R. 553
rent review	LANGBORGER *v.* SWEDEN	(1990) 12 E.H.R.R. 416
reply to prosecution case	BORGERS *v.* BELGIUM	(1993) 15 E.H.R.R. 93
restraint of publication pending litigation	SUNDAY TIMES *v.* UK	(1980) 2 E.H.R.R. 245
revocation of statutory licences	BENTHEM *v.* NETHERLANDS	(1986) 8 E.H.R.R. 1
sick pay benefits	DE HAAN *v.* NETHERLANDS	(1998) 26 E.H.R.R. 417
subjective tests	CASTILLO ALGAR *v.* SPAIN	(2000) 30 E.H.R.R. 827
	FERRANTELLI *v.* ITALY	(1997) 23 E.H.R.R. 288
	HAUSCHILDT *v.* DENMARK	(1990) 12 E.H.R.R. 266
	SARAIVA DE CARVALHO *v.* PORTUGAL	(1994) 18 E.H.R.R. 534
	THORGEIRSON *v.* ICELAND	(1992) 14 E.H.R.R. 843
tribunal *in absentia*	THOMANN *v.* SWITZERLAND	(1997) 24 E.H.R.R. 553
waiver of right	MCGONNELL *v.* UK	(2000) 30 E.H.R.R. 289
	OBERSCHLICK *v.* AUSTRIA	(1995) 19 E.H.R.R. 389
	PFEIFER *v.* AUSTRIA	(1992) 14 E.H.R.R. 692

IMPORT AND EXPORT TRADE RULES

reasonable time to bring case to trial	GARYFALLOU AEBE *v.* GREECE	(1999) 28 E.H.R.R. 344

IMPORTANCE OF CASE TO APPLICANTS

reasonable time to bring case to trial	A. & ORS *v.* DENMARK	(1996) 22 E.H.R.R. 458
	SÜSSMANN *v.* GERMANY	(1998) 25 E.H.R.R. 64
	PAULSEN-MEDALEN & ANOR *v.* SWEDEN	(1998) 26 E.H.R.R. 260
	WR *v.* AUSTRIA	(2001) 31 E.H.R.R. 43 at page 985
	ZANA *v.* TURKEY	(1999) 27 E.H.R.R. 667

IMPROPER ARREST AND DETENTION

compensation claim	HUMEN *v.* POLAND	(2001) 31 E.H.R.R. 53 at page 1168
	KÖNIG *v.* GERMANY	(1980) 2 E.H.R.R. 469
	LAMY *v.* BELGIUM	(1989) 11 E.H.R.R. 529
	LOUKANOV *v.* BULGARIA	(1997) 24 E.H.R.R. 121
	MASSON & VAN ZON *v.* NETHERLANDS	(1996) 22 E.H.R.R. 491
	NEUMEISTER *v.* AUSTRIA (NO. 2)	(1979) 1 E.H.R.R. 136
	RINGEISEN *v.* AUSTRIA (NO. 2)	(1979) 1 E.H.R.R. 504
	TEIXERA DE CASTRO *v.* PORTUGAL	(1999) 28 E.H.R.R. 101
	UNTERPERTINGER *v.* AUSTRIA	(1991) 13 E.H.R.R. 175
reasonable suspicion	WESTON *v.* UK	(1981) 3 E.H.R.R. 402

IN ACCORDANCE WITH THE LAW
see MEASURES PRESCRIBED BY LAW

INACTIVITY OF APPLICANT

preliminary objections	GEA CATALÁN *v.* SPAIN	(1995) 20 E.H.R.R. 266

INADEQUATE INVESTIGATION

ill-treatment	ASSENOV & ORS *v.* BULGARIA	(1999) 28 E.H.R.R. 652
	ERDAGÖZ *v.* TURKEY	(2001) 32 E.H.R.R. 19 at page 443
	TEKIN *v.* TURKEY	(2001) 31 E.H.R.R. 4 at page 95
	YASA *v.* TURKEY	(1999) 28 E.H.R.R. 409
unlawful killings	ANDRONICOU *v.* CYPRUS	(1998) 25 E.H.R.R. 491
	ÇAKICI *v.* TURKEY	(2001) 31 E.H.R.R. 5 at page 133
	ERGI *v.* TURKEY	(2001) 32 E.H.R.R. 18 at page 388
	GÜLEÇ *v.* TURKEY	(1999) 28 E.H.R.R. 121
	KAYA *v.* TURKEY	(1999) 28 E.H.R.R. 1
	OGUR *v.* TURKEY	(2001) 31 E.H.R.R. 40 at page 912
	TANRIKULU *v.* TURKEY	(2000) 30 E.H.R.R. 950
	YASA *v.* TURKEY	(1999) 28 E.H.R.R. 409

INADEQUATE REMUNERATION

forced labour	VAN DER MUSSELE *v.* BELGIUM	(1984) 6 E.H.R.R. 163
	X *v.* GERMANY	(1982) 4 E.H.R.R. 398

INADMISSIBILITY OF SETTLEMENT

access to tribunal	PÉREZ DE RADA CAVANILLES *v.* SPAIN	(2000) 29 E.H.R.R. 109

INCITEMENT OF RACIAL HATRED

broadcasting	JERSILD *v.* DENMARK	(1995) 19 E.H.R.R. 1
freedom of expression	GLIMMERVEEN *v.* NETHERLANDS	(1982) 4 E.H.R.R. 260

INCITEMENT TO COMMIT OFFENCES

undercover agents	TEIXERA DE CASTRO *v.* PORTUGAL	(1999) 28 E.H.R.R. 101

INCOMPATIBILITY *RATIONE MATERIAE*

preliminary objections	GLASENAPP *v.* GERMANY	(1987) 9 E.H.R.R. 25
	MIAILHE *v.* FRANCE (NO. 2)	(1997) 23 E.H.R.R. 491

INCURABLE DISEASE

reasonable time to bring case to trial	A. & ORS *v.* DENMARK	(1996) 22 E.H.R.R. 458
	VALLÉE *v.* FRANCE	(1994) 18 E.H.R.R. 549

INDEPENDENCE OF TRIBUNAL

absence of oral hearing	HELLE *v.* FINLAND	(1998) 26 E.H.R.R. 159
access to confidential files	MCMICHAEL *v.* UK	(1995) 20 E.H.R.R. 205
agricultural land proceedings	STALLINGER & ANOR *v.* AUSTRIA	(1998) 26 E.H.R.R. 81
arbitral proceedings	BRAMELID *v.* SWEDEN	(1983) 5 E.H.R.R. 249
Board of Visitors	CAMPBELL & FELL *v.* UK	(1983) 5 E.H.R.R. 207

INDEPENDENCE OF TRIBUNAL—*cont.*

court-martial proceedings	CABLE & ORS *v.* UK	(2000) 30 E.H.R.R. 1032
	FINDLAY *v.* UK	(1997) 24 E.H.R.R. 221
	HOOD *v.* UK	(2000) 29 E.H.R.R. 365
	MOORE & GORDON *v.* UK	(2000) 29 E.H.R.R. 728
disciplinary proceedings	DEBLED *v.* BELGIUM	(1995) 19 E.H.R.R. 506
employment proceedings	HELLE *v.* FINLAND	(1998) 26 E.H.R.R. 159
enforcement notice proceedings	BRYAN *v.* UK	(1996) 21 E.H.R.R. 342
land reform proceedings	ETTL *v.* AUSTRIA	(1988) 10 E.H.R.R. 255
leasehold reform	JAMES *v.* UK	(1986) 8 E.H.R.R. 123
medical discipline	DEBLED *v.* BELGIUM	(1995) 19 E.H.R.R. 506
	military courts	
	BASKAYA & OKÇUOGLOU *v.* TURKEY	(2001) 31 E.H.R.R. 10 at page 292
	ÇIRAKLAR *v.* TURKEY	(2001) 32 E.H.R.R. 23 at page 535
	INCAL *v.* TURKEY	(2000) 29 E.H.R.R. 449
National Security Court	BASKAYA & OKÇUOGLOU *v.* TURKEY	(2001) 31 E.H.R.R. 10 at page 292
	ÇIRAKLAR *v.* TURKEY	(2001) 32 E.H.R.R. 23 at page 535
	INCAL *v.* TURKEY	(2000) 29 E.H.R.R. 449
nationalisation	LITHGOW *v.* UK	(1985) 7 E.H.R.R. 56
patent proceedings	BAT *v.* NETHERLANDS	(1996) 21 E.H.R.R. 409
prison discipline	CAMPBELL & FELL *v.* UK	(1985) 7 E.H.R.R. 165
property tribunal	SRAMEK *v.* AUSTRIA	(1985) 7 E.H.R.R. 351
prosecutor acting as judge	PIERSACK *v.* BELGIUM	(1983) 5 E.H.R.R. 169
registration of accountants	VAN MARLE & ORS *v.* NETHERLANDS	(1986) 8 E.H.R.R. 483
rent review	LANGBORGER *v.* SWEDEN	(1990) 12 E.H.R.R. 416
revocation of statutory licences	BENTHEM *v.* NETHERLANDS	(1986) 8 E.H.R.R. 1
waiver	MCGONNELL *v.* UK	(2000) 30 E.H.R.R. 289

INDETERMINATE LIFE SENTENCE

children	V. *v.* UK	(2000) 30 E.H.R.R. 121
lawfulness	HUSSAIN *v.* UK	(1996) 22 E.H.R.R. 1
	THYNNE & ORS *v.* UK	(1991) 13 E.H.R.R. 666
	V. *v.* UK	(2000) 30 E.H.R.R. 121
	WYNNE *v.* UK	(1995) 19 E.H.R.R. 333
recall on licence	WEEKS *v.* UK	(1988) 10 E.H.R.R. 293
	WYNNE *v.* UK	(1995) 19 E.H.R.R. 333
speediness of decision	CURLEY *v.* UK	(2001) 31 E.H.R.R. 14 at page 401
	OLDHAM *v.* UK	(2001) 31 E.H.R.R. 34 at page 813

INDIVIDUAL PETITION, RIGHT OF [Art. 25]

Also see VICTIM OF VIOLATION

admissibility decisions	APP. 9742/82 *v.* IRELAND	(1983) 5 E.H.R.R. 594
compensation for ill-treatment	ASSENOV & ORS *v.* BULGARIA	(1999) 28 E.H.R.R. 652
	ERDAGÖZ *v.* TURKEY	(2001) 32 E.H.R.R. 19 at page 443
criminal libel by journalist	DALBAN *v.* ROMANIA	(2001) 31 E.H.R.R. 39 at page 893
death of applicant	AKSOY *v.* TURKEY	(1997) 23 E.H.R.R. 553
disappearance of applicant's son	KURT *v.* TURKEY	(1999) 27 E.H.R.R. 375
effective exercise	AKDIVAR *v.* TURKEY	(1997) 23 E.H.R.R. 143

INDIVIDUAL PETITION, RIGHT OF—*cont.*

	COOKE *v.* AUSTRIA	(2001) 31 E.H.R.R. 11 at page 338
inheritance of property	MARCKX *v.* BELGIUM	(1980) 2 E.H.R.R. 330
rape in custody	AYDIN *v.* TURKEY	(1998) 25 E.H.R.R. 251
timing of complaint	COOKE *v.* AUSTRIA	(2001) 31 E.H.R.R. 11 at page 338
unlawful exposure	CRUZ VARAS *v.* SWEDEN	(1992) 14 E.H.R.R. 1
unlawful killing	ERGI *v.* TURKEY	(2001) 32 E.H.R.R. 18 at page 388
	TANRIKULU *v.* TURKEY	(2000) 30 E.H.R.R. 950

INDUSTRIAL INJURY BENEFITS

civil rights and obligations	DEUMELAND *v.* GERMANY	(1986) 8 E.H.R.R. 448

INFORMATION, RIGHT TO RECEIVE [Art. 10]

identity of committee members	BRADY *v.* UK	(1981) 3 E.H.R.R. 297
security check	LEANDER *v.* SWEDEN	(1987) 9 E.H.R.R. 433

INHERITANCE OF PROPERTY

illegitimacy	INZE *v.* AUSTRIA	(1988) 10 E.H.R.R. 394
	MARCKX *v.* BELGIUM	(1980) 2 E.H.R.R. 330

INHUMAN TREATMENT, EUROPEAN CONVENTION AGAINST

Draft text		(1987) 9 E.H.R.R. 161

INHUMAN TREATMENT, PROHIBITION AGAINST [Art. 3]

admissibility decisions	APP. 9446/81V. UK	(1983) 5 E.H.R.R. 277
applicability of Article	AHMED *v.* AUSTRIA	(1997) 24 E.H.R.R. 278
	D. *v.* UK	(1997) 24 E.H.R.R. 423
arrest, during	KLAAS *v.* GERMANY	(1994) 18 E.H.R.R. 305
assault in police custody	RIBITSCH *v.* AUSTRIA	(1996) 21 E.H.R.R. 573
attribution of criminal responsibility	V. *v.* UK	(2000) 30 E.H.R.R. 121
birching of juvenile	TEARE *v.* O'CALLAGHAN	(1982) 4 E.H.R.R. 232
	TYRER *v.* UK	(1980) 2 E.H.R.R. 1
burning of property	MENTES *v.* TURKEY	(1998) 26 E.H.R.R. 595
	SELÇUK & ASKER *v.* TURKEY	(1998) 26 E.H.R.R. 478
care proceedings	OLSSON *v.* SWEDEN	(1989) 11 E.H.R.R. 259
causal connection	TOMASI *v.* FRANCE	(1993) 15 E.H.R.R. 1
conditions of detention	ASSENOV & ORS *v.* BULGARIA	(1999) 28 E.H.R.R. 652
corporal punishment	CAMPBELL & COSANS *v.* UK	(1981) 3 E.H.R.R. 531
	CAMPBELL & COSANS *v.* UK	(1982) 4 E.H.R.R. 293
	COSTELLO-ROBERTS *v.* UK	(1995) 19 E.H.R.R. 112
	TEARE *v.* O'CALLAGHAN	(1982) 4 E.H.R.R. 232
	TYRER *v.* UK	(1980) 2 E.H.R.R. 1
death penalty	SOERING *v.* UK	(1989) 11 E.H.R.R. 439
definition	COSTELLO-ROBERTS *v.* UK	(1995) 19 E.H.R.R. 112
deportation	AHMED *v.* AUSTRIA	(1997) 24 E.H.R.R. 278
	CHAHAL *v.* UK	(1997) 23 E.H.R.R. 414
	D. *v.* UK	(1997) 24 E.H.R.R. 423
	HLR *v.* FRANCE	(1998) 26 E.H.R.R. 29
detention during Her Majesty's pleasure	V. *v.* UK	(2000) 30 E.H.R.R. 121
detention of mentally ill persons	AERTS *v.* BELGIUM	(2000) 29 E.H.R.R. 50
	B. *v.* UK	(1984) 6 E.H.R.R. 204

INHUMAN TREATMENT, PROHIBITION AGAINST—*cont.*

detention pending trial	BONNECHAUX *v.* SWITZERLAND	(1981) 3 E.H.R.R. 259
entry of alien's family members	X *v.* SWEDEN	(1982) 4 E.H.R.R. 408
gravity	TOMASI *v.* FRANCE	(1993) 15 E.H.R.R. 1
handcuffing	RANINEN *v.* FINLAND	(1998) 26 E.H.R.R. 563
ill-treatment by police	ERDAGÖZ *v.* TURKEY	(2001) 32 E.H.R.R. 19 at page 443
	TEKIN *v.* TURKEY	(2001) 31 E.H.R.R. 4 at page 95
immigration control	BERREHAB *v.* NETHERLANDS	(1989) 11 E.H.R.R. 322
inadequacy of investigation	ASSENOV & ORS *v.* BULGARIA	(1999) 28 E.H.R.R. 652
injuries sustained during arrest	KLAAS *v.* GERMANY	(1994) 18 E.H.R.R. 305
interrogation of children	SARGIN *v.* GERMANY	(1982) 4 E.H.R.R. 276
interrogation of suspected terrorists	IRELAND *v.* UK	(1980) 2 E.H.R.R. 25
invasion by third party State	CYPRUS *v.* TURKEY	(1982) 4 E.H.R.R. 482
isolation of patient	A. *v.* UK	(1981) 3 E.H.R.R. 131
	HERCZEGFALVY *v.* AUSTRIA	(1993) 15 E.H.R.R. 437
level of severity	A. *v.* UK	(1999) 27 E.H.R.R. 611
	LUSTIG-PREAN & BECKETT *v.* UK	(2000) 29 E.H.R.R. 548
	SMITH & GRADY *v.* UK	(2000) 29 E.H.R.R. 493
	TEKIN *v.* TURKEY	(2001) 31 E.H.R.R. 4 at page 95
meaning	COSTELLO-ROBERTS *v.* UK	(1995) 19 E.H.R.R. 112
	V. *v.* UK	(2000) 30 E.H.R.R. 121
prison conditions and treatment	GUZZARDI *v.* ITALY	(1981) 3 E.H.R.R. 333
prison discipline	MCFEELEY *v.* UK	(1981) 3 E.H.R.R. 161
professional misconduct	ALBERT & LE COMPTE *v.* BELGIUM	(1983) 5 E.H.R.R. 533
questioning of children	SARGIN *v.* GERMANY	(1982) 4 E.H.R.R. 276
refusal to take part in parade	VALSAMIS *v.* GREECE	(1997) 24 E.H.R.R. 294
refusal of residence permit	NSONA *v.* NETHERLANDS	(2001) 32 E.H.R.R. 9 at page 170
seclusion of patient	A. *v.* UK	(1981) 3 E.H.R.R. 131
	HERCZEGFALVY *v.* AUSTRIA	(1993) 15 E.H.R.R. 437
standard of proof	ÇAKICI *v.* TURKEY	(2001) 31 E.H.R.R. 5 at page 133
state responsibility	A. *v.* UK	(1999) 27 E.H.R.R. 611
	ASSENOV & ORS *v.* BULGARIA	(1999) 28 E.H.R.R. 652
	COSTELLO-ROBERTS *v.* UK	(1995) 19 E.H.R.R. 112
therapeutic treatment	HERCZEGFALVY *v.* AUSTRIA	(1993) 15 E.H.R.R. 437
victim of violation	KURT *v.* TURKEY	(1999) 27 E.H.R.R. 375

INJUNCTION RESTRAINING PUBLICATION

defamatory article	ANDREAS WABL *v.* AUSTRIA	(2001) 31 E.H.R.R. 51 at page 1134
newspaper article discussing pending litigation	SUNDAY TIMES *v.* UK	(1980) 2 E.H.R.R. 245

INSOLVENCY PROCEEDINGS

reasonableness time to bring case to trial	PAFITIS & ORS *v.* GREECE	(1999) 27 E.H.R.R. 567

INSURANCE BUSINESS

restrictions on conduct KAPLAN *v.* UK (1982) 4 E.H.R.R. 64

INTER STATE APPLICATIONS

friendly settlement FRANCE & ORS *v.* TURKEY (1986) 8 E.H.R.R. 205
procedure FRANCE & ORS *v.* TURKEY (1984) 6 E.H.R.R. 241
similarity to previous applications CYPRUS *v.* TURKEY (1997) 23 E.H.R.R. 244

INTERCEPTION OF COMMUNICATIONS

C.B. radio, use of APP. 8962/80 *v.* BELGIUM (1983) 5 E.H.R.R. 268
lack of authority A. *v.* FRANCE (1994) 17 E.H.R.R. 462
legitimacy of purpose LAMBERT *v.* FRANCE (2000) 30 E.H.R.R. 346
measures prescribed by law AMANN *v.* SWITZERLAND (2000) 30 E.H.R.R. 843
HALFORD *v.* UK (1997) 24 E.H.R.R. 523
HEWITT & HARMAN *v.* UK (1992) 14 E.H.R.R. 657
HUVIG *v.* FRANCE (1990) 12 E.H.R.R. 528
KOPP *v.* SWITZERLAND (1999) 27 E.H.R.R. 91
KRUSLIN *v.* FRANCE (1990) 12 E.H.R.R. 547
LAMBERT *v.* FRANCE (2000) 30 E.H.R.R. 346
LÜDI *v.* SWITZERLAND (1993) 15 E.H.R.R. 173
MALONE *v.* UK (1982) 4 E.H.R.R. 330
MALONE *v.* UK (1983) 5 E.H.R.R. 385
MALONE *v.* UK (1985) 7 E.H.R.R. 14
VALENZUELA CONTRERAS *v.* SPAIN (1999) 28 E.H.R.R. 483
national security interests KLASS & ORS *v.* GERMANY (1980) 2 E.H.R.R. 214
necessary in democratic society LAMBERT *v.* FRANCE (2000) 30 E.H.R.R. 346
MALONE *v.* UK (1983) 5 E.H.R.R. 385
presumption of innocence SCHENK *v.* SWITZERLAND (1991) 13 E.H.R.R. 242
unauthorised purpose HALFORD *v.* UK (1997) 24 E.H.R.R. 523
victim of violation LÜDI *v.* SWITZERLAND (1993) 15 E.H.R.R. 173
MALONE *v.* UK (1983) 5 E.H.R.R. 385

INTEREST

A. *v.* UK (1999) 27 E.H.R.R. 611
ADT *v.* UK (2001) 31 E.H.R.R. 33 at page 803
AERTS *v.* BELGIUM (2000) 29 E.H.R.R. 50
AHMED *v.* AUSTRIA (1997) 24 E.H.R.R. 278
AÏT-MOUHOUB *v.* FRANCE (2000) 30 E.H.R.R. 382
AKDIVAR *v.* TURKEY (1997) 23 E.H.R.R. 143
AKKUS *v.* TURKEY (2000) 30 E.H.R.R. 365
AKSOY *v.* TURKEY (1997) 23 E.H.R.R. 553
AMANN *v.* SWITZERLAND (2000) 30 E.H.R.R. 843
AP, MP & TP *v.* SWITZERLAND (1998) 26 E.H.R.R. 541
AQUILINA *v.* MALTA (2000) 29 E.H.R.R. 185
ARSLAN *v.* TURKEY (2001) 31 E.H.R.R. 9 at page 264
ASSENOV & ORS *v.* BULGARIA (1999) 28 E.H.R.R. 652
AVERILL *v.* UK (2001) 31 E.H.R.R. 36 at page 839
AYDIN *v.* TURKEY (1998) 25 E.H.R.R. 251
BASKAYA & OKÇUOGLOU *v.* TURKEY (2001) 31 E.H.R.R. 10 at page 292
BENHAM *v.* UK (1996) 22 E.H.R.R. 295
BERGENS TIDENDE *v.* NORWAY (2001) 31 E.H.R.R. 16 at page 430
BLADET TROMSØ & STENSAAS *v.* NORWAY (2000) 29 E.H.R.R. 125

INTEREST—*cont.*

BOWMAN *v.* UK	(1998) 26 E.H.R.R. 1
BULUT *v.* AUSTRIA	(1997) 24 E.H.R.R. 84
CABALLERO *v.* UK	(2000) 30 E.H.R.R. 643
CABLE & ORS *v.* UK	(2000) 30 E.H.R.R. 1032
ÇAKICI *v.* TURKEY	(2001) 31 E.H.R.R. 5 at page 133
CANEA CATHOLIC CHURCH *v.* GREECE	(1999) 27 E.H.R.R. 521
CASTILLO ALGAR *v.* SPAIN	(2000) 30 E.H.R.R. 827
CEYLAN *v.* TURKEY	(2000) 30 E.H.R.R. 73
CHAHAL *v.* UK	(1997) 23 E.H.R.R. 414
CHASSAGNOU & ORS *v.* FRANCE	(2000) 29 E.H.R.R. 615
CONDRON *v.* UK	(2001) 31 E.H.R.R. 1 at page 1
COOKE *v.* AUSTRIA	(2001) 31 E.H.R.R. 11 at page 338
CURLEY *v.* UK	(2001) 31 E.H.R.R. 14 at page 401
D. *v.* UK	(1997) 24 E.H.R.R. 423
DALBAN *v.* ROMANIA	(2001) 31 E.H.R.R. 39 at page 893
DE HAES & GIJSELS V. BELGIUM	(1998) 25 E.H.R.R. 1
DEMIRTEPE *v.* FRANCE	(2001) 31 E.H.R.R. 28 at page 708
EP *v.* ITALY	(2001) 31 E.H.R.R. 17 at page 463
ERGI *v.* TURKEY	(2001) 32 E.H.R.R. 18 at page 388
ERKALO *v.* NETHERLANDS	(1999) 28 E.H.R.R. 509
F.E. *v.* FRANCE	(2000) 29 E.H.R.R. 591
FOXLEY *v.* UK	(2001) 31 E.H.R.R. 25 at page 637
FRESSOZ *v.* FRANCE	(2001) 31 E.H.R.R. 2 at page 28
FRYDLENDER *v.* FRANCE	(2001) 31 E.H.R.R. 52 at page 1152
FUENTES BOBO *v.* SPAIN	(2001) 31 E.H.R.R. 50 at page 1115
GARYFALLOU AEBE *v.* GREECE	(1999) 28 E.H.R.R. 344
GEORGIADIS *v.* GREECE	(1997) 24 E.H.R.R. 606
GRIGORIADES *v.* GREECE	(1999) 27 E.H.R.R. 464
GS *v.* AUSTRIA	(2001) 31 E.H.R.R. 21 at page 576
GUERRA & ORS *v.* ITALY	(1998) 26 E.H.R.R. 357
HASHMAN & HARRUP *v.* UK	(2000) 30 E.H.R.R. 241
HERTEL *v.* SWITZERLAND	(1999) 28 E.H.R.R. 534
HIGGINS & ORS *v.* FRANCE	(1999) 27 E.H.R.R. 704
HOOD *v.* UK	(2000) 29 E.H.R.R. 365
HOWARTH *v.* UK	(2001) 31 E.H.R.R. 37 at page 861
HUSSAIN *v.* UK	(1996) 22 E.H.R.R. 1
IGNACCOLO-ZENIDE *v.* ROMANIA	(2001) 31 E.H.R.R. 7 at page 212
IMMOBILIARE *v.* ITALY	(2000) 30 E.H.R.R. 756
INCAL *v.* TURKEY	(2000) 29 E.H.R.R. 449
JJ *v.* NETHERLANDS	(1999) 28 E.H.R.R. 169
JOHNSON *v.* UK	(1999) 27 E.H.R.R. 296
JORDAN *v.* UK	(2001) 31 E.H.R.R. 6 at page 202

INTEREST—*cont.*

K & T *v.* FINLAND	(2001) 31 E.H.R.R. 18 at page 484
K-F *v.* GERMANY	(1998) 26 E.H.R.R. 390
KATIKARIDIS & ORS *v.* GREECE	(2001) 32 E.H.R.R. 6 at page 113
KEROJÄRVI *v.* FINLAND	(2001) 32 E.H.R.R. 8 at page 152
KHALFAOUI *v.* FRANCE	(2001) 31 E.H.R.R. 42 at page 967
KHAN *v.* UK	(2001) 31 E.H.R.R. 45 at page 1016
KOPP *v.* SWITZERLAND	(1999) 27 E.H.R.R. 91
KRCMÁR *v.* CZECH REPUBLIC	(2001) 31 E.H.R.R. 41 at page 953
KURT *v.* TURKEY	(1999) 27 E.H.R.R. 375
L *v.* FINLAND	(2001) 31 E.H.R.R. 30 at page 737
LAMBERT *v.* FRANCE	(2000) 30 E.H.R.R. 346
LARISSIS *v.* GREECE	(1999) 27 E.H.R.R. 329
LARKOS *v.* CYPRUS	(2000) 30 E.H.R.R. 597
LE CALVEZ *v.* FRANCE	(2001) 32 E.H.R.R. 21 at page 481
LEHIDEUX & ISORNI *v.* FRANCE	(2000) 30 E.H.R.R. 665
LOUKANOV *v.* BULGARIA	(1997) 24 E.H.R.R. 121
LUSTIG-PREAN & BECKETT *v.* UK	(2001) 31 E.H.R.R. 23 at page 548
MAGEE *v.* UK	(2001) 31 E.H.R.R. 35 at page 822
MANOUSSAKIS & ORS *v.* GREECE	(1997) 23 E.H.R.R. 387
MATOS E SILVA *v.* PORTUGAL	(1997) 24 E.H.R.R. 573
MATTHEWS *v.* UK	(1999) 28 E.H.R.R. 361
MAVRONICHIS *v.* CYPRUS	(2001) 31 E.H.R.R. 54 at page 1186
McLEOD *v.* UK	(1999) 27 E.H.R.R. 493
MEHEMI *v.* FRANCE	(2000) 30 E.H.R.R. 739
MENTES *v.* TURKEY	(1998) 26 E.H.R.R. 595
MUSIAL *v.* POLAND	(2001) 31 E.H.R.R. 29 at page 720
NEWS VERLAGS GMBH *v.* AUSTRIA	(2001) 31 E.H.R.R. 8 at page 246
NIKOLOVA *v.* BULGARIA	(2001) 31 E.H.R.R. 3 at page 64
OBERSCHLICK *v.* AUSTRIA	(1995) 19 E.H.R.R. 389
OBERSCHLICK *v.* AUSTRIA (NO. 2)	(1998) 25 E.H.R.R. 357
OGUR *v.* TURKEY	(2001) 31 E.H.R.R. 40 at page 912
OLDHAM *v.* UK	(2001) 31 E.H.R.R. 34 at page 813
OMAR *v.* FRANCE	(2000) 29 E.H.R.R. 210
OSMAN *v.* UK	(2000) 29 E.H.R.R. 245
ÖZDEP *v.* TURKEY	(2001) 31 E.H.R.R. 27 at page 674
ÖZGÜR GÜNDEM *v.* TURKEY	(2001) 31 E.H.R.R. 49 at page 1082
PAILOT *v.* FRANCE	(2000) 30 E.H.R.R. 328
PALAORO *v.* AUSTRIA	(2001) 32 E.H.R.R. 10 at page 202
PAMMEL *v.* GERMANY	(1998) 26 E.H.R.R. 100
PAPACHELAS *v.* GREECE	(2000) 30 E.H.R.R. 923
PELISSIER & SASSI *v.* FRANCE	(2000) 30 E.H.R.R. 715

INTEREST—*cont.*

	PÉREZ DE RADA CAVANILLES *v.* SPAIN	(2000) 29 E.H.R.R. 109
	PERKS & ORS *v.* UK	(2000) 30 E.H.R.R. 33
	PINE VALLEY *v.* IRELAND	(1993) 16 E.H.R.R. 379
	RADIO ABC *v.* AUSTRIA	(1998) 25 E.H.R.R. 185
	REMLI *v.* FRANCE	(1996) 22 E.H.R.R. 253
	RIERA BLUME & ORS *v.* SPAIN	(2000) 30 E.H.R.R. 632
	RMD *v.* SWITZERLAND	(1999) 28 E.H.R.R. 224
	ROBINS *v.* UK	(1998) 26 E.H.R.R. 527
	ROWE & DAVIS *v.* UK	(2000) 30 E.H.R.R. 1
	SAKIK & ORS *v.* TURKEY	(1998) 26 E.H.R.R. 662
	SALGUEIRO DA SILVA MOUTA *v.* PORTUGAL	(2001) 31 E.H.R.R. 47 at page 1055
	SAUNDERS *v.* UK	(1997) 23 E.H.R.R. 313
	SCHULER-ZGRAGGEN *v.* SWITZERLAND	(1996) 21 E.H.R.R. 404
	SCOTT *v.* SPAIN	(1997) 24 E.H.R.R. 391
	SELÇUK & ASKER *v.* TURKEY	(1998) 26 E.H.R.R. 478
	SELMOUNI *v.* FRANCE	(2000) 29 E.H.R.R. 403
	SERIF *v.* GREECE	(2001) 31 E.H.R.R. 20 at page 561
	SLIMANE-KAÏD *v.* FRANCE	(2001) 31 E.H.R.R. 48 at page 1073
	SMITH & GRADY *v.* UK	(2001) 31 E.H.R.R. 24 at page 620
	SUNDAY TIMES *v.* UK	(1981) 3 E.H.R.R. 317
	SZÜCS *v.* AUSTRIA	(1998) 26 E.H.R.R. 310
	TANRIKULU *v.* TURKEY	(2000) 30 E.H.R.R. 950
	TEIXERA DE CASTRO *v.* PORTUGAL	(1999) 28 E.H.R.R. 101
	TEKIN *v.* TURKEY	(2001) 31 E.H.R.R. 4 at page 95
	THLIMMENOS *v.* GREECE	(2001) 31 E.H.R.R. 15 at page 411
	TSIRLIS & ANOR *v.* AUSTRIA	(1998) 25 E.H.R.R. 198
	TW *v.* MALTA	(2000) 29 E.H.R.R. 185
	V. *v.* UK	(2000) 30 E.H.R.R. 121
	VACHER *v.* FRANCE	(1997) 24 E.H.R.R. 482
	VALENZUELA CONTRERAS *v.* SPAIN	(1999) 28 E.H.R.R. 483
	VALSAMIS *v.* GREECE	(1997) 24 E.H.R.R. 294
	VAN GEYSEGHEM *v.* BELGIUM	(2001) 32 E.H.R.R. 24 at page 554
	VASILESCU *v.* ROMANIA	(1999) 28 E.H.R.R. 241
	WILLE *v.* LIECHTENSTEIN	(2000) 30 E.H.R.R. 558
	WR *v.* AUSTRIA	(2001) 31 E.H.R.R. 43 at page 985
	YASA *v.* TURKEY	(1999) 28 E.H.R.R. 409
	ZANA *v.* TURKEY	(1999) 27 E.H.R.R. 667
	ZIELINSKI & ORS *v.* FRANCE	(2001) 31 E.H.R.R. 19 at page 532

INTERFERENCE WITH CORRESPONDENCE [Art. 8]

admissibility decisions	APP. 8712/79 *v.* UK	(1983) 5 E.H.R.R. 465
	APP. 9282/81 *v.* UK	(1983) 5 E.H.R.R. 283
	APP. 9488/81 *v.* UK	(1983) 5 E.H.R.R. 289
	APP. 9513/81 *v.* UK	(1983) 5 E.H.R.R. 290
	APP. 10165/82 *v.* UK	(1983) 5 E.H.R.R. 516
censorship	SILVER *v.* UK	(1981) 3 E.H.R.R. 475
correspondence, meaning of	HALFORD *v.* UK	(1997) 24 E.H.R.R. 523

INTERFERENCE WITH CORRESPONDENCE—*cont.*

criticism of government	PFEIFER *v.* AUSTRIA	(1992) 14 E.H.R.R. 692
detention under sentence, during	GOLDER *v.* UK	(1979) 1 E.H.R.R. 524
detention without trial, during	DE WILDE, OOMS & VERSYP *v.* BELGIUM	(1979) 1 E.H.R.R. 373
lawfulness	MCCALLUM *v.* UK	(1991) 13 E.H.R.R. 597
legitimacy of purpose	CAMPBELL *v.* UK	(1993) 15 E.H.R.R. 137
	CRÉMIEUX *v.* FRANCE	(1993) 16 E.H.R.R. 357
	DOMENICHINI *v.* ITALY	(2001) 32 E.H.R.R. 4 at page 68
	FOXLEY *v.* UK	(2001) 31 E.H.R.R. 25 at page 637
	FUNKE *v.* FRANCE	(1993) 16 E.H.R.R. 297
	MIAILHE *v.* FRANCE	(1993) 16 E.H.R.R. 333
material intended for publication	SILVER *v.* UK	(1981) 3 E.H.R.R. 475
measures prescribed by law	CAMPBELL *v.* UK	(1993) 15 E.H.R.R. 137
	CRÉMIEUX *v.* FRANCE	(1993) 16 E.H.R.R. 357
	DOMENICHINI *v.* ITALY	(2001) 32 E.H.R.R. 4 at page 68
	HALFORD *v.* UK	(1997) 24 E.H.R.R. 523
	FOXLEY *v.* UK	(2001) 31 E.H.R.R. 25 at page 637
	FUNKE *v.* FRANCE	(1993) 16 E.H.R.R. 297
	MIAILHE *v.* FRANCE	(1993) 16 E.H.R.R. 333
national security interests	KLASS & ORS *v.* GERMANY	(1980) 2 E.H.R.R. 214
necessary in democratic society	CAMPBELL *v.* UK	(1993) 15 E.H.R.R. 137
	CRÉMIEUX *v.* FRANCE	(1993) 16 E.H.R.R. 357
	DOMENICHINI *v.* ITALY	(2001) 32 E.H.R.R. 4 at page 68
	FOXLEY *v.* UK	(2001) 31 E.H.R.R. 25 at page 637
	MIAILHE *v.* FRANCE	(1993) 16 E.H.R.R. 333
prior internal ventilation rule	CAMPBELL & FELL *v.* UK	(1983) 5 E.H.R.R. 207
prisoners'	BOYCE & RICE *v.* UK	(1988) 10 E.H.R.R. 425
	CAMPBELL *v.* UK	(1993) 15 E.H.R.R. 137
	CAMPBELL & FELL *v.* UK	(1983) 5 E.H.R.R. 207
	CAMPBELL & FELL *v.* UK	(1985) 7 E.H.R.R. 165
	DEMIRTEPE *v.* FRANCE	(2001) 31 E.H.R.R. 28 at page 708
	DOMENICHINI *v.* ITALY	(2001) 32 E.H.R.R. 4 at page 68
	GOLDER *v.* UK	(1979) 1 E.H.R.R. 524
	HERCZEGFALVY *v.* AUSTRIA	(1993) 15 E.H.R.R. 437
	MCCALLUM *v.* UK	(1991) 13 E.H.R.R. 597
	PFEIFER *v.* AUSTRIA	(1992) 14 E.H.R.R. 692
	SCHÖNENBERGER *v.* SWITZERLAND	(1989) 11 E.H.R.R. 202
	SILVER *v.* UK	(1983) 5 E.H.R.R. 347
proportionality	CRÉMIEUX *v.* FRANCE	(1993) 16 E.H.R.R. 357
	FUNKE *v.* FRANCE	(1993) 16 E.H.R.R. 297
	MIAILHE *v.* FRANCE	(1993) 16 E.H.R.R. 333
	PFEIFER *v.* AUSTRIA	(1992) 14 E.H.R.R. 692
re-direction of post to trustee in bankruptcy	FOXLEY *v.* UK	(2001) 31 E.H.R.R. 25 at page 637
refusal to deliver	HERCZEGFALVY *v.* AUSTRIA	(1993) 15 E.H.R.R. 437
remand prisoners	SCHÖNENBERGER *v.* SWITZERLAND	(1989) 11 E.H.R.R. 202
search and seizure	CRÉMIEUX *v.* FRANCE	(1993) 16 E.H.R.R. 357
	FUNKE *v.* FRANCE	(1993) 16 E.H.R.R. 297
	MIAILHE *v.* FRANCE	(1993) 16 E.H.R.R. 333

INTERFERENCE WITH CORRESPONDENCE—*cont.*

	NATIONAL PANASONIC *v.* EC COMMISSION	(1981) 3 E.H.R.R. 150
terrorists	MCVEIGH & ORS *v.* UK	(1983) 5 E.H.R.R. 71

INTERFERENCE WITH EXERCISE OF PROFESSION

criminal conviction, effect of	DE BECKER *v.* BELGIUM	(1979) 1 E.H.R.R. 43
disciplinary proceedings, pending	KÖNIG *v.* GERMANY	(1980) 2 E.H.R.R. 170

INTERNATIONAL ORGANISATIONS

immunity from jurisdiction	WAITE & KENNEDY *v.* GERMANY	(2000) 30 E.H.R.R. 261

INTERPRETATION OF JUDGMENTS

considerations on request	ALLENET DE RIBEMONT *v.* FRANCE	(1996) 22 E.H.R.R. 582

INTERPRETERS

inadequate interpreting	DAUD *v.* PORTUGAL	(2000) 30 E.H.R.R. 400
recovery of cost	LUEDICKE & ORS *v.* GERMANY	(1980) 2 E.H.R.R. 149
	ÖZTÜRK *v.* GERMANY	(1984) 6 E.H.R.R. 409

INTERROGATION OF CHILDREN

justification	SARGIN *v.* GERMANY	(1982) 4 E.H.R.R. 276

INTERROGATION OF SUSPECTED TERRORISTS

unacceptable techniques	IRELAND *v.* UK	(1980) 2 E.H.R.R. 25

INVESTIGATION OF OFFENCE

legal representation	MURRAY *v.* UK	(1996) 22 E.H.R.R. 29

ISLAMIC COUNCIL

Declaration of Human Rights		(1982) 4 E.H.R.R. 433

ISLE OF MAN

application of Convention	TYRER *v.* UK	(1980) 2 E.H.R.R. 1

ISOLATION OF PATIENT

inhuman treatment	A. *v.* UK	(1981) 3 E.H.R.R. 131
	HERCZEGFALVY *v.* AUSTRIA	(1993) 15 E.H.R.R. 437

JOURNALISTS

defamation	BARFOD *v.* DENMARK	(1991) 13 E.H.R.R. 493
	DE HAES & GIJSELS V. BELGIUM	(1998) 25 E.H.R.R. 1
	OBERSCHLICK *v.* AUSTRIA	(1995) 19 E.H.R.R. 389
	OBERSCHLICK *v.* AUSTRIA (NO. 2)	(1998) 25 E.H.R.R. 357
	PRAGER & OBERSCHLICK *v.* AUSTRIA	(1996) 21 E.H.R.R. 1
	WORM *v.* AUSTRIA	(1998) 25 E.H.R.R. 454
licensing	COMPULSORY MEMBERSHIP OF JOURNALISTS' ASSOCIATION,	(1986) 8 E.H.R.R. 165
sources	GOODWIN *v.* UK	(1996) 22 E.H.R.R. 123

JUDGMENT, REVISION OF

admissibility of request	PARDO *v.* FRANCE	(1996) 22 E.H.R.R. 563

JUDICIAL REVIEW

detention authorised by law	DE JONG & ORS *v.* NETHERLANDS	(1986) 8 E.H.R.R. 20
detention of aliens	CAPRINO *v.* UK	(1982) 4 E.H.R.R. 97
detention of extradited person	MCGOFF *v.* SWEDEN	(1986) 8 E.H.R.R. 246
detention of mentally ill persons	B. *v.* UK	(1984) 6 E.H.R.R. 204
failure to apply for	B. *v.* UK	(1984) 6 E.H.R.R. 204
	CAPRINO *v.* UK	(1982) 4 E.H.R.R. 97
	KAMAL *v.* UK	(1982) 4 E.H.R.R. 244
immigration proceedings	KAMAL *v.* UK	(1982) 4 E.H.R.R. 244
military discipline	DE JONG & ORS *v.* NETHERLANDS	(1986) 8 E.H.R.R. 20
solicitors' practice rules	X. *v.* UK	(1982) 4 E.H.R.R. 350

JUDICIAL SEPARATION

access to court	AIREY *v.* IRELAND	(1980) 2 E.H.R.R. 305

JURISDICTION OF COURT

admissibility	B. *v.* FRANCE	(1993) 16 E.H.R.R. 1
admissibility decisions	APP. 9587/81 *v.* FRANCE	(1983) 5 E.H.R.R. 483
examination of complaints	GILLOW *v.* UK	(1989) 11 E.H.R.R. 335
	HELMERS *v.* SWEDEN	(1993) 15 E.H.R.R. 285
	MCGOFF *v.* SWEDEN	(1986) 8 E.H.R.R. 246
	PHILIS *v.* GREECE	(1991) 13 E.H.R.R. 741
	POWELL *v.* UK	(1990) 12 E.H.R.R. 355
	SKÄRBY *v.* SWEDEN	(1991) 13 E.H.R.R. 90
preliminary objections	AGROTEXIM & ORS *v.* GREECE	(1996) 21 E.H.R.R. 250
	B. *v.* FRANCE	(1993) 16 E.H.R.R. 1
	DROZD & JANOUSEK *v.* FRANCE & SPAIN	(1992) 14 E.H.R.R. 745
	KEFALAS *v.* GREECE	(1995) 20 E.H.R.R. 484
	LOIZIDOU *v.* TURKEY	(1995) 20 E.H.R.R. 99
	MANSUR *v.* TURKEY	(1995) 20 E.H.R.R. 535
	OLSSON *v.* SWEDEN (NO. 2)	(1994) 17 E.H.R.R. 135
	STAMOULAKATOS *v.* GREECE	(1994) 17 E.H.R.R. 479
preliminary observations	GUZZARDI *v.* ITALY	(1981) 3 E.H.R.R. 333
ratione loci	LOIZIDOU *v.* TURKEY	(1995) 20 E.H.R.R. 99
	STAMOULAKATOS *v.* GREECE	(1994) 17 E.H.R.R. 479
	YAĞCI & SARGIN *v.* TURKEY	(1995) 20 E.H.R.R. 505
ratione materiae	GLASENAPP *v.* GERMANY	(1987) 9 E.H.R.R. 25
	GUERRA & ORS *v.* ITALY	(1998) 26 E.H.R.R. 357
	MATOS E SILVA *v.* PORTUGAL	(1997) 24 E.H.R.R. 573
	MIAILHE *v.* FRANCE (NO. 2)	(1997) 23 E.H.R.R. 491
ratione personae	APP. 9322/81 *v.* NETHERLANDS	(1983) 5 E.H.R.R. 598
ratione temporis	AGROTEXIM & ORS *v.* GREECE	(1996) 21 E.H.R.R. 250
	APP. 9587/81 *v.* FRANCE	(1983) 5 E.H.R.R. 483
	APP. 9764/82 *v.* FRANCE	(1983) 5 E.H.R.R. 608
	BELZIUK *v.* POLAND	(2000) 30 E.H.R.R. 614
	KEFALAS *v.* GREECE	(1995) 20 E.H.R.R. 484
	KEROJÄRVI *v.* FINLAND	(2001) 32 E.H.R.R. 8 at page 152
	LOIZIDOU *v.* TURKEY	(1995) 20 E.H.R.R. 99
	LOIZIDOU *v.* TURKEY	(1997) 23 E.H.R.R. 513
	LOUKANOV *v.* BULGARIA	(1997) 24 E.H.R.R. 121
	MANSUR *v.* TURKEY	(1995) 20 E.H.R.R. 535

JURISDICTION OF COURT—*cont.*

	MITAP & ANOR *v.* TURKEY	(1996) 22 E.H.R.R. 209
	STAMOULAKATOS *v.* GREECE	(1994) 17 E.H.R.R. 479
	YAĞCI & SARGIN *v.* TURKEY	(1995) 20 E.H.R.R. 505
	YAGIZ *v.* TURKEY	(1996) 22 E.H.R.R. 573
	ZANA *v.* TURKEY	(1999) 27 E.H.R.R. 667

JURY, MEMBERS OF

bias	GREGORY *v.* UK	(1998) 25 E.H.R.R. 577
	HOLM *v.* SWEDEN	(1994) 18 E.H.R.R. 79
	REMLI *v.* FRANCE	(1996) 22 E.H.R.R. 253
	SANDER *v.* UK	(2001) 31 E.H.R.R. 44 at page 1003
employee of prosecution witness	PULLAR *v.* UK	(1996) 22 E.H.R.R. 391
racist remark	GREGORY *v.* UK	(1998) 25 E.H.R.R. 577
	REMLI *v.* FRANCE	(1996) 22 E.H.R.R. 253
	SANDER *v.* UK	(2001) 31 E.H.R.R. 44 at page 1033

JUST SATISFACTION [Art. 50/Art. 41]

accommodation costs	WINTERWERP *v.* NETHERLANDS	(1982) 4 E.H.R.R. 228
alteration to legislation	F. *v.* SWITZERLAND	(1988) 10 E.H.R.R. 411
arbitration awards	STRAN GREEK REFINERIES *v.* GREECE	(1995) 19 E.H.R.R. 293
compensation	AKSOY *v.* TURKEY	(1997) 23 E.H.R.R. 553
	ANDERSSON *v.* SWEDEN	(1992) 14 E.H.R.R. 615
	BEAUMARTIN *v.* FRANCE	(1995) 19 E.H.R.R. 485
	BLADET TROMSØ & STENSAAS *v.* NORWAY	(2000) 29 E.H.R.R. 125
	BOCK *v.* GERMANY	(1990) 12 E.H.R.R. 247
	ÇAKICI *v.* TURKEY	(2001) 31 E.H.R.R. 5 at page133
	CAMPBELL & FELL *v.* UK	(1985) 7 E.H.R.R. 165
	DARBY *v.* SWEDEN	(1991) 13 E.H.R.R. 774
	DE CUBBER *v.* BELGIUM	(1991) 13 E.H.R.R. 422
	DELTA *v.* FRANCE	(1993) 16 E.H.R.R. 574
	GUINCHO *v.* PORTUGAL	(1985) 7 E.H.R.R. 223
	HENTRICH *v.* FRANCE	(1996) 21 E.H.R.R. 199
	IMMOBILIARE *v.* ITALY	(2000) 30 E.H.R.R. 756
	JERSILD *v.* DENMARK	(1995) 19 E.H.R.R. 1
	JOHNSON *v.* UK	(1999) 27 E.H.R.R. 296
	KEEGAN *v.* IRELAND	(1994) 18 E.H.R.R. 342
	KÖNIG *v.* GERMANY	(1980) 2 E.H.R.R. 469
	KRCMÁR *v.* CZECH REPUBLIC	(2001) 31 E.H.R.R. 41 at page 953
	LAMY *v.* BELGIUM	(1989) 11 E.H.R.R. 529
	LECHNER & HESS *v.* AUSTRIA	(1987) 9 E.H.R.R. 490
	LOPEZ OSTRA *v.* SPAIN	(1995) 20 E.H.R.R. 277
	LOUKANOV *v.* BULGARIA	(1997) 24 E.H.R.R. 121
	LUSTIG-PREAN & BECKETT *v.* UK	(2001) 31 E.H.R.R. 23 at page 601
	MCMICHAEL *v.* UK	(1995) 20 E.H.R.R. 205
	MENTES *v.* TURKEY	(1998) 26 E.H.R.R. 595
	MOUSTAQUIM *v.* BELGIUM	(1991) 13 E.H.R.R. 802
	OBERSCHLICK *v.* AUSTRIA	(1995) 19 E.H.R.R. 389
	OBERSCHLICK *v.* AUSTRIA (NO. 2)	(1998) 25 E.H.R.R. 357
	OPEN DOOR COUNSELLING *v.* IRELAND	(1993) 15 E.H.R.R. 245

JUST SATISFACTION—*cont.*

	ÖZGÜR GÜNDEM *v.* TURKEY	(2001) 31 E.H.R.R. 49 at page 1082
	PAPAMICHALOPOLOUS *v.* GREECE	(1996) 21 E.H.R.R. 439
	PINE VALLEY *v.* IRELAND	(1993) 16 E.H.R.R. 379
	RINGEISEN *v.* AUSTRIA (NO. 2)	(1979) 1 E.H.R.R. 504
	SCHMIDT *v.* GERMANY	(1994) 18 E.H.R.R. 513
	SELÇUK & ASKER *v.* TURKEY	(1998) 26 E.H.R.R. 478
	SILVA PONTES *v.* PORTUGAL	(1994) 18 E.H.R.R. 156
	SMITH & GRADY *v.* UK	(2001) 31 E.H.R.R. 24 at page 620
	STRAN GREEK REFINERIES *v.* GREECE	(1995) 19 E.H.R.R. 293
	TEIXERA DE CASTRO *v.* PORTUGAL	(1999) 28 E.H.R.R. 101
	TINNELLY & SONS LTD *v.* UK	(1999) 27 E.H.R.R. 249
	TOMASI *v.* FRANCE	(1993) 15 E.H.R.R. 1
	UNIÓN ALIMENTARIA SANDERS *v.* SPAIN	(1990) 12 E.H.R.R. 24
	UNTERPERTINGER *v.* AUSTRIA	(1991) 13 E.H.R.R. 175
	VASILESCU *v.* ROMANIA	(1999) 28 E.H.R.R. 241
	YOUNG, JAMES & WEBSTER *v.* UK	(1983) 5 E.H.R.R. 201
costs	A. *v.* FRANCE	(1994) 17 E.H.R.R. 462
	A. *v.* UK	(1999) 27 E.H.R.R. 611
	ABDULAZIZ, CABALES *v.* UK	(1985) 7 E.H.R.R. 471
	ADILETTA *v.* ITALY	(1992) 14 E.H.R.R. 586
	ADT *v.* UK	(2001) 31 E.H.R.R. 33 at page 803
	AERTS *v.* BELGIUM	(2000) 29 E.H.R.R. 50
	AHMED *v.* AUSTRIA	(1997) 24 E.H.R.R. 278
	AIREY *v.* IRELAND	(1981) 3 E.H.R.R. 593
	AÏT-MOUHOUB *v.* FRANCE	(2000) 30 E.H.R.R. 382
	AKDIVAR *v.* TURKEY	(1997) 23 E.H.R.R. 143
	AKKUS *v.* TURKEY	(2000) 30 E.H.R.R. 365
	AKSOY *v.* TURKEY	(1997) 23 E.H.R.R. 553
	ALBERT & LE COMPTE *v.* BELGIUM	(1991) 13 E.H.R.R. 415
	AMANN *v.* SWITZERLAND	(2000) 30 E.H.R.R. 843
	ANDERSSON *v.* SWEDEN	(1992) 14 E.H.R.R. 615
	AP, MP & TP *v.* SWITZERLAND	(1998) 26 E.H.R.R. 541
	AQUILINA *v.* MALTA	(2000) 29 E.H.R.R. 185
	ARSLAN *v.* TURKEY	(2001) 31 E.H.R.R. 9 at page 264
	ASSENOV & ORS *v.* BULGARIA	(1999) 28 E.H.R.R. 652
	AVERILL *v.* UK	(2001) 31 E.H.R.R. 36 at page 839
	AYDIN *v.* TURKEY	(1998) 25 E.H.R.R. 251
	B. *v.* AUSTRIA	(1991) 13 E.H.R.R. 20
	B. *v.* FRANCE	(1993) 16 E.H.R.R. 1
	BASKAYA & OKÇUOGLOU *v.* TURKEY	(2001) 31 E.H.R.R. 10 at page 292
	BELDJOUDI *v.* FRANCE	(1992) 14 E.H.R.R. 801
	BELZIUK *v.* POLAND	(2000) 30 E.H.R.R. 614
	BENHAM *v.* UK	(1996) 22 E.H.R.R. 295
	BERGENS TIDENDE *v.* NORWAY	(2001) 31 E.H.R.R. 16 at page 430
	BLADET TROMSØ & STENSAAS *v.* NORWAY	(2000) 29 E.H.R.R. 125
	BOCK *v.* GERMANY	(1990) 12 E.H.R.R. 247
	BODÉN *v.* SWEDEN	(1988) 10 E.H.R.R. 367
	BÖNISCH *v.* AUSTRIA	(1991) 13 E.H.R.R. 409
	BORGERS *v.* BELGIUM	(1993) 15 E.H.R.R. 93

JUST SATISFACTION—*cont.*

BOTTEN *v.* NORWAY	(2001) 32 E.H.R.R. 3 at page 37
BOWMAN *v.* UK	(1998) 26 E.H.R.R. 1
BOZANO *v.* FRANCE	(1991) 13 E.H.R.R. 428
BRANDSTETTER *v.* AUSTRIA	(1993) 15 E.H.R.R. 378
BRICMONT *v.* BELGIUM	(1990) 12 E.H.R.R. 217
BROGAN *v.* UK	(1991) 13 E.H.R.R. 439
BROZICEK *v.* ITALY	(1990) 12 E.H.R.R. 371
BULUT *v.* AUSTRIA	(1997) 24 E.H.R.R. 84
BURGHARTZ *v.* SWITZERLAND	(1994) 18 E.H.R.R. 79
CABALLERO *v.* UK	(2000) 30 E.H.R.R. 643
CABLE & ORS *v.* UK	(2000) 30 E.H.R.R. 1032
ÇAKICI *v.* TURKEY	(2001) 31 E.H.R.R. 5 at page 133
CAMENZIND *v.* SWITZERLAND	(1999) 28 E.H.R.R. 458
CAMPBELL *v.* UK	(1993) 15 E.H.R.R. 137
CAMPBELL & COSANS *v.* UK	(1982) 4 E.H.R.R. 293
CAMPBELL & FELL *v.* UK	(1985) 7 E.H.R.R. 165
CANEA CATHOLIC CHURCH *v.* GREECE	(1999) 27 E.H.R.R. 521
CASTELLS *v.* SPAIN	(1992) 14 E.H.R.R. 445
CASTILLO ALGAR *v.* SPAIN	(2000) 30 E.H.R.R. 827
CEYLAN *v.* TURKEY	(2000) 30 E.H.R.R. 73
CHAHAL *v.* UK	(1997) 23 E.H.R.R. 414
CONDRON *v.* UK	(2001) 31 E.H.R.R. 1 at page 1
COOKE *v.* AUSTRIA	(2001) 31 E.H.R.R. 11 at page 338
CORIGLIANO *v.* ITALY	(1983) 5 E.H.R.R. 334
CRÉMIEUX *v.* FRANCE	(1993) 16 E.H.R.R. 357
CURLEY *v.* UK	(2001) 31 E.H.R.R. 14 at page 401
D. *v.* UK	(1997) 24 E.H.R.R. 423
DALBAN *v.* ROMANIA	(2001) 31 E.H.R.R. 39 at page 893
DE CUBBER *v.* BELGIUM	(1991) 13 E.H.R.R. 422
DE HAAN *v.* NETHERLANDS	(1998) 26 E.H.R.R. 417
DE HAES & GIJSELS V. BELGIUM	(1998) 25 E.H.R.R. 1
DE MOOR *v.* BELGIUM	(1994) 18 E.H.R.R. 372
DELTA *v.* FRANCE	(1993) 16 E.H.R.R. 574
DEMICOLA *v.* MALTA	(1992) 14 E.H.R.R. 47
DEMIRTEPE *v.* FRANCE	(2001) 31 E.H.R.R. 28 at page 708
DOBBERTIN *v.* FRANCE	(1993) 16 E.H.R.R. 558
DOMBO BEHEER *v.* NETHERLANDS	(1994) 18 E.H.R.R. 213
ECKLE *v.* GERMANY	(1991) 13 E.H.R.R. 556
EDITIONS PÉRISCOPE *v.* FRANCE	(1992) 14 E.H.R.R. 597
EKBATANI *v.* SWEDEN	(1991) 13 E.H.R.R. 504
EP *v.* ITALY	(2001) 31 E.H.R.R. 17 at page 463
ERGI *v.* TURKEY	(2001) 32 E.H.R.R. 18 at page 388
ERIKSSON *v.* SWEDEN	(1990) 12 E.H.R.R. 183
ERKALO *v.* NETHERLANDS	(1999) 28 E.H.R.R. 509
EZELIN *v.* FRANCE	(1992) 14 E.H.R.R. 362
F.C.B. *v.* ITALY	(1992) 14 E.H.R.R. 909
F.E. *v.* FRANCE	(2000) 29 E.H.R.R. 591
FINDLAY *v.* UK	(1997) 24 E.H.R.R. 221
FISCHER *v.* AUSTRIA	(1995) 20 E.H.R.R. 349
FOTI *v.* ITALY	(1991) 13 E.H.R.R. 568

JUST SATISFACTION—*cont.*

FOX, CAMPBELL & HARTLEY *v.* UK	(1992) 14 E.H.R.R. 108
FOXLEY *v.* UK	(2001) 31 E.H.R.R. 25 at page 637
FREDIN *v.* SWEDEN	(1991) 13 E.H.R.R. 784
FRESSOZ *v.* FRANCE	(2001) 31 E.H.R.R. 2 at page 28
FRYDLENDER *v.* FRANCE	(2001) 31 E.H.R.R. 52 at page 1152
FUENTES BOBO *v.* SPAIN	(2001) 31 E.H.R.R. 50 at page 1115
FUNKE *v.* FRANCE	(1993) 16 E.H.R.R. 297
GARYFALLOU AEBE *v.* GREECE	(1999) 28 E.H.R.R. 344
GAUTRIN & ORS *v.* FRANCE	(1999) 28 E.H.R.R. 196
GEORGIADIS *v.* GREECE	(1997) 24 E.H.R.R. 606
GRANGER *v.* UK	(1990) 12 E.H.R.R. 469
GRIGORIADES *v.* GREECE	(1999) 27 E.H.R.R. 464
GS *v.* AUSTRIA	(2001) 31 E.H.R.R. 21 at page 576
GUERRA & ORS *v.* ITALY	(1998) 26 E.H.R.R. 357
GÜLEÇ *v.* TURKEY	(1999) 28 E.H.R.R. 121
H. *v.* BELGIUM	(1988) 10 E.H.R.R. 339
H. *v.* FRANCE	(1990) 12 E.H.R.R. 74
H. *v.* UK	(1991) 13 E.H.R.R. 449
HADJIANASTASSIOU *v.* GREECE	(1993) 16 E.H.R.R. 219
HÅKANSSON *v.* SWEDEN	(1991) 13 E.H.R.R. 1
HASHMAN & HARRUP *v.* UK	(2000) 30 E.H.R.R. 241
HENTRICH *v.* FRANCE	(1996) 21 E.H.R.R. 199
HERTEL *v.* SWITZERLAND	(1999) 28 E.H.R.R. 534
HIGGINS & ORS *v.* FRANCE	(1999) 27 E.H.R.R. 704
HOKKANEN *v.* FINLAND	(1995) 19 E.H.R.R. 139
HELMERS *v.* SWEDEN	(1993) 15 E.H.R.R. 285
HOANG *v.* FRANCE	(1993) 16 E.H.R.R. 53
HOFFMANN *v.* AUSTRIA	(1994) 17 E.H.R.R. 293
HOLM *v.* SWEDEN	(1994) 18 E.H.R.R. 79
HOLY MONASTERIES *v.* GREECE	(1995) 20 E.H.R.R. 1
HOOD *v.* UK	(2000) 29 E.H.R.R. 365
HOWARTH *v.* UK	(2001) 31 E.H.R.R. 37 at page 861
HUSSAIN *v.* UK	(1996) 22 E.H.R.R. 1
IGNACCOLO-ZENIDE *v.* ROMANIA	(2001) 31 E.H.R.R. 7 at page 212
IMMOBILIARE *v.* ITALY	(2000) 30 E.H.R.R. 756
INCAL *v.* TURKEY	(2000) 29 E.H.R.R. 449
INZE *v.* AUSTRIA	(1988) 10 E.H.R.R. 394
JACOBSSON *v.* SWEDEN	(1990) 12 E.H.R.R. 56
JERSILD *v.* DENMARK	(1995) 19 E.H.R.R. 1
JJ *v.* NETHERLANDS	(1999) 28 E.H.R.R. 169
JOHANSEN *v.* NORWAY	(1997) 23 E.H.R.R. 33
JOHNSON *v.* UK	(1999) 27 E.H.R.R. 296
JOHNSTON *v.* IRELAND	(1987) 9 E.H.R.R. 203
JORDAN *v.* UK	(2001) 31 E.H.R.R. 6 at page 201
K & T *v.* FINLAND	(2001) 31 E.H.R.R. 18 at page 484
K-F *v.* GERMANY	(1998) 26 E.H.R.R. 390
KATIKARIDIS & ORS *v.* GREECE	(2001) 32 E.H.R.R. 6 at page 113
KAYA *v.* TURKEY	(1999) 28 E.H.R.R. 1
KEEGAN *v.* IRELAND	(1994) 18 E.H.R.R. 342

JUST SATISFACTION—*cont.*

KEROJÄRVI *v.* FINLAND	(2001) 32 E.H.R.R. 8 at page 152
KHALFAOUI *v.* FRANCE	(2001) 31 E.H.R.R. 42 at page 967
KHAN *v.* UK	(2001) 31 E.H.R.R. 45 at page 1016
KOENDJBIHARIE *v.* NETHERLANDS	(1991) 13 E.H.R.R. 820
KOKKINAKIS *v.* GREECE	(1994) 17 E.H.R.R. 397
KÖNIG *v.* GERMANY	(1980) 2 E.H.R.R. 469
KOPP *v.* SWITZERLAND	(1999) 27 E.H.R.R. 91
KOSTER *v.* NETHERLANDS	(1992) 14 E.H.R.R. 396
KRCMÁR *v.* CZECH REPUBLIC	(2001) 31 E.H.R.R. 41 at page 953
KREMZOW *v.* AUSTRIA	(1994) 17 E.H.R.R. 323
KROON & ORS *v.* NETHERLANDS	(1995) 19 E.H.R.R. 263
KRUSLIN *v.* FRANCE	(1990) 12 E.H.R.R. 547
KURT *v.* TURKEY	(1999) 27 E.H.R.R. 375
L *v.* FINLAND	(2001) 31 E.H.R.R. 30 at page 737
LAMBERT *v.* FRANCE	(2000) 30 E.H.R.R. 346
LAMY *v.* BELGIUM	(1989) 11 E.H.R.R. 529
LARISSIS *v.* GREECE	(1999) 27 E.H.R.R. 329
LARKOS *v.* CYPRUS	(2000) 30 E.H.R.R. 597
LE CALVEZ *v.* FRANCE	(2001) 32 E.H.R.R. 21 at page 481
LE COMPTE & ORS *v.* BELGIUM	(1983) 5 E.H.R.R. 183
LECHNER & HESS *v.* AUSTRIA	(1987) 9 E.H.R.R. 490
LEHIDEUX & ISORNI *v.* FRANCE	(2000) 30 E.H.R.R. 665
LETELLIER *v.* FRANCE	(1992) 14 E.H.R.R. 83
LOPEZ OSTRA *v.* SPAIN	(1995) 20 E.H.R.R. 277
LOUKANOV *v.* BULGARIA	(1997) 24 E.H.R.R. 121
LÜDI *v.* SWITZERLAND	(1993) 15 E.H.R.R. 173
LUEDICKE & ORS *v.* GERMANY	(1980) 2 E.H.R.R. 433
LUSTIG-PREAN & BECKETT *v.* UK	(2001) 31 E.H.R.R. 23 at page 601
MAGEE *v.* UK	(2001) 31 E.H.R.R. 35 at page 822
MAJ *v.* ITALY	(1992) 14 E.H.R.R. 405
MANOUSSAKIS & ORS *v.* GREECE	(1997) 23 E.H.R.R. 387
MATOS E SILVA *v.* PORTUGAL	(1997) 24 E.H.R.R. 573
MATTHEWS *v.* UK	(1999) 28 E.H.R.R. 361
MAVRONICHIS *v.* CYPRUS	(2001) 31 E.H.R.R. 54 at page 1186
MCCALLUM *v.* UK	(1991) 13 E.H.R.R. 597
MCCANN & ORS *v.* UK	(1996) 21 E.H.R.R. 97
MCLEOD *v.* UK	(1999) 27 E.H.R.R. 493
MEGYERI *v.* GERMANY	(1993) 15 E.H.R.R. 584
MEHEMI *v.* FRANCE	(2000) 30 E.H.R.R. 739
MENTES *v.* TURKEY	(1998) 26 E.H.R.R. 595
MINELLI *v.* SWITZERLAND	(1983) 5 E.H.R.R. 554
MODINOS *v.* CYPRUS	(1993) 16 E.H.R.R. 485
MOREIRA DE AZEVEDO *v.* PORTUGAL	(1992) 14 E.H.R.R. 113
MOTTA *v.* ITALY	(1992) 14 E.H.R.R. 432
MOUSTAQUIM *v.* BELGIUM	(1991) 13 E.H.R.R. 802
MUSIAL *v.* POLAND	(2001) 31 E.H.R.R. 29 at page 720
NEWS VERLAGS GMBH *v.* AUSTRIA	(2001) 31 E.H.R.R. 8 at page 246

JUST SATISFACTION—*cont.*

NIKOLOVA *v.* BULGARIA	(2001) 31 E.H.R.R. 3 at page 64
NORRIS *v.* IRELAND	(1991) 13 E.H.R.R. 186
O. *v.* UK	(1991) 13 E.H.R.R. 588
OBERSCHLICK *v.* AUSTRIA	(1995) 19 E.H.R.R. 389
OBERSCHLICK *v.* AUSTRIA (NO. 2)	(1998) 25 E.H.R.R. 357
OBSERVER & GUARDIAN *v.* UK	(1992) 14 E.H.R.R. 153
OGUR *v.* TURKEY	(2001) 31 E.H.R.R. 40 at page 912
OLDHAM *v.* UK	(2001) 31 E.H.R.R. 34 at page 813
OLSSON *v.* SWEDEN	(1989) 11 E.H.R.R. 259
OLSSON *v.* SWEDEN (NO. 2)	(1994) 17 E.H.R.R. 135
OMAR *v.* FRANCE	(2000) 29 E.H.R.R. 210
OPEN DOOR COUNSELLING *v.* IRELAND	(1993) 15 E.H.R.R. 245
OSMAN *v.* UK	(2000) 29 E.H.R.R. 245
ÖZDEP *v.* TURKEY	(2001) 31 E.H.R.R. 27 at page 674
ÖZGÜR GÜNDEM *v.* TURKEY	(2001) 31 E.H.R.R. 49 at page 1082
PAFITIS & ORS *v.* GREECE	(1999) 27 E.H.R.R. 567
PAILOT *v.* FRANCE	(2000) 30 E.H.R.R. 328
PAKELLI *v.* GERMANY	(1984) 6 E.H.R.R. 1
PALAORO *v.* AUSTRIA	(2001) 32 E.H.R.R. 10 at page 202
PAMMEL *v.* GERMANY	(1998) 26 E.H.R.R. 100
PAPACHELAS *v.* GREECE	(2000) 30 E.H.R.R. 923
PAPAMICHALOPOLOUS *v.* GREECE	(1996) 21 E.H.R.R. 439
PELISSIER & SASSI *v.* FRANCE	(2000) 30 E.H.R.R. 715
PÉREZ DE RADA CAVANILLES *v.* SPAIN	(2000) 29 E.H.R.R. 109
PERKS & ORS *v.* UK	(2000) 30 E.H.R.R. 33
PFEIFER *v.* AUSTRIA	(1992) 14 E.H.R.R. 692
PHILIS *v.* GREECE	(1991) 13 E.H.R.R. 741
PHILIS *v.* GREECE (NO. 2)	(1998) 25 E.H.R.R. 417
PIERMONT *v.* FRANCE	(1995) 20 E.H.R.R. 277
PINE VALLEY *v.* IRELAND	(1993) 16 E.H.R.R. 379
POITRIMOL *v.* FRANCE	(1994) 18 E.H.R.R. 130
PRESSOS COMPANIA NAVIERA *v.* BELGIUM	(1996) 21 E.H.R.R. 301
PUDAS *v.* SWEDEN	(1988) 10 E.H.R.R. 380
RADIO ABC *v.* AUSTRIA	(1998) 25 E.H.R.R. 185
RAIMONDO *v.* ITALY	(1994) 18 E.H.R.R. 237
RANINEN *v.* FINLAND	(1998) 26 E.H.R.R. 563
REMLI *v.* FRANCE	(1996) 22 E.H.R.R. 253
RIERA BLUME & ORS *v.* SPAIN	(2000) 30 E.H.R.R. 632
RMD *v.* SWITZERLAND	(1999) 28 E.H.R.R. 224
ROBINS *v.* UK	(1998) 26 E.H.R.R. 527
ROWE & DAVIS *v.* UK	(2000) 30 E.H.R.R. 1
S. *v.* SWITZERLAND	(1992) 14 E.H.R.R. 670
SAKIK & ORS *v.* TURKEY	(1998) 26 E.H.R.R. 662
SALESI *v.* ITALY	(1998) 26 E.H.R.R. 187
SALGUEIRO DA SILVA MOUTA *v.* PORTUGAL	(2001) 31 E.H.R.R. 47 at page 1055
SANTILLI *v.* ITALY	(1992) 14 E.H.R.R. 421
SAUNDERS *v.* UK	(1997) 23 E.H.R.R. 313
SCHMIDT *v.* GERMANY	(1994) 18 E.H.R.R. 513
SCHÖNENBERGER *v.* SWITZERLAND	(1989) 11 E.H.R.R. 202
SCHOUTEN *v.* NETHERLANDS	(1995) 19 E.H.R.R. 432

JUST SATISFACTION—*cont.*

SCHULER-ZGRAGGEN *v.* SWITZERLAND	(1993) 16 E.H.R.R. 406
SCOPELLITI *v.* ITALY	(1994) 17 E.H.R.R. 493
SCOTT *v.* SPAIN	(1997) 24 E.H.R.R. 391
SEKANINA *v.* AUSTRIA	(1994) 17 E.H.R.R. 221
SELÇUK & ASKER *v.* TURKEY	(1998) 26 E.H.R.R. 478
SELMOUNI *v.* FRANCE	(2000) 29 E.H.R.R. 403
SERIF *v.* GREECE	(2001) 31 E.H.R.R. 20 at page 561
SIDIROPOLOUS & ORS *v.* GREECE	(1999) 27 E.H.R.R. 633
SIGURJONSSON *v.* ICELAND	(1993) 16 E.H.R.R. 462
SILVA PONTES *v.* PORTUGAL	(1994) 18 E.H.R.R. 156
SILVER *v.* UK	(1991) 13 E.H.R.R. 582
SLIMANE-KAÏD *v.* FRANCE	(2001) 31 E.H.R.R. 48 at page 1073
SMITH & GRADY *v.* UK	(2001) 31 E.H.R.R. 24 at page 620
SOCIALIST PARTY *v.* TURKEY	(1999) 27 E.H.R.R. 51
SOERING *v.* UK	(1989) 11 E.H.R.R. 439
SRAMEK *v.* AUSTRIA	(1985) 7 E.H.R.R. 351
STALLINGER & ANOR *v.* AUSTRIA	(1998) 26 E.H.R.R. 81
STEEL & ORS *v.* UK	(1999) 28 E.H.R.R. 603
STRAN GREEK REFINERIES *v.* GREECE	(1995) 19 E.H.R.R. 293
SUNDAY TIMES *v.* UK	(1981) 3 E.H.R.R. 317
SUNDAY TIMES *v.* UK (NO. 2)	(1992) 14 E.H.R.R. 229
SZÜCS *v.* AUSTRIA	(1998) 26 E.H.R.R. 310
TANRIKULU *v.* TURKEY	(2000) 30 E.H.R.R. 950
TBKP *v.* TURKEY	(1998) 26 E.H.R.R. 121
TEIXERA DE CASTRO *v.* PORTUGAL	(1999) 28 E.H.R.R. 101
TEKIN *v.* TURKEY	(2001) 31 E.H.R.R. 4 at page 95
THLIMMENOS *v.* GREECE	(2001) 31 E.H.R.R. 15 at page 411
THORGEIRSON *v.* ICELAND	(1992) 14 E.H.R.R. 843
THYNNE & ORS *v.* UK	(1991) 13 E.H.R.R. 666
TINNELLY & SONS LTD *v.* UK	(1999) 27 E.H.R.R. 249
TOLSTOY *v.* UK	(1995) 20 E.H.R.R. 442
TOMASI *v.* FRANCE	(1993) 15 E.H.R.R. 1
TOTH *v.* AUSTRIA	(1992) 14 E.H.R.R. 551
TRE TRAKTÖRER *v.* SWEDEN	(1991) 13 E.H.R.R. 309
TSIRLIS & ANOR *v.* AUSTRIA	(1998) 25 E.H.R.R. 198
TW *v.* MALTA	(2000) 29 E.H.R.R. 185
UNIÓN ALIMENTARIA SANDERS *v.* SPAIN	(1990) 12 E.H.R.R. 24
UNTERPERTINGER *v.* AUSTRIA	(1991) 13 E.H.R.R. 175
V. *v.* UK	(2000) 30 E.H.R.R. 121
VACHER *v.* FRANCE	(1997) 24 E.H.R.R. 482
VALLÉE *v.* FRANCE	(1994) 18 E.H.R.R. 549
VALENZUELA CONTRERAS *v.* SPAIN	(1999) 28 E.H.R.R. 483
VALSAMIS *v.* GREECE	(1997) 24 E.H.R.R. 294
VAN DE HURK *v.* NETHERLANDS	(1994) 18 E.H.R.R. 481
VAN GEYSEGHEM *v.* BELGIUM	(2001) 32 E.H.R.R. 24 at page 554
VAN MECHELEN *v.* NETHERLANDS	(1998) 25 E.H.R.R. 647
VAN ORSHOVEN *v.* BELGIUM	(1998) 26 E.H.R.R. 55
VASILESCU *v.* ROMANIA	(1999) 28 E.H.R.R. 241
VDS ÖSTERREICHS & GUBI *v.* AUSTRIA	(1995) 20 E.H.R.R. 56
WEBER *v.* SWITZERLAND	(1990) 12 E.H.R.R. 508

JUST SATISFACTION—*cont.*

	WEEKBLAD BLUF! *v.* NETHERLANDS	(1995) 20 E.H.R.R. 189
	WEEKS *v.* UK	(1991) 13 E.H.R.R. 435
	WELCH *v.* UK	(1995) 20 E.H.R.R. 247
	WERNER *v.* AUSTRIA	(1998) 26 E.H.R.R. 310
	WILLE *v.* LIECHTENSTEIN	(2000) 30 E.H.R.R. 558
	WINDISCH *v.* AUSTRIA	(1991) 13 E.H.R.R. 281
	WR *v.* AUSTRIA	(2001) 31 E.H.R.R. 43 at page 985
	X. *v.* UK	(1983) 5 E.H.R.R. 192
	YAĞCI & SARGIN *v.* TURKEY	(1995) 20 E.H.R.R. 505
	YASA *v.* TURKEY	(1999) 28 E.H.R.R. 409
	YOUNG, JAMES & WEBSTER *v.* UK	(1983) 5 E.H.R.R. 201
	ZANA *v.* TURKEY	(1999) 27 E.H.R.R. 667
	ZANDER *v.* SWEDEN	(1994) 18 E.H.R.R. 175
	ZIELINSKI & ORS *v.* FRANCE	(2001) 31 E.H.R.R. 19 at page 532
	ZIMMERMANN *v.* GERMANY	(1984) 6 E.H.R.R. 17
declarations	BAGGETTA *v.* ITALY	(1988) 10 E.H.R.R. 325
	DUDGEON *v.* UK	(1983) 5 E.H.R.R. 573
	MILASI *v.* ITALY	(1988) 10 E.H.R.R. 333
	O. *v.* UK	(1991) 13 E.H.R.R. 588
diplomatic approaches, order for	BOZANO *v.* FRANCE	(1987) 9 E.H.R.R. 297
discretion of court	GUZZARDI *v.* ITALY	(1981) 3 E.H.R.R. 333
dismissal from employment	YOUNG, JAMES & WEBSTER *v.* UK	(1983) 5 E.H.R.R. 201
domestic settlement	SUNDAY TIMES *v.* UK	(1981) 3 E.H.R.R. 317
enforcement of judgment	SOERING *v.* UK	(1989) 11 E.H.R.R. 439
experts' report	PAPAMICHALOPOLOUS *v.* GREECE	(1996) 21 E.H.R.R. 439
fair and public hearing	LE COMPTE & ORS *v.* BELGIUM	(1983) 5 E.H.R.R. 183
finding of violation of rights	GOLDER *v.* UK	(1979) 1 E.H.R.R. 524
friendly settlement	BEN YAACOUB *v.* BELGIUM	(1991) 13 E.H.R.R. 418
	BARTHOLD *v.* GERMANY	(1991) 13 E.H.R.R. 431
	CHICHLIAN *v.* FRANCE	(1991) 13 E.H.R.R. 553
	ERKNER & HOFAEUR *v.* AUSTRIA	(1991) 13 E.H.R.R. 413
	H. *v.* UK	(1991) 13 E.H.R.R. 449
	HOLY MONASTERIES *v.* GREECE	(1998) 25 E.H.R.R. 640
	MALONE *v.* UK	(1991) 13 E.H.R.R. 448
	NEVES *v.* PORTUGAL	(1991) 13 E.H.R.R. 576
	POISS *v.* AUSTRIA	(1991) 13 E.H.R.R. 414
	R. *v.* UK	(1991) 13 E.H.R.R. 457
	VALLON *v.* ITALY	(1991) 13 E.H.R.R. 433
	WEEKS *v.* UK	(1991) 13 E.H.R.R. 435
	WOUKAM MOUDEFO *v.* FRANCE	(1991) 13 E.H.R.R. 549
improper detention	NEUMEISTER *v.* AUSTRIA (NO. 2)	(1979) 1 E.H.R.R. 136
	RINGEISEN *v.* AUSTRIA (NO. 2)	(1979) 1 E.H.R.R. 504
	X. *v.* UK	(1983) 5 E.H.R.R. 192
injured parties	AIREY *v.* IRELAND	(1981) 3 E.H.R.R. 593
interest	A. *v.* UK	(1999) 27 E.H.R.R. 611
	ADT *v.* UK	(2001) 31 E.H.R.R. 33 at page 803
	AERTS *v.* BELGIUM	(2000) 29 E.H.R.R. 50
	AHMED *v.* AUSTRIA	(1997) 24 E.H.R.R. 278
	AÏT-MOUHOUB *v.* FRANCE	(2000) 30 E.H.R.R. 382
	AKDIVAR *v.* TURKEY	(1997) 23 E.H.R.R. 143
	AKKUS *v.* TURKEY	(2000) 30 E.H.R.R. 365
	AKSOY *v.* TURKEY	(1997) 23 E.H.R.R. 553
	AMANN *v.* SWITZERLAND	(2000) 30 E.H.R.R. 843

JUST SATISFACTION—*cont.*

AP, MP & TP *v.* SWITZERLAND	(1998) 26 E.H.R.R. 541
AQUILINA *v.* MALTA	(2000) 29 E.H.R.R. 185
ARSLAN *v.* TURKEY	(2001) 31 E.H.R.R. 9 at page 264
ASSENOV & ORS *v.* BULGARIA	(1999) 28 E.H.R.R. 652
AVERILL *v.* UK	(2001) 31 E.H.R.R. 36 at page 839
AYDIN *v.* TURKEY	(1998) 25 E.H.R.R. 251
BASKAYA & OKÇUOGLOU *v.* TURKEY	(2001) 31 E.H.R.R. 10 at page 292
BENHAM *v.* UK	(1996) 22 E.H.R.R. 295
BERGENS TIDENDE *v.* NORWAY	(2001) 31 E.H.R.R. 16 at page 430
BLADET TROMSØ & STENSAAS *v.* NORWAY	(2000) 29 E.H.R.R. 125
BOWMAN *v.* UK	(1998) 26 E.H.R.R. 1
BULUT *v.* AUSTRIA	(1997) 24 E.H.R.R. 84
CABALLERO *v.* UK	(2000) 30 E.H.R.R. 643
CABLE & ORS *v.* UK	(2000) 30 E.H.R.R. 1032
ÇAKICI *v.* TURKEY	(2001) 31 E.H.R.R. 5 at page 133
CANEA CATHOLIC CHURCH *v.* GREECE	(1999) 27 E.H.R.R. 521
CASTILLO ALGAR *v.* SPAIN	(2000) 30 E.H.R.R. 827
CEYLAN *v.* TURKEY	(2000) 30 E.H.R.R. 73
CHAHAL *v.* UK	(1997) 23 E.H.R.R. 414
CHASSAGNOU & ORS *v.* FRANCE	(2000) 29 E.H.R.R. 615
CONDRON *v.* UK	(2001) 31 E.H.R.R. 1 at page 1
COOKE *v.* AUSTRIA	(2001) 31 E.H.R.R. 11 at page 338
CURLEY *v.* UK	(2001) 31 E.H.R.R. 14 at page 401
D. *v.* UK	(1997) 24 E.H.R.R. 423
DALBAN *v.* ROMANIA	(2001) 31 E.H.R.R. 39 at page 893
DE HAES & GIJSELS V. BELGIUM	(1998) 25 E.H.R.R. 1
DEMIRTEPE *v.* FRANCE	(2001) 31 E.H.R.R. 28 at page 708
EP *v.* ITALY	(2001) 31 E.H.R.R. 17 at page 463
ERGI *v.* TURKEY	(2001) 32 E.H.R.R. 18 at page 388
ERKALO *v.* NETHERLANDS	(1999) 28 E.H.R.R. 509
F.E. *v.* FRANCE	(2000) 29 E.H.R.R. 591
FOXLEY *v.* UK	(2001) 31 E.H.R.R. 25 at page 637
FRESSOZ *v.* FRANCE	(2001) 31 E.H.R.R. 2 at page 28
FRYDLENDER *v.* FRANCE	(2001) 31 E.H.R.R. 52 at page 1152
FUENTES BOBO *v.* SPAIN	(2001) 31 E.H.R.R. 50 at page 1115
GARYFALLOU AEBE *v.* GREECE	(1999) 28 E.H.R.R. 344
GEORGIADIS *v.* GREECE	(1997) 24 E.H.R.R. 606
GRIGORIADES *v.* GREECE	(1999) 27 E.H.R.R. 464
GS *v.* AUSTRIA	(2001) 31 E.H.R.R. 21 at page 576
GUERRA & ORS *v.* ITALY	(1998) 26 E.H.R.R. 357
HASHMAN & HARRUP *v.* UK	(2000) 30 E.H.R.R. 241

JUST SATISFACTION—*cont.*

HERTEL *v.* SWITZERLAND	(1999) 28 E.H.R.R. 534
HIGGINS & ORS *v.* FRANCE	(1999) 27 E.H.R.R. 704
HOOD *v.* UK	(2000) 29 E.H.R.R. 365
HOWARTH *v.* UK	(2001) 31 E.H.R.R. 37 at page 861
HUSSAIN *v.* UK	(1996) 22 E.H.R.R. 1
IGNACCOLO-ZENIDE *v.* ROMANIA	(2001) 31 E.H.R.R. 7 at page 212
IMMOBILIARE *v.* ITALY	(2000) 30 E.H.R.R. 756
INCAL *v.* TURKEY	(2000) 29 E.H.R.R. 449
JJ *v.* NETHERLANDS	(1999) 28 E.H.R.R. 169
JOHNSON *v.* UK	(1999) 27 E.H.R.R. 296
JORDAN *v.* UK	(2001) 31 E.H.R.R. 6 at page 201
K & T *v.* FINLAND	(2001) 31 E.H.R.R. 18 at page 484
K-F *v.* GERMANY	(1998) 26 E.H.R.R. 390
KATIKARIDIS & ORS *v.* GREECE	(2001) 32 E.H.R.R. 6 at page 113
KEROJÄRVI *v.* FINLAND	(2001) 32 E.H.R.R. 8 at page152
KHALFAOUI *v.* FRANCE	(2001) 31 E.H.R.R. 42 at page 967
KHAN *v.* UK	(2001) 31 E.H.R.R. 45 at page 1016
KOPP *v.* SWITZERLAND	(1999) 27 E.H.R.R. 91
KRCMÁR *v.* CZECH REPUBLIC	(2001) 31 E.H.R.R. 41 at page 953
KURT *v.* TURKEY	(1999) 27 E.H.R.R. 375
L *v.* FINLAND	(2001) 31 E.H.R.R. 30 at page 737
LAMBERT *v.* FRANCE	(2000) 30 E.H.R.R. 346
LARISSIS *v.* GREECE	(1999) 27 E.H.R.R. 329
LARKOS *v.* CYPRUS	(2000) 30 E.H.R.R. 597
LE CALVEZ *v.* FRANCE	(2001) 32 E.H.R.R. 21 at page 481
LEHIDEUX & ISORNI *v.* FRANCE	(2000) 30 E.H.R.R. 665
LOUKANOV *v.* BULGARIA	(1997) 24 E.H.R.R. 121
LUSTIG-PREAN & BECKETT *v.* UK	(2001) 31 E.H.R.R. 23 at page 601
MAGEE *v.* UK	(2001) 31 E.H.R.R. 35 at page 822
MANOUSSAKIS & ORS *v.* GREECE	(1997) 23 E.H.R.R. 387
MATOS E SILVA *v.* PORTUGAL	(1997) 24 E.H.R.R. 573
MATTHEWS *v.* UK	(1999) 28 E.H.R.R. 361
MAVRONICHIS *v.* CYPRUS	(2001) 31 E.H.R.R. 54 at page 1186
MEHEMI *v.* FRANCE	(2000) 30 E.H.R.R. 739
MENTES *v.* TURKEY	(1998) 26 E.H.R.R. 595
MUSIAL *v.* POLAND	(2001) 31 E.H.R.R. 29 at page 720
NEWS VERLAGS GMBH *v.* AUSTRIA	(2001) 31 E.H.R.R. 8 at page 246
NIKOLOVA *v.* BULGARIA	(2001) 31 E.H.R.R. 3 at page 64
OBERSCHLICK *v.* AUSTRIA	(1995) 19 E.H.R.R. 389
OBERSCHLICK *v.* AUSTRIA (NO. 2)	(1998) 25 E.H.R.R. 357
OGUR *v.* TURKEY	(2001) 31 E.H.R.R. 40 at page 912

JUST SATISFACTION—*cont.*

OLDHAM *v.* UK	(2001) 31 E.H.R.R. 34 at page 813
OMAR *v.* FRANCE	(2000) 29 E.H.R.R. 210
OSMAN *v.* UK	(2000) 29 E.H.R.R. 245
ÖZDEP *v.* TURKEY	(2001) 31 E.H.R.R. 27 at page 674
ÖZGÜR GÜNDEM *v.* TURKEY	(2001) 31 E.H.R.R. 49 at page 1082
PAILOT *v.* FRANCE	(2000) 30 E.H.R.R. 328
PALAORO *v.* AUSTRIA	(2001) 32 E.H.R.R. 10 at page 202
PAMMEL *v.* GERMANY	(1998) 26 E.H.R.R. 100
PAPACHELAS *v.* GREECE	(2000) 30 E.H.R.R. 923
PELISSIER & SASSI *v.* FRANCE	(2000) 30 E.H.R.R. 715
PÉREZ DE RADA CAVANILLES *v.* SPAIN	(2000) 29 E.H.R.R. 109
PERKS & ORS *v.* UK	(2000) 30 E.H.R.R. 33
PINE VALLEY *v.* IRELAND	(1993) 16 E.H.R.R. 379
RADIO ABC *v.* AUSTRIA	(1998) 25 E.H.R.R. 185
REMLI *v.* FRANCE	(1996) 22 E.H.R.R. 253
RIERA BLUME & ORS *v.* SPAIN	(2000) 30 E.H.R.R. 632
RMD *v.* SWITZERLAND	(1999) 28 E.H.R.R. 224
ROBINS *v.* UK	(1998) 26 E.H.R.R. 527
ROWE & DAVIS *v.* UK	(2000) 30 E.H.R.R. 1
SAKIK & ORS *v.* TURKEY	(1998) 26 E.H.R.R. 662
SALGUEIRO DA SILVA MOUTA *v.* PORTUGAL	(2001) 31 E.H.R.R. 47 at page 1055
SAUNDERS *v.* UK	(1997) 23 E.H.R.R. 313
SCHULER-ZGRAGGEN *v.* SWITZERLAND	(1996) 21 E.H.R.R. 404
SCOTT *v.* SPAIN	(1997) 24 E.H.R.R. 391
SELÇUK & ASKER *v.* TURKEY	(1998) 26 E.H.R.R. 478
SELMOUNI *v.* FRANCE	(2000) 29 E.H.R.R. 403
SERIF *v.* GREECE	(2001) 31 E.H.R.R. 20 at page 561
SLIMANE-KAÏD *v.* FRANCE	(2001) 31 E.H.R.R. 48 at page 1073
SMITH & GRADY *v.* UK	(2001) 31 E.H.R.R. 24 at page 620
SUNDAY TIMES *v.* UK	(1981) 3 E.H.R.R. 317
SZÜCS *v.* AUSTRIA	(1998) 26 E.H.R.R. 310
TANRIKULU *v.* TURKEY	(2000) 30 E.H.R.R. 950
TEIXERA DE CASTRO *v.* PORTUGAL	(1999) 28 E.H.R.R. 101
TEKIN *v.* TURKEY	(2001) 31 E.H.R.R. 4 at page 95
THLIMMENOS *v.* GREECE	(2001) 31 E.H.R.R. 15 at page 411
TSIRLIS & ANOR *v.* AUSTRIA	(1998) 25 E.H.R.R. 198
TW *v.* MALTA	(2000) 29 E.H.R.R. 185
V. *v.* UK	(2000) 30 E.H.R.R. 121
VACHER *v.* FRANCE	(1997) 24 E.H.R.R. 482
VALENZUELA CONTRERAS *v.* SPAIN	(1999) 28 E.H.R.R. 483
VALSAMIS *v.* GREECE	(1997) 24 E.H.R.R. 294
VAN GEYSEGHEM *v.* BELGIUM	(2001) 32 E.H.R.R. 24 at page 554
VASILESCU *v.* ROMANIA	(1999) 28 E.H.R.R. 241
WERNER *v.* AUSTRIA	(1998) 26 E.H.R.R. 310
WILLE *v.* LIECHTENSTEIN	(2000) 30 E.H.R.R. 558
WR *v.* AUSTRIA	(2001) 31 E.H.R.R. 43 at page 985

JUST SATISFACTION—*cont.*

JUST SATISFACTION—*cont.*

EP *v.* ITALY	(2001) 31 E.H.R.R. 17 at page 463
ERGI *v.* TURKEY	(2001) 32 E.H.R.R. 18 at page 388
ERIKSSON *v.* SWEDEN	(1990) 12 E.H.R.R. 183
F.E. *v.* FRANCE	(2000) 29 E.H.R.R. 591
FELDBRUGGE *v.* NETHERLANDS	(1991) 13 E.H.R.R. 571
FOTI *v.* ITALY	(1991) 13 E.H.R.R. 568
FREDIN *v.* SWEDEN	(1991) 13 E.H.R.R. 784
FRESSOZ *v.* FRANCE	(2001) 31 E.H.R.R. 2 at page 28
FUENTES BOBO *v.* SPAIN	(2001) 31 E.H.R.R. 50 at page 1115
FUNKE *v.* FRANCE	(1993) 16 E.H.R.R. 297
GASKIN *v.* UK	(1990) 12 E.H.R.R. 36
GODDI *v.* ITALY	(1984) 6 E.H.R.R. 457
GS *v.* AUSTRIA	(2001) 31 E.H.R.R. 21 at page 576
GUERRA & ORS *v.* ITALY	(1998) 26 E.H.R.R. 357
GÜLEÇ *v.* TURKEY	(1999) 28 E.H.R.R. 121
H. *v.* BELGIUM	(1988) 10 E.H.R.R. 339
H. *v.* FRANCE	(1990) 12 E.H.R.R. 74
H. *v.* UK	(1991) 13 E.H.R.R. 449
HELMERS *v.* SWEDEN	(1993) 15 E.H.R.R. 285
HOOD *v.* UK	(2000) 29 E.H.R.R. 365
HOWARTH *v.* UK	(2001) 31 E.H.R.R. 37 at page 861
IGNACCOLO-ZENIDE *v.* ROMANIA	(2001) 31 E.H.R.R. 7 at page 212
IMMOBILIARE *v.* ITALY	(2000) 30 E.H.R.R. 756
INCAL *v.* TURKEY	(2000) 29 E.H.R.R. 449
JACOBSSON *v.* SWEDEN	(1991) 13 E.H.R.R. 79
JAMIL *v.* FRANCE	(1996) 21 E.H.R.R. 65
JERSILD *v.* DENMARK	(1995) 19 E.H.R.R. 1
K & T *v.* FINLAND	(2001) 31 E.H.R.R. 18 at page 484
KAYA *v.* TURKEY	(1999) 28 E.H.R.R. 1
KEEGAN *v.* IRELAND	(1994) 18 E.H.R.R. 342
KHALFAOUI *v.* FRANCE	(2001) 31 E.H.R.R. 42 at page 967
KOKKINAKIS *v.* GREECE	(1994) 17 E.H.R.R. 397
KRCMÁR *v.* CZECH REPUBLIC	(2001) 31 E.H.R.R. 41 at page 953
KURT *v.* TURKEY	(1999) 27 E.H.R.R. 375
LAMBERT *v.* FRANCE	(2000) 30 E.H.R.R. 346
LAMY *v.* BELGIUM	(1989) 11 E.H.R.R. 529
LARISSIS *v.* GREECE	(1999) 27 E.H.R.R. 329
LARKOS *v.* CYPRUS	(2000) 30 E.H.R.R. 597
LE CALVEZ *v.* FRANCE	(2001) 32 E.H.R.R. 21 at page 481
LE COMPTE & ORS *v.* BELGIUM	(1983) 5 E.H.R.R. 183
LUSTIG-PREAN & BECKETT *v.* UK	(2001) 31 E.H.R.R. 23 at page 601
MAJ *v.* ITALY	(1992) 14 E.H.R.R. 405
MAVRONICHIS *v.* CYPRUS	(2001) 31 E.H.R.R. 54 at page 1186
MEGYERI *v.* GERMANY	(1993) 15 E.H.R.R. 584
MEHEMI *v.* FRANCE	(2000) 30 E.H.R.R. 739
MILASI *v.* ITALY	(1988) 10 E.H.R.R. 333
MINELLI *v.* SWITZERLAND	(1983) 5 E.H.R.R. 554

JUST SATISFACTION—*cont.*

JUST SATISFACTION—*cont.*

LEGAL AID, RIGHT TO

admissibility decisions	APP. 9649/82 *v.* SWEDEN	(1983) 5 E.H.R.R. 292
burden of proof	ARTICO *v.* ITALY	(1981) 3 E.H.R.R. 1
competence of lawyer	KAMASINSKI *v.* AUSTRIA	(1991) 13 E.H.R.R. 36
criminal proceedings	GRANGER *v.* UK	(1990) 12 E.H.R.R. 469
	MAXWELL *v.* UK	(1995) 19 E.H.R.R. 97
detention for non-payment of charge	PERKS & ORS *v.* UK	(2000) 30 E.H.R.R. 33
excluded proceedings	AIREY *v.* IRELAND	(1980) 2 E.H.R.R. 305
habeas corpus proceedings	HOOD *v.* UK	(2000) 29 E.H.R.R. 365
lack of legal merit	BONER *v.* UK	(1995) 19 E.H.R.R. 246
	MAXWELL *v.* UK	(1995) 19 E.H.R.R. 97
non-payment of community charge	BENHAM *v.* UK	(1996) 22 E.H.R.R. 295
reimbursement after conviction	X, Y & Z *v.* SWEDEN	(1983) 5 E.H.R.R. 147
state's responsibility	VAN DER MUSSELE *v.* BELGIUM	(1984) 6 E.H.R.R. 163

LEGAL REPRESENTATION, RIGHT TO

absence of applicant from trial	LALA *v.* NETHERLANDS	(1994) 18 E.H.R.R. 586
	PELLADOAH *v.* NETHERLANDS	(1995) 19 E.H.R.R. 81
	POITRIMOL *v.* FRANCE	(1994) 18 E.H.R.R. 130
	VAN GEYSEGHEM *v.* BELGIUM	(2001) 32 E.H.R.R. 24 at page 554
absence of representative	TRIPODI *v.* ITALY	(1994) 18 E.H.R.R. 295
confidentiality of prison visits	CAMPBELL & FELL *v.* UK	(1983) 5 E.H.R.R. 207
detention for non-payment of charge	PERKS & ORS *v.* UK	(2000) 30 E.H.R.R. 33
general approach	AVERILL *v.* UK	(2001) 31 E.H.R.R. 36 at page 839
ineffective defence	DAUD *v.* PORTUGAL	(2000) 30 E.H.R.R. 400
	GODDI *v.* ITALY	(1984) 6 E.H.R.R. 457
insufficient means	CROISSANT *v.* GERMANY	(1993) 16 E.H.R.R. 135
	HOANG *v.* FRANCE	(1993) 16 E.H.R.R. 53
	PAKELLI *v.* GERMANY	(1984) 6 E.H.R.R. 1
interests of justice	BENHAM *v.* UK	(1996) 22 E.H.R.R. 295
	CROISSANT *v.* GERMANY	(1993) 16 E.H.R.R. 135
	HOANG *v.* FRANCE	(1993) 16 E.H.R.R. 53
	PAKELLI *v.* GERMANY	(1984) 6 E.H.R.R. 1
investigatory stages	MURRAY *v.* UK	(1996) 22 E.H.R.R. 29
mentally ill persons	MEGYERI *v.* GERMANY	(1993) 15 E.H.R.R. 584
non-payment of community charge	BENHAM *v.* UK	(1996) 22 E.H.R.R. 295
number of counsel	CROISSANT *v.* GERMANY	(1993) 16 E.H.R.R. 135
pre-trial proceedings	IMBRIOSCIA *v.* SWITZERLAND	(1994) 17 E.H.R.R. 441
	MAGEE *v.* UK	(2001) 31 E.H.R.R. 35 at page 822
	MURRAY *v.* UK	(1996) 22 E.H.R.R. 29
prison discipline	CAMPBELL & FELL *v.* UK	(1985) 7 E.H.R.R. 165
refusal of request	FEJDE *v.* SWEDEN	(1994) 17 E.H.R.R. 14
	HILTON *v.* UK	(1981) 3 E.H.R.R. 104
	SILVER *v.* UK	(1983) 5 E.H.R.R. 347
remand prisoners	S. *v.* SWITZERLAND	(1992) 14 E.H.R.R. 670
	SCHÖNENBERGER *v.* SWITZERLAND	(1989) 11 E.H.R.R. 202

LEGISLATIVE INTERVENTION IN PROCEEDINGS

employment proceedings	ZIELINSKI & ORS *v.* FRANCE	(2001) 31 E.H.R.R. 19 at page 532

LEGITIMACY OF PURPOSE

access to confidential files	MCMICHAEL *v.* UK	(1995) 20 E.H.R.R. 205
adoption proceedings	EP *v.* ITALY	(2001) 31 E.H.R.R. 17 at page 463
	SÖDERBÄCK *v.* SWEDEN	(2000) 29 E.H.R.R. 95
arrest for breach of peace	STEEL & ORS *v.* UK	(1999) 28 E.H.R.R. 603
care proceedings	ANDERSSON *v.* SWEDEN	(1992) 14 E.H.R.R. 615
	JOHANSEN *v.* NORWAY	(1997) 23 E.H.R.R. 33
	K & T *v.* FINLAND	(2001) 31 E.H.R.R. 18 at page 484
	L *v.* FINLAND	(2001) 31 E.H.R.R. 30 at page 737
	OLSSON *v.* SWEDEN (NO. 2)	(1994) 17 E.H.R.R. 135
	RIEME *v.* SWEDEN	(1993) 16 E.H.R.R. 155
communication of medical records	MS *v.* SWEDEN	(1999) 28 E.H.R.R. 313
confidential information	GOODWIN *v.* UK	(1996) 22 E.H.R.R. 123
conscientious objector	THLIMMENOS *v.* GREECE	(2001) 31 E.H.R.R. 15 at page 411
correspondence	CAMPBELL *v.* UK	(1993) 15 E.H.R.R. 137
	CRÉMIEUX *v.* FRANCE	(1993) 16 E.H.R.R. 357
	FUNKE *v.* FRANCE	(1993) 16 E.H.R.R. 297
	MIAILHE *v.* FRANCE	(1993) 16 E.H.R.R. 333
counselling	OPEN DOOR COUNSELLING *v.* IRELAND	(1993) 15 E.H.R.R. 245
criminal defamation	DALBAN *v.* ROMANIA	(2001) 31 E.H.R.R. 39 at page 893
	THORGEIRSON *v.* ICELAND	(1992) 14 E.H.R.R. 843
	WORM *v.* AUSTRIA	(1998) 25 E.H.R.R. 454
criticism of government	CASTELLS *v.* SPAIN	(1992) 14 E.H.R.R. 445
custody proceedings	EP *v.* ITALY	(2001) 31 E.H.R.R. 17 at page 463
defamation proceedings	BLADET TROMSØ & STENSAAS *v.* NORWAY	(2000) 29 E.H.R.R. 125
	DALBAN *v.* ROMANIA	(2001) 31 E.H.R.R. 39 at apge 893
	NILSEN & JOHNSEN *v.* NORWAY	(2000) 30 E.H.R.R. 878
	PRAGER & OBERSCHLICK *v.* AUSTRIA	(1996) 21 E.H.R.R. 1
	THORGEIRSON *v.* ICELAND	(1992) 14 E.H.R.R. 843
	TOLSTOY *v.* UK	(1995) 20 E.H.R.R. 442
	WORM *v.* AUSTRIA	(1998) 25 E.H.R.R. 454
deportation	BELDJOUDI *v.* FRANCE	(1992) 14 E.H.R.R. 801
	BOUGHANEMI *v.* FRANCE	(1996) 22 E.H.R.R. 228
	BOUJLIFA *v.* FRANCE	(2000) 30 E.H.R.R. 419
	C *v.* BELGIUM	(2001) 32 E.H.R.R. 2 at page 19
	EL BOUJAÏDI *v.* FRANCE	(2000) 30 E.H.R.R. 223
detention of suspected terrorists	MURRAY *v.* UK	(1995) 19 E.H.R.R. 193
detention on remand	HERCZEGFALVY *v.* AUSTRIA	(1993) 15 E.H.R.R. 437
detention pending extradition	KOLOMPAR *v.* BELGIUM	(1993) 16 E.H.R.R. 197
	QUINN *v.* FRANCE	(1996) 21 E.H.R.R. 529
disclosure of identity and data of third party	Z. *v.* FINLAND	(1998) 25 E.H.R.R. 371
disclosure of information of general interest	FRESSOZ *v.* FRANCE	(2001) 31 E.H.R.R. 2 at page 28
discrimination	CHASSAGNOU & ORS *v.* FRANCE	(2000) 29 E.H.R.R. 615
	MCMICHAEL *v.* UK	(1995) 20 E.H.R.R. 205
dissolution of political party	ÖZDEP *v.* TURKEY	(2001) 31 E.H.R.R. 27 at page 674

LEGITIMACY OF PURPOSE—*cont.*

distribution of magazine	VDS ÖSTERREICHS & GUBI *v.* AUSTRIA	(1995) 20 E.H.R.R. 56
	WEEKBLAD BLUF! *v.* NETHERLANDS	(1995) 20 E.H.R.R. 189
election pamphleteer	BOWMAN *v.* UK	(1998) 26 E.H.R.R. 1
entry to home by police	MCLEOD *v.* UK	(1999) 27 E.H.R.R. 493
exchange of land	PAPAMICHALOPOLOUS *v.* GREECE	(1993) 16 E.H.R.R. 440
exclusion from professional body	THLIMMENOS *v.* GREECE	(2001) 31 E.H.R.R. 15 at page 411
film classification	WINGROVE *v.* UK	(1997) 24 E.H.R.R. 1
forced closure of newspaper	ÖZGÜR GÜNDEM *v.* TURKEY	(2001) 31 E.H.R.R. 49 at page 1082
forcible examination in mental hospital	MATTER *v.* SLOVAKIA	(2001) 31 E.H.R.R. 32 at page 783
hazardous effects of microwave ovens	HERTEL *v.* SWITZERLAND	(1999) 28 E.H.R.R. 534
hunting rights on land	CHASSAGNOU & ORS *v.* FRANCE	(2000) 29 E.H.R.R. 615
homosexuality	ADT *v.* UK	(2001) 31 E.H.R.R. 33 at page 803
	LUSTIG-PREAN & BECKETT *v.* UK	(2000) 29 E.H.R.R. 548
	SMITH & GRADY *v.* UK	(2000) 29 E.H.R.R. 493
identity and data of third party	Z. *v.* FINLAND	(1998) 25 E.H.R.R. 371
insulting municipal guards	JANOWSKI *v.* POLAND	(2000) 29 E.H.R.R. 705
interference with correspondence	CAMPBELL *v.* UK	(1993) 15 E.H.R.R. 137
	CRÉMIEUX *v.* FRANCE	(1993) 16 E.H.R.R. 357
	FUNKE *v.* FRANCE	(1993) 16 E.H.R.R. 297
	MIAILHE *v.* FRANCE	(1993) 16 E.H.R.R. 333
letter insulting commanding officer	GRIGORIADES *v.* GREECE	(1999) 27 E.H.R.R. 464
magazine distribution	VDS ÖSTERREICHS & GUBI *v.* AUSTRIA	(1995) 20 E.H.R.R. 56
	WEEKBLAD BLUF! *v.* NETHERLANDS	(1995) 20 E.H.R.R. 189
medical data of third party	Z. *v.* FINLAND	(1998) 25 E.H.R.R. 371
membership of political party	VOGT *v.* GERMANY	(1996) 21 E.H.R.R. 205
oath before holding parliamentary office	BUSCARINI *v.* SAN MARINO	(2000) 30 E.H.R.R. 208
offensive remarks about employer	FUENTES BOBO *v.* SPAIN	(2001) 31 E.H.R.R. 50 at page 1115
opinion of judge in public lecture	WILLE *v.* LIECHTENSTEIN	(2000) 30 E.H.R.R. 558
pamphleteer	BOWMAN *v.* UK	(1998) 26 E.H.R.R. 1
peaceful enjoyment of possessions	HENTRICH *v.* FRANCE	(1994) 18 E.H.R.R. 440
	IMMOBILIARE *v.* ITALY	(2000) 30 E.H.R.R. 756
photographs of criminal suspect	NEWS VERLAGS GMBH *v.* AUSTRIA	(2001) 31 E.H.R.R. 8 at page 246
pluralism	KOKKINAKIS *v.* GREECE	(1994) 17 E.H.R.R. 397
political activity of aliens	PIERMONT *v.* FRANCE	(1995) 20 E.H.R.R. 277
political article	CEYLAN *v.* TURKEY	(2000) 30 E.H.R.R. 73
political leafletting	INCAL *v.* TURKEY	(2000) 29 E.H.R.R. 449
politically restricted posts	AHMED & ORD *v.* UK	(2000) 29 E.H.R.R. 1
possessions and property	HENTRICH *v.* FRANCE	(1994) 18 E.H.R.R. 440
	IMMOBILIARE *v.* ITALY	(2000) 30 E.H.R.R. 756
	PAPAMICHALOPOLOUS *v.* GREECE	(1993) 16 E.H.R.R. 440
pre-emption rights	HENTRICH *v.* FRANCE	(1994) 18 E.H.R.R. 440
professional body, requirement to join	SIGURJONSSON *v.* ICELAND	(1993) 16 E.H.R.R. 462
proselytism	KOKKINAKIS *v.* GREECE	(1994) 17 E.H.R.R. 397

LEGITIMACY OF PURPOSE—*cont.*

	LARISSIS *v.* GREECE	(1999) 27 E.H.R.R. 329
public body, interference by	CASADO COCA *v.* SPAIN	(1994) 18 E.H.R.R. 1
publication of book of propaganda	ARSLAN *v.* TURKEY	(2001) 31 E.H.R.R. 9 at page 264
	BASKAYA & OKÇUOGLOU *v.* TURKEY	(2001) 31 E.H.R.R. 10 at page 292
radio station licence	RADIO ABC *v.* AUSTRIA	(1998) 25 E.H.R.R. 185
re-direction of post to trustee in bankruptcy	FOXLEY *v.* UK	(2001) 31 E.H.R.R. 25 at page 637
refusal of planning permission	BUCKLEY *v.* UK	(1997) 23 E.H.R.R. 101
repossession of property	IMMOBILIARE *v.* ITALY	(2000) 30 E.H.R.R. 756
revealing confidential investigation	WEBER *v.* SWITZERLAND	(1990) 12 E.H.R.R. 508
search and seizure	CRÉMIEUX *v.* FRANCE	(1993) 16 E.H.R.R. 357
	FUNKE *v.* FRANCE	(1993) 16 E.H.R.R. 297
	MIAILHE *v.* FRANCE	(1993) 16 E.H.R.R. 333
seized goods	RAIMONDO *v.* ITALY	(1994) 18 E.H.R.R. 237
telephone tapping	LAMBERT *v.* FRANCE	(2000) 30 E.H.R.R. 346
unauthorised place of worship	MANOUSSAKIS & ORS *v.* GREECE	(1997) 23 E.H.R.R. 387
usurping functions and uniform of minister	SERIF *v.* GREECE	(2001) 31 E.H.R.R. 20 at page 561
video classification	WINGROVE *v.* UK	(1997) 24 E.H.R.R. 1

LEGITIMATE AIM

see LEGITIMACY OF PURPOSE

LENGTH OF PROCEEDINGS

Also see REASONABLE TIME

administrative proceedings	RUIZ-MATEOS *v.* SPAIN	(1993) 16 E.H.R.R. 505
admissibility decisions	APP. 8582/79 *v.* SWEDEN	(1983) 5 E.H.R.R. 278
	APP. 9035/80 *v.* GERMANY	(1983) 5 E.H.R.R. 502
	APP. 9308/81 *v.* GERMANY	(1983) 5 E.H.R.R. 503
	APP. 9429/81 *v.* IRELAND	(1983) 5 E.H.R.R. 507
	APP. 9604/81 *v.* GERMANY	(1983) 5 E.H.R.R. 587
	APP. 9760/82 *v.* GERMANY	(1983) 5 E.H.R.R. 596
	GUINCHO *v.* PORTUGAL	(1983) 5 E.H.R.R. 274
agricultural land proceedings	POISS *v.* AUSTRIA	(1988) 10 E.H.R.R. 231
care proceedings	B. *v.* UK	(1988) 10 E.H.R.R. 87
	H. *v.* UK	(1988) 10 E.H.R.R. 95
	JOHANSEN *v.* NORWAY	(1997) 23 E.H.R.R. 33
	O. *v.* UK	(1988) 10 E.H.R.R. 82
	R. *v.* UK	(1988) 10 E.H.R.R. 74
	W. *v.* UK	(1988) 10 E.H.R.R. 29
civil party to criminal proceedings	HAMER *v.* FRANCE	(1997) 23 E.H.R.R. 1
civil proceedings	A. & ORS *v.* DENMARK	(1996) 22 E.H.R.R. 458
	ABDOELLA *v.* NETHERLANDS	(1995) 20 E.H.R.R. 585
	ACQUAVIVA *v.* FRANCE	(2001) 32 E.H.R.R. 7 at page 134
	ALLENET DE RIBEMONT *v.* FRANCE	(1995) 20 E.H.R.R. 557
	ARGENTO *v.* ITALY	(1999) 28 E.H.R.R. 719
	AUSIELLO *v.* ITALY	(1997) 24 E.H.R.R. 568
	BEAUMARTIN *v.* FRANCE	(1995) 19 E.H.R.R. 485
	COMINGERSOLL SA *v.* PORTUGAL	(2001) 31 E.H.R.R. 31 at page 772

LENGTH OF PROCEEDINGS—*cont.*

	DARNELL *v.* UK	(1994) 18 E.H.R.R. 205
	DE MOOR *v.* BELGIUM	(1994) 18 E.H.R.R. 372
	DUCLOS *v.* FRANCE	(2001) 32 E.H.R.R. 5 at page 86
	EDITIONS PÉRISCOPE *v.* FRANCE	(1992) 14 E.H.R.R. 597
	EP *v.* ITALY	(2001) 31 E.H.R.R. 17 at page 463
	ERKNER *v.* AUSTRIA	(1987) 9 E.H.R.R. 464
	F.E. *v.* FRANCE	(2000) 29 E.H.R.R. 591
	FRYDLENDER *v.* FRANCE	(2001) 31 E.H.R.R. 52 at page 1152
	GS *v.* AUSTRIA	(2001) 31 E.H.R.R. 21 at page 576
	GUINCHO *v.* PORTUGAL	(1983) 5 E.H.R.R. 274
	JOHANSEN *v.* NORWAY	(1997) 23 E.H.R.R. 33
	HENTRICH *v.* FRANCE	(1994) 18 E.H.R.R. 440
	HOKKANEN *v.* FINLAND	(1995) 19 E.H.R.R. 139
	IMMOBILIARE *v.* ITALY	(2000) 30 E.H.R.R. 756
	KATIKARIDIS & ORS *v.* GREECE	(2001) 32 E.H.R.R. 6 at page 113
	KATTE KLITSCHE *v.* ITALY	(1995) 19 E.H.R.R. 368
	LE CALVEZ *v.* FRANCE	(2001) 32 E.H.R.R. 21 at page 481
	LOMBARDO *v.* ITALY	(1996) 21 E.H.R.R. 188
	MASSA *v.* ITALY	(1994) 18 E.H.R.R. 266
	MATOS E SILVA *v.* PORTUGAL	(1997) 24 E.H.R.R. 573
	MATTER *v.* SLOVAKIA	(2001) 31 E.H.R.R. 32 at page 783
	MONNET *v.* FRANCE	(1994) 18 E.H.R.R. 27
	NEIGEL *v.* FRANCE	(2000) 30 E.H.R.R. 310
	OLSSON *v.* SWEDEN (NO. 2)	(1994) 17 E.H.R.R. 135
	PACCIONE *v.* ITALY	(1995) 20 E.H.R.R. 396
	PAILOT *v.* FRANCE	(2000) 30 E.H.R.R. 328
	PAMMEL *v.* GERMANY	(1998) 26 E.H.R.R. 100
	PAPACHELAS *v.* GREECE	(2000) 30 E.H.R.R. 923
	PAULSEN-MEDALEN & ANOR *v.* SWEDEN	(1998) 26 E.H.R.R. 260
	PHOCAS *v.* FRANCE	(2001) 32 E.H.R.R. 11 at page 221
	ROBINS *v.* UK	(1998) 26 E.H.R.R. 527
	SANTILLI *v.* ITALY	(1992) 14 E.H.R.R. 421
	SCHOUTEN *v.* NETHERLANDS	(1995) 19 E.H.R.R. 432
	SCOPELLITI *v.* ITALY	(1994) 17 E.H.R.R. 493
	SCUDERI *v.* ITALY	(1995) 19 E.H.R.R. 187
	SELMOUNI *v.* FRANCE	(2000) 29 E.H.R.R. 403
	SILVA PONTES *v.* PORTUGAL	(1994) 18 E.H.R.R. 156
	STRAN GREEK REFINERIES *v.* GREECE	(1995) 19 E.H.R.R. 293
	SÜSSMANN *v.* GERMANY	(1998) 25 E.H.R.R. 64
	THLIMMENOS *v.* GREECE	(2001) 31 E.H.R.R. 15 at page 411
	TOMASI *v.* FRANCE	(1993) 15 E.H.R.R. 1
	VALLÉE *v.* FRANCE	(1994) 18 E.H.R.R. 549
	WIESINGER *v.* AUSTRIA	(1993) 16 E.H.R.R. 259
	WR *v.* AUSTRIA	(2001) 31 E.H.R.R. 43 at page 985
	ZIELINSKI & ORS *v.* FRANCE	(2001) 31 E.H.R.R. 19 at page 532
compulsory purchase proceedings	GUILLEMIN *v.* FRANCE	(1998) 25 E.H.R.R. 435

LENGTH OF PROCEEDINGS—*cont.*

Constitutional Court proceedings	PAMMEL *v.* GERMANY	(1998) 26 E.H.R.R. 100
costs proceedings	ROBINS *v.* UK	(1998) 26 E.H.R.R. 527
criminal proceedings	ABDOELLA *v.* NETHERLANDS	(1995) 20 E.H.R.R. 585
	ADILETTA *v.* ITALY	(1992) 14 E.H.R.R. 586
	B. *v.* AUSTRIA	(1991) 13 E.H.R.R. 20
	BAGGETTA *v.* ITALY	(1988) 10 E.H.R.R. 325
	BODDAERT *v.* BELGIUM	(1993) 16 E.H.R.R. 242
	BUNKATE *v.* NETHERLANDS	(1995) 19 E.H.R.R. 477
	CLOOTH *v.* BELGIUM	(1992) 14 E.H.R.R. 717
	DOBBERTIN *v.* FRANCE	(1993) 16 E.H.R.R. 558
	FERRANTELLI *v.* ITALY	(1997) 23 E.H.R.R. 288
	FUNKE *v.* FRANCE	(1993) 16 E.H.R.R. 297
	GARYFALLOU AEBE *v.* GREECE	(1999) 28 E.H.R.R. 344
	HOWARTH *v.* UK	(2001) 31 E.H.R.R. 37 at page 861
	KEMMACHE *v.* FRANCE	(1992) 14 E.H.R.R. 520
	MAJ *v.* ITALY	(1992) 14 E.H.R.R. 405
	MILASI *v.* ITALY	(1988) 10 E.H.R.R. 333
	MOTTA *v.* ITALY	(1992) 14 E.H.R.R. 432
	PELISSIER & SASSI *v.* FRANCE	(2000) 30 E.H.R.R. 715
	PHILIS *v.* GREECE (NO. 2)	(1998) 25 E.H.R.R. 417
	PUGLIESE *v.* ITALY (NO. 1)	(1992) 14 E.H.R.R. 412
	RAIMONDO *v.* ITALY	(1994) 18 E.H.R.R. 237
	REINHARDT & ANOR *v.* FRANCE	(1999) 28 E.H.R.R. 59
	TOTH *v.* AUSTRIA	(1992) 14 E.H.R.R. 551
	YAĞCI & SARGIN *v.* TURKEY	(1995) 20 E.H.R.R. 505
	ZANA *v.* TURKEY	(1999) 27 E.H.R.R. 667
custody proceedings	HOKKANEN *v.* FINLAND	(1995) 19 E.H.R.R. 139
disciplinary proceedings	OBERMEIER *v.* AUSTRIA	(1991) 13 E.H.R.R. 290
	PHILIS *v.* GREECE (NO. 2)	(1998) 25 E.H.R.R. 417
	WR *v.* AUSTRIA	(2001) 31 E.H.R.R. 43 at page 985
divorce proceedings	BOCK *v.* GERMANY	(1990) 12 E.H.R.R. 247
employment proceedings	DARNELL *v.* UK	(1994) 18 E.H.R.R. 205
	FRYDLENDER *v.* FRANCE	(2001) 31 E.H.R.R. 52 at page 1152
reasonableness of time	A. & ORS *v.* DENMARK	(1996) 22 E.H.R.R. 458
	ABDOELLA *v.* NETHERLANDS	(1995) 20 E.H.R.R. 585
	ACQUAVIVA *v.* FRANCE	(2001) 32 E.H.R.R. 7 at page 134
	ADILETTA *v.* ITALY	(1992) 14 E.H.R.R. 586
	ALLENET DE RIBEMONT *v.* FRANCE	(1995) 20 E.H.R.R. 557
	ARGENTO *v.* ITALY	(1999) 28 E.H.R.R. 719
	AUSIELLO *v.* ITALY	(1997) 24 E.H.R.R. 568
	BAGGETTA *v.* ITALY	(1988) 10 E.H.R.R. 325
	BEAUMARTIN *v.* FRANCE	(1995) 19 E.H.R.R. 485
	BODDAERT *v.* BELGIUM	(1993) 16 E.H.R.R. 242
	BUNKATE *v.* NETHERLANDS	(1995) 19 E.H.R.R. 477
	COMINGERSOLL SA *v.* PORTUGAL	(2001) 31 E.H.R.R. 31 at page 772
	CORIGLIANO *v.* ITALY	(1983) 5 E.H.R.R. 334
	DARNELL *v.* UK	(1994) 18 E.H.R.R. 205
	DE MOOR *v.* BELGIUM	(1994) 18 E.H.R.R. 372
	DOBBERTIN *v.* FRANCE	(1993) 16 E.H.R.R. 558
	DUCLOS *v.* FRANCE	(2001) 32 E.H.R.R. 5 at page 86
	ECKLE *v.* GERMANY	(1983) 5 E.H.R.R. 1
	EDITIONS PÉRISCOPE *v.* FRANCE	(1992) 14 E.H.R.R. 597

LENGTH OF PROCEEDINGS—*cont.*

EP *v.* ITALY (2001) 31 E.H.R.R. 17 at page 463
ERKNER *v.* AUSTRIA (1987) 9 E.H.R.R. 464
F.E. *v.* FRANCE (2000) 29 E.H.R.R. 591
FERRANTELLI *v.* ITALY (1997) 23 E.H.R.R. 288
FOTI *v.* ITALY (1983) 5 E.H.R.R. 313
FRYDLENDER *v.* FRANCE (2001) 31 E.H.R.R. 52 at page 1152
FUNKE *v.* FRANCE (1993) 16 E.H.R.R. 297
GS *v.* AUSTRIA (2001) 31 E.H.R.R. 21 at page 576
GUILLEMIN *v.* FRANCE (1998) 25 E.H.R.R. 435
GUINCHO *v.* PORTUGAL (1985) 7 E.H.R.R. 223
H. *v.* FRANCE (1990) 12 E.H.R.R. 74
HENTRICH *v.* FRANCE (1994) 18 E.H.R.R. 440
HOWARTH *v.* UK (2001) 31 E.H.R.R. 37 at page 861
JOHANSEN *v.* NORWAY (1997) 23 E.H.R.R. 33
KATIKARIDIS & ORS *v.* GREECE (2001) 32 E.H.R.R. 6 at page 113
KATTE KLITSCHE *v.* ITALY (1995) 19 E.H.R.R. 368
KEMMACHE *v.* FRANCE (1992) 14 E.H.R.R. 520
LE CALVEZ *v.* FRANCE (2001) 32 E.H.R.R. 21 at page 481
LECHNER & HESS *v.* AUSTRIA (1987) 9 E.H.R.R. 490
LOMBARDO *v.* ITALY (1996) 21 E.H.R.R. 188
MAJ *v.* ITALY (1992) 14 E.H.R.R. 405
MARTINS MOREIRA *v.* PORTUGAL (1991) 13 E.H.R.R. 517
MASSA *v.* ITALY (1994) 18 E.H.R.R. 266
MATTER *v.* SLOVAKIA (2001) 31 E.H.R.R. 32 at page 783
MILASI *v.* ITALY (1988) 10 E.H.R.R. 333
MONNET *v.* FRANCE (1994) 18 E.H.R.R. 27
MOREIRA DE AZEVEDO *v.* PORTUGAL (1991) 13 E.H.R.R. 721
MOTTA *v.* ITALY (1992) 14 E.H.R.R. 432
NEIGEL *v.* FRANCE (2000) 30 E.H.R.R. 310
NEVES E SILVA *v.* PORTUGAL (1991) 13 E.H.R.R. 535
OLSSON *v.* SWEDEN (NO. 2) (1994) 17 E.H.R.R. 135
PACCIONE *v.* ITALY (1995) 20 E.H.R.R. 396
PAILOT *v.* FRANCE (2000) 30 E.H.R.R. 328
PAMMEL *v.* GERMANY (1998) 26 E.H.R.R. 100
PAPACHELAS *v.* GREECE (2000) 30 E.H.R.R. 923
PAULSEN-MEDALEN & ANOR *v.* SWEDEN (1998) 26 E.H.R.R. 260
PHILIS *v.* GREECE (NO. 2) (1998) 25 E.H.R.R. 417
PHOCAS *v.* FRANCE (2001) 32 E.H.R.R. 11 at page 221
PUGLIESE *v.* ITALY (NO. 1) (1992) 14 E.H.R.R. 413
REINHARDT & ANOR *v.* FRANCE (1999) 28 E.H.R.R. 59
SANTILLI *v.* ITALY (1992) 14 E.H.R.R. 421
SCHOUTEN *v.* NETHERLANDS (1995) 19 E.H.R.R. 432
SCOPELLITI *v.* ITALY (1994) 17 E.H.R.R. 493
SELMOUNI *v.* FRANCE (2000) 29 E.H.R.R. 403
SILVA PONTES *v.* PORTUGAL (1994) 18 E.H.R.R. 156
THLIMMENOS *v.* GREECE (2001) 31 E.H.R.R. 15 at page 411
UNIÓN ALIMENTARIA SANDERS *v.* SPAIN (1990) 12 E.H.R.R. 24
VENDITTELLI *v.* ITALY (1995) 19 E.H.R.R. 464

LENGTH OF PROCEEDINGS—*cont.*

	VERNILLO *v.* FRANCE	(1991) 13 E.H.R.R. 880
	WR *v.* AUSTRIA	(2001) 31 E.H.R.R. 43 at page 985
	X. *v.* FRANCE	(1992) 14 E.H.R.R. 483
	ZIELINSKI & ORS *v.* FRANCE	(2001) 31 E.H.R.R. 19 at page 532
	ZIMMERMANN *v.* GERMANY	(1984) 6 E.H.R.R. 17
social security benefits	DUCLOS *v.* FRANCE	(2001) 32 E.H.R.R. 5 at page 86
social security contributions	SCHOUTEN *v.* NETHERLANDS	(1995) 19 E.H.R.R. 432

LIBERTY OF PERSON, RIGHT TO [Art. 5]

applicability of Article	AMUUR *v.* FRANCE	(1996) 22 E.H.R.R. 533
	JORDAN *v.* UK	(2001) 31 E.H.R.R. 6 at page 201
	SCOTT *v.* SPAIN	(1997) 24 E.H.R.R. 391
arrest for breaches of peace	CHORRHERR *v.* AUSTRIA	(1994) 17 E.H.R.R. 358
	STEEL & ORS *v.* UK	(1999) 28 E.H.R.R. 603
bail pending trial	CABALLERO *v.* UK	(2000) 30 E.H.R.R. 643
bring promptly before judge	AQUILINA *v.* MALTA	(2000) 29 E.H.R.R. 185
	NIKOLOVA *v.* BULGARIA	(2001) 31 E.H.R.R. 3 at page 64
	SAKIK & ORS *v.* TURKEY	(1998) 26 E.H.R.R. 662
	SCHIESSER *v.* SWITZERLAND	(1980) 2 E.H.R.R. 417
	TW *v.* MALTA	(2000) 29 E.H.R.R. 185
children	SARGIN *v.* GERMANY	(1982) 4 E.H.R.R. 276
deprogramming sect members	RIERA BLUME & ORS *v.* SPAIN	(2000) 30 E.H.R.R. 632
derogation	IRELAND *v.* UK	(1980) 2 E.H.R.R. 25
	LAWLESS *v.* IRELAND (NO. 3)	(1979) 1 E.H.R.R. 15
detention authorised by law	CIULLA *v.* ITALY	(1991) 13 E.H.R.R. 346
	DE JONG & ORS *v.* NETHERLANDS	(1986) 8 E.H.R.R. 20
	ERIKSEN *v.* NORWAY	(2000) 29 E.H.R.R. 328
	IRIBARNE PEREZ *v.* FRANCE	(1996) 22 E.H.R.R. 153
	THYNNE & ORS *v.* UK	(1991) 13 E.H.R.R. 666
	WEEKS *v.* UK	(1988) 10 E.H.R.R. 293
detention for breaches of peace	CHORRHERR *v.* AUSTRIA	(1994) 17 E.H.R.R. 358
	STEEL & ORS *v.* UK	(1999) 28 E.H.R.R. 603
detention for life	CURLEY *v.* UK	(2001) 31 E.H.R.R. 14 at page 401
	HUSSAIN *v.* UK	(1996) 22 E.H.R.R. 1
	OLDHAM *v.* UK	(2001) 31 E.H.R.R. 34 at page 813
	THYNNE & ORS *v.* UK	(1991) 13 E.H.R.R. 666
	WEEKS *v.* UK	(1988) 10 E.H.R.R. 293
	WYNNE *v.* UK	(1995) 19 E.H.R.R. 333
detention for non-payment of charge	BENHAM *v.* UK	(1996) 22 E.H.R.R. 295
	PERKS & ORS *v.* UK	(2000) 30 E.H.R.R. 33
detention in police custody	DOUIYEB *v.* NETHERLANDS	(2000) 30 E.H.R.R. 790
	K-F *v.* GERMANY	(1998) 26 E.H.R.R. 390
detention of aliens	AMUUR *v.* FRANCE	(1996) 22 E.H.R.R. 533
	CAPRINO *v.* UK	(1982) 4 E.H.R.R. 97
	ZAMIR *v.* UK	(1983) 5 E.H.R.R. 242
detention of conscientious objector	RANINEN *v.* FINLAND	(1998) 26 E.H.R.R. 563
detention of mentally ill persons	AERTS *v.* BELGIUM	(2000) 29 E.H.R.R. 50
	ASHINGDANE *v.* UK	(1982) 4 E.H.R.R. 590

LIBERTY OF PERSON, RIGHT TO—*cont.*

	ASHINGDANE *V.* UK	(1985) 7 E.H.R.R. 528
	E. *V.* NORWAY	(1994) 17 E.H.R.R. 30
	ERKALO *V.* NETHERLANDS	(1999) 28 E.H.R.R. 509
	JOHNSON *V.* UK	(1999) 27 E.H.R.R. 296
	KEUS *V.* NETHERLANDS	(1991) 13 E.H.R.R. 700
	KOENDJBIHARIE *V.* NETHERLANDS	(1991) 13 E.H.R.R. 820
	LUBERTI *V.* ITALY	(1984) 6 E.H.R.R. 443
	MEGYERI *V.* GERMANY	(1993) 15 E.H.R.R. 584
	MUSIAL *V.* POLAND	(2001) 31 E.H.R.R. 29 at page 720
	NIELSEN *V.* DENMARK	(1989) 11 E.H.R.R. 175
	SILVA ROCHA *V.* PORTUGAL	(2001) 32 E.H.R.R. 16 at page 333
	VAN DER LEER *V.* NETHERLANDS	(1990) 12 E.H.R.R. 567
	WINTERWERP *V.* NETHERLANDS	(1980) 2 E.H.R.R. 387
	X. *V.* UK	(1982) 4 E.H.R.R. 188
detention of military personnel	DE JONG & ORS *V.* NETHERLANDS	(1986) 8 E.H.R.R. 20
	ENGEL & ORS *V.* NETHERLANDS (NO. 1)	(1979) 1 E.H.R.R. 647
	GRIGORIADES *V.* GREECE	(1999) 27 E.H.R.R. 464
	HOOD *V.* UK	(2000) 29 E.H.R.R. 365
	JORDAN *V.* UK	(2001) 31 E.H.R.R. 6 at page 201
	KOSTER *V.* NETHERLANDS	(1992) 14 E.H.R.R. 396
	VAN DER SLUIJS *V.* NETHERLANDS	(1991) 13 E.H.R.R. 461
detention of minors	BOUAMAR *V.* BELGIUM	(1989) 11 E.H.R.R. 1
detention of suspected terrorists	BRANNIGAN & MCBRIDE *V.* UK	(1994) 17 E.H.R.R. 539
	BROGAN *V.* UK	(1989) 11 E.H.R.R. 117
	FOX & ORS *V.* UK	(1991) 13 E.H.R.R. 157
	IRELAND *V.* UK	(1980) 2 E.H.R.R. 25
	MCVEIGH & ORS *V.* UK	(1983) 5 E.H.R.R. 71
	MURRAY *V.* UK	(1995) 19 E.H.R.R. 193
detention of vagrants	DE WILDE, OOMS & VERSYP *V.* BELGIUM	(1979) 1 E.H.R.R. 373
detention on ministerial order	VAN DROOGENBROECK *V.* BELGIUM	(1982) 4 E.H.R.R. 443
detention on remand	AQUILINA *V.* MALTA	(2000) 29 E.H.R.R. 185
	ASSENOV & ORS *V.* BULGARIA	(1999) 28 E.H.R.R. 652
	B. *V.* AUSTRIA	(1991) 13 E.H.R.R. 20
	BEZICHERI *V.* ITALY	(1990) 12 E.H.R.R. 210
	BONNECHAUX *V.* SWITZERLAND	(1981) 3 E.H.R.R. 259
	BOUAMAR *V.* BELGIUM	(1989) 11 E.H.R.R. 1
	BRINCAT *V.* ITALY	(1993) 16 E.H.R.R. 591
	CAN *V.* AUSTRIA	(1986) 8 E.H.R.R. 14
	CLOOTH *V.* BELGIUM	(1992) 14 E.H.R.R. 717
	ERIKSEN *V.* NORWAY	(2000) 29 E.H.R.R. 328
	GEORGIADIS *V.* GREECE	(1997) 24 E.H.R.R. 606
	HERCZEGFALVY *V.* AUSTRIA	(1993) 15 E.H.R.R. 437
	KAMPANIS *V.* GREECE	(1996) 21 E.H.R.R. 43
	KEMMACHE *V.* FRANCE	(1992) 14 E.H.R.R. 520
	KEMMACHE *V.* FRANCE	(1995) 19 E.H.R.R. 349
	LAMY *V.* BELGIUM	(1989) 11 E.H.R.R. 529
	LETELLIER *V.* FRANCE	(1992) 14 E.H.R.R. 83
	LOUKANOV *V.* BULGARIA	(1997) 24 E.H.R.R. 121
	MANSUR *V.* TURKEY	(1995) 20 E.H.R.R. 535
	MATZNETTER *V.* AUSTRIA	(1979) 1 E.H.R.R. 198
	MITAP & ANOR *V.* TURKEY	(1996) 22 E.H.R.R. 209
	MONNELL *V.* UK	(1988) 10 E.H.R.R. 205
	NAVARRA *V.* FRANCE	(1994) 17 E.H.R.R. 594
	NEUMEISTER *V.* AUSTRIA (NO. 1)	(1979) 1 E.H.R.R. 91

LIBERTY OF PERSON, RIGHT TO—*cont.*

	NIKOLOVA *v.* BULGARIA	(2001) 31 E.H.R.R. 3 at page 64
	RINGEISEN *v.* AUSTRIA (NO. 1)	(1979) 1 E.H.R.R. 455
	RMD *v.* SWITZERLAND	(1999) 28 E.H.R.R. 224
	S. *v.* SWITZERLAND	(1992) 14 E.H.R.R. 670
	SCOTT *v.* SPAIN	(1997) 24 E.H.R.R. 391
	STOCKE *v.* GERMANY	(1991) 13 E.H.R.R. 839
	STÖGMÜLLER *v.* AUSTRIA	(1979) 1 E.H.R.R. 155
	TOMASI *v.* FRANCE	(1993) 15 E.H.R.R. 1
	TOTH *v.* AUSTRIA	(1992) 14 E.H.R.R. 551
	TSIRLIS & ANOR *v.* AUSTRIA	(1998) 25 E.H.R.R. 198
	TW *v.* MALTA	(2000) 29 E.H.R.R. 185
	VAN DER SLUIJS *v.* NETHERLANDS	(1991) 13 E.H.R.R. 461
	VAN DER TANG *v.* NETHERLANDS	(1996) 22 E.H.R.R. 363
	WEMHOFF *v.* GERMANY	(1979) 1 E.H.R.R. 55
	X, Y & Z *v.* AUSTRIA	(1982) 4 E.H.R.R. 270
	YAĞCI & SARGIN *v.* TURKEY	(1995) 20 E.H.R.R. 505
detention pending appeal	MONNELL *v.* UK	(1988) 10 E.H.R.R. 205
detention pending deportation	CHAHAL *v.* UK	(1997) 23 E.H.R.R. 414
detention pending extradition	BOZANO *v.* FRANCE	(1987) 9 E.H.R.R. 297
	KOLOMPAR *v.* BELGIUM	(1993) 16 E.H.R.R. 197
	MCGOFF *v.* SWEDEN	(1986) 8 E.H.R.R. 246
	QUINN *v.* FRANCE	(1996) 21 E.H.R.R. 529
	SANCHEZ-REISSE *v.* SWITZERLAND	(1987) 9 E.H.R.R. 71
detention without trial	AKSOY *v.* TURKEY	(1997) 23 E.H.R.R. 553
	DE WILDE, OOMS & VERSYP *v.* BELGIUM	(1979) 1 E.H.R.R. 373
	LAWLESS *v.* IRELAND (NO. 3)	(1979) 1 E.H.R.R. 15
	SAKIK & ORS *v.* TURKEY	(1998) 26 E.H.R.R. 662
discrimination	EAST AFRICAN ASIANS *v.* UK	(1981) 3 E.H.R.R. 76
equality of arms	LAMY *v.* BELGIUM	(1989) 11 E.H.R.R. 529
	MATZNETTER *v.* AUSTRIA	(1979) 1 E.H.R.R. 198
	NEUMEISTER *v.* AUSTRIA (NO. 1)	(1979) 1 E.H.R.R. 91
	NIKOLOVA *v.* BULGARIA	(2001) 31 E.H.R.R. 3 at page 64
exceptions	QUINN *v.* FRANCE	(1996) 21 E.H.R.R. 529
extradition	BOZANO *v.* FRANCE	(1987) 9 E.H.R.R. 297
	KOLOMPAR *v.* BELGIUM	(1993) 16 E.H.R.R. 197
	MCGOFF *v.* SWEDEN	(1986) 8 E.H.R.R. 246
	SANCHEZ-REISSE *v.* SWITZERLAND	(1987) 9 E.H.R.R. 71
habeas corpus	BROGAN *v.* UK	(1989) 11 E.H.R.R. 117
indeterminate life sentence	CURLEY *v.* UK	(2001) 31 E.H.R.R. 14 at page 401
	HUSSAIN *v.* UK	(1996) 22 E.H.R.R. 1
	THYNNE & ORS *v.* UK	(1991) 13 E.H.R.R. 666
	WEEKS *v.* UK	(1988) 10 E.H.R.R. 293
	WYNNE *v.* UK	(1995) 19 E.H.R.R. 333
invasion by third party State	CYPRUS *v.* TURKEY	(1982) 4 E.H.R.R. 482
measures prescribed by law	PERKS & ORS *v.* UK	(2000) 30 E.H.R.R. 33
	TSIRLIS & ANOR *v.* AUSTRIA	(1998) 25 E.H.R.R. 198
mentally ill persons	ASHINGDANE *v.* UK	(1982) 4 E.H.R.R. 590
	ASHINGDANE *v.* UK	(1985) 7 E.H.R.R. 528
	E. *v.* NORWAY	(1994) 17 E.H.R.R. 30
	ERKALO *v.* NETHERLANDS	(1999) 28 E.H.R.R. 509
	JOHNSON *v.* UK	(1999) 27 E.H.R.R. 296
	KEUS *v.* NETHERLANDS	(1991) 13 E.H.R.R. 700
	KOENDJBIHARIE *v.* NETHERLANDS	(1991) 13 E.H.R.R. 820
	LUBERTI *v.* ITALY	(1984) 6 E.H.R.R. 443

LIBERTY OF PERSON, RIGHT TO—*cont.*

	MEGYERI *v.* GERMANY	(1993) 15 E.H.R.R. 584
	MUSIAL *v.* POLAND	(2001) 31 E.H.R.R. 29 at page 720
	NIELSEN *v.* DENMARK	(1989) 11 E.H.R.R. 175
	VAN DER LEER *v.* NETHERLANDS	(1990) 12 E.H.R.R. 567
	WINTERWERP *v.* NETHERLANDS	(1980) 2 E.H.R.R. 387
	X. *v.* UK	(1982) 4 E.H.R.R. 188
military disciplinary measures	DE JONG & ORS *v.* NETHERLANDS	(1986) 8 E.H.R.R. 20
	ENGEL & ORS *v.* NETHERLANDS (NO. 1)	(1979) 1 E.H.R.R. 647
	KOSTER *v.* NETHERLANDS	(1992) 14 E.H.R.R. 396
	VAN DER SLUIJS *v.* NETHERLANDS	(1991) 13 E.H.R.R. 461
missing persons	CYPRUS *v.* TURKEY	(1993) 15 E.H.R.R. 509
occupation of territory	CYPRUS *v.* TURKEY	(1993) 15 E.H.R.R. 509
pre-trial detention	BRANNIGAN & MCBRIDE *v.* UK	(1994) 17 E.H.R.R. 539
provisional release	SANCHEZ-REISSE *v.* SWITZERLAND	(1987) 9 E.H.R.R. 71
public emergency derogation	BRANNIGAN & MCBRIDE *v.* UK	(1994) 17 E.H.R.R. 539
	IRELAND *v.* UK	(1980) 2 E.H.R.R. 25
	LAWLESS *v.* IRELAND (NO. 3)	(1979) 1 E.H.R.R. 15
questioning of children	SARGIN *v.* GERMANY	(1982) 4 E.H.R.R. 276
reasonable suspicion of commission of offence	K-F *v.* GERMANY	(1998) 26 E.H.R.R. 390
	LOUKANOV *v.* BULGARIA	(1997) 24 E.H.R.R. 121
recall on licence	WEEKS *v.* UK	(1988) 10 E.H.R.R. 293
	WYNNE *v.* UK	(1995) 19 E.H.R.R. 333
scope of right	GUZZARDI *v.* ITALY	(1981) 3 E.H.R.R. 333
state responsibility	LOUKANOV *v.* BULGARIA	(1997) 24 E.H.R.R. 121
	NIELSEN *v.* DENMARK	(1989) 11 E.H.R.R. 175
suspected terrorists	BRANNIGAN & MCBRIDE *v.* UK	(1994) 17 E.H.R.R. 539
	BROGAN *v.* UK	(1989) 11 E.H.R.R. 117
	FOX & ORS *v.* UK	(1991) 13 E.H.R.R. 157
	IRELAND *v.* UK	(1980) 2 E.H.R.R. 25
	MCVEIGH & ORS *v.* UK	(1983) 5 E.H.R.R. 71
	MURRAY *v.* UK	(1995) 19 E.H.R.R. 193
unacknowledged detention	ÇAKICI *v.* TURKEY	(2001) 31 E.H.R.R. 5 at page133
unlawful arrest and detention	WESTON *v.* UK	(1981) 3 E.H.R.R. 402

LICENSING OF JOURNALISTS

freedom of expression	COMPULSORY MEMBERSHIP OF JOURNALISTS' ASSOCIATION	(1986) 8 E.H.R.R. 165

LIFE, RIGHT TO [Art. 2]

admissibility decisions	APP. 9348/81 *v.* UK	(1983) 5 E.H.R.R. 504
	FARRELL *v.* UK	(1983) 5 E.H.R.R. 466
applicability of Article	LCB *v.* UK	(1999) 27 E.H.R.R. 212
compatibility of national law	MCCANN & ORS *v.* UK	(1996) 21 E.H.R.R. 97
disappearance of applicant's son	KURT *v.* TURKEY	(1999) 27 E.H.R.R. 375
establishing facts	ANDRONICOU *v.* CYPRUS	(1998) 25 E.H.R.R. 491
	ÇAKICI *v.* TURKEY	(2001) 31 E.H.R.R. 5 at page 133
	KAYA *v.* TURKEY	(1999) 28 E.H.R.R. 1
	OGUR *v.* TURKEY	(2001) 31 E.H.R.R. 40 at page 912
	OSMAN *v.* UK	(2000) 29 E.H.R.R. 245
	TEKIN *v.* TURKEY	(2001) 31 E.H.R.R. 4 at page 95

LIFE, RIGHT TO—*cont.*

	YASA *v.* TURKEY	(1999) 28 E.H.R.R. 409
failure to safeguard child of serviceman present at nuclear tests	LCB *v.* UK	(1999) 27 E.H.R.R. 212
general approach	ANDRONICOU *v.* CYPRUS	(1998) 25 E.H.R.R. 491
	MCCANN & ORS *v.* UK	(1996) 21 E.H.R.R. 97
ill-treatment	ERDAGÖZ *v.* TURKEY	(2001) 32 E.H.R.R. 19 at page 443
inadequacy of investigation	ANDRONICOU *v.* CYPRUS	(1998) 25 E.H.R.R. 491
	ÇAKICI *v.* TURKEY	(2001) 31 E.H.R.R. 5 at page 133
	ERGI *v.* TURKEY	(2001) 32 E.H.R.R. 18 at page 443
	GÜLEÇ *v.* TURKEY	(1999) 28 E.H.R.R. 121
	KAYA *v.* TURKEY	(1999) 28 E.H.R.R. 1
	OGUR *v.* TURKEY	(2001) 31 E.H.R.R. 40 at page 912
	TANRIKULU *v.* TURKEY	(2000) 30 E.H.R.R. 950
	TEKIN *v.* TURKEY	(2001) 31 E.H.R.R. 4 at page 95
	YASA *v.* TURKEY	(1999) 28 E.H.R.R. 409
invasion by third party State	CYPRUS *v.* TURKEY	(1982) 4 E.H.R.R. 482
positive obligations	OSMAN *v.* UK	(2000) 29 E.H.R.R. 245
unborn child	PATON *v.* UK	(1981) 3 E.H.R.R. 408
unlawful killing	ANDRONICOU *v.* CYPRUS	(1998) 25 E.H.R.R. 491
	APP. 9348/81 *v.* UK	(1983) 5 E.H.R.R. 504
	ERGI *v.* TURKEY	(2001) 32 E.H.R.R. 18 at page 443
	FARRELL *v.* UK	(1983) 5 E.H.R.R. 466
	GÜLEÇ *v.* TURKEY	(1999) 28 E.H.R.R. 121
	KAYA *v.* TURKEY	(1999) 28 E.H.R.R. 1
	OGUR *v.* TURKEY	(2001) 31 E.H.R.R. 40 at page 912
	TANRIKULU *v.* TURKEY	(2000) 30 E.H.R.R. 950
	YASA *v.* TURKEY	(1999) 28 E.H.R.R. 409

LIFE-THREATENING DISEASE

reasonable time to bring case to trial	A. & ORS *v.* DENMARK	(1996) 22 E.H.R.R. 458
	VALLÉE *v.* FRANCE	(1994) 18 E.H.R.R. 549

LIMITATION PERIODS

admissibility decisions	APP. 9707/82 *v.* SWEDEN	(1983) 5 E.H.R.R. 294
margin of appreciation	STUBBINGS & ORS *v.* UK	(1997) 23 E.H.R.R. 213

LINGUISTIC MINORITIES

elections	MATHIEU-MOHIN *v.* BELGIUM	(1988) 10 E.H.R.R. 1

LISTENING DEVICES

measures prescribed by law	KHAN *v.* UK	(2001) 31 E.H.R.R. 45 at page 1016

LITIGANT IN PERSON

access to court	AIREY *v.* IRELAND	(1980) 2 E.H.R.R. 305

LOCAL GOVERNMENT OFFICERS

politically restricted posts AHMED & ORD *v.* UK (2000) 29 E.H.R.R. 1

LOCAL REMEDIES RULE

preliminary objections CARDOT *v.* FRANCE (1991) 13 E.H.R.R. 853
CORIGLIANO *v.* ITALY (1983) 5 E.H.R.R. 334
DE JONG & ORS *v.* NETHERLANDS (1986) 8 E.H.R.R. 20
preliminary pleas ARTICO *v.* ITALY (1981) 3 E.H.R.R. 1
GUZZARDI *v.* ITALY (1981) 3 E.H.R.R. 333
FOTI *v.* ITALY (1983) 5 E.H.R.R. 313

LOCUS STANDI

complaint on behalf of child KEEGAN *v.* IRELAND (1994) 18 E.H.R.R. 342
national of recognised government LOIZIDOU *v.* TURKEY (1995) 20 E.H.R.R. 99
widow of deceased applicant AHMET SADIK *v.* GREECE (1997) 24 E.H.R.R. 323

LOSS OF EARNINGS

ÇAKICI *v.* TURKEY (2001) 31 E.H.R.R. 5 at page133
LUSTIG-PREAN & BECKETT *v.* UK (2001) 31 E.H.R.R. 23 at page 601
SMITH & GRADY *v.* UK (2001) 31 E.H.R.R. 24 at page 620
TEIXERA DE CASTRO *v.* PORTUGAL (1999) 28 E.H.R.R. 101

LOSS OF LIBERTY

just satisfaction LUBERTI *v.* ITALY (1984) 6 E.H.R.R. 443

LOSS OF OPPORTUNITY

TINNELLY & SONS LTD *v.* UK (1999) 27 E.H.R.R. 249

LOSS OF TIME ORDERS

detention pending appeal MONNELL *v.* UK (1988) 10 E.H.R.R. 205

MAGAZINE DISTRIBUTION

freedom of expression VDS ÖSTERREICHS & GUBI *v.* AUSTRIA (1995) 20 E.H.R.R. 56
WEEKBLAD BLUF! *v.* NETHERLANDS (1995) 20 E.H.R.R. 189

MARGIN OF APPRECIATION

access to child IGNACCOLO-ZENIDE *v.* ROMANIA (2001) 31 E.H.R.R. 7 at page 212
care proceedings L *v.* FINLAND (2001) 31 E.H.R.R. 30 at page 737
OLSSON *v.* SWEDEN (1989) 11 E.H.R.R. 259
OLSSON *v.* SWEDEN (NO. 2) (1994) 17 E.H.R.R. 135
elections MATHIEU-MOHIN *v.* BELGIUM (1988) 10 E.H.R.R. 1
MATTHEWS *v.* UK (1999) 28 E.H.R.R. 361
environmental pollution LOPEZ OSTRA *v.* SPAIN (1995) 20 E.H.R.R. 277
freedom of expression JACUBOWSKI *v.* GERMANY (1995) 19 E.H.R.R. 64
homosexuality ADT *v.* UK (2001) 31 E.H.R.R. 33 at page 803

MARGIN OF APPRECIATION—*cont.*

limitation periods	STUBBINGS & ORS *v.* UK	(1997) 23 E.H.R.R. 213
pluralism	KOKKINAKIS *v.* GREECE	(1994) 17 E.H.R.R. 397
politically restricted posts	AHMED & ORD *v.* UK	(2000) 29 E.H.R.R. 1
public emergency threatening life of nation	IRELAND *v.* UK	(1980) 2 E.H.R.R. 25
sexual abuse, remedies for	STUBBINGS & ORS *v.* UK	(1997) 23 E.H.R.R. 213
	X & Y *v.* NETHERLANDS	(1986) 8 E.H.R.R. 235
tax authorities' powers	GASUS DOSIER *v.* NETHERLANDS	(1995) 20 E.H.R.R. 403
unfair competition	JACUBOWSKI *v.* GERMANY	(1995) 19 E.H.R.R. 64

MARRY, RIGHT TO [Art. 12]

admissibility decisions	APP. 9773/82 *v.* UK	(1983) 5 E.H.R.R. 296
	APP. 9918/82 *v.* UK	(1983) 5 E.H.R.R. 299
illegitimacy	MARCKX *v.* BELGIUM	(1980) 2 E.H.R.R. 330
immigration control	APP. 9773/82 *v.* UK	(1983) 5 E.H.R.R. 296
	APP. 9918/82 *v.* UK	(1983) 5 E.H.R.R. 299
prisoners	HAMER *v.* UK	(1982) 4 E.H.R.R. 139
temporary prohibition on remarriage	F. *v.* SWITZERLAND	(1988) 10 E.H.R.R. 411
transsexuals	REES *v.* UK	(1987) 9 E.H.R.R. 56
	SHEFFIELD & HORSHAM *v.* UK	(1999) 27 E.H.R.R. 163

MATERIAL DAMAGE

just satisfaction	BAGGETTA *v.* ITALY	(1988) 10 E.H.R.R. 325
	DEUMELAND *v.* GERMANY	(1986) 8 E.H.R.R. 448
	LINGENS & LEITGENS *v.* AUSTRIA	(1986) 8 E.H.R.R. 407
	PAUWELS *v.* BELGIUM	(1989) 11 E.H.R.R. 238
	SCHÖNENBERGER *v.* SWITZERLAND	(1989) 11 E.H.R.R. 202

MATERIAL INTENDED FOR PUBLICATION

prisoners' correspondence	SILVER *v.* UK	(1981) 3 E.H.R.R. 475

MEASURES FACILITATING ACCESS TO JUSTICE

Recommendation		(1982) 4 E.H.R.R. 282

MEASURES IN ACCORDANCE WITH THE LAW

Also see MEASURES PRESCRIBED BY LAW

MEASURES PRESCRIBED BY LAW

adoption proceedings	EP *v.* ITALY	(2001) 31 E.H.R.R. 17 at page 463
	SÖDERBÄCK *v.* SWEDEN	(2000) 29 E.H.R.R. 95
anti-religious films	OTTO-PREMINGER INSTITUTE *v.* AUSTRIA	(1995) 19 E.H.R.R. 34
arrest for breach of peace	STEEL & ORS *v.* UK	(1999) 28 E.H.R.R. 603
care proceedings	ANDERSSON *v.* SWEDEN	(1992) 14 E.H.R.R. 615
	JOHANSEN *v.* NORWAY	(1997) 23 E.H.R.R. 33
	K & T *v.* FINLAND	(2001) 31 E.H.R.R. 18 at page 484
	L *v.* FINLAND	(2001) 31 E.H.R.R. 30 at page 737
	OLSON *v.* SWEDEN	(1989) 11 E.H.R.R. 259
	RIEME *v.* SWEDEN	(1993) 16 E.H.R.R. 155
communication of medical records	MS *v.* SWEDEN	(1999) 28 E.H.R.R. 313

MEASURES PRESCRIBED BY LAW—*cont.*

confidential information	GOODWIN *v.* UK	(1996) 22 E.H.R.R. 123
conscripted serviceman	GRIGORIADES *v.* GREECE	(1999) 27 E.H.R.R. 464
criminal defamation	DALBAN *v.* ROMANIA	(2001) 31 E.H.R.R. 39 at page 893
custody proceedings	EP *v.* ITALY	(2001) 31 E.H.R.R. 17 at page463
defamation	BLADET TROMSØ & STENSAAS *v.* NORWAY	(2000) 29 E.H.R.R. 125
	DALBAN *v.* ROMANIA	(2001) 31 E.H.R.R. 39 at page 893
	NILSEN & JOHNSEN *v.* NORWAY	(2000) 30 E.H.R.R. 878
	OBERSCHLICK *v.* AUSTRIA (NO. 2)	(1998) 25 E.H.R.R. 357
	PRAGER & OBERSCHLICK *v.* AUSTRIA	(1996) 21 E.H.R.R. 1
	TOLSTOY *v.* UK	(1995) 20 E.H.R.R. 442
	WORM *v.* AUSTRIA	(1998) 25 E.H.R.R. 454
deportation	BELDJOUDI *v.* FRANCE	(1992) 14 E.H.R.R. 801
	BOUGHANEMI *v.* FRANCE	(1996) 22 E.H.R.R. 228
	BOUJLIFA *v.* FRANCE	(2000) 30 E.H.R.R. 419
	C *v.* BELGIUM	(2001) 32 E.H.R.R. 2 at page 19
	EL BOUJAÏDI *v.* FRANCE	(2000) 30 E.H.R.R. 223
detention for non-payment of charge	PERKS & ORS *v.* UK	(2000) 30 E.H.R.R. 33
detention in police custody	DOUIYEB *v.* NETHERLANDS	(2000) 30 E.H.R.R. 790
detention of mentally ill persons	AERTS *v.* BELGIUM	(2000) 29 E.H.R.R. 50
	ERKALO *v.* NETHERLANDS	(1999) 28 E.H.R.R. 509
detention on remand	ASSENOV & ORS *v.* BULGARIA	(1999) 28 E.H.R.R. 652
	KEMMACHE *v.* FRANCE	(1995) 19 E.H.R.R. 349
	TSIRLIS & ANOR *v.* AUSTRIA	(1998) 25 E.H.R.R. 198
disclosure of information of general interest	FRESSOZ *v.* FRANCE	(2001) 31 E.H.R.R. 2 at page 28
dissolution of political party	ÖZDEP *v.* TURKEY	(2001) 31 E.H.R.R. 27 at page 674
distribution of magazine	VDS ÖSTERREICHS & GUBI *v.* AUSTRIA	(1995) 20 E.H.R.R. 56
	WEEKBLAD BLUF! *v.* NETHERLANDS	(1995) 20 E.H.R.R. 189
election pamphleteer	BOWMAN *v.* UK	(1998) 26 E.H.R.R. 1
entry to home by police	MCLEOD *v.* UK	(1999) 27 E.H.R.R. 493
film classification	WINGROVE *v.* UK	(1997) 24 E.H.R.R. 1
forced closure of newspaper	ÖZGÜR GÜNDEM *v.* TURKEY	(2001) 31 E.H.R.R. 49 at page 1082
fostered child	ERIKSSON *v.* SWEDEN	(1990) 12 E.H.R.R. 183
hazardous effects of microwave ovens	HERTEL *v.* SWITZERLAND	(1999) 28 E.H.R.R. 534
homosexuality	LUSTIG-PREAN & BECKETT *v.* UK	(2000) 29 E.H.R.R. 548
	SMITH & GRADY *v.* UK	(2000) 29 E.H.R.R. 493
hunt saboteurs	HASHMAN & HARRUP *v.* UK	(2000) 30 E.H.R.R. 241
hunting rights on land	CHASSAGNOU & ORS *v.* FRANCE	(2000) 29 E.H.R.R. 615
insulting municipal guards	JANOWSKI *v.* POLAND	(2000) 29 E.H.R.R. 705
interception of communications	HALFORD *v.* UK	(1997) 24 E.H.R.R. 523
	HEWITT & HARMAN *v.* UK	(1992) 14 E.H.R.R. 657
	HUVIG *v.* FRANCE	(1990) 12 E.H.R.R. 528
	KOPP *v.* SWITZERLAND	(1999) 27 E.H.R.R. 91
	KRUSLIN *v.* FRANCE	(1990) 12 E.H.R.R. 547
	LAMBERT *v.* FRANCE	(2000) 30 E.H.R.R. 346
	LÜDI *v.* SWITZERLAND	(1993) 15 E.H.R.R. 173
	MALONE *v.* UK	(1982) 4 E.H.R.R. 330
	MALONE *v.* UK	(1983) 5 E.H.R.R. 385

MEASURES PRESCRIBED BY LAW—*cont.*

	MALONE *v.* UK	(1985) 7 E.H.R.R. 14
interference with correspondence	CAMPBELL *v.* UK	(1993) 15 E.H.R.R. 137
	CRÉMIEUX *v.* FRANCE	(1993) 16 E.H.R.R. 357
	HALFORD *v.* UK	(1997) 24 E.H.R.R. 523
	FUNKE *v.* FRANCE	(1993) 16 E.H.R.R. 297
	MIAILHE *v.* FRANCE	(1993) 16 E.H.R.R. 333
letter insulting commanding officer	GRIGORIADES *v.* GREECE	(1999) 27 E.H.R.R. 464
listening devices	KHAN *v.* UK	(2001) 31 E.H.R.R. 45 at page 1016
magazine distribution	VDS ÖSTERREICHS & GUBI *v.* AUSTRIA	(1995) 20 E.H.R.R. 56
	WEEKBLAD BLUF! *v.* NETHERLANDS	(1995) 20 E.H.R.R. 189
membership of political party	VOGT *v.* GERMANY	(1996) 21 E.H.R.R. 205
non-payment of charge	PERKS & ORS *v.* UK	(2000) 30 E.H.R.R. 33
oath before holding parliamentary office	BUSCARINI *v.* SAN MARINO	(2000) 30 E.H.R.R. 208
opinion of judge in public lecture	WILLE *v.* LIECHTENSTEIN	(2000) 30 E.H.R.R. 558
pamphleteer	BOWMAN *v.* UK	(1998) 26 E.H.R.R. 1
photographs of criminal suspect	NEWS VERLAGS GMBH *v.* AUSTRIA	(2001) 31 E.H.R.R. 8 at page 246
political activity of aliens	PIERMONT *v.* FRANCE	(1995) 20 E.H.R.R. 277
political article	CEYLAN *v.* TURKEY	(2000) 30 E.H.R.R. 73
political leafletting	INCAL *v.* TURKEY	(2000) 29 E.H.R.R. 449
politically restricted posts	AHMED & ORD *v.* UK	(2000) 29 E.H.R.R. 1
promotion of economic wellbeing	GILLOW *v.* UK	(1989) 11 E.H.R.R. 335
proselytism	KOKKINAKIS *v.* GREECE	(1994) 17 E.H.R.R. 397
	LARISSIS *v.* GREECE	(1999) 27 E.H.R.R. 329
public body, interference by	CASADO COCA *v.* SPAIN	(1994) 18 E.H.R.R. 1
publication of book of propaganda	ARSLAN *v.* TURKEY	(2001) 31 E.H.R.R. 9 at page 264
	BASKAYA & OKÇUOGLOU *v.* TURKEY	(2001) 31 E.H.R.R. 10 at page 292
radio station licence	RADIO ABC *v.* AUSTRIA	(1998) 25 E.H.R.R. 185
re-direction of post to trustee in bankruptcy	FOXLEY *v.* UK	(2001) 31 E.H.R.R. 25 at page 637
sado-masochistic practices	LASKEY & ORS *v.* UK	(1997) 24 E.H.R.R. 39
satirical films	OTTO-PREMINGER INSTITUTE *v.* AUSTRIA	(1995) 19 E.H.R.R. 34
search and seizure	CRÉMIEUX *v.* FRANCE	(1993) 16 E.H.R.R. 357
	FUNKE *v.* FRANCE	(1993) 16 E.H.R.R. 297
	MIAILHE *v.* FRANCE	(1993) 16 E.H.R.R. 333
secret listening devices	KHAN *v.* UK	(2001) 31 E.H.R.R. 45 at page 1016
telephone tapping	HALFORD *v.* UK	(1997) 24 E.H.R.R. 523
	HEWITT & HARMAN *v.* UK	(1992) 14 E.H.R.R. 657
	HUVIG *v.* FRANCE	(1990) 12 E.H.R.R. 528
	KOPP *v.* SWITZERLAND	(1999) 27 E.H.R.R. 91
	KRUSLIN *v.* FRANCE	(1990) 12 E.H.R.R. 547
	LAMBERT *v.* FRANCE	(2000) 30 E.H.R.R. 346
	LÜDI *v.* SWITZERLAND	(1993) 15 E.H.R.R. 173
	MALONE *v.* UK	(1982) 4 E.H.R.R. 330
	MALONE *v.* UK	(1983) 5 E.H.R.R. 385
	MALONE *v.* UK	(1985) 7 E.H.R.R. 14

MEASURES PRESCRIBED BY LAW—*cont.*

unauthorised place of worship	MANOUSSAKIS & ORS *v.* GREECE	(1997) 23 E.H.R.R. 387
video classification	WINGROVE *v.* UK	(1997) 24 E.H.R.R. 1
words spoken to journalist	ZANA *v.* TURKEY	(1999) 27 E.H.R.R. 667

MEDICAL DATA

disclosure in civil proceedings	ANDERSSON *v.* SWEDEN	(1998) 25 E.H.R.R. 722
disclosure in criminal proceedings	Z. *v.* FINLAND	(1998) 25 E.H.R.R. 371

MEDICAL DISCIPLINARY PROCEEDINGS

defend, right to	VAN ORSHOVEN *v.* BELGIUM	(1998) 26 E.H.R.R. 55
independence and impartiality	DEBLED *v.* BELGIUM	(1995) 19 E.H.R.R. 506
	DIENNET *v.* FRANCE	(1996) 21 E.H.R.R. 554
	GAUTRIN & ORS *v.* FRANCE	(1999) 28 E.H.R.R. 196

MEDICAL RECORDS, COMMUNICATION OF

legitimacy of purpose	MS *v.* SWEDEN	(1999) 28 E.H.R.R. 313

MEDICAL TREATMENT

imposition	HERCZEGFALVY *v.* AUSTRIA	(1993) 15 E.H.R.R. 437

MEMBERSHIP OF POLITICAL PARTY

civil servants	VOGT *v.* GERMANY	(1996) 21 E.H.R.R. 205

MENTALLY ILL PERSONS, DETENTION OF

conditions and treatment	B. *v.* UK	(1984) 6 E.H.R.R. 204
continuation after expiry of initial order	ERKALO *v.* NETHERLANDS	(1999) 28 E.H.R.R. 509
continuation after recovery	JOHNSON *v.* UK	(1999) 27 E.H.R.R. 296
lawfulness	AERTS *v.* BELGIUM	(2000) 29 E.H.R.R. 50
	APP. 7699/76 *v.* UK	(1983) 5 E.H.R.R. 268
	ASHINGDANE *v.* UK	(1982) 4 E.H.R.R. 590
	ASHINGDANE *v.* UK	(1985) 7 E.H.R.R. 528
	E. *v.* NORWAY	(1994) 17 E.H.R.R. 30
	ERKALO *v.* NETHERLANDS	(1999) 28 E.H.R.R. 509
	JOHNSON *v.* UK	(1999) 27 E.H.R.R. 296
	KEUS *v.* NETHERLANDS	(1991) 13 E.H.R.R. 700
	KOENDJBIHARIE *v.* NETHERLANDS	(1991) 13 E.H.R.R. 820
	LUBERTI *v.* ITALY	(1984) 6 E.H.R.R. 443
	VAN DER LEER *v.* NETHERLANDS	(1990) 12 E.H.R.R. 567
	WINTERWERP *v.* NETHERLANDS	(1980) 2 E.H.R.R. 387
	X. *v.* UK	(1982) 4 E.H.R.R. 188
judicial review	AERTS *v.* BELGIUM	(2000) 29 E.H.R.R. 50
legal assistance	MEGYERI *v.* GERMANY	(1993) 15 E.H.R.R. 584
measures prescribed by law	AERTS *v.* BELGIUM	(2000) 29 E.H.R.R. 50
	ERKALO *v.* NETHERLANDS	(1999) 28 E.H.R.R. 509
speediness of decision	E. *v.* NORWAY	(1994) 17 E.H.R.R. 30
	ERKALO *v.* NETHERLANDS	(1999) 28 E.H.R.R. 509
state responsibility	NIELSEN *v.* DENMARK	(1989) 11 E.H.R.R. 175

MERIT'S OF APPLICANTS' COMPLAINTS

assessment of facts	AKDIVAR *v.* TURKEY	(1997) 23 E.H.R.R. 143

MILITARY DISCIPLINE

adequate time to prepare defence	HADJIANASTASSIOU *v.* GREECE	(1993) 16 E.H.R.R. 219
admissibility decisions	APP. 9362/80 *v.* NETHERLANDS	(1983) 5 E.H.R.R. 270
application of Convention	ENGEL & ORS *v.* NETHERLANDS (NO. 1)	(1979) 1 E.H.R.R. 647
conscript servicemen	DUINHOF *v.* NETHERLANDS	(1991) 13 E.H.R.R. 478
detention	DE JONG & ORS *v.* NETHERLANDS	(1986) 8 E.H.R.R. 20
	HOOD *v.* UK	(2000) 29 E.H.R.R. 365
discrimination	DE JONG & ORS *v.* NETHERLANDS	(1986) 8 E.H.R.R. 20
	ENGEL & ORS *v.* NETHERLANDS (NO. 1)	(1979) 1 E.H.R.R. 647
homosexuality	LUSTIG-PREAN & BECKETT *v.* UK	(2000) 29 E.H.R.R. 548
	SMITH & GRADY *v.* UK	(2000) 29 E.H.R.R. 493
impartiality of court	PAUWELS *v.* BELGIUM	(1989) 11 E.H.R.R. 238
judicial review	DE JONG & ORS *v.* NETHERLANDS	(1986) 8 E.H.R.R. 20
legal aid for habeas corpus proceedings	HOOD *v.* UK	(2000) 29 E.H.R.R. 365
self-incrimination, freedom from	SERVES *v.* FRANCE	(1999) 28 E.H.R.R. 265

MILITARY SERVICE, REFUSAL TO DO

compensation for detention	GEORGIADIS *v.* GREECE	(1997) 24 E.H.R.R. 606
	TSIRLIS & ANOR *v.* AUSTRIA	(1998) 25 E.H.R.R. 198

MILK PRODUCTION QUOTA

equality of arms	VAN DE HURK *v.* NETHERLANDS	(1994) 18 E.H.R.R. 481
impartiality of tribunal	PROCOLA *v.* LUXEMBOURG	(1996) 22 E.H.R.R. 193

MINORITY SHAREHOLDERS

victim of violation	AGROTEXIM & ORS *v.* GREECE	(1996) 21 E.H.R.R. 250
	NEVES E SILVA *v.* PORTUGAL	(1991) 13 E.H.R.R. 535

MISSING PERSONS

occupation of territory	CYPRUS *v.* TURKEY	(1993) 15 E.H.R.R. 509

MORAL DAMAGE

just satisfaction	ABDULAZIZ, CABALES *v.* UK	(1985) 7 E.H.R.R. 471
	CAMPBELL & COSANS *v.* UK	(1982) 4 E.H.R.R. 293
	GILLOW *v.* UK	(1991) 13 E.H.R.R. 593

MORALS, PROTECTION OF

obscene books	HANDYSIDE *v.* UK	(1979) 1 E.H.R.R. 737

MOVEMENT, FREEDOM OF (Fourth Protocol, Art. 2]

expulsion order	PIERMONT *v.* FRANCE	(1995) 20 E.H.R.R. 277
house arrest	RAIMONDO *v.* ITALY	(1994) 18 E.H.R.R. 237
invasion by third party State	CYPRUS *v.* TURKEY	(1982) 4 E.H.R.R. 482
re-entry ban	PIERMONT *v.* FRANCE	(1995) 20 E.H.R.R. 277

NATIONAL SECURITY

access to court	TINNELLY & SONS LTD *v.* UK	(1999) 27 E.H.R.R. 249
deportation	CHAHAL *v.* UK	(1997) 23 E.H.R.R. 414
freedom of expression	HADJIANASTASSIOU *v.* GREECE	(1993) 16 E.H.R.R. 219

NATIONAL SECURITY—*cont.*

interference with correspondence	KLASS & ORS *v.* GERMANY	(1980) 2 E.H.R.R. 214
right to private life	KLASS & ORS *v.* GERMANY	(1980) 2 E.H.R.R. 214
	LEANDER *v.* SWEDEN	(1987) 9 E.H.R.R. 433
	MCVEIGH & ORS *v.* UK	(1983) 5 E.H.R.R. 71

NATIONALISATION

discrimination	LITHGOW *v.* UK	(1986) 8 E.H.R.R. 329
length of proceedings	BEAUMARTIN *v.* FRANCE	(1995) 19 E.H.R.R. 485
public interest	LITHGOW *v.* UK	(1985) 7 E.H.R.R. 56

NATURAL JUSTICE

search and seizure	NATIONAL PANASONIC *v.* EC COMMISSION	(1981) 3 E.H.R.R. 150

NECESSARY IN DEMOCRATIC SOCIETY

abortion counselling	OPEN DOOR COUNSELLING *v.* IRELAND	(1993) 15 E.H.R.R. 245
adoption proceedings	EP *v.* ITALY	(2001) 31 E.H.R.R. 17 at page 463
	KEEGAN *v.* IRELAND	(1994) 18 E.H.R.R. 342
	SÖDERBÄCK *v.* SWEDEN	(2000) 29 E.H.R.R. 95
advertising	BARTHOLD *v.* GERMANY	(1985) 7 E.H.R.R. 383
anti-religious films	OTTO-PREMINGER INSTITUTE *v.* AUSTRIA	(1995) 19 E.H.R.R. 34
arrest for breach of peace	STEEL & ORS *v.* UK	(1999) 28 E.H.R.R. 603
blasphemous libel	GAY NEWS LTD *v.* UK	(1983) 5 E.H.R.R. 123
broadcasting	AUTRONIC AG *v.* SWITZERLAND	(1990) 12 E.H.R.R. 485
	GROPPERA RADIO *v.* SWITZERLAND	(1990) 12 E.H.R.R. 321
	INFORMATIONSVEREIN LENTIA *v.* AUSTRIA	(1994) 17 E.H.R.R. 93
	JERSILD *v.* DENMARK	(1995) 19 E.H.R.R. 1
care proceedings	ANDERSSON *v.* SWEDEN	(1992) 14 E.H.R.R. 615
	JOHANSEN *v.* NORWAY	(1997) 23 E.H.R.R. 33
	K & T *v.* FINLAND	(2001) 31 E.H.R.R. 18 at page 484
	L *v.* FINLAND	(2001) 31 E.H.R.R. 30 at page 737
	OLSSON *v.* SWEDEN (NO. 2)	(1994) 17 E.H.R.R. 135
	RIEME *v.* SWEDEN	(1993) 16 E.H.R.R. 155
communication of medical records	MS *v.* SWEDEN	(1999) 28 E.H.R.R. 313
confidential information	GOODWIN *v.* UK	(1996) 22 E.H.R.R. 123
	OBSERVER & GUARDIAN *v.* UK	(1992) 14 E.H.R.R. 153
	SUNDAY TIMES *v.* UK (NO. 2)	(1992) 14 E.H.R.R. 229
conscripted serviceman	GRIGORIADES *v.* GREECE	(1999) 27 E.H.R.R. 464
counselling	OPEN DOOR COUNSELLING *v.* IRELAND	(1993) 15 E.H.R.R. 245
criminal defamation	DALBAN *v.* ROMANIA	(2001) 31 E.H.R.R. 39 at page 893
	LINGENS & LEITGENS *v.* AUSTRIA	(1986) 8 E.H.R.R. 407
	OBERSCHLICK *v.* AUSTRIA (NO. 2)	(1998) 25 E.H.R.R. 357
	THORGEIRSON *v.* ICELAND	(1992) 14 E.H.R.R. 843
	WORM *v.* AUSTRIA	(1998) 25 E.H.R.R. 454
criticism of government	CASTELLS *v.* SPAIN	(1992) 14 E.H.R.R. 445
custody proceedings	EP *v.* ITALY	(2001) 31 E.H.R.R. 17 at page 463

NECESSARY IN DEMOCRATIC SOCIETY—*cont.*

defamation	ANDREAS WABL *v.* AUSTRIA	(2001) 31 E.H.R.R. 51 at page 1134
	BERGENS TIDENDE *v.* NORWAY	(2001) 31 E.H.R.R. 16 at page 430
	BLADET TROMSØ & STENSAAS *v.* NORWAY	(2000) 29 E.H.R.R. 125
	DALBAN *v.* ROMANIA	(2001) 31 E.H.R.R. 39 at page 893
	DE HAES & GIJSELS V. BELGIUM	(1998) 25 E.H.R.R. 1
	LINGENS & LEITGENS *v.* AUSTRIA	(1986) 8 E.H.R.R. 407
	NILSEN & JOHNSEN *v.* NORWAY	(2000) 30 E.H.R.R. 878
	OBERSCHLICK *v.* AUSTRIA (NO. 2)	(1998) 25 E.H.R.R. 357
	PRAGER & OBERSCHLICK *v.* AUSTRIA	(1996) 21 E.H.R.R. 1
	THORGEIRSON *v.* ICELAND	(1992) 14 E.H.R.R. 843
	TOLSTOY *v.* UK	(1995) 20 E.H.R.R. 442
	WORM *v.* AUSTRIA	(1998) 25 E.H.R.R. 454
defence of crimes of collaboration	LEHIDEUX & ISORNI *v.* FRANCE	(2000) 30 E.H.R.R. 665
deportation	BELDJOUDI *v.* FRANCE	(1992) 14 E.H.R.R. 801
	BOUCHELKIA *v.* FRANCE	(1998) 25 E.H.R.R. 686
	BOUGHANEMI *v.* FRANCE	(1996) 22 E.H.R.R. 228
	BOUJLIFA *v.* FRANCE	(2000) 30 E.H.R.R. 419
	C *v.* BELGIUM	(2001) 32 E.H.R.R. 2 at page 19
	EL BOUJAÏDI *v.* FRANCE	(2000) 30 E.H.R.R. 223
	NASRI *v.* FRANCE	(1996) 21 E.H.R.R. 458
detention of suspected terrorists	MURRAY *v.* UK	(1995) 19 E.H.R.R. 193
disclosure of identity and data of third party	Z. *v.* FINLAND	(1998) 25 E.H.R.R. 371
disclosure of information of general interest	FRESSOZ *v.* FRANCE	(2001) 31 E.H.R.R. 2 at page 28
dissolution of political party	ÖZDEP *v.* TURKEY	(2001) 31 E.H.R.R. 27 at page 674
distribution of magazine	VDS ÖSTERREICHS & GUBI *v.* AUSTRIA	(1995) 20 E.H.R.R. 56
	WEEKBLAD BLUF! *v.* NETHERLANDS	(1995) 20 E.H.R.R. 189
election pamphleteer	BOWMAN *v.* UK	(1998) 26 E.H.R.R. 1
entry to home by police	MCLEOD *v.* UK	(1999) 27 E.H.R.R. 493
film classification	WINGROVE *v.* UK	(1997) 24 E.H.R.R. 1
forced closure of newspaper	ÖZGÜR GÜNDEM *v.* TURKEY	(2001) 31 E.H.R.R. 49 at page 1082
forcible examination in mental hospital	MATTER *v.* SLOVAKIA	(2001) 31 E.H.R.R. 32 at page 783
hazardous effects of microwave ovens	HERTEL *v.* SWITZERLAND	(1999) 28 E.H.R.R. 534
homosexual conduct	ADT *v.* UK	(2001) 31 E.H.R.R. 33 at page 803
	DUDGEON *v.* UK	(1982) 4 E.H.R.R. 149
	LUSTIG-PREAN & BECKETT *v.* UK	(2000) 29 E.H.R.R. 548
	SMITH & GRADY *v.* UK	(2000) 29 E.H.R.R. 493
hunting rights on land	CHASSAGNOU & ORS *v.* FRANCE	(2000) 29 E.H.R.R. 615
identity and data of third party	Z. *v.* FINLAND	(1998) 25 E.H.R.R. 371
impartiality of tribunal	GREGORY *v.* UK	(1998) 25 E.H.R.R. 577
incitement of racial hatred	GLIMMERVEEN *v.* NETHERLANDS	(1982) 4 E.H.R.R. 260
	JERSILD *v.* DENMARK	(1995) 19 E.H.R.R. 1

NECESSARY IN DEMOCRATIC SOCIETY—*cont.*

injunction in defamation proceedings	ANDREAS WABL *v.* AUSTRIA	(2001) 31 E.H.R.R. 51 at page1134
insulting municipal guards	JANOWSKI *v.* POLAND	(2000) 29 E.H.R.R. 705
interference with correspondence	CAMPBELL *v.* UK	(1993) 15 E.H.R.R. 137
letter insulting commanding officer	GRIGORIADES *v.* GREECE	(1999) 27 E.H.R.R. 464
licensing	INFORMATIONSVEREIN LENTIA *v.* AUSTRIA	(1994) 17 E.H.R.R. 93
magazine distribution	VDS ÖSTERREICHS & GUBI *v.* AUSTRIA	(1995) 20 E.H.R.R. 56
	WEEKBLAD BLUF! *v.* NETHERLANDS	(1995) 20 E.H.R.R. 189
medical data of third party	Z. *v.* FINLAND	(1998) 25 E.H.R.R. 371
membership of political party	VOGT *v.* GERMANY	(1996) 21 E.H.R.R. 205
oath before holding parliamentary office	BUSCARINI *v.* SAN MARINO	(2000) 30 E.H.R.R. 208
offensive remarks about employer	FUENTES BOBO *v.* SPAIN	(2001) 31 E.H.R.R. 50 at page1115
opinion of judge in public lecture	WILLE *v.* LIECHTENSTEIN	(2000) 30 E.H.R.R. 558
pamphleteer	BOWMAN *v.* UK	(1998) 26 E.H.R.R. 1
photographs of criminal suspect	NEWS VERLAGS GMBH *v.* AUSTRIA	(2001) 31 E.H.R.R. 8 at page 246
pluralism	KOKKINAKIS *v.* GREECE	(1994) 17 E.H.R.R. 397
political activity of aliens	PIERMONT *v.* FRANCE	(1995) 20 E.H.R.R. 277
political article	CEYLAN *v.* TURKEY	(2000) 30 E.H.R.R. 73
political leafletting	INCAL *v.* TURKEY	(2000) 29 E.H.R.R. 449
prison clothing	X *v.* UK	(1983) 5 E.H.R.R. 162
professional body, requirement to join	SIGURJONSSON *v.* ICELAND	(1993) 16 E.H.R.R. 462
promotion of economic wellbeing	GILLOW *v.* UK	(1989) 11 E.H.R.R. 335
proselytism	KOKKINAKIS *v.* GREECE	(1994) 17 E.H.R.R. 397
	LARISSIS *v.* GREECE	(1999) 27 E.H.R.R. 329
public body, interference by	CASADO COCA *v.* SPAIN	(1994) 18 E.H.R.R. 1
publication of book of propaganda	ARSLAN *v.* TURKEY	(2001) 31 E.H.R.R. 9 at page 264
	BASKAYA & OKÇUOGLOU *v.* TURKEY	(2001) 31 E.H.R.R. 10 at page 292
racial hatred	GLIMMERVEEN *v.* NETHERLANDS	(1982) 4 E.H.R.R. 260
	JERSILD *v.* DENMARK	(1995) 19 E.H.R.R. 1
radio station licence	RADIO ABC *v.* AUSTRIA	(1998) 25 E.H.R.R. 185
re-direction of post to trustee in bankruptcy	FOXLEY *v.* UK	(2001) 31 E.H.R.R. 25 at page 637
refusal of planning permission	BUCKLEY *v.* UK	(1997) 23 E.H.R.R. 101
sado-masochistic practices	LASKEY & ORS *v.* UK	(1997) 24 E.H.R.R. 39
satirical films	OTTO-PREMINGER INSTITUTE *v.* AUSTRIA	(1995) 19 E.H.R.R. 34
security check	LEANDER *v.* SWEDEN	(1987) 9 E.H.R.R. 433
telephone tapping	LAMBERT *v.* FRANCE	(2000) 30 E.H.R.R. 346
	MALONE *v.* UK	(1983) 5 E.H.R.R. 385
unauthorised place of worship	MANOUSSAKIS & ORS *v.* GREECE	(1997) 23 E.H.R.R. 387
unfair competition	MARKT INTERN *v.* GERMANY	(1989) 11 E.H.R.R. 212
	MARKT INTERN *v.* GERMANY	(1990) 12 E.H.R.R. 161

NECESSARY IN DEMOCRATIC SOCIETY—*cont.*

usurping functions and uniform of minister SERIF *v.* GREECE (2001) 31 E.H.R.R. 20 at page 561
video classification WINGROVE *v.* UK (1997) 24 E.H.R.R. 1
words spoken to journalist ZANA *v.* TURKEY (1999) 27 E.H.R.R. 667

NEWSPAPERS

defamation proceedings BLADET TROMSØ & STENSAAS *v.* NORWAY (2000) 29 E.H.R.R. 125
forced closure ÖZGÜR GÜNDEM *v.* TURKEY (2001) 31 E.H.R.R. 49 at page 1082

NO PUNISHMENT WITHOUT LAW

foreseeability BASKAYA & OKÇUOGLOU *v.* TURKEY (2001) 31 E.H.R.R. 10 at page 292
proselytism LARISSIS *v.* GREECE (1999) 27 E.H.R.R. 329
publication of book of propaganda BASKAYA & OKÇUOGLOU *v.* TURKEY (2001) 31 E.H.R.R. 10 at page 292

NOMINATION OF REPRESENTATIVE

entitlement DE WILDE, OOMS & VERSYP *v.* BELGIUM (1979) 1 E.H.R.R. 373
procedure DE WILDE, OOMS & VERSYP *v.* BELGIUM (1979) 1 E.H.R.R. 373
LAWLESS *v.* IRELAND (NO. 2) (1979) 1 E.H.R.R. 13

NON-DISCLOSURE OF DOCUMENTS

pension rights MCGINLEY *v.* UK (1999) 27 E.H.R.R. 1

NON-EXHAUSTION OF LOCAL REMEDIES

Also see EXHAUSTION OF LOCAL REMEDIES
admissibility decisions APP. 9097/80 *v.* BELGIUM (1983) 5 E.H.R.R. 280
APP. 9107/80 *v.* BELGIUM (1983) 5 E.H.R.R. 282
APP. 9360/81 *v.* IRELAND (1983) 5 E.H.R.R. 506
APP. 9506/81 *v.* BELGIUM (1983) 5 E.H.R.R. 508
APP. 9515/81 *v.* UK (1983) 5 E.H.R.R. 272
APP. 9576/81 *v.* UK (1983) 5 E.H.R.R. 509
APP. 9595/81 *v.* FRANCE (1983) 5 E.H.R.R. 509
BANSTONIAN *v.* UK (1983) 5 E.H.R.R. 498
ENGLISH ELECTRIC CO. *v.* UK (1983) 5 E.H.R.R. 498
LITHGOW *v.* UK (1983) 5 E.H.R.R. 491
VICKERS PLC *v.* UK (1983) 5 E.H.R.R. 499
VOSPER PLC *v.* UK (1983) 5 E.H.R.R. 496
YARROW PLC *v.* UK (1983) 5 E.H.R.R. 498
preliminary objections A. *v.* FRANCE (1994) 17 E.H.R.R. 462
ABDOELLA *v.* NETHERLANDS (1995) 20 E.H.R.R. 585
AHMET SADIK *v.* GREECE (1997) 24 E.H.R.R. 323
AKDIVAR *v.* TURKEY (1997) 23 E.H.R.R. 143
AKKUS *v.* TURKEY (2000) 30 E.H.R.R. 365
AKSOY *v.* TURKEY (1997) 23 E.H.R.R. 553
ANDRONICOU *v.* CYPRUS (1998) 25 E.H.R.R. 491
ANKERL *v.* SWITZERLAND (2001) 32 E.H.R.R. 1 at page 1
AQUILINA *v.* MALTA (2000) 29 E.H.R.R. 185
ARSLAN *v.* TURKEY (2001) 31 E.H.R.R. 9 at page 264
ASSENOV & ORS *v.* BULGARIA (1999) 28 E.H.R.R. 652

NON-EXHAUSTION OF LOCAL REMEDIES—*cont.*

ATHANASSOGLOU *v.* SWITZERLAND	(2001) 31 E.H.R.R. 13 at page 372
AYDIN *v.* TURKEY	(1998) 25 E.H.R.R. 251
AYTEKIN *v.* TURKEY	(2001) 32 E.H.R.R. 22 at page 501
BAHADDAR *v.* NETHERLANDS	(1998) 26 E.H.R.R. 278
BASKAYA & OKÇUOGLOU *v.* TURKEY	(2001) 31 E.H.R.R. 10 at page 292
BEIS *v.* GREECE	(1998) 25 E.H.R.R. 335
BELZIUK *v.* POLAND	(2000) 30 E.H.R.R. 614
BERNARD *v.* FRANCE	(2000) 30 E.H.R.R. 809
BOTTEN *v.* NORWAY	(2001) 32 E.H.R.R. 3 at page 37
BRICMONT *v.* BELGIUM	(1990) 12 E.H.R.R. 217
BURGHARTZ *v.* SWITZERLAND	(1994) 18 E.H.R.R. 79
BUSCARINI *v.* SAN MARINO	(2000) 30 E.H.R.R. 208
ÇAKICI *v.* TURKEY	(2001) 31 E.H.R.R. 5 at page 133
CASTELLS *v.* SPAIN	(1992) 14 E.H.R.R. 445
ÇIRAKLAR *v.* TURKEY	(2001) 32 E.H.R.R. 23 at page 535
CIVET *v.* FRANCE	(2001) 31 E.H.R.R. 38 at page 871
COOKE *v.* AUSTRIA	(2001) 31 E.H.R.R. 11 at page 338
CORIGLIANO *v.* ITALY	(1983) 5 E.H.R.R. 334
CRÉMIEUX *v.* FRANCE	(1993) 16 E.H.R.R. 357
DE JONG & ORS *v.* NETHERLANDS	(1986) 8 E.H.R.R. 20
DE MOOR *v.* BELGIUM	(1994) 18 E.H.R.R. 372
DEMICOLA *v.* MALTA	(1992) 14 E.H.R.R. 47
DEMIRTEPE *v.* FRANCE	(2001) 31 E.H.R.R. 28 at page 708
ERGI *v.* TURKEY	(2001) 32 E.H.R.R. 18 at page 388
ERKALO *v.* NETHERLANDS	(1999) 28 E.H.R.R. 509
FAYED *v.* UK	(1994) 18 E.H.R.R. 394
FRESSOZ *v.* FRANCE	(2001) 31 E.H.R.R. 2 at page 28
GASUS DOSIER *v.* NETHERLANDS	(1995) 20 E.H.R.R. 403
GAUTRIN & ORS *v.* FRANCE	(1999) 28 E.H.R.R. 196
GRANGER *v.* UK	(1990) 12 E.H.R.R. 469
GUERRA & ORS *v.* ITALY	(1998) 26 E.H.R.R. 357
GUILLEMIN *v.* FRANCE	(1998) 25 E.H.R.R. 435
GÜLEÇ *v.* TURKEY	(1999) 28 E.H.R.R. 121
GÜNDEM *v.* TURKEY	(2001) 32 E.H.R.R. 17 at page 350
HAUSCHILDT *v.* DENMARK	(1990) 12 E.H.R.R. 266
HENTRICH *v.* FRANCE	(1994) 18 E.H.R.R. 440
HIGGINS & ORS *v.* FRANCE	(1999) 27 E.H.R.R. 704
HOLY MONASTERIES *v.* GREECE	(1995) 20 E.H.R.R. 1
HORNSBY *v.* GREECE	(1997) 24 E.H.R.R. 251
IATRIDIS *v.* GREECE	(2000) 30 E.H.R.R. 97
IMMOBILIARE *v.* ITALY	(2000) 30 E.H.R.R. 756
K-F *v.* GERMANY	(1998) 26 E.H.R.R. 390
KALAC *v.* TURKEY	(1999) 27 E.H.R.R. 552
KATIKARIDIS & ORS *v.* GREECE	(2001) 32 E.H.R.R. 6 at page 113
KATTE KLITSCHE *v.* ITALY	(1995) 19 E.H.R.R. 368
KEEGAN *v.* IRELAND	(1994) 18 E.H.R.R. 342
KOPP *v.* SWITZERLAND	(1999) 27 E.H.R.R. 91

NON-EXHAUSTION OF LOCAL REMEDIES—*cont.*

	KREMZOW *v.* AUSTRIA	(1994) 17 E.H.R.R. 323
	KURT *v.* TURKEY	(1999) 27 E.H.R.R. 375
	LOPEZ OSTRA *v.* SPAIN	(1995) 20 E.H.R.R. 277
	MANOUSSAKIS & ORS *v.* GREECE	(1997) 23 E.H.R.R. 387
	MCGINLEY *v.* UK	(1999) 27 E.H.R.R. 1
	MENTES *v.* TURKEY	(1998) 26 E.H.R.R. 595
	MIAILHE *v.* FRANCE	(1993) 16 E.H.R.R. 333
	MIAILHE *v.* FRANCE (NO. 2)	(1997) 23 E.H.R.R. 491
	MOREIRA DE AZEVEDO *v.* PORTUGAL	(1991) 13 E.H.R.R. 721
	NAVARRA *v.* FRANCE	(1994) 17 E.H.R.R. 594
	NIKOLOVA *v.* BULGARIA	(2001) 31 E.H.R.R. 3 at page 64
	OGUR *v.* TURKEY	(2001) 31 E.H.R.R. 40 at page 912
	OPEN DOOR COUNSELLING *v.* IRELAND	(1993) 15 E.H.R.R. 245
	PFEIFER *v.* AUSTRIA	(1992) 14 E.H.R.R. 692
	PINE VALLEY *v.* IRELAND	(1992) 14 E.H.R.R. 319
	PRESSOS COMPANIA NAVIERA *v.* BELGIUM	(1996) 21 E.H.R.R. 301
	PRINZ *v.* AUSTRIA	(2001) 31 E.H.R.R. 12 at page 357
	QUINN *v.* FRANCE	(1996) 21 E.H.R.R. 529
	RANINEN *v.* FINLAND	(1998) 26 E.H.R.R. 563
	REMLI *v.* FRANCE	(1996) 22 E.H.R.R. 253
	RIEME *v.* SWEDEN	(1993) 16 E.H.R.R. 155
	RMD *v.* SWITZERLAND	(1999) 28 E.H.R.R. 224
	SAIDI *v.* FRANCE	(1994) 17 E.H.R.R. 251
	SAINTE-MARIE *v.* FRANCE	(1993) 16 E.H.R.R. 116
	SELÇUK & ASKER *v.* TURKEY	(1998) 26 E.H.R.R. 478
	SELMOUNI *v.* FRANCE	(2000) 29 E.H.R.R. 365
	SIDIROPOLOUS & ORS *v.* GREECE	(1999) 27 E.H.R.R. 633
	SPADEA *v.* ITALY	(1996) 21 E.H.R.R. 482
	STRAN GREEK REFINERIES *v.* GREECE	(1995) 19 E.H.R.R. 293
	TOMASI *v.* FRANCE	(1993) 15 E.H.R.R. 1
	TW *v.* MALTA	(2000) 29 E.H.R.R. 185
	V. *v.* UK	(2000) 30 E.H.R.R. 121
	VASILESCU *v.* ROMANIA	(1999) 28 E.H.R.R. 241
	VERNILLO *v.* FRANCE	(1991) 13 E.H.R.R. 880
	YAĞCI & SARGIN *v.* TURKEY	(1995) 20 E.H.R.R. 505
	YAGIZ *v.* TURKEY	(1996) 22 E.H.R.R. 573
	YASA *v.* TURKEY	(1999) 28 E.H.R.R. 409
	ZANA *v.* TURKEY	(1999) 27 E.H.R.R. 667
preliminary pleas	ARTICO *v.* ITALY	(1981) 3 E.H.R.R. 1
	GUZZARDI *v.* ITALY	(1981) 3 E.H.R.R. 333
	FOTI *v.* ITALY	(1983) 5 E.H.R.R. 313
preliminary ruling	AIREY *v.* IRELAND	(1980) 2 E.H.R.R. 305
	KOLOMPAR *v.* BELGIUM	(1993) 16 E.H.R.R. 197

NON-GOVERNMENTAL ORGANISATIONS

preliminary objections	HOLY MONASTERIES *v.* GREECE	(1995) 20 E.H.R.R. 1

NON-MATERIAL DAMAGE

	OLSSON *v.* SWEDEN	(1989) 11 E.H.R.R. 259
	PUWELS *v.* BELGIUM	(1989) 11 E.H.R.R. 238
	SCHÖNENBERGER *v.* SWITZERLAND	(1989) 11 E.H.R.R. 202

NON-MATERIAL PREJUDICE

	DE JONG & ORS *v.* NETHERLANDS	(1986) 8 E.H.R.R. 20
	DUINHOF *v.* NETHERLANDS	(1991) 13 E.H.R.R. 478
	VAN DER SLUIJS *v.* NETHERLANDS	(1991) 13 E.H.R.R. 461

NON-PAYMENT OF COMMUNITY CHARGE

lawfulness of detention	BENHAM *v.* UK	(1996) 22 E.H.R.R. 295
	PERKS & ORS *v.* UK	(2000) 30 E.H.R.R. 33

NON-PECUNIARY INJURY/LOSS

	A. *v.* UK	(1999) 27 E.H.R.R. 611
	ABDOELLA *v.* NETHERLANDS	(1995) 20 E.H.R.R. 585
	ADT *v.* UK	(2001) 31 E.H.R.R. 33 at page 803
	AERTS *v.* BELGIUM	(2000) 29 E.H.R.R. 50
	AKKUS *v.* TURKEY	(2000) 30 E.H.R.R. 365
	ARTICO *v.* ITALY	(1981) 3 E.H.R.R. 1
	ASSENOV & ORS *v.* BULGARIA	(1999) 28 E.H.R.R. 652
	AYDIN *v.* TURKEY	(1998) 25 E.H.R.R. 251
	B. *v.* FRANCE	(1993) 16 E.H.R.R. 1
	BAGGETTA *v.* ITALY	(1988) 10 E.H.R.R. 325
	BASKAYA & OKÇUOGLOU *v.* TURKEY	(2001) 31 E.H.R.R. 10 at page 292
	BEZICHERI *v.* ITALY	(1990) 12 E.H.R.R. 210
	BÖNISCH *v.* AUSTRIA	(1991) 13 E.H.R.R. 409
	CABALLERO *v.* UK	(2000) 30 E.H.R.R. 643
	ÇAKICI *v.* TURKEY	(2001) 31 E.H.R.R. 5 at page 133
	CAMPBELL & COSANS *v.* UK	(1982) 4 E.H.R.R. 293
	CANEA CATHOLIC CHURCH *v.* GREECE	(1999) 27 E.H.R.R. 521
	CEYLAN *v.* TURKEY	(2000) 30 E.H.R.R. 73
	CHASSAGNOU & ORS *v.* FRANCE	(2000) 29 E.H.R.R. 615
	COOKE *v.* AUSTRIA	(2001) 31 E.H.R.R. 11 at page 338
	CRÉMIEUX *v.* FRANCE	(1993) 16 E.H.R.R. 357
	CURLEY *v.* UK	(2001) 31 E.H.R.R. 14 at page 401
	DALBAN *v.* ROMANIA	(2001) 31 E.H.R.R. 39 at page 893
	DE CUBBER *v.* BELGIUM	(1991) 13 E.H.R.R. 422
	DE MOOR *v.* BELGIUM	(1994) 18 E.H.R.R. 372
	DEMIRTEPE *v.* FRANCE	(2001) 31 E.H.R.R. 28 at page 708
	DEUMELAND *v.* GERMANY	(1986) 8 E.H.R.R. 448
	DOBBERTIN *v.* FRANCE	(1993) 16 E.H.R.R. 558
	EP *v.* ITALY	(2001) 31 E.H.R.R. 17 at page 463
	ERGI *v.* TURKEY	(2001) 32 E.H.R.R. 18 at page 388
	ERIKSSON *v.* SWEDEN	(1990) 12 E.H.R.R. 183
	F.E. *v.* FRANCE	(2000) 29 E.H.R.R. 591
	FELDBRUGGE *v.* NETHERLANDS	(1991) 13 E.H.R.R. 571
	FOTI *v.* ITALY	(1991) 13 E.H.R.R. 568
	FREDIN *v.* SWEDEN	(1991) 13 E.H.R.R. 784
	FRESSOZ *v.* FRANCE	(2001) 31 E.H.R.R. 2 at page 28
	FUENTES BOBO *v.* SPAIN	(2001) 31 E.H.R.R. 50 at page 1115
	FUNKE *v.* FRANCE	(1993) 16 E.H.R.R. 297

NON-PECUNIARY INJURY/LOSS—*cont.*

GASKIN *v.* UK	(1990) 12 E.H.R.R. 36
GODDI *v.* ITALY	(1984) 6 E.H.R.R. 457
GS *v.* AUSTRIA	(2001) 31 E.H.R.R. 21 at page 576
GUERRA & ORS *v.* ITALY	(1998) 26 E.H.R.R. 357
GÜLEÇ *v.* TURKEY	(1999) 28 E.H.R.R. 121
H. *v.* BELGIUM	(1988) 10 E.H.R.R. 339
H. *v.* FRANCE	(1990) 12 E.H.R.R. 74
H. *v.* UK	(1991) 13 E.H.R.R. 449
HELMERS *v.* SWEDEN	(1993) 15 E.H.R.R. 285
HOOD *v.* UK	(2000) 29 E.H.R.R. 365
HOWARTH *v.* UK	(2001) 31 E.H.R.R. 37 at page 861
IGNACCOLO-ZENIDE *v.* ROMANIA	(2001) 31 E.H.R.R. 7
IMMOBILIARE *v.* ITALY	(2000) 30 E.H.R.R. 756
INCAL *v.* TURKEY	(2000) 29 E.H.R.R. 449
JACOBSSON *v.* SWEDEN	(1991) 13 E.H.R.R. 79
JAMIL *v.* FRANCE	(1996) 21 E.H.R.R. 65
JERSILD *v.* DENMARK	(1995) 19 E.H.R.R. 1
K & T *v.* FINLAND	(2001) 31 E.H.R.R. 18 at page 484
KAYA *v.* TURKEY	(1999) 28 E.H.R.R. 1
KEEGAN *v.* IRELAND	(1994) 18 E.H.R.R. 342
KHALFAOUI *v.* FRANCE	(2001) 31 E.H.R.R. 42 at page 967
KOKKINAKIS *v.* GREECE	(1994) 17 E.H.R.R. 397
KRCMÁR *v.* CZECH REPUBLIC	(2001) 31 E.H.R.R. 41 at page 953
KURT *v.* TURKEY	(1999) 27 E.H.R.R. 375
LAMBERT *v.* FRANCE	(2000) 30 E.H.R.R. 346
LAMY *v.* BELGIUM	(1989) 11 E.H.R.R. 529
LARISSIS *v.* GREECE	(1999) 27 E.H.R.R. 329
LARKOS *v.* CYPRUS	(2000) 30 E.H.R.R. 597
LE CALVEZ *v.* FRANCE	(2001) 32 E.H.R.R. 21 at page 481
LE COMPTE & ORS *v.* BELGIUM	(1983) 5 E.H.R.R. 183
LUSTIG-PREAN & BECKETT *v.* UK	(2001) 31 E.H.R.R. 23 at page 601
MAJ *v.* ITALY	(1992) 14 E.H.R.R. 405
MAVRONICHIS *v.* CYPRUS	(2001) 31 E.H.R.R. 54 at page 1186
MEGYERI *v.* GERMANY	(1993) 15 E.H.R.R. 584
MEHEMI *v.* FRANCE	(2000) 30 E.H.R.R. 739
MILASI *v.* ITALY	(1988) 10 E.H.R.R. 333
MINELLI *v.* SWITZERLAND	(1983) 5 E.H.R.R. 554
MOREIRA DE AZEVEDO *v.* PORTUGAL	(1992) 14 E.H.R.R. 113
MOTTA *v.* ITALY	(1992) 14 E.H.R.R. 432
NEVES E SILVA *v.* PORTUGAL	(1991) 13 E.H.R.R. 535
O. *v.* UK	(1991) 13 E.H.R.R. 578
OGUR *v.* TURKEY	(2001) 31 E.H.R.R. 40 at page 912
OLDHAM *v.* UK	(2001) 31 E.H.R.R. 34 at page 813
OLSSON *v.* SWEDEN (NO. 2)	(1994) 17 E.H.R.R. 135
ÖZGÜR GÜNDEM *v.* TURKEY	(2001) 31 E.H.R.R. 49 at page 1082
PAFITIS & ORS *v.* GREECE	(1999) 27 E.H.R.R. 567
PAILOT *v.* FRANCE	(2000) 30 E.H.R.R. 328
PAKELLI *v.* GERMANY	(1984) 6 E.H.R.R. 1

NON-PECUNIARY INJURY/LOSS—*cont.*

PAPAMICHALOPOLOUS *v.* GREECE (1996) 21 E.H.R.R. 439
PELISSIER & SASSI *v.* FRANCE (2000) 30 E.H.R.R. 715
PERKS & ORS *v.* UK (2000) 30 E.H.R.R. 33
PHILIS *v.* GREECE (1991) 13 E.H.R.R. 741
PHILIS *v.* GREECE (NO. 2) (1998) 25 E.H.R.R. 417
PINE VALLEY *v.* IRELAND (1993) 16 E.H.R.R. 379
PUDAS *v.* SWEDEN (1988) 10 E.H.R.R. 380
R. *v.* UK (1991) 13 E.H.R.R. 457
RANINEN *v.* FINLAND (1998) 26 E.H.R.R. 563
RIBITSCH *v.* AUSTRIA (1996) 21 E.H.R.R. 573
RIERA BLUME & ORS *v.* SPAIN (2000) 30 E.H.R.R. 632
ROWE & DAVIS *v.* UK (2000) 30 E.H.R.R. 1
S. *v.* SWITZERLAND (1992) 14 E.H.R.R. 670
SAKIK & ORS *v.* TURKEY (1998) 26 E.H.R.R. 662
SANTILLI *v.* ITALY (1992) 14 E.H.R.R. 421
SCHÖNENBERGER *v.* SWITZERLAND (1989) 11 E.H.R.R. 202
SCUDERI *v.* ITALY (1995) 19 E.H.R.R. 187
SELÇUK & ASKER *v.* TURKEY (1998) 26 E.H.R.R. 478
SELMOUNI *v.* FRANCE (2000) 29 E.H.R.R. 403
SERIF *v.* GREECE (2001) 31 E.H.R.R. 20 at page 561
SMITH & GRADY *v.* UK (2001) 31 E.H.R.R. 24 at page 620
SOCIALIST PARTY *v.* TURKEY (1999) 27 E.H.R.R. 51
STEEL & ORS *v.* UK (1999) 28 E.H.R.R. 603
TANRIKULU *v.* TURKEY (2000) 30 E.H.R.R. 950
TEIXERA DE CASTRO *v.* PORTUGAL (1999) 28 E.H.R.R. 101
TEKIN *v.* TURKEY (2001) 31 E.H.R.R. 4 at page 95
THLIMMENOS *v.* GREECE (2001) 31 E.H.R.R. 15 at page 411
TINNELLY & SONS LTD *v.* UK (1999) 27 E.H.R.R. 249
TOMASI *v.* FRANCE (1993) 15 E.H.R.R. 1
UNTERPERTINGER *v.* AUSTRIA (1991) 13 E.H.R.R. 175
VALLÉE *v.* FRANCE (1994) 18 E.H.R.R. 549
VAN DER LEER *v.* NETHERLANDS (1990) 12 E.H.R.R. 567
VAN DROOGENBROECK *v.* NETHERLANDS (1991) 13 E.H.R.R. 546
VAN GEYSEGHEM *v.* BELGIUM (2001) 32 E.H.R.R. 24 at page 554
VASILESCU *v.* ROMANIA (1999) 28 E.H.R.R. 241
W. *v.* UK (1991) 13 E.H.R.R. 453
WILLE *v.* LIECHTENSTEIN (2000) 30 E.H.R.R. 558
WR *v.* AUSTRIA (2001) 31 E.H.R.R. 43 at page 985
YOUNG, JAMES & WEBSTER *v.* UK (1983) 5 E.H.R.R. 201
X & Y *v.* NETHERLANDS (1986) 8 E.H.R.R. 235
YAĞCI & SARGIN *v.* TURKEY (1995) 20 E.H.R.R. 505
ZANA *v.* TURKEY (1999) 27 E.H.R.R. 667
ZANDER *v.* SWEDEN (1994) 18 E.H.R.R. 175
ZIELINSKI & ORS *v.* FRANCE (2001) 31 E.H.R.R. 19 at page 532
ZIMMERMANN *v.* GERMANY (1984) 6 E.H.R.R. 17

NUCLEAR POWER STATIONS

admissibility decisions APP. 9331/81 *v.* GERMANY (1983) 5 E.H.R.R. 287
extension of operating licence BALMER-SCHAFROTH *v.* SWITZERLAND (1998) 25 E.H.R.R. 598

NUCLEAR POWER STATIONS—*cont.*

opposition to operating licence	ATHANASSOGLOU *v.* SWITZERLAND	(2001) 31 E.H.R.R. 13 at page 372

NUCLEAR TESTS

access to records	MCGINLEY *v.* UK	(1999) 27 E.H.R.R. 1
failure to safeguard child of serviceman	LCB *v.* UK	(1999) 27 E.H.R.R. 212

NULLEM CRIMEM, NULLA POENA SINE LEGE

proselytism	LARISSIS *v.* GREECE	(1999) 27 E.H.R.R. 329
publication of book of propaganda	BASKAYA & OKÇUOGLOU *v.* TURKEY	(2001) 31 E.H.R.R. 10 at page 292

OATH BEFORE HOLDING PARLIAMENTARY OFFICE

objection to taking	BUSCARINI *v.* SAN MARINO	(2000) 30 E.H.R.R. 208

OBLIGATION TO SECURE RIGHTS AND FREEDOMS [Art. 1]

additional violation, and	IRELAND *v.* UK	(1980) 2 E.H.R.R. 25

OBSCENE BOOKS

protection of morals	HANDYSIDE *v.* UK	(1979) 1 E.H.R.R. 737

OBSERVATIONS OF APPLICANT

time of consideration	LAWLESS *v.* IRELAND (NO. 1)	(1979) 1 E.H.R.R. 1

OCCUPATION OF TERRITORY

missing persons	CYPRUS *v.* TURKEY	(1993) 15 E.H.R.R. 509

OPERATING LICENCES

extension	BALMER-SCHAFROTH *v.* SWITZERLAND	(1998) 25 E.H.R.R. 598
opposition	ATHANASSOGLOU *v.* SWITZERLAND	(2001) 31 E.H.R.R. 13 at page 372

ORAL HEARING

care proceedings	L *v.* FINLAND	(2001) 31 E.H.R.R. 30 at page 737
civil proceedings	FISCHER *v.* AUSTRIA	(1995) 20 E.H.R.R. 349
	HELLE *v.* FINLAND	(1998) 26 E.H.R.R. 159
	HELMERS *v.* SWEDEN	(1993) 15 E.H.R.R. 285
	L *v.* FINLAND	(2001) 31 E.H.R.R. 30 at page 737
	PARDO *v.* FRANCE	(1994) 17 E.H.R.R. 383
criminal proceedings	HELMERS *v.* SWEDEN	(1993) 15 E.H.R.R. 285
	JJ *v.* NETHERLANDS	(1999) 28 E.H.R.R. 169
	RAVNSBORG *v.* SWEDEN	(1994) 18 E.H.R.R. 38

PACIFISM

nature of philosophy	ARROWSMITH *v.* UK	(1981) 3 E.H.R.R. 218

PARDON

friendly settlement	RUBINAT *v.* ITALY	(1985) 7 E.H.R.R. 512

PARDON—*cont.*

just satisfaction	NEUMEISTER *v.* AUSTRIA (NO. 2)	(1979) 1 E.H.R.R. 136

PARENTAL RIGHTS

admissibility decisions	APP. 8893/80 *v.* AUSTRIA	(1983) 5 E.H.R.R. 502
	APP. 9103/80 *v.* NETHERLANDS	(1983) 5 E.H.R.R. 503
	APP. 9290/81 *v.* NETHERLANDS	(1983) 5 E.H.R.R. 597
	APP. 9843/82 *v.* UK	(1983) 5 E.H.R.R. 488
	APP. 9867/82 *v.* UK	(1983) 5 E.H.R.R. 489
transsexuality	X, Y & Z *v.* UK	(1997) 24 E.H.R.R. 143

PARLIAMENTARY PROCEEDINGS

defamation proceedings	LINGENS & LEITGENS *v.* AUSTRIA	(1982) 4 E.H.R.R. 373

PATENT PROCEEDINGS

impartiality and independence of tribunal	BAT *v.* NETHERLANDS	(1996) 21 E.H.R.R. 409

PATERNITY PROCEEDINGS

admissibility decisions	APP. 9707/82 *v.* SWEDEN	(1983) 5 E.H.R.R. 294
discrimination	RASMUSSEN *v.* DENMARK	(1985) 7 E.H.R.R. 371

PATRIMONIAL RIGHTS

illegitimacy laws	MARCKX *v.* BELGIUM	(1980) 2 E.H.R.R. 330

PEACEFUL ENJOYMENT OF POSSESSIONS [First Protocol, Art. 1]

admissibility decisions	APP. 9355/81 *v.* UK	(1983) 5 E.H.R.R. 276
	GILLOW *v.* UK	(1983) 5 E.H.R.R. 581
collective agreements	GUSTAFSSON *v.* SWEDEN	(1996) 22 E.H.R.R. 409
delay in compensation	AKKUS *v.* TURKEY	(2000) 30 E.H.R.R. 365
deprivation of professional practice	VAN MARLE & ORS *v.* NETHERLANDS	(1986) 8 E.H.R.R. 483
enforcement notices	APP. 9355/81 *v.* UK	(1983) 5 E.H.R.R. 276
eviction from land subject to lease	IATRIDIS *v.* GREECE	(2000) 30 E.H.R.R. 97
expropriation of property	SPORRONG *v.* SWEDEN	(1983) 5 E.H.R.R. 35
forfeiture	AGOSI *v.* UK	(1987) 9 E.H.R.R. 1
inheritance of property	MARCKX *v.* BELGIUM	(1980) 2 E.H.R.R. 330
land consolidation measures	PRÖTSCH *v.* AUSTRIA	(2001) 32 E.H.R.R. 12 at page 255
land-use and development plans	MATOS E SILVA *v.* PORTUGAL	(1997) 24 E.H.R.R. 573
legitimacy of purpose	HENTRICH *v.* FRANCE	(1994) 18 E.H.R.R. 440
legislative interference with private rights	WESTMINSTER'S ESTATE *v.* SWITZERLAND	(1983) 5 E.H.R.R. 440
modification by national law	BRAMELID *v.* SWEDEN	(1983) 5 E.H.R.R. 249
nationalisation	LITHGOW *v.* UK	(1985) 7 E.H.R.R. 56
planning controls	GILLOW *v.* UK	(1983) 5 E.H.R.R. 581
pre-emption rights	HENTRICH *v.* FRANCE	(1994) 18 E.H.R.R. 440
proportionality	HÅKANSSON *v.* SWEDEN	(1991) 13 E.H.R.R. 1
	HENTRICH *v.* FRANCE	(1994) 18 E.H.R.R. 440
	HOLY MONASTERIES *v.* GREECE	(1995) 20 E.H.R.R. 1
	IMMOBILIARE *v.* ITALY	(2000) 30 E.H.R.R. 756
	PRÖTSCH *v.* AUSTRIA	(2001) 32 E.H.R.R. 12 at page 255

PEACEFUL ENJOYMENT OF POSSESSIONS—*cont.*

return of seized possessions	VASILESCU *v.* ROMANIA	(1999) 28 E.H.R.R. 241
search warrants	NIEMIETZ *v.* GERMANY	(1993) 16 E.H.R.R. 97
seized goods	RAIMONDO *v.* ITALY	(1994) 18 E.H.R.R. 237
sequestration of property	VENDITTELLI *v.* ITALY	(1995) 19 E.H.R.R. 464
transfer of monastic estate	HOLY MONASTERIES *v.* GREECE	(1995) 20 E.H.R.R. 1
village development scheme	PHOCAS *v.* FRANCE	(2001) 32 E.H.R.R. 11 at page 221
withdrawal of planning permission	PINE VALLEY *v.* IRELAND	(1992) 14 E.H.R.R. 319

PECUNIARY DAMAGE

Also see COMPENSATION

	ANDERSSON *v.* SWEDEN	(1992) 14 E.H.R.R. 615
	BEAUMARTIN *v.* FRANCE	(1995) 19 E.H.R.R. 485
	BLADET TROMSØ & STENSAAS *v.* NORWAY	(2000) 29 E.H.R.R. 125
	BOCK *v.* GERMANY	(1990) 12 E.H.R.R. 247
	ÇAKICI *v.* TURKEY	(2001) 31 E.H.R.R. 5 at page 133
	CAMPBELL & FELL *v.* UK	(1985) 7 E.H.R.R. 165
	DARBY *v.* SWEDEN	(1991) 13 E.H.R.R. 774
	DE CUBBER *v.* BELGIUM	(1991) 13 E.H.R.R. 422
	DELTA *v.* FRANCE	(1993) 16 E.H.R.R. 574
	GUINCHO *v.* PORTUGAL	(1985) 7 E.H.R.R. 223
	HENTRICH *v.* FRANCE	(1996) 21 E.H.R.R. 199
	IMMOBILIARE *v.* ITALY	(2000) 30 E.H.R.R. 756
	JERSILD *v.* DENMARK	(1995) 19 E.H.R.R. 1
	KEEGAN *v.* IRELAND	(1994) 18 E.H.R.R. 342
	KÖNIG *v.* GERMANY	(1980) 2 E.H.R.R. 469
	LAMY *v.* BELGIUM	(1989) 11 E.H.R.R. 529
	LECHNER & HESS *v.* AUSTRIA	(1987) 9 E.H.R.R. 490
	LOPEZ OSTRA *v.* SPAIN	(1995) 20 E.H.R.R. 277
	LOUKANOV *v.* BULGARIA	(1997) 24 E.H.R.R. 121
	LUSTIG-PREAN & BECKETT *v.* UK	(2001) 31 E.H.R.R. 23 at page 601
	MCMICHAEL *v.* UK	(1995) 20 E.H.R.R. 205
	MOUSTAQUIM *v.* BELGIUM	(1991) 13 E.H.R.R. 802
	OBERSCHLICK *v.* AUSTRIA	(1995) 19 E.H.R.R. 389
	OBERSCHLICK *v.* AUSTRIA (NO. 2)	(1998) 25 E.H.R.R. 357
	OPEN DOOR COUNSELLING *v.* IRELAND	(1993) 15 E.H.R.R. 245
	ÖZGÜR GÜNDEM *v.* TURKEY	(2001) 31 E.H.R.R. 49 at page 1082
	PAPAMICHALOPOLOUS *v.* GREECE	(1996) 21 E.H.R.R. 439
	PINE VALLEY *v.* IRELAND	(1993) 16 E.H.R.R. 379
	RINGEISEN *v.* AUSTRIA (NO. 2)	(1979) 1 E.H.R.R. 504
	SCHMIDT *v.* GERMANY	(1994) 18 E.H.R.R. 513
	SELÇUK & ASKER *v.* TURKEY	(1998) 26 E.H.R.R. 478
	SILVA PONTES *v.* PORTUGAL	(1994) 18 E.H.R.R. 156
	SMITH & GRADY *v.* UK	(2001) 31 E.H.R.R. 24 at page 620
	SRAMEK *v.* AUSTRIA	(1985) 7 E.H.R.R. 351
	STRAN GREEK REFINERIES *v.* GREECE	(1995) 19 E.H.R.R. 293
	TEIXERA DE CASTRO *v.* PORTUGAL	(1999) 28 E.H.R.R. 101
	TINNELLY & SONS LTD *v.* UK	(1999) 27 E.H.R.R. 249
	TOMASI *v.* FRANCE	(1993) 15 E.H.R.R. 1

PECUNIARY DAMAGE—*cont.*

	UNIÓN ALIMENTARIA SANDERS *v.* SPAIN	(1990) 12 E.H.R.R. 24
	UNTERPERTINGER *v.* AUSTRIA	(1991) 13 E.H.R.R. 175
	VASILESCU *v.* ROMANIA	(1999) 28 E.H.R.R. 241
	YOUNG, JAMES & WEBSTER *v.* UK	(1983) 5 E.H.R.R. 201

PENDING LITIGATION

newspaper article as contempt	SUNDAY TIMES *v.* UK	(1980) 2 E.H.R.R. 245

PENSION RIGHTS

assessment	LOBO MACHADO *v.* PORTUGAL	(1997) 23 E.H.R.R. 79
	LOMBARDO *v.* ITALY	(1996) 21 E.H.R.R. 188
	PACCIONE *v.* ITALY	(1995) 20 E.H.R.R. 396
	SCHULER-ZGRAGGEN *v.* SWITZERLAND	(1996) 21 E.H.R.R. 404
enhancement	LOMBARDO *v.* ITALY	(1996) 21 E.H.R.R. 188
nature of rights	LOBO MACHADO *v.* PORTUGAL	(1997) 23 E.H.R.R. 79
	MASSA *v.* ITALY	(1994) 18 E.H.R.R. 266
non-disclosure of documents	MCGINLEY *v.* UK	(1999) 27 E.H.R.R. 1
public hearing	PAUGER *v.* AUSTRIA	(1998) 25 E.H.R.R. 105
reasonable time to bring case to trial	AUSIELLO *v.* ITALY	(1997) 24 E.H.R.R. 568
	SÜSSMANN *v.* GERMANY	(1998) 25 E.H.R.R. 64

PERSONAL DATA, AUTOMATIC PROCESSING OF

EC CONVENTION		(1981) 3 E.H.R.R. 440

PHARMACEUTICALS, ADVERTISING OF

admissibility decisions	APP. 9664/82 *v.* SWEDEN	(1983) 5 E.H.R.R. 510

PHARMACY LICENCES

reasonable time to bring to trial	GS *v.* AUSTRIA	(2001) 31 E.H.R.R. 21 at page 576

PHILOSOPHICAL CONVICTIONS

corporal punishment	CAMPBELL & COSANS *v.* UK	(1981) 3 E.H.R.R. 531
	CAMPBELL & COSANS *v.* UK	(1982) 4 E.H.R.R. 293
	MR & MRS X. *v.* UK	(1983) 5 E.H.R.R. 265
	X, Y & Z *v.* SWEDEN	(1983) 5 E.H.R.R. 147
mathematics	MR & MRS X. *v.* GERMANY	(1983) 5 E.H.R.R. 276

PHOTOGRAPHING OF SUSPECTS

terrorists	MCVEIGH & ORS *v.* UK	(1983) 5 E.H.R.R. 71
	MURRAY *v.* UK	(1995) 19 E.H.R.R. 193

PLANNING PERMISSION

adjournment of application	PHOCAS *v.* FRANCE	(2001) 32 E.H.R.R. 11 at page 221
peaceful enjoyment	PHOCAS *v.* FRANCE	(2001) 32 E.H.R.R. 11 at page 221
	PINE VALLEY *v.* IRELAND	(1992) 14 E.H.R.R. 319
reasonable time to bring case to trial	PHOCAS *v.* FRANCE	(2001) 32 E.H.R.R. 11 at page 221
withdrawal	PINE VALLEY *v.* IRELAND	(1992) 14 E.H.R.R. 319

PLURALISM

religious proselytism KOKKINAKIS *v.* GREECE (1994) 17 E.H.R.R. 397

POLICE, COMPLAINTS AGAINST

reasonable time to bring to trial SELMOUNI *v.* FRANCE (2000) 29 E.H.R.R. 403

POLICE OFFICERS

political activity REKVÉNYI *v.* HUNGARY (2000) 30 E.H.R.R. 519

POLITICAL ACTIVITY

aliens PIERMONT *v.* FRANCE (1995) 20 E.H.R.R. 277
local government officers AHMED & ORD *v.* UK (2000) 29 E.H.R.R. 1
police REKVÉNYI *v.* HUNGARY (2000) 30 E.H.R.R. 519

POLITICAL ARTICLE

conviction for publication CEYLAN *v.* TURKEY (2000) 30 E.H.R.R. 73

POLITICAL LEAFLETTING

conviction for publication INCAL *v.* TURKEY (2000) 29 E.H.R.R. 449

POLITICAL PARTY, DISSOLUTION OF

confiscation of assets SOCIALIST PARTY *v.* TURKEY (1999) 27 E.H.R.R. 51
general approach ÖZDEP *v.* TURKEY (2001) 31 E.H.R.R. 27 at page 674
SOCIALIST PARTY *v.* TURKEY (1999) 27 E.H.R.R. 51
TBKP *v.* TURKEY (1998) 26 E.H.R.R. 121
victim of violation ÖZDEP *v.* TURKEY (2001) 31 E.H.R.R. 27 at page 674

POLITICAL PARTY, RIGHT TO JOIN

civil servants VOGT *v.* GERMANY (1996) 21 E.H.R.R. 205
local government officers AHMED & ORD *v.* UK (2000) 29 E.H.R.R. 1
police officers REKVÉNYI *v.* HUNGARY (2000) 30 E.H.R.R. 519

POLITICAL PROPAGANDA

abuse of process AKDIVAR *v.* TURKEY (1997) 23 E.H.R.R. 143
LOIZIDOU *v.* TURKEY (1995) 20 E.H.R.R. 99

POLITICALLY RESTRICTED POSTS

margin of appreciation AHMED & ORD *v.* UK (2000) 29 E.H.R.R. 1

POSITION IN PUBLIC SERVICE, RIGHT TO HOLD

general issues AHMAD *v.* UK (1982) 4 E.H.R.R. 126

PREGNANCY

admissibility decisions APP. 9974/82 *v.* DENMARK (1983) 5 E.H.R.R. 515

PRELIMINARY OBJECTIONS [Art. 26]

Also see PRELIMINARY PLEAS
abuse of process AKDIVAR *v.* TURKEY (1997) 23 E.H.R.R. 143
ANDRONICOU *v.* CYPRUS (1998) 25 E.H.R.R. 491
ASSENOV & ORS *v.* BULGARIA (1999) 28 E.H.R.R. 652
AYDIN *v.* TURKEY (1998) 25 E.H.R.R. 251

PRELIMINARY OBJECTIONS—*cont.*

	BUSCARINI *v.* SAN MARINO	(2000) 30 E.H.R.R. 208
	LOIZIDOU *v.* TURKEY	(1995) 20 E.H.R.R. 99
action out of time	MORGANTI *v.* FRANCE	(1996) 21 E.H.R.R. 34
	SILVA PONTES *v.* PORTUGAL	(1994) 18 E.H.R.R. 156
	ZUBANI *v.* ITALY	(2001) 32 E.H.R.R. 14 at page 297
admissibility	KAYA *v.* TURKEY	(1999) 28 E.H.R.R. 1
	RIEME *v.* SWEDEN	(1993) 16 E.H.R.R. 155
	TERRA WONINGEN *v.* NETHERLANDS	(1997) 24 E.H.R.R. 457
	VALENZUELA CONTRERAS *v.* SPAIN	(1999) 28 E.H.R.R. 483
applicant's pleadings in domestic proceedings	SIBSON *v.* UK	(1994) 17 E.H.R.R. 193
application out of time	HIGGINS & ORS *v.* FRANCE	(1999) 27 E.H.R.R. 704
authenticity of application	ERGI *v.* TURKEY	(2001) 32 E.H.R.R. 18 at page 388
	GÜNDEM *v.* TURKEY	(2001) 32 E.H.R.R. 17 at page 350
"clean hands" doctrine	VAN DER TANG *v.* NETHERLANDS	(1996) 22 E.H.R.R. 363
decision of national court	KOSIEK *v.* GERMANY	(1987) 9 E.H.R.R. 328
estoppel	AYDIN *v.* TURKEY	(1998) 25 E.H.R.R. 251
	CORIGLIANO *v.* ITALY	(1983) 5 E.H.R.R. 334
	DE JONG & ORS *v.* NETHERLANDS	(1986) 8 E.H.R.R. 20
	MANSUR *v.* TURKEY	(1995) 20 E.H.R.R. 535
	OBERMEIER *v.* AUSTRIA	(1991) 13 E.H.R.R. 290
	OGUR *v.* TURKEY	(2001) 31 E.H.R.R. 40 at page 912
	ÖZDEP *v.* TURKEY	(2001) 31 E.H.R.R. 27 at page 674
	TERRA WONINGEN *v.* NETHERLANDS	(1997) 24 E.H.R.R. 457
exhaustion of local remedies	A. *v.* FRANCE	(1994) 17 E.H.R.R. 462
	ABDOELLA *v.* NETHERLANDS	(1995) 20 E.H.R.R. 585
	AHMET SADIK *v.* GREECE	(1997) 24 E.H.R.R. 323
	AKDIVAR *v.* TURKEY	(1997) 23 E.H.R.R. 143
	AKKUS *v.* TURKEY	(2000) 30 E.H.R.R. 365
	AKSOY *v.* TURKEY	(1997) 23 E.H.R.R. 553
	ANDRONICOU *v.* CYPRUS	(1998) 25 E.H.R.R. 491
	ANKERL *v.* SWITZERLAND	(2001) 32 E.H.R.R. 1 at page 1
	AQUILINA *v.* MALTA	(2000) 29 E.H.R.R. 185
	ARSLAN *v.* TURKEY	(2001) 31 E.H.R.R. 9 at page 264
	ASSENOV & ORS *v.* BULGARIA	(1999) 28 E.H.R.R. 652
	ATHANASSOGLOU *v.* SWITZERLAND	(2001) 31 E.H.R.R. 13 at page 372
	AYDIN *v.* TURKEY	(1998) 25 E.H.R.R. 251
	AYTEKIN *v.* TURKEY	(2001) 32 E.H.R.R. 22 at page 501
	B. *v.* FRANCE	(1993) 16 E.H.R.R. 1
	BAHADDAR *v.* NETHERLANDS	(1998) 26 E.H.R.R. 278
	BASKAYA & OKÇUOGLOU *v.* TURKEY	(2001) 31 E.H.R.R. 10 at page 292
	BEIS *v.* GREECE	(1998) 25 E.H.R.R. 335
	BELZIUK *v.* POLAND	(2000) 30 E.H.R.R. 614
	BERNARD *v.* FRANCE	(2000) 30 E.H.R.R. 809
	BOTTEN *v.* NORWAY	(2001) 32 E.H.R.R. 3 at page 37
	BRICMONT *v.* BELGIUM	(1990) 12 E.H.R.R. 217
	BURGHARTZ *v.* SWITZERLAND	(1994) 18 E.H.R.R. 79

PRELIMINARY OBJECTIONS—*cont.*

BUSCARINI *V.* SAN MARINO (2000) 30 E.H.R.R. 208
ÇAKICI *V.* TURKEY (2001) 31 E.H.R.R. 5 at page 133
CARDOT *V.* FRANCE (1991) 13 E.H.R.R. 853
CASTELLS *V.* SPAIN (1992) 14 E.H.R.R. 445
CASTILLO ALGAR *V.* SPAIN (2000) 30 E.H.R.R. 827
ÇIRAKLAR *V.* TURKEY (2001) 32 E.H.R.R. 23 at page 535
CIVET *V.* FRANCE (2001) 31 E.H.R.R. 38 at page 871
COOKE *V.* AUSTRIA (2001) 31 E.H.R.R. 11 at page 338
CORIGLIANO *V.* ITALY (1983) 5 E.H.R.R. 334
CRÉMIEUX *V.* FRANCE (1993) 16 E.H.R.R. 357
DE JONG & ORS *V.* NETHERLANDS (1986) 8 E.H.R.R. 20
DE MOOR *V.* BELGIUM (1994) 18 E.H.R.R. 372
DEMICOLA *V.* MALTA (1992) 14 E.H.R.R. 47
DEMIRTEPE *V.* FRANCE (2001) 31 E.H.R.R. 28 at page 708
DROZD & JANOUSEK *V.* FRANCE & SPAIN (1992) 14 E.H.R.R. 745
ERGI *V.* TURKEY (2001) 32 E.H.R.R. 18 at page 388
ERKALO *V.* NETHERLANDS (1999) 28 E.H.R.R. 509
FAYED *V.* UK (1994) 18 E.H.R.R. 394
FRESSOZ *V.* FRANCE (2001) 31 E.H.R.R. 2 at page 28
GASUS DOSIER *V.* NETHERLANDS (1995) 20 E.H.R.R. 403
GAUTRIN & ORS *V.* FRANCE (1999) 28 E.H.R.R. 196
GRANGER *V.* UK (1990) 12 E.H.R.R. 469
GUERRA & ORS *V.* ITALY (1998) 26 E.H.R.R. 357
GUILLEMIN *V.* FRANCE (1998) 25 E.H.R.R. 435
GÜLEÇ *V.* TURKEY (1999) 28 E.H.R.R. 121
GÜNDEM *V.* TURKEY (2001) 32 E.H.R.R. 17 at page 350
HAUSCHILDT *V.* DENMARK (1990) 12 E.H.R.R. 266
HENTRICH *V.* FRANCE (1994) 18 E.H.R.R. 440
HIGGINS & ORS *V.* FRANCE (1999) 27 E.H.R.R. 704
HOLY MONASTERIES *V.* GREECE (1995) 20 E.H.R.R. 1
HORNSBY *V.* GREECE (1997) 24 E.H.R.R. 251
IATRIDIS *V.* GREECE (2000) 30 E.H.R.R. 97
IMMOBILIARE *V.* ITALY (2000) 30 E.H.R.R. 756
K-F *V.* GERMANY (1998) 26 E.H.R.R. 390
KALAC *V.* TURKEY (1999) 27 E.H.R.R. 552
KATIKARIDIS & ORS *V.* GREECE (2001) 32 E.H.R.R. 6 at page 113
KATTE KLITSCHE *V.* ITALY (1995) 19 E.H.R.R. 368
KEEGAN *V.* IRELAND (1994) 18 E.H.R.R. 342
KOPP *V.* SWITZERLAND (1999) 27 E.H.R.R. 91
KREMZOW *V.* AUSTRIA (1994) 17 E.H.R.R. 323
KURT *V.* TURKEY (1999) 27 E.H.R.R. 375
LOPEZ OSTRA *V.* SPAIN (1995) 20 E.H.R.R. 277
MANOUSSAKIS & ORS *V.* GREECE (1997) 23 E.H.R.R. 387
MATOS E SILVA *V.* PORTUGAL (1997) 24 E.H.R.R. 573
MCGINLEY *V.* UK (1999) 27 E.H.R.R. 1
MENTES *V.* TURKEY (1998) 26 E.H.R.R. 595
MIAILHE *V.* FRANCE (1993) 16 E.H.R.R. 333
MIAILHE *V.* FRANCE (NO. 2) (1997) 23 E.H.R.R. 491
MOREIRA DE AZEVEDO *V.* PORTUGAL (1991) 13 E.H.R.R. 721

PRELIMINARY OBJECTIONS—*cont.*

	NAVARRA *v.* FRANCE	(1994) 17 E.H.R.R. 594
	NIKOLOVA *v.* BULGARIA	(2001) 31 E.H.R.R. 3 at page 64
	OGUR *v.* TURKEY	(2001) 31 E.H.R.R. 40 at page 912
	OPEN DOOR COUNSELLING *v.* IRELAND	(1993) 15 E.H.R.R. 245
	PFEIFER *v.* AUSTRIA	(1992) 14 E.H.R.R. 692
	PINE VALLEY *v.* IRELAND	(1992) 14 E.H.R.R. 319
	PRESSOS COMPANIA NAVIERA *v.* BELGIUM	(1996) 21 E.H.R.R. 301
	PRINZ *v.* AUSTRIA	(2001) 31 E.H.R.R. 12 at page 357
	RANINEN *v.* FINLAND	(1998) 26 E.H.R.R. 563
	REMLI *v.* FRANCE	(1996) 22 E.H.R.R. 253
	RIEME *v.* SWEDEN	(1993) 16 E.H.R.R. 155
	RMD *v.* SWITZERLAND	(1999) 28 E.H.R.R. 224
	SAIDI *v.* FRANCE	(1994) 17 E.H.R.R. 251
	SAINTE-MARIE *v.* FRANCE	(1993) 16 E.H.R.R. 116
	SELÇUK & ASKER *v.* TURKEY	(1998) 26 E.H.R.R. 478
	SELMOUNI *v.* FRANCE	(2000) 29 E.H.R.R. 365
	SIDIROPOLOUS & ORS *v.* GREECE	(1999) 27 E.H.R.R. 633
	SPADEA *v.* ITALY	(1996) 21 E.H.R.R. 482
	STRAN GREEK REFINERIES *v.* GREECE	(1995) 19 E.H.R.R. 293
	TOMASI *v.* FRANCE	(1993) 15 E.H.R.R. 1
	TW *v.* MALTA	(2000) 29 E.H.R.R. 185
	V. *v.* UK	(2000) 30 E.H.R.R. 121
	VASILESCU *v.* ROMANIA	(1999) 28 E.H.R.R. 241
	VERNILLO *v.* FRANCE	(1991) 13 E.H.R.R. 880
	YAĞCI & SARGIN *v.* TURKEY	(1995) 20 E.H.R.R. 505
	YAGIZ *v.* TURKEY	(1996) 22 E.H.R.R. 573
	YASA *v.* TURKEY	(1999) 28 E.H.R.R. 409
	ZANA *v.* TURKEY	(1999) 27 E.H.R.R. 667
	ZUBANI *v.* ITALY	(2001) 32 E.H.R.R. 14 at page 297
findings of facts by Commission	KURT *v.* TURKEY	(1999) 27 E.H.R.R. 375
	MENTES *v.* TURKEY	(1998) 26 E.H.R.R. 595
	OGUR *v.* TURKEY	(2001) 31 E.H.R.R. 40 at page 912
	SELÇUK & ASKER *v.* TURKEY	(1998) 26 E.H.R.R. 478
	TEKIN *v.* TURKEY	(2001) 31 E.H.R.R. 4 at page 95
inactivity of applicant	GEA CATALÁN *v.* SPAIN	(1995) 20 E.H.R.R. 266
incompatibility	GLASENAPP *v.* GERMANY	(1987) 9 E.H.R.R. 25
	MIAILHE *v.* FRANCE (NO. 2)	(1997) 23 E.H.R.R. 491
jurisdiction	B. *v.* FRANCE	(1993) 16 E.H.R.R. 1
	DROZD & JANOUSEK *v.* FRANCE & SPAIN	(1992) 14 E.H.R.R. 745
	GUERRA & ORS *v.* ITALY	(1998) 26 E.H.R.R. 357
	MATOS E SILVA *v.* PORTUGAL	(1997) 24 E.H.R.R. 573
	OLSSON *v.* SWEDEN (NO. 2)	(1994) 17 E.H.R.R. 135
	STAMOULAKATOS *v.* GREECE	(1994) 17 E.H.R.R. 479
jurisdiction *ratione loci*	LOIZIDOU *v.* TURKEY	(1995) 20 E.H.R.R. 99
	STAMOULAKATOS *v.* GREECE	(1994) 17 E.H.R.R. 479
	YAĞCI & SARGIN *v.* TURKEY	(1995) 20 E.H.R.R. 505
jurisdiction *ratione materiae*	GUERRA & ORS *v.* ITALY	(1998) 26 E.H.R.R. 357
	MATOS E SILVA *v.* PORTUGAL	(1997) 24 E.H.R.R. 573
jurisdiction *ratione temporis*	AGROTEXIM & ORS *v.* GREECE	(1996) 21 E.H.R.R. 250
	BELZIUK *v.* POLAND	(2000) 30 E.H.R.R. 614

PRELIMINARY OBJECTIONS—*cont.*

	KEFALAS *v.* GREECE	(1995) 20 E.H.R.R. 484
	KEROJÄRVI *v.* FINLAND	(2001) 32 E.H.R.R. 8 at page 152
	LOIZIDOU *v.* TURKEY	(1995) 20 E.H.R.R. 99
	LOIZIDOU *v.* TURKEY	(1997) 23 E.H.R.R. 513
	MANSUR *v.* TURKEY	(1995) 20 E.H.R.R. 535
	MITAP & ANOR *v.* TURKEY	(1996) 22 E.H.R.R. 209
	STAMOULAKATOS *v.* GREECE	(1994) 17 E.H.R.R. 479
	YAĞCI & SARGIN *v.* TURKEY	(1995) 20 E.H.R.R. 505
	YAGIZ *v.* TURKEY	(1996) 22 E.H.R.R. 573
	ZANA *v.* TURKEY	(1999) 27 E.H.R.R. 667
local remedies rule	CARDOT *v.* FRANCE	(1991) 13 E.H.R.R. 853
	CORIGLIANO *v.* ITALY	(1983) 5 E.H.R.R. 334
	DE JONG & ORS *v.* NETHERLANDS	(1986) 8 E.H.R.R. 20
locus standi	AHMET SADIK *v.* GREECE	(1997) 24 E.H.R.R. 323
	CANEA CATHOLIC CHURCH *v.* GREECE	(1999) 27 E.H.R.R. 521
	KEEGAN *v.* IRELAND	(1994) 18 E.H.R.R. 342
	LOIZIDOU *v.* TURKEY	(1995) 20 E.H.R.R. 99
non-governmental organisations	HOLY MONASTERIES *v.* GREECE	(1995) 20 E.H.R.R. 1
omission in request	VAN ORSHOVEN *v.* BELGIUM	(1998) 26 E.H.R.R. 55
procedure	FRANCE & ORS *v.* TURKEY	(1984) 6 E.H.R.R. 241
	VAN ORSHOVEN *v.* BELGIUM	(1998) 26 E.H.R.R. 55
questions of interpretation or application	BELGIAN LINGUISTIC (NO. 1)	(1979) 1 E.H.R.R. 241
	SCHULER-ZGRAGGEN *v.* SWITZERLAND	(1993) 16 E.H.R.R. 406
referral of cases	AXEN *v.* GERMANY	(1984) 6 E.H.R.R. 195
six-months' rule	AERTS *v.* BELGIUM	(2000) 29 E.H.R.R. 50
	AKKUS *v.* TURKEY	(2000) 30 E.H.R.R. 365
	BUSCARINI *v.* SAN MARINO	(2000) 30 E.H.R.R. 208
	DEMICOLA *v.* MALTA	(1992) 14 E.H.R.R. 47
	GARYFALLOU AEBE *v.* GREECE	(1999) 28 E.H.R.R. 344
	HORNSBY *v.* GREECE	(1997) 24 E.H.R.R. 251
	IATRIDIS *v.* GREECE	(2000) 30 E.H.R.R. 97
	OBERSCHLICK *v.* AUSTRIA	(1995) 19 E.H.R.R. 389
	OPEN DOOR COUNSELLING *v.* IRELAND	(1993) 15 E.H.R.R. 245
	OTTO-PREMINGER INSTITUTE *v.* AUSTRIA	(1995) 19 E.H.R.R. 34
	PAPACHELAS *v.* GREECE	(2000) 30 E.H.R.R. 923
	REMLI *v.* FRANCE	(1996) 22 E.H.R.R. 253
	TOTH *v.* AUSTRIA	(1992) 14 E.H.R.R. 551
	WORM *v.* AUSTRIA	(1998) 25 E.H.R.R. 454
standing	AHMET SADIK *v.* GREECE	(1997) 24 E.H.R.R. 323
	CANEA CATHOLIC CHURCH *v.* GREECE	(1999) 27 E.H.R.R. 521
	KEEGAN *v.* IRELAND	(1994) 18 E.H.R.R. 342
	LOIZIDOU *v.* TURKEY	(1995) 20 E.H.R.R. 99
striking application from list	MATTER *v.* SLOVAKIA	(2001) 31 E.H.R.R. 32 at page 783
substantially similar to previous applications	CORIGLIANO *v.* ITALY	(1983) 5 E.H.R.R. 334
victim of violation	AERTS *v.* BELGIUM	(2000) 29 E.H.R.R. 50
	AGROTEXIM & ORS *v.* GREECE	(1996) 21 E.H.R.R. 250
	AKDIVAR *v.* TURKEY	(1997) 23 E.H.R.R. 143
	AMUUR *v.* FRANCE	(1996) 22 E.H.R.R. 533
	ANDERSSON *v.* SWEDEN	(1998) 25 E.H.R.R. 722
	BALMER-SCHAFROTH *v.* SWITZERLAND	(1998) 25 E.H.R.R. 598

PRELIMINARY OBJECTIONS—*cont.*

	BOWMAN *v.* UK	(1998) 26 E.H.R.R. 1
	BURGHARTZ *v.* SWITZERLAND	(1994) 18 E.H.R.R. 79
	DALBAN *v.* ROMANIA	(2001) 31 E.H.R.R. 39 at page 893
	FUNKE *v.* FRANCE	(1993) 16 E.H.R.R. 297
	GROPPERA RADIO *v.* SWITZERLAND	(1990) 12 E.H.R.R. 321
	GUILLEMIN *v.* FRANCE	(1998) 25 E.H.R.R. 435
	LOPEZ OSTRA *v.* SPAIN	(1995) 20 E.H.R.R. 277
	LÜDI *v.* SWITZERLAND	(1993) 15 E.H.R.R. 173
	MIAILHE *v.* FRANCE (NO. 2)	(1997) 23 E.H.R.R. 491
	ÖZDEP *v.* TURKEY	(2001) 31 E.H.R.R. 27 at page 674
	PINE VALLEY *v.* IRELAND	(1992) 14 E.H.R.R. 319
	PRAGER & OBERSCHLICK *v.* AUSTRIA	(1996) 21 E.H.R.R. 1
	SPACEK SRO *v.* CZECH REPUBLIC	(2000) 30 E.H.R.R. 1010
	THLIMMENOS *v.* GREECE	(2001) 31 E.H.R.R. 15 at page 411
	VAN DER SLUIJS *v.* NETHERLANDS	(1991) 13 E.H.R.R. 461
	VIJAYANATHAN *v.* FRANCE	(1993) 15 E.H.R.R. 62
	YASA *v.* TURKEY	(1999) 28 E.H.R.R. 409

PRELIMINARY OBSERVATION

jurisdiction of court	GUZZARDI *v.* ITALY	(1981) 3 E.H.R.R. 333

PRELIMINARY PLEAS [Art. 26]

Also see PRELIMINARY OBJECTIONS

adequacy of domestic remedies	DEWEER *v.* BELGIUM	(1980) 2 E.H.R.R. 439
continuation of proceedings by deceased's parents	X. *v.* FRANCE	(1992) 14 E.H.R.R. 483
disappearance of object of proceedings	GUZZARDI *v.* ITALY	(1981) 3 E.H.R.R. 333
discontinuance of prosecution	ECKLE *v.* GERMANY	(1983) 5 E.H.R.R. 1
	FOTI *v.* ITALY	(1983) 5 E.H.R.R. 313
estoppel	ARTICO *v.* ITALY	(1981) 3 E.H.R.R. 1
	BARBERA *v.* SPAIN	(1989) 11 E.H.R.R. 360
	CIULLA *v.* ITALY	(1991) 13 E.H.R.R. 346
	GUZZARDI *v.* ITALY	(1981) 3 E.H.R.R. 333
	FOTI *v.* ITALY	(1983) 5 E.H.R.R. 313
	VAN OOSTERWIJCK *v.* BELGIUM	(1981) 3 E.H.R.R. 557
final decision	X. *v.* UK	(1981) 3 E.H.R.R. 302
incompetence *ratione temporis*	ARTICO *v.* ITALY	(1981) 3 E.H.R.R. 1
	WESTON *v.* UK	(1981) 3 E.H.R.R. 402
local remedies rule	ARTICO *v.* ITALY	(1981) 3 E.H.R.R. 1
	BARBERA *v.* SPAIN	(1989) 11 E.H.R.R. 360
	CAMPBELL & FELL *v.* UK	(1985) 7 E.H.R.R. 165
	GUZZARDI *v.* ITALY	(1981) 3 E.H.R.R. 333
	FOTI *v.* ITALY	(1983) 5 E.H.R.R. 313
manifestly ill-founded applications	AIREY *v.* IRELAND	(1980) 2 E.H.R.R. 305
	WESTON *v.* UK	(1981) 3 E.H.R.R. 402
mere existence of laws	MARCKX *v.* BELGIUM	(1980) 2 E.H.R.R. 330
mitigation of sentence	ECKLE *v.* GERMANY	(1983) 5 E.H.R.R. 1
non-exhaustion of local remedies	AIREY *v.* IRELAND	(1980) 2 E.H.R.R. 305
	ARTICO *v.* ITALY	(1981) 3 E.H.R.R. 1
	BARBERA *v.* SPAIN	(1989) 11 E.H.R.R. 360
	CAMPBELL & FELL *v.* UK	(1985) 7 E.H.R.R. 165
	GUZZARDI *v.* ITALY	(1981) 3 E.H.R.R. 333

PRELIMINARY PLEAS—*cont.*

	FOTI *v.* ITALY	(1983) 5 E.H.R.R. 313
prejudice	MARCKX *v.* BELGIUM	(1980) 2 E.H.R.R. 330
procedure	FRANCE & ORS *v.* TURKEY	(1984) 6 E.H.R.R. 241
six-months' rule	ARTICO *v.* ITALY	(1981) 3 E.H.R.R. 1
	X. *v.* UK	(1981) 3 E.H.R.R. 302
timeliness	OLSSON *v.* SWEDEN	(1989) 11 E.H.R.R. 259

PRELIMINARY RULING

admissibility decision	MASSON & VAN ZON *v.* NETHERLANDS	(1996) 22 E.H.R.R. 491
continuation of proceedings by deceased's parents	X. *v.* FRANCE	(1992) 14 E.H.R.R. 483
nature of civil right	EDITIONS PÉRISCOPE *v.* FRANCE	(1992) 14 E.H.R.R. 597
non-exhaustion of local remedies	AIREY *v.* IRELAND	(1980) 2 E.H.R.R. 305
	KOLOMPAR *v.* BELGIUM	(1993) 16 E.H.R.R. 197

PREPARATION OF DEFENCE

criminal proceedings	KREMZOW *v.* AUSTRIA	(1994) 17 E.H.R.R. 323
military court proceedings	HADJIANASTASSIOU *v.* GREECE	(1993) 16 E.H.R.R. 219

PRESS RELEASE

margin of appreciation	JACUBOWSKI *v.* GERMANY	(1995) 19 E.H.R.R. 64

PRESCRIBED BY LAW

see MEASURES PRESCRIBED BY LAW

PRESSING SOCIAL NEED

homosexual conduct	DUDGEON *v.* UK	(1982) 4 E.H.R.R. 149
newspaper article discussing pending litigation	SUNDAY TIMES *v.* UK	(1980) 2 E.H.R.R. 245

PRESSURISING WITNESSES

reasonable time in detention	KEMMACHE *v.* FRANCE	(1992) 14 E.H.R.R. 520
	LETELLIER *v.* FRANCE	(1992) 14 E.H.R.R. 83
	TOMASI *v.* FRANCE	(1993) 15 E.H.R.R. 1

PRESUMPTION OF INNOCENCE

admissibility decisions	APP. 8582/79 *v.* SWEDEN	(1983) 5 E.H.R.R. 278
	APP. 8744/79 *v.* GERMANY	(1983) 5 E.H.R.R. 499
	APP. 9295/81 *v.* AUSTRIA	(1983) 5 E.H.R.R. 284
	APP. 9307/81 *v.* AUSTRIA	(1983) 5 E.H.R.R. 503
	APP. 9531/81 *v.* GERMANY	(1983) 5 E.H.R.R. 290
aiding and abetting	X, Y & Z *v.* SWEDEN	(1982) 4 E.H.R.R. 395
criminal defamation	MINELLI *v.* SWITZERLAND	(1983) 5 E.H.R.R. 554
criminal proceedings	ADOLF *v.* AUSTRIA	(1982) 4 E.H.R.R. 313
	ALLENET DE RIBEMONT *v.* FRANCE	(1995) 20 E.H.R.R. 557
	BERNARD *v.* FRANCE	(2000) 30 E.H.R.R. 809
	BÖNISCH *v.* AUSTRIA	(1987) 9 E.H.R.R. 191
	DELTA *v.* FRANCE	(1993) 16 E.H.R.R. 574
	ENGLERT *v.* GERMANY	(1991) 13 E.H.R.R. 392
	FUNKE *v.* FRANCE	(1993) 16 E.H.R.R. 297
	KREMZOW *v.* AUSTRIA	(1994) 17 E.H.R.R. 323
	LALA *v.* NETHERLANDS	(1994) 18 E.H.R.R. 586
	LINGENS & LEITGENS *v.* AUSTRIA	(1982) 4 E.H.R.R. 373

PRESUMPTION OF INNOCENCE—*cont.*

	NÖLKENBOCKHOFF *v.* GERMANY	(1988) 10 E.H.R.R. 163
	NÖLKENBOCKHOFF *v.* GERMANY	(1991) 13 E.H.R.R. 360
	SALABIAKU *v.* FRANCE	(1991) 13 E.H.R.R. 379
	SCHENK *v.* SWITZERLAND	(1991) 13 E.H.R.R. 242
	SEKANINA *v.* AUSTRIA	(1994) 17 E.H.R.R. 221
	X, Y & Z *v.* AUSTRIA	(1982) 4 E.H.R.R. 270
defamation proceedings	LINGENS & LEITGENS *v.* AUSTRIA	(1982) 4 E.H.R.R. 373
	MINELLI *v.* SWITZERLAND	(1983) 5 E.H.R.R. 554
discontinued proceedings	ENGLERT *v.* GERMANY	(1991) 13 E.H.R.R. 392
failure of prosecutor to obtain evidence	ADOLF *v.* AUSTRIA	(1982) 4 E.H.R.R. 313
forfeiture proceedings	AGOSI *v.* UK	(1987) 9 E.H.R.R. 1
heirs of tax evader	AP, MP & TP *v.* SWITZERLAND	(1998) 26 E.H.R.R. 541
infringement by public authority	ALLENET DE RIBEMONT *v.* FRANCE	(1995) 20 E.H.R.R. 557
minor traffic offences	LUTZ *v.* GERMANY	(1988) 10 E.H.R.R. 182
peaceful enjoyment of possessions	HENTRICH *v.* FRANCE	(1994) 18 E.H.R.R. 440
professional misconduct	ALBERT & LE COMPTE *v.* BELGIUM	(1983) 5 E.H.R.R. 533
psychiatric examination	BERNARD *v.* FRANCE	(2000) 30 E.H.R.R. 809
search and seizure	FUNKE *v.* FRANCE	(1993) 16 E.H.R.R. 297
strict liability	SALABIAKU *v.* FRANCE	(1991) 13 E.H.R.R. 379
tax evasion by deceased	AP, MP & TP *v.* SWITZERLAND	(1998) 26 E.H.R.R. 541
telephone tapping	SCHENK *v.* SWITZERLAND	(1991) 13 E.H.R.R. 242
trial on every charge	X, Y & Z *v.* AUSTRIA	(1982) 4 E.H.R.R. 270

PRE-TRIAL DETENTION

reasonableness of duration	QUINN *v.* FRANCE	(1996) 21 E.H.R.R. 529
	W. *v.* SWITZERLAND	(1994) 17 E.H.R.R. 60

PRISON CONDITIONS

overcrowding	HILTON *v.* UK	(1981) 3 E.H.R.R. 104

PRISON DISCIPLINE

loss of remission	CAMPBELL & FELL *v.* UK	(1985) 7 E.H.R.R. 165

PRISONERS

admissibility decisions	APP. 8712/79 *v.* UK	(1983) 5 E.H.R.R. 465
	APP. 9282/81 *v.* UK	(1983) 5 E.H.R.R. 283
	APP. 9488/81 *v.* UK	(1983) 5 E.H.R.R. 289
	APP. 9513/81 *v.* UK	(1983) 5 E.H.R.R. 290
	APP. 9658/82 *v.* UK	(1983) 5 E.H.R.R. 603
	APP. 9659/82 *v.* UK	(1983) 5 E.H.R.R. 605
	APP. 9796/82 *v.* UK	(1983) 5 E.H.R.R. 487
	APP. 9813/82 *v.* UK	(1983) 5 E.H.R.R. 513
	APP. 10165/82 *v.* UK	(1983) 5 E.H.R.R. 516
artistic expression	APP. 9659/82 *v.* UK	(1983) 5 E.H.R.R. 605
association	APP. 9813/82 *v.* UK	(1983) 5 E.H.R.R. 513
clothing	X *v.* UK	(1983) 5 E.H.R.R. 162
correspondence	BOYCE & RICE *v.* UK	(1988) 10 E.H.R.R. 425
	CAMPBELL & FELL *v.* UK	(1983) 5 E.H.R.R. 207
	CAMPBELL & FELL *v.* UK	(1985) 7 E.H.R.R. 165
	DEMIRTEPE *v.* FRANCE	(2001) 31 E.H.R.R. 28 at page at page 708
	DOMENICHINI *v.* ITALY	(2001) 32 E.H.R.R. 4 at page 68
	HERCZEGFALVY *v.* AUSTRIA	(1993) 15 E.H.R.R. 437

PRISONERS—*cont.*

	MCCALLUM *V.* UK	(1991) 13 E.H.R.R. 597
	PFEIFER *V.* AUSTRIA	(1992) 14 E.H.R.R. 692
	SCHÖNENBERGER *V.* SWITZERLAND	(1989) 11 E.H.R.R. 202
	SILVER *V.* UK	(1983) 5 E.H.R.R. 347
discipline	CAMPBELL & FELL *V.* UK	(1985) 7 E.H.R.R. 165
education	X. *V.* UK	(1982) 4 E.H.R.R. 252
grievances	BOYCE & RICE *V.* UK	(1988) 10 E.H.R.R. 425
marriage	HAMER *V.* UK	(1982) 4 E.H.R.R. 139
newspapers	X *V.* UK	(1983) 5 E.H.R.R. 162
religion	APP. 9796/82 *V.* UK	(1983) 5 E.H.R.R. 487
	APP. 9813/82 *V.* UK	(1983) 5 E.H.R.R. 513
visitors	APP. 9658/82 *V.* UK	(1983) 5 E.H.R.R. 603
	APP. 9659/82 *V.* UK	(1983) 5 E.H.R.R. 605
	X. *V.* UK	(1983) 5 E.H.R.R. 260

PRIVATE LIFE, RIGHT TO RESPECT FOR [Art. 8]

Also see FAMILY LIFE

abortion	BRÜGGEMANN *V.* GERMANY	(1981) 3 E.H.R.R. 244
	OPEN DOOR COUNSELLING *V.* IRELAND	(1993) 15 E.H.R.R. 245
access to court	AIREY *V.* IRELAND	(1980) 2 E.H.R.R. 305
access to personal files	GASKIN *V.* UK	(1990) 12 E.H.R.R. 36
access to records	MCGINLEY *V.* UK	(1999) 27 E.H.R.R. 1
admissibility decisions	APP. 8962/80 *V.* BELGIUM	(1983) 5 E.H.R.R. 268
	APP. 9804/82 *V.* BELGIUM	(1983) 5 E.H.R.R. 488
affiliation proceedings	X. *V.* IRELAND	(1982) 4 E.H.R.R. 358
***Anton Piller* orders**	CHAPPELL *V.* UK	(1990) 12 E.H.R.R. 1
applicability of Article	BOTTA *V.* ITALY	(1998) 26 E.H.R.R. 241
	BUCKLEY *V.* UK	(1997) 23 E.H.R.R. 101
	GUERRA & ORS *V.* ITALY	(1998) 26 E.H.R.R. 357
	KOPP *V.* SWITZERLAND	(1999) 27 E.H.R.R. 91
	LASKEY & ORS *V.* UK	(1997) 24 E.H.R.R. 39
	MCGINLEY *V.* UK	(1999) 27 E.H.R.R. 1
	STJERNA *V.* FINLAND	(1997) 24 E.H.R.R. 195
arrest and detention	MURRAY *V.* UK	(1995) 19 E.H.R.R. 193
beaches, access to	BOTTA *V.* ITALY	(1998) 26 E.H.R.R. 241
birth certificate, alteration of	REES *V.* UK	(1987) 9 E.H.R.R. 56
burning of property	MENTES *V.* TURKEY	(1998) 26 E.H.R.R. 595
	SELÇUK & ASKER *V.* TURKEY	(1998) 26 E.H.R.R. 478
C.B. radio, use of	APP. 8962/80 *V.* BELGIUM	(1983) 5 E.H.R.R. 268
change of surname	STJERNA *V.* FINLAND	(1997) 24 E.H.R.R. 195
communication of medical records	MS *V.* SWEDEN	(1999) 28 E.H.R.R. 313
corporal punishment	X, Y & Z *V.* SWEDEN	(1983) 5 E.H.R.R. 147
correspondence	AMANN *V.* SWITZERLAND	(2000) 30 E.H.R.R. 843
	CAMPBELL *V.* UK	(1993) 15 E.H.R.R. 137
	CRÉMIEUX *V.* FRANCE	(1993) 16 E.H.R.R. 357
	DE WILDE, OOMS & VERSYP *V.* BELGIUM	(1979) 1 E.H.R.R. 373
	DEMIRTEPE *V.* FRANCE	(2001) 31 E.H.R.R. 28 at page708
	DOMENICHINI *V.* ITALY	(2001) 32 E.H.R.R. 4 at page 68
	FOXLEY *V.* UK	(2001) 31 E.H.R.R. 25 at page 637
	GOLDER *V.* UK	(1979) 1 E.H.R.R. 524
	HERCZEGFALVY *V.* AUSTRIA	(1993) 15 E.H.R.R. 437
	KLASS & ORS *V.* GERMANY	(1980) 2 E.H.R.R. 214

PRIVATE LIFE, RIGHT TO RESPECT FOR—*cont.*

	MCCALLUM *v.* UK	(1991) 13 E.H.R.R. 597
	MCVEIGH & ORS *v.* UK	(1983) 5 E.H.R.R. 71
	MIAILHE *v.* FRANCE	(1993) 16 E.H.R.R. 333
	PFEIFER *v.* AUSTRIA	(1992) 14 E.H.R.R. 692
	SCHÖNENBERGER *v.* SWITZERLAND	(1989) 11 E.H.R.R. 202
	SILVER *v.* UK	(1983) 5 E.H.R.R. 347
counselling	OPEN DOOR COUNSELLING *v.* IRELAND	(1993) 15 E.H.R.R. 245
data storage	AMANN *v.* SWITZERLAND	(2000) 30 E.H.R.R. 843
deportation	ABDULAZIZ, CABALES *v.* UK	(1985) 7 E.H.R.R. 471
	BOUCHELKIA *v.* FRANCE	(1998) 25 E.H.R.R. 686
	BOUJLIFA *v.* FRANCE	(2000) 30 E.H.R.R. 419
	C *v.* BELGIUM	(2001) 32 E.H.R.R. 2 at page 19
	CHAHAL *v.* UK	(1997) 23 E.H.R.R. 414
	MEHEMI *v.* FRANCE	(2000) 30 E.H.R.R. 739
	NASRI *v.* FRANCE	(1996) 21 E.H.R.R. 458
	X *v.* SWEDEN	(1982) 4 E.H.R.R. 408
detention	MURRAY *v.* UK	(1995) 19 E.H.R.R. 193
disabled access	BOTTA *v.* ITALY	(1998) 26 E.H.R.R. 241
disclosure of identity and data of third party	Z. *v.* FINLAND	(1998) 25 E.H.R.R. 371
discrimination	ABDULAZIZ, CABALES & BALKANDALI *v.* UK	(1985) 7 E.H.R.R. 471
	C *v.* BELGIUM	(2001) 32 E.H.R.R. 2 at page 19
	X & Y *v.* NETHERLANDS	(1986) 8 E.H.R.R. 235
displacement of families	CYPRUS *v.* TURKEY	(1993) 15 E.H.R.R. 509
	MENTES *v.* TURKEY	(1998) 26 E.H.R.R. 595
	SELÇUK & ASKER *v.* TURKEY	(1998) 26 E.H.R.R. 478
entry of alien's family members	X *v.* SWEDEN	(1982) 4 E.H.R.R. 408
entry to home by police	MCLEOD *v.* UK	(1999) 27 E.H.R.R. 493
entry to home by public authority	CAMENZIND *v.* SWITZERLAND	(1999) 28 E.H.R.R. 458
environmental pollution	LOPEZ OSTRA *v.* SPAIN	(1995) 20 E.H.R.R. 277
fingerprinting suspects	MCVEIGH & ORS *v.* UK	(1983) 5 E.H.R.R. 71
force feeding	HERCZEGFALVY *v.* AUSTRIA	(1993) 15 E.H.R.R. 437
forcible examination in mental hospital	MATTER *v.* SLOVAKIA	(2001) 31 E.H.R.R. 32 at page 783
handcuffing	RANINEN *v.* FINLAND	(1998) 26 E.H.R.R. 563
home, extent of	CAMENZIND *v.* SWITZERLAND	(1999) 28 E.H.R.R. 458
homosexual conduct	ADT *v.* UK	(2001) 31 E.H.R.R. 33 at page 803
	DUDGEON *v.* UK	(1981) 3 E.H.R.R. 40
	DUDGEON *v.* UK	(1982) 4 E.H.R.R. 149
	LUSTIG-PREAN & BECKETT *v.* UK	(2000) 29 E.H.R.R. 548
	MODINOS *v.* CYPRUS	(1993) 16 E.H.R.R. 485
	NORRIS *v.* IRELAND	(1991) 13 E.H.R.R. 186
	SMITH & GRADY *v.* UK	(2000) 29 E.H.R.R. 493
	X *v.* UK	(1981) 3 E.H.R.R. 63
identity and data of third party	Z. *v.* FINLAND	(1998) 25 E.H.R.R. 371
illegitimacy laws	MARCKX *v.* BELGIUM	(1980) 2 E.H.R.R. 330
immigration control	ABDULAZIZ, CABALES *v.* UK	(1985) 7 E.H.R.R. 471
	BOUGHANEMI *v.* FRANCE	(1996) 22 E.H.R.R. 228
	NASRI *v.* FRANCE	(1996) 21 E.H.R.R. 458
	X *v.* SWEDEN	(1982) 4 E.H.R.R. 408
injuries sustained during arrest	KLAAS *v.* GERMANY	(1994) 18 E.H.R.R. 305

PRIVATE LIFE, RIGHT TO RESPECT FOR—*cont.*

interception of communications	A. *v.* FRANCE	(1994) 17 E.H.R.R. 462
	AMANN *v.* SWITZERLAND	(2000) 30 E.H.R.R. 843
	HALFORD *v.* UK	(1997) 24 E.H.R.R. 523
	HEWITT & HARMAN *v.* UK	(1992) 14 E.H.R.R. 657
	HUVIG *v.* FRANCE	(1990) 12 E.H.R.R. 528
	KOPP *v.* SWITZERLAND	(1999) 27 E.H.R.R. 91
	KRUSLIN *v.* FRANCE	(1990) 12 E.H.R.R. 547
	LAMBERT *v.* FRANCE	(2000) 30 E.H.R.R. 346
	LÜDI *v.* SWITZERLAND	(1993) 15 E.H.R.R. 173
	MALONE *v.* UK	(1982) 4 E.H.R.R. 330
	MALONE *v.* UK	(1983) 5 E.H.R.R. 385
	MALONE *v.* UK	(1985) 7 E.H.R.R. 14
	VALENZUELA CONTRERAS *v.* SPAIN	(1999) 28 E.H.R.R. 483
interference, meaning of	HALFORD *v.* UK	(1997) 24 E.H.R.R. 523
	LASKEY & ORS *v.* UK	(1997) 24 E.H.R.R. 39
	VALENZUELA CONTRERAS *v.* SPAIN	(1999) 28 E.H.R.R. 483
interference with correspondence	CAMPBELL *v.* UK	(1993) 15 E.H.R.R. 137
	CRÉMIEUX *v.* FRANCE	(1993) 16 E.H.R.R. 357
	DE WILDE, OOMS & VERSYP *v.* BELGIUM	(1979) 1 E.H.R.R. 373
	DEMIRTEPE *v.* FRANCE	(2001) 31 E.H.R.R. 28 at page 708
	FOXLEY *v.* UK	(2001) 31 E.H.R.R. 25 at page 637
	GOLDER *v.* UK	(1979) 1 E.H.R.R. 524
	KLASS & ORS *v.* GERMANY	(1980) 2 E.H.R.R. 214
	MCCALLUM *v.* UK	(1991) 13 E.H.R.R. 597
	MCVEIGH & ORS *v.* UK	(1983) 5 E.H.R.R. 71
	MIAILHE *v.* FRANCE	(1993) 16 E.H.R.R. 333
	PFEIFER *v.* AUSTRIA	(1992) 14 E.H.R.R. 692
	SCHÖNENBERGER *v.* SWITZERLAND	(1989) 11 E.H.R.R. 202
	SILVER *v.* UK	(1983) 5 E.H.R.R. 347
judicial separation	AIREY *v.* IRELAND	(1980) 2 E.H.R.R. 305
justification	MODINOS *v.* CYPRUS	(1993) 16 E.H.R.R. 485
languages in education	BELGIAN LINGUISTIC (NO. 2)	(1979) 1 E.H.R.R. 253
legitimacy of purpose	ADT *v.* UK	(2001) 31 E.H.R.R. 33 at page 803
	BOUGHANEMI *v.* FRANCE	(1996) 22 E.H.R.R. 228
	C *v.* BELGIUM	(2001) 32 E.H.R.R. 2 at page 19
	CRÉMIEUX *v.* FRANCE	(1993) 16 E.H.R.R. 357
	DOMENICHINI *v.* ITALY	(2001) 32 E.H.R.R. 4 at page 68
	EL BOUJAÏDI *v.* FRANCE	(2000) 30 E.H.R.R. 223
	FOXLEY *v.* UK	(2001) 31 E.H.R.R. 25 at page 637
	FUNKE *v.* FRANCE	(1993) 16 E.H.R.R. 297
	LAMBERT *v.* FRANCE	(2000) 30 E.H.R.R. 346
	LUSTIG-PREAN & BECKETT *v.* UK	(2000) 29 E.H.R.R. 548
	MATTER *v.* SLOVAKIA	(2001) 31 E.H.R.R. 32 at page783
	MCLEOD *v.* UK	(1999) 27 E.H.R.R. 493
	MIAILHE *v.* FRANCE	(1993) 16 E.H.R.R. 333
	MS *v.* SWEDEN	(1999) 28 E.H.R.R. 313
	MURRAY *v.* UK	(1995) 19 E.H.R.R. 193
	SMITH & GRADY *v.* UK	(2000) 29 E.H.R.R. 493
	Z. *v.* FINLAND	(1998) 25 E.H.R.R. 371
listening devices	KHAN *v.* UK	(2001) 31 E.H.R.R. 45 at page 1016

PRIVATE LIFE, RIGHT TO RESPECT FOR—*cont.*

margin of appreciation	ADT *v.* UK	(2001) 31 E.H.R.R. 33 at page 803
	LOPEZ OSTRA *v.* SPAIN	(1995) 20 E.H.R.R. 277
	STJERNA *v.* FINLAND	(1997) 24 E.H.R.R. 195
	STUBBINGS & ORS *v.* UK	(1997) 23 E.H.R.R. 213
measures prescribed by law	AMANN *v.* SWITZERLAND	(2000) 30 E.H.R.R. 843
	BOUGHANEMI *v.* FRANCE	(1996) 22 E.H.R.R. 228
	C *v.* BELGIUM	(2001) 32 E.H.R.R. 2 at page 19
	DOMENICHINI *v.* ITALY	(2001) 32 E.H.R.R. 4 at page 68
	EL BOUJAÏDI *v.* FRANCE	(2000) 30 E.H.R.R. 223
	FOXLEY *v.* UK	(2001) 31 E.H.R.R. 25 at page 637
	HALFORD *v.* UK	(1997) 24 E.H.R.R. 523
	KHAN *v.* UK	(2001) 31 E.H.R.R. 45 at page 1016
	LAMBERT *v.* FRANCE	(2000) 30 E.H.R.R. 346
	LASKEY & ORS *v.* UK	(1997) 24 E.H.R.R. 39
	LUSTIG-PREAN & BECKETT *v.* UK	(2000) 29 E.H.R.R. 548
	MATTER *v.* SLOVAKIA	(2001) 31 E.H.R.R. 32 at page 783
	MCLEOD *v.* UK	(1999) 27 E.H.R.R. 493
	MS *v.* SWEDEN	(1999) 28 E.H.R.R. 313
	SMITH & GRADY *v.* UK	(2000) 29 E.H.R.R. 493
	VALENZUELA CONTRERAS *v.* SPAIN	(1999) 28 E.H.R.R. 483
medical data of third party	Z. *v.* FINLAND	(1998) 25 E.H.R.R. 371
merits of claim	GUERRA & ORS *v.* ITALY	(1998) 26 E.H.R.R. 357
name change	STJERNA *v.* FINLAND	(1997) 24 E.H.R.R. 195
national security	KLASS & ORS *v.* GERMANY	(1980) 2 E.H.R.R. 214
	LEANDER *v.* SWEDEN	(1987) 9 E.H.R.R. 433
	MCVEIGH & ORS *v.* UK	(1983) 5 E.H.R.R. 71
necessary in democratic society	ADT *v.* UK	(2001) 31 E.H.R.R. 33 at page 803
	BOUCHELKIA *v.* FRANCE	(1998) 25 E.H.R.R. 686
	BOUGHANEMI *v.* FRANCE	(1996) 22 E.H.R.R. 228
	C *v.* BELGIUM	(2001) 32 E.H.R.R. 2 at page 19
	DOMENICHINI *v.* ITALY	(2001) 32 E.H.R.R. 4 at page 68
	DUDGEON *v.* UK	(1982) 4 E.H.R.R. 149
	EL BOUJAÏDI *v.* FRANCE	(2000) 30 E.H.R.R. 223
	FOXLEY *v.* UK	(2001) 31 E.H.R.R. 25 at page 637
	LAMBERT *v.* FRANCE	(2000) 30 E.H.R.R. 346
	LASKEY & ORS *v.* UK	(1997) 24 E.H.R.R. 39
	LEANDER *v.* SWEDEN	(1987) 9 E.H.R.R. 433
	LUSTIG-PREAN & BECKETT *v.* UK	(2000) 29 E.H.R.R. 548
	MALONE *v.* UK	(1983) 5 E.H.R.R. 385
	MALONE *v.* UK	(1985) 7 E.H.R.R. 14
	MCLEOD *v.* UK	(1999) 27 E.H.R.R. 493
	MS *v.* SWEDEN	(1999) 28 E.H.R.R. 313
	MURRAY *v.* UK	(1995) 19 E.H.R.R. 193
	NASRI *v.* FRANCE	(1996) 21 E.H.R.R. 458
	SMITH & GRADY *v.* UK	(2000) 29 E.H.R.R. 493
	X *v.* UK	(1983) 5 E.H.R.R. 162
	Z. *v.* FINLAND	(1998) 25 E.H.R.R. 371
photographing suspects	MCVEIGH & ORS *v.* UK	(1983) 5 E.H.R.R. 71
	MURRAY *v.* UK	(1995) 19 E.H.R.R. 193
place of private life	EL BOUJAÏDI *v.* FRANCE	(2000) 30 E.H.R.R. 223

PRIVATE LIFE, RIGHT TO RESPECT FOR—*cont.*

positive obligations	MCGINLEY *v.* UK	(1999) 27 E.H.R.R. 1
	OSMAN *v.* UK	(2000) 29 E.H.R.R. 245
	SHEFFIELD & HORSHAM *v.* UK	(1999) 27 E.H.R.R. 163
prison clothing	X *v.* UK	(1983) 5 E.H.R.R. 162
prisoners' visitors	X. *v.* UK	(1983) 5 E.H.R.R. 260
private life, entitlement to	MEHEMI *v.* FRANCE	(2000) 30 E.H.R.R. 739
private life, meaning of	BOUCHELKIA *v.* FRANCE	(1998) 25 E.H.R.R. 686
	C *v.* BELGIUM	(2001) 32 E.H.R.R. 2 at page 19
	HALFORD *v.* UK	(1997) 24 E.H.R.R. 523
proportionality	CHAPPELL *v.* UK	(1990) 12 E.H.R.R. 1
	CRÉMIEUX *v.* FRANCE	(1993) 16 E.H.R.R. 357
	FUNKE *v.* FRANCE	(1993) 16 E.H.R.R. 297
	GASKIN *v.* UK	(1990) 12 E.H.R.R. 36
	MIAILHE *v.* FRANCE	(1993) 16 E.H.R.R. 333
questioning suspects	MCVEIGH & ORS *v.* UK	(1983) 5 E.H.R.R. 71
	MURRAY *v.* UK	(1995) 19 E.H.R.R. 193
refusal of planning permission	BUCKLEY *v.* UK	(1997) 23 E.H.R.R. 101
respect, meaning of	SHEFFIELD & HORSHAM *v.* UK	(1999) 27 E.H.R.R. 163
revenue investigations	APP. 9804/82 *v.* BELGIUM	(1983) 5 E.H.R.R. 488
sado-masochistic practices	LASKEY & ORS *v.* UK	(1997) 24 E.H.R.R. 39
search and seizure	CAMENZIND *v.* SWITZERLAND	(1999) 28 E.H.R.R. 458
	CRÉMIEUX *v.* FRANCE	(1993) 16 E.H.R.R. 357
	FUNKE *v.* FRANCE	(1993) 16 E.H.R.R. 297
	MIAILHE *v.* FRANCE	(1993) 16 E.H.R.R. 333
	NATIONAL PANASONIC *v.* EC COMMISSION	(1981) 3 E.H.R.R. 150
search warrants	NIEMIETZ *v.* GERMANY	(1993) 16 E.H.R.R. 97
secret listening devices	KHAN *v.* UK	(2001) 31 E.H.R.R. 45 at page 1016
security check	KLASS & ORS *v.* GERMANY	(1980) 2 E.H.R.R. 214
	LEANDER *v.* SWEDEN	(1987) 9 E.H.R.R. 433
	MCVEIGH & ORS *v.* UK	(1983) 5 E.H.R.R. 71
separation of families	CYPRUS *v.* TURKEY	(1993) 15 E.H.R.R. 509
sexual abuse, remedies for	STUBBINGS & ORS *v.* UK	(1997) 23 E.H.R.R. 213
	X & Y *v.* NETHERLANDS	(1986) 8 E.H.R.R. 235
sexual activity	LASKEY & ORS *v.* UK	(1997) 24 E.H.R.R. 39
storage of data	AMANN *v.* SWITZERLAND	(2000) 30 E.H.R.R. 843
surname, change of	STJERNA *v.* FINLAND	(1997) 24 E.H.R.R. 195
telephone tapping	A. *v.* FRANCE	(1994) 17 E.H.R.R. 462
	AMANN *v.* SWITZERLAND	(2000) 30 E.H.R.R. 843
	HALFORD *v.* UK	(1997) 24 E.H.R.R. 523
	HEWITT & HARMAN *v.* UK	(1992) 14 E.H.R.R. 657
	HUVIG *v.* FRANCE	(1990) 12 E.H.R.R. 528
	KOPP *v.* SWITZERLAND	(1999) 27 E.H.R.R. 91
	KRUSLIN *v.* FRANCE	(1990) 12 E.H.R.R. 547
	LAMBERT *v.* FRANCE	(2000) 30 E.H.R.R. 346
	LÜDI *v.* SWITZERLAND	(1993) 15 E.H.R.R. 173
	MALONE *v.* UK	(1982) 4 E.H.R.R. 330
	MALONE *v.* UK	(1983) 5 E.H.R.R. 385
	MALONE *v.* UK	(1985) 7 E.H.R.R. 14
	VALENZUELA CONTRERAS *v.* SPAIN	(1999) 28 E.H.R.R. 483
therapeutic treatment	HERCZEGFALVY *v.* AUSTRIA	(1993) 15 E.H.R.R. 437
transsexuality	B. *v.* FRANCE	(1993) 16 E.H.R.R. 1
	COSSEY *v.* UK	(1991) 13 E.H.R.R. 622
	REES *v.* UK	(1987) 9 E.H.R.R. 56
	SHEFFIELD & HORSHAM *v.* UK	(1999) 27 E.H.R.R. 163

PRIVATE PROSECUTIONS

admissibility decisions APP. 9982/82 *v.* FRANCE (1983) 5 E.H.R.R. 515

PROCESSING OF PERSONAL DATA

EC CONVENTION (1981) 3 E.H.R.R. 440

PROFESSIONAL DISCIPLINARY PROCEEDINGS

application of Convention LE COMPTE & ORS *v.* BELGIUM (1982) 4 E.H.R.R. 1
exclusion for conscientious objection THLIMMENOS *v.* GREECE (2001) 31 E.H.R.R. 15 at page 411
restoration to roll H. *v.* BELGIUM (1988) 10 E.H.R.R. 339
withdrawal of right to practice ALBERT & LE COMPTE *v.* BELGIUM (1983) 5 E.H.R.R. 533

PROFESSIONAL BODY, REQUIREMENT TO JOIN

legitimacy of purpose ALBERT & LE COMPTE *v.* BELGIUM (1983) 5 E.H.R.R. 533
LE COMPTE & ORS *v.* BELGIUM (1982) 4 E.H.R.R. 1
SIGURJONSSON *v.* ICELAND (1993) 16 E.H.R.R. 462

PROFESSIONAL FEES

just satisfaction ARTICO *v.* ITALY (1981) 3 E.H.R.R. 1

PROFESSIONAL PRACTICE, DEPRIVATION OF

exclusion for conscientious objection THLIMMENOS *v.* GREECE (2001) 31 E.H.R.R. 15 at page 411
peaceful enjoyment VAN MARLE & ORS *v.* NETHERLANDS (1986) 8 E.H.R.R. 483

PROMOTION OF ECONOMIC WELLBEING

necessary in democratic society GILLOW *v.* UK (1989) 11 E.H.R.R. 335

PRONOUNCEMENT OF JUDGMENT

failure to make in public SZÜCS *v.* AUSTRIA (1998) 26 E.H.R.R. 310
WERNER *v.* AUSTRIA (1998) 26 E.H.R.R. 310

PROPER ADMINISTRATION OF JUSTICE

reasonable time to bring case to trial SÜSSMANN *v.* GERMANY (1998) 25 E.H.R.R. 64

PROPERTY & POSSESSIONS, RIGHT TO [First Protocol, Art. 1]

additional tax SPACEK SRO *v.* CZECH REPUBLIC (2000) 30 E.H.R.R. 1010
admissibility decisions ALLGEMEINE GOLD *v.* UK (1983) 5 E.H.R.R. 584
APP. 9615/81 *v.* UK (1983) 5 E.H.R.R. 591
APP. 9889/82 *v.* FRANCE (1983) 5 E.H.R.R. 298
BANSTONIAN *v.* UK (1983) 5 E.H.R.R. 498
ENGLISH ELECTRIC CO. *v.* UK (1983) 5 E.H.R.R. 498
GILLOW *v.* UK (1983) 5 E.H.R.R. 581
LITHGOW *v.* UK (1983) 5 E.H.R.R. 491
VICKERS PLC *v.* UK (1983) 5 E.H.R.R. 499
VOSPER PLC *v.* UK (1983) 5 E.H.R.R. 496
YARROW PLC *v.* UK (1983) 5 E.H.R.R. 498
applicability of Article GASUS DOSIER *v.* NETHERLANDS (1995) 20 E.H.R.R. 403
appropriation of monies by bank SANTILLI *v.* ITALY (1992) 14 E.H.R.R. 421

PROPERTY & POSSESSIONS, RIGHT TO—*cont.*

arbitration awards	STRAN GREEK REFINERIES *v.* GREECE	(1995) 19 E.H.R.R. 293
compensation	AKKUS *v.* TURKEY	(2000) 30 E.H.R.R. 365
	BANSTONIAN *v.* UK	(1983) 5 E.H.R.R. 498
	ENGLISH ELECTRIC CO. *v.* UK	(1983) 5 E.H.R.R. 498
	ERKNER *v.* AUSTRIA	(1987) 9 E.H.R.R. 464
	JAMES *v.* UK	(1986) 8 E.H.R.R. 123
	LITHGOW *v.* UK	(1983) 5 E.H.R.R. 491
	LITHGOW *v.* UK	(1985) 7 E.H.R.R. 56
	LITHGOW *v.* UK	(1986) 8 E.H.R.R. 329
	PAPACHELAS *v.* GREECE	(2000) 30 E.H.R.R. 923
	POISS *v.* AUSTRIA	(1988) 10 E.H.R.R. 231
	VICKERS PLC *v.* UK	(1983) 5 E.H.R.R. 499
	VOSPER PLC *v.* UK	(1983) 5 E.H.R.R. 496
	YARROW PLC *v.* UK	(1983) 5 E.H.R.R. 498
compulsory purchase	GUILLEMIN *v.* FRANCE	(1998) 25 E.H.R.R. 435
	PAPACHELAS *v.* GREECE	(2000) 30 E.H.R.R. 923
control of use	FREDIN *v.* SWEDEN	(1991) 13 E.H.R.R. 784
	HAUER *v.* LANDRHEINLAND-PFALZ	(1981) 3 E.H.R.R. 140
	IMMOBILIARE *v.* ITALY	(2000) 30 E.H.R.R. 756
	JACOBSSON *v.* SWEDEN	(1990) 12 E.H.R.R. 56
	JACOBSSON *v.* SWEDEN	(1991) 13 E.H.R.R. 79
	LITHGOW *v.* UK	(1985) 7 E.H.R.R. 56
	MELLACHER *v.* AUSTRIA	(1990) 12 E.H.R.R. 391
	SCOLLO *v.* ITALY	(1996) 22 E.H.R.R. 514
	SPADEA *v.* ITALY	(1996) 21 E.H.R.R. 482
	TRE TRAKTÖRER *v.* SWEDEN	(1991) 13 E.H.R.R. 309
criminal proceedings	VENDITTELLI *v.* ITALY	(1995) 19 E.H.R.R. 464
deprivation of possessions	ALLGEMEINE GOLD *v.* UK	(1983) 5 E.H.R.R. 584
	APP. 9615/81 *v.* UK	(1983) 5 E.H.R.R. 591
	BANSTONIAN *v.* UK	(1983) 5 E.H.R.R. 498
	BRAMELID *v.* SWEDEN	(1983) 5 E.H.R.R. 249
	ENGLISH ELECTRIC CO. *v.* UK	(1983) 5 E.H.R.R. 498
	GASUS DOSIER *v.* NETHERLANDS	(1995) 20 E.H.R.R. 403
	GUILLEMIN *v.* FRANCE	(1998) 25 E.H.R.R. 435
	HANDYSIDE *v.* UK	(1979) 1 E.H.R.R. 737
	HOLY MONASTERIES *v.* GREECE	(1995) 20 E.H.R.R. 1
	JAMES *v.* UK	(1986) 8 E.H.R.R. 123
	KATIKARIDIS & ORS *v.* GREECE	(2001) 32 E.H.R.R. 6 at page 113
	LITHGOW *v.* UK	(1983) 5 E.H.R.R. 491
	LITHGOW *v.* UK	(1986) 8 E.H.R.R. 329
	NATIONAL & PROVINCIAL *v.* UK	(1998) 25 E.H.R.R. 127
	PAPAMICHALOPOLOUS *v.* GREECE	(1993) 16 E.H.R.R. 440
	PRESSOS COMPANIA NAVIERA *v.* BELGIUM	(1996) 21 E.H.R.R. 301
	RAIMONDO *v.* ITALY	(1994) 18 E.H.R.R. 237
	VAN DER MUSSELE *v.* BELGIUM	(1984) 6 E.H.R.R. 163
	VAN MARLE & ORS *v.* NETHERLANDS	(1986) 8 E.H.R.R. 483
	VICKERS PLC *v.* UK	(1983) 5 E.H.R.R. 499
	VOSPER PLC *v.* UK	(1983) 5 E.H.R.R. 496
	WESTMINSTER'S ESTATE *v.* SWITZERLAND	(1983) 5 E.H.R.R. 440
	YARROW PLC *v.* UK	(1983) 5 E.H.R.R. 498
	ZUBANI *v.* ITALY	(2001) 32 E.H.R.R. 14 at page 297
destruction etc. of rights	LITHGOW *v.* UK	(1985) 7 E.H.R.R. 56
discrimination	FREDIN *v.* SWEDEN	(1991) 13 E.H.R.R. 784
	HÅKANSSON *v.* SWEDEN	(1991) 13 E.H.R.R. 1

PROPERTY & POSSESSIONS, RIGHT TO—*cont.*

	JAMES *v.* UK	(1986) 8 E.H.R.R. 123
	LITHGOW *v.* UK	(1983) 5 E.H.R.R. 491
	LITHGOW *v.* UK	(1985) 7 E.H.R.R. 56
	LITHGOW *v.* UK	(1986) 8 E.H.R.R. 329
	PINE VALLEY *v.* IRELAND	(1992) 14 E.H.R.R. 319
	SPADEA *v.* ITALY	(1996) 21 E.H.R.R. 482
	X. *v.* AUSTRIA	(1981) 3 E.H.R.R. 285
enforcement notices	APP. 9355/81 *v.* UK	(1983) 5 E.H.R.R. 276
entry to home by police	MCLEOD *v.* UK	(1999) 27 E.H.R.R. 493
eviction orders	IMMOBILIARE *v.* ITALY	(2000) 30 E.H.R.R. 756
	SCOLLO *v.* ITALY	(1996) 22 E.H.R.R. 514
	SPADEA *v.* ITALY	(1996) 21 E.H.R.R. 482
exchange of land	PAPAMICHALOPOLOUS *v.* GREECE	(1993) 16 E.H.R.R. 440
forfeiture	AGOSI *v.* UK	(1987) 9 E.H.R.R. 1
inadequate solicitors' remuneration	X *v.* GERMANY	(1982) 4 E.H.R.R. 398
individual petitions	HOLY MONASTERIES *v.* GREECE	(1995) 20 E.H.R.R. 1
inheritance of property	MARCKX *v.* BELGIUM	(1980) 2 E.H.R.R. 330
interference with ownership	CHASSAGNOU & ORS *v.* FRANCE	(2000) 29 E.H.R.R. 615
	KATTE KLITSCHE *v.* ITALY	(1995) 19 E.H.R.R. 368
	LOIZIDOU *v.* TURKEY	(1997) 23 E.H.R.R. 513
	MATOS E SILVA *v.* PORTUGAL	(1997) 24 E.H.R.R. 573
invasion by third party State	CYPRUS *v.* TURKEY	(1982) 4 E.H.R.R. 482
land consolidation measures	PRÖTSCH *v.* AUSTRIA	(2001) 32 E.H.R.R. 12 at page 255
land disputes	ERKNER *v.* AUSTRIA	(1987) 9 E.H.R.R. 464
land-use and development plans	MATOS E SILVA *v.* PORTUGAL	(1997) 24 E.H.R.R. 573
legitimacy of purpose	CHASSAGNOU & ORS *v.* FRANCE	(2000) 29 E.H.R.R. 615
	HENTRICH *v.* FRANCE	(1994) 18 E.H.R.R. 440
	HOLY MONASTERIES *v.* GREECE	(1995) 20 E.H.R.R. 1
	IMMOBILIARE *v.* ITALY	(2000) 30 E.H.R.R. 756
	PAPAMICHALOPOLOUS *v.* GREECE	(1993) 16 E.H.R.R. 440
	RAIMONDO *v.* ITALY	(1994) 18 E.H.R.R. 237
margin of appreciation	GASUS DOSIER *v.* NETHERLANDS	(1995) 20 E.H.R.R. 403
mineral extraction licence	FREDIN *v.* SWEDEN	(1991) 13 E.H.R.R. 784
nationalisation	LITHGOW *v.* UK	(1985) 7 E.H.R.R. 56
	LITHGOW *v.* UK	(1986) 8 E.H.R.R. 329
necessary in a democratic society	ALLGEMEINE GOLD *v.* UK	(1983) 5 E.H.R.R. 584
peaceful enjoyment	AGOSI *v.* UK	(1987) 9 E.H.R.R. 1
	AKKUS *v.* TURKEY	(2000) 30 E.H.R.R. 365
	APP. 9355/81 *v.* UK	(1983) 5 E.H.R.R. 276
	BRAMELID *v.* SWEDEN	(1983) 5 E.H.R.R. 249
	FREDIN *v.* SWEDEN	(1991) 13 E.H.R.R. 784
	GILLOW *v.* UK	(1983) 5 E.H.R.R. 581
	GUSTAFSSON *v.* SWEDEN	(1996) 22 E.H.R.R. 409
	HÅKANSSON *v.* SWEDEN	(1991) 13 E.H.R.R. 1
	HENTRICH *v.* FRANCE	(1994) 18 E.H.R.R. 440
	HOLY MONASTERIES *v.* GREECE	(1995) 20 E.H.R.R. 1
	IATRIDIS *v.* GREECE	(2000) 30 E.H.R.R. 97
	IMMOBILIARE *v.* ITALY	(2000) 30 E.H.R.R. 756
	LITHGOW *v.* UK	(1985) 7 E.H.R.R. 56
	LOIZIDOU *v.* TURKEY	(1997) 23 E.H.R.R. 513
	MATOS E SILVA *v.* PORTUGAL	(1997) 24 E.H.R.R. 573
	NIEMIETZ *v.* GERMANY	(1993) 16 E.H.R.R. 97
	PAPACHELAS *v.* GREECE	(2000) 30 E.H.R.R. 923
	PHOCAS *v.* FRANCE	(2001) 32 E.H.R.R. 11 at page 221

PROPERTY & POSSESSIONS, RIGHT TO—*cont.*

	PINE VALLEY *v.* IRELAND	(1992) 14 E.H.R.R. 319
	PRÖTSCH *v.* AUSTRIA	(2001) 32 E.H.R.R. 12 at page 255
	RAIMONDO *v.* ITALY	(1994) 18 E.H.R.R. 237
	SPORRONG *v.* SWEDEN	(1983) 5 E.H.R.R. 35
	VAN MARLE & ORS *v.* NETHERLANDS	(1986) 8 E.H.R.R. 483
	VASILESCU *v.* ROMANIA	(1999) 28 E.H.R.R. 241
	VENDITTELLI *v.* ITALY	(1995) 19 E.H.R.R. 464
	WESTMINSTER'S ESTATE *v.* SWITZERLAND	(1983) 5 E.H.R.R. 440
possessions, meaning of	GASUS DOSIER *v.* NETHERLANDS	(1995) 20 E.H.R.R. 403
	PRESSOS COMPANIA NAVIERA *v.* BELGIUM	(1996) 21 E.H.R.R. 301
	STRAN GREEK REFINERIES *v.* GREECE	(1995) 19 E.H.R.R. 293
professional practice	VAN MARLE & ORS *v.* NETHERLANDS	(1986) 8 E.H.R.R. 483
prohibition on imports	AGOSI *v.* UK	(1987) 9 E.H.R.R. 1
proportionality	AIR CANADA *v.* UK	(1995) 20 E.H.R.R. 150
	CHASSAGNOU & ORS *v.* FRANCE	(2000) 29 E.H.R.R. 615
	FREDIN *v.* SWEDEN	(1991) 13 E.H.R.R. 784
	GASUS DOSIER *v.* NETHERLANDS	(1995) 20 E.H.R.R. 403
	HÅKANSSON *v.* SWEDEN	(1991) 13 E.H.R.R. 1
	HENTRICH *v.* FRANCE	(1994) 18 E.H.R.R. 440
	HOLY MONASTERIES *v.* GREECE	(1995) 20 E.H.R.R. 1
	IMMOBILIARE *v.* ITALY	(2000) 30 E.H.R.R. 756
	JACOBSSON *v.* SWEDEN	(1990) 12 E.H.R.R. 56
	MELLACHER *v.* AUSTRIA	(1990) 12 E.H.R.R. 391
	PRESSOS COMPANIA NAVIERA *v.* BELGIUM	(1996) 21 E.H.R.R. 301
	PRÖTSCH *v.* AUSTRIA	(2001) 32 E.H.R.R. 12 at page 255
	RAIMONDO *v.* ITALY	(1994) 18 E.H.R.R. 237
	SCOLLO *v.* ITALY	(1996) 22 E.H.R.R. 514
	SPADEA *v.* ITALY	(1996) 21 E.H.R.R. 482
public interest	PRESSOS COMPANIA NAVIERA *v.* BELGIUM	(1996) 21 E.H.R.R. 301
rent control	MELLACHER *v.* AUSTRIA	(1990) 12 E.H.R.R. 391
	X. *v.* AUSTRIA	(1981) 3 E.H.R.R. 285
repossession of property	IMMOBILIARE *v.* ITALY	(2000) 30 E.H.R.R. 756
restaurant liquor licence	TRE TRAKTÖRER *v.* SWEDEN	(1991) 13 E.H.R.R. 309
restitution of monies paid under invalidated provisions	NATIONAL & PROVINCIAL *v.* UK	(1998) 25 E.H.R.R. 127
restriction on use	AIR CANADA *v.* UK	(1995) 20 E.H.R.R. 150
	CHASSAGNOU & ORS *v.* FRANCE	(2000) 29 E.H.R.R. 615
	HAUER *v.* LANDRHEINLAND-PFALZ	(1981) 3 E.H.R.R. 140
	JACOBSSON *v.* SWEDEN	(1990) 12 E.H.R.R. 56
	LITHGOW *v.* UK	(1985) 7 E.H.R.R. 56
	RAIMONDO *v.* ITALY	(1994) 18 E.H.R.R. 237
	TRE TRAKTÖRER *v.* SWEDEN	(1991) 13 E.H.R.R. 309
search warrants	NIEMIETZ *v.* GERMANY	(1993) 16 E.H.R.R. 97
seizure of articles	AIR CANADA *v.* UK	(1995) 20 E.H.R.R. 150
	GASUS DOSIER *v.* NETHERLANDS	(1995) 20 E.H.R.R. 403
sequestration of property	VENDITTELLI *v.* ITALY	(1995) 19 E.H.R.R. 464
state's responsibility	LOIZIDOU *v.* TURKEY	(1997) 23 E.H.R.R. 513
suspension of eviction orders	SCOLLO *v.* ITALY	(1996) 22 E.H.R.R. 514
	SPADEA *v.* ITALY	(1996) 21 E.H.R.R. 482
tax authorities' powers	GASUS DOSIER *v.* NETHERLANDS	(1995) 20 E.H.R.R. 403

PROPERTY & POSSESSIONS, RIGHT TO—*cont.*

unlawful occupation of land	ZUBANI *v.* ITALY	(2001) 32 E.H.R.R. 14 at page 297
victim of violation	GUILLEMIN *v.* FRANCE	(1998) 25 E.H.R.R. 435
village development scheme	PHOCAS *v.* FRANCE	(2001) 32 E.H.R.R. 11 at page 221

PROPERTY TRIBUNAL

impartiality and idnependence	SRAMEK *v.* AUSTRIA	(1985) 7 E.H.R.R. 351

PROPORTIONALITY

abortion counselling	OPEN DOOR COUNSELLING *v.* IRELAND	(1993) 15 E.H.R.R. 245
access to confidential files	MCMICHAEL *v.* UK	(1995) 20 E.H.R.R. 205
access to personal files	GASKIN *v.* UK	(1990) 12 E.H.R.R. 36
access to tribunal	OSMAN *v.* UK	(2000) 29 E.H.R.R. 245
***Anton Piller* orders**	CHAPPELL *v.* UK	(1990) 12 E.H.R.R. 1
building prohibitions	JACOBSSON *v.* SWEDEN	(1990) 12 E.H.R.R. 56
care proceedings	OLSSON *v.* SWEDEN	(1989) 11 E.H.R.R. 259
collision actions	PRESSOS COMPANIA NAVIERA *v.* BELGIUM	(1996) 21 E.H.R.R. 301
conscientious objector	THLIMMENOS *v.* GREECE	(2001) 31 E.H.R.R. 15 at page 411
correspondence	CRÉMIEUX *v.* FRANCE	(1993) 16 E.H.R.R. 357
	FUNKE *v.* FRANCE	(1993) 16 E.H.R.R. 297
	MIAILHE *v.* FRANCE	(1993) 16 E.H.R.R. 333
	PFEIFER *v.* AUSTRIA	(1992) 14 E.H.R.R. 692
discrimination	CHASSAGNOU & ORS *v.* FRANCE	(2000) 29 E.H.R.R. 615
	MCMICHAEL *v.* UK	(1995) 20 E.H.R.R. 205
eviction orders	SCOLLO *v.* ITALY	(1996) 22 E.H.R.R. 514
	SPADEA *v.* ITALY	(1996) 21 E.H.R.R. 482
exclusion from professional body	THLIMMENOS *v.* GREECE	(2001) 31 E.H.R.R. 15 at page 411
homosexual conduct	DUDGEON *v.* UK	(1982) 4 E.H.R.R. 149
hunting rights on land	CHASSAGNOU & ORS *v.* FRANCE	(2000) 29 E.H.R.R. 615
immigration control	BERREHAB *v.* NETHERLANDS	(1989) 11 E.H.R.R. 322
land consolidation measures	PRÖTSCH *v.* AUSTRIA	(2001) 32 E.H.R.R. 12 at page 255
mineral extraction licence	FREDIN *v.* SWEDEN	(1991) 13 E.H.R.R. 784
obscene paintings	MÜLLER *v.* SWITZERLAND	(1991) 13 E.H.R.R. 212
peaceful enjoyment	HÅKANSSON *v.* SWEDEN	(1991) 13 E.H.R.R. 1
	HENTRICH *v.* FRANCE	(1994) 18 E.H.R.R. 440
	HOLY MONASTERIES *v.* GREECE	(1995) 20 E.H.R.R. 1
	IMMOBILIARE *v.* ITALY	(2000) 30 E.H.R.R. 756
	PRÖTSCH *v.* AUSTRIA	(2001) 32 E.H.R.R. 12 at page 255
pluralism	KOKKINAKIS *v.* GREECE	(1994) 17 E.H.R.R. 397
pre-emption rights	HENTRICH *v.* FRANCE	(1994) 18 E.H.R.R. 440
rent control	MELLACHER *v.* AUSTRIA	(1990) 12 E.H.R.R. 391
repossession of property	IMMOBILIARE *v.* ITALY	(2000) 30 E.H.R.R. 756
search and seizure	CRÉMIEUX *v.* FRANCE	(1993) 16 E.H.R.R. 357
	FUNKE *v.* FRANCE	(1993) 16 E.H.R.R. 297
	MIAILHE *v.* FRANCE	(1993) 16 E.H.R.R. 333
	NATIONAL PANASONIC *v.* EC COMMISSION	(1981) 3 E.H.R.R. 150
seized goods	GASUS DOSIER *v.* NETHERLANDS	(1995) 20 E.H.R.R. 403
	RAIMONDO *v.* ITALY	(1994) 18 E.H.R.R. 237
ships in collision	PRESSOS COMPANIA NAVIERA *v.* BELGIUM	(1996) 21 E.H.R.R. 301

PROPORTIONALITY—*cont.*

suspension of eviction orders	SCOLLO *v.* ITALY	(1996) 22 E.H.R.R. 514
	SPADEA *v.* ITALY	(1996) 21 E.H.R.R. 482
tax authorities' powers	GASUS DOSIER *v.* NETHERLANDS	(1995) 20 E.H.R.R. 403
traffic offences	MALIGE *v.* FRANCE	(1999) 28 E.H.R.R. 578
transfer of monastic estate	HOLY MONASTERIES *v.* GREECE	(1995) 20 E.H.R.R. 1

PROSELYTISM

air force, members of	LARISSIS *v.* GREECE	(1999) 27 E.H.R.R. 329
pluralism	KOKKINAKIS *v.* GREECE	(1994) 17 E.H.R.R. 397

PROVISIONAL RELEASE, REQUEST FOR

equality of arms	MATZNETTER *v.* AUSTRIA	(1979) 1 E.H.R.R. 198
	NEUMEISTER *v.* AUSTRIA (NO. 1)	(1979) 1 E.H.R.R. 91
grounds for refusal	MATZNETTER *v.* AUSTRIA	(1979) 1 E.H.R.R. 198
	NEUMEISTER *v.* AUSTRIA (NO. 1)	(1979) 1 E.H.R.R. 91
	STÖGMÜLLER *v.* AUSTRIA	(1979) 1 E.H.R.R. 155
	WEMHOFF *v.* GERMANY	(1979) 1 E.H.R.R. 55

PSYCHIATRIC EXAMINATION

admissibility decisions	APP. 9687/82 *v.* GERMANY	(1983) 5 E.H.R.R. 511

PSYCHOLOGICAL TORTURE

disappearance of applicant's son	KURT *v.* TURKEY	(1999) 27 E.H.R.R. 375

PUBLIC EMERGENCY, DEROGATION IN [Art. 15]

absence of judicial intervention	BRANNIGAN & MCBRIDE *v.* UK	(1994) 17 E.H.R.R. 539
detention without trial	AKSOY *v.* TURKEY	(1997) 23 E.H.R.R. 553
existence of conditions	LAWLESS *v.* IRELAND (NO. 3)	(1979) 1 E.H.R.R. 15
invasion by third party State	CYPRUS *v.* TURKEY	(1982) 4 E.H.R.R. 482
rules of evidence	IRELAND *v.* UK	(1980) 2 E.H.R.R. 25

PUBLIC FIGURES, CRITICISM OF

necessary in democratic society	LINGENS & LEITGENS *v.* AUSTRIA	(1986) 8 E.H.R.R. 407

PUBLIC HEARINGS

admissibility decisions	APP. 8893/80 *v.* AUSTRIA	(1983) 5 E.H.R.R. 502
	APP. 9486/81 *v.* SWITZERLAND	(1983) 5 E.H.R.R. 587
	APP. 9806/82 *v.* IRELAND	(1983) 5 E.H.R.R. 488
appellate courts	BULUT *v.* AUSTRIA	(1997) 24 E.H.R.R. 84
Bar Council proceedings	DE MOOR *v.* BELGIUM	(1994) 18 E.H.R.R. 372
building permits	JACOBSSON *v.* SWEDEN (NO. 2)	(2001) 32 E.H.R.R. 20 at page 463
compensation for discontinued proceedings	WERNER *v.* AUSTRIA	(1998) 26 E.H.R.R. 310
Constitutional Court proceedings	PAUGER *v.* AUSTRIA	(1998) 25 E.H.R.R. 105
detention of mentally ill persons	ASHINGDANE *v.* UK	(1985) 7 E.H.R.R. 528
land-use and development plans	ORTENBERG *v.* AUSTRIA	(1995) 19 E.H.R.R. 524
legal advice, request for	HILTON *v.* UK	(1981) 3 E.H.R.R. 104

PUBLIC HEARINGS—*cont.*

medical discipline	DIENNET *v.* FRANCE	(1996) 21 E.H.R.R. 554
military disciplinary measures	ENGEL & ORS *v.* NETHERLANDS (NO. 1)	(1979) 1 E.H.R.R. 647

PUBLIC INTEREST

deprivation of possessions	BRAMELID *v.* SWEDEN	(1983) 5 E.H.R.R. 249
	JAMES *v.* UK	(1986) 8 E.H.R.R. 123
nationalisation	LITHGOW *v.* UK	(1985) 7 E.H.R.R. 56
non-disclosure of evidence	FITT *v.* UK	(2000) 30 E.H.R.R. 480
	JASPER *v.* UK	(2000) 30 E.H.R.R. 441

PUBLIC SERVICE, RIGHT TO HOLD POSITION IN

general issues	AHMAD *v.* UK	(1982) 4 E.H.R.R. 126

PUBLIC TRANSPORT LICENCES, REVOCATION OF

access to court	PUDAS *v.* SWEDEN	(1988) 10 E.H.R.R. 380

PUBLICITY OF JUDGMENT

generally	PRETTO *v.* ITALY	(1984) 6 E.H.R.R. 182
	SUTTER *v.* SWITZERLAND	(1984) 6 E.H.R.R. 272

QUASH CONVICTION, REQUEST TO

	FINDLAY *v.* UK	(1997) 24 E.H.R.R. 221
	HAUSCHILDT *v.* DENMARK	(1990) 12 E.H.R.R. 266
	PALAORO *v.* AUSTRIA	(2001) 32 E.H.R.R. 10 at page 202
	PFARRMEIER *v.* AUSTRIA	(1996) 22 E.H.R.R. 175

QUESTIONING

children	SARGIN *v.* GERMANY	(1982) 4 E.H.R.R. 276
terrorists	MCVEIGH & ORS *v.* UK	(1983) 5 E.H.R.R. 71
	MURRAY *v.* UK	(1995) 19 E.H.R.R. 193

QUESTIONS OF LAW

examination of applications considered inadmissible	HANDYSIDE *v.* UK	(1979) 1 E.H.R.R. 737
review of aspects previously considered	KLASS & ORS *v.* GERMANY	(1980) 2 E.H.R.R. 2

RACIAL DISCRIMINATION

degrading treatment	EAST AFRICAN ASIANS *v.* UK	(1981) 3 E.H.R.R. 76
immigration control	ABDULAZIZ, CABALES *v.* UK	(1984) 6 E.H.R.R. 28
	ABDULAZIZ, CABALES *v.* UK	(1985) 7 E.H.R.R. 471
less favourable treatment	AHMAD *v.* UK	(1982) 4 E.H.R.R. 126

RACIAL HATRED, INCITEMENT OF

broadcasting	JERSILD *v.* DENMARK	(1995) 19 E.H.R.R. 1
freedom of expression	GLIMMERVEEN *v.* NETHERLANDS	(1982) 4 E.H.R.R. 260

RACIST REMARK

jury members, by	GREGORY *v.* UK	(1998) 25 E.H.R.R. 577
	REMLI *v.* FRANCE	(1996) 22 E.H.R.R. 253

RACIST REMARK—*cont.*

	SANDER *v.* UK	(2001) 31 E.H.R.R. 44 at page 1003

RAPE IN CUSTODY

torture	AYDIN *v.* TURKEY	(1998) 25 E.H.R.R. 251

RATIONE LOCI

preliminary objections	LOIZIDOU *v.* TURKEY	(1995) 20 E.H.R.R. 99
	STAMOULAKATOS *v.* GREECE	(1994) 17 E.H.R.R. 479
	YAĞCI & SARGIN *v.* TURKEY	(1995) 20 E.H.R.R. 505

RATIONE MATERIAE

preliminary objections	GLASENAPP *v.* GERMANY	(1987) 9 E.H.R.R. 25
	GUERRA & ORS *v.* ITALY	(1998) 26 E.H.R.R. 357
	MATOS E SILVA *v.* PORTUGAL	(1997) 24 E.H.R.R. 573
	MIAILHE *v.* FRANCE (NO. 2)	(1997) 23 E.H.R.R. 491

RATIONE PERSONAE

admissibility decisions	APP. 9322/81 *v.* NETHERLANDS	(1983) 5 E.H.R.R. 598

RATIONE TEMPORIS

admissibility decisions	APP. 9587/81 *v.* FRANCE	(1983) 5 E.H.R.R. 483
	APP. 9764/82 *v.* FRANCE	(1983) 5 E.H.R.R. 608
detention on remand	LOUKANOV *v.* BULGARIA	(1997) 24 E.H.R.R. 121
preliminary objections	AGROTEXIM & ORS *v.* GREECE	(1996) 21 E.H.R.R. 250
	BELZIUK *v.* POLAND	(2000) 30 E.H.R.R. 614
	KEFALAS *v.* GREECE	(1995) 20 E.H.R.R. 484
	LOIZIDOU *v.* TURKEY	(1995) 20 E.H.R.R. 99
	LOIZIDOU *v.* TURKEY	(1997) 23 E.H.R.R. 513
	MANSUR *v.* TURKEY	(1995) 20 E.H.R.R. 535
	MITAP & ANOR *v.* TURKEY	(1996) 22 E.H.R.R. 209
	STAMOULAKATOS *v.* GREECE	(1994) 17 E.H.R.R. 479
	YAĞCI & SARGIN *v.* TURKEY	(1995) 20 E.H.R.R. 505
	YAGIZ *v.* TURKEY	(1996) 22 E.H.R.R. 573
	ZANA *v.* TURKEY	(1999) 27 E.H.R.R. 667

REASONABLE TIME IN DETENTION

absconding	CLOOTH *v.* BELGIUM	(1992) 14 E.H.R.R. 717
	LETELLIER *v.* FRANCE	(1992) 14 E.H.R.R. 83
	MANSUR *v.* TURKEY	(1995) 20 E.H.R.R. 535
	MATZNETTER *v.* AUSTRIA	(1979) 1 E.H.R.R. 198
	NEUMEISTER *v.* AUSTRIA (NO. 1)	(1979) 1 E.H.R.R. 91
	RINGEISEN *v.* AUSTRIA (NO. 1)	(1979) 1 E.H.R.R. 455
	SCOTT *v.* SPAIN	(1997) 24 E.H.R.R. 391
	STÖGMÜLLER *v.* AUSTRIA	(1979) 1 E.H.R.R. 155
	TOMASI *v.* FRANCE	(1993) 15 E.H.R.R. 1
	TOTH *v.* AUSTRIA	(1992) 14 E.H.R.R. 551
	VAN DER TANG *v.* NETHERLANDS	(1996) 22 E.H.R.R. 363
	W. *v.* SWITZERLAND	(1994) 17 E.H.R.R. 60
	WEMHOFF *v.* GERMANY	(1979) 1 E.H.R.R. 55
	YAĞCI & SARGIN *v.* TURKEY	(1995) 20 E.H.R.R. 505
admissibility decisions	APP. 9132/80 *v.* GERMANY	(1983) 5 E.H.R.R. 470
	APP. 9604/81 *v.* GERMANY	(1983) 5 E.H.R.R. 587
causing public disorder	LETELLIER *v.* FRANCE	(1992) 14 E.H.R.R. 83
	TOMASI *v.* FRANCE	(1993) 15 E.H.R.R. 1
circumstances of case	ASSENOV & ORS *v.* BULGARIA	(1999) 28 E.H.R.R. 652

REASONABLE TIME IN DETENTION—*cont.*

	BEZICHERI *v.* ITALY	(1990) 12 E.H.R.R. 210
	CAN *v.* AUSTRIA	(1986) 8 E.H.R.R. 14
	ERIKSEN *v.* NORWAY	(2000) 29 E.H.R.R. 328
	HERCZEGFALVY *v.* AUSTRIA	(1993) 15 E.H.R.R. 437
	KOSTER *v.* NETHERLANDS	(1992) 14 E.H.R.R. 396
	MANSUR *v.* TURKEY	(1995) 20 E.H.R.R. 535
	MITAP & ANOR *v.* TURKEY	(1996) 22 E.H.R.R. 209
	QUINN *v.* FRANCE	(1996) 21 E.H.R.R. 529
	SANCHEZ-REISSE *v.* SWITZERLAND	(1987) 9 E.H.R.R. 71
	W. *v.* SWITZERLAND	(1994) 17 E.H.R.R. 60
collusion	W. *v.* SWITZERLAND	(1994) 17 E.H.R.R. 60
complexity of case	MITAP & ANOR *v.* TURKEY	(1996) 22 E.H.R.R. 209
	NEUMEISTER *v.* AUSTRIA (NO. 1)	(1979) 1 E.H.R.R. 91
	RINGEISEN *v.* AUSTRIA (NO. 1)	(1979) 1 E.H.R.R. 455
	SCOTT *v.* SPAIN	(1997) 24 E.H.R.R. 391
	WEMHOFF *v.* GERMANY	(1979) 1 E.H.R.R. 55
conduct of parties	HERCZEGFALVY *v.* AUSTRIA	(1993) 15 E.H.R.R. 437
	TOMASI *v.* FRANCE	(1993) 15 E.H.R.R. 1
	TOTH *v.* AUSTRIA	(1992) 14 E.H.R.R. 551
needs of inquiry	CLOOTH *v.* BELGIUM	(1992) 14 E.H.R.R. 717
pending appeal	B. *v.* AUSTRIA	(1991) 13 E.H.R.R. 20
pressurising witnesses	KEMMACHE *v.* FRANCE	(1992) 14 E.H.R.R. 520
	LETELLIER *v.* FRANCE	(1992) 14 E.H.R.R. 83
	TOMASI *v.* FRANCE	(1993) 15 E.H.R.R. 1
pre-trial	VAN DER TANG *v.* NETHERLANDS	(1996) 22 E.H.R.R. 363
	W. *v.* SWITZERLAND	(1994) 17 E.H.R.R. 60
repetition of offences	ASSENOV & ORS *v.* BULGARIA	(1999) 28 E.H.R.R. 652
	CLOOTH *v.* BELGIUM	(1992) 14 E.H.R.R. 717
	MATZNETTER *v.* AUSTRIA	(1979) 1 E.H.R.R. 198
	RINGEISEN *v.* AUSTRIA (NO. 1)	(1979) 1 E.H.R.R. 455
	STÖGMÜLLER *v.* AUSTRIA	(1979) 1 E.H.R.R. 155
	W. *v.* SWITZERLAND	(1994) 17 E.H.R.R. 60

REASONABLE TIME TO BRING CASE TO TRIAL

administrative proceedings	RUIZ-MATEOS *v.* SPAIN	(1993) 16 E.H.R.R. 505
admissibility decisions	APP. 9604/81 *v.* GERMANY	(1983) 5 E.H.R.R. 587
	APP. 9550/81 *v.* UK	(1983) 5 E.H.R.R. 508
	APP. 9760/82 *v.* GERMANY	(1983) 5 E.H.R.R. 596
age and health	BONNECHAUX *v.* SWITZERLAND	(1981) 3 E.H.R.R. 259
agricultural land proceedings	POISS *v.* AUSTRIA	(1988) 10 E.H.R.R. 231
backlog of court business	BAGGETTA *v.* ITALY	(1988) 10 E.H.R.R. 325
	BUNKATE *v.* NETHERLANDS	(1995) 19 E.H.R.R. 477
	DOBBERTIN *v.* FRANCE	(1993) 16 E.H.R.R. 558
	ERKNER *v.* AUSTRIA	(1987) 9 E.H.R.R. 464
	GS *v.* AUSTRIA	(2001) 31 E.H.R.R. 21 at page 576
	H. *v.* FRANCE	(1990) 12 E.H.R.R. 74
	HENTRICH *v.* FRANCE	(1994) 18 E.H.R.R. 440
	LECHNER & HESS *v.* AUSTRIA	(1987) 9 E.H.R.R. 490
	LOMBARDO *v.* ITALY	(1996) 21 E.H.R.R. 188
	MASSA *v.* ITALY	(1994) 18 E.H.R.R. 266
	MILASI *v.* ITALY	(1988) 10 E.H.R.R. 333
	PAMMEL *v.* GERMANY	(1998) 26 E.H.R.R. 100
	PELISSIER & SASSI *v.* FRANCE	(2000) 30 E.H.R.R. 715
	SALESI *v.* ITALY	(1998) 26 E.H.R.R. 187
	SCUDERI *v.* ITALY	(1995) 19 E.H.R.R. 187
	THLIMMENOS *v.* GREECE	(2001) 31 E.H.R.R. 15 at page 411

REASONABLE TIME TO BRING CASE TO TRIAL—*cont.*

	UNIÓN ALIMENTARIA SANDERS *v.* SPAIN	(1990) 12 E.H.R.R. 24
care proceedings	B. *v.* UK	(1988) 10 E.H.R.R. 87
	H. *v.* UK	(1988) 10 E.H.R.R. 95
	JOHANSEN *v.* NORWAY	(1997) 23 E.H.R.R. 33
	O. *v.* UK	(1988) 10 E.H.R.R. 82
	PAULSEN-MEDALEN & ANOR *v.* SWEDEN	(1998) 26 E.H.R.R. 260
	R. *v.* UK	(1988) 10 E.H.R.R. 74
	W. *v.* UK	(1988) 10 E.H.R.R. 29
charges remaining on file	APP. 9550/81 *v.* UK	(1983) 5 E.H.R.R. 508
	X. *v.* UK	(1981) 3 E.H.R.R. 271
circumstances of case	ABDOELLA *v.* NETHERLANDS	(1995) 20 E.H.R.R. 585
	ADILETTA *v.* ITALY	(1992) 14 E.H.R.R. 586
	BARAONA *v.* PORTUGAL	(1991) 13 E.H.R.R. 329
	BOCK *v.* GERMANY	(1990) 12 E.H.R.R. 247
	BODDAERT *v.* BELGIUM	(1993) 16 E.H.R.R. 242
	BUCHHOLZ *v.* GERMANY	(1981) 3 E.H.R.R. 597
	BUNKATE *v.* NETHERLANDS	(1995) 19 E.H.R.R. 477
	COMINGERSOLL SA *v.* PORTUGAL	(2001) 31 E.H.R.R. 31 at page 772
	CORIGLIANO *v.* ITALY	(1983) 5 E.H.R.R. 334
	DARNELL *v.* UK	(1994) 18 E.H.R.R. 205
	DE MOOR *v.* BELGIUM	(1994) 18 E.H.R.R. 372
	DUCLOS *v.* FRANCE	(2001) 32 E.H.R.R. 5 at page 86
	ECKLE *v.* GERMANY	(1983) 5 E.H.R.R. 1
	EDITIONS PÉRISCOPE *v.* FRANCE	(1992) 14 E.H.R.R. 597
	EP *v.* ITALY	(2001) 31 E.H.R.R. 17 at page 463
	FERRANTELLI *v.* ITALY	(1997) 23 E.H.R.R. 288
	FOTI *v.* ITALY	(1983) 5 E.H.R.R. 313
	FRYDLENDER *v.* FRANCE	(2001) 31 E.H.R.R. 52 at page 1152
	FUNKE *v.* FRANCE	(1993) 16 E.H.R.R. 297
	GARYFALLOU AEBE *v.* GREECE	(1999) 28 E.H.R.R. 344
	H. *v.* FRANCE	(1990) 12 E.H.R.R. 74
	HENTRICH *v.* FRANCE	(1994) 18 E.H.R.R. 440
	HOKKANEN *v.* FINLAND	(1995) 19 E.H.R.R. 139
	HOWARTH *v.* UK	(2001) 31 E.H.R.R. 37 at page 861
	KATIKARIDIS & ORS *v.* GREECE	(2001) 32 E.H.R.R. 6 at page 113
	KATTE KLITSCHE *v.* ITALY	(1995) 19 E.H.R.R. 368
	KEMMACHE *v.* FRANCE	(1992) 14 E.H.R.R. 520
	MAJ *v.* ITALY	(1992) 14 E.H.R.R. 405
	MATOS E SILVA *v.* PORTUGAL	(1997) 24 E.H.R.R. 573
	MONNET *v.* FRANCE	(1994) 18 E.H.R.R. 27
	MOTTA *v.* ITALY	(1992) 14 E.H.R.R. 432
	OLSSON *v.* SWEDEN (NO. 2)	(1994) 17 E.H.R.R. 135
	PAPACHELAS *v.* GREECE	(2000) 30 E.H.R.R. 923
	PAULSEN-MEDALEN & ANOR *v.* SWEDEN	(1998) 26 E.H.R.R. 260
	PRETTO *v.* ITALY	(1984) 6 E.H.R.R. 182
	PUGLIESE *v.* ITALY (NO. 1)	(1992) 14 E.H.R.R. 413
	RAIMONDO *v.* ITALY	(1994) 18 E.H.R.R. 237
	ROBINS *v.* UK	(1998) 26 E.H.R.R. 527
	SALESI *v.* ITALY	(1998) 26 E.H.R.R. 187
	SANTILLI *v.* ITALY	(1992) 14 E.H.R.R. 421
	SCHOUTEN *v.* NETHERLANDS	(1995) 19 E.H.R.R. 432

REASONABLE TIME TO BRING CASE TO TRIAL—*cont.*

	SCOPELLITI *v.* ITALY	(1994) 17 E.H.R.R. 493
	SCUDERI *v.* ITALY	(1995) 19 E.H.R.R. 187
	SELMOUNI *v.* FRANCE	(2000) 29 E.H.R.R. 403
	SILVA PONTES *v.* PORTUGAL	(1994) 18 E.H.R.R. 156
	STRAN GREEK REFINERIES *v.* GREECE	(1995) 19 E.H.R.R. 293
	TOMASI *v.* FRANCE	(1993) 15 E.H.R.R. 1
	UNIÓN ALIMENTARIA SANDERS *v.* SPAIN	(1990) 12 E.H.R.R. 24
	VALLÉE *v.* FRANCE	(1994) 18 E.H.R.R. 549
	VENDITTELLI *v.* ITALY	(1995) 19 E.H.R.R. 464
	WIESINGER *v.* AUSTRIA	(1993) 16 E.H.R.R. 259
	WR *v.* AUSTRIA	(2001) 31 E.H.R.R. 43 at page 985
	YAĞCI & SARGIN *v.* TURKEY	(1995) 20 E.H.R.R. 505
	ZIELINSKI & ORS *v.* FRANCE	(2001) 31 E.H.R.R. 19 at page 532
	ZIMMERMANN *v.* GERMANY	(1984) 6 E.H.R.R. 17
civil party to criminal proceedings	HAMER *v.* FRANCE	(1997) 23 E.H.R.R. 1
complexity of case	ADILETTA *v.* ITALY	(1992) 14 E.H.R.R. 586
	ALLENET DE RIBEMONT *v.* FRANCE	(1995) 20 E.H.R.R. 557
	AUSIELLO *v.* ITALY	(1997) 24 E.H.R.R. 568
	BODDAERT *v.* BELGIUM	(1993) 16 E.H.R.R. 242
	COMINGERSOLL SA *v.* PORTUGAL	(2001) 31 E.H.R.R. 31 at page 772
	DOBBERTIN *v.* FRANCE	(1993) 16 E.H.R.R. 558
	ERKNER *v.* AUSTRIA	(1987) 9 E.H.R.R. 464
	F.E. *v.* FRANCE	(2000) 29 E.H.R.R. 591
	FERRANTELLI *v.* ITALY	(1997) 23 E.H.R.R. 288
	GS *v.* AUSTRIA	(2001) 31 E.H.R.R. 21 at page 576
	GUILLEMIN *v.* FRANCE	(1998) 25 E.H.R.R. 435
	HOWARTH *v.* UK	(2001) 31 E.H.R.R. 37 at page 861
	JOHANSEN *v.* NORWAY	(1997) 23 E.H.R.R. 33
	KATTE KLITSCHE *v.* ITALY	(1995) 19 E.H.R.R. 368
	LOMBARDO *v.* ITALY	(1996) 21 E.H.R.R. 188
	MAJ *v.* ITALY	(1992) 14 E.H.R.R. 405
	MANSUR *v.* TURKEY	(1995) 20 E.H.R.R. 535
	MATTER *v.* SLOVAKIA	(2001) 31 E.H.R.R. 32 at page 783
	NEUMEISTER *v.* AUSTRIA (NO. 1)	(1979) 1 E.H.R.R. 91
	OLSSON *v.* SWEDEN (NO. 2)	(1994) 17 E.H.R.R. 135
	PAILOT *v.* FRANCE	(2000) 30 E.H.R.R. 328
	PAMMEL *v.* GERMANY	(1998) 26 E.H.R.R. 100
	PAPACHELAS *v.* GREECE	(2000) 30 E.H.R.R. 923
	PELISSIER & SASSI *v.* FRANCE	(2000) 30 E.H.R.R. 715
	PHILIS *v.* GREECE (NO. 2)	(1998) 25 E.H.R.R. 417
	REINHARDT & ANOR *v.* FRANCE	(1999) 28 E.H.R.R. 59
	RUIZ-MATEOS *v.* SPAIN	(1993) 16 E.H.R.R. 505
	SANTILLI *v.* ITALY	(1992) 14 E.H.R.R. 421
	SCHOUTEN *v.* NETHERLANDS	(1995) 19 E.H.R.R. 432
	SILVA PONTES *v.* PORTUGAL	(1994) 18 E.H.R.R. 156
	SÜSSMANN *v.* GERMANY	(1998) 25 E.H.R.R. 64
	THLIMMENOS *v.* GREECE	(2001) 31 E.H.R.R. 15 at page 411
	VERNILLO *v.* FRANCE	(1991) 13 E.H.R.R. 880
	WEMHOFF *v.* GERMANY	(1979) 1 E.H.R.R. 55
	WIESINGER *v.* AUSTRIA	(1993) 16 E.H.R.R. 259

REASONABLE TIME TO BRING CASE TO TRIAL—*cont.*

	X. *v.* FRANCE	(1992) 14 E.H.R.R. 483
	YAĞCI & SARGIN *v.* TURKEY	(1995) 20 E.H.R.R. 505
compulsory purchase proceedings	GUILLEMIN *v.* FRANCE	(1998) 25 E.H.R.R. 435
conduct of parties	ACQUAVIVA *v.* FRANCE	(2001) 32 E.H.R.R. 7 at page 134
	ADILETTA *v.* ITALY	(1992) 14 E.H.R.R. 586
	ALLENET DE RIBEMONT *v.* FRANCE	(1995) 20 E.H.R.R. 557
	AUSIELLO *v.* ITALY	(1997) 24 E.H.R.R. 568
	BEAUMARTIN *v.* FRANCE	(1995) 19 E.H.R.R. 485
	COMINGERSOLL SA *v.* PORTUGAL	(2001) 31 E.H.R.R. 31 at page 772
	DOBBERTIN *v.* FRANCE	(1993) 16 E.H.R.R. 558
	DUCLOS *v.* FRANCE	(2001) 32 E.H.R.R. 5 at page 86
	GARYFALLOU AEBE *v.* GREECE	(1999) 28 E.H.R.R. 344
	GS *v.* AUSTRIA	(2001) 31 E.H.R.R. 21 at page 576
	GUILLEMIN *v.* FRANCE	(1998) 25 E.H.R.R. 435
	HOKKANEN *v.* FINLAND	(1995) 19 E.H.R.R. 139
	KEMMACHE *v.* FRANCE	(1992) 14 E.H.R.R. 520
	KOLOMPAR *v.* BELGIUM	(1993) 16 E.H.R.R. 197
	LE CALVEZ *v.* FRANCE	(2001) 32 E.H.R.R. 21 at page 481
	MAJ *v.* ITALY	(1992) 14 E.H.R.R. 405
	MATTER *v.* SLOVAKIA	(2001) 31 E.H.R.R. 32 at page 783
	MONNET *v.* FRANCE	(1994) 18 E.H.R.R. 27
	PAILOT *v.* FRANCE	(2000) 30 E.H.R.R. 328
	PELISSIER & SASSI *v.* FRANCE	(2000) 30 E.H.R.R. 715
	PHOCAS *v.* FRANCE	(2001) 32 E.H.R.R. 11 at page 221
	PUGLIESE *v.* ITALY (NO. 1)	(1992) 14 E.H.R.R. 413
	REINHARDT & ANOR *v.* FRANCE	(1999) 28 E.H.R.R. 59
	SILVA PONTES *v.* PORTUGAL	(1994) 18 E.H.R.R. 156
	VALLÉE *v.* FRANCE	(1994) 18 E.H.R.R. 549
	VERNILLO *v.* FRANCE	(1991) 13 E.H.R.R. 880
	WIESINGER *v.* AUSTRIA	(1993) 16 E.H.R.R. 259
	X. *v.* FRANCE	(1992) 14 E.H.R.R. 483
	YAĞCI & SARGIN *v.* TURKEY	(1995) 20 E.H.R.R. 505
	ZANA *v.* TURKEY	(1999) 27 E.H.R.R. 667
Constitutional Court proceedings	PAMMEL *v.* GERMANY	(1998) 26 E.H.R.R. 100
costs proceedings	ROBINS *v.* UK	(1998) 26 E.H.R.R. 527
custody proceedings	HOKKANEN *v.* FINLAND	(1995) 19 E.H.R.R. 139
disciplinary proceedings	OBERMEIER *v.* AUSTRIA	(1991) 13 E.H.R.R. 290
divorce proceedings	BOCK *v.* GERMANY	(1990) 12 E.H.R.R. 247
employment proceedings	DARNELL *v.* UK	(1994) 18 E.H.R.R. 205
	FRYDLENDER *v.* FRANCE	(2001) 31 E.H.R.R. 52 at page 1152
	ZIELINSKI & ORS *v.* FRANCE	(2001) 31 E.H.R.R. 19 at page 532
excessive workload	BAGGETTA *v.* ITALY	(1988) 10 E.H.R.R. 325
	BUNKATE *v.* NETHERLANDS	(1995) 19 E.H.R.R. 477
	DOBBERTIN *v.* FRANCE	(1993) 16 E.H.R.R. 558
	ERKNER *v.* AUSTRIA	(1987) 9 E.H.R.R. 464
	H. *v.* FRANCE	(1990) 12 E.H.R.R. 74
	HENTRICH *v.* FRANCE	(1994) 18 E.H.R.R. 440
	LECHNER & HESS *v.* AUSTRIA	(1987) 9 E.H.R.R. 490
	LOMBARDO *v.* ITALY	(1996) 21 E.H.R.R. 188

REASONABLE TIME TO BRING CASE TO TRIAL—*cont.*

	MASSA *v.* ITALY	(1994) 18 E.H.R.R. 266
	MILASI *v.* ITALY	(1988) 10 E.H.R.R. 333
	SCUDERI *v.* ITALY	(1995) 19 E.H.R.R. 187
	UNIÓN ALIMENTARIA SANDERS *v.* SPAIN	(1990) 12 E.H.R.R. 24
expropriation of property	KATIKARIDIS & ORS *v.* GREECE	(2001) 32 E.H.R.R. 6 at page 113
general criteria	BAGGETTA *v.* ITALY	(1988) 10 E.H.R.R. 325
	BONNECHAUX *v.* SWITZERLAND	(1981) 3 E.H.R.R. 259
	BUCHHOLZ *v.* GERMANY	(1981) 3 E.H.R.R. 597
	CAPUANO *v.* ITALY	(1991) 13 E.H.R.R. 271
	ERKNER *v.* AUSTRIA	(1987) 9 E.H.R.R. 464
	FOTI *v.* ITALY	(1983) 5 E.H.R.R. 313
	GUINCHO *v.* PORTUGAL	(1985) 7 E.H.R.R. 223
	KÖNIG *v.* GERMANY	(1980) 2 E.H.R.R. 170
	LECHNER & HESS *v.* AUSTRIA	(1987) 9 E.H.R.R. 490
	MARTINS MOREIRA *v.* PORTUGAL	(1991) 13 E.H.R.R. 517
	MOREIRA DE AZEVEDO *v.* PORTUGAL	(1991) 13 E.H.R.R. 721
	NEVES E SILVA *v.* PORTUGAL	(1991) 13 E.H.R.R. 535
	VERNILLO *v.* FRANCE	(1991) 13 E.H.R.R. 880
import and export trade rules	GARYFALLOU AEBE *v.* GREECE	(1999) 28 E.H.R.R. 344
importance of case to applicants	A. & ORS *v.* DENMARK	(1996) 22 E.H.R.R. 458
	PAULSEN-MEDALEN & ANOR *v.* SWEDEN	(1998) 26 E.H.R.R. 260
	SÜSSMANN *v.* GERMANY	(1998) 25 E.H.R.R. 64
	WR *v.* AUSTRIA	(2001) 31 E.H.R.R. 43 at page 985
	ZANA *v.* TURKEY	(1999) 27 E.H.R.R. 667
life-threatening disease	A. & ORS *v.* DENMARK	(1996) 22 E.H.R.R. 458
	VALLÉE *v.* FRANCE	(1994) 18 E.H.R.R. 549
nationalisation of land	BEAUMARTIN *v.* FRANCE	(1995) 19 E.H.R.R. 485
pension rights	AUSIELLO *v.* ITALY	(1997) 24 E.H.R.R. 568
	SÜSSMANN *v.* GERMANY	(1998) 25 E.H.R.R. 64
political background	BAGGETTA *v.* ITALY	(1988) 10 E.H.R.R. 325
	MILASI *v.* ITALY	(1988) 10 E.H.R.R. 333
proper administration of justice	SÜSSMANN *v.* GERMANY	(1998) 25 E.H.R.R. 64
reconsideration	X. *v.* UK	(1981) 3 E.H.R.R. 271
repetition of offences	MATZNETTER *v.* AUSTRIA	(1979) 1 E.H.R.R. 198
	RINGEISEN *v.* AUSTRIA (NO. 1)	(1979) 1 E.H.R.R. 455
	STÖGMÜLLER *v.* AUSTRIA	(1979) 1 E.H.R.R. 155
social background	BAGGETTA *v.* ITALY	(1988) 10 E.H.R.R. 325
	MILASI *v.* ITALY	(1988) 10 E.H.R.R. 333
social security benefits	DUCLOS *v.* FRANCE	(2001) 32 E.H.R.R. 5 at page 86

REASONABLE TIME TO CONCLUDE APPEAL

circumstances of case	ECKLE *v.* GERMANY	(1983) 5 E.H.R.R. 1

REASONS FOR JUDGMENT

civil proceedings	GARCIA RUIZ *v.* SPAIN	(2001) 31 E.H.R.R. 22 at page 589
	HIRO BALANI *v.* SPAIN	(1995) 19 E.H.R.R. 566
detention on remand	TSIRLIS & ANOR *v.* AUSTRIA	(1998) 25 E.H.R.R. 198
military service, refusal to do	GEORGIADIS *v.* GREECE	(1997) 24 E.H.R.R. 606

RECALL ON LICENCE

lawfulness of detention	WEEKS *v.* UK	(1988) 10 E.H.R.R. 293
	WYNNE *v.* UK	(1995) 19 E.H.R.R. 333

RECIDIVISM

detention on ministerial order	VAN DROOGENBROECK *v.* BELGIUM	(1982) 4 E.H.R.R. 443
detention on remand	MATZNETTER *v.* AUSTRIA	(1979) 1 E.H.R.R. 198
	RINGEISEN *v.* AUSTRIA (NO. 1)	(1979) 1 E.H.R.R. 455

RECKONING OF DETENTION ON REMAND

just satisfaction	RINGEISEN *v.* AUSTRIA (NO. 2)	(1979) 1 E.H.R.R. 504

REDIRECTION OF POST

failure	HENNINGS *v.* GERMANY	(1993) 16 E.H.R.R. 83
trustee in bankruptcy, to	FOXLEY *v.* UK	(2001) 31 E.H.R.R. 25 at page 637

REFERRED TO THE COURT

meaning	ISTITUTO DI VIGILANZA *v.* ITALY	(1994) 18 E.H.R.R. 367

REFORM OF NATIONAL LAW

just satisfaction	CORIGLIANO *v.* ITALY	(1983) 5 E.H.R.R. 334
	DUDGEON *v.* UK	(1983) 5 E.H.R.R. 573
	X. *v.* UK	(1983) 5 E.H.R.R. 192

REFUSE TIP LICENCE

oral hearings	FISCHER *v.* AUSTRIA	(1995) 20 E.H.R.R. 349

REGIONAL LANGUAGES AND CULTURES, CHARTER OF

Resolution		(1982) 4 E.H.R.R. 411

REGISTRATION OF ACCOUNTANTS

fair hearing	VAN MARLE & ORS *v.* NETHERLANDS	(1986) 8 E.H.R.R. 483

REIMBURSEMENT OF DAMAGES PAID

	BLADET TROMSØ & STENSAAS *v.* NORWAY	(2000) 29 E.H.R.R. 125

REIMBURSEMENT OF FINE

	OBERSCHLICK *v.* AUSTRIA	(1995) 19 E.H.R.R. 389
	OBERSCHLICK *v.* AUSTRIA (NO. 2)	(1998) 25 E.H.R.R. 357

RELIABILITY OF EVIDENCE

criminal proceedings	DOORSON *v.* NETHERLANDS	(1996) 22 E.H.R.R. 330

RELIGION, FREEDOM OF [Art. 9]

admissibility decisions	APP. 9796/82 *v.* UK	(1983) 5 E.H.R.R. 487
	APP. 9813/82 *v.* UK	(1983) 5 E.H.R.R. 513
	APP. 9820/82 *v.* SWEDEN	(1983) 5 E.H.R.R. 297
attendance at place of worship during employment hours	AHMAD *v.* UK	(1982) 4 E.H.R.R. 126

RELIGION, FREEDOM OF—*cont.*

blasphemous libel	GAY NEWS LTD *v.* UK	(1983) 5 E.H.R.R. 123
conscientious objector	THLIMMENOS *v.* GREECE	(2001) 31 E.H.R.R. 15 at page 411
corporal punishment	X, Y & Z *v.* SWEDEN	(1983) 5 E.H.R.R. 147
discrimination	LARISSIS *v.* GREECE	(1999) 27 E.H.R.R. 329
	THLIMMENOS *v.* GREECE	(2001) 31 E.H.R.R. 15 at page 411
dismissal of judge with muslim sympathies	KALAC *v.* TURKEY	(1999) 27 E.H.R.R. 552
divorce proceedings	JOHNSTON *v.* IRELAND	(1987) 9 E.H.R.R. 203
exclusion from professional body	THLIMMENOS *v.* GREECE	(2001) 31 E.H.R.R. 15 at page 411
legitimacy of purpose	BUSCARINI *v.* SAN MARINO	(2000) 30 E.H.R.R. 208
	KOKKINAKIS *v.* GREECE	(1994) 17 E.H.R.R. 397
	LARISSIS *v.* GREECE	(1999) 27 E.H.R.R. 329
	MANOUSSAKIS & ORS *v.* GREECE	(1997) 23 E.H.R.R. 387
	SERIF *v.* GREECE	(2001) 31 E.H.R.R. 20 at page 561
	THLIMMENOS *v.* GREECE	(2001) 31 E.H.R.R. 15 at page 411
measures prescribed by law	BUSCARINI *v.* SAN MARINO	(2000) 30 E.H.R.R. 208
	LARISSIS *v.* GREECE	(1999) 27 E.H.R.R. 329
	MANOUSSAKIS & ORS *v.* GREECE	(1997) 23 E.H.R.R. 387
necessary in a democratic society	BUSCARINI *v.* SAN MARINO	(2000) 30 E.H.R.R. 208
	KOKKINAKIS *v.* GREECE	(1994) 17 E.H.R.R. 397
	LARISSIS *v.* GREECE	(1999) 27 E.H.R.R. 329
	MANOUSSAKIS & ORS *v.* GREECE	(1997) 23 E.H.R.R. 387
	SERIF *v.* GREECE	(2001) 31 E.H.R.R. 20 at page 561
oath before holding parliamentary office	BUSCARINI *v.* SAN MARINO	(2000) 30 E.H.R.R. 208
pluralism	KOKKINAKIS *v.* GREECE	(1994) 17 E.H.R.R. 397
prisoners	APP. 9796/82 *v.* UK	(1983) 5 E.H.R.R. 487
	APP. 9813/82 *v.* UK	(1983) 5 E.H.R.R. 513
proportionality	THLIMMENOS *v.* GREECE	(2001) 31 E.H.R.R. 15 at page 411
proselytism	KOKKINAKIS *v.* GREECE	(1994) 17 E.H.R.R. 397
	LARISSIS *v.* GREECE	(1999) 27 E.H.R.R. 329
refusal to take part in parade	VALSAMIS *v.* GREECE	(1997) 24 E.H.R.R. 294
special tax	DARBY *v.* SWEDEN	(1991) 13 E.H.R.R. 774
transfer of monastic estate	HOLY MONASTERIES *v.* GREECE	(1995) 20 E.H.R.R. 1
unauthorised place of worship	MANOUSSAKIS & ORS *v.* GREECE	(1997) 23 E.H.R.R. 387
usurping functions and uniform of minister	SERIF *v.* GREECE	(2001) 31 E.H.R.R. 20 at page 561

RELIGIOUS CONVICTIONS

conscientious objector	THLIMMENOS *v.* GREECE	(2001) 31 E.H.R.R. 15 at page 411
corporal punishment	CAMPBELL & COSANS *v.* UK	(1981) 3 E.H.R.R. 531
	CAMPBELL & COSANS *v.* UK	(1982) 4 E.H.R.R. 293
	X, Y & Z *v.* SWEDEN	(1983) 5 E.H.R.R. 147
exclusion from professional body	THLIMMENOS *v.* GREECE	(2001) 31 E.H.R.R. 15 at page 411
refusal to take part in parade	VALSAMIS *v.* GREECE	(1997) 24 E.H.R.R. 294

RELIGIOUS DISCRIMINATION

custody proceedings HOFFMANN *v.* AUSTRIA (1994) 17 E.H.R.R. 293

REMAND IN CUSTODY

see DETENTION ON REMAND

REMAND PRISONERS

correspondence SCHÖNENBERGER *v.* SWITZERLAND (1989) 11 E.H.R.R. 202

REMARRIAGE

temporary prohibition F. *v.* SWITZERLAND (1988) 10 E.H.R.R. 411

REMISSION OF SENTENCE

just satisfaction NEUMEISTER *v.* AUSTRIA (NO. 2) (1979) 1 E.H.R.R. 136
loss CAMPBELL & FELL *v.* UK (1985) 7 E.H.R.R. 165

RENT CONTROL

deprivation of possessions X. *v.* AUSTRIA (1981) 3 E.H.R.R. 285
proportionality MELLACHER *v.* AUSTRIA (1990) 12 E.H.R.R. 391

RE-OPENING PROCEEDINGS

admissibility decisions APP. 10004/82 *v.* SWITZERLAND (1983) 5 E.H.R.R. 597
just satisfaction PELLADOAH *v.* NETHERLANDS (1995) 19 E.H.R.R. 81
SAIDI *v.* FRANCE (1994) 17 E.H.R.R. 251

REPAYMENT OF FINE

OBERSCHLICK *v.* AUSTRIA (1995) 19 E.H.R.R. 389
OBERSCHLICK *v.* AUSTRIA (NO. 2) (1998) 25 E.H.R.R. 357

REPETITION OF OFFENCES

reasonable time in detention ASSENOV & ORS *v.* BULGARIA (1999) 28 E.H.R.R. 652
CLOOTH *v.* BELGIUM (1992) 14 E.H.R.R. 717
MATZNETTER *v.* AUSTRIA (1979) 1 E.H.R.R. 198
RINGEISEN *v.* AUSTRIA (NO. 1) (1979) 1 E.H.R.R. 455
STÖGMÜLLER *v.* AUSTRIA (1979) 1 E.H.R.R. 155
W. *v.* SWITZERLAND (1994) 17 E.H.R.R. 60
reasonable time to bring case to trial MATZNETTER *v.* AUSTRIA (1979) 1 E.H.R.R. 198
RINGEISEN *v.* AUSTRIA (NO. 1) (1979) 1 E.H.R.R. 455
STÖGMÜLLER *v.* AUSTRIA (1979) 1 E.H.R.R. 155

REPORTS TO COMMISSION

friendly settlements FRANCE & ORS *v.* TURKEY (1986) 8 E.H.R.R. 205
FRANCE & ORS *v.* TURKEY (1989) 11 E.H.R.R. 167

REPRESENTATION OF DEFENDANT

Also see LEGAL ADVICE AND ASSISTANCE
ineffective defence GODDI *v.* ITALY (1984) 6 E.H.R.R. 457
interests of justice PAKELLI *v.* GERMANY (1984) 6 E.H.R.R. 1
pre-trial proceedings IMBRIOSCIA *v.* SWITZERLAND (1994) 17 E.H.R.R. 441
prison discipline CAMPBELL & FELL *v.* UK (1985) 7 E.H.R.R. 165

REPRESENTATIVE OF APPLICANT

locus standi LAWLESS *v.* IRELAND (NO. 2) (1979) 1 E.H.R.R. 13
mentally ill persons WINTERWERP *v.* NETHERLANDS (1980) 2 E.H.R.R. 387

REPRESENTATIVE OF APPLICANT—*cont.*

nomination	DE WILDE, OOMS & VERSYP *v.* BELGIUM	(1979) 1 E.H.R.R. 373
	LAWLESS *v.* IRELAND (NO. 2)	(1979) 1 E.H.R.R. 13
role	DE WILDE, OOMS & VERSYP *v.* BELGIUM	(1979) 1 E.H.R.R. 373
refusal to enter into negotiations	ANDRONICOU *v.* CYPRUS	(1998) 25 E.H.R.R. 491

RESCUE OPERATION

unlawful killing	ANDRONICOU *v.* CYPRUS	(1998) 25 E.H.R.R. 491

RESERVATIONS [Art. 64]

competence of Commission	TEMELTASCH *v.* SWITZERLAND	(1983) 5 E.H.R.R. 417
competence of Court	BELILOS *v.* SWITZERLAND	(1988) 10 E.H.R.R. 466
Constitutional Court proceedings	PAUGER *v.* AUSTRIA	(1998) 25 E.H.R.R. 105
detention for breaches of peace	CHORRHERR *v.* AUSTRIA	(1994) 17 E.H.R.R. 358
effect of standing	FRANCE & ORS *v.* TURKEY	(1984) 6 E.H.R.R. 241
oral hearings	L *v.* FINLAND	(2001) 31 E.H.R.R. 30 at page 737
pronouncement of judgment	WERNER *v.* AUSTRIA	(1998) 26 E.H.R.R. 310
refuse tip licence	FISCHER *v.* AUSTRIA	(1995) 20 E.H.R.R. 349
traffic offences	PALAORO *v.* AUSTRIA	(2001) 32 E.H.R.R. 10 at page 202
	SCHMAUTZER *v.* AUSTRIA	(1996) 21 E.H.R.R. 511
	UMLAUFT *v.* AUSTRIA	(1996) 22 E.H.R.R. 76
validity	WEBER *v.* SWITZERLAND	(1990) 12 E.H.R.R. 508

RESIDENCE QUALIFICATION

discrimination	DARBY *v.* SWEDEN	(1991) 13 E.H.R.R. 774
	GILLOW *v.* UK	(1989) 11 E.H.R.R. 335
family life	AHMUT *v.* NETHERLANDS	(1997) 24 E.H.R.R. 62
social security benefits	GAYGUSUZ *v.* AUSTRIA	(1997) 23 E.H.R.R. 364

RESTITUTIO IN INTEGRUM

	CASTILLO ALGAR *v.* SPAIN	(2000) 30 E.H.R.R. 827
	LUSTIG-PREAN & BECKETT *v.* UK	(2001) 31 E.H.R.R. 23 at page 601
	SMITH & GRADY *v.* UK	(2001) 31 E.H.R.R. 24 at page 620

RESTITUTION OF MONIES PAID UNDER INVALIDATED PROVISIONS

discrimination	NATIONAL & PROVINCIAL *v.* UK	(1998) 25 E.H.R.R. 127

RESTRAINT OF PUBLICATION

newspaper article discussing pending litigation	SUNDAY TIMES *v.* UK	(1980) 2 E.H.R.R. 245

RESTRAINT OF TRADE

criminal conviction, effect of	DE BECKER *v.* BELGIUM	(1979) 1 E.H.R.R. 43

RESTRAINT OF TRADE—*cont.*

disciplinary proceedings, pending	KÖNIG *v.* GERMANY	(1980) 2 E.H.R.R. 170

RE-TRIAL

just satisfaction	REMLI *v.* FRANCE	(1996) 22 E.H.R.R. 253

RETROSPECTIVE CRIMINAL LAW, PROHIBITION ON [Art. 7]

confisction order	WELCH *v.* UK	(1995) 20 E.H.R.R. 247
conscripted serviceman	GRIGORIADES *v.* GREECE	(1999) 27 E.H.R.R. 464
detention without trial	LAWLESS *v.* IRELAND (NO. 3)	(1979) 1 E.H.R.R. 15
evolution of law	CR. *v.* UK	(1996) 21 E.H.R.R. 382
	SW. *v.* UK	(1996) 21 E.H.R.R. 364
general approach	CR. *v.* UK	(1996) 21 E.H.R.R. 382
	G. *v.* FRANCE	(1996) 21 E.H.R.R. 288
	SW. *v.* UK	(1996) 21 E.H.R.R. 364
imprisonment in default of fine	JAMIL *v.* FRANCE	(1996) 21 E.H.R.R. 65
letter insulting commanding officer	GRIGORIADES *v.* GREECE	(1999) 27 E.H.R.R. 464
nullem crimem, nulla poena sine lege	BASKAYA & OKÇUOGLOU *v.* TURKEY	(2001) 31 E.H.R.R. 10 at page 292
	LARISSIS *v.* GREECE	(1999) 27 E.H.R.R. 329
wrongful conviction	KOKKINAKIS *v.* GREECE	(1994) 17 E.H.R.R. 397

RETURN OF SEIZED POSSESSIONS

access to tribunal	VASILESCU *v.* ROMANIA	(1999) 28 E.H.R.R. 241

REVENUE INVESTIGATIONS

admissibility decisions	APP. 9804/82 *v.* BELGIUM	(1983) 5 E.H.R.R. 488

REVISION OF JUDGMENT

admissibility of request	PARDO *v.* FRANCE	(1996) 22 E.H.R.R. 563
merits of request	PARDO *v.* FRANCE	(1998) 26 E.H.R.R. 302
summaries and extracts	(1998) 26 E.H.R.R. CD1	

RIGHT NOT TO INCRIMINATE ONESELF

use of statements given under compulsion	SAUNDERS *v.* UK	(1997) 23 E.H.R.R. 313

RIGHT TO SILENCE

drawing adverse inferences	AVERILL *v.* UK	(2001) 31 E.H.R.R. 36 at page 839
	CONDRON *v.* UK	(2001) 31 E.H.R.R. 1 at page 1
	MURRAY *v.* UK	(1996) 22 E.H.R.R. 29
use of statements given under compulsion	SAUNDERS *v.* UK	(1997) 23 E.H.R.R. 313

ROAD BUILDING

exhaustion of remedies	APP. 9515/81 *v.* UK	(1983) 5 E.H.R.R. 272

RULES OF COURT

text		(1999) 27 E.H.R.R. 123

SADO-MASOCHISTIC PRACTICES

consent	LASKEY & ORS *v.* UK	(1997) 24 E.H.R.R. 39

SATIRICAL FILMS

freedom of expression	OTTO-PREMINGER INSTITUTE *v.* AUSTRIA	(1995) 19 E.H.R.R. 34

SEAL HUNTERS

defamation proceedings	BLADET TROMSØ & STENSAAS *v.* NORWAY	(2000) 29 E.H.R.R. 125

SEARCH AND SEIZURE

action by public authority	CAMENZIND *v.* SWITZERLAND	(1999) 28 E.H.R.R. 458
admissibility decisions	APP. 9324/80 *v.* GERMANY	(1983) 5 E.H.R.R. 269
legitimacy of purpose	CRÉMIEUX *v.* FRANCE	(1993) 16 E.H.R.R. 357
	MIAILHE *v.* FRANCE	(1993) 16 E.H.R.R. 333
	NATIONAL PANASONIC *v.* EC COMMISSION	(1981) 3 E.H.R.R. 150
measures prescribed by law	CRÉMIEUX *v.* FRANCE	(1993) 16 E.H.R.R. 357
	FUNKE *v.* FRANCE	(1993) 16 E.H.R.R. 297
	MIAILHE *v.* FRANCE	(1993) 16 E.H.R.R. 333
proportionality	CRÉMIEUX *v.* FRANCE	(1993) 16 E.H.R.R. 357
	MIAILHE *v.* FRANCE	(1993) 16 E.H.R.R. 333
	NATIONAL PANASONIC *v.* EC COMMISSION	(1981) 3 E.H.R.R. 150
victim of violation	FUNKE *v.* FRANCE	(1993) 16 E.H.R.R. 297

SECLUSION OF PATIENT

friendly settlement	A. *v.* UK	(1981) 3 E.H.R.R. 131

SECRECY OF COMMISSION'S REPORT

instruction to recipient	LAWLESS *v.* IRELAND (NO. 1)	(1979) 1 E.H.R.R. 1

SECRET SURVEILLANCE

measures prescribed by law	KHAN *v.* UK	(2001) 31 E.H.R.R. 45 at page 1016
national security interests	LEANDER *v.* SWEDEN	(1987) 9 E.H.R.R. 433
	KLASS & ORS *v.* GERMANY	(1980) 2 E.H.R.R. 214

SECURITY CHECKING

national security interests	KLASS & ORS *v.* GERMANY	(1980) 2 E.H.R.R. 214
	LEANDER *v.* SWEDEN	(1987) 9 E.H.R.R. 433
terrorists	MCVEIGH & ORS *v.* UK	(1983) 5 E.H.R.R. 71

SECURITY FOR COSTS

limitation on access to court	AÏT-MOUHOUB *v.* FRANCE	(2000) 30 E.H.R.R. 382

SECURITY OF PERSON, RIGHT TO [Art. 5]

discrimination	EAST AFRICAN ASIANS *v.* UK	(1981) 3 E.H.R.R. 76

SEIZURE OF LAND

compensation	PAPAMICHALOPOLOUS *v.* GREECE	(1996) 21 E.H.R.R. 439

SEIZURE OF POSSESSIONS

protection of morals HANDYSIDE *v.* UK (1979) 1 E.H.R.R. 737
tax authorities' powers GASUS DOSIER *v.* NETHERLANDS (1995) 20 E.H.R.R. 403
temporary restriction on use AIR CANADA *v.* UK (1995) 20 E.H.R.R. 150

SELF-INCRIMINATION

military disciplinary measures SERVES *v.* FRANCE (1999) 28 E.H.R.R. 265
use of statements given under compulsion SAUNDERS *v.* UK (1997) 23 E.H.R.R. 313

SEPARATION OF FAMILIES

occupation of territory CYPRUS *v.* TURKEY (1982) 4 E.H.R.R. 482
respect for one's home CYPRUS *v.* TURKEY (1993) 15 E.H.R.R. 509

SEPARATION PROCEEDINGS

access to court AIREY *v.* IRELAND (1980) 2 E.H.R.R. 305

SEQUESTRATION OF PROPERTY

peaceful enjoyment VENDITTELLI *v.* ITALY (1995) 19 E.H.R.R. 464

SERVICEMENT

detention on remand VAN DER SLUIJS *v.* NETHERLANDS (1991) 13 E.H.R.R. 461

SETTLEMENT OF MATTER

striking case from list DEWEER *v.* BELGIUM (1980) 2 E.H.R.R. 439
LUEDICKE & ORS *v.* GERMANY (1980) 2 E.H.R.R. 149
LUEDICKE & ORS *v.* GERMANY (1980) 2 E.H.R.R. 433
WINTERWERP *v.* NETHERLANDS (1982) 4 E.H.R.R. 228
withdrawal of application UPPAL *v.* UK (NO. 2) (1981) 3 E.H.R.R. 399

SEVENTH PROTOCOL TO ECHR

text (1985) 7 E.H.R.R. 1

SEVERANCE OF COMPLAINTS

removal from list PRESSOS COMPANIA NAVIERA *v.* BELGIUM (1996) 21 E.H.R.R. 301

SEVERITY OF PUNISHMENT

military disciplinary measures ENGEL & ORS *v.* NETHERLANDS (NO. 2) (1979) 1 E.H.R.R. 706
sado-masochistic practices LASKEY & ORS *v.* UK (1997) 24 E.H.R.R. 39

SEX EDUCATION

conformity with personal convictions KJELDSEN & ORS *v.* DENMARK (1979) 1 E.H.R.R. 711
fire service levy SCHMIDT *v.* GERMANY (1994) 18 E.H.R.R. 513

SEXUAL ABUSE, REMEDIES FOR

limitation periods STUBBINGS & ORS *v.* UK (1997) 23 E.H.R.R. 213
margin of appreciation STUBBINGS & ORS *v.* UK (1997) 23 E.H.R.R. 213
X & Y *v.* NETHERLANDS (1986) 8 E.H.R.R. 235

SEXUAL ACTIVITY

sado-masochistic practices	LASKEY & ORS *v.* UK	(1997) 24 E.H.R.R. 39

SEXUAL DISCRIMINATION

immigration control	ABDULAZIZ, CABALES *v.* UK	(1984) 6 E.H.R.R. 28
	ABDULAZIZ, CABALES *v.* UK	(1985) 7 E.H.R.R. 471
names and surnames, use of	BURGHARTZ *v.* SWITZERLAND	(1994) 18 E.H.R.R. 79

SEXUAL ORIENTATION

custody proceedings	SALGUEIRO DA SILVA MOUTA *v.* PORTUGAL	(2001) 31 E.H.R.R. 47 at page 1055

SEXUAL RELATIONSHIPS

freedom of expression	X *v.* UK	(1981) 3 E.H.R.R. 63

SICKNESS BENEFITS

civil rights and obligations	DE HAAN *v.* NETHERLANDS	(1998) 26 E.H.R.R. 417
	LE CALVEZ *v.* FRANCE	(2001) 32 E.H.R.R. 21 at page 481
	FELDBRUGGE *v.* NETHERLANDS	(1986) 8 E.H.R.R. 425

SILENCE, RIGHT TO

drawing adverse inferences	AVERILL *v.* UK	(2001) 31 E.H.R.R. 36 at page 839
	CONDRON *v.* UK	(2001) 31 E.H.R.R. 1 at page 1
	MURRAY *v.* UK	(1996) 22 E.H.R.R. 29
use of statements given under compulsion	SAUNDERS *v.* UK	(1997) 23 E.H.R.R. 313

SIX-MONTHS' RULE

admissibility decisions	APP. 9587/81 *v.* FRANCE	(1983) 5 E.H.R.R. 483
	APP. 9360/81 *v.* IRELAND	(1983) 5 E.H.R.R. 506
	APP. 9506/81 *v.* BELGIUM	(1983) 5 E.H.R.R. 508
	APP. 9595/81 *v.* FRANCE	(1983) 5 E.H.R.R. 509
	APP. 9605/81 *v.* FRANCE	(1983) 5 E.H.R.R. 510
	APP. 9764/82 *v.* FRANCE	(1983) 5 E.H.R.R. 608
	BANSTONIAN *v.* UK	(1983) 5 E.H.R.R. 498
	ENGLISH ELECTRIC CO. *v.* UK	(1983) 5 E.H.R.R. 498
	LITHGOW *v.* UK	(1983) 5 E.H.R.R. 491
	VICKERS PLC *v.* UK	(1983) 5 E.H.R.R. 499
	YARROW PLC *v.* UK	(1983) 5 E.H.R.R. 498
exhaustion of domestic remedies	CYPRUS *v.* TURKEY	(1997) 23 E.H.R.R. 244
preliminary objections	AERTS *v.* BELGIUM	(2000) 29 E.H.R.R. 50
	AKKUS *v.* TURKEY	(2000) 30 E.H.R.R. 365
	BUSCARINI *v.* SAN MARINO	(2000) 30 E.H.R.R. 208
	DEMICOLA *v.* MALTA	(1992) 14 E.H.R.R. 47
	GARYFALLOU AEBE *v.* GREECE	(1999) 28 E.H.R.R. 344
	HORNSBY *v.* GREECE	(1997) 24 E.H.R.R. 251
	IATRIDIS *v.* GREECE	(2000) 30 E.H.R.R. 97
	OBERSCHLICK *v.* AUSTRIA	(1995) 19 E.H.R.R. 389
	OPEN DOOR COUNSELLING *v.* IRELAND	(1993) 15 E.H.R.R. 245
	OTTO-PREMINGER INSTITUTE *v.* AUSTRIA	(1995) 19 E.H.R.R. 34

SIX-MONTHS' RULE—*cont.*

	PAPACHELAS *v.* GREECE	(2000) 30 E.H.R.R. 923
	REMLI *v.* FRANCE	(1996) 22 E.H.R.R. 253
	TOTH *v.* AUSTRIA	(1992) 14 E.H.R.R. 551
	WORM *v.* AUSTRIA	(1998) 25 E.H.R.R. 454
preliminary pleas	ARTICO *v.* ITALY	(1981) 3 E.H.R.R. 1
	X. *v.* UK	(1981) 3 E.H.R.R. 302
property right	BRAMELID *v.* SWEDEN	(1983) 5 E.H.R.R. 249

SOCIAL SECURITY BENEFITS

civil proceedings	SCHULER-ZGRAGGEN *v.* SWITZERLAND	(1993) 16 E.H.R.R. 406
disability allowances	SALESI *v.* ITALY	(1998) 26 E.H.R.R. 187
residence requirements	GAYGUSUZ *v.* AUSTRIA	(1997) 23 E.H.R.R. 364

SOCIAL SECURITY CONTRIBUTIONS

civil proceedings	SCHOUTEN *v.* NETHERLANDS	(1995) 19 E.H.R.R. 432

SOIL POLLUTION MEASURES

civil proceedings	TERRA WONINGEN *v.* NETHERLANDS	(1997) 24 E.H.R.R. 457

SOLICITOR'S REMUNERATION

forced labour	X *v.* GERMANY	(1982) 4 E.H.R.R. 398

SPEECH, FREEDOM OF [Art. 10]

Also see EXPRESSION, FREEDOM OF

necessary in a democratic society	OBSERVER & GUARDIAN *v.* UK	(1992) 14 E.H.R.R. 153
	SUNDAY TIMES *v.* UK (NO. 2)	(1992) 14 E.H.R.R. 229

SPEEDINESS OF DECISION

detention of mentally ill persons	E. *v.* NORWAY	(1994) 17 E.H.R.R. 30
	ERKALO *v.* NETHERLANDS	(1999) 28 E.H.R.R. 509
	MUSIAL *v.* POLAND	(2001) 31 E.H.R.R. 29 at page 720
	SILVA ROCHA *v.* PORTUGAL	(2001) 32 E.H.R.R. 16 at page 333
detention on remand	HERCZEGFALVY *v.* AUSTRIA	(1993) 15 E.H.R.R. 437
	KAMPANIS *v.* GREECE	(1996) 21 E.H.R.R. 43
	NAVARRA *v.* FRANCE	(1994) 17 E.H.R.R. 594
	NIKOLOVA *v.* BULGARIA	(2001) 31 E.H.R.R. 3
	VAN DER TANG *v.* NETHERLANDS	(1996) 22 E.H.R.R. 363
indeterminate life sentence	CURLEY *v.* UK	(2001) 31 E.H.R.R. 14 at page 401
	OLDHAM *v.* UK	(2001) 31 E.H.R.R. 34 at page 813

SPEEDING OFFENCES

access to tribunal	MALIGE *v.* FRANCE	(1999) 28 E.H.R.R. 578
	PALAORO *v.* AUSTRIA	(2001) 32 E.H.R.R. 10 at page 202

STANDARD OF PROOF

interrogation of suspected terrorists	IRELAND *v.* UK	(1980) 2 E.H.R.R. 25

STANDING

complaint on behalf of child	KEEGAN *v.* IRELAND	(1994) 18 E.H.R.R. 342
national of recognised government	LOIZIDOU *v.* TURKEY	(1995) 20 E.H.R.R. 99
widow of deceased applicant	AHMET SADIK *v.* GREECE	(1997) 24 E.H.R.R. 323

STATE CONSULTATION

trade union rights	NATIONAL UNION OF POLICE *v.* BELGIUM	(1979) 1 E.H.R.R. 578

STATE EMPLOYERS

trade union rights	SCHMIDT & DAHLSTRÖM *v.* SWEDEN	(1979) 1 E.H.R.R. 632

STATE RESPONSIBILITY

admissibility decisions	APP. 9348/81 *v.* UK	(1983) 5 E.H.R.R. 504
	APP. 9360/81 *v.* IRELAND	(1983) 5 E.H.R.R. 506
detention of mentally ill persons	NIELSEN *v.* DENMARK	(1989) 11 E.H.R.R. 175
detention on remand	ASSENOV & ORS *v.* BULGARIA	(1999) 28 E.H.R.R. 652
	LOUKANOV *v.* BULGARIA	(1997) 24 E.H.R.R. 121
ill-treatment by police	ASSENOV & ORS *v.* BULGARIA	(1999) 28 E.H.R.R. 652
	ERDAGÖZ *v.* TURKEY	(2001) 32 E.H.R.R. 19 at page 443
	TEKIN *v.* TURKEY	(2001) 31 E.H.R.R. 4 at page 95
scope of examination at admissibility stage	CYPRUS *v.* TURKEY	(1997) 23 E.H.R.R. 244
torture and inhuman treatment	A. *v.* UK	(1999) 27 E.H.R.R. 611
	COSTELLO-ROBERTS *v.* UK	(1995) 19 E.H.R.R. 112

STERILISATION

admissibility decisions	APP. 9974/82 *v.* DENMARK	(1983) 5 E.H.R.R. 515

STORAGE OF DATA

lawfulness	AMANN *v.* SWITZERLAND	(2000) 30 E.H.R.R. 843

STRASBOURG COSTS

	DEMICOLA *v.* MALTA	(1992) 14 E.H.R.R. 47
	HERTEL *v.* SWITZERLAND	(1999) 28 E.H.R.R. 534
	HOKKANEN *v.* FINLAND	(1995) 19 E.H.R.R. 139
	LE COMPTE & ORS *v.* BELGIUM	(1983) 5 E.H.R.R. 183
	MCCANN & ORS *v.* UK	(1996) 21 E.H.R.R. 97
	SILVER *v.* UK	(1991) 13 E.H.R.R. 582
	SUNDAY TIMES *v.* UK	(1981) 3 E.H.R.R. 317
	THORGEIRSON *v.* ICELAND	(1992) 14 E.H.R.R. 843

STRICT LIABILITY

presumption of innocence	SALABIAKU *v.* FRANCE	(1991) 13 E.H.R.R. 379

STRIKE, RIGHT TO

trade union rights	SCHMIDT & DAHLSTRÖM *v.* SWEDEN	(1979) 1 E.H.R.R. 632

STRIKING CASE FROM LIST

SUMMARIES AND EXTRACTS

THOUGHT, FREEDOM OF—*cont.*

necessary in a democratic society	BUSCARINI *v.* SAN MARINO	(2000) 30 E.H.R.R. 208
	KOKKINAKIS *v.* GREECE	(1994) 17 E.H.R.R. 397
oath before holding parliamentary office	BUSCARINI *v.* SAN MARINO	(2000) 30 E.H.R.R. 208
pacifism	ARROWSMITH *v.* UK	(1981) 3 E.H.R.R. 218
pluralism	KOKKINAKIS *v.* GREECE	(1994) 17 E.H.R.R. 397

THREAT TO LIFE OF NATION, DEROGATION IF [Art. 15]

existence of conditions	LAWLESS *v.* IRELAND (NO. 3)	(1979) 1 E.H.R.R. 15
rules of evidence	IRELAND *v.* UK	(1980) 2 E.H.R.R. 25

TIME LIMITS

referred to the court	ISTITUTO DI VIGILANZA *v.* ITALY	(1994) 18 E.H.R.R. 367

TORTURE, EUROPEAN CONVENTION AGAINST

Draft text		(1987) 9 E.H.R.R. 161

TORTURE, UN CONVENTION AGAINST

Draft text		(1984) 6 E.H.R.R. 241
text		(1985) 7 E.H.R.R. 325

TORTURE, PROHIBITION AGAINST [Art. 3]

applicability of Article	AHMED *v.* AUSTRIA	(1997) 24 E.H.R.R. 278
	AYDIN *v.* TURKEY	(1998) 25 E.H.R.R. 251
	D. *v.* UK	(1997) 24 E.H.R.R. 423
assessment of evidence by Court	AYDIN *v.* TURKEY	(1998) 25 E.H.R.R. 251
	SELMOUNI *v.* FRANCE	(2000) 29 E.H.R.R. 403
birching of juvenile	TYRER *v.* UK	(1980) 2 E.H.R.R. 1
conditions of detention	ASSENOV & ORS *v.* BULGARIA	(1999) 28 E.H.R.R. 652
corporal punishment	CAMPBELL & COSANS *v.* UK	(1982) 4 E.H.R.R. 293
deportation	AHMED *v.* AUSTRIA	(1997) 24 E.H.R.R. 278
	CHAHAL *v.* UK	(1997) 23 E.H.R.R. 414
	CRUZ VARAS *v.* SWEDEN	(1992) 14 E.H.R.R. 1
	D. *v.* UK	(1997) 24 E.H.R.R. 423
	HLR *v.* FRANCE	(1998) 26 E.H.R.R. 29
	VILVARAJAH *v.* UK	(1992) 14 E.H.R.R. 248
disappearance of applicant's son	KURT *v.* TURKEY	(1999) 27 E.H.R.R. 375
ill-treatment in custody	AKSOY *v.* TURKEY	(1997) 23 E.H.R.R. 553
	ASSENOV & ORS *v.* BULGARIA	(1999) 28 E.H.R.R. 652
	AYDIN *v.* TURKEY	(1998) 25 E.H.R.R. 251
	CRUZ VARAS *v.* SWEDEN	(1992) 14 E.H.R.R. 1
	HERCZEGFALVY *v.* AUSTRIA	(1993) 15 E.H.R.R. 437
	SELMOUNI *v.* FRANCE	(2000) 29 E.H.R.R. 403
inadequacy of investigation	ASSENOV & ORS *v.* BULGARIA	(1999) 28 E.H.R.R. 652
interrogation of suspected terrorists	IRELAND *v.* UK	(1980) 2 E.H.R.R. 25
level of severity	A. *v.* UK	(1999) 27 E.H.R.R. 611
	TEKIN *v.* TURKEY	(2001) 31 E.H.R.R. 4 at page 95
rape in custody	AYDIN *v.* TURKEY	(1998) 25 E.H.R.R. 251
severity of pain and suffering	SELMOUNI *v.* FRANCE	(2000) 29 E.H.R.R. 403
standard of proof	ÇAKICI *v.* TURKEY	(2001) 31 E.H.R.R. 5 at page 133
state responsibility	A. *v.* UK	(1999) 27 E.H.R.R. 611

TORTURE, PROHIBITION AGAINST—*cont.*

	ASSENOV & ORS *V.* BULGARIA	(1999) 28 E.H.R.R. 652
therapeutic treatment	HERCZEGFALVY *V.* AUSTRIA	(1993) 15 E.H.R.R. 437
unlawful expulsion	CRUZ VARAS *V.* SWEDEN	(1992) 14 E.H.R.R. 1

TRADE UNIONS, RIGHT TO FORM AND JOIN [Art. 11]

closed shop	YOUNG, JAMES & WEBSTER *V.* UK	(1981) 3 E.H.R.R. 20
	YOUNG, JAMES & WEBSTER *V.* UK	(1982) 4 E.H.R.R. 38
collective agreements	ENGINE DRIVERS' UNION *V.* SWEDEN	(1979) 1 E.H.R.R. 617
	GUSTAFSSON *V.* SWEDEN	(1996) 22 E.H.R.R. 409
	SCHMIDT & DAHLSTRÖM *V.* SWEDEN	(1979) 1 E.H.R.R. 632
requirement to join	SIBSON *V.* UK	(1994) 17 E.H.R.R. 193
	YOUNG, JAMES & WEBSTER *V.* UK	(1982) 4 E.H.R.R. 38
state consultation	NATIONAL UNION OF POLICE *V.* BELGIUM	(1979) 1 E.H.R.R. 578
state employers	SCHMIDT & DAHLSTRÖM *V.* SWEDEN	(1979) 1 E.H.R.R. 632

TRAFFIC OFFENCES

access to tribunal	PFARRMEIER *V.* AUSTRIA	(1996) 22 E.H.R.R. 175
	SCHMAUTZER *V.* AUSTRIA	(1996) 21 E.H.R.R. 511
	UMLAUFT *V.* AUSTRIA	(1996) 22 E.H.R.R. 76
defend, right to	MAUER *V.* AUSTRIA	(1998) 25 E.H.R.R. 91
speeding offences	MALIGE *V.* FRANCE	(1999) 28 E.H.R.R. 578
	PALAORO *V.* AUSTRIA	(2001) 32 E.H.R.R. 10 at page 202

TRANSSEXUALS

admissibility decisions	APP. 9347/81 *V.* ITALY	(1983) 5 E.H.R.R. 287
	APP. 9420/81 *V.* ITALY	(1983) 5 E.H.R.R. 289
alteration of birth certificate	COSSEY *V.* UK	(1991) 13 E.H.R.R. 622
	REES *V.* UK	(1987) 9 E.H.R.R. 56
alteration of civil status	B. *V.* FRANCE	(1993) 16 E.H.R.R. 1
discrimination	SHEFFIELD & HORSHAM *V.* UK	(1999) 27 E.H.R.R. 163
	X, Y & Z *V.* UK	(1997) 24 E.H.R.R. 143
marriage	COSSEY *V.* UK	(1991) 13 E.H.R.R. 622
	REES *V.* UK	(1987) 9 E.H.R.R. 56
	SHEFFIELD & HORSHAM *V.* UK	(1999) 27 E.H.R.R. 163
recognition of new gender	SHEFFIELD & HORSHAM *V.* UK	(1999) 27 E.H.R.R. 163
recognition of sexuality	B. *V.* FRANCE	(1993) 16 E.H.R.R. 1
registration of post-operative fatherhood	X, Y & Z *V.* UK	(1997) 24 E.H.R.R. 143

TREATMENT, RIGHT TO

mentally ill persons	WINTERWERP *V.* NETHERLANDS	(1980) 2 E.H.R.R. 387

TRIAL *IN ABSENTIA*

admissibility decisions	COLOZZA *V.* ITALY	(1983) 5 E.H.R.R. 274
appeals	COOKE *V.* AUSTRIA	(2001) 31 E.H.R.R. 11 at page 338
	PRINZ *V.* AUSTRIA	(2001) 31 E.H.R.R. 12 at page 357
applicant wishes	POITRIMOL *V.* FRANCE	(1994) 18 E.H.R.R. 130
deportation	PELLADOAH *V.* NETHERLANDS	(1995) 19 E.H.R.R. 81
friendly settlement	RUBINAT *V.* ITALY	(1985) 7 E.H.R.R. 512
impartiality of judges	THOMANN *V.* SWITZERLAND	(1997) 24 E.H.R.R. 553

TRIAL *IN ABSENTIA—cont.*

imprisonment	KREMZOW *v.* AUSTRIA	(1994) 17 E.H.R.R. 323
imprisonment abroad	F.C.B. *v.* ITALY	(1992) 14 E.H.R.R. 909
jurisdiction *ratione temporis*	STAMOULAKATOS *v.* GREECE	(1994) 17 E.H.R.R. 479
lack of understanding of language	BROZICEK *v.* ITALY	(1990) 12 E.H.R.R. 371
legal representation	VAN GEYSEGHEM *v.* BELGIUM	(2001) 32 E.H.R.R. 24 at page 554
notice of proceedings	COLOZZA *v.* ITALY	(1985) 7 E.H.R.R. 516

TRIED TWICE FOR THE SAME OFFENCE, FREDOM FROM BEING

multiple offences from single act	OLIVEIRA *v.* SWITZERLAND	(1999) 28 E.H.R.R. 289

UN CONVENTIONS

elimination of discrimination against women		(1981) 3 E.H.R.R. 461

UNBORN CHILD

abortion	PATON *v.* UK	(1981) 3 E.H.R.R. 408

UNDERCOVER AGENTS

incitement to commit offences	TEIXERA DE CASTRO *v.* PORTUGAL	(1999) 28 E.H.R.R. 101

UNDERTAKING OF PARTIES

continuation of act in breach	OLSSON *v.* SWEDEN (NO. 2)	(1994) 17 E.H.R.R. 135

UNEQUAL TREATMENT

Also see **EQUALITY OF ARMS**

possession proceedings	ANKERL *v.* SWITZERLAND	(2001) 32 E.H.R.R. 1 at page 1

UNFAIR COMPETITION

margin of appreciation	JACUBOWSKI *v.* GERMANY	(1995) 19 E.H.R.R. 64
necessary in democratic society	MARKT INTERN *v.* GERMANY	(1989) 11 E.H.R.R. 212
	MARKT INTERN *v.* GERMANY	(1990) 12 E.H.R.R. 161

UNLAWFUL ARREST AND DETENTION

compensation claim	HUMEN *v.* POLAND	(2001) 31 E.H.R.R. 53 at page 1168
	KÖNIG *v.* GERMANY	(1980) 2 E.H.R.R. 469
	LAMY *v.* BELGIUM	(1989) 11 E.H.R.R. 529
	LOUKANOV *v.* BULGARIA	(1997) 24 E.H.R.R. 121
	MASSON & VAN ZON *v.* NETHERLANDS	(1996) 22 E.H.R.R. 491
	NEUMEISTER *v.* AUSTRIA (NO. 2)	(1979) 1 E.H.R.R. 136
	RINGEISEN *v.* AUSTRIA (NO. 2)	(1979) 1 E.H.R.R. 504
	TEIXERA DE CASTRO *v.* PORTUGAL	(1999) 28 E.H.R.R. 101
	UNTERPERTINGER *v.* AUSTRIA	(1991) 13 E.H.R.R. 175
reasonable suspicion	WESTON *v.* UK	(1981) 3 E.H.R.R. 402

UNLAWFUL EXPULSION

exposure to risk of torture	CRUZ VARAS *v.* SWEDEN	(1992) 14 E.H.R.R. 1

UNLAWFUL KILLING

admissibility decisions	APP. 9348/81 *v.* UK	(1983) 5 E.H.R.R. 504
	APP. 9360/81 *v.* IRELAND	(1983) 5 E.H.R.R. 506
	FARRELL *v.* UK	(1983) 5 E.H.R.R. 466
demonstration, during	GÜLEÇ *v.* TURKEY	(1999) 28 E.H.R.R. 121
rescue operation	ANDRONICOU *v.* CYPRUS	(1998) 25 E.H.R.R. 491
security forces, by	ÇAKICI *v.* TURKEY	(2001) 31 E.H.R.R. 5 at page 133
	ERGI *v.* TURKEY	(2001) 32 E.H.R.R. 18 at page 399
	FARRELL *v.* UK	(1983) 5 E.H.R.R. 466
	KAYA *v.* TURKEY	(1999) 28 E.H.R.R. 1
	OGUR *v.* TURKEY	(2001) 31 E.H.R.R. 40 at page 912
	TANRIKULU *v.* TURKEY	(2000) 30 E.H.R.R. 950
	YASA *v.* TURKEY	(1999) 28 E.H.R.R. 409

UNSOUND MIND, PERSONS OF

lawfulness of detention	WINTERWERP *v.* NETHERLANDS	(1980) 2 E.H.R.R. 387

USE OF FORCE

unlawful killings	OGUR *v.* TURKEY	(2001) 31 E.H.R.R. 40 at page 912

VAGRANCY

detention without trial	DE WILDE, OOMS & VERSYP *v.* BELGIUM	(1979) 1 E.H.R.R. 373

VALUE ADDED TAX

	BULUT *v.* AUSTRIA	(1997) 24 E.H.R.R. 84
	GASKIN *v.* UK	(1990) 12 E.H.R.R. 36
	HOKKANEN *v.* FINLAND	(1995) 19 E.H.R.R. 139
	KROON & ORS *v.* NETHERLANDS	(1995) 19 E.H.R.R. 263

VICTIM OF VIOLATION [Art. 25]

admissibility decisions	APP. 8957/80 *v.* AUSTRIA	(1983) 5 E.H.R.R. 502
	APP. 9097/80 *v.* BELGIUM	(1983) 5 E.H.R.R. 280
	APP. 9550/81 *v.* BELGIUM	(1983) 5 E.H.R.R. 509
	APP. 9615/81 *v.* UK	(1983) 5 E.H.R.R. 591
	APP. 9788/82 *v.* UK	(1983) 5 E.H.R.R. 297
	APP. 9821/82 *v.* UK	(1983) 5 E.H.R.R. 298
	APP. 9850/82 *v.* UK	(1983) 5 E.H.R.R. 610
	APP. 9900/82 *v.* FRANCE	(1983) 5 E.H.R.R. 610
	APP. 10106/82 *v.* UK	(1983) 5 E.H.R.R. 516
	GILLOW *v.* UK	(1983) 5 E.H.R.R. 581
attorneys	AKDIVAR *v.* TURKEY	(1997) 23 E.H.R.R. 143
companies	PINE VALLEY *v.* IRELAND	(1992) 14 E.H.R.R. 319
compulsory purchase proceedings	GUILLEMIN *v.* FRANCE	(1998) 25 E.H.R.R. 435
conscientious objector	THLIMMENOS *v.* GREECE	(2001) 31 E.H.R.R. 15 at page 411
conscript servicemen	VAN DER SLUIJS *v.* NETHERLANDS	(1991) 13 E.H.R.R. 461
controlling shareholder	KAPLAN *v.* UK	(1982) 4 E.H.R.R. 64

VICTIM OF VIOLATION—*cont.*

counsellors	OPEN DOOR COUNSELLING *v.* IRELAND	(1993) 15 E.H.R.R. 245
deceased applicant's relative	ANDERSSON *v.* SWEDEN	(1998) 25 E.H.R.R. 722
	NÖLKENBOCKHOFF *v.* GERMANY	(1988) 10 E.H.R.R. 163
	NÖLKENBOCKHOFF *v.* GERMANY	(1991) 13 E.H.R.R. 360
defendant in discontinued proceedings	ECKLE *v.* GERMANY	(1983) 5 E.H.R.R. 1
degrading treatment	KURT *v.* TURKEY	(1999) 27 E.H.R.R. 375
deportees	AMUUR *v.* FRANCE	(1996) 22 E.H.R.R. 533
	VIJAYANATHAN *v.* FRANCE	(1993) 15 E.H.R.R. 62
detriment, need for	GROPPERA RADIO *v.* SWITZERLAND	(1990) 12 E.H.R.R. 321
	JOHNSTON *v.* IRELAND	(1987) 9 E.H.R.R. 203
	PRAGER & OBERSCHLICK *v.* AUSTRIA	(1996) 21 E.H.R.R. 1
directly affected, person	AMUUR *v.* FRANCE	(1996) 22 E.H.R.R. 533
	PRAGER & OBERSCHLICK *v.* AUSTRIA	(1996) 21 E.H.R.R. 1
drug trafficker	LÜDI *v.* SWITZERLAND	(1993) 15 E.H.R.R. 173
election pamphleteer	BOWMAN *v.* UK	(1998) 26 E.H.R.R. 1
father of unborn child	PATON *v.* UK	(1981) 3 E.H.R.R. 408
general criteria	CORIGLIANO *v.* ITALY	(1983) 5 E.H.R.R. 334
homosexuals	NORRIS *v.* IRELAND	(1991) 13 E.H.R.R. 186
husband of alien	DAHANAYAKE *v.* UK	(1983) 5 E.H.R.R. 145
	SPRINGER *v.* UK	(1983) 5 E.H.R.R. 141
	X, CABALES & BALKANDALI *v.* UK	(1983) 5 E.H.R.R. 132
illegitimate child	INZE *v.* AUSTRIA	(1988) 10 E.H.R.R. 394
inhuman treatment	KURT *v.* TURKEY	(1999) 27 E.H.R.R. 375
interception of communications	LÜDI *v.* SWITZERLAND	(1993) 15 E.H.R.R. 173
	MALONE *v.* UK	(1983) 5 E.H.R.R. 385
	PRAGER & OBERSCHLICK *v.* AUSTRIA	(1996) 21 E.H.R.R. 1
mentally ill persons	AERTS *v.* BELGIUM	(2000) 29 E.H.R.R. 50
military disciplinary proceedings	PAUWELS *v.* BELGIUM	(1989) 11 E.H.R.R. 238
minority shareholders	AGROTEXIM & ORS *v.* GREECE	(1996) 21 E.H.R.R. 250
	NEVES E SILVA *v.* PORTUGAL	(1991) 13 E.H.R.R. 535
names and surnames, use of	BURGHARTZ *v.* SWITZERLAND	(1994) 18 E.H.R.R. 79
nephew of deceased applicant	YASA *v.* TURKEY	(1999) 28 E.H.R.R. 409
pamphleteer	BOWMAN *v.* UK	(1998) 26 E.H.R.R. 1
parents	X, Y & Z *v.* SWEDEN	(1983) 5 E.H.R.R. 147
political party	ÖZDEP *v.* TURKEY	(2001) 31 E.H.R.R. 27 at page 674
potentially pregnant women	OPEN DOOR COUNSELLING *v.* IRELAND	(1993) 15 E.H.R.R. 245
property companies	PINE VALLEY *v.* IRELAND	(1992) 14 E.H.R.R. 319
pupils	CAMPBELL & COSANS *v.* UK	(1981) 3 E.H.R.R. 531
representative of defendant	KLASS & ORS *v.* GERMANY	(1980) 2 E.H.R.R. 214
	WESTON *v.* UK	(1981) 3 E.H.R.R. 402
residents close to power station	BALMER-SCHAFROTH *v.* SWITZERLAND	(1998) 25 E.H.R.R. 598
search and seizure, person subject to	FUNKE *v.* FRANCE	(1993) 16 E.H.R.R. 297
security forces, persons injured or killed by	ANDERSSON *v.* SWEDEN	(1998) 25 E.H.R.R. 722

WITHDRAWAL OF DRIVING LICENCE

access to tribunal	ESCOUBET *v.* BELGIUM	(2001) 31 E.H.R.R. 46 at page 1034

WRITTEN PROCEDURE

public nature of hearing	AXEN *v.* GERMANY	(1984) 6 E.H.R.R. 195

WRONGFUL ARREST AND DETENTION

compensation claim	HUMEN *v.* POLAND	(2001) 31 E.H.R.R. 53 at page 1168
	KÖNIG *v.* GERMANY	(1980) 2 E.H.R.R. 469
	LAMY *v.* BELGIUM	(1989) 11 E.H.R.R. 529
	LOUKANOV *v.* BULGARIA	(1997) 24 E.H.R.R. 121
	MASSON & VAN ZON *v.* NETHERLANDS	(1996) 22 E.H.R.R. 491
	NEUMEISTER *v.* AUSTRIA (NO. 2)	(1979) 1 E.H.R.R. 136
	RINGEISEN *v.* AUSTRIA (NO. 2)	(1979) 1 E.H.R.R. 504
	TEIXERA DE CASTRO *v.* PORTUGAL	(1999) 28 E.H.R.R. 101
	UNTERPERTINGER *v.* AUSTRIA	(1991) 13 E.H.R.R. 175
reasonable suspicion	WESTON *v.* UK	(1981) 3 E.H.R.R. 402

WRONGFUL CONVICTION

pluralism	KOKKINAKIS *v.* GREECE	(1994) 17 E.H.R.R. 397

ZIMBABWE

Constitution Order 1979		(1981) 3 E.H.R.R. 418

TABLE OF ARTICLE NUMBERS CONSIDERED IN JUDGMENTS AND DECISIONS

Article No.	Applicant	Country	Type	Application No.	Citation	Case No. (2001 onwards)
Art. 1	Al-Adsani	United Kingdom	Adm	35763/97	(2000) 29 E.H.R.R. CD 99	
	App. No. 9825/82	United Kingdom	Adm	9825/82	(1986) 8 E.H.R.R. 49	
	App. No. 10019/82	United Kingdom	Adm	10019/82	(1986) 8 E.H.R.R. 71	
	App. No. 10020/82	United Kingdom	Adm	10020/82	(1986) 8 E.H.R.R. 71	
	App. No. 10023/82	United Kingdom	Adm	10023/82	(1986) 8 E.H.R.R. 71	
	App. No. 10024/82	United Kingdom	Adm	10024/82	(1986) 8 E.H.R.R. 71	
	App. No. 10097/82	Netherlands	Adm	10097/82	(1983) 5 E.H.R.R. 516	
	App. No. 11198/84	United Kingdom	Adm	11198/84	(1986) 8 E.H.R.R. 84	
	App. No. 11302/84	United Kingdom	Adm	11302/84	(1986) 8 E.H.R.R. 84	
	Belgian Linguistics Case (No. 1)		Jmt	1474/62; 1677/62; 1699/62; 1769/63; 1994/63; 2126/64	1 E.H.R.R. 241	
	Belgian Linguistics Case (No. 2)		Jmt	1474/62; 1677/62; 1699/62; 1769/63; 1994/63; 2126/64	1 E.H.R.R. 252	
	Cyprus	Turkey	Op	6780/74; 6950/75	(1982) 4 E.H.R.R. 482	
	Cyprus	Turkey	Op	25781/94	(1997) 23 E.H.R.R. 244	
	East African Asians	United Kingdom	Op	4403/70–4419/70; 4422/70; 4434/70; 4443/70; 4476/70–4478/70; 4486/70; 4501/70; 4526/70–4530/70	(1981) 3 E.H.R.R. 76	
	Engel	Netherlands (No. 1)	Jmt	5100/71; 5101/71; 5102/71; 5354/72; 5370/72	1 E.H.R.R. 647	
	Fidan	Turkey	Adm	24209/94	(2000) 29 E.H.R.R. CD 162	
	Golder	United Kingdom	Jmt	4451/70	1 E.H.R.R. 524	
	Handyside	United Kingdom	Jmt	5493/72	1 E.H.R.R. 737	
	Helmers	Sweden	Adm	27522/95	(1998) 26 E.H.R.R. CD 73	
	Ireland	United Kingdom	Jmt	5310/71	2 E.H.R.R. 25	

Article No.	Applicant	Country	Type	Application No.	Citation	Case No. (2001 onwards)
Art. 1	Launder	United Kingdom	Adm	27279/95	(1998) 25 E.H.R.R. CD 67	
	Loizidou	Turkey	Jmt	15318/89	(1995) 20 E.H.R.R. 99	
	Loizidou	Turkey	Jmt	15318/89	(1997) 23 E.H.R.R. 513	
	McElhinney	Ireland and United Kingdom	Adm	31253/96	(2000) 29 E.H.R.R. CD 214	
	Manners	United Kingdom	Adm	37650/97	(1998) 26 E.H.R.R. CD 206	
	Matthews	United Kingdom	Jmt	24833/94	(1999) 28 E.H.R.R. 361	
	Paton	United Kingdom	Adm	8416/78	(1981) 3 E.H.R.R. 408	
	Poltoratskiy	Ukraine	Adm	38812/97	(1999) 27 E.H.R.R. CD 320	
	Tanrikulu	Turkey	Jmt	23763/94	(2000) 30 E.H.R.R. 950	
	Tre Traktörer AB	Sweden	Adm	10873/84	(1987) 9 E.H.R.R. 96	
	W.J.	Austria	Adm	23759/94	(1999) 27 E.H.R.R. CD 83	
	Wille	Liechtenstein	Jmt	28396/95	(2000) 30 E.H.R.R. 558	
	Young, James and Webster	United Kingdom	Jmt	7601/76; 7806/77	(1982) 4 E.H.R.R. 38	
	Young, James and Webster	United Kingdom	Op	7601/76; 7806/77	(1981) 3 E.H.R.R. 20	
Art. 2	A	Sweden	Adm	22806/93	(1994) 18 E.H.R.R. CD 209	
	A.V.	Bulgaria	Adm	41488/98	(1999) 28 E.H.R.R. CD 197	
	Akkum, Akan and Karakoc	Turkey	Adm	21894/93	(1996) 21 E.H.R.R. CD 118	
	Aminoff	Sweden	Adm	10554/83	(1986) 8 E.H.R.R. 75	
	Andronicou and Constantinou	Cyprus	Adm	25052/94	(1995) 20 E.H.R.R. CD 105	
	Andronicou and Constantinou	Cyprus	Jmt	25052/94	(1998) 25 E.H.R.R. 491	
	Andronicou and Constantinou	Cyprus	Op	25052/94	(1996) 22 E.H.R.R. CD 18	

App. No. 9348/81	United Kingdom	Adm	9348/81	(1983) 5 E.H.R.R. 504	
App. No. 9360/81	Ireland	Adm	9360/81	(1983) 5 E.H.R.R. 506	
App. No. 9513/81	United Kingdom	Adm	9513/81	(1983) 5 E.H.R.R. 290	
App. No. 9825/82	United Kingdom	Adm	9825/82	(1986) 8 E.H.R.R. 49	
App. No. 10019/82	United Kingdom	Adm	10019/82	(1986) 8 E.H.R.R. 71	
App. No. 10020/82	United Kingdom	Adm	10020/82	(1986) 8 E.H.R.R. 71	
App. No. 10023/82	United Kingdom	Adm	10023/82	(1986) 8 E.H.R.R. 71	
App. No. 10024/82	United Kingdom	Adm	10024/82	(1986) 8 E.H.R.R. 71	
App. No. 10227/82	Spain	Adm	10227/82	(1984) 6 E.H.R.R. 581	
App. No. 10292/83	Spain	Adm	10292/83	(1984) 6 E.H.R.R. 146	
App. No. 11198/84	United Kingdom	Adm	11198/84	(1986) 8 E.H.R.R. 84	
App. No. 11302/84	United Kingdom	Adm	11302/84	(1986) 8 E.H.R.R. 84	
Aspichi Dehwari	Netherlands	Adm	37014/97	(1998) 25 E.H.R.R. CD 191	
Barrett	United Kingdom	Adm	30402/96	(1997) 23 E.H.R.R. CD 185	
Belgian Linguistics Case (No. 2)		Jmt	1474/62; 1677/62; 1699/62; 1769/63; 1994/63; 2126/64	1 E.H.R.R. 252	
Bouessel du Bourg	France	Adm	20747/92	(1993) 16 E.H.R.R. CD 49	
Bromiley	United Kingdom	Adm	33747/96	(2000) 29 E.H.R.R. CD 111	
Brüggemann and Scheuten	Germany	Op	6959/75	(1981) 3 E.H.R.R. 244	
Buckley	United Kingdom	Adm	28323/95	(1997) 23 E.H.R.R. CD 129	
Çakici	Turkey	Jmt	23657/94	(2001) 31 E.H.R.R 133	(2001) 31 E.H.R.R. 5
Caraher	United Kingdom	Adm	24520/94	(2000) 29 E.H.R.R. CD 119	
Cyprus	Turkey	Op	6780/74; 6950/75	(1982) 4 E.H.R.R. 482	
Cyprus	Turkey	Op	25781/94	(1997) 23 E.H.R.R. 244	
D	United Kingdom	Adm	30240/96	(1996) 22 E.H.R.R. CD 112	
D	United Kingdom	Jmt	30240/96	(1997) 24 E.H.R.R. 423	
D	United Kingdom	Op	30240/96	(1996) 22 E.H.R.R. CD 45	
DV	Bulgaria	Adm	31365/96	(1998) 25 E.H.R.R. CD 154	
De Varga Hirsch	France	Adm	9559/81	(1984) 6 E.H.R.R. 126	

Article No.	Applicant	Country	Type	Application No.	Citation	Case No. (2001 onwards)
Art. 2	De Wilde, Ooms and Versyp	Belgium (No. 1)	Jmt	2832/66; 2835/66; 2899/66	1 E.H.R.R. 373	
	Dougoz	Greece	Adm	40907/98	(2000) 29 E.H.R.R. CD 147	
	East African Asians	United Kingdom	Op	4403/70–4419/70; 4422/70; 4434/70; 4443/70; 4476/70–4478/70; 4486/70; 4501/70; 4526/70–4530/70	(1981) 3 E.H.R.R. 76	
	Ergi	Turkey	Jmt	23818/94	(2001) 32 E.H.R.R. 388	(2001) 32 E.H.R.R. 18
	Erikson	Italy	Adm	37900/97	(2000) 29 E.H.R.R. CD 152	
	Farrell	United Kingdom	Adm	9013/80	(1983) 5 E.H.R.R. 466	
	Findlay	United Kingdom	Jmt	22107/93	(1997) 24 E.H.R.R. 221	
	G.H.H.	Turkey	Adm	43258/98	(1999) 28 E.H.R.R. CD 221	
	Greenpeace Schweiz	Switzerland	Adm	27644/95	(1997) 23 E.H.R.R. CD 116	
	Guerra	Italy	Jmt	14967/89	(1998) 26 E.H.R.R. 357	
	Güleç	Turkey	Jmt	21593/93	(1999) 28 E.H.R.R. 121	
	Gurdogan and Mustak	Turkey	Adm	15202/89; 15203/89; 15204/89; 15205/89	(1993) 16 E.H.R.R. CD 6	
	Handwerker	Germany	Adm	28610/95	(1996) 22 E.H.R.R. CD 125	
	Ikincisoy	Turkey	Adm	26144/95	(1996) 21 E.H.R.R. CD 100	
	Incedursun	Netherlands	Jmt	33124/96	(1999) 28 E.H.R.R. CD 54	
	J.E.D.	United Kingdom	Adm	42225/98	(1999) 27 E.H.R.R. CD 65	
	Kaya	Turkey	Jmt	22729/93	(1999) 28 E.H.R.R. 1	
	Keenan	United Kingdom	Adm	27229/95	(1998) 26 E.H.R.R. CD 64	
	Kelly	United Kingdom	Adm	10626/83	(1986) 8 E.H.R.R. 77	
	Kelly	United Kingdom	Adm	17579/90	(1993) 16 E.H.R.R. CD 20	
	Knudsen	Norway	Adm	11045/84	(1986) 8 E.H.R.R. 63	
	Kurt	Turkey	Jmt	24276/94	(1999) 27 E.H.R.R. 373	
	L, M and R	Switzerland	Adm	30003/96	(1996) 22 E.H.R.R. CD 130	

LCB	United Kingdom	Jmt	23413/94	(1999) 27 E.H.R.R. 212	
Launder	United Kingdom	Adm	27279/95	(1998) 25 E.H.R.R. CD 67	
Lockwood	United Kingdom	Adm	18824/91	(1993) 15 E.H.R.R. CD 48	
M.A.R.	United Kingdom	Adm	28038/95	(1997) 23 E.H.R.R. CD 120	
McCann	United Kingdom	Jmt	18984/91	(1996) 21 E.H.R.R. 97	
McDaid	United Kingdom	Adm	25681/94	(1996) 22 E.H.R.R. CD 197	
McGinley and Egan	United Kingdom	Adm	21825/93; 23414/94	(1996) 21 E.H.R.R. CD 56	
Manners	United Kingdom	Adm	37650/97	(1998) 26 E.H.R.R. CD 206	
Musasizi	Sweden	Adm	23780/94	(1994) 18 E.H.R.R. CD 223	
Naddaf	Germany	Adm	11604/85	(1987) 9 E.H.R.R. 561	
Nazarenko	Ukraine	Adm	39483/98	(1999) 28 E.H.R.R. CD 246	
Ogur	Turkey	Jmt	21594/93	(2001) 31 E.H.R.R 912	(2001) 31 E.H.R.R 40
Open Door Counselling Ltd and Dublin Well Woman	Ireland	Jmt	14234/88; 14235/88	(1993) 15 E.H.R.R. 244	
Osman	United Kingdom	Adm	23452/94	(1996) 22 E.H.R.R. CD 137	
Osman	United Kingdom	Jmt	23452/94	(2000) 29 E.H.R.R. 245	
Ouattara	United Kingdom	Adm	32884/96	(1998) 25 E.H.R.R. CD 167	
Ould Barar	Sweden	Adm	42367/98	(1999) 28 E.H.R.R. CD 213	
Özdemir	Netherlands	Adm	35758/97	(1999) 27 E.H.R.R. CD 257	
Paton	United Kingdom	Adm	8416/78	(1981) 3 E.H.R.R. 408	
Poku	United Kingdom	Adm	26985/95	(1996) 22 E.H.R.R. CD 94	
Raidl	Austria	Adm	25342/94	(1995) 20 E.H.R.R. CD 114	
SSC	Sweden	Adm	46553/99	(2000) 29 E.H.R.R. CD 245	
Scialacqua	Italy	Adm	34151/96	(1998) 26 E.H.R.R. CD 164	
Selçuk and Asker	Turkey	Jmt	23184/94; 23185/94	(1998) 26 E.H.R.R. 477	
Selmouni	France	Jmt	25803/94	(2000) 29 E.H.R.R. 403	
Stewart	United Kingdom	Adm	10044/82	(1985) 7 E.H.R.R. 453	
Tanrikulu	Turkey	Jmt	23763/94	(2000) 30 E.H.R.R. 950	

Article No.	Applicant	Country	Type	Application No.	Citation	Case No. (2001 onwards)
Art. 2	Taylor, Crampton, Gibson, King	United Kingdom	Adm	23412/94	(1994) 18 E.H.R.R. CD 215	
	Tekin	Turkey	Jmt	22496/93	(2001) 31 E.H.R.R 95	(2001) 31 E.H.R.R. 4
	Varnave	Turkey	Adm	16064–16066/90; 16068–16073/90	(1998) 25 E.H.R.R. CD 9	
	W.J.	Austria	Adm	23759/94	(1999) 27 E.H.R.R. CD 83	
	Widen	Sweden	Adm	10723/83	(1986) 8 E.H.R.R. 79	
	WM	Germany	Adm	35638/97	(1997) 24 E.H.R.R. CD 79	
	Wöckel	Germany	Adm	32165/96	(1998) 25 E.H.R.R. CD 156	
	Wolfgram	Germany	Adm	11257/84	(1987) 9 E.H.R.R. 548	
	Yasa	Turkey	Jmt	22495/93	(1999) 28 E.H.R.R. 408	
	Yasar	Turkey	Adm	22281/93	(1995) 19 E.H.R.R. CD 74	
Art. 2(1)	App. No. 9329/81	United Kingdom	Adm	9329/81	(1983) 5 E.H.R.R. 286	
	App. No. 10479/83	United Kingdom	Adm	10479/83	(1984) 6 E.H.R.R. 373	
	Barrett	United Kingdom	Adm	30402/96	(1997) 23 E.H.R.R. CD 185	
	Cyprus	Turkey	Op	6780/74; 6950/75	(1982) 4 E.H.R.R. 482	
	Deweer	Belgium	Jmt	6903/75	2 E.H.R.R. 439	
	McCann	United Kingdom	Jmt	18984/91	(1996) 21 E.H.R.R. 97	
	Osman	United Kingdom	Jmt	23452/94	(2000) 29 E.H.R.R. 245	
	Paton	United Kingdom	Adm	8416/78	(1981) 3 E.H.R.R. 408	
	WM	Germany	Adm	35638/97	(1997) 24 E.H.R.R. CD 79	
Art. 2(2)	Caraher	United Kingdom	Adm	24520/94	(2000) 29 E.H.R.R. CD 119	
	Ogur	Turkey	Jmt	21594/93	(2001) 31 E.H.R.R 912	(2001) 31 E.H.R.R 40
	Paton	United Kingdom	Adm	8416/78	(1981) 3 E.H.R.R. 408	
Art. 2(3)	App. No. 9329/81	United Kingdom	Adm	9329/81	(1983) 5 E.H.R.R. 286	
Arts 2–13	Ireland	United Kingdom	Jmt	5310/71	2 E.H.R.R. 25	

Art. 3	A	Sweden	Adm	22806/93	(1994) 18 E.H.R.R. CD 209
	A	United Kingdom	Jmt	25599/94	(1999) 27 E.H.R.R. 611
	A	United Kingdom	Settle-ment	6840/74	(1981) 3 E.H.R.R. 131
	A and B	United Kingdom	Adm	25599/94	(1996) 22 E.H.R.R. CD 190
	A and B	United Kingdom	Adm	25599/94	(1996) 22 E.H.R.R. CD 190
	A, B and C	France	Adm	18560/91	(1993) 15 E.H.R.R. CD 39
	A.Z., A.S.Z. and G.A.Z.	Switzerland	Adm	43678/98	(1999) 27 E.H.R.R. CD 278
	Abdulaziz, Cabales and Balkandali	United Kingdom	Jmt	9214/80; 9473/81; 9474/81	(1985) 7 E.H.R.R. 471
	Abdulaziz Cabales and Balkandali	United Kingdom	Op	9214/80; 9473/81; 9474/81	(1984) 6 E.H.R.R. 28
	Adamson	United Kingdom	Adm	42293/98	(1999) 28 E.H.R.R. CD 209
	Aerts	Belgium	Jmt	25357/94	(2000) 29 E.H.R.R. 50
	Ahmed	Austria	Jmt	25964/94	(1997) 24 E.H.R.R. 278
	Akdivar	Turkey	Jmt	21893/93	(1997) 23 E.H.R.R. 143
	Akkum, Akan and Karakoc	Turkey	Adm	21894/93	(1996) 21 E.H.R.R. CD 118
	Aksoy	Turkey	Jmt	21987/93	(1997) 23 E.H.R.R. 553
	Al-Adsani	United Kingdom	Adm	35763/97	(2000) 29 E.H.R.R. CD 99
	Albert and Le Compte	Belgium	Jmt	7299/75; 7496/76	(1983) 5 E.H.R.R. 533
	Altun	Germany	Adm	10308/83	(1983) 5 E.H.R.R. 611
	Aminoff	Sweden	Adm	10554/83	(1986) 8 E.H.R.R. 75
	App. No. 8828/79	Denmark	Adm	8828/79	(1983) 5 E.H.R.R. 278
	App. No. 9017/80	Sweden	Adm	9017/80	(1983) 5 E.H.R.R. 279
	App. No. 9035/80	Germany	Adm	9035/80	(1983) 5 E.H.R.R. 502
	App. No. 9107/80	Belgium	Adm	9107/80	(1983) 5 E.H.R.R. 282
	App. No. 9119/80	United Kingdom	Adm	9119/80	(1986) 8 E.H.R.R. 47
	App. No. 9282/81	United Kingdom	Adm	9282/81	(1983) 5 E.H.R.R. 283
	App. No. 9303/81	United Kingdom	Adm	9303/81	(1987) 9 E.H.R.R. 538
	App. No. 9316/81	Austria	Adm	9316/81	(1986) 8 E.H.R.R. 256

Article No.	Applicant	Country	Type	Application No.	Citation	Case No. (2001 onwards)
Art. 3	App. No. 9429/81	Ireland	Adm	9429/81	(1983) 5 E.H.R.R. 507	
	App. No. 9441/81	United Kingdom	Adm	9441/81	(1983) 5 E.H.R.R. 289	
	App. No. 9446/81	United Kingdom	Adm	9446/81	(1983) 5 E.H.R.R. 277	
	App. No. 9505/81	United Kingdom	Adm	9505/81	(1983) 5 E.H.R.R. 480	
	App. No. 9513/81	United Kingdom	Adm	9513/81	(1983) 5 E.H.R.R. 290	
	App. No. 9521/81	United Kingdom	Adm	9521/81	(1983) 5 E.H.R.R. 602	
	App. No. 9532/81	United Kingdom	Adm	9532/81	(1984) 6 E.H.R.R. 603	
	App. No. 9554/81	Ireland	Adm	9554/81	(1984) 6 E.H.R.R. 336	
	App. No. 9588/81	United Kingdom	Adm	9588/81	(1984) 6 E.H.R.R. 545	
	App. No. 9596/81	Ireland	Adm	9596/81	(1984) 6 E.H.R.R. 570	
	App. No. 9606/81	United Kingdom	Adm	9606/81	(1983) 5 E.H.R.R. 291	
	App. No. 9610/81	Germany	Adm	9610/81	(1984) 6 E.H.R.R. 110	
	App. No. 9643/82	United Kingdom	Adm	9643/82	(1984) 6 E.H.R.R. 344	
	App. No. 9649/82	Sweden	Adm	9649/82	(1983) 5 E.H.R.R. 292	
	App. No. 9659/82	United Kingdom	Adm	9659/82	(1983) 5 E.H.R.R. 605	
	App. No. 9684/82	Netherlands	Adm	9684/82	(1984) 6 E.H.R.R. 575	
	App. No. 9706/82	Germany	Adm	9706/82	(1983) 5 E.H.R.R. 512	
	App. No. 9707/82	Sweden	Adm	9707/82	(1983) 5 E.H.R.R. 294	
	App. No. 9710/82	United Kingdom	Adm	9710/82	(1983) 5 E.H.R.R. 295	
	App. No. 9730/82	United Kingdom	Adm	9730/82	(1983) 5 E.H.R.R. 606	
	App. No. 9810/82	United Kingdom	Adm	9810/82	(1983) 5 E.H.R.R. 609	
	App. No. 9813/82	United Kingdom	Adm	9813/82	(1983) 5 E.H.R.R. 513	
	App. No. 9821/82	United Kingdom	Adm	9821/82	(1983) 5 E.H.R.R. 298	
	App. No. 9822/82	Spain	Adm	9822/82	(1983) 5 E.H.R.R. 609	
	App. No. 9825/82	United Kingdom	Adm	9825/82	(1986) 8 E.H.R.R. 49	
	App. No. 9856/82	United Kingdom	Adm	9856/82	(1988) 10 E.H.R.R. 547	
	App. No. 9867/82	United Kingdom	Adm	9867/82	(1983) 5 E.H.R.R. 489	
	App. No. 9871/82	United Kingdom	Adm	9871/82	(1983) 5 E.H.R.R. 298	
	App. No. 9880/82	United Kingdom	Adm	9880/82	(1983) 5 E.H.R.R. 298	

App. No. 9890/82	United Kingdom	Adm	9890/82	(1983) 5 E.H.R.R. 299
App. No. 9901/82	United Kingdom	Adm	9901/82	(1983) 5 E.H.R.R. 299
App. No. 9955/82	Norway	Adm	9955/82	(1984) 6 E.H.R.R. 348
App. No. 9966/82	United Kingdom	Adm	9966/82	(1983) 5 E.H.R.R. 299
App. No. 9969/82	United Kingdom	Adm	9969/82	(1983) 5 E.H.R.R. 301
App. No. 9974/82	Denmark	Adm	9974/82	(1983) 5 E.H.R.R. 515
App. No. 9978/82	United Kingdom	Adm	9978/82	(1983) 5 E.H.R.R. 301
App. No. 10029/82	United Kingdom	Adm	10029/82	(1983) 5 E.H.R.R. 303
App. No. 10032/82	Sweden	Adm	10032/82	(1984) 6 E.H.R.R. 555
App. No. 10040/82	Germany	Adm	10040/82	(1984) 6 E.H.R.R. 349
App. No. 10065/82	United Kingdom	Adm	10065/82	(1983) 5 E.H.R.R. 303
App. No. 10067/82	United Kingdom	Adm	10067/82	(1983) 5 E.H.R.R. 516
App. No. 10117/82	United Kingdom	Adm	10117/82	(1985) 7 E.H.R.R. 140
App. No. 10135/82	Denmark	Adm	10135/82	(1986) 8 E.H.R.R. 226
App. No. 10165/82	United Kingdom	Adm	10165/82	(1983) 5 E.H.R.R. 516
App. No. 10184/82	United Kingdom	Adm	10184/82	(1983) 5 E.H.R.R. 516
App. No. 10263/83	Denmark	Adm	10263/83	(1986) 8 E.H.R.R. 60
App. No. 10292/83	Spain	Adm	10292/83	(1984) 6 E.H.R.R. 146
App. No. 10317/83	United Kingdom	Adm	10317/83	(1984) 6 E.H.R.R. 362
App. No. 10330/83	United Kingdom	Adm	10330/83	(1986) 8 E.H.R.R. 271
App. No. 10479/83	United Kingdom	Adm	10479/83	(1984) 6 E.H.R.R. 373
App. No. 10482/83	Germany	Adm	10482/83	(1984) 6 E.H.R.R. 587
App. No. 10547/83	Sweden	Adm	10547/83	(1986) 8 E.H.R.R. 268
App. No. 10564/83	Germany	Adm	10564/83	(1986) 8 E.H.R.R. 262
App. No. 10565/83	Germany	Adm	10565/83	(1985) 7 E.H.R.R. 152
App. No. 10592/83	United Kingdom	Adm	10529/83	(1987) 9 E.H.R.R. 277
App. No. 10940/84	France	Adm	10940/84	(1986) 8 E.H.R.R. 226
App. No. 11082/84	Belgium	Adm	11082/84	(1987) 9 E.H.R.R. 149
App. No. 12146/86	Switzerland	Adm	12146/86	(1988) 10 E.H.R.R. 158
App. No. 12543/86	Netherlands	Adm	12543/86	(1988) 10 E.H.R.R. 161
Aslan	Malta	Adm	29493/95	(2000) 29 E.H.R.R. CD 106

Article No.	Applicant	Country	Type	Application No.	Citation	Case No. (2001 onwards)
Art. 3	Aspichi Dehwari	Netherlands	Adm	37014/97	(1998) 25 E.H.R.R. CD 191	
	Asplund	Sweden	Adm	19762/92	(1994) 18 E.H.R.R. CD 111	
	Assenov	Bulgaria	Jmt	24760/94	(1999) 28 E.H.R.R. 652	
	Assenov, Ivanova and Ivanov	Bulgaria	Adm	24760/94	(1996) 22 E.H.R.R. CD 163	
	Aydin	Turkey	Jmt	23178/94	(1998) 25 E.H.R.R. 251	
	B	France	Jmt	13343/87	(1993) 16 E.H.R.R. 1	
	B	United Kingdom	Op	6870/75	(1984) 6 E.H.R.R. 204	
	Bahaddar	Netherlands	Jmt	25894/94	(1998) 26 E.H.R.R. 278	
	Barbera, Messegue, Jabardo	Spain	Adm	10588/83; 10589/83; 10590/83	(1987) 9 E.H.R.R. 101	
	Beldjoudi	France	Jmt	12083/86	(1992) 14 E.H.R.R. 801	
	Belgian Linguistics Case (No. 2)		Jmt	1474/62; 1677/62; 1699/62; 1769/63; 1994/63; 2126/64	1 E.H.R.R. 252	
	Berrehab	Netherlands	Jmt	10730/84	(1989) 11 E.H.R.R. 322	
	Berrehab and Koster	Netherlands	Adm	10730/74	(1986) 8 E.H.R.R. 280	
	Bonnechaux	Switzerland	Op	8224/78	(1981) 3 E.H.R.R. 259	
	Brady	United Kingdom	Adm	8575/79	(1981) 3 E.H.R.R. 297	
	Bromfield	United Kingdom	Adm	32003/96	(1998) 26 E.H.R.R. CD 138	
	Brown	United Kingdom	Adm	38644/97	(1999) 28 E.H.R.R. CD 233	
	Buchholz	Germany	Jmt	7759/77	(1981) 3 E.H.R.R. 597	
	Buckley	United Kingdom	Adm	28323/95	(1997) 23 E.H.R.R. CD 129	
	Bulus	Sweden	Adm	9330/81	(1984) 6 E.H.R.R. 587	
	Burton	United Kingdom	Adm	31600/96	(1996) 22 E.H.R.R. CD 134	
	C.N.	Switzerland	Adm	43363/98	(1999) 27 E.H.R.R. CD 358	
	Çakici	Turkey	Jmt	23657/94	(2001) 31 E.H.R.R 133	(2001) 31 E.H.R.R. 5
	Campbell and Cosans	United Kingdom	Jmt	7511/76; 7743/76	(1982) 4 E.H.R.R. 293	
	Campbell and Cosans	United Kingdom	Op	7511/76; 7743/76	(1981) 3 E.H.R.R. 531	

Caraher	United Kingdom	Adm	24520/94	(2000) 29 E.H.R.R. CD 119	
Chahal	United Kingdom	Jmt	22414/93	(1997) 23 E.H.R.R. 413	
Chahal	United Kingdom	Op	22414/93	(1995) 20 E.H.R.R. CD 19	
Chappell	United Kingdom	Adm	10461/83	(1985) 7 E.H.R.R. 589	
Constantinos	Greece	Adm	25701/94	(1998) 26 E.H.R.R. CD 50	
Costello-Roberts	United Kingdom	Jmt	13134/87	(1995) 19 E.H.R.R. 112	
Cruz Varas	Sweden	Jmt	15576/89	(1992) 14 E.H.R.R. 1	
Curley	United Kingdom	Jmt	32340/96	(2001) 31 E.H.R.R 401	(2001) 31 E.H.R.R 14
Cyprus	Turkey	Op	6780/74; 6950/75	(1982) 4 E.H.R.R. 482	
Cyprus	Turkey	Op	25781/94	(1997) 23 E.H.R.R. 244	
D	United Kingdom	Adm	30240/96	(1996) 22 E.H.R.R. CD 112	
D	United Kingdom	Jmt	30240/96	(1997) 24 E.H.R.R. 423	
D	United Kingdom	Op	30240/96	(1996) 22 E.H.R.R. CD 45	
DV	Bulgaria	Adm	31365/96	(1998) 25 E.H.R.R. CD 154	
D'Haese and Le Compte	Belgium	Adm	8930/80	(1984) 6 E.H.R.R. 114	
Darci	Turkey	Adm	29986/96	(1999) 28 E.H.R.R. CD 124	
De Varga Hirsch	France	Adm	9559/81	(1984) 6 E.H.R.R. 126	
De Wilde, Ooms and Versyp	Belgium (No. 1)	Jmt	2832/66; 2835/66; 2899/66	1 E.H.R.R. 373	
Denmark	Turkey	Settlement	34382/97	(2000) 29 E.H.R.R. CD 35	
Diaz Ruano	Spain	Jmt	16988/90	(1995) 19 E.H.R.R. 542	
Djeroud	France	Jmt	13446/87	(1992) 14 E.H.R.R. 68	
Dougoz	Greece	Adm	40907/98	(2000) 29 E.H.R.R. CD 147	
Dreshaj	Finland	Adm	23159/94	(1994) 18 E.H.R.R. CD 213	
Drozd	Poland	Adm	25403/94	(1996) 21 E.H.R.R. CD 120	
ELH and PBH	United Kingdom	Adm	32094/96; 32568/96	(1998) 25 E.H.R.R. CD 158	

Article No.	Applicant	Country	Type	Application No.	Citation	Case No. (2001 onwards)
Art. 3	East African Asians	United Kingdom	Op	4403/70–4419/70; 4422/70; 4434/70; 4443/70; 4476/70–4478/70; 4486/70; 4501/70; 4526/70–4530/70	(1981) 3 E.H.R.R. 76	
	Egyptair	Denmark	Adm	28441/95	(1998) 26 E.H.R.R. CD 80	
	Erdagoz	Turkey	Jmt	21890/93	(2001) 32 E.H.R.R. 443	(2001) 32 E.H.R.R. 19
	Esen	Netherlands	Adm	37312/97	(1999) 27 E.H.R.R. CD 290	
	F	United Kingdom	Adm	28052/95	(1996) 22 E.H.R.R. CD 118	
	Faulkner	United Kingdom	Adm	30308/96	(1998) 26 E.H.R.R. CD 125	
	Felderer	Sweden	Adm	11001/84	(1986) 8 E.H.R.R. 91	
	Fidan	Turkey	Adm	24209/94	(2000) 29 E.H.R.R. CD 162	
	Fleming	United Kingdom	Adm	33987/96	(1997) 23 E.H.R.R. CD 207	
	France, Norway, Denmark, Sweden and the Netherlands	Turkey	Adm	9940–9944/82	(1984) 6 E.H.R.R. 241	
	France, Norway, Denmark, Sweden and the Netherlands	Turkey	Settle-ment	9940–9944/82	(1986) 8 E.H.R.R. 205	
	G.H.H.	Turkey	Adm	43258/98	(1999) 28 E.H.R.R. CD 221	
	Galloway	United Kingdom	Adm	34199/96	(1999) 27 E.H.R.R. CD 241	
	Gerlach	Germany	Adm	11130/84	(1986) 8 E.H.R.R. 311	
	Golder	United Kingdom	Jmt	4451/70	1 E.H.R.R. 524	
	Grare	France	Adm	18835/91	(1993) 15 E.H.R.R. CD 100	
	Gurdogan and Mustak	Turkey	Adm	15202/89; 15203/89; 15204/89; 15205/89	(1993) 16 E.H.R.R. CD 6	
	Guzzardi	Italy	Jmt	7367/76	(1981) 3 E.H.R.R. 333	
	H	Sweden	Adm	22408/93	(1994) 18 E.H.R.R. CD 191	
	HLR	France	Jmt	24573/94	(1998) 26 E.H.R.R. 29	

Halil, Ahmet and Sabah	United Kingdom	Adm	11355/85	(1986) 8 E.H.R.R. 305	
Hatami	Sweden	Settle-ment	32448/96	(1999) 27 E.H.R.R. CD 8	
Hendriks	Netherlands	Op	8427/78	(1983) 5 E.H.R.R. 223	
Herczegfalvy	Austria	Jmt	10533/83	(1993) 15 E.H.R.R. 437	
Herrick	United Kingdom	Adm	11185/84	(1986) 8 E.H.R.R. 66	
Hilton	United Kingdom	Op	5613/72	(1981) 3 E.H.R.R. 104	
Hippin	Austria	Adm	18764/91	(1994) 18 E.H.R.R. CD 93	
Howarth	United Kingdom	Jmt	38081/97	(2001) 31 E.H.R.R 861	(2001) 31 E.H.R.R 37
I	United Kingdom	Adm	25680/94	(1997) 23 E.H.R.R. CD 66	
Ikincisoy	Turkey	Adm	26144/95	(1996) 21 E.H.R.R. CD 100	
Incedursun	Netherlands	Jmt	33124/96	(1999) 28 E.H.R.R. CD 54	
Ireland	United Kingdom	Jmt	5310/71	2 E.H.R.R. 25	
J.E.D.	United Kingdom	Adm	42225/98	(1999) 27 E.H.R.R. CD 65	
J.S.	Netherlands	Adm	14561/89	(1995) 20 E.H.R.R. CD 41	
Jabari	Turkey	Adm	40035/98	(2000) 29 E.H.R.R. CD 178	
Janowski	Poland	Jmt	25716/94	(2000) 29 E.H.R.R. 705	
Jastrzebski	Poland	Adm	25669/94	(1995) 20 E.H.R.R. CD 126	
Jeznach	Poland	Adm	27580/95	(1998) 25 E.H.R.R. CD 77	
Juric	Sweden	Adm	45924/99	(1999) 27 E.H.R.R. CD 71	
K	United Kingdom	Adm	18394/91	(1993) 15 E.H.R.R. CD 33	
KL	United Kingdom	Adm	29392/95	(1998) 26 E.H.R.R. CD 113	
Karara	Finald	Adm	40900/98	(1998) 26 E.H.R.R. CD 220	
Keenan	United Kingdom	Adm	27229/95	(1998) 26 E.H.R.R. CD 64	
Kelly	United Kingdom	Adm	10626/83	(1986) 8 E.H.R.R. 77	
Kerr	United Kingdom	Adm	40451/98	(2000) 29 E.H.R.R. CD 184	
Klass	Germany	Jmt	15473/89	(1994) 18 E.H.R.R. 305	
Klavdianos	Greece	Adm	38841/97	(2000) 29 E.H.R.R. CD 199	
Koendjbiharie	Netherlands	Jmt	11497/85	(1991) 13 E.H.R.R. 820	
Koendjbiharie	Netherlands	Op	11487/85	(1991) 13 E.H.R.R. 118	

Article No.	Applicant	Country	Type	Application No.	Citation	Case No. (2001 onwards)
Art. 3	Kokavecz	Hungary	Adm	27312/95	(1999) 28 E.H.R.R. CD 86	
	Kopcych	Poland	Adm	32733/96	(1999) 27 E.H.R.R. CD 199	
	Korkis	Sweden	Adm	35557/97	(1999) 27 E.H.R.R. CD 251	
	Koskinen	Finland	Adm	20560/92	(1994) 18 E.H.R.R. CD 146	
	Kurt	Turkey	Jmt	24276/94	(1999) 27 E.H.R.R. 373	
	LCB	United Kingdom	Jmt	23413/94	(1999) 27 E.H.R.R. 212	
	Lalljee	United Kingdom	Adm	10556/83	(1986) 8 E.H.R.R. 84	
	Larbie	United Kingdom	Adm	25073/94	(1996) 21 E.H.R.R. CD 103	
	Launder	United Kingdom	Adm	27279/95	(1998) 25 E.H.R.R. CD 67	
	Lindkvist	Denmark	Adm	25737/94	(1999) 27 E.H.R.R. CD 103	
	Lindsay	United Kingdom	Adm	31699/96	(1997) 23 E.H.R.R. CD 199	
	Lockwood	United Kingdom	Adm	18824/91	(1993) 15 E.H.R.R. CD 48	
	Lopez Ostra	Spain	Jmt	16798/90	(1995) 20 E.H.R.R. 277	
	Lukka	United Kingdom	Adm	12122/86	(1987) 9 E.H.R.R. 552	
	M.A.R.	United Kingdom	Adm	28038/95	(1997) 23 E.H.R.R. CD 120	
	MK	Austria	Adm	28867/95	(1997) 24 E.H.R.R. CD 59	
	M.M.	Switzerland	Adm	43348/98	(1999) 27 E.H.R.R. CD 356	
	McFeeley	United Kingdom	Op	8317/78	(1981) 3 E.H.R.R. 161	
	McGinley and Egan	United Kingdom	Adm	21825/93; 23414/94	(1996) 21 E.H.R.R. CD 56	
	Manners	United Kingdom	Adm	37650/97	(1998) 26 E.H.R.R. CD 206	
	Marangos	Cyprus	Adm	31106/96	(1997) 23 E.H.R.R. CD 192	
	Marckx	Belgium	Jmt	6833/74	2 E.H.R.R. 330	
	Matthews	United Kingdom	Adm	24833/94	(1996) 22 E.H.R.R. CD 175	
	Mentes	Turkey	Jmt	23186/94	(1998) 26 E.H.R.R. 595	
	Milics	Sweden	Adm	23521/94	(1994) 18 E.H.R.R. CD 222	
	Moustaquim	Belgium	Jmt	12313/86	(1991) 13 E.H.R.R. 802	
	Musasizi	Sweden	Adm	23780/94	(1994) 18 E.H.R.R. CD 223	
	Mustafai-Nejad	Austria	Adm	26495/95	(1997) 23 E.H.R.R. CD 85	
	Naddaf	Germany	Adm	11604/85	(1987) 9 E.H.R.R. 561	

Nasri	France	Jmt	19465/92	(1996) 21 E.H.R.R. 458	
Nazarenko	Ukraine	Adm	39483/98	(1999) 28 E.H.R.R. CD 246	
Nesaei	United Kingdom	Adm	11359/85	(1986) 8 E.H.R.R. 298	
Nsona	Netherlands	Jmt	23366/94	(2001) 32 E.H.R.R. 170	(2001) 32 E.H.R.R. 9
Olsson	Sweden	Adm	10465/83	(1986) 8 E.H.R.R. 71	
Olsson	Sweden	Jmt	10465/83	(1989) 11 E.H.R.R. 259	
Ouattara	United Kingdom	Adm	32884/96	(1998) 25 E.H.R.R. CD 167	
Ould Barar	Sweden	Adm	42367/98	(1999) 28 E.H.R.R. CD 213	
Özdemir	Netherlands	Adm	35758/97	(1999) 27 E.H.R.R. CD 257	
P	Sweden	Adm	18275/91	(1993) 15 E.H.R.R. CD 95	
P	France	Adm	20299/92	(1993) 16 E.H.R.R. CD 29	
PP	United Kingdom	Adm	25297/94	(1996) 21 E.H.R.R. CD 81	
Pancenko	Latvia	Adm	40772/98	(2000) 29 E.H.R.R. CD 227	
Paruszweska	Poland	Adm	33770/96	(1998) 25 E.H.R.R. CD 175	
Patel	United Kingdom	Adm	35693/97	(1999) 27 E.H.R.R. CD 254	
Paton	United Kingdom	Adm	8416/78	(1981) 3 E.H.R.R. 408	
Peers	Greece	Adm	28524/95	(1999) 27 E.H.R.R. CD 126	
Pentidis	Greece	Jmt	23238/94	(1997) 23 E.H.R.R. CD 37	
Pentidis	Greece	Op	23238/94	(1997) 24 E.H.R.R. CD 1	
Phull	United Kingdom	Adm	32789/96	(1998) 25 E.H.R.R. CD 166	
Poku	United Kingdom	Adm	26985/95	(1996) 22 E.H.R.R. CD 94	
Poltoratskiy	Ukraine	Adm	38812/97	(1999) 27 E.H.R.R. CD 320	
Putz	Austria	Adm	18892/91	(1994) 18 E.H.R.R. CD 97	
Raidl	Austria	Adm	25342/94	(1995) 20 E.H.R.R. CD 114	
Raninen	Finland	Adm	20972/92	(1996) 21 E.H.R.R. CD 123	
Raninen	Finland	Jmt	20972/92	(1998) 26 E.H.R.R. 563	
Reed	United Kingdom	Adm	7630/76	(1981) 3 E.H.R.R. 136	
Reed	United Kingdom	Settlement	7630/76	(1983) 5 E.H.R.R. 114	
Rehbock	Slovenia	Adm	29462/95	(1998) 26 E.H.R.R. CD 120	

Article No.	Applicant	Country	Type	Application No.	Citation	Case No. (2001 onwards)
Art. 3	Ribitsch	Austria	Jmt	18896/91	(1996) 21 E.H.R.R. 573	
	Ryan	United Kingdom	Adm	32875/96	(1999) 27 E.H.R.R. CD 204	
	SSC	Sweden	Adm	46553/99	(2000) 29 E.H.R.R. CD 245	
	Sargin	Germany	Adm	8819/79	(1982) 4 E.H.R.R. 276	
	Schimanek	Austria	Adm	32307/96	(2000) 29 E.H.R.R. CD 250	
	Selçuk and Asker	Turkey	Jmt	23184/94; 23185/94	(1998) 26 E.H.R.R. 477	
	Selmouni	France	Jmt	25803/94	(2000) 29 E.H.R.R. 403	
	Smith and Grady	United Kingdom	Adm	33985/96	(1999) 27 E.H.R.R. CD 42	
	Smith and Grady	United Kingdom	Jmt	33985/96; 33986/96	(2000) 29 E.H.R.R. 493	
	Soering	United Kingdom	Jmt	14038/88	(1989) 11 E.H.R.R. 439	
	Stachowiak	Poland	Adm	26619/95	(1999) 27 E.H.R.R. CD 110	
	Stankov	Bulgaria	Adm	29221/95; 29222/95; 29223/95; 29225/95; 29226/95	(1997) 23 E.H.R.R. CD 170	
	Stewart	United Kingdom	Adm	10044/82	(1985) 7 E.H.R.R. 453	
	Stewart-Brady	United Kingdom	Adm	27436/95	(1997) 24 E.H.R.R. CD 38	
	Stopford	United Kingdom	Adm	31316/96	(1998) 25 E.H.R.R. CD 151	
	Sur	Turkey	Op	21592/93	(1998) 25 E.H.R.R. CD 1	
	T	United Kingdom	Adm	24724/94	(1998) 25 E.H.R.R. CD 11	
	T.V.	Finland	Adm	21780/93	(1994) 18 E.H.R.R. CD 179	
	Tanrikulu	Turkey	Jmt	23763/94	(2000) 30 E.H.R.R. 950	
	Taspinar	Netherlands	Adm	11026/84	(1986) 8 E.H.R.R. 47	
	Teixeira de Castro	Portugal	Jmt	25829/94	(1999) 28 E.H.R.R. 101	
	Tekin	Turkey	Jmt	22496/93	(2001) 31 E.H.R.R 95	(2001) 31 E.H.R.R. 4
	Tennenbaum	Sweden	Adm	16031/90	(1994) 18 E.H.R.R. CD 41	
	Togher	United Kingdom	Adm	28555/95	(1998) 25 E.H.R.R. CD 99	
	Tomasi	France	Jmt	12850/87	(1993) 15 E.H.R.R. 1	
	Tsirlis	Greece	Adm	19233/91	(1995) 20 E.H.R.R. CD 52	
	Tsirlis and Kouloumpas	Greece	Jmt	19233/91; 19234/91	(1998) 25 E.H.R.R. 198	

	Tsirlis and Kouloumpas	Greece	Op	19233/91; 19234/91	(1996) 21 E.H.R.R. CD 30
	Tyrer	United Kingdom	Jmt	5856/72	2 E.H.R.R. 1
	V	United Kingdom	Jmt	24888/94	(2000) 30 E.H.R.R. 121
	Valsamis	Greece	Jmt	21787/93	(1997) 24 E.H.R.R. 294
	Van Oosterwijck	Belgium	Jmt	7654/76	(1981) 3 E.H.R.R. 557
	Varnave	Turkey	Adm	16064–16066/90; 16068–16073/90	(1998) 25 E.H.R.R. CD 9
	Velita Flores	Sweden	Adm	28392/95	(1995) 20 E.H.R.R. CD 134
	Veznedaroglu	Turkey	Adm	32357/96	(2000) 29 E.H.R.R. CD 269
	Vilvarajah	United Kingdom	Jmt	13163/87; 13164/87; 13165/87; 13447/87; 13448/87	(1992) 14 E.H.R.R. 248
	W.J.	Austria	Adm	23759/94	(1999) 27 E.H.R.R. CD 83
	WM	Germany	Adm	35638/97	(1997) 24 E.H.R.R. CD 79
	Wallen	Sweden	Adm	10877/84	(1986) 8 E.H.R.R. 320
	Wanyonyi	United Kingdom	Adm	32713/96	(1999) 27 E.H.R.R. CD 195
	Werner	Poland	Adm	26760/95	(1998) 25 E.H.R.R. CD 61
	Widen	Sweden	Adm	10723/83	(1986) 8 E.H.R.R. 79
	Wilson	United Kingdom	Adm	30535/96	(1998) 25 E.H.R.R. CD 140
	Wöckel	Germany	Adm	32165/96	(1998) 25 E.H.R.R. CD 156
	X	Sweden	Adm	9105/80	(1982) 4 E.H.R.R. 408
	X	United Kingdom	Adm	9471/81	(1985) 7 E.H.R.R. 450
	X and Y	Netherlands	Jmt	8978/80	(1986) 8 E.H.R.R. 235
	X and Y	Netherlands	Op	8978/80	(1984) 6 E.H.R.R. 311
	X, Cabales and Balkandali	United Kingdom	Adm	9214/80; 9473/81; 9474/81	(1983) 5 E.H.R.R. 132
	Y	United Kingdom	Jmt	14229/88	(1994) 17 E.H.R.R. 238
	Yasa	Turkey	Jmt	22495/93	(1999) 28 E.H.R.R. 408
	Yasar	Turkey	Adm	22281/93	(1995) 19 E.H.R.R. CD 74
	Z	United Kingdom	Op	29392/95	(1999) 28 E.H.R.R. CD 65
Art. 4	Abdulaziz Cabales and Balkandali	United Kingdom	Op	9214/80; 9473/81; 9474/81	(1984) 6 E.H.R.R. 28
	App. No. 9107/80	Belgium	Adm	9107/80	(1983) 5 E.H.R.R. 282

Article No.	Applicant	Country	Type	Application No.	Citation	Case No. (2001 onwards)
Art. 4	App. No. 9322/81	Netherlands	Adm	9322/81	(1983) 5 E.H.R.R. 598	
	App. No. 10323/83	United Kingdom	Adm	10323/83	(1984) 6 E.H.R.R. 363	
	Belgian Linguistics Case (No. 2)		Jmt	1474/62; 1677/62; 1699/62; 1769/63; 1994/63; 2126/64	1 E.H.R.R. 252	
	Brady	United Kingdom	Adm	8575/79	(1981) 3 E.H.R.R. 297	
	Cyprus	Turkey	Op	6780/74; 6950/75	(1982) 4 E.H.R.R. 482	
	Cyprus	Turkey	Op	25781/94	(1997) 23 E.H.R.R. 244	
	De Wilde, Ooms and Versyp	Belgium (No. 1)	Jmt	2832/66; 2835/66; 2899/66	1 E.H.R.R. 373	
	Felderer	Sweden	Adm	11001/84	(1986) 8 E.H.R.R. 91	
	Fenzel and Köllner	Austria	Adm	22351/93	(1996) 22 E.H.R.R. CD 80	
	Klavdianos	Greece	Adm	38841/97	(2000) 29 E.H.R.R. CD 199	
	Mangov	Greece	Adm	16595/90	(1993) 16 E.H.R.R. CD 36	
	Ould Barar	Sweden	Adm	42367/98	(1999) 28 E.H.R.R. CD 213	
	Schmidt	Germany	Jmt	13580/88	(1994) 18 E.H.R.R. 513	
	Van Der Mussele	Belgium	Jmt	8919/80	(1984) 6 E.H.R.R. 163	
	Van Droogenbroeck	Belgium	Jmt	7906/77	(1982) 4 E.H.R.R. 443	
	Varnave	Turkey	Adm	16064–16066/90; 16068–16073/90	(1998) 25 E.H.R.R. CD 9	
Art. 4(1)	Harper	United Kingdom	Adm	11746/85	(1987) 9 E.H.R.R. 267	
	Paton	United Kingdom	Adm	8416/78	(1981) 3 E.H.R.R. 408	
Art. 4(2)	App. No. 9322/81	Netherlands	Adm	9322/81	(1983) 5 E.H.R.R. 598	
	Klavdianos	Greece	Adm	38841/97	(2000) 29 E.H.R.R. CD 199	
	Reitmayr	Austria	Adm	23866/94	(1995) 20 E.H.R.R. CD 89	
	Spöttl	Austria	Adm	22956/93	(1996) 22 E.H.R.R. CD 88	
	X	Germany	Adm	8682/79	(1982) 4 E.H.R.R. 398	
Art. 4(3)	Spöttl	Austria	Adm	22956/93	(1996) 22 E.H.R.R. CD 88	
Art. 4(3)(a)	De Wilde, Ooms and Versyp	Belgium (No. 1)	Jmt	2832/66; 2835/66; 2899/66	1 E.H.R.R. 373	

	Van Droogenbroeck	Belgium	Jmt	7906/77	(1982) 4 E.H.R.R. 443
Art. 4(3)(b)	Engel	Netherlands (No. 1)	Jmt	5100/71; 5101/71; 5102/71; 5354/72; 5370/72	1 E.H.R.R. 647
Art. 4(3)(d)	Schmidt	Germany	Jmt	13580/88	(1994) 18 E.H.R.R. 513
Art. 5	A	Sweden	Adm	22806/93	(1994) 18 E.H.R.R. CD 209
	Aerts	Belgium	Jmt	25357/94	(2000) 29 E.H.R.R. 50
	Ahmed	Austria	Jmt	25964/94	(1997) 24 E.H.R.R. 278
	Akdivar	Turkey	Jmt	21893/93	(1997) 23 E.H.R.R. 143
	App. No. 9441/81	United Kingdom	Adm	9441/81	(1983) 5 E.H.R.R. 289
	App. No. 9480/81	United Kingdom	Adm	9480/81	(1987) 9 E.H.R.R. 109
	App. No. 9521/81	United Kingdom	Adm	9521/81	(1983) 5 E.H.R.R. 602
	App. No. 9706/82	Germany	Adm	9706/82	(1983) 5 E.H.R.R. 512
	App. No. 9825/82	United Kingdom	Adm	9825/82	(1986) 8 E.H.R.R. 49
	App. No. 9966/82	United Kingdom	Adm	9966/82	(1983) 5 E.H.R.R. 299
	App. No. 10141/82	Sweden	Adm	10141/82	(1986) 8 E.H.R.R. 253
	App. No. 10300/83	Germany	Adm	10300/83	(1986) 8 E.H.R.R. 264
	App. No. 10323/83	United Kingdom	Adm	10323/83	(1984) 6 E.H.R.R. 363
	App. No. 10564/83	Germany	Adm	10564/83	(1986) 8 E.H.R.R. 262
	App. No. 10668/83	Austria	Adm	10668/83	(1988) 10 E.H.R.R. 556
	App. No. 10859/84	France	Adm	10859/84	(1987) 9 E.H.R.R. 93
	App. No. 10893/84	Germany	Adm	10893/84	(1987) 9 E.H.R.R. 124
	App. No. 12535/86	Netherlands	Adm	12535/86	(1989) 11 E.H.R.R. 102
	Arrowsmith	United Kingdom	Op	7050/75	(1981) 3 E.H.R.R. 218
	Artico	Ireland	Jmt	6694/74	(1981) 3 E.H.R.R. 1
	Ashingdane	United Kingdom	Op	8225/78	(1982) 4 E.H.R.R. 590
	Aslan	Malta	Adm	29493/95	(2000) 29 E.H.R.R. CD 106
	Asplund	Sweden	Adm	19762/92	(1994) 18 E.H.R.R. CD 111
	Assenov, Ivanova and Ivanov	Bulgaria	Adm	24760/94	(1996) 22 E.H.R.R. CD 163

Article No.	Applicant	Country	Type	Application No.	Citation	Case No. (2001 onwards)
Art. 5	Belgian Linguistics Case (No. 2)		Jmt	1474/62; 1677/62; 1699/62; 1769/63; 1994/63; 2126/64	1 E.H.R.R. 252	
	Benham	United Kingdom	Adm	19380/92	(1994) 18 E.H.R.R. CD 105	
	Bohler	Austria	Adm	11968/86	(1988) 10 E.H.R.R. 536	
	Brennan	United Kingdom	Adm	19805/92	(1994) 18 E.H.R.R. CD 114	
	Çakici	Turkey	Jmt	23657/94	(2001) 31 E.H.R.R 133	(2001) 31 E.H.R.R. 5
	Chappell	United Kingdom	Adm	10461/83	(1985) 7 E.H.R.R. 589	
	Chorherr	Austria	Jmt	13308/87	(1994) 17 E.H.R.R. 358	
	Ciulla	Italy	Jmt	11152/84	(1991) 13 E.H.R.R. 346	
	Cyprus	Turkey	Op	6780/74; 6950/75	(1982) 4 E.H.R.R. 482	
	Cyprus	Turkey	Op	8007/77	(1993) 15 E.H.R.R. 509	
	Cyprus	Turkey	Op	25781/94	(1997) 23 E.H.R.R. 244	
	DV	Bulgaria	Adm	31365/96	(1998) 25 E.H.R.R. CD 154	
	Daktaras	Lithuania	Adm	42095/98	(2000) 29 E.H.R.R. CD 135	
	De Warrene Waller	United Kingdom	Adm	27284/95	(1996) 21 E.H.R.R. CD 96	
	De Wilde, Ooms and Versyp	Belgium (No. 1)	Jmt	2832/66; 2835/66; 2899/66	1 E.H.R.R. 373	
	Dick	United Kingdom	Adm	26249/95	(1996) 21 E.H.R.R. CD 107	
	Dougoz	Greece	Adm	40907/98	(2000) 29 E.H.R.R. CD 147	
	East African Asians	United Kingdom	Op	4403/70–4419/70; 4422/70; 4434/70; 4443/70; 4476/70–4478/70; 4486/70; 4501/70; 4526/70–4530/70	(1981) 3 E.H.R.R. 76	
	Engel	Netherlands (No. 1)	Jmt	5100/71; 5101/71; 5102/71; 5354/72; 5370/72	1 E.H.R.R. 647	
	F.K., T.M. and C.H.	Austria	Adm	18249/91	(1994) 18 E.H.R.R. CD 60	
	Faulkner	United Kingdom	Adm	30308/96	(1998) 26 E.H.R.R. CD 125	
	Felderer	Sweden	Adm	11001/84	(1986) 8 E.H.R.R. 91	

France, Norway, Denmark, Sweden and the Netherlands	Turkey	Adm	9940–9944/82	(1984) 6 E.H.R.R. 241
France, Norway, Denmark, Sweden and the Netherlands	Turkey	Settlement	9940–9944/82	(1986) 8 E.H.R.R. 205
Golder	United Kingdom	Jmt	4451/70	1 E.H.R.R. 524
Granger	United Kingdom	Jmt	11932/86	(1990) 12 E.H.R.R. 469
Granger	United Kingdom	Op	11932/86	(1990) 12 E.H.R.R. 460
Grare	France	Adm	18835/91	(1993) 15 E.H.R.R. CD 100
Guzzardi	Italy	Jmt	7367/76	(1981) 3 E.H.R.R. 333
Handwerker	Germany	Adm	28610/95	(1996) 22 E.H.R.R. CD 125
Hashman and Harrup	United Kingdom	Adm	25594/94	(1996) 22 E.H.R.R. CD 185
Hood	United Kingdom	Jmt	27267/95	(2000) 29 E.H.R.R. 365
Ikincisoy	Turkey	Adm	26144/95	(1996) 21 E.H.R.R. CD 100
Ireland	United Kingdom	Jmt	5310/71	2 E.H.R.R. 25
James	United Kingdom	Adm	20447/92	(1994) 18 E.H.R.R. CD 130
Kerr	United Kingdom	Adm	40451/98	(2000) 29 E.H.R.R. CD 184
Keus	Netherlands	Op	12228/86	(1991) 13 E.H.R.R. 109
Koskinen	Finland	Adm	20560/92	(1994) 18 E.H.R.R. CD 146
Kurt	Turkey	Jmt	24276/94	(1999) 27 E.H.R.R. 373
Launder	United Kingdom	Adm	27279/95	(1998) 25 E.H.R.R. CD 67
Lawless	Ireland (No. 3)	Jmt	322/57	1 E.H.R.R. 15
Lindkvist	Denmark	Adm	25737/94	(1999) 27 E.H.R.R. CD 103
Loukanov	Bulgaria	Jmt	21915/93	(1997) 24 E.H.R.R. 121
M.A.R.	United Kingdom	Adm	28038/95	(1997) 23 E.H.R.R. CD 120
McElhinney	Ireland and United Kingdom	Adm	31253/96	(2000) 29 E.H.R.R. CD 214
Manners	United Kingdom	Adm	37650/97	(1998) 26 E.H.R.R. CD 206
Monnell and Morris	United Kingdom	Jmt	9562/81; 9818/82	(1988) 10 E.H.R.R. 205
Monnell and Morris	United Kingdom	Op	9562/81; 9818/82	(1985) 7 E.H.R.R. 579

Article No.	Applicant	Country	Type	Application No.	Citation	Case No. (2001 onwards)
Art. 5	Musasizi	Sweden	Adm	23780/94	(1994) 18 E.H.R.R. CD 223	
	Neumeister	Austria (No. 2)	Jmt	1936/63	1 E.H.R.R. 136	
	Nielsen	Denmark	Jmt	10929/84	(1989) 11 E.H.R.R. 175	
	Öhlinger	Austria	Adm	21444/93	(1996) 22 E.H.R.R. CD 75	
	Osman	United Kingdom	Jmt	23452/94	(2000) 29 E.H.R.R. 245	
	Parker	United Kingdom	Adm	27286/95	(1995) 20 E.H.R.R. CD 132	
	Paton	United Kingdom	Adm	8416/78	(1981) 3 E.H.R.R. 408	
	Peers	Greece	Adm	28524/95	(1999) 27 E.H.R.R. CD 126	
	Perks	United Kingdom	Jmt	25277/94; 25279/94; 25280/94; 25285/94; 28048/95; 28192/95; 28456/95	(2000) 30 E.H.R.R. 33	
	R.S.	United Kingdom	Adm	24604/94	(1995) 20 E.H.R.R. CD 98	
	Remmers and Hamer	Netherlands	Adm	29839/96	(1999) 27 E.H.R.R. CD 168	
	Roux	United Kingdom	Adm	25601/94	(1996) 22 E.H.R.R. CD 195	
	S	Italy	Adm	15130/89	(1993) 15 E.H.R.R. CD 13	
	S.E.	Norway	Adm	17391/90	(1994) 18 E.H.R.R. CD 53	
	Sargin	Germany	Adm	8819/79	(1982) 4 E.H.R.R. 276	
	Schiesser	Switzerland	Jmt	7710/76	2 E.H.R.R. 417	
	Schmautzer	Austria	Jmt	15523/89	(1996) 21 E.H.R.R. 511	
	Scott	Spain	Jmt	21335/93	(1997) 24 E.H.R.R. 391	
	Šinko	Slovak Republic	Adm	33466/96	(1999) 27 E.H.R.R. CD 226	
	Smith and Grady	United Kingdom	Adm	33985/96	(1999) 27 E.H.R.R. CD 42	
	Syrkin	Russia	Adm	44125/98	(2000) 29 E.H.R.R. CD 254	
	T	United Kingdom	Adm	24724/94	(1998) 25 E.H.R.R. CD 11	
	Umlauft	Austria	Jmt	15527/89	(1996) 22 E.H.R.R. 76	
	V	Denmark	Adm	17392/90	(1993) 15 E.H.R.R. CD 28	
	V	United Kingdom	Jmt	24888/94	(2000) 30 E.H.R.R. 121	
	Varnave	Turkey	Adm	16064–16066/90; 16068–16073/90	(1998) 25 E.H.R.R. CD 9	
	Vollert	Germany	Adm	29793/96	(1996) 22 E.H.R.R. CD 128	

	W.J.	Austria	Adm	23759/94	(1999) 27 E.H.R.R. CD 83
	Wemhoff	Germany	Jmt	2122/64	1 E.H.R.R. 55
	Weston	United Kingdom	Adm	8038/77	(1981) 3 E.H.R.R. 402
	Winterwerp	Netherlands	Jmt	6301/73	2 E.H.R.R. 387
	X	United Kingdom	Op	6406/73	(1981) 3 E.H.R.R. 302
	X	United Kingdom	Op	8233/78	(1981) 3 E.H.R.R. 271
	Yasar	Turkey	Adm	22281/93	(1995) 19 E.H.R.R. CD 74
	Zamir	United Kingdom	Adm	9174/80	(1983) 5 E.H.R.R. 242
Art. 5(1)	Adamson	United Kingdom	Adm	42293/98	(1999) 28 E.H.R.R. CD 209
	Aerts	Belgium	Jmt	25357/94	(2000) 29 E.H.R.R. 50
	Amuur	France	Jmt	19776/92	(1996) 22 E.H.R.R. 533
	App. No. 8715/79	United Kingdom	Adm	8715/79	(1983) 5 E.H.R.R. 273
	App. No. 9107/80	Belgium	Adm	9107/80	(1983) 5 E.H.R.R. 282
	App. No. 10518/83	Netherlands	Adm	10518/83	(1985) 7 E.H.R.R. 150
	App. No. 10535/83	Netherlands	Adm	10535/83	(1985) 7 E.H.R.R. 151
	App. No. 10918/84	Germany	Adm	10918/84	(1986) 8 E.H.R.R. 79
	App. No. 11152/84	Italy	Adm	11152/84	(1987) 9 E.H.R.R. 150
	Arrowsmith	United Kingdom	Op	7050/75	(1981) 3 E.H.R.R. 218
	Ashingdane	United Kingdom	Jmt	8225/78	(1985) 7 E.H.R.R. 528
	Ashingdane	United Kingdom	Op	8225/78	(1982) 4 E.H.R.R. 590; (1984) 6 E.H.R.R. 69
	Aslan	Malta	Adm	29493/95	(2000) 29 E.H.R.R. CD 106
	B	United Kingdom	Op	6870/75	(1984) 6 E.H.R.R. 204
	B.M.	United Kingdom	Adm	9562/81	(1984) 6 E.H.R.R. 592
	Boumar	Belgium	Jmt	9106/80	(1989) 11 E.H.R.R. 1
	Bozano	France	Jmt	9990/82	(1987) 9 E.H.R.R. 297
	Brogan	United Kingdom	Jmt	11209/84; 11234/84; 11266/84; 11386/85	(1989) 11 E.H.R.R. 117
	Brogan, Coyle, McFadden and Tracey	United Kingdom	Adm	11209/84; 11266/84; 11365/85	(1987) 9 E.H.R.R. 378
	CL, BL and HL	Sweden	Adm	22771/93	(2000) 29 E.H.R.R. CD 125

Article No.	Applicant	Country	Type	Application No.	Citation	Case No. (2001 onwards)
Art. 5(1)	Chahal	United Kingdom	Jmt	22414/93	(1997) 23 E.H.R.R. 413	
	Chahal	United Kingdom	Op	22414/93	(1995) 20 E.H.R.R. CD 19	
	Ciulla	Italy	Jmt	11152/84	(1991) 13 E.H.R.R. 346	
	Cyprus	Turkey	Op	6780/74; 6950/75	(1982) 4 E.H.R.R. 482	
	Daktaras	Lithuania	Adm	42095/98	(2000) 29 E.H.R.R. CD 135	
	Darci	Turkey	Adm	29986/96	(1999) 28 E.H.R.R. CD 124	
	Day	Italy	Adm	34573/97	(1998) 26 E.H.R.R. CD 174	
	De Jong, Baljet and Van Den Brink	Netherlands	Jmt	8805/79; 8806/79; 9242/81	(1986) 8 E.H.R.R. 20	
	De Warrene Waller	United Kingdom	Adm	27284/95	(1996) 21 E.H.R.R. CD 96	
	De Wilde, Ooms and Versyp	Belgium (No. 1)	Jmt	2832/66; 2835/66; 2899/66	1 E.H.R.R. 373	
	Deweer	Belgium	Jmt	6903/75	2 E.H.R.R. 439	
	Douiyeb	Netherlands	Jmt	31464/96	(2000) 30 E.H.R.R. 790	
	Drozd and Janousek	France and Spain	Jmt	12747/87	(1992) 14 E.H.R.R. 745	
	DW	United Kingdom	Adm	34127/96	(1998) 26 E.H.R.R. CD 158	
	Dyer	United Kingdom	Adm	10475/83	(1985) 7 E.H.R.R. 469	
	East African Asians	United Kingdom	Op	4403/70–4419/70; 4422/70; 4434/70; 4443/70; 4476/70–4478/70; 4486/70; 4501/70; 4526/70–4530/70	(1981) 3 E.H.R.R. 76	
	Engel	Netherlands (No. 1)	Jmt	5100/71; 5101/71; 5102/71; 5354/72; 5370/72	1 E.H.R.R. 647	
	Engel	Netherlands (No. 2) (Art. 50)	Jmt	5100/71; 5101/71; 5102/71; 5354/72; 5370/72	1 E.H.R.R. 706	
	Eriksen	Norway	Jmt	17391/90	(2000) 29 E.H.R.R. 328	
	Fox, Campbell and Hartley	United Kingdom	Jmt	12244/86; 12245/86; 12383/86	(1991) 13 E.H.R.R. 157	
	Golder	United Kingdom	Jmt	4451/70	1 E.H.R.R. 524	

Guzzardi	Italy	Jmt	7367/76	(1981) 3 E.H.R.R. 333
Hashman and Harrup	United Kingdom	Jmt	25594/94	(2000) 30 E.H.R.R. 241
Herczegfalvy	Austria	Jmt	10533/83	(1993) 15 E.H.R.R. 437
Ireland	United Kingdom	Jmt	5310/71	2 E.H.R.R. 25
Jeznach	Poland	Adm	27580/95	(1998) 25 E.H.R.R. CD 77
Johnson	United Kingdom	Jmt	22520/93	(1999) 27 E.H.R.R. 296
K	France	Adm	18580/91	(1993) 16 E.H.R.R. CD 23
K-F	Germany	Jmt	25629/94	(1998) 26 E.H.R.R. 390
Kemmache	France	Adm	17621/91	(1993) 16 E.H.R.R. CD 43
Kemmache	France (No. 3)	Jmt	17621/91	(1995) 19 E.H.R.R. 349
Kerr	United Kingdom	Adm	40451/98	(2000) 29 E.H.R.R. CD 184
Keus	Netherlands	Jmt	12228/86	(1991) 13 E.H.R.R. 700
Keus	Netherlands	Op	12228/86	(1991) 13 E.H.R.R. 109
Koendjbiharie	Netherlands	Jmt	11497/85	(1991) 13 E.H.R.R. 820
Koendjbiharie	Netherlands	Op	11487/85	(1991) 13 E.H.R.R. 118
Kokavecz	Hungary	Adm	27312/95	(1999) 28 E.H.R.R. CD 86
Kolompar	Belgium	Jmt	11613/85	(1993) 16 E.H.R.R. 197
Kopcych	Poland	Adm	32733/96	(1999) 27 E.H.R.R. CD 199
Kremzow	Austria	Jmt	12350/86	(1994) 17 E.H.R.R. 322
Lawless	Ireland (No. 3)	Jmt	322/57	1 E.H.R.R. 15
Luberti	Italy	Jmt	9019/80	(1984) 6 E.H.R.R. 440
Lukanov	Bulgaria	Adm	21915/93	(1995) 19 E.H.R.R. CD 65
Lukanov	Bulgaria	Op	21915/93	(1996) 21 E.H.R.R. CD 20
Lyttle	United Kingdom	Adm	11650/85	(1987) 9 E.H.R.R. 381
McVeigh, O'Neill and Evans	United Kingdom	Op	8022/77; 8025/77; 8027/77	(1983) 5 E.H.R.R. 71
Martin	Ireland	Adm	8569/79	(1986) 8 E.H.R.R. 316
Mentes	Turkey	Jmt	23186/94	(1998) 26 E.H.R.R. 595
Monnell and Morris	United Kingdom	Jmt	9562/81; 9818/82	(1988) 10 E.H.R.R. 205
Murray	United Kingdom	Jmt	14310/88	(1995) 19 E.H.R.R. 193
N.C.	Italy	Adm	24952/94	(1999) 28 E.H.R.R. CD 82

Article No.	Applicant	Country	Type	Application No.	Citation	Case No. (2001 onwards)
Art. 5(1)	N.M.	United Kingdom	Adm	9818/82	(1984) 6 E.H.R.R. 598	
	Nielsen	Denmark	Adm	10929/84	(1987) 9 E.H.R.R. 289	
	Nielsen	Denmark	Jmt	10929/84	(1989) 11 E.H.R.R. 175	
	PL	France	Jmt	21503/93	(1998) 25 E.H.R.R. 481	
	Parker	United Kingdom	Adm	27286/95	(1995) 20 E.H.R.R. CD 132	
	Perks	United Kingdom	Adm	25277/94	(1997) 24 E.H.R.R. CD 35	
	Perks	United Kingdom	Jmt	25277/94; 25279/94; 25280/94; 25285/94; 28048/95; 28192/95; 28456/95	(2000) 30 E.H.R.R. 33	
	Pinder	United Kingdom	Adm	10096/82	(1985) 7 E.H.R.R. 464	
	Quinn	France	Jmt	18580/91	(1996) 21 E.H.R.R. 529	
	Raiselis	Lithuania	Adm	37195/97	(1999) 28 E.H.R.R. CD 186	
	Raninen	Finland	Jmt	20972/92	(1998) 26 E.H.R.R. 563	
	Riera Blume	Spain	Jmt	37680/97	(2000) 30 E.H.R.R. 632	
	Sakik	Greece	Jmt	23878–23883/94	(1998) 26 E.H.R.R. 662	
	Scott	Spain	Jmt	21335/93	(1997) 24 E.H.R.R. 391	
	Selçuk and Asker	Turkey	Jmt	23184/94; 23185/94	(1998) 26 E.H.R.R. 477	
	Shishkov	Bulgaria	Adm	38822/97	(1999) 28 E.H.R.R. CD 237	
	Steel	United Kingdom	Jmt	24838/94	(1999) 28 E.H.R.R. 603	
	Stocke	Germany	Adm	11755/85	(1989) 11 E.H.R.R. 61	
	Stocke	Germany	Jmt	11755/85	(1991) 13 E.H.R.R. 839	
	Stocke	Germany	Op	11755/85	(1991) 13 E.H.R.R. 126	
	Stögmüller	Austria	Jmt	1602/62	1 E.H.R.R. 155	
	Tekin	Turkey	Jmt	22496/93	(2001) 31 E.H.R.R 95	(2001) 31 E.H.R.R. 4
	Tsavachidis	Greece	Adm	28802/95	(1997) 23 E.H.R.R. CD 135	
	Tsirlis and Kouloumpas	Greece	Jmt	19233/91; 19234/91	(1998) 25 E.H.R.R. 198	
	V	United Kingdom	Jmt	24888/94	(2000) 30 E.H.R.R. 121	
	Vallon	Italy	Op	9621/81	(1985) 7 E.H.R.R. 436	

	Van Der Leer	Netherlands	Jmt	11509/85	(1990) 12 E.H.R.R. 567	
	Van Der Leer	Netherlands	Op	11509/85	(1989) 11 E.H.R.R. 413	
	Van Droogenbroeck	Belgium	Jmt	7906/77	(1982) 4 E.H.R.R. 443	
	Vodenicarov	Slovak Republic	Adm	24530/94	(1998) 26 E.H.R.R. CD 40	
	W	Netherlands	Adm	15942/90	(1993) 15 E.H.R.R. CD 16	
	Walker	United Kingdom	Adm	34979/97	(2000) 29 E.H.R.R. CD 276	
	Wanyonyi	United Kingdom	Adm	32713/96	(1999) 27 E.H.R.R. CD 195	
	Weeks	United Kingdom	Jmt	9787/82	(1988) 10 E.H.R.R. 293	
	Weeks	United Kingdom	Op	9787/82	(1985) 7 E.H.R.R. 436	
	Weston	United Kingdom	Adm	8038/77	(1981) 3 E.H.R.R. 402	
	Winterwerp	Netherlands	Jmt	6301/73	2 E.H.R.R. 387	
	X	United Kingdom	Op	6406/73	(1981) 3 E.H.R.R. 302	
Art. 5(1)–(4)	X	United Kingdom	Op	6406/73	(1981) 3 E.H.R.R. 302	
Art. 5(1)(a)	A	United Kingdom	Adm	9787/82	(1984) 6 E.H.R.R. 596	
	App. No. 9035/80	Germany	Adm	9035/80	(1983) 5 E.H.R.R. 502	
	App. No. 10854/84	United Kingdom	Adm	10854/84	(1986) 8 E.H.R.R. 90	
	Arrowsmith	United Kingdom	Op	7050/75	(1981) 3 E.H.R.R. 218	
	B	Austria	Jmt	11968/86	(1991) 13 E.H.R.R. 20	
	Daktaras	Lithuania	Adm	42095/98	(2000) 29 E.H.R.R. CD 135	
	De Varga Hirsch	France	Adm	9559/81	(1984) 6 E.H.R.R. 126	
	De Wilde, Ooms and Versyp	Belgium (No. 1)	Jmt	2832/66; 2835/66; 2899/66	1 E.H.R.R. 373	
	Engel	Netherlands (No. 1)	Jmt	5100/71; 5101/71; 5102/71; 5354/72; 5370/72	1 E.H.R.R. 647	
	Erdagoz	Turkey	Jmt	21890/93	(2001) 32 E.H.R.R. 443	(2001) 32 E.H.R.R. 19
	Eriksen	Norway	Jmt	17391/90	(2000) 29 E.H.R.R. 328	
	Erkalo	Netherlands	Jmt	23807/94	(1999) 28 E.H.R.R. 509	
	Golder	United Kingdom	Jmt	4451/70	1 E.H.R.R. 524	

Article No.	Applicant	Country	Type	Application No.	Citation	Case No. (2001 onwards)
Art. 5(1)(a)	Guzzardi	Italy	Jmt	7367/76	(1981) 3 E.H.R.R. 333	
	MK	Austria	Adm	28867/95	(1997) 24 E.H.R.R. CD 59	
	Poltoratskiy	Ukraine	Adm	38812/97	(1999) 27 E.H.R.R. CD 320	
	Ringeisen	Austria (No. 1)	Jmt	2614/65	1 E.H.R.R. 455	
	Schiesser	Switzerland	Jmt	7710/76	2 E.H.R.R. 417	
	Silva Rocha	Portugal	Jmt	18165/91	(2001) 32 E.H.R.R. 333	(2001) 32 E.H.R.R. 16
	Stocke	Germany	Op	11755/85	(1991) 13 E.H.R.R. 126	
	Tsirlis	Greece	Adm	19233/91	(1995) 20 E.H.R.R. CD 52	
	V	United Kingdom	Jmt	24888/94	(2000) 30 E.H.R.R. 121	
	Wemhoff	Germany	Jmt	2122/64	1 E.H.R.R. 55	
Art. 5(1)(b)	App. No. 10179/82	France	Adm	10179/82	(1988) 10 E.H.R.R. 555	
	Benham	United Kingdom	Jmt	19380/92	(1996) 22 E.H.R.R. 293	
	De Wilde, Ooms and Versyp	Belgium (No. 1)	Jmt	2832/66; 2835/66; 2899/66	1 E.H.R.R. 373	
	Engel	Netherlands (No. 1)	Jmt	5100/71; 5101/71; 5102/71; 5354/72; 5370/72	1 E.H.R.R. 647	
	Johansen	Norway	Adm	10600/83	(1987) 9 E.H.R.R. 103	
	Lawless	Ireland (No. 3)	Jmt	322/57	1 E.H.R.R. 15	
	McVeigh, O'Neill and Evans	United Kingdom	Op	8022/77; 8025/77; 8027/77	(1983) 5 E.H.R.R. 71	
	Perks	United Kingdom	Jmt	25277/94; 25279/94; 25280/94; 25285/94; 28048/95; 28192/95; 28456/95	(2000) 30 E.H.R.R. 33	
	Schiesser	Switzerland	Jmt	7710/76	2 E.H.R.R. 417	
Art. 5(1)(c)	Aerts	Belgium	Jmt	25357/94	(2000) 29 E.H.R.R. 50	
	App. No. 9017/80	Sweden	Adm	9017/80	(1983) 5 E.H.R.R. 279	
	App. No. 9035/80	Germany	Adm	9035/80	(1983) 5 E.H.R.R. 502	

App. No. 9132/80	Germany	Adm	9132/80	(1983) 5 E.H.R.R. 470
App. No. 9315/81	Austria	Adm	9315/81	(1984) 6 E.H.R.R. 332
App. No. 10135/82	Denmark	Adm	10135/82	(1986) 8 E.H.R.R. 226
App. No. 10179/82	France	Adm	10179/82	(1988) 10 E.H.R.R. 555
App. No. 10803/84	Austria	Adm	10803/84	(1989) 11 E.H.R.R. 112
App. No. 10854/84	United Kingdom	Adm	10854/84	(1986) 8 E.H.R.R. 90
Arrowsmith	United Kingdom	Op	7050/75	(1981) 3 E.H.R.R. 218
Assenov	Bulgaria	Jmt	24760/94	(1999) 28 E.H.R.R. 652
Bonnechaux	Switzerland	Op	8224/78	(1981) 3 E.H.R.R. 259
De Wilde, Ooms and Versyp	Belgium (No. 1)	Jmt	2832/66; 2835/66; 2899/66	1 E.H.R.R. 373
Engel	Netherlands (No. 1)	Jmt	5100/71; 5101/71; 5102/71; 5354/72; 5370/72	1 E.H.R.R. 647
Eriksen	Norway	Jmt	17391/90	(2000) 29 E.H.R.R. 328
Erkalo	Netherlands	Jmt	23807/94	(1999) 28 E.H.R.R. 509
Grauzinis	Lithuania	Adm	37975/97	(1999) 28 E.H.R.R. CD 189
Gurdogan and Mustak	Turkey	Adm	15202/89; 15203/89; 15204/89; 15205/89	(1993) 16 E.H.R.R. CD 6
Guzzardi	Italy	Jmt	7367/76	(1981) 3 E.H.R.R. 333
Ireland	United Kingdom	Jmt	5310/71	2 E.H.R.R. 25
Lawless	Ireland (No. 3)	Jmt	322/57	1 E.H.R.R. 15
Loukanov	Bulgaria	Jmt	21915/93	(1997) 24 E.H.R.R. 121
Matznetter	Austria	Jmt	2178/64	1 E.H.R.R. 198
Mikulski	Poland	Op	27914/95	(2000) 29 E.H.R.R. CD 64
Motta	Italy	Adm	16805/90	(1993) 16 E.H.R.R. CD 12
Neumeister	Austria (No. 1)	Jmt	1936/63	1 E.H.R.R. 91
Öhlinger	Austria	Adm	21444/93	(1996) 22 E.H.R.R. CD 75
Poltoratskiy	Ukraine	Adm	38812/97	(1999) 27 E.H.R.R. CD 320
Rehbock	Slovenia	Adm	29462/95	(1998) 26 E.H.R.R. CD 120
Ringeisen	Austria (No. 1)	Jmt	2614/65	1 E.H.R.R. 455
Schiesser	Switzerland	Jmt	7710/76	2 E.H.R.R. 417

Article No.	Applicant	Country	Type	Application No.	Citation	Case No. (2001 onwards)
Art. 5(1)(c)	Sigurdardóttir	Iceland	Adm	32451/96	(1999) 28 E.H.R.R. CD 146 (1999) 28 E.H.R.R. CD 148	
	Stocke	Germany	Op	11755/85	(1991) 13 E.H.R.R. 126	
	Stögmüller	Austria	Jmt	1602/62	1 E.H.R.R. 155	
	TW	Malta	Jmt	25644/94; 25642/94	(2000) 29 E.H.R.R. 185	
	Wemhoff	Germany	Jmt	2122/64	1 E.H.R.R. 55	
	Weston	United Kingdom	Adm	8038/77	(1981) 3 E.H.R.R. 402	
Art. 5(1)(d)	Guzzardi	Italy	Jmt	7367/76	(1981) 3 E.H.R.R. 333	
Art. 5(1)(e)	Aerts	Belgium	Jmt	25357/94	(2000) 29 E.H.R.R. 50	
	App. No. 7966/76	United Kingdom	Adm	7966/76	(1983) 5 E.H.R.R. 268	
	Ashingdane	United Kingdom	Op	8225/78	(1984) 6 E.H.R.R. 69	
	De Wilde, Ooms and Versyp	Belgium (No. 1)	Jmt	2832/66; 2835/66; 2899/66	1 E.H.R.R. 373	
	De Wilde, Ooms and Versyp	Belgium (No. 2)	Jmt	2832/66; 2835/66; 2899/66	1 E.H.R.R. 438	
	Guzzardi	Italy	Jmt	7367/76	(1981) 3 E.H.R.R. 333	
	Roux	United Kingdom	Adm	25601/94	(1996) 22 E.H.R.R. CD 195	
	Van Der Leer	Netherlands	Adm	11509/85	(1987) 9 E.H.R.R. 537	
	Winterwerp	Netherlands	Jmt	6301/73	2 E.H.R.R. 387	
	X	United Kingdom	Jmt	7215/75	(1982) 4 E.H.R.R. 188	
Art. 5(1)(f)	App. No. 9403/81	United Kingdom	Adm	9403/81	(1983) 5 E.H.R.R. 270	
	App. No. 10169/82	United Kingdom	Adm	10169/82	(1984) 6 E.H.R.R. 144	
	App. No. 10427/83	United Kingdom	Adm	10427/83	(1987) 9 E.H.R.R. 369	
	Aslan	Malta	Adm	29493/95	(2000) 29 E.H.R.R. CD 106	
	Doran	Netherlands	Adm	15268/89	(1993) 15 E.H.R.R. CD 72	
	Guzzardi	Italy	Jmt	7367/76	(1981) 3 E.H.R.R. 333	
	Jabari	Turkey	Adm	40035/98	(2000) 29 E.H.R.R. CD 178	
	Kamer	Belgium	Adm	10819/84	(1986) 8 E.H.R.R. 230	

	Zamir	United Kingdom	Adm	9174/80	(1983) 5 E.H.R.R. 242
Art. 5(1)(g)	De Varga Hirsch	France	Adm	9559/81	(1984) 6 E.H.R.R. 126
Art. 5(2)	App. No. 8828/79	Denmark	Adm	8828/79	(1983) 5 E.H.R.R. 278
	Belgian Linguistics Case (No. 2)		Jmt	1474/62; 1677/62; 1699/62; 1769/63; 1994/63; 2126/64	1 E.H.R.R. 252
	Brogan	United Kingdom	Jmt	11209/84; 11234/84; 11266/84; 11386/85	(1989) 11 E.H.R.R. 117
	Daktaras	Lithuania	Adm	42095/98	(2000) 29 E.H.R.R. CD 135
	Day	Italy	Adm	34573/97	(1998) 26 E.H.R.R. CD 174
	Deweer	Belgium	Jmt	6903/75	2 E.H.R.R. 439
	Fox, Campbell and Hartley	United Kingdom	Jmt	12244/86; 12245/86; 12383/86	(1991) 13 E.H.R.R. 157
	Ireland	United Kingdom	Jmt	5310/71	2 E.H.R.R. 25
	Jabari	Turkey	Adm	40035/98	(2000) 29 E.H.R.R. CD 178
	Kamer	Belgium	Adm	10819/84	(1986) 8 E.H.R.R. 230
	Kerr	United Kingdom	Adm	40451/98	(2000) 29 E.H.R.R. CD 184
	Keus	Netherlands	Jmt	12228/86	(1991) 13 E.H.R.R. 700
	Keus	Netherlands	Op	12228/86	(1991) 13 E.H.R.R. 109
	Kokavecz	Hungary	Adm	27312/95	(1999) 28 E.H.R.R. CD 86
	Lamy	Belgium	Jmt	10444/83	(1989) 11 E.H.R.R. 529
	Luedicke, Belkacem and Koç	Germany	Jmt	6210/73; 6877/75; 7132/75	2 E.H.R.R. 149
	McVeigh, O'Neill and Evans	United Kingdom	Op	8022/77; 8025/77; 8027/77	(1983) 5 E.H.R.R. 71
	Murray	United Kingdom	Jmt	14310/88	(1995) 19 E.H.R.R. 193
	Öhlinger	Austria	Adm	21444/93	(1996) 22 E.H.R.R. CD 75
	Poltoratskiy	Ukraine	Adm	38812/97	(1999) 27 E.H.R.R. CD 320
	Raiselis	Lithuania	Adm	37195/97	(1999) 28 E.H.R.R. CD 186
	Raninen	Finland	Jmt	20972/92	(1998) 26 E.H.R.R. 563
	Rehbock	Slovenia	Adm	29462/95	(1998) 26 E.H.R.R. CD 120

Article No.	Applicant	Country	Type	Application No.	Citation	Case No. (2001 onwards)
Art. 5(2)	Schiesser	Switzerland	Jmt	7710/76	2 E.H.R.R. 417	
	Skoogström	Sweden	Adm	8582/79	(1983) 5 E.H.R.R. 278	
	Van Der Leer	Netherlands	Adm	11509/85	(1987) 9 E.H.R.R. 537	
	Van Der Leer	Netherlands	Jmt	11509/85	(1990) 12 E.H.R.R. 567	
	Van Der Leer	Netherlands	Op	11509/85	(1989) 11 E.H.R.R. 413	
Art. 5(3)	Aksoy	Turkey	Jmt	21987/93	(1997) 23 E.H.R.R. 553	
	App. No. 9017/80	Sweden	Adm	9017/80	(1983) 5 E.H.R.R. 279	
	App. No. 9132/80	Germany	Adm	9132/80	(1983) 5 E.H.R.R. 470	
	App. No. 9307/81	Austria	Adm	9307/81	(1983) 5 E.H.R.R. 503	
	App. No. 9315/81	Austria	Adm	9315/81	(1984) 6 E.H.R.R. 332	
	App. No. 9329/81	United Kingdom	Adm	9329/81	(1983) 5 E.H.R.R. 286	
	App. No. 9362, 9363 & 9387/81	Netherlands	Adm	9362, 9363 & 9387/81	(1983) 5 E.H.R.R. 270	
	App. No. 9451/81	Germany	Adm	9451/81	(1983) 5 E.H.R.R. 479	
	App. No. 9587/81	France	Adm	9587/81	(1983) 5 E.H.R.R. 483	
	App. No. 9604/81	Germany	Adm	9604/81	(1983) 5 E.H.R.R. 587	
	App. No. 9610/81	Germany	Adm	9610/81	(1984) 6 E.H.R.R. 110	
	App. No. 9626/81 & 9736/82	Netherlands	Adm	9626/81; 9736/82	(1983) 5 E.H.R.R. 486	
	App. No. 9997/82	Germany	Adm	9997/82	(1983) 5 E.H.R.R. 490	
	App. No. 10135/82	Denmark	Adm	10135/82	(1986) 8 E.H.R.R. 226	
	App. No. 10263/83	Denmark	Adm	10263/83	(1986) 8 E.H.R.R. 60	
	App. No. 11013/84	Netherlands	Adm	11013/84	(1986) 8 E.H.R.R. 267	
	App. No. 11152/84	Italy	Adm	11152/84	(1987) 9 E.H.R.R. 150	
	App. No. 11703/85	Germany	Adm	11703/85	(1989) 11 E.H.R.R. 93	
	App. No. 11853/85	Germany	Adm	11853/83	(1988) 10 E.H.R.R. 521	
	Assenov	Bulgaria	Jmt	24760/94	(1999) 28 E.H.R.R. 652	
	B	Austria	Jmt	11968/86	(1991) 13 E.H.R.R. 20	

B.M.	United Kingdom	Adm	9562/81	(1984) 6 E.H.R.R. 592
BH	United Kingdom	Adm	30307/96	(1998) 25 E.H.R.R. CD 136
Birou	France	Jmt	13319/87	(1992) 14 E.H.R.R. 738
Bonnechaux	Switzerland	Op	8224/78	(1981) 3 E.H.R.R. 259
Brannigan and McBride	United Kingdom	Jmt	14553/89; 14554/89	(1994) 17 E.H.R.R. 539
Brincat	Italy	Jmt	13867/88	(1993) 16 E.H.R.R. 591
Brogan	United Kingdom	Jmt	11209/84; 11234/84; 11266/84; 11386/85	(1989) 11 E.H.R.R. 117
Brogan, Coyle, McFadden and Tracey	United Kingdom	Adm	11209/84; 11266/84; 11365/85	(1987) 9 E.H.R.R. 378
Caballero	United Kingdom	Jmt	32819/96	(2000) 30 E.H.R.R. 643
Can	Austria	Adm	9300/81	(1984) 6 E.H.R.R. 568
Can	Austria	Op	9300/81	(1985) 7 E.H.R.R. 421
Can	Austria	Settlement	9300/81	(1986) 8 E.H.R.R. 14
Chojak	Poland	Adm	32220/96	(1998) 26 E.H.R.R. CD 145
Clooth	Belgium	Jmt	12718/87	(1992) 14 E.H.R.R. 717
De Jong, Baljet and Van Den Brink	Netherlands	Jmt	8805/79; 8806/79; 9242/81	(1986) 8 E.H.R.R. 20
De Varga Hirsch	France	Adm	9559/81	(1984) 6 E.H.R.R. 126
De Wilde, Ooms and Versyp	Belgium (No. 1)	Jmt	2832/66; 2835/66; 2899/66	1 E.H.R.R. 373
Duinhof and Duijf	Netherlands	Jmt	9626/81; 9736/82	(1991) 13 E.H.R.R. 478
Duinhof and Duijf	Netherlands	Op	9626/81; 9736/82	(1984) 6 E.H.R.R. 105
Engel	Netherlands (No. 1)	Jmt	5100/71; 5101/71; 5102/71; 5354/72; 5370/72	1 E.H.R.R. 647
Eriksen	Norway	Jmt	17391/90	(2000) 29 E.H.R.R. 328
G	France	Adm	15091/89	(1993) 15 E.H.R.R. CD 69
Grauzinis	Lithuania	Adm	37975/97	(1999) 28 E.H.R.R. CD 189
Gurdogan and Mustak	Turkey	Adm	15202/89; 15203/89; 15204/89; 15205/89	(1993) 16 E.H.R.R. CD 6

Article No.	Applicant	Country	Type	Application No.	Citation	Case No. (2001 onwards)
Art. 5(3)	Herczegfalvy	Austria	Jmt	10533/83	(1993) 15 E.H.R.R. 437	
	Hood	United Kingdom	Jmt	27267/95	(2000) 29 E.H.R.R. 365	
	Ireland	United Kingdom	Jmt	5310/71	2 E.H.R.R. 25	
	Ixion	France	Adm	17494/90	(1993) 15 E.H.R.R. CD 91	
	J	Spain	Adm	19382/92	(1993) 16 E.H.R.R. CD 47	
	K	France	Adm	18580/91	(1993) 16 E.H.R.R. CD 23	
	Kamer	Belgium	Adm	10819/84	(1986) 8 E.H.R.R. 230	
	Kazimierczak	Poland	Adm	33863/96	(1999) 27 E.H.R.R. CD 236	
	Kemmache	France	Jmt	14992/85	(1992) 14 E.H.R.R. 520	
	Kerr	United Kingdom	Adm	40451/98	(2000) 29 E.H.R.R. CD 184	
	Kokavecz	Hungary	Adm	27312/95	(1999) 28 E.H.R.R. CD 86	
	Koster	Netherlands	Jmt	12843/87	(1992) 14 E.H.R.R. 396	
	Lamy	Belgium	Jmt	10444/83	(1989) 11 E.H.R.R. 529	
	Lawless	Ireland (No. 3)	Jmt	322/57	1 E.H.R.R. 15	
	Letellier	France	Jmt	12369/86	(1992) 14 E.H.R.R. 83	
	Lyttle	United Kingdom	Adm	11650/85	(1987) 9 E.H.R.R. 381	
	McGoff	Sweden	Jmt	9017/80	(1986) 8 E.H.R.R. 246	
	McGoff	Sweden	Op	9017/80	(1984) 6 E.H.R.R. 101	
	McVeigh, O'Neill and Evans	United Kingdom	Op	8022/77; 8025/77; 8027/77	(1983) 5 E.H.R.R. 71	
	Mansur	Turkey	Jmt	16026/90	(1995) 20 E.H.R.R. 535	
	Matznetter	Austria	Jmt	2178/64	1 E.H.R.R. 198	
	Mikulski	Poland	Settlement	27914/95	(2000) 29 E.H.R.R. CD 64	
	Neumeister	Austria (No. 1)	Jmt	1936/63	1 E.H.R.R. 91	
	Neumeister	Austria (No. 2)	Jmt	1936/63	1 E.H.R.R. 136	
	Nikolova	Bulgaria	Jmt	31195/96	(2001) 31 E.H.R.R 64	(2001) 31 E.H.R.R. 3
	Pauwels	Belgium	Jmt	10208/82	(1989) 11 E.H.R.R. 238	

Perez Mahia	Spain	Adm	11022/84	(1987) 9 E.H.R.R. 145	
Quinn	France	Jmt	18580/91	(1996) 21 E.H.R.R. 529	
Raiselis	Lithuania	Adm	37195/97	(1999) 28 E.H.R.R. CD 186	
Ringeisen	Austria (No. 1)	Jmt	2614/65	1 E.H.R.R. 455	
Ringeisen	Austria (No. 2) (Art. 50)	Jmt	2614/65	1 E.H.R.R. 504	
Ringeisen	Austria (No. 3)	Jmt	2614/65	1 E.H.R.R. 513	
Ruga	Italy	Adm	10990/84	(1988) 10 E.H.R.R. 532	
Sakik	Greece	Jmt	23878–23883/94	(1998) 26 E.H.R.R. 662	
Schiesser	Switzerland	Jmt	7710/76	2 E.H.R.R. 417	
Scott	Spain	Jmt	21335/93	(1997) 24 E.H.R.R. 391	
Shishkov	Bulgaria	Adm	38822/97	(1999) 28 E.H.R.R. CD 237	
Skoogström	Sweden	Adm	8582/79	(1983) 5 E.H.R.R. 278	
Skoogström	Sweden	Op	8582/79	(1984) 6 E.H.R.R. 77	
Skoogström	Sweden	Striking off	8582/79	(1985) 7 E.H.R.R. 263	
Stephen Jordan	United Kingdom	Jmt	30280/96	(2001) 31 E.H.R.R 201	(2001) 31 E.H.R.R 6
Stögmüller	Austria	Jmt	1602/62	1 E.H.R.R. 155	
Sunday Times	United Kingdom	Jmt	6538/74	2 E.H.R.R. 245	
Sunday Times	United Kingdom (No. 2) (Art. 50)	Jmt	6538/74	(1981) 3 E.H.R.R. 317	
TW	Malta	Jmt	25644/94; 25642/94	(2000) 29 E.H.R.R. 185	
Tomasi	France	Jmt	12850/87	(1993) 15 E.H.R.R. 1	
Toth	Austria	Jmt	11894/85	(1992) 14 E.H.R.R. 551	
Vallon	Italy	Jmt	9621/81	(1991) 13 E.H.R.R. 433	
Van Der Sluijs, Zuiderveld and Klappe	Netherlands	Jmt	9362/81; 9363/81; 9387/81	(1991) 13 E.H.R.R. 461	
Van Der Tang	Spain	Jmt	19382/92	(1996) 22 E.H.R.R. 363	
W	Switzerland	Jmt	14379/88	(1994) 17 E.H.R.R. 60	

Article No.	Applicant	Country	Type	Application No.	Citation	Case No. (2001 onwards)
Art. 5(3)	Wanyonyi	United Kingdom	Adm	32713/96	(1999) 27 E.H.R.R. CD 195	
	Wemhoff	Germany	Jmt	2122/64	1 E.H.R.R. 55	
	Woukam Moudefo	France	Settlement	10868/84	(1991) 13 E.H.R.R. 549	
	X	United Kingdom	Op	8233/78	(1981) 3 E.H.R.R. 271	
	Yağci and Sargin	Turkey	Jmt	16419/90; 16426/90	(1995) 20 E.H.R.R. 505	
Art. 5(4)	A	United Kingdom	Adm	9787/82	(1984) 6 E.H.R.R. 596	
	A.T.	United Kingdom	Adm	20448/92	(1995) 20 E.H.R.R. CD 59	
	Aerts	Belgium	Jmt	25357/94	(2000) 29 E.H.R.R. 50	
	App. No. 7966/76	United Kingdom	Adm	7966/76	(1983) 5 E.H.R.R. 268	
	App. No. 9017/80	Sweden	Adm	9017/80	(1983) 5 E.H.R.R. 279	
	App. No. 9107/80	Belgium	Adm	9107/80	(1983) 5 E.H.R.R. 282	
	App. No. 9107/80	Belgium	Adm	9107/80	(1984) 6 E.H.R.R. 330	
	App. No. 9292/81	United Kingdom	Adm	9292/81	(1983) 5 E.H.R.R. 275	
	App. No. 9329/81	United Kingdom	Adm	9329/81	(1983) 5 E.H.R.R. 286	
	App. No. 9403/81	United Kingdom	Adm	9403/81	(1983) 5 E.H.R.R. 270	
	App. No. 9729/82	United Kingdom	Adm	9729/82	(1984) 6 E.H.R.R. 346	
	App. No. 10135/82	Denmark	Adm	10135/82	(1986) 8 E.H.R.R. 226	
	App. No. 10169/82	United Kingdom	Adm	10169/82	(1984) 6 E.H.R.R. 144	
	App. No. 10230/82	Sweden	Adm	10230/82	(1984) 6 E.H.R.R. 131	
	App. No. 10264/83	Sweden	Adm	10264/83	(1984) 6 E.H.R.R. 132	
	App. No. 10518/83	Netherlands	Adm	10518/83	(1985) 7 E.H.R.R. 150	
	App. No. 10535/83	Netherlands	Adm	10535/83	(1985) 7 E.H.R.R. 151	
	App. No. 10801/81	Sweden	Adm	10801/81	(1987) 9 E.H.R.R. 269	
	App. No. 10803/84	Austria	Adm	10803/84	(1989) 11 E.H.R.R. 112	
	App. No. 11082/84	Belgium	Adm	11082/84	(1987) 9 E.H.R.R. 149	
	App. No. 11156/85	Netherlands	Adm	11156/85	(1987) 9 E.H.R.R. 267	
	Ashingdane	United Kingdom	Jmt	8225/78	(1985) 7 E.H.R.R. 528	

Ashingdane	United Kingdom	Op	8225/78	(1982) 4 E.H.R.R. 590; (1984) 6 E.H.R.R. 69	
Assenov	Bulgaria	Jmt	24760/94	(1999) 28 E.H.R.R. 652	
B	United Kingdom	Op	6870/75	(1984) 6 E.H.R.R. 204	
Baxter	United Kingdom	Adm	24835/94	(1996) 21 E.H.R.R. CD 64	
Bernaerts	Belgium	Adm	15964/90	(1993) 15 E.H.R.R. CD 17	
Bernard	France	Adm	15492/89	(1993) 15 E.H.R.R. CD 73	
Bezicheri	Italy	Jmt	11400/85	(1990) 12 E.H.R.R. 210	
Boumar	Belgium	Jmt	9106/80	(1989) 11 E.H.R.R. 1	
Bozano	France	Jmt	9990/82	(1987) 9 E.H.R.R. 297	
Brogan	United Kingdom	Jmt	11209/84; 11234/84; 11266/84; 11386/85	(1989) 11 E.H.R.R. 117	
Brogan, Coyle, McFadden and Tracey	United Kingdom	Adm	11209/84; 11266/84; 11365/85	(1987) 9 E.H.R.R. 378	
Bromfield	United Kingdom	Adm	32003/96	(1998) 26 E.H.R.R. CD 138	
Caprino	United Kingdom	Op	6871/75	(1982) 4 E.H.R.R. 97	
Chahal	United Kingdom	Jmt	22414/93	(1997) 23 E.H.R.R. 413	
Chahal	United Kingdom	Op	22414/93	(1995) 20 E.H.R.R. CD 19	
Curley	United Kingdom	Jmt	32340/96	(2001) 31 E.H.R.R 401	(2001) 31 E.H.R.R 14
DW	United Kingdom	Adm	34127/96	(1998) 26 E.H.R.R. CD 158	
Daktaras	Lithuania	Adm	42095/98	(2000) 29 E.H.R.R. CD 135	
Day	Italy	Adm	34573/97	(1998) 26 E.H.R.R. CD 174	
De Jong, Baljet and Van Den Brink	Netherlands	Jmt	8805/79; 8806/79; 9242/81	(1986) 8 E.H.R.R. 20	
De Wilde, Ooms and Versyp	Belgium (No. 1)	Jmt	2832/66; 2835/66; 2899/66	1 E.H.R.R. 373	
De Wilde, Ooms and Versyp	Belgium (No. 2)	Jmt	2832/66; 2835/66; 2899/66	1 E.H.R.R. 438	
Doran	Netherlands	Adm	15268/89	(1993) 15 E.H.R.R. CD 72	
Douiyeb	Netherlands	Jmt	31464/96	(2000) 30 E.H.R.R. 790	

Article No.	Applicant	Country	Type	Application No.	Citation	Case No. (2001 onwards)
Art. 5(4)	E	Norway	Jmt	11701/85	(1994) 17 E.H.R.R. 30	
	Engel	Netherlands (No. 1)	Jmt	5100/71; 5101/71; 5102/71; 5354/72; 5370/72	1 E.H.R.R. 647	
	Erkalo	Netherlands	Jmt	23807/94	(1999) 28 E.H.R.R. 509	
	Farmakopoulos	Belgium	Jmt	11683/85	(1993) 16 E.H.R.R. 187	
	Faulkner	United Kingdom	Adm	30308/96	(1998) 26 E.H.R.R. CD 125	
	Fox, Campbell and Hartley	United Kingdom	Jmt	12244/86; 12245/86; 12383/86	(1991) 13 E.H.R.R. 157	
	Golder	United Kingdom	Jmt	4451/70	1 E.H.R.R. 524	
	Grauzinis	Lithuania	Adm	37975/97	(1999) 28 E.H.R.R. CD 189	
	Herczegfalvy	Austria	Jmt	10533/83	(1993) 15 E.H.R.R. 437	
	Hood	United Kingdom	Jmt	27267/95	(2000) 29 E.H.R.R. 365	
	Hussain	United Kingdom	Jmt	21928/93	(1996) 22 E.H.R.R. 1	
	Ireland	United Kingdom	Jmt	5310/71	2 E.H.R.R. 25	
	Iribarne Perez	France	Jmt	16462/90	(1996) 22 E.H.R.R. 153	
	Jabari	Turkey	Adm	40035/98	(2000) 29 E.H.R.R. CD 178	
	Johnson	United Kingdom	Jmt	22520/93	(1999) 27 E.H.R.R. 296	
	Kamer	Belgium	Adm	10819/84	(1986) 8 E.H.R.R. 230	
	Kampanis	Greece	Jmt	17997/91	(1996) 21 E.H.R.R. 43	
	Kerr	United Kingdom	Adm	40451/98	(2000) 29 E.H.R.R. CD 184	
	Keus	Netherlands	Jmt	12228/86	(1991) 13 E.H.R.R. 700	
	Keus	Netherlands	Op	12228/86	(1991) 13 E.H.R.R. 109	
	Koendjbiharie	Netherlands	Jmt	11497/85	(1991) 13 E.H.R.R. 820	
	Koendjbiharie	Netherlands	Op	11487/85	(1991) 13 E.H.R.R. 118	
	Kolompar	Belgium	Jmt	11613/85	(1993) 16 E.H.R.R. 197	
	Lamy	Belgium	Adm	10444/83	(1987) 9 E.H.R.R. 154	
	Lamy	Belgium	Jmt	10444/83	(1989) 11 E.H.R.R. 529	
	Letellier	France	Jmt	12369/86	(1992) 14 E.H.R.R. 83	
	Lines	United Kingdom	Adm	24519/94	(1997) 23 E.H.R.R. CD 58	

Luberti	Italy	Jmt	9019/80	(1984) 6 E.H.R.R. 440	
Lyttle	United Kingdom	Adm	11650/85	(1987) 9 E.H.R.R. 381	
McGoff	Sweden	Jmt	9017/80	(1986) 8 E.H.R.R. 246	
McGoff	Sweden	Op	9017/80	(1984) 6 E.H.R.R. 101	
McVeigh, O'Neill and Evans	United Kingdom	Op	8022/77; 8025/77; 8027/77	(1983) 5 E.H.R.R. 71	
Matznetter	Austria	Jmt	2178/64	1 E.H.R.R. 198	
Merkier	Belgium	Adm	11200/84	(1989) 11 E.H.R.R. 68	
Musial	Poland	Jmt	24557/94	(2001) 31 E.H.R.R 720	(2001) 31 E.H.R.R 29
N	United Kingdom	Adm	18757/91	(1993) 15 E.H.R.R. CD 47	
Navarra	France	Jmt	13190/87	(1994) 17 E.H.R.R. 594	
Neumeister	Austria (No. 1)	Jmt	1936/63	1 E.H.R.R. 91	
Nielsen	Denmark	Adm	10929/84	(1987) 9 E.H.R.R. 289	
Nielsen	Denmark	Jmt	10929/84	(1989) 11 E.H.R.R. 175	
Nikolova	Bulgaria	Jmt	31195/96	(2001) 31 E.H.R.R 64	(2001) 31 E.H.R.R. 3
Oerlemans	Netherlands	Jmt	12565/86	(1993) 15 E.H.R.R. 561	
Öhlinger	Austria	Adm	21444/93	(1996) 22 E.H.R.R. CD 75	
Oldham	United Kingdom	Jmt	36273/97	(2001) 31 E.H.R.R 813	(2001) 31 E.H.R.R 34
R M D	Switzerland	Jmt	19800/92	(1999) 28 E.H.R.R. 224	
R.S.C.	United Kingdom	Adm	27560/95	(1997) 23 E.H.R.R. CD 112	
Roux	United Kingdom	Adm	25601/94	(1996) 22 E.H.R.R. CD 195	
Ruga	Italy	Adm	10990/84	(1988) 10 E.H.R.R. 532	
Ryan	United Kingdom	Adm	32875/96	(1999) 27 E.H.R.R. CD 204	
S	Switzerland	Jmt	12629/87; 13965/88	(1992) 14 E.H.R.R. 670	
Sakik	Greece	Jmt	23878–23883/94	(1998) 26 E.H.R.R. 662	
Sanchez-Reisse	Switzerland	Jmt	9862/82	(1987) 9 E.H.R.R. 71	
Schiesser	Switzerland	Jmt	7710/76	2 E.H.R.R. 417	
Shishkov	Bulgaria	Adm	38822/97	(1999) 28 E.H.R.R. CD 237	

Article No.	Applicant	Country	Type	Application No.	Citation	Case No. (2001 onwards)
Art. 5(4)	Sunday Times	United Kingdom (No. 2) (Art. 50)	Jmt	6538/74	(1981) 3 E.H.R.R. 317	
	T	United Kingdom	Adm	24724/94	(1998) 25 E.H.R.R. CD 11	
	TW	Malta	Jmt	25644/94; 25642/94	(2000) 29 E.H.R.R. 185	
	Thynne, Wilson and Gunnell	United Kingdom	Jmt	11787/85; 11978/86; 12009/86	(1991) 13 E.H.R.R. 666	
	Thynne, Wilson and Gunnell	United Kingdom	Op	11787/85; 11978/86; 12009/86	(1991) 13 E.H.R.R. 135	
	Togher	United Kingdom	Adm	28555/95	(1998) 25 E.H.R.R. CD 99	
	Toth	Austria	Jmt	11894/85	(1992) 14 E.H.R.R. 551	
	V	United Kingdom	Jmt	24888/94	(2000) 30 E.H.R.R. 121	
	Van Der Leer	Netherlands	Adm	11509/85	(1987) 9 E.H.R.R. 537	
	Van Der Leer	Netherlands	Jmt	11509/85	(1990) 12 E.H.R.R. 567	
	Van Der Leer	Netherlands	Op	11509/85	(1989) 11 E.H.R.R. 413	
	Van Droogenbroeck	Belgium	Jmt	7906/77	(1982) 4 E.H.R.R. 443	
	Van Droogenbroeck	Belgium (Art. 50)	Jmt	7906/77	(1984) 6 E.H.R.R. 50	
	Vodenicarov	Slovak Republic	Adm	24530/94	(1998) 26 E.H.R.R. CD 40	
	W	Netherlands	Adm	15942/90	(1993) 15 E.H.R.R. CD 16	
	W, H and A	United Kingdom	Adm	21681/93	(1995) 19 E.H.R.R. CD 60	
	Ward	United Kingdom	Adm	19526/92	(1993) 16 E.H.R.R. CD 25	
	Weeks	United Kingdom	Jmt	9787/82	(1988) 10 E.H.R.R. 293	
	Weeks	United Kingdom	Op	9787/82	(1985) 7 E.H.R.R. 436	
	Winterwerp	Netherlands	Jmt	6301/73	2 E.H.R.R. 387	
	Woukam Moudefo	France	Settlement	10868/84	(1991) 13 E.H.R.R. 549	
	Wynne	United Kingdom	Adm	15484/89	(1993) 15 E.H.R.R. CD 16	
	Wynne	United Kingdom	Jmt	15484/89	(1995) 19 E.H.R.R. 333	
	X	United Kingdom	Jmt	7215/75	(1982) 4 E.H.R.R. 188	

	X	United Kingdom (Art. 50)	Jmt	6998/75	(1983) 5 E.H.R.R. 192	
	Zamir	United Kingdom	Adm	9174/80	(1983) 5 E.H.R.R. 242	
Art. 5(5)	App. No. 9329/81	United Kingdom	Adm	9329/81	(1983) 5 E.H.R.R. 286	
	App. No. 9661/82	Austria	Adm	9661/82	(1984) 6 E.H.R.R. 344	
	App. No. 10801/81	Sweden	Adm	10801/81	(1987) 9 E.H.R.R. 269	
	App. No. 10918/84	Germany	Adm	10918/84	(1986) 8 E.H.R.R. 79	
	Artico	Ireland	Jmt	6694/74	(1981) 3 E.H.R.R. 1	
	Benham	United Kingdom	Jmt	19380/92	(1996) 22 E.H.R.R. 293	
	BH	United Kingdom	Adm	30307/96	(1998) 25 E.H.R.R. CD 136	
	Brannigan and McBride	United Kingdom	Jmt	14553/89; 14554/89	(1994) 17 E.H.R.R. 539	
	Brogan	United Kingdom	Jmt	11209/84; 11234/84; 11266/84; 11386/85	(1989) 11 E.H.R.R. 117	
	Brogan, Coyle, McFadden and Tracey	United Kingdom	Adm	11209/84; 11266/84; 11365/85	(1987) 9 E.H.R.R. 378	
	Bullock	United Kingdom	Adm	29102/95	(1996) 21 E.H.R.R. CD 85	
	Caballero	United Kingdom	Jmt	32819/96	(2000) 30 E.H.R.R. 643	
	Curley	United Kingdom	Jmt	32340/96	(2001) 31 E.H.R.R 401	(2001) 31 E.H.R.R 14
	DW	United Kingdom	Adm	34127/96	(1998) 26 E.H.R.R. CD 158	
	Faulkner	United Kingdom	Adm	30308/96	(1998) 26 E.H.R.R. CD 125	
	Fox, Campbell and Hartley	United Kingdom	Jmt	12244/86; 12245/86; 12383/86	(1991) 13 E.H.R.R. 157	
	Hood	United Kingdom	Jmt	27267/95	(2000) 29 E.H.R.R. 365	
	Kerr	United Kingdom	Adm	40451/98	(2000) 29 E.H.R.R. CD 184	
	Keus	Netherlands	Jmt	12228/86	(1991) 13 E.H.R.R. 700	
	Keus	Netherlands	Op	12228/86	(1991) 13 E.H.R.R. 109	
	Kokavecz	Hungary	Adm	27312/95	(1999) 28 E.H.R.R. CD 86	
	Lyttle	United Kingdom	Adm	11650/85	(1987) 9 E.H.R.R. 381	
	McVeigh, O'Neill and Evans	United Kingdom	Op	8022/77; 8025/77; 8027/77	(1983) 5 E.H.R.R. 71	

Article No.	Applicant	Country	Type	Application No.	Citation	Case No. (2001 onwards)
Art. 5(5)	Murray	United Kingdom	Jmt	14310/88	(1995) 19 E.H.R.R. 193	
	N.C.	Italy	Adm	24952/94	(1999) 28 E.H.R.R. CD 82	
	Neumeister	Austria (No. 2)	Jmt	1936/63	1 E.H.R.R. 136	
	Perks	United Kingdom	Adm	25277/94	(1997) 24 E.H.R.R. CD 35	
	Perks	United Kingdom	Jmt	25277/94; 25279/94; 25280/94; 25285/94; 28048/95; 28192/95; 28456/95	(2000) 30 E.H.R.R. 33	
	Rehbock	Slovenia	Adm	29462/95	(1998) 26 E.H.R.R. CD 120	
	Ruth	Sweden	Adm	10371/83	(1986) 8 E.H.R.R. 278	
	Sakik	Greece	Jmt	23878–23883/94	(1998) 26 E.H.R.R. 662	
	Sigurdardóttir	Iceland	Adm	32451/96	(1999) 28 E.H.R.R. CD 146 (1999) 28 E.H.R.R. CD 148	
	Steel	United Kingdom	Jmt	24838/94	(1999) 28 E.H.R.R. 603	
	Stephen Jordan	United Kingdom	Jmt	30280/96	(2001) 31 E.H.R.R 201	(2001) 31 E.H.R.R 6
	Thynne, Wilson and Gunnell	United Kingdom	Jmt	11787/85; 11978/86; 12009/86	(1991) 13 E.H.R.R. 666	
	Thynne, Wilson and Gunnell	United Kingdom	Op	11787/85; 11978/86; 12009/86	(1991) 13 E.H.R.R. 135	
	Togher	United Kingdom	Adm	28555/95	(1998) 25 E.H.R.R. CD 99	
	Tsirlis	Greece	Adm	19233/91	(1995) 20 E.H.R.R. CD 52	
	Tsirlis and Kouloumpas	Greece	Jmt	19233/91; 19234/91	(1998) 25 E.H.R.R. 198	
	Tsirlis and Kouloumpas	Greece	Op	19233/91; 19234/91	(1996) 21 E.H.R.R. CD 30	
	Walker	United Kingdom	Adm	34979/97	(2000) 29 E.H.R.R. CD 276	
	Weston	United Kingdom	Adm	8038/77	(1981) 3 E.H.R.R. 402	
Art. 6	A.P.B. Ltd, A.P.P. and E.A.B.	United Kingdom	Adm	30552/96	(1998) 25 E.H.R.R. CD 141	
	A.V.	Bulgaria	Adm	41488/98	(1999) 28 E.H.R.R. CD 197	

Aannemersbedrijf Gebroedes Van Leeuwen BV	Netherlands	Adm	32602/96	(2000) 29 E.H.R.R. CD 96
Asociación de Aviadores de la Republica	Spain	Adm	10733/84	(1986) 8 E.H.R.R. 286
Adolf	Austria	Jmt	8269/78	(1982) 4 E.H.R.R. 313
Agrotexim	Greece	Jmt	14807/89	(1996) 21 E.H.R.R. 250
Airey	Ireland	Jmt	6289/73	2 E.H.R.R. 305
Akkum, Akan and Karakoc	Turkey	Adm	21894/93	(1996) 21 E.H.R.R. CD 118
Al-Adsani	United Kingdom	Adm	35763/97	(2000) 29 E.H.R.R. CD 99
Allgemeine Gold- und Silberscheideanstalt	United Kingdom	Jmt	9118/80	(1987) 9 E.H.R.R. 1
Aminoff	Sweden	Adm	10554/83	(1986) 8 E.H.R.R. 75
Ankerl	Switzerland	Adm	17748/91	(1994) 18 E.H.R.R. CD 56
AP, MP and TP	Switzerland	Jmt	19958/92	(1998) 26 E.H.R.R. 541
App. No. 8944/80	Switzerland	Adm	8944/80	(1983) 5 E.H.R.R. 279
App. No. 9097/80	Belgium	Adm	9097/80	(1983) 5 E.H.R.R. 280
App. No. 9280/81	Austria	Adm	9280/81	(1983) 5 E.H.R.R. 283
App. No. 9282/81	United Kingdom	Adm	9282/81	(1983) 5 E.H.R.R. 283
App. No. 9301/81	Switzerland	Adm	9301/81	(1983) 5 E.H.R.R. 285
App. No. 9331/81	Germany	Adm	9331/81	(1983) 5 E.H.R.R. 287
App. No. 9441/81	United Kingdom	Adm	9441/81	(1983) 5 E.H.R.R. 289
App. No. 9480/81	United Kingdom	Adm	9480/81	(1987) 9 E.H.R.R. 109
App. No. 9513/81	United Kingdom	Adm	9513/81	(1983) 5 E.H.R.R. 290
App. No. 9544/81	Austria	Adm	9544/81	(1983) 5 E.H.R.R. 291
App. No. 9554/81	Ireland	Adm	9554/81	(1984) 6 E.H.R.R. 336
App. No. 9569/81	France	Adm	9569/81	(1983) 5 E.H.R.R. 277
App. No. 9596/81	Ireland	Adm	9596/81	(1984) 6 E.H.R.R. 570
App. No. 9610/81	Germany	Adm	9610/81	(1984) 6 E.H.R.R. 110
App. No. 9649/82	Sweden	Adm	9649/82	(1983) 5 E.H.R.R. 292

Article No.	Applicant	Country	Type	Application No.	Citation	Case No. (2001 onwards)
Art. 6	App. No. 9687/82	Germany	Adm	9687/82	(1983) 5 E.H.R.R. 511	
	App. No. 9707/82	Sweden	Adm	9707/82	(1983) 5 E.H.R.R. 294	
	App. No. 9713/82	Belgium	Adm	9713/82	(1983) 5 E.H.R.R. 295	
	App. No. 9730/82	United Kingdom	Adm	9730/82	(1983) 5 E.H.R.R. 606	
	App. No. 9732/82	United Kingdom	Adm	9732/82	(1983) 5 E.H.R.R. 295	
	App. No. 9884/82	United Kingdom	Adm	9884/82	(1983) 5 E.H.R.R. 298	
	App. No. 9955/82	Norway	Adm	9955/82	(1984) 6 E.H.R.R. 348	
	App. No. 9993/82	France	Adm	9993/82	(1983) 5 E.H.R.R. 302	
	App. No. 10141/82	Sweden	Adm	10141/82	(1986) 8 E.H.R.R. 253	
	App. No. 10144/82	Sweden	Adm	10144/82	(1984) 6 E.H.R.R. 130	
	App. No. 10292/83	Spain	Adm	10292/83	(1984) 6 E.H.R.R. 146	
	App. No. 10331/83	United Kingdom	Adm	10331/83	(1984) 6 E.H.R.R. 583	
	App. No. 10412/83	France	Adm	10412/83	(1989) 11 E.H.R.R. 69	
	App. No. 10479/83	United Kingdom	Adm	10479/83	(1984) 6 E.H.R.R. 373	
	App. No. 10801/81	Sweden	Adm	10801/81	(1987) 9 E.H.R.R. 269	
	App. No. 10949/84	Germany	Adm	10949/84	(1988) 10 E.H.R.R. 129	
	App. No. 11036/84	Sweden	Adm	11036/84	(1987) 9 E.H.R.R. 127	
	App. No. 11072/84	Belgium	Adm	11072/84	(1989) 11 E.H.R.R. 77	
	App. No. 11118/84	Germany	Adm	11118/84	(1987) 9 E.H.R.R. 562	
	App. No. 11159/84	Belgium	Adm	11159/84	(1989) 11 E.H.R.R. 75	
	App. No. 11189/84	Sweden	Adm	11189/84	(1988) 10 E.H.R.R. 132	
	App. No. 11295/84	Denmark	Adm	11295/84	(1987) 9 E.H.R.R. 550	
	App. No. 11362/85	Italy	Adm	11362/85	(1988) 10 E.H.R.R. 145	
	App. No. 11408/85	Sweden	Adm	11408/85	(1987) 9 E.H.R.R. 244	
	App. No. 11468/85	United Kingdom	Adm	11468/85	(1987) 9 E.H.R.R. 393	
	App. No. 11489/85	Ireland	Adm	11489/85	(1988) 10 E.H.R.R. 147	
	App. No. 11620/85	Iceland	Adm	11620/85	(1987) 9 E.H.R.R. 151	
	App. No. 11669/85	Germany	Adm	11669/85	(1989) 11 E.H.R.R. 90	
	App. No. 11869/85	Belgium	Adm	11869/85	(1989) 11 E.H.R.R. 76	

App. No. 11882/85	United Kingdom	Adm	11882/85	(1989) 11 E.H.R.R. 82
App. No. 11949/86	United Kingdom	Adm	11949/86	(1988) 10 E.H.R.R. 149
App. No. 12127/86	Germany	Adm	12127/86	(1989) 11 E.H.R.R. 84
App. No. 12543/86	Netherlands	Adm	12543/86	(1988) 10 E.H.R.R. 161
Artico	Ireland	Jmt	6694/74	(1981) 3 E.H.R.R. 1
Aspichi Dehwari	Netherlands	Adm	37014/97	(1998) 25 E.H.R.R. CD 191
Asplund	Sweden	Adm	19762/92	(1994) 18 E.H.R.R. CD 111
B and C	Netherlands	Adm	15346/89; 15379/89	(1993) 16 E.H.R.R. CD 8
B.M.	United Kingdom	Adm	9562/81	(1984) 6 E.H.R.R. 592
Ballensky	Sweden	Adm	36341/97	(1998) 26 E.H.R.R. CD 191
Barbera, Messegué and Jabardo	Spain	Jmt	10588/83; 10589/83; 10590/83	(1989) 11 E.H.R.R. 360
Basic	Austria	Adm	29800/96	(1999) 28 E.H.R.R. CD 118
BBC	United Kingdom	Adm	25798/94	(1996) 21 E.H.R.R. CD 93
Beaumartin	France	Jmt	15287/89	(1995) 19 E.H.R.R. 485
Beis	Greece	Adm	22045/93	(1995) 19 E.H.R.R. CD 70
Belgian Linguistics Case (No. 2)		Jmt	1474/62; 1677/62; 1699/62; 1769/63; 1994/63; 2126/64	1 E.H.R.R. 252
Belziuk	Poland	Jmt	23103/93	(2000) 30 E.H.R.R. 614
Bendenoun	France	Jmt	12547/86	(1994) 18 E.H.R.R. 54
Benham	United Kingdom	Adm	19380/92	(1994) 18 E.H.R.R. CD 105
Bernard	France	Adm	15492/89	(1993) 15 E.H.R.R. CD 73
Bohler	Austria	Adm	11968/86	(1988) 10 E.H.R.R. 536
Botten	Norway	Adm	16206/90	(1994) 18 E.H.R.R. CD 45
Bricmont	Belgium	Jmt	10857/84	(1990) 12 E.H.R.R. 217
Bromiley	United Kingdom	Adm	33747/96	(2000) 29 E.H.R.R. CD 111
Buchholz	Germany	Jmt	7759/77	(1981) 3 E.H.R.R. 597
C.G.	Austria	Adm	17371/90	(1994) 18 E.H.R.R. CD 51
Campbell and Fell	United Kingdom	Jmt	7819/77; 7878/77	(1985) 7 E.H.R.R. 165
Campbell and Fell	United Kingdom	Op	7819/77; 7878/77	(1983) 5 E.H.R.R. 207
Can	Austria	Op	9300/81	(1985) 7 E.H.R.R. 421

Article No.	Applicant	Country	Type	Application No.	Citation	Case No. (2001 onwards)
Art. 6	Cavalin	France	Adm	10364/83	(1989) 11 E.H.R.R. 79	
	Cavlun	Netherlands	Adm	38061/97	(1999) 27 E.H.R.R. CD 310	
	Ceylan	Turkey	Jmt	23556/94	(2000) 30 E.H.R.R. 73	
	Chahal	United Kingdom	Adm	22414/93	(1994) 18 E.H.R.R. CD 193	
	Chapman	United Kingdom	Adm	27238/95	(1998) 25 E.H.R.R. CD 64	
	Chappell	United Kingdom	Adm	10461/83	(1985) 7 E.H.R.R. 589	
	Clube de Futebol Uniao de Coimbra	Portugal	Settlement	27295/95	(2000) 29 E.H.R.R. CD 24	
	Colozza and Rubinat	Italy	Adm	9024/80; 9317/81	(1983) 5 E.H.R.R. 274	
	Comninos and National Justice Compania Naviera SA	United Kingdom	Adm	29106/95	(1997) 23 E.H.R.R. CD 165	
	Cook	United Kingdom	Adm	36744/97	(1998) 25 E.H.R.R. CD 189	
	Cybulski	United Kingdom	Adm	24266/94	(1997) 23 E.H.R.R. CD 53	
	Cyprus	Turkey	Op	25781/94	(1997) 23 E.H.R.R. 244	
	D	Austria	Adm	15718/89	(1993) 16 E.H.R.R. CD 9	
	D and E	Netherlands	Adm	15416/89	(1993) 16 E.H.R.R. CD 34	
	Daktaras	Lithuania	Adm	42095/98	(2000) 29 E.H.R.R. CD 135	
	De Haan	Netherlands	Jmt	22839/93	(1998) 26 E.H.R.R. 417	
	De Haes and Gijsels	Belgium	Jmt	19983/92	(1998) 25 E.H.R.R. 1	
	De Warrene Waller	United Kingdom	Adm	27284/95	(1996) 21 E.H.R.R. CD 96	
	De Wilde, Ooms and Versyp	Belgium (No. 1)	Jmt	2832/66; 2835/66; 2899/66	1 E.H.R.R. 373	
	Delcourt	Belgium	Jmt	2689/65	1 E.H.R.R. 355	
	Deweer	Belgium	Jmt	6903/75	2 E.H.R.R. 439	
	Dilek	Netherlands	Adm	35137/97	(1999) 27 E.H.R.R. CD 244	
	Dougan	United Kingdom	Adm	21437/93	(1994) 18 E.H.R.R. CD 174	
	Dougoz	Greece	Adm	40907/98	(2000) 29 E.H.R.R. CD 147	
	Drozd and Janousek	France and Spain	Jmt	12747/87	(1992) 14 E.H.R.R. 745	

Dubowska and Skup	Poland	Adm	33490/96; 34055/96	(1997) 24 E.H.R.R. CD 75	
Dubowska and Skup	Poland	Adm	33490/96; 34055/96	(1997) 23 E.H.R.R. CD 204	
DV	Bulgaria	Adm	31365/96	(1998) 25 E.H.R.R. CD 154	
Eckle	Germany	Jmt	8130/78	(1983) 5 E.H.R.R. 1	
Egyptair	Denmark	Adm	28441/95	(1998) 26 E.H.R.R. CD 80	
Engel	Netherlands (No. 1)	Jmt	5100/71; 5101/71; 5102/71; 5354/72; 5370/72	1 E.H.R.R. 647	
Escoubet	Belgium	Jmt	26780/95	(2001) 31 E.H.R.R 1034	(2001) 31 E.H.R.R 46
Esen	Netherlands	Adm	37312/97	(1999) 27 E.H.R.R. CD 290	
Everest	United Kingdom	Adm	30234/96	(1997) 23 E.H.R.R. CD 180	
Ewing	United Kingdom	Adm	11224/84	(1988) 10 E.H.R.R. 141	
F.M. Zumtobel GmbH and Co. KG, Zumtobel and Pramstaller	Austria	Adm	17196/90	(1993) 16 E.H.R.R. CD 40	
Felderer	Sweden	Adm	11001/84	(1986) 8 E.H.R.R. 91	
Fischer	Austria	Adm	16922/90	(1993) 15 E.H.R.R. CD 23	
Fischer	Austria	Jmt	16922/90	(1995) 20 E.H.R.R. 349	
Foxley	United Kingdom	Jmt	33274/96	(2001) 31 E.H.R.R 637	(2001) 31 E.H.R.R 25
France, Norway, Denmark, Sweden and the Netherlands	Turkey	Adm	9940–9944/82	(1984) 6 E.H.R.R. 241	
France, Norway, Denmark, Sweden and the Netherlands	Turkey	Settlement	9940–9944/82	(1986) 8 E.H.R.R. 205	
Frydlender	France	Jmt	30979/96	(2001) 31 E.H.R.R 1152	(2001) 31 E.H.R.R 52
Fryske Nasjonale Partij	Netherlands	Adm	11100/84	(1987) 9 E.H.R.R. 261	
G	Norway	Adm	17228/90	(1993) 16 E.H.R.R. CD 14	

Article No.	Applicant	Country	Type	Application No.	Citation	Case No. (2001 onwards)
Art. 6	G F	Austria	Adm	23671/94	(1996) 22 E.H.R.R. CD 145	
	G.H.H.	Turkey	Adm	43258/98	(1999) 28 E.H.R.R. CD 221	
	Gasper	Sweden	Adm	10368/83; 10642/83	(1986) 8 E.H.R.R. 99	
	Gillow	United Kingdom	Op	9063/80	(1985) 7 E.H.R.R. 292	
	Golder	United Kingdom	Jmt	4451/70	1 E.H.R.R. 524	
	Granger	United Kingdom	Jmt	11932/86	(1990) 12 E.H.R.R. 469	
	Grauso	Poland	Adm	27388/95	(1997) 23 E.H.R.R. CD 108	
	Greenpeace Schweiz	Switzerland	Adm	27644/95	(1997) 23 E.H.R.R. CD 116	
	Gregory	United Kingdom	Adm	22299/93	(1995) 19 E.H.R.R. CD 82	
	Gregory	United Kingdom	Jmt	22299/93	(1998) 25 E.H.R.R. 577	
	Guzzardi	Italy	Jmt	7367/76	(1981) 3 E.H.R.R. 333	
	H	Spain	Adm	17437/90	(1993) 16 E.H.R.R. CD 15	
	H	France	Jmt	10073/82	(1990) 12 E.H.R.R. 74	
	H.A.R.	Austria	Adm	40021/98	(1999) 27 E.H.R.R. CD 330	
	H.N.	Italy	Adm	18902/91	(1999) 27 E.H.R.R. CD 75	
	Hakansson and Sturesson	Sweden	Adm	11855/85	(1989) 11 E.H.R.R. 52	
	Heaney and McGuinness	Ireland	Adm	34720/97	(2000) 29 E.H.R.R. CD 166	
	Helmers	Sweden	Adm	27522/95	(1998) 26 E.H.R.R. CD 73	
	Hentrich	France	Jmt	13616/88	(1994) 18 E.H.R.R. 440	
	Hodgson, Woolf Productions and National Union of Journalists and Channel Four Television	United Kingdom	Adm	11553/85; 11658/85	(1988) 10 E.H.R.R. 503	
	Holland	Ireland	Adm	24827/94	(1998) 25 E.H.R.R. CD 20	
	Hood	United Kingdom	Jmt	27267/95	(2000) 29 E.H.R.R. 365	

Huber	Austria	Adm	23397/94	(1996) 22 E.H.R.R. CD 91
Husic	Austria	Adm	28440/95	(1999) 27 E.H.R.R. CD 123
I	United Kingdom	Adm	25680/94	(1997) 23 E.H.R.R. CD 66
I.Z.	Greece	Adm	18997/91	(1994) 18 E.H.R.R. CD 101
Ikincisoy	Turkey	Adm	26144/95	(1996) 21 E.H.R.R. CD 100
Immobiliare Saffi	Italy	Jmt	22774/93	(2000) 30 E.H.R.R. 756
Incal	Turkey	Jmt	22678/93	(2000) 29 E.H.R.R. 449
Insam	Austria	Adm	17285/90	(1994) 18 E.H.R.R. CD 47
Ireland	United Kingdom	Jmt	5310/71	2 E.H.R.R. 25
Iskcon	United Kingdom	Adm	20490/92	(1994) 18 E.H.R.R. CD 133
Ixion	France	Adm	17494/90	(1993) 15 E.H.R.R. CD 91
J.D.	Netherlands	Adm	19508/92	(1994) 18 E.H.R.R. CD 110
J.E.D.	United Kingdom	Adm	42225/98	(1999) 27 E.H.R.R. CD 65
J.W.V.	Netherlands	Adm	37340/97	(1999) 27 E.H.R.R. CD 296
Jacobsson	Sweden	Adm	10842/84	(1987) 9 E.H.R.R. 350
James	United Kingdom	Adm	20447/92	(1994) 18 E.H.R.R. CD 130
Janowski	Poland	Jmt	25716/94	(2000) 29 E.H.R.R. 705
Johansen	Norway	Adm	10600/83	(1987) 9 E.H.R.R. 103
Johansson	Sweden	Adm	34826/97	(1998) 26 E.H.R.R. CD 178
K	Germany	Adm	18825/91	(1993) 15 E.H.R.R. CD 48
KL	United Kingdom	Adm	29392/95	(1998) 26 E.H.R.R. CD 113
Kadubec	Slovak Republic	Adm	27061/95	(1997) 23 E.H.R.R. CD 98
Kamasinski	Austria	Jmt	9783/82	(1991) 13 E.H.R.R. 36
Kamer	Belgium	Adm	10819/84	(1986) 8 E.H.R.R. 230
Kaneva	Bulgaria	Adm	26530/95	(1997) 23 E.H.R.R. CD 86
Karara	Finald	Adm	40900/98	(1998) 26 E.H.R.R. CD 220
Karassev	Finland	Adm	31414/96	(1999) 28 E.H.R.R. CD 126
				(1999) 28 E.H.R.R. CD 132
Kaya	Turkey	Jmt	22729/93	(1999) 28 E.H.R.R. 1
Kerr	United Kingdom	Adm	40451/98	(2000) 29 E.H.R.R. CD 184
Khan	United Kingdom	Adm	35394/97	(1999) 27 E.H.R.R. CD 58

Article No.	Applicant	Country	Type	Application No.	Citation	Case No. (2001 onwards)
Art. 6	Kingsley	United Kingdom	Adm	35605/97	(2000) 29 E.H.R.R. CD 191	
	Klass	Germany	Jmt	5029/71	2 E.H.R.R. 214	
	Koendjbiharie	Netherlands	Jmt	11497/85	(1991) 13 E.H.R.R. 820	
	König	Germany	Jmt	6232/73	2 E.H.R.R. 170	
	Koskinen	Finland	Adm	20560/92	(1994) 18 E.H.R.R. CD 146	
	Kostovski	Netherlands	Jmt	11454/85	(1990) 12 E.H.R.R. 434	
	Krol	Sweden	Adm	11704/85	(1989) 11 E.H.R.R. 73	
	Lala	Netherlands	Adm	14861/89	(1993) 15 E.H.R.R. CD 12	
	Langborger	Sweden	Op	11179/84	(1990) 12 E.H.R.R. 120	
	Launder	United Kingdom	Adm	27279/95	(1998) 25 E.H.R.R. CD 67	
	Lawless	Ireland (No. 1)	Jmt	322/57	1 E.H.R.R. 1	
	Lawless	Ireland (No. 3)	Jmt	322/57	1 E.H.R.R. 15	
	Le Compte, Van Leuven and De Meyere	Belgium	Jmt	6878/75; 7238/75	(1982) 4 E.H.R.R. 1	
	Leander	Sweden	Adm	9248/81	(1984) 6 E.H.R.R. 540	
	Lie and Bernsten	Norway	Adm	25130/94	(2000) 29 E.H.R.R. CD 210	
	Liefveld	Netherlands	Adm	19331/92	(1994) 18 E.H.R.R. CD 103	
	Lingens and Leitgens	Austria	Adm	8803/79	(1982) 4 E.H.R.R. 373	
	Lithgow	United Kingdom	Adm	9006/80	(1983) 5 E.H.R.R. 491	
	Lukka	United Kingdom	Adm	12122/86	(1987) 9 E.H.R.R. 552	
	M	Bulgaria	Adm	27496/95	(1996) 22 E.H.R.R. CD 101	
	M.A.R.	United Kingdom	Adm	28038/95	(1997) 23 E.H.R.R. CD 120	
	McCourt	United Kingdom	Adm	20433/92	(1993) 15 E.H.R.R. CD 110	
	McCullough	United Kingdom	Adm	24889/94	(1998) 25 E.H.R.R. CD 34	
	McFeeley	United Kingdom	Op	8317/78	(1981) 3 E.H.R.R. 161	
	McGonnell	United Kingdom	Jmt	28488/95	(2000) 30 E.H.R.R. 289	
	Machatová	Slovak Republic	Adm	27552/95	(1997) 24 E.H.R.R. CD 44	
	McMichael	United Kingdom	Adm	16424/90	(1993) 15 E.H.R.R. CD 80	

Magee	United Kingdom	Jmt	28135/95	(2001) 31 E.H.R.R 822	(2001) 31 E.H.R.R 35
Manners	United Kingdom	Adm	37650/97	(1998) 26 E.H.R.R. CD 206	
Mens and Mens-Hoek	Netherlands	Adm	34325/96	(1998) 26 E.H.R.R. CD 170	
Middleburg, Van Der Zee and Het Parool BV	Netherlands	Adm	28202/95	(1999) 27 E.H.R.R. CD 111	
Mikulski	Poland	Settle-ment	27914/95	(2000) 29 E.H.R.R. CD 64	
Monnell and Morris	United Kingdom	Jmt	9562/81; 9818/82	(1988) 10 E.H.R.R. 205	
Monnell and Morris	United Kingdom	Op	9562/81; 9818/82	(1985) 7 E.H.R.R. 579	
Moody	United Kingdom	Adm	22613/93	(1995) 19 E.H.R.R. CD 90	
Murray	United Kingdom	Op	18739/91	(1994) 18 E.H.R.R. CD 1	
Myszk	Poland	Adm	28244/95	(1998) 26 E.H.R.R. CD 76	
Naletilic	Croatia	Adm	51891/99	(2000) 29 E.H.R.R. CD 219	
National Union of Belgian Police	Belgium	Jmt	4464/70	1 E.H.R.R. 578	
Németh	Hungary	Adm	29096/95	(1998) 26 E.H.R.R. CD 101	
Neumeister	Austria (No. 1)	Jmt	1936/63	1 E.H.R.R. 91	
Nicol	Netherlands	Adm	15553/89	(1994) 18 E.H.R.R. CD 38	
Ninn-Hansen	Denmark	Adm	28972/95	(1999) 28 E.H.R.R. CD 96	
Noviflora Sweden AB	Sweden	Adm	14369/88	(1993) 15 E.H.R.R. CD 6	
Nyssen	Belgium	Adm	10574/83	(1986) 8 E.H.R.R. 105	
O'Hara	Ireland	Adm	26667/95	(1998) 25 E.H.R.R. CD 57	
Ochensberger	Austria	Adm	21318/93	(1994) 18 E.H.R.R. CD 170	
Olsson	Sweden	Adm	10465/83	(1986) 8 E.H.R.R. 71	
Olsson	Sweden	Adm	37553/97	(1998) 26 E.H.R.R. CD 203	
Olsson	Sweden	Jmt	10465/83	(1989) 11 E.H.R.R. 259	
Omar	France	Jmt	24767/94	(2000) 29 E.H.R.R. 210	
Osman	United Kingdom	Adm	23452/94	(1996) 22 E.H.R.R. CD 137	
Osman	United Kingdom	Jmt	23452/94	(2000) 29 E.H.R.R. 245	

Article No.	Applicant	Country	Type	Application No.	Citation	Case No. (2001 onwards)
Art. 6	Öztürk	Germany	Jmt	8544/79	(1984) 6 E.H.R.R. 409	
	P	Sweden	Adm	18275/91	(1993) 15 E.H.R.R. CD 95	
	Pancenko	Latvia	Adm	40772/98	(2000) 29 E.H.R.R. CD 227	
	Panikian	Bulgaria	Adm	29583/96	(1997) 24 E.H.R.R. CD 63	
	Parker	United Kingdom	Adm	27286/95	(1995) 20 E.H.R.R. CD 132	
	Paton	United Kingdom	Adm	8416/78	(1981) 3 E.H.R.R. 408	
	Pelissier and Sassi	France	Jmt	25444/94	(2000) 30 E.H.R.R. 715	
	Pelladoah	Netherlands	Jmt	16737/90	(1995) 19 E.H.R.R. 81	
	Pentidis	Greece	Jmt	23238/94	(1997) 23 E.H.R.R. CD 37	
	Pesti and Frodl	Austria	Adm	27618/95	(2000) 29 E.H.R.R. CD 229	
	Petersen	Denamrk	Adm	24989/94	(1999) 27 E.H.R.R. CD 96	
	Pfarrmeier	Austria	Jmt	16841/90	(1996) 22 E.H.R.R. 175	
	Philis	Greece	Adm	28970/95	(1997) 23 E.H.R.R. CD 147	
	Poli	Denmark	Adm	33209/96	(1999) 27 E.H.R.R. CD 212	
	Putz	Austria	Adm	18892/91	(1994) 18 E.H.R.R. CD 97	
	Q	Netherlands	Adm	18395/91	(1993) 15 E.H.R.R. CD 96	
	Quinn	Ireland	Adm	36887/97	(2000) 29 E.H.R.R. CD 234	
	R	United Kingdom	Adm	18711/91	(1993) 15 E.H.R.R. CD 100	
	R.O.	United Kingdom	Adm	23094/93	(1994) 18 E.H.R.R. CD 212	
	Raidl	Austria	Adm	25342/94	(1995) 20 E.H.R.R. CD 114	
	Rasmussen	Denmark	Jmt	8777/79	(1985) 7 E.H.R.R. 371	
	Ravnsborg	Sweden	Jmt	14220/88	(1994) 18 E.H.R.R. 38	
	Reber	Germany	Adm	27410/95	(1996) 22 E.H.R.R. CD 98	
	Reed	United Kingdom	Settlement	7630/76	(1983) 5 E.H.R.R. 114	
	Rehbock	Slovenia	Adm	29462/95	(1998) 26 E.H.R.R. CD 120	
	Roberts	United Kingdom	Adm	21178/93	(1995) 19 E.H.R.R. CD 50	
	Rozendale	Netherlands	Adm	15595/89	(1993) 15 E.H.R.R. CD 75	
	Ryder	United Kingdom	Adm	12360/86	(1989) 11 E.H.R.R. 80	

S	Italy	Adm	15130/89	(1993) 15 E.H.R.R. CD 13	
S and M	United Kingdom	Adm	21325/93	(1994) 18 E.H.R.R. CD 172	
Scarth	United Kingdom	Adm	33745/96	(1998) 26 E.H.R.R. CD 154	
Schatzmayr	Austria	Adm	32052/96	(1999) 27 E.H.R.R. CD 191	
Schimanek	Austria	Adm	32307/96	(2000) 29 E.H.R.R. CD 250	
Schouten and Meldrum	Netherlands	Jmt	19005/91; 19006/91	(1995) 19 E.H.R.R. 432	
Scotts of Greenock Ltd	United Kingdom	Adm	9482/81	(1986) 8 E.H.R.R. 288	
Scotts of Greenock Ltd	United Kingdom	Adm	9599/81	(1986) 8 E.H.R.R. 293	
Selçuk and Asker	Turkey	Jmt	23184/94; 23185/94	(1998) 26 E.H.R.R. 477	
Serif	Greece	Adm	38178/97	(1999) 28 E.H.R.R. CD 227	
Shishkov	Bulgaria	Adm	38822/97	(1999) 28 E.H.R.R. CD 237	
Sjöö	Sweden	Adm	37604/97	(1999) 27 E.H.R.R. CD 304	
Slimane-Kaïd	France	Jmt	29507/95	(2001) 31 E.H.R.R 1073	(2001) 31 E.H.R.R 48
Soering	United Kingdom	Jmt	14038/88	(1989) 11 E.H.R.R. 439	
SP, DP and T	United Kingdom	Adm	23715/94	(1996) 22 E.H.R.R. CD 148	
Stamoulakatos	Greece	Adm	27567/95	(1996) 21 E.H.R.R. CD 77	
Stamoulakatos	United Kingdom	Adm	27567/95	(1997) 23 E.H.R.R. CD 113	
Stedman	United Kingdom	Adm	29107/95	(1997) 23 E.H.R.R. CD 168	
Stefan	United Kingdom	Adm	29419/95	(1998) 25 E.H.R.R. CD 130	
Stiftelsen Akademiska Föreningens Bostader I Lund	Sweden	Adm	11661/85	(1989) 11 E.H.R.R. 47	
Stögmüller	Austria	Jmt	1602/62	1 E.H.R.R. 155	
Stubbings	United Kingdom	Adm	22083/93	(1994) 18 E.H.R.R. CD 185	
Styranowski	Poland	Adm	28616/95	(1996) 22 E.H.R.R. CD 111	
Sunday Times	United Kingdom	Jmt	6538/74	2 E.H.R.R. 245	
T	United Kingdom	Adm	24724/94	(1998) 25 E.H.R.R. CD 11	
TP and KM	United Kingdom	Adm	28945/95	(1998) 26 E.H.R.R. CD 84	
Tanrikulu	Turkey	Jmt	23763/94	(2000) 30 E.H.R.R. 950	
Tee	United Kingdom	Adm	26663/95	(1996) 21 E.H.R.R. CD 108	

Article No.	Applicant	Country	Type	Application No.	Citation	Case No. (2001 onwards)
Art. 6	Tennenbaum	Sweden	Adm	16031/90	(1994) 18 E.H.R.R. CD 41	
	Terra Woningen	Netherlands	Jmt	20641/92	(1997) 24 E.H.R.R. 456	
	Thaw	United Kingdom	Adm	27435/95	(1996) 22 E.H.R.R. CD 100	
	Tre Traktörer	Sweden	Jmt	10873/84	(1991) 13 E.H.R.R. 309	
	Tre Traktörer AB	Sweden	Adm	10873/84	(1987) 9 E.H.R.R. 96	
	Tre Traktörer Aktiebolag	Sweden	Op	10873/84	(1990) 12 E.H.R.R. 128	
	Unlu	Austria	Adm	20957/92	(1994) 18 E.H.R.R. CD 165	
	Unterpertinger	Austria	Jmt	9120/80	(1991) 13 E.H.R.R. 175	
	V	Denmark	Adm	17392/90	(1993) 15 E.H.R.R. CD 28	
	V	United Kingdom	Jmt	24888/94	(2000) 30 E.H.R.R. 121	
	Valenzuela Contreras	Spain	Jmt	27671/95	(1999) 28 E.H.R.R. 483	
	Van Der Leer	Netherlands	Adm	11509/85	(1987) 9 E.H.R.R. 537	
	Van Der Mussele	Belgium	Jmt	8919/80	(1984) 6 E.H.R.R. 163	
	Varey	United Kingdom	Adm	26662/95	(1998) 25 E.H.R.R. CD 49	
	Varnave	Turkey	Adm	16064–16066/90; 16068–16073/90	(1998) 25 E.H.R.R. CD 9	
	Vernon	United Kingdom	Adm	38753/97	(2000) 29 E.H.R.R. CD 264	
	Vodenicarov	Slovak Republic	Adm	24530/94	(1998) 26 E.H.R.R. CD 40	
	Vorhemes	Austria	Adm	33378/96	(1999) 27 E.H.R.R. CD 225	
	Vosper	United Kingdom	Adm	9262/81	(1983) 5 E.H.R.R. 496	
	W.J.	Austria	Adm	23759/94	(1999) 27 E.H.R.R. CD 83	
	Wahlberg, Engman and Engdahl	Sweden	Adm	16056/90	(1993) 15 E.H.R.R. CD 79	
	Waite and Kennedy	Germany	Jmt	26083/94	(2000) 30 E.H.R.R. 261	
	Walker	United Kingdom	Adm	34979/97	(2000) 29 E.H.R.R. CD 276	
	Welch	United Kingdom	Adm	17440/90	(1993) 16 E.H.R.R. CD 42	
	Wemhoff	Germany	Jmt	2122/64	1 E.H.R.R. 55	
	West	United Kingdom	Adm	34728/97	(1998) 25 E.H.R.R. CD 185	
	Weston	United Kingdom	Adm	8038/77	(1981) 3 E.H.R.R. 402	

	Widen	Sweden	Adm	10723/83	(1986) 8 E.H.R.R. 79	
	Wilkinson	United Kingdom	Adm	31145/96	(1998) 26 E.H.R.R. CD 131	
	Wille	Liechtenstein	Jmt	28396/95	(2000) 30 E.H.R.R. 558	
	Windisch	Austria	Jmt	12489/86	(1991) 13 E.H.R.R. 281	
	Winterwerp	Netherlands	Jmt	6301/73	2 E.H.R.R. 387	
	Wöckel	Germany	Adm	32165/96	(1998) 25 E.H.R.R. CD 156	
	Wolfgram	Germany	Adm	11257/84	(1987) 9 E.H.R.R. 548	
	Wright	United Kingdom	Adm	38200/97	(1999) 27 E.H.R.R. CD 314	
	X	Austria	Adm	13813/88	(1993) 15 E.H.R.R. CD 3	
	X	United Kingdom	Adm	28530/95	(1998) 25 E.H.R.R. CD 88	
	X	United Kingdom	Op	6406/73	(1981) 3 E.H.R.R. 302	
	Yaacoub	Belgium	Jmt	9976/82	(1991) 13 E.H.R.R. 418	
	Yasa	Turkey	Jmt	22495/93	(1999) 28 E.H.R.R. 408	
	Yasar	Turkey	Adm	22281/93	(1995) 19 E.H.R.R. CD 74	
	Young	Ireland	Adm	25646/94	(1996) 21 E.H.R.R. CD 91	
	Z	United Kingdom	Op	29392/95	(1999) 28 E.H.R.R. CD 65	
	Zamir	United Kingdom	Adm	9174/80	(1983) 5 E.H.R.R. 242	
	Zana	Turkey	Jmt	18954/91	(1999) 27 E.H.R.R. 667	
Art. 6(1)	A	Italy	Adm	14146/88	(1993) 16 E.H.R.R. CD 3	
	A	Italy	Adm	14339/88	(1993) 16 E.H.R.R. CD 31	
	A	Denmark	Jmt	20826/92	(1996) 22 E.H.R.R. 458	
	A.P.B. Ltd, A.P.P. and E.A.B.	United Kingdom	Adm	30552/96	(1998) 25 E.H.R.R. CD 141	
	A.V.	Bulgaria	Adm	41488/98	(1999) 28 E.H.R.R. CD 197	
	Aannemersbedrijf Gebroedes Van Leeuwen BV	Netherlands	Adm	32602/96	(2000) 29 E.H.R.R. CD 96	
	Abdoella	Netherlands	Jmt	12728/87	(1995) 20 E.H.R.R. 585	
	Acquaviva	France	Jmt	19248/91	(2001) 32 E.H.R.R. 134	(2001) 32 E.H.R.R. 7
	Adams and Benn	United Kingdom	Adm	28979/95	(1997) 23 E.H.R.R. CD 160	

Article No.	Applicant	Country	Type	Application No.	Citation	Case No. (2001 onwards)
Art. 6(1)	Adiletta	Italy	Jmt	13978/88; 14236/88; 14237/88	(1992) 14 E.H.R.R. 586	
	Aerts	Belgium	Jmt	25357/94	(2000) 29 E.H.R.R. 50	
	Air Canada	United Kingdom	Jmt	18465/91	(1995) 20 E.H.R.R. 150	
	Airey	Ireland	Jmt	6289/73	2 E.H.R.R. 305	
	Aït-Mouhoub	France	Jmt	22924/93	(2000) 30 E.H.R.R. 382	
	Akdivar	Turkey	Jmt	21893/93	(1997) 23 E.H.R.R. 143	
	Aksoy	Turkey	Jmt	21987/93	(1997) 23 E.H.R.R. 553	
	Al-Adsani	United Kingdom	Adm	35763/97	(2000) 29 E.H.R.R. CD 99	
	Albert and Le Compte	Belgium	Jmt	7299/75; 7496/76	(1983) 5 E.H.R.R. 533	
	Albert and Le Compte	Belgium (Art. 50)	Jmt	7299/75; 7496/76	(1984) 6 E.H.R.R. 68	
	Aldrian	Austria	Adm	10532/83	(1989) 11 E.H.R.R. 107	
	Allenet de Ribemont	France	Adm	15175/89	(1993) 16 E.H.R.R. CD 33	
	Allenet de Ribemont	France	Jmt	15175/89	(1995) 20 E.H.R.R. 557	
	Alves	Portugal	Adm	17867/91	(1993) 15 E.H.R.R. CD 92	
	Anders and Fredin	Sweden	Op	12033/86	(1991) 13 E.H.R.R. 142	
	Andersson	Sweden	Adm	11656/85	(1987) 9 E.H.R.R. 153	
	Andersson	Sweden	Adm	14740/89	(1993) 15 E.H.R.R. CD 64	
	Andersson	Sweden	Jmt	11274/84	(1993) 15 E.H.R.R. 218	
	Andersson	Sweden	Jmt	20022/92	(1998) 25 E.H.R.R. 722	
	Andronicou and Constantinou	Cyprus	Adm	25052/94	(1995) 20 E.H.R.R. CD 105	
	Andronicou and Constantinou	Cyprus	Jmt	25052/94	(1998) 25 E.H.R.R. 491	
	Andronicou and Constantinou	Cyprus	Op	25052/94	(1996) 22 E.H.R.R. CD 18	
	Ankerl	Switzerland	Jmt	17748/91	(2001) 32 E.H.R.R. 1	(2001) 32 E.H.R.R. 1
	AP, MP and TP	Switzerland	Jmt	19958/92	(1998) 26 E.H.R.R. 541	

Apeh, Ivanyi Roth and Szerdahelyi	Hungary	Adm	32367/96	(1999) 28 E.H.R.R. CD 140
Apis	Slovakia	Adm	39754/98	(2000) 29 E.H.R.R. CD 105
App. No. 7879/77	United Kingdom	Adm	7879/77	(1986) 8 E.H.R.R. 272
App. No. 8562/79	Netherlands	Adm	8562/79	(1984) 6 E.H.R.R. 369
App. No. 8744/79	Germany	Adm	8744/79	(1983) 5 E.H.R.R. 499
App. No. 8858/80	Germany	Adm	8858/80	(1984) 6 E.H.R.R. 328
App. No. 8893/80	Austria	Adm	8893/80	(1983) 5 E.H.R.R. 502
App. No. 8957/80	Austria	Adm	8957/80	(1983) 5 E.H.R.R. 502
App. No. 8998/80	Austria	Adm	8998/80	(1984) 6 E.H.R.R. 321
App. No. 9022/80	Switzerland	Adm	9022/80	(1984) 6 E.H.R.R. 329
App. No. 9035/80	Germany	Adm	9035/80	(1983) 5 E.H.R.R. 502
App. No. 9113/80	United Kingdom	Adm	9113/80	(1983) 5 E.H.R.R. 283
App. No. 9132/80	Germany	Adm	9132/80	(1983) 5 E.H.R.R. 470
App. No. 9156/80	Austria	Adm	9156/80	(1983) 5 E.H.R.R. 269
App. No. 9157/80	Germany	Adm	9157/80	(1984) 6 E.H.R.R. 331
App. No. 9192/80	Sweden	Adm	9192/80	(1984) 6 E.H.R.R. 120
App. No. 9193/80	Netherlands	Adm	9193/80	(1984) 6 E.H.R.R. 134
App. No. 9260/81	Sweden	Adm	9260/81	(1984) 6 E.H.R.R. 323
App. No. 9301/81	Switzerland	Adm	9301/81	(1983) 5 E.H.R.R. 285
App. No. 9308/81	Germany	Adm	9308/81	(1983) 5 E.H.R.R. 503
App. No. 9315/81	Austria	Adm	9315/81	(1984) 6 E.H.R.R. 332
App. No. 9316/81	Austria	Adm	9316/81	(1986) 8 E.H.R.R. 256
App. No. 9329/81	United Kingdom	Adm	9329/81	(1983) 5 E.H.R.R. 286
App. No. 9403/81	United Kingdom	Adm	9403/81	(1983) 5 E.H.R.R. 270
App. No. 9429/81	Ireland	Adm	9429/81	(1983) 5 E.H.R.R. 507
App. No. 9444/81	United Kingdom	Adm	9444/81	(1984) 6 E.H.R.R. 136
App. No. 9453/81	Portugal	Adm	9453/81	(1983) 5 E.H.R.R. 479
App. No. 9486/81	Switzerland	Adm	9486/81	(1983) 5 E.H.R.R. 587
App. No. 9497/81	Germany	Adm	9497/81	(1984) 6 E.H.R.R. 119
App. No. 9502/81	United Kingdom	Adm	9502/81	(1984) 6 E.H.R.R. 334

Article No.	Applicant	Country	Type	Application No.	Citation	Case No. (2001 onwards)
Art. 6(1)	App. No. 9503/81	United Kingdom	Adm	9503/81	(1984) 6 E.H.R.R. 335	
	App. No. 9518/81	Germany	Adm	9518/81	(1984) 6 E.H.R.R. 137	
	App. No. 9550/81	United Kingdom	Adm	9550/81	(1983) 5 E.H.R.R. 508	
	App. No. 9553/81	Belgium	Adm	9553/81	(1983) 5 E.H.R.R. 509	
	App. No. 9578/81	Germany	Adm	9578/81	(1983) 5 E.H.R.R. 483	
	App. No. 9603/81	Germany	Adm	9603/81	(1983) 5 E.H.R.R. 291	
	App. No. 9604/81	Germany	Adm	9604/81	(1983) 5 E.H.R.R. 587	
	App. No. 9605/81	France	Adm	9605/81	(1983) 5 E.H.R.R. 510	
	App. No. 9607/81	Switzerland	Adm	9607/81	(1983) 5 E.H.R.R. 272	
	App. No. 9661/82	Austria	Adm	9661/82	(1984) 6 E.H.R.R. 344	
	App. No. 9678/82	Germany	Adm	9678/82	(1983) 5 E.H.R.R. 511	
	App. No. 9696/82	Germany	Adm	9696/82	(1984) 6 E.H.R.R. 360	
	App. No. 9701/82	Germany	Adm	9701/82	(1987) 9 E.H.R.R. 364	
	App. No. 9713/82	Belgium	Adm	9713/82	(1983) 5 E.H.R.R. 295	
	App. No. 9723/82	Austria	Adm	9723/82	(1986) 8 E.H.R.R. 226	
	App. No. 9728/82	United Kingdom	Adm	9728/82	(1984) 6 E.H.R.R. 345	
	App. No. 9742/82	Ireland	Adm	9742/82	(1983) 5 E.H.R.R. 594	
	App. No. 9760/82	Germany	Adm	9760/82	(1983) 5 E.H.R.R. 596	
	App. No. 9764 & 9765/82	France	Adm	9764/82; 9765/82	(1983) 5 E.H.R.R. 608	
	App. No. 9769/82	Netherlands	Adm	9769/82	(1986) 8 E.H.R.R. 288	
	App. No. 9777/82	Belgium	Adm	9777/82	(1984) 6 E.H.R.R. 534	
	App. No. 9783/82	Austria	Adm	9783/82	(1986) 8 E.H.R.R. 67	
	App. No. 9803/82	United Kingdom	Adm	9803/82	(1983) 5 E.H.R.R. 465	
	App. No. 9806/82	Ireland	Adm	9806/82	(1983) 5 E.H.R.R. 488	
	App. No. 9893/82	Denmark	Adm	9893/82	(1984) 6 E.H.R.R. 554	
	App. No. 9966/82	United Kingdom	Adm	9966/82	(1983) 5 E.H.R.R. 299	
	App. No. 9976/82	Belgium	Adm	9976/82	(1983) 5 E.H.R.R. 610	
	App. No. 9992/82	France	Adm	9992/82	(1983) 5 E.H.R.R. 515	

App. No. 9997/82	Germany	Adm	9997/82	(1983) 5 E.H.R.R. 490
App. No. 10000/82	United Kingdom	Adm	10000/82	(1984) 6 E.H.R.R. 535
App. No. 10004/82	Switzerland	Adm	10004/82	(1983) 5 E.H.R.R. 597
App. No. 10076/82	Germany	Adm	10076/82	(1986) 8 E.H.R.R. 281
App. No. 10080/82	Germany	Adm	10080/82	(1987) 9 E.H.R.R. 250
App. No. 10083/82	United Kingdom	Adm	10083/82	(1984) 6 E.H.R.R. 140
App. No. 10085/82	Germany	Adm	10085/82	(1986) 8 E.H.R.R. 287
App. No. 10098/82	Germany	Adm	10098/82	(1986) 8 E.H.R.R. 225
App. No. 10135/82	Denmark	Adm	10135/82	(1986) 8 E.H.R.R. 226
App. No. 10182/82	Spain	Adm	10182/82	(1984) 6 E.H.R.R. 145
App. No. 10193/82	Germany	Adm	10193/82	(1985) 7 E.H.R.R. 141
App. No. 10210/82	France	Adm	10210/82	(1984) 6 E.H.R.R. 371
App. No. 10211/82	France	Adm	10211/82	(1984) 6 E.H.R.R. 373
App. No. 10227/82	Spain	Adm	10227/82	(1984) 6 E.H.R.R. 581
App. No. 10293/83	United Kingdom	Adm	10293/83	(1987) 9 E.H.R.R. 255
App. No. 10300/83	Germany	Adm	10300/83	(1986) 8 E.H.R.R. 264
App. No. 10317/83	United Kingdom	Adm	10317/83	(1984) 6 E.H.R.R. 362
App. No. 10365/83	Germany	Adm	10365/83	(1985) 7 E.H.R.R. 461
App. No. 10395/83	United Kingdom	Adm	10395/83	(1987) 9 E.H.R.R. 389
App. No. 10427/83	United Kingdom	Adm	10427/83	(1987) 9 E.H.R.R. 369
App. No. 10471/83	United Kingdom	Adm	10471/83	(1987) 9 E.H.R.R. 155
App. No. 10496/83	United Kingdom	Adm	10496/83	(1985) 7 E.H.R.R. 147
App. No. 10498/83	Austria	Adm	10498/83	(1986) 8 E.H.R.R. 258
App. No. 10518/83	Netherlands	Adm	10518/83	(1985) 7 E.H.R.R. 150
App. No. 10527/83	Italy	Adm	10527/83	(1986) 8 E.H.R.R. 297
App. No. 10535/83	Netherlands	Adm	10535/83	(1985) 7 E.H.R.R. 151
App. No. 10547/83	Sweden	Adm	10547/83	(1986) 8 E.H.R.R. 268
App. No. 10563/83	Sweden	Adm	10563/83	(1986) 8 E.H.R.R. 86
App. No. 10564/83	Germany	Adm	10564/83	(1986) 8 E.H.R.R. 262
App. No. 10615/83	United Kingdom	Adm	10615/83	(1986) 8 E.H.R.R. 228
App. No. 10729/83	Sweden	Adm	10729/83	(1987) 9 E.H.R.R. 112

Article No.	Applicant	Country	Type	Application No.	Citation	Case No. (2001 onwards)
Art. 6(1)	App. No. 10861/84	Switzerland	Adm	10861/84	(1986) 8 E.H.R.R. 327	
	App. No. 10894/84	Switzerland	Adm	10894/84	(1986) 8 E.H.R.R. 325	
	App. No. 11043/84	Germany	Adm	11043/84	(1986) 8 E.H.R.R. 303	
	App. No. 11055/84	Belgium	Adm	11055/84	(1986) 8 E.H.R.R. 317	
	App. No. 11098/84	Netherlands	Adm	11098/84	(1986) 8 E.H.R.R. 92	
	App. No. 11164/84	Belgium	Adm	11164/84	(1986) 8 E.H.R.R. 312	
	App. No. 11170/84	Austria	Adm	11170/84	(1988) 10 E.H.R.R. 513	
	App. No. 11224/84	United Kingdom	Adm	11224/84	(1987) 9 E.H.R.R. 121	
	App. No. 11464/85	Sweden	Adm	11464/85	(1988) 10 E.H.R.R. 542	
	App. No. 11559/85	United Kingdom	Adm	11559/85	(1987) 9 E.H.R.R. 134	
	App. No. 11564/85	Germany	Adm	11564/85	(1987) 9 E.H.R.R. 139	
	App. No. 11612/85	Portugal	Adm	11612/85	(1989) 11 E.H.R.R. 106	
	App. No. 11853/85	Germany	Adm	11853/83	(1988) 10 E.H.R.R. 521	
	App. No. 12040/86	United Kingdom	Adm	12040/86	(1988) 10 E.H.R.R. 527	
	App. No. 12100/86	Austria	Adm	12100/86	(1989) 11 E.H.R.R. 92	
	Argento	Italy	Jmt	25842/94	(1999) 28 E.H.R.R. 719	
	Artico	Ireland	Jmt	6694/74	(1981) 3 E.H.R.R. 1	
	Asch	Austria	Jmt	12398/86	(1993) 15 E.H.R.R. 597	
	Ashingdane	United Kingdom	Jmt	8225/78	(1985) 7 E.H.R.R. 528	
	Ashingdane	United Kingdom	Op	8225/78	(1982) 4 E.H.R.R. 590; (1984) 6 E.H.R.R. 69	
	Assenov	Bulgaria	Jmt	24760/94	(1999) 28 E.H.R.R. 652	
	Assenov, Ivanova and Ivanov	Bulgaria	Adm	24760/94	(1996) 22 E.H.R.R. CD 163	
	Athanassoglou	Switzerland	Jmt	27644/95	(2001) 31 E.H.R.R 372	(2001) 31 E.H.R.R 13
	Ausiello	Italy	Adm	14580/89	(1993) 16 E.H.R.R. CD 31	
	Ausiello	Italy	Jmt	20331/92	(1997) 24 E.H.R.R. 568	

Averill	United Kingdom	Jmt	36408/97	(2001) 31 E.H.R.R 839	(2001) 31 E.H.R.R 36
Avis Enterprises	Greece	Op	30175/96	(1998) 26 E.H.R.R. CD 21	
Axen	Germany	Jmt	8273/78	(1984) 6 E.H.R.R. 195	
Ayadi	France	Adm	18000/91	(1993) 15 E.H.R.R. CD 93	
Aydin	Turkey	Jmt	23178/94	(1998) 25 E.H.R.R. 251	
Azzi	Italy	Adm	11250/84	(1989) 11 E.H.R.R. 105	
B	Italy	Adm	14579/89	(1993) 16 E.H.R.R. CD 31	
B	United Kingdom	Jmt	9840/82	(1988) 10 E.H.R.R. 87	
B	Austria	Jmt	11968/86	(1991) 13 E.H.R.R. 20	
B.M.	United Kingdom	Adm	9562/81	(1984) 6 E.H.R.R. 592	
Baggetta	Italy	Adm	10256/83	(1986) 8 E.H.R.R. 234	
Baggetta	Italy	Jmt	10256/83	(1988) 10 E.H.R.R. 325	
Baggs	United Kingdom	Adm	9310/81	(1987) 9 E.H.R.R. 235	
Balmer-Schafroth	Switzerland	Jmt	22110/93	(1998) 25 E.H.R.R. 598	
Banstonian Co, Northern Shipbuilding and Industrial Holding Ltd	United Kingdom	Adm	9265/81	(1983) 5 E.H.R.R. 498	
Barberà, Messegué and Jabardo	Spain	Jmt	10588/83; 10589/83; 10590/83	(1989) 11 E.H.R.R. 360	
Barberà, Messegué and Jabardo	Spain	Adm	10588/83; 10589/83; 10590/83	(1987) 9 E.H.R.R. 101	
Barona	Portugal	Jmt	10092/82	(1991) 13 E.H.R.R. 329	
Baskaya and Oçuoglu	Turkey	Jmt	23536/94; 24408/94	(2001) 31 E.H.R.R 292	(2001) 31 E.H.R.R 10
Bayram	United Kingdom	Adm	36337/97	(1999) 28 E.H.R.R. CD 169	
Beaumartin	France	Jmt	15287/89	(1995) 19 E.H.R.R. 485	
Beer and Regan	Germany	Adm	28934/95	(1997) 23 E.H.R.R. CD 143	
Beis	Greece	Jmt	22045/93	(1998) 25 E.H.R.R. 335	
Belilos	Switzerland	Jmt	10328/83	(1988) 10 E.H.R.R. 466	

Article No.	Applicant	Country	Type	Application No.	Citation	Case No. (2001 onwards)
Art. 6(1)	Belziuk	Poland	Jmt	23103/93	(2000) 30 E.H.R.R. 614	
	Bendenoun	France	Jmt	12547/86	(1994) 18 E.H.R.R. 54	
	Benham	United Kingdom	Jmt	19380/92	(1996) 22 E.H.R.R. 293	
	Benthem	Netherlands	Jmt	8848/80	(1986) 8 E.H.R.R. 1	
	Benthem	Netherlands	Op	8848/80	(1984) 6 E.H.R.R. 283	
	Bergstrom	Sweden	Adm	10587/83	(1987) 9 E.H.R.R. 93	
	Bernard	France	Adm	15492/89	(1993) 15 E.H.R.R. CD 73	
	Bernard	France	Jmt	22885/93	(2000) 30 E.H.R.R. 808	
	Biondo	Italy	Adm	8821/79	(1984) 6 E.H.R.R. 113	
	Blastland	United Kingdom	Adm	12045/86	(1988) 10 E.H.R.R. 528	
	Bock	Germany	Jmt	11118/84	(1990) 12 E.H.R.R. 247	
	Boddaert	Belgium	Jmt	12919/87	(1993) 16 E.H.R.R. 242	
	Boden	Sweden	Adm	10930/84	(1987) 9 E.H.R.R. 141	
	Bodén	Sweden	Jmt	10930/84	(1988) 10 E.H.R.R. 367	
	Bonisch	Austria	Adm	8658/79	(1983) 5 E.H.R.R. 273	
	Bönisch	Austria	Jmt	8658/79	(1987) 9 E.H.R.R. 191	
	Bönisch	Austria	Op	8658/79	(1984) 6 E.H.R.R. 467	
	Borgers	Belgium	Jmt	12005/86	(1993) 15 E.H.R.R. 92	
	Botten	Norway	Jmt	16206/90	(2001) 32 E.H.R.R. 37	(2001) 32 E.H.R.R. 3
	Bouessel du Bourg	France	Adm	20747/92	(1993) 16 E.H.R.R. CD 49	
	Brady	United Kingdom	Adm	8575/79	(1981) 3 E.H.R.R. 297	
	Bramelid and Malmström	Sweden	Adm	8588/79; 8589/79	(1983) 5 E.H.R.R. 249	
	Brandstetter	Austria	Jmt	11170/84; 12876/87; 13468/87	(1993) 15 E.H.R.R. 378	
	Bricmont	Belgium	Jmt	10857/84	(1990) 12 E.H.R.R. 217	
	British American Tobacco Company Ltd	Netherlands	Jmt	19589/92	(1996) 21 E.H.R.R. 409	

Bromfield	United Kingdom	Adm	32003/96	(1998) 26 E.H.R.R. CD 138
Bromiley	United Kingdom	Adm	33747/96	(2000) 29 E.H.R.R. CD 111
Brown	United Kingdom	Adm	11129/84	(1986) 8 E.H.R.R. 272
Brown	United Kingdom	Adm	38644/97	(1999) 28 E.H.R.R. CD 233
Brozicek	Italy	Adm	10964/84	(1988) 10 E.H.R.R. 524
Brozicek	Italy	Jmt	10964/84	(1990) 12 E.H.R.R. 371
Bryan	United Kingdom	Jmt	19178/91	(1996) 21 E.H.R.R. 342
Bryan	United Kingdom	Op	19178/91	(1994) 18 E.H.R.R. CD 18
Buchholz	Germany	Jmt	7759/77	(1981) 3 E.H.R.R. 597
Bullock	United Kingdom	Adm	29102/95	(1996) 21 E.H.R.R. CD 85
Bulut	Austria	Jmt	17358/90	(1997) 24 E.H.R.R. 84
Bunkate	Netherlands	Jmt	13645/88	(1995) 19 E.H.R.R. 477
C	United Kingdom	Adm	9276/81	(1984) 6 E.H.R.R. 559
C	Netherlands	Adm	17175/90	(1993) 15 E.H.R.R. CD 26
C	Italy	Adm	14584/89	(1993) 16 E.H.R.R. CD 32
Cable	United Kingdom	Jmt	24436/94; 24582–24584/94; 24895/94; 25937/94; 25939–25941/94; 26271/95; 26525/95; 27341/95; 27342/95; 27346/95; 27389/95; 27409/95; 27760/95; 27772/95; 28009/95; 28790/95; 30236/96; 30239/96; 30276/96; 30277/96; 30460–30462/96; 31399/96; 31400/96; 31434/96; 31899/96; 32024/96; 32944/96	(2000) 30 E.H.R.R. 1032
Campbell and Fell	United Kingdom	Jmt	7819/77; 7878/77	(1985) 7 E.H.R.R. 165
Campbell and Fell	United Kingdom	Op	7819/77; 7878/77	(1983) 5 E.H.R.R. 207
Can	Austria	Adm	9300/81	(1984) 6 E.H.R.R. 568
Canea Catholic Church	Greece	Jmt	25528/94	(1999) 27 E.H.R.R. 521
Cantafio	Italy	Adm	14667/89	(1993) 15 E.H.R.R. CD 11

Article No.	Applicant	Country	Type	Application No.	Citation	Case No. (2001 onwards)
Art. 6(1)	Caporaso	Italy	Adm	13805/88	(1993) 16 E.H.R.R. CD 1	
	Capuano	Italy	Jmt	9381/81	(1991) 13 E.H.R.R. 271	
	Castillo Algar	Spain	Jmt	28194/95	(2000) 30 E.H.R.R. 827	
	Cavlun	Netherlands	Adm	38061/97	(1999) 27 E.H.R.R. CD 310	
	Cereceda Martin	Spain	Adm	16358/90	(1993) 15 E.H.R.R. CD 18	
	Cervenak	Czech Republic	Adm	29008/95	(1996) 21 E.H.R.R. CD 116	
	Ceylan	Turkey	Jmt	23556/94	(2000) 30 E.H.R.R. 73	
	Chojak	Poland	Adm	32220/96	(1998) 26 E.H.R.R. CD 145	
	Christian Association of Jehovah's Witnesses	Bulgaria	Adm	28626/95	(1997) 24 E.H.R.R. CD 52	
	Ciraklar	Turkey	Jmt	19061/91	(2001) 32 E.H.R.R. 535	(2001) 32 E.H.R.R. 23
	Clube de Futebol Uniao de Coimbra	Portugal	Settle-ment	27295/95	(2000) 29 E.H.R.R. CD 24	
	Colak	Germany	Adm	9999/82	(1987) 9 E.H.R.R. 154	
	Colak	Germany	Jmt	9999/82	(1989) 11 E.H.R.R. 513	
	Colozza	Italy	Jmt	9024/80	(1985) 7 E.H.R.R. 516	
	Comingersoll SA	Portugal	Jmt	35382/97	(2001) 31 E.H.R.R 772	(2001) 31 E.H.R.R 31
	Comninos and National Justice Compania Naviera SA	United Kingdom	Adm	29106/95	(1997) 23 E.H.R.R. CD 165	
	Condron	United Kingdom	Jmt	35718/97	(2001) 31 E.H.R.R 1	(2001) 31 E.H.R.R. 1
	Constantinos	Greece	Adm	25701/94	(1998) 26 E.H.R.R. CD 50	
	Cooke	Austria	Adm	25878/94	(1997) 23 E.H.R.R. CD 70	
	Cooke	Austria	Jmt	25878/94	(2001) 31 E.H.R.R 338	(2001) 31 E.H.R.R 11
	Corigliano	Italy	Jmt	8304/78	(1983) 5 E.H.R.R. 334	

Crabtree	United Kingdom	Adm	32788/96	(1997) 23 E.H.R.R. CD 202	
Credit and Industrial Bank and Moravec	Czech Republic	Adm	29010/95	(1998) 26 E.H.R.R. CD 88	
Croissant	Germany	Jmt	13611/88	(1993) 16 E.H.R.R. 135	
Curatella	Italy	Adm	15806/89	(1993) 16 E.H.R.R. CD 10	
Cybulski	United Kingdom	Adm	24266/94	(1997) 23 E.H.R.R. CD 53	
D	Switzerland	Adm	17771/91	(1993) 15 E.H.R.R. CD 29	
D	Italy	Adm	13779/88	(1993) 15 E.H.R.R. CD 61	
D'Haese and Le Compte	Belgium	Adm	8930/80	(1984) 6 E.H.R.R. 114	
Daktaras	Lithuania	Adm	42095/98	(2000) 29 E.H.R.R. CD 135	
Dalban	Romania	Jmt	28114/95	(2001) 31 E.H.R.R 893	(2001) 31 E.H.R.R 39
Darnell	United Kingdom	Jmt	15058/89	(1994) 18 E.H.R.R. 205	
Daud	Portugal	Jmt	22600/93	(2000) 30 E.H.R.R. 400	
De Cubber	Belgium	Jmt	9186/80	(1985) 7 E.H.R.R. 236	
De Cubber	Belgium	Op	9186/80	(1984) 6 E.H.R.R. 104	
De Geillustreerde Pers	Netherlands	Adm	12229/86	(1989) 11 E.H.R.R. 85	
De Haan	Netherlands	Jmt	22839/93	(1998) 26 E.H.R.R. 417	
De Haes and Gijsels	Belgium	Jmt	19983/92	(1998) 25 E.H.R.R. 1	
De Moor	Belgium	Jmt	16997/90	(1994) 18 E.H.R.R. 372	
De Varga Hirsch	France	Adm	9559/81	(1984) 6 E.H.R.R. 126	
De Vries	Netherlands	Adm	16690/90	(1993) 15 E.H.R.R. CD 87	
De Wilde, Ooms and Versyp	Belgium (No. 1)	Jmt	2832/66; 2835/66; 2899/66	1 E.H.R.R. 373	
Debled	Belgium	Jmt	13839/88	(1995) 19 E.H.R.R. 506	
Delcourt	Belgium	Jmt	2689/65	1 E.H.R.R. 355	
Delta	France	Jmt	11444/85	(1993) 16 E.H.R.R. 574	
Demai	France	Jmt	22904/93	(1995) 20 E.H.R.R. 90	
Demicoli	Malta	Jmt	13057/87	(1992) 14 E.H.R.R. 47	
Desillles	France	Adm	15948/90	(1993) 16 E.H.R.R. CD 10	

Article No.	Applicant	Country	Type	Application No.	Citation	Case No. (2001 onwards)
Art. 6(1)	Deumeland	Germany	Adm	9384/81	(1984) 6 E.H.R.R. 565	
	Deumeland	Germany	Jmt	9384/81	(1986) 8 E.H.R.R. 448	
	Deumeland	Germany	Op	9384/81	(1985) 7 E.H.R.R. 409	
	Deweer	Belgium	Jmt	6903/75	2 E.H.R.R. 439	
	Diennet	France	Adm	18160/91	(1993) 15 E.H.R.R. CD 94	
	Diennet	France	Jmt	18160/91	(1996) 21 E.H.R.R. 554	
	Dobbertin	France	Jmt	13089/87	(1993) 16 E.H.R.R. 558	
	Dombo Beheer BV	Netherlands	Jmt	14448/88	(1994) 18 E.H.R.R. 213	
	Doorson	Netherlands	Jmt	20524/92	(1996) 22 E.H.R.R. 330	
	Dorres and Silveira	Portugal	Adm	9345/81; 9346/81	(1983) 5 E.H.R.R. 275	
	Dougoz	Greece	Adm	40907/98	(2000) 29 E.H.R.R. CD 147	
	Dowsett Securities Ltd	United Kingdom	Adm	9405/81	(1984) 6 E.H.R.R. 110	
	Driemond Bouw BV	Netherlands	Adm	31908/96	(1999) 28 E.H.R.R. CD 135	
	Dublin Well Woman Centre Ltd	Ireland	Adm	28177/95	(1997) 23 E.H.R.R. CD 125	
	Duclos	France	Jmt	20942/92	(2001) 32 E.H.R.R. 86	(2001) 32 E.H.R.R. 5
	Dyer	United Kingdom	Adm	10475/83	(1985) 7 E.H.R.R. 469	
	E	France	Adm	14637/89	(1993) 15 E.H.R.R. CD 64	
	E	Austria	Adm	16569/90	(1993) 16 E.H.R.R. CD 11	
	EP	Italy	Jmt	31127/96	(2001) 31 E.H.R.R 463	(2001) 31 E.H.R.R 17
	E.P.	Slovak Republic	Adm	33706/96	(1999) 27 E.H.R.R. CD 231	
	Eckle	Germany	Jmt	8130/78	(1983) 5 E.H.R.R. 1	
	Eckle	Germany (Art. 50)	Jmt	8130/78	(1984) 6 E.H.R.R. 52	
	EDC	United Kingdom	Adm	24433/94	(1996) 21 E.H.R.R. CD 69	
	Editions Periscope	France	Jmt	11760/85	(1992) 14 E.H.R.R. 597	
	Edwards	United Kingdom	Jmt	13071/87	(1993) 15 E.H.R.R. 417	
	Egyptair	Denmark	Adm	28441/95	(1998) 26 E.H.R.R. CD 80	

Ekbatani	Sweden	Jmt	10563/83	(1991) 13 E.H.R.R. 504	
Engel	Netherlands (No. 1)	Jmt	5100/71; 5101/71; 5102/71; 5354/72; 5370/72	1 E.H.R.R. 647	
Engel	Netherlands (No. 2) (Art. 50)	Jmt	5100/71; 5101/71; 5102/71; 5354/72; 5370/72	1 E.H.R.R. 706	
English Electric Co.	United Kingdom	Adm	9263/81	(1983) 5 E.H.R.R. 498	
Englund	Sweden	Adm	36332/97	(1999) 27 E.H.R.R. CD 264	
Eriksson	Sweden	Adm	11373/85	(1988) 10 E.H.R.R. 539	
Eriksson	Sweden	Jmt	11375/85	(1990) 12 E.H.R.R. 183	
Erkner and Hofauer	Austria	Jmt	9616/81	(1987) 9 E.H.R.R. 464	
Erkner and Hofauer	Austria	Op	9616/81	(1986) 8 E.H.R.R. 520	
Escoubet	Belgium	Jmt	26780/95	(2001) 31 E.H.R.R 1034	(2001) 31 E.H.R.R 46
Ettl	Austria	Adm	9273/81	(1984) 6 E.H.R.R. 599	
Ettl	Austria	Jmt	9273/81	(1988) 10 E.H.R.R. 255	
Everest	United Kingdom	Adm	30234/96	(1997) 23 E.H.R.R. CD 180	
F	Netherlands	Adm	16737/90	(1993) 16 E.H.R.R. CD 12	
F	Austria	Adm	16060/90	(1993) 16 E.H.R.R. CD 35	
F.C.B.	Italy	Jmt	12151/86	(1992) 14 E.H.R.R. 909	
F.E.	France	Jmt	38212/97	(2000) 29 E.H.R.R. 591	
F.M.	Italy	Jmt	12784/87	(1994) 18 E.H.R.R. 570	
Farragut	France	Adm	10103/82	(1986) 8 E.H.R.R. 232	
Farrell	United Kingdom	Adm	9013/80	(1983) 5 E.H.R.R. 466	
Faulkner	United Kingdom	Adm	30308/96	(1998) 26 E.H.R.R. CD 125	
Fayed	United Kingdom	Jmt	17101/90	(1994) 18 E.H.R.R. 393	
Fejde	Sweden	Jmt	12631/87	(1994) 17 E.H.R.R. 14	
Feldbrugge	Netherlands	Jmt	8562/79	(1986) 8 E.H.R.R. 425	
Feldbrugge	Netherlands	Op	8562/79	(1985) 7 E.H.R.R. 279	
Fenzel and Köllner	Austria	Adm	22351/93	(1996) 22 E.H.R.R. CD 80	
Ferrantelli and Santangelo	Italy	Jmt	19874/92	(1997) 23 E.H.R.R. 288	

Article No.	Applicant	Country	Type	Application No.	Citation	Case No. (2001 onwards)
Art. 6(1)	Fey	Austria	Jmt	14396/88	(1993) 16 E.H.R.R. 387	
	Findlay	United Kingdom	Jmt	22107/93	(1997) 24 E.H.R.R. 221	
	Findlay	United Kingdom	Op	22107/93	(1996) 21 E.H.R.R. CD 7	
	Fischer	Austria	Jmt	16922/90	(1995) 20 E.H.R.R. 349	
	Fitt	United Kingdom	Jmt	29777/96	(2000) 30 E.H.R.R. 480	
	Flori	Italy	Adm	13932/88	(1993) 15 E.H.R.R. CD 4	
	Fogarty	United Kingdom	Adm	37112/97	(2000) 29 E.H.R.R. CD 157	
	Foti	Italy	Jmt	7604/76; 7719/76; 7781/77; 7913/77	(1983) 5 E.H.R.R. 313	
	Foucher	France	Jmt	22209/93	(1998) 25 E.H.R.R. 234	
	Fouquet	France	Jmt	20398/92	(1996) 22 E.H.R.R. 279	
	Fredin	Sweden	Adm	12033/86	(1989) 11 E.H.R.R. 104	
	Fredin	Switzerland	Adm	18928/91	(1993) 15 E.H.R.R. CD 58	
	Fredin	Sweden	Jmt	12033/86	(1991) 13 E.H.R.R. 784	
	Frydlender	France	Jmt	30979/96	(2001) 31 E.H.R.R 1152	(2001) 31 E.H.R.R 52
	Funke	France	Jmt	10828/84	(1993) 16 E.H.R.R. 297	
	G	France	Adm	15091/89	(1993) 15 E.H.R.R. CD 69	
	G	Norway	Adm	17228/90	(1993) 16 E.H.R.R. CD 14	
	G	Netherlands	Adm	16944/90	(1993) 16 E.H.R.R. CD 38	
	GS	Austria	Jmt	26297/95	(2001) 31 E.H.R.R 576	(2001) 31 E.H.R.R 21
	Gagliano Vasta	Italy	Adm	15056/89	(1993) 15 E.H.R.R. CD 13	
	Galloway	United Kingdom	Adm	34199/96	(1999) 27 E.H.R.R. CD 241	
	Gama Cidrais	Portugal	Adm	18024/91	(1993) 15 E.H.R.R. CD 94	
	Gama Vinhas	Portugal	Adm	18028/91	(1993) 16 E.H.R.R. CD 44	
	Garcia Ruiz	Spain	Jmt	30544/96	(2001) 31 E.H.R.R 589	(2001) 31 E.H.R.R 22
	Garyfallou Aebe	Greece	Jmt	18996/91	(1999) 28 E.H.R.R. 344	

Gasper	Sweden	Adm	18781/91	(1998) 26 E.H.R.R. CD 30	
Gasus Dosier- und Fördertechnik GmbH	Netherlands	Adm	15375/89	(1993) 15 E.H.R.R. CD 14	
Gautrin	France	Jmt	21257–21260/93	(1999) 28 E.H.R.R. 196	
Gaygusuz	Austria	Jmt	17371/90	(1997) 23 E.H.R.R. 364	
Georgiadis	Greece	Jmt	21522/93	(1997) 24 E.H.R.R. 606	
Gerlach	Germany	Adm	11130/84	(1986) 8 E.H.R.R. 311	
Gillow	United Kingdom	Adm	9063/80	(1983) 5 E.H.R.R. 581	
Giunta	Italy	Adm	13953/88	(1993) 16 E.H.R.R. CD 30	
Golder	United Kingdom	Jmt	4451/70	1 E.H.R.R. 524	
Goodman International and Goodman	Ireland	Adm	19538/92	(1993) 16 E.H.R.R. CD 26	
Grander	Sweden	Adm	20326/92	(1994) 18 E.H.R.R. CD 120	
Granger	United Kingdom	Jmt	11932/86	(1990) 12 E.H.R.R. 469	
Granger	United Kingdom	Op	11932/86	(1990) 12 E.H.R.R. 460	
Grauzinis	Lithuania	Adm	37975/97	(1999) 28 E.H.R.R. CD 189	
Greenpeace Schweiz	Switzerland	Adm	27644/95	(1997) 23 E.H.R.R. CD 116	
Grof	Austria	Adm	25046/94	(1998) 25 E.H.R.R. CD 39	
Guillemin	France	Jmt	19632/92	(1998) 25 E.H.R.R. 435	
Guincho	Portugal	Adm	8990/80	(1983) 5 E.H.R.R. 274	
Guincho	Portugal	Jmt	8940/80	(1985) 7 E.H.R.R. 223	
Gundem	Turkey	Jmt	22275/93	(2001) 32 E.H.R.R. 350	(2001) 32 E.H.R.R. 17
Gustafsson	Sweden	Jmt	15573/89	(1996) 22 E.H.R.R. 409	
H	Greece	Adm	18357/91	(1994) 18 E.H.R.R. CD 62	
H	Finland	Adm	18507/91	(1994) 18 E.H.R.R. CD 68	
H	United Kingdom	Jmt	9580/81	(1988) 10 E.H.R.R. 95	
H	Belgium	Jmt	8950/80	(1988) 10 E.H.R.R. 339	
H	France	Jmt	10073/82	(1990) 12 E.H.R.R. 74	
H	Belgium	Op	8950/80	(1986) 8 E.H.R.R. 510	
H and A	United Kingdom	Adm	9580/81	(1984) 6 E.H.R.R. 606	

Article No.	Applicant	Country	Type	Application No.	Citation	Case No. (2001 onwards)
Art. 6(1)	H.F.	Austria	Adm	22646/93	(1995) 20 E.H.R.R. CD 68	
	Hadjianastassiou	Greece	Jmt	12945/87	(1993) 16 E.H.R.R. 219	
	Hakansson and Sturesson	Sweden	Jmt	11855/85	(1991) 13 E.H.R.R. 1	
	Hamer	France	Jmt	19953/92	(1997) 23 E.H.R.R. 1	
	Harper	United Kingdom	Adm	11746/85	(1987) 9 E.H.R.R. 267	
	Harrison	United Kingdom	Adm	11790/85	(1989) 11 E.H.R.R. 85	
	Hauschildt	Denmark	Jmt	10486/83	(1990) 12 E.H.R.R. 266	
	Heaney and McGuinness	Ireland	Adm	34720/97	(2000) 29 E.H.R.R. CD 166	
	Helle	Finland	Jmt	20772/92	(1998) 26 E.H.R.R. 159	
	Helmers	Sweden	Jmt	11826/85	(1993) 15 E.H.R.R. 285	
	Hendriks	Netherlands	Op	8427/78	(1983) 5 E.H.R.R. 223	
	Hennings	Germany	Jmt	12129/86	(1993) 16 E.H.R.R. 83	
	Hentrich	France	Jmt	13616/88	(1994) 18 E.H.R.R. 440	
	Hertel	Switzerland	Jmt	25181/94	(1999) 28 E.H.R.R. 534	
	Higgins	France	Jmt	20124/92	(1999) 27 E.H.R.R. 703	
	Hilton	United Kingdom	Op	5613/72	(1981) 3 E.H.R.R. 104	
	Hins and Hugenholtz	Netherlands	Adm	25987/94	(1996) 21 E.H.R.R. CD 124	
	Hiro Balani	Spain	Jmt	18064/91	(1995) 19 E.H.R.R. 566	
	Hoang	France	Jmt	13191/87	(1993) 16 E.H.R.R. 53	
	Hokkanen	Finland	Jmt	19823/92	(1995) 19 E.H.R.R. 139	
	Holm	Sweden	Jmt	14191/88	(1994) 18 E.H.R.R. 79	
	Holy Monastries	Greece	Jmt	13092/87; 13984/88	(1995) 20 E.H.R.R. 1	
	Hood	United Kingdom	Jmt	27267/95	(2000) 29 E.H.R.R. 365	
	Hornsby	Greece	Jmt	18357/91	(1997) 24 E.H.R.R. 250	
	Hotel Casino Aregua Parana AG	Austria	Adm	23458/94	(1995) 20 E.H.R.R. CD 79	

Howarth	United Kingdom	Jmt	38081/97	(2001) 31 E.H.R.R 861	(2001) 31 E.H.R.R 37
Huber	France	Jmt	26637/95	(1998) 26 E.H.R.R. 457	
Humen	Poland	Jmt	26614/95	(2001) 31 E.H.R.R 1168	(2001) 31 E.H.R.R 53
Iacovelli	Italy	Adm	13954/88	(1993) 16 E.H.R.R. CD 30	
Iatridis	Greece	Jmt	31107/96	(2000) 30 E.H.R.R. 97	
Imbrioscia	Switzerland	Jmt	13972/88	(1994) 17 E.H.R.R. 441	
Immobiliare Saffi	Italy	Jmt	22774/93	(2000) 30 E.H.R.R. 756	
Incal	Turkey	Jmt	22678/93	(2000) 29 E.H.R.R. 449	
J	Belgium	Adm	18718/91	(1993) 15 E.H.R.R. CD 46	
J	Portugal	Adm	18034/91	(1993) 16 E.H.R.R. CD 23	
J	Spain	Adm	19382/92	(1993) 16 E.H.R.R. CD 47	
J.E.D.	United Kingdom	Adm	42225/98	(1999) 27 E.H.R.R. CD 65	
JJ	Netherlands	Jmt	21351/93	(1999) 28 E.H.R.R. 168	
J.S.	Netherlands	Adm	14561/89	(1995) 20 E.H.R.R. CD 41	
J.W.V.	Netherlands	Adm	37340/97	(1999) 27 E.H.R.R. CD 296	
Jacobsson	Sweden	Jmt	10842/84	(1990) 12 E.H.R.R. 56	
Jacobsson	Sweden	Jmt	11309/84	(1991) 13 E.H.R.R. 79	
Jacobsson	Sweden	Op	10842/84	(1989) 11 E.H.R.R. 563	
Jacobsson	Sweden (No. 2)	Jmt	16970/90	(2001) 32 E.H.R.R. 463	(2001) 32 E.H.R.R. 20
James	United Kingdom	Jmt	8795/79	(1986) 8 E.H.R.R. 123	
Janssen	Germany	Adm	23959/94	(1999) 27 E.H.R.R. CD 91	
Jasper	United Kingdom	Jmt	27052/95	(2000) 30 E.H.R.R. 441	
Jastrzebski	Poland	Adm	25669/94	(1995) 20 E.H.R.R. CD 126	
Jaxel	France	Adm	11282/84	(1989) 11 E.H.R.R. 87	
Johansen	Norway	Jmt	17383/90	(1997) 23 E.H.R.R. 33	
Johansson	Sweden	Adm	14006/88	(1993) 15 E.H.R.R. CD 62	
Johnson	United Kingdom	Adm	12536/86	(1989) 11 E.H.R.R. 90	
K	Austria	Adm	16568/90	(1993) 15 E.H.R.R. CD 86	

Article No.	Applicant	Country	Type	Application No.	Citation	Case No. (2001 onwards)
Art. 6(1)	K	Finland	Adm	19823/92	(1993) 16 E.H.R.R. CD 47	
	Kamasinski	Austria	Jmt	9783/82	(1991) 13 E.H.R.R. 36	
	Kaplan	United Kingdom	Op	7598/76	(1982) 4 E.H.R.R. 64	
	Kappa Kanzlei und Bürobetriebs GmbH	Austria	Adm	37146/97; 37148/97; 37434/97; 37829–37834/97; 37836/97; 37837/97; 37839–37841/97	(1999) 27 E.H.R.R. CD 300	
	Katikardis	Greece	Jmt	19385/92	(2001) 32 E.H.R.R. 113	(2001) 32 E.H.R.R. 6
	Katte Klitsche de la Grange	Italy	Adm	12539/86	(1993) 15 E.H.R.R. CD 1	
	Katte Klitsche de la Grange	Italy	Jmt	12539/86	(1995) 19 E.H.R.R. 368	
	Kaya	Turkey	Jmt	22729/93	(1999) 28 E.H.R.R. 1	
	Keegan	Ireland	Jmt	16969/90	(1994) 18 E.H.R.R. 342	
	Kefalas	Greece	Jmt	14726/89	(1995) 20 E.H.R.R. 484	
	Kemmache	France	Adm	17621/91	(1993) 16 E.H.R.R. CD 43	
	Kemmache	France	Jmt	14992/85	(1992) 14 E.H.R.R. 520	
	Kennedy	United Kingdom	Adm	36428/97	(1999) 27 E.H.R.R. CD 266	
	Kerojarvi	Finland	Jmt	17506/90	(2001) 32 E.H.R.R. 152	(2001) 32 E.H.R.R. 8
	Kerr	United Kingdom	Adm	40451/98	(2000) 29 E.H.R.R. CD 184	
	Keus	Netherlands	Jmt	12228/86	(1991) 13 E.H.R.R. 700	
	Keus	Netherlands	Op	12228/86	(1991) 13 E.H.R.R. 109	
	Khalfaoui	France	Jmt	34791/97	(2001) 31 E.H.R.R 967	(2001) 31 E.H.R.R 42
	Khan	United Kingdom	Jmt	35394/97	(2001) 31 E.H.R.R 1016	(2001) 31 E.H.R.R 45
	Kingsley	United Kingdom	Adm	35605/97	(2000) 29 E.H.R.R. CD 191	
	Kiss	United Kingdom	Op	6224/73	(1995) 19 E.H.R.R. CD 17	

Klass	Germany	Jmt	5029/71	2 E.H.R.R. 214	
Klavdianos	Greece	Adm	38841/97	(2000) 29 E.H.R.R. CD 199	
Koendjbiharie	Netherlands	Op	11487/85	(1991) 13 E.H.R.R. 118	
Kofler	Italy	Op	8261/78	(1983) 5 E.H.R.R. 303	
König	Germany	Jmt	6232/73	2 E.H.R.R. 170	
König	Germany (Art. 50)	Jmt	6232/73	2 E.H.R.R. 469	
Kortmann	Netherlands	Adm	11759/85	(1988) 10 E.H.R.R. 512	
Kostovski	Netherlands	Jmt	11454/85	(1990) 12 E.H.R.R. 434	
Kovachev	Bulgaria	Adm	29303/95	(1997) 23 E.H.R.R. CD 174	
Kraska	Switzerland	Jmt	13942/88	(1994) 18 E.H.R.R. 188	
Krcmár	Czech Republic	Jmt	35376/97	(2001) 31 E.H.R.R 953	(2001) 31 E.H.R.R 41
Kremzow	Austria	Jmt	12350/86	(1994) 17 E.H.R.R. 322	
Kreuz	Poland	Adm	28249/95	(1998) 25 E.H.R.R. CD 80	
Kristinsson	Iceland	Adm	12170/86	(1989) 11 E.H.R.R. 70	
Kristinsson	Iceland	Settlement	12170/86	(1991) 13 E.H.R.R. 238	
Krone-Verlag GmbH and Mediaprint Anzeigen GmbH & Co. KG	Austria	Adm	28977/95	(1997) 23 E.H.R.R. CD 152	
Kurup	Denmark	Adm	11219/84	(1986) 8 E.H.R.R. 93	
L	France	Adm	17012/90	(1993) 15 E.H.R.R. CD 89	
L	Austria	Adm	18823/91	(1993) 16 E.H.R.R. CD 24	
L	Finland	Jmt	25651/94	(2001) 31 E.H.R.R 737	(2001) 31 E.H.R.R 30
L, M and R	Switzerland	Adm	30003/96	(1996) 22 E.H.R.R. CD 130	
La Rosa	Italy	Adm	13895/88	(1993) 15 E.H.R.R. CD 4	
Lala	Netherlands	Jmt	14861/89	(1994) 18 E.H.R.R. 586	
Lalljee	United Kingdom	Adm	10556/83	(1986) 8 E.H.R.R. 84	
Langborger	Sweden	Jmt	11179/84	(1990) 12 E.H.R.R. 416	

Article No.	Applicant	Country	Type	Application No.	Citation	Case No. (2001 onwards)
Art. 6(1)	Langborger	Sweden	Op	11179/84	(1990) 12 E.H.R.R. 120	
	Le Calvez	France	Jmt	25554/94	(2001) 32 E.H.R.R. 481	(2001) 32 E.H.R.R. 21
	Le Compte, Van Leuven and De Meyere	Belgium	Jmt	6878/75; 7238/75	(1982) 4 E.H.R.R. 1	
	Le Compte, Van Leuven and De Meyere	Belgium (Art. 50)	Jmt	6878/75; 7238/75	(1983) 5 E.H.R.R. 183	
	Lechner and Hess	Austria	Jmt	9316/81	(1987) 9 E.H.R.R. 490	
	Lenzing AG	United Kingdom	Adm	38817/97	(1999) 27 E.H.R.R. CD 323	
	Leutscher	Netherlands	Jmt	17314/90	(1997) 24 E.H.R.R. 181	
	Lie and Bernsten	Norway	Adm	25130/94	(2000) 29 E.H.R.R. CD 210	
	Lindkvist	Denmark	Adm	25737/94	(1999) 27 E.H.R.R. CD 103	
	Lingens and Leitgens	Austria	Adm	8803/79	(1982) 4 E.H.R.R. 373	
	Lithgow	United Kingdom	Jmt	9006/80	(1986) 8 E.H.R.R. 329	
	Lithgow	United Kingdom	Op	9006/80; 9262/81; 9263/81; 9265/81; 9266/81; 9313/81; 9405/81	(1985) 7 E.H.R.R. 56	
	Lo Faro	Italy	Adm	15208/89	(1993) 15 E.H.R.R. CD 14	
	Lobo Machado	Portugal	Jmt	15764/89	(1997) 23 E.H.R.R. 79	
	Lockwood	United Kingdom	Adm	18824/91	(1993) 15 E.H.R.R. CD 48	
	Logan	United Kingdom	Adm	24875/94	(1996) 22 E.H.R.R. CD 178	
	Lombardo	Italy	Jmt	11519/85	(1996) 21 E.H.R.R. 188	
	Lori	Italy	Adm	13936/88	(1993) 16 E.H.R.R. CD 1	
	Lüdi	Switzerland	Jmt	12433/86	(1993) 15 E.H.R.R. 173	
	Luedicke, Belkacem and Koç	Germany	Jmt	6210/73; 6877/75; 7132/75	2 E.H.R.R. 149	
	M	Belgium	Adm	16909/90	(1993) 15 E.H.R.R. CD 22	
	M	Netherlands	Adm	17112/90	(1993) 15 E.H.R.R. CD 89	
	M	Austria	Adm	18960/91	(1993) 16 E.H.R.R. CD 25	

M.L.	United Kingdom	Adm	23546/94	(1995) 20 E.H.R.R. CD 81	
MK	Austria	Adm	28867/95	(1997) 24 E.H.R.R. CD 59	
McElhinney	Ireland and United Kingdom	Adm	31253/96	(2000) 29 E.H.R.R. CD 214	
McFeeley	United Kingdom	Op	8317/78	(1981) 3 E.H.R.R. 161	
McGinley and Egan	United Kingdom	Adm	21825/93; 23414/94	(1996) 21 E.H.R.R. CD 56	
McGinley and Egan	United Kingdom	Jmt	21825/93; 23414/94	(1999) 27 E.H.R.R. 1	
McGonnell	United Kingdom	Adm	28488/95	(1998) 25 E.H.R.R. CD 84	
McGonnell	United Kingdom	Jmt	28488/95	(2000) 30 E.H.R.R. 289	
Machatová	Slovak Republic	Adm	27552/95	(1997) 24 E.H.R.R. CD 44	
McLeod	United Kingdom	Adm	24755/94	(1996) 22 E.H.R.R. CD 158	
McMichael	United Kingdom	Jmt	16424/90	(1995) 20 E.H.R.R. 205	
Magee	United Kingdom	Jmt	28135/95	(2001) 31 E.H.R.R 822	(2001) 31 E.H.R.R 35
Maillard	France	Jmt	26586/95	(1999) 27 E.H.R.R. 232	
Maj	Italy	Jmt	13087/87	(1992) 14 E.H.R.R. 405	
Malige	France	Jmt	27812/95	(1999) 28 E.H.R.R. 578	
Mangov	Greece	Adm	16595/90	(1993) 16 E.H.R.R. CD 36	
Mansur	Turkey	Jmt	16026/90	(1995) 20 E.H.R.R. 535	
Mantel	Netherlands	Adm	22531/93	(1996) 22 E.H.R.R. CD 86	
Mantovanelli	France	Jmt	21497/93	(1997) 24 E.H.R.R. 370	
Marangos	Cyprus	Adm	31106/96	(1997) 23 E.H.R.R. CD 192	
Mariotti	Italy	Adm	14337/88	(1993) 16 E.H.R.R. CD 4	
Marlhens	France	Jmt	22862/93	(1996) 21 E.H.R.R. 502	
Marlhens	France	Jmt	22862/93	(1996) 22 E.H.R.R. 285	
Martin	Ireland	Adm	8569/79	(1986) 8 E.H.R.R. 316	
Martins de Cunha	Portugal	Adm	16923/90	(1993) 15 E.H.R.R. CD 88	
Martins Moreira	Portugal	Jmt	11371/85	(1991) 13 E.H.R.R. 517	
Massa	Italy	Jmt	14399/88	(1994) 18 E.H.R.R. 266	
Masson and Van Zon	Netherlands	Jmt	??	(1996) 22 E.H.R.R. 491	
Matos e Silva	Portugal	Jmt	15777/89	(1997) 24 E.H.R.R. 573	

Article No.	Applicant	Country	Type	Application No.	Citation	Case No. (2001 onwards)
Art. 6(1)	Matter	Slovakia	Jmt	31534/96	(2001) 31 E.H.R.R 783	(2001) 31 E.H.R.R 32
	Matznetter	Austria	Jmt	2178/64	1 E.H.R.R. 198	
	Mauer	Austria	Jmt	16566/90; 16898/90	(1998) 25 E.H.R.R. 91	
	Mavronichis	Cyprus	Adm	28054/95	(1996) 22 E.H.R.R. CD 120	
	Mavronichis	Cyprus	Jmt	28054/95	(2001) 31 E.H.R.R 1186	(2001) 31 E.H.R.R 54
	Meldrum	Netherlands	Adm	19006/91	(1993) 15 E.H.R.R. CD 106	
	Melin	France	Jmt	12914/87	(1994) 17 E.H.R.R. 1	
	Mens and Mens-Hoek	Netherlands	Adm	34325/96	(1998) 26 E.H.R.R. CD 170	
	Mentes	Turkey	Jmt	23186/94	(1998) 26 E.H.R.R. 595	
	Miah	United Kingdom	Adm	37401/97	(1998) 26 E.H.R.R. CD 199	
	Miailhe	France (No. 2)	Jmt	18978/91	(1997) 23 E.H.R.R. 491	
	Mikulski	Poland	Settlement	27914/95	(2000) 29 E.H.R.R. CD 64	
	Milasi	Italy	Jmt	10527/83	(1988) 10 E.H.R.R. 333	
	Mitap and Müftüoglu	Turkey	Jmt	15530/89; 15531/89	(1996) 22 E.H.R.R. 209	
	Mlynek	Austria	Jmt	15016/89	(1994) 18 E.H.R.R. 581	
	Momique-Pola	Sweden	Adm	36287/97	(1998) 26 E.H.R.R. CD 187	
	Monnell and Morris	United Kingdom	Jmt	9562/81; 9818/82	(1988) 10 E.H.R.R. 205	
	Monnet	France	Jmt	13675/88	(1994) 18 E.H.R.R. 27	
	Monroy	France	Adm	19042/91	(1993) 16 E.H.R.R. CD 46	
	Moore and Gordon	United Kingdom	Jmt	36529/97; 37393/97	(2000) 29 E.H.R.R. 728	
	Moreira De Azevedo	Portugal	Jmt	11296/84	(1991) 13 E.H.R.R. 721	
	Moreira de Azevedo	Portugal	Op	11296/84	(1991) 13 E.H.R.R. 101	
	Morel-A-L'Huissier	France	Adm	16532/90	(1993) 16 E.H.R.R. CD 11	
	Motta	Italy	Adm	16805/90	(1993) 16 E.H.R.R. CD 12	
	Motta	Italy	Jmt	11557/85	(1992) 14 E.H.R.R. 432	
	MS	Sweden	Jmt	20837/92	(1999) 28 E.H.R.R. 313	

Munro	United Kingdom	Adm	10594/83	(1988) 10 E.H.R.R. 516
Murray	United Kingdom	Jmt	18731/91	(1996) 22 E.H.R.R. 29
Murray	United Kingdom	Op	18739/91	(1994) 18 E.H.R.R. CD 1
Muyldermans	Belgium	Jmt	12217/86	(1993) 15 E.H.R.R. 204
Muyldermans	Belgium	Op	12217/86	(1993) 15 E.H.R.R. 209
N	Portugal	Adm	17355/90	(1993) 15 E.H.R.R. CD 90
N.M.	United Kingdom	Adm	9818/82	(1984) 6 E.H.R.R. 598
Nachtmann	Austria	Adm	36773/97	(1999) 27 E.H.R.R. CD 281
Naletilic	Croatia	Adm	51891/99	(2000) 29 E.H.R.R. CD 219
Nassen	Sweden	Adm	11565/85	(1987) 9 E.H.R.R. 150
National & Provincial, Leeds and Yorkshire Building Societies	United Kingdom	Adm	21319/93	(1995) 19 E.H.R.R. CD 56
National & Provincial, Leeds Permanent and the Yorkshire Building Societies	United Kingdom	Jmt	21319/93; 21449/93; 21675/93	(1998) 25 E.H.R.R. 127
National Union of Belgian Police	Belgium	Jmt	4464/70	1 E.H.R.R. 578
Neigel	France	Jmt	18725/91	(2000) 30 E.H.R.R. 310
Neumeister	Austria (No. 1)	Jmt	1936/63	1 E.H.R.R. 91
Neves Silva	Portugal	Jmt	11213/84	(1991) 13 E.H.R.R. 535
Nideröst-Huber	Switzerland	Jmt	18990/91	(1998) 25 E.H.R.R. 709
Nortier	Netherlands	Jmt	13924/88	(1994) 17 E.H.R.R. 273
Novotný	Czech Republic	Adm	36542/97	(1999) 27 E.H.R.R. CD 275
O	United Kingdom	Jmt	9276/81	(1988) 10 E.H.R.R. 82
Obermeier	Austria	Adm	11761/85	(1989) 11 E.H.R.R. 57
Obermeier	Austria	Jmt	11761/85	(1991) 13 E.H.R.R. 290
Oberschlick	Austria	Jmt	11662/85	(1995) 19 E.H.R.R. 389
Ocic	Croatia	Adm	46306/99	(2000) 29 E.H.R.R. CD 220
Oerlemans	Netherlands	Jmt	12565/86	(1993) 15 E.H.R.R. 561

Article No.	Applicant	Country	Type	Application No.	Citation	Case No. (2001 onwards)
Art. 6(1)	Ohg	Austria	Adm	19441/92	(1994) 18 E.H.R.R. CD 107	
	Okodata	Austria	Adm	10666/83	(1986) 8 E.H.R.R. 312	
	Oliveira Neves	Portugal	Jmt	11612/85	(1991) 13 E.H.R.R. 576	
	Olivero Meanotto	Italy	Adm	13940/88	(1993) 16 E.H.R.R. CD 2	
	Olsson	Sweden (No. 2)	Jmt	13441/87	(1994) 17 E.H.R.R. 134	
	Omar	France	Jmt	24767/94	(2000) 29 E.H.R.R. 210	
	Ortenberg	Austria	Jmt	18064/91	(1995) 19 E.H.R.R. 524	
	Ortombina	Italy	Adm	15489/89	(1993) 16 E.H.R.R. CD 8	
	Osman	United Kingdom	Jmt	23452/94	(2000) 29 E.H.R.R. 245	
	Osteo Deutschland GmbH	Germany	Jmt	26988/95	(1999) 28 E.H.R.R. CD 50	
	P	Itlay	Adm	13694/88	(1993) 15 E.H.R.R. CD 3	
	Paccione	Italy	Jmt	16753/90	(1995) 20 E.H.R.R. 396	
	Pafitis	Greece	Jmt	20323/92	(1999) 27 E.H.R.R. 566	
	Pailot	France	Jmt	32217/96	(2000) 30 E.H.R.R. 328	
	Pakelli	Germany	Jmt	8398/78	(1984) 6 E.H.R.R. 1	
	Palaoro	Austria	Jmt	16718/90	(2001) 32 E.H.R.R. 202	(2001) 32 E.H.R.R. 10
	Pammel	Germany	Jmt	17820/91	(1998) 26 E.H.R.R. 100	
	Papachelas	Greece	Jmt	31423/96	(2000) 30 E.H.R.R. 923	
	Pardo	France	Jmt	13416/87	(1994) 17 E.H.R.R. 383	
	Paruszweska	Poland	Adm	33770/96	(1998) 25 E.H.R.R. CD 175	
	Pastore	France	Adm	11035/84	(1986) 8 E.H.R.R. 224	
	Paton	United Kingdom	Adm	8416/78	(1981) 3 E.H.R.R. 408	
	Pauger	Austria	Jmt	16717/90	(1998) 25 E.H.R.R. 105	
	Paulsen-Medalen and Svensson	Sweden	Jmt	16817/90	(1998) 26 E.H.R.R. 260	
	Peers	Greece	Adm	28524/95	(1999) 27 E.H.R.R. CD 126	
	Pelissier and Sassi	France	Jmt	25444/94	(2000) 30 E.H.R.R. 715	

Pelladoah	Netherlands	Jmt	16737/90	(1995) 19 E.H.R.R. 81	
Pellegrin	France	Jmt	28541/95	(2001) 31 E.H.R.R 651	(2001) 31 E.H.R.R 26
Pereira	Portugal	Adm	17855/91	(1993) 15 E.H.R.R. CD 92	
Pérez de Rada Cavanilles	Spain	Jmt	28090/95	(2000) 29 E.H.R.R. 109	
Perez Mahia	Spain	Adm	11022/84	(1987) 9 E.H.R.R. 145	
Perin	France	Adm	18656/91	(1993) 15 E.H.R.R. CD 99	
Perks	United Kingdom	Adm	25277/94	(1997) 24 E.H.R.R. CD 35	
Perks	United Kingdom	Jmt	25277/94; 25279/94; 25280/94; 25285/94; 28048/95; 28192/95; 28456/95	(2000) 30 E.H.R.R. 33	
Pesti and Frodl	Austria	Adm	27618/95	(2000) 29 E.H.R.R. CD 229	
Petersen	Denamrk	Adm	24989/94	(1999) 27 E.H.R.R. CD 96	
Pfarrmeier	Austria	Jmt	16841/90	(1996) 22 E.H.R.R. 175	
Pfeifer and Plankl	Austria	Jmt	10802/84	(1992) 14 E.H.R.R. 692	
Philis	Greece	Jmt	12750/87; 13780/88; 14003/88	(1991) 13 E.H.R.R. 741	
Philis	Greece (No. 2)	Jmt	19773/92	(1998) 25 E.H.R.R. 417	
Phocas	France	Jmt	17869/91	(2001) 32 E.H.R.R. 221	(2001) 32 E.H.R.R. 11
Pichler	Austria	Adm	18305/91	(1993) 16 E.H.R.R. CD 45	
Pierre-Bloch	France	Jmt	24194/94	(1998) 26 E.H.R.R. 202	
Piersack	Belgium	Jmt	8692/79	(1983) 5 E.H.R.R. 169	
Piersack	Belgium (Art. 50)	Jmt	8692/79	(1985) 7 E.H.R.R. 251	
Pinard, Foucher and Parmentier	France	Adm	17874/91; 17876/91	(1993) 15 E.H.R.R. CD 92	
Pinder	United Kingdom	Adm	10096/82	(1985) 7 E.H.R.R. 464	
Piorello	Italy	Adm	11068/85	(1986) 8 E.H.R.R. 306	
Podbielski	Poland	Jmt	27916/95	(1999) 27 E.H.R.R. CD 19	
Poiss	Austria	Jmt	9816/82	(1988) 10 E.H.R.R. 231	
Poitrimol	France	Jmt	14032/88	(1994) 18 E.H.R.R. 130	

Article No.	Applicant	Country	Type	Application No.	Citation	Case No. (2001 onwards)
Art. 6(1)	Poltoratskiy	Ukraine	Adm	38812/97	(1999) 27 E.H.R.R. CD 320	
	Powell	United Kingdom	Adm	9310/81	(1987) 9 E.H.R.R. 241	
	Powell and Rayner	United Kingdom	Jmt	9310/81	(1990) 12 E.H.R.R. 355	
	Powell and Rayner	United Kingdom	Op	9310/81	(1990) 12 E.H.R.R. 288	
	Pressos Compania Naviera SA	Belgium	Jmt	17849/91	(1996) 21 E.H.R.R. 301	
	Pretto	Italy	Jmt	7984/77	(1984) 6 E.H.R.R. 182	
	Prinz	Austria	Adm	23867/94	(1997) 23 E.H.R.R. CD 50	
	Prinz	Austria	Jmt	23867/94	(2001) 31 E.H.R.R 357	(2001) 31 E.H.R.R 12
	Procola	Luxembourg	Jmt	14570/89	(1996) 22 E.H.R.R. 193	
	Protsch	Austria	Adm	15508/89	(1994) 18 E.H.R.R. CD 36	
	Province of Bari, Sorrento and Messeni nemaga	Italy	Adm	41877/98	(1999) 27 E.H.R.R. CD 352	
	Prussner	Germany	Adm	10901/84	(1986) 8 E.H.R.R. 79	
	Pudas	Sweden	Jmt	10426/83	(1988) 10 E.H.R.R. 380	
	Pugliese	Italy (No. 1)	Jmt	11840/85	(1992) 14 E.H.R.R. 413	
	Pullar	United Kingdom	Jmt	22399/93	(1996) 22 E.H.R.R. 391	
	Putz	Austria	Jmt	18892/91	(2001) 32 E.H.R.R. 271	(2001) 32 E.H.R.R. 13
	Q	Italy	Adm	13939/88	(1993) 15 E.H.R.R. CD 5	
	Q	France	Adm	20475/92	(1993) 16 E.H.R.R. CD 30	
	Quinn	Ireland	Adm	36887/97	(2000) 29 E.H.R.R. CD 234	
	Quinn	United Kingdom	Adm	23496/94	(1997) 23 E.H.R.R. CD 41	
	R	Italy	Adm	14022/88	(1993) 15 E.H.R.R. CD 5	
	R	United Kingdom	Jmt	10496/83	(1988) 10 E.H.R.R. 74	
	R.M.B.	United Kingdom	Adm	37120/97	(1999) 27 E.H.R.R. CD 286	
	R.S.	United Kingdom	Adm	24604/94	(1995) 20 E.H.R.R. CD 98	

Radino	Italy	Adm	9683/82	(1986) 8 E.H.R.R. 233
Raimondo	Italy	Jmt	12954/87	(1994) 18 E.H.R.R. 237
Rapotez	Italy	Adm	19222/91	(1993) 16 E.H.R.R. CD 46
Rasmussen	Denmark	Op	8777/79	(1984) 6 E.H.R.R. 94
Rasmussen and Lyngen	Denmark	Adm	31767/96	(1999) 27 E.H.R.R. CD 185
Rayner	United Kingdom	Adm	9310/81	(1987) 9 E.H.R.R. 375
Reed	United Kingdom	Settlement	7630/76	(1983) 5 E.H.R.R. 114
Reinhardt and Slimane-Kaïd	France	Jmt	22921/93	(1999) 28 E.H.R.R. 59
Reiss	Austria	Adm	23953/94	(1995) 20 E.H.R.R. CD 90
Remli	France	Jmt	16839/90	(1996) 22 E.H.R.R. 253
Ringeisen	Austria (No. 1)	Jmt	2614/65	1 E.H.R.R. 455
Ringhofer	Austria	Adm	10568/83	(1986) 8 E.H.R.R. 295
Rizzo	Italy	Adm	13937/88	(1993) 15 E.H.R.R. CD 4
Robins	United Kingdom	Jmt	22410/93	(1998) 26 E.H.R.R. 527
Rocchini	Italy	Adm	14583/89	(1993) 16 E.H.R.R. CD 32
Rolf Gustafson	Sweden	Jmt	23196/94	(1998) 25 E.H.R.R. 623
Rowe and Davis	United Kingdom	Adm	28901/95	(1998) 25 E.H.R.R. CD 118
Rowe and Davis	United Kingdom	Jmt	28901/95	(2000) 30 E.H.R.R. 1
Rubinat	Italy	Settlement	9317/81	(1985) 7 E.H.R.R. 512
Ruiz Torija	Spain	Jmt	18390/91	(1995) 19 E.H.R.R. 553
Ruiz-Mateos	Spain	Jmt	12952/87	(1993) 16 E.H.R.R. 505
Ryan	United Kingdom	Adm	32875/96	(1999) 27 E.H.R.R. CD 204
SE	Switzerland	Adm	28994/95	(1998) 25 E.H.R.R. CD 127
SP, DP and T	United Kingdom	Adm	23715/94	(1996) 22 E.H.R.R. CD 148
Saidi	France	Jmt	14647/89	(1994) 17 E.H.R.R. 251
Sainte-Marie	France	Jmt	12981/87	(1993) 16 E.H.R.R. 116
Salabiaku	France	Jmt	10589/83	(1991) 13 E.H.R.R. 379
Saleem	United Kingdom	Adm	38294/97	(1998) 25 E.H.R.R. CD 193

Article No.	Applicant	Country	Type	Application No.	Citation	Case No. (2001 onwards)
Art. 6(1)	Salesi	Italy	Jmt	13023/87	(1998) 26 E.H.R.R. 187	
	Samková	Slovak Republic	Adm	26384/95	(1996) 22 E.H.R.R. CD 205	
	Sander	United Kingdom	Jmt	34129/96	(2001) 31 E.H.R.R 1003	(2001) 31 E.H.R.R 44
	Santilli	Italy	Jmt	11634/85	(1992) 14 E.H.R.R. 421	
	Saraiva de Carvalho	Portugal	Jmt	15651/89	(1994) 18 E.H.R.R. 534	
	Saunders	United Kingdom	Jmt	19187/91	(1997) 23 E.H.R.R. 313	
	Saunders	United Kingdom	Op	19187/91	(1994) 18 E.H.R.R. CD 23	
	Scarth	United Kingdom	Adm	33745/96	(1998) 26 E.H.R.R. CD 154	
	Scarth	United Kingdom	Jmt	33745/96	(1999) 27 E.H.R.R. CD 37	
	Scarth	United Kingdom	Jmt	33745/96	(1999) 28 E.H.R.R. CD 47	
	Schenk	Switzerland	Jmt	10862/84	(1991) 13 E.H.R.R. 242	
	Scherer	Switzerland	Jmt	17116/90	(1994) 18 E.H.R.R. 276	
	Schertler	Austria	Adm	26575/95	(1996) 22 E.H.R.R. CD 212	
	Schmautzer	Austria	Jmt	15523/89	(1996) 21 E.H.R.R. 511	
	Schouten	Netherlands	Adm	19005/91	(1993) 15 E.H.R.R. CD 105	
	Schouten and Meldrum	Netherlands	Jmt	19005/91; 19006/91	(1995) 19 E.H.R.R. 432	
	Schuler-Zgraggen	Switzerland	Jmt	14518/89	(1993) 16 E.H.R.R. 405	
	Scollo	Italy	Jmt	19133/91	(1996) 22 E.H.R.R. 514	
	Scopelliti	Italy	Jmt	15511/89	(1994) 17 E.H.R.R. 493	
	Scuderi	Italy	Jmt	12986/87	(1995) 19 E.H.R.R. 187	
	Seidlová	Slovak Republic	Adm	25461/94	(1995) 20 E.H.R.R. CD 124	
	Selçuk and Asker	Turkey	Jmt	23184/94; 23185/94	(1998) 26 E.H.R.R. 477	
	Selmouni	France	Jmt	25803/94	(2000) 29 E.H.R.R. 403	
	Serves	France	Jmt	20225/92	(1999) 28 E.H.R.R. 265	
	Sidiropoulos	Greece	Jmt	26695/95	(1999) 27 E.H.R.R. 633	
	Silva Pontes	Portugal	Jmt	14940/89	(1994) 18 E.H.R.R. 156	

Silver	United Kingdom	Jmt	5947/72; 6205/73; 7052/75; 7061/75; 7107/75; 7113/75; 7136/75	(1983) 5 E.H.R.R. 347	
Silver	United Kingdom	Op	5947/72; 6205/73; 7052/75; 7061/75; 7107/75; 7113/75; 7136/75	(1981) 3 E.H.R.R. 475	
Šinko	Slovak Republic	Adm	33466/96	(1999) 27 E.H.R.R. CD 226	
Skärby	Sweden	Jmt	12258/86	(1991) 13 E.H.R.R. 90	
Slimane-Kaïd	France	Jmt	29507/95	(2001) 31 E.H.R.R 1073	(2001) 31 E.H.R.R 48
Smith	United Kingdom	Adm	25373/94	(1996) 21 E.H.R.R. CD 74	
Smith	United Kingdom	Adm	26666/95	(1998) 25 E.H.R.R. CD 52	
Socialist Party	Turkey	Jmt	21237/93	(1999) 27 E.H.R.R. 51	
Societe Levage Prestations	France	Jmt	21920/93	(1997) 24 E.H.R.R. 351	
Societe Stenuit	France	Jmt	11598/85	(1992) 14 E.H.R.R. 509	
Spadea and Scalabrino	Italy	Jmt	12868/87	(1996) 21 E.H.R.R. 482	
Spinelli	Italy	Adm	13961/88	(1993) 15 E.H.R.R. CD 5	
Sporrong and Lönnroth	Sweden (Art. 50)	Jmt	7151 & 7152/75	(1985) 7 E.H.R.R. 256	
Sporrong and Lönroth	Sweden	Jmt	7151 & 7152/75	(1983) 5 E.H.R.R. 35	
Sramek	Austria	Jmt	8790/79	(1985) 7 E.H.R.R. 351	
Stallinger and Kuso	Austria	Jmt	14696/89; 14697/89	(1998) 26 E.H.R.R. 81	
Stefan	United Kingdom	Adm	29419/95	(1998) 25 E.H.R.R. CD 130	
Stevens and Knight	United Kingdom	Adm	28918/95	(1999) 27 E.H.R.R. CD 138	
Stewart-Brady	United Kingdom	Adm	27436/95	(1997) 24 E.H.R.R. CD 38	
Stocke	Germany	Adm	11755/85	(1989) 11 E.H.R.R. 61	
Stocke	Germany	Jmt	11755/85	(1991) 13 E.H.R.R. 839	
Stocke	Germany	Op	11755/85	(1991) 13 E.H.R.R. 126	
Stögmüller	Austria	Jmt	1602/62	1 E.H.R.R. 155	
Stopford	United Kingdom	Adm	31316/96	(1998) 25 E.H.R.R. CD 151	

Article No.	Applicant	Country	Type	Application No.	Citation	Case No. (2001 onwards)
Art. 6(1)	Stran Greek Refineries and Stratis Andreadis	Greece	Jmt	13427/87	(1995) 19 E.H.R.R. 293	
	Stromillo	Italy	Adm	15831/89	(1993) 16 E.H.R.R. CD 10	
	Stubbings	United Kingdom	Jmt	22083/93; 22095/93	(1997) 23 E.H.R.R. 213	
	Stubbings	United Kingdom	Op	22083/93	(1995) 19 E.H.R.R. CD 32	
	Sußmann	Germany	Jmt	20024/92	(1998) 25 E.H.R.R. 64	
	Sujeeun	United Kingdom	Adm	27788/95	(1996) 21 E.H.R.R. CD 97	
	Sunday Times	United Kingdom	Jmt	6538/74	2 E.H.R.R. 245	
	Sunday Times	United Kingdom (No. 2) (Art. 50)	Jmt	6538/74	(1981) 3 E.H.R.R. 317	
	Sutter	Switzerland	Jmt	8209/78	(1984) 6 E.H.R.R. 272	
	T	Austria	Adm	19205/91	(1993) 15 E.H.R.R. CD 60	
	T.C.	Norway	Adm	29821/96	(1999) 27 E.H.R.R. CD 164	
	Taspinar	Netherlands	Adm	11026/84	(1986) 8 E.H.R.R. 47	
	Taylor	United Kingdom	Adm	28641/95	(1997) 23 E.H.R.R. CD 132	
	Teixeira de Castro	Portugal	Jmt	25829/94	(1999) 28 E.H.R.R. 101	
	Tejedor	Spain	Jmt	25420/94	(1998) 26 E.H.R.R. 440	
	Tekie	Italy	Adm	13684/88	(1993) 16 E.H.R.R. CD 1	
	Tekin	Turkey	Jmt	22496/93	(2001) 31 E.H.R.R 95	(2001) 31 E.H.R.R. 4
	Tenchio	Italy	Adm	14181/88	(1993) 16 E.H.R.R. CD 4	
	Terra Woningen	Netherlands	Jmt	20641/92	(1997) 24 E.H.R.R. 456	
	Terra Woningen	Netherlands	Op	20641/92	(1995) 20 E.H.R.R. CD 1	
	Thlimmenos	Greece	Jmt	34369/97	(2001) 31 E.H.R.R 411	(2001) 31 E.H.R.R 15
	Thomann	Switzerland	Jmt	17602/91	(1997) 24 E.H.R.R. 553	
	Thorgeirson	Iceland	Jmt	13778/88	(1992) 14 E.H.R.R. 843	
	Thorgeirson	Iceland	Op	13778/88	(1992) 14 E.H.R.R. 115	
	Tinnelly & Sons	United Kingdom	Jmt	20390/92	(1999) 27 E.H.R.R. 249	

Tinnelly and Sons	United Kingdom	Adm	20390/92; 21322/93	(1996) 22 E.H.R.R. CD 62
Tolstoy Miloslavsky	United Kingdom	Jmt	18139/91	(1995) 20 E.H.R.R. 442
Tomasi	France	Jmt	12850/87	(1993) 15 E.H.R.R. 1
Tre Traktörer	Sweden	Jmt	10873/84	(1991) 13 E.H.R.R. 309
Tre Traktörer Aktiebolag	Sweden	Op	10873/84	(1990) 12 E.H.R.R. 128
Tsirlis	Greece	Adm	19233/91	(1995) 20 E.H.R.R. CD 52
Tsirlis and Kouloumpas	Greece	Jmt	19233/91; 19234/91	(1998) 25 E.H.R.R. 198
Tsirlis and Kouloumpas	Greece	Op	19233/91; 19234/91	(1996) 21 E.H.R.R. CD 30
Tsirlis and Kouloumpas	Greece	Op	19233/91; 19234/91	(1996) 21 E.H.R.R. CD 30
Turner	United Kingdom	Adm	30294/96	(1997) 23 E.H.R.R. CD 181
Umlauft	Austria	Jmt	15527/89	(1996) 22 E.H.R.R. 76
Union Alimentaria Sanders	Spain	Adm	11681/85	(1989) 11 E.H.R.R. 96
Union Alimentaria Sanders SA	Spain	Jmt	11681/85	(1990) 12 E.H.R.R. 24
Unterpertinger	Austria	Adm	9120/80	(1984) 6 E.H.R.R. 331
Unterpertinger	Austria	Jmt	9120/80	(1991) 13 E.H.R.R. 175
Uppal	United Kingdom (No. 1)	Adm	8244/78	(1981) 3 E.H.R.R. 391
Uppal	United Kingdom (No. 2)	Settlement	8224/78	(1981) 3 E.H.R.R. 399
V	United Kingdom	Jmt	24888/94	(2000) 30 E.H.R.R. 121
Vacher	France	Jmt	20368/92	(1997) 24 E.H.R.R. 482
Vallée	France	Jmt	22121/93	(1994) 18 E.H.R.R. 549
Vallon	Italy	Adm	9621/81	(1984) 6 E.H.R.R. 546
Vallon	Italy	Jmt	9621/81	(1991) 13 E.H.R.R. 433
Vallon	Italy	Op	9621/81	(1985) 7 E.H.R.R. 436
Van de Hurk	Netherlands	Jmt	16034/90	(1994) 18 E.H.R.R. 481
Van Der Leer	Netherlands	Jmt	11509/85	(1990) 12 E.H.R.R. 567
Van Der Leer	Netherlands	Op	11509/85	(1989) 11 E.H.R.R. 413

Article No.	Applicant	Country	Type	Application No.	Citation	Case No. (2001 onwards)
Art. 6(1)	Van Eesbeck	Italy	Adm	11541/85	(1989) 11 E.H.R.R. 86	
	Van Geydeghem	Belgium	Jmt	26103/95	(2001) 32 E.H.R.R. 554	(2001) 32 E.H.R.R. 24
	Van Hal BV	Netherlands	Adm	11073/84	(1987) 9 E.H.R.R. 146	
	Van Marle	Netherlands	Jmt	8543/79; 8674/79; 8675/79; 8685/79	(1986) 8 E.H.R.R. 483	
	Van Marle, Van Zomeren, Flantua and De Bruijn	Netherlands	Op	8543/79	(1985) 7 E.H.R.R. 265	
	Van Mechelen	Netherlands	Jmt	21363/93; 21364/93; 21427/93; 22056/93	(1998) 25 E.H.R.R. 647	
	Van Orshoven	Belgium	Jmt	20122/92	(1998) 26 E.H.R.R. 55	
	Varey	United Kingdom	Adm	26662/95	(1998) 25 E.H.R.R. CD 49	
	Vasilescu	Romania	Jmt	27053/95	(1999) 28 E.H.R.R. 241	
	Vendittelli	Italy	Adm	14804/89	(1993) 15 E.H.R.R. CD 12	
	Vendittelli	Italy	Jmt	14804/89	(1995) 19 E.H.R.R. 464	
	Verdam	Netherlands	Adm	35253/97	(1999) 28 E.H.R.R. CD 161	
	Vereniging Radio 100	Netherlands	Adm	26335/95	(1996) 22 E.H.R.R. CD 198	
	Vermeulen	Belgium	Jmt	19075/91	(2001) 32 E.H.R.R. 313	(2001) 32 E.H.R.R. 15
	Vernillo	France	Jmt	11889/85	(1991) 13 E.H.R.R. 880	
	Vernon	United Kingdom	Adm	38753/97	(2000) 29 E.H.R.R. CD 264	
	Vickers plc	United Kingdom	Adm	9313/81	(1983) 5 E.H.R.R. 499	
	Vorhemes	Austria	Adm	33378/96	(1999) 27 E.H.R.R. CD 225	
	W	United Kingdom	Adm	9749/82	(1984) 6 E.H.R.R. 565	
	W	United Kingdom	Jmt	9749/82	(1988) 10 E.H.R.R. 29	
	W, H and A	United Kingdom	Adm	21681/93	(1995) 19 E.H.R.R. CD 60	
	W.J.	Austria	Adm	23759/94	(1999) 27 E.H.R.R. CD 83	

WR	Austria	Jmt	26602/95	(2001) 31 E.H.R.R 985	(2001) 31 E.H.R.R 43
Waite and Kennedy	Germany	Jmt	26083/94	(2000) 30 E.H.R.R. 261	
Wallen	Sweden	Adm	10877/84	(1986) 8 E.H.R.R. 320	
Wanyonyi	United Kingdom	Adm	32713/96	(1999) 27 E.H.R.R. CD 195	
Webb	United Kingdom	Adm	9353/81	(1984) 6 E.H.R.R. 120	
Webb	United Kingdom	Adm	33186/96	(1997) 24 E.H.R.R. CD 73	
Weber	Switzerland	Jmt	11034/84	(1990) 12 E.H.R.R. 508	
Wemhoff	Germany	Jmt	2122/64	1 E.H.R.R. 55	
Werner	Poland	Adm	26760/95	(1998) 25 E.H.R.R. CD 61	
Werner	Austria	Jmt	20602/92	(1998) 26 E.H.R.R. 310	
Wiesinger	Austria	Jmt	11796/85	(1993) 16 E.H.R.R. 258	
Wilkinson	United Kingdom	Adm	31145/96	(1998) 26 E.H.R.R. CD 131	
Wille	Liechtenstein	Adm	28396/95	(1997) 24 E.H.R.R. CD 45	
Wilson	United Kingdom	Adm	36791/97	(1998) 26 E.H.R.R. CD 195	
Winterwerp	Netherlands	Jmt	6301/73	2 E.H.R.R. 387	
Wolff Metternich	Netherlands	Adm	45098/99	(1999) 27 E.H.R.R. CD 69	
Wood	United Kingdom	Adm	32540/96	(1997) 24 E.H.R.R. CD 69	
Woukam Moudefo	France	Settlement	10868/84	(1991) 13 E.H.R.R. 549	
X	Austria	Adm	8003/77	(1981) 3 E.H.R.R. 285	
X	Ireland	Adm	8315/79	(1982) 4 E.H.R.R. 359	
X	United Kingdom	Adm	20657/92	(1993) 15 E.H.R.R. CD 113	
X	France	Jmt	18020/91	(1992) 14 E.H.R.R. 483	
X	United Kingdom	Op	8233/78	(1981) 3 E.H.R.R. 271	
Yagci and Sargin	Turkey	Jmt	16419/90; 16426/90	(1995) 20 E.H.R.R. 505	
Yarrow plc	United Kingdom	Adm	9266/81	(1983) 5 E.H.R.R. 498	
Zamir	United Kingdom	Adm	9174/80	(1983) 5 E.H.R.R. 242	
Zana	Turkey	Jmt	18954/91	(1999) 27 E.H.R.R. 667	
Zander	Sweden	Jmt	14282/88	(1994) 18 E.H.R.R. 175	

Article No.	Applicant	Country	Type	Application No.	Citation	Case No. (2001 onwards)
Art. 6(1)	Zielinski	France	Jmt	24846/94; 34165/96; 34173/96	(2001) 31 E.H.R.R 532	(2001) 31 E.H.R.R 19
	Zimmermann and Steiner	Switzerland	Jmt	8737/79	(1984) 6 E.H.R.R. 17	
	Zumtobel	Austria	Jmt	12235/86	(1994) 17 E.H.R.R. 116	
Art. 6(1)(c)	Brozicek	Italy	Jmt	10964/84	(1990) 12 E.H.R.R. 371	
Art. 6(2)	Aannemersbedrijf Gebroedes Van Leeuwen BV	Netherlands	Adm	32602/96	(2000) 29 E.H.R.R. CD 96	
	Adolf	Austria	Jmt	8269/78	(1982) 4 E.H.R.R. 313	
	Albert and Le Compte	Belgium	Jmt	7299/75; 7496/76	(1983) 5 E.H.R.R. 533	
	Allenet de Ribemont	France	Jmt	15175/89	(1995) 20 E.H.R.R. 557	
	Allgemeine Gold-und Silber Scheideanstalt AG	United Kingdom	Adm	9118/80	(1983) 5 E.H.R.R. 584	
	AP, MP and TP	Switzerland	Jmt	19958/92	(1998) 26 E.H.R.R. 541	
	App. No. 8744/79	Germany	Adm	8744/79	(1983) 5 E.H.R.R. 499	
	App. No. 8957/80	Austria	Adm	8957/80	(1983) 5 E.H.R.R. 502	
	App. No. 8998/80	Austria	Adm	8998/80	(1984) 6 E.H.R.R. 321	
	App. No. 9156/80	Austria	Adm	9156/80	(1983) 5 E.H.R.R. 269	
	App. No. 9295/81	Austria	Adm	9295/81	(1983) 5 E.H.R.R. 284	
	App. No. 9307/81	Austria	Adm	9307/81	(1983) 5 E.H.R.R. 503	
	App. No. 9531/81	Germany	Adm	9531/81	(1983) 5 E.H.R.R. 290	
	App. No. 9732/82	United Kingdom	Adm	9732/82	(1983) 5 E.H.R.R. 295	
	App. No. 10107/84	Switzerland	Adm	10107/84	(1986) 8 E.H.R.R. 252	
	App. No. 10135/82	Denmark	Adm	10135/82	(1986) 8 E.H.R.R. 226	
	App. No. 10300/83	Germany	Adm	10300/83	(1986) 8 E.H.R.R. 264	
	App. No. 10427/83	United Kingdom	Adm	10427/83	(1987) 9 E.H.R.R. 369	

App. No. 11170/84	Austria	Adm	11170/84	(1988) 10 E.H.R.R. 513	
App. No. 11464/85	Sweden	Adm	11464/85	(1988) 10 E.H.R.R. 542	
App. No. 11919/86	Austria	Adm	11919/86	(1988) 10 E.H.R.R. 538	
Averill	United Kingdom	Jmt	36408/97	(2001) 31 E.H.R.R 839	(2001) 31 E.H.R.R 36
Barberà, Messegué and Jabardo	Spain	Jmt	10588/83; 10589/83; 10590/83	(1989) 11 E.H.R.R. 360	
Barberà, Messegué and Jabardo	Spain	Adm	10588/83; 10589/83; 10590/83	(1987) 9 E.H.R.R. 101	
Baskaya and Oçuoglu	Turkey	Jmt	23536/94; 24408/94	(2001) 31 E.H.R.R 292	(2001) 31 E.H.R.R 10
Bernard	France	Jmt	22885/93	(2000) 30 E.H.R.R. 808	
Bladet Tromsø and Stensaas	Norway	Jmt	21980/93	(2000) 29 E.H.R.R. 125	
Bönisch	Austria	Jmt	8658/79	(1987) 9 E.H.R.R. 191	
Brandstetter	Austria	Jmt	11170/84; 12876/87; 13468/87	(1993) 15 E.H.R.R. 378	
Cereceda Martin	Spain	Adm	16358/90	(1993) 15 E.H.R.R. CD 18	
CH	Austria	Adm	27629/95	(2000) 29 E.H.R.R. CD 123	
CL, BL and HL	Sweden	Adm	22771/93	(2000) 29 E.H.R.R. CD 125	
Comninos and National Justice Compania Naviera SA	United Kingdom	Adm	29106/95	(1997) 23 E.H.R.R. CD 165	
Condron	United Kingdom	Jmt	35718/97	(2001) 31 E.H.R.R 1	(2001) 31 E.H.R.R. 1
Cooke	Austria	Adm	25878/94	(1997) 23 E.H.R.R. CD 70	
Cybulski	United Kingdom	Adm	24266/94	(1997) 23 E.H.R.R. CD 53	
D'Haese and Le Compte	Belgium	Adm	8930/80	(1984) 6 E.H.R.R. 114	
Daktaras	Lithuania	Adm	42095/98	(2000) 29 E.H.R.R. CD 135	
Delta	France	Jmt	11444/85	(1993) 16 E.H.R.R. 574	
Demicoli	Malta	Jmt	13057/87	(1992) 14 E.H.R.R. 47	

Article No.	Applicant	Country	Type	Application No.	Citation	Case No. (2001 onwards)
Art. 6(2)	Deweer	Belgium	Jmt	6903/75	2 E.H.R.R. 439	
	Engel	Netherlands (No. 1)	Jmt	5100/71; 5101/71; 5102/71; 5354/72; 5370/72	1 E.H.R.R. 647	
	Englert	Germany	Adm	10282/83	(1986) 8 E.H.R.R. 45	
	Englert	Germany	Jmt	10282/83	(1991) 13 E.H.R.R. 392	
	Farragut	France	Adm	10103/82	(1986) 8 E.H.R.R. 232	
	Fashanu	United Kingdom	Adm	38440/97	(1998) 26 E.H.R.R. CD 217	
	Fitt	United Kingdom	Jmt	29777/96	(2000) 30 E.H.R.R. 480	
	Fressoz and Roire	France	Jmt	29183/95	(2001) 31 E.H.R.R 28	(2001) 31 E.H.R.R. 2
	Funke	France	Jmt	10828/84	(1993) 16 E.H.R.R. 297	
	Goodman International and Goodman	Ireland	Adm	19538/92	(1993) 16 E.H.R.R. CD 26	
	Grauzinis	Lithuania	Adm	37975/97	(1999) 28 E.H.R.R. CD 189	
	Guzzardi	Italy	Jmt	7367/76	(1981) 3 E.H.R.R. 333	
	Heaney and McGuinness	Ireland	Adm	34720/97	(2000) 29 E.H.R.R. CD 166	
	Hentrich	France	Jmt	13616/88	(1994) 18 E.H.R.R. 440	
	Hibbert	Netherlands	Adm	38087/97	(1999) 28 E.H.R.R. CD 194	
	Hoang	France	Jmt	13191/87	(1993) 16 E.H.R.R. 53	
	J.S.	Netherlands	Adm	14561/89	(1995) 20 E.H.R.R. CD 41	
	Kemmache	France	Adm	17621/91	(1993) 16 E.H.R.R. CD 43	
	Kokavecz	Hungary	Adm	27312/95	(1999) 28 E.H.R.R. CD 86	
	Kremzow	Austria	Jmt	12350/86	(1994) 17 E.H.R.R. 322	
	Krone-Verlag GmbH and Mediaprint Anzeigen GmbH & Co. KG	Austria	Adm	28977/95	(1997) 23 E.H.R.R. CD 152	
	Lala	Netherlands	Jmt	14861/89	(1994) 18 E.H.R.R. 586	

Leutscher	Netherlands	Jmt	17314/90	(1997) 24 E.H.R.R. 181
Lindkvist	Denmark	Adm	25737/94	(1999) 27 E.H.R.R. CD 103
Luedicke, Belkacem and Koç	Germany	Jmt	6210/73; 6877/75; 7132/75	2 E.H.R.R. 149
Lutz	Germany	Jmt	9912/82	(1988) 10 E.H.R.R. 182
MK	Austria	Adm	28867/95	(1997) 24 E.H.R.R. CD 59
Masson and Van Zon	Netherlands	Jmt	??	(1996) 22 E.H.R.R. 491
Miah	United Kingdom	Adm	37401/97	(1998) 26 E.H.R.R. CD 199
Minelli	Switzerland	Jmt	8660/79	(1983) 5 E.H.R.R. 554
Murray	United Kingdom	Jmt	18731/91	(1996) 22 E.H.R.R. 29
Murray	United Kingdom	Op	18739/91	(1994) 18 E.H.R.R. CD 1
Nölkenbockhoff	Germany	Jmt	10300/83	(1988) 10 E.H.R.R. 163
Nölkenbockhoff	Germany	Jmt	10300/83	(1991) 13 E.H.R.R. 360
Oppegard	Norway	Adm	29327/95	(2000) 29 E.H.R.R. CD 223
Peers	Greece	Adm	28524/95	(1999) 27 E.H.R.R. CD 126
Perez Mahia	Spain	Adm	11022/84	(1987) 9 E.H.R.R. 145
Poltoratskiy	Ukraine	Adm	38812/97	(1999) 27 E.H.R.R. CD 320
Prinz	Austria	Adm	23867/94	(1997) 23 E.H.R.R. CD 50
Quinn	Ireland	Adm	36887/97	(2000) 29 E.H.R.R. CD 234
Quinn	United Kingdom	Adm	23496/94	(1997) 23 E.H.R.R. CD 41
Rasmussen and Lyngen	Denmark	Adm	31767/96	(1999) 27 E.H.R.R. CD 185
Salabiaku	France	Jmt	10589/83	(1991) 13 E.H.R.R. 379
Schenk	Switzerland	Jmt	10862/84	(1991) 13 E.H.R.R. 242
Sekanina	Austria	Jmt	13126/87	(1994) 17 E.H.R.R. 221
Sigurdardóttir	Iceland	Adm	32451/96	(1999) 28 E.H.R.R. CD 146 (1999) 28 E.H.R.R. CD 148
Skoogström	Sweden	Adm	8582/79	(1983) 5 E.H.R.R. 278
Togher	United Kingdom	Adm	28555/95	(1998) 25 E.H.R.R. CD 99
Waite and Kennedy	Germany	Jmt	26083/94	(2000) 30 E.H.R.R. 261

Article No.	Applicant	Country	Type	Application No.	Citation	Case No. (2001 onwards)
Art. 6(2)	X, Y and Z	Austria	Adm	7950/77	(1982) 4 E.H.R.R. 270	
	X, Y and Z	Sweden	Adm	8702/79	(1982) 4 E.H.R.R. 395	
Art. 6(3)	AP, MP and TP	Switzerland	Jmt	19958/92	(1998) 26 E.H.R.R. 541	
	Aannemersbedrijf Gebroedes Van Leeuwen BV	Netherlands	Adm	32602/96	(2000) 29 E.H.R.R. CD 96	
	Albert and Le Compte	Belgium	Jmt	7299/75; 7496/76	(1983) 5 E.H.R.R. 533	
	App. No. 8998/80	Austria	Adm	8998/80	(1984) 6 E.H.R.R. 321	
	App. No. 9966/82	United Kingdom	Adm	9966/82	(1983) 5 E.H.R.R. 299	
	App. No. 10323/83	United Kingdom	Adm	10323/83	(1984) 6 E.H.R.R. 363	
	App. No. 11170/84	Austria	Adm	11170/84	(1988) 10 E.H.R.R. 513	
	Artico	Ireland	Jmt	6694/74	(1981) 3 E.H.R.R. 1	
	Benham	United Kingdom	Jmt	19380/92	(1996) 22 E.H.R.R. 293	
	Campbell and Fell	United Kingdom	Jmt	7819/77; 7878/77	(1985) 7 E.H.R.R. 165	
	Can	Austria	Op	9300/81	(1985) 7 E.H.R.R. 421	
	Can	Austria	Settlement	9300/81	(1986) 8 E.H.R.R. 14	
	Cavlun	Netherlands	Adm	38061/97	(1999) 27 E.H.R.R. CD 310	
	Comninos and National Justice Compania Naviera SA	United Kingdom	Adm	29106/95	(1997) 23 E.H.R.R. CD 165	
	Cremieux	France	Jmt	11471/85	(1993) 16 E.H.R.R. 357	
	Daud	Portugal	Jmt	22600/93	(2000) 30 E.H.R.R. 400	
	De Wilde, Ooms and Versyp	Belgium (No. 1)	Jmt	2832/66; 2835/66; 2899/66	1 E.H.R.R. 373	
	Deweer	Belgium	Jmt	6903/75	2 E.H.R.R. 439	
	Engel	Netherlands (No. 1)	Jmt	5100/71; 5101/71; 5102/71; 5354/72; 5370/72	1 E.H.R.R. 647	

	Fitt	United Kingdom	Jmt	29777/96	(2000) 30 E.H.R.R. 480
	Foucher	France	Jmt	22209/93	(1998) 25 E.H.R.R. 234
	Golder	United Kingdom	Jmt	4451/70	1 E.H.R.R. 524
	Jasper	United Kingdom	Jmt	27052/95	(2000) 30 E.H.R.R. 441
	Keus	Netherlands	Jmt	12228/86	(1991) 13 E.H.R.R. 700
	Keus	Netherlands	Op	12228/86	(1991) 13 E.H.R.R. 109
	Koendjbiharie	Netherlands	Op	11487/85	(1991) 13 E.H.R.R. 118
	Luedicke, Belkacem and Koç	Germany	Jmt	6210/73; 6877/75; 7132/75	2 E.H.R.R. 149
	Motta	Italy	Adm	16805/90	(1993) 16 E.H.R.R. CD 12
	Perks	United Kingdom	Adm	25277/94	(1997) 24 E.H.R.R. CD 35
	Pesti and Frodl	Austria	Adm	27618/95	(2000) 29 E.H.R.R. CD 229
	Rowe and Davis	United Kingdom	Jmt	28901/95	(2000) 30 E.H.R.R. 1
	Skoogström	Sweden	Adm	8582/79	(1983) 5 E.H.R.R. 278
	Steel	United Kingdom	Jmt	24838/94	(1999) 28 E.H.R.R. 603
	Vacher	France	Jmt	20368/92	(1997) 24 E.H.R.R. 482
Art. 6(3)(a)	App. No. 9035/80	Germany	Adm	9035/80	(1983) 5 E.H.R.R. 502
	App. No. 9315/81	Austria	Adm	9315/81	(1984) 6 E.H.R.R. 332
	App. No. 9783/82	Austria	Adm	9783/82	(1986) 8 E.H.R.R. 67
	App. No. 9963/82	Belgium	Adm	9963/82	(1983) 5 E.H.R.R. 515
	Belgian Linguistics Case (No. 2)		Jmt	1474/62; 1677/62; 1699/62; 1769/63; 1994/63; 2126/64	1 E.H.R.R. 252
	Brozicek	Italy	Adm	10964/84	(1988) 10 E.H.R.R. 524
	Brozicek	Italy	Jmt	10964/84	(1990) 12 E.H.R.R. 371
	Cooke	Austria	Adm	25878/94	(1997) 23 E.H.R.R. CD 70
	De Salvador Torres	Spain	Jmt	21525/93	(1997) 23 E.H.R.R. 601
	F	Austria	Adm	16060/90	(1993) 16 E.H.R.R. CD 35
	Gea Catalán	Spain	Jmt	19160/91	(1995) 20 E.H.R.R. 266
	Jabari	Turkey	Adm	40035/98	(2000) 29 E.H.R.R. CD 178
	Kamasinski	Austria	Jmt	9783/82	(1991) 13 E.H.R.R. 36

Article No.	Applicant	Country	Type	Application No.	Citation	Case No. (2001 onwards)
Art. 6(3)(a)	Luedicke, Belkacem and Koç	Germany	Jmt	6210/73; 6877/75; 7132/75	2 E.H.R.R. 149	
	Pelissier and Sassi	France	Jmt	25444/94	(2000) 30 E.H.R.R. 715	
	Poltoratskiy	Ukraine	Adm	38812/97	(1999) 27 E.H.R.R. CD 320	
	Prinz	Austria	Adm	23867/94	(1997) 23 E.H.R.R. CD 50	
Art. 6(3)(b)	App. No. 8715/79	United Kingdom	Adm	8715/79	(1983) 5 E.H.R.R. 273	
	App. No. 8744/79	Germany	Adm	8744/79	(1983) 5 E.H.R.R. 499	
	App. No. 9017/80	Sweden	Adm	9017/80	(1983) 5 E.H.R.R. 279	
	App. No. 9035/80	Germany	Adm	9035/80	(1983) 5 E.H.R.R. 502	
	App. No. 9315/81	Austria	Adm	9315/81	(1984) 6 E.H.R.R. 332	
	App. No. 9453/81	Portugal	Adm	9453/81	(1983) 5 E.H.R.R. 479	
	App. No. 9783/82	Austria	Adm	9783/82	(1986) 8 E.H.R.R. 67	
	App. No. 9963/82	Belgium	Adm	9963/82	(1983) 5 E.H.R.R. 515	
	App. No. 10165/82	United Kingdom	Adm	10165/82	(1983) 5 E.H.R.R. 516	
	App. No. 11043/84	Germany	Adm	11043/84	(1986) 8 E.H.R.R. 303	
	Bricmont	Belgium	Jmt	10857/84	(1990) 12 E.H.R.R. 217	
	Condron	United Kingdom	Jmt	35718/97	(2001) 31 E.H.R.R 1	(2001) 31 E.H.R.R. 1
	Cooke	Austria	Adm	25878/94	(1997) 23 E.H.R.R. CD 70	
	Daktaras	Lithuania	Adm	42095/98	(2000) 29 E.H.R.R. CD 135	
	Delta	France	Jmt	11444/85	(1993) 16 E.H.R.R. 574	
	Domenichini	Italy	Jmt	15943/90	(2001) 32 E.H.R.R. 68	(2001) 32 E.H.R.R. 4
	Engel	Netherlands (No. 1)	Jmt	5100/71; 5101/71; 5102/71; 5354/72; 5370/72	1 E.H.R.R. 647	
	Fitt	United Kingdom	Jmt	29777/96	(2000) 30 E.H.R.R. 480	
	Hadjianastassiou	Greece	Jmt	12945/87	(1993) 16 E.H.R.R. 219	

	Jasper	United Kingdom	Jmt	27052/95	(2000) 30 E.H.R.R. 441
	Kamasinski	Austria	Jmt	9783/82	(1991) 13 E.H.R.R. 36
	Kerr	United Kingdom	Adm	40451/98	(2000) 29 E.H.R.R. CD 184
	Kremzow	Austria	Jmt	12350/86	(1994) 17 E.H.R.R. 322
	Kurup	Denmark	Adm	11219/84	(1986) 8 E.H.R.R. 93
	Lamy	Belgium	Adm	10444/83	(1987) 9 E.H.R.R. 154
	Lamy	Belgium	Jmt	10444/83	(1989) 11 E.H.R.R. 529
	Melin	France	Jmt	12914/87	(1994) 17 E.H.R.R. 1
	Peers	Greece	Adm	28524/95	(1999) 27 E.H.R.R. CD 126
	Pelissier and Sassi	France	Jmt	25444/94	(2000) 30 E.H.R.R. 715
	Perez Mahia	Spain	Adm	11022/84	(1987) 9 E.H.R.R. 145
	Poltoratskiy	Ukraine	Adm	38812/97	(1999) 27 E.H.R.R. CD 320
	Prinz	Austria	Adm	23867/94	(1997) 23 E.H.R.R. CD 50
	Rowe and Davis	United Kingdom	Adm	28901/95	(1998) 25 E.H.R.R. CD 118
	Rowe and Davis	United Kingdom	Jmt	28901/95	(2000) 30 E.H.R.R. 1
	Ruga	Italy	Adm	10990/84	(1988) 10 E.H.R.R. 532
	S	Switzerland	Jmt	12629/87; 13965/88	(1992) 14 E.H.R.R. 670
	Serves	France	Jmt	20225/92	(1999) 28 E.H.R.R. 265
	V	United Kingdom	Adm	19804/92	(1993) 15 E.H.R.R. CD 108
	Vacher	France	Jmt	20368/92	(1997) 24 E.H.R.R. 482
Art. 6(3)(c)	Airey	Ireland	Jmt	6289/73	2 E.H.R.R. 305
	App. No. 8715/79	United Kingdom	Adm	8715/79	(1983) 5 E.H.R.R. 273
	App. No. 9022/80	Switzerland	Adm	9022/80	(1984) 6 E.H.R.R. 329
	App. No. 9035/80	Germany	Adm	9035/80	(1983) 5 E.H.R.R. 502
	App. No. 9419/81	Switzerland	Adm	9419/81	(1984) 6 E.H.R.R. 135
	App. No. 9453/81	Portugal	Adm	9453/81	(1983) 5 E.H.R.R. 479
	App. No. 9603/81	Germany	Adm	9603/81	(1983) 5 E.H.R.R. 291
	App. No. 9696/82	Germany	Adm	9696/82	(1984) 6 E.H.R.R. 360
	App. No. 9783/82	Austria	Adm	9783/82	(1986) 8 E.H.R.R. 67
	App. No. 10098/82	Germany	Adm	10098/82	(1986) 8 E.H.R.R. 225
	App. No. 10165/82	United Kingdom	Adm	10165/82	(1983) 5 E.H.R.R. 516

Article No.	Applicant	Country	Type	Application No.	Citation	Case No. (2001 onwards)
Art. 6(3)(c)	App. No. 12370/86	United Kingdom	Adm	12370/86	(1989) 11 E.H.R.R. 96	
	Artico	Ireland	Jmt	6694/74	(1981) 3 E.H.R.R. 1	
	Averill	United Kingdom	Jmt	36408/97	(2001) 31 E.H.R.R 839	(2001) 31 E.H.R.R 36
	Ayadi	France	Adm	18000/91	(1993) 15 E.H.R.R. CD 93	
	B.M.	United Kingdom	Adm	9562/81	(1984) 6 E.H.R.R. 592	
	Belgian Linguistics Case (No. 2)		Jmt	1474/62; 1677/62; 1699/62; 1769/63; 1994/63; 2126/64	1 E.H.R.R. 252	
	Bell	United Kingdom	Adm	12322/86	(1989) 11 E.H.R.R. 83	
	Belziuk	Poland	Jmt	23103/93	(2000) 30 E.H.R.R. 614	
	Benham	United Kingdom	Jmt	19380/92	(1996) 22 E.H.R.R. 293	
	Biondo	Italy	Adm	8821/79	(1984) 6 E.H.R.R. 113	
	Boner	United Kingdom	Jmt	18711/91	(1995) 19 E.H.R.R. 246	
	Brandstetter	Austria	Jmt	11170/84; 12876/87; 13468/87	(1993) 15 E.H.R.R. 378	
	Brown	United Kingdom	Adm	11129/84	(1986) 8 E.H.R.R. 272	
	Chojak	Poland	Adm	32220/96	(1998) 26 E.H.R.R. CD 145	
	Condron	United Kingdom	Jmt	35718/97	(2001) 31 E.H.R.R 1	(2001) 31 E.H.R.R. 1
	Cooke	Austria	Adm	25878/94	(1997) 23 E.H.R.R. CD 70	
	Cooke	Austria	Jmt	25878/94	(2001) 31 E.H.R.R 338	(2001) 31 E.H.R.R 11
	Croissant	Germany	Jmt	13611/88	(1993) 16 E.H.R.R. 135	
	Daktaras	Lithuania	Adm	42095/98	(2000) 29 E.H.R.R. CD 135	
	Daud	Portugal	Jmt	22600/93	(2000) 30 E.H.R.R. 400	
	Drummond	United Kingdom	Adm	12917/87	(1989) 11 E.H.R.R. 91	
	Engel	Netherlands (No. 1)	Jmt	5100/71; 5101/71; 5102/71; 5354/72; 5370/72	1 E.H.R.R. 647	
	F	United Kingdom	Adm	18123/91	(1993) 15 E.H.R.R. CD 32	
	F	Netherlands	Adm	16737/90	(1993) 16 E.H.R.R. CD 12	

F.C.B.	Italy	Jmt	12151/86	(1992) 14 E.H.R.R. 909	
Faulkner	United Kingdom	Adm	30308/96	(1998) 26 E.H.R.R. CD 125	
Goddi	Italy	Jmt	8966/80	(1984) 6 E.H.R.R. 457	
Granger	United Kingdom	Jmt	11932/86	(1990) 12 E.H.R.R. 469	
Granger	United Kingdom	Op	11932/86	(1990) 12 E.H.R.R. 460	
Hoang	France	Jmt	13191/87	(1993) 16 E.H.R.R. 53	
Imbrioscia	Switzerland	Jmt	13972/88	(1994) 17 E.H.R.R. 441	
J.E.D.	United Kingdom	Adm	42225/98	(1999) 27 E.H.R.R. CD 65	
Kamasinski	Austria	Jmt	9783/82	(1991) 13 E.H.R.R. 36	
Kerr	United Kingdom	Adm	40451/98	(2000) 29 E.H.R.R. CD 184	
Kremzow	Austria	Jmt	12350/86	(1994) 17 E.H.R.R. 322	
Kurup	Denmark	Adm	11219/84	(1986) 8 E.H.R.R. 93	
Lala	Netherlands	Jmt	14861/89	(1994) 18 E.H.R.R. 586	
Lindkvist	Denmark	Adm	25737/94	(1999) 27 E.H.R.R. CD 103	
Luedicke, Belkacem and Koç	Germany	Jmt	6210/73; 6877/75; 7132/75	2 E.H.R.R. 149	
Magee	United Kingdom	Jmt	28135/95	(2001) 31 E.H.R.R 822	(2001) 31 E.H.R.R 35
Mauer	Austria	Jmt	16566/90; 16898/90	(1998) 25 E.H.R.R. 91	
Maxwell	United Kingdom	Adm	18949/91	(1993) 15 E.H.R.R. CD 101	
Maxwell	United Kingdom	Jmt	18949/91	(1995) 19 E.H.R.R. 97	
Melin	France	Jmt	12914/87	(1994) 17 E.H.R.R. 1	
Monnell and Morris	United Kingdom	Jmt	9562/81; 9818/82	(1988) 10 E.H.R.R. 205	
Murray	United Kingdom	Op	18739/91	(1994) 18 E.H.R.R. CD 1	
N.M.	United Kingdom	Adm	9818/82	(1984) 6 E.H.R.R. 598	
Pakelli	Germany	Jmt	8398/78	(1984) 6 E.H.R.R. 1	
Peers	Greece	Adm	28524/95	(1999) 27 E.H.R.R. CD 126	
Pelladoah	Netherlands	Jmt	16737/90	(1995) 19 E.H.R.R. 81	
Perez Mahia	Spain	Adm	11022/84	(1987) 9 E.H.R.R. 145	

Article No.	Applicant	Country	Type	Application No.	Citation	Case No. (2001 onwards)
Art. 6(3)(c)	Perks	United Kingdom	Jmt	25277/94; 25279/94; 25280/94; 25285/94; 28048/95; 28192/95; 28456/95	(2000) 30 E.H.R.R. 33	
	Poitrimol	France	Jmt	14032/88	(1994) 18 E.H.R.R. 130	
	Prinz	Austria	Adm	23867/94	(1997) 23 E.H.R.R. CD 50	
	Prinz	Austria	Jmt	23867/94	(2001) 31 E.H.R.R 357	(2001) 31 E.H.R.R 12
	Quinn	United Kingdom	Adm	23496/94	(1997) 23 E.H.R.R. CD 41	
	Remmers and Hamer	Netherlands	Adm	29839/96	(1999) 27 E.H.R.R. CD 168	
	Ringhofer	Austria	Adm	10568/83	(1986) 8 E.H.R.R. 295	
	Ruga	Italy	Adm	10990/84	(1988) 10 E.H.R.R. 532	
	S	Switzerland	Jmt	12629/87; 13965/88	(1992) 14 E.H.R.R. 670	
	Sargin and Yagci	Turkey	Adm	14116/88; 14117/88	(1993) 16 E.H.R.R. CD 2	
	Sujeeun	United Kingdom	Adm	27788/95	(1996) 21 E.H.R.R. CD 97	
	Tripodi	Italy	Jmt	13743/88	(1994) 18 E.H.R.R. 295	
	V	United Kingdom	Adm	19804/92	(1993) 15 E.H.R.R. CD 108	
	Vacher	France	Jmt	20368/92	(1997) 24 E.H.R.R. 482	
	Van Geydeghem	Belgium	Jmt	26103/95	(2001) 32 E.H.R.R. 554	(2001) 32 E.H.R.R. 24
	Wilkinson	United Kingdom	Adm	31145/96	(1998) 26 E.H.R.R. CD 131	
	Woukam Moudefo	France	Settlement	10868/84	(1991) 13 E.H.R.R. 549	
	X	Germany	Adm	9385/81	(1983) 5 E.H.R.R. 160	
	Zana	Turkey	Jmt	18954/91	(1999) 27 E.H.R.R. 667	
Art. 6(3)(d)	Aldrian	Austria	Adm	10532/83	(1989) 11 E.H.R.R. 107	
	App. No. 8715/79	United Kingdom	Adm	8715/79	(1983) 5 E.H.R.R. 273	
	App. No. 9017/80	Sweden	Adm	9017/80	(1983) 5 E.H.R.R. 279	
	App. No. 9107/80	Belgium	Adm	9107/80	(1983) 5 E.H.R.R. 282	

App. No. 9280/81	Austria	Adm	9280/81	(1983) 5 E.H.R.R. 283
App. No. 9315/81	Austria	Adm	9315/81	(1984) 6 E.H.R.R. 332
App. No. 9453/81	Portugal	Adm	9453/81	(1983) 5 E.H.R.R. 479
App. No. 9603/81	Germany	Adm	9603/81	(1983) 5 E.H.R.R. 291
App. No. 9783/82	Austria	Adm	9783/82	(1986) 8 E.H.R.R. 67
App. No. 10083/82	United Kingdom	Adm	10083/82	(1984) 6 E.H.R.R. 140
App. No. 10098/82	Germany	Adm	10098/82	(1986) 8 E.H.R.R. 225
App. No. 10107/84	Switzerland	Adm	10107/84	(1986) 8 E.H.R.R. 252
App. No. 10211/82	France	Adm	10211/82	(1984) 6 E.H.R.R. 373
App. No. 10498/83	Austria	Adm	10498/83	(1986) 8 E.H.R.R. 258
App. No. 11170/84	Austria	Adm	11170/84	(1988) 10 E.H.R.R. 513
App. No. 11454/85	Netherlands	Adm	11454/85	(1988) 10 E.H.R.R. 145
App. No. 11508/85	Denmark	Adm	11508/85	(1987) 9 E.H.R.R. 533
App. No. 11853/85	Germany	Adm	11853/83	(1988) 10 E.H.R.R. 521
Asch	Austria	Jmt	12398/86	(1993) 15 E.H.R.R. 597
Blastland	United Kingdom	Adm	12045/86	(1988) 10 E.H.R.R. 528
Bonisch	Austria	Adm	8658/79	(1983) 5 E.H.R.R. 273
Bönisch	Austria	Jmt	8658/79	(1987) 9 E.H.R.R. 191
Bönisch	Austria	Op	8658/79	(1984) 6 E.H.R.R. 467
Brandstetter	Austria	Jmt	11170/84; 12876/87; 13468/87	(1993) 15 E.H.R.R. 378
Bricmont	Belgium	Jmt	10857/84	(1990) 12 E.H.R.R. 217
Cooke	Austria	Adm	25878/94	(1997) 23 E.H.R.R. CD 70
Delta	France	Jmt	11444/85	(1993) 16 E.H.R.R. 574
Doorson	Netherlands	Jmt	20524/92	(1996) 22 E.H.R.R. 330
Edwards	United Kingdom	Jmt	13071/87	(1993) 15 E.H.R.R. 417
Egyptair	Denmark	Adm	28441/95	(1998) 26 E.H.R.R. CD 80
Engel	Netherlands (No. 1)	Jmt	5100/71; 5101/71; 5102/71; 5354/72; 5370/72	1 E.H.R.R. 647
F	United Kingdom	Adm	18123/91	(1993) 15 E.H.R.R. CD 32
Fitt	United Kingdom	Jmt	29777/96	(2000) 30 E.H.R.R. 480
G	France	Adm	15091/89	(1993) 15 E.H.R.R. CD 69

Article No.	Applicant	Country	Type	Application No.	Citation	Case No. (2001 onwards)
Art. 6(3)(d)	H.F.	Austria	Adm	22646/93	(1995) 20 E.H.R.R. CD 68	
	Jasper	United Kingdom	Jmt	27052/95	(2000) 30 E.H.R.R. 441	
	Johansson	Sweden	Adm	34826/97	(1998) 26 E.H.R.R. CD 178	
	Kamasinski	Austria	Jmt	9783/82	(1991) 13 E.H.R.R. 36	
	Kennedy	United Kingdom	Adm	36428/97	(1999) 27 E.H.R.R. CD 266	
	Kostovski	Netherlands	Jmt	11454/85	(1990) 12 E.H.R.R. 434	
	Kurup	Denmark	Adm	11219/84	(1986) 8 E.H.R.R. 93	
	Lüdi	Switzerland	Jmt	12433/86	(1993) 15 E.H.R.R. 173	
	Luedicke, Belkacem and Koç	Germany	Jmt	6210/73; 6877/75; 7132/75	2 E.H.R.R. 149	
	MK	Austria	Adm	28867/95	(1997) 24 E.H.R.R. CD 59	
	Mauer	Austria	Jmt	16566/90; 16898/90	(1998) 25 E.H.R.R. 91	
	Pesti and Frodl	Austria	Adm	27618/95	(2000) 29 E.H.R.R. CD 229	
	Poltoratskiy	Ukraine	Adm	38812/97	(1999) 27 E.H.R.R. CD 320	
	Prinz	Austria	Adm	23867/94	(1997) 23 E.H.R.R. CD 50	
	Pullar	United Kingdom	Jmt	22399/93	(1996) 22 E.H.R.R. 391	
	Quinn	United Kingdom	Adm	23496/94	(1997) 23 E.H.R.R. CD 41	
	Rowe and Davis	United Kingdom	Adm	28901/95	(1998) 25 E.H.R.R. CD 118	
	Rowe and Davis	United Kingdom	Jmt	28901/95	(2000) 30 E.H.R.R. 1	
	Saidi	France	Jmt	14647/89	(1994) 17 E.H.R.R. 251	
	SE	Switzerland	Adm	28994/95	(1998) 25 E.H.R.R. CD 127	
	T	Austria	Adm	19205/91	(1993) 15 E.H.R.R. CD 60	
	Unterpertinger	Austria	Adm	9120/80	(1984) 6 E.H.R.R. 331	
	Unterpertinger	Austria	Jmt	9120/80	(1991) 13 E.H.R.R. 175	
	V	United Kingdom	Adm	19804/92	(1993) 15 E.H.R.R. CD 108	
	Van Mechelen	Netherlands	Jmt	21363/93; 21364/93; 21427/93; 22056/93	(1998) 25 E.H.R.R. 647	
	Verdam	Netherlands	Adm	35253/97	(1999) 28 E.H.R.R. CD 161	
	X	United Kingdom	Adm	20657/92	(1993) 15 E.H.R.R. CD 113	

Art. 6(3)(e)	App. No. 9783/82	Austria	Adm	9783/82	(1986) 8 E.H.R.R. 67	
	App. No. 10196/82	Germany	Adm	10196/82	(1984) 6 E.H.R.R. 362	
	App. No. 10210/82	France	Adm	10210/82	(1984) 6 E.H.R.R. 371	
	App. No. 10211/82	France	Adm	10211/82	(1984) 6 E.H.R.R. 373	
	App. No. 10221/82	Germany	Adm	10221/82	(1984) 6 E.H.R.R. 353	
	Belgian Linguistics Case (No. 2)		Jmt	1474/62; 1677/62; 1699/62; 1769/63; 1994/63; 2126/64	1 E.H.R.R. 252	
	Cooke	Austria	Adm	25878/94	(1997) 23 E.H.R.R. CD 70	
	Daud	Portugal	Jmt	22600/93	(2000) 30 E.H.R.R. 400	
	Kamasinski	Austria	Jmt	9783/82	(1991) 13 E.H.R.R. 36	
	Luedicke, Belkacem and Koç	Germany	Jmt	6210/73; 6877/75; 7132/75	2 E.H.R.R. 149	
	Luedicke, Belkacem and Koç	Germany (Art. 50)	Jmt	6210/73; 6877/75; 7132/75	2 E.H.R.R. 433	
	Öztürk	Germany	Jmt	8544/79	(1984) 6 E.H.R.R. 409	
	Öztürk	Germany (Art. 50)	Jmt	8544/79	(1985) 7 E.H.R.R. 251	
	Temeltasch	Switzerland	Op	9116/80	(1983) 5 E.H.R.R. 417	
Art. 7	Adamson	United Kingdom	Adm	42293/98	(1999) 28 E.H.R.R. CD 209	
	App. No. 9331/81	Germany	Adm	9331/81	(1983) 5 E.H.R.R. 287	
	App. No. 9641/82	Germany	Adm	9641/82	(1983) 5 E.H.R.R. 292	
	App. No. 10323/83	United Kingdom	Adm	10323/83	(1984) 6 E.H.R.R. 363	
	App. No. 10498/83	Austria	Adm	10498/83	(1986) 8 E.H.R.R. 258	
	App. No. 11408/85	Sweden	Adm	11408/85	(1987) 9 E.H.R.R. 244	
	Arrowsmith	United Kingdom	Op	7050/75	(1981) 3 E.H.R.R. 218	
	Baskaya and Oçuoglu	Turkey	Jmt	23536/94; 24408/94	(2001) 31 E.H.R.R 292	(2001) 31 E.H.R.R 10
	Brown	United Kingdom	Adm	38644/97	(1999) 28 E.H.R.R. CD 233	
	Daktaras	Lithuania	Adm	42095/98	(2000) 29 E.H.R.R. CD 135	
	Darci	Turkey	Adm	29986/96	(1999) 28 E.H.R.R. CD 124	

Article No.	Applicant	Country	Type	Application No.	Citation	Case No. (2001 onwards)
Art. 7	De Wilde, Ooms and Versyp	Belgium (No. 1)	Jmt	2832/66; 2835/66; 2899/66	1 E.H.R.R. 373	
	Deweer	Belgium	Jmt	6903/75	2 E.H.R.R. 439	
	East African Asians	United Kingdom	Op	4403/70–4419/70; 4422/70; 4434/70; 4443/70; 4476/70–4478/70; 4486/70; 4501/70; 4526/70–4530/70	(1981) 3 E.H.R.R. 76	
	Engel	Netherlands (No. 1)	Jmt	5100/71; 5101/71; 5102/71; 5354/72; 5370/72	1 E.H.R.R. 647	
	Enklemann	Switzerland	Adm	10505/83	(1986) 8 E.H.R.R. 266	
	Felderer	Sweden	Adm	11001/84	(1986) 8 E.H.R.R. 91	
	Galloway	United Kingdom	Adm	34199/96	(1999) 27 E.H.R.R. CD 241	
	Gay News Ltd and Lemon	United Kingdom	Adm	8710/79	(1983) 5 E.H.R.R. 123	
	Gerlach	Germany	Adm	11130/84	(1986) 8 E.H.R.R. 311	
	Grigoriades	Greece	Adm	24348/94	(1995) 20 E.H.R.R. CD 92	
	Grigoriades	Greece	Jmt	24348/94	(1999) 27 E.H.R.R. 464	
	H.N.	Italy	Adm	18902/91	(1999) 27 E.H.R.R. CD 75	
	Handyside	United Kingdom	Jmt	5493/72	1 E.H.R.R. 737	
	Harman	United Kingdom	Adm	10038/82	(1985) 7 E.H.R.R. 146	
	Ibbotson	United Kingdom	Adm	40146/98	(1999) 27 E.H.R.R. CD 332	
	Jamil	France	Adm	15917/89	(1993) 15 E.H.R.R. CD 77	
	Johansen	Norway	Adm	10600/83	(1987) 9 E.H.R.R. 103	
	Kokkinakis	Greece	Jmt	14307/88	(1994) 17 E.H.R.R. 397	
	Krone-Verlag GmbH and Mediaprint Anzeigen GmbH & Co. KG	Austria	Adm	28977/95	(1997) 23 E.H.R.R. CD 152	
	L	France	Adm	17884/91	(1993) 15 E.H.R.R. CD 31	

	Larissis	Greece	Jmt	23372/94; 26377/95; 26378/95	(1999) 27 E.H.R.R. 329	
	Launder	United Kingdom	Adm	27279/95	(1998) 25 E.H.R.R. CD 67	
	Lawless	Ireland (No. 3)	Jmt	322/57	1 E.H.R.R. 15	
	Moustaquim	Belgium	Jmt	12313/86	(1991) 13 E.H.R.R. 802	
	Naletilic	Croatia	Adm	51891/99	(2000) 29 E.H.R.R. CD 219	
	Nyssen	Belgium	Adm	10574/83	(1986) 8 E.H.R.R. 105	
	Pagmar	Sweden	Adm	10728/83	(1987) 9 E.H.R.R. 91	
	Pentidis	Greece	Jmt	23238/94	(1997) 23 E.H.R.R. CD 37	
	Putz	Austria	Adm	18892/91	(1994) 18 E.H.R.R. CD 97	
	Q	Netherlands	Adm	18395/91	(1993) 15 E.H.R.R. CD 96	
	Quinn	United Kingdom	Adm	23496/94	(1997) 23 E.H.R.R. CD 41	
	Rehbock	Slovenia	Adm	29462/95	(1998) 26 E.H.R.R. CD 120	
	S W and C R	United Kingdom	Jmt	20166/92; 20190/92	(1996) 21 E.H.R.R. 363	
	S.W.	United Kingdom	Adm	20166/92	(1994) 18 E.H.R.R. CD 119	
	Saszmann	Austria	Adm	23697/94	(1997) 23 E.H.R.R. CD 46	
	Schimanek	Austria	Adm	32307/96	(2000) 29 E.H.R.R. CD 250	
	Stefan	United Kingdom	Adm	29419/95	(1998) 25 E.H.R.R. CD 130	
	Szumilas	Poland	Adm	35187/97	(1998) 26 E.H.R.R. CD 181	
	Times Newspapers Ltd and Neil	United Kingdom	Adm	18897/91	(1993) 15 E.H.R.R. CD 49	
	V	Denmark	Adm	17392/90	(1993) 15 E.H.R.R. CD 28	
	Welch	United Kingdom	Adm	17440/90	(1993) 16 E.H.R.R. CD 42	
	Welch	United Kingdom	Jmt	17440/90	(1995) 20 E.H.R.R. 247	
	X	United Kingdom	Op	6406/73	(1981) 3 E.H.R.R. 302	
	Yanačik	Turkey	Adm	14524/89	(1993) 16 E.H.R.R. CD 5	
Art. 7(1)	Escoubet	Belgium	Jmt	26780/95	(2001) 31 E.H.R.R 1034	(2001) 31 E.H.R.R 46
	Esen	Netherlands	Adm	37312/97	(1999) 27 E.H.R.R. CD 290	
	G	France	Jmt	15312/89	(1996) 21 E.H.R.R. 288	
	Guzzardi	Italy	Jmt	7367/76	(1981) 3 E.H.R.R. 333	
	Jamil	France	Jmt	15917/89	(1996) 21 E.H.R.R. 65	

Article No.	Applicant	Country	Type	Application No.	Citation	Case No. (2001 onwards)
Art. 7(1)	Janowski	Poland	Jmt	25716/94	(2000) 29 E.H.R.R. 705	
	Malige	France	Jmt	27812/95	(1999) 28 E.H.R.R. 578	
	Naletilic	Croatia	Adm	51891/99	(2000) 29 E.H.R.R. CD 219	
	Pesti and Frodl	Austria	Adm	27618/95	(2000) 29 E.H.R.R. CD 229	
	Pinard, Foucher and Parmentier	France	Adm	17874/91; 17876/91	(1993) 15 E.H.R.R. CD 92	
	S W and C R	United Kingdom	Jmt	20166/92; 20190/92	(1996) 21 E.H.R.R. 363	
	Tsirlis	Greece	Adm	19233/91	(1995) 20 E.H.R.R. CD 52	
	Welch	United Kingdom	Jmt	17440/90	(1995) 20 E.H.R.R. 247	
Art. 7(2)	Naletilic	Croatia	Adm	51891/99	(2000) 29 E.H.R.R. CD 219	
Art. 8	A	Sweden	Adm	22806/93	(1994) 18 E.H.R.R. CD 209	
	A	France	Jmt	14838/89	(1994) 17 E.H.R.R. 462	
	A	United Kingdom	Jmt	25599/94	(1999) 27 E.H.R.R. 611	
	A and B	United Kingdom	Adm	25599/94	(1996) 22 E.H.R.R. CD 190	
	A and Byrne and Twenty-Twenty Television	United Kingdom	Adm	32712/96; 32818/96	(1998) 25 E.H.R.R. CD 159	
	ADT	United Kingdom	Jmt	35765/97	(2001) 31 E.H.R.R 803	(2001) 31 E.H.R.R 33
	A.P.	Austria	Adm	20458/92	(1995) 20 E.H.R.R. CD 63	
	A.Z., A.S.Z. and G.A.Z.	Switzerland	Adm	43678/98	(1999) 27 E.H.R.R. CD 278	
	Abdulaziz Cabales and Balkandali	United Kingdom	Op	9214/80; 9473/81; 9474/81	(1984) 6 E.H.R.R. 28	
	Abdulaziz, Cabales and Balkandali	United Kingdom	Jmt	9214/80; 9473/81; 9474/81	(1985) 7 E.H.R.R. 471	
	Acocoacion de Aviadores de la Republica	Spain	Adm	10733/84	(1986) 8 E.H.R.R. 286	
	Adamson	United Kingdom	Adm	42293/98	(1999) 28 E.H.R.R. CD 209	

Advic	United Kingdom	Adm	25525/94	(1995) 20 E.H.R.R. CD 125
Ahmut	Netherlands	Jmt	21702/93	(1997) 24 E.H.R.R. 62
Airey	Ireland	Jmt	6289/73	2 E.H.R.R. 305
Akdivar	Turkey	Jmt	21893/93	(1997) 23 E.H.R.R. 143
Allender	United Kingdom	Adm	11385/85	(1986) 8 E.H.R.R. 98
Amann	Switzerland	Jmt	27798/95	(2000) 30 E.H.R.R. 843
Aminoff	Sweden	Adm	10554/83	(1986) 8 E.H.R.R. 75
App. No. 7879/77	United Kingdom	Adm	7879/77	(1986) 8 E.H.R.R. 272
App. No. 8712/79	United Kingdom	Adm	8712/79	(1983) 5 E.H.R.R. 465
App. No. 8893/80	Austria	Adm	8893/80	(1983) 5 E.H.R.R. 502
App. No. 8962/80	Belgium	Adm	8962/80	(1983) 5 E.H.R.R. 268
App. No. 9018/80	Netherlands	Adm	9018/80	(1984) 6 E.H.R.R. 133
App. No. 9103/80	Netherlands	Adm	9103/80	(1983) 5 E.H.R.R. 503
App. No. 9113/80	United Kingdom	Adm	9113/80	(1983) 5 E.H.R.R. 283
App. No. 9237/81	United Kingdom	Adm	9237/81	(1984) 6 E.H.R.R. 354
App. No. 9260/81	Sweden	Adm	9260/81	(1984) 6 E.H.R.R. 323
App. No. 9278 & 9415/81	Norway	Adm	9278 & 9415/81	(1984) 6 E.H.R.R. 357
App. No. 9282/81	United Kingdom	Adm	9282/81	(1983) 5 E.H.R.R. 283
App. No. 9290/81	Netherlands	Adm	9290/81	(1983) 5 E.H.R.R. 597
App. No. 9295/81	Austria	Adm	9295/81	(1983) 5 E.H.R.R. 284
App. No. 9303/81	United Kingdom	Adm	9303/81	(1987) 9 E.H.R.R. 538
App. No. 9327/81	Netherlands	Adm	9327/81	(1983) 5 E.H.R.R. 600
App. No. 9329/81	United Kingdom	Adm	9329/81	(1983) 5 E.H.R.R. 286
App. No. 9355/81	United Kingdom	Adm	9355/81	(1983) 5 E.H.R.R. 276
App. No. 9369/81	United Kingdom	Adm	9369/81	(1983) 5 E.H.R.R. 601
App. No. 9373/81	Ireland	Adm	9373/81	(1989) 11 E.H.R.R. 103
App. No. 9441/81	United Kingdom	Adm	9441/81	(1983) 5 E.H.R.R. 289
App. No. 9488/81	United Kingdom	Adm	9488/81	(1983) 5 E.H.R.R. 289
App. No. 9497/81	Germany	Adm	9497/81	(1984) 6 E.H.R.R. 119
App. No. 9503/81	United Kingdom	Adm	9503/81	(1984) 6 E.H.R.R. 335

Article No.	Applicant	Country	Type	Application No.	Citation	Case No. (2001 onwards)
Art. 8	App. No. 9505/81	United Kingdom	Adm	9505/81	(1983) 5 E.H.R.R. 480	
	App. No. 9513/81	United Kingdom	Adm	9513/81	(1983) 5 E.H.R.R. 290	
	App. No. 9519/81	Germany	Adm	9519/81	(1984) 6 E.H.R.R. 599	
	App. No. 9521/81	United Kingdom	Adm	9521/81	(1983) 5 E.H.R.R. 602	
	App. No. 9530/81	Germany	Adm	9530/81	(1985) 7 E.H.R.R. 144	
	App. No. 9532/81	United Kingdom	Adm	9532/81	(1984) 6 E.H.R.R. 603	
	App. No. 9558/81	Germany	Adm	9558/81	(1984) 6 E.H.R.R. 605	
	App. No. 9576/81	United Kingdom	Adm	9576/81	(1983) 5 E.H.R.R. 509	
	App. No. 9595/81	France	Adm	9595/81	(1983) 5 E.H.R.R. 509	
	App. No. 9596/81	Ireland	Adm	9596/81	(1984) 6 E.H.R.R. 570	
	App. No. 9606/81	United Kingdom	Adm	9606/81	(1983) 5 E.H.R.R. 291	
	App. No. 9620/81	United Kingdom	Adm	9620/81	(1983) 5 E.H.R.R. 486	
	App. No. 9639/82	Germany	Adm	9639/82	(1985) 7 E.H.R.R. 135	
	App. No. 9641/82	Germany	Adm	9641/82	(1983) 5 E.H.R.R. 292	
	App. No. 9643/82	United Kingdom	Adm	9643/82	(1984) 6 E.H.R.R. 344	
	App. No. 9658/82	United Kingdom	Adm	9658/82	(1983) 5 E.H.R.R. 603	
	App. No. 9659/82	United Kingdom	Adm	9659/82	(1983) 5 E.H.R.R. 605	
	App. No. 9659/82	United Kingdom	Adm	9659/82	(1986) 8 E.H.R.R. 274	
	App. No. 9687/82	Germany	Adm	9687/82	(1983) 5 E.H.R.R. 511	
	App. No. 9697/82	Ireland	Adm	9697/82	(1984) 6 E.H.R.R. 546	
	App. No. 9701/82	Germany	Adm	9701/82	(1987) 9 E.H.R.R. 364	
	App. No. 9702/82	United Kingdom	Adm	9702/82	(1983) 5 E.H.R.R. 293	
	App. No. 9710/82	United Kingdom	Adm	9710/82	(1983) 5 E.H.R.R. 295	
	App. No. 9719/82	Belgium	Adm	9719/82	(1986) 8 E.H.R.R. 274	
	App. No. 9721/82	United Kingdom	Adm	9721/82	(1985) 7 E.H.R.R. 145	
	App. No. 9730/82	United Kingdom	Adm	9730/82	(1983) 5 E.H.R.R. 606	
	App. No. 9769/82	Netherlands	Adm	9769/82	(1986) 8 E.H.R.R. 288	
	App. No. 9773/82	United Kingdom	Adm	9773/82	(1983) 5 E.H.R.R. 296	
	App. No. 9776/82	United Kingdom	Adm	9776/82	(1984) 6 E.H.R.R. 360	

App. No. 9804/82	Belgium	Adm	9804/82	(1983) 5 E.H.R.R. 488
App. No. 9813/82	United Kingdom	Adm	9813/82	(1983) 5 E.H.R.R. 513
App. No. 9825/82	United Kingdom	Adm	9825/82	(1986) 8 E.H.R.R. 49
App. No. 9843/82	United Kingdom	Adm	9843/82	(1983) 5 E.H.R.R. 488
App. No. 9850/82	United Kingdom	Adm	9850/82	(1983) 5 E.H.R.R. 610
App. No. 9867/82	United Kingdom	Adm	9867/82	(1983) 5 E.H.R.R. 489
App. No. 9871/82	United Kingdom	Adm	9871/82	(1983) 5 E.H.R.R. 298
App. No. 9880/82	United Kingdom	Adm	9880/82	(1983) 5 E.H.R.R. 298
App. No. 9884/82	United Kingdom	Adm	9884/82	(1983) 5 E.H.R.R. 298
App. No. 9890/82	United Kingdom	Adm	9890/82	(1983) 5 E.H.R.R. 299
App. No. 9893/82	Denmark	Adm	9893/82	(1984) 6 E.H.R.R. 554
App. No. 9901/82	United Kingdom	Adm	9901/82	(1983) 5 E.H.R.R. 299
App. No. 9966/82	United Kingdom	Adm	9966/82	(1983) 5 E.H.R.R. 299
App. No. 9969/82	United Kingdom	Adm	9969/82	(1983) 5 E.H.R.R. 301
App. No. 9974/82	Denmark	Adm	9974/82	(1983) 5 E.H.R.R. 515
App. No. 9978/82	United Kingdom	Adm	9978/82	(1983) 5 E.H.R.R. 301
App. No. 9988/82	United Kingdom	Adm	9988/82	(1983) 5 E.H.R.R. 301
App. No. 9993/82	France	Adm	9993/82	(1983) 5 E.H.R.R. 302
App. No. 10019/82	United Kingdom	Adm	10019/82	(1986) 8 E.H.R.R. 71
App. No. 10020/82	United Kingdom	Adm	10020/82	(1986) 8 E.H.R.R. 71
App. No. 10023/82	United Kingdom	Adm	10023/82	(1986) 8 E.H.R.R. 71
App. No. 10024/82	United Kingdom	Adm	10024/82	(1986) 8 E.H.R.R. 71
App. No. 10029/82	United Kingdom	Adm	10029/82	(1983) 5 E.H.R.R. 303
App. No. 10032/82	Sweden	Adm	10032/82	(1984) 6 E.H.R.R. 555
App. No. 10065/82	United Kingdom	Adm	10065/82	(1983) 5 E.H.R.R. 303
App. No. 10076/82	Germany	Adm	10076/82	(1986) 8 E.H.R.R. 281
App. No. 10083/82	United Kingdom	Adm	10083/82	(1984) 6 E.H.R.R. 140
App. No. 10085/82	Germany	Adm	10085/82	(1986) 8 E.H.R.R. 287
App. No. 10106/82	United Kingdom	Adm	10106/82	(1983) 5 E.H.R.R. 516
App. No. 10141/82	Sweden	Adm	10141/82	(1986) 8 E.H.R.R. 253
App. No. 10144/82	Sweden	Adm	10144/82	(1984) 6 E.H.R.R. 130

Article No.	Applicant	Country	Type	Application No.	Citation	Case No. (2001 onwards)
Art. 8	App. No. 10165/82	United Kingdom	Adm	10165/82	(1983) 5 E.H.R.R. 516	
	App. No. 10184/82	United Kingdom	Adm	10184/82	(1983) 5 E.H.R.R. 516	
	App. No. 10263/83	Denmark	Adm	10263/83	(1986) 8 E.H.R.R. 60	
	App. No. 10323/83	United Kingdom	Adm	10323/83	(1984) 6 E.H.R.R. 363	
	App. No. 10330/83	United Kingdom	Adm	10330/83	(1986) 8 E.H.R.R. 271	
	App. No. 10331/83	United Kingdom	Adm	10331/83	(1984) 6 E.H.R.R. 583	
	App. No. 10333/83	United Kingdom	Adm	10333/83	(1984) 6 E.H.R.R. 353	
	App. No. 10401/83	France	Adm	10401/83	(1984) 6 E.H.R.R. 369	
	App. No. 10427/83	United Kingdom	Adm	10427/83	(1987) 9 E.H.R.R. 369	
	App. No. 10476/83	Sweden	Adm	10476/83	(1987) 9 E.H.R.R. 247	
	App. No. 10496/83	United Kingdom	Adm	10496/83	(1985) 7 E.H.R.R. 147	
	App. No. 10542/83	Sweden	Adm	10542/83	(1987) 9 E.H.R.R. 250	
	App. No. 10592/83	United Kingdom	Adm	10529/83	(1987) 9 E.H.R.R. 277	
	App. No. 10622/83	United Kingdom	Adm	10622/83	(1986) 8 E.H.R.R. 89	
	App. No. 10628/83	Switzerland	Adm	10628/83	(1987) 9 E.H.R.R. 107	
	App. No. 10801/81	Sweden	Adm	10801/81	(1987) 9 E.H.R.R. 269	
	App. No. 10843/84	United Kingdom	Adm	10843/84	(1986) 8 E.H.R.R. 89	
	App. No. 10914/84	Netherlands	Adm	10914/84	(1986) 8 E.H.R.R. 308	
	App. No. 10925/84	Sweden	Adm	10925/84	(1986) 8 E.H.R.R. 90	
	App. No. 10949/84	Germany	Adm	10949/84	(1988) 10 E.H.R.R. 129	
	App. No. 10967/84	Sweden	Adm	10967/84	(1987) 9 E.H.R.R. 267	
	App. No. 11118/84	Germany	Adm	11118/84	(1987) 9 E.H.R.R. 562	
	App. No. 11198/84	United Kingdom	Adm	11198/84	(1986) 8 E.H.R.R. 84	
	App. No. 11278/84	Netherlands	Adm	11278/84	(1986) 8 E.H.R.R. 95	
	App. No. 11302/84	United Kingdom	Adm	11302/84	(1986) 8 E.H.R.R. 84	
	App. No. 11333/85	Germany	Adm	11333/85	(1986) 8 E.H.R.R. 323	
	App. No. 11366/85	Sweden	Adm	11366/85	(1987) 9 E.H.R.R. 551	
	App. No. 11368/85	Switzerland	Adm	11368/85	(1987) 9 E.H.R.R. 286	
	App. No. 11468/85	United Kingdom	Adm	11468/85	(1987) 9 E.H.R.R. 393	

App. No. 11630/85	Sweden	Adm	11630/85	(1987) 9 E.H.R.R. 267
App. No. 11864/85	United Kingdom	Adm	11864/85	(1987) 9 E.H.R.R. 268
App. No. 11949/86	United Kingdom	Adm	11949/86	(1988) 10 E.H.R.R. 149
App. No. 11970/86	United Kingdom	Adm	11970/86	(1989) 11 E.H.R.R. 48
App. No. 12139/86	Netherlands	Adm	12139/86	(1989) 11 E.H.R.R. 78
App. No. 12513/86	United Kingdom	Adm	12513/86	(1989) 11 E.H.R.R. 49
Artingstoll	United Kingdom	Adm	25517/94	(1995) 19 E.H.R.R. CD 92
Aslan	Malta	Adm	29493/95	(2000) 29 E.H.R.R. CD 106
Asplund	Sweden	Adm	19762/92	(1994) 18 E.H.R.R. CD 111
Ayadi	France	Adm	18000/91	(1993) 15 E.H.R.R. CD 93
B	United Kingdom	Jmt	9840/82	(1988) 10 E.H.R.R. 87
B	France	Jmt	13343/87	(1993) 16 E.H.R.R. 1
B.M.	United Kingdom	Adm	9562/81	(1984) 6 E.H.R.R. 592
Baggs	United Kingdom	Adm	9310/81	(1987) 9 E.H.R.R. 235
Ballensky	Sweden	Adm	36341/97	(1998) 26 E.H.R.R. CD 191
Barrett	United Kingdom	Adm	30402/96	(1997) 23 E.H.R.R. CD 185
Baškauskaite	Lithuania	Adm	41090/98	(1999) 27 E.H.R.R. CD 341
Beard	United Kingdom	Adm	24882/94	(1998) 25 E.H.R.R. CD 28
Beldjoudi	France	Jmt	12083/86	(1992) 14 E.H.R.R. 801
Belgian Linguistics Case (No. 1)		Jmt	1474/62; 1677/62; 1699/62; 1769/63; 1994/63; 2126/64	1 E.H.R.R. 241
Belgian Linguistics Case (No. 2)		Jmt	1474/62; 1677/62; 1699/62; 1769/63; 1994/63; 2126/64	1 E.H.R.R. 252
Berglund	Sweden	Adm	34825/97	(1998) 25 E.H.R.R. CD 182
Berrehab	Netherlands	Jmt	10730/84	(1989) 11 E.H.R.R. 322
Berrehab and Koster	Netherlands	Adm	10730/74	(1986) 8 E.H.R.R. 280
Botta	Italy	Jmt	21439/93	(1998) 26 E.H.R.R. 241
Bouchelkia	France	Jmt	23078/93	(1998) 25 E.H.R.R. 686
Boughanemi	France	Jmt	22070/93	(1996) 22 E.H.R.R. 228
Boujlifa	France	Jmt	24404/94	(2000) 30 E.H.R.R. 419
Boyle	United Kingdom	Jmt	16580/90	(1995) 19 E.H.R.R. 179

Article No.	Applicant	Country	Type	Application No.	Citation	Case No. (2001 onwards)
Art. 8	Boyle and Rice	United Kingdom	Jmt	9659/82; 9658/82	(1988) 10 E.H.R.R. 425	
	Bromiley	United Kingdom	Adm	33747/96	(2000) 29 E.H.R.R. CD 111	
	Brüggemann and Scheuten	Germany	Op	6959/75	(1981) 3 E.H.R.R. 244	
	Buchholz	Germany	Jmt	7759/77	(1981) 3 E.H.R.R. 597	
	Buckley	United Kingdom	Adm	20348/92	(1994) 18 E.H.R.R. CD 123	
	Buckley	United Kingdom	Adm	28323/95	(1997) 23 E.H.R.R. CD 129	
	Buckley	United Kingdom	Jmt	20348/92	(1997) 23 E.H.R.R. 101	
	Buckley	United Kingdom	Op	20348/92	(1995) 19 E.H.R.R. CD 20	
	Bullock	United Kingdom	Adm	29102/95	(1996) 21 E.H.R.R. CD 85	
	Bulus	Sweden	Adm	9330/81	(1984) 6 E.H.R.R. 587	
	Burghartz	Switzerland	Jmt	16213/90	(1994) 18 E.H.R.R. 101	
	Burton	United Kingdom	Adm	31600/96	(1996) 22 E.H.R.R. CD 134	
	C	United Kingdom	Adm	9276/81	(1984) 6 E.H.R.R. 559	
	C.G.	Austria	Adm	17371/90	(1994) 18 E.H.R.R. CD 51	
	CL, BL and HL	Sweden	Adm	22771/93	(2000) 29 E.H.R.R. CD 125	
	C.N.	Switzerland	Adm	43363/98	(1999) 27 E.H.R.R. CD 358	
	Camenzind	Switzerland	Jmt	21353/93	(1999) 28 E.H.R.R. 458	
	Campbell	United Kingdom	Adm	11240/84	(1989) 11 E.H.R.R. 97	
	Campbell	United Kingdom	Jmt	13590/88	(1993) 15 E.H.R.R. 137	
	Campbell and Fell	United Kingdom	Jmt	7819/77; 7878/77	(1985) 7 E.H.R.R. 165	
	Campbell and Fell	United Kingdom	Op	7819/77; 7878/77	(1983) 5 E.H.R.R. 207	
	Cervenak	Czech Republic	Adm	29008/95	(1996) 21 E.H.R.R. CD 116	
	Chahal	United Kingdom	Adm	22414/93	(1994) 18 E.H.R.R. CD 193	
	Chahal	United Kingdom	Op	22414/93	(1995) 20 E.H.R.R. CD 19	
	Chapman	United Kingdom	Adm	27238/95	(1998) 25 E.H.R.R. CD 64	
	Chappell	United Kingdom	Adm	10461/83	(1985) 7 E.H.R.R. 589	
	Chappell	United Kingdom	Jmt	10461/83	(1990) 12 E.H.R.R. 1	
	Chappell	United Kingdom	Op	10461/83	(1989) 11 E.H.R.R. 543	

Ciftci	Austria	Adm	24375/94	(1997) 23 E.H.R.R. CD 55	
Constantinos	Greece	Adm	25701/94	(1998) 26 E.H.R.R. CD 50	
Cornwell	United Kingdom	Adm	36578/97	(1999) 27 E.H.R.R. CD 62	
Cornwell	United Kingdom	Settle-ment	365678/97	(2000) 29 E.H.R.R. CD 30	
Cossey	United Kingdom	Jmt	10843/84	(1991) 13 E.H.R.R. 622	
Costello-Roberts	United Kingdom	Jmt	13134/87	(1995) 19 E.H.R.R. 112	
Coster	United Kingdom	Adm	24876/94	(1998) 25 E.H.R.R. CD 24	
Cruz Varas	Sweden	Jmt	15576/89	(1992) 14 E.H.R.R. 1	
Cyprus	Turkey	Op	6780/74; 6950/75	(1982) 4 E.H.R.R. 482	
Cyprus	Turkey	Op	8007/77	(1993) 15 E.H.R.R. 509	
D	Switzerland	Adm	17771/91	(1993) 15 E.H.R.R. CD 29	
D	United Kingdom	Adm	30240/96	(1996) 22 E.H.R.R. CD 112	
D	United Kingdom	Jmt	30240/96	(1997) 24 E.H.R.R. 423	
D	United Kingdom	Op	30240/96	(1996) 22 E.H.R.R. CD 45	
D'Haese and Le Compte	Belgium	Adm	8930/80	(1984) 6 E.H.R.R. 114	
De Vries	Netherlands	Adm	16690/90	(1993) 15 E.H.R.R. CD 87	
De Wilde, Ooms and Versyp	Belgium (No. 1)	Jmt	2832/66; 2835/66; 2899/66	1 E.H.R.R. 373	
Demirtepe	France	Jmt	34821/97	(2001) 31 E.H.R.R 708	(2001) 31 E.H.R.R 28
Dilek	Netherlands	Adm	35137/97	(1999) 27 E.H.R.R. CD 244	
Djeroud	France	Jmt	13446/87	(1992) 14 E.H.R.R. 68	
Domenichini	Italy	Jmt	15943/90	(2001) 32 E.H.R.R. 68	(2001) 32 E.H.R.R. 4
Doymus	Switzerland	Adm	27269/95	(1995) 20 E.H.R.R. CD 129	
Dreshaj	Finland	Adm	23159/94	(1994) 18 E.H.R.R. CD 213	
Dudgeon	United Kingdom	Jmt	7525/76	(1982) 4 E.H.R.R. 149	
Dudgeon	United Kingdom (Art. 50)	Jmt	7525/76	(1983) 5 E.H.R.R. 573	

Article No.	Applicant	Country	Type	Application No.	Citation	Case No. (2001 onwards)
Art. 8	Dudgeon	United Kingdom	Op	7525/76	(1981) 3 E.H.R.R. 40	
	DV	Bulgaria	Adm	31365/96	(1998) 25 E.H.R.R. CD 154	
	East African Asians	United Kingdom	Op	4403/70–4419/70; 4422/70; 4434/70; 4443/70; 4476/70–4478/70; 4486/70; 4501/70; 4526/70–4530/70	(1981) 3 E.H.R.R. 76	
	El Boujaïdi	France	Jmt	25613/94	(2000) 30 E.H.R.R. 223	
	ELH and PBH	United Kingdom	Adm	32094/96; 32568/96	(1998) 25 E.H.R.R. CD 158	
	EP	Italy	Jmt	31127/96	(2001) 31 E.H.R.R 463	(2001) 31 E.H.R.R 17
	Englund	Sweden	Adm	36332/97	(1999) 27 E.H.R.R. CD 264	
	Ergi	Turkey	Jmt	23818/94	(2001) 32 E.H.R.R. 388	(2001) 32 E.H.R.R. 18
	Eriksson	Sweden	Adm	11373/85	(1988) 10 E.H.R.R. 539	
	Eriksson	Sweden	Jmt	11375/85	(1990) 12 E.H.R.R. 183	
	Esbester	United Kingdom	Adm	18601/91	(1994) 18 E.H.R.R. CD 72	
	Esen	Netherlands	Adm	37312/97	(1999) 27 E.H.R.R. CD 290	
	Esen	Netherlands	Adm	37312/97	(1999) 27 E.H.R.R. CD 290	
	Farah	Sweden	Adm	43218/98	(1999) 28 E.H.R.R. CD 216	
	Felderer	Sweden	Adm	11001/84	(1986) 8 E.H.R.R. 91	
	Fidan	Turkey	Adm	24209/94	(2000) 29 E.H.R.R. CD 162	
	Firsoff	United Kingdom	Adm	20591/92	(1993) 15 E.H.R.R. CD 111	
	Fleming	United Kingdom	Adm	33987/96	(1997) 23 E.H.R.R. CD 207	
	Foxley	United Kingdom	Jmt	33274/96	(2001) 31 E.H.R.R 637	(2001) 31 E.H.R.R 25
	Friedl	Austria	Jmt	15225/89	(1996) 21 E.H.R.R. 83	
	G	Norway	Adm	17228/90	(1993) 16 E.H.R.R. CD 14	
	G	Netherlands	Adm	16944/90	(1993) 16 E.H.R.R. CD 38	
	G F	Austria	Adm	23671/94	(1996) 22 E.H.R.R. CD 145	

G, H and I	United Kingdom	Adm	18600/91; 18601/91; 18602/91	(1993) 15 E.H.R.R. CD 41
G.H.H.	Turkey	Adm	43258/98	(1999) 28 E.H.R.R. CD 221
Galloway	United Kingdom	Adm	34199/96	(1999) 27 E.H.R.R. CD 241
Gaskin	United Kingdom	Adm	10454/83	(1987) 9 E.H.R.R. 279
Gaskin	United Kingdom	Jmt	10454/83	(1990) 12 E.H.R.R. 36
Gillow	United Kingdom	Adm	9063/80	(1983) 5 E.H.R.R. 581
Gillow	United Kingdom	Jmt	9063/80	(1989) 11 E.H.R.R. 335
Gillow	United Kingdom	Op	9063/80	(1985) 7 E.H.R.R. 292
Golder	United Kingdom	Jmt	4451/70	1 E.H.R.R. 524
Govell	United Kingdom	Adm	27237/95	(1997) 23 E.H.R.R. CD 101
Granger	United Kingdom	Jmt	11932/86	(1990) 12 E.H.R.R. 469
Granger	United Kingdom	Op	11932/86	(1990) 12 E.H.R.R. 460
Greenpeace Schweiz	Switzerland	Adm	27644/95	(1997) 23 E.H.R.R. CD 116
Gribler	United Kingdom	Adm	12523/86	(1988) 10 E.H.R.R. 546
Guerra	Italy	Jmt	14967/89	(1998) 26 E.H.R.R. 357
Gül	Switzerland	Jmt	23218/94	(1996) 22 E.H.R.R. 93
Guzzardi	Italy	Jmt	7367/76	(1981) 3 E.H.R.R. 333
H	United Kingdom	Jmt	9580/81	(1988) 10 E.H.R.R. 95
H and A	United Kingdom	Adm	9580/81	(1984) 6 E.H.R.R. 606
Halford	United Kingdom	Adm	20605/92	(1995) 19 E.H.R.R. CD 43
Halford	United Kingdom	Jmt	20605/92	(1997) 24 E.H.R.R. 523
Halil, Ahmet and Sabah	United Kingdom	Adm	11355/85	(1986) 8 E.H.R.R. 305
Harper	United Kingdom	Adm	11746/85	(1987) 9 E.H.R.R. 267
Heaney and McGuinness	Ireland	Adm	34720/97	(2000) 29 E.H.R.R. CD 166
Hendriks	Netherlands	Op	8427/78	(1983) 5 E.H.R.R. 223
Herczegfalvy	Austria	Jmt	10533/83	(1993) 15 E.H.R.R. 437
Herrick	United Kingdom	Adm	11185/84	(1986) 8 E.H.R.R. 66
Hertel	Switzerland	Jmt	25181/94	(1999) 28 E.H.R.R. 534
Hewitt and Harman	United Kingdom	Op	12175/86	(1992) 14 E.H.R.R. 657
Hoffmann	Austria	Jmt	12875/87	(1994) 17 E.H.R.R. 293

Article No.	Applicant	Country	Type	Application No.	Citation	Case No. (2001 onwards)
Art. 8	Hokkanen	Finland	Jmt	19823/92	(1995) 19 E.H.R.R. 139	
	Holdry	Germany	Adm	29565/95	(1999) 28 E.H.R.R. CD 116	
	Holland	Ireland	Adm	24827/94	(1998) 25 E.H.R.R. CD 20	
	Holst	Denmark	Adm	11350/85	(1987) 9 E.H.R.R. 265	
	Howard	United Kingdom	Adm	10825/84	(1987) 9 E.H.R.R. 116	
	Huvig	France	Jmt	11105/84	(1990) 12 E.H.R.R. 528	
	Huvig	France	Op	11105/84	(1990) 12 E.H.R.R. 310	
	I	United Kingdom	Adm	25680/94	(1997) 23 E.H.R.R. CD 66	
	Iatridis	Greece	Jmt	31107/96	(2000) 30 E.H.R.R. 97	
	Ignaccolo-Zenide	Romania	Jmt	31679/96	(2001) 31 E.H.R.R 212	(2001) 31 E.H.R.R 7
	Ikincisoy	Turkey	Adm	26144/95	(1996) 21 E.H.R.R. CD 100	
	J.T.	United Kingdom	Adm	26494/95	(1997) 23 E.H.R.R. CD 81	
	Johansen	Norway	Jmt	17383/90	(1997) 23 E.H.R.R. 33	
	Johnson	United Kingdom	Adm	10389/83	(1987) 9 E.H.R.R. 386	
	Johnston	Ireland	Jmt	9697/82	(1987) 9 E.H.R.R. 203	
	Johnston	Ireland	Op	9597/82	(1986) 8 E.H.R.R. 214	
	K	Finland	Adm	19823/92	(1993) 16 E.H.R.R. CD 47	
	K and T	Finland	Jmt	25702/94	(2001) 31 E.H.R.R 484	(2001) 31 E.H.R.R 18
	K.K.	Switzerland	Adm	43391/98	(1999) 27 E.H.R.R. CD 361	
	KL	United Kingdom	Adm	29392/95	(1998) 26 E.H.R.R. CD 113	
	Kamal	United Kingdom	Adm	8378/78	(1982) 4 E.H.R.R. 244	
	Kamer	Belgium	Adm	10819/84	(1986) 8 E.H.R.R. 230	
	Kara	United Kingdom	Adm	36528/97	(1999) 27 E.H.R.R. CD 272	
	Karara	Finald	Adm	40900/98	(1998) 26 E.H.R.R. CD 220	
	Karassev	Finland	Adm	31414/96	(1999) 28 E.H.R.R. CD 126	(1999) 28 E.H.R.R. CD 132

Keegan	Ireland	Jmt	16969/90	(1994) 18 E.H.R.R. 342	
Khan	United Kingdom	Adm	23860/94	(1996) 21 E.H.R.R. CD 67	
Khan	United Kingdom	Adm	35394/97	(1999) 27 E.H.R.R. CD 58	
Khan	United Kingdom	Jmt	35394/97	(2001) 31 E.H.R.R 1016	(2001) 31 E.H.R.R 45
Khatun	United Kingdom	Adm	38387/97	(1998) 26 E.H.R.R. CD 212	
Kjeldsen, Busk Madsen and Pedersen	Denmark	Jmt	5095/71; 5920/72; 5926/72	1 E.H.R.R. 711	
Klass	Germany	Jmt	5029/71	2 E.H.R.R. 214	
Klass	Germany	Jmt	15473/89	(1994) 18 E.H.R.R. 305	
Korkis	Sweden	Adm	35557/97	(1999) 27 E.H.R.R. CD 251	
Krol	Sweden	Adm	11704/85	(1989) 11 E.H.R.R. 73	
Kroon	Netherlands	Jmt	18535/91	(1995) 19 E.H.R.R. 263	
Kruslin	France	Jmt	11801/85	(1990) 12 E.H.R.R. 547	
Kruslin	France	Op	11801/85	(1990) 12 E.H.R.R. 451	
Kwong	United Kingdom	Adm	36336/97	(1998) 26 E.H.R.R. CD 189	
L	Finland	Jmt	25651/94	(2001) 31 E.H.R.R 737	(2001) 31 E.H.R.R 30
LCB	United Kingdom	Jmt	23413/94	(1999) 27 E.H.R.R. 212	
L, M and R	Switzerland	Adm	30003/96	(1996) 22 E.H.R.R. CD 130	
Lalljee	United Kingdom	Adm	10556/83	(1986) 8 E.H.R.R. 84	
Lambert	France	Jmt	23618/94	(2000) 30 E.H.R.R. 346	
Lamguindaz	United Kingdom	Jmt	16152/90	(1994) 17 E.H.R.R. 213	
Langborger	Sweden	Jmt	11179/84	(1990) 12 E.H.R.R. 416	
Langborger	Sweden	Op	11179/84	(1990) 12 E.H.R.R. 120	
Lant	United Kingdom	Adm	11046/84	(1987) 9 E.H.R.R. 243	
Larbie	United Kingdom	Adm	25073/94	(1996) 21 E.H.R.R. CD 103	
Larkos	Cyprus	Jmt	29515/95	(2000) 30 E.H.R.R. 597	
Laskey, Jaggard and Brown	United Kingdom	Jmt	21627/93; 21826/93; 21974/93	(1997) 24 E.H.R.R. 39	
Launder	United Kingdom	Adm	27279/95	(1998) 25 E.H.R.R. CD 67	

Article No.	Applicant	Country	Type	Application No.	Citation	Case No. (2001 onwards)
Art. 8	Leander	Sweden	Adm	9248/81	(1984) 6 E.H.R.R. 540	
	Leander	Sweden	Jmt	9248/81	(1987) 9 E.H.R.R. 433	
	Leander	Sweden	Op	9248/81	(1985) 7 E.H.R.R. 557	
	Lee	United Kingdom	Adm	25289/94	(1998) 25 E.H.R.R. CD 46	
	Leech	United Kingdom	Adm	20075/92	(1994) 18 E.H.R.R. CD 116	
	Lehtinen	Finland	Adm	39076/97	(2000) 29 E.H.R.R. CD 204	
	Lindsay	United Kingdom	Adm	11089/84	(1987) 9 E.H.R.R. 555	
	Logan	United Kingdom	Adm	24875/94	(1996) 22 E.H.R.R. CD 178	
	Loizidou	Turkey	Jmt	15318/89	(1997) 23 E.H.R.R. 513	
	Lopez Ostra	Spain	Jmt	16798/90	(1995) 20 E.H.R.R. 277	
	Lukka	United Kingdom	Adm	12122/86	(1987) 9 E.H.R.R. 552	
	Lundblad	Sweden	Adm	21078/92	(1994) 18 E.H.R.R. CD 167	
	Lustig-Prean and Beckett	United Kingdom	Jmt	31417/96; 32377/96	(2000) 29 E.H.R.R. 548	
	M	Bulgaria	Adm	27496/95	(1996) 22 E.H.R.R. CD 101	
	M.L.	United Kingdom	Adm	23546/94	(1995) 20 E.H.R.R. CD 81	
	MK	Austria	Adm	28867/95	(1997) 24 E.H.R.R. CD 59	
	MS	Sweden	Jmt	20837/92	(1999) 28 E.H.R.R. 313	
	Mabey	United Kingdom	Adm	28370/95	(1996) 22 E.H.R.R. CD 123	
	McCallum	United Kingdom	Jmt	9511/81	(1991) 13 E.H.R.R. 597	
	McCotter	United Kingdom	Adm	18632/91	(1993) 15 E.H.R.R. CD 98	
	McCourt	United Kingdom	Adm	20433/92	(1993) 15 E.H.R.R. CD 110	
	McCullough	United Kingdom	Adm	24889/94	(1998) 25 E.H.R.R. CD 34	
	McFeeley	United Kingdom	Op	8317/78	(1981) 3 E.H.R.R. 161	
	McGinley and Egan	United Kingdom	Adm	21825/93; 23414/94	(1996) 21 E.H.R.R. CD 56	
	McGinley and Egan	United Kingdom	Jmt	21825/93; 23414/94	(1999) 27 E.H.R.R. 1	
	McGonnell	United Kingdom	Adm	28488/95	(1998) 25 E.H.R.R. CD 84	
	McLeod	United Kingdom	Adm	24755/94	(1996) 22 E.H.R.R. CD 158	
	McLeod	United Kingdom	Jmt	24755/94	(1999) 27 E.H.R.R. 493	

McMichael	United Kingdom	Adm	16424/90	(1993) 15 E.H.R.R. CD 80	
McMichael	United Kingdom	Jmt	16424/90	(1995) 20 E.H.R.R. 205	
McVeigh, O'Neill and Evans	United Kingdom	Op	8022/77; 8025/77; 8027/77	(1983) 5 E.H.R.R. 71	
Malone	United Kingdom	Adm	8691/79	(1982) 4 E.H.R.R. 330	
Malone	United Kingdom	Jmt	8691/79	(1984) 6 E.H.R.R. 14	
Malone	United Kingdom	Op	8691/79	(1983) 5 E.H.R.R. 385	
Mangov	Greece	Adm	16595/90	(1993) 16 E.H.R.R. CD 36	
Manners	United Kingdom	Adm	37650/97	(1998) 26 E.H.R.R. CD 206	
Marangos	Cyprus	Adm	31106/96	(1997) 23 E.H.R.R. CD 192	
Marckx	Belgium	Jmt	6833/74	2 E.H.R.R. 330	
Martin	United Kingdom	Adm	27533/95	(1996) 21 E.H.R.R. CD 112	
Marzari	Italy	Adm	36448/97	(1999) 28 E.H.R.R. CD 175	
Masefield	United Kingdom	Adm	11469/85	(1987) 9 E.H.R.R. 136	
Matter	Slovakia	Jmt	31534/96	(2001) 31 E.H.R.R 783	(2001) 31 E.H.R.R 32
Medeer	Netherlands	Adm	10996/84	(1987) 9 E.H.R.R. 546	
Mehemi	France	Jmt	25017/94	(2000) 30 E.H.R.R. 739	
Mentes	Turkey	Jmt	23186/94	(1998) 26 E.H.R.R. 595	
Momique-Pola	Sweden	Adm	36287/97	(1998) 26 E.H.R.R. CD 187	
Motta	Italy	Adm	16805/90	(1993) 16 E.H.R.R. CD 12	
Moustaquim	Belgium	Jmt	12313/86	(1991) 13 E.H.R.R. 802	
Murray	United Kingdom	Jmt	14310/88	(1995) 19 E.H.R.R. 193	
Musasizi	Sweden	Adm	23780/94	(1994) 18 E.H.R.R. CD 223	
Mustafai-Nejad	Austria	Adm	26495/95	(1997) 23 E.H.R.R. CD 85	
Myszk	Poland	Adm	28244/95	(1998) 26 E.H.R.R. CD 76	
N	United Kingdom	Adm	20100/92	(1993) 16 E.H.R.R. CD 28	
Nasri	France	Jmt	19465/92	(1996) 21 E.H.R.R. 458	
National Panasonic (U.K.) Ltd	EC Commission	ECJ	Case 136/79	(1981) 3 E.H.R.R. 150	
Niemietz	Germany	Jmt	13710/88	(1993) 16 E.H.R.R. 97	

Article No.	Applicant	Country	Type	Application No.	Citation	Case No. (2001 onwards)
Art. 8	Norris	Ireland	Jmt	10581/83	(1991) 13 E.H.R.R. 186	
	Norris and National Gay Federation	Ireland	Adm	10581/83	(1986) 8 E.H.R.R. 75	
	Noviflora Sweden AB	Sweden	Adm	14369/88	(1993) 15 E.H.R.R. CD 6	
	Nsona	Netherlands	Jmt	23366/94	(2001) 32 E.H.R.R. 170	(2001) 32 E.H.R.R. 9
	Nyberg	Sweden	Jmt	12574/86	(1992) 14 E.H.R.R. 870	
	O	United Kingdom	Jmt	9276/81	(1988) 10 E.H.R.R. 82	
	O'Hara	Ireland	Adm	26667/95	(1998) 25 E.H.R.R. CD 57	
	Ollila	Finland	Adm	18969/91	(1993) 15 E.H.R.R. CD 101	
	Olsson	Sweden	Adm	10465/83	(1986) 8 E.H.R.R. 71	
	Olsson	Sweden	Jmt	10465/83	(1989) 11 E.H.R.R. 259	
	Olsson	Sweden (No. 2)	Jmt	13441/87	(1994) 17 E.H.R.R. 134	
	Open Door Counselling Ltd and Dublin Well Woman	Ireland	Jmt	14234/88; 14235/88	(1993) 15 E.H.R.R. 244	
	Open Door Counselling Ltd and Dublin Well Woman Centre Ltd	Ireland	Op	14234/88; 14235/88	(1992) 14 E.H.R.R. 131	
	Osman	United Kingdom	Adm	23452/94	(1996) 22 E.H.R.R. CD 137	
	Osman	United Kingdom	Jmt	23452/94	(2000) 29 E.H.R.R. 245	
	Özdemir	Netherlands	Adm	35758/97	(1999) 27 E.H.R.R. CD 257	
	PP	United Kingdom	Adm	25297/94	(1996) 21 E.H.R.R. CD 81	
	Pancenko	Latvia	Adm	40772/98	(2000) 29 E.H.R.R. CD 227	
	Panikian	Bulgaria	Adm	29583/96	(1997) 24 E.H.R.R. CD 63	
	Passannante	Italy	Adm	32647/96	(1998) 26 E.H.R.R. CD 153	
	Patel	United Kingdom	Adm	35693/97	(1999) 27 E.H.R.R. CD 254	
	Paton	United Kingdom	Adm	8416/78	(1981) 3 E.H.R.R. 408	

Paulsen-Medalen and Svensson	Sweden	Jmt	16817/90	(1998) 26 E.H.R.R. 260
Peers	Greece	Adm	28524/95	(1999) 27 E.H.R.R. CD 126
Pentidis	Greece	Jmt	23238/94	(1997) 23 E.H.R.R. CD 37
Pentidis	Greece	Op	23238/94	(1997) 24 E.H.R.R. CD 1
Pesti and Frodl	Austria	Adm	27618/95	(2000) 29 E.H.R.R. CD 229
Pfeifer and Plankl	Austria	Jmt	10802/84	(1992) 14 E.H.R.R. 692
Philis	Greece	Adm	18001/91	(1994) 18 E.H.R.R. CD 57
Philis	Greece	Adm	28970/95	(1997) 23 E.H.R.R. CD 147
Phull	United Kingdom	Adm	32789/96	(1998) 25 E.H.R.R. CD 166
Poku	United Kingdom	Adm	26985/95	(1996) 22 E.H.R.R. CD 94
Poli	Denmark	Adm	33209/96	(1999) 27 E.H.R.R. CD 212
Poltoratskiy	Ukraine	Adm	38812/97	(1999) 27 E.H.R.R. CD 320
Powell	United Kingdom	Adm	9310/81	(1987) 9 E.H.R.R. 241
Powell and Rayner	United Kingdom	Jmt	9310/81	(1990) 12 E.H.R.R. 355
Powell and Rayner	United Kingdom	Op	9310/81	(1990) 12 E.H.R.R. 288
Q	Netherlands	Adm	18395/91	(1993) 15 E.H.R.R. CD 96
R	United Kingdom	Jmt	10496/83	(1988) 10 E.H.R.R. 74
R.S.	United Kingdom	Adm	24604/94	(1995) 20 E.H.R.R. CD 98
R.S.C.	United Kingdom	Adm	27560/95	(1997) 23 E.H.R.R. CD 112
Raguz	Austria	Adm	26300/95	(1997) 23 E.H.R.R. CD 75
Raidl	Austria	Adm	25342/94	(1995) 20 E.H.R.R. CD 114
Raninen	Finland	Adm	20972/92	(1996) 21 E.H.R.R. CD 123
Raninen	Finland	Jmt	20972/92	(1998) 26 E.H.R.R. 563
Rasmussen	Denmark	Jmt	8777/79	(1985) 7 E.H.R.R. 371
Rasmussen	Denmark	Op	8777/79	(1984) 6 E.H.R.R. 94
Rayner	United Kingdom	Adm	9310/81	(1987) 9 E.H.R.R. 375
Reed	United Kingdom	Settlement	7630/76	(1983) 5 E.H.R.R. 114
Rees	United Kingdom	Jmt	9532/81	(1987) 9 E.H.R.R. 56
Rehbock	Slovenia	Adm	29462/95	(1998) 26 E.H.R.R. CD 120

Article No.	Applicant	Country	Type	Application No.	Citation	Case No. (2001 onwards)
Art. 8	Remmers and Hamer	Netherlands	Adm	29839/96	(1999) 27 E.H.R.R. CD 168	
	Rieme	Sweden	Jmt	12366/86	(1993) 16 E.H.R.R. 155	
	Roberts	United Kingdom	Adm	21178/93	(1995) 19 E.H.R.R. CD 50	
	S	United Kingdom	Adm	19085/91	(1993) 15 E.H.R.R. CD 106	
	SE	Switzerland	Adm	28994/95	(1998) 25 E.H.R.R. CD 127	
	Salgueiro Da Silva Mouta	Portugal	Jmt	33290/96	(2001) 31 E.H.R.R 1055	(2001) 31 E.H.R.R 47
	Schenk	Switzerland	Jmt	10862/84	(1991) 13 E.H.R.R. 242	
	Scherer	Switzerland	Jmt	17116/90	(1994) 18 E.H.R.R. 276	
	Schneider	Austria	Adm	15220/89	(1994) 18 E.H.R.R. CD 33	
	Schönberger and Durmaz	Switzerland	Jmt	11368/85	(1989) 11 E.H.R.R. 202	
	Selçuk and Asker	Turkey	Jmt	23184/94; 23185/94	(1998) 26 E.H.R.R. 477	
	Sharara and Rinia	Netherlands	Adm	10915/84	(1986) 8 E.H.R.R. 307	
	Sheffield	United Kingdom	Adm	22985/93	(1995) 20 E.H.R.R. CD 66	
	Sheffield	United Kingdom	Adm	22985/93	(1996) 21 E.H.R.R. CD 99	
	Sheffield and Horsham	United Kingdom	Jmt	22885/93; 23390/94	(1999) 27 E.H.R.R. 163	
	Silver	United Kingdom	Jmt	5947/72; 6205/73; 7052/75; 7061/75; 7107/75; 7113/75; 7136/75	(1983) 5 E.H.R.R. 347	
	Silver	United Kingdom (Art. 50)	Jmt	5947/72; 6205/73; 7052/75; 7061/75; 7107/75; 7113/75; 7136/75	(1984) 6 E.H.R.R. 62	
	Silver	United Kingdom	Op	5947/72; 6205/73; 7052/75; 7061/75; 7107/75; 7113/75; 7136/75	(1981) 3 E.H.R.R. 475	
	Šinko	Slovak Republic	Adm	33466/96	(1999) 27 E.H.R.R. CD 226	
	Smallwood	United Kingdom	Adm	29779/96	(1999) 27 E.H.R.R. CD 155	
	Smith	United Kingdom	Adm	18401/91	(1994) 18 E.H.R.R. CD 65	

Smith	United Kingdom	Adm	25154/94	(1998) 25 E.H.R.R. CD 42
Smith	United Kingdom	Adm	26666/95	(1998) 25 E.H.R.R. CD 52
Smith and Grady	United Kingdom	Adm	33985/96	(1999) 27 E.H.R.R. CD 42
Smith and Grady	United Kingdom	Jmt	33985/96; 33986/96	(2000) 29 E.H.R.R. 493
Söderbäck	Sweden	Jmt	24484/94	(2000) 29 E.H.R.R. 95
SP, DP and T	United Kingdom	Adm	23715/94	(1996) 22 E.H.R.R. CD 148
Spencer (Earl)	United Kingdom	Adm	28851/95; 28852/95	(1998) 25 E.H.R.R. CD 105
SSC	Sweden	Adm	46553/99	(2000) 29 E.H.R.R. CD 245
Stafford	United Kingdom	Adm	10885/84	(1986) 8 E.H.R.R. 303
Stankov	Bulgaria	Adm	29221/95; 29222/95; 29223/95; 29225/95; 29226/95	(1997) 23 E.H.R.R. CD 170
Stedman	United Kingdom	Adm	29107/95	(1997) 23 E.H.R.R. CD 168
Stefan	United Kingdom	Adm	29419/95	(1998) 25 E.H.R.R. CD 130
Stewart-Brady	United Kingdom	Adm	27436/95	(1997) 24 E.H.R.R. CD 38
Stewart-Brady	United Kingdom	Adm	36908/97	(1999) 27 E.H.R.R. CD 284
Stjerna	Finland	Jmt	18131/91	(1997) 24 E.H.R.R. 195
Stopford	United Kingdom	Adm	31316/96	(1998) 25 E.H.R.R. CD 151
Stoutt	Ireland	Adm	10978/84	(1987) 9 E.H.R.R. 541
Stubbings	United Kingdom	Adm	22083/93	(1994) 18 E.H.R.R. CD 185
Stubbings	United Kingdom	Jmt	22083/93; 22095/93	(1997) 23 E.H.R.R. 213
Stubbings	United Kingdom	Op	22083/93	(1995) 19 E.H.R.R. CD 32
Sutherland	United Kingdom	Adm	25186/94	(1996) 22 E.H.R.R. CD 182
Sutherland	United Kingdom	Op	25186/94	(1997) 24 E.H.R.R. CD 22
T.C.	Norway	Adm	29821/96	(1999) 27 E.H.R.R. CD 164
T.V.	Finland	Adm	21780/93	(1994) 18 E.H.R.R. CD 179
Tammer	Estonia	Adm	41205/98	(2000) 29 E.H.R.R. CD 257
Taspinar	Netherlands	Adm	11026/84	(1986) 8 E.H.R.R. 47
Teixeira de Castro	Portugal	Jmt	25829/94	(1999) 28 E.H.R.R. 101
Tennenbaum	Sweden	Adm	16031/90	(1994) 18 E.H.R.R. CD 41
Thorbergsson	Iceland	Adm	22597/93	(1994) 18 E.H.R.R. CD 205
Tinnelly & Sons	United Kingdom	Jmt	20390/92	(1999) 27 E.H.R.R. 249

Article No.	Applicant	Country	Type	Application No.	Citation	Case No. (2001 onwards)
Art. 8	Tinnelly and Sons	United Kingdom	Adm	20390/92; 21322/93	(1996) 22 E.H.R.R. CD 62	
	Togher	United Kingdom	Adm	28555/95	(1998) 25 E.H.R.R. CD 99	
	TP and KM	United Kingdom	Adm	28945/95	(1998) 26 E.H.R.R. CD 84	
	Tsavachidis	Greece	Adm	28802/95	(1997) 23 E.H.R.R. CD 135	
	Tsavachidis	Greece	Settlement	28802/95	(1999) 27 E.H.R.R. CD 27	
	Turner	United Kingdom	Adm	30294/96	(1997) 23 E.H.R.R. CD 181	
	TY	Netherlands	Adm	26669/95	(1997) 23 E.H.R.R. CD 95	
	Unlu	Austria	Adm	20957/92	(1994) 18 E.H.R.R. CD 165	
	Uppal	United Kingdom (No. 1)	Adm	8244/78	(1981) 3 E.H.R.R. 391	
	Uppal	United Kingdom (No. 2)	Settlement	8224/78	(1981) 3 E.H.R.R. 399	
	V	Denmark	Adm	17392/90	(1993) 15 E.H.R.R. CD 28	
	Valenzuela Contreras	Spain	Jmt	27671/95	(1999) 28 E.H.R.R. 483	
	Van Oosterwijck	Belgium	Jmt	7654/76	(1981) 3 E.H.R.R. 557	
	Varey	United Kingdom	Adm	26662/95	(1998) 25 E.H.R.R. CD 49	
	Varnave	Turkey	Adm	16064–16066/90; 16068–16073/90	(1998) 25 E.H.R.R. CD 9	
	Vasilescu	Romania	Jmt	27053/95	(1999) 28 E.H.R.R. 241	
	Vereniging Radio 100	Netherlands	Adm	26335/95	(1996) 22 E.H.R.R. CD 198	
	Vermeire	Belgium	Jmt	12849/87	(1993) 15 E.H.R.R. 488	
	W	United Kingdom	Adm	9749/82	(1984) 6 E.H.R.R. 565	
	W	United Kingdom	Jmt	9749/82	(1988) 10 E.H.R.R. 29	
	W.J.	Austria	Adm	23759/94	(1999) 27 E.H.R.R. CD 83	
	Wain	United Kingdom	Adm	10787/84	(1987) 9 E.H.R.R. 122	
	Wallen	Sweden	Adm	10877/84	(1986) 8 E.H.R.R. 320	
	Wanyonyi	United Kingdom	Adm	32713/96	(1999) 27 E.H.R.R. CD 195	
	Whiteside	United Kingdom	Adm	20357/92	(1994) 18 E.H.R.R. CD 126	
	Widen	Sweden	Adm	10723/83	(1986) 8 E.H.R.R. 79	

	Wilde, Greenhaulgh and Parry	United Kingdom	Adm	22382/93	(1995) 19 E.H.R.R. CD 86
	Willis	United Kingdom	Adm	36042/97	(1999) 28 E.H.R.R. CD 166
	Willsher	United Kingdom	Adm	31024/96	(1997) 23 E.H.R.R. CD 188
	Wöckel	Germany	Adm	32165/96	(1998) 25 E.H.R.R. CD 156
	Wood	United Kingdom	Adm	32540/96	(1997) 24 E.H.R.R. CD 69
	X	Ireland	Adm	8315/79	(1982) 4 E.H.R.R. 359
	X	Sweden	Adm	9105/80	(1982) 4 E.H.R.R. 408
	X	United Kingdom	Adm	8231/76	(1983) 5 E.H.R.R. 162
	X	United Kingdom	Adm	9054/80	(1983) 5 E.H.R.R. 260
	X	United Kingdom	Op	7215/75	(1981) 3 E.H.R.R. 63
	X and Y	United Kingdom	Adm	9146/80	(1986) 8 E.H.R.R. 298
	X and Y	Netherlands	Jmt	8978/80	(1986) 8 E.H.R.R. 235
	X and Y	Netherlands	Op	8978/80	(1984) 6 E.H.R.R. 311
	X, Cabales and Balkandali	United Kingdom	Adm	9214/80; 9473/81; 9474/81	(1983) 5 E.H.R.R. 132
	X, Y and Z	United Kingdom	Jmt	21830/93	(1997) 24 E.H.R.R. 143
	X, Y and Z	United Kingdom	Op	21830/93	(1995) 20 E.H.R.R. CD 6
	Y	United Kingdom	Jmt	14229/88	(1994) 17 E.H.R.R. 238
	Yasar	Turkey	Adm	22281/93	(1995) 19 E.H.R.R. CD 74
	Young	Ireland	Adm	25646/94	(1996) 21 E.H.R.R. CD 91
	Z	Finland	Jmt	22009/93	(1998) 25 E.H.R.R. 371
	Z	United Kingdom	Op	29392/95	(1999) 28 E.H.R.R. CD 65
Art. 8(1)	Ahmut	Netherlands	Jmt	21702/93	(1997) 24 E.H.R.R. 62
	Amann	Switzerland	Jmt	27798/95	(2000) 30 E.H.R.R. 843
	Andersson	Sweden	Jmt	12963/87	(1992) 14 E.H.R.R. 615
	App. No. 9295/81	Austria	Adm	9295/81	(1983) 5 E.H.R.R. 284
	Beldjoudi	France	Jmt	12083/86	(1992) 14 E.H.R.R. 801
	Belgian Linguistics Case (No. 2)		Jmt	1474/62; 1677/62; 1699/62; 1769/63; 1994/63; 2126/64	1 E.H.R.R. 252
	Berrehab	Netherlands	Jmt	10730/84	(1989) 11 E.H.R.R. 322

Article No.	Applicant	Country	Type	Application No.	Citation	Case No. (2001 onwards)
Art. 8(1)	Bouchelkia	France	Jmt	23078/93	(1998) 25 E.H.R.R. 686	
	Boughanemi	France	Jmt	22070/93	(1996) 22 E.H.R.R. 228	
	Boujlifa	France	Jmt	24404/94	(2000) 30 E.H.R.R. 419	
	Brüggemann and Scheuten	Germany	Op	6959/75	(1981) 3 E.H.R.R. 244	
	Buckley	United Kingdom	Op	20348/92	(1995) 19 E.H.R.R. CD 20	
	C	Belgium	Jmt	21794/93	(2001) 32 E.H.R.R. 19	(2001) 32 E.H.R.R. 2
	Campbell	United Kingdom	Jmt	13590/88	(1993) 15 E.H.R.R. 137	
	Chahal	United Kingdom	Jmt	22414/93	(1997) 23 E.H.R.R. 413	
	Chappell	United Kingdom	Op	10461/83	(1989) 11 E.H.R.R. 543	
	Cremieux	France	Jmt	11471/85	(1993) 16 E.H.R.R. 357	
	De Wilde, Ooms and Versyp	Belgium (No. 1)	Jmt	2832/66; 2835/66; 2899/66	1 E.H.R.R. 373	
	Doymus	Switzerland	Adm	27269/95	(1995) 20 E.H.R.R. CD 129	
	Dudgeon	United Kingdom	Jmt	7525/76	(1982) 4 E.H.R.R. 149	
	Dudgeon	United Kingdom	Op	7525/76	(1981) 3 E.H.R.R. 40	
	East African Asians	United Kingdom	Op	4403/70–4419/70; 4422/70; 4434/70; 4443/70; 4476/70–4478/70; 4486/70; 4501/70; 4526/70–4530/70	(1981) 3 E.H.R.R. 76	
	El Boujaïdi	France	Jmt	25613/94	(2000) 30 E.H.R.R. 223	
	Friedl	Austria	Jmt	15225/89	(1996) 21 E.H.R.R. 83	
	Funke	France	Jmt	10828/84	(1993) 16 E.H.R.R. 297	
	Gaskin	United Kingdom	Op	10454/83	(1989) 11 E.H.R.R. 402	
	Gaygusuz	Austria	Jmt	17371/90	(1997) 23 E.H.R.R. 364	
	Golder	United Kingdom	Jmt	4451/70	1 E.H.R.R. 524	
	Grare	France	Adm	18835/91	(1993) 15 E.H.R.R. CD 100	
	Halford	United Kingdom	Jmt	20605/92	(1997) 24 E.H.R.R. 523	

Hendriks	Netherlands	Op	8427/78	(1983) 5 E.H.R.R. 223
Hewitt and Harman	United Kingdom	Op	12175/86	(1992) 14 E.H.R.R. 657
Johansen	Norway	Jmt	17383/90	(1997) 23 E.H.R.R. 33
Keegan	Ireland	Jmt	16969/90	(1994) 18 E.H.R.R. 342
Klass	Germany	Jmt	5029/71	2 E.H.R.R. 214
Kopp	Switzerland	Jmt	23224/94	(1999) 27 E.H.R.R. 91
Kwong	United Kingdom	Adm	36336/97	(1998) 26 E.H.R.R. CD 189
Leander	Sweden	Op	9248/81	(1985) 7 E.H.R.R. 557
Lüdi	Switzerland	Jmt	12433/86	(1993) 15 E.H.R.R. 173
Mabey	United Kingdom	Adm	28370/95	(1996) 22 E.H.R.R. CD 123
Marckx	Belgium	Jmt	6833/74	2 E.H.R.R. 330
McFeeley	United Kingdom	Op	8317/78	(1981) 3 E.H.R.R. 161
McVeigh, O'Neill and Evans	United Kingdom	Op	8022/77; 8025/77; 8027/77	(1983) 5 E.H.R.R. 71
Mehemi	France	Jmt	25017/94	(2000) 30 E.H.R.R. 739
Miailhe	France	Jmt	12661/87	(1993) 16 E.H.R.R. 332
Modinos	Cyprus	Jmt	15070/89	(1993) 16 E.H.R.R. 485
Moustaquim	Belgium	Jmt	12313/86	(1991) 13 E.H.R.R. 802
MS	Sweden	Jmt	20837/92	(1999) 28 E.H.R.R. 313
Nasri	France	Jmt	19465/92	(1996) 21 E.H.R.R. 458
National Panasonic (U.K.) Ltd	EC Commission	ECJ	Case 136/79	(1981) 3 E.H.R.R. 150
Norris	Ireland	Jmt	10581/83	(1991) 13 E.H.R.R. 186
Rees	United Kingdom	Op	9532/81	(1985) 7 E.H.R.R. 429
Rieme	Sweden	Jmt	12366/86	(1993) 16 E.H.R.R. 155
Silver	United Kingdom	Op	5947/72; 6205/73; 7052/75; 7061/75; 7107/75; 7113/75; 7136/75	(1981) 3 E.H.R.R. 475
Söderbäck	Sweden	Jmt	24484/94	(2000) 29 E.H.R.R. 95
Špaçek Ltd	Czech Republic	Adm	26449/95	(1997) 23 E.H.R.R. CD 76
SSC	Sweden	Adm	46553/99	(2000) 29 E.H.R.R. CD 245

Article No.	Applicant	Country	Type	Application No.	Citation	Case No. (2001 onwards)
Art. 8(1)	Stopford	United Kingdom	Adm	31316/96	(1998) 25 E.H.R.R. CD 151	
	X	Sweden	Adm	9105/80	(1982) 4 E.H.R.R. 408	
	X	United Kingdom	Adm	8231/76	(1983) 5 E.H.R.R. 162	
	X	United Kingdom	Op	7215/75	(1981) 3 E.H.R.R. 63	
	X, Y and Z	Sweden	Adm	8811/79	(1983) 5 E.H.R.R. 147	
	X, Y and Z	United Kingdom	Jmt	21830/93	(1997) 24 E.H.R.R. 143	
Art. 8(2)	Ahmut	Netherlands	Jmt	21702/93	(1997) 24 E.H.R.R. 62	
	Amann	Switzerland	Jmt	27798/95	(2000) 30 E.H.R.R. 843	
	Andersson	Sweden	Jmt	12963/87	(1992) 14 E.H.R.R. 615	
	App. No. 8962/80	Belgium	Adm	8962/80	(1983) 5 E.H.R.R. 268	
	App. No. 9295/81	Austria	Adm	9295/81	(1983) 5 E.H.R.R. 284	
	Beldjoudi	France	Jmt	12083/86	(1992) 14 E.H.R.R. 801	
	Berglund	Sweden	Adm	34825/97	(1998) 25 E.H.R.R. CD 182	
	Berrehab	Netherlands	Jmt	10730/84	(1989) 11 E.H.R.R. 322	
	Bouchelkia	France	Jmt	23078/93	(1998) 25 E.H.R.R. 686	
	Boughanemi	France	Jmt	22070/93	(1996) 22 E.H.R.R. 228	
	Boujlifa	France	Jmt	24404/94	(2000) 30 E.H.R.R. 419	
	Brüggemann and Scheuten	Germany	Op	6959/75	(1981) 3 E.H.R.R. 244	
	Buckley	United Kingdom	Op	20348/92	(1995) 19 E.H.R.R. CD 20	
	C	Belgium	Jmt	21794/93	(2001) 32 E.H.R.R. 19	(2001) 32 E.H.R.R. 2
	Campbell	United Kingdom	Jmt	13590/88	(1993) 15 E.H.R.R. 137	
	Chappell	United Kingdom	Jmt	10461/83	(1990) 12 E.H.R.R. 1	
	Chappell	United Kingdom	Op	10461/83	(1989) 11 E.H.R.R. 543	
	Cremieux	France	Jmt	11471/85	(1993) 16 E.H.R.R. 357	
	De Wilde, Ooms and Versyp	Belgium (No. 1)	Jmt	2832/66; 2835/66; 2899/66	1 E.H.R.R. 373	

Doymus	Switzerland	Adm	27269/95	(1995) 20 E.H.R.R. CD 129	
Dudgeon	United Kingdom	Op	7525/76	(1981) 3 E.H.R.R. 40	
East African Asians	United Kingdom	Op	4403/70–4419/70; 4422/70; 4434/70; 4443/70; 4476/70–4478/70; 4486/70; 4501/70; 4526/70–4530/70	(1981) 3 E.H.R.R. 76	
El Boujaïdi	France	Jmt	25613/94	(2000) 30 E.H.R.R. 223	
Engel	Netherlands (No. 1)	Jmt	5100/71; 5101/71; 5102/71; 5354/72; 5370/72	1 E.H.R.R. 647	
Foxley	United Kingdom	Jmt	33274/96	(2001) 31 E.H.R.R 637	(2001) 31 E.H.R.R 25
Funke	France	Jmt	10828/84	(1993) 16 E.H.R.R. 297	
Gaskin	United Kingdom	Op	10454/83	(1989) 11 E.H.R.R. 402	
Golder	United Kingdom	Jmt	4451/70	1 E.H.R.R. 524	
Hendriks	Netherlands	Op	8427/78	(1983) 5 E.H.R.R. 223	
Hewitt and Harman	United Kingdom	Op	12175/86	(1992) 14 E.H.R.R. 657	
J.T.	United Kingdom	Adm	26494/95	(1997) 23 E.H.R.R. CD 81	
Johansen	Norway	Jmt	17383/90	(1997) 23 E.H.R.R. 33	
Keegan	Ireland	Jmt	16969/90	(1994) 18 E.H.R.R. 342	
Khan	United Kingdom	Adm	35394/97	(1999) 27 E.H.R.R. CD 58	
Klass	Germany	Jmt	5029/71	2 E.H.R.R. 214	
Kopp	Switzerland	Jmt	23224/94	(1999) 27 E.H.R.R. 91	
Kruslin	France	Op	11801/85	(1990) 12 E.H.R.R. 451	
Kwong	United Kingdom	Adm	36336/97	(1998) 26 E.H.R.R. CD 189	
Lambert	France	Jmt	23618/94	(2000) 30 E.H.R.R. 346	
Laskey, Jaggard and Brown	United Kingdom	Jmt	21627/93; 21826/93; 21974/93	(1997) 24 E.H.R.R. 39	
Leander	Sweden	Op	9248/81	(1985) 7 E.H.R.R. 557	
Lüdi	Switzerland	Jmt	12433/86	(1993) 15 E.H.R.R. 173	
Lustig-Prean and Beckett	United Kingdom	Jmt	31417/96; 32377/96	(2000) 29 E.H.R.R. 548	

Article No.	Applicant	Country	Type	Application No.	Citation	Case No. (2001 onwards)
Art. 8(2)	Mabey	United Kingdom	Adm	28370/95	(1996) 22 E.H.R.R. CD 123	
	Malone	United Kingdom	Adm	8691/79	(1982) 4 E.H.R.R. 330	
	Malone	United Kingdom	Op	8691/79	(1983) 5 E.H.R.R. 385	
	Marckx	Belgium	Jmt	6833/74	2 E.H.R.R. 330	
	McFeeley	United Kingdom	Op	8317/78	(1981) 3 E.H.R.R. 161	
	McVeigh, O'Neill and Evans	United Kingdom	Op	8022/77; 8025/77; 8027/77	(1983) 5 E.H.R.R. 71	
	Mehemi	France	Jmt	25017/94	(2000) 30 E.H.R.R. 739	
	Miailhe	France	Jmt	12661/87	(1993) 16 E.H.R.R. 332	
	Modinos	Cyprus	Jmt	15070/89	(1993) 16 E.H.R.R. 485	
	Momique-Pola	Sweden	Adm	36287/97	(1998) 26 E.H.R.R. CD 187	
	Moustaquim	Belgium	Jmt	12313/86	(1991) 13 E.H.R.R. 802	
	MS	Sweden	Jmt	20837/92	(1999) 28 E.H.R.R. 313	
	Nasri	France	Jmt	19465/92	(1996) 21 E.H.R.R. 458	
	National Panasonic (U.K.) Ltd	EC Commission	ECJ	Case 136/79	(1981) 3 E.H.R.R. 150	
	Norris	Ireland	Jmt	10581/83	(1991) 13 E.H.R.R. 186	
	Rieme	Sweden	Jmt	12366/86	(1993) 16 E.H.R.R. 155	
	Silver	United Kingdom	Op	5947/72; 6205/73; 7052/75; 7061/75; 7107/75; 7113/75; 7136/75	(1981) 3 E.H.R.R. 475	
	Smith and Grady	United Kingdom	Jmt	33985/96; 33986/96	(2000) 29 E.H.R.R. 493	
	Söderbäck	Sweden	Jmt	24484/94	(2000) 29 E.H.R.R. 95	
	Špacek Ltd	Czech Republic	Adm	26449/95	(1997) 23 E.H.R.R. CD 76	
	SSC	Sweden	Adm	46553/99	(2000) 29 E.H.R.R. CD 245	
	Stopford	United Kingdom	Adm	31316/96	(1998) 25 E.H.R.R. CD 151	
	Sunday Times	United Kingdom	Jmt	6538/74	2 E.H.R.R. 245	
	W	Finalnd	Adm	20202/92	(1993) 15 E.H.R.R. CD 109	
	X	United Kingdom	Adm	8231/76	(1983) 5 E.H.R.R. 162	

	X	United Kingdom	Op	7215/75	(1981) 3 E.H.R.R. 63	
Arts 8–11	Belgian Linguistics Case (No. 2)		Jmt	1474/62; 1677/62; 1699/62; 1769/63; 1994/63; 2126/64	1 E.H.R.R. 252	
	Paton	United Kingdom	Adm	8416/78	(1981) 3 E.H.R.R. 408	
Art. 9	A	Sweden	Adm	22806/93	(1994) 18 E.H.R.R. CD 209	
	Angeleni	Sweden	Adm	10491/83	(1988) 10 E.H.R.R. 123	
	App. No. 9331/81	Germany	Adm	9331/81	(1983) 5 E.H.R.R. 287	
	App. No. 9417/81	Germany	Adm	9417/81	(1983) 5 E.H.R.R. 288	
	App. No. 9488/81	United Kingdom	Adm	9488/81	(1983) 5 E.H.R.R. 289	
	App. No. 9697/82	Ireland	Adm	9697/82	(1984) 6 E.H.R.R. 546	
	App. No. 9796/82	United Kingdom	Adm	9796/82	(1983) 5 E.H.R.R. 487	
	App. No. 9820/82	Sweden	Adm	9820/82	(1983) 5 E.H.R.R. 297	
	App. No. 9867/82	United Kingdom	Adm	9867/82	(1983) 5 E.H.R.R. 489	
	App. No. 10182/82	Spain	Adm	10182/82	(1984) 6 E.H.R.R. 145	
	App. No. 10292/83	Spain	Adm	10292/83	(1984) 6 E.H.R.R. 146	
	App. No. 10295/82	United Kingdom	Adm	10295/82	(1984) 6 E.H.R.R. 558	
	App. No. 10358/83	United Kingdom	Adm	10358/83	(1984) 6 E.H.R.R. 587	
	App. No. 10365/83	Germany	Adm	10365/83	(1985) 7 E.H.R.R. 461	
	App. No. 10628/83	Switzerland	Adm	10628/83	(1987) 9 E.H.R.R. 107	
	App. No. 10925/84	Sweden	Adm	10925/84	(1986) 8 E.H.R.R. 90	
	App. No. 12230/86	Germany	Adm	12230/86	(1989) 11 E.H.R.R. 101	
	Arrowsmith	United Kingdom	Op	7050/75	(1981) 3 E.H.R.R. 218	
	Arslan	Turkey	Jmt	23462/94	(2001) 31 E.H.R.R 264	(2001) 31 E.H.R.R 9
	Bader	Austria	Adm	26633/95	(1996) 22 E.H.R.R. CD 213	
	Baskaya and Oçuoglu	Turkey	Jmt	23536/94; 24408/94	(2001) 31 E.H.R.R 292	(2001) 31 E.H.R.R 10
	Beldjoudi	France	Jmt	12083/86	(1992) 14 E.H.R.R. 801	
	Belgian Linguistics Case (No. 2)		Jmt	1474/62; 1677/62; 1699/62; 1769/63; 1994/63; 2126/64	1 E.H.R.R. 252	

Article No.	Applicant	Country	Type	Application No.	Citation	Case No. (2001 onwards)
Art. 9	Berglund	Sweden	Adm	34825/97	(1998) 25 E.H.R.R. CD 182	
	Bouessel du Bourg	France	Adm	20747/92	(1993) 16 E.H.R.R. CD 49	
	Brüggemann and Scheuten	Germany	Op	6959/75	(1981) 3 E.H.R.R. 244	
	Buscarini	San Marino	Jmt	24645/95	(2000) 30 E.H.R.R. 208	
	Canea Catholic Church	Greece	Jmt	25528/94	(1999) 27 E.H.R.R. 521	
	Ceylan	Turkey	Jmt	23556/94	(2000) 30 E.H.R.R. 73	
	Chappell	United Kingdom	Adm	12587/86	(1988) 10 E.H.R.R. 510	
	Chassagnou	France	Jmt	25088/94; 28331/95; 28443/95	(2000) 29 E.H.R.R. 615	
	Christian Association of Jehovah's Witnesses	Bulgaria	Adm	28626/95	(1997) 24 E.H.R.R. CD 52	
	Darby	Sweden	Jmt	11581/85	(1991) 13 E.H.R.R. 774	
	Dubowska and Skup	Poland	Adm	33490/96; 34055/96	(1997) 24 E.H.R.R. CD 75	
	Dubowska and Skup	Poland	Adm	33490/96; 34055/96	(1997) 23 E.H.R.R. CD 204	
	Dudgeon	United Kingdom	Op	7525/76	(1981) 3 E.H.R.R. 40	
	DV	Bulgaria	Adm	31365/96	(1998) 25 E.H.R.R. CD 154	
	E P	Turkey	Adm	23500/94	(1996) 22 E.H.R.R. CD 143	
	East African Asians	United Kingdom	Op	4403/70–4419/70; 4422/70; 4434/70; 4443/70; 4476/70–4478/70; 4486/70; 4501/70; 4526/70–4530/70	(1981) 3 E.H.R.R. 76	
	Einarsson	Sweden	Adm	11005/84	(1987) 9 E.H.R.R. 110	
	Fadini	Switzerland	Adm	17003/90; 18206/91	(1993) 16 E.H.R.R. CD 13	
	Felderer	Sweden	Adm	11001/84	(1986) 8 E.H.R.R. 91	
	France, Norway, Denmark, Sweden and the Netherlands	Turkey	Adm	9940–9944/82	(1984) 6 E.H.R.R. 241	

France, Norway, Denmark, Sweden and the Netherlands	Turkey	Settlement	9940–9944/82	(1986) 8 E.H.R.R. 205
Fryske Nasjonale Partij	Netherlands	Adm	11100/84	(1987) 9 E.H.R.R. 261
Galloway	United Kingdom	Adm	34199/96	(1999) 27 E.H.R.R. CD 241
Guzzardi	Italy	Jmt	7367/76	(1981) 3 E.H.R.R. 333
H	United Kingdom	Adm	18187/91	(1993) 16 E.H.R.R. CD 44
H.N.	Italy	Adm	18902/91	(1999) 27 E.H.R.R. CD 75
Handyside	United Kingdom	Jmt	5493/72	1 E.H.R.R. 737
Hautanemi	Sweden	Adm	24019/94	(1996) 22 E.H.R.R. CD 155
Hoffmann	Austria	Jmt	12875/87	(1994) 17 E.H.R.R. 293
Holland	Ireland	Adm	24827/94	(1998) 25 E.H.R.R. CD 20
Holy Monastries	Greece	Jmt	13092/87; 13984/88	(1995) 20 E.H.R.R. 1
Ikincisoy	Turkey	Adm	26144/95	(1996) 21 E.H.R.R. CD 100
Incal	Turkey	Jmt	22678/93	(2000) 29 E.H.R.R. 449
Iskcon	United Kingdom	Adm	20490/92	(1994) 18 E.H.R.R. CD 133
Islam	United Kingdom	Adm	26651/95	(1996) 22 E.H.R.R. CD 215
Johnston	Ireland	Jmt	9697/82	(1987) 9 E.H.R.R. 203
Johnston	Ireland	Op	9597/82	(1986) 8 E.H.R.R. 214
Kalac	Turkey	Jmt	20704/92	(1999) 27 E.H.R.R. 552
Karakurt	Austria	Adm	32441/96	(2000) 29 E.H.R.R. CD 273
Karakuzey	Germany	Adm	26568/95	(1997) 23 E.H.R.R. CD 92
Keller	Germany	Adm	36283/97	(1998) 25 E.H.R.R. CD 187
Kjeldsen, Busk Madsen and Pedersen	Denmark	Jmt	5095/71; 5920/72; 5926/72	1 E.H.R.R. 711
Knudsen	Norway	Adm	11045/84	(1986) 8 E.H.R.R. 63
Kokkinakis	Greece	Jmt	14307/88	(1994) 17 E.H.R.R. 397
Kustannus Oy Vapaa Ajattelija AB	Finland	Adm	20471/92	(1996) 22 E.H.R.R. CD 69
Larissis	Greece	Jmt	23372/94; 26377/95; 26378/95	(1999) 27 E.H.R.R. 329
Lawless	Ireland (No. 3)	Jmt	322/57	1 E.H.R.R. 15

Article No.	Applicant	Country	Type	Application No.	Citation	Case No. (2001 onwards)
Art. 9	Le Cour Grandmaison and Fritz	France	Adm	11567/85; 11568/85	(1989) 11 E.H.R.R. 67	
	Logan	United Kingdom	Adm	24875/94	(1996) 22 E.H.R.R. CD 178	
	M	Austria	Adm	18960/91	(1993) 16 E.H.R.R. CD 25	
	M	Bulgaria	Adm	27496/95	(1996) 22 E.H.R.R. CD 101	
	Magee	United Kingdom	Adm	24892/94	(1995) 19 E.H.R.R. CD 91	
	Mangov	Greece	Adm	16595/90	(1993) 16 E.H.R.R. CD 36	
	Maniussakis	Greece	Jmt	18748/91	(1997) 23 E.H.R.R. 387	
	Manoussakis	Greece	Op	18748/91	(1996) 21 E.H.R.R. CD 3	
	McCourt	United Kingdom	Adm	20433/92	(1993) 15 E.H.R.R. CD 110	
	McFeeley	United Kingdom	Op	8317/78	(1981) 3 E.H.R.R. 161	
	Musasizi	Sweden	Adm	23780/94	(1994) 18 E.H.R.R. CD 223	
	Ocic	Croatia	Adm	46306/99	(2000) 29 E.H.R.R. CD 220	
	Özdep	Turkey	Jmt	23995/94	(2001) 31 E.H.R.R 674	(2001) 31 E.H.R.R 27
	Paton	United Kingdom	Adm	8416/78	(1981) 3 E.H.R.R. 408	
	Pendragon	United Kingdom	Adm	31416/96	(1999) 27 E.H.R.R. CD 179	
	Pentidis	Greece	Jmt	23238/94	(1997) 23 E.H.R.R. CD 37	
	Pentidis	Greece	Op	23238/94	(1997) 24 E.H.R.R. CD 1	
	Prussner	Germany	Adm	10901/84	(1986) 8 E.H.R.R. 79	
	Putz	Austria	Adm	18892/91	(1994) 18 E.H.R.R. CD 97	
	Rai, Allmond and "Negotiate Now"	United Kingdom	Adm	25511/94	(1995) 19 E.H.R.R. CD 93	
	Riera Blume	Spain	Jmt	37680/97	(2000) 30 E.H.R.R. 632	
	Sargin and Yagci	Turkey	Adm	14116/88; 14117/88	(1993) 16 E.H.R.R. CD 2	
	Schimanek	Austria	Adm	32307/96	(2000) 29 E.H.R.R. CD 250	
	Serif	Greece	Adm	38178/97	(1999) 28 E.H.R.R. CD 227	
	Serif	Greece	Jmt	38178/97	(2001) 31 E.H.R.R 561	(2001) 31 E.H.R.R 20

	Sidiropoulos	Greece	Jmt	26695/95	(1999) 27 E.H.R.R. 633	
	Sigurjonsson	Iceland	Jmt	16130/90	(1993) 16 E.H.R.R. 462	
	Socialist Party	Turkey	Jmt	21237/93	(1999) 27 E.H.R.R. 51	
	Stankov	Bulgaria	Adm	29221/95; 29222/95; 29223/95; 29225/95; 29226/95	(1997) 23 E.H.R.R. CD 170	
	Stedman	United Kingdom	Adm	29107/95	(1997) 23 E.H.R.R. CD 168	
	Stefan	United Kingdom	Adm	29419/95	(1998) 25 E.H.R.R. CD 130	
	Thlimmenos	Greece	Jmt	34369/97	(2001) 31 E.H.R.R 411	(2001) 31 E.H.R.R 15
	Timke	Germany	Adm	27311/95	(1995) 20 E.H.R.R. CD 133	
	Tsavachidis	Greece	Adm	28802/95	(1997) 23 E.H.R.R. CD 135	
	Tsavachidis	Greece	Settle-ment	28802/95	(1999) 27 E.H.R.R. CD 27	
	Tsirlis	Greece	Adm	19233/91	(1995) 20 E.H.R.R. CD 52	
	Tsirlis and Kouloumpas	Greece	Jmt	19233/91; 19234/91	(1998) 25 E.H.R.R. 198	
	Tsirlis and Kouloumpas	Greece	Op	19233/91; 19234/91	(1996) 21 E.H.R.R. CD 30	
	United Communist Party of Turkey	Turkey	Jmt	19392/92	(1998) 26 E.H.R.R. 121	
	Valsamis	Greece	Jmt	21787/93	(1997) 24 E.H.R.R. 294	
	Widen	Sweden	Adm	10723/83	(1986) 8 E.H.R.R. 79	
	Wöckel	Germany	Adm	32165/96	(1998) 25 E.H.R.R. CD 156	
	X, Y and Z	Sweden	Adm	8811/79	(1983) 5 E.H.R.R. 147	
	Yanačik	Turkey	Adm	14524/89	(1993) 16 E.H.R.R. CD 5	
	Young, James and Webster	United Kingdom	Jmt	7601/76; 7806/77	(1982) 4 E.H.R.R. 38	
	Young, James and Webster	United Kingdom	Op	7601/76; 7806/77	(1981) 3 E.H.R.R. 20	
Art. 9(1)	Ahmad	United Kingdom	Op	8106/78	(1982) 4 E.H.R.R. 126	
	Arrowsmith	United Kingdom	Op	7050/75	(1981) 3 E.H.R.R. 218	

Article No.	Applicant	Country	Type	Application No.	Citation	Case No. (2001 onwards)
Art. 9(1)	McFeeley	United Kingdom	Op	8317/78	(1981) 3 E.H.R.R. 161	
	Poltoratskiy	Ukraine	Adm	38812/97	(1999) 27 E.H.R.R. CD 320	
Art. 9(2)	Buscarini	San Marino	Jmt	24645/95	(2000) 30 E.H.R.R. 208	
	Engel	Netherlands (No. 1)	Jmt	5100/71; 5101/71; 5102/71; 5354/72; 5370/72	1 E.H.R.R. 647	
	Gay News Ltd and Lemon	United Kingdom	Adm	8710/79	(1983) 5 E.H.R.R. 123	
	Kokkinakis	Greece	Jmt	14307/88	(1994) 17 E.H.R.R. 397	
	Larissis	Greece	Jmt	23372/94; 26377/95; 26378/95	(1999) 27 E.H.R.R. 329	
	McFeeley	United Kingdom	Op	8317/78	(1981) 3 E.H.R.R. 161	
	Sunday Times	United Kingdom	Jmt	6538/74	2 E.H.R.R. 245	
Arts 9–11	Rekvényi	Hungary	Jmt	25390/94	(2000) 30 E.H.R.R. 519	
Art. 10	A	Sweden	Adm	22806/93	(1994) 18 E.H.R.R. CD 209	
	A and Byrne and Twenty-Twenty Television	United Kingdom	Adm	32712/96; 32818/96	(1998) 25 E.H.R.R. CD 159	
	Adams and Benn	United Kingdom	Adm	28979/95	(1997) 23 E.H.R.R. CD 160	
	Ahmed	United Kingdom	Adm	22954/93	(1995) 20 E.H.R.R. CD 72	
	Ahmed	United Kingdom	Jmt	22954/93	(2000) 29 E.H.R.R. 1	
	Ahmet Sadik	Greece	Jmt	18877/91	(1997) 24 E.H.R.R. 323	
	Allenet de Ribemont	France	Jmt	15175/89	(1995) 20 E.H.R.R. 557	
	Aminoff	Sweden	Adm	10554/83	(1986) 8 E.H.R.R. 75	
	Andreas Wabl	Austria	Jmt	24773/94	(2001) 31 E.H.R.R 1134	(2001) 31 E.H.R.R 51
	Apeh, Ivanyi Roth and Szerdahelyi	Hungary	Adm	32367/96	(1999) 28 E.H.R.R. CD 140	
	App. No. 8962/80	Belgium	Adm	8962/80	(1983) 5 E.H.R.R. 268	
	App. No. 9228/80	Germany	Adm	9228/80	(1983) 5 E.H.R.R. 471	

App. No. 9278 & 9415/81	Norway	Adm	9278 & 9415/81	(1984) 6 E.H.R.R. 357
App. No. 9301/81	Switzerland	Adm	9301/81	(1983) 5 E.H.R.R. 285
App. No. 9331/81	Germany	Adm	9331/81	(1983) 5 E.H.R.R. 287
App. No. 9417/81	Germany	Adm	9417/81	(1983) 5 E.H.R.R. 288
App. No. 9588/81	United Kingdom	Adm	9588/81	(1984) 6 E.H.R.R. 545
App. No. 9615/81	United Kingdom	Adm	9615/81	(1983) 5 E.H.R.R. 591
App. No. 9628/81	Netherlands	Adm	9628/81	(1984) 6 E.H.R.R. 138
App. No. 9658/82	United Kingdom	Adm	9658/82	(1983) 5 E.H.R.R. 603
App. No. 9659/82	United Kingdom	Adm	9659/82	(1983) 5 E.H.R.R. 605
App. No. 9664/82	Sweden	Adm	9664/82	(1983) 5 E.H.R.R. 510
App. No. 9704/82	Germany	Adm	9704/82	(1983) 5 E.H.R.R. 487
App. No. 9777/82	Belgium	Adm	9777/82	(1984) 6 E.H.R.R. 534
App. No. 9796/82	United Kingdom	Adm	9796/82	(1983) 5 E.H.R.R. 487
App. No. 9813/82	United Kingdom	Adm	9813/82	(1983) 5 E.H.R.R. 513
App. No. 9992/82	France	Adm	9992/82	(1983) 5 E.H.R.R. 515
App. No. 10039/82	United Kingdom	Adm	10039/82	(1985) 7 E.H.R.R. 451
App. No. 10083/82	United Kingdom	Adm	10083/82	(1984) 6 E.H.R.R. 140
App. No. 10182/82	Spain	Adm	10182/82	(1984) 6 E.H.R.R. 145
App. No. 10248/83	Switzerland	Adm	10248/83	(1986) 8 E.H.R.R. 270
App. No. 10292/83	Spain	Adm	10292/83	(1984) 6 E.H.R.R. 146
App. No. 10293/83	United Kingdom	Adm	10293/83	(1987) 9 E.H.R.R. 255
App. No. 10317/83	United Kingdom	Adm	10317/83	(1984) 6 E.H.R.R. 362
App. No. 10323/83	United Kingdom	Adm	10323/83	(1984) 6 E.H.R.R. 363
App. No. 10331/83	United Kingdom	Adm	10331/83	(1984) 6 E.H.R.R. 583
App. No. 10343/83	Switzerland	Adm	10343/83	(1984) 6 E.H.R.R. 367
App. No. 10365/83	Germany	Adm	10365/83	(1985) 7 E.H.R.R. 461
App. No. 10628/83	Switzerland	Adm	10628/83	(1987) 9 E.H.R.R. 107
App. No. 10942/84	Germany	Adm	10942/84	(1989) 11 E.H.R.R. 95
App. No. 11159/84	Belgium	Adm	11159/84	(1989) 11 E.H.R.R. 75
App. No. 11368/85	Switzerland	Adm	11368/85	(1987) 9 E.H.R.R. 286

Article No.	Applicant	Country	Type	Application No.	Citation	Case No. (2001 onwards)
Art. 10	App. No. 11508/85	Denmark	Adm	11508/85	(1987) 9 E.H.R.R. 533	
	App. No. 11508/85	Denmark	Op	11508/85	(1989) 11 E.H.R.R. 559	
	App. No. 12230/86	Germany	Adm	12230/86	(1989) 11 E.H.R.R. 101	
	App. No. 12381/86	United Kingdom	Adm	12381/86	(1988) 10 E.H.R.R. 158	
	Arrowsmith	United Kingdom	Op	7050/75	(1981) 3 E.H.R.R. 218	
	Arslan	Turkey	Jmt	23462/94	(2001) 31 E.H.R.R 264	(2001) 31 E.H.R.R 9
	Autronic AG	Switzerland	Jmt	12726/87	(1990) 12 E.H.R.R. 485	
	Bader	Austria	Adm	26633/95	(1996) 22 E.H.R.R. CD 213	
	Barfod	Denmark	Jmt	11508/85	(1991) 13 E.H.R.R. 493	
	Barthold	Germany	Jmt	8734/79	(1985) 7 E.H.R.R. 383	
	Barthold	Germany	Op	8734/79	(1984) 6 E.H.R.R. 82	
	Baškauskaite	Lithuania	Adm	41090/98	(1999) 27 E.H.R.R. CD 341	
	Baskaya and Oçuoglu	Turkey	Jmt	23536/94; 24408/94	(2001) 31 E.H.R.R 292	(2001) 31 E.H.R.R 10
	Bayram	United Kingdom	Adm	36337/97	(1999) 28 E.H.R.R. CD 169	
	Belgian Linguistics Case (No. 2)		Jmt	1474/62; 1677/62; 1699/62; 1769/63; 1994/63; 2126/64	1 E.H.R.R. 252	
	Bellis	United Kingdom	Adm	32556/96	(1997) 24 E.H.R.R. CD 71	
	Bergens Tidende	Norway	Jmt	26132/95	(2001) 31 E.H.R.R 430	(2001) 31 E.H.R.R 16
	Bladet Tromsø and Stensaas	Norway	Adm	21980/93	(1997) 23 E.H.R.R. CD 40	
	Bladet Tromsø and Stensaas	Norway	Jmt	21980/93	(2000) 29 E.H.R.R. 125	
	Bowman	United Kingdom	Jmt	24839/94	(1998) 26 E.H.R.R. 1	
	Bowman	United Kingdom	Op	24839/94	(1996) 22 E.H.R.R. CD 13	

Bowman and the Society for the Protection of Unborn Children	United Kingdom	Adm	24839/94	(1996) 21 E.H.R.R. CD 79	
Brind	United Kingdom	Adm	18714/91	(1994) 18 E.H.R.R. CD 76	
BBC	United Kingdom	Adm	25798/94	(1996) 21 E.H.R.R. CD 93	
BBC Scotland, McDonald, Rodgers and Donald	United Kingdom	Adm	34324/96	(1998) 25 E.H.R.R. CD 179	
Brown	United Kingdom	Adm	38644/97	(1999) 28 E.H.R.R. CD 233	
Casado Coca	Spain	Jmt	15450/89	(1994) 18 E.H.R.R. 1	
Castells	Spain	Jmt	11798/85	(1992) 14 E.H.R.R. 445	
Ceylan	Turkey	Jmt	23556/94	(2000) 30 E.H.R.R. 73	
Chassagnou	France	Jmt	25088/94; 28331/95; 28443/95	(2000) 29 E.H.R.R. 615	
Chorherr	Austria	Jmt	13308/87	(1994) 17 E.H.R.R. 358	
Christian Association of Jehovah's Witnesses	Bulgaria	Adm	28626/95	(1997) 24 E.H.R.R. CD 52	
Colman	United Kingdom	Jmt	16632/90	(1994) 18 E.H.R.R. 119	
Cremieux	France	Jmt	11471/85	(1993) 16 E.H.R.R. 357	
Cybulski	United Kingdom	Adm	24266/94	(1997) 23 E.H.R.R. CD 53	
DV	Bulgaria	Adm	31365/96	(1998) 25 E.H.R.R. CD 154	
Daktaras	Lithuania	Adm	42095/98	(2000) 29 E.H.R.R. CD 135	
Dalban	Romania	Jmt	28114/95	(2001) 31 E.H.R.R 893	(2001) 31 E.H.R.R 39
De Haes and Gijsels	Belgium	Jmt	19983/92	(1998) 25 E.H.R.R. 1	
D'Haese and Le Compte	Belgium	Adm	8930/80	(1984) 6 E.H.R.R. 114	
Dublin Well Woman Centre Ltd	Ireland	Adm	28177/95	(1997) 23 E.H.R.R. CD 125	
Dubowska and Skup	Poland	Adm	33490/96; 34055/96	(1997) 24 E.H.R.R. CD 75	
Dubowska and Skup	Poland	Adm	33490/96; 34055/96	(1997) 23 E.H.R.R. CD 204	

Article No.	Applicant	Country	Type	Application No.	Citation	Case No. (2001 onwards)
Art. 10	Dudgeon	United Kingdom	Op	7525/76	(1981) 3 E.H.R.R. 40	
	E P	Turkey	Adm	23500/94	(1996) 22 E.H.R.R. CD 143	
	East African Asians	United Kingdom	Op	4403/70–4419/70; 4422/70; 4434/70; 4443/70; 4476/70–4478/70; 4486/70; 4501/70; 4526/70–4530/70	(1981) 3 E.H.R.R. 76	
	Engel	Netherlands (No. 1)	Jmt	5100/71; 5101/71; 5102/71; 5354/72; 5370/72	1 E.H.R.R. 647	
	Ersöz	Turkey	Adm	23144/93	(1996) 21 E.H.R.R. CD 48	
	Ezelin	France	Jmt	11800/85	(1992) 14 E.H.R.R. 362	
	Felderer	Sweden	Adm	11001/84	(1986) 8 E.H.R.R. 91	
	Firsoff	United Kingdom	Adm	20591/92	(1993) 15 E.H.R.R. CD 111	
	France, Norway, Denmark, Sweden and the Netherlands	Turkey	Adm	9940–9944/82	(1984) 6 E.H.R.R. 241	
	France, Norway, Denmark, Sweden and the Netherlands	Turkey	Settle-ment	9940–9944/82	(1986) 8 E.H.R.R. 205	
	Fressoz and Roire	France	Jmt	29183/95	(2001) 31 E.H.R.R 28	(2001) 31 E.H.R.R. 2
	Fryske Nasjonale Partij	Netherlands	Adm	11100/84	(1987) 9 E.H.R.R. 261	
	Fuentes Bobo	Spain	Jmt	39293/98	(2001) 31 E.H.R.R 1115	(2001) 31 E.H.R.R 50
	G	Germany	Op	9228/80	(1984) 6 E.H.R.R. 499	
	Gaskin	United Kingdom	Adm	10454/83	(1987) 9 E.H.R.R. 279	
	Gaskin	United Kingdom	Jmt	10454/83	(1990) 12 E.H.R.R. 36	
	Gaskin	United Kingdom	Op	10454/83	(1989) 11 E.H.R.R. 402	
	Gaweda	Poland	Adm	26229/95	(1997) 23 E.H.R.R. CD 73	

Gay News Ltd and Lemon	United Kingdom	Adm	8710/79	(1983) 5 E.H.R.R. 123
Glasenapp	Germany	Jmt	9228/80	(1987) 9 E.H.R.R. 25
Glimmerveen and Hagenbeek	Netherlands	Adm	8348/78; 8406/78	(1982) 4 E.H.R.R. 260
Goodwin	United Kingdom	Jmt	17488/90	(1996) 22 E.H.R.R. 123
Grauso	Poland	Adm	27388/95	(1997) 23 E.H.R.R. CD 108
Grech and Montanaro	Malta	Adm	29473/95	(1997) 23 E.H.R.R. CD 176
Grigoriades	Greece	Adm	24348/94	(1995) 20 E.H.R.R. CD 92
Grigoriades	Greece	Jmt	24348/94	(1999) 27 E.H.R.R. 464
Groppera Radio AG	Switzerland	Jmt	10890/84	(1990) 12 E.H.R.R. 321
Groppera Radio AG	Switzerland	Op	10890/84	(1990) 12 E.H.R.R. 297
Gross	Germany	Adm	9251/81	(1983) 5 E.H.R.R. 476
Guerra	Italy	Jmt	14967/89	(1998) 26 E.H.R.R. 357
Gurdogan and Mustak	Turkey	Adm	15202/89; 15203/89; 15204/89; 15205/89	(1993) 16 E.H.R.R. CD 6
H.N.	Italy	Adm	18902/91	(1999) 27 E.H.R.R. CD 75
Halford	United Kingdom	Adm	20605/92	(1995) 19 E.H.R.R. CD 43
Halford	United Kingdom	Jmt	20605/92	(1997) 24 E.H.R.R. 523
Hammerdahls Stormarknad AB	Sweden	Adm	11532/85	(1986) 8 E.H.R.R. 107
Handyside	United Kingdom	Jmt	5493/72	1 E.H.R.R. 737
Hashman and Harrup	United Kingdom	Adm	25594/94	(1996) 22 E.H.R.R. CD 185
Hashman and Harrup	United Kingdom	Jmt	25594/94	(2000) 30 E.H.R.R. 241
Heaney and McGuinness	Ireland	Adm	34720/97	(2000) 29 E.H.R.R. CD 166
Herczegfalvy	Austria	Jmt	10533/83	(1993) 15 E.H.R.R. 437
Hertel	Switzerland	Jmt	25181/94	(1999) 28 E.H.R.R. 534
Hewitt and Harman	United Kingdom	Op	12175/86	(1992) 14 E.H.R.R. 657
Hins and Hugenholtz	Netherlands	Adm	25987/94	(1996) 21 E.H.R.R. CD 124

Article No.	Applicant	Country	Type	Application No.	Citation	Case No. (2001 onwards)
Art. 10	Hodgson, Woolf Productions and National Union of Journalists and Channel Four Television	United Kingdom	Adm	11553/85; 11658/85	(1988) 10 E.H.R.R. 503	
	Hogefeld	Germany	Adm	35402/97	(2000) 29 E.H.R.R. CD 173	
	Holland	Ireland	Adm	24827/94	(1998) 25 E.H.R.R. CD 20	
	Huggett	United Kingdom	Adm	24744/94	(1995) 20 E.H.R.R. CD 104	
	Incal	Turkey	Jmt	22678/93	(2000) 29 E.H.R.R. 449	
	J	Belgium	Adm	18718/91	(1993) 15 E.H.R.R. CD 46	
	J.E.D.	United Kingdom	Adm	42225/98	(1999) 27 E.H.R.R. CD 65	
	Jacubowski	Germany	Jmt	15088/89	(1995) 19 E.H.R.R. 64	
	Janowski	Poland	Jmt	25716/94	(2000) 29 E.H.R.R. 705	
	Jersild	Denmark	Jmt	15890/89	(1995) 19 E.H.R.R. 1	
	K	Germany	Op	9704/82	(1984) 6 E.H.R.R. 519	
	Kara	United Kingdom	Adm	36528/97	(1999) 27 E.H.R.R. CD 272	
	Karakurt	Austria	Adm	32441/96	(2000) 29 E.H.R.R. CD 273	
	Kjeldsen, Busk Madsen and Pedersen	Denmark	Jmt	5095/71; 5920/72; 5926/72	1 E.H.R.R. 711	
	Kokkinakis	Greece	Jmt	14307/88	(1994) 17 E.H.R.R. 397	
	Kosiek	Germany	Jmt	9404/82	(1987) 9 E.H.R.R. 328	
	Larissis	Greece	Jmt	23372/94; 26377/95; 26378/95	(1999) 27 E.H.R.R. 329	
	Lawless	Ireland (No. 3)	Jmt	322/57	1 E.H.R.R. 15	
	Le Cour Grandmaison and Fritz	France	Adm	11567/85; 11568/85	(1989) 11 E.H.R.R. 67	
	Leander	Sweden	Adm	9248/81	(1984) 6 E.H.R.R. 540	
	Leander	Sweden	Jmt	9248/81	(1987) 9 E.H.R.R. 433	
	Leander	Sweden	Op	9248/81	(1985) 7 E.H.R.R. 557	

Lee	United Kingdom	Adm	25289/94	(1998) 25 E.H.R.R. CD 46	
Lehideux and Isorni	France	Jmt	24662/94	(2000) 30 E.H.R.R. 665	
Liberal Party	United Kingdom	Adm	8765/79	(1982) 4 E.H.R.R. 106	
Lindsay	United Kingdom	Adm	31699/96	(1997) 23 E.H.R.R. CD 199	
Lingens	Austria	Adm	9815/82	(1984) 6 E.H.R.R. 550	
Lingens	Austria	Jmt	9815/82	(1986) 8 E.H.R.R. 407	
Lingens	Austria	Op	9815/82	(1985) 7 E.H.R.R. 446	
Lingens and Leitgens	Austria	Adm	8803/79	(1982) 4 E.H.R.R. 373	
McCallum	United Kingdom	Jmt	9511/81	(1991) 13 E.H.R.R. 597	
McCourt	United Kingdom	Adm	20433/92	(1993) 15 E.H.R.R. CD 110	
McFeeley	United Kingdom	Op	8317/78	(1981) 3 E.H.R.R. 161	
McLaughlin	United Kingdom	Adm	18759/91	(1994) 18 E.H.R.R. CD 84	
Magee	United Kingdom	Adm	24892/94	(1995) 19 E.H.R.R. CD 91	
Mangov	Greece	Adm	16595/90	(1993) 16 E.H.R.R. CD 36	
Markt Intern and Beermann	Germany	Adm	10572/83	(1987) 9 E.H.R.R. 274	
Markt Intern and Beermann	Germany	Jmt	10572/83	(1990) 12 E.H.R.R. 161	
Markt Itern and Beerman	Germany	Op	10572/83	(1989) 11 E.H.R.R. 212	
Moody	United Kingdom	Adm	22613/93	(1995) 19 E.H.R.R. CD 90	
Müller	Switzerland	Jmt	10737/84	(1991) 13 E.H.R.R. 212	
Musasizi	Sweden	Adm	23780/94	(1994) 18 E.H.R.R. CD 223	
Nachtmann	Austria	Adm	36773/97	(1999) 27 E.H.R.R. CD 281	
News Verlags GmbH & Co. KG	Austria	Jmt	31457/96	(2001) 31 E.H.R.R 246	(2001) 31 E.H.R.R 8
Nilsen and Johnsen	Norway	Jmt	23118/93	(2000) 30 E.H.R.R. 878	
Nydahl	Sweden	Adm	17505/90	(1993) 16 E.H.R.R. CD 15	
Oberschlick	Austria	Jmt	11662/85	(1995) 19 E.H.R.R. 389	
Oberschlick	Austria (No. 2)	Jmt	20834/92	(1998) 25 E.H.R.R. 357	
Observer and Guardian	United Kingdom	Jmt	13585/88	(1992) 14 E.H.R.R. 153	

Article No.	Applicant	Country	Type	Application No.	Citation	Case No. (2001 onwards)
Art. 10	Ochensberger	Austria	Adm	21318/93	(1994) 18 E.H.R.R. CD 170	
	Open Door Counselling Ltd and Dublin Well Woman	Ireland	Jmt	14234/88; 14235/88	(1993) 15 E.H.R.R. 244	
	Open Door Counselling Ltd and Dublin Well Woman Centre Ltd	Ireland	Op	14234/88; 14235/88	(1992) 14 E.H.R.R. 131	
	Otto-Preminger Institute	Austria	Jmt	13470/87	(1995) 19 E.H.R.R. 34	
	Özdep	Turkey	Jmt	23995/94	(2001) 31 E.H.R.R 674	(2001) 31 E.H.R.R 27
	Özgür Gündem	Turkey	Jmt	23144/93	(2001) 31 E.H.R.R 1082	(2001) 31 E.H.R.R 49
	Pendragon	United Kingdom	Adm	31416/96	(1999) 27 E.H.R.R. CD 179	
	Pentidis	Greece	Jmt	23238/94	(1997) 23 E.H.R.R. CD 37	
	Pentidis	Greece	Op	23238/94	(1997) 24 E.H.R.R. CD 1	
	Peree	Netherlands	Adm	34328/96	(1999) 28 E.H.R.R. CD 158	
	Piermont	France	Adm	15773/89; 15774/89	(1993) 15 E.H.R.R. CD 76	
	Piermont	France	Jmt	15773/89	(1995) 20 E.H.R.R. 301	
	Prager and Oberschlick	Austria	Jmt	15974/90	(1996) 21 E.H.R.R. 1	
	Prussner	Germany	Adm	10901/84	(1986) 8 E.H.R.R. 79	
	Quinn	Ireland	Adm	36887/97	(2000) 29 E.H.R.R. CD 234	
	Radio ABC	Austria	Jmt	19376/92	(1998) 25 E.H.R.R. 185	
	Radio ABC	Austria	Op	19736/92	(1996) 22 E.H.R.R. CD 3	
	Rai, Allmond and "Negotiate Now"	United Kingdom	Adm	25511/94	(1995) 19 E.H.R.R. CD 93	
	Rekvényi	Hungary	Adm	25390/94	(1997) 23 E.H.R.R. CD 63	
	Rekvényi	Hungary	Jmt	25390/94	(2000) 30 E.H.R.R. 519	
	Rohr	Switzerland	Adm	12708/87	(1989) 11 E.H.R.R. 81	
	S and M	United Kingdom	Adm	21325/93	(1994) 18 E.H.R.R. CD 172	

Sargin and Yagci	Turkey	Adm	14116/88; 14117/88	(1993) 16 E.H.R.R. CD 2	
Saszmann	Austria	Adm	23697/94	(1997) 23 E.H.R.R. CD 46	
Scherer	Switzerland	Jmt	17116/90	(1994) 18 E.H.R.R. 276	
Schimanek	Austria	Adm	32307/96	(2000) 29 E.H.R.R. CD 250	
Schönberger and Durmaz	Switzerland	Jmt	11368/85	(1989) 11 E.H.R.R. 202	
Schöpfer	Switzerland	Adm	25405/94	(1996) 22 E.H.R.R. CD 184	
Serif	Greece	Adm	38178/97	(1999) 28 E.H.R.R. CD 227	
Serif	Greece	Jmt	38178/97	(2001) 31 E.H.R.R 561	(2001) 31 E.H.R.R 20
Serves	France	Jmt	20225/92	(1999) 28 E.H.R.R. 265	
Sidiropoulos	Greece	Jmt	26695/95	(1999) 27 E.H.R.R. 633	
Sigurjonsson	Iceland	Jmt	16130/90	(1993) 16 E.H.R.R. 462	
Silver	United Kingdom	Jmt	5947/72; 6205/73; 7052/75; 7061/75; 7107/75; 7113/75; 7136/75	(1983) 5 E.H.R.R. 347	
Silver	United Kingdom	Op	5947/72; 6205/73; 7052/75; 7061/75; 7107/75; 7113/75; 7136/75	(1981) 3 E.H.R.R. 475	
Šinko	Slovak Republic	Adm	33466/96	(1999) 27 E.H.R.R. CD 226	
Smith and Grady	United Kingdom	Adm	33985/96	(1999) 27 E.H.R.R. CD 42	
Smith and Grady	United Kingdom	Jmt	33985/96; 33986/96	(2000) 29 E.H.R.R. 493	
Socialist Party	Turkey	Jmt	21237/93	(1999) 27 E.H.R.R. 51	
Stankov	Bulgaria	Adm	29221/95; 29222/95; 29223/95; 29225/95; 29226/95	(1997) 23 E.H.R.R. CD 170	
Steel	United Kingdom	Jmt	24838/94	(1999) 28 E.H.R.R. 603	
Stefan	United Kingdom	Adm	29419/95	(1998) 25 E.H.R.R. CD 130	
Sunday Times	United Kingdom	Jmt	6538/74	2 E.H.R.R. 245	
Sunday Times	United Kingdom (No. 2) (Art. 50)	Jmt	6538/74	(1981) 3 E.H.R.R. 317	

Article No.	Applicant	Country	Type	Application No.	Citation	Case No. (2001 onwards)
Art. 10	Sunday Times	United Kingdom (No. 2)	Jmt	13166/87	(1992) 14 E.H.R.R. 229	
	Tammer	Estonia	Adm	41205/98	(2000) 29 E.H.R.R. CD 257	
	Tekin	Turkey	Jmt	22496/93	(2001) 31 E.H.R.R 95	(2001) 31 E.H.R.R. 4
	Telesystem Tirol Kabeltelevision	Austria	Adm	19182/91	(1995) 19 E.H.R.R. CD 42	
	Telesystem Tirol Kabeltelevision	Austria	Jmt	19182/91	(1997) 23 E.H.R.R. CD 33	
	Telesystem Tirol Kabeltelevision	Austria	Op	19182/91	(1997) 24 E.H.R.R. CD 11	
	Thorgeirson	Iceland	Jmt	13778/88	(1992) 14 E.H.R.R. 843	
	Thorgeirson	Iceland	Op	13778/88	(1992) 14 E.H.R.R. 115	
	Times Newspapers Ltd	United Kingdom	Adm	10243/83	(1986) 8 E.H.R.R. 54	
	Times Newspapers Ltd	United Kingdom	Adm	31811/96	(1997) 23 E.H.R.R. CD 200	
	Times Newspapers Ltd and Neil	United Kingdom	Adm	18897/91	(1993) 15 E.H.R.R. CD 49	
	Tolstoy Miloslavsky	United Kingdom	Jmt	18139/91	(1995) 20 E.H.R.R. 442	
	Union Nationale des Compositeurs de Musique	France	Adm	10826/84	(1986) 8 E.H.R.R. 306	
	United Communist Party of Turkey	Turkey	Jmt	19392/92	(1998) 26 E.H.R.R. 121	
	Van Der Heijden	Netherlands	Adm	11002/84	(1986) 8 E.H.R.R. 279	
	Varnave	Turkey	Adm	16064–16066/90; 16068–16073/90	(1998) 25 E.H.R.R. CD 9	
	Vereinigung Demokratischer Soldaten Österreichs and Gubi	Austria	Jmt	15153/89	(1995) 20 E.H.R.R. 56	

	Vereniging Radio 100	Netherlands	Adm	26335/95	(1996) 22 E.H.R.R. CD 198
	Vereniging Weekblad Bluf!	Netherlands	Jmt	16616/90	(1995) 20 E.H.R.R. 189
	Vogt	Germany	Adm	17851/91	(1993) 15 E.H.R.R. CD 31
	Vogt	Germany	Jmt	17851/91	(1996) 21 E.H.R.R. 205
	W.J.	Austria	Adm	23759/94	(1999) 27 E.H.R.R. CD 83
	Wallen	Sweden	Adm	10877/84	(1986) 8 E.H.R.R. 320
	Weber	Switzerland	Jmt	11034/84	(1990) 12 E.H.R.R. 508
	Wille	Liechtenstein	Adm	28396/95	(1997) 24 E.H.R.R. CD 45
	Wille	Liechtenstein	Jmt	28396/95	(2000) 30 E.H.R.R. 558
	Willsher	United Kingdom	Adm	31024/96	(1997) 23 E.H.R.R. CD 188
	Wingrove	United Kingdom	Adm	17419/90	(1994) 18 E.H.R.R. CD 54
	Wingrove	United Kingdom	Jmt	17419/90	(1997) 24 E.H.R.R. 1
	Worm	Austria	Adm	22714/93	(1996) 21 E.H.R.R. CD 51
	Worm	Austria	Jmt	22714/93	(1998) 25 E.H.R.R. 454
	Worm	Austria	Op	22714/93	(1996) 22 E.H.R.R. CD 7
	X	United Kingdom	Adm	8231/76	(1983) 5 E.H.R.R. 162
	X	United Kingdom	Op	7215/75	(1981) 3 E.H.R.R. 63
	X.S.A.	Netherlands	Adm	21472/93	(1994) 18 E.H.R.R. CD 176
	Yasa	Turkey	Jmt	22495/93	(1999) 28 E.H.R.R. 408
	Young, James and Webster	United Kingdom	Jmt	7601/76; 7806/77	(1982) 4 E.H.R.R. 38
	Young, James and Webster	United Kingdom	Op	7601/76; 7806/77	(1981) 3 E.H.R.R. 20
	Zana	Turkey	Jmt	18954/91	(1999) 27 E.H.R.R. 667
Art. 10(1)	App. No. 8962/80	Belgium	Adm	8962/80	(1983) 5 E.H.R.R. 268
	App. No. 9417/81	Germany	Adm	9417/81	(1983) 5 E.H.R.R. 288
	Bellis	United Kingdom	Adm	32556/96	(1997) 24 E.H.R.R. CD 71
	Bladet Tromsø and Stensaas	Norway	Jmt	21980/93	(2000) 29 E.H.R.R. 125
	Brady	United Kingdom	Adm	8575/79	(1981) 3 E.H.R.R. 297

Article No.	Applicant	Country	Type	Application No.	Citation	Case No. (2001 onwards)
Art. 10(1)	Engel	Netherlands (No. 1)	Jmt	5100/71; 5101/71; 5102/71; 5354/72; 5370/72	1 E.H.R.R. 647	
	F	Austria	Adm	14923/89	(1993) 15 E.H.R.R. CD 68	
	G	Germany	Op	9228/80	(1984) 6 E.H.R.R. 499	
	Gaweda	Poland	Adm	26229/95	(1997) 23 E.H.R.R. CD 73	
	Groppera Radio AG	Switzerland	Jmt	10890/84	(1990) 12 E.H.R.R. 321	
	Groppera Radio AG	Switzerland	Op	10890/84	(1990) 12 E.H.R.R. 297	
	Hadjianastassiou	Greece	Jmt	12945/87	(1993) 16 E.H.R.R. 219	
	Harman	United Kingdom	Adm	10038/82	(1985) 7 E.H.R.R. 146	
	Hogefeld	Germany	Adm	35402/97	(2000) 29 E.H.R.R. CD 173	
	Informationsverein Lentia	Austria	Jmt	13914/88; 15041/89; 15717/89; 15779/89; 17207/90	(1994) 17 E.H.R.R. 93	
	J	Austria	Adm	15509/89	(1993) 15 E.H.R.R. CD 74	
	J.E.D.	United Kingdom	Adm	42225/98	(1999) 27 E.H.R.R. CD 65	
	Leander	Sweden	Op	9248/81	(1985) 7 E.H.R.R. 557	
	Lingens	Austria	Op	9815/82	(1985) 7 E.H.R.R. 446	
	Middleburg, Van Der Zee and Het Parool BV	Netherlands	Adm	28202/95	(1999) 27 E.H.R.R. CD 111	
	Nilsen and Johnsen	Norway	Jmt	23118/93	(2000) 30 E.H.R.R. 878	
	Observer and Guardian	United Kingdom	Jmt	13585/88	(1992) 14 E.H.R.R. 153	
	Sunday Times	United Kingdom	Jmt	6538/74	2 E.H.R.R. 245	
	Wille	Liechtenstein	Adm	28396/95	(1997) 24 E.H.R.R. CD 45	
	Wille	Liechtenstein	Jmt	28396/95	(2000) 30 E.H.R.R. 558	
	X	United Kingdom	Op	7215/75	(1981) 3 E.H.R.R. 63	
	Zana	Turkey	Jmt	18954/91	(1999) 27 E.H.R.R. 667	
Art. 10(2)	Ahmed	United Kingdom	Jmt	22954/93	(2000) 29 E.H.R.R. 1	
	App. No. 8962/80	Belgium	Adm	8962/80	(1983) 5 E.H.R.R. 268	

App. No. 9417/81	Germany	Adm	9417/81	(1983) 5 E.H.R.R. 288
Arrowsmith	United Kingdom	Op	7050/75	(1981) 3 E.H.R.R. 218
Autronic AG	Switzerland	Jmt	12726/87	(1990) 12 E.H.R.R. 485
Barthold	Germany	Jmt	8734/79	(1985) 7 E.H.R.R. 383
BBC Scotland, McDonald, Rodgers and Donald	United Kingdom	Adm	34324/96	(1998) 25 E.H.R.R. CD 179
Bladet Tromsø and Stensaas	Norway	Jmt	21980/93	(2000) 29 E.H.R.R. 125
Bowman	United Kingdom	Jmt	24839/94	(1998) 26 E.H.R.R. 1
Casado Coca	Spain	Jmt	15450/89	(1994) 18 E.H.R.R. 1
Ceylan	Turkey	Jmt	23556/94	(2000) 30 E.H.R.R. 73
Chorherr	Austria	Jmt	13308/87	(1994) 17 E.H.R.R. 358
De Becker	Belgium	Jmt	214/56	1 E.H.R.R. 43
Dudgeon	United Kingdom	Op	7525/76	(1981) 3 E.H.R.R. 40
Engel	Netherlands (No. 1)	Jmt	5100/71; 5101/71; 5102/71; 5354/72; 5370/72	1 E.H.R.R. 647
G	Germany	Op	9228/80	(1984) 6 E.H.R.R. 499
Gaweda	Poland	Adm	26229/95	(1997) 23 E.H.R.R. CD 73
Gay News Ltd and Lemon	United Kingdom	Adm	8710/79	(1983) 5 E.H.R.R. 123
Grigoriades	Greece	Jmt	24348/94	(1999) 27 E.H.R.R. 464
Groppera Radio AG	Switzerland	Jmt	10890/84	(1990) 12 E.H.R.R. 321
Hadjianastassiou	Greece	Jmt	12945/87	(1993) 16 E.H.R.R. 219
Handyside	United Kingdom	Jmt	5493/72	1 E.H.R.R. 737
Hashman and Harrup	United Kingdom	Jmt	25594/94	(2000) 30 E.H.R.R. 241
Hogefeld	Germany	Adm	35402/97	(2000) 29 E.H.R.R. CD 173
Incal	Turkey	Jmt	22678/93	(2000) 29 E.H.R.R. 449
Informationsverein Lentia	Austria	Jmt	13914/88; 15041/89; 15717/89; 15779/89; 17207/90	(1994) 17 E.H.R.R. 93
Janowski	Poland	Jmt	25716/94	(2000) 29 E.H.R.R. 705

Article No.	Applicant	Country	Type	Application No.	Citation	Case No. (2001 onwards)
Art. 10(2)	Leander	Sweden	Op	9248/81	(1985) 7 E.H.R.R. 557	
	Lehideux and Isorni	France	Jmt	24662/94	(2000) 30 E.H.R.R. 665	
	Lingens	Austria	Op	9815/82	(1985) 7 E.H.R.R. 446	
	McFeeley	United Kingdom	Op	8317/78	(1981) 3 E.H.R.R. 161	
	Markt Itern and Beerman	Germany	Op	10572/83	(1989) 11 E.H.R.R. 212	
	Middleburg, Van Der Zee and Het Parool BV	Netherlands	Adm	28202/95	(1999) 27 E.H.R.R. CD 111	
	Müller	Switzerland	Jmt	10737/84	(1991) 13 E.H.R.R. 212	
	Nilsen and Johnsen	Norway	Jmt	23118/93	(2000) 30 E.H.R.R. 878	
	Observer and Guardian	United Kingdom	Jmt	13585/88	(1992) 14 E.H.R.R. 153	
	Open Door Counselling Ltd and Dublin Well Woman	Ireland	Jmt	14234/88; 14235/88	(1993) 15 E.H.R.R. 244	
	Piermont	France	Jmt	15773/89	(1995) 20 E.H.R.R. 301	
	Prager and Oberschlick	Austria	Jmt	15974/90	(1996) 21 E.H.R.R. 1	
	Rekvényi	Hungary	Jmt	25390/94	(2000) 30 E.H.R.R. 519	
	Schimanek	Austria	Adm	32307/96	(2000) 29 E.H.R.R. CD 250	
	Schöpfer	Switzerland	Adm	25405/94	(1996) 22 E.H.R.R. CD 184	
	Sunday Times	United Kingdom	Jmt	6538/74	2 E.H.R.R. 245	
	Tammer	Estonia	Adm	41205/98	(2000) 29 E.H.R.R. CD 257	
	Tolstoy Miloslavsky	United Kingdom	Jmt	18139/91	(1995) 20 E.H.R.R. 442	
	Vereinigung Demokratischer Soldaten Österreichs and Gubi	Austria	Jmt	15153/89	(1995) 20 E.H.R.R. 56	
	Vereniging Weekblad Bluf!	Netherlands	Jmt	16616/90	(1995) 20 E.H.R.R. 189	

	Vogt	Germany	Jmt	17851/91	(1996) 21 E.H.R.R. 205
	Wille	Liechtenstein	Jmt	28396/95	(2000) 30 E.H.R.R. 558
	Wingrove	United Kingdom	Jmt	17419/90	(1997) 24 E.H.R.R. 1
	Zana	Turkey	Jmt	18954/91	(1999) 27 E.H.R.R. 667
	Groppera Radio AG	Switzerland	Op	10890/84	(1990) 12 E.H.R.R. 297
Art. 11	A	Sweden	Adm	22806/93	(1994) 18 E.H.R.R. CD 209
	Ahmed	United Kingdom	Adm	22954/93	(1995) 20 E.H.R.R. CD 72
	Ahmed	United Kingdom	Jmt	22954/93	(2000) 29 E.H.R.R. 1
	Albert and Le Compte	Belgium	Jmt	7299/75; 7496/76	(1983) 5 E.H.R.R. 533
	Anderson	United Kingdom	Adm	33689/96	(1998) 25 E.H.R.R. CD 172
	Apeh, Ivanyi Roth and Szerdahelyi	Hungary	Adm	32367/96	(1999) 28 E.H.R.R. CD 140
	App. No. 9260/81	Sweden	Adm	9260/81	(1984) 6 E.H.R.R. 323
	App. No. 9278 & 9415/81	Norway	Adm	9278 & 9415/81	(1984) 6 E.H.R.R. 357
	App. No. 9282/81	United Kingdom	Adm	9282/81	(1983) 5 E.H.R.R. 283
	App. No. 9331/81	Germany	Adm	9331/81	(1983) 5 E.H.R.R. 287
	App. No. 9444/81	United Kingdom	Adm	9444/81	(1984) 6 E.H.R.R. 136
	App. No. 9792/82	Germany	Adm	9792/82	(1984) 6 E.H.R.R. 347
	App. No. 9796/82	United Kingdom	Adm	9796/82	(1983) 5 E.H.R.R. 487
	App. No. 9807/82	Netherlands	Adm	9807/82	(1983) 5 E.H.R.R. 513
	App. No. 9813/82	United Kingdom	Adm	9813/82	(1983) 5 E.H.R.R. 513
	App. No. 9867/82	United Kingdom	Adm	9867/82	(1983) 5 E.H.R.R. 489
	App. No. 9905/82	Austria	Adm	9905/82	(1985) 7 E.H.R.R. 137
	App. No. 9926/82	Netherlands	Adm	9926/82	(1983) 5 E.H.R.R. 515
	App. No. 9992/82	France	Adm	9992/82	(1983) 5 E.H.R.R. 515
	App. No. 10053/82	Denmark	Adm	10053/82	(1984) 6 E.H.R.R. 350
	App. No. 10144/82	Sweden	Adm	10144/82	(1984) 6 E.H.R.R. 130
	App. No. 10182/82	Spain	Adm	10182/82	(1984) 6 E.H.R.R. 145
	App. No. 10323/83	United Kingdom	Adm	10323/83	(1984) 6 E.H.R.R. 363
	App. No. 10331/83	United Kingdom	Adm	10331/83	(1984) 6 E.H.R.R. 583
	App. No. 10365/83	Germany	Adm	10365/83	(1985) 7 E.H.R.R. 461

Article No.	Applicant	Country	Type	Application No.	Citation	Case No. (2001 onwards)
Art. 11	App. No. 10628/83	Switzerland	Adm	10628/83	(1987) 9 E.H.R.R. 107	
	App. No. 10942/84	Germany	Adm	10942/84	(1989) 11 E.H.R.R. 95	
	App. No. 11245/84	Netherlands	Adm	11245/84	(1987) 9 E.H.R.R. 263	
	Artingstoll	United Kingdom	Adm	25517/94	(1995) 19 E.H.R.R. CD 92	
	Barthold	Germany	Jmt	8734/79	(1985) 7 E.H.R.R. 383	
	Brüggemann and Scheuten	Germany	Op	6959/75	(1981) 3 E.H.R.R. 244	
	Cereceda Martin	Spain	Adm	16358/90	(1993) 15 E.H.R.R. CD 18	
	Chappell	United Kingdom	Adm	12587/86	(1988) 10 E.H.R.R. 510	
	Chassagnou	France	Jmt	25088/94; 28331/95; 28443/95	(2000) 29 E.H.R.R. 615	
	Cheall	United Kingdom	Adm	10550/83	(1986) 8 E.H.R.R. 74	
	Christian Association of Jehovah's Witnesses	Bulgaria	Adm	28626/95	(1997) 24 E.H.R.R. CD 52	
	Council of Civil Service Unions	United Kingdom	Adm	11603/85	(1988) 10 E.H.R.R. 269	
	Cyprus	Turkey	Op	25781/94	(1997) 23 E.H.R.R. 244	
	Dudgeon	United Kingdom	Op	7525/76	(1981) 3 E.H.R.R. 40	
	East African Asians	United Kingdom	Op	4403/70–4419/70; 4422/70; 4434/70; 4443/70; 4476/70–4478/70; 4486/70; 4501/70; 4526/70–4530/70	(1981) 3 E.H.R.R. 76	
	Einarsson	Sweden	Adm	11005/84	(1987) 9 E.H.R.R. 110	
	Elex	United Kingdom	Adm	10945/84	(1987) 9 E.H.R.R. 127	
	Engel	Netherlands (No. 1)	Jmt	5100/71; 5101/71; 5102/71; 5354/72; 5370/72	1 E.H.R.R. 647	
	Ezelin	France	Jmt	11800/85	(1992) 14 E.H.R.R. 362	
	France, Norway, Denmark, Sweden and the Netherlands	Turkey	Adm	9940–9944/82	(1984) 6 E.H.R.R. 241	

France, Norway, Denmark, Sweden and the Netherlands	Turkey	Settlement	9940–9944/82	(1986) 8 E.H.R.R. 205	
Gasper	Sweden	Adm	10368/83; 10642/83	(1986) 8 E.H.R.R. 99	
Gasper	Sweden	Adm	18781/91	(1998) 26 E.H.R.R. CD 30	
Grauso	Poland	Adm	27388/95	(1997) 23 E.H.R.R. CD 108	
Gustafsson	Sweden	Jmt	15573/89	(1996) 22 E.H.R.R. 409	
H	Austria	Adm	15225/89	(1993) 15 E.H.R.R. CD 70	
Hashman and Harrup	United Kingdom	Adm	25594/94	(1996) 22 E.H.R.R. CD 185	
Hashman and Harrup	United Kingdom	Jmt	25594/94	(2000) 30 E.H.R.R. 241	
Hewitt and Harman	United Kingdom	Op	12175/86	(1992) 14 E.H.R.R. 657	
Holy Monastries	Greece	Jmt	13092/87; 13984/88	(1995) 20 E.H.R.R. 1	
Langborger	Sweden	Jmt	11179/84	(1990) 12 E.H.R.R. 416	
Langborger	Sweden	Op	11179/84	(1990) 12 E.H.R.R. 120	
Lawless	Ireland (No. 3)	Jmt	322/57	1 E.H.R.R. 15	
Le Compte, Van Leuven and De Meyere	Belgium	Jmt	6878/75; 7238/75	(1982) 4 E.H.R.R. 1	
Lindsay	United Kingdom	Adm	31699/96	(1997) 23 E.H.R.R. CD 199	
McCloy	United Kingdom	Adm	11151/84	(1987) 9 E.H.R.R. 131	
McFeeley	United Kingdom	Op	8317/78	(1981) 3 E.H.R.R. 161	
Movement for Democratic Kingdom	Bulgaria	Adm	27608/95	(1996) 21 E.H.R.R. CD 78	
Musasizi	Sweden	Adm	23780/94	(1994) 18 E.H.R.R. CD 223	
NATFHE	United Kingdom	Adm	28910/95	(1998) 25 E.H.R.R. CD 122	
National Union of Belgian Police	Belgium	Jmt	4464/70	1 E.H.R.R. 578	
Oliver and Abbs	United Kingdom	Adm	10944/84	(1987) 9 E.H.R.R. 126	
Özdep	Turkey	Jmt	23995/94	(2001) 31 E.H.R.R 674	(2001) 31 E.H.R.R 27
Pendragon	United Kingdom	Adm	31416/96	(1999) 27 E.H.R.R. CD 179	
Pentidis	Greece	Jmt	23238/94	(1997) 23 E.H.R.R. CD 37	

Article No.	Applicant	Country	Type	Application No.	Citation	Case No. (2001 onwards)
Art. 11	Pentidis	Greece	Op	23238/94	(1997) 24 E.H.R.R. CD 1	
	Plattform Ärzte für das Leben	Austria	Jmt	10126/82	(1991) 13 E.H.R.R. 204	
	Rai, Allmond and "Negotiate Now"	United Kingdom	Adm	25511/94	(1995) 19 E.H.R.R. CD 93	
	Rekvényi	Hungary	Adm	25390/94	(1997) 23 E.H.R.R. CD 63	
	Rekvényi	Hungary	Jmt	25390/94	(2000) 30 E.H.R.R. 519	
	Schmidt and Dahlström	Sweden	Jmt	5589/72	1 E.H.R.R. 632	
	Sibson	United Kingdom	Jmt	14327/88	(1994) 17 E.H.R.R. 193	
	Sidiropoulos	Greece	Jmt	26695/95	(1999) 27 E.H.R.R. 633	
	Sigurjonsson	Iceland	Jmt	16130/90	(1993) 16 E.H.R.R. 462	
	Smith	United Kingdom	Adm	18401/91	(1994) 18 E.H.R.R. CD 65	
	Socialist Party	Turkey	Jmt	21237/93	(1999) 27 E.H.R.R. 51	
	Stankov	Bulgaria	Adm	29221/95; 29222/95; 29223/95; 29225/95; 29226/95	(1997) 23 E.H.R.R. CD 170	
	Stankov and United Macedonian Organisation "Ilinden"	Bulgaria	Adm	29221/95	(1998) 26 E.H.R.R. CD 103	
	Steel	United Kingdom	Jmt	24838/94	(1999) 28 E.H.R.R. 603	
	Swedish Engine Drivers' Union	Sweden	Jmt	5614/72	1 E.H.R.R. 617	
	Temple	United Kingdom	Adm	10530/83	(1986) 8 E.H.R.R. 318	
	Tsavachidis	Greece	Adm	28802/95	(1997) 23 E.H.R.R. CD 135	
	Tsavachidis	Greece	Settle-ment	28802/95	(1999) 27 E.H.R.R. CD 27	
	Union des Athees	France	Adm	14635/89	(1993) 16 E.H.R.R. CD 6	
	United Communist Party of Turkey	Turkey	Jmt	19392/92	(1998) 26 E.H.R.R. 121	

	V	Denmark	Adm	17392/90	(1993) 15 E.H.R.R. CD 28
	Van Der Heijden	Netherlands	Adm	11002/84	(1986) 8 E.H.R.R. 279
	Vogt	Germany	Adm	17851/91	(1993) 15 E.H.R.R. CD 31
	Vogt	Germany	Jmt	17851/91	(1996) 21 E.H.R.R. 205
	Watts	United Kingdom	Adm	10818/84	(1987) 9 E.H.R.R. 123
	Wöckel	Germany	Adm	32165/96	(1998) 25 E.H.R.R. CD 156
	X	United Kingdom	Adm	9054/80	(1983) 5 E.H.R.R. 260
	Young, James and Webster	United Kingdom	Jmt	7601/76; 7806/77	(1982) 4 E.H.R.R. 38
	Young, James and Webster	United Kingdom	Op	7601/76; 7806/77	(1981) 3 E.H.R.R. 20
Art. 11(1)	Karakurt	Austria	Adm	32441/96	(2000) 29 E.H.R.R. CD 273
	McFeeley	United Kingdom	Op	8317/78	(1981) 3 E.H.R.R. 161
	NATFHE	United Kingdom	Adm	28910/95	(1998) 25 E.H.R.R. CD 122
	National Union of Belgian Police	Belgium	Jmt	4464/70	1 E.H.R.R. 578
	Schmidt and Dahlström	Sweden	Jmt	5589/72	1 E.H.R.R. 632
	Swedish Engine Drivers' Union	Sweden	Jmt	5614/72	1 E.H.R.R. 617
	Young, James and Webster	United Kingdom	Op	7601/76; 7806/77	(1981) 3 E.H.R.R. 20
Art. 11(2)	Chassagnou	France	Jmt	25088/94; 28331/95; 28443/95	(2000) 29 E.H.R.R. 615
	Council of Civil Service Unions	United Kingdom	Adm	11603/85	(1988) 10 E.H.R.R. 269
	Engel	Netherlands (No. 1)	Jmt	5100/71; 5101/71; 5102/71; 5354/72; 5370/72	1 E.H.R.R. 647
	McFeeley	United Kingdom	Op	8317/78	(1981) 3 E.H.R.R. 161
	NATFHE	United Kingdom	Adm	28910/95	(1998) 25 E.H.R.R. CD 122
	National Union of Belgian Police	Belgium	Jmt	4464/70	1 E.H.R.R. 578

Article No.	Applicant	Country	Type	Application No.	Citation	Case No. (2001 onwards)
Art. 11(2)	Rekvényi	Hungary	Jmt	25390/94	(2000) 30 E.H.R.R. 519	
	Schmidt and Dahlström	Sweden	Jmt	5589/72	1 E.H.R.R. 632	
	Sigurjonsson	Iceland	Jmt	16130/90	(1993) 16 E.H.R.R. 462	
	Sunday Times	United Kingdom	Jmt	6538/74	2 E.H.R.R. 245	
	Swedish Engine Drivers' Union	Sweden	Jmt	5614/72	1 E.H.R.R. 617	
	Wille	Liechtenstein	Jmt	28396/95	(2000) 30 E.H.R.R. 558	
	Young, James and Webster	United Kingdom	Jmt	7601/76; 7806/77	(1982) 4 E.H.R.R. 38	
	Young, James and Webster	United Kingdom	Op	7601/76; 7806/77	(1981) 3 E.H.R.R. 20	
Art. 12	App. No. 9519/81	Germany	Adm	9519/81	(1984) 6 E.H.R.R. 599	
	App. No. 9532/81	United Kingdom	Adm	9532/81	(1984) 6 E.H.R.R. 603	
	App. No. 9558/81	Germany	Adm	9558/81	(1984) 6 E.H.R.R. 605	
	App. No. 9639/82	Germany	Adm	9639/82	(1985) 7 E.H.R.R. 135	
	App. No. 9697/82	Ireland	Adm	9697/82	(1984) 6 E.H.R.R. 546	
	App. No. 9769/82	Netherlands	Adm	9769/82	(1986) 8 E.H.R.R. 288	
	App. No. 9773/82	United Kingdom	Adm	9773/82	(1983) 5 E.H.R.R. 296	
	App. No. 9918/82	United Kingdom	Adm	9918/82	(1983) 5 E.H.R.R. 299	
	App. No. 9966/82	United Kingdom	Adm	9966/82	(1983) 5 E.H.R.R. 299	
	App. No. 10076/82	Germany	Adm	10076/82	(1986) 8 E.H.R.R. 281	
	App. No. 10914/84	Netherlands	Adm	10914/84	(1986) 8 E.H.R.R. 308	
	App. No. 11329/85	Switzerland	Adm	11329/85	(1987) 9 E.H.R.R. 265	
	Beldjoudi	France	Jmt	12083/86	(1992) 14 E.H.R.R. 801	
	Belgian Linguistics Case (No. 2)		Jmt	1474/62; 1677/62; 1699/62; 1769/63; 1994/63; 2126/64	1 E.H.R.R. 252	
	Brüggemann and Scheuten	Germany	Op	6959/75	(1981) 3 E.H.R.R. 244	

	Buchholz	Germany	Jmt	7759/77	(1981) 3 E.H.R.R. 597
	Cossey	United Kingdom	Jmt	10843/84	(1991) 13 E.H.R.R. 622
	Cyprus	Turkey	Op	25781/94	(1997) 23 E.H.R.R. 244
	ELH and PBH	United Kingdom	Adm	32094/96; 32568/96	(1998) 25 E.H.R.R. CD 158
	F	Switzerland	Jmt	11329/85	(1988) 10 E.H.R.R. 411
	Hamer	United Kingdom	Op	7114/75	(1982) 4 E.H.R.R. 139
	I	United Kingdom	Adm	25680/94	(1997) 23 E.H.R.R. CD 66
	Johnston	Ireland	Jmt	9697/82	(1987) 9 E.H.R.R. 203
	Johnston	Ireland	Op	9597/82	(1986) 8 E.H.R.R. 214
	Khan	United Kingdom	Adm	23860/94	(1996) 21 E.H.R.R. CD 67
	Korkis	Sweden	Adm	35557/97	(1999) 27 E.H.R.R. CD 251
	Lindsay	United Kingdom	Adm	11089/84	(1987) 9 E.H.R.R. 555
	McGinley and Egan	United Kingdom	Adm	21825/93; 23414/94	(1996) 21 E.H.R.R. CD 56
	Marckx	Belgium	Jmt	6833/74	2 E.H.R.R. 330
	Rees	United Kingdom	Jmt	9532/81	(1987) 9 E.H.R.R. 56
	Rees	United Kingdom	Op	9532/81	(1985) 7 E.H.R.R. 429
	Sharara and Rinia	Netherlands	Adm	10915/84	(1986) 8 E.H.R.R. 307
	Sheffield	United Kingdom	Adm	22985/93	(1995) 20 E.H.R.R. CD 66
	Sheffield	United Kingdom	Adm	22985/93	(1996) 21 E.H.R.R. CD 99
	Sheffield and Horsham	United Kingdom	Jmt	22885/93; 23390/94	(1999) 27 E.H.R.R. 163
	Staarman	Netherlands	Adm	10503/83	(1986) 8 E.H.R.R. 73
	Taspinar	Netherlands	Adm	11026/84	(1986) 8 E.H.R.R. 47
	Tennenbaum	Sweden	Adm	16031/90	(1994) 18 E.H.R.R. CD 41
	Van Oosterwijck	Belgium	Jmt	7654/76	(1981) 3 E.H.R.R. 557
	Varnave	Turkey	Adm	16064–16066/90; 16068–16073/90	(1998) 25 E.H.R.R. CD 9
	W.J.	Austria	Adm	23759/94	(1999) 27 E.H.R.R. CD 83
Art. 13	A	United Kingdom	Jmt	25599/94	(1999) 27 E.H.R.R. 611
	A and B	United Kingdom	Adm	25599/94	(1996) 22 E.H.R.R. CD 190
	A, B and C	France	Adm	18560/91	(1993) 15 E.H.R.R. CD 39
	A.P.	Austria	Adm	20458/92	(1995) 20 E.H.R.R. CD 63
	A.V.	Bulgaria	Adm	41488/98	(1999) 28 E.H.R.R. CD 197

Article No.	Applicant	Country	Type	Application No.	Citation	Case No. (2001 onwards)
Art. 13	Abdulaziz Cabales and Balkandali	United Kingdom	Op	9214/80; 9473/81; 9474/81	(1984) 6 E.H.R.R. 28	
	Abdulaziz, Cabales and Balkandali	United Kingdom	Jmt	9214/80; 9473/81; 9474/81	(1985) 7 E.H.R.R. 471	
	Adams and Benn	United Kingdom	Adm	28979/95	(1997) 23 E.H.R.R. CD 160	
	Agrotexim	Greece	Jmt	14807/89	(1996) 21 E.H.R.R. 250	
	Ahmed	Austria	Jmt	25964/94	(1997) 24 E.H.R.R. 278	
	Airey	Ireland	Jmt	6289/73	2 E.H.R.R. 305	
	Akdivar	Turkey	Jmt	21893/93	(1997) 23 E.H.R.R. 143	
	Akkum, Akan and Karakoc	Turkey	Adm	21894/93	(1996) 21 E.H.R.R. CD 118	
	Aksoy	Turkey	Jmt	21987/93	(1997) 23 E.H.R.R. 553	
	Al-Adsani	United Kingdom	Adm	35763/97	(2000) 29 E.H.R.R. CD 99	
	Allenet de Ribemont	France	Adm	15175/89	(1993) 16 E.H.R.R. CD 33	
	Altun	Germany	Adm	10308/83	(1983) 5 E.H.R.R. 611	
	Altun	Germany	Settle-ment	10308/83	(1985) 7 E.H.R.R. 154	
	Amann	Switzerland	Jmt	27798/95	(2000) 30 E.H.R.R. 843	
	Anderson	United Kingdom	Adm	33689/96	(1998) 25 E.H.R.R. CD 172	
	Andersson	Sweden	Adm	14740/89	(1993) 15 E.H.R.R. CD 64	
	Andersson	Sweden	Jmt	12963/87	(1992) 14 E.H.R.R. 615	
	Andersson	Sweden	Jmt	20022/92	(1998) 25 E.H.R.R. 722	
	Apeh, Ivanyi Roth and Szerdahelyi	Hungary	Adm	32367/96	(1999) 28 E.H.R.R. CD 140	
	App. No. 8828/79	Denmark	Adm	8828/79	(1983) 5 E.H.R.R. 278	
	App. No. 9260/81	Sweden	Adm	9260/81	(1984) 6 E.H.R.R. 323	
	App. No. 9278 & 9415/81	Norway	Adm	9278 & 9415/81	(1984) 6 E.H.R.R. 357	
	App. No. 9282/81	United Kingdom	Adm	9282/81	(1983) 5 E.H.R.R. 283	
	App. No. 9301/81	Switzerland	Adm	9301/81	(1983) 5 E.H.R.R. 285	

App. No. 9324/81	Germany	Adm	9324/81	(1983) 5 E.H.R.R. 269
App. No. 9373/81	Ireland	Adm	9373/81	(1989) 11 E.H.R.R. 103
App. No. 9480/81	United Kingdom	Adm	9480/81	(1987) 9 E.H.R.R. 109
App. No. 9554/81	Ireland	Adm	9554/81	(1984) 6 E.H.R.R. 336
App. No. 9569/81	France	Adm	9569/81	(1983) 5 E.H.R.R. 277
App. No. 9588/81	United Kingdom	Adm	9588/81	(1984) 6 E.H.R.R. 545
App. No. 9596/81	Ireland	Adm	9596/81	(1984) 6 E.H.R.R. 570
App. No. 9603/81	Germany	Adm	9603/81	(1983) 5 E.H.R.R. 291
App. No. 9649/82	Sweden	Adm	9649/82	(1983) 5 E.H.R.R. 292
App. No. 9658/82	United Kingdom	Adm	9658/82	(1983) 5 E.H.R.R. 603
App. No. 9659/82	United Kingdom	Adm	9659/82	(1986) 8 E.H.R.R. 274
App. No. 9661/82	Austria	Adm	9661/82	(1984) 6 E.H.R.R. 344
App. No. 9697/82	Ireland	Adm	9697/82	(1984) 6 E.H.R.R. 546
App. No. 9723/82	Austria	Adm	9723/82	(1986) 8 E.H.R.R. 226
App. No. 9783/82	Austria	Adm	9783/82	(1986) 8 E.H.R.R. 67
App. No. 9813/82	United Kingdom	Adm	9813/82	(1983) 5 E.H.R.R. 513
App. No. 9825/82	United Kingdom	Adm	9825/82	(1986) 8 E.H.R.R. 49
App. No. 9856/82	United Kingdom	Adm	9856/82	(1988) 10 E.H.R.R. 547
App. No. 9992/82	France	Adm	9992/82	(1983) 5 E.H.R.R. 515
App. No. 10019/82	United Kingdom	Adm	10019/82	(1986) 8 E.H.R.R. 71
App. No. 10020/82	United Kingdom	Adm	10020/82	(1986) 8 E.H.R.R. 71
App. No. 10023/82	United Kingdom	Adm	10023/82	(1986) 8 E.H.R.R. 71
App. No. 10024/82	United Kingdom	Adm	10024/82	(1986) 8 E.H.R.R. 71
App. No. 10076/82	Germany	Adm	10076/82	(1986) 8 E.H.R.R. 281
App. No. 10099/82	Sweden	Adm	10099/82	(1984) 6 E.H.R.R. 129
App. No. 10295/82	United Kingdom	Adm	10295/82	(1984) 6 E.H.R.R. 558
App. No. 10317/83	United Kingdom	Adm	10317/83	(1984) 6 E.H.R.R. 362
App. No. 10323/83	United Kingdom	Adm	10323/83	(1984) 6 E.H.R.R. 363
App. No. 10358/83	United Kingdom	Adm	10358/83	(1984) 6 E.H.R.R. 587
App. No. 10395/83	United Kingdom	Adm	10395/83	(1987) 9 E.H.R.R. 389
App. No. 10427/83	United Kingdom	Adm	10427/83	(1987) 9 E.H.R.R. 369

Article No.	Applicant	Country	Type	Application No.	Citation	Case No. (2001 onwards)
Art. 13	App. No. 10476/83	Sweden	Adm	10476/83	(1987) 9 E.H.R.R. 247	
	App. No. 10496/83	United Kingdom	Adm	10496/83	(1985) 7 E.H.R.R. 147	
	App. No. 10542/83	Sweden	Adm	10542/83	(1987) 9 E.H.R.R. 250	
	App. No. 10801/81	Sweden	Adm	10801/81	(1987) 9 E.H.R.R. 269	
	App. No. 10949/84	Germany	Adm	10949/84	(1988) 10 E.H.R.R. 129	
	App. No. 11036/84	Sweden	Adm	11036/84	(1987) 9 E.H.R.R. 127	
	App. No. 11189/84	Sweden	Adm	11189/84	(1988) 10 E.H.R.R. 132	
	App. No. 11198/84	United Kingdom	Adm	11198/84	(1986) 8 E.H.R.R. 84	
	App. No. 11302/84	United Kingdom	Adm	11302/84	(1986) 8 E.H.R.R. 84	
	App. No. 11408/85	Sweden	Adm	11408/85	(1987) 9 E.H.R.R. 244	
	App. No. 11468/85	United Kingdom	Adm	11468/85	(1987) 9 E.H.R.R. 393	
	App. No. 11508/85	Denmark	Adm	11508/85	(1987) 9 E.H.R.R. 533	
	App. No. 11864/85	United Kingdom	Adm	11864/85	(1987) 9 E.H.R.R. 268	
	App. No. 11869/85	Belgium	Adm	11869/85	(1989) 11 E.H.R.R. 76	
	App. No. 11949/86	United Kingdom	Adm	11949/86	(1988) 10 E.H.R.R. 149	
	App. No. 11970/86	United Kingdom	Adm	11970/86	(1989) 11 E.H.R.R. 48	
	App. No. 12381/86	United Kingdom	Adm	12381/86	(1988) 10 E.H.R.R. 158	
	Artico	Ireland	Jmt	6694/74	(1981) 3 E.H.R.R. 1	
	Asplund	Sweden	Adm	19762/92	(1994) 18 E.H.R.R. CD 111	
	Assenov	Bulgaria	Jmt	24760/94	(1999) 28 E.H.R.R. 652	
	Assenov, Ivanova and Ivanov	Bulgaria	Adm	24760/94	(1996) 22 E.H.R.R. CD 163	
	Athanassoglou	Switzerland	Jmt	27644/95	(2001) 31 E.H.R.R 372	(2001) 31 E.H.R.R 13
	Aydin	Turkey	Jmt	23178/94	(1998) 25 E.H.R.R. 251	
	Azzi	Italy	Adm	11250/84	(1989) 11 E.H.R.R. 105	
	B and C	Netherlands	Adm	15346/89; 15379/89	(1993) 16 E.H.R.R. CD 8	
	BH	United Kingdom	Adm	30307/96	(1998) 25 E.H.R.R. CD 136	
	Baggs	United Kingdom	Adm	9310/81	(1987) 9 E.H.R.R. 235	

Balmer-Schafroth	Switzerland	Jmt	22110/93	(1998) 25 E.H.R.R. 598
Banstonian Co, Northern Shipbuilding and Industrial Holding Ltd	United Kingdom	Adm	9265/81	(1983) 5 E.H.R.R. 498
Barrett	United Kingdom	Adm	30402/96	(1997) 23 E.H.R.R. CD 185
Beis	Greece	Adm	22045/93	(1995) 19 E.H.R.R. CD 70
Beis	Greece	Jmt	22045/93	(1998) 25 E.H.R.R. 335
Bellis	United Kingdom	Adm	32556/96	(1997) 24 E.H.R.R. CD 71
Bergstrom	Sweden	Adm	10587/83	(1987) 9 E.H.R.R. 93
Boumar	Belgium	Jmt	9106/80	(1989) 11 E.H.R.R. 1
Boyle and Rice	United Kingdom	Jmt	9659/82; 9658/82	(1988) 10 E.H.R.R. 425
Bramelid and Malmström	Sweden	Adm	8588/79; 8589/79	(1983) 5 E.H.R.R. 249
Brannigan and McBride	United Kingdom	Jmt	14553/89; 14554/89	(1994) 17 E.H.R.R. 539
Brind	United Kingdom	Adm	18714/91	(1994) 18 E.H.R.R. CD 76
British American Tobacco Company Ltd	Netherlands	Jmt	19589/92	(1996) 21 E.H.R.R. 409
Brogan	United Kingdom	Jmt	11209/84; 11234/84; 11266/84; 11386/85	(1989) 11 E.H.R.R. 117
Brogan, Coyle, McFadden and Tracey	United Kingdom	Adm	11209/84; 11266/84; 11365/85	(1987) 9 E.H.R.R. 378
Brown	United Kingdom	Adm	38644/97	(1999) 28 E.H.R.R. CD 233
Buckley	United Kingdom	Adm	28323/95	(1997) 23 E.H.R.R. CD 129
Bullock	United Kingdom	Adm	29102/95	(1996) 21 E.H.R.R. CD 85
Bulus	Sweden	Adm	9330/81	(1984) 6 E.H.R.R. 587
Burton	United Kingdom	Adm	31600/96	(1996) 22 E.H.R.R. CD 134
C	United Kingdom	Adm	9276/81	(1984) 6 E.H.R.R. 559
C	Italy	Adm	14584/89	(1993) 16 E.H.R.R. CD 32
C.N.	Switzerland	Adm	43363/98	(1999) 27 E.H.R.R. CD 358

Article No.	Applicant	Country	Type	Application No.	Citation	Case No. (2001 onwards)
Art. 13	Caballero	United Kingdom	Jmt	32819/96	(2000) 30 E.H.R.R. 643	
	Çakici	Turkey	Jmt	23657/94	(2001) 31 E.H.R.R 133	(2001) 31 E.H.R.R. 5
	Camenzind	Switzerland	Jmt	21353/93	(1999) 28 E.H.R.R. 458	
	Campbell and Fell	United Kingdom	Jmt	7819/77; 7878/77	(1985) 7 E.H.R.R. 165	
	Campbell and Fell	United Kingdom	Op	7819/77; 7878/77	(1983) 5 E.H.R.R. 207	
	Caraher	United Kingdom	Adm	24520/94	(2000) 29 E.H.R.R. CD 119	
	Chahal	United Kingdom	Jmt	22414/93	(1997) 23 E.H.R.R. 413	
	Chahal	United Kingdom	Op	22414/93	(1995) 20 E.H.R.R. CD 19	
	Chappell	United Kingdom	Adm	12587/86	(1988) 10 E.H.R.R. 510	
	Christian Association of Jehovah's Witnesses	Bulgaria	Adm	28626/95	(1997) 24 E.H.R.R. CD 52	
	Cohen	United Kingdom	Adm	25959/94	(1996) 21 E.H.R.R. CD 104	
	Colman	United Kingdom	Jmt	16632/90	(1994) 18 E.H.R.R. 119	
	Colozza and Rubinat	Italy	Adm	9024/80; 9317/81	(1983) 5 E.H.R.R. 274	
	Costello-Roberts	United Kingdom	Jmt	13134/87	(1995) 19 E.H.R.R. 112	
	Council of Civil Service Unions	United Kingdom	Adm	11603/85	(1988) 10 E.H.R.R. 269	
	Cyprus	Turkey	Op	6780/74; 6950/75	(1982) 4 E.H.R.R. 482	
	Cyprus	Turkey	Op	25781/94	(1997) 23 E.H.R.R. 244	
	D	United Kingdom	Adm	30240/96	(1996) 22 E.H.R.R. CD 112	
	D	United Kingdom	Jmt	30240/96	(1997) 24 E.H.R.R. 423	
	D	United Kingdom	Op	30240/96	(1996) 22 E.H.R.R. CD 45	
	D and E	Netherlands	Adm	15416/89	(1993) 16 E.H.R.R. CD 34	
	De Jong, Baljet and Van Den Brink	Netherlands	Jmt	8805/79; 8806/79; 9242/81	(1986) 8 E.H.R.R. 20	
	De Vries	Netherlands	Adm	16690/90	(1993) 15 E.H.R.R. CD 87	
	De Wilde, Ooms and Versyp	Belgium (No. 1)	Jmt	2832/66; 2835/66; 2899/66	1 E.H.R.R. 373	

Desillles	France	Adm	15948/90	(1993) 16 E.H.R.R. CD 10	
Dilek	Netherlands	Adm	35137/97	(1999) 27 E.H.R.R. CD 244	
Domenichini	Italy	Jmt	15943/90	(2001) 32 E.H.R.R. 68	(2001) 32 E.H.R.R. 4
Dowsett Securities Ltd	United Kingdom	Adm	9450/81	(1984) 6 E.H.R.R. 110	
ELH and PBH	United Kingdom	Adm	32094/96; 32568/96	(1998) 25 E.H.R.R. CD 158	
East African Asians	United Kingdom	Op	4403/70–4419/70; 4422/70; 4434/70; 4443/70; 4476/70–4478/70; 4486/70; 4501/70; 4526/70–4530/70	(1981) 3 E.H.R.R. 76	
Edwards	United Kingdom	Jmt	13071/87	(1993) 15 E.H.R.R. 417	
English Electric Co.	United Kingdom	Adm	9263/81	(1983) 5 E.H.R.R. 498	
Ergi	Turkey	Jmt	23818/94	(2001) 32 E.H.R.R. 388	(2001) 32 E.H.R.R. 18
Eriksson	Sweden	Jmt	11375/85	(1990) 12 E.H.R.R. 183	
Erkalo	Netherlands	Jmt	23807/94	(1999) 28 E.H.R.R. 509	
Esbester	United Kingdom	Adm	18601/91	(1994) 18 E.H.R.R. CD 72	
Escoubet	Belgium	Jmt	26780/95	(2001) 31 E.H.R.R 1034	(2001) 31 E.H.R.R 46
Esen	Netherlands	Adm	37312/97	(1999) 27 E.H.R.R. CD 290	
Farrell	United Kingdom	Adm	9013/80	(1983) 5 E.H.R.R. 466	
Faulkner	United Kingdom	Adm	30308/96	(1998) 26 E.H.R.R. CD 125	
Fayed	United Kingdom	Jmt	17101/90	(1994) 18 E.H.R.R. 393	
Felderer	Sweden	Adm	11001/84	(1986) 8 E.H.R.R. 91	
Firsoff	United Kingdom	Adm	20591/92	(1993) 15 E.H.R.R. CD 111	
Fleming	United Kingdom	Adm	33987/96	(1997) 23 E.H.R.R. CD 207	
Fox, Campbell and Hartley	United Kingdom	Jmt	12244/86; 12245/86; 12383/86	(1991) 13 E.H.R.R. 157	
Fredin	Sweden	Adm	12033/86	(1989) 11 E.H.R.R. 104	
Friedl	Austria	Jmt	15225/89	(1996) 21 E.H.R.R. 83	
Fryske Nasjonale Partij	Netherlands	Adm	11100/84	(1987) 9 E.H.R.R. 261	

Article No.	Applicant	Country	Type	Application No.	Citation	Case No. (2001 onwards)
Art. 13	G	Netherlands	Adm	16944/90	(1993) 16 E.H.R.R. CD 38	
	G, H and I	United Kingdom	Adm	18600/91; 18601/91; 18602/91	(1993) 15 E.H.R.R. CD 41	
	G.H.H.	Turkey	Adm	43258/98	(1999) 28 E.H.R.R. CD 221	
	Galloway	United Kingdom	Adm	34199/96	(1999) 27 E.H.R.R. CD 241	
	Gaskin	United Kingdom	Adm	10454/83	(1987) 9 E.H.R.R. 279	
	Gasper	Sweden	Adm	18781/91	(1998) 26 E.H.R.R. CD 30	
	Georgiadis	Greece	Jmt	21522/93	(1997) 24 E.H.R.R. 606	
	Golder	United Kingdom	Jmt	4451/70	1 E.H.R.R. 524	
	Goodman International and Goodman	Ireland	Adm	19538/92	(1993) 16 E.H.R.R. CD 26	
	Govell	United Kingdom	Adm	27237/95	(1997) 23 E.H.R.R. CD 101	
	Granger	United Kingdom	Jmt	11932/86	(1990) 12 E.H.R.R. 469	
	Granger	United Kingdom	Op	11932/86	(1990) 12 E.H.R.R. 460	
	Greenpeace Schweiz	Switzerland	Adm	27644/95	(1997) 23 E.H.R.R. CD 116	
	Grof	Austria	Adm	25046/94	(1998) 25 E.H.R.R. CD 39	
	Groppera Radio AG	Switzerland	Jmt	10890/84	(1990) 12 E.H.R.R. 321	
	Groppera Radio AG	Switzerland	Op	10890/84	(1990) 12 E.H.R.R. 297	
	Gustafsson	Sweden	Jmt	15573/89	(1996) 22 E.H.R.R. 409	
	H	Finland	Adm	18507/91	(1994) 18 E.H.R.R. CD 68	
	H and A	United Kingdom	Adm	9580/81	(1984) 6 E.H.R.R. 606	
	Hakansson and Sturesson	Sweden	Jmt	11855/85	(1991) 13 E.H.R.R. 1	
	Halford	United Kingdom	Adm	20605/92	(1995) 19 E.H.R.R. CD 43	
	Halford	United Kingdom	Jmt	20605/92	(1997) 24 E.H.R.R. 523	
	Handyside	United Kingdom	Jmt	5493/72	1 E.H.R.R. 737	
	Hentrich	France	Jmt	13616/88	(1994) 18 E.H.R.R. 440	
	Herczegfalvy	Austria	Jmt	10533/83	(1993) 15 E.H.R.R. 437	
	Hewitt and Harman	United Kingdom	Op	12175/86	(1992) 14 E.H.R.R. 657	
	Hins and Hugenholtz	Netherlands	Adm	25987/94	(1996) 21 E.H.R.R. CD 124	

Hodgson, Woolf Productions and National Union of Journalists and Channel Four Television	United Kingdom	Adm	11553/85; 11658/85	(1988) 10 E.H.R.R. 503	
Hokkanen	Finland	Jmt	19823/92	(1995) 19 E.H.R.R. 139	
Holland	Ireland	Adm	24827/94	(1998) 25 E.H.R.R. CD 20	
Holy Monastries	Greece	Jmt	13092/87; 13984/88	(1995) 20 E.H.R.R. 1	
Hood	United Kingdom	Jmt	27267/95	(2000) 29 E.H.R.R. 365	
Howard	United Kingdom	Adm	10825/84	(1987) 9 E.H.R.R. 116	
Howard	United Kingdom	Adm	10825/84	(1989) 11 E.H.R.R. 85	
Huber	Austria	Adm	23397/94	(1996) 22 E.H.R.R. CD 91	
I	United Kingdom	Adm	25680/94	(1997) 23 E.H.R.R. CD 66	
Iatridis	Greece	Jmt	31107/96	(2000) 30 E.H.R.R. 97	
Ikincisoy	Turkey	Adm	26144/95	(1996) 21 E.H.R.R. CD 100	
Iskcon	United Kingdom	Adm	20490/92	(1994) 18 E.H.R.R. CD 133	
J.S.	Netherlands	Adm	14561/89	(1995) 20 E.H.R.R. CD 41	
Jacobsson	Sweden	Jmt	10842/84	(1990) 12 E.H.R.R. 56	
Jacobsson	Sweden	Jmt	11309/84	(1991) 13 E.H.R.R. 79	
Jacobsson	Sweden	Op	10842/84	(1989) 11 E.H.R.R. 563	
James	United Kingdom	Jmt	8795/79	(1986) 8 E.H.R.R. 123	
James	United Kingdom	Op	8793/79	(1984) 6 E.H.R.R. 475	
Johansen	Norway	Jmt	17383/90	(1997) 23 E.H.R.R. 33	
Johansson	Sweden	Adm	14006/88	(1993) 15 E.H.R.R. CD 62	
Johnston	Ireland	Op	9597/82	(1986) 8 E.H.R.R. 214	
K	United Kingdom	Adm	18394/91	(1993) 15 E.H.R.R. CD 33	
K	Finland	Adm	19823/92	(1993) 16 E.H.R.R. CD 47	
K and T	Finland	Jmt	25702/94	(2001) 31 E.H.R.R 484	(2001) 31 E.H.R.R 18
KL	United Kingdom	Adm	29392/95	(1998) 26 E.H.R.R. CD 113	

Article No.	Applicant	Country	Type	Application No.	Citation	Case No. (2001 onwards)
Art. 13	K.K.	Switzerland	Adm	43391/98	(1999) 27 E.H.R.R. CD 361	
	Kadubec	Slovak Republic	Adm	27061/95	(1997) 23 E.H.R.R. CD 98	
	Kamal	United Kingdom	Adm	8378/78	(1982) 4 E.H.R.R. 244	
	Kamasinski	Austria	Jmt	9783/82	(1991) 13 E.H.R.R. 36	
	Kaplan	United Kingdom	Op	7598/76	(1982) 4 E.H.R.R. 64	
	Kappa Kanzlei und Bürobetriebs GmbH	Austria	Adm	37146/97; 37148/97; 37434/97; 37829–37834/97; 37836/97; 37837/97; 37839–37841/97	(1999) 27 E.H.R.R. CD 300	
	Kara	United Kingdom	Adm	36528/97	(1999) 27 E.H.R.R. CD 272	
	Karus	Italy	Adm	29043/95	(1998) 26 E.H.R.R. CD 98	
	Kaya	Turkey	Jmt	22729/93	(1999) 28 E.H.R.R. 1	
	Keenan	United Kingdom	Adm	27229/95	(1998) 26 E.H.R.R. CD 64	
	Keller	Germany	Adm	36283/97	(1998) 25 E.H.R.R. CD 187	
	Kerr	United Kingdom	Adm	40451/98	(2000) 29 E.H.R.R. CD 184	
	Khan	United Kingdom	Adm	35394/97	(1999) 27 E.H.R.R. CD 58	
	Khan	United Kingdom	Jmt	35394/97	(2001) 31 E.H.R.R 1016	(2001) 31 E.H.R.R 45
	Khatun	United Kingdom	Adm	38387/97	(1998) 26 E.H.R.R. CD 212	
	Klass	Germany	Jmt	5029/71	2 E.H.R.R. 214	
	Kopp	Switzerland	Jmt	23224/94	(1999) 27 E.H.R.R. 91	
	Koskinen	Finland	Adm	20560/92	(1994) 18 E.H.R.R. CD 146	
	Kremzow	Austria	Jmt	12350/86	(1994) 17 E.H.R.R. 322	
	Kurt	Turkey	Jmt	24276/94	(1999) 27 E.H.R.R. 373	
	L	Finland	Jmt	25651/94	(2001) 31 E.H.R.R 737	(2001) 31 E.H.R.R 30
	LCB	United Kingdom	Jmt	23413/94	(1999) 27 E.H.R.R. 212	
	L, M and R	Switzerland	Adm	30003/96	(1996) 22 E.H.R.R. CD 130	
	Lalljee	United Kingdom	Adm	10556/83	(1986) 8 E.H.R.R. 84	
	Lambert	France	Jmt	23618/94	(2000) 30 E.H.R.R. 346	

Langborger	Sweden	Jmt	11179/84	(1990) 12 E.H.R.R. 416
Langborger	Sweden	Op	11179/84	(1990) 12 E.H.R.R. 120
Lant	United Kingdom	Adm	11046/84	(1987) 9 E.H.R.R. 243
Launder	United Kingdom	Adm	27279/95	(1998) 25 E.H.R.R. CD 67
Leander	Sweden	Jmt	9248/81	(1987) 9 E.H.R.R. 433
Leander	Sweden	Op	9248/81	(1985) 7 E.H.R.R. 557
Leech	United Kingdom	Adm	20075/92	(1994) 18 E.H.R.R. CD 116
Lehtinen	Finland	Adm	39076/97	(2000) 29 E.H.R.R. CD 204
Liberal Party	United Kingdom	Adm	8765/79	(1982) 4 E.H.R.R. 106
Lie and Bernsten	Norway	Adm	25130/94	(2000) 29 E.H.R.R. CD 210
Lithgow	United Kingdom	Adm	9006/80	(1983) 5 E.H.R.R. 491
Lithgow	United Kingdom	Jmt	9006/80	(1986) 8 E.H.R.R. 329
Lithgow	United Kingdom	Op	9006/80; 9262/81; 9263/81; 9265/81; 9266/81; 9313/81; 9405/81	(1985) 7 E.H.R.R. 56
Lockwood	United Kingdom	Adm	18824/91	(1993) 15 E.H.R.R. CD 48
Logan	United Kingdom	Adm	24875/94	(1996) 22 E.H.R.R. CD 178
Lyttle	United Kingdom	Adm	11650/85	(1987) 9 E.H.R.R. 381
MS	Sweden	Jmt	20837/92	(1999) 28 E.H.R.R. 313
McCallum	United Kingdom	Jmt	9511/81	(1991) 13 E.H.R.R. 597
McCotter	United Kingdom	Adm	18632/91	(1993) 15 E.H.R.R. CD 98
McCourt	United Kingdom	Adm	20433/92	(1993) 15 E.H.R.R. CD 110
McCullough	United Kingdom	Adm	24889/94	(1998) 25 E.H.R.R. CD 34
McElhinney	Ireland and United Kingdom	Adm	31253/96	(2000) 29 E.H.R.R. CD 214
McFeeley	United Kingdom	Op	8317/78	(1981) 3 E.H.R.R. 161
McGinley and Egan	United Kingdom	Adm	21825/93; 23414/94	(1996) 21 E.H.R.R. CD 56
McGinley and Egan	United Kingdom	Jmt	21825/93; 23414/94	(1999) 27 E.H.R.R. 1
Magee	United Kingdom	Adm	24892/94	(1995) 19 E.H.R.R. CD 91
Malone	United Kingdom	Adm	8691/79	(1982) 4 E.H.R.R. 330
Malone	United Kingdom	Jmt	8691/79	(1984) 6 E.H.R.R. 14

Article No.	Applicant	Country	Type	Application No.	Citation	Case No. (2001 onwards)
Art. 13	Malone	United Kingdom	Op	8691/79	(1983) 5 E.H.R.R. 385	
	Manners	United Kingdom	Adm	37650/97	(1998) 26 E.H.R.R. CD 206	
	Marangos	Cyprus	Adm	31106/96	(1997) 23 E.H.R.R. CD 192	
	Martin	Ireland	Adm	8569/79	(1986) 8 E.H.R.R. 316	
	Martin	United Kingdom	Adm	27533/95	(1996) 21 E.H.R.R. CD 112	
	Masson and Van Zon	Netherlands	Jmt	??	(1996) 22 E.H.R.R. 491	
	Matos e Silva	Portugal	Jmt	15777/89	(1997) 24 E.H.R.R. 573	
	Mentes	Turkey	Jmt	23186/94	(1998) 26 E.H.R.R. 595	
	Miailhe	France	Jmt	12661/87	(1993) 16 E.H.R.R. 332	
	Mika	Austria	Adm	26560/95	(1996) 22 E.H.R.R. CD 208	
	Mikulski	Poland	Settlement	27914/95	(2000) 29 E.H.R.R. CD 64	
	Murray	United Kingdom	Jmt	14310/88	(1995) 19 E.H.R.R. 193	
	Nikolova	Bulgaria	Jmt	31195/96	(2001) 31 E.H.R.R 64	(2001) 31 E.H.R.R. 3
	Norris and National Gay Federation	Ireland	Adm	10581/83	(1986) 8 E.H.R.R. 75	
	Noviflora Sweden AB	Sweden	Adm	14369/88	(1993) 15 E.H.R.R. CD 6	
	Novotný	Czech Republic	Adm	36542/97	(1999) 27 E.H.R.R. CD 275	
	Nydahl	Sweden	Adm	17505/90	(1993) 16 E.H.R.R. CD 15	
	Obermeier	Austria	Adm	11761/85	(1989) 11 E.H.R.R. 57	
	Obermeier	Austria	Jmt	11761/85	(1991) 13 E.H.R.R. 290	
	Observer and Guardian	United Kingdom	Jmt	13585/88	(1992) 14 E.H.R.R. 153	
	O'Hara	Ireland	Adm	26667/95	(1998) 25 E.H.R.R. CD 57	
	Okodata	Austria	Adm	10666/83	(1986) 8 E.H.R.R. 312	
	Olsson	Sweden	Adm	10465/83	(1986) 8 E.H.R.R. 71	
	Olsson	Sweden	Jmt	10465/83	(1989) 11 E.H.R.R. 259	
	Osman	United Kingdom	Adm	23452/94	(1996) 22 E.H.R.R. CD 137	
	Osman	United Kingdom	Jmt	23452/94	(2000) 29 E.H.R.R. 245	

Ouattara	United Kingdom	Adm	32884/96	(1998) 25 E.H.R.R. CD 167
Özdemir	Netherlands	Adm	35758/97	(1999) 27 E.H.R.R. CD 257
P	Sweden	Adm	18275/91	(1993) 15 E.H.R.R. CD 95
Pancenko	Latvia	Adm	40772/98	(2000) 29 E.H.R.R. CD 227
Panikian	Bulgaria	Adm	29583/96	(1997) 24 E.H.R.R. CD 63
Pastore	France	Adm	11035/84	(1986) 8 E.H.R.R. 224
Patel	United Kingdom	Adm	35693/97	(1999) 27 E.H.R.R. CD 254
Paton	United Kingdom	Adm	8416/78	(1981) 3 E.H.R.R. 408
Paulsen-Medalen and Svensson	Sweden	Jmt	16817/90	(1998) 26 E.H.R.R. 260
Pendragon	United Kingdom	Adm	31416/96	(1999) 27 E.H.R.R. CD 179
Pentidis	Greece	Jmt	23238/94	(1997) 23 E.H.R.R. CD 37
Philis	Greece	Adm	18001/91	(1994) 18 E.H.R.R. CD 57
Philis	Greece	Jmt	12750/87; 13780/88; 14003/88	(1991) 13 E.H.R.R. 741
Pierre-Bloch	France	Jmt	24194/94	(1998) 26 E.H.R.R. 202
Pine Valley Developments Ltd	Ireland	Jmt	12742/87	(1992) 14 E.H.R.R. 319
Plattform Ärzte für das Leben	Austria	Jmt	10126/82	(1991) 13 E.H.R.R. 204
Poku	United Kingdom	Adm	26985/95	(1996) 22 E.H.R.R. CD 94
Poli	Denmark	Adm	33209/96	(1999) 27 E.H.R.R. CD 212
Powell	United Kingdom	Adm	9310/81	(1987) 9 E.H.R.R. 241
Powell and Rayner	United Kingdom	Jmt	9310/81	(1990) 12 E.H.R.R. 355
Powell and Rayner	United Kingdom	Op	9310/81	(1990) 12 E.H.R.R. 288
Province of Bari, Sorrento and Messeni nemaga	Italy	Adm	41877/98	(1999) 27 E.H.R.R. CD 352
Pudas	Sweden	Jmt	10426/83	(1988) 10 E.H.R.R. 380
Putz	Austria	Adm	18892/91	(1994) 18 E.H.R.R. CD 97
Quinn	Ireland	Adm	36887/97	(2000) 29 E.H.R.R. CD 234
R	United Kingdom	Jmt	10496/83	(1988) 10 E.H.R.R. 74

Article No.	Applicant	Country	Type	Application No.	Citation	Case No. (2001 onwards)
Art. 13	RC	United Kingdom	Adm	37664/97; 37665/97; 37974/97; 37979/97; 37682/97; 38910/97	(1998) 26 E.H.R.R. CD 210	
	R.S.C.	United Kingdom	Adm	27560/95	(1997) 23 E.H.R.R. CD 112	
	Rayner	United Kingdom	Adm	9310/81	(1987) 9 E.H.R.R. 375	
	Roux	United Kingdom	Adm	25601/94	(1996) 22 E.H.R.R. CD 195	
	Ryder	United Kingdom	Adm	12360/86	(1989) 11 E.H.R.R. 80	
	S	United Kingdom	Adm	19085/91	(1993) 15 E.H.R.R. CD 106	
	S and M	United Kingdom	Adm	21325/93	(1994) 18 E.H.R.R. CD 172	
	Schneider	Austria	Adm	15220/89	(1994) 18 E.H.R.R. CD 33	
	Scotts of Greenock Ltd	United Kingdom	Adm	9482/81	(1986) 8 E.H.R.R. 288	
	Scotts of Greenock Ltd	United Kingdom	Adm	9599/81	(1986) 8 E.H.R.R. 293	
	Selçuk and Asker	Turkey	Jmt	23184/94; 23185/94	(1998) 26 E.H.R.R. 477	
	Selmouni	France	Jmt	25803/94	(2000) 29 E.H.R.R. 403	
	Sequaris	Belgium	Adm	9676/82	(1983) 5 E.H.R.R. 293	
	Sheffield	United Kingdom	Adm	22985/93	(1995) 20 E.H.R.R. CD 66	
	Sheffield	United Kingdom	Adm	22985/93	(1996) 21 E.H.R.R. CD 99	
	Sheffield and Horsham	United Kingdom	Jmt	22885/93; 23390/94	(1999) 27 E.H.R.R. 163	
	Sigurjonsson	Iceland	Jmt	16130/90	(1993) 16 E.H.R.R. 462	
	Silver	United Kingdom	Jmt	5947/72; 6205/73; 7052/75; 7061/75; 7107/75; 7113/75; 7136/75	(1983) 5 E.H.R.R. 347	
	Silver	United Kingdom (Art. 50)	Jmt	5947/72; 6205/73; 7052/75; 7061/75; 7107/75; 7113/75; 7136/75	(1984) 6 E.H.R.R. 62	
	Silver	United Kingdom	Op	5947/72; 6205/73; 7052/75; 7061/75; 7107/75; 7113/75; 7136/75	(1981) 3 E.H.R.R. 475	
	Šinko	Slovak Republic	Adm	33466/96	(1999) 27 E.H.R.R. CD 226	
	Sjöö	Sweden	Adm	37604/97	(1999) 27 E.H.R.R. CD 304	

Smith	United Kingdom	Adm	26666/95	(1998) 25 E.H.R.R. CD 52	
Smith and Grady	United Kingdom	Adm	33985/96	(1999) 27 E.H.R.R. CD 42	
Smith and Grady	United Kingdom	Jmt	33985/96; 33986/96	(2000) 29 E.H.R.R. 493	
Soering	United Kingdom	Jmt	14038/88	(1989) 11 E.H.R.R. 439	
Spencer (Earl)	United Kingdom	Adm	28851/95; 28852/95	(1998) 25 E.H.R.R. CD 105	
Sporrong and Lönroth	Sweden	Jmt	7151 & 7152/75	(1983) 5 E.H.R.R. 35	
Stankov	Bulgaria	Adm	29221/95; 29222/95; 29223/95; 29225/95; 29226/95	(1997) 23 E.H.R.R. CD 170	
Stedman	United Kingdom	Adm	29107/95	(1997) 23 E.H.R.R. CD 168	
Steel	United Kingdom	Jmt	24838/94	(1999) 28 E.H.R.R. 603	
Stewart-Brady	United Kingdom	Adm	27436/95	(1997) 24 E.H.R.R. CD 38	
Stiftelsen Akademiska Föreningens Bostader I Lund	Sweden	Adm	11661/85	(1989) 11 E.H.R.R. 47	
Stopford	United Kingdom	Adm	31316/96	(1998) 25 E.H.R.R. CD 151	
Sunday Times	United Kingdom (No. 2)	Jmt	13166/87	(1992) 14 E.H.R.R. 229	
Swedish Engine Drivers' Union	Sweden	Jmt	5614/72	1 E.H.R.R. 617	
Syrkin	Russia	Adm	44125/98	(2000) 29 E.H.R.R. CD 254	
TP and KM	United Kingdom	Adm	28945/95	(1998) 26 E.H.R.R. CD 84	
Tanrikulu	Turkey	Jmt	23763/94	(2000) 30 E.H.R.R. 950	
Tee	United Kingdom	Adm	26663/95	(1996) 21 E.H.R.R. CD 108	
Tekin	Turkey	Jmt	22496/93	(2001) 31 E.H.R.R 95	(2001) 31 E.H.R.R. 4
Tennenbaum	Sweden	Adm	16031/90	(1994) 18 E.H.R.R. CD 41	
Terra Woningen	Netherlands	Jmt	20641/92	(1997) 24 E.H.R.R. 456	
Terra Woningen	Netherlands	Op	20641/92	(1995) 20 E.H.R.R. CD 1	
Tete	France	Adm	11123/84	(1989) 11 E.H.R.R. 91	
Times Newspapers Ltd	United Kingdom	Adm	10243/83	(1986) 8 E.H.R.R. 54	
Times Newspapers Ltd	United Kingdom	Adm	31811/96	(1997) 23 E.H.R.R. CD 200	

Article No.	Applicant	Country	Type	Application No.	Citation	Case No. (2001 onwards)
Art. 13	Tinnelly & Sons	United Kingdom	Jmt	20390/92	(1999) 27 E.H.R.R. 249	
	Tinnelly and Sons	United Kingdom	Adm	20390/92; 21322/93	(1996) 22 E.H.R.R. CD 62	
	Togher	United Kingdom	Adm	28555/95	(1998) 25 E.H.R.R. CD 99	
	Tre Traktörer	Sweden	Jmt	10873/84	(1991) 13 E.H.R.R. 309	
	Tre Traktörer AB	Sweden	Adm	10873/84	(1987) 9 E.H.R.R. 96	
	Trustees of the late Duke of Westminster's Estate	United Kingdom	Adm	8793/79	(1983) 5 E.H.R.R. 440	
	Tsirlis	Greece	Adm	19233/91	(1995) 20 E.H.R.R. CD 52	
	Tsirlis and Kouloumpas	Greece	Jmt	19233/91; 19234/91	(1998) 25 E.H.R.R. 198	
	Tsirlis and Kouloumpas	Greece	Op	19233/91; 19234/91	(1996) 21 E.H.R.R. CD 30	
	Turner	United Kingdom	Adm	30294/96	(1997) 23 E.H.R.R. CD 181	
	Uppal	United Kingdom (No. 1)	Adm	8244/78	(1981) 3 E.H.R.R. 391	
	Uppal	United Kingdom (No. 2)	Settle-ment	8224/78	(1981) 3 E.H.R.R. 399	
	Valsamis	Greece	Jmt	21787/93	(1997) 24 E.H.R.R. 294	
	Varnave	Turkey	Adm	16064–16066/90; 16068–16073/90	(1998) 25 E.H.R.R. CD 9	
	Vasilescu	Romania	Jmt	27053/95	(1999) 28 E.H.R.R. 241	
	Vereinigung Demokratischer Soldaten Österreichs and Gubi	Austria	Jmt	15153/89	(1995) 20 E.H.R.R. 56	
	Vickers plc	United Kingdom	Adm	9313/81	(1983) 5 E.H.R.R. 499	
	Vilvarajah	United Kingdom	Jmt	13163/87; 13164/87; 13165/87; 13447/87; 13448/87	(1992) 14 E.H.R.R. 248	
	W	United Kingdom	Adm	9749/82	(1984) 6 E.H.R.R. 565	
	W	United Kingdom	Jmt	9749/82	(1988) 10 E.H.R.R. 29	
	W.J.	Austria	Adm	23759/94	(1999) 27 E.H.R.R. CD 83	

	Walker	United Kingdom	Adm	34979/97	(2000) 29 E.H.R.R. CD 276	
	Werner	Poland	Adm	26760/95	(1998) 25 E.H.R.R. CD 61	
	Whiteside	United Kingdom	Adm	20357/92	(1994) 18 E.H.R.R. CD 126	
	Wilkinson	United Kingdom	Adm	31145/96	(1998) 26 E.H.R.R. CD 131	
	Wille	Liechtenstein	Jmt	28396/95	(2000) 30 E.H.R.R. 558	
	Willsher	United Kingdom	Adm	31024/96	(1997) 23 E.H.R.R. CD 188	
	Wood	United Kingdom	Adm	32540/96	(1997) 24 E.H.R.R. CD 69	
	X	Austria	Adm	8003/77	(1981) 3 E.H.R.R. 285	
	X	Ireland	Adm	8315/79	(1982) 4 E.H.R.R. 359	
	X	United Kingdom	Adm	9471/81	(1985) 7 E.H.R.R. 450	
	X	United Kingdom	Op	6406/73	(1981) 3 E.H.R.R. 302	
	X and Y	Netherlands	Jmt	8978/80	(1986) 8 E.H.R.R. 235	
	X and Y	Netherlands	Op	8978/80	(1984) 6 E.H.R.R. 311	
	X, Cabales and Balkandali	United Kingdom	Adm	9214/80; 9473/81; 9474/81	(1983) 5 E.H.R.R. 132	
	Y	United Kingdom	Jmt	14229/88	(1994) 17 E.H.R.R. 238	
	Yarrow plc	United Kingdom	Adm	9266/81	(1983) 5 E.H.R.R. 498	
	Yasa	Turkey	Jmt	22495/93	(1999) 28 E.H.R.R. 408	
	Yasar	Turkey	Adm	22281/93	(1995) 19 E.H.R.R. CD 74	
	Young	Ireland	Adm	25646/94	(1996) 21 E.H.R.R. CD 91	
	Young, James and Webster	United Kingdom	Op	7601/76; 7806/77	(1981) 3 E.H.R.R. 20	
	Z	Finland	Jmt	22009/93	(1998) 25 E.H.R.R. 371	
	Z	United Kingdom	Op	29392/95	(1999) 28 E.H.R.R. CD 65	
	Zielinski	France	Jmt	24846/94; 34165/96; 34173/96	(2001) 31 E.H.R.R 532	(2001) 31 E.H.R.R 19
Art. 13(2)	Lawless	Ireland (No. 3)	Jmt	322/57	1 E.H.R.R. 15	
Art. 14	A	Sweden	Adm	22806/93	(1994) 18 E.H.R.R. CD 209	
	A	United Kingdom	Jmt	25599/94	(1999) 27 E.H.R.R. 611	
	A and B	United Kingdom	Adm	25599/94	(1996) 22 E.H.R.R. CD 190	

Article No.	Applicant	Country	Type	Application No.	Citation	Case No. (2001 onwards)
Art. 14	ADT	United Kingdom	Jmt	35765/97	(2001) 31 E.H.R.R 803	(2001) 31 E.H.R.R 33
	A.P.	Austria	Adm	20458/92	(1995) 20 E.H.R.R. CD 63	
	A.V.	Bulgaria	Adm	41488/98	(1999) 28 E.H.R.R. CD 197	
	Abdulaziz Cabales and Balkandali	United Kingdom	Op	9214/80; 9473/81; 9474/81	(1984) 6 E.H.R.R. 28	
	Abdulaziz, Cabales and Balkandali	United Kingdom	Jmt	9214/80; 9473/81; 9474/81	(1985) 7 E.H.R.R. 471	
	Acocoacion de Aviadores de la Republica	Spain	Adm	10733/84	(1986) 8 E.H.R.R. 286	
	Ahmad	United Kingdom	Op	8106/78	(1982) 4 E.H.R.R. 126	
	Airey	Ireland	Jmt	6289/73	2 E.H.R.R. 305	
	Akdivar	Turkey	Jmt	21893/93	(1997) 23 E.H.R.R. 143	
	Akkum, Akan and Karakoc	Turkey	Adm	21894/93	(1996) 21 E.H.R.R. CD 118	
	Anders and Fredin	Sweden	Op	12033/86	(1991) 13 E.H.R.R. 142	
	Anderson	United Kingdom	Adm	33689/96	(1998) 25 E.H.R.R. CD 172	
	Angeleni	Sweden	Adm	10491/83	(1988) 10 E.H.R.R. 123	
	Ankerl	Switzerland	Adm	17748/91	(1994) 18 E.H.R.R. CD 56	
	Ankerl	Switzerland	Jmt	17748/91	(2001) 32 E.H.R.R. 1	(2001) 32 E.H.R.R. 1
	App. No. 8893/80	Austria	Adm	8893/80	(1983) 5 E.H.R.R. 502	
	App. No. 9018/80	Netherlands	Adm	9018/80	(1984) 6 E.H.R.R. 133	
	App. No. 9097/80	Belgium	Adm	9097/80	(1983) 5 E.H.R.R. 280	
	App. No. 9228/80	Germany	Adm	9228/80	(1983) 5 E.H.R.R. 471	
	App. No. 9237/81	United Kingdom	Adm	9237/81	(1984) 6 E.H.R.R. 354	
	App. No. 9260/81	Sweden	Adm	9260/81	(1984) 6 E.H.R.R. 323	
	App. No. 9278 & 9415/81	Norway	Adm	9278 & 9415/81	(1984) 6 E.H.R.R. 357	

App. No. 9301/81	Switzerland	Adm	9301/81	(1983) 5 E.H.R.R. 285
App. No. 9331/81	Germany	Adm	9331/81	(1983) 5 E.H.R.R. 287
App. No. 9369/81	United Kingdom	Adm	9369/81	(1983) 5 E.H.R.R. 601
App. No. 9441/81	United Kingdom	Adm	9441/81	(1983) 5 E.H.R.R. 289
App. No. 9480/81	United Kingdom	Adm	9480/81	(1987) 9 E.H.R.R. 109
App. No. 9505/81	United Kingdom	Adm	9505/81	(1983) 5 E.H.R.R. 480
App. No. 9519/81	Germany	Adm	9519/81	(1984) 6 E.H.R.R. 599
App. No. 9521/81	United Kingdom	Adm	9521/81	(1983) 5 E.H.R.R. 602
App. No. 9530/81	Germany	Adm	9530/81	(1985) 7 E.H.R.R. 144
App. No. 9553/81	Belgium	Adm	9553/81	(1983) 5 E.H.R.R. 509
App. No. 9558/81	Germany	Adm	9558/81	(1984) 6 E.H.R.R. 605
App. No. 9569/81	France	Adm	9569/81	(1983) 5 E.H.R.R. 277
App. No. 9596/81	Ireland	Adm	9596/81	(1984) 6 E.H.R.R. 570
App. No. 9620/81	United Kingdom	Adm	9620/81	(1983) 5 E.H.R.R. 486
App. No. 9628/81	Netherlands	Adm	9628/81	(1984) 6 E.H.R.R. 138
App. No. 9639/82	Germany	Adm	9639/82	(1985) 7 E.H.R.R. 135
App. No. 9649/82	Sweden	Adm	9649/82	(1983) 5 E.H.R.R. 292
App. No. 9658/82	United Kingdom	Adm	9658/82	(1983) 5 E.H.R.R. 603
App. No. 9659/82	United Kingdom	Adm	9659/82	(1983) 5 E.H.R.R. 605
App. No. 9697/82	Ireland	Adm	9697/82	(1984) 6 E.H.R.R. 546
App. No. 9702/82	United Kingdom	Adm	9702/82	(1983) 5 E.H.R.R. 293
App. No. 9707/82	Sweden	Adm	9707/82	(1983) 5 E.H.R.R. 294
App. No. 9721/82	United Kingdom	Adm	9721/82	(1985) 7 E.H.R.R. 145
App. No. 9730/82	United Kingdom	Adm	9730/82	(1983) 5 E.H.R.R. 606
App. No. 9773/82	United Kingdom	Adm	9773/82	(1983) 5 E.H.R.R. 296
App. No. 9776/82	United Kingdom	Adm	9776/82	(1984) 6 E.H.R.R. 360
App. No. 9783/82	Austria	Adm	9783/82	(1986) 8 E.H.R.R. 67
App. No. 9792/82	Germany	Adm	9792/82	(1984) 6 E.H.R.R. 347
App. No. 9810/82	United Kingdom	Adm	9810/82	(1983) 5 E.H.R.R. 609
App. No. 9867/82	United Kingdom	Adm	9867/82	(1983) 5 E.H.R.R. 489
App. No. 9889/82	France	Adm	9889/82	(1983) 5 E.H.R.R. 298

Article No.	Applicant	Country	Type	Application No.	Citation	Case No. (2001 onwards)
Art. 14	App. No. 9905/82	Austria	Adm	9905/82	(1985) 7 E.H.R.R. 137	
	App. No. 9978/82	United Kingdom	Adm	9978/82	(1983) 5 E.H.R.R. 301	
	App. No. 10000/82	United Kingdom	Adm	10000/82	(1984) 6 E.H.R.R. 535	
	App. No. 10029/82	United Kingdom	Adm	10029/82	(1983) 5 E.H.R.R. 303	
	App. No. 10106/82	United Kingdom	Adm	10106/82	(1983) 5 E.H.R.R. 516	
	App. No. 10135/82	Denmark	Adm	10135/82	(1986) 8 E.H.R.R. 226	
	App. No. 10144/82	Sweden	Adm	10144/82	(1984) 6 E.H.R.R. 130	
	App. No. 10182/82	Spain	Adm	10182/82	(1984) 6 E.H.R.R. 145	
	App. No. 10184/82	United Kingdom	Adm	10184/82	(1983) 5 E.H.R.R. 516	
	App. No. 10210/82	France	Adm	10210/82	(1984) 6 E.H.R.R. 371	
	App. No. 10211/82	France	Adm	10211/82	(1984) 6 E.H.R.R. 373	
	App. No. 10228 & 10229/82	United Kingdom	Adm	10228 & 10229/82	(1985) 7 E.H.R.R. 141	
	App. No. 10292/83	Spain	Adm	10292/83	(1984) 6 E.H.R.R. 146	
	App. No. 10317/83	United Kingdom	Adm	10317/83	(1984) 6 E.H.R.R. 362	
	App. No. 10330/83	United Kingdom	Adm	10330/83	(1986) 8 E.H.R.R. 271	
	App. No. 10427/83	United Kingdom	Adm	10427/83	(1987) 9 E.H.R.R. 369	
	App. No. 10476/83	Sweden	Adm	10476/83	(1987) 9 E.H.R.R. 247	
	App. No. 10482/83	Germany	Adm	10482/83	(1984) 6 E.H.R.R. 587	
	App. No. 10542/83	Sweden	Adm	10542/83	(1987) 9 E.H.R.R. 250	
	App. No. 10914/84	Netherlands	Adm	10914/84	(1986) 8 E.H.R.R. 308	
	App. No. 11189/84	Sweden	Adm	11189/84	(1988) 10 E.H.R.R. 132	
	App. No. 11278/84	Netherlands	Adm	11278/84	(1986) 8 E.H.R.R. 95	
	App. No. 11408/85	Sweden	Adm	11408/85	(1987) 9 E.H.R.R. 244	
	App. No. 11468/85	United Kingdom	Adm	11468/85	(1987) 9 E.H.R.R. 393	
	App. No. 11564/85	Germany	Adm	11564/85	(1987) 9 E.H.R.R. 139	
	App. No. 11864/85	United Kingdom	Adm	11864/85	(1987) 9 E.H.R.R. 268	
	App. No. 11949/86	United Kingdom	Adm	11949/86	(1988) 10 E.H.R.R. 149	
	App. No. 12139/86	Netherlands	Adm	12139/86	(1989) 11 E.H.R.R. 78	

App. No. 12513/86	United Kingdom	Adm	12513/86	(1989) 11 E.H.R.R. 49	
Arrowsmith	United Kingdom	Op	7050/75	(1981) 3 E.H.R.R. 218	
Arslan	Turkey	Jmt	23462/94	(2001) 31 E.H.R.R 264	(2001) 31 E.H.R.R 9
Artico	Ireland	Jmt	6694/74	(1981) 3 E.H.R.R. 1	
Assenov, Ivanova and Ivanov	Bulgaria	Adm	24760/94	(1996) 22 E.H.R.R. CD 163	
Avis Enterprises	Greece	Op	30175/96	(1998) 26 E.H.R.R. CD 21	
B.M.	United Kingdom	Adm	9562/81	(1984) 6 E.H.R.R. 592	
Banstonian Co, Northern Shipbuilding and Industrial Holding Ltd	United Kingdom	Adm	9265/81	(1983) 5 E.H.R.R. 498	
Barbera, Messegué, Jabardo	Spain	Adm	10588/83; 10589/83; 10590/83	(1987) 9 E.H.R.R. 101	
Baškauskaite	Lithuania	Adm	41090/98	(1999) 27 E.H.R.R. CD 341	
Baskaya and Oçuoglu	Turkey	Jmt	23536/94; 24408/94	(2001) 31 E.H.R.R 292	(2001) 31 E.H.R.R 10
Beard	United Kingdom	Adm	24882/94	(1998) 25 E.H.R.R. CD 28	
Beldjoudi	France	Jmt	12083/86	(1992) 14 E.H.R.R. 801	
Belgian Linguistics Case (No. 1)		Jmt	1474/62; 1677/62; 1699/62; 1769/63; 1994/63; 2126/64	1 E.H.R.R. 241	
Belgian Linguistics Case (No. 2)		Jmt	1474/62; 1677/62; 1699/62; 1769/63; 1994/63; 2126/64	1 E.H.R.R. 252	
Botta	Italy	Jmt	21439/93	(1998) 26 E.H.R.R. 241	
Boumar	Belgium	Jmt	9106/80	(1989) 11 E.H.R.R. 1	
Brown	United Kingdom	Adm	38644/97	(1999) 28 E.H.R.R. CD 233	
Brüggemann and Scheuten	Germany	Op	6959/75	(1981) 3 E.H.R.R. 244	
Buckley	United Kingdom	Adm	28323/95	(1997) 23 E.H.R.R. CD 129	
Buckley	United Kingdom	Jmt	20348/92	(1997) 23 E.H.R.R. 101	

Article No.	Applicant	Country	Type	Application No.	Citation	Case No. (2001 onwards)
Art. 14	Bullock	United Kingdom	Adm	29102/95	(1996) 21 E.H.R.R. CD 85	
	Burghartz	Switzerland	Jmt	16213/90	(1994) 18 E.H.R.R. 101	
	Burton	United Kingdom	Adm	31600/96	(1996) 22 E.H.R.R. CD 134	
	C	Belgium	Jmt	21794/93	(2001) 32 E.H.R.R. 19	(2001) 32 E.H.R.R. 2
	C	Netherlands	Adm	17175/90	(1993) 15 E.H.R.R. CD 26	
	Caballero	United Kingdom	Jmt	32819/96	(2000) 30 E.H.R.R. 643	
	Çakici	Turkey	Jmt	23657/94	(2001) 31 E.H.R.R 133	(2001) 31 E.H.R.R. 5
	Canea Catholic Church	Greece	Jmt	25528/94	(1999) 27 E.H.R.R. 521	
	Carlin	United Kingdom	Adm	27537/95	(1998) 25 E.H.R.R. CD 75	
	Castells	Spain	Jmt	11798/85	(1992) 14 E.H.R.R. 445	
	Cereceda Martin	Spain	Adm	16358/90	(1993) 15 E.H.R.R. CD 18	
	Ceskomoravská Myslivecká Jednota	Czech Republic	Adm	33091/96	(1999) 28 E.H.R.R. CD 152	
	Ceylan	Turkey	Jmt	23556/94	(2000) 30 E.H.R.R. 73	
	Chapman	United Kingdom	Adm	27238/95	(1998) 25 E.H.R.R. CD 64	
	Chassagnou	France	Jmt	25088/94; 28331/95; 28443/95	(2000) 29 E.H.R.R. 615	
	Christian Association of Jehovah's Witnesses	Bulgaria	Adm	28626/95	(1997) 24 E.H.R.R. CD 52	
	Cohen	United Kingdom	Adm	25959/94	(1996) 21 E.H.R.R. CD 104	
	Coke	United Kingdom	Adm	38696/97	(1999) 27 E.H.R.R. CD 316	
	Constantinos	Greece	Adm	25701/94	(1998) 26 E.H.R.R. CD 50	
	Cornwell	United Kingdom	Adm	36578/97	(1999) 27 E.H.R.R. CD 62	
	Cornwell	United Kingdom	Settlement	365678/97	(2000) 29 E.H.R.R. CD 30	
	Coster	United Kingdom	Adm	24876/94	(1998) 25 E.H.R.R. CD 24	
	Crabtree	United Kingdom	Adm	32788/96	(1997) 23 E.H.R.R. CD 202	
	Cyprus	Turkey	Op	6780/74; 6950/75	(1982) 4 E.H.R.R. 482	

Cyprus	Turkey	Op	8007/77	(1993) 15 E.H.R.R. 509	
Cyprus	Turkey	Op	25781/94	(1997) 23 E.H.R.R. 244	
Darby	Sweden	Jmt	11581/85	(1991) 13 E.H.R.R. 774	
De Wilde, Ooms and Versyp	Belgium (No. 1)	Jmt	2832/66; 2835/66; 2899/66	1 E.H.R.R. 373	
Dowsett Securities Ltd	United Kingdom	Adm	9450/81	(1984) 6 E.H.R.R. 110	
Drozd	Poland	Adm	25403/94	(1996) 21 E.H.R.R. CD 120	
Dublin Well Woman Centre Ltd	Ireland	Adm	28177/95	(1997) 23 E.H.R.R. CD 125	
Dubowska and Skup	Poland	Adm	33490/96; 34055/96	(1997) 24 E.H.R.R. CD 75	
Dudgeon	United Kingdom	Jmt	7525/76	(1982) 4 E.H.R.R. 149	
Dudgeon	United Kingdom	Op	7525/76	(1981) 3 E.H.R.R. 40	
Dyer	United Kingdom	Adm	10475/83	(1985) 7 E.H.R.R. 469	
ELH and PBH	United Kingdom	Adm	32094/96; 32568/96	(1998) 25 E.H.R.R. CD 158	
East African Asians	United Kingdom	Op	4403/70–4419/70; 4422/70; 4434/70; 4443/70; 4476/70–4478/70; 4486/70; 4501/70; 4526/70–4530/70	(1981) 3 E.H.R.R. 76	
Engel	Netherlands (No. 1)	Jmt	5100/71; 5101/71; 5102/71; 5354/72; 5370/72	1 E.H.R.R. 647	
English Electric Co.	United Kingdom	Adm	9263/81	(1983) 5 E.H.R.R. 498	
Ergi	Turkey	Jmt	23818/94	(2001) 32 E.H.R.R. 388	(2001) 32 E.H.R.R. 18
Ersöz	Turkey	Adm	23144/93	(1996) 21 E.H.R.R. CD 48	
Felderer	Sweden	Adm	11001/84	(1986) 8 E.H.R.R. 91	
Fenzel and Köllner	Austria	Adm	22351/93	(1996) 22 E.H.R.R. CD 80	
Fleming	United Kingdom	Adm	33987/96	(1997) 23 E.H.R.R. CD 207	
Fogarty	United Kingdom	Adm	37112/97	(2000) 29 E.H.R.R. CD 157	
Fredin	Sweden	Jmt	12033/86	(1991) 13 E.H.R.R. 784	
Fryske Nasjonale Partij	Netherlands	Adm	11100/84	(1987) 9 E.H.R.R. 261	

Article No.	Applicant	Country	Type	Application No.	Citation	Case No. (2001 onwards)
Art. 14	Fuentes Bobo	Spain	Jmt	39293/98	(2001) 31 E.H.R.R 1115	(2001) 31 E.H.R.R 50
	G	Netherlands	Adm	16944/90	(1993) 16 E.H.R.R. CD 38	
	G.H.H.	Turkey	Adm	43258/98	(1999) 28 E.H.R.R. CD 221	
	Gasper	Sweden	Adm	18781/91	(1998) 26 E.H.R.R. CD 30	
	Gay News Ltd and Lemon	United Kingdom	Adm	8710/79	(1983) 5 E.H.R.R. 123	
	Gaygusuz	Austria	Jmt	17371/90	(1997) 23 E.H.R.R. 364	
	Gerlach	Germany	Adm	11130/84	(1986) 8 E.H.R.R. 311	
	Gillow	United Kingdom	Adm	9063/80	(1983) 5 E.H.R.R. 581	
	Gillow	United Kingdom	Jmt	9063/80	(1989) 11 E.H.R.R. 335	
	Gillow	United Kingdom	Op	9063/80	(1985) 7 E.H.R.R. 292	
	Goodman International and Goodman	Ireland	Adm	19538/92	(1993) 16 E.H.R.R. CD 26	
	Grauso	Poland	Adm	27388/95	(1997) 23 E.H.R.R. CD 108	
	Gregory	United Kingdom	Adm	22299/93	(1995) 19 E.H.R.R. CD 82	
	Gregory	United Kingdom	Jmt	22299/93	(1998) 25 E.H.R.R. 577	
	Gudmundsson	Iceland	Adm	23285/94	(1996) 21 E.H.R.R. CD 89	
	Gurdogan and Mustak	Turkey	Adm	15202/89; 15203/89; 15204/89; 15205/89	(1993) 16 E.H.R.R. CD 6	
	Hakansson and Sturesson	Sweden	Jmt	11855/85	(1991) 13 E.H.R.R. 1	
	Halford	United Kingdom	Adm	20605/92	(1995) 19 E.H.R.R. CD 43	
	Halford	United Kingdom	Jmt	20605/92	(1997) 24 E.H.R.R. 523	
	Handwerker	Germany	Adm	28610/95	(1996) 22 E.H.R.R. CD 125	
	Handyside	United Kingdom	Jmt	5493/72	1 E.H.R.R. 737	
	Harman	United Kingdom	Adm	10038/82	(1985) 7 E.H.R.R. 146	
	Hautanemi	Sweden	Adm	24019/94	(1996) 22 E.H.R.R. CD 155	
	Helmers	Sweden	Adm	27522/95	(1998) 26 E.H.R.R. CD 73	

Hennings	Germany	Jmt	12129/86	(1993) 16 E.H.R.R. 83
Hentrich	France	Jmt	13616/88	(1994) 18 E.H.R.R. 440
Hins and Hugenholtz	Netherlands	Adm	25987/94	(1996) 21 E.H.R.R. CD 124
Hoffmann	Austria	Jmt	12875/87	(1994) 17 E.H.R.R. 293
Holland	Ireland	Adm	24827/94	(1998) 25 E.H.R.R. CD 20
Holy Monastries	Greece	Jmt	13092/87; 13984/88	(1995) 20 E.H.R.R. 1
Huber	Austria	Adm	23397/94	(1996) 22 E.H.R.R. CD 91
Huggett	United Kingdom	Adm	24744/94	(1995) 20 E.H.R.R. CD 104
Hussain	United Kingdom	Jmt	21928/93	(1996) 22 E.H.R.R. 1
I	United Kingdom	Adm	25680/94	(1997) 23 E.H.R.R. CD 66
Ikincisoy	Turkey	Adm	26144/95	(1996) 21 E.H.R.R. CD 100
Incal	Turkey	Jmt	22678/93	(2000) 29 E.H.R.R. 449
Inze	Austria	Jmt	8695/79	(1988) 10 E.H.R.R. 394
Inze	Austria	Op	8695/79	(1986) 8 E.H.R.R. 498
Ireland	United Kingdom	Jmt	5310/71	2 E.H.R.R. 25
Iskcon	United Kingdom	Adm	20490/92	(1994) 18 E.H.R.R. CD 133
J.E.D.	United Kingdom	Adm	42225/98	(1999) 27 E.H.R.R. CD 65
James	United Kingdom	Jmt	8795/79	(1986) 8 E.H.R.R. 123
James	United Kingdom	Op	8793/79	(1984) 6 E.H.R.R. 475
Johansson	Sweden	Adm	14006/88	(1993) 15 E.H.R.R. CD 62
Johnson	United Kingdom	Adm	10389/83	(1987) 9 E.H.R.R. 386
Johnston	Ireland	Jmt	9697/82	(1987) 9 E.H.R.R. 203
Johnston	Ireland	Op	9597/82	(1986) 8 E.H.R.R. 214
Jónsson	Iceland	Adm	41242/98	(1999) 27 E.H.R.R. CD 347
Kamasinski	Austria	Jmt	9783/82	(1991) 13 E.H.R.R. 36
Kaneva	Bulgaria	Adm	26530/95	(1997) 23 E.H.R.R. CD 86
Kappa Kanzlei und Bürobetriebs GmbH	Austria	Adm	37146/97; 37148/97; 37434/97; 37829–37834/97; 37836/97; 37837/97; 37839–37841/97	(1999) 27 E.H.R.R. CD 300
Kara	United Kingdom	Adm	36528/97	(1999) 27 E.H.R.R. CD 272
Karakuzey	Germany	Adm	26568/95	(1997) 23 E.H.R.R. CD 92

Article No.	Applicant	Country	Type	Application No.	Citation	Case No. (2001 onwards)
Art. 14	Karara	Finald	Adm	40900/98	(1998) 26 E.H.R.R. CD 220	
	Karassev	Finland	Adm	31414/96	(1999) 28 E.H.R.R. CD 126	(1999) 28 E.H.R.R. CD 132
	Karus	Italy	Adm	29043/95	(1998) 26 E.H.R.R. CD 98	
	Katte Klitsche de la Grange	Italy	Adm	12539/86	(1993) 15 E.H.R.R. CD 1	
	Kaya	Turkey	Jmt	22729/93	(1999) 28 E.H.R.R. 1	
	Keegan	Ireland	Jmt	16969/90	(1994) 18 E.H.R.R. 342	
	Khan	United Kingdom	Adm	23860/94	(1996) 21 E.H.R.R. CD 67	
	Khatun	United Kingdom	Adm	38387/97	(1998) 26 E.H.R.R. CD 212	
	Kilbourn	United Kingdom	Adm	10991/84	(1986) 8 E.H.R.R. 81	
	Kjeldsen, Busk Madsen and Pedersen	Denmark	Jmt	5095/71; 5920/72; 5926/72	1 E.H.R.R. 711	
	Klavdianos	Greece	Adm	38841/97	(2000) 29 E.H.R.R. CD 199	
	Koendjbiharie	Netherlands	Jmt	11497/85	(1991) 13 E.H.R.R. 820	
	Koendjbiharie	Netherlands	Op	11487/85	(1991) 13 E.H.R.R. 118	
	Kokkinakis	Greece	Jmt	14307/88	(1994) 17 E.H.R.R. 397	
	Kremer-Viereck and Viereck	Germany	Adm	34197/96	(1998) 26 E.H.R.R. CD 164	
	Kremzow	Austria	Jmt	12350/86	(1994) 17 E.H.R.R. 322	
	Krol	Sweden	Adm	11704/85	(1989) 11 E.H.R.R. 73	
	Krone-Verlag GmbH and Mediaprint Anzeigen GmbH & Co. KG	Austria	Adm	28977/95	(1997) 23 E.H.R.R. CD 152	
	Kroon	Netherlands	Jmt	18535/91	(1995) 19 E.H.R.R. 263	
	Krug Von Nidda und Von Falkenstein	Germany	Adm	25043/94	(1997) 23 E.H.R.R. CD 60	

Kurt	Turkey	Jmt	24276/94	(1999) 27 E.H.R.R. 373
Lalljee	United Kingdom	Adm	10556/83	(1986) 8 E.H.R.R. 84
Lamguindaz	United Kingdom	Jmt	16152/90	(1994) 17 E.H.R.R. 213
Lant	United Kingdom	Adm	11046/84	(1987) 9 E.H.R.R. 243
Larissis	Greece	Jmt	23372/94; 26377/95; 26378/95	(1999) 27 E.H.R.R. 329
Larkos	Cyprus	Jmt	29515/95	(2000) 30 E.H.R.R. 597
Launder	United Kingdom	Adm	27279/95	(1998) 25 E.H.R.R. CD 67
Lee	United Kingdom	Adm	25289/94	(1998) 25 E.H.R.R. CD 46
Liberal Party	United Kingdom	Adm	8765/79	(1982) 4 E.H.R.R. 106
Lindsay	United Kingdom	Adm	11089/84	(1987) 9 E.H.R.R. 555
Lindsay	United Kingdom	Adm	31699/96	(1997) 23 E.H.R.R. CD 199
Lithgow	United Kingdom	Adm	9006/80	(1983) 5 E.H.R.R. 491
Lithgow	United Kingdom	Jmt	9006/80	(1986) 8 E.H.R.R. 329
Lithgow	United Kingdom	Op	9006/80; 9262/81; 9263/81; 9265/81; 9266/81; 9313/81; 9405/81	(1985) 7 E.H.R.R. 56
Lockwood	United Kingdom	Adm	18824/91	(1993) 15 E.H.R.R. CD 48
Luedicke, Belkacem and Koç	Germany	Jmt	6210/73; 6877/75; 7132/75	2 E.H.R.R. 149
Lustig-Prean and Beckett	United Kingdom	Jmt	31417/96; 32377/96	(2000) 29 E.H.R.R. 548
M	Austria	Adm	18960/91	(1993) 16 E.H.R.R. CD 25
M	Bulgaria	Adm	27496/95	(1996) 22 E.H.R.R. CD 101
M	United Kingdom	Adm	29046/95	(1999) 27 E.H.R.R. CD 152
MK	Austria	Adm	28867/95	(1997) 24 E.H.R.R. CD 59
McCourt	United Kingdom	Adm	20433/92	(1993) 15 E.H.R.R. CD 110
McCullough	United Kingdom	Adm	24889/94	(1998) 25 E.H.R.R. CD 34
McElhinney	Ireland and United Kingdom	Adm	31253/96	(2000) 29 E.H.R.R. CD 214
McFeeley	United Kingdom	Op	8317/78	(1981) 3 E.H.R.R. 161
McGinley and Egan	United Kingdom	Adm	21825/93; 23414/94	(1996) 21 E.H.R.R. CD 56

Article No.	Applicant	Country	Type	Application No.	Citation	Case No. (2001 onwards)
Art. 14	McLaughlin	United Kingdom	Adm	18759/91	(1994) 18 E.H.R.R. CD 84	
	McMichael	United Kingdom	Adm	16424/90	(1993) 15 E.H.R.R. CD 80	
	McMichael	United Kingdom	Jmt	16424/90	(1995) 20 E.H.R.R. 205	
	Magee	United Kingdom	Adm	24892/94	(1995) 19 E.H.R.R. CD 91	
	Magee	United Kingdom	Jmt	28135/95	(2001) 31 E.H.R.R 822	(2001) 31 E.H.R.R 35
	Mangov	Greece	Adm	16595/90	(1993) 16 E.H.R.R. CD 36	
	Mann	Germany	Adm	24077/94	(1996) 22 E.H.R.R. CD 157	
	Manners	United Kingdom	Adm	37650/97	(1998) 26 E.H.R.R. CD 206	
	Marangos	Cyprus	Adm	31106/96	(1997) 23 E.H.R.R. CD 192	
	Marckx	Belgium	Jmt	6833/74	2 E.H.R.R. 330	
	Mathieu-Mohin and Clerfayt	Belgium	Jmt	9267/81	(1988) 10 E.H.R.R. 1	
	Matos e Silva	Portugal	Jmt	15777/89	(1997) 24 E.H.R.R. 573	
	Matthews	United Kingdom	Adm	24833/94	(1996) 22 E.H.R.R. CD 175	
	Matthews	United Kingdom	Jmt	24833/94	(1999) 28 E.H.R.R. 361	
	Mellacher	Austria	Jmt	10522/83; 11011/84; 11070/84	(1990) 12 E.H.R.R. 391	
	Mellacher	Austria	Op	10522/83; 11011/84; 11070/84	(1990) 12 E.H.R.R. 97	
	Mellacher, Mölk and Weisstessbach	Austria	Adm	10522/83; 11011/84; 11070/84	(1987) 9 E.H.R.R. 357	
	Mika	Austria	Adm	26560/95	(1996) 22 E.H.R.R. CD 208	
	Monnell and Morris	United Kingdom	Jmt	9562/81; 9818/82	(1988) 10 E.H.R.R. 205	
	Monnell and Morris	United Kingdom	Op	9562/81; 9818/82	(1985) 7 E.H.R.R. 579	
	Moreaux	Belgium	Adm	9267/81	(1984) 6 E.H.R.R. 531	
	Moustaquim	Belgium	Jmt	12313/86	(1991) 13 E.H.R.R. 802	
	Munro	United Kingdom	Adm	10594/83	(1988) 10 E.H.R.R. 516	
	Murray	United Kingdom	Jmt	18731/91	(1996) 22 E.H.R.R. 29	
	Murray	United Kingdom	Op	18739/91	(1994) 18 E.H.R.R. CD 1	

Musa	Austria	Adm	40477/98	(1999) 27 E.H.R.R. CD 338	
Musasizi	Sweden	Adm	23780/94	(1994) 18 E.H.R.R. CD 223	
N.M.	United Kingdom	Adm	9818/82	(1984) 6 E.H.R.R. 598	
Nap Holdings United Kingdom Ltd	United Kingdom	Adm	27721/95	(1996) 22 E.H.R.R. CD 114	
National & Provincial, Leeds and Yorkshire Building Societies	United Kingdom	Adm	21319/93	(1995) 19 E.H.R.R. CD 56	
National & Provincial, Leeds Permanent and the Yorkshire Building Societies	United Kingdom	Jmt	21319/93; 21449/93; 21675/93	(1998) 25 E.H.R.R. 127	
National Union of Belgian Police	Belgium	Jmt	4464/70	1 E.H.R.R. 578	
New Horizons	Cyprus	Adm	40436/98	(1999) 27 E.H.R.R. CD 334	
News Verlags GmbH & Co. KG	Austria	Jmt	31457/96	(2001) 31 E.H.R.R 246	(2001) 31 E.H.R.R 8
Obermeier	Austria	Jmt	11761/85	(1991) 13 E.H.R.R. 290	
Observer and Guardian	United Kingdom	Jmt	13585/88	(1992) 14 E.H.R.R. 153	
Okodata	Austria	Adm	10666/83	(1986) 8 E.H.R.R. 312	
Olsson	Sweden	Adm	10465/83	(1986) 8 E.H.R.R. 71	
Olsson	Sweden	Jmt	10465/83	(1989) 11 E.H.R.R. 259	
Open Door Counselling Ltd and Dublin Well Woman Centre Ltd	Ireland	Jmt	14234/88; 14235/88	(1993) 15 E.H.R.R. 244	
Open Door Counselling Ltd and Dublin Well Woman Centre Ltd	Ireland	Op	14234/88; 14235/88	(1992) 14 E.H.R.R. 131	
Özdep	Turkey	Jmt	23995/94	(2001) 31 E.H.R.R 674	(2001) 31 E.H.R.R 27

Article No.	Applicant	Country	Type	Application No.	Citation	Case No. (2001 onwards)
Art. 14	Özgür Gündem	Turkey	Jmt	23144/93	(2001) 31 E.H.R.R 1082	(2001) 31 E.H.R.R 49
	PL	France	Jmt	21503/93	(1998) 25 E.H.R.R. 481	
	Panikian	Bulgaria	Adm	29583/96	(1997) 24 E.H.R.R. CD 63	
	Paruszweska	Poland	Adm	33770/96	(1998) 25 E.H.R.R. CD 175	
	Pendragon	United Kingdom	Adm	31416/96	(1999) 27 E.H.R.R. CD 179	
	Pentidis	Greece	Jmt	23238/94	(1997) 23 E.H.R.R. CD 37	
	Pentidis	Greece	Op	23238/94	(1997) 24 E.H.R.R. CD 1	
	Philis	Greece	Adm	18001/91	(1994) 18 E.H.R.R. CD 57	
	Philis	Greece	Adm	28970/95	(1997) 23 E.H.R.R. CD 147	
	Philis	Greece	Jmt	12750/87; 13780/88; 14003/88	(1991) 13 E.H.R.R. 741	
	Photos Photiades & Co. Ltd	Cyprus	Adm	41113/98	(1999) 27 E.H.R.R. CD 344	
	Piermont	France	Adm	15773/89; 15774/89	(1993) 15 E.H.R.R. CD 76	
	Piermont	France	Jmt	15773/89	(1995) 20 E.H.R.R. 301	
	Pierre-Bloch	France	Jmt	24194/94	(1998) 26 E.H.R.R. 202	
	Pinard, Foucher and Parmentier	France	Adm	17874/91; 17876/91	(1993) 15 E.H.R.R. CD 92	
	Pinder	United Kingdom	Adm	10096/82	(1985) 7 E.H.R.R. 464	
	Pine Valley Developments Ltd	Ireland	Jmt	12742/87	(1992) 14 E.H.R.R. 319	
	Pinnacle Meat Processors Co.	United Kingdom	Adm	33298/96	(1999) 27 E.H.R.R. CD 217	
	Poli	Denmark	Adm	33209/96	(1999) 27 E.H.R.R. CD 212	
	Prager and Oberschlick	Austria	Jmt	15974/90	(1996) 21 E.H.R.R. 1	
	Prussner	Germany	Adm	10901/84	(1986) 8 E.H.R.R. 79	
	Purtonen	Finland	Adm	32700/96	(1999) 27 E.H.R.R. CD 192	
	Rasmussen	Denmark	Jmt	8777/79	(1985) 7 E.H.R.R. 371	
	Rasmussen	Denmark	Op	8777/79	(1984) 6 E.H.R.R. 94	

Rekvényi	Hungary	Adm	25390/94	(1997) 23 E.H.R.R. CD 63	
Rekvényi	Hungary	Jmt	25390/94	(2000) 30 E.H.R.R. 519	
Remli	France	Jmt	16839/90	(1996) 22 E.H.R.R. 253	
S	United Kingdom	Adm	19085/91	(1993) 15 E.H.R.R. CD 106	
S and M	United Kingdom	Adm	21325/93	(1994) 18 E.H.R.R. CD 172	
Salgueiro Da Silva Mouta	Portugal	Jmt	33290/96	(2001) 31 E.H.R.R 1055	(2001) 31 E.H.R.R 47
Sargin and Yagci	Turkey	Adm	14116/88; 14117/88	(1993) 16 E.H.R.R. CD 2	
Saszmann	Austria	Adm	23697/94	(1997) 23 E.H.R.R. CD 46	
Schmidt	Germany	Jmt	13580/88	(1994) 18 E.H.R.R. 513	
Schmidt and Dahlström	Sweden	Jmt	5589/72	1 E.H.R.R. 632	
Schuler-Zgraggen	Switzerland	Jmt	14518/89	(1993) 16 E.H.R.R. 405	
Scotts of Greenock Ltd	United Kingdom	Adm	9482/81	(1986) 8 E.H.R.R. 288	
Scotts of Greenock Ltd	United Kingdom	Adm	9599/81	(1986) 8 E.H.R.R. 293	
Seidlová	Slovak Republic	Adm	25461/94	(1995) 20 E.H.R.R. CD 124	
Selçuk and Asker	Turkey	Jmt	23184/94; 23185/94	(1998) 26 E.H.R.R. 477	
Sharara and Rinia	Netherlands	Adm	10915/84	(1986) 8 E.H.R.R. 307	
Sheffield	United Kingdom	Adm	22985/93	(1995) 20 E.H.R.R. CD 66	
Sheffield	United Kingdom	Adm	22985/93	(1996) 21 E.H.R.R. CD 99	
Sheffield and Horsham	United Kingdom	Jmt	22885/93; 23390/94	(1999) 27 E.H.R.R. 163	
Sidiropoulos	Greece	Jmt	26695/95	(1999) 27 E.H.R.R. 633	
Sjöö	Sweden	Adm	37604/97	(1999) 27 E.H.R.R. CD 304	
Smallwood	United Kingdom	Adm	29779/96	(1999) 27 E.H.R.R. CD 155	
Smith	United Kingdom	Adm	18401/91	(1994) 18 E.H.R.R. CD 65	
Smith	United Kingdom	Adm	25154/94	(1998) 25 E.H.R.R. CD 42	
Smith	United Kingdom	Adm	26666/95	(1998) 25 E.H.R.R. CD 52	
Smith and Grady	United Kingdom	Adm	33985/96	(1999) 27 E.H.R.R. CD 42	
Smith and Grady	United Kingdom	Jmt	33985/96; 33986/96	(2000) 29 E.H.R.R. 493	
Socialist Party	Turkey	Jmt	21237/93	(1999) 27 E.H.R.R. 51	
Spadea and Scalabrino	Italy	Jmt	12868/87	(1996) 21 E.H.R.R. 482	
Sporrong and Lönroth	Sweden	Jmt	7151 & 7152/75	(1983) 5 E.H.R.R. 35	

Article No.	Applicant	Country	Type	Application No.	Citation	Case No. (2001 onwards)
Art. 14	Spöttl	Austria	Adm	22956/93	(1996) 22 E.H.R.R. CD 88	
	Staarman	Netherlands	Adm	10503/83	(1986) 8 E.H.R.R. 73	
	Stamoulakatos	Greece	Adm	27567/95	(1996) 21 E.H.R.R. CD 77	
	Stedman	United Kingdom	Adm	29107/95	(1997) 23 E.H.R.R. CD 168	
	Stefan	United Kingdom	Adm	29419/95	(1998) 25 E.H.R.R. CD 130	
	Stevens and Knight	United Kingdom	Adm	28918/95	(1999) 27 E.H.R.R. CD 138	
	Stewart	United Kingdom	Adm	10044/82	(1985) 7 E.H.R.R. 453	
	Stewart-Brady	United Kingdom	Adm	27436/95	(1997) 24 E.H.R.R. CD 38	
	Stjerna	Finland	Jmt	18131/91	(1997) 24 E.H.R.R. 195	
	Stoutt	Ireland	Adm	10978/84	(1987) 9 E.H.R.R. 541	
	Stubbings	United Kingdom	Adm	22083/93	(1994) 18 E.H.R.R. CD 185	
	Stubbings	United Kingdom	Jmt	22083/93; 22095/93	(1997) 23 E.H.R.R. 213	
	Stubbings	United Kingdom	Op	22083/93	(1995) 19 E.H.R.R. CD 32	
	Sunday Times	United Kingdom	Jmt	6538/74	2 E.H.R.R. 245	
	Sunday Times	United Kingdom (No. 2) (Art. 50)	Jmt	6538/74	(1981) 3 E.H.R.R. 317	
	Sunday Times	United Kingdom (No. 2)	Jmt	13166/87	(1992) 14 E.H.R.R. 229	
	Sutherland	United Kingdom	Adm	25186/94	(1996) 22 E.H.R.R. CD 182	
	Sutherland	United Kingdom	Op	25186/94	(1997) 24 E.H.R.R. CD 22	
	Švidranová	Slovak Republic	Adm	35268/97	(1998) 26 E.H.R.R. CD 184	
	Swedish Engine Drivers' Union	Sweden	Jmt	5614/72	1 E.H.R.R. 617	
	T	United Kingdom	Adm	24724/94	(1998) 25 E.H.R.R. CD 11	
	TY	Netherlands	Adm	26669/95	(1997) 23 E.H.R.R. CD 95	
	Tanrikulu	Turkey	Jmt	23763/94	(2000) 30 E.H.R.R. 950	
	Tekin	Turkey	Jmt	22496/93	(2001) 31 E.H.R.R 95	(2001) 31 E.H.R.R. 4
	Tennenbaum	Sweden	Adm	16031/90	(1994) 18 E.H.R.R. CD 41	

Thlimmenos	Greece	Jmt	34369/97	(2001) 31 E.H.R.R 411	(2001) 31 E.H.R.R 15
Times Newspapers Ltd	United Kingdom	Adm	10243/83	(1986) 8 E.H.R.R. 54	
Times Newspapers Ltd	United Kingdom	Adm	31811/96	(1997) 23 E.H.R.R. CD 200	
Tinnelly & Sons	United Kingdom	Jmt	20390/92	(1999) 27 E.H.R.R. 249	
Tinnelly and Sons	United Kingdom	Adm	20390/92; 21322/93	(1996) 22 E.H.R.R. CD 62	
Trustees of the late Duke of Westminster's Estate	United Kingdom	Adm	8793/79	(1983) 5 E.H.R.R. 440	
Tsavachidis	Greece	Adm	28802/95	(1997) 23 E.H.R.R. CD 135	
Tsavachidis	Greece	Settle-ment	28802/95	(1999) 27 E.H.R.R. CD 27	
Tsirlis	Greece	Adm	19233/91	(1995) 20 E.H.R.R. CD 52	
Tsirlis and Kouloumpas	Greece	Jmt	19233/91; 19234/91	(1998) 25 E.H.R.R. 198	
Tsirlis and Kouloumpas	Greece	Op	19233/91; 19234/91	(1996) 21 E.H.R.R. CD 30	
Tyrer	United Kingdom	Jmt	5856/72	2 E.H.R.R. 1	
Union des Athees	France	Adm	14635/89	(1993) 16 E.H.R.R. CD 6	
United Communist Party of Turkey	Turkey	Jmt	19392/92	(1998) 26 E.H.R.R. 121	
Uppal	United Kingdom (No. 1)	Adm	8244/78	(1981) 3 E.H.R.R. 391	
Uppal	United Kingdom (No. 2)	Settle-ment	8224/78	(1981) 3 E.H.R.R. 399	
V	United Kingdom	Jmt	24888/94	(2000) 30 E.H.R.R. 121	
Van Der Mussele	Belgium	Jmt	8919/80	(1984) 6 E.H.R.R. 163	
Van Raalte	Netherlands	Jmt	20060/92	(1997) 24 E.H.R.R. 503	
Varey	United Kingdom	Adm	26662/95	(1998) 25 E.H.R.R. CD 49	
Varnave	Turkey	Adm	16064–16066/90; 16068–16073/90	(1998) 25 E.H.R.R. CD 9	
Verein Gemeinsam Lernen	Austria	Adm	23419/94	(1995) 20 E.H.R.R. CD 78	

Article No.	Applicant	Country	Type	Application No.	Citation	Case No. (2001 onwards)
Art. 14	Vereinigung Demokratischer Soldaten Österreichs and Gubi	Austria	Jmt	15153/89	(1995) 20 E.H.R.R. 56	
	Vermeire	Belgium	Jmt	12849/87	(1993) 15 E.H.R.R. 488	
	Vickers plc	United Kingdom	Adm	9313/81	(1983) 5 E.H.R.R. 499	
	Vogt	Germany	Adm	17851/91	(1993) 15 E.H.R.R. CD 31	
	Vogt	Germany	Jmt	17851/91	(1996) 21 E.H.R.R. 205	
	Vollert	Germany	Adm	29793/96	(1996) 22 E.H.R.R. CD 128	
	Vosper	United Kingdom	Adm	9262/81	(1983) 5 E.H.R.R. 496	
	W.J.	Austria	Adm	23759/94	(1999) 27 E.H.R.R. CD 83	
	Wanyonyi	United Kingdom	Adm	32713/96	(1999) 27 E.H.R.R. CD 195	
	Webb	United Kingdom	Adm	9353/81	(1984) 6 E.H.R.R. 120	
	Weidlich	Germany	Adm	18890/91; 19048/91; 19049/91; 19342/92; 19549/92	(1996) 22 E.H.R.R. CD 55	
	Widen	Sweden	Adm	10723/83	(1986) 8 E.H.R.R. 79	
	Wiesinger	Austria	Jmt	11796/85	(1993) 16 E.H.R.R. 258	
	Wilde, Greenhaulgh and Parry	United Kingdom	Adm	22382/93	(1995) 19 E.H.R.R. CD 86	
	Wille	Liechtenstein	Adm	28396/95	(1997) 24 E.H.R.R. CD 45	
	Wille	Liechtenstein	Jmt	28396/95	(2000) 30 E.H.R.R. 558	
	Willis	United Kingdom	Adm	36042/97	(1999) 28 E.H.R.R. CD 166	
	Willsher	United Kingdom	Adm	31024/96	(1997) 23 E.H.R.R. CD 188	
	X	Austria	Adm	8003/77	(1981) 3 E.H.R.R. 285	
	X	United Kingdom	Adm	8874/80	(1982) 4 E.H.R.R. 252	
	X	Austria	Adm	13813/88	(1993) 15 E.H.R.R. CD 3	
	X	United Kingdom	Op	6406/73	(1981) 3 E.H.R.R. 302	
	X	United Kingdom	Op	7215/75	(1981) 3 E.H.R.R. 63	
	X and Y	Netherlands	Jmt	8978/80	(1986) 8 E.H.R.R. 235	

	X and Y	Netherlands	Op	8978/80	(1984) 6 E.H.R.R. 311
	X, Cabales and Balkandali	United Kingdom	Adm	9214/80; 9473/81; 9474/81	(1983) 5 E.H.R.R. 132
	X, Y and Z	United Kingdom	Jmt	21830/93	(1997) 24 E.H.R.R. 143
	X, Y and Z	United Kingdom	Op	21830/93	(1995) 20 E.H.R.R. CD 6
	X.S.A.	Netherlands	Adm	21472/93	(1994) 18 E.H.R.R. CD 176
	Yarrow plc	United Kingdom	Adm	9266/81	(1983) 5 E.H.R.R. 498
	Yasa	Turkey	Jmt	22495/93	(1999) 28 E.H.R.R. 408
	Yasar	Turkey	Adm	22281/93	(1995) 19 E.H.R.R. CD 74
	Zentralrat Deutscher Sinti und Roma and Rose	Germany	Adm	35208/97	(1997) 23 E.H.R.R. CD 209
Art. 15	Aksoy	Turkey	Jmt	21987/93	(1997) 23 E.H.R.R. 553
	App. No. 10527/83	Italy	Adm	10527/83	(1986) 8 E.H.R.R. 297
	Belgian Linguistics Case (No. 2)		Jmt	1474/62; 1677/62; 1699/62; 1769/63; 1994/63; 2126/64	1 E.H.R.R. 252
	Brannigan and McBride	United Kingdom	Jmt	14553/89; 14554/89	(1994) 17 E.H.R.R. 539
	Cyprus	Turkey	Op	6780/74; 6950/75	(1982) 4 E.H.R.R. 482
	France, Norway, Denmark, Sweden and the Netherlands	Turkey	Adm	9940–9944/82	(1984) 6 E.H.R.R. 241
	Gurdogan and Mustak	Turkey	Adm	15202/89; 15203/89; 15204/89; 15205/89	(1993) 16 E.H.R.R. CD 6
	Ireland	United Kingdom	Jmt	5310/71	2 E.H.R.R. 25
	Kerr	United Kingdom	Adm	40451/98	(2000) 29 E.H.R.R. CD 184
	Lawless	Ireland (No. 3)	Jmt	322/57	1 E.H.R.R. 15
	Sakik	Greece	Jmt	23878–23883/94	(1998) 26 E.H.R.R. 662
	X	United Kingdom	Op	6406/73	(1981) 3 E.H.R.R. 302
Art. 15(1)	Ireland	United Kingdom	Jmt	5310/71	2 E.H.R.R. 25
	Lawless	Ireland (No. 3)	Jmt	322/57	1 E.H.R.R. 15

Article No.	Applicant	Country	Type	Application No.	Citation	Case No. (2001 onwards)
Art. 15(1)	X	United Kingdom	Op	6406/73	(1981) 3 E.H.R.R. 302	
Art. 15(2)	Ireland	United Kingdom	Jmt	5310/71	2 E.H.R.R. 25	
	Lawless	Ireland (No. 3)	Jmt	322/57	1 E.H.R.R. 15	
	Selmouni	France	Jmt	25803/94	(2000) 29 E.H.R.R. 403	
	Tyrer	United Kingdom	Jmt	5856/72	2 E.H.R.R. 1	
Art. 15(3)	Cyprus	Turkey	Op	6780/74; 6950/75	(1982) 4 E.H.R.R. 482	
	France, Norway, Denmark, Sweden and the Netherlands	Turkey	Adm	9940–9944/82	(1984) 6 E.H.R.R. 241	
	Ireland	United Kingdom	Jmt	5310/71	2 E.H.R.R. 25	
	Lawless	Ireland (No. 3)	Jmt	322/57	1 E.H.R.R. 15	
Art. 16	H.N.	Italy	Adm	18902/91	(1999) 27 E.H.R.R. CD 75	
	Piermont	France	Jmt	15773/89	(1995) 20 E.H.R.R. 301	
Art. 17	Angeleni	Sweden	Adm	10491/83	(1988) 10 E.H.R.R. 123	
	App. No. 9488/81	United Kingdom	Adm	9488/81	(1983) 5 E.H.R.R. 289	
	App. No. 9905/82	Austria	Adm	9905/82	(1985) 7 E.H.R.R. 137	
	App. No. 10099/82	Sweden	Adm	10099/82	(1984) 6 E.H.R.R. 129	
	App. No. 11036/84	Sweden	Adm	11036/84	(1987) 9 E.H.R.R. 127	
	App. No. 11408/85	Sweden	Adm	11408/85	(1987) 9 E.H.R.R. 244	
	Artico	Ireland	Jmt	6694/74	(1981) 3 E.H.R.R. 1	
	Banstonian Co, Northern Shipbuilding and Industrial Holding Ltd	United Kingdom	Adm	9265/81	(1983) 5 E.H.R.R. 498	
	Brüggemann and Scheuten	Germany	Op	6959/75	(1981) 3 E.H.R.R. 244	
	Cyprus	Turkey	Op	6780/74; 6950/75	(1982) 4 E.H.R.R. 482	
	Cyprus	Turkey	Op	25781/94	(1997) 23 E.H.R.R. 244	

	Delta	France	Jmt	11444/85	(1993) 16 E.H.R.R. 574	
	Dowsett Securities Ltd	United Kingdom	Adm	9450/81	(1984) 6 E.H.R.R. 110	
	Engel	Netherlands (No. 1)	Jmt	5100/71; 5101/71; 5102/71; 5354/72; 5370/72	1 E.H.R.R. 647	
	English Electric Co.	United Kingdom	Adm	9263/81	(1983) 5 E.H.R.R. 498	
	Felderer	Sweden	Adm	11001/84	(1986) 8 E.H.R.R. 91	
	Glimmerveen and Hagenbeek	Netherlands	Adm	8348/78; 8406/78	(1982) 4 E.H.R.R. 260	
	Handyside	United Kingdom	Jmt	5493/72	1 E.H.R.R. 737	
	Holland	Ireland	Adm	24827/94	(1998) 25 E.H.R.R. CD 20	
	Ireland	United Kingdom	Jmt	5310/71	2 E.H.R.R. 25	
	Jacobsson	Sweden	Jmt	10842/84	(1990) 12 E.H.R.R. 56	
	Jacobsson	Sweden	Op	10842/84	(1989) 11 E.H.R.R. 563	
	Lawless	Ireland (No. 3)	Jmt	322/57	1 E.H.R.R. 15	
	Lehideux and Isorni	France	Jmt	24662/94	(2000) 30 E.H.R.R. 665	
	Lithgow	United Kingdom	Op	9006/80; 9262/81; 9263/81; 9265/81; 9266/81; 9313/81; 9405/81	(1985) 7 E.H.R.R. 56	
	Marangos	Cyprus	Adm	31106/96	(1997) 23 E.H.R.R. CD 192	
	Nachtmann	Austria	Adm	36773/97	(1999) 27 E.H.R.R. CD 281	
	Open Door Counselling Ltd and Dublin Well Woman	Ireland	Jmt	14234/88; 14235/88	(1993) 15 E.H.R.R. 244	
	Özdep	Turkey	Jmt	23995/94	(2001) 31 E.H.R.R 674	(2001) 31 E.H.R.R 27
	Schimanek	Austria	Adm	32307/96	(2000) 29 E.H.R.R. CD 250	
	Sporrong and Lönroth	Sweden	Jmt	7151 & 7152/75	(1983) 5 E.H.R.R. 35	
	Styranowski	Poland	Adm	28616/95	(1996) 22 E.H.R.R. CD 111	
	Vickers plc	United Kingdom	Adm	9313/81	(1983) 5 E.H.R.R. 499	
Art. 18	Akdivar	Turkey	Jmt	21893/93	(1997) 23 E.H.R.R. 143	
	App. No. 9488/81	United Kingdom	Adm	9488/81	(1983) 5 E.H.R.R. 289	

Article No.	Applicant	Country	Type	Application No.	Citation	Case No. (2001 onwards)
Art. 18	App. No. 9606/81	United Kingdom	Adm	9606/81	(1983) 5 E.H.R.R. 291	
	App. No. 9710/82	United Kingdom	Adm	9710/82	(1983) 5 E.H.R.R. 295	
	App. No. 9871/82	United Kingdom	Adm	9871/82	(1983) 5 E.H.R.R. 298	
	App. No. 9880/82	United Kingdom	Adm	9880/82	(1983) 5 E.H.R.R. 298	
	App. No. 9890/82	United Kingdom	Adm	9890/82	(1983) 5 E.H.R.R. 299	
	App. No. 9901/82	United Kingdom	Adm	9901/82	(1983) 5 E.H.R.R. 299	
	App. No. 9905/82	Austria	Adm	9905/82	(1985) 7 E.H.R.R. 137	
	App. No. 9969/82	United Kingdom	Adm	9969/82	(1983) 5 E.H.R.R. 301	
	App. No. 10065/82	United Kingdom	Adm	10065/82	(1983) 5 E.H.R.R. 303	
	App. No. 10099/82	Sweden	Adm	10099/82	(1984) 6 E.H.R.R. 129	
	App. No. 11036/84	Sweden	Adm	11036/84	(1987) 9 E.H.R.R. 127	
	App. No. 11408/85	Sweden	Adm	11408/85	(1987) 9 E.H.R.R. 244	
	App. No. 11882/85	United Kingdom	Adm	11882/85	(1989) 11 E.H.R.R. 82	
	Artico	Ireland	Jmt	6694/74	(1981) 3 E.H.R.R. 1	
	Banstonian Co, Northern Shipbuilding and Industrial Holding Ltd	United Kingdom	Adm	9265/81	(1983) 5 E.H.R.R. 498	
	Bozano	France	Jmt	9990/82	(1987) 9 E.H.R.R. 297	
	Brüggemann and Scheuten	Germany	Op	6959/75	(1981) 3 E.H.R.R. 244	
	Çakici	Turkey	Jmt	23657/94	(2001) 31 E.H.R.R 133	(2001) 31 E.H.R.R. 5
	Cyprus	Turkey	Op	6780/74; 6950/75	(1982) 4 E.H.R.R. 482	
	De Jong, Baljet and Van Den Brink	Netherlands	Jmt	8805/79; 8806/79; 9242/81	(1986) 8 E.H.R.R. 20	
	De Wilde, Ooms and Versyp	Belgium (No. 1)	Jmt	2832/66; 2835/66; 2899/66	1 E.H.R.R. 373	
	Delta	France	Jmt	11444/85	(1993) 16 E.H.R.R. 574	

Dowsett Securities Ltd	United Kingdom	Adm	9450/81	(1984) 6 E.H.R.R. 110	
Engel	Netherlands (No. 1)	Jmt	5100/71; 5101/71; 5102/71; 5354/72; 5370/72	1 E.H.R.R. 647	
English Electric Co.	United Kingdom	Adm	9263/81	(1983) 5 E.H.R.R. 498	
Ergi	Turkey	Jmt	23818/94	(2001) 32 E.H.R.R. 388	(2001) 32 E.H.R.R. 18
Gillow	United Kingdom	Adm	9063/80	(1983) 5 E.H.R.R. 581	
Guzzardi	Italy	Jmt	7367/76	(1981) 3 E.H.R.R. 333	
Handyside	United Kingdom	Jmt	5493/72	1 E.H.R.R. 737	
Jacobsson	Sweden	Jmt	10842/84	(1990) 12 E.H.R.R. 56	
Jacobsson	Sweden	Op	10842/84	(1989) 11 E.H.R.R. 563	
Johansson	Sweden	Adm	14006/88	(1993) 15 E.H.R.R. CD 62	
K	France	Adm	18580/91	(1993) 16 E.H.R.R. CD 23	
Kaneva	Bulgaria	Adm	26530/95	(1997) 23 E.H.R.R. CD 86	
Katte Klitsche de la Grange	Italy	Adm	12539/86	(1993) 15 E.H.R.R. CD 1	
Kurt	Turkey	Jmt	24276/94	(1999) 27 E.H.R.R. 373	
Lawless	Ireland (No. 3)	Jmt	322/57	1 E.H.R.R. 15	
Lithgow	United Kingdom	Op	9006/80; 9262/81; 9263/81; 9265/81; 9266/81; 9313/81; 9405/81	(1985) 7 E.H.R.R. 56	
Loukanov	Bulgaria	Jmt	21915/93	(1997) 24 E.H.R.R. 121	
Lukanov	Bulgaria	Adm	21915/93	(1995) 19 E.H.R.R. CD 65	
Lukanov	Bulgaria	Op	21915/93	(1996) 21 E.H.R.R. CD 20	
McFeeley	United Kingdom	Op	8317/78	(1981) 3 E.H.R.R. 161	
Quinn	France	Jmt	18580/91	(1996) 21 E.H.R.R. 529	
Rekvényi	Hungary	Adm	25390/94	(1997) 23 E.H.R.R. CD 63	
Selçuk and Asker	Turkey	Jmt	23184/94; 23185/94	(1998) 26 E.H.R.R. 477	
Socialist Party	Turkey	Jmt	21237/93	(1999) 27 E.H.R.R. 51	
Sporrong and Lönroth	Sweden	Jmt	7151 & 7152/75	(1983) 5 E.H.R.R. 35	
Sunday Times	United Kingdom	Jmt	6538/74	2 E.H.R.R. 245	

Article No.	Applicant	Country	Type	Application No.	Citation	Case No. (2001 onwards)
Art. 18	Tekin	Turkey	Jmt	22496/93	(2001) 31 E.H.R.R 95	(2001) 31 E.H.R.R. 4
	Times Newspapers Ltd	United Kingdom	Adm	10243/83	(1986) 8 E.H.R.R. 54	
	United Communist Party of Turkey	Turkey	Jmt	19392/92	(1998) 26 E.H.R.R. 121	
	Vickers plc	United Kingdom	Adm	9313/81	(1983) 5 E.H.R.R. 499	
	Winterwerp	Netherlands	Jmt	6301/73	2 E.H.R.R. 387	
	X, Y and Z	Sweden	Adm	8811/79	(1983) 5 E.H.R.R. 147	
	Yasa	Turkey	Jmt	22495/93	(1999) 28 E.H.R.R. 408	
Art. 19	Belgian Linguistics Case (No. 1)		Jmt	1474/62; 1677/62; 1699/62; 1769/63; 1994/63; 2126/64	1 E.H.R.R. 241	
	Chichlian and Ekindjian	France	Settlement	10959/84	(1991) 13 E.H.R.R. 553	
	Cooke	Austria	Adm	25878/94	(1997) 23 E.H.R.R. CD 70	
	De Becker	Belgium	Jmt	214/56	1 E.H.R.R. 43	
	Golder	United Kingdom	Jmt	4451/70	1 E.H.R.R. 524	
	Ireland	United Kingdom	Jmt	5310/71	2 E.H.R.R. 25	
	Lawless	Ireland (No. 1)	Jmt	322/57	1 E.H.R.R. 1	
	Lawless	Ireland (No. 3)	Jmt	322/57	1 E.H.R.R. 15	
	Pesti and Frodl	Austria	Adm	27618/95	(2000) 29 E.H.R.R. CD 229	
	Stögmüller	Austria	Jmt	1602/62	1 E.H.R.R. 155	
	Tyrer	United Kingdom	Jmt	5856/72	2 E.H.R.R. 1	
Art. 20	National Union of Belgian Police	Belgium	Jmt	4464/70	1 E.H.R.R. 578	
Art. 22	Ocic	Croatia	Adm	46306/99	(2000) 29 E.H.R.R. CD 220	
Art. 22(3)	Ocic	Croatia	Adm	46306/99	(2000) 29 E.H.R.R. CD 220	
Art. 24	Cyprus	Turkey	Op	25781/94	(1997) 23 E.H.R.R. 244	

	France, Norway, Denmark, Sweden and the Netherlands	Turkey	Adm	9940–9944/82	(1984) 6 E.H.R.R. 241
	Ireland	United Kingdom	Jmt	5310/71	2 E.H.R.R. 25
	Klass	Germany	Jmt	5029/71	2 E.H.R.R. 214
Art. 25	A, B and C	France	Adm	18560/91	(1993) 15 E.H.R.R. CD 39
	Agrotexim	Greece	Jmt	14807/89	(1996) 21 E.H.R.R. 250
	Airey	Ireland (Art. 50)	Jmt	6289/73	(1981) 3 E.H.R.R. 592
	Aksoy	Turkey	Jmt	21987/93	(1997) 23 E.H.R.R. 553
	Amuur	France	Jmt	19776/92	(1996) 22 E.H.R.R. 533
	App. No. 8957/80	Austria	Adm	8957/80	(1983) 5 E.H.R.R. 502
	App. No. 9017/80	Sweden	Adm	9017/80	(1983) 5 E.H.R.R. 279
	App. No. 9097/80	Belgium	Adm	9097/80	(1983) 5 E.H.R.R. 280
	App. No. 9132/80	Germany	Adm	9132/80	(1983) 5 E.H.R.R. 470
	App. No. 9620/81	United Kingdom	Adm	9620/81	(1983) 5 E.H.R.R. 486
	App. No. 9729/82	United Kingdom	Adm	9729/82	(1984) 6 E.H.R.R. 346
	App. No. 9821/82	United Kingdom	Adm	9821/82	(1983) 5 E.H.R.R. 298
	App. No. 9900/82	France	Adm	9900/82	(1983) 5 E.H.R.R. 610
	App. No. 9966/82	United Kingdom	Adm	9966/82	(1983) 5 E.H.R.R. 299
	Artico	Ireland	Jmt	6694/74	(1981) 3 E.H.R.R. 1
	Assenov, Ivanova and Ivanov	Bulgaria	Adm	24760/94	(1996) 22 E.H.R.R. CD 163
	Bozano	France	Jmt	9990/82	(1987) 9 E.H.R.R. 297
	Brady	United Kingdom	Adm	8575/79	(1981) 3 E.H.R.R. 297
	Campbell and Cosans	United Kingdom	Op	7511/76; 7743/76	(1981) 3 E.H.R.R. 531
	Christian Association of Jehovah's Witnesses	Bulgaria	Adm	28626/95	(1997) 24 E.H.R.R. CD 52
	Coke	United Kingdom	Adm	38696/97	(1999) 27 E.H.R.R. CD 316
	Corigliano	Italy	Jmt	8304/78	(1983) 5 E.H.R.R. 334
	Credit and Industrial Bank and Moravec	Czech Republic	Adm	29010/95	(1998) 26 E.H.R.R. CD 88

Article No.	Applicant	Country	Type	Application No.	Citation	Case No. (2001 onwards)
Art. 25	Dahanayake	United Kingdom	Adm	9435/81	(1983) 5 E.H.R.R. 144	
	De Becker	Belgium	Jmt	214/56	1 E.H.R.R. 43	
	De Wilde, Ooms and Versyp	Belgium (No. 2)	Jmt	2832/66; 2835/66; 2899/66	1 E.H.R.R. 438	
	DeBono	Malta	Adm	20608/92	(1993) 15 E.H.R.R. CD 112	
	Deweer	Belgium	Jmt	6903/75	2 E.H.R.R. 439	
	Dores and Silveira	Portugal	Adm	9345/81; 9346/81	(1983) 5 E.H.R.R. 275	
	Dudgeon	United Kingdom	Op	7525/76	(1981) 3 E.H.R.R. 40	
	East African Asians	United Kingdom	Op	4403/70–4419/70; 4422/70; 4434/70; 4443/70; 4476/70–4478/70; 4486/70; 4501/70; 4526/70–4530/70	(1981) 3 E.H.R.R. 76	
	Eckle	Germany	Jmt	8130/78	(1983) 5 E.H.R.R. 1	
	Egyptair	Denmark	Adm	28441/95	(1998) 26 E.H.R.R. CD 80	
	Eriksson	Sweden	Adm	11373/85	(1988) 10 E.H.R.R. 539	
	Eriksson	Sweden	Jmt	11375/85	(1990) 12 E.H.R.R. 183	
	Erkner and Hofauer	Austria	Op	9616/81	(1986) 8 E.H.R.R. 520	
	Findlay	United Kingdom	Jmt	22107/93	(1997) 24 E.H.R.R. 221	
	Funke	France	Jmt	10828/84	(1993) 16 E.H.R.R. 297	
	Grech	Malta	Adm	24492/94	(1995) 20 E.H.R.R. CD 95	
	Groppera Radio AG	Switzerland	Jmt	10890/84	(1990) 12 E.H.R.R. 321	
	Guzzardi	Italy	Jmt	7367/76	(1981) 3 E.H.R.R. 333	
	Holy Monastries	Greece	Jmt	13092/87; 13984/88	(1995) 20 E.H.R.R. 1	
	Ikincisoy	Turkey	Adm	26144/95	(1996) 21 E.H.R.R. CD 100	
	Inze	Austria	Jmt	8695/79	(1988) 10 E.H.R.R. 394	
	Inze	Austria	Op	8695/79	(1986) 8 E.H.R.R. 498	
	Ireland	United Kingdom	Jmt	5310/71	2 E.H.R.R. 25	
	J.S.	Netherlands	Adm	14561/89	(1995) 20 E.H.R.R. CD 41	
	Kaplan	United Kingdom	Op	7598/76	(1982) 4 E.H.R.R. 64	

Kefalas	Greece	Jmt	14726/89	(1995) 20 E.H.R.R. 484
Klass	Germany	Jmt	5029/71	2 E.H.R.R. 214
Loizidou	Turkey	Jmt	15318/89	(1995) 20 E.H.R.R. 99
M	United Kingdom	Adm	29046/95	(1999) 27 E.H.R.R. CD 152
McFeeley	United Kingdom	Op	8317/78	(1981) 3 E.H.R.R. 161
McGinley and Egan	United Kingdom	Adm	21825/93; 23414/94	(1996) 21 E.H.R.R. CD 56
Malone	United Kingdom	Op	8691/79	(1983) 5 E.H.R.R. 385
Mansur	Turkey	Jmt	16026/90	(1995) 20 E.H.R.R. 535
Marckx	Belgium	Jmt	6833/74	2 E.H.R.R. 330
Mens and Mens-Hoek	Netherlands	Adm	34325/96	(1998) 26 E.H.R.R. CD 170
Miailhe	France (No. 2)	Jmt	18978/91	(1997) 23 E.H.R.R. 491
Middleburg, Van Der Zee and Het Parool BV	Netherlands	Adm	28202/95	(1999) 27 E.H.R.R. CD 111
Mlynek	Austria	Adm	22634/93	(1994) 18 E.H.R.R. CD 207
Neumeister	Austria (No. 2)	Jmt	1936/63	1 E.H.R.R. 136
Nölkenbockhoff	Germany	Jmt	10300/83	(1988) 10 E.H.R.R. 163
Nölkenbockhoff	Germany	Jmt	10300/83	(1991) 13 E.H.R.R. 360
Öhlinger	Austria	Adm	21444/93	(1996) 22 E.H.R.R. CD 75
Ollila	Finland	Adm	18969/91	(1993) 15 E.H.R.R. CD 101
Open Door Counselling Ltd and Dublin Well Woman	Ireland	Jmt	14234/88; 14235/88	(1993) 15 E.H.R.R. 244
Paton	United Kingdom	Adm	8416/78	(1981) 3 E.H.R.R. 408
Pine Valley Developments Ltd	Ireland	Jmt	12742/87	(1992) 14 E.H.R.R. 319
Rekvényi	Hungary	Adm	25390/94	(1997) 23 E.H.R.R. CD 63
Ringeisen	Austria (No. 2) (Art. 50)	Jmt	2614/65	1 E.H.R.R. 504
SP, DP and T	United Kingdom	Adm	23715/94	(1996) 22 E.H.R.R. CD 148
Schiesser	Switzerland	Jmt	7710/76	2 E.H.R.R. 417

Article No.	Applicant	Country	Type	Application No.	Citation	Case No. (2001 onwards)
Art. 25	Selçuk and Asker	Turkey	Jmt	23184/94; 23185/94	(1998) 26 E.H.R.R. 477	
	Slavgorodski	Estonia	Adm	37043/97	(1999) 28 E.H.R.R. CD 181	
	Springer	United Kingdom	Adm	9083/80	(1983) 5 E.H.R.R. 141	
	Stamoulakatos	Greece	Jmt	12806/87	(1994) 17 E.H.R.R. 479	
	Stankov	Bulgaria	Adm	29221/95; 29222/95; 29223/95; 29225/95; 29226/95	(1997) 23 E.H.R.R. CD 170	
	Stankov and United Macedonian Organisation "Ilinden"	Bulgaria	Adm	29221/95	(1998) 26 E.H.R.R. CD 103	
	Stopford	United Kingdom	Adm	31316/96	(1998) 25 E.H.R.R. CD 151	
	Sunday Times	United Kingdom (No. 2) (Art. 50)	Jmt	6538/74	(1981) 3 E.H.R.R. 317	
	Tanrikulu	Turkey	Jmt	23763/94	(2000) 30 E.H.R.R. 950	
	Van Der Sluijs, Zuiderveld and Klappe	Netherlands	Jmt	9362/81; 9363/81; 9387/81	(1991) 13 E.H.R.R. 461	
	Varnave	Turkey	Adm	16064–16066/90; 16068–16073/90	(1998) 25 E.H.R.R. CD 9	
	Weston	United Kingdom	Adm	8038/77	(1981) 3 E.H.R.R. 402	
	X	Austria	Adm	8003/77	(1981) 3 E.H.R.R. 285	
	X	United Kingdom	Op	7215/75	(1981) 3 E.H.R.R. 63	
	X, Cabales and Balkandali	United Kingdom	Adm	9214/80; 9473/81; 9474/81	(1983) 5 E.H.R.R. 132	
	X, Y and Z	Sweden	Adm	8811/79	(1983) 5 E.H.R.R. 147	
	Yagci and Sargin	Turkey	Jmt	16419/90; 16426/90	(1995) 20 E.H.R.R. 505	
	Yarrow plc	United Kingdom	Adm	9266/81	(1983) 5 E.H.R.R. 498	
	Zentralrat Deutscher Sinti und Roma and Rose	Germany	Adm	35208/97	(1997) 23 E.H.R.R. CD 209	

Art. 25(1)	Aerts	Belgium	Jmt	25357/94	(2000) 29 E.H.R.R. 50	
	Akdivar	Turkey	Jmt	21893/93	(1997) 23 E.H.R.R. 143	
	Assenov	Bulgaria	Jmt	24760/94	(1999) 28 E.H.R.R. 652	
	Aydin	Turkey	Jmt	23178/94	(1998) 25 E.H.R.R. 251	
	Bowman	United Kingdom	Jmt	24839/94	(1998) 26 E.H.R.R. 1	
	Campbell	United Kingdom	Jmt	13590/88	(1993) 15 E.H.R.R. 137	
	Campbell and Cosans	United Kingdom	Op	7511/76; 7743/76	(1981) 3 E.H.R.R. 531	
	Cooke	Austria	Jmt	25878/94	(2001) 31 E.H.R.R 338	(2001) 31 E.H.R.R 11
	Cruz Varas	Sweden	Jmt	15576/89	(1992) 14 E.H.R.R. 1	
	Deweer	Belgium	Jmt	6903/75	2 E.H.R.R. 439	
	Dudgeon	United Kingdom	Op	7525/76	(1981) 3 E.H.R.R. 40	
	Ergi	Turkey	Jmt	23818/94	(2001) 32 E.H.R.R. 388	(2001) 32 E.H.R.R. 18
	Hodgson, Woolf Productions and National Union of Journalists and Channel Four Television	United Kingdom	Adm	11553/85; 11658/85	(1988) 10 E.H.R.R. 503	
	Jastrzebski	Poland	Adm	25669/94	(1995) 20 E.H.R.R. CD 126	
	Johnston	Ireland	Jmt	9697/82	(1987) 9 E.H.R.R. 203	
	Klass	Germany	Jmt	5029/71	2 E.H.R.R. 214	
	Kurt	Turkey	Jmt	24276/94	(1999) 27 E.H.R.R. 373	
	Kustannus Oy Vapaa Ajattelija AB	Finland	Adm	20471/92	(1996) 22 E.H.R.R. CD 69	
	Lüdi	Switzerland	Jmt	12433/86	(1993) 15 E.H.R.R. 173	
	Luedicke, Belkacem and Koç	Germany	Jmt	6210/73; 6877/75; 7132/75	2 E.H.R.R. 149	
	McFeeley	United Kingdom	Op	8317/78	(1981) 3 E.H.R.R. 161	

Article No.	Applicant	Country	Type	Application No.	Citation	Case No. (2001 onwards)
Art. 25(1)	McGoff	Sweden	Jmt	9017/80	(1986) 8 E.H.R.R. 246	
	Norris	Ireland	Jmt	10581/83	(1991) 13 E.H.R.R. 186	
	Peers	Greece	Adm	28524/95	(1999) 27 E.H.R.R. CD 126	
	Prager and Oberschlick	Austria	Jmt	15974/90	(1996) 21 E.H.R.R. 1	
	Province of Bari, Sorrento and Messeni nemaga	Italy	Adm	41877/98	(1999) 27 E.H.R.R. CD 352	
	Rehbock	Slovenia	Adm	29462/95	(1998) 26 E.H.R.R. CD 120	
	Stoutt	Ireland	Adm	10978/84	(1987) 9 E.H.R.R. 541	
	Tanrikulu	Turkey	Jmt	23763/94	(2000) 30 E.H.R.R. 950	
	Vijayanathan and Pusparajah	France	Jmt	17550/90; 17825/91	(1993) 15 E.H.R.R. 62	
Art. 25(3)	Tomasi	France	Jmt	12850/87	(1993) 15 E.H.R.R. 1	
Art. 26	A	United Kingdom	Adm	16244/90	(1993) 15 E.H.R.R. CD 18	
	A	France	Jmt	14838/89	(1994) 17 E.H.R.R. 462	
	A and B	United Kingdom	Adm	25599/94	(1996) 22 E.H.R.R. CD 190	
	Aerts	Belgium	Jmt	25357/94	(2000) 29 E.H.R.R. 50	
	Ahmet Sadik	Greece	Jmt	18877/91	(1997) 24 E.H.R.R. 323	
	Airey	Ireland	Jmt	6289/73	2 E.H.R.R. 305	
	Akdivar	Turkey	Jmt	21893/93	(1997) 23 E.H.R.R. 143	
	Akkum, Akan and Karakoc	Turkey	Adm	21894/93	(1996) 21 E.H.R.R. CD 118	
	Akkus	Turkey	Jmt	19263/92	(2000) 30 E.H.R.R. 365	
	Aksoy	Turkey	Jmt	21987/93	(1997) 23 E.H.R.R. 553	
	Andronicou and Constantinou	Cyprus	Jmt	25052/94	(1998) 25 E.H.R.R. 491	
	Ankerl	Switzerland	Jmt	17748/91	(2001) 32 E.H.R.R. 1	(2001) 32 E.H.R.R. 1

App. No. 9097/80	Belgium	Adm	9097/80	(1983) 5 E.H.R.R. 280	
App. No. 9515/81	United Kingdom	Adm	9515/81	(1983) 5 E.H.R.R. 272	
App. No. 9587/81	France	Adm	9587/81	(1983) 5 E.H.R.R. 483	
App. No. 9843/82	United Kingdom	Adm	9843/82	(1983) 5 E.H.R.R. 488	
App. No. 10099/82	Sweden	Adm	10099/82	(1984) 6 E.H.R.R. 129	
App. No. 10230/82	Sweden	Adm	10230/82	(1984) 6 E.H.R.R. 131	
Artico	Ireland	Jmt	6694/74	(1981) 3 E.H.R.R. 1	
Assenov	Bulgaria	Jmt	24760/94	(1999) 28 E.H.R.R. 652	
Aydin	Turkey	Jmt	23178/94	(1998) 25 E.H.R.R. 251	
Aytekin	Turkey	Jmt	22880/93	(2001) 32 E.H.R.R. 501	(2001) 32 E.H.R.R. 22
B	France	Jmt	13343/87	(1993) 16 E.H.R.R. 1	
Bahaddar	Netherlands	Jmt	25894/94	(1998) 26 E.H.R.R. 278	
Baškauskaite	Lithuania	Adm	41090/98	(1999) 27 E.H.R.R. CD 341	
Beard	United Kingdom	Adm	24882/94	(1998) 25 E.H.R.R. CD 28	
Beer and Regan	Germany	Adm	28934/95	(1997) 23 E.H.R.R. CD 143	
Beis	Greece	Jmt	22045/93	(1998) 25 E.H.R.R. 335	
Belziuk	Poland	Jmt	23103/93	(2000) 30 E.H.R.R. 614	
Botten	Norway	Jmt	16206/90	(2001) 32 E.H.R.R. 37	(2001) 32 E.H.R.R. 3
Bramelid and Malmström	Sweden	Adm	8588/79; 8589/79	(1983) 5 E.H.R.R. 249	
Buscarini	San Marino	Jmt	24645/95	(2000) 30 E.H.R.R. 208	
Campbell and Fell	United Kingdom	Jmt	7819/77; 7878/77	(1985) 7 E.H.R.R. 165	
Cardot	France	Jmt	11069/84	(1991) 13 E.H.R.R. 853	
Castells	Spain	Jmt	11798/85	(1992) 14 E.H.R.R. 445	
Cervenak	Czech Republic	Adm	29008/95	(1996) 21 E.H.R.R. CD 116	
Chojak	Poland	Adm	32220/96	(1998) 26 E.H.R.R. CD 145	
Ciftci	Austria	Adm	24375/94	(1997) 23 E.H.R.R. CD 55	
Ciraklar	Turkey	Jmt	19061/91	(2001) 32 E.H.R.R. 535	(2001) 32 E.H.R.R. 23

Article No.	Applicant	Country	Type	Application No.	Citation	Case No. (2001 onwards)
Art. 26	Cooke	Austria	Adm	25878/94	(1997) 23 E.H.R.R. CD 70	
	Corigliano	Italy	Jmt	8304/78	(1983) 5 E.H.R.R. 334	
	Credit and Industrial Bank and Moravec	Czech Republic	Adm	29010/95	(1998) 26 E.H.R.R. CD 88	
	Cremieux	France	Jmt	11471/85	(1993) 16 E.H.R.R. 357	
	Cyprus	Turkey	Op	25781/94	(1997) 23 E.H.R.R. 244	
	De Varga Hirsch	France	Adm	9559/81	(1984) 6 E.H.R.R. 126	
	De Warrene Waller	United Kingdom	Adm	27284/95	(1996) 21 E.H.R.R. CD 96	
	De Wilde, Ooms and Versyp	Belgium (No. 1)	Jmt	2832/66; 2835/66; 2899/66	1 E.H.R.R. 373	
	De Wilde, Ooms and Versyp	Belgium (No. 2)	Jmt	2832/66; 2835/66; 2899/66	1 E.H.R.R. 438	
	Demicoli	Malta	Jmt	13057/87	(1992) 14 E.H.R.R. 47	
	Deweer	Belgium	Jmt	6903/75	2 E.H.R.R. 439	
	E P	Turkey	Adm	23500/94	(1996) 22 E.H.R.R. CD 143	
	Erdagoz	Turkey	Jmt	21890/93	(2001) 32 E.H.R.R. 443	(2001) 32 E.H.R.R. 19
	Ergi	Turkey	Jmt	23818/94	(2001) 32 E.H.R.R. 388	(2001) 32 E.H.R.R. 18
	Erkalo	Netherlands	Jmt	23807/94	(1999) 28 E.H.R.R. 509	
	Ersöz	Turkey	Adm	23144/93	(1996) 21 E.H.R.R. CD 48	
	Esen	Netherlands	Adm	37312/97	(1999) 27 E.H.R.R. CD 290	
	Fleming	United Kingdom	Adm	33987/96	(1997) 23 E.H.R.R. CD 207	
	Foti	Italy	Jmt	7604/76; 7719/76; 7781/77; 7913/77	(1983) 5 E.H.R.R. 313	
	France, Norway, Denmark, Sweden and the Netherlands	Turkey	Adm	9940–9944/82	(1984) 6 E.H.R.R. 241	
	Garyfallou Aebe	Greece	Jmt	18996/91	(1999) 28 E.H.R.R. 344	

Gasus Dosier- und Fördertechnik GmbH	Netherlands	Jmt	15375/89	(1995) 20 E.H.R.R. 403	
Grech	Malta	Adm	24492/94	(1995) 20 E.H.R.R. CD 95	
Greenpeace Schweiz	Switzerland	Adm	27644/95	(1997) 23 E.H.R.R. CD 116	
Gross	Germany	Adm	9251/81	(1983) 5 E.H.R.R. 476	
Gundem	Turkey	Jmt	22275/93	(2001) 32 E.H.R.R. 350	(2001) 32 E.H.R.R. 17
Guzzardi	Italy	Jmt	7367/76	(1981) 3 E.H.R.R. 333	
Handyside	United Kingdom	Jmt	5493/72	1 E.H.R.R. 737	
Hauschildt	Denmark	Jmt	10486/83	(1990) 12 E.H.R.R. 266	
Hentrich	France	Jmt	13616/88	(1994) 18 E.H.R.R. 440	
Higgins	France	Jmt	20124/92	(1999) 27 E.H.R.R. 703	
Holy Monastries	Greece	Jmt	13092/87; 13984/88	(1995) 20 E.H.R.R. 1	
Hornsby	Greece	Jmt	18357/91	(1997) 24 E.H.R.R. 250	
Ikincisoy	Turkey	Adm	26144/95	(1996) 21 E.H.R.R. CD 100	
Ireland	United Kingdom	Jmt	5310/71	2 E.H.R.R. 25	
J.S.	Netherlands	Adm	14561/89	(1995) 20 E.H.R.R. CD 41	
Johnston	Ireland	Jmt	9697/82	(1987) 9 E.H.R.R. 203	
K-F	Germany	Jmt	25629/94	(1998) 26 E.H.R.R. 390	
Kamal	United Kingdom	Adm	8378/78	(1982) 4 E.H.R.R. 244	
Karakuzey	Germany	Adm	26568/95	(1997) 23 E.H.R.R. CD 92	
Katikardis	Greece	Jmt	19385/92	(2001) 32 E.H.R.R. 113	(2001) 32 E.H.R.R. 6
Kazimierczak	Poland	Adm	33863/96	(1999) 27 E.H.R.R. CD 236	
Keegan	Ireland	Jmt	16969/90	(1994) 18 E.H.R.R. 342	
Keenan	United Kingdom	Adm	27229/95	(1998) 26 E.H.R.R. CD 64	
Khan	United Kingdom	Adm	23860/94	(1996) 21 E.H.R.R. CD 67	
Kopcych	Poland	Adm	32733/96	(1999) 27 E.H.R.R. CD 199	
Kopp	Switzerland	Jmt	23224/94	(1999) 27 E.H.R.R. 91	
Kremzow	Austria	Jmt	12350/86	(1994) 17 E.H.R.R. 322	
Kurt	Turkey	Jmt	24276/94	(1999) 27 E.H.R.R. 373	

Article No.	Applicant	Country	Type	Application No.	Citation	Case No. (2001 onwards)
Art. 26	Lee	United Kingdom	Adm	25289/94	(1998) 25 E.H.R.R. CD 46	
	Lingens	Austria	Adm	9815/82	(1984) 6 E.H.R.R. 550	
	M	Bulgaria	Adm	27496/95	(1996) 22 E.H.R.R. CD 101	
	M.A.R.	United Kingdom	Adm	28038/95	(1997) 23 E.H.R.R. CD 120	
	McFeeley	United Kingdom	Op	8317/78	(1981) 3 E.H.R.R. 161	
	McGinley and Egan	United Kingdom	Adm	21825/93; 23414/94	(1996) 21 E.H.R.R. CD 56	
	McGinley and Egan	United Kingdom	Jmt	21825/93; 23414/94	(1999) 27 E.H.R.R. 1	
	Maniussakis	Greece	Jmt	18748/91	(1997) 23 E.H.R.R. 387	
	Mansur	Turkey	Jmt	16026/90	(1995) 20 E.H.R.R. 535	
	Matznetter	Austria	Jmt	2178/64	1 E.H.R.R. 198	
	Mentes	Turkey	Jmt	23186/94	(1998) 26 E.H.R.R. 595	
	Miailhe	France	Jmt	12661/87	(1993) 16 E.H.R.R. 332	
	Miailhe	France (No. 2)	Jmt	18978/91	(1997) 23 E.H.R.R. 491	
	Navarra	France	Jmt	13190/87	(1994) 17 E.H.R.R. 594	
	Németh	Hungary	Adm	29096/95	(1998) 26 E.H.R.R. CD 101	
	Obermeier	Austria	Jmt	11761/85	(1991) 13 E.H.R.R. 290	
	Oberschlick	Austria	Jmt	11662/85	(1995) 19 E.H.R.R. 389	
	Open Door Counselling Ltd and Dublin Well Woman	Ireland	Jmt	14234/88; 14235/88	(1993) 15 E.H.R.R. 244	
	Otto-Preminger Institute	Austria	Jmt	13470/87	(1995) 19 E.H.R.R. 34	
	Pantano	Italy	Adm	20251/92	(1996) 21 E.H.R.R. CD 117	
	Parker	United Kingdom	Adm	27286/95	(1995) 20 E.H.R.R. CD 132	
	Paton	United Kingdom	Adm	8416/78	(1981) 3 E.H.R.R. 408	
	Petersen	Denamrk	Adm	24989/94	(1999) 27 E.H.R.R. CD 96	
	Pfeifer and Plankl	Austria	Jmt	10802/84	(1992) 14 E.H.R.R. 692	
	Photos Photiades & Co. Ltd	Cyprus	Adm	41113/98	(1999) 27 E.H.R.R. CD 344	

Pine Valley Developments Ltd	Ireland	Jmt	12742/87	(1992) 14 E.H.R.R. 319
Pinnacle Meat Processors Co.	United Kingdom	Adm	33298/96	(1999) 27 E.H.R.R. CD 217
Poli	Denmark	Adm	33209/96	(1999) 27 E.H.R.R. CD 212
Pressos Compania Naviera SA	Belgium	Jmt	17849/91	(1996) 21 E.H.R.R. 301
Prinz	Austria	Adm	23867/94	(1997) 23 E.H.R.R. CD 50
R M D	Switzerland	Jmt	19800/92	(1999) 28 E.H.R.R. 224
Raninen	Finland	Adm	20972/92	(1996) 21 E.H.R.R. CD 123
Reed	United Kingdom	Adm	7630/76	(1981) 3 E.H.R.R. 136
Rekvényi	Hungary	Adm	25390/94	(1997) 23 E.H.R.R. CD 63
Remli	France	Jmt	16839/90	(1996) 22 E.H.R.R. 253
Remmers and Hamer	Netherlands	Adm	29839/96	(1999) 27 E.H.R.R. CD 168
Rieme	Sweden	Jmt	12366/86	(1993) 16 E.H.R.R. 155
Ringeisen	Austria (No. 1)	Jmt	2614/65	1 E.H.R.R. 455
Ringeisen	Austria (No. 2) (Art. 50)	Jmt	2614/65	1 E.H.R.R. 504
Ruiz Torija	Spain	Jmt	18390/91	(1995) 19 E.H.R.R. 553
Saidi	France	Jmt	14647/89	(1994) 17 E.H.R.R. 251
Sainte-Marie	France	Jmt	12981/87	(1993) 16 E.H.R.R. 116
Saszmann	Austria	Adm	23697/94	(1997) 23 E.H.R.R. CD 46
Schiesser	Switzerland	Jmt	7710/76	2 E.H.R.R. 417
Scott	Spain	Jmt	21335/93	(1997) 24 E.H.R.R. 391
SE	Switzerland	Adm	28994/95	(1998) 25 E.H.R.R. CD 127
Selçuk and Asker	Turkey	Jmt	23184/94; 23185/94	(1998) 26 E.H.R.R. 477
Sibson	United Kingdom	Jmt	14327/88	(1994) 17 E.H.R.R. 193
Silva Pontes	Portugal	Jmt	14940/89	(1994) 18 E.H.R.R. 156
Smallwood	United Kingdom	Adm	29779/96	(1999) 27 E.H.R.R. CD 155
Smith	United Kingdom	Adm	25154/94	(1998) 25 E.H.R.R. CD 42
Spadea and Scalabrino	Italy	Jmt	12868/87	(1996) 21 E.H.R.R. 482

Article No.	Applicant	Country	Type	Application No.	Citation	Case No. (2001 onwards)
Art. 26	Spencer (Earl)	United Kingdom	Adm	28851/95; 28852/95	(1998) 25 E.H.R.R. CD 105	
	Spöttl	Austria	Adm	22956/93	(1996) 22 E.H.R.R. CD 88	
	Stewart-Brady	United Kingdom	Adm	36908/97	(1999) 27 E.H.R.R. CD 284	
	Stögmüller	Austria	Jmt	1602/62	1 E.H.R.R. 155	
	Stran Greek Refineries and Stratis Andreadis	Greece	Jmt	13427/87	(1995) 19 E.H.R.R. 293	
	TP and KM	United Kingdom	Adm	28945/95	(1998) 26 E.H.R.R. CD 84	
	Togher	United Kingdom	Adm	28555/95	(1998) 25 E.H.R.R. CD 99	
	Toth	Austria	Jmt	11894/85	(1992) 14 E.H.R.R. 551	
	Van Oosterwijck	Belgium	Jmt	7654/76	(1981) 3 E.H.R.R. 557	
	Vernillo	France	Jmt	11889/85	(1991) 13 E.H.R.R. 880	
	Vollert	Germany	Adm	29793/96	(1996) 22 E.H.R.R. CD 128	
	Wanyonyi	United Kingdom	Adm	32713/96	(1999) 27 E.H.R.R. CD 195	
	West	United Kingdom	Adm	34728/97	(1998) 25 E.H.R.R. CD 185	
	Wille	Liechtenstein	Adm	28396/95	(1997) 24 E.H.R.R. CD 45	
	Worm	Austria	Jmt	22714/93	(1998) 25 E.H.R.R. 454	
	X	Austria	Adm	8003/77	(1981) 3 E.H.R.R. 285	
	X	United Kingdom	Adm	8600/79	(1982) 4 E.H.R.R. 350	
	X	United Kingdom	Op	6406/73	(1981) 3 E.H.R.R. 302	
	X, Cabales and Balkandali	United Kingdom	Adm	9214/80; 9473/81; 9474/81	(1983) 5 E.H.R.R. 132	
	X, Y and Z	Sweden	Adm	8811/79	(1983) 5 E.H.R.R. 147	
	Yagci and Sargin	Turkey	Jmt	16419/90; 16426/90	(1995) 20 E.H.R.R. 505	
	Yagiz	Turkey	Jmt	19092/91	(1996) 22 E.H.R.R. 573	
	Yasa	Turkey	Jmt	22495/93	(1999) 28 E.H.R.R. 408	
	Zubani	Turkey	Jmt	14025/88	(2001) 32 E.H.R.R. 297	(2001) 32 E.H.R.R. 14
Art. 27	Artico	Ireland	Jmt	6694/74	(1981) 3 E.H.R.R. 1	

	Belgian Linguistics Case (No. 1)		Jmt	1474/62; 1677/62; 1699/62; 1769/63; 1994/63; 2126/64	1 E.H.R.R. 241
	Cooke	Austria	Adm	25878/94	(1997) 23 E.H.R.R. CD 70
	De Wilde, Ooms and Versyp	Belgium (No. 1)	Jmt	2832/66; 2835/66; 2899/66	1 E.H.R.R. 373
	De Wilde, Ooms and Versyp	Belgium (No. 2)	Jmt	2832/66; 2835/66; 2899/66	1 E.H.R.R. 438
	Klass	Germany	Jmt	5029/71	2 E.H.R.R. 214
Art. 27(1)	Corigliano	Italy	Jmt	8304/78	(1983) 5 E.H.R.R. 334
Art. 27(1)(b)	Council of Civil Service Unions	United Kingdom	Adm	11603/85	(1988) 10 E.H.R.R. 269
	Cyprus	Turkey	Op	25781/94	(1997) 23 E.H.R.R. 244
	Pauger	Austria	Jmt	16717/90	(1998) 25 E.H.R.R. 105
	Varnave	Turkey	Adm	16064–16066/90; 16068–16073/90	(1998) 25 E.H.R.R. CD 9
	X	United Kingdom	Op	8233/78	(1981) 3 E.H.R.R. 271
Art. 27(2)	A	United Kingdom	Adm	16244/90	(1993) 15 E.H.R.R. CD 18
	Airey	Ireland	Jmt	6289/73	2 E.H.R.R. 305
	Andronicou and Constantinou	Cyprus	Jmt	25052/94	(1998) 25 E.H.R.R. 491
	App. No. 9097/80	Belgium	Adm	9097/80	(1983) 5 E.H.R.R. 280
	App. No. 9742/82	Ireland	Adm	9742/82	(1983) 5 E.H.R.R. 594
	App. No. 10083/82	United Kingdom	Adm	10083/82	(1984) 6 E.H.R.R. 140
	Assenov	Bulgaria	Jmt	24760/94	(1999) 28 E.H.R.R. 652
	Aydin	Turkey	Jmt	23178/94	(1998) 25 E.H.R.R. 251
	Belgian Linguistics Case (No. 1)		Jmt	1474/62; 1677/62; 1699/62; 1769/63; 1994/63; 2126/64	1 E.H.R.R. 241
	Brady	United Kingdom	Adm	8575/79	(1981) 3 E.H.R.R. 297
	Cyprus	Turkey	Op	25781/94	(1997) 23 E.H.R.R. 244
	E	United Kingdom	Adm	20118/92	(1993) 15 E.H.R.R. CD 61
	Kazimierczak	Poland	Adm	33863/96	(1999) 27 E.H.R.R. CD 236
	Kelly	United Kingdom	Adm	17579/90	(1993) 16 E.H.R.R. CD 20

Article No.	Applicant	Country	Type	Application No.	Citation	Case No. (2001 onwards)
Art. 27(2)	Kovachev	Bulgaria	Adm	29303/95	(1997) 23 E.H.R.R. CD 174	
	McFeeley	United Kingdom	Op	8317/78	(1981) 3 E.H.R.R. 161	
	Marckx	Belgium	Jmt	6833/74	2 E.H.R.R. 330	
	Nielsen	Denmark	Jmt	10929/84	(1989) 11 E.H.R.R. 175	
	Paton	United Kingdom	Adm	8416/78	(1981) 3 E.H.R.R. 408	
	Powell and Rayner	United Kingdom	Jmt	9310/81	(1990) 12 E.H.R.R. 355	
	Stamoulakatos	United Kingdom	Adm	27567/95	(1997) 23 E.H.R.R. CD 113	
	Times Newspapers Ltd and Neil	United Kingdom	Adm	18897/91	(1993) 15 E.H.R.R. CD 49	
	Uppal	United Kingdom (No. 1)	Adm	8244/78	(1981) 3 E.H.R.R. 391	
	Weston	United Kingdom	Adm	8038/77	(1981) 3 E.H.R.R. 402	
	X	Austria	Adm	8003/77	(1981) 3 E.H.R.R. 285	
	X	United Kingdom	Op	6406/73	(1981) 3 E.H.R.R. 302	
	X	United Kingdom	Op	8233/78	(1981) 3 E.H.R.R. 271	
Art. 27(3)	App. No. 9097/80	Belgium	Adm	9097/80	(1983) 5 E.H.R.R. 280	
	App. No. 9355/81	United Kingdom	Adm	9355/81	(1983) 5 E.H.R.R. 276	
	Artico	Ireland	Jmt	6694/74	(1981) 3 E.H.R.R. 1	
	B	Iceland	Adm	16534/90	(1993) 15 E.H.R.R. CD 20	
	De Wilde, Ooms and Versyp	Belgium (No. 1)	Jmt	2832/66; 2835/66; 2899/66	1 E.H.R.R. 373	
	De Wilde, Ooms and Versyp	Belgium (No. 2)	Jmt	2832/66; 2835/66; 2899/66	1 E.H.R.R. 438	
	Hansen	Denmark	Adm	22507/93	(1995) 19 E.H.R.R. CD 89	
	Kremzow	Austria	Jmt	12350/86	(1994) 17 E.H.R.R. 322	
	Nyssen	Belgium	Adm	10574/83	(1986) 8 E.H.R.R. 105	
	Photos Photiades & Co. Ltd	Cyprus	Adm	41113/98	(1999) 27 E.H.R.R. CD 344	

	Reed	United Kingdom	Adm	7630/76	(1981) 3 E.H.R.R. 136	
	Schiesser	Switzerland	Jmt	7710/76	2 E.H.R.R. 417	
	X	Austria	Adm	8003/77	(1981) 3 E.H.R.R. 285	
	X	United Kingdom	Op	6406/73	(1981) 3 E.H.R.R. 302	
Art. 28	Cyprus	Turkey	Op	6780/74; 6950/75	(1982) 4 E.H.R.R. 482	
	De Becker	Belgium	Jmt	214/56	1 E.H.R.R. 43	
	Ireland	United Kingdom	Jmt	5310/71	2 E.H.R.R. 25	
	Lawless	Ireland (No. 1)	Jmt	322/57	1 E.H.R.R. 1	
	Lawless	Ireland (No. 3)	Jmt	322/57	1 E.H.R.R. 15	
	Tyrer	United Kingdom	Jmt	5856/72	2 E.H.R.R. 1	
Art. 28(1)	Akdivar	Turkey	Jmt	21893/93	(1997) 23 E.H.R.R. 143	
	Ergi	Turkey	Jmt	23818/94	(2001) 32 E.H.R.R. 388	(2001) 32 E.H.R.R. 18
	Mentes	Turkey	Jmt	23186/94	(1998) 26 E.H.R.R. 595	
	Ogur	Turkey	Jmt	21594/93	(2001) 31 E.H.R.R 912	(2001) 31 E.H.R.R 40
	Selçuk and Asker	Turkey	Jmt	23184/94; 23185/94	(1998) 26 E.H.R.R. 477	
	Tanrikulu	Turkey	Jmt	23763/94	(2000) 30 E.H.R.R. 950	
Art. 28(1)(a)	Aydin	Turkey	Jmt	23178/94	(1998) 25 E.H.R.R. 251	
	Tanrikulu	Turkey	Jmt	23763/94	(2000) 30 E.H.R.R. 950	
Art. 28(a)	Ireland	United Kingdom	Jmt	5310/71	2 E.H.R.R. 25	
Art. 28(b)	A	United Kingdom	Settlement	6840/74	(1981) 3 E.H.R.R. 131	
	Arrondelle	United Kingdom	Settlement	7889/77	(1983) 5 E.H.R.R. 118	
	East African Asians	United Kingdom	Settlement	4403/70	(1995) 19 E.H.R.R. CD 1	
	Pailot	France	Jmt	32217/96	(2000) 30 E.H.R.R. 328	

Article No.	Applicant	Country	Type	Application No.	Citation	Case No. (2001 onwards)
Art. 28(b)	Reed	United Kingdom	Settlement	7630/76	(1983) 5 E.H.R.R. 114	
	Uppal	United Kingdom (No. 2)	Settlement	8224/78	(1981) 3 E.H.R.R. 399	
Arts 28–31	De Wilde, Ooms and Versyp	Belgium (No. 1)	Jmt	2832/66; 2835/66; 2899/66	1 E.H.R.R. 373	
Art. 29	Artico	Ireland	Jmt	6694/74	(1981) 3 E.H.R.R. 1	
	Campbell and Fell	United Kingdom	Op	7819/77; 7878/77	(1983) 5 E.H.R.R. 207	
	Guzzardi	Italy	Jmt	7367/76	(1981) 3 E.H.R.R. 333	
Art. 29(1)	Schiesser	Switzerland	Jmt	7710/76	2 E.H.R.R. 417	
Art. 30(1)	R.S.C.	United Kingdom	Adm	27560/95	(1997) 23 E.H.R.R. CD 112	
	Wilde, Greenhaulgh and Parry	United Kingdom	Adm	22382/93	(1995) 19 E.H.R.R. CD 86	
Art. 31	Airey	Ireland	Jmt	6289/73	2 E.H.R.R. 305	
	Akdivar	Turkey	Jmt	21893/93	(1997) 23 E.H.R.R. 143	
	Cyprus	Turkey	Op	6780/74; 6950/75	(1982) 4 E.H.R.R. 482	
	De Becker	Belgium	Jmt	214/56	1 E.H.R.R. 43	
	East African Asians	United Kingdom	Settlement	4403/70	(1995) 19 E.H.R.R. CD 1	
	Ergi	Turkey	Jmt	23818/94	(2001) 32 E.H.R.R. 388	(2001) 32 E.H.R.R. 18
	Guzzardi	Italy	Jmt	7367/76	(1981) 3 E.H.R.R. 333	
	Lawless	Ireland (No. 1)	Jmt	322/57	1 E.H.R.R. 1	
	Mentes	Turkey	Jmt	23186/94	(1998) 26 E.H.R.R. 595	
	Ogur	Turkey	Jmt	21594/93	(2001) 31 E.H.R.R 912	(2001) 31 E.H.R.R 40
	Selçuk and Asker	Turkey	Jmt	23184/94; 23185/94	(1998) 26 E.H.R.R. 477	
Art. 31(1)	Lawless	Ireland (No. 1)	Jmt	322/57	1 E.H.R.R. 1	

Art. 31(2)	Lawless	Ireland (No. 1)	Jmt	322/57	1 E.H.R.R. 1	
Art. 32	Istituto di Vigilanza	Italy	Jmt	13567/88	(1994) 18 E.H.R.R. 367	
	Lawless	Ireland (No. 1)	Jmt	322/57	1 E.H.R.R. 1	
Art. 32(1)	Avis Enterprises	Greece	Op	30175/96	(1998) 26 E.H.R.R. CD 21	
	Morganti	France	Jmt	17831/91	(1996) 21 E.H.R.R. 34	
Art. 32(3)	Lawless	Ireland (No. 1)	Jmt	322/57	1 E.H.R.R. 1	
Art. 33	Denmark	Turkey	Settlement	34382/97	(2000) 29 E.H.R.R. CD 35	
	Ocic	Croatia	Adm	46306/99	(2000) 29 E.H.R.R. CD 220	
Art. 34	Artico	Ireland	Jmt	6694/74	(1981) 3 E.H.R.R. 1	
	Caraher	United Kingdom	Adm	24520/94	(2000) 29 E.H.R.R. CD 119	
	Cooke	Austria	Jmt	25878/94	(2001) 31 E.H.R.R 338	(2001) 31 E.H.R.R 11
	Cornwell	United Kingdom	Settlement	365678/97	(2000) 29 E.H.R.R. CD 30	
	Dalban	Romania	Jmt	28114/95	(2001) 31 E.H.R.R 893	(2001) 31 E.H.R.R 39
	Denmark	Turkey	Settlement	34382/97	(2000) 29 E.H.R.R. CD 35	
	Foxley	United Kingdom	Jmt	33274/96	(2001) 31 E.H.R.R 637	(2001) 31 E.H.R.R 25
	Lie and Bernsten	Norway	Adm	25130/94	(2000) 29 E.H.R.R. CD 210	
	Ocic	Croatia	Adm	46306/99	(2000) 29 E.H.R.R. CD 220	
	Özdep	Turkey	Jmt	23995/94	(2001) 31 E.H.R.R 674	(2001) 31 E.H.R.R 27
	Pancenko	Latvia	Adm	40772/98	(2000) 29 E.H.R.R. CD 227	
	Šaçek	Czech Republic	Jmt	26449/95	(2000) 30 E.H.R.R. 1010	
	Sunday Times	United Kingdom (No. 2) (Art. 50)	Jmt	6538/74	(1981) 3 E.H.R.R. 317	

Article No.	Applicant	Country	Type	Application No.	Citation	Case No. (2001 onwards)
Art. 34(3)	Aslan	Malta	Adm	29493/95	(2000) 29 E.H.R.R. CD 106	
	Aslan	Malta	Adm	29493/95	(2000) 29 E.H.R.R. CD 106	
Art. 35	Baskaya and Oçuoglu	Turkey	Jmt	23536/94; 24408/94	(2001) 31 E.H.R.R 292	(2001) 31 E.H.R.R 10
	Denmark	Turkey	Settlement	34382/97	(2000) 29 E.H.R.R. CD 35	
	Fidan	Turkey	Adm	24209/94	(2000) 29 E.H.R.R. CD 162	
	Heaney and McGuinness	Ireland	Adm	34720/97	(2000) 29 E.H.R.R. CD 166	
	Iatridis	Greece	Jmt	31107/96	(2000) 30 E.H.R.R. 97	
	Immobiliare Saffi	Italy	Jmt	22774/93	(2000) 30 E.H.R.R. 756	
	Lehtinen	Finland	Adm	39076/97	(2000) 29 E.H.R.R. CD 204	
	Marzari	Italy	Adm	36448/97	(1999) 28 E.H.R.R. CD 175	
	Quinn	Ireland	Adm	36887/97	(2000) 29 E.H.R.R. CD 234	
	Rudzinske	Poland	Adm	45223/99	(2000) 29 E.H.R.R. CD 241	
	Selmouni	France	Jmt	25803/94	(2000) 29 E.H.R.R. 403	
	V	United Kingdom	Jmt	24888/94	(2000) 30 E.H.R.R. 121	
	Veznedaroglu	Turkey	Adm	32357/96	(2000) 29 E.H.R.R. CD 269	
Art. 35(1)	Arslan	Turkey	Jmt	23462/94	(2001) 31 E.H.R.R 264	(2001) 31 E.H.R.R 9
	Basic	Austria	Adm	29800/96	(1999) 28 E.H.R.R. CD 118	
	Buscarini	San Marino	Jmt	24645/95	(2000) 30 E.H.R.R. 208	
	CL, BL and HL	Sweden	Adm	22771/93	(2000) 29 E.H.R.R. CD 125	
	Çakici	Turkey	Jmt	23657/94	(2001) 31 E.H.R.R 133	(2001) 31 E.H.R.R. 5
	Civet	France	Jmt	29340/95	(2001) 31 E.H.R.R 871	(2001) 31 E.H.R.R 38

Cooke	Austria	Jmt	25878/94	(2001) 31 E.H.R.R 338	(2001) 31 E.H.R.R 11
Daktaras	Lithuania	Adm	42095/98	(2000) 29 E.H.R.R. CD 135	
Denmark	Turkey	Settlement	34382/97	(2000) 29 E.H.R.R. CD 35	
Dougoz	Greece	Adm	40907/98	(2000) 29 E.H.R.R. CD 147	
Fressoz and Roire	France	Jmt	29183/95	(2001) 31 E.H.R.R 28	(2001) 31 E.H.R.R. 2
Heaney and McGuinness	Ireland	Adm	34720/97	(2000) 29 E.H.R.R. CD 166	
Iatridis	Greece	Jmt	31107/96	(2000) 30 E.H.R.R. 97	
Immobiliare Saffi	Italy	Jmt	22774/93	(2000) 30 E.H.R.R. 756	
Jabari	Turkey	Adm	40035/98	(2000) 29 E.H.R.R. CD 178	
Kerr	United Kingdom	Adm	40451/98	(2000) 29 E.H.R.R. CD 184	
Kingsley	United Kingdom	Adm	35605/97	(2000) 29 E.H.R.R. CD 191	
Klavdianos	Greece	Adm	38841/97	(2000) 29 E.H.R.R. CD 199	
Lehtinen	Finland	Adm	39076/97	(2000) 29 E.H.R.R. CD 204	
Lie and Bernsten	Norway	Adm	25130/94	(2000) 29 E.H.R.R. CD 210	
McElhinney	Ireland and United Kingdom	Adm	31253/96	(2000) 29 E.H.R.R. CD 214	
McGonnell	United Kingdom	Jmt	28488/95	(2000) 30 E.H.R.R. 289	
Papachelas	Greece	Jmt	31423/96	(2000) 30 E.H.R.R. 923	
Pesti and Frodl	Austria	Adm	27618/95	(2000) 29 E.H.R.R. CD 229	
Prinz	Austria	Jmt	23867/94	(2001) 31 E.H.R.R 357	(2001) 31 E.H.R.R 12
Quinn	Ireland	Adm	36887/97	(2000) 29 E.H.R.R. CD 234	
Schimanek	Austria	Adm	32307/96	(2000) 29 E.H.R.R. CD 250	
TW	Malta	Jmt	25644/94; 25642/94	(2000) 29 E.H.R.R. 185	
Tanrikulu	Turkey	Jmt	23763/94	(2000) 30 E.H.R.R. 950	
Tekin	Turkey	Jmt	22496/93	(2001) 31 E.H.R.R 95	(2001) 31 E.H.R.R. 4

Article No.	Applicant	Country	Type	Application No.	Citation	Case No. (2001 onwards)
Art. 35(1)	Veznedaroglu	Turkey	Adm	32357/96	(2000) 29 E.H.R.R. CD 269	
	Walker	United Kingdom	Adm	34979/97	(2000) 29 E.H.R.R. CD 276	
Art. 35(3)	Al-Adsani	United Kingdom	Adm	35763/97	(2000) 29 E.H.R.R. CD 99	
	Apis	Slovakia	Adm	39754/98	(2000) 29 E.H.R.R. CD 105	
	Aslan	Malta	Adm	29493/95	(2000) 29 E.H.R.R. CD 106	
	Bromiley	United Kingdom	Adm	33747/96	(2000) 29 E.H.R.R. CD 111	
	CH	Austria	Adm	27629/95	(2000) 29 E.H.R.R. CD 123	
	CL, BL and HL	Sweden	Adm	22771/93	(2000) 29 E.H.R.R. CD 125	
	Caraher	United Kingdom	Adm	24520/94	(2000) 29 E.H.R.R. CD 119	
	Cornwell	United Kingdom	Settle-ment	365678/97	(2000) 29 E.H.R.R. CD 30	
	Daktaras	Lithuania	Adm	42095/98	(2000) 29 E.H.R.R. CD 135	
	Dougoz	Greece	Adm	40907/98	(2000) 29 E.H.R.R. CD 147	
	Erikson	Italy	Adm	37900/97	(2000) 29 E.H.R.R. CD 152	
	Fidan	Turkey	Adm	24209/94	(2000) 29 E.H.R.R. CD 162	
	Fogarty	United Kingdom	Adm	37112/97	(2000) 29 E.H.R.R. CD 157	
	Heaney and McGuinness	Ireland	Adm	34720/97	(2000) 29 E.H.R.R. CD 166	
	Hogefeld	Germany	Adm	35402/97	(2000) 29 E.H.R.R. CD 173	
	Jabari	Turkey	Adm	40035/98	(2000) 29 E.H.R.R. CD 178	
	Kerr	United Kingdom	Adm	40451/98	(2000) 29 E.H.R.R. CD 184	
	Kingsley	United Kingdom	Adm	35605/97	(2000) 29 E.H.R.R. CD 191	
	Klavdianos	Greece	Adm	38841/97	(2000) 29 E.H.R.R. CD 199	
	Lehtinen	Finland	Adm	39076/97	(2000) 29 E.H.R.R. CD 204	
	Lie and Bernsten	Norway	Adm	25130/94	(2000) 29 E.H.R.R. CD 210	
	McElhinney	Ireland and United Kingdom	Adm	31253/96	(2000) 29 E.H.R.R. CD 214	
	Naletilic	Croatia	Adm	51891/99	(2000) 29 E.H.R.R. CD 219	

	Ocic	Croatia	Adm	46306/99	(2000) 29 E.H.R.R. CD 220
	Oppegard	Norway	Adm	29327/95	(2000) 29 E.H.R.R. CD 223
	Pancenko	Latvia	Adm	40772/98	(2000) 29 E.H.R.R. CD 227
	Pesti and Frodl	Austria	Adm	27618/95	(2000) 29 E.H.R.R. CD 229
	Quinn	Ireland	Adm	36887/97	(2000) 29 E.H.R.R. CD 234
	SSC	Sweden	Adm	46553/99	(2000) 29 E.H.R.R. CD 245
	Schimanek	Austria	Adm	32307/96	(2000) 29 E.H.R.R. CD 250
	Syrkin	Russia	Adm	44125/98	(2000) 29 E.H.R.R. CD 254
	Tammer	Estonia	Adm	41205/98	(2000) 29 E.H.R.R. CD 257
	Vernon	United Kingdom	Adm	38753/97	(2000) 29 E.H.R.R. CD 264
	Veznedaroglu	Turkey	Adm	32357/96	(2000) 29 E.H.R.R. CD 269
Art. 35(4)	Apis	Slovakia	Adm	39754/98	(2000) 29 E.H.R.R. CD 105
	Aslan	Malta	Adm	29493/95	(2000) 29 E.H.R.R. CD 106
	Bromiley	United Kingdom	Adm	33747/96	(2000) 29 E.H.R.R. CD 111
	CL, BL and HL	Sweden	Adm	22771/93	(2000) 29 E.H.R.R. CD 125
	Caraher	United Kingdom	Adm	24520/94	(2000) 29 E.H.R.R. CD 119
	Cornwell	United Kingdom	Settlement	365678/97	(2000) 29 E.H.R.R. CD 30
	Daktaras	Lithuania	Adm	42095/98	(2000) 29 E.H.R.R. CD 135
	Denmark	Turkey	Settlement	34382/97	(2000) 29 E.H.R.R. CD 35
	Dougoz	Greece	Adm	40907/98	(2000) 29 E.H.R.R. CD 147
	Erikson	Italy	Adm	37900/97	(2000) 29 E.H.R.R. CD 152
	Hogefeld	Germany	Adm	35402/97	(2000) 29 E.H.R.R. CD 173
	Kerr	United Kingdom	Adm	40451/98	(2000) 29 E.H.R.R. CD 184
	Klavdianos	Greece	Adm	38841/97	(2000) 29 E.H.R.R. CD 199
	Lie and Bernsten	Norway	Adm	25130/94	(2000) 29 E.H.R.R. CD 210
	McElhinney	Ireland and United Kingdom	Adm	31253/96	(2000) 29 E.H.R.R. CD 214
	Naletilic	Croatia	Adm	51891/99	(2000) 29 E.H.R.R. CD 219
	Ocic	Croatia	Adm	46306/99	(2000) 29 E.H.R.R. CD 220

Article No.	Applicant	Country	Type	Application No.	Citation	Case No. (2001 onwards)
Art. 35(4)	Pancenko	Latvia	Adm	40772/98	(2000) 29 E.H.R.R. CD 227	
	Pesti and Frodl	Austria	Adm	27618/95	(2000) 29 E.H.R.R. CD 229	
	SSC	Sweden	Adm	46553/99	(2000) 29 E.H.R.R. CD 245	
	Schimanek	Austria	Adm	32307/96	(2000) 29 E.H.R.R. CD 250	
	Vernon	United Kingdom	Adm	38753/97	(2000) 29 E.H.R.R. CD 264	
	Walker	United Kingdom	Adm	34979/97	(2000) 29 E.H.R.R. CD 276	
Art. 36	Ireland	United Kingdom	Jmt	5310/71	2 E.H.R.R. 25	
Art. 37	Crossland	United Kingdom	Settlement	36120/97	(2000) 29 E.H.R.R. CD 34	
Art. 37(1)	Cornwell	United Kingdom	Settlement	365678/97	(2000) 29 E.H.R.R. CD 30	
	Crossland	United Kingdom	Settlement	36120/97	(2000) 29 E.H.R.R. CD 34	
	Denmark	Turkey	Settlement	34382/97	(2000) 29 E.H.R.R. CD 35	
	Leary	United Kingdom	Settlement	38890/97	(2000) 29 E.H.R.R. CD 62	
	Matter	Slovakia	Jmt	31534/96	(2001) 31 E.H.R.R 783	(2001) 31 E.H.R.R 32
Art. 37(1)(c)	Özgür Gündem	Turkey	Jmt	23144/93	(2001) 31 E.H.R.R 1082	(2001) 31 E.H.R.R 49
Art. 38	Crossland	United Kingdom	Settlement	36120/97	(2000) 29 E.H.R.R. CD 34	
Art. 39	Crossland	United Kingdom	Settlement	36120/97	(2000) 29 E.H.R.R. CD 34	
Art. 41	ADT	United Kingdom	Jmt	35765/97	(2001) 31 E.H.R.R 803	(2001) 31 E.H.R.R 33

Amann	Switzerland	Jmt	27798/95	(2000) 30 E.H.R.R. 843	
Ao	Italy	Jmt	22534/93	(2000) 29 E.H.R.R. CD 92	
Arslan	Turkey	Jmt	23462/94	(2001) 31 E.H.R.R 264	(2001) 31 E.H.R.R 9
Averill	United Kingdom	Jmt	36408/97	(2001) 31 E.H.R.R 839	(2001) 31 E.H.R.R 36
Baskaya and Oçuoglu	Turkey	Jmt	23536/94; 24408/94	(2001) 31 E.H.R.R 292	(2001) 31 E.H.R.R 10
Bergens Tidende	Norway	Jmt	26132/95	(2001) 31 E.H.R.R 430	(2001) 31 E.H.R.R 16
Bladet Tromsø and Stensaas	Norway	Jmt	21980/93	(2000) 29 E.H.R.R. 125	
Buscarini	San Marino	Jmt	24645/95	(2000) 30 E.H.R.R. 208	
Caballero	United Kingdom	Jmt	32819/96	(2000) 30 E.H.R.R. 643	
Cable	United Kingdom	Jmt	24436/94; 24582–24584/94; 24895/94; 25937/94; 25939–25941/94; 26271/95; 26525/95; 27341/95; 27342/95; 27346/95; 27389/95; 27409/95; 27760/95; 27772/95; 28009/95; 28790/95; 30236/96; 30239/96; 30276/96; 30277/96; 30460–30462/96; 31399/96; 31400/96; 31434/96; 31899/96; 32024/96; 32944/96	(2000) 30 E.H.R.R. 1032	
Çakici	Turkey	Jmt	23657/94	(2001) 31 E.H.R.R 133	(2001) 31 E.H.R.R. 5
Ceylan	Turkey	Jmt	23556/94	(2000) 30 E.H.R.R. 73	
Chassagnou	France	Jmt	25088/94; 28331/95; 28443/95	(2000) 29 E.H.R.R. 615	
Comingersoll SA	Portugal	Jmt	35382/97	(2001) 31 E.H.R.R 772	(2001) 31 E.H.R.R 31

Article No.	Applicant	Country	Type	Application No.	Citation	Case No. (2001 onwards)
Art. 41	Condron	United Kingdom	Jmt	35718/97	(2001) 31 E.H.R.R 1	(2001) 31 E.H.R.R. 1
	Cooke	Austria	Jmt	25878/94	(2001) 31 E.H.R.R 338	(2001) 31 E.H.R.R 11
	Curley	United Kingdom	Jmt	32340/96	(2001) 31 E.H.R.R 401	(2001) 31 E.H.R.R 14
	Dalban	Romania	Jmt	28114/95	(2001) 31 E.H.R.R 893	(2001) 31 E.H.R.R 39
	Demirtepe	France	Jmt	34821/97	(2001) 31 E.H.R.R 708	(2001) 31 E.H.R.R 28
	EP	Italy	Jmt	31127/96	(2001) 31 E.H.R.R 463	(2001) 31 E.H.R.R 17
	Foxley	United Kingdom	Jmt	33274/96	(2001) 31 E.H.R.R 637	(2001) 31 E.H.R.R 25
	Fressoz and Roire	France	Jmt	29183/95	(2001) 31 E.H.R.R 28	(2001) 31 E.H.R.R. 2
	Frydlender	France	Jmt	30979/96	(2001) 31 E.H.R.R 1152	(2001) 31 E.H.R.R 52
	Fuentes Bobo	Spain	Jmt	39293/98	(2001) 31 E.H.R.R 1115	(2001) 31 E.H.R.R 50
	GS	Austria	Jmt	26297/95	(2001) 31 E.H.R.R 576	(2001) 31 E.H.R.R 21
	Hashman and Harrup	United Kingdom	Jmt	25594/94	(2000) 30 E.H.R.R. 241	
	Hood	United Kingdom	Jmt	27267/95	(2000) 29 E.H.R.R. 365	
	Howarth	United Kingdom	Jmt	38081/97	(2001) 31 E.H.R.R 861	(2001) 31 E.H.R.R 37
	Iatridis	Greece	Jmt	31107/96	(2000) 30 E.H.R.R. 97	
	Ignaccolo-Zenide	Romania	Jmt	31679/96	(2001) 31 E.H.R.R 212	(2001) 31 E.H.R.R 7

Immobiliare Saffi	Italy	Jmt	22774/93	(2000) 30 E.H.R.R. 756	
K and T	Finland	Jmt	25702/94	(2001) 31 E.H.R.R 484	(2001) 31 E.H.R.R 18
Khalfaoui	France	Jmt	34791/97	(2001) 31 E.H.R.R 967	(2001) 31 E.H.R.R 42
Khan	United Kingdom	Jmt	35394/97	(2001) 31 E.H.R.R 1016	(2001) 31 E.H.R.R 45
Krcmár	Czech Republic	Jmt	35376/97	(2001) 31 E.H.R.R 953	(2001) 31 E.H.R.R 41
L	Finland	Jmt	25651/94	(2001) 31 E.H.R.R 737	(2001) 31 E.H.R.R 30
Larkos	Cyprus	Jmt	29515/95	(2000) 30 E.H.R.R. 597	
Lustig-Prean and Beckett	United Kingdom	Jmt	31417/96; 32377/96	(2000) 29 E.H.R.R. 548	
Lustig-Prean and Beckett	United Kingdom	Jmt	31417/96; 32377/96	(2001) 31 E.H.R.R 601	(2001) 31 E.H.R.R 23
McGonnell	United Kingdom	Jmt	28488/95	(2000) 30 E.H.R.R. 289	
Magee	United Kingdom	Jmt	28135/95	(2001) 31 E.H.R.R 822	(2001) 31 E.H.R.R 35
Matter	Slovakia	Jmt	31534/96	(2001) 31 E.H.R.R 783	(2001) 31 E.H.R.R 32
Matthews	United Kingdom	Jmt	24833/94	(1999) 28 E.H.R.R. 361	
Moore and Gordon	United Kingdom	Jmt	36529/97; 37393/97	(2000) 29 E.H.R.R. 728	
Musial	Poland	Jmt	24557/94	(2001) 31 E.H.R.R 720	(2001) 31 E.H.R.R 29
News Verlags GmbH & Co. KG	Austria	Jmt	31457/96	(2001) 31 E.H.R.R 246	(2001) 31 E.H.R.R 8
Nikolova	Bulgaria	Jmt	31195/96	(2001) 31 E.H.R.R 64	(2001) 31 E.H.R.R. 3
Nilsen and Johnsen	Norway	Jmt	23118/93	(2000) 30 E.H.R.R. 878	

Article No.	Applicant	Country	Type	Application No.	Citation	Case No. (2001 onwards)
Art. 41	Ogur	Turkey	Jmt	21594/93	(2001) 31 E.H.R.R 912	(2001) 31 E.H.R.R 40
	Oldham	United Kingdom	Jmt	36273/97	(2001) 31 E.H.R.R 813	(2001) 31 E.H.R.R 34
	Özdep	Turkey	Jmt	23995/94	(2001) 31 E.H.R.R 674	(2001) 31 E.H.R.R 27
	Özgür Gündem	Turkey	Jmt	23144/93	(2001) 31 E.H.R.R 1082	(2001) 31 E.H.R.R 49
	Papachelas	Greece	Jmt	31423/96	(2000) 30 E.H.R.R. 923	
	Pelissier and Sassi	France	Jmt	25444/94	(2000) 30 E.H.R.R. 715	
	Perks	United Kingdom	Jmt	25277/94; 25279/94; 25280/94; 25285/94; 28048/95; 28192/95; 28456/95	(2000) 30 E.H.R.R. 33	
	Riera Blume	Spain	Jmt	37680/97	(2000) 30 E.H.R.R. 632	
	Rowe and Davis	United Kingdom	Jmt	28901/95	(2000) 30 E.H.R.R. 1	
	Salgueiro Da Silva Mouta	Portugal	Jmt	33290/96	(2001) 31 E.H.R.R 1055	(2001) 31 E.H.R.R 47
	Sander	United Kingdom	Jmt	34129/96	(2001) 31 E.H.R.R 1003	(2001) 31 E.H.R.R 44
	Scarth	United Kingdom	Jmt	33745/96	(1999) 27 E.H.R.R. CD 37	
	Scarth	United Kingdom	Jmt	33745/96	(1999) 28 E.H.R.R. CD 47	
	Selmouni	France	Jmt	25803/94	(2000) 29 E.H.R.R. 403	
	Serif	Greece	Jmt	38178/97	(2001) 31 E.H.R.R 561	(2001) 31 E.H.R.R 20
	Slimane-Kaïd	France	Jmt	29507/95	(2001) 31 E.H.R.R 1073	(2001) 31 E.H.R.R 48
	Smith and Grady	United Kingdom	Jmt	33985/96; 33986/96	(2000) 29 E.H.R.R. 493	
	Smith and Grady	United Kingdom	Jmt	33985/96; 33986/96	(2001) 31 E.H.R.R 620	(2001) 31 E.H.R.R 24

	Stephen Jordan	United Kingdom	Jmt	30280/96	(2001) 31 E.H.R.R 201	(2001) 31 E.H.R.R 6
	TW	Malta	Jmt	25644/94; 25642/94	(2000) 29 E.H.R.R. 185	
	Tanrikulu	Turkey	Jmt	23763/94	(2000) 30 E.H.R.R. 950	
	Thlimmenos	Greece	Jmt	34369/97	(2001) 31 E.H.R.R 411	(2001) 31 E.H.R.R 15
	V	United Kingdom	Jmt	24888/94	(2000) 30 E.H.R.R. 121	
	Van Geydeghem	Belgium	Jmt	26103/95	(2001) 32 E.H.R.R. 554	(2001) 32 E.H.R.R. 24
	WR	Austria	Jmt	26602/95	(2001) 31 E.H.R.R 985	(2001) 31 E.H.R.R 43
	Wille	Liechtenstein	Jmt	28396/95	(2000) 30 E.H.R.R. 558	
	Zielinski	France	Jmt	24846/94; 34165/96; 34173/96	(2001) 31 E.H.R.R 532	(2001) 31 E.H.R.R 19
	Zubani	Italy	Jmt	14025/88	(1999) 28 E.H.R.R. CD 62	
Art. 43	Ringeisen	Austria (No. 2) (Art. 50)	Jmt	2614/65	1 E.H.R.R. 504	
Art. 44	De Becker	Belgium	Jmt	214/56	1 E.H.R.R. 43	
	De Wilde, Ooms and Versyp	Belgium (No. 1)	Jmt	2832/66; 2835/66; 2899/66	1 E.H.R.R. 373	
	Lawless	Ireland (No. 1)	Jmt	322/57	1 E.H.R.R. 1	
Art. 45	Belgian Linguistics Case (No. 1)		Jmt	1474/62; 1677/62; 1699/62; 1769/63; 1994/63; 2126/64	1 E.H.R.R. 241	
	De Wilde, Ooms and Versyp	Belgium (No. 1)	Jmt	2832/66; 2835/66; 2899/66	1 E.H.R.R. 373	
	Lawless	Ireland (No. 1)	Jmt	322/57	1 E.H.R.R. 1	
	Ocic	Croatia	Adm	46306/99	(2000) 29 E.H.R.R. CD 220	
Art. 46	Loizidou	Turkey	Jmt	15318/89	(1995) 20 E.H.R.R. 99	
	Mansur	Turkey	Jmt	16026/90	(1995) 20 E.H.R.R. 535	
	Yagci and Sargin	Turkey	Jmt	16419/90; 16426/90	(1995) 20 E.H.R.R. 505	

Article No.	Applicant	Country	Type	Application No.	Citation	Case No. (2001 onwards)
Art. 46	Yagiz	Turkey	Jmt	19092/91	(1996) 22 E.H.R.R. 573	
Art. 46(1)	De Wilde, Ooms and Versyp	Belgium (No. 1)	Jmt	2832/66; 2835/66; 2899/66	1 E.H.R.R. 373	
Art. 47	De Wilde, Ooms and Versyp	Belgium (No. 1)	Jmt	2832/66; 2835/66; 2899/66	1 E.H.R.R. 373	
	Istituto di Vigilanza	Italy	Jmt	13567/88	(1994) 18 E.H.R.R. 367	
	Lawless	Ireland (No. 1)	Jmt	322/57	1 E.H.R.R. 1	
	Ringeisen	Austria (No. 2) (Art. 50)	Jmt	2614/65	1 E.H.R.R. 504	
Art. 48	Axen	Germany	Jmt	8273/78	(1984) 6 E.H.R.R. 195	
	Belgian Linguistics Case (No. 1)		Jmt	1474/62; 1677/62; 1699/62; 1769/63; 1994/63; 2126/64	1 E.H.R.R. 241	
	De Becker	Belgium	Jmt	214/56	1 E.H.R.R. 43	
	De Wilde, Ooms and Versyp	Belgium (No. 1)	Jmt	2832/66; 2835/66; 2899/66	1 E.H.R.R. 373	
	Lawless	Ireland (No. 1)	Jmt	322/57	1 E.H.R.R. 1	
	Ocic	Croatia	Adm	46306/99	(2000) 29 E.H.R.R. CD 220	
	Ringeisen	Austria (No. 2) (Art. 50)	Jmt	2614/65	1 E.H.R.R. 504	
	Tyrer	United Kingdom	Jmt	5856/72	2 E.H.R.R. 1	
Art. 49	Belgian Linguistics Case (No. 1)		Jmt	1474/62; 1677/62; 1699/62; 1769/63; 1994/63; 2126/64	1 E.H.R.R. 241	
	Ireland	United Kingdom	Jmt	5310/71	2 E.H.R.R. 25	
Art. 50	A	France	Jmt	14838/89	(1994) 17 E.H.R.R. 462	
	A	Denmark	Jmt	20826/92	(1996) 22 E.H.R.R. 458	
	A	United Kingdom	Jmt	25599/94	(1999) 27 E.H.R.R. 611	
	Abdoella	Netherlands	Jmt	12728/87	(1995) 20 E.H.R.R. 585	

Abdulaziz, Cabales and Balkandali	United Kingdom	Jmt	9214/80; 9473/81; 9474/81	(1985) 7 E.H.R.R. 471
Adiletta	Italy	Jmt	13978/88; 14236/88; 14237/88	(1992) 14 E.H.R.R. 586
Aerts	Belgium	Jmt	25357/94	(2000) 29 E.H.R.R. 50
Ahmed	Austria	Jmt	25964/94	(1997) 24 E.H.R.R. 278
Airey	Ireland	Jmt	6289/73	2 E.H.R.R. 305
Aït-Mouhoub	France	Jmt	22924/93	(2000) 30 E.H.R.R. 382
Akdivar	Turkey	Jmt	21893/93	(1997) 23 E.H.R.R. 143
Akkus	Turkey	Jmt	19263/92	(2000) 30 E.H.R.R. 365
Aksoy	Turkey	Jmt	21987/93	(1997) 23 E.H.R.R. 553
Albert and Le Compte	Belgium	Jmt	7299/75; 7496/76	(1983) 5 E.H.R.R. 533
Albert and Le Compte	Belgium (Art. 50)	Jmt	7299/75; 7496/76	(1984) 6 E.H.R.R. 68
Albert and Le Compte	Belgium (Just Satisfaction)	Jmt	7299/75; 7496/76	(1991) 13 E.H.R.R. 415
Allenet de Ribemont	France	Jmt	15175/89	(1995) 20 E.H.R.R. 557
Allenet de Ribemont	France	Jmt	15175/89	(1996) 22 E.H.R.R. 582
Amuur	France	Jmt	19776/92	(1996) 22 E.H.R.R. 533
Andersson	Sweden	Jmt	12963/87	(1992) 14 E.H.R.R. 615
AP, MP and TP	Switzerland	Jmt	19958/92	(1998) 26 E.H.R.R. 541
Artico	Ireland	Jmt	6694/74	(1981) 3 E.H.R.R. 1
Assenov	Bulgaria	Jmt	24760/94	(1999) 28 E.H.R.R. 652
Ausiello	Italy	Jmt	20331/92	(1997) 24 E.H.R.R. 568
Autronic AG	Switzerland	Jmt	12726/87	(1990) 12 E.H.R.R. 485
Aydin	Turkey	Jmt	23178/94	(1998) 25 E.H.R.R. 251
B	United Kingdom	Jmt	9840/82	(1988) 10 E.H.R.R. 87
B	Austria	Jmt	11968/86	(1991) 13 E.H.R.R. 20
B	France	Jmt	13343/87	(1993) 16 E.H.R.R. 1
Baggetta	Italy	Jmt	10256/83	(1988) 10 E.H.R.R. 325
Barbera, Messegué and Jabardo	Spain	Jmt	10588/83; 10589/83; 10590/83	(1989) 11 E.H.R.R. 360
Barona	Portugal	Jmt	10092/82	(1991) 13 E.H.R.R. 329

Article No.	Applicant	Country	Type	Application No.	Citation	Case No. (2001 onwards)
Art. 50	Barthold	Germany	Jmt	8734/79	(1985) 7 E.H.R.R. 383	
	Barthold	Germany (Just Satisfaction)	Jmt	8734/79	(1991) 13 E.H.R.R. 431	
	Beaumartin	France	Jmt	15287/89	(1995) 19 E.H.R.R. 485	
	Beldjoudi	France	Jmt	12083/86	(1992) 14 E.H.R.R. 801	
	Belilos	Switzerland	Jmt	10328/83	(1988) 10 E.H.R.R. 466	
	Belziuk	Poland	Jmt	23103/93	(2000) 30 E.H.R.R. 614	
	Benham	United Kingdom	Jmt	19380/92	(1996) 22 E.H.R.R. 293	
	Benthem	Netherlands	Jmt	8848/80	(1986) 8 E.H.R.R. 1	
	Berrehab	Netherlands	Jmt	10730/84	(1989) 11 E.H.R.R. 322	
	Bezicheri	Italy	Jmt	11400/85	(1990) 12 E.H.R.R. 210	
	Bock	Germany	Jmt	11118/84	(1990) 12 E.H.R.R. 247	
	Bodén	Sweden	Jmt	10930/84	(1988) 10 E.H.R.R. 367	
	Boner	United Kingdom	Jmt	18711/91	(1995) 19 E.H.R.R. 246	
	Bönisch	Austria	Jmt	8658/79	(1987) 9 E.H.R.R. 191	
	Bönisch	Austria (Just Satisfaction)	Jmt	8658/79	(1991) 13 E.H.R.R. 409	
	Borgers	Belgium	Jmt	12005/86	(1993) 15 E.H.R.R. 92	
	Botten	Norway	Jmt	16206/90	(2001) 32 E.H.R.R. 37	(2001) 32 E.H.R.R. 3
	Boumar	Belgium	Jmt	9106/80	(1989) 11 E.H.R.R. 1	
	Bowman	United Kingdom	Jmt	24839/94	(1998) 26 E.H.R.R. 1	
	Boyle and Rice	United Kingdom	Jmt	9659/82; 9658/82	(1988) 10 E.H.R.R. 425	
	Bozano	France	Jmt	9990/82	(1987) 9 E.H.R.R. 297	
	Bozano	France (Just Satisfaction)	Jmt	9990/82	(1991) 13 E.H.R.R. 428	
	Brandstetter	Austria	Jmt	11170/84; 12876/87; 13468/87	(1993) 15 E.H.R.R. 378	
	Bricmont	Belgium	Jmt	10857/84	(1990) 12 E.H.R.R. 217	
	Brincat	Italy	Jmt	13867/88	(1993) 16 E.H.R.R. 591	

Brogan	United Kingdom	Jmt	11209/84; 11234/84; 11266/84; 11386/85	(1989) 11 E.H.R.R. 117	
Brogan	United Kingdom (Just Satisfaction)	Jmt	11209/84; 11234/84; 11266/84; 11386/85	(1991) 13 E.H.R.R. 439	
Brozicek	Italy	Jmt	10964/84	(1990) 12 E.H.R.R. 371	
Bulut	Austria	Jmt	17358/90	(1997) 24 E.H.R.R. 84	
Bunkate	Netherlands	Jmt	13645/88	(1995) 19 E.H.R.R. 477	
Burghartz	Switzerland	Jmt	16213/90	(1994) 18 E.H.R.R. 101	
Camenzind	Switzerland	Jmt	21353/93	(1999) 28 E.H.R.R. 458	
Campbell	United Kingdom	Jmt	13590/88	(1993) 15 E.H.R.R. 137	
Campbell and Cosans	United Kingdom	Jmt	7511/76; 7743/76	(1982) 4 E.H.R.R. 293	
Campbell and Cosans	United Kingdom (Just Satisfaction)	Jmt	7511/76; 7743/76	(1991) 13 E.H.R.R. 441	
Campbell and Fell	United Kingdom	Jmt	7819/77; 7878/77	(1985) 7 E.H.R.R. 165	
Canea Catholic Church	Greece	Jmt	25528/94	(1999) 27 E.H.R.R. 521	
Capuano	Italy	Jmt	9381/81	(1991) 13 E.H.R.R. 271	
Castells	Spain	Jmt	11798/85	(1992) 14 E.H.R.R. 445	
Castillo Algar	Spain	Jmt	28194/95	(2000) 30 E.H.R.R. 827	
Chahal	United Kingdom	Jmt	22414/93	(1997) 23 E.H.R.R. 413	
Ciraklar	Turkey	Jmt	19061/91	(2001) 32 E.H.R.R. 535	(2001) 32 E.H.R.R. 23
Ciulla	Italy	Jmt	11152/84	(1991) 13 E.H.R.R. 346	
Clooth	Belgium	Jmt	12718/87	(1992) 14 E.H.R.R. 717	
Colozza	Italy	Jmt	9024/80	(1985) 7 E.H.R.R. 516	
Corigliano	Italy	Jmt	8304/78	(1983) 5 E.H.R.R. 334	
Cremieux	France	Jmt	11471/85	(1993) 16 E.H.R.R. 357	
D	United Kingdom	Jmt	30240/96	(1997) 24 E.H.R.R. 423	
Darby	Sweden	Jmt	11581/85	(1991) 13 E.H.R.R. 774	
Darnell	United Kingdom	Jmt	15058/89	(1994) 18 E.H.R.R. 205	
Daud	Portugal	Jmt	22600/93	(2000) 30 E.H.R.R. 400	
De Cubber	Belgium	Jmt	9186/80	(1985) 7 E.H.R.R. 236	

Article No.	Applicant	Country	Type	Application No.	Citation	Case No. (2001 onwards)
Art. 50	De Cubber	Belgium (Just Satisfaction)	Jmt	9186/80	(1991) 13 E.H.R.R. 422	
	De Haan	Netherlands	Jmt	22839/93	(1998) 26 E.H.R.R. 417	
	De Haes and Gijsels	Belgium	Jmt	19983/92	(1998) 25 E.H.R.R. 1	
	De Jong, Baljet and Van Den Brink	Netherlands	Jmt	8805/79; 8806/79; 9242/81	(1986) 8 E.H.R.R. 20	
	De Moor	Belgium	Jmt	16997/90	(1994) 18 E.H.R.R. 372	
	De Wilde, Ooms and Versyp	Belgium (No. 2)	Jmt	2832/66; 2835/66; 2899/66	1 E.H.R.R. 438	
	Delta	France	Jmt	11444/85	(1993) 16 E.H.R.R. 574	
	Demicoli	Malta	Jmt	13057/87	(1992) 14 E.H.R.R. 47	
	Deumeland	Germany	Jmt	9384/81	(1986) 8 E.H.R.R. 448	
	Deweer	Belgium	Jmt	6903/75	2 E.H.R.R. 439	
	Diennet	France	Jmt	18160/91	(1996) 21 E.H.R.R. 554	
	Dobbertin	France	Jmt	13089/87	(1993) 16 E.H.R.R. 558	
	Dombo Beheer BV	Netherlands	Jmt	14448/88	(1994) 18 E.H.R.R. 213	
	Domenichini	Italy	Jmt	15943/90	(2001) 32 E.H.R.R. 68	(2001) 32 E.H.R.R. 4
	Dudgeon	United Kingdom	Jmt	7525/76	(1982) 4 E.H.R.R. 149	
	Dudgeon	United Kingdom (Art. 50)	Jmt	7525/76	(1983) 5 E.H.R.R. 573	
	Duinhof and Duijf	Netherlands	Jmt	9626/81; 9736/82	(1991) 13 E.H.R.R. 478	
	E	Norway	Jmt	11701/85	(1994) 17 E.H.R.R. 30	
	Eckle	Germany (Art. 50)	Jmt	8130/78	(1984) 6 E.H.R.R. 52	
	Eckle	Germany (Just Satisfaction)	Jmt	8130/78	(1991) 13 E.H.R.R. 556	
	Editions Periscope	France	Jmt	11760/85	(1992) 14 E.H.R.R. 597	
	Ekbatani	Sweden	Jmt	10563/83	(1991) 13 E.H.R.R. 504	

Engel	Netherlands (No. 1)	Jmt	5100/71; 5101/71; 5102/71; 5354/72; 5370/72	1 E.H.R.R. 647	
Engel	Netherlands (No. 2) (Art. 50)	Jmt	5100/71; 5101/71; 5102/71; 5354/72; 5370/72	1 E.H.R.R. 706	
Ergi	Turkey	Jmt	23818/94	(2001) 32 E.H.R.R. 388	(2001) 32 E.H.R.R. 18
Eriksson	Sweden	Jmt	11375/85	(1990) 12 E.H.R.R. 183	
Erkalo	Netherlands	Jmt	23807/94	(1999) 28 E.H.R.R. 509	
Erkner and Hofauer	Austria	Jmt	9616/81	(1987) 9 E.H.R.R. 464	
Erkner and Hofauer	Austria (Just Satisfaction)	Jmt	9616/81	(1991) 13 E.H.R.R. 413	
Ezelin	France	Jmt	11800/85	(1992) 14 E.H.R.R. 362	
F	Switzerland	Jmt	11329/85	(1988) 10 E.H.R.R. 411	
F.C.B.	Italy	Jmt	12151/86	(1992) 14 E.H.R.R. 909	
F.E.	France	Jmt	38212/97	(2000) 29 E.H.R.R. 591	
Feldbrugge	Netherlands	Jmt	8562/79	(1986) 8 E.H.R.R. 425	
Feldbrugge	Netherlands (Just Satisfaction)	Jmt	8562/79	(1991) 13 E.H.R.R. 571	
Ferrantelli and Santangelo	Italy	Jmt	19874/92	(1997) 23 E.H.R.R. 288	
Findlay	United Kingdom	Jmt	22107/93	(1997) 24 E.H.R.R. 221	
Fischer	Austria	Jmt	16922/90	(1995) 20 E.H.R.R. 349	
Foti	Italy	Jmt	7604/76; 7719/76; 7781/77; 7913/77	(1983) 5 E.H.R.R. 313	
Foti	Italy (Art. 50)	Jmt	7604/76; 7719/76; 7781/77; 7913/77	(1984) 6 E.H.R.R. 310	
Foti	Italy (Just Satisfaction)	Jmt	7604/76; 7719/76; 7781/77; 7913/77	(1991) 13 E.H.R.R. 568	
Foucher	France	Jmt	22209/93	(1998) 25 E.H.R.R. 234	
Fox, Campbell and Hartley	United Kingdom	Jmt	12244/86; 12245/86; 12383/86	(1991) 13 E.H.R.R. 157	

Article No.	Applicant	Country	Type	Application No.	Citation	Case No. (2001 onwards)
Art. 50	Fox, Campbell and Hartley	United Kingdom (Just Satisfaction)	Jmt	12244/86; 12245/86; 12383/86	(1992) 14 E.H.R.R. 108	
	Fredin	Sweden	Jmt	12033/86	(1991) 13 E.H.R.R. 784	
	Funke	France	Jmt	10828/84	(1993) 16 E.H.R.R. 297	
	Garyfallou Aebe	Greece	Jmt	18996/91	(1999) 28 E.H.R.R. 344	
	Gaskin	United Kingdom	Jmt	10454/83	(1990) 12 E.H.R.R. 36	
	Gautrin	France	Jmt	21257–21260/93	(1999) 28 E.H.R.R. 196	
	Gaygusuz	Austria	Jmt	17371/90	(1997) 23 E.H.R.R. 364	
	Georgiadis	Greece	Jmt	21522/93	(1997) 24 E.H.R.R. 606	
	Gillow	United Kingdom	Jmt	9063/80	(1989) 11 E.H.R.R. 335	
	Gillow	United Kingdom (Just Satisfaction)	Jmt	9063/80	(1991) 13 E.H.R.R. 593	
	Goddi	Italy	Jmt	8966/80	(1984) 6 E.H.R.R. 457	
	Golder	United Kingdom	Jmt	4451/70	1 E.H.R.R. 524	
	Goodwin	United Kingdom	Jmt	17488/90	(1996) 22 E.H.R.R. 123	
	Granger	United Kingdom	Jmt	11932/86	(1990) 12 E.H.R.R. 469	
	Grigoriades	Greece	Jmt	24348/94	(1999) 27 E.H.R.R. 464	
	Guerra	Italy	Jmt	14967/89	(1998) 26 E.H.R.R. 357	
	Guillemin	France	Jmt	19632/92	(1998) 25 E.H.R.R. 435	
	Guillemin	France (Art. 50)	Jmt	19632/92	(1999) 27 E.H.R.R. CD 1	
	Guincho	Portugal	Jmt	8940/80	(1985) 7 E.H.R.R. 223	
	Güleç	Turkey	Jmt	21593/93	(1999) 28 E.H.R.R. 121	
	Guzzardi	Italy	Jmt	7367/76	(1981) 3 E.H.R.R. 333	
	H	United Kingdom	Jmt	9580/81	(1988) 10 E.H.R.R. 95	
	H	Belgium	Jmt	8950/80	(1988) 10 E.H.R.R. 339	
	H	France	Jmt	10073/82	(1990) 12 E.H.R.R. 74	
	H	United Kingdom (Just Satisfaction)	Jmt	9580/81	(1991) 13 E.H.R.R. 449	
	Hadjianastassiou	Greece	Jmt	12945/87	(1993) 16 E.H.R.R. 219	

Hakansson and Sturesson	Sweden	Jmt	11855/85	(1991) 13 E.H.R.R. 1
Halford	United Kingdom	Jmt	20605/92	(1997) 24 E.H.R.R. 523
Handyside	United Kingdom	Jmt	5493/72	1 E.H.R.R. 737
Hauschildt	Denmark	Jmt	10486/83	(1990) 12 E.H.R.R. 266
Helmers	Sweden	Jmt	11826/85	(1993) 15 E.H.R.R. 285
Hentrich	France	Jmt	13616/88	(1994) 18 E.H.R.R. 440
Hentrich	France (Art. 50)	Jmt	13616/88	(1996) 21 E.H.R.R. 199
Hentrich	France	Jmt	13616/88	(1997) 24 E.H.R.R. CD 19
Herczegfalvy	Austria	Jmt	10533/83	(1993) 15 E.H.R.R. 437
Hertel	Switzerland	Jmt	25181/94	(1999) 28 E.H.R.R. 534
Higgins	France	Jmt	20124/92	(1999) 27 E.H.R.R. 703
Hiro Balani	Spain	Jmt	18064/91	(1995) 19 E.H.R.R. 566
Hoang	France	Jmt	13191/87	(1993) 16 E.H.R.R. 53
Hoffmann	Austria	Jmt	12875/87	(1994) 17 E.H.R.R. 293
Hokkanen	Finland	Jmt	19823/92	(1995) 19 E.H.R.R. 139
Holm	Sweden	Jmt	14191/88	(1994) 18 E.H.R.R. 79
Holy Monasteries	Greece (Art. 50)	Jmt	13092/87; 13984/88	(1998) 25 E.H.R.R. 640
Holy Monastries	Greece	Jmt	13092/87; 13984/88	(1995) 20 E.H.R.R. 1
Hornsby	Greece	Jmt	18357/91	(1997) 24 E.H.R.R. 250
Hussain	United Kingdom	Jmt	21928/93	(1996) 22 E.H.R.R. 1
Huvig	France	Jmt	11105/84	(1990) 12 E.H.R.R. 528
Incal	Turkey	Jmt	22678/93	(2000) 29 E.H.R.R. 449
Informationsverein Lentia	Austria	Jmt	13914/88; 15041/89; 15717/89; 15779/89; 17207/90	(1994) 17 E.H.R.R. 93
Inze	Austria	Jmt	8695/79	(1988) 10 E.H.R.R. 394
Ireland	United Kingdom	Jmt	5310/71	2 E.H.R.R. 25
Jacobsson	Sweden	Jmt	10842/84	(1990) 12 E.H.R.R. 56
Jacobsson	Sweden	Jmt	11309/84	(1991) 13 E.H.R.R. 79
Jamil	France	Jmt	15917/89	(1996) 21 E.H.R.R. 65
Jersild	Denmark	Jmt	15890/89	(1995) 19 E.H.R.R. 1

Article No.	Applicant	Country	Type	Application No.	Citation	Case No. (2001 onwards)
Art. 50	JJ	Netherlands	Jmt	21351/93	(1999) 28 E.H.R.R. 168	
	Johansen	Norway	Jmt	17383/90	(1997) 23 E.H.R.R. 33	
	Johnson	United Kingdom	Jmt	22520/93	(1999) 27 E.H.R.R. 296	
	Johnston	Ireland	Jmt	9697/82	(1987) 9 E.H.R.R. 203	
	Kamasinski	Austria	Jmt	9783/82	(1991) 13 E.H.R.R. 36	
	Kampanis	Greece	Jmt	17997/91	(1996) 21 E.H.R.R. 43	
	Katikardis	Greece	Jmt	19385/92	(2001) 32 E.H.R.R. 113	(2001) 32 E.H.R.R. 6
	Kaya	Turkey	Jmt	22729/93	(1999) 28 E.H.R.R. 1	
	Keegan	Ireland	Jmt	16969/90	(1994) 18 E.H.R.R. 342	
	Kemmache	France	Jmt	14992/85	(1992) 14 E.H.R.R. 520	
	Kerojarvi	Finland	Jmt	17506/90	(2001) 32 E.H.R.R. 152	(2001) 32 E.H.R.R. 8
	K-F	Germany	Jmt	25629/94	(1998) 26 E.H.R.R. 390	
	Kjeldsen, Busk Madsen and Pedersen	Denmark	Jmt	5095/71; 5920/72; 5926/72	1 E.H.R.R. 711	
	Koendjbiharie	Netherlands	Jmt	11497/85	(1991) 13 E.H.R.R. 820	
	Kokkinakis	Greece	Jmt	14307/88	(1994) 17 E.H.R.R. 397	
	König	Germany	Jmt	6232/73	2 E.H.R.R. 170	
	König	Germany (Art. 50)	Jmt	6232/73	2 E.H.R.R. 469	
	Kopp	Switzerland	Jmt	23224/94	(1999) 27 E.H.R.R. 91	
	Koster	Netherlands	Jmt	12843/87	(1992) 14 E.H.R.R. 396	
	Kostovski	Netherlands	Jmt	11454/85	(1990) 12 E.H.R.R. 434	
	Kremzow	Austria	Jmt	12350/86	(1994) 17 E.H.R.R. 322	
	Kroon	Netherlands	Jmt	18535/91	(1995) 19 E.H.R.R. 263	
	Kruslin	France	Jmt	11801/85	(1990) 12 E.H.R.R. 547	
	Kurt	Turkey	Jmt	24276/94	(1999) 27 E.H.R.R. 373	
	Lala	Netherlands	Jmt	14861/89	(1994) 18 E.H.R.R. 586	
	Lambert	France	Jmt	23618/94	(2000) 30 E.H.R.R. 346	

Lamy	Belgium	Jmt	10444/83	(1989) 11 E.H.R.R. 529	
Langborger	Sweden	Jmt	11179/84	(1990) 12 E.H.R.R. 416	
Larissis	Greece	Jmt	23372/94; 26377/95; 26378/95	(1999) 27 E.H.R.R. 329	
Lawless	Ireland (No. 1)	Jmt	322/57	1 E.H.R.R. 1	
Le Calvez	France	Jmt	25554/94	(2001) 32 E.H.R.R. 481	(2001) 32 E.H.R.R. 21
Le Compte, Van Leuven and De Meyere	Belgium (Art. 50)	Jmt	6878/75; 7238/75	(1983) 5 E.H.R.R. 183	
Lechner and Hess	Austria	Jmt	9316/81	(1987) 9 E.H.R.R. 490	
Lehideux and Isorni	France	Jmt	24662/94	(2000) 30 E.H.R.R. 665	
Letellier	France	Jmt	12369/86	(1992) 14 E.H.R.R. 83	
Lingens	Austria	Jmt	9815/82	(1986) 8 E.H.R.R. 407	
Lobo Machado	Portugal	Jmt	15764/89	(1997) 23 E.H.R.R. 79	
Loizidou	Turkey	Jmt	15318/89	(1997) 23 E.H.R.R. 513	
Loizidou	Turkey (Art. 50)	Jmt	15318/89	(1998) 26 E.H.R.R. CD 5	
Lombardo	Italy	Jmt	11519/85	(1996) 21 E.H.R.R. 188	
Lopez Ostra	Spain	Jmt	16798/90	(1995) 20 E.H.R.R. 277	
Loukanov	Bulgaria	Jmt	21915/93	(1997) 24 E.H.R.R. 121	
Luberti	Italy	Jmt	9019/80	(1984) 6 E.H.R.R. 440	
Lüdi	Switzerland	Jmt	12433/86	(1993) 15 E.H.R.R. 173	
Luedicke, Belkacem and Koç	Germany	Jmt	6210/73; 6877/75; 7132/75	2 E.H.R.R. 149	
Luedicke, Belkacem and Koç	Germany (Art. 50)	Jmt	6210/73; 6877/75; 7132/75	2 E.H.R.R. 433	
Maj	Italy	Jmt	13087/87	(1992) 14 E.H.R.R. 405	
Malone	United Kingdom	Jmt	8691/79	(1984) 6 E.H.R.R. 14	
Malone	United Kingdom (Just Satisfaction)	Jmt	8691/79	(1991) 13 E.H.R.R. 448	
Maniussakis	Greece	Jmt	18748/91	(1997) 23 E.H.R.R. 387	
Mansur	Turkey	Jmt	16026/90	(1995) 20 E.H.R.R. 535	
Mantovanelli	France	Jmt	21497/93	(1997) 24 E.H.R.R. 370	

Article No.	Applicant	Country	Type	Application No.	Citation	Case No. (2001 onwards)
Art. 50	Marckx	Belgium	Jmt	6833/74	2 E.H.R.R. 330	
	Martins Moreira	Portugal	Jmt	11371/85	(1991) 13 E.H.R.R. 517	
	Massa	Italy	Jmt	14399/88	(1994) 18 E.H.R.R. 266	
	Matos e Silva	Portugal	Jmt	15777/89	(1997) 24 E.H.R.R. 573	
	Mauer	Austria	Jmt	16566/90; 16898/90	(1998) 25 E.H.R.R. 91	
	Mavronichis	Cyprus	Jmt	28054/95	(2001) 31 E.H.R.R 1186	(2001) 31 E.H.R.R 54
	Maxwell	United Kingdom	Jmt	18949/91	(1995) 19 E.H.R.R. 97	
	McCallum	United Kingdom	Jmt	9511/81	(1991) 13 E.H.R.R. 597	
	McCann	United Kingdom	Jmt	18984/91	(1996) 21 E.H.R.R. 97	
	McGoff	Sweden	Jmt	9017/80	(1986) 8 E.H.R.R. 246	
	McLeod	United Kingdom	Jmt	24755/94	(1999) 27 E.H.R.R. 493	
	McMichael	United Kingdom	Jmt	16424/90	(1995) 20 E.H.R.R. 205	
	Mehemi	France	Jmt	25017/94	(2000) 30 E.H.R.R. 739	
	Mentes	Turkey	Jmt	23186/94	(1998) 26 E.H.R.R. 595	
	Mentes	Turkey (Art. 50)	Jmt	23186/94	(1998) 26 E.H.R.R. CD 1	
	Miailhe	France	Jmt	12661/87	(1993) 16 E.H.R.R. 332	
	Milasi	Italy	Jmt	10527/83	(1988) 10 E.H.R.R. 333	
	Minelli	Switzerland	Jmt	8660/79	(1983) 5 E.H.R.R. 554	
	Mitap and Müftüoglu	Turkey	Jmt	15530/89; 15531/89	(1996) 22 E.H.R.R. 209	
	Modinos	Cyprus	Jmt	15070/89	(1993) 16 E.H.R.R. 485	
	Moreira De Azevedo	Portugal	Jmt	11296/84	(1991) 13 E.H.R.R. 721	
	Moreira De Azevedo	Portugal (Just Satisfaction)	Jmt	11296/84	(1992) 14 E.H.R.R. 113	
	Motta	Italy	Jmt	11557/85	(1992) 14 E.H.R.R. 432	
	Moustaquim	Belgium	Jmt	12313/86	(1991) 13 E.H.R.R. 802	
	Murray	United Kingdom	Jmt	18731/91	(1996) 22 E.H.R.R. 29	
	Nasri	France	Jmt	19465/92	(1996) 21 E.H.R.R. 458	

National Union of Belgian Police	Belgium	Jmt	4464/70	1 E.H.R.R. 578	
Neumeister	Austria (No. 2)	Jmt	1936/63	1 E.H.R.R. 136	
Neves Silva	Portugal	Jmt	11213/84	(1991) 13 E.H.R.R. 535	
Nideröst-Huber	Switzerland	Jmt	18990/91	(1998) 25 E.H.R.R. 709	
Niemietz	Germany	Jmt	13710/88	(1993) 16 E.H.R.R. 97	
Norris	Ireland	Jmt	10581/83	(1991) 13 E.H.R.R. 186	
O	United Kingdom	Jmt	9276/81	(1988) 10 E.H.R.R. 82	
O	United Kingdom (Just Satisfaction)	Jmt	9276/81	(1991) 13 E.H.R.R. 578	
Obermeier	Austria	Jmt	11761/85	(1991) 13 E.H.R.R. 290	
Oberschlick	Austria	Jmt	11662/85	(1995) 19 E.H.R.R. 389	
Oberschlick	Austria (No. 2)	Jmt	20834/92	(1998) 25 E.H.R.R. 357	
Observer and Guardian	United Kingdom	Jmt	13585/88	(1992) 14 E.H.R.R. 153	
Oerlemans	Netherlands	Jmt	12565/86	(1993) 15 E.H.R.R. 561	
Olsson	Sweden	Jmt	10465/83	(1989) 11 E.H.R.R. 259	
Olsson	Sweden (No. 2)	Jmt	13441/87	(1994) 17 E.H.R.R. 134	
Omar	France	Jmt	24767/94	(2000) 29 E.H.R.R. 210	
Open Door Counselling Ltd and Dublin Well Woman	Ireland	Jmt	14234/88; 14235/88	(1993) 15 E.H.R.R. 244	
Osman	United Kingdom	Jmt	23452/94	(2000) 29 E.H.R.R. 245	
Öztürk	Germany (Art. 50)	Jmt	8544/79	(1985) 7 E.H.R.R. 251	
Paccione	Italy	Jmt	16753/90	(1995) 20 E.H.R.R. 396	
Pafitis	Greece	Jmt	20323/92	(1999) 27 E.H.R.R. 566	
Pailot	France	Jmt	32217/96	(2000) 30 E.H.R.R. 328	
Pakelli	Germany	Jmt	8398/78	(1984) 6 E.H.R.R. 1	
Palaoro	Austria	Jmt	16718/90	(2001) 32 E.H.R.R. 202	(2001) 32 E.H.R.R. 10
Pammel	Germany	Jmt	17820/91	(1998) 26 E.H.R.R. 100	
Papamichalopoulos	Greece	Jmt	14556/89	(1993) 16 E.H.R.R. 440	

Article No.	Applicant	Country	Type	Application No.	Citation	Case No. (2001 onwards)
Art. 50	Papamichalopoulos	Greece (Art. 50)	Jmt	14556/89	(1996) 21 E.H.R.R. 439	
	Paulsen-Medalen and Svensson	Sweden	Jmt	16817/90	(1998) 26 E.H.R.R. 260	
	Pauwels	Belgium	Jmt	10208/82	(1989) 11 E.H.R.R. 238	
	Pelladoah	Netherlands	Jmt	16737/90	(1995) 19 E.H.R.R. 81	
	Pérez de Rada Cavanilles	Spain	Jmt	28090/95	(2000) 29 E.H.R.R. 109	
	Pfarrmeier	Austria	Jmt	16841/90	(1996) 22 E.H.R.R. 175	
	Pfeifer and Plankl	Austria	Jmt	10802/84	(1992) 14 E.H.R.R. 692	
	Philis	Greece	Jmt	12750/87; 13780/88; 14003/88	(1991) 13 E.H.R.R. 741	
	Philis	Greece (No. 2)	Jmt	19773/92	(1998) 25 E.H.R.R. 417	
	Piermont	France	Jmt	15773/89	(1995) 20 E.H.R.R. 301	
	Piersack	Belgium	Jmt	8692/79	(1983) 5 E.H.R.R. 169	
	Piersack	Belgium (Art. 50)	Jmt	8692/79	(1985) 7 E.H.R.R. 251	
	Pine Valley Developments Ltd	Ireland	Jmt	12742/87	(1992) 14 E.H.R.R. 319	
	Pine Valley Developments Ltd	Ireland	Jmt		(1993) 16 E.H.R.R. 379	
	Podbielski	Poland	Jmt	27916/95	(1999) 27 E.H.R.R. CD 19	
	Poiss	Austria	Jmt	9816/82	(1988) 10 E.H.R.R. 231	
	Poiss	Austria (Just Satisfaction)	Jmt	9816/82	(1991) 13 E.H.R.R. 414	
	Poitrimol	France	Jmt	14032/88	(1994) 18 E.H.R.R. 130	
	Pressos Compania Naviera SA	Belgium	Jmt	17849/91	(1996) 21 E.H.R.R. 301	
	Pressos Compania Naviera SA	Belgium (Art. 50)	Jmt	17849/91	(1997) 24 E.H.R.R. CD 16	
	Procola	Luxembourg	Jmt	14570/89	(1996) 22 E.H.R.R. 193	
	Pudas	Sweden	Jmt	10426/83	(1988) 10 E.H.R.R. 380	

Pugliese	Italy (No. 1)	Jmt	11840/85	(1992) 14 E.H.R.R. 413
Quinn	France	Jmt	18580/91	(1996) 21 E.H.R.R. 529
R	United Kingdom (Just Satisfaction)	Jmt	9840/82	(1991) 13 E.H.R.R. 588
R	United Kingdom	Jmt	10496/83	(1988) 10 E.H.R.R. 74
R	United Kingdom (Just Satisfaction)	Jmt	10496/83	(1991) 13 E.H.R.R. 457
R M D	Switzerland	Jmt	19800/92	(1999) 28 E.H.R.R. 224
Radio ABC	Austria	Jmt	19376/92	(1998) 25 E.H.R.R. 185
Raimondo	Italy	Jmt	12954/87	(1994) 18 E.H.R.R. 237
Raninen	Finland	Jmt	20972/92	(1998) 26 E.H.R.R. 563
Reinhardt and Slimane-Kaïd	France	Jmt	22921/93	(1999) 28 E.H.R.R. 59
Remli	France	Jmt	16839/90	(1996) 22 E.H.R.R. 253
Ribitsch	Austria	Jmt	18896/91	(1996) 21 E.H.R.R. 573
Ringeisen	Austria (No. 2) (Art. 50)	Jmt	2614/65	1 E.H.R.R. 504
Robins	United Kingdom	Jmt	22410/93	(1998) 26 E.H.R.R. 527
Ruiz Torija	Spain	Jmt	18390/91	(1995) 19 E.H.R.R. 553
Ruiz-Mateos	Spain	Jmt	12952/87	(1993) 16 E.H.R.R. 505
S	Switzerland	Jmt	12629/87; 13965/88	(1992) 14 E.H.R.R. 670
Saidi	France	Jmt	14647/89	(1994) 17 E.H.R.R. 251
Sakik	Greece	Jmt	23878–23883/94	(1998) 26 E.H.R.R. 662
Salesi	Italy	Jmt	13023/87	(1998) 26 E.H.R.R. 187
Sanchez-Reisse	Switzerland	Jmt	9862/82	(1987) 9 E.H.R.R. 71
Santilli	Italy	Jmt	11634/85	(1992) 14 E.H.R.R. 421
Saunders	United Kingdom	Jmt	19187/91	(1997) 23 E.H.R.R. 313
Schmautzer	Austria	Jmt	15523/89	(1996) 21 E.H.R.R. 511
Schmidt	Germany	Jmt	13580/88	(1994) 18 E.H.R.R. 513
Schönberger and Durmaz	Switzerland	Jmt	11368/85	(1989) 11 E.H.R.R. 202

Article No.	Applicant	Country	Type	Application No.	Citation	Case No. (2001 onwards)
Art. 50	Schouten and Meldrum	Netherlands	Jmt	19005/91; 19006/91	(1995) 19 E.H.R.R. 432	
	Schuler-Zgraggen	Switzerland	Jmt	14518/89	(1993) 16 E.H.R.R. 405	
	Schuler-Zgraggen	Switzerland (Art. 50)	Jmt	14518/89	(1996) 21 E.H.R.R. 404	
	Scollo	Italy	Jmt	19133/91	(1996) 22 E.H.R.R. 514	
	Scopelliti	Italy	Jmt	15511/89	(1994) 17 E.H.R.R. 493	
	Scott	Spain	Jmt	21335/93	(1997) 24 E.H.R.R. 391	
	Scuderi	Italy	Jmt	12986/87	(1995) 19 E.H.R.R. 187	
	Sekanina	Austria	Jmt	13126/87	(1994) 17 E.H.R.R. 221	
	Selçuk and Asker	Turkey	Jmt	23184/94; 23185/94	(1998) 26 E.H.R.R. 477	
	Sidiropoulos	Greece	Jmt	26695/95	(1999) 27 E.H.R.R. 633	
	Sigurjonsson	Iceland	Jmt	16130/90	(1993) 16 E.H.R.R. 462	
	Silva Pontes	Portugal	Jmt	14940/89	(1994) 18 E.H.R.R. 156	
	Silver	United Kingdom (Art. 50)	Jmt	5947/72; 6205/73; 7052/75; 7061/75; 7107/75; 7113/75; 7136/75	(1984) 6 E.H.R.R. 62	
	Silver	United Kingdom (Just Satisfaction)	Jmt	5947/72; 6205/73; 7072/75; 7061/75; 7107/75; 7113/75; 7136/75	(1991) 13 E.H.R.R. 582	
	Skärby	Sweden	Jmt	12258/86	(1991) 13 E.H.R.R. 90	
	Socialist Party	Turkey	Jmt	21237/93	(1999) 27 E.H.R.R. 51	
	Soering	United Kingdom	Jmt	14038/88	(1989) 11 E.H.R.R. 439	
	Sporrong and Lönnroth	Sweden (Art. 50)	Jmt	7151 & 7152/75	(1985) 7 E.H.R.R. 256	
	Sporrong and Lönroth	Sweden	Jmt	7151 & 7152/75	(1983) 5 E.H.R.R. 35	
	Sramek	Austria	Jmt	8790/79	(1985) 7 E.H.R.R. 351	
	Stallinger and Kuso	Austria	Jmt	14696/89; 14697/89	(1998) 26 E.H.R.R. 81	
	Steel	United Kingdom	Jmt	24838/94	(1999) 28 E.H.R.R. 603	
	Stran Greek Refineries and Stratis Andreadis	Greece	Jmt	13427/87	(1995) 19 E.H.R.R. 293	

Sunday Times	United Kingdom	Jmt	6538/74	2 E.H.R.R. 245	
Sunday Times	United Kingdom (No. 2) (Art. 50)	Jmt	6538/74	(1981) 3 E.H.R.R. 317	
Sunday Times	United Kingdom (No. 2)	Jmt	13166/87	(1992) 14 E.H.R.R. 229	
Swedish Engine Drivers' Union	Sweden	Jmt	5614/72	1 E.H.R.R. 617	
Teixeira de Castro	Portugal	Jmt	25829/94	(1999) 28 E.H.R.R. 101	
Tekin	Turkey	Jmt	22496/93	(2001) 31 E.H.R.R 95	(2001) 31 E.H.R.R. 4
Terra Woningen	Netherlands	Jmt	20641/92	(1997) 24 E.H.R.R. 456	
Thorgeirson	Iceland	Jmt	13778/88	(1992) 14 E.H.R.R. 843	
Thynne, Wilson and Gunnell	United Kingdom	Jmt	11787/85; 11978/86; 12009/86	(1991) 13 E.H.R.R. 666	
Tinnelly & Sons	United Kingdom	Jmt	20390/92	(1999) 27 E.H.R.R. 249	
Tolstoy Miloslavsky	United Kingdom	Jmt	18139/91	(1995) 20 E.H.R.R. 442	
Tomasi	France	Jmt	12850/87	(1993) 15 E.H.R.R. 1	
Toth	Austria	Jmt	11894/85	(1992) 14 E.H.R.R. 551	
Tre Traktörer	Sweden	Jmt	10873/84	(1991) 13 E.H.R.R. 309	
Tsirlis and Kouloumpas	Greece	Jmt	19233/91; 19234/91	(1998) 25 E.H.R.R. 198	
Tyrer	United Kingdom	Jmt	5856/72	2 E.H.R.R. 1	
Umlauft	Austria	Jmt	15527/89	(1996) 22 E.H.R.R. 76	
Union Alimentaria Sanders SA	Spain	Jmt	11681/85	(1990) 12 E.H.R.R. 24	
Unterpertinger	Austria	Jmt	9120/80	(1991) 13 E.H.R.R. 175	
Vacher	France	Jmt	20368/92	(1997) 24 E.H.R.R. 482	
Valenzuela Contreras	Spain	Jmt	27671/95	(1999) 28 E.H.R.R. 483	
Vallée	France	Jmt	22121/93	(1994) 18 E.H.R.R. 549	
Valsamis	Greece	Jmt	21787/93	(1997) 24 E.H.R.R. 294	
Van de Hurk	Netherlands	Jmt	16034/90	(1994) 18 E.H.R.R. 481	
Van Der Leer	Netherlands	Jmt	11509/85	(1990) 12 E.H.R.R. 567	

Article No.	Applicant	Country	Type	Application No.	Citation	Case No. (2001 onwards)
Art. 50	Van Der Sluijs, Zuiderveld and Klappe	Netherlands	Jmt	9362/81; 9363/81; 9387/81	(1991) 13 E.H.R.R. 461	
	Van Droogenbroeck	Belgium (Art. 50)	Jmt	7906/77	(1984) 6 E.H.R.R. 50	
	Van Droogenbroeck	Belgium (Just Satisfaction)	Jmt	7906/77	(1991) 13 E.H.R.R. 546	
	Van Mechelen	Netherlands	Jmt	21363/93; 21364/93; 21427/93; 22056/93	(1998) 25 E.H.R.R. 647	
	Van Orshoven	Belgium	Jmt	20122/92	(1998) 26 E.H.R.R. 55	
	Van Raalte	Netherlands	Jmt	20060/92	(1997) 24 E.H.R.R. 503	
	Vasilescu	Romania	Jmt	27053/95	(1999) 28 E.H.R.R. 241	
	Vendittelli	Italy	Jmt	14804/89	(1995) 19 E.H.R.R. 464	
	Vereinigung Demokratischer Soldaten Österreichs and Gubi	Austria	Jmt	15153/89	(1995) 20 E.H.R.R. 56	
	Vereniging Weekblad Bluf!	Netherlands	Jmt	16616/90	(1995) 20 E.H.R.R. 189	
	Vermeire	Belgium	Jmt	12849/87	(1993) 15 E.H.R.R. 488	
	Vermeulen	Belgium	Jmt	19075/91	(2001) 32 E.H.R.R. 313	(2001) 32 E.H.R.R. 15
	Vogt	Germany	Jmt	17851/91	(1996) 21 E.H.R.R. 205	
	Vogt	Germany	Jmt	17851/91	(1996) 22 E.H.R.R. CD 1	
	W	United Kingdom	Jmt	9749/82	(1988) 10 E.H.R.R. 29	
	W	United Kingdom (Just Satisfaction)	Jmt	9749/82	(1991) 13 E.H.R.R. 453	
	Weber	Switzerland	Jmt	11034/84	(1990) 12 E.H.R.R. 508	
	Weeks	United Kingdom	Jmt	9787/82	(1988) 10 E.H.R.R. 293	

	Weeks	United Kingdom (Just Satisfaction)	Jmt	9787/82	(1991) 13 E.H.R.R. 435	
	Welch	United Kingdom	Jmt	17440/90	(1995) 20 E.H.R.R. 247	
	Welch	United Kingdom (Art. 50)	Jmt	17440/90	(1996) 21 E.H.R.R. CD 1	
	Werner	Austria	Jmt	20602/92	(1998) 26 E.H.R.R. 310	
	Wiesinger	Austria	Jmt	11796/85	(1993) 16 E.H.R.R. 258	
	Windisch	Austria	Jmt	12489/86	(1991) 13 E.H.R.R. 281	
	Winterwerp	Netherlands	Jmt	6301/73	2 E.H.R.R. 387	
	Winterwerp	Netherlands (Art. 50)	Jmt	6301/73	(1982) 4 E.H.R.R. 228	
	Wright	United Kingdom	Adm	38200/97	(1999) 27 E.H.R.R. CD 314	
	X	United Kingdom (Art. 50)	Jmt	6998/75	(1983) 5 E.H.R.R. 192	
	X	France	Jmt	18020/91	(1992) 14 E.H.R.R. 483	
	X and Y	Netherlands	Jmt	8978/80	(1986) 8 E.H.R.R. 235	
	Yagci and Sargin	Turkey	Jmt	16419/90; 16426/90	(1995) 20 E.H.R.R. 505	
	Yasa	Turkey	Jmt	22495/93	(1999) 28 E.H.R.R. 408	
	Young, James and Webster	United Kingdom (Art. 50)	Jmt	7601/76; 7806/77	(1983) 5 E.H.R.R. 201	
	Z	Finland	Jmt	22009/93	(1998) 25 E.H.R.R. 371	
	Zana	Turkey	Jmt	18954/91	(1999) 27 E.H.R.R. 667	
	Zander	Sweden	Jmt	14282/88	(1994) 18 E.H.R.R. 175	
	Zimmermann and Steiner	Switzerland	Jmt	8737/79	(1984) 6 E.H.R.R. 17	
	Zubani	Turkey	Jmt	14025/88	(2001) 32 E.H.R.R. 297	(2001) 32 E.H.R.R. 14
Art. 51(2)	Jacubowski	Germany	Jmt	15088/89	(1995) 19 E.H.R.R. 64	
	Kemmache	France (No. 3)	Jmt	17621/91	(1995) 19 E.H.R.R. 349	
	Sunday Times	United Kingdom (No. 2) (Art. 50)	Jmt	6538/74	(1981) 3 E.H.R.R. 317	

Article No.	Applicant	Country	Type	Application No.	Citation	Case No. (2001 onwards)
Art. 52	Airey	Ireland	Jmt	6289/73	2 E.H.R.R. 305	
	Neumeister	Austria (No. 2)	Jmt	1936/63	1 E.H.R.R. 136	
	Ringeisen	Austria (No. 2) (Art. 50)	Jmt	2614/65	1 E.H.R.R. 504	
	Ringeisen	Austria (No. 3)	Jmt	2614/65	1 E.H.R.R. 513	
Art. 53	Airey	Ireland	Jmt	6289/73	2 E.H.R.R. 305	
	Aydin	Turkey	Jmt	23178/94	(1998) 25 E.H.R.R. 251	
	Dublin Well Woman Centre Ltd	Ireland	Adm	28177/95	(1997) 23 E.H.R.R. CD 125	
	Lawless	Ireland (No. 1)	Jmt	322/57	1 E.H.R.R. 1	
	Marckx	Belgium	Jmt	6833/74	2 E.H.R.R. 330	
	Ocic	Croatia	Adm	46306/99	(2000) 29 E.H.R.R. CD 220	
	Olsson	Sweden (No. 2)	Jmt	13441/87	(1994) 17 E.H.R.R. 134	
Art. 54	Castillo Algar	Spain	Jmt	28194/95	(2000) 30 E.H.R.R. 827	
	Ocic	Croatia	Adm	46306/99	(2000) 29 E.H.R.R. CD 220	
	Ringeisen	Austria (No. 3)	Jmt	2614/65	1 E.H.R.R. 513	
	Tyrer	United Kingdom	Jmt	5856/72	2 E.H.R.R. 1	
Art. 55	Ireland	United Kingdom	Jmt	5310/71	2 E.H.R.R. 25	
	Ocic	Croatia	Adm	46306/99	(2000) 29 E.H.R.R. CD 220	
Art. 56	Matthews	United Kingdom	Jmt	24833/94	(1999) 28 E.H.R.R. 361	
Art. 58	Luedicke, Belkacem and Koç	Germany (Art. 50)	Jmt	6210/73; 6877/75; 7132/75	2 E.H.R.R. 433	
	Ocic	Croatia	Adm	46306/99	(2000) 29 E.H.R.R. CD 220	
Art. 60	Handyside	United Kingdom	Jmt	5493/72	1 E.H.R.R. 737	
	Johansson	Sweden	Adm	14006/88	(1993) 15 E.H.R.R. CD 62	
	Open Door Counselling Ltd and Dublin Well Woman	Ireland	Jmt	14234/88; 14235/88	(1993) 15 E.H.R.R. 244	

Art. 61	V	United Kingdom	Jmt	24888/94	(2000) 30 E.H.R.R. 121
Art. 62	Cyprus	Turkey	Op	25781/94	(1997) 23 E.H.R.R. 244
Art. 63	Ireland	United Kingdom	Jmt	5310/71	2 E.H.R.R. 25
	Piermont	France	Jmt	15773/89	(1995) 20 E.H.R.R. 301
	Tyrer	United Kingdom	Jmt	5856/72	2 E.H.R.R. 1
Art. 63(1)	Tyrer	United Kingdom	Jmt	5856/72	2 E.H.R.R. 1
Art. 63(3)	Tyrer	United Kingdom	Jmt	5856/72	2 E.H.R.R. 1
Art. 64	Belgian Linguistics Case (No. 1)		Jmt	1474/62; 1677/62; 1699/62; 1769/63; 1994/63; 2126/64	1 E.H.R.R. 241
	Belgian Linguistics Case (No. 2)		Jmt	1474/62; 1677/62; 1699/62; 1769/63; 1994/63; 2126/64	1 E.H.R.R. 252
	Belilos	Switzerland	Jmt	10328/83	(1988) 10 E.H.R.R. 466
	Campbell and Cosans	United Kingdom	Op	7511/76; 7743/76	(1981) 3 E.H.R.R. 531
	Chorherr	Austria	Jmt	13308/87	(1994) 17 E.H.R.R. 358
	Helle	Finland	Jmt	20772/92	(1998) 26 E.H.R.R. 159
	S.P.	United Kingdom	Adm	28915/95	(1997) 23 E.H.R.R. CD 139
	Temeltasch	Switzerland	Op	9116/80	(1983) 5 E.H.R.R. 417
	Weber	Switzerland	Jmt	11034/84	(1990) 12 E.H.R.R. 508
Art. 64(1)	Belilos	Switzerland	Jmt	10328/83	(1988) 10 E.H.R.R. 466
	Pauger	Austria	Jmt	16717/90	(1998) 25 E.H.R.R. 105
Art. 64(2)	Belilos	Switzerland	Jmt	10328/83	(1988) 10 E.H.R.R. 466
	Temeltasch	Switzerland	Op	9116/80	(1983) 5 E.H.R.R. 417
Additional Protocol, Art. 1	Union des Athees	France	Adm	14635/89	(1993) 16 E.H.R.R. CD 6
Protocol 1	East African Asians	United Kingdom	Op	4403/70–4419/70; 4422/70; 4434/70; 4443/70; 4476/70–4478/70; 4486/70; 4501/70; 4526/70–4530/70	(1981) 3 E.H.R.R. 76

Article No.	Applicant	Country	Type	Application No.	Citation	Case No. (2001 onwards)
Protocol 1	Ireland	United Kingdom	Jmt	5310/71	2 E.H.R.R. 25	
	Kjeldsen, Busk Madsen and Pedersen	Denmark	Jmt	5095/71; 5920/72; 5926/72	1 E.H.R.R. 711	
	Klass	Germany	Jmt	5029/71	2 E.H.R.R. 214	
	Larkos	Cyprus	Jmt	29515/95	(2000) 30 E.H.R.R. 597	
	Marckx	Belgium	Jmt	6833/74	2 E.H.R.R. 330	
	Selmouni	France	Jmt	25803/94	(2000) 29 E.H.R.R. 403	
Protocol 1, Art. 1	Agrotexim	Greece	Jmt	14807/89	(1996) 21 E.H.R.R. 250	
	Air Canada	United Kingdom	Jmt	18465/91	(1995) 20 E.H.R.R. 150	
	Akdivar	Turkey	Jmt	21893/93	(1997) 23 E.H.R.R. 143	
	Akkum, Akan and Karakoc	Turkey	Adm	21894/93	(1996) 21 E.H.R.R. CD 118	
	Akkus	Turkey	Jmt	19263/92	(2000) 30 E.H.R.R. 365	
	Allgemeine Gold- und Silberscheideanstalt	United Kingdom	Adm	9118/80	(1983) 5 E.H.R.R. 584	
	Allgemeine Gold- und Silberscheideanstalt	United Kingdom	Jmt	9118/80	(1987) 9 E.H.R.R. 1	
	Allgemeine Gold- und Silberscheideanstalt	United Kingdom	Op	9118/80	(1985) 7 E.H.R.R. 314	
	Anders and Fredin	Sweden	Op	12033/86	(1991) 13 E.H.R.R. 142	
	Ao	Italy	Jmt	22534/93	(2000) 29 E.H.R.R. CD 92	
	App. No. 9157/80	Germany	Adm	9157/80	(1984) 6 E.H.R.R. 331	
	App. No. 9185/80	Sweden	Adm	9185/80	(1984) 6 E.H.R.R. 119	
	App. No. 9278 & 9415/81	Norway	Adm	9278 & 9415/81	(1984) 6 E.H.R.R. 357	
	App. No. 9322/81	Netherlands	Adm	9322/81	(1983) 5 E.H.R.R. 598	
	App. No. 9327/81	Netherlands	Adm	9327/81	(1983) 5 E.H.R.R. 600	
	App. No. 9331/81	Germany	Adm	9331/81	(1983) 5 E.H.R.R. 287	
	App. No. 9355/81	United Kingdom	Adm	9355/81	(1983) 5 E.H.R.R. 276	

App. No. 9553/81	Belgium	Adm	9553/81	(1983) 5 E.H.R.R. 509
App. No. 9615/81	United Kingdom	Adm	9615/81	(1983) 5 E.H.R.R. 591
App. No. 9664/82	Sweden	Adm	9664/82	(1983) 5 E.H.R.R. 510
App. No. 9723/82	Austria	Adm	9723/82	(1986) 8 E.H.R.R. 226
App. No. 9730/82	United Kingdom	Adm	9730/82	(1983) 5 E.H.R.R. 606
App. No. 9776/82	United Kingdom	Adm	9776/82	(1984) 6 E.H.R.R. 360
App. No. 9793/82	United Kingdom	Adm	9793/82	(1985) 7 E.H.R.R. 135
App. No. 9825/82	United Kingdom	Adm	9825/82	(1986) 8 E.H.R.R. 49
App. No. 9889/82	France	Adm	9889/82	(1983) 5 E.H.R.R. 298
App. No. 10000/82	United Kingdom	Adm	10000/82	(1984) 6 E.H.R.R. 535
App. No. 10019/82	United Kingdom	Adm	10019/82	(1986) 8 E.H.R.R. 71
App. No. 10020/82	United Kingdom	Adm	10020/82	(1986) 8 E.H.R.R. 71
App. No. 10023/82	United Kingdom	Adm	10023/82	(1986) 8 E.H.R.R. 71
App. No. 10024/82	United Kingdom	Adm	10024/82	(1986) 8 E.H.R.R. 71
App. No. 10099/82	Sweden	Adm	10099/82	(1984) 6 E.H.R.R. 129
App. No. 10138/82	Italy	Adm	10138/82	(1986) 8 E.H.R.R. 252
App. No. 10390/83	United Kingdom	Adm	10390/83	(1986) 8 E.H.R.R. 301
App. No. 10395/83	United Kingdom	Adm	10395/83	(1987) 9 E.H.R.R. 389
App. No. 10482/83	Germany	Adm	10482/83	(1984) 6 E.H.R.R. 587
App. No. 10653/83	Sweden	Adm	10653/83	(1986) 8 E.H.R.R. 310
App. No. 10671/83	Sweden	Adm	10671/83	(1986) 8 E.H.R.R. 269
App. No. 10949/84	Germany	Adm	10949/84	(1988) 10 E.H.R.R. 129
App. No. 10968/84	Austria	Adm	10968/84	(1986) 8 E.H.R.R. 80
App. No. 11036/84	Sweden	Adm	11036/84	(1987) 9 E.H.R.R. 127
App. No. 11118/84	Germany	Adm	11118/84	(1987) 9 E.H.R.R. 562
App. No. 11189/84	Sweden	Adm	11189/84	(1988) 10 E.H.R.R. 132
App. No. 11198/84	United Kingdom	Adm	11198/84	(1986) 8 E.H.R.R. 84
App. No. 11243/84	Sweden	Adm	11243/84	(1987) 9 E.H.R.R. 131
App. No. 11302/84	United Kingdom	Adm	11302/84	(1986) 8 E.H.R.R. 84
App. No. 11408/85	Sweden	Adm	11408/85	(1987) 9 E.H.R.R. 244
App. No. 11417/85	Sweden	Adm	11417/85	(1986) 8 E.H.R.R. 106

Article No.	Applicant	Country	Type	Application No.	Citation	Case No. (2001 onwards)
Protocol 1, Art. 1	App. No. 11620/85	Iceland	Adm	11620/85	(1987) 9 E.H.R.R. 151	
	App. No. 11949/86	United Kingdom	Adm	11949/86	(1988) 10 E.H.R.R. 149	
	Avis Enterprises	Greece	Op	30175/96	(1998) 26 E.H.R.R. CD 21	
	Azzi	Italy	Adm	11250/84	(1989) 11 E.H.R.R. 105	
	Baggs	United Kingdom	Adm	9310/81	(1987) 9 E.H.R.R. 235	
	Bank of Scotland	United Kingdom	Adm	37857/97	(1999) 27 E.H.R.R. CD 307	
	Banstonian Co, Northern Shipbuilding and Industrial Holding Ltd	United Kingdom	Adm	9265/81	(1983) 5 E.H.R.R. 498	
	Baškauskaite	Lithuania	Adm	41090/98	(1999) 27 E.H.R.R. CD 341	
	Beis	Greece	Adm	22045/93	(1995) 19 E.H.R.R. CD 70	
	Beis	Greece	Jmt	22045/93	(1998) 25 E.H.R.R. 335	
	Belgian Linguistics Case (No. 2)		Jmt	1474/62; 1677/62; 1699/62; 1769/63; 1994/63; 2126/64	1 E.H.R.R. 252	
	Bendenoun	France	Jmt	12547/86	(1994) 18 E.H.R.R. 54	
	Bergstrom	Sweden	Adm	10587/83	(1987) 9 E.H.R.R. 93	
	Boden	Sweden	Adm	10930/84	(1987) 9 E.H.R.R. 141	
	Bramelid and Malmström	Sweden	Adm	8588/79; 8589/79	(1983) 5 E.H.R.R. 249	
	British American Tobacco Company Ltd	Netherlands	Jmt	19589/92	(1996) 21 E.H.R.R. 409	
	Brown	United Kingdom	Adm	38644/97	(1999) 28 E.H.R.R. CD 233	
	Bullock	United Kingdom	Adm	29102/95	(1996) 21 E.H.R.R. CD 85	
	C.G.	Austria	Adm	17371/90	(1994) 18 E.H.R.R. CD 51	
	Canea Catholic Church	Greece	Jmt	25528/94	(1999) 27 E.H.R.R. 521	
	Car Srl	Italy	Adm	23924/94	(1996) 22 E.H.R.R. CD 153	

Carlin	United Kingdom	Adm	27537/95	(1998) 25 E.H.R.R. CD 75
Ceskomoravská Myslivecká Jednota	Czech Republic	Adm	33091/96	(1999) 28 E.H.R.R. CD 152
Chapman	United Kingdom	Adm	27238/95	(1998) 25 E.H.R.R. CD 64
Chappell	United Kingdom	Adm	10461/83	(1985) 7 E.H.R.R. 589
Chassagnou	France	Jmt	25088/94; 28331/95; 28443/95	(2000) 29 E.H.R.R. 615
Chater	United Kingdom	Adm	11723/85	(1988) 10 E.H.R.R. 534
Coke	United Kingdom	Adm	38696/97	(1999) 27 E.H.R.R. CD 316
Constantinos	Greece	Adm	25701/94	(1998) 26 E.H.R.R. CD 50
Control Beheermaatschappij BV	Netherlands	Adm	11452/85	(1987) 9 E.H.R.R. 547
Cook	United Kingdom	Adm	36744/97	(1998) 25 E.H.R.R. CD 189
Cornwell	United Kingdom	Adm	36578/97	(1999) 27 E.H.R.R. CD 62
Cornwell	United Kingdom	Settlement	365678/97	(2000) 29 E.H.R.R. CD 30
Coster	United Kingdom	Adm	24876/94	(1998) 25 E.H.R.R. CD 24
Credit and Industrial Bank and Moravec	Czech Republic	Adm	29010/95	(1998) 26 E.H.R.R. CD 88
Cyprus	Turkey	Op	6780/74; 6950/75	(1982) 4 E.H.R.R. 482
Cyprus	Turkey	Op	8007/77	(1993) 15 E.H.R.R. 509
Cyprus	Turkey	Op	25781/94	(1997) 23 E.H.R.R. 244
D	Italy	Adm	13779/88	(1993) 15 E.H.R.R. CD 61
Darby	Sweden	Jmt	11581/85	(1991) 13 E.H.R.R. 774
Deweer	Belgium	Jmt	6903/75	2 E.H.R.R. 439
Dowsett Securities Ltd	United Kingdom	Adm	9450/81	(1984) 6 E.H.R.R. 110
E P	Turkey	Adm	23500/94	(1996) 22 E.H.R.R. CD 143
E.B.	Germany	Adm	19442/92	(1994) 18 E.H.R.R. CD 109
E.P.	Slovak Republic	Adm	33706/96	(1999) 27 E.H.R.R. CD 231
English Electric Co.	United Kingdom	Adm	9263/81	(1983) 5 E.H.R.R. 498
Erkner and Hofauer	Austria	Jmt	9616/81	(1987) 9 E.H.R.R. 464

Article No.	Applicant	Country	Type	Application No.	Citation	Case No. (2001 onwards)
Protocol 1, Art. 1	Erkner and Hofauer	Austria	Op	9616/81	(1986) 8 E.H.R.R. 520	
	Ersöz	Turkey	Adm	23144/93	(1996) 21 E.H.R.R. CD 48	
	F.M. Zumtobel GmbH and Co. KG, Zumtobel and Pramstaller	Austria	Adm	17196/90	(1993) 16 E.H.R.R. CD 40	
	Fenzel and Köllner	Austria	Adm	22351/93	(1996) 22 E.H.R.R. CD 80	
	Fischer	Austria	Adm	16922/90	(1993) 15 E.H.R.R. CD 23	
	Fredin	Sweden	Adm	12033/86	(1989) 11 E.H.R.R. 104	
	Fredin	Sweden	Jmt	12033/86	(1991) 13 E.H.R.R. 784	
	Gaskin	United Kingdom	Adm	10454/83	(1987) 9 E.H.R.R. 279	
	Gasper	Sweden	Adm	10368/83; 10642/83	(1986) 8 E.H.R.R. 99	
	Gasper	Sweden	Adm	18781/91	(1998) 26 E.H.R.R. CD 30	
	Gasus Dosier- und Fördertechnik GmbH	Netherlands	Adm	15375/89	(1993) 15 E.H.R.R. CD 14	
	Gasus Dosier- und Fördertechnik GmbH	Netherlands	Jmt	15375/89	(1995) 20 E.H.R.R. 403	
	Gaygusuz	Austria	Jmt	17371/90	(1997) 23 E.H.R.R. 364	
	Gerlach	Germany	Adm	11130/84	(1986) 8 E.H.R.R. 311	
	Gillow	United Kingdom	Adm	9063/80	(1983) 5 E.H.R.R. 581	
	Gillow	United Kingdom	Jmt	9063/80	(1989) 11 E.H.R.R. 335	
	Gillow	United Kingdom	Op	9063/80	(1985) 7 E.H.R.R. 292	
	Goodman International and Goodman	Ireland	Adm	19538/92	(1993) 16 E.H.R.R. CD 26	
	Grauso	Poland	Adm	27388/95	(1997) 23 E.H.R.R. CD 108	
	Grech	Malta	Adm	24492/94	(1995) 20 E.H.R.R. CD 95	
	Gudmundsson	Iceland	Adm	23285/94	(1996) 21 E.H.R.R. CD 89	
	Guillemin	France	Jmt	19632/92	(1998) 25 E.H.R.R. 435	

Gustafsson	Sweden	Jmt	15573/89	(1996) 22 E.H.R.R. 409
Hakansson and Sturesson	Sweden	Adm	11855/85	(1989) 11 E.H.R.R. 52
Hakansson and Sturesson	Sweden	Jmt	11855/85	(1991) 13 E.H.R.R. 1
Handyside	United Kingdom	Jmt	5493/72	1 E.H.R.R. 737
Hauer	Land Rheinland-Pfalz	ECJ	Case 44/79	(1981) 3 E.H.R.R. 140
Heinz	Contracting States Party to the European Patent Convention	Adm	21090/92	(1994) 18 E.H.R.R. CD 168
Hentrich	France	Jmt	13616/88	(1994) 18 E.H.R.R. 440
Herrick	United Kingdom	Adm	11185/84	(1986) 8 E.H.R.R. 66
Holy Monastries	Greece	Jmt	13092/87; 13984/88	(1995) 20 E.H.R.R. 1
Howard	United Kingdom	Adm	10825/84	(1987) 9 E.H.R.R. 116
Huber	Austria	Adm	23397/94	(1996) 22 E.H.R.R. CD 91
Iatridis	Greece	Jmt	31107/96	(2000) 30 E.H.R.R. 97
Immobiliare Saffi	Italy	Jmt	22774/93	(2000) 30 E.H.R.R. 756
Insam	Austria	Adm	17285/90	(1994) 18 E.H.R.R. CD 47
Inze	Austria	Jmt	8695/79	(1988) 10 E.H.R.R. 394
Inze	Austria	Op	8695/79	(1986) 8 E.H.R.R. 498
Iskcon	United Kingdom	Adm	20490/92	(1994) 18 E.H.R.R. CD 133
J.S.	Netherlands	Adm	14561/89	(1995) 20 E.H.R.R. CD 41
Jacobsson	Sweden	Adm	10842/84	(1987) 9 E.H.R.R. 350
Jacobsson	Sweden	Jmt	10842/84	(1990) 12 E.H.R.R. 56
Jacobsson	Sweden	Jmt	11309/84	(1991) 13 E.H.R.R. 79
Jacobsson	Sweden	Op	10842/84	(1989) 11 E.H.R.R. 563
James	United Kingdom	Jmt	8795/79	(1986) 8 E.H.R.R. 123
James	United Kingdom	Op	8793/79	(1984) 6 E.H.R.R. 475
Johansson	Sweden	Adm	14006/88	(1993) 15 E.H.R.R. CD 62

Article No.	Applicant	Country	Type	Application No.	Citation	Case No. (2001 onwards)
Protocol 1, Art. 1	Jónsson	Iceland	Adm	41242/98	(1999) 27 E.H.R.R. CD 347	
	Kaneva	Bulgaria	Adm	26530/95	(1997) 23 E.H.R.R. CD 86	
	Kappa Kanzlei und Bürobetriebs GmbH	Austria	Adm	37146/97; 37148/97; 37434/97; 37829–37834/97; 37836/97; 37837/97; 37839–37841/97	(1999) 27 E.H.R.R. CD 300	
	Katikardis	Greece	Jmt	19385/92	(2001) 32 E.H.R.R. 113	(2001) 32 E.H.R.R. 6
	Katte Klitsche de la Grange	Italy	Adm	12539/86	(1993) 15 E.H.R.R. CD 1	
	Katte Klitsche de la Grange	Italy	Jmt	12539/86	(1995) 19 E.H.R.R. 368	
	Kilbourn	United Kingdom	Adm	10991/84	(1986) 8 E.H.R.R. 81	
	Klavdianos	Greece	Adm	38841/97	(2000) 29 E.H.R.R. CD 199	
	Kokavecz	Hungary	Adm	27312/95	(1999) 28 E.H.R.R. CD 86	
	Kremer-Viereck and Viereck	Germany	Adm	34197/96	(1998) 26 E.H.R.R. CD 164	
	Krone-Verlag GmbH and Mediaprint Anzeigen GmbH & Co. KG	Austria	Adm	28977/95	(1997) 23 E.H.R.R. CD 152	
	Krug Von Nidda und Von Falkenstein	Germany	Adm	25043/94	(1997) 23 E.H.R.R. CD 60	
	Langborger	Sweden	Jmt	11179/84	(1990) 12 E.H.R.R. 416	
	Langborger	Sweden	Op	11179/84	(1990) 12 E.H.R.R. 120	
	Larkos	Cyprus	Jmt	29515/95	(2000) 30 E.H.R.R. 597	
	Lee	United Kingdom	Adm	25289/94	(1998) 25 E.H.R.R. CD 46	
	Lenzing AG	United Kingdom	Adm	38817/97	(1999) 27 E.H.R.R. CD 323	
	Lindkvist	Denmark	Adm	25737/94	(1999) 27 E.H.R.R. CD 103	

Lindsay	United Kingdom	Adm	11089/84	(1987) 9 E.H.R.R. 555
Lithgow	United Kingdom	Adm	9006/80	(1983) 5 E.H.R.R. 491
Lithgow	United Kingdom	Jmt	9006/80	(1986) 8 E.H.R.R. 329
Lithgow	United Kingdom	Op	9006/80; 9262/81; 9263/81; 9265/81; 9266/81; 9313/81; 9405/81	(1985) 7 E.H.R.R. 56
Lobo Machado	Portugal	Jmt	15764/89	(1997) 23 E.H.R.R. 79
Loizidou	Turkey	Jmt	15318/89	(1997) 23 E.H.R.R. 513
Lundquist	Sweden	Adm	10911/84	(1987) 9 E.H.R.R. 531
M	Austria	Adm	18960/91	(1993) 16 E.H.R.R. CD 25
McLeod	United Kingdom	Adm	24755/94	(1996) 22 E.H.R.R. CD 158
McLeod	United Kingdom	Jmt	24755/94	(1999) 27 E.H.R.R. 493
Mann	Germany	Adm	24077/94	(1996) 22 E.H.R.R. CD 157
Manners	United Kingdom	Adm	37650/97	(1998) 26 E.H.R.R. CD 206
Marckx	Belgium	Jmt	6833/74	2 E.H.R.R. 330
Masefield	United Kingdom	Adm	11469/85	(1987) 9 E.H.R.R. 136
Matos e Silva	Portugal	Jmt	15777/89	(1997) 24 E.H.R.R. 573
Mauiritsch	Austria	Adm	12462/86	(1989) 11 E.H.R.R. 46
Mellacher	Austria	Jmt	10522/83; 11011/84; 11070/84	(1990) 12 E.H.R.R. 391
Mellacher	Austria	Op	10522/83; 11011/84; 11070/84	(1990) 12 E.H.R.R. 97
Mellacher, Mölk and Weisstessbach	Austria	Adm	10522/83; 11011/84; 11070/84	(1987) 9 E.H.R.R. 357
Mens and Mens-Hoek	Netherlands	Adm	34325/96	(1998) 26 E.H.R.R. CD 170
Mika	Austria	Adm	26560/95	(1996) 22 E.H.R.R. CD 208
Moreaux	Belgium	Adm	9267/81	(1984) 6 E.H.R.R. 531
Motta	Italy	Adm	16805/90	(1993) 16 E.H.R.R. CD 12
Musa	Austria	Adm	40477/98	(1999) 27 E.H.R.R. CD 338
Nap Holdings United Kingdom Ltd	United Kingdom	Adm	27721/95	(1996) 22 E.H.R.R. CD 114

Article No.	Applicant	Country	Type	Application No.	Citation	Case No. (2001 onwards)
Protocol 1, Art. 1	National & Provincial, Leeds and Yorkshire Building Societies	United Kingdom	Adm	21319/93	(1995) 19 E.H.R.R. CD 56	
	National & Provincial, Leeds Permanent and the Yorkshire Building Societies	United Kingdom	Jmt	21319/93; 21449/93; 21675/93	(1998) 25 E.H.R.R. 127	
	Niemietz	Germany	Jmt	13710/88	(1993) 16 E.H.R.R. 97	
	Noviflora Sweden AB	Sweden	Adm	14369/88	(1993) 15 E.H.R.R. CD 6	
	Ocic	Croatia	Adm	46306/99	(2000) 29 E.H.R.R. CD 220	
	Ohg	Austria	Adm	19441/92	(1994) 18 E.H.R.R. CD 107	
	Okodata	Austria	Adm	10666/83	(1986) 8 E.H.R.R. 312	
	Ortenberg	Austria	Jmt	18064/91	(1995) 19 E.H.R.R. 524	
	Panikian	Bulgaria	Adm	29583/96	(1997) 24 E.H.R.R. CD 63	
	Pantano	Italy	Adm	20251/92	(1996) 21 E.H.R.R. CD 117	
	Papachelas	Greece	Jmt	31423/96	(2000) 30 E.H.R.R. 923	
	Papamichalopoulos	Greece	Jmt	14556/89	(1993) 16 E.H.R.R. 440	
	Paruszweska	Poland	Adm	33770/96	(1998) 25 E.H.R.R. CD 175	
	Peers	Greece	Adm	28524/95	(1999) 27 E.H.R.R. CD 126	
	Pentidis	Greece	Jmt	23238/94	(1997) 23 E.H.R.R. CD 37	
	Pentidis	Greece	Op	23238/94	(1997) 24 E.H.R.R. CD 1	
	Philis	Greece	Adm	18001/91	(1994) 18 E.H.R.R. CD 57	
	Philis	Greece	Adm	28970/95	(1997) 23 E.H.R.R. CD 147	
	Phocas	France	Jmt	17869/91	(2001) 32 E.H.R.R. 221	(2001) 32 E.H.R.R. 11
	Photos Photiades & Co. Ltd	Cyprus	Adm	41113/98	(1999) 27 E.H.R.R. CD 344	
	Pine Valley Developments Ltd	Ireland	Jmt	12742/87	(1992) 14 E.H.R.R. 319	

Pinnacle Meat Processors Co.	United Kingdom	Adm	33298/96	(1999) 27 E.H.R.R. CD 217	
Poiss	Austria	Jmt	9816/82	(1988) 10 E.H.R.R. 231	
Powell	United Kingdom	Adm	9310/81	(1987) 9 E.H.R.R. 241	
Powell and Rayner	United Kingdom	Jmt	9310/81	(1990) 12 E.H.R.R. 355	
Powell and Rayner	United Kingdom	Op	9310/81	(1990) 12 E.H.R.R. 288	
Pressos Compania Naviera SA	Belgium	Jmt	17849/91	(1996) 21 E.H.R.R. 301	
Protsch	Austria	Adm	15508/89	(1994) 18 E.H.R.R. CD 36	
Protsch	Austria	Jmt	15508/89	(2001) 32 E.H.R.R. 255	(2001) 32 E.H.R.R. 12
Province of Bari, Sorrento and Messeni nemaga	Italy	Adm	41877/98	(1999) 27 E.H.R.R. CD 352	
Pudas	Sweden	Jmt	10426/83	(1988) 10 E.H.R.R. 380	
RC	United Kingdom	Adm	37664/97; 37665/97; 37974/97; 37979/97; 37682/97; 38910/97	(1998) 26 E.H.R.R. CD 210	
Radino	Italy	Adm	9683/82	(1986) 8 E.H.R.R. 233	
Raimondo	Italy	Jmt	12954/87	(1994) 18 E.H.R.R. 237	
Rayner	United Kingdom	Adm	9310/81	(1987) 9 E.H.R.R. 375	
Reber	Germany	Adm	27410/95	(1996) 22 E.H.R.R. CD 98	
Rudzinske	Poland	Adm	45223/99	(2000) 29 E.H.R.R. CD 241	
Ryder	United Kingdom	Adm	12360/86	(1989) 11 E.H.R.R. 80	
S	Italy	Adm	15130/89	(1993) 15 E.H.R.R. CD 13	
Santilli	Italy	Jmt	11634/85	(1992) 14 E.H.R.R. 421	
Schertler	Austria	Adm	26575/95	(1996) 22 E.H.R.R. CD 212	
Schmidt	Germany	Jmt	13580/88	(1994) 18 E.H.R.R. 513	
Scollo	Italy	Jmt	19133/91	(1996) 22 E.H.R.R. 514	
Scotts of Greenock Ltd	United Kingdom	Adm	9482/81	(1986) 8 E.H.R.R. 288	
Scotts of Greenock Ltd	United Kingdom	Adm	9599/81	(1986) 8 E.H.R.R. 293	
Seidlová	Slovak Republic	Adm	25461/94	(1995) 20 E.H.R.R. CD 124	

Article No.	Applicant	Country	Type	Application No.	Citation	Case No. (2001 onwards)
Protocol 1, Art. 1	Selçuk and Asker	Turkey	Jmt	23184/94; 23185/94	(1998) 26 E.H.R.R. 477	
	Sequaris	Belgium	Adm	9676/82	(1983) 5 E.H.R.R. 293	
	Smith	United Kingdom	Adm	25154/94	(1998) 25 E.H.R.R. CD 42	
	Smith	United Kingdom	Adm	26666/95	(1998) 25 E.H.R.R. CD 52	
	Socialist Party	Turkey	Jmt	21237/93	(1999) 27 E.H.R.R. 51	
	Šaçek	Czech Republic	Jmt	26449/95	(2000) 30 E.H.R.R. 1010	
	Špacek Ltd	Czech Republic	Adm	26449/95	(1997) 23 E.H.R.R. CD 76	
	Spadea and Scalabrino	Italy	Jmt	12868/87	(1996) 21 E.H.R.R. 482	
	Sporrong and Lönroth	Sweden	Jmt	7151 & 7152/75	(1983) 5 E.H.R.R. 35	
	Sporrong and Lönnroth	Sweden (Art. 50)	Jmt	7151 & 7152/75	(1985) 7 E.H.R.R. 256	
	Staarman	Netherlands	Adm	10503/83	(1986) 8 E.H.R.R. 73	
	Stevens and Knight	United Kingdom	Adm	28918/95	(1999) 27 E.H.R.R. CD 138	
	Stiftelsen Akademiska Föreningens Bostader I Lund	Sweden	Adm	11661/85	(1989) 11 E.H.R.R. 47	
	Stran Greek Refineries and Stratis Andreadis	Greece	Jmt	13427/87	(1995) 19 E.H.R.R. 293	
	Styranowski	Poland	Adm	28616/95	(1996) 22 E.H.R.R. CD 111	
	Sunday Times	United Kingdom	Jmt	6538/74	2 E.H.R.R. 245	
	Švidranová	Slovak Republic	Adm	35268/97	(1998) 26 E.H.R.R. CD 184	
	Szumilas	Poland	Adm	35187/97	(1998) 26 E.H.R.R. CD 181	
	Tre Traktörer AB	Sweden	Adm	10873/84	(1987) 9 E.H.R.R. 96	
	Tre Traktörer AB	Sweden	Jmt	10873/84	(1991) 13 E.H.R.R. 309	
	Tre Traktörer AB	Sweden	Op	10873/84	(1990) 12 E.H.R.R. 128	
	Trustees of the late Duke of Westminster's Estate	United Kingdom	Adm	8793/79	(1983) 5 E.H.R.R. 440	
	Turner	United Kingdom	Adm	30294/96	(1997) 23 E.H.R.R. CD 181	

United Communist Party of Turkey	Turkey	Jmt	19392/92	(1998) 26 E.H.R.R. 121
Uskela	Sweden	Adm	10537/83	(1986) 8 E.H.R.R. 100
Van Der Mussele	Belgium	Jmt	8919/80	(1984) 6 E.H.R.R. 163
Van Marle	Netherlands	Jmt	8543/79; 8674/79; 8675/79; 8685/79	(1986) 8 E.H.R.R. 483
Van Marle, Van Zomeren, Flantua and De Bruijn	Netherlands	Op	8543/79	(1985) 7 E.H.R.R. 265
Van Raalte	Netherlands	Jmt	20060/92	(1997) 24 E.H.R.R. 503
Vasilescu	Romania	Jmt	27053/95	(1999) 28 E.H.R.R. 241
Vendittelli	Italy	Adm	14804/89	(1993) 15 E.H.R.R. CD 12
Vendittelli	Italy	Jmt	14804/89	(1995) 19 E.H.R.R. 464
Vickers plc	United Kingdom	Adm	9313/81	(1983) 5 E.H.R.R. 499
Vosper	United Kingdom	Adm	9262/81	(1983) 5 E.H.R.R. 496
Weidlich	Germany	Adm	18890/91; 19048/91; 19049/91; 19342/92; 19549/92	(1996) 22 E.H.R.R. CD 55
Wiesinger	Austria	Jmt	11796/85	(1993) 16 E.H.R.R. 258
Willis	United Kingdom	Adm	36042/97	(1999) 28 E.H.R.R. CD 166
Willsher	United Kingdom	Adm	31024/96	(1997) 23 E.H.R.R. CD 188
Wood	United Kingdom	Adm	32540/96	(1997) 24 E.H.R.R. CD 69
X	Austria	Adm	8003/77	(1981) 3 E.H.R.R. 285
X	Germany	Adm	8682/79	(1982) 4 E.H.R.R. 398
X	Austria	Adm	13813/88	(1993) 15 E.H.R.R. CD 3
Yanačik	Turkey	Adm	14524/89	(1993) 16 E.H.R.R. CD 5
Yarrow plc	United Kingdom	Adm	9266/81	(1983) 5 E.H.R.R. 498
Young	Ireland	Adm	25646/94	(1996) 21 E.H.R.R. CD 91
Zacher	Germany	Adm	30032/96	(1996) 22 E.H.R.R. CD 136
Zentralrat Deutscher Sinti und Roma and Rose	Germany	Adm	35208/97	(1997) 23 E.H.R.R. CD 209

Article No.	Applicant	Country	Type	Application No.	Citation	Case No. (2001 onwards)
Protocol 1, Art. 1	Zubani	Turkey	Jmt	14025/88	(2001) 32 E.H.R.R. 297	(2001) 32 E.H.R.R. 14
Protocol 1, Art. 1(1)	Iatridis	Greece	Jmt	31107/96	(2000) 30 E.H.R.R. 97	
	X	Austria	Adm	8003/77	(1981) 3 E.H.R.R. 285	
Protocol 1, Art. 1(2)	Air Canada	United Kingdom	Jmt	18465/91	(1995) 20 E.H.R.R. 150	
	X	Austria	Adm	8003/77	(1981) 3 E.H.R.R. 285	
Protocol 1, Arts 1–3	Belgian Linguistics Case (No. 1)		Jmt	1474/62; 1677/62; 1699/62; 1769/63; 1994/63; 2126/64	1 E.H.R.R. 241	
	East African Asians	United Kingdom	Op	4403/70–4419/70; 4422/70; 4434/70; 4443/70; 4476/70–4478/70; 4486/70; 4501/70; 4526/70–4530/70	(1981) 3 E.H.R.R. 76	
Protocol 1, Art. 2	Aminoff	Sweden	Adm	10554/83	(1986) 8 E.H.R.R. 75	
	Angeleni	Sweden	Adm	10491/83	(1988) 10 E.H.R.R. 123	
	App. No. 9114/80	United Kingdom	Adm	9114/80	(1985) 7 E.H.R.R. 462	
	App. No. 9119/80	United Kingdom	Adm	9119/80	(1986) 8 E.H.R.R. 47	
	App. No. 9303/81	United Kingdom	Adm	9303/81	(1987) 9 E.H.R.R. 538	
	App. No. 9461/81	United Kingdom	Adm	9461/81	(1983) 5 E.H.R.R. 480	
	App. No. 9596/81	Ireland	Adm	9596/81	(1984) 6 E.H.R.R. 570	
	App. No. 10141/82	Sweden	Adm	10141/82	(1986) 8 E.H.R.R. 253	
	App. No. 10193/82	Germany	Adm	10193/82	(1985) 7 E.H.R.R. 141	
	App. No. 10228 & 10229/82	United Kingdom	Adm	10228 & 10229/82	(1985) 7 E.H.R.R. 141	
	App. No. 10476/83	Sweden	Adm	10476/83	(1987) 9 E.H.R.R. 247	
	App. No. 10482/83	Germany	Adm	10482/83	(1984) 6 E.H.R.R. 587	

App. No. 10542/83	Sweden	Adm	10542/83	(1987) 9 E.H.R.R. 250
App. No. 10925/84	Sweden	Adm	10925/84	(1986) 8 E.H.R.R. 90
Belgian Linguistics Case (No. 1)		Jmt	1474/62; 1677/62; 1699/62; 1769/63; 1994/63; 2126/64	1 E.H.R.R. 241
Belgian Linguistics Case (No. 2)		Jmt	1474/62; 1677/62; 1699/62; 1769/63; 1994/63; 2126/64	1 E.H.R.R. 252
Campbell and Cosans	United Kingdom	Jmt	7511/76; 7743/76	(1982) 4 E.H.R.R. 293
Campbell and Cosans	United Kingdom	Op	7511/76; 7743/76	(1981) 3 E.H.R.R. 531
Cohen	United Kingdom	Adm	25959/94	(1996) 21 E.H.R.R. CD 104
Coster	United Kingdom	Adm	24876/94	(1998) 25 E.H.R.R. CD 24
Cyprus	Turkey	Op	25781/94	(1997) 23 E.H.R.R. 244
Eriksson	Sweden	Adm	11373/85	(1988) 10 E.H.R.R. 539
Eriksson	Sweden	Jmt	11375/85	(1990) 12 E.H.R.R. 183
Golder	United Kingdom	Jmt	4451/70	1 E.H.R.R. 524
Guzzardi	Italy	Jmt	7367/76	(1981) 3 E.H.R.R. 333
Halil, Ahmet and Sabah	United Kingdom	Adm	11355/85	(1986) 8 E.H.R.R. 305
Hoffmann	Austria	Jmt	12875/87	(1994) 17 E.H.R.R. 293
Immobiliare Saffi	Italy	Jmt	22774/93	(2000) 30 E.H.R.R. 756
Karus	Italy	Adm	29043/95	(1998) 26 E.H.R.R. CD 98
Keller	Germany	Adm	36283/97	(1998) 25 E.H.R.R. CD 187
Kjeldsen, Busk Madsen and Pedersen	Denmark	Jmt	5095/71; 5920/72; 5926/72	1 E.H.R.R. 711
Lee	United Kingdom	Adm	25289/94	(1998) 25 E.H.R.R. CD 46
M	United Kingdom	Adm	29046/95	(1999) 27 E.H.R.R. CD 152
Olsson	Sweden	Adm	10465/83	(1986) 8 E.H.R.R. 71
Olsson	Sweden	Jmt	10465/83	(1989) 11 E.H.R.R. 259
PP	United Kingdom	Adm	25297/94	(1996) 21 E.H.R.R. CD 81
Patel	United Kingdom	Adm	8844/80	(1982) 4 E.H.R.R. 256
Poli	Denmark	Adm	33209/96	(1999) 27 E.H.R.R. CD 212
S.P.	United Kingdom	Adm	28915/95	(1997) 23 E.H.R.R. CD 139
Smith	United Kingdom	Adm	25154/94	(1998) 25 E.H.R.R. CD 42

Article No.	Applicant	Country	Type	Application No.	Citation	Case No. (2001 onwards)
Protocol 1, Art. 2	Tennenbaum	Sweden	Adm	16031/90	(1994) 18 E.H.R.R. CD 41	
	Valsamis	Greece	Jmt	21787/93	(1997) 24 E.H.R.R. 294	
	Verein Gemeinsam Lernen	Austria	Adm	23419/94	(1995) 20 E.H.R.R. CD 78	
	Widen	Sweden	Adm	10723/83	(1986) 8 E.H.R.R. 79	
	Wöckel	Germany	Adm	32165/96	(1998) 25 E.H.R.R. CD 156	
	X	United Kingdom	Adm	8874/80	(1982) 4 E.H.R.R. 252	
	X	United Kingdom	Adm	9471/81	(1985) 7 E.H.R.R. 450	
	X (Mr & Mrs)	United Kingdom	Adm	8566/79	(1983) 5 E.H.R.R. 265	
	X (Mr & Mrs)	United Kingdom	Adm	9411/81	(1983) 5 E.H.R.R. 276	
	X and Y	United Kingdom	Adm	9146/80	(1986) 8 E.H.R.R. 298	
	X, Y and Z	Sweden	Adm	8811/79	(1983) 5 E.H.R.R. 147	
	Yanačik	Turkey	Adm	14524/89	(1993) 16 E.H.R.R. CD 5	
Protocol 1, Art. 3	Ahmed	United Kingdom	Adm	22954/93	(1995) 20 E.H.R.R. CD 72	
	Ahmed	United Kingdom	Jmt	22954/93	(2000) 29 E.H.R.R. 1	
	App. No. 8873/80	United Kingdom	Adm	8873/80	(1983) 5 E.H.R.R. 268	
	App. No. 9588/81	United Kingdom	Adm	9588/81	(1984) 6 E.H.R.R. 545	
	App. No. 9807/82	Netherlands	Adm	9807/82	(1983) 5 E.H.R.R. 513	
	App. No. 9914/82	Netherlands	Adm	9914/82	(1984) 6 E.H.R.R. 139	
	App. No. 9926/82	Netherlands	Adm	9926/82	(1983) 5 E.H.R.R. 515	
	App. No. 10097/82	Netherlands	Adm	10097/82	(1983) 5 E.H.R.R. 516	
	Bader	Austria	Adm	26633/95	(1996) 22 E.H.R.R. CD 213	
	Baškauskaite	Lithuania	Adm	41090/98	(1999) 27 E.H.R.R. CD 341	
	Belgian Linguistics Case (No. 2)		Jmt	1474/62; 1677/62; 1699/62; 1769/63; 1994/63; 2126/64	1 E.H.R.R. 252	
	Booth-Clibborn	United Kingdom	Adm	11391/85	(1986) 8 E.H.R.R. 99	
	Cyprus	Turkey	Op	25781/94	(1997) 23 E.H.R.R. 244	

	Edis	United Kingdom	Adm	11414/85	(1986) 8 E.H.R.R. 99
	Edwards	United Kingdom	Adm	11377/85	(1986) 8 E.H.R.R. 96
	Fryske Nasjonale Partij	Netherlands	Adm	11100/84	(1987) 9 E.H.R.R. 261
	Gitonas	Greece	Jmt	18747/91; 19376/92; 19379/92; 28208/95; 27755/95	(1998) 26 E.H.R.R. 691
	Glimmerveen and Hagenbeek	Netherlands	Adm	8348/78; 8406/78	(1982) 4 E.H.R.R. 260
	Holland	Ireland	Adm	24827/94	(1998) 25 E.H.R.R. CD 20
	I.Z.	Greece	Adm	18997/91	(1994) 18 E.H.R.R. CD 101
	Liberal Party	United Kingdom	Adm	8765/79	(1982) 4 E.H.R.R. 106
	Lindsay	United Kingdom	Adm	31699/96	(1997) 23 E.H.R.R. CD 199
	Mathieu-Mohin and Clerfayt	Belgium	Jmt	9267/81	(1988) 10 E.H.R.R. 1
	Matthews	United Kingdom	Adm	24833/94	(1996) 22 E.H.R.R. CD 175
	Matthews	United Kingdom	Jmt	24833/94	(1999) 28 E.H.R.R. 361
	Moreaux	Belgium	Adm	9267/81	(1984) 6 E.H.R.R. 531
	New Horizons	Cyprus	Adm	40436/98	(1999) 27 E.H.R.R. CD 334
	Socialist Party	Turkey	Jmt	21237/93	(1999) 27 E.H.R.R. 51
	Tete	France	Adm	11123/84	(1989) 11 E.H.R.R. 91
	Timke	Germany	Adm	27311/95	(1995) 20 E.H.R.R. CD 133
	United Communist Party of Turkey	Turkey	Jmt	19392/92	(1998) 26 E.H.R.R. 121
Protocol 1, Art. 5	Belgian Linguistics Case (No. 2)		Jmt	1474/62; 1677/62; 1699/62; 1769/63; 1994/63; 2126/64	1 E.H.R.R. 252
	Campbell and Cosans	United Kingdom	Op	7511/76; 7743/76	(1981) 3 E.H.R.R. 531
Protocol 4	Ireland	United Kingdom	Jmt	5310/71	2 E.H.R.R. 25
	Selmouni	France	Jmt	25803/94	(2000) 29 E.H.R.R. 403
Protocol 4, Art. 1	Ireland	United Kingdom	Jmt	5310/71	2 E.H.R.R. 25
Protocol 4, Art. 2	App. No. 9097/80	Belgium	Adm	9097/80	(1983) 5 E.H.R.R. 280

Article No.	Applicant	Country	Type	Application No.	Citation	Case No. (2001 onwards)
Protocol 4, Art. 2	App. No. 9900/82	France	Adm	9900/82	(1983) 5 E.H.R.R. 610	
	Bozano	France	Jmt	9990/82	(1987) 9 E.H.R.R. 297	
	Cyprus	Turkey	Op	6780/74; 6950/75	(1982) 4 E.H.R.R. 482	
	Dick	United Kingdom	Adm	26249/95	(1996) 21 E.H.R.R. CD 107	
	Engel	Netherlands (No. 1)	Jmt	5100/71; 5101/71; 5102/71; 5354/72; 5370/72	1 E.H.R.R. 647	
	Gillow	United Kingdom	Jmt	9063/80	(1989) 11 E.H.R.R. 335	
	Guzzardi	Italy	Jmt	7367/76	(1981) 3 E.H.R.R. 333	
	Pancenko	Latvia	Adm	40772/98	(2000) 29 E.H.R.R. CD 227	
	Paramanathan	Germany	Adm	12068/86	(1988) 10 E.H.R.R. 157	
	Piermont	France	Adm	15773/89; 15774/89	(1993) 15 E.H.R.R. CD 76	
	Piermont	France	Jmt	15773/89	(1995) 20 E.H.R.R. 301	
	Raimondo	Italy	Jmt	12954/87	(1994) 18 E.H.R.R. 237	
	Sunday Times	United Kingdom	Jmt	6538/74	2 E.H.R.R. 245	
	V	Denmark	Adm	17392/90	(1993) 15 E.H.R.R. CD 28	
Protocol 4, Art. 2(1)	Zentralrat Deutscher Sinti und Roma and Rose	Germany	Adm	35208/97	(1997) 23 E.H.R.R. CD 209	
Protocol 4, Art. 2(2)	App. No. 10564/83	Germany	Adm	10564/83	(1986) 8 E.H.R.R. 262	
	App. No. 10653/83	Sweden	Adm	10653/83	(1986) 8 E.H.R.R. 310	
	Marangos	Cyprus	Adm	31106/96	(1997) 23 E.H.R.R. CD 192	
Protocol 4, Art. 2(3)	Engel	Netherlands (No. 1)	Jmt	5100/71; 5101/71; 5102/71; 5354/72; 5370/72	1 E.H.R.R. 647	
Protocol 4, Art. 3	Karassev	Finland	Adm	31414/96	(1999) 28 E.H.R.R. CD 126	

(1999) 28 E.H.R.R. CD 132					
Protocol 4, Art. 3(1)	App. No. 10564/83	Germany	Adm	10564/83	(1986) 8 E.H.R.R. 262
	Deweer	Belgium	Jmt	6903/75	2 E.H.R.R. 439
Protocol 4, Art. 3(2)	East African Asians	United Kingdom	Op	4403/70–4419/70; 4422/70; 4434/70; 4443/70; 4476/70–4478/70; 4486/70; 4501/70; 4526/70–4530/70	(1981) 3 E.H.R.R. 76
	Marangos	Cyprus	Adm	31106/96	(1997) 23 E.H.R.R. CD 192
Protocol 4, Art. 4	Andric	Sweden	Adm	45917/99	(1999) 28 E.H.R.R. CD 218
	Juric	Sweden	Adm	45924/99	(1999) 27 E.H.R.R. CD 71
	V	Denmark	Adm	17392/90	(1993) 15 E.H.R.R. CD 28
Protocol 4, Art. 5	A, B and C	France	Adm	18560/91	(1993) 15 E.H.R.R. CD 39
Protocol 6	Incedursun	Netherlands	Jmt	33124/96	(1999) 28 E.H.R.R. CD 54
	Özdemir	Netherlands	Adm	35758/97	(1999) 27 E.H.R.R. CD 257
	Raidl	Austria	Adm	25342/94	(1995) 20 E.H.R.R. CD 114
Protocol 6, Art. 1	Aspichi Dehwari	Netherlands	Adm	37014/97	(1998) 25 E.H.R.R. CD 191
	Nazarenko	Ukraine	Adm	39483/98	(1999) 28 E.H.R.R. CD 246
	Poltoratskiy	Ukraine	Adm	38812/97	(1999) 27 E.H.R.R. CD 320
Protocol 7	Brown	United Kingdom	Adm	38644/97	(1999) 28 E.H.R.R. CD 233
Protocol 7, Art. 1	J.E.D.	United Kingdom	Adm	42225/98	(1999) 27 E.H.R.R. CD 65
	Mustafai-Nejad	Austria	Adm	26495/95	(1997) 23 E.H.R.R. CD 85
	V	Denmark	Adm	17392/90	(1993) 15 E.H.R.R. CD 28
Protocol 7, Art. 2	Botten	Norway	Adm	16206/90	(1994) 18 E.H.R.R. CD 45

Article No.	Applicant	Country	Type	Application No.	Citation	Case No. (2001 onwards)
Protocol 7, Art. 2	Olsson	Sweden	Adm	37553/97	(1998) 26 E.H.R.R. CD 203	
	Pesti and Frodl	Austria	Adm	27618/95	(2000) 29 E.H.R.R. CD 229	
	Rehbock	Slovenia	Adm	29462/95	(1998) 26 E.H.R.R. CD 120	
	Sjöö	Sweden	Adm	37604/97	(1999) 27 E.H.R.R. CD 304	
	T	Luxembourg	Adm	19715/92	(1993) 15 E.H.R.R. CD 107	
Protocol 7, Art. 3	Rehbock	Slovenia	Adm	29462/95	(1998) 26 E.H.R.R. CD 120	
Protocol 7, Art. 4	Oliveira	Switzerland	Jmt	25711/94	(1999) 28 E.H.R.R. 289	
	Schatzmayr	Austria	Adm	32052/96	(1999) 27 E.H.R.R. CD 191	
Protocol 7, Art. 4(1)	C.M.L.-O.	Switzerland	Adm	25711/94	(1997) 23 E.H.R.R. CD 68	
Protocol 7, Art. 5	E.P.	Slovak Republic	Adm	33706/96	(1999) 27 E.H.R.R. CD 231	
	Hokkanen	Finland	Jmt	19823/92	(1995) 19 E.H.R.R. 139	
	K	Finland	Adm	19823/92	(1993) 16 E.H.R.R. CD 47	
	Karakuzey	Germany	Adm	26568/95	(1997) 23 E.H.R.R. CD 92	
	Purtonen	Finland	Adm	32700/96	(1999) 27 E.H.R.R. CD 192	

CASES JUDICIALLY CONSIDERED IN JUDGMENTS AND DECISIONS

(Citations for Vol. 31 onwards given in this table are to page number rather than the media neutral case number citation introduced in those volumes.)

Case Referred to	Name of Case	Citation
Before the European Court of Human Rights		
A v. Denmark (1996) 22 E.H.R.R. 458	F.E. v. France	(2000) 29 E.H.R.R. 591
	Süßmann v. Germany	(1998) 25 E.H.R.R. 65
A v. France (A/277–B) (1994) 17 E.H.R.R. 462	Andronicou and Constantinou v. Cyprus	(1995) 20 E.H.R.R. CD 105
	Andronicou and Constantinou v. Cyprus	(1998) 25 E.H.R.R. 491
	De Moor v. Belgium	(1994) 18 E.H.R.R. 372
	Halford v. United Kingdom	(1997) 24 E.H.R.R. 523
	McGinley and Egan v. United Kingdom	(1996) 21 E.H.R.R. CD 56
	Raninen v. Finland	(1996) 21 E.H.R.R. CD 123
	Remli v. France	(1996) 22 E.H.R.R. 253
	Remmers and Hamer v. Netherlands	(1999) 27 E.H.R.R. CD 168
	TW v. Malta	(2000) 29 E.H.R.R. 185
A v. United Kingdom (1999) 27 E.H.R.R. 611	Adamson v. United Kingdom	(1999) 28 E.H.R.R. CD 209
	Assenov v. Bulgaria	(1999) 28 E.H.R.R. 652
	Nikolova v. Bulgaria	(2001) 31 E.H.R.R 64
	V v. United Kingdom	(2000) 30 E.H.R.R. 121
	Z v. United Kingdom	(1999) 28 E.H.R.R. CD 65
Abdulaziz v. United Kingdom (A/94); Cabales v. United Kingdom (9473/81); Balkandali v. United Kingdom (9474/81) (1985) 7 E.H.R.R. 471	A and Family v. Spain	(1994) 18 E.H.R.R. CD 209
	A.P. v. Austria	(1995) 20 E.H.R.R. CD 63
	Ahmut v. Netherlands	(1997) 24 E.H.R.R. 62
	B v. France	(1993) 16 E.H.R.R. 1
	Barthold v. Germany	(1991) 13 E.H.R.R. 431
	Beldjoudi v. France	(1992) 14 E.H.R.R. 801
	Berrehab v. Netherlands	(1989) 11 E.H.R.R. 322
	Botta v. Italy	(1998) 26 E.H.R.R. 241
	Bouchelkia v. France	(1998) 25 E.H.R.R. 686
	Boughanemi v. France	(1996) 22 E.H.R.R. 228
	Boujlifa v. France	(2000) 30 E.H.R.R. 419
	Burghartz v. Switzerland	(1994) 18 E.H.R.R. 101
	C v. Belgium	(2001) 32 E.H.R.R. 19
	C v. Netherlands	(1993) 15 E.H.R.R. CD 26
	Cruz Varas v. Sweden	(1992) 14 E.H.R.R. 1
	Dreshaj v. Finland	(1994) 18 E.H.R.R. CD 213
	E v. United Kingdom	(1993) 15 E.H.R.R. CD 61
	El Boujaïdi v. France	(2000) 30 E.H.R.R. 223
	G.H.H. v. Turkey	(1999) 28 E.H.R.R. CD 221
	Glasenapp v. Germany	(1987) 9 E.H.R.R. 25
	Groppera Radio AG v. Switzerland	(1990) 12 E.H.R.R. 321
	Guerra v. Italy	(1998) 26 E.H.R.R. 357
	Gül v. Switzerland	(1996) 22 E.H.R.R. 93
	Hoffmann v. Austria	(1994) 17 E.H.R.R. 293
	Inze v. Austria	(1988) 10 E.H.R.R. 394
	James v. United Kingdom	(1986) 8 E.H.R.R. 123
	Johnston v. Ireland	(1987) 9 E.H.R.R. 203

Case Referred to	Name of Case	Citation
	Karassev v. Finland	(1999) 28 E.H.R.R. CD 126
	Keegan v. Ireland	(1994) 18 E.H.R.R. 342
	Klass v. Germany	(1994) 18 E.H.R.R. 305
	Kosiek v. Germany	(1987) 9 E.H.R.R. 328
	Kroon v. Netherlands	(1995) 19 E.H.R.R. 263
	Lithgow v. United Kingdom	(1986) 8 E.H.R.R. 329
	McCotter v. United Kingdom	(1993) 15 E.H.R.R. CD 98
	McMichael v. United Kingdom	(1995) 20 E.H.R.R. 205
	Mehemi v. France	(2000) 30 E.H.R.R. 739
	Momique-Pola v. Sweden	(1998) 26 E.H.R.R. CD 187
	Moustaquim v. Belgium	(1991) 13 E.H.R.R. 802
	N v. United Kingdom	(1993) 16 E.H.R.R. CD 28
	Nasri v. France	(1996) 21 E.H.R.R. 458
	Papamichalopoulos v. Greece	(1996) 21 E.H.R.R. 439
	Patel v. United Kingdom	(1999) 27 E.H.R.R. CD 254
	Phull v. United Kingdom	(1998) 25 E.H.R.R. CD 166
	Plattform Ärtze für das Leben v. Austria	(1991) 13 E.H.R.R. 204
	Poku v. United Kingdom	(1996) 22 E.H.R.R. CD 94
	PP v. United Kingdom	(1996) 21 E.H.R.R. CD 81
	R v. United Kingdom	(1991) 13 E.H.R.R. 588
	Raninen v. Finland	(1998) 26 E.H.R.R. 563
	Rees v. United Kingdom	(1987) 9 E.H.R.R. 56
	Ribitsch v. Austria	(1996) 21 E.H.R.R. 573
	Schmidt v. Germany	(1994) 18 E.H.R.R. 513
	Schuler-Zgraggen v. Switzerland	(1993) 16 E.H.R.R. 405
	Smith and Grady v. United Kingdom	(1999) 27 E.H.R.R. CD 42
	Smith and Grady v. United Kingdom	(2000) 29 E.H.R.R. 493
	Soering v. United Kingdom	(1989) 11 E.H.R.R. 439
	Spöttl v. Austria	(1996) 22 E.H.R.R. CD 88
	Stjerna v. Finland	(1997) 24 E.H.R.R. 195
	TY v. Netherlands	(1997) 23 E.H.R.R. CD 95
	V v. United Kingdom	(2000) 30 E.H.R.R. 121
	Van Raalte v. Netherlands	(1997) 24 E.H.R.R. 503
	X.S.A. v. Netherlands	(1994) 18 E.H.R.R. CD 176
Abduli v. Austria	Ringhofer v. Austria	(1986) 8 E.H.R.R. 295
Abenavoli v. Italy, September 2, 1997	Huber v. France	(1998) 26 E.H.R.R. 457
	Le Calvez v. France	(2001) 32 E.H.R.R. 481
	Pellegrin v. France	(2001) 31 E.H.R.R 651
	Pierre-Bloch v. France	(1998) 26 E.H.R.R. 202
Abodella v. Netherlands	Bunkate v. Netherlands	(1995) 19 E.H.R.R. 477
Acquaviva v. France (2001) 32 E.H.R.R. 134	Aït-Mouhoub v. France	(2000) 30 E.H.R.R. 382
	Basic v. Austria	(1999) 28 E.H.R.R. CD 118
	Gustafson (Rolf) v. Sweden	(1998) 25 E.H.R.R. 623
	Hamer v. France	(1997) 23 E.H.R.R. 1
	Le Calvez v. France	(2001) 32 E.H.R.R. 481
	Nideröst-Huber v. Switzerland	(1998) 25 E.H.R.R. 709
	Robins v. United Kingdom	(1998) 26 E.H.R.R. 527
	Selmouni v. France	(2000) 29 E.H.R.R. 403
Adiletta v. Italy (A/197–E) (1992) 14 E.H.R.R. 586	Mansur v. Turkey	(1995) 20 E.H.R.R. 535

Case Referred to	Name of Case	Citation
Adolf v. Austria (A/49) (1982) 4 E.H.R.R. 313	Allenet De Ribemont v. France	(1995) 20 E.H.R.R. 557
	App. No. 8998/80 v. Austria	(1984) 6 E.H.R.R. 321
	App. No. 9156/80 v. Austria	(1983) 5 E.H.R.R. 269
	Axen v. Germany	(1984) 6 E.H.R.R. 195
	Bönisch v. Austria	(1987) 9 E.H.R.R. 191
	De Cubber v. Belgium	(1985) 7 E.H.R.R. 236
	Demicoli v. Malta	(1992) 14 E.H.R.R. 47
	Eckle v. Germany	(1983) 5 E.H.R.R. 1
	Edwards v. United Kingdom	(1993) 15 E.H.R.R. 417
	Funke v. France	(1993) 16 E.H.R.R. 297
	Hentrich v. France	(1994) 18 E.H.R.R. 440
	Lutz v. Germany	(1988) 10 E.H.R.R. 182
	Minelli v. Switzerland	(1983) 5 E.H.R.R. 554
	Öztürk v. Germany	(1984) 6 E.H.R.R. 409
	Pakelli v. Germany	(1984) 6 E.H.R.R. 1
	Petersen v. Denmark	(1999) 27 E.H.R.R. CD 96
	Pretto v. Italy	(1984) 6 E.H.R.R. 182
	Ravnsborg v. Sweden	(1994) 18 E.H.R.R. 38
	Sekanina v. Austria	(1994) 17 E.H.R.R. 221
	Can v. Austria	(1985) 7 E.H.R.R. 421
Aerts v. Belgium (2000) 29 E.H.R.R. 50	Aït-Mouhoub v. France	(2000) 30 E.H.R.R. 382
	Osman v. United Kingdom	(2000) 29 E.H.R.R. 245
	V v. United Kingdom	(2000) 30 E.H.R.R. 121
Agosi v. United Kingdom (1987) 9 E.H.R.R. 1	Air Canada v. United Kingdom	(1995) 20 E.H.R.R. 150
	Anders and Fredin v. Sweden	(1991) 13 E.H.R.R. 142
	Chassagnou v. France	(2000) 29 E.H.R.R. 615
	Escoubet v. Belgium	(2001) 31 E.H.R.R 1034
	Fischer v. Austria	(1995) 20 E.H.R.R. 349
	Gasus Dosier und Fordertechnik GmbH v Netherlands	(1995) 20 E.H.R.R. 403
	Hentrich v. France	(1994) 18 E.H.R.R. 440
	Immobiliare Saffi v. Italy	(2000) 30 E.H.R.R. 756
	Jacobsson v. Sweden	(1989) 11 E.H.R.R. 562
	Matos e Silva v. Portugal	(1997) 24 E.H.R.R. 573
	Mellacher v. Austria	(1990) 12 E.H.R.R. 97
	Tre Traktörer AB v. Sweden	(1990) 12 E.H.R.R. 128
Agrotexim v. Greece (A/330) (1996) 21 E.H.R.R. 250	Credit and Industrial Bank and Moravec v. Czech Republic	(1998) 26 E.H.R.R. CD 88
	Loizidou v. Turkey	(1997) 23 E.H.R.R. 513
	Tee v. United Kingdom	(1996) 21 E.H.R.R. CD 108
Ahmed v. Austria (1997) 24 E.H.R.R. 278; [1998] I.N.L.R. 65	Bahaddar v. Netherlands	(1998) 26 E.H.R.R. 278
	D v. United Kingdom	(1997) 24 E.H.R.R. 423
	HLR v. France	(1998) 26 E.H.R.R. 29
	M.A.R. v. United Kingdom	(1997) 23 E.H.R.R. CD 120
	Rekvényi v. Hungary	(2000) 30 E.H.R.R. 519
	SSC v. Sweden	(2000) 29 E.H.R.R. CD 245
	Wille v. Liechtenstein	(2000) 30 E.H.R.R. 564
Ahmet Sadik v. Greece (1997) 24 E.H.R.R. 323	Fressoz and Roire v. France	(2001) 31 E.H.R.R 28
	Kalac v. Turkey	(1999) 27 E.H.R.R. 552
	Loukanov v. Bulgaria	(1997) 24 E.H.R.R. 121
	Ogur v. Turkey	(2001) 31 E.H.R.R 912
	Wille v. Liechtenstein	(1997) 24 E.H.R.R. CD 45
	X v. United Kingdom	(1998) 25 E.H.R.R. CD 88

Case Referred to	Name of Case	Citation
Ahmut v. Netherlands (1997) 24 E.H.R.R. 62	Esen v. Netherlands	(1999) 27 E.H.R.R. CD 290
	Karassev v. Finland	(1999) 28 E.H.R.R. CD 126
	Momique-Pola v. Sweden	(1998) 26 E.H.R.R. CD 187
Air Canada v. United Kingdom (A/316) (1995) 20 E.H.R.R. 150; *The Times*, May 13, 1995	British American Tobacco Co. Ltd v. Netherlands	(1996) 21 E.H.R.R. 409
	Cesomoravska Myslivecka Jednota v. Czech Republic	(1999) 28 E.H.R.R. CD 152
	Immobiliare Saffi v. Italy	(2000) 30 E.H.R.R. 756
	Kaneva v. Bulgaria	(1997) 23 E.H.R.R. CD 86
	Osman v. United Kingdom	(2000) 29 E.H.R.R. 245
	Panikian v. Bulgaria	(1997) 24 E.H.R.R. CD 63
	Pinnacle Meat Processors Co. v. United Kingdom	(1999) 27 E.H.R.R. CD 217
	Stevens and Knight v. United Kingdom	(1999) 27 E.H.R.R. CD 138
Airey v. Ireland (No. 1) (A/32) (1979–80) 2 E.H.R.R. 305	Abdulaziz, Cabales and Balkandali v. United Kingdom	(1985) 7 E.H.R.R. 471
	Airey v. Ireland (Art. 50)	(1981) 3 E.H.R.R. 592
	Aït-Mouhoub v. France	(2000) 30 E.H.R.R. 382
	Akdivar v. Turkey	(1997) 23 E.H.R.R. 143
	Allgemeine Gold-und Silber Scheideanstalt AG v. United Kingdom	(1983) 5 E.H.R.R. 584
	Andronicou and Constantinou v. Cyprus	(1998) 25 E.H.R.R. 491
	Andronicou and Constantinou v. Greece	(1996) 22 E.H.R.R. CD 18
	App. No. 9444/81 v. United Kingdom	(1984) 6 E.H.R.R. 136
	App. No. 9649/82 v. Sweden	(1983) 5 E.H.R.R. 292
	App. No. 10547/83 v. Sweden	(1986) 8 E.H.R.R. 268
	Artico v. Italy	(1981) 3 E.H.R.R. 1
	Assenov v. Bulgaria	(1999) 28 E.H.R.R. 652
	Assenoz v. Bulgaria	(1996) 22 E.H.R.R. CD 163
	B v. France	(1993) 16 E.H.R.R. 1
	Barthold v. Germany	(1985) 7 E.H.R.R. 383
	Botta v. Italy	(1998) 26 E.H.R.R. 241
	Campbell and Fell v. United Kingdom	(1985) 7 E.H.R.R. 165
	Castells v. Spain	(1992) 14 E.H.R.R. 445
	Christian Association of Jehovah's Witnesses v. Bulgaria	(1997) 24 E.H.R.R. CD 52
	Cossey v. United Kingdom	(1991) 13 E.H.R.R. 622
	D and E v. Netherlands	(1993) 16 E.H.R.R. CD 34
	De Vries v. Netherlands	(1993) 15 E.H.R.R. CD 87
	Deweer v. Belgium	2 E.H.R.R. 439
	Dudgeon v. United Kingdom	(1981) 3 E.H.R.R. 40
	Dudgeon v. United Kingdom	(1982) 4 E.H.R.R. 149
	Eckle v. Germany	(1983) 5 E.H.R.R. 1
	Erkner and Hofauer v. Austria	(1987) 9 E.H.R.R. 464
	F v. Switzerland	(1988) 10 E.H.R.R. 411
	Gaskin v. United Kingdom	(1990) 12 E.H.R.R. 36
	Glasenapp v. Germany	(1987) 9 E.H.R.R. 25
	Guerra v. Italy	(1998) 26 E.H.R.R. 357
	Gurdogan and Mustak v. Turkey	(1993) 16 E.H.R.R. CD 6

Case Referred to	Name of Case	Citation
	Guzzardi v. Italy	(1981) 3 E.H.R.R. 333
	Heaney and McGuinness v. Ireland	(2000) 29 E.H.R.R. CD 166
	Holy Monastries v. Greece	(1995) 20 E.H.R.R. 1
	Hornsby v. Greece	(1997) 24 E.H.R.R. 250
	Informationsverein Lentia v. Austria	(1994) 17 E.H.R.R. 93
	James v. United Kingdom	(1984) 6 E.H.R.R. 475
	Jamil v. France	(1993) 15 E.H.R.R. CD 77
	Johnston v. Ireland	(1986) 8 E.H.R.R. 214
	Johnston v. Ireland	(1987) 9 E.H.R.R. 203
	Kaplan v. United Kingdom	(1982) 4 E.H.R.R. 64
	Kokavecz v. Hungary	(1999) 28 E.H.R.R. CD 86
	Kosiek v. Germany	(1987) 9 E.H.R.R. 328
	Liberal Party v. United Kingdom	(1982) 4 E.H.R.R. 106
	Lithgow v. United Kingdom	(1985) 7 E.H.R.R. 56
	Loizidou v. Turkey	(1997) 23 E.H.R.R. 513
	McGinley and Egan v. United Kingdom	(1999) 27 E.H.R.R. 1
	Munro v. United Kingdom	(1988) 10 E.H.R.R. 516
	Özdep v. Turkey	(2001) 31 E.H.R.R 674
	Pardo v. France	(1994) 17 E.H.R.R. 383
	Philis v. Greece	(1991) 13 E.H.R.R. 741
	Piermont v. France	(1995) 20 E.H.R.R. 301
	Poiss v. Austria	(1988) 10 E.H.R.R. 231
	Rasmussen v. Denmark	(1985) 7 E.H.R.R. 371
	Rasmussen v. Denmark, App. No. 8777/79	(1984) 6 E.H.R.R. 94
	Ruiz-Mateos v. Spain	(1993) 16 E.H.R.R. 505
	S and M v. United Kingdom	(1994) 18 E.H.R.R. CD 172
	Scotts of Greenock Ltd v. United Kingdom (App. No. 9482/81)	(1986) 8 E.H.R.R. 288
	Societe Levage Prestations v. France	(1997) 24 E.H.R.R. 351
	Sporrong and Lönnroth v. Sweden	(1983) 5 E.H.R.R. 35
	Stamoulakatos v. Greece and United Kingdom	(1996) 21 E.H.R.R. CD 77
	Stewart-Brady v. United Kingdom	(1997) 24 E.H.R.R. CD 38
	Stjerna v. Finland	(1997) 24 E.H.R.R. 195
	Stubbings v. United Kingdom	(1997) 23 E.H.R.R. 213
	Sujeeun v. United Kingdom	(1996) 21 E.H.R.R. CD 97
	Sunday Times v. United Kingdom	(1981) 3 E.H.R.R. 317
	Sutherland v. United Kingdom	(1997) 24 E.H.R.R. CD 22
	Temeltasch v. Switzerland	(1983) 5 E.H.R.R. 417
	Thaw v. United Kingdom	(1996) 22 E.H.R.R. CD 100
	Van Der Mussele v. Belgium	(1984) 6 E.H.R.R. 163
	Van Oosterwijck v.Belgium	(1981) 3 E.H.R.R. 557
	Vosper plc v. United Kingdom	(1983) 5 E.H.R.R. 496
	W v. United Kingdom	(1988) 10 E.H.R.R. 29
	Waite and Kennedy v. Germany	(2000) 30 E.H.R.R. 261
	Webb v. United Kingdom	(1984) 6 E.H.R.R. 121
	X and Y v. Netherlands	(1986) 8 E.H.R.R. 235
	Young, James and Webster v. United Kingdom	(1982) 4 E.H.R.R. 38

Case Referred to	Name of Case	Citation
Airey v. Ireland (Art. 50) (1981) 3 E.H.R.R. 592	Abdulaziz, Cabales and Balkandali v. United Kingdom	(1985) 7 E.H.R.R. 471
	Campbell and Cosans v. United Kingdom	(1991) 13 E.H.R.R. 441
	Dudgeon v. United Kingdom (Art. 50)	(1983) 5 E.H.R.R. 573
	Le Compte, Van Leuven and De Meyere v. Belgium (Art. 50)	(1983) 5 E.H.R.R. 183
	Silver v. United Kingdom	(1991) 13 E.H.R.R. 582
	Silver v. United Kingdom (Art. 50)	(1984) 6 E.H.R.R. 62
	Unterpertinger v. Austria	(1991) 13 E.H.R.R. 175
	Van Droogenbroeck v. Belgium	(1991) 13 E.H.R.R. 546
	Van Droogenbroeck v. Belgium (Art. 50)	(1984) 6 E.H.R.R. 50
	X v. United Kingdom (Art. 50)	(1983) 5 E.H.R.R. 192
	Young, James and Webster v. United Kingdom (Art. 50)	(1983) 5 E.H.R.R. 201
Aït-Mouhoub v. France (2000) 30 E.H.R.R. 382	Waite and Kennedy v. Germany	(2000) 30 E.H.R.R. 261
Akdivar v. Turkey (1997) 23 E.H.R.R. 143; 1 B.H.R.C. 137	Ahmet Sadik v. Greece	(1997) 24 E.H.R.R. 323
	Aksoy v. Turkey	(1997) 23 E.H.R.R. 553
	Ankerl v. Switzerland	(2001) 32 E.H.R.R. 1
	Assenov v. Bulgaria	(1999) 28 E.H.R.R. 652
	Aydin v. Turkey	(1998) 25 E.H.R.R. 251
	Aytekin v. Turkey	(2001) 32 E.H.R.R. 501
	Bahaddar v. Netherlands	(1998) 26 E.H.R.R. 278
	Basic v. Austria	(1999) 28 E.H.R.R. CD 118
	Baskaya and Okçuoglu v. Turkey	(2001) 31 E.H.R.R 292
	Beer and Regan v. Germany	(1997) 23 E.H.R.R. CD 143
	Beis v. Greece	(1998) 25 E.H.R.R. 335
	Belziuk v. Poland	(2000) 30 E.H.R.R. 614
	Çakici v. Turkey	(2001) 31 E.H.R.R 133
	Camenzind v. Switzerland	(1999) 28 E.H.R.R. 458
	Castillo Algar v. Spain	(2000) 30 E.H.R.R. 827
	Christian Association of Jehovah's Witnesses v. Bulgaria	(1997) 24 E.H.R.R. CD 52
	Cooke v. Austria	(1997) 23 E.H.R.R. CD 70
	Cooke v. Austria	(2001) 31 E.H.R.R 338
	Credit and Industrial Bank and Moravec v. Czech Republic	(1998) 26 E.H.R.R. CD 88
	Denmark v. Turkey	(2000) 29 E.H.R.R. CD 35
	DV v. Bulgaria	(1998) 25 E.H.R.R. CD 154
	Ergi v. Turkey	(2001) 32 E.H.R.R. 388
	Fressoz and Roire v. France	(2001) 31 E.H.R.R 28
	Gündem v. Turkey	(2001) 32 E.H.R.R. 350
	Incal v. Turkey	(2000) 29 E.H.R.R. 449
	Kaya v. Turkey	(1999) 28 E.H.R.R. 1
	Klavdianos v. Greece	(2000) 29 E.H.R.R. CD 199
	Kurt v. Turkey	(1999) 27 E.H.R.R. 373
	Lee v. United Kingdom	(1998) 25 E.H.R.R. CD 46
	Lehtinen v. Finland	(2000) 29 E.H.R.R. CD 204
	Mentes v. Turkey	(1998) 26 E.H.R.R. 595

Case Referred to	Name of Case	Citation
	Pesti and Frodl v. Austria	(2000) 29 E.H.R.R. CD 229
	Pinnacle Meat Processors Co. v. United Kingdom	(1999) 27 E.H.R.R. CD 217
	Prinz v. Austria	(1997) 23 E.H.R.R. CD 50
	Selçuk and Asker v. Turkey	(1998) 26 E.H.R.R. 477
	Selmouni v. France	(2000) 29 E.H.R.R. 403
	Shishkov v. Bulgaria	(1999) 28 E.H.R.R. CD 237
	Slavgorodski v. Estonia	(1999) 28 E.H.R.R. CD 181
	Spencer (Earl and Countess) v. United Kingdom	(1998) 25 E.H.R.R. CD 105
	Stankov and United Macedonian Organisation "Ilinden" v. Bulgaria	(1998) 26 E.H.R.R. CD 103
	Stankov and United Macedonian Organisation "Ilinden" v. Bulgaria	(1998) 26 E.H.R.R. CD 103
	Tanrikulu v. Turkey	(2000) 30 E.H.R.R. 950
	United Communist Party of Turkey v. Turkey	(1998) 26 E.H.R.R. 121
	V v. United Kingdom	(2000) 30 E.H.R.R. 121
	Vodenicarov v. Slovak Republic	(1998) 26 E.H.R.R. CD 40
	Wille v. Liechtenstein	(1997) 24 E.H.R.R. CD 45
	X v. United Kingdom	(1998) 25 E.H.R.R. CD 88
	Yasa v. Turkey	(1999) 28 E.H.R.R. 408
	Yasar v. Turkey	(1995) 19 E.H.R.R. CD 74
Akdivar v. Turkey (Art. 50), unreported	Mentes v. Turkey (Art. 50)	(1998) 26 E.H.R.R. CD 1
	Selçuk and Asker v. Turkey	(1998) 26 E.H.R.R. 477
Aksoy v. Turkey (1997) 23 E.H.R.R. 553	Andronicou and Constantinou v. Cyprus	(1998) 25 E.H.R.R. 491
	Assenov v. Bulgaria	(1999) 28 E.H.R.R. 652
	Aydin v. Turkey	(1998) 25 E.H.R.R. 251
	Aytekin v. Turkey	(2001) 32 E.H.R.R. 501
	Buscarini v. San Marino	(2000) 30 E.H.R.R. 208
	Çakici v. Turkey	(2001) 31 E.H.R.R 133
	Ergi v. Turkey	(2001) 32 E.H.R.R. 388
	Güleç v. Turkey	(1999) 28 E.H.R.R. 121
	Gündem v. Turkey	(2001) 32 E.H.R.R. 350
	Halford v. United Kingdom	(1997) 24 E.H.R.R. 523
	Iatridis v. Greece	(2000) 30 E.H.R.R. 97
	Incal v. Turkey	(2000) 29 E.H.R.R. 449
	Kaya v. Turkey	(1999) 28 E.H.R.R. 1
	Kurt v. Turkey	(1999) 27 E.H.R.R. 373
	Mentes v. Turkey	(1998) 26 E.H.R.R. 595
	Sakik v. Turkey	(1998) 26 E.H.R.R. 662
	Selçuk and Asker v. Turkey	(1998) 26 E.H.R.R. 477
	Selmouni v. France	(2000) 29 E.H.R.R. 403
	Sur v. Turkey	(1998) 25 E.H.R.R. CD 1
	Tanrikulu v. Turkey	(2000) 30 E.H.R.R. 950
	Tekin v. Turkey	(2001) 31 E.H.R.R 95
	TW v. Malta	(2000) 29 E.H.R.R. 185
	United Communist Party of Turkey v. Turkey	(1998) 26 E.H.R.R. 121
	Wille v. Liechtenstein	(2000) 30 E.H.R.R. 564
	Yasa v. Turkey	(1999) 28 E.H.R.R. 408

Case Referred to	Name of Case	Citation
Albert v Belgium (A/58); Le Compte v Belgium (A/58) (1983) 5 E.H.R.R. 533	A.P.B. Ltd, A.P.P. and E.A.B. v. United Kingdom	(1998) 25 E.H.R.R. CD 141
	Abdulaziz, Cabales and Balkandali v. United Kingdom	(1985) 7 E.H.R.R. 471
	Albert and Le Compte (Art. 50)	(1984) 6 E.H.R.R. 68
	App. No. 9502/81 v. United Kingdom	(1984) 6 E.H.R.R. 334
	App. No. 11159/84 v. Belgium	(1989) 11 E.H.R.R. 75
	B v. Iceland	(1993) 15 E.H.R.R. CD 20
	Balmer-Schafroth v. Switzerland	(1998) 25 E.H.R.R. 598
	Belilos v. Switzerland	(1988) 10 E.H.R.R. 466
	Benthem v. Netherlands	(1984) 6 E.H.R.R. 283
	Benthem v. Netherlands	(1986) 8 E.H.R.R. 1
	Bryan v. United Kingdom	(1994) 18 E.H.R.R. CD 18
	Bryan v. United Kingdom	(1996) 21 E.H.R.R. 342
	Cavalin v. France	(1989) 11 E.H.R.R. 79
	Colozza v. Italy	(1985) 7 E.H.R.R. 516
	D'Haese, Le Compte and others v. Belgium	(1984) 6 E.H.R.R. 114
	De Cubber v. Belgium	(1985) 7 E.H.R.R. 236
	De Haan v. Netherlands	(1998) 26 E.H.R.R. 417
	Debled v. Belgium	(1995) 19 E.H.R.R. 506
	Deumeland v. Germany	(1985) 7 E.H.R.R. 409
	Diennet v. France	(1996) 21 E.H.R.R. 554
	Dombo Beheer BV v. Netherlands	(1994) 18 E.H.R.R. 213
	Everest v. United Kingdom	(1997) 23 E.H.R.R. CD 180
	Ezelin v. France	(1992) 14 E.H.R.R. 362
	F v. Switzerland	(1988) 10 E.H.R.R. 411
	Feldbrugge v. Netherlands	(1985) 7 E.H.R.R. 279
	Fischer v. Austria	(1995) 20 E.H.R.R. 349
	Gautrin v. France	(1999) 28 E.H.R.R. 196
	GS v. Austria	(2001) 31 E.H.R.R 576
	H v. Belgium	(1986) 8 E.H.R.R. 510
	H v. Belgium	(1988) 10 E.H.R.R. 339
	H.A.R. v. Austria	(1999) 27 E.H.R.R. CD 330
	H.N. v. Italy	(1999) 27 E.H.R.R. CD 75
	Håkansson and Sturesson v. Sweden	(1991) 13 E.H.R.R. 1
	Immobiliare Saffi v. Italy	(2000) 30 E.H.R.R. 756
	Iskcon v. United Kingdom	(1994) 18 E.H.R.R. CD 133
	J v. Belgium	(1993) 15 E.H.R.R. CD 46
	Kefalas v. Greece	(1995) 20 E.H.R.R. 484
	Kraska v. Switzerland	(1994) 18 E.H.R.R. 188
	McMichael v. United Kingdom	(1995) 20 E.H.R.R. 205
	Obermeier v. Austria	(1991) 13 E.H.R.R. 290
	Ortenberg v. Austria	(1995) 19 E.H.R.R. 524
	Palaoro v. Austria	(2001) 32 E.H.R.R. 202
	Pfarrmeier v. Austria	(1996) 22 E.H.R.R. 175
	Philis v. Greece (No. 2)	(1998) 25 E.H.R.R. 417
	Raninen v. Finland	(1998) 26 E.H.R.R. 563
	Schmautzer v. Austria	(1996) 21 E.H.R.R. 511
	Stallinger and Kuso v. Austria	(1998) 26 E.H.R.R. 81
	Umlauft v. Austria	(1996) 22 E.H.R.R. 76
	Van Marle v. Netherlands	(1986) 8 E.H.R.R. 483

Case Referred to	Name of Case	Citation
	Van Marle, Van Zomeren, Flantua and de Bruijn v. Netherlands	(1985) 7 E.H.R.R. 265
	Van Orshoven v. Belgium	(1998) 26 E.H.R.R. 55
	WR v. Austria	(2001) 31 E.H.R.R 985
	X v. United Kingdom	(1998) 25 E.H.R.R. CD 88
	Zumbotel v. Austria	(1994) 17 E.H.R.R. 116
Albert and Le Compte v. Belgium (Art. 50) (1984) 6 E.H.R.R. 68	Campbell and Fell v. United Kingdom	(1985) 7 E.H.R.R. 165
Alimena, Series A, No. 195–D	S v. Switzerland	(1992) 14 E.H.R.R. 670
Allenet de Ribemont v. France (1995) (A/308) (1995) 20 E.H.R.R. 557	Allenet de Ribemont v. France	(1996) 22 E.H.R.R. 582
	Bernard v. France	(2000) 30 E.H.R.R. 808
	Bladet Tromsø and Stensaas v. Norway	(2000) 29 E.H.R.R. 125
	Daktaras v. Lithuania	(2000) 29 E.H.R.R. CD 135
	Duclos v. France	(2001) 32 E.H.R.R. 86
	Fitt v. United Kingdom	(2000) 30 E.H.R.R. 480
	Hentrich v. France	(1997) 24 E.H.R.R. CD 19
	Jasper v. United Kingdom	(2000) 30 E.H.R.R. 441
	JS v. Netherlands	(1995) 20 E.H.R.R. CD 41
	Miloslavsky v. United Kingdom	(1995) 20 E.H.R.R. 442
	Ogur v. Turkey	(2001) 31 E.H.R.R 912
	Pammel v. Germany	(1998) 26 E.H.R.R. 100
	Phocas v. France	(2001) 32 E.H.R.R. 221
	Selmouni v. France	(2000) 29 E.H.R.R. 403
	Süßmann v. Germany	(1998) 25 E.H.R.R. 65
Allgemeine Gold-und Silber Scheideanstalt AG v. United Kingdom (1987) 9 E.H.R.R. 1	Allan Jacobsson v. Sweden	(1990) 12 E.H.R.R. 56
	Erkner and Hofauer v. Austria	(1987) 9 E.H.R.R. 464
	Fredin v. Sweden	(1991) 13 E.H.R.R. 784
	Inze v. Austria	(1988) 10 E.H.R.R. 394
	Mellacher v. Austria	(1990) 12 E.H.R.R. 391
	Philis v. Greece	(1994) 18 E.H.R.R. CD 57
	Poiss v. Austria	(1988) 10 E.H.R.R. 231
	Raimondo v. Italy	(1994) 18 E.H.R.R. 237
	Sargin and Yağci v. Turkey	(1993) 16 E.H.R.R. CD 2
Altun v. Germany (1983) 5 E.H.R.R. 611	App. No. 9856/82 v. United Kingdom	(1988) 10 E.H.R.R. 547
	App. No. 10040/82 v. Germany	(1984) 6 E.H.R.R. 349
	App. No. 10479/83 v. United Kingdom	(1984) 6 E.H.R.R. 373
	App. No. 12543/86 v. Netherlands	(1988) 10 E.H.R.R. 161
Amaan v. Switzerland (2000) 30 E.H.R.R. 843	Foxley v. United Kingdom	(2001) 31 E.H.R.R 637
Amuur v. France (1996) 22 E.H.R.R. 533	Balmer-Schafroth v. Switzerland	(1998) 25 E.H.R.R. 598
	Chahal v. United Kingdom	(1997) 23 E.H.R.R. 413
	Dalban v. Romania	(2001) 31 E.H.R.R 893
	Iatridis v. Greece	(2000) 30 E.H.R.R. 97
	Jabari v. Turkey	(2000) 29 E.H.R.R. CD 178
	Riera Blume v. Spain	(2000) 30 E.H.R.R. 632

Case Referred to	Name of Case	Citation
	Scott v. Spain	(1997) 24 E.H.R.R. 391
	Wille v. Liechtenstein	(2000) 30 E.H.R.R. 564
Andersson (Jan-Ake) v. Sweden (A/212B) (1993) 15 E.H.R.R. 218	Boner v. United Kingdom	(1995) 19 E.H.R.R. 246
	Botten v. Norway	(2001) 32 E.H.R.R. 37
	Bulut v. Austria	(1997) 24 E.H.R.R. 84
	Helle v. Finland	(1998) 26 E.H.R.R. 159
	JJ v. Netherlands	(1999) 28 E.H.R.R. 168
	Kremzow v. Austria	(1994) 17 E.H.R.R. 322
	Maxwell v. United Kingdom	(1995) 19 E.H.R.R. 97
	Poitrimol v. France	(1994) 18 E.H.R.R. 130
	Tripodi v. Italy	(1994) 18 E.H.R.R. 295
	Werner and Szucs v. Austria	(1998) 26 E.H.R.R. 310
Andersson (Margareta) v. Sweden (A/226) (1992) 14 E.H.R.R. 615	Air Canada v. United Kingdom	(1995) 20 E.H.R.R. 150
	Bowman v. United Kingdom	(1996) 22 E.H.R.R. CD 13
	Bowman v. United Kingdom	(1998) 26 E.H.R.R. 1
	Brincat v. Italy	(1993) 16 E.H.R.R. 591
	Grigoriades v. Greece	(1999) 27 E.H.R.R. 464
	Hokkanen v. Finland	(1995) 19 E.H.R.R. 139
	Ignaccolo-Zenide v. Romania	(2001) 31 E.H.R.R 212
	Johansen v. Norway	(1997) 23 E.H.R.R. 33
	L v. Finland	(2001) 31 E.H.R.R 737
	Lundblad v. Sweden	(1994) 18 E.H.R.R. CD 167
	McLeod v. United Kingdom	(1999) 27 E.H.R.R. 493
	Miloslavsky v. United Kingdom	(1995) 20 E.H.R.R. 442
	MS v. Sweden	(1999) 28 E.H.R.R. 313
	Olsson v. Sweden (No. 2)	(1994) 17 E.H.R.R. 134
	Paulsen-Medalen and Svensson v. Sweden	(1998) 26 E.H.R.R. 260
	Ravnsborg v. Sweden	(1994) 18 E.H.R.R. 38
	Rieme v. Sweden	(1993) 16 E.H.R.R. 155
Andersson v. Sweden (1998) 25 E.H.R.R. 722	Gündem v. Turkey	(2001) 32 E.H.R.R. 350
Andorfer Tonwerke v. Austria (1984) 6 E.H.R.R. 147	Philis v. Greece	(1991) 13 E.H.R.R. 741
Andronicou and Constantinou v. Cyprus (1998) 25 E.H.R.R. 491	Erkalo v. Netherlands	(1999) 28 E.H.R.R. 509
	Raninen v. Finland	(1998) 26 E.H.R.R. 563
Ankerl v. Switzerland (2001) 32 E.H.R.R. 1	De Haes and Gijsels v. Belgium	(1998) 25 E.H.R.R. 1
	Helle v. Finland	(1998) 26 E.H.R.R. 159
	K-F v. Germany	(1998) 26 E.H.R.R. 390
	Kopp v. Switzerland	(1999) 27 E.H.R.R. 91
	Krcmár v. Czech Republic	(2001) 31 E.H.R.R 953
	Nideröst-Huber v. Switzerland	(1998) 25 E.H.R.R. 709
	Werner and Szucs v. Austria	(1998) 26 E.H.R.R. 310
AP, MP and TP v. Switzerland	JJ v. Netherlands	(1999) 28 E.H.R.R. 168
	Pierre-Bloch v. France	(1998) 26 E.H.R.R. 202
Argento v. Italy, September 2, 1997	Huber v. France	(1998) 26 E.H.R.R. 457
	Pierre-Bloch v. France	(1998) 26 E.H.R.R. 202

Case Referred to	Name of Case	Citation
Arrondelle v. United Kingdom (1983) 5 E.H.R.R. 118	Baggs v. United Kingdom	(1987) 9 E.H.R.R. 235
Arrowsmith v. United Kingdom (1981) 3 E.H.R.R. 218	App. No. 10295/82 v. United Kingdom	(1984) 6 E.H.R.R. 558
	G v. Germany	(1984) 6 E.H.R.R. 499
	Knudsen v. Norway	(1986) 8 E.H.R.R. 63
	Le Cour Grandmaison and Fritz v. France	(1989) 11 E.H.R.R. 67
	Pinder v. United Kingdom	(1985) 7 E.H.R.R. 464
	Saszmann v. Austria	(1997) 23 E.H.R.R. CD 46
	Tsirlis and Kouloumpas v. Greece	(1996) 21 E.H.R.R. CD 30
Arslan v. Turkey, unreported	Özgür Gündem v. Turkey	(2001) 31 E.H.R.R 1082
Artico v. Italy (1980) Series A, No. 37; 3 E.H.R.R. 1	Adolf v. Austria	(1982) 4 E.H.R.R. 313
	Allenet De Ribemont v. France	(1995) 20 E.H.R.R. 557
	Amann v. Switzerland	(2000) 30 E.H.R.R. 843
	App. No. 9022/80 v. Switzerland	(1984) 6 E.H.R.R. 329
	App. No. 9453/81 v. Portugal	(1983) 5 E.H.R.R. 479
	App. No. 10098/82 v. Germany	(1986) 8 E.H.R.R. 225
	Biondo v. Italy	(1984) 6 E.H.R.R. 113
	Bönisch v. Austria	(1987) 9 E.H.R.R. 191
	Brandsetter v. Austria	(1993) 15 E.H.R.R. 378
	Brozicek v. Italy	(1990) 12 E.H.R.R. 371
	Bulut v. Austria	(1997) 24 E.H.R.R. 84
	C.M.L.-O. v. Switzerland	(1997) 23 E.H.R.R. CD 68
	Campbell and Fell v. United Kingdom	(1983) 5 E.H.R.R. 207
	Campbell and Fell v. United Kingdom	(1985) 7 E.H.R.R. 165
	Can v. Austria	(1985) 7 E.H.R.R. 421
	Cardot v. France	(1991) 13 E.H.R.R. 853
	Chassagnou v. France	(2000) 29 E.H.R.R. 615
	Colozza v. Italy	(1985) 7 E.H.R.R. 516
	Corigliano v. Italy	(1983) 5 E.H.R.R. 334
	Croissant v. Germany	(1993) 16 E.H.R.R. 135
	Cruz Varas v. Sweden	(1992) 14 E.H.R.R. 1
	Daud v. Portugal	(2000) 30 E.H.R.R. 400
	De Jong, Baljet and Van Den Brink v. Netherlands	(1986) 8 E.H.R.R. 20
	De Salvador Torres v. Spain	(1997) 23 E.H.R.R. 601
	Delta v. France	(1993) 16 E.H.R.R. 574
	Duinhof and Duijf v. Netherlands	(1991) 13 E.H.R.R. 478
	Eckle v. Germany	(1983) 5 E.H.R.R. 1
	Fayed v. United Kingdom	(1994) 18 E.H.R.R. 393
	Feldbrugge v. Netherlands	(1991) 13 E.H.R.R. 571
	Foti v. Italy	(1983) 5 E.H.R.R. 313
	Foucher v. France	(1998) 25 E.H.R.R. 234
	Fouquet v. France	(1996) 22 E.H.R.R. 279
	Gea Catalán v. Spain	(1995) 20 E.H.R.R. 266
	Goddi v. Italy	(1984) 6 E.H.R.R. 457
	Granger v. United Kingdom	(1990) 12 E.H.R.R. 460
	Granger v. United Kingdom	(1990) 12 E.H.R.R. 469
	Guzzardi v. Italy	(1981) 3 E.H.R.R. 333

Case Referred to	Name of Case	Citation
	Hoang v. France	(1993) 16 E.H.R.R. 53
	Hornsby v. Greece	(1997) 24 E.H.R.R. 250
	Imbrioscia v. Switzerland	(1994) 17 E.H.R.R. 441
	Incal v. Turkey	(2000) 29 E.H.R.R. 449
	Kamasinski v. Austria	(1991) 13 E.H.R.R. 36
	Kraska v. Switzerland	(1994) 18 E.H.R.R. 188
	Larkos v. Cyprus	(2000) 30 E.H.R.R. 597
	Le Compte, Van Leuven and De Meyere v. Belgium (Art. 50)	(1983) 5 E.H.R.R. 183
	Loizidou v. Turkey	(1995) 20 E.H.R.R. 99
	Matos e Silva v. Portugal	(1997) 24 E.H.R.R. 573
	Melin v. France	(1994) 17 E.H.R.R. 1
	Minelli v. Switzerland	(1983) 5 E.H.R.R. 554
	Murray v. United Kingdom	(1994) 18 E.H.R.R. CD 1
	Murray v. United Kingdom	(1996) 22 E.H.R.R. 29
	Oliveira v. Switzerland	(1999) 28 E.H.R.R. 289
	Pakelli v. Germany	(1984) 6 E.H.R.R. 1
	Pardo v. France	(1994) 17 E.H.R.R. 383
	Pélissier and Sassi v. France	(2000) 30 E.H.R.R. 715
	Pine Valley Developments Ltd v. Ireland	(1992) 14 E.H.R.R. 319
	Poitrimol v. France	(1994) 18 E.H.R.R. 130
	Reinhardt and Slimane-Kaid v. France	(1999) 28 E.H.R.R. 59
	Ribitsch v. Austria	(1996) 21 E.H.R.R. 573
	RMD v. Switzerland	(1999) 28 E.H.R.R. 224
	S v. Switzerland	(1992) 14 E.H.R.R. 670
	Saunders v. United Kingdom	(1994) 18 E.H.R.R. CD 23
	Saunders v. United Kingdom	(1997) 23 E.H.R.R. 313
	Sibson v. United Kingdom	(1994) 17 E.H.R.R. 193
	Soering v. United Kingdom	(1989) 11 E.H.R.R. 439
	Sunday Times v. United Kingdom	(1981) 3 E.H.R.R. 317
	Tripodi v. Italy	(1994) 18 E.H.R.R. 295
	United Communist Party of Turkey v. Turkey	(1998) 26 E.H.R.R. 121
	V v. United Kingdom	(2000) 30 E.H.R.R. 121
	Van Der Mussele v. Belgium	(1984) 6 E.H.R.R. 163
	Van Der Sluijs, Zuiderveld and Klappe v. Netherlands	(1991) 13 E.H.R.R. 461
	Van Geyseghem v. Belgium	(2001) 32 E.H.R.R. 554
	Van Oosterwijck v.Belgium	(1981) 3 E.H.R.R. 557
	Zumbotel v. Austria	(1994) 17 E.H.R.R. 116
Artner v. Austria (A/242–A), unreported	Doorson v. Netherlands	(1996) 22 E.H.R.R. 330
	Hennings v. Germany	(1993) 16 E.H.R.R. 83
	Pullar v. United Kingdom	(1996) 22 E.H.R.R. 391
	Quinn v. United Kingdom	(1997) 23 E.H.R.R. CD 41
	Verdam v. Netherlands	(1999) 28 E.H.R.R. CD 161
Arvois v. France, unreported	Slimane-Kaïd v. France	(2001) 31 E.H.R.R 1073
Asch v. Austria (A/203A) (1993) 15 E.H.R.R. 597	Johansson v. Sweden	(1998) 26 E.H.R.R. CD 178
	L, M and R v. Switzerland	(1996) 22 E.H.R.R. CD 130
	Lüdi v. Switzerland	(1993) 15 E.H.R.R. 173
	MK v. Austria	(1997) 24 E.H.R.R. CD 59
	Saidi v. France	(1994) 17 E.H.R.R. 251

Case Referred to	Name of Case	Citation
	Schuler-Zgraggen v. Switzerland	(1993) 16 E.H.R.R. 405
	SE v. Switzerland	(1998) 25 E.H.R.R. CD 127
	Serif v. Greece	(1999) 28 E.H.R.R. CD 227
	T v. Austria	(1993) 15 E.H.R.R. CD 60
	Verdam v. Netherlands	(1999) 28 E.H.R.R. CD 161
	X v. United Kingdom	(1993) 15 E.H.R.R. CD 113
Ashingdane v. United Kingdom (1984) 6 E.H.R.R. 69	Pinder v. United Kingdom	(1985) 7 E.H.R.R. 464
Ashingdane v. United Kingdom (A/93) (1985) 7 E.H.R.R. 528	Aerts v. Belgium	(2000) 29 E.H.R.R. 50
	Allan Jacobsson v. Sweden	(1990) 12 E.H.R.R. 56
	App. No. 9480/81 v. United Kingdom	(1987) 9 E.H.R.R. 109
	App. No. 11559/85 v. United Kingdom	(1987) 9 E.H.R.R. 134
	App. No. 12040/86 v. United Kingdom	(1988) 10 E.H.R.R. 527
	Assenov v. Bulgaria	(1999) 28 E.H.R.R. 652
	Baggs v. United Kingdom	(1987) 9 E.H.R.R. 235
	Bozano v. France	(1987) 9 E.H.R.R. 297
	Brogan v. United Kingdom	(1989) 11 E.H.R.R. 117
	Canea Catholic Church v. Greece	(1999) 27 E.H.R.R. 521
	Colak v. Germany	(1989) 11 E.H.R.R. 513
	E v. Norway	(1994) 17 E.H.R.R. 30
	Eriksen v. Norway	(2000) 29 E.H.R.R. 328
	F.E. v. France	(2000) 29 E.H.R.R. 591
	Fayed v. United Kingdom	(1994) 18 E.H.R.R. 393
	Hentrich v. France	(1994) 18 E.H.R.R. 440
	Herczegfalvy v. Austria	(1993) 15 E.H.R.R. 437
	Holy Monastries v. Greece	(1995) 20 E.H.R.R. 1
	Hood v. United Kingdom	(2000) 29 E.H.R.R. 365
	J v. Belgium	(1993) 15 E.H.R.R. CD 46
	James v. United Kingdom	(1986) 8 E.H.R.R. 123
	James v. United Kingdom	(1994) 18 E.H.R.R. CD 130
	Khalfaoui v. France	(2001) 31 E.H.R.R 967
	Kraska v. Switzerland	(1994) 18 E.H.R.R. 188
	Lithgow v. United Kingdom	(1986) 8 E.H.R.R. 329
	Loukanov v. Bulgaria	(1997) 24 E.H.R.R. 121
	Lukanov v. Bulgaria	(1996) 21 E.H.R.R. CD 20
	Matos e Silva v. Portugal	(1997) 24 E.H.R.R. 573
	Nielsen v. Denmark	(1989) 11 E.H.R.R. 175
	O'Hara v. Ireland	(1998) 25 E.H.R.R. CD 57
	Ollila v. Finland	(1993) 15 E.H.R.R. CD 101
	Omar v. France	(2000) 29 E.H.R.R. 210
	Osman v. United Kingdom	(2000) 29 E.H.R.R. 245
	Philis v. Greece	(1991) 13 E.H.R.R. 741
	Poitrimol v. France	(1994) 18 E.H.R.R. 130
	Powell and Rayner v. United Kingdom	(1990) 12 E.H.R.R. 355
	Pressos Compania Naviera SA v. Belgium	(1996) 21 E.H.R.R. 301
	Pudas v. Sweden	(1988) 10 E.H.R.R. 380
	Saunders v. United Kingdom	(1994) 18 E.H.R.R. CD 23
	Saunders v. United Kingdom	(1997) 23 E.H.R.R. 313
	Societe Levage Prestations v. France	(1997) 24 E.H.R.R. 351

Case Referred to	Name of Case	Citation
	Stedman v. United Kingdom	(1997) 23 E.H.R.R. CD 168
	Stewart-Brady v. United Kingdom	(1997) 24 E.H.R.R. CD 38
	Stubbings v. United Kingdom	(1995) 19 E.H.R.R. CD 32
	Stubbings v. United Kingdom	(1997) 23 E.H.R.R. 213
	Van Hal BV v. Netherlands	(1987) 9 E.H.R.R. 146
	Vasilescu v. Romania	(1999) 28 E.H.R.R. 241
	W v. United Kingdom	(1988) 10 E.H.R.R. 29
	Waite and Kennedy v. Germany	(2000) 30 E.H.R.R. 261
	Weeks v. United Kingdom	(1988) 10 E.H.R.R. 293
	Z v. United Kingdom	(1999) 28 E.H.R.R. CD 65
Ashingdane v. United Kingdom (Admissibility) (1982) 4 E.H.R.R. 590	Ashingdane v. United Kingdom, App. No. 8225/78	(1984) 6 E.H.R.R. 69
Assenov v. Bulgaria (1999) 28 E.H.R.R. 652	A.V. v. Bulgaria	(1999) 28 E.H.R.R. CD 197
	Buscarini v. San Marino	(2000) 30 E.H.R.R. 208
	Çakici v. Turkey	(2001) 31 E.H.R.R 133
	Douiyeb v. Netherlands	(2000) 30 E.H.R.R. 790
	Fidan v. Turkey	(2000) 29 E.H.R.R. CD 162
	Nikolova v. Bulgaria	(2001) 31 E.H.R.R 64
	Ogur v. Turkey	(2001) 31 E.H.R.R 912
	Özgür Gündem v. Turkey	(2001) 31 E.H.R.R 1082
	Selmouni v. France	(2000) 29 E.H.R.R. 403
	Shishkov v. Bulgaria	(1999) 28 E.H.R.R. CD 237
	TW v. Malta	(2000) 29 E.H.R.R. 185
	Z v. United Kingdom	(1999) 28 E.H.R.R. CD 65
	Veznedaroglu v. Turkey	(2000) 29 E.H.R.R. CD 269
Ausiello v. Italy (1997) 24 E.H.R.R. 568	Katikaridis v. Greece	(2001) 32 E.H.R.R. 113
Autronic AG v. Switzerland (A/178) (1990) 12 E.H.R.R. 485; [1991] F.S.R. 55; *The Times,* May 30, 1990	Brind v. United Kingdom	(1994) 18 E.H.R.R. CD 76
	Casado Coca v. Spain	(1994) 18 E.H.R.R. 1
	Cossey v. United Kingdom	(1991) 13 E.H.R.R. 622
	Hins and Hugenholtz v. Netherlands	(1996) 21 E.H.R.R. CD 124
	Informationsverein Lentia v. Austria	(1994) 17 E.H.R.R. 93
	McLaughlin v. United Kingdom	(1994) 18 E.H.R.R. CD 84
	Nydahl v. Sweden	(1993) 16 E.H.R.R. CD 15
	Prager and Oberschlick v. Austria	(1996) 21 E.H.R.R. 1
	Verenigung Radio 100 v. Netherlands	(1996) 22 E.H.R.R. CD 198
Axen v. Germany (A/72) (1984) 6 E.H.R.R. 195	Ashingdane v. United Kingdom	(1985) 7 E.H.R.R. 528
	Botten v. Norway	(2001) 32 E.H.R.R. 37
	Cooke v. Austria	(2001) 31 E.H.R.R 338
	Diennet v. France	(1996) 21 E.H.R.R. 554
	Ekbatani v. Sweden	(1991) 13 E.H.R.R. 504
	Fejde v. Sweden	(1994) 17 E.H.R.R. 14
	Gerlach v. Germany	(1986) 8 E.H.R.R. 311
	Helmers v. Sweden	(1993) 15 E.H.R.R. 285

Case Referred to	Name of Case	Citation
	Hodgson, Woolf Productions and National Union of Journalists and Channel Four Television v. United Kingdom	(1988) 10 E.H.R.R. 503
	Incal v. Turkey	(2000) 29 E.H.R.R. 449
	Jan-Ake Andersson v. Sweden	(1993) 15 E.H.R.R. 218
	Kremzow v. Austria	(1994) 17 E.H.R.R. 322
	Monnell and Morris v. United Kingdom	(1988) 10 E.H.R.R. 205
	Olsson v. Sweden (No. 2)	(1994) 17 E.H.R.R. 134
	Pardo v. France	(1994) 17 E.H.R.R. 383
	Prinz v. Austria	(2001) 31 E.H.R.R 357
	Schuler-Zgraggen v. Switzerland	(1993) 16 E.H.R.R. 405
	Sutter v. Switzerland	(1984) 6 E.H.R.R. 272
	Vernon v. United Kingdom	(2000) 29 E.H.R.R. CD 264
	Werner and Szucs v. Austria	(1998) 26 E.H.R.R. 310
Aydin v. Turkey (1993) 16 E.H.R.R. 242	Selmouni v. France	(2000) 29 E.H.R.R. 403
	Tanrikulu v. Turkey	(2000) 30 E.H.R.R. 950
Aydin v. Turkey (1998) 25 E.H.R.R. 251	Ergi v. Turkey	(2001) 32 E.H.R.R. 388
	Gündem v. Turkey	(2001) 32 E.H.R.R. 350
	Assenov v. Bulgaria	(1999) 28 E.H.R.R. 652
	Çakici v. Turkey	(2001) 31 E.H.R.R 133
	Kaya v. Turkey	(1999) 28 E.H.R.R. 1
	Kurt v. Turkey	(1999) 27 E.H.R.R. 373
	Mentes v. Turkey	(1998) 26 E.H.R.R. 595
	Tekin v. Turkey	(2001) 31 E.H.R.R 95
	Yasa v. Turkey	(1999) 28 E.H.R.R. 408
Aydin v. Turkey (1998) 25 E.H.R.R. 491	Güleç v. Turkey	(1999) 28 E.H.R.R. 121
Aytekin v. Turkey, unreported	Baskaya and Okçuoglu v. Turkey	(2001) 31 E.H.R.R 292
	Çakici v. Turkey	(2001) 31 E.H.R.R 133
	Ogur v. Turkey	(2001) 31 E.H.R.R 912
B v. Austria (A/175) (1991) 13 E.H.R.R. 20	Caballero v. United Kingdom	(2000) 30 E.H.R.R. 643
	Dobbertin v. France	(1993) 16 E.H.R.R. 558
	Eriksen v. Norway	(2000) 29 E.H.R.R. 328
	Herczegfalvy v. Austria	(1993) 15 E.H.R.R. 437
	Jastrzebski v. Poland	(1995) 20 E.H.R.R. CD 126
	Letellier v. France	(1992) 14 E.H.R.R. 83
	Mansur v. Turkey	(1995) 20 E.H.R.R. 535
	Navarra v. France	(1994) 17 E.H.R.R. 594
	Toth v. Austria	(1992) 14 E.H.R.R. 551
	Tsirlis and Kouloumpas v. Greece	(1996) 21 E.H.R.R. CD 30
	Tsirlis and Kouloumpas v. Greece	(1998) 25 E.H.R.R. 198
	W v. Switzerland	(1994) 17 E.H.R.R. 60
	Yağci and Sargin v. Turkey	(1995) 20 E.H.R.R. 505

Case Referred to	Name of Case	Citation
B v. France (A/232–C) [1992] 2 F.L.R. 249; (1993) 16 E.H.R.R. 1; [1992] Fam. Law 491; *The Times*, March 31, 1992; *The Guardian*, April 15, 1992	A and Family v. Spain	(1994) 18 E.H.R.R. CD 209
	A v. France	(1994) 17 E.H.R.R. 462
	Ahmet Sadik v. Greece	(1997) 24 E.H.R.R. 323
	Asplund v. Sweden	(1994) 18 E.H.R.R. CD 111
	Bahaddar v. Netherlands	(1998) 26 E.H.R.R. 278
	Beldjoudi v. France	(1992) 14 E.H.R.R. 801
	Botta v. Italy	(1998) 26 E.H.R.R. 241
	Castells v. Spain	(1992) 14 E.H.R.R. 445
	Dreshaj v. Finland	(1994) 18 E.H.R.R. CD 213
	Drozd and Janousek v. France and Spain	(1992) 14 E.H.R.R. 745
	Hokkanen v. Finland	(1995) 19 E.H.R.R. 139
	Keegan v. Ireland	(1994) 18 E.H.R.R. 342
	Lüdi v. Switzerland	(1993) 15 E.H.R.R. 173
	McCotter v. United Kingdom	(1993) 15 E.H.R.R. CD 98
	McMichael v. United Kingdom	(1995) 20 E.H.R.R. 205
	Sheffield and Horsham v. United Kingdom	(1999) 27 E.H.R.R. 163
	Sheffield v. United Kingdom	(1996) 21 E.H.R.R. CD 99
	Stjerna v. Finland	(1997) 24 E.H.R.R. 195
	X, Y and Z v. United Kingdom	(1995) 20 E.H.R.R. CD 6
	X, Y and Z v. United Kingdom	(1997) 24 E.H.R.R. 143
B v. Germany, October 7, 1985	Lüdi v. Switzerland	(1993) 15 E.H.R.R. 173
B v. United Kingdom (A/121) (1988) 10 E.H.R.R. 87	Boyle v. United Kingdom	(1995) 19 E.H.R.R. 179
	Campbell v. United Kingdom	(1989) 11 E.H.R.R. 97
	Comingersoll SA v. Portugal	(2001) 31 E.H.R.R 772
	Fischer v. Austria	(1995) 20 E.H.R.R. 349
	H v. Belgium	(1988) 10 E.H.R.R. 339
	Hoffmann v. Austria	(1994) 17 E.H.R.R. 293
	Iskcon v. United Kingdom	(1994) 18 E.H.R.R. CD 133
	McMichael v. United Kingdom	(1995) 20 E.H.R.R. 205
	Momique-Pola v. Sweden	(1998) 26 E.H.R.R. CD 187
	Pudas v. Sweden	(1988) 10 E.H.R.R. 380
	R v. United Kingdom	(1991) 13 E.H.R.R. 588
	Stjerna v. Finland	(1997) 24 E.H.R.R. 195
B v. United Kingdom, Series A, No. 136–D	Gaskin v. United Kingdom	(1990) 12 E.H.R.R. 36
BB v. France, unreported, March 9, 1998	SSC v. Sweden	(2000) 29 E.H.R.R. CD 245
B.M. v. United Kingdom (1984) 6 E.H.R.R. 592	N.M. v. United Kingdom	(1984) 6 E.H.R.R. 598
Baggetta v. Italy (A/119) (1988) 10 E.H.R.R. 325	Adiletta v. Italy	(1992) 14 E.H.R.R. 586
	Birou v. France	(1992) 14 E.H.R.R. 738
	Boddaert v. Belgium	(1993) 16 E.H.R.R. 242
	E.P. v. Slovak Republic	(1999) 27 E.H.R.R. CD 231
	Ferrantelli and Santangelo v. Italy	(1997) 23 E.H.R.R. 288
	Garyfallou Aebe v. Greece	(1999) 28 E.H.R.R. 344
	Maj v. Italy	(1992) 14 E.H.R.R. 405
	Mansur v. Turkey	(1995) 20 E.H.R.R. 535
	Matter v. Slovakia	(2001) 31 E.H.R.R 783
	Motta v. Italy	(1992) 14 E.H.R.R. 432

Case Referred to	Name of Case	Citation
	Moudefo v. France	(1991) 13 E.H.R.R. 549
	Philis v. Greece (No. 2)	(1998) 25 E.H.R.R. 417
	Pugliese v. Italy (No. 1)	(1992) 14 E.H.R.R. 413
	Reinhardt and Slimane-Kaid v. France	(1999) 28 E.H.R.R. 59
	Yağci and Sargin v. Turkey	(1995) 20 E.H.R.R. 505
	Zana v. Turkey	(1999) 27 E.H.R.R. 667
Baggs v. United Kingdom (1987) 9 E.H.R.R. 235	Powell and Rayner v. United Kingdom	(1990) 12 E.H.R.R. 288
	Powell v. United Kingdom	(1987) 9 E.H.R.R. 241
	Rayner v. United Kingdom	(1987) 9 E.H.R.R. 375
Bahaddar v. Netherlands (1998) 26 E.H.R.R. 278	Jabari v. Turkey	(2000) 29 E.H.R.R. CD 178
	Z v. Switzerland	(1999) 27 E.H.R.R. CD 278
Balmer-Schafroth v. Switzerland (1998) 25 E.H.R.R. 598	Athanassoglou v. Switzerland	(2001) 31 E.H.R.R 372
	Le Calvez v. France	(2001) 32 E.H.R.R. 481
	Ocic v. Croatia	(2000) 29 E.H.R.R. CD 220
	Saleem v. United Kingdom	(1998) 25 E.H.R.R. CD 193
Baraona v. Portugal (A/122) (1991) 13 E.H.R.R. 329	Tsirlis and Kouloumpas v. Greece	(1998) 25 E.H.R.R. 198
	Beaumartin v. France	(1995) 19 E.H.R.R. 485
	Editions Periscope v. France	(1992) 14 E.H.R.R. 597
	Georgiadis v. Greece	(1997) 24 E.H.R.R. 606
	Huber v. France	(1998) 26 E.H.R.R. 457
	Le Calvez v. France	(2001) 32 E.H.R.R. 481
	Leutscher v. Netherlands	(1997) 24 E.H.R.R. 181
	Martins Moeira v. Portugal	(1991) 13 E.H.R.R. 517
	Masson and Van Zon v. Netherlands	(1996) 22 E.H.R.R. 491
	Neigel v. France	(2000) 30 E.H.R.R. 310
	Neves e Silva v. Portugal	(1991) 13 E.H.R.R. 535
	Oliveira Neves v. Portugal	(1991) 13 E.H.R.R. 576
	Pudas v. Sweden	(1988) 10 E.H.R.R. 380
	Putz v. Austria	(2001) 32 E.H.R.R. 271
	Tsirlis and Kouloumpas v. Greece	(1996) 21 E.H.R.R. CD 30
	Werner and Szucs v. Austria	(1998) 26 E.H.R.R. 310
Barbera v. Spain (A/146); Messegue v. Spain (A/146); Jabardo v. Spain (A/146) (1989) 11 E.H.R.R. 360	Allenet de Ribemont v. France	(1996) 22 E.H.R.R. 582
	B v. France	(1993) 16 E.H.R.R. 1
	Bernaerts v. Belgium	(1993) 15 E.H.R.R. CD 17
	Brandsetter v. Austria	(1993) 15 E.H.R.R. 378
	Bricmont v. Belgium	(1990) 12 E.H.R.R. 217
	Brozicek v. Italy	(1990) 12 E.H.R.R. 371
	Bulut v. Austria	(1997) 24 E.H.R.R. 84
	Çakici v. Turkey	(2001) 31 E.H.R.R 133
	Cardot v. France	(1991) 13 E.H.R.R. 853
	De Haes and Gijsels v. Belgium	(1998) 25 E.H.R.R. 1
	De Salvador Torres v. Spain	(1997) 23 E.H.R.R. 601
	Delta v. France	(1993) 16 E.H.R.R. 574
	Ferrantelli and Santangelo v. Italy	(1997) 23 E.H.R.R. 288
	Fitt v. United Kingdom	(2000) 30 E.H.R.R. 480
	Fressoz and Roire v. France	(2001) 31 E.H.R.R 28
	H v. France	(1990) 12 E.H.R.R. 74
	H.F. v. Austria	(1995) 20 E.H.R.R. CD 68
	Jasper v. United Kingdom	(2000) 30 E.H.R.R. 441

Case Referred to	Name of Case	Citation
	Kostovski v. Netherlands	(1990) 12 E.H.R.R. 434
	Kraska v. Switzerland	(1994) 18 E.H.R.R. 188
	Lala v. Netherlands	(1994) 18 E.H.R.R. 586
	Lüdi v. Switzerland	(1993) 15 E.H.R.R. 173
	M.L. v. United Kingdom	(1995) 20 E.H.R.R. CD 81
	MK v. Austria	(1997) 24 E.H.R.R. CD 59
	Oberschlick v. Austria	(1995) 19 E.H.R.R. 389
	Papamichalopoulos v. Greece	(1996) 21 E.H.R.R. 439
	Pelladoah v. Netherlands	(1995) 19 E.H.R.R. 81
	Pine Valley Developments Ltd v. Ireland	(1992) 14 E.H.R.R. 319
	R.S. v. United Kingdom	(1995) 20 E.H.R.R. CD 98
	Remli v. France	(1996) 22 E.H.R.R. 253
	Rowe and Davis v. United Kingdom	(2000) 30 E.H.R.R. 1
	Saidi v. France	(1994) 17 E.H.R.R. 251
	Schuler-Zgraggen v. Switzerland	(1996) 21 E.H.R.R. 404
	Serif v. Greece	(1999) 28 E.H.R.R. CD 227
	Stran Greek Refineries and Stratis Andreadis v. Greece	(1995) 19 E.H.R.R. 293
	Teixeira de Castro v. Portugal	(1999) 28 E.H.R.R. 101
Barfod v. Denmark (A/149) (1991) 13 E.H.R.R. 493	Castells v. Spain	(1992) 14 E.H.R.R. 445
	Chorherr v. Austria	(1994) 17 E.H.R.R. 358
	Çiraklar v. Turkey	(2001) 32 E.H.R.R. 535
	De Haes and Gijsels v. Belgium	(1998) 25 E.H.R.R. 1
	Ezelin v. France	(1992) 14 E.H.R.R. 362
	Fuentes Bobo v. Spain	(2001) 31 E.H.R.R 1115
	Groppera Radio AG v. Switzerland	(1990) 12 E.H.R.R. 321
	Hadjianastassiou v. Greece	(1993) 16 E.H.R.R. 219
	Hogefeld v. Germany	(2000) 29 E.H.R.R. CD 173
	Janowski v. Poland	(2000) 29 E.H.R.R. 705
	Kokkinakis v. Greece	(1994) 17 E.H.R.R. 397
	Lambert v. France	(2000) 30 E.H.R.R. 346
	Manoussakis v. Greece	(1996) 21 E.H.R.R. CD 3
	Manoussakis v. Greece	(1997) 23 E.H.R.R. 387
	Markt Intern and Beermann v. Germany	(1990) 12 E.H.R.R. 161
	Niemietz v. Germany	(1993) 16 E.H.R.R. 97
	Pentidis v. Greece	(1997) 24 E.H.R.R. CD 1
	Prager and Oberschlick v. Austria	(1996) 21 E.H.R.R. 1
	Thorgeir Thorgeirson v. Iceland	(1992) 14 E.H.R.R. 843
	Valsamis v. Greece	(1997) 24 E.H.R.R. 294
	Worm v. Austria	(1996) 22 E.H.R.R. CD 7
	Worm v. Austria	(1998) 25 E.H.R.R. 454
	Zana v. Turkey	(1999) 27 E.H.R.R. 667
Barthold v. Germany (1985) 7 E.H.R.R. 383	Acquaviva v. France	(2001) 32 E.H.R.R. 134
	Autronic AG v. Switzerland	(1990) 12 E.H.R.R. 485
	Bozano v. France	(1987) 9 E.H.R.R. 297
	Chappell v. United Kingdom	(1990) 12 E.H.R.R. 1
	Colman v. United Kingdom	(1994) 18 E.H.R.R. 119
	Glasenapp v. Germany	(1987) 9 E.H.R.R. 25

Case Referred to	Name of Case	Citation
	Groppera Radio AG, Marquard, Fröhlich and Caluzzi v. Switzerland	(1990) 12 E.H.R.R. 297
	Gustafsson v. Sweden	(1996) 22 E.H.R.R. 409
	H v. France	(1990) 12 E.H.R.R. 74
	Incal v. Turkey	(2000) 29 E.H.R.R. 449
	Informationsverein Lentia v. Austria	(1994) 17 E.H.R.R. 93
	Jacubowski v. Germany	(1995) 19 E.H.R.R. 64
	Kopp v. Switzerland	(1999) 27 E.H.R.R. 91
	Kosiek v. Germany	(1987) 9 E.H.R.R. 328
	L v. Finland	(2001) 31 E.H.R.R 737
	Lehideux and Isorni v. France	(2000) 30 E.H.R.R. 665
	Lingens v. Austria	(1986) 8 E.H.R.R. 407
	Markt Intern and Beermann v. Germany	(1989) 11 E.H.R.R. 212
	Markt Intern and Beermann v. Germany	(1990) 12 E.H.R.R. 161
	Müller v. Switzerland	(1991) 13 E.H.R.R. 212
	Niemietz v. Germany	(1993) 16 E.H.R.R. 97
	Observer and Guardian v. United Kingdom	(1992) 14 E.H.R.R. 153
	Prager and Oberschlick v. Austria	(1996) 21 E.H.R.R. 1
	Rohr v. Switzerland	(1989) 11 E.H.R.R. 81
	Scherer v. Switzerland	(1994) 18 E.H.R.R. 276
	Sunday Times v. United Kingdom (No. 2)	(1992) 14 E.H.R.R. 229
	Vereinigung Demokratischer Soldaten Österreichs and Gubi v. Austria	(1995) 20 E.H.R.R. 56
	Weber v. Switzerland	(1990) 12 E.H.R.R. 508
Barthold v. Germany (1991) 13 E.H.R.R. 431	Ahmet Sadik v. Greece	(1997) 24 E.H.R.R. 323
	Herczegfalvy v. Austria	(1993) 15 E.H.R.R. 437
	Hertel v. Switzerland	(1999) 28 E.H.R.R. 534
Baskaya and Okcuoglu v. Turkey (2001) 31 E.H.R.R 292	Krcmár v. Czech Republic	(2001) 31 E.H.R.R 953
Beaumartin v. France (A/296–B) (1995) 19 E.H.R.R. 485	Fischer v. Austria	(1995) 20 E.H.R.R. 349
	Procola v. Luxembourg	(1996) 22 E.H.R.R. 193
	Vasilescu v. Romania	(1999) 28 E.H.R.R. 241
Beer and Regan v. Germany, unreported, February 18, 1999	Fogarty v. United Kingdom	(2000) 29 E.H.R.R. CD 157
Beis v. Greece (1998) 25 E.H.R.R. 335	Pafitis v. Greece	(1999) 27 E.H.R.R. 566
	RMD v. Switzerland	(1999) 28 E.H.R.R. 224
Beldjoudi v. France (A/234–A) (1992) 14 E.H.R.R. 801	Ahmed v. Austria	(1997) 24 E.H.R.R. 278
	Bouchelkia v. France	(1998) 25 E.H.R.R. 686
	Boughanemi v. France	(1996) 22 E.H.R.R. 228
	Boujlifa v. France	(2000) 30 E.H.R.R. 419
	Burghartz v. Switzerland	(1994) 18 E.H.R.R. 101
	C v. Belgium	(2001) 32 E.H.R.R. 19
	Chahal v. United Kingdom	(1994) 18 E.H.R.R. CD 193
	Chahal v. United Kingdom	(1995) 20 E.H.R.R. CD 19

Case Referred to	Name of Case	Citation
	Chahal v. United Kingdom	(1997) 23 E.H.R.R. 413
	Doymus v. Switzerland	(1995) 20 E.H.R.R. CD 129
	El Boujaïdi v. France	(2000) 30 E.H.R.R. 223
	Gül v. Switzerland	(1996) 22 E.H.R.R. 93
	Hussain v. United Kingdom	(1996) 22 E.H.R.R. 1
	Kara v. United Kingdom	(1999) 27 E.H.R.R. CD 272
	Keegan v. Ireland	(1994) 18 E.H.R.R. 342
	Lamguindaz v. United Kingdom	(1994) 17 E.H.R.R. 213
	Larkos v. Cyprus	(2000) 30 E.H.R.R. 597
	Launder v. United Kingdom	(1998) 25 E.H.R.R. CD 67
	McLeod v. United Kingdom	(1999) 27 E.H.R.R. 493
	Mehemi v. France	(2000) 30 E.H.R.R. 739
	Murray v. United Kingdom	(1994) 18 E.H.R.R. CD 1
	Murray v. United Kingdom	(1996) 22 E.H.R.R. 29
	Nasri v. France	(1996) 21 E.H.R.R. 458
	Phull v. United Kingdom	(1998) 25 E.H.R.R. CD 166
	Raidl v. Austria	(1995) 20 E.H.R.R. CD 114
	X, Y and Z v. United Kingdom	(1995) 20 E.H.R.R. CD 6
	X, Y and Z v. United Kingdom	(1997) 24 E.H.R.R. 143
Belgian Linguistics Case (No. 1) (Preliminary Objections) (1967) Series A, No. 5; 1 E.H.R.R. 241	Acquaviva v. France	(2001) 32 E.H.R.R. 134
	Barthold v. Germany	(1985) 7 E.H.R.R. 383
	Belgian Linguistics Case (No. 2)	1 E.H.R.R. 252
	De Wilde, Ooms and Versyp v. Belgium (No. 1)	1 E.H.R.R. 373
	Delcourt v. Belgium	1 E.H.R.R. 355
	Gillow v. United Kingdom	(1985) 7 E.H.R.R. 292
	Glasenapp v. Germany	(1987) 9 E.H.R.R. 25
	Hoffmann v. Austria	(1994) 17 E.H.R.R. 293
	Klass v. Germany	2 E.H.R.R. 214
	Kosiek v. Germany	(1987) 9 E.H.R.R. 328
	Loizidou v. Turkey	(1995) 20 E.H.R.R. 99
	Sunday Times v. United Kingdom	2 E.H.R.R. 245
	X v. United Kingdom (App. No. 9411/81)	(1983) 5 E.H.R.R. 276
Belgian Linguistics Case (No. 2) (A/6), 1 E.H.R.R. 252	Abdulaziz, Cabales and Balkandali v. United Kingdom	(1985) 7 E.H.R.R. 471
	Airey v. Ireland	2 E.H.R.R. 305
	Anders and Fredin v. Sweden	(1991) 13 E.H.R.R. 142
	Angeleni v. Sweden	(1988) 10 E.H.R.R. 123
	App. No. 9237/81 v. United Kingdom	(1984) 6 E.H.R.R. 354
	App. No. 9519/81 v. Germany	(1984) 6 E.H.R.R. 599
	App. No. 9684/82 v. Netherlands	(1984) 6 E.H.R.R. 575
	App. No. 9773/82 v. United Kingdom	(1983) 5 E.H.R.R. 296
	App. No. 9793/82 v. United Kingdom	(1985) 7 E.H.R.R. 135
	App. No. 10412/83 v. France	(1989) 11 E.H.R.R. 69
	App. No. 10476/83 v. Sweden	(1987) 9 E.H.R.R. 247
	App. No. 11559/85 v. United Kingdom	(1987) 9 E.H.R.R. 134
	App. No. 12513/86 v. United Kingdom	(1989) 11 E.H.R.R. 49

Case Referred to	Name of Case	Citation
	App.Nos.10228 and 10229/82 v. United Kingdom	(1985) 7 E.H.R.R. 141
	Ashingdane v. United Kingdom	(1985) 7 E.H.R.R. 528
	B v. France	(1993) 16 E.H.R.R. 1
	Brannigan and McBride v. United Kingdom	(1994) 17 E.H.R.R. 539
	Brogan v. United Kingdom	(1989) 11 E.H.R.R. 117
	Brozicek v. Italy	(1990) 12 E.H.R.R. 371
	Buchholz v. Germany	(1981) 3 E.H.R.R. 597
	Campbell and Cosans v. United Kingdom	(1981) 3 E.H.R.R. 531
	Campbell and Cosans v. United Kingdom	(1982) 4 E.H.R.R. 293
	Campbell and Fell v. United Kingdom	(1983) 5 E.H.R.R. 207
	Chassagnou v. France	(2000) 29 E.H.R.R. 615
	Costello-Roberts v. United Kingdom	(1995) 19 E.H.R.R. 112
	De Jong, Baljet and Van Den Brink v. Netherlands	(1986) 8 E.H.R.R. 20
	Dudgeon v. United Kingdom	(1981) 3 E.H.R.R. 40
	East African Asians v. United Kingdom	(1981) 3 E.H.R.R. 76
	Eckle v. Germany	(1983) 5 E.H.R.R. 1
	Engel v. Netherlands (No. 1)	1 E.H.R.R. 647
	Fayed v. United Kingdom	(1994) 18 E.H.R.R. 393
	G v. Germany	(1984) 6 E.H.R.R. 499
	Golder v. United Kingdom	1 E.H.R.R. 524
	Groppera Radio AG v. Switzerland	(1990) 12 E.H.R.R. 321
	Guerra v. Italy	(1998) 26 E.H.R.R. 357
	H.F. v. Austria	(1995) 20 E.H.R.R. CD 68
	Hamer v. United Kingdom	(1982) 4 E.H.R.R. 139
	Handyside v. United Kingdom	1 E.H.R.R. 737
	Hoffmann v. Austria	(1994) 17 E.H.R.R. 293
	Holy Monastries v. Greece	(1995) 20 E.H.R.R. 1
	Inze v. Austria	(1986) 8 E.H.R.R. 498
	Ireland v. United Kingdom	2 E.H.R.R. 25
	James v. United Kingdom	(1984) 6 E.H.R.R. 475
	James v. United Kingdom	(1994) 18 E.H.R.R. CD 130
	Johnson v. United Kingdom	(1987) 9 E.H.R.R. 386
	Johnston v. Ireland	(1986) 8 E.H.R.R. 214
	Johnston v. Ireland	(1987) 9 E.H.R.R. 203
	Kamasinski v. Austria	(1991) 13 E.H.R.R. 36
	Karus v. Italy	(1998) 26 E.H.R.R. CD 98
	Kilbourn v. United Kingdom	(1986) 8 E.H.R.R. 81
	Kjeldsen, Busk Madsen and Pendersen v. Denmark	1 E.H.R.R. 711
	Klass v. Germany	2 E.H.R.R. 214
	König v. Germany	2 E.H.R.R. 170
	Larkos v. Cyprus	(2000) 30 E.H.R.R. 597
	Lehideux and Isorni v. France	(2000) 30 E.H.R.R. 665
	Liberal Party v. United Kingdom	(1982) 4 E.H.R.R. 106
	Lindsay v. United Kingdom	(1987) 9 E.H.R.R. 555
	Lithgow v. United Kingdom	(1985) 7 E.H.R.R. 56
	Lithgow v. United Kingdom	(1986) 8 E.H.R.R. 329
	Lutz v. Germany	(1988) 10 E.H.R.R. 182
	M v. United Kingdom	(1999) 27 E.H.R.R. CD 152

Case Referred to	Name of Case	Citation
	Marckx v. Belgium	2 E.H.R.R. 330
	Markt Intern and Beermann v. Germany	(1990) 12 E.H.R.R. 161
	McFeeley v. United Kingdom	(1981) 3 E.H.R.R. 161
	Monnell and Morris v. United Kingdom	(1985) 7 E.H.R.R. 579
	Monnell and Morris v. United Kingdom	(1988) 10 E.H.R.R. 205
	Munro v. United Kingdom	(1988) 10 E.H.R.R. 516
	National Union of Belgian Police v. Belgium	1 E.H.R.R. 578
	Niemietz v. Germany	(1993) 16 E.H.R.R. 97
	Patel v. United Kingdom	(1982) 4 E.H.R.R. 256
	Pierre-Bloch v. France	(1998) 26 E.H.R.R. 202
	Pinder v. United Kingdom	(1985) 7 E.H.R.R. 464
	Pine Valley Developments Ltd v. Ireland	(1992) 14 E.H.R.R. 319
	Rasmussen v. Denmark	(1985) 7 E.H.R.R. 371
	Rasmussen v. Denmark, App. No. 8777/79	(1984) 6 E.H.R.R. 94
	Rekvényi v. Hungary	(2000) 30 E.H.R.R. 519
	S.P. v. United Kingdom	(1997) 23 E.H.R.R. CD 139
	Schmidt and Dahlström v. Sweden	1 E.H.R.R. 632
	Schmidt v. Germany	(1994) 18 E.H.R.R. 513
	Sporrong and Lönnroth v. Sweden	(1983) 5 E.H.R.R. 35
	Stamoulakatos v. Greece and United Kingdom	(1996) 21 E.H.R.R. CD 77
	Stankov v. Bulgaria	(1997) 23 E.H.R.R. CD 170
	Stewart-Brady v. United Kingdom	(1997) 24 E.H.R.R. CD 38
	Stjerna v. Finland	(1997) 24 E.H.R.R. 195
	Sunday Times v. United Kingdom	2 E.H.R.R. 245
	Swedish Engine Drivers' Union v. Sweden	1 E.H.R.R. 617
	Trustees of the late Duke of Westminster's Estate v. United Kingdom	(1983) 5 E.H.R.R. 440
	Tsirlis and Kouloumpas v. Greece	(1996) 21 E.H.R.R. CD 30
	Tsirlis and Kouloumpas v. Greece	(1998) 25 E.H.R.R. 198
	Van Der Mussele v. Belgium	(1984) 6 E.H.R.R. 163
	Van Oosterwijck v. Belgium	(1981) 3 E.H.R.R. 557
	Verein Gemeinsam Lernen v. Austria	(1995) 20 E.H.R.R. CD 78
	Webb v. United Kingdom	(1984) 6 E.H.R.R. 121
	X v. United Kingdom	(1981) 3 E.H.R.R. 63
	X v. United Kingdom	(1982) 4 E.H.R.R. 252
	Young, James and Webster v. United Kingdom	(1982) 4 E.H.R.R. 38
Belilos v. Switzerland (A/132) (1988) 10 E.H.R.R. 466	Beaumartin v. France	(1995) 19 E.H.R.R. 485
	Bock v. Germany	(1990) 12 E.H.R.R. 247
	Borgers v. Belgium	(1993) 15 E.H.R.R. 92
	Brannigan and McBride v. United Kingdom	(1994) 17 E.H.R.R. 539
	Bulut v. Austria	(1997) 24 E.H.R.R. 84

Case Referred to	Name of Case	Citation
	Chorherr v. Austria	(1994) 17 E.H.R.R. 358
	Cohen v. United Kingdom	(1996) 21 E.H.R.R. CD 104
	Demicoli v. Malta	(1992) 14 E.H.R.R. 47
	Fischer v. Austria	(1995) 20 E.H.R.R. 349
	Gaskin v. United Kingdom	(1990) 12 E.H.R.R. 36
	Gustafson (Rolf) v. Sweden	(1998) 25 E.H.R.R. 623
	Loizidou v. Turkey	(1995) 20 E.H.R.R. 99
	Norris v. Ireland	(1991) 13 E.H.R.R. 186
	Obermeier v. Austria	(1991) 13 E.H.R.R. 290
	Observer and Guardian v. United Kingdom	(1992) 14 E.H.R.R. 153
	Pauger v. Austria	(1998) 25 E.H.R.R. 105
	Pauwels v. Belgium	(1989) 11 E.H.R.R. 238
	S.P. v. United Kingdom	(1997) 23 E.H.R.R. CD 139
	Saidi v. France	(1994) 17 E.H.R.R. 251
	Schönenberger and Durmaz v. Switzerland	(1989) 11 E.H.R.R. 202
	Stallinger and Kuso v. Austria	(1998) 26 E.H.R.R. 81
	Thomann v. Switzerland	(1997) 24 E.H.R.R. 553
	Van de Hurk v. Netherlands	(1994) 18 E.H.R.R. 481
	Vermeire v. Belgium	(1993) 15 E.H.R.R. 488
	Weber v. Switzerland	(1990) 12 E.H.R.R. 508
	Werner and Szucs v. Austria	(1998) 26 E.H.R.R. 310
	Zumbotel v. Austria	(1994) 17 E.H.R.R. 116
Bellet v. France, unreported, December 4, 1995	Aït-Mouhoub v. France	(2000) 30 E.H.R.R. 382
	Buckley v. United Kingdom	(1997) 23 E.H.R.R. 101
	F.E. v. France	(2000) 29 E.H.R.R. 591
	Khalfaoui v. France	(2001) 31 E.H.R.R 967
	Omar v. France	(2000) 29 E.H.R.R. 210
	Stubbings v. United Kingdom	(1997) 23 E.H.R.R. 213
	Tinnelly & Sons Ltd v. United Kingdom	(1999) 27 E.H.R.R. 249
	Waite and Kennedy v. Germany	(2000) 30 E.H.R.R. 261
Belziuk v. Poland (2000) 30 E.H.R.R. 614	Cooke v. Austria	(2001) 31 E.H.R.R 338
	Daktaras v. Lithuania	(2000) 29 E.H.R.R. CD 135
	Musial v. Poland	(2001) 31 E.H.R.R 720
	Prinz v. Austria	(2001) 31 E.H.R.R 357
Bendenoun v. France (A/284) (1994) 18 E.H.R.R. 54	Air Canada v. United Kingdom	(1995) 20 E.H.R.R. 150
	AP, MP and TP v. Switzerland	(1998) 26 E.H.R.R. 541
	Benham v. United Kingdom	(1996) 22 E.H.R.R. 293
	Brown v. United Kingdom	(1999) 28 E.H.R.R. CD 233
	Escoubet v. Belgium	(2001) 31 E.H.R.R 1034
	Garyfallou Aebe v. Greece	(1999) 28 E.H.R.R. 344
	JJ v. Netherlands	(1999) 28 E.H.R.R. 168
	Miailhe v. France (No. 2)	(1997) 23 E.H.R.R. 491
	Pierre-Bloch v. France	(1998) 26 E.H.R.R. 202
	Smith v. United Kingdom	(1996) 21 E.H.R.R. CD 74
Benham v. United Kingdom (1996) 22 E.H.R.R. 293	Douiyeb v. Netherlands	(2000) 30 E.H.R.R. 790
	Grauzinis v. Lithuania	(1999) 28 E.H.R.R. CD 189
	Kopcych v. Poland	(1999) 27 E.H.R.R. CD 199
	Loukanov v. Bulgaria	(1997) 24 E.H.R.R. 121
	Perks v. United Kingdom	(1997) 24 E.H.R.R. CD 35
	Perks v. United Kingdom	(2000) 30 E.H.R.R. 33
	Steel v. United Kingdom	(1999) 28 E.H.R.R. 603

Case Referred to	Name of Case	Citation
	Tsirlis and Kouloumpas v. Greece	(1996) 21 E.H.R.R. CD 30
	Tsirlis and Kouloumpas v. Greece	(1998) 25 E.H.R.R. 198
Benkessiouer v. France, unreported	Pellegrin v. France	(2001) 31 E.H.R.R 651
Benthem v. Netherlands (1984) 6 E.H.R.R. 283	Deumeland v. Germany	(1985) 7 E.H.R.R. 409
	Feldbrugge v. Netherlands	(1985) 7 E.H.R.R. 279
	Van Marle, Van Zomeren, Flantua and de Bruijn v. Netherlands	(1985) 7 E.H.R.R. 265
Benthem v. Netherlands (8848/80) (1986) 8 E.H.R.R. 1	App. No. 10395/83 v. Austria	(1987) 9 E.H.R.R. 389
	App. No. 11408/85 v. Sweden	(1987) 9 E.H.R.R. 244
	Balmer-Schafroth v. Switzerland	(1998) 25 E.H.R.R. 598
	Bodén v. Sweden	(1988) 10 E.H.R.R. 367
	Debled v. Belgium	(1995) 19 E.H.R.R. 506
	Deumeland v. Germany	(1986) 8 E.H.R.R. 448
	F.M. v. Italy	(1994) 18 E.H.R.R. 570
	Fayed v. United Kingdom	(1994) 18 E.H.R.R. 393
	Feldbrugge v. Netherlands	(1986) 8 E.H.R.R. 425
	Fischer v. Austria	(1995) 20 E.H.R.R. 349
	GS v. Austria	(2001) 31 E.H.R.R 576
	H v. Belgium	(1986) 8 E.H.R.R. 510
	H v. Belgium	(1988) 10 E.H.R.R. 339
	Hins and Hugenholtz v. Netherlands	(1996) 21 E.H.R.R. CD 124
	Jacobsson v. Sweden	(1989) 11 E.H.R.R. 562
	Jaxel v. France	(1989) 11 E.H.R.R. 87
	Keegan v. Ireland	(1994) 18 E.H.R.R. 342
	Kraska v. Switzerland	(1994) 18 E.H.R.R. 188
	Logan v. United Kingdom	(1996) 22 E.H.R.R. CD 178
	McMichael v. United Kingdom	(1995) 20 E.H.R.R. 205
	Oerlemans v. Netherlands	(1993) 15 E.H.R.R. 561
	Ortenberg v. Austria	(1995) 19 E.H.R.R. 524
	Osman v. United Kingdom	(2000) 29 E.H.R.R. 245
	Paruszweska v. Poland	(1998) 25 E.H.R.R. CD 175
	Pauger v. Austria	(1998) 25 E.H.R.R. 105
	Pudas v. Sweden	(1988) 10 E.H.R.R. 380
	Tre Traktörer AB v. Sweden	(1990) 12 E.H.R.R. 128
	Tre Traktörer Aktiebolag v. Sweden	(1991) 13 E.H.R.R. 309
	Van de Hurk v. Netherlands	(1994) 18 E.H.R.R. 481
	Vasilescu v. Romania	(1999) 28 E.H.R.R. 241
	WR v. Austria	(2001) 31 E.H.R.R 985
Bernard v. France (2000) 30 E.H.R.R. 808	Daktaras v. Lithuania	(2000) 29 E.H.R.R. CD 135
Berrehab v. Netherlands (A/138) (1989) 11 E.H.R.R. 322	Ahmut v. Netherlands	(1997) 24 E.H.R.R. 62
	Beldjoudi v. France	(1992) 14 E.H.R.R. 801
	Bouchelkia v. France	(1998) 25 E.H.R.R. 686
	Boughanemi v. France	(1996) 22 E.H.R.R. 228
	Boujlifa v. France	(2000) 30 E.H.R.R. 419
	Buckley v. United Kingdom	(1997) 23 E.H.R.R. 101
	C v. Belgium	(2001) 32 E.H.R.R. 19
	Dilek v. Netherlands	(1999) 27 E.H.R.R. CD 244
	Djeroud v. France	(1992) 14 E.H.R.R. 68

Case Referred to	Name of Case	Citation
	Doymus v. Switzerland	(1995) 20 E.H.R.R. CD 129
	El Boujaïdi v. France	(2000) 30 E.H.R.R. 223
	Gül v. Switzerland	(1996) 22 E.H.R.R. 93
	Houldry v. Germany	(1999) 28 E.H.R.R. CD 116
	Keegan v. Ireland	(1994) 18 E.H.R.R. 342
	Lamguindaz v. United Kingdom	(1994) 17 E.H.R.R. 213
	Mehemi v. France	(2000) 30 E.H.R.R. 739
	Moustaquim v. Belgium	(1991) 13 E.H.R.R. 802
	Nasri v. France	(1996) 21 E.H.R.R. 458
	Patel v. United Kingdom	(1999) 27 E.H.R.R. CD 254
	Poku v. United Kingdom	(1996) 22 E.H.R.R. CD 94
	W v. Finland	(1993) 15 E.H.R.R. CD 109
Bezicheri v. Italy (1990) 12 E.H.R.R. 210	Assenov v. Bulgaria	(1999) 28 E.H.R.R. 652
	Delta v. France	(1993) 16 E.H.R.R. 574
	E v. Norway	(1994) 17 E.H.R.R. 30
	Herczegfalvy v. Austria	(1993) 15 E.H.R.R. 437
	Navarra v. France	(1994) 17 E.H.R.R. 594
Billi v. Italy, unreported	Allenet de Ribemont v. France	(1996) 22 E.H.R.R. 582
	Scopelliti v. Italy	(1994) 17 E.H.R.R. 493
	Stran Greek Refineries and Stratis Andreadis v. Greece	(1995) 19 E.H.R.R. 293
Birou (Roland) v. France (A/232–B) (1992) 14 E.H.R.R. 738	Morganti v. France	(1996) 21 E.H.R.R. 34
Bizzotto v. Greece, unreported, November 15, 1996	Aerts v. Belgium	(2000) 29 E.H.R.R. 50
	V v. United Kingdom	(2000) 30 E.H.R.R. 121
Bladet Tromsø and Stensaas v. Norway (2000) 29 E.H.R.R. 125	Bergens Tidende v. Norway	(2001) 31 E.H.R.R 430
	Dalban v. Romania	(2001) 31 E.H.R.R 893
	GS v. Austria	(2001) 31 E.H.R.R 576
	News Verlags GmbH & Co. KG v. Austria	(2001) 31 E.H.R.R 246
	Nilsen and Johnsen v. Norway	(2000) 30 E.H.R.R. 878
	WR v. Austria	(2001) 31 E.H.R.R 985
Bock v. Germany (A/150) (1990) 12 E.H.R.R. 247	Kraska v. Switzerland	(1994) 18 E.H.R.R. 188
	Mansur v. Turkey	(1995) 20 E.H.R.R. 535
	Oliveira Neves v. Portugal	(1991) 13 E.H.R.R. 576
	Ruiz-Mateos v. Spain	(1993) 16 E.H.R.R. 505
	Socialist Party v. Turkey	(1999) 27 E.H.R.R. 51
	Süßmann v. Germany	(1998) 25 E.H.R.R. 65
	X v. France	(1992) 14 E.H.R.R. 483
Boddaert v. Belgium (1993) 16 E.H.R.R. 242	Pafitis v. Greece	(1999) 27 E.H.R.R. 566
	Reinhardt and Slimane-Kaid v. France	(1999) 28 E.H.R.R. 59
	Schuler-Zgraggen v. Switzerland	(1993) 16 E.H.R.R. 405
	Selmouni v. France	(2000) 29 E.H.R.R. 403
	Süßmann v. Germany	(1998) 25 E.H.R.R. 65
	Vernon v. United Kingdom	(2000) 29 E.H.R.R. CD 264
Boden v. Sweden (1988) 10 E.H.R.R. 367	Balmer-Schafroth v. Switzerland	(1998) 25 E.H.R.R. 598

Case Referred to	Name of Case	Citation
	H v. Belgium	(1988) 10 E.H.R.R. 339
	K v. Austria	(1993) 15 E.H.R.R. CD 86
	Oerlemans v. Netherlands	(1993) 15 E.H.R.R. 561
	Zumbotel v. Austria	(1994) 17 E.H.R.R. 116
Boner v. United Kingdom (A 300–B); Maxwell v. United Kingdom (A/300–C) (1995) 19 E.H.R.R. 246	Benham v. United Kingdom	(1996) 22 E.H.R.R. 293
	Maxwell v. United Kingdom	(1995) 19 E.H.R.R. 97
Bonisch v. Austria (A/92) (1987) 9 E.H.R.R. 191	Aldrian v. Austria	(1989) 11 E.H.R.R. 107
	App. No. 10498/83 v. Austria	(1986) 8 E.H.R.R. 258
	App. No. 11170/84 v. Austria	(1988) 10 E.H.R.R. 513
	Baraona v. Portugal	(1991) 13 E.H.R.R. 329
	Barbera, Messegue and Jabardo v. Spain	(1989) 11 E.H.R.R. 360
	Bönisch v. Austria	(1991) 13 E.H.R.R. 409
	Borgers v. Belgium	(1993) 15 E.H.R.R. 92
	Brandsetter v. Austria	(1993) 15 E.H.R.R. 378
	De Haes and Gijsels v. Belgium	(1998) 25 E.H.R.R. 1
	F v. Switzerland	(1988) 10 E.H.R.R. 411
	Feldbrugge v. Netherlands	(1985) 7 E.H.R.R. 279
	Feldbrugge v. Netherlands	(1986) 8 E.H.R.R. 425
	H v. Belgium	(1988) 10 E.H.R.R. 339
	Hadjianastassiou v. Greece	(1993) 16 E.H.R.R. 219
	James v. United Kingdom	(1986) 8 E.H.R.R. 123
	Kennedy v. United Kingdom	(1999) 27 E.H.R.R. CD 266
	Kostovski v. Netherlands	(1990) 12 E.H.R.R. 434
	Lechner and Hess v. Austria	(1987) 9 E.H.R.R. 490
	Lobo Machado v. Portugal	(1997) 23 E.H.R.R. 79
	Mellacher v. Austria	(1990) 12 E.H.R.R. 391
	Schenk v. Switzerland	(1991) 13 E.H.R.R. 242
	T v. Austria	(1993) 15 E.H.R.R. CD 60
	Unterpertinger v. Austria	(1991) 13 E.H.R.R. 175
	Valenzuela Contreras v. Spain	(1999) 28 E.H.R.R. 483
	Weeks v. United Kingdom	(1991) 13 E.H.R.R. 435
	Windisch v. Austria	(1991) 13 E.H.R.R. 281
Bönisch v. Austria (1991) 13 E.H.R.R. 409	Croissant v. Germany	(1993) 16 E.H.R.R. 135
Bonnechaux v. Switzerland (1981) 3 E.H.R.R. 259	App. No. 9610/81 v. Germany	(1984) 6 E.H.R.R. 110
	App. No. 10135/82 v. Denmark	(1986) 8 E.H.R.R. 226
	App. No. 10263/83 v. Denmark	(1986) 8 E.H.R.R. 60
	App. No. 10803/84 v. Austria	(1989) 11 E.H.R.R. 112
	Lukanov v. Bulgaria	(1995) 19 E.H.R.R. CD 65
Borgers v. Belgium (A/214) (1993) 15 E.H.R.R. 92	Ankerl v. Switzerland	(2001) 32 E.H.R.R. 1
	Beaumartin v. France	(1995) 19 E.H.R.R. 485
	Belziuk v. Poland	(2000) 30 E.H.R.R. 614
	Bulut v. Austria	(1997) 24 E.H.R.R. 84
	De Haan v. Netherlands	(1998) 26 E.H.R.R. 417
	Diennet v. France	(1996) 21 E.H.R.R. 554
	Incal v. Turkey	(2000) 29 E.H.R.R. 449
	JJ v. Netherlands	(1999) 28 E.H.R.R. 168
	Kremzow v. Austria	(1994) 17 E.H.R.R. 322

Case Referred to	Name of Case	Citation
	Lobo Machado v. Portugal	(1997) 23 E.H.R.R. 79
	Melin v. France	(1994) 17 E.H.R.R. 1
	Mitap and Müftüoğlu v. Turkey	(1996) 22 E.H.R.R. 209
	Nortier v. Netherlands	(1994) 17 E.H.R.R. 273
	Procola v. Luxembourg	(1996) 22 E.H.R.R. 193
	Reinhardt and Slimane-Kaid v. France	(1999) 28 E.H.R.R. 59
	Ruiz-Mateos v. Spain	(1993) 16 E.H.R.R. 505
	Saraiva de Carvalho v. Portugal	(1994) 18 E.H.R.R. 534
	V v. United Kingdom	(2000) 30 E.H.R.R. 121
	Van Orshoven v. Belgium	(1998) 26 E.H.R.R. 55
	Vermeulen v. Belgium	(2001) 32 E.H.R.R. 313
Botta v. Italy (1998) 26 E.H.R.R. 241	Marzari v. Italy	(1999) 28 E.H.R.R. CD 175
	Passannante v. Italy	(1998) 26 E.H.R.R. CD 153
	Wockel v. Germany	(1998) 25 E.H.R.R. CD 156
Bottazi v. Italy, unreported	EP v. Italy	(2001) 31 E.H.R.R 463
Botten v. Norway, unreported, February 19, 1996	Belziuk v. Poland	(2000) 30 E.H.R.R. 614
	Castillo Algar v. Spain	(2000) 30 E.H.R.R. 827
	Cooke v. Austria	(2001) 31 E.H.R.R 338
	Prinz v. Austria	(2001) 31 E.H.R.R 357
	Zana v. Turkey	(1999) 27 E.H.R.R. 667
Bouamar v. Belgium (A/129) (1989) 11 E.H.R.R. 1	Aerts v. Belgium	(2000) 29 E.H.R.R. 50
	Assenov v. Bulgaria	(1999) 28 E.H.R.R. 652
	Benham v. United Kingdom	(1996) 22 E.H.R.R. 293
	Brogan v. United Kingdom	(1989) 11 E.H.R.R. 117
	Chahal v. United Kingdom	(1995) 20 E.H.R.R. CD 19
	Chahal v. United Kingdom	(1997) 23 E.H.R.R. 413
	Ciulla v. Italy	(1991) 13 E.H.R.R. 346
	Drozd and Janousek v. France and Spain	(1992) 14 E.H.R.R. 745
	E v. Norway	(1994) 17 E.H.R.R. 30
	Ekbatani v. Sweden	(1991) 13 E.H.R.R. 504
	Erkalo v. Netherlands	(1999) 28 E.H.R.R. 509
	Johnson v. United Kingdom	(1999) 27 E.H.R.R. 296
	Kemmache v. France (No. 3)	(1995) 19 E.H.R.R. 349
	Martins Moeira v. Portugal	(1991) 13 E.H.R.R. 517
	Megyeri v. Germany	(1993) 15 E.H.R.R. 584
	Navarra v. France	(1994) 17 E.H.R.R. 594
	Perks v. United Kingdom	(2000) 30 E.H.R.R. 33
	Salabiaku v. France	(1991) 13 E.H.R.R. 379
	Scott v. Spain	(1997) 24 E.H.R.R. 391
	Steel v. United Kingdom	(1999) 28 E.H.R.R. 603
	Tsirlis and Kouloumpas v. Greece	(1998) 25 E.H.R.R. 198
	TW v. Malta	(2000) 29 E.H.R.R. 185
	Van Der Leer v. Netherlands	(1990) 12 E.H.R.R. 567
Bouchelkia v. France (1998) 25 E.H.R.R. 686	Boujlifa v. France	(2000) 30 E.H.R.R. 419
	El Boujaïdi v. France	(2000) 30 E.H.R.R. 223
	Mehemi v. France	(2000) 30 E.H.R.R. 739
	Z v. Switzerland	(1999) 27 E.H.R.R. CD 278
Boughanemi v. France (1996) 22 E.H.R.R. 228	Bouchelkia v. France	(1998) 25 E.H.R.R. 686
	Boujlifa v. France	(2000) 30 E.H.R.R. 419
	C v. Belgium	(2001) 32 E.H.R.R. 19
	El Boujaïdi v. France	(2000) 30 E.H.R.R. 223

Case Referred to	Name of Case	Citation
	Karara v. Finland	(1998) 26 E.H.R.R. CD 220
	Kwong v. United Kingdom	(1998) 26 E.H.R.R. CD 189
	McCullough v. United Kingdom	(1998) 25 E.H.R.R. CD 34
	Mehemi v. France	(2000) 30 E.H.R.R. 739
	Momique-Pola v. Sweden	(1998) 26 E.H.R.R. CD 187
	Söderbäck v. Sweden	(2000) 29 E.H.R.R. 95
	SSC v. Sweden	(2000) 29 E.H.R.R. CD 245
Boyle v. United Kingdom (A/282–B) [1994] 2 F.C.R. 822; (1995) 19 E.H.R.R. 179	X, Y and Z v. United Kingdom	(1995) 20 E.H.R.R. CD 6
	X, Y and Z v. United Kingdom	(1997) 24 E.H.R.R. 143
Boyle and Rice v. United Kingdom (A/131) (1988) 10 E.H.R.R. 425	Adams and Benn v. United Kingdom	(1997) 23 E.H.R.R. CD 160
	Andersson v. Sweden	(1992) 14 E.H.R.R. 615
	Andersson v. Sweden	(1998) 25 E.H.R.R. 722
	Athanassoglou v. Switzerland	(2001) 31 E.H.R.R 372
	Balmer-Schafroth v. Switzerland	(1998) 25 E.H.R.R. 598
	Barrett v. United Kingdom	(1997) 23 E.H.R.R. CD 185
	BH v. United Kingdom	(1998) 25 E.H.R.R. CD 136
	Bowman and SPUC v. United Kingdom	(1996) 21 E.H.R.R. CD 79
	Brind v. United Kingdom	(1994) 18 E.H.R.R. CD 76
	Buckley v. United Kingdom	(1997) 23 E.H.R.R. CD 129
	Bullock v. United Kingdom	(1996) 21 E.H.R.R. CD 85
	Caballero v. United Kingdom	(2000) 30 E.H.R.R. 643
	Colman v. United Kingdom	(1994) 18 E.H.R.R. 119
	Costello-Roberts v. United Kingdom	(1995) 19 E.H.R.R. 112
	Ergi v. Turkey	(2001) 32 E.H.R.R. 388
	Esbester v. United Kingdom	(1994) 18 E.H.R.R. CD 72
	Friedl v. Austria	(1996) 21 E.H.R.R. 83
	G, H and I v. United Kingdom	(1993) 15 E.H.R.R. CD 41
	Granger v. United Kingdom	(1990) 12 E.H.R.R. 460
	Gündem v. Turkey	(2001) 32 E.H.R.R. 350
	Herczegfalvy v. Austria	(1993) 15 E.H.R.R. 437
	Hins and Hugenholtz v. Netherlands	(1996) 21 E.H.R.R. CD 124
	K v. United Kingdom	(1993) 15 E.H.R.R. CD 33
	Kara v. United Kingdom	(1999) 27 E.H.R.R. CD 272
	Kaya v. Turkey	(1999) 28 E.H.R.R. 1
	Martin v. United Kingdom	(1996) 21 E.H.R.R. CD 112
	Mats Jacobsson v. Sweden	(1991) 13 E.H.R.R. 79
	McCallum v. United Kingdom	(1991) 13 E.H.R.R. 597
	McCallum v. United Kingdom	(1991) 13 E.H.R.R. 597
	McCotter v. United Kingdom	(1993) 15 E.H.R.R. CD 98
	McCullough v. United Kingdom	(1998) 25 E.H.R.R. CD 34
	McLaughlin v. United Kingdom	(1994) 18 E.H.R.R. CD 84
	Mialhe v. France	(1993) 16 E.H.R.R. 332
	MS v. Sweden	(1999) 28 E.H.R.R. 313
	Olsson v. Sweden (No. 2)	(1994) 17 E.H.R.R. 134
	Patel v. United Kingdom	(1999) 27 E.H.R.R. CD 254
	Pine Valley Developments Ltd v. Ireland	(1992) 14 E.H.R.R. 319
	Plattform Ärtze für das Leben v. Austria	(1991) 13 E.H.R.R. 204

Case Referred to	Name of Case	Citation
	Poku v. United Kingdom	(1996) 22 E.H.R.R. CD 94
	Powell and Rayner v. United Kingdom	(1990) 12 E.H.R.R. 288
	Powell and Rayner v. United Kingdom	(1990) 12 E.H.R.R. 355
	Putz v. Austria	(2001) 32 E.H.R.R. 271
	Rai, Allmond & "Negotiate Now" v. United Kingdom	(1995) 19 E.H.R.R. CD 93
	S and M v. United Kingdom	(1994) 18 E.H.R.R. CD 172
	Slavgorodski v. Estonia	(1999) 28 E.H.R.R. CD 181
	Soering v. United Kingdom	(1989) 11 E.H.R.R. 439
	Stedman v. United Kingdom	(1997) 23 E.H.R.R. CD 168
	Syrkin v. Russia	(2000) 29 E.H.R.R. CD 254
	Tanrikulu v. Turkey	(2000) 30 E.H.R.R. 950
	Tee v. United Kingdom	(1996) 21 E.H.R.R. CD 108
	Tennenbaum v. Sweden	(1994) 18 E.H.R.R. CD 41
	Vereinigung Demokratischer Soldaten Österreichs and Gubi v. Austria	(1995) 20 E.H.R.R. 56
	Vilvarajah v. United Kingdom	(1992) 14 E.H.R.R. 248
	Wilkinson v. United Kingdom	(1998) 26 E.H.R.R. CD 131
	Wille v. Liechtenstein	(2000) 30 E.H.R.R. 564
	Yasa v. Turkey	(1999) 28 E.H.R.R. 408
Bozano v. France (A/111) (1987) 9 E.H.R.R. 297	App. No. 11612/85 v. Portugal	(1989) 11 E.H.R.R. 106
	Barbera, Messegue and Jabardo v. Spain	(1989) 11 E.H.R.R. 360
	Benham v. United Kingdom	(1996) 22 E.H.R.R. 293
	Bezicheri v. Italy	(1990) 12 E.H.R.R. 210
	Boumar v. Belgium	(1989) 11 E.H.R.R. 1
	Bozano v. France	(1991) 13 E.H.R.R. 428
	Brogan v. United Kingdom	(1989) 11 E.H.R.R. 117
	Chahal v. United Kingdom	(1997) 23 E.H.R.R. 413
	Ciulla v. Italy	(1991) 13 E.H.R.R. 346
	Demicoli v. Malta	(1992) 14 E.H.R.R. 47
	Doran v. Netherlands	(1993) 15 E.H.R.R. CD 72
	Drozd and Janousek v. France and Spain	(1992) 14 E.H.R.R. 745
	Englert v. Germany	(1991) 13 E.H.R.R. 392
	Erkner and Hofauer v. Austria	(1987) 9 E.H.R.R. 464
	Jaxel v. France	(1989) 11 E.H.R.R. 87
	Jonas Mohamed Rafiek Koendjbiharie v. Netherlands	(1991) 13 E.H.R.R. 118
	Kemmache v. France (No. 3)	(1995) 19 E.H.R.R. 349
	Klass v. Germany	(1994) 18 E.H.R.R. 305
	Koendjbiharie v. Netherlands	(1991) 13 E.H.R.R. 820
	Kolompar v. Belgium	(1993) 16 E.H.R.R. 197
	Loukanov v. Bulgaria	(1997) 24 E.H.R.R. 121
	Lukanov v. Bulgaria	(1995) 19 E.H.R.R. CD 65
	Lukanov v. Bulgaria	(1996) 21 E.H.R.R. CD 20
	McElhinney v. Ireland and United Kingdom	(2000) 29 E.H.R.R. CD 214
	Olsson v. Sweden	(1989) 11 E.H.R.R. 259
	Poiss v. Austria	(1988) 10 E.H.R.R. 231
	Quinn v. France	(1996) 21 E.H.R.R. 529
	Ribitsch v. Austria	(1996) 21 E.H.R.R. 573
	Stocke v. Germany	(1991) 13 E.H.R.R. 126
	Tejedor Garcia v. Spain	(1998) 26 E.H.R.R. 440
	Tomasi v. France	(1993) 15 E.H.R.R. 1

Case Referred to	Name of Case	Citation
	Tsirlis and Kouloumpas v. Greece	(1998) 25 E.H.R.R. 198
	Van Der Leer v. Netherlands	(1990) 12 E.H.R.R. 567
	Vernillo v. France	(1991) 13 E.H.R.R. 880
	Weeks v. United Kingdom	(1988) 10 E.H.R.R. 293
Bramelid and Malmström v. Sweden (1983) 5 E.H.R.R. 249	App. No. 10000/82 v. United Kingdom	(1984) 6 E.H.R.R. 535
	App. No. 11949/86 v. United Kingdom	(1988) 10 E.H.R.R. 149
	James v. United Kingdom	(1984) 6 E.H.R.R. 475
	Mairitsch v. Austria	(1989) 11 E.H.R.R. 46
	Trustees of the late Duke of Westminster's Estate v. United Kingdom	(1983) 5 E.H.R.R. 440
Brandstetter v. Austria (A/211) (1993) 15 E.H.R.R. 378	Andersson v. Sweden	(1992) 14 E.H.R.R. 615
	Belziuk v. Poland	(2000) 30 E.H.R.R. 614
	Borgers v. Belgium	(1993) 15 E.H.R.R. 92
	Bulut v. Austria	(1997) 24 E.H.R.R. 84
	Fitt v. United Kingdom	(2000) 30 E.H.R.R. 480
	Jasper v. United Kingdom	(2000) 30 E.H.R.R. 441
	Kremzow v. Austria	(1994) 17 E.H.R.R. 322
	Lobo Machado v. Portugal	(1997) 23 E.H.R.R. 79
	Mantovanelli v. France	(1997) 24 E.H.R.R. 370
	Reinhardt and Slimane-Kaid v. France	(1999) 28 E.H.R.R. 59
	Rowe and Davis v. United Kingdom	(2000) 30 E.H.R.R. 1
	Ruiz-Mateos v. Spain	(1993) 16 E.H.R.R. 505
	T v. Austria	(1993) 15 E.H.R.R. CD 60
	Toth v. Austria	(1992) 14 E.H.R.R. 551
Brannigan v. United Kingdom (A/258–B); McBride v. United Kingdom (1994) 17 E.H.R.R. 539	Aksoy v. Turkey	(1997) 23 E.H.R.R. 553
	Brind v. United Kingdom	(1994) 18 E.H.R.R. CD 76
	Kerr v. United Kingdom	(2000) 29 E.H.R.R. CD 184
	McLaughlin v. United Kingdom	(1994) 18 E.H.R.R. CD 84
	Murray v. United Kingdom	(1995) 19 E.H.R.R. 193
	Murray v. United Kingdom	(1996) 22 E.H.R.R. 29
	Sakik v. Turkey	(1998) 26 E.H.R.R. 662
Bricmont v. Belgium (A/158) (1990) 12 E.H.R.R. 217	Brozicek v. Italy	(1990) 12 E.H.R.R. 371
	Cardot v. France	(1991) 13 E.H.R.R. 853
	Demicoli v. Malta	(1992) 14 E.H.R.R. 47
	Granger v. United Kingdom	(1990) 12 E.H.R.R. 469
	H.A.R. v. Austria	(1999) 27 E.H.R.R. CD 330
	MK v. Austria	(1997) 24 E.H.R.R. CD 59
	Otto-Preminger Institute v. Austria	(1995) 19 E.H.R.R. 34
	Pesti and Frodl v. Austria	(2000) 29 E.H.R.R. CD 229
	Saidi v. France	(1994) 17 E.H.R.R. 251
	Van Mechelen v. Netherlands	(1998) 25 E.H.R.R. 647
	Webb v. United Kingdom	(1997) 24 E.H.R.R. CD 73
Brigandi	Scollo v. Italy	(1996) 22 E.H.R.R. 514
Brincat v. Italy (A/249A) (1993) 16 E.H.R.R. 591	Assenov v. Bulgaria	(1999) 28 E.H.R.R. 652
	Caballero v. United Kingdom	(2000) 30 E.H.R.R. 643

Case Referred to	Name of Case	Citation
	Fey v. Austria	(1993) 16 E.H.R.R. 387
	Hood v. United Kingdom	(2000) 29 E.H.R.R. 365
	Nikolova v. Bulgaria	(2001) 31 E.H.R.R 64
	Scollo v. Italy	(1996) 22 E.H.R.R. 514
	Spadea and Scalabrino v. Italy	(1996) 21 E.H.R.R. 482
British-American Tobacco Co. v. Netherlands (1996) 21 E.H.R.R. 409	De Haan v. Netherlands	(1998) 26 E.H.R.R. 417
	Helle v. Finland	(1998) 26 E.H.R.R. 159
	Terra Woningen v. Netherlands	(1997) 24 E.H.R.R. 456
	Tinnelly & Sons Ltd v. United Kingdom	(1999) 27 E.H.R.R. 249
Brock v. United Kingdom (1983) 5 E.H.R.R. 265	App. No. 9114/80 v. United Kingdom	(1985) 7 E.H.R.R. 462
Brogan v. United Kingdom (A/145–B) (1989) 11 E.H.R.R. 117	Ahmed v. United Kingdom	(2000) 29 E.H.R.R. 1
	Aksoy v. Turkey	(1997) 23 E.H.R.R. 553
	Assenov v. Bulgaria	(1999) 28 E.H.R.R. 652
	Borgers v. Belgium	(1993) 15 E.H.R.R. 92
	Brannigan and McBride v. United Kingdom	(1994) 17 E.H.R.R. 539
	Brind v. United Kingdom	(1994) 18 E.H.R.R. CD 76
	Caballero v. United Kingdom	(2000) 30 E.H.R.R. 643
	Ciulla v. Italy	(1991) 13 E.H.R.R. 346
	E v. Norway	(1994) 17 E.H.R.R. 30
	Erdagoz v. Turkey	(2001) 32 E.H.R.R. 443
	Escoubet v. Belgium	(2001) 31 E.H.R.R 1034
	Fey v. Austria	(1993) 16 E.H.R.R. 387
	Fox, Campbell and Hartley v. United Kingdom	(1991) 13 E.H.R.R. 157
	Hood v. United Kingdom	(2000) 29 E.H.R.R. 365
	Jocabus Keus v. Netherlands	(1991) 13 E.H.R.R. 109
	Kamasinski v. Austria	(1991) 13 E.H.R.R. 36
	Kerr v. United Kingdom	(2000) 29 E.H.R.R. CD 184
	Keus v. Netherlands	(1991) 13 E.H.R.R. 700
	K-F v. Germany	(1998) 26 E.H.R.R. 390
	Koster v. Netherlands	(1992) 14 E.H.R.R. 396
	Kostovski v. Netherlands	(1990) 12 E.H.R.R. 434
	McLaughlin v. United Kingdom	(1994) 18 E.H.R.R. CD 84
	Murray v. United Kingdom	(1995) 19 E.H.R.R. 193
	Murray v. United Kingdom	(1996) 22 E.H.R.R. 29
	Nikolova v. Bulgaria	(2001) 31 E.H.R.R 64
	Open Door Counselling and Dublin Well Woman v. Ireland	(1993) 15 E.H.R.R. 244
	Sakik v. Turkey	(1998) 26 E.H.R.R. 662
	Thynne, Wilson and Gunnell v. United Kingdom	(1991) 13 E.H.R.R. 135
	Thynne, Wilson and Gunnell v. United Kingdom	(1991) 13 E.H.R.R. 666
	TW v. Malta	(2000) 29 E.H.R.R. 185
Brogan v. United Kingdom (Art. 50) (A/152–B) (1991) 13 E.H.R.R. 439	Caballero v. United Kingdom	(2000) 30 E.H.R.R. 643
	Fox, Campbell and Hartley v. United Kingdom (Art. 50)	(1992) 14 E.H.R.R. 108

Case Referred to	Name of Case	Citation
Brogan, Coyle, McFadden and Tracey v. United Kingdom (1987) 9 E.H.R.R. 378	Ruga v. Italy	(1988) 10 E.H.R.R. 532
Bronda v. Italy, unreported	Matter v. Slovakia	(2001) 31 E.H.R.R 783
Brozicek v. Italy (A/167) (1990) 12 E.H.R.R. 371	Abdoella v. Netherlands	(1995) 20 E.H.R.R. 585
	Ahmet Sadik v. Greece	(1997) 24 E.H.R.R. 323
	B v. France	(1993) 16 E.H.R.R. 1
	Bahaddar v. Netherlands	(1998) 26 E.H.R.R. 278
	Brandsetter v. Austria	(1993) 15 E.H.R.R. 378
	Cardot v. France	(1991) 13 E.H.R.R. 853
	Cossey v. United Kingdom	(1991) 13 E.H.R.R. 622
	De Salvador Torres v. Spain	(1997) 23 E.H.R.R. 601
	F.C.B. v. Italy	(1992) 14 E.H.R.R. 909
	Gea Catalán v. Spain	(1995) 20 E.H.R.R. 266
	Granger v. United Kingdom	(1990) 12 E.H.R.R. 469
	Katte Klitsche de la Grange v. Italy	(1995) 19 E.H.R.R. 368
	M v. Bulgaria	(1996) 22 E.H.R.R. CD 101
	Oberschlick v. Austria	(1995) 19 E.H.R.R. 389
	Spadea and Scalabrino v. Italy	(1996) 21 E.H.R.R. 482
	Steel v. United Kingdom	(1999) 28 E.H.R.R. 603
	Vollert v. Germany	(1996) 22 E.H.R.R. CD 128
Brualla Gomez de la Torre v. Spain, unreported, December 19, 1997	Grof v. Austria	(1998) 25 E.H.R.R. CD 39
	JJ v. Netherlands	(1999) 28 E.H.R.R. 168
	Pérez de Rada Cavanilles v. Spain	(2000) 29 E.H.R.R. 109
Brüggemann and Scheuten v. Germany, App. No. 6959/75, (1978) 10 D. & R. 100; 3 E.H.R.R. 244	App. No. 10083/82 v. United Kingdom	(1984) 6 E.H.R.R. 140
	Dudgeon v. United Kingdom	(1981) 3 E.H.R.R. 40
	Open Door Counselling Ltd and Dublin Well Woman Centre Ltd v. Ireland	(1992) 14 E.H.R.R. 131
	Paton v. United Kingdom	(1981) 3 E.H.R.R. 408
	Van Oosterwijck v. Belgium	(1981) 3 E.H.R.R. 557
	X v. United Kingdom	(1981) 3 E.H.R.R. 63
Bryan v. United Kingdom (A/335–A) (1996) 21 E.H.R.R. 342	A.P.B. Ltd, A.P.P. and E.A.B. v. United Kingdom	(1998) 25 E.H.R.R. CD 141
	Balmer-Schafroth v. Switzerland	(1998) 25 E.H.R.R. 598
	Buckley v. United Kingdom	(1997) 23 E.H.R.R. 101
	Chapman v. United Kingdom	(1998) 25 E.H.R.R. CD 64
	Crabtree v. United Kingdom	(1997) 23 E.H.R.R. CD 202
	Findlay v. United Kingdom	(1997) 24 E.H.R.R. 221
	Kingsley v. United Kingdom	(2000) 29 E.H.R.R. CD 191
	McGonnell v. United Kingdom	(2000) 30 E.H.R.R. 289
	Smith v. United Kingdom	(1998) 25 E.H.R.R. CD 42
	Smith v. United Kingdom	(1998) 25 E.H.R.R. CD 52
	Stallinger and Kuso v. Austria	(1998) 26 E.H.R.R. 81
	Stefan v. United Kingdom	(1998) 25 E.H.R.R. CD 130
	Terra Woningen v. Netherlands	(1997) 24 E.H.R.R. 456
	Turner v. United Kingdom	(1997) 23 E.H.R.R. CD 181
	X v. United Kingdom	(1998) 25 E.H.R.R. CD 88

Case Referred to	Name of Case	Citation
Buchholz v. Germany (1981) 3 E.H.R.R. 597	App. No. 9193/80 v. Netherlands	(1984) 6 E.H.R.R. 134
	App. No. 9316/81 v. Austria	(1986) 8 E.H.R.R. 256
	App. No. 9701/82 v. Germany	(1987) 9 E.H.R.R. 364
	App. No. 9760/82 v. Germany	(1983) 5 E.H.R.R. 596
	App. No. 10076/82 v. Germany	(1986) 8 E.H.R.R. 281
	App. No. 10861/84 v. Switzerland	(1986) 8 E.H.R.R. 327
	Baggetta v. Italy	(1988) 10 E.H.R.R. 325
	Bock v. Germany	(1990) 12 E.H.R.R. 247
	Deumeland v. Germany	(1986) 8 E.H.R.R. 448
	Dores and Silveira v. Portugal	(1983) 5 E.H.R.R. 275
	Eckle v. Germany	(1983) 5 E.H.R.R. 1
	Erkner and Hofauer v. Austria	(1986) 8 E.H.R.R. 520
	Erkner and Hofauer v. Austria	(1987) 9 E.H.R.R. 464
	Foti v. Italy	(1983) 5 E.H.R.R. 313
	Guincho v. Portugal	(1983) 5 E.H.R.R. 274
	Guincho v. Portugal	(1985) 7 E.H.R.R. 223
	H v. United Kingdom	(1988) 10 E.H.R.R. 95
	Huber v. France	(1998) 26 E.H.R.R. 457
	Lechner and Hess v. Austria	(1987) 9 E.H.R.R. 490
	Lithgow v. United Kingdom	(1985) 7 E.H.R.R. 56
	Neigel v. France	(2000) 30 E.H.R.R. 310
	Obermeier v. Austria	(1989) 11 E.H.R.R. 57
	Oliveira Neves v. Portugal	(1991) 13 E.H.R.R. 576
	Pammel v. Germany	(1998) 26 E.H.R.R. 100
	Pauger v. Austria	(1998) 25 E.H.R.R. 105
	Philis v. Greece	(1991) 13 E.H.R.R. 741
	Poiss v. Austria	(1988) 10 E.H.R.R. 231
	Sramek v. Austria	(1985) 7 E.H.R.R. 351
	Süßmann v. Germany	(1998) 25 E.H.R.R. 65
	Union Alimentaria Sanders v. Spain	(1989) 11 E.H.R.R. 96
	Wiesinger v. Austria	(1993) 16 E.H.R.R. 258
	X v. France	(1992) 14 E.H.R.R. 483
	Zimmermann and Steiner v. Switzerland	(1984) 6 E.H.R.R. 17
Buckley v. United Kingdom (1997) 23 E.H.R.R. 101	Beard v. United Kingdom	(1998) 25 E.H.R.R. CD 28
	Chapman v. United Kingdom	(1998) 25 E.H.R.R. CD 64
	Cornwell v. United Kingdom	(1999) 27 E.H.R.R. CD 62
	Cornwell v. United Kingdom	(2000) 29 E.H.R.R. CD 30
	Coster v. United Kingdom	(1998) 25 E.H.R.R. CD 24
	Khatun v. United Kingdom	(1998) 26 E.H.R.R. CD 212
	Laskey, Jaggard and Brown v. United Kingdom	(1997) 24 E.H.R.R. 39
	Lee v. United Kingdom	(1998) 25 E.H.R.R. CD 46
	McGonnell v. United Kingdom	(1998) 25 E.H.R.R. CD 84
	Smith v. United Kingdom	(1998) 25 E.H.R.R. CD 42
	Smith v. United Kingdom	(1998) 25 E.H.R.R. CD 52
	Turner v. United Kingdom	(1997) 23 E.H.R.R. CD 181
	Varey v. United Kingdom	(1998) 25 E.H.R.R. CD 49
	Wingrove v. United Kingdom	(1997) 24 E.H.R.R. 1
Bulut v. Austria (1997) 24 E.H.R.R. 84	Belziuk v. Poland	(2000) 30 E.H.R.R. 614
	De Haan v. Netherlands	(1998) 26 E.H.R.R. 417
	Ferrantelli and Santangelo v. Italy	(1997) 23 E.H.R.R. 288
	Foucher v. France	(1998) 25 E.H.R.R. 234
	Hamer v. France	(1997) 23 E.H.R.R. 1
	Janssen v. Germany	(1999) 27 E.H.R.R. CD 91

Case Referred to	Name of Case	Citation
	Krone-Verlag Gmbh v. Austria	(1997) 23 E.H.R.R. CD 152
	Nachtmann v. Austria	(1999) 27 E.H.R.R. CD 281
	Nideröst-Huber v. Switzerland	(1998) 25 E.H.R.R. 709
	Reinhardt and Slimane-Kaid v. France	(1999) 28 E.H.R.R. 59
	Tejedor Garcia v. Spain	(1998) 26 E.H.R.R. 440
	Terra Woningen v. Netherlands	(1997) 24 E.H.R.R. 456
	Thomann v. Switzerland	(1997) 24 E.H.R.R. 553
Bulut v. Austria (1997) 24 E.H.R.R. 84	Werner and Szucs v. Austria	(1998) 26 E.H.R.R. 310
Burghartz v. Switzerland (1994) 18 E.H.R.R. 101	Botta v. Italy	(1998) 26 E.H.R.R. 241
	Former King Constantinos of Greece v. Greece	(1998) 26 E.H.R.R. CD 50
	Stjerna v. Finland	(1997) 24 E.H.R.R. 195
Buscarini v. San Marino, February 18, 1999	A.V. v. Bulgaria	(1999) 28 E.H.R.R. CD 197
	Zubani v. Italy	(1999) 28 E.H.R.R. CD 62
C v. Belgium	Bouchelkia v. France	(1998) 25 E.H.R.R. 686
C v. United Kingdom (1984) 6 E.H.R.R. 559	App. No. 9840/82 v. United Kingdom	(1985) 7 E.H.R.R. 146
	W v. United Kingdom	(1984) 6 E.H.R.R. 565
CR v. United Kingdom (1996) 21 E.H.R.R. 363	Aydin v. Turkey	(1998) 25 E.H.R.R. 251
	Baskaya and Okçuoglu v. Turkey	(2001) 31 E.H.R.R 292
	Hashman and Harrup v. United Kingdom	(2000) 30 E.H.R.R. 241
	Mantovanelli v. France	(1997) 24 E.H.R.R. 370
	Spacek sro v. Czech Republic	(2000) 30 E.H.R.R. 1010
Cable v. United Kingdom (2000) 30 E.H.R.R. 1032	Lustig-Prean and Beckett v. United Kingdom (Art. 41)	(2001) 31 E.H.R.R 601
Cable v. United Kingdom, unreported, February 18, 1999	Moore and Gordon v. United Kingdom	(2000) 29 E.H.R.R. 728
Caillot v. France, unreported	Frylander v. France	(2001) 31 E.H.R.R 1152
Caleffi v. Italy, unreported	Frylander v. France	(2001) 31 E.H.R.R 1152
Campbell and Cosans v. United Kingdom (1981) 3 E.H.R.R. 531	Campbell and Cosans v. United Kingdom	(1982) 4 E.H.R.R. 293
	X, Y and Z v. Sweden	(1983) 5 E.H.R.R. 147
Campbell and Cosans v. United Kingdom (No. 2) (A/48) (1982) 4 E.H.R.R. 293	App. No. 9114/80 v. United Kingdom	(1985) 7 E.H.R.R. 462
	App. No. 9119/80 v. United Kingdom	(1986) 8 E.H.R.R. 47
	App. No. 9303/81 v. United Kingdom	(1987) 9 E.H.R.R. 538
	App. No. 9316/81 v. Austria	(1986) 8 E.H.R.R. 256
	App.Nos.10228 and 10229/82 v. United Kingdom	(1985) 7 E.H.R.R. 141
	Chassagnou v. France	(2000) 29 E.H.R.R. 615
	Chorherr v. Austria	(1994) 17 E.H.R.R. 358

Case Referred to	Name of Case	Citation
	Costello-Roberts v. United Kingdom	(1995) 19 E.H.R.R. 112
	McGoff v. Sweden	(1986) 8 E.H.R.R. 246
	V v. United Kingdom	(2000) 30 E.H.R.R. 121
	Valsamis v. Greece	(1997) 24 E.H.R.R. 294
	Vermeire v. Belgium	(1993) 15 E.H.R.R. 488
	X (Mr & Mrs) v. United Kingdom	(1983) 5 E.H.R.R. 265
	X and Y v. United Kingdom	(1986) 8 E.H.R.R. 298
	Y v. United Kingdom	(1994) 17 E.H.R.R. 238
Campbell and Fell v. United Kingdom (1983) 5 E.H.R.R. 207	App. No. 7879/77 v. United Kingdom	(1986) 8 E.H.R.R. 272
Campbell and Fell v. United Kingdom (A/80) (1985) 7 E.H.R.R. 165	Abdulaziz, Cabales and Balkandali v. United Kingdom	(1985) 7 E.H.R.R. 471
	Bendenoun v. France	(1994) 18 E.H.R.R. 54
	Borgers v. Belgium	(1993) 15 E.H.R.R. 92
	Bozano v. France	(1987) 9 E.H.R.R. 297
	British American Tobacco Co. Ltd v. Netherlands	(1996) 21 E.H.R.R. 409
	Campbell v. United Kingdom	(1993) 15 E.H.R.R. 137
	Can v. Austria	(1986) 8 E.H.R.R. 14
	Çiraklar v. Turkey	(2001) 32 E.H.R.R. 535
	Demicoli v. Malta	(1992) 14 E.H.R.R. 47
	Drozd and Janousek v. France and Spain	(1992) 14 E.H.R.R. 745
	Ettl v. Austria	(1988) 10 E.H.R.R. 255
	Findlay v. United Kingdom	(1996) 21 E.H.R.R. CD 7
	Findlay v. United Kingdom	(1997) 24 E.H.R.R. 221
	Garyfallou Aebe v. Greece	(1999) 28 E.H.R.R. 344
	Gasper v. Sweden	(1998) 26 E.H.R.R. CD 30
	Goodman International and Goodman v. Ireland	(1993) 16 E.H.R.R. CD 26
	H v. Belgium	(1988) 10 E.H.R.R. 339
	Hauschildt v. Denmark	(1990) 12 E.H.R.R. 266
	Holm v. Sweden	(1994) 18 E.H.R.R. 79
	Hood v. United Kingdom	(2000) 29 E.H.R.R. 365
	Imbrioscia v. Switzerland	(1994) 17 E.H.R.R. 441
	Incal v. Turkey	(2000) 29 E.H.R.R. 449
	James v. United Kingdom	(1986) 8 E.H.R.R. 123
	Jamil v. France	(1993) 15 E.H.R.R. CD 77
	Jamil v. France	(1996) 21 E.H.R.R. 65
	Johnston v. Ireland	(1987) 9 E.H.R.R. 203
	Langborger v. Sweden	(1990) 12 E.H.R.R. 120
	Langborger v. Sweden	(1990) 12 E.H.R.R. 416
	Lithgow v. United Kingdom	(1986) 8 E.H.R.R. 329
	Lutz v. Germany	(1988) 10 E.H.R.R. 182
	Malige v. France	(1999) 28 E.H.R.R. 578
	Malone v. United Kingdom	(1985) 7 E.H.R.R. 14
	Mitap and Müftüoğlu v. Turkey	(1996) 22 E.H.R.R. 209
	Nikolova v. Bulgaria	(2001) 31 E.H.R.R 64
	Nyssen v. Belgium	(1986) 8 E.H.R.R. 105
	Poitrimol v. France	(1994) 18 E.H.R.R. 130
	Putz v. Germany	(1994) 18 E.H.R.R. CD 97
	Societe Stenuit v. France	(1992) 14 E.H.R.R. 509
	Sramek v. Austria	(1985) 7 E.H.R.R. 351
	Weber v. Switzerland	(1990) 12 E.H.R.R. 508
	Weeks v. United Kingdom	(1988) 10 E.H.R.R. 293

Case Referred to	Name of Case	Citation
	Welch v. United Kingdom	(1995) 20 E.H.R.R. 247
	Windisch v. Austria	(1991) 13 E.H.R.R. 281
Campbell and Fell v. United Kingdom (1993) 15 E.H.R.R. 137	Domenichini v. Italy	(2001) 32 E.H.R.R. 68
Campbell v. United Kingdom (A/233A) (1993) 15 E.H.R.R. 137	Akdivar v. Turkey	(1997) 23 E.H.R.R. 143
	App. No. 9282/81 v. United Kingdom	(1983) 5 E.H.R.R. 283
	Assenov v. Bulgaria	(1999) 28 E.H.R.R. 652
	Cooke v. Austria	(2001) 31 E.H.R.R 338
	Demirtepe v. France	(2001) 31 E.H.R.R 708
	Foxley v. United Kingdom	(2001) 31 E.H.R.R 637
	Holland v. Ireland	(1998) 25 E.H.R.R. CD 20
	Niemietz v. Germany	(1993) 16 E.H.R.R. 97
	O'Hara v. Ireland	(1998) 25 E.H.R.R. CD 57
	Pauger v. Austria	(1998) 25 E.H.R.R. 105
	Rehbock v. Slovenia	(1998) 26 E.H.R.R. CD 120
	Remmers and Hamer v. Netherlands	(1999) 27 E.H.R.R. CD 168
Can v. Austria (A/96) (1986) 8 E.H.R.R. 14	Boner v. United Kingdom	(1995) 19 E.H.R.R. 246
	Daud v. Portugal	(2000) 30 E.H.R.R. 400
	De Salvador Torres v. Spain	(1997) 23 E.H.R.R. 601
	Foucher v. France	(1998) 25 E.H.R.R. 234
	Granger v. United Kingdom	(1990) 12 E.H.R.R. 460
	Hoang v. France	(1993) 16 E.H.R.R. 53
	Imbrioscia v. Switzerland	(1994) 17 E.H.R.R. 441
	Lamy v. Belgium	(1987) 9 E.H.R.R. 154
	Maxwell v. United Kingdom	(1995) 19 E.H.R.R. 97
	Murray v. United Kingdom	(1994) 18 E.H.R.R. CD 1
	Murray v. United Kingdom	(1996) 22 E.H.R.R. 29
	S v. Switzerland	(1992) 14 E.H.R.R. 670
	Van Geyseghem v. Belgium	(2001) 32 E.H.R.R. 554
Canea Catholic Church v. Greece (1999) 27 E.H.R.R. 521	Ogur v. Turkey	(2001) 31 E.H.R.R 912
Cantoni v. France, unreported, November 15, 1996	Baskaya and Okçuoglu v. Turkey	(2001) 31 E.H.R.R 292
	Rekvényi v. Hungary	(2000) 30 E.H.R.R. 519
	Spacek sro v. Czech Republic	(2000) 30 E.H.R.R. 1010
Caprino v. United Kingdom (1982) 4 E.H.R.R. 97	McVeigh, O'Neill and Evans v. United Kingdom	(1983) 5 E.H.R.R. 71
Capuano v. Italy (A/119) (1991) 13 E.H.R.R. 271	A v. Denmark	(1996) 22 E.H.R.R. 458
	Baraona v. Portugal	(1991) 13 E.H.R.R. 329
	Editions Periscope v. France	(1992) 14 E.H.R.R. 597
	Jaxel v. France	(1989) 11 E.H.R.R. 87
	Martins Moeira v. Portugal	(1991) 13 E.H.R.R. 517
	Monnet v. France	(1994) 18 E.H.R.R. 27
	Musial v. Poland	(2001) 31 E.H.R.R 720
	Oliveira Neves v. Portugal	(1991) 13 E.H.R.R. 576
	Ruiz-Mateos v. Spain	(1993) 16 E.H.R.R. 505
	Scopelliti v. Italy	(1994) 17 E.H.R.R. 493
	Van Eesbeck v. Italy	(1989) 11 E.H.R.R. 86
	Vernillo v. France	(1991) 13 E.H.R.R. 880

Case Referred to	Name of Case	Citation
Cardot v. France (A/200) (1991) 13 E.H.R.R. 853	Ahmet Sadik v. Greece	(1997) 24 E.H.R.R. 323
	Akdivar v. Turkey	(1997) 23 E.H.R.R. 143
	Andronicou and Constantinou v. Cyprus	(1998) 25 E.H.R.R. 491
	B v. France	(1993) 16 E.H.R.R. 1
	Bahaddar v. Netherlands	(1998) 26 E.H.R.R. 278
	Bernaerts v. Belgium	(1993) 15 E.H.R.R. CD 17
	Castells v. Spain	(1992) 14 E.H.R.R. 445
	Christian Association of Jehovah's Witnesses v. Bulgaria	(1997) 24 E.H.R.R. CD 52
	Civet v. France	(2001) 31 E.H.R.R 871
	Edwards v. United Kingdom	(1993) 15 E.H.R.R. 417
	Higgins v. France	(1999) 27 E.H.R.R. 703
	Karara v. Finland	(1998) 26 E.H.R.R. CD 220
	Kokavecz v. Hungary	(1999) 28 E.H.R.R. CD 86
	Lehtinen v. Finland	(2000) 29 E.H.R.R. CD 204
	McElhinney v. Ireland and United Kingdom	(2000) 29 E.H.R.R. CD 214
	Oberschlick v. Austria	(1995) 19 E.H.R.R. 389
	Ogur v. Turkey	(2001) 31 E.H.R.R 912
	Peers v. Greece	(1999) 27 E.H.R.R. CD 126
	Pfeifer and Plankl v. Austria	(1992) 14 E.H.R.R. 692
	Pine Valley Developments Ltd v. Ireland	(1992) 14 E.H.R.R. 319
	Remli v. France	(1996) 22 E.H.R.R. 253
	Saidi v. France	(1994) 17 E.H.R.R. 251
	Selmouni v. France	(2000) 29 E.H.R.R. 403
	Slavgorodski v. Estonia	(1999) 28 E.H.R.R. CD 181
	Van Der Tang v. Spain	(1996) 22 E.H.R.R. 363
	X v. United Kingdom	(1998) 25 E.H.R.R. CD 88
Casado Coca v. Spain (A/285) (1994) 18 E.H.R.R. 1	Bulut v. Austria	(1997) 24 E.H.R.R. 84
	Jacubowski v. Germany	(1995) 19 E.H.R.R. 64
	Janssen v. Germany	(1999) 27 E.H.R.R. CD 91
	Lehideux and Isorni v. France	(2000) 30 E.H.R.R. 665
	Lopez Ostra v. Spain	(1995) 20 E.H.R.R. 277
	Nachtmann v. Austria	(1999) 27 E.H.R.R. CD 281
	Terra Woningen v. Netherlands	(1997) 24 E.H.R.R. 456
Castells v. Spain (A/236); *sub nom.* Castes v. Spain (1992) 14 E.H.R.R. 445	Ahmed v. United Kingdom	(2000) 29 E.H.R.R. 1
	Ahmet Sadik v. Greece	(1997) 24 E.H.R.R. 323
	Andronicou and Constantinou v. Cyprus	(1998) 25 E.H.R.R. 491
	Bladet Tromsø and Stensaas v. Norway	(2000) 29 E.H.R.R. 125
	Casado Coca v. Spain	(1994) 18 E.H.R.R. 1
	Dalban v. Romania	(2001) 31 E.H.R.R 893
	De Haes and Gijsels v. Belgium	(1998) 25 E.H.R.R. 1
	Fressoz and Roire v. France	(2001) 31 E.H.R.R 28
	Grigoriades v. Greece	(1999) 27 E.H.R.R. 464
	H.N. v. Italy	(1999) 27 E.H.R.R. CD 75
	Hentrich v. France	(1994) 18 E.H.R.R. 440
	Incal v. Turkey	(2000) 29 E.H.R.R. 449
	Katikaridis v. Greece	(2001) 32 E.H.R.R. 113
	Klavdianos v. Greece	(2000) 29 E.H.R.R. CD 199
	Lehideux and Isorni v. France	(2000) 30 E.H.R.R. 665
	McLaughlin v. United Kingdom	(1994) 18 E.H.R.R. CD 84

Case Referred to	Name of Case	Citation
	Middleburg, Van der Zee and Het Parool BV v. Netherlands	(1999) 27 E.H.R.R. CD 111
	Miloslavsky v. United Kingdom	(1995) 20 E.H.R.R. 442
	Özdep v. Turkey	(2001) 31 E.H.R.R 674
	Piermont v. France	(1995) 20 E.H.R.R. 301
	Prager and Oberschlick v. Austria	(1996) 21 E.H.R.R. 1
	Socialist Party v. Turkey	(1999) 27 E.H.R.R. 51
	Thorgeir Thorgeirson v. Iceland	(1992) 14 E.H.R.R. 843
	United Communist Party of Turkey v. Turkey	(1998) 26 E.H.R.R. 121
	Vereinigung Demokratischer Soldaten Österreichs and Gubi v. Austria	(1995) 20 E.H.R.R. 56
	Wingrove v. United Kingdom	(1997) 24 E.H.R.R. 1
Castillo Algar v. Spain (2000) 30 E.H.R.R. 827	Daktaras v. Lithuania	(2000) 29 E.H.R.R. CD 135
	Lie and Bernsten v. Norway	(2000) 29 E.H.R.R. CD 210
	Ninn-Hansen v. Denmark	(1999) 28 E.H.R.R. CD 96
Catanoso v. Italy (1988) 10 E.H.R.R. 123	Salesi v. Italy	(1998) 26 E.H.R.R. 187
Catholic Church of Canea v. Greece	Stankov and United Macedonian Organisation "Ilinden" v. Bulgaria	(1998) 26 E.H.R.R. CD 103
Cazenave de la Roche v. France, unreported, June 9, 1998	Papachelas v. Greece	(2000) 30 E.H.R.R. 923
	Pellegrin v. France	(2001) 31 E.H.R.R 651
Cesarini v. Italy, unreported	Hentrich v. France	(1994) 18 E.H.R.R. 440
	Salesi v. Italy	(1998) 26 E.H.R.R. 187
	WR v. Austria	(2001) 31 E.H.R.R 985
Ceteroni v. Italy	Sakik v. Turkey	(1998) 26 E.H.R.R. 662
Ceylan v. Turkey (2000) 30 E.H.R.R. 73	Özgür Gündem v. Turkey	(2001) 31 E.H.R.R 1082
Chahal v. United Kingdom (1997) 23 E.H.R.R. 413	Ahmed v. Austria	(1997) 24 E.H.R.R. 278
	Aksoy v. Turkey	(1997) 23 E.H.R.R. 553
	Ali v. Switzerland	(1999) 28 E.H.R.R. 304
	Andersson v. Sweden	(1998) 25 E.H.R.R. 722
	Assenov v. Bulgaria	(1999) 28 E.H.R.R. 652
	Bahaddar v. Netherlands	(1998) 26 E.H.R.R. 278
	C.N. v. Switzerland	(1999) 27 E.H.R.R. CD 358
	Çakici v. Turkey	(2001) 31 E.H.R.R 133
	D v. United Kingdom	(1997) 24 E.H.R.R. 423
	Fitt v. United Kingdom	(2000) 30 E.H.R.R. 480
	Halford v. United Kingdom	(1997) 24 E.H.R.R. 523
	Hatami v. Sweden	(1999) 27 E.H.R.R. CD 8
	HLR v. France	(1998) 26 E.H.R.R. 29
	Incedursun v. Netherlands	(1999) 28 E.H.R.R. CD 54
	J.E.D. v. United Kingdom	(1999) 27 E.H.R.R. CD 65
	Jasper v. United Kingdom	(2000) 30 E.H.R.R. 441
	Karara v. Finland	(1998) 26 E.H.R.R. CD 220
	Kurt v. Turkey	(1999) 27 E.H.R.R. 373

Case Referred to	Name of Case	Citation
	M.A.R. v. United Kingdom	(1997) 23 E.H.R.R. CD 120
	M.M. v. Switzerland	(1999) 27 E.H.R.R. CD 356
	McCullough v. United Kingdom	(1998) 25 E.H.R.R. CD 34
	MS v. Sweden	(1999) 28 E.H.R.R. 313
	Nikolova v. Bulgaria	(2001) 31 E.H.R.R 64
	Ozdemir v. Netherlands	(1999) 27 E.H.R.R. CD 257
	Rowe and Davis v. United Kingdom	(2000) 30 E.H.R.R. 1
	Selmouni v. France	(2000) 29 E.H.R.R. 403
	Tinnelly & Sons Ltd v. United Kingdom	(1999) 27 E.H.R.R. 249
	V v. United Kingdom	(2000) 30 E.H.R.R. 121
	Z v. Switzerland	(1999) 27 E.H.R.R. CD 278
Chappell v. United Kingdom (1985) 7 E.H.R.R. 589	App. No. 10949/84 v. Germany	(1988) 10 E.H.R.R. 129
Chappell v. United Kingdom (A/152) (1990) 12 E.H.R.R. 1	Cremieux v. France	(1993) 16 E.H.R.R. 357
	Eriksson v. Sweden	(1990) 12 E.H.R.R. 183
	Fischer v. Austria	(1995) 20 E.H.R.R. 349
	Funke v. France	(1993) 16 E.H.R.R. 297
	Gaskin v. United Kingdom	(1989) 11 E.H.R.R. 402
	Huvig v. France	(1990) 12 E.H.R.R. 528
	Kruslin v. France	(1990) 12 E.H.R.R. 547
	Mialhe v. France	(1993) 16 E.H.R.R. 332
	Niemietz v. Germany	(1993) 16 E.H.R.R. 97
	Tre Traktörer Aktiebolag v. Sweden	(1991) 13 E.H.R.R. 309
Chassagnou v. France (2000) 29 E.H.R.R. 615	Ao v. Italy	(2000) 29 E.H.R.R. CD 92
	Immobiliare Saffi v. Italy	(2000) 30 E.H.R.R. 756
	Karakurt v. Austria	(2000) 29 E.H.R.R. CD 273
	Thlimmenos v. Greece	(2001) 31 E.H.R.R 411
Chichlian v. France (A/162–B) *sub nom.* Ekindjian v. France (1991) 13 E.H.R.R. 553	De Haes and Gijsels v. Belgium	(1998) 25 E.H.R.R. 1
	De Salvador Torres v. Spain	(1997) 23 E.H.R.R. 601
	Gea Catalán v. Spain	(1995) 20 E.H.R.R. 266
	Pélissier and Sassi v. France	(2000) 30 E.H.R.R. 715
Chorherr v. Austria (A/266–B) (1994) 17 E.H.R.R. 358	Ahmed v. United Kingdom	(2000) 29 E.H.R.R. 1
	Fischer v. Austria	(1995) 20 E.H.R.R. 349
	Friedl v. Austria	(1996) 21 E.H.R.R. 83
	Hashman and Harrup v. United Kingdom	(2000) 30 E.H.R.R. 241
	Jersild v. Denmark	(1995) 19 E.H.R.R. 1
	Kalac v. Turkey	(1999) 27 E.H.R.R. 552
	Mauer v. Austria	(1998) 25 E.H.R.R. 91
	Nachtmann v. Austria	(1999) 27 E.H.R.R. CD 281
	Otto-Preminger Institute v. Austria	(1995) 19 E.H.R.R. 34
	Palaoro v. Austria	(2001) 32 E.H.R.R. 202
	Pauger v. Austria	(1998) 25 E.H.R.R. 105
	Pauger v. Austria	(1998) 25 E.H.R.R. 105
	Pfarrmeier v. Austria	(1996) 22 E.H.R.R. 175
	Rekvényi v. Hungary	(2000) 30 E.H.R.R. 519
	Schmautzer v. Austria	(1996) 21 E.H.R.R. 511
	Stallinger and Kuso v. Austria	(1998) 26 E.H.R.R. 81

Case Referred to	Name of Case	Citation
	Steel v. United Kingdom	(1999) 28 E.H.R.R. 603
	Umlauft v. Austria	(1996) 22 E.H.R.R. 76
	Vereinigung Demokratischer Soldaten Österreichs and Gubi v. Austria	(1995) 20 E.H.R.R. 56
	Vereniging Weekblad *Bluf!* v. Netherlands	(1995) 20 E.H.R.R. 189
	Vogt v. Germany	(1996) 21 E.H.R.R. 205
	Werner and Szucs v. Austria	(1998) 26 E.H.R.R. 310
	Worm v. Austria	(1998) 25 E.H.R.R. 454
Çiraklar v. Turkey, unreported	Arslan v. Turkey	(2001) 31 E.H.R.R 264
	Baskaya and Okçuoglu v. Turkey	(2001) 31 E.H.R.R 292
	Scarth v. United Kingdom	(1999) 27 E.H.R.R. CD 37
Ciulla v. Italy (A/148) (1991) 13 E.H.R.R. 346	Akdivar v. Turkey	(1997) 23 E.H.R.R. 143
	B v. Austria	(1991) 13 E.H.R.R. 20
	Bricmont v. Belgium	(1990) 12 E.H.R.R. 217
	Brozicek v. Italy	(1990) 12 E.H.R.R. 371
	Eriksen v. Norway	(2000) 29 E.H.R.R. 328
	Kostovski v. Netherlands	(1990) 12 E.H.R.R. 434
	Loukanov v. Bulgaria	(1997) 24 E.H.R.R. 121
	Manoussakis v. Greece	(1997) 23 E.H.R.R. 387
	Moreira de Azevedo v. Portugal	(1991) 13 E.H.R.R. 721
	Pine Valley Developments Ltd v. Ireland	(1992) 14 E.H.R.R. 319
	Sakik v. Turkey	(1998) 26 E.H.R.R. 662
	Vollert v. Germany	(1996) 22 E.H.R.R. CD 128
Clooth v. Belgium (1992) 14 E.H.R.R. 717	Caballero v. United Kingdom	(2000) 30 E.H.R.R. 643
	Tomasi v. France	(1993) 15 E.H.R.R. 1
	W v. Switzerland	(1994) 17 E.H.R.R. 60
Colak v. Germany (A/147) (1989) 11 E.H.R.R. 513	McCann v. United Kingdom	(1996) 21 E.H.R.R. 97
	Stocke v. Germany	(1991) 13 E.H.R.R. 126
Colozza v. Italy (A/89) (1985) 7 E.H.R.R. 516	Ankerl v. Switzerland	(2001) 32 E.H.R.R. 1
	Ayadi v. France	(1993) 15 E.H.R.R. CD 93
	Barbera, Messegue and Jabardo v. Spain	(1989) 11 E.H.R.R. 360
	Belilos v. Switzerland	(1988) 10 E.H.R.R. 466
	Belziuk v. Poland	(2000) 30 E.H.R.R. 614
	Bönisch v. Austria	(1987) 9 E.H.R.R. 191
	Bönisch v. Austria	(1991) 13 E.H.R.R. 409
	Botten v. Norway	(2001) 32 E.H.R.R. 37
	Brogan v. United Kingdom	(1989) 11 E.H.R.R. 117
	Brozicek v. Italy	(1988) 10 E.H.R.R. 524
	Brozicek v. Italy	(1990) 12 E.H.R.R. 371
	Bulut v. Austria	(1997) 24 E.H.R.R. 84
	Cable v. United Kingdom	(2000) 30 E.H.R.R. 1032
	De Cubber v. Belgium	(1991) 13 E.H.R.R. 422
	De Salvador Torres v. Spain	(1997) 23 E.H.R.R. 601
	Delta v. France	(1993) 16 E.H.R.R. 574
	Ekbatani v. Sweden	(1991) 13 E.H.R.R. 504
	F.C.B. v. Italy	(1992) 14 E.H.R.R. 909
	Fejde v. Sweden	(1994) 17 E.H.R.R. 14
	Feldbrugge v. Netherlands	(1991) 13 E.H.R.R. 571
	Fouquet v. France	(1996) 22 E.H.R.R. 279

Case Referred to	Name of Case	Citation
	Gea Catalán v. Spain	(1995) 20 E.H.R.R. 266
	Hood v. United Kingdom	(2000) 29 E.H.R.R. 365
	Incal v. Turkey	(2000) 29 E.H.R.R. 449
	Jan-Ake Andersson v. Sweden	(1993) 15 E.H.R.R. 218
	Kamasinski v. Austria	(1991) 13 E.H.R.R. 36
	Khalfaoui v. France	(2001) 31 E.H.R.R 967
	Krcmár v. Czech Republic	(2001) 31 E.H.R.R 953
	Kremzow v. Austria	(1994) 17 E.H.R.R. 322
	Lala v. Netherlands	(1994) 18 E.H.R.R. 586
	Melin v. France	(1994) 17 E.H.R.R. 1
	Monnell and Morris v. United Kingdom	(1988) 10 E.H.R.R. 205
	Pélissier and Sassi v. France	(2000) 30 E.H.R.R. 715
	Pelladoah v. Netherlands	(1995) 19 E.H.R.R. 81
	Poitrimol v. France	(1994) 18 E.H.R.R. 130
	Reinhardt and Slimane-Kaid v. France	(1999) 28 E.H.R.R. 59
	Sibson v. United Kingdom	(1994) 17 E.H.R.R. 193
	Societe Stenuit v. France	(1992) 14 E.H.R.R. 509
	Soering v. United Kingdom	(1989) 11 E.H.R.R. 439
	Stamoulakatos v. Greece	(1994) 17 E.H.R.R. 479
	Thomann v. Switzerland	(1997) 24 E.H.R.R. 553
	Tripodi v. Italy	(1994) 18 E.H.R.R. 295
	Vacher v. France	(1997) 24 E.H.R.R. 482
	Vodenicarov v. Slovak Republic	(1998) 26 E.H.R.R. CD 40
	Zana v. Turkey	(1999) 27 E.H.R.R. 667
	Zielinski v. France	(2001) 31 E.H.R.R 532
Comingersoll SA v. Portugal (2001) 31 E.H.R.R 772	Frylander v. France	(2001) 31 E.H.R.R 1152
Corigliano v. Italy (A/57) (1983) 5 E.H.R.R. 334	Aannemersbedrijf Gebroedes Van Leeuwen BV v. Netherlands	(2000) 29 E.H.R.R. CD 96
	Ahmed v. United Kingdom	(1995) 20 E.H.R.R. CD 72
	App. No. 9604/81 v. Germany	(1983) 5 E.H.R.R. 587
	App. No. 11043/84 v. Germany	(1986) 8 E.H.R.R. 303
	Axen v. Germany	(1984) 6 E.H.R.R. 195
	Ayadi v. France	(1993) 15 E.H.R.R. CD 93
	Baggetta v. Italy	(1988) 10 E.H.R.R. 325
	Brozicek v. Italy	(1990) 12 E.H.R.R. 371
	De Jong, Baljet and Van Den Brink v. Netherlands	(1986) 8 E.H.R.R. 20
	Dobbertin v. France	(1993) 16 E.H.R.R. 558
	Duinhof and Duijf v. Netherlands	(1991) 13 E.H.R.R. 478
	Eckle v. Germany	(1991) 13 E.H.R.R. 556
	Eckle v. Germany (Art. 50)	(1984) 6 E.H.R.R. 52
	Moudefo v. France	(1991) 13 E.H.R.R. 549
	Öztürk v. Germany	(1984) 6 E.H.R.R. 409
	Saunders v. United Kingdom	(1997) 23 E.H.R.R. 313
	Vallon v. Italy	(1991) 13 E.H.R.R. 433
	Van Der Sluijs, Zuiderveld and Klappe v. Netherlands	(1991) 13 E.H.R.R. 461
	Yağci and Sargin v. Turkey	(1995) 20 E.H.R.R. 505
	Zana v. Turkey	(1999) 27 E.H.R.R. 667
	Zimmermann and Steiner v. Switzerland	(1984) 6 E.H.R.R. 17

Case Referred to	Name of Case	Citation
Cossey v. United Kingdom (A/184); *sub nom.* C v. United Kingdom (A/184)	B v. France	(1993) 16 E.H.R.R. 1
	Beldjoudi v. France	(1992) 14 E.H.R.R. 801
	Borgers v. Belgium	(1993) 15 E.H.R.R. 92
	Schmidt v. Germany	(1994) 18 E.H.R.R. 513
	Sheffield and Horsham v. United Kingdom	(1999) 27 E.H.R.R. 163
	Sheffield v. United Kingdom	(1995) 20 E.H.R.R. CD 66
	Sheffield v. United Kingdom	(1996) 21 E.H.R.R. CD 99
	Stjerna v. Finland	(1997) 24 E.H.R.R. 195
	Van de Hurk v. Netherlands	(1994) 18 E.H.R.R. 481
	Van Raalte v. Netherlands	(1997) 24 E.H.R.R. 503
	Wynne v. United Kingdom	(1995) 19 E.H.R.R. 333
	X, Y and Z v. United Kingdom	(1995) 20 E.H.R.R. CD 6
	X, Y and Z v. United Kingdom	(1997) 24 E.H.R.R. 143
Costello-Roberts v. United Kingdom (A/247–C) (1995) 19 E.H.R.R. 112	A and B v. United Kingdom	(1996) 22 E.H.R.R. CD 190
	A v. United Kingdom	(1999) 27 E.H.R.R. 611
	Barrett v. United Kingdom	(1997) 23 E.H.R.R. CD 185
	Loizidou v. Turkey	(1995) 20 E.H.R.R. 99
	Raninen v. Finland	(1998) 26 E.H.R.R. 563
	Van de Hurk v. Netherlands	(1994) 18 E.H.R.R. 481
	Vereinigung Demokratischer Soldaten Österreichs and Gubi v. Austria	(1995) 20 E.H.R.R. 56
	Z v. United Kingdom	(1999) 28 E.H.R.R. CD 65
Cremieux v. France (1993) 16 E.H.R.R. 357	A v. France	(1994) 17 E.H.R.R. 462
	Camenzind v. Switzerland	(1999) 28 E.H.R.R. 458
Cruz Varas v. Sweden; *sub nom.* Varas Cruz v. Sweden (1992) 14 E.H.R.R. 1	A, B and C v. France	(1993) 15 E.H.R.R. CD 39
	Ahmed v. Austria	(1997) 24 E.H.R.R. 278
	Akdivar v. Turkey	(1997) 23 E.H.R.R. 143
	Allenet De Ribemont v. France	(1995) 20 E.H.R.R. 557
	Andric v. Sweden	(1999) 28 E.H.R.R. CD 218
	Assenov v. Bulgaria	(1999) 28 E.H.R.R. 652
	Aydin v. Turkey	(1998) 25 E.H.R.R. 251
	Bahaddar v. Netherlands	(1998) 26 E.H.R.R. 278
	Beldjoudi v. France	(1992) 14 E.H.R.R. 801
	Çakici v. Turkey	(2001) 31 E.H.R.R 133
	Chahal v. United Kingdom	(1997) 23 E.H.R.R. 413
	Credit and Industrial Bank and Moravec v. Czech Republic	(1998) 26 E.H.R.R. CD 88
	Dreshaj v. Finland	(1994) 18 E.H.R.R. CD 213
	Ergi v. Turkey	(2001) 32 E.H.R.R. 388
	Gül v. Switzerland	(1996) 22 E.H.R.R. 93
	HLR v. France	(1998) 26 E.H.R.R. 29
	Incedursun v. Netherlands	(1999) 28 E.H.R.R. CD 54
	Juric v. Sweden	(1999) 27 E.H.R.R. CD 71
	Klass v. Germany	(1994) 18 E.H.R.R. 305
	Korkis v. Sweden	(1999) 27 E.H.R.R. CD 251
	Kraska v. Switzerland	(1994) 18 E.H.R.R. 188
	Kurt v. Turkey	(1999) 27 E.H.R.R. 373
	Loizidou v. Turkey	(1995) 20 E.H.R.R. 99
	Loizidou v. Turkey	(1997) 23 E.H.R.R. 513
	McCann v. United Kingdom	(1996) 21 E.H.R.R. 97
	Nasri v. France	(1996) 21 E.H.R.R. 458
	Nsona v. Netherlands	(2001) 32 E.H.R.R. 170
	Ozdemir v. Netherlands	(1999) 27 E.H.R.R. CD 257
	Selmouni v. France	(2000) 29 E.H.R.R. 403

Case Referred to	Name of Case	Citation
	T.V. v. Finland	(1994) 18 E.H.R.R. CD 179
	Tanrikulu v. Turkey	(2000) 30 E.H.R.R. 950
	Velita Flores v. Sweden	(1995) 20 E.H.R.R. CD 134
	Vilvarajah v. United Kingdom	(1992) 14 E.H.R.R. 248
	Yasa v. Turkey	(1999) 28 E.H.R.R. 408
D v. United Kingdom (1997) 24 E.H.R.R. 423	Amann v. Switzerland	(2000) 30 E.H.R.R. 843
	M.M. v. Switzerland	(1999) 27 E.H.R.R. CD 356
	SSC v. Sweden	(2000) 29 E.H.R.R. CD 245
Dahanayke v. United Kingdom (1983) 5 E.H.R.R. 144	App. No. 9810/82 v. United Kingdom	(1983) 5 E.H.R.R. 609
Dal Sasso v. Italy	Farmakopoulos v. Belgium	(1993) 16 E.H.R.R. 187
Dalia v. France, unreported	Civet v. France	(2001) 31 E.H.R.R 871
	Kwong v. United Kingdom	(1998) 26 E.H.R.R. CD 189
	Selmouni v. France	(2000) 29 E.H.R.R. 403
Darby v. Sweden (A/187) (1991) 13 E.H.R.R. 774	Bladet Tromsø and Stensaas v. Norway	(2000) 29 E.H.R.R. 125
	Bullock v. United Kingdom	(1996) 21 E.H.R.R. CD 85
	Buscarini v. San Marino	(2000) 30 E.H.R.R. 208
	Chassagnou v. France	(2000) 29 E.H.R.R. 615
	Gaygusuz v. Austria	(1997) 23 E.H.R.R. 364
	Halford v. United Kingdom	(1997) 24 E.H.R.R. 523
	Handwerker v. Germany	(1996) 22 E.H.R.R. CD 125
	Hoffmann v. Austria	(1994) 17 E.H.R.R. 293
	Kustannus oy Vappa Ajattelija AB v. Finland	(1996) 22 E.H.R.R. CD 69
	Mika v. Austria	(1996) 22 E.H.R.R. CD 208
	Nilsen and Johnsen v. Norway	(2000) 30 E.H.R.R. 878
	Schmidt v. Germany	(1994) 18 E.H.R.R. 513
	Spöttl v. Austria	(1996) 22 E.H.R.R. CD 88
	Tsavachidis v. Greece	(1999) 27 E.H.R.R. CD 27
	Van Raalte v. Netherlands	(1997) 24 E.H.R.R. 503
Darnell v. United Kingdom (1994) 18 E.H.R.R. 205	Mavronichis v. Cyprus	(2001) 31 E.H.R.R 1186
Daud v. Portugal	H.N. v. Italy	(1999) 27 E.H.R.R. CD 75
	J.W.V. v. Netherlands	(1999) 27 E.H.R.R. CD 296
De Becker v. Belgium (1962) Series A, No. 4; 1 E.H.R.R. 43	App. No. 9777/82 v. Belgium	(1984) 6 E.H.R.R. 534
	De Wilde, Ooms and Versyp v. Belgium (No. 1)	1 E.H.R.R. 373
	De Wilde, Ooms and Versyp v. Belgium (No. 2)	1 E.H.R.R. 438
	Deweer v. Belgium	2 E.H.R.R. 439
	Golder v. United Kingdom	1 E.H.R.R. 524
	Guzzardi v. Italy	(1981) 3 E.H.R.R. 333
	Ireland v. United Kingdom	2 E.H.R.R. 25
	Kjeldsen, Busk Madsen and Pendersen v. Denmark	1 E.H.R.R. 711
	Marckx v. Belgium	2 E.H.R.R. 330
	Matznetter v. Austria	1 E.H.R.R. 198
	Tyrer v. United Kingdom	2 E.H.R.R. 1

Case Referred to	Name of Case	Citation
De Cubber v. Belgium (Investigating Judge) (A/86) (1985) 7 E.H.R.R. 236	App. No. 11164/84 v. Belgium	(1986) 8 E.H.R.R. 312
	App. No. 11508/85 v. Denmark	(1989) 11 E.H.R.R. 559
	Belilos v. Switzerland	(1988) 10 E.H.R.R. 466
	Belziuk v. Poland	(2000) 30 E.H.R.R. 614
	Borgers v. Belgium	(1993) 15 E.H.R.R. 92
	Boumar v. Belgium	(1989) 11 E.H.R.R. 1
	Brown v. United Kingdom	(1986) 8 E.H.R.R. 272
	Bulut v. Austria	(1997) 24 E.H.R.R. 84
	Colozza v. Italy	(1985) 7 E.H.R.R. 516
	De Cubber v. Belgium	(1991) 13 E.H.R.R. 422
	De Haan v. Netherlands	(1998) 26 E.H.R.R. 417
	De Moor v. Belgium	(1994) 18 E.H.R.R. 372
	Diennet v. France	(1996) 21 E.H.R.R. 554
	Edwards v. United Kingdom	(1993) 15 E.H.R.R. 417
	F v. Switzerland	(1988) 10 E.H.R.R. 411
	Ferrantelli and Santangelo v. Italy	(1997) 23 E.H.R.R. 288
	Fey v. Austria	(1993) 16 E.H.R.R. 387
	Findlay v. United Kingdom	(1996) 21 E.H.R.R. CD 7
	Findlay v. United Kingdom	(1997) 24 E.H.R.R. 221
	Fischer v. Austria	(1995) 20 E.H.R.R. 349
	Gregory v. United Kingdom	(1998) 25 E.H.R.R. 577
	Hauschildt v. Denmark	(1990) 12 E.H.R.R. 266
	Jón Kristinsson v. Iceland	(1991) 13 E.H.R.R. 238
	Langborger v. Sweden	(1990) 12 E.H.R.R. 416
	Lithgow v. United Kingdom	(1986) 8 E.H.R.R. 329
	Mitap and Müftüoğlu v. Turkey	(1996) 22 E.H.R.R. 209
	Nortier v. Netherlands	(1994) 17 E.H.R.R. 273
	Nyssen v. Belgium	(1986) 8 E.H.R.R. 105
	Oberschlick v. Austria	(1995) 19 E.H.R.R. 389
	Pauwels v. Belgium	(1989) 11 E.H.R.R. 238
	Pfeifer and Plankl v. Austria	(1992) 14 E.H.R.R. 692
	Ruiz-Mateos v. Spain	(1993) 16 E.H.R.R. 505
	Sainte-Marie v. France	(1993) 16 E.H.R.R. 116
	Saraiva de Carvalho v. Portugal	(1994) 18 E.H.R.R. 534
	Societe Stenuit v. France	(1992) 14 E.H.R.R. 509
	Thomann v. Switzerland	(1997) 24 E.H.R.R. 553
	Yaacoub v. Belgium	(1991) 13 E.H.R.R. 418
De Geouffre de la Pradelle v. France (A/253–B), unreported, December 16, 1992	Ahmet Sadik v. Greece	(1997) 24 E.H.R.R. 323
	Akdivar v. Turkey	(1997) 23 E.H.R.R. 143
	Ankerl v. Switzerland	(2001) 32 E.H.R.R. 1
	Aydin v. Turkey	(1998) 25 E.H.R.R. 251
	Gündem v. Turkey	(2001) 32 E.H.R.R. 350
	Kaya v. Turkey	(1999) 28 E.H.R.R. 1
	Kokkinakis v. Greece	(1994) 17 E.H.R.R. 397
	Melin v. France	(1994) 17 E.H.R.R. 1
	Mentes v. Turkey	(1998) 26 E.H.R.R. 595
	Ruiz-Mateos v. Spain	(1993) 16 E.H.R.R. 505
	Saunders v. United Kingdom	(1997) 23 E.H.R.R. 313
	Selçuk and Asker v. Turkey	(1998) 26 E.H.R.R. 477
	Societe Levage Prestations v. France	(1997) 24 E.H.R.R. 351
De Haan v. Netherlands (1998) 26 E.H.R.R. 417	Helle v. Finland	(1998) 26 E.H.R.R. 159
	McGonnell v. United Kingdom	(2000) 30 E.H.R.R. 289
De Haes and Gijsels v. Belgium (1998) 25 E.H.R.R. 1	Andreas Wabl v. Austria	(2001) 31 E.H.R.R 1134
	Bergens Tidende v. Norway	(2001) 31 E.H.R.R 430

Case Referred to	Name of Case	Citation
	Bladet Tromsø and Stensaas v. Norway	(2000) 29 E.H.R.R. 125
	Dalban v. Romania	(2001) 31 E.H.R.R 893
	Fressoz and Roire v. France	(2001) 31 E.H.R.R 28
	H.N. v. Italy	(1999) 27 E.H.R.R. CD 75
	Lehideux and Isorni v. France	(2000) 30 E.H.R.R. 665
	Middleburg, Van der Zee and Het Parool BV v. Netherlands	(1999) 27 E.H.R.R. CD 111
	Oberschlick v. Austria (No. 2)	(1998) 25 E.H.R.R. 357
	Peree v. Netherlands	(1999) 28 E.H.R.R. CD 158
De Jong v. Netherlands (A/77) (1986) 8 E.H.R.R. 20	Akkum, Akan and Karakoc v. Turkey	(1996) 21 E.H.R.R. CD 118
	Benthem v. Netherlands	(1986) 8 E.H.R.R. 1
	Borgers v. Belgium	(1993) 15 E.H.R.R. 92
	Boumar v. Belgium	(1989) 11 E.H.R.R. 1
	Bozano v. France	(1987) 9 E.H.R.R. 297
	Brannigan and McBride v. United Kingdom	(1994) 17 E.H.R.R. 539
	Brincat v. Italy	(1993) 16 E.H.R.R. 591
	Brogan v. United Kingdom	(1989) 11 E.H.R.R. 117
	Caballero v. United Kingdom	(2000) 30 E.H.R.R. 643
	Chahal v. United Kingdom	(1997) 23 E.H.R.R. 413
	Ciulla v. Italy	(1991) 13 E.H.R.R. 346
	De Haan v. Netherlands	(1998) 26 E.H.R.R. 417
	Duinhof and Duijf v. Netherlands	(1991) 13 E.H.R.R. 478
	Englert v. Germany	(1991) 13 E.H.R.R. 392
	Eriksen v. Norway	(2000) 29 E.H.R.R. 328
	Glasenapp v. Germany	(1987) 9 E.H.R.R. 25
	Grigoriades v. Greece	(1999) 27 E.H.R.R. 464
	Hood v. United Kingdom	(2000) 29 E.H.R.R. 365
	Ikincisoy v. Turkey	(1996) 21 E.H.R.R. CD 100
	Johnston v. Ireland	(1987) 9 E.H.R.R. 203
	Koster v. Netherlands	(1992) 14 E.H.R.R. 396
	Loukanov v. Bulgaria	(1997) 24 E.H.R.R. 121
	Lukanov v. Bulgaria	(1996) 21 E.H.R.R. CD 20
	McGoff v. Sweden	(1986) 8 E.H.R.R. 246
	Nikolova v. Bulgaria	(2001) 31 E.H.R.R 64
	Nölkenbockoff v. Germany	(1988) 10 E.H.R.R. 163
	Nölkenbockoff v. Germany	(1991) 13 E.H.R.R. 360
	Öhlinger v. Austria	(1996) 22 E.H.R.R. CD 75
	Pauwels v. Belgium	(1989) 11 E.H.R.R. 238
	Pine Valley Developments Ltd v. Ireland	(1992) 14 E.H.R.R. 319
	Ruga v. Italy	(1988) 10 E.H.R.R. 532
	Sakik v. Turkey	(1998) 26 E.H.R.R. 662
	TW v. Malta	(2000) 29 E.H.R.R. 185
	Van de Hurk v. Netherlands	(1994) 18 E.H.R.R. 481
	Vernillo v. France	(1991) 13 E.H.R.R. 880
	Yasar v. Turkey	(1995) 19 E.H.R.R. CD 74
De la Torre v. Spain	Vasilescu v. Romania	(1999) 28 E.H.R.R. 241
De Micheli v. Italy	Scuderi v. Italy	(1995) 19 E.H.R.R. 187
De Moor v. Belgium (1994) 18 E.H.R.R. 372	GS v. Austria	(2001) 31 E.H.R.R 576
	Ohg v. Austria	(1994) 18 E.H.R.R. CD 107
	WR v. Austria	(2001) 31 E.H.R.R 985

Case Referred to	Name of Case	Citation
De Salvador Torres v. Spain (1997) 23 E.H.R.R. 601	De Haes and Gijsels v. Belgium	(1998) 25 E.H.R.R. 1
	Douiyeb v. Netherlands	(2000) 30 E.H.R.R. 790
	Pélissier and Sassi v. France	(2000) 30 E.H.R.R. 715
De Santa v. Italy, September 2, 1997	Huber v. France	(1998) 26 E.H.R.R. 457
	Le Calvez v. France	(2001) 32 E.H.R.R. 481
	Pellegrin v. France	(2001) 31 E.H.R.R 651
	Pierre-Bloch v. France	(1998) 26 E.H.R.R. 202
De Wilde v. Belgium (No. 1) (A/12) (1979–80) 1 E.H.R.R. 373	A v. United Kingdom	(1984) 6 E.H.R.R. 596
	Ahmet Sadik v. Greece	(1997) 24 E.H.R.R. 323
	Airey v. Ireland	2 E.H.R.R. 305
	Akdivar v. Turkey	(1997) 23 E.H.R.R. 143
	Aksoy v. Turkey	(1997) 23 E.H.R.R. 553
	Albert and Le Compte v. Belgium	(1983) 5 E.H.R.R. 533
	Andronicou and Constantinou v. Cyprus	(1998) 25 E.H.R.R. 491
	App. No. 9362, 9363 &9387/81 v. Netherlands	(1983) 5 E.H.R.R. 270
	App. No. 9587/81 v. France	(1983) 5 E.H.R.R. 483
	Artico v. Italy	(1981) 3 E.H.R.R. 1
	Assenov v. Bulgaria	(1999) 28 E.H.R.R. 652
	Assenoz v. Bulgaria	(1996) 22 E.H.R.R. CD 163
	B v. France	(1993) 16 E.H.R.R. 1
	Benthem v. Netherlands	(1984) 6 E.H.R.R. 283
	Benthem v. Netherlands	(1986) 8 E.H.R.R. 1
	Boumar v. Belgium	(1989) 11 E.H.R.R. 1
	Brannigan and McBride v. United Kingdom	(1994) 17 E.H.R.R. 539
	Brozicek v. Italy	(1990) 12 E.H.R.R. 371
	Campbell and Fell v. United Kingdom	(1985) 7 E.H.R.R. 165
	Caprino v. United Kingdom	(1982) 4 E.H.R.R. 97
	Cardot v. France	(1991) 13 E.H.R.R. 853
	Costa Rica Case	(1982) 4 E.H.R.R. 469
	De Jong, Baljet and Van Den Brink v. Netherlands	(1986) 8 E.H.R.R. 20
	De Varga Hirsch v. France	(1984) 6 E.H.R.R. 126
	De Wilde, Ooms and Versyp v. Belgium (No. 2)	1 E.H.R.R. 438
	Deweer v. Belgium	2 E.H.R.R. 439
	Drozd and Janousek v. France and Spain	(1992) 14 E.H.R.R. 745
	Engel v. Netherlands (No. 1)	1 E.H.R.R. 647
	Erkalo v. Netherlands	(1999) 28 E.H.R.R. 509
	Fischer v. Austria	(1995) 20 E.H.R.R. 349
	Golder v. United Kingdom	1 E.H.R.R. 524
	Guzzardi v. Italy	(1981) 3 E.H.R.R. 333
	Handyside v. United Kingdom	1 E.H.R.R. 737
	Huvig v. France	(1990) 12 E.H.R.R. 528
	Ireland v. United Kingdom	2 E.H.R.R. 25
	Iribarne Perez v. France	(1996) 22 E.H.R.R. 153
	Jonas Mohamed Rafiek Koendjbiharie v. Netherlands	(1991) 13 E.H.R.R. 118
	Jordan v. United Kingdom	(2001) 31 E.H.R.R 201
	Keus v. Netherlands	(1991) 13 E.H.R.R. 700
	Klass v. Germany	2 E.H.R.R. 214

Case Referred to	Name of Case	Citation
	Koendjbiharie v. Netherlands	(1991) 13 E.H.R.R. 820
	Kolompar v. Belgium	(1993) 16 E.H.R.R. 197
	König v. Germany	2 E.H.R.R. 170
	Koster v. Netherlands	(1992) 14 E.H.R.R. 396
	Kraska v. Switzerland	(1994) 18 E.H.R.R. 188
	Kruslin v. France	(1990) 12 E.H.R.R. 547
	Le Compte, Van Leuven and De Meyere v. Belgium	(1982) 4 E.H.R.R. 1
	Lopez Ostra v. Spain	(1995) 20 E.H.R.R. 277
	Marckx v. Belgium	2 E.H.R.R. 330
	McFeeley v. United Kingdom	(1981) 3 E.H.R.R. 161
	McVeigh, O'Neill and Evans v. United Kingdom	(1983) 5 E.H.R.R. 71
	Mens and Mens-Hoek v. Netherlands	(1998) 26 E.H.R.R. CD 170
	Mentes v. Turkey	(1998) 26 E.H.R.R. 595
	Merkier v. Belgium	(1989) 11 E.H.R.R. 68
	Navarra v. France	(1994) 17 E.H.R.R. 594
	Neumeister v. Austria (No. 2)	1 E.H.R.R. 136
	Nikolova v. Bulgaria	(2001) 31 E.H.R.R 64
	Obermeier v. Austria	(1991) 13 E.H.R.R. 290
	Oberschlick v. Austria	(1995) 19 E.H.R.R. 389
	Ogur v. Turkey	(2001) 31 E.H.R.R 912
	Pine Valley Developments Ltd v. Ireland	(1992) 14 E.H.R.R. 319
	Remli v. France	(1996) 22 E.H.R.R. 253
	Ringeisen v. Austria (No. 1)	1 E.H.R.R. 455
	Sanchez-Reisse v. Switzerland	(1987) 9 E.H.R.R. 71
	Schenk v. Switzerland	(1991) 13 E.H.R.R. 242
	Schiesser v. Switzerland	2 E.H.R.R. 417
	Sporrong and Lönnroth v. Sweden	(1983) 5 E.H.R.R. 35
	Sunday Times v. United Kingdom	(1981) 3 E.H.R.R. 317
	Swedish Engine Drivers' Union v. Sweden	1 E.H.R.R. 617
	Thynne, Wilson and Gunnell v. United Kingdom	(1991) 13 E.H.R.R. 135
	Thynne, Wilson and Gunnell v. United Kingdom	(1991) 13 E.H.R.R. 666
	V v. United Kingdom	(2000) 30 E.H.R.R. 121
	Van Der Leer v. Netherlands	(1990) 12 E.H.R.R. 567
	Van Der Tang v. Spain	(1996) 22 E.H.R.R. 363
	Van Droogenbroeck v. Belgium	(1982) 4 E.H.R.R. 443
	Van Marle, Van Zomeren, Flantua and de Bruijn v. Netherlands	(1985) 7 E.H.R.R. 265
	Van Oosterwijck v.Belgium	(1981) 3 E.H.R.R. 557
	Vodenicarov v. Slovak Republic	(1998) 26 E.H.R.R. CD 40
	W v. United Kingdom	(1988) 10 E.H.R.R. 29
	Weeks v. United Kingdom	(1985) 7 E.H.R.R. 436
	Weeks v. United Kingdom	(1988) 10 E.H.R.R. 293
	Wille v. Liechtenstein	(1997) 24 E.H.R.R. CD 45
	Winterwerp v. Netherlands	2 E.H.R.R. 387
	Wynne v. United Kingdom	(1995) 19 E.H.R.R. 333
	X v. United Kingdom	(1981) 3 E.H.R.R. 302
	X v. United Kingdom	(1982) 4 E.H.R.R. 188

Case Referred to	Name of Case	Citation
De Wilde v. Belgium (No. 2) (A/14); Ooms v. Belgium; Versyp v. Belgium (1979–80) 1 E.H.R.R. 438	Airey v. Ireland (Art. 50)	(1981) 3 E.H.R.R. 592
	Artico v. Italy	(1981) 3 E.H.R.R. 1
	Bozano v. France	(1987) 9 E.H.R.R. 297
	Duinhof and Duijf v. Netherlands	(1991) 13 E.H.R.R. 478
	Eckle v. Germany	(1991) 13 E.H.R.R. 556
	Eckle v. Germany (Art. 50)	(1984) 6 E.H.R.R. 52
	Guzzardi v. Italy	(1981) 3 E.H.R.R. 333
	H v. Belgium	(1988) 10 E.H.R.R. 339
	König v. Germany (Art. 50)	2 E.H.R.R. 469
	Le Compte, Van Leuven and De Meyere v. Belgium (Art. 50)	(1983) 5 E.H.R.R. 183
	Mats Jacobsson v. Sweden	(1991) 13 E.H.R.R. 79
	Megyeri v. Germany	(1993) 15 E.H.R.R. 584
	Papamichalopoulos v. Greece	(1996) 21 E.H.R.R. 439
	Pfeifer and Plankl v. Austria	(1992) 14 E.H.R.R. 692
	Quinn v. France	(1996) 21 E.H.R.R. 529
	Ringeisen v. Austria (No. 2)	1 E.H.R.R. 504
	Sunday Times v. United Kingdom	(1981) 3 E.H.R.R. 317
	Van Der Sluijs, Zuiderveld and Klappe v. Netherlands	(1991) 13 E.H.R.R. 461
	Van Droogenbroeck v. Belgium	(1991) 13 E.H.R.R. 546
	Van Droogenbroeck v. Belgium (Art. 50)	(1984) 6 E.H.R.R. 50
Debled v. Belgium (1995) 19 E.H.R.R. 506	Gautrin v. France	(1999) 28 E.H.R.R. 196
Delcourt v. Belgium (1970) (A/11), 1 E.H.R.R. 355	Airey v. Ireland	2 E.H.R.R. 305
	App. No. 9324/81 v. Germany	(1983) 5 E.H.R.R. 269
	App. No. 9976/82 v. Belgium	(1983) 5 E.H.R.R. 610
	App. No. 10412/83 v. France	(1989) 11 E.H.R.R. 69
	App. No. 10563/83 v. Sweden	(1986) 8 E.H.R.R. 86
	App. No. 11508/85 v. Denmark	(1987) 9 E.H.R.R. 533
	Artico v. Italy	(1981) 3 E.H.R.R. 1
	Ashingdane v. United Kingdom, App. No. 8225/78	(1984) 6 E.H.R.R. 69
	Axen v. Germany	(1984) 6 E.H.R.R. 195
	Beaumartin v. France	(1995) 19 E.H.R.R. 485
	Bendenoun v. France	(1994) 18 E.H.R.R. 54
	Bönisch v. Austria	(1987) 9 E.H.R.R. 191
	Borgers v. Belgium	(1993) 15 E.H.R.R. 92
	Brandsetter v. Austria	(1993) 15 E.H.R.R. 378
	Brown v. United Kingdom	(1986) 8 E.H.R.R. 272
	Bulut v. Austria	(1997) 24 E.H.R.R. 84
	Campbell and Fell v. United Kingdom	(1985) 7 E.H.R.R. 165
	De Cubber v. Belgium	(1985) 7 E.H.R.R. 236
	De Cubber v. Belgium, App. No. 9186/80	(1984) 6 E.H.R.R. 104
	De Haes and Gijsels v. Belgium	(1998) 25 E.H.R.R. 1
	Demicoli v. Malta	(1992) 14 E.H.R.R. 47
	Deweer v. Belgium	2 E.H.R.R. 439
	East African Asians v. United Kingdom	(1981) 3 E.H.R.R. 76
	Ewing v. United Kingdom	(1988) 10 E.H.R.R. 141
	Fayed v. United Kingdom	(1994) 18 E.H.R.R. 393

Case Referred to	Name of Case	Citation
	Fejde v. Sweden	(1994) 17 E.H.R.R. 14
	Feldbrugge v. Netherlands	(1986) 8 E.H.R.R. 425
	Garyfallou Aebe v. Greece	(1999) 28 E.H.R.R. 344
	Golder v. United Kingdom	1 E.H.R.R. 524
	Hadjianastassiou v. Greece	(1993) 16 E.H.R.R. 219
	Hamer v. France	(1997) 23 E.H.R.R. 1
	Hentrich v. France	(1994) 18 E.H.R.R. 440
	Incal v. Turkey	(2000) 29 E.H.R.R. 449
	Ireland v. United Kingdom	2 E.H.R.R. 25
	James v. United Kingdom	(1986) 8 E.H.R.R. 123
	Jan-Ake Andersson v. Sweden	(1993) 15 E.H.R.R. 218
	Kamasinski v. Austria	(1991) 13 E.H.R.R. 36
	Khalfaoui v. France	(2001) 31 E.H.R.R 967
	König v. Germany	2 E.H.R.R. 170
	Kostovski v. Netherlands	(1990) 12 E.H.R.R. 434
	Lala v. Netherlands	(1994) 18 E.H.R.R. 586
	Le Compte, Van Leuven and De Meyere v. Belgium	(1982) 4 E.H.R.R. 1
	Lobo Machado v. Portugal	(1997) 23 E.H.R.R. 79
	Maillard v. France	(1999) 27 E.H.R.R. 232
	Melin v. France	(1994) 17 E.H.R.R. 1
	Miloslavsky v. United Kingdom	(1995) 20 E.H.R.R. 442
	Monnell and Morris v. United Kingdom	(1985) 7 E.H.R.R. 579
	Monnell and Morris v. United Kingdom	(1988) 10 E.H.R.R. 205
	Nicol v. Netherlands	(1994) 18 E.H.R.R. CD 38
	Omar v. France	(2000) 29 E.H.R.R. 210
	Pakelli v. Germany	(1984) 6 E.H.R.R. 1
	Pelladoah v. Netherlands	(1995) 19 E.H.R.R. 81
	Piersack v. Belgium	(1983) 5 E.H.R.R. 169
	Poitrimol v. France	(1994) 18 E.H.R.R. 130
	Pretto v. Italy	(1984) 6 E.H.R.R. 182
	Procola v. Luxembourg	(1996) 22 E.H.R.R. 193
	Reinhardt and Slimane-Kaid v. France	(1999) 28 E.H.R.R. 59
	Schenk v. Switzerland	(1991) 13 E.H.R.R. 242
	Schiesser v. Switzerland	2 E.H.R.R. 417
	Societe Levage Prestations v. France	(1997) 24 E.H.R.R. 351
	Süßmann v. Germany	(1998) 25 E.H.R.R. 65
	Sutter v. Switzerland	(1984) 6 E.H.R.R. 272
	Teixeira de Castro v. Portugal	(1999) 28 E.H.R.R. 101
	Toth v. Austria	(1992) 14 E.H.R.R. 551
	Vacher v. France	(1997) 24 E.H.R.R. 482
	Van Orshoven v. Belgium	(1998) 26 E.H.R.R. 55
	Vermeulen v. Belgium	(2001) 32 E.H.R.R. 313
	Winterwerp v. Netherlands	2 E.H.R.R. 387
	X v. Ireland	(1982) 4 E.H.R.R. 359
Delta v. France (A/191A) (1993) 16 E.H.R.R. 574	Asch v. Austria	(1993) 15 E.H.R.R. 597
	Brandsetter v. Austria	(1993) 15 E.H.R.R. 378
	Cardot v. France	(1991) 13 E.H.R.R. 853
	Doorson v. Netherlands	(1996) 22 E.H.R.R. 330
	Edwards v. United Kingdom	(1993) 15 E.H.R.R. 417
	Ferrantelli and Santangelo v. Italy	(1997) 23 E.H.R.R. 288
	Imbrioscia v. Switzerland	(1994) 17 E.H.R.R. 441
	Lopez Ostra v. Spain	(1995) 20 E.H.R.R. 277

Case Referred to	Name of Case	Citation
	Pélissier and Sassi v. France	(2000) 30 E.H.R.R. 715
	Poitrimol v. France	(1994) 18 E.H.R.R. 130
	SE v. Switzerland	(1998) 25 E.H.R.R. CD 127
	Stamoulakatos v. Greece	(1994) 17 E.H.R.R. 479
Demicoli v. Malta (A/210) (1992) 14 E.H.R.R. 47	Borgers v. Belgium	(1993) 15 E.H.R.R. 92
	Escoubet v. Belgium	(2001) 31 E.H.R.R 1034
	Findlay v. United Kingdom	(1996) 21 E.H.R.R. CD 7
	Findlay v. United Kingdom	(1997) 24 E.H.R.R. 221
	Goodman International and Goodman v. Ireland	(1993) 16 E.H.R.R. CD 26
	Guerra v. Italy	(1998) 26 E.H.R.R. 357
	Incal v. Turkey	(2000) 29 E.H.R.R. 449
	Palaoro v. Austria	(2001) 32 E.H.R.R. 202
	Pfarrmeier v. Austria	(1996) 22 E.H.R.R. 175
	Pierre-Bloch v. France	(1998) 26 E.H.R.R. 202
	Putz v. Austria	(2001) 32 E.H.R.R. 271
	Ravnsborg v. Sweden	(1994) 18 E.H.R.R. 38
	Schmautzer v. Austria	(1996) 21 E.H.R.R. 511
	Umlauft v. Austria	(1996) 22 E.H.R.R. 76
	Welch v. United Kingdom	(1995) 20 E.H.R.R. 247
	Yağci and Sargin v. Turkey	(1995) 20 E.H.R.R. 505
Demir v. Turkey, unreported	Nikolova v. Bulgaria	(2001) 31 E.H.R.R 64
Deumeland v Germany (A/120) (1986) 8 E.H.R.R. 448	App. No. 11362/85 v. Italy	(1988) 10 E.H.R.R. 145
	Bock v. Germany	(1990) 12 E.H.R.R. 247
	Dobbertin v. France	(1993) 16 E.H.R.R. 558
	Erkner and Hofauer v. Austria	(1987) 9 E.H.R.R. 464
	F.M. v. Italy	(1994) 18 E.H.R.R. 570
	Huber v. France	(1998) 26 E.H.R.R. 457
	Istituto di Vigilanza v. Italy	(1994) 18 E.H.R.R. 367
	Lombardo v. Italy	(1996) 21 E.H.R.R. 188
	M v. Netherlands	(1993) 15 E.H.R.R. CD 89
	Massa v. Italy	(1994) 18 E.H.R.R. 266
	Oliveira Neves v. Portugal	(1991) 13 E.H.R.R. 576
	Poiss v. Austria	(1988) 10 E.H.R.R. 231
	Pudas v. Sweden	(1988) 10 E.H.R.R. 380
	Ruiz-Mateos v. Spain	(1993) 16 E.H.R.R. 505
	Salesi v. Italy	(1998) 26 E.H.R.R. 187
	Schouten and Meldrum v. Netherlands	(1995) 19 E.H.R.R. 432
	Schuler-Zgraggen v. Switzerland	(1993) 16 E.H.R.R. 405
	Süßmann v. Germany	(1998) 25 E.H.R.R. 65
Deweer v. Belgium (A/35); *sub nom.* De Weer v. Belgium	Aannemersbedrijf Gebroedes Van Leeuwen BV v. Netherlands	(2000) 29 E.H.R.R. CD 96
	Adiletta v. Italy	(1992) 14 E.H.R.R. 586
	Adolf v. Austria	(1982) 4 E.H.R.R. 313
	Air Canada v. United Kingdom	(1995) 20 E.H.R.R. 150
	Allenet De Ribemont v. France	(1995) 20 E.H.R.R. 557
	Altun v. Germany	(1985) 7 E.H.R.R. 154
	App. No. 8998/80 v. Austria	(1984) 6 E.H.R.R. 321
	App. No. 11612/85 v. Portugal	(1989) 11 E.H.R.R. 106
	Artico v. Italy	(1981) 3 E.H.R.R. 1
	Bernard v. France	(2000) 30 E.H.R.R. 808

Case Referred to	Name of Case	Citation
	Boddaert v. Belgium	(1993) 16 E.H.R.R. 242
	Borgers v. Belgium	(1993) 15 E.H.R.R. 92
	Bozano v. France	(1987) 9 E.H.R.R. 297
	Buckley v. United Kingdom	(1994) 18 E.H.R.R. CD 123
	Campbell and Fell v. United Kingdom	(1985) 7 E.H.R.R. 165
	Cardot v. France	(1991) 13 E.H.R.R. 853
	Colozza v. Italy	(1985) 7 E.H.R.R. 516
	Corigliano v. Italy	(1983) 5 E.H.R.R. 334
	De Cubber v. Belgium, App. No. 9186/80	(1984) 6 E.H.R.R. 104
	De Jong, Baljet and Van Den Brink v. Netherlands	(1986) 8 E.H.R.R. 20
	De Salvador Torres v. Spain	(1997) 23 E.H.R.R. 601
	Demicoli v. Malta	(1992) 14 E.H.R.R. 47
	Dores and Silveira v. Portugal	(1983) 5 E.H.R.R. 275
	Dudgeon v. United Kingdom	(1982) 4 E.H.R.R. 149
	Eckle v. Germany	(1983) 5 E.H.R.R. 1
	Escoubet v. Belgium	(2001) 31 E.H.R.R 1034
	F v. Switzerland	(1988) 10 E.H.R.R. 411
	Farragut v. France	(1986) 8 E.H.R.R. 232
	Farrell v. United Kingdom	(1983) 5 E.H.R.R. 466
	Foti v. Italy	(1983) 5 E.H.R.R. 313
	Funke v. France	(1993) 16 E.H.R.R. 297
	Gea Catalán v. Spain	(1995) 20 E.H.R.R. 266
	Georgiadis v. Greece	(1997) 24 E.H.R.R. 606
	Goodman International and Goodman v. Ireland	(1993) 16 E.H.R.R. CD 26
	Guincho v. Portugal	(1983) 5 E.H.R.R. 274
	Guzzardi v. Italy	(1981) 3 E.H.R.R. 333
	Hennings v. Germany	(1993) 16 E.H.R.R. 83
	Hibbert v. Netherlands	(1999) 28 E.H.R.R. CD 194
	Ixion v. France	(1993) 15 E.H.R.R. CD 91
	Jamil v. France	(1996) 21 E.H.R.R. 65
	Kelly v. United Kingdom	(1993) 16 E.H.R.R. CD 20
	Kofler v. Italy	(1983) 5 E.H.R.R. 303
	Kremzow v. Austria	(1994) 17 E.H.R.R. 322
	Kustannus oy Vappa Ajattelija AB v. Finland	(1996) 22 E.H.R.R. CD 69
	Le Compte, Van Leuven and De Meyere v. Belgium	(1982) 4 E.H.R.R. 1
	Maj v. Italy	(1992) 14 E.H.R.R. 405
	Malone v. United Kingdom	(1985) 7 E.H.R.R. 14
	Melin v. France	(1994) 17 E.H.R.R. 1
	Minelli v. Switzerland	(1983) 5 E.H.R.R. 554
	Monnell and Morris v. United Kingdom	(1988) 10 E.H.R.R. 205
	Moreira de Azevedo v. Portugal	(1991) 13 E.H.R.R. 721
	Nölkenbockoff v. Germany	(1988) 10 E.H.R.R. 163
	Nölkenbockoff v. Germany	(1991) 13 E.H.R.R. 360
	Noviflora Sweden AB v. Sweden	(1993) 15 E.H.R.R. CD 6
	Öztürk v. Germany	(1984) 6 E.H.R.R. 409
	Pakelli v. Germany	(1984) 6 E.H.R.R. 1
	Pélissier and Sassi v. France	(2000) 30 E.H.R.R. 715
	Poitrimol v. France	(1994) 18 E.H.R.R. 130
	Raninen v. Finland	(1996) 21 E.H.R.R. CD 123
	Ravnsborg v. Sweden	(1994) 18 E.H.R.R. 38

Case Referred to	Name of Case	Citation
	Reinhardt and Slimane-Kaid v. France	(1999) 28 E.H.R.R. 59
	Roberts v. United Kingdom	(1995) 19 E.H.R.R. CD 50
	Rubinat v. Italy	(1985) 7 E.H.R.R. 512
	Samkova v. Slovak Republic	(1996) 22 E.H.R.R. CD 205
	Saunders v. United Kingdom	(1997) 23 E.H.R.R. 313
	Schuler-Zgraggen v. Switzerland	(1993) 16 E.H.R.R. 405
	Serves v. France	(1999) 28 E.H.R.R. 265
	Silver v. United Kingdom	(1983) 5 E.H.R.R. 347
	Smallwood v. United Kingdom	(1999) 27 E.H.R.R. CD 155
	Smith v. United Kingdom	(1994) 18 E.H.R.R. CD 65
	Societe Stenuit v. France	(1992) 14 E.H.R.R. 509
	Steinlechner v. Austria	(1989) 11 E.H.R.R. 77
	T v. United Kingdom	(1998) 25 E.H.R.R. CD 11
	Tejedor Garcia v. Spain	(1998) 26 E.H.R.R. 440
	Tsirlis and Kouloumpas v. Greece	(1996) 21 E.H.R.R. CD 30
	Tsirlis and Kouloumpas v. Greece	(1998) 25 E.H.R.R. 198
	Van Droogenbroeck v. Belgium	(1982) 4 E.H.R.R. 443
	Van Oosterwijck v.Belgium	(1981) 3 E.H.R.R. 557
	Whiteside v. United Kingdom	(1994) 18 E.H.R.R. CD 126
	X v. United Kingdom	(1982) 4 E.H.R.R. 188
	X v. United Kingdom (Art. 50)	(1983) 5 E.H.R.R. 192
Di Luca v. Italy, unreported, September 2, 1997	Huber v. France	(1998) 26 E.H.R.R. 457
	Pierre-Bloch v. France	(1998) 26 E.H.R.R. 202
Di Pede v Italy, unreported, September 26, 1996	Hornsby v. Greece	(1997) 24 E.H.R.R. 250
	Pérez de Rada Cavanilles v. Spain	(2000) 29 E.H.R.R. 109
	Robins v. United Kingdom	(1998) 26 E.H.R.R. 527
Diaz Ruano v. Spain (A/285–B) (1995) 19 E.H.R.R. 542	Andronicou and Constantinou v. Cyprus	(1995) 20 E.H.R.R. CD 105
	Andronicou and Constantinou v. Cyprus	(1998) 25 E.H.R.R. 491
Diennet v. France (A/315–B) (1996) 21 E.H.R.R. 554	Bulut v. Austria	(1997) 24 E.H.R.R. 84
	De Haan v. Netherlands	(1998) 26 E.H.R.R. 417
	Ferrantelli and Santangelo v. Italy	(1997) 23 E.H.R.R. 288
	Gautrin v. France	(1999) 28 E.H.R.R. 196
	Helle v. Finland	(1998) 26 E.H.R.R. 159
	Palaoro v. Austria	(2001) 32 E.H.R.R. 202
	Pauger v. Austria	(1998) 25 E.H.R.R. 105
	Pfarrmeier v. Austria	(1996) 22 E.H.R.R. 175
	Philis v. Greece (No. 2)	(1998) 25 E.H.R.R. 417
	Scarth v. United Kingdom	(1999) 27 E.H.R.R. CD 37
	Schmautzer v. Austria	(1996) 21 E.H.R.R. 511
	Stefan v. United Kingdom	(1998) 25 E.H.R.R. CD 130
	Thomann v. Switzerland	(1997) 24 E.H.R.R. 553
	Thomann v. Switzerland	(1997) 24 E.H.R.R. 553
	Umlauft v. Austria	(1996) 22 E.H.R.R. 76
	V v. United Kingdom	(2000) 30 E.H.R.R. 121
	Werner and Szucs v. Austria	(1998) 26 E.H.R.R. 310
	WR v. Austria	(2001) 31 E.H.R.R 985

Case Referred to	Name of Case	Citation
Djeroud v. France (A/191–B) (1992) 14 E.H.R.R. 68	Bouchelkia v. France	(1998) 25 E.H.R.R. 686
	Boughanemi v. France	(1996) 22 E.H.R.R. 228
	Boujlifa v. France	(2000) 30 E.H.R.R. 419
	C v. Belgium	(2001) 32 E.H.R.R. 19
	El Boujaïdi v. France	(2000) 30 E.H.R.R. 223
	Mehemi v. France	(2000) 30 E.H.R.R. 739
	Nasri v. France	(1996) 21 E.H.R.R. 458
Dobbertin v. France (A/256D) (1993) 16 E.H.R.R. 558	Acquaviva v. France	(2001) 32 E.H.R.R. 134
	Yağci and Sargin v. Turkey	(1995) 20 E.H.R.R. 505
Dombo Beheer BV v. Netherlands (A/274–A) (1994) 18 E.H.R.R. 213	Ankerl v. Switzerland	(2001) 32 E.H.R.R. 1
	Botten v. Norway	(2001) 32 E.H.R.R. 37
	Bulut v. Austria	(1997) 24 E.H.R.R. 84
	Comingersoll SA v. Portugal	(2001) 31 E.H.R.R 772
	De Haes and Gijsels v. Belgium	(1998) 25 E.H.R.R. 1
	Helle v. Finland	(1998) 26 E.H.R.R. 159
	Hentrich v. France	(1994) 18 E.H.R.R. 440
	JS v. Netherlands	(1995) 20 E.H.R.R. CD 41
	Kerojarvi v. Finland	(2001) 32 E.H.R.R. 152
	Nideröst-Huber v. Switzerland	(1998) 25 E.H.R.R. 709
	Societe Levage Prestations v. France	(1997) 24 E.H.R.R. 351
	Stran Greek Refineries and Stratis Andreadis v. Greece	(1995) 19 E.H.R.R. 293
	Van de Hurk v. Netherlands	(1994) 18 E.H.R.R. 481
	Vermeulen v. Belgium	(2001) 32 E.H.R.R. 313
	W.J. v. Austria	(1999) 27 E.H.R.R. CD 83
	Werner and Szucs v. Austria	(1998) 26 E.H.R.R. 310
Domenichini v. Italy	Remmers and Hamer v. Netherlands	(1999) 27 E.H.R.R. CD 168
Doorson v. Netherlands (1996) 22 E.H.R.R. 330	Fitt v. United Kingdom	(2000) 30 E.H.R.R. 480
	Jasper v. United Kingdom	(2000) 30 E.H.R.R. 441
	MK v. Austria	(1997) 24 E.H.R.R. CD 59
	Ninn-Hansen v. Denmark	(1999) 28 E.H.R.R. CD 96
	Rowe and Davis v. United Kingdom	(2000) 30 E.H.R.R. 1
	SE v. Switzerland	(1998) 25 E.H.R.R. CD 127
	Van Mechelen v. Netherlands	(1998) 25 E.H.R.R. 647
	Verdam v. Netherlands	(1999) 28 E.H.R.R. CD 161
Doustaly v. France, unreported	Ogur v. Turkey	(2001) 31 E.H.R.R 912
Drozd v. France (A/240); Drozd v. Spain; Janousek v. France; Janousek v. Spain (1992) 14 E.H.R.R. 745	Cyprus v. Turkey	(1997) 23 E.H.R.R. 244
	Iribarne Perez v. France	(1996) 22 E.H.R.R. 153
	Launder v. United Kingdom	(1998) 25 E.H.R.R. CD 67
	Loizidou v. Turkey	(1995) 20 E.H.R.R. 99
	Loizidou v. Turkey	(1997) 23 E.H.R.R. 513
	M.A.R. v. United Kingdom	(1997) 23 E.H.R.R. CD 120
	Tomasi v. France	(1993) 15 E.H.R.R. 1
Duclos v. France (2001) 32 E.H.R.R. 86	GS v. Austria	(2001) 31 E.H.R.R 576
	Janssen v. Germany	(1999) 27 E.H.R.R. CD 91
	Le Calvez v. France	(2001) 32 E.H.R.R. 481
	Mavronichis v. Cyprus	(2001) 31 E.H.R.R 1186

Case Referred to	Name of Case	Citation
	Pélissier and Sassi v. France	(2000) 30 E.H.R.R. 715
	Podbielski v. Poland	(1999) 27 E.H.R.R. CD 19
	Robins v. United Kingdom	(1998) 26 E.H.R.R. 527
	T.C. v. Norway	(1999) 27 E.H.R.R. CD 164
Dudgeon v. United Kingdom (1981) 3 E.H.R.R. 40	App. No. 9237/81 v. United Kingdom	(1984) 6 E.H.R.R. 354
	App. No. 9721/82 v. United Kingdom	(1985) 7 E.H.R.R. 145
	Dudgeon v. United Kingdom	(1982) 4 E.H.R.R. 149
	X, Y and Z v. Sweden	(1983) 5 E.H.R.R. 147
Dudgeon v. United Kingdom (No. 2) (A/45) (1982) 4 E.H.R.R. 149	ADT v. United Kingdom	(2001) 31 E.H.R.R 803
	App. No. 9018/90 v. Netherlands	(1984) 6 E.H.R.R. 133
	App. No. 9237/81 v. United Kingdom	(1984) 6 E.H.R.R. 354
	App. No. 9369/81 v. United Kingdom	(1983) 5 E.H.R.R. 601
	App. No. 9721/82 v. United Kingdom	(1985) 7 E.H.R.R. 145
	App. No. 9777/82 v. Belgium	(1984) 6 E.H.R.R. 534
	App. No. 9804/82 v. Belgium	(1983) 5 E.H.R.R. 488
	App. No. 12513/86 v. United Kingdom	(1989) 11 E.H.R.R. 49
	Beldjoudi v. France	(1992) 14 E.H.R.R. 801
	Chassagnou v. France	(2000) 29 E.H.R.R. 615
	Cossey v. United Kingdom	(1991) 13 E.H.R.R. 622
	Deumeland v. Germany	(1986) 8 E.H.R.R. 448
	Dudgeon v. United Kingdom (Art. 50)	(1983) 5 E.H.R.R. 573
	F v. Switzerland	(1988) 10 E.H.R.R. 411
	Feldbrugge v. Netherlands	(1986) 8 E.H.R.R. 425
	H.F. v. Austria	(1995) 20 E.H.R.R. CD 68
	Huvig v. France	(1990) 12 E.H.R.R. 528
	Johnson v. United Kingdom	(1987) 9 E.H.R.R. 386
	Kokkinakis v. Greece	(1994) 17 E.H.R.R. 397
	Kroon v. Netherlands	(1995) 19 E.H.R.R. 263
	Kruslin v. France	(1990) 12 E.H.R.R. 547
	Laskey, Jaggard and Brown v. United Kingdom	(1997) 24 E.H.R.R. 39
	Leander v. Sweden	(1985) 7 E.H.R.R. 557
	Lustig-Prean and Beckett v. United Kingdom	(2000) 29 E.H.R.R. 548
	Malone v. United Kingdom	(1983) 5 E.H.R.R. 385
	MK v. Austria	(1997) 24 E.H.R.R. CD 59
	Modinos v. Cyprus	(1993) 16 E.H.R.R. 485
	Norris and National Gay Federation v. Ireland	(1986) 8 E.H.R.R. 75
	Norris v. Ireland	(1991) 13 E.H.R.R. 186
	Open Door Counselling and Dublin Well Woman v. Ireland	(1993) 15 E.H.R.R. 244
	Öztürk v. Germany	(1984) 6 E.H.R.R. 409
	Philis v. Greece	(1991) 13 E.H.R.R. 741
	Rees v. United Kingdom	(1987) 9 E.H.R.R. 56
	Rekvényi v. Hungary	(1997) 23 E.H.R.R. CD 63
	Sheffield and Horsham v. United Kingdom	(1999) 27 E.H.R.R. 163

Case Referred to	Name of Case	Citation
	Smith and Grady v. United Kingdom	(1999) 27 E.H.R.R. CD 42
	Smith and Grady v. United Kingdom	(2000) 29 E.H.R.R. 493
	Smith v. United Kingdom	(1994) 18 E.H.R.R. CD 65
	Stewart v. United Kingdom	(1985) 7 E.H.R.R. 453
	Sutherland v. United Kingdom	(1997) 24 E.H.R.R. CD 22
	V v. United Kingdom	(2000) 30 E.H.R.R. 121
	X and Y v. Netherlands	(1984) 6 E.H.R.R. 311
	X v. United Kingdom	(1982) 4 E.H.R.R. 188
	Z v. Finland	(1998) 25 E.H.R.R. 371
	Zentralat Deutscher Sinti und Roma and Rose v. Germany	(1997) 23 E.H.R.R. CD 209
Dudgeon v. United Kingdom (Art. 50) (1983) 5 E.H.R.R. 573	Campbell and Cosans v. United Kingdom	(1991) 13 E.H.R.R. 441
	Kamasinski v. Austria	(1991) 13 E.H.R.R. 36
	Norris v. Ireland	(1991) 13 E.H.R.R. 186
	Pakelli v. Germany	(1984) 6 E.H.R.R. 1
	Silver v. United Kingdom	(1991) 13 E.H.R.R. 582
	Silver v. United Kingdom (Art. 50)	(1984) 6 E.H.R.R. 62
	Soering v. United Kingdom	(1989) 11 E.H.R.R. 439
Duinhof and Duijf v. Netherlands (1991) 13 E.H.R.R. 478	Brincat v. Italy	(1993) 16 E.H.R.R. 591
	De Jong, Baljet and Van Den Brink v. Netherlands	(1986) 8 E.H.R.R. 20
	Hood v. United Kingdom	(2000) 29 E.H.R.R. 365
	Moreira de Azevedo v. Portugal	(1991) 13 E.H.R.R. 721
	Pauwels v. Belgium	(1989) 11 E.H.R.R. 238
	TW v. Malta	(2000) 29 E.H.R.R. 185
	Van Der Sluijs, Zuiderveld and Klappe v. Netherlands	(1991) 13 E.H.R.R. 461
	Welch v. United Kingdom	(1995) 20 E.H.R.R. 247
Dyer v. United Kingdom (1985) 7 E.H.R.R. 469	Ashingdane v. United Kingdom	(1985) 7 E.H.R.R. 528
	Baggs v. United Kingdom	(1987) 9 E.H.R.R. 235
E v. Norway (A/181–A) (1994) 17 E.H.R.R. 30	Chahal v. United Kingdom	(1997) 23 E.H.R.R. 413
	Eriksen v. Norway	(2000) 29 E.H.R.R. 328
	Herczegfalvy v. Austria	(1993) 15 E.H.R.R. 437
	Hussain v. United Kingdom	(1996) 22 E.H.R.R. 1
	Iribarne Perez v. France	(1996) 22 E.H.R.R. 153
	Johansen v. Norway	(1997) 23 E.H.R.R. 33
	Thynne, Wilson and Gunnell v. United Kingdom	(1991) 13 E.H.R.R. 666
	Toth v. Austria	(1992) 14 E.H.R.R. 551
	TW v. Malta	(2000) 29 E.H.R.R. 185
EDC v. United Kingdom	Wilson v. United Kingdom	(1998) 26 E.H.R.R. CD 195
EL, RL and Jo-L v. Switzerland	Pierre-Bloch v. France	(1998) 26 E.H.R.R. 202
E.S. v. Italy, February 20, 1992	Massa v. Italy	(1994) 18 E.H.R.R. 266

Case Referred to	Name of Case	Citation
East African Asians v. United Kingdom, App. No. 4403/70 etc, (1981) 3 E.H.R.R. 76	Abdulaziz Cabales and Balkandali v. United Kingdom	(1984) 6 E.H.R.R. 28
	App. No. 9505/81 v. United Kingdom	(1983) 5 E.H.R.R. 480
	App. No. 10427/83 v. United Kingdom	(1987) 9 E.H.R.R. 369
	Berrehab and Koster v. Netherlands	(1986) 8 E.H.R.R. 280
	JS v. Netherlands	(1995) 20 E.H.R.R. CD 41
	Liberal Party v. United Kingdom	(1982) 4 E.H.R.R. 106
	Ozdemir v. Netherlands	(1999) 27 E.H.R.R. CD 257
	X, Cabales and Balkandali v. United Kingdom	(1983) 5 E.H.R.R. 132
	Yarrow plc v. United Kingdom	(1983) 5 E.H.R.R. 498
Eckle v. Germany (A/51) (1983) 5 E.H.R.R. 1	Abdoella v. Netherlands	(1995) 20 E.H.R.R. 585
	Adiletta v. Italy	(1992) 14 E.H.R.R. 586
	Ahmet Sadik v. Greece	(1997) 24 E.H.R.R. 323
	App. No. 8858/80 v. Germany	(1984) 6 E.H.R.R. 328
	App. No. 9035/80 v. Germany	(1983) 5 E.H.R.R. 502
	App. No. 9132/80 v. Germany	(1983) 5 E.H.R.R. 470
	App. No. 9604/81 v. Germany	(1983) 5 E.H.R.R. 587
	App. No. 10076/82 v. Germany	(1986) 8 E.H.R.R. 281
	App. No. 10080/82 v. Germany	(1987) 9 E.H.R.R. 250
	App. No. 11043/84 v. Germany	(1986) 8 E.H.R.R. 303
	App. No. 11189/84 v. Sweden	(1988) 10 E.H.R.R. 132
	Basic v. Austria	(1999) 28 E.H.R.R. CD 118
	Beaumartin v. France	(1995) 19 E.H.R.R. 485
	Bock v. Germany	(1990) 12 E.H.R.R. 247
	Can v. Austria	(1985) 7 E.H.R.R. 421
	Corigliano v. Italy	(1983) 5 E.H.R.R. 334
	De Jong, Baljet and Van Den Brink v. Netherlands	(1986) 8 E.H.R.R. 20
	Duinhof and Duijf v. Netherlands	(1991) 13 E.H.R.R. 478
	Eckle v. Germany	(1991) 13 E.H.R.R. 556
	Eckle v. Germany (Art. 50)	(1984) 6 E.H.R.R. 52
	Erkner and Hofauer v. Austria	(1987) 9 E.H.R.R. 464
	Ewing v. United Kingdom	(1988) 10 E.H.R.R. 141
	Farragut v. France	(1986) 8 E.H.R.R. 232
	Findlay v. United Kingdom	(1997) 24 E.H.R.R. 221
	Foti v. Italy	(1983) 5 E.H.R.R. 313
	Granger v. United Kingdom	(1990) 12 E.H.R.R. 469
	Guillemin v. France	(1998) 25 E.H.R.R. 435
	Inze v. Austria	(1988) 10 E.H.R.R. 394
	Kemmache v. France	(1992) 14 E.H.R.R. 520
	Kokavecz v. Hungary	(1999) 28 E.H.R.R. CD 86
	Kustannus oy Vappa Ajattelija AB v. Finland	(1996) 22 E.H.R.R. CD 69
	Lechner and Hess v. Austria	(1987) 9 E.H.R.R. 490
	Lindkvist v. Denmark	(1999) 27 E.H.R.R. CD 103
	Luberti v. Italy	(1984) 6 E.H.R.R. 440
	Lüdi v. Switzerland	(1993) 15 E.H.R.R. 173
	Maj v. Italy	(1992) 14 E.H.R.R. 405
	Mansur v. Turkey	(1995) 20 E.H.R.R. 535
	Mitap and Müftüoğlu v. Turkey	(1996) 22 E.H.R.R. 209
	Moudefo v. France	(1991) 13 E.H.R.R. 549
	Moustaquim v. Belgium	(1991) 13 E.H.R.R. 802

Case Referred to	Name of Case	Citation
	Ninn-Hansen v. Denmark	(1999) 28 E.H.R.R. CD 96
	Öhlinger v. Austria	(1996) 22 E.H.R.R. CD 75
	Philis v. Greece (No. 2)	(1998) 25 E.H.R.R. 417
	Pinard, Foucher and Parmentier v. France	(1993) 15 E.H.R.R. CD 92
	Poiss v. Austria	(1988) 10 E.H.R.R. 231
	Pretto v. Italy	(1984) 6 E.H.R.R. 182
	Reinhardt and Slimane-Kaid v. France	(1999) 28 E.H.R.R. 59
	Scherer v. Switzerland	(1994) 18 E.H.R.R. 276
	Serves v. France	(1999) 28 E.H.R.R. 265
	Silver v. United Kingdom	(1991) 13 E.H.R.R. 582
	Tejedor Garcia v. Spain	(1998) 26 E.H.R.R. 440
	Tomasi v. France	(1993) 15 E.H.R.R. 1
	Union Alimentaria Sanders v. Spain	(1989) 11 E.H.R.R. 96
	V v. United Kingdom	(2000) 30 E.H.R.R. 121
	Vallon v. Italy	(1991) 13 E.H.R.R. 433
	Van Der Sluijs, Zuiderveld and Klappe v. Netherlands	(1991) 13 E.H.R.R. 461
	Yağci and Sargin v. Turkey	(1995) 20 E.H.R.R. 505
Eckle v. Germany (A/45) (1991) 13 E.H.R.R. 556	Funke v. France	(1993) 16 E.H.R.R. 297
	Raninen v. Finland	(1996) 21 E.H.R.R. CD 123
Eckle v. Germany (Art. 50) (1984) 6 E.H.R.R. 52	Lingens v. Austria	(1986) 8 E.H.R.R. 407
	Silver v. United Kingdom (Art. 50)	(1984) 6 E.H.R.R. 62
Edificaciones March Gallego SA v. Spain, unreported, February 19, 1998	Pérez de Rada Cavanilles v. Spain	(2000) 29 E.H.R.R. 109
Editions Periscope v. France (A/234–B) (1992) 14 E.H.R.R. 597	Air Canada v. United Kingdom	(1995) 20 E.H.R.R. 150
	Air Canada v. United Kingdom	(1995) 20 E.H.R.R. 150
	Allenet De Ribemont v. France	(1995) 20 E.H.R.R. 557
	AP, MP and TP v. Awitzerland	(1998) 26 E.H.R.R. 541
	Athanassoglou v. Switzerland	(2001) 31 E.H.R.R 372
	Beaumartin v. France	(1995) 19 E.H.R.R. 485
	British American Tobacco Co. Ltd v. Netherlands	(1996) 21 E.H.R.R. 409
	Clube de Futebol Uniao de Coimbra v. Portugal	(2000) 29 E.H.R.R. CD 24
	Georgiadis v. Greece	(1997) 24 E.H.R.R. 606
	Helle v. Finland	(1998) 26 E.H.R.R. 159
	Huber v. France	(1998) 26 E.H.R.R. 457
	Krcmár v. Czech Republic	(2001) 31 E.H.R.R 953
	Le Calvez v. France	(2001) 32 E.H.R.R. 481
	Lenzing v. United Kingdom	(1999) 27 E.H.R.R. CD 323
	Leutscher v. Netherlands	(1997) 24 E.H.R.R. 181
	Maillard v. France	(1999) 27 E.H.R.R. 232
	Masson and Van Zon v. Netherlands	(1996) 22 E.H.R.R. 491
	Mavronichis v. Cyprus	(2001) 31 E.H.R.R 1186
	Monnet v. France	(1994) 18 E.H.R.R. 27

Case Referred to	Name of Case	Citation
	National & Provincial, Leeds Permanent and Yorkshire Building Societies v. United Kingdom	(1998) 25 E.H.R.R. 127
	Neigel v. France	(2000) 30 E.H.R.R. 310
	Omar v. France	(2000) 29 E.H.R.R. 210
	Ortenberg v. Austria	(1995) 19 E.H.R.R. 524
	Pierre-Bloch v. France	(1998) 26 E.H.R.R. 202
	Procola v. Luxembourg	(1996) 22 E.H.R.R. 193
	Raimondo v. Italy	(1994) 18 E.H.R.R. 237
	Schouten and Meldrum v. Netherlands	(1995) 19 E.H.R.R. 432
	Scuderi v. Italy	(1995) 19 E.H.R.R. 187
	Smith v. United Kingdom	(1996) 21 E.H.R.R. CD 74
	Stran Greek Refineries and Stratis Andreadis v. Greece	(1995) 19 E.H.R.R. 293
	Tinnelly & Sons Ltd v. United Kingdom	(1999) 27 E.H.R.R. 249
	Tsirlis and Kouloumpas v. Greece	(1996) 21 E.H.R.R. CD 30
	Tsirlis and Kouloumpas v. Greece	(1998) 25 E.H.R.R. 198
	Van de Hurk v. Netherlands	(1994) 18 E.H.R.R. 481
	Waite and Kennedy v. Germany	(2000) 30 E.H.R.R. 261
	Werner and Szucs v. Austria	(1998) 26 E.H.R.R. 310
	Zander v. Sweden	(1994) 18 E.H.R.R. 175
Edwards v. United Kingdom (A/247B) (1993) 15 E.H.R.R. 417	Bernard v. France	(2000) 30 E.H.R.R. 808
	Botten v. Norway	(2001) 32 E.H.R.R. 37
	Brannigan and McBride v. United Kingdom	(1994) 17 E.H.R.R. 539
	Cavlun v. Netherlands	(1999) 27 E.H.R.R. CD 310
	Condron v. United Kingdom	(2001) 31 E.H.R.R 1
	Doorson v. Netherlands	(1996) 22 E.H.R.R. 330
	Fitt v. United Kingdom	(2000) 30 E.H.R.R. 480
	Fouquet v. France	(1996) 22 E.H.R.R. 279
	Jasper v. United Kingdom	(2000) 30 E.H.R.R. 441
	Klass v. Germany	(1994) 18 E.H.R.R. 305
	Miloslavsky v. United Kingdom	(1995) 20 E.H.R.R. 442
	Pesti and Frodl v. Austria	(2000) 29 E.H.R.R. CD 229
	Rowe and Davis v. United Kingdom	(1998) 25 E.H.R.R. CD 118
	Rowe and Davis v. United Kingdom	(2000) 30 E.H.R.R. 1
	Saidi v. France	(1994) 17 E.H.R.R. 251
	Schuler-Zgraggen v. Switzerland	(1993) 16 E.H.R.R. 405
	Van Mechelen v. Netherlands	(1998) 25 E.H.R.R. 647
	Verdam v. Netherlands	(1999) 28 E.H.R.R. CD 161
Ekbatani v. Sweden (A/134) (1991) 13 E.H.R.R. 504	Beaumartin v. France	(1995) 19 E.H.R.R. 485
	Belziuk v. Poland	(2000) 30 E.H.R.R. 614
	Borgers v. Belgium	(1993) 15 E.H.R.R. 92
	Bulut v. Austria	(1997) 24 E.H.R.R. 84
	Burghartz v. Switzerland	(1994) 18 E.H.R.R. 101
	Campbell v. United Kingdom	(1993) 15 E.H.R.R. 137
	Cooke v. Austria	(2001) 31 E.H.R.R 338
	Edwards v. United Kingdom	(1993) 15 E.H.R.R. 417

Case Referred to	Name of Case	Citation
	Fejde v. Sweden	(1994) 17 E.H.R.R. 14
	Fredin v. Swedin	(1993) 15 E.H.R.R. CD 58
	H.N. v. Italy	(1999) 27 E.H.R.R. CD 75
	Helmers v. Sweden	(1993) 15 E.H.R.R. 285
	Jan-Ake Andersson v. Sweden	(1993) 15 E.H.R.R. 218
	JJ v. Netherlands	(1999) 28 E.H.R.R. 168
	Kamasinski v. Austria	(1991) 13 E.H.R.R. 36
	Kremzow v. Austria	(1994) 17 E.H.R.R. 322
	Melin v. France	(1994) 17 E.H.R.R. 1
	Navarra v. France	(1994) 17 E.H.R.R. 594
	Oberschlick v. Austria	(1995) 19 E.H.R.R. 389
	Pardo v. France	(1994) 17 E.H.R.R. 383
	Prinz v. Austria	(2001) 31 E.H.R.R 357
	R.M.B. v. United Kingdom	(1999) 27 E.H.R.R. CD 286
	Ruiz-Mateos v. Spain	(1993) 16 E.H.R.R. 505
	Schuler-Zgraggen v. Switzerland	(1993) 16 E.H.R.R. 405
	Toth v. Austria	(1992) 14 E.H.R.R. 551
	Van Orshoven v. Belgium	(1998) 26 E.H.R.R. 55
	Vernon v. United Kingdom	(2000) 29 E.H.R.R. CD 264
Engel v. Netherlands (No. 1) (A/22) (1979–80) 1 E.H.R.R. 647	Adolf v. Austria	(1982) 4 E.H.R.R. 313
	Albert and Le Compte v. Belgium	(1983) 5 E.H.R.R. 533
	AP, MP and TP v. Awitzerland	(1998) 26 E.H.R.R. 541
	App. No. 8998/80 v. Austria	(1984) 6 E.H.R.R. 321
	App. No. 9280/81 v. Austria	(1983) 5 E.H.R.R. 283
	App. No. 10427/83 v. United Kingdom	(1987) 9 E.H.R.R. 369
	App. No. 10615/83 v. United Kingdom	(1986) 8 E.H.R.R. 228
	Arrowsmith v. United Kingdom	(1981) 3 E.H.R.R. 218
	Ashingdane v. United Kingdom	(1985) 7 E.H.R.R. 528
	Bendenoun v. France	(1994) 18 E.H.R.R. 54
	Benham v. United Kingdom	(1996) 22 E.H.R.R. 293
	Bönisch v. Austria	(1987) 9 E.H.R.R. 191
	Brogan v. United Kingdom	(1989) 11 E.H.R.R. 117
	Brown v. United Kingdom	(1999) 28 E.H.R.R. CD 233
	Campbell and Fell v. United Kingdom	(1983) 5 E.H.R.R. 207
	Campbell and Fell v. United Kingdom	(1985) 7 E.H.R.R. 165
	Can v. Austria	(1986) 8 E.H.R.R. 14
	Çiraklar v. Turkey	(2001) 32 E.H.R.R. 535
	Cyprus v. Turkey	(1993) 15 E.H.R.R. 509
	Demicoli v. Malta	(1992) 14 E.H.R.R. 47
	Deumeland v. Germany	(1986) 8 E.H.R.R. 448
	Deweer v. Belgium	2 E.H.R.R. 439
	Duinhof and Duijf v. Netherlands, App. No. 9626/81 and 9736/82	(1984) 6 E.H.R.R. 105
	Engel v. Netherlands (No. 2) (Art. 50)	1 E.H.R.R. 706
	Escoubet v. Belgium	(2001) 31 E.H.R.R 1034
	Feldbrugge v. Netherlands	(1986) 8 E.H.R.R. 425
	Findlay v. United Kingdom	(1996) 21 E.H.R.R. CD 7
	Findlay v. United Kingdom	(1997) 24 E.H.R.R. 221
	Funke v. France	(1993) 16 E.H.R.R. 297

Case Referred to	Name of Case	Citation
	Glasenapp v. Germany	(1987) 9 E.H.R.R. 25
	Goodman International and Goodman v. Ireland	(1993) 16 E.H.R.R. CD 26
	Grigoriades v. Greece	(1999) 27 E.H.R.R. 464
	Guzzardi v. Italy	(1981) 3 E.H.R.R. 333
	H.A.R. v. Austria	(1999) 27 E.H.R.R. CD 330
	Hadjianastassiou v. Greece	(1993) 16 E.H.R.R. 219
	Handyside v. United Kingdom	1 E.H.R.R. 737
	Hood v. United Kingdom	(2000) 29 E.H.R.R. 365
	Imbrioscia v. Switzerland	(1994) 17 E.H.R.R. 441
	Ireland v. United Kingdom	2 E.H.R.R. 25
	Jamil v. France	(1996) 21 E.H.R.R. 65
	JJ v. Netherlands	(1999) 28 E.H.R.R. 168
	Johansen v. Norway	(1987) 9 E.H.R.R. 103
	Jordan v. United Kingdom	(2001) 31 E.H.R.R 201
	Kaplan v. United Kingdom	(1982) 4 E.H.R.R. 64
	Klass v. Germany	2 E.H.R.R. 214
	König v. Germany	2 E.H.R.R. 170
	Kosiek v. Germany	(1987) 9 E.H.R.R. 328
	Larissis v. Greece	(1999) 27 E.H.R.R. 329
	Le Compte, Van Leuven and De Meyere v. Belgium	(1982) 4 E.H.R.R. 1
	Le Cour Grandmaison and Fritz v. France	(1989) 11 E.H.R.R. 67
	Lustig-Prean and Beckett v. United Kingdom	(2000) 29 E.H.R.R. 548
	Lutz v. Germany	(1988) 10 E.H.R.R. 182
	Maillard v. France	(1999) 27 E.H.R.R. 232
	Malige v. France	(1999) 28 E.H.R.R. 578
	Marckx v. Belgium	2 E.H.R.R. 330
	McFeeley v. United Kingdom	(1981) 3 E.H.R.R. 161
	McVeigh, O'Neill and Evans v. United Kingdom	(1983) 5 E.H.R.R. 71
	Öztürk v. Germany	(1984) 6 E.H.R.R. 409
	Perin v. France	(1993) 15 E.H.R.R. CD 99
	Pierre-Bloch v. France	(1998) 26 E.H.R.R. 202
	Putz v. Austria	(2001) 32 E.H.R.R. 271
	Quinn v. France	(1996) 21 E.H.R.R. 529
	Rasmussen v. Denmark	(1985) 7 E.H.R.R. 371
	Ravnsborg v. Sweden	(1994) 18 E.H.R.R. 38
	Rekvényi v. Hungary	(1997) 23 E.H.R.R. CD 63
	Rekvényi v. Hungary	(2000) 30 E.H.R.R. 519
	Riera Blume v. Spain	(2000) 30 E.H.R.R. 632
	Salabiaku v. France	(1991) 13 E.H.R.R. 379
	Salgueiro Da Silva Mouta v. Portugal	(2001) 31 E.H.R.R 1055
	Sargin v. Germany	(1982) 4 E.H.R.R. 276
	Smith and Grady v. United Kingdom	(1999) 27 E.H.R.R. CD 42
	Smith and Grady v. United Kingdom	(2000) 29 E.H.R.R. 493
	Societe Stenuit v. France	(1992) 14 E.H.R.R. 509
	Steel v. United Kingdom	(1999) 28 E.H.R.R. 603
	V v. United Kingdom	(2000) 30 E.H.R.R. 121
	Van Droogenbroeck v. Belgium	(1982) 4 E.H.R.R. 443
	Vereinigung Demokratischer Soldaten Österreichs and Gubi v. Austria	(1995) 20 E.H.R.R. 56
	Weber v. Switzerland	(1990) 12 E.H.R.R. 508

Case Referred to	Name of Case	Citation
	Welch v. United Kingdom	(1995) 20 E.H.R.R. 247
	Winterwerp v. Netherlands	2 E.H.R.R. 387
	WR v. Austria	(2001) 31 E.H.R.R 985
	Yanasik v. Turkey	(1993) 16 E.H.R.R. CD 5
Engel v. Netherlands (No. 2) (A/22) (1979–80) 1 E.H.R.R. 706	Amuur v. France	(1996) 22 E.H.R.R. 533
	De Jong, Baljet and Van Den Brink v. Netherlands	(1986) 8 E.H.R.R. 20
	Duinhof and Duijf v. Netherlands	(1991) 13 E.H.R.R. 478
	Garyfallou Aebe v. Greece	(1999) 28 E.H.R.R. 344
	Iribarne Perez v. France	(1996) 22 E.H.R.R. 153
	Kalac v. Turkey	(1999) 27 E.H.R.R. 552
	Le Compte, Van Leuven and De Meyere v. Belgium (Art. 50)	(1983) 5 E.H.R.R. 183
	Lingens and Leitgens v. Austria	(1982) 4 E.H.R.R. 373
	Minelli v. Switzerland	(1983) 5 E.H.R.R. 554
	PL v. France	(1998) 25 E.H.R.R. 481
	Sunday Times v. United Kingdom	(1981) 3 E.H.R.R. 317
	Van Der Sluijs, Zuiderveld and Klappe v. Netherlands	(1991) 13 E.H.R.R. 461
Englert v. Germany (A/123) (1991) 13 E.H.R.R. 392	Aannemersbedrijf Gebroedes Van Leeuwen BV v. Netherlands	(2000) 29 E.H.R.R. CD 96
	Allenet De Ribemont v. France	(1995) 20 E.H.R.R. 557
	Daktaras v. Lithuania	(2000) 29 E.H.R.R. CD 135
	Hentrich v. France	(1994) 18 E.H.R.R. 440
	Hibbert v. Netherlands	(1999) 28 E.H.R.R. CD 194
	Masson and Van Zon v. Netherlands	(1996) 22 E.H.R.R. 491
	Sekanina v. Austria	(1994) 17 E.H.R.R. 221
	Unlu v. Austria	(1994) 18 E.H.R.R. CD 165
English Electric Co. v. United Kingdom (1983) 5 E.H.R.R. 498	Dowsett Securities Ltd v. uk	(1984) 6 E.H.R.R. 110
Erdagoz v. Turkey, unreported, October 22, 1997	Iatridis v. Greece	(2000) 30 E.H.R.R. 97
	Larkos v. Cyprus	(2000) 30 E.H.R.R. 597
	TW v. Malta	(2000) 29 E.H.R.R. 185
Ergi v. Turkey (2001) 32 E.H.R.R. 388	Aytekin v. Turkey	(2001) 32 E.H.R.R. 501
	Cooke v. Austria	(2001) 31 E.H.R.R 338
	Ogur v. Turkey	(2001) 31 E.H.R.R 912
	Yasa v. Turkey	(1999) 28 E.H.R.R. 408
Eriksen v. Norway	Erkalo v. Netherlands	(1999) 28 E.H.R.R. 509
	Johnson v. United Kingdom	(1999) 27 E.H.R.R. 296
Eriksson v. Sweden (A/156) (1990) 12 E.H.R.R. 183	Andersson v. Sweden	(1992) 14 E.H.R.R. 615
	Englund v. Sweden	(1999) 27 E.H.R.R. CD 264
	Fischer v. Austria	(1995) 20 E.H.R.R. 349
	Fredin v. Sweden	(1991) 13 E.H.R.R. 784
	Håkansson and Sturesson v. Sweden	(1991) 13 E.H.R.R. 1

Case Referred to	Name of Case	Citation
	Hoffmann v. Austria	(1994) 17 E.H.R.R. 293
	Hokkanen v. Finland	(1995) 19 E.H.R.R. 139
	Huvig v. France	(1990) 12 E.H.R.R. 528
	Ignaccolo-Zenide v. Romania	(2001) 31 E.H.R.R 212
	Keegan v. Ireland	(1994) 18 E.H.R.R. 342
	Kruslin v. France	(1990) 12 E.H.R.R. 547
	Olsson v. Sweden (No. 2)	(1994) 17 E.H.R.R. 134
	Pine Valley Developments Ltd v. Ireland	(1992) 14 E.H.R.R. 319
	R.S. v. United Kingdom	(1995) 20 E.H.R.R. CD 98
	Rieme v. Sweden	(1993) 16 E.H.R.R. 155
	Schimanek v. Austria	(2000) 29 E.H.R.R. CD 250
Erkalo v. Netherlands (1999) 28 E.H.R.R. 509	Assenov v. Bulgaria	(1999) 28 E.H.R.R. 652
Erkner and Hofauer v. Austria (A/117) (1987) 9 E.H.R.R. 464	Bock v. Germany	(1990) 12 E.H.R.R. 247
	Buckley v. United Kingdom	(1997) 23 E.H.R.R. 101
	Doorson v. Netherlands	(1996) 22 E.H.R.R. 330
	Guillemin v. France	(1998) 25 E.H.R.R. 435
	Hentrich v. France	(1994) 18 E.H.R.R. 440
	Mellacher v. Austria	(1990) 12 E.H.R.R. 97
	Oliveira Neves v. Portugal	(1991) 13 E.H.R.R. 576
	Papachelas v. Greece	(2000) 30 E.H.R.R. 923
	Protsch v. Austria	(1994) 18 E.H.R.R. CD 36
	Protsch v. Austria	(2001) 32 E.H.R.R. 255
	Wiesinger v. Austria	(1993) 16 E.H.R.R. 258
Ernst v. Austria	App. No. 10803/84 v. Austria	(1989) 11 E.H.R.R. 112
Estima Jorge v. Portugal, unreported, April 21, 1998	Comingersoll SA v. Portugal	(2001) 31 E.H.R.R 772
	Ogur v. Turkey	(2001) 31 E.H.R.R 912
	Pérez de Rada Cavanilles v. Spain	(2000) 29 E.H.R.R. 109
Ettl v. Austria (A/117) (1988) 10 E.H.R.R. 255	B v. Iceland	(1993) 15 E.H.R.R. CD 20
	Belilos v. Switzerland	(1988) 10 E.H.R.R. 466
	Bock v. Germany	(1990) 12 E.H.R.R. 247
	Çiraklar v. Turkey	(2001) 32 E.H.R.R. 535
	De Haan v. Netherlands	(1998) 26 E.H.R.R. 417
	Fischer v. Austria	(1995) 20 E.H.R.R. 349
	Håkansson and Sturesson v. Sweden	(1991) 13 E.H.R.R. 1
	Incal v. Turkey	(2000) 29 E.H.R.R. 449
	Kefalas v. Greece	(1995) 20 E.H.R.R. 484
	Langborger v. Sweden	(1990) 12 E.H.R.R. 120
	Ortenberg v. Austria	(1995) 19 E.H.R.R. 524
	Protsch v. Austria	(1994) 18 E.H.R.R. CD 36
	Ruiz-Mateos v. Spain	(1993) 16 E.H.R.R. 505
	Stallinger and Kuso v. Austria	(1998) 26 E.H.R.R. 81
	Wiesinger v. Austria	(1993) 16 E.H.R.R. 258
	Zumbotel v. Austria	(1994) 17 E.H.R.R. 116
Ezelin v. France (A/202) (1992) 14 E.H.R.R. 362	Casado Coca v. Spain	(1994) 18 E.H.R.R. 1
	Chorherr v. Austria	(1994) 17 E.H.R.R. 358
	Sidiropoulos v. Greece	(1999) 27 E.H.R.R. 633
	Vogt v. Germany	(1996) 21 E.H.R.R. 205
F v. Switzerland (A/128) (1988) 10 E.H.R.R. 411	Belilos v. Switzerland	(1988) 10 E.H.R.R. 466
	Cossey v. United Kingdom	(1991) 13 E.H.R.R. 622

Case Referred to	Name of Case	Citation
	Dick v. United Kingdom	(1996) 21 E.H.R.R. CD 107
	Olsson v. Sweden	(1989) 11 E.H.R.R. 259
F.C.B. v. Italy (1992) 14 E.H.R.R. 909	Daud v. Portugal	(2000) 30 E.H.R.R. 400
	Pelladoah v. Netherlands	(1995) 19 E.H.R.R. 81
	Poitrimol v. France	(1994) 18 E.H.R.R. 130
	Stamoulakatos v. Greece	(1994) 17 E.H.R.R. 479
F.M. v. Italy, February 20, 1992	Massa v. Italy	(1994) 18 E.H.R.R. 266
Fay v. Austria (1993) 16 E.H.R.R. 387	Ninn-Hansen v. Denmark	(1999) 28 E.H.R.R. CD 96
	Thomann v. Switzerland	(1997) 24 E.H.R.R. 553
	Worm v. Austria	(1998) 25 E.H.R.R. 454
Fayed v. United Kingdom (A/294–B) (1994) 18 E.H.R.R. 393	Air Canada v. United Kingdom	(1995) 20 E.H.R.R. 150
	Athanassoglou v. Switzerland	(2001) 31 E.H.R.R 372
	Balmer-Schafroth v. Switzerland	(1998) 25 E.H.R.R. 598
	Bladet Tromsø and Stensaas v. Norway	(2000) 29 E.H.R.R. 125
	Escoubet v. Belgium	(2001) 31 E.H.R.R 1034
	F.E. v. France	(2000) 29 E.H.R.R. 591
	Gasus Dosier und Fordertechnik GmbH v Netherlands	(1995) 20 E.H.R.R. 403
	Grof v. Austria	(1998) 25 E.H.R.R. CD 39
	Guerra v. Italy	(1998) 26 E.H.R.R. 357
	Handwerker v. Germany	(1996) 22 E.H.R.R. CD 125
	Holy Monastries v. Greece	(1995) 20 E.H.R.R. 1
	Hotel Casino Aregua Parana AG v. Austria	(1995) 20 E.H.R.R. CD 79
	Insam v. Austria	(1994) 18 E.H.R.R. CD 47
	Khalfaoui v. France	(2001) 31 E.H.R.R 967
	Lenzing v. United Kingdom	(1999) 27 E.H.R.R. CD 323
	Manners v. United Kingdom	(1998) 26 E.H.R.R. CD 206
	Masson and Van Zon v. Netherlands	(1996) 22 E.H.R.R. 491
	McGinley and Egan v. United Kingdom	(1999) 27 E.H.R.R. 1
	Miloslavsky v. United Kingdom	(1995) 20 E.H.R.R. 442
	Omar v. France	(2000) 29 E.H.R.R. 210
	Osman v. United Kingdom	(2000) 29 E.H.R.R. 245
	Saunders v. United Kingdom	(1997) 23 E.H.R.R. 313
	Societe Levage Prestations v. France	(1997) 24 E.H.R.R. 351
	Tee v. United Kingdom	(1996) 21 E.H.R.R. CD 108
	Tinnelly & Sons Ltd v. United Kingdom	(1999) 27 E.H.R.R. 249
	Verenigung Radio 100 v. Netherlands	(1996) 22 E.H.R.R. CD 198
	Waite and Kennedy v. Germany	(2000) 30 E.H.R.R. 261
	Werner and Szucs v. Austria	(1998) 26 E.H.R.R. 310
	Young v. Ireland	(1996) 21 E.H.R.R. CD 91
Feeley v. United Kingdom (1981) 3 E.H.R.R. 161	App. No. 9813/82 v. United Kingdom	(1983) 5 E.H.R.R. 513

Case Referred to	Name of Case	Citation
Fejde v. Sweden (A/212–C) (1994) 17 E.H.R.R. 14	Botten v. Norway	(2001) 32 E.H.R.R. 37
	Bulut v. Austria	(1997) 24 E.H.R.R. 84
	Cooke v. Austria	(2001) 31 E.H.R.R 338
	Insam v. Austria	(1994) 18 E.H.R.R. CD 47
	Kremzow v. Austria	(1994) 17 E.H.R.R. 322
	Prinz v. Austria	(2001) 31 E.H.R.R 357
	R.M.B. v. United Kingdom	(1999) 27 E.H.R.R. CD 286
Feldbrugge v. Netherlands (1985) 7 E.H.R.R. 279	Deumeland v. Germany	(1985) 7 E.H.R.R. 409
Feldbrugge v. Netherlands (A/99) (1986) 8 E.H.R.R. 425	App. No. 11362/85 v. Italy	(1988) 10 E.H.R.R. 145
	Argento v. Italy	(1999) 28 E.H.R.R. 719
	De Cubber v. Belgium	(1991) 13 E.H.R.R. 422
	De Haan v. Netherlands	(1998) 26 E.H.R.R. 417
	De Haes and Gijsels v. Belgium	(1998) 25 E.H.R.R. 1
	Dombo Beheer BV v. Netherlands	(1994) 18 E.H.R.R. 213
	F.M. v. Italy	(1994) 18 E.H.R.R. 570
	Feldbrugge v. Netherlands	(1991) 13 E.H.R.R. 571
	Helle v. Finland	(1998) 26 E.H.R.R. 159
	Hentrich v. France	(1994) 18 E.H.R.R. 440
	Huber v. France	(1998) 26 E.H.R.R. 457
	Kamasinski v. Austria	(1991) 13 E.H.R.R. 36
	Kerojarvi v. Finland	(2001) 32 E.H.R.R. 152
	Lombardo v. Italy	(1996) 21 E.H.R.R. 188
	M v. Netherlands	(1993) 15 E.H.R.R. CD 89
	Mantovanelli v. France	(1997) 24 E.H.R.R. 370
	Olsson v. Sweden	(1989) 11 E.H.R.R. 259
	Ortenberg v. Austria	(1995) 19 E.H.R.R. 524
	Salesi v. Italy	(1998) 26 E.H.R.R. 187
	Schouten and Meldrum v. Netherlands	(1995) 19 E.H.R.R. 432
	Schuler-Zgraggen v. Switzerland	(1993) 16 E.H.R.R. 405
Ferrantelli and Santangelo v. Italy (1997) 23 E.H.R.R. 288	De Haan v. Netherlands	(1998) 26 E.H.R.R. 417
	Gregory v. United Kingdom	(1998) 25 E.H.R.R. 577
Fey v. Austria (A/255–A) (1993) 16 E.H.R.R. 387	Bulut v. Austria	(1997) 24 E.H.R.R. 84
	Çiraklar v. Turkey	(2001) 32 E.H.R.R. 535
	De Haan v. Netherlands	(1998) 26 E.H.R.R. 417
	Diennet v. France	(1996) 21 E.H.R.R. 554
	Ferrantelli and Santangelo v. Italy	(1997) 23 E.H.R.R. 288
	Fischer v. Austria	(1995) 20 E.H.R.R. 349
	Gautrin v. France	(1999) 28 E.H.R.R. 196
	Higgins v. France	(1999) 27 E.H.R.R. 703
	Holm v. Sweden	(1994) 18 E.H.R.R. 79
	Incal v. Turkey	(2000) 29 E.H.R.R. 449
	Krone-Verlag Gmbh v. Austria	(1997) 23 E.H.R.R. CD 152
	Lie and Bernsten v. Norway	(2000) 29 E.H.R.R. CD 210
	Mitap and Müftüoğlu v. Turkey	(1996) 22 E.H.R.R. 209
	Nortier v. Netherlands	(1994) 17 E.H.R.R. 273
	Procola v. Luxembourg	(1996) 22 E.H.R.R. 193
	Pullar v. United Kingdom	(1996) 22 E.H.R.R. 391
	Putz v. Austria	(2001) 32 E.H.R.R. 271

Case Referred to	Name of Case	Citation
	Reinhardt and Slimane-Kaid v. France	(1999) 28 E.H.R.R. 59
	Remli v. France	(1996) 22 E.H.R.R. 253
	Saraiva de Carvalho v. Portugal	(1994) 18 E.H.R.R. 534
	Van de Hurk v. Netherlands	(1994) 18 E.H.R.R. 481
Figus Milone v. Italy (A/265–D), September 22, 1993	Avis Enterprises v. Greece	(1998) 26 E.H.R.R. CD 21
	Morganti v. France	(1996) 21 E.H.R.R. 34
Findlay v. United Kingdom (1997) 24 E.H.R.R. 221	A v. United Kingdom	(1999) 27 E.H.R.R. 611
	Assenov v. Bulgaria	(1999) 28 E.H.R.R. 652
	Cable v. United Kingdom	(2000) 30 E.H.R.R. 1032
	Çiraklar v. Turkey	(2001) 32 E.H.R.R. 535
	Hood v. United Kingdom	(2000) 29 E.H.R.R. 365
	Incal v. Turkey	(2000) 29 E.H.R.R. 449
	Jordan v. United Kingdom	(2001) 31 E.H.R.R 201
	LCB v. United Kingdom	(1999) 27 E.H.R.R. 212
	McGonnell v. United Kingdom	(2000) 30 E.H.R.R. 289
	Moore and Gordon v. United Kingdom	(2000) 29 E.H.R.R. 728
	Ninn-Hansen v. Denmark	(1999) 28 E.H.R.R. CD 96
	Pressos Compania Naviera v. Belgium (Art. 50)	(1997) 24 E.H.R.R. CD 16
	Robins v. United Kingdom	(1998) 26 E.H.R.R. 527
	Wilkinson v. United Kingdom	(1998) 26 E.H.R.R. CD 131
Fischer v. Austria (A/312) (1995) 20 E.H.R.R. 349	Air Canada v. United Kingdom	(1995) 20 E.H.R.R. 150
	British American Tobacco Co. Ltd v. Netherlands	(1996) 21 E.H.R.R. 409
	Cohen v. United Kingdom	(1996) 21 E.H.R.R. CD 104
	Helle v. Finland	(1998) 26 E.H.R.R. 159
	Jacobsson v. Sweden (No. 2)	(2001) 32 E.H.R.R. 463
	L v. Finland	(2001) 31 E.H.R.R 737
	Mauer v. Austria	(1998) 25 E.H.R.R. 91
	Palaoro v. Austria	(2001) 32 E.H.R.R. 202
	Pauger v. Austria	(1998) 25 E.H.R.R. 105
	Pfarrmeier v. Austria	(1996) 22 E.H.R.R. 175
	S.P. v. United Kingdom	(1997) 23 E.H.R.R. CD 139
	Schmautzer v. Austria	(1996) 21 E.H.R.R. 511
	Stallinger and Kuso v. Austria	(1998) 26 E.H.R.R. 81
	Terra Woningen v. Netherlands	(1997) 24 E.H.R.R. 456
	Umlauft v. Austria	(1996) 22 E.H.R.R. 76
	Werner and Szucs v. Austria	(1998) 26 E.H.R.R. 310
Foti v. Italy (A/56) (1991) 13 E.H.R.R. 568	Avis Enterprises v. Greece	(1998) 26 E.H.R.R. CD 21
	B v. Austria	(1991) 13 E.H.R.R. 20
	Baggetta v. Italy	(1988) 10 E.H.R.R. 325
	Bozano v. France	(1987) 9 E.H.R.R. 297
	Brozicek v. Italy	(1990) 12 E.H.R.R. 371
	Camenzind v. Switzerland	(1999) 28 E.H.R.R. 458
	Campbell and Fell v. United Kingdom	(1985) 7 E.H.R.R. 165
	De Cubber v. Belgium	(1991) 13 E.H.R.R. 422
	De Jong, Baljet and Van Den Brink v. Netherlands	(1986) 8 E.H.R.R. 20
	Escoubet v. Belgium	(2001) 31 E.H.R.R 1034
	F.C.B. v. Italy	(1992) 14 E.H.R.R. 909
	Garyfallou Aebe v. Greece	(1999) 28 E.H.R.R. 344
	Katikaridis v. Greece	(2001) 32 E.H.R.R. 113

Case Referred to	Name of Case	Citation
	Kilbourn v. United Kingdom	(1986) 8 E.H.R.R. 81
	Klavdianos v. Greece	(2000) 29 E.H.R.R. CD 199
	Kofler v. Italy	(1983) 5 E.H.R.R. 303
	Loukanov v. Bulgaria	(1997) 24 E.H.R.R. 121
	M v. Belgium	(1993) 15 E.H.R.R. CD 22
	Mansur v. Turkey	(1995) 20 E.H.R.R. 535
	Mavronichis v. Cyprus	(2001) 31 E.H.R.R 1186
	Milasi v. Italy	(1988) 10 E.H.R.R. 333
	Mitap and Müftüoğlu v. Turkey	(1996) 22 E.H.R.R. 209
	Moudefo v. France	(1991) 13 E.H.R.R. 549
	Nemeth v. Hungary	(1998) 26 E.H.R.R. CD 101
	Öztürk v. Germany	(1984) 6 E.H.R.R. 409
	Perez Mahia v. Spain	(1987) 9 E.H.R.R. 145
	Philis v. Greece	(1991) 13 E.H.R.R. 741
	Philis v. Greece (No. 2)	(1998) 25 E.H.R.R. 417
	Pretto v. Italy	(1984) 6 E.H.R.R. 182
	Ruiz-Mateos v. Spain	(1993) 16 E.H.R.R. 505
	Stran Greek Refineries and Stratis Andreadis v. Greece	(1995) 19 E.H.R.R. 293
	Toth v. Austria	(1992) 14 E.H.R.R. 551
	Vallon v. Italy	(1991) 13 E.H.R.R. 433
	Zimmermann and Steiner v. Switzerland	(1984) 6 E.H.R.R. 17
Fouquet v. France (1996) 22 E.H.R.R. 279	De Haes and Gijsels v. Belgium	(1998) 25 E.H.R.R. 1
Fox v. United Kingdom (A/182); Campbell v. United Kingdom; Hartley v. United Kingdom (1991) 13 E.H.R.R. 157	Akkum, Akan and Karakoc v. Turkey	(1996) 21 E.H.R.R. CD 118
	Campbell v. United Kingdom	(1993) 15 E.H.R.R. 137
	Chahal v. United Kingdom	(1997) 23 E.H.R.R. 413
	Erdagoz v. Turkey	(2001) 32 E.H.R.R. 443
	Fox, Campbell and Hartley v. United Kingdom (Art. 50)	(1992) 14 E.H.R.R. 108
	Kerr v. United Kingdom	(2000) 29 E.H.R.R. CD 184
	K-F v. Germany	(1998) 26 E.H.R.R. 390
	Kokavecz v. Hungary	(1999) 28 E.H.R.R. CD 86
	Lindkvist v. Denmark	(1999) 27 E.H.R.R. CD 103
	Loukanov v. Bulgaria	(1997) 24 E.H.R.R. 121
	Lukanov v. Bulgaria	(1996) 21 E.H.R.R. CD 20
	Murray v. United Kingdom	(1995) 19 E.H.R.R. 193
	Öhlinger v. Austria	(1996) 22 E.H.R.R. CD 75
	Sakik v. Turkey	(1998) 26 E.H.R.R. 662
	Thynne, Wilson and Gunnell v. United Kingdom	(1991) 13 E.H.R.R. 666
	Tsirlis and Kouloumpas v. Greece	(1998) 25 E.H.R.R. 198
	Wynne v. United Kingdom	(1995) 19 E.H.R.R. 333
France, Norway, Denmark, Sweden and the Netherlands v. Turkey (1984) 6 E.H.R.R. 291	Altun v. Germany	(1985) 7 E.H.R.R. 154
Francesco Lombardo v. Italy (A/249–B) (1996) 21 E.H.R.R. 188	Dobbertin v. France	(1993) 16 E.H.R.R. 558
	Duclos v. France	(2001) 32 E.H.R.R. 86
	Huber v. France	(1998) 26 E.H.R.R. 457
	Maillard v. France	(1999) 27 E.H.R.R. 232
	Neigel v. France	(2000) 30 E.H.R.R. 310
	Pauger v. Austria	(1998) 25 E.H.R.R. 105
	Pierre-Bloch v. France	(1998) 26 E.H.R.R. 202

Case Referred to	Name of Case	Citation
	Süßmann v. Germany	(1998) 25 E.H.R.R. 65
	Waite and Kennedy v. Germany	(2000) 30 E.H.R.R. 261
Fredin v. Sweden (A/192) (1991) 13 E.H.R.R. 784	Andersson v. Sweden	(1993) 15 E.H.R.R. CD 64
	Carlin v. United Kingdom	(1998) 25 E.H.R.R. CD 75
	Cesomoravska Myslivecka Jednota v. Czech Republic	(1999) 28 E.H.R.R. CD 152
	Chassagnou v. France	(2000) 29 E.H.R.R. 615
	Cohen v. United Kingdom	(1996) 21 E.H.R.R. CD 104
	Crabtree v. United Kingdom	(1997) 23 E.H.R.R. CD 202
	E.P. v. Slovak Republic	(1999) 27 E.H.R.R. CD 231
	Fischer v. Austria	(1995) 20 E.H.R.R. 349
	Gudmundsson v. Iceland	(1996) 21 E.H.R.R. CD 89
	Guerra v. Italy	(1998) 26 E.H.R.R. 357
	Jónsson v. Iceland	(1999) 27 E.H.R.R. CD 347
	Kara v. United Kingdom	(1999) 27 E.H.R.R. CD 272
	Khatun v. United Kingdom	(1998) 26 E.H.R.R. CD 212
	Manners v. United Kingdom	(1998) 26 E.H.R.R. CD 206
	National & Provincial, Leeds Permanent and Yorkshire Building Societies v. United Kingdom	(1998) 25 E.H.R.R. 127
	Observer and Guardian v. United Kingdom	(1992) 14 E.H.R.R. 153
	Oerlemans v. Netherlands	(1993) 15 E.H.R.R. 561
	Ortenberg v. Austria	(1995) 19 E.H.R.R. 524
	Photos Photiades & Co. Ltd v. Cyprus	(1999) 27 E.H.R.R. CD 344
	Piermont v. France	(1995) 20 E.H.R.R. 301
	Pine Valley Developments Ltd v. Ireland	(1992) 14 E.H.R.R. 319
	Pinnacle Meat Processors Co. v. United Kingdom	(1999) 27 E.H.R.R. CD 217
	Smith v. United Kingdom	(1998) 25 E.H.R.R. CD 52
	Spadea and Scalabrino v. Italy	(1996) 21 E.H.R.R. 482
	Stevens and Knight v. United Kingdom	(1999) 27 E.H.R.R. CD 138
	Stubbings v. United Kingdom	(1997) 23 E.H.R.R. 213
	Sunday Times v. United Kingdom (No. 2)	(1992) 14 E.H.R.R. 229
	Sutherland v. United Kingdom	(1997) 24 E.H.R.R. CD 22
	Svidranova v. Slovak Republic	(1998) 26 E.H.R.R. CD 184
	Times Newspapers Ltd v. United Kingdom	(1997) 23 E.H.R.R. CD 200
	Verein Gemeinsam Lernen v. Austria	(1995) 20 E.H.R.R. CD 78
	Wiesinger v. Austria	(1993) 16 E.H.R.R. 258
	X.S.A. v. Netherlands	(1994) 18 E.H.R.R. CD 176
Fredin v. Sweden (No. 2), unreported	Helle v. Finland	(1998) 26 E.H.R.R. 159
	Jacobsson v. Sweden (No. 2)	(2001) 32 E.H.R.R. 463
	L v. Finland	(2001) 31 E.H.R.R 737
	Pierre-Bloch v. France	(1998) 26 E.H.R.R. 202
Freedom and Democracy Party (OZDEP) v. Turkey (2001) 31 E.H.R.R 674	Comingersoll SA v. Portugal	(2001) 31 E.H.R.R 772
	Özgür Gündem v. Turkey	(2001) 31 E.H.R.R 1082

Case Referred to	Name of Case	Citation
Fressoz and Roire v. France (2001) 31 E.H.R.R 28	Arslan v. Turkey	(2001) 31 E.H.R.R 264
	Baskaya and Okçuoglu v. Turkey	(2001) 31 E.H.R.R 292
	Bergens Tidende v. Norway	(2001) 31 E.H.R.R 430
	Bladet Tromsø and Stensaas v. Norway	(2000) 29 E.H.R.R. 125
	Ceylan v. Turkey	(2000) 30 E.H.R.R. 73
	Dalban v. Romania	(2001) 31 E.H.R.R 893
	Ogur v. Turkey	(2001) 31 E.H.R.R 912
Frick v. Austria, October 15, 1991	Kremzow v. Austria	(1994) 17 E.H.R.R. 322
Friedl v. Austria (1996) 21 E.H.R.R. 83	Amann v. Switzerland	(2000) 30 E.H.R.R. 843
	Tsavachidis v. Greece	(1999) 27 E.H.R.R. CD 27
Funke v. France (A/256–A) (1993) 16 E.H.R.R. 297	Camenzind v. Switzerland	(1999) 28 E.H.R.R. 458
	Ferrantelli and Santangelo v. Italy	(1997) 23 E.H.R.R. 288
	Friedl v. Austria	(1996) 21 E.H.R.R. 83
	Heaney and McGuinness v. Ireland	(2000) 29 E.H.R.R. CD 166
	Houldry v. Germany	(1999) 28 E.H.R.R. CD 116
	Manoussakis v. Greece	(1997) 23 E.H.R.R. 387
	Murray v. United Kingdom	(1994) 18 E.H.R.R. CD 1
	Murray v. United Kingdom	(1996) 22 E.H.R.R. 29
	Quinn v. Ireland	(2000) 29 E.H.R.R. CD 234
	Saunders v. United Kingdom	(1994) 18 E.H.R.R. CD 23
	Saunders v. United Kingdom	(1997) 23 E.H.R.R. 313
	Serves v. France	(1999) 28 E.H.R.R. 265
Fusco v. Italy, September 2, 1997	Huber v. France	(1998) 26 E.H.R.R. 457
	Pellegrin v. France	(2001) 31 E.H.R.R 651
	Pierre-Bloch v. France	(1998) 26 E.H.R.R. 202
	Prinz v. Austria	(2001) 31 E.H.R.R 357
	Waite and Kennedy v. Germany	(2000) 30 E.H.R.R. 261
	WR v. Austria	(2001) 31 E.H.R.R 985
G v. Germany (1984) 6 E.H.R.R. 499	K v. Germany	(1984) 6 E.H.R.R. 519
	Leander v. Sweden	(1985) 7 E.H.R.R. 557
G v. Italy	Scherer v. Switzerland	(1994) 18 E.H.R.R. 276
	X v. France	(1992) 14 E.H.R.R. 483
Gallo v. Italy, September 2, 1997	Huber v. France	(1998) 26 E.H.R.R. 457
	Pierre-Bloch v. France	(1998) 26 E.H.R.R. 202
	Schatzmayr v. Austria	(1999) 27 E.H.R.R. CD 190
Garcia Ruiz v. Spain, unreported, January 21, 1999	Kokavecz v. Hungary	(1999) 28 E.H.R.R. CD 86
	Pesti and Frodl v. Austria	(2000) 29 E.H.R.R. CD 229
	Serif v. Greece	(1999) 28 E.H.R.R. CD 227
Garyfallou Aebe v. Greece (1999) 28 E.H.R.R. 458	Brown v. United Kingdom	(1999) 28 E.H.R.R. CD 233
	Cable v. United Kingdom	(2000) 30 E.H.R.R. 1032
	Hood v. United Kingdom	(2000) 29 E.H.R.R. 365
	Moore and Gordon v. United Kingdom	(2000) 29 E.H.R.R. 728
	Wilkinson v. United Kingdom	(1998) 26 E.H.R.R. CD 131

Case Referred to	Name of Case	Citation
Gaskin v. United Kingdom (A/160) (1990) 12 E.H.R.R. 36	Bader v. Austria	(1996) 22 E.H.R.R. CD 213
	Beldjoudi v. France	(1992) 14 E.H.R.R. 801
	Botta v. Italy	(1998) 26 E.H.R.R. 241
	Guerra v. Italy	(1998) 26 E.H.R.R. 357
	Martin v. United Kingdom	(1996) 21 E.H.R.R. CD 112
	McGinley and Egan v. United Kingdom	(1996) 21 E.H.R.R. CD 56
	McGinley and Egan v. United Kingdom	(1999) 27 E.H.R.R. 1
	Özgür Gündem v. Turkey	(2001) 31 E.H.R.R 1082
	Stjerna v. Finland	(1997) 24 E.H.R.R. 195
	Wilsher v. United Kingdom	(1997) 23 E.H.R.R. CD 188
Gasus Dosier und Fordertechnik GmbH v. Netherlands (A/306–B) (1995) 20 E.H.R.R. 403	Air Canada v. United Kingdom	(1995) 20 E.H.R.R. 150
	Castillo Algar v. Spain	(2000) 30 E.H.R.R. 827
	Iatridis v. Greece	(2000) 30 E.H.R.R. 97
	Immobiliare Saffi v. Italy	(2000) 30 E.H.R.R. 756
	Lindkvist v. Denmark	(1999) 27 E.H.R.R. CD 103
	Matos e Silva v. Portugal	(1997) 24 E.H.R.R. 573
	Nap Holdings United Kingdom Ltd v. United Kingdom	(1996) 22 E.H.R.R. CD 114
	National & Provincial, Leeds Permanent and Yorkshire Building Societies v. United Kingdom	(1998) 25 E.H.R.R. 127
	Spacek sro v. Czech Republic	(2000) 30 E.H.R.R. 1010
	Stevens and Knight v. United Kingdom	(1999) 27 E.H.R.R. CD 138
Gautrin v. France (1999) 28 E.H.R.R. 196	Çiraklar v. Turkey	(2001) 32 E.H.R.R. 535
	Incal v. Turkey	(2000) 29 E.H.R.R. 449
	WR v. Austria	(2001) 31 E.H.R.R 985
Gauvain v. Chabard, October 10, 1983	Drozd and Janousek v. France and Spain	(1992) 14 E.H.R.R. 745
Gay News Ltd and Lemon v. United Kingdom (1983) 5 E.H.R.R. 123	App. No. 10914/84 v. Netherlands	(1986) 8 E.H.R.R. 308
	Enkelmann v. Switzerland	(1986) 8 E.H.R.R. 266
Gaygusuz v. Austria (1997) 23 E.H.R.R. 364	J.E.D. v. United Kingdom	(1999) 27 E.H.R.R. CD 65
	Larkos v. Cyprus	(2000) 30 E.H.R.R. 597
	Pauger v. Austria	(1998) 25 E.H.R.R. 105
	Sutherland v. United Kingdom	(1997) 24 E.H.R.R. CD 22
	Carlin v. United Kingdom	(1998) 25 E.H.R.R. CD 75
	Coke v. United Kingdom	(1999) 27 E.H.R.R. CD 316
	Ogur v. Turkey	(2001) 31 E.H.R.R 912
	Paruszweska v. Poland	(1998) 25 E.H.R.R. CD 175
	Pinnacle Meat Processors Co. v. United Kingdom	(1999) 27 E.H.R.R. CD 217
	Szumilas v. Poland	(1998) 26 E.H.R.R. CD 181
Gea Catalan v. Spain (A/309) (1995) 20 E.H.R.R. 266	De Salvador Torres v. Spain	(1997) 23 E.H.R.R. 601
	Douiyeb v. Netherlands	(2000) 30 E.H.R.R. 790
	H.N. v. Italy	(1999) 27 E.H.R.R. CD 75
Georgiadis v. Greece (1997) 24 E.H.R.R. 606	Humen v. Poland	(2001) 31 E.H.R.R 1168
	Werner and Szucs v. Austria	(1998) 26 E.H.R.R. 310

Case Referred to	Name of Case	Citation
Gerger v. Turkey, unreported, July 8, 1999	Ceylan v. Turkey	(2000) 30 E.H.R.R. 73
Giancarlo Lombardo v. Italy (A/249–C), unreported, November 26, 1992	Funke v. France	(1993) 16 E.H.R.R. 297
	Kraska v. Switzerland	(1994) 18 E.H.R.R. 188
	Neigel v. France	(2000) 30 E.H.R.R. 310
	Pauger v. Austria	(1998) 25 E.H.R.R. 105
	Pierre-Bloch v. France	(1998) 26 E.H.R.R. 202
	Ruiz-Mateos v. Spain	(1993) 16 E.H.R.R. 505
	Süßmann v. Germany	(1998) 25 E.H.R.R. 65
Gillow v. United Kingdom (1985) 7 E.H.R.R. 292	App. No. 10968/84 v. Austria	(1986) 8 E.H.R.R. 80
	B v. United Kingdom	(1988) 10 E.H.R.R. 87
	Howard v. United Kingdom	(1987) 9 E.H.R.R. 116
	Leander v. Sweden	(1987) 9 E.H.R.R. 433
	R v. United Kingdom	(1988) 10 E.H.R.R. 74
	W v. United Kingdom	(1988) 10 E.H.R.R. 29
Gillow v. United Kingdom (1986) 8 E.H.R.R. 435	Stallinger and Kuso v. Austria	(1998) 26 E.H.R.R. 81
Gillow v. United Kingdom (A/109) (1989) 11 E.H.R.R. 335	Buckley v. United Kingdom	(1995) 19 E.H.R.R. CD 20
	Buckley v. United Kingdom	(1997) 23 E.H.R.R. 101
	Gillow v. United Kingdom	(1991) 13 E.H.R.R. 593
	Groppera Radio AG v. Switzerland	(1990) 12 E.H.R.R. 321
	Khatun v. United Kingdom	(1998) 26 E.H.R.R. CD 212
	Krone-Verlag Gmbh v. Austria	(1997) 23 E.H.R.R. CD 152
	Lie and Bernsten v. Norway	(2000) 29 E.H.R.R. CD 210
	Mabey v. United Kingdom	(1996) 22 E.H.R.R. CD 123
	Olsson v. Sweden	(1989) 11 E.H.R.R. 259
	Pesti and Frodl v. Austria	(2000) 29 E.H.R.R. CD 229
	W v. United Kingdom	(1991) 13 E.H.R.R. 453
Gillow v. United Kingdom (Art. 50), Series A, No. 124–C	Hauschildt v. Denmark	(1990) 12 E.H.R.R. 266
Girolami v. Italy	Bunkate v. Netherlands	(1995) 19 E.H.R.R. 477
	Lindkvist v. Denmark	(1999) 27 E.H.R.R. CD 103
Gitonas v. Greece (1998) 26 E.H.R.R. 691	Ahmed v. United Kingdom	(2000) 29 E.H.R.R. 1
	New Horizons v. Cyprus	(1999) 27 E.H.R.R. CD 334
	United Communist Party of Turkey v. Turkey	(1998) 26 E.H.R.R. 121
Glasenapp v. Germany (1984) 6 E.H.R.R. 499	App. No. 10942/84 v. Germany	(1989) 11 E.H.R.R. 95
Glasenapp v. Germany (1984) 6 E.H.R.R. 499	Council of Civil Service Unions v. United Kingdom	(1988) 10 E.H.R.R. 269
Glasenapp v. Germany (A/104) (1987) 9 E.H.R.R. 25	Ahmed v. United Kingdom	(2000) 29 E.H.R.R. 1
	Argento v. Italy	(1999) 28 E.H.R.R. 719
	Bozano v. France	(1987) 9 E.H.R.R. 297
	Englert v. Germany	(1991) 13 E.H.R.R. 392
	Huber v. France	(1998) 26 E.H.R.R. 457
	Kalac v. Turkey	(1999) 27 E.H.R.R. 552
	Leander v. Sweden	(1987) 9 E.H.R.R. 433
	Lehideux and Isorni v. France	(2000) 30 E.H.R.R. 665

Case Referred to	Name of Case	Citation
	Lombardo v. Italy	(1996) 21 E.H.R.R. 188
	Markt Intern and Beerman v. Germany	(1989) 11 E.H.R.R. 212
	Massa v. Italy	(1994) 18 E.H.R.R. 266
	Neigel v. France	(2000) 30 E.H.R.R. 310
	Rekvényi v. Hungary	(1997) 23 E.H.R.R. CD 63
	Rekvényi v. Hungary	(2000) 30 E.H.R.R. 519
	Vogt v. Germany	(1996) 21 E.H.R.R. 205
	Waite and Kennedy v. Germany	(2000) 30 E.H.R.R. 261
	Waite and Kennedy v. Germany	(2000) 30 E.H.R.R. 261
	Wille v. Liechtenstein	(1997) 24 E.H.R.R. CD 45
	Wille v. Liechtenstein	(2000) 30 E.H.R.R. 564
Goddi v. Italy (A/76) (1984) 6 E.H.R.R. 457	App. No. 10098/82 v. Germany	(1986) 8 E.H.R.R. 225
	Ayadi v. France	(1993) 15 E.H.R.R. CD 93
	Barbera, Messegue and Jabardo v. Spain	(1989) 11 E.H.R.R. 360
	Bönisch v. Austria	(1987) 9 E.H.R.R. 191
	Cardot v. France	(1991) 13 E.H.R.R. 853
	Daud v. Portugal	(2000) 30 E.H.R.R. 400
	Delta v. France	(1993) 16 E.H.R.R. 574
	F.C.B. v. Italy	(1992) 14 E.H.R.R. 909
	Gea Catalán v. Spain	(1995) 20 E.H.R.R. 266
	Melin v. France	(1994) 17 E.H.R.R. 1
	Pélissier and Sassi v. France	(2000) 30 E.H.R.R. 715
	Poitrimol v. France	(1994) 18 E.H.R.R. 130
	Tripodi v. Italy	(1994) 18 E.H.R.R. 295
	Vodenicarov v. Slovak Republic	(1998) 26 E.H.R.R. CD 40
Godinez Cruz v. Honduras, January 20, 1989	Ergi v. Turkey	(2001) 32 E.H.R.R. 388
Goisis v. Italy (A/265–E), September 22, 1993	Avis Enterprises v. Greece	(1998) 26 E.H.R.R. CD 21
	Morganti v. France	(1996) 21 E.H.R.R. 34
Golder v. United Kingdom (A/18) (1979–80) 1 E.H.R.R. 524	Agrotexim v. Greece	(1996) 21 E.H.R.R. 250
	Airey v. Ireland	2 E.H.R.R. 305
	Aït-Mouhoub v. France	(2000) 30 E.H.R.R. 382
	Albert and Le Compte v. Belgium	(1983) 5 E.H.R.R. 533
	App. No. 9282/81 v. United Kingdom	(1983) 5 E.H.R.R. 283
	App. No. 9444/81 v. United Kingdom	(1984) 6 E.H.R.R. 136
	App. No. 9503/81 v. United Kingdom	(1984) 6 E.H.R.R. 335
	App. No. 11559/85 v. United Kingdom	(1987) 9 E.H.R.R. 134
	App. No. 12040/86 v. United Kingdom	(1988) 10 E.H.R.R. 527
	Ashingdane v. United Kingdom	(1985) 7 E.H.R.R. 528
	Ashingdane v. United Kingdom, App. No. 8225/78	(1984) 6 E.H.R.R. 69
	Athanassoglou v. Switzerland	(2001) 31 E.H.R.R 372
	Axen v. Germany	(1984) 6 E.H.R.R. 195
	B v. France	(1993) 16 E.H.R.R. 1

Case Referred to	Name of Case	Citation
	Baggs v. United Kingdom	(1987) 9 E.H.R.R. 235
	Balmer-Schafroth v. Switzerland	(1998) 25 E.H.R.R. 598
	Beis v. Greece	(1998) 25 E.H.R.R. 335
	Benthem v. Netherlands	(1984) 6 E.H.R.R. 283
	Bodén v. Sweden	(1988) 10 E.H.R.R. 367
	Campbell and Fell v. United Kingdom	(1983) 5 E.H.R.R. 207
	Campbell and Fell v. United Kingdom	(1985) 7 E.H.R.R. 165
	Canea Catholic Church v. Greece	(1999) 27 E.H.R.R. 521
	Chahal v. United Kingdom	(1997) 23 E.H.R.R. 413
	D and E v. Netherlands	(1993) 16 E.H.R.R. CD 34
	Deumeland v. Germany	(1986) 8 E.H.R.R. 448
	Deweer v. Belgium	2 E.H.R.R. 439
	Editions Periscope v. France	(1992) 14 E.H.R.R. 597
	Engel v. Netherlands (No. 1)	1 E.H.R.R. 647
	Erkner and Hofauer v. Austria	(1986) 8 E.H.R.R. 520
	Erkner and Hofauer v. Austria	(1987) 9 E.H.R.R. 464
	F.E. v. France	(2000) 29 E.H.R.R. 591
	F.M. v. Italy	(1994) 18 E.H.R.R. 570
	Fayed v. United Kingdom	(1994) 18 E.H.R.R. 393
	Feldbrugge v. Netherlands	(1986) 8 E.H.R.R. 425
	Grof v. Austria	(1998) 25 E.H.R.R. CD 39
	Guzzardi v. Italy	(1981) 3 E.H.R.R. 333
	H v. Belgium	(1988) 10 E.H.R.R. 339
	Hamer v. United Kingdom	(1982) 4 E.H.R.R. 139
	Handyside v. United Kingdom	1 E.H.R.R. 737
	Helmers v. Sweden	(1993) 15 E.H.R.R. 285
	Hilton v. United Kingdom	(1981) 3 E.H.R.R. 104
	Holy Monastries v. Greece	(1995) 20 E.H.R.R. 1
	Hornsby v. Greece	(1997) 24 E.H.R.R. 250
	Huber v. France	(1998) 26 E.H.R.R. 457
	Ireland v. United Kingdom	2 E.H.R.R. 25
	James v. United Kingdom	(1994) 18 E.H.R.R. CD 130
	Johnston v. Ireland	(1987) 9 E.H.R.R. 203
	Kaplan v. United Kingdom	(1982) 4 E.H.R.R. 64
	Khalfaoui v. France	(2001) 31 E.H.R.R 967
	Kiss v. United Kingdom	(1995) 19 E.H.R.R. CD 17
	Klass v. Germany	2 E.H.R.R. 214
	König v. Germany	2 E.H.R.R. 170
	Kruslin v. France	(1990) 12 E.H.R.R. 547
	Le Compte, Van Leuven and De Meyere v. Belgium	(1982) 4 E.H.R.R. 1
	Lithgow v. United Kingdom	(1985) 7 E.H.R.R. 56
	Lithgow v. United Kingdom	(1986) 8 E.H.R.R. 329
	Loizidou v. Turkey	(1997) 23 E.H.R.R. 513
	Luedicke, Belkacem and Koç v. Germany	2 E.H.R.R. 149
	Maillard v. France	(1999) 27 E.H.R.R. 232
	Malone v. United Kingdom	(1985) 7 E.H.R.R. 14
	Mangov v. Greece	(1993) 16 E.H.R.R. CD 36
	Marckx v. Belgium	2 E.H.R.R. 330
	Mathieu-Mohin and Clerfayt v. Belgium	(1988) 10 E.H.R.R. 1
	Matos e Silva v. Portugal	(1997) 24 E.H.R.R. 573
	McMichael v. United Kingdom	(1995) 20 E.H.R.R. 205
	Munro v. United Kingdom	(1988) 10 E.H.R.R. 516
	Nassen v. Sweden	(1987) 9 E.H.R.R. 150

Case Referred to	Name of Case	Citation
	National Union of Belgian Police v. Belgium	1 E.H.R.R. 578
	Neigel v. France	(2000) 30 E.H.R.R. 310
	Neves e Silva v. Portugal	(1991) 13 E.H.R.R. 535
	Nikolova v. Bulgaria	(2001) 31 E.H.R.R 64
	O'Hara v. Ireland	(1998) 25 E.H.R.R. CD 57
	Obermeier v. Austria	(1989) 11 E.H.R.R. 57
	Ollila v. Finland	(1993) 15 E.H.R.R. CD 101
	Omar v. France	(2000) 29 E.H.R.R. 210
	Osman v. United Kingdom	(2000) 29 E.H.R.R. 245
	Paulsen-Medalen and Svensson v. Sweden	(1998) 26 E.H.R.R. 260
	Pauwels v. Belgium	(1989) 11 E.H.R.R. 238
	Philis v. Greece	(1991) 13 E.H.R.R. 741
	Pinder v. United Kingdom	(1985) 7 E.H.R.R. 464
	Poiss v. Austria	(1988) 10 E.H.R.R. 231
	Pressos Compania Naviera SA v. Belgium	(1996) 21 E.H.R.R. 301
	Pretto v. Italy	(1984) 6 E.H.R.R. 182
	Pudas v. Sweden	(1988) 10 E.H.R.R. 380
	Rasmussen v. Denmark	(1985) 7 E.H.R.R. 371
	Rasmussen v. Denmark, App. No. 8777/79	(1984) 6 E.H.R.R. 94
	Ribitsch v. Austria	(1996) 21 E.H.R.R. 573
	S and M v. United Kingdom	(1994) 18 E.H.R.R. CD 172
	Salesi v. Italy	(1998) 26 E.H.R.R. 187
	Saunders v. United Kingdom	(1994) 18 E.H.R.R. CD 23
	Saunders v. United Kingdom	(1997) 23 E.H.R.R. 313
	Schönenberger and Durmaz v. Switzerland	(1989) 11 E.H.R.R. 202
	Sekanina v. Austria	(1994) 17 E.H.R.R. 221
	Sharara and Rinia v. Netherlands	(1986) 8 E.H.R.R. 307
	Sibson v. United Kingdom	(1994) 17 E.H.R.R. 193
	Silver v. United Kingdom	(1981) 3 E.H.R.R. 475
	Silver v. United Kingdom	(1983) 5 E.H.R.R. 347
	Societe Levage Prestations v. France	(1997) 24 E.H.R.R. 351
	Sporrong and Lönnroth v. Sweden	(1983) 5 E.H.R.R. 35
	Stran Greek Refineries and Stratis Andreadis v. Greece	(1995) 19 E.H.R.R. 293
	Stubbings v. United Kingdom	(1995) 19 E.H.R.R. CD 32
	Stubbings v. United Kingdom	(1997) 23 E.H.R.R. 213
	Sunday Times v. United Kingdom	(1981) 3 E.H.R.R. 317
	Sunday Times v. United Kingdom	2 E.H.R.R. 245
	Taylor v. United Kingdom	(1997) 23 E.H.R.R. CD 132
	Temeltasch v. Switzerland	(1983) 5 E.H.R.R. 417
	Tomasi v. France	(1993) 15 E.H.R.R. 1
	Tre Traktörer Aktiebolag v. Sweden	(1991) 13 E.H.R.R. 309
	Trustees of the late Duke of Westminster's Estate v. United Kingdom	(1983) 5 E.H.R.R. 440
	TW v. Malta	(2000) 29 E.H.R.R. 185
	Valenzuela Contreras v. Spain	(1999) 28 E.H.R.R. 483
	Van Der Tang v. Spain	(1996) 22 E.H.R.R. 363
	Van Oosterwijck v.Belgium	(1981) 3 E.H.R.R. 557

Case Referred to	Name of Case	Citation
	Vasilescu v. Romania	(1999) 28 E.H.R.R. 241
	W v. United Kingdom	(1988) 10 E.H.R.R. 29
	Waite and Kennedy v. Germany	(2000) 30 E.H.R.R. 261
	Winterwerp v. Netherlands	2 E.H.R.R. 387
	X v. France	(1992) 14 E.H.R.R. 483
	Young, James and Webster v. United Kingdom	(1982) 4 E.H.R.R. 38
Golino	Scopelliti v. Italy	(1994) 17 E.H.R.R. 493
Goodwin v. United Kingdom (1996) 22 E.H.R.R. 123	Adams and Benn v. United Kingdom	(1997) 23 E.H.R.R. CD 160
	BBC v. United Kingdom	(1996) 21 E.H.R.R. CD 93
	Bergens Tidende v. Norway	(2001) 31 E.H.R.R 430
	Bladet Tromsø and Stensaas v. Norway	(2000) 29 E.H.R.R. 125
	Bowman v. United Kingdom	(1998) 26 E.H.R.R. 1
	De Haes and Gijsels v. Belgium	(1998) 25 E.H.R.R. 1
	Fressoz and Roire v. France	(2001) 31 E.H.R.R 28
	Grigoriades v. Greece	(1999) 27 E.H.R.R. 464
	Lehideux and Isorni v. France	(2000) 30 E.H.R.R. 665
	Spencer (Earl and Countess) v. United Kingdom	(1998) 25 E.H.R.R. CD 105
	Wingrove v. United Kingdom	(1997) 24 E.H.R.R. 1
	Worm v. Austria	(1998) 25 E.H.R.R. 454
	Yasa v. Turkey	(1999) 28 E.H.R.R. 408
Gradinger v. Austria (A/328–C)	Malige v. France	(1999) 28 E.H.R.R. 578
	Mauer v. Austria	(1998) 25 E.H.R.R. 91
	Oliveira v. Switzerland	(1999) 28 E.H.R.R. 289
	Pauger v. Austria	(1998) 25 E.H.R.R. 105
	Stallinger and Kuso v. Austria	(1998) 26 E.H.R.R. 81
	Werner and Szucs v. Austria	(1998) 26 E.H.R.R. 310
Granger v. United Kingdom (A/174) (1990) 12 E.H.R.R. 469	Benham v. United Kingdom	(1996) 22 E.H.R.R. 293
	Boner v. United Kingdom	(1995) 19 E.H.R.R. 246
	Hadjianastassiou v. Greece	(1993) 16 E.H.R.R. 219
	Hoang v. France	(1993) 16 E.H.R.R. 53
	Imbrioscia v. Switzerland	(1994) 17 E.H.R.R. 441
	Maxwell v. United Kingdom	(1995) 19 E.H.R.R. 97
	Observer and Guardian v. United Kingdom	(1992) 14 E.H.R.R. 153
	Steel v. United Kingdom	(1999) 28 E.H.R.R. 603
	Sunday Times v. United Kingdom (No. 2)	(1992) 14 E.H.R.R. 229
	Tripodi v. Italy	(1994) 18 E.H.R.R. 295
Gregory v. United Kingdom (1998) 25 E.H.R.R. 577	Miah v. United Kingdom	(1998) 26 E.H.R.R. CD 199
	Sander v. United Kingdom	(2001) 31 E.H.R.R 1003
Grigoriades v. Greece (1999) 27 E.H.R.R. 464	Hertel v. Switzerland	(1999) 28 E.H.R.R. 534
	Larissis v. Greece	(1999) 27 E.H.R.R. 329
	Lustig-Prean and Beckett v. United Kingdom	(2000) 29 E.H.R.R. 548
	Smith and Grady v. United Kingdom	(2000) 29 E.H.R.R. 493

Case Referred to	Name of Case	Citation
Groppera Radio AG v. Switzerland (A/173) (1990) 12 E.H.R.R. 321	Autronic AG v. Switzerland	(1990) 12 E.H.R.R. 485
	Casado Coca v. Spain	(1994) 18 E.H.R.R. 1
	Chorherr v. Austria	(1994) 17 E.H.R.R. 358
	Grauso v. Poland	(1997) 23 E.H.R.R. CD 108
	Hins and Hugenholtz v. Netherlands	(1996) 21 E.H.R.R. CD 124
	Informationsverein Lentia v. Austria	(1994) 17 E.H.R.R. 93
	Nydahl v. Sweden	(1993) 16 E.H.R.R. CD 15
	Open Door Counselling and Dublin Well Woman v. Ireland	(1993) 15 E.H.R.R. 244
	Piermont v. France	(1995) 20 E.H.R.R. 301
	Pine Valley Developments Ltd v. Ireland	(1992) 14 E.H.R.R. 319
	Prager and Oberschlick v. Austria	(1996) 21 E.H.R.R. 1
	Radio ABC v. Austria	(1996) 22 E.H.R.R. CD 3
	Radio ABC v. Austria	(1998) 25 E.H.R.R. 185
	Spacek sro v. Czech Republic	(2000) 30 E.H.R.R. 1010
	Telesystem Tirol Kabeltelevision v. Austria	(1997) 24 E.H.R.R. CD 11
	Weber v. Switzerland	(1990) 12 E.H.R.R. 508
	X.S.A. v. Netherlands	(1994) 18 E.H.R.R. CD 176
Guerin v. France (2000) 29 E.H.R.R. 210	Civet v. France	(2001) 31 E.H.R.R 871
	Khalfaoui v. France	(2001) 31 E.H.R.R 967
	Omar v. France	(2000) 29 E.H.R.R. 210
Guerra v. Italy (1998) 26 E.H.R.R. 357	Assenov v. Bulgaria	(1999) 28 E.H.R.R. 652
	Botta v. Italy	(1998) 26 E.H.R.R. 241
	LCB v. United Kingdom	(1999) 27 E.H.R.R. 212
	McGinley and Egan v. United Kingdom	(1999) 27 E.H.R.R. 1
	Wockel v. Germany	(1998) 25 E.H.R.R. CD 156
Guila Manzoni v. Italy	K-F v. Germany	(1998) 26 E.H.R.R. 390
Guillemin v. France	Pressos Compania Naviera v. Belgium (Art. 50)	(1997) 24 E.H.R.R. CD 16
Guincho v. Portugal (A/81) (1985) 7 E.H.R.R. 223	A v. Denmark	(1996) 22 E.H.R.R. 458
	App. No. 9701/82 v. Germany	(1987) 9 E.H.R.R. 364
	App. No. 10729/83 v. Sweden	(1987) 9 E.H.R.R. 112
	App. No. 11295/84 v. Denmark	(1987) 9 E.H.R.R. 550
	App. No. 11612/85 v. Portugal	(1989) 11 E.H.R.R. 106
	Baggetta v. Italy	(1988) 10 E.H.R.R. 325
	Baraona v. Portugal	(1991) 13 E.H.R.R. 329
	Boumar v. Belgium	(1989) 11 E.H.R.R. 1
	Brown v. United Kingdom	(1999) 28 E.H.R.R. CD 233
	Capuano v. Italy	(1991) 13 E.H.R.R. 271
	De Cubber v. Belgium	(1985) 7 E.H.R.R. 236
	Deumeland v. Germany	(1986) 8 E.H.R.R. 448
	Dores and Silveira v. Portugal	(1983) 5 E.H.R.R. 275
	Editions Periscope v. France	(1992) 14 E.H.R.R. 597
	Erkner and Hofauer v. Austria	(1987) 9 E.H.R.R. 464
	Farragut v. France	(1986) 8 E.H.R.R. 232
	Fischer v. Austria	(1995) 20 E.H.R.R. 349
	Guillemin v. France	(1998) 25 E.H.R.R. 435
	H v. France	(1990) 12 E.H.R.R. 74

Case Referred to	Name of Case	Citation
	Lechner and Hess v. Austria	(1987) 9 E.H.R.R. 490
	Martins Moeira v. Portugal	(1991) 13 E.H.R.R. 517
	Monnet v. France	(1994) 18 E.H.R.R. 27
	Moreira de Azevedo v. Portugal	(1991) 13 E.H.R.R. 721
	Motta v. Italy	(1992) 14 E.H.R.R. 432
	Neves e Silva v. Portugal	(1991) 13 E.H.R.R. 535
	Oliveira Neves v. Portugal	(1991) 13 E.H.R.R. 576
	Poiss v. Austria	(1988) 10 E.H.R.R. 231
	Ruiz-Mateos v. Spain	(1993) 16 E.H.R.R. 505
	Scopelliti v. Italy	(1994) 17 E.H.R.R. 493
	Silva Pontes v. Portugal	(1994) 18 E.H.R.R. 156
	Sramek v. Austria	(1985) 7 E.H.R.R. 351
	Süßmann v. Germany	(1998) 25 E.H.R.R. 65
	Unión Alimentaria Sanders SA v. Spain	(1990) 12 E.H.R.R. 24
Gul v. Switzerland (1996) 22 E.H.R.R. 93	Ahmut v. Netherlands	(1997) 24 E.H.R.R. 62
	Boughanemi v. France	(1996) 22 E.H.R.R. 228
	C v. Belgium	(2001) 32 E.H.R.R. 19
	K.K. v. Switzerland	(1999) 27 E.H.R.R. CD 361
	McCullough v. United Kingdom	(1998) 25 E.H.R.R. CD 34
	Momique-Pola v. Sweden	(1998) 26 E.H.R.R. CD 187
	Patel v. United Kingdom	(1999) 27 E.H.R.R. CD 254
Güleç v. Turkey (1999) 28 E.H.R.R. 121	Çakici v. Turkey	(2001) 31 E.H.R.R 133
	Ogur v. Turkey	(2001) 31 E.H.R.R 912
Gustafson v. Sweden (1998) 25 E.H.R.R. 623	Andersson v. Sweden	(1998) 25 E.H.R.R. 722
Gustafsson v. Sweden (1996) 22 E.H.R.R. 409	Loizidou v. Turkey	(1997) 23 E.H.R.R. 513
Guzzardi v. Italy (A/39) (1981) 3 E.H.R.R. 333	Abdoella v. Netherlands	(1995) 20 E.H.R.R. 585
	Adolf v. Austria	(1982) 4 E.H.R.R. 313
	Ahmet Sadik v. Greece	(1997) 24 E.H.R.R. 323
	Akdivar v. Turkey	(1997) 23 E.H.R.R. 143
	Amuur v. France	(1996) 22 E.H.R.R. 533
	App. No. 9237/81 v. United Kingdom	(1984) 6 E.H.R.R. 354
	App. No. 10000/82 v. United Kingdom	(1984) 6 E.H.R.R. 535
	App. No. 11152/84 v. Italy	(1987) 9 E.H.R.R. 150
	Ashingdane v. United Kingdom	(1985) 7 E.H.R.R. 528
	B v. France	(1993) 16 E.H.R.R. 1
	Baggetta v. Italy	(1988) 10 E.H.R.R. 325
	Boumar v. Belgium	(1989) 11 E.H.R.R. 1
	Bozano v. France	(1987) 9 E.H.R.R. 297
	Cardot v. France	(1991) 13 E.H.R.R. 853
	Castells v. Spain	(1992) 14 E.H.R.R. 445
	Chahal v. United Kingdom	(1997) 23 E.H.R.R. 413
	Ciulla v. Italy	(1991) 13 E.H.R.R. 346
	Civet v. France	(2001) 31 E.H.R.R 871
	Colak v. Germany	(1989) 11 E.H.R.R. 513
	Comingersoll SA v. Portugal	(2001) 31 E.H.R.R 772
	Corigliano v. Italy	(1983) 5 E.H.R.R. 334
	De Cubber v. Belgium	(1985) 7 E.H.R.R. 236

Case Referred to	Name of Case	Citation
	Dick v. United Kingdom	(1996) 21 E.H.R.R. CD 107
	Englert v. Germany	(1991) 13 E.H.R.R. 392
	Erdagoz v. Turkey	(2001) 32 E.H.R.R. 443
	Eriksen v. Norway	(2000) 29 E.H.R.R. 328
	Foti v. Italy	(1983) 5 E.H.R.R. 313
	Glasenapp v. Germany	(1987) 9 E.H.R.R. 25
	Hashman and Harrup v. United Kingdom	(1996) 22 E.H.R.R. CD 185
	Hentrich v. France	(1994) 18 E.H.R.R. 440
	Herczegfalvy v. Austria	(1993) 15 E.H.R.R. 437
	Johansen v. Norway	(1987) 9 E.H.R.R. 103
	Kemmache v. France (No. 3)	(1995) 19 E.H.R.R. 349
	Klass v. Germany	(1994) 18 E.H.R.R. 305
	Kolompar v. Belgium	(1993) 16 E.H.R.R. 197
	Le Compte, Van Leuven and De Meyere v. Belgium	(1982) 4 E.H.R.R. 1
	Lopez Ostra v. Spain	(1995) 20 E.H.R.R. 277
	McVeigh, O'Neill and Evans v. United Kingdom	(1983) 5 E.H.R.R. 71
	Nielsen v. Denmark	(1989) 11 E.H.R.R. 175
	Raimondo v. Italy	(1994) 18 E.H.R.R. 237
	Rieme v. Sweden	(1993) 16 E.H.R.R. 155
	Riera Blume v. Spain	(2000) 30 E.H.R.R. 632
	Rubinat v. Italy	(1985) 7 E.H.R.R. 512
	Saidi v. France	(1994) 17 E.H.R.R. 251
	Stewart v. United Kingdom	(1985) 7 E.H.R.R. 453
	Toth v. Austria	(1992) 14 E.H.R.R. 551
	Van Der Mussele v. Belgium	(1984) 6 E.H.R.R. 163
	Van Droogenbroeck v. Belgium	(1982) 4 E.H.R.R. 443
	Van Oosterwijck v.Belgium	(1981) 3 E.H.R.R. 557
	X v. United Kingdom	(1982) 4 E.H.R.R. 188
	Young, James and Webster v. United Kingdom	(1982) 4 E.H.R.R. 38
	Zimmermann and Steiner v. Switzerland	(1984) 6 E.H.R.R. 17
H v. Belgium (A/127) (1988) 10 E.H.R.R. 339	Allan Jacobsson v. Sweden	(1990) 12 E.H.R.R. 56
	Barbera, Messegue and Jabardo v. Spain	(1989) 11 E.H.R.R. 360
	Belilos v. Switzerland	(1988) 10 E.H.R.R. 466
	Casado Coca v. Spain	(1994) 18 E.H.R.R. 1
	De Moor v. Belgium	(1994) 18 E.H.R.R. 372
	Diennet v. France	(1996) 21 E.H.R.R. 554
	Editions Periscope v. France	(1992) 14 E.H.R.R. 597
	Fayed v. United Kingdom	(1994) 18 E.H.R.R. 393
	Fouquet v. France	(1996) 22 E.H.R.R. 279
	Garcia Ruiz v. Spain	(2001) 31 E.H.R.R 589
	GS v. Austria	(2001) 31 E.H.R.R 576
	Håkansson and Sturesson v. Sweden	(1991) 13 E.H.R.R. 1
	Hiro Balani v. Spain	(1995) 19 E.H.R.R. 566
	Holy Monastries v. Greece	(1995) 20 E.H.R.R. 1
	Huber v. France	(1998) 26 E.H.R.R. 457
	I v. United Kingdom	(1997) 23 E.H.R.R. CD 66
	Kraska v. Switzerland	(1994) 18 E.H.R.R. 188
	Maillard v. France	(1999) 27 E.H.R.R. 232
	Neigel v. France	(2000) 30 E.H.R.R. 310
	Neves e Silva v. Portugal	(1991) 13 E.H.R.R. 535
	Putz v. Austria	(2001) 32 E.H.R.R. 271

Case Referred to	Name of Case	Citation
	Ruiz Torija v. Spain	(1995) 19 E.H.R.R. 553
	Stefan v. United Kingdom	(1998) 25 E.H.R.R. CD 130
	Van de Hurk v. Netherlands	(1994) 18 E.H.R.R. 481
	WR v. Austria	(2001) 31 E.H.R.R 985
H v. France (A/162) (1990) 12 E.H.R.R. 74	Acquaviva v. France	(2001) 32 E.H.R.R. 134
	Avis Enterprises v. Greece	(1998) 26 E.H.R.R. CD 21
	British American Tobacco Co. Ltd v. Netherlands	(1996) 21 E.H.R.R. 409
	Fischer v. Austria	(1995) 20 E.H.R.R. 349
	Huber v. France	(1998) 26 E.H.R.R. 457
	Kamasinski v. Austria	(1991) 13 E.H.R.R. 36
	Kaneva v. Bulgaria	(1997) 23 E.H.R.R. CD 86
	Karassev v. Finland	(1999) 28 E.H.R.R. CD 126
	Monnet v. France	(1994) 18 E.H.R.R. 27
	Moreira de Azevedo v. Portugal	(1991) 13 E.H.R.R. 721
	Ortenberg v. Austria	(1995) 19 E.H.R.R. 524
	Panikian v. Bulgaria	(1997) 24 E.H.R.R. CD 63
	Papachelas v. Greece	(2000) 30 E.H.R.R. 923
	Perks v. United Kingdom	(2000) 30 E.H.R.R. 33
	Schouten and Meldrum v. Netherlands	(1995) 19 E.H.R.R. 432
	Vernillo v. France	(1991) 13 E.H.R.R. 880
	Waite and Kennedy v. Germany	(2000) 30 E.H.R.R. 261
	X v. France	(1992) 14 E.H.R.R. 483
H v. United Kingdom (A/120) (1988) 10 E.H.R.R. 95	A and Byrne and Twenty-Twenty Television v. United Kingdom	(1998) 25 E.H.R.R. CD 159
	Abdoella v. Netherlands	(1995) 20 E.H.R.R. 585
	Bock v. Germany	(1990) 12 E.H.R.R. 247
	Campbell v. United Kingdom	(1989) 11 E.H.R.R. 97
	Fischer v. Austria	(1995) 20 E.H.R.R. 349
	H v. France	(1990) 12 E.H.R.R. 74
	H v. United Kingdom	(1991) 13 E.H.R.R. 449
	Hoffmann v. Austria	(1994) 17 E.H.R.R. 293
	Johansen v. Norway	(1997) 23 E.H.R.R. 33
	M.L. v. United Kingdom	(1995) 20 E.H.R.R. CD 81
	Mehemi v. France	(2000) 30 E.H.R.R. 739
	Nyberg v. Sweden	(1992) 14 E.H.R.R. 870
	Oliveira Neves v. Portugal	(1991) 13 E.H.R.R. 576
	Olsson v. Sweden (No. 2)	(1994) 17 E.H.R.R. 134
	R.S. v. United Kingdom	(1995) 20 E.H.R.R. CD 98
	Rieme v. Sweden	(1993) 16 E.H.R.R. 155
	X v. France	(1992) 14 E.H.R.R. 483
H.L.R. v. France (1998) 26 E.H.R.R. 29	A v. United Kingdom	(1999) 27 E.H.R.R. 611
	Incedursun v. Netherlands	(1999) 28 E.H.R.R. CD 54
	Ozdemir v. Netherlands	(1999) 27 E.H.R.R. CD 257
Hadad, July 26, 1991	Beldjoudi v. France	(1992) 14 E.H.R.R. 801
Hadjianastassiou v. Greece (A/252A) (1993) 16 E.H.R.R. 219	Chorherr v. Austria	(1994) 17 E.H.R.R. 358
	Fouquet v. France	(1996) 22 E.H.R.R. 279
	Fressoz and Roire v. France	(2001) 31 E.H.R.R 28
	Georgiadis v. Greece	(1997) 24 E.H.R.R. 606
	Melin v. France	(1994) 17 E.H.R.R. 1

Case Referred to	Name of Case	Citation
	Tsirlis and Kouloumpas v. Greece	(1996) 21 E.H.R.R. CD 30
	Tsirlis and Kouloumpas v. Greece	(1998) 25 E.H.R.R. 198
	United Communist Party of Turkey v. Turkey	(1998) 26 E.H.R.R. 121
	Vacher v. France	(1997) 24 E.H.R.R. 482
	Vereinigung Demokratischer Soldaten Österreichs and Gubi v. Austria	(1995) 20 E.H.R.R. 56
Hakansson v. Sweden (A/171); *sub nom.* Sturesson v. Sweden (1991) 13 E.H.R.R. 1	Diennet v. France	(1996) 21 E.H.R.R. 554
	Fischer v. Austria	(1995) 20 E.H.R.R. 349
	Fredin v. Sweden	(1991) 13 E.H.R.R. 784
	Fredin v. Swedin	(1993) 15 E.H.R.R. CD 58
	Gustafson (Rolf) v. Sweden	(1998) 25 E.H.R.R. 623
	Helle v. Finland	(1998) 26 E.H.R.R. 159
	Hennings v. Germany	(1993) 16 E.H.R.R. 83
	Hentrich v. France	(1994) 18 E.H.R.R. 440
	Johansson v. Sweden	(1993) 15 E.H.R.R. CD 62
	McGonnell v. United Kingdom	(2000) 30 E.H.R.R. 289
	Olsson v. Sweden (No. 2)	(1994) 17 E.H.R.R. 134
	Pauger v. Austria	(1998) 25 E.H.R.R. 105
	Philis v. Greece	(1991) 13 E.H.R.R. 741
	Pine Valley Developments Ltd v. Ireland	(1992) 14 E.H.R.R. 319
	Schuler-Zgraggen v. Switzerland	(1993) 16 E.H.R.R. 405
	Stallinger and Kuso v. Austria	(1998) 26 E.H.R.R. 81
	Van de Hurk v. Netherlands	(1994) 18 E.H.R.R. 481
	Werner and Szucs v. Austria	(1998) 26 E.H.R.R. 310
	Zubani v. Italy	(2001) 32 E.H.R.R. 297
	Zumbotel v. Austria	(1994) 17 E.H.R.R. 116
Halford v. United Kingdom (1997) 24 E.H.R.R. 523	Amann v. Switzerland	(2000) 30 E.H.R.R. 843
	Avis Enterprises v. Greece	(1998) 26 E.H.R.R. CD 21
	Gündem v. Turkey	(2001) 32 E.H.R.R. 350
	Jasper v. United Kingdom	(2000) 30 E.H.R.R. 441
	Khan v. United Kingdom	(2001) 31 E.H.R.R 1016
	Kopp v. Switzerland	(1999) 27 E.H.R.R. 91
	Lambert v. France	(2000) 30 E.H.R.R. 346
	Remmers and Hamer v. Netherlands	(1999) 27 E.H.R.R. CD 168
	Steel v. United Kingdom	(1999) 28 E.H.R.R. 603
	Tsavachidis v. Greece	(1999) 27 E.H.R.R. CD 27
	Valenzuela Contreras v. Spain	(1999) 28 E.H.R.R. 483
Hamer v. France (1997) 23 E.H.R.R. 1	Basic v. Austria	(1999) 28 E.H.R.R. CD 118
Hamer v. United Kingdom (1982) 4 E.H.R.R. 139	App. No. 9914/82 v. Netherlands	(1984) 6 E.H.R.R. 139
	Johnston v. Ireland	(1986) 8 E.H.R.R. 214
Handyside v. United Kingdom (A/24) (1979–80) 1 E.H.R.R. 737	Air Canada v. United Kingdom	(1995) 20 E.H.R.R. 150
	Akdivar v. Turkey	(1997) 23 E.H.R.R. 143
	Allegemeine Gold- und Silberscheideanstalt v. United Kingdom	(1987) 9 E.H.R.R. 1

Case Referred to	Name of Case	Citation
	Allgemeine Gold- und Silberscheideanstalt AG v. United Kingdom	(1985) 7 E.H.R.R. 314
	Andersson v. Sweden	(1992) 14 E.H.R.R. 615
	App. No. 9604/81 v. Germany	(1983) 5 E.H.R.R. 587
	App. No. 9664/82 v. Sweden	(1983) 5 E.H.R.R. 510
	App. No. 9777/82 v. Belgium	(1984) 6 E.H.R.R. 534
	App. No. 10053/82 v. Denmark	(1984) 6 E.H.R.R. 350
	App. No. 10343/83 v. Switzerland	(1984) 6 E.H.R.R. 367
	App. No. 11243/84 v. Sweden	(1987) 9 E.H.R.R. 131
	App. No. 11417/85 v. Sweden	(1986) 8 E.H.R.R. 106
	App. No. 11508/85 v. Denmark	(1989) 11 E.H.R.R. 559
	Arrowsmith v. United Kingdom	(1981) 3 E.H.R.R. 218
	Barfod v. Denmark	(1991) 13 E.H.R.R. 493
	Barthold v. Germany	(1985) 7 E.H.R.R. 383
	BBC Scotland, McDonald, Rodgers and Donald v. United Kingdom	(1998) 25 E.H.R.R. CD 179
	Bladet Tromsø and Stensaas v. Norway	(2000) 29 E.H.R.R. 125
	Bönisch v. Austria	(1987) 9 E.H.R.R. 191
	Brogan v. United Kingdom	(1989) 11 E.H.R.R. 117
	Castells v. Spain	(1992) 14 E.H.R.R. 445
	Chassagnou v. France	(2000) 29 E.H.R.R. 615
	Council of Civil Service Unions v. United Kingdom	(1988) 10 E.H.R.R. 269
	Dalban v. Romania	(2001) 31 E.H.R.R 893
	Dudgeon v. United Kingdom	(1981) 3 E.H.R.R. 40
	Dudgeon v. United Kingdom	(1982) 4 E.H.R.R. 149
	Eckle v. Germany	(1983) 5 E.H.R.R. 1
	Ezelin v. France	(1992) 14 E.H.R.R. 362
	Fayed v. United Kingdom	(1994) 18 E.H.R.R. 393
	Fressoz and Roire v. France	(2001) 31 E.H.R.R 28
	Glasenapp v. Germany	(1987) 9 E.H.R.R. 25
	Glimmerveen and Hagenbeek v. Netherlands	(1982) 4 E.H.R.R. 260
	Grigoriades v. Greece	(1999) 27 E.H.R.R. 464
	Groppera Radio AG v. Switzerland	(1990) 12 E.H.R.R. 321
	Groppera Radio AG, Marquard, Fröhlich and Caluzzi v. Switzerland	(1990) 12 E.H.R.R. 297
	Hadjianastassiou v. Greece	(1993) 16 E.H.R.R. 219
	Hentrich v. France	(1994) 18 E.H.R.R. 440
	Hertel v. Switzerland	(1999) 28 E.H.R.R. 534
	Hokkanen v. Finland	(1995) 19 E.H.R.R. 139
	Ireland v. United Kingdom	2 E.H.R.R. 25
	James v. United Kingdom	(1984) 6 E.H.R.R. 475
	James v. United Kingdom	(1986) 8 E.H.R.R. 123
	Janowski v. Poland	(2000) 29 E.H.R.R. 705
	Johnston v. Ireland	(1987) 9 E.H.R.R. 203
	K v. Germany	(1984) 6 E.H.R.R. 519
	Klass v. Germany	2 E.H.R.R. 214
	Kokkinakis v. Greece	(1994) 17 E.H.R.R. 397
	König v. Germany	2 E.H.R.R. 170
	Kosiek v. Germany	(1987) 9 E.H.R.R. 328
	Kroon v. Netherlands	(1995) 19 E.H.R.R. 263

Case Referred to	Name of Case	Citation
	Laskey, Jaggard and Brown v. United Kingdom	(1997) 24 E.H.R.R. 39
	Leander v. Sweden	(1985) 7 E.H.R.R. 557
	Lehideux and Isorni v. France	(2000) 30 E.H.R.R. 665
	Lehtinen v. Finland	(2000) 29 E.H.R.R. CD 204
	Lingens and Leitgens v. Austria	(1982) 4 E.H.R.R. 373
	Lingens v. Austria	(1985) 7 E.H.R.R. 446
	Lingens v. Austria	(1986) 8 E.H.R.R. 407
	Lithgow v. United Kingdom	(1985) 7 E.H.R.R. 56
	Malone v. United Kingdom	(1983) 5 E.H.R.R. 385
	Malone v. United Kingdom	(1985) 7 E.H.R.R. 14
	Marckx v. Belgium	2 E.H.R.R. 330
	Markt Intern and Beerman v. Germany	(1989) 11 E.H.R.R. 212
	Markt Intern and Beermann v. Germany	(1990) 12 E.H.R.R. 161
	Mats Jacobsson v. Sweden	(1991) 13 E.H.R.R. 79
	McVeigh, O'Neill and Evans v. United Kingdom	(1983) 5 E.H.R.R. 71
	Meeder v. Netherlands	(1987) 9 E.H.R.R. 546
	Mellacher v. Austria	(1990) 12 E.H.R.R. 97
	Mentes v. Turkey	(1998) 26 E.H.R.R. 595
	Müller v. Switzerland	(1991) 13 E.H.R.R. 212
	Norris v. Ireland	(1991) 13 E.H.R.R. 186
	Nyberg v. Sweden	(1992) 14 E.H.R.R. 870
	Oberschlick v. Austria	(1995) 19 E.H.R.R. 389
	Observer and Guardian v. United Kingdom	(1992) 14 E.H.R.R. 153
	Olsson v. Sweden (No. 2)	(1994) 17 E.H.R.R. 134
	Open Door Counselling and Dublin Well Woman v. Ireland	(1993) 15 E.H.R.R. 244
	Open Door Counselling Ltd and Dublin Well Woman Centre Ltd v. Ireland	(1992) 14 E.H.R.R. 131
	Otto-Preminger Institute v. Austria	(1995) 19 E.H.R.R. 34
	Philis v. Greece	(1991) 13 E.H.R.R. 741
	Phocas v. France	(2001) 32 E.H.R.R. 221
	Piermont v. France	(1995) 20 E.H.R.R. 301
	Raimondo v. Italy	(1994) 18 E.H.R.R. 237
	Rieme v. Sweden	(1993) 16 E.H.R.R. 155
	Schenk v. Switzerland	(1991) 13 E.H.R.R. 242
	Scherer v. Switzerland	(1994) 18 E.H.R.R. 276
	Schiesser v. Switzerland	2 E.H.R.R. 417
	Selmouni v. France	(2000) 29 E.H.R.R. 403
	Sidiropoulos v. Greece	(1999) 27 E.H.R.R. 633
	Silver v. United Kingdom	(1981) 3 E.H.R.R. 475
	Silver v. United Kingdom	(1983) 5 E.H.R.R. 347
	Socialist Party v. Turkey	(1999) 27 E.H.R.R. 51
	Stewart v. United Kingdom	(1985) 7 E.H.R.R. 453
	Stjerna v. Finland	(1997) 24 E.H.R.R. 195
	Sunday Times v. United Kingdom	2 E.H.R.R. 245
	Sunday Times v. United Kingdom (No. 2)	(1992) 14 E.H.R.R. 229
	Thorgeir Thorgeirson v. Iceland	(1992) 14 E.H.R.R. 115

Case Referred to	Name of Case	Citation
	Trustees of the late Duke of Westminster's Estate v. United Kingdom	(1983) 5 E.H.R.R. 440
	Tyrer v. United Kingdom	2 E.H.R.R. 1
	United Communist Party of Turkey v. Turkey	(1998) 26 E.H.R.R. 121
	Vogt v. Germany	(1996) 21 E.H.R.R. 205
	Wille v. Liechtenstein	(2000) 30 E.H.R.R. 564
	Winterwerp v. Netherlands	2 E.H.R.R. 387
	X and Y v. Netherlands	(1986) 8 E.H.R.R. 235
	Young, James and Webster v. United Kingdom	(1982) 4 E.H.R.R. 38
	Zana v. Turkey	(1999) 27 E.H.R.R. 667
Hauer v. Land Rheinland-Pfalz (1981) 3 E.H.R.R. 140	Gillow v. United Kingdom	(1985) 7 E.H.R.R. 292
Hauschildt v. Denmark (A/154) (1990) 12 E.H.R.R. 266	Borgers v. Belgium	(1993) 15 E.H.R.R. 92
	Botten v. Norway	(2001) 32 E.H.R.R. 37
	Brandsetter v. Austria	(1993) 15 E.H.R.R. 378
	Brozicek v. Italy	(1990) 12 E.H.R.R. 371
	Bulut v. Austria	(1997) 24 E.H.R.R. 84
	Castillo Algar v. Spain	(2000) 30 E.H.R.R. 827
	Daktaras v. Lithuania	(2000) 29 E.H.R.R. CD 135
	De Haan v. Netherlands	(1998) 26 E.H.R.R. 417
	De Moor v. Belgium	(1994) 18 E.H.R.R. 372
	Demicoli v. Malta	(1992) 14 E.H.R.R. 47
	Diennet v. France	(1996) 21 E.H.R.R. 554
	Doorson v. Netherlands	(1996) 22 E.H.R.R. 330
	E v. Norway	(1994) 17 E.H.R.R. 30
	Ferrantelli and Santangelo v. Italy	(1997) 23 E.H.R.R. 288
	Fey v. Austria	(1993) 16 E.H.R.R. 387
	Former King Constantinos of Greece v. Greece	(1998) 26 E.H.R.R. CD 50
	Gasper v. Sweden	(1998) 26 E.H.R.R. CD 30
	Holm v. Sweden	(1994) 18 E.H.R.R. 79
	Incal v. Turkey	(2000) 29 E.H.R.R. 449
	Jón Kristinsson v. Iceland	(1991) 13 E.H.R.R. 238
	Kraska v. Switzerland	(1994) 18 E.H.R.R. 188
	Krone-Verlag Gmbh v. Austria	(1997) 23 E.H.R.R. CD 152
	Langborger v. Sweden	(1990) 12 E.H.R.R. 416
	Lie and Bernsten v. Norway	(2000) 29 E.H.R.R. CD 210
	Masson and Van Zon v. Netherlands	(1996) 22 E.H.R.R. 491
	Nortier v. Netherlands	(1994) 17 E.H.R.R. 273
	Oberschlick v. Austria	(1995) 19 E.H.R.R. 389
	Ohg v. Austria	(1994) 18 E.H.R.R. CD 107
	Palaoro v. Austria	(2001) 32 E.H.R.R. 202
	Pfarrmeier v. Austria	(1996) 22 E.H.R.R. 175
	Pressos Compania Naviera SA v. Belgium	(1996) 21 E.H.R.R. 301
	Putz v. Austria	(2001) 32 E.H.R.R. 271
	R.M.B. v. United Kingdom	(1999) 27 E.H.R.R. CD 286
	Reinhardt and Slimane-Kaid v. France	(1999) 28 E.H.R.R. 59
	Sainte-Marie v. France	(1993) 16 E.H.R.R. 116
	Saraiva de Carvalho v. Portugal	(1994) 18 E.H.R.R. 534
	Schmautzer v. Austria	(1996) 21 E.H.R.R. 511

Case Referred to	Name of Case	Citation
	Thomann v. Switzerland	(1997) 24 E.H.R.R. 553
	Thorgeir Thorgeirson v. Iceland	(1992) 14 E.H.R.R. 115
	Thorgeir Thorgeirson v. Iceland	(1992) 14 E.H.R.R. 843
	Umlauft v. Austria	(1996) 22 E.H.R.R. 76
	Van de Hurk v. Netherlands	(1994) 18 E.H.R.R. 481
Helle v. Finland (1998) 26 E.H.R.R. 159	Driemond Bouw BV v. Netherlands	(1999) 28 E.H.R.R. CD 135
	Garcia Ruiz v. Spain	(2001) 31 E.H.R.R 589
	Incal v. Turkey	(2000) 29 E.H.R.R. 449
	Krcmár v. Czech Republic	(2001) 31 E.H.R.R 953
Helmers v. Sweden (A/212) (1993) 15 E.H.R.R. 285	Abdoella v. Netherlands	(1995) 20 E.H.R.R. 585
	Agrotexim v. Greece	(1996) 21 E.H.R.R. 250
	Belziuk v. Poland	(2000) 30 E.H.R.R. 614
	Botten v. Norway	(2001) 32 E.H.R.R. 37
	Bulut v. Austria	(1997) 24 E.H.R.R. 84
	Cooke v. Austria	(2001) 31 E.H.R.R 338
	Edwards v. United Kingdom	(1993) 15 E.H.R.R. 417
	Fayed v. United Kingdom	(1994) 18 E.H.R.R. 393
	G v. France	(1996) 21 E.H.R.R. 288
	Gasper v. Sweden	(1998) 26 E.H.R.R. CD 30
	Helmers v. Sweden	(1998) 26 E.H.R.R. CD 73
	Hokkanen v. Finland	(1995) 19 E.H.R.R. 139
	Incal v. Turkey	(2000) 29 E.H.R.R. 449
	Kerojarvi v. Finland	(2001) 32 E.H.R.R. 152
	Kremzow v. Austria	(1994) 17 E.H.R.R. 322
	Pardo v. France	(1994) 17 E.H.R.R. 383
	Pierre-Bloch v. France	(1998) 26 E.H.R.R. 202
	Ravnsborg v. Sweden	(1994) 18 E.H.R.R. 38
	Societe Levage Prestations v. France	(1997) 24 E.H.R.R. 351
Hendriks v. Netherlands (1983) 5 E.H.R.R. 223	App. No. 9018/90 v. Netherlands	(1984) 6 E.H.R.R. 133
	App. No. 9103/80 v. Netherlands	(1983) 5 E.H.R.R. 503
	App. No. 9769/82 v. Netherlands	(1986) 8 E.H.R.R. 288
Hentrich v. France (A/296–A) (1994) 18 E.H.R.R. 440	Air Canada v. United Kingdom	(1995) 20 E.H.R.R. 150
	Ankerl v. Switzerland	(2001) 32 E.H.R.R. 1
	Avis Enterprises v. Greece	(1998) 26 E.H.R.R. CD 21
	British American Tobacco Co. Ltd v. Netherlands	(1996) 21 E.H.R.R. 409
	Civet v. France	(2001) 31 E.H.R.R 871
	De Haes and Gijsels v. Belgium	(1998) 25 E.H.R.R. 1
	Gasus Dosier und Fordertechnik GmbH v Netherlands	(1995) 20 E.H.R.R. 403
	Hentrich v. France	(1997) 24 E.H.R.R. CD 19
	Hentrich v. France (Art. 50)	(1996) 21 E.H.R.R. 199
	Katikaridis v. Greece	(2001) 32 E.H.R.R. 113
	K-F v. Germany	(1998) 26 E.H.R.R. 390
	Ogur v. Turkey	(2001) 31 E.H.R.R 912
	Papachelas v. Greece	(2000) 30 E.H.R.R. 923
	Remli v. France	(1996) 22 E.H.R.R. 253
	Selmouni v. France	(2000) 29 E.H.R.R. 403
	Zubani v. Italy	(2001) 32 E.H.R.R. 297

Case Referred to	Name of Case	Citation
Hentrich v. France (Art. 50) (1996) 21 E.H.R.R. 199	Hentrich v. France	(1997) 24 E.H.R.R. CD 19
Herczegfalvy v. Austria (A/242B) (1993) 15 E.H.R.R. 437	Abdoella v. Netherlands	(1995) 20 E.H.R.R. 585
	Air Canada v. United Kingdom	(1995) 20 E.H.R.R. 150
	Akdivar v. Turkey	(1997) 23 E.H.R.R. 143
	Benham v. United Kingdom	(1996) 22 E.H.R.R. 293
	Buckley v. United Kingdom	(1997) 23 E.H.R.R. CD 129
	Chorherr v. Austria	(1994) 17 E.H.R.R. 358
	Day v. Italy	(1998) 26 E.H.R.R. CD 174
	Fischer v. Austria	(1995) 20 E.H.R.R. 349
	Kemmache v. France (No. 3)	(1995) 19 E.H.R.R. 349
	Mansur v. Turkey	(1995) 20 E.H.R.R. 535
	McLeod v. United Kingdom	(1999) 27 E.H.R.R. 493
	Musial v. Poland	(2001) 31 E.H.R.R 720
	Navarra v. France	(1994) 17 E.H.R.R. 594
	Oldham v. United Kingdom	(2001) 31 E.H.R.R 813
	Raninen v. Finland	(1998) 26 E.H.R.R. 563
	Silva Rocha v. Portugal	(2001) 32 E.H.R.R. 333
	Tsirlis and Kouloumpas v. Greece	(1996) 21 E.H.R.R. CD 30
	Tsirlis and Kouloumpas v. Greece	(1998) 25 E.H.R.R. 198
	V v. United Kingdom	(2000) 30 E.H.R.R. 121
	Vereinigung Demokratischer Soldaten Österreichs and Gubi v. Austria	(1995) 20 E.H.R.R. 56
Hertel v. Switzerland (1999) 28 E.H.R.R. 534	Baskaya and Okçuoglu v. Turkey	(2001) 31 E.H.R.R 292
	Bergens Tidende v. Norway	(2001) 31 E.H.R.R 430
	Lehideux and Isorni v. France	(2000) 30 E.H.R.R. 665
	Slimane-Kaïd v. France	(2001) 31 E.H.R.R 1073
	Van Geyseghem v. Belgium	(2001) 32 E.H.R.R. 554
Higgins v. France (1999) 27 E.H.R.R. 703	Garcia Ruiz v. Spain	(2001) 31 E.H.R.R 589
	Gautrin v. France	(1999) 28 E.H.R.R. 196
	Sjöö v. Sweden	(1999) 27 E.H.R.R. CD 304
Hiro Balani v. Spain (A/303–B) (1995) 19 E.H.R.R. 566	Driemond Bouw BV v. Netherlands	(1999) 28 E.H.R.R. CD 135
	Garcia Ruiz v. Spain	(2001) 31 E.H.R.R 589
	Higgins v. France	(1999) 27 E.H.R.R. 703
	JS v. Netherlands	(1995) 20 E.H.R.R. CD 41
Hoang v. France (A/243) (1993) 16 E.H.R.R. 53	Air Canada v. United Kingdom	(1995) 20 E.H.R.R. 150
	Bullock v. United Kingdom	(1996) 21 E.H.R.R. CD 85
	Lobo Machado v. Portugal	(1997) 23 E.H.R.R. 79
Hoffmann v. Austria (A/255–C) (1994) 17 E.H.R.R. 293	Canea Catholic Church v. Greece	(1999) 27 E.H.R.R. 521
	Christian Association of Jehovah's Witnesses v. Bulgaria	(1997) 24 E.H.R.R. CD 52
	Holy Monastries v. Greece	(1995) 20 E.H.R.R. 1
	M v. Bulgaria	(1996) 22 E.H.R.R. CD 101
	Purtonen v. Finland	(1999) 27 E.H.R.R. CD 192
	Salgueiro Da Silva Mouta v. Portugal	(2001) 31 E.H.R.R 1055

Case Referred to	Name of Case	Citation
Hokkanen v. Finland (A/299–A) (1995) 19 E.H.R.R. 139	A and Byrne and Twenty-Twenty Television v. United Kingdom	(1998) 25 E.H.R.R. CD 159
	Allenet De Ribemont v. France	(1995) 20 E.H.R.R. 557
	EP v. Italy	(2001) 31 E.H.R.R 463
	Gül v. Switzerland	(1996) 22 E.H.R.R. 93
	Ignaccolo-Zenide v. Romania	(2001) 31 E.H.R.R 212
	Johansen v. Norway	(1997) 23 E.H.R.R. 33
	K and T v. Finland	(2001) 31 E.H.R.R 484
	Kerojarvi v. Finland	(2001) 32 E.H.R.R. 152
	L v. Finland	(2001) 31 E.H.R.R 737
	Loukanov v. Bulgaria	(1997) 24 E.H.R.R. 121
	Myszk v. Poland	(1998) 26 E.H.R.R. CD 76
	Stjerna v. Finland	(1997) 24 E.H.R.R. 195
Holm v. Sweden (A/279–A) (1994) 18 E.H.R.R. 79	Çiraklar v. Turkey	(2001) 32 E.H.R.R. 535
	Findlay v. United Kingdom	(1996) 21 E.H.R.R. CD 7
	Findlay v. United Kingdom	(1997) 24 E.H.R.R. 221
	Gautrin v. France	(1999) 28 E.H.R.R. 196
	Gregory v. United Kingdom	(1998) 25 E.H.R.R. 577
	Gregory v. United Kingdom	(1998) 25 E.H.R.R. 577
	Higgins v. France	(1999) 27 E.H.R.R. 703
	Incal v. Turkey	(2000) 29 E.H.R.R. 449
	Mitap and Müftüoğlu v. Turkey	(1996) 22 E.H.R.R. 209
	Pullar v. United Kingdom	(1996) 22 E.H.R.R. 391
	Remli v. France	(1996) 22 E.H.R.R. 253
	Van de Hurk v. Netherlands	(1994) 18 E.H.R.R. 481
Holy Monasteries v. Greece (A/301–A) (1995) 20 E.H.R.R. 1	Aksoy v. Turkey	(1997) 23 E.H.R.R. 553
	Amann v. Switzerland	(2000) 30 E.H.R.R. 843
	Aydin v. Turkey	(1998) 25 E.H.R.R. 251
	Bullock v. United Kingdom	(1996) 21 E.H.R.R. CD 85
	Canea Catholic Church v. Greece	(1999) 27 E.H.R.R. 521
	Grech v. Malta	(1995) 20 E.H.R.R. CD 95
	Hautanemi v. Sweden	(1996) 22 E.H.R.R. CD 155
	Holy Monasteries v. Greece	(1998) 25 E.H.R.R. 640
	Loizidou v. Turkey	(1997) 23 E.H.R.R. 513
	McCann v. United Kingdom	(1996) 21 E.H.R.R. 97
	Papachelas v. Greece	(2000) 30 E.H.R.R. 923
	Pressos Compania Naviera SA v. Belgium	(1996) 21 E.H.R.R. 301
	Tsirlis and Kouloumpas v. Greece	(1996) 21 E.H.R.R. CD 30
	Tsirlis and Kouloumpas v. Greece	(1998) 25 E.H.R.R. 198
	Vasilescu v. Romania	(1999) 28 E.H.R.R. 241
Hood v. United Kingdom (2000) 29 E.H.R.R. 365	Caballero v. United Kingdom	(2000) 30 E.H.R.R. 643
	Jordan v. United Kingdom	(2001) 31 E.H.R.R 201
	Nikolova v. Bulgaria	(2001) 31 E.H.R.R 64
Hornsby v. Greece (1997) 24 E.H.R.R. 250	Iatridis v. Greece	(2000) 30 E.H.R.R. 97
	Immobiliare Saffi v. Italy	(2000) 30 E.H.R.R. 756
	Robins v. United Kingdom	(1998) 26 E.H.R.R. 527
Huber v. France (1995) 20 E.H.R.R. 457	Maillard v. France	(1999) 27 E.H.R.R. 232
	Paruszweska v. Poland	(1998) 25 E.H.R.R. CD 175

Case Referred to	Name of Case	Citation
Huber v. Switzerland, unreported, October 23, 1990	Assenov v. Bulgaria	(1999) 28 E.H.R.R. 652
	Brannigan and McBride v. United Kingdom	(1994) 17 E.H.R.R. 539
	Brincat v. Italy	(1993) 16 E.H.R.R. 591
	Caballero v. United Kingdom	(2000) 30 E.H.R.R. 643
	Hood v. United Kingdom	(2000) 29 E.H.R.R. 365
	Jordan v. United Kingdom	(2001) 31 E.H.R.R 201
	Nikolova v. Bulgaria	(2001) 31 E.H.R.R 64
Humen v. Poland, unreported	GS v. Austria	(2001) 31 E.H.R.R 576
Hussain v. United Kingdom (1996) 22 E.H.R.R. 1	Bromfield v. United Kingdom	(1998) 26 E.H.R.R. CD 138
	Curley v. United Kingdom	(2001) 31 E.H.R.R 401
	Kalac v. Turkey	(1999) 27 E.H.R.R. 552
	Mauer v. Austria	(1998) 25 E.H.R.R. 91
	Ryan v. United Kingdom	(1999) 27 E.H.R.R. CD 204
	T v. United Kingdom	(1998) 25 E.H.R.R. CD 11
	V v. United Kingdom	(2000) 30 E.H.R.R. 121
Huvig v. France (A/176–B) (1990) 12 E.H.R.R. 528	Andersson v. Sweden	(1992) 14 E.H.R.R. 615
	Baskaya and Okçuoglu v. Turkey	(2001) 31 E.H.R.R 292
	Cremieux v. France	(1993) 16 E.H.R.R. 357
	Domenichini v. Italy	(2001) 32 E.H.R.R. 68
	Drozd and Janousek v. France and Spain	(1992) 14 E.H.R.R. 745
	Edwards v. United Kingdom	(1993) 15 E.H.R.R. 417
	Funke v. France	(1993) 16 E.H.R.R. 297
	Goodwin v. United Kingdom	(1996) 22 E.H.R.R. 123
	Grigoriades v. Greece	(1999) 27 E.H.R.R. 464
	Halford v. United Kingdom	(1997) 24 E.H.R.R. 523
	Hentrich v. France	(1994) 18 E.H.R.R. 440
	Herczegfalvy v. Austria	(1993) 15 E.H.R.R. 437
	Kopp v. Switzerland	(1999) 27 E.H.R.R. 91
	Laskey, Jaggard and Brown v. United Kingdom	(1997) 24 E.H.R.R. 39
	Lüdi v. Switzerland	(1993) 15 E.H.R.R. 173
	Mialhe v. France	(1993) 16 E.H.R.R. 332
	Middleburg, Van der Zee and Het Parool BV v. Netherlands	(1999) 27 E.H.R.R. CD 111
	Moore and Gordon v. United Kingdom	(2000) 29 E.H.R.R. 728
	Niemietz v. Germany	(1993) 16 E.H.R.R. 97
	Ollila v. Finland	(1993) 15 E.H.R.R. CD 101
	Open Door Counselling and Dublin Well Woman v. Ireland	(1993) 15 E.H.R.R. 244
	Remmers and Hamer v. Netherlands	(1999) 27 E.H.R.R. CD 168
	Spacek sro v. Czech Republic	(2000) 30 E.H.R.R. 1010
	Valenzuela Contreras v. Spain	(1999) 28 E.H.R.R. 483
	Vereinigung Demokratischer Soldaten Österreichs and Gubi v. Austria	(1995) 20 E.H.R.R. 56
	Verenigung Radio 100 v. Netherlands	(1996) 22 E.H.R.R. CD 198
Iatridis v. Greece (2000) 30 E.H.R.R. 97	Immobiliare Saffi v. Italy	(2000) 30 E.H.R.R. 756
	Rudzinske v. Poland	(2000) 29 E.H.R.R. CD 241

Case Referred to	Name of Case	Citation
Idrocalce srl v. Italy, unreported	Allenet de Ribemont v. France	(1996) 22 E.H.R.R. 582
Imbrioscia v. Switzerland (A/275) (1994) 17 E.H.R.R. 441	Daud v. Portugal	(2000) 30 E.H.R.R. 400
	Fitt v. United Kingdom	(2000) 30 E.H.R.R. 480
	Foucher v. France	(1998) 25 E.H.R.R. 234
	Jasper v. United Kingdom	(2000) 30 E.H.R.R. 441
	Magee v. United Kingdom	(2001) 31 E.H.R.R 822
	Miailhe v. France (No. 2)	(1997) 23 E.H.R.R. 491
	Murray v. United Kingdom	(1994) 18 E.H.R.R. CD 1
	Murray v. United Kingdom	(1996) 22 E.H.R.R. 29
	Ninn-Hansen v. Denmark	(1999) 28 E.H.R.R. CD 96
	Pélissier and Sassi v. France	(2000) 30 E.H.R.R. 715
	Rowe and Davis v. United Kingdom	(2000) 30 E.H.R.R. 1
	Teixeira de Castro v. Portugal	(1999) 28 E.H.R.R. 101
	Tejedor Garcia v. Spain	(1998) 26 E.H.R.R. 440
Immobiliare Saffi v. Italy (2000) 30 E.H.R.R. 756	Ao v. Italy	(2000) 29 E.H.R.R. CD 92
	Comingersoll SA v. Portugal	(2001) 31 E.H.R.R 772
	News Verlags GmbH & Co. KG v. Austria	(2001) 31 E.H.R.R 246
	Rudzinske v. Poland	(2000) 29 E.H.R.R. CD 241
Incal v. Turkey (2000) 29 E.H.R.R. 449	Arslan v. Turkey	(2001) 31 E.H.R.R 264
	Baskaya and Okçuoglu v. Turkey	(2001) 31 E.H.R.R 292
	Bladet Tromsø and Stensaas v. Norway	(2000) 29 E.H.R.R. 125
	Castillo Algar v. Spain	(2000) 30 E.H.R.R. 827
	Ceylan v. Turkey	(2000) 30 E.H.R.R. 73
	Çiraklar v. Turkey	(2001) 32 E.H.R.R. 535
	Erkalo v. Netherlands	(1999) 28 E.H.R.R. 509
	H.N. v. Italy	(1999) 27 E.H.R.R. CD 75
	McGonnell v. United Kingdom	(2000) 30 E.H.R.R. 289
	McLeod v. United Kingdom	(1999) 27 E.H.R.R. 493
	Middleburg, Van der Zee and Het Parool BV v. Netherlands	(1999) 27 E.H.R.R. CD 111
	Özgür Gündem v. Turkey	(2001) 31 E.H.R.R 1082
	Steel v. United Kingdom	(1999) 28 E.H.R.R. 603
Informationsverein Lentia v. Austria (A/276) (1994) 17 E.H.R.R. 93	Grauso v. Poland	(1997) 23 E.H.R.R. CD 108
	Hins and Hugenholtz v. Netherlands	(1996) 21 E.H.R.R. CD 124
	Otto-Preminger Institute v. Austria	(1995) 19 E.H.R.R. 34
	Özdep v. Turkey	(2001) 31 E.H.R.R 674
	Prager and Oberschlick v. Austria	(1996) 21 E.H.R.R. 1
	Radio ABC v. Austria	(1996) 22 E.H.R.R. CD 3
	Radio ABC v. Austria	(1998) 25 E.H.R.R. 185
	Telesystem Tirol Kabeltelevision v. Austria	(1997) 23 E.H.R.R. CD 33
	Telesystem Tirol Kabeltelevision v. Austria	(1997) 24 E.H.R.R. CD 11
	United Communist Party of Turkey v. Turkey	(1998) 26 E.H.R.R. 121
	Van de Hurk v. Netherlands	(1994) 18 E.H.R.R. 481

Case Referred to	Name of Case	Citation
	Verenigung Radio 100 v. Netherlands	(1996) 22 E.H.R.R. CD 198
	X.S.A. v. Netherlands	(1994) 18 E.H.R.R. CD 176
Inze v. Austria (A/126) (1988) 10 E.H.R.R. 394	Andronicou and Constantinou v. Cyprus	(1995) 20 E.H.R.R. CD 105
	Baskauskaite v. Lithuania	(1999) 27 E.H.R.R. CD 341
	Botta v. Italy	(1998) 26 E.H.R.R. 241
	Boumar v. Belgium	(1989) 11 E.H.R.R. 1
	Caraher v. United Kingdom	(2000) 29 E.H.R.R. CD 119
	Cossey v. United Kingdom	(1991) 13 E.H.R.R. 622
	D and E v. Netherlands	(1993) 16 E.H.R.R. CD 34
	Darby v. Sweden	(1991) 13 E.H.R.R. 774
	F v. Switzerland	(1988) 10 E.H.R.R. 411
	Gaygusuz v. Austria	(1997) 23 E.H.R.R. 364
	Groppera Radio AG v. Switzerland	(1990) 12 E.H.R.R. 321
	Gudmundsson v. Iceland	(1996) 21 E.H.R.R. CD 89
	Guillemin v. France	(1998) 25 E.H.R.R. 435
	Hoffmann v. Austria	(1994) 17 E.H.R.R. 293
	Jónsson v. Iceland	(1999) 27 E.H.R.R. CD 347
	Kremer-Viereck and Viereck v. Germany	(1998) 26 E.H.R.R. CD 164
	Kroon v. Netherlands	(1995) 19 E.H.R.R. 263
	Krug Von Nidda und Von Falkenstein v. Germany	(1997) 23 E.H.R.R. CD 60
	Larkos v. Cyprus	(2000) 30 E.H.R.R. 597
	Lopez Ostra v. Spain	(1995) 20 E.H.R.R. 277
	McElhinney v. Ireland and United Kingdom	(2000) 29 E.H.R.R. CD 214
	McLaughlin v. United Kingdom	(1994) 18 E.H.R.R. CD 84
	McMichael v. United Kingdom	(1995) 20 E.H.R.R. 205
	Olsson v. Sweden	(1989) 11 E.H.R.R. 259
	Schmidt v. Germany	(1994) 18 E.H.R.R. 513
	Schuler-Zgraggen v. Switzerland	(1993) 16 E.H.R.R. 405
	Sheffield and Horsham v. United Kingdom	(1999) 27 E.H.R.R. 163
	Spadea and Scalabrino v. Italy	(1996) 21 E.H.R.R. 482
	Stjerna v. Finland	(1997) 24 E.H.R.R. 195
	Svidranova v. Slovak Republic	(1998) 26 E.H.R.R. CD 184
	Thlimmenos v. Greece	(2001) 31 E.H.R.R 411
	Vermeire v. Belgium	(1993) 15 E.H.R.R. 488
	Vollert v. Germany	(1996) 22 E.H.R.R. CD 128
	Weidlich v. Germany	(1996) 22 E.H.R.R. CD 55
Ireland v. United Kingdom (A/25) (1979–80) 2 E.H.R.R. 25	A v. United Kingdom	(1999) 27 E.H.R.R. 611
	Aerts v. Belgium	(2000) 29 E.H.R.R. 50
	Ahmed v. Austria	(1997) 24 E.H.R.R. 278
	Akdivar v. Turkey	(1997) 23 E.H.R.R. 143
	Aksoy v. Turkey	(1997) 23 E.H.R.R. 553
	Andronicou and Constantinou v. Cyprus	(1998) 25 E.H.R.R. 491
	Andronicou and Constantinou v. Greece	(1996) 22 E.H.R.R. CD 18
	App. No. 8828/79 v. Denmark	(1983) 5 E.H.R.R. 278
	App. No. 9554/81 v. Ireland	(1984) 6 E.H.R.R. 336
	App. No. 9610/81 v. Germany	(1984) 6 E.H.R.R. 110
	App. No. 9974/82 v. Denmark	(1983) 5 E.H.R.R. 515

Case Referred to	Name of Case	Citation
	App. No. 10547/83 v. Sweden	(1986) 8 E.H.R.R. 268
	App. No. 10565/83 v. Germany	(1985) 7 E.H.R.R. 152
	App. No. 11366/85 v. Sweden	(1987) 9 E.H.R.R. 551
	Arrowsmith v. United Kingdom	(1981) 3 E.H.R.R. 218
	Artico v. Italy	(1981) 3 E.H.R.R. 1
	Assenov v. Bulgaria	(1999) 28 E.H.R.R. 652
	Aydin v. Turkey	(1998) 25 E.H.R.R. 251
	Aytekin v. Turkey	(2001) 32 E.H.R.R. 501
	B v. France	(1993) 16 E.H.R.R. 1
	B v. United Kingdom	(1984) 6 E.H.R.R. 204
	BH v. United Kingdom	(1998) 25 E.H.R.R. CD 136
	Bonnechaux v. Switzerland	(1981) 3 E.H.R.R. 259
	Boyle and Rice v. United Kingdom	(1988) 10 E.H.R.R. 425
	Brannigan and McBride v. United Kingdom	(1994) 17 E.H.R.R. 539
	Brogan v. United Kingdom	(1989) 11 E.H.R.R. 117
	Brozicek v. Italy	(1990) 12 E.H.R.R. 371
	Buckley v. United Kingdom	(1997) 23 E.H.R.R. CD 129
	Bulus v. Sweden	(1984) 6 E.H.R.R. 587
	Burton v. United Kingdom	(1996) 22 E.H.R.R. CD 134
	Çakici v. Turkey	(2001) 31 E.H.R.R 133
	Campbell and Cosans v. United Kingdom	(1982) 4 E.H.R.R. 293
	Campbell and Fell v. United Kingdom	(1985) 7 E.H.R.R. 165
	Caprino v. United Kingdom	(1982) 4 E.H.R.R. 97
	Caraher v. United Kingdom	(2000) 29 E.H.R.R. CD 119
	Cardot v. France	(1991) 13 E.H.R.R. 853
	Chahal v. United Kingdom	(1997) 23 E.H.R.R. 413
	Costello-Roberts v. United Kingdom	(1995) 19 E.H.R.R. 112
	Cruz Varas v. Sweden	(1992) 14 E.H.R.R. 1
	Cyprus v. Turkey	(1982) 4 E.H.R.R. 482
	Cyprus v. Turkey	(1993) 15 E.H.R.R. 509
	D'Haese, Le Compte and others v. Belgium	(1984) 6 E.H.R.R. 114
	De Jong, Baljet and Van Den Brink v. Netherlands	(1986) 8 E.H.R.R. 20
	Denmark v. Turkey	(2000) 29 E.H.R.R. CD 35
	Deweer v. Belgium	2 E.H.R.R. 439
	Diaz Ruano v. Spain	(1995) 19 E.H.R.R. 542
	Drozd and Janousek v. France and Spain	(1992) 14 E.H.R.R. 745
	Dudgeon v. United Kingdom	(1982) 4 E.H.R.R. 149
	Duinhof and Duijf v. Netherlands	(1991) 13 E.H.R.R. 478
	Erdagoz v. Turkey	(2001) 32 E.H.R.R. 443
	Ergi v. Turkey	(2001) 32 E.H.R.R. 388
	Fidan v. Turkey	(2000) 29 E.H.R.R. CD 162
	Fox, Campbell and Hartley v. United Kingdom	(1991) 13 E.H.R.R. 157
	France, Norway, Denmark, Sweden and the Netherlands v. Turkey	(1984) 6 E.H.R.R. 241
	Gillow v. United Kingdom	(1989) 11 E.H.R.R. 335
	Guzzardi v. Italy	(1981) 3 E.H.R.R. 333
	Hilton v. United Kingdom	(1981) 3 E.H.R.R. 104
	Hippin v. Austria	(1994) 18 E.H.R.R. CD 93

Case Referred to	Name of Case	Citation
	HLR v. France	(1998) 26 E.H.R.R. 29
	I v. United Kingdom	(1997) 23 E.H.R.R. CD 66
	Incal v. Turkey	(2000) 29 E.H.R.R. 449
	James v. United Kingdom	(1986) 8 E.H.R.R. 123
	Kaya v. Turkey	(1999) 28 E.H.R.R. 1
	Kerr v. United Kingdom	(2000) 29 E.H.R.R. CD 184
	Klass v. Germany	(1994) 18 E.H.R.R. 305
	Klass v. Germany	2 E.H.R.R. 214
	König v. Germany	2 E.H.R.R. 170
	Koskinen v. Finland	(1994) 18 E.H.R.R. CD 146
	Kurt v. Turkey	(1999) 27 E.H.R.R. 373
	LCB v. United Kingdom	(1999) 27 E.H.R.R. 212
	Lithgow v. United Kingdom	(1986) 8 E.H.R.R. 329
	Lockwood v. United Kingdom	(1993) 15 E.H.R.R. CD 48
	Loizidou v. Turkey	(1995) 20 E.H.R.R. 99
	Lukanov v. Bulgaria	(1995) 19 E.H.R.R. CD 65
	Malone v. United Kingdom	(1985) 7 E.H.R.R. 14
	Marangos v. Cyprus	(1997) 23 E.H.R.R. CD 192
	Mathieu-Mohin and Clerfayt v. Belgium	(1988) 10 E.H.R.R. 1
	McCallum v. United Kingdom	(1991) 13 E.H.R.R. 597
	McCann v. United Kingdom	(1996) 21 E.H.R.R. 97
	McFeeley v. United Kingdom	(1981) 3 E.H.R.R. 161
	McGinley and Egan v. United Kingdom	(1999) 27 E.H.R.R. 1
	McVeigh, O'Neill and Evans v. United Kingdom	(1983) 5 E.H.R.R. 71
	Mentes v. Turkey	(1998) 26 E.H.R.R. 595
	Nasri v. France	(1996) 21 E.H.R.R. 458
	Nikolova v. Bulgaria	(2001) 31 E.H.R.R 64
	Norris and National Gay Federation v. Ireland	(1986) 8 E.H.R.R. 75
	Nyberg v. Sweden	(1992) 14 E.H.R.R. 870
	Nydahl v. Sweden	(1993) 16 E.H.R.R. CD 15
	Osman v. United Kingdom	(2000) 29 E.H.R.R. 245
	Pancenko v. Latvia	(2000) 29 E.H.R.R. CD 227
	Paruszweska v. Poland	(1998) 25 E.H.R.R. CD 175
	Patel v. United Kingdom	(1999) 27 E.H.R.R. CD 254
	Pentidis v. Greece	(1997) 24 E.H.R.R. CD 1
	Phull v. United Kingdom	(1998) 25 E.H.R.R. CD 166
	Poku v. United Kingdom	(1996) 22 E.H.R.R. CD 94
	Powell and Rayner v. United Kingdom	(1990) 12 E.H.R.R. 288
	PP v. United Kingdom	(1996) 21 E.H.R.R. CD 81
	Raninen v. Finland	(1998) 26 E.H.R.R. 563
	Rasmussen v. Denmark	(1985) 7 E.H.R.R. 371
	Ribitsch v. Austria	(1996) 21 E.H.R.R. 573
	Sakik v. Turkey	(1998) 26 E.H.R.R. 662
	Schiesser v. Switzerland	2 E.H.R.R. 417
	Selçuk and Asker v. Turkey	(1998) 26 E.H.R.R. 477
	Selmouni v. France	(2000) 29 E.H.R.R. 403
	Silver v. United Kingdom	(1983) 5 E.H.R.R. 347
	Smith and Grady v. United Kingdom	(2000) 29 E.H.R.R. 493
	Soering v. United Kingdom	(1989) 11 E.H.R.R. 439
	Stachowiak v. Poland	(1999) 27 E.H.R.R. CD 110
	Stewart v. United Kingdom	(1985) 7 E.H.R.R. 453
	Stewart-Brady v. United Kingdom	(1997) 24 E.H.R.R. CD 38

Case Referred to	Name of Case	Citation
	Sunday Times v. United Kingdom	2 E.H.R.R. 245
	Sur v. Turkey	(1998) 25 E.H.R.R. CD 1
	T.V. v. Finland	(1994) 18 E.H.R.R. CD 179
	Tanrikulu v. Turkey	(2000) 30 E.H.R.R. 950
	Tekin v. Turkey	(2001) 31 E.H.R.R 95
	Temeltasch v. Switzerland	(1983) 5 E.H.R.R. 417
	Togher v. United Kingdom	(1998) 25 E.H.R.R. CD 99
	Tomasi v. France	(1993) 15 E.H.R.R. 1
	Tre Traktörer AB v. Sweden	(1987) 9 E.H.R.R. 96
	Tsirlis and Kouloumpas v. Greece	(1996) 21 E.H.R.R. CD 30
	Tsirlis and Kouloumpas v. Greece	(1998) 25 E.H.R.R. 198
	Tyrer v. United Kingdom	2 E.H.R.R. 1
	United Communist Party of Turkey v. Turkey	(1998) 26 E.H.R.R. 121
	V v. United Kingdom	(2000) 30 E.H.R.R. 121
	Valsamis v. Greece	(1997) 24 E.H.R.R. 294
	Van Der Sluijs, Zuiderveld and Klappe v. Netherlands	(1991) 13 E.H.R.R. 461
	Van Droogenbroeck v. Belgium	(1982) 4 E.H.R.R. 443
	Weeks v. United Kingdom	(1988) 10 E.H.R.R. 293
	Wille v. Liechtenstein	(1997) 24 E.H.R.R. CD 45
	Wille v. Liechtenstein	(2000) 30 E.H.R.R. 564
	Winterwerp v. Netherlands	2 E.H.R.R. 387
	X and Y v. Netherlands	(1984) 6 E.H.R.R. 311
	X v. United Kingdom	(1981) 3 E.H.R.R. 302
	X v. United Kingdom	(1982) 4 E.H.R.R. 188
	X v. United Kingdom (Art. 50)	(1983) 5 E.H.R.R. 192
	Yagiz v. Turkey	(1996) 22 E.H.R.R. 573
	Yasa v. Turkey	(1999) 28 E.H.R.R. 408
Isgro v. Italy (A/194–A), unreported, February 19, 1991	Asch v. Austria	(1993) 15 E.H.R.R. 597
	F.C.B. v. Italy	(1992) 14 E.H.R.R. 909
	Ferrantelli and Santangelo v. Italy	(1997) 23 E.H.R.R. 288
	Lieveld v. Netherlands	(1994) 18 E.H.R.R. CD 103
	Ochensberger v. Austria	(1994) 18 E.H.R.R. CD 170
	Pine Valley Developments Ltd v. Ireland	(1992) 14 E.H.R.R. 319
	Poitrimol v. France	(1994) 18 E.H.R.R. 130
	Putz v. Austria	(2001) 32 E.H.R.R. 271
	Saidi v. France	(1994) 17 E.H.R.R. 251
	T v. Austria	(1993) 15 E.H.R.R. CD 60
Istituto di Vigilanza v. Italy (A/265–C) (1994) 18 E.H.R.R. 367	Avis Enterprises v. Greece	(1998) 26 E.H.R.R. CD 21
	Morganti v. France	(1996) 21 E.H.R.R. 34
Jacobsson v. Sweden (A/163) (1990) 12 E.H.R.R. 56	Anders and Fredin v. Sweden	(1991) 13 E.H.R.R. 142
	Buckley v. United Kingdom	(1997) 23 E.H.R.R. 101
	E.P. v. Slovak Republic	(1999) 27 E.H.R.R. CD 231
	F.M. Zumtobel GmbH and Co. KG, Zumtobel and Pramstaller v. Austria	(1993) 16 E.H.R.R. CD 40
	Fischer v. Austria	(1995) 20 E.H.R.R. 349
	Fredin v. Sweden	(1991) 13 E.H.R.R. 784
	Grander v. Sweden	(1994) 18 E.H.R.R. CD 120

Case Referred to	Name of Case	Citation
	Håkansson and Sturesson v. Sweden	(1991) 13 E.H.R.R. 1
	Jacobsson v. Sweden (No. 2)	(2001) 32 E.H.R.R. 463
	Kamasinski v. Austria	(1991) 13 E.H.R.R. 36
	Kraska v. Switzerland	(1994) 18 E.H.R.R. 188
	Mats Jacobsson v. Sweden	(1991) 13 E.H.R.R. 79
	Novotny v. Czech Republic	(1999) 27 E.H.R.R. CD 275
	Oerlemans v. Netherlands	(1993) 15 E.H.R.R. 561
	Province of Bari, Sorrentino and Messini Nemaga v. Italy	(1999) 27 E.H.R.R. CD 352
	Schertler v. Austria	(1996) 22 E.H.R.R. CD 212
	Skarby v. Sweden	(1991) 13 E.H.R.R. 90
	Spacek sro v. Czech Republic	(2000) 30 E.H.R.R. 1010
	Stran Greek Refineries and Stratis Andreadis v. Greece	(1995) 19 E.H.R.R. 293
	Zumbotel v. Austria	(1994) 17 E.H.R.R. 116
Jacobsson v. Sweden (A/180–A) (1991) 13 E.H.R.R. 79	F.M. Zumtobel GmbH and Co. KG, Zumtobel and Pramstaller v. Austria	(1993) 16 E.H.R.R. CD 40
	Fischer v. Austria	(1995) 20 E.H.R.R. 349
	Gaygusuz v. Austria	(1997) 23 E.H.R.R. 364
	Grander v. Sweden	(1994) 18 E.H.R.R. CD 120
	L v. Finland	(2001) 31 E.H.R.R 737
	Nikolova v. Bulgaria	(2001) 31 E.H.R.R 64
	Oerlemans v. Netherlands	(1993) 15 E.H.R.R. 561
	Ortenberg v. Austria	(1995) 19 E.H.R.R. 524
Jacubowski v. Germany (1995) 19 E.H.R.R. 64	Hertel v. Switzerland	(1999) 28 E.H.R.R. 534
	Lehideux and Isorni v. France	(2000) 30 E.H.R.R. 665
James v. United Kingdom (A/98) (1986) 8 E.H.R.R. 123	A v. United Kingdom	(1999) 27 E.H.R.R. 611
	Adams and Benn v. United Kingdom	(1997) 23 E.H.R.R. CD 160
	Agrotexim v. Greece	(1996) 21 E.H.R.R. 250
	Akkus v. Turkey	(2000) 30 E.H.R.R. 365
	Allegemeine Gold- und Silberscheideanstalt v. United Kingdom	(1987) 9 E.H.R.R. 1
	App. No. 11949/86 v. United Kingdom	(1988) 10 E.H.R.R. 149
	Avis Enterprises v. Greece	(1998) 26 E.H.R.R. CD 21
	Baraona v. Portugal	(1991) 13 E.H.R.R. 329
	BH v. United Kingdom	(1998) 25 E.H.R.R. CD 136
	Bowman and SPUC v. United Kingdom	(1996) 21 E.H.R.R. CD 79
	Boyle and Rice v. United Kingdom	(1988) 10 E.H.R.R. 425
	Bullock v. United Kingdom	(1996) 21 E.H.R.R. CD 85
	Caballero v. United Kingdom	(2000) 30 E.H.R.R. 643
	Chassagnou v. France	(2000) 29 E.H.R.R. 615
	Costello-Roberts v. United Kingdom	(1995) 19 E.H.R.R. 112
	E.P. v. Slovak Republic	(1999) 27 E.H.R.R. CD 231
	Fayed v. United Kingdom	(1994) 18 E.H.R.R. 393
	Findlay v. United Kingdom	(1997) 24 E.H.R.R. 221
	Gasus Dosier und Fordertechnik GmbH v Netherlands	(1995) 20 E.H.R.R. 403
	Grech v. Malta	(1995) 20 E.H.R.R. CD 95

Case Referred to	Name of Case	Citation
	Groppera Radio AG v. Switzerland	(1990) 12 E.H.R.R. 321
	Gustafsson v. Sweden	(1996) 22 E.H.R.R. 409
	H v. Belgium	(1988) 10 E.H.R.R. 339
	Håkansson and Sturesson v. Sweden	(1991) 13 E.H.R.R. 1
	Hentrich v. France	(1994) 18 E.H.R.R. 440
	Holy Monastries v. Greece	(1995) 20 E.H.R.R. 1
	Huber v. Austria	(1996) 22 E.H.R.R. CD 91
	Iatridis v. Greece	(2000) 30 E.H.R.R. 97
	Immobiliare Saffi v. Italy	(2000) 30 E.H.R.R. 756
	Johnston v. Ireland	(1987) 9 E.H.R.R. 203
	Katikaridis v. Greece	(2001) 32 E.H.R.R. 113
	Leander v. Sweden	(1987) 9 E.H.R.R. 433
	Lenzing v. United Kingdom	(1999) 27 E.H.R.R. CD 323
	Lithgow v. United Kingdom	(1985) 7 E.H.R.R. 56
	Lithgow v. United Kingdom	(1986) 8 E.H.R.R. 329
	Logan v. United Kingdom	(1996) 22 E.H.R.R. CD 178
	Manners v. United Kingdom	(1998) 26 E.H.R.R. CD 206
	Matos e Silva v. Portugal	(1997) 24 E.H.R.R. 573
	Mats Jacobsson v. Sweden	(1991) 13 E.H.R.R. 79
	McCann v. United Kingdom	(1996) 21 E.H.R.R. 97
	Mellacher v. Austria	(1990) 12 E.H.R.R. 391
	Mellacher v. Austria	(1990) 12 E.H.R.R. 97
	Mens and Mens-Hoek v. Netherlands	(1998) 26 E.H.R.R. CD 170
	Mika v. Austria	(1996) 22 E.H.R.R. CD 208
	Murray v. United Kingdom	(1995) 19 E.H.R.R. 193
	Musa v. Austria	(1999) 27 E.H.R.R. CD 338
	Nyberg v. Sweden	(1992) 14 E.H.R.R. 870
	Observer and Guardian v. United Kingdom	(1992) 14 E.H.R.R. 153
	Ollila v. Finland	(1993) 15 E.H.R.R. CD 101
	Osman v. United Kingdom	(2000) 29 E.H.R.R. 245
	Papachelas v. Greece	(2000) 30 E.H.R.R. 923
	Papamichalopoulos v. Greece	(1993) 16 E.H.R.R. 440
	Paruszweska v. Poland	(1998) 25 E.H.R.R. CD 175
	Pauger v. Austria	(1998) 25 E.H.R.R. 105
	Pendragon v. United Kingdom	(1999) 27 E.H.R.R. CD 179
	Photos Photiades & Co. Ltd v. Cyprus	(1999) 27 E.H.R.R. CD 344
	Pierre-Bloch v. France	(1998) 26 E.H.R.R. 202
	Pine Valley Developments Ltd v. Ireland	(1992) 14 E.H.R.R. 319
	Pinnacle Meat Processors Co. v. United Kingdom	(1999) 27 E.H.R.R. CD 217
	Powell and Rayner v. United Kingdom	(1990) 12 E.H.R.R. 288
	Pressos Compania Naviera SA v. Belgium	(1996) 21 E.H.R.R. 301
	Rees v. United Kingdom	(1987) 9 E.H.R.R. 56
	Rudzinske v. Poland	(2000) 29 E.H.R.R. CD 241
	Ruiz-Mateos v. Spain	(1993) 16 E.H.R.R. 505
	Schenk v. Switzerland	(1991) 13 E.H.R.R. 242
	Scollo v. Italy	(1996) 22 E.H.R.R. 514
	Spadea and Scalabrino v. Italy	(1996) 21 E.H.R.R. 482
	Stran Greek Refineries and Stratis Andreadis v. Greece	(1995) 19 E.H.R.R. 293
	Sunday Times v. United Kingdom (No. 2)	(1992) 14 E.H.R.R. 229

Case Referred to	Name of Case	Citation
	Tre Traktörer Aktiebolag v. Sweden	(1991) 13 E.H.R.R. 309
	Z v. United Kingdom	(1999) 28 E.H.R.R. CD 65
	Zubani v. Italy	(2001) 32 E.H.R.R. 297
Janowski v. Poland (2000) 29 E.H.R.R. 705	Arslan v. Turkey	(2001) 31 E.H.R.R 264
	Bladet Tromsø and Stensaas v. Norway	(2000) 29 E.H.R.R. 125
	Dalban v. Romania	(2001) 31 E.H.R.R 893
	Fuentes Bobo v. Spain	(2001) 31 E.H.R.R 1115
Jersild v. Denmark (A/298) (1995) 19 E.H.R.R. 1	A and Byrne and Twenty-Twenty Television v. United Kingdom	(1998) 25 E.H.R.R. CD 159
	Ahmet Sadik v. Greece	(1997) 24 E.H.R.R. 323
	Arslan v. Turkey	(2001) 31 E.H.R.R 264
	Baskaya and Okçuoglu v. Turkey	(2001) 31 E.H.R.R 292
	Bergens Tidende v. Norway	(2001) 31 E.H.R.R 430
	Bladet Tromsø and Stensaas v. Norway	(2000) 29 E.H.R.R. 125
	Ceylan v. Turkey	(2000) 30 E.H.R.R. 73
	De Haes and Gijsels v. Belgium	(1998) 25 E.H.R.R. 1
	Fischer v. Austria	(1995) 20 E.H.R.R. 349
	Fressoz and Roire v. France	(2001) 31 E.H.R.R 28
	Fuentes Bobo v. Spain	(2001) 31 E.H.R.R 1115
	Goodwin v. United Kingdom	(1996) 22 E.H.R.R. 123
	Grigoriades v. Greece	(1999) 27 E.H.R.R. 464
	H.N. v. Italy	(1999) 27 E.H.R.R. CD 75
	Hertel v. Switzerland	(1999) 28 E.H.R.R. 534
	Hogefeld v. Germany	(2000) 29 E.H.R.R. CD 173
	Incal v. Turkey	(2000) 29 E.H.R.R. 449
	Janowski v. Poland	(2000) 29 E.H.R.R. 705
	Larissis v. Greece	(1999) 27 E.H.R.R. 329
	Lehideux and Isorni v. France	(2000) 30 E.H.R.R. 665
	Middleburg, Van der Zee and Het Parool BV v. Netherlands	(1999) 27 E.H.R.R. CD 111
	News Verlags GmbH & Co. KG v. Austria	(2001) 31 E.H.R.R 246
	Özdep v. Turkey	(2001) 31 E.H.R.R 674
	Peree v. Netherlands	(1999) 28 E.H.R.R. CD 158
	Prager and Oberschlick v. Austria	(1996) 21 E.H.R.R. 1
	Sidiropoulos v. Greece	(1999) 27 E.H.R.R. 633
	Socialist Party v. Turkey	(1999) 27 E.H.R.R. 51
	United Communist Party of Turkey v. Turkey	(1998) 26 E.H.R.R. 121
	Vogt v. Germany	(1996) 21 E.H.R.R. 205
	Wille v. Liechtenstein	(2000) 30 E.H.R.R. 564
	Worm v. Austria	(1998) 25 E.H.R.R. 454
	Zana v. Turkey	(1999) 27 E.H.R.R. 667
Johansen v. Norway (1997) 23 E.H.R.R. 33	EP v. Italy	(2001) 31 E.H.R.R 463
	K and T v. Finland	(2001) 31 E.H.R.R 484
	L v. Finland	(2001) 31 E.H.R.R 737
	Paulsen-Medalen and Svensson v. Sweden	(1998) 26 E.H.R.R. 260
	Smallwood v. United Kingdom	(1999) 27 E.H.R.R. CD 155

Case Referred to	Name of Case	Citation
	Söderbäck v. Sweden	(2000) 29 E.H.R.R. 95
	T.C. v. Norway	(1999) 27 E.H.R.R. CD 164
	Z v. Finland	(1998) 25 E.H.R.R. 371
Johnson v. Ireland (1986) 8 E.H.R.R. 216	Stoutt v. Ireland	(1987) 9 E.H.R.R. 541
Johnson v. United Kingdom (1999) 27 E.H.R.R. 296	Erkalo v. Netherlands	(1999) 28 E.H.R.R. 509
Johnston v. Ireland (A/112) (1987) 9 E.H.R.R. 203	A.V. v. Bulgaria	(1999) 28 E.H.R.R. CD 197
	Akdivar v. Turkey	(1997) 23 E.H.R.R. 143
	App. No. 9373/81 v. Ireland	(1989) 11 E.H.R.R. 103
	B v. United Kingdom	(1988) 10 E.H.R.R. 87
	Boyle and Rice v. United Kingdom	(1988) 10 E.H.R.R. 425
	Brozicek v. Italy	(1990) 12 E.H.R.R. 371
	Ciulla v. Italy	(1991) 13 E.H.R.R. 346
	Cossey v. United Kingdom	(1991) 13 E.H.R.R. 622
	Cruz Varas v. Sweden	(1992) 14 E.H.R.R. 1
	F v. Switzerland	(1988) 10 E.H.R.R. 411
	Gaskin v. United Kingdom	(1990) 12 E.H.R.R. 36
	Groppera Radio AG v. Switzerland	(1990) 12 E.H.R.R. 321
	H v. United Kingdom	(1988) 10 E.H.R.R. 95
	Huvig v. France	(1990) 12 E.H.R.R. 528
	Inze v. Austria	(1988) 10 E.H.R.R. 394
	Keegan v. Ireland	(1994) 18 E.H.R.R. 342
	Kroon v. Netherlands	(1995) 19 E.H.R.R. 263
	Lehtinen v. Finland	(2000) 29 E.H.R.R. CD 204
	Loizidou v. Turkey	(1995) 20 E.H.R.R. 99
	Loizidou v. Turkey	(1997) 23 E.H.R.R. 513
	Norris v. Ireland	(1991) 13 E.H.R.R. 186
	O v. United Kingdom	(1988) 10 E.H.R.R. 82
	Ocic v. Croatia	(2000) 29 E.H.R.R. CD 220
	Olsson v. Sweden	(1989) 11 E.H.R.R. 259
	Open Door Counselling and Dublin Well Woman v. Ireland	(1993) 15 E.H.R.R. 244
	Pierre-Bloch v. France	(1998) 26 E.H.R.R. 202
	R v. United Kingdom	(1988) 10 E.H.R.R. 74
	Sibson v. United Kingdom	(1994) 17 E.H.R.R. 193
	Soering v. United Kingdom	(1989) 11 E.H.R.R. 439
	Stjerna v. Finland	(1997) 24 E.H.R.R. 195
	Valsamis v. Greece	(1997) 24 E.H.R.R. 294
	W v. United Kingdom	(1988) 10 E.H.R.R. 29
	X, Y and Z v. United Kingdom	(1995) 20 E.H.R.R. CD 6
	X, Y and Z v. United Kingdom	(1997) 24 E.H.R.R. 143
Jordan v. United Kingdom	Caraher v. United Kingdom	(2000) 29 E.H.R.R. CD 119
	Lustig-Prean and Beckett v. United Kingdom (Art. 41)	(2001) 31 E.H.R.R 601
	Smith and Grady v. United Kingdom (Art. 41)	(2001) 31 E.H.R.R 620
K v. Austria, unreported, June 2, 1993	Quinn v. Ireland	(2000) 29 E.H.R.R. CD 234

Case Referred to	Name of Case	Citation
K v. Germany (1984) 6 E.H.R.R. 519	G v. Germany	(1984) 6 E.H.R.R. 499
K-F v. Germany, unreported, November 27, 1997	Belziuk v. Poland	(2000) 30 E.H.R.R. 614
	Kopp v. Switzerland	(1999) 27 E.H.R.R. 91
Kalac v. Turkey (1999) 27 E.H.R.R. 552	Smith and Grady v. United Kingdom	(1999) 27 E.H.R.R. CD 42
	Boujlifa v. France	(2000) 30 E.H.R.R. 419
	F.E. v. France	(2000) 29 E.H.R.R. 591
	Lustig-Prean and Beckett v. United Kingdom	(2000) 29 E.H.R.R. 548
	Smith and Grady v. United Kingdom	(2000) 29 E.H.R.R. 493
Kamal v. United Kingdom (1982) 4 E.H.R.R. 244	App. No. 9606/81 v. United Kingdom	(1983) 5 E.H.R.R. 291
Kamasinski v. Austria (A/168) (1991) 13 E.H.R.R. 36	A v. Denmark	(1996) 22 E.H.R.R. 458
	Botten v. Norway	(2001) 32 E.H.R.R. 37
	Cooke v. Austria	(1997) 23 E.H.R.R. CD 70
	Cooke v. Austria	(2001) 31 E.H.R.R 338
	Daud v. Portugal	(2000) 30 E.H.R.R. 400
	Doorson v. Netherlands	(1996) 22 E.H.R.R. 330
	Edwards v. United Kingdom	(1993) 15 E.H.R.R. 417
	Foucher v. France	(1998) 25 E.H.R.R. 234
	Hadjianastassiou v. Greece	(1993) 16 E.H.R.R. 219
	Imbrioscia v. Switzerland	(1994) 17 E.H.R.R. 441
	Kefalas v. Greece	(1995) 20 E.H.R.R. 484
	Pélissier and Sassi v. France	(2000) 30 E.H.R.R. 715
	Powell and Rayner v. United Kingdom	(1990) 12 E.H.R.R. 355
	Prinz v. Austria	(2001) 31 E.H.R.R 357
	Quinn v. Ireland	(2000) 29 E.H.R.R. CD 234
	Scott v. Spain	(1997) 24 E.H.R.R. 391
	Tripodi v. Italy	(1994) 18 E.H.R.R. 295
Kampanis v. Greece (1996) 21 E.H.R.R. 43	Assenov v. Bulgaria	(1999) 28 E.H.R.R. 652
	Caballero v. United Kingdom	(2000) 30 E.H.R.R. 643
	Foucher v. France	(1998) 25 E.H.R.R. 234
	Nikolova v. Bulgaria	(2001) 31 E.H.R.R 64
Kaplan v. United Kingdom (1982) 4 E.H.R.R. 64	App. No. 9661/82 v. Austria	(1984) 6 E.H.R.R. 344
	App. No. 10471/83 v. United Kingdom	(1987) 9 E.H.R.R. 155
	App. No. 11189/84 v. Sweden	(1988) 10 E.H.R.R. 132
	Ashingdane v. United Kingdom, App. No. 8225/78	(1984) 6 E.H.R.R. 69
	Baggs v. United Kingdom	(1987) 9 E.H.R.R. 235
	Benthem v. Netherlands	(1984) 6 E.H.R.R. 283
	Jaxel v. France	(1989) 11 E.H.R.R. 87
	Pinder v. United Kingdom	(1985) 7 E.H.R.R. 464
	Ryder v. United Kingdom	(1989) 11 E.H.R.R. 80
	Van Marle, Van Zomeren, Flantua and de Bruijn v. Netherlands	(1985) 7 E.H.R.R. 265
	Yarrow plc v. United Kingdom	(1983) 5 E.H.R.R. 498

Case Referred to	Name of Case	Citation
Karakaya v. France (A/289–B), unreported, August 26, 1994	A v. Denmark	(1996) 22 E.H.R.R. 458
	Allenet De Ribemont v. France	(1995) 20 E.H.R.R. 557
	Demai v. France	(1995) 20 E.H.R.R. 90
	F.E. v. France	(2000) 29 E.H.R.R. 591
	Marlhens v. France	(1996) 21 E.H.R.R. 502
	Marlhens v. France	(1996) 22 E.H.R.R. 285
	Pailot v. France	(2000) 30 E.H.R.R. 328
Karatas v. Turkey, unreported	Özgür Gündem v. Turkey	(2001) 31 E.H.R.R 1082
Katikaridis v. Greece, unreported, November 15, 1996	Balmer-Schafroth v. Switzerland	(1998) 25 E.H.R.R. 598
	Guillemin v. France	(1998) 25 E.H.R.R. 435
	Papachelas v. Greece	(2000) 30 E.H.R.R. 923
Katte Klitsche de la Grange v. Italy (A/293–B) (1995) 19 E.H.R.R. 368	Allenet De Ribemont v. France	(1995) 20 E.H.R.R. 557
Kavanagh v. Ireland, unreported, December 18, 1996	Quinn v. Ireland	(2000) 29 E.H.R.R. CD 234
Kaya v. Turkey (1999) 28 E.H.R.R. 1	A.V. v. Bulgaria	(1999) 28 E.H.R.R. CD 197
	Assenov v. Bulgaria	(1999) 28 E.H.R.R. 652
	Aytekin v. Turkey	(2001) 32 E.H.R.R. 501
	Çakici v. Turkey	(2001) 31 E.H.R.R 133
	Caraher v. United Kingdom	(2000) 29 E.H.R.R. CD 119
	Ergi v. Turkey	(2001) 32 E.H.R.R. 388
	Erikson v. Italy	(2000) 29 E.H.R.R. CD 152
	Güleç v. Turkey	(1999) 28 E.H.R.R. 121
	Gündem v. Turkey	(2001) 32 E.H.R.R. 350
	Kurt v. Turkey	(1999) 27 E.H.R.R. 373
	Syrkin v. Russia	(2000) 29 E.H.R.R. CD 254
	Tanrikulu v. Turkey	(2000) 30 E.H.R.R. 950
	Tekin v. Turkey	(2001) 31 E.H.R.R 95
	Yasa v. Turkey	(1999) 28 E.H.R.R. 408
Keegan v. Ireland (A/290) (1994) 18 E.H.R.R. 342	Dilek v. Netherlands	(1999) 27 E.H.R.R. CD 244
	Gül v. Switzerland	(1996) 22 E.H.R.R. 93
	Hokkanen v. Finland	(1995) 19 E.H.R.R. 139
	Ignaccolo-Zenide v. Romania	(2001) 31 E.H.R.R 212
	Johansen v. Norway	(1997) 23 E.H.R.R. 33
	Kroon v. Netherlands	(1995) 19 E.H.R.R. 263
	McMichael v. United Kingdom	(1995) 20 E.H.R.R. 205
	Pressos Compania Naviera SA v. Belgium	(1996) 21 E.H.R.R. 301
	Söderbäck v. Sweden	(2000) 29 E.H.R.R. 95
	Stjerna v. Finland	(1997) 24 E.H.R.R. 195
	X, Y and Z v. United Kingdom	(1995) 20 E.H.R.R. CD 6
	X, Y and Z v. United Kingdom	(1997) 24 E.H.R.R. 143
Kefalas v. Greece (A/318) (1995) 20 E.H.R.R. 484	Agrotexim v. Greece	(1996) 21 E.H.R.R. 250
Kelly v. United Kingdom (1986) 8 E.H.R.R. 77	App. No. 11245/84 v. Netherlands	(1987) 9 E.H.R.R. 263

Case Referred to	Name of Case	Citation
Kemmache v. France (A/218) (1992) 14 E.H.R.R. 520	Acquaviva v. France	(2001) 32 E.H.R.R. 134
	Bunkate v. Netherlands	(1995) 19 E.H.R.R. 477
	Car srl v. Italy	(1996) 22 E.H.R.R. CD 153
	Civet v. France	(2001) 31 E.H.R.R 871
	Clooth v. Belgium	(1992) 14 E.H.R.R. 717
	EDC v. United Kingdom	(1996) 21 E.H.R.R. CD 69
	Eriksen v. Norway	(2000) 29 E.H.R.R. 328
	F v. Austria	(1993) 15 E.H.R.R. CD 68
	Ferrantelli and Santangelo v. Italy	(1997) 23 E.H.R.R. 288
	Garyfallou Aebe v. Greece	(1999) 28 E.H.R.R. 344
	Hamer v. France	(1997) 23 E.H.R.R. 1
	Ixion v. France	(1993) 15 E.H.R.R. CD 91
	L v. France	(1993) 15 E.H.R.R. CD 89
	Lindkvist v. Denmark	(1999) 27 E.H.R.R. CD 103
	Mansur v. Turkey	(1995) 20 E.H.R.R. 535
	Mitap and Müftüoğlu v. Turkey	(1996) 22 E.H.R.R. 209
	Ninn-Hansen v. Denmark	(1999) 28 E.H.R.R. CD 96
	Omar v. France	(2000) 29 E.H.R.R. 210
	Pélissier and Sassi v. France	(2000) 30 E.H.R.R. 715
	Philis v. Greece (No. 2)	(1998) 25 E.H.R.R. 417
	Pinard, Foucher and Parmentier v. France	(1993) 15 E.H.R.R. CD 92
	Reinhardt and Slimane-Kaid v. France	(1999) 28 E.H.R.R. 59
	Scott v. Spain	(1997) 24 E.H.R.R. 391
	Tomasi v. France	(1993) 15 E.H.R.R. 1
	Toth v. Austria	(1992) 14 E.H.R.R. 551
	Vendittelli v. Italy	(1995) 19 E.H.R.R. 464
	W v. Switzerland	(1994) 17 E.H.R.R. 60
	Yağci and Sargin v. Turkey	(1995) 20 E.H.R.R. 505
	Zana v. Turkey	(1999) 27 E.H.R.R. 667
Kemmache v. France (No. 3) (A/296–C) (1995) 19 E.H.R.R. 349	Amuur v. France	(1996) 22 E.H.R.R. 533
	Lehideux and Isorni v. France	(2000) 30 E.H.R.R. 665
	Loukanov v. Bulgaria	(1997) 24 E.H.R.R. 121
	SW v. United Kingdom	(1996) 21 E.H.R.R. 363
	Van Der Tang v. Spain	(1996) 22 E.H.R.R. 363
Kerojarvi v. Finland (2001) 32 E.H.R.R. 152	Acquaviva v. France	(2001) 32 E.H.R.R. 134
	Andersson v. Sweden	(1998) 25 E.H.R.R. 722
	Bulut v. Austria	(1997) 24 E.H.R.R. 84
	De Haes and Gijsels v. Belgium	(1998) 25 E.H.R.R. 1
	Georgiadis v. Greece	(1997) 24 E.H.R.R. 606
	Gustafsson v. Sweden	(1996) 22 E.H.R.R. 409
	Helle v. Finland	(1998) 26 E.H.R.R. 159
	Incal v. Turkey	(2000) 29 E.H.R.R. 449
	Jacobsson v. Sweden (No. 2)	(2001) 32 E.H.R.R. 463
	Lobo Machado v. Portugal	(1997) 23 E.H.R.R. 79
	Mantovanelli v. France	(1997) 24 E.H.R.R. 370
	MS v. Sweden	(1999) 28 E.H.R.R. 313
	Van Orshoven v. Belgium	(1998) 26 E.H.R.R. 55
	Vermeulen v. Belgium	(2001) 32 E.H.R.R. 313
Ketterick v. United Kingdom (1983) 5 E.H.R.R. 465	Pinder v. United Kingdom	(1985) 7 E.H.R.R. 464

Case Referred to	Name of Case	Citation
Keus v. Netherlands (1991) 13 E.H.R.R. 700	Erkalo v. Netherlands	(1999) 28 E.H.R.R. 509
	Oerlemans v. Netherlands	(1993) 15 E.H.R.R. 561
Kingens v. Austria (1986) 8 E.H.R.R. 103	De Haes and Gijsels v. Belgium	(1998) 25 E.H.R.R. 1
Kjeldsen, Busk Madsen and Pedersen v. Denmark (1976) Series A, No. 23; 1 E.H.R.R. 711	Angeleni v. Sweden	(1988) 10 E.H.R.R. 123
	App. No. 10476/83 v. Sweden	(1987) 9 E.H.R.R. 247
	App.Nos.10228 and 10229/82 v. United Kingdom	(1985) 7 E.H.R.R. 141
	Brogan v. United Kingdom	(1989) 11 E.H.R.R. 117
	Campbell and Cosans v. United Kingdom	(1981) 3 E.H.R.R. 531
	Campbell and Cosans v. United Kingdom	(1982) 4 E.H.R.R. 293
	Cohen v. United Kingdom	(1996) 21 E.H.R.R. CD 104
	Costello-Roberts v. United Kingdom	(1995) 19 E.H.R.R. 112
	Cruz Varas v. Sweden	(1992) 14 E.H.R.R. 1
	Deweer v. Belgium	2 E.H.R.R. 439
	Ireland v. United Kingdom	2 E.H.R.R. 25
	Keller v. Germany	(1998) 25 E.H.R.R. CD 187
	Klass v. Germany	2 E.H.R.R. 214
	Kokkinakis v. Greece	(1994) 17 E.H.R.R. 397
	Loizidou v. Turkey	(1995) 20 E.H.R.R. 99
	Murray v. United Kingdom	(1994) 18 E.H.R.R. CD 1
	Özdep v. Turkey	(2001) 31 E.H.R.R 674
	S.P. v. United Kingdom	(1997) 23 E.H.R.R. CD 139
	Soering v. United Kingdom	(1989) 11 E.H.R.R. 439
	Sunday Times v. United Kingdom	2 E.H.R.R. 245
	Tyrer v. United Kingdom	2 E.H.R.R. 1
	United Communist Party of Turkey v. Turkey	(1998) 26 E.H.R.R. 121
	Valsamis v. Greece	(1997) 24 E.H.R.R. 294
	X v. United Kingdom (App. No. 9411/81)	(1983) 5 E.H.R.R. 276
	X, Y and Z v. Sweden	(1983) 5 E.H.R.R. 147
	Young, James and Webster v. United Kingdom	(1982) 4 E.H.R.R. 38
Klaas v. Germany (A/269) (1994) 18 E.H.R.R. 305	Assenov v. Bulgaria	(1999) 28 E.H.R.R. 652
	Aytekin v. Turkey	(2001) 32 E.H.R.R. 501
	Cooke v. Austria	(1997) 23 E.H.R.R. CD 70
	Erdagoz v. Turkey	(2001) 32 E.H.R.R. 443
	Hippin v. Austria	(1994) 18 E.H.R.R. CD 93
	K-F v. Germany	(1998) 26 E.H.R.R. 390
	Loizidou v. Turkey	(1997) 23 E.H.R.R. 513
	McCann v. United Kingdom	(1996) 21 E.H.R.R. 97
	Murray v. United Kingdom	(1995) 19 E.H.R.R. 193
	Prinz v. Austria	(1997) 23 E.H.R.R. CD 50
	Ribitsch v. Austria	(1996) 21 E.H.R.R. 573
Klappe v. Netherlands (1991) 13 E.H.R.R. 461	Koster v. Netherlands	(1992) 14 E.H.R.R. 396
Klass v. Germany (A/28) (1979–80) 2 E.H.R.R. 214	A v. France	(1994) 17 E.H.R.R. 462
	Abdulaziz Cabales and Balkandali v. United Kingdom	(1984) 6 E.H.R.R. 28

Case Referred to	Name of Case	Citation
	Ahmet Sadik v. Greece	(1997) 24 E.H.R.R. 323
	Airey v. Ireland	2 E.H.R.R. 305
	Andersson v. Sweden	(1992) 14 E.H.R.R. 615
	App. No. 9237/81 v. United Kingdom	(1984) 6 E.H.R.R. 354
	App. No. 9324/81 v. Germany	(1983) 5 E.H.R.R. 269
	App. No. 9659/82 v. United Kingdom	(1986) 8 E.H.R.R. 274
	App. No. 9900/82 v. France	(1983) 5 E.H.R.R. 610
	App. No. 10039/82 v. United Kingdom	(1985) 7 E.H.R.R. 451
	App. No. 10144/82	(1984) 6 E.H.R.R. 130
	App. No. 10628/83 v. Switzerland	(1987) 9 E.H.R.R. 107
	App. No. 11036/84 v. Sweden	(1987) 9 E.H.R.R. 127
	App. No. 11189/84 v. Sweden	(1988) 10 E.H.R.R. 132
	App. No. 11508/85 v. Denmark	(1987) 9 E.H.R.R. 533
	App. No. 11559/85 v. United Kingdom	(1987) 9 E.H.R.R. 134
	Arrowsmith v. United Kingdom	(1981) 3 E.H.R.R. 218
	Ashingdane v. United Kingdom	(1985) 7 E.H.R.R. 528
	Ayadi v. France	(1993) 15 E.H.R.R. CD 93
	Balmer-Schafroth v. Switzerland	(1998) 25 E.H.R.R. 598
	Barrett v. United Kingdom	(1997) 23 E.H.R.R. CD 185
	Boyle and Rice v. United Kingdom	(1988) 10 E.H.R.R. 425
	Brannigan and McBride v. United Kingdom	(1994) 17 E.H.R.R. 539
	Brogan v. United Kingdom	(1989) 11 E.H.R.R. 117
	Brozicek v. Italy	(1990) 12 E.H.R.R. 371
	Buckley v. United Kingdom	(1997) 23 E.H.R.R. 101
	Campbell and Cosans v. United Kingdom	(1981) 3 E.H.R.R. 531
	Campbell and Fell v. United Kingdom	(1983) 5 E.H.R.R. 207
	Chahal v. United Kingdom	(1997) 23 E.H.R.R. 413
	Coke v. United Kingdom	(1999) 27 E.H.R.R. CD 316
	Council of Civil Service Unions v. United Kingdom	(1988) 10 E.H.R.R. 269
	Cremieux v. France	(1993) 16 E.H.R.R. 357
	Domenichini v. Italy	(2001) 32 E.H.R.R. 68
	Dudgeon v. United Kingdom	(1981) 3 E.H.R.R. 40
	E v. Norway	(1994) 17 E.H.R.R. 30
	Edwards v. United Kingdom	(1993) 15 E.H.R.R. 417
	Esbester v. United Kingdom	(1994) 18 E.H.R.R. CD 72
	Farrell v. United Kingdom	(1983) 5 E.H.R.R. 466
	Fayed v. United Kingdom	(1994) 18 E.H.R.R. 393
	Fidan v. Turkey	(2000) 29 E.H.R.R. CD 162
	Fischer v. Austria	(1995) 20 E.H.R.R. 349
	Fox, Campbell and Hartley v. United Kingdom	(1991) 13 E.H.R.R. 157
	Funke v. France	(1993) 16 E.H.R.R. 297
	G v. Germany	(1984) 6 E.H.R.R. 499
	G, H and I v. United Kingdom	(1993) 15 E.H.R.R. CD 41
	Govell v. United Kingdom	(1997) 23 E.H.R.R. CD 101
	Guzzardi v. Italy	(1981) 3 E.H.R.R. 333
	Halford v. United Kingdom	(1997) 24 E.H.R.R. 523

Case Referred to	Name of Case	Citation
	Hentrich v. France	(1994) 18 E.H.R.R. 440
	Herczegfalvy v. Austria	(1993) 15 E.H.R.R. 437
	Hewitt and Harman v. United Kingdom	(1992) 14 E.H.R.R. 657
	Hodgson, Woolf Productions and National Union of Journalists and Channel Four Television v. United Kingdom	(1988) 10 E.H.R.R. 503
	Huvig v. France	(1990) 12 E.H.R.R. 310
	Huvig v. France	(1990) 12 E.H.R.R. 528
	James v. United Kingdom	(1984) 6 E.H.R.R. 475
	James v. United Kingdom	(1986) 8 E.H.R.R. 123
	Kaplan v. United Kingdom	(1982) 4 E.H.R.R. 64
	Keller v. Germany	(1998) 25 E.H.R.R. CD 187
	Kopp v. Switzerland	(1999) 27 E.H.R.R. 91
	Kruslin v. France	(1990) 12 E.H.R.R. 451
	Kruslin v. France	(1990) 12 E.H.R.R. 547
	Lambert v. France	(2000) 30 E.H.R.R. 346
	Leander v. Sweden	(1985) 7 E.H.R.R. 557
	Leander v. Sweden	(1987) 9 E.H.R.R. 433
	Lehideux and Isorni v. France	(2000) 30 E.H.R.R. 665
	Liberal Party v. United Kingdom	(1982) 4 E.H.R.R. 106
	Lithgow v. United Kingdom	(1985) 7 E.H.R.R. 56
	Lüdi v. Switzerland	(1993) 15 E.H.R.R. 173
	Magee v. United Kingdom	(1995) 19 E.H.R.R. CD 91
	Malone v. United Kingdom	(1982) 4 E.H.R.R. 330
	Malone v. United Kingdom	(1983) 5 E.H.R.R. 385
	Malone v. United Kingdom	(1985) 7 E.H.R.R. 14
	Marckx v. Belgium	2 E.H.R.R. 330
	Markt Intern and Beermann v. Germany	(1990) 12 E.H.R.R. 161
	McCallum v. United Kingdom	(1991) 13 E.H.R.R. 597
	McCann v. United Kingdom	(1996) 21 E.H.R.R. 97
	McCullough v. United Kingdom	(1998) 25 E.H.R.R. CD 34
	McGoff v. Sweden, App. No. 9017/80	(1984) 6 E.H.R.R. 101
	McMichael v. United Kingdom	(1995) 20 E.H.R.R. 205
	McVeigh, O'Neill and Evans v. United Kingdom	(1983) 5 E.H.R.R. 71
	Mialhe v. France	(1993) 16 E.H.R.R. 332
	Murray v. United Kingdom	(1995) 19 E.H.R.R. 193
	Niemietz v. Germany	(1993) 16 E.H.R.R. 97
	Nölkenbockoff v. Germany	(1988) 10 E.H.R.R. 163
	Nölkenbockoff v. Germany	(1991) 13 E.H.R.R. 360
	Norris v. Ireland	(1991) 13 E.H.R.R. 186
	Ocic v. Croatia	(2000) 29 E.H.R.R. CD 220
	Osman v. United Kingdom	(2000) 29 E.H.R.R. 245
	Otto-Preminger Institute v. Austria	(1995) 19 E.H.R.R. 34
	Özdep v. Turkey	(2001) 31 E.H.R.R 674
	Powell and Rayner v. United Kingdom	(1990) 12 E.H.R.R. 288
	Rekvényi v. Hungary	(1997) 23 E.H.R.R. CD 63
	Remmers and Hamer v. Netherlands	(1999) 27 E.H.R.R. CD 168
	Schenk v. Switzerland	(1991) 13 E.H.R.R. 242
	Sibson v. United Kingdom	(1994) 17 E.H.R.R. 193

Case Referred to	Name of Case	Citation
	Silver v. United Kingdom	(1981) 3 E.H.R.R. 475
	Silver v. United Kingdom	(1983) 5 E.H.R.R. 347
	Smith v. United Kingdom	(1994) 18 E.H.R.R. CD 65
	Soering v. United Kingdom	(1989) 11 E.H.R.R. 439
	Sunday Times v. United Kingdom	2 E.H.R.R. 245
	Times Newspapers Ltd v. United Kingdom	(1986) 8 E.H.R.R. 54
	Trustees of the late Duke of Westminster's Estate v. United Kingdom	(1983) 5 E.H.R.R. 440
	Tsavachidis v. Greece	(1999) 27 E.H.R.R. CD 27
	Union Nationale des Compositeurs de Musique v. France	(1986) 8 E.H.R.R. 306
	United Communist Party of Turkey v. Turkey	(1998) 26 E.H.R.R. 121
	Valenzuela Contreras v. Spain	(1999) 28 E.H.R.R. 483
	Valsamis v. Greece	(1997) 24 E.H.R.R. 294
	Van de Hurk v. Netherlands	(1994) 18 E.H.R.R. 481
	Vilvarajah v. United Kingdom	(1992) 14 E.H.R.R. 248
	W, H and A v. United Kingdom	(1995) 19 E.H.R.R. CD 60
	Wingrove v. United Kingdom	(1997) 24 E.H.R.R. 1
	Winterwerp v. Netherlands	2 E.H.R.R. 387
	X v. United Kingdom	(1981) 3 E.H.R.R. 63
	X, Cabales and Balkandali v. United Kingdom	(1983) 5 E.H.R.R. 132
	X, Y and Z v. Sweden	(1983) 5 E.H.R.R. 147
	Yarrow plc v. United Kingdom	(1983) 5 E.H.R.R. 498
	Young, James and Webster v. United Kingdom	(1981) 3 E.H.R.R. 20
	Z v. Finland	(1998) 25 E.H.R.R. 371
	Zentralat Deutscher Sinti und Roma and Rose v. Germany	(1997) 23 E.H.R.R. CD 209
Koendjbiharie v. Netherlands (A/185–B) (1991) 13 E.H.R.R. 820	Erkalo v. Netherlands	(1999) 28 E.H.R.R. 509
	Greenpeace Schweiz v. Switzerland	(1997) 23 E.H.R.R. CD 116
	Herczegfalvy v. Austria	(1993) 15 E.H.R.R. 437
	Keus v. Netherlands	(1991) 13 E.H.R.R. 700
	Kolompar v. Belgium	(1993) 16 E.H.R.R. 197
	Musial v. Poland	(2001) 31 E.H.R.R 720
Kofler v. Italy (1983) 5 E.H.R.R. 303	App. No. 9502/81 v. United Kingdom	(1984) 6 E.H.R.R. 334
	App. No. 10300/83 v. Germany	(1986) 8 E.H.R.R. 264
	Steinlechner v. Austria	(1989) 11 E.H.R.R. 77
	Vallon v. Italy	(1984) 6 E.H.R.R. 546
	Altun v. Germany	(1985) 7 E.H.R.R. 154
Kokkinakis v. Greece (A/260–A) (1994) 17 E.H.R.R. 397	Baskaya and Okçuoglu v. Turkey	(2001) 31 E.H.R.R 292
	Buscarini v. San Marino	(2000) 30 E.H.R.R. 208
	Canea Catholic Church v. Greece	(1999) 27 E.H.R.R. 521
	G v. France	(1996) 21 E.H.R.R. 288
	Grigoriades v. Greece	(1999) 27 E.H.R.R. 464
	Kalac v. Turkey	(1999) 27 E.H.R.R. 552

Case Referred to	Name of Case	Citation
	Kustannus oy Vappa Ajattelija AB v. Finland	(1996) 22 E.H.R.R. CD 69
	Larissis v. Greece	(1999) 27 E.H.R.R. 329
	Manoussakis v. Greece	(1996) 21 E.H.R.R. CD 3
	Manoussakis v. Greece	(1997) 23 E.H.R.R. 387
	Otto-Preminger Institute v. Austria	(1995) 19 E.H.R.R. 34
	Pentidis v. Greece	(1997) 24 E.H.R.R. CD 1
	Rekvényi v. Hungary	(2000) 30 E.H.R.R. 519
	Saszmann v. Austria	(1997) 23 E.H.R.R. CD 46
	Serif v. Greece	(2001) 31 E.H.R.R 561
	Smith and Grady v. United Kingdom	(2000) 29 E.H.R.R. 493
	SW v. United Kingdom	(1996) 21 E.H.R.R. 363
	Tsavachidis v. Greece	(1999) 27 E.H.R.R. CD 27
	Tsirlis and Kouloumpas v. Greece	(1996) 21 E.H.R.R. CD 30
	Tsirlis and Kouloumpas v. Greece	(1998) 25 E.H.R.R. 198
	Valsamis v. Greece	(1997) 24 E.H.R.R. 294
	Wingrove v. United Kingdom	(1997) 24 E.H.R.R. 1
Kolompar v. Belgium (A/235C) (1993) 16 E.H.R.R. 197	Amuur v. France	(1996) 22 E.H.R.R. 533
	Chahal v. United Kingdom	(1995) 20 E.H.R.R. CD 19
	Chahal v. United Kingdom	(1997) 23 E.H.R.R. 413
	Douiyeb v. Netherlands	(2000) 30 E.H.R.R. 790
	Open Door Counselling and Dublin Well Woman v. Ireland	(1993) 15 E.H.R.R. 244
	Özdep v. Turkey	(2001) 31 E.H.R.R 674
	Scott v. Spain	(1997) 24 E.H.R.R. 391
Konig v. Germany (No. 1) (A/27) (1979–80) 2 E.H.R.R. 170	Acociacion de Aviadores de la Republica, Mata and Others v. Spain	(1986) 8 E.H.R.R. 286
	Adolf v. Austria	(1982) 4 E.H.R.R. 313
	Airey v. Ireland	2 E.H.R.R. 305
	Albert and Le Compte v. Belgium	(1983) 5 E.H.R.R. 533
	App. No. 9193/80 v. Netherlands	(1984) 6 E.H.R.R. 134
	App. No. 9316/81 v. Austria	(1986) 8 E.H.R.R. 256
	App. No. 9569/81 v. France	(1983) 5 E.H.R.R. 277
	App. No. 9661/82 v. Austria	(1984) 6 E.H.R.R. 344
	App. No. 10331/83 v. United Kingdom	(1984) 6 E.H.R.R. 583
	App. No. 10471/83 v. United Kingdom	(1987) 9 E.H.R.R. 155
	App. No. 10615/83 v. United Kingdom	(1986) 8 E.H.R.R. 228
	App. No. 11489/85 v. Ireland	(1988) 10 E.H.R.R. 147
	Baraona v. Portugal	(1991) 13 E.H.R.R. 329
	Beaumartin v. France	(1995) 19 E.H.R.R. 485
	Benthem v. Netherlands	(1984) 6 E.H.R.R. 283
	Benthem v. Netherlands	(1986) 8 E.H.R.R. 1
	Buchholz v. Germany	(1981) 3 E.H.R.R. 597
	De Varga Hirsch v. France	(1984) 6 E.H.R.R. 126
	Deumeland v. Germany	(1985) 7 E.H.R.R. 409
	Deumeland v. Germany	(1986) 8 E.H.R.R. 448
	Deweer v. Belgium	2 E.H.R.R. 439
	Diennet v. France	(1996) 21 E.H.R.R. 554

Case Referred to	Name of Case	Citation
	Dores and Silveira v. Portugal	(1983) 5 E.H.R.R. 275
	Eckle v. Germany	(1983) 5 E.H.R.R. 1
	Editions Periscope v. France	(1992) 14 E.H.R.R. 597
	Erkner and Hofauer v. Austria	(1986) 8 E.H.R.R. 520
	Erkner and Hofauer v. Austria	(1987) 9 E.H.R.R. 464
	Feldbrugge v. Netherlands	(1985) 7 E.H.R.R. 279
	Feldbrugge v. Netherlands	(1986) 8 E.H.R.R. 425
	Fischer v. Austria	(1995) 20 E.H.R.R. 349
	Gautrin v. France	(1999) 28 E.H.R.R. 196
	GS v. Austria	(2001) 31 E.H.R.R 576
	Guincho v. Portugal	(1983) 5 E.H.R.R. 274
	Gustafson (Rolf) v. Sweden	(1998) 25 E.H.R.R. 623
	Gustafsson v. Sweden	(1996) 22 E.H.R.R. 409
	Guzzardi v. Italy	(1981) 3 E.H.R.R. 333
	H v. Belgium	(1986) 8 E.H.R.R. 510
	H v. Belgium	(1988) 10 E.H.R.R. 339
	Hins and Hugenholtz v. Netherlands	(1996) 21 E.H.R.R. CD 124
	Hodgson, Woolf Productions and National Union of Journalists and Channel Four Television v. United Kingdom	(1988) 10 E.H.R.R. 503
	Huber v. France	(1998) 26 E.H.R.R. 457
	Jaxel v. France	(1989) 11 E.H.R.R. 87
	Kaplan v. United Kingdom	(1982) 4 E.H.R.R. 64
	König v. Germany (Art. 50)	2 E.H.R.R. 469
	Kraska v. Switzerland	(1994) 18 E.H.R.R. 188
	Le Compte, Van Leuven and De Meyere v. Belgium	(1982) 4 E.H.R.R. 1
	Lechner and Hess v. Austria	(1987) 9 E.H.R.R. 490
	Lithgow v. United Kingdom	(1985) 7 E.H.R.R. 56
	Maillard v. France	(1999) 27 E.H.R.R. 232
	Martin v. Ireland	(1986) 8 E.H.R.R. 316
	Neigel v. France	(2000) 30 E.H.R.R. 310
	Obermeier v. Austria	(1989) 11 E.H.R.R. 57
	Oliveira Neves v. Portugal	(1991) 13 E.H.R.R. 576
	Öztürk v. Germany	(1984) 6 E.H.R.R. 409
	Papachelas v. Greece	(2000) 30 E.H.R.R. 923
	Philis v. Greece	(1991) 13 E.H.R.R. 741
	Philis v. Greece (No. 2)	(1998) 25 E.H.R.R. 417
	Poiss v. Austria	(1988) 10 E.H.R.R. 231
	Priorello v. Italy	(1986) 8 E.H.R.R. 306
	Procola v. Luxembourg	(1996) 22 E.H.R.R. 193
	Putz v. Austria	(2001) 32 E.H.R.R. 271
	Ruiz-Mateos v. Spain	(1993) 16 E.H.R.R. 505
	Schuler-Zgraggen v. Switzerland	(1993) 16 E.H.R.R. 405
	Sporrong and Lönnroth v. Sweden	(1983) 5 E.H.R.R. 35
	Stewart v. United Kingdom	(1985) 7 E.H.R.R. 453
	Süßmann v. Germany	(1998) 25 E.H.R.R. 65
	Sunday Times v. United Kingdom	2 E.H.R.R. 245
	Thlimmenos v. Greece	(2001) 31 E.H.R.R 411
	Toth v. Austria	(1992) 14 E.H.R.R. 551
	Van Eesbeck v. Italy	(1989) 11 E.H.R.R. 86
	Van Marle v. Netherlands	(1986) 8 E.H.R.R. 483

Case Referred to	Name of Case	Citation
	Van Marle, Van Zomeren, Flantua and de Bruijn v. Netherlands	(1985) 7 E.H.R.R. 265
	Wiesinger v. Austria	(1993) 16 E.H.R.R. 258
	Winterwerp v. Netherlands	2 E.H.R.R. 387
	WR v. Austria	(2001) 31 E.H.R.R 985
	X v. France	(1992) 14 E.H.R.R. 483
	Zimmermann and Steiner v. Switzerland	(1984) 6 E.H.R.R. 17
Konig v. Germany (No. 2) (A/36), 2 E.H.R.R. 469	Artico v. Italy	(1981) 3 E.H.R.R. 1
	Eckle v. Germany	(1991) 13 E.H.R.R. 556
	Eckle v. Germany (Art. 50)	(1984) 6 E.H.R.R. 52
	Guzzardi v. Italy	(1981) 3 E.H.R.R. 333
	Le Compte, Van Leuven and De Meyere v. Belgium (Art. 50)	(1983) 5 E.H.R.R. 183
	Lingens v. Austria	(1986) 8 E.H.R.R. 407
	Miloslavsky v. United Kingdom	(1995) 20 E.H.R.R. 442
	Sunday Times v. United Kingdom	(1981) 3 E.H.R.R. 317
	Sramek v. Austria	(1985) 7 E.H.R.R. 351
Kopp v. Switzerland (1999) 27 E.H.R.R. 91	Amann v. Switzerland	(2000) 30 E.H.R.R. 843
	Lambert v. France	(2000) 30 E.H.R.R. 346
	McLeod v. United Kingdom	(1999) 27 E.H.R.R. 493
	Valenzuela Contreras v. Spain	(1999) 28 E.H.R.R. 483
Kosiek v. Germany (1984) 6 E.H.R.R. 519	App. No. 10942/84 v. Germany	(1989) 11 E.H.R.R. 95
	Council of Civil Service Unions v. United Kingdom	(1988) 10 E.H.R.R. 269
Kosiek v Germany (A/105) (1987) 9 E.H.R.R. 328	App. No. 10942/84 v. Germany	(1989) 11 E.H.R.R. 95
	Bozano v. France	(1987) 9 E.H.R.R. 297
	Kalac v. Turkey	(1999) 27 E.H.R.R. 552
	Leander v. Sweden	(1987) 9 E.H.R.R. 433
	Lombardo v. Italy	(1996) 21 E.H.R.R. 188
	Lutz v. Germany	(1988) 10 E.H.R.R. 182
	Markt Intern and Beerman v. Germany	(1989) 11 E.H.R.R. 212
	Rekvényi v. Hungary	(1997) 23 E.H.R.R. CD 63
	Rekvényi v. Hungary	(2000) 30 E.H.R.R. 519
	Vogt v. Germany	(1996) 21 E.H.R.R. 205
	Wille v. Liechtenstein	(1997) 24 E.H.R.R. CD 45
	Wille v. Liechtenstein	(2000) 30 E.H.R.R. 564
Kostovski v. Netherlands (A/166) (1990) 12 E.H.R.R. 434	Asch v. Austria	(1993) 15 E.H.R.R. 597
	Borgers v. Belgium	(1993) 15 E.H.R.R. 92
	Brandsetter v. Austria	(1993) 15 E.H.R.R. 378
	Cardot v. France	(1991) 13 E.H.R.R. 853
	Delta v. France	(1993) 16 E.H.R.R. 574
	Edwards v. United Kingdom	(1993) 15 E.H.R.R. 417
	Ferrantelli and Santangelo v. Italy	(1997) 23 E.H.R.R. 288
	Granger v. United Kingdom	(1990) 12 E.H.R.R. 469
	Huvig v. France	(1990) 12 E.H.R.R. 528
	Kamasinski v. Austria	(1991) 13 E.H.R.R. 36
	Lüdi v. Switzerland	(1993) 15 E.H.R.R. 173
	Ninn-Hansen v. Denmark	(1999) 28 E.H.R.R. CD 96

Case Referred to	Name of Case	Citation
	SE v. Switzerland	(1998) 25 E.H.R.R. CD 127
	Teixeira de Castro v. Portugal	(1999) 28 E.H.R.R. 101
	Van Mechelen v. Netherlands	(1998) 25 E.H.R.R. 647
	Windisch v. Austria	(1991) 13 E.H.R.R. 281
Kraska v. Switzerland (A/254–B) (1994) 18 E.H.R.R. 188	De Haan v. Netherlands	(1998) 26 E.H.R.R. 417
	Fouquet v. France	(1996) 22 E.H.R.R. 279
	Gautrin v. France	(1999) 28 E.H.R.R. 196
	GS v. Austria	(2001) 31 E.H.R.R 576
	Higgins v. France	(1999) 27 E.H.R.R. 703
	Kampanis v. Greece	(1996) 21 E.H.R.R. 43
	Krone-Verlag Gmbh v. Austria	(1997) 23 E.H.R.R. CD 152
	Leutscher v. Netherlands	(1997) 24 E.H.R.R. 181
	Procola v. Luxembourg	(1996) 22 E.H.R.R. 193
	Remli v. France	(1996) 22 E.H.R.R. 253
	Ruiz-Mateos v. Spain	(1993) 16 E.H.R.R. 505
	Süßmann v. Germany	(1998) 25 E.H.R.R. 65
	Van de Hurk v. Netherlands	(1994) 18 E.H.R.R. 481
	Zander v. Sweden	(1994) 18 E.H.R.R. 175
Kremzow v. Austria (A/268–B) (1994) 17 E.H.R.R. 322	Athanassoglou v. Switzerland	(2001) 31 E.H.R.R 372
	Belziuk v. Poland	(2000) 30 E.H.R.R. 614
	Botten v. Norway	(2001) 32 E.H.R.R. 37
	Bulut v. Austria	(1997) 24 E.H.R.R. 84
	Cooke v. Austria	(2001) 31 E.H.R.R 338
	Foucher v. France	(1998) 25 E.H.R.R. 234
	Hussain v. United Kingdom	(1996) 22 E.H.R.R. 1
	Lala v. Netherlands	(1994) 18 E.H.R.R. 586
	McGinley and Egan v. United Kingdom	(1999) 27 E.H.R.R. 1
	Prinz v. Austria	(2001) 31 E.H.R.R 357
	Putz v. Austria	(2001) 32 E.H.R.R. 271
	Schatzmayr v. Austria	(1999) 27 E.H.R.R. CD 190
Kröcher and Möller v. Switzerland (1984) 6 E.H.R.R. 395	Can v. Austria	(1985) 7 E.H.R.R. 421
Kroon v. Netherlands (1995) 19 E.H.R.R. 263	Van Raalte v. Netherlands	(1997) 24 E.H.R.R. 503
	X, Y and Z v. United Kingdom	(1997) 24 E.H.R.R. 143
Kruslin v. France (A176–B) (1990) 12 E.H.R.R. 547	A v. France	(1994) 17 E.H.R.R. 462
	Amann v. Switzerland	(2000) 30 E.H.R.R. 843
	Andersson v. Sweden	(1992) 14 E.H.R.R. 615
	Baskaya and Okçuoglu v. Turkey	(2001) 31 E.H.R.R 292
	Camenzind v. Switzerland	(1999) 28 E.H.R.R. 458
	Campbell v. United Kingdom	(1993) 15 E.H.R.R. 137
	Cremieux v. France	(1993) 16 E.H.R.R. 357
	Domenichini v. Italy	(2001) 32 E.H.R.R. 68
	Drozd and Janousek v. France and Spain	(1992) 14 E.H.R.R. 745
	Edwards v. United Kingdom	(1993) 15 E.H.R.R. 417
	Fischer v. Austria	(1995) 20 E.H.R.R. 349
	Funke v. France	(1993) 16 E.H.R.R. 297
	G v. France	(1996) 21 E.H.R.R. 288
	Goodwin v. United Kingdom	(1996) 22 E.H.R.R. 123
	Grigoriades v. Greece	(1999) 27 E.H.R.R. 464
	Hadjianastassiou v. Greece	(1993) 16 E.H.R.R. 219
	Halford v. United Kingdom	(1997) 24 E.H.R.R. 523

Case Referred to	Name of Case	Citation
	Hashman and Harrup v. United Kingdom	(2000) 30 E.H.R.R. 241
	Hentrich v. France	(1994) 18 E.H.R.R. 440
	Herczegfalvy v. Austria	(1993) 15 E.H.R.R. 437
	Hins and Hugenholtz v. Netherlands	(1996) 21 E.H.R.R. CD 124
	Kalac v. Turkey	(1999) 27 E.H.R.R. 552
	Kopp v. Switzerland	(1999) 27 E.H.R.R. 91
	Lambert v. France	(2000) 30 E.H.R.R. 346
	Laskey, Jaggard and Brown v. United Kingdom	(1997) 24 E.H.R.R. 39
	Lüdi v. Switzerland	(1993) 15 E.H.R.R. 173
	Matter v. Slovakia	(2001) 31 E.H.R.R 783
	Mialhe v. France	(1993) 16 E.H.R.R. 332
	Middleburg, Van der Zee and Het Parool BV v. Netherlands	(1999) 27 E.H.R.R. CD 111
	Open Door Counselling and Dublin Well Woman v. Ireland	(1993) 15 E.H.R.R. 244
	Pine Valley Developments Ltd v. Ireland	(1992) 14 E.H.R.R. 319
	Remmers and Hamer v. Netherlands	(1999) 27 E.H.R.R. CD 168
	Spacek sro v. Czech Republic	(2000) 30 E.H.R.R. 1010
	Thorgeir Thorgeirson v. Iceland	(1992) 14 E.H.R.R. 843
	Valenzuela Contreras v. Spain	(1999) 28 E.H.R.R. 483
	Vereinigung Demokratischer Soldaten Österreichs and Gubi v. Austria	(1995) 20 E.H.R.R. 56
	Verenigung Radio 100 v. Netherlands	(1996) 22 E.H.R.R. CD 198
Kurt v. Turkey (1999) 27 E.H.R.R. 373	Assenov v. Bulgaria	(1999) 28 E.H.R.R. 652
	Aytekin v. Turkey	(2001) 32 E.H.R.R. 501
	Çakici v. Turkey	(2001) 31 E.H.R.R 133
	Syrkin v. Russia	(2000) 29 E.H.R.R. CD 254
	Tanrikulu v. Turkey	(2000) 30 E.H.R.R. 950
	TW v. Malta	(2000) 29 E.H.R.R. 185
	Yasa v. Turkey	(1999) 28 E.H.R.R. 408
L v. United Kingdom, pending	Vernon v. United Kingdom	(2000) 29 E.H.R.R. CD 264
LCB v. United Kingdom, unreported, June 9, 1998	McGinley and Egan v. United Kingdom	(1999) 27 E.H.R.R. 1
	Osman v. United Kingdom	(2000) 29 E.H.R.R. 245
Laghi v. Italy, September 2, 1997	Huber v. France	(1998) 26 E.H.R.R. 457
	Pierre-Bloch v. France	(1998) 26 E.H.R.R. 202
Laino v. Italy, unreported	Ninn-Hansen v. Denmark	(1999) 28 E.H.R.R. CD 96
	Thlimmenos v. Greece	(2001) 31 E.H.R.R 411
Lala v. Netherlands (1994) 18 E.H.R.R. 586	Hood v. United Kingdom	(2000) 29 E.H.R.R. 365
	Ninn-Hansen v. Denmark	(1999) 28 E.H.R.R. CD 96
	Van Geyseghem v. Belgium	(2001) 32 E.H.R.R. 554

Case Referred to	Name of Case	Citation
Lamy v. Belgium (A/151) (1989) 11 E.H.R.R. 529	Bernaerts v. Belgium	(1993) 15 E.H.R.R. CD 17
	Bezicheri v. Italy	(1990) 12 E.H.R.R. 210
	Brannigan and McBride v. United Kingdom	(1994) 17 E.H.R.R. 539
	Fitt v. United Kingdom	(2000) 30 E.H.R.R. 480
	Imbrioscia v. Switzerland	(1994) 17 E.H.R.R. 441
	Jasper v. United Kingdom	(2000) 30 E.H.R.R. 441
	Kampanis v. Greece	(1996) 21 E.H.R.R. 43
	Kerr v. United Kingdom	(2000) 29 E.H.R.R. CD 184
	Keus v. Netherlands	(1991) 13 E.H.R.R. 700
	Kokavecz v. Hungary	(1999) 28 E.H.R.R. CD 86
	Nikolova v. Bulgaria	(2001) 31 E.H.R.R 64
	Rowe and Davis v. United Kingdom	(2000) 30 E.H.R.R. 1
	S v. Switzerland	(1992) 14 E.H.R.R. 670
	Toth v. Austria	(1992) 14 E.H.R.R. 551
Langborger v. Sweden (A/155) (1990) 12 E.H.R.R. 416	Baskaya and Okçuoglu v. Turkey	(2001) 31 E.H.R.R 292
	Borgers v. Belgium	(1993) 15 E.H.R.R. 92
	British American Tobacco Co. Ltd v. Netherlands	(1996) 21 E.H.R.R. 409
	Bryan v. United Kingdom	(1996) 21 E.H.R.R. 342
	Çiraklar v. Turkey	(2001) 32 E.H.R.R. 535
	De Moor v. Belgium	(1994) 18 E.H.R.R. 372
	Demicoli v. Malta	(1992) 14 E.H.R.R. 47
	Fischer v. Austria	(1995) 20 E.H.R.R. 349
	Holm v. Sweden	(1994) 18 E.H.R.R. 79
	Incal v. Turkey	(2000) 29 E.H.R.R. 449
	McGonnell v. United Kingdom	(2000) 30 E.H.R.R. 289
	Mitap and Müftüoğlu v. Turkey	(1996) 22 E.H.R.R. 209
	Nortier v. Netherlands	(1994) 17 E.H.R.R. 273
	Ohg v. Austria	(1994) 18 E.H.R.R. CD 107
	Stefan v. United Kingdom	(1998) 25 E.H.R.R. CD 130
	Van de Hurk v. Netherlands	(1994) 18 E.H.R.R. 481
Lapalorcia v. Italy, September 2, 1997	Huber v. France	(1998) 26 E.H.R.R. 457
	Le Calvez v. France	(2001) 32 E.H.R.R. 481
	Pellegrin v. France	(2001) 31 E.H.R.R 651
	Pierre-Bloch v. France	(1998) 26 E.H.R.R. 202
Laprino v. United Kingdom (1982) 4 E.H.R.R. 97	Kamer v. Belgium	(1986) 8 E.H.R.R. 230
Larissis v. Greece (1999) 27 E.H.R.R. 329	Smith and Grady v. United Kingdom	(2000) 29 E.H.R.R. 493
	Steel v. United Kingdom	(1999) 28 E.H.R.R. 603
Larkos v. Cyprus, unreported, February 18, 1999	Chassagnou v. France	(2000) 29 E.H.R.R. 615
Laskey, Jaggard and Brown v. United Kingdom (1997) 24 E.H.R.R. 39	A v. United Kingdom	(1999) 27 E.H.R.R. 611
	ADT v. United Kingdom	(2001) 31 E.H.R.R 803

Case Referred to	Name of Case	Citation
Lawless v. Ireland (No. 1) (A/1) (1979–80) 1 E.H.R.R. 1	Allenet de Ribemont v. France	(1996) 22 E.H.R.R. 582
	Artico v. Italy	(1981) 3 E.H.R.R. 1
	Axen v. Germany	(1984) 6 E.H.R.R. 195
	Borgers v. Belgium	(1993) 15 E.H.R.R. 92
	Cossey v. United Kingdom	(1991) 13 E.H.R.R. 622
	Cyprus v. Turkey	(1993) 15 E.H.R.R. 509
	De Wilde, Ooms and Versyp v. Belgium (No. 1)	1 E.H.R.R. 373
	Ireland v. United Kingdom	2 E.H.R.R. 25
	Özdep v. Turkey	(2001) 31 E.H.R.R 674
	Pretto v. Italy	(1984) 6 E.H.R.R. 182
	Sunday Times v. United Kingdom	(1981) 3 E.H.R.R. 317
Lawless v. Ireland (No. 2) (1961) Series A, No. 2; 1 E.H.R.R. 13	De Wilde, Ooms and Versyp v. Belgium (No. 1)	1 E.H.R.R. 373
Lawless v. Ireland (No. 3) (A/3) (1979–80) 1 E.H.R.R. 15	Aksoy v. Turkey	(1997) 23 E.H.R.R. 553
	Ashingdane v. United Kingdom, App. No. 8225/78	(1984) 6 E.H.R.R. 69
	Belgian Linguistics Case (No. 2)	1 E.H.R.R. 252
	Brannigan and McBride v. United Kingdom	(1994) 17 E.H.R.R. 539
	Brogan v. United Kingdom	(1989) 11 E.H.R.R. 117
	Chahal v. United Kingdom	(1997) 23 E.H.R.R. 413
	De Jong, Baljet and Van Den Brink v. Netherlands	(1986) 8 E.H.R.R. 20
	De Wilde, Ooms and Versyp v. Belgium (No. 1)	1 E.H.R.R. 373
	Duinhof and Duijf v. Netherlands, App. No. 9626/81 and 9736/82	(1984) 6 E.H.R.R. 105
	Eriksen v. Norway	(2000) 29 E.H.R.R. 328
	Glimmerveen and Hagenbeek v. Netherlands	(1982) 4 E.H.R.R. 260
	Golder v. United Kingdom	1 E.H.R.R. 524
	Guzzardi v. Italy	(1981) 3 E.H.R.R. 333
	Ireland v. United Kingdom	2 E.H.R.R. 25
	Le Compte, Van Leuven and De Meyere v. Belgium	(1982) 4 E.H.R.R. 1
	Matznetter v. Austria	1 E.H.R.R. 198
	McGoff v. Sweden, App. No. 9017/80	(1984) 6 E.H.R.R. 101
	Neumeister v. Austria (No. 1)	1 E.H.R.R. 91
	Norris v. Ireland	(1991) 13 E.H.R.R. 186
	Schiesser v. Switzerland	2 E.H.R.R. 417
	Schimanek v. Austria	(2000) 29 E.H.R.R. CD 250
	Skoogström v. Sweden, App. No. 8582/79	(1984) 6 E.H.R.R. 77
	Stögmüler v. Austria	1 E.H.R.R. 155
	SW v. United Kingdom	(1996) 21 E.H.R.R. 363
	Winterwerp v. Netherlands	2 E.H.R.R. 387
Le Calvez v. Italy, unreported	Pellegrin v. France	(2001) 31 E.H.R.R 651

Case Referred to	**Name of Case**	**Citation**
Le Compte v. Belgium (A/43); Van Leuven v. Belgium (A/43); De Meyere v. Belgium (A/43) (1982) 4 E.H.R.R. 1	A.P.B. Ltd, A.P.P. and E.A.B. v. United Kingdom	(1998) 25 E.H.R.R. CD 141
	Adams and Benn v. United Kingdom	(1997) 23 E.H.R.R. CD 160
	Agrotexim v. Greece	(1996) 21 E.H.R.R. 250
	Albert and Le Compte v. Belgium	(1983) 5 E.H.R.R. 533
	Anders and Fredin v. Sweden	(1991) 13 E.H.R.R. 142
	Andersson v. Sweden	(1998) 25 E.H.R.R. 722
	AP, MP and TP v. Awitzerland	(1998) 26 E.H.R.R. 541
	App. No. 9260/81 v. Sweden	(1984) 6 E.H.R.R. 323
	App. No. 9502/81 v. United Kingdom	(1984) 6 E.H.R.R. 334
	App. No. 9569/81 v. France	(1983) 5 E.H.R.R. 277
	App. No. 9713/82 v. Belgium	(1983) 5 E.H.R.R. 295
	App. No. 10144/82	(1984) 6 E.H.R.R. 130
	App. No. 10331/83 v. United Kingdom	(1984) 6 E.H.R.R. 583
	App. No. 11159/84 v. Belgium	(1989) 11 E.H.R.R. 75
	Ashingdane v. United Kingdom	(1985) 7 E.H.R.R. 528
	Athanassoglou v. Switzerland	(2001) 31 E.H.R.R 372
	Balmer-Schafroth v. Switzerland	(1998) 25 E.H.R.R. 598
	Barthold v. Germany	(1985) 7 E.H.R.R. 383
	Beaumartin v. France	(1995) 19 E.H.R.R. 485
	Belilos v. Switzerland	(1988) 10 E.H.R.R. 466
	Benthem v. Netherlands	(1984) 6 E.H.R.R. 283
	Benthem v. Netherlands	(1986) 8 E.H.R.R. 1
	Bulut v. Austria	(1997) 24 E.H.R.R. 84
	Campbell and Cosans v. United Kingdom	(1982) 4 E.H.R.R. 293
	Campbell and Fell v. United Kingdom	(1985) 7 E.H.R.R. 165
	Casado Coca v. Spain	(1994) 18 E.H.R.R. 1
	Cavalin v. France	(1989) 11 E.H.R.R. 79
	Chassagnou v. France	(2000) 29 E.H.R.R. 615
	Çiraklar v. Turkey	(2001) 32 E.H.R.R. 535
	Crabtree v. United Kingdom	(1997) 23 E.H.R.R. CD 202
	D'Haese, Le Compte and others v. Belgium	(1984) 6 E.H.R.R. 114
	De Cubber v. Belgium	(1985) 7 E.H.R.R. 236
	Debled v. Belgium	(1995) 19 E.H.R.R. 506
	Demicoli v. Malta	(1992) 14 E.H.R.R. 47
	Deumeland v. Germany	(1985) 7 E.H.R.R. 409
	Deumeland v. Germany	(1986) 8 E.H.R.R. 448
	Diennet v. France	(1996) 21 E.H.R.R. 554
	Fayed v. United Kingdom	(1994) 18 E.H.R.R. 393
	Feldbrugge v. Netherlands	(1985) 7 E.H.R.R. 279
	Feldbrugge v. Netherlands	(1986) 8 E.H.R.R. 425
	Findlay v. United Kingdom	(1996) 21 E.H.R.R. CD 7
	Findlay v. United Kingdom	(1997) 24 E.H.R.R. 221
	Fischer v. Austria	(1995) 20 E.H.R.R. 349
	Gautrin v. France	(1999) 28 E.H.R.R. 196
	GS v. Austria	(2001) 31 E.H.R.R 576
	H v. Belgium	(1986) 8 E.H.R.R. 510
	H v. Belgium	(1988) 10 E.H.R.R. 339
	H.A.R. v. Austria	(1999) 27 E.H.R.R. CD 330
	Håkansson and Sturesson v. Sweden	(1991) 13 E.H.R.R. 1

Case Referred to	Name of Case	Citation
	Helle v. Finland	(1998) 26 E.H.R.R. 159
	Higgins v. France	(1999) 27 E.H.R.R. 703
	Holm v. Sweden	(1994) 18 E.H.R.R. 79
	Holy Monastries v. Greece	(1995) 20 E.H.R.R. 1
	Jacobsson v. Sweden	(1989) 11 E.H.R.R. 562
	Janssen v. Germany	(1999) 27 E.H.R.R. CD 91
	Jaxel v. France	(1989) 11 E.H.R.R. 87
	Johnston v. Ireland	(1987) 9 E.H.R.R. 203
	Karakurt v. Austria	(2000) 29 E.H.R.R. CD 273
	Keegan v. Ireland	(1994) 18 E.H.R.R. 342
	Kraska v. Switzerland	(1994) 18 E.H.R.R. 188
	Langborger v. Sweden	(1990) 12 E.H.R.R. 120
	Langborger v. Sweden	(1990) 12 E.H.R.R. 416
	Le Compte, Van Leuven and De Meyere v. Belgium (Art. 50)	(1983) 5 E.H.R.R. 183
	Lenzing v. United Kingdom	(1999) 27 E.H.R.R. CD 323
	Lithgow v. United Kingdom	(1985) 7 E.H.R.R. 56
	Lithgow v. United Kingdom	(1986) 8 E.H.R.R. 329
	Logan v. United Kingdom	(1996) 22 E.H.R.R. CD 178
	Manners v. United Kingdom	(1998) 26 E.H.R.R. CD 206
	McCullough v. United Kingdom	(1998) 25 E.H.R.R. CD 34
	McMichael v. United Kingdom	(1995) 20 E.H.R.R. 205
	Moreira de Azevedo v. Portugal	(1991) 13 E.H.R.R. 721
	MS v. Sweden	(1999) 28 E.H.R.R. 313
	Oerlemans v. Netherlands	(1993) 15 E.H.R.R. 561
	Osman v. United Kingdom	(2000) 29 E.H.R.R. 245
	Öztürk v. Germany	(1984) 6 E.H.R.R. 409
	Palaoro v. Austria	(2001) 32 E.H.R.R. 202
	Pfarrmeier v. Austria	(1996) 22 E.H.R.R. 175
	Philis v. Greece (No. 2)	(1998) 25 E.H.R.R. 417
	Piersack v. Belgium	(1983) 5 E.H.R.R. 169
	Procola v. Luxembourg	(1996) 22 E.H.R.R. 193
	Pullar v. United Kingdom	(1996) 22 E.H.R.R. 391
	Remli v. France	(1996) 22 E.H.R.R. 253
	Ruiz-Mateos v. Spain	(1993) 16 E.H.R.R. 505
	Sainte-Marie v. France	(1993) 16 E.H.R.R. 116
	Schmautzer v. Austria	(1996) 21 E.H.R.R. 511
	Schuler-Zgraggen v. Switzerland	(1993) 16 E.H.R.R. 405
	Sigurjonsson v. Iceland	(1993) 16 E.H.R.R. 462
	Soering v. United Kingdom	(1989) 11 E.H.R.R. 439
	Sporrong and Lönnroth v. Sweden	(1983) 5 E.H.R.R. 35
	Stefan v. United Kingdom	(1998) 25 E.H.R.R. CD 130
	Terra Woningen v. Netherlands	(1997) 24 E.H.R.R. 456
	Tomasi v. France	(1993) 15 E.H.R.R. 1
	Umlauft v. Austria	(1996) 22 E.H.R.R. 76
	Van Marle v. Netherlands	(1986) 8 E.H.R.R. 483
	Van Marle, Van Zomeren, Flantua and de Bruijn v. Netherlands	(1985) 7 E.H.R.R. 265
	Van Orshoven v. Belgium	(1998) 26 E.H.R.R. 55
	Vasilescu v. Romania	(1999) 28 E.H.R.R. 241
	WR v. Austria	(2001) 31 E.H.R.R 985
	X v. United Kingdom	(1998) 25 E.H.R.R. CD 88
	Zumbotel v. Austria	(1994) 17 E.H.R.R. 116

Case Referred to	Name of Case	Citation
Le Compte, Van Leuven and De Meyere v. Belgium (Art. 50) (1983) 5 E.H.R.R. 183	Albert and Le Compte (Art. 50)	(1984) 6 E.H.R.R. 68
	Albert and Le Compte v. Belgium	(1991) 13 E.H.R.R. 415
	Belilos v. Switzerland	(1988) 10 E.H.R.R. 466
	Boyle and Rice v. United Kingdom	(1988) 10 E.H.R.R. 425
	Campbell and Cosans v. United Kingdom	(1991) 13 E.H.R.R. 441
	Campbell and Fell v. United Kingdom	(1985) 7 E.H.R.R. 165
	Colozza v. Italy	(1985) 7 E.H.R.R. 516
	Corigliano v. Italy	(1983) 5 E.H.R.R. 334
	Dudgeon v. United Kingdom (Art. 50)	(1983) 5 E.H.R.R. 573
	Eckle v. Germany	(1991) 13 E.H.R.R. 556
	Eckle v. Germany (Art. 50)	(1984) 6 E.H.R.R. 52
	J v. Belgium	(1993) 15 E.H.R.R. CD 46
	Minelli v. Switzerland	(1983) 5 E.H.R.R. 554
	Pakelli v. Germany	(1984) 6 E.H.R.R. 1
Leander v. Sweden (A/116) (1987) 9 E.H.R.R. 433;	Amann v. Switzerland	(2000) 30 E.H.R.R. 843
	B v. United Kingdom	(1988) 10 E.H.R.R. 87
	Bader v. Austria	(1996) 22 E.H.R.R. CD 213
	Boyle and Rice v. United Kingdom	(1988) 10 E.H.R.R. 425
	Brogan v. United Kingdom	(1989) 11 E.H.R.R. 117
	Buckley v. United Kingdom	(1997) 23 E.H.R.R. 101
	Chahal v. United Kingdom	(1997) 23 E.H.R.R. 413
	Chappell v. United Kingdom	(1990) 12 E.H.R.R. 1
	Council of Civil Service Unions v. United Kingdom	(1988) 10 E.H.R.R. 269
	Council of Civil Service Unions v. United Kingdom	(1988) 10 E.H.R.R. 269
	Esbester v. United Kingdom	(1994) 18 E.H.R.R. CD 72
	Fayed v. United Kingdom	(1994) 18 E.H.R.R. 393
	Fischer v. Austria	(1995) 20 E.H.R.R. 349
	Friedl v. Austria	(1996) 21 E.H.R.R. 83
	Gaskin v. United Kingdom	(1987) 9 E.H.R.R. 279
	Gaskin v. United Kingdom	(1989) 11 E.H.R.R. 402
	Gaskin v. United Kingdom	(1989) 11 E.H.R.R. 402
	Gaskin v. United Kingdom	(1990) 12 E.H.R.R. 36
	Guerra v. Italy	(1998) 26 E.H.R.R. 357
	Hadjianastassiou v. Greece	(1993) 16 E.H.R.R. 219
	Halford v. United Kingdom	(1997) 24 E.H.R.R. 523
	Hewitt and Harman v. United Kingdom	(1992) 14 E.H.R.R. 657
	Lehtinen v. Finland	(2000) 29 E.H.R.R. CD 204
	Lustig-Prean and Beckett v. United Kingdom	(2000) 29 E.H.R.R. 548
	McCallum v. United Kingdom	(1991) 13 E.H.R.R. 597
	McCullough v. United Kingdom	(1998) 25 E.H.R.R. CD 34
	MS v. Sweden	(1999) 28 E.H.R.R. 313
	Nsona v. Netherlands	(2001) 32 E.H.R.R. 170
	Nyberg v. Sweden	(1992) 14 E.H.R.R. 870
	Observer and Guardian v. United Kingdom	(1992) 14 E.H.R.R. 153
	Olsson v. Sweden (No. 2)	(1994) 17 E.H.R.R. 134
	Papamichalopoulos v. Greece	(1993) 16 E.H.R.R. 440

Case Referred to	Name of Case	Citation
	Pauger v. Austria	(1998) 25 E.H.R.R. 105
	Powell and Rayner v. United Kingdom	(1990) 12 E.H.R.R. 288
	Powell and Rayner v. United Kingdom	(1990) 12 E.H.R.R. 355
	Quinn v. Ireland	(2000) 29 E.H.R.R. CD 234
	R v. United Kingdom	(1988) 10 E.H.R.R. 74
	Rekvényi v. Hungary	(2000) 30 E.H.R.R. 519
	Rieme v. Sweden	(1993) 16 E.H.R.R. 155
	Sidiropoulos v. Greece	(1999) 27 E.H.R.R. 633
	Smith and Grady v. United Kingdom	(1999) 27 E.H.R.R. CD 42
	Smith and Grady v. United Kingdom	(2000) 29 E.H.R.R. 493
	Stjerna v. Finland	(1997) 24 E.H.R.R. 195
	Sunday Times v. United Kingdom (No. 2)	(1992) 14 E.H.R.R. 229
	Tinnelly & Sons Ltd v. United Kingdom	(1999) 27 E.H.R.R. 249
	Tsavachidis v. Greece	(1999) 27 E.H.R.R. CD 27
	W v. United Kingdom	(1988) 10 E.H.R.R. 29
	Z v. Finland	(1998) 25 E.H.R.R. 371
Lechner and Hess v. Austria (1987) 9 E.H.R.R. 490	Capuano v. Italy	(1991) 13 E.H.R.R. 271
	Dobbertin v. France	(1993) 16 E.H.R.R. 558
	Martins Moeira v. Portugal	(1991) 13 E.H.R.R. 517
	Oliveira Neves v. Portugal	(1991) 13 E.H.R.R. 576
	Ruiz-Mateos v. Spain	(1993) 16 E.H.R.R. 505
Lemon and Gay News Ltd v. United Kingdom	Wingrove v. United Kingdom	(1994) 18 E.H.R.R. CD 54
Letellier v. France (A/207) (1992) 14 E.H.R.R. 83	Akdivar v. Turkey	(1997) 23 E.H.R.R. 143
	Caballero v. United Kingdom	(2000) 30 E.H.R.R. 643
	Civet v. France	(2001) 31 E.H.R.R 871
	F v. Austria	(1993) 15 E.H.R.R. CD 68
	Hood v. United Kingdom	(2000) 29 E.H.R.R. 365
	Ixion v. France	(1993) 15 E.H.R.R. CD 91
	Kemmache v. France	(1992) 14 E.H.R.R. 520
	Kemmache v. France (No. 3)	(1995) 19 E.H.R.R. 349
	Mansur v. Turkey	(1995) 20 E.H.R.R. 535
	Mitap and Müftüoğlu v. Turkey	(1996) 22 E.H.R.R. 209
	Navarra v. France	(1994) 17 E.H.R.R. 594
	Omar v. France	(2000) 29 E.H.R.R. 210
	Scott v. Spain	(1997) 24 E.H.R.R. 391
	Tomasi v. France	(1993) 15 E.H.R.R. 1
	W v. Switzerland	(1994) 17 E.H.R.R. 60
	Yağci and Sargin v. Turkey	(1995) 20 E.H.R.R. 505
Leutscher v. Netherlands (1997) 24 E.H.R.R. 180	Aannemersbedrijf Gebroedes Van Leeuwen BV v. Netherlands	(2000) 29 E.H.R.R. CD 96
	Daktaras v. Lithuania	(2000) 29 E.H.R.R. CD 135
	Hibbert v. Netherlands	(1999) 28 E.H.R.R. CD 194
	Süßmann v. Germany	(1998) 25 E.H.R.R. 65
	Tejedor Garcia v. Spain	(1998) 26 E.H.R.R. 440
	Valenzuela Contreras v. Spain	(1999) 28 E.H.R.R. 483

Case Referred to	Name of Case	Citation
Levages Prestations Services v. France (1997) 23 E.H.R.R. 351	Grof v. Austria	(1998) 25 E.H.R.R. CD 39
	Nideröst-Huber v. Switzerland	(1998) 25 E.H.R.R. 709
Liberal Party v. United Kingdom (1982) 4 E.H.R.R. 106	Moreaux v. Belgium	(1984) 6 E.H.R.R. 531
Lingens and Leitgens v. Austria (1982) 4 E.H.R.R. 373	Lingens v. Austria	(1985) 7 E.H.R.R. 446
	Lingens v. Austria	(1984) 6 E.H.R.R. 550
Lingens v. Austria (1985) 7 E.H.R.R. 446	Markt Intern and Beerman v. Germany	(1989) 11 E.H.R.R. 212
Lingens v. Austria (1986) 8 E.H.R.R. 103	App. No. 11508/85 v. Denmark	(1989) 11 E.H.R.R. 559
	Barfod v. Denmark	(1991) 13 E.H.R.R. 493
	Bowman v. United Kingdom	(1998) 26 E.H.R.R. 1
	Casado Coca v. Spain	(1994) 18 E.H.R.R. 1
	Castells v. Spain	(1992) 14 E.H.R.R. 445
	De Cubber v. Belgium	(1991) 13 E.H.R.R. 422
	Ezelin v. France	(1992) 14 E.H.R.R. 362
	Gillow v. United Kingdom	(1989) 11 E.H.R.R. 335
	Grigoriades v. Greece	(1999) 27 E.H.R.R. 464
	Groppera Radio AG v. Switzerland	(1990) 12 E.H.R.R. 321
	H.N. v. Italy	(1999) 27 E.H.R.R. CD 75
	Hertel v. Switzerland	(1999) 28 E.H.R.R. 534
	Hodgson, Woolf Productions and National Union of Journalists and Channel Four Television v. United Kingdom	(1988) 10 E.H.R.R. 503
	Johnston v. Ireland	(1987) 9 E.H.R.R. 203
	Kokkinakis v. Greece	(1994) 17 E.H.R.R. 397
	Markt Intern and Beerman v. Germany	(1989) 11 E.H.R.R. 212
	Markt Intern and Beermann v. Germany	(1990) 12 E.H.R.R. 161
	Middleburg, Van der Zee and Het Parool BV v. Netherlands	(1999) 27 E.H.R.R. CD 111
	Müller v. Switzerland	(1991) 13 E.H.R.R. 212
	Oberschlick v. Austria	(1995) 19 E.H.R.R. 389
	Oberschlick v. Austria (No. 2)	(1998) 25 E.H.R.R. 357
	Observer and Guardian v. United Kingdom	(1992) 14 E.H.R.R. 153
	Olsson v. Sweden	(1989) 11 E.H.R.R. 259
	Pentidis v. Greece	(1997) 24 E.H.R.R. CD 1
	Peree v. Netherlands	(1999) 28 E.H.R.R. CD 158
	Schönenberger and Durmaz v. Switzerland	(1989) 11 E.H.R.R. 202
	Sidiropoulos v. Greece	(1999) 27 E.H.R.R. 633
	Socialist Party v. Turkey	(1999) 27 E.H.R.R. 51
	Sunday Times v. United Kingdom (No. 2)	(1992) 14 E.H.R.R. 229
	Thorgeir Thorgeirson v. Iceland	(1992) 14 E.H.R.R. 843
	United Communist Party of Turkey v. Turkey	(1998) 26 E.H.R.R. 121
	Valsamis v. Greece	(1997) 24 E.H.R.R. 294

Case Referred to	Name of Case	Citation
	Worm v. Austria	(1998) 25 E.H.R.R. 454
	Zana v. Turkey	(1999) 27 E.H.R.R. 667
Lingens v. Austria (No. 2) (A/103) (1986) 8 E.H.R.R. 407	Andreas Wabl v. Austria	(2001) 31 E.H.R.R 1134
	Arslan v. Turkey	(2001) 31 E.H.R.R 264
	Baskaya and Okçuoglu v. Turkey	(2001) 31 E.H.R.R 292
	Bladet Tromsø and Stensaas v. Norway	(2000) 29 E.H.R.R. 125
	Ceylan v. Turkey	(2000) 30 E.H.R.R. 73
	Dalban v. Romania	(2001) 31 E.H.R.R 893
	Hadjianastassiou v. Greece	(1993) 16 E.H.R.R. 219
	Hogefeld v. Germany	(2000) 29 E.H.R.R. CD 173
	Incal v. Turkey	(2000) 29 E.H.R.R. 449
	Janowski v. Poland	(2000) 29 E.H.R.R. 705
	Lehideux and Isorni v. France	(2000) 30 E.H.R.R. 665
	Manoussakis v. Greece	(1996) 21 E.H.R.R. CD 3
	Manoussakis v. Greece	(1997) 23 E.H.R.R. 387
	Miloslavsky v. United Kingdom	(1995) 20 E.H.R.R. 442
	Nilsen and Johnsen v. Norway	(2000) 30 E.H.R.R. 878
	Özdep v. Turkey	(2001) 31 E.H.R.R 674
	Özgür Gündem v. Turkey	(2001) 31 E.H.R.R 1082
	Piermont v. France	(1995) 20 E.H.R.R. 301
	Prager and Oberschlick v. Austria	(1996) 21 E.H.R.R. 1
	Rekvényi v. Hungary	(2000) 30 E.H.R.R. 519
	Thorgeir Thorgeirson v. Iceland	(1992) 14 E.H.R.R. 115
	Vogt v. Germany	(1996) 21 E.H.R.R. 205
	Wille v. Liechtenstein	(2000) 30 E.H.R.R. 564
	Wingrove v. United Kingdom	(1997) 24 E.H.R.R. 1
	Worm v. Austria	(1996) 22 E.H.R.R. CD 7
Lithgow v. United Kingdom (1983) 5 E.H.R.R. 491	Scotts of Greenock Ltd v. United Kingdom (App. No. 9482/81)	(1986) 8 E.H.R.R. 288
	Scotts of Greenock Ltd v. United Kingdom (App. No. 9599/81)	(1986) 8 E.H.R.R. 293
Lithgow v. United Kingdom (1985) 7 E.H.R.R. 56	App. No. 11243/84 v. Sweden	(1987) 9 E.H.R.R. 131
	App. No. 11417/85 v. Sweden	(1986) 8 E.H.R.R. 106
	Gillow v. United Kingdom	(1985) 7 E.H.R.R. 292
	Mellacher v. Austria	(1990) 12 E.H.R.R. 97
Lithgow v. United Kingdom (A/102) (1986) 8 E.H.R.R. 329	Adams and Benn v. United Kingdom	(1997) 23 E.H.R.R. CD 160
	Air Canada v. United Kingdom	(1995) 20 E.H.R.R. 150
	Akkus v. Turkey	(2000) 30 E.H.R.R. 365
	Allegemeine Gold- und Silberscheideanstalt v. United Kingdom	(1987) 9 E.H.R.R. 1
	Avis Enterprises v. Greece	(1998) 26 E.H.R.R. CD 21
	B v. United Kingdom	(1988) 10 E.H.R.R. 87
	BH v. United Kingdom	(1998) 25 E.H.R.R. CD 136
	Boumar v. Belgium	(1989) 11 E.H.R.R. 1
	Boyle and Rice v. United Kingdom	(1988) 10 E.H.R.R. 425
	Brogan v. United Kingdom	(1989) 11 E.H.R.R. 117

Case Referred to	Name of Case	Citation
	Bullock v. United Kingdom	(1996) 21 E.H.R.R. CD 85
	C v. Belgium	(2001) 32 E.H.R.R. 19
	Caballero v. United Kingdom	(2000) 30 E.H.R.R. 643
	Chassagnou v. France	(2000) 29 E.H.R.R. 615
	Cossey v. United Kingdom	(1991) 13 E.H.R.R. 622
	English Electric Co. v. United Kingdom	(1983) 5 E.H.R.R. 498
	F.M. Zumtobel GmbH and Co. KG, Zumtobel and Pramstaller v. Austria	(1993) 16 E.H.R.R. CD 40
	Fayed v. United Kingdom	(1994) 18 E.H.R.R. 393
	Fredin v. Sweden	(1991) 13 E.H.R.R. 784
	Gasus Dosier und Fordertechnik GmbH v Netherlands	(1995) 20 E.H.R.R. 403
	Groppera Radio AG v. Switzerland	(1990) 12 E.H.R.R. 321
	Gudmundsson v. Iceland	(1996) 21 E.H.R.R. CD 89
	Gustafson (Rolf) v. Sweden	(1998) 25 E.H.R.R. 623
	Håkansson and Sturesson v. Sweden	(1991) 13 E.H.R.R. 1
	Hentrich v. France	(1994) 18 E.H.R.R. 440
	Holy Monastries v. Greece	(1995) 20 E.H.R.R. 1
	Inze v. Austria	(1988) 10 E.H.R.R. 394
	Johansson v. Sweden	(1993) 15 E.H.R.R. CD 62
	Johnston v. Ireland	(1987) 9 E.H.R.R. 203
	Katikaridis v. Greece	(2001) 32 E.H.R.R. 113
	Keegan v. Ireland	(1994) 18 E.H.R.R. 342
	Kraska v. Switzerland	(1994) 18 E.H.R.R. 188
	Kustannus oy Vappa Ajattelija AB v. Finland	(1996) 22 E.H.R.R. CD 69
	Leander v. Sweden	(1987) 9 E.H.R.R. 433
	Lenzing v. United Kingdom	(1999) 27 E.H.R.R. CD 323
	Logan v. United Kingdom	(1996) 22 E.H.R.R. CD 178
	Manners v. United Kingdom	(1998) 26 E.H.R.R. CD 206
	Mathieu-Mohin and Clerfayt v. Belgium	(1988) 10 E.H.R.R. 1
	McCullough v. United Kingdom	(1998) 25 E.H.R.R. CD 34
	McMichael v. United Kingdom	(1995) 20 E.H.R.R. 205
	Mellacher v. Austria	(1990) 12 E.H.R.R. 391
	Mens and Mens-Hoek v. Netherlands	(1998) 26 E.H.R.R. CD 170
	Mika v. Austria	(1996) 22 E.H.R.R. CD 208
	O v. United Kingdom	(1988) 10 E.H.R.R. 82
	Osman v. United Kingdom	(2000) 29 E.H.R.R. 245
	Papachelas v. Greece	(2000) 30 E.H.R.R. 923
	Papamichalopoulos v. Greece	(1993) 16 E.H.R.R. 440
	Paruszweska v. Poland	(1998) 25 E.H.R.R. CD 175
	Pauger v. Austria	(1998) 25 E.H.R.R. 105
	Pine Valley Developments Ltd v. Ireland	(1992) 14 E.H.R.R. 319
	Powell and Rayner v. United Kingdom	(1990) 12 E.H.R.R. 288
	Powell and Rayner v. United Kingdom	(1990) 12 E.H.R.R. 355
	Pressos Compania Naviera SA v. Belgium	(1996) 21 E.H.R.R. 301
	R v. United Kingdom	(1988) 10 E.H.R.R. 74
	Ruiz-Mateos v. Spain	(1993) 16 E.H.R.R. 505

Case Referred to	Name of Case	Citation
	Scollo v. Italy	(1996) 22 E.H.R.R. 514
	Sheffield and Horsham v. United Kingdom	(1999) 27 E.H.R.R. 163
	Smith v. United Kingdom	(1998) 25 E.H.R.R. CD 52
	Spacek sro v. Czech Republic	(2000) 30 E.H.R.R. 1010
	Spadea and Scalabrino v. Italy	(1996) 21 E.H.R.R. 482
	Steel v. United Kingdom	(1999) 28 E.H.R.R. 603
	Stevens and Knight v. United Kingdom	(1999) 27 E.H.R.R. CD 138
	Stubbings v. United Kingdom	(1995) 19 E.H.R.R. CD 32
	Stubbings v. United Kingdom	(1997) 23 E.H.R.R. 213
	Tre Traktörer Aktiebolag v. Sweden	(1991) 13 E.H.R.R. 309
	Vasilescu v. Romania	(1999) 28 E.H.R.R. 241
	Vosper plc v. United Kingdom	(1983) 5 E.H.R.R. 496
	W v. United Kingdom	(1988) 10 E.H.R.R. 29
	Z v. United Kingdom	(1999) 28 E.H.R.R. CD 65
	Zubani v. Italy	(2001) 32 E.H.R.R. 297
Lobo Machado v. Portugal (1997) 23 E.H.R.R. 79	Belziuk v. Poland	(2000) 30 E.H.R.R. 614
	Bulut v. Austria	(1997) 24 E.H.R.R. 84
	JJ v. Netherlands	(1999) 28 E.H.R.R. 168
	Mantovanelli v. France	(1997) 24 E.H.R.R. 370
	Nideröst-Huber v. Switzerland	(1998) 25 E.H.R.R. 709
	Reinhardt and Slimane-Kaid v. France	(1999) 28 E.H.R.R. 59
	Societe Levage Prestations v. France	(1997) 24 E.H.R.R. 351
	Van Orshoven v. Belgium	(1998) 26 E.H.R.R. 55
	Vermeulen v. Belgium	(2001) 32 E.H.R.R. 313
	Werner and Szucs v. Austria	(1998) 26 E.H.R.R. 310
Loizidou v. Turkey (1995) (A/310) (1995) 20 E.H.R.R. 99	Ahmet Sadik v. Greece	(1997) 24 E.H.R.R. 323
	Assenov v. Bulgaria	(1999) 28 E.H.R.R. 652
	Aydin v. Turkey	(1998) 25 E.H.R.R. 251
	Cyprus v. Turkey	(1997) 23 E.H.R.R. 244
	Erdagoz v. Turkey	(2001) 32 E.H.R.R. 443
	Fischer v. Austria	(1995) 20 E.H.R.R. 349
	Krug Von Nidda und Von Falkenstein v. Germany	(1997) 23 E.H.R.R. CD 60
	Loizidou v. Turkey	(1997) 23 E.H.R.R. 513
	Loizidou v. Turkey (Art. 50)	(1998) 26 E.H.R.R. CD 5
	Mansur v. Turkey	(1995) 20 E.H.R.R. 535
	Matthews v. United Kingdom	(1999) 28 E.H.R.R. 361
	McCann v. United Kingdom	(1996) 21 E.H.R.R. 97
	Nsona v. Netherlands	(2001) 32 E.H.R.R. 170
	Özdep v. Turkey	(2001) 31 E.H.R.R 674
	Selmouni v. France	(2000) 29 E.H.R.R. 403
	SP, DP and T v. United Kingdom	(1996) 22 E.H.R.R. CD 148
	United Communist Party of Turkey v. Turkey	(1998) 26 E.H.R.R. 121
	Yağci and Sargin v. Turkey	(1995) 20 E.H.R.R. 505
	Yagiz v. Turkey	(1996) 22 E.H.R.R. 573
	Yasa v. Turkey	(1999) 28 E.H.R.R. 408
Loizidou v. Turkey (1997) 23 E.H.R.R. 513	Kremer-Viereck and Viereck v. Germany	(1998) 26 E.H.R.R. CD 164
	Vasilescu v. Romania	(1999) 28 E.H.R.R. 241

Case Referred to	Name of Case	Citation
Lombardo v. Italy (A/249–B) (1996) 21 E.H.R.R. 188	A v. Italy	(1993) 16 E.H.R.R. CD 3
	Argento v. Italy	(1999) 28 E.H.R.R. 719
	Helle v. Finland	(1998) 26 E.H.R.R. 159
	Le Calvez v. France	(2001) 32 E.H.R.R. 481
	Massa v. Italy	(1994) 18 E.H.R.R. 266
	Paccione v. Italy	(1995) 20 E.H.R.R. 396
	Pellegrin v. France	(2001) 31 E.H.R.R 651
	Vorhemes v. Austria	(1999) 27 E.H.R.R. CD 225
Lopez Ostra v. Spain (A/303–C) (1995) 20 E.H.R.R. 277	Allenet de Ribemont v. France	(1996) 22 E.H.R.R. 582
	Botta v. Italy	(1998) 26 E.H.R.R. 241
	Buckley v. United Kingdom	(1995) 19 E.H.R.R. CD 20
	Buckley v. United Kingdom	(1997) 23 E.H.R.R. 101
	Guerra v. Italy	(1998) 26 E.H.R.R. 357
	Khatun v. United Kingdom	(1998) 26 E.H.R.R. CD 212
	Wockel v. Germany	(1998) 25 E.H.R.R. CD 156
Loukanov v. Bulgaria (1997) 24 E.H.R.R. 121	Aerts v. Belgium	(2000) 29 E.H.R.R. 50
	Assenov v. Bulgaria	(1999) 28 E.H.R.R. 652
	Johnson v. United Kingdom	(1999) 27 E.H.R.R. 296
Luberti v. Italy (A/75) (1984) 6 E.H.R.R. 440	Iribarne Perez v. France	(1996) 22 E.H.R.R. 153
	Johnson v. United Kingdom	(1999) 27 E.H.R.R. 296
	Lamy v. Belgium	(1989) 11 E.H.R.R. 529
	Letellier v. France	(1992) 14 E.H.R.R. 83
	Musial v. Poland	(2001) 31 E.H.R.R 720
	Navarra v. France	(1994) 17 E.H.R.R. 594
	Silva Rocha v. Portugal	(2001) 32 E.H.R.R. 333
	Weeks v. United Kingdom	(1985) 7 E.H.R.R. 436
	Weeks v. United Kingdom	(1988) 10 E.H.R.R. 293
	Weeks v. United Kingdom	(1991) 13 E.H.R.R. 435
Luberti v. Italy (1988) 10 E.H.R.R. 333	Bezicheri v. Italy	(1990) 12 E.H.R.R. 210
Ludi v. Switzerland (A/238) (1993) 15 E.H.R.R. 173	A.V. v. Bulgaria	(1999) 28 E.H.R.R. CD 197
	Akdivar v. Turkey	(1997) 23 E.H.R.R. 143
	Amuur v. France	(1996) 22 E.H.R.R. 533
	Caraher v. United Kingdom	(2000) 29 E.H.R.R. CD 119
	Dombo Beheer BV v. Netherlands	(1994) 18 E.H.R.R. 213
	Fitt v. United Kingdom	(2000) 30 E.H.R.R. 480
	I.Z. v. Greece	(1994) 18 E.H.R.R. CD 101
	Lieveld v. Netherlands	(1994) 18 E.H.R.R. CD 103
	Nsona v. Netherlands	(2001) 32 E.H.R.R. 170
	Rowe and Davis v. United Kingdom	(2000) 30 E.H.R.R. 1
	Schuler-Zgraggen v. Switzerland	(1993) 16 E.H.R.R. 405
	SE v. Switzerland	(1998) 25 E.H.R.R. CD 127
	Teixeira de Castro v. Portugal	(1999) 28 E.H.R.R. 101
	V v. United Kingdom	(2000) 30 E.H.R.R. 121
	Van Mechelen v. Netherlands	(1998) 25 E.H.R.R. 647
	Vernon v. United Kingdom	(2000) 29 E.H.R.R. CD 264
Luedicke v. Germany (A/29); Belkacem v. Germany; KOC v. Germany (1979–80) 2 E.H.R.R. 149	Airey v. Ireland	2 E.H.R.R. 305
	App. No. 10221/82 v. Germany	(1984) 6 E.H.R.R. 353
	App. No. 11169/84 v. Germany	(1986) 8 E.H.R.R. 93
	Can v. Austria	(1986) 8 E.H.R.R. 14
	Cooke v. Austria	(1997) 23 E.H.R.R. CD 70

Case Referred to	Name of Case	Citation
	Croissant v. Germany	(1993) 16 E.H.R.R. 135
	Deweer v. Belgium	2 E.H.R.R. 439
	Guzzardi v. Italy	(1981) 3 E.H.R.R. 333
	Imbrioscia v. Switzerland	(1994) 17 E.H.R.R. 441
	Kamasinski v. Austria	(1991) 13 E.H.R.R. 36
	Öztürk v. Germany	(1984) 6 E.H.R.R. 409
	Temeltasch v. Switzerland	(1983) 5 E.H.R.R. 417
	Windisch v. Austria	(1991) 13 E.H.R.R. 281
	X v. Germany	(1983) 5 E.H.R.R. 160
	X v. United Kingdom	(1982) 4 E.H.R.R. 188
Luedicke, Belkacem and Koç v. Germany (Art. 50) (1980) Series A, No. 36; 2 E.H.R.R. 433	Airey v. Ireland (Art. 50)	(1981) 3 E.H.R.R. 592
	Artico v. Italy	(1981) 3 E.H.R.R. 1
	Delta v. France	(1993) 16 E.H.R.R. 574
	Dudgeon v. United Kingdom (Art. 50)	(1983) 5 E.H.R.R. 573
	Feldbrugge v. Netherlands	(1991) 13 E.H.R.R. 571
	Le Compte, Van Leuven and De Meyere v. Belgium (Art. 50)	(1983) 5 E.H.R.R. 183
	Sunday Times v. United Kingdom	(1981) 3 E.H.R.R. 317
Lukanov v. Bulgaria (1997) 24 E.H.R.R. 121	Douiyeb v. Netherlands	(2000) 30 E.H.R.R. 790
	K-F v. Germany	(1998) 26 E.H.R.R. 390
	Tsirlis and Kouloumpas v. Greece	(1998) 25 E.H.R.R. 198
Lustig-Prean and Beckett v. United Kingdom (2000) 29 E.H.R.R. 548	Lustig-Prean and Beckett v. United Kingdom (Art. 41)	(2001) 31 E.H.R.R 601
	Smith and Grady v. United Kingdom (Art. 41)	(2001) 31 E.H.R.R 620
Lutz v. Germany (A/123) (1988) 10 E.H.R.R. 182	Aannemersbedrijf Gebroedes Van Leeuwen BV v. Netherlands	(2000) 29 E.H.R.R. CD 96
	Allenet De Ribemont v. France	(1995) 20 E.H.R.R. 557
	Belilos v. Switzerland	(1988) 10 E.H.R.R. 466
	Bendenoun v. France	(1994) 18 E.H.R.R. 54
	Colak v. Germany	(1989) 11 E.H.R.R. 513
	Daktaras v. Lithuania	(2000) 29 E.H.R.R. CD 135
	Escoubet v. Belgium	(2001) 31 E.H.R.R 1034
	Funke v. France	(1993) 16 E.H.R.R. 297
	Garyfallou Aebe v. Greece	(1999) 28 E.H.R.R. 344
	Hauschildt v. Denmark	(1990) 12 E.H.R.R. 266
	Hentrich v. France	(1994) 18 E.H.R.R. 440
	Hibbert v. Netherlands	(1999) 28 E.H.R.R. CD 194
	Jamil v. France	(1993) 15 E.H.R.R. CD 77
	Jamil v. France	(1996) 21 E.H.R.R. 65
	Leutscher v. Netherlands	(1997) 24 E.H.R.R. 181
	Masson and Van Zon v. Netherlands	(1996) 22 E.H.R.R. 491
	Nielsen v. Denmark	(1989) 11 E.H.R.R. 175
	Petersen v. Denmark	(1999) 27 E.H.R.R. CD 96
	Putz v. Austria	(2001) 32 E.H.R.R. 271
	Ravnsborg v. Sweden	(1994) 18 E.H.R.R. 38
	Salabiaku v. France	(1991) 13 E.H.R.R. 379
	Sekanina v. Austria	(1994) 17 E.H.R.R. 221
	Unlu v. Austria	(1994) 18 E.H.R.R. CD 165

Case Referred to	Name of Case	Citation
	Wright v. United Kingdom	(1999) 27 E.H.R.R. CD 314
McCann v. United Kingdom (A/324) (1996) 21 E.H.R.R. 97	Akdivar v. Turkey	(1997) 23 E.H.R.R. 143
	Andronicou and Constantinou v. Greece	(1996) 22 E.H.R.R. CD 18
	Assenov v. Bulgaria	(1999) 28 E.H.R.R. 652
	Aytekin v. Turkey	(2001) 32 E.H.R.R. 501
	Barrett v. United Kingdom	(1997) 23 E.H.R.R. CD 185
	Çakici v. Turkey	(2001) 31 E.H.R.R 133
	Caraher v. United Kingdom	(2000) 29 E.H.R.R. CD 119
	Ergi v. Turkey	(2001) 32 E.H.R.R. 388
	Güleç v. Turkey	(1999) 28 E.H.R.R. 121
	Kaya v. Turkey	(1999) 28 E.H.R.R. 1
	Kurt v. Turkey	(1999) 27 E.H.R.R. 373
	Loizidou v. Turkey	(1997) 23 E.H.R.R. 513
	Ogur v. Turkey	(2001) 31 E.H.R.R 912
	Osman v. United Kingdom	(2000) 29 E.H.R.R. 245
	Özgür Gündem v. Turkey	(2001) 31 E.H.R.R 1082
	Selmouni v. France	(2000) 29 E.H.R.R. 403
	Tanrikulu v. Turkey	(2000) 30 E.H.R.R. 950
	Wockel v. Germany	(1998) 25 E.H.R.R. CD 156
	Yasa v. Turkey	(1999) 28 E.H.R.R. 408
McFeeley v. United Kingdom, App. No. 8317/78, 20 D. & R. 44; 3 E.H.R.R. 161	Aerts v. Belgium	(2000) 29 E.H.R.R. 50
	App. No. 9282/81 v. United Kingdom	(1983) 5 E.H.R.R. 283
	App. No. 9658/82 v. United Kingdom	(1983) 5 E.H.R.R. 603
	App. No. 9907/82 v. United Kingdom	(1984) 6 E.H.R.R. 576
	App. No. 10117/82 v. United Kingdom	(1985) 7 E.H.R.R. 140
	Campbell and Fell v. United Kingdom	(1983) 5 E.H.R.R. 207
	Kara v. United Kingdom	(1999) 27 E.H.R.R. CD 272
	Lukanov v. Bulgaria	(1995) 19 E.H.R.R. CD 65
	X v. United Kingdom	(1983) 5 E.H.R.R. 162
	X v. United Kingdom	(1983) 5 E.H.R.R. 260
McGinley and Egan v. United Kingdom (1999) 27 E.H.R.R. 1	Janowski v. Poland	(2000) 29 E.H.R.R. 705
McGoff v. Sweden (Admissibility) (1983) 5 E.H.R.R. 279	McGoff v. Sweden, App. No. 9017/80	(1984) 6 E.H.R.R. 101
McGoff v. Sweden (1986) 8 E.H.R.R. 246	Gillow v. United Kingdom	(1991) 13 E.H.R.R. 593
	Ruga v. Italy	(1988) 10 E.H.R.R. 532
Maciariello v. Italy, unreported, February 22, 1992	Matter v. Slovakia	(2001) 31 E.H.R.R 783
	R.S. v. United Kingdom	(1995) 20 E.H.R.R. CD 98
McLeod v. United Kingdom (1999) 27 E.H.R.R. 493	Matter v. Slovakia	(2001) 31 E.H.R.R 783
McLuskey v. United Kingdom	App. No. 7879/77 v. United Kingdom	(1986) 8 E.H.R.R. 272

Case Referred to	Name of Case	Citation
Macluso and Manunza v. Italy	F.M. v. Italy	(1994) 18 E.H.R.R. 570
McMichael v. United Kingdom (A/308) (1995) 20 E.H.R.R. 205	British American Tobacco Co. Ltd v. Netherlands	(1996) 21 E.H.R.R. 409
	Buckley v. United Kingdom	(1997) 23 E.H.R.R. 101
	Çakici v. Turkey	(2001) 31 E.H.R.R 133
	Gustafsson v. Sweden	(1996) 22 E.H.R.R. 409
	Iatridis v. Greece	(2000) 30 E.H.R.R. 97
	Ignaccolo-Zenide v. Romania	(2001) 31 E.H.R.R 212
	Incal v. Turkey	(2000) 29 E.H.R.R. 449
	Johansen v. Norway	(1997) 23 E.H.R.R. 33
	Kerojarvi v. Finland	(2001) 32 E.H.R.R. 152
	Lobo Machado v. Portugal	(1997) 23 E.H.R.R. 79
	Loizidou v. Turkey	(1997) 23 E.H.R.R. 513
	Masson and Van Zon v. Netherlands	(1996) 22 E.H.R.R. 491
	Momique-Pola v. Sweden	(1998) 26 E.H.R.R. CD 187
	Smallwood v. United Kingdom	(1999) 27 E.H.R.R. CD 155
	T.C. v. Norway	(1999) 27 E.H.R.R. CD 164
	Vermeulen v. Belgium	(2001) 32 E.H.R.R. 313
McVeigh, O'Neill and Evans v. United Kingdom (1983) 5 E.H.R.R. 71	Johansen v. Norway	(1987) 9 E.H.R.R. 103
	Lyttle v. United Kingdom	(1987) 9 E.H.R.R. 381
Maj v. Italy (1992) 14 E.H.R.R. 405	Imbrioscia v. Switzerland	(1994) 17 E.H.R.R. 441
Malige v. France, unreported	Escoubet v. Belgium	(2001) 31 E.H.R.R 1034
Malone v. United Kingdom (1983) 5 E.H.R.R. 385	App. No. 10323/83 v. United Kingdom	(1984) 6 E.H.R.R. 363
	Malone v. United Kingdom	(1985) 7 E.H.R.R. 14
Malone v. United Kingdom (A/82) (1985) 7 E.H.R.R. 14	A and Byrne and Twenty-Twenty Television v. United Kingdom	(1998) 25 E.H.R.R. CD 159
	A v. France	(1994) 17 E.H.R.R. 462
	Amann v. Switzerland	(2000) 30 E.H.R.R. 843
	Amuur v. France	(1996) 22 E.H.R.R. 533
	B v. United Kingdom	(1988) 10 E.H.R.R. 87
	Barthold v. Germany	(1985) 7 E.H.R.R. 383
	Brannigan and McBride v. United Kingdom	(1994) 17 E.H.R.R. 539
	Chappell v. United Kingdom	(1990) 12 E.H.R.R. 1
	Cossey v. United Kingdom	(1991) 13 E.H.R.R. 622
	Council of Civil Service Unions v. United Kingdom	(1988) 10 E.H.R.R. 269
	Edwards v. United Kingdom	(1993) 15 E.H.R.R. 417
	Esbester v. United Kingdom	(1994) 18 E.H.R.R. CD 72
	Firsoff v. United Kingdom	(1993) 15 E.H.R.R. CD 111
	Fischer v. Austria	(1995) 20 E.H.R.R. 349
	Fredin v. Sweden	(1991) 13 E.H.R.R. 784
	G, H and I v. United Kingdom	(1993) 15 E.H.R.R. CD 41
	Gaskin v. United Kingdom	(1989) 11 E.H.R.R. 402
	Gillow v. United Kingdom	(1989) 11 E.H.R.R. 335
	Goodwin v. United Kingdom	(1996) 22 E.H.R.R. 123

Case Referred to	Name of Case	Citation
Marckx v. Belgium (A/31) (1979–80) 2 E.H.R.R. 330	A.P. v. Austria	(1995) 20 E.H.R.R. CD 63
	Abdulaziz Cabales and Balkandali v. United Kingdom	(1984) 6 E.H.R.R. 28
	Abdulaziz, Cabales and Balkandali v. United Kingdom	(1985) 7 E.H.R.R. 471
	Ahmad v. United Kingdom	(1982) 4 E.H.R.R. 126
	Airey v. Ireland	2 E.H.R.R. 305
	Allegemeine Gold- und Silberscheideanstalt v. United Kingdom	(1987) 9 E.H.R.R. 1
	Anderson v. United Kingdom	(1998) 25 E.H.R.R. CD 172
	App. No. 9348/81 v. United Kingdom	(1983) 5 E.H.R.R. 504
	App. No. 9373/81 v. Ireland	(1989) 11 E.H.R.R. 103
	App. No. 9519/81 v. Germany	(1984) 6 E.H.R.R. 599
	App. No. 9530/81 v. Germany	(1985) 7 E.H.R.R. 144
	App. No. 9558/81 v. Germany	(1984) 6 E.H.R.R. 605
	App. No. 9697/82 v. Ireland	(1984) 6 E.H.R.R. 546
	App. No. 9825/82 v. United Kingdom and Ireland	(1986) 8 E.H.R.R. 49
	App. No. 10085/82 v. Germany	(1986) 8 E.H.R.R. 287
	App. No. 10182/82 v. Spain	(1984) 6 E.H.R.R. 145
	App. No. 10496/83 v. United Kingdom	(1985) 7 E.H.R.R. 147
	App. No. 11036/84 v. Sweden	(1987) 9 E.H.R.R. 127
	App. No. 11468/85 v. United Kingdom	(1987) 9 E.H.R.R. 393
	Artico v. Italy	(1981) 3 E.H.R.R. 1
	B v. France	(1993) 16 E.H.R.R. 1
	B v. United Kingdom	(1988) 10 E.H.R.R. 87
	Barrett v. United Kingdom	(1997) 23 E.H.R.R. CD 185
	Belilos v. Switzerland	(1988) 10 E.H.R.R. 466
	Borgers v. Belgium	(1993) 15 E.H.R.R. 92
	Boyle v. United Kingdom	(1995) 19 E.H.R.R. 179
	Burghartz v. Switzerland	(1994) 18 E.H.R.R. 101
	Burton v. United Kingdom	(1996) 22 E.H.R.R. CD 134
	C v. United Kingdom	(1984) 6 E.H.R.R. 559
	Campbell and Cosans v. United Kingdom	(1981) 3 E.H.R.R. 531
	Campbell and Cosans v. United Kingdom	(1982) 4 E.H.R.R. 293
	Campbell and Cosans v. United Kingdom	(1991) 13 E.H.R.R. 441
	Chassagnou v. France	(2000) 29 E.H.R.R. 615
	Coke v. United Kingdom	(1999) 27 E.H.R.R. CD 316
	Cossey v. United Kingdom	(1991) 13 E.H.R.R. 622
	De Jong, Baljet and Van Den Brink v. Netherlands	(1986) 8 E.H.R.R. 20
	Deumeland v. Germany	(1986) 8 E.H.R.R. 448
	Deweer v. Belgium	2 E.H.R.R. 439
	Dudgeon v. United Kingdom	(1982) 4 E.H.R.R. 149
	Erkner and Hofauer v. Austria	(1987) 9 E.H.R.R. 464
	F v. Switzerland	(1988) 10 E.H.R.R. 411
	Feldbrugge v. Netherlands	(1986) 8 E.H.R.R. 425
	Groppera Radio AG v. Switzerland	(1990) 12 E.H.R.R. 321
	Guerra v. Italy	(1998) 26 E.H.R.R. 357
	Hendriks v. Netherlands	(1983) 5 E.H.R.R. 223

Case Referred to	Name of Case	Citation
	Holy Monastries v. Greece	(1995) 20 E.H.R.R. 1
	I.Z. v. Greece	(1994) 18 E.H.R.R. CD 101
	Inze v. Austria	(1986) 8 E.H.R.R. 498
	Inze v. Austria	(1988) 10 E.H.R.R. 394
	James v. United Kingdom	(1984) 6 E.H.R.R. 475
	James v. United Kingdom	(1986) 8 E.H.R.R. 123
	Johnston v. Ireland	(1986) 8 E.H.R.R. 214
	Johnston v. Ireland	(1987) 9 E.H.R.R. 203
	Kamasinski v. Austria	(1991) 13 E.H.R.R. 36
	Kappa Kanzlei und Burobetriebs GmbH v. Austria	(1999) 27 E.H.R.R. CD 300
	Karus v. Italy	(1998) 26 E.H.R.R. CD 98
	Keegan v. Ireland	(1994) 18 E.H.R.R. 342
	Kremer-Viereck and Viereck v. Germany	(1998) 26 E.H.R.R. CD 164
	Kroon v. Netherlands	(1995) 19 E.H.R.R. 263
	Krug Von Nidda und Von Falkenstein v. Germany	(1997) 23 E.H.R.R. CD 60
	Le Compte, Van Leuven and De Meyere v. Belgium (Art. 50)	(1983) 5 E.H.R.R. 183
	Liberal Party v. United Kingdom	(1982) 4 E.H.R.R. 106
	Lindsay v. United Kingdom	(1987) 9 E.H.R.R. 555
	Lithgow v. United Kingdom	(1985) 7 E.H.R.R. 56
	Lithgow v. United Kingdom	(1986) 8 E.H.R.R. 329
	Lopez Ostra v. Spain	(1995) 20 E.H.R.R. 277
	Magee v. United Kingdom	(1995) 19 E.H.R.R. CD 91
	McCotter v. United Kingdom	(1993) 15 E.H.R.R. CD 98
	McMichael v. United Kingdom	(1995) 20 E.H.R.R. 205
	McVeigh, O'Neill and Evans v. United Kingdom	(1983) 5 E.H.R.R. 71
	Mellacher v. Austria	(1990) 12 E.H.R.R. 391
	Monnell and Morris v. United Kingdom	(1988) 10 E.H.R.R. 205
	Moreaux v. Belgium	(1984) 6 E.H.R.R. 531
	Moustaquim v. Belgium	(1991) 13 E.H.R.R. 802
	Musa v. Austria	(1999) 27 E.H.R.R. CD 338
	Niemietz v. Germany	(1993) 16 E.H.R.R. 97
	Norris and National Gay Federation v. Ireland	(1986) 8 E.H.R.R. 75
	Norris v. Ireland	(1991) 13 E.H.R.R. 186
	O v. United Kingdom	(1988) 10 E.H.R.R. 82
	Ocic v. Croatia	(2000) 29 E.H.R.R. CD 220
	Pakelli v. Germany	(1984) 6 E.H.R.R. 1
	Papamichalopoulos v. Greece	(1993) 16 E.H.R.R. 440
	Piermont v. France	(1995) 20 E.H.R.R. 301
	Pine Valley Developments Ltd v. Ireland	(1992) 14 E.H.R.R. 319
	Poiss v. Austria	(1988) 10 E.H.R.R. 231
	Powell v. United Kingdom	(1987) 9 E.H.R.R. 241
	R v. United Kingdom	(1988) 10 E.H.R.R. 74
	Rasmussen v. Denmark	(1985) 7 E.H.R.R. 371
	Rasmussen v. Denmark, App. No. 8777/79	(1984) 6 E.H.R.R. 94
	Rayner v. United Kingdom	(1987) 9 E.H.R.R. 375
	RC v. United Kingdom	(1998) 26 E.H.R.R. CD 210
	Rees v. United Kingdom	(1985) 7 E.H.R.R. 429
	Rees v. United Kingdom	(1987) 9 E.H.R.R. 56

Case Referred to	Name of Case	Citation
	Schiesser v. Switzerland	2 E.H.R.R. 417
	Schmidt v. Germany	(1994) 18 E.H.R.R. 513
	Scollo v. Italy	(1996) 22 E.H.R.R. 514
	Sheffield and Horsham v. United Kingdom	(1999) 27 E.H.R.R. 163
	Smallwood v. United Kingdom	(1999) 27 E.H.R.R. CD 155
	Sporrong and Lönnroth v. Sweden	(1983) 5 E.H.R.R. 35
	Stjerna v. Finland	(1997) 24 E.H.R.R. 195
	Stoutt v. Ireland	(1987) 9 E.H.R.R. 541
	Sunday Times v. United Kingdom	(1981) 3 E.H.R.R. 317
	Sutherland v. United Kingdom	(1997) 24 E.H.R.R. CD 22
	Times Newspapers Ltd v. United Kingdom	(1986) 8 E.H.R.R. 54
	Tre Traktörer Aktiebolag v. Sweden	(1991) 13 E.H.R.R. 309
	TY v. Netherlands	(1997) 23 E.H.R.R. CD 95
	Van Der Mussele v. Belgium	(1984) 6 E.H.R.R. 163
	Vermeire v. Belgium	(1993) 15 E.H.R.R. 488
	W v. United Kingdom	(1988) 10 E.H.R.R. 29
	Weidlich v. Germany	(1996) 22 E.H.R.R. CD 55
	X and Y v. Netherlands	(1984) 6 E.H.R.R. 311
	X v. United Kingdom (Art. 50)	(1983) 5 E.H.R.R. 192
	X, Cabales and Balkandali v. United Kingdom	(1983) 5 E.H.R.R. 132
	X, Y and Z v. Sweden	(1983) 5 E.H.R.R. 147
	X, Y and Z v. United Kingdom	(1997) 24 E.H.R.R. 143
	Young, James and Webster v. United Kingdom	(1981) 3 E.H.R.R. 20
	Z v. Finland	(1998) 25 E.H.R.R. 371
Markt Intern Verlag GmbH and Beermann v. Germany (A/164) (1990) 12 E.H.R.R. 161	Andersson v. Sweden	(1992) 14 E.H.R.R. 615
	Autronic AG v. Switzerland	(1990) 12 E.H.R.R. 485
	Casado Coca v. Spain	(1994) 18 E.H.R.R. 1
	Colman v. United Kingdom	(1994) 18 E.H.R.R. 119
	Ezelin v. France	(1992) 14 E.H.R.R. 362
	F v. Austria	(1993) 15 E.H.R.R. CD 68
	Grauso v. Poland	(1997) 23 E.H.R.R. CD 108
	Grech and Montanaro v. Malta	(1997) 23 E.H.R.R. CD 176
	Groppera Radio AG v. Switzerland	(1990) 12 E.H.R.R. 321
	H v. Austria	(1993) 15 E.H.R.R. CD 70
	Hadjianastassiou v. Greece	(1993) 16 E.H.R.R. 219
	Hertel v. Switzerland	(1999) 28 E.H.R.R. 534
	Huvig v. France	(1990) 12 E.H.R.R. 528
	Informationsverein Lentia v. Austria	(1994) 17 E.H.R.R. 93
	Jacubowski v. Germany	(1995) 19 E.H.R.R. 64
	Kruslin v. France	(1990) 12 E.H.R.R. 547
	Lehideux and Isorni v. France	(2000) 30 E.H.R.R. 665
	News Verlags GmbH & Co. KG v. Austria	(2001) 31 E.H.R.R 246
	Nydahl v. Sweden	(1993) 16 E.H.R.R. CD 15
	Observer and Guardian v. United Kingdom	(1992) 14 E.H.R.R. 153
	Scherer v. Switzerland	(1994) 18 E.H.R.R. 276
	Sunday Times v. United Kingdom (No. 2)	(1992) 14 E.H.R.R. 229

Case Referred to	Name of Case	Citation
	Vereinigung Demokratischer Soldaten Österreichs and Gubi v. Austria	(1995) 20 E.H.R.R. 56
Martins Moreira v. Portugal (A/133) (1991) 13 E.H.R.R. 517	A v. Denmark	(1996) 22 E.H.R.R. 458
	Allenet De Ribemont v. France	(1995) 20 E.H.R.R. 557
	Bock v. Germany	(1990) 12 E.H.R.R. 247
	Editions Periscope v. France	(1992) 14 E.H.R.R. 597
	Guillemin v. France	(1998) 25 E.H.R.R. 435
	Monnet v. France	(1994) 18 E.H.R.R. 27
	Moreira de Azevedo v. Portugal	(1991) 13 E.H.R.R. 721
	Neves e Silva v. Portugal	(1991) 13 E.H.R.R. 535
	Oliveira Neves v. Portugal	(1991) 13 E.H.R.R. 576
	Pailot v. France	(2000) 30 E.H.R.R. 328
	Pammel v. Germany	(1998) 26 E.H.R.R. 100
	RMD v. Switzerland	(1999) 28 E.H.R.R. 224
	Ruiz-Mateos v. Spain	(1993) 16 E.H.R.R. 505
	Silva Pontes v. Portugal	(1994) 18 E.H.R.R. 156
	Unión Alimentaria Sanders SA v. Spain	(1990) 12 E.H.R.R. 24
Massa v. Italy (A/265–B) (1994) 18 E.H.R.R. 266	Argento v. Italy	(1999) 28 E.H.R.R. 719
	Huber v. France	(1998) 26 E.H.R.R. 457
	Le Calvez v. France	(2001) 32 E.H.R.R. 481
	Neigel v. France	(2000) 30 E.H.R.R. 310
	Paccione v. Italy	(1995) 20 E.H.R.R. 396
	Paruszweska v. Poland	(1998) 25 E.H.R.R. CD 175
	Pauger v. Austria	(1998) 25 E.H.R.R. 105
	Pellegrin v. France	(2001) 31 E.H.R.R 651
	Pierre-Bloch v. France	(1998) 26 E.H.R.R. 202
	Süßmann v. Germany	(1998) 25 E.H.R.R. 65
	Vorhemes v. Austria	(1999) 27 E.H.R.R. CD 225
Masson and Von Zon v. Netherlands (A/327) (A/327) (1996) 22 E.H.R.R. 491	Ahmed v. Austria	(1997) 24 E.H.R.R. 278
	Andersson v. Sweden	(1998) 25 E.H.R.R. 722
	Athanassoglou v. Switzerland	(2001) 31 E.H.R.R 372
	Balmer-Schafroth v. Switzerland	(1998) 25 E.H.R.R. 598
	Fashanu v. United Kingdom	(1998) 26 E.H.R.R. CD 217
	Georgiadis v. Greece	(1997) 24 E.H.R.R. 606
	Gustafson (Rolf) v. Sweden	(1998) 25 E.H.R.R. 623
	Hibbert v. Netherlands	(1999) 28 E.H.R.R. CD 194
	Hins and Hugenholtz v. Netherlands	(1996) 21 E.H.R.R. CD 124
	Humen v. Poland	(2001) 31 E.H.R.R 1168
	Leutscher v. Netherlands	(1997) 24 E.H.R.R. 181
	MS v. Sweden	(1999) 28 E.H.R.R. 313
	Ocic v. Croatia	(2000) 29 E.H.R.R. CD 220
	Philis v. Greece (No. 2)	(1998) 25 E.H.R.R. 417
	Robins v. United Kingdom	(1998) 26 E.H.R.R. 527
	Terra Woningen v. Netherlands	(1997) 24 E.H.R.R. 456
	Tsirlis and Kouloumpas v. Greece	(1996) 21 E.H.R.R. CD 30
	Tsirlis and Kouloumpas v. Greece	(1998) 25 E.H.R.R. 198
	Valenzuela Contreras v. Spain	(1999) 28 E.H.R.R. 483
	Werner and Szucs v. Austria	(1998) 26 E.H.R.R. 310

Case Referred to	Name of Case	Citation
	Wolff Metternich v. Netherlands	(1999) 27 E.H.R.R. CD 69
	Wright v. United Kingdom	(1999) 27 E.H.R.R. CD 314
Mathieu-Mohin and Clerfayt v. Belgium (A/113) (1988) 10 E.H.R.R. 1	Ahmed v. United Kingdom	(2000) 29 E.H.R.R. 1
	Bowman v. United Kingdom	(1998) 26 E.H.R.R. 1
	Gitonas v. Greece	(1998) 26 E.H.R.R. 691
	Lindsay v. United Kingdom	(1997) 23 E.H.R.R. CD 199
	Matthews v. United Kingdom	(1999) 28 E.H.R.R. 361
	New Horizons v. Cyprus	(1999) 27 E.H.R.R. CD 334
	Özdep v. Turkey	(2001) 31 E.H.R.R 674
	Tete v. France	(1989) 11 E.H.R.R. 91
	Timke v. Germany	(1995) 20 E.H.R.R. CD 133
	United Communist Party of Turkey v. Turkey	(1998) 26 E.H.R.R. 121
Matos e Silva v. Portugal (1997) 24 E.H.R.R. 573	Assenov v. Bulgaria	(1999) 28 E.H.R.R. 652
	Cesomoravska Myslivecka Jednota v. Czech Republic	(1999) 28 E.H.R.R. CD 152
	Immobiliare Saffi v. Italy	(2000) 30 E.H.R.R. 756
	Panikian v. Bulgaria	(1997) 24 E.H.R.R. CD 63
Matznetter v. Austria (A/10), 1 E.H.R.R. 198	App. No. 10135/82 v. Denmark	(1986) 8 E.H.R.R. 226
	App. No. 10263/83 v. Denmark	(1986) 8 E.H.R.R. 60
	B v. Austria	(1991) 13 E.H.R.R. 20
	Bonnechaux v. Switzerland	(1981) 3 E.H.R.R. 259
	Can v. Austria	(1986) 8 E.H.R.R. 14
	Clooth v. Belgium	(1992) 14 E.H.R.R. 717
	De Jong, Baljet and Van Den Brink v. Netherlands	(1986) 8 E.H.R.R. 20
	De Wilde, Ooms and Versyp v. Belgium (No. 1)	1 E.H.R.R. 373
	Delcourt v. Belgium	1 E.H.R.R. 355
	Golder v. United Kingdom	1 E.H.R.R. 524
	Guzzardi v. Italy	(1981) 3 E.H.R.R. 333
	Handyside v. United Kingdom	1 E.H.R.R. 737
	Ireland v. United Kingdom	2 E.H.R.R. 25
	Letellier v. France	(1992) 14 E.H.R.R. 83
	Mansur v. Turkey	(1995) 20 E.H.R.R. 535
	Moudefo v. France	(1991) 13 E.H.R.R. 549
	Neumeister v. Austria (No. 1)	1 E.H.R.R. 91
	Schenk v. Switzerland	(1991) 13 E.H.R.R. 242
	Stögmüler v. Austria	1 E.H.R.R. 155
	Toth v. Austria	(1992) 14 E.H.R.R. 551
	Vallon v. Italy	(1991) 13 E.H.R.R. 433
	W v. Switzerland	(1994) 17 E.H.R.R. 60
	Weeks v. United Kingdom	(1988) 10 E.H.R.R. 293
	Yağci and Sargin v. Turkey	(1995) 20 E.H.R.R. 505
Mauer v. Austria (1998) 25 E.H.R.R. 91	Garyfallou Aebe v. Greece	(1999) 28 E.H.R.R. 344
	Malige v. France	(1999) 28 E.H.R.R. 578
	Van Orshoven v. Belgium	(1998) 26 E.H.R.R. 55
Maxwell v. United Kingdom (1995) 19 E.H.R.R. 97	Kerojarvi v. Finland	(2001) 32 E.H.R.R. 152
Megyeri v. Germany (1993) 15 E.H.R.R. 584	Assenov v. Bulgaria	(1999) 28 E.H.R.R. 652
	Hood v. United Kingdom	(2000) 29 E.H.R.R. 365
	Musial v. Poland	(2001) 31 E.H.R.R 720

Case Referred to	Name of Case	Citation
	Prinz v. Austria	(2001) 31 E.H.R.R 357
	Schouten and Meldrum v. Netherlands	(1995) 19 E.H.R.R. 432
Melin v. France (1994) 17 E.H.R.R. 1	Beis v. Greece	(1998) 25 E.H.R.R. 335
	Foucher v. France	(1998) 25 E.H.R.R. 234
	Incal v. Turkey	(2000) 29 E.H.R.R. 449
	Pauger v. Austria	(1998) 25 E.H.R.R. 105
	Reinhardt and Slimane-Kaid v. France	(1999) 28 E.H.R.R. 59
	Vacher v. France	(1997) 24 E.H.R.R. 482
	Vodenicarov v. Slovak Republic	(1998) 26 E.H.R.R. CD 40
	Nicol v. Netherlands	(1994) 18 E.H.R.R. CD 38
Mellacher v. Austria (A/169) (1990) 12 E.H.R.R. 391	Akdivar v. Turkey	(1997) 23 E.H.R.R. 143
	Avis Enterprises v. Greece	(1998) 26 E.H.R.R. CD 21
	Cesomoravska Myslivecka Jednota v. Czech Republic	(1999) 28 E.H.R.R. CD 152
	Chassagnou v. France	(2000) 29 E.H.R.R. 615
	Fredin v. Sweden	(1991) 13 E.H.R.R. 784
	Gasus Dosier und Fordertechnik GmbH v Netherlands	(1995) 20 E.H.R.R. 403
	Immobiliare Saffi v. Italy	(2000) 30 E.H.R.R. 756
	Katikaridis v. Greece	(2001) 32 E.H.R.R. 113
	Panikian v. Bulgaria	(1997) 24 E.H.R.R. CD 63
	Papachelas v. Greece	(2000) 30 E.H.R.R. 923
	Philis v. Greece	(1991) 13 E.H.R.R. 741
	Phocas v. France	(2001) 32 E.H.R.R. 221
	Pine Valley Developments Ltd v. Ireland	(1992) 14 E.H.R.R. 319
	Pine Valley Developments Ltd v. Ireland	(1992) 14 E.H.R.R. 319
	Province of Bari, Sorrentino and Messini Nemaga v. Italy	(1999) 27 E.H.R.R. CD 352
	Scollo v. Italy	(1996) 22 E.H.R.R. 514
	Spadea and Scalabrino v. Italy	(1996) 21 E.H.R.R. 482
	Stran Greek Refineries and Stratis Andreadis v. Greece	(1995) 19 E.H.R.R. 293
	Zubani v. Italy	(2001) 32 E.H.R.R. 297
Mentes v. Turkey (1998) 26 E.H.R.R. 595	Aytekin v. Turkey	(2001) 32 E.H.R.R. 501
	Ergi v. Turkey	(2001) 32 E.H.R.R. 388
	Güleç v. Turkey	(1999) 28 E.H.R.R. 121
	Gündem v. Turkey	(2001) 32 E.H.R.R. 350
	Kaya v. Turkey	(1999) 28 E.H.R.R. 1
	Kurt v. Turkey	(1999) 27 E.H.R.R. 373
	Peers v. Greece	(1999) 27 E.H.R.R. CD 126
	Selçuk and Asker v. Turkey	(1998) 26 E.H.R.R. 477
	Tanrikulu v. Turkey	(2000) 30 E.H.R.R. 950
	Wille v. Liechtenstein	(2000) 30 E.H.R.R. 56vv4
	Yasa v. Turkey	(1999) 28 E.H.R.R. 408
Messina v. Italy	Imbrioscia v. Switzerland	(1994) 17 E.H.R.R. 441
	Pardo v. France	(1994) 17 E.H.R.R. 383
Miailhe v. France (A/256–C) (1993) 16 E.H.R.R. 332	Buckley v. United Kingdom	(1997) 23 E.H.R.R. 101
	Camenzind v. Switzerland	(1999) 28 E.H.R.R. 458
	Miailhe v. France (No. 2)	(1997) 23 E.H.R.R. 491

Case Referred to	Name of Case	Citation
Miailhe v. France (No. 2) (1997) 23 E.H.R.R. 491	Iatridis v. Greece	(2000) 30 E.H.R.R. 97
	Pélissier and Sassi v. France	(2000) 30 E.H.R.R. 715
	Vernon v. United Kingdom	(2000) 29 E.H.R.R. CD 264
Miailhe v. France (A/277–C) (Art. 50), unreported, November 29, 1993	Miailhe v. France (No. 2)	(1997) 23 E.H.R.R. 491
Milasi v. Italy (1988) 10 E.H.R.R. 333	B v. Austria	(1991) 13 E.H.R.R. 20
	Barbera, Messegue and Jabardo v. Spain	(1989) 11 E.H.R.R. 360
	Martins Moeira v. Portugal	(1991) 13 E.H.R.R. 517
	Moudefo v. France	(1991) 13 E.H.R.R. 549
	Süßmann v. Germany	(1998) 25 E.H.R.R. 65
	Unión Alimentaria Sanders SA v. Spain	(1990) 12 E.H.R.R. 24
Minelli v. Switzerland (A/62) (1983) 5 E.H.R.R. 554	Allenet De Ribemont v. France	(1995) 20 E.H.R.R. 557
	App. No. 10107/82 v. Switzerland	(1986) 8 E.H.R.R. 252
	App. No. 11333/85 v. Germany	(1986) 8 E.H.R.R. 323
	App. No. 11919/86 v. Austria	(1988) 10 E.H.R.R. 538
	Axen v. Germany	(1984) 6 E.H.R.R. 195
	Bernard v. France	(2000) 30 E.H.R.R. 808
	Eckle v. Germany	(1991) 13 E.H.R.R. 556
	Eckle v. Germany (Art. 50)	(1984) 6 E.H.R.R. 52
	Englert v. Germany	(1991) 13 E.H.R.R. 392
	Feldbrugge v. Netherlands	(1991) 13 E.H.R.R. 571
	Funke v. France	(1993) 16 E.H.R.R. 297
	Hentrich v. France	(1994) 18 E.H.R.R. 440
	Lingens v. Austria	(1986) 8 E.H.R.R. 407
	Lutz v. Germany	(1988) 10 E.H.R.R. 182
	Munro v. United Kingdom	(1988) 10 E.H.R.R. 516
	Nölkenbockoff v. Germany	(1988) 10 E.H.R.R. 163
	Nölkenbockoff v. Germany	(1991) 13 E.H.R.R. 360
	Sanchez-Reisse v. Switzerland	(1987) 9 E.H.R.R. 71
	Sekanina v. Austria	(1994) 17 E.H.R.R. 221
	Zimmermann and Steiner v. Switzerland	(1984) 6 E.H.R.R. 17
Mitap and Müftüoğlu v. Turkey (1996) 22 E.H.R.R. 209	Baskaya and Okçuoglu v. Turkey	(2001) 31 E.H.R.R 292
	Çiraklar v. Turkey	(2001) 32 E.H.R.R. 535
	Findlay v. United Kingdom	(1996) 21 E.H.R.R. CD 7
	Incal v. Turkey	(2000) 29 E.H.R.R. 449
	Selmouni v. France	(2000) 29 E.H.R.R. 403
	Yagiz v. Turkey	(1996) 22 E.H.R.R. 573
	Zana v. Turkey	(1999) 27 E.H.R.R. 667
Modinos v. Cyprus (A/259) (1993) 16 E.H.R.R. 485	ADT v. United Kingdom	(2001) 31 E.H.R.R 803
	H.F. v. Austria	(1995) 20 E.H.R.R. CD 68
	Laskey, Jaggard and Brown v. United Kingdom	(1997) 24 E.H.R.R. 39
	Marangos v. Cyprus	(1997) 23 E.H.R.R. CD 192
	MK v. Austria	(1997) 24 E.H.R.R. CD 59
	Sutherland v. United Kingdom	(1997) 24 E.H.R.R. CD 22
	Van de Hurk v. Netherlands	(1994) 18 E.H.R.R. 481

Case Referred to	Name of Case	Citation
	Zentralat Deutscher Sinti und Roma and Rose v. Germany	(1997) 23 E.H.R.R. CD 209
Monnell v. United Kingdom (A/115); Morris v. United Kingdom (1988) 10 E.H.R.R. 205	App. No. 10412/83 v. France	(1989) 11 E.H.R.R. 69
	B v. Austria	(1991) 13 E.H.R.R. 20
	Belziuk v. Poland	(2000) 30 E.H.R.R. 614
	Boner v. United Kingdom	(1995) 19 E.H.R.R. 246
	Botten v. Norway	(2001) 32 E.H.R.R. 37
	Bulut v. Austria	(1997) 24 E.H.R.R. 84
	Edwards v. United Kingdom	(1993) 15 E.H.R.R. 417
	Ekbatani v. Sweden	(1991) 13 E.H.R.R. 504
	Fejde v. Sweden	(1994) 17 E.H.R.R. 14
	Granger v. United Kingdom	(1990) 12 E.H.R.R. 460
	Granger v. United Kingdom	(1990) 12 E.H.R.R. 469
	Helmers v. Sweden	(1993) 15 E.H.R.R. 285
	Hoang v. France	(1993) 16 E.H.R.R. 53
	Jan-Ake Andersson v. Sweden	(1993) 15 E.H.R.R. 218
	Kamasinski v. Austria	(1991) 13 E.H.R.R. 36
	Kerojarvi v. Finland	(2001) 32 E.H.R.R. 152
	Khalfaoui v. France	(2001) 31 E.H.R.R 967
	Maxwell v. United Kingdom	(1995) 19 E.H.R.R. 97
	Miloslavsky v. United Kingdom	(1995) 20 E.H.R.R. 442
	Navarra v. France	(1994) 17 E.H.R.R. 594
	R.M.B. v. United Kingdom	(1999) 27 E.H.R.R. CD 286
	Societe Levage Prestations v. France	(1997) 24 E.H.R.R. 351
	Süßmann v. Germany	(1998) 25 E.H.R.R. 65
	Tripodi v. Italy	(1994) 18 E.H.R.R. 295
	Vacher v. France	(1997) 24 E.H.R.R. 482
	Webb v. United Kingdom	(1997) 24 E.H.R.R. CD 73
	Zana v. Turkey	(1999) 27 E.H.R.R. 667
Monnet v. France (1994) 18 E.H.R.R. 27	Acquaviva v. France	(2001) 32 E.H.R.R. 134
	Duclos v. France	(2001) 32 E.H.R.R. 86
	Katte Klitsche de la Grange v. Italy	(1995) 19 E.H.R.R. 368
	Vendittelli v. Italy	(1995) 19 E.H.R.R. 464
Moreira de Azevedo v. Portugal (A/189) (1991) 13 E.H.R.R. 721	Basic v. Austria	(1999) 28 E.H.R.R. CD 118
	Hamer v. France	(1997) 23 E.H.R.R. 1
	Helmers v. Sweden	(1993) 15 E.H.R.R. 285
	Hokkanen v. Finland	(1995) 19 E.H.R.R. 139
	Kolompar v. Belgium	(1993) 16 E.H.R.R. 197
	Kraska v. Switzerland	(1994) 18 E.H.R.R. 188
	Lombardo v. Italy	(1996) 21 E.H.R.R. 188
	Silva Pontes v. Portugal	(1994) 18 E.H.R.R. 156
	Tomasi v. France	(1993) 15 E.H.R.R. 1
	Vernillo v. France	(1991) 13 E.H.R.R. 880
Morganti v. France (1996) 21 E.H.R.R. 34	Avis Enterprises v. Greece	(1998) 26 E.H.R.R. CD 21
Moustaquim v. Belgium (A/193) (1991) 13 E.H.R.R. 802	Beldjoudi v. France	(1992) 14 E.H.R.R. 801
	Bouchelkia v. France	(1998) 25 E.H.R.R. 686
	Boughanemi v. France	(1996) 22 E.H.R.R. 228
	Boujlifa v. France	(2000) 30 E.H.R.R. 419
	C v. Belgium	(2001) 32 E.H.R.R. 19
	Doymus v. Switzerland	(1995) 20 E.H.R.R. CD 129
	El Boujaïdi v. France	(2000) 30 E.H.R.R. 223

Case Referred to	Name of Case	Citation
	Farah v. Sweden	(1999) 28 E.H.R.R. CD 216
	Gül v. Switzerland	(1996) 22 E.H.R.R. 93
	K.K. v. Switzerland	(1999) 27 E.H.R.R. CD 361
	Karara v. Finland	(1998) 26 E.H.R.R. CD 220
	Korkis v. Sweden	(1999) 27 E.H.R.R. CD 251
	Lamguindaz v. United Kingdom	(1994) 17 E.H.R.R. 213
	Mehemi v. France	(2000) 30 E.H.R.R. 739
	Nasri v. France	(1996) 21 E.H.R.R. 458
	Nsona v. Netherlands	(2001) 32 E.H.R.R. 170
	Vilvarajah v. United Kingdom	(1992) 14 E.H.R.R. 248
	W v. Finland	(1993) 15 E.H.R.R. CD 109
	Z v. Switzerland	(1999) 27 E.H.R.R. CD 278
Muller v. France, unreported, March 17, 1997	Caballero v. United Kingdom	(2000) 30 E.H.R.R. 643
	Civet v. France	(2001) 31 E.H.R.R 871
	Mikulski v. Poland	(2000) 29 E.H.R.R. CD 64
Muller v. Switzerland (A/133) (1991) 13 E.H.R.R. 212	A and B v. United Kingdom	(1996) 22 E.H.R.R. CD 190
	A v. United Kingdom	(1999) 27 E.H.R.R. 611
	Barfod v. Denmark	(1991) 13 E.H.R.R. 493
	Casado Coca v. Spain	(1994) 18 E.H.R.R. 1
	Ezelin v. France	(1992) 14 E.H.R.R. 362
	G v. France	(1996) 21 E.H.R.R. 288
	Groppera Radio AG v. Switzerland	(1990) 12 E.H.R.R. 321
	Hadjianastassiou v. Greece	(1993) 16 E.H.R.R. 219
	Huvig v. France	(1990) 12 E.H.R.R. 528
	Kokkinakis v. Greece	(1994) 17 E.H.R.R. 397
	Kruslin v. France	(1990) 12 E.H.R.R. 547
	Laskey, Jaggard and Brown v. United Kingdom	(1997) 24 E.H.R.R. 39
	Manoussakis v. Greece	(1996) 21 E.H.R.R. CD 3
	Manoussakis v. Greece	(1997) 23 E.H.R.R. 387
	Markt Intern and Beermann v. Germany	(1990) 12 E.H.R.R. 161
	Norris v. Ireland	(1991) 13 E.H.R.R. 186
	Oberschlick v. Austria	(1995) 19 E.H.R.R. 389
	Open Door Counselling and Dublin Well Woman v. Ireland	(1993) 15 E.H.R.R. 244
	Open Door Counselling Ltd and Dublin Well Woman Centre Ltd v. Ireland	(1992) 14 E.H.R.R. 131
	Otto-Preminger Institute v. Austria	(1995) 19 E.H.R.R. 34
	Pentidis v. Greece	(1997) 24 E.H.R.R. CD 1
	Prager and Oberschlick v. Austria	(1996) 21 E.H.R.R. 1
	Scherer v. Switzerland	(1994) 18 E.H.R.R. 276
	Valsamis v. Greece	(1997) 24 E.H.R.R. 294
	Vereinigung Demokratischer Soldaten Österreichs and Gubi v. Austria	(1995) 20 E.H.R.R. 56
	Wingrove v. United Kingdom	(1997) 24 E.H.R.R. 1
Munro v. United Kingdom	Harrison v. United Kingdom	(1989) 11 E.H.R.R. 85

Case Referred to	Name of Case	Citation
Murray v. United Kingdom (A/300–A) (1995) 19 E.H.R.R. 193	Adamson v. United Kingdom	(1999) 28 E.H.R.R. CD 209
	Chahal v. United Kingdom	(1997) 23 E.H.R.R. 413
	Erdagoz v. Turkey	(2001) 32 E.H.R.R. 443
	Kerr v. United Kingdom	(2000) 29 E.H.R.R. CD 184
	K-F v. Germany	(1998) 26 E.H.R.R. 390
	Loukanov v. Bulgaria	(1997) 24 E.H.R.R. 121
	Lukanov v. Bulgaria	(1996) 21 E.H.R.R. CD 20
	McCullough v. United Kingdom	(1998) 25 E.H.R.R. CD 34
	Sakik v. Turkey	(1998) 26 E.H.R.R. 662
Murray v. United Kingdom (Right to Silence) (1996) 22 E.H.R.R. 29	Averill v. United Kingdom	(2001) 31 E.H.R.R 839
	Condron v. United Kingdom	(2001) 31 E.H.R.R 1
	Magee v. United Kingdom	(2001) 31 E.H.R.R 822
	Quinn v. Ireland	(2000) 29 E.H.R.R. CD 234
	Quinn v. United Kingdom	(1997) 23 E.H.R.R. CD 41
	Saunders v. United Kingdom	(1997) 23 E.H.R.R. 313
	Serves v. France	(1999) 28 E.H.R.R. 265
Murray v. United Kingdom (1996) 23 E.H.R.R. 313	Heaney and McGuinness v. Ireland	(2000) 29 E.H.R.R. CD 166
Musial v. Poland, March 25, 1999	Zubani v. Italy	(1999) 28 E.H.R.R. CD 62
Mussele v. Belgium (1984) 6 E.H.R.R. 163	Kremer-Viereck and Viereck v. Germany	(1998) 26 E.H.R.R. CD 164
Muti v. Italy (A/281–C)	Paccione v. Italy	(1995) 20 E.H.R.R. 396
	Schouten and Meldrum v. Netherlands	(1995) 19 E.H.R.R. 432
	Süßmann v. Germany	(1998) 25 E.H.R.R. 65
Naldi v. Italy	App. No. 11152/84 v. Italy	(1987) 9 E.H.R.R. 150
Nasri v. France (A/324) (1996) 21 E.H.R.R. 458	Bouchelkia v. France	(1998) 25 E.H.R.R. 686
	Boughanemi v. France	(1996) 22 E.H.R.R. 228
	Boujlifa v. France	(2000) 30 E.H.R.R. 419
	D v. United Kingdom	(1996) 22 E.H.R.R. CD 45
	D v. United Kingdom	(1997) 24 E.H.R.R. 423
	El Boujaïdi v. France	(2000) 30 E.H.R.R. 223
	Gül v. Switzerland	(1996) 22 E.H.R.R. 93
	Larkos v. Cyprus	(2000) 30 E.H.R.R. 597
National and Provincial Building Society v. United Kingdom (1998) 25 E.H.R.R. 127	Immobiliare Saffi v. Italy	(2000) 30 E.H.R.R. 756
	Musa v. Austria	(1999) 27 E.H.R.R. CD 338
	Stevens and Knight v. United Kingdom	(1999) 27 E.H.R.R. CD 138
	Zielinski v. France	(2001) 31 E.H.R.R 532
National Union of Belgian Police v. Belgium (A/9) (1979–80) 1 E.H.R.R. 578	Abdulaziz, Cabales and Balkandali v. United Kingdom	(1985) 7 E.H.R.R. 471
	Ahmad v. United Kingdom	(1982) 4 E.H.R.R. 126
	Ahmed v. United Kingdom	(1995) 20 E.H.R.R. CD 72
	Airey v. Ireland	2 E.H.R.R. 305
	App. No. 9444/81 v. United Kingdom	(1984) 6 E.H.R.R. 136
	App. No. 9792/82 v. Germany	(1984) 6 E.H.R.R. 347
	App. No. 10365/83 v. Germany	(1985) 7 E.H.R.R. 461

Case Referred to	Name of Case	Citation
	Council of Civil Service Unions v. United Kingdom	(1988) 10 E.H.R.R. 269
	Engel v. Netherlands (No. 1)	1 E.H.R.R. 647
	Gustafsson v. Sweden	(1996) 22 E.H.R.R. 409
	Lithgow v. United Kingdom	(1985) 7 E.H.R.R. 56
	Marckx v. Belgium	2 E.H.R.R. 330
	NATFHE v. United Kingdom	(1998) 25 E.H.R.R. CD 122
	Rasmussen v. Denmark	(1985) 7 E.H.R.R. 371
	Schmidt and Dahlström v. Sweden	1 E.H.R.R. 632
	Silver v. United Kingdom	(1983) 5 E.H.R.R. 347
	Sunday Times v. United Kingdom	2 E.H.R.R. 245
	Swedish Engine Drivers' Union v. Sweden	1 E.H.R.R. 617
	Young, James and Webster v. United Kingdom	(1981) 3 E.H.R.R. 20
	Young, James and Webster v. United Kingdom	(1982) 4 E.H.R.R. 38
Navarra v. France (A/273–B) (1994) 17 E.H.R.R. 594	Civet v. France	(2001) 31 E.H.R.R 871
	RMD v. Switzerland	(1999) 28 E.H.R.R. 224
	TW v. Malta	(2000) 29 E.H.R.R. 185
	Yağci and Sargin v. Turkey	(1995) 20 E.H.R.R. 505
Neigel v. France (1994) 18 E.H.R.R. 266	Paruszweska v. Poland	(1998) 25 E.H.R.R. CD 175
Neigel v. France (2000) 30 E.H.R.R. 310	Argento v. Italy	(1999) 28 E.H.R.R. 719
	Frylander v. France	(2001) 31 E.H.R.R 1152
	Huber v. France	(1998) 26 E.H.R.R. 457
	Le Calvez v. France	(2001) 32 E.H.R.R. 481
	Mavronichis v. Cyprus	(2001) 31 E.H.R.R 1186
	Pellegrin v. France	(2001) 31 E.H.R.R 651
	Pierre-Bloch v. France	(1998) 26 E.H.R.R. 202
	Schatzmayr v. Austria	(1999) 27 E.H.R.R. CD 190
	Vorhemes v. Austria	(1999) 27 E.H.R.R. CD 225
	Waite and Kennedy v. Germany	(2000) 30 E.H.R.R. 261
Neumeister v. Austria (No. 1) (A/8), 1 E.H.R.R. 91	App. No. 9610/81 v. Germany	(1984) 6 E.H.R.R. 110
	App. No. 9661/82 v. Austria	(1984) 6 E.H.R.R. 344
	App. No. 10135/82 v. Denmark	(1986) 8 E.H.R.R. 226
	Birou v. France	(1992) 14 E.H.R.R. 738
	Blastand v. United Kingdom	(1988) 10 E.H.R.R. 528
	Boddaert v. Belgium	(1993) 16 E.H.R.R. 242
	Bonnechaux v. Switzerland	(1981) 3 E.H.R.R. 259
	Brogan v. United Kingdom	(1989) 11 E.H.R.R. 117
	Brozicek v. Italy	(1990) 12 E.H.R.R. 371
	Buchholz v. Germany	(1981) 3 E.H.R.R. 597
	Can v. Austria	(1985) 7 E.H.R.R. 421
	Can v. Austria	(1986) 8 E.H.R.R. 14
	Civet v. France	(2001) 31 E.H.R.R 871
	Clooth v. Belgium	(1992) 14 E.H.R.R. 717
	Corigliano v. Italy	(1983) 5 E.H.R.R. 334
	De Haes and Gijsels v. Belgium	(1998) 25 E.H.R.R. 1
	De Jong, Baljet and Van Den Brink v. Netherlands	(1986) 8 E.H.R.R. 20
	De Varga Hirsch v. France	(1984) 6 E.H.R.R. 126

Case Referred to	Name of Case	Citation
	De Wilde, Ooms and Versyp v. Belgium (No. 1)	1 E.H.R.R. 373
	Delcourt v. Belgium	1 E.H.R.R. 355
	Deweer v. Belgium	2 E.H.R.R. 439
	Eckle v. Germany	(1983) 5 E.H.R.R. 1
	Escoubet v. Belgium	(2001) 31 E.H.R.R 1034
	F v. Austria	(1993) 15 E.H.R.R. CD 68
	Foti v. Italy	(1983) 5 E.H.R.R. 313
	Handyside v. United Kingdom	1 E.H.R.R. 737
	Hentrich v. France	(1994) 18 E.H.R.R. 440
	Ireland v. United Kingdom	2 E.H.R.R. 25
	Ixion v. France	(1993) 15 E.H.R.R. CD 91
	Jocabus Keus v. Netherlands	(1991) 13 E.H.R.R. 109
	Jonas Mohamed Rafiek Koendjbiharie v. Netherlands	(1991) 13 E.H.R.R. 118
	Keus v. Netherlands	(1991) 13 E.H.R.R. 700
	Koendjbiharie v. Netherlands	(1991) 13 E.H.R.R. 820
	König v. Germany	2 E.H.R.R. 170
	Kurup v. Denmark	(1986) 8 E.H.R.R. 93
	Le Compte, Van Leuven and De Meyere v. Belgium	(1982) 4 E.H.R.R. 1
	Letellier v. France	(1992) 14 E.H.R.R. 83
	Lopez Ostra v. Spain	(1995) 20 E.H.R.R. 277
	Mansur v. Turkey	(1995) 20 E.H.R.R. 535
	Matznetter v. Austria	1 E.H.R.R. 198
	Mitap and Müftüoğlu v. Turkey	(1996) 22 E.H.R.R. 209
	Morganti v. France	(1996) 21 E.H.R.R. 34
	Moudefo v. France	(1991) 13 E.H.R.R. 549
	Navarra v. France	(1994) 17 E.H.R.R. 594
	Neumeister v. Austria (No. 2)	1 E.H.R.R. 136
	Ringeisen v. Austria (No. 1)	1 E.H.R.R. 455
	Ringeisen v. Austria (No. 3)	1 E.H.R.R. 513
	Sanchez-Reisse v. Switzerland	(1987) 9 E.H.R.R. 71
	Schiesser v. Switzerland	2 E.H.R.R. 417
	Scott v. Spain	(1997) 24 E.H.R.R. 391
	Societe Stenuit v. France	(1992) 14 E.H.R.R. 509
	Stögmüler v. Austria	1 E.H.R.R. 155
	Sunday Times v. United Kingdom	2 E.H.R.R. 245
	Tomasi v. France	(1993) 15 E.H.R.R. 1
	Toth v. Austria	(1992) 14 E.H.R.R. 551
	Vallon v. Italy	(1985) 7 E.H.R.R. 436
	Vallon v. Italy	(1991) 13 E.H.R.R. 433
	Van Der Leer v. Netherlands	(1989) 11 E.H.R.R. 413
	Van Der Tang v. Spain	(1996) 22 E.H.R.R. 363
	W v. Switzerland	(1994) 17 E.H.R.R. 60
	X v. United Kingdom	(1981) 3 E.H.R.R. 271
	Yağci and Sargin v. Turkey	(1995) 20 E.H.R.R. 505
Neumeister v. Austria (Art. 50), 1 E.H.R.R. 136	Albert and Le Compte v. Belgium	(1983) 5 E.H.R.R. 533
	Artico v. Italy	(1981) 3 E.H.R.R. 1
	Campbell and Cosans v. United Kingdom	(1991) 13 E.H.R.R. 441
	Colozza v. Italy	(1985) 7 E.H.R.R. 516
	Dudgeon v. United Kingdom (Art. 50)	(1983) 5 E.H.R.R. 573
	Eckle v. Germany	(1983) 5 E.H.R.R. 1
	Engel v. Netherlands (No. 1)	1 E.H.R.R. 647

Case Referred to	Name of Case	Citation
	Engel v. Netherlands (No. 2) (Art. 50)	1 E.H.R.R. 706
	Golder v. United Kingdom	1 E.H.R.R. 524
	König v. Germany (Art. 50)	2 E.H.R.R. 469
	Le Compte, Van Leuven and De Meyere v. Belgium (Art. 50)	(1983) 5 E.H.R.R. 183
	Minelli v. Switzerland	(1983) 5 E.H.R.R. 554
	Piersack v. Belgium (Art. 50)	(1985) 7 E.H.R.R. 251
	PL v. France	(1998) 25 E.H.R.R. 481
	Ringeisen v. Austria (No. 3)	1 E.H.R.R. 513
	Sunday Times v. United Kingdom	(1981) 3 E.H.R.R. 317
	Van Droogenbroeck v. Belgium	(1991) 13 E.H.R.R. 546
	Van Droogenbroeck v. Belgium (Art. 50)	(1984) 6 E.H.R.R. 50
	X v. United Kingdom (Art. 50)	(1983) 5 E.H.R.R. 192
Neves e Silva v. Portugal (A/153) (1991) 13 E.H.R.R. 535	Beaumartin v. France	(1995) 19 E.H.R.R. 485
	Clube de Futebol Uniao de Coimbra v. Portugal	(2000) 29 E.H.R.R. CD 24
	Editions Periscope v. France	(1992) 14 E.H.R.R. 597
	Huber v. France	(1998) 26 E.H.R.R. 457
	Le Calvez v. France	(2001) 32 E.H.R.R. 481
	Leutscher v. Netherlands	(1997) 24 E.H.R.R. 181
	Maillard v. France	(1999) 27 E.H.R.R. 232
	Masson and Van Zon v. Netherlands	(1996) 22 E.H.R.R. 491
	Mavronichis v. Cyprus	(2001) 31 E.H.R.R 1186
	Moreira de Azevedo v. Portugal	(1991) 13 E.H.R.R. 721
	Neigel v. France	(2000) 30 E.H.R.R. 310
	Oliveira Neves v. Portugal	(1991) 13 E.H.R.R. 576
	Procola v. Luxembourg	(1996) 22 E.H.R.R. 193
	Tre Traktörer Aktiebolag v. Sweden	(1991) 13 E.H.R.R. 309
Nicodemo v. Italy, unreported, September 2, 1997	Huber v. France	(1998) 26 E.H.R.R. 457
	Le Calvez v. France	(2001) 32 E.H.R.R. 481
	Pellegrin v. France	(2001) 31 E.H.R.R 651
	Pierre-Bloch v. France	(1998) 26 E.H.R.R. 202
Nideröst-Huber v. Switzerland (1998) 25 E.H.R.R. 709	De Haes and Gijsels v. Belgium	(1998) 25 E.H.R.R. 1
	Krcmár v. Czech Republic	(2001) 31 E.H.R.R 953
	Mantovanelli v. France	(1997) 24 E.H.R.R. 370
	Radio ABC v. Austria	(1998) 25 E.H.R.R. 185
	Reinhardt and Slimane-Kaid v. France	(1999) 28 E.H.R.R. 59
	Sakik v. Turkey	(1998) 26 E.H.R.R. 662
	Werner and Szucs v. Austria	(1998) 26 E.H.R.R. 310
Niemietz v. Germany (A/251B) (1993) 16 E.H.R.R. 97	Amann v. Switzerland	(2000) 30 E.H.R.R. 843
	Botta v. Italy	(1998) 26 E.H.R.R. 241
	Buckley v. United Kingdom	(1997) 23 E.H.R.R. 101
	Burghartz v. Switzerland	(1994) 18 E.H.R.R. 101
	C v. Belgium	(2001) 32 E.H.R.R. 19
	Camenzind v. Switzerland	(1999) 28 E.H.R.R. 458

Case Referred to	Name of Case	Citation
	Costello-Roberts v. United Kingdom	(1995) 19 E.H.R.R. 112
	Foxley v. United Kingdom	(2001) 31 E.H.R.R 637
	Friedl v. Austria	(1996) 21 E.H.R.R. 83
	Halford v. United Kingdom	(1997) 24 E.H.R.R. 523
	Kopp v. Switzerland	(1999) 27 E.H.R.R. 91
	Mialhe v. France	(1993) 16 E.H.R.R. 332
	Raninen v. Finland	(1998) 26 E.H.R.R. 563
	Reiss v. Austria	(1995) 20 E.H.R.R. CD 90
	Stjerna v. Finland	(1997) 24 E.H.R.R. 195
	Tee v. United Kingdom	(1996) 21 E.H.R.R. CD 108
	Tsavachidis v. Greece	(1999) 27 E.H.R.R. CD 27
Nikolova v. Bulgaria (2001) 31 E.H.R.R 64	Arslan v. Turkey	(2001) 31 E.H.R.R 264
	Baskaya and Okçuoglu v. Turkey	(2001) 31 E.H.R.R 292
	Caballero v. United Kingdom	(2000) 30 E.H.R.R. 643
	Ceylan v. Turkey	(2000) 30 E.H.R.R. 73
	Immobiliare Saffi v. Italy	(2000) 30 E.H.R.R. 756
	Jordan v. United Kingdom	(2001) 31 E.H.R.R 201
	Krcmár v. Czech Republic	(2001) 31 E.H.R.R 953
	Lustig-Prean and Beckett v. United Kingdom (Art. 41)	(2001) 31 E.H.R.R 601
	Özdep v. Turkey	(2001) 31 E.H.R.R 674
	Perks v. United Kingdom	(2000) 30 E.H.R.R. 33
	Smith and Grady v. United Kingdom (Art. 41)	(2001) 31 E.H.R.R 620
	Spacek sro v. Czech Republic	(2000) 30 E.H.R.R. 1010
	Thlimmenos v. Greece	(2001) 31 E.H.R.R 411
	TW v. Malta	(2000) 29 E.H.R.R. 185
Nilsen and Johnsen v. Norway (2000) 30 E.H.R.R. 878	Bergens Tidende v. Norway	(2001) 31 E.H.R.R 430
	Fuentes Bobo v. Spain	(2001) 31 E.H.R.R 1115
Nolkenbockhoff v. Germany (A/123–C) (1991) 13 E.H.R.R. 360; (1988) 10 E.H.R.R. 163	Aannemersbedrijf Gebroedes Van Leeuwen BV v. Netherlands	(2000) 29 E.H.R.R. CD 96
	Allenet De Ribemont v. France	(1995) 20 E.H.R.R. 557
	Daktaras v. Lithuania	(2000) 29 E.H.R.R. CD 135
	Hentrich v. France	(1994) 18 E.H.R.R. 440
	Hibbert v. Netherlands	(1999) 28 E.H.R.R. CD 194
	Inze v. Austria	(1988) 10 E.H.R.R. 394
	Masson and Van Zon v. Netherlands	(1996) 22 E.H.R.R. 491
	Sekanina v. Austria	(1994) 17 E.H.R.R. 221
	Unlu v. Austria	(1994) 18 E.H.R.R. CD 165
Norris v. Ireland (A/142) (1991) 13 E.H.R.R. 186	A.V. v. Bulgaria	(1999) 28 E.H.R.R. CD 197
	ADT v. United Kingdom	(2001) 31 E.H.R.R 803
	Andronicou and Constantinou v. Cyprus	(1995) 20 E.H.R.R. CD 105
	Bowman v. United Kingdom	(1998) 26 E.H.R.R. 1
	Cossey v. United Kingdom	(1991) 13 E.H.R.R. 622
	Eriksson v. Sweden	(1990) 12 E.H.R.R. 183
	H.F. v. Austria	(1995) 20 E.H.R.R. CD 68
	Kokkinakis v. Greece	(1994) 17 E.H.R.R. 397
	Laskey, Jaggard and Brown v. United Kingdom	(1997) 24 E.H.R.R. 39

Case Referred to	Name of Case	Citation
	Lustig-Prean and Beckett v. United Kingdom	(2000) 29 E.H.R.R. 548
	MK v. Austria	(1997) 24 E.H.R.R. CD 59
	Modinos v. Cyprus	(1993) 16 E.H.R.R. 485
	Open Door Counselling and Dublin Well Woman v. Ireland	(1993) 15 E.H.R.R. 244
	Otto-Preminger Institute v. Austria	(1995) 19 E.H.R.R. 34
	Smith and Grady v. United Kingdom	(2000) 29 E.H.R.R. 493
	Smith v. United Kingdom	(1994) 18 E.H.R.R. CD 65
	Sutherland v. United Kingdom	(1997) 24 E.H.R.R. CD 22
	Zentralat Deutscher Sinti und Roma and Rose v. Germany	(1997) 23 E.H.R.R. CD 209
Nortier v. Netherlands (A/267) (1994) 17 E.H.R.R. 273	Bulut v. Austria	(1997) 24 E.H.R.R. 84
	Diennet v. France	(1996) 21 E.H.R.R. 554
	Doorson v. Netherlands	(1996) 22 E.H.R.R. 330
	Masson and Van Zon v. Netherlands	(1996) 22 E.H.R.R. 491
	Ninn-Hansen v. Denmark	(1999) 28 E.H.R.R. CD 96
	Pesti and Frodl v. Austria	(2000) 29 E.H.R.R. CD 229
	Putz v. Austria	(2001) 32 E.H.R.R. 271
	R.M.B. v. United Kingdom	(1999) 27 E.H.R.R. CD 286
	Reinhardt and Slimane-Kaid v. France	(1999) 28 E.H.R.R. 59
	Saraiva de Carvalho v. Portugal	(1994) 18 E.H.R.R. 534
	Thomann v. Switzerland	(1997) 24 E.H.R.R. 553
	V v. United Kingdom	(2000) 30 E.H.R.R. 121
	Van de Hurk v. Netherlands	(1994) 18 E.H.R.R. 481
	Van Orshoven v. Belgium	(1998) 26 E.H.R.R. 55
Nsona v. Netherlands (2001) 32 E.H.R.R. 170	Erdagoz v. Turkey	(2001) 32 E.H.R.R. 443
	Stopford v. United Kingdom	(1998) 25 E.H.R.R. CD 151
Nyberg v. Sweden (1992) 14 E.H.R.R. 870	Olsson v. Sweden (No. 2)	(1994) 17 E.H.R.R. 134
O v. United Kingdom (A/136–A) (1991) 13 E.H.R.R. 578	Air Canada v. United Kingdom	(1995) 20 E.H.R.R. 150
	Campbell v. United Kingdom	(1989) 11 E.H.R.R. 97
	Fischer v. Austria	(1995) 20 E.H.R.R. 349
	H v. Belgium	(1988) 10 E.H.R.R. 339
	Hoffmann v. Austria	(1994) 17 E.H.R.R. 293
	McMichael v. United Kingdom	(1995) 20 E.H.R.R. 205
	McMichael v. United Kingdom	(1995) 20 E.H.R.R. 205
	O v. United Kingdom	(1991) 13 E.H.R.R. 578
	Pudas v. Sweden	(1988) 10 E.H.R.R. 380
	W.J. v. Austria	(1999) 27 E.H.R.R. CD 83
Obermeier v. Austria (A/179) (1991) 13 E.H.R.R. 290	Adiletta v. Italy	(1992) 14 E.H.R.R. 586
	Beaumartin v. France	(1995) 19 E.H.R.R. 485
	Bryan v. United Kingdom	(1996) 21 E.H.R.R. 342
	Fischer v. Austria	(1995) 20 E.H.R.R. 349
	Frylander v. France	(2001) 31 E.H.R.R 1152
	Huber v. France	(1998) 26 E.H.R.R. 457
	Immobiliare Saffi v. Italy	(2000) 30 E.H.R.R. 756
	Maj v. Italy	(1992) 14 E.H.R.R. 405
	Mauer v. Austria	(1998) 25 E.H.R.R. 91
	Motta v. Italy	(1992) 14 E.H.R.R. 432

Case Referred to	Name of Case	Citation
	Neigel v. France	(2000) 30 E.H.R.R. 310
	Ortenberg v. Austria	(1995) 19 E.H.R.R. 524
	Palaoro v. Austria	(2001) 32 E.H.R.R. 202
	Pfarrmeier v. Austria	(1996) 22 E.H.R.R. 175
	Philis v. Greece	(1991) 13 E.H.R.R. 741
	Pugliese v. Italy (No. 1)	(1992) 14 E.H.R.R. 413
	Santilli v. Italy	(1992) 14 E.H.R.R. 421
	Schmautzer v. Austria	(1996) 21 E.H.R.R. 511
	Terra Woningen v. Netherlands	(1995) 20 E.H.R.R. CD 1
	Terra Woningen v. Netherlands	(1997) 24 E.H.R.R. 456
	Umlauft v. Austria	(1996) 22 E.H.R.R. 76
	Waite and Kennedy v. Germany	(2000) 30 E.H.R.R. 261
	Zumbotel v. Austria	(1994) 17 E.H.R.R. 116
Oberschlick v. Austria (A/204) (1995) 19 E.H.R.R. 389	Bahaddar v. Netherlands	(1998) 26 E.H.R.R. 278
	Bladet Tromsø and Stensaas v. Norway	(2000) 29 E.H.R.R. 125
	Brind v. United Kingdom	(1994) 18 E.H.R.R. CD 76
	Bulut v. Austria	(1997) 24 E.H.R.R. 84
	Castillo Algar v. Spain	(2000) 30 E.H.R.R. 827
	D v. Switzerland	(1993) 15 E.H.R.R. CD 29
	De Haan v. Netherlands	(1998) 26 E.H.R.R. 417
	Diennet v. France	(1996) 21 E.H.R.R. 554
	Fayed v. United Kingdom	(1994) 18 E.H.R.R. 393
	Fressoz and Roire v. France	(2001) 31 E.H.R.R 28
	H.N. v. Italy	(1999) 27 E.H.R.R. CD 75
	Hennings v. Germany	(1993) 16 E.H.R.R. 83
	Jersild v. Denmark	(1995) 19 E.H.R.R. 1
	Kremzow v. Austria	(1994) 17 E.H.R.R. 322
	Lie and Bernsten v. Norway	(2000) 29 E.H.R.R. CD 210
	Nilsen and Johnsen v. Norway	(2000) 30 E.H.R.R. 878
	Oberschlick v. Austria (No. 2)	(1998) 25 E.H.R.R. 357
	Observer and Guardian v. United Kingdom	(1992) 14 E.H.R.R. 153
	Pfeifer and Plankl v. Austria	(1992) 14 E.H.R.R. 692
	Philis v. Greece (No. 2)	(1998) 25 E.H.R.R. 417
	Pine Valley Developments Ltd v. Ireland	(1992) 14 E.H.R.R. 319
	Prager and Oberschlick v. Austria	(1996) 21 E.H.R.R. 1
	Putz v. Austria	(2001) 32 E.H.R.R. 271
	R.M.B. v. United Kingdom	(1999) 27 E.H.R.R. CD 286
	Sunday Times v. United Kingdom (No. 2)	(1992) 14 E.H.R.R. 229
	Thomann v. Switzerland	(1997) 24 E.H.R.R. 553
	Thorgeir Thorgeirson v. Iceland	(1992) 14 E.H.R.R. 843
	Vogt v. Germany	(1996) 21 E.H.R.R. 205
	Worm v. Austria	(1996) 21 E.H.R.R. CD 51
Oberschlick v. Austria (No. 2) (1998) 25 E.H.R.R. 357	Andreas Wabl v. Austria	(2001) 31 E.H.R.R 1134
	Bladet Tromsø and Stensaas v. Norway	(2000) 29 E.H.R.R. 125
	Janowski v. Poland	(2000) 29 E.H.R.R. 705
	Nilsen and Johnsen v. Norway	(2000) 30 E.H.R.R. 878

Case Referred to	Name of Case	Citation
Observer and Guardian v. United Kingdom (A/216); Sunday Times v. United Kingdom (Spycatcher) (A/217) (1992) 14 E.H.R.R. 153	A and Byrne and Twenty-Twenty Television v. United Kingdom	(1998) 25 E.H.R.R. CD 159
	Ahmed v. United Kingdom	(2000) 29 E.H.R.R. 1
	Ahmet Sadik v. Greece	(1997) 24 E.H.R.R. 323
	Arslan v. Turkey	(2001) 31 E.H.R.R 264
	Baskaya and Okçuoglu v. Turkey	(2001) 31 E.H.R.R 292
	Bladet Tromsø and Stensaas v. Norway	(2000) 29 E.H.R.R. 125
	Castells v. Spain	(1992) 14 E.H.R.R. 445
	Ceylan v. Turkey	(2000) 30 E.H.R.R. 73
	Chorherr v. Austria	(1994) 17 E.H.R.R. 358
	Dalban v. Romania	(2001) 31 E.H.R.R 893
	De Haes and Gijsels v. Belgium	(1998) 25 E.H.R.R. 1
	Fressoz and Roire v. France	(2001) 31 E.H.R.R 28
	Goodwin v. United Kingdom	(1996) 22 E.H.R.R. 123
	Grigoriades v. Greece	(1999) 27 E.H.R.R. 464
	Guerra v. Italy	(1998) 26 E.H.R.R. 357
	H.N. v. Italy	(1999) 27 E.H.R.R. CD 75
	Hokkanen v. Finland	(1995) 19 E.H.R.R. 139
	Incal v. Turkey	(2000) 29 E.H.R.R. 449
	Informationsverein Lentia v. Austria	(1994) 17 E.H.R.R. 93
	Jersild v. Denmark	(1995) 19 E.H.R.R. 1
	Lustig-Prean and Beckett v. United Kingdom (Art. 41)	(2001) 31 E.H.R.R 601
	News Verlags GmbH & Co. KG v. Austria	(2001) 31 E.H.R.R 246
	Nilsen and Johnsen v. Norway	(2000) 30 E.H.R.R. 878
	Open Door Counselling and Dublin Well Woman v. Ireland	(1993) 15 E.H.R.R. 244
	Otto-Preminger Institute v. Austria	(1995) 19 E.H.R.R. 34
	Piermont v. France	(1995) 20 E.H.R.R. 301
	Pine Valley Developments Ltd v. Ireland (Art. 50)	(1993) 16 E.H.R.R. 379
	Prager and Oberschlick v. Austria	(1996) 21 E.H.R.R. 1
	Radio ABC v. Austria	(1998) 25 E.H.R.R. 185
	Smith and Grady v. United Kingdom (Art. 41)	(2001) 31 E.H.R.R 620
	Sunday Times v. United Kingdom (No. 2)	(1992) 14 E.H.R.R. 229
	Thorgeir Thorgeirson v. Iceland	(1992) 14 E.H.R.R. 843
	Vereinigung Demokratischer Soldaten Österreichs and Gubi v. Austria	(1995) 20 E.H.R.R. 56
	Vereniging Weekblad *Bluf!* v. Netherlands	(1995) 20 E.H.R.R. 189
	Wingrove v. United Kingdom	(1997) 24 E.H.R.R. 1
	Worm v. Austria	(1996) 22 E.H.R.R. CD 7
	Worm v. Austria	(1998) 25 E.H.R.R. 454
Oerlemans v. Netherlands (A/219) (1993) 15 E.H.R.R. 561	British American Tobacco Co. Ltd v. Netherlands	(1996) 21 E.H.R.R. 409
	Procola v. Luxembourg	(1996) 22 E.H.R.R. 193

Case Referred to	Name of Case	Citation
	Van de Hurk v. Netherlands	(1994) 18 E.H.R.R. 481
	Zander v. Sweden	(1994) 18 E.H.R.R. 175
Ogur v. Turkey, unreported	Çakici v. Turkey	(2001) 31 E.H.R.R 133
Okçuoglu v. Turkey (2001) 31 E.H.R.R 292	Özdep v. Turkey	(2001) 31 E.H.R.R 674
Olsson v. Sweden (A/130) (1989) 11 E.H.R.R. 259	A and Byrne and Twenty-Twenty Television v. United Kingdom	(1998) 25 E.H.R.R. CD 159
	Andersson v. Sweden	(1992) 14 E.H.R.R. 615
	Barbera, Messegue and Jabardo v. Spain	(1989) 11 E.H.R.R. 360
	Beldjoudi v. France	(1992) 14 E.H.R.R. 801
	Belilos v. Switzerland	(1988) 10 E.H.R.R. 466
	Berrehab v. Netherlands	(1989) 11 E.H.R.R. 322
	Brind v. United Kingdom	(1994) 18 E.H.R.R. CD 76
	Buckley v. United Kingdom	(1995) 19 E.H.R.R. CD 20
	Buckley v. United Kingdom	(1997) 23 E.H.R.R. 101
	Burghartz v. Switzerland	(1994) 18 E.H.R.R. 101
	Camenzind v. Switzerland	(1999) 28 E.H.R.R. 458
	Chappell v. United Kingdom	(1990) 12 E.H.R.R. 1
	Cossey v. United Kingdom	(1991) 13 E.H.R.R. 622
	Djeroud v. France	(1992) 14 E.H.R.R. 68
	EP v. Italy	(2001) 31 E.H.R.R 463
	Eriksson v. Sweden	(1990) 12 E.H.R.R. 183
	Fischer v. Austria	(1995) 20 E.H.R.R. 349
	Herczegfalvy v. Austria	(1993) 15 E.H.R.R. 437
	Hins and Hugenholtz v. Netherlands	(1996) 21 E.H.R.R. CD 124
	Hoffmann v. Austria	(1994) 17 E.H.R.R. 293
	Houldry v. Germany	(1999) 28 E.H.R.R. CD 116
	Ignaccolo-Zenide v. Romania	(2001) 31 E.H.R.R 212
	Johansen v. Norway	(1997) 23 E.H.R.R. 33
	K and T v. Finland	(2001) 31 E.H.R.R 484
	Kamasinski v. Austria	(1991) 13 E.H.R.R. 36
	Khatun v. United Kingdom	(1998) 26 E.H.R.R. CD 212
	Kurt v. Turkey	(1999) 27 E.H.R.R. 373
	L v. Finland	(2001) 31 E.H.R.R 737
	Laskey, Jaggard and Brown v. United Kingdom	(1997) 24 E.H.R.R. 39
	Lundblad v. Sweden	(1994) 18 E.H.R.R. CD 167
	M.L. v. United Kingdom	(1995) 20 E.H.R.R. CD 81
	Mabey v. United Kingdom	(1996) 22 E.H.R.R. CD 123
	Matter v. Slovakia	(2001) 31 E.H.R.R 783
	McLaughlin v. United Kingdom	(1994) 18 E.H.R.R. CD 84
	McLeod v. United Kingdom	(1999) 27 E.H.R.R. 493
	McMichael v. United Kingdom	(1993) 15 E.H.R.R. CD 80
	Middleburg, Van der Zee and Het Parool BV v. Netherlands	(1999) 27 E.H.R.R. CD 111
	MS v. Sweden	(1999) 28 E.H.R.R. 313
	Müller v. Switzerland	(1991) 13 E.H.R.R. 212
	Norris v. Ireland	(1991) 13 E.H.R.R. 186
	Olsson v. Sweden (No. 2)	(1994) 17 E.H.R.R. 134

Case Referred to	Name of Case	Citation
	Open Door Counselling and Dublin Well Woman v. Ireland	(1993) 15 E.H.R.R. 244
	R.S. v. United Kingdom	(1995) 20 E.H.R.R. CD 98
	Rai, Allmond & "Negotiate Now" v. United Kingdom	(1995) 19 E.H.R.R. CD 93
	Raninen v. Finland	(1998) 26 E.H.R.R. 563
	Rieme v. Sweden	(1993) 16 E.H.R.R. 155
	Schenk v. Switzerland	(1991) 13 E.H.R.R. 242
	Schönenberger and Durmaz v. Switzerland	(1989) 11 E.H.R.R. 202
	Smallwood v. United Kingdom	(1999) 27 E.H.R.R. CD 155
	Smith v. United Kingdom	(1998) 25 E.H.R.R. CD 52
	Söderbäck v. Sweden	(2000) 29 E.H.R.R. 95
	Steel v. United Kingdom	(1999) 28 E.H.R.R. 603
	T.C. v. Norway	(1999) 27 E.H.R.R. CD 164
	Tennenbaum v. Sweden	(1994) 18 E.H.R.R. CD 41
	Verenigung Radio 100 v. Netherlands	(1996) 22 E.H.R.R. CD 198
	W.J. v. Austria	(1999) 27 E.H.R.R. CD 83
	Z v. Finland	(1998) 25 E.H.R.R. 371
Olsson v. Sweden (No. 2) (A/250) (1994) 17 E.H.R.R. 134	A and Byrne and Twenty-Twenty Television v. United Kingdom	(1998) 25 E.H.R.R. CD 159
	Baskaya and Okçuoglu v. Turkey	(2001) 31 E.H.R.R 292
	Debled v. Belgium	(1995) 19 E.H.R.R. 506
	Dublin Well Woman Centre Ltd v. Ireland	(1997) 23 E.H.R.R. CD 125
	EP v. Italy	(2001) 31 E.H.R.R 463
	Hokkanen v. Finland	(1995) 19 E.H.R.R. 139
	Ignaccolo-Zenide v. Romania	(2001) 31 E.H.R.R 212
	Johansen v. Norway	(1997) 23 E.H.R.R. 33
	K and T v. Finland	(2001) 31 E.H.R.R 484
	L v. Finland	(2001) 31 E.H.R.R 737
	Schuler-Zgraggen v. Switzerland	(1993) 16 E.H.R.R. 405
	Stjerna v. Finland	(1997) 24 E.H.R.R. 195
	Z v. Finland	(1998) 25 E.H.R.R. 371
Omar v. France (2000) 29 E.H.R.R. 210	Civet v. France	(2001) 31 E.H.R.R 871
	Khalfaoui v. France	(2001) 31 E.H.R.R 967
Ombrioscia v. Switzerland (1994) 17 E.H.R.R. 441	Peers v. Greece	(1999) 27 E.H.R.R. CD 126
Oosterwijk v. Belgium (1981) 3 E.H.R.R. 557	McElhinney v. Ireland and United Kingdom	(2000) 29 E.H.R.R. CD 214
Open Door Counselling v. Ireland (1992) 14 E.H.R.R. 131	Open Door Counselling and Dublin Well Woman v. Ireland	(1993) 15 E.H.R.R. 244

Case Referred to	Name of Case	Citation
Open Door Counselling Ltd v. Ireland (A/246); Dublin Well Woman Centre v. Ireland (A/246) (1993) 15 E.H.R.R. 244	Abdoella v. Netherlands	(1995) 20 E.H.R.R. 585
	Akdivar v. Turkey	(1997) 23 E.H.R.R. 143
	Bowman and SPUC v. United Kingdom	(1996) 21 E.H.R.R. CD 79
	Dublin Well Woman Centre Ltd v. Ireland	(1997) 23 E.H.R.R. CD 125
	Keegan v. Ireland	(1994) 18 E.H.R.R. 342
	Lehideux and Isorni v. France	(2000) 30 E.H.R.R. 665
	Otto-Preminger Institute v. Austria	(1995) 19 E.H.R.R. 34
	Özdep v. Turkey	(2001) 31 E.H.R.R 674
	Scherer v. Switzerland	(1994) 18 E.H.R.R. 276
	Steel v. United Kingdom	(1999) 28 E.H.R.R. 603
	United Communist Party of Turkey v. Turkey	(1998) 26 E.H.R.R. 121
	Van de Hurk v. Netherlands	(1994) 18 E.H.R.R. 481
	Vereinigung Demokratischer Soldaten Österreichs and Gubi v. Austria	(1995) 20 E.H.R.R. 56
	Vereniging Weekblad *Bluf!* v. Netherlands	(1995) 20 E.H.R.R. 189
	Wingrove v. United Kingdom	(1997) 24 E.H.R.R. 1
Orlandini v. Italy, September 2, 1997	Huber v. France	(1998) 26 E.H.R.R. 457
	Pierre-Bloch v. France	(1998) 26 E.H.R.R. 202
Ortenberg v. Austria (1994) 17 E.H.R.R. 116	Grof v. Austria	(1998) 25 E.H.R.R. CD 39
Ortenberg v. Austria (A/295–B) (1995) 19 E.H.R.R. 524	Fischer v. Austria	(1995) 20 E.H.R.R. 349
	National & Provincial, Leeds Permanent and Yorkshire Building Societies v. United Kingdom	(1998) 25 E.H.R.R. 127
	Procola v. Luxembourg	(1996) 22 E.H.R.R. 193
	Stallinger and Kuso v. Austria	(1998) 26 E.H.R.R. 81
Osman v. United Kingdom (2000) 29 E.H.R.R. 245	Bromley v. United Kingdom	(2000) 29 E.H.R.R. CD 111
	Fogarty v. United Kingdom	(2000) 29 E.H.R.R. CD 157
	Kolompar v. Belgium	(1993) 16 E.H.R.R. 197
	Özgür Gündem v. Turkey	(2001) 31 E.H.R.R 1082
	Tanrikulu v. Turkey	(2000) 30 E.H.R.R. 950
	V v. United Kingdom	(2000) 30 E.H.R.R. 121
	Waite and Kennedy v. Germany	(2000) 30 E.H.R.R. 261
	Z v. United Kingdom	(1999) 28 E.H.R.R. CD 65
Osterreichische Shutzgemeinschaft Für Nichtraucher and Robert Rockenbauer v. Austria, unreported, December 2, 1991	Apis v. Slovakia	(2000) 29 E.H.R.R. CD 105
Otto-Preminger Institute v. Austria (A/295–A) (1995) 19 E.H.R.R. 34	Dubowska and Skup v. Poland	(1997) 23 E.H.R.R. CD 204
	Dubowska and Skup v. Poland	(1997) 24 E.H.R.R. CD 75
	EP v. Turkey	(1996) 22 E.H.R.R. CD 143
	Galloway v. United Kingdom	(1999) 27 E.H.R.R. CD 241
	Hins and Hugenholtz v. Netherlands	(1996) 21 E.H.R.R. CD 124

Case Referred to	Name of Case	Citation
	Lehideux and Isorni v. France	(2000) 30 E.H.R.R. 665
	Middleburg, Van der Zee and Het Parool BV v. Netherlands	(1999) 27 E.H.R.R. CD 111
	Özgür Gündem v. Turkey	(2001) 31 E.H.R.R 1082
	Peree v. Netherlands	(1999) 28 E.H.R.R. CD 158
	Stedman v. United Kingdom	(1997) 23 E.H.R.R. CD 168
	Verenigung Radio 100 v. Netherlands	(1996) 22 E.H.R.R. CD 198
	Wingrove v. United Kingdom	(1997) 24 E.H.R.R. 1
	Worm v. Austria	(1996) 21 E.H.R.R. CD 51
Owners' Services Ltd v. Italy	Societe Stenuit v. France	(1992) 14 E.H.R.R. 509
Ozturk v. Germany (A/73) (1984) 6 E.H.R.R. 409	Air Canada v. United Kingdom	(1995) 20 E.H.R.R. 150
	Allegemeine Gold- und Silberscheideanstalt v. United Kingdom	(1987) 9 E.H.R.R. 1
	AP, MP and TP v. Awitzerland	(1998) 26 E.H.R.R. 541
	App. No. 10949/84 v. Germany	(1988) 10 E.H.R.R. 129
	Belilos v. Switzerland	(1988) 10 E.H.R.R. 466
	Bendenoun v. France	(1994) 18 E.H.R.R. 54
	Brown v. United Kingdom	(1999) 28 E.H.R.R. CD 233
	Campbell and Fell v. United Kingdom	(1985) 7 E.H.R.R. 165
	De Cubber v. Belgium	(1985) 7 E.H.R.R. 236
	Demicoli v. Malta	(1992) 14 E.H.R.R. 47
	Escoubet v. Belgium	(2001) 31 E.H.R.R 1034
	Funke v. France	(1993) 16 E.H.R.R. 297
	Garyfallou Aebe v. Greece	(1999) 28 E.H.R.R. 344
	Goodman International and Goodman v. Ireland	(1993) 16 E.H.R.R. CD 26
	Jamil v. France	(1993) 15 E.H.R.R. CD 77
	Jamil v. France	(1996) 21 E.H.R.R. 65
	JJ v. Netherlands	(1999) 28 E.H.R.R. 168
	Langborger v. Sweden	(1990) 12 E.H.R.R. 120
	Lithgow v. United Kingdom	(1986) 8 E.H.R.R. 329
	Lutz v. Germany	(1988) 10 E.H.R.R. 182
	Malige v. France	(1999) 28 E.H.R.R. 578
	Mauer v. Austria	(1998) 25 E.H.R.R. 91
	Öztürk v. Germany (Art. 50)	(1985) 7 E.H.R.R. 251
	Palaoro v. Austria	(2001) 32 E.H.R.R. 202
	Perin v. France	(1993) 15 E.H.R.R. CD 99
	Petersen v. Denmark	(1999) 27 E.H.R.R. CD 96
	Pfarrmeier v. Austria	(1996) 22 E.H.R.R. 175
	Pierre-Bloch v. France	(1998) 26 E.H.R.R. 202
	Putz v. Austria	(2001) 32 E.H.R.R. 271
	Schmautzer v. Austria	(1996) 21 E.H.R.R. 511
	Serves v. France	(1999) 28 E.H.R.R. 265
	Societe Stenuit v. France	(1992) 14 E.H.R.R. 509
	Steel v. United Kingdom	(1999) 28 E.H.R.R. 603
	Umlauft v. Austria	(1996) 22 E.H.R.R. 76
	W v. United Kingdom	(1988) 10 E.H.R.R. 29
	Weber v. Switzerland	(1990) 12 E.H.R.R. 508
Ozturk v. Germany (1985) 7 E.H.R.R. 251	Pressos Compania Naviera v. Belgium (Art. 50)	(1997) 24 E.H.R.R. CD 16

Case Referred to	Name of Case	Citation
Padovani v. Italy (A/257 B), unreported, February 26, 1993	Bulut v. Austria	(1997) 24 E.H.R.R. 84
	De Haan v. Netherlands	(1998) 26 E.H.R.R. 417
	Diennet v. France	(1996) 21 E.H.R.R. 554
	Findlay v. United Kingdom	(1996) 21 E.H.R.R. CD 7
	Findlay v. United Kingdom	(1997) 24 E.H.R.R. 221
	Gautrin v. France	(1999) 28 E.H.R.R. 196
	Gregory v. United Kingdom	(1998) 25 E.H.R.R. 577
	Holy Monastries v. Greece	(1995) 20 E.H.R.R. 1
	Krone-Verlag Gmbh v. Austria	(1997) 23 E.H.R.R. CD 152
	Nortier v. Netherlands	(1994) 17 E.H.R.R. 273
	Pesti and Frodl v. Austria	(2000) 29 E.H.R.R. CD 229
	Putz v. Austria	(2001) 32 E.H.R.R. 271
	Reinhardt and Slimane-Kaid v. France	(1999) 28 E.H.R.R. 59
	Remli v. France	(1996) 22 E.H.R.R. 253
	Saraiva de Carvalho v. Portugal	(1994) 18 E.H.R.R. 534
	Spadea and Scalabrino v. Italy	(1996) 21 E.H.R.R. 482
	Thomann v. Switzerland	(1997) 24 E.H.R.R. 553
	Van Orshoven v. Belgium	(1998) 26 E.H.R.R. 55
Pakelli v. Germany (A/64) (1984) 6 E.H.R.R. 1	Axen v. Germany	(1984) 6 E.H.R.R. 195
	Campbell and Fell v. United Kingdom	(1985) 7 E.H.R.R. 165
	Cardot v. France	(1991) 13 E.H.R.R. 853
	Croissant v. Germany	(1993) 16 E.H.R.R. 135
	Granger v. United Kingdom	(1990) 12 E.H.R.R. 460
	Granger v. United Kingdom	(1990) 12 E.H.R.R. 469
	Hoang v. France	(1993) 16 E.H.R.R. 53
	Incal v. Turkey	(2000) 29 E.H.R.R. 449
	Lobo Machado v. Portugal	(1997) 23 E.H.R.R. 79
	Maxwell v. United Kingdom	(1995) 19 E.H.R.R. 97
	Melin v. France	(1994) 17 E.H.R.R. 1
	Monnell and Morris v. United Kingdom	(1988) 10 E.H.R.R. 205
	Pretto v. Italy	(1984) 6 E.H.R.R. 182
	Sutter v. Switzerland	(1984) 6 E.H.R.R. 272
	Van Orshoven v. Belgium	(1998) 26 E.H.R.R. 55
	Vermeulen v. Belgium	(2001) 32 E.H.R.R. 313
Palaoro v. Austria (A/329–B)	Malige v. France	(1999) 28 E.H.R.R. 578
	Mauer v. Austria	(1998) 25 E.H.R.R. 91
	Petersen v. Denmark	(1999) 27 E.H.R.R. CD 96
Pammel v. Germany (1998) 26 E.H.R.R. 100	Humen v. Poland	(2001) 31 E.H.R.R 1168
	Krcmár v. Czech Republic	(2001) 31 E.H.R.R 953
	Pierre-Bloch v. France	(1998) 26 E.H.R.R. 202
Panavezys-Saldutiskis Railways (1938) Series A/B, no.76	Wille v. Liechtenstein	(1997) 24 E.H.R.R. CD 45
Pandolfelli and Palumbo v. Italy	Scherer v. Switzerland	(1994) 18 E.H.R.R. 276
	X v. France	(1992) 14 E.H.R.R. 483
Papageorgiou v. Greece unreported, October 22, 1997	DV v. Bulgaria	(1998) 25 E.H.R.R. CD 154
	Papachelas v. Greece	(2000) 30 E.H.R.R. 923
	Zielinski v. France	(2001) 31 E.H.R.R 532

Case Referred to	Name of Case	Citation
Papamichalopoulos v. Greece (A/260–B) (1993) 16 E.H.R.R. 440	Agrotexim v. Greece	(1996) 21 E.H.R.R. 250
	Guillemin v. France	(1998) 25 E.H.R.R. 435
	Hentrich v. France (Art. 50)	(1996) 21 E.H.R.R. 199
	Kremer-Viereck and Viereck v. Germany	(1998) 26 E.H.R.R. CD 164
	Kustannus oy Vappa Ajattelija AB v. Finland	(1996) 22 E.H.R.R. CD 69
	Loizidou v. Turkey	(1995) 20 E.H.R.R. 99
	Loizidou v. Turkey	(1997) 23 E.H.R.R. 513
	Matos e Silva v. Portugal	(1997) 24 E.H.R.R. 573
	Otto-Preminger Institute v. Austria	(1995) 19 E.H.R.R. 34
	Papamichalopoulos v. Greece	(1996) 21 E.H.R.R. 439
	Pauger v. Austria	(1998) 25 E.H.R.R. 105
	Pinnacle Meat Processors Co. v. United Kingdom	(1999) 27 E.H.R.R. CD 217
	Vasilescu v. Romania	(1999) 28 E.H.R.R. 241
Papamichalopoulos v. Greece (Art. 50) (1996) 21 E.H.R.R. 439	Comingersoll SA v. Portugal	(2001) 31 E.H.R.R 772
	Lustig-Prean and Beckett v. United Kingdom (Art. 41)	(2001) 31 E.H.R.R 601
	Pafitis v. Greece	(1999) 27 E.H.R.R. 566
	Papachelas v. Greece	(2000) 30 E.H.R.R. 923
	Pressos Compania Naviera v. Belgium (Art. 50)	(1997) 24 E.H.R.R. CD 16
	Smith and Grady v. United Kingdom (Art. 41)	(2001) 31 E.H.R.R 620
	Vasilescu v. Romania	(1999) 28 E.H.R.R. 241
Pardo v. France (A/261–B) (1994) 17 E.H.R.R. 383	Erdagoz v. Turkey	(2001) 32 E.H.R.R. 443
	Pardo v. France	(1996) 22 E.H.R.R. 563
	Pardo v. France	(1998) 26 E.H.R.R. 302
Pardo v. France (1996) 22 E.H.R.R. 563	Gustafsson v. Sweden (Revision)	(1998) 26 E.H.R.R. CD 13
	Pardo v. France	(1998) 26 E.H.R.R. 302
Paton v. United Kingdom (1981) 3 E.H.R.R. 408	Open Door Counselling Ltd and Dublin Well Woman Centre Ltd v. Ireland	(1992) 14 E.H.R.R. 131
Pauger v. Austria (1998) 25 E.H.R.R. 105	Werner and Szucs v. Austria	(1998) 26 E.H.R.R. 310
Pauwels v. Belgium (1989) 11 E.H.R.R. 238	Brincat v. Italy	(1993) 16 E.H.R.R. 591
	Caballero v. United Kingdom	(2000) 30 E.H.R.R. 643
	Hood v. United Kingdom	(2000) 29 E.H.R.R. 365
	Nikolova v. Bulgaria	(2001) 31 E.H.R.R 64
	R v. United Kingdom	(1991) 13 E.H.R.R. 588
	Vermeire v. Belgium	(1993) 15 E.H.R.R. 488
Pekalli v. Germany (1984) 6 E.H.R.R. 1	Tripodi v. Italy	(1994) 18 E.H.R.R. 295
Pelissier and Sassi v. France (2000) 30 E.H.R.R. 715	Howarth v. United Kingdom	(2001) 31 E.H.R.R 861
	Khalfaoui v. France	(2001) 31 E.H.R.R 967
	Matter v. Slovakia	(2001) 31 E.H.R.R 783
	Mikulski v. Poland	(2000) 29 E.H.R.R. CD 64

Case Referred to	Name of Case	Citation
Pelladoah v. Netherlands (A/297–B) (1995) 19 E.H.R.R. 81	Allenet De Ribemont v. France	(1995) 20 E.H.R.R. 557
	Allenet de Ribemont v. France	(1996) 22 E.H.R.R. 582
	Miloslavsky v. United Kingdom	(1995) 20 E.H.R.R. 442
	Ninn-Hansen v. Denmark	(1999) 28 E.H.R.R. CD 96
	Van Geyseghem v. Belgium	(2001) 32 E.H.R.R. 554
Pellegrin v. France (2001) 31 E.H.R.R 651	Fogarty v. United Kingdom	(2000) 29 E.H.R.R. CD 157
	Frylander v. France	(2001) 31 E.H.R.R 1152
Perez de Rada Cavanilles v. Spain (2000) 29 E.H.R.R. 109	Waite and Kennedy v. Germany	(2000) 30 E.H.R.R. 261
Petra v. Romania, unreported	Cooke v. Austria	(2001) 31 E.H.R.R 338
Pfarrmeier v. Austria (A/329–C) (1996) 22 E.H.R.R. 175	Malige v. France	(1999) 28 E.H.R.R. 578
	Mauer v. Austria	(1998) 25 E.H.R.R. 91
Pfeifer v. Austria (A/227); Plankl v. Austria (1992) 14 E.H.R.R. 692	Bulut v. Austria	(1997) 24 E.H.R.R. 84
	Georgiadis v. Greece	(1997) 24 E.H.R.R. 606
	Kremzow v. Austria	(1994) 17 E.H.R.R. 322
	Matter v. Slovakia	(2001) 31 E.H.R.R 783
	Mlynek v. Austria	(1994) 18 E.H.R.R. CD 207
	Pailot v. France	(2000) 30 E.H.R.R. 328
	Pauger v. Austria	(1998) 25 E.H.R.R. 105
	Poitrimol v. France	(1994) 18 E.H.R.R. 130
	Stamoulakatos v. Greece	(1994) 17 E.H.R.R. 479
	Tsirlis and Kouloumpas v. Greece	(1996) 21 E.H.R.R. CD 30
	Tsirlis and Kouloumpas v. Greece	(1998) 25 E.H.R.R. 198
Pham Hoang v. France (1993) 16 E.H.R.R. 53	Van de Hurk v. Netherlands	(1994) 18 E.H.R.R. 481
	Van Orshoven v. Belgium	(1998) 26 E.H.R.R. 55
	Vermeulen v. Belgium	(2001) 32 E.H.R.R. 313
Philis v. Greece (No. 1) (A/209) (1991) 13 E.H.R.R. 741	Agrotexim v. Greece	(1996) 21 E.H.R.R. 250
	Balmer-Schafroth v. Switzerland	(1998) 25 E.H.R.R. 598
	Buckley v. United Kingdom	(1997) 23 E.H.R.R. 101
	Dombo Beheer BV v. Netherlands	(1994) 18 E.H.R.R. 213
	Guerra v. Italy	(1998) 26 E.H.R.R. 357
	Holy Monastries v. Greece	(1995) 20 E.H.R.R. 1
	Hornsby v. Greece	(1997) 24 E.H.R.R. 250
	Hotel Casino Aregua Parana AG v. Austria	(1995) 20 E.H.R.R. CD 79
	Krcmár v. Czech Republic	(2001) 31 E.H.R.R 953
	Kremzow v. Austria	(1994) 17 E.H.R.R. 322
	L, M and R v. Switzerland	(1996) 22 E.H.R.R. CD 130
	Miloslavsky v. United Kingdom	(1995) 20 E.H.R.R. 442
	Nideröst-Huber v. Switzerland	(1998) 25 E.H.R.R. 709
	Philis v. Greece	(1994) 18 E.H.R.R. CD 57
	Philis v. Greece (No. 2)	(1998) 25 E.H.R.R. 417
	Selmouni v. France	(2000) 29 E.H.R.R. 403

Case Referred to	Name of Case	Citation
	Sinko v. Slovak Republic	(1999) 27 E.H.R.R. CD 226
	Societe Levage Prestations v. France	(1997) 24 E.H.R.R. 351
Philis v. Greece (No. 2) (1998) 25 E.H.R.R. 417	H.A.R. v. Austria	(1999) 27 E.H.R.R. CD 330
	Matter v. Slovakia	(2001) 31 E.H.R.R 783
	Mavronichis v. Cyprus	(2001) 31 E.H.R.R 1186
	WR v. Austria	(2001) 31 E.H.R.R 985
	Zana v. Turkey	(1999) 27 E.H.R.R. 667
Phocas v. France (2001) 32 E.H.R.R. 221	Duclos v. France	(2001) 32 E.H.R.R. 86
	Garyfallou Aebe v. Greece	(1999) 28 E.H.R.R. 344
	Matos e Silva v. Portugal	(1997) 24 E.H.R.R. 573
	Papachelas v. Greece	(2000) 30 E.H.R.R. 923
	Philis v. Greece (No. 2)	(1998) 25 E.H.R.R. 417
	Süßmann v. Germany	(1998) 25 E.H.R.R. 65
Piermont v. France (1995) 20 E.H.R.R. 301	Matthews v. United Kingdom	(1999) 28 E.H.R.R. 361
	Rekvényi v. Hungary	(2000) 30 E.H.R.R. 519
Pierre-Bloch v. France (1986) 26 E.H.R.R. 202	Osman v. United Kingdom	(2000) 29 E.H.R.R. 245
	Escoubet v. Belgium	(2001) 31 E.H.R.R 1034
	Malige v. France	(1999) 28 E.H.R.R. 578
	Pellegrin v. France	(2001) 31 E.H.R.R 651
Piersack v. Belgium (A/53) (1983) 5 E.H.R.R. 169	Albert and Le Compte v. Belgium	(1983) 5 E.H.R.R. 533
	App. No. 9976/82 v. Belgium	(1983) 5 E.H.R.R. 610
	App. No. 11164/84 v. Belgium	(1986) 8 E.H.R.R. 312
	App. No. 11508/85 v. Denmark	(1989) 11 E.H.R.R. 559
	Borgers v. Belgium	(1993) 15 E.H.R.R. 92
	Brown v. United Kingdom	(1986) 8 E.H.R.R. 272
	Bulut v. Austria	(1997) 24 E.H.R.R. 84
	Campbell and Fell v. United Kingdom	(1985) 7 E.H.R.R. 165
	De Cubber v. Belgium	(1985) 7 E.H.R.R. 236
	De Cubber v. Belgium	(1991) 13 E.H.R.R. 422
	De Cubber v. Belgium, App. No. 9186/80	(1984) 6 E.H.R.R. 104
	De Haan v. Netherlands	(1998) 26 E.H.R.R. 417
	De Jong, Baljet and Van Den Brink v. Netherlands	(1986) 8 E.H.R.R. 20
	Debled v. Belgium	(1995) 19 E.H.R.R. 506
	Demicoli v. Malta	(1992) 14 E.H.R.R. 47
	Diennet v. France	(1996) 21 E.H.R.R. 554
	Duinhof and Duijf v. Netherlands	(1991) 13 E.H.R.R. 478
	Ferrantelli and Santangelo v. Italy	(1997) 23 E.H.R.R. 288
	Gautrin v. France	(1999) 28 E.H.R.R. 196
	Gillow v. United Kingdom	(1985) 7 E.H.R.R. 292
	Gregory v. United Kingdom	(1995) 19 E.H.R.R. CD 82
	Hauschildt v. Denmark	(1990) 12 E.H.R.R. 266
	Higgins v. France	(1999) 27 E.H.R.R. 703
	Holm v. Sweden	(1994) 18 E.H.R.R. 79
	Jón Kristinsson v. Iceland	(1991) 13 E.H.R.R. 238
	Langborger v. Sweden	(1990) 12 E.H.R.R. 120
	Mitap and Müftüoğlu v. Turkey	(1996) 22 E.H.R.R. 209
	Nyssen v. Belgium	(1986) 8 E.H.R.R. 105
	Oberschlick v. Austria	(1995) 19 E.H.R.R. 389

Case Referred to	Name of Case	Citation
	Pauwels v. Belgium	(1989) 11 E.H.R.R. 238
	Pfeifer and Plankl v. Austria	(1992) 14 E.H.R.R. 692
	Piersack v. Belgium (Art. 50)	(1985) 7 E.H.R.R. 251
	Procola v. Luxembourg	(1996) 22 E.H.R.R. 193
	Pullar v. United Kingdom	(1996) 22 E.H.R.R. 391
	Remli v. France	(1996) 22 E.H.R.R. 253
	Sainte-Marie v. France	(1993) 16 E.H.R.R. 116
	Sander v. United Kingdom	(2001) 31 E.H.R.R 1003
	Saraiva de Carvalho v. Portugal	(1994) 18 E.H.R.R. 534
	Sramek v. Austria	(1985) 7 E.H.R.R. 351
	Thomann v. Switzerland	(1997) 24 E.H.R.R. 553
	Thorgeir Thorgeirson v. Iceland	(1992) 14 E.H.R.R. 115
	Van Der Sluijs, Zuiderveld and Klappe v. Netherlands	(1991) 13 E.H.R.R. 461
	Worm v. Austria	(1998) 25 E.H.R.R. 454
	Yaacoub v. Belgium	(1991) 13 E.H.R.R. 418
Pinder v. United Kingdom (1985) 7 E.H.R.R. 464	Ashingdane v. United Kingdom	(1985) 7 E.H.R.R. 528
	Baggs v. United Kingdom	(1987) 9 E.H.R.R. 235
Pine Valley Developments v. Ireland (A/222) (1992) 14 E.H.R.R. 319	Andersson v. Sweden	(1993) 15 E.H.R.R. CD 64
	Costello-Roberts v. United Kingdom	(1995) 19 E.H.R.R. 112
	Gasus Dosier und Fordertechnik GmbH v Netherlands	(1995) 20 E.H.R.R. 403
	Iatridis v. Greece	(2000) 30 E.H.R.R. 97
	Jacobsson v. Sweden (No. 2)	(2001) 32 E.H.R.R. 463
	Kerojarvi v. Finland	(2001) 32 E.H.R.R. 152
	Kolompar v. Belgium	(1993) 16 E.H.R.R. 197
	Kremer-Viereck and Viereck v. Germany	(1998) 26 E.H.R.R. CD 164
	Krug Von Nidda und Von Falkenstein v. Germany	(1997) 23 E.H.R.R. CD 60
	Manoussakis v. Greece	(1997) 23 E.H.R.R. 387
	Modinos v. Cyprus	(1993) 16 E.H.R.R. 485
	Open Door Counselling and Dublin Well Woman v. Ireland	(1993) 15 E.H.R.R. 244
	Paruszweska v. Poland	(1998) 25 E.H.R.R. CD 175
	Pfeifer and Plankl v. Austria	(1992) 14 E.H.R.R. 692
	Pine Valley Developments Ltd v. Ireland (Art. 50)	(1993) 16 E.H.R.R. 379
	Pressos Compania Naviera SA v. Belgium	(1996) 21 E.H.R.R. 301
	Schuler-Zgraggen v. Switzerland	(1993) 16 E.H.R.R. 405
	Weidlich v. Germany	(1996) 22 E.H.R.R. CD 55
Pine Valley Developments Ltd v. Ireland (Art. 50) (1993) 16 E.H.R.R. 379	Loizidou v. Turkey (Art. 50)	(1998) 26 E.H.R.R. CD 5
Pizzetti v. Italy, unreported, February 26, 1993	Mikulski v. Poland	(2000) 29 E.H.R.R. CD 64
	Pammel v. Germany	(1998) 26 E.H.R.R. 100
	Süßmann v. Germany	(1998) 25 E.H.R.R. 65

Case Referred to	Name of Case	Citation
Pizzi v. Italy, September 2, 1997	Huber v. France	(1998) 26 E.H.R.R. 457
	Pierre-Bloch v. France	(1998) 26 E.H.R.R. 202
Plattform Ärzte für das Leben v. Austria (A/139) (1991) 13 E.H.R.R. 204	Assenov v. Bulgaria	(1999) 28 E.H.R.R. 652
	Balmer-Schafroth v. Switzerland	(1998) 25 E.H.R.R. 598
	Chorherr v. Austria	(1994) 17 E.H.R.R. 358
	Gündem v. Turkey	(2001) 32 E.H.R.R. 350
	Gustafsson v. Sweden	(1996) 22 E.H.R.R. 409
	Herczegfalvy v. Austria	(1993) 15 E.H.R.R. 437
	Karus v. Italy	(1998) 26 E.H.R.R. CD 98
	L, M and R v. Switzerland	(1996) 22 E.H.R.R. CD 130
	McCallum v. United Kingdom	(1991) 13 E.H.R.R. 597
	Özgür Gündem v. Turkey	(2001) 31 E.H.R.R 1082
	Powell and Rayner v. United Kingdom	(1990) 12 E.H.R.R. 288
	Powell and Rayner v. United Kingdom	(1990) 12 E.H.R.R. 355
	Serif v. Greece	(2001) 31 E.H.R.R 561
	Spencer (Earl and Countess) v. United Kingdom	(1998) 25 E.H.R.R. CD 105
	Steel v. United Kingdom	(1999) 28 E.H.R.R. 603
	Valsamis v. Greece	(1997) 24 E.H.R.R. 294
Podbielski v. Poland, unreported	Musial v. Poland	(2001) 31 E.H.R.R 720
	Humen v. Poland	(2001) 31 E.H.R.R 1168
Poiss v. Austria (A/117) (1988) 10 E.H.R.R. 231	Bock v. Germany	(1990) 12 E.H.R.R. 247
	Bodén v. Sweden	(1988) 10 E.H.R.R. 367
	Buckley v. United Kingdom	(1997) 23 E.H.R.R. 101
	Hentrich v. France	(1994) 18 E.H.R.R. 440
	Mellacher v. Austria	(1990) 12 E.H.R.R. 97
	Oliveira Neves v. Portugal	(1991) 13 E.H.R.R. 576
	Protsch v. Austria	(1994) 18 E.H.R.R. CD 36
	Protsch v. Austria	(2001) 32 E.H.R.R. 255
	Ruiz-Mateos v. Spain	(1993) 16 E.H.R.R. 505
	Wiesinger v. Austria	(1993) 16 E.H.R.R. 258
Poitrimol v. France (1994) 18 E.H.R.R. 130	Khalfaoui v. France	(2001) 31 E.H.R.R 967
	Lala v. Netherlands	(1994) 18 E.H.R.R. 586
	Matter v. Slovakia	(2001) 31 E.H.R.R 783
	Ninn-Hansen v. Denmark	(1999) 28 E.H.R.R. CD 96
	Omar v. France	(2000) 29 E.H.R.R. 210
	Pelladoah v. Netherlands	(1995) 19 E.H.R.R. 81
	Van Geyseghem v. Belgium	(2001) 32 E.H.R.R. 554
Powell v. United Kingdom (1987) 9 E.H.R.R. 241	Powell and Rayner v. United Kingdom	(1990) 12 E.H.R.R. 288
Powell v. United Kingdom (A/172); Rayner v. United Kingdom (1990) 12 E.H.R.R. 355	Anderson v. United Kingdom	(1998) 25 E.H.R.R. CD 172
	Barrett v. United Kingdom	(1997) 23 E.H.R.R. CD 185
	Bellis v. United Kingdom	(1997) 24 E.H.R.R. CD 71
	Burton v. United Kingdom	(1996) 22 E.H.R.R. CD 134
	C.N. v. Switzerland	(1999) 27 E.H.R.R. CD 358
	Camenzind v. Switzerland	(1999) 28 E.H.R.R. 458
	Cohen v. United Kingdom	(1996) 21 E.H.R.R. CD 104
	Fayed v. United Kingdom	(1994) 18 E.H.R.R. 393
	Friedl v. Austria	(1996) 21 E.H.R.R. 83
	G v. France	(1996) 21 E.H.R.R. 288
	Guerra v. Italy	(1998) 26 E.H.R.R. 357

Case Referred to	Name of Case	Citation
	Gustafsson v. Sweden	(1996) 22 E.H.R.R. 409
	Helmers v. Sweden	(1993) 15 E.H.R.R. 285
	Hussain v. United Kingdom	(1996) 22 E.H.R.R. 1
	Iskcon v. United Kingdom	(1994) 18 E.H.R.R. CD 133
	K.K. v. Switzerland	(1999) 27 E.H.R.R. CD 361
	Kappa Kanzlei und Burobetriebs GmbH v. Austria	(1999) 27 E.H.R.R. CD 300
	Keegan v. Ireland	(1994) 18 E.H.R.R. 342
	Khatun v. United Kingdom	(1998) 26 E.H.R.R. CD 212
	Koskinen v. Finland	(1994) 18 E.H.R.R. CD 146
	Logan v. United Kingdom	(1996) 22 E.H.R.R. CD 178
	Lopez Ostra v. Spain	(1995) 20 E.H.R.R. 277
	Machatova v. Slovak Republic	(1997) 24 E.H.R.R. CD 44
	Manners v. United Kingdom	(1998) 26 E.H.R.R. CD 206
	Mats Jacobsson v. Sweden	(1991) 13 E.H.R.R. 79
	McMichael v. United Kingdom	(1995) 20 E.H.R.R. 205
	Olsson v. Sweden (No. 2)	(1994) 17 E.H.R.R. 134
	Osman v. United Kingdom	(2000) 29 E.H.R.R. 245
	Ouattara v. United Kingdom	(1998) 25 E.H.R.R. CD 167
	Pendragon v. United Kingdom	(1999) 27 E.H.R.R. CD 179
	RC v. United Kingdom	(1998) 26 E.H.R.R. CD 210
	Sinko v. Slovak Republic	(1999) 27 E.H.R.R. CD 226
	Skarby v. Sweden	(1991) 13 E.H.R.R. 90
	Stewart-Brady v. United Kingdom	(1997) 24 E.H.R.R. CD 38
	Stjerna v. Finland	(1997) 24 E.H.R.R. 195
	Times Newspapers Ltd v. United Kingdom	(1997) 23 E.H.R.R. CD 200
	Tinnelly & Sons Ltd v. United Kingdom	(1999) 27 E.H.R.R. 249
	Valsamis v. Greece	(1997) 24 E.H.R.R. 294
	W.J. v. Austria	(1999) 27 E.H.R.R. CD 83
	Waite and Kennedy v. Germany	(2000) 30 E.H.R.R. 261
	Wille v. Liechtenstein	(2000) 30 E.H.R.R. 564
	Wood v. United Kingdom	(1997) 24 E.H.R.R. CD 69
Prager and Oberschlick v. Austria (A/313) (1996) 21 E.H.R.R. 1	Bergens Tidende v. Norway	(2001) 31 E.H.R.R 430
	Bladet Tromsø and Stensaas v. Norway	(2000) 29 E.H.R.R. 125
	Dalban v. Romania	(2001) 31 E.H.R.R 893
	De Haes and Gijsels v. Belgium	(1998) 25 E.H.R.R. 1
	Fischer v. Austria	(1995) 20 E.H.R.R. 349
	Fressoz and Roire v. France	(2001) 31 E.H.R.R 28
	H.N. v. Italy	(1999) 27 E.H.R.R. CD 75
	Janowski v. Poland	(2000) 29 E.H.R.R. 705
	Lehideux and Isorni v. France	(2000) 30 E.H.R.R. 665
	Middleburg, Van der Zee and Het Parool BV v. Netherlands	(1999) 27 E.H.R.R. CD 111
	Nilsen and Johnsen v. Norway	(2000) 30 E.H.R.R. 878
Pramstaller v. Austria (A/329–A)	Garyfallou Aebe v. Greece	(1999) 28 E.H.R.R. 344
	Malige v. France	(1999) 28 E.H.R.R. 578
	Mauer v. Austria	(1998) 25 E.H.R.R. 91

Case Referred to	Name of Case	Citation
Pressos Compania Naviera SA v. Belgium (A/332) (1996) 21 E.H.R.R. 301	Cesomoravska Myslivecka Jednota v. Czech Republic	(1999) 28 E.H.R.R. CD 152
	Gustafsson v. Sweden	(1996) 22 E.H.R.R. 409
	Kremer-Viereck and Viereck v. Germany	(1998) 26 E.H.R.R. CD 164
	Krug Von Nidda und Von Falkenstein v. Germany	(1997) 23 E.H.R.R. CD 60
	Lenzing v. United Kingdom	(1999) 27 E.H.R.R. CD 323
	National & Provincial, Leeds Permanent and Yorkshire Building Societies v. United Kingdom	(1998) 25 E.H.R.R. 127
	Panikian v. Bulgaria	(1997) 24 E.H.R.R. CD 63
	Paruszweska v. Poland	(1998) 25 E.H.R.R. CD 175
	Pinnacle Meat Processors Co. v. United Kingdom	(1999) 27 E.H.R.R. CD 217
	Pressos Compania Naviera v. Belgium (Art. 50)	(1997) 24 E.H.R.R. CD 16
	Protsch v. Austria	(2001) 32 E.H.R.R. 255
	Remli v. France	(1996) 22 E.H.R.R. 253
	Stevens and Knight v. United Kingdom	(1999) 27 E.H.R.R. CD 138
	Weidlich v. Germany	(1996) 22 E.H.R.R. CD 55
Pressos Compania Naviera SA v. Belgium (Art. 50), unreported	Özgür Gündem v. Turkey	(2001) 31 E.H.R.R 1082
	Socialist Party v. Turkey	(1999) 27 E.H.R.R. 51
Pretto v. Italy (A/71) (1984) 6 E.H.R.R. 182	A v. Denmark	(1996) 22 E.H.R.R. 458
	Allenet De Ribemont v. France	(1995) 20 E.H.R.R. 557
	App. No. 10080/82 v. Germany	(1987) 9 E.H.R.R. 250
	App. No. 10861/84 v. Switzerland	(1986) 8 E.H.R.R. 327
	Campbell and Fell v. United Kingdom	(1985) 7 E.H.R.R. 165
	Capuano v. Italy	(1991) 13 E.H.R.R. 271
	Deumeland v. Germany	(1986) 8 E.H.R.R. 448
	Diennet v. France	(1996) 21 E.H.R.R. 554
	Editions Periscope v. France	(1992) 14 E.H.R.R. 597
	H v. France	(1990) 12 E.H.R.R. 74
	Hood v. United Kingdom	(2000) 29 E.H.R.R. 365
	Monnet v. France	(1994) 18 E.H.R.R. 27
	Motta v. Italy	(1992) 14 E.H.R.R. 432
	Oliveira Neves v. Portugal	(1991) 13 E.H.R.R. 576
	Santilli v. Italy	(1992) 14 E.H.R.R. 421
	Sutter v. Switzerland	(1984) 6 E.H.R.R. 272
	Van Marle v. Netherlands	(1986) 8 E.H.R.R. 483
	Van Marle, Van Zomeren, Flantua and de Bruijn v. Netherlands	(1985) 7 E.H.R.R. 265
	Werner and Szucs v. Austria	(1998) 26 E.H.R.R. 310
Probstmeier v. Germany, unreported	Krcmár v. Czech Republic	(2001) 31 E.H.R.R 953
	Pammel v. Germany	(1998) 26 E.H.R.R. 100
Procola v. Luxembourg (1996) 22 E.H.R.R. 193	Clube de Futebol Uniao de Coimbra v. Portugal	(2000) 29 E.H.R.R. CD 24
	De Haan v. Netherlands	(1998) 26 E.H.R.R. 417
	Lie and Bernsten v. Norway	(2000) 29 E.H.R.R. CD 210

Case Referred to	Name of Case	Citation
	McGonnell v. United Kingdom	(2000) 30 E.H.R.R. 289
	Pauger v. Austria	(1998) 25 E.H.R.R. 105
	Pierre-Bloch v. France	(1998) 26 E.H.R.R. 202
Proszak v. Poland, unreported	Humen v. Poland	(2001) 31 E.H.R.R 1168
	Matter v. Slovakia	(2001) 31 E.H.R.R 783
	Mavronichis v. Cyprus	(2001) 31 E.H.R.R 1186
	Musial v. Poland	(2001) 31 E.H.R.R 720
	Podbielski v. Poland	(1999) 27 E.H.R.R. CD 19
Pudas v. Sweden (A/125) (1988) 10 E.H.R.R. 380	Allan Jacobsson v. Sweden	(1990) 12 E.H.R.R. 56
	Anders and Fredin v. Sweden	(1991) 13 E.H.R.R. 142
	Balmer-Schafroth v. Switzerland	(1998) 25 E.H.R.R. 598
	Bodén v. Sweden	(1988) 10 E.H.R.R. 367
	Fischer v. Austria	(1995) 20 E.H.R.R. 349
	Granger v. United Kingdom	(1990) 12 E.H.R.R. 460
	Greenpeace Schweiz v. Switzerland	(1997) 23 E.H.R.R. CD 116
	GS v. Austria	(2001) 31 E.H.R.R 576
	H v. Belgium	(1988) 10 E.H.R.R. 339
	Hentrich v. France	(1994) 18 E.H.R.R. 440
	Hins and Hugenholtz v. Netherlands	(1996) 21 E.H.R.R. CD 124
	Kraska v. Switzerland	(1994) 18 E.H.R.R. 188
	Langborger v. Sweden	(1990) 12 E.H.R.R. 416
	Machatova v. Slovak Republic	(1997) 24 E.H.R.R. CD 44
	Mats Jacobsson v. Sweden	(1991) 13 E.H.R.R. 79
	Oerlemans v. Netherlands	(1993) 15 E.H.R.R. 561
	Philis v. Greece	(1991) 13 E.H.R.R. 741
	Robins v. United Kingdom	(1998) 26 E.H.R.R. 527
	Silva Pontes v. Portugal	(1994) 18 E.H.R.R. 156
	Skarby v. Sweden	(1991) 13 E.H.R.R. 90
	Terra Woningen v. Netherlands	(1995) 20 E.H.R.R. CD 1
	Terra Woningen v. Netherlands	(1997) 24 E.H.R.R. 456
	Tre Traktörer AB v. Sweden	(1990) 12 E.H.R.R. 128
	Tre Traktörer Aktiebolag v. Sweden	(1991) 13 E.H.R.R. 309
Pugliese v. Italy (No. 1) (A/195–C) (1992) 14 E.H.R.R. 413	Dobbertin v. France	(1993) 16 E.H.R.R. 558
	Mansur v. Turkey	(1995) 20 E.H.R.R. 535
Pullar v. United Kingdom, 1996 S.C.C.R. 755; (1996) 22 E.H.R.R. 391	Ferrantelli and Santangelo v. Italy	(1997) 23 E.H.R.R. 288
	Findlay v. United Kingdom	(1997) 24 E.H.R.R. 221
	Foucher v. France	(1998) 25 E.H.R.R. 234
	Gregory v. United Kingdom	(1998) 25 E.H.R.R. 577
	Gregory v. United Kingdom	(1998) 25 E.H.R.R. 577
	Incal v. Turkey	(2000) 29 E.H.R.R. 449
	Miah v. United Kingdom	(1998) 26 E.H.R.R. CD 199
Putz v. Austria, Unreported, February 22, 1996	AP, MP and TP v. Awitzerland	(1998) 26 E.H.R.R. 541
	Benham v. United Kingdom	(1996) 22 E.H.R.R. 293
	Escoubet v. Belgium	(2001) 31 E.H.R.R 1034
	JJ v. Netherlands	(1999) 28 E.H.R.R. 168
	Malige v. France	(1999) 28 E.H.R.R. 578
	Pierre-Bloch v. France	(1998) 26 E.H.R.R. 202
	Serves v. France	(1999) 28 E.H.R.R. 265
	WR v. Austria	(2001) 31 E.H.R.R 985

Case Referred to	Name of Case	Citation
Quaranta v. Switzerland (A/205), unreported, May 24, 1991	Benham v. United Kingdom	(1996) 22 E.H.R.R. 293
	Boner v. United Kingdom	(1995) 19 E.H.R.R. 246
	Hoang v. France	(1993) 16 E.H.R.R. 53
	Imbrioscia v. Switzerland	(1994) 17 E.H.R.R. 441
	Maxwell v. United Kingdom	(1995) 19 E.H.R.R. 97
	Perks v. United Kingdom	(2000) 30 E.H.R.R. 33
	Wilkinson v. United Kingdom	(1998) 26 E.H.R.R. CD 131
Quinn v. France (A/311) (1996) 21 E.H.R.R. 529	Aslan v. Malta	(2000) 29 E.H.R.R. CD 106
	Benham v. United Kingdom	(1996) 22 E.H.R.R. 293
	Chahal v. United Kingdom	(1997) 23 E.H.R.R. 413
	K-F v. Germany	(1998) 26 E.H.R.R. 390
	Kurt v. Turkey	(1999) 27 E.H.R.R. 373
	Perks v. United Kingdom	(2000) 30 E.H.R.R. 33
	Scott v. Spain	(1997) 24 E.H.R.R. 391
R v. United Kingdom (A/121) (1988) 10 E.H.R.R. 74	Boyle v. United Kingdom	(1995) 19 E.H.R.R. 179
	Buckley v. United Kingdom	(1997) 23 E.H.R.R. 101
	Campbell v. United Kingdom	(1989) 11 E.H.R.R. 97
	Colak v. Germany	(1989) 11 E.H.R.R. 513
	Fayed v. United Kingdom	(1994) 18 E.H.R.R. 393
	Fischer v. Austria	(1995) 20 E.H.R.R. 349
	H v. Belgium	(1988) 10 E.H.R.R. 339
	Hoffmann v. Austria	(1994) 17 E.H.R.R. 293
	McGinley and Egan v. United Kingdom	(1999) 27 E.H.R.R. 1
	Mehemi v. France	(2000) 30 E.H.R.R. 739
	Nielsen v. Denmark	(1989) 11 E.H.R.R. 175
	Nyberg v. Sweden	(1992) 14 E.H.R.R. 870
	Osman v. United Kingdom	(2000) 29 E.H.R.R. 245
	Pudas v. Sweden	(1988) 10 E.H.R.R. 380
	R v. United Kingdom	(1991) 13 E.H.R.R. 457
	Stjerna v. Finland	(1997) 24 E.H.R.R. 195
Raimondo v. Italy (A/281–A) (1994) 18 E.H.R.R. 237	Air Canada v. United Kingdom	(1995) 20 E.H.R.R. 150
	Dick v. United Kingdom	(1996) 21 E.H.R.R. CD 107
	Hibbert v. Netherlands	(1999) 28 E.H.R.R. CD 194
	Scherer v. Switzerland	(1994) 18 E.H.R.R. 276
	Vendittelli v. Italy	(1995) 19 E.H.R.R. 464
Raja v. United Kingdom, unreported, May 20, 1998	V v. United Kingdom	(2000) 30 E.H.R.R. 121
Raninen v. Finland (1998) 26 E.H.R.R. 563	Lehtinen v. Finland	(2000) 29 E.H.R.R. CD 204
	V v. United Kingdom	(2000) 30 E.H.R.R. 121
Rapport	Buckley v. United Kingdom	(1995) 19 E.H.R.R. CD 20
Rasmussen v. Denmark (A/87) (1985) 7 E.H.R.R. 371	Abdulaziz, Cabales and Balkandali v. United Kingdom	(1985) 7 E.H.R.R. 471
	Andersson v. Sweden	(1992) 14 E.H.R.R. 615
	Angeleni v. Sweden	(1988) 10 E.H.R.R. 123
	App. No. 10085/82 v. Germany	(1986) 8 E.H.R.R. 287
	Groppera Radio AG v. Switzerland	(1990) 12 E.H.R.R. 321
	James v. United Kingdom	(1986) 8 E.H.R.R. 123
	Kamasinski v. Austria	(1991) 13 E.H.R.R. 36
	Kroon v. Netherlands	(1995) 19 E.H.R.R. 263

Case Referred to	Name of Case	Citation
	Lithgow v. United Kingdom	(1986) 8 E.H.R.R. 329
	Stubbings v. United Kingdom	(1997) 23 E.H.R.R. 213
	TY v. Netherlands	(1997) 23 E.H.R.R. CD 95
Ravnsborg v. Sweden (A/283–B) (1994) 18 E.H.R.R. 38	Benham v. United Kingdom	(1996) 22 E.H.R.R. 293
	Brown v. United Kingdom	(1999) 28 E.H.R.R. CD 233
	Escoubet v. Belgium	(2001) 31 E.H.R.R 1034
	JJ v. Netherlands	(1999) 28 E.H.R.R. 168
	Pierre-Bloch v. France	(1998) 26 E.H.R.R. 202
	Putz v. Austria	(2001) 32 E.H.R.R. 271
	Schatzmayr v. Austria	(1999) 27 E.H.R.R. CD 190
	Serves v. France	(1999) 28 E.H.R.R. 265
	Tejedor Garcia v. Spain	(1998) 26 E.H.R.R. 440
Rayner v. United Kingdom (1987) 9 E.H.R.R. 375	Powell and Rayner v. United Kingdom	(1990) 12 E.H.R.R. 288
Rees v. United Kingdom (1985) 7 E.H.R.R. 429	App. No. 10622/83 v. United Kingdom	(1986) 8 E.H.R.R. 89
Rees v. United Kingdom (A/106) (1987) 9 E.H.R.R. 56	A v. United Kingdom	(1999) 27 E.H.R.R. 611
	B v. France	(1993) 16 E.H.R.R. 1
	Beldjoudi v. France	(1992) 14 E.H.R.R. 801
	Botta v. Italy	(1998) 26 E.H.R.R. 241
	Cossey v. United Kingdom	(1991) 13 E.H.R.R. 622
	F v. Switzerland	(1988) 10 E.H.R.R. 411
	Gaskin v. United Kingdom	(1990) 12 E.H.R.R. 36
	Guerra v. Italy	(1998) 26 E.H.R.R. 357
	Johnston v. Ireland	(1987) 9 E.H.R.R. 203
	Keegan v. Ireland	(1994) 18 E.H.R.R. 342
	Lopez Ostra v. Spain	(1995) 20 E.H.R.R. 277
	Martin v. United Kingdom	(1996) 21 E.H.R.R. CD 112
	McGinley and Egan v. United Kingdom	(1999) 27 E.H.R.R. 1
	Özgür Gündem v. Turkey	(2001) 31 E.H.R.R 1082
	Plattform Ärtze für das Leben v. Austria	(1991) 13 E.H.R.R. 204
	Powell and Rayner v. United Kingdom	(1990) 12 E.H.R.R. 355
	Sheffield and Horsham v. United Kingdom	(1999) 27 E.H.R.R. 163
	Sheffield v. United Kingdom	(1995) 20 E.H.R.R. CD 66
	Sheffield v. United Kingdom	(1996) 21 E.H.R.R. CD 99
	Stjerna v. Finland	(1997) 24 E.H.R.R. 195
	X, Y and Z v. United Kingdom	(1995) 20 E.H.R.R. CD 6
	X, Y and Z v. United Kingdom	(1997) 24 E.H.R.R. 143
Reingeisen v. Austria, 1 E.H.R.R. 455	Benthem v. Netherlands	(1984) 6 E.H.R.R. 283
Reinhardt and Slimane-Kaïd v. France (1999) 28 E.H.R.R. 59	Slimane-Kaïd v. France	(2001) 31 E.H.R.R 1073
Rekvényi v. Hungary (2000) 30 E.H.R.R. 519	Hashman and Harrup v. United Kingdom	(2000) 30 E.H.R.R. 241
	Nilsen and Johnsen v. Norway	(2000) 30 E.H.R.R. 878
Remli v. France (1996) 22 E.H.R.R. 253	Ankerl v. Switzerland	(2001) 32 E.H.R.R. 1
	Bernard v. France	(2000) 30 E.H.R.R. 808

Case Referred to	Name of Case	Citation
	Civet v. France	(2001) 31 E.H.R.R 871
	Gautrin v. France	(1999) 28 E.H.R.R. 196
	Gregory v. United Kingdom	(1998) 25 E.H.R.R. 577
	Gregory v. United Kingdom	(1998) 25 E.H.R.R. 577
	Higgins v. France	(1999) 27 E.H.R.R. 703
	K-F v. Germany	(1998) 26 E.H.R.R. 390
	Miah v. United Kingdom	(1998) 26 E.H.R.R. CD 199
	Pullar v. United Kingdom	(1996) 22 E.H.R.R. 391
	Reinhardt and Slimane-Kaid v. France	(1999) 28 E.H.R.R. 59
	Selmouni v. France	(2000) 29 E.H.R.R. 403
	Van Orshoven v. Belgium	(1998) 26 E.H.R.R. 55
Ribitsch v. Austria (A/336) (1996) 21 E.H.R.R. 573	Aksoy v. Turkey	(1997) 23 E.H.R.R. 553
	Andronicou and Constantinou v. Cyprus	(1998) 25 E.H.R.R. 491
	Andronicou and Constantinou v. Greece	(1996) 22 E.H.R.R. CD 18
	Assenov v. Bulgaria	(1999) 28 E.H.R.R. 652
	Erdagoz v. Turkey	(2001) 32 E.H.R.R. 443
	Ferrantelli and Santangelo v. Italy	(1997) 23 E.H.R.R. 288
	Gustafsson v. Sweden	(1996) 22 E.H.R.R. 409
	Kopcych v. Poland	(1999) 27 E.H.R.R. CD 199
	Raninen v. Finland	(1998) 26 E.H.R.R. 563
	Sur v. Turkey	(1998) 25 E.H.R.R. CD 1
	Tekin v. Turkey	(2001) 31 E.H.R.R 95
Rieme v. Sweden (A/226B) (1993) 16 E.H.R.R. 155	Agrotexim v. Greece	(1996) 21 E.H.R.R. 250
	Hokkanen v. Finland	(1995) 19 E.H.R.R. 139
	Ignaccolo-Zenide v. Romania	(2001) 31 E.H.R.R 212
	Olsson v. Sweden (No. 2)	(1994) 17 E.H.R.R. 134
	Thorbergsson v. Iceland	(1994) 18 E.H.R.R. CD 205
Ringeisen v. Austria (No. 1) (A/13) (1979–80) 1 E.H.R.R. 455	Adiletta v. Italy	(1992) 14 E.H.R.R. 586
	Allan Jacobsson v. Sweden	(1990) 12 E.H.R.R. 56
	App. No. 9610/81 v. Germany	(1984) 6 E.H.R.R. 110
	App. No. 9626/81 & 9736/82 v. Netherlands	(1983) 5 E.H.R.R. 486
	App. No. 10471/83 v. United Kingdom	(1987) 9 E.H.R.R. 155
	B v. Austria	(1991) 13 E.H.R.R. 20
	Baraona v. Portugal	(1991) 13 E.H.R.R. 329
	Beaumartin v. France	(1995) 19 E.H.R.R. 485
	Belilos v. Switzerland	(1988) 10 E.H.R.R. 466
	Benthem v. Netherlands	(1986) 8 E.H.R.R. 1
	Bock v. Germany	(1990) 12 E.H.R.R. 247
	Boddaert v. Belgium	(1993) 16 E.H.R.R. 242
	Buchholz v. Germany	(1981) 3 E.H.R.R. 597
	Bulut v. Austria	(1997) 24 E.H.R.R. 84
	Campbell and Fell v. United Kingdom	(1983) 5 E.H.R.R. 207
	Can v. Austria	(1986) 8 E.H.R.R. 14
	Cavalin v. France	(1989) 11 E.H.R.R. 79
	Corigliano v. Italy	(1983) 5 E.H.R.R. 334
	De Haan v. Netherlands	(1998) 26 E.H.R.R. 417
	De Moor v. Belgium	(1994) 18 E.H.R.R. 372
	Debled v. Belgium	(1995) 19 E.H.R.R. 506
	Demicoli v. Malta	(1992) 14 E.H.R.R. 47
	Deumeland v. Germany	(1985) 7 E.H.R.R. 409

Case Referred to	Name of Case	Citation
	Deumeland v. Germany	(1986) 8 E.H.R.R. 448
	Deweer v. Belgium	2 E.H.R.R. 439
	Eckle v. Germany	(1983) 5 E.H.R.R. 1
	Editions Periscope v. France	(1992) 14 E.H.R.R. 597
	Engel v. Netherlands (No. 1)	1 E.H.R.R. 647
	Erkner and Hofauer v. Austria	(1987) 9 E.H.R.R. 464
	Ettl v. Austria	(1988) 10 E.H.R.R. 255
	Fayed v. United Kingdom	(1994) 18 E.H.R.R. 393
	Feldbrugge v. Netherlands	(1985) 7 E.H.R.R. 279
	Feldbrugge v. Netherlands	(1986) 8 E.H.R.R. 425
	Ferrantelli and Santangelo v. Italy	(1997) 23 E.H.R.R. 288
	Fidan v. Turkey	(2000) 29 E.H.R.R. CD 162
	Fischer v. Austria	(1995) 20 E.H.R.R. 349
	Foti v. Italy	(1983) 5 E.H.R.R. 313
	Gillow v. United Kingdom	(1985) 7 E.H.R.R. 292
	Golder v. United Kingdom	1 E.H.R.R. 524
	Guincho v. Portugal	(1983) 5 E.H.R.R. 274
	Guzzardi v. Italy	(1981) 3 E.H.R.R. 333
	H v. Belgium	(1986) 8 E.H.R.R. 510
	Handyside v. United Kingdom	1 E.H.R.R. 737
	Huber v. France	(1998) 26 E.H.R.R. 457
	Ireland v. United Kingdom	2 E.H.R.R. 25
	Kaplan v. United Kingdom	(1982) 4 E.H.R.R. 64
	König v. Germany	2 E.H.R.R. 170
	Le Compte, Van Leuven and De Meyere v. Belgium	(1982) 4 E.H.R.R. 1
	Letellier v. France	(1992) 14 E.H.R.R. 83
	Maillard v. France	(1999) 27 E.H.R.R. 232
	Maj v. Italy	(1992) 14 E.H.R.R. 405
	Mansur v. Turkey	(1995) 20 E.H.R.R. 535
	Matznetter v. Austria	1 E.H.R.R. 198
	Moudefo v. France	(1991) 13 E.H.R.R. 549
	Neigel v. France	(2000) 30 E.H.R.R. 310
	Neumeister v. Austria (No. 2)	1 E.H.R.R. 136
	Ohg v. Austria	(1994) 18 E.H.R.R. CD 107
	Pammel v. Germany	(1998) 26 E.H.R.R. 100
	PL v. France	(1998) 25 E.H.R.R. 481
	Poiss v. Austria	(1988) 10 E.H.R.R. 231
	Procola v. Luxembourg	(1996) 22 E.H.R.R. 193
	Putz v. Austria	(2001) 32 E.H.R.R. 271
	Ringeisen v. Austria (No. 2)	1 E.H.R.R. 504
	Ringeisen v. Austria (No. 3)	1 E.H.R.R. 513
	Ruiz-Mateos v. Spain	(1993) 16 E.H.R.R. 505
	Selmouni v. France	(2000) 29 E.H.R.R. 403
	Sporrong and Lönnroth v. Sweden	(1983) 5 E.H.R.R. 35
	Sramek v. Austria	(1985) 7 E.H.R.R. 351
	Stögmüler v. Austria	1 E.H.R.R. 155
	Süßmann v. Germany	(1998) 25 E.H.R.R. 65
	Sunday Times v. United Kingdom	2 E.H.R.R. 245
	Temeltasch v. Switzerland	(1983) 5 E.H.R.R. 417
	Thomann v. Switzerland	(1997) 24 E.H.R.R. 553
	Toth v. Austria	(1992) 14 E.H.R.R. 551
	Union Alimentaria Sanders v. Spain	(1989) 11 E.H.R.R. 96
	V v. United Kingdom	(2000) 30 E.H.R.R. 121
	Vallon v. Italy	(1991) 13 E.H.R.R. 433

Case Referred to	Name of Case	Citation
	Van Marle, Van Zomeren, Flantua and de Bruijn v. Netherlands	(1985) 7 E.H.R.R. 265
	Van Oosterwijck v.Belgium	(1981) 3 E.H.R.R. 557
	W v. Switzerland	(1994) 17 E.H.R.R. 60
	Winterwerp v. Netherlands	2 E.H.R.R. 387
	X v. United Kingdom	(1981) 3 E.H.R.R. 271
	Yağci and Sargin v. Turkey	(1995) 20 E.H.R.R. 505
Ringeisen v. Austria (No. 2) (1972) Series A, No. 15; 1 E.H.R.R. 504	Artico v. Italy	(1981) 3 E.H.R.R. 1
	Eckle v. Germany	(1983) 5 E.H.R.R. 1
	Engel v. Netherlands (No. 2) (Art. 50)	1 E.H.R.R. 706
	Kraska v. Switzerland	(1994) 18 E.H.R.R. 188
	PL v. France	(1998) 25 E.H.R.R. 481
	Ringeisen v. Austria (No. 3)	1 E.H.R.R. 513
Ringeisen v. Austria (No. 3) (A/16) (1979–80) 1 E.H.R.R. 513	Allenet de Ribemont v. France	(1996) 22 E.H.R.R. 582
	Diennet v. France	(1996) 21 E.H.R.R. 554
Robins v. United Kingdom (1998) 26 E.H.R.R. 565	Kappa Kanzlei und Burobetriebs GmbH v. Austria	(1999) 27 E.H.R.R. CD 300
	McLeod v. United Kingdom	(1999) 27 E.H.R.R. 493
	Mavronichis v. Cyprus	(2001) 31 E.H.R.R 1186
Rowe and Davis v. United Kingdom (2000) 30 E.H.R.R. 1	Condron v. United Kingdom	(2001) 31 E.H.R.R 1
Rubinat v. Italy (1985) 7 E.H.R.R. 512	Ayadi v. France	(1993) 15 E.H.R.R. CD 93
	Fejde v. Sweden	(1994) 17 E.H.R.R. 14
	Jan-Ake Andersson v. Sweden	(1993) 15 E.H.R.R. 218
	Pressos Compania Naviera v. Belgium (Art. 50)	(1997) 24 E.H.R.R. CD 16
Ruiz-Mateos v. Spain (A/262) (1993) 16 E.H.R.R. 505	Gaygusuz v. Austria	(1997) 23 E.H.R.R. 364
	Incal v. Turkey	(2000) 29 E.H.R.R. 449
	Krcmár v. Czech Republic	(2001) 31 E.H.R.R 953
	Lobo Machado v. Portugal	(1997) 23 E.H.R.R. 79
	Mantovanelli v. France	(1997) 24 E.H.R.R. 370
	McMichael v. United Kingdom	(1995) 20 E.H.R.R. 205
	Ortenberg v. Austria	(1995) 19 E.H.R.R. 524
	Osman v. United Kingdom	(2000) 29 E.H.R.R. 245
	Pammel v. Germany	(1998) 26 E.H.R.R. 100
	Pauger v. Austria	(1998) 25 E.H.R.R. 105
	Pierre-Bloch v. France	(1998) 26 E.H.R.R. 202
	Reinhardt and Slimane-Kaid v. France	(1999) 28 E.H.R.R. 59
	Socialist Party v. Turkey	(1999) 27 E.H.R.R. 51
	Süßmann v. Germany	(1998) 25 E.H.R.R. 65
	Van de Hurk v. Netherlands	(1994) 18 E.H.R.R. 481
	Vermeulen v. Belgium	(2001) 32 E.H.R.R. 313
	Werner and Szucs v. Austria	(1998) 26 E.H.R.R. 310
Ruiz Torija v. Spain (1995) 19 E.H.R.R. 542	Driemond Bouw BV v. Netherlands	(1999) 28 E.H.R.R. CD 135
	Garcia Ruiz v. Spain	(2001) 31 E.H.R.R 589
	Georgiadis v. Greece	(1997) 24 E.H.R.R. 606

Case Referred to	Name of Case	Citation
	Helle v. Finland	(1998) 26 E.H.R.R. 159
	Higgins v. France	(1999) 27 E.H.R.R. 703
	Hiro Balani v. Spain	(1995) 19 E.H.R.R. 566
	J.W.V. v. Netherlands	(1999) 27 E.H.R.R. CD 296
	Terra Woningen v. Netherlands	(1997) 24 E.H.R.R. 456
Ryllo v. Italy, September 2, 1997	Huber v. France	(1998) 26 E.H.R.R. 457
	Pierre-Bloch v. France	(1998) 26 E.H.R.R. 202
S v. Switzerland (1992) 14 E.H.R.R. 670	Brannigan and McBride v. United Kingdom	(1994) 17 E.H.R.R. 539
	Campbell v. United Kingdom	(1993) 15 E.H.R.R. 137
	Imbrioscia v. Switzerland	(1994) 17 E.H.R.R. 441
	O'Hara v. Ireland	(1998) 25 E.H.R.R. CD 57
S.E. v. Norway (1994) 17 E.H.R.R. 30	S.E. v. Norway	(1994) 18 E.H.R.R. CD 53
SW v. United Kingdom (A/355–B); CR v. United Kingdom (1996) 21 E.H.R.R. 363	Baskaya and Okçuoglu v. Turkey	(2001) 31 E.H.R.R 292
	Goodwin v. United Kingdom	(1996) 22 E.H.R.R. 123
	Rekvényi v. Hungary	(2000) 30 E.H.R.R. 519
	Spacek sro v. Czech Republic	(2000) 30 E.H.R.R. 1010
	Steel v. United Kingdom	(1999) 28 E.H.R.R. 603
Saidi v. France (A/261–C) (1994) 17 E.H.R.R. 251	Doorson v. Netherlands	(1996) 22 E.H.R.R. 330
	Egyptair v. Denmark	(1998) 26 E.H.R.R. CD 80
	Ferrantelli and Santangelo v. Italy	(1997) 23 E.H.R.R. 288
	Gasus Dosier und Fordertechnik GmbH v Netherlands	(1995) 20 E.H.R.R. 403
	Lieveld v. Netherlands	(1994) 18 E.H.R.R. CD 103
	Mehemi v. France	(2000) 30 E.H.R.R. 739
	Nasri v. France	(1996) 21 E.H.R.R. 458
	Palaoro v. Austria	(2001) 32 E.H.R.R. 202
	Pelladoah v. Netherlands	(1995) 19 E.H.R.R. 81
	Pfarrmeier v. Austria	(1996) 22 E.H.R.R. 175
	Remli v. France	(1996) 22 E.H.R.R. 253
	Schmautzer v. Austria	(1996) 21 E.H.R.R. 511
	Selmouni v. France	(2000) 29 E.H.R.R. 403
	Sidiropoulos v. Greece	(1999) 27 E.H.R.R. 633
	Socialist Party v. Turkey	(1999) 27 E.H.R.R. 51
	Umlauft v. Austria	(1996) 22 E.H.R.R. 76
	Van Mechelen v. Netherlands	(1998) 25 E.H.R.R. 647
	Verdam v. Netherlands	(1999) 28 E.H.R.R. CD 161
	Webb v. United Kingdom	(1997) 24 E.H.R.R. CD 73
Sainte-Marie v. France (A/253A) (1993) 16 E.H.R.R. 116	Bulut v. Austria	(1997) 24 E.H.R.R. 84
	Nortier v. Netherlands	(1994) 17 E.H.R.R. 273
	Thomann v. Switzerland	(1997) 24 E.H.R.R. 553
Sakik v. Turkey (1998) 26 E.H.R.R. 662	Selçuk and Asker v. Turkey	(1998) 26 E.H.R.R. 477
	Vasilescu v. Romania	(1999) 28 E.H.R.R. 241
	Yasa v. Turkey	(1999) 28 E.H.R.R. 408
Salabiaku v. France (A/141–A) (1991) 13 E.H.R.R. 379	Air Canada v. United Kingdom	(1995) 20 E.H.R.R. 150
	Bullock v. United Kingdom	(1996) 21 E.H.R.R. CD 85
	Fressoz and Roire v. France	(2001) 31 E.H.R.R 28
	Funke v. France	(1993) 16 E.H.R.R. 297

Case Referred to	Name of Case	Citation
	G v. France	(1996) 21 E.H.R.R. 288
	Hoang v. France	(1993) 16 E.H.R.R. 53
	Huvig v. France	(1990) 12 E.H.R.R. 528
	Kruslin v. France	(1990) 12 E.H.R.R. 547
	Steel v. United Kingdom	(1999) 28 E.H.R.R. 603
	Van de Hurk v. Netherlands	(1994) 18 E.H.R.R. 481
Salerno v. Italy	Fayed v. United Kingdom	(1994) 18 E.H.R.R. 393
	Raimondo v. Italy	(1994) 18 E.H.R.R. 237
	Salesi v. Italy	(1998) 26 E.H.R.R. 187
Salesi v. Italy (A/257–E) (1998) 26 E.H.R.R. 187	Argento v. Italy	(1999) 28 E.H.R.R. 719
	Ausiello v. Italy	(1997) 24 E.H.R.R. 568
	Fischer v. Austria	(1995) 20 E.H.R.R. 349
	Grof v. Austria	(1998) 25 E.H.R.R. CD 39
	Gustafson (Rolf) v. Sweden	(1998) 25 E.H.R.R. 623
	Kerojarvi v. Finland	(2001) 32 E.H.R.R. 152
	Kustannus oy Vappa Ajattelija AB v. Finland	(1996) 22 E.H.R.R. CD 69
	Machatova v. Slovak Republic	(1997) 24 E.H.R.R. CD 44
	Robins v. United Kingdom	(1998) 26 E.H.R.R. 527
	Schouten and Meldrum v. Netherlands	(1995) 19 E.H.R.R. 432
	Schuler-Zgraggen v. Switzerland	(1993) 16 E.H.R.R. 405
Sanchez-Reisse v. Switzerland (A/107) (1987) 9 E.H.R.R. 71	Assenov v. Bulgaria	(1999) 28 E.H.R.R. 652
	Brannigan and McBride v. United Kingdom	(1994) 17 E.H.R.R. 539
	Cantafio v. Italy	(1993) 15 E.H.R.R. CD 11
	E v. Norway	(1994) 17 E.H.R.R. 30
	Grauzinis v. Lithuania	(1999) 28 E.H.R.R. CD 189
	H v. Belgium	(1988) 10 E.H.R.R. 339
	Kampanis v. Greece	(1996) 21 E.H.R.R. 43
	Kolompar v. Belgium	(1993) 16 E.H.R.R. 197
	Lamy v. Belgium	(1989) 11 E.H.R.R. 529
	Monnell and Morris v. United Kingdom	(1988) 10 E.H.R.R. 205
	Nikolova v. Bulgaria	(2001) 31 E.H.R.R 64
	Oldham v. United Kingdom	(2001) 31 E.H.R.R 813
	RMD v. Switzerland	(1999) 28 E.H.R.R. 224
	Ruga v. Italy	(1988) 10 E.H.R.R. 532
	Toth v. Austria	(1992) 14 E.H.R.R. 551
	W, H and A v. United Kingdom	(1995) 19 E.H.R.R. CD 60
	Weeks v. United Kingdom	(1988) 10 E.H.R.R. 293
Santilli v. Italy (A/194–D) (1992) 14 E.H.R.R. 421	Reinhardt and Slimane-Kaid v. France	(1999) 28 E.H.R.R. 59
	Scollo v. Italy	(1996) 22 E.H.R.R. 514
Saraiva de Carvalho v. Portugal (A/286–B) (1994) 18 E.H.R.R. 534	Bulut v. Austria	(1997) 24 E.H.R.R. 84
	De Haan v. Netherlands	(1998) 26 E.H.R.R. 417
	Diennet v. France	(1996) 21 E.H.R.R. 554
	Gautrin v. France	(1999) 28 E.H.R.R. 196
	Remli v. France	(1996) 22 E.H.R.R. 253
Saunders v. United Kingdom (1997) 23 E.H.R.R. 313	Averill v. United Kingdom	(2001) 31 E.H.R.R 839
	Escoubet v. Belgium	(2001) 31 E.H.R.R 1034
	Halford v. United Kingdom	(1997) 24 E.H.R.R. 523

Case Referred to	Name of Case	Citation
	Heaney and McGuinness v. Ireland	(2000) 29 E.H.R.R. CD 166
	Quinn v. Ireland	(2000) 29 E.H.R.R. CD 234
	Serves v. France	(1999) 28 E.H.R.R. 265
Scarfo v. Italy, September 2, 1997	Huber v. France	(1998) 26 E.H.R.R. 457
	Pierre-Bloch v. France	(1998) 26 E.H.R.R. 202
Scheibl v. Austria (1981) 3 E.H.R.R. 285	Kilbourn v. United Kingdom	(1986) 8 E.H.R.R. 81
Schenk v. Switzerland (A/140) (1991) 13 E.H.R.R. 242	Egyptair v. Denmark	(1998) 26 E.H.R.R. CD 80
	Garcia Ruiz v. Spain	(2001) 31 E.H.R.R 589
	Khan v. United Kingdom	(1999) 27 E.H.R.R. CD 58
	Khan v. United Kingdom	(2001) 31 E.H.R.R 1016
	Kostovski v. Netherlands	(1990) 12 E.H.R.R. 434
	Lüdi v. Switzerland	(1993) 15 E.H.R.R. 173
	M.L. v. United Kingdom	(1995) 20 E.H.R.R. CD 81
	Mantovanelli v. France	(1997) 24 E.H.R.R. 370
	Miailhe v. France (No. 2)	(1997) 23 E.H.R.R. 491
	Pélissier and Sassi v. France	(2000) 30 E.H.R.R. 715
	Saunders v. United Kingdom	(1994) 18 E.H.R.R. CD 23
	Saunders v. United Kingdom	(1997) 23 E.H.R.R. 313
	Scarth v. United Kingdom	(1998) 26 E.H.R.R. CD 154
	Teixeira de Castro v. Portugal	(1999) 28 E.H.R.R. 101
Scherer v. Switzerland (A/287) (1994) 18 E.H.R.R. 276	Hibbert v. Netherlands	(1999) 28 E.H.R.R. CD 194
	Wingrove v. United Kingdom	(1997) 24 E.H.R.R. 1
Schiesser v. Switzerland (A/34), 2 E.H.R.R. 417	App. No. 9997/82 v. Germany	(1983) 5 E.H.R.R. 490
	App. No. 11013/84 v. Netherlands	(1986) 8 E.H.R.R. 267
	Artico v. Italy	(1981) 3 E.H.R.R. 1
	Assenov v. Bulgaria	(1999) 28 E.H.R.R. 652
	BH v. United Kingdom	(1998) 25 E.H.R.R. CD 136
	Brannigan and McBride v. United Kingdom	(1994) 17 E.H.R.R. 539
	Brincat v. Italy	(1993) 16 E.H.R.R. 591
	Caballero v. United Kingdom	(2000) 30 E.H.R.R. 643
	Chojak v. Poland	(1998) 26 E.H.R.R. CD 145
	De Jong, Baljet and Van Den Brink v. Netherlands	(1986) 8 E.H.R.R. 20
	Duinhof and Duijf v. Netherlands	(1984) 6 E.H.R.R. 105
	Duinhof and Duijf v. Netherlands	(1991) 13 E.H.R.R. 478
	Guzzardi v. Italy	(1981) 3 E.H.R.R. 333
	Hood v. United Kingdom	(2000) 29 E.H.R.R. 365
	Jordan v. United Kingdom	(2001) 31 E.H.R.R 201
	Kaplan v. United Kingdom	(1982) 4 E.H.R.R. 64
	Le Compte, Van Leuven and De Meyere v. Belgium	(1982) 4 E.H.R.R. 1
	McGoff v. Sweden, App. No. 9017/80	(1984) 6 E.H.R.R. 101
	Nikolova v. Bulgaria	(2001) 31 E.H.R.R 64
	Pauwels v. Belgium	(1989) 11 E.H.R.R. 238
	Sanchez-Reisse v. Switzerland	(1987) 9 E.H.R.R. 71
	Skoogström v. Sweden, App. No. 8582/79	(1984) 6 E.H.R.R. 77

Case Referred to	Name of Case	Citation
	Soering v. United Kingdom	(1989) 11 E.H.R.R. 439
	Van Der Sluijs, Zuiderveld and Klappe v. Netherlands	(1991) 13 E.H.R.R. 461
Schmautzer v. Austria (A/328–A) (1996) 21 E.H.R.R. 511	Comninos and National Justice Compania Naviera SA v. United Kingdom	(1997) 23 E.H.R.R. CD 165
	Escoubet v. Belgium	(2001) 31 E.H.R.R 1034
	Findlay v. United Kingdom	(1997) 24 E.H.R.R. 221
	Krone-Verlag Gmbh v. Austria	(1997) 23 E.H.R.R. CD 152
	Malige v. France	(1999) 28 E.H.R.R. 578
	Mauer v. Austria	(1998) 25 E.H.R.R. 91
	Pierre-Bloch v. France	(1998) 26 E.H.R.R. 202
	Putz v. Austria	(2001) 32 E.H.R.R. 271
	Steel v. United Kingdom	(1999) 28 E.H.R.R. 603
	Wilson v. United Kingdom	(1998) 26 E.H.R.R. CD 195
Schmidt (Karlheinz) v. Germany (A/291–B) (1994) 18 E.H.R.R. 513	Gaygusuz v. Austria	(1997) 23 E.H.R.R. 364
	H.F. v. Austria	(1995) 20 E.H.R.R. CD 68
	Handwerker v. Germany	(1996) 22 E.H.R.R. CD 125
	Hautanemi v. Sweden	(1996) 22 E.H.R.R. CD 155
	Kappa Kanzlei und Burobetriebs GmbH v. Austria	(1999) 27 E.H.R.R. CD 300
	Musa v. Austria	(1999) 27 E.H.R.R. CD 338
	Pierre-Bloch v. France	(1998) 26 E.H.R.R. 202
	Salgueiro Da Silva Mouta v. Portugal	(2001) 31 E.H.R.R 1055
	Smith and Grady v. United Kingdom	(1999) 27 E.H.R.R. CD 42
	Spöttl v. Austria	(1996) 22 E.H.R.R. CD 88
	Süßmann v. Germany	(1998) 25 E.H.R.R. 65
	Sutherland v. United Kingdom	(1997) 24 E.H.R.R. CD 22
	Tsirlis and Kouloumpas v. Greece	(1996) 21 E.H.R.R. CD 30
	Tsirlis and Kouloumpas v. Greece	(1998) 25 E.H.R.R. 198
	Van Raalte v. Netherlands	(1997) 24 E.H.R.R. 503
Schmidt v. Sweden (A/21); Dahlstrom v. Sweden (1979–80) 1 E.H.R.R. 632	App. No. 9792/82 v. Germany	(1984) 6 E.H.R.R. 347
	App. No. 10365/83 v. Germany	(1985) 7 E.H.R.R. 461
	Council of Civil Service Unions v. United Kingdom	(1988) 10 E.H.R.R. 269
	Fuentes Bobo v. Spain	(2001) 31 E.H.R.R 1115
	Glasenapp v. Germany	(1987) 9 E.H.R.R. 25
	Gustafsson v. Sweden	(1996) 22 E.H.R.R. 409
	Ireland v. United Kingdom	2 E.H.R.R. 25
	Kosiek v. Germany	(1987) 9 E.H.R.R. 328
	NATFHE v. United Kingdom	(1998) 25 E.H.R.R. CD 122
	Sigurjonsson v. Iceland	(1993) 16 E.H.R.R. 462
	Vereinigung Demokratischer Soldaten Österreichs and Gubi v. Austria	(1995) 20 E.H.R.R. 56
	Young, James and Webster v. United Kingdom	(1982) 4 E.H.R.R. 38
Schonenberger and Durmaz v. Switzerland (1989) 11 E.H.R.R. 202	Domenichini v. Italy	(2001) 32 E.H.R.R. 68
	Kokavecz v. Hungary	(1999) 28 E.H.R.R. CD 86
	Niemietz v. Germany	(1993) 16 E.H.R.R. 97

Case Referred to	Name of Case	Citation
Schouten v. Netherlands (A/304); Meldrum v. Netherlands (A/304) (1995) 19 E.H.R.R. 432	Adams and Benn v. United Kingdom	(1997) 23 E.H.R.R. CD 160
	BBC v. United Kingdom	(1996) 21 E.H.R.R. CD 93
	Driemond Bouw BV v. Netherlands	(1999) 28 E.H.R.R. CD 135
	Huber v. France	(1998) 26 E.H.R.R. 457
	JS v. Netherlands	(1995) 20 E.H.R.R. CD 41
	Kustannus oy Vappa Ajattelija AB v. Finland	(1996) 22 E.H.R.R. CD 69
	Maillard v. France	(1999) 27 E.H.R.R. 232
	McCullough v. United Kingdom	(1998) 25 E.H.R.R. CD 34
	National & Provincial, Leeds Permanent and Yorkshire Building Societies v. United Kingdom	(1998) 25 E.H.R.R. 127
	Neigel v. France	(2000) 30 E.H.R.R. 310
	Pammel v. Germany	(1998) 26 E.H.R.R. 100
	Papachelas v. Greece	(2000) 30 E.H.R.R. 923
	Pierre-Bloch v. France	(1998) 26 E.H.R.R. 202
	Robins v. United Kingdom	(1998) 26 E.H.R.R. 527
Schuler-Zgraggen v. Switzerland (A/263) (1993) 16 E.H.R.R. 405	AP, MP and TP v. Awitzerland	(1998) 26 E.H.R.R. 541
	Bendenoun v. France	(1994) 18 E.H.R.R. 54
	Burghartz v. Switzerland	(1994) 18 E.H.R.R. 101
	Diennet v. France	(1996) 21 E.H.R.R. 554
	Dombo Beheer BV v. Netherlands	(1994) 18 E.H.R.R. 213
	Fischer v. Austria	(1995) 20 E.H.R.R. 349
	Grof v. Austria	(1998) 25 E.H.R.R. CD 39
	Gustafson (Rolf) v. Sweden	(1998) 25 E.H.R.R. 623
	H.F. v. Austria	(1995) 20 E.H.R.R. CD 68
	Helle v. Finland	(1998) 26 E.H.R.R. 159
	Insam v. Austria	(1994) 18 E.H.R.R. CD 47
	Jacobsson v. Sweden (No. 2)	(2001) 32 E.H.R.R. 463
	Kerojarvi v. Finland	(2001) 32 E.H.R.R. 152
	Kustannus oy Vappa Ajattelija AB v. Finland	(1996) 22 E.H.R.R. CD 69
	Mauer v. Austria	(1998) 25 E.H.R.R. 91
	McGinley and Egan v. United Kingdom	(1999) 27 E.H.R.R. 1
	Palaoro v. Austria	(2001) 32 E.H.R.R. 202
	Pauger v. Austria	(1998) 25 E.H.R.R. 105
	Pfarrmeier v. Austria	(1996) 22 E.H.R.R. 175
	Robins v. United Kingdom	(1998) 26 E.H.R.R. 527
	Schmautzer v. Austria	(1996) 21 E.H.R.R. 511
	Schmidt v. Germany	(1994) 18 E.H.R.R. 513
	Schouten and Meldrum v. Netherlands	(1995) 19 E.H.R.R. 432
	Schuler-Zgraggen v. Switzerland	(1996) 21 E.H.R.R. 404
	Süßmann v. Germany	(1998) 25 E.H.R.R. 65
	Umlauft v. Austria	(1996) 22 E.H.R.R. 76
	Werner and Szucs v. Austria	(1998) 26 E.H.R.R. 310
	Z v. Finland	(1998) 25 E.H.R.R. 371
	Zumbotel v. Austria	(1994) 17 E.H.R.R. 116
Schwabe v. Austria (A/242–B), August 28, 1992	Dalban v. Romania	(2001) 31 E.H.R.R 893
	Fressoz and Roire v. France	(2001) 31 E.H.R.R 28
	Jersild v. Denmark	(1995) 19 E.H.R.R. 1

Case Referred to	Name of Case	Citation
	Lehideux and Isorni v. France	(2000) 30 E.H.R.R. 665
	Prager and Oberschlick v. Austria	(1996) 21 E.H.R.R. 1
Scollo v. Italy (A/315–C) (1996) 22 E.H.R.R. 514	Ao v. Italy	(2000) 29 E.H.R.R. CD 92
	Car srl v. Italy	(1996) 22 E.H.R.R. CD 153
	Hornsby v. Greece	(1997) 24 E.H.R.R. 250
	Immobiliare Saffi v. Italy	(2000) 30 E.H.R.R. 756
	Kalac v. Turkey	(1999) 27 E.H.R.R. 552
	Krone-Verlag Gmbh v. Austria	(1997) 23 E.H.R.R. CD 152
	Vacher v. France	(1997) 24 E.H.R.R. 482
Scopelliti v. Italy (A/278) (1994) 17 E.H.R.R. 493	A v. Denmark	(1996) 22 E.H.R.R. 458
Scott v. United Kingdom, unreported	K and T v. Finland	(2001) 31 E.H.R.R 484
	L v. Finland	(2001) 31 E.H.R.R 737
Sekanina v. Austria (A/266–A) (1994) 17 E.H.R.R. 221	Aannemersbedrijf Gebroedes Van Leeuwen BV v. Netherlands	(2000) 29 E.H.R.R. CD 96
	Allenet De Ribemont v. France	(1995) 20 E.H.R.R. 557
	CH v. Austria	(2000) 29 E.H.R.R. CD 123
	Fashanu v. United Kingdom	(1998) 26 E.H.R.R. CD 217
	Kokavecz v. Hungary	(1999) 28 E.H.R.R. CD 86
	Leutscher v. Netherlands	(1997) 24 E.H.R.R. 181
	Moody v. United Kingdom	(1995) 19 E.H.R.R. CD 90
	Oppegard v. Norway	(2000) 29 E.H.R.R. CD 223
	Wright v. United Kingdom	(1999) 27 E.H.R.R. CD 314
Selçuk and Asker v. Turkey (1998) 26 E.H.R.R. 477	Cable v. United Kingdom	(2000) 30 E.H.R.R. 1032
	Hood v. United Kingdom	(2000) 29 E.H.R.R. 365
	Lustig-Prean and Beckett v. United Kingdom (Art. 41)	(2001) 31 E.H.R.R 601
	Mentes v. Turkey (Art. 50)	(1998) 26 E.H.R.R. CD 1
	Ogur v. Turkey	(2001) 31 E.H.R.R 912
	Tekin v. Turkey	(2001) 31 E.H.R.R 95
	Yasa v. Turkey	(1999) 28 E.H.R.R. 408
Selmouni v. France (2000) 29 E.H.R.R. 403	Veznedaroglu v. Turkey	(2000) 29 E.H.R.R. CD 269
Sequaris v. Belgium (1984) 6 E.H.R.R. 386	Deumeland v. Germany	(1985) 7 E.H.R.R. 409
Serves v. France (1999) 28 E.H.R.R. 265	Heaney and McGuinness v. Ireland	(2000) 29 E.H.R.R. CD 166
	Quinn v. Ireland	(2000) 29 E.H.R.R. CD 234
	Tejedor Garcia v. Spain	(1998) 26 E.H.R.R. 440
Sheffield v. United Kingdom; Horsham v. United Kingdom (1999) 27 E.H.R.R. 163	I v. United Kingdom	(1997) 23 E.H.R.R. CD 66
Sibson v. United Kingdom (A/258–A) (1994) 17 E.H.R.R. 193	Gustafsson v. Sweden	(1996) 22 E.H.R.R. 409
	Sigurjonsson v. Iceland	(1993) 16 E.H.R.R. 462

Case Referred to	Name of Case	Citation
Sidiropoulos v. Greece (1999) 27 E.H.R.R. 633	Apeh, Ivanyi, Roth and Szerdahelyi v. Hungary	(1999) 28 E.H.R.R. CD 140
Sigurjonsson v. Iceland (A/264) (1993) 16 E.H.R.R. 462	Chassagnou v. France	(2000) 29 E.H.R.R. 615
	Gustafsson v. Sweden	(1996) 22 E.H.R.R. 409
	Karakurt v. Austria	(2000) 29 E.H.R.R. CD 273
Silva Pontes v. Portugal (A/286–A) (1994) 18 E.H.R.R. 156	Clube de Futebol Uniao de Coimbra v. Portugal	(2000) 29 E.H.R.R. CD 24
	Comingersoll SA v. Portugal	(2001) 31 E.H.R.R 772
	Krone-Verlag Gmbh v. Austria	(1997) 23 E.H.R.R. CD 152
	Pailot v. France	(2000) 30 E.H.R.R. 328
	Pammel v. Germany	(1998) 26 E.H.R.R. 100
	Robins v. United Kingdom	(1998) 26 E.H.R.R. 527
	Scollo v. Italy	(1996) 22 E.H.R.R. 514
Silver v. United Kingdom (1981) 3 E.H.R.R. 475	App. No. 8712/79 v. United Kingdom	(1983) 5 E.H.R.R. 465
	App. No. 9282/81 v. United Kingdom	(1983) 5 E.H.R.R. 283
	App. No. 9329/81 v. United Kingdom	(1983) 5 E.H.R.R. 286
	App. No. 9488/81 v. United Kingdom	(1983) 5 E.H.R.R. 289
	App. No. 10165/82 v. United Kingdom	(1983) 5 E.H.R.R. 516
	App. No. 10323/83 v. United Kingdom	(1984) 6 E.H.R.R. 363
	Malone v. United Kingdom	(1983) 5 E.H.R.R. 385
	Pastore v. France	(1986) 8 E.H.R.R. 224
Silver v. United Kingdom (A/161) (1983) 5 E.H.R.R. 347	A.V. v. Bulgaria	(1999) 28 E.H.R.R. CD 197
	Abdulaziz, Cabales and Balkandali v. United Kingdom	(1985) 7 E.H.R.R. 471
	Allan Jacobsson v. Sweden	(1990) 12 E.H.R.R. 56
	Allegemeine Gold- und Silberscheideanstalt v. United Kingdom	(1987) 9 E.H.R.R. 1
	Allgemeine Gold- und Silberscheideanstalt AG v. United Kingdom	(1985) 7 E.H.R.R. 314
	App. No. 9588/81 v. United Kingdom	(1984) 6 E.H.R.R. 545
	App. No. 9659/82 v. United Kingdom	(1986) 8 E.H.R.R. 274
	App. No. 10263/83 v. Denmark	(1986) 8 E.H.R.R. 60
	App. No. 10496/83 v. United Kingdom	(1985) 7 E.H.R.R. 147
	Axen v. Germany	(1984) 6 E.H.R.R. 195
	Barthold v. Germany	(1985) 7 E.H.R.R. 383
	Boyle and Rice v. United Kingdom	(1988) 10 E.H.R.R. 425
	Brind v. United Kingdom	(1994) 18 E.H.R.R. CD 76
	C v. United Kingdom	(1984) 6 E.H.R.R. 559
	Campbell and Fell v. United Kingdom	(1983) 5 E.H.R.R. 207
	Campbell and Fell v. United Kingdom	(1985) 7 E.H.R.R. 165
	Campbell v. United Kingdom	(1993) 15 E.H.R.R. 137

Case Referred to	Name of Case	Citation
	Chorherr v. Austria	(1994) 17 E.H.R.R. 358
	Council of Civil Service Unions v. United Kingdom	(1988) 10 E.H.R.R. 269
	Domenichini v. Italy	(2001) 32 E.H.R.R. 68
	Drozd and Janousek v. France and Spain	(1992) 14 E.H.R.R. 745
	Findlay v. United Kingdom	(1997) 24 E.H.R.R. 221
	Fischer v. Austria	(1995) 20 E.H.R.R. 349
	Gillow v. United Kingdom	(1985) 7 E.H.R.R. 292
	Gillow v. United Kingdom	(1989) 11 E.H.R.R. 335
	Granger v. United Kingdom	(1990) 12 E.H.R.R. 460
	Grigoriades v. Greece	(1999) 27 E.H.R.R. 464
	Gustafsson v. Sweden	(1996) 22 E.H.R.R. 409
	Halford v. United Kingdom	(1997) 24 E.H.R.R. 523
	Hentrich v. France	(1994) 18 E.H.R.R. 440
	Herczegfalvy v. Austria	(1993) 15 E.H.R.R. 437
	Hewitt and Harman v. United Kingdom	(1992) 14 E.H.R.R. 657
	Holland v. Ireland	(1998) 25 E.H.R.R. CD 20
	Huvig v. France	(1990) 12 E.H.R.R. 310
	Huvig v. France	(1990) 12 E.H.R.R. 528
	James v. United Kingdom	(1984) 6 E.H.R.R. 475
	James v. United Kingdom	(1986) 8 E.H.R.R. 123
	Johnston v. Ireland	(1987) 9 E.H.R.R. 203
	Kara v. United Kingdom	(1999) 27 E.H.R.R. CD 272
	Kopp v. Switzerland	(1999) 27 E.H.R.R. 91
	Kruslin v. France	(1990) 12 E.H.R.R. 451
	Kruslin v. France	(1990) 12 E.H.R.R. 547
	Lambert v. France	(2000) 30 E.H.R.R. 346
	Lant v. United Kingdom	(1987) 9 E.H.R.R. 243
	Leander v. Sweden	(1985) 7 E.H.R.R. 557
	Leander v. Sweden	(1987) 9 E.H.R.R. 433
	Lithgow v. United Kingdom	(1985) 7 E.H.R.R. 56
	Lithgow v. United Kingdom	(1986) 8 E.H.R.R. 329
	Lüdi v. Switzerland	(1993) 15 E.H.R.R. 173
	Malone v. United Kingdom	(1985) 7 E.H.R.R. 14
	Markt Intern and Beerman v. Germany	(1989) 11 E.H.R.R. 212
	Martin v. United Kingdom	(1996) 21 E.H.R.R. CD 112
	McCallum v. United Kingdom	(1991) 13 E.H.R.R. 597
	McLaughlin v. United Kingdom	(1994) 18 E.H.R.R. CD 84
	McLeod v. United Kingdom	(1999) 27 E.H.R.R. 493
	Mialhe v. France	(1993) 16 E.H.R.R. 332
	Middleburg, Van der Zee and Het Parool BV v. Netherlands	(1999) 27 E.H.R.R. CD 111
	Niemietz v. Germany	(1993) 16 E.H.R.R. 97
	Nikolova v. Bulgaria	(2001) 31 E.H.R.R 64
	O'Hara v. Ireland	(1998) 25 E.H.R.R. CD 57
	Open Door Counselling and Dublin Well Woman v. Ireland	(1993) 15 E.H.R.R. 244
	Peree v. Netherlands	(1999) 28 E.H.R.R. CD 158
	Pfeifer and Plankl v. Austria	(1992) 14 E.H.R.R. 692
	Philis v. Greece	(1991) 13 E.H.R.R. 741
	Powell and Rayner v. United Kingdom	(1990) 12 E.H.R.R. 288
	Radio ABC v. Austria	(1998) 25 E.H.R.R. 185

Case Referred to	Name of Case	Citation
	Rai, Allmond & "Negotiate Now" v. United Kingdom	(1995) 19 E.H.R.R. CD 93
	Schönenberger and Durmaz v. Switzerland	(1989) 11 E.H.R.R. 202
	Silver v. United Kingdom	(1991) 13 E.H.R.R. 582
	Silver v. United Kingdom (Art. 50)	(1984) 6 E.H.R.R. 62
	Slavgorodski v. Estonia	(1999) 28 E.H.R.R. CD 181
	Soering v. United Kingdom	(1989) 11 E.H.R.R. 439
	Valenzuela Contreras v. Spain	(1999) 28 E.H.R.R. 483
	Vereinigung Demokratischer Soldaten Österreichs and Gubi v. Austria	(1995) 20 E.H.R.R. 56
	Verenigung Radio 100 v. Netherlands	(1996) 22 E.H.R.R. CD 198
	Vilvarajah v. United Kingdom	(1992) 14 E.H.R.R. 248
Silver v. United Kingdom (Art. 50) (1984) 6 E.H.R.R. 62	Abdulaziz, Cabales and Balkandali v. United Kingdom	(1985) 7 E.H.R.R. 471
Silver v. United Kingdom (A/67) (1991) 13 E.H.R.R. 582	Miloslavsky v. United Kingdom	(1995) 20 E.H.R.R. 442
Singh v. United Kingdom (1996) 22 E.H.R.R. 1	Bromfield v. United Kingdom	(1998) 26 E.H.R.R. CD 138
	Curley v. United Kingdom	(2001) 31 E.H.R.R 401
	McGinley and Egan v. United Kingdom	(1999) 27 E.H.R.R. 1
	Ryan v. United Kingdom	(1999) 27 E.H.R.R. CD 204
	V v. United Kingdom	(2000) 30 E.H.R.R. 121
Skarby v. Sweden (A/180–B) (1991) 13 E.H.R.R. 90	Balmer-Schafroth v. Switzerland	(1998) 25 E.H.R.R. 598
	F.M. Zumtobel GmbH and Co. KG, Zumtobel and Pramstaller v. Austria	(1993) 16 E.H.R.R. CD 40
	Fischer v. Austria	(1995) 20 E.H.R.R. 349
	Fredin v. Sweden	(1991) 13 E.H.R.R. 784
	Grander v. Sweden	(1994) 18 E.H.R.R. CD 120
	Leutscher v. Netherlands	(1997) 24 E.H.R.R. 181
	M v. Belgium	(1993) 15 E.H.R.R. CD 22
	Masson and Van Zon v. Netherlands	(1996) 22 E.H.R.R. 491
	Oerlemans v. Netherlands	(1993) 15 E.H.R.R. 561
	Olsson v. Sweden (No. 2)	(1994) 17 E.H.R.R. 134
	Zander v. Sweden	(1994) 18 E.H.R.R. 175
Skoogström v. Sweden (Admissibility) (1983) 5 E.H.R.R. 278	Skoogström v. Sweden, App. No. 8582/79	(1984) 6 E.H.R.R. 77
Smith and Grady v. United Kingdom (2000) 29 E.H.R.R. 493	Khan v. United Kingdom	(2001) 31 E.H.R.R 1016
	Lustig-Prean and Beckett v. United Kingdom (Art. 41)	(2001) 31 E.H.R.R 601
	Smith and Grady v. United Kingdom (Art. 41)	(2001) 31 E.H.R.R 620
Socialist Party v. Turkey (1999) 27 E.H.R.R. 51	Lehideux and Isorni v. France	(2000) 30 E.H.R.R. 665
	Özdep v. Turkey	(2001) 31 E.H.R.R 674

Case Referred to	Name of Case	Citation
	Özgür Gündem v. Turkey	(2001) 31 E.H.R.R 1082
Societe Levages Prestations v. France (1997) 24 E.H.R.R. 351	Aït-Mouhoub v. France	(2000) 30 E.H.R.R. 382
	F.E. v. France	(2000) 29 E.H.R.R. 591
	Khalfaoui v. France	(2001) 31 E.H.R.R 967
	Omar v. France	(2000) 29 E.H.R.R. 210
Societe Stenuit v. France (A/232–A) (1992) 14 E.H.R.R. 509	Air Canada v. United Kingdom	(1995) 20 E.H.R.R. 150
	Garyfallou Aebe v. Greece	(1999) 28 E.H.R.R. 344
Soering v. United Kingdom (A/161) (1989) 11 E.H.R.R. 439	A v. United Kingdom	(1999) 27 E.H.R.R. 611
	A, B and C v. France	(1993) 15 E.H.R.R. CD 39
	Aerts v. Belgium	(2000) 29 E.H.R.R. 50
	Ahmed v. Austria	(1997) 24 E.H.R.R. 278
	Aksoy v. Turkey	(1997) 23 E.H.R.R. 553
	Allenet De Ribemont v. France	(1995) 20 E.H.R.R. 557
	B v. France	(1993) 16 E.H.R.R. 1
	Beldjoudi v. France	(1992) 14 E.H.R.R. 801
	Bezicheri v. Italy	(1990) 12 E.H.R.R. 210
	Çakici v. Turkey	(2001) 31 E.H.R.R 133
	Cardot v. France	(1991) 13 E.H.R.R. 853
	Chahal v. United Kingdom	(1994) 18 E.H.R.R. CD 193
	Chahal v. United Kingdom	(1995) 20 E.H.R.R. CD 19
	Chahal v. United Kingdom	(1997) 23 E.H.R.R. 413
	Colman v. United Kingdom	(1994) 18 E.H.R.R. 119
	Costello-Roberts v. United Kingdom	(1995) 19 E.H.R.R. 112
	Cruz Varas v. Sweden	(1992) 14 E.H.R.R. 1
	D v. United Kingdom	(1996) 22 E.H.R.R. CD 45
	D v. United Kingdom	(1997) 24 E.H.R.R. 423
	Djeroud v. France	(1992) 14 E.H.R.R. 68
	Drozd and Janousek v. France and Spain	(1992) 14 E.H.R.R. 745
	Heinz v. Contracting States Party to the European Patent Convention	(1994) 18 E.H.R.R. CD 168
	HLR v. France	(1998) 26 E.H.R.R. 29
	Incedursun v. Netherlands	(1999) 28 E.H.R.R. CD 54
	Kamasinski v. Austria	(1991) 13 E.H.R.R. 36
	Klass v. Germany	(1994) 18 E.H.R.R. 305
	Launder v. United Kingdom	(1998) 25 E.H.R.R. CD 67
	Loizidou v. Turkey	(1995) 20 E.H.R.R. 99
	M.A.R. v. United Kingdom	(1997) 23 E.H.R.R. CD 120
	Matthews v. United Kingdom	(1999) 28 E.H.R.R. 361
	McCann v. United Kingdom	(1996) 21 E.H.R.R. 97
	Mialhe v. France	(1993) 16 E.H.R.R. 332
	Observer and Guardian v. United Kingdom	(1992) 14 E.H.R.R. 153
	Ouattara v. United Kingdom	(1998) 25 E.H.R.R. CD 167
	Özdep v. Turkey	(2001) 31 E.H.R.R 674
	Patel v. United Kingdom	(1999) 27 E.H.R.R. CD 254
	Pine Valley Developments Ltd v. Ireland	(1992) 14 E.H.R.R. 319
	Raidl v. Austria	(1995) 20 E.H.R.R. CD 114
	Reber v. Germany	(1996) 22 E.H.R.R. CD 98
	Ribitsch v. Austria	(1996) 21 E.H.R.R. 573
	Selçuk and Asker v. Turkey	(1998) 26 E.H.R.R. 477
	Selmouni v. France	(2000) 29 E.H.R.R. 403

Case Referred to	Name of Case	Citation
	Sigurjonsson v. Iceland	(1993) 16 E.H.R.R. 462
	Smith and Grady v. United Kingdom	(2000) 29 E.H.R.R. 493
	Stocke v. Germany	(1991) 13 E.H.R.R. 126
	Sunday Times v. United Kingdom (No. 2)	(1992) 14 E.H.R.R. 229
	Sur v. Turkey	(1998) 25 E.H.R.R. CD 1
	Tekin v. Turkey	(2001) 31 E.H.R.R 95
	Tomasi v. France	(1993) 15 E.H.R.R. 1
	United Communist Party of Turkey v. Turkey	(1998) 26 E.H.R.R. 121
	V v. Denmark	(1993) 15 E.H.R.R. CD 28
	V v. United Kingdom	(2000) 30 E.H.R.R. 121
	Vijayanathan and Pusparajah v. France	(1993) 15 E.H.R.R. 62
	Vilvarajah v. United Kingdom	(1992) 14 E.H.R.R. 248
	W, H and A v. United Kingdom	(1995) 19 E.H.R.R. CD 60
	Yagiz v. Turkey	(1996) 22 E.H.R.R. 573
Soldani v. Italy, September 2, 1997	Huber v. France	(1998) 26 E.H.R.R. 457
	Pierre-Bloch v. France	(1998) 26 E.H.R.R. 202
	Vorhemes v. Austria	(1999) 27 E.H.R.R. CD 225
Spadea and Scalabrino v. Italy (1996) 21 E.H.R.R. 482	Ao v. Italy	(2000) 29 E.H.R.R. CD 92
	Immobiliare Saffi v. Italy	(2000) 30 E.H.R.R. 756
	Svidranova v. Slovak Republic	(1998) 26 E.H.R.R. CD 184
Spencer v. United Kingdom, unreported	Bladet Tromsø and Stensaas v. Norway	(2000) 29 E.H.R.R. 125
Sporrong and Lonnroth v. Sweden (A/52) (1983) 5 E.H.R.R. 35	Acociacion de Aviadores de la Republica, Mata and Others v. Spain	(1986) 8 E.H.R.R. 286
	Agrotexim v. Greece	(1996) 21 E.H.R.R. 250
	Air Canada v. United Kingdom	(1995) 20 E.H.R.R. 150
	Akkus v. Turkey	(2000) 30 E.H.R.R. 365
	Allan Jacobsson v. Sweden	(1990) 12 E.H.R.R. 56
	Allegemeine Gold- und Silberscheideanstalt v. United Kingdom	(1987) 9 E.H.R.R. 1
	Anders and Fredin v. Sweden	(1991) 13 E.H.R.R. 142
	Andersson v. Sweden	(1998) 25 E.H.R.R. 722
	App. No. 9607/81 v. Switzerland	(1983) 5 E.H.R.R. 272
	App. No. 10395/83 v. Austria	(1987) 9 E.H.R.R. 389
	App. No. 11189/84 v. Sweden	(1988) 10 E.H.R.R. 132
	App. No. 11408/85 v. Sweden	(1987) 9 E.H.R.R. 244
	App. No. 11417/85 v. Sweden	(1986) 8 E.H.R.R. 106
	App. No. 11949/86 v. United Kingdom	(1988) 10 E.H.R.R. 149
	Ashingdane v. United Kingdom	(1985) 7 E.H.R.R. 528
	Avis Enterprises v. Greece	(1998) 26 E.H.R.R. CD 21
	B v. United Kingdom	(1988) 10 E.H.R.R. 87
	Baraona v. Portugal	(1991) 13 E.H.R.R. 329
	Beaumartin v. France	(1995) 19 E.H.R.R. 485
	Beis v. Greece	(1998) 25 E.H.R.R. 335
	Benthem v. Netherlands	(1984) 6 E.H.R.R. 283
	Benthem v. Netherlands	(1986) 8 E.H.R.R. 1

Case Referred to	Name of Case	Citation
	Boden v. Sweden	(1987) 9 E.H.R.R. 141
	Bodén v. Sweden	(1988) 10 E.H.R.R. 367
	Borgers v. Belgium	(1993) 15 E.H.R.R. 92
	Bramelid and Malström v. Sweden	(1983) 5 E.H.R.R. 249
	Buckley v. United Kingdom	(1997) 23 E.H.R.R. 101
	Bullock v. United Kingdom	(1996) 21 E.H.R.R. CD 85
	Council of Civil Service Unions v. United Kingdom	(1988) 10 E.H.R.R. 269
	Deumeland v. Germany	(1985) 7 E.H.R.R. 409
	E.B. v. Germany	(1994) 18 E.H.R.R. CD 109
	Erkner and Hofauer v. Austria	(1986) 8 E.H.R.R. 520
	Erkner and Hofauer v. Austria	(1987) 9 E.H.R.R. 464
	Fayed v. United Kingdom	(1994) 18 E.H.R.R. 393
	Feldbrugge v. Netherlands	(1985) 7 E.H.R.R. 279
	Fischer v. Austria	(1995) 20 E.H.R.R. 349
	Fredin v. Sweden	(1991) 13 E.H.R.R. 784
	Gillow v. United Kingdom	(1985) 7 E.H.R.R. 292
	Grech v. Malta	(1995) 20 E.H.R.R. CD 95
	Gustafsson v. Sweden	(1996) 22 E.H.R.R. 409
	Hentrich v. France	(1994) 18 E.H.R.R. 440
	Holy Monastries v. Greece	(1995) 20 E.H.R.R. 1
	Huber v. Austria	(1996) 22 E.H.R.R. CD 91
	Iatridis v. Greece	(2000) 30 E.H.R.R. 97
	Immobiliare Saffi v. Italy	(2000) 30 E.H.R.R. 756
	Inze v. Austria	(1988) 10 E.H.R.R. 394
	Iskcon v. United Kingdom	(1994) 18 E.H.R.R. CD 133
	Jacobsson v. Sweden	(1989) 11 E.H.R.R. 562
	Jacobsson v. Sweden (No. 2)	(2001) 32 E.H.R.R. 463
	James v. United Kingdom	(1984) 6 E.H.R.R. 475
	James v. United Kingdom	(1986) 8 E.H.R.R. 123
	JJ v. Netherlands	(1999) 28 E.H.R.R. 168
	Jónsson v. Iceland	(1999) 27 E.H.R.R. CD 347
	Katikaridis v. Greece	(2001) 32 E.H.R.R. 113
	Katte Klitsche de la Grange v. Italy	(1995) 19 E.H.R.R. 368
	Kopp v. Switzerland	(1999) 27 E.H.R.R. 91
	Langborger v. Sweden	(1990) 12 E.H.R.R. 120
	Lechner and Hess v. Austria	(1987) 9 E.H.R.R. 490
	Lithgow v. United Kingdom	(1985) 7 E.H.R.R. 56
	Lithgow v. United Kingdom	(1986) 8 E.H.R.R. 329
	Mairitsch v. Austria	(1989) 11 E.H.R.R. 46
	Malone v. United Kingdom	(1985) 7 E.H.R.R. 14
	Matos e Silva v. Portugal	(1997) 24 E.H.R.R. 573
	Mats Jacobsson v. Sweden	(1991) 13 E.H.R.R. 79
	Mellacher v. Austria	(1990) 12 E.H.R.R. 391
	Mellacher v. Austria	(1990) 12 E.H.R.R. 97
	Mens and Mens-Hoek v. Netherlands	(1998) 26 E.H.R.R. CD 170
	Mikulski v. Poland	(2000) 29 E.H.R.R. CD 64
	MS v. Sweden	(1999) 28 E.H.R.R. 313
	Musa v. Austria	(1999) 27 E.H.R.R. CD 338
	O v. United Kingdom	(1988) 10 E.H.R.R. 82
	Ohg v. Austria	(1994) 18 E.H.R.R. CD 107
	Olsson v. Sweden (No. 2)	(1994) 17 E.H.R.R. 134
	Osman v. United Kingdom	(2000) 29 E.H.R.R. 245
	Papachelas v. Greece	(2000) 30 E.H.R.R. 923
	Papamichalopoulos v. Greece	(1993) 16 E.H.R.R. 440
	Pauger v. Austria	(1998) 25 E.H.R.R. 105
	Piermont v. France	(1995) 20 E.H.R.R. 301

Case Referred to	Name of Case	Citation
	Pine Valley Developments Ltd v. Ireland	(1992) 14 E.H.R.R. 319
	Poiss v. Austria	(1988) 10 E.H.R.R. 231
	Pressos Compania Naviera SA v. Belgium	(1996) 21 E.H.R.R. 301
	Pudas v. Sweden	(1988) 10 E.H.R.R. 380
	R v. United Kingdom	(1988) 10 E.H.R.R. 74
	Rees v. United Kingdom	(1987) 9 E.H.R.R. 56
	Schuler-Zgraggen v. Switzerland	(1993) 16 E.H.R.R. 405
	Scollo v. Italy	(1996) 22 E.H.R.R. 514
	Silver v. United Kingdom	(1983) 5 E.H.R.R. 347
	Smith v. United Kingdom	(1998) 25 E.H.R.R. CD 52
	Spadea and Scalabrino v. Italy	(1996) 21 E.H.R.R. 482
	Sporrong and Lönnroth v. Sweden (Art. 50)	(1985) 7 E.H.R.R. 256
	Stran Greek Refineries and Stratis Andreadis v. Greece	(1995) 19 E.H.R.R. 293
	Tre Traktörer Aktiebolag v. Sweden	(1991) 13 E.H.R.R. 309
	Trustees of the late Duke of Westminster's Estate v. United Kingdom	(1983) 5 E.H.R.R. 440
	Van Marle v. Netherlands	(1986) 8 E.H.R.R. 483
	Van Marle, Van Zomeren, Flantua and de Bruijn v. Netherlands	(1985) 7 E.H.R.R. 265
	Vasilescu v. Romania	(1999) 28 E.H.R.R. 241
	W v. United Kingdom	(1988) 10 E.H.R.R. 29
	Zander v. Sweden	(1994) 18 E.H.R.R. 175
	Zubani v. Italy	(2001) 32 E.H.R.R. 297
Sporrong and Lönnroth v. Sweden (1985) 7 E.H.R.R. 256	Bönisch v. Austria	(1991) 13 E.H.R.R. 409
	Phocas v. France	(2001) 32 E.H.R.R. 221
Springer v. United Kingdom, App. No. 9083/80 (1983) 5 E.H.R.R. 141	App. No. 10106/82 v. United Kingdom	(1983) 5 E.H.R.R. 516
Spurio v. Italy, September 2, 1997	Huber v. France	(1998) 26 E.H.R.R. 457
	Pierre-Bloch v. France	(1998) 26 E.H.R.R. 202
Sramek v. Austria (A/84) (1985) 7 E.H.R.R. 351	App. No. 10894/84 v. Switzerland	(1986) 8 E.H.R.R. 325
	Benthem v. Netherlands	(1986) 8 E.H.R.R. 1
	Bock v. Germany	(1990) 12 E.H.R.R. 247
	Borgers v. Belgium	(1993) 15 E.H.R.R. 92
	Erkner and Hofauer v. Austria	(1987) 9 E.H.R.R. 464
	Ettl v. Austria	(1988) 10 E.H.R.R. 255
	Fayed v. United Kingdom	(1994) 18 E.H.R.R. 393
	Feldbrugge v. Netherlands	(1985) 7 E.H.R.R. 279
	Findlay v. United Kingdom	(1997) 24 E.H.R.R. 221
	H v. Belgium	(1986) 8 E.H.R.R. 510
	H v. Belgium	(1988) 10 E.H.R.R. 339
	Håkansson and Sturesson v. Sweden	(1991) 13 E.H.R.R. 1
	Langborger v. Sweden	(1990) 12 E.H.R.R. 120
	Nyssen v. Belgium	(1986) 8 E.H.R.R. 105

Case Referred to	Name of Case	Citation
	Ohg v. Austria	(1994) 18 E.H.R.R. CD 107
	Ortenberg v. Austria	(1995) 19 E.H.R.R. 524
	Pauger v. Austria	(1998) 25 E.H.R.R. 105
	Poiss v. Austria	(1988) 10 E.H.R.R. 231
	Procola v. Luxembourg	(1996) 22 E.H.R.R. 193
	Pullar v. United Kingdom	(1996) 22 E.H.R.R. 391
	Van Marle, Van Zomeren, Flantua and de Bruijn v. Netherlands	(1985) 7 E.H.R.R. 265
Stallinger and Kuso v. Austria (1998) 26 E.H.R.R. 81	Steel v. United Kingdom	(1999) 28 E.H.R.R. 603
	Hashman and Harrup v. United Kingdom	(2000) 30 E.H.R.R. 241
	Jacobsson v. Sweden (No. 2)	(2001) 32 E.H.R.R. 463
	Scarth v. United Kingdom	(1999) 27 E.H.R.R. CD 37
Stamoulakatos v. Greece (A/271) (1994) 17 E.H.R.R. 479	Hokkanen v. Finland	(1995) 19 E.H.R.R. 139
	Kefalas v. Greece	(1995) 20 E.H.R.R. 484
	Kustannus oy Vappa Ajattelija AB v. Finland	(1996) 22 E.H.R.R. CD 69
	Loizidou v. Turkey	(1995) 20 E.H.R.R. 99
	Philis v. Greece	(1994) 18 E.H.R.R. CD 57
Stanford v. United Kingdom (A/282–A)	A v. Denmark	(1996) 22 E.H.R.R. 458
	Botten v. Norway	(2001) 32 E.H.R.R. 37
	Cook v. United Kingdom	(1998) 25 E.H.R.R. CD 189
	Cooke v. Austria	(1997) 23 E.H.R.R. CD 70
	Cooke v. Austria	(2001) 31 E.H.R.R 338
	Prinz v. Austria	(2001) 31 E.H.R.R 357
	Pullar v. United Kingdom	(1996) 22 E.H.R.R. 391
	Remli v. France	(1996) 22 E.H.R.R. 253
	Scarth v. United Kingdom	(1998) 26 E.H.R.R. CD 154
	V v. United Kingdom	(2000) 30 E.H.R.R. 121
Steel v. United Kingdom (1999) 28 E.H.R.R. 603	Hashman and Harrup v. United Kingdom	(2000) 30 E.H.R.R. 241
	McLeod v. United Kingdom	(1999) 27 E.H.R.R. 493
	V v. United Kingdom	(2000) 30 E.H.R.R. 121
Stefan Einarsson v. Iceland, unreported, April 5, 1995	Lie and Bernsten v. Norway	(2000) 29 E.H.R.R. CD 210
Stewart v. United Kingdom (1985) 7 E.H.R.R. 453	Wolfgram v. Germany	(1987) 9 E.H.R.R. 548
Stjerna v. Finland (1997) 24 E.H.R.R. 195	Botta v. Italy	(1998) 26 E.H.R.R. 241
	Former King Constantinos of Greece v. Greece	(1998) 26 E.H.R.R. CD 50
	Gül v. Switzerland	(1996) 22 E.H.R.R. 93
	Kerojarvi v. Finland	(2001) 32 E.H.R.R. 152
	Passannante v. Italy	(1998) 26 E.H.R.R. CD 153
	Vollert v. Germany	(1996) 22 E.H.R.R. CD 128
Stocke v. Germany (1991) 13 E.H.R.R. 839	Kemmache v. France (No. 3)	(1995) 19 E.H.R.R. 349
	Klass v. Germany	(1994) 18 E.H.R.R. 305
	Vereinigung Demokratischer Soldaten Österreichs and Gubi v. Austria	(1995) 20 E.H.R.R. 56

Case Referred to	Name of Case	Citation
Stögmüller v. Austria (A/9), 1 E.H.R.R. 155	App. No. 10135/82 v. Denmark	(1986) 8 E.H.R.R. 226
	App. No. 10263/83 v. Denmark	(1986) 8 E.H.R.R. 60
	B v. Austria	(1991) 13 E.H.R.R. 20
	Birou v. France	(1992) 14 E.H.R.R. 738
	Bonnechaux v. Switzerland	(1981) 3 E.H.R.R. 259
	Brogan v. United Kingdom	(1989) 11 E.H.R.R. 117
	Caballero v. United Kingdom	(2000) 30 E.H.R.R. 643
	Can v. Austria	(1985) 7 E.H.R.R. 421
	Can v. Austria	(1986) 8 E.H.R.R. 14
	Clooth v. Belgium	(1992) 14 E.H.R.R. 717
	De Jong, Baljet and Van Den Brink v. Netherlands	(1986) 8 E.H.R.R. 20
	De Wilde, Ooms and Versyp v. Belgium (No. 1)	1 E.H.R.R. 373
	Deweer v. Belgium	2 E.H.R.R. 439
	Engel v. Netherlands (No. 1)	1 E.H.R.R. 647
	Guzzardi v. Italy	(1981) 3 E.H.R.R. 333
	Handyside v. United Kingdom	1 E.H.R.R. 737
	Ireland v. United Kingdom	2 E.H.R.R. 25
	Letellier v. France	(1992) 14 E.H.R.R. 83
	Luberti v. Italy	(1984) 6 E.H.R.R. 440
	Matznetter v. Austria	1 E.H.R.R. 198
	Moudefo v. France	(1991) 13 E.H.R.R. 549
	Neumeister v. Austria (No. 1)	1 E.H.R.R. 91
	PL v. France	(1998) 25 E.H.R.R. 481
	Schenk v. Switzerland	(1991) 13 E.H.R.R. 242
	Sunday Times v. United Kingdom	2 E.H.R.R. 245
	Toth v. Austria	(1992) 14 E.H.R.R. 551
	Vallon v. Italy	(1985) 7 E.H.R.R. 436
	Vallon v. Italy	(1991) 13 E.H.R.R. 433
	Van Oosterwijck v.Belgium	(1981) 3 E.H.R.R. 557
	W v. Switzerland	(1994) 17 E.H.R.R. 60
	Winterwerp v. Netherlands	2 E.H.R.R. 387
	X v. United Kingdom	(1981) 3 E.H.R.R. 271
Stögmüler v. Austria (1969) Series B, No. 7	Ringeisen v. Austria (No. 3)	1 E.H.R.R. 513
Stran Greek Refineries and Stratis Andreadis v. Greece (A/301–B) (1995) 19 E.H.R.R. 293	Akkus v. Turkey	(2000) 30 E.H.R.R. 365
	Avis Enterprises v. Greece	(1998) 26 E.H.R.R. CD 21
	Beis v. Greece	(1995) 19 E.H.R.R. CD 70
	Beis v. Greece	(1998) 25 E.H.R.R. 335
	Ergi v. Turkey	(2001) 32 E.H.R.R. 388
	Gautrin v. France	(1999) 28 E.H.R.R. 196
	Guillemin v. France (Art. 50)	(1999) 27 E.H.R.R. CD 1
	Gündem v. Turkey	(2001) 32 E.H.R.R. 350
	Katikaridis v. Greece	(2001) 32 E.H.R.R. 113
	National & Provincial, Leeds Permanent and Yorkshire Building Societies v. United Kingdom	(1998) 25 E.H.R.R. 127
	Pammel v. Germany	(1998) 26 E.H.R.R. 100
	Pressos Compania Naviera SA v. Belgium	(1996) 21 E.H.R.R. 301
	Pressos Compania Naviera v. Belgium (Art. 50)	(1997) 24 E.H.R.R. CD 16
	Stevens and Knight v. United Kingdom	(1999) 27 E.H.R.R. CD 138
	Süßmann v. Germany	(1998) 25 E.H.R.R. 65

Case Referred to	Name of Case	Citation
	Werner and Szucs v. Austria	(1998) 26 E.H.R.R. 310
	Zielinski v. France	(2001) 31 E.H.R.R 532
Stubbings v. United Kingdom (1997) 23 E.H.R.R. 213	A v. United Kingdom	(1999) 27 E.H.R.R. 611
	Adamson v. United Kingdom	(1999) 28 E.H.R.R. CD 209
	Caballero v. United Kingdom	(2000) 30 E.H.R.R. 643
	National & Provincial, Leeds Permanent and Yorkshire Building Societies v. United Kingdom	(1998) 25 E.H.R.R. 127
	Sheffield and Horsham v. United Kingdom	(1999) 27 E.H.R.R. 163
	Stevens and Knight v. United Kingdom	(1999) 27 E.H.R.R. CD 138
	Tinnelly & Sons Ltd v. United Kingdom	(1999) 27 E.H.R.R. 249
Styranowski v. Poland, unreported	Humen v. Poland	(2001) 31 E.H.R.R 1168
	Musial v. Poland	(2001) 31 E.H.R.R 720
Submann v. Germany (1998) 25 E.H.R.R. 64	Balmer-Schafroth v. Switzerland	(1998) 25 E.H.R.R. 598
	Philis v. Greece (No. 2)	(1998) 25 E.H.R.R. 417
	Tinnelly & Sons Ltd v. United Kingdom	(1999) 27 E.H.R.R. 249
Sunday Times v. United Kingdom (No. 1) (A/30) (1979–80) 2 E.H.R.R. 245	A and Byrne and Twenty-Twenty Television v. United Kingdom	(1998) 25 E.H.R.R. CD 159
	Ahmed v. United Kingdom	(2000) 29 E.H.R.R. 1
	Andreas Wabl v. Austria	(2001) 31 E.H.R.R 1134
	App. No. 9403/81 v. United Kingdom	(1983) 5 E.H.R.R. 270
	App. No. 9664/82 v. Sweden	(1983) 5 E.H.R.R. 510
	App. No. 10343/83 v. Switzerland	(1984) 6 E.H.R.R. 367
	App. No. 11508/85 v. Denmark	(1989) 11 E.H.R.R. 559
	Autronic AG v. Switzerland	(1990) 12 E.H.R.R. 485
	Barthold v. Germany	(1985) 7 E.H.R.R. 383
	BBC Scotland, McDonald, Rodgers and Donald v. United Kingdom	(1998) 25 E.H.R.R. CD 179
	Bergens Tidende v. Norway	(2001) 31 E.H.R.R 430
	Bladet Tromsø and Stensaas v. Norway	(2000) 29 E.H.R.R. 125
	Brady v. United Kingdom	(1981) 3 E.H.R.R. 297
	Brind v. United Kingdom	(1994) 18 E.H.R.R. CD 76
	Brogan v. United Kingdom	(1989) 11 E.H.R.R. 117
	Bullock v. United Kingdom	(1996) 21 E.H.R.R. CD 85
	Campbell and Fell v. United Kingdom	(1985) 7 E.H.R.R. 165
	Campbell v. United Kingdom	(1993) 15 E.H.R.R. 137
	Castells v. Spain	(1992) 14 E.H.R.R. 445
	Chappell v. United Kingdom	(1989) 11 E.H.R.R. 543
	Chorherr v. Austria	(1994) 17 E.H.R.R. 358
	Council of Civil Service Unions v. United Kingdom	(1988) 10 E.H.R.R. 269
	Cremieux v. France	(1993) 16 E.H.R.R. 357
	Dudgeon v. United Kingdom	(1981) 3 E.H.R.R. 40
	Ezelin v. France	(1992) 14 E.H.R.R. 362

Case Referred to	Name of Case	Citation
	Fredin v. Sweden	(1991) 13 E.H.R.R. 784
	Funke v. France	(1993) 16 E.H.R.R. 297
	G v. Germany	(1984) 6 E.H.R.R. 499
	Gay News Ltd and Lemon v. United Kingdom	(1983) 5 E.H.R.R. 123
	Gillow v. United Kingdom	(1985) 7 E.H.R.R. 292
	Gillow v. United Kingdom	(1989) 11 E.H.R.R. 335
	Gillow v. United Kingdom	(1991) 13 E.H.R.R. 593
	Goodwin v. United Kingdom	(1996) 22 E.H.R.R. 123
	Grigoriades v. Greece	(1999) 27 E.H.R.R. 464
	Groppera Radio AG v. Switzerland	(1990) 12 E.H.R.R. 321
	Groppera Radio AG, Marquard, Fröhlich and Caluzzi v. Switzerland	(1990) 12 E.H.R.R. 297
	H v. Belgium	(1988) 10 E.H.R.R. 339
	Hadjianastassiou v. Greece	(1993) 16 E.H.R.R. 219
	Halford v. United Kingdom	(1997) 24 E.H.R.R. 523
	Hentrich v. France	(1994) 18 E.H.R.R. 440
	Herczegfalvy v. Austria	(1993) 15 E.H.R.R. 437
	Hertel v. Switzerland	(1999) 28 E.H.R.R. 534
	Hewitt and Harman v. United Kingdom	(1992) 14 E.H.R.R. 657
	Hoang v. France	(1993) 16 E.H.R.R. 53
	Hoffmann v. Austria	(1994) 17 E.H.R.R. 293
	Huvig v. France	(1990) 12 E.H.R.R. 310
	Huvig v. France	(1990) 12 E.H.R.R. 528
	Inze v. Austria	(1988) 10 E.H.R.R. 394
	Jacubowski v. Germany	(1995) 19 E.H.R.R. 64
	James v. United Kingdom	(1984) 6 E.H.R.R. 475
	James v. United Kingdom	(1986) 8 E.H.R.R. 123
	Johansen v. Norway	(1997) 23 E.H.R.R. 33
	Kalac v. Turkey	(1999) 27 E.H.R.R. 552
	Kroon v. Netherlands	(1995) 19 E.H.R.R. 263
	Kruslin v. France	(1990) 12 E.H.R.R. 451
	Kruslin v. France	(1990) 12 E.H.R.R. 547
	Larissis v. Greece	(1999) 27 E.H.R.R. 329
	Lehideux and Isorni v. France	(2000) 30 E.H.R.R. 665
	Liberal Party v. United Kingdom	(1982) 4 E.H.R.R. 106
	Lingens and Leitgens v. Austria	(1982) 4 E.H.R.R. 373
	Lingens v. Austria	(1985) 7 E.H.R.R. 446
	Lingens v. Austria	(1986) 8 E.H.R.R. 407
	Lithgow v. United Kingdom	(1985) 7 E.H.R.R. 56
	Lüdi v. Switzerland	(1993) 15 E.H.R.R. 173
	Malone v. United Kingdom	(1982) 4 E.H.R.R. 330
	Malone v. United Kingdom	(1983) 5 E.H.R.R. 385
	Malone v. United Kingdom	(1985) 7 E.H.R.R. 14
	Markt Intern and Beerman v. Germany	(1989) 11 E.H.R.R. 212
	Markt Intern and Beermann v. Germany	(1990) 12 E.H.R.R. 161
	McCallum v. United Kingdom	(1991) 13 E.H.R.R. 597
	McLaughlin v. United Kingdom	(1994) 18 E.H.R.R. CD 84
	McLeod v. United Kingdom	(1999) 27 E.H.R.R. 493
	Mialhe v. France	(1993) 16 E.H.R.R. 332
	Miloslavsky v. United Kingdom	(1995) 20 E.H.R.R. 442

Case Referred to	Name of Case	Citation
	News Verlags GmbH & Co. KG v. Austria	(2001) 31 E.H.R.R 246
	Nilsen and Johnsen v. Norway	(2000) 30 E.H.R.R. 878
	Oberschlick v. Austria	(1995) 19 E.H.R.R. 389
	Observer and Guardian v. United Kingdom	(1992) 14 E.H.R.R. 153
	Olsson v. Sweden	(1989) 11 E.H.R.R. 259
	Olsson v. Sweden (No. 2)	(1994) 17 E.H.R.R. 134
	Open Door Counselling and Dublin Well Woman v. Ireland	(1993) 15 E.H.R.R. 244
	Open Door Counselling Ltd and Dublin Well Woman Centre Ltd v. Ireland	(1992) 14 E.H.R.R. 131
	Özdep v. Turkey	(2001) 31 E.H.R.R 674
	Pakelli v. Germany	(1984) 6 E.H.R.R. 1
	Putz v. Austria	(2001) 32 E.H.R.R. 271
	Rasmussen v. Denmark	(1985) 7 E.H.R.R. 371
	Rekvényi v. Hungary	(2000) 30 E.H.R.R. 519
	Rieme v. Sweden	(1993) 16 E.H.R.R. 155
	Salabiaku v. France	(1991) 13 E.H.R.R. 379
	Silver v. United Kingdom	(1981) 3 E.H.R.R. 475
	Socialist Party v. Turkey	(1999) 27 E.H.R.R. 51
	Societe Stenuit v. France	(1992) 14 E.H.R.R. 509
	Spacek sro v. Czech Republic	(2000) 30 E.H.R.R. 1010
	Stewart v. United Kingdom	(1985) 7 E.H.R.R. 453
	Stran Greek Refineries and Stratis Andreadis v. Greece	(1995) 19 E.H.R.R. 293
	Sunday Times v. United Kingdom	(1981) 3 E.H.R.R. 317
	Sunday Times v. United Kingdom (No. 2)	(1992) 14 E.H.R.R. 229
	SW v. United Kingdom	(1996) 21 E.H.R.R. 363
	Thorgeir Thorgeirson v. Iceland	(1992) 14 E.H.R.R. 115
	Times Newspapers Ltd and Neil v. United Kingdom	(1993) 15 E.H.R.R. CD 49
	Times Newspapers Ltd v. United Kingdom	(1986) 8 E.H.R.R. 54
	United Communist Party of Turkey v. Turkey	(1998) 26 E.H.R.R. 121
	Van Der Heijden v. Netherlands	(1986) 8 E.H.R.R. 279
	Vereinigung Demokratischer Soldaten Österreichs and Gubi v. Austria	(1995) 20 E.H.R.R. 56
	Vogt v. Germany	(1996) 21 E.H.R.R. 205
	Wingrove v. United Kingdom	(1997) 24 E.H.R.R. 1
	Winterwerp v. Netherlands	2 E.H.R.R. 387
	Worm v. Austria	(1996) 22 E.H.R.R. CD 7
	Worm v. Austria	(1998) 25 E.H.R.R. 454
	X v. United Kingdom	(1983) 5 E.H.R.R. 162
	Young, James and Webster v. United Kingdom	(1982) 4 E.H.R.R. 38
	Zamir v. United Kingdom	(1983) 5 E.H.R.R. 242
Sunday Times v. United Kingdom (No. 2) (A/38) (1981) 3 E.H.R.R. 317	Benthem v. Netherlands	(1986) 8 E.H.R.R. 1
	Bowman v. United Kingdom	(1998) 26 E.H.R.R. 1
	Deumeland v. Germany	(1986) 8 E.H.R.R. 448

Case Referred to	Name of Case	Citation
	Dudgeon v. United Kingdom (Art. 50)	(1983) 5 E.H.R.R. 573
	Eckle v. Germany (Art. 50)	(1984) 6 E.H.R.R. 52
	Grigoriades v. Greece	(1999) 27 E.H.R.R. 464
	Le Compte, Van Leuven and De Meyere v. Belgium (Art. 50)	(1983) 5 E.H.R.R. 183
	Lustig-Prean and Beckett v. United Kingdom (Art. 41)	(2001) 31 E.H.R.R 601
	Schuler-Zgraggen v. Switzerland	(1996) 21 E.H.R.R. 404
	Silver v. United Kingdom	(1991) 13 E.H.R.R. 582
	Silver v. United Kingdom (Art. 50)	(1984) 6 E.H.R.R. 62
	Smith and Grady v. United Kingdom (Art. 41)	(2001) 31 E.H.R.R 620
	X v. United Kingdom (Art. 50)	(1983) 5 E.H.R.R. 192
	Young, James and Webster v. United Kingdom (Art. 50)	(1983) 5 E.H.R.R. 201
Sunday Times v. United Kingdom (Spycatcher) (A/217) (1992) 14 E.H.R.R. 229	Andreas Wabl v. Austria	(2001) 31 E.H.R.R 1134
	Bladet Tromsø and Stensaas v. Norway	(2000) 29 E.H.R.R. 125
	Bowman v. United Kingdom	(1996) 22 E.H.R.R. CD 13
	Bowman v. United Kingdom	(1998) 26 E.H.R.R. 1
	Brind v. United Kingdom	(1994) 18 E.H.R.R. CD 76
	Campbell v. United Kingdom	(1993) 15 E.H.R.R. 137
	Dalban v. Romania	(2001) 31 E.H.R.R 893
	De Haes and Gijsels v. Belgium	(1998) 25 E.H.R.R. 1
	Fressoz and Roire v. France	(2001) 31 E.H.R.R 28
	Goodwin v. United Kingdom	(1996) 22 E.H.R.R. 123
	Hashman and Harrup v. United Kingdom	(2000) 30 E.H.R.R. 241
	Hertel v. Switzerland	(1999) 28 E.H.R.R. 534
	Iskcon v. United Kingdom	(1994) 18 E.H.R.R. CD 133
	Jacubowski v. Germany	(1995) 19 E.H.R.R. 64
	McLaughlin v. United Kingdom	(1994) 18 E.H.R.R. CD 84
	Miloslavsky v. United Kingdom	(1995) 20 E.H.R.R. 442
	Oberschlick v. Austria (No. 2)	(1998) 25 E.H.R.R. 357
	Prager and Oberschlick v. Austria	(1996) 21 E.H.R.R. 1
	Saszmann v. Austria	(1997) 23 E.H.R.R. CD 46
	Schmidt v. Germany	(1994) 18 E.H.R.R. 513
	Sidiropoulos v. Greece	(1999) 27 E.H.R.R. 633
	Times Newspapers Ltd and Neil v. United Kingdom	(1993) 15 E.H.R.R. CD 49
	Vereinigung Demokratischer Soldaten Österreichs and Gubi v. Austria	(1995) 20 E.H.R.R. 56
	Vereniging Weekblad *Bluf!* v. Netherlands	(1995) 20 E.H.R.R. 189
	Vogt v. Germany	(1996) 21 E.H.R.R. 205
	Wille v. Liechtenstein	(2000) 30 E.H.R.R. 564
	Worm v. Austria	(1998) 25 E.H.R.R. 454

Case Referred to	Name of Case	Citation
Sürek v. Turkey, unreported, July 8, 1999	Arslan v. Turkey	(2001) 31 E.H.R.R 264
	Baskaya and Okçuoglu v. Turkey	(2001) 31 E.H.R.R 292
	Ceylan v. Turkey	(2000) 30 E.H.R.R. 73
	News Verlags GmbH & Co. KG v. Austria	(2001) 31 E.H.R.R 246
	Nilsen and Johnsen v. Norway	(2000) 30 E.H.R.R. 878
	Özgür Gündem v. Turkey	(2001) 31 E.H.R.R 1082
	Özgür Gündem v. Turkey	(2001) 31 E.H.R.R 1082
	Thlimmenos v. Greece	(2001) 31 E.H.R.R 411
Sürek v. Turkey (No. 2), unreported	Özgür Gündem v. Turkey	(2001) 31 E.H.R.R 1082
Süssmann v. Germany (1998) 25 E.H.R.R. 64	Krcmár v. Czech Republic	(2001) 31 E.H.R.R 953
	Pammel v. Germany	(1998) 26 E.H.R.R. 100
	Pauger v. Austria	(1998) 25 E.H.R.R. 105
	Podbielski v. Poland	(1999) 27 E.H.R.R. CD 19
Sutter v. Switzerland (A/74) (1984) 6 E.H.R.R. 272	App. No. 10563/83 v. Sweden	(1986) 8 E.H.R.R. 86
	Botten v. Norway	(2001) 32 E.H.R.R. 37
	Bulut v. Austria	(1997) 24 E.H.R.R. 84
	Campbell and Fell v. United Kingdom	(1985) 7 E.H.R.R. 165
	De Cubber v. Belgium	(1985) 7 E.H.R.R. 236
	Diennet v. France	(1996) 21 E.H.R.R. 554
	Ekbatani v. Sweden	(1991) 13 E.H.R.R. 504
	Fejde v. Sweden	(1994) 17 E.H.R.R. 14
	Gautrin v. France	(1999) 28 E.H.R.R. 196
	Gustafson (Rolf) v. Sweden	(1998) 25 E.H.R.R. 623
	Helmers v. Sweden	(1993) 15 E.H.R.R. 285
	Insam v. Austria	(1994) 18 E.H.R.R. CD 47
	Jan-Ake Andersson v. Sweden	(1993) 15 E.H.R.R. 218
	JJ v. Netherlands	(1999) 28 E.H.R.R. 168
	Kremzow v. Austria	(1994) 17 E.H.R.R. 322
	Melin v. France	(1994) 17 E.H.R.R. 1
	Monnell and Morris v. United Kingdom	(1988) 10 E.H.R.R. 205
	Werner and Szucs v. Austria	(1998) 26 E.H.R.R. 310
Swedish Engine Drivers Union v. Sweden (A/20) (1979–80) 1 E.H.R.R. 617	App. No. 9260/81 v. Sweden	(1984) 6 E.H.R.R. 323
	App. No. 9444/81 v. United Kingdom	(1984) 6 E.H.R.R. 136
	App. No. 9659/82 v. United Kingdom	(1986) 8 E.H.R.R. 274
	App. No. 9792/82 v. Germany	(1984) 6 E.H.R.R. 347
	App. No. 10365/83 v. Germany	(1985) 7 E.H.R.R. 461
	Boyle and Rice v. United Kingdom	(1988) 10 E.H.R.R. 425
	Council of Civil Service Unions v. United Kingdom	(1988) 10 E.H.R.R. 269
	Glasenapp v. Germany	(1987) 9 E.H.R.R. 25
	Gustafsson v. Sweden	(1996) 22 E.H.R.R. 409
	Ireland v. United Kingdom	2 E.H.R.R. 25
	James v. United Kingdom	(1986) 8 E.H.R.R. 123
	Klass v. Germany	2 E.H.R.R. 214
	Kosiek v. Germany	(1987) 9 E.H.R.R. 328
	Lithgow v. United Kingdom	(1986) 8 E.H.R.R. 329
	McCann v. United Kingdom	(1996) 21 E.H.R.R. 97
	Mialhe v. France	(1993) 16 E.H.R.R. 332

Case Referred to	Name of Case	Citation
	Nilsen and Johnsen v. Norway	(2000) 30 E.H.R.R. 878
	Nydahl v. Sweden	(1993) 16 E.H.R.R. CD 15
	Olsson v. Sweden	(1989) 11 E.H.R.R. 259
	Powell and Rayner v. United Kingdom	(1990) 12 E.H.R.R. 288
	Rasmussen v. Denmark	(1985) 7 E.H.R.R. 371
	Sigurjonsson v. Iceland	(1993) 16 E.H.R.R. 462
	Silver v. United Kingdom	(1983) 5 E.H.R.R. 347
	Tre Traktörer AB v. Sweden	(1987) 9 E.H.R.R. 96
	Vereinigung Demokratischer Soldaten Österreichs and Gubi v. Austria	(1995) 20 E.H.R.R. 56
	Vilvarajah v. United Kingdom	(1992) 14 E.H.R.R. 248
	Young, James and Webster v. United Kingdom	(1982) 4 E.H.R.R. 38
T v. Italy (A/245–C), unreported, October 12, 1992	Doorson v. Netherlands	(1996) 22 E.H.R.R. 330
	Edwards v. United Kingdom	(1993) 15 E.H.R.R. 417
	Fitt v. United Kingdom	(2000) 30 E.H.R.R. 480
	Jasper v. United Kingdom	(2000) 30 E.H.R.R. 441
	Poitrimol v. France	(1994) 18 E.H.R.R. 130
	Rowe and Davis v. United Kingdom	(2000) 30 E.H.R.R. 1
	Van Mechelen v. Netherlands	(1998) 25 E.H.R.R. 647
TW v. Malta (2000) 29 E.H.R.R. 185	Perks v. United Kingdom	(2000) 30 E.H.R.R. 33
Tanrikulu v. Turkey (2000) 30 E.H.R.R. 950	Cooke v. Austria	(2001) 31 E.H.R.R 338
Tejedor Garcia v. Spain (1998) 26 E.H.R.R. 440	Ninn-Hansen v. Denmark	(1999) 28 E.H.R.R. CD 96
	Pérez de Rada Cavanilles v. Spain	(2000) 29 E.H.R.R. 109
Tekin v. Turkey (2001) 31 E.H.R.R 95	Assenov v. Bulgaria	(1999) 28 E.H.R.R. 652
	Çakici v. Turkey	(2001) 31 E.H.R.R 133
	Kopcych v. Poland	(1999) 27 E.H.R.R. CD 199
	Özgür Gündem v. Turkey	(2001) 31 E.H.R.R 1082
Temeltasch v. Switzerland (1983) 5 E.H.R.R. 417	App. No. 9419/81 v. Switzerland	(1984) 6 E.H.R.R. 135
	Belilos v. Switzerland	(1988) 10 E.H.R.R. 466
Terranova v. Italy	Ausiello v. Italy	(1997) 24 E.H.R.R. 568
	Phocas v. France	(2001) 32 E.H.R.R. 221
Texeira de Castro v. Portugal (1999) 28 E.H.R.R. 101	Khan v. United Kingdom	(2001) 31 E.H.R.R 1016
Thomann v. Switzerland (1997) 24 E.H.R.R. 553	De Haan v. Netherlands	(1998) 26 E.H.R.R. 417
	Ferrantelli and Santangelo v. Italy	(1997) 23 E.H.R.R. 288
Thorgeirson v. Iceland (A/239) (1992) 14 E.H.R.R. 843	Bladet Tromsø and Stensaas v. Norway	(2000) 29 E.H.R.R. 125
	Casado Coca v. Spain	(1994) 18 E.H.R.R. 1
	Dalban v. Romania	(2001) 31 E.H.R.R 893
	Diennet v. France	(1996) 21 E.H.R.R. 554

Case Referred to	Name of Case	Citation
	Fey v. Austria	(1993) 16 E.H.R.R. 387
	Fressoz and Roire v. France	(2001) 31 E.H.R.R 28
	Grigoriades v. Greece	(1999) 27 E.H.R.R. 464
	Guerra v. Italy	(1998) 26 E.H.R.R. 357
	Incal v. Turkey	(2000) 29 E.H.R.R. 449
	Janowski v. Poland	(2000) 29 E.H.R.R. 705
	Lehideux and Isorni v. France	(2000) 30 E.H.R.R. 665
	Miloslavsky v. United Kingdom	(1995) 20 E.H.R.R. 442
	Nilsen and Johnsen v. Norway	(2000) 30 E.H.R.R. 878
	Prager and Oberschlick v. Austria	(1996) 21 E.H.R.R. 1
	Putz v. Austria	(2001) 32 E.H.R.R. 271
	Thomann v. Switzerland	(1997) 24 E.H.R.R. 553
	Vereinigung Demokratischer Soldaten Österreichs and Gubi v. Austria	(1995) 20 E.H.R.R. 56
	Wingrove v. United Kingdom	(1997) 24 E.H.R.R. 1
Thynne v. United Kingdom (A/190); Wilson v. United Kingdom; Gunnell v. United Kingdom (1991) 13 E.H.R.R. 666	Baxter v. United Kingdom	(1996) 21 E.H.R.R. CD 64
	Bromfield v. United Kingdom	(1998) 26 E.H.R.R. CD 138
	Curley v. United Kingdom	(2001) 31 E.H.R.R 401
	DW v. United Kingdom	(1998) 26 E.H.R.R. CD 158
	Herczegfalvy v. Austria	(1993) 15 E.H.R.R. 437
	Hussain v. United Kingdom	(1996) 22 E.H.R.R. 1
	Iribarne Perez v. France	(1996) 22 E.H.R.R. 153
	Koskinen v. Finland	(1994) 18 E.H.R.R. CD 146
	N v. United Kingdom	(1993) 15 E.H.R.R. CD 47
	Oldham v. United Kingdom	(2001) 31 E.H.R.R 813
	Ryan v. United Kingdom	(1999) 27 E.H.R.R. CD 204
	T v. United Kingdom	(1998) 25 E.H.R.R. CD 11
	V v. United Kingdom	(2000) 30 E.H.R.R. 121
	W, H and A v. United Kingdom	(1995) 19 E.H.R.R. CD 60
	Ward v. United Kingdom	(1993) 16 E.H.R.R. CD 25
	Wynne v. United Kingdom	(1993) 15 E.H.R.R. CD 16
	Wynne v. United Kingdom	(1995) 19 E.H.R.R. 333
Times Newspapers Ltd and Andrew Neil v. United Kingdom (1992) 14 E.H.R.R. 229	Societe Stenuit v. France	(1992) 14 E.H.R.R. 509
Tinnelly and Sons Ltd v. United Kingdom (1999) 27 E.H.R.R. 249	Fitt v. United Kingdom	(2000) 30 E.H.R.R. 480
	Jasper v. United Kingdom	(2000) 30 E.H.R.R. 441
	Osman v. United Kingdom	(2000) 29 E.H.R.R. 245
	Rowe and Davis v. United Kingdom	(2000) 30 E.H.R.R. 1
Tolstoy Miloslavsky v. United Kingdom (A/323) (1995) 20 E.H.R.R. 442	A v. United Kingdom	(1999) 27 E.H.R.R. 611
	Baskaya and Okçuoglu v. Turkey	(2001) 31 E.H.R.R 292
	Bladet Tromsø and Stensaas v. Norway	(2000) 29 E.H.R.R. 125
	Goodwin v. United Kingdom	(1996) 22 E.H.R.R. 123
	Grigoriades v. Greece	(1999) 27 E.H.R.R. 464
	Gustafson (Rolf) v. Sweden	(1998) 25 E.H.R.R. 623
	Hashman and Harrup v. United Kingdom	(2000) 30 E.H.R.R. 241
	Khalfaoui v. France	(2001) 31 E.H.R.R 967

Case Referred to	Name of Case	Citation
	Krcmár v. Czech Republic	(2001) 31 E.H.R.R 953
	Nilsen and Johnsen v. Norway	(2000) 30 E.H.R.R. 878
	Omar v. France	(2000) 29 E.H.R.R. 210
	Sinko v. Slovak Republic	(1999) 27 E.H.R.R. CD 226
	Societe Levage Prestations v. France	(1997) 24 E.H.R.R. 351
	SW v. United Kingdom	(1996) 21 E.H.R.R. 363
	Wingrove v. United Kingdom	(1997) 24 E.H.R.R. 1
	Z v. Finland	(1998) 25 E.H.R.R. 371
Tomasi v. France (A/241–A) (1993) 15 E.H.R.R. 1	Abdoella v. Netherlands	(1995) 20 E.H.R.R. 585
	Acquaviva v. France	(2001) 32 E.H.R.R. 134
	Ahmed v. Austria	(1997) 24 E.H.R.R. 278
	Aït-Mouhoub v. France	(2000) 30 E.H.R.R. 382
	Aksoy v. Turkey	(1997) 23 E.H.R.R. 553
	Chahal v. United Kingdom	(1997) 23 E.H.R.R. 413
	Civet v. France	(2001) 31 E.H.R.R 871
	De Moor v. Belgium	(1994) 18 E.H.R.R. 372
	Diaz Ruano v. Spain	(1995) 19 E.H.R.R. 542
	Erdagoz v. Turkey	(2001) 32 E.H.R.R. 443
	Ferrantelli and Santangelo v. Italy	(1997) 23 E.H.R.R. 288
	Fidan v. Turkey	(2000) 29 E.H.R.R. CD 162
	Hamer v. France	(1997) 23 E.H.R.R. 1
	Herczegfalvy v. Austria	(1993) 15 E.H.R.R. 437
	Hippin v. Austria	(1994) 18 E.H.R.R. CD 93
	Hoang v. France	(1993) 16 E.H.R.R. 53
	Ixion v. France	(1993) 15 E.H.R.R. CD 91
	Klass v. Germany	(1994) 18 E.H.R.R. 305
	Kolompar v. Belgium	(1993) 16 E.H.R.R. 197
	Kurt v. Turkey	(1999) 27 E.H.R.R. 373
	M v. Belgium	(1993) 15 E.H.R.R. CD 22
	Morganti v. France	(1996) 21 E.H.R.R. 34
	Navarra v. France	(1994) 17 E.H.R.R. 594
	Ribitsch v. Austria	(1996) 21 E.H.R.R. 573
	Scott v. Spain	(1997) 24 E.H.R.R. 391
	Selmouni v. France	(2000) 29 E.H.R.R. 403
	Sur v. Turkey	(1998) 25 E.H.R.R. CD 1
	Van Der Tang v. Spain	(1996) 22 E.H.R.R. 363
	W v. Switzerland	(1994) 17 E.H.R.R. 60
	Yagiz v. Turkey	(1996) 22 E.H.R.R. 573
Tonwerke v. Austria (1984) 6 E.H.R.R. 147	App. No. 11620/85 v. Iceland	(1987) 9 E.H.R.R. 151
	Lithgow v. United Kingdom	(1985) 7 E.H.R.R. 56
	Perez Mahia v. Spain	(1987) 9 E.H.R.R. 145
Toth v. Austria (A/224) (1992) 14 E.H.R.R. 551	Assenov v. Bulgaria	(1999) 28 E.H.R.R. 652
	Caballero v. United Kingdom	(2000) 30 E.H.R.R. 643
	Herczegfalvy v. Austria	(1993) 15 E.H.R.R. 437
	Khan v. United Kingdom	(1996) 21 E.H.R.R. CD 67
	Melin v. France	(1994) 17 E.H.R.R. 1
	Morganti v. France	(1996) 21 E.H.R.R. 34
	Navarra v. France	(1994) 17 E.H.R.R. 594
	Nikolova v. Bulgaria	(2001) 31 E.H.R.R 64
	Tomasi v. France	(1993) 15 E.H.R.R. 1
Touton, unreported, February 22, 1982	De Varga Hirsch v. France	(1984) 6 E.H.R.R. 126

Case Referred to	Name of Case	Citation
Tre Traktorer AB v. Sweden (A/159) (1991) 13 E.H.R.R. 309	Allan Jacobsson v. Sweden	(1990) 12 E.H.R.R. 56
	Anders and Fredin v. Sweden	(1991) 13 E.H.R.R. 142
	Andersson v. Sweden	(1993) 15 E.H.R.R. CD 64
	Fredin v. Sweden	(1991) 13 E.H.R.R. 784
	GS v. Austria	(2001) 31 E.H.R.R 576
	H v. France	(1990) 12 E.H.R.R. 74
	Musa v. Austria	(1999) 27 E.H.R.R. CD 338
	Ollila v. Finland	(1993) 15 E.H.R.R. CD 101
	Ortenberg v. Austria	(1995) 19 E.H.R.R. 524
	Pentidis v. Greece	(1997) 24 E.H.R.R. CD 1
	Pine Valley Developments Ltd v. Ireland	(1992) 14 E.H.R.R. 319
	Pinnacle Meat Processors Co. v. United Kingdom	(1999) 27 E.H.R.R. CD 217
	Procola v. Luxembourg	(1996) 22 E.H.R.R. 193
	Stevens and Knight v. United Kingdom	(1999) 27 E.H.R.R. CD 138
	Tinnelly & Sons Ltd v. United Kingdom	(1999) 27 E.H.R.R. 249
	Van de Hurk v. Netherlands	(1994) 18 E.H.R.R. 481
	Zacher v. Germany	(1996) 22 E.H.R.R. CD 136
	Zander v. Sweden	(1994) 18 E.H.R.R. 175
Triggiani v. Italy (A/197–B), February 19, 1991	Mansur v. Turkey	(1995) 20 E.H.R.R. 535
Tripodi v. Italy (A/281–B) (1994) 18 E.H.R.R. 295	Lobo Machado v. Portugal	(1997) 23 E.H.R.R. 79
Trombelta v. Italy, September 2, 1997	Huber v. France	(1998) 26 E.H.R.R. 457
	Pierre-Bloch v. France	(1998) 26 E.H.R.R. 202
Trustees of the late Duke of Westminster v. United Kingdom (1983) 5 E.H.R.R. 440	Lithgow v. United Kingdom	(1983) 5 E.H.R.R. 491
Tsirlis and Kouloumpas v. Greece (1998) 25 E.H.R.R. 198	Georgiadis v. Greece	(1997) 24 E.H.R.R. 606
	Perks v. United Kingdom	(2000) 30 E.H.R.R. 33
	Riera Blume v. Spain	(2000) 30 E.H.R.R. 632
Tsomtos v. Greece, unreported, November 15, 1996	Iatridis v. Greece	(2000) 30 E.H.R.R. 97
	Papachelas v. Greece	(2000) 30 E.H.R.R. 923
Tusa v. Italy (A/231–D), unreported	Garyfallou Aebe v. Greece	(1999) 28 E.H.R.R. 344
	Lombardo v. Italy	(1996) 21 E.H.R.R. 188
	Salesi v. Italy	(1998) 26 E.H.R.R. 187
Tyrer v. United Kingdom (A/26) (1979–80) 2 E.H.R.R. 1	A v. United Kingdom	(1999) 27 E.H.R.R. 611
	Aerts v. Belgium	(2000) 29 E.H.R.R. 50
	Aksoy v. Turkey	(1997) 23 E.H.R.R. 553
	App. No. 9119/80 v. United Kingdom	(1986) 8 E.H.R.R. 47
	B v. France	(1993) 16 E.H.R.R. 1
	B v. United Kingdom	(1984) 6 E.H.R.R. 204
	Campbell and Cosans v. United Kingdom	(1981) 3 E.H.R.R. 531

Case Referred to	Name of Case	Citation
	Campbell and Cosans v. United Kingdom	(1982) 4 E.H.R.R. 293
	Costello-Roberts v. United Kingdom	(1995) 19 E.H.R.R. 112
	Council of Civil Service Unions v. United Kingdom	(1988) 10 E.H.R.R. 269
	Deumeland v. Germany	(1986) 8 E.H.R.R. 448
	Dudgeon v. United Kingdom	(1982) 4 E.H.R.R. 149
	Feldbrugge v. Netherlands	(1986) 8 E.H.R.R. 425
	Guzzardi v. Italy	(1981) 3 E.H.R.R. 333
	HLR v. France	(1998) 26 E.H.R.R. 29
	Klass v. Germany	(1994) 18 E.H.R.R. 305
	Klavdianos v. Greece	(2000) 29 E.H.R.R. CD 199
	Koskinen v. Finland	(1994) 18 E.H.R.R. CD 146
	Loizidou v. Turkey	(1995) 20 E.H.R.R. 99
	Marckx v. Belgium	2 E.H.R.R. 330
	Matthews v. United Kingdom	(1999) 28 E.H.R.R. 361
	McFeeley v. United Kingdom	(1981) 3 E.H.R.R. 161
	McVeigh, O'Neill and Evans v. United Kingdom	(1983) 5 E.H.R.R. 71
	Piermont v. France	(1995) 20 E.H.R.R. 301
	Raidl v. Austria	(1995) 20 E.H.R.R. CD 114
	Raninen v. Finland	(1998) 26 E.H.R.R. 563
	Raninen v. Finland	(1998) 26 E.H.R.R. 563
	Ribitsch v. Austria	(1996) 21 E.H.R.R. 573
	Rubinat v. Italy	(1985) 7 E.H.R.R. 512
	Selmouni v. France	(2000) 29 E.H.R.R. 403
	Skoogsrtöm v. Sweden	(1985) 7 E.H.R.R. 263
	Smith and Grady v. United Kingdom	(1999) 27 E.H.R.R. CD 42
	Smith and Grady v. United Kingdom	(2000) 29 E.H.R.R. 493
	Soering v. United Kingdom	(1989) 11 E.H.R.R. 439
	Sutherland v. United Kingdom	(1997) 24 E.H.R.R. CD 22
	Tomasi v. France	(1993) 15 E.H.R.R. 1
	X (Mr and Mrs) v. United Kingdom	(1985) 7 E.H.R.R. 450
	Y v. United Kingdom	(1994) 17 E.H.R.R. 238
Umlauft v. Austria (A/328–B) (1996) 22 E.H.R.R. 76	Malige v. France	(1999) 28 E.H.R.R. 578
	Mauer v. Austria	(1998) 25 E.H.R.R. 91
Union Alimentaria Sanders SA v. Spain (1990) 12 E.H.R.R. 24	B v. Austria	(1991) 13 E.H.R.R. 20
	H v. France	(1990) 12 E.H.R.R. 74
	Pammel v. Germany	(1998) 26 E.H.R.R. 100
	Ruiz-Mateos v. Spain	(1993) 16 E.H.R.R. 505
	Santilli v. Italy	(1992) 14 E.H.R.R. 421
United Communist Party of Turkey v. Turkey (1998) 26 E.H.R.R. 121	Ahmed v. United Kingdom	(2000) 29 E.H.R.R. 1
	Chassagnou v. France	(2000) 29 E.H.R.R. 615
	Incal v. Turkey	(2000) 29 E.H.R.R. 449
	Lehideux and Isorni v. France	(2000) 30 E.H.R.R. 665
	Matthews v. United Kingdom	(1999) 28 E.H.R.R. 361
	Nilsen and Johnsen v. Norway	(2000) 30 E.H.R.R. 878
	Özdep v. Turkey	(2001) 31 E.H.R.R 674
	Schimanek v. Austria	(2000) 29 E.H.R.R. CD 250
	Sidiropoulos v. Greece	(1999) 27 E.H.R.R. 633
	Socialist Party v. Turkey	(1999) 27 E.H.R.R. 51
	Tanrikulu v. Turkey	(2000) 30 E.H.R.R. 950

Case Referred to	Name of Case	Citation
	Yasa v. Turkey	(1999) 28 E.H.R.R. 408
Unterpertinger v. Austria (A/110) (1991) 13 E.H.R.R. 175	Asch v. Austria	(1993) 15 E.H.R.R. 597
	B v. France	(1993) 16 E.H.R.R. 1
	Barbera, Messegue and Jabardo v. Spain	(1989) 11 E.H.R.R. 360
	Botten v. Norway	(2001) 32 E.H.R.R. 37
	Bricmont v. Belgium	(1990) 12 E.H.R.R. 217
	Cardot v. France	(1991) 13 E.H.R.R. 853
	Delta v. France	(1993) 16 E.H.R.R. 574
	Doorson v. Netherlands	(1996) 22 E.H.R.R. 330
	Ferrantelli and Santangelo v. Italy	(1997) 23 E.H.R.R. 288
	H.F. v. Austria	(1995) 20 E.H.R.R. CD 68
	Inze v. Austria	(1988) 10 E.H.R.R. 394
	Kostovski v. Netherlands	(1990) 12 E.H.R.R. 434
	Lüdi v. Switzerland	(1993) 15 E.H.R.R. 173
	MK v. Austria	(1997) 24 E.H.R.R. CD 59
	R.O. v. United Kingdom	(1994) 18 E.H.R.R. CD 212
Uppal v. United Kingdom (1981) 3 E.H.R.R. 391	App. No. 9369/81 v. United Kingdom	(1983) 5 E.H.R.R. 601
	App. No. 9441/81 v. United Kingdom	(1983) 5 E.H.R.R. 289
	Lalljee v. United Kingdom	(1986) 8 E.H.R.R. 84
	Lukka v. United Kingdom	(1987) 9 E.H.R.R. 552
Vacher v. France (1997) 24 E.H.R.R. 482	Grof v. Austria	(1998) 25 E.H.R.R. CD 39
	Higgins v. France	(1999) 27 E.H.R.R. 703
Vallee v. France (A/289) (1994) 18 E.H.R.R. 549	A v. Denmark	(1996) 22 E.H.R.R. 458
	Demai v. France	(1995) 20 E.H.R.R. 90
	F.E. v. France	(2000) 29 E.H.R.R. 591
	Hokkanen v. Finland	(1995) 19 E.H.R.R. 139
	Marlhens v. France	(1996) 21 E.H.R.R. 502
	Marlhens v. France	(1996) 22 E.H.R.R. 285
	Pailot v. France	(2000) 30 E.H.R.R. 328
	Papachelas v. Greece	(2000) 30 E.H.R.R. 923
Vallon v. France	Motta v. Italy	(1992) 14 E.H.R.R. 432
Valmont v. United Kingdom, unreported, March 23, 1999	Cornwell v. United Kingdom	(1999) 27 E.H.R.R. CD 62
	Cornwell v. United Kingdom	(2000) 29 E.H.R.R. CD 30
Valsamis v. Greece (1997) 24 E.H.R.R. 294	Buscarini v. San Marino	(2000) 30 E.H.R.R. 208
	Camenzind v. Switzerland	(1999) 28 E.H.R.R. 458
Van de Hurk v. Netherlands (A/288) (1994) 18 E.H.R.R. 481	British American Tobacco Co. Ltd v. Netherlands	(1996) 21 E.H.R.R. 409
	Cooke v. Austria	(1997) 23 E.H.R.R. CD 70
	De Haan v. Netherlands	(1998) 26 E.H.R.R. 417
	Driemond Bouw BV v. Netherlands	(1999) 28 E.H.R.R. CD 135
	Findlay v. United Kingdom	(1997) 24 E.H.R.R. 221
	Fischer v. Austria	(1995) 20 E.H.R.R. 349
	Garcia Ruiz v. Spain	(2001) 31 E.H.R.R 589
	GS v. Austria	(2001) 31 E.H.R.R 576
	Helle v. Finland	(1998) 26 E.H.R.R. 159
	Higgins v. France	(1999) 27 E.H.R.R. 703

Case Referred to	Name of Case	Citation
	Hins and Hugenholtz v. Netherlands	(1996) 21 E.H.R.R. CD 124
	Hiro Balani v. Spain	(1995) 19 E.H.R.R. 566
	Hornsby v. Greece	(1997) 24 E.H.R.R. 250
	Janssen v. Germany	(1999) 27 E.H.R.R. CD 91
	JS v. Netherlands	(1995) 20 E.H.R.R. CD 41
	Prinz v. Austria	(1997) 23 E.H.R.R. CD 50
	Procola v. Luxembourg	(1996) 22 E.H.R.R. 193
	Ruiz Torija v. Spain	(1995) 19 E.H.R.R. 553
	Schouten and Meldrum v. Netherlands	(1995) 19 E.H.R.R. 432
Van Der Leer v. Netherlands (1989) 11 E.H.R.R. 413	Jocabus Keus v. Netherlands	(1991) 13 E.H.R.R. 109
	Jonas Mohamed Rafiek Koendjbiharie v. Netherlands	(1991) 13 E.H.R.R. 118
Van Der Leer v. Netherlands (A/170) (1990) 12 E.H.R.R. 567	Benham v. United Kingdom	(1996) 22 E.H.R.R. 293
	Day v. Italy	(1998) 26 E.H.R.R. CD 174
	Fox, Campbell and Hartley v. United Kingdom	(1991) 13 E.H.R.R. 157
	Herczegfalvy v. Austria	(1993) 15 E.H.R.R. 437
	Koendjbiharie v. Netherlands	(1991) 13 E.H.R.R. 820
	Musial v. Poland	(2001) 31 E.H.R.R 720
	Quinn v. France	(1996) 21 E.H.R.R. 529
	Raninen v. Finland	(1998) 26 E.H.R.R. 563
	Ravnsborg v. Sweden	(1994) 18 E.H.R.R. 38
	Riera Blume v. Spain	(2000) 30 E.H.R.R. 632
	Scott v. Spain	(1997) 24 E.H.R.R. 391
	Tejedor Garcia v. Spain	(1998) 26 E.H.R.R. 440
	Tsirlis and Kouloumpas v. Greece	(1996) 21 E.H.R.R. CD 30
	Tsirlis and Kouloumpas v. Greece	(1998) 25 E.H.R.R. 198
Van der Mussele v. Belgium (A/70) (1984) 6 E.H.R.R. 163	British American Tobacco Co. Ltd v. Netherlands	(1996) 21 E.H.R.R. 409
	Burton v. United Kingdom	(1996) 22 E.H.R.R. CD 134
	Carlin v. United Kingdom	(1998) 25 E.H.R.R. CD 75
	Casado Coca v. Spain	(1994) 18 E.H.R.R. 1
	Cesomoravska Myslivecka Jednota v. Czech Republic	(1999) 28 E.H.R.R. CD 152
	Costello-Roberts v. United Kingdom	(1995) 19 E.H.R.R. 112
	Crabtree v. United Kingdom	(1997) 23 E.H.R.R. CD 202
	G v. Netherlands	(1993) 16 E.H.R.R. CD 38
	H v. Belgium	(1988) 10 E.H.R.R. 339
	JS v. Netherlands	(1995) 20 E.H.R.R. CD 41
	Kappa Kanzlei und Burobetriebs GmbH v. Austria	(1999) 27 E.H.R.R. CD 300
	Kara v. United Kingdom	(1999) 27 E.H.R.R. CD 272
	Krug Von Nidda und Von Falkenstein v. Germany	(1997) 23 E.H.R.R. CD 60
	Lindsay v. United Kingdom	(1987) 9 E.H.R.R. 555
	Lithgow v. United Kingdom	(1985) 7 E.H.R.R. 56
	Mann v. Germany	(1996) 22 E.H.R.R. CD 157
	Musa v. Austria	(1999) 27 E.H.R.R. CD 338
	Paruszweska v. Poland	(1998) 25 E.H.R.R. CD 175

Case Referred to	Name of Case	Citation
	Pressos Compania Naviera SA v. Belgium	(1996) 21 E.H.R.R. 301
	Rasmussen v. Denmark	(1985) 7 E.H.R.R. 371
	Reitmayr v. Austria	(1995) 20 E.H.R.R. CD 89
	Saszmann v. Austria	(1997) 23 E.H.R.R. CD 46
	Schmidt v. Germany	(1994) 18 E.H.R.R. 513
	Spadea and Scalabrino v. Italy	(1996) 21 E.H.R.R. 482
	Spöttl v. Austria	(1996) 22 E.H.R.R. CD 88
	Stamoulakatos v. Greece and United Kingdom	(1996) 21 E.H.R.R. CD 77
	Stubbings v. United Kingdom	(1995) 19 E.H.R.R. CD 32
	Stubbings v. United Kingdom	(1997) 23 E.H.R.R. 213
	Weidlich v. Germany	(1996) 22 E.H.R.R. CD 55
Van Der Sluijs, Zuiderveld and Klappe v. Netherlands (A/78) (1991) 13 E.H.R.R. 461	Brincat v. Italy	(1993) 16 E.H.R.R. 591
	Duinhof and Duijf v. Netherlands	(1991) 13 E.H.R.R. 478
	Hood v. United Kingdom	(2000) 29 E.H.R.R. 365
	Inze v. Austria	(1988) 10 E.H.R.R. 394
	Koster v. Netherlands	(1992) 14 E.H.R.R. 396
	Pauwels v. Belgium	(1989) 11 E.H.R.R. 238
	Ruga v. Italy	(1988) 10 E.H.R.R. 532
Van Der Tang v. Spain (1996) 22 E.H.R.R. 363	Mikulski v. Poland	(2000) 29 E.H.R.R. CD 64
	Scott v. Spain	(1997) 24 E.H.R.R. 391
Van Droogenbroeck v. Netherlands, 2 E.H.R.R. 387	Ashingdane v. United Kingdom	(1985) 7 E.H.R.R. 528
Van Droogenbroeck v. Belgium (A/50) (1982) 4 E.H.R.R. 443	Aerts v. Belgium	(2000) 29 E.H.R.R. 50
	App. No. 9107/80 v. Belgium	(1983) 5 E.H.R.R. 282
	App. No. 9107/80 v. Belgium	(1984) 6 E.H.R.R. 330
	App. No. 9659/82 v. United Kingdom	(1986) 8 E.H.R.R. 274
	App. No. 11082/84 v. Belgium	(1987) 9 E.H.R.R. 149
	B v. Austria	(1991) 13 E.H.R.R. 20
	B.M. v. United Kingdom	(1984) 6 E.H.R.R. 592
	Benthem v. Netherlands	(1986) 8 E.H.R.R. 1
	Borgers v. Belgium	(1993) 15 E.H.R.R. 92
	Boumar v. Belgium	(1989) 11 E.H.R.R. 1
	Bozano v. France	(1987) 9 E.H.R.R. 297
	Caballero v. United Kingdom	(2000) 30 E.H.R.R. 643
	Campbell and Fell v. United Kingdom	(1985) 7 E.H.R.R. 165
	De Varga Hirsch v. France	(1984) 6 E.H.R.R. 126
	Drozd and Janousek v. France and Spain	(1992) 14 E.H.R.R. 745
	Duinhof and Duijf v. Netherlands	(1991) 13 E.H.R.R. 478
	E v. Norway	(1994) 17 E.H.R.R. 30
	Eckle v. Germany	(1983) 5 E.H.R.R. 1
	Eriksen v. Norway	(2000) 29 E.H.R.R. 328
	Feldbrugge v. Netherlands	(1991) 13 E.H.R.R. 571
	Herczegfalvy v. Austria	(1993) 15 E.H.R.R. 437
	Iribarne Perez v. France	(1996) 22 E.H.R.R. 153
	Jocabus Keus v. Netherlands	(1991) 13 E.H.R.R. 109
	Jonas Mohamed Rafiek Koendjbiharie v. Netherlands	(1991) 13 E.H.R.R. 118
	Keus v. Netherlands	(1991) 13 E.H.R.R. 700

Case Referred to	Name of Case	Citation
	Koendjbiharie v. Netherlands	(1991) 13 E.H.R.R. 820
	Kolompar v. Belgium	(1993) 16 E.H.R.R. 197
	Luberti v. Italy	(1984) 6 E.H.R.R. 440
	Malone v. United Kingdom	(1985) 7 E.H.R.R. 14
	Powell and Rayner v. United Kingdom	(1990) 12 E.H.R.R. 288
	Sakik v. Turkey	(1998) 26 E.H.R.R. 662
	Silver v. United Kingdom	(1983) 5 E.H.R.R. 347
	Sporrong and Lönnroth v. Sweden	(1983) 5 E.H.R.R. 35
	Thynne, Wilson and Gunnell v. United Kingdom	(1991) 13 E.H.R.R. 135
	Thynne, Wilson and Gunnell v. United Kingdom	(1991) 13 E.H.R.R. 666
	Van Der Sluijs, Zuiderveld and Klappe v. Netherlands	(1991) 13 E.H.R.R. 461
	Van Droogenbroeck v. Belgium	(1991) 13 E.H.R.R. 546
	Van Droogenbroeck v. Belgium (Art. 50)	(1984) 6 E.H.R.R. 50
	Vilvarajah v. United Kingdom	(1992) 14 E.H.R.R. 248
	Weeks v. United Kingdom	(1985) 7 E.H.R.R. 436
	Weeks v. United Kingdom	(1988) 10 E.H.R.R. 293
	Weeks v. United Kingdom	(1991) 13 E.H.R.R. 435
	Welch v. United Kingdom	(1995) 20 E.H.R.R. 247
	Wynne v. United Kingdom	(1995) 19 E.H.R.R. 333
Van Droogenbroeck v. Belgium (Art. 50) (1984) 6 E.H.R.R. 50	De Jong, Baljet and Van Den Brink v. Netherlands	(1986) 8 E.H.R.R. 20
	Luberti v. Italy	(1984) 6 E.H.R.R. 440
Van Droogenbroeck v. Belgium (1991) 13 E.H.R.R. 546	Nikolova v. Bulgaria	(2001) 31 E.H.R.R 64
Van Geyseghem v. Belgium, unreported	Ninn-Hansen v. Denmark	(1999) 28 E.H.R.R. CD 96
	Özdep v. Turkey	(2001) 31 E.H.R.R 674
Van Marle v. Netherlands (A/101) (1986) 8 E.H.R.R. 483	Anders and Fredin v. Sweden	(1991) 13 E.H.R.R. 142
	Argento v. Italy	(1999) 28 E.H.R.R. 719
	Balmer-Schafroth v. Switzerland	(1998) 25 E.H.R.R. 598
	Bodén v. Sweden	(1988) 10 E.H.R.R. 367
	Greenpeace Schweiz v. Switzerland	(1997) 23 E.H.R.R. CD 116
	H v. Belgium	(1988) 10 E.H.R.R. 339
	Holy Monastries v. Greece	(1995) 20 E.H.R.R. 1
	Iatridis v. Greece	(2000) 30 E.H.R.R. 97
	Keegan v. Ireland	(1994) 18 E.H.R.R. 342
	Kraska v. Switzerland	(1994) 18 E.H.R.R. 188
	McMichael v. United Kingdom	(1995) 20 E.H.R.R. 205
	Oerlemans v. Netherlands	(1993) 15 E.H.R.R. 561
	Pressos Compania Naviera SA v. Belgium	(1996) 21 E.H.R.R. 301
	Pudas v. Sweden	(1988) 10 E.H.R.R. 380
	Stefan v. United Kingdom	(1998) 25 E.H.R.R. CD 130
	Tre Traktörer AB v. Sweden	(1990) 12 E.H.R.R. 128
	Werner v. Poland	(1998) 25 E.H.R.R. CD 61

Case Referred to	Name of Case	Citation
Van Mechelen v. Netherlands (1998) 25 E.H.R.R. 647	Fitt v. United Kingdom	(2000) 30 E.H.R.R. 480
	J.W.V. v. Netherlands	(1999) 27 E.H.R.R. CD 296
	Jasper v. United Kingdom	(2000) 30 E.H.R.R. 441
	Rowe and Davis v. United Kingdom	(2000) 30 E.H.R.R. 1
	Teixeira de Castro v. Portugal	(1999) 28 E.H.R.R. 101
	Verdam v. Netherlands	(1999) 28 E.H.R.R. CD 161
	Wanyonyi v. United Kingdom	(1999) 27 E.H.R.R. CD 195
Van Oosterwijck v. Belgium (A/40) (1981) 3 E.H.R.R. 557	Ahmet Sadik v. Greece	(1997) 24 E.H.R.R. 323
	Akdivar v. Turkey	(1997) 23 E.H.R.R. 143
	App. No. 9532/81 v. United Kingdom	(1984) 6 E.H.R.R. 603
	App. No. 9843/82 v. United Kingdom	(1983) 5 E.H.R.R. 488
	B v. France	(1993) 16 E.H.R.R. 1
	Botten v. Norway	(2001) 32 E.H.R.R. 37
	Bozano v. France	(1987) 9 E.H.R.R. 297
	Brozicek v. Italy	(1990) 12 E.H.R.R. 371
	Campbell and Fell v. United Kingdom	(1985) 7 E.H.R.R. 165
	Cardot v. France	(1991) 13 E.H.R.R. 853
	Corigliano v. Italy	(1983) 5 E.H.R.R. 334
	Cossey v. United Kingdom	(1991) 13 E.H.R.R. 622
	De Cubber v. Belgium	(1985) 7 E.H.R.R. 236
	De Jong, Baljet and Van Den Brink v. Netherlands	(1986) 8 E.H.R.R. 20
	Farrell v. United Kingdom	(1983) 5 E.H.R.R. 466
	Foti v. Italy	(1983) 5 E.H.R.R. 313
	Lehtinen v. Finland	(2000) 29 E.H.R.R. CD 204
	Mentes v. Turkey	(1998) 26 E.H.R.R. 595
	Ouattara v. United Kingdom	(1998) 25 E.H.R.R. CD 167
	Rees v. United Kingdom	(1985) 7 E.H.R.R. 429
	Scotts of Greenock Ltd v. United Kingdom (App. No. 9482/81)	(1986) 8 E.H.R.R. 288
	Selmouni v. France	(2000) 29 E.H.R.R. 403
	Slavgorodski v. Estonia	(1999) 28 E.H.R.R. CD 181
	Vosper plc v. United Kingdom	(1983) 5 E.H.R.R. 496
	X, Y and Z v. United Kingdom	(1997) 24 E.H.R.R. 143
Van Orshoven v. Belgium (1998) 26 E.H.R.R. 55	Belziuk v. Poland	(2000) 30 E.H.R.R. 614
	Çiraklar v. Turkey	(2001) 32 E.H.R.R. 535
	JJ v. Netherlands	(1999) 28 E.H.R.R. 168
	Reinhardt and Slimane-Kaid v. France	(1999) 28 E.H.R.R. 59
Vasilescu v. Romania (1998) 28 E.H.R.R. 241	McGonnell v. United Kingdom	(2000) 30 E.H.R.R. 289
	Ogur v. Turkey	(2001) 31 E.H.R.R 912
Veit v. Germany	Steinlechner v. Austria	(1989) 11 E.H.R.R. 77
Velosa Barreto v. Portugal (A/334), unreported	X, Y and Z v. United Kingdom	(1997) 24 E.H.R.R. 143
Venditelli v. Italy	Stran Greek Refineries and Stratis Andreadis v. Greece	(1995) 19 E.H.R.R. 293

Case Referred to	Name of Case	Citation
Vereinigung Demokratischer Soldaten Osterreichs and Gubi v Austria (A/302) (1995) 20 E.H.R.R. 56	Ahmet Sadik v. Greece	(1997) 24 E.H.R.R. 323
	Camenzind v. Switzerland	(1999) 28 E.H.R.R. 458
	Comingersoll SA v. Portugal	(2001) 31 E.H.R.R 772
	Fischer v. Austria	(1995) 20 E.H.R.R. 349
	Grigoriades v. Greece	(1999) 27 E.H.R.R. 464
	Incal v. Turkey	(2000) 29 E.H.R.R. 449
	Janowski v. Poland	(2000) 29 E.H.R.R. 705
	K and T v. Finland	(2001) 31 E.H.R.R 484
	Larissis v. Greece	(1999) 27 E.H.R.R. 329
	Lehideux and Isorni v. France	(2000) 30 E.H.R.R. 665
	Lustig-Prean and Beckett v. United Kingdom	(2000) 29 E.H.R.R. 548
	Oberschlick v. Austria (No. 2)	(1998) 25 E.H.R.R. 357
	Prager and Oberschlick v. Austria	(1996) 21 E.H.R.R. 1
	Saszmann v. Austria	(1997) 23 E.H.R.R. CD 46
	Smith and Grady v. United Kingdom	(2000) 29 E.H.R.R. 493
	Wille v. Liechtenstein	(2000) 30 E.H.R.R. 564
	Worm v. Austria	(1998) 25 E.H.R.R. 454
Vereniging Weekblad *Bluf!* v. Netherlands (1995) 20 E.H.R.R. 189	Bladet Tromsø and Stensaas v. Norway	(2000) 29 E.H.R.R. 125
	Fressoz and Roire v. France	(2001) 31 E.H.R.R 28
	Incal v. Turkey	(2000) 29 E.H.R.R. 449
Vermeire v. Belgium (A/214C) (1993) 15 E.H.R.R. 488	Dublin Well Woman Centre Ltd v. Ireland	(1997) 23 E.H.R.R. CD 125
Vermeulen v. Belgium, unreported, February 20, 1996	Incal v. Turkey	(2000) 29 E.H.R.R. 449
	JJ v. Netherlands	(1999) 28 E.H.R.R. 168
	Mantovanelli v. France	(1997) 24 E.H.R.R. 370
	Nideröst-Huber v. Switzerland	(1998) 25 E.H.R.R. 709
	Reinhardt and Slimane-Kaid v. France	(1999) 28 E.H.R.R. 59
	Van Orshoven v. Belgium	(1998) 26 E.H.R.R. 55
	Werner and Szucs v. Austria	(1998) 26 E.H.R.R. 310
Vernillo v. France (A/198) (1991) 13 E.H.R.R. 880	A v. Denmark	(1996) 22 E.H.R.R. 458
	Acquaviva v. France	(2001) 32 E.H.R.R. 134
	Akdivar v. Turkey	(1997) 23 E.H.R.R. 143
	Allenet De Ribemont v. France	(1995) 20 E.H.R.R. 557
	Avis Enterprises v. Greece	(1998) 26 E.H.R.R. CD 21
	Civet v. France	(2001) 31 E.H.R.R 871
	Darnell v. United Kingdom	(1994) 18 E.H.R.R. 205
	De Moor v. Belgium	(1994) 18 E.H.R.R. 372
	Duclos v. France	(2001) 32 E.H.R.R. 86
	E.P. v. Slovak Republic	(1999) 27 E.H.R.R. CD 231
	F.M. v. Italy	(1994) 18 E.H.R.R. 570
	Funke v. France	(1993) 16 E.H.R.R. 297
	GS v. Austria	(2001) 31 E.H.R.R 576
	Guillemin v. France	(1998) 25 E.H.R.R. 435
	Hentrich v. France	(1994) 18 E.H.R.R. 440
	Hokkanen v. Finland	(1995) 19 E.H.R.R. 139
	Huber v. France	(1998) 26 E.H.R.R. 457
	Istituto di Vigilanza v. Italy	(1994) 18 E.H.R.R. 367
	JS v. Netherlands	(1995) 20 E.H.R.R. CD 41
	Katikaridis v. Greece	(2001) 32 E.H.R.R. 113

Case Referred to	Name of Case	Citation
	Katte Klitsche de la Grange v. Italy	(1995) 19 E.H.R.R. 368
	Le Calvez v. France	(2001) 32 E.H.R.R. 481
	Lehtinen v. Finland	(2000) 29 E.H.R.R. CD 204
	Lombardo v. Italy	(1996) 21 E.H.R.R. 188
	Massa v. Italy	(1994) 18 E.H.R.R. 266
	Matter v. Slovakia	(2001) 31 E.H.R.R 783
	Mavronichis v. Cyprus	(2001) 31 E.H.R.R 1186
	Monnet v. France	(1994) 18 E.H.R.R. 27
	Myszk v. Poland	(1998) 26 E.H.R.R. CD 76
	Navarra v. France	(1994) 17 E.H.R.R. 594
	Neigel v. France	(2000) 30 E.H.R.R. 310
	Osteo Deutschland GmbH v. Germany	(1999) 28 E.H.R.R. CD 50
	Paccione v. Italy	(1995) 20 E.H.R.R. 396
	Pafitis v. Greece	(1999) 27 E.H.R.R. 566
	Pammel v. Germany	(1998) 26 E.H.R.R. 100
	Papachelas v. Greece	(2000) 30 E.H.R.R. 923
	Philis v. Greece (No. 2)	(1998) 25 E.H.R.R. 417
	Salesi v. Italy	(1998) 26 E.H.R.R. 187
	Scherer v. Switzerland	(1994) 18 E.H.R.R. 276
	Schouten and Meldrum v. Netherlands	(1995) 19 E.H.R.R. 432
	Scopelliti v. Italy	(1994) 17 E.H.R.R. 493
	Scuderi v. Italy	(1995) 19 E.H.R.R. 187
	Selmouni v. France	(2000) 29 E.H.R.R. 403
	Silva Pontes v. Portugal	(1994) 18 E.H.R.R. 156
	Sinko v. Slovak Republic	(1999) 27 E.H.R.R. CD 226
	Stran Greek Refineries and Stratis Andreadis v. Greece	(1995) 19 E.H.R.R. 293
	Süßmann v. Germany	(1998) 25 E.H.R.R. 65
	Tennenbaum v. Sweden	(1994) 18 E.H.R.R. CD 41
	Zielinski v. France	(2001) 31 E.H.R.R 532
Vidal v. Belgium, unreported, April 22, 1992	Cavlun v. Netherlands	(1999) 27 E.H.R.R. CD 310
	Edwards v. United Kingdom	(1993) 15 E.H.R.R. 417
	Fitt v. United Kingdom	(2000) 30 E.H.R.R. 480
	Fressoz and Roire v. France	(2001) 31 E.H.R.R 28
	H.A.R. v. Austria	(1999) 27 E.H.R.R. CD 330
	H.F. v. Austria	(1995) 20 E.H.R.R. CD 68
	Jasper v. United Kingdom	(2000) 30 E.H.R.R. 441
	Kennedy v. United Kingdom	(1999) 27 E.H.R.R. CD 266
	Klass v. Germany	(1994) 18 E.H.R.R. 305
	Lüdi v. Switzerland	(1993) 15 E.H.R.R. 173
	MK v. Austria	(1997) 24 E.H.R.R. CD 59
	Ninn-Hansen v. Denmark	(1999) 28 E.H.R.R. CD 96
	Pesti and Frodl v. Austria	(2000) 29 E.H.R.R. CD 229
	Rowe and Davis v. United Kingdom	(2000) 30 E.H.R.R. 1
	Serif v. Greece	(1999) 28 E.H.R.R. CD 227
Viero v. Italy, September 2, 1997	Huber v. France	(1998) 26 E.H.R.R. 457
	Pierre-Bloch v. France	(1998) 26 E.H.R.R. 202
Viezzer v. Italy	Imbrioscia v. Switzerland	(1994) 17 E.H.R.R. 441
Vijayanathan v. France; Pusparajah v France (1993) 15 E.H.R.R. 62	Ahmed v. Austria	(1997) 24 E.H.R.R. 278
	F v. United Kingdom	(1996) 22 E.H.R.R. CD 118
	HLR v. France	(1998) 26 E.H.R.R. 29

Case Referred to	Name of Case	Citation
Vilvarajah v. United Kingdom (A/215) (1992) 14 E.H.R.R. 248	A and Family v. Spain	(1994) 18 E.H.R.R. CD 209
	A.T. v. United Kingdom	(1995) 20 E.H.R.R. CD 59
	Aerts v. Belgium	(2000) 29 E.H.R.R. 50
	Ahmed v. Austria	(1997) 24 E.H.R.R. 278
	Air Canada v. United Kingdom	(1995) 20 E.H.R.R. 150
	Andric v. Sweden	(1999) 28 E.H.R.R. CD 218
	Aslan v. Malta	(2000) 29 E.H.R.R. CD 106
	Bahaddar v. Netherlands	(1998) 26 E.H.R.R. 278
	C.N. v. Switzerland	(1999) 27 E.H.R.R. CD 358
	Camenzind v. Switzerland	(1999) 28 E.H.R.R. 458
	Chahal v. United Kingdom	(1994) 18 E.H.R.R. CD 193
	Chahal v. United Kingdom	(1995) 20 E.H.R.R. CD 19
	Chahal v. United Kingdom	(1997) 23 E.H.R.R. 413
	D v. United Kingdom	(1996) 22 E.H.R.R. CD 45
	D v. United Kingdom	(1997) 24 E.H.R.R. 423
	Dougoz v. Greece	(2000) 29 E.H.R.R. CD 147
	Dreshaj v. Finland	(1994) 18 E.H.R.R. CD 213
	G.H.H. v. Turkey	(1999) 28 E.H.R.R. CD 221
	Gül v. Switzerland	(1996) 22 E.H.R.R. 93
	Gustafsson v. Sweden	(1996) 22 E.H.R.R. 409
	HLR v. France	(1998) 26 E.H.R.R. 29
	Incedursun v. Netherlands	(1999) 28 E.H.R.R. CD 54
	Juric v. Sweden	(1999) 27 E.H.R.R. CD 71
	K v. United Kingdom	(1993) 15 E.H.R.R. CD 33
	Korkis v. Sweden	(1999) 27 E.H.R.R. CD 251
	Launder v. United Kingdom	(1998) 25 E.H.R.R. CD 67
	Loizidou v. Turkey	(1995) 20 E.H.R.R. 99
	Milics v. Sweden	(1994) 18 E.H.R.R. CD 222
	Murray v. United Kingdom	(1995) 19 E.H.R.R. 193
	Musasizi v. Sweden	(1994) 18 E.H.R.R. CD 223
	Nsona v. Netherlands	(2001) 32 E.H.R.R. 170
	Ouattara v. United Kingdom	(1998) 25 E.H.R.R. CD 167
	Ould Barar v. Sweden	(1999) 28 E.H.R.R. CD 213
	Ozdemir v. Netherlands	(1999) 27 E.H.R.R. CD 257
	P v. Sweden	(1993) 15 E.H.R.R. CD 95
	Raidl v. Austria	(1995) 20 E.H.R.R. CD 114
	Smith and Grady v. United Kingdom	(1999) 27 E.H.R.R. CD 42
	Smith and Grady v. United Kingdom	(2000) 29 E.H.R.R. 493
	Valsamis v. Greece	(1997) 24 E.H.R.R. 294
	Velita Flores v. Sweden	(1995) 20 E.H.R.R. CD 134
	Vereinigung Demokratischer Soldaten Österreichs and Gubi v. Austria	(1995) 20 E.H.R.R. 56
	Vijayanathan and Pusparajah v. France	(1993) 15 E.H.R.R. 62
	Z v. Switzerland	(1999) 27 E.H.R.R. CD 278
Vocaturo v. Italy(A/206–C), unreported, June 24, 1991	Avis Enterprises v. Greece	(1998) 26 E.H.R.R. CD 21
	Clube de Futebol Uniao de Coimbra v. Portugal	(2000) 29 E.H.R.R. CD 24
	Duclos v. France	(2001) 32 E.H.R.R. 86
	F.M. v. Italy	(1994) 18 E.H.R.R. 570
	GS v. Austria	(2001) 31 E.H.R.R 576
	Huber v. France	(1998) 26 E.H.R.R. 457
	Istituto di Vigilanza v. Italy	(1994) 18 E.H.R.R. 367
	Katikaridis v. Greece	(2001) 32 E.H.R.R. 113
	Le Calvez v. France	(2001) 32 E.H.R.R. 481
	Lombardo v. Italy	(1996) 21 E.H.R.R. 188

Case Referred to	Name of Case	Citation
	Massa v. Italy	(1994) 18 E.H.R.R. 266
	Matter v. Slovakia	(2001) 31 E.H.R.R 783
	Mavronichis v. Cyprus	(2001) 31 E.H.R.R 1186
	Mikulski v. Poland	(2000) 29 E.H.R.R. CD 64
	Neigel v. France	(2000) 30 E.H.R.R. 310
	Paccione v. Italy	(1995) 20 E.H.R.R. 396
	Pafitis v. Greece	(1999) 27 E.H.R.R. 566
	Pailot v. France	(2000) 30 E.H.R.R. 328
	Pammel v. Germany	(1998) 26 E.H.R.R. 100
	Papachelas v. Greece	(2000) 30 E.H.R.R. 923
	Philis v. Greece (No. 2)	(1998) 25 E.H.R.R. 417
	Salesi v. Italy	(1998) 26 E.H.R.R. 187
	Scherer v. Switzerland	(1994) 18 E.H.R.R. 276
	Schouten and Meldrum v. Netherlands	(1995) 19 E.H.R.R. 432
	Scuderi v. Italy	(1995) 19 E.H.R.R. 187
	Süßmann v. Germany	(1998) 25 E.H.R.R. 65
	Thlimmenos v. Greece	(2001) 31 E.H.R.R 411
	X v. France	(1992) 14 E.H.R.R. 483
Vogt v. Germany (A/323) (1996) 21 E.H.R.R. 205	Ahmed v. United Kingdom	(2000) 29 E.H.R.R. 1
	Argento v. Italy	(1999) 28 E.H.R.R. 719
	Bowman v. United Kingdom	(1998) 26 E.H.R.R. 1
	Grigoriades v. Greece	(1999) 27 E.H.R.R. 464
	Gustafsson v. Sweden	(1996) 22 E.H.R.R. 409
	Hashman and Harrup v. United Kingdom	(2000) 30 E.H.R.R. 241
	Huber v. France	(1998) 26 E.H.R.R. 457
	Incal v. Turkey	(2000) 29 E.H.R.R. 449
	Janowski v. Poland	(2000) 29 E.H.R.R. 705
	Kalac v. Turkey	(1999) 27 E.H.R.R. 552
	Lehideux and Isorni v. France	(2000) 30 E.H.R.R. 665
	Lustig-Prean and Beckett v. United Kingdom	(2000) 29 E.H.R.R. 548
	Maillard v. France	(1999) 27 E.H.R.R. 232
	Neigel v. France	(2000) 30 E.H.R.R. 310
	Nilsen and Johnsen v. Norway	(2000) 30 E.H.R.R. 878
	Özdep v. Turkey	(2001) 31 E.H.R.R 674
	Rekvényi v. Hungary	(2000) 30 E.H.R.R. 519
	Smith and Grady v. United Kingdom	(1999) 27 E.H.R.R. CD 42
	Smith and Grady v. United Kingdom	(2000) 29 E.H.R.R. 493
	Socialist Party v. Turkey	(1999) 27 E.H.R.R. 51
	United Communist Party of Turkey v. Turkey	(1998) 26 E.H.R.R. 121
	Wille v. Liechtenstein	(1997) 24 E.H.R.R. CD 45
	Wille v. Liechtenstein	(2000) 30 E.H.R.R. 564
Vogt v. Germany, unreported	Lustig-Prean and Beckett v. United Kingdom (Art. 41)	(2001) 31 E.H.R.R 601
	Smith and Grady v. United Kingdom (Art. 41)	(2001) 31 E.H.R.R 620
Vosper v. United Kingdom, App. No. 9262/81, (1983) 5 E.H.R.R. 496	English Electric Co. v. United Kingdom	(1983) 5 E.H.R.R. 498

Case Referred to	Name of Case	Citation
W v. Switzerland (1994) 17 E.H.R.R. 60	Assenov v. Bulgaria	(1999) 28 E.H.R.R. 652
	Civet v. France	(2001) 31 E.H.R.R 871
	Mitap and Müftüoğlu v. Turkey	(1996) 22 E.H.R.R. 209
	Morganti v. France	(1996) 21 E.H.R.R. 34
W v. United Kingdom (A/121) (1988) 10 E.H.R.R. 29	A and Byrne and Twenty-Twenty Television v. United Kingdom	(1998) 25 E.H.R.R. CD 159
	Air Canada v. United Kingdom	(1995) 20 E.H.R.R. 150
	Allan Jacobsson v. Sweden	(1990) 12 E.H.R.R. 56
	B v. United Kingdom	(1988) 10 E.H.R.R. 87
	Beldjoudi v. France	(1992) 14 E.H.R.R. 801
	Berrehab v. Netherlands	(1989) 11 E.H.R.R. 322
	Bodén v. Sweden	(1988) 10 E.H.R.R. 367
	Bouchelkia v. France	(1998) 25 E.H.R.R. 686
	Boughanemi v. France	(1996) 22 E.H.R.R. 228
	Boujlifa v. France	(2000) 30 E.H.R.R. 419
	Boyle and Rice v. United Kingdom	(1988) 10 E.H.R.R. 425
	Boyle v. United Kingdom	(1995) 19 E.H.R.R. 179
	Buckley v. United Kingdom	(1995) 19 E.H.R.R. CD 20
	Buckley v. United Kingdom	(1997) 23 E.H.R.R. 101
	C v. Belgium	(2001) 32 E.H.R.R. 19
	Campbell v. United Kingdom	(1989) 11 E.H.R.R. 97
	Djeroud v. France	(1992) 14 E.H.R.R. 68
	El Boujaïdi v. France	(2000) 30 E.H.R.R. 223
	Englund v. Sweden	(1999) 27 E.H.R.R. CD 264
	Eriksson v. Sweden	(1990) 12 E.H.R.R. 183
	Fischer v. Austria	(1995) 20 E.H.R.R. 349
	Granger v. United Kingdom	(1990) 12 E.H.R.R. 460
	Gustafson (Rolf) v. Sweden	(1998) 25 E.H.R.R. 623
	Gustafsson v. Sweden	(1996) 22 E.H.R.R. 409
	H v. Belgium	(1988) 10 E.H.R.R. 339
	H v. United Kingdom	(1988) 10 E.H.R.R. 95
	Hentrich v. France	(1994) 18 E.H.R.R. 440
	Hoffmann v. Austria	(1994) 17 E.H.R.R. 293
	Johansen v. Norway	(1997) 23 E.H.R.R. 33
	Kara v. United Kingdom	(1999) 27 E.H.R.R. CD 272
	Keegan v. Ireland	(1994) 18 E.H.R.R. 342
	Khatun v. United Kingdom	(1998) 26 E.H.R.R. CD 212
	Kraska v. Switzerland	(1994) 18 E.H.R.R. 188
	L v. Finland	(2001) 31 E.H.R.R 737
	Lamguindaz v. United Kingdom	(1994) 17 E.H.R.R. 213
	M.L. v. United Kingdom	(1995) 20 E.H.R.R. CD 81
	Mabey v. United Kingdom	(1996) 22 E.H.R.R. CD 123
	Mats Jacobsson v. Sweden	(1991) 13 E.H.R.R. 79
	McMichael v. United Kingdom	(1993) 15 E.H.R.R. CD 80
	McMichael v. United Kingdom	(1995) 20 E.H.R.R. 205
	Mehemi v. France	(2000) 30 E.H.R.R. 739
	Novotny v. Czech Republic	(1999) 27 E.H.R.R. CD 275
	Nyberg v. Sweden	(1992) 14 E.H.R.R. 870
	O v. United Kingdom	(1988) 10 E.H.R.R. 82
	Olsson v. Sweden	(1989) 11 E.H.R.R. 259
	Olsson v. Sweden (No. 2)	(1994) 17 E.H.R.R. 134
	Philis v. Greece	(1991) 13 E.H.R.R. 741
	Pudas v. Sweden	(1988) 10 E.H.R.R. 380
	R.S. v. United Kingdom	(1995) 20 E.H.R.R. CD 98
	Rai, Allmond & "Negotiate Now" v. United Kingdom	(1995) 19 E.H.R.R. CD 93

Case Referred to	Name of Case	Citation
	Rieme v. Sweden	(1993) 16 E.H.R.R. 155
	Smallwood v. United Kingdom	(1999) 27 E.H.R.R. CD 155
	Smith v. United Kingdom	(1998) 25 E.H.R.R. CD 52
	Stjerna v. Finland	(1997) 24 E.H.R.R. 195
	Terra Woningen v. Netherlands	(1997) 24 E.H.R.R. 456
	Van Der Tang v. Spain	(1996) 22 E.H.R.R. 363
	W v. United Kingdom	(1991) 13 E.H.R.R. 453
	Yağci and Sargin v. Turkey	(1995) 20 E.H.R.R. 505
	Z v. Finland	(1998) 25 E.H.R.R. 371
W v. United Kingdom (A/136–C) (1991) 13 E.H.R.R. 453	McMichael v. United Kingdom	(1995) 20 E.H.R.R. 205
Wassink v. Netherlands (A/185–A), unreported, September 27, 1990	Benham v. United Kingdom	(1996) 22 E.H.R.R. 293
	Caballero v. United Kingdom	(2000) 30 E.H.R.R. 643
	Doran v. Netherlands	(1993) 15 E.H.R.R. CD 72
	Erdagoz v. Turkey	(2001) 32 E.H.R.R. 443
	Eriksen v. Norway	(2000) 29 E.H.R.R. 328
	Erkalo v. Netherlands	(1999) 28 E.H.R.R. 509
	Herczegfalvy v. Austria	(1993) 15 E.H.R.R. 437
	Jocabus Keus v. Netherlands	(1991) 13 E.H.R.R. 109
	Johnson v. United Kingdom	(1999) 27 E.H.R.R. 296
	Kemmache v. France (No. 3)	(1995) 19 E.H.R.R. 349
	Keus v. Netherlands	(1991) 13 E.H.R.R. 700
	Loizidou v. Turkey	(1995) 20 E.H.R.R. 99
	Megyeri v. Germany	(1993) 15 E.H.R.R. 584
	Quinn v. France	(1996) 21 E.H.R.R. 529
	Sakik v. Turkey	(1998) 26 E.H.R.R. 662
	Vodenicarov v. Slovak Republic	(1998) 26 E.H.R.R. CD 40
	W v. Netherlands	(1993) 15 E.H.R.R. CD 16
Weber v. Switzerland (A/177) (1990) 12 E.H.R.R. 508	Benham v. United Kingdom	(1996) 22 E.H.R.R. 293
	Chorherr v. Austria	(1994) 17 E.H.R.R. 358
	Demicoli v. Malta	(1992) 14 E.H.R.R. 47
	Escoubet v. Belgium	(2001) 31 E.H.R.R 1034
	Fischer v. Austria	(1995) 20 E.H.R.R. 349
	Garyfallou Aebe v. Greece	(1999) 28 E.H.R.R. 344
	Goodman International and Goodman v. Ireland	(1993) 16 E.H.R.R. CD 26
	Hadjianastassiou v. Greece	(1993) 16 E.H.R.R. 219
	Observer and Guardian v. United Kingdom	(1992) 14 E.H.R.R. 153
	Pauger v. Austria	(1998) 25 E.H.R.R. 105
	Pierre-Bloch v. France	(1998) 26 E.H.R.R. 202
	Putz v. Austria	(2001) 32 E.H.R.R. 271
	Ravnsborg v. Sweden	(1994) 18 E.H.R.R. 38
	Serves v. France	(1999) 28 E.H.R.R. 265
	Societe Stenuit v. France	(1992) 14 E.H.R.R. 509
	Stallinger and Kuso v. Austria	(1998) 26 E.H.R.R. 81
	Sunday Times v. United Kingdom (No. 2)	(1992) 14 E.H.R.R. 229
	Vereniging Weekblad *Bluf!* v. Netherlands	(1995) 20 E.H.R.R. 189
	Werner and Szucs v. Austria	(1998) 26 E.H.R.R. 310
	WR v. Austria	(2001) 31 E.H.R.R 985

Case Referred to	Name of Case	Citation
Webster v. United Kingdom (1982) 4 E.H.R.R. 38	App. No. 9322/81 v. Netherlands	(1983) 5 E.H.R.R. 598
Weeks v. United Kingdom (1985) 7 E.H.R.R. 436	Council of Civil Service Unions v. United Kingdom	(1988) 10 E.H.R.R. 269
Weeks v. United Kingdom (A/114) (1988) 10 E.H.R.R. 293	Baxter v. United Kingdom	(1996) 21 E.H.R.R. CD 64
	Benham v. United Kingdom	(1996) 22 E.H.R.R. 293
	Boumar v. Belgium	(1989) 11 E.H.R.R. 1
	Brogan v. United Kingdom	(1989) 11 E.H.R.R. 117
	Drozd and Janousek v. France and Spain	(1992) 14 E.H.R.R. 745
	DW v. United Kingdom	(1998) 26 E.H.R.R. CD 158
	E v. Norway	(1994) 17 E.H.R.R. 30
	Eriksen v. Norway	(2000) 29 E.H.R.R. 328
	Herczegfalvy v. Austria	(1993) 15 E.H.R.R. 437
	Hussain v. United Kingdom	(1996) 22 E.H.R.R. 1
	Iribarne Perez v. France	(1996) 22 E.H.R.R. 153
	Jocabus Keus v. Netherlands	(1991) 13 E.H.R.R. 109
	Jonas Mohamed Rafiek Koendjbiharie v. Netherlands	(1991) 13 E.H.R.R. 118
	Keus v. Netherlands	(1991) 13 E.H.R.R. 700
	Koendjbiharie v. Netherlands	(1991) 13 E.H.R.R. 820
	Koskinen v. Finland	(1994) 18 E.H.R.R. CD 146
	Lamy v. Belgium	(1989) 11 E.H.R.R. 529
	Megyeri v. Germany	(1993) 15 E.H.R.R. 584
	Monnell and Morris v. United Kingdom	(1988) 10 E.H.R.R. 205
	N v. United Kingdom	(1993) 15 E.H.R.R. CD 47
	Olsson v. Sweden	(1989) 11 E.H.R.R. 259
	Ryan v. United Kingdom	(1999) 27 E.H.R.R. CD 204
	Schenk v. Switzerland	(1991) 13 E.H.R.R. 242
	Schimanek v. Austria	(2000) 29 E.H.R.R. CD 250
	Steel v. United Kingdom	(1999) 28 E.H.R.R. 603
	Thynne, Wilson and Gunnell v. United Kingdom	(1991) 13 E.H.R.R. 135
	Thynne, Wilson and Gunnell v. United Kingdom	(1991) 13 E.H.R.R. 666
	Tsirlis and Kouloumpas v. Greece	(1996) 21 E.H.R.R. CD 30
	Tsirlis and Kouloumpas v. Greece	(1998) 25 E.H.R.R. 198
	V v. United Kingdom	(2000) 30 E.H.R.R. 121
	Weeks v. United Kingdom	(1991) 13 E.H.R.R. 435
	Wynne v. United Kingdom	(1995) 19 E.H.R.R. 333
Welch v. United Kingdom (A/307–A) (1995) 20 E.H.R.R. 247	Adamson v. United Kingdom	(1999) 28 E.H.R.R. CD 209
	Air Canada v. United Kingdom	(1995) 20 E.H.R.R. 150
	Escoubet v. Belgium	(2001) 31 E.H.R.R 1034
	Ibbotson v. United Kingdom	(1999) 27 E.H.R.R. CD 332
	Jamil v. France	(1996) 21 E.H.R.R. 65
	Krone-Verlag Gmbh v. Austria	(1997) 23 E.H.R.R. CD 152
	Malige v. France	(1999) 28 E.H.R.R. 578
Welsh v. United Kingdom (1996) 21 E.H.R.R. 510	Van Orshoven v. Belgium	(1998) 26 E.H.R.R. 55

Case Referred to	Name of Case	Citation
Wemhoff v. Germany (A/7) (1979–80) 1 E.H.R.R. 55	App. No. 9132/80 v. Germany	(1983) 5 E.H.R.R. 470
	App. No. 9429/81 v. Ireland	(1983) 5 E.H.R.R. 507
	App. No. 10135/82 v. Denmark	(1986) 8 E.H.R.R. 226
	App. No. 10263/83 v. Denmark	(1986) 8 E.H.R.R. 60
	App. No. 10527/83 v. Italy	(1986) 8 E.H.R.R. 297
	Ashingdane v. United Kingdom, App. No. 8225/78	(1984) 6 E.H.R.R. 69
	B v. Austria	(1991) 13 E.H.R.R. 20
	Bonnechaux v. Switzerland	(1981) 3 E.H.R.R. 259
	Caballero v. United Kingdom	(2000) 30 E.H.R.R. 643
	Can v. Austria	(1985) 7 E.H.R.R. 421
	Can v. Austria	(1986) 8 E.H.R.R. 14
	Civet v. France	(2001) 31 E.H.R.R 871
	Clooth v. Belgium	(1992) 14 E.H.R.R. 717
	Corigliano v. Italy	(1983) 5 E.H.R.R. 334
	Daktaras v. Lithuania	(2000) 29 E.H.R.R. CD 135
	De Jong, Baljet and Van Den Brink v. Netherlands	(1986) 8 E.H.R.R. 20
	De Varga Hirsch v. France	(1984) 6 E.H.R.R. 126
	De Wilde, Ooms and Versyp v. Belgium (No. 2)	1 E.H.R.R. 438
	Delcourt v. Belgium	1 E.H.R.R. 355
	Deweer v. Belgium	2 E.H.R.R. 439
	Duinhof and Duijf v. Netherlands	(1991) 13 E.H.R.R. 478
	East African Asians v. United Kingdom	(1981) 3 E.H.R.R. 76
	Eckle v. Germany	(1983) 5 E.H.R.R. 1
	Engel v. Netherlands (No. 1)	1 E.H.R.R. 647
	Eriksen v. Norway	(2000) 29 E.H.R.R. 328
	Escoubet v. Belgium	(2001) 31 E.H.R.R 1034
	Farragut v. France	(1986) 8 E.H.R.R. 232
	Ferrantelli and Santangelo v. Italy	(1997) 23 E.H.R.R. 288
	Foti v. Italy	(1983) 5 E.H.R.R. 313
	Golder v. United Kingdom	1 E.H.R.R. 524
	Handyside v. United Kingdom	1 E.H.R.R. 737
	Herczegfalvy v. Austria	(1993) 15 E.H.R.R. 437
	Imbrioscia v. Switzerland	(1994) 17 E.H.R.R. 441
	König v. Germany	2 E.H.R.R. 170
	Letellier v. France	(1992) 14 E.H.R.R. 83
	Mansur v. Turkey	(1995) 20 E.H.R.R. 535
	Matznetter v. Austria	1 E.H.R.R. 198
	Monnell and Morris v. United Kingdom	(1985) 7 E.H.R.R. 579
	Monnell and Morris v. United Kingdom	(1988) 10 E.H.R.R. 205
	Morganti v. France	(1996) 21 E.H.R.R. 34
	Moudefo v. France	(1991) 13 E.H.R.R. 549
	Navarra v. France	(1994) 17 E.H.R.R. 594
	Pudas v. Sweden	(1988) 10 E.H.R.R. 380
	Putz v. Austria	(2001) 32 E.H.R.R. 271
	Ringeisen v. Austria (No. 1)	1 E.H.R.R. 455
	Schiesser v. Switzerland	2 E.H.R.R. 417
	Scott v. Spain	(1997) 24 E.H.R.R. 391
	Stögmüler v. Austria	1 E.H.R.R. 155
	Sunday Times v. United Kingdom	2 E.H.R.R. 245
	Toth v. Austria	(1992) 14 E.H.R.R. 551
	Vallon v. Italy	(1991) 13 E.H.R.R. 433

Case Referred to	Name of Case	Citation
	Van Der Sluijs, Zuiderveld and Klappe v. Netherlands	(1991) 13 E.H.R.R. 461
	Van Der Tang v. Spain	(1996) 22 E.H.R.R. 363
	W v. Switzerland	(1994) 17 E.H.R.R. 60
	X v. United Kingdom	(1981) 3 E.H.R.R. 271
	X, Y and Z v. United Kingdom	(1982) 4 E.H.R.R. 270
	Yağci and Sargin v. Turkey	(1995) 20 E.H.R.R. 505
Werner v. Austria (1998) 26 E.H.R.R. 310	Scarth v. United Kingdom	(1999) 27 E.H.R.R. CD 37
Wiesinger v. Austria (1993) 16 E.H.R.R. 258	Protsch v. Austria	(2001) 32 E.H.R.R. 255
	Stallinger and Kuso v. Austria	(1998) 26 E.H.R.R. 81
	Vendittelli v. Italy	(1995) 19 E.H.R.R. 464
Windisch v. Austria (A/186) (1991) 13 E.H.R.R. 281	Bernard v. France	(2000) 30 E.H.R.R. 808
	Cardot v. France	(1991) 13 E.H.R.R. 853
	Delta v. France	(1993) 16 E.H.R.R. 574
	Doorson v. Netherlands	(1996) 22 E.H.R.R. 330
	Edwards v. United Kingdom	(1993) 15 E.H.R.R. 417
	Hadjianastassiou v. Greece	(1993) 16 E.H.R.R. 219
	Kaneva v. Bulgaria	(1997) 23 E.H.R.R. CD 86
	Lüdi v. Switzerland	(1993) 15 E.H.R.R. 173
	Saidi v. France	(1994) 17 E.H.R.R. 251
	SE v. Switzerland	(1998) 25 E.H.R.R. CD 127
	Van Mechelen v. Netherlands	(1998) 25 E.H.R.R. 647
Wingrove v. United Kingdom (1997) 24 E.H.R.R. 1	Arslan v. Turkey	(2001) 31 E.H.R.R 264
	Baskaya and Okçuoglu v. Turkey	(2001) 31 E.H.R.R 292
	Ceylan v. Turkey	(2000) 30 E.H.R.R. 73
	Lehideux and Isorni v. France	(2000) 30 E.H.R.R. 665
	Nilsen and Johnsen v. Norway	(2000) 30 E.H.R.R. 878
	Serif v. Greece	(2001) 31 E.H.R.R 561
	United Communist Party of Turkey v. Turkey	(1998) 26 E.H.R.R. 121
Winterwerp v. Netherlands (A/33) (1979–80) 2 E.H.R.R. 387	Aerts v. Belgium	(2000) 29 E.H.R.R. 50
	App. No. 9997/82 v. Germany	(1983) 5 E.H.R.R. 490
	App. No. 10138/82 v. Italy	(1986) 8 E.H.R.R. 252
	App. No. 10893/84 v. Germany	(1987) 9 E.H.R.R. 124
	App. No. 11559/85 v. United Kingdom	(1987) 9 E.H.R.R. 134
	Ashingdane v. United Kingdom, App. No. 8225/78	(1984) 6 E.H.R.R. 69
	Assenov v. Bulgaria	(1999) 28 E.H.R.R. 652
	B v. United Kingdom	(1984) 6 E.H.R.R. 204
	Barthold v. Germany	(1985) 7 E.H.R.R. 383
	Boumar v. Belgium	(1989) 11 E.H.R.R. 1
	Brozicek v. Italy	(1990) 12 E.H.R.R. 371
	Caprino v. United Kingdom	(1982) 4 E.H.R.R. 97
	Chahal v. United Kingdom	(1997) 23 E.H.R.R. 413
	De Jong, Baljet and Van Den Brink v. Netherlands	(1986) 8 E.H.R.R. 20
	Drozd and Janousek v. France and Spain	(1992) 14 E.H.R.R. 745
	E v. Norway	(1994) 17 E.H.R.R. 30
	Eriksen v. Norway	(2000) 29 E.H.R.R. 328
	Erkalo v. Netherlands	(1999) 28 E.H.R.R. 509
	Fayed v. United Kingdom	(1994) 18 E.H.R.R. 393

Case Referred to	Name of Case	Citation
	Grauzinis v. Lithuania	(1999) 28 E.H.R.R. CD 189
	Guzzardi v. Italy	(1981) 3 E.H.R.R. 333
	Herczegfalvy v. Austria	(1993) 15 E.H.R.R. 437
	Hussain v. United Kingdom	(1996) 22 E.H.R.R. 1
	Iribarne Perez v. France	(1996) 22 E.H.R.R. 153
	James v. United Kingdom	(1984) 6 E.H.R.R. 475
	James v. United Kingdom	(1994) 18 E.H.R.R. CD 130
	Jocabus Keus v. Netherlands	(1991) 13 E.H.R.R. 109
	Johansen v. Norway	(1987) 9 E.H.R.R. 103
	Johnson v. United Kingdom	(1999) 27 E.H.R.R. 296
	Jonas Mohamed Rafiek Koendjbiharie v. Netherlands	(1991) 13 E.H.R.R. 118
	Kampanis v. Greece	(1996) 21 E.H.R.R. 43
	Kemmache v. France (No. 3)	(1995) 19 E.H.R.R. 349
	Keus v. Netherlands	(1991) 13 E.H.R.R. 700
	K-F v. Germany	(1998) 26 E.H.R.R. 390
	Koendjbiharie v. Netherlands	(1991) 13 E.H.R.R. 820
	Kolompar v. Belgium	(1993) 16 E.H.R.R. 197
	Liberal Party v. United Kingdom	(1982) 4 E.H.R.R. 106
	Lithgow v. United Kingdom	(1985) 7 E.H.R.R. 56
	Malone v. United Kingdom	(1983) 5 E.H.R.R. 385
	McVeigh, O'Neill and Evans v. United Kingdom	(1983) 5 E.H.R.R. 71
	Megyeri v. Germany	(1993) 15 E.H.R.R. 584
	Monnell and Morris v. United Kingdom	(1988) 10 E.H.R.R. 205
	Musial v. Poland	(2001) 31 E.H.R.R 720
	Piersack v. Belgium	(1983) 5 E.H.R.R. 169
	PL v. France	(1998) 25 E.H.R.R. 481
	Prinz v. Austria	(2001) 31 E.H.R.R 357
	Quinn v. France	(1996) 21 E.H.R.R. 529
	S v. Switzerland	(1992) 14 E.H.R.R. 670
	Sakik v. Turkey	(1998) 26 E.H.R.R. 662
	Sanchez-Reisse v. Switzerland	(1987) 9 E.H.R.R. 71
	Schenk v. Switzerland	(1991) 13 E.H.R.R. 242
	Schiesser v. Switzerland	2 E.H.R.R. 417
	Scott v. Spain	(1997) 24 E.H.R.R. 391
	Silva Rocha v. Portugal	(2001) 32 E.H.R.R. 333
	Steel v. United Kingdom	(1999) 28 E.H.R.R. 603
	Stocke v. Germany	(1991) 13 E.H.R.R. 126
	Tejedor Garcia v. Spain	(1998) 26 E.H.R.R. 440
	Toth v. Austria	(1992) 14 E.H.R.R. 551
	Van Der Leer v. Netherlands	(1989) 11 E.H.R.R. 413
	Van Der Leer v. Netherlands	(1990) 12 E.H.R.R. 567
	Van Droogenbroeck v. Belgium	(1982) 4 E.H.R.R. 443
	Vodenicarov v. Slovak Republic	(1998) 26 E.H.R.R. CD 40
	Vollert v. Germany	(1996) 22 E.H.R.R. CD 128
	Weeks v. United Kingdom	(1985) 7 E.H.R.R. 436
	X v. United Kingdom	(1982) 4 E.H.R.R. 188
	Young, James and Webster v. United Kingdom	(1982) 4 E.H.R.R. 38
Worm v. Austria (1998) 25 E.H.R.R. 454	Andreas Wabl v. Austria	(2001) 31 E.H.R.R 1134
	Bladet Tromsø and Stensaas v. Norway	(2000) 29 E.H.R.R. 125
	Fressoz and Roire v. France	(2001) 31 E.H.R.R 28

Case Referred to	Name of Case	Citation
	H.N. v. Italy	(1999) 27 E.H.R.R. CD 75
	Keenan v. United Kingdom	(1998) 26 E.H.R.R. CD 64
	Lehideux and Isorni v. France	(2000) 30 E.H.R.R. 665
	Middleburg, Van der Zee and Het Parool BV v. Netherlands	(1999) 27 E.H.R.R. CD 111
	News Verlags GmbH & Co. KG v. Austria	(2001) 31 E.H.R.R 246
	Nilsen and Johnsen v. Norway	(2000) 30 E.H.R.R. 878
	Papachelas v. Greece	(2000) 30 E.H.R.R. 923
	Peree v. Netherlands	(1999) 28 E.H.R.R. CD 158
	West v. United Kingdom	(1998) 25 E.H.R.R. CD 185
Woukam Moudefo v. France (1991) 13 E.H.R.R. 549	Hood v. United Kingdom	(2000) 29 E.H.R.R. 365
	Navarra v. France	(1994) 17 E.H.R.R. 594
Wynne v. United Kingdom (A/294–A) (1995) 19 E.H.R.R. 333	Baxter v. United Kingdom	(1996) 21 E.H.R.R. CD 64
	Bromfield v. United Kingdom	(1998) 26 E.H.R.R. CD 138
	Curley v. United Kingdom	(2001) 31 E.H.R.R 401
	Hussain v. United Kingdom	(1996) 22 E.H.R.R. 1
	Ryan v. United Kingdom	(1999) 27 E.H.R.R. CD 204
	T v. United Kingdom	(1998) 25 E.H.R.R. CD 11
	V v. United Kingdom	(2000) 30 E.H.R.R. 121
X (Haemophiliac-HIV) v. France (A/234–C) (1992) 14 E.H.R.R. 483	A v. Denmark	(1996) 22 E.H.R.R. 458
	Abdoella v. Netherlands	(1995) 20 E.H.R.R. 585
	Andersson v. Sweden	(1998) 25 E.H.R.R. 722
	Demai v. France	(1995) 20 E.H.R.R. 90
	F.E. v. France	(2000) 29 E.H.R.R. 591
	Le Calvez v. France	(2001) 32 E.H.R.R. 481
	Leutscher v. Netherlands	(1997) 24 E.H.R.R. 181
	Malige v. France	(1999) 28 E.H.R.R. 578
	Marlhens v. France	(1996) 21 E.H.R.R. 502
	Marlhens v. France	(1996) 22 E.H.R.R. 285
	Masson and Van Zon v. Netherlands	(1996) 22 E.H.R.R. 491
	Olsson v. Sweden (No. 2)	(1994) 17 E.H.R.R. 134
	Pailot v. France	(2000) 30 E.H.R.R. 328
	Scherer v. Switzerland	(1994) 18 E.H.R.R. 276
	Silva Pontes v. Portugal	(1994) 18 E.H.R.R. 156
	Vallée v. France	(1994) 18 E.H.R.R. 549
	Welch v. United Kingdom	(1995) 20 E.H.R.R. 247
	Zander v. Sweden	(1994) 18 E.H.R.R. 175
X v. Netherlands (A/91); Y v. Netherlands (1986) 8 E.H.R.R. 235	A and B v. United Kingdom	(1996) 22 E.H.R.R. CD 190
	A v. United Kingdom	(1999) 27 E.H.R.R. 611
	App. No. 11366/85 v. Sweden	(1987) 9 E.H.R.R. 551
	Aydin v. Turkey	(1998) 25 E.H.R.R. 251
	Barrett v. United Kingdom	(1997) 23 E.H.R.R. CD 185
	Botta v. Italy	(1998) 26 E.H.R.R. 241
	Brogan v. United Kingdom	(1989) 11 E.H.R.R. 117
	Costello-Roberts v. United Kingdom	(1995) 19 E.H.R.R. 112
	Dubowska and Skup v. Poland	(1997) 23 E.H.R.R. CD 204
	Dubowska and Skup v. Poland	(1997) 24 E.H.R.R. CD 75
	Hokkanen v. Finland	(1995) 19 E.H.R.R. 139
	Klass v. Germany	(1994) 18 E.H.R.R. 305
	Kroon v. Netherlands	(1995) 19 E.H.R.R. 263
	Loizidou v. Turkey	(1995) 20 E.H.R.R. 99

Case Referred to	Name of Case	Citation
	Lopez Ostra v. Spain	(1995) 20 E.H.R.R. 277
	McCourt v. United Kingdom	(1993) 15 E.H.R.R. CD 110
	Myszk v. Poland	(1998) 26 E.H.R.R. CD 76
	Osman v. United Kingdom	(2000) 29 E.H.R.R. 245
	Özgür Gündem v. Turkey	(2001) 31 E.H.R.R 1082
	Passannante v. Italy	(1998) 26 E.H.R.R. CD 153
	Plattform Ärtze für das Leben v. Austria	(1991) 13 E.H.R.R. 204
	Raidl v. Austria	(1995) 20 E.H.R.R. CD 114
	Raninen v. Finland	(1998) 26 E.H.R.R. 563
	Raninen v. Finland	(1998) 26 E.H.R.R. 563
	Sinko v. Slovak Republic	(1999) 27 E.H.R.R. CD 226
	Stewart-Brady v. United Kingdom	(1997) 24 E.H.R.R. CD 38
	Stewart-Brady v. United Kingdom	(1999) 27 E.H.R.R. CD 284
	Stjerna v. Finland	(1997) 24 E.H.R.R. 195
	Stubbings v. United Kingdom	(1995) 19 E.H.R.R. CD 32
	Stubbings v. United Kingdom	(1997) 23 E.H.R.R. 213
	SW v. United Kingdom	(1996) 21 E.H.R.R. 363
	Whiteside v. United Kingdom	(1994) 18 E.H.R.R. CD 126
	Wockel v. Germany	(1998) 25 E.H.R.R. CD 156
X v. United Kingdom (Detention of a Mental Patient) (1982) 4 E.H.R.R. 188	App. No. 9237/81 v. United Kingdom	(1984) 6 E.H.R.R. 354
	Wilde, Greenhalgh & Parry v. United Kingdom	(1995) 19 E.H.R.R. CD 86
	Thynne, Wilson and Gunnell v. United Kingdom	(1991) 13 E.H.R.R. 666
	Adolf v. Austria	(1982) 4 E.H.R.R. 313
	Aerts v. Belgium	(2000) 29 E.H.R.R. 50
	Allegemeine Gold- und Silberscheideanstalt v. United Kingdom	(1987) 9 E.H.R.R. 1
	App. No. 9659/82 v. United Kingdom	(1986) 8 E.H.R.R. 274
	Ashingdane v. United Kingdom	(1985) 7 E.H.R.R. 528
	Ashingdane v. United Kingdom, App. No. 8225/78	(1984) 6 E.H.R.R. 69
	Benthem v. Netherlands	(1984) 6 E.H.R.R. 283
	Bönisch v. Austria	(1987) 9 E.H.R.R. 191
	Campbell and Fell v. United Kingdom	(1985) 7 E.H.R.R. 165
	Chahal v. United Kingdom	(1997) 23 E.H.R.R. 413
	Council of Civil Service Unions v. United Kingdom	(1988) 10 E.H.R.R. 269
	E v. Norway	(1994) 17 E.H.R.R. 30
	Eriksen v. Norway	(2000) 29 E.H.R.R. 328
	Erkalo v. Netherlands	(1999) 28 E.H.R.R. 509
	Herczegfalvy v. Austria	(1993) 15 E.H.R.R. 437
	Iribarne Perez v. France	(1996) 22 E.H.R.R. 153
	James v. United Kingdom	(1994) 18 E.H.R.R. CD 130
	Jocabus Keus v. Netherlands	(1991) 13 E.H.R.R. 109
	Johnson v. United Kingdom	(1999) 27 E.H.R.R. 296
	Jonas Mohamed Rafiek Koendjbiharie v. Netherlands	(1991) 13 E.H.R.R. 118
	Keus v. Netherlands	(1991) 13 E.H.R.R. 700
	Koendjbiharie v. Netherlands	(1991) 13 E.H.R.R. 820

Case Referred to	Name of Case	Citation
	Luberti v. Italy	(1984) 6 E.H.R.R. 440
	McMichael v. United Kingdom	(1995) 20 E.H.R.R. 205
	Megyeri v. Germany	(1993) 15 E.H.R.R. 584
	Merkier v. Belgium	(1989) 11 E.H.R.R. 68
	Murray v. United Kingdom	(1995) 19 E.H.R.R. 193
	Piersack v. Belgium	(1983) 5 E.H.R.R. 169
	Powell and Rayner v. United Kingdom	(1990) 12 E.H.R.R. 288
	Raninen v. Finland	(1998) 26 E.H.R.R. 563
	Sanchez-Reisse v. Switzerland	(1987) 9 E.H.R.R. 71
	Silva Rocha v. Portugal	(2001) 32 E.H.R.R. 333
	Togher v. United Kingdom	(1998) 25 E.H.R.R. CD 99
	Van Der Leer v. Netherlands	(1989) 11 E.H.R.R. 413
	Van Der Leer v. Netherlands	(1990) 12 E.H.R.R. 567
	Van Droogenbroeck v. Belgium	(1982) 4 E.H.R.R. 443
	Vilvarajah v. United Kingdom	(1992) 14 E.H.R.R. 248
	Weeks v. United Kingdom	(1985) 7 E.H.R.R. 436
	Weeks v. United Kingdom	(1988) 10 E.H.R.R. 293
	X v. United Kingdom (Art. 50)	(1983) 5 E.H.R.R. 192
X v. United Kingdom (Art. 50) (1983) 5 E.H.R.R. 192	Colozza v. Italy	(1985) 7 E.H.R.R. 516
	Pakelli v. Germany	(1984) 6 E.H.R.R. 1
	Silver v. United Kingdom	(1991) 13 E.H.R.R. 582
	Silver v. United Kingdom (Art. 50)	(1984) 6 E.H.R.R. 62
	Van Droogenbroeck v. Belgium	(1991) 13 E.H.R.R. 546
	Van Droogenbroeck v. Belgium (Art. 50)	(1984) 6 E.H.R.R. 50
	Weeks v. United Kingdom	(1991) 13 E.H.R.R. 435
X, Cabales and Balkandali v. United Kingdom (1983) 5 E.H.R.R. 132	App. No. 9084/80 v. United Kingdom	(1983) 5 E.H.R.R. 280
	App. No. 9935/82 v. United Kingdom	(1983) 5 E.H.R.R. 610
	App. No. 10054/82 v. United Kingdom	(1984) 6 E.H.R.R. 140
X, Y and Z v. United Kingdom [1997] 2 F.L.R. 892; [1997] 3 F.C.R. 341; (1997) 24 E.H.R.R. 143	I v. United Kingdom	(1997) 23 E.H.R.R. CD 66
	Sheffield and Horsham v. United Kingdom	(1999) 27 E.H.R.R. 163
	V v. United Kingdom	(2000) 30 E.H.R.R. 121
Y v. United Kingdom (1994) 17 E.H.R.R. 238	A v. United Kingdom	(1999) 27 E.H.R.R. 611
	Costello-Roberts v. United Kingdom	(1995) 19 E.H.R.R. 112
Yaacoub v. Belgium (A/127–A) (1991) 13 E.H.R.R. 418	Bulut v. Austria	(1997) 24 E.H.R.R. 84
	Fey v. Austria	(1993) 16 E.H.R.R. 387
	Hauschildt v. Denmark	(1990) 12 E.H.R.R. 266
	Pauwels v. Belgium	(1989) 11 E.H.R.R. 238
	Sainte-Marie v. France	(1993) 16 E.H.R.R. 116
Yağci v. Turkey (A/319); Sargin v. Turkey (1995) 20 E.H.R.R. 505	Aksoy v. Turkey	(1997) 23 E.H.R.R. 553
	Caballero v. United Kingdom	(2000) 30 E.H.R.R. 643
	Guerra v. Italy	(1998) 26 E.H.R.R. 357
	Loukanov v. Bulgaria	(1997) 24 E.H.R.R. 121
	Mitap and Müftüoğlu v. Turkey	(1996) 22 E.H.R.R. 209
	Sakik v. Turkey	(1998) 26 E.H.R.R. 662

Case Referred to	Name of Case	Citation
	Scott v. Spain	(1997) 24 E.H.R.R. 391
	Tanrikulu v. Turkey	(2000) 30 E.H.R.R. 950
	Yagiz v. Turkey	(1996) 22 E.H.R.R. 573
	Yasa v. Turkey	(1999) 28 E.H.R.R. 408
	Zana v. Turkey	(1999) 27 E.H.R.R. 667
Yarrow v. United Kingdom (1983) 5 E.H.R.R. 498	App. No. 11189/84 v. Sweden	(1988) 10 E.H.R.R. 132
Yasa v. Turkey (1999) 28 E.H.R.R. 408	A.V. v. Bulgaria	(1999) 28 E.H.R.R. CD 197
	Assenov v. Bulgaria	(1999) 28 E.H.R.R. 652
	Çakici v. Turkey	(2001) 31 E.H.R.R 133
	Erikson v. Italy	(2000) 29 E.H.R.R. CD 152
	Fidan v. Turkey	(2000) 29 E.H.R.R. CD 162
	Özgür Gündem v. Turkey	(2001) 31 E.H.R.R 1082
	Tanrikulu v. Turkey	(2000) 30 E.H.R.R. 950
Young, James and Webster v. United Kingdom (1981) 3 E.H.R.R. 20	Abdulaziz Cabales and Balkandali v. United Kingdom	(1984) 6 E.H.R.R. 28
	Abdulaziz, Cabales and Balkandali v. United Kingdom	(1985) 7 E.H.R.R. 471
	App. No. 9588/81 v. United Kingdom	(1984) 6 E.H.R.R. 545
	App. No. 10144/82	(1984) 6 E.H.R.R. 130
	App. No. 10182/82 v. Spain	(1984) 6 E.H.R.R. 145
	App. No. 10295/82 v. United Kingdom	(1984) 6 E.H.R.R. 558
	App. No. 10476/83 v. Sweden	(1987) 9 E.H.R.R. 247
	App. No. 11036/84 v. Sweden	(1987) 9 E.H.R.R. 127
	App. No. 11189/84 v. Sweden	(1988) 10 E.H.R.R. 132
	Chassagnou v. France	(2000) 29 E.H.R.R. 615
	Cheall v. United Kingdom	(1986) 8 E.H.R.R. 74
	Dudgeon v. United Kingdom	(1982) 4 E.H.R.R. 149
	Farrell v. United Kingdom	(1983) 5 E.H.R.R. 466
	Foti v. Italy	(1983) 5 E.H.R.R. 313
	James v. United Kingdom	(1984) 6 E.H.R.R. 475
	Johnston v. Ireland	(1986) 8 E.H.R.R. 214
	Kaplan v. United Kingdom	(1982) 4 E.H.R.R. 64
	Leander v. Sweden	(1985) 7 E.H.R.R. 557
	Liberal Party v. United Kingdom	(1982) 4 E.H.R.R. 106
	Lithgow v. United Kingdom	(1985) 7 E.H.R.R. 56
	Lustig-Prean and Beckett v. United Kingdom	(2000) 29 E.H.R.R. 548
	Malone v. United Kingdom	(1983) 5 E.H.R.R. 385
	Nilsen and Johnsen v. Norway	(2000) 30 E.H.R.R. 878
	Norris and National Gay Federation v. Ireland	(1986) 8 E.H.R.R. 75
	Smith and Grady v. United Kingdom	(2000) 29 E.H.R.R. 493
	Times Newspapers Ltd v. United Kingdom	(1986) 8 E.H.R.R. 54
	Trustees of the late Duke of Westminster's Estate v. United Kingdom	(1983) 5 E.H.R.R. 440
	X and Y v. Netherlands	(1984) 6 E.H.R.R. 311
	Young, James and Webster v. United Kingdom (Art. 50)	(1983) 5 E.H.R.R. 201

Case Referred to	Name of Case	Citation
Young v. United Kingdom (A/44); James v. United Kingdom (A/44); Webster v. United Kingdom (A/44) (1982) 4 E.H.R.R. 38	A and B v. United Kingdom	(1996) 22 E.H.R.R. CD 190
	A v. United Kingdom	(1999) 27 E.H.R.R. 611
	App. No. 10053/82 v. Denmark	(1984) 6 E.H.R.R. 350
	Campbell and Cosans v. United Kingdom	(1982) 4 E.H.R.R. 293
	Costello-Roberts v. United Kingdom	(1995) 19 E.H.R.R. 112
	Council of Civil Service Unions v. United Kingdom	(1988) 10 E.H.R.R. 269
	Ezelin v. France	(1992) 14 E.H.R.R. 362
	Fuentes Bobo v. Spain	(2001) 31 E.H.R.R 1115
	Gustafsson v. Sweden	(1996) 22 E.H.R.R. 409
	Johnston v. Ireland	(1987) 9 E.H.R.R. 203
	Kroon v. Netherlands	(1995) 19 E.H.R.R. 263
	Özdep v. Turkey	(2001) 31 E.H.R.R 674
	Reid v. United Kingdom	(1984) 6 E.H.R.R. 387
	Sibson v. United Kingdom	(1994) 17 E.H.R.R. 193
	Sidiropoulos v. Greece	(1999) 27 E.H.R.R. 633
	Sigurjonsson v. Iceland	(1993) 16 E.H.R.R. 462
	Socialist Party v. Turkey	(1999) 27 E.H.R.R. 51
	Stedman v. United Kingdom	(1997) 23 E.H.R.R. CD 168
	Stewart v. United Kingdom	(1985) 7 E.H.R.R. 453
	Tsirlis and Kouloumpas v. Greece	(1998) 25 E.H.R.R. 198
	United Communist Party of Turkey v. Turkey	(1998) 26 E.H.R.R. 121
	Valsamis v. Greece	(1997) 24 E.H.R.R. 294
	Vogt v. Germany	(1996) 21 E.H.R.R. 205
Young, James and Webster v. United Kingdom (A/55) (Art. 50) (1983) 5 E.H.R.R. 201	Bönisch v. Austria	(1991) 13 E.H.R.R. 409
	Campbell and Cosans v. United Kingdom	(1991) 13 E.H.R.R. 441
	Lustig-Prean and Beckett v. United Kingdom (Art. 41)	(2001) 31 E.H.R.R 601
	Sheffield and Horsham v. United Kingdom	(1999) 27 E.H.R.R. 163
	Silver v. United Kingdom	(1991) 13 E.H.R.R. 582
	Silver v. United Kingdom (Art. 50)	(1984) 6 E.H.R.R. 62
	Smith and Grady v. United Kingdom (Art. 41)	(2001) 31 E.H.R.R 620
	Tsirlis and Kouloumpas v. Greece	(1996) 21 E.H.R.R. CD 30
Z v Finland (1998) 25 E.H.R.R. 371	Andersson v. Sweden	(1998) 25 E.H.R.R. 722
	Camenzind v. Switzerland	(1999) 28 E.H.R.R. 458
	Eriksen v. Norway	(2000) 29 E.H.R.R. 328
	Lehtinen v. Finland	(2000) 29 E.H.R.R. CD 204
	MS v. Sweden	(1999) 28 E.H.R.R. 313
	Paulsen-Medalen and Svensson v. Sweden	(1998) 26 E.H.R.R. 260
	Raninen v. Finland	(1998) 26 E.H.R.R. 563
	X, Y and Z v. United Kingdom	(1997) 24 E.H.R.R. 143
Zamir v. United Kingdom (1986) 8 E.H.R.R. 108	Hodgson, Woolf Productions and National Union of Journalists and Channel Four Television v. United Kingdom	(1988) 10 E.H.R.R. 503

Case Referred to	Name of Case	Citation
Zana v. Turkey (1999) 27 E.H.R.R. 667	Arslan v. Turkey	(2001) 31 E.H.R.R 264
	Baskaya and Okçuoglu v. Turkey	(2001) 31 E.H.R.R 292
	Belziuk v. Poland	(2000) 30 E.H.R.R. 614
	Ceylan v. Turkey	(2000) 30 E.H.R.R. 73
	Hertel v. Switzerland	(1999) 28 E.H.R.R. 534
	Hogefeld v. Germany	(2000) 29 E.H.R.R. CD 173
	Incal v. Turkey	(2000) 29 E.H.R.R. 449
	Lehideux and Isorni v. France	(2000) 30 E.H.R.R. 665
	Nikolova v. Bulgaria	(2001) 31 E.H.R.R 64
	Özdep v. Turkey	(2001) 31 E.H.R.R 674
	Özgür Gündem v. Turkey	(2001) 31 E.H.R.R 1082
	Socialist Party v. Turkey	(1999) 27 E.H.R.R. 51
	Spacek sro v. Czech Republic	(2000) 30 E.H.R.R. 1010
Zander v. Sweden (A/279–B) (1994) 18 E.H.R.R. 175	Acquaviva v. France	(2001) 32 E.H.R.R. 134
	Andersson v. Sweden	(1998) 25 E.H.R.R. 722
	Balmer-Schafroth v. Switzerland	(1998) 25 E.H.R.R. 598
	Bryan v. United Kingdom	(1994) 18 E.H.R.R. CD 18
	Bryan v. United Kingdom	(1996) 21 E.H.R.R. 342
	Georgiadis v. Greece	(1997) 24 E.H.R.R. 606
	Grauso v. Poland	(1997) 23 E.H.R.R. CD 108
	Greenpeace Schweiz v. Switzerland	(1997) 23 E.H.R.R. CD 116
	Gustafson (Rolf) v. Sweden	(1998) 25 E.H.R.R. 623
	Gustafsson v. Sweden	(1996) 22 E.H.R.R. 409
	Huber v. Austria	(1996) 22 E.H.R.R. CD 91
	Jacobsson v. Sweden (No. 2)	(2001) 32 E.H.R.R. 463
	Kerojarvi v. Finland	(2001) 32 E.H.R.R. 152
	L, M and R v. Switzerland	(1996) 22 E.H.R.R. CD 130
	Masson and Van Zon v. Netherlands	(1996) 22 E.H.R.R. 491
	McGonnell v. United Kingdom	(2000) 30 E.H.R.R. 289
	MS v. Sweden	(1999) 28 E.H.R.R. 313
	Neigel v. France	(2000) 30 E.H.R.R. 310
	Pammel v. Germany	(1998) 26 E.H.R.R. 100
	Procola v. Luxembourg	(1996) 22 E.H.R.R. 193
	Tsirlis and Kouloumpas v. Greece	(1996) 21 E.H.R.R. CD 30
	Tsirlis and Kouloumpas v. Greece	(1998) 25 E.H.R.R. 198
	Werner and Szucs v. Austria	(1998) 26 E.H.R.R. 310
Zanghi v. Italy (A/194–C), February 19, 1991	Demicoli v. Malta	(1992) 14 E.H.R.R. 47
	Guerra v. Italy	(1998) 26 E.H.R.R. 357
	Scollo v. Italy	(1996) 22 E.H.R.R. 514
	Vendittelli v. Italy	(1995) 19 E.H.R.R. 464
	Yağci and Sargin v. Turkey	(1995) 20 E.H.R.R. 505
Zappia v Italy, unreported, September 26, 1996	Hornsby v. Greece	(1997) 24 E.H.R.R. 250
	Krone-Verlag Gmbh v. Austria	(1997) 23 E.H.R.R. CD 152
	Pérez de Rada Cavanilles v. Spain	(2000) 29 E.H.R.R. 109
	Philis v. Greece (No. 2)	(1998) 25 E.H.R.R. 417
	Robins v. United Kingdom	(1998) 26 E.H.R.R. 527
Zielinski v. France (2001) 31 E.H.R.R	Krcmár v. Czech Republic	(2001) 31 E.H.R.R 953

Case Referred to	Name of Case	Citation
Zilaghe v. Italy, September 2, 1997	Huber v. France	(1998) 26 E.H.R.R. 457
	Pierre-Bloch v. France	(1998) 26 E.H.R.R. 202
Zimmermann v. Austria (1983) 5 E.H.R.R. 303	Colak v. Germany	(1987) 9 E.H.R.R. 154
	Enkelmann v. Switzerland	(1986) 8 E.H.R.R. 266
Zimmermann and Steiner v. Switzerland (1983) 5 E.H.R.R. 347	Silver v. United Kingdom	(1991) 13 E.H.R.R. 582
Zimmermann and Steiner v. Switzerland (A/66) (1984) 6 E.H.R.R. 17	A.T. v. United Kingdom	(1995) 20 E.H.R.R. CD 59
	Abdulaziz, Cabales and Balkandali v. United Kingdom	(1985) 7 E.H.R.R. 471
	Albert and Le Compte (Art. 50)	(1984) 6 E.H.R.R. 68
	Albert and Le Compte v. Belgium	(1991) 13 E.H.R.R. 415
	App. No. 9193/80 v. Netherlands	(1984) 6 E.H.R.R. 134
	App. No. 9316/81 v. Austria	(1986) 8 E.H.R.R. 256
	Baggetta v. Italy	(1988) 10 E.H.R.R. 325
	Baraona v. Portugal	(1991) 13 E.H.R.R. 329
	Belziuk v. Poland	(2000) 30 E.H.R.R. 614
	Bodén v. Sweden	(1988) 10 E.H.R.R. 367
	Bönisch v. Austria	(1991) 13 E.H.R.R. 409
	Campbell and Fell v. United Kingdom	(1985) 7 E.H.R.R. 165
	Capuano v. Italy	(1991) 13 E.H.R.R. 271
	De Cubber v. Belgium	(1991) 13 E.H.R.R. 422
	Deumeland v. Germany	(1986) 8 E.H.R.R. 448
	Dores and Silveira v. Portugal	(1983) 5 E.H.R.R. 275
	Editions Periscope v. France	(1992) 14 E.H.R.R. 597
	Erkner and Hofauer v. Austria	(1986) 8 E.H.R.R. 520
	Erkner and Hofauer v. Austria	(1987) 9 E.H.R.R. 464
	Gillow v. United Kingdom	(1991) 13 E.H.R.R. 593
	Guincho v. Portugal	(1983) 5 E.H.R.R. 274
	Guincho v. Portugal	(1985) 7 E.H.R.R. 223
	H v. United Kingdom	(1988) 10 E.H.R.R. 95
	Hertel v. Switzerland	(1999) 28 E.H.R.R. 534
	Johnston v. Ireland	(1987) 9 E.H.R.R. 203
	Lechner and Hess v. Austria	(1987) 9 E.H.R.R. 490
	Lingens v. Austria	(1986) 8 E.H.R.R. 407
	Luberti v. Italy	(1984) 6 E.H.R.R. 440
	Maj v. Italy	(1992) 14 E.H.R.R. 405
	Milasi v. Italy	(1988) 10 E.H.R.R. 333
	Motta v. Italy	(1992) 14 E.H.R.R. 432
	Neves e Silva v. Portugal	(1991) 13 E.H.R.R. 535
	Obermeier v. Austria	(1989) 11 E.H.R.R. 57
	Oliveira Neves v. Portugal	(1991) 13 E.H.R.R. 576
	Pammel v. Germany	(1998) 26 E.H.R.R. 100
	Philis v. Greece	(1991) 13 E.H.R.R. 741
	Piersack v. Belgium (Art. 50)	(1985) 7 E.H.R.R. 251
	Poiss v. Austria	(1988) 10 E.H.R.R. 231
	Pretto v. Italy	(1984) 6 E.H.R.R. 182
	Sanchez-Reisse v. Switzerland	(1987) 9 E.H.R.R. 71
	Santilli v. Italy	(1992) 14 E.H.R.R. 421
	Silver v. United Kingdom (Art. 50)	(1984) 6 E.H.R.R. 62

Case Referred to	Name of Case	Citation
	Sporrong and Lönnroth v. Sweden (Art. 50)	(1985) 7 E.H.R.R. 256
	Sramek v. Austria	(1985) 7 E.H.R.R. 351
	Unión Alimentaria Sanders SA v. Spain	(1990) 12 E.H.R.R. 24
	Wiesinger v. Austria	(1993) 16 E.H.R.R. 258
Zubani v. Italy	Guillemin v. France	(1998) 25 E.H.R.R. 435
Zuiderfeld v. Netherlands (1991) 13 E.H.R.R. 461	Koster v. Netherlands	(1992) 14 E.H.R.R. 396
Zumtobel v. Austria (A/268–A) (1994) 17 E.H.R.R. 116	Bryan v. United Kingdom	(1994) 18 E.H.R.R. CD 18
	Bryan v. United Kingdom	(1996) 21 E.H.R.R. 342
	Fischer v. Austria	(1995) 20 E.H.R.R. 349
	Grof v. Austria	(1998) 25 E.H.R.R. CD 39
	Iskcon v. United Kingdom	(1994) 18 E.H.R.R. CD 133
	Mauer v. Austria	(1998) 25 E.H.R.R. 91
	Ortenberg v. Austria	(1995) 19 E.H.R.R. 524
	Palaoro v. Austria	(2001) 32 E.H.R.R. 202
	Pauger v. Austria	(1998) 25 E.H.R.R. 105
	Pfarrmeier v. Austria	(1996) 22 E.H.R.R. 175
	Schmautzer v. Austria	(1996) 21 E.H.R.R. 511
	Stallinger and Kuso v. Austria	(1998) 26 E.H.R.R. 81
	Thomann v. Switzerland	(1997) 24 E.H.R.R. 553
	Umlauft v. Austria	(1996) 22 E.H.R.R. 76
	Werner and Szucs v. Austria	(1998) 26 E.H.R.R. 310
	X v. United Kingdom	(1998) 25 E.H.R.R. CD 88

Before the European Commission on Human Rights

A v. Germany (1976) 7 D. & R. 8	X v. Germany	(1982) 4 E.H.R.R. 398
A v. Germany, 19 D. & R. 176	McVeigh, O'Neill and Evans v. United Kingdom	(1983) 5 E.H.R.R. 71
A v. Netherlands, App. No. 12728/87, April 10, 1991	Bunkate v. Netherlands	(1995) 19 E.H.R.R. 477
A and Y v. Germany, 15 D. & R. 208	EP v. Italy	(2001) 31 E.H.R.R 463
A, B and Co. AS v. Germany, App. No. 7742/76, 14 D. & R. 146	Akkus v. Turkey	(2000) 30 E.H.R.R. 365
	Pressos Compania Naviera SA v. Belgium	(1996) 21 E.H.R.R. 301
	Stran Greek Refineries and Stratis Andreadis v. Greece	(1995) 19 E.H.R.R. 293
A, B, C and D v. Germany, 18 D. & R. 176	Campbell and Fell v. United Kingdom	(1983) 5 E.H.R.R. 207
A, B, C and D v. United Kingdom, 23 Coll. 66	Lithgow v. United Kingdom	(1985) 7 E.H.R.R. 56
A, B, C, D, E, F, G, H and I v. Germany, App. No. 5573 and 5670/72, 7 D. & R. 8	Akdivar v. Turkey	(1997) 23 E.H.R.R. 143

Case Referred to	Name of Case	Citation
A.B. v. Switzerland, App. No. 20872/92, 80 D. & R. 66	Sjöö v. Sweden	(1999) 27 E.H.R.R. CD 304
AP v. Austria, App. No. 15464/89, unreported	Mika v. Austria	(1996) 22 E.H.R.R. CD 208
Acmanne v. Belgium, App. No. 10435/83, 40 D. & R. 251	Loizidou v. Turkey	(1995) 20 E.H.R.R. 99
Adolf v. Austria, App. No. 8269/78, Comm. Rep.	App. No. 9531/81 v. Germany	(1983) 5 E.H.R.R. 290
Agee v. United Kingdom, App. No. 7729/76, 7 D. & R. 164	App. No. 9955/82 v. Norway	(1984) 6 E.H.R.R. 348
	App. No. 10032/82 v. Sweden	(1984) 6 E.H.R.R. 555
	App. No. 10914/84 v. Netherlands	(1986) 8 E.H.R.R. 308
	C v. Belgium	(2001) 32 E.H.R.R. 19
	Caprino v. United Kingdom	(1982) 4 E.H.R.R. 97
	HLR v. France	(1998) 26 E.H.R.R. 29
	X v. Sweden	(1982) 4 E.H.R.R. 408
Agneessens v. Belgium, App. No. 12164/86, 58 D. & R. 63	Pressos Compania Naviera SA v. Belgium	(1996) 21 E.H.R.R. 301
Ahmed v. Austria, App. No. 25964/94, Comm. Rep., July 5, 1995	D v. United Kingdom	(1996) 22 E.H.R.R. CD 45
Ahmed v. United Kingdom, App. No. 22954/93, September 12, 1995	NATFHE v. United Kingdom	(1998) 25 E.H.R.R. CD 122
Akdivar v. Turkey, Admissibility decision, October 19, 1994	Gündem v. Turkey	(2001) 32 E.H.R.R. 350
Aksoy v. Turkey, 79–A D. & R. 60	Ikincisoy v. Turkey	(1996) 21 E.H.R.R. CD 100
Alan v. Switzerland, unreported, May 8, 1996	Incedursun v. Netherlands	(1999) 28 E.H.R.R. CD 54
Albert and Le Compte v. Belgium, 18 D. & R. 29	App. No. 10000/82 v. United Kingdom	(1984) 6 E.H.R.R. 535
Alder and Bivas v. Germany, App. No. 5573 and 5670/72, 7 D. & R. 8	Mentes v. Turkey	(1998) 26 E.H.R.R. 595
Aldini v. Italy, App. No. 20177/92, June 27, 1996	Immobiliare Saffi v. Italy	(2000) 30 E.H.R.R. 756
Alliance des Belges de la Communaute Europeene v. Belgium, App. No. 8612/79	App. No. 9914/82 v. Netherlands	(1984) 6 E.H.R.R. 139
	Matthews v. United Kingdom	(1999) 28 E.H.R.R. 361
	Tete v. France	(1989) 11 E.H.R.R. 91

Case Referred to	Name of Case	Citation
Altun v. Germany, App. No. 10308/83	HLR v. France	(1998) 26 E.H.R.R. 29
Amekrane v. United Kingdom, App. No. 5961/72, (1973) 44 Coll. 101; 16 *Yearbook* 356	Paton v. United Kingdom	(1981) 3 E.H.R.R. 408
Andorfer Tonwerke, Walter Hannak and Co. v. Austria, App. No. 7987/77	Erkner and Hofauer v. Austria	(1986) 8 E.H.R.R. 520
	Papachelas v. Greece	(2000) 30 E.H.R.R. 923
Andre v. France, App. No. 27759/95, unreported, October 18, 1995	Ahmed v. United Kingdom	(2000) 29 E.H.R.R. 1
	Matthews v. United Kingdom	(1999) 28 E.H.R.R. 361
Angelini v. Sweden	Buscarini v. San Marino	(2000) 30 E.H.R.R. 208
App. No. 33/55, 1 *Yearbook* 154	Drozd and Janousek v. France and Spain	(1992) 14 E.H.R.R. 745
App. No. 172/56 v. Sweden, 1 *Yearbook* 211	App. No. 9322/81 v. Netherlands	(1983) 5 E.H.R.R. 598
	App. No. 9329/81 v. United Kingdom	(1983) 5 E.H.R.R. 286
	App. No. 11864/85 v. United Kingdom	(1987) 9 E.H.R.R. 268
	Ollila v. Finland	(1993) 15 E.H.R.R. CD 101
App. No. 214/56, 2 *Yearbook* 214	Chojak v. Poland	(1998) 26 E.H.R.R. CD 145
App. No. 235/56 v. Germany, 2 *Yearbook* 257	Altun v. Germany	(1983) 5 E.H.R.R. 611
	App. No. 9578/81 v. Germany	(1983) 5 E.H.R.R. 483
	Heinz v. Contracting States Party to the European Patent Convention	(1994) 18 E.H.R.R. CD 168
	Lenzing v. United Kingdom	(1999) 27 E.H.R.R. CD 323
	Reber v. Germany	(1996) 22 E.H.R.R. CD 98
	Tete v. France	(1989) 11 E.H.R.R. 91
App. No. 250/57, 1 *Yearbook* 222	Glasenapp v. Germany	(1987) 9 E.H.R.R. 25
	United Communist Party of Turkey v. Turkey	(1998) 26 E.H.R.R. 121
	Vogt v. Germany	(1996) 21 E.H.R.R. 205
App. No. 290/57 (1960) 3 *Yearbook* 214	De Wilde, Ooms and Versyp v. Belgium (No. 1)	1 E.H.R.R. 373
App. No. 312/57, 2 *Yearbook* 352	App. No. 11278/84 v. Netherlands	(1986) 8 E.H.R.R. 95
App. No. 322/57, 2 *Yearbook* 308	Kamal v. United Kingdom	(1982) 4 E.H.R.R. 244
App. No. 343/57, 2 *Yearbook* 413	Cyprus v. Turkey	(1993) 15 E.H.R.R. 509

Case Referred to	Name of Case	Citation
App. No. 434/58 v. Sweden, 2 *Yearbook* 373	Lukka v. United Kingdom	(1987) 9 E.H.R.R. 552
App. No. 448/59 v. Germany, 3 *Yearbook* 255	Altun v. Germany	(1983) 5 E.H.R.R. 611
App. No. 458/59 v. Belgium, 3 *Yearbook* 222	App. No. 8744/79 v. Germany	(1983) 5 E.H.R.R. 499
	App. No. 9017/80 v. Sweden	(1983) 5 E.H.R.R. 279
	App. No. 9132/80 v. Germany	(1983) 5 E.H.R.R. 470
	App. No. 9280/81 v. Austria	(1983) 5 E.H.R.R. 283
	App. No. 9308/81 v. Germany	(1983) 5 E.H.R.R. 503
	App. No. 9329/81 v. United Kingdom	(1983) 5 E.H.R.R. 286
	App. No. 9569/81 v. France	(1983) 5 E.H.R.R. 277
	App. No. 10000/82 v. United Kingdom	(1984) 6 E.H.R.R. 535
	App. No. 10182/82 v. Spain	(1984) 6 E.H.R.R. 145
	App. No. 10193/82 v. Germany	(1985) 7 E.H.R.R. 141
	App. No. 11620/85 v. Iceland	(1987) 9 E.H.R.R. 151
	Comninos and National Justice Compania Naviera SA v. United Kingdom	(1997) 23 E.H.R.R. CD 165
	Farrell v. United Kingdom	(1983) 5 E.H.R.R. 466
	Krone-Verlag Gmbh v. Austria	(1997) 23 E.H.R.R. CD 152
	Mavronichis v. Cyprus	(1996) 22 E.H.R.R. CD 120
	Prussner v. Germany	(1986) 8 E.H.R.R. 79
	R.O. v. United Kingdom	(1994) 18 E.H.R.R. CD 212
	Reiss v. Austria	(1995) 20 E.H.R.R. CD 90
	Tsirlis and Kouloumpas v. Greece	(1996) 21 E.H.R.R. CD 30
App. No. 511/59 v. Iceland, 4 Coll. 1	App. No. 11243/84 v. Sweden	(1987) 9 E.H.R.R. 131
App. No. 524/59, 3 *Yearbook* 323	App. No. 9963/82 v. Belgium	(1983) 5 E.H.R.R. 515
	De Salvador Torres v. Spain	(1997) 23 E.H.R.R. 601
App. No. 599/59, 8 Coll. 12	Fejde v. Sweden	(1994) 17 E.H.R.R. 14
	Helmers v. Sweden	(1993) 15 E.H.R.R. 285
	Jan-Ake Andersson v. Sweden	(1993) 15 E.H.R.R. 218
App. No. 654/59 v. Germany, 4 *Yearbook* 277	App. No. 8944/80 v. Switzerland	(1983) 5 E.H.R.R. 279
	App. No. 10004/82 v. Switzerland	(1983) 5 E.H.R.R. 597
	App. No. 11864/85 v. United Kingdom	(1987) 9 E.H.R.R. 268
App. No. 673/59 v. Germany, 7 Coll. 98; 4 *Yearbook* 286	James v. United Kingdom	(1984) 6 E.H.R.R. 475
	Mellacher v. Austria	(1990) 12 E.H.R.R. 97
	X v. Austria	(1981) 3 E.H.R.R. 285
App. No. 712/60, 4 *Yearbook* 384	Gross v. Germany	(1983) 5 E.H.R.R. 476
App. No. 727/60 v. Germany, 3 *Yearbook* 302	App. No. 11559/85 v. United Kingdom	(1987) 9 E.H.R.R. 134

Case Referred to	**Name of Case**	**Citation**
App. No. 734/60, 6 Coll. 29	App. No. 10365/83 v. Germany	(1985) 7 E.H.R.R. 461
App. No. 788/76, 4 *Yearbook* 116	Cyprus v. Turkey	(1993) 15 E.H.R.R. 509
App. No. 852/60, 4 *Yearbook* 346	Ollila v. Finland	(1993) 15 E.H.R.R. CD 101
App. No. 867/60, 6 Coll.34	App. No. 9825/82 v. United Kingdom and Ireland	(1986) 8 E.H.R.R. 49
	Knudsen v. Norway	(1986) 8 E.H.R.R. 63
App. No. 892/60, 4 *Yearbook* 240	Bonnechaux v. Switzerland	(1981) 3 E.H.R.R. 259
App. No. 911/60, 4 *Yearbook* 198	App. No. 9018/90 v. Netherlands	(1984) 6 E.H.R.R. 133
	App. No. 9103/80 v. Netherlands	(1983) 5 E.H.R.R. 503
	App. No. 9497/81 v. Germany	(1984) 6 E.H.R.R. 119
	App. No. 9993/82 v. France	(1983) 5 E.H.R.R. 302
	Gribler v. United Kingdom	(1988) 10 E.H.R.R. 546
	Hendriks v. Netherlands	(1983) 5 E.H.R.R. 223
App. No. 918/60 v. Germany, 7 Coll. 110	App. No. 8944/80 v. Switzerland	(1983) 5 E.H.R.R. 279
	App. No. 10004/82 v. Switzerland	(1983) 5 E.H.R.R. 597
	App. No. 11864/85 v. United Kingdom	(1987) 9 E.H.R.R. 268
	Temple v. United Kingdom	(1986) 8 E.H.R.R. 318
	Watts v. United Kingdom	(1987) 9 E.H.R.R. 123
App. No. 1092/61, 9 Coll. 38	X v. Ireland	(1982) 4 E.H.R.R. 359
App. No. 1103/61, 8 Coll. 112	App. No. 9453/81 v. Portugal	(1983) 5 E.H.R.R. 479
App. No. 1140/61 v. Austria, 8 Coll. 57	App. No. 8744/79 v. Germany	(1983) 5 E.H.R.R. 499
	App. No. 9017/80 v. Sweden	(1983) 5 E.H.R.R. 279
	App. No. 9132/80 v. Germany	(1983) 5 E.H.R.R. 470
	App. No. 9280/81 v. Austria	(1983) 5 E.H.R.R. 283
	App. No. 9308/81 v. Germany	(1983) 5 E.H.R.R. 503
	App. No. 9329/81 v. United Kingdom	(1983) 5 E.H.R.R. 286
	App. No. 9453/81 v. Portugal	(1983) 5 E.H.R.R. 479
	App. No. 9884/82 v. United Kingdom	(1983) 5 E.H.R.R. 298
	App. No. 10000/82 v. United Kingdom	(1984) 6 E.H.R.R. 535
	App. No. 10083/82 v. United Kingdom	(1984) 6 E.H.R.R. 140
	App. No. 10182/82 v. Spain	(1984) 6 E.H.R.R. 145
	App. No. 10193/82 v. Germany	(1985) 7 E.H.R.R. 141
	App. No. 11620/85 v. Iceland	(1987) 9 E.H.R.R. 151
	Farrell v. United Kingdom	(1983) 5 E.H.R.R. 466
	Prussner v. Germany	(1986) 8 E.H.R.R. 79
App. No. 1167/61, 12 Coll. 70	Bönisch v. Austria	(1984) 6 E.H.R.R. 467

Case Referred to	Name of Case	Citation
App. No. 1169/61 v. Germany (1963) 6 *Yearbook* 520	App. No. 9315/81 v. Austria	(1984) 6 E.H.R.R. 332
	App. No. 9728/82 v. United Kingdom	(1984) 6 E.H.R.R. 345
	Fejde v. Sweden	(1994) 17 E.H.R.R. 14
	Helmers v. Sweden	(1993) 15 E.H.R.R. 285
	Jan-Ake Andersson v. Sweden	(1993) 15 E.H.R.R. 218
	Monnell and Morris v. United Kingdom	(1985) 7 E.H.R.R. 579
	Winterwerp v. Netherlands	2 E.H.R.R. 387
App. No. 1191/61, 8 *Yearbook* 106	App. No. 9157/80 v. Germany	(1984) 6 E.H.R.R. 331
App. No. 1322/62, 6 *Yearbook* 495	Drozd and Janousek v. France and Spain	(1992) 14 E.H.R.R. 745
App. No. 1392/62, 17 Coll. 1	App. No. 10263/83 v. Denmark	(1986) 8 E.H.R.R. 60
App. No. 1420/62 v. Belgium, 6 *Yearbook* 590	James v. United Kingdom	(1984) 6 E.H.R.R. 475
App. No. 1476/62, 11 Coll. 31	Bönisch v. Austria	(1984) 6 E.H.R.R. 467
App. No. 1611/62, 8 *Yearbook* 159	East African Asians v. United Kingdom	(1981) 3 E.H.R.R. 76
App. No. 1706/62 v. Austria, 21 Coll. 26	App. No. 11189/84 v. Sweden	(1988) 10 E.H.R.R. 132
App. No. 1760/62	Pinard, Foucher and Parmentier v. France	(1993) 15 E.H.R.R. CD 92
App. No. 1794/62, 20 Coll. 8	App. No. 9893/82 v. Denmark	(1984) 6 E.H.R.R. 554
App. No. 1802/62 v. Germany, 6 *Yearbook* 462	Altun v. Germany	(1983) 5 E.H.R.R. 611
	App. No. 9822/82 v. Spain	(1983) 5 E.H.R.R. 609
	App. No. 10479/83 v. United Kingdom	(1984) 6 E.H.R.R. 373
	App. No. 12543/86 v. Netherlands	(1988) 10 E.H.R.R. 161
	East African Asians v. United Kingdom	(1981) 3 E.H.R.R. 76
App. No. 1816/63, 7 *Yearbook* 205	Foucher v. France	(1998) 25 E.H.R.R. 234
App. No. 1852/63, 8 *Yearbook* 191	Enkelmann v. Switzerland	(1986) 8 E.H.R.R. 266
	Kokkinakis v. Greece	(1994) 17 E.H.R.R. 397
App. No. 1855/63, 8 *Yearbook* 200	Advic v. United Kingdom	(1995) 20 E.H.R.R. CD 125
App. No. 1931/63 v. Austria, 9 *Yearbook* 213	H v. Belgium	(1986) 8 E.H.R.R. 510
	Lombardo v. Italy	(1996) 21 E.H.R.R. 188
App. No. 1983/63 v. Netherlands, 8 *Yearbook* 228	App. No. 9822/82 v. Spain	(1983) 5 E.H.R.R. 609

Case Referred to	Name of Case	Citation
App. No. 2022/64, 7 *Yearbook* 262	App. No. 9097/80 v. Belgium	(1983) 5 E.H.R.R. 280
App. No. 2095/63 v. Germany, 17 Coll. 12	App. No. 9760/82 v. Germany	(1983) 5 E.H.R.R. 596
App. No. 2143/64 v. Austria, 7 *Yearbook* 314	App. No. 10479/83 v. United Kingdom	(1984) 6 E.H.R.R. 373
	App. No. 12543/86 v. Netherlands	(1988) 10 E.H.R.R. 161
App. No. 2290/64 v. Netherlands, 22 Coll. 28	App. No. 9807/82 v. Netherlands	(1983) 5 E.H.R.R. 513
App. No. 2304/64, 21 Coll. 23, 33	App. No. 9993/82 v. France	(1983) 5 E.H.R.R. 302
App. No. 2333/64 v. Belgium, 16 Coll. 58; 8 *Yearbook* 338	Fryske Nasjonale Partij v. Netherlands	(1987) 9 E.H.R.R. 261
	Stankov v. Bulgaria	(1997) 23 E.H.R.R. CD 170
App. No. 2472/65, 23 Coll. 42	App. No. 9893/82 v. Denmark	(1984) 6 E.H.R.R. 554
App. No. 2552/65 v. Germany, 26 Coll. 1	App. No. 11036/84 v. Sweden	(1987) 9 E.H.R.R. 127
	App. No. 11189/84 v. Sweden	(1988) 10 E.H.R.R. 132
	Bendenoun v. France	(1994) 18 E.H.R.R. 54
	Editions Periscope v. France	(1992) 14 E.H.R.R. 597
App. No. 2568/65, 26 Coll. 10	H v. Belgium	(1986) 8 E.H.R.R. 510
App. No. 2625/65, 28 Coll. 26	Helmers v. Sweden	(1998) 26 E.H.R.R. CD 73
	Stamoulakatos v. United Kingdom	(1997) 23 E.H.R.R. CD 113
App. No. 2635/65, 28 Coll. 43	App. No. 9315/81 v. Austria	(1984) 6 E.H.R.R. 332
	App. No. 9728/82 v. United Kingdom	(1984) 6 E.H.R.R. 345
App. No. 2648/65 v. Netherlands, 26 Coll. 26; 11 *Yearbook* 355	App. No. 9587/81 v. France	(1983) 5 E.H.R.R. 483
	App. No. 9993/82 v. France	(1983) 5 E.H.R.R. 302
App. No. 2717/66 v. Germany, 29 Coll. 1; 13 *Yearbook* 176	Altun v. Germany	(1983) 5 E.H.R.R. 611
	App. No. 9553/81 v. Belgium	(1983) 5 E.H.R.R. 509
	App. No. 11036/84 v. Sweden	(1987) 9 E.H.R.R. 127
	App. No. 11189/84 v. Sweden	(1988) 10 E.H.R.R. 132
	Bendenoun v. France	(1994) 18 E.H.R.R. 54
	Editions Periscope v. France	(1992) 14 E.H.R.R. 597
App. No. 2724/66, 22 Coll. 89	Helmers v. Sweden	(1998) 26 E.H.R.R. CD 73
	Stamoulakatos v. United Kingdom	(1997) 23 E.H.R.R. CD 113
App. No. 2728/66, 10 *Yearbook* 336	App. No. 9914/82 v. Netherlands	(1984) 6 E.H.R.R. 139
	Holland v. Ireland	(1998) 25 E.H.R.R. CD 20

Case Referred to	Name of Case	Citation
App. No. 2749/66, 10 *Yearbook* 382	App. No. 10263/83 v. Denmark	(1986) 8 E.H.R.R. 60
App. No. 2758/66, 30 Coll. 11; 12 *Yearbook* 175	App. No. 9348/81 v. United Kingdom	(1983) 5 E.H.R.R. 504
	App. No. 9360/81 v. Ireland	(1983) 5 E.H.R.R. 506
	App. No. 9825/82 v. United Kingdom and Ireland	(1986) 8 E.H.R.R. 49
	Wolfgram v. Germany	(1987) 9 E.H.R.R. 548
App. No. 2775/66, unreported, December 22, 1967	Inze v. Austria	(1986) 8 E.H.R.R. 498
App. No. 2804/66, 27 Coll. 72	Webb v. United Kingdom	(1984) 6 E.H.R.R. 121
App. No. 2894/66 v. Netherlands, 9 *Yearbook* 564	Brogan v. United Kingdom	(1989) 11 E.H.R.R. 117
	McGoff v. Sweden, App. No. 9017/80	(1984) 6 E.H.R.R. 101
	Ruga v. Italy	(1988) 10 E.H.R.R. 532
	Skoogström v. Sweden, App. No. 8582/79	(1984) 6 E.H.R.R. 77
App. No. 3039/67, 23 Coll. 66	App. No. 9157/80 v. Germany	(1984) 6 E.H.R.R. 331
	Santilli v. Italy	(1992) 14 E.H.R.R. 421
App. No. 3071/67, 26 Coll. 71	Nydahl v. Sweden	(1993) 16 E.H.R.R. CD 15
App. No. 3168/67	X v. Ireland	(1982) 4 E.H.R.R. 359
App. No. 3110/67, 11 *Yearbook* 494	App. No. 9966/82 v. United Kingdom	(1983) 5 E.H.R.R. 299
	Berrehab and Koster v. Netherlands	(1986) 8 E.H.R.R. 280
App. No. 3325/67 v. United Kingdom, 10 *Yearbook* 528	App. No. 10067/82 v. United Kingdom	(1983) 5 E.H.R.R. 516
	App. No. 10184/82 v. United Kingdom	(1983) 5 E.H.R.R. 516
App. No. 3374/67, 29 Coll. 29	Young v. Ireland	(1996) 21 E.H.R.R. CD 91
App. No. 3376/67, 29 Coll. 31	App. No. 9610/81 v. Germany	(1984) 6 E.H.R.R. 110
App. No. 3500/68, 37 Coll. 4	App. No. 9553/81 v. Belgium	(1983) 5 E.H.R.R. 509
App. No. 3505/68 v. United Kingdom, 12 *Yearbook* 299	App. No. 9587/81 v. France	(1983) 5 E.H.R.R. 483
App. No. 3535/68, 17 Coll. 28	App. No. 11278/84 v. Netherlands	(1986) 8 E.H.R.R. 95
App. No. 3539/68 v. United Kingdom, 23 Coll. 66	Azzi v. Italy	(1989) 11 E.H.R.R. 105

Case Referred to	Name of Case	Citation
App. No. 3593/68, 29 Coll. 65	Bönisch v. Austria	(1984) 6 E.H.R.R. 467
App. No. 3788/68, 35 Coll. 66	App. No. 9228/80 v. Germany	(1983) 5 E.H.R.R. 471
App. No. 3925/69 v. Germany, 32 Coll.56	App. No. 9322/81 v. Netherlands	(1983) 5 E.H.R.R. 598
	App. No. 11864/85 v. United Kingdom	(1987) 9 E.H.R.R. 268
	Ollila v. Finland	(1993) 15 E.H.R.R. CD 101
App. No. 3937/69, 32 Coll. 61	Leander v. Sweden	(1984) 6 E.H.R.R. 540
	Lombardo v. Italy	(1996) 21 E.H.R.R. 188
App. No. 4072/69, 13 *Yearbook* 708	Ollila v. Finland	(1993) 15 E.H.R.R. CD 101
App. No. 4119/69, 35 Coll. 127	Bönisch v. Austria	(1984) 6 E.H.R.R. 467
App. No. 4130/69, 14 *Yearbook* 224	App. No. 9185/80 v. Sweden	(1984) 6 E.H.R.R. 119
	Paruszweska v. Poland	(1998) 25 E.H.R.R. CD 175
	Styranowski v. Poland	(1996) 22 E.H.R.R. CD 111
	Szumilas v. Poland	(1998) 26 E.H.R.R. CD 181
App. No. 4220/69 v. United Kingdom, 14 *Yearbook* 250	Kamer v. Belgium	(1986) 8 E.H.R.R. 230
App. No. 4314/69 v. Germany, 32 Coll. 96	App. No. 10427/83 v. United Kingdom	(1987) 9 E.H.R.R. 369
	App. No. 11278/84 v. Netherlands	(1986) 8 E.H.R.R. 95
	Berrehab and Koster v. Netherlands	(1986) 8 E.H.R.R. 280
	East African Asians v. United Kingdom	(1981) 3 E.H.R.R. 76
	X v. Sweden	(1982) 4 E.H.R.R. 408
App. No. 4427/70, 38 Coll. 39	Altun v. Germany	(1985) 7 E.H.R.R. 154
App. No. 4428/70 v. Austria, 40 Coll. 1	App. No. 11853/85 v. Germany	(1988) 10 E.H.R.R. 521
App. No. 4429/70 v. Germany, 37 Coll. 109	App. No. 11245/84 v. Netherlands	(1987) 9 E.H.R.R. 263
	DeBono v. Malta	(1993) 15 E.H.R.R. CD 112
	Hansen v. Denmark	(1995) 19 E.H.R.R. CD 89
	Kelly v. United Kingdom	(1986) 8 E.H.R.R. 77
App. No. 4448/70, 34 Coll. 70	App. No. 10263/83 v. Denmark	(1986) 8 E.H.R.R. 60
App. No. 4450/70, 38 Coll. 123	Van Der Heijden v. Netherlands	(1986) 8 E.H.R.R. 279
App. No. 4465/70, 38 Coll. 58	App. No. 9610/81 v. Germany	(1984) 6 E.H.R.R. 110

Case Referred to	Name of Case	Citation
App. No. 4505/70, 14 *Yearbook* 523	Salesi v. Italy	(1998) 26 E.H.R.R. 187
App. No. 4517/70, 2 D. & R. 11	App. No. 9806/82 v. Ireland	(1983) 5 E.H.R.R. 488
App. No. 4607/70, 14 *Yearbook* 634	App. No. 9315/81 v. Austria	(1984) 6 E.H.R.R. 332
App. No. 4625/70 v. Belgium, 40 Coll. 21	Merkier v. Belgium	(1989) 11 E.H.R.R. 68
App. No. 4733/71	Angeleni v. Sweden	(1988) 10 E.H.R.R. 123
App. No. 4802/71, 42 Coll. 35	East African Asians v. United Kingdom	(1981) 3 E.H.R.R. 76
App. No. 4859/71, 44 Coll. 1	App. No. 9893/82 v. Denmark	(1984) 6 E.H.R.R. 554
App. No. 4960/71 v. Belgium, 42 Coll. 49	Brogan v. United Kingdom	(1989) 11 E.H.R.R. 117
	McGoff v. Sweden, App. No. 9017/80	(1984) 6 E.H.R.R. 101
	Ruga v. Italy	(1988) 10 E.H.R.R. 532
	Skoogström v. Sweden, App. No. 8582/79	(1984) 6 E.H.R.R. 77
App. No. 5006/71, 39 Coll. 91	App. No. 10263/83 v. Denmark	(1986) 8 E.H.R.R. 60
App. No. 5012/72 v. Belgium, 40 Coll. 53	App. No. 9822/82 v. Spain	(1983) 5 E.H.R.R. 609
App. No. 5025/71, 14 *Yearbook* 692	McVeigh, O'Neill and Evans v. United Kingdom	(1983) 5 E.H.R.R. 71
App. No. 5049/71 v. Austria, 43 Coll. 38	App. No. 11853/85 v. Germany	(1988) 10 E.H.R.R. 521
App. No. 5070, 5171 and 5186/71, 42 Coll. 58	Philis v. Greece	(1997) 23 E.H.R.R. CD 147
App. No. 5155/71 v. United Kingdom, 6 D. & R. 13	App. No. 9807/82 v. Netherlands	(1983) 5 E.H.R.R. 513
	Edwards v. United Kingdom	(1986) 8 E.H.R.R. 96
	Welch v. United Kingdom	(1995) 20 E.H.R.R. 247
App. No. 5169/71, 42 Coll. 137	App. No. 9553/81 v. Belgium	(1983) 5 E.H.R.R. 509
App. No. 5202/71 v. United Kingdom, 13 D. & R. 5; 14 *Yearbook* 698; 39 Coll. 99	Lalljee v. United Kingdom	(1986) 8 E.H.R.R. 84
	Naddaf v. Germany	(1987) 9 E.H.R.R. 561
	WM v. Germany	(1997) 24 E.H.R.R. CD 79
App. No. 5258/71, 43 Coll. 71	Comninos and National Justice Compania Naviera SA v. United Kingdom	(1997) 23 E.H.R.R. CD 165
	Krone-Verlag Gmbh v. Austria	(1997) 23 E.H.R.R. CD 152
	Mavronichis v. Cyprus	(1996) 22 E.H.R.R. CD 120
	R.O. v. United Kingdom	(1994) 18 E.H.R.R. CD 212

Case Referred to	Name of Case	Citation
	Reiss v. Austria	(1995) 20 E.H.R.R. CD 90
	Tsirlis and Kouloumpas v. Greece	(1996) 21 E.H.R.R. CD 30
App. No. 5269/71 v. United Kingdom, 39 Coll. 104	App. No. 9773/82 v. United Kingdom	(1983) 5 E.H.R.R. 296
	App. No. 9918/82 v. United Kingdom	(1983) 5 E.H.R.R. 299
	App. No. 9988/82 v. United Kingdom	(1983) 5 E.H.R.R. 301
	App. No. 10427/83 v. United Kingdom	(1987) 9 E.H.R.R. 369
	App. No. 11278/84 v. Netherlands	(1986) 8 E.H.R.R. 95
	Berrehab and Koster v. Netherlands	(1986) 8 E.H.R.R. 280
	X v. Sweden	(1982) 4 E.H.R.R. 408
App. No. 5302/71, 44 Coll. 29	App. No. 9505/81 v. United Kingdom	(1983) 5 E.H.R.R. 480
App. No. 5332/82, 43 Coll. 172	Philis v. Greece	(1997) 23 E.H.R.R. CD 147
App. No. 5421/72, 43 Coll. 94	Deumeland v. Germany	(1985) 7 E.H.R.R. 409
	Feldbrugge v. Netherlands	(1985) 7 E.H.R.R. 279
App. No. 5493/72, 17 *Yearbook* 290	Gerlach v. Germany	(1986) 8 E.H.R.R. 311
App. No. 5495/72, 45 Coll. 54	App. No. 9578/81 v. Germany	(1983) 5 E.H.R.R. 483
	Jocabus Keus v. Netherlands	(1991) 13 E.H.R.R. 109
	Jonas Mohamed Rafiek Koendjbiharie v. Netherlands	(1991) 13 E.H.R.R. 118
	Keus v. Netherlands	(1991) 13 E.H.R.R. 700
App. No. 5564/72, 42 Coll. 114	East African Asians v. United Kingdom	(1981) 3 E.H.R.R. 76
App. No. 5573 & 5670/72 v. Germany, 7 D. & R. 8	App. No. 9157/80 v. Germany	(1984) 6 E.H.R.R. 331
	App. No. 9578/81 v. Germany	(1983) 5 E.H.R.R. 483
	App. No. 9760/82 v. Germany	(1983) 5 E.H.R.R. 596
	App. No. 10563/83 v. Sweden	(1986) 8 E.H.R.R. 86
	App. No. 11508/85 v. Denmark	(1987) 9 E.H.R.R. 533
	Kaplan v. United Kingdom	(1982) 4 E.H.R.R. 64
	Martin v. Ireland	(1986) 8 E.H.R.R. 316
	Pinder v. United Kingdom	(1985) 7 E.H.R.R. 464
	Selçuk and Asker v. Turkey	(1998) 26 E.H.R.R. 477
	Tsavachidis v. Greece	(1997) 23 E.H.R.R. CD 135
App. No. 5574/72, 3 D. & R. 10	App. No. 9610/81 v. Germany	(1984) 6 E.H.R.R. 110
	App. No. 9997/82 v. Germany	(1983) 5 E.H.R.R. 490
App. No. 5575/72 v. Austria, 1 D. & R. 45	App. No. 10668/83 v. Austria	(1988) 10 E.H.R.R. 556
	Staarman v. Netherlands	(1986) 8 E.H.R.R. 73
App. No. 5577–5583/72, 4 D. & R. 4	Andronicou and Constantinou v. Cyprus	(1995) 20 E.H.R.R. CD 105
	Assenoz v. Bulgaria	(1996) 22 E.H.R.R. CD 163

Case Referred to	Name of Case	Citation
	Ouattara v. United Kingdom	(1998) 25 E.H.R.R. CD 167
App. No. 5608/72 v. United Kingdom, 44 Coll. 66	App. No. 9867/82 v. United Kingdom	(1983) 5 E.H.R.R. 489
App. No. 5670/72, 7 D. & R. 27	App. No. 9578/81 v. Germany	(1983) 5 E.H.R.R. 483
	App. No. 9760/82 v. Germany	(1983) 5 E.H.R.R. 596
	Kaplan v. United Kingdom	(1982) 4 E.H.R.R. 64
App. No. 5713/72, Conmm. Dec., July 9, 1973	Salesi v. Italy	(1998) 26 E.H.R.R. 187
App. No. 5759/72, 6 D. & R. 15	Walker v. United Kingdom	(2000) 29 E.H.R.R. CD 276
	Worm v. Austria	(1996) 21 E.H.R.R. CD 51
App. No. 5849/72, 1 D. & R. 46	Styranowski v. Poland	(1996) 22 E.H.R.R. CD 111
	Szumilas v. Poland	(1998) 26 E.H.R.R. CD 181
App. No. 5849/72, Muller v. Austria, 1 D. & R. 46	Coke v. United Kingdom	(1999) 27 E.H.R.R. CD 316
	Paruszweska v. Poland	(1998) 25 E.H.R.R. CD 175
App. No. 5871/72, 1 D. & R. 54	Ringhofer v. Austria	(1986) 8 E.H.R.R. 295
App. No. 5877/72, 16 *Yearbook* 328	Schneider v. Austria	(1994) 18 E.H.R.R. CD 33
App. No. 5935/72 v. Germany, 3 D. & R. 46	App. No. 9721/82 v. United Kingdom	(1985) 7 E.H.R.R. 145
	Johnson v. United Kingdom	(1987) 9 E.H.R.R. 386
App. No. 5962/72 v. United Kingdom, 2 D. & R. 50	App. No. 10193/82 v. Germany	(1985) 7 E.H.R.R. 141
App. No. 5964/72	F.K., T.M. and C.H. v. Austria	(1994) 18 E.H.R.R. CD 60
App. No. 5969/72 v. Norway, 2 D. & R. 52	App. No. 9531/81 v. Germany	(1983) 5 E.H.R.R. 290
App. No. 6038/73, 44 Coll. 115	App. No. 10263/83 v. Denmark	(1986) 8 E.H.R.R. 60
	Herczegfalvy v. Austria	(1993) 15 E.H.R.R. 437
App. No. 6040/73	App. No. 9348/81 v. United Kingdom	(1983) 5 E.H.R.R. 504
App. No. 6062/73 v. Germany, 2 D. & R. 54	Farragut v. France	(1986) 8 E.H.R.R. 232
App. No. 6087/73, 3 D. & R. 10	App. No. 9553/81 v. Belgium	(1983) 5 E.H.R.R. 509
App. No. 6094/73, 9 D. & R. 5	Anderson v. United Kingdom	(1998) 25 E.H.R.R. CD 172
	App. No. 10331/83 v. United Kingdom	(1984) 6 E.H.R.R. 583
App. No. 6172/73 v. United Kingdom, 3 D. & R. 77	App. No. 9732/82 v. United Kingdom	(1983) 5 E.H.R.R. 295
	App. No. 10080/82 v. Germany	(1987) 9 E.H.R.R. 250

Case Referred to	Name of Case	Citation
	App. No. 10083/82 v. United Kingdom	(1984) 6 E.H.R.R. 140
	App. No. 11043/84 v. Germany	(1986) 8 E.H.R.R. 303
	Ringhofer v. Austria	(1986) 8 E.H.R.R. 295
	Seidlová v. Slovak Republic	(1995) 20 E.H.R.R. CD 124
App. No. 6181/73, 46 Coll. 188	Worm v. Austria	(1996) 21 E.H.R.R. CD 51
App. No. 6185/73 v. Austria, 2 D. & R. 68	App. No. 10196/82 v. Germany	(1984) 6 E.H.R.R. 362
	App. No. 10221/82 v. Germany	(1984) 6 E.H.R.R. 353
App. No. 6202/73, 1 D. & R. 66	App. No. 9813/82 v. United Kingdom	(1983) 5 E.H.R.R. 513
App. No. 6211 and 6213/73, unreported, October 11, 1973	Welch v. United Kingdom	(1995) 20 E.H.R.R. 247
App. No. 6248/73, 46 Coll. 215	App. No. 9893/82 v. Denmark	(1984) 6 E.H.R.R. 554
App. No. 6271/73, 6 D. & R. 62	App. No. 9596/81 v. Ireland	(1984) 6 E.H.R.R. 570
	Gross v. Germany	(1983) 5 E.H.R.R. 476
	Whiteside v. United Kingdom	(1994) 18 E.H.R.R. CD 126
App. No. 6315/73 v. Germany, 1 D. & R. 73	Cyprus v. Turkey	(1993) 15 E.H.R.R. 509
	Lukka v. United Kingdom	(1987) 9 E.H.R.R. 552
	Nasri v. France	(1996) 21 E.H.R.R. 458
	Nesaei v. United Kingdom	(1986) 8 E.H.R.R. 298
App. No. 6323/73 v. Italy, 12 D. & R. 25	Kofler v. Italy	(1983) 5 E.H.R.R. 303
App. No. 6324/73, 46 Coll. 218	Lombardo v. Italy	(1996) 21 E.H.R.R. 188
App. No. 6357/73 v. Germany, 1 D. & R. 77	App. No. 10067/82 v. United Kingdom	(1983) 5 E.H.R.R. 516
	App. No. 10184/82 v. United Kingdom	(1983) 5 E.H.R.R. 516
	Berrehab and Koster v. Netherlands	(1986) 8 E.H.R.R. 280
App. No. 6427/78 v. Netherlands, 18 D. & R. 22	Gribler v. United Kingdom	(1988) 10 E.H.R.R. 546
App. No. 6452/74, 5D. & R. 43	Nydahl v. Sweden	(1993) 16 E.H.R.R. CD 15
App. No. 6481/74 v. Italy, 1 D. & R. 79	App. No. 9825/82 v. United Kingdom and Ireland	(1986) 8 E.H.R.R. 49
App. No. 6482/74 v. Belgium, 7 D. & R. 75	App. No. 9993/82 v. France	(1983) 5 E.H.R.R. 302
App. No. 6538/74	Times Newspapers Ltd v. United Kingdom	(1986) 8 E.H.R.R. 54

Case Referred to	Name of Case	Citation
App. No. 6545/74 v. Belgium, 2 D. & R. 110	App. No. 9588/81 v. United Kingdom	(1984) 6 E.H.R.R. 545
App. No. 6566/74 v. Germany, 1 D. & R. 84	App. No. 8715/79 v. United Kingdom	(1983) 5 E.H.R.R. 273
App. No. 6572/74 v. Germany, 8 D. & R. 70	App. No. 9185/80 v. Sweden	(1984) 6 E.H.R.R. 119
	App. No. 9776/82 v. United Kingdom	(1984) 6 E.H.R.R. 360
App. No. 6579/74 v. Netherlands, 1 D. & R. 87	App. No. 9588/81 v. United Kingdom	(1984) 6 E.H.R.R. 545
	App. No. 9914/82 v. Netherlands	(1984) 6 E.H.R.R. 139
	Baskauskaite v. Lithuania	(1999) 27 E.H.R.R. CD 341
	Edwards v. United Kingdom	(1986) 8 E.H.R.R. 96
	Holland v. Ireland	(1998) 25 E.H.R.R. CD 20
	Moreaux v. Belgium	(1984) 6 E.H.R.R. 531
App. No. 6591/74, 3 D. & R. 90	Jocabus Keus v. Netherlands	(1991) 13 E.H.R.R. 109
	Jonas Mohamed Rafiek Koendjbiharie v. Netherlands	(1991) 13 E.H.R.R. 118
	Keus v. Netherlands	(1991) 13 E.H.R.R. 700
	Koendjbiharie v. Netherlands	(1991) 13 E.H.R.R. 820
App. No. 6683/75, Comm. Dec., December 10, 1975, 3 D. & R.	Kokkinakis v. Greece	(1994) 17 E.H.R.R. 397
App. No. 6694/74, 8 D. & R. 73	Tsirlis and Kouloumpas v. Greece	(1996) 21 E.H.R.R. CD 30
App. No. 6742/74 v. Germany, 3 D. & R. 98	App. No. 9825/82 v. United Kingdom and Ireland	(1986) 8 E.H.R.R. 49
	Lindsay v. United Kingdom	(1997) 23 E.H.R.R. CD 199
	Stankov v. Bulgaria	(1997) 23 E.H.R.R. CD 170
App. No. 6745 and 6746/76 v. Belgium, 2 D. & R. 110	Edwards v. United Kingdom	(1986) 8 E.H.R.R. 96
	Holland v. Ireland	(1998) 25 E.H.R.R. CD 20
	Moreaux v. Belgium	(1984) 6 E.H.R.R. 531
App. No. 6780/74 and 6950/75, 2 D. & R. 125	App. No. 9825/82 v. United Kingdom and Ireland	(1986) 8 E.H.R.R. 49
	Stocke v. Germany	(1991) 13 E.H.R.R. 126
App. No. 6782–6784/74 v. Belgium, 13 D. & R. 13	App. No. 9453/81 v. Portugal	(1983) 5 E.H.R.R. 479
	App. No. 10343/83 v. Switzerland	(1984) 6 E.H.R.R. 367
App. No. 6794/74 v. Germany, 3 D. & R. 104	Chappell v. United Kingdom	(1989) 11 E.H.R.R. 543
App. No. 6821/74, 6 D. & R. 65	Jocabus Keus v. Netherlands	(1991) 13 E.H.R.R. 109
	Keus v. Netherlands	(1991) 13 E.H.R.R. 700
App. No. 6837/74 v. Belgium, 3 D. & R. 135	Erkner and Hofauer v. Austria	(1986) 8 E.H.R.R. 520
	James v. United Kingdom	(1984) 6 E.H.R.R. 475

Case Referred to	Name of Case	Citation
App. No. 6840/74 v. United Kingdom (1981) 3 E.H.R.R. 131; 10 D. & R. 5	App. No. 9856/82 v. United Kingdom	(1988) 10 E.H.R.R. 547
	Kamal v. United Kingdom	(1982) 4 E.H.R.R. 244
App. No. 6850/74 v. Germany, 5 D. & R. 90	Fryske Nasjonale Partij v. Netherlands	(1987) 9 E.H.R.R. 261
App. No. 6852/74 v. Netherlands, 25 D. & R. 5	App. No. 9303/81 v. United Kingdom	(1987) 9 E.H.R.R. 538
	App. No. 9506/81 v. Belgium	(1983) 5 E.H.R.R. 508
	App. No. 10300/83 v. Germany	(1986) 8 E.H.R.R. 264
	App. No. 11082/84 v. Belgium	(1987) 9 E.H.R.R. 149
	Ersöz v. Turkey	(1996) 21 E.H.R.R. CD 48
	Kilbourn v. United Kingdom	(1986) 8 E.H.R.R. 81
	Temple v. United Kingdom	(1986) 8 E.H.R.R. 318
	Tete v. France	(1989) 11 E.H.R.R. 91
	Watts v. United Kingdom	(1987) 9 E.H.R.R. 123
App. No. 6859/74 v. Belgium (1981) 3 E.H.R.R. 139; 3 D. & R. 139	Merkier v. Belgium	(1989) 11 E.H.R.R. 68
App. No. 6861/71 v. United Kingdom, 3 D. & R. 147	App. No. 9843/82 v. United Kingdom	(1983) 5 E.H.R.R. 488
	App. No. 10563/83 v. Sweden	(1986) 8 E.H.R.R. 86
	App. No. 11508/85 v. Denmark	(1987) 9 E.H.R.R. 533
App. No. 6870/75, 10 D. & R. 65	McVeigh, O'Neill and Evans v. United Kingdom	(1983) 5 E.H.R.R. 71
App. No. 6871/75, 22 D. & R. 5	Jonas Mohamed Rafiek Koendjbiharie v. Netherlands	(1991) 13 E.H.R.R. 118
	Koendjbiharie v. Netherlands	(1991) 13 E.H.R.R. 820
App. No. 6878/75 v. Belgium, 6 D. & R. 79	App. No. 9506/81 v. Belgium	(1983) 5 E.H.R.R. 508
App. No. 6907/75 v. Denmark, 3 D. & R. 153	App. No. 10482/83 v. Germany	(1984) 6 E.H.R.R. 587
App. No. 6916/75 v. Switzerland, 6 D. & R. 107	App. No. 9453/81 v. Portugal	(1983) 5 E.H.R.R. 479
	App. No. 9486/81 v. Switzerland	(1983) 5 E.H.R.R. 587
	App. No. 11559/85 v. United Kingdom	(1987) 9 E.H.R.R. 134
	De Vries v. Netherlands	(1993) 15 E.H.R.R. CD 87
	Hotel Casino Aregua Parana AG v. Austria	(1995) 20 E.H.R.R. CD 79
App. No. 6946/75 v. Germany, 6 D. & R. 114	App. No. 8715/79 v. United Kingdom	(1983) 5 E.H.R.R. 273
App. No. 6950/75	App. No. 9825/82 v. United Kingdom and Ireland	(1986) 8 E.H.R.R. 49
App. No. 6959/75, 5 D. & R. 103; 10 D. & R. 100	Darci v. Turkey	(1999) 28 E.H.R.R. CD 124
	Niemietz v. Germany	(1993) 16 E.H.R.R. 97

Case Referred to	Name of Case	Citation
App. No. 7011/75, 4 D. & R. 215	Nasri v. France	(1996) 21 E.H.R.R. 458
App. No. 7031/75, 6 D. & R. 124	Koskinen v. Finland	(1994) 18 E.H.R.R. CD 146
	App. No. 10914/84 v. Netherlands	(1986) 8 E.H.R.R. 308
App. No. 7038/83, 35 D. & R. 236	Raimondo v. Italy	(1994) 18 E.H.R.R. 237
App. No. 7045/75 v. Austria, 7 D. & R. 87	App. No. 9777/82 v. Belgium	(1984) 6 E.H.R.R. 534
	App. No. 9825/82 v. United Kingdom and Ireland	(1986) 8 E.H.R.R. 49
	Bader v. Austria	(1996) 22 E.H.R.R. CD 213
	Knudsen v. Norway	(1986) 8 E.H.R.R. 63
	Mangov v. Greece	(1993) 16 E.H.R.R. CD 36
App. No. 7050/75, 5 D. & R.	R.S. v. United Kingdom	(1995) 20 E.H.R.R. CD 98
App. No. 7056/83, 8 D. & R. 161	Raimondo v. Italy	(1994) 18 E.H.R.R. 237
App. No. 7096/75, 3 D. & R. 165	Bader v. Austria	(1996) 22 E.H.R.R. CD 213
App. No. 7116/75 v. Germany, 7 D. & R. 91	App. No. 9192/80 v. Italy	(1984) 6 E.H.R.R. 120
	App. No. 9777/82 v. Belgium	(1984) 6 E.H.R.R. 534
	App. No. 9992/82 v. France	(1983) 5 E.H.R.R. 515
	App. No. 11489/85 v. Ireland	(1988) 10 E.H.R.R. 147
	Helmers v. Sweden	(1993) 15 E.H.R.R. 285
	Leander v. Sweden	(1984) 6 E.H.R.R. 540
	Moreira de Azevedo v. Portugal	(1991) 13 E.H.R.R. 101
	Moreira de Azevedo v. Portugal	(1991) 13 E.H.R.R. 721
	Munro v. United Kingdom	(1988) 10 E.H.R.R. 516
	Wallen v. Sweden	(1986) 8 E.H.R.R. 320
	Pastore v. France	(1986) 8 E.H.R.R. 224
App. No. 7138/75 v. Austria, 9 D. & R. 50	App. No. 9315/81 v. Austria	(1984) 6 E.H.R.R. 332
	App. No. 9728/82 v. United Kingdom	(1984) 6 E.H.R.R. 345
App. No. 7140/75 v. United Kingdom, 7 D. & R. 95	Moreaux v. Belgium	(1984) 6 E.H.R.R. 531
App. No. 7154/75 v. United Kingdom, 14 D. & R. 31	Barrett v. United Kingdom	(1997) 23 E.H.R.R. CD 185
	L, M and R v. Switzerland	(1996) 22 E.H.R.R. CD 130
	Naddaf v. Germany	(1987) 9 E.H.R.R. 561
	Wockel v. Germany	(1998) 25 E.H.R.R. CD 156
App. No. 7211/75, 7 D. & R. 104	Fejde v. Sweden	(1994) 17 E.H.R.R. 14
	Helmers v. Sweden	(1993) 15 E.H.R.R. 285
	Jan-Ake Andersson v. Sweden	(1993) 15 E.H.R.R. 218
App. No. 7215/75 v. United Kingdom (1981) 3 E.H.R.R. 63	Johnson v. United Kingdom	(1987) 9 E.H.R.R. 386

Case Referred to	**Name of Case**	**Citation**
App. No. 7216/75 v. Germany, 5 D. & R. 137	Altun v. Germany	(1983) 5 E.H.R.R. 611
	App. No. 10479/83 v. United Kingdom	(1984) 6 E.H.R.R. 373
App. No. 7229/75 v. United Kingdom, 12 D. & R. 32	App. No. 9360/81 v. Ireland	(1983) 5 E.H.R.R. 506
	App. No. 9730/82 v. United Kingdom	(1983) 5 E.H.R.R. 606
App. No. 7230/75, 7 D. & R. 109	Stankov v. Bulgaria	(1997) 23 E.H.R.R. CD 170
App. No. 7234/73, 46 Coll. 218	Deumeland v. Germany	(1985) 7 E.H.R.R. 409
	Feldbrugge v. Netherlands	(1985) 7 E.H.R.R. 279
App. No. 7238/75, 8 D. & R. 140	App. No. 9453/81 v. Portugal	(1983) 5 E.H.R.R. 479
App. No. 7256/76 v. Belgium, 8 D. & R. 164	Altun v. Germany	(1983) 5 E.H.R.R. 611
	App. No. 10040/82 v. Germany	(1984) 6 E.H.R.R. 349
	App. No. 12543/86 v. Netherlands	(1988) 10 E.H.R.R. 161
	Nasri v. France	(1996) 21 E.H.R.R. 458
App. No. 7287/75 v. Austria, 13 D. & R. 27	Allgemeine Gold- und Silberscheideanstalt AG v. United Kingdom	(1985) 7 E.H.R.R. 314
	App. No. 9889/82 v. France	(1983) 5 E.H.R.R. 298
	James v. United Kingdom	(1984) 6 E.H.R.R. 475
	Mellacher v. Austria	(1990) 12 E.H.R.R. 97
	Obermeier v. Austria	(1989) 11 E.H.R.R. 57
App. No. 7289/75 & 7349/75, 9 D. & R. 57	App. No. 9369/81 v. United Kingdom	(1983) 5 E.H.R.R. 601
App. No. 7299/75 & 7496/76, 18 D. & R. 5	Grigoriades v. Greece	(1995) 20 E.H.R.R. CD 92
	Tsirlis v. Greece	(1995) 20 E.H.R.R. CD 52
App. No. 7308/75 v. United Kingdom, 16 D. & R. 32	Union Alimentaria Sanders v. Spain	(1989) 11 E.H.R.R. 96
App. No. 7308/75, 16 D. & R. 32	Gross v. Germany	(1983) 5 E.H.R.R. 476
App. No. 7317/75, 6 D. & R. 141	App. No. 10292/83 v. Spain	(1984) 6 E.H.R.R. 146
	Öhlinger v. Austria	(1996) 22 E.H.R.R. CD 75
App. No. 7334/76, 5 D. & R. 154	Nesaei v. United Kingdom	(1986) 8 E.H.R.R. 298
App. No. 7349/76 v. Switzerland, 9 D. & R. 57	App. No. 9360/81 v. Ireland	(1983) 5 E.H.R.R. 506
	Johnston v. Ireland	(1986) 8 E.H.R.R. 214
App. No. 7361/76 v. Belgium, 14 D. & R. 40	App. No. 9792/82 v. Germany	(1984) 6 E.H.R.R. 347
App. No. 7367/76, 8 D. & R. 185	Karara v. Finland	(1998) 26 E.H.R.R. CD 220

Case Referred to	Name of Case	Citation
App. No. 7370/76 v. Switzerland, 9 D. & R. 95	App. No. 10076/82 v. Germany	(1986) 8 E.H.R.R. 281
	Biondo v. Italy	(1984) 6 E.H.R.R. 113
App. No. 7373/76, 5 D. & R. 157	Leander v. Sweden	(1984) 6 E.H.R.R. 540
App. No. 7374/76 v. Denmark, 5 D. & R. 157	Prussner v. Germany	(1986) 8 E.H.R.R. 79
App. No. 7376/76, 8 D. & R. 185	EP v. Turkey	(1996) 22 E.H.R.R. CD 143
App. No. 7379/76 v. United Kingdom, 8 D. & R. 211	App. No. 9157/80 v. Germany	(1984) 6 E.H.R.R. 331
	App. No. 9825/82 v. United Kingdom and Ireland	(1986) 8 E.H.R.R. 49
	Keenan v. United Kingdom	(1998) 26 E.H.R.R. CD 64
	Kilbourn v. United Kingdom	(1986) 8 E.H.R.R. 81
	Scotts of Greenock Ltd v. United Kingdom (App. No. 9482/81)	(1986) 8 E.H.R.R. 288
App. No. 7438/76, 23 D. & R. 5	Lindkvist v. Denmark	(1999) 27 E.H.R.R. CD 103
App. No. 7443/76 v. United Kingdom, 8 D. & R. 216	Baggs v. United Kingdom	(1987) 9 E.H.R.R. 235
App. No. 7450/76 v. Belgium, 9D. & R. 108	De Geillustreerde Pers v. Netherlands	(1989) 11 E.H.R.R. 85
	Dombo Beheer BV v. Netherlands	(1994) 18 E.H.R.R. 213
	Nideröst-Huber v. Switzerland	(1998) 25 E.H.R.R. 709
	Schuler-Zgraggen v. Switzerland	(1993) 16 E.H.R.R. 405
App. No. 7456/76, 13 D. & R. 40	Buckley v. United Kingdom	(1995) 19 E.H.R.R. CD 20
	Mabey v. United Kingdom	(1996) 22 E.H.R.R. CD 123
App. No. 7459/76 v. Italy, 11 D. & R. 114	App. No. 9776/82 v. United Kingdom	(1984) 6 E.H.R.R. 360
App. No. 7467/76, 8 D. & R. 220	Altun v. Germany	(1985) 7 E.H.R.R. 154
App. No. 7544/76, 14 D. & R. 60	Avis Enterprises v. Greece	(1998) 26 E.H.R.R. CD 21
	Hotel Casino Aregua Parana AG v. Austria	(1995) 20 E.H.R.R. CD 79
App. No. 7568/76 v. Denmark, 15 D. & R. 128	Nielsen v. Denmark	(1989) 11 E.H.R.R. 175
App. No. 7572, 7586 and 7587/76, 14 D. & R. 64	App. No. 9963/82 v. Belgium	(1983) 5 E.H.R.R. 515
	Herczegfalvy v. Austria	(1993) 15 E.H.R.R. 437
	Togher v. United Kingdom	(1998) 25 E.H.R.R. CD 99
App. No. 7620/76 v. Austria, 11 D. & R. 156	Erkner and Hofauer v. Austria	(1986) 8 E.H.R.R. 520
	Ettl v. Austria	(1984) 6 E.H.R.R. 599

Case Referred to	Name of Case	Citation
App. No. 7626/76 v. United Kingdom, 11 D. & R. 160	App. No. 9966/82 v. United Kingdom	(1983) 5 E.H.R.R. 299
	Berrehab and Koster v. Netherlands	(1986) 8 E.H.R.R. 280
	H and A v. United Kingdom	(1984) 6 E.H.R.R. 606
	Johnston v. Ireland	(1986) 8 E.H.R.R. 214
App. No. 7628/76 v. Belgium, 9 D. & R. 169	Brozicek v. Italy	(1988) 10 E.H.R.R. 524
	De Salvador Torres v. Spain	(1997) 23 E.H.R.R. 601
App. No. 7641/76, 10 D. & R. 224	D and E v. Netherlands	(1993) 16 E.H.R.R. CD 34
App. No. 7655–7657/76, 12 D. & R. 111	Kremer-Viereck and Viereck v. Germany	(1998) 26 E.H.R.R. CD 164
	Krug Von Nidda und Von Falkenstein v. Germany	(1997) 23 E.H.R.R. CD 60
	Paruszweska v. Poland	(1998) 25 E.H.R.R. CD 175
	Weidlich v. Germany	(1996) 22 E.H.R.R. CD 55
App. No. 7658/76 v. Denmark, 15 D. & R. 128	Colak v. Germany	(1989) 11 E.H.R.R. 513
	Nielsen v. Denmark	(1987) 9 E.H.R.R. 289
App. No. 7694/76, 12 D. & R. 131	Kremer-Viereck and Viereck v. Germany	(1998) 26 E.H.R.R. CD 164
	Krug Von Nidda und Von Falkenstein v. Germany	(1997) 23 E.H.R.R. CD 60
	Weidlich v. Germany	(1996) 22 E.H.R.R. CD 55
	Kremer-Viereck and Viereck v. Germany	(1998) 26 E.H.R.R. CD 164
App. No. 7705/76 v. Germany, 9 D. & R. 196	Johansen v. Norway	(1987) 9 E.H.R.R. 103
App. No. 7706/76, Digest 409	App. No. 9856/82 v. United Kingdom	(1988) 10 E.H.R.R. 547
App. No. 7721/76, 11 D. & R. 209	Raimondo v. Italy	(1994) 18 E.H.R.R. 237
App. No. 7729/76, 7 D. & R. 164	Saleem v. United Kingdom	(1998) 25 E.H.R.R. CD 193
	Ayadi v. France	(1993) 15 E.H.R.R. CD 93
App. No. 7730/76, 15 D. & R. 137	App. No. 9914/82 v. Netherlands	(1984) 6 E.H.R.R. 139
App. No. 7742/76 v. United Kingdom, 14 D. & R. 146	App. No. 10138/82 v. Italy	(1986) 8 E.H.R.R. 252
	Azzi v. Italy	(1989) 11 E.H.R.R. 105
	Beis v. Greece	(1995) 19 E.H.R.R. CD 70
	Beis v. Greece	(1998) 25 E.H.R.R. 335
	Kremer-Viereck and Viereck v. Germany	(1998) 26 E.H.R.R. CD 164
	Kremer-Viereck and Viereck v. Germany	(1998) 26 E.H.R.R. CD 164
	Krug Von Nidda und Von Falkenstein v. Germany	(1997) 23 E.H.R.R. CD 60
	Radino v. Italy	(1986) 8 E.H.R.R. 233
	Santilli v. Italy	(1992) 14 E.H.R.R. 421
	Seidlová v. Slovak Republic	(1995) 20 E.H.R.R. CD 124

Case Referred to	Name of Case	Citation
	Styranowski v. Poland	(1996) 22 E.H.R.R. CD 111
	Weidlich v. Germany	(1996) 22 E.H.R.R. CD 55
App. No. 7754/77, 11 D. & R. 216	Koskinen v. Finland	(1994) 18 E.H.R.R. CD 146
App. No. 7761/77, 14 D. & R. 171	Bullock v. United Kingdom	(1996) 21 E.H.R.R. CD 85
App. No. 7770/77, 14 D. & R. 175	Berrehab and Koster v. Netherlands	(1986) 8 E.H.R.R. 280
App. No. 7775/77, 15 D. & R. 143	App. No. 10138/82 v. Italy	(1986) 8 E.H.R.R. 252
	Beis v. Greece	(1995) 19 E.H.R.R. CD 70
	Beis v. Greece	(1998) 25 E.H.R.R. 335
	Kremer-Viereck and Viereck v. Germany	(1998) 26 E.H.R.R. CD 164
	Krug Von Nidda und Von Falkenstein v. Germany	(1997) 23 E.H.R.R. CD 60
	Santilli v. Italy	(1992) 14 E.H.R.R. 421
	Weidlich v. Germany	(1996) 22 E.H.R.R. CD 55
App. No. 7782/77 v. United Kingdom, 14 D. & R. 179	App. No. 10476/83 v. Sweden	(1987) 9 E.H.R.R. 247
	Verein Gemeinsam Lernen v. Austria	(1995) 20 E.H.R.R. CD 78
App. No. 7805/77, 16 D. & R. 68	Kustannus oy Vappa Ajattelija AB v. Finland	(1996) 22 E.H.R.R. CD 69
App. No. 7816/77 v. Germany, 9 D. & R. 219	App. No. 9521/81 v. United Kingdom	(1983) 5 E.H.R.R. 602
	App. No. 9730/82 v. United Kingdom	(1983) 5 E.H.R.R. 606
	App. No. 9884/82 v. United Kingdom	(1983) 5 E.H.R.R. 298
	App. No. 9955/82 v. Norway	(1984) 6 E.H.R.R. 348
	App. No. 10067/82 v. United Kingdom	(1983) 5 E.H.R.R. 516
	App. No. 10184/82 v. United Kingdom	(1983) 5 E.H.R.R. 516
	App. No. 11278/84 v. Netherlands	(1986) 8 E.H.R.R. 95
	App. No. 11970/86 v. United Kingdom	(1989) 11 E.H.R.R. 48
	App. No. 12513/86 v. United Kingdom	(1989) 11 E.H.R.R. 49
	Berrehab and Koster v. Netherlands	(1986) 8 E.H.R.R. 280
	Lukka v. United Kingdom	(1987) 9 E.H.R.R. 552
	Mangov v. Greece	(1993) 16 E.H.R.R. CD 36
	Momique-Pola v. Sweden	(1998) 26 E.H.R.R. CD 187
	N v. United Kingdom	(1993) 16 E.H.R.R. CD 28
	Poku v. United Kingdom	(1996) 22 E.H.R.R. CD 94
	PP v. United Kingdom	(1996) 21 E.H.R.R. CD 81
App. No. 7830/77, 13 D. & R. 200	British American Tobacco Co. Ltd v. Netherlands	(1996) 21 E.H.R.R. 409
App. No. 7854/77, 12 D. & R. 185	Herczegfalvy v. Austria	(1993) 15 E.H.R.R. 437

Case Referred to	Name of Case	Citation
App. No. 7864/77, 16 D. & R. 82	Karus v. Italy	(1998) 26 E.H.R.R. CD 98
App. No. 7865/77, 16 D. & R. 85	Kustannus oy Vappa Ajattelija AB v. Finland	(1996) 22 E.H.R.R. CD 69
App. No. 7899/77 v. Belgium, unreported	Can v. Austria	(1985) 7 E.H.R.R. 421
App. No. 7900/77 v. Germany, 13 D. & R. 70	App. No. 10859/84 v. France	(1987) 9 E.H.R.R. 93
	G v. France	(1996) 21 E.H.R.R. 288
App. No. 7902/77 v. United Kingdom, 9 D. & R. 224	App. No. 9955/82 v. Norway	(1984) 6 E.H.R.R. 348
	Taspinar v. Netherlands	(1986) 8 E.H.R.R. 47
App. No. 7907/77, 14 D. & R. 205	Gross v. Germany	(1983) 5 E.H.R.R. 476
App. No. 7909/74, 15 D. & R. 160	Avis Enterprises v. Greece	(1998) 26 E.H.R.R. CD 21
	Hotel Casino Aregua Parana AG v. Austria	(1995) 20 E.H.R.R. CD 79
App. No. 7911/77 v. Sweden, 12 D. & R. 192	App. No. 9018/90 v. Netherlands	(1984) 6 E.H.R.R. 133
	App. No. 9103/80 v. Netherlands	(1983) 5 E.H.R.R. 503
	App. No. 9497/81 v. Germany	(1984) 6 E.H.R.R. 119
	App. No. 9530/81 v. Germany	(1985) 7 E.H.R.R. 144
	App. No. 9558/81 v. Germany	(1984) 6 E.H.R.R. 605
	App. No. 9867/82 v. United Kingdom	(1983) 5 E.H.R.R. 489
	Berrehab and Koster v. Netherlands	(1986) 8 E.H.R.R. 280
	Gribler v. United Kingdom	(1988) 10 E.H.R.R. 546
	Karakuzey v. Germany	(1997) 23 E.H.R.R. CD 92
App. No. 7931/77 v. United Kingdom	App. No. 7879/77 v. United Kingdom	(1986) 8 E.H.R.R. 272
App. No. 7936/77 v. United Kingdom	App. No. 7879/77 v. United Kingdom	(1986) 8 E.H.R.R. 272
App. No. 7945/77 v. Norway, 14 D. & R. 228	Can v. Austria	(1985) 7 E.H.R.R. 421
App. No. 7950/77, 19 D. & R. 213	Jocabus Keus v. Netherlands	(1991) 13 E.H.R.R. 109
	Keus v. Netherlands	(1991) 13 E.H.R.R. 700
App. No. 7973/77 v. Sweden, 17 D. & R. 74	App. No. 10412/83 v. France	(1989) 11 E.H.R.R. 69
App. No. 7984/77, 16 D. & R. 92	Jastrzebski v. Poland	(1995) 20 E.H.R.R. CD 126
App. No. 7987/77, 18 D. & R. 31	App. No. 9017/80 v. Sweden	(1983) 5 E.H.R.R. 279
	App. No. 9329/81 v. United Kingdom	(1983) 5 E.H.R.R. 286
	App. No. 9453/81 v. Portugal	(1983) 5 E.H.R.R. 479
	App. No. 10182/82 v. Spain	(1984) 6 E.H.R.R. 145

Case Referred to	Name of Case	Citation
	Comninos and National Justice Compania Naviera SA v. United Kingdom	(1997) 23 E.H.R.R. CD 165
	Farrell v. United Kingdom	(1983) 5 E.H.R.R. 466
	Grech v. Malta	(1995) 20 E.H.R.R. CD 95
	Janssen v. Germany	(1999) 27 E.H.R.R. CD 91
	Krone-Verlag Gmbh v. Austria	(1997) 23 E.H.R.R. CD 152
	Mavronichis v. Cyprus	(1996) 22 E.H.R.R. CD 120
	McLeod v. United Kingdom	(1996) 22 E.H.R.R. CD 158
	R.O. v. United Kingdom	(1994) 18 E.H.R.R. CD 212
	Reiss v. Austria	(1995) 20 E.H.R.R. CD 90
	Scarth v. United Kingdom	(1998) 26 E.H.R.R. CD 154
	Schuler-Zgraggen v. Switzerland	(1993) 16 E.H.R.R. 405
	Seidlová v. Slovak Republic	(1995) 20 E.H.R.R. CD 124
	Tsirlis and Kouloumpas v. Greece	(1996) 21 E.H.R.R. CD 30
App. No. 7990/77, 24 D. & R. 57	Apis v. Slovakia	(2000) 29 E.H.R.R. CD 105
App. No. 7992/77, 14 D. & R. 234	Laskey, Jaggard and Brown v. United Kingdom	(1997) 24 E.H.R.R. 39
App. No. 7995/77, 15 D. & R. 198	App. No. 9813/82 v. United Kingdom	(1983) 5 E.H.R.R. 513
App. No. 8000/77, 14 D. & R. 81	British American Tobacco Co. Ltd v. Netherlands	(1996) 21 E.H.R.R. 409
App. No. 8003/77 v. Austria (1981) 3 E.H.R.R. 285	Control Beheermaatschappij BV and Onroerend Goed Houdstermaatschappij BV v. Netherlands	(1987) 9 E.H.R.R. 547
	Mellacher, Mölk and Weisstessbach v. Austria	(1987) 9 E.H.R.R. 357
	Mellacher v. Austria	(1990) 12 E.H.R.R. 97
App. No. 8007/77, 13 D. & R. 85	Jastrzebski v. Poland	(1995) 20 E.H.R.R. CD 126
	Pantano v. Italy	(1996) 21 E.H.R.R. CD 117
App. No. 8022, 8025 and 8027/77, 5 D. & R. 15	PL v. France	(1998) 25 E.H.R.R. 481
App. No. 8030/77, 13 D. & R. 231	App. No. 11055/84 v. Belgium	(1986) 8 E.H.R.R. 317
App. No. 8041/77 v. Germany, 12 D. & R. 197	App. No. 9773/82 v. United Kingdom	(1983) 5 E.H.R.R. 296
	App. No. 9918/82 v. United Kingdom	(1983) 5 E.H.R.R. 299
	App. No. 9988/82 v. United Kingdom	(1983) 5 E.H.R.R. 301
	App. No. 10032/82 v. Sweden	(1984) 6 E.H.R.R. 555
	Beldjoudi v. France	(1992) 14 E.H.R.R. 801
App. No. 8042/77, 12 D. & R. 197	App. No. 9988/82 v. United Kingdom	(1983) 5 E.H.R.R. 301

Case Referred to	Name of Case	Citation
App. No. 8045/77 v. Sweden, 16 D. & R. 105	App. No. 9530/81 v. Germany	(1985) 7 E.H.R.R. 144
	App. No. 9558/81 v. Germany	(1984) 6 E.H.R.R. 605
App. No. 8081/77, 12 D. & R. 207	App. No. 9706/82 v. Germany	(1983) 5 E.H.R.R. 512
App. No. 8083/77, 19 D. & R. 223	Lindkvist v. Denmark	(1999) 27 E.H.R.R. CD 103
App. No. 8098/77, 16 D. & R. 111	Kokavecz v. Hungary	(1999) 28 E.H.R.R. CD 86
	Öhlinger v. Austria	(1996) 22 E.H.R.R. CD 75
App. No. 8118/77, 25 D. & R. 105	Ayadi v. France	(1993) 15 E.H.R.R. CD 93
	Karara v. Finland	(1998) 26 E.H.R.R. CD 220
	Kustannus oy Vappa Ajattelija AB v. Finland	(1996) 22 E.H.R.R. CD 69
	Societe Stenuit v. France	(1992) 14 E.H.R.R. 509
	Saleem v. United Kingdom	(1998) 25 E.H.R.R. CD 193
App. No. 8130/78, 16 D. & R. 120	App. No. 9506/81 v. Belgium	(1983) 5 E.H.R.R. 508
App. No. 8141/78 v. Austria	App. No. 10498/83 v. Austria	(1986) 8 E.H.R.R. 258
App. No. 8142/78, 18 D. & R. 88	Stankov v. Bulgaria	(1997) 23 E.H.R.R. CD 170
App. No. 8143/78	Biondo v. Italy	(1984) 6 E.H.R.R. 113
App. No. 8149/78 v. Austria, 14 D. & R. 252	Deumeland v. Germany	(1985) 7 E.H.R.R. 409
	Feldbrugge v. Netherlands	(1985) 7 E.H.R.R. 279
App. No. 8157/78, unreported	Advic v. United Kingdom	(1995) 20 E.H.R.R. CD 125
App. No. 8158/78 v. United Kingdom, 21 D. & R. 95	App. No. 10547/83 v. Sweden	(1986) 8 E.H.R.R. 268
	Hotel Casino Aregua Parana AG v. Austria	(1995) 20 E.H.R.R. CD 79
	Marangos v. Cyprus	(1997) 23 E.H.R.R. CD 192
	Munro v. United Kingdom	(1988) 10 E.H.R.R. 516
	S and M v. United Kingdom	(1994) 18 E.H.R.R. CD 172
	Stamoulakatos v. Greece and United Kingdom	(1996) 21 E.H.R.R. CD 77
	Taylor v. United Kingdom	(1997) 23 E.H.R.R. CD 132
	Thaw v. United Kingdom	(1996) 22 E.H.R.R. CD 100
	Togher v. United Kingdom	(1998) 25 E.H.R.R. CD 99
	Wallen v. Sweden	(1986) 8 E.H.R.R. 320
	Webb v. United Kingdom	(1984) 6 E.H.R.R. 121
App. No. 8170/78 v. Austria, 16 D. & R. 145	Leander v. Sweden	(1984) 6 E.H.R.R. 540
	Leander v. Sweden	(1985) 7 E.H.R.R. 557
App. No. 8182/78	App. No. 9132/80 v. Germany	(1983) 5 E.H.R.R. 470
App. No. 8191/78, 17 D. & R. 119	Anderson v. United Kingdom	(1998) 25 E.H.R.R. CD 172
	H v. Austria	(1993) 15 E.H.R.R. CD 70
App. No. 8206/78, 25 D. & R. 151	Temple v. United Kingdom	(1986) 8 E.H.R.R. 318

Case Referred to	Name of Case	Citation
App. No. 8231/78, 28 D. & R. 5	McGinley and Egan v. United Kingdom	(1996) 21 E.H.R.R. CD 56
	T.V. v. Finland	(1994) 18 E.H.R.R. CD 179
	Van Mechelen v. Netherlands	(1998) 25 E.H.R.R. 647
App. No. 8236/78, EuGRZ 1980 458	App. No. 9530/81 v. Germany	(1985) 7 E.H.R.R. 144
	App. No. 9558/81 v. Germany	(1984) 6 E.H.R.R. 605
App. No. 8239/78, 16 D. & R.	Klass v. Germany	(1994) 18 E.H.R.R. 305
App. No. 8244/78, 17 D. & R. 149	App. No. 9678/82 v. Germany	(1983) 5 E.H.R.R. 511
App. No. 8245/78 v. United Kingdom, 24 D. & R. 98	Lalljee v. United Kingdom	(1986) 8 E.H.R.R. 84
App. No. 8249/78 v. Belgium, 20 D. & R. 40	App. No. 10615/83 v. United Kingdom	(1986) 8 E.H.R.R. 228
	App. No. 11869/85 v. Belgium	(1989) 11 E.H.R.R. 76
App. No. 8255/78, unreported, March 13, 1980	Erkner and Hofauer v. Austria	(1986) 8 E.H.R.R. 520
	Ettl v. Austria	(1984) 6 E.H.R.R. 599
App. No. 8257/78 v. Switzerland, 13 D. & R. 248	App. No. 9157/80 v. Germany	(1984) 6 E.H.R.R. 331
	Ringhofer v. Austria	(1986) 8 E.H.R.R. 295
	X, Y and Z v. United Kingdom	(1995) 20 E.H.R.R. CD 6
App. No. 8261/78, 18 D. & R. 150	App. No. 9453/81 v. Portugal	(1983) 5 E.H.R.R. 479
	De Varga Hirsch v. France	(1984) 6 E.H.R.R. 126
	Hibbert v. Netherlands	(1999) 28 E.H.R.R. CD 194
	Kaneva v. Bulgaria	(1997) 23 E.H.R.R. CD 86
	Kustannus oy Vappa Ajattelija AB v. Finland	(1996) 22 E.H.R.R. CD 69
App. No. 8266/78, 16 D. & R. 190	Bellis v. United Kingdom	(1997) 24 E.H.R.R. CD 71
App. No. 8278/78, 18 D. & R. 154	Herczegfalvy v. Austria	(1993) 15 E.H.R.R. 437
	Klass v. Germany	(1994) 18 E.H.R.R. 305
App. No. 8282/78, 21 D. & R. 109	Pinder v. United Kingdom	(1985) 7 E.H.R.R. 464
App. No. 8289/79 v. Austria, 18 D. & R. 160	App. No. 9315/81 v. Austria	(1984) 6 E.H.R.R. 332
	App. No. 9728/82 v. United Kingdom	(1984) 6 E.H.R.R. 345
	Findlay v. United Kingdom	(1996) 21 E.H.R.R. CD 7
	Findlay v. United Kingdom	(1997) 24 E.H.R.R. 221
App. No. 8290/78 v. Germany, 18 D. & R. 180	Niemietz v. Germany	(1993) 16 E.H.R.R. 97
	Schenk v. Switzerland	(1991) 13 E.H.R.R. 242
App. No. 8299/79 v. Ireland, 22 D. & R. 51	App. No. 10893/84 v. Germany	(1987) 9 E.H.R.R. 124

Case Referred to	Name of Case	Citation
App. No. 8307/78, 21 D. & R. 116	Niemietz v. Germany	(1993) 16 E.H.R.R. 97
App. No. 8315/78 v. Ireland	Webb v. United Kingdom	(1984) 6 E.H.R.R. 121
App. No. 8317/78, 20 D. & R. 44	Anderson v. United Kingdom	(1998) 25 E.H.R.R. CD 172
	Assenoz v. Bulgaria	(1996) 22 E.H.R.R. CD 163
	Chojak v. Poland	(1998) 26 E.H.R.R. CD 145
	Dreshaj v. Finland	(1994) 18 E.H.R.R. CD 213
	Herczegfalvy v. Austria	(1993) 15 E.H.R.R. 437
	Kovachev v. Bulgaria	(1997) 23 E.H.R.R. CD 174
	M v. Bulgaria	(1996) 22 E.H.R.R. CD 101
App. No. 8334/78, 24 D. & R. 103	Herczegfalvy v. Austria	(1993) 15 E.H.R.R. 437
	Herczegfalvy v. Austria	(1993) 15 E.H.R.R. 437
	Leander v. Sweden	(1984) 6 E.H.R.R. 540
	Leander v. Sweden	(1985) 7 E.H.R.R. 557
App. No. 8341/78 v. Switzerland, 20 D. & R. 161	Deumeland v. Germany	(1985) 7 E.H.R.R. 409
	Feldbrugge v. Netherlands	(1985) 7 E.H.R.R. 279
	Salesi v. Italy	(1998) 26 E.H.R.R. 187
App. No. 8355/78, unreported	Meeder v. Netherlands	(1987) 9 E.H.R.R. 546
App. No. 8366/78 v. Luxembourg, 16 D. & R. 196	App. No. 8944/80 v. Switzerland	(1983) 5 E.H.R.R. 279
	App. No. 11489/85 v. Ireland	(1988) 10 E.H.R.R. 147
	Helmers v. Sweden	(1993) 15 E.H.R.R. 285
	Munro v. United Kingdom	(1988) 10 E.H.R.R. 516
App. No. 8378/78, 20 D. & R. 168	Beis v. Greece	(1995) 19 E.H.R.R. CD 70
	Dougan v. United Kingdom	(1994) 18 E.H.R.R. CD 174
	H v. Greece	(1994) 18 E.H.R.R. CD 62
	Mangov v. Greece	(1993) 16 E.H.R.R. CD 36
	Wingrove v. United Kingdom	(1994) 18 E.H.R.R. CD 54
App. No. 8387/78 v. Germany, 19 D. & R. 233	James v. United Kingdom	(1984) 6 E.H.R.R. 475
	Mellacher v. Austria	(1990) 12 E.H.R.R. 97
App. No. 8395/78 v. Denmark, 27 D. & R. 50	App. No. 10263/83 v. Denmark	(1986) 8 E.H.R.R. 60
	Blastand v. United Kingdom	(1988) 10 E.H.R.R. 528
	Kurup v. Denmark	(1986) 8 E.H.R.R. 93
App. No. 8401/78 v. Germany, 18 D. & R. 222	Perez Mahia v. Spain	(1987) 9 E.H.R.R. 145
App. No. 8403/78, 22 D. & R. 100	H.F. v. Austria	(1995) 20 E.H.R.R. CD 68
	Ninn-Hansen v. Denmark	(1999) 28 E.H.R.R. CD 96
App. No. 8407/78, 20 D. & R. 179	De Vries v. Netherlands	(1993) 15 E.H.R.R. CD 87
	Grof v. Austria	(1998) 25 E.H.R.R. CD 39
App. No. 8410/78, 18 D. & R. 216	App. No. 9723/82 v. Austria	(1986) 8 E.H.R.R. 226
	App. No. 10861/84 v. Switzerland	(1986) 8 E.H.R.R. 327
	Gudmundsson v. Iceland	(1996) 21 E.H.R.R. CD 89

Case Referred to	**Name of Case**	**Citation**
App. No. 8414/78 v. Germany, 17 D. & R. 231	App. No. 11853/85 v. Germany	(1988) 10 E.H.R.R. 521
	J.W.V. v. Netherlands	(1999) 27 E.H.R.R. CD 296
App. No. 8416/79 v. United Kingdom, 19 D. & R. 244	App. No. 9348/81 v. United Kingdom	(1983) 5 E.H.R.R. 504
	App. No. 9360/81 v. Ireland	(1983) 5 E.H.R.R. 506
	App. No. 9825/82 v. United Kingdom and Ireland	(1986) 8 E.H.R.R. 49
	Knudsen v. Norway	(1986) 8 E.H.R.R. 63
App. No. 8417/78 v. Belgium, 16 D. & R. 200	App. No. 10563/83 v. Sweden	(1986) 8 E.H.R.R. 86
	App. No. 11043/84 v. Germany	(1986) 8 E.H.R.R. 303
	App. No. 11853/85 v. Germany	(1988) 10 E.H.R.R. 521
	H.F. v. Austria	(1995) 20 E.H.R.R. CD 68
	Schenk v. Switzerland	(1991) 13 E.H.R.R. 242
App. No. 8435/78 v. United Kingdom, March 6, 1982	App. No. 9604/81 v. Germany	(1983) 5 E.H.R.R. 587
App. No. 8440/78, 21 D. & R. 138	Anderson v. United Kingdom	(1998) 25 E.H.R.R. CD 172
	Christian Association of Jehovah's Witnesses v. Bulgaria	(1997) 24 E.H.R.R. CD 52
	H v. Austria	(1993) 15 E.H.R.R. CD 70
	Pendragon v. United Kingdom	(1999) 27 E.H.R.R. CD 179
	Rai, Allmond & "Negotiate Now" v. United Kingdom	(1995) 19 E.H.R.R. CD 93
App. No. 8463/78, 34 D. & R. 24	McCallum v. United Kingdom	(1991) 13 E.H.R.R. 597
App. No. 8490/79, 22 D. & R. 140	De Salvador Torres v. Spain	(1997) 23 E.H.R.R. 601
	Gay News Ltd and Lemon v. United Kingdom	(1983) 5 E.H.R.R. 123
App. No. 8493/79, 25 D. & R. 210	App. No. 9228/80 v. Germany	(1983) 5 E.H.R.R. 471
	Mangov v. Greece	(1993) 16 E.H.R.R. CD 36
App. No. 8496/79, 21 D. & R. 168	App. No. 10365/83 v. Germany	(1985) 7 E.H.R.R. 461
	Lombardo v. Italy	(1996) 21 E.H.R.R. 188
App. No. 8499/79 v. Germany, 21 D. & R. 179; 22 D. & R. 140	App. No. 9604/81 v. Germany	(1983) 5 E.H.R.R. 587
	App. No. 9963/82 v. Belgium	(1983) 5 E.H.R.R. 515
App. No. 8518/79, 20 D. & R. 193	Herczegfalvy v. Austria	(1993) 15 E.H.R.R. 437
App. No. 8531/79, 23 D. & R. 203	Kappa Kanzlei und Burobetriebs GmbH v. Austria	(1999) 27 E.H.R.R. CD 300
App. No. 8560/79, 16 D. & R. 209	Koskinen v. Finland	(1994) 18 E.H.R.R. CD 146
App. No. 8564/79 v. Belgium, unreported, October 5, 1981	H v. Belgium	(1986) 8 E.H.R.R. 510

Case Referred to	Name of Case	Citation
App. No. 8566/79 v. United Kingdom (1983) 5 E.H.R.R. 265	App. No. 9303/81 v. United Kingdom	(1987) 9 E.H.R.R. 538
	X and Y v. United Kingdom	(1986) 8 E.H.R.R. 298
App. No. 8575/79 v. United Kingdom, 20 D. & R. 202	App. No. 10117/82 v. United Kingdom	(1985) 7 E.H.R.R. 140
App. No. 8581/79 v. United Kingdom, 29 D. & R. 48	Altun v. Germany	(1983) 5 E.H.R.R. 611
	App. No. 10479/83 v. United Kingdom	(1984) 6 E.H.R.R. 373
	App. No. 12146/86 v. Switzerland	(1988) 10 E.H.R.R. 158
App. No. 8596/79 v. Belgium	Deumeland v. Germany	(1985) 7 E.H.R.R. 409
	Feldbrugge v. Netherlands	(1985) 7 E.H.R.R. 279
App. No. 8601/79 v. Switzerland	De Varga Hirsch v. France	(1984) 6 E.H.R.R. 126
App. No. 8603/79, 22 D. & R. 147	Leander v. Sweden	(1985) 7 E.H.R.R. 557
App. No. 8610/79, unreported, October 1980	App. No. 9132/80 v. Germany	(1983) 5 E.H.R.R. 470
App. No. 8612/79, 15 D. & R. 259	Stankov v. Bulgaria	(1997) 23 E.H.R.R. CD 170
App. No. 8626/79	App. No. 9451/81 v. Germany	(1983) 5 E.H.R.R. 479
App. No. 8639/79, unreported	Ringhofer v. Austria	(1986) 8 E.H.R.R. 295
App. No. 8652/79, 26 D. & R. 89	Christian Association of Jehovah's Witnesses v. Bulgaria	(1997) 24 E.H.R.R. CD 52
App. No. 8686/79, 21 D. & R. 208	App. No. 10365/83 v. Germany	(1985) 7 E.H.R.R. 461
	Deumeland v. Germany	(1985) 7 E.H.R.R. 409
	Feldbrugge v. Netherlands	(1985) 7 E.H.R.R. 279
App. No. 8689/79, unreported	App. No. 10949/84 v. Germany	(1988) 10 E.H.R.R. 129
App. No. 8692/79, 20 D. & R. 209	App. No. 9997/82 v. Germany	(1983) 5 E.H.R.R. 490
App. No. 8707/79 v. Belgium, 18 D. & R. 255	App. No. 10401/83 v. France	(1984) 6 E.H.R.R. 369
App. No. 8710/79, Comm. Dec., May 7, 1982, 28 D. & R. 77	Kokkinakis v. Greece	(1994) 17 E.H.R.R. 397
	SW v. United Kingdom	(1996) 21 E.H.R.R. 363
	Times Newspapers Ltd and Neil v. United Kingdom	(1993) 15 E.H.R.R. CD 49
App. No. 8724/79, 20 D. & R. 226	Rudzinske v. Poland	(2000) 29 E.H.R.R. CD 241

Case Referred to	Name of Case	Citation
App. No. 8727/79 v. Switzerland, 20 D. & R. 230	App. No. 9825/82 v. United Kingdom and Ireland	(1986) 8 E.H.R.R. 49
	Mangov v. Greece	(1993) 16 E.H.R.R. CD 36
App. No. 8741/79, 23 D. & R. 137	Botta v. Italy	(1998) 26 E.H.R.R. 241
App. No. 8744/79 v. Germany (1983) 5 E.H.R.R. 499	App. No. 10803/84 v. Austria	(1989) 11 E.H.R.R. 112
App. No. 8769/79, 25 D. & R. 240	J.W.V. v. Netherlands	(1999) 27 E.H.R.R. CD 296
App. No. 8803/79, 26 D. & R. 171	App. No. 10343/83 v. Switzerland	(1984) 6 E.H.R.R. 367
	Castells v. Spain	(1992) 14 E.H.R.R. 445
App. No. 8821/70, 64 D. & R. 5	Wilkinson v. United Kingdom	(1998) 26 E.H.R.R. CD 131
App. No. 8840/78, 21 D. & R. 138	Keenan v. United Kingdom	(1998) 26 E.H.R.R. CD 64
App. No. 8866/80, unreported, October 5, 1981	Enkelmann v. Switzerland	(1986) 8 E.H.R.R. 266
	Gay News Ltd and Lemon v. United Kingdom	(1983) 5 E.H.R.R. 123
App. No. 8878/80 v. Ireland, unreported	Gaskin v. United Kingdom	(1987) 9 E.H.R.R. 279
App. No. 8903/80 v. Austria, 21 D. & R. 246	App. No. 11036/84 v. Sweden	(1987) 9 E.H.R.R. 127
	App. No. 11189/84 v. Sweden	(1988) 10 E.H.R.R. 132
	Bendenoun v. France	(1994) 18 E.H.R.R. 54
	Deumeland v. Germany	(1985) 7 E.H.R.R. 409
	Editions Periscope v. France	(1992) 14 E.H.R.R. 597
	Feldbrugge v. Netherlands	(1985) 7 E.H.R.R. 279
App. No. 8916/80, 21 D. & R. 250	Stocke v. Germany	(1991) 13 E.H.R.R. 126
App. No. 8924/80, 24 D. & R. 183	McCullough v. United Kingdom	(1998) 25 E.H.R.R. CD 34
App. No. 8954/80 v. Germany, 26 D. & R. 194	App. No. 10729/83 v. Sweden	(1987) 9 E.H.R.R. 112
App. No. 8998/80, 32 D. & R. 150	Chorherr v. Austria	(1994) 17 E.H.R.R. 358
	Mauer v. Austria	(1998) 25 E.H.R.R. 91
	Pfarrmeier v. Austria	(1996) 22 E.H.R.R. 175
	Schmautzer v. Austria	(1996) 21 E.H.R.R. 511
	Umlauft v. Austria	(1996) 22 E.H.R.R. 76
App. No. 9000/80 v. Switzerland, 28 D. & R. 127	App. No. 8744/79 v. Germany	(1983) 5 E.H.R.R. 499
	App. No. 10803/84 v. Austria	(1989) 11 E.H.R.R. 112
	Asch v. Austria	(1993) 15 E.H.R.R. 597
	Blastand v. United Kingdom	(1988) 10 E.H.R.R. 528

Case Referred to	Name of Case	Citation
App. No. 9009/80 v. Switzerland	App. No. 10893/84 v. Germany	(1987) 9 E.H.R.R. 124
App. No. 9012/80, 24 D. & R. 205	App. No. 10292/83 v. Spain	(1984) 6 E.H.R.R. 146
App. No. 9013/80, 30 D. & R. 96	Buckley v. United Kingdom	(1994) 18 E.H.R.R. CD 123
	Kelly v. United Kingdom	(1993) 16 E.H.R.R. CD 20
	Roberts v. United Kingdom	(1995) 19 E.H.R.R. CD 50
	Smallwood v. United Kingdom	(1999) 27 E.H.R.R. CD 155
	Smith v. United Kingdom	(1994) 18 E.H.R.R. CD 65
	T v. United Kingdom	(1998) 25 E.H.R.R. CD 11
	Whiteside v. United Kingdom	(1994) 18 E.H.R.R. CD 126
App. No. 9018/80, 33 D. & R. 9	Poli v. Denmark	(1999) 27 E.H.R.R. CD 212
App. No. 9022/80 v. Switzerland (1984) 6 E.H.R.R. 329	Can v. Austria	(1985) 7 E.H.R.R. 421
	Ollila v. Finland	(1993) 15 E.H.R.R. CD 101
	Rehbock v. Slovenia	(1998) 26 E.H.R.R. CD 120
	Sibson v. United Kingdom	(1994) 17 E.H.R.R. 193
App. No. 9024/80 and 9317/81, 28 D. & R. 138	Hansen v. Denmark	(1995) 19 E.H.R.R. CD 89
App. No. 9037/80	App. No. 9531/81 v. Germany	(1983) 5 E.H.R.R. 290
App. No. 9054/80 v. United Kingdom (1983) 5 E.H.R.R. 260	Allender v. United Kingdom	(1986) 8 E.H.R.R. 98
	App. No. 9658/82 v. United Kingdom	(1983) 5 E.H.R.R. 603
App. No. 9057/80, 26 D. & R. 207	Johnston v. Ireland	(1986) 8 E.H.R.R. 214
App. No. 9077/80 v. Austria, 26 D. & R. 211	App. No. 11170/84 v. Austria	(1988) 10 E.H.R.R. 513
App. No. 9088/80 v. United Kingdom, 28 D. & R. 160	App. No. 11970/86 v. United Kingdom	(1989) 11 E.H.R.R. 48
	App. No. 12513/86 v. United Kingdom	(1989) 11 E.H.R.R. 49
	Momique-Pola v. Sweden	(1998) 26 E.H.R.R. CD 187
	N v. United Kingdom	(1993) 16 E.H.R.R. CD 28
	Patel v. United Kingdom	(1999) 27 E.H.R.R. CD 254
	Phull v. United Kingdom	(1998) 25 E.H.R.R. CD 166
	Poku v. United Kingdom	(1996) 22 E.H.R.R. CD 94
	PP v. United Kingdom	(1996) 21 E.H.R.R. CD 81
App. No. 9089/80 v. United Kingdom, 24 D. & R. 227	Thynne, Wilson and Gunnell v. United Kingdom	(1991) 13 E.H.R.R. 135
	Weeks v. United Kingdom	(1985) 7 E.H.R.R. 436
App. No. 9107/80 v. Belgium (1983) 5 E.H.R.R. 282	App. No. 11082/84 v. Belgium	(1987) 9 E.H.R.R. 149
App. No. 9108/80, 24 D. & R. 232	Sekanina v. Austria	(1994) 17 E.H.R.R. 221

Case Referred to	Name of Case	Citation
App. No. 9132/80 v. Germany, 31 D. & R. 154	Monnell and Morris v. United Kingdom	(1985) 7 E.H.R.R. 579
App. No. 9136/80, 26 D. & R. 244	Temple v. United Kingdom	(1986) 8 E.H.R.R. 318
App. No. 9172/80, 27 D. & R. 222	Tsirlis v. Greece	(1995) 20 E.H.R.R. CD 52
App. No. 9203/80 v. Denmark, 24 D. & R. 239	App. No. 10032/82 v. Sweden	(1984) 6 E.H.R.R. 555
	Beldjoudi v. France	(1992) 14 E.H.R.R. 801
	Doymus v. Switzerland	(1995) 20 E.H.R.R. CD 129
	Lamguindaz v. United Kingdom	(1994) 17 E.H.R.R. 213
	Unlu v. Austria	(1994) 18 E.H.R.R. CD 165
App. No. 9208/80, 26 D. & R. 262	Lombardo v. Italy	(1996) 21 E.H.R.R. 188
App. No. 9213/80, 24 D. & R. 239	Patel v. United Kingdom	(1999) 27 E.H.R.R. CD 254
	Phull v. United Kingdom	(1998) 25 E.H.R.R. CD 166
App. No. 9214/80, 29 D. & R. 176	Mangov v. Greece	(1993) 16 E.H.R.R. CD 36
App. No. 9228/80 v. Germany (1984) 6 E.H.R.R. 499	App. No. 10293/83 v. United Kingdom	(1987) 9 E.H.R.R. 255
	Goodwin v. United Kingdom	(1996) 22 E.H.R.R. 123
	Gross v. Germany	(1983) 5 E.H.R.R. 476
	Van Der Heijden v. Netherlands	(1986) 8 E.H.R.R. 279
	Wille v. Liechtenstein	(1997) 24 E.H.R.R. CD 45
App. No. 9242/81 v. Germany	App. No. 9362, 9363 &9387/81 v. Netherlands	(1983) 5 E.H.R.R. 270
App. No. 9248/81, 34 D. & R. 78	Kelly v. United Kingdom	(1993) 16 E.H.R.R. CD 20
	Lombardo v. Italy	(1996) 21 E.H.R.R. 188
	Roberts v. United Kingdom	(1995) 19 E.H.R.R. CD 50
	Smallwood v. United Kingdom	(1999) 27 E.H.R.R. CD 155
	Smith v. United Kingdom	(1994) 18 E.H.R.R. CD 65
	Spacek Ltd v. Czech Republic	(1997) 23 E.H.R.R. CD 76
	Spencer (Earl and Countess) v. United Kingdom	(1998) 25 E.H.R.R. CD 105
	T v. United Kingdom	(1998) 25 E.H.R.R. CD 11
	Whiteside v. United Kingdom	(1994) 18 E.H.R.R. CD 126
App. No. 9261/81 v. United Kingdom, 28 D. & R. 177	Council of Civil Service Unions v. United Kingdom	(1988) 10 E.H.R.R. 269
	Gaskin v. United Kingdom	(1989) 11 E.H.R.R. 402
	Gillow v. United Kingdom	(1985) 7 E.H.R.R. 292
	Herrick v. United Kingdom	(1986) 8 E.H.R.R. 66
	Howard v. United Kingdom	(1987) 9 E.H.R.R. 116
App. No. 9266/81, 30 D. & R. 155	Stankov v. Bulgaria	(1997) 23 E.H.R.R. CD 170
App. No. 9276/81, 35 D. & R. 13	A.P. v. Austria	(1995) 20 E.H.R.R. CD 63
	Andersson v. Sweden	(1992) 14 E.H.R.R. 615

Case Referred to	Name of Case	Citation
App. No. 9278 and 9415/81, 35 D. & R. 30	Buckley v. United Kingdom	(1995) 19 E.H.R.R. CD 20
	Smith v. United Kingdom	(1994) 18 E.H.R.R. CD 65
	Stankov v. Bulgaria	(1997) 23 E.H.R.R. CD 170
App. No. 9285/81 v. United Kingdom, 29 D. & R. 205	App. No. 9441/81 v. United Kingdom	(1983) 5 E.H.R.R. 289
	App. No. 11970/86 v. United Kingdom	(1989) 11 E.H.R.R. 48
	App. No. 12513/86 v. United Kingdom	(1989) 11 E.H.R.R. 49
	Dilek v. Netherlands	(1999) 27 E.H.R.R. CD 244
	Esen v. Netherlands	(1999) 27 E.H.R.R. CD 290
	Momique-Pola v. Sweden	(1998) 26 E.H.R.R. CD 187
	N v. United Kingdom	(1993) 16 E.H.R.R. CD 28
	Ozdemir v. Netherlands	(1999) 27 E.H.R.R. CD 257
	Paramanathan v. Germany	(1988) 10 E.H.R.R. 157
	Patel v. United Kingdom	(1999) 27 E.H.R.R. CD 254
	Phull v. United Kingdom	(1998) 25 E.H.R.R. CD 166
	Poku v. United Kingdom	(1996) 22 E.H.R.R. CD 94
	PP v. United Kingdom	(1996) 21 E.H.R.R. CD 81
App. No. 9295/81, 30 D. & R. 227	Krone-Verlag Gmbh v. Austria	(1997) 23 E.H.R.R. CD 152
	Sekanina v. Austria	(1994) 17 E.H.R.R. 221
App. No. 9297/81, 28 D. & R. 204	Bader v. Austria	(1996) 22 E.H.R.R. CD 213
	Egyptair v. Denmark	(1998) 26 E.H.R.R. CD 80
	Mangov v. Greece	(1993) 16 E.H.R.R. CD 36
App. No. 9299/81, 36 D. & R. 20	West v. United Kingdom	(1998) 25 E.H.R.R. CD 185
	Worm v. Austria	(1996) 21 E.H.R.R. CD 51
App. No. 9314/81, unreported, December 1982	App. No. 9132/80 v. Germany	(1983) 5 E.H.R.R. 470
App. No. 9315/81, 34 D. & R. 96	De Vries v. Netherlands	(1993) 15 E.H.R.R. CD 87
	Helmers v. Sweden	(1993) 15 E.H.R.R. 285
	Monnell and Morris v. United Kingdom	(1985) 7 E.H.R.R. 579
	Wanyonyi v. United Kingdom	(1999) 27 E.H.R.R. CD 195
App. No. 9316/80 v. Ireland, 26 D. & R. 244	Watts v. United Kingdom	(1987) 9 E.H.R.R. 123
App. No. 9320/81, 34 D. & R. 24	Jeznach v. Poland	(1998) 25 E.H.R.R. CD 77
App. No. 9322/81, 32 D. & R. 180	Fenzel & Köllner v. Austria	(1996) 22 E.H.R.R. CD 80
	Reitmayr v. Austria	(1995) 20 E.H.R.R. CD 89
App. No. 9326/81 v. United Kingdom	Halil, Ahmet and Sabah v. United Kingdom	(1986) 8 E.H.R.R. 305
App. No. 9347/81 v. Italy (1983) 5 E.H.R.R. 287	Persons v. Italy	(1983) 5 E.H.R.R. 289
App. No. 9348/81 v. United Kingdom (1983) 5 E.H.R.R. 504	A.V. v. Bulgaria	(1999) 28 E.H.R.R. CD 197
	Andronicou and Constantinou v. Cyprus	(1995) 20 E.H.R.R. CD 105
	App. No. 9360/81 v. Ireland	(1983) 5 E.H.R.R. 506

Case Referred to	Name of Case	Citation
	App. No. 9825/82 v. United Kingdom and Ireland	(1986) 8 E.H.R.R. 49
	L, M and R v. Switzerland	(1996) 22 E.H.R.R. CD 130
	WM v. Germany	(1997) 24 E.H.R.R. CD 79
	Wolfgram v. Germany	(1987) 9 E.H.R.R. 548
App. No. 9358/81 v. Germany (1983) 5 E.H.R.R. 160	App. No. 9419/81 v. Switzerland	(1984) 6 E.H.R.R. 135
App. No. 9360/81, 32 D. & R. 211	A.V. v. Bulgaria	(1999) 28 E.H.R.R. CD 197
	Andronicou and Constantinou v. Cyprus	(1995) 20 E.H.R.R. CD 105
	App. No. 9825/82 v. United Kingdom and Ireland	(1986) 8 E.H.R.R. 49
	McDaid v. United Kingdom	(1996) 22 E.H.R.R. CD 197
App. No. 9369/81 v. United Kingdom (1983) 5 E.H.R.R. 601	App. No. 12513/86 v. United Kingdom	(1989) 11 E.H.R.R. 49
App. No. 9370/81 v. United Kingdom, unreported	Can v. Austria	(1985) 7 E.H.R.R. 421
App. No. 9403/81 (1983) 5 E.H.R.R. 270; 28 D. & R. 235	App. No. 10169/82 v. United Kingdom	(1984) 6 E.H.R.R. 144
	Jonas Mohamed Rafiek Koendjbiharie v. Netherlands	(1991) 13 E.H.R.R. 118
	Koendjbiharie v. Netherlands	(1991) 13 E.H.R.R. 820
App. No. 9420/81 v. Italy (1983) 5 E.H.R.R. 288	Rees v. United Kingdom	(1985) 7 E.H.R.R. 429
App. No. 9423/81	App. No. 9760/82 v. Germany	(1983) 5 E.H.R.R. 596
App. No. 9433/81, 37 D. & R. 225	Stocke v. Germany	(1991) 13 E.H.R.R. 126
App. No. 9438/81, 32 D. & R. 190	Güleç v. Turkey	(1999) 28 E.H.R.R. 121
App. No. 9453/81, 31 D. & R. 204	Kustannus oy Vappa Ajattelija AB v. Finland	(1996) 22 E.H.R.R. CD 69
App. No. 9471/81 v. United Kingdom (1985) 7 E.H.R.R. 450	App. No. 9119/80 v. United Kingdom	(1986) 8 E.H.R.R. 47
App. No. 9478/81, 27 D. & R. 243	App. No. 11333/85 v. Germany	(1986) 8 E.H.R.R. 323
	Beldjoudi v. France	(1992) 14 E.H.R.R. 801
	Doymus v. Switzerland	(1995) 20 E.H.R.R. CD 129
	Lamguindaz v. United Kingdom	(1994) 17 E.H.R.R. 213
	Unlu v. Austria	(1994) 18 E.H.R.R. CD 165
App. No. 9492/81 v. United Kingdom, 30 D. & R. 232	App. No. 12139/86 v. Netherlands	(1989) 11 E.H.R.R. 78
	X, Y and Z v. United Kingdom	(1995) 20 E.H.R.R. CD 6

Case Referred to	Name of Case	Citation
App. No. 9519/81 v. Germany (1984) 6 E.H.R.R. 599	App. No. 9530/81 v. Germany	(1985) 7 E.H.R.R. 144
	Johnston v. Ireland	(1986) 8 E.H.R.R. 214
App. No. 9529/81	App. No. 9997/82 v. Germany	(1983) 5 E.H.R.R. 490
App. No. 9539/81 v. Germany (1983) 5 E.H.R.R. 508	App. No. 10479/83 v. United Kingdom	(1984) 6 E.H.R.R. 373
App. No. 9558/81 v. Germany (1984) 6 E.H.R.R. 605	App. No. 9530/81 v. Germany	(1985) 7 E.H.R.R. 144
App. No. 9569/81 v. France, unreported, July 15, 1982	H v. Belgium	(1986) 8 E.H.R.R. 510
App. No. 9578/81 v. Germany (1983) 5 E.H.R.R. 483	App. No. 9760/82 v. Germany	(1983) 5 E.H.R.R. 596
App. No. 9580/81 v. United Kingdom (1984) 6 E.H.R.R. 606; 36 D. & R. 100	App. No. 10496/83 v. United Kingdom	(1985) 7 E.H.R.R. 147
	W.J. v. Austria	(1999) 27 E.H.R.R. CD 83
App. No. 9587/81 v. France, 29 D. & R. 228; (1983) 5 E.H.R.R. 483	App. No. 9595/81 v. France	(1983) 5 E.H.R.R. 509
	App. No. 9605/81 v. France	(1983) 5 E.H.R.R. 510
	App. No. 9764 & 9765/82 v. France	(1983) 5 E.H.R.R. 608
	App. No. 9825/82 v. United Kingdom and Ireland	(1986) 8 E.H.R.R. 49
	De Varga Hirsch v. France	(1984) 6 E.H.R.R. 126
	Grech v. Malta	(1995) 20 E.H.R.R. CD 95
	Keenan v. United Kingdom	(1998) 26 E.H.R.R. CD 64
	Walker v. United Kingdom	(2000) 29 E.H.R.R. CD 276
	Worm v. Austria	(1996) 21 E.H.R.R. CD 51
App. No. 9599/81, 42 D. & R. 33	De Warrene Waller v. United Kingdom	(1996) 21 E.H.R.R. CD 96
	Keenan v. United Kingdom	(1998) 26 E.H.R.R. CD 64
	McDaid v. United Kingdom	(1996) 22 E.H.R.R. CD 197
	Parker v. United Kingdom	(1995) 20 E.H.R.R. CD 132
	TP and KM v. United Kingdom	(1998) 26 E.H.R.R. CD 84
App. No. 9607/81 v. Switzerland (1983) 5 E.H.R.R. 272	App. No. 10395/83 v. Austria	(1987) 9 E.H.R.R. 389
	App. No. 10894/84 v. Switzerland	(1986) 8 E.H.R.R. 325
App. No. 9614/81 v. Austria, 34 D. & R. 119	App. No. 10803/84 v. Austria	(1989) 11 E.H.R.R. 112
	App. No. 10949/84 v. Germany	(1988) 10 E.H.R.R. 129
App. No. 9627/81, 37 D. & R. 15	Lindkvist v. Denmark	(1999) 27 E.H.R.R. CD 103

Case Referred to	Name of Case	Citation
App. No. 9639/82 v. Germany (1985) 7 E.H.R.R. 135; 36 D. & R. 130	App. No. 9530/81 v. Germany	(1985) 7 E.H.R.R. 144
	Johnston v. Ireland	(1986) 8 E.H.R.R. 214
	Smallwood v. United Kingdom	(1999) 27 E.H.R.R. CD 155
App. No. 9658/82 v. United Kingdom (1983) 5 E.H.R.R. 603	Allender v. United Kingdom	(1986) 8 E.H.R.R. 98
	App. No. 9659/82 v. United Kingdom	(1983) 5 E.H.R.R. 605
	App. No. 10333/83 v. United Kingdom	(1984) 6 E.H.R.R. 353
App. No. 9659/82 v. United Kingdom (1983) 5 E.H.R.R. 605	App. No. 10333/83 v. United Kingdom	(1984) 6 E.H.R.R. 353
App. No. 9660/82, 29 D. & R. 244	Tomasi v. France	(1993) 15 E.H.R.R. 1
App. No. 9661/82 v. Austria (1984) 6 E.H.R.R. 344; 34 D. & R. 127	Jonas Mohamed Rafiek Koendjbiharie v. Netherlands	(1991) 13 E.H.R.R. 118
	Van Der Leer v. Netherlands	(1989) 11 E.H.R.R. 413
App. No. 9704/80 v. Germany (1983) 5 E.H.R.R. 487; 30 D. & R. 243	Van Der Heijden v. Netherlands	(1986) 8 E.H.R.R. 279
	Wille v. Liechtenstein	(1997) 24 E.H.R.R. CD 45
App. No. 9707/82 v. Sweden (1983) 5 E.H.R.R. 294; 33 D. & R. 223	Rasmussen v. Denmark, App. No. 8777/79	(1984) 6 E.H.R.R. 94
	Stubbings v. United Kingdom	(1995) 19 E.H.R.R. CD 32
App. No. 9728/82, unreported	Monnell and Morris v. United Kingdom	(1985) 7 E.H.R.R. 579
App. No. 9742/82 v. Ireland (1983) 5 E.H.R.R. 594	App. No. 10479/83 v. United Kingdom	(1984) 6 E.H.R.R. 373
App. No. 9773/82 v. United Kingdom (1983) 5 E.H.R.R. 296	App. No. 9918/82 v. United Kingdom	(1983) 5 E.H.R.R. 299
App. No. 9776/82, 34 D. & R. 153	Paruszweska v. Poland	(1998) 25 E.H.R.R. CD 175
	Styranowski v. Poland	(1996) 22 E.H.R.R. CD 111
	Szumilas v. Poland	(1998) 26 E.H.R.R. CD 181
App. No. 9777/82, 34 D. & R. 158	Dubowska and Skup v. Poland	(1997) 23 E.H.R.R. CD 204
	Dubowska and Skup v. Poland	(1997) 24 E.H.R.R. CD 75
	Moreira de Azevedo v. Portugal	(1991) 13 E.H.R.R. 101
	Moreira de Azevedo v. Portugal	(1991) 13 E.H.R.R. 721
App. No. 9807/82 v. Netherlands (1983) 5 E.H.R.R. 513	App. No. 9926/82 v. Netherlands	(1983) 5 E.H.R.R. 515
	App. No. 10097/82 v. Netherlands	(1983) 5 E.H.R.R. 516

Case Referred to	Name of Case	Citation
App. No. 9833/82, 41 D. & R. 53	A.V. v. Bulgaria	(1999) 28 E.H.R.R. CD 197
	Andronicou and Constantinou v. Cyprus	(1995) 20 E.H.R.R. CD 105
App. No. 9863/83	Dobbertin v. France	(1993) 16 E.H.R.R. 558
App. No. 9870/82, 34 D. & R. 208	Rehbock v. Slovenia	(1998) 26 E.H.R.R. CD 120
App. No. 9877/82, 32 D. & R. 258	Lombardo v. Italy	(1996) 21 E.H.R.R. 188
App. No. 9900/82 v. France (1983) 5 E.H.R.R. 610	Union Nationale des Compositeurs de Musique v. France	(1986) 8 E.H.R.R. 306
App. No. 9908/82 v. France, 32 D. & R. 26	App. No. 11036/84 v. Sweden	(1987) 9 E.H.R.R. 127
	App. No. 11189/84 v. Sweden	(1988) 10 E.H.R.R. 132
	Bendenoun v. France	(1994) 18 E.H.R.R. 54
	Editions Periscope v. France	(1992) 14 E.H.R.R. 597
	Kappa Kanzlei und Burobetriebs GmbH v. Austria	(1999) 27 E.H.R.R. CD 300
	Worm v. Austria	(1996) 21 E.H.R.R. CD 51
App. No. 9914/82, 33 D. & R. 245	Holland v. Ireland	(1998) 25 E.H.R.R. CD 20
App. No. 9926/82 v. Netherlands (1983) 5 E.H.R.R. 515	Einarsson v. Sweden	(1987) 9 E.H.R.R. 110
App. No. 9938/82, 48 D. & R. 32	Dombo Beheer BV v. Netherlands	(1994) 18 E.H.R.R. 213
	M v. Belgium	(1993) 15 E.H.R.R. CD 22
	Putz v. Germany	(1994) 18 E.H.R.R. CD 97
App. No. 9939/82, 34 D. & R. 213	Ocic v. Croatia	(2000) 29 E.H.R.R. CD 220
App. No. 9960/82	Biondo v. Italy	(1984) 6 E.H.R.R. 113
App. No. 9974/82, 32 D. & R. 282	Herczegfalvy v. Austria	(1993) 15 E.H.R.R. 437
App. No. 9984/82, 44 D. & R. 54	Keller v. Germany	(1998) 25 E.H.R.R. CD 187
App. No. 9990/82 v. France, 39 D. & R. 119	App. No. 10893/84 v. Germany	(1987) 9 E.H.R.R. 124
	Ayadi v. France	(1993) 15 E.H.R.R. CD 93
	Karara v. Finland	(1998) 26 E.H.R.R. CD 220
	Saleem v. United Kingdom	(1998) 25 E.H.R.R. CD 193
App. No. 9991/82 v Italy	App. No. 10893/84 v. Germany	(1987) 9 E.H.R.R. 124
App. No. 9993/82, 31 D. & R. 241	X, Y and Z v. United Kingdom	(1995) 20 E.H.R.R. CD 6
App. No. 9997/82, 31 D. & R. 245	Drozd and Janousek v. France and Spain	(1992) 14 E.H.R.R. 745
	Vollert v. Germany	(1996) 22 E.H.R.R. CD 128

Case Referred to	Name of Case	Citation
App. No. 10000/82, 33 D. & R. 247	Kaneva v. Bulgaria Panikian v. Bulgaria	(1997) 23 E.H.R.R. CD 86 (1997) 24 E.H.R.R. CD 63
App. No. 10027/82, 40 D. & R. 100	Philis v. Greece (No. 2) Rudzinske v. Poland	(1998) 25 E.H.R.R. 417 (2000) 29 E.H.R.R. CD 241
App. No. 10039/82, 38 D. & R. 74	Bader v. Austria	(1996) 22 E.H.R.R. CD 213
App. No. 10059/82, 43 D. & R. 5	H.A.R. v. Austria	(1999) 27 E.H.R.R. CD 330
App. No. 10083/82, 33 D. & R. 270	Laskey, Jaggard and Brown v. United Kingdom	(1997) 24 E.H.R.R. 39
App. No. 10094/82, 38 D. & R. 84	Mann v. Germany	(1996) 22 E.H.R.R. CD 157
App. No. 10103/82, 39 D. & R. 205	EDC v. United Kingdom	(1996) 21 E.H.R.R. CD 69
App. No. 10126/82, 44 D. & R. 65	H v. Austria Rai, Allmond & "Negotiate Now" v. United Kingdom	(1993) 15 E.H.R.R. CD 70 (1995) 19 E.H.R.R. CD 93
App. No. 10138/82 v. Italy (1986) 8 E.H.R.R. 252	Azzi v. Italy	(1989) 11 E.H.R.R. 105
App. No. 10142/82, 42 D. & R. 86	ELH and PBH v. United Kingdom	(1998) 25 E.H.R.R. CD 158
App. No. 10144/82, 33 D. & R. 276	Wahlberg, Engman and Engdahl v. Sweden	(1993) 15 E.H.R.R. CD 79
App. No. 10153/82, 49 D. & R. 67	JS v. Netherlands	(1995) 20 E.H.R.R. CD 41
App. No. 10201/82 v. Sweden, unreported	App. No. 10476/83 v. Sweden	(1987) 9 E.H.R.R. 247
App. No. 10202/82 v. Sweden, unreported	App. No. 10476/83 v. Sweden	(1987) 9 E.H.R.R. 247
App. No. 10219/83 v. United Kingdom, unreported	Van Marle, Van Zomeren, Flantua and de Bruijn v. Netherlands	(1985) 7 E.H.R.R. 265
App. No. 10221/82 v. Germany (1984) 6 E.H.R.R. 353	App. No. 10196/82 v. Germany	(1984) 6 E.H.R.R. 362
App. No. 10227/82 v. Spain	App. No. 10479/83 v. United Kingdom	(1984) 6 E.H.R.R. 373
App. No. 10230/82 v. Sweden (1984) 6 E.H.R.R. 131; 32 D. & R. 303	App. No. 10264/83 v. Sweden Jonas Mohamed Rafiek Koendjbiharie v. Netherlands	(1984) 6 E.H.R.R. 132 (1991) 13 E.H.R.R. 118

Case Referred to	Name of Case	Citation
App. No. 10243/83, 41 D. & R. 123	I v. United Kingdom	(1997) 23 E.H.R.R. CD 66
App. No. 10247/83	Obermeier v. Austria	(1989) 11 E.H.R.R. 57
App. No. 10279/83, 38 D. & R. 124	Castells v. Spain	(1992) 14 E.H.R.R. 445
	Ezelin v. France	(1992) 14 E.H.R.R. 362
App. No. 10291/83, 47 D. & R. 70	Wilson v. United Kingdom	(1998) 26 E.H.R.R. CD 195
App. No. 10293/83 v. United Kingdom (1987) 9 E.H.R.R. 255; 45 D. & R. 41	App. No. 10942/84 v. Germany	(1989) 11 E.H.R.R. 95
	Khan v. United Kingdom	(1996) 21 E.H.R.R. CD 67
App. No. 10307/83, 37 D. & R. 113	Botten v. Norway	(1994) 18 E.H.R.R. CD 45
App. No. 10308/83, 36 D. & R. 209	Launder v. United Kingdom	(1998) 25 E.H.R.R. CD 67
App. No. 10313/83, 39 D. & R. 225	Jocabus Keus v. Netherlands	(1991) 13 E.H.R.R. 109
	Keus v. Netherlands	(1991) 13 E.H.R.R. 700
App. No. 10358/83, 37 D. & R. 142	Bouessel Du Bourg v. France	(1993) 16 E.H.R.R. CD 49
	Canea Catholic Church v. Greece	(1999) 27 E.H.R.R. 521
	ELH and PBH v. United Kingdom	(1998) 25 E.H.R.R. CD 158
	H v. United Kingdom	(1993) 16 E.H.R.R. CD 44
	Karakuzey v. Germany	(1997) 23 E.H.R.R. CD 92
App. No. 10364/83, 53 D. & R. 28	Dublin Well Woman Centre Ltd v. Ireland	(1997) 23 E.H.R.R. CD 125
App. No. 10365/83, 39 D. & R. 237	Lombardo v. Italy	(1996) 21 E.H.R.R. 188
App. No. 10375/83, 40 D. & R. 196	Advic v. United Kingdom	(1995) 20 E.H.R.R. CD 125
	Esen v. Netherlands	(1999) 27 E.H.R.R. CD 290
	Gül v. Switzerland	(1996) 22 E.H.R.R. 93
	McCullough v. United Kingdom	(1998) 25 E.H.R.R. CD 34
	Unlu v. Austria	(1994) 18 E.H.R.R. CD 165
	X, Y and Z v. United Kingdom	(1995) 20 E.H.R.R. CD 6
App. No. 10378/83 v. Denmark, 35 D. & R. 235	Anders and Fredin v. Sweden	(1991) 13 E.H.R.R. 142
	E.B. v. Germany	(1994) 18 E.H.R.R. CD 109
	Jacobsson v. Sweden	(1989) 11 E.H.R.R. 562
	Tre Traktörer AB v. Sweden	(1990) 12 E.H.R.R. 128
App. No. 10414/83 [1984] D. & R. 40	Ezelin v. France	(1992) 14 E.H.R.R. 362
App. No. 10416/83 v. Ireland, 38 D. & R. 158	App. No. 9825/82 v. United Kingdom and Ireland	(1986) 8 E.H.R.R. 49
	McDaid v. United Kingdom	(1996) 22 E.H.R.R. CD 197
	Walker v. United Kingdom	(2000) 29 E.H.R.R. CD 276

Case Referred to	Name of Case	Citation
App. No. 10426/83, 40 D. & R. 234	App. No. 11620/85 v. Iceland	(1987) 9 E.H.R.R. 151
	Gudmundsson v. Iceland	(1996) 21 E.H.R.R. CD 89
App. No. 10427/80 v. United Kingdom (1987) 9 E.H.R.R. 369; 47 D. & R. 85	App. No. 12513/86 v. United Kingdom	(1989) 11 E.H.R.R. 49
	ELH and PBH v. United Kingdom	(1998) 25 E.H.R.R. CD 158
	Faulkner v. United Kingdom	(1998) 26 E.H.R.R. CD 125
	Launder v. United Kingdom	(1998) 25 E.H.R.R. CD 67
	Marangos v. Cyprus	(1997) 23 E.H.R.R. CD 192
App. No. 10431/83, 35 D. & R. 218	JS v. Netherlands	(1995) 20 E.H.R.R. CD 41
App. No. 10435/83, 40 D. & R.	Klass v. Germany	(1994) 18 E.H.R.R. 305
App. No. 10438/83, 41 D. & R. 226	Kappa Kanzlei und Burobetriebs GmbH v. Austria	(1999) 27 E.H.R.R. CD 300
App. No. 10439–10441, 10452, 10512 and 10513/83 v. Luxembourg, 43 D. & R. 34	Huvig v. France	(1990) 12 E.H.R.R. 310
	Kruslin v. France	(1990) 12 E.H.R.R. 451
App. No. 10444/82, 39 D. & R. 162	Güleç v. Turkey	(1999) 28 E.H.R.R. 121
	Kelly v. United Kingdom	(1993) 16 E.H.R.R. CD 20
App. No. 10471/83 v. United Kingdom, 45 D. & R. 113	App. No. 10395/83 v. Austria	(1987) 9 E.H.R.R. 389
	Grander v. Sweden	(1994) 18 E.H.R.R. CD 120
	Schertler v. Austria	(1996) 22 E.H.R.R. CD 212
App. No. 10473/83, unreported	App. No. 9856/82 v. United Kingdom	(1988) 10 E.H.R.R. 547
App. No. 10475/83, 39 D. & R. 246	Handwerker v. Germany	(1996) 22 E.H.R.R. CD 125
App. No. 10476/83, 45 D. & R. 143	Cohen v. United Kingdom	(1996) 21 E.H.R.R. CD 104
App. No. 10486/83, 49 D. & R. 86	H.F. v. Austria	(1995) 20 E.H.R.R. CD 68
	Ochensberger v. Austria	(1994) 18 E.H.R.R. CD 170
App. No. 10505/83, Comm. Dec., March 4, 1985, 41 D. & R. 178	Kokkinakis v. Greece	(1994) 17 E.H.R.R. 397
	SW v. United Kingdom	(1996) 21 E.H.R.R. 363
App. No. 10515/83, 40 D. & R. 258	Societe Levage Prestations v. France	(1997) 24 E.H.R.R. 351
App. No. 10530/83 v. United Kingdom, 42 D. & R. 171	Watts v. United Kingdom	(1987) 9 E.H.R.R. 123
	Yasar v. Turkey	(1995) 19 E.H.R.R. CD 74
App. No. 10557/83 v. United Kingdom	App. No. 12139/86 v. Netherlands	(1989) 11 E.H.R.R. 78

Case Referred to	Name of Case	Citation
App. No. 10594/83, 52 D. & R. 158	C v. Netherlands	(1993) 15 E.H.R.R. CD 26
	Hotel Casino Aregua Parana AG v. Austria	(1995) 20 E.H.R.R. CD 79
	Marangos v. Cyprus	(1997) 23 E.H.R.R. CD 192
	Taylor v. United Kingdom	(1997) 23 E.H.R.R. CD 132
App. No. 10600/83, 44 D. & R. 155	Karara v. Finland	(1998) 26 E.H.R.R. CD 220
	Lombardo v. Italy	(1996) 21 E.H.R.R. 188
App. No. 10615/83, 38 D. & R. 213	BBC v. United Kingdom	(1996) 21 E.H.R.R. CD 93
App. No. 10626/83, 42 D. & R. 205	DeBono v. Malta	(1993) 15 E.H.R.R. CD 112
	Hansen v. Denmark	(1995) 19 E.H.R.R. CD 89
	Keenan v. United Kingdom	(1998) 26 E.H.R.R. CD 64
	Worm v. Austria	(1996) 21 E.H.R.R. CD 51
App. No. 10628/83, 44 D. & R. 175	Ahmed v. United Kingdom	(1995) 20 E.H.R.R. CD 72
App. No. 10649/82 v. United Kingdom, unreported	Van Marle, Van Zomeren, Flantua and de Bruijn v. Netherlands	(1985) 7 E.H.R.R. 265
App. No. 10650/83, 42 D. & R. 212	Fryske Nasjonale Partij v. Netherlands	(1987) 9 E.H.R.R. 261
	Stankov v. Bulgaria	(1997) 23 E.H.R.R. CD 170
App. No. 10668/83, 52 D. & R. 177	Former King Constantinos of Greece v. Greece	(1998) 26 E.H.R.R. CD 50
	Lindkvist v. Denmark	(1999) 27 E.H.R.R. CD 103
	Öhlinger v. Austria	(1996) 22 E.H.R.R. CD 75
	Telesystem Tirol Kabeltelevision v. Austria	(1995) 19 E.H.R.R. CD 42
App. No. 10671/83, 42 D. & R. 229	Paruszweska v. Poland	(1998) 25 E.H.R.R. CD 175
	Szumilas v. Poland	(1998) 26 E.H.R.R. CD 181
App. No. 10689/83, 37 D. & R. 225	Drozd and Janousek v. France and Spain	(1992) 14 E.H.R.R. 745
	Hins and Hugenholtz v. Netherlands	(1996) 21 E.H.R.R. CD 124
	Verenigung Radio 100 v. Netherlands	(1996) 22 E.H.R.R. CD 198
App. No. 10733/84, 41 D. & R. 211	Keller v. Germany	(1998) 25 E.H.R.R. CD 187
App. No. 10746/84, 49 D. & R. 126	Camenzind v. Switzerland	(1999) 28 E.H.R.R. 458
	Grauso v. Poland	(1997) 23 E.H.R.R. CD 108
	Nydahl v. Sweden	(1993) 16 E.H.R.R. CD 15
App. No. 10757/84, 56 D. & R. 36	Krone-Verlag Gmbh v. Austria	(1997) 23 E.H.R.R. CD 152
	Smith v. United Kingdom	(1996) 21 E.H.R.R. CD 74
App. No. 10789/84, 40 D. & R. 298	Leech v. United Kingdom	(1994) 18 E.H.R.R. CD 116
	Petersen v. Denmark	(1999) 27 E.H.R.R. CD 96

Case Referred to	Name of Case	Citation
App. No. 10799/84, 37 D. & R. 236	Bellis v. United Kingdom	(1997) 24 E.H.R.R. CD 71
	Groppera Radio AG, Marquard, Fröhlich and Caluzzi v. Switzerland	(1990) 12 E.H.R.R. 297
	Nydahl v. Sweden	(1993) 16 E.H.R.R. CD 15
	X.S.A. v. Netherlands	(1994) 18 E.H.R.R. CD 176
App. No. 10801/84, 61 D. & R. 62	DW v. United Kingdom	(1998) 26 E.H.R.R. CD 158
	Sigurdarottir v. Iceland	(1999) 28 E.H.R.R. CD 146
	Togher v. United Kingdom	(1998) 25 E.H.R.R. CD 99
App. No. 10802/84, unreported	App. No. 11170/84 v. Austria	(1988) 10 E.H.R.R. 513
App. No. 10807/84	Perez Mahia v. Spain	(1987) 9 E.H.R.R. 145
App. No. 10855/84, 55 D. & R. 51	Salesi v. Italy	(1998) 26 E.H.R.R. 187
App. No. 10857/84, 48 D. & R. 106	De Vries v. Netherlands	(1993) 15 E.H.R.R. CD 87
	JS v. Netherlands	(1995) 20 E.H.R.R. CD 41
	Merkier v. Belgium	(1989) 11 E.H.R.R. 68
	Pesti and Frodl v. Austria	(2000) 29 E.H.R.R. CD 229
App. No. 10871/84, 48 D. & R. 154	Marangos v. Cyprus	(1997) 23 E.H.R.R. CD 192
	Middleburg, Van der Zee and Het Parool BV v. Netherlands	(1999) 27 E.H.R.R. CD 111
	Munro v. United Kingdom	(1988) 10 E.H.R.R. 516
	Spencer (Earl and Countess) v. United Kingdom	(1998) 25 E.H.R.R. CD 105
	Taylor v. United Kingdom	(1997) 23 E.H.R.R. CD 132
App. No. 10874/84, unreported	App. No. 11170/84 v. Austria	(1988) 10 E.H.R.R. 513
App. No. 10877/84, 43 D. & R. 185	Moreira de Azevedo v. Portugal	(1991) 13 E.H.R.R. 101
	Moreira de Azevedo v. Portugal	(1991) 13 E.H.R.R. 721
	Ollila v. Finland	(1993) 15 E.H.R.R. CD 101
App. No. 10889/84, 56 D. & R. 56	Khan v. United Kingdom	(1996) 21 E.H.R.R. CD 67
	Worm v. Austria	(1996) 21 E.H.R.R. CD 51
App. No. 10893/83, 45 D. & R. 198	Stocke v. Germany	(1991) 13 E.H.R.R. 126
App. No. 10923/87, unreported	B and C v. Netherlands	(1993) 16 E.H.R.R. CD 8
	Leutscher v. Netherlands	(1997) 24 E.H.R.R. 181
App. No. 10924/84	Dobbertin v. France	(1993) 16 E.H.R.R. 558
App. No. 10938/84, 50 D. & R. 115	Cook v. United Kingdom	(1998) 25 E.H.R.R. CD 189
	Scarth v. United Kingdom	(1998) 26 E.H.R.R. CD 154
	Zentralat Deutscher Sinti und Roma and Rose v. Germany	(1997) 23 E.H.R.R. CD 209

Case Referred to	Name of Case	Citation
App. No. 10978/84, 49 D. & R. 49; 49 D. & R. 144	Noviflora Sweden AB v. Sweden	(1993) 15 E.H.R.R. CD 6
	Raninen v. Finland	(1996) 21 E.H.R.R. CD 123
App. No. 11017/84, 46 D. & R. 176	H v. Sweden	(1994) 18 E.H.R.R. CD 191
	Milics v. Sweden	(1994) 18 E.H.R.R. CD 222
App. No. 11036/84 v. Sweden (1987) 9 E.H.R.R. 127	App. No. 11189/84 v. Sweden	(1988) 10 E.H.R.R. 132
App. No. 11069/84, 62 D. & R. 5	Peers v. Greece	(1999) 27 E.H.R.R. CD 126
	Rehbock v. Slovenia	(1998) 26 E.H.R.R. CD 120
App. No. 11077/84, 49 D. & R. 191	Van Raalte v. Netherlands	(1997) 24 E.H.R.R. 503
App. No. 11089/84, unreported	Musa v. Austria	(1999) 27 E.H.R.R. CD 338
App. No. 11098/84, 43 D. & R. 198	Salesi v. Italy	(1998) 26 E.H.R.R. 187
App. No. 11100/84, 45 D. & R. 240	Stankov v. Bulgaria	(1997) 23 E.H.R.R. CD 170
App. No. 11122/84, 45 D. & R. 256	De Vries v. Netherlands	(1993) 15 E.H.R.R. CD 87
App. No. 11123/84, 54 D. & R. 52	New Horizons v. Cyprus	(1999) 27 E.H.R.R. CD 334
App. No. 11185/84 v. United Kingdom (1986) 8 E.H.R.R. 66; 42 D. & R. 275	Buckley v. United Kingdom	(1995) 19 E.H.R.R. CD 20
	Masefield v. United Kingdom	(1987) 9 E.H.R.R. 136
App. No. 11189/84, 50 D. & R. 121	Kustannus oy Vappa Ajattelija AB v. Finland	(1996) 22 E.H.R.R. CD 69
	Smith v. United Kingdom	(1996) 21 E.H.R.R. CD 74
App. No. 11192/84, 52 D. & R. 227	H v. Greece	(1994) 18 E.H.R.R. CD 62
	McDaid v. United Kingdom	(1996) 22 E.H.R.R. CD 197
App. No. 11208/84, 46 D. & R. 182	H v. Greece	(1994) 18 E.H.R.R. CD 62
App. No. 11219/84, 42 D. & R. 287	Lindkvist v. Denmark	(1999) 27 E.H.R.R. CD 103
App. No. 11244/84, 55 D. & R. 98	Karara v. Finland	(1998) 26 E.H.R.R. CD 220
	Öhlinger v. Austria	(1996) 22 E.H.R.R. CD 75
App. No. 11256/84, 57 D. & R. 47	PL v. France	(1998) 25 E.H.R.R. 481
	Quinn v. France	(1996) 21 E.H.R.R. 529
	Rehbock v. Slovenia	(1998) 26 E.H.R.R. CD 120
App. No. 11257/84, 49 D. & R. 213	A.V. v. Bulgaria	(1999) 28 E.H.R.R. CD 197
	Andronicou and Constantinou v. Cyprus	(1995) 20 E.H.R.R. CD 105

Case Referred to	Name of Case	Citation
App. No. 11269/84, 56 D. & R. 115	Basic v. Austria	(1999) 28 E.H.R.R. CD 118
App. No. 11278/84, 43 D. & R. 216	Beldjoudi v. France	(1992) 14 E.H.R.R. 801
	Karassev v. Finland	(1999) 28 E.H.R.R. CD 132
	Kwong v. United Kingdom	(1998) 26 E.H.R.R. CD 189
App. No. 11282/84, 54 D. & R. 70	Samkova v. Slovak Republic	(1996) 22 E.H.R.R. CD 205
App. No. 11290/84, 53 D. & R. 483	A v. Denmark	(1996) 22 E.H.R.R. 458
App. No. 11306/84, 50 D. & R. 162	Kustannus oy Vappa Ajattelija AB v. Finland	(1996) 22 E.H.R.R. CD 69
App. No. 11308/84, 46 D. & R. 200	Kalac v. Turkey	(1999) 27 E.H.R.R. 552
App. No. 11333/85, 43 D. & R. 227	Beldjoudi v. France	(1992) 14 E.H.R.R. 801
	Karara v. Finland	(1998) 26 E.H.R.R. CD 220
App. No. 11362/85, 50 D. & R. 168	Lombardo v. Italy	(1996) 21 E.H.R.R. 188
App. No. 11391/85, 43 D. & R. 236	Holland v. Ireland	(1998) 25 E.H.R.R. CD 20
App. No. 11406/85, 55 D. & R. 130	Bowman v. United Kingdom	(1996) 22 E.H.R.R. CD 13
	Bowman v. United Kingdom	(1998) 26 E.H.R.R. 1
App. No. 11425/85, 53 D. & R. 76	EP v. Turkey	(1996) 22 E.H.R.R. CD 143
	Karara v. Finland	(1998) 26 E.H.R.R. CD 220
	Spacek Ltd v. Czech Republic	(1997) 23 E.H.R.R. CD 76
App. No. 11464/85, 53 D. & R. 85	Bendenoun v. France	(1994) 18 E.H.R.R. 54
	Perin v. France	(1993) 15 E.H.R.R. CD 99
App. No. 11468/85, 50 D. & R. 199	G v. Netherlands	(1993) 16 E.H.R.R. CD 38
	JS v. Netherlands	(1995) 20 E.H.R.R. CD 41
App. No. 11471/85, 59 D. & R. 67	Chojak v. Poland	(1998) 26 E.H.R.R. CD 145
	Kazimierczak v. Poland	(1999) 27 E.H.R.R. CD 236
App. No. 1148/61, 8 Coll. 57	App. No. 9315/81 v. Austria	(1984) 6 E.H.R.R. 332
App. No. 11508/85 v. Denmark (1987) 9 E.H.R.R. 533	Stiftelsen Akademiska Föreningens Bostader I Lund v. Sweden	(1989) 11 E.H.R.R. 47
App. No. 11509/85	Koendjbiharie v. Netherlands	(1991) 13 E.H.R.R. 820
App. No. 11539/85, 48 D. & R. 237	Day v. Italy	(1998) 26 E.H.R.R. CD 174
App. No. 11553 and 11658/85, 51 D. & R. 136	Brind v. United Kingdom	(1994) 18 E.H.R.R. CD 76
	McLaughlin v. United Kingdom	(1994) 18 E.H.R.R. CD 84
	X.S.A. v. Netherlands	(1994) 18 E.H.R.R. CD 176

Case Referred to	Name of Case	Citation
App. No. 11579/85, 48 D. & R. 253	Logan v. United Kingdom	(1996) 22 E.H.R.R. CD 178
App. No. 1159/62, 6 *Yearbook* 348	App. No. 9329/81 v. United Kingdom	(1983) 5 E.H.R.R. 286
App. No. 11603/85 v. United Kingdom (1988) 10 E.H.R.R. 269; 50 D. & R. 228	App. No. 10942/84 v. Germany	(1989) 11 E.H.R.R. 95
	Varnave v. Turkey	(1998) 25 E.H.R.R. CD 9
App. No. 11604/85, 50 D. & R. 259	WM v. Germany	(1997) 24 E.H.R.R. CD 79
App. No. 11613/85, 65 D. & R. 75	Samkova v. Slovak Republic	(1996) 22 E.H.R.R. CD 205
App. No. 11628/85, 47 D. & R. 271	British American Tobacco Co. Ltd v. Netherlands	(1996) 21 E.H.R.R. 409
	JS v. Netherlands	(1995) 20 E.H.R.R. CD 41
	Kappa Kanzlei und Burobetriebs GmbH v. Austria	(1999) 27 E.H.R.R. CD 300
	Paruszweska v. Poland	(1998) 25 E.H.R.R. CD 175
	Rudzinske v. Poland	(2000) 29 E.H.R.R. CD 241
	Seidlová v. Slovak Republic	(1995) 20 E.H.R.R. CD 124
App. No. 11653/85, 46 D. & R. 231	Pinard, Foucher and Parmentier v. France	(1993) 15 E.H.R.R. CD 92
App. No. 11658/85, 51 D. & R. 144	Brind v. United Kingdom	(1994) 18 E.H.R.R. CD 76
	McLaughlin v. United Kingdom	(1994) 18 E.H.R.R. CD 84
App. No. 11660/85, 59 D. & R. 85	McGinley and Egan v. United Kingdom	(1996) 21 E.H.R.R. CD 56
	Stankov v. Bulgaria	(1997) 23 E.H.R.R. CD 170
App. No. 11662/85, unreported	Worm v. Austria	(1996) 21 E.H.R.R. CD 51
App. No. 11669/85, 54 D. & R. 95	AP, MP and TP v. Awitzerland	(1998) 26 E.H.R.R. 541
App. No. 11674/85, 46 D. & R. 245	Kara v. United Kingdom	(1999) 27 E.H.R.R. CD 272
	Serif v. Greece	(1999) 28 E.H.R.R. CD 227
App. No. 11698/85, unreported	H v. Greece	(1994) 18 E.H.R.R. CD 62
App. No. 11716/85	App. No. 12513/86 v. United Kingdom	(1989) 11 E.H.R.R. 49
App. No. 11723/85, 52 D. & R. 250	Svidranova v. Slovak Republic	(1998) 26 E.H.R.R. CD 184
App. No. 11724/85, 64 D. & R. 72	Zentralat Deutscher Sinti und Roma and Rose v. Germany	(1997) 23 E.H.R.R. CD 209

Case Referred to	Name of Case	Citation
App. No. 11763/85, 60 D. & R. 141	Jónsson v. Iceland	(1999) 27 E.H.R.R. CD 347
App. No. 11776/85, 46 D. & R. 251	A.P. v. Austria	(1995) 20 E.H.R.R. CD 63
App. No. 11826/85, 61 D. & R. 138	Comninos and National Justice Compania Naviera SA v. United Kingdom	(1997) 23 E.H.R.R. CD 165
	MK v. Austria	(1997) 24 E.H.R.R. CD 59
	Societe Levage Prestations v. France	(1997) 24 E.H.R.R. 351
App. No. 11831/85, 54 D. & R. 144	Krone-Verlag Gmbh v. Austria	(1997) 23 E.H.R.R. CD 152
App. No. 11844/85, 55 D. & R. 205	Grander v. Sweden	(1994) 18 E.H.R.R. CD 120
	Schertler v. Austria	(1996) 22 E.H.R.R. CD 212
App. No. 11889/85, 59 D. & R. 95	M v. Bulgaria	(1996) 22 E.H.R.R. CD 101
App. No. 11921/86, 57 D. & R. 81	Karara v. Finland	(1998) 26 E.H.R.R. CD 220
	Kustannus oy Vappa Ajattelija AB v. Finland	(1996) 22 E.H.R.R. CD 69
App. No. 11932/86, 56 D. & R. 199	Andronicou and Constantinou v. Cyprus	(1995) 20 E.H.R.R. CD 105
	Beis v. Greece	(1995) 19 E.H.R.R. CD 70
	Domenichini v. Italy	(2001) 32 E.H.R.R. 68
	H v. Greece	(1994) 18 E.H.R.R. CD 62
App. No. 11941/86, 57 D. & R. 100	De Vries v. Netherlands	(1993) 15 E.H.R.R. CD 87
App. No. 11945/86, 51 D. & R. 186	Rudzinske v. Poland	(2000) 29 E.H.R.R. CD 241
App. No. 11949/86, 51 D. & R. 195	Kaneva v. Bulgaria	(1997) 23 E.H.R.R. CD 86
	Panikian v. Bulgaria	(1997) 24 E.H.R.R. CD 63
App. No. 11966/86, unreported	H v. Greece	(1994) 18 E.H.R.R. CD 62
App. No. 11970/86, unreported	Poku v. United Kingdom	(1996) 22 E.H.R.R. CD 94
	PP v. United Kingdom	(1996) 21 E.H.R.R. CD 81
App. No. 12002/86, 55 D. & R. 218	R.O. v. United Kingdom	(1994) 18 E.H.R.R. CD 212
App. No. 12015/86, 57 D. & R. 108	Esbester v. United Kingdom	(1994) 18 E.H.R.R. CD 72
	G, H and I v. United Kingdom	(1993) 15 E.H.R.R. CD 41
	Hewitt and Harman v. United Kingdom	(1992) 14 E.H.R.R. 657
	McDaid v. United Kingdom	(1996) 22 E.H.R.R. CD 197
	Tsirlis v. Greece	(1995) 20 E.H.R.R. CD 52
App. No. 12040/86, 52 D. & R. 269	Sujeeun v. United Kingdom	(1996) 21 E.H.R.R. CD 97

Case Referred to	Name of Case	Citation
App. No. 12090/86, unreported	Goodwin v. United Kingdom	(1996) 22 E.H.R.R. 123
App. No. 12122/86, 50 D. & R. 268	A, B and C v. France	(1993) 15 E.H.R.R. CD 39
	Momique-Pola v. Sweden	(1998) 26 E.H.R.R. CD 187
	Nasri v. France	(1996) 21 E.H.R.R. 458
App. No. 12164/86, 58 D. & R. 63	Pentidis v. Greece	(1997) 24 E.H.R.R. CD 1
App. No. 12194/86, 56 D. & R. 205	Ochensberger v. Austria	(1994) 18 E.H.R.R. CD 170
	Schimanek v. Austria	(2000) 29 E.H.R.R. CD 250
App. No. 12242/86, 62 D. & R. 151	Canea Catholic Church v. Greece	(1999) 27 E.H.R.R. 521
	Hautanemi v. Sweden	(1996) 22 E.H.R.R. CD 155
App. No. 12258/86, 56 D. & R. 215	Kaneva v. Bulgaria	(1997) 23 E.H.R.R. CD 86
	Panikian v. Bulgaria	(1997) 24 E.H.R.R. CD 63
App. No. 12264/86, 57 D. & R. 131	Paruszweska v. Poland	(1998) 25 E.H.R.R. CD 175
	Styranowski v. Poland	(1996) 22 E.H.R.R. CD 111
	Szumilas v. Poland	(1998) 26 E.H.R.R. CD 181
App. No. 12314/86, 60 D. & R. 172	JS v. Netherlands	(1995) 20 E.H.R.R. CD 41
App. No. 12323/86, unreported	Raninen v. Finland	(1998) 26 E.H.R.R. 563
App. No. 12364/86, 50 D. & R. 280	H v. Sweden	(1994) 18 E.H.R.R. CD 191
	Milics v. Sweden	(1994) 18 E.H.R.R. CD 222
App. No. 12386/86, 70 D. & R. 59	Togher v. United Kingdom	(1998) 25 E.H.R.R. CD 99
App. No. 12402/86, 55 D. & R. 224	A and Family v. Spain	(1994) 18 E.H.R.R. CD 209
	G v. Netherlands	(1993) 16 E.H.R.R. CD 38
	X, Y and Z v. United Kingdom	(1995) 20 E.H.R.R. CD 6
App. No. 12411/86, 51 D. & R. 245	Dilek v. Netherlands	(1999) 27 E.H.R.R. CD 244
App. No. 12446/86, 56 D. & R. 229	Robins v. United Kingdom	(1998) 26 E.H.R.R. 527
App. No. 12461/86, 51 D. & R. 258	Amuur v. France	(1996) 22 E.H.R.R. 533
	Kwong v. United Kingdom	(1998) 26 E.H.R.R. CD 189
App. No. 12462/86, 53 D. & R. 234	Fenzel & Köllner v. Austria	(1996) 22 E.H.R.R. CD 80
App. No. 12502/86, 55 D. & R. 251	Everest v. United Kingdom	(1997) 23 E.H.R.R. CD 180
App. No. 12526/86, 68 D. & R. 104	Hibbert v. Netherlands	(1999) 28 E.H.R.R. CD 194

Case Referred to	Name of Case	Citation
App. No. 12587/86, 53 D. & R. 241	Hautanemi v. Sweden	(1996) 22 E.H.R.R. CD 155
	Kustannus oy Vappa Ajattelija AB v. Finland	(1996) 22 E.H.R.R. CD 69
App. No. 12604/86, 70 D. & R. 125	Samkova v. Slovak Republic	(1996) 22 E.H.R.R. CD 205
App. No. 12633/87, 66 D. & R. 79	Lenzing v. United Kingdom	(1999) 27 E.H.R.R. CD 323
App. No. 12650/87, unreported	Protsch v. Austria	(1994) 18 E.H.R.R. CD 36
App. No. 12670/87, Comm. Dec., March 16, 1988	Olsson v. Sweden (No. 2)	(1994) 17 E.H.R.R. 134
App. No. 12686/87, 60 D. & R. 105	Quinn v. Ireland	(2000) 29 E.H.R.R. CD 234
App. No. 12719/87, 56 D. & R. 237	Former King Constantinos of Greece v. Greece	(1998) 26 E.H.R.R. CD 50
	H v. Greece	(1994) 18 E.H.R.R. CD 62
	Noviflora Sweden AB v. Sweden	(1993) 15 E.H.R.R. CD 6
	Raninen v. Finland	(1996) 21 E.H.R.R. CD 123
	Telesystem Tirol Kabeltelevision v. Austria	(1995) 19 E.H.R.R. CD 42
App. No. 12742/87, 61 D. & R. 206	M.A.R. v. United Kingdom	(1997) 23 E.H.R.R. CD 120
	Tsavachidis v. Greece	(1997) 23 E.H.R.R. CD 135
App. No. 12774/87, 62 D. & R. 216	Nachtmann v. Austria	(1999) 27 E.H.R.R. CD 281
	Ochensberger v. Austria	(1994) 18 E.H.R.R. CD 170
App. No. 12805/87, Comm. Dec., March 13, 1989	Olsson v. Sweden (No. 2)	(1994) 17 E.H.R.R. 134
App. No. 12827/87, unreported	Krone-Verlag Gmbh v. Austria	(1997) 23 E.H.R.R. CD 152
App. No. 12945/87, 65 D. & R. 173	Ciftci v. Austria	(1997) 23 E.H.R.R. CD 55
	Scarth v. United Kingdom	(1998) 26 E.H.R.R. CD 154
App. No. 12952/87, 67 D. & R. 175	Comninos and National Justice Compania Naviera SA v. United Kingdom	(1997) 23 E.H.R.R. CD 165
App. No. 12972/87, 54 D. & R. 207	J.W.V. v. Netherlands	(1999) 27 E.H.R.R. CD 296
App. No. 13013/87, 58 D. & R. 163	Musa v. Austria	(1999) 27 E.H.R.R. CD 338
	Quinn v. Ireland	(2000) 29 E.H.R.R. CD 234
	Smith v. United Kingdom	(1996) 21 E.H.R.R. CD 74
App. No. 13020/87, 56 D. & R. 264	Öhlinger v. Austria	(1996) 22 E.H.R.R. CD 75
App. No. 13021/87, 57 D. & R. 275	Governor and Company of the Bank of Scotland v. United Kingdom	(1999) 27 E.H.R.R. CD 307

Case Referred to	Name of Case	Citation
App. No. 13057/87, 60 D. & R. 243	Grech v. Malta	(1995) 20 E.H.R.R. CD 95
App. No. 13079/87, 60 D. & R. 256	Anderson v. United Kingdom	(1998) 25 E.H.R.R. CD 172
	H v. Austria	(1993) 15 E.H.R.R. CD 70
	H v. Austria	(1993) 15 E.H.R.R. CD 70
	Kokkinakis v. Greece	(1994) 17 E.H.R.R. 397
	Putz v. Germany	(1994) 18 E.H.R.R. CD 97
	SW v. United Kingdom	(1996) 21 E.H.R.R. 363
App. No. 13089/87	Dobbertin v. France	(1993) 16 E.H.R.R. 558
App. No. 13134/87, 67 D. & R. 216	Chojak v. Poland	(1998) 26 E.H.R.R. CD 145
	Vollert v. Germany	(1996) 22 E.H.R.R. CD 128
App. No. 13135/87, 56 D. & R. 268	Domenichini v. Italy	(2001) 32 E.H.R.R. 68
App. No. 13156/87, 73 D. & R. 5	McGinley and Egan v. United Kingdom	(1996) 21 E.H.R.R. CD 56
App. No. 13162/87, 54 D. & R. 211	Ozdemir v. Netherlands	(1999) 27 E.H.R.R. CD 257
App. No. 13166/87	Times Newspapers Ltd and Neil v. United Kingdom	(1993) 15 E.H.R.R. CD 49
App. No. 13183/87, December 14, 1988	Thynne, Wilson and Gunnell v. United Kingdom	(1991) 13 E.H.R.R. 135
App. No. 13202/87, unreported	Grof v. Austria	(1998) 25 E.H.R.R. CD 39
App. No. 13249/87, 66 D. & R. 148	Lobo Machado v. Portugal	(1997) 23 E.H.R.R. 79
App. No. 13251/87, 68 D. & R. 137	Chojak v. Poland	(1998) 26 E.H.R.R. CD 145
	Kustannus oy Vappa Ajattelija AB v. Finland	(1996) 22 E.H.R.R. CD 69
	Mens and Mens-Hoek v. Netherlands	(1998) 26 E.H.R.R. CD 170
App. No. 13258/87, 64 D. & R. 138	Heinz v. Contracting States Party to the European Patent Convention	(1994) 18 E.H.R.R. CD 168
	Lenzing v. United Kingdom	(1999) 27 E.H.R.R. CD 323
	Reber v. Germany	(1996) 22 E.H.R.R. CD 98
App. No. 13284/87, 54 D. & R. 214	Philis v. Greece	(1997) 23 E.H.R.R. CD 147
App. No. 13343/87	Cossey v. United Kingdom	(1991) 13 E.H.R.R. 622
App. No. 13365/87, 55 D. & R. 294	Asplund v. Sweden	(1994) 18 E.H.R.R. CD 111
App. No. 13467/87, 62 D. & R. 269	Grof v. Austria	(1998) 25 E.H.R.R. CD 39

Case Referred to	Name of Case	Citation
App. No. 13557/88, 63 D. & R. 167	Poli v. Denmark	(1999) 27 E.H.R.R. CD 212
App. No. 13601 and 13602/88, 62 D. & R. 284	Helmers v. Sweden	(1998) 26 E.H.R.R. CD 73
App. No. 13712/88, unreported, April 2, 1990	Stankov and United Macedonian Organisation "Ilinden" v. Bulgaria	(1998) 26 E.H.R.R. CD 103
App. No. 13750/88, 66 D. & R.	Casado Coca v. Spain	(1994) 18 E.H.R.R. 1
App. No. 13800/88, 71 D. & R. 94; 71 D. & R. 105	Middleburg, Van der Zee and Het Parool BV v. Netherlands	(1999) 27 E.H.R.R. CD 111
	Smith v. United Kingdom	(1996) 21 E.H.R.R. CD 74
App. No. 13816/88, October 16, 1991	Chorherr v. Austria	(1994) 17 E.H.R.R. 358
App. No. 13877/88, 65 D. & R. 279	Bullock v. United Kingdom	(1996) 21 E.H.R.R. CD 85
	Schatzmayr v. Austria	(1999) 27 E.H.R.R. CD 190
App. No. 13926/88, 66 D. & R. 209	JS v. Netherlands	(1995) 20 E.H.R.R. CD 41
App. No. 13930/88, 60 D. & R. 272	Raidl v. Austria	(1995) 20 E.H.R.R. CD 114
App. No. 14056/88, 70 D. & R. 208	H v. Sweden	(1994) 18 E.H.R.R. CD 191
	West v. United Kingdom	(1998) 25 E.H.R.R. CD 185
App. No. 14116 and 14117/88, 61 D. & R. 250	Assenoz v. Bulgaria	(1996) 22 E.H.R.R. CD 163
	Ersöz v. Turkey	(1996) 21 E.H.R.R. CD 48
App. No. 14132/88, 61 D. & R. 285	Wilsher v. United Kingdom	(1997) 23 E.H.R.R. CD 188
App. No. 14135/88, 62 D. & R. 292	S.P. v. United Kingdom	(1997) 23 E.H.R.R. CD 139
App. No. 14209/88, 59 D. & R. 274	Andric v. Sweden	(1999) 28 E.H.R.R. CD 218
	Juric v. Sweden	(1999) 27 E.H.R.R. CD 71
App. No. 14225/88, unreported, December 3, 1990	Salesi v. Italy	(1998) 26 E.H.R.R. 187
App. No. 14233/88, 70 D. & R. 218	Movement for Democratic Kingdom v. Bulgaria	(1996) 21 E.H.R.R. CD 78
	Sidiropoulos v. Greece	(1999) 27 E.H.R.R. 633
App. No. 14247/88, unreported, July 3, 1992	Hokkanen v. Finland	(1995) 19 E.H.R.R. 139
App. No. 14365/88, unreported, May 17, 1990	Kaneva v. Bulgaria	(1997) 23 E.H.R.R. CD 86
	Panikian v. Bulgaria	(1997) 24 E.H.R.R. CD 63

Case Referred to	Name of Case	Citation
App. No. 14452/88, unreported	Grof v. Austria	(1998) 25 E.H.R.R. CD 39
App. No. 14455/88, unreported, September 4, 1991	Buckley v. United Kingdom Buckley v. United Kingdom	(1995) 19 E.H.R.R. CD 20 (1997) 23 E.H.R.R. 101
App. No. 14501/89, 72 D. & R. 118	Englund v. Sweden	(1999) 27 E.H.R.R. CD 264
App. No. 14524/89, 74 D. & R. 14	Karus v. Italy	(1998) 26 E.H.R.R. CD 98
App. No. 14545/89, 66 D. & R. 238	Kustannus oy Vappa Ajattelija AB v. Finland	(1996) 22 E.H.R.R. CD 69
App. No. 14556/89, 69 D. & R. 261	Holland v. Ireland O'Hara v. Ireland	(1998) 25 E.H.R.R. CD 20 (1998) 25 E.H.R.R. CD 57
App. No. 14610/89, 71 D. & R. 168	Koskinen v. Finland	(1994) 18 E.H.R.R. CD 146
App. No. 14688/89, 64 D. & R. 188	Karus v. Italy M v. United Kingdom S.P. v. United Kingdom	(1998) 26 E.H.R.R. CD 98 (1999) 27 E.H.R.R. CD 152 (1997) 23 E.H.R.R. CD 139
App. No. 14739/89, 60 D. & R. 296	Wanyonyi v. United Kingdom	(1999) 27 E.H.R.R. CD 195
App. No. 14807/89, 72 D. & R. 148	Chojak v. Poland Ersöz v. Turkey Fleming v. United Kingdom	(1998) 26 E.H.R.R. CD 145 (1996) 21 E.H.R.R. CD 48 (1997) 23 E.H.R.R. CD 207
App. No. 14838/89, 69 D. & R. 286	Ciftci v. Austria Heaney and McGuinness v. Ireland	(1997) 23 E.H.R.R. CD 55 (2000) 29 E.H.R.R. CD 166
App. No. 14923/89	H v. Austria J v. Austria	(1993) 15 E.H.R.R. CD 70 (1993) 15 E.H.R.R. CD 74
App. No. 14986/89, 70 D. & R. 240	Peers v. Greece	(1999) 27 E.H.R.R. CD 126
App. No. 15007/89, unreported	Dublin Well Woman Centre Ltd v. Ireland	(1997) 23 E.H.R.R. CD 125
App. No. 15117/89, 80–B D. & R. 5	Musa v. Austria	(1999) 27 E.H.R.R. CD 338
App. No. 15141/89, 64 D. & R. 203	Holland v. Ireland O'Hara v. Ireland	(1998) 25 E.H.R.R. CD 20 (1998) 25 E.H.R.R. CD 57
App. No. 15194/88	Bouessel Du Bourg v. France	(1993) 16 E.H.R.R. CD 49
App. No. 15404/89	McLaughlin v. United Kingdom	(1994) 18 E.H.R.R. CD 84

Case Referred to	Name of Case	Citation
App. No. 15532/89, 15527/89, 15963/90, 16713/90, 16718/90 and 16841/90, Comm. Dec., May 10, 1993	Fischer v. Austria	(1995) 20 E.H.R.R. 349
App. No. 15669/89, 75 D. & R. 39	Peree v. Netherlands	(1999) 28 E.H.R.R. CD 158
App. No. 15831/89, 69 D. & R. 317	W, H and A v. United Kingdom	(1995) 19 E.H.R.R. CD 60
App. No. 16152/90, unreported	Phull v. United Kingdom	(1998) 25 E.H.R.R. CD 166
App. No. 16278/90, 74 D. & R. 93	Mens and Mens-Hoek v. Netherlands	(1998) 26 E.H.R.R. CD 170
App. No. 16358/90, unreported	Varnave v. Turkey	(1998) 25 E.H.R.R. CD 9
App. No. 16360/90, unreported	Dick v. United Kingdom	(1996) 21 E.H.R.R. CD 107
App. No. 16417/90, 67 D. & R. 307	Schatzmayr v. Austria	(1999) 27 E.H.R.R. CD 190
App. No. 16734/90, 72 D. & R. 236	L, M and R v. Switzerland	(1996) 22 E.H.R.R. CD 130
App. No. 17004/90, 73 D. & R. 155	Bahaddar v. Netherlands Incedursun v. Netherlands Launder v. United Kingdom Ozdemir v. Netherlands	(1998) 26 E.H.R.R. 278 (1999) 28 E.H.R.R. CD 54 (1998) 25 E.H.R.R. CD 67 (1999) 27 E.H.R.R. CD 257
App. No. 17083/90, 71 D. & R. 269	Remmers and Hamer v. Netherlands	(1999) 27 E.H.R.R. CD 168
App. No. 17086/90, 72 D. & R. 245	Spöttl v. Austria	(1996) 22 E.H.R.R. CD 88
App. No. 17101/90, unreported	Tee v. United Kingdom	(1996) 21 E.H.R.R. CD 108
App. No. 17116/90, unreported	Worm v. Austria	(1996) 21 E.H.R.R. CD 51
App. No. 17128/90, 71 D. & R. 275	Assenoz v. Bulgaria EP v. Turkey	(1996) 22 E.H.R.R. CD 163 (1996) 22 E.H.R.R. CD 143
App. No. 17142/90, unreported, July 10, 1991	ELH and PBH v. United Kingdom	(1998) 25 E.H.R.R. CD 158
App. No. 17230/90, unreported	Varnave v. Turkey	(1998) 25 E.H.R.R. CD 9
App. No. 17439/90, unreported, March 5, 1991	Dubowska and Skup v. Poland Dubowska and Skup v. Poland	(1997) 23 E.H.R.R. CD 204 (1997) 24 E.H.R.R. CD 75

Case Referred to	Name of Case	Citation
App. No. 17512/90, unreported	Varnave v. Turkey	(1998) 25 E.H.R.R. CD 9
App. No. 17522/90, 72 D. & R. 256	Canea Catholic Church v. Greece	(1999) 27 E.H.R.R. 521
App. No. 17579/90, 74 D. & R. 139	M.A.R. v. United Kingdom	(1997) 23 E.H.R.R. CD 120
App. No. 17661/91, 74 D. & R. 156	Mantel v. Netherlands	(1996) 22 E.H.R.R. CD 86
App. No. 17926/91, 75 D. & R. 167	Stopford v. United Kingdom	(1998) 25 E.H.R.R. CD 151
App. No. 18079/91, 72 D. & R. 263	C.N. v. Switzerland	(1999) 27 E.H.R.R. CD 358
	Grof v. Austria	(1998) 25 E.H.R.R. CD 39
	Karakuzey v. Germany	(1997) 23 E.H.R.R. CD 92
App. No. 18401/91, unreported, May 6, 1993	Buckley v. United Kingdom	(1995) 19 E.H.R.R. CD 20
	Buckley v. United Kingdom	(1997) 23 E.H.R.R. 101
App. No. 18411/91, unreported	Krone-Verlag Gmbh v. Austria	(1997) 23 E.H.R.R. CD 152
App. No. 18412/91	Ayadi v. France	(1993) 15 E.H.R.R. CD 93
App. No. 18598/91, 78–B D. & R. 71	H v. Greece	(1994) 18 E.H.R.R. CD 62
	JS v. Netherlands	(1995) 20 E.H.R.R. CD 41
	Province of Bari, Sorrentino and Messini Nemaga v. Italy	(1999) 27 E.H.R.R. CD 352
	Zentralat Deutscher Sinti und Roma and Rose v. Germany	(1997) 23 E.H.R.R. CD 209
App. No. 18623/91, unreported	Robins v. United Kingdom	(1998) 26 E.H.R.R. 527
App. No. 18632/91, unreported	Togher v. United Kingdom	(1998) 25 E.H.R.R. CD 99
App. No. 18670/91, unreported, December 1, 1993	Holland v. Ireland	(1998) 25 E.H.R.R. CD 20
	O'Hara v. Ireland	(1998) 25 E.H.R.R. CD 57
App. No. 18760/91	Whiteside v. United Kingdom	(1994) 18 E.H.R.R. CD 126
App. No. 18874/91, 76 D. & R. 44	Movement for Democratic Kingdom v. Bulgaria	(1996) 21 E.H.R.R. CD 78
	Sidiropoulos v. Greece	(1999) 27 E.H.R.R. 633
	Stankov and United Macedonian Organisation "Ilinden" v. Bulgaria	(1998) 26 E.H.R.R. CD 103
App. No. 18890, 19048 and 19049/91, 19342 and 19549/92, 85 D. & R. 5	Kremer-Viereck and Viereck v. Germany	(1998) 26 E.H.R.R. CD 164
	Panikian v. Bulgaria	(1997) 24 E.H.R.R. CD 63
App. No. 18926/91 and 19777/92, 75 D. & R. 179	Samkova v. Slovak Republic	(1996) 22 E.H.R.R. CD 205

Case Referred to	Name of Case	Citation
App. No. 18984/91, Comm. Rep., March 4, 1994	Taylor, Crampton, Gibson and King v. United Kingdom	(1994) 18 E.H.R.R. CD 215
App. No. 19028/91, 73 D. & R. 239	Pesti and Frodl v. Austria	(2000) 29 E.H.R.R. CD 229
App. No. 19029/91, unreported	Worm v. Austria	(1996) 21 E.H.R.R. CD 51
App. No. 19066/91, 74 D. & R. 179	Camenzind v. Switzerland	(1999) 28 E.H.R.R. 458
App. No. 19092/91, 75 D. & R. 207	Assenoz v. Bulgaria	(1996) 22 E.H.R.R. CD 163
	Scarth v. United Kingdom	(1998) 26 E.H.R.R. CD 154
App. No. 19106/91, 78–B D. & R. 83	Togher v. United Kingdom	(1998) 25 E.H.R.R. CD 99
App. No. 19255/92 and 21655/93, 81 D. & R. 5	Dublin Well Woman Centre Ltd v. Ireland	(1997) 23 E.H.R.R. CD 125
	Poltoratskiy v. Ukraine	(1999) 27 E.H.R.R. CD 320
App. No. 19392/92 and 21237/93, pending	Stankov and United Macedonian Organisation "Ilinden" v. Bulgaria	(1998) 26 E.H.R.R. CD 103
App. No. 19438/92, 74 D. & R. 220	Dublin Well Woman Centre Ltd v. Ireland	(1997) 23 E.H.R.R. CD 125
App. No. 19453/92, 40 D. & R. 251	Herczegfalvy v. Austria	(1993) 15 E.H.R.R. 437
App. No. 19459/92, March 29, 1993	Vogt v. Germany	(1996) 21 E.H.R.R. 205
App. No. 19528/92, unreported	Worm v. Austria	(1996) 21 E.H.R.R. CD 51
App. No. 19583/92, 80–A D. & R. 38	Esen v. Netherlands	(1999) 27 E.H.R.R. CD 290
	Karassev v. Finland	(1999) 28 E.H.R.R. CD 126
	Spöttl v. Austria	(1996) 22 E.H.R.R. CD 88
App. No. 19601/92, 80–B D. & R. 46	Chojak v. Poland	(1998) 26 E.H.R.R. CD 145
	Mens and Mens-Hoek v. Netherlands	(1998) 26 E.H.R.R. CD 170
App. No. 19819/92, 78 D. & R. 88	JS v. Netherlands	(1995) 20 E.H.R.R. CD 41
	Zacher v. Germany	(1996) 22 E.H.R.R. CD 136
App. No. 19890/92, 74 D. & R. 234	MK v. Austria	(1997) 24 E.H.R.R. CD 59
	Scarth v. United Kingdom	(1998) 26 E.H.R.R. CD 154
	W.J. v. Austria	(1999) 27 E.H.R.R. CD 83
	Wood v. United Kingdom	(1997) 24 E.H.R.R. CD 69
App. No. 19918/92, unreported	Kremer-Viereck and Viereck v. Germany	(1998) 26 E.H.R.R. CD 164
App. No. 19975/92, December 3, 1992	Panikian v. Bulgaria	(1997) 24 E.H.R.R. CD 63

Case Referred to	Name of Case	Citation
App. No. 19978/92, Nori, unreported	Podbielski v. Poland	(1999) 27 E.H.R.R. CD 19
App. No. 20134/92, 80 D. & R. 87	West v. United Kingdom	(1998) 25 E.H.R.R. CD 185
App. No. 20223/92, Comm. Rep., October 18, 1995	Janssen v. Germany	(1999) 27 E.H.R.R. CD 91
App. No. 20251/92, unreported	Car srl v. Italy	(1996) 22 E.H.R.R. CD 153
App. No. 20357/92, 76–A D. & R. 80	Fenzel & Köllner v. Austria	(1996) 22 E.H.R.R. CD 80
	Ikincisoy v. Turkey	(1996) 21 E.H.R.R. CD 100
	Spencer (Earl and Countess) v. United Kingdom	(1998) 25 E.H.R.R. CD 105
App. No. 20490/92, 76–A D. & R. 90	Turner v. United Kingdom	(1997) 23 E.H.R.R. CD 181
App. No. 20560/94, 83 D. & R. 66	Mens and Mens-Hoek v. Netherlands	(1998) 26 E.H.R.R. CD 170
App. No. 20631/92, 74 D. & R. 274	Mens and Mens-Hoek v. Netherlands	(1998) 26 E.H.R.R. CD 170
App. No. 20915/92, 80–A D. & R. 74	Drozd v. Poland	(1996) 21 E.H.R.R. CD 120
App. No. 20944/92, 80–B D. & R. 78	Province of Bari, Sorrentino and Messini Nemaga v. Italy	(1999) 27 E.H.R.R. CD 352
App. No. 20948/92, 81 D. & R. 35	Barrett v. United Kingdom	(1997) 23 E.H.R.R. CD 185
	Erikson v. Italy	(2000) 29 E.H.R.R. CD 152
	Peree v. Netherlands	(1999) 28 E.H.R.R. CD 158
	Scialacqua v. Italy	(1998) 26 E.H.R.R. CD 164
App. No. 20966/92, unreported, November 30, 1994	Stankov and United Macedonian Organisation "Ilinden" v. Bulgaria	(1998) 26 E.H.R.R. CD 103
App. No. 20972/92, unreported, March 7, 1996	Lehtinen v. Finland	(2000) 29 E.H.R.R. CD 204
	Schimanek v. Austria	(2000) 29 E.H.R.R. CD 250
App. No. 21090/92, 76–A D. & R. 125	Lenzing v. United Kingdom	(1999) 27 E.H.R.R. CD 323
	Reber v. Germany	(1996) 22 E.H.R.R. CD 98
App. No. 21128/92, 80 D. & R. 94	Quinn v. Ireland	(2000) 29 E.H.R.R. CD 234
App. No. 21132/93, 77 D. & R. 75	Middleburg, Van der Zee and Het Parool BV v. Netherlands	(1999) 27 E.H.R.R. CD 111
App. No. 21207/93, 79 D. & R. 31	Remmers and Hamer v. Netherlands	(1999) 27 E.H.R.R. CD 168
App. No. 21283/93, 77 D. & R. 81	Cooke v. Austria	(1997) 23 E.H.R.R. CD 70
	JS v. Netherlands	(1995) 20 E.H.R.R. CD 41

Case Referred to	Name of Case	Citation
	Krone-Verlag Gmbh v. Austria	(1997) 23 E.H.R.R. CD 152
	Middleburg, Van der Zee and Het Parool BV v. Netherlands	(1999) 27 E.H.R.R. CD 111
	Prinz v. Austria	(1997) 23 E.H.R.R. CD 50
	Reiss v. Austria	(1995) 20 E.H.R.R. CD 90
App. No. 21300/93, 85–A D. & R. 47	Peers v. Greece	(1999) 27 E.H.R.R. CD 126
App. No. 21353/93, 80 D. & R. 101	Ozdemir v. Netherlands	(1999) 27 E.H.R.R. CD 257
	Province of Bari, Sorrentino and Messini Nemaga v. Italy	(1999) 27 E.H.R.R. CD 352
App. No. 21472/93, 76 D. & R. 129	Hins and Hugenholtz v. Netherlands	(1996) 21 E.H.R.R. CD 124
	Middleburg, Van der Zee and Het Parool BV v. Netherlands	(1999) 27 E.H.R.R. CD 111
App. No. 21482/93, 78 D. & R. 119	McGinley and Egan v. United Kingdom	(1996) 21 E.H.R.R. CD 56
App. No. 21522/93, unreported	Tsirlis v. Greece	(1995) 20 E.H.R.R. CD 52
App. No. 21576/93, unreported	Milics v. Sweden	(1994) 18 E.H.R.R. CD 222
App. No. 21681/93, unreported	J.T. v. United Kingdom	(1997) 23 E.H.R.R. CD 81
App. No. 21775/93, 81 D. & R. 48	Avis Enterprises v. Greece	(1998) 26 E.H.R.R. CD 21
	Hotel Casino Aregua Parana AG v. Austria	(1995) 20 E.H.R.R. CD 79
App. No. 21808/93, 75 D. & R. 234	Patel v. United Kingdom	(1999) 27 E.H.R.R. CD 254
App. No. 21895/93, unreported	Andronicou and Constantinou v. Cyprus	(1995) 20 E.H.R.R. CD 105
App. No. 21915/93, 80 D. & R. 108	Lindkvist v. Denmark	(1999) 27 E.H.R.R. CD 103
	Stachowiak v. Poland	(1999) 27 E.H.R.R. CD 110
App. No. 21961/93, unreported	Mantel v. Netherlands	(1996) 22 E.H.R.R. CD 86
App. No. 21962/93, 76–A D. & R. 157	Van Orshoven v. Belgium	(1998) 26 E.H.R.R. 55
App. No. 21987/93, 79 D. & R. 60	Kovachev v. Bulgaria	(1997) 23 E.H.R.R. CD 174
	M v. Bulgaria	(1996) 22 E.H.R.R. CD 101
App. No. 22123/93, 79 D. & R. 72	West v. United Kingdom	(1998) 25 E.H.R.R. CD 185
App. No. 22325/93, unreported	Milics v. Sweden	(1994) 18 E.H.R.R. CD 222

Case Referred to	Name of Case	Citation
App. No. 22335/93, unreported	Hotel Casino Aregua Parana AG v. Austria	(1995) 20 E.H.R.R. CD 79
App. No. 22401/93, unreported	Fashanu v. United Kingdom	(1998) 26 E.H.R.R. CD 217
App. No. 22420/93, 89 D. & R. 17	Cavlun v. Netherlands	(1999) 27 E.H.R.R. CD 310
App. No. 22497/93, 80 D. & R. 138	Christian Association of Jehovah's Witnesses v. Bulgaria	(1997) 24 E.H.R.R. CD 52
App. No. 22507/93, 81 D. & R. 67	West v. United Kingdom	(1998) 25 E.H.R.R. CD 185
App. No. 22508/93, unreported, October 21, 1993	Milics v. Sweden	(1994) 18 E.H.R.R. CD 222
App. No. 22509/93, unreported, October 21, 1993	Milics v. Sweden	(1994) 18 E.H.R.R. CD 222
App. No. 22564/93, 77 D. & R. 90	Ozdemir v. Netherlands	(1999) 27 E.H.R.R. CD 257
App. No. 22613 and 22614/93, unreported, January 11, 1995	Cybulski v. United Kingdom	(1997) 23 E.H.R.R. CD 53
App. No. 22651/93, 83 D. & R. 14	Dublin Well Woman Centre Ltd v. Ireland	(1997) 23 E.H.R.R. CD 125
	Mika v. Austria	(1996) 22 E.H.R.R. CD 208
App. No. 22714/93, 83–A D. & R. 17	Saszmann v. Austria	(1997) 23 E.H.R.R. CD 46
App. No. 22742/93, 76 D. & R. 164	Launder v. United Kingdom	(1998) 25 E.H.R.R. CD 67
App. No. 22942/93, unreported	Remmers and Hamer v. Netherlands	(1999) 27 E.H.R.R. CD 168
App. No. 22947 and 22948/93, 79–A D. & R. 108	Jastrzebski v. Poland	(1995) 20 E.H.R.R. CD 126
	Rehbock v. Slovenia	(1998) 26 E.H.R.R. CD 120
App. No. 22998/93, 87 D. & R. 24	Erikson v. Italy	(2000) 29 E.H.R.R. CD 152
App. No. 23156/94, unreported, August 31, 1994	Holland v. Ireland	(1998) 25 E.H.R.R. CD 20
	O'Hara v. Ireland	(1998) 25 E.H.R.R. CD 57
App. No. 23413/94, 83 D. & R. 31	Remmers and Hamer v. Netherlands	(1999) 27 E.H.R.R. CD 168
App. No. 23414/94, 83–A D. & R. 31	D v. United Kingdom	(1996) 22 E.H.R.R. CD 45
	Werner v. Poland	(1998) 25 E.H.R.R. CD 61

Case Referred to	Name of Case	Citation
App. No. 23419/94, 82 D. & R. 41	Hins and Hugenholtz v. Netherlands	(1996) 21 E.H.R.R. CD 124
App. No. 23452/94, unreported, May 17, 1996	D v. United Kingdom	(1996) 22 E.H.R.R. CD 45
App. No. 23548/94, 78 D. & R. 146	Cervenak v. Czech Republic	(1996) 21 E.H.R.R. CD 116
App. No. 23576/94, unreported	Vorhemes v. Austria	(1999) 27 E.H.R.R. CD 225
App. No. 23634/94, 77–A D. & R. 133	D v. United Kingdom Karara v. Finland	(1996) 22 E.H.R.R. CD 45 (1998) 26 E.H.R.R. CD 220
App. No. 23654/94, 81 D. & R. 76	Keenan v. United Kingdom	(1998) 26 E.H.R.R. CD 64
App. No. 23657/94, unreported	Andronicou and Constantinou v. Cyprus	(1995) 20 E.H.R.R. CD 105
App. No. 23892/94, 83 D. & R. 57	Stankov and United Macedonian Organisation "Ilinden" v. Bulgaria	(1998) 26 E.H.R.R. CD 103
App. No. 23908/94, unreported	Verenigung Radio 100 v. Netherlands	(1996) 22 E.H.R.R. CD 198
App. No. 23938/94, unreported	Phull v. United Kingdom	(1998) 25 E.H.R.R. CD 166
App. No. 23949/94, 77 D. & R. 140	Esen v. Netherlands JS v. Netherlands	(1999) 27 E.H.R.R. CD 290 (1995) 20 E.H.R.R. CD 41
App. No. 23953/94, 82 D. & R. 51	Tee v. United Kingdom	(1996) 21 E.H.R.R. CD 108
App. No. 23997/94, 81 D. & R. 102	Ozdemir v. Netherlands	(1999) 27 E.H.R.R. CD 257
App. No. 24019/94, unreported	Stankov v. Bulgaria	(1997) 23 E.H.R.R. CD 170
App. No. 24140/94, unreported	Kaneva v. Bulgaria Stankov and United Macedonian Organisation "Ilinden" v. Bulgaria	(1997) 23 E.H.R.R. CD 86 (1998) 26 E.H.R.R. CD 103
App. No. 24142/94, 81 D. & R. 108	Wanyonyi v. United Kingdom Wilkinson v. United Kingdom	(1999) 27 E.H.R.R. CD 195 (1998) 26 E.H.R.R. CD 131
App. No. 24196/94, 84–A D. & R. 72	Holland v. Ireland O'Hara v. Ireland	(1998) 25 E.H.R.R. CD 20 (1998) 25 E.H.R.R. CD 57
App. No. 24381/94, unreported	Phull v. United Kingdom	(1998) 25 E.H.R.R. CD 166
App. No. 24433/94, Comm. Rep., February 26, 1997	Wilson v. United Kingdom	(1998) 26 E.H.R.R. CD 195

Case Referred to	Name of Case	Citation
App. No. 24482/94, unreported	Poli v. Denmark	(1999) 27 E.H.R.R. CD 212
App. No. 24515/94, 84 D. & R. 98	Karus v. Italy	(1998) 26 E.H.R.R. CD 98
App. No. 24541/94, unreported	Car srl v. Italy	(1996) 22 E.H.R.R. CD 153
	Pantano v. Italy	(1996) 21 E.H.R.R. CD 117
App. No. 24571 and 24572/94, 82 D. & R. 85	Avis Enterprises v. Greece	(1998) 26 E.H.R.R. CD 21
	Stankov and United Macedonian Organisation "Ilinden" v. Bulgaria	(1998) 26 E.H.R.R. CD 103
App. No. 24581/94, 81 D. & R. 123	Former King Constantinos of Greece v. Greece	(1998) 26 E.H.R.R. CD 50
	Zentralat Deutscher Sinti und Roma and Rose v. Germany	(1997) 23 E.H.R.R. CD 209
App. No. 24631/94, unreported	Worm v. Austria	(1996) 21 E.H.R.R. CD 51
App. No. 24722/94, 81 D. & R. 130	MK v. Austria	(1997) 24 E.H.R.R. CD 59
App. No. 24760/94, 86 D. & R. 54	Christian Association of Jehovah's Witnesses v. Bulgaria	(1997) 24 E.H.R.R. CD 52
	Stankov and United Macedonian Organisation "Ilinden" v. Bulgaria	(1998) 26 E.H.R.R. CD 103
App. No. 24827/94, unreported, April 14, 1998	O'Hara v. Ireland	(1998) 25 E.H.R.R. CD 57
App. No. 24841/94, unreported	McDaid v. United Kingdom	(1996) 22 E.H.R.R. CD 197
App. No. 24856/94, unreported	Worm v. Austria	(1996) 21 E.H.R.R. CD 51
App. No. 24949/94, 87–A D. & R. 77	Ballensky v. Sweden	(1998) 26 E.H.R.R. CD 191
App. No. 25052/94, 82 D. & R. 102	A.V. v. Bulgaria	(1999) 28 E.H.R.R. CD 197
	Raninen v. Finland	(1996) 21 E.H.R.R. CD 123
App. No. 25062/94, 83–A D. & R. 77	E.P. v. Slovak Republic	(1999) 27 E.H.R.R. CD 231
	J.W.V. v. Netherlands	(1999) 27 E.H.R.R. CD 296
	Mens and Mens-Hoek v. Netherlands	(1998) 26 E.H.R.R. CD 170
	Rehbock v. Slovenia	(1998) 26 E.H.R.R. CD 120
App. No. 25073/94, unreported	Phull v. United Kingdom	(1998) 25 E.H.R.R. CD 166
App. No. 25342/94, 82 D. & R. 134	Launder v. United Kingdom	(1998) 25 E.H.R.R. CD 67

Case Referred to	Name of Case	Citation
App. No. 25439/94, 81–B D. & R. 142	Patel v. United Kingdom Phull v. United Kingdom	(1999) 27 E.H.R.R. CD 254 (1998) 25 E.H.R.R. CD 166
App. No. 25517/94, unreported	Bullock v. United Kingdom	(1996) 21 E.H.R.R. CD 85
App. No. 25522/94, 81–A D. & R. 146	Pendragon v. United Kingdom	(1999) 27 E.H.R.R. CD 179
App. No. 25696/94, unreported, September 10, 1997	Rudzinske v. Poland	(2000) 29 E.H.R.R. CD 241
App. No. 25798/94, unreported	BBC Scotland, McDonald, Rodgers and Donald v. United Kingdom	(1998) 25 E.H.R.R. CD 179
App. No. 25871/94, unreported	Paruszweska v. Poland	(1998) 25 E.H.R.R. CD 175
App. No. 26078/94, unreported	Styranowski v. Poland	(1996) 22 E.H.R.R. CD 111
App. No. 26085/95, unreported	Schertler v. Austria	(1996) 22 E.H.R.R. CD 212
App. No. 26114 and 26455/95, 82–B D. & R. 150	Province of Bari, Sorrentino and Messini Nemaga v. Italy	(1999) 27 E.H.R.R. CD 352
App. No. 26384/95, 86 D. & R. 143	Christian Association of Jehovah's Witnesses v. Bulgaria	(1997) 24 E.H.R.R. CD 52
App. No. 26530/95, February 27, 1997	Panikian v. Bulgaria	(1997) 24 E.H.R.R. CD 63
App. No. 26561/95, 88 D. & R. 72	J.W.V. v. Netherlands	(1999) 27 E.H.R.R. CD 296
App. No. 26601/95, 88 D. & R. 85	Schatzmayr v. Austria	(1999) 27 E.H.R.R. CD 190
App. No. 27003/95, 87–A D. & R. 78	A.P.B. Ltd, A.P.P. and E.A.B. v. United Kingdom	(1998) 25 E.H.R.R. CD 141
App. No. 27249/95, 83 D. & R. 91	Juric v. Sweden	(1999) 27 E.H.R.R. CD 71
App. No. 27410/95, unreported	Lenzing v. United Kingdom	(1999) 27 E.H.R.R. CD 323
App. No. 27567/95, unreported	Helmers v. Sweden	(1998) 26 E.H.R.R. CD 73
App. No. 27608/95, unreported, November 29, 1995	Sidiropoulos v. Greece Stankov and United Macedonian Organisation "Ilinden" v. Bulgaria	(1999) 27 E.H.R.R. 633 (1998) 26 E.H.R.R. CD 103

Case Referred to	Name of Case	Citation
App. No. 28154/95, unreported, July 2, 1997	Holland v. Ireland	(1998) 25 E.H.R.R. CD 20
	O'Hara v. Ireland	(1998) 25 E.H.R.R. CD 57
App. No. 28204/95, 83 D. & R. 112	Middleburg, Van der Zee and Het Parool BV v. Netherlands	(1999) 27 E.H.R.R. CD 111
App. No. 28346/95, unreported, January 14, 1998	Mikulski v. Poland	(2000) 29 E.H.R.R. CD 64
App. No. 28626/95, unreported, July 3, 1997	DV v. Bulgaria	(1998) 25 E.H.R.R. CD 154
	Stankov and United Macedonian Organisation "Ilinden" v. Bulgaria	(1998) 26 E.H.R.R. CD 103
App. No. 28851 and 28852/95, 92 D. & R. 56	Middleburg, Van der Zee and Het Parool BV v. Netherlands	(1999) 27 E.H.R.R. CD 111
App. No. 28858/95, 87 D. & R. 130	Panikian v. Bulgaria	(1997) 24 E.H.R.R. CD 63
	Kaneva v. Bulgaria	(1997) 23 E.H.R.R. CD 86
App. No. 28915/95, unreported	M v. United Kingdom	(1999) 27 E.H.R.R. CD 152
App. No. 28979/95 and 30343/96, 88–A D. & R. 137	McCullough v. United Kingdom	(1998) 25 E.H.R.R. CD 34
App. No. 29420/95, 88 D. & R. 148	J.W.V. v. Netherlands	(1999) 27 E.H.R.R. CD 296
App. No. 29583/96, 90–A D. & R. 109	Janssen v. Germany	(1999) 27 E.H.R.R. CD 91
App. No. 29764/96, unreported	Schatzmayr v. Austria	(1999) 27 E.H.R.R. CD 190
App. No. 29840/96, unreported	Mens and Mens-Hoek v. Netherlands	(1998) 26 E.H.R.R. CD 170
App. No. 30985/96, unreported, September 8, 1997	Stankov and United Macedonian Organisation "Ilinden" v. Bulgaria	(1998) 26 E.H.R.R. CD 103
App. No. 31117/96, unreported	Schatzmayr v. Austria	(1999) 27 E.H.R.R. CD 190
App. No. 31195/96, 88–A D. & R. 169	Peers v. Greece	(1999) 27 E.H.R.R. CD 126
App. No. 31417/96, unreported	Smith and Grady v. United Kingdom	(1999) 27 E.H.R.R. CD 42
App. No. 31477/96, unreported	Spencer (Earl and Countess) v. United Kingdom	(1998) 25 E.H.R.R. CD 105
App. No. 31503/96, unreported	A.P.B. Ltd, A.P.P. and E.A.B. v. United Kingdom	(1998) 25 E.H.R.R. CD 141

Case Referred to	Name of Case	Citation
App. No. 32884/96, unreported, June 5, 1996	J.E.D. v. United Kingdom	(1999) 27 E.H.R.R. CD 65
App. No. 33124/96, unreported	Dilek v. Netherlands	(1999) 27 E.H.R.R. CD 244
	Esen v. Netherlands	(1999) 27 E.H.R.R. CD 290
	Ozdemir v. Netherlands	(1999) 27 E.H.R.R. CD 257
App. No. 34578/97, unreported	Chojak v. Poland	(1998) 26 E.H.R.R. CD 145
App. No. 36153/97, 93–B D. & R. 104	Klavdianos v. Greece	(2000) 29 E.H.R.R. CD 199
App. No. 37650/97, May 21, 1998, unreported	Lenzing v. United Kingdom	(1999) 27 E.H.R.R. CD 323
Arrowsmith v. United Kingdom, App. No. 7050/75, 19 D. & R. 5	Buscarini v. San Marino	(2000) 30 E.H.R.R. 208
	Tsirlis and Kouloumpas v. Greece	(1998) 25 E.H.R.R. 198
	Valsamis v. Greece	(1997) 24 E.H.R.R. 294
	Yanasik v. Turkey	(1993) 16 E.H.R.R. CD 5
Artico v. Italy, App. No. 6694/74, 8 D. & R. 73	Tsirlis and Kouloumpas v. Greece	(1998) 25 E.H.R.R. 198
Association A and H v. Austria, 36 D. & R. 187	United Communist Party of Turkey v. Turkey	(1998) 26 E.H.R.R. 121
Association X v. Austria, App. No. 473/59, 2 *Yearbook* 400	Temeltasch v. Switzerland	(1983) 5 E.H.R.R. 417
Association X v. Sweden, App. No. 6094/73, 9 D. & R. 5	Chassagnou v. France	(2000) 29 E.H.R.R. 615
Association X v. United Kingdom, App. No. 7154/75, 14 D. & R. 32	LCB v. United Kingdom	(1999) 27 E.H.R.R. 212
	Stewart v. United Kingdom	(1985) 7 E.H.R.R. 453
	Wain v. United Kingdom	(1987) 9 E.H.R.R. 122
AT v. United Kingdom, Comm.Rep., November 29, 1995	Oldham v. United Kingdom	(2001) 31 E.H.R.R 813
Austria v. Italy, App. No. 788/60, 4 *Yearbook* 116	Akdivar v. Turkey	(1997) 23 E.H.R.R. 143
	Cardot v. France	(1991) 13 E.H.R.R. 853
	France, Norway, Denmark, Sweden and the Netherlands v. Turkey	(1984) 6 E.H.R.R. 241
Austria v. Italy, 4 *Yearbook* 140	Andronicou and Constantinou v. Greece	(1996) 22 E.H.R.R. CD 18
Austria v. Italy, 6 *Yearbook* 740	Bönisch v. Austria	(1984) 6 E.H.R.R. 467
Austria v. Italy, 6 *Yearbook* 784	App. No. 11170/84 v. Austria	(1988) 10 E.H.R.R. 513
	Bernard v. France	(2000) 30 E.H.R.R. 808
	X, Y and Z v. United Kingdom	(1982) 4 E.H.R.R. 270

Case Referred to	Name of Case	Citation
Austria v. Italy, App. No. 788/60, (1961) 4 *Yearbook* 172; 7 Coll. 23	App. No. 9596/81 v. Ireland	(1984) 6 E.H.R.R. 570
	Cyprus v. Turkey	(1982) 4 E.H.R.R. 482
	Guzzardi v. Italy	(1981) 3 E.H.R.R. 333
	Temeltasch v. Switzerland	(1983) 5 E.H.R.R. 417
	Van Oosterwijck v.Belgium	(1981) 3 E.H.R.R. 557
	X v. United Kingdom	(1981) 3 E.H.R.R. 302
Austrian Local Councillors v. Austria, 17 *Yearbook* 339	Moreaux v. Belgium	(1984) 6 E.H.R.R. 531
Av v. Austria, App. No. 9017/80, Comm. Rep., July 13, 1983	Caballero v. United Kingdom	(2000) 30 E.H.R.R. 643
Ayder v. Turkey, Comm. Rep., October 21, 1999	Özgür Gündem v. Turkey	(2001) 31 E.H.R.R 1082
Aytekin v. Turkey, App. No. 22880/93, Comm. Rep., [1998] H.R.C.D. 882	Ergi v. Turkey	(2001) 32 E.H.R.R. 388
	Kaya v. Turkey	(1999) 28 E.H.R.R. 1
	Tanrikulu v. Turkey	(2000) 30 E.H.R.R. 950
B v. Austria, App. No. 9661/82, 34 D. & R. 127	Werner and Szucs v. Austria	(1998) 26 E.H.R.R. 310
B v. United Kingdom, 21 D. & R. 5	Herczegfalvy v. Austria	(1993) 15 E.H.R.R. 437
B v. United Kingdom, 32 D. & R. 5	Assenov v. Bulgaria	(1999) 28 E.H.R.R. 652
B v. United Kingdom, App. No. 6870/75, Comm. Rep.	Ashingdane v. United Kingdom, App. No. 8225/78	(1984) 6 E.H.R.R. 69
Baader, Meins, Meinhof and Grundmann v. Germany (App. No. 6166/73), 2 D. & R. 66	App. No. 9502/81 v. United Kingdom	(1984) 6 E.H.R.R. 334
	Deweer v. Belgium	2 E.H.R.R. 439
	Kofler v. Italy	(1983) 5 E.H.R.R. 303
Baegen v. Netherlands, Comm. Rep., October 20, 1994	MK v. Austria	(1997) 24 E.H.R.R. CD 59
Bahaddar v. Netherlands, App. No. 25894/94, Comm. Rep. September 13, 1996	Incedursun v. Netherlands	(1999) 28 E.H.R.R. CD 54
	Launder v. United Kingdom	(1998) 25 E.H.R.R. CD 67
	Osman v. United Kingdom	(2000) 29 E.H.R.R. 245
	Ozdemir v. Netherlands	(1999) 27 E.H.R.R. CD 257
Balmer-Schafroth v. Switzerland, App. No. 22110/93, October 18, 1995	Greenpeace Schweiz v. Switzerland	(1997) 23 E.H.R.R. CD 116
Baner v. Sweden, App. No. 11763/85, 60 D. & R. 128	Chassagnou v. France	(2000) 29 E.H.R.R. 615
	Huber v. Austria	(1996) 22 E.H.R.R. CD 91

Case Referred to	Name of Case	Citation
Barany v. France, App. No. 11926/86, Comm. Rep., December 11, 1989	Dobbertin v. France	(1993) 16 E.H.R.R. 558
Baraona v. Portugal, 40 D. & R. 118	Hennings v. Germany	(1993) 16 E.H.R.R. 83
Barthold v. Germany (Admissibility), 26 D. & R. 145, 168	Barthold v. Germany, App. No. 8734/79	(1984) 6 E.H.R.R. 82
Bastien v. Belgium, App. No. 23528/94, unreported, May 11, 1994	Bernard v. France	(2000) 30 E.H.R.R. 808
Batelaan and Huiges v. Netherlands, App. No. 10438/83, 41 D. & R. 170	Pinnacle Meat Processors Co. v. United Kingdom	(1999) 27 E.H.R.R. CD 217
	Pressos Compania Naviera SA v. Belgium	(1996) 21 E.H.R.R. 301
Beer and Regan v. Germany, App. No. 28934/95, Comm. Rep., December 2, 1997	Lenzing v. United Kingdom	(1999) 27 E.H.R.R. CD 323
Beldjoudi v. France, Comm. Rep., September 6, 1990	Bouchelkia v. France	(1998) 25 E.H.R.R. 686
Belgian Linguistics Case, 1965, Comm. Rep., June 24, 1965, Series B, No. 3	Liberal Party v. United Kingdom	(1982) 4 E.H.R.R. 106
Belgian Linguistics Case, Series B, Vol.I, p.282 (Comm. Rep.)	Campbell and Cosans v. United Kingdom	(1981) 3 E.H.R.R. 531
Bendreus v. Sweden, App. No. 31653/96, unreported	Berglund v. Sweden	(1998) 25 E.H.R.R. CD 182
Benham v. United Kingdom, Comm. Rep., November 29, 1994	De Warrene Waller v. United Kingdom	(1996) 21 E.H.R.R. CD 96
	Parker v. United Kingdom	(1995) 20 E.H.R.R. CD 132
	Smith v. United Kingdom	(1996) 21 E.H.R.R. CD 74
Berler v. Germany, App. No. 12624/87, 62 D. & R. 207	JJ v. Netherlands	(1999) 28 E.H.R.R. 168
Biondo v. Italy, Comm. Rep., December 8. 1983	Tripodi v. Italy	(1994) 18 E.H.R.R. 295
Blay v. Germany, App. No. 10865/84, 47 D. & R. 188	Süßmann v. Germany	(1998) 25 E.H.R.R. 65
Boden v. Sweden, Comm. Opinion	Jacobsson v. Sweden	(1989) 11 E.H.R.R. 562

Case Referred to	Name of Case	Citation
Boekmans v. Belgium, 6 *Yearbook* 386	A v. France	(1994) 17 E.H.R.R. 462
Boij v. Sweden, App. No. 16878/90, Comm. Dec., June 29, 1992	Burghartz v. Switzerland	(1994) 18 E.H.R.R. 101
	Stjerna v. Finland	(1997) 24 E.H.R.R. 195
Bonazzi v. Italy, 15 D. & R. 169	De Varga Hirsch v. France	(1984) 6 E.H.R.R. 126
Bonazzi v. Italy, App. No. 7975/77, 24 D. & R. 53	App. No. 10138/82 v. Italy	(1986) 8 E.H.R.R. 252
	App. No. 10803/84 v. Austria	(1989) 11 E.H.R.R. 112
	Drozd and Janousek v. France and Spain	(1992) 14 E.H.R.R. 745
	McGoff v. Sweden, App. No. 9017/80	(1984) 6 E.H.R.R. 101
	Öhlinger v. Austria	(1996) 22 E.H.R.R. CD 75
Bonisch v. Austria, Comm. Rep.	Aldrian v. Austria	(1989) 11 E.H.R.R. 107
Bonnechaux v. Switzerland, App. No. 8224/78, 18 D. & R. 100	Aerts v. Belgium	(2000) 29 E.H.R.R. 50
	Birou v. France	(1992) 14 E.H.R.R. 738
	Can v. Austria	(1985) 7 E.H.R.R. 421
	Civet v. France	(2001) 31 E.H.R.R 871
	Stachowiak v. Poland	(1999) 27 E.H.R.R. CD 110
	Tomasi v. France	(1993) 15 E.H.R.R. 1
Bonzi v. Switzerland, App. No. 7854/77, 12 D. & R. 185	App. No. 9453/81 v. Portugal	(1983) 5 E.H.R.R. 479
	Can v. Austria	(1984) 6 E.H.R.R. 568
	Can v. Austria	(1985) 7 E.H.R.R. 421
Booth Clibborn v. United Kingdom, App. No. 11391/85, 43 D. & R. 236	Ahmed v. United Kingdom	(2000) 29 E.H.R.R. 1
	Gitonas v. Greece	(1998) 26 E.H.R.R. 691
	Matthews v. United Kingdom	(1999) 28 E.H.R.R. 361
Borelli v. Switzerland, App. No. 17571/90, 75 D. & R. 139	Sjöö v. Sweden	(1999) 27 E.H.R.R. CD 304
Bouajila v. Switzerland, Comm. Rep., July 1, 1993	Koskinen v. Finland	(1994) 18 E.H.R.R. CD 146
Bozano v. France, 39 D. & R. 119	Chahal v. United Kingdom	(1994) 18 E.H.R.R. CD 193
	Stocke v. Germany	(1991) 13 E.H.R.R. 126
Bramelid and Malmström v. Sweden, 29 D. & R. 64	Beaumartin v. France	(1995) 19 E.H.R.R. 485
Brandsetter v. Austria, Comm. Rep., May 8, 1990	Sekanina v. Austria	(1994) 17 E.H.R.R. 221
Bricmont v. Belgium 48 D. & R. 21	Schouten and Meldrum v. Netherlands	(1995) 19 E.H.R.R. 432

Case Referred to	Name of Case	Citation
Bricmont v. Belgium, App. No. 10857/84, 48 D. & R. 106	Allenet De Ribemont v. France	(1995) 20 E.H.R.R. 557
	Hentrich v. France	(1994) 18 E.H.R.R. 440
Brind v. United Kingdom, 77 D. & R. 42	Adams and Benn v. United Kingdom	(1997) 23 E.H.R.R. CD 160
Brogan, Coyle, McFadden and Tracey v. United Kingdom, Comm. Rep., May 14, 1987	Akkum, Akan and Karakoc v. Turkey	(1996) 21 E.H.R.R. CD 118
	Murray v. United Kingdom	(1995) 19 E.H.R.R. 193
Bruckmann v. Germany, 17 *Yearbook* 459	Altun v. Germany	(1983) 5 E.H.R.R. 611
Brüggemann and Scheuten v. Germany, 5 D. & R. 103	Knudsen v. Norway	(1986) 8 E.H.R.R. 63
	Zentralat Deutscher Sinti und Roma and Rose v. Germany	(1997) 23 E.H.R.R. CD 209
Brüggemann and Scheuten v. Germany, 10 D. & R. 100	Burghartz v. Switzerland	(1994) 18 E.H.R.R. 101
	Schneider v. Austria	(1994) 18 E.H.R.R. CD 33
BS, E and NPA v. United Kingdom, App. No. 36384/97, unreported	Fashanu v. United Kingdom	(1998) 26 E.H.R.R. CD 217
Buchholz v. Germany, Series B, vol.37, para.90	App. No. 10080/82 v. Germany	(1987) 9 E.H.R.R. 250
Buckley v. United Kingdom, App. No. 20348/92, Comm. Rep., January 11, 1995	Mabey v. United Kingdom	(1996) 22 E.H.R.R. CD 123
Bui Van Thanh v. United Kingdom, App. No. 16137/90, 65 D. & R. 330	Cyprus v. Turkey	(1997) 23 E.H.R.R. 244
	Loizidou v. Turkey	(1997) 23 E.H.R.R. 513
Burghartz v. Switzerland, Comm. Rep., October 21, 1993	Stjerna v. Finland	(1997) 24 E.H.R.R. 195
C v. United Kingdom, 14 D. & R. 85	Hentrich v. France	(1994) 18 E.H.R.R. 440
C v. United Kingdom, 47 D.R. 85	Tekin v. Turkey	(2001) 31 E.H.R.R 95
C v. United Kingdom, App. No. 10358/83, 37 D. & R. 142	Chassagnou v. France	(2000) 29 E.H.R.R. 615
	Tsirlis and Kouloumpas v. Greece	(1998) 25 E.H.R.R. 198
	Valsamis v. Greece	(1997) 24 E.H.R.R. 294
C v. United Kingdom, App. No. 11882/85, 54 D. & R. 162	Allenet De Ribemont v. France	(1995) 20 E.H.R.R. 557

Case Referred to	Name of Case	Citation
C.F.D.T. v. European Communities, App. No. 8030/77, 13 D. & R. 231	Matthews v. United Kingdom	(1999) 28 E.H.R.R. 361
Campbell v. United Kingdom, App. No. 7511/76, 12 D. & R. 49	X, Cabales and Balkandali v. United Kingdom	(1983) 5 E.H.R.R. 132
Campbell v. United Kingdom, App. No. 7819/77, Admissibility Decision, May 6, 1978	Reed v. United Kingdom	(1981) 3 E.H.R.R. 136
Campbell and Fell v. United Kingdom, Comm.Op., May 12, 1982	Campbell v. United Kingdom	(1993) 15 E.H.R.R. 137
Can v. Austria, Comm. Rep.	Ruga v. Italy	(1988) 10 E.H.R.R. 532
Can v. Austria, Series B, No. 79	Cardot v. France	(1991) 13 E.H.R.R. 853
Caprino v. United Kingdom, 22 D. & R. 5	App. No. 10230/82 v. Sweden	(1984) 6 E.H.R.R. 131
Caprino v. United Kingdom, App. No. 6817/75, Commission's Report	Bozano v. France	(1987) 9 E.H.R.R. 297
Carne v. United Kingdom, App. No. 7136/75 (1977) 10 D. & R. 205	McFeeley v. United Kingdom	(1981) 3 E.H.R.R. 161
Catanoso v. Italy, 50 D. & R. 168	Lombardo v. Italy	(1996) 21 E.H.R.R. 188
	Massa v. Italy	(1994) 18 E.H.R.R. 266
Chahal v. United Kingdom, App. No. 22414/93, Comm. Rep., June 27, 1995	Bahaddar v. Netherlands	(1998) 26 E.H.R.R. 278
	D v. United Kingdom	(1996) 22 E.H.R.R. CD 45
	Poku v. United Kingdom	(1996) 22 E.H.R.R. CD 94
Chapman v. United Kingdom, App. No. 27238/95, March 4, 1998	Beard v. United Kingdom	(1998) 25 E.H.R.R. CD 28
	Varey v. United Kingdom	(1998) 25 E.H.R.R. CD 49
Chappell v. United Kingdom, 53 D. & R. 241	Pendragon v. United Kingdom	(1999) 27 E.H.R.R. CD 179
Chappell v. United Kingdom, Comm.Rep., October 14, 1987	Niemietz v. Germany	(1993) 16 E.H.R.R. 97
Chartier v. Italy, 33 D. & R. 41	Herczegfalvy v. Austria	(1993) 15 E.H.R.R. 437
	Lukanov v. Bulgaria	(1995) 19 E.H.R.R. CD 65
	Stachowiak v. Poland	(1999) 27 E.H.R.R. CD 110

Case Referred to	Name of Case	Citation
Chatter v. United Kingdom, 52 D. & R. 250	Iskcon v. United Kingdom	(1994) 18 E.H.R.R. CD 133
	Ryder v. United Kingdom	(1989) 11 E.H.R.R. 80
Chorfi v. Belgium, App. No. 21794/94, Comm. Rep., February 21, 1995	Bouchelkia v. France	(1998) 25 E.H.R.R. 686
	Boujlifa v. France	(2000) 30 E.H.R.R. 419
	El Boujaïdi v. France	(2000) 30 E.H.R.R. 223
Chorzow Factory (A/17), PCIJ judgment of September 13, 1928, Coll. 47	Papamichalopoulos v. Greece	(1996) 21 E.H.R.R. 439
Christians against Racism and Fascism v. United Kingdom, 21 D. & R. 138	App. No. 9905/82 v. Austria	(1985) 7 E.H.R.R. 137
	Ezelin v. France	(1992) 14 E.H.R.R. 362
Christie v. United Kingdom, App. No. 21482/93, 78–A D. & R. 119	Tinnelly & Sons Ltd v. United Kingdom	(1999) 27 E.H.R.R. 249
Christinet v. Switzerland, 17 D. & R. 35	B.M. v. United Kingdom	(1984) 6 E.H.R.R. 592
	Monnell and Morris v. United Kingdom	(1985) 7 E.H.R.R. 579
	Ruga v. Italy	(1988) 10 E.H.R.R. 532
	Weeks v. United Kingdom	(1985) 7 E.H.R.R. 436
Chrysostomos and Papachrysostomos v. Turkey, App. No. 15299 and 15300/89, Comm. Rep., July 8, 1993	Cyprus v. Turkey	(1997) 23 E.H.R.R. 244
Chrysostomos and Papachrysostomou v. Turkey, App. No. 15299 and 15300/89, 68 D. & R. 216	Loizidou v. Turkey	(1995) 20 E.H.R.R. 99
	Loizidou v. Turkey	(1997) 23 E.H.R.R. 513
Church of Scientology v. Sweden, 16 D. & R. 68	Chappell v. United Kingdom	(1988) 10 E.H.R.R. 510
Church of Scientology v. Sweden, 21 D. & R. 109	Baggs v. United Kingdom	(1987) 9 E.H.R.R. 235
Ciancimino v. Italy, App. No. 12541/86, 70 D. & R.	Raimondo v. Italy	(1994) 18 E.H.R.R. 237
Ciliz v. Netherlands, App. No. 29192/95, unreported	Dilek v. Netherlands	(1999) 27 E.H.R.R. CD 244
Claes v. Belgium, App. No. 11285/84, 54 D. & R. 94	Carlin v. United Kingdom	(1998) 25 E.H.R.R. CD 75

Case Referred to	Name of Case	Citation
Colne v. United Kingdom, App. No. 7052/75 (1977) 10 D. & R. 154	McFeeley v. United Kingdom	(1981) 3 E.H.R.R. 161
Colozza and Rubinat v. Italy, App. No. 9024/80 and 9317/81, 28 D. & R. 138	De Cubber v. Belgium, App. No. 9186/80	(1984) 6 E.H.R.R. 104
	H.N. v. Italy	(1999) 27 E.H.R.R. CD 75
	Kelly v. United Kingdom	(1986) 8 E.H.R.R. 77
Committee Against Municipal Hunting Associations v. France, 60 D. & R. 172	Philis v. Greece	(1994) 18 E.H.R.R. CD 57
Company v. Austria, 18 D. & R. 31	App. No. 9569/81 v. France	(1983) 5 E.H.R.R. 277
Consorts J. Dierckx v. Belgium, App. No. 11966/86, Comm. Rep., March 6, 1990	Akkus v. Turkey	(2000) 30 E.H.R.R. 365
Costello-Roberts v. United Kingdom, Comm. Rep., October 8, 1991	Klass v. Germany	(1994) 18 E.H.R.R. 305
Council of Civil Service Unions v. United Kingdom, App. No. 11603/85, 50 D. & R. 228	Ahmed v. United Kingdom	(1995) 20 E.H.R.R. CD 72
	NATFHE v. United Kingdom	(1998) 25 E.H.R.R. CD 122
	Rekvényi v. Hungary	(2000) 30 E.H.R.R. 519
	Vogt v. Germany	(1996) 21 E.H.R.R. 205
Coyne v. United Kingdom, App. No. 25942/94, unreported	A v. United Kingdom	(1999) 27 E.H.R.R. 611
	Cable v. United Kingdom	(2000) 30 E.H.R.R. 1032
	Hood v. United Kingdom	(2000) 29 E.H.R.R. 365
	Moore and Gordon v. United Kingdom	(2000) 29 E.H.R.R. 728
Crociani, Palmioti, Tanassi and Lefebvre D'Ovidio v. Italy, 22 D. & R. 147	App. No. 10412/83 v. France	(1989) 11 E.H.R.R. 69
	Can v. Austria	(1985) 7 E.H.R.R. 421
	Demicoli v. Malta	(1992) 14 E.H.R.R. 47
	Ninn-Hansen v. Denmark	(1999) 28 E.H.R.R. CD 96
	Oberschlick v. Austria	(1995) 19 E.H.R.R. 389
Cunningham v. United Kingdom, App. No. 10636/83, 43 D. & R. 171	Bahaddar v. Netherlands	(1998) 26 E.H.R.R. 278
Cyprus v. Turkey, App. No. 6780/74 and 6950/75, (1982) 4 E.H.R.R. 482; 2 D. & R. 125	App. No. 9360/81 v. Ireland	(1983) 5 E.H.R.R. 506
	App. No. 9825/82 v. United Kingdom and Ireland	(1986) 8 E.H.R.R. 49
	Çakici v. Turkey	(2001) 31 E.H.R.R 133
	Cyprus v. Turkey	(1993) 15 E.H.R.R. 509
	Cyprus v. Turkey	(1997) 23 E.H.R.R. 244
	Drozd and Janousek v. France and Spain	(1992) 14 E.H.R.R. 745
	Kurt v. Turkey	(1999) 27 E.H.R.R. 373
	Loizidou v. Turkey	(1995) 20 E.H.R.R. 99
	Loizidou v. Turkey	(1997) 23 E.H.R.R. 513
	Varnave v. Turkey	(1998) 25 E.H.R.R. CD 9

Case Referred to	Name of Case	Citation
	Vereinigung Demokratischer Soldaten Österreichs and Gubi v. Austria	(1995) 20 E.H.R.R. 56
Cyprus v. Turkey, App. No. 8007/77, 13 D. & R. 85	Altun v. Germany	(1985) 7 E.H.R.R. 154
	Çakici v. Turkey	(2001) 31 E.H.R.R 133
	Cyprus v. Turkey	(1997) 23 E.H.R.R. 244
	Cyprus v. Turkey	(1997) 23 E.H.R.R. 244
	France, Norway, Denmark, Sweden and the Netherlands v. Turkey	(1984) 6 E.H.R.R. 241
	Kurt v. Turkey	(1999) 27 E.H.R.R. 373
	Lithgow v. United Kingdom	(1983) 5 E.H.R.R. 491
	Loizidou v. Turkey	(1995) 20 E.H.R.R. 99
	Loizidou v. Turkey	(1997) 23 E.H.R.R. 513
	Scotts of Greenock Ltd v. United Kingdom (App. No. 9482/81)	(1986) 8 E.H.R.R. 288
	Varnave v. Turkey	(1998) 25 E.H.R.R. CD 9
Cyprus v. Turkey, 13 D. & R. 153	Johnson v. United Kingdom	(1987) 9 E.H.R.R. 386
Cyprus v. Turkey, App. No. 25781/94, 86–A D. & R. 104	Varnave v. Turkey	(1998) 25 E.H.R.R. CD 9
D v. Belgium, Comm. Op., March 4, 1988	E v. Norway	(1994) 17 E.H.R.R. 30
Darnell v. United Kingdom, 69 D. & R. 306	Mavronichis v. Cyprus	(1996) 22 E.H.R.R. CD 120
De Becker v. Belgium, App. No. 214/56, 2 *Yearbook* 214	App. No. 9360/81 v. Ireland	(1983) 5 E.H.R.R. 506
	App. No. 9587/81 v. France	(1983) 5 E.H.R.R. 483
	App. No. 9777/82 v. Belgium	(1984) 6 E.H.R.R. 534
	App. No. 9825/82 v. United Kingdom and Ireland	(1986) 8 E.H.R.R. 49
	App. No. 10067/82 v. United Kingdom	(1983) 5 E.H.R.R. 516
	App. No. 10184/82 v. United Kingdom	(1983) 5 E.H.R.R. 516
	Bozano v. France	(1987) 9 E.H.R.R. 297
	Council of Civil Service Unions v. United Kingdom	(1988) 10 E.H.R.R. 269
	Cyprus v. Turkey	(1993) 15 E.H.R.R. 509
	Hokkanen v. Finland	(1995) 19 E.H.R.R. 139
	Liberal Party v. United Kingdom	(1982) 4 E.H.R.R. 106
	Lithgow v. United Kingdom	(1983) 5 E.H.R.R. 491
	McFeeley v. United Kingdom	(1981) 3 E.H.R.R. 161
	Scotts of Greenock Ltd v. United Kingdom (App. No. 9482/81)	(1986) 8 E.H.R.R. 288
	Tete v. France	(1989) 11 E.H.R.R. 91
	X v. United Kingdom	(1981) 3 E.H.R.R. 302

Case Referred to	Name of Case	Citation
De Cubber v. Belgium (Admissibility), unreported	De Cubber v. Belgium, App. No. 9186/80	(1984) 6 E.H.R.R. 104
De Cubber v. Belgium, Series A, No. 124–B	Hauschildt v. Denmark	(1990) 12 E.H.R.R. 266
De Geillustreerde Pers NV v. Netherlands, Comm. Rep., 8 D. & R.	Guerra v. Italy	(1998) 26 E.H.R.R. 357
De Geouffre de la Pradelle v. France, Comm. Rep., September 4, 1991	De Vries v. Netherlands	(1993) 15 E.H.R.R. CD 87
De Jong, Baljet and Van Den Brink v. Netherlands, App. No. 8805/79, 24 D. & R. 144	App. No. 11013/84 v. Netherlands	(1986) 8 E.H.R.R. 267
	Duinhof and Duijf v. Netherlands, App. No. 9626/81 and 9736/82	(1984) 6 E.H.R.R. 105
	McGoff v. Sweden, App. No. 9017/80	(1984) 6 E.H.R.R. 101
	Skoogström v. Sweden, App. No. 8582/79	(1984) 6 E.H.R.R. 77
De Kleine Starman v. Netherlands, App. No. 10503/83, 42 D. & R. 166	Carlin v. United Kingdom	(1998) 25 E.H.R.R. CD 75
De Napoles Pacheco v. Belgium, 15 D. & R. 143	Azzi v. Italy	(1989) 11 E.H.R.R. 105
	Holy Monastries v. Greece	(1995) 20 E.H.R.R. 1
	Stran Greek Refineries and Stratis Andreadis v. Greece	(1995) 19 E.H.R.R. 293
De Varga-Hircsh v. France, App. No. 9559/81, 33 D. & R. 158	Hamer v. France	(1997) 23 E.H.R.R. 1
	Mitap and Müftüoğlu v. Turkey	(1996) 22 E.H.R.R. 209
Delta v. France, Comm.Op., October 12, 1989	Lüdi v. Switzerland	(1993) 15 E.H.R.R. 173
Demmer v. Austria, Comm. Dec., February 28, 1994	WR v. Austria	(2001) 31 E.H.R.R 985
Denmark, France, Norway, Sweden and Netherlands v. Greece, 12 *Yearbook* 501	Tomasi v. France	(1993) 15 E.H.R.R. 1
Denmark, Norway, Sweden and the Netherlands v. Greece (1968) 11 *Yearbook* 730	De Wilde, Ooms and Versyp v. Belgium (No. 1)	1 E.H.R.R. 373
Desmeules v. France, App. No. 12897/87, 67 D. & R. 166	Pierre-Bloch v. France	(1998) 26 E.H.R.R. 202

Case Referred to	Name of Case	Citation
Deumeland v. Germany, App. No. 9348/81	Feldbrugge v. Netherlands	(1985) 7 E.H.R.R. 279
Deweer v. Belgium, Series B	X, Y and Z v. United Kingdom	(1982) 4 E.H.R.R. 270
Dhoest v. Belgium, App. No. 19448/83, 55 D. & R. 5	Herczegfalvy v. Austria	(1993) 15 E.H.R.R. 437
	Koskinen v. Finland	(1994) 18 E.H.R.R. CD 146
Dierckx (Heirs), Comm. Rep., unreported, March 6, 1990	Beis v. Greece	(1998) 25 E.H.R.R. 335
Djeroud v. France, Comm.Rep., March 15, 1990	Beldjoudi v. France	(1992) 14 E.H.R.R. 801
Donnelly v. United Kingdom, App. No. 5577–5587/72, (1975) 4 D. & R. 4; 16 *Yearbook* 212; 43 Coll. 123	A v. United Kingdom	(1999) 27 E.H.R.R. 611
	Akdivar v. Turkey	(1997) 23 E.H.R.R. 143
	Andronicou and Constantinou v. Cyprus	(1998) 25 E.H.R.R. 491
	App. No. 9362, 9363 &9387/81 v. Netherlands	(1983) 5 E.H.R.R. 270
	App. No. 9596/81 v. Ireland	(1984) 6 E.H.R.R. 570
	App. No. 9697/82 v. Ireland	(1984) 6 E.H.R.R. 546
	App. No. 10668/83 v. Austria	(1988) 10 E.H.R.R. 556
	Assenov v. Bulgaria	(1999) 28 E.H.R.R. 652
	Campbell and Fell v. United Kingdom	(1983) 5 E.H.R.R. 207
	Caraher v. United Kingdom	(2000) 29 E.H.R.R. CD 119
	Einarsson v. Sweden	(1987) 9 E.H.R.R. 110
	France, Norway, Denmark, Sweden and the Netherlands v. Turkey	(1984) 6 E.H.R.R. 241
	HLR v. France	(1998) 26 E.H.R.R. 29
	McFeeley v. United Kingdom	(1981) 3 E.H.R.R. 161
	Reed v. United Kingdom	(1981) 3 E.H.R.R. 136
	Stoutt v. Ireland	(1987) 9 E.H.R.R. 541
	Varnave v. Turkey	(1998) 25 E.H.R.R. CD 9
	X v. Ireland	(1982) 4 E.H.R.R. 359
	X v. United Kingdom	(1981) 3 E.H.R.R. 302
Draper v. United Kingdom, App. No. 8186/78, Comm. Rep., July 10, 1980, 24 D. & R. 72	Hamer v. United Kingdom	(1982) 4 E.H.R.R. 139
	Sharara and Rinia v. Netherlands	(1986) 8 E.H.R.R. 307
Dufay v. European Communities, App. No. 13539/89, unreported	Matthews v. United Kingdom	(1999) 28 E.H.R.R. 361
Duinhof and Duijf v. Netherlands (Admissibility), unreported	Duinhof and Duijf v. Netherlands, App. No. 9626/81 and 9736/82	(1984) 6 E.H.R.R. 105

Case Referred to	Name of Case	Citation
Dunshirn v. Austria (App. No. 789/60) (1963) 6 *Yearbook* 714	Delcourt v. Belgium	1 E.H.R.R. 355
	Neumeister v. Austria (No. 1)	1 E.H.R.R. 91
Dyer v. United Kingdom, App. No. 10475/83, 39 D. & R. 246	Fayed v. United Kingdom	(1994) 18 E.H.R.R. 393
	Osman v. United Kingdom	(2000) 29 E.H.R.R. 245
	Pressos Compania Naviera SA v. Belgium	(1996) 21 E.H.R.R. 301
E v. Norway, App. No. 11701/85	Herczegfalvy v. Austria	(1993) 15 E.H.R.R. 437
E v. Switzerland, 38 D. & R. 124	Wille v. Liechtenstein	(2000) 30 E.H.R.R. 564
East African Asians v. United Kingdom, App. No. 4403/70, 78–A D. & R. 5; 36 Coll. 92	App. No. 9773/82 v. United Kingdom	(1983) 5 E.H.R.R. 296
	App. No. 9918/82 v. United Kingdom	(1983) 5 E.H.R.R. 299
	App. No. 9988/82 v. United Kingdom	(1983) 5 E.H.R.R. 301
	F v. United Kingdom	(1996) 22 E.H.R.R. CD 118
	Glimmerveen and Hagenbeek v. Netherlands	(1982) 4 E.H.R.R. 260
	Karassev v. Finland	(1999) 28 E.H.R.R. CD 132
	McCullough v. United Kingdom	(1998) 25 E.H.R.R. CD 34
	Poku v. United Kingdom	(1996) 22 E.H.R.R. CD 94
	Raninen v. Finland	(1998) 26 E.H.R.R. 563
	Smith and Grady v. United Kingdom	(1999) 27 E.H.R.R. CD 42
	Smith and Grady v. United Kingdom	(2000) 29 E.H.R.R. 493
	X, Cabales and Balkandali v. United Kingdom	(1983) 5 E.H.R.R. 132
East African Asians v. United Kingdom, App. No. 4626/70, 13 D. & R. 5	Akdivar v. Turkey	(1997) 23 E.H.R.R. 143
	Mentes v. Turkey	(1998) 26 E.H.R.R. 595
	Selçuk and Asker v. Turkey	(1998) 26 E.H.R.R. 477
Eckle v. Germany, App. No. 8130/78, 16 D. & R. 120	Ahmet Sadik v. Greece	(1997) 24 E.H.R.R. 323
	Eckle v. Germany (Art. 50)	(1984) 6 E.H.R.R. 52
Eggs v. Switzerland, 6 D. & R. 180	Lyttle v. United Kingdom	(1987) 9 E.H.R.R. 381
Eggs v. Switzerland, 15 D. & R. 35	Johansen v. Norway	(1987) 9 E.H.R.R. 103
	Societe Stenuit v. France	(1992) 14 E.H.R.R. 509
Egue v. France, App. No. 11256/84, 57 D. & R. 47	Kemmache v. France (No. 3)	(1995) 19 E.H.R.R. 349
	Scott v. Spain	(1997) 24 E.H.R.R. 391
Emine Yilmaz v. Turkey, App. No. 23179/94, unreported	Mentes v. Turkey	(1998) 26 E.H.R.R. 595

Case Referred to	Name of Case	Citation
Engel v. Netherlands, Series B, para.98	Van Marle, Van Zomeren, Flantua and de Bruijn v. Netherlands	(1985) 7 E.H.R.R. 265
Englert v. Germany, Comm. Rep., October 9, 1985	Sekanina v. Austria	(1994) 17 E.H.R.R. 221
English Electric Co. v. United Kingdom, App. No. 9263/81	Banstonian Co., Northern Shipbuilding and Industrial Holding Ltd v. United Kingdom	(1983) 5 E.H.R.R. 498
	Vickers plc v. United Kingdom	(1983) 5 E.H.R.R. 499
	Yarrow plc v. United Kingdom	(1983) 5 E.H.R.R. 498
Ensslin, Baader and Raspe v. Germany (App. No. Nos 7572/76, 7586/76, 7587/76), 14 D. & R. 67 and 83	App. No. 9907/82 v. United Kingdom	(1984) 6 E.H.R.R. 576
	App. No. 10263/83 v. Denmark	(1986) 8 E.H.R.R. 60
	Deweer v. Belgium	2 E.H.R.R. 439
	Kurup v. Denmark	(1986) 8 E.H.R.R. 93
	McFeeley v. United Kingdom	(1981) 3 E.H.R.R. 161
	Ninn-Hansen v. Denmark	(1999) 28 E.H.R.R. CD 96
Erdagoz v. Turkey, App. No. 17128/90, Comm. Dec., July 10, 1991	Aksoy v. Turkey	(1997) 23 E.H.R.R. 553
Erdogan v. Turkey, App. No. 25160/94, 82–A D. & R. 126	Sakik v. Turkey	(1998) 26 E.H.R.R. 662
Ergi v. Turkey [1998] H.R.C.D. 726	Çakici v. Turkey	(2001) 31 E.H.R.R 133
	Erikson v. Italy	(2000) 29 E.H.R.R. CD 152
	Tanrikulu v. Turkey	(2000) 30 E.H.R.R. 950
Ergi v. Turkey, App. No. 23814/94, Comm. Rep., May 20, 1997	Ergi v. Turkey	(2001) 32 E.H.R.R. 388
	Kaya v. Turkey	(1999) 28 E.H.R.R. 1
Erkner and Hofauer v. Austria, Comm. Rep., January 24, 1986	Wiesinger v. Austria	(1993) 16 E.H.R.R. 258
Esbester v. United Kingdom, App. No. 18601/91, unreported	Tinnelly & Sons Ltd v. United Kingdom	(1999) 27 E.H.R.R. 249
Estrosi v. France, App. No. 24359/94, June 30, 1995	Pierre-Bloch v. France	(1998) 26 E.H.R.R. 202
Ettl v. Austria, Commission Report, July 3, 1985	Erkner and Hofauer v. Austria	(1986) 8 E.H.R.R. 520
	F.M. Zumtobel GmbH and Co. KG, Zumtobel and Pramstaller v. Austria	(1993) 16 E.H.R.R. CD 40
F v. Austria, App. No. 10803/84, 54 D. & R. 35	Kemmache v. France (No. 3)	(1995) 19 E.H.R.R. 349
Fadele v. United Kingdom, App. No. 13078/87	Mangov v. Greece	(1993) 16 E.H.R.R. CD 36

Case Referred to	Name of Case	Citation
Family Ruiz Mateos v. Spain, App. No. 12952/87, Comm. Rep., January 14, 1992	Dombo Beheer BV v. Netherlands	(1994) 18 E.H.R.R. 213
Farrell v. United Kingdom, App. No. 9013/80, 30 D. & R. 96	Caraher v. United Kingdom	(2000) 29 E.H.R.R. CD 119
Fayed v. United Kingdom, Comm. Rep., April 7, 1993	Insam v. Austria	(1994) 18 E.H.R.R. CD 47
Fifty-seven Inhabitants of Louvain v. Belgium (1964) 7 *Yearbook* 252	De Wilde, Ooms and Versyp v. Belgium (No. 1)	1 E.H.R.R. 373
Finkensieper v. Netherlands, Comm. Rep., May 17, 1995	MK v. Austria	(1997) 24 E.H.R.R. CD 59
First Greek Case, 11 *Yearbook* 770	App. No. 9360/81 v. Ireland	(1983) 5 E.H.R.R. 506
	Caraher v. United Kingdom	(2000) 29 E.H.R.R. CD 119
	Cyprus v. Turkey	(1982) 4 E.H.R.R. 482
	East African Asians v. United Kingdom	(1981) 3 E.H.R.R. 76
	McFeeley v. United Kingdom	(1981) 3 E.H.R.R. 161
First Greek Case, 12 *Yearbook passim*	Cyprus v. Turkey	(1982) 4 E.H.R.R. 482
First Greek Case, 26 Coll. 80	App. No. 9825/82 v. United Kingdom and Ireland	(1986) 8 E.H.R.R. 49
First Greek Case, Comm.Rep., *Yearbook* 11	Cyprus v. Turkey	(1993) 15 E.H.R.R. 509
Fitt v. United Kingdom, App. No. 29777/96, unreported	Rowe and Davis v. United Kingdom	(2000) 30 E.H.R.R. 1
Fleischle v. germany, App. No. 29744/96	United Communist Party of Turkey v. Turkey	(1998) 26 E.H.R.R. 121
Fletcher v. United Kingdom, App. No. 3034/67, 25 C.D. 76	X v. United Kingdom	(1981) 3 E.H.R.R. 271
FN v. France, App. No. 18725/91, Comm. Rep., October 17, 1995	Argento v. Italy	(1999) 28 E.H.R.R. 719
	Helle v. Finland	(1998) 26 E.H.R.R. 159
	Huber v. France	(1998) 26 E.H.R.R. 457
	Le Calvez v. France	(2001) 32 E.H.R.R. 481
	Maillard v. France	(1999) 27 E.H.R.R. 232
Foreign Students v. United Kingdom, App. No. 7671/76 etc., 9 D. & R. 185	Loizidou v. Turkey	(1995) 20 E.H.R.R. 99

Case Referred to	Name of Case	Citation
Fournier v. France, App. No. 11406/85, 55 D. & R. 130	Gitonas v. Greece	(1998) 26 E.H.R.R. 691
	Matthews v. United Kingdom	(1999) 28 E.H.R.R. 361
France, Norway, Denmark, Sweden and Netherlands v. Turkey, App.Nos 9940(9944/82, 35 D. & R. 143	Caraher v. United Kingdom	(2000) 29 E.H.R.R. CD 119
	Socialist Party v. Turkey	(1999) 27 E.H.R.R. 51
	United Communist Party of Turkey v. Turkey	(1998) 26 E.H.R.R. 121
Fredin v. Sweden, App. No. 12033/86, January 6, 1989	Pine Valley Developments Ltd v. Ireland	(1992) 14 E.H.R.R. 319
Fressoz and Roire v. France (1999) 5 B.H.R.C. 654	Özgür Gündem v. Turkey	(2001) 31 E.H.R.R 1082
Fressoz and Roire v. France, Comm. Rep., January 13, 1998	H.N. v. Italy	(1999) 27 E.H.R.R. CD 75
	Middleburg, Van der Zee and Het Parool BV v. Netherlands	(1999) 27 E.H.R.R. CD 111
G v. Germany, 60 D. & R. 256	Baskaya and Okçuoglu v. Turkey	(2001) 31 E.H.R.R 292
G and E . Norway, App. No. 9278 and 9415/81, 35 D. & R. 30	Buckley v. United Kingdom	(1997) 23 E.H.R.R. 101
G, S and M v. Austria, App. No. 9614/81, 34 D. & R. 119	Kemmache v. France (No. 3)	(1995) 19 E.H.R.R. 349
	McLeod v. United Kingdom	(1999) 27 E.H.R.R. 493
Garcia v. Switzerland, App. No. 10148/82, 42 D. & R. 98	Akdivar v. Turkey	(1997) 23 E.H.R.R. 143
	Aksoy v. Turkey	(1997) 23 E.H.R.R. 553
	EP v. Italy	(2001) 31 E.H.R.R 463
Gautrin v. France, App. No. 21257–21260/93, Comm. Rep., November 26, 1996	Stefan v. United Kingdom	(1998) 25 E.H.R.R. CD 130
Geidel v. Germany, unreported	Kremer-Viereck and Viereck v. Germany	(1998) 26 E.H.R.R. CD 164
German Communist party Case, App. No. 250/57, 1 *Yearbook* 222	Socialist Party v. Turkey	(1999) 27 E.H.R.R. 51
	United Communist Party of Turkey v. Turkey	(1998) 26 E.H.R.R. 121
Giakoumatos v. Greece, App. No. 27755/95, Comm. Rep. January 21, 1997	Ahmed v. United Kingdom	(2000) 29 E.H.R.R. 1
Glimmerveen and Hagenbeek v. Netherlands, App. No. 8348 and 8406/78, 18 D. & R. 187	Jersild v. Denmark	(1995) 19 E.H.R.R. 1
	United Communist Party of Turkey v. Turkey	(1998) 26 E.H.R.R. 121

Case Referred to	Name of Case	Citation
Godfrey v. United Kingdom, 27 D. & R. 94	Wain v. United Kingdom	(1987) 9 E.H.R.R. 122
Golder v. United Kingdom, App. No. 4451/70, Comm. Rep., June 1, 1973	Young v. Ireland	(1996) 21 E.H.R.R. CD 91
Golder v. United Kingdom, App. No. 4471/70, Eur.Comm.H.R.	East African Asians v. United Kingdom	(1981) 3 E.H.R.R. 76
	Young, James and Webster v. United Kingdom	(1981) 3 E.H.R.R. 20
Golder v. United Kingdom, Series B, Vol.16, para.95	App. No. 11559/85 v. United Kingdom	(1987) 9 E.H.R.R. 134
Gordon v. United Kingdom, App. No. 10213/82, 47 D. & R. 36	Johnson v. United Kingdom	(1999) 27 E.H.R.R. 296
Govell v. United Kingdom, App. No. 27237/95, Comm. Rep., January 14, 1998	Khan v. United Kingdom	(1999) 27 E.H.R.R. CD 58
	Khan v. United Kingdom	(2001) 31 E.H.R.R 1016
Grabemann v. Germany, App. No. 12748/87, March 14, 1989	Allenet De Ribemont v. France	(1995) 20 E.H.R.R. 557
	Hentrich v. France	(1994) 18 E.H.R.R. 440
	Sekanina v. Austria	(1994) 17 E.H.R.R. 221
Gradinger v. Austria, Comm. Rep., May 19, 1994	Oliveira v. Switzerland	(1999) 28 E.H.R.R. 289
Graf Soltikow v. Germany, App. No. 2257/64, (1968) 11 *Yearbook* 224	Van Oosterwijck v.Belgium	(1981) 3 E.H.R.R. 557
Grandrath v. Germany, App. No. 2299/64, 10 *Yearbook* 626	Spöttl v. Austria	(1996) 22 E.H.R.R. CD 88
	Tsirlis and Kouloumpas v. Greece	(1996) 21 E.H.R.R. CD 30
	Tsirlis and Kouloumpas v. Greece	(1998) 25 E.H.R.R. 198
Greece v. United Kingdom, 2 *Yearbook* 182	France, Norway, Denmark, Sweden and the Netherlands v. Turkey	(1984) 6 E.H.R.R. 241
Greece v. United Kingdom, App. No. 156/56, 1 *Yearbook* 128	Cyprus v. Turkey	(1982) 4 E.H.R.R. 482
Greece v. United Kingdom, App. No. 299/57, 2 *Yearbook* 274	Cyprus v. Turkey	(1982) 4 E.H.R.R. 482

Case Referred to	Name of Case	Citation
Greek Case, App. No. 3321–3323/67 and 3344/67, 12 *Yearbook* 186; 25 Coll. 926; 26 Coll.80	Aerts v. Belgium	(2000) 29 E.H.R.R. 50
	App. No. 9554/81 v. Ireland	(1984) 6 E.H.R.R. 336
	App. No. 9907/82 v. United Kingdom	(1984) 6 E.H.R.R. 576
	Brannigan and McBride v. United Kingdom	(1994) 17 E.H.R.R. 539
	France, Norway, Denmark, Sweden and the Netherlands v. Turkey	(1984) 6 E.H.R.R. 241
	Hilton v. United Kingdom	(1981) 3 E.H.R.R. 104
	Ireland v. United Kingdom	2 E.H.R.R. 25
	McFeeley v. United Kingdom	(1981) 3 E.H.R.R. 161
	Raninen v. Finland	(1998) 26 E.H.R.R. 563
	Sakik v. Turkey	(1998) 26 E.H.R.R. 662
	Socialist Party v. Turkey	(1999) 27 E.H.R.R. 51
	Sur v. Turkey	(1998) 25 E.H.R.R. CD 1
	T.V. v. Finland	(1994) 18 E.H.R.R. CD 179
	United Communist Party of Turkey v. Turkey	(1998) 26 E.H.R.R. 121
	Yagiz v. Turkey	(1996) 22 E.H.R.R. 573
Grufman v. Sweden, 61 D. & R. 176	EP v. Italy	(2001) 31 E.H.R.R 463
Gudmundsson v. Iceland, App. No. 511/59, 4 Coll. 1, 3 *Yearbook* 394	James v. United Kingdom	(1984) 6 E.H.R.R. 475
	Lithgow v. United Kingdom	(1985) 7 E.H.R.R. 56
	Trustees of the late Duke of Westminster's Estate v. United Kingdom	(1983) 5 E.H.R.R. 440
Guenon v. France, 66 D. & R. 181	Diennet v. France	(1996) 21 E.H.R.R. 554
Gundem v. Turkey, App. No. 22275/93, September 3, 1996	Kaya v. Turkey	(1999) 28 E.H.R.R. 1
	Tekin v. Turkey	(2001) 31 E.H.R.R 95
Gurdogan, Mutak and Mustak, App. No. 15202–5/89, Comm. Dec., January 12, 1993	Aksoy v. Turkey	(1997) 23 E.H.R.R. 553
Gussenbauer v. Austria (1972) 42 Coll. 41	X v. Germany	(1982) 4 E.H.R.R. 398
Gussenbauer v. Austria (1972) 42 Coll. 94	X v. Germany	(1982) 4 E.H.R.R. 398
H v. Greece, Comm. Rep., unreported, October 23, 1995	Beis v. Greece	(1998) 25 E.H.R.R. 335
H v. Netherlands, App. No. 9914/82, 33 D. & R. 242	Gitonas v. Greece	(1998) 26 E.H.R.R. 691
H v. Norway, 73 D.R. 155	Tekin v. Turkey	(2001) 31 E.H.R.R 95

Case Referred to	Name of Case	Citation
H v. United Kingdom, App. No. 15023/89, April 4, 1990	Steel v. United Kingdom	(1999) 28 E.H.R.R. 603
H, W, P and K v. Austria, App. No. 12774/87, 62 D. & R. 216	Schimanek v. Austria	(2000) 29 E.H.R.R. CD 250
	United Communist Party of Turkey v. Turkey	(1998) 26 E.H.R.R. 121
H.F. v. Austria, App. No. 22646/93, June 26, 1995	MK v. Austria	(1997) 24 E.H.R.R. CD 59
	Sutherland v. United Kingdom	(1997) 24 E.H.R.R. CD 22
H.L.R. v. France, Comm. Rep. 1997–III, p.770	Larkos v. Cyprus	(2000) 30 E.H.R.R. 597
Haase v. Germany, App. No. 7412/76, 11 D. & R. 108	Foucher v. France	(1998) 25 E.H.R.R. 234
	Kemmache v. France (No. 3)	(1995) 19 E.H.R.R. 349
Hadjianastassiou v. Greece, 16 D. & R. 219	Ballensky v. Sweden	(1998) 26 E.H.R.R. CD 191
Hagmann-Husler v. Switzerland, App. No. 8042/77, 12 D. & R. 202	Burghartz v. Switzerland	(1994) 18 E.H.R.R. 101
	Stjerna v. Finland	(1997) 24 E.H.R.R. 195
	X, Cabales and Balkandali v. United Kingdom	(1983) 5 E.H.R.R. 132
Haider v. Austria, App. No. 25060/94, 83 D. & R. 66	Baskauskaite v. Lithuania	(1999) 27 E.H.R.R. CD 341
Handyside v. United Kingdom, 17 *Yearbook* 228	Kokkinakis v. Greece	(1994) 17 E.H.R.R. 397
Handyside v. United Kingdom, 45 Coll. 20	App. No. 12513/86 v. United Kingdom	(1989) 11 E.H.R.R. 49
Handyside v. United Kingdom, Comm. Rep., Series B, No. 22	App. No. 10343/83 v. Switzerland	(1984) 6 E.H.R.R. 367
	Trustees of the late Duke of Westminster's Estate v. United Kingdom	(1983) 5 E.H.R.R. 440
Hanzmann v. Austria, App. No. 12560/86, 60 D. & R. 194	Gasus Dosier und Fordertechnik GmbH v Netherlands	(1995) 20 E.H.R.R. 403
Hasburg-Lothringen v. Austria, 64 D. & R. 211	Baskauskaite v. Lithuania	(1999) 27 E.H.R.R. CD 341
Hätti v. Germany (1976) 199 *Yearbook* 1024	Deweer v. Belgium	2 E.H.R.R. 439
Hauschildt v. Denmark, Comm. Rep., July 16, 1987	Sainte-Marie v. France	(1993) 16 E.H.R.R. 116
Heinz Krzycki v. Germany, Report of the Commission	Weston v. United Kingdom	(1981) 3 E.H.R.R. 402

Case Referred to	**Name of Case**	**Citation**
Helmers v. Sweden, App. No. 11826/85, 61 D. & R. 138	Pine Valley Developments Ltd v. Ireland	(1992) 14 E.H.R.R. 319
	Süßmann v. Germany	(1998) 25 E.H.R.R. 65
	Wille v. Liechtenstein	(2000) 30 E.H.R.R. 564
Hempfing v. Germany, App. No. 14622/89, 69 D. & R.	Casado Coca v. Spain	(1994) 18 E.H.R.R. 1
	Colman v. United Kingdom	(1994) 18 E.H.R.R. 119
Hendriks v. Netherlands, 29 D. & R. 5	Ignaccolo-Zenide v. Romania	(2001) 31 E.H.R.R 212
	Thorbergsson v. Iceland	(1994) 18 E.H.R.R. CD 205
Hennings v. Germany, Comm. Rep., May 30, 1991	Kremzow v. Austria	(1994) 17 E.H.R.R. 322
Herrick v. United Kingdom, App. No. 11185/84, 42 D. & R. 275	Buckley v. United Kingdom	(1997) 23 E.H.R.R. 101
Hess v. United Kingdom, App. No. 6231/73, 2 D. & R. 72	App. No. 9360/81 v. Ireland	(1983) 5 E.H.R.R. 506
	Drozd and Janousek v. France and Spain	(1992) 14 E.H.R.R. 745
Hewitt and Harman v. United Kingdom, App. No. 12175/86, 67 D. & R. 88	Halford v. United Kingdom	(1997) 24 E.H.R.R. 523
Hewitt and Harman v. United Kingdom, Comm.Rep., May 9, 1989	G, H and I v. United Kingdom	(1993) 15 E.H.R.R. CD 41
Holm and Remli, App. No. 16839/90, Comm. Rep., November 30, 1994	Gregory v. United Kingdom	(1995) 19 E.H.R.R. CD 82
Hopfinger v. Austria (1963) 6 *Yearbook* 676	Delcourt v. Belgium	1 E.H.R.R. 355
Houart v. Belgium, 53 D. & R. 5	WR v. Austria	(2001) 31 E.H.R.R 985
Huber v. Austria, App. No. 4517/70, 2 D. & R. 11	App. No. 9429/81 v. Ireland	(1983) 5 E.H.R.R. 507
	App. No. 9604/81 v. Germany	(1983) 5 E.H.R.R. 587
	Borgers v. Belgium	(1993) 15 E.H.R.R. 92
	Farragut v. France	(1986) 8 E.H.R.R. 232
	Saunders v. United Kingdom	(1997) 23 E.H.R.R. 313
	X v. United Kingdom	(1981) 3 E.H.R.R. 271
Huber v. Austria (1975) 18 *Yearbook* 324	Deweer v. Belgium	2 E.H.R.R. 439
Huber v. Austria, App. No. 6821/74, 6 D. & R. 69	Benham v. United Kingdom	(1996) 22 E.H.R.R. 293
	McVeigh, O'Neill and Evans v. United Kingdom	(1983) 5 E.H.R.R. 71
	X, Y and Z v. United Kingdom	(1982) 4 E.H.R.R. 270
Huber v. France, Comm, Rep., October 15, 1996	Helle v. Finland	(1998) 26 E.H.R.R. 159

Case Referred to	Name of Case	Citation
Hurtado v. Switzerland, Comm. Rep, unreported	Raninen v. Finland	(1998) 26 E.H.R.R. 563
I and C v. Switzerland, 38 D. & R. 90	Bahaddar v. Netherlands	(1998) 26 E.H.R.R. 278
I and C v. Switzerland, App. No. 10107/82, 48 D. & R. 35	Allenet De Ribemont v. France	(1995) 20 E.H.R.R. 557
	Hentrich v. France	(1994) 18 E.H.R.R. 440
	Sekanina v. Austria	(1994) 17 E.H.R.R. 221
Ibbotson v. United Kingdom, App. No. 40146/98, (1999) Crim.L.R. 153	Adamson v. United Kingdom	(1999) 28 E.H.R.R. CD 209
Ireland v. United Kingdom, App. No. 5310/71, (1976) 19 *Yearbook* 753	Andronicou and Constantinou v. Cyprus	(1998) 25 E.H.R.R. 491
	App. No. 9907/82 v. United Kingdom	(1984) 6 E.H.R.R. 576
	App. No. 10263/83 v. Denmark	(1986) 8 E.H.R.R. 60
	Herczegfalvy v. Austria	(1993) 15 E.H.R.R. 437
	McDaid v. United Kingdom	(1996) 22 E.H.R.R. CD 197
	McFeeley v. United Kingdom	(1981) 3 E.H.R.R. 161
Ireland v. United Kingdom, Comm. Rep., January 25, 1976	App. No. 12513/86 v. United Kingdom	(1989) 11 E.H.R.R. 49
	Klass v. Germany	(1994) 18 E.H.R.R. 305
	Sur v. Turkey	(1998) 25 E.H.R.R. CD 1
	Tomasi v. France	(1993) 15 E.H.R.R. 1
Ireland v. United Kingdom (No. 2), App. No. 5451/72, (1972) 41 C.D. 3	Caraher v. United Kingdom	(2000) 29 E.H.R.R. CD 119
	France, Norway, Denmark, Sweden and the Netherlands v. Turkey	(1984) 6 E.H.R.R. 241
	X v. United Kingdom	(1981) 3 E.H.R.R. 302
Irlen v. Germany, 53 D. & R. 255	Hoffmann v. Austria	(1994) 17 E.H.R.R. 293
Isgró v. Italy, App. No. 11339/85	Cardot v. France	(1991) 13 E.H.R.R. 853
Isop v. Austria, 5 *Yearbook* 116	Munro v. United Kingdom	(1988) 10 E.H.R.R. 516
Iversen v. Norway, Comm. Op., 6 *Yearbook* 327	E v. Norway	(1994) 17 E.H.R.R. 30
	Van Der Mussele v. Belgium	(1984) 6 E.H.R.R. 163
J v. Austria, 34 D. & R. 96	Oberschlick v. Austria	(1995) 19 E.H.R.R. 389
J v. United Kingdom, App. No. 10622/83	Cossey v. United Kingdom	(1991) 13 E.H.R.R. 622
Jacobsson v. Sweden, App. No. 10824/84, October 8, 1987	Pine Valley Developments Ltd v. Ireland	(1992) 14 E.H.R.R. 319

Case Referred to	Name of Case	Citation
Jaramillo v. United Kingdom, App. No. 24865/94, Dec. October 23, 1995	Poku v. United Kingdom	(1996) 22 E.H.R.R. CD 94
Jespers v. Belgium, 27 D. & R. 61	Fitt v. United Kingdom Jasper v. United Kingdom Rowe and Davis v. United Kingdom	(2000) 30 E.H.R.R. 480 (2000) 30 E.H.R.R. 441 (2000) 30 E.H.R.R. 1
Johnston v. United Kingdom, App. No. 10389/83, 47 D. & R. 72	Sutherland v. United Kingdom	(1997) 24 E.H.R.R. CD 22
Jolie, Jolie and Lebrun v. Belgium, 47 D. & R. 243	Kroon v. Netherlands	(1995) 19 E.H.R.R. 263
Jon Kristinsson v. Iceland, App. No. 12170/86, Comm. Rep. March 8, 1989	McGonnell v. United Kingdom	(2000) 30 E.H.R.R. 289
Jonsson v. Sweden, 54 D. & R. 187	EP v. Italy Thorbergsson v. Iceland	(2001) 31 E.H.R.R 463 (1994) 18 E.H.R.R. CD 205
Jordebo Foundation of Christian Schools v. Sweden, 61 D. & R. 103	Hornsby v. Greece	(1997) 24 E.H.R.R. 250
Jordebo v. Sweden, App. No. 11533/85, 51 D. & R. 128	Verein Gemeinsam Lernen v. Austria	(1995) 20 E.H.R.R. CD 78
Judgment of September 21, 1959 (1960) 3 *Yearbook* 624	Van Oosterwijck v.Belgium	(1981) 3 E.H.R.R. 557
K v. Austria, App. No. 16002/90, Comm. Rep., October 13, 1992	Serves v. France	(1999) 28 E.H.R.R. 265
K v. Germany, App. No. 10855/84, 55 D. & R.	Schuler-Zgraggen v. Switzerland	(1993) 16 E.H.R.R. 405
K v. Netherlands, App. No. 13964/88, April 17, 1991	Bunkate v. Netherlands	(1995) 19 E.H.R.R. 477
K v. United Kingdom, 50 D. & R. 199	Mialhe v. France	(1993) 16 E.H.R.R. 332
K family and W v. Netherlands, App. No. 11274/84, 43 D. & R. 216	Ahmut v. Netherlands	(1997) 24 E.H.R.R. 62
Kafkasli v. Turkey, App. No. 21106/92, Comm. Rep., July 1, 1997	Karassev v. Finland	(1999) 28 E.H.R.R. CD 132

Case Referred to	Name of Case	Citation
Kamasinski v. Austria, Comm.Rep., May 5, 1988	Edwards v. United Kingdom	(1993) 15 E.H.R.R. 417
Kapan v. Turkey, App. No. 22057/93, 89 D. & R. 17	Kaya v. Turkey	(1999) 28 E.H.R.R. 1
Kaplan v. United Kingdom, 15 D. & R. 120	Webb v. United Kingdom	(1984) 6 E.H.R.R. 121
Kaplan v. United Kingdom, 21 D. & R. 5	Holy Monastries v. Greece	(1995) 20 E.H.R.R. 1
	X v. United Kingdom	(1998) 25 E.H.R.R. CD 88
Karaduman v. Turkey, 74 D. & R. 93	Buscarini v. San Marino	(2000) 30 E.H.R.R. 208
Karni v. Sweden, Comm. Rep., December 15, 1988	Kraska v. Switzerland	(1994) 18 E.H.R.R. 188
Kaufman v. Belgium, 50 D. & R. 98	Borgers v. Belgium	(1993) 15 E.H.R.R. 92
	Lobo Machado v. Portugal	(1997) 23 E.H.R.R. 79
	Van Orshoven v. Belgium	(1998) 26 E.H.R.R. 55
	Vermeulen v. Belgium	(2001) 32 E.H.R.R. 313
Kavanagh v. United Kingdom, App. No. 19085/91, December 9, 1992	McCullough v. United Kingdom	(1998) 25 E.H.R.R. CD 34
Kelly v. United Kingdom, App. No. 17579/90, 74 D. & R. 139; (1993) 16 E.H.R.R. CD 20	Aytekin v. Turkey	(2001) 32 E.H.R.R. 501
	Caraher v. United Kingdom	(2000) 29 E.H.R.R. CD 119
	McCann v. United Kingdom	(1996) 21 E.H.R.R. 97
Kemmache v. France, Comm. Rep., June 8, 1990	W v. Switzerland	(1994) 17 E.H.R.R. 60
Kennedy Lindsay v. United Kingdom (1979) 15 D. & R. 247	Liberal Party v. United Kingdom	(1982) 4 E.H.R.R. 106
Kerkhoven v. Netherlands, App. No. 15666/89, May 19, 1992	X, Y and Z v. United Kingdom	(1995) 20 E.H.R.R. CD 6
	X, Y and Z v. United Kingdom	(1997) 24 E.H.R.R. 143
Keus v. Netherlands, Comm. Rep., October 4, 1989	Karara v. Finland	(1998) 26 E.H.R.R. CD 220
Kilic v. Turkey, Comm. Rep., October 23, 1998	Özgür Gündem v. Turkey	(2001) 31 E.H.R.R 1082
Kiss v. United Kingdom (1977) 20 *Yearbook* 156; 7 D. & R. 55	Campbell and Fell v. United Kingdom	(1983) 5 E.H.R.R. 207
	Hilton v. United Kingdom	(1981) 3 E.H.R.R. 104
	McFeeley v. United Kingdom	(1981) 3 E.H.R.R. 161
Klass v. Germany, 1 D. & R. 20	Gaskin v. United Kingdom	(1989) 11 E.H.R.R. 402
	Kruslin v. France	(1990) 12 E.H.R.R. 451

Case Referred to	Name of Case	Citation
Klass v. Germany, Series B, No. 6	Malone v. United Kingdom	(1983) 5 E.H.R.R. 385
Knechtl v. United Kingdom, App. No. 4115.69, Report of the Commission, March 24, 1972	Hilton v. United Kingdom	(1981) 3 E.H.R.R. 104
Knightley v. United Kingdom, App. No. 28778/95, unreported	Stevens and Knight v. United Kingdom	(1999) 27 E.H.R.R. CD 138
Kofler v. Italy, 25 D. & R. 157	App. No. 9604/81 v. Germany	(1983) 5 E.H.R.R. 587
Kofler v. Italy, 25 D. & R. 169	App. No. 11043/84 v. Germany	(1986) 8 E.H.R.R. 303
Kofler v. Italy, 30 D. & R. 5	App. No. 9480/81 v. United Kingdom	(1987) 9 E.H.R.R. 109
Köfler v. Italy, 30 D. & R. 9	X v. France	(1992) 14 E.H.R.R. 483
Kotalla v. Netherlands, 14 D. & R. 238	Herczegfalvy v. Austria	(1993) 15 E.H.R.R. 437
	Weeks v. United Kingdom	(1985) 7 E.H.R.R. 436
KPD v. Germany, 1 *Yearbook* 225	Özdep v. Turkey	(2001) 31 E.H.R.R 674
Krause v. Switzerland, App. No. 7986/77, 13 D. & R. 73	Allenet De Ribemont v. France	(1995) 20 E.H.R.R. 557
	AP, MP and TP v. Awitzerland	(1998) 26 E.H.R.R. 541
	App. No. 9295/81 v. Austria	(1983) 5 E.H.R.R. 284
	App. No. 11170/84 v. Austria	(1988) 10 E.H.R.R. 513
	App. No. 11882/85 v. United Kingdom	(1989) 11 E.H.R.R. 82
	Farragut v. France	(1986) 8 E.H.R.R. 232
	Hentrich v. France	(1994) 18 E.H.R.R. 440
	Sekanina v. Austria	(1994) 17 E.H.R.R. 221
	X, Y and Z v. United Kingdom	(1982) 4 E.H.R.R. 270
Kristavcnik-Reutterer v. Austria, App. No. 22475/93, unreported	Basic v. Austria	(1999) 28 E.H.R.R. CD 118
Kröcher and Möller v. Switzerland, App. No. 8463/78, 26 D. & R. 24	Campbell and Fell v. United Kingdom	(1983) 5 E.H.R.R. 207
	Herczegfalvy v. Austria	(1993) 15 E.H.R.R. 437
Krzycki v. Germany, App. No. 7629/76, 13 D. & R. 57	Benham v. United Kingdom	(1996) 22 E.H.R.R. 293
	Tsirlis and Kouloumpas v. Greece	(1996) 21 E.H.R.R. CD 30
	Tsirlis and Kouloumpas v. Greece	(1998) 25 E.H.R.R. 198
	X, Y and Z v. United Kingdom	(1982) 4 E.H.R.R. 270
Kuck v. Germany, App. No. 29742/96	United Communist Party of Turkey v. Turkey	(1998) 26 E.H.R.R. 121

Case Referred to	Name of Case	Citation
Kunen v. Germany, 29 D. & R. 194	Jersild v. Denmark	(1995) 19 E.H.R.R. 1
Kuhnen v. Germany, App. No. 12194/86, 56 D. & R. 205	Lehideux and Isorni v. France	(2000) 30 E.H.R.R. 665
	Nachtmann v. Austria	(1999) 27 E.H.R.R. CD 281
	Socialist Party v. Turkey	(1999) 27 E.H.R.R. 51
	United Communist Party of Turkey v. Turkey	(1998) 26 E.H.R.R. 121
Kurt v. Turkey, App. No. 24276/94, Comm. Rep., December 5, 1996	Selçuk and Asker v. Turkey	(1998) 26 E.H.R.R. 477
Kuzbari v. Germany, App. No. 1802/62, 10 Coll. 21	HLR v. France	(1998) 26 E.H.R.R. 29
L v. Italy, App. No. 12490/86, Comm. Rep.	Salesi v. Italy	(1998) 26 E.H.R.R. 187
L v. Sweden, App. No. 10801/84, 61 D. & R. 74	Aerts v. Belgium	(2000) 29 E.H.R.R. 50
	Jonas Mohamed Rafiek Koendjbiharie v. Netherlands	(1991) 13 E.H.R.R. 118
	Koendjbiharie v. Netherlands	(1991) 13 E.H.R.R. 820
L, H and A v. United Kingdom, 36 D. & R. 100	EP v. Italy	(2001) 31 E.H.R.R 463
Lawless v. Ireland (Admissibility) (1958–59) 2 *Yearbook* 308	Ringeisen v. Austria (No. 1)	1 E.H.R.R. 455
Lawless v. Ireland, App. No. 332/57, 4 *Yearbook* 466	Trustees of the late Duke of Westminster's Estate v. United Kingdom	(1983) 5 E.H.R.R. 440
Lawless v. Ireland, Series B, No. 1	Cyprus v. Turkey	(1982) 4 E.H.R.R. 482
	McFeeley v. United Kingdom	(1981) 3 E.H.R.R. 161
	McVeigh, O'Neill and Evans v. United Kingdom	(1983) 5 E.H.R.R. 71
LCB v. United Kingdom, App. No. 23413/94, 83–A D. & R. 31	D v. United Kingdom	(1997) 24 E.H.R.R. 423
Le Calvez v. France [1998] H.R.C.D. 740	Athanassoglou v. Switzerland	(2001) 31 E.H.R.R 372
Le Compte v. Belgium, 6 D. & R. 79	App. No. 9097/80 v. Belgium	(1983) 5 E.H.R.R. 280
	App. No. 9548/81 v. Germany	(1984) 6 E.H.R.R. 137
Leander v. Sweden, App. No. 9248/81, 34 D. & R. 78	EP v. Turkey	(1996) 22 E.H.R.R. CD 143
Liebig v. Germany, 5 D. & R. 58	App. No. 9531/81 v. Germany	(1983) 5 E.H.R.R. 290
	Englert v. Germany	(1986) 8 E.H.R.R. 45
	Englert v. Germany	(1991) 13 E.H.R.R. 392
Lieuw St Pierre (Inhabitants) v. Belgium (1965) 16 Coll. 58	Liberal Party v. United Kingdom	(1982) 4 E.H.R.R. 106

Case Referred to	Name of Case	Citation
Lindsay v. United Kingdom, App. No. 8364/78, 15 D. & R. 247	Moreaux v. Belgium	(1984) 6 E.H.R.R. 531
	Matthews v. United Kingdom	(1999) 28 E.H.R.R. 361
Lindsay v. United Kingdom, App. No. 31699/96, January 17, 1997	Matthews v. United Kingdom	(1999) 28 E.H.R.R. 361
Lingens and Leitgeb v. Austria, 26 D. & R. 171	Markt Intern and Beerman v. Germany	(1989) 11 E.H.R.R. 212
	Oberschlick v. Austria	(1995) 19 E.H.R.R. 389
Lingens v. Austria, App. No. 9815/82, Comm. Rep., October 11, 1984	Oberschlick v. Austria	(1995) 19 E.H.R.R. 389
	Pfeifer and Plankl v. Austria	(1992) 14 E.H.R.R. 692
Loizidou v. Turkey, App. No. 15318/89, Comm. Rep., July 8, 1993	Loizidou v. Turkey	(1997) 23 E.H.R.R. 513
Lombardo v. Italy, Comm. Rep., July 10, 1991	Massa v. Italy	(1994) 18 E.H.R.R. 266
Lorenius v. Sweden, 59 D. & R. 172	Osman v. United Kingdom	(2000) 29 E.H.R.R. 245
Lustig-Prean and Beckett v. United Kingdom, App. No. 31417 and 32377/96, unreported	Smith and Grady v. United Kingdom	(1999) 27 E.H.R.R. CD 42
Lutz v. Germany, Comm. Rep., October 18, 1985	Sekanina v. Austria	(1994) 17 E.H.R.R. 221
Lynas v. Switzerland, App. No. 7317/75, 6 D. & R. 141	Altun v. Germany	(1983) 5 E.H.R.R. 611
	App. No. 9706/82 v. Germany	(1983) 5 E.H.R.R. 512
	App. No. 9822/82 v. Spain	(1983) 5 E.H.R.R. 609
	App. No. 9822/82 v. Spain	(1983) 5 E.H.R.R. 609
	App. No. 10040/82 v. Germany	(1984) 6 E.H.R.R. 349
	Caprino v. United Kingdom	(1982) 4 E.H.R.R. 97
	Chahal v. United Kingdom	(1997) 23 E.H.R.R. 413
	Kolompar v. Belgium	(1993) 16 E.H.R.R. 197
	Loizidou v. Turkey	(1995) 20 E.H.R.R. 99
	Quinn v. France	(1996) 21 E.H.R.R. 529
	Sanchez-Reisse v. Switzerland	(1987) 9 E.H.R.R. 71
	Scott v. Spain	(1997) 24 E.H.R.R. 391
M v. Austria, App. No. 13816/88, Comm. Rep., May 22, 1992	Fischer v. Austria	(1995) 20 E.H.R.R. 349
M v. Austria, Comm. Rep., March 10, 1988	Bunkate v. Netherlands	(1995) 19 E.H.R.R. 477
M v. Denmark, App. No. 17392/90, 73 D. & R. 193	Loizidou v. Turkey	(1997) 23 E.H.R.R. 513
M v. France, App. No. 9984/82, 44 D. & R. 54	Pierre-Bloch v. France	(1998) 26 E.H.R.R. 202
M v. Germany, 43 D. & R. 5	WR v. Austria	(2001) 31 E.H.R.R 985

Case Referred to	Name of Case	Citation
M v. Italy, App. No. 12386/86, 70 D. & R. 59	Escoubet v. Belgium	(2001) 31 E.H.R.R 1034
	Jamil v. France	(1996) 21 E.H.R.R. 65
	Welch v. United Kingdom	(1995) 20 E.H.R.R. 247
M v. United Kingdom, App. No. 12268/86, 57 D. & R. 136	Ouattara v. United Kingdom	(1998) 25 E.H.R.R. CD 167
M and Co. v. Germany, App. No. 13258/87, 64 D. & R. 138	Drozd and Janousek v. France and Spain	(1992) 14 E.H.R.R. 745
	Heinz v. Contracting States Party to the European Patent Convention	(1994) 18 E.H.R.R. CD 168
	Loizidou v. Turkey (Art. 50)	(1998) 26 E.H.R.R. CD 5
	Matthews v. United Kingdom	(1999) 28 E.H.R.R. 361
M. & E.F. v. Switzerland, 51 D. & R. 283	Vereinigung Demokratischer Soldaten Österreichs and Gubi v. Austria	(1995) 20 E.H.R.R. 56
M.P.M.L. v. Spain, 87–B D. & R. 100	Daud v. Portugal	(2000) 30 E.H.R.R. 400
M.S. and R.S. v. Switzerland, 44 D. & R. 175	Lüdi v. Switzerland	(1993) 15 E.H.R.R. 173
McCallum v. United Kingdom, Comm.Op., May 4, 1989	Campbell v. United Kingdom	(1993) 15 E.H.R.R. 137
McCann v. United Kingdom, Comm. Rep., March 4, 1994	Andronicou and Constantinou v. Greece	(1996) 22 E.H.R.R. CD 18
	Güleç v. Turkey	(1999) 28 E.H.R.R. 121
McCann, Farrell and Savage v. United Kingdom, App. No. 18984/91, Comm. Rep. , unreported	Andronicou and Constantinou v. Cyprus	(1998) 25 E.H.R.R. 491
	Andronicou and Constantinou v. Cyprus	(1995) 20 E.H.R.R. CD 105
McComb v. United Kingdom, 50 D. & R. 81	Campbell v. United Kingdom	(1993) 15 E.H.R.R. 137
McConnell v. United Kingdom, App. No. 14671/89, unreported, October 11, 1990	Brannigan and McBride v. United Kingdom	(1994) 17 E.H.R.R. 539
McDonnell v. Ireland, App. No. 15141/89, 84 D. & R. 203	Andronicou and Constantinou v. Cyprus	(1998) 25 E.H.R.R. 491
McFeeley v. United Kingdom, App. No. 8317/78, 20 D. & R. 44	Stachowiak v. Poland	(1999) 27 E.H.R.R. CD 110
McGoff v. Sweden, 31 D. & R. 72	Caballero v. United Kingdom	(2000) 30 E.H.R.R. 643

Case Referred to	Name of Case	Citation
McMahon v. United Kingdom, App. No. 7113/75 (1977) 10 D. & R. 163	McFeeley v. United Kingdom	(1981) 3 E.H.R.R. 161
McQuiston v. United Kingdom, App. No. 11208/84, 46 D. & R. 182	HLR v. France	(1998) 26 E.H.R.R. 29
McVeigh, O'Neill and Evans v. United Kingdom, App. No. 8022/77, 25 D. & R. 15	Amann v. Switzerland	(2000) 30 E.H.R.R. 843
	K-F v. Germany	(1998) 26 E.H.R.R. 390
Marais v. France, 86 D. & R. 184	Lehideux and Isorni v. France	(2000) 30 E.H.R.R. 665
Marangos v. Cyprus, Comm.Rep., December 3, 1997	ADT v. United Kingdom	(2001) 31 E.H.R.R 803
Marc Moniton v. France, 52 D. & R. 235	Lehtinen v. Finland	(2000) 29 E.H.R.R. CD 204
Marckx v. Belgium, 3 D. & R. 112	App. No. 9966/82 v. United Kingdom	(1983) 5 E.H.R.R. 299
Marijnissen v. Netherlands, 40 D. & R. 83	Bunkate v. Netherlands	(1995) 19 E.H.R.R. 477
Marrangos v. Cyprus, App. No. 31106/96, unreported, December 3, 1997	Lustig-Prean and Beckett v. United Kingdom	(2000) 29 E.H.R.R. 548
	Smith and Grady v. United Kingdom	(2000) 29 E.H.R.R. 493
Marte and Achberger v. Austria, Comm. Rep., April 9, 1997	Oliveira v. Switzerland	(1999) 28 E.H.R.R. 289
Martin v. Switzerland, 81–A D. & R. 136	Amann v. Switzerland	(2000) 30 E.H.R.R. 843
Mathes v. Austria, App. No. 12973/87	X v. France	(1992) 14 E.H.R.R. 483
Matznetter v. Austria, Series B, para.228	Can v. Austria	(1985) 7 E.H.R.R. 421
Mayer v. Germany, 85–A D. & R. 5	Kremer-Viereck and Viereck v. Germany	(1998) 26 E.H.R.R. CD 164
	Krug Von Nidda und Von Falkenstein v. Germany	(1997) 23 E.H.R.R. CD 60
MB v. Austria, Comm. Rep., September 8, 1994	Niederöst-Huber v. Switzerland	(1998) 25 E.H.R.R. 709
Meins v. Germany, 2 D. & R. 58	App. No. 9480/81 v. United Kingdom	(1987) 9 E.H.R.R. 109

Case Referred to	Name of Case	Citation
Meissner v. Germany, 17 D. & R. 21	Rees v. United Kingdom	(1985) 7 E.H.R.R. 429
Mentes v. Turkey, App. No. 23186/94, Comm. Rep., March 7, 1996	Aydin v. Turkey	(1998) 25 E.H.R.R. 251
Merkier v. Belgium, App. No. 11200/84, 53 D. & R. 50	Aerts v. Belgium	(2000) 29 E.H.R.R. 50
Mersch v. Luxembourg, 43 D. & R. 34	Lüdi v. Switzerland	(1993) 15 E.H.R.R. 173
Milhaud v. France, App. No. 23201/94, 88 D. & R. 25	H.A.R. v. Austria	(1999) 27 E.H.R.R. CD 330
	WR v. Austria	(2001) 31 E.H.R.R 985
Mitap and Muftuoglu v. Turkey, Comm. Rep., December 8, 1994	Findlay v. United Kingdom	(1997) 24 E.H.R.R. 221
Mizgin Ovat v. Turkey, App. No. 23180/94, unreported	Mentes v. Turkey	(1998) 26 E.H.R.R. 595
Mlynek v. Austria, Comm. Dec., October 20, 1992	Mlynek v. Austria	(1994) 18 E.H.R.R. CD 207
Moody v. United Kingdom, Comm. Rep., October 16, 1996	Fashanu v. United Kingdom	(1998) 26 E.H.R.R. CD 217
	Wright v. United Kingdom	(1999) 27 E.H.R.R. CD 314
Moustaquim v. Belgium, Comm. Rep., October 12, 1989	Djeroud v. France	(1992) 14 E.H.R.R. 68
Müller v. Austria, 3 D. & R. 25	App. No. 9185/80 v. Sweden	(1984) 6 E.H.R.R. 119
	App. No. 9776/82 v. United Kingdom	(1984) 6 E.H.R.R. 360
	App. No. 10671/83 v. Sweden	(1986) 8 E.H.R.R. 269
	Deumeland v. Germany	(1985) 7 E.H.R.R. 409
	Feldbrugge v. Netherlands	(1985) 7 E.H.R.R. 279
	Holy Monastries v. Greece	(1995) 20 E.H.R.R. 1
	Mann v. Germany	(1996) 22 E.H.R.R. CD 157
	Mellacher v. Austria	(1990) 12 E.H.R.R. 97
	Szumilas v. Poland	(1998) 26 E.H.R.R. CD 181
Muller-Eberstein v. Germany, App. No. 29753/96, November 27, 1996	Webb v. United Kingdom	(1997) 24 E.H.R.R. CD 73
Munro v. United Kingdom, 52 D. & R. 158	S and M v. United Kingdom	(1994) 18 E.H.R.R. CD 172
Muyldermans v. Belgium, Comm. Rep., October 2, 1990	Wilson v. United Kingdom	(1998) 26 E.H.R.R. CD 195

Case Referred to	**Name of Case**	**Citation**
N v. United Kingdom, App. No. 12327/86, 67 D. & R. 123	Halford v. United Kingdom	(1997) 24 E.H.R.R. 523
N v. United Kingdom, Comm.Rep., May 9, 1989	G, H and I v. United Kingdom	(1993) 15 E.H.R.R. CD 41
National Federation of the Self-Employed v. United Kingdom, 15 D. & R. 198	App. No. 9793/82 v. United Kingdom	(1985) 7 E.H.R.R. 135
National Union of Belgian Police v. Belgium (1976) Series B, No. 17; 15 *Yearbook* 288	Van Oosterwijck v. Belgium	(1981) 3 E.H.R.R. 557
Neilson, App. No. 343/57, 4 D. & R. 568	Gregory v. United Kingdom	(1998) 25 E.H.R.R. 577
Neubecker v. Germany, 5 D. & R. 13	App. No. 9531/81 v. Germany	(1983) 5 E.H.R.R. 290
	Englert v. Germany	(1986) 8 E.H.R.R. 45
NH, GH and RA v. Turkey, App. No. 16311/90, unreported	Aksoy v. Turkey	(1997) 23 E.H.R.R. 553
NH, GH and RA v. Turkey, App. No. 16312 and 16313/90, unreported	Akkum, Akan and Karakoc v. Turkey	(1996) 21 E.H.R.R. CD 118
Nielsen v. Denmark, App. No. 343/57 (1961) 4 *Yearbook* 548	App. No. 8744/79 v. Germany	(1983) 5 E.H.R.R. 499
	App. No. 9022/80 v. Switzerland	(1984) 6 E.H.R.R. 329
	App. No. 9329/81 v. United Kingdom	(1983) 5 E.H.R.R. 286
	App. No. 9732/82 v. United Kingdom	(1983) 5 E.H.R.R. 295
	App. No. 9806/82 v. Ireland	(1983) 5 E.H.R.R. 488
	App. No. 10083/82 v. United Kingdom	(1984) 6 E.H.R.R. 140
	Bernard v. France	(2000) 30 E.H.R.R. 808
	Deweer v. Belgium	2 E.H.R.R. 439
	Gregory v. United Kingdom	(1995) 19 E.H.R.R. CD 82
Nölkenbockhoff v. Germany, Comm. Rep., October 9, 1985	Sekanina v. Austria	(1994) 17 E.H.R.R. 221
Norris and National Gay Federation v. Ireland, 44 D. & R. 132	Holy Monastries v. Greece	(1995) 20 E.H.R.R. 1
Nowacka v. Sweden, 60 D. & R. 212	EP v. Italy	(2001) 31 E.H.R.R 463
Nyberg v. Sweden, Comm. Op., March 15, 1990	Rieme v. Sweden	(1993) 16 E.H.R.R. 155

Case Referred to	Name of Case	Citation
O'Reilly v. Ireland, App. No. 24196/94, 84–B D. & R. 81	Heaney and McGuinness v. Ireland	(2000) 29 E.H.R.R. CD 166
	Quinn v. Ireland	(2000) 29 E.H.R.R. CD 234
Ofner v. Austria, App. No. 524/56, 3 *Yearbook* 322	Gea Catalán v. Spain	(1995) 20 E.H.R.R. 266
Ofner v. Austria, App. No. 617/59 (1963) 6 *Yearbook* 676	App. No. 9963/82 v. Belgium	(1983) 5 E.H.R.R. 515
	Delcourt v. Belgium	1 E.H.R.R. 355
Olsson v. Sweden, App. No. 37553/97, unreported	Sjöö v. Sweden	(1999) 27 E.H.R.R. CD 304
Omkara Nanda v. Switzerland, 25 D. & R. 105	Chahal v. United Kingdom	(1994) 18 E.H.R.R. CD 193
	Chappell v. United Kingdom	(1988) 10 E.H.R.R. 510
Oosterwijck v. Belgium, Comm. Rep.	Botta v. Italy	(1998) 26 E.H.R.R. 241
Osman v. United Kingdom, App. No. 23452/94, Comm. Rep., July 1, 1997	D v. United Kingdom	(1997) 24 E.H.R.R. 423
	Lenzing v. United Kingdom	(1999) 27 E.H.R.R. CD 323
	Manners v. United Kingdom	(1998) 26 E.H.R.R. CD 206
P v. Finland, App. No. 23048/93, unreported	Huber v. Austria	(1996) 22 E.H.R.R. CD 91
Paramanathan v. Germany, App. No. 12068/86, 51 D. & R. 237	Piermont v. France	(1995) 20 E.H.R.R. 301
Pataki v. Austria (App. No. 596/59) (1963) 6 *Yearbook* 714	Delcourt v. Belgium	1 E.H.R.R. 355
	Neumeister v. Austria (No. 1)	1 E.H.R.R. 91
Patel v. United Kingdom, App. No. 4403/70, 36 Coll. 92	X v. Sweden	(1982) 4 E.H.R.R. 408
Pederson v. Denmark, 37 D. & R. 50	Hoffmann v. Austria	(1994) 17 E.H.R.R. 293
Perin v. France, App. No. 18656/91, unreported	Smith v. United Kingdom	(1996) 21 E.H.R.R. CD 74
Peschke v. Austria, 18 D. & R. 160	B.M. v. United Kingdom	(1984) 6 E.H.R.R. 592
	Brandsetter v. Austria	(1993) 15 E.H.R.R. 378
	Kremzow v. Austria	(1994) 17 E.H.R.R. 322
	Ringhofer v. Austria	(1986) 8 E.H.R.R. 295
Peters v. Netherlands, App. No. 21132/93, 77–A D. & R. 75	Galloway v. United Kingdom	(1999) 27 E.H.R.R. CD 241
Peyer v. Switzerland, 11 D. & R. 58	Farragut v. France	(1986) 8 E.H.R.R. 232

Case Referred to	Name of Case	Citation
Piermont v. France, App. No. 15773 and 15774/89	Mangov v. Greece	(1993) 16 E.H.R.R. CD 36
Piorello v. Italy, 43 D. & R. 195	I.Z. v. Greece	(1994) 18 E.H.R.R. CD 101
Plattform Ärtze für das Leben v. Austria [1985] D. & R. 44	Ezelin v. France	(1992) 14 E.H.R.R. 362
Poiss v. Austria, Comm. Rep., January 24, 1986	Obermeier v. Austria	(1989) 11 E.H.R.R. 57
	Wiesinger v. Austria	(1993) 16 E.H.R.R. 258
Preikhzas v. Germany, App. No. 6504/74, 16 D. & R. 5	Andronicou and Constantinou v. Cyprus	(1995) 20 E.H.R.R. CD 105
	McGoff v. Sweden, App. No. 9017/80	(1984) 6 E.H.R.R. 101
Preston v. United Kingdom, App. No. 24193/94, July 2, 1997	Jasper v. United Kingdom	(2000) 30 E.H.R.R. 441
Pretto v. Italy, 16 D. & R. 92	Dores and Silveira v. Portugal	(1983) 5 E.H.R.R. 275
Price v. United Kingdom, App. No. 12402/86, 55 D. & R. 224	Boyle v. United Kingdom	(1995) 19 E.H.R.R. 179
	Hokkanen v. Finland	(1995) 19 E.H.R.R. 139
	X, Y and Z v. United Kingdom	(1997) 24 E.H.R.R. 143
Priorello v. Italy, App. No. 11068/84, 43 D. & R. 195	Pierre-Bloch v. France	(1998) 26 E.H.R.R. 202
Pudas v. Sweden, App. No. 10426/83, 40 D. & R. 234	Pinnacle Meat Processors Co. v. United Kingdom	(1999) 27 E.H.R.R. CD 217
Purcell v. Ireland, App. No. 15404/89, 70 D. & R. 262	Adams and Benn v. United Kingdom	(1997) 23 E.H.R.R. CD 160
	Brind v. United Kingdom	(1994) 18 E.H.R.R. CD 76
	Jersild v. Denmark	(1995) 19 E.H.R.R. 1
	United Communist Party of Turkey v. Turkey	(1998) 26 E.H.R.R. 121
	Zana v. Turkey	(1999) 27 E.H.R.R. 667
R.F. and S.F. v. Austria, App. No. 10847/84, 44 D. & R. 238	Allenet De Ribemont v. France	(1995) 20 E.H.R.R. 557
	Hentrich v. France	(1994) 18 E.H.R.R. 440
	Sekanina v. Austria	(1994) 17 E.H.R.R. 221
R.R. v. Netherlands, App. No. 13654/88, 57 D. & R. 287	Ahmut v. Netherlands	(1997) 24 E.H.R.R. 62
Radermacher v. Germany, App. No. 12811/87, October 11, 1990	Teixeira de Castro v. Portugal	(1999) 28 E.H.R.R. 101
Radio X v. Switzerland, 37 D. & R. 236	Informationsverein Lentia v. Austria	(1994) 17 E.H.R.R. 93

Case Referred to	Name of Case	Citation
Rasmussen v. Denmark (Admissibility), 27 D. & R. 105	Rasmussen v. Denmark, App. No. 8777/79	(1984) 6 E.H.R.R. 94
Rassemblement Jurassien et Unite Jrassienne v. Switzerland, 17 D. & R. 93	Council of Civil Service Unions v. United Kingdom	(1988) 10 E.H.R.R. 269
	Ezelin v. France	(1992) 14 E.H.R.R. 362
Rayner v. United Kingdom, App. No. 9310/81, 47 D. & R. 5	Lopez Ostra v. Spain	(1995) 20 E.H.R.R. 277
	Ortenberg v. Austria	(1995) 19 E.H.R.R. 524
Reinhardt and Slimane-Kaïd v. France, Comm Rep., December 1, 1998	Slimane-Kaïd v. France	(2001) 31 E.H.R.R 1073
Remer v. Germany, App. No. 25096/94, 82–B D. & R. 117	United Communist Party of Turkey v. Turkey	(1998) 26 E.H.R.R. 121
Retimag v. Germany, App. No. 712/60, (1961) 4 *Yearbook* 384; 8 Coll. 29	App. No. 9578/81 v. Germany	(1983) 5 E.H.R.R. 483
	App. No. 9843/82 v. United Kingdom	(1983) 5 E.H.R.R. 488
	Cyprus v. Turkey	(1982) 4 E.H.R.R. 482
	De Varga Hirsch v. France	(1984) 6 E.H.R.R. 126
	X v. United Kingdom	(1981) 3 E.H.R.R. 302
Revert and Legallais v. France, 62 D. & R. 309	Buscarini v. San Marino	(2000) 30 E.H.R.R. 208
Ringeisen v. Austria, Series B, Vol.II	Kaplan v. United Kingdom	(1982) 4 E.H.R.R. 64
Robins v. United Kingdom, Comm. Rep., July 4, 1996	Kaneva v. Bulgaria	(1997) 23 E.H.R.R. CD 86
	Panikian v. Bulgaria	(1997) 24 E.H.R.R. CD 63
Rotenstein v. Germany, 40 D. & R. 276	Beaumartin v. France	(1995) 19 E.H.R.R. 485
S v. Germany, 35 D. & R. 213	Lie and Bernsten v. Norway	(2000) 29 E.H.R.R. CD 210
S v. Germany, 39 D. & R. 43	Cardot v. France	(1991) 13 E.H.R.R. 853
S v. Switzerland, App. No. 13563/88, unreported	Kopp v. Switzerland	(1999) 27 E.H.R.R. 91
S and S v. United Kingdom, App. No. 10375/83, 40 D. & R. 196	X, Y and Z v. United Kingdom	(1997) 24 E.H.R.R. 143
Sacchi v. Italy, 5 D. & R. 50	Groppera Radio AG, Marquard, Fröhlich and Caluzzi v. Switzerland	(1990) 12 E.H.R.R. 297
	Informationsverein Lentia v. Austria	(1994) 17 E.H.R.R. 93

Case Referred to	Name of Case	Citation
Sadik v. Greece (1997) 24 E.H.R.R. CD 323	Kazimierczak v. Poland Sidiropoulos v. Greece	(1999) 27 E.H.R.R. CD 236 (1999) 27 E.H.R.R. 633
Saraiva de Carvalho v. Portugal, 26 D. & R. 262	Prussner v. Germany	(1986) 8 E.H.R.R. 79
Sargin and Yağci v. Turkey, App. No. 14116 and 14117/88, 61 D. & R. 250	Akkum, Akan and Karakoc v. Turkey Aydin v. Turkey Ikincisoy v. Turkey Sakik v. Turkey Sidiropoulos v. Greece Yasar v. Turkey	(1996) 21 E.H.R.R. CD 118 (1998) 25 E.H.R.R. 251 (1996) 21 E.H.R.R. CD 100 (1998) 26 E.H.R.R. 662 (1999) 27 E.H.R.R. 633 (1995) 19 E.H.R.R. CD 74
Saunders v. United Kingdom, Comm. Rep., May 10, 1994	Murray v. United Kingdom	(1994) 18 E.H.R.R. CD 1
Scheichelbauer v. Austria, 12 *Yearbook* 156; 14 *Yearbook* 902	Schenk v. Switzerland	(1991) 13 E.H.R.R. 242
Schenck v. Switzerland, Comm.Rep., May 14, 1987	Edwards v. United Kingdom	(1993) 15 E.H.R.R. 417
Schertenleib v. Switzerland, 17 D. & R. 180	App. No. 9017/80 v. Sweden Can v. Austria Gaskin v. United Kingdom Kurup v. Denmark	(1983) 5 E.H.R.R. 279 (1985) 7 E.H.R.R. 421 (1987) 9 E.H.R.R. 279 (1986) 8 E.H.R.R. 93
Schertenleib v. Switzerland, App. No. 8339/78, 23 D. & R. 137	App. No. 10135/82 v. Denmark App. No. 10263/83 v. Denmark Morganti v. France	(1986) 8 E.H.R.R. 226 (1986) 8 E.H.R.R. 60 (1996) 21 E.H.R.R. 34
Toth v. Austria	(1992) 14 E.H.R.R. 551 W v. Switzerland	 (1994) 17 E.H.R.R. 60
Schertenleif v. Switzerland, 23 D. & R. 23	Herczegfalvy v. Austria	(1993) 15 E.H.R.R. 437
Schloffer v. Germany, App. No. 8182/80, unreported	Eckle v. Germany	(1983) 5 E.H.R.R. 1
Scientology Kirche Deutschland v. Germany, 89 D. & R. 163	Özdep v. Turkey	(2001) 31 E.H.R.R 674
Silver v. United Kingdom, Comm.Op., October 11, 1980	Campbell v. United Kingdom McCallum v. United Kingdom	(1993) 15 E.H.R.R. 137 (1991) 13 E.H.R.R. 597
Simon-Herold v. Austria, App. No. 4330/69, (1971) 14 *Yearbook* 352	B v. United Kingdom X v. United Kingdom	(1984) 6 E.H.R.R. 204 (1981) 3 E.H.R.R. 302
Singh v. United Kingdom, Reports and Decisions 1996	Findlay v. United Kingdom	(1997) 24 E.H.R.R. 221

Case Referred to	Name of Case	Citation
Skoogström v. Sweden, Comm. Rep.	Ruga v. Italy	(1988) 10 E.H.R.R. 532
Smith v. United Kingdom, App. No. 25154/94, (1998) 25 E.H.R.R. CD 42	Beard v. United Kingdom Varey v. United Kingdom	(1998) 25 E.H.R.R. CD 28 (1998) 25 E.H.R.R. CD 49
Soltkow v. Germany, App. No. 4550/70, 38 Coll. 123	X, Y and Z v. United Kingdom	(1982) 4 E.H.R.R. 270
Sorabjee v. United Kingdom, App. No. 23938/94, unreported, October 23, 1995	Larbie v. United Kingdom Poku v. United Kingdom	(1996) 21 E.H.R.R. CD 103 (1996) 22 E.H.R.R. CD 94
SPDP and A.T. v. United Kingdom, App. No. 23715/94, may 20, 1996	Yasa v. Turkey	(1999) 28 E.H.R.R. 408
Spillmann v. Switzerland, App. No. 11811/85, 55 D. & R. 182	Kopp v. Switzerland	(1999) 27 E.H.R.R. 91
Sporrong and Lönnroth v. Sweden, App. No. 7151 and 7152/75, October 8, 1990	Pine Valley Developments Ltd v. Ireland	(1992) 14 E.H.R.R. 319
Sporrong and Lönnroth v. Sweden, Series B	Pinder v. United Kingdom	(1985) 7 E.H.R.R. 464
Sramek v. Austria, App. No. 8790/79	Benthem v. Netherlands Deumeland v. Germany	(1984) 6 E.H.R.R. 283 (1985) 7 E.H.R.R. 409
SS, AM and YSM v. Austria, App. No. 19066/91, unreported	Amuur v. France	(1996) 22 E.H.R.R. 533
Stallinger and Kuso v. Austria, Comm. Rep., December 7, 1995	Pauger v. Austria Werner and Szucs v. Austria	(1998) 25 E.H.R.R. 105 (1998) 26 E.H.R.R. 310
Stewart v. United Kingdom, App. No. 10044/82, 39 D. & R. 162	Andronicou and Constantinou v. Cyprus Aytekin v. Turkey McCann v. United Kingdom	(1998) 25 E.H.R.R. 491 (2001) 32 E.H.R.R. 501 (1996) 21 E.H.R.R. 97
Stolz v. Austria, App. No. 19343/92, unreported	Basic v. Austria	(1999) 28 E.H.R.R. CD 118
Stroogstrom v. Sweden, App. No. 8582/79, Comm. Rep., July 15, 1983	Togher v. United Kingdom	(1998) 25 E.H.R.R. CD 99
Struppat v. Germany, App. No. 2804/66, 11 *Yearbook* 381	De Haes and Gijsels v. Belgium	(1998) 25 E.H.R.R. 1

Case Referred to	Name of Case	Citation
Sutherland v. United Kingdom, App. No. 25186/94, Comm. Rep. July 1, 1997	Lustig-Prean and Beckett v. United Kingdom	(2000) 29 E.H.R.R. 548
	Smith and Grady v. United Kingdom	(2000) 29 E.H.R.R. 493
Svenska Lokmannaförbundet v. Sweden, App. No. 4475/70, 42 Coll.1	Campbell and Fell v. United Kingdom	(1983) 5 E.H.R.R. 207
Svenska Lokmannaförbundet v. Sweden, App. No. 6870/73, (1978) 9 D. & R. 5	Young, James and Webster v. United Kingdom	(1981) 3 E.H.R.R. 20
Sygounis v. Greece, App. No. 18958/91, 78–B D. & R. 71	Huber v. France	(1998) 26 E.H.R.R. 457
Szrajber and Clarke v. United Kingdom, App. No. 27004 and 27011/95, unreported	Carlin v. United Kingdom	(1998) 25 E.H.R.R. CD 75
T v. Austria, 64 D. & R. 176	EP v. Italy	(2001) 31 E.H.R.R 463
T v. Belgium, App. No. 9777/82, 34 D. & R. 158	Lehideux and Isorni v. France	(2000) 30 E.H.R.R. 665
	United Communist Party of Turkey v. Turkey	(1998) 26 E.H.R.R. 121
T.H. v. Finland, Comm. Rep., October 22, 1993	Asplund v. Sweden	(1994) 18 E.H.R.R. CD 111
T.H. v. Finland, Comm. Rep., October 22, 1993	Koskinen v. Finland	(1994) 18 E.H.R.R. CD 146
Tanko v. Finland, App. No. 23634/94, 77–A D. & R. 133	D v. United Kingdom	(1997) 24 E.H.R.R. 423
	SSC v. Sweden	(2000) 29 E.H.R.R. CD 245
Tauira v. France, App. No. 28204/95, December 4, 1995	Balmer-Schafroth v. Switzerland	(1998) 25 E.H.R.R. 598
Tekin v. Turkey, App. No. 22496/93, February 20, 1995 [1998] H.R.C.D. 646	Aydin v. Turkey	(1998) 25 E.H.R.R. 251
	Fidan v. Turkey	(2000) 29 E.H.R.R. CD 162
	Selmouni v. France	(2000) 29 E.H.R.R. 403
	Tanrikulu v. Turkey	(2000) 30 E.H.R.R. 950
Temple v. United Kingdom, 42 D. & R. 171	Buckley v. United Kingdom	(1994) 18 E.H.R.R. CD 123
Tete v. France, App. No. 11123/84, 54 D. & R. 52	Matthews v. United Kingdom	(1999) 28 E.H.R.R. 361

Case Referred to	Name of Case	Citation
Times Newspapers Ltd v. United Kingdom, Report of the Commission, Series B, No. 28	Arrowsmith v. United Kingdom	(1981) 3 E.H.R.R. 218
Times Newspapers v. United Kingdom, App. No. 10243/83, 41 D. & R. 123	Philis v. Greece	(1994) 18 E.H.R.R. CD 57
	Sheffield and Horsham v. United Kingdom	(1999) 27 E.H.R.R. 163
Times Newspapers Ltd and Neil v. United Kingdom, App. No. 14644/89	Times Newspapers Ltd and Neil v. United Kingdom	(1993) 15 E.H.R.R. CD 49
Timke v. Germany, App. No. 27311/95, 82–A D. & R. 158	Matthews v. United Kingdom	(1999) 28 E.H.R.R. 361
Tomasi v. France, Comm. Rep., December 11, 1990	Birou v. France	(1992) 14 E.H.R.R. 738
	Klass v. Germany	(1994) 18 E.H.R.R. 305
Travers v. Italy, 80–A D. & R. 5	Akkus v. Turkey	(2000) 30 E.H.R.R. 365
Tyler v. United Kingdom, App. No. 21283/93, 77–A D. & R. 81	Pierre-Bloch v. France	(1998) 26 E.H.R.R. 202
Tyrer v. United Kingdom, App. No. 5856/72, Series B, No. 24	Hilton v. United Kingdom	(1981) 3 E.H.R.R. 104
U v. Luxembourg, 42 D. & R. 86	Kremzow v. Austria	(1994) 17 E.H.R.R. 322
Unterpertinger v. Austria, Comm. Rep., March 12, 1984	Kennedy v. United Kingdom	(1999) 27 E.H.R.R. CD 266
Uppal v. United Kingdom, App. No. 8244/78, 17 D. & R. 149	App. No. 9403/81 v. United Kingdom	(1983) 5 E.H.R.R. 270
	App. No. 9730/82 v. United Kingdom	(1983) 5 E.H.R.R. 606
Upsalla Fria Studentkår v. Sweden, 9 D. & R. 5	Young, James and Webster v. United Kingdom	(1981) 3 E.H.R.R. 20
Valentijn v. France, App. No. 14033/88	Letellier v. France	(1992) 14 E.H.R.R. 83
Vallon v. Italy, Comm.Rep., December 8, 1984	Clooth v. Belgium	(1992) 14 E.H.R.R. 717
Van Der Leer v. Belgium, Comm. Rep.	Koendjbiharie v. Netherlands	(1991) 13 E.H.R.R. 820
Van Der Mussele v. Belgium, App. No. 8919/80	App. No. 9322/81 v. Netherlands	(1983) 5 E.H.R.R. 598

Case Referred to	Name of Case	Citation
Van Der Sluijs, Zuiderveld and Klappe v. Netherlands, App. No. 9362/81, 9363/81 and 9387/81	Duinhof and Duijf v. Netherlands, App. No. 9626/81 and 9736/82	(1984) 6 E.H.R.R. 105
Van Droogenbroeck v. Belgium, Comm. Op., July 9, 1980	E v. Norway	(1994) 17 E.H.R.R. 30
Van Eis v. Netherlands, App. No. 22840/93, March 2, 1994	Erkalo v. Netherlands	(1999) 28 E.H.R.R. 509
Ventura v. Italy, App. No. 7438/76, 23 D. & R. 41	App. No. 9429/81 v. Ireland	(1983) 5 E.H.R.R. 507
	Boddaert v. Belgium	(1993) 16 E.H.R.R. 242
	Clooth v. Belgium	(1992) 14 E.H.R.R. 717
	Mitap and Müftüoğlu v. Turkey	(1996) 22 E.H.R.R. 209
Verein Alternatives Lokal Radio Bern and Verein Radio Dreyeckland Basel v. Switzerland, 49 D. & R. 139	Groppera Radio AG, Marquard, Fröhlich and Caluzzi v. Switzerland	(1990) 12 E.H.R.R. 297
	Informationsverein Lentia v. Austria	(1994) 17 E.H.R.R. 93
Vereniging Rechtswinkels Utrecht v. Netherlands, App. No. 11308/84, 46 D. & R. 200	Valsamis v. Greece	(1997) 24 E.H.R.R. 294
Von Sydow v. Sweden, App. No. 11464/85, 53 D. & R. 85	Benham v. United Kingdom	(1996) 22 E.H.R.R. 293
W v. Austria, Comm. Op., July 12, 1989	Asch v. Austria	(1993) 15 E.H.R.R. 597
	Delta v. France	(1993) 16 E.H.R.R. 574
	Lüdi v. Switzerland	(1993) 15 E.H.R.R. 173
W v. Germany, 50 D. & R. 219	EP v. Italy	(2001) 31 E.H.R.R 463
	Hoffmann v. Austria	(1994) 17 E.H.R.R. 293
W v. Switzerland, App. No. 9022/80, 33 D. & R. 21	Manners v. United Kingdom	(1998) 26 E.H.R.R. CD 206
W v. United Kingdom, App. No. 9348/81, 32 D. & R. 190	Drozd and Janousek v. France and Spain	(1992) 14 E.H.R.R. 745
	McCann v. United Kingdom	(1996) 21 E.H.R.R. 97
	Osman v. United Kingdom	(2000) 29 E.H.R.R. 245
W v. United Kingdom, App. No. 11095/84	Cossey v. United Kingdom	(1991) 13 E.H.R.R. 622
W v. United Kingdom, Comm. Rep.	Gaskin v. United Kingdom	(1989) 11 E.H.R.R. 402
W, X, Y and Z v. Belgium (1975) 2 D. & R. 110	Glimmerveen and Hagenbeek v. Netherlands	(1982) 4 E.H.R.R. 260
	Liberal Party v. United Kingdom	(1982) 4 E.H.R.R. 106

Case Referred to	Name of Case	Citation
W, X, Y and Z v. United Kingdom, App. No. 6745 and 6746/74, 2 D. & R. 110	Gitonas v. Greece	(1998) 26 E.H.R.R. 691
Waite and Kennedy v. Germany, App. No. 26083/94, Comm. Rep., December 2, 1997	Lenzing v. United Kingdom	(1999) 27 E.H.R.R. CD 323
Wallin v. Sweden, App. No. 11450/85, 55 D. & R.	Schuler-Zgraggen v. Switzerland	(1993) 16 E.H.R.R. 405
Warwick v. United Kingdom, App. No. 9471/81, 60 D. & R. 5	A v. United Kingdom	(1999) 27 E.H.R.R. 611
	Costello-Roberts v. United Kingdom	(1995) 19 E.H.R.R. 112
	Y v. United Kingdom	(1994) 17 E.H.R.R. 238
Wasa Liv Ömsesidigt v. Sweden, App. No. 13013/87, 58 D. & R. 163	Gasus Dosier und Fordertechnik GmbH v Netherlands	(1995) 20 E.H.R.R. 403
Weeks v. United Kingdom, Comm. Rep., December 7, 1984	Bromfield v. United Kingdom	(1998) 26 E.H.R.R. CD 138
Wemhoff v. Germany (1968) Series B, No. 5	Eckle v. Germany	(1983) 5 E.H.R.R. 1
Wemhoff v. Germany (1968) Series B, No. 7	App. No. 9362, 9363 &9387/81 v. Netherlands	(1983) 5 E.H.R.R. 270
Whiteside v. United Kingdom, App. No. 20357/92, 76–A D. & R. 80	Osman v. United Kingdom	(2000) 29 E.H.R.R. 245
	Sheffield and Horsham v. United Kingdom	(1999) 27 E.H.R.R. 163
Wiechert v. Germany, App. No. 1404/62, (1964) 7 *Yearbook* 104	Bonnechaux v. Switzerland	(1981) 3 E.H.R.R. 259
Wieninger, App. No. 12650/87, Comm. Rep., January 11, 1984	Protsch v. Austria	(2001) 32 E.H.R.R. 255
Wiggins v. United Kingdom, App. No. 7456/76, 13 D. & R. 40	Buckley v. United Kingdom	(1995) 19 E.H.R.R. CD 20
	Buckley v. United Kingdom	(1997) 23 E.H.R.R. 101
	Gillow v. United Kingdom	(1983) 5 E.H.R.R. 581
	Gillow v. United Kingdom	(1985) 7 E.H.R.R. 292
Windisch v. Austria, App. No. 12489/86	Cardot v. France	(1991) 13 E.H.R.R. 853
Winer v. United Kingdom, 48 D. & R. 154	S and M v. United Kingdom	(1994) 18 E.H.R.R. CD 172
Winterwerp v. Netherlands, 45 Coll. 57	Koendjbiharie v. Netherlands	(1991) 13 E.H.R.R. 820

Case Referred to	**Name of Case**	**Citation**
Winterwerp v. Netherlands, App. No. 6301/73, Comm Rep., December 15, 1977	Caprino v. United Kingdom	(1982) 4 E.H.R.R. 97
Woukam Moudefo v. France, Comm. Rep., July 16, 1987	Navarra v. France	(1994) 17 E.H.R.R. 594
X v. Austria, App. No. 462/59, 2 *Yearbook* 382	Temeltasch v. Switzerland	(1983) 5 E.H.R.R. 417
X v. Austria, App. No. 1047/61, 4 *Yearbook* 357	Temeltasch v. Switzerland	(1983) 5 E.H.R.R. 417
X v. Austria, App. No. 1140/61, 8 Coll. 57	X v. Ireland	(1982) 4 E.H.R.R. 359
X v. Austria, App. No. 1452/62, 6 *Yearbook* 269	Temeltasch v. Switzerland	(1983) 5 E.H.R.R. 417
X v. Austria, App. No. 1599/62, (1963) *Yearbook* 349	Kemmache v. France (No. 3)	(1995) 19 E.H.R.R. 349
X v. Austria, App. No. 1706/62, 21 Coll. 34	Kaplan v. United Kingdom Yarrow plc v. United Kingdom	(1982) 4 E.H.R.R. 64 (1983) 5 E.H.R.R. 498
X v. Austria, App. No. 1852/63, 8 *Yearbook* 191	Gay News Ltd and Lemon v. United Kingdom	(1983) 5 E.H.R.R. 123
X v. Austria, App. No. 2432/65, 22 Coll. 124	Fischer v. Austria	(1995) 20 E.H.R.R. 349
X v. Austria, App. No. 2676/65, 23 Coll. 31	X v. Ireland	(1982) 4 E.H.R.R. 359
X v. Austria, App. No. 3374/67, 12 *Yearbook* 246	Lingens and Leitgens v. Austria	(1982) 4 E.H.R.R. 373
X v. Austria, App. No. 3500/68, 14 *Yearbook* 169	Temeltasch v. Switzerland	(1983) 5 E.H.R.R. 417
X v. Austria, App. No. 5321/71, 42 C.D. 105	United Communist Party of Turkey v. Turkey	(1998) 26 E.H.R.R. 121
X v. Austria, App. No. 5416/72, (1974) 46 Coll. 88	Van Oosterwijck v.Belgium	(1981) 3 E.H.R.R. 557
X v. Austria, App. No. 5575/72, (1975) 1 D. & R. 44	Weston v. United Kingdom	(1981) 3 E.H.R.R. 402
X v. Austria, App. No. 5759/72, (1976) 6 D. & R. 15	X v. United Kingdom	(1981) 3 E.H.R.R. 302

Case Referred to	Name of Case	Citation
X v. Austria, App. No. 7008/75, 6 D. & R. 120	Matthews v. United Kingdom	(1999) 28 E.H.R.R. 361
X v. Austria, App. No. 7045/75, (1977) 7 D. & R. 87	Campbell and Cosans v. United Kingdom	(1981) 3 E.H.R.R. 531
	Paton v. United Kingdom	(1981) 3 E.H.R.R. 408
X v. Austria, App. No. 7287/75, 13 D. & R. 27	Gillow v. United Kingdom	(1985) 7 E.H.R.R. 292
	Lithgow v. United Kingdom	(1985) 7 E.H.R.R. 56
X v. Austria, App. No. 7830/77, 14 D. & R. 200	Kaplan v. United Kingdom	(1982) 4 E.H.R.R. 64
X v. Austria, App. No. 7987/77, 18 D. & R. 31	Cardot v. France	(1991) 13 E.H.R.R. 853
	Cook v. United Kingdom	(1998) 25 E.H.R.R. CD 189
	De Haes and Gijsels v. Belgium	(1998) 25 E.H.R.R. 1
	R.M.B. v. United Kingdom	(1999) 27 E.H.R.R. CD 286
	R.S. v. United Kingdom	(1995) 20 E.H.R.R. CD 98
	Tsirlis and Kouloumpas v. Greece	(1998) 25 E.H.R.R. 198
	Wilson v. United Kingdom	(1998) 26 E.H.R.R. CD 195
	X v. Germany	(1982) 4 E.H.R.R. 398
X v. Austria, App. No. 8003/77, 17 D. & R. 86	Trustees of the late Duke of Westminster's Estate v. United Kingdom	(1983) 5 E.H.R.R. 440
X v. Austria, App. No. 8180/78, 20 D. & R. 23	Temeltasch v. Switzerland	(1983) 5 E.H.R.R. 417
X v. Austria, App. No. 8278/78, 18 D. & R. 154	Loizidou v. Turkey	(1995) 20 E.H.R.R. 99
	Sargin v. Germany	(1982) 4 E.H.R.R. 276
X v. Austria, App. No. 8490/79, 22 D. & R. 140	Gea Catalán v. Spain	(1995) 20 E.H.R.R. 266
X v. Austria, App. No. 8831/79, unreported	Lingens and Leitgens v. Austria	(1982) 4 E.H.R.R. 373
X v. Austria, App. No. 8998/80, 32 D. & R. 150	Palaoro v. Austria	(2001) 32 E.H.R.R. 202
X v. Austria, App. No. 9077/80, 26 D. & R. 211	Allenet De Ribemont v. France	(1995) 20 E.H.R.R. 557
	Hentrich v. France	(1994) 18 E.H.R.R. 440
	Sekanina v. Austria	(1994) 17 E.H.R.R. 221
X v. Austria, App. No. 9295/81, 30 D. & R. 227	Allenet De Ribemont v. France	(1995) 20 E.H.R.R. 557
	Hentrich v. France	(1994) 18 E.H.R.R. 440
	Sekanina v. Austria	(1994) 17 E.H.R.R. 221
	Unlu v. Austria	(1994) 18 E.H.R.R. CD 165
X v. Belgium (1965) 18 Coll. 1	Liberal Party v. United Kingdom	(1982) 4 E.H.R.R. 106
X v. Belgium, App. No. 458/59, 3 *Yearbook* 222	Cardot v. France	(1991) 13 E.H.R.R. 853
	R.S. v. United Kingdom	(1995) 20 E.H.R.R. CD 98
	Tsirlis and Kouloumpas v. Greece	(1998) 25 E.H.R.R. 198

Case Referred to	Name of Case	Citation
	Wilson v. United Kingdom X v. Ireland	(1998) 26 E.H.R.R. CD 195 (1982) 4 E.H.R.R. 359
X v. Belgium, App. No. 1065/61, 4 *Yearbook* 261	Loizidou v. Turkey	(1995) 20 E.H.R.R. 99
X v. Belgium, App. No. 1488/62, 13 Coll. 93	Van Oosterwijck v.Belgium	(1981) 3 E.H.R.R. 557
X v. Belgium, App. No. 1727/62, (1963) 6 *Yearbook* 370	Van Oosterwijck v.Belgium	(1981) 3 E.H.R.R. 557
X v. Belgium, App. No. 2758/66, (1970) 30 Coll. 11; 12 *Yearbook* 175	Paton v. United Kingdom Stewart v. United Kingdom	(1981) 3 E.H.R.R. 408 (1985) 7 E.H.R.R. 453
X v. Belgium, App. No. 5488/72, 45 Coll. 20	McVeigh, O'Neill and Evans v. United Kingdom	(1983) 5 E.H.R.R. 71
X v. Belgium, App. No. 6697/74	Van Droogenbroeck v. Belgium	(1982) 4 E.H.R.R. 443
X v. Belgium, App. No. 6837/74, 3 D. & R. 135	Kaplan v. United Kingdom	(1982) 4 E.H.R.R. 64
X v. Belgium, App. No. 6859/74, 3 D. & R. 139	B v. United Kingdom	(1984) 6 E.H.R.R. 204
X v. Belgium, App. No. 7450/76, 9 D. & R. 108	Mantovanelli v. France X v. Ireland	(1997) 24 E.H.R.R. 370 (1982) 4 E.H.R.R. 359
X v. Belgium, App. No. 7628/76, 9 D. & R. 169	Fressoz and Roire v. France Gea Catalán v. Spain	(2001) 31 E.H.R.R 28 (1995) 20 E.H.R.R. 266
X v. Belgium, App. No. 8701/79, 18 D. & R. 250	Gitonas v. Greece	(1998) 26 E.H.R.R. 691
X v. Belgium, App. No. 8988/80	App. No. 9713/82 v. Belgium	(1983) 5 E.H.R.R. 295
X v. Denmark (1976) 5 D. & R. 157	Ahmad v. United Kingdom Liberal Party v. United Kingdom	(1982) 4 E.H.R.R. 126 (1982) 4 E.H.R.R. 106
X v. Denmark, 24 D. & R. 239	Djeroud v. France	(1992) 14 E.H.R.R. 68
X v. France, App. No. 9993/82, 31 D. & R. 241	EP v. Italy X, Y and Z v. United Kingdom	(2001) 31 E.H.R.R 463 (1997) 24 E.H.R.R. 143
X v. Germany (1961) 4 *Yearbook* 240; 6 Coll. 17	Hamer v. United Kingdom	(1982) 4 E.H.R.R. 139
X v. Germany, 11 D. & R. 16	Cossey v. United Kingdom	(1991) 13 E.H.R.R. 622
X v. Germany, 11 *Yearbook* 366	Hoffmann v. Austria	(1994) 17 E.H.R.R. 293

Case Referred to	Name of Case	Citation
X v. Germany, 14 D. & R. 175	Hoffmann v. Austria	(1994) 17 E.H.R.R. 293
X v. Germany, 27 D. & R. 243	Djeroud v. France	(1992) 14 E.H.R.R. 68
X v. Germany, 8 *Yearbook* 158	Drozd and Janousek v. France and Spain	(1992) 14 E.H.R.R. 745
X v. Germany, App. No. 235/56, 2 *Yearbook* 256	Matthews v. United Kingdom	(1999) 28 E.H.R.R. 361
X v. Germany, App. No. 297/57, (1958) 2 *Yearbook* 204	Bonnechaux v. Switzerland	(1981) 3 E.H.R.R. 259
X v. Germany, App. No. 342/57, unreported	Van Oosterwijck v.Belgium	(1981) 3 E.H.R.R. 557
X v. Germany, App. No. 530/59, (1960) 3 *Yearbook* 184	Bonnechaux v. Switzerland	(1981) 3 E.H.R.R. 259
X v. Germany, App. No. 1197/61, (1962) 5 *Yearbook* 88	Deweer v. Belgium	2 E.H.R.R. 439
X v. Germany, App. No. 1307/61, 9 Coll. 53	McVeigh, O'Neill and Evans v. United Kingdom	(1983) 5 E.H.R.R. 71
X v. Germany, App. No. 1611/62, 8 *Yearbook* 158	Cyprus v. Turkey	(1982) 4 E.H.R.R. 482
X v. Germany, App. No. 1870/63, 18 Coll. 54	Trustees of the late Duke of Westminster's Estate v. United Kingdom	(1983) 5 E.H.R.R. 440
X v. Germany, App. No. 2303/64, 22 Coll. 12	Trustees of the late Duke of Westminster's Estate v. United Kingdom	(1983) 5 E.H.R.R. 440
X v. Germany, App. No. 2516/65, (1966) 9 *Yearbook* 436	Bonnechaux v. Switzerland	(1981) 3 E.H.R.R. 259
X v. Germany, App. No. 3637/68, (1970) 13 *Yearbook* 438	Bonnechaux v. Switzerland	(1981) 3 E.H.R.R. 259
X v. Germany, App. No. 4427/70, 38 Coll. 39 (1971)	Deweer v. Belgium	2 E.H.R.R. 439
X v. Germany, App. No. 4653/70, 46 Coll. 22	X v. Germany	(1982) 4 E.H.R.R. 398
X v. Germany, App. No. 5935/72, (1976) 3 D. & R. 46	Dudgeon v. United Kingdom Sutherland v. United Kingdom X v. United Kingdom	(1981) 3 E.H.R.R. 40 (1997) 24 E.H.R.R. CD 22 (1981) 3 E.H.R.R. 63

Case Referred to	Name of Case	Citation
X v. Germany, App. No. 6167/73, (1975) 1 D. & R. 64	Hamer v. United Kingdom	(1982) 4 E.H.R.R. 139
	Van Oosterwijck v.Belgium	(1981) 3 E.H.R.R. 557
X v. Germany, App. No. 6357/73, 1 D. & R. 77	X, Cabales and Balkandali v. United Kingdom	(1983) 5 E.H.R.R. 132
X v. Germany, App. No. 6541/74, (1975) 3 D. & R. 86	Bonnechaux v. Switzerland	(1981) 3 E.H.R.R. 259
X v. Germany, App. No. 6577/74, (1975) 1 D. & R. 91	Van Oosterwijck v.Belgium	(1981) 3 E.H.R.R. 557
X v. Germany, App. No. 6794/74, 3 D. & R. 104	McVeigh, O'Neill and Evans v. United Kingdom	(1983) 5 E.H.R.R. 71
X v. Germany, App. No. 7116/75, 7 D. & R. 91	Assenov v. Bulgaria	(1999) 28 E.H.R.R. 652
X v. Germany, App. No. 7216/75, 5 D. & R. 137	HLR v. France	(1998) 26 E.H.R.R. 29
X v. Germany, App. No. 7705/76, 9 D. & R. 196	X, Cabales and Balkandali v. United Kingdom	(1983) 5 E.H.R.R. 132
X v. Germany, App. No. 8041/77, 12 D. & R. 197	X, Cabales and Balkandali v. United Kingdom	(1983) 5 E.H.R.R. 132
X v. Germany, App. No. 8410/78, 18 D. & R. 216	Socialist Party v. Turkey	(1999) 27 E.H.R.R. 51
X v. Germany, App. No. 9235/81, 29 D. & R. 194	Lehideux and Isorni v. France	(2000) 30 E.H.R.R. 665
X v. Germany, App. No. 13258/87, February 9, 1990	Waite and Kennedy v. Germany	(2000) 30 E.H.R.R. 261
X v. Germany, App. No. 15871/89, October 9, 1991	Sekanina v. Austria	(1994) 17 E.H.R.R. 221
X v. Iceland (1976) 19 C.D. 342	McFeeley v. United Kingdom	(1981) 3 E.H.R.R. 161
X v. Iceland, App. No. 6825/75 (1976) 5 D. & R. 86	App. No. 8962/80 v. Belgium	(1983) 5 E.H.R.R. 268
	Artingstoll v. United Kingdom	(1995) 19 E.H.R.R. CD 92
	Brüggemann and Scheuten v. Germany	(1981) 3 E.H.R.R. 244
	Bullock v. United Kingdom	(1996) 21 E.H.R.R. CD 85
	Van Oosterwijck v.Belgium	(1981) 3 E.H.R.R. 557
	X v. United Kingdom	(1983) 5 E.H.R.R. 260
X v. Ireland, App. No. 493/59, (1961) 4 *Yearbook* 302; 7 Coll. 85	X v. United Kingdom	(1981) 3 E.H.R.R. 302

Case Referred to	Name of Case	Citation
X v. Ireland, App. No. 4125/69, (1971) 14 *Yearbook* 198	Karakurt v. Austria	(2000) 29 E.H.R.R. CD 273
	X v. Ireland	(1982) 4 E.H.R.R. 359
	Young, James and Webster v. United Kingdom	(1981) 3 E.H.R.R. 20
X v. Ireland, App. No. 6040/73, 44 Coll. 121	Osman v. United Kingdom	(2000) 29 E.H.R.R. 245
X v. Netherlands	B v. France	(1993) 16 E.H.R.R. 1
X v. Netherlands (1974) 1 D. & R. 87	Liberal Party v. United Kingdom	(1982) 4 E.H.R.R. 106
X v. Netherlands, 6 Coll. 64	Bozano v. France	(1987) 9 E.H.R.R. 297
X v. Netherlands, 6 *Yearbook* 262	Hoffmann v. Austria	(1994) 17 E.H.R.R. 293
X v. Netherlands, App. No. 846/60, 6 Coll. 23	App. No. 9587/81 v. France	(1983) 5 E.H.R.R. 483
X v. Netherlands, App. No. 6852/74, 15 D. & R. 5	Erkalo v. Netherlands	(1999) 28 E.H.R.R. 509
X v. Netherlands, App. No. 8239/78, 16 D. & R. 184	Loizidou v. Turkey	(1995) 20 E.H.R.R. 99
X v. Norway, App. No. 867/60, (1961) 4 *Yearbook* 270; 6 Coll. 34	Paton v. United Kingdom	(1981) 3 E.H.R.R. 408
X v. Norway, App. No. 3444/67, 13 *Yearbook* 302	Ninn-Hansen v. Denmark	(1999) 28 E.H.R.R. CD 96
X v. Sweden, 12 D. & R. 192	EP v. Italy	(2001) 31 E.H.R.R 463
X v. Sweden, 26 Coll. 71	Informationsverein Lentia v. Austria	(1994) 17 E.H.R.R. 93
X v. Sweden, App. No. 5258/71, 43 Coll. 71	Cardot v. France	(1991) 13 E.H.R.R. 853
	Cook v. United Kingdom	(1998) 25 E.H.R.R. CD 189
	R.S. v. United Kingdom	(1995) 20 E.H.R.R. CD 98
	Tsirlis and Kouloumpas v. Greece	(1998) 25 E.H.R.R. 198
	Wilson v. United Kingdom	(1998) 26 E.H.R.R. CD 195
X v. Sweden, App. No. 7376/76, 7 D. & R. 123	Sargin v. Germany	(1982) 4 E.H.R.R. 276
X v. Sweden, App. No. 7911/77, 12 D. & R. 192	Hendriks v. Netherlands	(1983) 5 E.H.R.R. 223
X v. Sweden, App. No. 9707/82, 31 D. & R. 223	Stubbings v. United Kingdom	(1997) 23 E.H.R.R. 213

Case Referred to	Name of Case	Citation
X v. Switzerland (1978) 12 D. & R. 241	Hamer v. United Kingdom	(1982) 4 E.H.R.R. 139
X v. Switzerland, App. No. 8257/78, 13 D. & R. 248	X, Y and Z v. United Kingdom	(1997) 24 E.H.R.R. 143
X v. Switzerland, App. No. 8341/78, 20 D. & R. 161	Lombardo v. Italy	(1996) 21 E.H.R.R. 188
X v. Switzerland, App. No. 8600/77, 13 D. & R. 81	Kaplan v. United Kingdom	(1982) 4 E.H.R.R. 64
X v. Switzerland, App. No. 9000/80, 28 D. & R. 127	Fressoz and Roire v. France	(2001) 31 E.H.R.R 28
X v. Switzerland, App. No. 9037/80, 24 D. & R. 221	Fressoz and Roire v. France	(2001) 31 E.H.R.R 28
X v. United Kingdom (1971) 35 Coll.97	Hamer v. United Kingdom	(1982) 4 E.H.R.R. 139
X v. United Kingdom (1972) 39 Coll. 63	Hamer v. United Kingdom	(1982) 4 E.H.R.R. 139
X v. United Kingdom (1973) 42 Coll. 140	Hamer v. United Kingdom	(1982) 4 E.H.R.R. 139
X v. United Kingdom (1975) 2 D. & R. 105	Hamer v. United Kingdom	(1982) 4 E.H.R.R. 139
X v. United Kingdom (1976) 7 D. & R. 95	Liberal Party v. United Kingdom	(1982) 4 E.H.R.R. 106
X v. United Kingdom, 9 D. & R. 166	EP v. Italy	(2001) 31 E.H.R.R 463
X v. United Kingdom, App. No. 3868/68, (1970) 34 C.D. 10	Brüggemann and Scheuten v. Germany	(1981) 3 E.H.R.R. 244
X v. United Kingdom, App. No. 4133/69, 13 *Yearbook* 198	X v. Ireland	(1982) 4 E.H.R.R. 359
X v. United Kingdom, App. No. 4288/69, 33 Coll. 53	Trustees of the late Duke of Westminster's Estate v. United Kingdom	(1983) 5 E.H.R.R. 440
X v. United Kingdom, App. No. 5442/74, 1 D. & R. 41	Ahmad v. United Kingdom	(1982) 4 E.H.R.R. 126
X v. United Kingdom, App. No. 5877/72, (1974) 45 C.D. 90	Brüggemann and Scheuten v. Germany	(1981) 3 E.H.R.R. 244
X v. United Kingdom, App. No. 6084/73, 3 D. & R. 62	Manners v. United Kingdom	(1998) 26 E.H.R.R. CD 206

Case Referred to	Name of Case	Citation
X v. United Kingdom, App. No. 6840/74, (1977) 10 D. & R. 5	Arrowsmith v. United Kingdom	(1981) 3 E.H.R.R. 218
	McFeeley v. United Kingdom	(1981) 3 E.H.R.R. 161
X v. United Kingdom, App. No. 6998/75, Comm. Rep., July 16, 1980; 4 E.H.R.R. 214	B v. United Kingdom	(1984) 6 E.H.R.R. 204
	Caprino v. United Kingdom	(1982) 4 E.H.R.R. 97
	McVeigh, O'Neill and Evans v. United Kingdom	(1983) 5 E.H.R.R. 71
X v. United Kingdom, App. No. 7140/75, 7 D. & R. 95	Gitonas v. Greece	(1998) 26 E.H.R.R. 691
X v. United Kingdom, App. No. 7154/75, 14 D. & R. 31	McCann v. United Kingdom	(1996) 21 E.H.R.R. 97
	Osman v. United Kingdom	(2000) 29 E.H.R.R. 245
X v. United Kingdom, App. No. 7215/75 (1981) 3 E.H.R.R. 63; 19 D. & R. 66	App. No. 9721/82 v. United Kingdom	(1985) 7 E.H.R.R. 145
	Dudgeon v. United Kingdom	(1981) 3 E.H.R.R. 40
	Sutherland v. United Kingdom	(1997) 24 E.H.R.R. CD 22
X v. United Kingdom, App. No. 7308/75, 16 D. & R. 32	X v. United Kingdom	(1983) 5 E.H.R.R. 162
	X, Cabales and Balkandali v. United Kingdom	(1983) 5 E.H.R.R. 132
X v. United Kingdom, App. No. 7379/76, (1976) 8 D. & R. 211	App. No. 9360/81 v. Ireland	(1983) 5 E.H.R.R. 506
	Lithgow v. United Kingdom	(1983) 5 E.H.R.R. 491
	Loizidou v. Turkey	(1995) 20 E.H.R.R. 99
	Trustees of the late Duke of Westminster's Estate v. United Kingdom	(1983) 5 E.H.R.R. 440
	X v. United Kingdom	(1981) 3 E.H.R.R. 302
X v. United Kingdom, App. No. 7547/76, 12 D. & R. 73	Loizidou v. Turkey	(1997) 23 E.H.R.R. 513
X v. United Kingdom, App. No. 7730/77, 15 D. & R. 137	App. No. 8873/80 v. United Kingdom	(1983) 5 E.H.R.R. 268
X v. United Kingdom, App. No. 7782/77, 14 D. & R. 179	App. No. 9461/81 v. United Kingdom	(1983) 5 E.H.R.R. 480
X v. United Kingdom, App. No. 7902/77, 7 D. & R. 224	Kaplan v. United Kingdom	(1982) 4 E.H.R.R. 64
X v. United Kingdom, App. No. 7907/77, (1979) 14 D. & R. 210	Van Oosterwijck v.Belgium	(1981) 3 E.H.R.R. 557
X v. United Kingdom, App. No. 7992/77, 14 D. & R. 234	Buscarini v. San Marino	(2000) 30 E.H.R.R. 208

Case Referred to	Name of Case	Citation
X v. United Kingdom, App. No. 8010/77, 16 D. & R. 101	Ahmad v. United Kingdom	(1982) 4 E.H.R.R. 126
	Vereinigung Demokratischer Soldaten Österreichs and Gubi v. Austria	(1995) 20 E.H.R.R. 56
X v. United Kingdom, App. No. 8038/77, 19 D. & R. 223	Putz v. Austria	(2001) 32 E.H.R.R. 271
X v. United Kingdom, App. No. 8046/77, Admissibility Decision, March 8, 1979	X v. United Kingdom	(1981) 3 E.H.R.R. 271
X v. United Kingdom, App. No. 8158/78, 21 D. & R. 95	App. No. 9649/82 v. Sweden	(1983) 5 E.H.R.R. 292
	Stewart-Brady v. United Kingdom	(1997) 24 E.H.R.R. CD 38
X v. United Kingdom, App. No. 8281/78, 38 D. & R. 5	Herczegfalvy v. Austria	(1993) 15 E.H.R.R. 437
X v. United Kingdom, App. No. 8462/79, 20 D. & R. 184	Assenoz v. Bulgaria	(1996) 22 E.H.R.R. CD 163
X v. United Kingdom, App. No. 8581/79, 29 D. & R. 48	HLR v. France	(1998) 26 E.H.R.R. 29
X v. United Kingdom, App. No. 8873/80, 28 D. & R. 99	Matthews v. United Kingdom	(1999) 28 E.H.R.R. 361
X v. United Kingdom, App. No. 9054/80, 30 D. & R. 113	Togher v. United Kingdom	(1998) 25 E.H.R.R. CD 99
X v. United Kingdom, App. No. 9088/80	App. No. 9441/81 v. United Kingdom	(1983) 5 E.H.R.R. 289
X and Association Y v. Italy, App. No. 8987/80, 24 D. & R. 192	Matthews v. United Kingdom	(1999) 28 E.H.R.R. 361
X and Church of Scientology v. Sweden, App. No. 7805/77, 16 D. & R. 68	App. No. 9664/82 v. Sweden	(1983) 5 E.H.R.R. 510
	Barthold v. Germany	(1985) 7 E.H.R.R. 383
	Barthold v. Germany, App. No. 8734/79	(1984) 6 E.H.R.R. 82
	Liberal Party v. United Kingdom	(1982) 4 E.H.R.R. 106
	Markt Intern and Beerman v. Germany	(1989) 11 E.H.R.R. 212
X and Y v. Belgium, App. No. 1661/62, (1963) 6 *Yearbook* 360; 10 Coll.20	Van Oosterwijck v.Belgium	(1981) 3 E.H.R.R. 557
	X v. United Kingdom	(1981) 3 E.H.R.R. 302
X and Y v. Germany, 9 D. & R. 219	Lalljee v. United Kingdom	(1986) 8 E.H.R.R. 84

Case Referred to	Name of Case	Citation
X and Y v. Germany, 10 D. & R. 224	App. No. 10300/83 v. Germany	(1986) 8 E.H.R.R. 264
X and Y v. Switzerland, 9 D. & R. 57	Drozd and Janousek v. France and Spain	(1992) 14 E.H.R.R. 745
X and Y v. Switzerland, Comm. Rep., April 8, 1991	Scherer v. Switzerland	(1994) 18 E.H.R.R. 276
X and Y v. United Kingdom, 44 Coll. 29	Lalljee v. United Kingdom	(1986) 8 E.H.R.R. 84
X and Y v. United Kingdom, App. No. 5269/71, 39 Coll. 104	X, Cabales and Balkandali v. United Kingdom	(1983) 5 E.H.R.R. 132
X and Y v. United Kingdom, App. No. 9369/81, 32 D. & R. 220	X, Y and Z v. United Kingdom	(1997) 24 E.H.R.R. 143
X and Z v. Germany, App. No. 3897/68, 9 D. & R. 108	X v. Ireland	(1982) 4 E.H.R.R. 359
X, Cabales and Balkandali v. United Kingdom, App. No. 9214/80, 9473 and 9474/81, 29 D. & R. 176	Piermont v. France	(1995) 20 E.H.R.R. 301
X Family v. United Kingdom, App. No. 9492/81, 30 D. & R. 232	X, Y and Z v. United Kingdom	(1997) 24 E.H.R.R. 143
X Ltd and Y v. United Kingdom, App. No. 8710/79, 28 D. & R. 77	Baskaya and Okçuoglu v. Turkey	(2001) 31 E.H.R.R 292
	Wingrove v. United Kingdom	(1997) 24 E.H.R.R. 1
X, Y and Z v. Switzerland, App. No. 6915/75, 6 D. & R. 107	Societe Levage Prestations v. France	(1997) 24 E.H.R.R. 351
	Süßmann v. Germany	(1998) 25 E.H.R.R. 65
X, Y and Z v. United Kingdom, 29 D. & R. 205	Cruz Varas v. Sweden	(1992) 14 E.H.R.R. 1
Y v. Germany, App. No. 17664/91, October 9, 1991	Sekanina v. Austria	(1994) 17 E.H.R.R. 221
Y v. Switzerland, App. No. 12102/86, Comm. Rep., July 5, 1995	HLR v. France	(1998) 26 E.H.R.R. 29
Yaacoub v. Belgium, 32 D. & R. 287	Sainte-Marie v. France	(1993) 16 E.H.R.R. 116
	Saraiva de Carvalho v. Portugal	(1994) 18 E.H.R.R. 534

Case Referred to	Name of Case	Citation
Yagiz v. Turkey, App. No. 19092/91, 75 D. & R. 207	Akkum, Akan and Karakoc v. Turkey	(1996) 21 E.H.R.R. CD 118
	Aydin v. Turkey	(1998) 25 E.H.R.R. 251
	Ikincisoy v. Turkey	(1996) 21 E.H.R.R. CD 100
	Sur v. Turkey	(1998) 25 E.H.R.R. CD 1
	Yasar v. Turkey	(1995) 19 E.H.R.R. CD 74
Yarrow v. United Kingdom, 30 D. & R. 155	Neves e Silva v. Portugal	(1991) 13 E.H.R.R. 535
Yasa v. Turkey, App. No. 22495/93, Comm. Rep., April 8, 1997	Ergi v. Turkey	(2001) 32 E.H.R.R. 388
	Kaya v. Turkey	(1999) 28 E.H.R.R. 1
Young, James and Webster v. United Kingdom, App. No. 7601/76 and 7806/77, Series B, No. 39, p.12	Lopez Ostra v. Spain	(1995) 20 E.H.R.R. 277
Young, James and Webster v. United Kingdom, Comm. Rep., December 14, 1979	I v. United Kingdom	(1997) 23 E.H.R.R. CD 66
	Sigurjonsson v. Iceland	(1993) 16 E.H.R.R. 462
Z v. Netherlands, App. No. 15346 and 15379/89, Comm. Rep., July 4, 1994	Georgiadis v. Greece	(1997) 24 E.H.R.R. 606
	Tsirlis and Kouloumpas v. Greece	(1996) 21 E.H.R.R. CD 30
	Tsirlis and Kouloumpas v. Greece	(1998) 25 E.H.R.R. 198
Z v. Switzerland, 35 D. & R. 224	Fressoz and Roire v. France	(2001) 31 E.H.R.R 28
Z and E v. Austria, App. No. 10153/82, 49 D. & R. 67	De Haes and Gijsels v. Belgium	(1998) 25 E.H.R.R. 1
Zamir v. United Kingdom, 40 D. & R. 55	Day v. Italy	(1998) 26 E.H.R.R. CD 174
	Jonas Mohamed Rafiek Koendjbiharie v. Netherlands	(1991) 13 E.H.R.R. 118
	Koendjbiharie v. Netherlands	(1991) 13 E.H.R.R. 820
	Kolompar v. Belgium	(1993) 16 E.H.R.R. 197
Zand v. Austria, App. No. 7360/76, Comm. Rep., October 12, 1978; 15 D. & R. 70	Campbell and Fell v. United Kingdom	(1983) 5 E.H.R.R. 207
	De Cubber v. Belgium	(1985) 7 E.H.R.R. 236
	Dores and Silveira v. Portugal	(1983) 5 E.H.R.R. 275
	Huber v. France	(1998) 26 E.H.R.R. 457
	Mellacher v. Austria	(1990) 12 E.H.R.R. 97
	Neigel v. France	(2000) 30 E.H.R.R. 310
	Stallinger and Kuso v. Austria	(1998) 26 E.H.R.R. 81
Ziegler v. Switzerland, App. No. 19890/92, 74 D. & R. 234	Cook v. United Kingdom	(1998) 25 E.H.R.R. CD 189
	Pierre-Bloch v. France	(1998) 26 E.H.R.R. 202
	R.M.B. v. United Kingdom	(1999) 27 E.H.R.R. CD 286
	Wilson v. United Kingdom	(1998) 26 E.H.R.R. CD 195

Case Referred to	Name of Case	Citation
Zukrigl v. Austria, App. No. 17279/90, unreported, May 13, 1992	H.F. v. Austria MK v. Austria Sutherland v. United Kingdom	(1995) 20 E.H.R.R. CD 68 (1997) 24 E.H.R.R. CD 59 (1997) 24 E.H.R.R. CD 22
Before Other Courts		
[1966] Pasicrisie 1249 (Court of Cassation)	Deweer v. Belgium	2 E.H.R.R. 439
[1967] Journal des Tribunaux 741 (Brussels Civil Court)	Deweer v. Belgium	2 E.H.R.R. 439
1 BVR 990/82, February 23, 1983	Altun v. Germany	(1983) 5 E.H.R.R. 611
2 BvR 589/79, 2 Bvr 740/81 and 2 Bvr 284/85, *Europaische Grundrechte-Zeitschrift* 1987, p.203	Englert v. Germany Nölkenbockoff v. Germany Lutz v. Germany Nölkenbockoff v. Germany	(1991) 13 E.H.R.R. 392 (1991) 13 E.H.R.R. 360 (1988) 10 E.H.R.R. 182 (1988) 10 E.H.R.R. 163
38 Transexuals v. Italy, App. No. 9420/81, unreported	Cossey v. United Kingdom	(1991) 13 E.H.R.R. 622
49 BVerfGE 286	Cossey v. United Kingdom	(1991) 13 E.H.R.R. 622
A v. Liverpool City Council [1981] 2 All E.R. 385	B v. United Kingdom C v. United Kingdom H v. United Kingdom O v. United Kingdom R v. United Kingdom W v. United Kingdom	(1988) 10 E.H.R.R. 87 (1984) 6 E.H.R.R. 559 (1988) 10 E.H.R.R. 95 (1988) 10 E.H.R.R. 82 (1988) 10 E.H.R.R. 74 (1988) 10 E.H.R.R. 29
A CC v. W (Disclosure) [1997] 1 F.L.R. 574	Bayram v. United Kingdom	(1999) 28 E.H.R.R. CD 169
Abadie case, Court of Cassation, October 11, 1972, *Bulletin* n.280, p.273	Salabiaku v. France	(1991) 13 E.H.R.R. 379
Abrahams v. US, 250 U.S. 616 (1919)	Arslan v. Turkey Baskaya and Okçuoglu v. Turkey Ceylan v. Turkey	(2001) 31 E.H.R.R 264 (2001) 31 E.H.R.R 292 (2000) 30 E.H.R.R. 73
Advisory Opinion on the Interpretation of Peace Treaties [1950] I.C.J. Reports 229	Ringeisen v. Austria (No. 1)	1 E.H.R.R. 455
Advisory Opinion on the Nationality Decrees issued in Tunis and Morocco (1923) P.C.I.J., Series B, No. 4	Belgian Linguistics Case (No. 1)	1 E.H.R.R. 241

Case Referred to	Name of Case	Citation
Ahmad v. Inner London Education Authority [1978] Q.B. 36; [1977] 3 W.L.R. 396; [1978] 1 All E.R. 574, CA; [1976] I.C.R. 461, EAT	Ahmad v. United Kingdom	(1982) 4 E.H.R.R. 126
Aitken v. Aitken, 1978 S.C. 297	McMichael v. United Kingdom	(1993) 15 E.H.R.R. CD 80
Alexander v. US, 125 L.Ed.2d 488	Welch v. United Kingdom	(1995) 20 E.H.R.R. 247
Allgemeine Gold- und Silberscheideanstalt v. Customs and Excise Commissioners [1980] 2 All E.R. 138; [1980] 1 C.M.L.R. 488	Allegemeine Gold- und Silberscheideanstalt v. United Kingdom	(1987) 9 E.H.R.R. 1
Alte Herren, *Civil Cases* 31 BGHZ 308, FCJ	Markt Intern and Beermann v. Germany	(1990) 12 E.H.R.R. 161
Ambatielos Claim, Reports of International Arbitral Awards, vol.12	Akdivar v. Turkey	(1997) 23 E.H.R.R. 143
Ambatielos v. United Kingdom, 23 I.L.R. 306	Cardot v. France	(1991) 13 E.H.R.R. 853
American Cyanamid Co. v. Ethicon Ltd [1975] A.C. 396	Observer and Guardian v. United Kingdom	(1992) 14 E.H.R.R. 153
	Sunday Times v. United Kingdom (No. 2)	(1992) 14 E.H.R.R. 229
Amministrazione delle Finanze Dello Stato v. Simmenthal spa (106/77) [1978] E.C.R. 629; [1978] 3 C.M.L.R. 263	Matthews v. United Kingdom	(1999) 28 E.H.R.R. 361
Anglo-French Continental Shelf Arbitration, Cmnd.7438, 54 I.L.R. 6	Temeltasch v. Switzerland	(1983) 5 E.H.R.R. 417
Anisminic Ltd v. Foreign Compensation Commission (No. 2) [1969] 2 A.C. 147; [1969] 2 W.L.R. 163	Benham v. United Kingdom	(1996) 22 E.H.R.R. 293
Anton Piller AG v. Manufacturing Processes Ltd [1976] 1 Ch. 55; [1976] 1 All E.R. 779	Chappell v. United Kingdom	(1989) 11 E.H.R.R. 543
	Chappell v. United Kingdom	(1990) 12 E.H.R.R. 1

Case Referred to	Name of Case	Citation
Application for Review of Judgment No. 158 of the United Nations Administrative tribunal, Advisory Opinion, I.C.J. Reports 166	H v. Belgium	(1988) 10 E.H.R.R. 339
Armengol v. Mutualite Sociale Agricole de l'Herault [1966] II Bull. 874, 609	Drozd and Janousek v. France and Spain	(1992) 14 E.H.R.R. 745
Ashton, Re; *sub nom.* R. v. Manchester Crown Court, ex p. DPP [1994] 1 A.C. 9; [1993] 2 W.L.R. 846	Cybulski v. United Kingdom	(1997) 23 E.H.R.R. CD 53
Associated Provincial Picture Houses Ltd v. Wednesbury Corp [1948] 1 K.B. 223; [1947] 2 All E.R. 680	B v. United Kingdom	(1988) 10 E.H.R.R. 87
	Chahal v. United Kingdom	(1997) 23 E.H.R.R. 413
	Fayed v. United Kingdom	(1994) 18 E.H.R.R. 393
	H v. United Kingdom	(1988) 10 E.H.R.R. 95
	O v. United Kingdom	(1988) 10 E.H.R.R. 82
	R v. United Kingdom	(1988) 10 E.H.R.R. 74
	Soering v. United Kingdom	(1989) 11 E.H.R.R. 439
	Vilvarajah v. United Kingdom	(1992) 14 E.H.R.R. 248
	W v. United Kingdom	(1988) 10 E.H.R.R. 29
	Weeks v. United Kingdom	(1988) 10 E.H.R.R. 293
Asylum case, I.C.J. Reports, November 20, 1950	Drozd and Janousek v. France and Spain	(1992) 14 E.H.R.R. 745
Atkinson v. Unites States [1971] A.C. 197	Soering v. United Kingdom	(1989) 11 E.H.R.R. 439
Att.-Gen. v. De Keyser's Royal Hotel [1920] A.C. 508	Lithgow v. United Kingdom	(1985) 7 E.H.R.R. 56
	Lithgow v. United Kingdom	(1986) 8 E.H.R.R. 329
	Trustees of the late Duke of Westminster's Estate v. United Kingdom	(1983) 5 E.H.R.R. 440
Att.-Gen. v. Edison Telephone Co. (1880) 6 Q.B.D. 244	Malone v. United Kingdom	(1983) 5 E.H.R.R. 385
Att.-Gen. v. English [1982] 3 W.L.R. 278	Times Newspapers Ltd v. United Kingdom	(1986) 8 E.H.R.R. 54
Att.-Gen. v. Guardian Newspapers (No. 2) [1990] A.C. 140	Observer and Guardian v. United Kingdom	(1992) 14 E.H.R.R. 153
	Spencer (Earl and Countess) v. United Kingdom	(1998) 25 E.H.R.R. CD 105
	Sunday Times v. United Kingdom (No. 2)	(1992) 14 E.H.R.R. 229

Case Referred to	**Name of Case**	**Citation**
Att.-Gen. v. London Weekend Television Ltd [1973] 1 W.L.R. 202; [1972] 3 All E.R. 1146; [1973] Crim. L.R. 40; (1972) 116 S.J. 902, DC	Sunday Times v. United Kingdom	2 E.H.R.R. 245
Att.-Gen. v. Times Newspapers Ltd [1974] A.C. 273; [1973] 3 W.L.R. 298; [1973] 3 All E.R. 54; 117 S.J. 617, HL; reversing [1973] Q.B. 710; [1973] 2 W.L.R. 452; [1973] 1 All E.R. 815; 117 S.J. 188, CA; reversing [1972] 3 W.L.R. 855; [1972] 3 All E.R. 1136; [1973] Crim. L.R. 38; 116 S.J. 885, QBD	Observer and Guardian v. United Kingdom	(1992) 14 E.H.R.R. 153
	Sunday Times v. United Kingdom	2 E.H.R.R. 245
	Times Newspapers Ltd v. United Kingdom	(1986) 8 E.H.R.R. 54
Att.-Gen., ex rel Society for the Protection of Unborn Children (Ireland) Ltd v. Open Door Counselling Ltd [1988] 2 C.M.L.R. 443	Open Door Counselling Ltd and Dublin Well Woman Centre Ltd v. Ireland	(1992) 14 E.H.R.R. 131
Att.Gen.'s Guidelines (1982) 74 Cr.App.R. 302	Fitt v. United Kingdom	(2000) 30 E.H.R.R. 480
	Jasper v. United Kingdom	(2000) 30 E.H.R.R. 441
Att.-Gen.'s Reference (No. 4 of 1989) (1990) 90 Cr. App. R. 366	Howarth v. United Kingdom	(2001) 31 E.H.R.R 861
Att.-Gen.'s Reference (No. 5 of 1989) (1990) 90 Cr. App. R. 358	Howarth v. United Kingdom	(2001) 31 E.H.R.R 861
Att.-Gen. of Northern Ireland's Reference (No. 1 of 1975), Re; *sub nom.* Reference under s.48A of the Criminal Appeal (Northern Ireland) Act 1968 (No. 1 of 1975), Re [1977] A.C. 105; [1976] 3 W.L.R. 235	McCann v. United Kingdom	(1996) 21 E.H.R.R. 97
Austin v. US, 125 L.Ed.2d 441	Welch v. United Kingdom	(1995) 20 E.H.R.R. 247
Australia v. France [1974] I.C.J. Rep. 253	Cyprus v. Turkey	(1982) 4 E.H.R.R. 482
B v. B [1971] 3 All E.R. 682	App. No. 9843/82 v. United Kingdom	(1983) 5 E.H.R.R. 488

Case Referred to	Name of Case	Citation
Ball v. Commonwealth, 221 Va. 754; 273 S.E. 2d 790 (1981)	Soering v. United Kingdom	(1989) 11 E.H.R.R. 439
Balogh v. St Albans Crown Court [1975] Q.B. 73; [1974] 3 W.L.R. 314; [1974] 3 All E.R. 283, CA	Weston v. United Kingdom	(1981) 3 E.H.R.R. 402
Banco Nacional de Cuba v. Sabbatino, 376 U.S. 398 (1964)	Trustees of the late Duke of Westminster's Estate v. United Kingdom	(1983) 5 E.H.R.R. 440
Barcelona Traction, Light and Power Co. Ltd, I.C.J. Reports 1970, p.3	Agrotexim v. Greece	(1996) 21 E.H.R.R. 250
Barclays Bank plc v. O'Brien [1993] 4 All E.R. 417	Governor and Company of the Bank of Scotland v. United Kingdom	(1999) 27 E.H.R.R. CD 307
Barretto, Re; *sub nom.* Wadsted v. Barretto [1994] Q.B. 392; [1994] 2 W.L.R. 149	Welch v. United Kingdom	(1995) 20 E.H.R.R. 247
Barrymore v. News Group Newspapers [1997] F.S.R. 600	Spencer (Earl and Countess) v. United Kingdom	(1998) 25 E.H.R.R. CD 105
Batchono, Bulletin des Arrêts de la Chambre Criminelle 1976 No. 76, p.208	Bozano v. France	(1987) 9 E.H.R.R. 297
Bates v. Bar of Arizona, 433 U.S. 350 (1977)	Barthold v. Germany	(1985) 7 E.H.R.R. 383
Bautista v. Columbia, U.N. Human Rights decision, October 27, 1995	Kurt v. Turkey	(1999) 27 E.H.R.R. 373
Belgaçem [1991] R.D.A. 497	Beldjoudi v. France	(1992) 14 E.H.R.R. 801
Berrebouh, Juris Classeur 1979, No. 19207	Bozano v. France	(1987) 9 E.H.R.R. 297
Betonzusatzmittel [1962] GRUR 45, FCJ	Markt Intern and Beermann v. Germany	(1990) 12 E.H.R.R. 161
Birmingham Corp. v. West Midlands Baptist (Trust) Association [1969] 3 All E.R. 172	Lithgow v. United Kingdom	(1985) 7 E.H.R.R. 56
Bleir v. Uraguay, Doc. A/37/40, UN Human Rights Committee	Ergi v. Turkey	(2001) 32 E.H.R.R. 388

Case Referred to	Name of Case	Citation
Board of Education v. Barnette, 319 U.S. 624 (1943)	Grigoriades v. Greece	(1999) 27 E.H.R.R. 464
BookerMcConnell plc v. Plascow [1985] R.P.C. 425	Chappell v. United Kingdom	(1990) 12 E.H.R.R. 1
Bordeaux Vineries v. State Board of Administration, August 4, 1993	McGonnell v. United Kingdom	(2000) 30 E.H.R.R. 289
Boudet v. Compagnie le Patrimoine [1977] I Bull. 69, 55	Drozd and Janousek v. France and Spain	(1992) 14 E.H.R.R. 745
Bracewell v. US, 487 U.S. 99	Saunders v. United Kingdom	(1997) 23 E.H.R.R. 313
Brandenburg v. Ohio, 395 U.S. 444 (1969)	Arslan v. Turkey	(2001) 31 E.H.R.R 264
	Baskaya and Okçuoglu v. Turkey	(2001) 31 E.H.R.R 292
	Ceylan v. Turkey	(2000) 30 E.H.R.R. 73
Breen v. A.E.U. [1971] 2 Q.B. 190	Allegemeine Gold- und Silberscheideanstalt v. United Kingdom	(1987) 9 E.H.R.R. 1
Briley v. Bass, 742 F. 2d 155 (4th Cir., 1984); affirming 584 F.Supp. 807, Eastern District, Virginia	Soering v. United Kingdom	(1989) 11 E.H.R.R. 439
Briley v. Bass, 750 F. 2d 1238 (4th Cir., 1984)	Soering v. United Kingdom	(1989) 11 E.H.R.R. 439
Broome v. Cassell & Co Ltd (No. 1) [1972] A.C. 1027; [1972] 2 W.L.R. 645	Miloslavsky v. United Kingdom	(1995) 20 E.H.R.R. 442
Brown v. Hamilton DC [1983] S.L.T. 397	Boyle and Rice v. United Kingdom	(1988) 10 E.H.R.R. 425
	McCallum v. United Kingdom	(1991) 13 E.H.R.R. 597
Brown v. Lothian RC, 1980 S.L.T. (Sh. Ct.) 14	Smith v. United Kingdom	(1996) 21 E.H.R.R. CD 74
Brown v. Secretary of State for the Environment (1978) 40 P. & C.R. 285	Howard v. United Kingdom	(1989) 11 E.H.R.R. 55
Brown v. Sielaff, Judgment of April 5, 1985, USDC (Richmond)	Soering v. United Kingdom	(1989) 11 E.H.R.R. 439
Buckley v. Att.-Gen. [1950] I.R. 67	Pine Valley Developments Ltd v. Ireland	(1992) 14 E.H.R.R. 319

Case Referred to	Name of Case	Citation
Bundesgerichtshof, September 21, 1971, 57 BGHZ 63	Cossey v. United Kingdom	(1991) 13 E.H.R.R. 622
Bundesverfassungsgericht, judgment of July 16, 1969, *Entscheidungen des Bundesverfassungs-gericht*, vol.27, p.18	Öztürk v. Germany	(1984) 6 E.H.R.R. 409
Burnett v. George [1992] 1 F.L.R. 525; [1993] 1 F.C.R. 1012	Whiteside v. United Kingdom	(1994) 18 E.H.R.R. CD 126
BVerfGE 22, 91	App. No. 9578/81 v. Germany	(1983) 5 E.H.R.R. 483
BVerfGE 39, 334	App. No. 9228/80 v. Germany Gross v. Germany	(1983) 5 E.H.R.R. 471 (1983) 5 E.H.R.R. 476
BVerfGE 39, May 22, 1975	G v. Germany	(1984) 6 E.H.R.R. 499
BVerfGE 49, 286, Judgment of German Federal Constitutional Court, October 11, 1978	Rees v. United Kingdom	(1985) 7 E.H.R.R. 429
Byrne v. Ireland and Att.-Gen. [1972] I.R. 241	McElhinney v. Ireland and United Kingdom	(2000) 29 E.H.R.R. CD 214
C (A Minor), Re, unreported, March 16, 1995	T v. United Kingdom	(1998) 25 E.H.R.R. CD 11
C (A Minor) v. DPP [1996] A.C. 1	V v. United Kingdom	(2000) 30 E.H.R.R. 121
CR v. B, December 28, 1994, *Rechtspraak Sociaal Verzekeringsrecht* 1995, No. 171	Driemond Bouw BV v. Netherlands	(1999) 28 E.H.R.R. CD 135
Cabellero-Delgado and Santana v. Colombia, Inter-American Court of Human Rights, December 8, 1995	Kurt v. Turkey	(1999) 27 E.H.R.R. 373
Caffin, Re (1971) I.R. 123	Johnston v. Ireland	(1987) 9 E.H.R.R. 203
Canstanze II, *Civil Cases* 14 BGHZ 163, FCJ	Markt Intern and Beermann v. Germany	(1990) 12 E.H.R.R. 161
Cartledge v. Jopling [1963] A.C. 758	Stubbings v. United Kingdom	(1995) 19 E.H.R.R. CD 32
Case concerning right of passage over Indian territory, I.C.J. Reports, April 12, 1960	Drozd and Janousek v. France and Spain	(1992) 14 E.H.R.R. 745

Case Referred to	Name of Case	Citation
Cass. Crim., Judgment of January 21, 1985, Bull. Crim. No. 31	Cremieux v. France Mialhe v. France	(1993) 16 E.H.R.R. 357 (1993) 16 E.H.R.R. 332
Cassation [1983] J.T. 607	Vermeire v. Belgium	(1993) 15 E.H.R.R. 488
Cassation case D 338, January 6, 1971	Drozd and Janousek v. France and Spain	(1992) 14 E.H.R.R. 745
Cassation case D 680, February 8, 1977	Drozd and Janousek v. France and Spain	(1992) 14 E.H.R.R. 745
Cassation, Criminelle, February 9, 1961 [1961] Dalloz Jur. 306	Tomasi v. France	(1993) 15 E.H.R.R. 1
Central Hudson Gas & Electric Corp. v. Public Service Commission, 447 U.S. 557 (1980)	Barthold v. Germany	(1985) 7 E.H.R.R. 383
Charan Singh Gill v. Secretary of State for the Home Department, unreported, November 14, 1994	Chahal v. United Kingdom	(1997) 23 E.H.R.R. 413
Chen Mang Ming, CA, Paris, March 10, 1986, *Gazette du Palais*, 1986 *jurisprudence*, p.442	Salabiaku v. France	(1991) 13 E.H.R.R. 379
Chessington World of Adventures Ltd v. Reed [1997] I.R.L.R. 556	Sheffield and Horsham v. United Kingdom	(1999) 27 E.H.R.R. 163
Chief Constable of North Wales Police v. Evans [1982] 1 W.L.R. 1155	Vilvarajah v. United Kingdom	(1992) 14 E.H.R.R. 248
Christie v. Leachinsky [1947] A.C. 573	Fox, Campbell and Hartley v. United Kingdom	(1991) 13 E.H.R.R. 157
Christie v. Lechinsky [1947] A.C. 573	Brogan v. United Kingdom	(1989) 11 E.H.R.R. 117
Chrouki, December 6, 1985	Beldjoudi v. France	(1992) 14 E.H.R.R. 801
Çiraklar v. Turkey [1998] H.R.C.D. 955	Özgür Gündem v. Turkey	(2001) 31 E.H.R.R 1082
Claude and Kirschenbilder case, Court of Cassation, may 29, 1985, *Pasicrisie belge*, 1985, I, p.1228	Yaacoub v. Belgium	(1991) 13 E.H.R.R. 418
Coco v. A N Clark Engineers Ltd [1969] R.P.C. 41	Spencer (Earl and Countess) v. United Kingdom	(1998) 25 E.H.R.R. CD 105

Case Referred to	Name of Case	Citation
Columbia Broadcasting System v. Democratic National Committee, 412 U.S. 94; 36 L.Ed.2d 772; 93 S.Ct. 2080 (1973)	Groppera Radio AG v. Switzerland	(1990) 12 E.H.R.R. 321
Columbia Broadcasting System, American Broadcasting Companies & National Broadcasting Company v. Federal Comunications Commission, 453 U.S. 367; 69 L.Ed.2d 706; 101 S.Ct. 2813 (1981)	Groppera Radio AG v. Switzerland	(1990) 12 E.H.R.R. 321
Columbia Pictures Inc. v. Robinson [1986] 3 All E.R. 338; [1986] F.S.R. 367	Chappell v. United Kingdom	(1990) 12 E.H.R.R. 1
Commission v. Belgium (149/79) [1980] E.C.R. 3880	Frylander v. France Pellegrin v. France	(2001) 31 E.H.R.R 1152 (2001) 31 E.H.R.R 651
Commission v. Ireland (61/77) [1978] E.C.R. 417; [1978] 2 C.M.L.R. 466	Liberal Party v. United Kingdom	(1982) 4 E.H.R.R. 106
Commission v. Luxembourg (473/93), July 2, 1996	Neigel v. France	(2000) 30 E.H.R.R. 310
Commission v. Luxembourg (C-473/93) [1996] E.C.R. I-3207; [1996] 3 C.M.L.R. 981	Argento v. Italy Huber v. France Pellegrin v. France	(1999) 28 E.H.R.R. 719 (1998) 26 E.H.R.R. 457 (2001) 31 E.H.R.R 651
Conseil d'Conseil d'Etat, January 27, 1953	Drozd and Janousek v. France and Spain	(1992) 14 E.H.R.R. 745
Conseil d'Etat, January 16, 1970, Mihoubi tayeb, Recueil des arrêts du Conseil d'Etat. p.25	Boujlifa v. France	(2000) 30 E.H.R.R. 419
Conseil d'Etat, November 13, 1985, Ministry of the Interior v. Barrutiabengoa Zabarte, Recueil des arrêts du Conseil d'Etat. p.321	Boujlifa v. France	(2000) 30 E.H.R.R. 419
Conseil d'Etat, November 27, 1985, Hamza, Recueil des arrêts du Conseil d'Etat. p.712	Boujlifa v. France	(2000) 30 E.H.R.R. 419

Case Referred to	Name of Case	Citation
Conseil d'Etat, December 23, 1987, Tahraoui, Recueil des arrêts du Conseil d'Etat p.430	Boujlifa v. France	(2000) 30 E.H.R.R. 419
Conseil d'Conseil d'Etat, January 20, 1988 Elfenzi, Actualité juridique, Droit administratif 1989, 223	Boujlifa v. France	(2000) 30 E.H.R.R. 419
Conseil d'Etat, June 24, 1988, Hamade, Recueil des arrêts du Conseil d'Etat., tables, p.933	Boujlifa v. France	(2000) 30 E.H.R.R. 419
Conseil d'Etat, November 18, 1988, Higoun, Recueil des arrêts du Conseil d'Etat. p.415	Boujlifa v. France	(2000) 30 E.H.R.R. 419
Conseil d'Etat, Judicial Division, July 26, 1991, Lazaar, App. No. 121849	Boujlifa v. France	(2000) 30 E.H.R.R. 419
Conseil d'Etat, May 24, 1993, Igartúa Amondaraín, Recueil des arrêts du Conseil d'Etat. p.163	Boujlifa v. France	(2000) 30 E.H.R.R. 419
Conseil d'Etat, June 23, 1993, Bouchelka, Droit administrzatif 1993, No. 412	Boujlifa v. France	(2000) 30 E.H.R.R. 419
Conseil d'Etat, April 8, 1994, Zehar, Dalloz 1994	Boujlifa v. France	(2000) 30 E.H.R.R. 419
Conseil d'Etat, July 31, 1996, App. No. 149765	Boujlifa v. France	(2000) 30 E.H.R.R. 419
Constitutional Council's Decision 79/109, January 9, 1980, Recueil Dalloz Sirey 1980, 249	Boujlifa v. France	(2000) 30 E.H.R.R. 419
Constitutional Council's Decision 83/164 DC, O.J., December 30, 1983, p.3874	Cremieux v. France Funke v. France Mialhe v. France	(1993) 16 E.H.R.R. 357 (1993) 16 E.H.R.R. 297 (1993) 16 E.H.R.R. 332
Constitutional Court, June 2, 1977, No. 98	Colozza v. Italy	(1985) 7 E.H.R.R. 516
Corbett v. Corbett (otherwise Ashley) (No. 1) [1971] P. 83; [1970] 2 W.L.R. 1306	App. No. 9532/81 v. United Kingdom Cossey v. United Kingdom Rees v. United Kingdom Rees v. United Kingdom	(1984) 6 E.H.R.R. 603 (1991) 13 E.H.R.R. 622 (1985) 7 E.H.R.R. 429 (1987) 9 E.H.R.R. 56

Case Referred to	Name of Case	Citation
	Sheffield v. United Kingdom	(1995) 20 E.H.R.R. CD 66
	Sheffield and Horsham v. United Kingdom	(1999) 27 E.H.R.R. 163
	X, Y and Z v. United Kingdom	(1995) 20 E.H.R.R. CD 6
	X, Y and Z v. United Kingdom	(1997) 24 E.H.R.R. 143
Corfu Channel Case, I.C.J.Rep. 1949	Cyprus v. Turkey	(1993) 15 E.H.R.R. 509
Costa v. E.N.E.L. (6/64) [1964] E.C.R. 585; [1964] C.M.L.R. 425	Matthews v. United Kingdom	(1999) 28 E.H.R.R. 361
Couez v. France [1998] H.R.C.D. 810	Pellegrin v. France	(2001) 31 E.H.R.R 651
Council of Civil Service Unions v. Minister for the Civil Service [1985] A.C. 374; [1984] 1 W.L.R. 1174	Air Canada v. United Kingdom	(1995) 20 E.H.R.R. 150
	Boyle and Rice v. United Kingdom	(1988) 10 E.H.R.R. 425
	Chahal v. United Kingdom	(1995) 20 E.H.R.R. CD 19
	Chahal v. United Kingdom	(1997) 23 E.H.R.R. 413
	Fayed v. United Kingdom	(1994) 18 E.H.R.R. 393
	Hussain v. United Kingdom	(1996) 22 E.H.R.R. 1
	McCallum v. United Kingdom	(1991) 13 E.H.R.R. 597
	Soering v. United Kingdom	(1989) 11 E.H.R.R. 439
	Vilvarajah v. United Kingdom	(1992) 14 E.H.R.R. 248
	Weeks v. United Kingdom	(1988) 10 E.H.R.R. 293
	Wingrove v. United Kingdom	(1997) 24 E.H.R.R. 1
Cour d'Appel, December 13, 1890, Bull. 253	Delta v. France	(1993) 16 E.H.R.R. 574
Cour d'Appel, October 20, 1892 [1894] I DP 140	Delta v. France	(1993) 16 E.H.R.R. 574
Cour d'Appel, October 20, 1892, Bull. 212	Delta v. France	(1993) 16 E.H.R.R. 574
Cour d'Appel, October 30, 1890, Bull. 212	Delta v. France	(1993) 16 E.H.R.R. 574
Cour d'Appel, January 13, 1916 [1921] I DP 63	Delta v. France	(1993) 16 E.H.R.R. 574
Cour d'Appel, February 9, 1924, Bull. 70	Delta v. France	(1993) 16 E.H.R.R. 574
Cour d'Appel, December 20, 1955 [1956] Dalloz 29	Delta v. France	(1993) 16 E.H.R.R. 574
Cour d'Appel, November 5, 1975, Bull. 237	Delta v. France	(1993) 16 E.H.R.R. 574
Cour de Cassation (France, June 9, 1964 [1964] II J.C.P. 13797	Ezelin v. France	(1992) 14 E.H.R.R. 362

Case Referred to	Name of Case	Citation
Cour de Cassation (France), December 16, 1975 [1976] Dall. Jur. 397	Cossey v. United Kingdom	(1991) 13 E.H.R.R. 622
Cour de Cassation (France), November 30, 1983 [1984] Dall. Jur. 165	Cossey v. United Kingdom	(1991) 13 E.H.R.R. 622
Cour de Cassation (France), March 3, 1987	Cossey v. United Kingdom	(1991) 13 E.H.R.R. 622
Cour de Cassation (France), March 31, 1987 [1987] Dall. Jur. 445	Cossey v. United Kingdom	(1991) 13 E.H.R.R. 622
Couritol v. Chappard, Versailles, October 10, 1983 [1984] Gaz. du Palais, 229	Drozd and Janousek v. France and Spain	(1992) 14 E.H.R.R. 745
Court of Cassation (Italy), 2nd Chamber, October 30, 1072, No. 1267, 1974 Reports 2403	Goddi v. Italy	(1984) 6 E.H.R.R. 457
Court of Cassation, 2nd Criminal Chamber, October 19, 1978, No. 12698, Massima, No. 140224	Colozza v. Italy	(1985) 7 E.H.R.R. 516
Court of Cassation, 3rd Criminal Chamber, March 12, 1973, No. 559, Repertorio 1974 No. 3440	Colozza v. Italy	(1985) 7 E.H.R.R. 516
Court of Cassation, 6th Criminal Chamber, October 20, 1971, No. 3195, Repertorio 1973 No. 4897	Colozza v. Italy	(1985) 7 E.H.R.R. 516
Court of Cassation, February 10, 1987, unreported	Drozd and Janousek v. France and Spain	(1992) 14 E.H.R.R. 745
Court of Cassation, June 5, 1986	Lüdi v. Switzerland	(1993) 15 E.H.R.R. 173
Cox v. New Hampshire, 312 U.S. 569; 85 L.Ed.2d 1049; 61 S.Ct. 762 (1941)	Groppera Radio AG v. Switzerland	(1990) 12 E.H.R.R. 321

Case Referred to	Name of Case	Citation
Criminal Division of the Court of Cassation, February 1, 1995, Juris-Classeur pérodique 1995, édition Générale, II, 22463	Boujlifa v. France	(2000) 30 E.H.R.R. 419
Curran and McCann's Application, Re [1985] N.I. 261	McLaughlin v. United Kingdom	(1994) 18 E.H.R.R. CD 84
Customs and Excise Commissioners v. Air Canada [1991] 2 Q.B. 446; [1991] 2 W.L.R. 344	Air Canada v. United Kingdom	(1995) 20 E.H.R.R. 150
D (Infants), Re [1970] 1 W.L.R. 599; [1970] 1 All E.R. 1088, CA	Gaskin v. United Kingdom	(1990) 12 E.H.R.R. 36
Dallison v. Caffrey [1965] 1 Q.B. 348	Brannigan and McBride v. United Kingdom	(1994) 17 E.H.R.R. 539
	Brogan v. United Kingdom	(1989) 11 E.H.R.R. 117
Davies v. Secretary of State for the Environment and South Herefordshire DC [1989] J.P.L. 601	Beard v. United Kingdom	(1998) 25 E.H.R.R. CD 28
	Buckley v. United Kingdom	(1997) 23 E.H.R.R. 101
Dawson v. Vasandau (1863) 11 Weekly Reporter 516	Osman v. United Kingdom	(2000) 29 E.H.R.R. 245
Decision of October 11, 1974, Austrian Constitutional Court, Erk.Slg., No. 7400; [1975] *Europäische Grundrechtezeitschrift* 74	Paton v. United Kingdom	(1981) 3 E.H.R.R. 408
Decision of the Swiss Federal Court, 105 Ia 29/30	W v. Switzerland	(1994) 17 E.H.R.R. 60
Decision of the Swiss Federal Court, 107 Ia 257/258	W v. Switzerland	(1994) 17 E.H.R.R. 60
Decision of the Swiss Federal Court, 108 Ia 66	W v. Switzerland	(1994) 17 E.H.R.R. 60
Defrenne v. Sabena (43/75) [1976] E.C.R. 455; [1976] 2 C.M.L.R. 98	Borgers v. Belgium	(1993) 15 E.H.R.R. 92
	Liberal Party v. United Kingdom	(1982) 4 E.H.R.R. 106
	Marckx v. Belgium	2 E.H.R.R. 330

Case Referred to	Name of Case	Citation
Delhausse case, Court of Cassation, October 2, 1985, *Pasicrisie belge*, 1986, I, p.93	Yaacoub v. Belgium	(1991) 13 E.H.R.R. 418
Dewar v. Strathclyde RC, 1984 S.C. 102	McMichael v. United Kingdom	(1993) 15 E.H.R.R. CD 80
Di Palma v. Victoria Square Property Co. Ltd [1984] 2 All E.R. 92	App. No. 11949/86 v. United Kingdom	(1988) 10 E.H.R.R. 149
Doody v. Secretary of State for the Home Department [1993] 3 All E.R. 92	Wynne v. United Kingdom	(1995) 19 E.H.R.R. 333
Dormeuil Freres SA v. Nicolian International (Textiles) Ltd [1988] 3 All E.R. 197	Chappell v. United Kingdom	(1990) 12 E.H.R.R. 1
Dorset Yacht Co. Ltd v. Home Office [1970] A.C. 1004	Osman v. United Kingdom	(2000) 29 E.H.R.R. 245
Dow Benelux v. Commission [1989] E.C.R. 3137	Niemietz v. Germany	(1993) 16 E.H.R.R. 97
Dow Chemical Iberica v. Commission [1989] E.C.R. 3165	Niemietz v. Germany	(1993) 16 E.H.R.R. 97
DPP v. Jones and Lloyd [1997] 2 All E.R. 119	Pendragon v. United Kingdom	(1999) 27 E.H.R.R. CD 179
DPP v. Luft [1977] A.C. 962	Bowman v. United Kingdom	(1998) 26 E.H.R.R. 1
DPP v. P [1991] 2 A.C. 447	Osman v. United Kingdom	(2000) 29 E.H.R.R. 245
DPP v. Quilligan and O'Reilly [1986] I.R. 495	Heaney and McGuinness v. Ireland	(2000) 29 E.H.R.R. CD 166
	Quinn v. Ireland	(2000) 29 E.H.R.R. CD 234
E Hulton & Co. v. Jones; *sub nom.* Jones v. E Hulton & Co. [1910] A.C. 20, HL; affirming [1909] 2 K.B. 444	Miloslavsky v. United Kingdom	(1995) 20 E.H.R.R. 442
E.S.B. v. Gormley [1985] I.R. 129	Pine Valley Developments Ltd v. Ireland	(1992) 14 E.H.R.R. 319
EC (Disclosure of Material), Re [1996] 2 F.L.R. 725	Bayram v. United Kingdom	(1999) 28 E.H.R.R. CD 169

Case Referred to	Name of Case	Citation
Edmonds v. Commonwealth, 229 Va. 303; 329 S.E. 2d 807, certiorari denied, 106 S.Ct. 339; 88 L.Ed.2d 324 (1985)	Soering v. United Kingdom	(1989) 11 E.H.R.R. 439
Eichmann Case, 36 I.L.R. 57 (1968)	Stocke v. Germany	(1989) 11 E.H.R.R. 61
Eire Continental Trading Co. Ltd v. Clonmel Foods Ltd [1955] I.R. 170	X v. Ireland	(1982) 4 E.H.R.R. 359
Electricity Co. of Sofia and Bulgaria (Preliminary Objection) (1939) P.C.I.J., Series A/B, No. 77, p.61	Belgian Linguistics Case (No. 1)	1 E.H.R.R. 241
Elliniki Radiophonia Tileorassi; Anonini Etairia (260/89), unreported	Observer and Guardian v. United Kingdom	(1992) 14 E.H.R.R. 153
Ellis v. Deheer [1922] 2 K.B. 113	Miah v. United Kingdom	(1998) 26 E.H.R.R. CD 199
Elsen v. Bouillot and Boudet [1971] I Bull. 2, 1	Drozd and Janousek v. France and Spain	(1992) 14 E.H.R.R. 745
Engin, Consiel d'Conseil d'Etat, June 19, 1990 [1990] Rec. Lebon 190	Vijayanathan and Pusparajah v. France	(1993) 15 E.H.R.R. 62
Entick v. Carrington (1765) 19 State Tr. 1029	Chappell v. United Kingdom	(1989) 11 E.H.R.R. 543
Everett v. Ribbands [1952] 2 Q.B. 198; [1952] 1 All E.R. 823	Hashman and Harrup v. United Kingdom	(1996) 22 E.H.R.R. CD 185
Featherstone, Re (1953) 37 Cr.App. No. R. 146, DC	Weeks v. United Kingdom	(1985) 7 E.H.R.R. 436
Federal Communications Commission v. League of Women Voters of California, 468 U.S. 364; 82 L.Ed.2d 278; 104 S.Ct. 3106 (1984)	Groppera Radio AG v. Switzerland	(1990) 12 E.H.R.R. 321
Federal Communications Commission v. National Citizens Committee for Broadcasting, 436 U.S. 775; 56 L.Ed.2d 697; 98 S.Ct. 2896 (1978)	Groppera Radio AG v. Switzerland	(1990) 12 E.H.R.R. 321

Case Referred to	Name of Case	Citation
Federal Constitutional Court Judgment of May 9, 1972, *Entscheidungen des Bundesverfassungs-gerichts*, vol.33, p.125	Barthold v. Germany	(1985) 7 E.H.R.R. 383
Fentrouci v. Ministre de l'Interieur (1979) *Recueil Lebon* 579	Bozano v. France	(1987) 9 E.H.R.R. 297
Ferreira v. Levin, unreported, December 6, 1995, Constitutional Court of South Africa	Saunders v. United Kingdom	(1997) 23 E.H.R.R. 313
Fidan Case, February 27 1987, Conseil d'Conseil d'Etat [1987] *Recueil Dalloz Sirey* 305–310	Drozd and Janousek v. France and Spain	(1992) 14 E.H.R.R. 745
	Soering v. United Kingdom	(1989) 11 E.H.R.R. 439
Finnish Ships Arbitration (1934) 3 R.I.A.A. 1479	Akdivar v. Turkey	(1997) 23 E.H.R.R. 143
	Van Oosterwijck v.Belgium	(1981) 3 E.H.R.R. 557
Fortuny Soler, Paris, March 20, 1991	Drozd and Janousek v. France and Spain	(1992) 14 E.H.R.R. 745
Francome v. Mirror Group Newspapers Ltd [1984] W.L.R. 892	Spencer (Earl and Countess) v. United Kingdom	(1998) 25 E.H.R.R. CD 105
Franklin v. Minister of Town and Country Planning [1948] A.C. 87	Fayed v. United Kingdom	(1994) 18 E.H.R.R. 393
Fraser v. Mudge [1975] 3 All E.R. 78	Campbell and Fell v. United Kingdom	(1985) 7 E.H.R.R. 165
Fromagerie Franco-Suisse le Ski (1971) 1 *Pasicrisie Belge* 886; [1972] C.M.L.R. 330	Van Oosterwijck v.Belgium	(1981) 3 E.H.R.R. 557
Furman v. Georgia, 92 S.Ct. 2726 (1972)	Soering v. United Kingdom	(1989) 11 E.H.R.R. 439
G v. An Bord Uchtala (1980) I.R. 32	Johnston v. Ireland	(1987) 9 E.H.R.R. 203
Gacem [1987] Recueil Lebon 733	Drozd and Janousek v. France and Spain	(1992) 14 E.H.R.R. 745
Gaffney v. Gaffney (1975) I.R. 133	Johnston v. Ireland	(1987) 9 E.H.R.R. 203
Gaima v. Secretary of State for the Home Department [1989] Imm.A.R. 205	Vilvarajah v. United Kingdom	(1992) 14 E.H.R.R. 248

Case Referred to	Name of Case	Citation
Garvey v. Ireland [1981] I.R. 75	Pine Valley Developments Ltd v. Ireland	(1992) 14 E.H.R.R. 319
General Accident Fire and Life Assurance Corporation v. IRC [1963] 1 All E.R. 627; 3 All E.R. 261	Sunday Times v. United Kingdom	(1981) 3 E.H.R.R. 317
Georgiou v. Att.-Gen. (1982) 1 C.L.R. 41	Andronicou and Constantinou v. Cyprus	(1998) 25 E.H.R.R. 491
Germany v. Iceland [1974] I.C.J. Rep. 175	Cyprus v. Turkey	(1982) 4 E.H.R.R. 482
Giarratano v. Murray, 847 F.2d 1118 (4th Cir., 1988)	Soering v. United Kingdom	(1989) 11 E.H.R.R. 439
Glinski v. McIver [1962] A.C. 726	Osman v. United Kingdom	(2000) 29 E.H.R.R. 245
Godinez Cruz v. Honduras, Inter-American Court of Human Rights, January 20, 1988	Kurt v. Turkey	(1999) 27 E.H.R.R. 373
Godley v. Commonwealth, 2 Va. App. 249 (1986)	Soering v. United Kingdom	(1989) 11 E.H.R.R. 439
Goodlad v. Chief Constable of South Yorkshire [1978] Crim.L.R. 51	Hashman and Harrup v. United Kingdom	(2000) 30 E.H.R.R. 241
Grant v. South West Trains Ltd [1998] 1 C.M.L.R. 993; [1998] I.C.R. 449	Lustig-Prean and Beckett v. United Kingdom	(2000) 29 E.H.R.R. 548
	Smith and Grady v. United Kingdom	(1999) 27 E.H.R.R. CD 42
	Smith and Grady v. United Kingdom	(2000) 29 E.H.R.R. 493
Gravier v. City of Liege (293/83) [1985] 3 C.M.L.R. 1	Borgers v. Belgium	(1993) 15 E.H.R.R. 92
Green v. Minister of Housing and Local Government [1967] 2 Q.B. 606; [1967] 2 W.L.R. 192	Bryan v. United Kingdom	(1996) 21 E.H.R.R. 342
Griffin v. State of California, 380 U.S. 609 (1965)	Murray v. United Kingdom	(1996) 22 E.H.R.R. 29

Case Referred to	Name of Case	Citation
Gunnell v. Parole Board and Secretary of State for Home Affairs, unreported, October 30, 1984	Weeks v. United Kingdom	(1988) 10 E.H.R.R. 293
H, Re [1991] 1 F.L.R. 214	Smallwood v. United Kingdom	(1999) 27 E.H.R.R. CD 155
H.L.R. v. France, App. No. 24573/94, Comm. Rep., December 7, 1995	D v. United Kingdom D v. United Kingdom	(1996) 22 E.H.R.R. CD 45 (1997) 24 E.H.R.R. 423
Hablami, Consiel d'Conseil d'Etat, June 29, 1990 [1990] Rec. Lebon 191	Vijayanathan and Pusparajah v. France	(1993) 15 E.H.R.R. 62
Habsburg-Lothringen v. Austria, App. No. 15344/89, unreported	Mangov v. Greece	(1993) 16 E.H.R.R. CD 36
Hallmark Cards Inc. v. Image Arts Ltd [1977] F.S.R. 153	Chappell v. United Kingdom	(1990) 12 E.H.R.R. 1
Hannah v. Larche, 363 U.S. 420 (1960)	Fayed v. United Kingdom	(1994) 18 E.H.R.R. 393
Harman v. Home Office [1982] 1 All E.R. 532	App. No. 10039/82 v. United Kingdom Harman v. United Kingdom	(1985) 7 E.H.R.R. 451 (1985) 7 E.H.R.R. 146
Hauer v. Land Rheinland-Pfalz [1979] E.C.R. 3727; (1981) 3 E.H.R.R. 140; [1980] 3 C.M.L.R. 42	James v. United Kingdom Lithgow v. United Kingdom	(1984) 6 E.H.R.R. 475 (1985) 7 E.H.R.R. 5v6
Haw Tua Tau v. Public Prosecutor [1982] A.C. 136; [1981] 3 W.L.R. 395	Murray v. United Kingdom	(1994) 18 E.H.R.R. CD 1
Hawaii Housing Authority v. Miskiff, 104 S.Ct. 2321 (1984)	James v. United Kingdom	(1986) 8 E.H.R.R. 123
Heaney and McGuiness v. Ireland and Att.-Gen. [1996] I.R. 80	Quinn v. Ireland	(2000) 29 E.H.R.R. CD 234
Hellewell v. Chief Constable of Derbyshire [1995] 1 W.L.R. 804	Spencer (Earl and Countess) v. United Kingdom	(1998) 25 E.H.R.R. CD 105
Hesperides Hotels v. Muftizade; *sub nom.* Hesperides Hotels v. Aegean Turkish Holidays [1979] A.C. 508; [1978] 3 W.L.R. 378	Loizidou v. Turkey	(1997) 23 E.H.R.R. 513

Case Referred to	Name of Case	Citation
Hickman v. Phillimore Estate (1985) 274 E.G. 261	James v. United Kingdom	(1986) 8 E.H.R.R. 123
Hicks v. Faulkner [1878] L.R. 8 Q.B. 167	Osman v. United Kingdom	(2000) 29 E.H.R.R. 245
Hill v. Chief Constable of West Yorkshire [1989] A.C. 53; [1988] 2 W.L.R. 1049	Osman v. United Kingdom Osman v. United Kingdom	(1996) 22 E.H.R.R. CD 137 (2000) 29 E.H.R.R. 245
Hoechst v. Commission [1989] E.C.R. 2859	Niemietz v. Germany	(1993) 16 E.H.R.R. 97
Hofstetter v. Att.-Gen. of St Gall, 1st Public law division of the Federal Court, June 13, 1983, unreported	F v. Switzerland	(1988) 10 E.H.R.R. 411
Hoge Raad der Nederlanden, December 13, 1973, *Nederlandse Jurisprudentie* 1975, nr.130	Cossey v. United Kingdom	(1991) 13 E.H.R.R. 622
Hoge Raad der Nederlanden, January 3, 1975, *Nederlandse Jurisprudentie* 1975, nr.187	Cossey v. United Kingdom	(1991) 13 E.H.R.R. 622
Hoge Raad der Nederlanden, judgment of February 28, 1984, *Nederlandse Jurisprudentie* 1984, nr.490	Remmers and Hamer v. Netherlands	(1999) 27 E.H.R.R. CD 168
Hoge Raad der Nederlanden, judgment of January 26, 1990, *Nederlandse Jurisprudentie* 1990, nr.794	Remmers and Hamer v. Netherlands	(1999) 27 E.H.R.R. CD 168
Hoge Raad der Nederlanden, judgment of November 23, 1990, *Nederlandse Jurisprudentie* 1991, nr.92	Remmers and Hamer v. Netherlands	(1999) 27 E.H.R.R. CD 168
Hoge Raad der Nederlanden, judgment of June 29, 1993, *Nederlandse Jurisprudentie* 1993, nr.692	Remmers and Hamer v. Netherlands	(1999) 27 E.H.R.R. CD 168

Case Referred to	Name of Case	Citation
Hoge Raad der Nederlanden, judgment of October 17, 1995, *Nederlandse Jurisprudentie* 1996, nr.147	Remmers and Hamer v. Netherlands	(1999) 27 E.H.R.R. CD 168
Holgate-Mohammed v. Duke [1984] 1 All E.R. 1054	Brannigan and McBride v. United Kingdom	(1994) 17 E.H.R.R. 539
	Brogan v. United Kingdom	(1989) 11 E.H.R.R. 117
Home Office v. Dorset Yacht Co. Ltd [1970] A.C. 1004; [1970] 2 W.L.R. 1140	Osman v. United Kingdom	(1996) 22 E.H.R.R. CD 137
Horrocks v. Lowe [1975] A.C. 135	Fayed v. United Kingdom	(1994) 18 E.H.R.R. 393
Hughes v. Holley (1988) 86 Cr. App. R. 130; (1987) 151 J.P. 233	Hashman and Harrup v. United Kingdom	(1996) 22 E.H.R.R. CD 185
	Hashman and Harrup v. United Kingdom	(2000) 30 E.H.R.R. 241
Hunt v. Clarke (1889) 58 L.J. Q.B. 490; 61 L.T. 343; 5 T.L.R. 650, CA	Sunday Times v. United Kingdom	2 E.H.R.R. 245
Hunter v. Canary Wharf Ltd [1997] 2 All E.R. 426	Khatun v. United Kingdom	(1998) 26 E.H.R.R. CD 212
Huntley v. Thornton [1957] 1 W.L.R. 321; [1957] 1 All E.R. 234	Young, James and Webster v. United Kingdom	(1982) 4 E.H.R.R. 38
Hussein v. Chang Fook Kam [1970] A.C. 942	Osman v. United Kingdom	(2000) 29 E.H.R.R. 245
Hutchinson v. Department of Justice and the Governor of Mountjoy Prison, unreported, October 19, 1992	O'Hara v. Ireland	(1998) 25 E.H.R.R. CD 57
Hyde v. Hyde (1868) L.R. 1 P.D. 130	Rees v. United Kingdom	(1987) 9 E.H.R.R. 56
Hyresgästforeningen Kroken, September 21, 1982, Case No. 0 600/81 [1982] NJA 564	Langborger v. Sweden	(1990) 12 E.H.R.R. 416
Hytrac Conveyers Ltd v. Conveyers International Ltd [1982] 3 All E.R. 415	Chappell v. United Kingdom	(1989) 11 E.H.R.R. 543
	Chappell v. United Kingdom	(1990) 12 E.H.R.R. 1
Interhandel Case, I.C.J. Reports 1959, p.6	Akdivar v. Turkey	(1997) 23 E.H.R.R. 143

Case Referred to	Name of Case	Citation
Invercargill City Council v. Hamlin [1996] A.C. 624	Governor and Company of the Bank of Scotland v. United Kingdom	(1999) 27 E.H.R.R. CD 307
Iran-US Claims Tribunal Judgment 184/161/1	Lithgow v. United Kingdom	(1986) 8 E.H.R.R. 329
Janvier v. Sweeney [1919] 2 K.B. 316	Whiteside v. United Kingdom	(1994) 18 E.H.R.R. CD 126
Johnston v. Chief Constable of the Royal Ulster Constabulary (C222/84); sub nom. J v. Chief Constable of the Royal Ulster Constabulary (C222/84) [1987] Q.B. 129; [1986] 3 W.L.R. 1038	Tinnelly & Sons and McElduff v. United Kingdom	(1996) 22 E.H.R.R. CD 62
Johnston v. Commonwealth, 220 Va. 146; 255 S.E. 2d 525 (1979)	Soering v. United Kingdom	(1989) 11 E.H.R.R. 439
Judgment of January 15, 1920 of the Court of Cassation, Pasicrisie 1920, I, p.24	H v. Belgium	(1988) 10 E.H.R.R. 339
Judgment of March 18, 1965 of the Court of Cassation, Pasicrisie 1965, I, p.734	H v. Belgium	(1988) 10 E.H.R.R. 339
Judgment of May 27, 1971, *Pasicrisie*, 1971, 919, Belgian Court of Cassation	Pauwels v. Belgium	(1989) 11 E.H.R.R. 238
Judgment of September 10, 1971, Federal Court of Justice, Entscheidungen des Bundesgerichtshofes in Strafsachen	Eckle v. Germany	(1983) 5 E.H.R.R. 1
Judgment of October 31, 1972 (1979) 1 *Pasicrisie Belge* 265	Van Oosterwijck v.Belgium	(1981) 3 E.H.R.R. 557
Judgment of March 19, 1974, [1974] 39 *Erkenntnisse und Beschlüsse des Verfassungsgerichtshofes*, no.7284, p.148	Ettl v. Austria	(1988) 10 E.H.R.R. 255

Case Referred to	**Name of Case**	**Citation**
Judgment of March 19, 1974, [1974] 39 *Erkenntnisse und Beschlüsse des Verfassungsgerichtshofes*, no.7284, p.148	Poiss v. Austria	(1988) 10 E.H.R.R. 231
Judgment of November 14, 1974 of the Oberster Gerichtshof [1975] Österreichische Juristenzeitung 304	Unterpertinger v. Austria	(1991) 13 E.H.R.R. 175
Judgment of December 2, 1977 (1978) 1 *Pasicrisie Belge* 387	Van Oosterwijck v.Belgium	(1981) 3 E.H.R.R. 557
Judgment of December 22, 1977 (1978) 1 *Pasicrisie Belge* 892	Van Oosterwijck v.Belgium	(1981) 3 E.H.R.R. 557
Judgment of March 10, 1978 (1978) 1 *Pasicrisie Belge* 773	Van Oosterwijck v.Belgium	(1981) 3 E.H.R.R. 557
Judgment of April 11, 1978 (1978) 1 *Pasicrisie Belge* 892	Van Oosterwijck v.Belgium	(1981) 3 E.H.R.R. 557
Judgment of April 14, 1978 (1978) 1 *Pasicrisie Belge* 912	Van Oosterwijck v.Belgium	(1981) 3 E.H.R.R. 557
Judgment of June 16, 1978 (1978) 1 *Pasicrisie Belge* 1178	Van Oosterwijck v.Belgium	(1981) 3 E.H.R.R. 557
Judgment of September 26, 1978 (1979) 1 *Pasicrisie Belge* 126	Van Oosterwijck v.Belgium	(1981) 3 E.H.R.R. 557
Judgment of February 21, 1979, Belgian Court of Cassation, *Pasicrisie* I, 750	De Cubber v. Belgium	(1985) 7 E.H.R.R. 236
Judgment of January 18, 1980 (1980) *Nederlands Jurisprudentie* No. 462	Van Oosterwijck v.Belgium	(1981) 3 E.H.R.R. 557
Judgment of April 2, 1980 (1980) *Journal des Tribunaux* 491 (Luxembourg)	Van Oosterwijck v.Belgium	(1981) 3 E.H.R.R. 557
Judgment of April 23, 1980, R.D.P., 1983, p.929, Cour militaire	Pauwels v. Belgium	(1989) 11 E.H.R.R. 238

Case Referred to	Name of Case	Citation
Judgment of March 1, 1982, Official Collection of Judgments of Constitutional Court, No. 9334/1982	Plattform Ärtze für das Leben v. Austria	(1991) 13 E.H.R.R. 204
Judgment of June 22, 1982, *Rechtskuning Weekblad*, 1983–1984, col. 115 Belgian Court of Cassation	Pauwels v. Belgium	(1989) 11 E.H.R.R. 238
Judgment of September 7, 1983, Swiss Federal Court, *Judgments of the Swiss Federal Court*, vol.109, pt 1, p.246	Schenk v. Switzerland	(1991) 13 E.H.R.R. 242
Judgment of November 13, 1983, R.D.P., 1985, p.904, Cour militaire	Pauwels v. Belgium	(1989) 11 E.H.R.R. 238
Judgment of May 11, 1984, *Journal des Tribunaux* 1985, p.168, Belgian Labour Court of Appeal	Deumeland v. Germany	(1986) 8 E.H.R.R. 448
Judgment of November 28, 1984, Collection of Austria Constitutional Court Decisions, No. 10701	Brandsetter v. Austria	(1993) 15 E.H.R.R. 378
Judgment of February 22, 1985, *Nedelandse Jurisprudentie*, 1984, No. 3, Dutch Court of Cassation	Berrehab v. Netherlands	(1989) 11 E.H.R.R. 322
Judgment of December 12, 1986, *Nedelandse Jurisprudentie*, 1988, No. 188, Dutch Court of Cassation	Berrehab v. Netherlands	(1989) 11 E.H.R.R. 322
Judgment of December 18, 1987, *rechtspraak van de Week*, 1988, No. 9, Dutch Court of Cassation	Berrehab v. Netherlands	(1989) 11 E.H.R.R. 322
Judgment of the Belgian Court of Cassation of February 8, 1978 [1978] I *Pasicrisie belge* 664	Boumar v. Belgium	(1989) 11 E.H.R.R. 1

Case Referred to	Name of Case	Citation
Judgment of the Belgian Court of Cassation of November 18, 1982 [1983] I *Pasicrisie belge* 333	Boumar v. Belgium	(1989) 11 E.H.R.R. 1
Judgment of the German Federal Constitutional Court, April 30, 1952, *Entscheidungen*, vol.1, p.271	Glasenapp v. Germany	(1987) 9 E.H.R.R. 25
Judgment of the German Federal Constitutional Court, June 13, 1952, *Entscheidungen*, vol.1, p.343	Glasenapp v. Germany	(1987) 9 E.H.R.R. 25
Judgment of the German Federal Constitutional Court, December 17, 1953, *Entscheidungen*, vol.3, p.73	Glasenapp v. Germany	(1987) 9 E.H.R.R. 25
Judgment of the German Federal Constitutional Court, February 26, 1954, *Entscheidungen*, vol.4, p.295	Glasenapp v. Germany	(1987) 9 E.H.R.R. 25
Judgment of the German Federal Constitutional Court, April 12, 1956, *Entscheidungen*, vol.5, p.1	Glasenapp v. Germany	(1987) 9 E.H.R.R. 25
Judgment of the German Federal Constitutional Court, February 25, 1964, *Entscheidungen*, vol.31, p.333	Glasenapp v. Germany	(1987) 9 E.H.R.R. 25
Judgment of the German Federal Constitutional Court, Febraury 15, 1967, *Entscheidungen*, vol.21, p.194	Glasenapp v. Germany	(1987) 9 E.H.R.R. 25
Judgment of the German Federal Constitutional Court, July 27, 1971, *Entscheidungen*, vol.31, p.333	Glasenapp v. Germany	(1987) 9 E.H.R.R. 25
Judgment of the German Federal Constitutional Court, May 7, 1975, *Entscheidungen*, vol.6, p.385	Glasenapp v. Germany	(1987) 9 E.H.R.R. 25

Case Referred to	Name of Case	Citation
Judgment of the German Federal Constitutional Court, September 21, 1976, *Entscheidungen*, vol.42, p.325	Glasenapp v. Germany	(1987) 9 E.H.R.R. 25
Judgment of the German Federal Constitutional Court, March 25, 1980, *Entscheidungen*, vol.53, p.390	Glasenapp v. Germany	(1987) 9 E.H.R.R. 25
Judgment of the German Federal Constitutional Court, February 17, 1981, *Entscheidungen*, vol.57, p.241	Glasenapp v. Germany	(1987) 9 E.H.R.R. 25
Judgment of the German Federal Constitutional Court, November 10, 1981, *Entscheidungen*, vol.59, p.101	Glasenapp v. Germany	(1987) 9 E.H.R.R. 25
Judgment of the German Federal Constitutional Court, June 4, 1985, *Entscheidungen*, vol.70, p.62	Glasenapp v. Germany	(1987) 9 E.H.R.R. 25
Judgment of the Greek Court of Cassation, 18/1980	Hadjianastassiou v. Greece	(1993) 16 E.H.R.R. 219
Judgment of the Greek Court of Cassation, 234/1986	Hadjianastassiou v. Greece	(1993) 16 E.H.R.R. 219
Judgment of the Greek Court of Cassation, 242/1951	Hadjianastassiou v. Greece	(1993) 16 E.H.R.R. 219
Judgment of the Greek Court of Cassation, 248/1958	Hadjianastassiou v. Greece	(1993) 16 E.H.R.R. 219
Judgment of the Greek Court of Cassation, 341/1952	Hadjianastassiou v. Greece	(1993) 16 E.H.R.R. 219
Judgment of the Greek Court of Cassation, 456/1986	Hadjianastassiou v. Greece	(1993) 16 E.H.R.R. 219
Judgment of the Greek Court of Cassation, 459/1987	Hadjianastassiou v. Greece	(1993) 16 E.H.R.R. 219

Case Referred to	Name of Case	Citation
Judgment of the Greek Court of Cassation, 470/1975	Hadjianastassiou v. Greece	(1993) 16 E.H.R.R. 219
Judgment of the Greek Court of Cassation, 472/1970	Hadjianastassiou v. Greece	(1993) 16 E.H.R.R. 219
Judgment of the Greek Court of Cassation, 483/1979	Hadjianastassiou v. Greece	(1993) 16 E.H.R.R. 219
Judgment of the Greek Court of Cassation, 531–535/1984	Hadjianastassiou v. Greece	(1993) 16 E.H.R.R. 219
Judgment of the Greek Court of Cassation, 565/1988	Hadjianastassiou v. Greece	(1993) 16 E.H.R.R. 219
Judgment of the Greek Court of Cassation, 647/1983	Hadjianastassiou v. Greece	(1993) 16 E.H.R.R. 219
Judgment of the Greek Court of Cassation, 656/1985	Hadjianastassiou v. Greece	(1993) 16 E.H.R.R. 219
Judgment of the Greek Court of Cassation, 758/1979	Hadjianastassiou v. Greece	(1993) 16 E.H.R.R. 219
Judgment of the Greek Court of Cassation, 892/1974	Hadjianastassiou v. Greece	(1993) 16 E.H.R.R. 219
Judgment of the Greek Court of Cassation, 1366/1987	Hadjianastassiou v. Greece	(1993) 16 E.H.R.R. 219
Judgment of the Greek Court of Cassation, 1438/1986	Hadjianastassiou v. Greece	(1993) 16 E.H.R.R. 219
Judgment of the Greek Court of Cassation, 1453/1987	Hadjianastassiou v. Greece	(1993) 16 E.H.R.R. 219
Judgment of the Greek Court of Cassation, 1454/1987	Hadjianastassiou v. Greece	(1993) 16 E.H.R.R. 219
Judgment of the Greek Court of Cassation, 1494/1986	Hadjianastassiou v. Greece	(1993) 16 E.H.R.R. 219
Judgment of the Liége Court of Appeal of December 16, 1980	Boumar v. Belgium	(1989) 11 E.H.R.R. 1

Case Referred to	Name of Case	Citation
Judgment of the Mons Court of Appeal of January 6, 1978 [1979] *Journal des Tribunaux* 6	Boumar v. Belgium	(1989) 11 E.H.R.R. 1
Judgment of the Norwegian Supreme Court of December 16, 1961 [1961] N.R.T. 1350	E v. Norway	(1994) 17 E.H.R.R. 30
Judgment of the Norwegian Supreme Court of March 28, 1966 [1966] N.R.T. 476	E v. Norway	(1994) 17 E.H.R.R. 30
Judgment of the Norwegian Supreme Court of October 8, 1974 [1974] N.R.T. 935	E v. Norway	(1994) 17 E.H.R.R. 30
Judgment of the Norwegian Supreme Court of February 26, 1982 [1982] N.R.T. 35	E v. Norway	(1994) 17 E.H.R.R. 30
Judgment of the Norwegian Supreme Court of October 23, 1984 [1984] N.R.T. 1175	E v. Norway	(1994) 17 E.H.R.R. 30
Judgment of the Norwegian Supreme Court of May 15, 1987 [1987] N.R.T. 612	E v. Norway	(1994) 17 E.H.R.R. 30
Judgment of the Norwegian Supreme Court of December 11, 1989 [1989] N.R.T. 1327	E v. Norway	(1994) 17 E.H.R.R. 30
Judgment of the Norwegian Supreme Court of March 16, 1990, unreported	E v. Norway	(1994) 17 E.H.R.R. 30
Judgment of the Supreme Court of Justice, February 1, 1963, *Diario do Governo*, 1st Series, February 21, 1963	Neves e Silva v. Portugal	(1991) 13 E.H.R.R. 535
Judgment of the Swiss Federal Court of 2 November 1982, A.T.F. 108, Ia, 313	Belilos v. Switzerland	(1988) 10 E.H.R.R. 466

Case Referred to	Name of Case	Citation
Karella v. Organismos Anasygkrotiseos Epicheiriseon AE (C19/90); Karellas v. Organismos Anasygkrotiseos Epicheiriseon AE (C20/90); *sub nom.* Karella v. Greek Minister of Industry, Energy and Technology [1991] E.C.R. I-2691; [1993] B.C.C. 677	Kefalas v. Greece	(1995) 20 E.H.R.R. 484
Kaye v. Robertson [1991] E.S.R. 62	Spencer (Earl and Countess) v. United Kingdom	(1998) 25 E.H.R.R. CD 105
Keenan, Re [1972] 1 Q.B. 533; [1971] 3 W.L.R. 844; [1971] 3 All E.R. 883, CA	X v. United Kingdom	(1981) 3 E.H.R.R. 302
Keeney v. Commonwealth, 147 Va. 678; 137 S.E. 478 (1927)	Soering v. United Kingdom	(1989) 11 E.H.R.R. 439
Kennedy v. A, 1986 S.L.T. 358	McMichael v. United Kingdom	(1993) 15 E.H.R.R. CD 80
Ker v. Illinois, 119 U.S. 436 (1886)	Stocke v. Germany	(1989) 11 E.H.R.R. 61
Keyishian v. Board of Regents, 385 U.S. 589 (1967)	App. No. 9228/80 v. Germany	(1983) 5 E.H.R.R. 471
Khawaja v. Secretary of State for the Home Department [1984] A.C. 74; [1983] 1 All E.R. 765	Brannigan and McBride v. United Kingdom	(1994) 17 E.H.R.R. 539
	Brogan v. United Kingdom	(1989) 11 E.H.R.R. 117
	Hood v. United Kingdom	(2000) 29 E.H.R.R. 365
Khorasandjian v. Bush [1993] Q.B. 727; [1993] 3 W.L.R. 476	Whiteside v. United Kingdom	(1994) 18 E.H.R.R. CD 126
Kirkham v. Chief Constable of Manchester [1990] 2 Q.B. 283	Osman v. United Kingdom	(2000) 29 E.H.R.R. 245
Knight v. Clifton [1971] 2 All E.R. 378	Sunday Times v. United Kingdom	(1981) 3 E.H.R.R. 317
Knightley v. Johns [1982] 1 All E.R. 301	Osman v. United Kingdom	(2000) 29 E.H.R.R. 245
Knuller v. DPP [1973] A.C. 435	Gay News Ltd and Lemon v. United Kingdom	(1983) 5 E.H.R.R. 123

Case Referred to	Name of Case	Citation
Kroon v. Netherlands (A/297–C) [1995] 2 F.C.R. 28; (1995) 19 E.H.R.R. 263	Gül v. Switzerland	(1996) 22 E.H.R.R. 93
Kryiakides v. Republic, 1 R.S.C.C. 66	Andronicou and Constantinou v. Cyprus	(1998) 25 E.H.R.R. 491
Kunnath v. The State [1993] 1 W.L.R. 1315	V v. United Kingdom	(2000) 30 E.H.R.R. 121
L (A Minor) (Police Investigation: Privilege), Re [1997] A.C. 16	Vernon v. United Kingdom	(2000) 29 E.H.R.R. CD 264
Landmark Communications Inc. v. Virginia, 425 U.S. 829 (1978)	Observer and Guardian v. United Kingdom	(1992) 14 E.H.R.R. 153
Larkin v. H.M. Advocate [1988] S.C.C. 30	Granger v. United Kingdom	(1990) 12 E.H.R.R. 469
Lazard Bros. v. Midland Bank [1933] A.C. 289	Lithgow v. United Kingdom	(1986) 8 E.H.R.R. 329
Le Vasseur v. Commonwealth, 225 Va. 564; 304 S.E. 2d 644 (1983), certiorari denied, 464 U.S. 1063; 104 S.Ct. 744; 79 L.Ed.2d 202 (1984)	Soering v. United Kingdom	(1989) 11 E.H.R.R. 439
Leech v. Deputy Governor of Parkhurst Prison [1988] A.C. 533	McCallum v. United Kingdom	(1991) 13 E.H.R.R. 597
Leech v. Secretary of State for Scotland, unreported, October 26, 1990	Campbell v. United Kingdom	(1993) 15 E.H.R.R. 137
Legal Consequences for States of the Continued Presence of South America in Namibia (South West Africa) nothwithstanding Security Council Resolution 276 (1970), Advisory Opinion, I.C.J. Reports 1971, p.6	Loizidou v. Turkey	(1997) 23 E.H.R.R. 513
Lejzor Teper v. The Queen [1952] A.C. 480	Blastand v. United Kingdom	(1988) 10 E.H.R.R. 528
Lemon and Gay News Ltd v. Whitehouse. *See* R. v. Lemon.	Wingrove v. United Kingdom	(1997) 24 E.H.R.R. 1

Case Referred to	Name of Case	Citation
Lena Goldfields Ltd v. Soviet Government, *Annual Digest and Reports of Public International Law Cases*, vol.5 (1929–1930), case no. 258	Stran Greek Refineries and Stratis Andreadis v. Greece	(1995) 19 E.H.R.R. 293
Letang v. Cooper [1965] 1 Q.B. 232	Stubbings v. United Kingdom Stubbings v. United Kingdom	(1994) 18 E.H.R.R. CD 185 (1995) 19 E.H.R.R. CD 32
Lewisham LBC v. Lewisham Juvenile Court Justices [1979] 2 All E.R. 297	B v. United Kingdom H v. United Kingdom O v. United Kingdom R v. United Kingdom W v. United Kingdom	(1988) 10 E.H.R.R. 87 (1988) 10 E.H.R.R. 95 (1988) 10 E.H.R.R. 82 (1988) 10 E.H.R.R. 74 (1988) 10 E.H.R.R. 29
Liamco v. Libya (1977) 62 I.L.R. 140	Lithgow v. United Kingdom	(1986) 8 E.H.R.R. 329
Limoges Court of Appeal, May 15, 1979	Drozd and Janousek v. France and Spain	(1992) 14 E.H.R.R. 745
London and Clydeside Estates Ltd v. Aberdeen DC [1980] 1 W.L.R. 182; [1979] 3 All E.R. 876	Benham v. United Kingdom Perks v. United Kingdom	(1996) 22 E.H.R.R. 293 (2000) 30 E.H.R.R. 33
Long v. Hepworth [1968] 1 W.L.R. 1299	Stubbings v. United Kingdom Stubbings v. United Kingdom	(1994) 18 E.H.R.R. CD 185 (1995) 19 E.H.R.R. CD 32
Los Angeles and Department of Water and Power v. Preferred Communications, 476 U.S. 488; 90 L.Ed.2d 480; 106 S.Ct. 2034 (1986)	Groppera Radio AG v. Switzerland	(1990) 12 E.H.R.R. 321
Losinger decision of October 11, 1935, *Permanent Court of International Justice*, Series C, No. 78, p.110	Stran Greek Refineries and Stratis Andreadis v. Greece	(1995) 19 E.H.R.R. 293
Lujan v. Gengler, 69 A.J.I.L. 895 (1975)	Stocke v. Germany	(1989) 11 E.H.R.R. 61
Lynch, Ex p. [1980] N.I.R. 126	Brogan v. United Kingdom	(1989) 11 E.H.R.R. 117
Lynch v. Ministry of Defence [1983] 6 N.I.J.B.; [1983] N.I. 216	McCann v. United Kingdom	(1996) 21 E.H.R.R. 97
M v. B [1973] 2 All E.R. 81	App. No. 9843/82 v. United Kingdom	(1983) 5 E.H.R.R. 488

Case Referred to	Name of Case	Citation
M v. HM Advocate (Jury Selection), 1974 S.L.T. (Notes) 25; [1975] Crim. L.R. 108	Pullar v. United Kingdom	(1996) 22 E.H.R.R. 391
M.T. v. J.T. (1976) 2 F.L.R. 2247	Cossey v. United Kingdom	(1991) 13 E.H.R.R. 622
McC (A Minor), Re; *sub nom.* McCann v. Mullan [1985] A.C. 528; [1984] 3 W.L.R. 1227	Benham v. United Kingdom	(1996) 22 E.H.R.R. 293
	Perks v. United Kingdom	(2000) 30 E.H.R.R. 33
MacDonald v. City and County Manager for the County of Dublin, judgment of July 23, 1980	App. No. 9596/81 v. Ireland	(1984) 6 E.H.R.R. 570
McElduff, Re (1972) N.I.Rep. 1	Fox, Campbell and Hartley v. United Kingdom	(1991) 13 E.H.R.R. 157
	X v. United Kingdom	(1981) 3 E.H.R.R. 302
McGowan v. Chief Constable of Kingston upon Hull [1967] Crim. L.R. 34; 117 N.L.J. 1138	McLeod v. United Kingdom	(1996) 22 E.H.R.R. CD 158
	McLeod v. United Kingdom	(1999) 27 E.H.R.R. 493
McKee v. Chief Constable for Northern Ireland [1985] 1 All E.R. 1	Brogan v. United Kingdom	(1989) 11 E.H.R.R. 117
	Fox, Campbell and Hartley v. United Kingdom	(1991) 13 E.H.R.R. 157
Mackle, Re, *The Independent*, February 26, 1993	Hood v. United Kingdom	(2000) 29 E.H.R.R. 365
McLeod v. Commission of Police of the Metropolis [1994] 4 All E.R. 553	McLeod v. United Kingdom	(1999) 27 E.H.R.R. 493
Mahon v. Air New Zealand [1985] A.C. 808	Fayed v. United Kingdom	(1994) 18 E.H.R.R. 393
Malone v. Commissioner of the Metropolitan Police (No. 2) [1979] Ch. 344	Malone v. United Kingdom	(1982) 4 E.H.R.R. 330
	Malone v. United Kingdom	(1983) 5 E.H.R.R. 385
	Spencer (Earl and Countess) v. United Kingdom	(1998) 25 E.H.R.R. CD 105
Margaret Duchess of Argyll v. Duke of Argyll [1967] Ch. 302; [1965] 2 W.L.R. 790	Spencer (Earl and Countess) v. United Kingdom	(1998) 25 E.H.R.R. CD 105
Marguerite Johnston, May 15, 1986, Case No. 222/84, Rep. 1651	Athanassoglou v. Switzerland	(2001) 31 E.H.R.R 372

Case Referred to	Name of Case	Citation
Massamba Mikissi and Dzekissa case, Court of Cassation, January 25, 1982, *Gazette du Palais*, 1982 *jurisprudence*, p.405	Salabiaku v. France	(1991) 13 E.H.R.R. 379
Mavrommatis Case (1924) P.C.I.J., Judgment No. 2 (Jurisdiction), Series A, No. 2, p.16	Belgian Linguistics Case (No. 1)	1 E.H.R.R. 241
Maxwell v. Department of Trade and Industry [1974] 1 Q.B. 523	Fayed v. United Kingdom	(1994) 18 E.H.R.R. 393
Mejia v. Peru, Report No. 5/96, Case 10,970, Inter-American Commission on Human Rights	Aydin v. Turkey	(1998) 25 E.H.R.R. 251
Middleweek v. Chief Constable of Merseyside [1992] 1 A.C. 179	McCallum v. United Kingdom	(1991) 13 E.H.R.R. 597
Miranda v. Arizona, 384 U.S. 436 (1966)	Murray v. United Kingdom	(1996) 22 E.H.R.R. 29
Mojica v. Dominican Republic, U.N. Human Rights decision, July 15, 1994	Kurt v. Turkey	(1999) 27 E.H.R.R. 373
Morgan v. Fry [1968] 1 Q.B. 521; [1967] 3 W.L.R. 65; [1967] 2 All E.R. 386	Young, James and Webster v. United Kingdom	(1982) 4 E.H.R.R. 38
Moussa Kouate (1976) *Recueil Lebon* 321	Bozano v. France	(1987) 9 E.H.R.R. 297
Murray v. Ministry of Defence [1988] 1 W.L.R. 692; [1988] 2 All E.R. 521	Murray v. United Kingdom	(1995) 19 E.H.R.R. 193
Myers v. DPP [1965] A.C. 1001	Blastand v. United Kingdom	(1988) 10 E.H.R.R. 528
National Irish Bank Ltd and Companies Act 1990, In the matter of, unreported, January 21, 1999	Heaney and McGuinness v. Ireland Quinn v. Ireland	(2000) 29 E.H.R.R. CD 166 (2000) 29 E.H.R.R. CD 234
Near v. Minnesota, 283 U.S. 718	Observer and Guardian v. United Kingdom	(1992) 14 E.H.R.R. 153
Nebraska Association v. Stuart, 427 U.S. 593 (1976)	Observer and Guardian v. United Kingdom	(1992) 14 E.H.R.R. 153

Case Referred to	Name of Case	Citation
Nederlandse Spoorwegen NV v. Minister Van Verkeer en Waterstaat (36/73) [1973] E.C.R. 1299; [1974] 2 C.M.L.R. 148	Benthem v. Netherlands	(1984) 6 E.H.R.R. 283
New York Times v. US, 403 U.S. 713 (1971)	Observer and Guardian v. United Kingdom	(1992) 14 E.H.R.R. 153
New Zealand v. France [1974] I.C.J. Rep. 457	Cyprus v. Turkey	(1982) 4 E.H.R.R. 482
Nicol and Selvanayagam v. DPP (1996) 160 J.P. 155	Hashman and Harrup v. United Kingdom	(2000) 30 E.H.R.R. 241
	McLeod v. United Kingdom	(1999) 27 E.H.R.R. 493
Nicolau v. Att.-Gen.; G v. An Bord Ughtala [1980] I.R. 32	App. No. 9697/82 v. Ireland	(1984) 6 E.H.R.R. 546
No.I U.S. 79/93, judgment of 15 September 15 1993	Vodenicarov v. Slovak Republic	(1998) 26 E.H.R.R. CD 40
Northern Cameroons Case (Cameroons v. United Kingdom) [1963] I.C.J. Reports 15	Ireland v. United Kingdom	2 E.H.R.R. 25
Norwest Holst Ltd v. Secretary of State [1978] 3 W.L.R. 73	Fayed v. United Kingdom	(1994) 18 E.H.R.R. 393
Nottebohm case, (1995) I.C.J. Rep. 23	Karassev v. Finland	(1999) 28 E.H.R.R. CD 132
Nuclear Tests Case (Australia v. France) [1974] I.C.J. Reports 253	Ireland v. United Kingdom	2 E.H.R.R. 25
O v. M [1977] I.R. 33	X v. Ireland	(1982) 4 E.H.R.R. 359
O'B v. S (1984) I.R. 316	Johnston v. Ireland	(1987) 9 E.H.R.R. 203
O'Brien v. M.S., January 20, 1984	Johnston v. Ireland	(1986) 8 E.H.R.R. 214
Olutu v. Home Office, unreported, 1996 No. 0117	Caballero v. United Kingdom	(2000) 30 E.H.R.R. 643
Orkem [1989] E.C.R. 3343	Funke v. France	(1993) 16 E.H.R.R. 297

Case Referred to	Name of Case	Citation
Orkem SA (formerly CdF Chimie SA) v. Commission of the European Communities (C374/87); Solvay et Cie SA v. Commission of the European Communities (C27/88) [1989] E.C.R. 3283; [1989] E.C.R. 3355	Saunders v. United Kingdom	(1997) 23 E.H.R.R. 313
Osman v. Ferguson [1993] 4 All E.R. 344	Osman v. United Kingdom	(2000) 29 E.H.R.R. 245
Otto BV v. Postbank NV (C60/92) [1993] E.C.R. I-5683; *Financial Times,* November 16, 1993	Saunders v. United Kingdom	(1997) 23 E.H.R.R. 313
Ouedjedi, Consiel d'Conseil d'Etat, December 17, 1990 [1990] Rec. Lebon 362	Vijayanathan and Pusparajah v. France	(1993) 15 E.H.R.R. 62
P (Parental Responsibility), Re [1994] 1 F.L.R. 578	Smallwood v. United Kingdom	(1999) 27 E.H.R.R. CD 155
P (Terminating Parental Responsibility), Re [1995] 1 flr 1048	Smallwood v. United Kingdom	(1999) 27 E.H.R.R. CD 155
P v. S and Cornwall CC (C13/94); *sub nom.* P v. S (Sex Discrimination) (C13/94) [1996] All E.R. (EC) 397; [1996] E.C.R. I-2143	Lustig-Prean and Beckett v. United Kingdom	(2000) 29 E.H.R.R. 548
	Sheffield and Horsham v. United Kingdom	(1999) 27 E.H.R.R. 163
	Smith and Grady v. United Kingdom	(1999) 27 E.H.R.R. CD 42
	Smith and Grady v. United Kingdom	(2000) 29 E.H.R.R. 493
	X, Y and Z v. United Kingdom	(1997) 24 E.H.R.R. 143
PB (A Minor), Re, unreported, June 20, 1996	Bayram v. United Kingdom	(1999) 28 E.H.R.R. CD 169
Padfield v. Ministry of Agriculture [1986] A.C. 997	Allegemeine Gold- und Silberscheideanstalt v. United Kingdom	(1987) 9 E.H.R.R. 1
Panevezys-Saldutiskis Railway Case, P.C.I.J. Reports, Series A/B, No. 76	Akdivar v. Turkey	(1997) 23 E.H.R.R. 143
Paquet case, Court of Cassation, September 11, 1985, *Pasicrisie belge,* 1985, I, p.23	Yaacoub v. Belgium	(1991) 13 E.H.R.R. 418

Case Referred to	Name of Case	Citation
Patel v. Patel [1988] 2 F.L.R. 179; [1988] Fam. Law 213	Whiteside v. United Kingdom	(1994) 18 E.H.R.R. CD 126
Patel v. University of Bradford Senate [1979] 1 W.L.R. 1066; [1979] 2 All E.R. 582, CA; [1978] 1 W.L.R. 1488; [1978] 3 All E.R. 841, Ch D	Patel v. United Kingdom	(1982) 4 E.H.R.R. 256
Paton v. British Pregnancy Advisory Service [1979] Q.B. 276; [1978] 3 W.L.R. 687; [1978] 2 All E.R. 987	Paton v. United Kingdom	(1981) 3 E.H.R.R. 408
Payne v. Lord Harris of Greenwich [1981] 1 W.L.R. 754	Weeks v. United Kingdom	(1988) 10 E.H.R.R. 293
Pearce v. Secretary of State for Defence [1988] A.C. 755; [1988] 2 W.L.R. 1027	McGinley and Egan v. United Kingdom	(1996) 21 E.H.R.R. CD 56
	McGinley and Egan v. United Kingdom	(1999) 27 E.H.R.R. 1
Percy v. DPP [1955] 1 W.L.R. 1382	Hashman and Harrup v. United Kingdom	(2000) 30 E.H.R.R. 241
	McLeod v. United Kingdom	(1999) 27 E.H.R.R. 493
Pergamon Press, Re [1971] Ch. 388; [1970] 3 W.L.R. 792	Fayed v. United Kingdom	(1994) 18 E.H.R.R. 393
	Saunders v. United Kingdom	(1994) 18 E.H.R.R. CD 23
	Saunders v. United Kingdom	(1997) 23 E.H.R.R. 313
Peterson v. Commonwealth, 225 Va. 289; 302 S.E. 2d 520, certiorari denied, 464 U.S. 865; 104 S.Ct. 202; 78 L.Ed.2d 176 (1983)	Soering v. United Kingdom	(1989) 11 E.H.R.R. 439
Pitsillos v. Republic (1984) 1 C.L.R. 780	Andronicou and Constantinou v. Cyprus	(1998) 25 E.H.R.R. 491
Pizzaro Cid, Consiel d'Conseil d'Etat, March 12, 1990	Vijayanathan and Pusparajah v. France	(1993) 15 E.H.R.R. 62
Planned Parenthood of Central Missouri v. Danforth, 428 U.S. 52; 96 S.Ct. 2831; 49 L.Ed. 2d 788 (1976)	Paton v. United Kingdom	(1981) 3 E.H.R.R. 408
Polly Peck International Plc v. Nadir (Asil) (No. 2) [1992] 4 All E.R. 769; [1992] 2 Lloyd's Rep. 238	Loizidou v. Turkey	(1997) 23 E.H.R.R. 513

Case Referred to	Name of Case	Citation
Poutney v. Griffiths [1976] A.C. 314	Ashingdane v. United Kingdom	(1985) 7 E.H.R.R. 528
Practice Direction (CA (Crim Div): Costs in Criminal Proceedings); *sub nom.* Practice Direction (Sup Ct: Crime: Costs) [1991] 1 W.L.R. 498; [1991] 2 All E.R. 924	Cybulski v. United Kingdom	(1997) 23 E.H.R.R. CD 53
Practice Note (Criminal Law: Costs) [1991] 2 All E.R. 924	Wright v. United Kingdom	(1999) 27 E.H.R.R. CD 314
Price v. Commonwealth, 228 Va. 452; 323 S.E. 106 (1984)	Soering v. United Kingdom	(1989) 11 E.H.R.R. 439
Procureur Du Roi v. Deuchman [1978] E.C.R. 1573; [1979] 2 C.M.L.R. 1	Deweer v. Belgium	2 E.H.R.R. 439
Public Prosecutor v. D; Public Prosecutor v. R, judgments of may 29, 1985, *Jur. Liége*, October 11, 1985, p.541	Pauwels v. Belgium	(1989) 11 E.H.R.R. 238
Pullar (Robert Alexander) v. HM Advocate; *sub nom.* Pullar (Robert Alexander) & Mennie (Raymond Anthony) v. HM Advocate, 1993 J.C. 126; 1993 S.C.C.R. 514	Pullar v. United Kingdom	(1996) 22 E.H.R.R. 391
Quinteros v. Uraguay, U.N. Human Rights decision, July 21, 1983	Kurt v. Turkey	(1999) 27 E.H.R.R. 373
R. v. Albany Prison Board of Visitors, ex p. Tarrant [1984] 1 All E.R. 799	Campbell and Fell v. United Kingdom	(1985) 7 E.H.R.R. 165
R. v. Argent [1997] 2 Cr.App.R. 27	Condron v. United Kingdom	(2001) 31 E.H.R.R 1
R. v. Arrowsmith (Pat) [1975] Q.B. 678; [1975] 2 W.L.R. 484; [1975] 1 All E.R. 463; (1974) 60 Cr.App.R. 211; [1975] Crim. L.R. 161; (1974) 119 S.J. 165, CA (Crim Div)	Arrowsmith v. United Kingdom	(1981) 3 E.H.R.R. 218

Case Referred to	Name of Case	Citation
R. v. Aubrey-Fletcher, ex p. Thompson (George) [1969] 1 W.L.R. 872; [1969] 2 All E.R. 846	Hashman and Harrup v. United Kingdom	(1996) 22 E.H.R.R. CD 185
R. v. Ayu (1959) 43 Cr.App.R. 31	Hashman and Harrup v. United Kingdom	(2000) 30 E.H.R.R. 241
R. v. Bath, unreported, March 6, 1995	Gregory v. United Kingdom	(1998) 25 E.H.R.R. 577
R. v. Bedfordshire CC, ex p. C; R. v. Hertfordshire CC, ex p. B, *The Times*, August 19, 1986	B v. United Kingdom H v. United Kingdom O v. United Kingdom R v. United Kingdom W v. United Kingdom	(1988) 10 E.H.R.R. 87 (1988) 10 E.H.R.R. 95 (1988) 10 E.H.R.R. 82 (1988) 10 E.H.R.R. 74 (1988) 10 E.H.R.R. 29
R. v. Birchall [1999] Crim.L.R. 311	Condron v. United Kingdom	(2001) 31 E.H.R.R 1
R. v. Board of Visitors of Hull Prison, ex p. St Germain (No. 1); R. v. Board of Visitors of Wandsworth Prison, ex p. Rosa [1979] Q.B. 425; [1979] 2 W.L.R. 42; [1979] 1 All E.R. 701; (1979) 68 Cr.App.R. 212; 122 S.J. 697; *The Times*, October 4, 1978, CA	Campbell and Fell v. United Kingdom McFeeley v. United Kingdom X v. United Kingdom	(1983) 5 E.H.R.R. 207 (1981) 3 E.H.R.R. 161 (1982) 4 E.H.R.R. 350
R. v. Board of Visitors of Hull Prison, ex p. St Germain [1979] Q.B. 425, CA; [1978] 2 All E.R. 198, DC	Campbell and Fell v. United Kingdom McCallum v. United Kingdom	(1985) 7 E.H.R.R. 165 (1991) 13 E.H.R.R. 597
R. v. Board of Visitors of Hull Prison, ex p. St Germain (No. 2) [1979] 3 All E.R. 545, DC	Campbell and Fell v. United Kingdom	(1985) 7 E.H.R.R. 165
R. v. Bouchereau [1977] E.C.R. 1999; [1977] 2 C.M.L.R. 800	Piermont v. France	(1993) 15 E.H.R.R. CD 76
R. v. Bow Street Metropolitan Stipendiary Magistrate, ex p. Pinochet Ugarte (No. 3) [2000] 1 A.C. 147	Al-Adsani v. United Kingdom	(2000) 29 E.H.R.R. CD 99
R. v. Bow Street Metropolitan Stipendiary Magistrate, ex p. South Coast Shipping [1993] Q.B. 645; [1993] 2 W.L.R. 621	Stubbings v. United Kingdom	(1997) 23 E.H.R.R. 213

Case Referred to	Name of Case	Citation
R. v. Bowden [1999] 1 W.L.R. 823	Condron v. United Kingdom	(2001) 31 E.H.R.R 1
R. v. Braodcasting Complaints Commission, ex p. Barclay, unreported, October 4, 1996	Halford v. United Kingdom	(1997) 24 E.H.R.R. 523
R. v. Brixton Prison, ex p. Soblen [1962] All E.R. 641	Brogan v. United Kingdom	(1989) 11 E.H.R.R. 117
R. v. Bryant and Dickson (1946) 31 Cr.App.R. 146	Edwards v. United Kingdom	(1993) 15 E.H.R.R. 417
R. v. Central Criminal Court, ex p. Crook and the National Union of Journalists, unreported, November 7, 1984	Hodgson, Woolf Productions and National Union of Journalists and Channel Four Television v. United Kingdom	(1988) 10 E.H.R.R. 503
R. v. Chalkley and Jeffries [1988] 2 Cr.App.R. 79	Condron v. United Kingdom	(2001) 31 E.H.R.R 1
R. v. Chief Constable of Devon and Cornwall, ex p. Central Electricity Generating Board [1982] Q.B. 458	McLeod v. United Kingdom	(1999) 27 E.H.R.R. 493
R. v. Chief Constable of the RUC, ex p. Begley [1997] 1 W.L.R. 1575	Averill v. United Kingdom	(2001) 31 E.H.R.R 839
R. v. Chief Metropolitan Stipendiary Magistrate, ex p. Choudhury [1991] 1 All E.R. 306	Wingrove v. United Kingdom	(1997) 24 E.H.R.R. 1
R. v. Civil Service Appeal Board, ex p. Cunningham, *The Times*, June 13, 1990	Fayed v. United Kingdom	(1994) 18 E.H.R.R. 393
R. v. Clarke (1930 22 Cr.App.R. 58	Edwards v. United Kingdom	(1993) 15 E.H.R.R. 417
R. v. County of London Quarter Sessions Appeals Committee, ex p. Metropolitan Police Commissioner [1948] 1 K.B. 670	Hashman and Harrup v. United Kingdom	(2000) 30 E.H.R.R. 241
R. v. Cowan [1996] 1 Cr.App.R. 1	Condron v. United Kingdom	(2001) 31 E.H.R.R 1
R. v. Crossdale [1995] 2 All E.R. 500	Webb v. United Kingdom	(1997) 24 E.H.R.R. CD 73

Case Referred to	Name of Case	Citation
R. v. Customs and Excise (1836)	Allegemeine Gold- und Silberscheideanstalt v. United Kingdom	(1987) 9 E.H.R.R. 1
R. v. Customs and Excise Commissioners, ex p. Haworth, unreported, July 17, 1985	Air Canada v. United Kingdom Allegemeine Gold- und Silberscheideanstalt v. United Kingdom	(1995) 20 E.H.R.R. 150 (1987) 9 E.H.R.R. 1
R. v. Customs and Excise Commissioners, ex p. Tsahl [1990] C.O.D. 230; *The Times*, December 12, 1989	Air Canada v. United Kingdom	(1995) 20 E.H.R.R. 150
R. v. Daly (James Joseph) [1974] 1 W.L.R. 133; [1974] 1 All E.R. 290	Stubbings v. United Kingdom	(1997) 23 E.H.R.R. 213
R. v. Daniel [1998] 2 Cr.App.R. 373	Condron v. United Kingdom	(2001) 31 E.H.R.R 1
R. v. Davis, Rowe and Johnson [1993] 1 W.L.R. 613	Fitt v. United Kingdom Jasper v. United Kingdom Rowe and Davis v. United Kingdom	(2000) 30 E.H.R.R. 480 (2000) 30 E.H.R.R. 441 (2000) 30 E.H.R.R. 1
R. v. Deputy Governor of Camphill Prison, ex p. King [1984] 3 All E.R. 897	Boyle and Rice v. United Kingdom	(1988) 10 E.H.R.R. 425
R. v. Deputy Governor of Parkhurst Prison, ex p. Hague; Weldon v. Home Office; *sub nom.* Hague v. Deputy Governor of Parkhurst Prison [1992] 1 A.C. 58; [1991] 3 W.L.R. 340	Benham v. United Kingdom Perks v. United Kingdom	(1996) 22 E.H.R.R. 293 (2000) 30 E.H.R.R. 33
R. v. Dickens (David) [1990] 2 Q.B. 102; [1990] 2 W.L.R. 1384; [1990] 2 All E.R. 626; (1990) 91 Cr.App.R. 164	Welch v. United Kingdom	(1995) 20 E.H.R.R. 247
R. v. Doldur, *The Times*, December 7, 1999	Condron v. United Kingdom	(2001) 31 E.H.R.R 1
R. v. Dytham [1979] 1 Q.B. 722	Osman v. United Kingdom	(2000) 29 E.H.R.R. 245
R. v. Faversham and Sittingbourne Justices, ex p. Ursell [1992] R.A. 99	Perks v. United Kingdom	(2000) 30 E.H.R.R. 33
R. v. Fellowes, unreported, July 12, 1985	Edwards v. United Kingdom	(1993) 15 E.H.R.R. 417

Case Referred to	Name of Case	Citation
R. v. Fitzgerald, unreported, March 6, 1998	Condron v. United Kingdom	(2001) 31 E.H.R.R 1
R. v. Gaming Board fo Great Britain, ex p. Benaim and Khaida [1970] 2 Q.B. 417	Weeks v. United Kingdom	(1988) 10 E.H.R.R. 293
R. v. Ghosh [1982] 1 Q.B. 1053;	Hashman and Harrup v. United Kingdom	(2000) 30 E.H.R.R. 241
R. v. Gough [1993] 2 All E.R. 673	Gregory v. United Kingdom	(1995) 19 E.H.R.R. CD 82
	Gregory v. United Kingdom	(1998) 25 E.H.R.R. 577
R. v. Governor of Brixton Prison, ex p. Armah [1968] A.C. 192	App. No. 10479/83 v. United Kingdom	(1984) 6 E.H.R.R. 373
R. v. Governor of Brixton Prison, ex p. Sarno [1916] 2 K.B. 742	Brannigan and McBride v. United Kingdom	(1994) 17 E.H.R.R. 539
	Brogan v. United Kingdom	(1989) 11 E.H.R.R. 117
	X v. United Kingdom	(1982) 4 E.H.R.R. 188
R. v. Governor of Brixton Prison, ex p. Soblen [1963] 2 Q.B. 243; [1962] 3 W.L.R. 1154; [1962] 3 All E.R. 641	Brannigan and McBride v. United Kingdom	(1994) 17 E.H.R.R. 539
	X v. United Kingdom	(1982) 4 E.H.R.R. 188
R. v. Governor of Durham Prison, ex p. Singh (Hardial); *sub nom.* R. v. Secretary of State for the Home Department, ex p. Hardial Singh [1984] 1 W.L.R. 704; [1984] 1 All E.R. 983	Chahal v. United Kingdom	(1994) 18 E.H.R.R. CD 193
	Chahal v. United Kingdom	(1995) 20 E.H.R.R. CD 19
R. v. Governor of Risley Remand Centre, ex p. Hassan [1976] 1 W.L.R. 971; [1976] 2 All E.R. 123	X v. United Kingdom	(1982) 4 E.H.R.R. 188
R. v. Headly (1979) 1 Cr.App.R. 159	Thynne, Wilson and Gunnell v. United Kingdom	(1991) 13 E.H.R.R. 135
R. v. Healey, 40 Cr.App.R. 40	Monnell and Morris v. United Kingdom	(1988) 10 E.H.R.R. 205
R. v. Henn and Darby [1979] E.C.R. 3813	Open Door Counselling Ltd and Dublin Well Woman Centre Ltd v. Ireland	(1992) 14 E.H.R.R. 131
R. v. Hepburn Justices, ex p. Martin, unreported, July 31, 1995	Benham v. United Kingdom	(1996) 22 E.H.R.R. 293

Case Referred to	Name of Case	Citation
R. v. Highbury Corner Magistrates, ex p. Watkins [1992] R.A. 300; *The Times,* October 22, 1992; *The Independent*, October 13, 1992	Benham v. United Kingdom	(1996) 22 E.H.R.R. 293
R. v. Highpoint Prison Board of Visitors, ex p. McConkey, *Times Law Reports*, September 23, 1982	Campbell and Fell v. United Kingdom	(1985) 7 E.H.R.R. 165
R. v. Hillingdon LBC, ex p. Puhlhofer [1986] A.C. 484	Fayed v. United Kingdom	(1994) 18 E.H.R.R. 393
R. v. Hogan [1960] 3 All E.R. 149	Campbell and Fell v. United Kingdom	(1985) 7 E.H.R.R. 165
R. v. Home Secretary, ex p. Anderson [1984] Q.B. 778	McCallum v. United Kingdom	(1991) 13 E.H.R.R. 597
R. v. Home Secretary, ex p. Bugdaycay [1987] 1 All E.R. 840	Soering v. United Kingdom	(1989) 11 E.H.R.R. 439
R. v. Home Secretary, ex p. McAvoy [1984] 1 W.L.R. 1408	McCallum v. United Kingdom	(1991) 13 E.H.R.R. 597
R. v. Houghton (1979) 68 Cr.App.R. 197	Brannigan and McBride v. United Kingdom	(1994) 17 E.H.R.R. 539
	Brogan v. United Kingdom	(1989) 11 E.H.R.R. 117
	Fox, Campbell and Hartley v. United Kingdom	(1991) 13 E.H.R.R. 157
R. v. Howell (Errol) [1982] Q.B. 416; [1981] 3 W.L.R. 501	Hashman and Harrup v. United Kingdom	(1996) 22 E.H.R.R. CD 185
	Hashman and Harrup v. United Kingdom	(2000) 30 E.H.R.R. 241
	McLeod v. United Kingdom	(1996) 22 E.H.R.R. CD 158
	McLeod v. United Kingdom	(1999) 27 E.H.R.R. 493
R. v. Hunt (1950) 34 Cr.App.R. 135	ADT v. United Kingdom	(2001) 31 E.H.R.R 803
R. v. Immigration Appeal Tribunal, ex p. Secretary of State for the Home Department [1990] 1 W.L.R. 1126	Vilvarajah v. United Kingdom	(1992) 14 E.H.R.R. 248
R. v. Inland Revenue Commissioners, ex p. Woolwich Building Society [1987] S.T.C. 654	National & Provincial, Leed and Yorkshire Building Societies v. United Kingdom	(1995) 19 E.H.R.R. CD 56

Case Referred to	Name of Case	Citation
R. v. Inland Revenue Commissioners, ex p. Woolwich Equitable Building Society [1990] 1 W.L.R. 1400; [1991] 4 All E.R. 92	Nap Holdings United Kingdom Ltd v. United Kingdom	(1996) 22 E.H.R.R. CD 114
R. v. Justices of the Appeals Committee of the County of London Quarter Sessions [1946] 1 K.B. 176	McLeod v. United Kingdom	(1999) 27 E.H.R.R. 493
R. v. Keane [1994] 1 W.L.R. 746	Fitt v. United Kingdom	(2000) 30 E.H.R.R. 480
	Jasper v. United Kingdom	(2000) 30 E.H.R.R. 441
	Rowe and Davis v. United Kingdom	(2000) 30 E.H.R.R. 1
R. v. Lattimore (1976) 62 Cr.App.R. 53	Edwards v. United Kingdom	(1993) 15 E.H.R.R. 417
R. v. Lee (A Minor) (1993) 96 Cr.App.R. 188	V v. United Kingdom	(2000) 30 E.H.R.R. 121
R. v. Lemon (Denis); Whitehouse v. Gay News Ltd; R. v. Gay News Ltd, *sub nom.* Whitehouse v. Lemon [1979] A.C. 617; [1979] 2 W.L.R. 281	Gay News Ltd and Lemon v. United Kingdom	(1983) 5 E.H.R.R. 123
	Wingrove v. United Kingdom	(1997) 24 E.H.R.R. 1
R. v. London County Quarter Sessions Appeals Committee, ex p. Commissioner of Police of the Metropolis [1948] 1 K.B. 670; [1948] 1 All E.R. 72	Hashman and Harrup v. United Kingdom	(1996) 22 E.H.R.R. CD 185
R. v. London Residuary Body, ex p. Inner London Education Authority, *The Times*, July 24, 1987	Fayed v. United Kingdom	(1994) 18 E.H.R.R. 393
R. v. Londonderry JJ., ex p. Hume [1972] N.I. 91	X v. United Kingdom	(1981) 3 E.H.R.R. 302
R. v. McGarry [1999] 1 Cr.App.R. 377	Condron v. United Kingdom	(2001) 31 E.H.R.R 1

Case Referred to	Name of Case	Citation
R. v. Manchester City Justices, ex p. Davies (Barry); *sub nom.* R. v. Manchester City Magistrates Court, ex p. Davies; Davies v. Manchester City Justices; R. v. Manchester City Justices, ex p. Davies (No. 2) [1989] Q.B. 631; [1988] 3 W.L.R. 1357	Benham v. United Kingdom Perks v. United Kingdom Perks v. United Kingdom	(1996) 22 E.H.R.R. 293 (2000) 30 E.H.R.R. 33 (1997) 24 E.H.R.R. CD 35
R. v. Manchester City Magistrates, ex p. Davies (1988) 152 J.P. 221; (1988) 152 J.P.N. 302	Benham v. United Kingdom	(1994) 18 E.H.R.R. CD 105
R. v. Meehan, unreported, 1973	X v. United Kingdom	(1981) 3 E.H.R.R. 302
R. v. Menocal; *sub nom.* Customs and Excise Commissioners v. Menocal [1980] A.C. 598; [1979] 2 W.L.R. 876	Welch v. United Kingdom	(1995) 20 E.H.R.R. 247
R. v. Merseyside Mental Health Review Tribunal, ex p. K [1990] 1 All E.R. 694	Johnson v. United Kingdom	(1999) 27 E.H.R.R. 296
R. v. Middleton Magistrates, ex p. Phillips, unreported, 1993	Perks v. United Kingdom	(2000) 30 E.H.R.R. 33
R. v. Ministry of Agriculture, Fisheries and Food, ex p. First City Trading Ltd [1997] Eu.L.R. 195	Pinnacle Meat Processors Co. v. United Kingdom	(1999) 27 E.H.R.R. CD 217
R. v. Ministry of Agriculture, Fisheries and Food, ex p. SP Anastasiou (Pissouri) Ltd (C432/92); R. v. Ministry of Agriculture, Fisheries and Food, ex p. Cypruvex (UK) Ltd (C432/92) [1994] E.C.R. I-3087; [1995] 1 C.M.L.R. 569	Cyprus v. Turkey	(1997) 23 E.H.R.R. 244

Case Referred to	Name of Case	Citation
R. v. Ministry of Defence, ex p. Smith; R. v. Admiralty Board of the Defence Council, ex p. Lustig-Prean; R. v. Admiralty Board of the Defence Council, ex p. Beckett; R. v. Ministry of Defence, ex p. Grady [1996] Q.B. 517; [1996] 2 W.L.R. 305	Lustig-Prean and Beckett v. United Kingdom	(2000) 29 E.H.R.R. 548
	Smith and Grady v. United Kingdom	(1999) 27 E.H.R.R. CD 42
	Smith and Grady v. United Kingdom	(2000) 29 E.H.R.R. 493
R. v. Morpeth Ward Justices, ex p. Ward; R. v. Morpeth Ward Justices, ex p. Jenks; R. v. Morpeth Ward Justices, ex p. Hughes; R. v. Morpeth Ward Justices, ex p. Joseland (1992) 95 Cr.App.R. 215; [1992] Crim. L.R. 497	Hashman and Harrup v. United Kingdom	(1996) 22 E.H.R.R. CD 185
R. v. Muboyabi [1992] 1 Q.B. 244	Chahal v. United Kingdom	(1994) 18 E.H.R.R. CD 193
R. v. Mullen [1999] 2 Cr.App.R. 143	Condron v. United Kingdom	(2001) 31 E.H.R.R 1
R. v. Murray, unreported, CA (NI)	Murray v. United Kingdom	(1994) 18 E.H.R.R. CD 1
R. v. Nazari [1980] All E.R. 880	App. No. 9856/82 v. United Kingdom	(1988) 10 E.H.R.R. 547
R. v. Newcastle-under-Lyme Justices, ex p. Massey [1995] 1 All E.R. 120	Perks v. United Kingdom	(2000) 30 E.H.R.R. 33
R. v. Noble [1997] Crim.L.R. 449	Condron v. United Kingdom	(2001) 31 E.H.R.R 1
R. v. Northampton Magistrates' Court, ex p. Newell [1992] R.A. 207	Perks v. United Kingdom	(2000) 30 E.H.R.R. 33
R. v. Orgles [1994] 1 W.L.R. 108; (1994) 98 Cr.App.R. 185	Gregory v. United Kingdom	(1995) 19 E.H.R.R. CD 82
	Gregory v. United Kingdom	(1998) 25 E.H.R.R. 577
R. v. Panel of Takeovers and Mergers, ex p. Guiness plc [1990] 1 Q.B. 146	Fayed v. United Kingdom	(1994) 18 E.H.R.R. 393
R. v. Panel on Take-overs and Mergers, ex p. Datafin Plc [1987] Q.B. 815; [1987] 2 W.L.R. 699	A.P.B. Ltd, A.P.P. and E.A.B. v. United Kingdom	(1998) 25 E.H.R.R. CD 141
	Benham v. United Kingdom	(1996) 22 E.H.R.R. 293
	Perks v. United Kingdom	(2000) 30 E.H.R.R. 33

Case Referred to	Name of Case	Citation
R. v. Parole Board, ex p. Bradley [1991] 1 W.L.R. 135	Wynne v. United Kingdom	(1995) 19 E.H.R.R. 333
R. v. Parole Board, ex p. Creamer and Scholey, unreported, October 21, 1992	Wynne v. United Kingdom	(1995) 19 E.H.R.R. 333
R. v. Parole Board, ex p. Wilson [1992] 2 All E.R. 576	Wynne v. United Kingdom	(1995) 19 E.H.R.R. 333
R. v. Parole Board and Secretary of State for Home Affairs, ex p. Wilson, unreported, March 20, 1985	Weeks v. United Kingdom	(1988) 10 E.H.R.R. 293
R. v. Picker (1970) 54 Cr.App.R. 330	Thynne, Wilson and Gunnell v. United Kingdom	(1991) 13 E.H.R.R. 135
R. v. Poole Magistrates, ex p. Benham; Benham v. Poole BC (1992) 156 J.P. 177; (1992) 4 Admin.L.R. 161	Benham v. United Kingdom	(1996) 22 E.H.R.R. 293
R. v. Porter (Jeremy) [1990] 1 W.L.R. 1260; [1990] 3 All E.R. 784; (1991) 92 Cr.App.R. 126; (1990) 12 Cr.App.R. (S.) 377	Welch v. United Kingdom	(1995) 20 E.H.R.R. 247
R. v. Powell and Daniels (1996) 1 Cr.App.R. 14	Miah v. United Kingdom	(1998) 26 E.H.R.R. CD 199
R. v. Preston [1994] 2 A.C. 130	Jasper v. United Kingdom	(2000) 30 E.H.R.R. 441
R. v. Rasheed, *The Times*, May 20, 1994	Fitt v. United Kingdom Jasper v. United Kingdom Rowe and Davis v. United Kingdom	(2000) 30 E.H.R.R. 480 (2000) 30 E.H.R.R. 441 (2000) 30 E.H.R.R. 1
R. v. Robertson (1968) 52 Cr.App.R. 690	V v. United Kingdom	(2000) 30 E.H.R.R. 121
R. v. Royal Army Service Corp. Colchester, ex p. Elliott [1949] 1 All E.R. 373	Hood v. United Kingdom	(2000) 29 E.H.R.R. 365
R. v. Sandbach, ex p. Williams [1935] 2 K.B. 192	Hashman and Harrup v. United Kingdom	(2000) 30 E.H.R.R. 241

Case Referred to	Name of Case	Citation
R. v. Secretary of State for Defence, ex p. Perkins (No. 1) [1997] 3 C.M.L.R. 310; [1997] I.R.L.R. 297	Lustig-Prean and Beckett v. United Kingdom	(2000) 29 E.H.R.R. 548
	Smith and Grady v. United Kingdom	(1999) 27 E.H.R.R. CD 42
	Smith and Grady v. United Kingdom	(2000) 29 E.H.R.R. 493
R. v. Secretary of State for Defence, ex p. Perkins [1998] 2 C.M.L.R. 1116	Lustig-Prean and Beckett v. United Kingdom	(2000) 29 E.H.R.R. 548
	Smith and Grady v. United Kingdom	(2000) 29 E.H.R.R. 493
R. v. Secretary of State for Education and Science, ex p. Avon CC (1991) 88 L.G.R. 737	Vilvarajah v. United Kingdom	(1992) 14 E.H.R.R. 248
R. v. Secretary of State for the Home Department, ex p. Brind [1991] 1 A.C. 696; [1991] 2 W.L.R. 588	A.P.B. Ltd, A.P.P. and E.A.B. v. United Kingdom	(1998) 25 E.H.R.R. CD 141
	Ahmed v. United Kingdom	(1995) 20 E.H.R.R. CD 72
	Air Canada v. United Kingdom	(1995) 20 E.H.R.R. 150
	Beard v. United Kingdom	(1998) 25 E.H.R.R. CD 28
	Bryan v. United Kingdom	(1996) 21 E.H.R.R. 342
	Lustig-Prean and Beckett v. United Kingdom	(2000) 29 E.H.R.R. 548
	McLaughlin v. United Kingdom	(1994) 18 E.H.R.R. CD 84
	Smith and Grady v. United Kingdom	(2000) 29 E.H.R.R. 493
R. v. Secretary of State for the Home Department, ex p. Bugdaycay [1987] 1 All E.R. 940	Vilvarajah v. United Kingdom	(1992) 14 E.H.R.R. 248
R. v. Secretary of State for the Home Department, ex p. Chahal, unreported, November 10, 1995	Chahal v. United Kingdom	(1997) 23 E.H.R.R. 413
R. v. Secretary of State for the Home Department, ex p. Chahal (No. 2); *sub nom.* Chahal (Karamjit Singh) v. Secretary of State for the Home Department [1995] 1 W.L.R. 526; [1995] 1 All E.R. 658	Chahal v. United Kingdom	(1997) 23 E.H.R.R. 413
R. v. Secretary of State for the Home Department, ex p. Cheblak [1991] 1 W.L.R. 890; [1991] 2 All E.R. 319	Chahal v. United Kingdom	(1997) 23 E.H.R.R. 413

Case Referred to	Name of Case	Citation
R. v. Secretary of State for the Home Department, ex p. Cox (John) [1992] C.O.D. 72; *The Times*, September 10, 1991; *The Independent*, October 8, 1991; *The Guardian*, October 9, 1991	Hussain v. United Kingdom Wynne v. United Kingdom	(1996) 22 E.H.R.R. 1 (1995) 19 E.H.R.R. 333
R. v. Secretary of State for the Home Department, ex p. D, unreported, February 15, 1996, CA	D v. United Kingdom	(1997) 24 E.H.R.R. 423
R. v. Secretary of State for the Home Department, ex p. Danaei	Ouattara v. United Kingdom	(1998) 25 E.H.R.R. CD 167
R. v. Secretary of State for the Home Department, ex p. Doody; R. v. Secretary of State for the Home Department, ex p. Pierson; R. v. Secretary of State for the Home Department, ex p. Smart; R. v. Secretary of State for the Home Department, ex p. Pegg [1994] 1 A.C. 531; [1993] 3 W.L.R. 154	Baxter v. United Kingdom Curley v. United Kingdom Hussain v. United Kingdom T v. United Kingdom V v. United Kingdom	(1996) 21 E.H.R.R. CD 64 (2001) 31 E.H.R.R 401 (1996) 22 E.H.R.R. 1 (1998) 25 E.H.R.R. CD 11 (2000) 30 E.H.R.R. 121
R. v. Secretary of State for the Home Department, ex p. Gunnell, November 2, 1983, QBD	Weeks v. United Kingdom	(1985) 7 E.H.R.R. 436
R. v. Secretary of State for the Home Department, ex p. H (No. 1); *sub nom.* R. v. Secretary of State for the Home Department, ex p. Hickey; R. v. Secretary of State for the Home Department, ex p. T [1995] Q.B. 43; [1994] 3 W.L.R. 1110	Hussain v. United Kingdom	(1996) 22 E.H.R.R. 1
R. v. Secretary of State for the Home Department, ex p. Handscombe (1988) 86 Cr.App.R. 59	Thynne, Wilson and Gunnell v. United Kingdom Wynne v. United Kingdom	(1991) 13 E.H.R.R. 135 (1995) 19 E.H.R.R. 333
R. v. Secretary of State for the Home Department, ex p. Hickey. *See* R. v. Secretary of State for the Home Department, ex p. H.	Hussain v. United Kingdom	(1996) 22 E.H.R.R. 1

Case Referred to	Name of Case	Citation
R. v. Secretary of State for the Home Department, ex p. Hosenball [197] 3 All E.R. 452	Abdulaziz, Cabales and Balkandali v. United Kingdom	(1985) 7 E.H.R.R. 471
R. v. Secretary of State for the Home Department, ex p. Hussain [1978] 2 All E.R. 423	App. No. 9403/81 v. United Kingdom	(1983) 5 E.H.R.R. 270
	Zamir v. United Kingdom	(1983) 5 E.H.R.R. 242
R. v. Secretary of State for the Home Department, ex p. Muboyayi [1992] Q.B. 244; [1991] 3 W.L.R. 442	Chahal v. United Kingdom	(1995) 20 E.H.R.R. CD 19
R. v. Secretary of State for the Home Department, ex p. Phansopkar; R. v. Secretary of State for the Home Department, ex p. Begum [1976] Q.B. 606; [1975] 3 W.L.R. 322	A.T. v. United Kingdom	(1995) 20 E.H.R.R. CD 59
R. v. Secretary of State for the Home Department, ex p. Singh (Prem) [1993] C.O.D. 501; *The Times*, April 27, 1993; *The Independent*, July 11, 1993	Baxter v. United Kingdom	(1996) 21 E.H.R.R. CD 64
	Bromfield v. United Kingdom	(1998) 26 E.H.R.R. CD 138
	Curley v. United Kingdom	(2001) 31 E.H.R.R 401
	Hussain v. United Kingdom	(1996) 22 E.H.R.R. 1
	Ryan v. United Kingdom	(1999) 27 E.H.R.R. CD 204
	T v. United Kingdom	(1998) 25 E.H.R.R. CD 11
R. v. Secretary of State for the Home Department, ex p. Singh (Prem) (No. 2), unreported, March 16, 1995	Hussain v. United Kingdom	(1996) 22 E.H.R.R. 1
R. v. Secretary of State for the Home Department, ex p. Sivakumaran [1988] 1 All E.R. 193	Vilvarajah v. United Kingdom	(1992) 14 E.H.R.R. 248
R. v. Secretary of State for the Home Department, ex p. Stitt, *The Times*, February 3, 1987	Brennan v. United Kingdom	(1994) 18 E.H.R.R. CD 114
R. v. Secretary of State for the Home Department, ex p. T. *See* R. v. Secretary of State for the Home Department, ex p. H.	Hussain v. United Kingdom	(1996) 22 E.H.R.R. 1
R. v. Secretary of State for the Home Department, ex p. Thompson and Venables [1997] 3 W.L.R. 23	Bromfield v. United Kingdom	(1998) 26 E.H.R.R. CD 138
	Ryan v. United Kingdom	(1999) 27 E.H.R.R. CD 204
	V v. United Kingdom	(2000) 30 E.H.R.R. 121

Case Referred to	Name of Case	Citation
R. v. Secretary of State for the Home Department, ex p. Walsh	W, H and A v. United Kingdom	(1995) 19 E.H.R.R. CD 60
R. v. Secretary of State for the Home Department, ex p. Yemoh, unreported, July 14, 1985	Vilvarajah v. United Kingdom	(1992) 14 E.H.R.R. 248
R. v. Secretary of State for the Home Department, ex p. Zamir [1980] A.C. 930; [1980] 3 W.L.R. 249; [1980] 2 All E.R. 768	App. No. 9403/81 v. United Kingdom	(1983) 5 E.H.R.R. 270
	X v. United Kingdom	(1982) 4 E.H.R.R. 188
	Zamir v. United Kingdom	(1983) 5 E.H.R.R. 242
R. v. Secretary of State for the Home Department, ex p.Jeyakumaran, unreported, June 28, 1985	Vilvarajah v. United Kingdom	(1992) 14 E.H.R.R. 248
R. v. Secretary of State for Trade and Industry, ex p. Lonrho [1989] 1 W.L.R. 525	Fayed v. United Kingdom	(1994) 18 E.H.R.R. 393
R. v. Secretary of State for Transport, ex p. Factortame Ltd [1989] 2 C.M.L.R. 353	Soering v. United Kingdom	(1989) 11 E.H.R.R. 439
R. v. Secretary of State, ex p. Bradley, unreported	Thynne, Wilson and Gunnell v. United Kingdom	(1991) 13 E.H.R.R. 666
R. v. Secretary of State, ex p. Kirkwood [1984] 1 W.L.R. 913	Soering v. United Kingdom	(1989) 11 E.H.R.R. 439
R. v. Secretary of State, ex p. Smith [1988] C.O.D. 3	Smith v. United Kingdom	(1998) 25 E.H.R.R. CD 42
R. v. Seelig (Roger Hugh); R. v. Baron Spens; R v. Rex (Patrick Michael) [1992] 1 W.L.R. 149; [1991] 4 All E.R. 429	Saunders v. United Kingdom	(1997) 23 E.H.R.R. 313
R. v. Tan (Moira); R. v. Greaves (Brian Edwin); R. v. Greaves (Gloria Gina) [1983] Q.B. 1053; [1983] 3 W.L.R. 361	Cossey v. United Kingdom	(1991) 13 E.H.R.R. 622
	Rees v. United Kingdom	(1987) 9 E.H.R.R. 56
	Sheffield and Horsham v. United Kingdom	(1999) 27 E.H.R.R. 163
	X, Y and Z v. United Kingdom	(1997) 24 E.H.R.R. 143
R. v. Thain [1985] N.I. 457; [1985] 11 N.I.J.B. 31	McCann v. United Kingdom	(1996) 21 E.H.R.R. 97
R. v. Thompson (7/78) [1978] E.C.R. 2247; [1979] 1 C.M.L.R. 47	Allegemeine Gold- und Silberscheideanstalt v. United Kingdom	(1987) 9 E.H.R.R. 1

Case Referred to	Name of Case	Citation
R. v. Trevor Douglas K (1993) 97 Cr.App.R. 342	Fitt v. United Kingdom	(2000) 30 E.H.R.R. 480
	Jasper v. United Kingdom	(2000) 30 E.H.R.R. 441
	Rowe and Davis v. United Kingdom	(2000) 30 E.H.R.R. 1
R. v. Trinoh Mines [1952] All E.R. 697	Bowman v. United Kingdom	(1998) 26 E.H.R.R. 1
R. v. Turner (1975) 61 Cr.App.R. 67	Blastand v. United Kingdom	(1988) 10 E.H.R.R. 528
R. v. Turner [1995] 1 W.L.R. 264	Fitt v. United Kingdom	(2000) 30 E.H.R.R. 480
	Jasper v. United Kingdom	(2000) 30 E.H.R.R. 441
	Rowe and Davis v. United Kingdom	(2000) 30 E.H.R.R. 1
R. v. Ward (1993) 96 Cr.App.R. 1	Edwards v. United Kingdom	(1993) 15 E.H.R.R. 417
R. v. Ward [1993] 1 W.L.R. 619	Fitt v. United Kingdom	(2000) 30 E.H.R.R. 480
	Jasper v. United Kingdom	(2000) 30 E.H.R.R. 441
	Rowe and Davis v. United Kingdom	(2000) 30 E.H.R.R. 1
R. v. Wilkinson (Edward John) (1983) 5 Cr.App.R. (S.) 105	Curley v. United Kingdom	(2001) 31 E.H.R.R 401
	Hussain v. United Kingdom	(1996) 22 E.H.R.R. 1
	Thynne, Wilson and Gunnell v. United Kingdom	(1991) 13 E.H.R.R. 135
	Thynne, Wilson and Gunnell v. United Kingdom	(1991) 13 E.H.R.R. 666
R. v. Williams (Gladstone) [1987] 3 All E.R. 411; (1984) 78 Cr.App.R. 276	McCann v. United Kingdom	(1996) 21 E.H.R.R. 97
R. v. Winston Brown [1995] 1 Cr.App.R. 191	Fitt v. United Kingdom	(2000) 30 E.H.R.R. 480
	Jasper v. United Kingdom	(2000) 30 E.H.R.R. 441
	Rowe and Davis v. United Kingdom	(2000) 30 E.H.R.R. 1
R. v. Wolverhampton Magistrates' Court, ex p. Mould [1992] R.A. 309	Perks v. United Kingdom	(2000) 30 E.H.R.R. 33
R. v. Young [1995] 2 Cr.App.R. 379	Miah v. United Kingdom	(1998) 26 E.H.R.R. CD 199
R. v. Young [1995] Q.B. 324; [1995] 2 W.L.R. 430	Gregory v. United Kingdom	(1995) 19 E.H.R.R. CD 82
R. v. Young, *The Times*, December 30, 1994	Gregory v. United Kingdom	(1998) 25 E.H.R.R. 577
Radio 24 Radiowerbung Zürich AG v. Generaldirektion PTT, Judgment of the Swiss Federal Court, Vol.108, Part 1b, 264	Autronic AG v. Switzerland	(1990) 12 E.H.R.R. 485
	Groppera Radio AG v. Switzerland	(1990) 12 E.H.R.R. 321

Case Referred to	Name of Case	Citation
Radiodiffusion Francaise v. Societe de Gerance et de Publicite du Poste de Radiodiffusion Radio Andorre [1950] Recueil Lebon 652	Drozd and Janousek v. France and Spain	(1992) 14 E.H.R.R. 745
Randhawa v. Ministere Public, French Cour de Cassation, January 12, 1989 [1989] Bull. 13, p.37	Cardot v. France	(1991) 13 E.H.R.R. 853
	Delta v. France	(1993) 16 E.H.R.R. 574
Rantzen v. Mirror Group Newspapers (1986) Ltd [1994] Q.B. 670; [1993] 3 W.L.R. 953	Miloslavsky v. United Kingdom	(1995) 20 E.H.R.R. 442
Raymond v. Honey [1982] 1 All E.R. 759; [1983] A.C. 1	App. No. 9113/80 v. United Kingdom	(1983) 5 E.H.R.R. 283
	Boyle and Rice v. United Kingdom	(1988) 10 E.H.R.R. 425
	Campbell and Fell v. United Kingdom	(1985) 7 E.H.R.R. 165
	McCallum v. United Kingdom	(1991) 13 E.H.R.R. 597
Reay v. British Nuclear Feuls [1994] 5 Med.L.Rep. 1	LCB v. United Kingdom	(1999) 27 E.H.R.R. 212
Red Lion Broadcasting Co. v. Federal Communications Commission; U.S. v. radio Television News Directors Association, 395 U.S. 367; 23 L.Ed.2d 371; 89 S.Ct. 1794 (1969)	Groppera Radio AG v. Switzerland	(1990) 12 E.H.R.R. 321
Reichstagsbrand [1966] NJW 647, FCJ	Markt Intern and Beermann v. Germany	(1990) 12 E.H.R.R. 161
Reservations to the Genocide Convention Case (1951) I.C.J. Rep. 15	Temeltasch v. Switzerland	(1983) 5 E.H.R.R. 417
Restormel BC v. Secretary of State for the Environment and Rabey (Patrick George and Susan Margaret) [1982] J.P.L. 785	Beard v. United Kingdom	(1998) 25 E.H.R.R. CD 28
	Buckley v. United Kingdom	(1997) 23 E.H.R.R. 101
Rey v. Att.-Gen. of Valais, ATF vol. 89 (1963), part IV, pp.133–140	Müller v. Switzerland	(1991) 13 E.H.R.R. 212
Reynolds, ex p. Reynolds, Re (1881–82) L.R. 20 Ch.D. 294	Saunders v. United Kingdom	(1994) 18 E.H.R.R. CD 23
	Saunders v. United Kingdom	(1997) 23 E.H.R.R. 313

Case Referred to	Name of Case	Citation
Rigby v. Chief Constable of Northamptonshire [1985] 2 All E.R. 986	Osman v. United Kingdom	(2000) 29 E.H.R.R. 245
Roe v. Wade, 410 U.S. 113 (1973)	Paton v. United Kingdom	(1981) 3 E.H.R.R. 408
Russian Commercial Industrial Bank v. Le Comptoir D'Escompte de Mulhouse [1925] A.C. 112	Lithgow v. United Kingdom	(1986) 8 E.H.R.R. 329
S, Re [1969] 1 All E.R. 949	App. No. 10331/83 v. United Kingdom	(1984) 6 E.H.R.R. 583
Sampson, Re; *sub nom.* Sampson's Application, Re; Sampson v. Croydon Crown Court [1987] 1 W.L.R. 194; [1987] 1 All E.R. 609	Cybulski v. United Kingdom Fashanu v. United Kingdom	(1997) 23 E.H.R.R. CD 53 (1998) 26 E.H.R.R. CD 217
San Michele v. Commission [1962] E.C.R. 449	Niemietz v. Germany	(1993) 16 E.H.R.R. 97
Schenk v. US, 294 U.S. 47 (1919)	Arslan v. Turkey Baskaya and Okçuoglu v. Turkey Ceylan v. Turkey	(2001) 31 E.H.R.R 264 (2001) 31 E.H.R.R 292 (2000) 30 E.H.R.R. 73
Schtraks v. Government of Isreal [1964] A.C. 556	Soering v. United Kingdom	(1989) 11 E.H.R.R. 439
Scotgiu v. Deutsche Bundespost (152/73) [1974] E.C.R. 153	Liberal Party v. United Kingdom	(1982) 4 E.H.R.R. 106
Seager v. Copydex Ltd [1967] 1 W.L.R. 923	Spencer (Earl and Countess) v. United Kingdom	(1998) 25 E.H.R.R. CD 105
Secretary of State for the Home Department v. Oxford Regional Mental Health Review Tribunal [1987] 3 All E.R. 8	Johnson v. United Kingdom	(1999) 27 E.H.R.R. 296
Shahid Iqbal, Re [1979] Q.B. 264; [1978] 3 W.L.R. 884, DC; affirmed on appeal [1979] 1 W.L.R. 425; [1979] 1 All E.R. 675, CA	X v. United Kingdom	(1982) 4 E.H.R.R. 188
Shelley Films Ltd v. Rex Features Ltd [1994] E.M.L.R. 134	Spencer (Earl and Countess) v. United Kingdom	(1998) 25 E.H.R.R. CD 105

Case Referred to	Name of Case	Citation
Shufeldt arbitration award of July 24, 1930, *Reports of International Arbitral Awards*, League of Nations, vol.II, p.1095	Stran Greek Refineries and Stratis Andreadis v. Greece	(1995) 19 E.H.R.R. 293
Sidhu v. British Airways [1997] 1 All E.R. 193	Manners v. United Kingdom	(1998) 26 E.H.R.R. CD 206
Sirros v. Moore [1975] Q.B. 118; [1974] 3 W.L.R. 459; [1974] 3 All E.R. 776, CA	Weston v. United Kingdom	(1981) 3 E.H.R.R. 402
Siskina, The [1979] A.C. 210	Whiteside v. United Kingdom	(1994) 18 E.H.R.R. CD 126
Smith v. Commonwealth, 219 Va. 455; 248 S.E. 2d 135 (1978), certiorari denied, 441 U.S. 967 (1979)	Soering v. United Kingdom	(1989) 11 E.H.R.R. 439
Societe "le Nickel" [1933] Recueil Lebon 1132	Drozd and Janousek v. France and Spain	(1992) 14 E.H.R.R. 745
Society for the Protection of Unborn Children (Ireland) Ltd v. Grogan [1991] E.C.R. I-4685; [1991] 3 C.M.L.R. 849	Open Door Counselling Ltd and Dublin Well Woman Centre Ltd v. Ireland	(1992) 14 E.H.R.R. 131
Stafford v. DPP [1974] A.C. 878	Edwards v. United Kingdom	(1993) 15 E.H.R.R. 417
Stamper v. Blair, July 14, 1988, USDC (Eastern District, Virginia)	Soering v. United Kingdom	(1989) 11 E.H.R.R. 439
Stamper v. Commonwealth, 220 Va. 260; 257 S.E. 2d 808 (1979) certiorari denied, 445 U.S. 972; 100 S.Ct. 1666; 64 L.Ed.2d 249 (1980)	Soering v. United Kingdom	(1989) 11 E.H.R.R. 439
Stamper v. Commonwealth, 228 Va. 707; 324 S.E. 2d 682 (1985)	Soering v. United Kingdom	(1989) 11 E.H.R.R. 439
State (Ennis) v. Farrell [1966] I.R. 107	Norris v. Ireland	(1991) 13 E.H.R.R. 186
State (Nicolau) v. An Bord Uchtala (1966) I.R. 567	Johnston v. Ireland	(1987) 9 E.H.R.R. 203
State v. O'Brien [1973] I.R. 50	V v. United Kingdom	(2000) 30 E.H.R.R. 121

Case Referred to	Name of Case	Citation
Stephens v. Avery [1988] Ch. 449; [1988] 2 W.L.R. 1280	Spencer (Earl and Countess) v. United Kingdom	(1998) 25 E.H.R.R. CD 105
Street v. New York, 394 U.S. 576 (19690	Grigoriades v. Greece	(1999) 27 E.H.R.R. 464
Stubbings v. Webb [1993] A.C. 498; [1993] 2 W.L.R. 120	Stubbings v. United Kingdom	(1997) 23 E.H.R.R. 213
Sunday Times v. United Kingdom (Spycatcher) (A/217) (1992) 14 E.H.R.R. 229	Spencer (Earl and Countess) v. United Kingdom	(1998) 25 E.H.R.R. CD 105
Sutcliffe v. Pressdram Ltd [1991] 1 Q.B. 153; [1990] 2 W.L.R. 271	Miloslavsky v. United Kingdom	(1995) 20 E.H.R.R. 442
Swinney v. Chief Constable of Northumbria [1997] Q.B. 464	Osman v. United Kingdom	(2000) 29 E.H.R.R. 245
Swiss Federal Court (Bundesgericht), BGE 109 IV 60	Sanchez-Reisse v. Switzerland	(1987) 9 E.H.R.R. 71
Tempest v. Snowdon [1952] 1 K.B. 130	Osman v. United Kingdom	(2000) 29 E.H.R.R. 245
Texaco Overseas Petroleum Co. and California Asiatic Oil Co. v. Government of the Libyan Arab Republic, *International Law Reports*, vol. 53, 1979, p.389	Lithgow v. United Kingdom Stran Greek Refineries and Stratis Andreadis v. Greece	(1986) 8 E.H.R.R. 329 (1995) 19 E.H.R.R. 293
Texas v. Johnson, 491 U.S. 397 (1989)	Grigoriades v. Greece	(1999) 27 E.H.R.R. 464
Thomas v. National Union of Mineworkers [1986] 1 Ch. 20	Whiteside v. United Kingdom	(1994) 18 E.H.R.R. CD 126
Thomas v. Sawkins [1935] 2 K.B. 249	McLeod v. United Kingdom McLeod v. United Kingdom	(1996) 22 E.H.R.R. CD 158 (1999) 27 E.H.R.R. 493
Thompson v. Commonwealth, 193 Va. 704; 70 S.E. 2d 284 (1982)	Soering v. United Kingdom	(1989) 11 E.H.R.R. 439
Thomson v. Secretary of State for Scotland [1989] S.L.T. 343	McCallum v. United Kingdom	(1991) 13 E.H.R.R. 597

Case Referred to	Name of Case	Citation
Thos Paterson (1843) I Brown 629	Wingrove v. United Kingdom	(1997) 24 E.H.R.R. 1
Toonen v. Australia, CCPR/C/50/D/488/1992	Sutherland v. United Kingdom	(1997) 24 E.H.R.R. CD 22
Touami Ben Abdeslem [1981] II J.C.P. 19613	Beldjoudi v. France	(1992) 14 E.H.R.R. 801
Tournet, October 9, 1980, Court of Cassation	Huvig v. France	(1990) 12 E.H.R.R. 310
Trimbole v. Governor of Mountjoy Prison [1985] I.R. 550	Quinn v. Ireland	(2000) 29 E.H.R.R. CD 234
Ttofonos v. Theocharides (1983) 2 C.L.R. 363	Andronicou and Constantinou v. Cyprus	(1998) 25 E.H.R.R. 491
Turnver v. Bass, 753 F. 2d 342	Soering v. United Kingdom	(1989) 11 E.H.R.R. 439
Twining v. New Jersey, 211 U.S. 78 (1908)	Saunders v. United Kingdom Saunders v. United Kingdom	(1994) 18 E.H.R.R. CD 23 (1997) 23 E.H.R.R. 313
United Kingdom v. Iceland [1974] I.C.J. Rep. 3	Cyprus v. Turkey	(1982) 4 E.H.R.R. 482
US v. Bryan, 339 U.S. 323	Saunders v. United Kingdom	(1997) 23 E.H.R.R. 313
US v. Bryan, 339 U.S. 323 (1950)	Saunders v. United Kingdom	(1994) 18 E.H.R.R. CD 23
US v. Eichman, 496 U.S. 310 (1990)	Grigoriades v. Greece	(1999) 27 E.H.R.R. 464
US v. Progressive, 486 F.Supp. 990 (1979)	Observer and Guardian v. United Kingdom	(1992) 14 E.H.R.R. 153
Uppal v. Home Office, *The Times*, October 20, 1978, Ch D	Uppal v. United Kingdom (No. 1)	(1981) 3 E.H.R.R. 391
Van Hout v. Chief Constable of the RUC and Northern Ireland Office, unreported, June 28, 1984	Brannigan and McBride v. United Kingdom Brogan v. United Kingdom	(1994) 17 E.H.R.R. 539 (1989) 11 E.H.R.R. 117
Van Schijndel v. Stichting Pensioenfonds voor Fysiotherapeuten (C430/93 and C431/93); van Veen v. Stichting Pensioenfonds voor Fysiotherapeuten [1996] All E.R. (E.C.) 259; [1995] E.C.R. I-4705	Ahmet Sadik v. Greece	(1997) 24 E.H.R.R. 323

Case Referred to	Name of Case	Citation
Velasquez Rodriguez, Inter-American Court of Human Rights, judgment of July 29, 1988, annual report of the Inter-American Court of Human Rights 1988, Washington 1988, pp.35 and 61	Akdivar v. Turkey Kurt v. Turkey Ribitsch v. Austria	(1997) 23 E.H.R.R. 143 (1999) 27 E.H.R.R. 373 (1996) 21 E.H.R.R. 573
Verryt v. Van Calster, Cour d'Arbitrage [1991] M.B. 18144	Vermeire v. Belgium	(1993) 15 E.H.R.R. 488
Vine Products Ltd v. Mackenzie and Co. Ltd (No. 1) [1966] Ch. 484; [1965] 3 W.L.R. 791; [1965] 3 All E.R. 58; [1965] R.P.C. 538; 109 S.J. 793, Ch D	Sunday Times v. United Kingdom	2 E.H.R.R. 245
Virginia State Board of Phamacy v. Virginia Citizens Consumers Council, 425 U.S. 748; 48 L.Ed.2d 346; 96 S.Ct. 1817 (1976)	Barthold v. Germany Groppera Radio AG v. Switzerland	(1985) 7 E.H.R.R. 383 (1990) 12 E.H.R.R. 321
Vrahimi v. Republic, 4 R.S.C.C. 121	Andronicou and Constantinou v. Cyprus	(1998) 25 E.H.R.R. 491
W, Re [1979] 3 All E.R. 252	C v. United Kingdom	(1984) 6 E.H.R.R. 559
W v. Essex CC [1998] 3 All E.R. 111	Z v. United Kingdom	(1999) 28 E.H.R.R. CD 65
Watkins v. Commonwealth, 229 Va. 469; 331 S.E. 2d 433 (1985), certiorari denied, 475 U.S. 1099; 106 S.Ct. 1503; 89 L.Ed. 2d 903 (1986)	Soering v. United Kingdom	(1989) 11 E.H.R.R. 439
Weckx case, Court of Cassation, May 27, 1986, *Pasicrisie belge*, 1986, I, p.1163	Yaacoub v. Belgium	(1991) 13 E.H.R.R. 418
Westcott (Inspector of Taxes) v. Woolcombers [1987] S.T.C. 600; [1987] 2 F.T.L.R. 429	Nap Holdings United Kingdom Ltd v. United Kingdom	(1996) 22 E.H.R.R. CD 114
Weston v. Central Criminal Courts Administrator [1977] Q.B. 32; [1976] 3 W.L.R. 103; [1976] 2 All E.R. 875, CA	Weston v. United Kingdom	(1981) 3 E.H.R.R. 402

Case Referred to	Name of Case	Citation
Whitcomb v. Chavis, 403 U.S. 124 (1971)	Liberal Party v. United Kingdom	(1982) 4 E.H.R.R. 106
White v. British Sugar Corp. Ltd (1977) I.R.L.R. 121	Rees v. United Kingdom	(1987) 9 E.H.R.R. 56
White v. Regester, 412 U.S. 755 (1973)	Liberal Party v. United Kingdom	(1982) 4 E.H.R.R. 106
Whitney v. California, 274 U.S. 357 (1927)	Arslan v. Turkey	(2001) 31 E.H.R.R 264
	Baskaya and Okçuoglu v. Turkey	(2001) 31 E.H.R.R 292
	Ceylan v. Turkey	(2000) 30 E.H.R.R. 73
Wilkinson v. Downton [1897] 2 Q.B. 57	Whiteside v. United Kingdom	(1994) 18 E.H.R.R. CD 126
Williamson v. H.M. Advocate [1988] S.C.C. 56	Granger v. United Kingdom	(1990) 12 E.H.R.R. 469
Wiseman v. Boneman [1971] A.C. 297	Fayed v. United Kingdom	(1994) 18 E.H.R.R. 393
Woodson v. Commonwealth, 221 Va. 285; 176 S.E. 2d 818 (1970), certiorari denied, 401 U.S. 958 (1971)	Soering v. United Kingdom	(1989) 11 E.H.R.R. 439
X v. X, 16 December 1981, A.T.F. 107 II 395	F v. Switzerland	(1988) 10 E.H.R.R. 411
X, Cour d'Appel, March 22, 1989 [1989] Bull. 144, p.369	Delta v. France	(1993) 16 E.H.R.R. 574
X (HA) v. Y [1988] 2 All E.R. 648; [1988] R.P.C. 379	Spencer (Earl and Countess) v. United Kingdom	(1998) 25 E.H.R.R. CD 105
X (Minors) v. Bedfordshire CC; M (A Minor) v. Newham LBC; E (A Minor) v. Dorset CC; Christmas v. Hampshire CC (Duty of Care); Keating v. Bromley LBC [1995] 2 A.C. 633; [1995] 3 W.L.R. 152	KL v. United Kingdom	(1998) 26 E.H.R.R. CD 113
	TP and KM v. United Kingdom	(1998) 26 E.H.R.R. CD 84
	Z v. United Kingdom	(1999) 28 E.H.R.R. CD 65
Yaacoub case, Court of Cassation, January 19, 1982, *Pasicrisie belge*, 1982, I, p.613	Yaacoub v. Belgium	(1991) 13 E.H.R.R. 418
Z (A Minor) (Freedom of Publication), Re [1996] 1 F.L.R. 191	Bayram v. United Kingdom	(1999) 28 E.H.R.R. CD 169